№mosKommentar

Prof. Dr. Dr. h.c. mult. Urs Kindhäuser,
Rheinische Friedrich-Wilhelms-Universität Bonn

Strafgesetzbuch

Lehr- und Praxiskommentar

7. Auflage

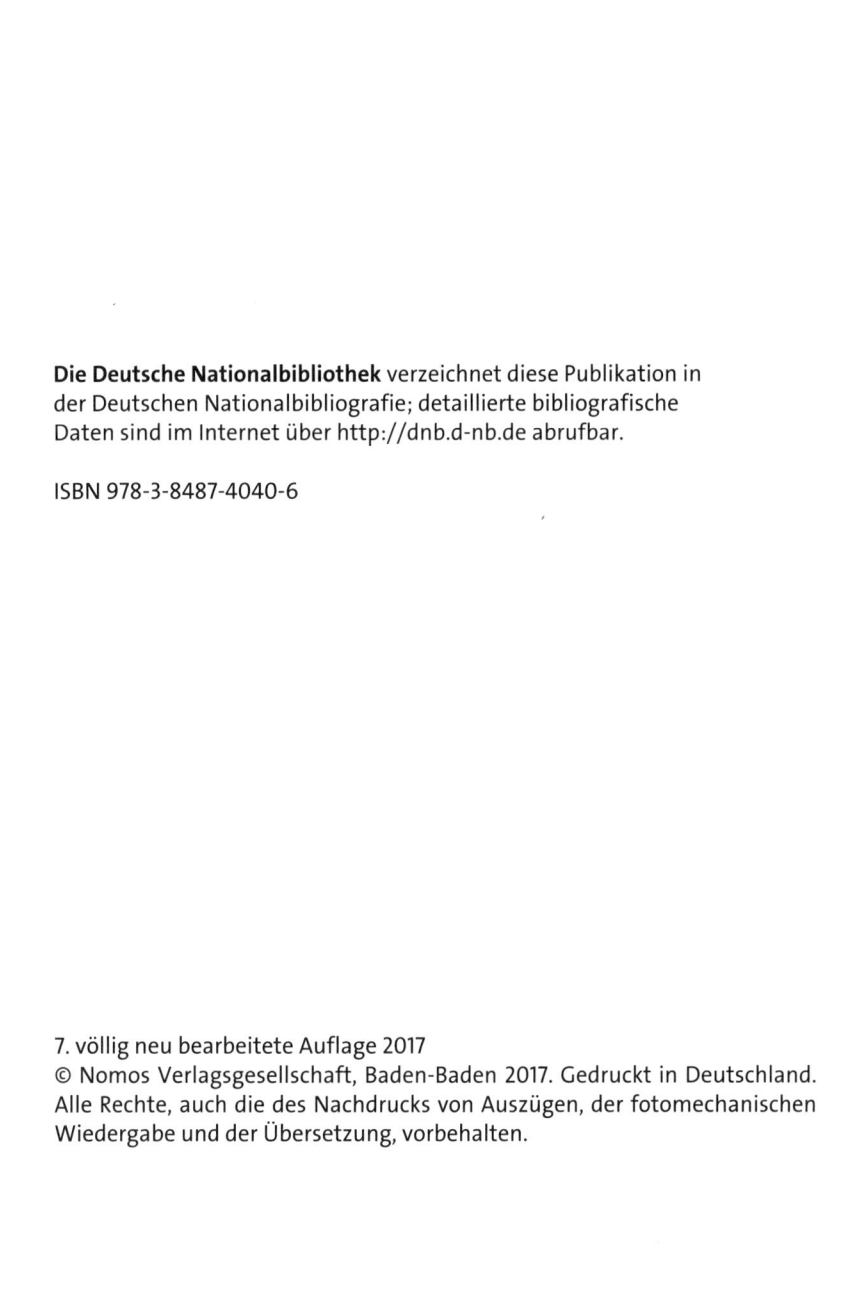

Zitiervorschlag: *Kindhäuser*, LPK-StGB, §... Rn...

Die Deutsche Nationalbibliothek verzeichnet diese Publikation in der Deutschen Nationalbibliografie; detaillierte bibliografische Daten sind im Internet über http://dnb.d-nb.de abrufbar.

ISBN 978-3-8487-4040-6

7. völlig neu bearbeitete Auflage 2017
© Nomos Verlagsgesellschaft, Baden-Baden 2017. Gedruckt in Deutschland.
Alle Rechte, auch die des Nachdrucks von Auszügen, der fotomechanischen Wiedergabe und der Übersetzung, vorbehalten.

Vorwort

Dieser Lehr- und Praxiskommentar setzt sich zum Ziel, die Vorschriften des StGB im Sinne eines Kurzlehrbuchs zu erläutern. Übergreifende Zusammenhänge werden insbesondere in den Vorbemerkungen zu den einzelnen Abschnitten aufgezeigt. Ein Vorteil dieser Methode mag in der Möglichkeit gesehen werden, die Bestimmungen des AT und BT im Zusammenhang lesen zu können.

Für die 7. Auflage wurde der Kommentar durchgehend aktualisiert und wegen der zahlreichen Gesetzesänderungen und -neufassungen von Grund auf überarbeitet und ergänzt. Anregungen greife ich weiterhin gern auf (Adressen: Strafrechtliches Institut, Adenauerallee 24-42, 53113 Bonn und kindhaeuser@uni-bonn.de).

Für ihre Unterstützung bei der Neubearbeitung habe ich meinen wissenschaftlichen Mitarbeitern herzlich zu danken, namentlich den Damen und Herren Christopher Czimek, Britta Hahn, Eva-Maria Marxen, Dr. Alexandra Pohl, Peter Schneider und Lisa Wüstefeld. Für ihre engagierte Hilfe bei den Korrekturen bin ich meinen studentischen Mitarbeitern verbunden, namentlich den Herren Jeffrey Bruls, Manuel Cordes, Simon Kemper und Lukas Schefer. Die Sekretariatsarbeit lag bei Frau Jacqueline Götsche wie stets in besten Händen.

Bonn, im Frühjahr 2017 *Urs Kindhäuser*

Inhaltsverzeichnis

Vorwort 5
Abkürzungsverzeichnis 23

Allgemeiner Teil

Erster Abschnitt Das Strafgesetz

Vorbemerkung zu § 1 45

Erster Titel Geltungsbereich

§ 1	Keine Strafe ohne Gesetz	50
§ 2	Zeitliche Geltung	52
Vorbemerkung zu den §§ 3–7		54
§ 3	Geltung für Inlandstaten	58
§ 4	Geltung für Taten auf deutschen Schiffen und Luftfahrzeugen ..	58
§ 5	Auslandstaten mit besonderem Inlandsbezug	59
§ 6	Auslandstaten gegen international geschützte Rechtsgüter	61
§ 7	Geltung für Auslandstaten in anderen Fällen	62
§ 8	Zeit der Tat	64
§ 9	Ort der Tat	66
§ 10	Sondervorschriften für Jugendliche und Heranwachsende	72

Zweiter Titel Sprachgebrauch

§ 11	Personen- und Sachbegriffe	73
§ 12	Verbrechen und Vergehen	86

Zweiter Abschnitt Die Tat

Erster Titel Grundlagen der Strafbarkeit

Vorbemerkung zu § 13		89
§ 13	Begehen durch Unterlassen	140
§ 14	Handeln für einen anderen	158
§ 15	Vorsätzliches und fahrlässiges Handeln	168
Vorbemerkung zu den §§ 16–17		195
§ 16	Irrtum über Tatumstände	197
§ 17	Verbotsirrtum	205
§ 18	Schwerere Strafe bei besonderen Tatfolgen	208
Vorbemerkung zu den §§ 19–21		210
§ 19	Schuldunfähigkeit des Kindes	213
§ 20	Schuldunfähigkeit wegen seelischer Störungen	213
§ 21	Verminderte Schuldfähigkeit	221

Zweiter Titel Versuch

Vorbemerkung zu den §§ 22–24		222
§ 22	Begriffsbestimmung	225
§ 23	Strafbarkeit des Versuchs	233
§ 24	Rücktritt	234

Dritter Titel Täterschaft und Teilnahme

Vorbemerkung zu den §§ 25–31		246
§ 25	Täterschaft	257
§ 26	Anstiftung	267
§ 27	Beihilfe	272
§ 28	Besondere persönliche Merkmale	276
§ 29	Selbständige Strafbarkeit des Beteiligten	278
§ 30	Versuch der Beteiligung	279
§ 31	Rücktritt vom Versuch der Beteiligung	283

Vierter Titel Notwehr und Notstand

Vorbemerkung zu den §§ 32–35		284
§ 32	Notwehr	301
§ 33	Überschreitung der Notwehr	312
§ 34	Rechtfertigender Notstand	315
§ 35	Entschuldigender Notstand	326

Fünfter Titel Straflosigkeit parlamentarischer Äußerungen und Berichte

§ 36	Parlamentarische Äußerungen	328
§ 37	Parlamentarische Berichte	329

Dritter Abschnitt Rechtsfolgen der Tat

Erster Titel Strafen

Vorbemerkung zu den §§ 38–45 b 329

– Freiheitsstrafe –

§ 38	Dauer der Freiheitsstrafe	330
§ 39	Bemessung der Freiheitsstrafe	331

– Geldstrafe –

§ 40	Verhängung in Tagessätzen	332
§ 41	Geldstrafe neben Freiheitsstrafe	335
§ 42	Zahlungserleichterungen	336
§ 43	Ersatzfreiheitsstrafe	338

– Vermögensstrafe –

§ 43 a	Verhängung der Vermögensstrafe	338

– Nebenstrafe –

§ 44	Fahrverbot	339

– Nebenfolgen –

§ 45	Verlust der Amtsfähigkeit, der Wählbarkeit und des Stimmrechts	341
§ 45 a	Eintritt und Berechnung des Verlustes	343
§ 45 b	Wiederverleihung von Fähigkeiten und Rechten	344

Zweiter Titel Strafbemessung

§ 46	Grundsätze der Strafzumessung	345
§ 46 a	Täter-Opfer-Ausgleich, Schadenswiedergutmachung	355
§ 46 b	Hilfe zur Aufklärung oder Verhinderung von schweren Straftaten	358

§ 47	Kurze Freiheitsstrafe nur in Ausnahmefällen	361
§ 48	(weggefallen)	362
§ 49	Besondere gesetzliche Milderungsgründe	362
§ 50	Zusammentreffen von Milderungsgründen	364
§ 51	Anrechnung	365

Dritter Titel Strafbemessung bei mehreren Gesetzesverletzungen

Vorbemerkung zu den §§ 52–55		367
§ 52	Tateinheit	377
§ 53	Tatmehrheit	382
§ 54	Bildung der Gesamtstrafe	382
§ 55	Nachträgliche Bildung der Gesamtstrafe	383

Vierter Titel Strafaussetzung zur Bewährung

§ 56	Strafaussetzung	385
§ 56 a	Bewährungszeit	389
§ 56 b	Auflagen	390
§ 56 c	Weisungen	392
§ 56 d	Bewährungshilfe	394
§ 56 e	Nachträgliche Entscheidungen	395
§ 56 f	Widerruf der Strafaussetzung	396
§ 56 g	Straferlaß	399
§ 57	Aussetzung des Strafrestes bei zeitiger Freiheitsstrafe	400
§ 57 a	Aussetzung des Strafrestes bei lebenslanger Freiheitsstrafe	404
§ 57 b	Aussetzung des Strafrestes bei lebenslanger Freiheitsstrafe als Gesamtstrafe	407
§ 58	Gesamtstrafe und Strafaussetzung	407

Fünfter Titel Verwarnung mit Strafvorbehalt; Absehen von Strafe

§ 59	Voraussetzungen der Verwarnung mit Strafvorbehalt	408
§ 59 a	Bewährungszeit, Auflagen und Weisungen	410
§ 59 b	Verurteilung zu der vorbehaltenen Strafe	411
§ 59 c	Gesamtstrafe und Verwarnung mit Strafvorbehalt	412
§ 60	Absehen von Strafe	412

Sechster Titel Maßregeln der Besserung und Sicherung

§ 61	Übersicht	413
§ 62	Grundsatz der Verhältnismäßigkeit	415

– Freiheitsentziehende Maßregeln –

§ 63	Unterbringung in einem psychiatrischen Krankenhaus	416
§ 64	Unterbringung in einer Entziehungsanstalt	420
§ 65	(weggefallen)	423
Vorbemerkung zu den §§ 66–66 c		423
§ 66	Unterbringung in der Sicherungsverwahrung	426
§ 66 a	Vorbehalt der Unterbringung in der Sicherungsverwahrung	433
§ 66 b	Nachträgliche Anordnung der Unterbringung in der Sicherungsverwahrung	435
§ 66 c	Ausgestaltung der Unterbringung in der Sicherungsverwahrung und des vorhergehenden Strafvollzugs	438
§ 67	Reihenfolge der Vollstreckung	442
§ 67 a	Überweisung in den Vollzug einer anderen Maßregel	448
§ 67 b	Aussetzung zugleich mit der Anordnung	449

§ 67 c	Späterer Beginn der Unterbringung	450
§ 67 d	Dauer der Unterbringung	453
§ 67 e	Überprüfung	458
§ 67 f	Mehrfache Anordnung der Maßregel	459
§ 67 g	Widerruf der Aussetzung	459
§ 67 h	Befristete Wiederinvollzugsetzung; Krisenintervention	460

– Führungsaufsicht –

Vorbemerkung zu den §§ 68–68 g		462
§ 68	Voraussetzungen der Führungsaufsicht	462
§ 68 a	Aufsichtsstelle, Bewährungshilfe, forensische Ambulanz	463
§ 68 b	Weisungen	465
§ 68 c	Dauer der Führungsaufsicht	468
§ 68 d	Nachträgliche Entscheidungen; Überprüfungsfrist	470
§ 68 e	Beendigung oder Ruhen der Führungsaufsicht	471
§ 68 f	Führungsaufsicht bei Nichtaussetzung des Strafrestes	473
§ 68 g	Führungsaufsicht und Aussetzung zur Bewährung	474

– Entziehung der Fahrerlaubnis –

§ 69	Entziehung der Fahrerlaubnis	475
§ 69 a	Sperre für die Erteilung einer Fahrerlaubnis	478
§ 69 b	Wirkung der Entziehung bei einer ausländischen Fahrerlaubnis	482

– Berufsverbot –

§ 70	Anordnung des Berufsverbots	482
§ 70 a	Aussetzung des Berufsverbots	485
§ 70 b	Widerruf der Aussetzung und Erledigung des Berufsverbots	486

– Gemeinsame Vorschriften –

§ 71	Selbständige Anordnung	487
§ 72	Verbindung von Maßregeln	487

Siebenter Titel Verfall und Einziehung

Vorbemerkung zu den §§ 73–76 a		488
§ 73	Voraussetzungen des Verfalls	494
§ 73 a	Verfall des Wertersatzes	497
§ 73 b	Schätzung	497
§ 73 c	Härtevorschrift	497
§ 73 d	Erweiterter Verfall	498
§ 73 e	Wirkung des Verfalls	499
§ 74	Voraussetzungen der Einziehung	499
§ 74 a	Erweiterte Voraussetzungen der Einziehung	500
§ 74 b	Grundsatz der Verhältnismäßigkeit	501
§ 74 c	Einziehung des Wertersatzes	501
§ 74 d	Einziehung von Schriften und Unbrauchbarmachung	501
§ 74 e	Wirkung der Einziehung	502
§ 74 f	Entschädigung	503
§ 75	Sondervorschrift für Organe und Vertreter	503

– Gemeinsame Vorschriften –

§ 76	Nachträgliche Anordnung von Verfall oder Einziehung des Wertersatzes	504

§ 76 a Selbständige Anordnung 504

Vierter Abschnitt Strafantrag, Ermächtigung, Strafverlangen
Vorbemerkung zu den §§ 77–77 e 504
§ 77 Antragsberechtigte 505
§ 77 a Antrag des Dienstvorgesetzten 506
§ 77 b Antragsfrist 507
§ 77 c Wechselseitig begangene Taten 507
§ 77 d Zurücknahme des Antrags 508
§ 77 e Ermächtigung und Strafverlangen 508

Fünfter Abschnitt Verjährung

Erster Titel Verfolgungsverjährung
Vorbemerkung zu den §§ 78–78 c 509
§ 78 Verjährungsfrist 510
§ 78 a Beginn 511
§ 78 b Ruhen 512
§ 78 c Unterbrechung 514

Zweiter Titel Vollstreckungsverjährung
§ 79 Verjährungsfrist 516
§ 79 a Ruhen 517
§ 79 b Verlängerung 518

Besonderer Teil

Erster Abschnitt Friedensverrat, Hochverrat und Gefährdung des demokratischen Rechtsstaates
Vorbemerkung zu den §§ 80–92 b 518

Erster Titel Friedensverrat
§ 80 (aufgehoben) 519
§ 80 a Aufstacheln zum Verbrechen der Aggression 519

Zweiter Titel Hochverrat
Vorbemerkung zu den §§ 81–83 a 519
§ 81 Hochverrat gegen den Bund 520
§ 82 Hochverrat gegen ein Land 520
§ 83 Vorbereitung eines hochverräterischen Unternehmens 521
§ 83 a Tätige Reue 521

Dritter Titel Gefährdung des demokratischen Rechtsstaates
Vorbemerkung zu den §§ 84–91 521
§ 84 Fortführung einer für verfassungswidrig erklärten Partei 522
§ 85 Verstoß gegen ein Vereinigungsverbot 524
Vorbemerkung zu den §§ 86, 86 a 524
§ 86 Verbreiten von Propagandamitteln verfassungswidriger Organisationen 525
§ 86 a Verwenden von Kennzeichen verfassungswidriger Organisationen 525

§ 87	Agententätigkeit zu Sabotagezwecken	528
§ 88	Verfassungsfeindliche Sabotage	529
§ 89	Verfassungsfeindliche Einwirkung auf Bundeswehr und öffentliche Sicherheitsorgane	529
§ 89 a	Vorbereitung einer schweren staatsgefährdenden Gewalttat	529
§ 89 b	Aufnahme von Beziehungen zur Begehung einer schweren staatsgefährdenden Gewalttat	535
§ 89 c	Terrorismusfinanzierung	536
Vorbemerkung zu den §§ 90–90 b		539
§ 90	Verunglimpfung des Bundespräsidenten	539
§ 90 a	Verunglimpfung des Staates und seiner Symbole	540
§ 90 b	Verfassungsfeindliche Verunglimpfung von Verfassungsorganen	540
§ 91	Anleitung zur Begehung einer schweren staatsgefährdenden Gewalttat	540
§ 91 a	Anwendungsbereich	542

Vierter Titel Gemeinsame Vorschriften

§ 92	Begriffsbestimmungen	542
§ 92 a	Nebenfolgen	543
§ 92 b	Einziehung	543

Zweiter Abschnitt Landesverrat und Gefährdung der äußeren Sicherheit

Vorbemerkung zu den §§ 93–101 a		543
§ 93	Begriff des Staatsgeheimnisses	544
§ 94	Landesverrat	544
§ 95	Offenbaren von Staatsgeheimnissen	544
§ 96	Landesverräterische Ausspähung; Auskundschaften von Staatsgeheimnissen	545
§ 97	Preisgabe von Staatsgeheimnissen	545
§ 97 a	Verrat illegaler Geheimnisse	545
§ 97 b	Verrat in irriger Annahme eines illegalen Geheimnisses	546
§ 98	Landesverräterische Agententätigkeit	546
§ 99	Geheimdienstliche Agententätigkeit	546
§ 100	Friedensgefährdende Beziehungen	547
§ 100 a	Landesverräterische Fälschung	547
§ 101	Nebenfolgen	548
§ 101 a	Einziehung	548

Dritter Abschnitt Straftaten gegen ausländische Staaten

Vorbemerkung zu den §§ 102–104 a		548
§ 102	Angriff gegen Organe und Vertreter ausländischer Staaten	549
§ 103	Beleidigung von Organen und Vertretern ausländischer Staaten	549
§ 104	Verletzung von Flaggen und Hoheitszeichen ausländischer Staaten	549
§ 104 a	Voraussetzungen der Strafverfolgung	550

Vierter Abschnitt Straftaten gegen Verfassungsorgane sowie bei Wahlen und Abstimmungen

Vorbemerkung zu den §§ 105–108 e		550
§ 105	Nötigung von Verfassungsorganen	550
§ 106	Nötigung des Bundespräsidenten und von Mitgliedern eines Verfassungsorgans	550
§ 106 a	(aufgehoben)	551
§ 106 b	Störung der Tätigkeit eines Gesetzgebungsorgans	551
§ 107	Wahlbehinderung	551
§ 107 a	Wahlfälschung	551
§ 107 b	Fälschung von Wahlunterlagen	552
§ 107 c	Verletzung des Wahlgeheimnisses	552
§ 108	Wählernötigung	552
§ 108 a	Wählertäuschung	552
§ 108 b	Wählerbestechung	553
§ 108 c	Nebenfolgen	553
§ 108 d	Geltungsbereich	553
§ 108 e	Bestechlichkeit und Bestechung von Mandatsträgern	553

Fünfter Abschnitt Straftaten gegen die Landesverteidigung

Vorbemerkung zu den §§ 109–109 k		554
§ 109	Wehrpflichtentziehung durch Verstümmelung	555
§ 109 a	Wehrpflichtentziehung durch Täuschung	555
§§ 109 b und 109 c (weggefallen)		555
§ 109 d	Störpropaganda gegen die Bundeswehr	555
§ 109 e	Sabotagehandlungen an Verteidigungsmitteln	555
§ 109 f	Sicherheitsgefährdender Nachrichtendienst	556
§ 109 g	Sicherheitsgefährdendes Abbilden	556
§ 109 h	Anwerben für fremden Wehrdienst	557
§ 109 i	Nebenfolgen	557
§ 109 k	Einziehung	557

Sechster Abschnitt Widerstand gegen die Staatsgewalt

§ 110	(weggefallen)	558
§ 111	Öffentliche Aufforderung zu Straftaten	558
§ 112	(weggefallen)	564
§ 113	Widerstand gegen Vollstreckungsbeamte	564
§ 114	Widerstand gegen Personen, die Vollstreckungsbeamten gleichstehen	572
§§ 115 bis 119 (weggefallen)		573
§ 120	Gefangenenbefreiung	573
§ 121	Gefangenenmeuterei	577
§ 122	(weggefallen)	578

Siebenter Abschnitt Straftaten gegen die öffentliche Ordnung

§ 123	Hausfriedensbruch	578
§ 124	Schwerer Hausfriedensbruch	584
§ 125	Landfriedensbruch	585
§ 125 a	Besonders schwerer Fall des Landfriedensbruchs	592

§ 126	Störung des öffentlichen Friedens durch Androhung von Straftaten	595
§ 127	Bildung bewaffneter Gruppen	598
§ 128	(weggefallen)	599
§ 129	Bildung krimineller Vereinigungen	599
§ 129 a	Bildung terroristischer Vereinigungen	616
§ 129 b	Kriminelle und terroristische Vereinigungen im Ausland; Erweiterter Verfall und Einziehung......................................	624
§ 130	Volksverhetzung	630
§ 130 a	Anleitung zu Straftaten	640
§ 131	Gewaltdarstellung	644
§ 132	Amtsanmaßung	648
§ 132 a	Mißbrauch von Titeln, Berufsbezeichnungen und Abzeichen	650
§ 133	Verwahrungsbruch	652
§ 134	Verletzung amtlicher Bekanntmachungen	654
§ 135	(weggefallen)	655
§ 136	Verstrickungsbruch; Siegelbruch	655
§ 137	(weggefallen)	657
§ 138	Nichtanzeige geplanter Straftaten	657
§ 139	Straflosigkeit der Nichtanzeige geplanter Straftaten	660
§ 140	Belohnung und Billigung von Straftaten	661
§ 141	(weggefallen)	662
§ 142	Unerlaubtes Entfernen vom Unfallort	662
§ 143	(aufgehoben)	671
§ 144	(weggefallen)	671
§ 145	Mißbrauch von Notrufen und Beeinträchtigung von Unfallverhütungs- und Nothilfemitteln	671
§ 145 a	Verstoß gegen Weisungen während der Führungsaufsicht	672
§ 145 b	(weggefallen)	673
§ 145 c	Verstoß gegen das Berufsverbot	673
§ 145 d	Vortäuschen einer Straftat	673

Achter Abschnitt Geld- und Wertzeichenfälschung

Vorbemerkung zu den §§ 146–150		678
§ 146	Geldfälschung	679
§ 147	Inverkehrbringen von Falschgeld	683
§ 148	Wertzeichenfälschung	684
§ 149	Vorbereitung der Fälschung von Geld und Wertzeichen	685
§ 150	Erweiterter Verfall und Einziehung......................................	685
Vorbemerkung zu den §§ 151–152		686
§ 151	Wertpapiere	686
§ 152	Geld, Wertzeichen und Wertpapiere eines fremden Währungsgebiets	686
§ 152 a	Fälschung von Zahlungskarten, Schecks und Wechseln	686
§ 152 b	Fälschung von Zahlungskarten mit Garantiefunktion und Vordrucken für Euroschecks	688

Neunter Abschnitt Falsche uneidliche Aussage und Meineid

Vorbemerkung zu den §§ 153–163		689
§ 153	Falsche uneidliche Aussage	691
§ 154	Meineid	693

§ 155	Eidesgleiche Bekräftigungen	694
§ 156	Falsche Versicherung an Eides Statt	694
§ 157	Aussagenotstand	696
§ 158	Berichtigung einer falschen Angabe	697
§ 159	Versuch der Anstiftung zur Falschaussage	698
§ 160	Verleitung zur Falschaussage	699
§ 161	Fahrlässiger Falscheid; fahrlässige falsche Versicherung an Eides Statt	701
§ 162	Internationale Gerichte; nationale Untersuchungsausschüsse	701
§ 163	(aufgehoben)	702

Zehnter Abschnitt Falsche Verdächtigung

§ 164	Falsche Verdächtigung	702
§ 165	Bekanntgabe der Verurteilung	706

Elfter Abschnitt Straftaten, welche sich auf Religion und Weltanschauung beziehen

Vorbemerkung zu den §§ 166–168		706
§ 166	Beschimpfung von Bekenntnissen, Religionsgesellschaften und Weltanschauungsvereinigungen	706
§ 167	Störung der Religionsausübung	707
§ 167 a	Störung einer Bestattungsfeier	707
§ 168	Störung der Totenruhe	707

Zwölfter Abschnitt Straftaten gegen den Personenstand, die Ehe und die Familie

§ 169	Personenstandsfälschung	708
§ 170	Verletzung der Unterhaltspflicht	709
§ 171	Verletzung der Fürsorge- oder Erziehungspflicht	711
§ 172	Doppelehe; doppelte Lebenspartnerschaft	712
§ 173	Beischlaf zwischen Verwandten	712

Dreizehnter Abschnitt Straftaten gegen die sexuelle Selbstbestimmung

Vorbemerkung zu den §§ 174–184 j		713
§ 174	Sexueller Mißbrauch von Schutzbefohlenen	714
§ 174 a	Sexueller Mißbrauch von Gefangenen, behördlich Verwahrten oder Kranken und Hilfsbedürftigen in Einrichtungen	717
§ 174 b	Sexueller Mißbrauch unter Ausnutzung einer Amtsstellung	719
§ 174 c	Sexueller Mißbrauch unter Ausnutzung eines Beratungs-, Behandlungs- oder Betreuungsverhältnisses	719
§ 175	(weggefallen)	721
§ 176	Sexueller Mißbrauch von Kindern	721
§ 176 a	Schwerer sexueller Mißbrauch von Kindern	725
§ 176 b	Sexueller Mißbrauch von Kindern mit Todesfolge	727
§ 177	Sexueller Übergriff; sexuelle Nötigung; Vergewaltigung	728
§ 178	Sexueller Übergriff, sexuelle Nötigung und Vergewaltigung mit Todesfolge	734
§ 179	(aufgehoben)	734
§ 180	Förderung sexueller Handlungen Minderjähriger	734

§ 180 a	Ausbeutung von Prostituierten	736
§§ 180 b und 181 (aufgehoben)		737
§ 181 a	Zuhälterei	737
§ 181 b	Führungsaufsicht	739
§ 181 c	Vermögensstrafe und Erweiterter Verfall	739
§ 182	Sexueller Mißbrauch von Jugendlichen	739
§ 183	Exhibitionistische Handlungen	741
§ 183 a	Erregung öffentlichen Ärgernisses	742
§ 184	Verbreitung pornographischer Schriften	743
§ 184 a	Verbreitung gewalt- oder tierpornographischer Schriften	745
§ 184 b	Verbreitung, Erwerb und Besitz kinderpornographischer Schriften	746
§ 184 c	Verbreitung, Erwerb und Besitz jugendpornographischer Schriften	749
§ 184 d	Zugänglichmachen pornographischer Inhalte mittels Rundfunk oder Telemedien; Abruf kinder- und jugendpornographischer Inhalte mittels Telemedien	752
§ 184 e	Veranstaltung und Besuch kinder- und jugendpornographischer Darbietungen	752
§ 184 f	Ausübung der verbotenen Prostitution	753
§ 184 g	Jugendgefährdende Prostitution	753
§ 184 h	Begriffsbestimmungen	754
§ 184 i	Sexuelle Belästigung	755
§ 184 j	Straftaten aus Gruppen	756

Vierzehnter Abschnitt Beleidigung

Vorbemerkung zu den §§ 185–200		757
§ 185	Beleidigung	760
§ 186	Üble Nachrede	763
§ 187	Verleumdung	766
§ 188	Üble Nachrede und Verleumdung gegen Personen des politischen Lebens	767
§ 189	Verunglimpfung des Andenkens Verstorbener	767
§ 190	Wahrheitsbeweis durch Strafurteil	768
§ 191	(weggefallen)	768
§ 192	Beleidigung trotz Wahrheitsbeweises	768
§ 193	Wahrnehmung berechtigter Interessen	769
§ 194	Strafantrag	772
§§ 195 bis 198 (weggefallen)		773
§ 199	Wechselseitig begangene Beleidigungen	773
§ 200	Bekanntgabe der Verurteilung	773

Fünfzehnter Abschnitt Verletzung des persönlichen Lebens- und Geheimbereichs

Vorbemerkung zu den §§ 201–206		773
§ 201	Verletzung der Vertraulichkeit des Wortes	774
§ 201 a	Verletzung des höchstpersönlichen Lebensbereichs durch Bildaufnahmen	778
§ 202	Verletzung des Briefgeheimnisses	783
§ 202 a	Ausspähen von Daten	785
§ 202 b	Abfangen von Daten	788

§ 202 c	Vorbereiten des Ausspähens und Abfangens von Daten	789
§ 202 d	Datenhehlerei	791
§ 203	Verletzung von Privatgeheimnissen	793
§ 204	Verwertung fremder Geheimnisse	797
§ 205	Strafantrag	797
§ 206	Verletzung des Post- oder Fernmeldegeheimnisses	798
§§ 207 bis 210 (weggefallen)		800

Sechzehnter Abschnitt Straftaten gegen das Leben

Vorbemerkung zu den §§ 211–222		800
§ 211	Mord	813
§ 212	Totschlag	828
§ 213	Minder schwerer Fall des Totschlags	829
§§ 214 und 215 (weggefallen)		830
§ 216	Tötung auf Verlangen	830
§ 217	Geschäftsmäßige Förderung der Selbsttötung	833
Vorbemerkung zu den §§ 218–219 b		836
§ 218	Schwangerschaftsabbruch	837
§ 218 a	Straflosigkeit des Schwangerschaftsabbruchs	838
§ 218 b	Schwangerschaftsabbruch ohne ärztliche Feststellung; unrichtige ärztliche Feststellung	839
§ 218 c	Ärztliche Pflichtverletzung bei einem Schwangerschaftsabbruch	840
§ 219	Beratung der Schwangeren in einer Not- und Konfliktlage	840
§ 219 a	Werbung für den Abbruch der Schwangerschaft	841
§ 219 b	Inverkehrbringen von Mitteln zum Abbruch der Schwangerschaft	841
§ 220	(weggefallen)	841
§ 220 a	(aufgehoben)	841
§ 221	Aussetzung	841
§ 222	Fahrlässige Tötung	846

Siebzehnter Abschnitt Straftaten gegen die körperliche Unversehrtheit

Vorbemerkung zu den §§ 223–231		847
§ 223	Körperverletzung	848
§ 224	Gefährliche Körperverletzung	852
§ 225	Mißhandlung von Schutzbefohlenen	857
§ 226	Schwere Körperverletzung	859
§ 226 a	Verstümmelung weiblicher Genitalien	862
§ 227	Körperverletzung mit Todesfolge	864
§ 228	Einwilligung	865
§ 229	Fahrlässige Körperverletzung	868
§ 230	Strafantrag	868
§ 231	Beteiligung an einer Schlägerei	869

Achtzehnter Abschnitt Straftaten gegen die persönliche Freiheit

Vorbemerkung zu den §§ 232–241 a		871
Vorbemerkung zu den §§ 232–233 a		877
§ 232	Menschenhandel	879
§ 232 a	Zwangsprostitution	881

§ 232 b	Zwangsarbeit	883
§ 233	Ausbeutung der Arbeitskraft	883
§ 233 a	Ausbeutung unter Ausnutzung einer Freiheitsberaubung	884
§ 233 b	Führungsaufsicht, Erweiterter Verfall	885
§ 234	Menschenraub	885
§ 234 a	Verschleppung	886
§ 235	Entziehung Minderjähriger	887
§ 236	Kinderhandel	889
§ 237	Zwangsheirat	890
§ 238	Nachstellung	893
§ 239	Freiheitsberaubung	898
§ 239 a	Erpresserischer Menschenraub	902
§ 239 b	Geiselnahme	909
§ 239 c	Führungsaufsicht	910
§ 240	Nötigung	910
§ 241	Bedrohung	919
§ 241 a	Politische Verdächtigung	920

Neunzehnter Abschnitt Diebstahl und Unterschlagung

Vorbemerkung zu den §§ 242–248 c		921
§ 242	Diebstahl	922
§ 243	Besonders schwerer Fall des Diebstahls	947
§ 244	Diebstahl mit Waffen; Bandendiebstahl; Wohnungseinbruchdiebstahl	960
§ 244 a	Schwerer Bandendiebstahl	971
§ 245	Führungsaufsicht	972
§ 246	Unterschlagung	972
§ 247	Haus- und Familiendiebstahl	984
§ 248	(weggefallen)	986
§ 248 a	Diebstahl und Unterschlagung geringwertiger Sachen	986
§ 248 b	Unbefugter Gebrauch eines Fahrzeugs	987
§ 248 c	Entziehung elektrischer Energie	990

Zwanzigster Abschnitt Raub und Erpressung

Vorbemerkung zu den §§ 249–256		992
§ 249	Raub	994
§ 250	Schwerer Raub	1001
§ 251	Raub mit Todesfolge	1009
§ 252	Räuberischer Diebstahl	1012
§ 253	Erpressung	1016
§ 254	(weggefallen)	1027
§ 255	Räuberische Erpressung	1027
§ 256	Führungsaufsicht, Vermögensstrafe und Erweiterter Verfall	1028

Einundzwanzigster Abschnitt Begünstigung und Hehlerei

§ 257	Begünstigung	1028
§ 258	Strafvereitelung	1034
§ 258 a	Strafvereitelung im Amt	1039
§ 259	Hehlerei	1040
§ 260	Gewerbsmäßige Hehlerei; Bandenhehlerei	1047
§ 260 a	Gewerbsmäßige Bandenhehlerei	1048

| § 261 | Geldwäsche; Verschleierung unrechtmäßig erlangter Vermögenswerte | 1048 |
| § 262 | Führungsaufsicht | 1056 |

Zweiundzwanzigster Abschnitt Betrug und Untreue

§ 263	Betrug	1056
§ 263 a	Computerbetrug	1109
§ 264	Subventionsbetrug	1122
§ 264 a	Kapitalanlagebetrug	1127
§ 265	Versicherungsmißbrauch	1130
§ 265 a	Erschleichen von Leistungen	1133
§ 265 b	Kreditbetrug	1139
§ 266	Untreue	1142
§ 266 a	Vorenthalten und Veruntreuen von Arbeitsentgelt	1169
§ 266 b	Mißbrauch von Scheck- und Kreditkarten	1174

Dreiundzwanzigster Abschnitt Urkundenfälschung

§ 267	Urkundenfälschung	1180
§ 268	Fälschung technischer Aufzeichnungen	1193
§ 269	Fälschung beweiserheblicher Daten	1196
§ 270	Täuschung im Rechtsverkehr bei Datenverarbeitung	1198
§ 271	Mittelbare Falschbeurkundung	1199
§ 272	(weggefallen)	1201
§ 273	Verändern von amtlichen Ausweisen	1201
§ 274	Urkundenunterdrückung; Veränderung einer Grenzbezeichnung	1201
§ 275	Vorbereitung der Fälschung von amtlichen Ausweisen	1204
§ 276	Verschaffen von falschen amtlichen Ausweisen	1204
§ 276 a	Aufenthaltsrechtliche Papiere; Fahrzeugpapiere	1205
§ 277	Fälschung von Gesundheitszeugnissen	1205
§ 278	Ausstellen unrichtiger Gesundheitszeugnisse	1206
§ 279	Gebrauch unrichtiger Gesundheitszeugnisse	1206
§ 280	(weggefallen)	1207
§ 281	Mißbrauch von Ausweispapieren	1207
§ 282	Vermögensstrafe, Erweiterter Verfall und Einziehung	1207

Vierundzwanzigster Abschnitt Insolvenzstraftaten

Vorbemerkung zu den §§ 283–283 d	1208
§ 283	Bankrott	1212
§ 283 a	Besonders schwerer Fall des Bankrotts	1225
§ 283 b	Verletzung der Buchführungspflicht	1226
§ 283 c	Gläubigerbegünstigung	1227
§ 283 d	Schuldnerbegünstigung	1231

Fünfundzwanzigster Abschnitt Strafbarer Eigennutz

Vorbemerkung zu den §§ 284–287	1232
§ 284	Unerlaubte Veranstaltung eines Glücksspiels	1234
§ 285	Beteiligung am unerlaubten Glücksspiel	1236
§ 286	Vermögensstrafe, Erweiterter Verfall und Einziehung	1236

§ 287	Unerlaubte Veranstaltung einer Lotterie oder einer Ausspielung	1236
§ 288	Vereiteln der Zwangsvollstreckung	1237
§ 289	Pfandkehr	1239
§ 290	Unbefugter Gebrauch von Pfandsachen	1242
§ 291	Wucher	1242
§ 292	Jagdwilderei	1248
§ 293	Fischwilderei	1253
§ 294	Strafantrag	1254
§ 295	Einziehung	1254
§ 296	(weggefallen)	1255
§ 297	Gefährdung von Schiffen, Kraft- und Luftfahrzeugen durch Bannware	1255

Sechsundzwanzigster Abschnitt Straftaten gegen den Wettbewerb

§ 298	Wettbewerbsbeschränkende Absprachen bei Ausschreibungen	1255
§ 299	Bestechlichkeit und Bestechung im geschäftlichen Verkehr	1258
Vorbemerkung zu den §§ 299a–299b		1263
§ 299 a	Bestechlichkeit im Gesundheitswesen	1265
§ 299 b	Bestechung im Gesundheitswesen	1265
§ 300	Besonders schwere Fälle der Bestechlichkeit und Bestechung im geschäftlichen Verkehr und im Gesundheitswesen	1266
§ 301	Strafantrag	1266
§ 302	Erweiterter Verfall	1266

Siebenundzwanzigster Abschnitt Sachbeschädigung

§ 303	Sachbeschädigung	1267
§ 303 a	Datenveränderung	1272
§ 303 b	Computersabotage	1274
§ 303 c	Strafantrag	1276
§ 304	Gemeinschädliche Sachbeschädigung	1277
§ 305	Zerstörung von Bauwerken	1278
§ 305 a	Zerstörung wichtiger Arbeitsmittel	1279

Achtundzwanzigster Abschnitt Gemeingefährliche Straftaten

§ 306	Brandstiftung	1281
§ 306 a	Schwere Brandstiftung	1283
§ 306 b	Besonders schwere Brandstiftung	1286
§ 306 c	Brandstiftung mit Todesfolge	1288
§ 306 d	Fahrlässige Brandstiftung	1288
§ 306 e	Tätige Reue	1288
§ 306 f	Herbeiführen einer Brandgefahr	1289
§ 307	Herbeiführen einer Explosion durch Kernenergie	1290
§ 308	Herbeiführen einer Sprengstoffexplosion	1292
§ 309	Mißbrauch ionisierender Strahlen	1293
§ 310	Vorbereitung eines Explosions- oder Strahlungsverbrechens	1295
§ 311	Freisetzen ionisierender Strahlen	1297
§ 312	Fehlerhafte Herstellung einer kerntechnischen Anlage	1298
§ 313	Herbeiführen einer Überschwemmung	1300
§ 314	Gemeingefährliche Vergiftung	1300
§ 314 a	Tätige Reue	1302

§ 315	Gefährliche Eingriffe in den Bahn-, Schiffs- und Luftverkehr	1303
§ 315 a	Gefährdung des Bahn-, Schiffs- und Luftverkehrs	1306
§ 315 b	Gefährliche Eingriffe in den Straßenverkehr	1308
§ 315 c	Gefährdung des Straßenverkehrs	1310
§ 315 d	Schienenbahnen im Straßenverkehr	1314
§ 316	Trunkenheit im Verkehr	1314
§ 316 a	Räuberischer Angriff auf Kraftfahrer	1317
§ 316 b	Störung öffentlicher Betriebe	1321
§ 316 c	Angriffe auf den Luft- und Seeverkehr	1322
§ 317	Störung von Telekommunikationsanlagen	1323
§ 318	Beschädigung wichtiger Anlagen	1324
§ 319	Baugefährdung	1325
§ 320	Tätige Reue	1327
§ 321	Führungsaufsicht	1327
§ 322	Einziehung	1327
§ 323	(weggefallen)	1328
§ 323 a	Vollrausch	1328
§ 323 b	Gefährdung einer Entziehungskur	1331
§ 323 c	Unterlassene Hilfeleistung	1332

Neunundzwanzigster Abschnitt Straftaten gegen die Umwelt

Vorbemerkung zu den §§ 324–330 d		1335
§ 324	Gewässerverunreinigung	1337
§ 324 a	Bodenverunreinigung	1339
§ 325	Luftverunreinigung	1339
§ 325 a	Verursachen von Lärm, Erschütterungen und nichtionisierenden Strahlen	1340
§ 326	Unerlaubter Umgang mit Abfällen	1341
§ 327	Unerlaubtes Betreiben von Anlagen	1343
§ 328	Unerlaubter Umgang mit radioaktiven Stoffen und anderen gefährlichen Stoffen und Gütern	1344
§ 329	Gefährdung schutzbedürftiger Gebiete	1345
§ 330	Besonders schwerer Fall einer Umweltstraftat	1346
§ 330 a	Schwere Gefährdung durch Freisetzen von Giften	1347
§ 330 b	Tätige Reue	1347
§ 330 c	Einziehung	1348
§ 330 d	Begriffsbestimmungen	1348

Dreißigster Abschnitt Straftaten im Amt

§ 331	Vorteilsannahme	1350
§ 332	Bestechlichkeit	1355
§ 333	Vorteilsgewährung	1357
§ 334	Bestechung	1358
§ 335	Besonders schwere Fälle der Bestechlichkeit und Bestechung	1358
§ 335 a	Ausländische und internationale Bedienstete	1359
§ 336	Unterlassen der Diensthandlung	1360
§ 337	Schiedsrichtervergütung	1361
§ 338	Erweiterter Verfall	1361
§ 339	Rechtsbeugung	1361
§ 340	Körperverletzung im Amt	1364
§§ 341 und 342 (weggefallen)		1365

§ 343	Aussageerpressung	1365
§ 344	Verfolgung Unschuldiger	1367
§ 345	Vollstreckung gegen Unschuldige	1370
§§ 346 und 347	(weggefallen)	1372
§ 348	Falschbeurkundung im Amt	1372
§§ 349 bis 351	(weggefallen)	1374
§ 352	Gebührenüberhebung	1374
§ 353	Abgabenüberhebung; Leistungskürzung	1376
§ 353 a	Vertrauensbruch im auswärtigen Dienst	1377
§ 353 b	Verletzung des Dienstgeheimnisses und einer besonderen Geheimhaltungspflicht	1378
§ 353 c	(weggefallen)	1383
§ 353 d	Verbotene Mitteilungen über Gerichtsverhandlungen	1383
§ 354	(weggefallen)	1386
§ 355	Verletzung des Steuergeheimnisses	1386
§ 356	Parteiverrat	1388
§ 357	Verleitung eines Untergebenen zu einer Straftat	1393
§ 358	Nebenfolgen	1395

Stichwortverzeichnis 1397

Abkürzungsverzeichnis

Paragraphen ohne Gesetzesangaben sind solche des StGB; Absätze werden mit römischen Zahlen beziffert.

aA	anderer Ansicht
aaO	am angegebenen Ort
AbfVerbrG	Abfallverbringungsgesetz
abl.	ablehnend
abw.	abweichend
Abs.	Absatz
Achenbach-FS	Schröder u.a. (Hrsg.), Festschrift für Hans Achenbach, 2011
aE	am Ende
aF	alte Fassung
AfP	Archiv für Presserecht (Zeitschrift)
AG	Amtsgericht, Aktiengesellschaft
AK-Bearbeiter	Rudolf Wassermann (Gesamtherausgeber), Kommentar zum Strafgesetzbuch, Reihe Alternativkommentare
allg.	allgemein
Alt.	Alternative
Amelung-FS	Böse u.a. (Hrsg.), Grundlagen des Straf- und Strafverfahrensrechts. Festschrift für Knut Amelung, 2009
AMG	Arzneimittelgesetz
AmtsBl. EG	Amtsblatt der Europäischen Gemeinschaften
Anh.	Anhang
Anl.	Anlage
Anm.	Anmerkung
AnwBl	Anwaltsblatt (Zeitschrift)
AnwK-Bearbeiter	Leipold, Tsambikakis, Zöller (Hrsg.), AnwaltKommentar Strafgesetzbuch, 2. Aufl. 2015
arg.	argumento (aufgrund des Arguments)
Art.	Artikel
Arzt/Weber/Heinrich/Hilgendorf	Arzt, Weber, Heinrich, Hilgendorf, Strafrecht BT, Lehrbuch, 2. Aufl. 2009
AsylVfG	Asylverfahrensgesetz
AT	Allgemeiner Teil
AufenthG	Gesetz über den Aufenthalt, die Erwerbstätigkeit und die Integration von Ausländern im Bundesgebiet (Aufenthaltsgesetz)
Aufl.	Auflage

ausf.	Ausführlich
AZ	Aktenzeichen
BA	Blutalkohol (Zeitschrift)
BAG	Bundesarbeitsgericht
Baumann-FS	Arzt u.a. (Hrsg.), Festschrift für Jürgen Baumann, 1992
Baumann/Weber/Mitsch	Baumann/Weber/Mitsch, Strafrecht AT, 11. Aufl. 2003
BayObLG	Bayerisches Oberstes Landesgericht
BayObLGSt	Entscheidungen des Bayerischen Obersten Landesgerichts in Strafsachen
BB	Betriebs-Berater (Zeitschrift)
BBG	Bundesbeamtengesetz
Bd.	Band
BDSG	Bundesdatenschutzgesetz
BeckOK-Bearbeiter	v. Heitschel-Heinegg (Hrsg.), Beck'scher Online-Kommentar Strafgesetzbuch, Edition 31, 2016
Begr.	Begründung
bej.	bejahend
Bemmann-FS	Schulz, Vormbaum (Hrsg.), Festschrift für Günter Bemmann zum 70. Geburtstag am 15. Dezember 1997, 1997
Beschl.	Beschluss
Beulke-FS	Fahl u.a. (Hrsg.), Ein menschengerechtes Strafrecht als Lebensaufgabe, Festschrift für Werner Beulke zum 70. Geburtstag, 2015
BGB	Bürgerliches Gesetzbuch
BGBl.	Bundesgesetzblatt (Teil, Seite)
BGH	Bundesgerichtshof
BGH-FS	Krüger-Nieland (Hrsg.), 25 Jahre Bundesgerichtshof, 1975
BGH-FS II	Geiß u.a. (Hrsg.), 50 Jahre Bundesgerichtshof, 2000
BGH-FS IV	Canaris u.a. (Hrsg.), 50 Jahre Bundesgerichtshof Festgabe aus der Wissenschaft, Bd. IV. Strafrecht, Strafprozessrecht, 2000
BGHR	Rechtsprechung des Bundesgerichtshofs in Strafsachen
BGHSt	Entscheidungen des Bundesgerichtshofs in Strafsachen
BGHZ	Entscheidungen des Bundesgerichtshofs in Zivilsachen
BImSchG	Bundesimmissionsschutzgesetz

BJ	Betrifft Justiz (Zeitschrift)
BJagdG	Bundesjagdgesetz
Blau-FS	Schwind (Hrsg.), Festschrift für Günter Blau, 1985
BMinG	Bundesministergesetz
BNatSchG	Gesetz über Naturschutz und Landschaftspflege (Bundesnaturschutzgesetz)
BNotO	Bundesnotarordnung
Bockelmann-FS	Kaufmann, Arthur u.a. (Hrsg.), Festschrift für Paul Bockelmann, 1979
Bockelmann/Volk AT	Bockelmann/Volk, Strafrecht AT, 4. Aufl. 1987
BörsG	Börsengesetz
Brauneck-FS	Kreuzer u.a. (Hrsg.), Fühlende und denkende Kriminalwissenschaften. Ehrengabe für Anne-Eva Brauneck, 1999
BRD	Bundesrepublik Deutschland
BR-Drucks.	Bundesratsdrucksache
Bringewat	Bringewat, Grundbegriffe des Strafrechts, 2. Aufl. 2008
Bruns-FS	Frisch u.a. (Hrsg.), Festschrift für Hans-Jürgen Bruns, 1978
Bspr	Besprechung
bspw	beispielsweise
BT	Besonderer Teil
BT-Drucks.	Bundestagsdrucksache (Wahlperiode/Nummer)
BtMG	Gesetz über den Verkehr mit Betäubungsmitteln (Betäubungsmittelgesetz)
BVerfG	Bundesverfassungsgericht
BVerfGG	Bundesverfassungsgerichtsgesetz
BVerfGE	Entscheidungen des Bundesverfassungsgerichts
BVerwG	Bundesverwaltungsgericht
BVerwGE	Entscheidungen des Bundesverwaltungsgerichts
bzgl	bezüglich
BZRG	Gesetz über das Zentralregister und das Erziehungsregister
bzw	beziehungsweise
CCC	Constitutio Criminalis Carolina (Peinliche Gerichtsordnung Kaiser Karls V. von 1532)
CR	Computer und Recht (Zeitschrift)

Dahs-FS	Widmair u.a. (Hrsg.), Festschrift für Hans Dahs, 2005
DAR	Deutsches Autorecht (Zeitschrift)
DB	Der Betrieb (Zeitschrift)
DDR	Deutsche Demokratische Republik
Dencker-FS	Degener, Wilhelm (Hrsg.), Festschrift für Friedrich Dencker, 2012
ders.	derselbe
dh	das heißt
Die Justiz	Die Justiz, Amtsblatt des Justizministeriums Baden-Württemberg
dies.	dieselbe(n)
diff.	differenzierend
DIN	Deutsche Industrie-Norm(en)
DJT	Deutscher Juristentag
Dreher-FS	Jescheck u.a. (Hrsg.), Festschrift für Eduard Dreher, 1977
DRiG	Deutsches Richtergesetz
DRiZ	Deutsche Richterzeitung
Dünnebier-FS	Hanack u.a. (Hrsg.), Festschrift für Hanns Dünnebier, 1982
Ebert	Ebert, Strafrecht AT, 3. Aufl. 2001
EGBGB	Einführungsgesetz zum Bürgerlichen Gesetzbuche
EGFinSchG	Gesetz zu dem Übereinkommen vom 26. Juli 1995 über den Schutz der finanziellen Interessen der Europäischen Gemeinschaften (EG-Finanzschutzgesetz)
EGMR	Europäischer Gerichtshof für Menschenrechte
EGStGB	Einführungsgesetz zum Strafgesetzbuch
Einl.	Einleitung
einschl.	einschließlich
einschr.	einschränkend
Eisele BT I, II	Eisele, Strafrecht BT I, Straftaten gegen die Person und Allgemeinheit, 3. Aufl. 2014 Eisele, Strafrecht BT II, Eigentumsdelikte und Vermögensdelikte, 3. Aufl. 2015
EMRK	Europäische Konvention zum Schutze der Menschenrechte und Grundfreiheiten
Eser-FS	Jörg Arnold u.a. (Hrsg.), Festschrift für Albin Eser, 2005
EU	Europäische Union

EUBestG	Gesetz zu dem Protokoll vom 27. September 1996 zum Übereinkommen über den Schutz der finanziellen Interessen der Europäischen Gemeinschaften
evtl	eventuell
EWiR	Entscheidungen zum Wirtschaftsrecht (Zeitschrift)
f	folgende (Seite, Paragraph)
FamRZ	Ehe und Familie im privaten und öffentlichen Recht; Zeitschrift für das gesamte Familienrecht
FeV	Fahrerlaubnis-Verordnung
Feuerbach	Feuerbach, Anselm Ritter von, Lehrbuch des gemeinen in Deutschland gültigen peinlichen Rechts, 11. Aufl. 1832
ff	folgende (Seiten, Paragraphen)
FGG	Gesetz über die Angelegenheiten der freiwilligen Gerichtsbarkeit
Fischer	Fischer, Strafgesetzbuch und Nebengesetze, 63. Aufl. 2016
FlaggenRG	Gesetz über das Flaggenrecht der Seeschiffe und die Flaggenführung der Binnenschiffe (Flaggenrechtsgesetz)
Fn	Fußnote
Frank	Frank, Das Strafrecht für das Deutsche Reich, 18. Aufl. 1931
Freund	Freund, Strafrecht AT, Personale Straftatlehre, 2. Aufl. 2008
Fischer-FS	Freund u.a. (Hrsg.), Festschrift für Wolfgang Fischer zum 70. Geburtstag, 2013
Frisch-FS	Freund u.a. (Hrsg.), Festschrift für Wolfgang Frisch zum 70. Geburtstag, 2013
Frister	Strafrecht AT, 7. Aufl. 2015
G	Gesetz
GA	Archiv für Strafrecht und Strafprozeß, begründet von Th. Goltdammer; (später:) Goltdammer's Archiv für Strafrecht
GA-FS	Wolter (Hrsg.), 140 Jahre Goltdammer's Archiv für Strafrecht. Eine Würdigung zum 70. Geburtstag von Paul-Günter Pötz, 1993
Gallas-FS	Lackner u.a. (Hrsg.), Festschrift für Wilhelm Gallas, 1973
GastG	Gaststättengesetz

GBA	Generalbundesanwalt
Geerds-FS	Schlüchter (Hrsg.), Kriminalistik und Strafrecht, Festschrift für Friedrich Geerds, 1995
gem.	gemäß
Geppert-FS	Geisler u.a. (Hrsg.), Festschrift für Klaus Geppert, 2011
GewO	Gewerbeordnung
GG	Grundgesetz für die Bundesrepublik Deutschland
ggf	gegebenenfalls
G/K/R-Bearbeiter	Gercke/Kraft/Richter, Arbeitsstrafrecht, Strafrechtliche Risiken und Risikomanagement, 2. Aufl. 2015
GlüStV	Staatsvertrag zum Glücksspielwesen in Deutschland (Glücksspielstaatsvertrag)
GmbH	Gesellschaft mit beschränkter Haftung
GmbHG	Gesetz betreffend die Gesellschaften mit beschränkter Haftung
GmbHR	GmbH-Rundschau (Zeitschrift)
GOBT	Geschäftsordnung des Deutschen Bundestages
Gössel/Dölling I	Gössel, Dölling, Strafrecht BT 1, Straftaten gegen Persönlichkeits- und Gemeinschaftswerte, 2. Aufl. 2004
Gössel II	Gössel, Strafrecht BT, Bd. 2, Straftaten gegen materielle Rechtsgüter des Individuums, 2. Aufl. 1999
Gössel-FS	Dölling, Erb (Hrsg.), Festschrift für Karl Heinz Gössel, 2002
grds.	grundsätzlich
Gropp	Strafrecht AT, 4. Aufl. 2015
GS	Der Gerichtssaal (Zeitschrift)
GPSG	Geräte- und Produktsicherheitsgesetz
GVG	Gerichtsverfassungsgesetz
Haffke-Symposium	Beulke u.a. (Hrsg.), Symposium für Bernhard Haffke zum 65. Geburtstag 28/29 März 2009, 2009
Hamm-FS	Michalke u.a. (Hrsg.), Festschrift für Rainer Hamm zum 65. Geburtstag, 2008
Hälschner II	Hälschner, Das gemeine deutsche Strafrecht, systematisch dargestellt, Bd. 2, Der Besondere Theil des Systems, 1. Abtheilung 1884, 2. Abtheilung 1887

Hanack-FS	Ebert u.a. (Hrsg.), Festschrift für Ernst-Walter Hanack, 1999
HansOLG	Hanseatisches Oberlandesgericht
Heidelberg-FS	Hochschullehrer der Juristischen Fakultät der Universität Heidelberg (Hrsg.), Richterliche Rechtsfortbildung, Festschrift zur 600-Jahr-Feier der Ruprecht-Karls-Universität, 1986
Heinitz-FS	Lüttger (Hrsg.), Festschrift für Ernst Heinitz, 1972
Heinrich	Heinrich, Strafrecht AT, 3. Aufl. 2012
v. Heintschel-Heinegg	v. Heintschel-Heinegg, Prüfungstraining Strafrecht, Bd. 1, Methodik der Fallbearbeitung, 1992
v. Heintschel-Heinegg-FS	Bockemühl u.a. (Hrsg.), Festschrift für Bernd von Heintschel-Heinegg zum 70. Geburtstag, 2015
Heinz-FS	Hilgendorf, Rengier (Hrsg.), Festschrift für Wolfgang Heinz, 2012
Heinze-GS	Waltermann (Hrsg.), Gedächtnisschrift für Meinhard Heinze, 2004
Helmrich-FS	Letzgus u.a. (Hrsg.), Für Recht und Staat, Festschrift für Herbert Helmrich, 1994
Hellmann/Beckemper	Wirtschaftsstrafrecht, 4. Aufl. 2013
Henkel-FS	Roxin u.a. (Hrsg.), Grundfragen der gesamten Strafrechtswissenschaft, Festschrift für Heinrich Henkel, 1974
Herrmann-FS	Rehbinder (Hrsg.), Festschrift für Günter Herrmann zum 70. Geburtstag, 2002
Herzberg-FS	Putzke u.a. (Hrsg.), Strafrecht zwischen System und Telos. Festschrift für Rolf Dietrich Herzberg, 2008
Hg./Hrsg.	Herausgeber
HGB	Handelsgesetzbuch
v. Hippel II	von Hippel, Deutsches Strafrecht, Bd. II, 1930
Hirsch-FS	Weigend u.a. (Hrsg.), Festschrift für Hans Joachim Hirsch, 1999
HKGS-Bearbeiter	Dieter Dölling, Gunnar Duttge, Dieter Rössner (Hrsg.), Gesamtes Strafrecht, Handkommentar, 3. Aufl. 2013
hL	herrschende Lehre
hM	herrschende Meinung

Hoffmann-Holland	Hoffmann-Holland, Strafrecht Allgemeiner Teil, 3. Aufl. 2015
Hohmann/Sander BT I	Hohmann, Sander, Strafrecht Besonderer Teil I, 3. Aufl. 2011
Hollerbach-FS	Bohnert u.a. (Hrsg.), Verfassung – Philosophie – Kirche, Festschrift für Alexander Hollerbach, 2001
Honig-FS	Barth u.a. (Hrsg.), Festschrift für Richard M. Honig, 1970
HRRS	Onlinezeitschrift für Höchstrichterliche Rechtsprechung im Strafrecht
Hruschka	Hruschka, Strafrecht nach logisch-analytischer Methode, 2. Aufl. 1988
HS	Halbsatz
Hübner-FS	Baumgärtel (Hrsg.), Festschrift für Heinz Hübner zum 70. Geburtstag, 1984
HWSt-Bearbeiter	Achenbach, Ransiek (Hrsg.), Handbuch Wirtschaftsstrafrecht, 3. Aufl. 2012
idF	in der Fassung
idR	in der Regel
iE	im Ergebnis
ieS	im engeren Sinne
InsO	Insolvenzordnung
IntBestG	Gesetz zu dem Übereinkommen vom 17. Dezember 1997 über die Bekämpfung der Bestechung ausländischer Amtsträger im internationalen Geschäftsverkehr
IRG	Gesetz über die internationale Rechtshilfe in Strafsachen
iS	im Sinne
iSe	im Sinne eines/einer
iSd	im Sinne des/der
iSv	im Sinne von
iur	Informatik und Recht (Zeitschrift)
iwS	im weiteren Sinne
iVm	in Verbindung mit
JA	Juristische Arbeitsblätter (Zeitschrift)
Jäger AT, BT	Jäger, Examens-Repetitorium Strafrecht AT, 6.Aufl. 2013; Examens-Repetitorium Strafrecht BT, 5. Aufl. 2013
Jakobs	Jakobs, Strafrecht AT, 2. Aufl. 1991
Jakobs-FS	Pawlik u.a. (Hrsg.), Festschrift für Günther Jakobs, 2007

JArbSchG	Jugendarbeitsschutzgesetz
Jescheck-FS	Vogler u.a. (Hrsg.), Festschrift für Hans-Heinrich Jescheck, 1985
Jescheck/Weigend	Jescheck, Weigend, Lehrbuch des Strafrechts AT, 5. Aufl. 1996
jew.	jeweils
JGG	Jugendgerichtsgesetz
JK	Jura-Rechtsprechungskartei (Beilage der Zeitschrift Jura)
JMBlNRW	Justizministerialblatt für das Land Nordrhein-Westfalen
Joecks	Joecks, Strafgesetzbuch, Studienkommentar, 11. Aufl. 2014
JR	Juristische Rundschau (Zeitschrift)
Jung-FS	Müller-Dietz u.a. (Hrsg.), Festschrift für Heike Jung, 2007
Jura	Juristische Ausbildung (Zeitschrift)
JuS	Juristische Schulung (Zeitschrift)
JuSchG	Jugendschutzgesetz
JW	Juristische Wochenschrift (Zeitschrift)
JZ	Juristenzeitung (Zeitschrift)
K&R	Kommunikation und Recht (Zeitschrift)
Kargl-FS	Albrecht u.a. (Hrsg.), Festschrift für Walter Kargl zum 70. Geburtstag, 2015
Kaufmann, A.-GS	Dornseifer u.a. (Hrsg.), Gedächtnisschrift für Armin Kaufmann, 1989
Kaufmann, Arth.-FS	Haft u.a. (Hrsg.), Strafgerechtigkeit, Festschrift für Arthur Kaufmann, 1993
Kaufmann, H.-GS	Hirsch u.a. (Hrsg.), Gedächtnisschrift für Hilde Kaufmann, 1986
KBekG	Gesetz zur Bekämpfung der Korruption
Kern-FS	Born, Lange (Hrsg.), Tübinger Festschrift für Eduard Kern, 1968
KG	Kammergericht
Kindhäuser AT	Kindhäuser, Lehrbuch des Strafrechts AT, 6. Aufl. 2013
Kindhäuser BT I, II	Kindhäuser, Strafrecht BT I, Straftaten gegen Persönlichkeitsrechte, Staat und Gesellschaft, 7. Aufl. 2015 Strafrecht BT II, Straftaten gegen Vermögensrechte, 8. Aufl. 2014
Kindhäuser/Schumann/Lubig Klausurtraining	Kindhäuser, Schumann, Lubig, Klausurtraining Strafrecht, 3. Aufl. 2016 (zitiert nach Seiten)

KJ	Kritische Justiz (Zeitschrift)
Kleinknecht-FS	Gössel u.a. (Hrsg.), Strafverfahren im Rechtsstaat, Festschrift für Theodor Kleinknecht, 1985
Klesczewski AT	Klesczewski, Strafrecht AT, 2. Aufl. 2012
Klesczewski BT	Klesczewski, Strafrecht BT, 2016
Klug-FS	Kohlmann (Hrsg.), Festschrift für Ulrich Klug zum 70. Geburtstag, Bd. 2, Strafrecht, Prozeßrecht, Kriminologie, Strafvollzugsrecht, 1983
KO	Konkursordnung
Koch-FS	Juristische Gesellschaft zu Berlin (Hrsg.), Festgabe für Richard Koch, 1903
Köhler	Köhler, Strafrecht AT, 1997 (zitiert nach Seiten)
Kohlmann-FS	Hirsch u.a. (Hrsg.), Festschrift für Günter Kohlmann, 2003
Kohlrausch-FS	Bockelmann u.a. (Hrsg.), Probleme der Strafrechtserneuerung, Eduard Kohlrausch zum 70. Geburtstag dargebracht, 1944
Kohlrausch/Lange	Kohlrausch, Lange, Strafgesetzbuch, 43. Aufl. 1961
Köln-FS	Festschrift der Rechtswissenschaftlichen Fakultät zur 600-Jahr-Feier der Universität zu Köln, 1988
Krause-FS	Schlüchter u.a. (Hrsg.), Recht und Kriminalität, Festschrift für Friedrich-Wilhelm Krause, 1990
Krey/Esser AT	Krey/Esser, Deutsches Strafrecht AT, 6. Aufl. 2016
KHH/Bearbeiter BT I	Krey, Hellmann, Heinrich, Strafrecht BT, Bd. 1, BT ohne Vermögensdelikte, 16. Aufl. 2015
KHH/Bearbeiter BT II	Krey, Hellmann, Heinrich, Strafrecht BT, Bd. 2, Vermögensdelikte, 17. Aufl. 2015
Kriminalistik	Kriminalistik, Zeitschrift die gesamte kriminalistische Wissenschaft und Praxis
krit.	kritisch
KritV	Kritische Vierteljahresschrift für Gesetzgebung und Rechtswissenschaft
KrWaffKontrG	Ausführungsgesetz zu Artikel 26 Abs. 2 des Grundgesetzes (Kriegswaffenkontrollgesetz)

Kudlich AT	Kudlich, Strafrecht AT, Prüfe dein Wissen, 4. Aufl. 2013 (zitiert nach Fallnummern)
Kudlich BT I	Kudlich, Strafrecht BT I, Vermögensdelikte, Prüfe dein Wissen, 3. Auflage 2013 (zitiert nach Fallnummern)
Kühl	Kühl, Strafrecht AT, 7. Aufl. 2012
Kühl-FS	Heger u.a. (Hrsg.), Festschrift für Kristian Kühl zum 70. Geburtstag, 2014
Kühne-FS	Esser u.a. (Hrsg.), Festschrift für Hans-Heiner Kühne, 2013
Küper/Zopfs	Küper/Zopfs, Strafrecht BT, Definitionen mit Erläuterungen, 9. Aufl. 2015
Küper-FS	Hettinger, Zopfs, Hillenkamp u.a. (Hrsg.), Festschrift für Wilfried Küper zum 70. Geburtstag, 2007
KUrhG	Kunsturhebergesetz
Lackner-FS	Küper u.a. (Hrsg.), Festschrift für Karl Lackner, 1987
Lampe-FS	Dölling (Hrsg.), Jus humanum. Grundlagen des Rechts und Strafrecht. Festschrift für Ernst-Joachim Lampe, 2003
Lange-FS	Warda u.a. (Hrsg.), Festschrift für Richard Lange, 1976
Laubenthal	Laubenthal, Handbuch Sexualstraftaten – Die Delikte gegen die sexuelle Selbstbestimmung, 2012
LdR	Ulsamer (Hrsg.), Lexikon des Rechts/Strafrecht, Strafverfahrensrecht, 2. Aufl. 1996 (zitiert nach Seiten)
Leferenz-FS	Kerner u.a. (Hrsg.), Kriminologie-Psychiatrie-Strafrecht, Festschrift für Heinz Leferenz, 1983
Lenckner-FS	Eser u.a. (Hrsg.), Festschrift für Theodor Lenckner, 1998
LG	Landgericht
v. Liszt	v. Liszt, Lehrbuch des Deutschen Strafrechts, 22. Aufl. 1919
v. Liszt/Schmidt	von Liszt, Schmidt, Lehrbuch des Deutschen Strafrechts, Bd. II, 25. Aufl. 1927
LK-Bearbeiter	Laufhütte, Rissing-van Saan, Tiedemann (Hrsg.), Leipziger Kommentar zum Strafgesetzbuch, 12. Aufl. bis 2015

	Jähnke, Laufhütte, Odersky (Hrsg.), Leipziger Kommentar zum Strafgesetzbuch, 11. Aufl. seit 1992; Jescheck, Ruß, Willms (Hrsg.), Leipziger Kommentar zum Strafgesetzbuch, 10. Aufl. seit 1985
L-Kühl-Bearbeiter	Lackner, Kühl, Heger, Strafgesetzbuch mit Erläuterungen, 28. Aufl. 2014
LM	Lindenmaier, Möhring (Hrsg.), Entscheidungen des Bundesgerichtshofes im Nachschlagewerk des Bundesgerichtshofes, ab 1951
LMBG	Gesetz über den Verkehr mit Lebensmitteln, Tabakerzeugnissen, kosmetischen Mitteln und sonstigen Bedarfsgegenständen (Lebensmittel- und Bedarfsgegenständegesetz)
LuftVG	Luftverkehrsgesetz
LZ	Leipziger Zeitschrift
m.	mit
M/G/Z-Bearbeiter	Maurach, Gössel, Zipf, Strafrecht AT, Teilbd. 2, Erscheinungsformen und Rechtsfolgen der Straftat, 8. Aufl. 2014
M-Schroeder/Maiwald I, II	Maurach, Schroeder, Maiwald, Strafrecht BT, Teilbd. 1, Straftaten gegen Persönlichkeits- und Vermögenswerte, 10. Aufl. 2009; Teilbd. 2, Straftaten gegen Gemeinschaftswerte, 10. Aufl. 2012
M-Zipf	Maurach, Zipf, Strafrecht AT, Teilbd. 1, Grundlehren des Strafrechts und Aufbau der Straftat, 8. Aufl. 1992
Madrid-Symposium	Schünemann u.a. (Hrsg.), Bausteine des europäischen Wirtschaftsstrafrechts. Madrid-Symposium für Klaus Tiedemann, 1994
Mahrenholz-FS	Däubler-Gmelin u.a. (Hrsg.), Gegenrede, Aufklärung, Kritik, Öffentlichkeit, Festschrift für Ernst Gottfried Mahrenholz, 1994
Maihofer-FS	Kaufmann, Arthur u.a. (Hrsg.), Rechtsstaat und Menschenwürde, Festschrift für Werner Maihofer, 1988
Maiwald-FS	Momsen u.a. (Hrsg.), Fragmentarisches Strafrecht, für Manfred Maiwald aus Anlass seiner Emeritierung, 2003

Marxen	Kompaktkurs Strafrecht AT, 2003
Maurach-FS	Schroeder u.a. (Hrsg.), Festschrift für Reinhart Maurach, 1972
maW	mit anderen Worten
Mayer	Hellmuth Mayer, Strafrecht AT, 1967
Mayer-FS	Geerds u.a. (Hrsg.), Beiträge zur gesamten Strafrechtswissenschaft. Festschrift für Hellmuth Mayer, 1966
MDR	Monatsschrift für Deutsches Recht
MedR	Medizinrecht (Zeitschrift)
Meurer-GS	Graul, Wolf (Hrsg.), Gedächtnisschrift für Dieter Meurer, 2002
Mezger	Strafrecht, 3. Aufl. 1949
Mezger-FS	Engisch u.a. (Hrsg.), Festschrift für Edmund Mezger, 1954
M/G-Bearbeiter	Momsen/Grützner, Wirtschaftsstrafrecht, 2013
M-G/Bearbeiter	Müller-Gugenberger (Hrsg.), Handbuch des Wirtschaftsstraf- und -ordnungswidrigkeitenrechts, 6. Aufl. 2015
Mitsch	Mitsch, Strafrecht Besonderer Teil 2, Vermögensdelikte, 3. Aufl. 2015
Miyazawa-FS	Kühne u.a. (Hrsg.), Festschrift für Koichi Miyazawa: Dem Wegbereiter des japanisch-deutschen Strafrechtsdiskurses, 1995
MK-Bearbeiter	Joecks/Miebach (Hrsg.), Münchener Kommentar zum Strafgesetzbuch, 3. Aufl. bis 2016; 2. Aufl. seit 2011
MK-AktG-Bearbeiter	Götte/Habersack (Hrsg.), Münchener Kommentar zum Aktiengesetz, Bd. 2, §§ 76–117 AktG, MitbestG, DrittelbG, 4. Aufl. 2014
MK-BGB-Bearbeiter	Säcker u.a. (Hrsg.), Münchener Kommentar zum Bürgerlichen Gesetzbuch, Bd. 6, AT §§ 854–1296 BGB, WEG, ErbbauRG, 6. Aufl. 2013
MMR	MultiMedia und Recht. Zeitschrift für Information, Telekommunikation und Medienrecht
MoMiG	Gesetz zur Modernisierung des GmbH-Rechts und zur Bekämpfung von Missbräuchen
M/R-Bearbeiter	Matt/Renzikowski (Hrsg.), Strafgesetzbuch, Kommentar, 2013

MschrKrim	Monatsschrift für Kriminologie und Strafrechtsreform
mwN	mit weiteren Nachweisen
NdsRpfl.	Niedersächsische Rechtspflege (Zeitschrift)
nF	neue Fassung
Nirk-FS	Bruchhausen, Hefermehl (Hrsg.), Festschrift für Rudolf Nirk, 1992
Nishihara-FS	Eser u.a. (Hrsg.), Festschrift für Haruo Nishihara, Bd. 5, Beiträge in deutscher Sprache, 1998
NJ	Neue Justiz (Zeitschrift)
NJOZ	Neue Juristische Online-Zeitschrift
NJW	Neue Juristische Wochenschrift
NK-Bearbeiter	Kindhäuser, Neumann, Paeffgen (Hrsg.), Nomos-Kommentar zum Strafgesetzbuch, 4. Aufl. 2013
Noll-GS	Hauser u.a. (Hrsg.), Gedächtnisschrift für Peter Noll, 1984
Nr.	Nummer(n)
NStE	Rebmann u.a. (Hrsg.), Neue Entscheidungssammlung für Strafrecht
NStZ	Neue Zeitschrift für Strafrecht
NStZ-RR	NStZ-Rechtsprechungsreport Strafrecht
NuR	Natur und Recht (Zeitschrift)
NVwZ	Neue Zeitschrift für Verwaltungsrecht
NZG	Neue Zeitschrift für Gesellschaftsrecht
NZI	Neue Zeitschrift für das Recht der Insolvenz und Sanierung
NZV	Neue Zeitschrift für Verkehrsrecht
NZWiSt	Neue Zeitschrift für Wirtschafts-, Steuer- und Unternehmensstrafrecht
oä	oder ähnlich
o.Ä.	oder Ähnliche(s.)
Odersky-FS	Böttcher u.a. (Hrsg.), Festschrift für Walter Odersky, 1996
Oehler-FS	Herzberg (Hrsg.), Festschrift für Dietrich Oehler, 1985
o.g.	oben genannte(n)
OHG	Offene Handelsgesellschaft
OLG	Oberlandesgericht
OLG Celle-FS	Rechts- und Staatswissenschaftliche Fakultät Göttingen (Hrsg.), Göttinger Festschrift für das Oberlandesgericht Celle, 1961

OLGSt	Entscheidungen der Oberlandesgerichte zum Straf- und Strafverfahrensrecht
Otto AT, BT	Otto, Grundkurs Strafrecht, Allgemeine Strafrechtslehre, 7. Aufl. 2004; Grundkurs Strafrecht, Die einzelnen Delikte, 7. Aufl. 2005
Otto-FS	Dannecker u.a. (Hrsg.), Festschrift für Harro Otto, 2007
OWiG	Gesetz über Ordnungswidrigkeiten
Paeffgen-FS	Stuckenberg u.a. (Hrsg.), Strafe und Prozess im freiheitlichen Rechtsstaat, Festschrift für Hans-Ullrich Paeffgen zum 70. Geburtstag, 2015
Palandt/Bearbeiter	Palandt, Bürgerliches Gesetzbuch. Kurzkommentar, 75. Aufl. 2016
PassG	Passgesetz
Peters-FS	Baumann u.a. (Hrsg.), Einheit und Vielfalt des Strafrechts. Festschrift für Karl Peters, 1974
Pfeiffer-FS	Freiherr v. Gamm u.a. (Hrsg.), Strafrecht, Unternehmensrecht, Anwaltsrecht. Festschrift für Gerd Pfeiffer, 1988
PreußObTrib	Preußisches Obertribunal
prStGB	Strafgesetzbuch für die preußischen Staaten von 1851
PStG	Personenstandsgesetz
Puppe	Puppe, Strafrecht AT im Spiegel der Rechtsprechung, 3. Aufl. 2016
Puppe-FS	Paeffgen u.a. (Hrsg.), Festschrift für Ingeborg Puppe, 2011
R&P	Recht und Psychiatrie (Zeitschrift)
Rebmann-FS	Eyrich u.a. (Hrsg.), Festschrift für Kurt Rebmann, 1989
Rengier AT	Rengier, Strafrecht Allgemeiner Teil, 8. Aufl. 2016
Rengier I, II	Rengier, Strafrecht BT I, Vermögensdelikte, 18. Aufl. 2016; Strafrecht BT II, Delikte gegen die Person und die Allgemeinheit, 17. Aufl. 2016
restr.	restriktiv
RG	Reichsgericht
RGBl	Reichsgesetzblatt (Teil, Seite)

RGSt	Entscheidungen des Reichsgerichts in Strafsachen
Rissing-van Saan-FS	Bernsmann u.a. (Hrsg.), Festschrift für Ruth Rissing-van Saan, 2011
Rittler-FS	Hohenleiter u.a. (Hrsg.), Festschrift für Theodor Rittler, 1957
RIW	Recht der internationalen Wirtschaft (Zeitschrift)
Rn	Randnummer
Rössner-FS	Bannenberg u.a. (Hrsg.), Über allem: Menschlichkeit, Festschrift für Dieter Rössner, 2015
Roxin TuT	Roxin, Täterschaft und Tatherrschaft, 9. Aufl. 2015
Roxin I, II	Roxin, Strafrecht AT, Bd. 1, Grundlagen. Der Aufbau der Verbrechenslehre, 4. Aufl. 2006; Bd. 2, Besondere Erscheinungsformen der Straftat, 2003
Roxin-FS I	Achenbach u.a. (Hrsg.), Festschrift für Claus Roxin, 2001
Roxin-FS II	Heinrich u.a. (Hrsg.), Strafrecht als Scientia Universalis, Festschrift für Claus Roxin, Bd. 1 und 2, 2011
Roxin, Imme-FS	Schulz u.a. (Hrsg.), Festschrift für Imme Roxin, 2012
RPflG	Rechtspflegergesetz
Rspr	Rechtsprechung
RStGB	Reichsstrafgesetzbuch
Rudolphi-FS	Rogall u.a. (Hrsg.), Festschrift für Hans-Joachim Rudolphi, 2004
Rüping-FS	Steinberg (Hrsg.), Recht und Macht. Festschrift für Hinrich Rüping, 2008
RVG	Rechtsanwaltsvergütungsgesetz
S.	Satz, Seite
s.	siehe
Salger-FS	Eser u.a. (Hrsg.), Straf- und Strafverfahrensrecht, Recht und Verkehr, Recht und Medizin. Festschrift für Hannskarl Salger, 1995
Sauer AT	Sauer, Allgemeine Strafrechtslehre, 3. Aufl. 1955
Schaffstein-FS	Grünewald, Miehe, Rudolphi, Schreiber (Hrsg.), Festschrift für Friedrich Schaffstein, 1975

Schapp-FS	Gödicke u.a. (Hrsg.), Festschrift für Jan Schapp, 2010
Schewe-FS	Schütz u.a. (Hrsg.), Medizinrecht, Psychopathologie, Rechtsmedizin. Festschrift für Günter Schewe, 1991
Schiller-FS	Lüderssen u.a. (Hrsg.), Festschrift für Wolf Schiller, 2014
Schlüchter-GS	Duttge u.a. (Hrsg.), Gedächtnisschrift für Ellen Schlüchter, 2002
Schmidhäuser AT	Schmidhäuser, Strafrecht AT, Lehrbuch, 2. Aufl. 1975
Schmidhäuser StuB AT	Schmidhäuser, Strafrecht AT, Studienbuch, unter Mitarbeit von Heiner Alwart, 2. Aufl. 1984
Schmidhäuser BT	Schmidhäuser, Strafrecht BT, 2. Aufl. 1983
Schmidt, Eb.-FS	Gallas (Hrsg.), Festschrift für Eberhard Schmidt zum 70. Geburtstag, 1961
Schroeder, F.-C.-FS	Hoyer u.a. (Hrsg.), Festschrift für Friedrich-Christian Schroeder, 2006
Schröder-GS	Stree, Cramer, Eser (Hrsg.), Gedächtnisschrift für Horst Schröder, 1978
Schüler-Springorum-FS	Albrecht u.a. (Hrsg.), Festschrift für Horst Schüler-Springorum, 1993
Schünemann-FS	Hefendehl u.a. (Hrsg.), Streitbare Strafrechtswissenschaft, Festschrift für Bernd Schünemann zum 70. Geburtstag, 2014
SDÜ	Übereinkommen vom 19. Oktober 1990 zur Durchführung des Übereinkommens von Schengen vom 14. Juni 1985 zwischen den Regierungen der Benelux-Wirtschaftsunion, der Bundesrepublik Deutschland und der Französischen Republik betreffend den schrittweisen Abbau der Kontrollen an den gemeinsamen Grenzen
Seebode-FS	Schneider u.a. (Hrsg.), Festschrift für Manfred Seebode, 2008
SK-Bearbeiter	Rudolphi u.a., Systematischer Kommentar zum Strafgesetzbuch, Loseblattwerk, Stand September 2016
sog.	sogenannt(e, er)
SoldG	Gesetz über die Rechtsstellung der Soldaten (Soldatengesetz)
Sonnen	Sonnen, Strafrecht BT, 2005

Spendel-FS	Seebode (Hrsg.), Festschrift für Günter Spendel, 1992
Spinellis-FS	Courakis (Hrsg.), Festschrift für Dionysios Spinellis, 2001
SprengG	Gesetz über explosionsgefährliche Stoffe (Sprengstoffgesetz)
S/S-Bearbeiter	Schönke, Schröder, Strafgesetzbuch. Kommentar, 29. Aufl. 2014
S/S/W-Bearbeiter	Satzger, Schluckebier, Widmaier (Hrsg.), Strafgesetzbuch. Kommentar, 2. Aufl. 2014
st.	ständige
StA	Staatsanwalt, Staatsanwaltschaft
StGB	Strafgesetzbuch
Stöckel-FS	Jahn u.a. (Hrsg.), Strafrechtspraxis und Reform. Festschrift für Heinz Stöckel zum 70. Geburtstag, 2010
StPO	Strafprozessordnung
str.	streitig
StrÄndG	Strafrechtsänderungsgesetz
StraFo	Strafverteidiger Forum (Zeitschrift)
StrafR	Strafrecht
Stratenwerth/Kuhlen	Stratenwerth, Kuhlen, Strafrecht AT. Die Straftat, 6. Aufl. 2011
Stree/Wessels-FS	Küper u.a. (Hrsg.), Beiträge zur Rechtswissenschaft. Festschrift für Walter Stree und Johannes Wessels, 1993
Streng	Streng, Strafrechtliche Sanktionen. Grundlagen und Anwendung, 3. Aufl. 2012
StrRG	Gesetz zur Reform des Strafrechts
StV	Strafverteidiger (Zeitschrift)
StVG	Straßenverkehrsgesetz
StVO	Straßenverkehrsordnung
StVollzG	Gesetz über den Vollzug der Freiheitsstrafe und der freiheitsentziehenden Maßregeln der Sicherung und Besserung (Strafvollzugsgesetz)
StVollstrO	Strafvollstreckungsordnung
SubvG	Subventionsgesetz
SVR	Straßenverkehrsrecht (Zeitschrift)
Szwarc-FS	Joerden u.a. (Hrsg.), Festschrift für Andrzej J. Szwarc, 2009

ThUG	Gesetz zur Therapierung und Unterbringung psychisch gestörter Gewalttäter (Therapieunterbringungsgesetz)
TierschG	TierschutzG
Tiedemann AT	Wirtschaftsstrafrecht Allgemeiner Teil, 4. Aufl. 2013
Tiedemann BT	Wirtschaftsstrafrecht Besonderer Teil, 3. Aufl. 2011
Tiedemann-FS	Sieber u.a. (Hrsg.), Festschrift für Klaus Tiedemann, 2008
TKG	TelekommunikationsG
TPG	TransplantationsG
Triffterer-FS	Schmoller (Hrsg.), Festschrift für Otto Triffterer, 1996
Tröndle-FS	Jescheck u.a. (Hrsg.), Festschrift für Herbert Tröndle, 1988
ua	unter anderem/n
u.a.	und andere
uÄ	und Ähnliche(s.)
UFITA	Archiv für Urheber-, Film-, Funk- und Theaterrecht
umf.	umfassend
umstr.	umstritten
unstr.	unstrittig
UPR	Umwelt- und Planungsrecht (Zeitschrift)
Urt.	Urteil
usw	und so weiter
uU	unter Umständen
v.	von
Var.	Variante
VDB	Vergleichende Darstellung des deutschen und ausländischen Strafrechts, BT
VersG	Gesetz über Versammlungen und Aufzüge (Versammlungsgesetz)
VersR	Versicherungsrecht (Zeitschrift)
vgl	vergleiche
VM	Verkehrsrechtliche Mitteilungen (Zeitschrift)
VO	Verordnung
Vogler-GS	Triffterer (Hrsg.), Gedächtnisschrift für Theo Vogler, 2004
Volk-FS	Hassemer u.a. (Hrsg.), Festschrift für Klaus Volk zum 65. Geburtstag, 2009

Voraufl.	Vorauflage
Vor	Vorbemerkung
VRS	Verkehrsrechts-Sammlung
VStGB	Völkerstrafgesetzbuch
VVG	Gesetz über den Versicherungsvertrag
VBlBW	Verwaltungsblätter für Baden-Württemberg (Zeitschrift)
VwGO	Verwaltungsgerichtsordnung
VwVfG	Verwaltungsverfahrensgesetz
W-Beulke/Satzger	Wessels, Beulke, Satzger Strafrecht AT. Die Straftat und ihr Aufbau, 45. Aufl. 2015
W-Hettinger	Wessels, Hettinger, Strafrecht Besonderer Teil/1, Straftaten gegen Persönlichkeits- und Gemeinschaftswerte, 39. Aufl. 2015
W-Hillenkamp	Wessels, Hillenkamp, Strafrecht, Besonderer Teil/2, Straftaten gegen Vermögenswerte, 38. Aufl. 2015
WaffG	Waffengesetz
WDO	Wehrdisziplinarordnung
Weber-FS	Heinrich u.a. (Hrsg.), Festschrift für Ulrich Weber, 2004
Welzel	Welzel, Das Deutsche Strafrecht in seinen Grundzügen, 1. Aufl. 1947, 11. Aufl. 1969
Welzel-FS	Stratenwerth u.a. (Hrsg.), Festschrift für Hans Welzel, 1974
WHG	Wasserhaushaltsgesetz
Widmaier-FS	Schöch (Hrsg.), Festschrift für Gunter Widmaier zum 70. Geburtstag, 2008
WiKG	Gesetz zur Bekämpfung der Wirtschaftskriminalität
WiStG	Gesetz zur weiteren Vereinfachung des Wirtschaftsstrafrechts (Wirtschaftsstrafgesetz 1954)
wistra	Zeitschrift für Wirtschafts- und Strafrecht
WiVerw	Wirtschaft und Verwaltung
WM	Wertpapier-Mitteilungen (Zeitschrift)
Wolff-FS	Zaczyk u.a. (Hrsg.), Festschrift für E. A. Wolff zum 70. Geburtstag, 1998
Wolter-FS	Zöller u.a. (Hrsg.), Festschrift für Jürgen Wolter zum 70. Geburtstag am 7. September 2013, 2013
WpHG	Wertpapierhandelsgesetz
WStG	Wehrstrafgesetz

Würtenberger-FS	Herren u.a. (Hrsg.), Kultur – Kriminalität – Strafrecht, Festschrift für Thomas Würtenberger, 1977
zB	zum Beispiel
ZfBR	Zeitschrift für deutsches und internationales Bau- und Vergaberecht
ZGR	Zeitschrift für Unternehmens- und Gesellschaftsrecht
Zieschang	Strafrecht AT, 4. Aufl. 2014
ZInsO	Zeitschrift für das gesamte Insolvenzrecht
ZIP	Zeitschrift für Wirtschaftsrecht
ZIS	Zeitschrift für Internationale Strafrechtsdogmatik (Internet-Zeitschrift)
ZJS	Zeitschrift für das juristische Studium (Internet-Zeitschrift)
ZPO	Zivilprozessordnung
ZRP	Zeitschrift für Rechtspolitik
ZStW	Zeitschrift für die gesamte Strafrechtswissenschaft (zitiert nach Bd.)
ZUM	Zeitschrift für Urheber- und Medienrecht
zusf.	zusammenfassend
zust.	zustimmend
zutr.	zutreffend
zw.	zweifelhaft
ZWH	Zeitschrift für Wirtschaftsstrafrecht und Haftung im Unternehmen

Strafgesetzbuch

In der Fassung der Bekanntmachung vom 13. November 1998[1] (BGBl. I S. 3322) (FNA 450-2) zuletzt geändert durch Art. 1 G zur Verbesserung des Schutzes gegen Nachstellungen vom 1. März 2017 (BGBl. I S. 386)

Allgemeiner Teil

Erster Abschnitt Das Strafgesetz

Vorbemerkung zu § 1

I. Das Strafrecht im Rechtssystem

1. Das **Strafrecht** ist durch seine Sanktion **definiert**: Strafrecht ist der Teil der Rechtsordnung, der die Voraussetzungen und Folgen der mit einer Strafe oder Maßregel der Sicherung und Besserung bedrohten Verhaltensweisen regelt (zur Abgrenzung des Strafrechts vom Recht der Ordnungswidrigkeiten, das als Sanktionen Geldbußen (ohne sozialethischen Tadel wie die Strafe) vorsieht, vgl BVerfGE 22, 49 [79]; *Bohnert* Jura 1984, 11 ff; *Stein*, Straftat und/oder Ordnungswidrigkeit, 2008).

2. Das **materielle Strafrecht** regelt die Voraussetzungen sowie Art und Höhe der Rechtsfolgen. Rechtsquellen des materiellen Strafrechts sind neben dem (am 15.5.1871 als RStGB verkündeten) Strafgesetzbuch (StGB) die gesetzlichen Regelungen des sog. Nebenstrafrechts (zB § 21 StVG; zu Haupt- und Nebenstrafrecht NK-*Hassemer/Neumann* Vor § 1 Rn 206 ff). Das StGB ist in einen **Allgemeinen Teil** (AT) und einen **Besonderen Teil** (BT) untergliedert. Der AT (§§ 1-79 b) enthält – gewissermaßen „vor die Klammer gezogene" – Regelungen, die im Grundsatz für alle Straftaten (Delikte) gelten. Im BT (§§ 80-358) sind die einzelnen Deliktstatbestände mit den spezifischen Rechtsfolgenanordnungen zusammengefasst. Der AT ist wiederum unterteilt in Bestimmungen, welche die Voraussetzungen einer Straftat (1. und 2. Abschnitt des AT) betreffen, und Bestimmungen, die sich auf die Rechtsfolgen einer Straftat beziehen (3. bis 5. Abschnitt des AT).

3. Das **formelle Strafrecht** regelt das Verfahren des Nachweises im Erkenntnisverfahren und der Vollstreckung einer nachgewiesenen Straftat im Strafvollzug (LK-*Weigend* Einl. Rn 11); wichtigste Rechtsquellen sind StPO, GVG und StVollzG (zum Verhältnis von materiellem und formellem Strafrecht NK-*Hassemer/Neumann* Vor § 1 Rn 198 ff; ferner *Salditt* Schlüchter-GS 65 ff).

4. Während das **Zivilrecht** dem privaten Interessenausgleich dient und das **Verwaltungsrecht** (hinsichtlich der Ordnungsverwaltung) insbesondere die Gefahrenabwehr und Gefahrenvorsorge zum Gegenstand hat, bezweckt das **Strafrecht** den Schutz von Rechtsgütern durch die Garantie von Normgeltung im Allgemeininteresse (näher Rn 13 ff). Das Zivilrecht ist ebenso wie das Strafrecht retrospektiv; es fragt, wie auf bereits Geschehenes zu reagieren ist. Im Gegensatz zum Strafrecht greift das Zivilrecht aber nicht im Allgemeininteresse, sondern nur im

---

[1] Neubekanntmachung des StGB idF der Bek. v. 10. 3. 1987 (BGBl. I S. 945, 1160) in der seit 1. 1. 1999 geltenden Fassung.

Interesse der konkret Betroffenen ein. Das Verwaltungsrecht (im Bereich der Gefahrenabwehr) ist im Gegensatz zum retrospektiven Strafrecht prospektiv, dh es schaut nach vorn und kümmert sich um die Verhinderung möglicher künftiger Schäden. Wie das Verwaltungsrecht ist das Strafrecht ein Teilgebiet des öffentlichen Rechts: Es geht jeweils um das Rechtsverhältnis zwischen Staat und Bürger (zur „ordnungspolitischen" Funktion des Strafrechts *Zabel* ZStW 120, 68 ff).

II. Strafrechtliche Grundbegriffe

5 1. **Verbrechen** „im allgemeinen Sinne" ist ein Synonym für jede Art von strafbarem Verhalten (zum Verhältnis des strafrechtlichen Verbrechensbegriffs zum kriminologischen und kriminalpolitischen Verbrechensverständnis vgl NK-*Hassemer/Neumann* Vor § 1 Rn 89 ff). „Im technischen Sinne" ist Verbrechen die Kategorie der schwersten rechtswidrigen (Straf-)Taten; die gesetzlich vorgesehene Mindestfreiheitsstrafe beträgt bei ihnen ein Jahr (§ 12 I). Rechtswidrige Taten, die im Mindestmaß mit einer Freiheitsstrafe von weniger als einem Jahr oder mit Geldstrafe bedroht sind, werden **Vergehen** genannt (§ 12 II). Die Unterscheidung von Verbrechen und Vergehen hat zB praktische Bedeutung für:
- die Strafbarkeit des Versuchs (§ 23);
- die versuchte Anstiftung (§ 30);
- die Gerichtszuständigkeit (§§ 24, 25, 74 GVG);
- das Opportunitätsprinzip (§ 153 StPO);
- das summarische Verfahren (§§ 407 ff StPO).

6 2. Das StGB unterscheidet zwischen **Straftat** (vgl §§ 44, 66) und **rechtswidriger Tat** (vgl §§ 26, 27): Unter einer „rechtswidrigen Tat" ist die rechtswidrige, nicht notwendig auch schuldhafte Verwirklichung eines Deliktstatbestands zu verstehen (§ 11 I Nr. 5), während eine „Straftat" stets schuldhaft ausgeführt sein muss.

7 3. **Vollendet** ist eine Straftat, wenn der Deliktstatbestand (in zurechenbarer Weise) verwirklicht ist. **Versucht** ist eine Straftat, wenn der Täter nach seiner Vorstellung von der Tat unmittelbar zur Verwirklichung des objektiven Deliktstatbestands ansetzt (§ 22), ohne dass es zur Vollendung kommt. An der Vollendung kann es fehlen, weil der Deliktstatbestand nicht erfüllt wird, nicht objektiv zurechenbar ist (zB wegen fehlenden Risikozusammenhangs) oder objektiv gerechtfertigt ist. Der Versuch ist nur beim Vorsatzdelikt möglich. **Beendet** ist eine Straftat, wenn das strafbare Unrecht seinen Abschluss gefunden hat (näher *Kühl* Roxin-FS I 665 [672 ff]). Dieser Zeitpunkt kann bei manchen Delikten nach dem Vollendungszeitpunkt liegen (vgl § 242 Rn 54 f). Die **Verjährung** (§ 78 a) beginnt mit der Beendigung (hierzu BGHSt 27, 342; 28, 371 [379]).

8 4. **Vorsatzdelikte** sind Straftaten, die der Täter vorsätzlich – dh in Kenntnis der tatbestandsverwirklichenden Folgen einer gewollten Handlung (näher § 15 Rn 10 ff) – verübt (zB § 212). **Fahrlässigkeitsdelikte** sind Straftaten, bei denen der Täter zwar aktuell nicht um die Verwirklichung des Deliktstatbestands weiß, für seine mangelnde Kenntnis aber aufgrund einer Sorgfaltspflichtverletzung einzustehen hat (zB § 222). Eine fahrlässige Deliktsverwirklichung ist nur strafbar, wenn dies im Gesetz ausdrücklich vorgesehen ist (§ 15).

9 5. In der Strafrechtsdogmatik wird zwischen **Tatbestand** und **Sachverhalt** unterschieden. Unter „Tatbestand" iwS werden die gesetzlich genannten Voraussetzungen einer Rechtsfolge verstanden. In diesem Sinne formuliert der Deliktstatbestand – häufig auch nur als „Tatbestand" bezeichnet – die (positiven) Merk-

male, die für das Eingreifen der Strafe als Rechtsfolge erfüllt sein müssen (§ 1 Rn 2, Vor § 13 Rn 25 ff). Unter „Sachverhalt" wird demgegenüber das tatsächliche Geschehen (etwa: A verletzt B mit einem Messer) verstanden, das Gegenstand der rechtlichen Bewertung, also der Subsumtion unter einen Tatbestand, ist.

III. Zur Legitimation des Strafrechts

1. Die Strafgesetze lassen sich in zweierlei Hinsicht als **Normen** (dh als Handlungsanweisungen bzw Verpflichtungsgründe) interpretieren, und zwar als Verhaltensnormen und als Sanktionsnormen (vgl auch *Schild* Jakobs-FS 601 [602 ff]): 10

- Die **Verhaltensnormen** richten sich an jedermann (oder nur an Sonderpflichtige wie zB Amtsträger) und untersagen die Verwirklichung des jeweiligen (objektiven) Deliktstatbestands. Exemplarisch: Die an jedermann gerichtete Verhaltensnorm des § 212 untersagt es, einen anderen zu töten. Untersagt die Norm die Tatbestandsverwirklichung durch ein Tun, so ist sie als **Verbotsnorm** formuliert. Dagegen ist die Norm eine **Gebotsnorm**, wenn sie ein Tun zur Verhinderung einer (sonst eintretenden) Tatbestandsverwirklichung vorschreibt. 11

- Die **Sanktionsnormen** sind Verhaltensnormen, die sich (nur) an den Rechtsstab (Staatsanwaltschaft und Gerichte) richten. Sie nennen die Voraussetzungen, unter denen jemand wegen eines Verhaltens strafrechtlich zu verfolgen und zu bestrafen ist. Wesentliche Voraussetzung der strafrechtlichen Verfolgung ist ein Verstoß gegen eine Verhaltensnorm, also die zumindest versuchte (untersagte) Verwirklichung eines Deliktstatbestands. Exemplarisch: Die Sanktionsnorm des § 212 schreibt dem zuständigen Gericht vor, (unter Einhaltung der strafprozessualen Regeln) einen Täter, der rechtswidrig und schuldhaft einen anderen getötet hat, zu der gesetzlich vorgesehenen Strafe zu verurteilen. (Diese an den Rechtsstab gerichtete Verhaltensnorm ist ihrerseits ua durch § 339 strafrechtlich sanktioniert.) Die Schuld eines Täters ist Voraussetzung der Sanktionsnorm, nicht aber Inhalt der vom Täter verletzten Verhaltensnorm (näher zur strafrechtlichen Normentheorie *Kindhäuser*, Gefährdung als Straftat, 1989, 29 ff mwN). 12

2. Die strafrechtlichen **Verhaltensnormen** dienen nach heute ganz hM dem **Schutz von Rechtsgütern** vor Verletzungen und Gefährdungen (*Bottke* Volk-FS 93 ff; zu Inhalt und Grenzen der Kriminalpolitik NK-*Hassemer/Neumann* Vor § 1 Rn 49 ff; zu Aufgaben und Grenzen des Strafrechts zuletzt *Heinrich* Roxin-FS II 131 ff; *Schünemann* Herzberg-FS 39 ff). Rechtsgüter sind solche Eigenschaften von Personen, Sachen oder Institutionen, die – wie zB Leib, Leben, Freiheit, Rechtspflege – der freien Entfaltung des Einzelnen in einer rechts- und sozialstaatlich verfassten demokratischen Gesellschaft dienen (Rechtsgüter werden auch als rechtlich positiv bewertete Interessen, Zustände o.Ä. definiert, vgl *Jescheck/Weigend* § 26 I; *Köhler* 24 f; umf. und krit. Darstellung bei NK-*Hassemer/Neumann* Vor § 1 Rn 110 ff). Je nachdem, ob das geschützte Gut dem Einzelnen oder im Allgemeininteresse einer Institution rechtlich zugeordnet ist, spricht man von **Individual-** oder **Kollektivrechtsgütern** (eingehend *Hefendehl*, Kollektive Rechtsgüter im Strafrecht, 2002). 13

Nach verbreiteter Ansicht wird das Rechtsgut als ideeller Wert (oder Recht) angesehen und vom sog. **Tatobjekt** (Handlungsobjekt) unterschieden. Tatobjekt ist 14 dann der jeweilige konkrete, positiv bewertete Gegenstand (zB eine Sache, ein anderer Mensch), auf den der Täter bei der Tat einwirkt (vgl W-*Beulke/Satzger* Rn 14). Da jedoch auch für die Ansicht, welche in dem konkreten Gegenstand selbst das Gut sieht, dieses Gut zugleich Tatobjekt der Straftat ist, ist der Streit für das strafrechtliche Gutachten belanglos; stets sollte hier nur von Tat- bzw Handlungsobjekten gesprochen werden.

15 Das Strafrecht untersagt nicht jede Beeinträchtigung von Rechtsgütern, sondern hebt bestimmte Verhaltensweisen hervor, die es als besonders **sozialschädlich** ansieht. Schutzlücken werden hierbei bewusst in Kauf genommen. So ist etwa der bloße Entzug einer fremden Sache grds. (vgl aber §§ 248 b, 274 I Nr. 1) nicht strafbar (näher zum **fragmentarischen Charakter** des Strafrechts *Kühl* Tiedemann-FS 29 [35 ff]; *Prittwitz* in Koch [Hg.], Herausforderungen an das Recht, 1997, 145 ff; *Vogel* StV 1996, 110 ff). Bei einzelnen Verhaltensnormen kann zudem problematisch sein, ob sie überhaupt ein (legitimes) Rechtsgut schützen (vgl etwa für das Verbot des Beischlafs zwischen Verwandten nach § 173 *Schubarth* Dencker-FS 273 ff; allgemein zu den verfassungsrechtlichen Grenzen bei der Bestimmung von Rechtsgütern NK-*Paeffgen* Vor § 32 Rn 11 ff mwN).

16 **3.** Die Legitimation der **Sanktionsnormen** betrifft die Rechtfertigung der Strafe (als Grundrechtseingriff): Die nachhaltigen, im Einzelfall sogar existenzbedrohenden Wirkungen, die eine Bestrafung für den Verurteilten haben kann, werfen für das Strafrecht die grundlegende Frage auf, woher der Staat das Recht nimmt, seine Bürger zu bestrafen. Über die Begründung dieses Rechts herrscht seit Jahrhunderten Streit (vgl NK-*Hassemer/Neumann* Vor § 1 Rn 263 ff; *Hörnle*, Straftheorien, 2011; *Kindhäuser* ZStW 107, 701; *Streng* Rn 5 ff). Weitgehend ist anerkannt, dass der Staat zur Gewährleistung einer friedlichen Koexistenz seiner Bürger prinzipiell berechtigt sein muss, besonders sozialschädliche Verhaltensweisen mit Strafe zu bedrohen, wenn mildere Mittel nicht ausreichen (Subsidiaritätsprinzip; hierzu nur *Kühl* Volk-FS 275 [284 f]), wie zB bei vorsätzlicher Tötung eines anderen oder Vergewaltigung (Strafrecht als ultima ratio des Rechts).

17 Die **Straftheorien** lassen sich in zwei Gruppen unterteilen, und zwar in die absoluten und die relativen Straftheorien:

18 a) Die **absoluten** Straftheorien besagen, dass Strafe keinen anderen Zweck verfolgen darf als denjenigen, Antwort auf ein Fehlverhalten zu sein: „*punitur, quia peccatum est*" (Formel geht auf *Protagoras*, später *Seneca* zurück). Die Hauptrichtungen unter den absoluten Straftheorien sind die Vergeltungs- und die Sühnetheorie.

19 aa) Die **Vergeltungstheorie**, eine absolute Straftheorie, ist in ihrer heutigen Fassung insbesondere durch *Kant* und *Hegel* geprägt. Nach *Kant* besteht die Aufgabe von Strafe in der Durchsetzung von Gerechtigkeit. Strafe darf immer nur gegen den Täter verhängt werden, weil er verbrochen hat; denn ansonsten – bei zweckhafter Strafe – werde der Mensch bloß als Mittel zu den Absichten eines anderen gehandhabt und unter die Gegenstände des Sachenrechts gemengt. Des Weiteren müsse Gerechtigkeit verwirklicht werden, weil die Verwirklichung von Gerechtigkeit ein kategorischer Imperativ sei. Gehe die Gerechtigkeit unter, so habe es keinen Wert mehr, dass Menschen auf Erden lebten (Metaphysik der Sitten, 1. Teil, II. Teil, 1. Abschnitt, Allgemeine Anmerkung E; hierzu *Hruschka* Puppe-FS 17; zum „Strafgesetz" in Kants Rechtslehre *Küper* Jung-FS 485 ff). *Hegel* begreift die Straftat als Verletzung des Rechts im Sinne einer Negierung des

Rechts: Die Rechtsverletzung erhebe einen Anspruch auf Geltung, dem die Strafe als „Verletzung der Verletzung" und somit als „Wiederherstellung des Rechts" begegne („Strafe als Negation der Negation des Rechts", Grundlinien der Philosophie des Rechts, §§ 99 ff; zu weiterführenden Ansätzen *Seelmann* Jakobs-FS 635 ff; *Zaczyk* Otto-FS 191 ff).

bb) Sühne iSd **Sühnetheorie**, einer in der christlichen Tradition stehenden absoluten Lehre, bedeutet Einsicht des Täters in sein Unrecht und in die Notwendigkeit von Strafe mit der Folge einer Versöhnung mit der Gesellschaft; beispielhaft: *Heinrich v. Kleist*, Prinz von Homburg (vgl auch *Haft*, Der Schulddialog, 1978, 31 ff). **20**

b) Nach den **relativen** Theorien ist Strafe nur dann gerechtfertigt, wenn sie einen bestimmten (legitimen) Zweck verfolgt: *„punitur, ne peccetur"*. Zu unterscheiden sind Spezialprävention und Generalprävention, wobei die Generalprävention wiederum zu unterteilen ist in eine negative und eine positive Generalprävention. Adressat der Spezialprävention ist der konkrete Täter, Adressat der Generalprävention ist die Allgemeinheit. **21**

aa) Nach der Lehre von der **Spezialprävention** ist der Verbrecher durch die Bestrafung von künftigen Taten abzuhalten (vgl auch §§ 46, 47). Nach *Franz v. Liszt* (sog. Marburger Programm, ZStW 3, 1 ff), der das moderne Verständnis der Spezialprävention maßgeblich geprägt hat, geschieht dies durch: **22**

- **Besserung** (Resozialisierung) der besserungsfähigen und besserungsbedürftigen Verbrecher (Erziehung, Kastration etc.);
- **Abschreckung** der nicht besserungsbedürftigen Verbrecher (Abschreckung durch warnend gemeinte Strafen);
- **Unschädlichmachung** (zB Sicherungsverwahrung) der nicht besserungsfähigen Verbrecher.

bb) Nach der Lehre von der **negativen Generalprävention** wendet sich die Strafe an die Allgemeinheit und will verhindern, dass (noch) *andere* als der konkrete Täter Straftaten begehen. Sie ist negativ, weil sie die Strafe (in der Androhung wie auch in der Verhängung) als Mittel der Abschreckung begreift: **23**

- Durch die Androhung der Strafe sollen alle Normadressaten von der Begehung der betreffenden Straftat abgehalten werden (psychologische Zwangstheorie, *Feuerbach* §§ 13 ff); daher muss das Gesetz auch präzise formuliert sein (Prinzip der Gesetzesbestimmtheit!).
- Durch die Vollstreckung des Strafurteils wird der Ernst der Androhung verdeutlicht.

Der Gedanke der **Verteidigung der Rechtsordnung** (§ 47 I) beruht auf der Lehre von der negativen Generalprävention. **24**

cc) Nach der Lehre von der **positiven Generalprävention** dient Strafe der symbolischen Konflikterledigung. Die Strafe soll auf diese Weise soziale Integration leisten (daher auch: **Integrationsprävention**). *Positiv* ist die Generalprävention, weil Strafe nicht abschrecken, sondern Rechtstreue und Vertrauen in die Rechtsordnung bestärken soll (heute vorherrschende, aber sehr differenziert vertretene Lehre, vgl nur NK-*Hassemer/Neumann* Vor § 1 Rn 288 ff; *Jakobs* 1/4 ff; *Kargl* Rechtstheorie 1999, 371 ff, jew. mwN). **25**

Die Strafe lässt sich auf folgende Weise iSd Lehre von der positiven Generalprävention als Mittel einer **symbolischen Konflikterledigung** verstehen: Die strafrechtlichen Verhaltensnormen (Rn 11) gelten (faktisch), wenn sie im gesellschaft- **26** lichen Leben handlungswirksam anerkannt werden, wenn also die einzelnen Bürger wechselseitig voneinander ein mit den Normen übereinstimmendes Verhalten nicht nur von Rechts wegen erwarten dürfen, sondern auch tatsächlich erwarten können. In diesem Fall sind die Normen taugliche Orientierungsmuster der sozialen Interaktion. Diese (faktische) Geltung der Norm ist in Frage gestellt, wenn die Norm in einem bestimmten Fall nicht befolgt wird, obwohl kein Grund vorliegt, dessentwegen ihre Befolgung (ausnahmsweise, etwa wegen Geisteskrankheit des Täters) nicht erwartet wird.

27 Ein **Normwiderspruch** ist also ein Verhalten, durch das die vom Strafrecht garantierte **Erwartung**, die betreffende Norm werde befolgt, **enttäuscht** wird. Der Täter erklärt durch die Nichtbefolgung der Norm, dass sie für ihn nicht verbindlich ist; er stellt ihre Geltung als rechtlich verbindliches Verhaltensmuster in Frage. Mit der Verhängung der **Strafe als tadelnder Reaktion** wird ausgedrückt, dass der Normwiderspruch des Täters unmaßgeblich ist und die Norm weiterhin als verbindliches Verhaltensmuster gilt. Die Strafe – als symbolischer Ausgleich des Normgeltungsschadens – unterstreicht, dass der Täter für die Enttäuschung der Erwartung in die Normbefolgung einzustehen hat. Je bedeutsamer die Norm für die rechtliche Ordnung der Gesellschaft nach deren Selbstverständnis ist, desto schwerer wiegt der (zu verantwortende) Normwiderspruch; kennzeichnend hierfür ist die Höhe der für das Delikt angedrohten Strafe (zum Verhältnis von Schuld und Strafe: Vor § 19 Rn 10; zur Funktion des Tadels bei der strafenden Reaktion: *v. Hirsch*, Fairness, Verbrechen und Strafe: Strafrechtstheoretische Abhandlungen, 2005, 41 ff; *Hörnle*, Tatproportionale Strafzumessung, 1999, 112 ff).

28 c) Nach der in Rspr und großen Teilen der Lehre vertretenen **Vereinigungstheorie** soll Strafe grds. zweckhaft sein; sie wird jedoch durch das Schuldprinzip iSd Vergeltungstheorie begrenzt (vgl BVerfGE 21, 391 [403 f]; zur Rechtsprechung des BVerfG, welches bislang eine positive Formulierung einer eigenen Straftheorie abgelehnt hat, ausf. *Jescheck/Weigend* § 8 V; zu aktuellen Entwicklungen *Roxin* GA 2015, 185 ff). Eine häufige Variante der Vereinigungstheorie differenziert wie folgt (vgl NK-*Hassemer/Neumann* Vor § 1 Rn 240 mwN, 286):
- Strafandrohung: abschreckend generalpräventiv;
- Strafverhängung: vergeltend (Strafe soll schuldangemessen sein);
- Strafvollstreckung: spezialpräventiv.

Erster Titel Geltungsbereich

§ 1 Keine Strafe ohne Gesetz

Eine Tat kann nur bestraft werden, wenn die Strafbarkeit gesetzlich bestimmt war, bevor die Tat begangen wurde.

1 1. Die Vorschrift formuliert – in wörtlicher Übereinstimmung mit Art. 103 II GG – das **Gesetzlichkeitsprinzip** des Strafrechts und damit die Bestimmtheitsanforderungen an jedes Strafgesetz (ausf. *Dannecker* Otto-FS 25 ff; zum Verhältnis von Art. 103 GG und § 1 StGB *Kuhlen* Otto-FS 89 ff).

2 2. Das einzelne Strafgesetz umschreibt jeweils das strafrechtlich verbotene Verhalten (**Deliktstatbestand**) und ordnet die Verhängung einer Strafe als Rechtsfol-

ge (**Strafdrohung**) an. Der Deliktstatbestand enthält als „Verbotsmaterie" alle Merkmale, die das Unrecht der Tat positiv begründen (näher zur Tatbestandslehre Vor § 13 Rn 25 ff). Die negativen Merkmale, die das Unrecht der Tat entfallen lassen, sind in den sog. Rechtfertigungsgründen gesondert genannt (zB Notwehrvoraussetzungen in § 32). Der Deliktstatbestand hat insoweit eine **Appellfunktion**, als durch die tatbestandliche Umschreibung („Vertypung") des deliktischen Verhaltens dem Normadressaten das strafbare Unrecht plastisch (und verständlich) als Aufforderung zu rechtstreuem Verhalten vor Augen geführt werden soll.

3. Die **Garantiefunktion** des Strafrechts besagt, dass die Annahme einer Straftat wie auch die Verhängung von Strafe einer gesetzlichen Grundlage bedürfen (Art. 103 II GG, § 1 StGB, Art. 7 I EMRK): Strafe und damit strafbares Verhalten setzen die Existenz eines (vorherigen) Gesetzes voraus (*„nulla poena, nullum crimen sine lege"*, vgl auch BVerfGE 45, 363 [370 f]; 95, 96 [130 ff]; zur Anwendbarkeit auf den AT *Jähnke* BGH-FS II 393 ff; zur Anwendbarkeit auf die Rechtsfolgen der Tat *Dannecker* Roxin-FS II 285 ff). 3

Die Garantiefunktion findet Ausdruck in vier Regeln: 4
- **Bestimmtheitsgebot** (nullum crimen sine lege *certa*);
- **Analogieverbot** (nullum crimen sine lege *stricta*);
- **Rückwirkungsverbot** (nullum crimen sine lege *praevia*);
- **Verbot des Gewohnheitsrechts** (nullum crimen sine lege *scripta*).

a) Durch das **Bestimmtheitsgebot** werden **Generalklauseln** nicht grds. untersagt. Der Gesetzgeber muss jedoch die Gesetze so bestimmt wie möglich abfassen (vgl BVerfGE 26, 41 [42 f]; 127, 170 [194 ff] m. Bspr *Schulz* Roxin-FS II 305 ff; BGHSt 30, 285 [287]; 42, 79 [83]; *Paeffgen* StraFo 2007, 442; zur Problematik sog. Blankettmerkmale BVerfG NJW 2010, 754; *Böse* Krey-FS 7; *Bülte* JuS 2015, 769 ff; S/S/W-*Satzger* § 1 Rn 57 f). 5

b) Das **Analogieverbot** untersagt es, ein Strafgesetz über seinen durch Auslegung ermittelten Wortsinn hinaus zulasten des Täters anzuwenden (BVerfGE 73, 206 [235 f]; 92, 1 [12 f]; BVerfG NStZ 2009, 83 ff m.Anm. *Foth* NStZ-RR 2009, 138 f und *Kudlich* JR 2009, 210 ff; vgl auch BGHSt 29, 129 [133]). Eine Analogie **zugunsten** des Täters ist möglich, es sei denn, eine Regelungslücke ist eindeutig gesetzlich vorgesehen. 6

Die verbotene Analogie ist zur (stets erforderlichen) **Auslegung** einer Vorschrift abzugrenzen: Bei der Auslegung wird der Anwendungsbereich eines Strafgesetzes durch Ermittlung seiner sprachlichen Bedeutung festgelegt (NK-*Hassemer/Kargl* Rn 72, 75 ff; zur Auslegung im Gutachten: *Kindhäuser/Schumann/Lubig* Klausurtraining, S. 52 ff). Die Analogie dient (insbesondere im Zivilrecht) der Schließung von Regelungslücken, also der Ausweitung des Anwendungsbereichs eines Gesetzes auf nicht mehr von seinem Wortsinn erfasste Fälle. Vom strafrechtlichen Analogieverbot werden alle **strafbarkeitsbegründenden Voraussetzungen** eines Delikts einschließlich der Regelungen über die Rechtsfolgen (Strafen sowie Maßregeln der Besserung und Sicherung) erfasst (BVerfGE 105, 135 [153 ff]; BGHSt 18, 136 [139 f]). 7

Es ist üblich, zwischen folgenden **Auslegungsmethoden** zu unterscheiden: 8
- bei der **grammatikalischen** Auslegung wird der juristische bzw umgangssprachliche Wortsinn ermittelt (vgl BGHSt 22, 235 [236 f]; 23, 267 [268]; eingehend *Kudlich* Puppe-FS 123 ff);

- die **historische** (**subjektive**) Auslegung dient der Klärung des Sinns einer Vorschrift unter Heranziehung der legislatorischen Motive (vgl BGHSt 28, 224 [230]; BGH NStZ 1996, 135);
- die **systematische** Auslegung betrachtet eine Vorschrift im gesetzlichen Kontext und versucht, einen übergreifenden Sinnzusammenhang der Regelung herzustellen (vgl BGHSt 5, 263 [266]; 15, 28 [32 ff]);
- die **teleologische** (**objektive**) Auslegung dient der Klärung des Sinns und Zwecks der Vorschrift, insbesondere der Erfassung des „Schutzzwecks der Norm" (vgl BVerfGE 11, 126 [130]; 64, 389 [396]; BGHSt 17, 21 [23]; 24, 40 ff).

9 c) Das **Rückwirkungsverbot** betrifft die zeitlich rückwirkende Begründung und Verschärfung von Strafe (vgl BGH NJW 1993, 141 [147]). Es gilt nach hM nicht für prozessuale Regelungen (soweit es nicht um Vertrauensschutz geht) sowie für eine rückwirkende Aufhebung des Strafantragserfordernisses (krit. *Pieroth* Jura 1983, 122 [124]) oder für Verjährungsvorschriften (vgl BVerfGE 25, 269 [284 f]; 46, 188 [193]). Gem. § 2 VI gilt das Rückwirkungsverbot ferner nicht für Maßregeln der Besserung und Sicherung (vgl auch BGHSt 5, 168 [173 f]; 24, 103 ff). Schließlich betrifft das Rückwirkungsverbot nach hM auch nicht die Änderung einer (bislang) feststehenden Rspr (BVerfG NStZ 1990, 537; *Jescheck/Weigend* § 15 IV 3; SK-*Rudolphi/Jäger* Rn 8; krit. *Neumann* ZStW 103, 331 ff; diff. *Leite* GA 2014, 220 ff).

10 d) Unter **Gewohnheitsrecht** versteht man das „Recht, das nicht durch förmliche Setzung, sondern durch längere tatsächliche Übung entstanden ist, die eine dauernde und ständige, gleichmäßige und allgemeine sein muss und von den beteiligten Rechtsgenossen als verbindliche Rechtsnorm anerkannt wird" (BVerfGE 22, 114 [121]). Durch Gewohnheitsrecht in diesem Sinne dürfen weder Straftatbestände gebildet noch bestehende **zulasten** des Täters abgewandelt werden.

§ 2 Zeitliche Geltung

(1) Die Strafe und ihre Nebenfolgen bestimmen sich nach dem Gesetz, das zur Zeit der Tat gilt.

(2) Wird die Strafdrohung während der Begehung der Tat geändert, so ist das Gesetz anzuwenden, das bei Beendigung der Tat gilt.

(3) Wird das Gesetz, das bei Beendigung der Tat gilt, vor der Entscheidung geändert, so ist das mildeste Gesetz anzuwenden.

(4) [1]Ein Gesetz, das nur für eine bestimmte Zeit gelten soll, ist auf Taten, die während seiner Geltung begangen sind, auch dann anzuwenden, wenn es außer Kraft getreten ist. [2]Dies gilt nicht, soweit ein Gesetz etwas anderes bestimmt.

(5) Für Verfall, Einziehung und Unbrauchbarmachung gelten die Absätze 1 bis 4 entsprechend.

(6) Über Maßregeln der Besserung und Sicherung ist, wenn gesetzlich nichts anderes bestimmt ist, nach dem Gesetz zu entscheiden, das zur Zeit der Entscheidung gilt.

1 I. Die Vorschrift betrifft die zeitliche Geltung des Strafrechts und **konkretisiert** das in § 1 StGB und Art. 103 II GG enthaltene **Rückwirkungsverbot**. Dieses Ver-

bot hat die zeitlich rückwirkende Begründung und Verschärfung von Strafe zum Gegenstand (vgl BGH NJW 1993, 141 [147]; zur Einordnung der Vorschrift in das Strafrechtssystem *Dannecker*, Das intertemporale Strafrecht, 1993, 251 ff).

II. Grundregel: Abs. 1 bestimmt, dass sich die Strafbarkeit grds. nach dem zur Zeit der Tat geltenden Gesetz richtet. Unter Gesetz ist dabei das Strafgesetz, nicht die Rechtsordnung insgesamt zu verstehen (NK-*Hassemer/Kargl* Rn 12; SK-*Rudolphi/Jäger* Rn 8), also alle Regeln, von denen Zulässigkeit sowie Art und Weise der Bestrafung abhängen: Die einzelnen Straftatbestände, die Vorschriften des AT, wenn sie sachliches Recht enthalten (BGHSt 20, 22 [25]), nach hM dagegen nicht Verfahrensvorschriften (BVerfGE 24, 33 [55]; 25, 269 [284 ff]; SK-*Rudolphi/Jäger* Rn 8 a; diff. LK-*Dannecker* Rn 30 ff) oder die Änderung einer (bislang) feststehenden Rspr (BVerfG NStZ 1990, 537; BGHSt 21, 157 ff; krit. *Neumann* ZStW 103, 331 ff). 2

Die Festlegung des **Tatzeitpunktes** richtet sich nach § 8. 3

Die **Geltung des Gesetzes** zur Zeit der Tat bestimmt sich bei Bundesgesetzen und Rechtsverordnungen, die im Bundesgesetzblatt verkündet werden nach Art. 82 GG. 4

III. Modifikationen: Abs. 2 und 3 enthalten Regelungen im Falle von Gesetzesänderungen. 5

1. Abs. 2 regelt den Fall der Änderung einer schon bestehenden Strafandrohung innerhalb der Begehungszeit. Dies ist bedeutsam für Dauerdelikte und – soweit nicht obsolet geworden (vgl Vor § 52 Rn 26 f) – für Fortsetzungstaten. Anzuwenden ist das Gesetz, das bei der Beendigung der Tat gilt. Unter Beendigung ist dabei das Ende des Handelns oder Unterlassens zu verstehen (LK-*Dannecker* Rn 47). Unmaßgeblich ist daher der Zeitpunkt des Erfolgseintritts. 6

Wird aber während der Begehung die Strafbarkeit durch ein späteres Gesetz erst begründet, so werden die früheren Handlungsteile nicht in die Bewertung mit einbezogen (*Fischer* Rn 3; L-Kühl-*Kühl* Rn 2). 7

2. Abweichend vom Tatzeitprinzip der Abs. 1 und 2 ist gem. **Abs. 3** bei täterbegünstigenden Gesetzesänderungen zwischen der Beendigung der Tat und der Entscheidung nach dem **Meistbegünstigungsprinzip** das jeweils mildeste Gesetz anzuwenden, das zwischen der Tat und der Entscheidung gilt oder gegolten hat, sei es auch nur vorübergehend (S/S-*Eser/Hecker* Rn 14 f; *Fischer* Rn 4). 8

Unter **Entscheidung** sind jegliche Entscheidungen im Verfahren zu verstehen, gleichgültig in welcher Instanz, ob in der Hauptverhandlung oder außerhalb im Wege des Beschlusses (LK-*Dannecker* Rn 103). Zu der Frage, inwiefern eine Änderung von **Blankettstrafgesetze** ausfüllenden Rechtsnormen eine Rechtsänderung iSd § 2 III darstellt, vgl SK-*Rudophi/Jäger* Rn 8 a ff mwN. Zur Bedeutung des **europäischen Rechts** im Rahmen des Abs. 3 vgl AG Bremen StV 2005, 218 (219); *Gleß* GA 2000, 224 ff 9

Das **mildeste Gesetz** ist dasjenige, das für den Täter – jeder Tatbeteiligte ist gesondert zu untersuchen – im konkreten Fall am günstigsten ist. Maßgeblich ist daher eine konkrete Betrachtungsweise, nicht der abstrakte Vergleich der Tatbestände und Strafandrohungen (BGHSt 20, 22 [29 f]; BGH NJW 2005, 2566 [2567]; NK-*Hassemer/Kargl* Rn 24; SK-*Rudolphi/Jäger* Rn 11). Dabei ist jedes Gesetz als Ganzes anzuwenden; unzulässig ist es, die für den Täter günstigen Elemente verschiedener Gesetze zu kombinieren (BGHSt 20, 22 [30]; BGH NStZ 1983, 80; BGH StraFo 2008, 387; LK-*Dannecker* Rn 106, 114; *Fischer* Rn 9; aA 10

BGH NStZ-RR 1998, 103 [104]). Auch kommt für den anzustellenden Vergleich nur materielles Recht in Betracht; das vom Gesetzgeber jederzeit abänderbare Verfahrensrecht bleibt dabei außen vor, soweit sich die Auswirkungen nicht aus der zu berücksichtigenden materiellen Strafdrohung ergeben (BGH NJW 2005, 2566 [Verjährung]). Bei gleich milden Gesetzen ist dasjenige anzuwenden, das im Tatzeitpunkt gilt (BGH JR 1953, 109 [110]; *Fischer* Rn 10 a). Bei Aufhebung des einschlägigen Gesetzes entfällt die Strafbarkeit ganz.

11 Probleme ergeben sich im Rahmen des Abs. 3 insbesondere aus der Anwendung des Strafrechts der Bundesrepublik im Verhältnis zum Strafrecht der DDR (BGH wistra 1994, 142 ff; LK-*Dannecker* Rn 142 ff).

12 **IV. Sonderregelungen**: Gem. **Abs. 4** können Verstöße gegen **Zeitgesetze** auch nach deren Ablauf geahndet werden. Die Anwendbarkeit des Abs. 3 ist hier ausgeschlossen, vielmehr gilt das **Tatzeitprinzip** (LK-*Dannecker* Rn 117; L-Kühl-*Kühl Rn 8*). Zeitgesetze sind solche, die ausdrücklich (Zeitgesetz ieS) oder nach ihrem Inhalt erkennbar (Zeitgesetz iwS) nur als vorübergehende Regelung zeitbedingter (insbesondere wirtschaftlicher) Verhältnisse dienen sollen (BGHSt 6, 30 [36 f]; *Jescheck/Weigend* § 15 IV 6; SK-*Rudolphi/Jäger* Rn 15; für eine engere Auslegung im Hinblick auf Art. 49 I 3 EU-GRCharta *Gaede* wistra 2011, 365 ff), zB Ergänzungen zu Preisstrafrechtsvorschriften (BGH NJW 1952, 72 [73]; krit. zur Einteilung *Jakobs* 4/65).

13 **Blankettstrafvorschriften** sind häufig, jedoch nicht immer Zeitgesetze (S/S-*Eser/Hecker* Rn 35; *Fischer* Rn 13 b). Umstritten ist, inwieweit es sich bei **Steuergesetzen** um Zeitgesetze iwS handelt (bej. AG Köln NJW 1985, 1037 [1040]; *Franzheim* NStZ 1982, 137 [138]; diff. *Dannecker*, Das intertemporale Strafrecht, 1993, 443; *Tiedemann*, Die gesetzliche Milderung im Steuerstrafrecht, 1985, 35 ff; vgl auch BGHSt 26, 167 ff; 34, 272 [283]; 40, 378 ff).

14 Eine vom Tatzeitprinzip abweichende Regel muss gem. Abs. 4 S. 2 gesetzlich angeordnet werden.

15 **V. Abs. 5** ordnet die entsprechende Geltung der Absätze 1-4 für Verfall, Einziehung und Unbrauchbarmachung an.

16 **VI.** Gem. **Abs. 6** gilt das Rückwirkungsverbot nicht für Maßregeln der Besserung und Sicherung (vgl auch BGHSt 5, 168 [173 f]; 24, 103 [106]; für die Fälle der Sicherungsverwahrung ist allerdings Art. 316 e EGStGB als gesetzliche Sondernorm vorrangig; vgl zur Anwendbarkeit von Altregelungen aber auch BVerfG NJW 2011, 1931 [1946]).

Vorbemerkung zu den §§ 3–7

1 Die Vorschriften der §§ 3 bis 7 regeln das **Internationale Strafrecht** (krit. zum Begriff *Frister* 5/9; LK-*Werle/Jeßberger* Rn 1 f). Dieses bestimmt den räumlichen und persönlichen Geltungsbereich des materiellen deutschen Strafrechts (ausf. Darstellung bei *Hombrecher* JA 2010, 637 ff, 731 ff; *Satzger* Jura 2010, 108 ff, 190 ff). Anders als das Internationale Privatrecht (Art. 3 ff EGBGB) regeln die Vorschriften kein echtes, sondern nur ein einseitiges Kollisionsrecht. Es geht ausschließlich um den Umfang der innerstaatlichen Strafgewalt. Mangelnde Anwendbarkeit des deutschen Strafrechts stellt ein Prozesshindernis dar und erfordert die Einstellung des Verfahrens (zu den Ansätzen internationaler Strafrechts-

integration wegen erhöhter transnationaler Kriminalität *Sieber* ZStW 119, 1 ff; zur „Europäisierung" des Strafrechts *Hecker* JA 2007, 561 ff; *Pastor Munoz* GA 2010, 84 ff; *Zimmermann* Jura 2009, 844 ff; abweichender Modellentwurf zur Regulierung von Jurisdiktionskonflikten in der EU bei *Böse/Meyer/Schneider* GA 2014, 572 ff).

I. Allgemeines

1. Als **Anknüpfungspunkte** kommen je nach Zielrichtung unterschiedliche Prinzipien in Betracht (zu den einzelnen Prinzipien vgl den Überblick bei *Rath* JA 2007, 26 ff): 2

Ausgangspunkt ist in Deutschland das **Territorialitätsprinzip** (§ 3), dh das deutsche Strafrecht ist zunächst anwendbar, wenn die Tat in Deutschland begangen wurde. Dabei wird das „Territorium" gem. § 4 auf Taten ausgedehnt, die auf deutschen Schiffen oder Luftfahrzeugen begangen wurden (**Flaggenprinzip**). Zu der Frage, wann eine Tat begangen wurde, siehe §§ 8 und 9, die den Anwendungsbereich des Territorialitätsprinzips erheblich vergrößern. 3

Das **Schutzprinzip** (§ 5) erweitert den Anwendungsbereich des deutschen Strafrechts auf Straftaten, die im Ausland begangen wurden. Danach gilt inländisches Strafrecht auch für Taten, die inländische Rechtsgüter gefährden oder verletzen, unabhängig davon, wo und durch wen sie begangen wurden (NK-*Böse* Rn 19). Das Schutzprinzip erfasst auch das **passive Personalitätsprinzip**, weil es die Strafbarkeit von der Verletzung eines Staatsangehörigen abhängig macht (L-Kühl-*Heger* Rn 2). Darüber hinaus gilt das **Weltrechtsprinzip** (vor allem § 6 Nr. 2-8), das auf dem Gedanken beruht, dass inländisches Strafrecht für bestimmte Taten, durch die gemeinsame, in allen Kulturstaaten als wesentlich und schützwürdig anerkannte Rechtsgüter geschützt werden, anwendbar ist (BGHSt 27, 30 ff; 34, 334 ff; NK-*Böse* Rn 21; SK-*Hoyer* Rn 13). Der Anwendbarkeit des deutschen Strafrechts liegen dabei regelmäßig **internationale Abkommen** zugrunde (vgl auch § 6 Nr. 9). 4

Das **aktive Personalitätsprinzip** knüpft ergänzend an die Staatsangehörigkeit des Täters an und wird als Ausdruck der Treuepflicht des Täters gegenüber seiner Heimat angesehen (L-Kühl-*Heger* Rn 2). Dieses in Deutschland bis zum 1. 1. 1975 geltende Prinzip wird nunmehr nur noch in Einzelfällen, meist in Verbindung mit anderen Anknüpfungspunkten, verwendet (§ 5 Nr. 3 a, 5 b, 8, 9, 11 a, 12, 15 a und § 7 II Nr. 1). 5

Subsidiär und ergänzend ist nach dem **Prinzip der stellvertretenden Strafrechtspflege** deutsches Strafrecht auch dann anwendbar, wenn eine ausländische Strafrechtsordnung aus tatsächlichen oder rechtlichen Gründen an der Durchsetzung ihres Strafanspruchs gehindert ist (BGH NStZ 1991, 525 [526]; NK-*Böse* Rn 28). 6

2. Besteht nach einem der vorgenannten Prinzipien grds. eine Anwendbarkeit deutschen Strafrechts, ist in einem zweiten Schritt zu überprüfen, ob nicht eine **tatbestandsimmanente Inlandsbeschränkung** vorliegt. Eine Tat ist trotz Vorliegens der formalen Voraussetzungen der §§ 3-7 nicht im Inland strafbar, wenn sich aus dem Schutzzweck der Norm eine Beschränkung auf rein inländische Rechtsgüter ergibt. Beispielsweise schützen Straftaten zur Sicherung der staatlichen Ordnung und ihrer Institutionen nur gegen Angriffe gegen die deutsche 7

Staats- und Regierungsgewalt sowie gegen inländische staatliche Einrichtungen oder Rechtspflegeorgane (vgl auch BGHSt 29, 85 ff; S/S-*Eser* Rn 36).

8 **3. Rechtfertigungs- und Entschuldigungsgründe** des ausländischen Rechts sind zugunsten des Täters zu berücksichtigen, falls sie nicht elementaren Prinzipien der Rechtsstaatlichkeit und allgemein anerkannten Rechtsgrundsätzen (grob) widersprechen (vgl BVerfG JZ 1997, 142 [144 f]; BGHSt 39, 1 [15 f]; 42, 275 [279 f]). Jedoch sind, wenn deutsches Strafrecht anwendbar ist, auch die deutschen Rechtfertigungsgründe mit anzuwenden (OLG Köln MDR 1973, 688).

9 **4.** Zu Fragen des Internationalen Strafrechts hinsichtlich **Straftaten im Internet** siehe BGH NJW 2001, 624 ff; *Graf* DRiZ 1999, 281 f; *Hilgendorf* ZStW 113, 650 (659 ff); *Sieber* NJW 1999, 2065 ff; ferner unten § 9 Rn 22 ff.

II. Verfahrensrechtliche Regeln

10 § 153 c StPO schränkt den Verfolgungszwang bei Auslandssachen erheblich ein.

11 Bei der Bestimmung der Anwendung des inländischen Strafrechts wird die gleichzeitige Anwendbarkeit ausländischen Strafrechts nicht berücksichtigt, so dass hinsichtlich bestimmter Sachverhalte gleichzeitig deutsches und ausländisches Strafrecht anwendbar sein kann (vgl OLG Köln NStZ 1984, 322). Der Grundsatz ne bis in idem gilt nur für Strafverfahren, die sich auf denselben materiellrechtlichen Strafanspruch beziehen (BVerfGE 12, 62 [66]; 75, 1 [15 f]).

12 In dem SDÜ, welches durch den Vertrag von Amsterdam in den Rahmen der EU einbezogen wurde, haben sich die Vertragsparteien in Art. 54 untereinander zur Anwendung des Grundsatzes ne bis in idem verpflichtet. Die Vorschrift gilt auch für nichtrichterliche Verfahrenserledigungen (EuGH JZ 2003, 303 [304 f] m.Anm. *Kühne*). Gem. Art. 55 SDÜ sind jedoch Vorbehalte möglich, von denen Deutschland Gebrauch gemacht hat (BGBl. 1994 II, 631).

13 Bei der Verurteilung im Inland ist die (vollstreckte) ausländische Strafe anzurechnen, § 51 III StGB.

III. Definitionen

14 **Inland**: Inland ist das Gebiet, in dem das deutsche Strafrecht aufgrund hoheitlicher Staatsgewalt seine Ordnungsfunktion geltend macht. Dieser sog. funktionelle Inlandsbegriff deckt sich heute mit dem staatsrechtlichen Begriff und umfasst die in der Präambel des GG genannten Länder. Vor dem Beitritt der ehemaligen DDR zur Bundesrepublik Deutschland gem. Art. 23 GG aF erstreckte dagegen die überwiegende Ansicht den funktionellen Inlandsbegriff nur auf das Gebiet der Bundesrepublik Deutschland und Westberlin (vgl BGHSt 30, 1 [4 f]; BGH NJW 1987, 113 [115]; NK-*Böse* Rn 70; SK-*Hoyer* § 3 Rn 3; diff. BGHSt 40, 125 [129]).

15 **Ausland**: Ausland ist das Gebiet, das nicht Inland ist, eingeschlossen das offene Meer und Gebiete ohne Staatshoheit (NK-*Böse* § 5 Rn 2).

16 **Deutscher**: Der funktionelle Inlandsbegriff hat Auswirkungen auf den Begriff des Deutschen (vgl SK-*Hoyer* Rn 27). Vor dem Beitritt der DDR waren Deutsche im funktionellen Sinne lediglich die Bürger der Bundesrepublik Deutschlands und Westberlins (SK-*Hoyer* Rn 28; zum staatsrechtlichen Inländerbegriff vgl *Fischer* § 7 Rn 2 a ff). Demgegenüber wurden die Bürger der DDR zu ihren Gunsten wie

Ausländer behandelt, da sie nicht noch zusätzlich von den Gesetzen der Bundesrepublik in die Pflicht genommen werden sollten. Nach hM unterfielen sie auch nicht dem Schutz des StGB bei Taten, die gegen sie begangen worden waren, solange sie im Staatsgebiet der ehemaligen DDR ihre Lebensgrundlage hatten (BGHSt 40, 125 [130]; S/S-*Eser*, 27. Aufl. 2006, Rn 71).

Ausländer: Ausländer ist, wer nicht Deutscher iSd Art. 116 I GG ist, einschließlich Staatenloser (§ 2 I AufenthG). 17

Tat: Von dem Begriff der Tat werden auch die Teilnahme, der Versuch und die versuchte Beteiligung, soweit sie mit Strafe bedroht sind, erfasst (L-Kühl-*Heger* Rn 1; *Walther* JuS 2012, 203 [206 f]). 18

IV. Gutachtenaufbau

Auf die Anwendbarkeit deutschen Strafrechts ist in Klausuren oder Hausarbeiten nur dann einzugehen, wenn der Sachverhalt im Ausland spielt oder an der Tat ein Ausländer beteiligt ist. Hier ist zunächst, vor der Prüfung des eigentlichen Straftatbestandes, zu fragen, ob das deutsche Strafrecht Anwendung findet. 19

Abweichend hiervon wird in der Literatur vereinzelt auch vorgeschlagen, die Anwendbarkeit des deutschen Strafrechts erst zu überprüfen, wenn feststeht, dass der Täter sich nach deutschem Recht strafbar gemacht hat (*Joecks* Vor § 3 Rn 2). Dem steht jedoch entgegen, dass es sich bei den §§ 3-7 um Geltungsvoraussetzungen des deutschen Strafrechts handelt (SK-*Hoyer* Rn 2). Daher erübrigt sich die Prüfung eines Deliktes, wenn der betreffende Tatbestand gar nicht anwendbar ist (zur Fallbearbeitung bei Auslandsbezug vgl auch *Rath* JA 2006, 435 ff; *Walter* JuS 2006, 870). 20

Übersicht zur Anwendbarkeit des deutschen Strafrechts: 21

Territorialitätsprinzip **Inlandstaten** §§ 3 und 4	Auslandstaten				
	Unabhängig von der Strafbarkeit am Tatort		Wenn die Tat am Tatort mit Strafe bedroht ist		
	Schutzprinzip Rechtsgüter iSd § 5 sind betroffen.	Weltrechtsprinzip International geschützte Rechtsgüter sind betroffen (§ 6).	Passives Personalitätsprinzip Die Tat richtet sich gegen einen Deutschen (§ 7 I).	Aktives Personalitätsprinzip Der Täter war Deutscher oder wurde es nach der Tat (§ 7 II Nr. 1)	Prinzip der stellvertretenden Strafrechtspflege Der Täter war Ausländer, wurde im Inland betroffen und wird nicht ausgeliefert (§ 7 II Nr. 2).

§ 3 Geltung für Inlandstaten

Das deutsche Strafrecht gilt für Taten, die im Inland begangen werden.

1 **I.** Die Vorschrift ist Ausdruck des **Territorialitätsprinzips** als Hauptanknüpfungspunkt des internationalen Strafrechts. Es ist Folge der Souveränität des Staates über sein Gebiet sowie die auf ihm vorgenommenen Handlungen (NK-*Böse* Rn 1).

2 **II.** Der Begriff des **Inlands** ist funktionell zu bestimmen und umfasst das Gebiet, in dem das deutsche Strafrecht aufgrund hoheitlicher Staatsgewalt seine Ordnungsfunktion geltend macht (Vor § 3 Rn 14).

3 Unter **deutschem Strafrecht** iSd § 3 ist die Gesamtheit der Normen der Bundesrepublik Deutschland und ihrer Länder zu verstehen, welche die Voraussetzungen und Folgen rechtswidriger Taten im Sinne von § 11 I Nr. 5 regeln (S/S-*Eser* Rn 6). Umfasst ist auch das sog. Nebenstrafrecht.

4 **Taten** sind rechtswidrige Taten iSd § 11 I Nr. 5. Die schuldhafte Tatbegehung ist nicht erforderlich (LK-*Werle/Jeßberger* Vor § 3 Rn 316).

5 **III.** Nicht geregelt in §§ 3 ff ist das sog. **interlokale Strafrecht**, dh wenn in Teilgebieten des Inlandes verschiedenes Strafrecht gilt (hierzu *Frister* 5/21 f). Relevant werden kann diese Frage in Deutschland bei unterschiedlichem Landesstrafrecht. Danach ist das Recht des Tatorts anzuwenden, und zwar von jedem zuständigen inländischen Gericht, auch wenn es am Gerichtsort nicht gilt (BGHSt 11, 365 [366]; *Frister* 5/21).

6 **IV.** Der **Tatort** bestimmt sich nach § 9.

§ 4 Geltung für Taten auf deutschen Schiffen und Luftfahrzeugen

Das deutsche Strafrecht gilt, unabhängig vom Recht des Tatorts, für Taten, die auf einem Schiff oder in einem Luftfahrzeug begangen werden, das berechtigt ist, die Bundesflagge oder das Staatszugehörigkeitszeichen der Bundesrepublik Deutschland zu führen.

1 **I.** Die Vorschrift normiert das **Flaggenprinzip**. Es erweitert das Territorialitätsprinzip (LK-*Werle/Jeßberger* Rn 7; aA S/S-*Eser* Rn 1), indem deutsches Strafrecht auch auf Schiffen und Luftfahrzeugen, die zur Führung der Bundesflagge berechtigt sind, für anwendbar erklärt wird.

2 § 4 gilt unabhängig davon, ob das Recht des Tatorts (§ 9) die Tat mit Strafe bedroht und ob sich das Fahrzeug innerhalb oder außerhalb fremden Hoheitsgebiets befindet (ausf. *Wille*, Die Verfolgung strafbarer Handlungen an Bord von Schiffen und Luftfahrzeugen, 1974).

3 **II. Schiffe** iSd § 4 sind See- und Binnenschiffe (NK-*Böse* Rn 3). Dazu zählen aber auch Wracks, Rettungsboote und Flöße, vorausgesetzt, sie sind zur Führung der Bundesflagge berechtigt (SK-*Hoyer* Rn 5). Die Voraussetzungen zum Führen der Bundesflagge richten sich nach dem FlaggenRG.

4 **III.** Zu den **Luftfahrzeugen** gehören neben Flugzeugen und Hubschraubern jeder Art auch Frei- und Fesselballone oder Weltraumfahrzeuge (siehe § 1 II LuftVG).

Im Gegensatz zu den Schiffen richtet sich aber die Frage der Berechtigung zum Führen eines Staatsangehörigkeitszeichens grds. nach dem Eigentum deutscher Staatsangehöriger (§§ 2 V, 3 LuftVG). Dabei werden Staatsangehörige der Mitgliedstaaten der EU sowie der anderen Vertragsstaaten des Abkommens über den Europäischen Wirtschaftsraum deutschen Staatsangehörigen gleichgestellt.

§ 5 Auslandstaten mit besonderem Inlandsbezug

Das deutsche Strafrecht gilt, unabhängig vom Recht des Tatorts, für folgende Taten, die im Ausland begangen werden:
1. (aufgehoben)
2. Hochverrat (§§ 81–83);
3. Gefährdung des demokratischen Rechtsstaates
   a) in den Fällen der §§ 89, 90 a Abs. 1 und des § 90 b, wenn der Täter Deutscher ist und seine Lebensgrundlage im räumlichen Geltungsbereich dieses Gesetzes hat, und
   b) in den Fällen der §§ 90 und 90 a Abs. 2;
4. Landesverrat und Gefährdung der äußeren Sicherheit (§§ 94–100 a);
5. Straftaten gegen die Landesverteidigung
   a) in den Fällen der §§ 109 und 109 e bis 109 g und
   b) in den Fällen der §§ 109 a, 109 d und 109 h, wenn der Täter Deutscher ist und seine Lebensgrundlage im räumlichen Geltungsbereich dieses Gesetzes hat;
6. Straftaten gegen die persönliche Freiheit
   a) in den Fällen der §§ 234 a und 241 a, wenn die Tat sich gegen eine Person richtet, die zur Zeit der Tat Deutsche ist und ihren Wohnsitz oder gewöhnlichen Aufenthalt im Inland hat,
   b) in den Fällen des § 235 Absatz 2 Nummer 2, wenn die Tat sich gegen eine Person richtet, die zur Zeit der Tat ihren Wohnsitz oder gewöhnlichen Aufenthalt im Inland hat, und
   c) in den Fällen des § 237, wenn der Täter zur Zeit der Tat Deutscher ist oder wenn die Tat sich gegen eine Person richtet, die zur Zeit der Tat ihren Wohnsitz oder gewöhnlichen Aufenthalt im Inland hat;
7. Verletzung von Betriebs- oder Geschäftsgeheimnissen eines im räumlichen Geltungsbereich dieses Gesetzes liegenden Betriebs, eines Unternehmens, das dort seinen Sitz hat, oder eines Unternehmens mit Sitz im Ausland, das von einem Unternehmen mit Sitz im räumlichen Geltungsbereich dieses Gesetzes abhängig ist und mit diesem einen Konzern bildet;
8. Straftaten gegen die sexuelle Selbstbestimmung in den Fällen des § 174 Absatz 1, 2 und 4, der §§ 176 bis 178 und des § 182, wenn der Täter zur Zeit der Tat Deutscher ist;
9. Straftaten gegen das Leben
   a) in den Fällen des § 218 Absatz 2 Satz 2 Nummer 1 und Absatz 4 Satz 1, wenn der Täter zur Zeit der Tat Deutscher ist, und
   b) in den übrigen Fällen des § 218, wenn der Täter zur Zeit der Tat Deutscher ist und seine Lebensgrundlage im Inland hat;
9a. Straftaten gegen die körperliche Unversehrtheit
   a) in den Fällen des § 226 Absatz 1 Nummer 1 in Verbindung mit Absatz 2 bei Verlust der Fortpflanzungsfähigkeit, wenn der Täter zur Zeit der Tat Deutscher ist, und

b) in den Fällen des § 226 a, wenn der Täter zur Zeit der Tat Deutscher ist oder wenn die Tat sich gegen eine Person richtet, die zur Zeit der Tat ihren Wohnsitz oder gewöhnlichen Aufenthalt im Inland hat;
10. falsche uneidliche Aussage, Meineid und falsche Versicherung an Eides Statt (§§ 153–156) in einem Verfahren, das im räumlichen Geltungsbereich dieses Gesetzes bei einem Gericht oder einer anderen deutschen Stelle anhängig ist, die zur Abnahme von Eiden oder eidesstattlichen Versicherungen zuständig ist;
11. Straftaten gegen die Umwelt in den Fällen der §§ 324, 326, 330 und 330 a, die im Bereich der deutschen ausschließlichen Wirtschaftszone begangen werden, soweit völkerrechtliche Übereinkommen zum Schutze des Meeres ihre Verfolgung als Straftaten gestatten;
11a. Straftaten nach § 328 Abs. 2 Nr. 3 und 4, Abs. 4 und 5, auch in Verbindung mit § 330, wenn der Täter zur Zeit der Tat Deutscher ist;
12. Taten, die ein deutscher Amtsträger oder für den öffentlichen Dienst besonders Verpflichteter während eines dienstlichen Aufenthalts oder in Beziehung auf den Dienst begeht;
13. Taten, die ein Ausländer als Amtsträger oder für den öffentlichen Dienst besonders Verpflichteter begeht;
14. Taten, die jemand gegen einen Amtsträger, einen für den öffentlichen Dienst besonders Verpflichteten oder einen Soldaten der Bundeswehr während der Ausübung ihres Dienstes oder in Beziehung auf ihren Dienst begeht;
15. Straftaten im Amt nach den §§ 331–337, wenn
    a) der Täter zur Zeit der Tat Deutscher ist,
    b) der Täter zur Zeit der Tat Europäischer Amtsträger ist und seine Dienststelle ihren Sitz im Inland hat,
    c) die Tat gegenüber einem Amtsträger, einem für den öffentlichen Dienst besonders Verpflichteten oder einem Soldaten der Bundeswehr begangen wird oder
    d) die Tat gegenüber einem Europäischen Amtsträger oder Schiedsrichter, der zur Zeit der Tat Deutscher ist, oder einer nach § 335 a gleichgestellten Person begangen wird, die zur Zeit der Tat Deutsche ist;
16. Bestechlichkeit und Bestechung von Mandatsträgern (§ 108 e), wenn
    a) der Täter zur Zeit der Tat Mitglied einer deutschen Volksvertretung oder Deutscher ist oder
    b) die Tat gegenüber einem Mitglied einer deutschen Volksvertretung oder einer Person, die zur Zeit der Tat Deutsche ist, begangen wird;
17. Organ- und Gewebehandel (§ 18 des Transplantationsgesetzes), wenn der Täter zur Zeit der Tat Deutscher ist.

1 I. Die Vorschrift **konkretisiert** das **Staatsschutzprinzip**, beruht aber teilweise auch auf dem **Personalitätsprinzip**. Sie trägt dem Umstand Rechnung, dass der Schutz des Staates und wichtiger allgemeiner Rechtsgüter sowie der Schutz einzelner Staatsangehöriger allein mit dem Territorialitätsprinzip nicht zu gewährleisten ist (NK-*Böse* Rn 1; vgl zur Kritik an dieser „Grenzüberschreitung" des deutschen Strafrechts SK-*Hoyer* Rn 1).

II. Definitionen

2 Lebensgrundlage ist die Summe derjenigen Beziehungen, die den persönlichen und wirtschaftlichen Schwerpunkt des Einzelnen im Verhältnis zu seiner Umwelt ausmachen (S/S-*Eser* Rn 9; *Fischer* Rn 3; L-Kühl-*Heger* Rn 2; gegen das Abstellen auf die „lebensmäßige Verbundenheit" aber SK-*Hoyer* Rn 8 f: eine inländische Lebensgrundlage besitze der Täter, wenn sich die Begehung der Tat im Ausland als möglicher Umgehungssachverhalt darstelle).

Wohnsitz ist der Ort, an dem die Person ordnungsrechtlich gemeldet ist (NK-*Böse* Rn 5). 3

Gewöhnlicher Aufenthalt ist der Ort, den der Täter tatsächlich und nicht nur vorübergehend zur Wohnung oder Unterkunft nutzt (L-Kühl-*Heger* Rn 2; SK-*Hoyer* Rn 16). 4

Zu Inland, Ausland, Deutscher, Ausländer vgl Vor § 3 Rn 14 ff; zum Begriff des (Europäischen) Amtsträgers und der für den öffentlichen Dienst besonders Verpflichteten vgl § 11 Rn 13 ff, 24, 26 ff. 5

III. Schutzrichtung der einzelnen Tatbestände

1. § 5 erfasst drei Gruppen von Tatbeständen (näher S/S-*Eser* Rn 3 ff): 6
- Schutz der inländischen staatlichen Interessen (insbesondere Nr. 1-6, 10, 11, 14);
- Schutz öffentlicher Interessen mit aktivem Personalitätsprinzip als Anknüpfungspunkt (Nr. 12, 13, 14 a);
- Schutz von Individualrechtsgütern (Nr. 6 a, 7-9, 15).

2. § 5 bezieht sich nur auf die Katalogstraftaten, nicht auch die anderen, mit ihnen konkurrierenden Taten. Eine Erweiterung des Anwendungsbereichs ist jedoch dadurch möglich, dass Gesetze auf der Grundlage des Schutzprinzips ausländische Entscheidungsträger oder Bedienstete für die Anwendung von Vorschriften des StGB inländischen gleichstellen (L-Kühl-*Heger* Rn 4). 7

IV. Verfahren: Zur Lockerung des Verfolgungszwangs bei Auslandstaten vgl § 153 c I Nr. 1 StPO. 8

§ 6 Auslandstaten gegen international geschützte Rechtsgüter

Das deutsche Strafrecht gilt weiter, unabhängig vom Recht des Tatorts, für folgende Taten, die im Ausland begangen werden:
1. (aufgehoben)
2. Kernenergie-, Sprengstoff- und Strahlungsverbrechen in den Fällen der §§ 307 und 308 Abs. 1–4, des § 309 Abs. 2 und des § 310;
3. Angriffe auf den Luft- und Seeverkehr (§ 316 c);
4. Menschenhandel (§ 232);
5. unbefugter Vertrieb von Betäubungsmitteln;
6. Verbreitung pornographischer Schriften in den Fällen der §§ 184 a, 184 b Absatz 1 und 2 und § 184 c Absatz 1 und 2, jeweils auch in Verbindung mit § 184 d Absatz 1 Satz 1;
7. Geld- und Wertpapierfälschung (§§ 146, 151 und 152), Fälschung von Zahlungskarten mit Garantiefunktion und Vordrucken für Euroschecks (§ 152 b Abs. 1 bis 4) sowie deren Vorbereitung (§§ 149, 151, 152 und 152 b Abs. 5);
8. Subventionsbetrug (§ 264);

9. Taten, die auf Grund eines für die Bundesrepublik Deutschland verbindlichen zwischenstaatlichen Abkommens auch dann zu verfolgen sind, wenn sie im Ausland begangen werden.

1 I. Die Vorschrift konkretisiert in den **Nr. 2–8** den **Weltrechtsgrundsatz**. Das deutsche Strafrecht ist danach für Tatbestände anwendbar, die international zu schützende Rechtsgüter zum Gegenstand haben. Die Vorschrift enthält eine Aufzählung bestimmter, besonders schwerwiegender und vor allem international gefährlicher Kriminalität, die es weltweit zu bekämpfen gilt (NK-*Böse* Rn 1, 9). Die Auswahl der Tatbestände resultiert zum Großteil aus zwischenstaatlichen Abkommen, in denen die Bundesrepublik sich verpflichtet hat, bestimmte Verhaltensweisen mit Strafe zu bedrohen (L-Kühl-*Heger* Rn 1; zu den internationalen Abkommen siehe *Grützner/Pötz/Kreß*, Internationaler Rechtshilfeverkehr in Strafsachen, 3. Aufl. 2012). Hinsichtlich der in Nr. 2–8 aufgeführten Taten ist grds. kein Anknüpfungspunkt im Inland erforderlich, vielmehr ist es ausreichend, dass zwecks wirksamen Rechtsgüterschutzes ein Interesse an international solidarischem Vorgehen besteht (SK-*Hoyer* Rn 2). Über den Wortlaut der Regelung hinaus verlangt die Rspr indes bzgl der Nr. 5 einen hinreichenden Inlandsbezug, um die Ausdehnung der deutschen Strafgewalt auf Auslandstaten zu legitimieren (BGH NStZ 2015, 568 m.Anm. *Schiemann*).

2 II. Nr. 9 enthält eine **Blankettklausel**, die deutsches Strafrecht auf alle Taten erstreckt, zu deren Verfolgung sich die Bundesrepublik in einem für sie verbindlichen zwischenstaatlichen Abkommen verpflichtet hat. Auf diese Weise wird zum einen das Entstehen von Lücken durch die Kasuistik der Nr. 2–8 und zum anderen die Verpflichtung des Gesetzgebers zu ständiger Aktualisierung verhindert (vgl SK-*Hoyer* Rn 4).

3 Die internationalen Verträge sind jedoch nicht geeignet, Tatbestände des deutschen Strafrechts neu zu fassen. Wenn das inländische Strafrecht daher einen entsprechenden Straftatbestand nicht vorsieht, muss ein solcher geschaffen werden (SK-*Hoyer* Rn 4; vgl auch *Fischer* Rn 9).

4 III. Prozessual gilt § 153 c I Nr. 1 StPO.

§ 7 Geltung für Auslandstaten in anderen Fällen

(1) Das deutsche Strafrecht gilt für Taten, die im Ausland gegen einen Deutschen begangen werden, wenn die Tat am Tatort mit Strafe bedroht ist oder der Tatort keiner Strafgewalt unterliegt.

(2) Für andere Taten, die im Ausland begangen werden, gilt das deutsche Strafrecht, wenn die Tat am Tatort mit Strafe bedroht ist oder der Tatort keiner Strafgewalt unterliegt und wenn der Täter
1. zur Zeit der Tat Deutscher war oder es nach der Tat geworden ist oder
2. zur Zeit der Tat Ausländer war, im Inland betroffen und, obwohl das Auslieferungsgesetz seine Auslieferung nach der Art der Tat zuließe, nicht ausgeliefert wird, weil ein Auslieferungsersuchen innerhalb angemessener Frist nicht gestellt oder abgelehnt wird oder die Auslieferung nicht ausführbar ist.

I. Allgemeines

In Hinblick auf § 7 wird nicht einheitlich beurteilt, auf welchem Geltungsprinzip **1** die Vorschrift basiert. Einigkeit besteht lediglich dahin gehend, dass Abs. 2 Nr. 2 auf dem Prinzip der stellvertretenden Strafrechtspflege beruht. Inwieweit dieses Prinzip aber auch für die anderen Tatbestände des § 7 Geltung beansprucht, ist umstritten:

Zum Teil wird der gesamte § 7 mit Ausnahme des Abs. 1, 2. Halbsatz als Ausdruck des Prinzips der stellvertretenden Strafrechtspflege angesehen (*Jescheck/Weigend* § 18 III 5). Teils werden nur die drei Tatbestände des Abs. 2 als auf dem Stellvertretungsprinzip beruhend angesehen, während Abs. 1 dem passiven Personalitätsprinzip zugeordnet wird (L-Kühl-*Heger* Rn 1). Teils wird lediglich Abs. 2 Nr. 1, 2. Alt. und Nr. 2 als Ausdruck des Stellvertretungsprinzips angesehen; in Abs. 1 soll dagegen das passive, in Abs. 2 im Übrigen das aktive Personalitätsprinzip seinen Niederschlag finden (S/S-*Eser* Rn 1; *Fischer* Rn 1). Schließlich wird vertreten, dass lediglich Abs. 2 Nr. 2 dem Prinzip der stellvertretenden Strafrechtspflege, Abs. 1 dagegen dem passiven und Abs. 2 Nr. 1 dem aktiven Personalitätsprinzip zuzuordnen sei.

Wenn der Gesetzgeber allein die Staatsangehörigkeit des Täters bzw des Opfers **3** nicht als ausreichend ansieht, liegt es nahe, dass den einzelnen Tatbeständen kumulativ mehrere Prinzipien zugrunde liegen (siehe dazu SK-*Hoyer* Rn 3).

II. Einzelheiten

§ 7 erklärt unter bestimmten Voraussetzungen deutsches Strafrecht für anwend- **4** bar, wenn die Tat im Ausland begangen wurde, und setzt dabei für jede Alternative voraus, dass die Tat am Tatort mit Strafe bedroht ist oder der Tatort keiner Strafgewalt unterliegt. Für die Zuständigkeit deutscher Gerichte reicht es aus, wenn die Tat am Ort ihrer Begehung unter irgendeinem rechtlichen Gesichtspunkt mit Strafe bedroht ist. Es ist also noch nicht einmal erforderlich, dass der ausländische Straftatbestand eine ähnliche Schutzrichtung wie das anzuwendende deutsche Strafrecht hat (BGHSt 2, 161; BGH StV 1997, 71; OLG Celle JR 2002, 33 m. insoweit abl. Anm. *Hoyer*).

1. Abs. 1: Es muss sich um eine gegen einen Deutschen (Vor § 3 Rn 16) gerichtete **5** Straftat handeln, was voraussetzt, dass ein Deutscher durch sie verletzt ist oder verletzt werden soll (NK-*Böse* Rn 3). Die Tat muss sich daher gegen den Träger eines Individualrechtsguts richten, wobei unterschiedlich beurteilt wird, ob darunter auch juristische Personen fallen (so SK-*Hoyer* Rn 8; abl. KG NStZ 2007, 16 [17]; OLG Stuttgart StV 2004, 656 [657]; iE S/S-*Eser* Rn 6; *Fischer* Rn 4; *Henrich*, Das passive Personalitätsprinzip im deutschen Strafrecht, 1994, 108 f). Sind durch ein und dieselbe Handlung neben deutschen auch ausländische Personen geschädigt, unterfallen auch diese Tatteile dem deutschen Strafrecht (OLG München NJW 2007, 788 f).

2. Abs. 2 Nr. 1: Die **1. Alt.** von Nr. 1 ist anwendbar auf alle Deutschen, unabhän- **6** gig von dem Ort ihrer Lebensgrundlage. Die Vorschrift ist Konsequenz des in Art. 16 II GG normierten Auslieferungsverbots, so dass die Bundesrepublik stellvertretend für den Tatortstaat die Strafverfolgung übernimmt. Maßgeblich für das Vorliegen der Eigenschaft, Deutscher zu sein, ist der Zeitpunkt der Tat (§ 8). Mit Gesetz vom 29. 11. 2000 (in Kraft getreten am 2. 12. 2000) ist jedoch in Art. 16 II GG ein Satz 2 eingefügt worden, der besagt: „Durch Gesetz kann eine abweichende Regelung für Auslieferungen an einen Mitgliedstaat der Europäischen Union oder an einen internationalen Gerichtshof getroffen werden, soweit rechtsstaatliche Grundsätze gewahrt sind." Insofern wird sich der Anwendungsbereich dieser Vorschrift in Zukunft weiterhin verringern.

7 Die 2. Alt. von **Nr. 1** normiert die Anwendbarkeit deutschen Strafrechts auch für solche Personen, die nach der Tat Deutsche geworden sind. Die rückwirkende Geltung deutschen Strafrechts findet seinen Grund in der freiwilligen Unterordnung des Einzelnen unter die bundesdeutsche Rechtsordnung. Daher ist bei ehemaligen DDR-Bürgern zu unterscheiden: § 7 II Nr. 1 2. Alt. findet keine Anwendung für ehemalige DDR-Bürger, die durch Untergang ihres Staates am 3.10.1990 zu „Neubürgern" der Bundesrepublik geworden sind (BGHSt 39, 54 [60 f]; 317 [320]; SK-*Hoyer* Rn 10). Anwendbar ist deutsches Strafrecht demgegenüber für den Fall des Erwerbs der deutschen Staatsangehörigkeit durch Übersiedlung aus der DDR in die Bundesrepublik vor dem 3.10.1990 (OLG Düsseldorf NJW 1979, 59 [62]; KG JR 1988, 345 [346]).

8 Da es sich immer nur um eine stellvertretende Wahrnehmung der Strafverfolgung für den Tatortstaat handelt, muss dessen Strafrahmenobergrenze auch bei der Anwendung deutschen Strafrechts eingehalten werden (NK-*Böse* Rn 21; SK-*Hoyer* Rn 10). Zu den Konflikten mit Art. 103 II GG, wenn die Alternative allein auf das passive Personalitätsprinzip zurückgeführt wird, vgl SK-*Hoyer* Rn 11.

9 **3. Abs. 2 Nr. 2** normiert die Anwendbarkeit deutschen Strafrechts, stellvertretend für den Tatortstaat, wenn ein Ausländer trotz einer Auslandstat nicht an das Ausland ausgeliefert wird. Voraussetzung ist dabei, dass eine Auslieferung grds. zulässig wäre, aber aus den im Gesetz genannten Gründen (fehlendes Auslieferungsersuchen innerhalb angemessener Frist, Ablehnung des Ersuchens oder Unmöglichkeit der Auslieferung aus tatsächlichen Gründen) nicht erfolgen kann. Für die Zulässigkeit der Auslieferung „nach der Art der Tat" ist auf die Vorschriften des IRG abzustellen, nicht auf die Auslieferungsverträge (BGHSt 18, 283 [286]; L-Kühl-*Heger* Rn 5). Vor der Anwendung des deutschen Strafrechts hat das Gericht eine verbindliche Feststellung der gem. §§ 13 f, 74 IRG zuständigen Stelle einzuholen, dass eine Auslieferung nicht erfolgen wird (BGHSt 18, 283 [284 f]; BGH NJW 1995, 1844 [1845]). Hinsichtlich der Angemessenheit der Frist eines Auslieferungsersuchens sind die Einzelheiten des jeweiligen Falles, insbesondere die Schwere der Tat zu berücksichtigen.

10 **III. Verfahren**: Zur Lockerung des Strafverfolgungszwangs vgl § 153 c I Nr. 1 StPO.

§ 8 Zeit der Tat

¹Eine Tat ist zu der Zeit begangen, zu welcher der Täter oder der Teilnehmer gehandelt hat oder im Falle des Unterlassens hätte handeln müssen. ²Wann der Erfolg eintritt, ist nicht maßgebend.

1 **I.** Die Vorschrift regelt die Kriterien zur Bestimmung des Zeitpunkts der Tatbegehung. Dieser Zeitpunkt hat Bedeutung für die Feststellung des zur Tatzeit geltenden Rechts (§ 1), wobei dies insbesondere für das sog. intertemporale Strafrecht (§ 2) von Belang ist. Zudem ist der Tatzeitpunkt für das Vorhandensein bestimmter Täterqualitäten von Interesse (zB §§ 5 Nr. 9, 7 II), ebenso für das Vorliegen

von Rechtfertigungs- und Schuldausschließungsgründen, für die Bestimmung von Fristen und Zeitabläufen (zB § 66 IV) sowie für den zeitlichen Geltungsbereich von Amnestien (siehe dazu auch die vor Einführung des § 8 ergangene Entscheidung BGHSt 11, 119 [123] m. abl. Anm. *Schröder* JZ 1959, 30). Nicht maßgebend ist die Vorschrift für den Verjährungsbeginn; § 78 a trifft diesbezüglich eine eigene Regelung.

II. Alleiniges Kriterium für die **Bestimmung der Tatzeit** ist gem. Satz 1 der Zeitpunkt der Handlung bzw bei Unterlassungen der Zeitpunkt, in dem die Handlung hätte erfolgen müssen; die gesetzliche Regelung folgt mithin der sog. „Tätigkeitstheorie" (damit hat sich der Gesetzgeber für die Geltung dieser Theorie [vgl RGSt 57, 193 ff] und gegen die „Erfolgstheorie" [vgl BGHSt 11, 119 ff] entschieden). Dagegen ist nach Satz 2 der Zeitpunkt, in dem der Erfolg eintritt, für die Feststellung des Tatzeitpunktes ohne Relevanz. Das Abstellen allein auf die Handlung des Täters hat seinen Grund in der häufig mangelnden Beeinflussbarkeit des Erfolgseintritts (vgl SK-*Hoyer* Rn 2).   2

1. **Begehungsdelikte:** Bei positivem Tun ist auf den Zeitpunkt oder Zeitraum abzustellen, in dem der Täter die auf die Verwirklichung des Tatbestandes gerichtete(n) Handlung(en) vornimmt.   3

2. **Unterlassungsdelikte:** Sowohl bei echten als auch unechten Unterlassungsdelikten ist der Zeitpunkt maßgeblich, in dem der Täter hätte handeln können und müssen, um die Verwirklichung des Tatbestandes zu verhindern. War dem Täter die gebotene Handlung in einem gewissen Zeitraum möglich, so beginnt die Tatzeit, sobald der Täter den Umstand, der seine Handlungspflicht begründet, wahrnimmt. Sie erstreckt sich bis zu dem Zeitpunkt, ab welchem die Handlung aussichtslos oder unmöglich wird (zB weil der Erfolg nicht mehr abgewendet werden kann) oder ab welchem die Handlungspflicht nicht mehr verletzt wurde (vgl BGHSt 11, 119 [124]).   4

3. **Versuch:** Hinsichtlich des Versuchs wird einerseits vertreten, das „unmittelbare Ansetzen" zur Tat sei als Kriterium zur Ermittlung der Tatzeit nicht tragfähig, da dieses nur den Beginn der Handlung, aber nicht die gesamte Handlung meine; daher sei auf alle Handlungen abzustellen, die der Täter zur Tatbestandsverwirklichung vornimmt (*Fischer* Rn 3; SK-*Hoyer* Rn 4). Nach einer anderen Ansicht soll die Tatzeit dagegen allein anhand der Handlung, mit der der Täter zur Tatbestandsverwirklichung „unmittelbar ansetzt", zu bestimmen sein (BeckOK-*v. Heintschel-Heinegg* Rn 8; LK-*Werle/Jeßberger* Rn 8).   5

4. **Mittäterschaft und mittelbare Täterschaft:** Bei Mittäterschaft ist jeder Zeitpunkt maßgebend, in dem ein gegenseitig zurechenbarer Tatbeitrag geleistet wird (BGH NJW 1999, 1979). Nicht einheitlich beurteilt wird, worauf bei mittelbarer Täterschaft für die Festlegung des Tatzeitpunktes abzustellen ist: Eine Ansicht hält sowohl das Einsetzen des Tatmittlers als auch dessen dem mittelbaren Täter zuzurechnende tatbestandsverwirklichende Ausführungshandlung für maßgeblich (S/S-*Eser* Rn 3; *Fischer* Rn 3). Nach anderer Ansicht richtet sich die Tatzeit allein nach dem Zeitpunkt der Entlassung des Werkzeugs aus dem Einflussbereich des Hintermanns (SK-*Hoyer* Rn 5).   6

5. **Teilnahme:** Bei der Teilnahme (Anstiftung oder Beihilfe) ist ausschließlich auf die Teilnahmehandlung abzustellen; es kommt mithin allein darauf an, wann der Teilnehmer gehandelt hat oder – im Falle der Teilnahme durch Unterlassen – zur Verhinderung der Haupttat hätte handeln müssen. Bei mehreren Teilnehmern ist die Tatzeit nach dem jeweiligen Tatbeitrag zu bestimmen, soweit sie nicht ihrer-   7

seits gemeinschaftlich gehandelt haben. Die Haupttat, zu der angestiftet oder Beihilfe geleistet wurde, hat dagegen außer Betracht zu bleiben (BGH NStZ-RR 2005, 151). Die Tatzeit der Teilnahmehandlung endet folglich, wenn sie selbst abgeschlossen ist und nicht erst mit Beendigung der Haupttat (LK-*Werle/Jeßberger* Rn 15).

8   Der Grund für die selbstständige Beurteilung von Teilnahmehandlung und Haupttat hinsichtlich der Tatzeit liegt darin, dass eine gegenseitige Zurechnung der Beiträge – anders als bei Mittäterschaft – nicht erfolgt. Weder wird dem Teilnehmer die Haupttat noch wird dem Haupttäter die Teilnahme als je eigenes Tun oder Unterlassen zugerechnet (vgl LK-*Werle/Jeßberger* Rn 16; ferner Vor § 25 Rn 11 ff, 20 ff).

9   **6. Längerer Begehungszeitraum**: Das deliktische Geschehen kann sich über einen längeren Begehungszeitraum erstrecken. Handelt es sich um **Dauerdelikte**, bei denen die Tatbestandsverwirklichung über einen gewissen Zeitraum aufrechterhalten wird (zB §§ 239, 316), ist das gesamte Dauerverhalten als Tatzeit anzusehen (NK-*Böse* Rn 2; S/S-*Eser* Rn 6).

10 Hiervon zu unterscheiden sind **Zustandsdelikte**, bei denen das deliktische Handeln als solches abgeschlossen ist, wenn der rechtswidrige Zustand geschaffen wurde, so dass auch die Tatbegehung mit diesem Zeitpunkt endet. Maßgeblich für die Einordnung als Zustandsdelikt ist dabei eine Auslegung des jeweiligen Tatbestandes, wonach es für den Vorwurf nur auf die Herbeiführung, nicht auch die Aufrechterhaltung des widerrechtlichen Zustandes ankommt (S/S-*Stree/Sternberg-Lieben* Vor § 52 Rn 82). Beispielhaft hierfür sind Körperverletzungen (§§ 223 ff), bei denen auch das Fortwirken ihres tatbestandlichen Erfolges, etwa anhaltende Schmerzen, nicht zu einer Qualifikation als Dauerdelikt führt (BGH NStZ-RR 2013, 10 [11]).

11 **7. Objektive Bedingungen der Strafbarkeit**: Hinsichtlich objektiver Bedingungen der Strafbarkeit (Vor § 13 Rn 227 ff) ist nicht auf deren Eintritt, sondern auf die tatbestandsmäßige Handlung im eigentlichen Sinne abzustellen (NK-*Böse* Rn 2). So ist zB nach hM für den Vollrausch (§ 323 a) nicht der Zeitpunkt maßgeblich, in dem die Rauschtat verwirklicht wurde, sondern der Zeitpunkt des Sichberauschens als zurechenbarer Unrechtsakt (*Fischer* Rn 3; LK-*Werle/Jeßberger* Rn 11 f [mit Hinweis darauf, dass § 323 a II dem nicht entgegenstehe, da dieser allein die Strafhöhe betreffe]). Nach anderer Ansicht soll es dagegen allein auf den Zeitpunkt der Rauschtat ankommen (OLG Braunschweig NJW 1966, 1878).

12 **8. Änderung der Strafgesetze**: Hat die Tat verschiedene Begehungszeitpunkte oder hat sie einen längeren Begehungszeitraum und fällt sie dadurch in den Geltungsbereich mehrerer Strafgesetze, so ist § 2 II zu beachten.

§ 9 Ort der Tat

(1) Eine Tat ist an jedem Ort begangen, an dem der Täter gehandelt hat oder im Falle des Unterlassens hätte handeln müssen oder an dem der zum Tatbestand gehörende Erfolg eingetreten ist oder nach der Vorstellung des Täters eintreten sollte.

(2) ¹Die Teilnahme ist sowohl an dem Ort begangen, an dem die Tat begangen ist, als auch an jedem Ort, an dem der Teilnehmer gehandelt hat oder im Falle

des Unterlassens hätte handeln müssen oder an dem nach seiner Vorstellung die Tat begangen werden sollte. ²Hat der Teilnehmer an einer Auslandstat im Inland gehandelt, so gilt für die Teilnahme das deutsche Strafrecht, auch wenn die Tat nach dem Recht des Tatorts nicht mit Strafe bedroht ist.

I. Allgemeines

Die Vorschrift wurde durch das 2. StrRG v. 4.7.1969 (BGBl. I 717) in das StGB eingefügt und nennt die Kriterien, nach denen der Begehungsort der Tat festzustellen ist. Dem Ort der Tat kommt Bedeutung zu wegen des Territorialitätsprinzips (§ 3), nach dem sich die Geltung des deutschen Strafrechts beurteilt. Zudem ist er von Relevanz für die Feststellung des Gerichtsstandes nach §§ 7 ff StPO (vgl BGH NStZ 1996, 502). Eine entsprechende Regelung für Ordnungswidrigkeiten findet sich in § 7 OWiG. 1

Die Regelung folgt der sog. **Ubiquitätstheorie** (auch: Einheitstheorie), die auf einer Kombination der „Tätigkeitstheorie" und der „Erfolgstheorie" basiert (vgl BGHSt 44, 52 [55 f]). Danach ist Begehungsort sowohl der Ort, an dem die Handlung begangen bzw unterlassen wurde, als auch der Ort, an dem ein tatbestandsmäßiger Erfolg eingetreten ist oder nach dem Vorstellungsbild der Beteiligten hätte eintreten sollen (im Gegensatz dazu ist für die Bestimmung der Tatzeit nach § 8 ausschließlich die Handlung maßgeblich; zu dieser unterschiedlichen Behandlung siehe LK-*Werle/Jeßberger* Rn 7 f). Hintergrund dieses Verständnisses ist, dass der Schwerpunkt der Tat weder einseitig in der Handlung noch im Erfolg liegt; vielmehr bilden beide Umstände gleichwertig eine Einheit (S/S-*Eser* Rn 3). Bei sog. Distanzdelikten, bei denen Ort der Handlung und Erfolgsort nicht identisch sind, gelten daher beide Orte als Tatort (zu internationalen Distanzdelikten vgl Rn 17 ff). Wo die Tat entdeckt oder von ihr Kenntnis erlangt wurde, ist dagegen für die Bestimmung des Tatortes ohne Relevanz (vgl NK-*Böse* Rn 2). 2

Für bestimmte Staatsschutzdelikte normiert § 91 a, dass diese nur dort begangen sind, wo der Täter die Tathandlung ausgeführt hat, so dass die Ubiquitätstheorie hier nicht gilt (vgl S/S-*Eser* Rn 9). 3

II. Orte der Tat

1. Tätigkeitsort (Abs. 1 Alt. 1): Tatort ist nach dieser Alternative jeder Ort, an dem der Täter gehandelt hat. Dies ist jeder Ort, an dem er eine auf die Tatbestandsverwirklichung gerichtete Tätigkeit vorgenommen hat, sofern diese wenigstens bis ins Versuchsstadium gelangt ist (BGHSt 34, 101 [106]; BGH NJW 1975, 1610 [1611]). 4

Für **Mittäter** ist Tatort jeder Ort, an dem auch nur einer von ihnen tätig wird (LK-*Werle/Jeßberger* Rn 13; einschr. SK-*Hoyer* Rn 5; abl. *Heinrich* Weber-FS 91 [107 f]). Nicht einheitlich beurteilt wird, ob im Falle **mittelbarer Täterschaft** dem Hintermann die von ihm veranlasste Tätigkeit des Vordermanns in örtlicher Hinsicht zuzurechnen ist und Tatort des mittelbaren Täters damit neben dem Ort seiner eigenen Tätigkeit auch der seines Werkzeuges ist (Zurechnung bej.: BGH wistra 1991, 135; S/S-*Eser* Rn 4; *Fischer* Rn 3 a; LK-*Werle/Jeßberger* Rn 14 f; abl. *Heinrich* Weber-FS 91 [106 f]; SK-*Hoyer* Rn 5). 5

Vorbereitende Handlungen begründen grds. keinen Tatort (NK-*Böse* Rn 3). Sofern Vorbereitungshandlungen jedoch unter Strafe stehen, reicht auch deren Vor- 6 nahme aus, wie zB die Verbrechensverabredung nach § 30 II (vgl BGH JR 1993, 291 [292]; KG JR 1981, 37 [38]). Vorbereitungshandlungen reichen ebenfalls aus, wenn diese nach den Regeln der Mittäterschaft als Tatbeitrag zugerechnet werden können (BGH NJW 1999, 2683 [2684]; StraFo 2009, 161 f; OLG Stuttgart NJW 1993, 1406 m.Anm. *Lampe*; aA SK-*Hoyer* Rn 5). Auch **Handlungen, die erst der Beendigung dienen**, begründen grds. keinen Tatort. Umstritten ist jedoch, ob solche Handlungen für die Tatortbestimmung relevant sind, die eine Fortsetzung oder Intensivierung des Angriffs auf das betroffene Rechtsgut darstellen (abl. S/S-*Eser* Rn 4; LK-*Werle/Jeßberger* Rn 12; bej. OLG Düsseldorf MDR 1988, 515).

7 Bei **mehraktigen Delikten** ist jeder Ort der Verwirklichung eines Einzelaktes Tatort (RGSt 49, 421 [425]; NK-*Böse* Rn 6). Dies gilt ebenso bei (natürlichen) **Handlungseinheiten**.

8 **2. Ort der Unterlassung (Abs. 1 Alt. 2):** Ort der Tat ist bei Unterlassungsdelikten der Ort, an dem der Täter hätte handeln müssen. Dies ist zum einen der Ort, an dem sich der Täter während der Dauer seiner Handlungspflicht aufgehalten hat, zum anderen der Ort, zu dem der Unterlassende sich zur Abwendung des Erfolges hätte begeben müssen (NK-*Böse* Rn 7; S/S-*Eser* Rn 5; *Fischer* Rn 9; LK-*Werle/Jeßberger* Rn 19). Schließlich kommt nach teilweise vertretener Meinung auch jeder auf dem Weg dorthin zu passierende Durchgangsort als Tatort in Betracht (SK-*Hoyer* Rn 4). Exemplarisch: Bei einem Lawinenunglück in den Bergen ist sowohl der Ort des Unglücks selbst als auch der tatsächliche Aufenthaltsort des untätig gebliebenen Retters Tatort iSd § 9; schließlich, nach der teilweise vertretenen Ansicht, auch der Ort, an dem der Rettungshubschrauber in die Berge gestartet wäre.

9 **3. Erfolgsort (Abs. 1 Alt. 3):** Gem. Abs. 1 Alt. 3 ist Tatort auch der Ort, an dem der zum Tatbestand gehörende Erfolg eingetreten ist. Die Regelung stellt auf den **zum Tatbestand gehörenden Erfolg** ab (OLG Koblenz NStZ 2011, 95). Einschlägig sind auch sog. **Zwischenerfolge**, etwa Irrtum und Verfügung beim Betrug (BGH StraFo 2013, 73). Bei der Vereitelung einer von einem deutschen Gericht zu verhängenden Strafe (§ 258 I) liegt der Erfolgsort im Inland, auch wenn der Täter im Ausland gehandelt hat (BGHSt 45, 97 [100]). Bei der Straftat der Verleumdung, die durch Übersendung eines Telefaxschreibens verübt wird, ist Erfolgsort der Ort, an dem das Telefaxschreiben dem Adressaten zugeht (OLG Jena NStZ 2005, 272; zu § 164 LG Osnabrück NStZ-RR 2007, 136). Dagegen haben (rein faktische) Wirkungen der Tat, die noch nicht oder nicht mehr zur Verwirklichung des Tatbestandes beitragen, für die Bestimmung des Tatortes außer Betracht zu bleiben (vgl BGH NStZ-RR 2007, 48 [50]; StraFo 2006, 336). Ohne Relevanz sind daher Erfolge, die lediglich zur Beendigung der Tat beitragen (L-Kühl-*Heger* Rn 2; vgl aber BGH NStZ 1997, 286), zB solche, die der Täter bei Tatbeständen mit überschießender Innentendenz anstrebt (OLG Frankfurt wistra 1990, 271). So ist bei einem Betrug der Ort, an dem die Bereicherung eintritt, nicht Tatort, wenn er verschieden ist von dem Ort, an dem durch Täuschung die Vermögensschädigung bewirkt wurde (OLG Frankfurt wistra 1990, 271; S/S-*Eser* Rn 6; aA *Jescheck/Weigend* § 18 IV 2 b).

10 Ein **Verletzungsdelikt** ist dort begangen, wo der Verletzungserfolg eingetreten ist. Erfolgsort der **konkreten Gefährdungsdelikte** ist der Ort, an dem sich eine tatbestandsmäßige Gefährdung ereignet (S/S-*Eser* Rn 6 a). Dagegen sind die **abstrakten Gefährdungsdelikte** nur auf den Tatort bezogen, an dem die tatbestandsmäßige Handlung vorgenommen wird, und zwar auch dann, wenn die Gefahr an

einem anderen Ort in eine (vom Tatbestand nicht erfasste) konkrete Gefahr oder Verletzung umschlägt (NK-*Böse* Rn 11; L-Kühl-*Heger* Rn 2; vgl aber auch: *Heinrich* GA 1999, 72 [77 ff]; SK-*Hoyer* Rn 7; *Sieber* NJW 1999, 2065 [2068 ff]). Bei **schlichten Tätigkeitsdelikten** ist ebenfalls nur der Ort der Handlung Tatort (OLG Köln NStZ 2000, 39 [40]; S/S-*Eser* Rn 6 b).

Zu den zum Tatbestand gehörenden Erfolgen, die einen Tatort iSd Abs. 1, 3. Alt. begründen, zählen **erfolgsqualifizierende Folgen** (NK-*Böse* Rn 9; LK-*Werle/Jeßberger* Rn 37). Gleiches gilt für objektive Bedingungen der Strafbarkeit, die einen Erfolg zum Gegenstand haben (S/S-*Eser* Rn 6 c; *Hecker* ZIS 2011, 574 ff; vgl auch BGHSt 42, 235 [242]; aA *Gottwald* JA 1998, 343 f; *Satzger* NStZ 1998, 112 [116 f]). 11

Für **Unterlassungsdelikte** ist der Erfolgsort iSd Abs. 1 Alt. 3 nach den genannten Kriterien entsprechend zu bestimmen (vgl OLG Köln NJW 1980, 1241; LK-*Werle/Jeßberger* Rn 21). 12

4. Ort des vorgestellten Erfolgseintritts (Abs. 1 Alt. 4): Tatort ist des Weiteren der Ort, an dem der – tatsächlich ausgebliebene – Erfolg nach der Vorstellung des Täters hätte eintreten sollen (BGHSt 44, 52 [54 f]). Hierbei sind wie bei der 3. Alternative nur Erfolge, die zum Tatbestand gehören, in Betracht zu ziehen (Rn 9 ff). Von Bedeutung ist diese Alternative insbesondere für den Versuch (LK-*Werle/Jeßberger* Rn 36), aber auch für Vorbereitungshandlungen (zB im Falle des § 30 II, vgl S/S-*Eser* Rn 9). 13

5. Ort der Teilnahme (Abs. 2): Der Tatort der Teilnahme ist zum einen der Tatort der Haupttat (vgl BayObLG NStZ 1992, 281 [282]), zum anderen der Teilnahmeort. Letzterer ist der Ort, an dem der Teilnehmer gehandelt hat bzw an dem er im Falle pflichtwidrigen Unterlassens hätte handeln müssen (NK-*Böse* Rn 19). Bei versuchter Beteiligung (§ 30 I) ist Teilnahmeort der Ort, an dem nach Vorstellung des Teilnehmers die Haupttat hätte begangen werden sollen (SK-*Hoyer* Rn 9). Zu beachten ist, dass zwar für den Teilnehmer auch der Tatort der Haupttat relevant ist, nicht jedoch wird umgekehrt für den Haupttäter der Teilnahmeort zum Tatort. 14

Tatort der Anstiftung ist damit sowohl der Ort, an dem die Anstiftungshandlung vorgenommen wird, als auch der Ort, an dem der Entschluss im Angestifteten hervorgerufen wird bzw an dem der Angestiftete die Haupttat begeht (RGSt 25, 424 [426]; LK-*Werle/Jeßberger* Rn 43). Entsprechend ist Tatort der Beihilfe einerseits der Ort, an dem der Gehilfe den fördernden Tatbeitrag leistet und andererseits der Ort, an dem dieser zur Wirksamkeit gelangt (BGHSt 4, 333 [335]; BGH bei *Schoreit* NStZ 1986, 53 [55]; *Miller/Rackow* ZStW 117, 379 [386]). 15

Ohne Relevanz ist, ob die Haupttat, wenn diese **im Ausland** verwirklicht wurde, an deren ausländischen Tatort strafbar ist; für die Teilnahme gilt in diesen Fällen gem. Abs. 2 S. 2 das deutsche Strafrecht (vgl BGH NJW 1999, 2683 f; SK-*Hoyer* Rn 11 ff; LK-*Werle/Jeßberger* Rn 47 ff). Zu rechtspolitischen Bedenken hinsichtlich dieser Regelung und ihren Auswirkungen vgl ua NK-*Böse* Rn 21 f; SK-*Hoyer* Rn 11 ff. 16

III. Besondere Fallgruppen mit internationalem Bezug

Hinsichtlich der Anwendbarkeit des deutschen Strafrechts auf **internationale Distanzdelikte**, bei denen der Ort der Handlung und der Ort des Erfolgseintrittes nicht identisch sind und innerhalb verschiedener Staaten liegen, ist die Tat als In- 17 landstat zu behandeln und nach § 3 dem deutschen Strafrecht unterstellt, sofern auch nur ein Teilakt im Inland begangen wurde oder beabsichtigt war oder ein (Teil-) Erfolg im Inland eingetreten ist oder beabsichtigt war (BGH NStZ 1986, 415; hierzu und zu den unterschiedlichen Teilnahmeproblematiken *Miller/Rackow* ZStW 117, 379 ff).

18 Eine (natürliche oder rechtliche) **Handlungseinheit** gilt auch dann insgesamt als Inlandstat, wenn deren Einzelakte nur teilweise im Inland verwirklicht wurden (BGH bei *Holtz* MDR 1992, 631; LK-*Werle/Jeßberger* Rn 55 f). Setzt dagegen die Strafbarkeit nach einem Delikt gerade eine Tatbegehung im Inland bzw im räumlichen Geltungsbereich des StGB voraus (zB § 91 a), bilden nur die im Inland verwirklichten Teilakte eine handlungseinheitliche Inlandstat (vgl *Langrock*, Der besondere Anwendungsbereich der Vorschriften über die Gefährdung des demokratischen Rechtsstaates [§§ 84 bis 91], 1972, 111 f).

19 Eine im Inland begangene **Teilnahme** ist allein nach deutschem Strafrecht zu beurteilen. Wie die im Ausland verwirklichte Haupttat nach dessen Recht bewertet wird, ist ohne Bedeutung; selbst bei dort strafloser Haupttat ist die Teilnahme nach Abs. 2 S. 2 strafbar (vgl *Schröder* ZStW 61, 57 [70 ff]).

20 Bei sog. **Transitdelikten**, bei denen das Geschehen zwischen Tätigkeits- und Erfolgsort noch weitere Länder durchläuft, können diese mitberührten Orte, die nicht Tätigkeits- oder Erfolgsort sind, allenfalls dann Tatort sein, wenn sie nicht nur bloße (ungefährdete) Durchgangsstationen sind, sondern in ihnen zumindest tatbestandsspezifische Gefährdungen eintreten (mwN und Beispielen S/S-*Eser* Rn 6 d). Ist der Transitvorgang selbst unter Strafe gestellt, so ist auch der Durchgangsort Tatort (zB §§ 11 I, 29 I S. 1 Nr. 5 BtMG; zur Tatortbestimmung im Bereich der Drogenkriminalität vgl BGH StraFo 2006, 461).

21 Zur Feststellung eines inländischen Begehungsortes in den speziellen Fallkonstellationen früherer DDR-Agententätigkeit siehe S/S-*Eser* 27. Aufl. Rn 11 a mwN und Beispielen.

IV. Verbreitung strafbarer Inhalte durch Medien

22 1. Schwierigkeiten bereitet die Tatortbestimmung bei Delikten, die durch das **Internet** vermittelt werden (hierzu eingehend HKGS-*Hartmann* Rn 5 ff; S/S/W-*Satzger* Rn 14 ff). Weitgehend anerkannt ist, dass der Anbieter strafbarer Inhalte dem deutschen Strafrecht untersteht, wenn er seinen Sitz in Deutschland hat. Ebenso kommt das deutsche Strafrecht zur Anwendung, wenn der tatbestandliche Erfolg iSe Verletzung oder konkreten Gefährdung (Rn 10) durch ein mittels Datenübertragung begangenes Delikt im Inland eintritt. Demgegenüber werden Situationen, in denen eine im Ausland vorgenommene Handlung durch Datenübertragung mittels Internet im Inland (nur) verfügbar gemacht wird, kontrovers diskutiert. Die Problematik läuft auf die Frage hinaus, ob eine im Ausland vollzogene Handlung, welche im Inland den Tatbestand eines **abstrakten Gefährdungsdeliktes** verwirklicht, auch einen inländischen Erfolg iSv § 9 I Alt. 3 zu begründen vermag. Die Rspr hat für den Fall eines sog. abstrakt-konkreten Gefährdungsdelikts, bei dem zusätzlich zur Handlung zwar keine konkrete, aber immerhin eine generelle Gefahrgeeignetheit hinzukommen muss, die Anwendbarkeit des deutschen Strafrechts bejaht (BGHSt 46, 212 [220 ff] zu § 130 I, III). Für § 86 a als (reines) abstraktes Gefährdungsdelikt hat der BGH jedoch nun beschlossen, dass mangels Erfolgs im Inland eine Anwendbarkeit deutschen Strafrechts ausscheidet, wenn jemand Kennzeichen, deren öffentliche Verwendung nach § 86 a straf-

bar ist, von einem im Ausland befindlichen Server in das Internet hochlädt (BGH NStZ 2015, 81 [82] m. abl. Anm. *Becker* sowie iE zustimmender Anm. *Valerius* HRRS 2016, 186 ff). Es reiche nicht aus, dass die Inhalte von Deutschland aus abrufbar seien. Wolle man an dieser Rechtslage etwas ändern, so sei der Gesetzgeber gefragt.

a) Diese ablehnende Sicht lässt sich im Wesentlichen auf folgende Argumentation stützen: Ein Verhalten, auf dessen Schädigungs- oder Gefährlichkeitsnachweis das Gesetz verzichtet, kann keinen von der Handlung abtrennbaren tatbestandlichen Erfolg haben. Das Umschlagen einer abstrakten Gefahr in eine konkrete Gefahr oder ihre Verwirklichung im Inland wird von der betreffenden Norm gerade nicht erfasst (KG NJW 1999, 3500 [3501 f]; S/S-*Eser* Rn 7 a; *Heghmanns* JA 2001, 276 [279]; *Satzger* NStZ 1998, 112 [114 ff]; *Tiedemann/Kindhäuser* NStZ 1988, 337 [346]). Außerdem würde die Begründung des inländischen Tatortes bei Internetpublikationen zur weltweiten Ausdehnung des deutschen Strafrechts führen, die gerade bei Äußerungsdelikten wegen des völkerrechtlichen Nichteinmischungsprinzips bedenklich ist (vgl *Fischer* Rn 8 a f; *Hilgendorf* ZStW 113, 650 [660 f]; *Koch* JuS 2002, 123 [124]). 23

b) Sachgerecht erscheint es dennoch, den Erfolgsort generell danach zu bestimmen, wie das inkriminierte Verhalten sich über die Handlung hinaus **auswirkt**: Ein „Erfolg" iSv § 9 I Alt. 3 wird danach dann – aber auch nur dann – verwirklicht, wenn im Inland ein Zustand herbeigeführt wird, welcher vom Tatbestand und vom Schutzzweck des betreffenden Gesetzes erfasst wird. Der Wortlaut von § 9 zwingt nicht dazu, darunter nur die Verletzungsdelikte zu fassen, was bzgl der konkreten Gefährdungsdelikte auch allgemein nicht angenommen wird. Dass bestimmte Verhaltensweisen bereits im Vorfeld des möglichen Schadenseintritts pönalisiert werden, ändert nichts daran, dass sie – abgesehen von schlichten Tätigkeitsdelikten – auch einen inländischen Erfolg als Ereignis der Außenwelt hervorrufen können. Daher kann die Abrufbarkeit der Information im Internet dem deutschen Strafrecht unterfallen, sofern die abstrakte Gefährdungslage hier eintritt. Maßgeblich ist die Formulierung der jeweiligen Strafnorm (zum Ganzen vgl OLG Saarbrücken NJW 1975, 506 [507]; *Heinrich* Weber-FS 91 [96 ff]; LK-*Werle/Jeßberger* Rn 28 ff). 24

Die im vorgenannten Ansatz angelegte, problematische Weite der zu verfolgenden Delikte bedarf freilich einer **Einschränkung**, die durch das zusätzliche Erfordernis eines völkerrechtlich legitimierenden **Anknüpfungspunktes** der Tat zu Deutschland erreicht werden kann (allg. dazu BGHSt 45, 65 [66]; BGH NStZ 1999, 236; ausf. LK-*Werle/Jeßberger* Rn 91 ff, insbes. Rn 103 f). Die Rspr bestimmt diesen Anknüpfungspunkt objektiv und stellt darauf ab, ob die Tat einen besonderen Bezug auf die deutschen Verhältnisse hat (BGHSt 46, 212 [224]; vgl auch *Hilgendorf* NJW 1997, 1872 [1876 f]; zust. *Hörnle* NStZ 2001, 309 [310]; krit. *Lagodny* JZ 2001, 1198 [1200]). Ferner besteht noch die verfahrensrechtliche Möglichkeit, nach § 153 c III StPO von der Strafverfolgung abzusehen; allerdings enthält diese Norm enge Voraussetzungen und ist daher in ihrer Anwendbarkeit auf die vorliegende Konstellation stark beschränkt. Vgl zu weiteren Begrenzungsversuchen außerdem noch *Jofer*, Strafverfolgung im Internet, 1999, 109 ff). 25

c) Nach einer grds. abweichenden Konzeption soll bereits der Handlungsort nach § 9 I Alt. 1 im Inland begründet sein, sofern man die Daten im inländischen Server gezielt ablegt, diese also „virtuell anwesend" sind (*Cornils* JZ 1999, 394 [396 f]; S/S-*Eser* Rn 7 b; ähnlich *Werle/Jeßberger* JuS 2001, 35 [39]; vgl auch KG 26

NJW 1999, 3500 [3502]). Diese Lösung verwischt jedoch die Unterscheidung zwischen Handlungs- und Erfolgsort in § 9 I und ist auch wegen der technischen Zufälligkeiten des Speichervorgangs weitgehend unpraktikabel (*Hilgendorf* ZStW 113, 650 [665 f]; *Koch* GA 2002, 701 [711]).

27 2. Parallele Probleme stellen sich für die Bestimmung des Tatortes bei **Presse- und Rundfunkdelikten**. Bzgl der abstrakten Gefährdungstatbestände wird auch hier die Frage nach dem Erfolgsort im Inland durch Empfang der Information nicht eindeutig beantwortet (bej. *Beisel/Heinrich* JR 1996, 95 f; *Jescheck/Weigend* § 18 IV 2 b; *Oehler* Hübner-FS 753 [758 f]; weitergehend und an die Handlung anknüpfend KG NJW 1999, 3500 [3502]; S/S-*Eser* Rn 4; abl. *Hilgendorf* NJW 1997, 1873 [1875]; *v. d. Horst* ZUM 1993, 227 [228]; zu den **Umweltdelikten** *Tiedemann/Kindhäuser* NStZ 1988, 337 [346]).

V. Vorsatzunabhängigkeit

28 Der Tatort ist kein Bestandteil des Unrechtstatbestands. Daher braucht sich der Vorsatz nicht auf den Tatort zu erstrecken (S/S-*Eser* Rn 15; LK-*Werle/Jeßberger* Rn 105). Fehlvorstellungen über den Ort des Erfolgseintritts können jedoch uU als Tatbestandsirrtum den Vorsatz entfallen lassen (vgl S/S-*Eser* Rn 15; NK-*Böse* Rn 23, der jedoch den Tatort als Unrechtstatbestandsmerkmal ansieht); im Einzelfall kann auch ein Verbotsirrtum in Betracht kommen (LK-*Werle/Jeßberger* Rn 105).

VI. Verfahrensrecht

29 Eine einheitliche Handlung, die teils im Inland, teils im Ausland begangen wird, wird dadurch nicht in zwei selbstständige prozessuale Taten geteilt (OLG Karlsruhe NStZ 1987, 371; LK-*Werle/Jeßberger* Rn 109). Bei Auslandstaten ist zudem die Geltung des Opportunitätsprinzips in den in § 153 c StPO normierten Fällen zu beachten.

§ 10 Sondervorschriften für Jugendliche und Heranwachsende

Für Taten von Jugendlichen und Heranwachsenden gilt dieses Gesetz nur, soweit im Jugendgerichtsgesetz nichts anderes bestimmt ist.

1 I. Die Vorschrift verdeutlicht die **subsidiäre Geltung der Vorschriften des StGB** gegenüber denen des JGG (vgl § 2 II JGG).

2 II. Spezielle Regelungen finden sich im JGG vor allem zur Schuldfähigkeit und zum Sanktionensystem:

3 1. Die **Schuldfähigkeit von Jugendlichen** (14–18 Jahre, § 1 II JGG) setzt gem. § 3 JGG die ausdrückliche Feststellung der Altersreife voraus. **Heranwachsende** (18–21 Jahre, § 1 II JGG) werden hingegen grds. als schuldfähig angesehen.

4 2. Die **besonderen Sanktionsformen des JGG** (Erziehungsmaßregeln, Zuchtmittel, Jugendstrafen) verdrängen bei **Jugendlichen** stets die Hauptstrafen (§§ 38–43) des StGB (L-Kühl-*Heger* Rn 2). Auch bestimmte Nebenfolgen (Verlust der Amtsfähigkeit, Bekanntmachung des Urteils) werden ausgeschlossen (§ 6 JGG). Von den Maßregeln der Besserung und Sicherung dürfen nur die in § 61 Nr. 1, 2,

4, 5 genannten angeordnet werden (§ 7 JGG). **Heranwachsende** unterfallen demgegenüber grds. dem Erwachsenenstrafrecht (mit den Einschränkungen des § 106 JGG). Nur in den Fällen des § 105 JGG findet bei ihnen ausnahmsweise das Sanktionensystem des JGG Anwendung.

Zweiter Titel Sprachgebrauch

§ 11 Personen- und Sachbegriffe

(1) Im Sinne dieses Gesetzes ist
1. Angehöriger:
   wer zu den folgenden Personen gehört:
   a) Verwandte und Verschwägerte gerader Linie, der Ehegatte, der Lebenspartner, der Verlobte, auch im Sinne des Lebenspartnerschaftsgesetzes, Geschwister, Ehegatten oder Lebenspartner der Geschwister, Geschwister der Ehegatten oder Lebenspartner, und zwar auch dann, wenn die Ehe oder die Lebenspartnerschaft, welche die Beziehung begründet hat, nicht mehr besteht oder wenn die Verwandtschaft oder Schwägerschaft erloschen ist,
   b) Pflegeeltern und Pflegekinder;
2. Amtsträger:
   wer nach deutschem Recht
   a) Beamter oder Richter ist,
   b) in einem sonstigen öffentlich-rechtlichen Amtsverhältnis steht oder
   c) sonst dazu bestellt ist, bei einer Behörde oder bei einer sonstigen Stelle oder in deren Auftrag Aufgaben der öffentlichen Verwaltung unbeschadet der zur Aufgabenerfüllung gewählten Organisationsform wahrzunehmen;
2a. Europäischer Amtsträger:
   wer
   a) Mitglied der Europäischen Kommission, der Europäischen Zentralbank, des Rechnungshofs oder eines Gerichts der Europäischen Union ist,
   b) Beamter oder sonstiger Bediensteter der Europäischen Union oder einer auf der Grundlage des Rechts der Europäischen Union geschaffenen Einrichtung ist oder
   c) mit der Wahrnehmung von Aufgaben der Europäischen Union oder von Aufgaben einer auf der Grundlage des Rechts der Europäischen Union geschaffenen Einrichtung beauftragt ist;
3. Richter:
   wer nach deutschem Recht Berufsrichter oder ehrenamtlicher Richter ist;
4. für den öffentlichen Dienst besonders Verpflichteter:
   wer, ohne Amtsträger zu sein,
   a) bei einer Behörde oder bei einer sonstigen Stelle, die Aufgaben der öffentlichen Verwaltung wahrnimmt, oder
   b) bei einem Verband oder sonstigen Zusammenschluß, Betrieb oder Unternehmen, die für eine Behörde oder für eine sonstige Stelle Aufgaben der öffentlichen Verwaltung ausführen,

beschäftigt oder für sie tätig und auf die gewissenhafte Erfüllung seiner Obliegenheiten auf Grund eines Gesetzes förmlich verpflichtet ist;
5. rechtswidrige Tat:
nur eine solche, die den Tatbestand eines Strafgesetzes verwirklicht;
6. Unternehmen einer Tat:
deren Versuch und deren Vollendung;
7. Behörde:
auch ein Gericht;
8. Maßnahmen:
jede Maßregel der Besserung und Sicherung, der Verfall, die Einziehung und die Unbrauchbarmachung;
9. Entgelt:
jede in einem Vermögensvorteil bestehende Gegenleistung.

(2) Vorsätzlich im Sinne dieses Gesetzes ist eine Tat auch dann, wenn sie einen gesetzlichen Tatbestand verwirklicht, der hinsichtlich der Handlung Vorsatz voraussetzt, hinsichtlich einer dadurch verursachten besonderen Folge jedoch Fahrlässigkeit ausreichen läßt.

(3) Den Schriften stehen Ton- und Bildträger, Datenspeicher, Abbildungen und andere Darstellungen in denjenigen Vorschriften gleich, die auf diesen Absatz verweisen.

I. Allgemeines

1 Die Vorschrift definiert häufig im Sprachgebrauch verwendete, allgemein gefasste Personenbegriffe (Abs. 1 Nr. 1–4) und Sachbegriffe (Abs. 1 Nr. 5–9). Zudem treffen die Absätze 2 und 3 Gleichstellungen von Begriffen.

2 Dem Wortlaut zufolge gelten die Personen- und Sachbegriffsbestimmungen des § 11 nur für das StGB („im Sinne dieses Gesetzes"). Nach Art. 1 EGStGB haben die Vorschriften des Allgemeinen Teils des StGB jedoch auch für das gesamte Bundes- und Landesrecht Geltung, so dass die Begriffsbestimmungen auch für strafrechtliche Vorschriften außerhalb des StGB verbindlich sind.

II. Die einzelnen Personenbegriffe

3 **1. Angehöriger (Abs. 1 Nr. 1):** In einigen strafrechtlichen Normen wirkt es sich entlastend für den Täter aus, wenn er die Tat zugunsten eines Angehörigen begeht (§§ 35, 139 III, 157 I, 213, 258 VI). Des Weiteren gibt es Vorschriften, welche die Verfolgbarkeit von Taten, die der Täter zulasten eines Angehörigen begeht, unter die Voraussetzung eines Strafantrages stellen (§§ 247, 263 IV, 266 II). Der Angehörigenbegriff des § 11 I Nr. 1 ist nur in den Fällen anwendbar, in denen die Norm den Angehörigenbegriff verwendet, nicht einschlägig ist er dagegen, wenn die Norm den Kreis der in Betracht kommenden Personen ausdrücklich benennt (zB §§ 77, 173).

4 **a) Verwandte in gerader Linie:** Erfasst werden damit Verwandtschaftsverhältnisse, in denen eine Person von der anderen abstammt (§ 1589 I S. 1 BGB). Die gerade Linie kann aufsteigend oder absteigend sein und ist gradmäßig nicht beschränkt.

5 **b) Verschwägerte in gerader Linie:** Schwägerschaft bedeutet das Verhältnis der Verwandten eines Ehegatten zum anderen Ehegatten, wobei Linie und Grad sich

nach Linie und Grad der Verwandtschaft des sie vermittelnden Ehegatten bestimmen (§ 1590 I BGB). Es wird nur Schwägerschaft in gerader Linie erfasst. Bei Auflösung der Ehe (durch Tod, Scheidung, Aufhebung oder Nichtigerklärung), welche die Schwägerschaft vermittelt, bleibt das Schwägerschaftsverhältnis bestehen (§ 1590 II BGB; vgl auch BGHSt 7, 382 [385]; *H. Mayer* JZ 1959, 119 f).

c) Ehegatten und Lebenspartner: Ehegatten sind Personen, die in formal gültiger Ehe leben (RGSt 60, 246 [248]). Eine möglicherweise bestehende materielle Vernichtbarkeit der Ehe ist unbeachtlich (RGSt 61, 197 [199]). Wird eine Ehe aufgelöst, erlischt die durch sie begründete Angehörigeneigenschaft nicht. Ehegatten gleichgestellt werden in eingetragener Lebenspartnerschaft verbundene, gleichgeschlechtliche Partner. Für die (strafrechtliche) Wirksamkeit der eingetragenen Lebenspartnerschaft gilt das zur Ehe Gesagte entsprechend. 6

d) Verlobte: Verlöbnis ist ein *beiderseitig* ernstgemeintes Eheversprechen, welches nicht gegen das Gesetz oder die guten Sitten verstößt (BGHSt 29, 54 [57]; nicht also das Heiratsversprechen des Heiratsschwindlers, BGHSt 3, 215 ff; BGH JZ 1989, 256). Erfasst wird auch das Verlöbnis iSd Lebenspartnerschaftsgesetzes (vgl *Kranz* StV 2004, 518). Gibt einer der Verlobten seine Heiratsabsicht innerlich auf, so endet das Verlöbnis (BGHSt 3, 215 [216]; BGH JZ 1989, 256; NK-*Saliger* Rn 11). Ob das Eheversprechen zivilrechtlich wirksam ist, ist irrelevant, auf die Geschäftsfähigkeit oder die Einwilligung des gesetzlichen Vertreters kommt es nicht an (RGSt 38, 242 ff). Von einem Partner, der noch verheiratet ist, kann ein Verlöbnis nicht eingegangen werden (BGH NJW 1984, 135 [136]), und zwar auch dann nicht, wenn die Scheidung mit Erfolgsaussichten betrieben wird (BayObLG NJW 1983, 831 f m.Anm. *Strätz* JR 1984, 127). Das Eheversprechen eines bereits Verlobten ist ebenfalls unwirksam (RGSt 71, 152 [154]). 7

e) Geschwister: Diese sind in Seitenlinie miteinander verwandt, das heißt, sie müssen von der gleichen dritten Person abstammen (§ 1589 I S. 2 BGB). Erforderlich, aber auch ausreichend ist daher, dass sie mindestens einen Elternteil gemeinsam haben (OLG Düsseldorf NJW 1958, 394). Andere in Seitenlinie verwandte Personen sind dagegen vom Angehörigenbegriff nicht erfasst, gleichgültig wie eng das Verhältnis zwischen diesen Personen sein mag (krit. S/S-*Eser/Hecker* Rn 5; *Stratenwerth* ZStW 76, 669 [675]). 8

f) Ehegatten und Lebenspartner der Geschwister/Geschwister der Ehegatten und Lebenspartner: Auch Ehegatten und Lebenspartner der Geschwister sowie Geschwister der Ehegatten und der Lebenspartner sind Angehörige, nicht jedoch die Geschwister beider Ehegatten zueinander oder die Ehegatten von Geschwistern zueinander (RGSt 15, 78 ff). 9

g) Adoption: Wird ein **minderjähriges Kind** adoptiert, so tritt es völlig in die Stellung eines leiblichen Kindes ein; es entstehen die gleichen Verwandtschafts- und Schwägerschaftsverhältnisse, die ein leibliches Kind hätte (§ 1754 BGB). Die bisherigen Verwandtschaftsverhältnisse erlöschen (§§ 1755 f BGB). Dieses Erlöschen nach dem Zivilrecht beendet jedoch nicht die Angehörigeneigenschaft im strafrechtlichen Sinne, wie in Nr. 1 a klargestellt wird. Grund hierfür ist, dass der strafrechtliche Angehörigenbegriff an die emotionale Verbundenheit als Grundlage für bestimmte Privilegierungen anknüpft. Diese Verbundenheit wird durch eine geänderte zivilrechtliche Zuordnung nicht aufgehoben (vgl BR-Drucks. 691/74, 43, 61). Aus dem gleichen Grund bleiben die durch die Adoption entstandenen Angehörigenbeziehungen für das Strafrecht bestehen, wenn die Adoption wieder aufgehoben wird (vgl dagegen §§ 1763 ff, 1771 BGB). Wird ein **Voll-** 10 jähriger adoptiert, so entsteht die Stellung eines ehelichen Kindes nur zum Annehmenden, die übrigen Verwandtschaftsverhältnisse des Adoptierten bestehen fort (§ 1770 BGB).

11 h) **Andere als die vorgenannten Formen des Zusammenlebens**, insbesondere nichteheliche Lebensgemeinschaften und nichteingetragene Lebenspartnerschaften, werden nicht vom Angehörigenbegriff erfasst (näher *Skwirblies*, Nichteheliche Lebensgemeinschaft und Angehörigenbegriff im Straf- und Strafprozeßrecht, 1990). Sie können jedoch dem Täter „nahestehende Personen" iSd § 35 sowie „in häuslicher Gemeinschaft" Lebende iSd § 247 und insoweit privilegiert sein. Zur Problematik, inwieweit für ehe- oder familienähnliche Gemeinschaften eine analoge Anwendung des Angehörigenbegriffs zugunsten des Täters in Betracht kommt, vgl OLG Braunschweig NStZ 1994, 344 f; S/S-*Eser/Hecker* Rn 10; SK-*Rudolphi/Stein* Rn 5 a.

12 i) Zwischen **Pflegeeltern und Pflegekindern** besteht ein Angehörigenverhältnis. Dieses in Nr. 1 b genannte Verhältnis meint ein Verhältnis tatsächlicher Art, das dem natürlichen Eltern-Kind-Verhältnis ähnelt, mithin auf Dauer angelegt ist, eine sittliche Unterordnung schafft und eine gleichwertige Verbundenheit begründet (RGSt 70, 324). Ist das Pflegeverhältnis beendet, bestehen die persönlichen Beziehungen jedoch fort, so ist weiterhin ein Angehörigenverhältnis gem. Nr. 1 b anzunehmen (RGSt 13, 148 ff). Zur Ablehnung eines solchen Verhältnisses zwischen Ausbilder und Auszubildendem trotz häuslicher Gemeinschaft vgl RGSt 27, 129 [131 f].

13 **2. Amtsträger (Abs. 1 Nr. 2):** Das Gesetz benennt in Nr. 2 lit. a–c verschiedene Personengruppen, die als Amtsträger in Betracht kommen (ausf. hierzu *Leimbrock*, Strafrechtliche Amtsträger, 2009; Überblick bei *Rönnau/Wegner* JuS 2015, 505 ff). Während die Buchstaben a) und b) hierbei an eine besondere Rechtsbeziehung zwischen betroffener Person und Staat anknüpfen (sog. institutionelle Betrachtungsweise) wird im Hinblick auf die Personengruppe nach Buchstabe c maßgeblich auf die Art der konkreten Tätigkeit abgestellt (sog. funktionelle Betrachtungsweise, unten Rn 17; vgl zu beidem MK-*Radtke* Rn 17 mwN auch zu abw. Ansichten). Allgemein gilt, dass die Bestellung als Amtsträger nach deutschem Recht erfolgt sein muss (für Europäische Amtsträger vgl Nr. 2 a, Rn 24). Sie kann formfrei geschehen und bedarf keines förmlichen Bestellungsaktes (vgl BGH NStZ 2008, 87). Der Amtsträger kann in einem Dienstverhältnis zu einem öffentlichen Dienstherrn gleich welcher Art stehen (Bund, Land, Gemeinde, Gemeindeverband, Körperschaft, Anstalt, Stiftung). Amtswalter der Kirchen und anderer Religionsgemeinschaften sind allerdings wegen der konfessionellen Neutralität des Staates grds. keine Amtsträger iSd § 11 I Nr. 2 (*Fischer* Rn 12 mwN). Gleiches gilt für ausländische Amtsträger; sie können unter bestimmten Voraussetzungen jedoch deutsche Amtsträger oder ihnen gleichgestellt sein (*Fischer* Rn 12; NK-*Saliger* Rn 17). Zu den einzelnen Untergruppen:

14 a) **Beamte (Nr. 2 lit. a)** sind nur solche im staatsrechtlichen Sinn (BT-Drucks. 7/550, 209). Damit ist Beamter, wer nach beamtenrechtlichen Vorschriften durch eine dafür zuständige Stelle in ein Beamtenverhältnis auf Lebenszeit, auf Widerruf oder auf Probe berufen wurde oder wer Wahlbeamter ist (BGHSt 35, 128 [132] m. Bspr *Kuhlen* NStZ 1988, 433 ff); auch ein Nebenamt kann dafür ausreichen. Wird der Beamte nur vorläufig seines Amtes enthoben, berührt dies seine Beamteneigenschaft nicht (RGSt 72, 233 ff). Vom Beamtenbegriff erfasst werden sowohl unmittelbare Bundes- und Landesbeamte als auch mittelbare Beamte, die im Dienstverhältnis zu einem dem Staat nachgeordneten Subjekt des öf-

fentlichen Rechts stehen (*Fischer* Rn 15). Die konkret ausgeübte Tätigkeit kann jeglicher Art sein, auch vorbereitende oder fiskalische Dienste kommen in Betracht. Im Falle einer Nichternennung oder nichtigen Ernennung kann eine Amtsträgereigenschaft nach Nr. 2 lit. c vorliegen (vgl RGSt 39, 95).

b) Sonstige öffentlich-rechtliche Amtsverhältnisse (Nr. 2 lit. b) sind öffentlich-rechtliche Dienst- und Treueverhältnisse, die kein Beamtenverhältnis begründen (*Welp* Lackner-FS 761 [764]). In Abgrenzung zur Personengruppe nach Nr. 2 a wird also nicht an den förmlichen Beamtenbegriff im staatsrechtlichen Sinne, wohl aber an eine ähnlich institutionalisierte Stellung angeknüpft, die einem Beamtenverhältnis vergleichbar sein muss. Beispiele für sonstige öffentlich-rechtliche Amtsverhältnisse gem. Nr. 2 lit. b sind: Notare und Notarassessoren (§§ 1, 7 III BNotO) sowie Minister (vgl § 1 BMinG). In keinem öffentlich-rechtlichen Amtsverhältnis stehen dagegen Anwälte (vgl § 2 I BRAO) und Abgeordnete. Auch bei **Soldaten** ist aufgrund der abschließenden Regelung in § 48 WStG ein Amtsverhältnis nach Nr. 2 b) zu verneinen (zu weiteren Beispielen *Fischer* Rn 16). 15

c) Sonstige mit der Wahrnehmung öffentlicher Aufgaben betraute Personen (Nr. 2 lit. c) sind solche, die mit einer konkreten öffentlichen Aufgabe betraut sind, ohne dabei bereits in einem öffentlich-rechtlichen Verhältnis gem. Nr. 2 lit. a oder 2 lit. b zu stehen (*Weiser* NJW 1994, 968 [969]). Auch hier kann die Amtsträgereigenschaft nur durch öffentlich-rechtlichen Bestellungsakt begründet werden. Nicht einheitlich beurteilt wird indes, ob dies auch konkludent mit Abschluss eines privatrechtlichen Vertrages erfolgen kann (befürwortend *Lenckner* ZStW 106, 502 [524]; verneinend *Zeiler* MDR 1996, 439 [440]). Ebenfalls ist umstritten, ob sich dem Begriff „bestellen" entnehmen lässt, dass der Erklärungsempfänger sich zur Übertragung freiwillig bereit erklären muss (befürwortend BGHSt 25, 204 ff; verneinend LK- *Hilgendorf* Rn 38). 16

aa) Ob der tätig Werdende **Aufgaben der öffentlichen Verwaltung** wahrnimmt, ist nach hM anhand der Art seiner Tätigkeit (sog. **funktionale Betrachtungsweise**) zu beurteilen (dazu *Dahs/Müssig* NStZ 2006, 191 [192]; *Fischer* Rn 21; *Heinrich*, Der Amtsträgerbegriff im Strafrecht, 2001, 313 ff; aA für Personen, die „bei" einer Stelle beschäftigt sind *Lenckner* ZStW 106, 502 [532]). Maßgeblich hierfür ist insbesondere die Wahrnehmung von Aufgaben, die ihrer Natur nach typischerweise dem Staat vorbehalten sind (BGHSt 46, 310 [313]), was etwa auf Tätigkeiten zutrifft, die der **Eingriffsverwaltung**, zB der Ordnungs- und Abgabenverwaltung, zuzurechnen sind. Gleiches gilt aber auch für den Bereich der **Leistungsverwaltung**, insbesondere bei Aufgaben, die zum Bereich der Daseinsvorsorge zählen (BGHSt 45, 16 [19]; BGH NJW 2004, 3129 [3130]; diff. *Knauer/Kaspar* GA 2005, 385 [387]). 17

Schließlich werden auch Dienste im Rahmen der **Beschaffungs- und Bedarfsverwaltung** („fiskalische Hilfsgeschäfte") von der hM als Aufgaben der öffentlichen Verwaltung eingestuft, sofern sie dazu dienen, die Voraussetzungen für ein Eingriffs- und Leistungsverwaltung zu schaffen oder zu erhalten (BGH NJW 2016, 1398 [1399]; LK-*Hilgendorf* Rn 45; *Ransiek* NStZ 1997, 519 [522]; NK-*Saliger* Rn 35).

Keine Aufgaben der öffentlichen Verwaltung stellen die Tätigkeiten der Judikative und der Gesetzgebung dar. Auch **kommunale Mandatsträger** sind – obwohl formell der Exekutive zugehörig – grds. nicht der „Verwaltung" iSd § 11 I Nr. 2 lit. c zuzurechnen, da sie in Ausübung eines freien Mandats handeln, so dass es bei ihnen an einer durch den Begriff der „Bestellung" implizierten hierarchischen 18

Einordnung in eine Amts- oder Behördenstruktur fehlt (BGH wistra 2006, 419; vgl auch BGHSt 51, 44 [59 f] unter Hinweis auf die abschließende Sonderregelung des § 108 e; aA noch LG Köln StV 2003, 507 ff). Ausnahmen können sich jedoch dann ergeben, wenn ein Mandatsträger zusätzlich zu seinem Mandat mit der Wahrnehmung einer konkreten Verwaltungsaufgabe betraut wird (vgl BGHSt 51, 44 [58]): Entsendung oder Wahl in Aufsichtsräte kommunaler Versorgungsunternehmen).

19 **bb**) Die Aufgabe muss dem tätig Werdenden von einer **Behörde oder sonstigen Stelle** übertragen sein. Zum Begriff der **Behörde** vgl unten Rn 44 ff. **Sonstige Stellen** sind behördenähnliche Institutionen, die keine Behörden sind, aber die Befugnis haben, bei der Ausführung von Gesetzen mitzuwirken (BGH NJW 2004, 693; 3129 [3130]). Auf deren Organisationsform kommt es bereits ausweislich des Gesetzeswortlauts („unbeschadet der zur Aufgabenerfüllung gewählten Organisationsform") nicht an, so dass auch juristische Personen des Privatrechts erfasst werden können. Ob deren Einbeziehung als „sonstige Stelle" im Einzelfall angezeigt ist, richtet sich namentlich danach, ob sie bei ihrer Tätigkeit dergestalt staatlich gesteuert öffentliche Aufgaben wahrnehmen, dass sie als verlängerter Arm des Staates erscheinen (st. Rspr, vgl BGHSt 45, 16 [19]; 46, 310 [312 f]; 49, 214 [219] m.Anm. *Krehl* StV 2005, 325; BGH NStZ 2007, 211 f).

20 Entsprechend der genannten Formel sind privatrechtlich organisierte Unternehmen im Bereich der Daseinsvorsorge daher dann keine sonstigen Stellen iSd Norm, wenn ein Privater an ihnen in einem solchen Umfang beteiligt ist, dass er durch eine Sperrminorität wesentliche unternehmerische Entscheidungen mitbestimmen kann (zum kommunalen Entsorgungsbetrieb BGHSt 50, 299 ff m. krit. Anm. *Noltensmeier* StV 2006, 132 ff; krit. auch *Radtke* NStZ 2007, 57 [62]; hierzu sowie allg. zu „public private partnerships" *Saliger* Puppe-FS 933 ff [943 ff]). Anderes kann gelten, wenn der nicht der öffentlichen Hand zuzuordnende Mitgesellschafter in seinen Gesellschafterrechten vertraglich derart beschränkt ist, dass er nur am Gewinn und Verlust beteiligt ist, aber keine ins Gewicht fallenden Mitwirkungsrechte hat (LG Köln NJW 2004, 2173 [2174]).

21 **Einzelfälle:** Die öffentlich-rechtlichen Rundfunkanstalten sollen nach der Rspr wegen des ihnen zukommenden informatorischen „Grundversorgungsauftrags" und damit trotz ihrer grds. staatsfreien Organisation als sonstige Stelle iSd § 11 I Nr. 2 lit. c anzusehen sein (BGHSt 54, 202 m.Anm. *Stoffers* NJW 2010, 7849; zust. *Heinrich* JZ 2010, 529 [531 f]) –was zur Folge hat, dass auch deren Redakteure als Amtsträger einzustufen sind (dagegen *Bernsmann* Herzberg-FS 167 [170 ff]; *Kretschmer* JR 2010, 127 ff). Gleiches soll für ein Rechtsanwaltsversorgungswerk (BGHSt 54, 39 m. Bspr *Radtke* JR 2011, 124 ff) und die gesetzlichen Krankenkassen (BGH NJW 2010, 2530 [2531] m. zust. Anm. *Kölbel* StV 2012, 592 [593]; *Ihwas/Lorenz* ZJS 2012, 712 [713 ff]) gelten. Demgegenüber ist die Deutsche Bahn AG als Ganzes keine sonstige Stelle iSd § 11 I Nr. 2 c, da sie nicht derart staatlicher Steuerung unterliegt, dass sie einer Behörde gleichgestellt werden könnte (BGHSt 49, 214 [220 ff]; *Dölling* JR 2009, 426 ff). Anders ist nach der Rspr jedoch ggf für deren rechtlich selbstständige Tochtergesellschaften zu entscheiden (vgl BGHSt 52, 290 [293 ff] m. teilw. krit. Anm. *Rübenstahl* NJW 2008, 3727 f und *Zieschang* StV 2009, 74 [75 f]). Auch private Waldorfschulen sind keine sonstigen Stellen nach § 11 I Nr. 2 c, da sie zwar staatlicher Aufsicht, nicht aber staatlicher Steuerung unterliegen (OLG München NJW 2008, 1174 m. Bspr *Beulke/Ruhmannseder* HRRS 2008, 322 ff).

cc) Der tätig Werdende muss schließlich **bei** oder **im Auftrag** der Behörde oder 22
sonstigen Stelle handeln. Im Fall einer Tätigkeit **bei der** delegierenden **Stelle** ist
der Ausführende in deren Organisationssphäre eingegliedert. Exemplarisch: Angestellte von kommunalen Verkehrsunternehmen oder öffentlichen Sparkassen,
aber auch eine Praktikantin der Feuerwehr, die für ihr Praktikum einen Ausbildungsvertrag abgeschlossen hat (KG NStZ-RR 2008, 198). Demgegenüber werden in Fällen eines Handelns **im Auftrag** externe Personen für die Behörde bzw
sonstige Stelle tätig. Beispielhaft hierfür sind etwa Rechtsanwälte als Prüfer im
Staatsexamen oder ein Architekt, der in einer kleinen Gemeinde ohne Bauamt
beständig die diesem zugewiesenen Aufgaben übernimmt (BGH NJW 1998,
2373). Demgegenüber sind **Vertrags-** bzw **Kassenärzte** nach einer Entscheidung
des Großen Senats nicht als Beauftragte der Krankenkassen (als „sonstige Stelle")
einzustufen, da Patient und Arzt bei Auswahl und Durchführung der konkreten
Behandlung eine wesentliche Gestaltungsfreiheit zukommt, eine solche Einbindung des Mediziners in eine hoheitlich gesteuerte Verwaltungsausübung widerspricht (vgl BGHSt 57, 202 [206 ff]; hierzu *Hecker* JuS 2012, 852 ff; *Ihwas/Lorenz* ZJS 2012, 712 [715 f]; *Wengenroth/Meyer* JA 2012, 646 ff; aA hingegen
Neupert NJW 2006, 2811 [2814]).

Ob die Tätigkeit im Fall eines Handelns „im Auftrag" auch nur eine einzelne 23
Aufgabe zum Inhalt haben kann, wird unterschiedlich beurteilt (bej. BayObLG
NJW 1996, 268 [270]; *Knauer/Kaspar* GA 2005, 385 [386]; verneinend *Haft*
NJW 1995, 1113 [1116]; *Ransiek* NStZ 1997, 519 [525]). Jedenfalls ist es insbesondere in Fällen des Tätigwerdens behördenexterner Personen wichtig, anhand
der konkret übertragenen Aufgabe festzustellen, ob diese eine solche der „öffentlichen Verwaltung" ist (*Haft* NJW 1995, 1113 [1114]; *Welp* Lackner-FS 761
[764]). Bloß untergeordnete und mechanische Hilfstätigkeiten reichen dafür
noch nicht aus (*Fischer* Rn 23 c). Erforderlich ist vielmehr die selbstständige und
unmittelbare Wahrnehmung von Aufgaben der öffentlichen Verwaltung (BGH
NJW 2016, 1398 [1399 f]).

3. Europäische Amtsträger (§ 11 I Nr. 2 a): Durch das Gesetz zur Bekämpfung 24
der Korruption (KBekG) vom 20.11.2015 (BGBl. I 2015, 2025 ff) wurde der Begriff des Europäischen Amtsträgers in § 11 I als Nr. 2 a eingefügt. Nach der Gesetzesbegründung (BT-Drucks. 18/4350, S. 18 und 19) sollen diejenigen Personen
erfasst werden, die bisher nach Art. 2 § 1 Abs. 1 Nr. 2 b und c und Abs. 2 EU-BestG den (deutschen) Amtsträgern für die Anwendung der dort genannten
Straftatbestände gleichgestellt waren. Ebenfalls aufgenommen worden sind die
Mitglieder eines Gerichts der Europäischen Union. Diese waren bisher nach
Art. 2 § 1 Abs. 1 Nr. 1 b EUBestG den (deutschen) Richtern gleichgestellt. Der
hier beschriebene Begriff des Europäischen Amtsträgers findet Anwendung in
den §§ 332–334, 263, 264, 267 StGB sowie § 370 AO.

§ 11 I Nr. 2 lit. c stellt eine Auffangregelung dar, beispielsweise für im Rahmen
von Werkverträgen beauftragte Personen, die funktionell Bediensteten der
Europäischen Union gleichzustellen sind. Mitglieder des Europäischen Parlaments fallen hingegen nicht hierunter, sondern werden als Mandatsträger von
§ 108 e erfasst.

4. Richter (§ 11 I Nr. 3): Der Begriff des Richters umfasst sowohl Berufsrichter 25
als auch ehrenamtliche Richter nach Bundes- oder Landesrecht. **Berufsrichter**
werden in das Richteramt durch Aushändigung einer Ernennungsurkunde berufen. Ob diese Ernennung auf Lebenszeit oder vorerst nur auf Probe erfolgt, ist
für den Richterbegriff in Nr. 3 unerheblich. **Ehrenamtliche Richter** (synonym

wird der Begriff „Laienrichter" verwendet) sind Schöffen in der Strafgerichtsbarkeit, Handelsrichter bei den Kammern für Handelssachen, Beisitzer in der Zivil-, Arbeits- Sozial-, Verwaltungs- und Finanzgerichtsbarkeit (§§ 44–45 a DRiG), Mitglieder der Ehrengerichte für Rechtsanwälte (§§ 92, 100, 106 BRAO) sowie Beisitzer in Disziplinargerichten (LK-*Hilgendorf* Rn 63). **Keine Richter** sind Rechtsreferendare in Ausbildung; sie können aber Amtsträger iSd Nr. 2 c sein. Rechtspfleger werden ebenfalls nicht vom Begriff des Richters erfasst; sie sind jedoch Amtsträger iSd Nr. 2 a. Schiedsrichter sind weder Richter noch Amtsträger iSd Nr. 2.

26 **5. Für den öffentlichen Dienst besonders Verpflichtete (§ 11 I Nr. 4):** Mit den für den öffentlichen Dienst besonders Verpflichteten sollen Personen erfasst werden, derer sich der Staat zur Erfüllung seiner Aufgaben bedient, die nach Stellung und Funktion keine Amtsträger sind, jedoch in vergleichbarer Weise Einblick und Einfluss auf das Handeln öffentlicher Stellen haben wie Amtsträger (BT-Drucks. 7/550, 210; dazu auch *Walther* Jura 2009, 421 [426 f]).

27 Die von Nr. 4 erfassten Personen müssen folgende **Voraussetzungen** erfüllen:
- Als negative Voraussetzung dürfen sie nicht bereits Amtsträger iSd Nr. 2 sein.
- Die Stellen, für die sie tätig sind, müssen Aufgaben der öffentlichen Verwaltung wahrnehmen.
- Die Verpflichteten müssen bei einer solchen Stelle oder einer zwischengeschalteten Stelle in diesem Sinne beschäftigt oder für sie tätig sein.
- Sie müssen auf die gewissenhafte Erfüllung ihrer Obliegenheiten aufgrund eines Gesetzes förmlich verpflichtet sein.

28 a) **Nicht bereits Amtsträger im Sinne von Nr. 2:** Durch diese Voraussetzung fallen weder Beamte noch sonstige Amtsträger nach Nr. 2 unter den Begriff der für den öffentlichen Dienst besonders Verpflichteten; ausnahmsweise können Amtsträger jedoch von Nr. 4 erfasst werden, wenn sie eine Aufgabe wahrnehmen, die von ihrer Aufgabe als Amtsträger verschieden ist, und im Übrigen die Voraussetzungen der Nr. 4 erfüllt sind (vgl S/S-*Eser/Hecker* Rn 32). Nr. 4 erfasst damit nur Personen, die nicht selbst öffentliche Aufgaben wahrnehmen. In Betracht kommen insbesondere technische Hilfskräfte wie Büroangestellte, Boten, Reinigungskräfte etc. (vgl BGH NStZ 1994, 277).

29 b) **Stelle muss Aufgaben der öffentlichen Verwaltung wahrnehmen:** Der Unterschied zwischen Amtsträgern in Nr. 2 und den besonders Verpflichteten in Nr. 4 besteht darin, dass Amtsträger in eigener Person öffentliche Aufgaben erfüllen, während Personen im Sinne von Nr. 4 für eine Stelle tätig sind, die ihrerseits Verwaltungsaufgaben wahrnimmt (*Lenckner* ZStW 106, 502 [541 f]). Dabei wird in Nr. 4 unterschieden zwischen Behörden und Stellen, die selbst **unmittelbar** öffentliche Aufgaben erfüllen (**Nr. 4 a**), und Organisationsstrukturen, derer sich eine solche Stelle zur Erfüllung ihrer öffentlichen Aufgabe bedient, die also nur **mittelbar** öffentliche Aufgaben wahrnehmen (**Nr. 4 b**). Nicht unter Nr. 4 fallen dagegen Unternehmen, die völlig von den öffentlichen Aufgaben losgelöst privatrechtliche Tätigkeiten in oder bei einer Behörde ausführen, wie zB Lieferfirmen oder Handwerksbetriebe (*Fischer* Rn 25).

30 c) **Verpflichteter muss bei einer solchen Stelle oder einer zwischengeschalteten Stelle im Sinne von (2.) beschäftigt oder für sie tätig sein:** Nicht zwingend erforderlich ist, dass der Verpflichtete in einem dauerhaften Beschäftigungsverhältnis

zu der Stelle steht, vielmehr genügt bereits eine vorübergehende Tätigkeit (S/S-*Eser/Hecker* Rn 34).

d) Auf die gewissenhafte Erfüllung ihrer Obliegenheiten aufgrund eines Gesetzes förmlich verpflichtet: Abzustellen ist auf das VerpflichtG. Zu den zu beachtenden Formerfordernissen vgl BGH NJW 1980, 846; *Petri* NStZ 1991, 471 f. Die Verpflichtung muss bezüglich öffentlicher Verwaltungsaufgaben erfolgt sein; dies ist zB nicht der Fall bei nach § 36 GewO öffentlich bestellten Sachverständigen, die freiberuflich arbeiten (vgl *Fischer* Rn 26). 31

III. Die einzelnen Sachbegriffe

1. Rechtswidrige Tat (§ 11 I Nr. 5): In Nr. 5 werden strafrechtliche rechtswidrige Handlungen durch die Formulierung der Verwirklichung des **Tatbestandes eines Strafgesetzes** von nichtstrafrechtlichen (zivilrechtlichen oder öffentlich-rechtlichen) rechtswidrigen Taten formal abgegrenzt. Die „rechtswidrige Tat" soll danach als paralleler Begriff zur „rechtswidrigen Handlung" im Sinne von § 1 OWiG betrachtet werden. Insofern ist die Begriffsbestimmung etwa bedeutsam für § 145 d, für den die Vortäuschung von außerstrafrechtlichen Rechtsverletzungen oder Ordnungsverstößen nicht genügt. Gleiches gilt für die Falschverdächtigung gem. § 164 (vgl LK-*Hilgendorf* Rn 78). 32

Darüber hinaus ergibt sich aus der Begriffsbestimmung und dem Zweck der Normen, die auf eine „rechtswidrige Tat" Bezug nehmen, dass die „rechtswidrige Tat" einen Straftatbestand erfüllen und rechtswidrig, nicht jedoch zwingend auch schuldhaft sein muss (S/S-*Eser/Hecker* Rn 38; *Fischer* Rn 27; LK-*Hilgendorf* Rn 79). 33

Nr. 5 trifft jedoch keine Aussage zu der Frage, was unter Tatbestandsmäßigkeit und Rechtswidrigkeit zu verstehen ist, insbesondere auch nicht hinsichtlich der Problematik, wo der Vorsatz systematisch einzuordnen ist (BT-Drucks. 7/550, 211; BVerfG NJW 1984, 1293 [1294]; S/S-*Eser/Hecker* Rn 39). 34

2. Unternehmen einer Tat (§ 11 I Nr. 6): a) Nr. 6 bestimmt, dass das „Unternehmen" einer Tat deren Versuch und deren Vollendung umfasst. Damit werden Versuch und Vollendung bezüglich der Strafbarkeit gleichgestellt bei Delikten, in denen das „Unternehmen" einer Tat explizit unter Strafe gestellt ist (vgl BGHSt 33, 378 [381]; sog. „**echte Unternehmensdelikte**"). Der Versuch kann demnach unabhängig von der Regelung des § 23 I geahndet werden, was zur Folge hat, dass die fakultative Strafmilderung des § 23 II für den Versuchsbereich ausgeschlossen wird. Der Richter darf die Mindeststrafen, welche die Tatbestände vorgeben, also nicht unterschreiten; jedoch kann bei der Strafzumessung berücksichtigt werden, dass die Tat *materiell* nicht vollendet wurde (*Berz*, Formelle Tatbestandsverwirklichung und materieller Rechtsgüterschutz, 1986, 131; LK-*Hilgendorf* Rn 84; *Jakobs* 25/5). 35

b) Aufgrund der Gleichstellung von Vollendung und Versuch stellt sich die Frage, inwieweit die allgemeinen **Regeln über den Versuch** auf die echten Unternehmensdelikte Anwendung finden, soweit diese *materiell* nur im Versuchsbereich verwirklicht wurden. 36

aa) Reichweite der Strafbarkeit: Überwiegend wird angenommen, dass der strafwürdige Bereich bei den echten Unternehmensdelikten genauso weit reicht wie bei anderen Tatbeständen, bei denen der Versuch strafbar ist (*Berz*, Formelle Tatbestandsverwirklichung und materieller Rechtsgüterschutz, 1986, 128 f; SK-*Ru-* 37 *dolphi/Stein* Rn 41). Danach sind die Grundsätze des unmittelbaren Ansetzens nach § 22 auf das Unternehmen der Tat zu beziehen, so dass also nicht etwa ein „Versuch des Unternehmens" iSd Strafbarkeit bloßer Vorbereitungshandlungen hierzu existiert (näher *Jakobs* 25/6; vgl auch MK-*Radtke* Rn 112).

38 **bb) Strafbarkeit des untauglichen Versuchs:** Auch die Grundsätze über den untauglichen Versuch finden bei Unternehmensdelikten Anwendung, so dass auch in diesen Fällen grds. eine Strafbarkeit besteht (*Günther* JZ 1987, 16 [18]; *Wolters*, Das Unternehmensdelikt, 2001, 138 ff). Allerdings wird teilweise vorgeschlagen, hier im Gegensatz zum „handlungsbezogenen" – dh tauglichen – Versuch des Unternehmensdelikts ausnahmsweise die Strafmilderungen gem. § 23 II, III anzuwenden (*Mitsch* Jura 2012, 526 [528]; bzgl § 23 III auch MK-*Radtke* Rn 113), was demgegenüber von anderen Stimmen im Schrifttum abgelehnt wird (S/S-*Eser/Hecker* Rn 45).

39 **cc) Möglichkeit des Rücktritts:** Ein Rücktritt vom Versuch nach den Regelungen des § 24 ist nicht möglich, da bei den echten Unternehmensdelikten Vollendung und Versuch gleichgestellt sind, das materiell versuchte Delikt also formell gleich einem vollendeten behandelt wird (anders *Kohlrausch/Lange* § 46 Anm. IV 1; *Wolters*, Das Unternehmensdelikt, 2001, 254 f). In einigen Unternehmensdelikten sind jedoch spezielle Rücktrittsmöglichkeiten vorgesehen (zB in §§ 83 a, 314 a). Der Grund für diese ausdrücklichen Rücktrittsregelungen wird in einer geänderten Rechtsauffassung gesehen. Da diese auch auf die anderen Unternehmensdelikte übertragen werden könne, soll es nach einer Auffassung zulässig sein, die ausdrücklichen Rücktrittsregeln der einzelnen Unternehmensdelikte analog auf die Unternehmensdelikte anzuwenden, die keine Rücktrittsregelung enthalten (vgl S/S-*Eser/Bosch* § 24 Rn 116, 119; *Schröder* Kern-FS 457 [462 f]). Eine andere Auffassung lehnt die analoge Anwendung ab, wobei sie dies mit den teilweise unterschiedlichen Rechtsfolgen der analog herangezogenen Regeln begründet (*Burkhardt* JZ 1971, 352 [357]; *Mitsch* Jura 2012, 526 [529]; SK-*Rudolphi/Stein* Rn 43). Die Rspr hat zur analogen Anwendung noch keine allgemeine Aussage getroffen, vielmehr hat sie einzelfallbezogen entschieden (analoge Anwendung bejaht: BGHSt 6, 85; analoge Anwendung verneint: BGHSt 15, 198).

40 **c)** Neben den echten Unternehmensdelikten („Unternehmensdelikte im technischen Sinne"), bei denen der Begriff „Unternehmen" im Gesetzestext ausdrücklich verwendet wird, gibt es auch Delikte, die diesen Begriff nicht nutzen, eine Handlung aber bereits deshalb bestrafen, weil der Täter mit ihr bestimmte deliktische Absichten verfolgt (vgl zB §§ 113, 145 d, 292; näher S/S-*Eser/Hecker* Rn 47). Diese Delikte werden wegen ihrer versuchsähnlichen Struktur als **„unechte Unternehmensdelikte"** bezeichnet (SK-*Rudolphi/Stein* Rn 44; *Schröder* Kern-FS 457 [464 ff]; krit. zum Nutzen dieser Begrifflichkeit *Mitsch* JuS 2015, 97 [104]).

41 **aa) Strafbarkeit des untauglichen Versuchs:** Bei diesen Tatbeständen stellt sich daher die Frage, inwieweit sie den „echten Unternehmensdelikten" in ihrer Behandlung gleichzustellen sind (ausf. *Sowada* GA 1988, 195 [211 ff]; *Wolters*, Das Unternehmensdelikt, 2001, 287 ff). Die hM gibt hierauf keine einheitliche Antwort: So wird eine **Strafbarkeit des untauglichen Versuchs** bei unechten Unternehmensdelikten (soweit sie keine Verbrechen darstellen, dann gilt ohnehin § 23 I) im Gegensatz zu den von § 11 I Nr. 6 ausdrücklich erfassten Tatbeständen überwiegend abgelehnt, da dies gegen Art. 103 II GG verstoße (S/S-*Eser/Hecker* Rn 48; *Günther* JZ 1987, 16 [19]; SK-*Rudolphi/Stein* Rn 45).

bb) Möglichkeit des Rücktritts: Demgegenüber soll ein **Ausschluss des Rücktrittsrechts** – jetzt ebenso wie bei den Unternehmensdelikten im technischen Sinne – auch bei den unechten Unternehmensdelikten gelten, weil auch hier bereits die Vornahme einer Handlung (mit bestimmter Tendenz) die formelle Tatvollendung begründe. Da kein Grund besteht, diese anders zu behandeln als echte Unternehmensdelikte, können allerdings die gesetzlichen Regelungen, die teilweise bei echten Unternehmensdelikten bestehen, auch auf sie analog angewendet werden (*Berz* Stree/Wessels-FS 331 [335 ff]; abl. *Wolters*, Das Unternehmensdelikt, 2001, 324 ff; diff. *Weber* in Jescheck [Hg.], Die Vorverlegung des Strafrechtsschutzes durch Gefährdungs- und Unternehmensdelikte, 1987, 14 f), sofern eine solche Analogie nicht bereits für echte Unternehmensdelikte ohne Rücktrittsregelung abgelehnt wird (vgl Rn 39). Die Rspr folgt diesem Vorschlag der Literatur bisher jedoch nicht (vgl BGHSt 14, 213 [217] hinsichtlich § 323 c). 42

d) Täterschaft und Teilnahme: Sowohl für echte als auch für unechte Unternehmensdelikte gelten die allgemeinen Grundsätze hinsichtlich Täterschaft und Teilnahme. 43

3. Behörde (§ 11 I Nr. 7): a) Nr. 7 stellt lediglich klar, dass auch ein Gericht eine Behörde ist. Weder der Begriff der Behörde, noch der Begriff des Gerichts werden jedoch definiert. 44

b) Die Strafrechtsnormen verwenden teils ausdrücklich den Begriff der **Behörde** (§§ 90 a, 138, 277 ff), teils werden sie anders benannt (§§ 153, 154: andere Stelle; § 77 a: Dienststelle; § 79 b: Vollstreckungsbehörde), teilweise erfolgt lediglich mittelbar eine Verweisung auf den Behördenbegriff (§ 134: amtliche Bekanntmachung; § 136: dienstliches Siegel; § 271: öffentliche Urkunde; § 284: behördliche Erlaubnis; §§ 44 III, 174 a I: behördliche Anordnungen; § 266: behördlicher Auftrag). Den verschiedenen Behördenbegriffen ist jedoch gemeinsam, dass es sich jeweils um eine Einrichtung handeln muss, die unter staatlicher Autorität dauerhaft für öffentliche Zwecke tätig wird, mit bestimmten Mitteln ausgestattet und von der Person des Inhabers unabhängig ist (BVerfGE 10, 20 [48]; BGH NJW 1957, 1673). In der Rspr wurden danach etwa Gemeinden und Gemeindeverbände (RGSt 40, 161 [162]; OLG Frankfurt NJW 1964, 1682 [1683]), Fakultäten von Universitäten (RGSt 75, 112 [114]) sowie Handwerkskammern (LG Tübingen MDR 1960, 780) als Behörden anerkannt (weitere Beispiele bei S/S-*Eser/Hecker* Rn 53 mwN). 45

c) Die ausdrückliche Einbeziehung der **Gerichte** in den Behördenbegriff stellt klar, dass diese auch vom Behördenbegriff erfasst werden, obwohl der Behördenbegriff im allgemeinen Sprachgebrauch in erster Linie mit Verwaltungstätigkeit assoziiert wird. Gerichte sind Organe rechtsprechender Gewalt in der Bundesrepublik (LK-*Hilgendorf* Rn 95), wobei dies sowohl eine gesamte organisatorische Gerichtseinheit (BGH, LG usw) als auch der Spruchkörper eines Gerichts (Senat des BGH, Abteilung des Amtsgerichts etc.) oder der Einzelrichter sein kann (vgl S/S-*Eser/Hecker* Rn 62). Grds sind auch Ehrengerichte, Disziplinargerichte und gerichtsähnliche Schiedsstellen Gerichte (AK-*Wassermann* Rn 31), jedoch ist für die Bestimmung, was Gericht ist, auf den jeweiligen Zweck der Norm abzustellen: Muss das Gericht bestimmte Funktionen oder Qualifikationen inne haben, so ist der Gerichtsbegriff auch entsprechend enger (bei §§ 153 f muss das Gericht etwa zur Abnahme von Eiden zuständig sein, so dass zB private Schiedsgerichte ausscheiden, vgl *Fischer* § 154 Rn 5). 46

47 **4. Maßnahmen (§ 11 I Nr. 8): a)** Unter dem Begriff der Maßnahme werden bestimmte Rechtsfolgen der Tat zusammengefasst, die teilweise nach den gleichen Grundsätzen behandelt werden (hinsichtlich der Konkurrenzen, §§ 52 IV, 55 II; der Verjährung, § 78 I; der Strafvereitelung, §§ 258, 258 a; der Verfolgung Unschuldiger, § 344 und der Vollstreckung gegen Unschuldige, § 345), obwohl sie unterschiedlicher Rechtsnatur sind. Der Begriff der Maßnahme ist mithin keine Legaldefinition, sondern ein Sammelbegriff (NK-*Saliger* Rn 66). Inhalt und Umfang der betreffenden Rechtsfolgen bestimmen sich allein nach den für sie vorgesehenen Regeln (Maßregeln der Besserung und Sicherung, §§ 61–72; Verfall, §§ 73–73 e, 76, 76 a; Einziehung, §§ 74–76 a; Unbrauchbarmachung, § 74 d).

48 **b)** Nicht unter den Begriff der Maßnahme fallen Rechtsfolgen, die nicht in Nr. 8 genannt sind wie zB Anordnungen nach §§ 56 b–56 d und Maßnahmen des Nebenrechts (SK-*Rudolphi/Stein* Rn 49).

49 **c)** Wird in einer Norm der Begriff „Maßnahme" gebraucht, ohne dass sich aus ihrem Wortlaut oder dem Normzusammenhang ergibt, dass die Maßnahmen iSd § 11 I Nr. 8 gemeint sind, so gilt nicht der enge Maßnahmebegriff dieser Bestimmung (so zB in § 164), vgl S/S-*Eser/Hecker* Rn 58.

50 **5. Entgelt (§ 11 I Nr. 9):** Durch diese Legaldefinition werden nur solche Vorteile, denen ein **wirtschaftlicher Wert** immanent ist, als Entgelt bestimmt. Nicht erforderlich ist dagegen, dass der Täter dadurch einen Gewinn erlangt oder eine Bereicherung erstrebt (NK-*Saliger* Rn 69).

51 Für den Begriff des Entgelts ist entscheidend, dass es eine **Gegenleistung** darstellt. Das bedeutet, dass das Entgelt idR für die Tat vom Täter empfangen oder gefordert und nicht nur bei Gelegenheit erlangt wird (S/S-*Eser/Hecker* Rn 60 f). Dies gilt jedoch nicht dort, wo sich der Täter strafbar macht, weil er das von ihm geschuldete Entgelt einem anderen vorenthält (wie in § 265 a).

52 **6. Gleichstellung von Vorsatz und Vorsatz-Fahrlässigkeitskombinationen (§ 11 II):** Nach Abs. 2 sind Taten, die aus der Kombination von einer vorsätzlichen Tathandlung und der fahrlässigen oder leichtfertigen Verursachung einer besonderen Folge bestehen, als vorsätzliche Taten zu betrachten.

53 **a)** Der **Anwendungsbereich** der Regelung erstreckt sich zum einen auf die erfolgsqualifizierten Delikte iSv § 18, umfasst aber auch Tatbestände, die eine Kombination aus vorsätzlicher Handlung und fahrlässiger Gefährdung beinhalten (zB §§ 97 I, 109 e V, 109 g IV, 311 III, 315 V, 353 b I S. 2). Während bei erstgenannter Tatbestandsgruppe bereits das Grunddelikt strafbar ist und der (mindestens fahrlässig herbeigeführte) Erfolg die Strafe lediglich verschärft (zB § 227), ist bei denjenigen Vorsatz-Fahrlässigkeitskombinationen, die als Gefährdungsdelikte angelegt sind, die vorsätzliche Tathandlung grds. noch nicht strafbar, sondern die Strafbarkeit entsteht erst, wenn dadurch fahrlässig eine konkrete individuelle Gefahr verursacht wird.

54 **b)** Da Vorsatz-Fahrlässigkeitskombinationen vorsätzliche Taten darstellen, ist an ihnen eine **Teilnahme** möglich, jedoch muss auch den Teilnehmer hinsichtlich der besonderen Folge mindestens Fahrlässigkeit treffen (S/S-*Eser/Hecker* Rn 65; aA *Gössel* Lange-FS 219 [225 ff], der nur fahrlässige Nebentäterschaft für möglich hält).

55 **c)** Des Weiteren kommt ein strafbarer **Versuch** eines solchen Kombinationsdeliktes in Betracht. Voraussetzung dafür ist aber, dass gerade hinsichtlich des Kombinationsdeliktes der Versuch unter Strafe gestellt ist (NK-*Saliger* Rn 71). Daran fehlt es bei den Delikten, in denen das Kombinationsdelikt erst hinter der normierten Versuchsstrafbarkeit des komplett vorsätzlich verwirklichten Tatbestandes geregelt ist (beispielsweise in §§ 315 a, 315 b, 315 c), da das Kombinationsdelikt von dieser Versuchsregelung nicht miterfasst wird (OLG Düsseldorf NZV 1994, 486; S/S-*Eser/Hecker* Rn 66). Keine Bedeutung hat vorstehende Einschränkung allerdings idR für Erfolgsqualifikationen iSv § 18, da diese regelmäßig Verbrechen darstellen und der Versuch dementsprechend bereits über § 23 I strafbar sind.

7. Gleichstellung von Schriften, Ton- und Bildträgern, Datenspeichern, Abbildungen und anderen Darstellungen (§ 11 III): a) Dem Begriff der Schrift als dem häufigsten Mittel der Darstellung (vgl S/S-*Eser/Hecker* Rn 68; *Franke* GA 84, 452 ff) werden Ton- und Bildträger, Datenspeicher, Abbildungen und andere Darstellungen gleichgestellt. Eine Legaldefinition dieser Gegenstände erfolgt dagegen nicht. 56

aa) Obwohl die genannten Gegenstände den Schriften gleichgestellt werden, ist die **Darstellung** der eigentliche Oberbegriff (RGSt 47, 223; LK-*Hilgendorf* Rn 125). Darstellungen sind alle Arten stofflicher Zeichen, die sinnlich wahrnehmbar sind und die einen Vorgang oder sonstigen gedanklichen Inhalt vermitteln sollen, wobei die stoffliche Verkörperung von gewisser Dauer sein muss (S/S-*Eser/Hecker* Rn 69; SK-*Rudolphi/Stein* Rn 63). Unerheblich ist, ob die Wahrnehmung unmittelbar möglich ist oder nur unter Einsatz technischer Hilfsmittel erfolgen kann. Die Zuordnung zu den einzelnen aufgezählten Gegenständen kann schwierig sein, da die Grenzen fließend sind, jedenfalls fallen sie aber alle unter den Oberbegriff der Darstellung. 57

bb) Schriften sind Zusammenstellungen stofflicher Zeichen (beispielsweise Buchstaben oder Bilder), in denen Gedankenäußerungen verkörpert sind und die durch Augen oder Tastsinn wahrgenommen werden können (BGHSt 13, 375). Darunter sind auch Blindenschriften sowie Geheim- und Kurzschriften zu zählen. Einzelstücke sind keine Schriften, wenn sie nicht zur Vervielfältigung oder Verbreitung, sondern nur für einen einzelnen Empfänger bestimmt sind (BGHSt 13, 375 [376]). 58

cc) Tonträger enthalten technisch gespeicherte Laute oder Tonfolgen (wie Musik, Sprache), die durch Wiedergabegeräte für das Ohr wahrnehmbar gemacht werden können (so beispielsweise Tonbänder, Schallplatten, Compactdiscs). 59

dd) Bildträger enthalten technisch gespeicherte Bilder oder Bildfolgen, die durch Wiedergabegeräte – wie zB bei Magnetbändern für Videoabspielgeräte – für das Auge wahrnehmbar gemacht werden können (vgl OLG Stuttgart NStZ 1992, 38; *Walther* NStZ 1990, 523). 60

ee) Datenspeicher verkörpern gedankliche Inhalte, die mittels technischer Geräte wahrnehmbar werden (beispielsweise Magnetbänder, Festplatten, CD-ROMs). Die Speicherung kann auch von nur vorübergehender Dauer sein. Nicht erfasst werden dagegen Inhalte, die in Echtzeit oder echtzeitentsprechend bereitgestellt oder übermittelt werden (wie Live-Übertragungen). Kurzfristige Zwischenspeicherungen zum Zweck der Übermittlung in Echtzeit sind ebenfalls keine Datenspeicher (*Derksen* NJW 1997, 1878 [1881]; *Sieber* JZ 1996, 494 [495]). 61

ff) Abbildungen sind Wiedergaben körperlicher Gegenstände oder Vorgänge der Außenwelt in Fläche und Raum (wie zB Gemälde, Fotos, Filme), die durch Augen oder Tastsinn wahrnehmbar sind (RGSt 39, 183; 46, 390 [392]). 62

63 b) Eine Gleichstellung der aufgezählten Gegenstände mit Schriften verlangt eine ausdrückliche Verweisung auf § 11 III wie beispielsweise in §§ 86 II, 86 a I, 90 ff, 103 II (S/S-*Eser/Hecker* Rn 75; LK-*Hilgendorf* Rn 115; zu diesen Tatbeständen: *Franke* GA 1984, 452). Ohne einen solchen Verweis ist eine Norm ausschließlich auf die in ihr aufgeführten Gegenstände anzuwenden.

§ 12 Verbrechen und Vergehen

(1) Verbrechen sind rechtswidrige Taten, die im Mindestmaß mit Freiheitsstrafe von einem Jahr oder darüber bedroht sind.

(2) Vergehen sind rechtswidrige Taten, die im Mindestmaß mit einer geringeren Freiheitsstrafe oder die mit Geldstrafe bedroht sind.

(3) Schärfungen oder Milderungen, die nach den Vorschriften des Allgemeinen Teils oder für besonders schwere oder minder schwere Fälle vorgesehen sind, bleiben für die Einteilung außer Betracht.

I. Allgemeines

1 In dieser Vorschrift sind Legaldefinitionen der Begriffe Verbrechen und Vergehen enthalten. Die Definitionen nennen die Mindeststrafandrohung als das maßgebliche Abgrenzungskriterium. Die Einteilung der Straftaten in Verbrechen und Vergehen ist abschließend. Zusammen mit § 1 OWiG grenzt § 12 darüber hinaus Straftaten von Ordnungswidrigkeiten ab.

2 Die frühere Dreiteilung (Trichotomie), nach der Straftaten in Verbrechen, Vergehen und Übertretungen eingeteilt wurden, wurde durch eine Zweiteilung (Dichotomie) ersetzt, die nur noch zwischen Verbrechen und Vergehen unterscheidet. Der 29. Abschnitt des StGB aF, der die Tatbestände der Übertretungen enthielt, wurde durch Art. 19 Nr. 206 EGStGB v. 9.3.1974 (BGBl. I, 469) aufgehoben; ein Teil der Tatbestände, die früher als Übertretungen im StGB erfasst waren, sind nunmehr als (nichtkriminelle) Ordnungswidrigkeiten erfasst, andere wurden ersatzlos gestrichen, einige wurden zu Vergehenstatbeständen angehoben (näher LK-*Hilgendorf* Rn 29). Das Strafrecht der ehemaligen DDR hatte zwischen Vergehen und Verbrechen einerseits (deren Abgrenzung teilweise anders vorgenommen wurde) und Ordnungswidrigkeiten andererseits noch die sogenannten Verfehlungen eingeordnet.

3 Die Einteilung ist formaler Art (BGHSt 28, 93 [95]) und primär von gesetzestechnischer Bedeutung. Durch diese Zweiteilung sollen Verweisungen erleichtert werden, indem auf die Begriffe Verbrechen und Vergehen Bezug genommen werden kann. Solche Verweisungen finden sich beispielsweise im **sachlichen Recht** in §§ 23 I, 30, 31, 45 I, 126 I Nr. 6 und 7, 241. Des Weiteren werden Verbrechen und Vergehen **verfahrensrechtlich** teilweise unterschiedlich behandelt (zB §§ 140 I Nr. 2, 153 f, 373 a, 407 StPO), zudem ist sie bedeutsam für die sachliche Zuständigkeit der Gerichte (§ 74 I GVG).

II. Abgrenzung

4 Das alleinige Kriterium zur Abgrenzung von Verbrechen und Vergehen ist die Mindeststrafandrohung des jeweiligen Regelstrafrahmens. Verbrechen sind da-

nach rechtswidrige Taten, die eine Mindeststrafandrohung von einem Jahr Freiheitsstrafe oder darüber haben (Abs. 1). Vergehen sind demgegenüber Taten, die als Mindeststrafmaß weniger als ein Jahr Freiheitsstrafe oder Geldstrafe anordnen (Abs. 2). Damit sind Vergehen alle rechtswidrigen Taten, die kein Verbrechen sind. Für die Einteilung unbeachtlich bleiben Nebenstrafen und Nebenfolgen (RGSt 52, 342 [344]).

Die Betrachtung erfolgt in abstrakt-generalisierender Weise: Entscheidend ist allein, welche Mindeststrafe gesetzlich angeordnet ist. Unbeachtlich ist demgegenüber, welches Strafmaß im konkreten Einzelfall festgesetzt wurde. 5

Bei der Feststellung der gesetzlich geregelten Mindeststrafe haben nach Abs. 3 Strafschärfungen und -milderungen, die im Allgemeinen Teil des StGB geregelt sind, außer Betracht zu bleiben. Ebenso sind Strafschärfungen und -milderungen, die für besonders schwere oder minder schwere Fälle im Besonderen Teil geregelt sind, nicht in die Feststellung der Mindeststrafandrohung einzubeziehen. 6

1. Vorschriften des Allgemeinen Teils, die eine Strafschärfung oder -milderung vorsehen, haben unabhängig davon außer Betracht zu bleiben, ob die Strafschärfung oder -milderung fakultativ erfolgen kann (zB bei Begehung durch Unterlassen, § 13 II; bei Verbotsirrtum, § 17 S. 2; bei verminderter Schuldfähigkeit, § 21; bei Versuch, § 23 II und III oder entschuldigendem Notstand, § 35) oder ob die Regelung zwingender Natur ist (zB bei Beihilfe, § 27 II S. 2; wenn dem Teilnehmer besondere persönliche Merkmale fehlen, § 28 I oder bei versuchter Beteiligung, § 30 I S. 2). Auch § 49 II ist hierunter zu fassen, wenn man ihn als generelle Milderungsvorschrift des Allgemeinen Teils betrachtet, obwohl er sich auf spezielle Milderungsvorschriften des Besonderen Teils bezieht (vgl RGSt 59, 23 [24f]; *Trifftterer* NJW 1980, 2049 [2052]). 7

2. Besonders schwere und minder schwere Fälle: a) Nach § 12 III sind auch Schärfungen oder Milderungen, die für **besonders schwere oder minder schwere Fälle** vorgesehen sind, für die Einteilung außer Betracht zu lassen. Dabei kommt es nicht darauf an, ob diese Fälle völlig „unbenannt" oder durch „Regelbeispiele" oder „zwingende (aber nicht abschließende) Beispielsfälle" benannt und erläutert sind (*Wessels* Lackner-FS 423). 8

b) Unbenannte Strafänderungsgründe: Strafschärfungs- oder -milderungsgründe, die im BT für einige Tatbestände für „besonders schwere" oder „minder schwere" Fälle vorgesehen und damit nur allgemein umschrieben sind, sind nicht in die Feststellung des Mindeststrafrahmens einzubeziehen. Dass diese unbenannten Strafänderungsgründe keinen Einfluss auf die Mindeststrafandrohung haben, liegt darin begründet, dass das Gesetz die Voraussetzungen der Strafmodifikation nicht abschließend bestimmt. Vielmehr wird es dem erkennenden Richter überlassen, ob er die Strafrechtsmodifikation anwendet oder aus besonderen in der Strafzumessung liegenden Gründen nicht anwenden will. Diese Regelungen haben lediglich eine Modifikation des Strafrahmens zur Folge, unverändert bleibt hingegen der Unrechtscharakter des Deliktes. Nur die Änderung des Deliktscharakters rechtfertigt jedoch eine Höherstufung eines Vergehens zum Verbrechen bzw eine Herabstufung eines Verbrechens zum Vergehen. 9

c) Regelbeispiele: Aus den gleichen Gründen haben auch Regelbeispiele keinen Einfluss auf den Deliktscharakter (vgl BGHSt 20, 184; 26, 97; 32, 293 [294]). In den Regelbeispielen werden lediglich typische Gründe formuliert, aus denen eine Strafschärfung oder -milderung in Betracht kommt. Diese sind jedoch nur beispielhaft aufgezählt, haben mithin keinen abschließenden Charakter und binden 10 den Richter nicht, der in seiner Entscheidung frei bleibt, ob er eine Strafänderung aufgrund der Verwirklichung eines Regelbeispiels annimmt oder nicht.

11 d) **Zwingende Beispiele:** Teilweise gibt das Gesetz zwingende Beispielsfälle vor („... oder liegt sonst ein schwerer Fall vor", §§ 129 IV, 241 a IV; „... oder liegt sonst ein minder schwerer Fall vor", § 213). Ist ein solches Beispiel verwirklicht, ist der Richter anders als bei den unbenannten Fällen und den Regelbeispielen an den Strafrahmen gebunden. Da jedoch neben den aufgezählten Beispielen weitere schwere bzw minder schwere Fälle denkbar sind und insofern auch bei den zwingenden Beispielen keine abschließende Aufzählung vorliegt, vermögen die zwingenden Beispiele ein Delikt ebenfalls nicht zum Verbrechen oder Vergehen abzuändern (BGHSt 8, 78 [79]; 20, 184 [185 f]; 32, 293 [294]; abw. *Dreher* JZ 1965, 455 f).

12 e) Wird nicht lediglich der Strafrahmen des gleichen Deliktes nach oben oder unten ausgedehnt, sondern durch die Verwirklichung bestimmter zusätzlicher Merkmale ein **neuer Tatbestand** mit neuer Strafandrohung geschaffen, sind diese Strafänderungsgründe für die Feststellung des Mindeststrafmaßes beachtlich. Dies ist insbesondere bei tatbestandlichen Abwandlungen eines Grunddeliktes gegeben. In diesen Fällen ist der Richter nicht mehr frei in seiner Entscheidung, ob er die gesetzliche Regelung anwendet oder nicht, sondern durch die Verwirklichung der im Tatbestand bezeichneten Merkmale hat der Richter die gesetzliche Regelung und damit den in ihr enthaltenen Strafrahmen anzuwenden. Verändert sich dadurch der Strafrahmen derart, dass die Mindeststrafe nunmehr ein Jahr Freiheitsstrafe erreicht oder unterschreitet, so wird dadurch zugleich der Charakter des Deliktes geändert (zB § 212 im Verhältnis zu § 216). Die Mindeststrafandrohung in § 216 liegt unter einem Jahr Freiheitsstrafe, so dass § 216 im Gegensatz zu § 212 ein Vergehen darstellt.

13 f) Ohne Relevanz ist, ob das durch Hinzutreten des zusätzlichen Merkmals im Tatbestand neu entstandene Delikt lediglich eine **Privilegierung** (§ 216 im Verhältnis zu § 212) oder **Qualifikation** (§ 224 im Verhältnis zu § 223) darstellt und somit vom Grunddelikt abhängig bleibt oder ob dadurch ein eigenständiges, vom Grunddelikt losgelöstes Delikt (**delictum sui generis**; wie § 249 im Verhältnis zu § 242 und § 240) entsteht (vgl BGH StV 1988, 388, der deswegen das Verhältnis von § 356 Abs. 1 zu Abs. 2 offen lässt). Ohne Relevanz ist des Weiteren, worauf sich die strafmodifizierenden Merkmale beziehen (tat- oder täterbezogen, unrechts- oder schuldbezogen). Entscheidend für die Frage, ob sie sich auf die Deliktsnatur auswirken können, ist allein, ob es sich um abschließende und damit tatbestandsändernde Modifizierungen handelt, die den Richter binden.

III. Anstiftung und Beihilfe

14 **Anstiftung und Beihilfe** haben denselben Deliktscharakter wie die Haupttat, sofern es für sie nach Akzessorietätsgrundsätzen bei demselben Tatbestand und Strafrahmen verbleibt. Ist § 28 II einschlägig, können sich dagegen für die einzelnen Tatbeteiligten unterschiedliche Deliktstatbestände ergeben, wodurch auch der Deliktscharakter der von ihnen verwirklichten Straftaten ein anderer sein kann.

IV. Abgrenzung im Jugendstrafrecht und Wehrstrafrecht

Die Rechtsfolgen von Straftaten, auf die **Jugendstrafrecht** anzuwenden ist, sind im JGG bestimmt. Nach § 4 JGG ist für die Einordnung der Tat als Verbrechen oder Vergehen dennoch auf § 12 abzustellen; damit richtet sich die Einteilung abstrakt nach dem im StGB vorgesehenen Mindeststrafmaß der Tat (BGHSt 8, 78 [80]). Auch die Einteilung der Straftaten im **Wehrstrafrecht** richtet sich gem. § 3 WStG nach § 12. 15

Zweiter Abschnitt Die Tat

Erster Titel Grundlagen der Strafbarkeit

Vorbemerkung zu § 13

I. Zur Logik des Deliktsaufbaus . 1	5. Risikoverringerung 109
II. Zur Lehre vom Tatbestand 25	6. Schutzweck der Norm...... 116
1. Begriff und Funktion 25	7. Risikozuständigkeit 117
2. Abgrenzungen 32	8. Eigenverantwortliche Selbst-
3. Tatbestandsabwandlungen .. 38	gefährdung 118
4. Tatbestandsmerkmale 43	9. Eingreifen Dritter 135
III. Zum strafrechtlichen Hand-	VI. Einwilligung und Einverständ-
lungsbegriff 58	nis 159
IV. Kausalität und Erfolg 66	1. Einwilligung 159
1. Kausalitätstheorien 66	2. Einverständnis 190
2. Kausalitätsprobleme 80	3. Einverständliche Fremdge-
V. Objektive Zurechnung 101	fährdung 215
1. Allgemeines 101	VII. Objektive Strafbarkeitsbedin-
2. Ursache und Risiko.......... 105	gungen 227
3. Konkrete Risiken und übli-	VIII. Persönliche Strafaufhebungs-
ches Sozialverhalten 107	und Strafausschließungsgründe 234
4. Hypothetische Schadensver-	IX. Prozessvoraussetzungen 240
läufe 108	X. Deliktstypen 243

I. Zur Logik des Deliktsaufbaus

1. Alle Voraussetzungen der Strafbarkeit eines Verhaltens sind von gleichem Gewicht, denn das Fehlen jeder Voraussetzung führt zum Wegfall der Strafbarkeit insgesamt. Beim Vorsatzdelikt ist also der Vorsatz nicht „wichtiger" als etwa die Rechtswidrigkeit oder das Unrechtsbewusstsein. Obgleich es somit möglich wäre, die Strafbarkeit eines Verhaltens durch ein mehr oder minder ungeordnetes Abhaken aller hierfür notwendigen Bedingungen zu begründen, verfolgt die Strafrechtsdogmatik das Ziel, die Voraussetzungen strafbaren Verhaltens **wissenschaftlich zu systematisieren**. Ein solches System bildet die Lehre vom „Aufbau des Verbrechens", in dem den Merkmalen, die eine Straftat im Allgemeinen konstituieren, ein logischer Ort zugewiesen wird (vgl hierzu *Spendel* Küper-FS 597). 1

Dieser „Deliktsaufbau" kann zugleich als ein **Programm** verstanden werden, nach dem im Einzelfall die Strafbarkeit eines konkreten Verhaltens in **logisch geordneten Prüfungsschritten** festgestellt wird. Hierfür sprechen ua folgende Gründe: Bestimmte Merkmale einer Straftat setzen voraus, dass andere Merkmale ge- 2 geben sind (zB setzt Schuld die Rechtswidrigkeit des zuzurechnenden Verhaltens voraus). Insoweit ist es logisch, zunächst solche Merkmale zu prüfen, die bei der Prüfung anderer Merkmale erfüllt sein müssen. Zudem ist es wissenschaftstheoretisch adäquat, Fragen des Sollens (etwa: „Was darf jemand?") von Fragen des Seins (etwa: „Was kann jemand?") zu unterscheiden. Durch ein geordnetes Begriffssystem können ferner Gemeinsamkeiten und Unterschiede verschiedener Fallkonstellationen erkannt werden: Gleiches wird gleich, Ungleiches ungleich behandelt. Außerdem können übergreifende Gesichtspunkte herausgearbeitet werden. Schließlich macht das Einhalten logisch einsichtiger Prüfungsschritte die Rechtsanwendung sicher und überprüfbar. Abweichungen werden deutlich und müssen daher, wenn sie berechtigt sein sollen, sorgfältig begründet werden (vgl auch *Saldit* GA 2003, 85 [92]).

3   2. Die beiden fundamentalen Straftatelemente sind **Unrecht** und **Schuld**: „Unrecht" ist der Inbegriff aller Voraussetzungen, die das Urteil begründen, der Täter habe sich in strafrechtlich erheblicher Weise falsch (= „rechtswidrig", „widerrechtlich", „verboten", „pflichtwidrig" oder „normwidrig") verhalten (eingehend zum Unrechtsbegriff *Loos* Maiwald-FS 469 ff). „Schuld" ist der Inbegriff aller Voraussetzungen, die das Urteil begründen, der Täter habe für das von ihm begangene Unrecht in strafbarer Weise einzustehen, so dass ihm das Unrecht mit der Folge seiner Strafbarkeit zum Vorwurf gemacht werden kann. In diesem Modell ist das Unrecht der Gegenstand des Schuldvorwurfs. Die Unterscheidung von Unrecht und Schuld ist im Übrigen nicht nur von methodischem Interesse, sondern hat auch erhebliche praktische Auswirkungen, da das Strafrecht für verschiedene Rechtsfolgen nur Unrecht, aber keine Schuld voraussetzt (vgl §§ 11 I Nr. 5, 63 ff, 73 ff, 74 d; zum Ansatz eines schuldabhängigen Unrechtsbegriffs vgl *Pawlik* Otto-FS 133; dagegen *Greco* GA 2009, 636 ff).

4   3. Die **Feststellung des Unrechts** erfolgt in zwei Hauptschritten:

5   ■   Zunächst ist zu prüfen, ob die Bedingungen erfüllt sind, unter denen das Verhalten des Täters überhaupt rechtswidrig sein kann. Diese Prüfung erfolgt unter dem Stichwort **Tatbestandsmäßigkeit**, hat also die Frage zum Gegenstand, ob das Verhalten des Täters die für die Strafbarkeit erforderlichen Voraussetzungen eines bestimmten Deliktstatbestands erfüllt. Der Deliktstatbestand enthält diejenigen Merkmale, die das Unrecht einer Tat positiv begründen.

6   ■   Sodann ist zu prüfen, ob es Gründe gibt, nach denen das Verhalten des Täters als erlaubt anzusehen ist. Sind solche Gründe (zB Notwehr nach § 32) gegeben, so ist das tatbestandsmäßige Verhalten des Täters nicht rechtswidrig; der Täter ist vielmehr gerechtfertigt. Deshalb werden Erlaubnisnormen im Deliktsaufbau als **Rechtfertigungsgründe** bezeichnet. Ein tatbestandsmäßiges Verhalten ist also nur dann rechtswidrig, wenn Rechtfertigungsgründe fehlen.

7   4. Bei den Deliktstatbeständen wie auch den Rechtfertigungsgründen werden jeweils ein objektiver und ein subjektiver Tatbestand unterschieden. Diese Unterscheidung ist insbesondere insoweit von Bedeutung, als die Verwirklichung des subjektiven Deliktstatbestands notwendige Strafbarkeitsvoraussetzung ist, während bei Fehlen eines Merkmals des objektiven Deliktstatbestands nur unter bestimmten Bedingungen (vgl § 23 I) eine Strafbarkeit wegen Versuchs möglich ist.

8   ■   Zum **objektiven Tatbestand** gehören die äußeren Tatumstände, die von den Deliktstatbeständen oder Rechtfertigungsgründen formuliert werden, zB das

den Tod eines Menschen verursachende Täterverhalten beim Totschlag (§ 212) oder die objektiv gebotene und erforderliche Abwehr eines rechtswidrigen Angriffs bei der Notwehr (§ 32).

- Zum **subjektiven Tatbestand** gehören die kognitiven und voluntativen Tatelemente, also etwa das Wissen um die Realisierung eines Deliktstatbestands bzw Rechtfertigungsgrundes, sowie weitere subjektive Merkmale (wie zB „Mordlust" oder „Habgier" iSv § 211 II). 9

Aufgrund dieser Differenzierung wird die Verwirklichung eines objektiven Deliktstatbestands bei fehlender objektiver Rechtfertigung **Erfolgsunrecht** (auch: Erfolgsunwert; zum Begriff *Lüderssen* Herzberg-FS 109 ff; *Jakobs* Samson-FS 43 ff) genannt, während die Verwirklichung eines subjektiven Deliktstatbestands bei fehlender subjektiver Rechtfertigung als **Handlungsunrecht** (auch: Handlungsunwert) bezeichnet wird (näher hierzu *Gallas* Bockelmann-FS 155 ff; *Hirsch* Meurer-GS 3 ff; *Stratenwerth* Schaffstein-FS 177 ff; krit. *Hohn* JuS 2008, 494 f; *Spendel* Weber-FS 3 ff). Diese Bezeichnung ist insoweit irreführend, als zum Erfolgsunrecht nicht nur der Taterfolg, zB der Tod des Opfers, gehört, sondern alle Umstände, aufgrund derer die Todesverursachung objektiv als zurechenbarer Totschlag iSd Tatbestands anzusehen ist. Notwendige Bedingung von Strafbarkeit ist nur die Verwirklichung von Handlungsunrecht; dieses darf – je nach Delikt – in Form von Vorsatz oder Fahrlässigkeit nie fehlen. Dagegen braucht in den Fällen, in denen das Gesetz für die Strafbarkeit einen Versuch genügen lässt, kein Erfolgsunrecht verwirklicht zu sein. 10

5. Der **Schuldvorwurf** ist bei der Prüfung der Strafbarkeit eines Verhaltens nicht positiv zu begründen. Das Strafgesetz nennt nur die Bedingungen, unter denen die Verwirklichung von Unrecht *nicht* als schuldhaft anzusehen ist. Das Strafgesetz geht also davon aus, dass ein handlungsfähiger Mensch nur unter bestimmten Bedingungen nicht schuldhaft handelt, und lässt damit die (schwierige) Frage, was strafrechtlich relevante Schuld ist, offen. 11

Zu den negativen Bedingungen, unter denen die Verwirklichung von Unrecht nicht als schuldhaft anzusehen ist, gehören die **Schuldausschließungsgründe** (zB §§ 17, 19 f) und die **Entschuldigungsgründe** (zB §§ 33, 35). Auch hinsichtlich der Voraussetzungen, die der Schuld des Täters entgegenstehen, wird zwischen einem **objektiven und** einem **subjektiven Schuldtatbestand** unterschieden (zB zwischen den objektiven Voraussetzungen einer entschuldigenden Notstandslage nach § 35 und der Kenntnis des Täters hiervon). 12

6. Die heutige Strafrechtsdogmatik geht (nahezu) einhellig von einer Trennung von Unrecht und Schuld aus. Umstritten ist nur, ob die beiden Schritte, mit denen das Unrecht festgestellt wird (vgl Rn 4 ff), nämlich Tatbestandsmäßigkeit (= Verwirklichung eines Deliktstatbestands) und Rechtswidrigkeit (= Nichtverwirklichung eines Rechtfertigungstatbestands), nur logisch voneinander verschiedene Überlegungen auf derselben Deliktsebene sind oder ob sie zwei auch sachlich verschiedene Wertungsstufen der Straftat betreffen. 13

- Dementsprechend unterscheidet der **dreigliedrige Deliktsaufbau** zwischen (jeweils objektiver und subjektiver) Deliktstatbestandsmäßigkeit, Rechtswidrigkeit (= fehlende Rechtfertigung) und Schuld (zur historischen Entwicklung *Ambos* JA 2007, 1 ff). 14

- Dagegen differenziert der **zweigliedrige Deliktsaufbau** nur zwischen Unrecht und Schuld und deutet die Verwirklichung eines Deliktstatbestands und die 15

Nichtverwirklichung eines Rechtfertigungstatbestands lediglich als positive und negative Merkmale einer einheitlichen Wertungsstufe des Unrechtstatbestands. Nach diesem Verständnis sind die Voraussetzungen des Deliktstatbestands positive und die Voraussetzungen des Rechtfertigungstatbestands negative Merkmale des Unrechtstatbestands (sog. Lehre von den **negativen Tatbestandsmerkmalen**, vgl Vor § 32 Rn 39 sowie *Link*, Der zweistufige Deliktsaufbau, 2000, 309 ff; *Otto* AT § 5/23 f).

16 Dem dreigliedrigen Aufbau liegt die ältere Lehre vom Tatbestand (*Beling*) zugrunde; diese sah im Deliktstatbestand nur eine neutrale Verhaltensbeschreibung, deren strafrechtliche Bewertung erst auf der Ebene der Rechtswidrigkeit erfolgt (Rn 27). Gegen diese Auffassung spricht, dass nach der heute hL von der objektiven Zurechnung schon die Zuständigkeit des Täters für die Verwirklichung des Deliktstatbestands beim Begehungsdelikt (zumindest) von der Schaffung eines sozial inadäquaten, generell unerlaubten Risikos abhängt (Rn 101 ff). Daher wird heute im Deliktstatbestand allgemein die „**Verbotsmaterie**" gesehen (Rn 29, vgl auch § 1 Rn 2). Die Befürworter des dreigliedrigen Aufbaus behaupten jedoch, es sei ein Unterschied, ob der Täter „nur" gerechtfertigt sei oder gar nicht strafrechtlich relevant handele (Argument: „Die Tötung einer Mücke sei nicht mit der Tötung eines Menschen in Notwehr zu vergleichen"). Die Befürworter eines zweigliedrigen Aufbaus halten dem entgegen, dass sich Verbote und Erlaubnisse auf derselben normlogischen Ebene bewegten und daher ein gerechtfertigtes Verhalten für den strafrechtlichen Schuldvorwurf ebenso wenig Unrecht sei wie tatbestandsloses Verhalten. An die Tötung eines Menschen in Notwehr knüpfe das Strafrecht ebenso wenig einen Schuldvorwurf wie an die Tötung einer Mücke; daher liege hier kein strafrechtlich bedeutsamer Unterschied (zur Diskussion vgl NK-*Puppe* Rn 8 ff sowie *Langer* Otto-FS 107, der sich für die Anerkennung der „Strafwürdigkeit" als dritter Kategorie strafbaren Unrechts ausspricht).

17 Unter Zugrundelegung des **zweigliedrigen Deliktsaufbaus** ist in folgenden **Prüfungsschritten** vorzugehen:
  (1) objektiver Deliktstatbestand
  (2) objektiver Rechtfertigungstatbestand;
  (3) Zwischenergebnis: Objektiver Unrechtstatbestand ja/nein;
  (4) subjektiver Deliktstatbestand;
  (5) subjektiver Rechtfertigungstatbestand;
  (6) Zwischenergebnis: Vorsatz bzw Fahrlässigkeit ja/nein;
  (7) Endergebnis:
    – vollendetes Delikt, wenn Prüfung bei (3) und (6) jeweils bejahend ausfällt;
    – versuchtes Delikt, wenn Prüfung bei (3) verneinend, bei (6) hinsichtlich Vorsatz bejahend ausfällt;
    – kein (schuldrelevantes) Unrecht bei allen anderen Konstellationen.

18 Unter Zugrundelegung des **dreigliedrigen Deliktsaufbaus** ist in folgenden **Prüfungsschritten** vorzugehen:
  (1) objektiver Deliktstatbestand;
  (2) subjektiver Deliktstatbestand: Vorsatz bzw Fahrlässigkeit;
  (3) objektiver Rechtfertigungstatbestand;
  (4) subjektiver Rechtfertigungstatbestand;
  (5) Endergebnis:

- vollendetes Delikt, wenn Prüfung bei (1) und (2) jeweils positiv, bei (3) und (4) jeweils negativ ausfällt;
- versuchtes Delikt, wenn Prüfung bei (1) negativ oder bei (3) positiv *und* bei (2) hinsichtlich Vorsatz positiv ausfällt;
- kein (schuldrelevantes) Unrecht bei allen anderen Konstellationen.
- (Teils wird von den Befürwortern des dreigliedrigen Aufbaus kein Versuch, sondern auch Vollendung angenommen, wenn die Prüfung bei (1), (2) und (3) positiv und *nur* bei (4) negativ ausfällt, der Täter also nur objektiv, nicht aber auch subjektiv gerechtfertigt ist; vgl Vor § 32 Rn 21.)

7. Bei einem **Vergleich der Prüfungsschritte** beider Modelle des Deliktsaufbaus zeigt sich, dass im zwei- wie auch dreigliedrigen Deliktsaufbau jeweils im objektiven und im subjektiven Bereich die Voraussetzungen der Unrechtsbegründung (Deliktstatbestand) vor den Voraussetzungen des Unrechtsausschlusses (Rechtfertigungstatbestand) geprüft werden. Die Differenz ergibt sich aus der Reihenfolge der objektiven und subjektiven Unrechtsmerkmale: Beim zweigliedrigen Aufbau werden die Voraussetzungen des objektiven Unrechts vor den Voraussetzungen des subjektiven geprüft, während im dreigliedrigen Aufbau der subjektive Deliktstatbestand vor dem objektiven Rechtfertigungstatbestand geprüft wird. 19

Diese Differenz hat nach dem heutigen Stand der Strafrechtsdogmatik nur noch in *einem* Punkt Bedeutung, und zwar bei der Frage, ob der Irrtum über die tatsächlichen Voraussetzungen eines Rechtfertigungstatbestands den Vorsatz entfallen lässt (so der zweigliedrige Aufbau) oder nicht (so der dreigliedrige Aufbau). Aber auch dieser Punkt spielt in der Praxis nur eine geringe Rolle, da die Rspr zwar von einem dreigliedrigen Aufbau ausgeht, beim Irrtum über die tatsächlichen Voraussetzungen aber analog § 16 den Vorsatz entfallen lässt und damit im Ergebnis mit dem zweigliedrigen Aufbau übereinstimmt. Wegen der allenfalls minimalen Auswirkungen des Streits um den Deliktsaufbau wird in diesem Kommentar auch nur bei dem einschlägigen Problem auf die Konsequenzen eingegangen (vgl Vor § 32 Rn 22 ff). Beim strafrechtlichen Gutachten sollte man einen Aufbau wählen, *ohne* ihn zu begründen; im akademischen Unterricht ist die Ausrichtung am dreigliedrigen Aufbau vorherrschend. 20

8. Die **Strafbarkeitsvoraussetzungen** werden nach hM (unabhängig von der Wahl des zwei- oder dreigliedrigen Verbrechensaufbaus) wie folgt untergliedert: 21

- **objektiver Deliktstatbestand**: Zusammenfassung der das Unrecht eines Verhaltens objektiv (dh ohne Berücksichtigung der Kenntnisse, Motive und Fähigkeiten des konkreten Täters) begründenden Merkmale (Rn 48); 22
- **subjektiver Deliktstatbestand**:
  - notwendige subjektive Unrechtselemente: bei Vorsatzdelikten Vorsatz (§ 16) und bei Fahrlässigkeitsdelikten (objektive) Sorgfaltswidrigkeit (= unerlaubte Risikoerhöhung);
  - besondere subjektive Tatbestandselemente (Rn 50 ff): (etwaige) Absichten und Motive (zB Heimtücke oder Verdeckungsabsicht bei § 211);
- **objektiver Rechtfertigungstatbestand**: objektive Voraussetzungen des Rechtfertigungsgrundes (zB gegenwärtiger rechtswidriger Angriff bei § 32);

- **subjektiver Rechtfertigungstatbestand**: Kenntnis einer Rechtfertigungslage beim Vorsatzdelikt;
- **objektiver Schuldtatbestand**:
  - objektive Schuldausschlussmerkmale (zB § 20);
  - objektive Entschuldigungsmerkmale (zB § 35);
- **subjektiver Schuldtatbestand**: Kenntnis der Voraussetzungen eines Entschuldigungsgrundes;
- **sonstige Strafbarkeitsvoraussetzungen**:
  - objektive Bedingungen der Strafbarkeit (zB Rauschtat bei § 323 a);
  - persönliche Strafausschließungsgründe (Rn 234 f);
  - persönliche Strafaufhebungsgründe (Rn 234, 237);
  - Prozessvoraussetzungen und Prozesshindernisse (Rn 240 f).

23 9. Das **Koinzidenzprinzip** besagt, dass alle konstitutiven Elemente einer Straftat wenigstens einmal zu einem bestimmten Zeitpunkt zugleich verwirklicht sein müssen. Exemplarisch: Es ist kein strafbarer Totschlag nach § 212, wenn A den B zwar vorsätzlich, aber in einem die Schuldunfähigkeit beseitigenden Blutrausch tötet, auch wenn er rückblickend und wieder bei Sinnen seine Tat für „richtig" hält. Ein möglicher Verstoß gegen das Koinzidenzprinzip wird insbesondere bei den Zurechnungskriterien der Übernahmefahrlässigkeit (§ 15 Rn 50, 80) und der actio libera in causa (§ 20 Rn 14 ff) erörtert.

24 10. Im **Gutachten** sind alle Deliktsmerkmale, welche die Strafbarkeit positiv begründen, stets ausdrücklich zu prüfen. Liegen sie nicht vor, ist das Gutachten zu beenden (ggf aber unter anderen Voraussetzungen neu zu beginnen, zB kann bei fehlender Vollendung Versuch, bei fehlendem Vorsatz Fahrlässigkeit zu untersuchen sein). Merkmale, welche die Strafbarkeit entfallen lassen (Rechtfertigung, Entschuldigung), müssen nur erörtert werden, wenn der Sachverhalt entsprechende Anhaltspunkte enthält. Bejahendenfalls ist das Gutachten zu beenden, ansonsten ist nur das Fehlen solcher Merkmale kurz festzustellen und die Prüfung fortzusetzen. „Sonstige Strafbarkeitsvoraussetzungen" sind überhaupt nur bei entsprechenden Anhaltspunkten im Sachverhalt zu erwähnen, sonst zu übergehen.

II. Zur Lehre vom Tatbestand

25 **1. Begriff und Funktion: a)** Auf der Tatbestandsstufe des Deliktsaufbaus (**Tatbestandsmäßigkeit**) wird geprüft, ob das Verhalten des Täters die im Gesetz genannten (positiven) Merkmale einer bestimmten Straftat (zB § 223) erfüllt.

26 Der **Deliktstatbestand** (= Gesetzestatbestand iSd BT) ist die Zusammenfassung der das strafbare Verhalten kennzeichnenden („typisierenden") Merkmale, die innerhalb des Deliktsaufbaus zur Begründung des Unrechts der Tat notwendig sind. Ein Verhalten, auf das die Merkmale des Deliktstatbestands zutreffen, wird als „tatbestandsmäßiges" Verhalten bezeichnet. Da der Deliktstatbestand in diesem Sinne alle Tatbestandsmerkmale enthält, die auf der Tatbestandsstufe des Straftatsystems zusammengefasst sind, wird er in dieser Funktion auch „**Systemtatbestand**" genannt.

27 Die Lehre vom Tatbestand ist aus der Lehre vom **corpus delicti** (= äußere Zeichen eines Verbrechens, die zu Verfolgungsmaßnahmen berechtigen) hervorgegangen; vgl die Definition bei *Feuerbach* § 81: „Der Inbegriff der Merkmale einer besondern Handlung oder Thatsache, welche in dem gesetzlichen Begriff

von einer bestimmten Art rechtswidriger Handlungen enthalten sind, heißt der Thatbestand des Verbrechens (corpus delicti)". Die Konzeption des Deliktstatbestands als erste Ebene des Tatbestands iwS geht vor allem auf *Beling,* Die Lehre vom Verbrechen, 1906, zurück (vgl auch *Beling,* Die Lehre vom Tatbestand, 1930; hierzu und zur weiteren Entwicklung *Jescheck/Weigend* § 25 I; zur Herkunft der Lehre vom corpus delicti und zum Tatbestandsbegriff vor *Beling* vgl *Mittermaier,* Noten I-VIII zu *Feuerbach,* Lehrbuch, 14. Aufl., § 81).

Nicht alle Vorschriften des BT formulieren Deliktstatbestände. Eine Reihe von Vorschriften ordnet auch nur prozessuale Rechtsfolgen an (zB §§ 230, 247, 248 a). Die Merkmale dieser Vorschriften sind schuldunabhängig (vgl auch BVerfGE 50, 205 [211]), müssen also dem Täter nicht subjektiv zugerechnet werden, mit der Folge etwa, dass Irrtümer irrelevant sind (vgl BGHSt 18, 123). 28

b) Nach einer gebräuchlichen Formel soll die Tatbestandsmäßigkeit eines Verhaltens dessen **Rechtswidrigkeit** „**indizieren**" (*Roxin* I § 7/7). Diese Formel besagt, dass mit der Feststellung der Tatbestandsmäßigkeit eines Verhaltens bereits alle für das Unrechtsurteil notwendigen Bedingungen erfüllt sind, so dass auf der Ebene der Rechtswidrigkeit nur noch negativ zu prüfen ist, ob dem abschließenden Unrechtsurteil das Eingreifen einer Erlaubnisnorm (zB Notwehr, § 32) entgegensteht. Die Formel ist also eine Umschreibung der Prüfungsschritte, bei denen das Rechtswidrigkeitsurteil nur noch negativ („keine Rechtfertigungsgründe gegeben") begründet wird (Rn 6; vgl auch BGHSt 35, 270 [275 ff]). Wörtlich genommen ist die Formel falsch, weil die Tatbestandsmäßigkeit weder logisch noch nach einer empirischen Wahrscheinlichkeit das Fehlen von Rechtfertigungsgründen „indiziert"; auch das Unrecht „indiziert" nicht etwa die Schuld, weil das Schuldurteil nur negativ begründet wird (Rn 11 f). Trotz ihrer Gebräuchlichkeit (und damit „Unschädlichkeit") sollte die Formel deshalb im Gutachten vermieden werden, zumal sie bei Einhaltung der üblichen Prüfungsschritte überflüssig ist. 29

c) Nach der „Lehre von den **offenen Tatbeständen**" gibt es im Strafrecht Tatbestände, die das Unrecht des betreffenden Delikts noch nicht vollständig enthalten (vgl *Welzel* § 14 I 2 b mwN). Diese Tatbestände seien noch durch positive Rechtswidrigkeitsmerkmale zu ergänzen (zB §§ 240 II, 253 II, 132 a). Die hM lehnt diese Lehre ab und verlangt für jeden Tatbestand eine hinreichende Umschreibung der positiven Unrechtsmerkmale. In Fällen wie § 240 II sollen die tatsächlichen Umstände, welche die Verwerflichkeit (als „gesamttatbewertendes Merkmal") begründen, zum Deliktstatbestand gehören; sie sind dann Gegenstand des Vorsatzes (S/S-*Eisele* Rn 66 f; *Jescheck/Weigend* § 25 II). 30

d) Der Deliktstatbestand wird in den **objektiven Deliktstatbestand** (= Zusammenfassung der zur Begründung des Erfolgsunrechts notwendigen Merkmale) und den **subjektiven Deliktstatbestand** (= Zusammenfassung der zur Begründung des Handlungsunrechts notwendigen Merkmale) unterteilt (Rn 22; zum Sonderfall sog. „subjektiv-objektiver" Tatbestandsmerkmale, die eine strikte Trennung der o.g. Art kaum zulassen, *Stübinger* Puppe-FS 263 ff). 31

2. Abgrenzungen: Der Begriff des Tatbestands wird noch in weiteren Sinnzusammenhängen gebraucht. Von Bedeutung sind namentlich: 32

a) der **Tatbestand iSd allgemeinen Rechtslehre** („Tatbestand iwS"). Er ist die Zusammenfassung *aller* Voraussetzungen der Rechtsfolge (hier: Strafe bzw Maßregel der Sicherung und Besserung). Dieser Tatbestandsbegriff ist identisch mit dem Tatbestand der Sanktionsnorm (vgl Vor § 1 Rn 12) und umfasst die Vorausset- 33 zungen einer tatbestandsmäßigen, rechtswidrigen und schuldhaften Tat einschließlich der schuldunabhängigen Strafbarkeitsbedingungen. In dieser Bedeutung ist der Tatbestand hinsichtlich aller strafbarkeitsbegründenden Merkmale Gegenstand der Garantiefunktion des Strafgesetzes (vgl § 1 Rn 3 ff) und kann daher auch als **Garantietatbestand** bezeichnet werden (vgl *Otto* AT § 5/20).

34 b) der **Rechtfertigungstatbestand** („Erlaubnistatbestand"). Er ist die Zusammenfassung der Merkmale, unter denen ein Verhalten erlaubt und damit die Verwirklichung eines Deliktstatbestands gerechtfertigt ist; einen Rechtfertigungstatbestand formuliert zB § 32.

35 c) der **Unrechtstatbestand** (auch: „Gesamtunrechtstatbestand"). Er ist die Zusammenfassung aller Voraussetzungen der Rechtswidrigkeit einer Tat (= positiver [begründender] Teil: Deliktstatbestand; negativer [ausschließender] Teil: Rechtfertigungstatbestand; vgl NK-*Puppe* Rn 24 mwN).

36 d) der **Irrtumstatbestand**. Er ist die Zusammenfassung der Merkmale, auf die sich der Vorsatz beziehen muss. Hierzu gehören nicht: Entschuldigungsgründe, objektive Bedingungen der Strafbarkeit, Prozessvoraussetzungen. Umstritten ist, ob zum Irrtumstatbestand auch der objektive Rechtfertigungstatbestand zählt (so die „Lehre von den negativen Tatbestandsmerkmalen", vgl Vor § 32 Rn 39 ff, und iE auch die Rspr, vgl BGHSt 3, 105).

37 e) der **Schuldtatbestand**. Er ist die Zusammenfassung aller Merkmale, die Voraussetzungen der Zurechnung des Unrechtstatbestands zur Schuld sind. Die Feststellung des Schuldtatbestands erschöpft sich in der Aussage, dass (keine) der Schuldzurechnung *entgegenstehenden* Gründe gegeben sind. Positiv ist das Schuldurteil nicht zu begründen (Rn 11).

38 3. Tatbestandsabwandlungen: a) Der **Grundtatbestand** eines Delikts ist die Grundform des jeweiligen Deliktstyps, dh er enthält alle Merkmale, die einer Straftat ihr typisches Gepräge geben (*Kargl* JZ 2003, 1141 [1144]). Beispiele: Körperverletzung (§ 223), Diebstahl (§ 242), Erpressung (§ 253).

39 b) Häufig sieht der BT in besonderen Deliktstatbeständen höhere oder niedrigere Strafen für den Fall vor, dass neben dem Grundtatbestand noch weitere, das Unrecht der Tat berührende Merkmale erfüllt sind. Im Falle einer höheren Strafandrohung spricht man von einer **Qualifizierung** (Qualifikation) des Grundtatbestands (zB § 224), im Falle einer Senkung des Strafmaßes von einer **Privilegierung** (zB § 216). Qualifikationen und Privilegierungen sind jeweils **unselbstständige Abwandlungen** des Ausgangstatbestands, da sie dessen Unrecht nur (iSe Stufenverhältnisses) steigern oder reduzieren. Sie sind aber zugleich insoweit **abschließende** gesetzliche Regelungen, als sich die Strafe zwingend nach dem vorgesehenen Strafmaß richten muss, wenn ihre Voraussetzungen erfüllt sind (vgl auch BGHSt 32, 332; *Schröder* Mezger-FS 415 [427 ff]). Treffen auf einen Sachverhalt privilegierende und qualifizierende Merkmale zu, so geht die Privilegierung im Wege der Gesetzeskonkurrenz der Qualifikation vor (zB beim Zusammentreffen von §§ 211 und 216, vgl Vor § 211 Rn 8).

40 c) **Regelbeispiele** sind gesetzlich genannte Strafschärfungsgründe (zB § 243). Im Gegensatz zu Qualifikationen sind sie jedoch **nicht abschließend**, sondern gelten nur für den „Regelfall". Das heißt: Der Richter ist einerseits befugt, beim Strafmaß des Grundtatbestands zu bleiben, wenn er bei einer Gesamtwürdigung aller Umstände das Unrecht der Tat trotz der verwirklichten Merkmale des Regelbeispiels für nicht gesteigert hält. Andererseits kann der Richter einen schweren Fall auch dann bejahen, wenn zwar kein Merkmal eines Regelbeispiels erfüllt ist, das

Unrecht der Tat aber bei Gesamtwürdigung aller Umstände in einer den Regelbeispielen vergleichbaren Weise gesteigert erscheint (näher §§ 46 Rn 17 ff, 243 Rn 1 ff). Es ist umstritten, ob die Regelbeispiele Tatbestandsqualität haben und für sie daher die Regeln des AT uneingeschränkt gelten (so *Calliess* NJW 1998, 929 [934]; *Jakobs* 6/99; *Kindhäuser* Triffterer-FS 123 [124 ff]) oder ob sie nur „Strafzumessungsregeln" sind, auf welche die Regeln des AT allenfalls analog angewandt werden können (hM, vgl BGHSt 23, 254 [256 f]; 26, 104 [105]; 33, 370 [373]; *Maiwald* NStZ 1984, 433; *Sternberg-Lieben* Jura 1986, 183).

d) Von einem **delictum sui generis** (Delikt eigener Art bzw eigenständiges Delikt) 41 spricht man, wenn durch Kombination eines Delikts mit weiteren Merkmalen oder zweier Delikte ein neues Delikt gebildet wird, das hinsichtlich der Unrechtsvertypung selbstständig und nicht nur eine (privilegierende oder qualifizierende) Abwandlung des Ausgangstatbestands sein soll. Der Sinn der Verselbstständigung liegt darin, das neue Delikt vom gesamten Regelungskomplex des Ausgangstatbestands abzukoppeln. Exemplarisch: Der Raub (§ 249) ist zwar ein aus Nötigung (§ 240) und Diebstahl (§ 242) zusammengesetztes, aber gleichwohl verselbstständigtes Delikt. Anders als für § 244, der „nur" eine Qualifikation des § 242 ist, gilt daher für das selbstständige Delikt des § 249 nicht die Regelung des § 247; der Raub gegenüber einem Angehörigen ist also kein Antragsdelikt. Ein delictum sui generis kann seinerseits Grundtatbestand zu Qualifizierungen oder Privilegierungen sein (vgl § 249 im Verhältnis zu §§ 250, 251). § 28 II ist auf das Verhältnis von Ausgangstatbestand und delictum sui generis nicht anwendbar. Bedeutung hat diese Konsequenz für die umstrittene Frage, ob § 211 im Verhältnis zu § 212 Qualifikation oder delictum sui generis ist (vgl Vor § 211 Rn 8 f).

Ob ein Tatbestand einen Ausgangstatbestand nur unselbstständig iSe Qualifikati- 42 on bzw Privilegierung oder selbstständig iSe delictum sui generis abwandelt, ist durch Auslegung zu ermitteln; es gibt keine formalen Kriterien für die Zuordnung.

4. Tatbestandsmerkmale: a) Unter den Tatbestandsmerkmalen werden die de- 43 skriptiven von den normativen unterschieden:

aa) **Deskriptive Tatbestandsmerkmale** beziehen sich auf natürliche Eigenschaften 44 von Personen und Objekten, die empirisch festgestellt werden können, zB „beweglich" iSv § 242.

bb) **Normative Tatbestandsmerkmale** beziehen sich auf Eigenschaften, die auf 45 einer sozialen bzw rechtlichen Regel beruhen, zB „fremd" iSv § 242. Dies besagt: Eine Sache ist nicht von Natur aus fremd. Daher ist „fremd" kein deskriptives Merkmal. Vielmehr setzt die Bezeichnung einer Sache als fremd voraus, dass es eine soziale bzw rechtliche Regel („Norm") gibt, der zufolge Sachen der umfassenden Verfügungsgewalt einer Person iSv Eigentum zugeordnet werden; ob eine Sache fremd ist, entscheidet sich nach dieser Regel.

cc) Im Einzelnen ist die Unterscheidung zwischen deskriptiven und normativen 46 Merkmalen im Groben wie im Detail höchst umstritten (näher *Dopslaff* GA 1987, 1 ff; *Engisch* Mezger-FS 127 ff; *Kindhäuser* Jura 1984, 465 ff, 672; NK-*Puppe* § 16 Rn 31, 45 ff; ferner *Haas* Puppe-FS 93 ff). Auswirkungen hat der Streit vor allem auf die Irrtumslehre (vgl § 16 Rn 8 ff; Vor § 22 Rn 13 ff).

b) **Blankettmerkmale** sind Tatbestandsmerkmale, deren Inhalt von einer anderen 47 rechtlichen Regelung (Gesetz, Rechtsverordnung oder Verwaltungsakt), auf die sie verweisen, bestimmt wird (vgl §§ 292, 315 a I Nr. 2). Die Merkmale der gesetzlichen Regelung, auf die ein Blankettmerkmal Bezug nimmt, gehören zum Deliktstatbestand. So ist etwa der Tatbestand des § 315 c I Nr. 2 a eine Kombination aus den dort genannten Verhaltensweisen und den einschlägigen Merkmalen der StVO, auf die das Merkmal „verkehrswidrig" verweist (vgl auch BGHSt 6, 30 [40]; 20, 177 [181]; 42, 79; *Jescheck/Weigend* § 12 III 2).

48 c) Die **objektiven Tatbestandsmerkmale** umschreiben (mithilfe deskriptiver und normativer Eigenschaften) das äußere Erscheinungsbild der Tat. Als Merkmale des objektiven Deliktstatbestands kommen in Betracht:
- **Tätermerkmale** (bei Allgemeindelikten: „Wer"; bei Sonderdelikten: zB „Amtsträger", §§ 340 ff; „Schuldner", §§ 283 ff);
- **Tatobjekt** (zB „Sache", §§ 242, 246);
- **Tathandlung** (zB „wegnehmen", § 242), ggf durch Verursachung eines Taterfolgs definiert (zB „töten", § 212);
- **Tatsituation** (zB „aus einer Kirche", § 243 I S. 2 Nr. 4);
- **Tatmodalitäten** (zB „Beisichführen einer Waffe", § 244 I Nr. 1 a).

49 Das Merkmal **rechtswidrig** ist teils (vorsatzrelevantes!) Tatbestandsmerkmal, teils nur ein überflüssiger Hinweis auf die Rechtswidrigkeit als allgemeines Verbrechensmerkmal. Um ein (objektives) Tatbestandsmerkmal handelt es sich, wenn das tatbestandliche Verhalten ohne das Merkmal kein Unrecht ist (zB Führen eines Titels, § 132 a); redundant ist dagegen der Hinweis auf die ohnehin rechtswidrige Gewässerverunreinigung, § 324.

50 d) Die **Merkmale des subjektiven Deliktstatbestands** beziehen sich auf Umstände aus dem psychisch-seelischen Bereich und der Vorstellungswelt des Täters, die das Handlungsunrecht der jeweiligen Straftat charakterisieren; hierzu zählen je nach Delikt:
- **Vorsatz** oder **subjektive Fahrlässigkeit** (str., vgl § 15 Rn 40, 81 ff);
- besondere **Absichten** (Rn 51 ff);
- besondere **Motive** (zB „Habgier" in § 211 II);
- besondere **Tendenzen** (Rn 55) und **Gesinnungsmerkmale** (Rn 56).

51 aa) Unter Delikten mit **überschießender Innentendenz** sind Straftaten zu verstehen, bei denen ein über die objektive Tatbestandsverwirklichung hinausgehender Erfolg vom Vorsatz des Täters erfasst sein muss; insoweit reicht der subjektive Tatbestand weiter als der objektive Tatbestand. Bei diesen Delikten lassen sich folgende Deliktsgruppen unterscheiden:

52 - Delikte, die **wie ein beendeter Versuch** aufgebaut sind; sie sind jedoch schon mit der vorsätzlichen Verwirklichung des objektiven Tatbestands vollendet (vgl §§ 164, 267 I Alt. 3). Zu dieser Deliktsgruppe gehören auch die Unternehmensdelikte (§ 11 I Nr. 6), wenn sie in dem der Vollendung gleichgestellten Stadium des beendeten Versuchs stecken bleiben;

53 - Delikte, die **wie ein unbeendeter Versuch** oder eine Vorbereitungshandlung aufgebaut sind (vgl §§ 146 I Nr. 1 und 2, 148 I Nr. 1 und 2, 149 I, 267 I Alt. 1 und 2), sowie die Unternehmensdelikte (§ 11 I Nr. 6), wenn sie in dem der Vollendung gleichgestellten Stadium des unbeendeten Versuchs stecken bleiben;

54 - Delikte, die neben dem Vorsatz eine auf einen weiteren Erfolg gerichtete Absicht verlangen (vgl §§ 253, 259, 263, 274).

bb) Zu den **Tendenzen** (= Konstitutionsmerkmalen), die in einigen Delikten als 55
subjektive Unrechtsmerkmale genannt werden, gehören
- „gewohnheitsmäßig" (zB §§ 284 II, 292 II Nr. 1),
- „gewerbsmäßig" (zB §§ 243 I S. 2 Nr. 3, 260 I Nr. 1, 284 III Nr. 1, 291 II Nr. 2) und
- „geschäftsmäßig" (§ 217; § 160 I StBerG).

cc) Zum subjektiven Deliktstatbestand wird auch die subjektive Kehrseite be- 56
stimmter Tatausführungen gerechnet, die das Unrecht der gesamten Tat charakterisieren; man spricht insoweit von („unechten") **Gesinnungsmerkmalen** (*Jescheck/Weigend* § 30 II 4). Diese Tatbestandsmerkmale sind also nicht rein subjektiver Natur, sondern müssen auch im objektiven Tatbestand ihren Niederschlag finden (*Jakobs* 8/97); exemplarisch: „hinterlistig" (§ 224 I Nr. 3); „roh" und „böswillig" (§ 225 I); „rücksichtslos" (§ 315 c I Nr. 2); Mordmerkmale der 2. Gruppe wie zB „grausam" (§ 211 II).

e) Das Gesetz erwähnt auch sog. **objektive Strafbarkeitsbedingungen** im Delikts- 57
tatbestand (zB die Rauschtat in § 323 a). Diese Merkmale sind jedoch (nach hM) nicht Gegenstand der subjektiven Zurechnung (Rn 227 ff).

III. Zum strafrechtlichen Handlungsbegriff

1. Der Begriff der Handlung wird im Strafrecht zum einen als grundlegendes Zu- 58
rechnungskriterium – ohne Handlung keine Verantwortlichkeit für die Verwirklichung eines Deliktstatbestands (= **Basis- oder Abgrenzungsfunktion**) –, zum anderen als **Ergebnis der Deliktsprüfung** verstanden: „die" Straftat (insgesamt) ist eine Handlung (vgl auch *Jakobs*, Der strafrechtliche Handlungsbegriff, 1992). Die Theorien, die sich mit der Bestimmung des Handlungsbegriffs (eingehend *Kindhäuser* Puppe-FS 39 ff) befassen, haben die erstgenannte Bedeutung im Blick.

2. Die vorherrschenden Handlungstheorien in der Strafrechtswissenschaft der 59
vergangenen Jahrzehnte sind die (vgl dazu insgesamt NK-*Puppe* Rn 41 ff)
- **kausale Handlungslehre**: Handlung ist ein menschliches, willensgetragenes Verhalten (*v. Liszt* § 28; *Radbruch*, Der Handlungsbegriff in seiner Bedeutung für das Strafrechtssystem, 1904);
- **finale Handlungslehre**: Handlung ist ein vom steuernden Willen beherrschtes, zielgerichtetes menschliches Verhalten (*Welzel* § 8; *ders.* JuS 1966, 421 f; ähnlich *Jakobs* Welzel-FS 307 ff: Handeln ist vermeidbares Verhalten; ähnlich *Kindhäuser*, Gefährdung als Straftat, 1989, 41 ff: Handeln ist ein Verhalten, durch das eine Person fähig ist, eine Intention zu realisieren);
- **soziale Handlungslehre**: Handlung ist ein vom Willen beherrschtes oder beherrschbares sozialerhebliches Verhalten (*Engisch* Kohlrausch-FS 141 ff; *Maihofer*, Der Handlungsbegriff im Verbrechenssystem, 1953; zusammenfassend *Voßgätter* gen. *Niermann*, Die sozialen Handlungslehren und ihre Beziehung zur Lehre von der objektiven Zurechnung, 2002, 54 ff);
- **personale Handlungslehre**: Handlung ist Persönlichkeitsäußerung (*Roxin* I § 8/44 ff);
- **askriptive Handlungslehre**: Handeln ist regelgeleitetes Verhalten (*Hruschka*, Strukturen der Zurechnung, 1976);
- Lehre vom **negativen Handlungsbegriff**: Handeln ist vermeidbares Nichtvermeiden bzw Nichtvornahme eines gefahrvermeidenden Verhaltens (*Herzberg* JZ 1988, 573).

60 Im Zentrum der Auseinandersetzung zwischen kausaler und finaler Handlungslehre stand die Einordnung des Vorsatzes, die nach der kausalen Lehre zur Schuld, nach der finalen Lehre zur tatbestandsmäßigen Handlung (Vorsatz = steuernder Wille) gehören soll. Der Streit ist im Ergebnis zugunsten der finalen Lehre entschieden, da der Vorsatz nach heute ganz hL als Merkmal des subjektiven Tatbestands angesehen wird. Dies entspricht auch der Gesetzessystematik, da die Teilnahme an vorsätzliches (aber nicht notwendig auch schuldhaftes) Verhalten des Täters anknüpft (vgl §§ 26, 27).

61 3. Aufgabe der strafrechtlichen **Zurechnungslehre** ist es, die Kriterien anzugeben, unter denen jemand für ein strafrechtlich relevantes Geschehen in der Welt in vorwerfbarer Weise einzustehen hat. Da Voraussetzung von strafbarer Zuständigkeit stets ist, dass der Täter das betreffende Geschehen bei hinreichender rechtstreuer Motivation hätte vermeiden können, ist die **gezielte Vermeidbarkeit** des Geschehens um der Rechtsbefolgung willen das zentrale Kriterium der Zurechnung. Wie dagegen die einzelnen Elemente, die das Urteil der Vermeidbarkeit (Handlungsfähigkeit, Motivationsfähigkeit) begründen, im Deliktsaufbau angeordnet werden, lässt sich nicht abstrakt festlegen, sondern hängt jeweils von der Funktion der einzelnen Stufen des Delikts ab. Daher hat heute der Streit um den Handlungsbegriff seine Bedeutung zugunsten einer funktionalen Betrachtung der Elemente des Verbrechensbegriffs weitgehend verloren (zu einer Rekonstruktion der Straftat iSd positiven Generalprävention vgl *Kindhäuser*, Gefährdung als Straftat, 1989, 29 ff; *ders.* GA 1990, 407 [415 ff] zur Funktion des Vorsatzes).

62 4. Übereinstimmung besteht heute insoweit, als folgende Verhaltensweisen (mangels willensgetragenen Verhaltens) **nicht als Handlungen** angesehen werden:
- Reflexbewegungen, die auf körperlich-physiologische Reize zurückgehen,
- krampfbedingtes Verhalten,
- Bewegungen im Schlaf,
- durch vis absoluta erzwungene Bewegungen.

63 Dagegen werden (weil überhaupt willensgetragen) **noch als Handlungen** angesehen:
- Verhaltensweisen im Zustand bloßer Bewusstseinsstörung (zB Trunkenheit),
- Affekttaten (bei Bewusstsein des Agierens; allg. zum Begriff des „Affekts" *Sander* Eisenberg-FS 359 ff),
- automatisierte Verhaltensweisen (zB beim Steuern eines Pkw, hierzu auch *Merkel* ZStW 119, 214 [245 ff]).

64 5. Im **Gutachten** empfiehlt es sich grds. nicht, die Frage, ob der Täter gehandelt hat, vor der Prüfung der Verwirklichung des objektiven Deliktstatbestands zu prüfen. Hierfür sprechen insbesondere zwei Gründe:
- Die Frage, ob jemand gehandelt hat, bezieht sich immer auf *ein bestimmtes Geschehen* und lässt sich daher nicht unabhängig vom konkreten Kontext beantworten. Exemplarisch: Wer umgestoßen wird, handelt nicht hinsichtlich seines Fallens (vis absoluta), kann aber vielleicht noch seinen Arm zur Seite ziehen und so das Umwerfen einer Vase vermeiden.
- Häufig kann im Strafrecht die Haftung für eine Tatbestandsverwirklichung schon durch ein Verhalten begründet sein, das vor dem verursachenden Nichthandeln liegt (zB Übernahmefahrlässigkeit, actio libera in causa). Exemplarisch: Ein übermüdeter Autofahrer nickt ein und verursacht einen Unfall; die Haftung wird durch das übermüdete Fahren, nicht durch das Setzen der Unfallursache im Schlaf begründet.

Daher empfiehlt es sich, die Frage nach der Handlung (inzident) erst im Rahmen 65
der Prüfung der Tatbestandsverwirklichung aufzuwerfen:
- objektiver Deliktstatbestand: Lässt sich die Tatbestandsverwirklichung in objektiv zurechenbarer Weise auf ein äußerlich willensgetragenes Verhalten des Täters zurückführen?
- subjektiver Tatbestand: Vorsatz bzw (subjektive) Fahrlässigkeit (= erforderliches konkretes „Vermeidewissen").

IV. Kausalität und Erfolg

1. Kausalitätstheorien: a) Bei den Erfolgsdelikten ist die Kausalität das Binde- 66
glied zwischen dem tatbestandsmäßigen Erfolg und der – meist durch den Erfolg definierten (vgl „töten") – Handlung (zur strafrechtlichen Funktion der Kausalität *Kindhäuser* AT § 10/1 ff). Die Kausalität ist daher (subjektiv zuzurechnendes) **Merkmal des objektiven Deliktstatbestands**. Als Kausalitätstheorien werden im Strafrecht vor allem die Äquivalenztheorie und die Lehre von der gesetzmäßigen Bedingung vertreten; heute nicht mehr (für das Strafrecht!) aktuell sind die Adäquanz- und die Relevanztheorie (zu Unterschieden des Kausalitätsbegriffs im Strafrecht und anderen Rechtsgebieten vgl *Rönnau/Faust/Fehling* JuS 2004, 113).

b) Nach der **Äquivalenztheorie** (= Bedingungstheorie) ist Ursache jede Bedin- 67
gung, die nicht hinweggedacht werden kann, ohne dass der Erfolg in seiner konkreten Gestalt entfiele (sog. **condicio-sine-qua-non-Formel**, nach *v. Buri*, Über Causalität und deren Verantwortung, 1873; vgl auch RGSt 1, 373; BGHSt 1, 332 ff; 7, 112 [114]; *Frister* 9/5 ff; *Toepel*, Kausalität und Pflichtwidrigkeitszusammenhang beim fahrlässigen Erfolgsdelikt, 1992; *Welzel* § 9 II; krit. *Renzikowski* GA 2007, 561 [574]).

Aus der Äquivalenztheorie ergeben sich folgende **dogmatische Konsequenzen**: 68
- Alle Bedingungen sind **gleichwertig** (äquivalent); es gibt keine atypischen Geschehensverläufe.
- Die Kausalität bezieht sich nur auf den konkreten Erfolg, dh den **Erfolg in seiner konkreten Gestalt** an einem bestimmten Ort und zu einer bestimmten Zeit (keine hypothetische Kausalität; vgl BGHSt 10, 369).
- Soweit die Handlung ursächlich für den Erfolg ist, wird die Kausalität durch das mitwirkende Verhalten Dritter oder des Opfers selbst nicht unterbrochen (**kein kausales Regressverbot**; vgl BGH MDR 1994, 82; OLG Stuttgart NStZ 1997, 190; *Roxin* Tröndle-FS 177). Exemplarisch: A überfährt mit seinem Pkw den bewusstlos am Straßenrand liegenden, von B niedergeschlagenen C; auch B's Verhalten ist für den Tod kausal.

Beim **Unterlassungsdelikt** wird die Kausalität nach der Äquivalenztheorie unter 69
der Frage geprüft, ob die gebotene Handlung nicht hinzugedacht werden kann, ohne dass der Erfolg in seiner konkreten Gestalt (mit an Sicherheit grenzender Wahrscheinlichkeit) entfiele (BGHSt 6, 1 [2]; 37, 106 [126]; BGH NStZ-RR 2002, 303; *Gropp* § 11/161 f; *Jescheck/Weigend* § 59 III 4; *Kühl* § 18/36). Weil hier die Handlung nur hinzugedacht wird, wird der Ursachenzusammenhang beim Unterlassen vielfach auch nur als Quasi-Kausalität oder **hypothetische Kausalität** angesehen (vgl BGH NJW 2003, 522 [526]). Nach einer Mindermeinung setzt das Unterlassen keine Kausalität in diesem Sinne voraus; es soll vielmehr für die Haftung ausreichen, dass bei Vornahme des gebotenen Verhaltens eine **reale Chance der Erfolgsvermeidung** bestanden hätte (vgl OLG Köln NJW 1991,

764; *Brammsen* MDR 1989, 123 ff; *Hruschka* 430; *Otto* § 9/98 ff; *Stratenwerth* Gallas-FS 227 ff; diff. *Marinucci* Maiwald-FS 485 ff; *Roxin* II § 31/54 ff).

70 Die condicio-sine-qua-non-Formel ist dem **Einwand** ausgesetzt, dass sich mit ihrer Hilfe nur ein bereits nachgewiesener Kausalzusammenhang aufzeigen lässt, dass sie also das Ergebnis ihrer Anwendung als schon bekannt voraussetzt. Stirbt zB das Opfer nach dem Genuss eines bestimmten Getränks, so hat es nur Sinn, das Getränk als Bedingung des Todeseintritts anzusehen, wenn seine kausale Wirkung bereits bekannt ist. Kennt man dagegen die chemische Zusammensetzung des Getränks oder seine Wirkung auf den menschlichen Organismus nicht, so kann man auch nicht durch Wegdenken seines Genusses dessen Ursächlichkeit für den Tod feststellen. Es könnte ja ohne Weiteres sein, dass das Getränk keinerlei Schadensrelevanz hat und der Tod auf andere Weise herbeigeführt wurde (vgl für die prominenten Fälle der „strafrechtlichen Produkthaftung" *Jähnke* Jura 2010, 582 [585 ff]).

71 c) Nach der im Schrifttum vorherrschenden **Lehre von der gesetzmäßigen Bedingung** wird der Begriff der Ursache wie folgt definiert: Ein Verhalten ist für einen bestimmten Erfolg ursächlich, wenn es mit dem Erfolg naturgesetzlich verbunden ist (vgl nur S/S-*Eisele* Rn 74, 75; *Jescheck/Weigend* § 28 II 4; SK-*Rudolphi/Jäger* Vor § 1 Rn 63, 42; krit. *Frister* 9/6 ff;).

72 Teils wird diese Lehre dahin gehend präzisiert, dass ein Verhalten ursächlich sei, wenn es notwendiger Teil eines den Erfolg naturgesetzlich erklärenden hinreichenden Bedingungskomplexes ist (sog. **hinreichende Minimalbedingung**, vgl *Kindhäuser* GA 1982, 477 ff; NK-*Puppe* Rn 102 ff; *Sofos*, Mehrfachkausalität beim Tun und Unterlassen, 1999, 107 ff; ferner *Toepel* Puppe-FS 289 ff; zu erforderlichen Modifikationen *Kindhäuser* ZIS 2016, 574 ff). Exemplarisch: Stirbt B nach dem Genuss eines Getränks, in das zuvor ein bestimmtes Pulver geschüttet wurde, so ist das Pulver für den Tod des B ursächlich, wenn seine Einnahme unter den gegebenen Rahmenbedingungen – zB der körperlichen Konstitution des Opfers – zu den Umständen gehört, die den Todeseintritt nach den einschlägigen naturwissenschaftlichen Gesetzen hinreichend erklären. Dies ist der Fall, wenn sich der Todeseintritt nicht mehr erklären ließe, sofern man das Pulver nicht berücksichtigte.

73 Beim **Unterlassungsdelikt** ist die Kausalität (parallel zur Äquivalenztheorie) hypothetisch unter der Fragestellung zu bestimmen, ob aufgrund der naturgesetzlichen Zusammenhänge vom Ausbleiben des konkreten Erfolgs bei Vornahme der gebotenen Handlung auszugehen wäre (*Jescheck/Weigend* § 59 III 3; SK-*Rudolphi/Stein* Rn 15 mwN). Vereinzelt wird die Nichtvornahme der gebotenen Handlung auch als negative Tatsache angesehen, welche in die kausale Erklärung eingeht; exemplarisch: Skorbut wird kausal durch die Nichteinnahme von Vitamin C (negative Tatsache) erklärt (*Puppe* JR 1992, 30 f mwN; zur Kritik *Kindhäuser* Kargl-FS 263 f; *ders.* ZIS 2016, 576 f).

74 d) Die Schwäche der Äquivalenztheorie lässt sich ohne Weiteres mithilfe der Lehre von der gesetzmäßigen Bedingung beheben. Denn auch diese Lehre bedient sich des Wegdenkens als eines Verfahrens zur Feststellung der Kausalität eines Verhaltens. Im Unterschied zur Äquivalenztheorie wird jedoch das fragliche Verhalten nicht (als nichtexistent) aus der Welt eliminiert, sondern es wird nur als zu berücksichtigendes Faktum aus der Erklärung hinweggedacht (zur Alternativstruktur des „Wegdenkens" näher *Kindhäuser* ZIS 2016, 574 ff). Demnach bedarf die **condicio-sine-qua-non-Formel** folgender **Modifikation**:

- Ein Verhalten ist die Ursache eines Erfolgs, wenn es unter den gegebenen Umständen nicht hinweggedacht werden kann, ohne dass der Eintritt dieses Erfolgs in seiner konkreten Gestalt nach Maßgabe der anerkannten Kausalgesetze entfiele.

Dementsprechend ist auch die Kausalitätsformel für das Unterlassen wie folgt zu modifizieren:

- Ein Unterlassen ist als (hypothetische) Ursache eines Erfolgs anzusehen, wenn das gebotene Verhalten nicht hinzugedacht werden kann, ohne dass das Ausbleiben des Erfolgs in seiner konkreten Gestalt nach den einschlägigen Kausalgesetzen mit an Sicherheit grenzender Wahrscheinlichkeit zu prognostizieren wäre.

Dass der Erfolg entfiele, besagt bei dieser modifizierten Formel, dass sein Eintritt unter den gegebenen Umständen nicht mehr kausal erklärbar wäre. Exemplarisch: A stirbt, nachdem er aus einer bemalten Tasse vergifteten Kaffee getrunken hat. Hierbei ist die Gifteinnahme als Ursache anzusehen, sofern ihre Berücksichtigung in der medizinischen Erklärung des Todeseintritts zu dem fraglichen Zeitpunkt notwendig ist. Keine Ursache ist dagegen der Umstand, dass die Kaffeetasse bemalt war; denn dieser Umstand trägt zur kausalen Erklärung des zum Todeseintritt führenden Geschehens nichts bei.

Die modifizierte condicio-sine-qua-non-Formel lässt sich unschwer anwenden, wenn bekannte und **gesicherte deterministische Gesetze** zur Verfügung stehen. Jedoch kann gerade der zu entscheidende Fall Anlass dazu bieten, überhaupt nach einem allgemeinen Kausalgesetz zu suchen. Exemplarisch: Viele Benutzer eines bestimmten Lederpflegemittels erkranken an Lungenödemen (vgl BGHSt 37, 106 ff). Sofern ein naturgesetzlicher Zusammenhang zwischen der Inhalation der fraglichen Substanz und der Erkrankung bislang nicht nachgewiesen war, kann die condicio-sine-qua-non-Formel auch nicht unter Rückgriff auf gesicherte medizinische Erkenntnisse bestätigt werden.

Die Rspr behilft sich hier mit der Methode, den Kausalzusammenhang durch das **Ausscheiden von Alternativursachen** zu begründen. Das Lederpflegemittel wäre demnach dann als Ursache der Lungenödeme anzusehen, wenn sich für deren Auftreten keine andere plausible Erklärung finden lässt (zust. *Erb* JuS 1994, 449 [453]; *Hilgendorf*, Strafrechtliche Produzentenhaftung in der „Risikogesellschaft", 1993, 121 ff; *Kuhlen*, Fragen einer strafrechtlichen Produkthaftung, 1989, 67 ff; *Otto* AT § 6/35 f; *Roxin* I § 11/16; *Schaal*, Strafrechtliche Verantwortlichkeit bei Gremienentscheidungen in Unternehmen, 2001, 81 ff; abl. *Hassemer*, Produktverantwortung im modernen Strafrecht, 1994, 33 ff).

e) Nach der **Adäquanztheorie** ist eine Handlung nur dann als Ursache eines Erfolgs anzusehen, wenn sie erfahrungsgemäß dazu geeignet ist, den Erfolg herbeizuführen (vgl *Bockelmann/Volk* AT § 13 A V 4; *Rönnau/Faust/Fehling* JuS 2004, 113 [114, 116]). Anders als im Zivilrecht spielt die Adäquanztheorie im Strafrecht (fast) keine Rolle, da der Adäquanzgedanke im Rahmen der objektiven Zurechnung (Rn 101 ff) berücksichtigt wird; ihre Erörterung im Gutachten ist daher nicht erforderlich.

2. Kausalitätsprobleme: a) Nach der (modifizierten) Äquivalenztheorie bezieht sich die Kausalität stets auf den konkreten Erfolg. Zu fragen ist nach den Umständen, die den **Erfolg in seiner konkreten Gestalt** bedingt haben. Der Erfolg in seiner konkreten Gestalt ist die tatbestandliche Veränderung des Tatobjekts an einem bestimmten Ort und zu einer bestimmten Zeit.

81 **Hypothetische Kausalverläufe**, nach denen der gleiche Erfolg in anderer Weise später ebenfalls eingetreten wäre, spielen für die Feststellung des Ursachenzusammenhangs keine Rolle (vgl BGHSt 2, 20; 13, 13; *Kühl* § 4/11 ff; ausf. *Haas* GA 2015, 86 ff). Zu berücksichtigen sind nur solche Umstände, die tatsächlich gegeben und zur kausalen Erklärung des Erfolgseintritts notwendig sind. Umstände dagegen, die sich (noch) gar nicht realisiert haben, können in der Kausalerklärung auch keine Berücksichtigung finden. Exemplarisch: War der Schuss des A eine notwendige Bedingung dafür, dass O an einem bestimmten Ort und zu einer bestimmten Zeit ums Leben kam, so steht der Ursächlichkeit dieses Schusses nicht entgegen, dass O als Mensch (hypothetisch) ohnehin einmal gestorben wäre. Der Ursächlichkeit des Schusses stünde auch nicht entgegen, wenn B dem O ebenfalls aufgelauert hätte und auf diesen geschossen hätte, falls A sein Ziel verfehlt hätte. Denn die Bereitschaft des B, selbst zu schießen, trägt zur kausalen Erklärung des Todes von O nichts bei.

82 Hypothetische Umstände sind auch in dem denkbaren Fall irrelevant, dass eine Reserveursache den konkreten Erfolg **zur selben Zeit und am selben Ort** hätte bewirken können. Exemplarisch: A wirft einen Stein auf eine im Garten des B stehende Tulpe. Während der Stein auf die Tulpe trifft, wird er zeitgleich von einem Hagelkorn getroffen, das, wenn es nicht abgelenkt worden wäre, einerseits die Tulpe in gleicher Weise beschädigt hätte. Zu den gegebenen Umständen, durch welche die Beschädigung der Tulpe kausal erklärt werden kann, gehört der Steinwurf. Wenn man diesen Steinwurf hinweg denkt, dann ist die Beschädigung unter den gegebenen Umständen nicht mehr erklärbar, so dass der Steinwurf als Ursache anzusehen ist. Dass auch das Hagelkorn die Tulpe getroffen hätte, ist kein realer, sondern nur ein gedachter Umstand und daher für die Kausalerklärung unmaßgeblich.

83 b) Beim **atypischen Kausalverlauf** weicht der tatsächliche Kausalverlauf wesentlich von dem nach der Alltagserfahrung erwarteten Geschehen ab. Beispiel: Das Opfer stirbt aufgrund einer anormalen Konstitution (vgl BGH GA 1960, 111). Für die Ursächlichkeit ist es ohne Bedeutung, ob der Eintritt des Erfolgs durch einen unvorhersehbaren Umstand begünstigt worden ist oder in sonstiger Weise auf einem regelwidrigen, atypischen Kausalverlauf beruht. Die Feststellung des Ursachenzusammenhangs wird hierdurch *nicht* berührt. Die Erfolgs*zurechnung* kann jedoch aus objektiven oder subjektiven Gründen (zB wesentliche Abweichung vom vorgestellten Kausalverlauf) entfallen (näher § 16 Rn 16 ff).

84 c) Der **Kausalverlauf** ist **abgebrochen**, wenn die ursprünglich gesetzte Bedingung keinerlei kausale Relevanz mehr für den konkreten Erfolg hat, und er ist **überholend**, wenn er an die Stelle des abgebrochenen getreten ist (vgl BGH NStZ 1989, 431). Exemplarisch: A bringt B eine tödliche Dosis Gift bei; bevor das Gift wirkt, wird A von C erschossen. Der Kausalverlauf der Giftbeibringung wird durch den überholenden Kausalverlauf des Erschießens abgebrochen. Ursächlich ist nur der überholende Kausalverlauf. Ein Kausalverlauf ist jedoch nicht abgebrochen, wenn die ursprünglich gesetzte Bedingung für die kausale Erklärbarkeit des konkreten Erfolgseintritts noch herangezogen werden muss. Gelingt es im Beispielsfall dem B nur deshalb, den O zu erschießen, weil dieser infolge der Vergiftung so geschwächt ist, dass er sich nicht durch Flucht vor B in Sicherheit bringen kann, ist der von A initiierte Kausalverlauf nicht abgebrochen, sondern wirkt fort (vgl BGHSt 39, 195 [197 f]; BGH NStZ 2001, 29 [30]; *Frister* 9/14 ff). Denn unter den gegebenen Umständen lässt sich der Tod des O ohne Berücksichtigung der Vergiftung nicht hinreichend erklären.

Ein durch eine Handlung bedingter und den Erfolg erklärender Kausalverlauf 85
wird nicht dadurch unterbrochen, dass ein Dritter oder das Opfer selbst bewusst
und gewollt an der Erfolgsherbeiführung mitwirken (vgl nur BGH MDR 1994,
82; OLG Stuttgart NStZ 1997, 190; S/S-*Eisele* Rn 77; *Roxin* Tröndle-FS 177).
Ein dieser Annahme entgegenstehendes **kausales Regressverbot** wurde zeitweilig
mit der Begründung befürwortet, dass aufgrund der Freiheit der menschlichen
Willensentscheidung Kausalverläufe stets neu initiiert würden und daher nicht
auf früheres Verhalten bei der Kausalanalyse zurückgegriffen werden könne
(*Frank* § 1 Anm. III 2 a; hierzu *Bindokat* JZ 1986, 421 ff; *Hruschka* ZStW 110
[1998] 581 ff; *Kindhäuser* Paeffgen-FS 129).

Dieser Ansatz ist jedoch nicht haltbar, weil auch ein freier Willensakt erst durch 86
die Einwirkung auf gegebene Umstände kausale Relevanz erlangt und kein
Grund ersichtlich ist, diese Umstände für die kausale Erklärung des Erfolgseintritts nicht zu berücksichtigen. Exemplarisch: Überfährt A mit seinem Pkw den
bewusstlos am Straßenrand liegenden, von B niedergeschlagenen C, so ist auch
das Verhalten des B für den Tod des C ursächlich. Denn durch das Verhalten des
C wurde eine Bedingung gesetzt – das bewusstlose Liegen am Straßenrand –, das
zu den Bedingungen gehört, die den Erfolgseintritt hinreichend erklären. Würde
dieses Verhalten hinweggedacht, so wäre der Erfolg in seiner konkreten Gestalt
nicht mehr kausal erklärbar, so dass mit Sicherheit von seinem Ausbleiben auszugehen ist.

d) Bei der **kumulativen Kausalität** treffen mehrere Bedingungen, die jeweils für 87
sich nicht hinreichend sind, zusammen und bedingen den Erfolg gemeinsam.
Kausalität ist (unproblematisch) stets gegeben. Exemplarisch: A und B versetzen
unabhängig voneinander die Suppe des C mit einer Dosis Gift, die jeweils noch
nicht für sich, wohl aber mit der anderen Dosis zusammen tödlich wirkt. Hier
sind beide Giftbeigaben jeweils als Ursachen des Erfolgs anzusehen.

e) Bei der **alternativen Kausalität** (auch Doppel- oder Mehrfachkausalität) sind 88
unabhängig voneinander mehrere Bedingungen gesetzt, die jeweils unter den gegebenen Umständen den Eintritt eines Erfolgs kausal zu erklären vermögen. Exemplarisch: A und B versetzen unabhängig voneinander die Suppe des C mit
einer Dosis Gift, die jeweils für sich schon tödlich wirken kann. Eine schlichte
Anwendung der condicio-sine-qua-non-Formel käme hier zu dem Ergebnis, dass
weder A noch B eine Ursache für den Tod des O gesetzt hätten, da jede Giftbeigabe für sich hinweggedacht werden kann, ohne dass der Erfolg entfiele. Dann
gäbe es jedoch für den Tod des O keine Ursache, weil dieser Erfolg ohne Berücksichtigung wenigstens einer Giftbeigabe nicht hinreichend erklärt werden kann.

Um eine solche evident sachwidrige Folgerung zu vermeiden, ist die condicio- 89
sine-qua-non-Formel wie folgt zu modifizieren: Mehrere Handlungen sind jeweils für sich als Ursache eines Erfolgs anzusehen, wenn sie unter den gegebenen
Umständen **zwar alternativ, aber nicht kumulativ hinweggedacht** werden können,
ohne dass der Eintritt dieses Erfolgs in seiner konkreten Gestalt nach Maßgabe
der anerkannten Kausalgesetze entfiele (vgl BGHSt 39, 195; *Hilgendorf* NStZ
1994, 561 ff; *Kindhäuser* GA 2012, 134 ff; *Kühl* § 4/19; SK-*Rudolphi/Jäger* Vor
§ 1 Rn 78; aA *Frister* 9/9 ff; *Rotsch* Roxin-FS II 377 [392]; *Toepel* JuS 1994,
1009: in beiden Fällen nur Versuch). Die Probleme der alternativen Kausalität
lassen sich auch mithilfe hinreichender Bedingungen auf der Basis einer condicio-
per-quam-Formel beheben (näher hierzu *Hruschka* ZStW 110 [1998] 581 ff;
Kindhäuser Kargl-FS 253 ff; *ders.* Paeffgen-FS 129 ff;).

90 Hinsichtlich der **Zurechnung** gilt in den Fällen von Nebentäterschaft bei alternativer Kausalität der Grundsatz, dass man sich zur Entlastung von Verantwortung für ein unerlaubtes Verhalten nicht auf unerlaubtes Alternativverhalten – sei es eigenes, sei es das eines Dritten – berufen darf (vgl § 15 Rn 74). Sonst versagte das Strafrecht ausgerechnet dann seinen Schutz, wenn das Opfer statt von einem Täter gleich von zweien angegriffen wird – ein *sub specie* Rechtsgüterschutz evident unplausibles Ergebnis, zumal der Erfolg im Beispielsfall (Rn 88) ja gerade eingetreten ist, weil *beide* Täter es nicht unterlassen haben, das Getränk des O zu vergiften. Wenn ein Erfolg durch alternativ schädigendes Verhalten mehrerer Personen verursacht wird, so hat die Zurechnung bei jedem Täter nach Maßgabe einer **normativ geordneten Welt** zu erfolgen, das heißt nach Maßgabe einer Welt, die hinsichtlich der fallrelevanten Umstände den normativen Erwartungen des Rechts entspricht. Insoweit ist im Beispielsfall bei der Zurechnung des Erfolgs zu A davon auszugehen, dass sich B rechtmäßig verhalten und die Suppe des O nicht vergiftet hat; bei der Zurechnung des Erfolgs zu B ist umgekehrt zu verfahren (näher hierzu *Kindhäuser* GA 2012, 134 ff).

91 Kein Fall alternativer Kausalität ist bei folgender Konstellation gegeben: A und B schießen unabhängig voneinander zur selben Zeit auf C; jeder Schuss wäre tödlich gewesen, es lässt sich aber nicht mehr klären, welcher Schuss zuerst abgegeben wurde. Hier hat nur eine der beiden Kugeln den Tod verursacht; der jeweils andere Kausalverlauf ist abgebrochen. Wenn sich nicht mehr feststellen lässt, wer den tödlichen Schuss abgegeben hat, gilt der Grundsatz in dubio pro reo: Beide Täter werden dann nur wegen Versuchs bestraft (vgl BGH NJW 1966, 1823; *Jescheck/Weigend* § 28 II 5; *Kaufmann* Schmidt, Eb.-FS 200 [211]).

92 f) Unter dem **Abbruch eines rettenden Kausalverlaufs** ist eine Situation zu verstehen, in der ein Kausalverlauf, der aller Wahrscheinlichkeit nach den Erfolg verhindert hätte, abgebrochen wird; der Erfolg tritt ein (eingehend zu dieser Fallkonstellation *Reinhold*, Unrechtszurechnung und der Abbruch rettender Verläufe, 2009). Exemplarisch: A stößt ein Brett weg, das auf den ertrinkenden O zutreibt und an dem sich dieser hätte festhalten und retten können; O ertrinkt. Die Ursächlichkeit des Abbruchs eines (mit Gewissheit) rettenden Kausalverlaufs für den Erfolg ist zu bejahen: Der Eintritt des Todes durch Ertrinken kann nicht kausal erklärt werden, wenn man den die Rettung hindernden Eingriff hinwegdenkt. Diese Kausalanalyse beruht nicht etwa auf einer Fiktion, denn im Beispielsfall treibt das Brett ja tatsächlich auf O zu (in der Begründung teils abw. *Gropp* § 4/71 ff; *Kühl* § 4/17 f; *Roxin* I § 11/32 f).

93 g) Spezifische Kausalprobleme können sich ergeben, wenn Erfolge durch **Kollektiventscheidungen** bedingt werden (Überblick zur Problematik bei *Satzger* Jura 2014, 186 ff). Exemplarisch: Die Geschäftsführer einer GmbH, deren Entscheidungen mit Mehrheit zu treffen sind, beschließen, weiterhin ein Produkt zu vertreiben, das aller Wahrscheinlichkeit nach zu Gesundheitsschäden bei seiner Verwendung durch Verbraucher führt. Hinsichtlich solcher Entscheidungen ist zwischen zwei Konstellationen zu differenzieren.

94 aa) Die Mehrheitsentscheidung wird von zwei Geschäftsführern getroffen, während der Dritte dagegen stimmt oder sich der Stimme enthält. Dies ist ein Fall der **kumulativen Kausalität** (Rn 87) der konsentierenden Geschäftsführer, da beide Stimmen für das Zustandekommen des Beschlusses notwendig sind.

95 bb) Die Gremienentscheidungen wird einstimmig getroffen. Jetzt handelt es sich um einen **speziellen Fall der alternativen Kausalität** (Rn 88 ff; iE ebenso *Schaal*,

Strafrechtliche Verantwortlichkeit bei Gremienentscheidungen in Unternehmen, 2001, 92 ff): Die zustimmenden Voten können zwar jeweils für sich, nicht aber kumulativ hinweggedacht werden, ohne dass das Zustandekommen des Beschlusses entfiele. Der Kausalzusammenhang lässt sich auch mit der Überlegung begründen, dass jede Stimme im Verbund mit der/den anderen Stimmen, die für eine Mehrheitsentscheidung notwendig sind, geeignet ist, das Zustandekommen des Beschlusses hinreichend zu erklären. Diese Erklärungskraft geht nicht dadurch verloren, dass das Zustandekommen des Beschlusses auch durch eine andere Stimmenkonstellation erklärt werden kann (vgl auch *Joerden* in: Kaufmann/Renzikowski [Hg.], Zurechnung als Operationalisierung von Verantwortung, 2004, 135 ff; *Neudecker*, Die strafrechtliche Verantwortlichkeit der Mitglieder von Kollegialorganen, 1995, 224 f; *Röckrath* NStZ 2003, 641 ff; *Weißer*, Kausalitäts- und Täterschaftsprobleme bei der strafrechtlichen Würdigung pflichtwidriger Kollegialentscheidungen, 1996, 113 ff; zur Strafbarkeit bei geheimen Abstimmungen *Correl* Roxin, Imme-FS 117 ff). Da keine einzelne Stimme „überholt" wird, verliert auch keine Stimme ihre kausale Relevanz dadurch, dass im Ergebnis ein Überschuss erzielt wird.

Wenig überzeugend ist es dagegen, auch in der zweiten Konstellation einen Fall der kumulativen Kausalität zu sehen (*Baumann/Weber/Mitsch* § 14/37; *Marxen* 30 f; *Roxin* I § 11/18). Denn das Abstimmungsergebnis ist insoweit „überbedingt", als die einzelne Stimme für das Zustandekommen der Entscheidung gerade nicht notwendig ist (vgl auch *Jakobs* Miyazawa-FS 419 [421 ff]). 96

Insgesamt nicht befriedigend ist es auch, wenn die Rspr das Problem mit der Begründung zu umgehen versucht, die Beteiligten seien ohnehin Mittäter (BGHSt 37, 106 [126 ff]). Denn ungeachtet des Umstands, dass auch Mittäter einen (wie auch immer zu bestimmenden) kausalen Beitrag leisten müssen, lässt sich so der (wichtige) Fall fahrlässiger Fehlentscheidungen nicht erfassen (aA – mit der [sachwidrigen] Konstruktion einer fahrlässigen Mittäterschaft – *Knauer*, Die Kollegialentscheidung im Strafrecht, 2001, 133 ff, 181 ff; ferner *Renzikowski*, Restriktiver Täterbegriff und fahrlässige Beteiligung, 1997, 282 f; *Schaal*, Strafrechtliche Verantwortlichkeit bei Gremienentscheidungen in Unternehmen, 2001, 242 ff; abl. *Puppe* GA 2004, 129 f). 97

cc) Die Problematik der Kausalität von Stimmabgaben bei Kollektiventscheidungen kann auch im Bereich der **Unterlassungsdelikte** auftreten, und zwar namentlich dann, wenn es die Mitglieder des Gremiums unterlassen, einen Beschluss zu fassen, der das Verhindern eines schädlichen Kausalverlaufs – zB den Rückruf gesundheitsschädigender Produkte – zum Gegenstand hat. Wiederum lassen sich die Regeln der kumulativen Kausalität entsprechend heranziehen (vgl auch BGHSt 48, 77 [93 ff] m. Bspr *Dreher* JuS 2004, 17 f). Nach diesem Kriterium sind mehrere unterlassene Handlungen jeweils für sich als Ursache eines Erfolgs anzusehen, wenn sie unter den gegebenen Umständen zwar alternativ, aber nicht kumulativ hinzugedacht werden können, ohne dass der Eintritt dieses Erfolgs in seiner konkreten Gestalt nach Maßgabe der anerkannten Kausalgesetze entfiele. 98

Zwar führt eine einzelne Stimmabgabe nicht zur Änderung der Beschlusslage und kann insoweit nicht hinzugedacht werden, ohne dass der Erfolg entfiele. Dies wäre aber der Fall, wenn neben der Vornahme der gebotenen Handlung auch die befürwortenden Stimmabgaben der anderen Gremiumsmitglieder hinzugedacht werden. Da es um die Frage geht, ob durch die Vornahme der gebotenen Handlungen der Beschluss hätte gefasst werden können, spielt es im Rahmen der Kausalität keine Rolle, ob die einzelnen Gremiumsmitglieder auch tatsächlich 99 ihrer Pflicht nachgekommen wären (vgl auch *Jakobs* Miyazawa-FS 419 (432 f); NK-*Puppe* Rn 122).

100 h) Weitere Kausalitätsprobleme können die Fälle der sog. **Produkthaftung** aufwerfen (vgl nur BGHSt 41, 206 [Holzschutzmittel]; *Bode* BGH-FS II 515 ff; *Hilgendorf*, Strafrechtliche Produzentenhaftung in der „Risikogesellschaft", 1993, 114 ff; *Kuhlen* BGH-FS IV 647 ff; *Otto* Schroeder, F.-C.-FS 339). Ferner wird bezüglich der strafrechtlichen Folgen der Manipulation von Wartelisten bei der Zuteilung von Spenderorganen (sog. Transplantationsskandal) das Merkmal der Kausalität problematisiert (vgl *Rissing-van Saan* NStZ 2014, 233 ff mwN, dazu auch § 15 Rn 109).

V. Objektive Zurechnung

101 **1. Allgemeines: a)** Der Kausalnachweis dient der Feststellung, dass zwischen einem Handeln und einem tatbestandsmäßigen Erfolg ein faktischer Zusammenhang in der Weise besteht, dass bei einem Unterlassen des Handelns der Erfolg in seiner konkreten Gestalt nicht eingetreten wäre. Damit werden jedoch noch nicht alle Verhaltensweisen aus dem objektiven Haftungszusammenhang ausgeschlossen, deren Bestrafung nach den Wertungen des Strafrechts und insbesondere unter Maßgabe seiner generalpräventiven Aufgabe unplausibel wäre (vgl *Frisch* JuS 2011, 19). Denn dass ein bestimmter Erfolg im Falle des Unterlassens einer bestimmten Handlung nicht eingetreten wäre, heißt noch nicht, dass die betreffende Handlung auch um der Erfolgsvermeidung willen zu unterlassen war. Wenn aber die Norm die Erfolgsvermeidung vorschreibt, können nur solche Handlungen die strafrechtliche Haftung für einen Erfolg begründen, die um der Erfolgsvermeidung willen zu unterlassen waren. Vor allem bei den sog. reinen Erfolgsdelikten, bei denen das Gesetz – wie zB bei Totschlag (§ 212) und Körperverletzung (§ 223) – seinem Wortlaut nach nicht mehr als die Verursachung eines Erfolgs verlangt, stellt sich die Frage, welche Anforderungen einerseits an das Handeln zum Tatzeitpunkt und andererseits an den Zusammenhang zwischen Handlung und Erfolg zu stellen sind, damit ein erfolgsverursachendes Verhalten als strafrechtlich relevante Tatbestandsverwirklichung anzusehen ist. Es ist heute nahezu einhellige Ansicht, dass die erforderliche Haftungsbegrenzung nicht mehr, wie dies früher für ausreichend erachtet wurde (vgl nur RGSt 29, 218 (220); 56, 343 (348 f); *Baumann/Weber/Mitsch* § 14/100), allein im Rahmen des subjektiven Tatbestands oder der Schuld, sondern teils schon bei der Prüfung der objektiven Tatbestandsmäßigkeit vorzunehmen ist. (vgl nur HKGS-M. *Heinrich* Vor § 13 Rn 71 ff; *Jakobs* 7/35 ff; grds. abl. *Kaufmann* Jescheck-FS 251 ff; krit. hinsichtlich der kategorischen Trennung von Kausalzusammenhang und objektiver Zurechnung *Puppe* GA 2015, 203 ff).

Dieser Prüfungsschritt der tatbestandlichen Haftungsbegrenzung wird objektive Zurechnung genannt (*Roxin* I § 11/44 ff; *Schumann* Jura 2008, 408 ff; Einführung für Anfänger mit den gängigen Fallbeispielen bei *Kudlich* JA 2010, 681; grundlegender Überblick bei *Jakobs*, System der strafrechtlichen Zurechnung, 2012). Er hat die (normative) Feststellung zum Gegenstand, dass der Erfolg durch einen vom Täter beherrschbaren, unerlaubt riskanten Kausalverlauf bedingt wurde. Insoweit hat die objektive Zurechnung die negative Aufgabe, **irrelevante Kausalverläufe** aus dem Bereich strafrechtlicher Folgenverantwortung **auszuscheiden**. Objektiv ist diese Zurechnung, weil sie die subjektive Tatseite noch völlig ausblendet. Es geht allein um die Frage, ob die Erfolgsverursachung als Verwirklichung des objektiven Deliktstatbestands angesehen werden kann.

b) Dass dieser Ansatz sachgerecht ist, zeigt folgender Fall: A leiht seinem ungeschickten Nachbarn N ein Beil aus, mit dem sich dieser beim Holzhacken versehentlich verwundet. Hier kann ersichtlich das Ausleihen des Beils (schon objektiv) keine strafrechtlich relevante Körperverletzung sein, da A nicht verpflichtet ist, dafür Sorge zu tragen, dass sich sein mit den üblichen Lebensrisiken vertrauter Nachbar nicht mit einem allgemein zugänglichen Gebrauchsgegenstand verletzt. Es ist nicht die Aufgabe des Strafrechts, Schäden um jeden Preis zu vermeiden und dadurch das soziale Leben zu blockieren. Das Beispiel zeigt, dass soziale Kontakte unter bestimmten Bedingungen frei von Folgenverantwortung ablaufen müssen. Demnach ist bei mehreren Personen, die jeweils ursächlich an einem erfolgsverursachenden Geschehen beteiligt sind, zu prüfen, ob jede von ihnen ihren Beitrag um der Erfolgsvermeidung willen zu vermeiden hatte und daher für den Erfolgseintritt einzustehen hat oder ob sie ggf durch die Zuständigkeit der anderen entlastet wird. **102**

Der Beispielsfall (Rn 102) verdeutlicht zugleich, dass sich die Verwirklichung eines objektiven Deliktstatbestands nicht in der Verursachung eines Erfolgs erschöpfen kann. Denn die strafrechtlichen Tatbestände beinhalten Verhaltensnormen, also Ge- und Verbote, so dass sich die Tatbestandsverwirklichung als Verstoß gegen die jeweilige Verhaltensnorm darstellen muss. Das erfolgsverursachende Verhalten muss also **generell unerlaubt** sein, um als Tatbestandsverwirklichung angesehen werden zu können. Dass ein tatbestandsverwirklichendes Geschehen (nur) generell unerlaubt sein muss, besagt, dass es durchaus im konkreten Fall aufgrund einer Rechtfertigungslage erlaubt sein kann. Exemplarisch: Wer einen anderen mit einer Waffe verletzt, verhält sich in einer Weise, die als Verstoß gegen das Verbot der Körperverletzung im Allgemeinen unerlaubt ist. Gleichwohl kann dieses Verhalten im konkreten Fall erlaubt sein, weil zB die Voraussetzungen einer Notwehr gegeben sind. Die objektive Zurechnung hat also die Feststellung von objektivem tatbestandlichen Unrecht ungeachtet spezieller Rechtfertigungslagen zum Gegenstand. **103**

Ein Erfolg ist objektiv zurechenbar, wenn sich in ihm ein vom Täter (allein oder mit anderen) geschaffenes (generell) **unerlaubtes Risiko** realisiert. In dieser üblichen Formel kommt dem Begriff des Risikos keine besondere eigene Bedeutung zu. Denn jedes Verhalten, das einen Erfolg verursacht, ist insoweit auch riskant. Das spezifische Gewicht der objektiven Zurechnung liegt vielmehr in dem Erfordernis, dass das riskante Verhalten (generell) unerlaubt sein muss. Wann ein Risiko unerlaubt ist, wird von der objektiven Zurechnungslehre wiederum **nur negativ begründet**: Unerlaubt ist ein erfolgsverursachendes Risiko, das keine der Voraussetzungen erfüllt, unter denen es als (generell) erlaubt anzusehen ist.

c) Die Lehre von der objektiven Zurechnung ist jedoch nur im Kernbereich dogmatisch gesichert. Die **Terminologie** ist uneinheitlich; die Kriterien sind im Detail umstritten (vgl nur *Frisch* JuS 2011, 19; *Jakobs* Hirsch-FS 45 ff; *Radtke* Puppe-FS 831; *Roxin* Maiwald-FS 715 ff; SK-*Rudolphi/Jäger* Vor § 1 Rn 96 ff; *Schünemann* GA 1999, 207 ff; krit. *Kahlo* Küper-FS 249 ff; *Sacher* ZStW 118, 574 ff; grds. abl. *Kaufmann* Jescheck-FS 251 ff). Deshalb werden die Voraussetzungen der objektiven Zurechnung im Folgenden zunächst nur insoweit dargestellt, als sie für Vorsatz- und Fahrlässigkeitsdelikte gleichermaßen anwendbar sind. Sofern sie nach vorherrschender Meinung nur dem Ausschluss der Fahrlässigkeitshaftung dienen oder jedenfalls lediglich dort praktisch bedeutsam sind, wird auf sie erst in diesem Rahmen eingegangen (hierzu § 15 Rn 54, 58 ff). **104**

In einem **Gutachten** brauchen die haftungsbegrenzenden Kriterien der objektiven Zurechnung lediglich angesprochen zu werden, wenn der Sachverhalt hierzu genügend Anlass gibt. Ansonsten genügt der kurze Hinweis, dass keine der objektiven Zurechenbarkeit des Erfolgs entgegenstehenden Gründe ersichtlich seien.

105 2. Ursache und Risiko: Ein Risiko – gleichbedeutend: eine Gefahr – ist eine Situation, in welcher der Eintritt eines Erfolgs (zumindest) mit einer gewissen Wahrscheinlichkeit zu erwarten ist. Ein Risikourteil ist also das zeitliche Gegenstück zu einer Kausalanalyse. Kausalanalyse und Risikourteil beziehen sich gleichermaßen auf die kausale Verknüpfung von Ereignissen unter Heranziehung empirischer Gesetzmäßigkeiten. Unterschiedlich ist nur die **Perspektive**: Die Kausalanalyse wird von einem Standpunkt ex post nach Eintritt des Erfolgs vorgenommen. Demgegenüber wird das Risikourteil aus einer Perspektive ex ante getroffen. Dass sich die Prognose beim Risikourteil nur mit einer gewissen Wahrscheinlichkeit abgeben lässt, kann zum einen darauf beruhen, dass die Wissenschaft (noch) keine einschlägigen deterministischen Gesetze – zB über einen Krankheitsverlauf – anzubieten vermag. Zum anderen lässt sich eine Prognose regelmäßig nur auf der Basis einer begrenzten Menge an bekannten Bedingungen aufstellen, deren Eintritt zudem noch ungewiss sein oder deren kausale Relevanz durch den möglichen Eintritt weiterer Bedingungen wieder entfallen kann.

106 Wie bei der Kausalität so ist auch bei Risiken zwischen dem Risikourteil und dem Gegenstand dieses Urteils zu differenzieren. Kausalanalyse wie auch Risikoprognose beziehen sich auf reale Gegebenheiten und Ereignisse. Ein Umstand, ohne den sich der Eintritt eines Erfolgs ex post nicht kausal erklären lässt, wurde Ursache genannt (Vor § 13 Rn 74 ff). Dementsprechend kann ein Umstand, dessen Berücksichtigung die Wahrscheinlichkeit eines Erfolgseintritts ex ante erhöht, als **Risikofaktor** bezeichnet werden. Von den Umständen, auf die sich die Begriffe Ursache und Risikofaktor beziehen, ist deren **Erkennbarkeit** als Ursachen und Risikofaktoren genau zu unterscheiden (näher *Burkhardt* in: Wolter/Freund [Hg.], Straftat, Strafzumessung und Strafprozeß im gesamten Strafrechtssystem, 1996, 103 ff). Ein bestimmter Umstand ist unabhängig davon eine Ursache oder ein Risikofaktor, ob er bei einer Analyse des Geschehens auch tatsächlich als ein solcher erkannt werden kann.

Aus dem **Korrespondenzverhältnis** von Kausalanalyse und Risikourteil folgt nun, dass jeder Umstand, der sich ex post als Ursache darstellt, zugleich ex ante ein Risikofaktor gewesen sein muss. Insoweit beinhaltet jede (zutreffende) Kausalanalyse ex post zugleich die Aufdeckung der relevanten Risikofaktoren eines Erfolgs. Umgekehrt gilt dies jedoch nicht: Ein Risikourteil kann auch dann richtig sein, wenn der Erfolg nicht eintritt; der Erfolg wurde ja nicht als sicher, sondern lediglich als wahrscheinlich prognostiziert. Ein Risikofaktor wird im Kontext einer Prognose nur als potenzielle Ursache verstanden. Ob – und ggf in welchem Ausmaß – diese Risikofaktoren zum Tatzeitpunkt auch als solche für den Täter oder einen Dritten erkennbar waren, ist dagegen eine andere Frage und betrifft die Zurechenbarkeit des realisierten Risikos zu Vorsatz oder Fahrlässigkeit (*Kindhäuser* GA 2007, 447 [464]; *Schumann, H./Schumann, A.*, Küper-FS 543 [549]; *Struensee* JZ 1987, 53 [58]; *ders.* GA 1987, 97 [101]).

107 3. Konkrete Risiken und übliches Sozialverhalten: Da die objektive Zurechnung der Feststellung der Kausalität als Prüfungsschritt nachfolgt und jede Ursache eines Erfolgs zugleich als Risikofaktor dieses Erfolgs anzusehen ist, hat derjenige, der einen Erfolg verursacht hat, stets auch das Risiko des Erfolgseintritts erhöht – ohne diese Ursache entfiele ja der Erfolg. Daher führt das bloße Erfordernis, dass der Täter durch die Schaffung eines (objektiven) Risikos den Erfolg verursacht haben muss, noch zu keiner Einschränkung des Tatbestands. **Sozial übliche Verhaltensweisen** sind gewöhnlich mangels kausaler Relevanz für Schadensfolgen ungefährlich. Exemplarisch: Wenn A seinen Freund F auf einer gemeinsamen Wanderung im Hochsommer veranlasst, ein erfrischendes Bad in einem Bergsee zu nehmen, so ist dies im Regelfall ein harmloser Rat. Die Dinge stellen sich aber mit einem Schlag anders dar, wenn F beim Schwimmen plötzlich von einem eiskalten Strudel erfasst wird und einen tödlichen Herzschlag erleidet. Dann lässt sich nicht mehr sagen, dass F den A zu einem ungefährlichen Verhalten veranlasst habe, weil Baden im Allgemeinen eine risikolose Betätigung sei. Vielmehr widerlegt der Erfolgseintritt gerade die Ungefährlichkeit des Badens im konkreten Fall. Das Baden war nicht risikolos, sondern unter den gegebenen Umständen objektiv lebensgefährlich. Offen ist dagegen, ob die relevanten Risikofaktoren den Beteiligten bekannt waren. Von der Beantwortung dieser Frage hängt die weitere strafrechtliche Beurteilung ab, insbesondere ob F ggf vorsätzlich oder fahrlässig gehandelt hat. F könnte den A auch in strafrechtlich irrelevanter Weise zu einem Handeln auf eigene Gefahr veranlasst haben, wenn dieser wusste, dass er sich in einen See mit eiskalten Strömungen begibt. Es darf also aus dem Umstand, dass alltägliches Sozialverhalten im Normalfall (völlig) risikolos ist, keineswegs geschlossen werden, dass es deshalb auch im konkreten Fall ungefährlich sei. Erst recht wäre es verfehlt, aus der Gefahrlosigkeit eines Verhaltens im Allgemeinen zu schließen, dass es allein deshalb auch im konkreten Fall (objektiv) erlaubt sei.

4. Hypothetische Schadensverläufe: Hypothetische Kausalverläufe (**Ersatzursachen**) schließen weder die Kausalität aus (Rn 81 f) noch stehen sie grds. der objektiven Zurechnung eines Erfolgs entgegen (ganz hM, abw. *Kaufmann*, Schmidt, Eb.-FS 200 ff). 108

- Dies gilt vor allem, wenn für den Täter ein **Ersatztäter** bereitsteht (vgl BGHSt 30, 228 ff; *Roxin* I § 11/53 mwN). Exemplarisch: Erschießt A den B, so ist er für dessen Tod auch dann zuständig, wenn C bei einem Ausfall des B die Tat vorgenommen hätte. Oder: Bei Massenkarambolagen ist jeder für den von ihm verursachten Auffahrunfall zuständig und kann sich nicht darauf berufen, dass er von nachfolgenden Verkehrssündern ohnehin auf den Pkw des Vordermanns geschoben worden wäre (vgl BGHSt 30, 228 ff).
- Hieran ändert es nichts, wenn der „Ersatztäter" **rechtmäßig gehandelt** hätte. Exemplarisch: A erschießt eigenmächtig den kranken Hund des B, den dieser einschläfern lassen wollte.
- Schließlich berührt es die objektive Zurechenbarkeit des Erfolgs nicht, wenn anstelle eines „Ersatztäters" **Naturereignisse** den Erfolg bedingt hätten (S/S-*Eisele* Rn 98; *Jescheck/Weigend* § 28 IV 5; *Roxin* I § 11/56; *Stratenwerth/Kuhlen* § 8/41 f; aA SK-*Rudolphi/Jäger* Vor § 1 Rn 96). Exemplarisch: Im Gebirge erschießt A den B, der wenig später von einer herabstürzenden Lawine erschlagen worden wäre.

5. Risikoverringerung: a) Eine **Ausnahme** von der strafrechtlichen Irrelevanz hypothetischer Kausalverläufe will eine verbreitete Literaturansicht im Falle einer sog. Risikoverringerung machen. Bereits begrifflich sei es nicht als Schaffung einer tatbestandsspezifischen Gefahr anzusehen, wenn der Täter ein schon bestehendes Risiko lediglich verringere (vgl nur *Roxin* I § 11/53; ihm ua folgend *Gropp* § 4/94; *Heinrich* Rn 246 mwN). Exemplarisch: A stößt den B zur Seite, so dass nicht dessen Kopf, sondern nur die Schulter von einem herabfallenden Zie- 109

gel getroffen wird. Von einer Risikoverringerung in diesem Sinne sei auszugehen, wenn der Täter einen Kausalverlauf dergestalt beeinflusst, dass
- die Wahrscheinlichkeit eines Erfolgseintritts sinkt,
- das Ausmaß des Schadens quantitativ vermindert wird oder
- ein weniger gravierender Erfolg (zB Körperverletzung statt Tod) eintritt.

110 b) **Kritik:** Die von der Risikoverringerungslehre erzielten Ergebnisse sind (weitgehend) überzeugend. Dies beruht jedoch nicht auf dem zur Begründung herangezogenen Gedanken der Risikoverringerung, sondern auf höchst unterschiedlichen Überlegungen, die nicht miteinander vermengt werden sollten (zur Kritik vgl nur *Kindhäuser* Hruschka-FS 527 [533 f]; *ders.* ZStW 120, 481 ff; *Maiwald* Miyazawa-FS 465 [468 f]; *Schroeder* in: Hefendehl [Hg.], Empirische und dogmatische Fundamente, kriminalpolitischer Impetus, 2005, 151 ff). Im Wesentlichen sind daher im Zusammenhang mit dem Begriff „Risikoverringerung" drei Konstellationen voneinander abzugrenzen und **nach jeweils eigenen Kriterien** zu behandeln.

111 aa) **Echte Risikoverringerung:** Da durch eine Erfolgsverursachung nie das Risiko eines Erfolgseintritts objektiv gesenkt werden kann, **fehlt** es in den Fällen einer echten Risikoverringerung **bereits an der Kausalität.** Beispielhaft: Infolge einer Überschwemmung des Rheins dringt Wasser in den Keller des am Ufer gelegenen Wohnhauses von E. Nachbar N bemerkt dies und dichtet, da E ortsabwesend ist, selbst die Kellerfenster ab. Da hier der tatsächliche Schaden ohne Berücksichtigung von N's Verhalten kausal erklärt werden kann, ist dieses auch keine Ursache des konkreten Erfolgs. Zur kausalen Erklärung des Schadens ist vielmehr allein die tatsächlich eingedrungene Wassermenge heranzuziehen. Der objektive Tatbestand ist daher schon mangels Erfolgsverursachung nicht verwirklicht, und nicht etwa, weil N das Risiko eines von ihm verursachten Schadens verringert hätte.

112 bb) **Schadensaustausch:** In einer weiteren Fallgruppe geht es nicht nur um die Verringerung des Risikos, dass ein bestimmter Schaden eintritt, sondern zugleich auch um die Herbeiführung eines (weiteren) anderen Schadens. Exemplarisch (wie oben): R stößt den O zur Seite, so dass nicht dessen Kopf, sondern nur die Schulter von einem herabfallenden Ziegel getroffen wird. Zur Lösung eines solchen Falles ist daher genau zwischen dem ausgebliebenen und dem eingetretenen Schaden zu differenzieren:

113 **Ausgebliebener Schaden:** Durch das Eingreifen von R wird das Risiko, dass O von dem Ziegel tödlich am Kopf getroffen wird, nicht nur – wie im Überschwemmungsfall – verringert, sondern sogar beseitigt. Da der Erfolg einer tödlichen Kopfverletzung ausbleibt, ist das Verhalten des R insoweit auch ohne kausale Relevanz und damit tatbestandslos.

114 **Eingetretener Schaden:** Den tatsächlich eingetretenen Schaden, die Verletzung der Schulter, hat R dagegen verursacht. Denn der Eintritt dieses Schadens lässt sich ohne Berücksichtigung von R's Verhalten nicht kausal erklären. Hinsichtlich dieses Schadens liegt auch keine Risikoverringerung vor; R hat im Gegenteil das Risiko einer Schulterverletzung drastisch erhöht. Es gibt also keinen Grund, die Tatbestandsmäßigkeit der Schulterverletzung zu verneinen. Freilich ist das Handeln des R kein Unrecht, da O mit der Rettung gewiss einverstanden ist, so dass der Rechtfertigungsgrund der mutmaßlichen Einwilligung (näher hierzu Vor § 32 Rn 51 ff) ohne Weiteres eingreift.

Dass im Beispielsfall bereits an einen Tatbestandsausschluss zu denken ist, hängt mit der Offensichtlichkeit des fehlenden Unrechts in dieser Situation zusammen. Doch ändert dies nichts daran, dass die Lehre von der Risikoverringerung gegen wichtige strafrechtliche Grundsätze verstößt. Insbesondere wird die Autonomie des Opfers ignoriert, wenn schon die objektive Tatbestandsmäßigkeit der Körperverletzung verneint wird. Wäre die Verursachung eines Schadens allein deshalb tatbestandslos, weil auf diese Weise ein zu einem größeren Schaden führender Kausalverlauf abgebrochen würde, so wäre zB auch ein gegen den Willen eines Patienten vorgenommener ärztlicher Heileingriff tatbestandslos (hiergegen insbesondere die ständige Rechtsprechung, vgl § 223 Rn 8). Überhaupt stellte sich die Frage, nach welchen Maßstäben das Ausmaß von Schäden zu bewerten wäre: Wenn schon der objektive Tatbestand ausgeschlossen sein soll, dann müssten objektive Kriterien maßgeblich sein, so dass die Präferenzen des Opfers keine Rolle spielen könnten. Genau dies widerspräche aber den Grundsätzen der mutmaßlichen Einwilligung, denen zufolge für die Bewertung von Gütern der Wille ihres Inhabers verbindlich sein soll.

Die Risikoverringerungslehre müsste auch in folgender Abwandlung des Beispielsfalls zu dem Ergebnis kommen, dass X den Tatbestand der Köperverletzung nicht verwirklicht hat: X stößt den Y zur Seite, so dass nicht dessen Kopf, sondern nur die Schulter von einem herabfallenden Ziegel getroffen wird. X hätte jedoch den Y noch kräftiger zur Seite stoßen können, so dass dieser überhaupt nicht getroffen worden wäre. X wollte jedoch, dass der ihm unsympathische Y einen „Dämpfer" erhält. Wiederum verdient zwar das Ergebnis, nicht aber dessen Begründung wegen Risikoverringerung Zustimmung. Hätte X überhaupt nicht eingegriffen und wäre Y durch den Ziegel tödlich verletzt worden, so hätte X den objektiven Tatbestand des Totschlags weder durch Begehen (mangels Kausalität) noch durch Unterlassen (mangels Garantenstellung) verwirklicht. Er hätte sich nur wegen unterlassener Hilfeleistung nach § 323 c zu verantworten. An diesem Ergebnis kann sich nichts ändern, wenn X, wie in der Fallabwandlung, statt völlig untätig zu bleiben, wenigstens mit halber Kraft eingreift. Denn die eingetretene Köperverletzung ist im Verhältnis zum drohenden Todeserfolg auch hier durch mutmaßliche Einwilligung gerechtfertigt; Y ist vermutlich lieber verletzt als tot. Daher kann dem X nur vorgeworfen werden, er habe es nach § 323 c unterlassen, den Y auch vor der Köperverletzung zu bewahren.

cc) **Neue Risikoschaffung:** Die Lehre von der Risikoverringerung verneint einen 115
Tatbestandsausschluss, wenn der Handelnde zur Schadensabwendung ein neues Risiko schafft. Exemplarisch: Der Feuerwehrmann F wirft ein im Obergeschoss eines Hauses von Flammen eingeschlossenes Kind, das zu ersticken droht, mangels anderer Rettungsmöglichkeit aus dem Fenster, wodurch es von Helfern lebend, aber mit erheblichen Verletzungen aufgefangen werden kann. Hier hat F auch nach der Lehre von der Risikoverringerung den Tatbestand einer Körperverletzung verwirklicht. Denn er hat – nach den Prämissen dieser Lehre – nicht das bestehende Erstickungsrisiko abgeschwächt, sondern das neue Risiko geschaffen, dass das Kind durch den Sturz verletzt wird (W-*Beulke/Satzger* Rn 287; *Frisch* JuS 2011, 116 [117]; *Heinrich* Rn 248; *Jescheck/Weigend* § 28 IV 2; *Kühl* § 4/55; *Roxin* I § 11/54). Jedoch ist F nicht strafbar, da sein Verhalten nach den Grundsätzen der mutmaßlichen Einwilligung gerechtfertigt ist. In diesem Fall ist dem Ergebnis wie auch der Begründung uneingeschränkt zuzustimmen.

Dass die Lehre von der Risikoverringerung in diesem Fall zu einer (gerechtfertigten) Tatbestandsverwirklichung kommt, zeigt im Übrigen, wie fragwürdig die Begründung in den anderen Fällen (oben Rn 112 ff) ist. Denn der Unterschied zwischen beiden Situationen soll ja nur darin liegen, dass der Täter im Ziegelfall in einen riskanten Kausalverlauf modifizierend (Schulterverletzung statt Tod) eingreift, während er im Brandfall einen neuen Kausalverlauf (Fenstersturz statt Erstickung) initiiert. Tatsächlich aber bricht der Täter in beiden Fällen einen bestimmten Kausalverlauf ab (Tod) und bewirkt jeweils aktiv ein neues Geschehen (Körperverletzung), so dass die Differenzierung zwischen beiden Fallgruppen auf eine praktisch irrelevante Haarspalterei hinausläuft.

116 **6. Schutzzweck der Norm:** Von sozial üblichen Verhaltensweisen (oben Rn 107), die im Allgemeinen zwar ungefährlich, im Einzelfall aber durchaus riskant und verboten sein können, sind **normativ** ungefährliche Verhaltensweisen zu unterscheiden. Dies sind Verhaltensweisen, die von vornherein außerhalb des Schutzzwecks der Norm liegen. Verhaltensweisen liegen außerhalb des Schutzzwecks der Norm, wenn sie ihrer Art nach per se ungeeignet sind, das vom Tatbestand **geschützte Rechtsgut zu beeinträchtigen.** So lassen zB Weihnachtsgeschenke an die Fahrer der kommunalen Müllabfuhr keinen Zweifel an der Sachlichkeit der Dienstausübung aufkommen und werden daher nicht als tatbestandsmäßige Vorteile iSv § 331 angesehen (vgl BGHSt 19, 152 [154]; 23, 226 [228]; *Eser* Roxin-FS I 199 ff; SK-*Stein/Rudolphi* § 331 Rn 23 mwN).

Anders als bei sozial üblichen Verhaltensweisen, die nur rein faktisch zumeist ungefährlich sind, wird die mangelnde Eignung zur Rechtsgutsbeeinträchtigung von Verhaltensweisen außerhalb des Schutzzwecks der Norm **durch Tatbestandsauslegung** begründet. Im Beispielsfall wird der Begriff des Vorteils so ausgelegt, dass ihm der Sachverhalt der Hingabe von Weihnachtsgeschenken an die Beschäftigten der kommunalen Müllabfuhr nicht subsumiert werden kann.

117 **7. Risikozuständigkeit:** Wer allein oder unter Mitwirkung anderer eine Situation schafft, durch welche die Wahrscheinlichkeit des Eintritts eines tatbestandsmäßigen Erfolgs gegenüber der Ausgangslage objektiv erhöht wird, hat grds. für dieses Risiko (= Gefahr) und die sich hieraus ergebenden Folgen auch einzustehen. Diese **Zuständigkeit kraft Risikoschaffung** beruht auf dem Prinzip, dass derjenige, der die Herrschaft über ein Geschehen beansprucht, die Verantwortung dafür trägt, dass niemand hierdurch zu Schaden kommt; Herrschaft hat Verantwortung als Kehrseite. Demnach hat jeder seinen Handlungsspielraum so zu gestalten, dass hieraus keine Gefahren für die Güter anderer entstehen. Ist ein solches Risiko geschaffen, so muss der Betreffende Sorge dafür tragen, dass sich dieses Risiko nicht realisiert. Insoweit begründet jede tatbestandliche Risikoschaffung auch eine Garantenpflicht (sog. Ingerenz; vgl § 13 Rn 46 ff), deren Verletzung eine Unterlassungsstrafbarkeit zu begründen vermag.

Um zu verdeutlichen, dass nur Verhaltensweisen, durch die objektiv die Wahrscheinlichkeit eines Erfolgseintritts erhöht wurde, eine tatbestandsmäßige Folgenverantwortung begründen, wird im Rahmen der objektiven Zurechnung verlangt, dass der Erfolg durch ein vom Täter geschaffenes **unerlaubtes oder rechtlich missbilligtes tatbestandsmäßiges Risiko** verursacht sein müsse. Bei dieser Terminologie sollte bedacht werden, dass es auf Tatbestandsebene erst um generell unerlaubtes Verhalten geht, das durchaus im konkreten Fall aufgrund einer Rechtfertigungslage erlaubt sein kann. Exemplarisch: Wer auf einen anderen mit einer Waffe schießt, schafft eine Situation, in der generell die Wahrscheinlichkeit eines Erfolgseintritts erheblich gesteigert ist (= rechtlich missbilligtes tatbestandsmäßiges Risiko). Gleichwohl kann dieses Risiko erlaubt sein, wenn zB die Voraussetzungen einer Notwehr (§ 32) gegeben sind.

8. Eigenverantwortliche Selbstgefährdung: a) Das Prinzip, dass derjenige, der ein 118 Risiko (mit-)geschaffen hat, deshalb auch für dieses Risiko und damit für die sich hieraus ergebenden Schädigungen zuständig ist, gilt nicht, wenn das Risiko vom Opfer selbst zu verantworten ist (sog. **Eigenverantwortlichkeitsprinzip**). Ein solches **Handeln auf eigene Gefahr** ist anzunehmen, wenn sich das Opfer in einer allein von ihm zu vertretenden Weise selbst gefährdet (hM, vgl BGHSt 32, 262 ff; BGH NStZ 1985, 25; *Esser* Krey-FS 81 [82 ff]; *Roxin* NStZ 1984, 411 f; anders noch BGHSt 17, 359). Exemplarisch: Schrotthändler S schenkt A nicht mehr verkehrstaugliche Reifen, die dieser in Kenntnis der Sachlage auf seinen Pkw montiert. Aufgrund eines Reifenschadens verunglückt A tödlich. Die Fälle des Handelns auf eigene Gefahr, bei denen der Täter an der Tat eines anderen mitwirkt, sind nach hM von den Fällen der einverständlichen Fremdgefährdung abzugrenzen (Rn 215 ff).

Ein Risiko, das vorrangig nicht der Täter, sondern das Opfer zu vertreten hat, ist 119 kein die Haftung des Täters begründender unerlaubter Eingriff in eine fremde Rechtssphäre. Da **Selbstverletzungen strafrechtlich irrelevant** und allein von demjenigen zu verantworten sind, der sie auf sich nimmt, sind auch Verhaltensweisen Dritter, die Selbstverletzungen veranlassen, ermöglichen oder fördern, grds. unerheblich (näher Vor § 211 Rn 22 ff). Da das Handeln auf eigene Gefahr im Rahmen der objektiven Zurechnung berücksichtigt wird, gilt der Haftungsausschluss unabhängig davon, ob der Täter hinsichtlich des Erfolgs ansonsten vorsätzlich oder fahrlässig handeln würde. Exemplarisch: Polizist P lässt seine Dienstpistole herumliegen und ermöglicht so seiner Freundin F, sich mit ihr selbstverantwortlich das Leben zu nehmen (vgl BGHSt 24, 342). Da der Suizid keinen Straftatbestand verwirklicht, ist auch ein ihn förderndes Verhalten straflos, und zwar unabhängig davon, ob P der F die Pistole zum Zweck der Selbsttötung bewusst überlässt oder ihr nur den Zugriff durch unsorgfältige Verwahrung ermöglicht.

Relevant ist das Eigenverantwortlichkeitsprinzip vor allem im Bereich der **Drogendelinquenz** (BGHSt 59, 150 [167 ff]; BGH NStZ 2011, 341 m. Bspr *Jahn* JuS 120 2011, 372 f) und des Sexualverkehrs mit **HIV-Trägern** (vgl auch BGHSt 36, 1 [17 ff]; 37, 179; BayObLG NJW 1990, 131 f; *Frisch* JuS 1990, 362 ff; *Hassemer* JuS 1984, 724; *Lange/Wagner* NStZ 2011, 67; *Roxin* NStZ 1984, 411 ff). In jüngerer Zeit tauchte die Problematik außerdem im Zusammenhang mit sog. Wetttrinken auf (vgl dazu *Krawczyk/Neugebauer* JA 2011, 264 ff zu LG Berlin ZJJ 2010, 78-80). Zu beachten ist, dass mittelbare Täterschaft (§ 25 Rn 7 ff) in Betracht kommt, wenn das Opfer nicht auf eigene Gefahr handelt.

b) Handelt das Opfer auf eigene Gefahr, so entbindet es weitere Handelnde von 121 der Verantwortung für die Folgen ihrer Beiträge zur Risikoschaffung. Dieser Haftungsausschluss hat **zwei Voraussetzungen**:

- Das Opfer muss bei der Risikoschaffung maßgeblich mitwirken und
- es muss hierbei eigenverantwortlich handeln.

aa) Eine **maßgebliche Mitwirkung** des Opfers ist erforderlich, weil sich die Risi- 122 koschaffung als Selbstgefährdung des Opfers darstellen muss. Anderenfalls willigte das Opfer nur in eine Fremdgefährdung oder -verletzung ein, die, anders als die Selbstgefährdung oder -verletzung, nicht stets strafrechtlich irrelevant ist. So sind zwar der Suizid und damit auch die Beteiligung an ihm straflos. Das Verlangen des Opfers, durch fremde Hand getötet zu werden, führt dagegen für denjenigen, der die Tat vollzieht, zu einer Strafbarkeit nach § 216 (vgl auch OLG Nürnberg JZ 2003, 745 [746 f] m.Anm. *Engländer* zu einer vom Opfer arrangierten fahrlässigen Tötung). Insoweit entbindet die Selbstgefährdung des Opfers einen anderen nur dann von der Zuständigkeit für das Risiko, wenn dieses vom Opfer allein oder zumindest gleichgewichtig steuernd in Händen gehalten wird. Der Eigenbeitrag des Opfers muss maW die Kriterien der Allein- oder Mittäterschaft erfüllen.

123 bb) Wann das Opfer **eigenverantwortlich handelt**, ergibt sich nicht unmittelbar aus dem Strafgesetz, da dieses ausdrücklich nur die Verantwortlichkeit für die Verletzung anderer, aber nicht die Zuständigkeit für strafrechtliche irrelevante Selbstverletzungen regelt. Daher sind die Kriterien für die Eigenverantwortlichkeit in Analogie zu den allgemeinen Regeln zu gewinnen, wobei insbesondere zwei Aspekte entscheidend sind (näher *Kindhäuser* AT § 11/26 ff):

124 ■ Zunächst muss das Opfer überhaupt im strafrechtlichen Sinne verantwortlich handeln können. Daher ist eine Eigenverantwortlichkeit insbesondere dann auszuschließen, wenn das Opfer, falls es nicht sich, sondern einen anderen verletzte, als schuldunfähig oder entschuldigt (iSv §§ 19, 20, 35 StGB; § 3 JGG) anzusehen wäre (näher hierzu *Zaczyk*, Strafrechtliches Unrecht und die Selbstverantwortung des Verletzten, 1993, 36, 43 f).

125 ■ Ferner kann das Opfer nur dann den von einer anderen Person geleisteten Risikobeitrag eigenverantwortlich übernehmen, wenn dies seinem tatsächlichen Willen entspricht. Dies ist (unter Heranziehung der Kriterien einer wirksamen Einwilligung, Rn 168 ff) der Fall, wenn das Opfer die nötige Einsichtsfähigkeit besitzt, um die Tragweite des Risikos beurteilen zu können, und sich diesbezüglich in keinem Irrtum befindet (vgl BGHSt 32, 262 [265]; 36, 1 [17 ff]; BGH NStZ 1986, 266 [267]; *Roxin* I § 11/97).

126 Das letztgenannte Kriterium wird teils dahin gehend formuliert, dass sich das Opfer nicht in einer gegenüber dem Täter **unterlegenen Wissensposition** befinden dürfe (vgl nur BGH NStZ 2001, 205; BayObLG NJW 2003, 371 (372); *Gropp* § 12/113; *Roxin* I § 11/97; zutr. Kritik bei NK-*Puppe* Rn 198). Diese Formel ist jedoch in zweifacher Hinsicht schief: Zum einen geht es um objektive – dh Vorsatz und Fahrlässigkeit vorgelagerte – Zurechnung, so dass das Wissen des Täters irrelevant ist. Zum anderen haftet der Täter objektiv auch dann, wenn er das Risiko noch weniger überblickt als das Opfer, er sich also faktisch in einer unterlegenen Wissensposition befindet, aber ihm hinsichtlich seines Wissensdefizits Fahrlässigkeit zur Last fällt.

127 Für das **Gutachten** gilt daher:

Im Rahmen der objektiven Zurechnung ist nur das Opferwissen maßgeblich; fehlt eine hinreichende Risikokenntnis und scheidet damit ein Handeln auf eigene Gefahr aus, so ist der Erfolg insoweit dem Täter objektiv zurechenbar. Exemplarisch: A bittet seinen Nachbarn N, dieser möge sich während eines Urlaubs um die Tiere in seinem Terrarium kümmern; beim Füttern wird N von einer neu erworbenen und auch von A leichtfertig für harmlos gehaltenen Giftschlange gebissen und stirbt. Hier hat N – unabhängig vom Wissensstand des A – mangels Risikokenntnis nicht eigenverantwortlich gehandelt. A hat dagegen objektiv ein tödliches Risiko für N geschaffen, da er es zuließ, dass N mit der Giftschlange in Kontakt kommen konnte. Im subjektiven Tatbestand sind sodann Vorsatz bzw Fahrlässigkeit des Täters hinsichtlich des objektiv von ihm zu vertretenden Risikos zu prüfen.

128 c) Noch nicht geklärt ist die Frage, wie zu entscheiden ist, wenn das Opfer das Risiko zwar eigenverantwortlich eingeht, **in der Phase der Gefahrrealisierung**

aber **steuerungsunfähig wird**. Exemplarisch: A will eigenverantwortlich Suizid begehen und nimmt zu diesem Zweck eine geeignete Dosis Tabletten, die er von B erhalten hat, zu sich. B ist noch anwesend, als A das Bewusstsein verliert und zu sterben droht; er benachrichtigt jedoch nicht den Rettungsdienst.

Nach der Rspr soll zwar die aktive Mitwirkung an eigenverantwortlicher Selbstgefährdung straflos sein, das Nichtergreifen von Rettungsmaßnahmen aber zur Strafbarkeit wegen fahrlässiger Tötung durch Unterlassen führen (BGH NStZ 1985, 319 m. abl. Anm. *Roxin*; abweichend auch StA München NStZ 2011, 345 f; vgl auch BGH NJW 2016, 176 ff m. krit. Anm. *Schiemann*). 129

■ Dieser Ansatz ist jedoch in sich unschlüssig, da es der Sinn des Zuständigkeitsausschlusses durch das Eigenverantwortungsprinzip gerade ist, von den Folgen riskanten Handelns entbunden zu sein. Anderenfalls lässt sich der Inhalt der Verhaltensnorm nicht widerspruchsfrei formulieren. Wenn A im Beispielsfall dem B die Tabletten übergeben darf, um diesem so einen eigenverantwortlich geplanten Suizid zu ermöglichen, dann ist es widersprüchlich, von ihm bei Strafe zu verlangen, sofort nach Wirksamwerden des Medikaments für ein Auspumpen des Magens und weitere Rettungsaktionen zu sorgen. Daher kann nur der Grundsatz gelten: Beteiligt sich jemand an der Schaffung eines Risikos, ohne hierfür wegen der eigenverantwortlichen Selbstgefährdung des Opfers zuständig zu sein, so hat er auch nicht aufgrund seiner Beteiligung dafür einzustehen, dass sich das Risiko nicht realisiert (hL, vgl *Roxin* I § 11/96). 130

Jedoch kommt eine Strafbarkeit nach § 323 c in Betracht, wenn das Opfer zwar das Risiko eigenverantwortlich übernimmt, ein Erfolgseintritt aber nicht gewollt ist. Exemplarisch: A unternimmt mit B ein Wettrennen auf dem Fahrrad, wobei eine abschüssige Kurve durchfahren werden muss. A kennt die mit der Fahrt verbundenen Risiken, hofft aber, sie meistern zu können. Stürzt er nun und erleidet lebensgefährliche Verletzungen, so ist jedermann (und damit auch der (das Geschehen beobachtende) B – nach § 323 c StGB zu zumutbarer Hilfe verpflichtet. 131

d) Die Eigenverantwortlichkeit führt dann **nicht zum Zurechnungsausschluss**, wenn gerade die **Art und Weise der Mitwirkung** des Beteiligten an der Risikoschaffung **verboten** ist. In diesem Fall hebt das Gesetz zwar nicht das Eigenverantwortlichkeitsprinzip auf, schränkt es aber dahin gehend ein, dass der Betroffene zu seinem eigenen Schutz nicht in einer bestimmten Art und Weise unterstützt werden darf. Das Verbot hat hier also einen bevormundenden Effekt. Exemplarisch: Der Konsument von Drogen verliert das Bewusstsein und droht zu sterben; der noch anwesende Dealer D unterlässt es in fahrlässiger Verkennung der Sachlage, den Rettungsdienst zu benachrichtigen. D macht sich wegen (leichtfertiger) Tötung nach § 30 I Nr. 3 BtMG strafbar (vgl *Beulke/Schröder* NStZ 1991, 393; *Otto* Jura 1991, 443 ff; *Rudolphi* JZ 1991, 572 ff; *Weber* Spendel-FS 371 ff; abl. *Hohmann* MDR 1991, 1117 f). Ist aber diese Form der Mitwirkung (und nur *diese*, vgl dagegen BGHSt 32, 262 f zur straflosen Überlassung einer Spritze) an fremder Selbstgefährdung verboten, so steht sie auch einem Zurechnungsausschluss im Rahmen der allgemeinen Tötungsdelikte entgegen. 132

Dieser Eingrenzung des Zurechnungsausschlusses wird teils entgegengehalten, dass die §§ 29 f. BtMG nur den nicht eigenverantwortlichen Drogenkonsumenten schützen wollten (*Nestler-Tremel* StV 1992, 273; *Roxin* I § 11/96). Demnach sei auch die Überlassung von Rauschmitteln an einen eigenverantwortlich han- 133 delnden Konsumenten unter den Voraussetzungen von § 30 I Nr. 3 BtMG nicht strafbar. Diese Ansicht lässt sich jedoch weder mit dem Wortlaut noch mit den (ersichtlich anders zu verstehenden) Gesetzgebungsmaterialien vereinbaren (vgl nur die Nachweise bei *Hardtung* NStZ 2001, 206 [208]).

134 Wieder anders befürwortet die neuere Rspr eine Ausnahme vom Zurechnungsausschluss bei Eigenverantwortlichkeit *nur* bei § 30 I Nr. 3 BtMG, nicht aber auch bei § 222. Dies wird mit dem Argument begründet, dass § 30 I Nr. 3 BtMG den über den Individualschutz der Tötungsdelikte hinausgehenden Zweck verfolge, die Allgemeinheit vor den mit dem Konsum vor allem harter Drogen verbundenen Folgeschäden zu bewahren (Rechtsgut „Volksgesundheit", BGHSt 37, 179 [182]; vgl ferner BGH NJW 2000, 2286 [2287]; NStZ 2001, 205 [206]). Der weitergehende Schutzzweck des Betäubungsmittelstrafrechts ändert jedoch nichts an der Tatsache, dass nach § 30 I Nr. 3 BtMG die Mitwirkung an fremder Selbstgefährdung jedenfalls auch zum Schutz des Opfers untersagt ist. Wenn dies aber so ist, dann ist das Handeln mit Rauschgift eine rechtlich missbilligte Gefahr, die bei jedem Tötungsdelikt ungeachtet der Eigenverantwortlichkeit des Opfers zurechnungsbegründend wirkt (*Hardtung* NStZ 2001, 206 [208]; *Köhler* MDR 1992, 739 [741]). Eine Differenzierung zwischen § 222 und § 30 I Nr. 3 BtMG ist daher unter dem Gesichtspunkt der Einheitlichkeit rechtlicher Wertungen logisch nicht möglich.

135 9. **Eingreifen Dritter:** Während es weitgehend geklärt ist, dass eine eigenverantwortliche Selbstgefährdung des Opfers zu einem Zurechnungsausschluss hieran Beteiligter führt, wird die Frage, ob auch das Eingreifen Dritter unter bestimmten Bedingungen von der Zuständigkeit für eine Risikoschaffung entbinden kann, unterschiedlich beantwortet. Hierbei lassen sich **drei Fallgruppen** unterscheiden: Bei der ersten geht es um die Zuständigkeit für die Mitwirkung an einem maßgeblich von einem Dritten gesteuerten Risiko (Stichwort „Regressverbot"). Die zweite Konstellation betrifft die Zuständigkeit für ein weiteres Risiko, das anlässlich des Erstrisikos von einem Dritten geschaffen wird (Stichwort „Folgerisiken"). Zur dritten Gruppe gehören die Fälle, in denen ein Retter bei der Beseitigung eines vom Täter zu vertretenden Risikos zu Schaden kommt (Stichwort „Retterfälle").

136 a) **Regressverbot:** Von einem „Regressverbot" spricht man im Rahmen der objektiven Zurechnung, wenn die zu einem tatbestandlichen Erfolg führende Kausalkette nicht hinter das Verhalten einer bestimmten Person zurückverfolgt werden darf und somit die früheren Kausalbeiträge anderer Personen hinsichtlich der Erfolgszurechnung unbeachtlich sind (vgl NK-*Puppe* Rn 167; zu der auf die Kausalität bezogenen „älteren Lehre vom Regressverbot" vgl Rn 85 f). Ein solches Regressverbot begegnet jedoch erheblichen Bedenken.

137 aa) Im Schrifttum wird vereinzelt ein Regressverbot befürwortet, wenn sich der Erstverursacher seiner sozialen Rolle gemäß verhalten hat und dieses Verhalten unabhängig von dem (unerlaubt) riskanten Verhalten des Dritten sinnvoll bleibt (*Jakobs* 24/15 ff; vgl auch *Frisch*, Tatbestandsmäßiges Verhalten und Zurechnung des Erfolgs, 1988, 280 ff, 295 f). Dies soll vor allem gelten, wenn der soziale Kontakt keinen gemeinsamen deliktischen Sinn ergibt, namentlich bei Verkäufen und Dienstleistungen des täglichen Lebens. Exemplarisch: Taxifahrer T bringt die Einbrecher E und F gegen reguläre Bezahlung zum Tatort.

138 Jedoch lässt sich schwerlich bestreiten, dass das Geschehen unter der Beschreibung, T fährt E und F zur Durchführung eines Einbruchs zum Tatort, einen de-

liktischen Sinn hat, wie im Übrigen jede Einbeziehung eines Verhaltens in einen deliktischen Zusammenhang diesem Verhalten eine deliktische Bedeutung verleiht. Eine solche Beschreibung wird nicht dadurch falsch, dass die Zusatzinformation, T habe als Taxifahrer gehandelt, gegeben wird. Daher wäre das Regressverbot hinsichtlich der Hilfeleistung für E und F gerade unter Bezugnahme auf den Umstand, das T Taxifahrer ist, zu begründen. Doch ein Grund lässt sich hierfür nicht finden, weil es keinen strafrechtlich relevanten Unterschied macht, ob jemand privat oder als Taxifahrer Einbrecher zum Tatort fährt.

bb) Nach einer weiteren Ansicht soll die Zurechenbarkeit des Erfolgs zu einem fahrlässigen Erstverursacher stets dann zu verneinen sein, wenn der Zweitverursacher vorsätzlich handelt. Exemplarisch: Jäger J lässt sein Gewehr herumliegen und gibt dem B so die Möglichkeit, es plötzlich zu ergreifen und auf O, mit dem er in eine tätliche Auseinandersetzung verwickelt ist, einen tödlichen Schuss abzugeben (zur vergleichbaren Konstellation bei einem Amoklauf vgl BGH JA 2012, 634 m. Bspr *Jäger* und *Berster* ZIS 2012, 722). Nach der fraglichen Regressverbotslehre ist J nur strafbar, wenn er selbst vorsätzlich handelte – zB das Gewehr in der Annahme herumliegen ließ, B werde es in der Auseinandersetzung mit O ergreifen – oder wenn sich J und B jeweils fahrlässig verhielten; der Schuss löste sich zB im Handgemenge versehentlich. Dagegen soll J trotz eigener Fahrlässigkeit nicht strafbar sein, wenn B vorsätzlich schoss. **139**

Die Begründungen für den Zurechnungsausschluss sind unterschiedlich: **140**

- Teils wird im Falle eines vorsätzlich agierenden Zweittäters die Steuerbarkeit des Geschehens durch den Erstverursacher verneint (*Naucke* ZStW 76, 409 [424 ff]; *Otto* Maurach-FS 91 [99 f]);
- teils wird eine nur fahrlässige Beihilfe als nicht strafwürdig angesehen, weil ein erhebliches Verantwortungsgefälle zwischen dem vorsätzlich handelndem Täter (B) und fahrlässiger Erstverursachung (durch J) bestehe (*Wehrle*, Fahrlässige Beteiligung am Vorsatzdelikt – Regreßverbot?, 1986, 83 ff);
- teils wird die strafrechtliche Haftung nur auf unmittelbares eigenes Handeln bezogen, soweit nicht die Voraussetzungen mittelbarer Täterschaft eingreifen (*Schumann*, Strafrechtliches Handlungsunrecht und das Prinzip der Selbstverantwortung der Anderen, 1986, 46 ff; zur Kritik vgl NK-*Puppe* Rn 178 ff).

Bei diesem Ansatz ist zunächst unklar, inwieweit die Steuerbarkeit des Geschehens durch J im Falle eigener Fahrlässigkeit davon abhängen soll, ob B vorsätzlich oder fahrlässig handelt. Die Steuerbarkeit bezieht sich allein auf das Herumliegenlassen des Gewehrs: Das Setzen dieser erfolgsrelevanten Bedingung kann und soll J mit Blick auf die tätliche Auseinandersetzung zwischen B und O unabhängig davon vermeiden, ob B den Schuss später gezielt oder versehentlich abgibt. Ferner ist nicht einsichtig, warum J bei Vorsatz des B entlastet, bei Fahrlässigkeit aber belastet sein soll. Das Maß der subjektiven Verantwortlichkeit des B hat mit der Frage, inwieweit J das Setzen erfolgsrelevanter Bedingungen unterlassen kann und soll, rein gar nichts zu tun. Das zeigt sich vor allem, wenn man das Geschehen aus der Opferperspektive betrachtet: Das berechtigte Interesse des O, dass J nicht durch das Herumliegenlassen des Gewehrs das Risiko einer lebensbedrohlichen Wendung der tätlichen Auseinandersetzung erhöht, besteht unabhängig davon (und wird unabhängig davon verletzt), ob B dieses Risiko vorsätzlich oder fahrlässig zum Erfolg führt. Am Ausbleiben des Risikos hat O im Übrigen auch unabhängig davon ein berechtigtes Interesse, ob J das Gewehr vorsätzlich oder fahrlässig herumliegen lässt. Dies alles zeigt, dass die Zurechnung eines **141** erfolgsverursachenden Verhaltens zum Täter völlig unabhängig von der subjektiven Tatseite vorzunehmen ist.

142 cc) Insgesamt lässt sich festhalten, dass die Regressverbotslehren von einer **sachwidrigen Prämisse** ausgehen: Sie wollen das Verbot, Risiken für die strafrechtlich geschützten Güter anderer zu setzen, dadurch aufheben, dass sie das Risiko ohne rechtliche Erlaubnisnorm zu einem erlaubten machen. Indessen ist weder ein rollengemäßes Verhalten als solches – zB das berufsmäßige Fahren eines Taxis – ein Rechtfertigungsgrund, noch kann das verbotene Verhalten Dritter das Unrecht eigenen verbotenen Verhaltens aufheben. Es würde den Opferschutz konterkarieren, wenn sich jemand zur Entlastung eigenen schädigenden Verhaltens auf das von anderen begangene Unrecht berufen könnte.

143 Daher verdient die Rspr und die ihr folgende Literatur Zustimmung, wenn sie der tradierten Ansicht folgend **kein Regressverbot** als Zurechnungsausschluss **anerkennt**. Vielmehr führt das Eingreifen eines Dritten zum Vorsatzausschluss, wenn es vom Täter nicht erkannt wurde und sich auch nicht als unwesentliche Abweichung vom vorgestellten Kausalverlauf darstellt (hierzu § 16 Rn 16 ff). Oder es führt beim Fahrlässigkeitsdelikt zum Ausschluss der Erfolgszurechnung, wenn es vom Täter nicht – bei Aufbietung der zu erwartenden Sorgfalt – vorhersehbar war (vgl nur BGHSt 4, 360 [362]; 7, 268 [269 f]; 11, 353 [355]; *Baumann/Weber/Mitsch* § 14/33; *Fischer* Rn 38; *Jescheck/Weigend* § 54 IV 2; *Welzel* § 9 II b; zur Erfolgszurechnung bei einem für Dritte tödlich endenden Überholvorgang mit Renncharakter OLG Stuttgart StV 2012, 23 ff m. krit. Anm. *Puppe* JR 2012, 164 ff sowie OLG Celle StV 2013, 27 m.Anm. *Rengier* und Bspr *Mitsch* JuS 2013, 20 ff).

144 b) **Folgerisiken:** Von der – für ein mögliches Regressverbots maßgeblichen – Konstellation, dass sich eine von einer Person gesetzte Bedingung erst infolge des Eingreifens einer weiteren Person in einem Erfolg realisiert, ist der Fall zu unterscheiden, dass ein Dritter anlässlich einer Erfolgsherbeiführung durch einen Ersttäter **einen weiteren Erfolg** verursacht. Insoweit kommen drei Fallgruppen in Betracht:

145 aa) Zunächst ist es möglich, dass der Dritte lediglich **pflichtwidrig** das vom Ersttäter gesetzte Risiko **nicht abwendet**. Hier ist der Erfolg dem Ersttäter ohne Weiteres objektiv zurechenbar, da durch das pflichtwidrige Unterlassen kein Risiko geschaffen, sondern nur die Realisierung des bereits gesetzten Risikos nicht abgewendet wird (vgl *Kühl* § 4/51). Exemplarisch: Der von T verwundete O wird zur Behandlung in ein Krankenhaus eingeliefert. Der Unfallarzt U führt nur eine oberflächliche Untersuchung durch und übersieht schwere innere Verletzungen. Dadurch verstreicht der Zeitraum, in dem eine wirksame und den Todeserfolg verhindernde Behandlung noch möglich gewesen wäre. Unabhängig davon, dass sich hier U wegen fahrlässiger Tötung durch Unterlassen (§§ 222, 13) strafbar gemacht hat, ist auch die Erfolgsverursachung durch T (als Begehungsdelikt) objektiv zurechenbar. Denn den T kann es nicht entlasten, wenn das von ihm geschaffene Risiko von anderen nicht pflichtgemäß verringert oder beseitigt wird (zum Spezialfall des vorsätzlichen „Dazwischentretens" des Täters in seine eigene [fahrlässige] Tat *Heinrich* Geppert-FS 171 ff).

146 bb) Ferner ist es möglich, dass der Dritte das Erstrisiko durch ein **aktives Verhalten zum Erfolg** führt. Exemplarisch: Der von T verwundete O wird zur Behandlung in ein Krankenhaus eingeliefert. Ohne die gebotene Untersuchung wird dem

O von Unfallarzt U ein Medikament injiziert, das eine allergische Reaktion mit tödlichem Ausgang auslöst.

- Die herkömmliche Auffassung sieht in dem Fall ein Problem der für die Fahrlässigkeitshaftung erforderlichen Vorhersehbarkeit des Kausalverlaufs. Der Erstschädiger soll haften, wenn die Zweitschädigung vorhersehbar war. Hierbei werden nur schwere (bzw leichtfertig begangene) Kunstfehler als außerhalb des Vorhersehbaren liegend angesehen, da mit solchen – bei üblichem Geschehensverlauf – nicht zu rechnen ist (OLG Celle NJW 1958, 271 f; *Burgstaller* Jescheck-FS 357 [364 ff]; *Krey/Esser* AT Rn 344). Im Beispielsfall wäre eine fahrlässige Erfolgsherbeiführung zu verneinen, da die Injektion eines Medikaments ohne die vorherige gebotene Untersuchung wohl als grober Fehler angesehen werden kann. 147

- Nach verbreiteter Lehre soll dagegen der Erfolg objektiv nicht zurechenbar sein, wenn sich in ihm nicht mehr das vom Ersttäter gesetzte Risiko realisiert (vgl – mit Abweichungen im Detail – *Frisch*, Tatbestandsmäßiges Verhalten und Zurechnung des Erfolgs, 1988, 436 ff; *Jakobs* ZStW 89, 1 [29 f]; *Roxin* I § 11/116; SK-*Rudolphi/Jäger* Vor § 1 Rn 109 f, teils einschr. NK-*Puppe* Rn 244). Im Beispielsfall scheitere die objektive Zurechenbarkeit demnach daran, dass sich im Todeseintritt (in seiner konkreten Gestalt) nicht das Verwundungsrisiko, sondern das durch die fehlerhafte Injektion geschaffene Risiko realisiert. 148

- Gegen die letztgenannte Ansicht ist – wie schon beim Regressverbot – einzuwenden, dass es keinen Grund gibt, einen Ersttäter von der Haftung für einen von ihm versuchten Erfolg allein wegen des Fehlverhaltens weiterer Personen zu entbinden. Vielmehr kann die Haftung des Ersttäters nur davon abhängen, inwieweit er das weitere Geschehen vorhersah (Vorsatz) bzw vorhersehen konnte und musste (Fahrlässigkeit). Dass es sich nur um eine Frage der Vorhersehbarkeit handeln kann, zeigt sich an folgendem Beispiel: Der von A verwundete O wird in ein Krankenhaus eingeliefert, das in der Nacht von den Terroristen T in Brand gesetzt wird; O erstickt. Hier realisiert sich im Erstickungstod des O nicht das Verwundungsrisiko, so dass der Erfolg objektiv nicht zurechenbar wäre. Gesetzt jedoch, A habe von dem Plan der T gewusst und den O gerade deshalb verwundet, damit er ein Opfer des Brandanschlags wird. Hier wäre es ersichtlich sachwidrig, den A trotz des von ihm zutreffend prognostizierten Kausalverlaufs nur wegen Versuchs haften zu lassen. Daher kann die Haftung des A nicht an irgendwelchen objektiven Risikokonstruktionen scheitern, sondern nur von der Frage abhängen, ob er sein Handeln unterlassen musste, weil er vorhersah oder hätte vorhersehen können und müssen, dass er den Tod des O bedingt. 149

cc) Eine Haftung des Erstschädigers ist jedoch wegen mangelnder objektiver Zurechenbarkeit zu verneinen, wenn der Dritte ein neues Risiko setzt, nachdem er das vom Täter geschaffene **Risiko bereits pflichtgemäß beseitigt** hat. Exemplarisch: Lkw-Fahrer L, der ohne Rücklichter in der Dunkelheit fährt, wird von einer Polizeistreife angehalten. Versehentlich beseitigt ein Polizist die zunächst zur Sicherung des stehenden Fahrzeugs aufgestellte Lampe wieder; der unbeleuchtete Lkw wird von einem herannahenden Lastwagen gerammt, dessen Beifahrer tödlich verletzt wird. Hier ist zwar die mangelhafte Beleuchtung des Lkw auch eine Bedingung für den späteren tödlichen Unfall; aber das vom Ersttäter (L) geschaffene Risiko wurde durch das Aufstellen der Lampe entschärft. L selbst hat keinen Beitrag dazu geleistet, dass die von ihm gesetzte Bedingung ihre be- 150 reits verlorene Risikorelevanz wieder erlangt hat. Zudem greift hier auch der Vertrauensgrundsatz (§ 15 Rn 61 ff) ein, da L erwarten durfte, dass der zuständige Amtsträger korrekt handelt und das bereits beseitigte Risiko nicht erneut schafft. Dagegen bejahte der BGH in dem Beispielsfall eine fahrlässige Tötung durch L mit dem wenig überzeugenden Argument, dass ein solches Fehlverhalten von Polizisten vorhersehbar sei (BGHSt 4, 360).

151 dd) Eine Haftung des Erstschädigers ist ferner zu verneinen, wenn das Opfer selbst das Risiko nach Maßgabe der Grundsätze der **eigenverantwortlichen Selbstgefährdung** (Rn 118 ff) übernimmt (vgl *Kühl* § 4/52). In diesem Fall wird die objektive Erfolgszurechnung zum Täterverhalten unterbrochen. Exemplarisch: Der von T verwundete O widersetzt sich im Krankenhaus aus religiösen Gründen der rettenden Bluttransfusion. Voraussetzung einer eigenverantwortlichen Risikoübernahme ist hier vor allem, dass O einsichtsfähig ist und die Tragweite seines Entschlusses hinreichend überblickt (vgl BGH NStZ 1994, 394; *Jescheck/Weigend* § 28 IV 4; *Roxin* I § 11/102 f). Nicht von vornherein unvernünftig ist es dagegen, wenn das Opfer eine mehr oder weniger riskante Operation verweigert (vgl auch OLG Celle StV 2002, 366 f m.Anm. *Walther*). Die Erfolgszurechnung wird ferner in folgendem Fall nicht durch das Opferverhalten berührt: O wird von T verwundet; bevor der herbeigerufene Notarzt eintritt, hat sich O schockbedingt entfernt und kann nicht mehr rechtzeitig behandelt werden. Hier ist die schockbedingte Fehlreaktion von T (und nicht von O) zu vertreten.

152 c) **Retterfälle:** aa) Ob demjenigen, der eine tatbestandsspezifische Gefahr schafft, auch der Schaden zuzurechnen ist, den ein **freiwillig eingreifender Retter** erleidet, wird unterschiedlich beantwortet. Exemplarisch: A setzt das Haus des B in Brand. Um das vom Erstickungstod bedrohte Kind des B zu retten, dringt Nachbar N in das brennende Haus ein. Er wird hierbei von einem herabfallenden Balken getroffen und erleidet einen Schlüsselbeinbruch (ausf. zu verschiedenen Fallgruppen *Thier*, Zurechenbarkeit von Retterschäden bei Brandstiftungsdelikten nach dem Sechsten Gesetz zur Reform des Strafrechts, 2008).

153 ■ Von einer Mindermeinung wird eine Haftung des Erstverursachers der Gefahr grds. abgelehnt, da der Retter freiwillig eingreife und der Erstverursacher somit nur eine **eigenverantwortliche Selbstgefährdung** veranlasse (*Burgstaller* Jescheck-FS 357 [370]; *Otto* NJW 1980, 417 [422]; *Roxin* I § 11/99; s. aber nun *Roxin* Puppe-FS 909 ff).

154 ■ Teils wird die Ansicht vertreten, dass dem Erstverursacher aus der Rettung resultierende Erfolge stets objektiv zurechenbar seien, da die Rettung in seine Risikosphäre falle (*Jescheck/Weigend* § 28 IV 4).

155 ■ Nach der vermittelnden hM ist dem Erstverursacher ein Erfolg objektiv zurechenbar, wenn dieser aus einer angesichts der erforderlichen Rettungsmaßnahmen **vernünftigen Selbstgefährdung** des Retters resultiert. Demnach haftet der Erstverursacher, wenn der Eingreifende sein Leben aufs Spiel setzt, um Menschenleben zu retten, nicht aber, wenn er zur Vermeidung eines Bagatellschadens waghalsige Aktionen unternimmt (BGHSt 39, 322 [325 f]; OLG Stuttgart NStZ 2009, 331 ff m. krit. Anm. *Puppe; Furukawa* GA 2010, 169 ff; NK-*Puppe* Rn 186 f; *Radtke* Puppe-FS 831 [842 ff]; *Roxin* Puppe-FS 909 [927 ff]; SK-*Rudolphi/Jäger* Vor § 1 Rn 136 ff f; ausf. *Strasser*, Zurechnung von Retter-, Flucht- und Verfolgerverhalten, 2008, 228 ff: diff. LK-*Walter* Rn 116 f).

Der letztgenannten Auffassung ist auch deshalb zuzustimmen, weil derjenige, der 156
ein Risiko setzt, selbst dafür verantwortlich ist, dass es sich nicht in einem Erfolg
realisiert. Daher **erfüllt** der Retter eine **dem Täter selbst obliegende Pflicht**, wenn
er Maßnahmen ergreift, die zur Schadensverhinderung oder -minderung geeignet
und erforderlich sind. Der Retter handelt also für den Täter, so dass der Täter
auch für die Erfolge zuständig ist, die einem in seinem Risikobereich handelnden
Retter widerfahren. Der Täter hat maW für die Verletzungen des Retters so einzustehen, wie er sie auch zu tragen hätte, wenn er, wie es seiner Pflicht entspricht, selbst rettend eingegriffen hätte. Im Übrigen ist auch ein Privatmann im
Rahmen des § 323 c zu Rettungsmaßnahmen verpflichtet, handelt insoweit also
nicht auf eigene Gefahr. Wer daher ein Risiko schafft, gibt auch das adäquate
Motiv zu vernünftigen Rettungshandlungen.

bb) Diese Überlegungen gelten erst recht, wenn der Retter nicht als beliebige Privatperson, sondern aufgrund einer **privaten Garantenstellung** – zB als Vater oder
Ehemann – oder aufgrund einer **öffentlichen Verpflichtung** – zB als Feuerwehrmann oder Polizist – eingegriffen hat. Da den Retter in diesen Fällen eine erhöhte
Gefahrtragungspflicht trifft, sind von ihm auch riskantere Rettungsmaßnahmen
zu erwarten, mit der Folge, dass der Täter auch für die hieraus resultierenden
Verletzungen einzustehen hat (vgl nur SK-*Rudolphi/Jäger* Vor § 1 Rn 138 mwN;
aA auch hier *Roxin* I § 11/113). 157

Die den sog. Retterfällen verwandten Fälle, in denen (erst) die Flucht des Opfers 158
den tatbestandlichen Erfolg einer Verletzung oder Tötung desselben herbeiführt,
werden von der Rspr entsprechend gelöst: Das Täterverhalten kann hier bereits
die Gefahr riskanter Fluchtversuche des Opfers in sich bergen und daher der Zurechnungszusammenhang zu bejahen sein (vgl BGH NStZ 2008, 278; *Strasser*,
Zurechnung von Retter-, Flucht- und Verfolgerverhalten, 2008, 246 ff; hierzu vgl
auch *Steinberg* JZ 2010, 1053 mit dem Ansatz einer „psychischen Verletzung mit
Todesfolge"; ferner zu den „umgekehrten" Fällen, bei denen nach der Verantwortlichkeit des Verfolgten für Schäden/Verletzungen des Verfolgers anlässlich
der Verfolgung zu fragen ist: *Roxin* Puppe-FS 909 [926 f]; *Strasser*, Zurechnung
von Retter-, Flucht- und Verfolgerverhalten, 2008, 256 ff; *Stuckenberg* Puppe-FS
1039 ff).

VI. Einwilligung und Einverständnis

1. Einwilligung

a) Allgemeines: aa) Die Einwilligung ist Ausdruck des Grundsatzes *volenti non* 159
fit iniuria (nach *Ulpian: nulla iniuria est, quae in volentem fiat*, D. 47, 10. 1. 5)
und bedeutet, dass der Täter objektiv kein Unrecht begeht, wenn er mit Willen
des über das tatbestandlich geschützte Rechtsgut Verfügungsberechtigten handelt
(vgl zur historischen Entwicklung *Honig*, Die Einwilligung des Verletzten, Teil I,
1919, 32 ff, 46 ff, 60 ff; *Ohly* Jakobs-FS 451 ff; krit. zur heutigen Einwilligungslehre *Arzt* Geppert-FS 1 ff).

bb) Die **deliktssystematische Einordnung** der Einwilligung ist umstritten: 160

- Nach herkömmlicher Auffassung fungiert sie als **Rechtfertigungsgrund** 161
(BGHSt 17, 359 [360]; 23, 1 [3 f]; *Fischer* Vor § 32 Rn 3 b f; *Heinrich*
Rn 438; *Jescheck/Weigend* § 34 I 3; *Köhler* 245; NK-*Paeffgen* § 228 Rn 8;
Otto Jura 2004, 679 [680]; *Stratenwerth/Kuhlen* § 9/9 jew. mwN). Demnach soll sich eine Rechtsgutsverletzung unabhängig vom Willen des Inha-

bers des konkreten Rechtsgutobjekts feststellen lassen. Teils wird in der Einwilligung ein Verzicht auf Rechtsschutz gesehen (*Geerds* ZStW 72, 43; *Otto* Geerds-FS 603 [613]), teils wird darauf abgestellt, dass im Wege einer Güterabwägung die Verfügungsfreiheit des Einzelnen als gegenüber dem Wert des Rechtsguts vorrangig angesehen werde (*Geppert* ZStW 83, 952 ff; *Noll* ZStW 77, 15).

162 ■ Nach einer vordringenden und in der Sache vorzugswürdigen Lehre führt die Einwilligung bereits zum **Ausschluss des objektiven Tatbestands** (*Kaufmann* Klug-FS, Bd. 2, 277 [282]; *Kindhäuser* GA 2010, 490 ff; *Rönnau* Jura 2002, 665 [666]; *Roxin* I § 13/17 ff; *ders*. Amelung-FS 269 ff; *Rudolphi* ZStW 86, 68 [87 f]; *Schlehofer*, Einwilligung und Einverständnis, 1985, 4 ff; *Weigend* ZStW 98, 44 [60 ff]). Nach diesem Ansatz ist die Einwilligung ein Sonderfall des Ausschlusses der objektiven Tatbestandszurechnung: Mit der Einwilligung übernimmt der Berechtigte die Zuständigkeit für das erfolgsverursachende Geschehen (vgl Rn 118 ff). Wenn somit der Inhaber eines Rechtsguts befugt ist, über dieses Gut zu disponieren, dann ist eine seiner Disposition entsprechende Veränderung des Gutes dem Täter nicht als tatbestandsmäßiger Erfolg objektiv zurechenbar. Vielmehr handelt der Täter für den Berechtigten und ist damit dessen ausführendes Organ. Exemplarisch: Ob A in freudigem Übermut selbst ein ihm gehörendes Glas an die Wand wirft oder ob er den B bittet, in dieser Weise für ihn zu handeln, macht hinsichtlich der Zuständigkeit für den Schaden keinen Unterschied. In jedem Fall ist die Beschädigung des Glases ein Erfolg, für den allein der Eigentümer einstehen will. Allerdings ist zu beachten, dass das Gesetz in zwei Fällen keine völlige Verschiebung der Verantwortung vom Täter auf den Verletzten zulässt. Dies gilt zum einen, wenn die Körperverletzung sittenwidrig ist (§ 228 StGB), und zum anderen, wenn die Tat eine (vorsätzliche) Tötung des Opfers zum Gegenstand hat (§ 216 StGB).

163 Der Streit um die deliktssystematische Einordnung der Einwilligung (vertiefend dazu *Kindhäuser* GA 2010, 490 ff) ist indessen praktisch bedeutungslos, wenn man mit der hM Irrtümer über Deliktstatbestände und Rechtfertigungsgründe gleich behandelt, also bei einem Irrtum über die jeweiligen tatsächlichen Voraussetzungen jeweils einen Vorsatzausschluss nach § 16 I bejaht (hierzu Vor § 32 Rn 35 ff). Im Übrigen sind die Streitfragen über die Voraussetzungen und Mängel einer wirksamen Einwilligung (unten Rn 168 ff) unabhängig von der deliktssystematischen Einordnung. Im **Gutachten** entscheidet man sich für eine deliktssystematische Einordnung, ohne sie näher begründen zu müssen.

164 cc) Eine Einwilligung kommt **nur** bei Delikten in Betracht, die **individuelle Rechtsgüter** schützen. Sie ist nicht möglich bei Delikten, die ausschließlich überindividuelle Rechtsgüter (zB §§ 153 ff, 258 f) sichern (vgl *Roxin* I § 13/31; *Stratenwerth/Kuhlen* § 9/14). Delikte, die – wie zB §§ 153 ff, 258 f – ausschließlich überindividuelle Rechtsgüter sichern, sind naturgemäß nicht einwilligungsfähig.

165 Soweit Delikte kombiniert überindividuelle (kollektive) *und* individuelle Güter garantieren, hängt die Wirkung der Einwilligung davon ab, ob die Güter alternativ oder kumulativ geschützt werden: Bei alternativem Schutz bleibt das Unrecht der Verletzung des überindividuellen Rechtsguts bestehen, so dass die Tat tatbestandsmäßig und rechtswidrig ist (vgl zB § 164 Rn 1 f). Bei kumulativem Schutz fehlt bei Einwilligung zwar nur die individuelle Rechtsverletzung; da diese aber konstitutiv für das (objektive) Unrecht der Tat ist, kann dieses bei Einwilligung

ggf insgesamt entfallen (vgl *Amelung/Eymann* JuS 2001, 937 [938]; *Baumann/ Weber/Mitsch* § 17/99; vgl insbesondere § 315 c Rn 11 ff).

dd) Die Einwilligung **bezieht sich** notwendig auf den **Erfolg** und ggf auch (vor allem bei verhaltensgebundenen Delikten) auf die Art und Weise des Handlungsvollzugs oder die Person des Handelnden (OLG Frankfurt MDR 1970, 105 [106]; S/S-*Lenckner/Sternberg-Lieben* Vor § 32 Rn 102 f; *Otto* Geerds-FS 603 [621]; aA *Göbel*, Die Einwilligung im Strafrecht als Ausprägung des Selbstbestimmungsrechts, 1992, 25 f). 166

ee) Die Einwilligung gilt gleichermaßen für Vorsatz- und Fahrlässigkeitstaten (vgl BayObLG VRS 53, 349; *Geppert* ZStW 83, 947; *Heinrich* Rn 473). 167

b) Voraussetzungen: aa) Eine wirksame Einwilligung hat folgende Voraussetzungen: 168

(1) Das geschützte Rechtsgut muss ein **disponibles Individualrechtsgut** sein (*Jescheck/Weigend* § 34 III 5; *Roxin* I § 13/31). Die Disponibilität kann jedoch bei bestimmten Individualrechtsgütern eingeschränkt sein, etwa bei §§ 216 und 228 (vgl dort Rn 10 f zum Verstoß gegen die guten Sitten). Ferner scheidet eine Einwilligung aus, wenn die Vorschrift gerade dem Schutz des an der Tatbestandsverwirklichung notwendig mitwirkenden Opfers dient. In diesem Fall wird dem Opfer aufgrund einer unwiderleglichen Vermutung die Fähigkeit zu freier und eigenverantwortlicher Entscheidung abgesprochen; exemplarisch: sexuelle Missbrauchshandlungen nach §§ 174 ff und Wucher (§ 291). 169

(2) Der Berechtigte muss (unabhängig von seinem Alter) in der Lage sein, **Art und Umfang des Rechtsguteingriffs** durch den Täter zu **überblicken**. Der Berechtigte muss also die nötige Einsichtsfähigkeit besitzen, um die Bedeutung des Rechtsguts und die Schwere des Eingriffs einschließlich der Begleit- und Folgerisiken verständig beurteilen zu können (hM, BGHSt 4, 88 [90 f]; 23, 1 [4]; BGH NStZ 2000, 87 [88]; *Geerds* GA 1954, 262 [265]; LK-*Rönnau* Vor § 32 Rn 193; instruktiv: BGH NJW 1978, 1206). **Geschäftsfähigkeit** iSd Zivilrechts ist grds. **nicht** erforderlich (BGHSt 12, 379 [382]; *Hillenkamp* JuS 2001, 159 [161]; NK-*Paeffgen* § 228 Rn 14 ff mwN), es sei denn, die Einwilligung soll im konkreten Fall gerade rechtsgeschäftliche Wirksamkeit entfalten (*Jakobs* 7/114; *Lenckner* ZStW 72, 446 [455 f]; aA *Amelung* ZStW 104, 526 [528]; *Otto* Geerds-FS 603 [614]). Fehlt dem Berechtigten die nötige Einsichtsfähigkeit, ist sein tatsächlich geäußerter Wille unmaßgeblich. 170

(3) Die Einwilligung muss **vor der Tat erklärt** worden sein. Eine nachträgliche Genehmigung ist im Strafrecht ohne Bedeutung (BGHSt 17, 359 f; *Jakobs* 7/131; S/S-*Lenckner/Sternberg-Lieben* Vor § 32 Rn 44). Zur sog. **hypothetischen Einwilligung** vgl Vor § 32 Rn 63 ff. 171

(4) Die Einwilligung bedarf keiner Form, muss aber unmissverständlich (ausdrücklich oder konkludent) **erklärt** werden (sog. Kundgabetheorie, vgl *Baumann/Weber/Mitsch* § 17/104; *Geerds* GA 1954, 262 [266]; *Jescheck/Weigend* § 34 IV 2; abw. die sog. "Willensrichtungstheorie": innere Zustimmung sei ausreichend, vgl *Jakobs* 7/115; LK-*Rönnau* Vor § 32 Rn 161 ff). Nicht erforderlich ist dagegen, dass sie gerade dem Täter gegenüber kundgetan wird. 172

(5) Die Einwilligung darf nicht aufgrund von **Willensmängeln** unwirksam sein (BGHSt 16, 309 [310]; näher Rn 180 ff). 173

bb) Eine Einwilligung kann **unter** einer bestimmten **Bedingung** erteilt werden. Hierbei muss es sich allerdings um eine der Tat zeitlich vorausgehende Bedin- 174 gung handeln, da die Strafbarkeit nicht ex post begründet werden kann. Ist die Bedingung vor oder bei der Tat nicht erfüllt, so wird die Einwilligung nicht wirksam (näher *Sternberg-Lieben*, Die objektiven Schranken der Einwilligung im Strafrecht, 1997, 535 ff).

175 cc) Bei der Einwilligung ist **Stellvertretung** möglich, es sei denn, es handelt sich um eine unvertretbare Entscheidung existentieller Natur, zB bei einer Organspende (*Roxin* I § 13/64).

176 ■ Eine **gewillkürte** Stellvertretung bei der Einwilligung ist möglich, wenn eine zivilrechtlich wirksame Vollmacht besteht (*Baumann/Weber/Mitsch* § 17/102; LK-*Rönnau* Vor § 32 Rn 186). Dies betrifft vor allem Entscheidungen über Vermögenswerte.

177 ■ Fehlt dem Rechtsgutinhaber die nötige Einsichtsfähigkeit, so ist der **Personensorgeberechtigte** (zB Eltern [§ 1626 BGB], Vormund [§ 1793 BGB], Betreuer [§§ 1896 f, 1901 BGB]) entscheidungsbefugt. Überschreitet dieser seine Entscheidungsbefugnis, ist die Einwilligung unwirksam. Bei missbräuchlicher Verweigerung der Einwilligung, zB für eine Operation, kann das Familiengericht die erforderlichen Maßnahmen treffen (§ 1666 BGB); ggf kommt – bei Zeitmangel – auch eine Entscheidung unter den Voraussetzungen des § 34 in Betracht.

178 ■ Wenn ein **Minderjähriger** über die erforderliche Einsichtsfähigkeit verfügt, geht seine Entscheidung derjenigen des gesetzlichen Vertreters vor. Ist er, etwa wegen Bewusstlosigkeit, vorübergehend nicht entscheidungsfähig, gelten die Regeln der mutmaßlichen Einwilligung (Vor § 32 Rn 51 ff) und nicht die Entscheidung des gesetzlichen Vertreters. Die Erklärungen des gesetzlichen Vertreters können insoweit nur dazu dienen, den vermutlichen Willen des Minderjährigen zu ermitteln (zur religiös motivierten Verweigerung der Bluttransfusion *Hillenkamp* Küper-FS 123 ff; zur religiös motivierten Beschneidung von Jungen vgl Vor § 32 Rn 70).

179 dd) Die Einwilligung ist bis zur Tatbegehung **jederzeit frei widerruflich** (RGSt 25, 375 [382]; *Kühl* § 9/32). Die für die Wirksamkeit der Einwilligungserklärung erforderlichen Voraussetzungen gelten auch für die Wirksamkeit des Widerrufs.

180 c) **Willensmängel:** aa) Eine durch **Drohung oder Gewalt** iSv § 240 abgenötigte Einwilligung ist stets unwirksam (*Kühl* § 9/36; *Otto* Geerds-FS 603 [615]). Eine unter der Nötigungsschwelle liegende Einflussnahme berührt dagegen die Wirksamkeit der Einwilligung noch nicht (*Roxin* I § 13/81 f).

181 bb) Umstritten ist, unter welchen Voraussetzungen eine durch **Täuschung** erschlichene Einwilligung unwirksam ist:

182 ■ Nach einer verbreiteten Literaturansicht soll ein täuschungsbedingter Irrtum nur dann die Wirksamkeit der Einwilligung ausschließen, wenn er **rechtsgutsbezogen** ist, also Inhalt und Umfang des Eingriffs betrifft (*Arzt*, Willensmängel bei der Einwilligung, 1970, 15 ff; *Jakobs* 7/121; *Küper* JZ 1990, 510 [514]; *Rudolphi* ZStW 86, 68 [82 ff]). Das Strafrecht schütze grds. nur den Bestands- und nur in besonderen Fällen auch den Tauschwert von Gütern, so dass auch nur Bestandsirrtümer für die Einwilligung von Belang seien. Die Herbeiführung eines bloßen Motivirrtums soll demnach die Wirksamkeit der Einwilligung nicht ausschließen. Exemplarisch: O wird unter Vortäuschung einer hohen Belohnung zu einer Blutspende überredet. Da O hier weiß, um welchen Eingriff in seine körperliche Integrität es sich han-

delt, wäre die Einwilligung nach der einschränkenden Literaturansicht wirksam und das Unrecht einer Körperverletzung zu verneinen.

- Teilweise werden von einer Mindermeinung auch Täuschungen für beachtlich gehalten, die sich auf das **ausschlaggebende Motiv** beziehen (*Gropp* § 5/84 ff; *Otto* Geerds-FS 603 [617]; *Roxin* I § 13/74; zur Kritik NK-*Paeffgen* § 228 Rn 29); etwa: Eine Mutter erklärt sich täuschungsbedingt mit einer Organspende für ihr Kind einverstanden; das Organ wird jedoch einem Dritten implantiert. Die Einwilligung wäre unwirksam, da der Irrtum, obgleich nicht rechtsgutsbezogen, das ausschlaggebende Motiv – Hilfe für das Kind – betrifft. 183

- Nach der zutreffenden herkömmlichen Ansicht führt dagegen **jede** vom Täter durch **Täuschung** erschlichene Einwilligung zu deren Unwirksamkeit (OLG Stuttgart NJW 1982, 2266; *Baumann/Weber/Mitsch* § 17/109; *Fischer* § 228 Rn 7; *Heinrich* Rn 469; LK-*Rönnau* Vor § 32 Rn 206). Die vorgeschlagenen Beschränkungen der Irrtümer, die zur Unwirksamkeit der Einwilligung führen, vermögen nicht zu überzeugen. Dass das Strafrecht im Wesentlichen auf den Bestandsschutz zu begrenzen sei, ist eine wenig plausible These. Rechtsgüter werden um der freien Entfaltung des Einzelnen willen geschützt, so dass der strafrechtliche Schutz die personale Entscheidungsfreiheit beim Umgang mit eigenen Gütern insgesamt und nicht nur ausschnitthaft umfasst (vgl *Amelung* ZStW 109, 490 [499]; *Kindhäuser* GA 1989, 493 [494 ff]). Daher ist auch eine Differenzierung zwischen ausschlaggebenden und sonstigen Motivirrtümern sachlich nicht gerechtfertigt. Im Übrigen betrifft das Beispiel der Mutter eine bedingte Einwilligung (Rn 174): Ihre Erklärung ist so zu verstehen, dass sie in die Organentnahme nur unter der Voraussetzung einwilligt, dass der Arzt auch bereit ist, das gespendete Organ dem Kind zu implantieren. Da der Arzt diese Bedingung nicht erfüllt, kann er sich – ungeachtet der Frage, ob der Motivirrtum ausschlaggebend ist – auch nicht auf die Einwilligung berufen. 184

Zu beachten ist, dass der Täter einen Irrtum des Berechtigten ggf auch dann zu vertreten hat, wenn er einer ihm als Garanten obliegenden **Aufklärungspflicht** nicht nachkommt. Verletzt der Täter zB seine Aufklärungspflicht als Arzt, so hat er unstr. für eine pflichtwidrig nicht beseitigte Fehlvorstellung des Opfers einzustehen, mit der Folge, dass eine entsprechende irrtumsbedingte Einwilligung unwirksam ist (vgl BGHSt 11, 111; 16, 309; BGH NJW 1980, 633; 1998, 1802; 2011, 1088 – „Zitronensaftfall" – m. Bspr *Jahn* JuS 2011, 468 ff; *Hardtung* NStZ 2011, 635 ff; *Schiemann* NJW 2011, 1046 ff; *Ulsenheimer,* Arztstrafrecht in der Praxis, 5. Aufl. 2015, Rn 338 ff). 185

cc) Umstritten ist ferner, ob auch ein vom Täter **nicht zu vertretender Irrtum** des Berechtigten über den **Inhalt** der Einwilligungserklärung zur Unwirksamkeit der Einwilligung führt. Exemplarisch: A erklärt sich gegenüber seinem Nachbarn N schriftlich damit einverstanden, dass dieser einen dem A gehörenden Baum fällt (§ 303). In seinem Schreiben hat A versehentlich das Wort „nicht" vergessen (*Roxin* I § 13/79). 186

- Nach einer verbreiteten Ansicht soll eine Einwilligung unabhängig von der Kenntnis des Täters unwirksam sein, wenn sich das Opfer – so eine Meinung (S/S-*Lenckner/Sternberg-Lieben* Vor § 32 Rn 46 mwN) – über rechtsgutsbezogene Umstände irrt oder wenn es sich – so die andere Meinung 187

(*Baumann/Weber/Mitsch* § 17/109 ff) – in einem Erklärungs- oder Inhaltsirrtum befindet.

188 ■ Nach der Gegenauffassung soll es bei der Einwilligung allein auf den kundgegebenen Willen, dessen Inhalt nach den üblichen Auslegungskriterien (Empfängerhorizont) zu ermitteln sei, ankommen. Nur der Inhalt dieser Erklärung sei für den Täter maßgeblich, mit der Folge, dass eine hiervon abweichende Vorstellung des Opfers die **Wirksamkeit** der Einwilligung **nicht berühre** (*Arzt*, Willensmängel bei der Einwilligung, 1970, 48 ff). Diese Auffassung ist insoweit überzeugend, als die Wirksamkeit der Einwilligung eine objektive Kundgabe voraussetzt. Demnach ist das Vertrauen, auch das des Täters, in den objektiv zu ermittelnden Inhalt der Erklärung schützenswert. Ist dem Täter dagegen der Irrtum des Einwilligenden bekannt, wäre es **rechtsmissbräuchlich**, wenn er ihn bewusst ausnutzt (*Otto* Geerds-FS 603 [618]; *Roxin* I § 13/79).

189 Folgt man der letztgenannten Ansicht, so ist im **Gutachten** darauf zu achten, dass nicht der objektive mit dem subjektiven Tatbestand vermengt wird: Im objektiven Tatbestand ist zunächst festzustellen, dass das Opfer eine irrtumsbedingte Einwilligung erteilt hat, die nur dann zu einem Tatbestandsausschluss führt, wenn der Täter den Irrtum nicht kennt. Im subjektiven Tatbestand ist anschließend festzuhalten, dass der Täter um den Irrtum weiß und die Einwilligung daher zu seinen Gunsten keine Wirkung entfaltet. Ordnet man die Einwilligung deliktssystematisch als Rechtfertigungsgrund ein, so gilt dieser Aufbau für die objektive und subjektive Seite der Rechtfertigung entsprechend.

2. Einverständnis

190 a) **Allgemeines:** Einige **Tatbestandsmerkmale** des BT sind so formuliert, dass sie nur bei einem Handeln gegen den Willen oder ohne Zustimmung des Berechtigten verwirklicht werden können. Exemplarisch: „eindringen" iSv § 123 I setzt ein Betreten der Räumlichkeit ohne Zustimmung des Hausrechtsinhabers voraus; „wegnehmen" iSv § 242 I verlangt einen „Gewahrsams*bruch*", also eine Aufhebung des Gewahrsams gegen den Willen des bisherigen Inhabers (vgl § 242 Rn 20, 41 ff); weitere wichtige Tatbestandsmerkmale sind „nötigen" (Erzwingen eines Verhaltens gegen den Willen des Opfers, zB §§ 177 I Nr. 1, 240 I, 253 I) und „einsperren" (§ 239 I).

191 **Einverständnis** bedeutet nun, dass der Täter mit Willen des Berechtigten handelt und damit das Tatbestandsmerkmal (objektiv) nicht verwirklicht (grundlegend *Geerds* GA 1954, 262 ff; ferner BGHSt 23, 1 ff; *Otto* Geerds-FS 603 [605 ff]; *Roxin* I § 13/2 ff). Einverständnis und Einwilligung unterscheiden sich demnach jedenfalls formal insoweit, als mit dem Einverständnis bereits begrifflich die Verwirklichung eines bestimmten Tatbestandsmerkmals entfällt, während sich die Einwilligung auf die tatbestandsmäßige Gefährdung oder Verletzung des Rechtsguts bezieht. Daher steht außer Frage, dass ein Handeln mit Einverständnis des Berechtigten nicht objektiv tatbestandsmäßig ist, während es bei der Einwilligung umstritten ist, ob diese den objektiven Tatbestand ausschließt oder als Rechtfertigungsgrund anzusehen ist (Rn 159 ff). Nicht geklärt ist dagegen, inwieweit es neben den formalen auch sachliche Unterschiede zwischen Einverständnis und Einwilligung gibt (Überblick bei *Rönnau* JuS 2007, 18 ff).

192 Da das Einverständnis zum Ausschluss eines Tatbestandsmerkmals führt, ist die **irrige Annahme** des Täters, der Berechtigte sei einverstanden, ein vorsatzaus-

schließender Tatbestandsirrtum (§ 16 I). Kennt der Täter dagegen das Einverständnis nicht, so kann er sich beim Vorsatzdelikt wegen **Versuchs** strafbar machen.

b) **Voraussetzungen: aa) Systematik:** Im Gegensatz zur Einwilligung, die in der Wahrnehmung einer vom Tatbestand geschützten Rechtsposition besteht und insoweit den Charakter einer Willenserklärung hat, umfasst das Einverständnis **unterschiedliche Formen der Zustimmung**. Hierbei lassen sich **drei Gruppen** von einverständnisrelevanten Tatbestandsmerkmalen unterscheiden: 193

- Zunächst gibt es Delikte, deren Unrecht in der **Überwindung eines** (aktuell oder potenziell) **entgegenstehenden Opferwillens** besteht. Geschützt ist hier nur die Freiheit der Willensbildung oder Willensbetätigung, also die Möglichkeit, einen Entschluss zu fassen oder einen bereits getroffenen Entschluss zu realisieren. Beispiele sind die Nötigung (§ 240) oder die Freiheitsberaubung (§ 239). In diesen Fällen wird der Opferwille selbst angegriffen und gebeugt oder ausgeschaltet. 194

- Tatbestandsmerkmale können sich ferner auf die **Veränderung einer faktischen Position**, deren Bestehen von einem entsprechenden Willen des Opfers abhängt, beziehen. Exemplarisch ist der Gewahrsam, der die willentlich begründete faktische Verfügungsgewalt über eine Sache zum Gegenstand hat, also nur Besitzwillen (und kein Recht zum Besitz) verlangt (§ 242 Rn 21 ff). Die Aufhebung des Gewahrsams an einer Sache ohne Willen des bisherigen Inhabers kennzeichnet den Gewahrsamsbruch beim Diebstahlsmerkmal der Wegnahme (§ 242). 195

- Schließlich können Tatbestandsmerkmale den **Eingriff in eine Rechtsposition** betreffen. So ist das „Eindringen" iSv § 123 eine Verletzung des Hausrechts durch Betreten der Räumlichkeit gegen den Willen des Berechtigten; durch das Benutzen eines Fahrzeugs „gegen den Willen des Berechtigten" wird dessen Gebrauchsrecht verletzt. Jeweils verlangt das tatbestandsmäßige Handeln einen vom Willen des Berechtigten nicht gedeckten Eingriff in dessen Rechtsstellung. 196

bb) **Anforderungen an die Einsichtsfähigkeit:** Da sich die drei genannten Gruppen einverständnisrelevanter Tatbestandsmerkmale inhaltlich erheblich voneinander unterscheiden, lassen sich auch Voraussetzungen eines wirksamen Einverständnisses nicht generell bestimmen. Zunächst differieren die Anforderungen an die Einsichtsfähigkeit des Berechtigten: 197

(1) Ein Tatbestandsmerkmal, das die **Überwindung eines entgegenstehenden Opferwillens** betrifft, ist bereits dann nicht erfüllt, wenn das Opfer keinen entgegenstehenden Willen hat (vgl BGH NJW 1993, 1807). Das Opfer muss überhaupt nur einen sog. natürlichen Willen haben, also in der Lage sein, das vom Täter erzwungene Verhalten willentlich zu vollziehen. Exemplarisch: Hat das fünfjährige Kind K nichts dagegen, dass der Raum, in dem es sich befindet, kurzzeitig abgeschlossen wird, so ist es nicht iSv § 239 I (gegen seinen Willen) eingesperrt. 198

(2) Bei einem Tatbestandsmerkmal, das die **Veränderung einer faktischen Position** zum Gegenstand hat, ist ebenfalls für das Einverständnis nicht mehr als die zur Aufrechterhaltung der Position vorausgesetzte Einsichtsfähigkeit erforderlich. Exemplarisch: Der Gewahrsam iSv § 242 verlangt eine von einem natürlichen Herrschaftswillen getragene Sachherrschaft. Dementsprechend ist auch zur 199

Aufgabe der Position und damit für das Einverständnis nicht mehr als ein natürlicher Wille erforderlich (vgl § 242 Rn 27; *Stratenwerth/Kuhlen* § 9/12).

200 (3) Ob die Wirksamkeit eines Einverständnisses bei Tatbestandsmerkmalen, die den **Eingriff in eine Rechtsposition** zum Gegenstand haben, ein bestimmtes Maß an Einsichtsfähigkeit voraussetzt, ist (in einigen Fällen) umstritten:

201 ■ Teils wird auch in diesen Fällen aus dem formalen Umstand, dass das Einverständnis ein Tatbestandsmerkmal entfallen lässt, parallel zum Einverständnis bei den anderen Deliktsgruppen ein natürlicher Wille für ausreichend gehalten. Ob dieser Wille einer angemessenen Lagebeurteilung entspringt, soll keine Rolle spielen. Dementsprechend soll eine mangelnde Einsichtsfähigkeit des Berechtigten wegen jugendlichen Alters oder geistiger Störungen der Wirksamkeit seines Einverständnisses grds. nicht entgegenstehen (vgl *Gropp* § 5/118). Dies wird – hinsichtlich der hier relevanten Fallgruppe kaum verständlich – auch mit dem angeblich eher faktischen Charakter des Einverständnisses begründet (so W-*Beulke/Satzger* Rn 545 f).

202 ■ Nach der vordringenden Gegenansicht entspricht in diesen Fällen das Einverständnis der Einwilligung, so dass es auch keinen sachlichen Unterschied zwischen Einverständnis und Einwilligung gibt (SK-*Horn/Wolters* § 228 Rn 2; *Kaufmann* Klug-FS, Bd. 2, 277 [282]; *Kühne* JZ 1979, 241 ff; *Roxin* I § 13/11; *Rudolphi* ZStW 86, 68 [87 f]; *Sax* JZ 1976, 9; *Schmidhäuser* Geerds-FS 593 ff; *Weigend* ZStW 98, 44 [61]). Dass diese Gleichsetzung sachgerecht ist, zeigt sich an einem Vergleich zwischen dem unbefugten Gebrauch eines Fahrzeugs (§ 248 b) und der Sachbeschädigung (§ 303). Wie die Sachbeschädigung ein Eingriff in fremdes Eigentum ist, so ist die Gebrauchsanmaßung ein Eingriff in das Gebrauchsrecht an einem Fahrzeug. Umgekehrt nimmt der Berechtigte, der diesen Eingriff gestattet, gleichermaßen ein ihm zustehendes Recht wahr. Es ist daher nur ein formaler Unterschied, dass § 248 b im Gegensatz zu § 303 im Tatbestand ausdrücklich ein Handeln gegen den Willen des Rechtsinhabers verlangt. Keinesfalls ist das Einverständnis bei § 248 b bloß faktischer Natur. Entsprechendes gilt für den wichtigen Fall der Verletzung des Hausrechts durch ein Eindringen in die Räumlichkeiten des Berechtigten nach § 123 (hierzu auch *Kindhäuser* BT I § 33/13 ff, 21 ff).

203 Aus dieser sachlichen Übereinstimmung folgt, dass in den genannten Fällen an die Wirksamkeit des Einverständnisses die gleichen Anforderungen zu stellen sind wie bei der Einwilligung. Maßgeblich ist der jeweilige Tatbestand (*Jescheck/Weigend* § 34 I 2 a; LK-*Rönnau* Vor § 32 Rn 157 a; *Roxin* I § 13/51; so wohl auch die Rspr: vgl einerseits BGHSt 23, 1 ff für § 236 aF, andererseits BGH NStZ 1997, 124 [125] für § 266). Grds muss der Berechtigte – unabhängig von seinem Alter – **hinreichend einsichtsfähig** sein, um Art und Umfang des Rechtsguteingriffs einschließlich der Begleit- und Folgerisiken in etwa überblicken zu können. Sofern das Einverständnis eine rechtsgeschäftliche Verbindlichkeit hat, muss der Zustimmende außerdem die hierfür notwendige (bedingte) Geschäftsfähigkeit besitzen.

204 (4) Zu beachten ist, dass es Tatbestände gibt, die **mehr als ein einverständnisrelevantes Tatbestandsmerkmal** aufweisen. Hier können zudem die Anforderungen an das jeweilige Einverständnis unterschiedlich sein. Exemplarisch: Das vierjährige Kind K spielt mit seinem Ball. Es wird von dem Erwachsenen E gefragt, ob den Ball an sich nehmen dürfe und ihn von K geschenkt bekomme; K bejaht dies,

da es dem ihm sympathischen E einen Gefallen erweisen möchte. Der Diebstahlstatbestand (§ 242), den E verwirklicht haben könnte, weist zwei einverständnisrelevante Merkmale auf: Zum einen könnte es an der Wegnahme fehlen, weil der Gewahrsam des K nicht gebrochen, also gegen seinen Willen aufgehoben wurde (= Einverständnis in die Veränderung einer faktischen Position). Zum anderen könnte das Merkmal der Rechtswidrigkeit der Zueignung entfallen, weil K mit dem Eigentumsübergang auf E einverstanden war (= Einverständnis in den Eingriff in eine Rechtsposition). Hinsichtlich einer Eigentumsübertragung weist K weder die nötige Einsichtsfähigkeit (zB hinsichtlich des Wertes und des Verlusts des Balles) auf, noch hat es die zur Vornahme einer wirksamen Handschenkung erforderliche Geschäftsfähigkeit. Das Einverständnis ist also unwirksam. Anders verhält es sich mit der Wegnahme: Die einverständliche Gewahrsamsaufgabe ist nur die Preisgabe einer rein faktischen Herrschaftsposition. Den hierfür erforderlichen Herrschaftswillen über ein Objekt kann schon ein Kind besitzen, so dass K wirksam mit dem Übergang seines Gewahrsams auf E einverstanden sein kann. Demnach ist der Tatbestand des § 242 mangels Wegnahme nicht erfüllt; wohl aber hat E § 246 verwirklicht, da der Unterschlagungstatbestand die rechtswidrige Zueignung ohne Wegnahme unter Strafe stellt.

cc) Willensmängel: Auch bei der Frage, inwieweit durch Täuschung, Drohung oder Gewalt bedingte Willensmängel der Wirksamkeit eines Einverständnisses entgegenstehen können, ist zwischen den drei Gruppen einverständnisrelevanter Tatbestandsmerkmale zu unterscheiden: **205**

(1) Bei Tatbestandsmerkmalen, welche die **Überwindung eines entgegenstehenden Opferwillens** zum Gegenstand haben, ist ein Einverständnis stets dann unmaßgeblich, wenn es gerade auf dem **Mangel** beruht, den der Täter **durch sein tatbestandliches Handeln** herbeiführt. Exemplarisch: Wer sich der Gewaltanwendung des Täters beugt und sexuelle Handlungen an sich vornehmen lässt (§ 177 I), gibt kein das Nötigungsmerkmal ausschließendes Einverständnis. Lässt das Opfer dagegen die Handlungen zu, weil es sich in einem Irrtum – etwa über eine Gegenleistung – befindet, so wird es nicht in tatbestandlicher Weise genötigt. Denn der Vorschrift lässt sich entnehmen, dass neben den in § 177 I Nr. 3 genannten Voraussetzungen nur Gewalt und qualifizierte Drohungen, nicht aber auch List den Willen des Opfers in tatbestandsmäßiger Weise beugen. **206**

(2) Bei Tatbestandsmerkmalen, welche die **Veränderung einer faktischen Position** betreffen, sind **täuschungsbedingte Willensmängel unbeachtlich**; es kommt für die Preisgabe der faktischen Position nur auf den tatsächlichen Willen an. Exemplarisch: Gibt das Opfer seinen Gewahrsam an einer Sache aufgrund einer Täuschung zugunsten des Täters auf, so nimmt dieser die Sache nicht iSv § 242 weg; jedoch greift § 263 ein. Soweit dagegen der einer Veränderung der faktischen Position entgegenstehende Wille in tatbestandsmäßiger Weise durch **Nötigung** erzwungen wird, ist das Einverständnis irrelevant (Rn 205). Wer daher das Opfer mit Gewalt zwingt, den Gewahrsamswechsel an einer Sache hinzunehmen, nimmt diese iSv § 249 weg. **207**

(3) Auch bei einem **Eingriff in Rechtspositionen** ist ein **abgenötigtes** Einverständnis (zB bei § 253) bedeutungslos (Rn 205). Umstritten ist dagegen wiederum die Erheblichkeit von **täuschungsbedingten Willensmängeln**. Exemplarisch: Der Hausrechtsinhaber H lässt den A in der täuschungsbedingten Annahme eintreten, es handele sich um den Stromableser des Elektrizitätswerks; tatsächlich will A den H überfallen und stehlenswerte Sachen mitnehmen. **208**

209 ■ Vertreter der Ansicht, die für ein wirksames Einverständnis in diesen Fällen keine Einsichtsfähigkeit verlangen (*Gropp* § 5/119; *Herzberg* JA 1980, 385 [391]), halten Willensmängel für irrelevant. Demnach ist A im Beispielsfall nicht iSv § 123 in die Wohnung des H „eingedrungen", weil dessen Irrtum das Einverständnis mit dem Betreten der Räumlichkeit nicht berührt.

210 ■ Die sachgerechte Gegenansicht lässt dagegen in den Fällen, in denen das Einverständnis einer Einwilligung entspricht, auch die Wirksamkeit eines Einverständnisses bei Willensmängeln entfallen (*Roxin* I § 13/76). Im Beispielsfall ist das Einverständnis des H aufgrund der Täuschung unwirksam; H hat einen Hausfriedensbruch (§ 123) durch Eindringen begangen. Im Übrigen handelt es sich auch um einen rechtsgutsbezogenen Irrtum, da sich die Disposition über das Hausrecht maßgeblich auf die Person bezieht, der Zutritt gewährt wird (aA insoweit *Roxin* I § 13/76).

211 dd) **Erklärungsbedürftigkeit:** (1) Nach der generell zwischen Einwilligung und Einverständnis differenzierenden Ansicht muss das Einverständnis, anders als die Einwilligung, **nicht** (konkludent oder ausdrücklich) **erklärt** werden. Es soll die **bloße innere Zustimmung genügen** (W-*Beulke*/*Satzger* Rn 547; *Gropp* § 5/119; *Jescheck*/*Weigend* § 34 I 2 a). Konsequenz: Hat der Eigentümer einer Sache nichts dagegen, dass sie der Täter in einer bestimmten Weise verändert, ohne seine Zustimmung zu äußern, begeht der Täter eine vollendete Sachbeschädigung (§ 303); die *Einwilligung* ist mangels Kundgabe *nicht wirksam* (Rn 171). Hat dagegen der Eigentümer eines Pkw nichts dagegen, dass der Täter mit seinem Fahrzeug herumfährt, ohne seine Zustimmung zu äußern, begeht der Täter nur eine versuchte Gebrauchsanmaßung (§§ 248 b II, 22 f); das *Einverständnis* ist auch ohne Kundgabe wirksam und lässt den objektiven Tatbestand entfallen.

212 (2) Für eine solche Differenzierung gibt es jedoch keinen plausiblen Grund. Sachgerecht ist es vielmehr, bei **allen Einverständnissen**, die **mit rechtlichen oder tatsächlichen Folgen verbunden** sind, wie bei der Einwilligung eine (ausdrückliche oder konkludente) Kundgabe zu verlangen. Wie zB der Gewahrsam an einer Sache nicht einfach dadurch begründet werden kann, dass man eine Sache besitzen will, sondern es noch erforderlich ist, dass dieser Wille (zumindest schlüssig) nach außen erkennbar wird, damit dem Betreffenden die Sachherrschaft auch zugeordnet werden kann (vgl § 242 Rn 28), so muss umgekehrt für die Gewahrsamsaufgabe (zumindest durch schlüssiges Verhalten) deutlich gemacht werden, dass der Herrschaftswille nicht mehr fortbesteht. Erst recht muss dies gelten, wenn an das Einverständnis rechtsgeschäftliche Folgen gebunden sind.

213 Anderes gilt jedoch bei Tatbestandsmerkmalen, welche die **Überwindung eines entgegenstehenden Willens** zum Gegenstand haben. Hier hat das Einverständnis keine Ähnlichkeit mit einer Willenserklärung, an die vom Opferwillen abhängige Rechts- oder Realfolgen geknüpft sind. Vielmehr geht es hier um die Frage, ob der Täter die Freiheit der Willensbildung oder -realisierung tatsächlich aufgehoben hat. Deshalb kommt es in diesen Fällen nur darauf an, was das Opfer tatsächlich gewollt hat; eine Kundgabe des Willens ist nicht erforderlich.

214 ee) **Sonstiges:** Bei der Prüfung eines Einverständnisses können – nach Maßgabe der Einwilligungsregeln – noch folgende Punkte zu bedenken sein:
- das Einverständnis muss zum Zeitpunkt der Tat vorliegen, eine nachträgliche Genehmigung genügt nicht;
- das Einverständnis kann unter einer Bedingung erfolgen;

- Stellvertretung ist möglich;
- das Einverständnis ist jederzeit frei widerruflich.

3. Einverständliche Fremdgefährdung

a) Begriff und Abgrenzung: aa) Unter „einverständlicher Fremdgefährdung" sind Situationen zu verstehen, in denen eine Person ein Gut, über das sie dispositionsbefugt ist (namentlich Leib, Leben und Eigentum), gewollt der Gefährdung durch einen anderen aussetzt. 215

bb) In der Sache handelt es sich also um eine **Einwilligung** und nicht um den Spezialfall des Einverständnisses (Rn 190 ff). Anders als im Grundfall der Einwilligung stimmt das Opfer jedoch bei der einverständlichen Fremdgefährdung **nicht der Erfolgsherbeiführung, sondern nur der Risikoschaffung** durch den Täter zu. 216

cc) Vom **Handeln auf eigene Gefahr** iS einer eigenverantwortlichen Selbstgefährdung ist die einverständliche Fremdgefährdung wie folgt **abzugrenzen** (vgl auch *Beulke* Otto-FS 207; *Eisele* JuS 2012, 577): 217

- Beim Handeln auf eigene Gefahr schafft der Berechtigte die Gefahr für seine Güter maßgeblich (täterschaftlich) selbst oder begibt sich in eine schon bestehende Gefahr hinein; der Dritte ist hieran nur beteiligt (vgl Rn 122). Das Verhalten des Gefährdeten als „mündiges Rechtssubjekt" lässt es in diesen Fällen sachgerecht erscheinen, ihm die Folgen seines Freiheitsgebrauchs allein als „eigenes Werk" zuzurechnen (vgl *Duttge* Otto-FS 227). Da das Verhalten des Gefährdeten tatbestandslos ist, fehlt es insoweit auch an einem dem Dritten zurechenbaren Unrecht. 218

- Bei der einverständlichen Fremdgefährdung liegt dagegen die Tatherrschaft maßgeblich beim Dritten (vgl zu dieser Abgrenzung BGHSt 53, 55: „Herrschaft über den Geschehensablauf" [illegale Autorennen] m. krit. Anm. *Kühl* NJW 2009, 1158 f; *Puppe* GA 2009, 486 ff; *Renzikowski* HRRS 2009, 347 ff; vgl hierzu auch *Jahn* JuS 2009, 370 f; *Kudlich* JA 2009, 389 ff; *Murmann* Puppe-FS 767 ff; krit. *Radtke* Puppe-FS 831 [846 f]; *Roxin* JZ 2009, 399 ff). Hier ist das Opfer allenfalls nach Teilnahmegrundsätzen als Gehilfe oder Anstifter beteiligt. 219

- Die Fälle einer Infizierung mit Aids liegen häufig auf der Grenze zwischen Fremd- und Selbstgefährdung (vgl BayObLG NStZ 1990, 81 f; *Frisch* JuS 1990, 362 [369 f]; *Puppe* § 6/1 ff; speziell zur gezielten Selbstinfizierung mit HIV – sog. Pozzing – *Brand/Lotz* JR 2011, 513 ff). Entscheidend wird stets der Umfang der Kenntnis des späteren Opfers von der Gefahr sein (vgl näher Rn 125 ff). Ähnlich liegt es im Falle des Verabreichens eines Dopingmittels durch einen Arzt (vgl *Corsten/Kuse* ZJS 2013, 453 [456] mwN). 220

b) Einordnung: aa) Aus der Nähe einerseits zur Einwilligung und andererseits zum Handeln auf eigene Gefahr resultiert das – auch praktisch wichtige – Problem, nach welchen Grundsätzen die einverständliche Fremdgefährdung zu behandeln ist (näher hierzu *Prittwitz* JA 1988, 427 [431 ff]; *Sternberg-Lieben* JuS 1998, 428). Obwohl es bei der Einwilligung wie auch beim Handeln auf eigene Gefahr um die Übernahme von Zuständigkeit iSd objektiven Zurechnung geht, ist die Differenzierung doch bedeutsam: Während die eigenverantwortliche Selbstverletzung und damit auch die eigenverantwortliche Selbstgefährdung schon mangels Tatbestandsmäßigkeit strafrechtlich irrelevant sind, ist die Einwil- 221 ligung in die Verletzung durch fremde Hand bei den Tötungs- und Körperverletzungsdelikten durch die §§ 216 und 228 StGB Beschränkungen unterworfen.

222 Wer sich also an einem Suizid nur helfend beteiligt, verwirklicht mangels Tatbestandslosigkeit der Selbsttötung von vornherein kein strafrechtlich relevantes Unrecht. Wer dagegen einen anderen auf dessen ernsthaftes Verlangen hin durch eigene Hand tötet, macht sich – wenngleich in einer gegenüber § 212 privilegierten Weise – nach § 216 strafbar. Ähnlich ist die Teilnahme an einer körperlichen Selbstverletzung per se tatbestandslos, während die täterschaftliche Verletzung eines anderen (§ 223) trotz Einwilligung strafbar ist, wenn die Körperverletzung iSv § 228 StGB gegen die guten Sitten verstößt (vgl dort Rn 10 f).

223 bb) Hinsichtlich der Einordnung werden im Wesentlichen drei Standpunkte vertreten:

224 ■ Die Rspr wendet auch auf den Fall der einverständlichen Fremdgefährdung grds. die Regeln der Einwilligung in eine Fremdverletzung und damit die eine Einwilligung hindernden Kriterien der §§ 216, 228 an. Dies hat insbesondere zur Folge, dass in eine Gefährdung des eigenen Lebens durch einen Dritten *nicht* wirksam eingewilligt werden kann (BGHSt 53, 55; OLG Düsseldorf NStZ-RR 1997, 325; zust. *Jäger* Schünemann-FS 421 [431 ff]; *Walter* NStZ 2013, 673 [679 f]). Eine solche Ausdehnung der Einwilligungssperren der §§ 216, 228 StGB auf die einverständliche Fremdgefährdung ist jedoch weder mit Blick auf den Täter noch auf das Opfer plausibel. § 216 ist auf den Fall zugeschnitten, dass der Täter den Tod des Opfers auf dessen Verlangen hin herbeiführt; bei der einverständlichen Fremdgefährdung dagegen mag der Täter zwar das Risiko sehen, hat aber keinen auf den Erfolgseintritt bezogenen Vorsatz. Umgekehrt wünscht jemand, der in ein lebensgefährliches Unternehmen einwilligt, deshalb noch nicht – wie bei § 216 – seinen Tod. Im Übrigen greift § 216 einschneidend in die Autonomie des Einzelnen ein und muss daher äußerst restriktiv ausgelegt werden (§ 216 Rn 2; zust. *Grünewald* GA 2012, 364 ff).

225 ■ In der Literatur wird teils die Auffassung vertreten, dass die Einwilligungssperren dann nicht greifen, wenn die einverständliche Fremdgefährdung unter allen relevanten Aspekten einer Selbstgefährdung gleichstehe. Unter diesen Voraussetzungen sei dem Täter ein ggf eintretender Erfolg wie beim Handeln auf eigene Gefahr objektiv nicht zurechenbar (*Roxin* I § 11/107; *ders.* GA 2012, 655 [663 ff]). Dies sei etwa der Fall, wenn jemand einen infolge Alkoholgenusses nicht mehr fahrtüchtigen Autobesitzer (in Kenntnis der Sachlage) dazu überredet, ihn mitfahren zu lassen und später bei einem Unfall ums Leben kommt. Dieser Ansatz versucht jedoch eine Quadratur des Kreises: Ein und dasselbe Verhalten kann nicht zugleich eine täterschaftliche Fremdverletzung und eine Hilfestellung bei eigenverantwortlicher Selbstverletzung sein, wenn man bei der Abgrenzung auf das Tatherrschaftskriterium abstellt.

226 ■ Sachgerecht ist daher die Auffassung, die zwar die einverständliche Fremdgefährdung als Sonderfall der Einwilligung begreift und demnach in beiden Fällen **identische Voraussetzungen an die Wirksamkeit der Zustimmung** knüpft, die aber die Reichweite der §§ 216, 228 **restriktiv** bestimmt (*Kühl* § 17/87; S/S-*Lenckner/Sternberg-Lieben* Vor § 32 Rn 102; iE auch OLG Zweibrücken JR 1994, 518). § 216 bildet dann nur eine Einwilligungssperre für vorsätzliche Tötungen und gilt insbesondere nicht für Fahrlässigkeitsta-

ten. Entsprechend sollte auch (der praktisch bedeutungslose) § 228 nur auf Fälle angewandt werden, bei denen die Verletzungsgefahr zugleich hoch und nach den einschlägigen Kriterien als sittenwidrig anzusehen ist (vgl S/S-*Lenckner/Sternberg-Lieben* Vor § 32 Rn 104).

VII. Objektive Strafbarkeitsbedingungen

1. Unter **objektiven Strafbarkeitsbedingungen** sind solche Tatbestandsmerkmale zu verstehen, deren Verwirklichung zwar Voraussetzung der Strafbarkeit eines Verhaltens ist, die aber nicht Gegenstand der subjektiven Zurechnung sind, auf die sich also weder Vorsatz noch Fahrlässigkeit noch Schuld beziehen müssen (zum Ganzen *Rönnau* JuS 2011, 697 ff). Objektive Strafbarkeitsbedingungen formulieren damit Voraussetzungen eines schuldunabhängigen Strafbedürfnisses. Das Strafrecht kennt ferner Bedingungen, unter denen bestimmte Personen nicht tatbestandlich handeln (vgl § 36 für parlamentarische Äußerungen), nicht der deutschen Gerichtsbarkeit unterstehen (vgl §§ 18 ff GVG zur Exterritorialität) oder nicht bestraft werden können, weil der erforderliche Strafantrag nicht gestellt wurde (vgl § 247); solche negativen objektiven Strafbarkeitsbedingungen können als „objektive Bedingungen des Strafbarkeitsausschlusses" bezeichnet werden (näher hierzu *Jakobs* 10/11 ff). 227

Die dogmatische Behandlung solcher objektiven Strafbarkeitsbedingungen, die nicht lediglich strafbegrenzend wirken, sondern in Wirklichkeit das Unrecht einer Tat (mit-)begründen, ist umstritten (vgl *Geisler* GA 2000, 166 ff; *Jakobs* 10/2 ff; *Jescheck/Weigend* § 53 I 2; *Otto* AT § 7/79 f); teils wird sogar ihre Existenzberechtigung in Frage gestellt (*Bemmann*, Zur Frage der obj. Bedingungen der Strafbarkeit, 1957, 52 ff). In der Regel werden sie aus rein kriminalpolitischen Erwägungen aus dem Unrechts- und Schuldzusammenhang ausgegliedert. 228

2. Es gibt kein allgemeines **formales Kriterium** für die Einstufung eines Tatbestandsmerkmals als objektive Strafbarkeitsbedingung; die Entscheidung ist bei jedem Delikt gesondert im Wege der Gesetzesauslegung zu treffen. Häufig werden objektive Strafbarkeitsbedingungen jedoch durch Formulierungen wie „ist nur dann strafbar, wenn" (vgl § 283 VI) oder „wird bestraft, wenn" (vgl § 323 a I) indiziert. 229

Als objektive Strafbarkeitsbedingungen werden ua angesehen: 230

- die Nichterweislichkeit der ehrenrührigen Tatsache in § 186 (BGHSt 11, 273 [274]),
- die schwere Folge bei der Beteiligung an einer Schlägerei in § 231 (BGHSt 14, 132 [134]; 16, 130 [132]),
- die Zahlungseinstellung, Eröffnung des Insolvenzverfahrens oder Abweisung des Eröffnungsantrages mangels Masse in § 283 VI (BGHSt 28, 231 [234]),
- die Begehung einer rechtswidrigen Tat im Vollrausch in § 323 a (BGHSt 16, 124 [127]; 20, 284 [285]).

3. Da objektive Strafbarkeitsbedingungen nicht Gegenstand der subjektiven Zurechnung sind, ist auch ein **Irrtum unbeachtlich**: Weder ist § 16 I S. 1 anwendbar, noch kann umgekehrt die irrige Annahme einer objektiven Strafbarkeitsbedingung eine Versuchsstrafbarkeit begründen. 231

232 4. Auch wegen **Versuchs** kann ein Täter, sofern der Versuch des betreffenden Delikts überhaupt strafbar ist, nur bestraft werden, wenn die objektive Strafbarkeitsbedingung erfüllt ist.

233 5. Im **Gutachten** können objektive Strafbarkeitsbedingungen entweder als „Tatbestandsannex" im Anschluss an den (objektiven und subjektiven) Deliktstatbestand unter Hinweis auf die Nichterforderlichkeit subjektiver Zurechnung (W-*Beulke/Satzger* Rn 1201) oder nach der Schuld (*Arzt*, Strafrechtsklausur, 7. Aufl. 2006, 195) geprüft werden; vorzugswürdig ist die erste Variante, da sie ggf nutzlose Ausführungen zu Rechtswidrigkeit und Schuld erspart.

VIII. Persönliche Strafaufhebungs- und Strafausschließungsgründe

234 1. Persönliche Strafaufhebungs- und Strafausschließungsgründe sind Umstände, deren Vorliegen (aus vornehmlich kriminalpolitischen Erwägungen) die Verfolgung eines an sich rechtswidrigen und schuldhaften Verhaltens nur im Hinblick auf den Beteiligten hindern, in dessen Person sie gegeben sind. Beim Eingreifen von **Strafausschließungsgründen** ist die Tat aufgrund des jeweils relevanten (kriminalpolitisch begründeten) Umstands von vornherein nicht strafbar; bei **Strafaufhebungsgründen** entfällt die bereits begründete Strafbarkeit ex post aus dem relevanten Umstand. **Persönlich** sind die Gründe, da sie bei mehreren Beteiligten nur für denjenigen gelten, der die jeweiligen Voraussetzungen in seiner Person erfüllt.

235 2. Persönliche Strafausschließungsgründe sind ua:
- Indemnität von Abgeordneten (Art. 46 I GG; § 36),
- Altersprivileg (zB § 173 III),
- Straffreiheit für Schwangere nach § 218 IV S. 2,
- Beteiligung an der Vortat bei Begünstigung (§ 257 III) und Strafvereitelung (§ 258 V),
- Angehörigenprivileg (zB § 258 VI),
- Nichtverfolgbarkeit Exterritorialer (§§ 18, 19 GVG).

236 3. Von **Strafeinschränkungsgründen** spricht man, wenn eine Vorschrift die Strafe nicht obligatorisch ausschließt, sondern es in das pflichtgemäße Ermessen des Gerichts stellt, ob dieses unter bestimmten Voraussetzungen von Strafe absehen oder die Strafe mildern will (zB §§ 46 a, 83 a, 86 IV, 87 III, 98 II S. 1, 139 I, 142 IV, 157, 158, 218 a IV S. 2, 306 e I, 314 a I, II, 320 I, II, 330 b I S. 1). Das Gericht kann auch von Strafe absehen, wenn die Folgen der Tat für den Täter so schwer sind, dass die Verhängung einer Strafe offensichtlich verfehlt wäre (§ 60); dies gilt allerdings nur bei einer verwirkten Freiheitsstrafe unter einem Jahr (vgl hierzu BGHSt 27, 298 ff; BGH NStZ 1997, 121 f).

237 4. Persönliche Strafaufhebungsgründe sind ua:
- Rücktritt (§§ 24, 31),
- tätige Reue (zB §§ 98 II S. 2, 306 e II, 314 a III, 320 III, 330 b I S. 1),
- Straferlass (§ 56 g),
- Begnadigung und Amnestie.

238 5. Die hM hält den **Irrtum** über die Voraussetzungen eines persönlichen Strafausschließungs- und Strafaufhebungsgrunds für unbeachtlich (vgl BGHSt 23, 281 ff; *Otto* AT § 20/4), da es sich hierbei nicht um Umstände handele, die zum Unrecht oder zur Schuld zuzurechnen seien.

Nach der (verbreiteten) Gegenauffassung soll in Fällen, in denen es um Umstände geht, die das Unrecht oder die besondere Motivation des Täters in privilegierender Weise betreffen (zB bei § 258 VI), § 16 II analog anwendbar sein (vgl *Jescheck/Weigend* § 42 III 1; S/S-*Sternberg-Lieben* § 16 Rn 34;). Für unerheblich wird es auch gehalten, ob der Irrtum vermeidbar oder unvermeidbar war (S/S-*Stree/Hecker* § 258 Rn 35). Folgerichtig ist dann – anders als nach der hM – derjenige zu bestrafen, dem die Voraussetzungen des betreffenden Strafaufhebungsgrunds unbekannt sind (W-*Beulke/Satzger* Rn 734). 239

IX. Prozessvoraussetzungen

1. Prozessvoraussetzungen sind die gesetzlichen Bedingungen der **Zulässigkeit eines Strafverfahrens**. Sie sind in jedem Verfahrensstadium von Amts wegen zu prüfen. Falls sie nicht erfüllt sind, ist das Verfahren nach § 170 II S. 1 StPO einzustellen. 240

2. Zu den Prozessvoraussetzungen, die im strafrechtlichen **Gutachten** ggf zu berücksichtigen sind, gehören: 241
- Strafantrag bei Antragsdelikten (zB §§ 123 II, 194, 230, 247, 248 a, 303 c);
- keine Verjährung (§§ 78 ff);
- kein Strafklageverbrauch (ne bis in idem);
- keine Immunität (Art. 46 II, IV GG; näher *Brocker* GA 2002, 44 ff).

3. Der **Irrtum** über Prozessvoraussetzungen ist unbeachtlich (vgl BGHSt 18, 123 [125]; W-*Beulke/Satzger* Rn 735). 242

X. Deliktstypen

Die Strafgesetze des BT lassen sich in bestimmte Deliktstypen mit jeweils spezifischen Eigenheiten unterteilen, wobei für jeden Tatbestand mehrere Zuordnungen möglich sind. 243

1. **Begehungsdelikte** sind Straftaten, bei denen der Täter einen Tatbestand durch ein Tun (aktives Verhalten) zurechenbar verwirklicht (allg. und ausf. zum Begriff des „Begehens" *Lampe* GA 2009, 673 ff). 244

2. **Unterlassungsdelikte** sind Straftaten, bei denen der Täter die ihm mögliche Verhinderung einer Tatbestandsverwirklichung zurechenbar unterlässt. 245

Echte Unterlassungsdelikte sind Straftaten, bei denen (bereits) das vom Deliktstatbestand umschriebene Verhalten ein bestimmtes Unterlassen ist (Beispiele: § 123 I Alt. 2; § 138; Vernachlässigung einer Pflicht nach § 225 I; § 323 c). 246

Bei den **unechten Unterlassungsdelikten** ist das vom Deliktstatbestand umschriebene Verhalten ein Begehen. Diesem Begehen wird von § 13 ein Unterlassen gleichgestellt, wenn der Täter eine Sonderpflicht („Garantenpflicht") hat, der zufolge er eine drohende Tatbestandsverwirklichung zu verhindern hat (näher § 13 Rn 18 ff). 247

a) Beim **echten Unterlassungsdelikt** gehört zum objektiven Tatbestand die Nichtvornahme einer objektiv gebotenen und für den Täter ausführbaren Handlung. Objektiv geboten ist ein solches Handeln, durch das die Tatbestandsverwirklichung nach dem ex-ante-Urteil eines objektiven Beobachters effektiv (rasch und sicher) verhindert werden kann. Maßgeblich sind der Zweck des jeweiligen Delikts und die Umstände der konkreten Situation. Bei mehreren gleichwertigen 248

Eingriffsmöglichkeiten steht die Auswahl dem Verpflichteten zu. Verlangt wird, dass die Handlung eine **Gebotserfüllungstendenz** aufweist; sie muss nicht unbedingt erfolgreich sein. Hinsichtlich der Ausführbarkeit durch den Täter ist dessen aktuelles individuelles Leistungsvermögen maßgeblich: Wäre der Täter, auch wenn er wollte, zur Ausführung der gebotenen Handlung unter den gegebenen Umständen nicht in der Lage, so ist ihm ihr Unterlassen nicht zurechenbar. Unmöglich ist die Ausführung der Handlung etwa auch dann, wenn der Täter nicht über die erforderliche Geschicklichkeit, Sehfähigkeit, körperliche Fitness usw verfügt. Dagegen bedarf es bei diesen Delikten weder einer Prüfung der Handlungsäquivalenz (Garantenstellung) noch der Modalitätenäquivalenz (vgl § 13 Rn 3 ff), da hier das Unrecht bereits tatbestandlich hinreichend umschrieben ist.

249 b) Nach hM ist die **Zumutbarkeit** des Vollzugs der gebotenen Handlung bei den echten Unterlassungsdelikten bereits Tatbestandsmerkmal (vgl *Otto* AT § 9/103; *Pawlik* GA 1995, 360 [372]; NK-*Wohlers/Gaede* § 323 c Rn 11). Die Zumutbarkeit lässt sich bisweilen auch aus dem Gesetz erschließen: Wenn § 139 III Angehörige in bestimmtem Umfang straffrei stellt, ist davon auszugehen, dass etwa (nur) „guten Freunden" des Täters die Anzeige zuzumuten ist. Aus § 323 c ergibt sich, dass ein Handeln bei eigener (erheblicher) Gefährdung oder bei Vernachlässigung wichtiger anderer Pflichten (zB Garantenpflichten) zur Unzumutbarkeit führen kann (näher § 323 c Rn 7 ff).

250 c) In der Regel weisen die echten Unterlassungsdelikte eine geringere Strafdrohung auf als die begehungsgleichen unechten Unterlassungsdelikte und sind im Verhältnis zu diesen daher **subsidiär**, wenn die Taten auf dasselbe Objekt gerichtet sind (vgl BGHSt 3, 65 [67 f]; 14, 282 [285]); exemplarisch: Vater V unterlässt die ihm mögliche Rettung seines ertrinkenden Kindes.

251 3. Beim **Erfolgsdelikt** nennt der Deliktstatbestand ein Verhalten, das zu einem Ereignis in der Außenwelt, dem sog. Erfolg, führt (zB Tod des Opfers in § 212 I). Zu den Erfolgsdelikten gehören auch die sog. **erfolgsqualifizierten Delikte** (näher § 18 Rn 1 ff), bei denen das Unrecht durch den Eintritt eines zumindest fahrlässig (§ 18) herbeigeführten (weiteren) Erfolgs gesteigert wird (zB § 227).

252 4. Beim (schlichten) **Tätigkeitsdelikt** umschreibt der Deliktstatbestand nur einen Handlungsvollzug ohne Bezugnahme auf einen Erfolg (zB §§ 153 f, 316; zu Verhaltensdelikten bzw „Tätigkeitsdelikten" allg. *Wohlers* Amelung-FS 129 ff; zu Erfolgs- und Tätigkeitsdelikten ferner *Rönnau* JuS 2010, 961).

253 5. **Allgemeindelikte** sind Straftaten, die jedermann verwirklichen kann (= „Jedermann-Delikte" [„Wer..."]; Beispiele: §§ 212, 223, 323 c).

254 6. **Sonderdelikte** sind Straftaten, die nur derjenige verwirklichen kann, der die besonderen personenbezogenen Voraussetzungen erfüllt, unter denen die Verwirklichung des Tatbestands zu vermeiden ist (Beispiel: Amtsträger in §§ 339, 343 I; eingehend zu Wesen und Eigenarten von Sonderdelikten *Langer*, Die Sonderstraftat, 2007, 206 ff).

255 a) **Echte Sonderdelikte** sind Straftaten, die überhaupt nur ein Sonderpflichtiger verwirklichen kann (Beispiel: §§ 331, 339); hier wirkt die Sonderpflicht *strafbegründend* (vgl auch § 28 I).

256 b) **Unechte Sonderdelikte** sind Allgemeindelikte, die für den Fall, dass sie durch einen Sonderpflichtigen verwirklicht werden, besondere Rechtsfolgen vorsehen; in der Regel tritt eine Strafschärfung ein (Beispiele: §§ 258 a, 340 I); hier wirkt die Sonderpflicht also *strafschärfend*.

7. **Antragsdelikte** sind Delikte, deren strafrechtliche Verfolgung als Prozessvoraussetzung (ausnahmsweise!) einen Strafantrag verlangt (näher *Jescheck/Weigend* § 85 I; *Mitsch* JA 2014, 1 ff). Das Strafantragserfordernis ist im BT jeweils gesondert angeordnet (vgl zB §§ 194, 247, 303 c). Die Voraussetzungen des Strafantrags sind in den §§ 77 ff geregelt. Teils wird das Strafantragserfordernis wieder dergestalt eingeschränkt, dass die Ermittlungsbehörden auch bei fehlendem Strafantrag von Amts wegen einschreiten können, soweit sie im konkreten Fall ein entsprechendes besonderes öffentliches Interesse bejahen (vgl § 248 a). 257

8. Ein **eigenhändiges Delikt** (zum Wesen eingehend *Satzger* Jura 2011, 103) ist eine Straftat, die der Täter nur in Person begehen kann (zB §§ 153, 316). Dies hat zur Konsequenz, dass für Dritte zwar Teilnahme, nicht aber mittelbare Täterschaft (§ 25 I Alt. 2) möglich ist; die mittelbare Tatbegehung wird in diesen Fällen häufig durch eine besondere Vorschrift erfasst (zB § 160; für das eigenhändige Delikt des § 316 fehlt eine entsprechende Vorschrift). 258

9. **Dauerdelikte** sind Straftaten, bei denen der Täter den tatbestandsmäßigen Erfolg herbeiführt und sodann über einen mehr oder weniger langen Zeitraum aufrechterhält; Beispiel: Freiheitsberaubung (§ 239). Dauerdelikte sind bereits mit der Tatbestandsverwirklichung vollendet, verjähren aber erst mit deren Beendigung (§ 78 a). Beispiel: Die Freiheitsberaubung (§ 239) ist vollendet, sobald das Opfer eingesperrt ist; die Verjährung setzt jedoch erst mit der Beendigung des Freiheitsentzugs ein (vgl auch BGHSt 42, 215 [216]). 259

10. **Zustandsdelikte** sind Straftaten, bei denen der tatbestandsmäßige Erfolg der Tat in einer mehr oder weniger langen, ggf auch dauerhaften Beeinträchtigung des Rechtsguts besteht; Beispiele: Körperverletzung (§ 223), Sachbeschädigung (§ 303). Zustandsdelikte sind mit dem Eintritt des tatbestandsmäßigen Erfolgs zugleich vollendet und beendet. 260

11. **Unternehmensdelikte** sind Straftaten, bei welchen der Deliktstatbestand den Versuch der Vollendung gleichstellt (§ 11 I Nr. 6; ausf. *Mitsch* Jura 2012, 526 ff); die Tat ist gewissermaßen mit ihrem Versuch schon vollendet. Wichtige Konsequenz: Ein strafbefreiender Rücktritt vom Versuch (§ 24) ist nicht möglich. 261

a) Von **echten Unternehmensdelikten** spricht man, wenn der Deliktstatbestand ausdrücklich vom „Unternehmen" einer Tat spricht (Beispiele: §§ 81 f). 262

b) Von **unechten Unternehmensdelikten** spricht man, wenn der Formulierung des Deliktstatbestands entsprechend die Vollendung schon mit der Ausführung der Tathandlung eintreten kann; zB „dem Wilde nachstellen" in § 292 I Nr. 1: Vollendung schon mit dem Versuch des Fangens (vgl § 292 Rn 16). 263

12. Beim **Verletzungsdelikt** besteht der tatbestandliche Erfolg in der (substantiellen) Beeinträchtigung eines Rechtsguts (Handlungsobjekts); exemplarisch: Beibringen einer Körperverletzung (ohne Einwilligung des Opfers), § 223. 264

13. Bei den **Gefährdungsdelikten** wird das Rechtsgut (Handlungsobjekt) zwar nicht substantiell beschädigt, wohl aber wird die rechtlich garantierte Sicherheit des Gutes in Frage gestellt (eingehend *Kindhäuser* Krey-FS 249). 265

a) Von einem **konkreten Gefährdungsdelikt** spricht man, wenn der tatbestandliche Erfolg in der konkreten Gefährdung eines Rechtsguts (Handlungsobjekts) besteht. Ein Gut ist konkret gefährdet, wenn eine Situation eingetreten ist, in der aus der Perspektive eines mit den Umständen vertrauten Beobachters das Ausbleiben einer Verletzung nur vom Zufall abhängt (Beispiel für konkrete Leibes- und Lebensgefahr: Ein Kraftfahrer verursacht alkoholbedingt einen Verkehrsun- 266 fall, bei dem ein Fußgänger nur durch Zufall unverletzt bleibt, § 315 c I Nr. 1). Konkrete Gefährdungsdelikte sind regelmäßig daran zu erkennen, dass der Deliktstatbestand das Merkmal der Gefahr oder Gefährdung ausdrücklich erwähnt (zB §§ 315 I, 319, 330 I Nr. 2). Bei den konkreten Gefährdungsdelikten ist die Verursachung einer Gefahr objektives Tatbestandsmerkmal und damit Gegenstand von Vorsatz bzw Fahrlässigkeit (näher zu den konkreten Gefährdungsdelikten *Kindhäuser*, Gefährdung als Straftat, 1989, 189 ff; *Koriath* GA 2001, 51 [54 ff]).

267 b) **Abstrakte Gefährdungsdelikte** sind Tätigkeitsdelikte (zB §§ 153 ff, 173) oder Delikte, bei denen der Erfolg *keine* Rechtsgutsverletzung ist (zB § 306 a I). Eine abstrakte Gefährdung ist die Beeinträchtigung der zur unbesorgten Verfügung über Güter notwendigen Sicherheitsbedingungen (Beispiel: Zur sicheren Teilnahme am Straßenverkehr gehört die objektiv begründete Gewissheit, dass andere Verkehrsteilnehmer nicht alkoholbedingt fahruntüchtig sind, § 316). Im Detail sind Definition wie auch Legitimation der abstrakten Gefährdungsdelikte äußerst umstritten (Überblick bei *Jescheck/Weigend* § 26 II 2; vgl auch *Graul*, Abstrakte Gefährdungsdelikte und Präsumtionen im Strafrecht, 1991; *Hirsch* Kaufmann, Arth.-FS 545 ff; *Kindhäuser,* Gefährdung als Straftat, 1989, 225 ff; *Koriath* GA 2001, 51 [65 ff]; *Kuhlen* GA 1994, 347 ff). Bei den abstrakten Gefährdungsdelikten muss der Sachverhalt *nur* unter den Tatbestand subsumiert werden; es ist weder eine Gefahr zu prüfen, noch muss eine solche subjektiv zurechenbar sein (hM, vgl BGHSt 26, 121; *Bohnert* JuS 1984, 182 mwN).

§ 13 Begehen durch Unterlassen

(1) Wer es unterläßt, einen Erfolg abzuwenden, der zum Tatbestand eines Strafgesetzes gehört, ist nach diesem Gesetz nur dann strafbar, wenn er rechtlich dafür einzustehen hat, daß der Erfolg nicht eintritt, und wenn das Unterlassen der Verwirklichung des gesetzlichen Tatbestandes durch ein Tun entspricht.

(2) Die Strafe kann nach § 49 Abs. 1 gemildert werden.

I. Allgemeines 1	1. Verpflichtungsgründe 32
1. Echte und unechte Unterlassungsdelikte 1	2. Überwachergarantenstellung kraft Risikoherrschaft 41
2. Äquivalenz 3	3. Beschützergarantenstellung kraft institutioneller Fürsorge 57
3. Prüfungsschema für das unechte Unterlassungsdelikt . 6	
II. Das unechte Unterlassungsdelikt (Grundlagen) 8	IV. Zur Abgrenzung von Tun und Unterlassen 68
1. Objektiver Tatbestand 8	1. Grundlagen 68
2. Vorsatz und Fahrlässigkeit .. 24	2. Einzelfragen 76
III. Garantenstellungen 32	V. Strafmilderung (Abs. 2) 85

I. Allgemeines

1 **1. Echte und unechte Unterlassungsdelikte:** Unter den in § 13 I genannten Voraussetzungen kann ein (beliebiger) Deliktstatbestand, der seiner Formulierung nach auf eine aktive Begehungsweise zugeschnitten ist, auch durch ein Unterlassen verwirklicht werden (kritisch zur „Ausdehnung der Unterlassensverbrechen"

Tavares Volk-FS 813 ff). Straftaten, bei denen ein Unterlassen einem Tun unter den Voraussetzungen des § 13 gleichgestellt wird, werden **unechte Unterlassungsdelikte** genannt (vgl BGHSt 14, 280 [281]; ausf. Aufbereitung für Studenten bei *Ransiek* JuS 2010, 490, 585, 678; zum Strafgrund des Unterlassens *Walter* ZStW 116, 555 [556 f]; zur Verfassungsmäßigkeit der Vorschrift BVerfG NJW 2003, 1030). Während sich also die Strafbarkeit des Totschlags durch Begehen unmittelbar aus dem entsprechend formulierten Tatbestand des § 212 ergibt, ist die Strafbarkeit des Totschlags durch Unterlassen § 212 iVm § 13 zu entnehmen.

Nur ausnahmsweise werden die Voraussetzungen, unter denen strafbares Unrecht durch Unterlassen begründet werden kann, bereits abschließend in den Straftatbeständen des Besonderen Teils festgelegt. Straftaten, bei denen der objektive Deliktstatbestand durch die Nichtvornahme der gesetzlich genannten Tätigkeit verwirklicht wird, werden **echte Unterlassungsdelikte** genannt (vgl BGHSt 14, 280 [281]). So enthält zB § 323 c die Merkmale, unter denen das Unterlassen von Hilfeleistungen strafbar ist (vgl auch § 123 I Alt. 2; § 138; Vernachlässigung einer Pflicht nach § 225 I). 2

2. Äquivalenz: § 13 I bestimmt, dass das Unterlassen der Verhinderung einer Deliktstatbestandsverwirklichung (= Abwendung eines Erfolgs) nur strafbar ist, wenn der Täter rechtlich dafür einzustehen hat, dass der Deliktstatbestand nicht verwirklicht wird (= der Erfolg nicht eintritt), und wenn das Unterlassen der Verwirklichung des Tatbestands durch Begehen entspricht (ausf. hierzu *Satzger* Jura 2011, 749 ff). Insoweit muss das Unterlassen dem Begehen in zweierlei Hinsicht gleichwertig sein, nämlich hinsichtlich 3

- der Zuständigkeit für die Tatbestandsverwirklichung (sog. „Handlungsäquivalenz") und
- der Entsprechung von Tun und Unterlassen (sog. „Modalitätenäquivalenz").

a) **Handlungsäquivalenz** ist gegeben, wenn der Täter als Garant zur Abwendung des Erfolgs rechtlich verpflichtet ist (Rn 18 ff) und diese Pflicht in objektiv zurechenbarer Weise verletzt (Rn 22 f). 4

b) **Modalitätenäquivalenz** ist gegeben, wenn das konkrete Unterlassen der Verwirklichung des gesetzlichen Tatbestands durch ein Tun entspricht. Nach ganz hM ergibt sich diese Entsprechung bei reinen Erfolgsdelikten (zB §§ 212, 223) bereits aus dem spezifischen Handlungsunrecht der pflichtwidrigen Nichtverhinderung des Erfolgseintritts. Bedeutsam kann dagegen die Entsprechungsklausel bei verhaltensgebundenen Delikten werden, bei denen das Unrecht durch eine bestimmte Begehungsweise ausgedrückt wird (zB §§ 142, 180, 211 II Gruppe 2, 240, 263); hier muss das Unterlassen einen dem aktiven Tun vergleichbaren Charakter besitzen (hierzu *Jakobs* 29/7; LK-*Weigend* Rn 77; NK-*Wohlers/Gaede* Rn 19; vgl auch *Bung* ZStW 120, 527: Unterlassung als bloß „unsichtbare Handlung"). Einzelheiten werden durch Auslegung der einschlägigen Delikte ermittelt. 5

3. Prüfungsschema für das unechte Unterlassungsdelikt: Für das unechte Unterlassungsdelikt sind die allgemeinen Zurechnungsregeln entsprechend heranzuziehen (Vor § 13 Rn 66 ff, 101 ff). Folgende Punkte sind zu beachten: 6
    I. Objektiver Tatbestand:
        1. Eintritt des tatbestandsmäßigen Erfolgs (Rn 8)
        2. Abwendbarkeit des Erfolgs (Rn 9 f)

- Nichtvornahme einer zur (effektiven) Erfolgsabwendung objektiv geeigneten Handlung
- Möglichkeit der Vornahme dieser Handlung durch den Täter
3. (Hypothetischer) Kausalzusammenhang (Rn 11 ff)
4. Garantenstellung (Rn 18 ff, 32 ff)
5. Objektive Zurechnung (Rn 22 f)
(6.) falls erforderlich: Modalitätenäquivalenz beim verhaltensgebundenen Delikt (Rn 5)
(7.) beim Fahrlässigkeitsdelikt (nach hM): objektive Sorgfaltspflichtverletzung (§ 15 Rn 47 ff)
II. Subjektiver Tatbestand, vor allem: Kenntnis bzw Erkennbarkeit der Garantenstellung (Rn 24 ff)
III. Rechtswidrigkeit
IV. Schuld, vor allem: Gebotsirrtum (Rn 28), Zumutbarkeit (Vor § 32 Rn 89)

7 Die Prüfungsschritte sind nicht starr einzuhalten, sondern den Besonderheiten des jeweiligen Falles anzupassen. Fehlt es etwa evident an einer Garantenstellung, kann mit diesem Prüfungspunkt zur Vermeidung überflüssiger Ausführungen begonnen werden. Näher zu Versuch und Rücktritt § 22 Rn 25 bzw § 24 Rn 67 ff.

II. Das unechte Unterlassungsdelikt (Grundlagen)

1. Objektiver Tatbestand

8 **a) Erfolgseintritt:** Wie beim Begehungsdelikt setzt auch das Unterlassungsdelikt für die Vollendung die Verwirklichung aller objektiven Tatbestandsmerkmale voraus; beim Erfolgsdelikt muss der tatbestandsmäßige Erfolg eingetreten sein.

9 **b) Unterlassen:** Während das Begehungsdelikt ein Tun erfordert, durch dessen Unterlassen der Erfolg hätte vermieden werden können, verlangt das Unterlassungsdelikt die Nichtvornahme einer Handlung, durch deren Ausführung der Erfolg hätte verhindert werden können. Vorzunehmen ist diejenige Handlung, mit der sich – aus der ex-ante-Perspektive – unter den gegebenen Umständen der Eintritt des tatbestandsmäßigen Erfolgs möglichst effektiv abwenden lässt. Stehen dem potenziellen Retter mehrere gleichermaßen effiziente Handlungsalternativen offen, hat er eine von ihnen nach eigener Wahl zu ergreifen (*Gropp* § 11/119; *Jakobs* 29/12). Ggf kann es erforderlich sein, die (wirksame) Hilfe Dritter (zB eines Arztes) zu veranlassen. Rettungsmöglichkeiten, die der konkrete Täter nicht ausführen kann, sind irrelevant. Exemplarisch: Kann ein Nichtschwimmer einen Ertrinkenden nicht aus dem Wasser ziehen und sind ihm auch sonst keine Hilfsmaßnahmen möglich, so „unterlässt" er nicht die Abwendung des tatbestandsmäßigen Erfolgs (vgl *Hruschka* 429 ff; *Kühl* § 18/30).

10 Im **Gutachten** empfiehlt es sich, die zur Risikobeseitigung gebotene Handlung als Merkmal des objektiven Tatbestands **in zwei Schritten** näher zu bestimmen:
- Zunächst ist die Frage aufzuwerfen, welche Möglichkeiten zur effizienten Erfolgsabwendung objektiv bestanden,
- und sodann ist zu prüfen, ob dem konkreten Täter die Vornahme (einer) dieser Handlung(en) tatsächlich („physisch-real") möglich war (vgl BGH NStZ 1997, 545).

Ob der Täter um die mögliche Rettungshandlung wusste, ist eine Frage des Vorsatzes, der erst im subjektiven Tatbestand nachzugehen ist (SK-*Rudolphi/Stein* Vor § 13 Rn 5 mwN).

c) **Kausalzusammenhang: aa)** Die hM verlangt einen Kausalzusammenhang, der wie beim Begehungsdelikt aus der Perspektive ex post (unter Berücksichtigung des gesamten verfügbaren Wissens) festzustellen sei. Ein solcher (sog. hypothetischer) Kausalzusammenhang bestehe, wenn mit an Sicherheit grenzender Wahrscheinlichkeit vom Ausbleiben des Erfolgs bei Vornahme der unterlassenen Handlung ausgegangen werden kann (vgl Vor § 13 Rn 69, 73, 75; vgl auch BGHSt 7, 211 [214]; 59, 292 [301 ff] m. Bspr *Schiemann* NJW 2015, 20 ff; BGH NStZ-RR 2002, 303; *Baumann/Weber/Mitsch* § 15/24; S/S-*Stree/Bosch* Rn 61; krit. *Greco* ZIS 2011, 674 ff; *Roxin* GA 2009, 73 [75 ff]; zum Versuch vgl BGH StV 1985, 229; zu Gremienentscheidungen Vor § 13 Rn 98 f): 11

- Nach der **Äquivalenztheorie** ist dies der Fall, wenn die unterlassene Handlung nicht hinzugedacht werden kann, ohne dass der Erfolg entfiele (Vor § 13 Rn 69). Exemplarisch: Die Untätigkeit des Vaters V ist eine Ursache für den Tod seines Kleinkindes K, wenn K nicht ertrunken wäre, falls V es aus dem Swimmingpool gezogen hätte. 12

- Nach der **Lehre von der gesetzmäßigen Bedingung** muss sich das Kausalurteil auf naturgesetzliche Zusammenhänge stützen (Vor § 13 Rn 71 f). Dies bedeutet: Während beim Begehen ein tatsächliches Geschehen unter Berücksichtigung eines bestimmten Verhaltens erklärt wird, ist beim Unterlassen eine **Prognose** zu erstellen, die durch das einschlägige Erfahrungswissen, namentlich durch Naturgesetze, in einer vernünftige Zweifel ausschließenden Weise bestätigt werden kann. Nach dieser Prognose muss sich die Sachlage bei Berücksichtigung der vorzunehmenden Handlung so darstellen, dass der Eintritt des Erfolgs auszuschließen wäre. Hieraus ergibt sich, dass die condicio-sine-qua-non-Formel beim Unterlassen folgender **Modifikation** bedarf: Ein Unterlassen ist als (hypothetische) Ursache eines Erfolgs anzusehen, wenn die gebotene Handlung nicht hinzugedacht werden kann, ohne dass das Ausbleiben des Erfolgs in seiner konkreten Gestalt nach den einschlägigen Kausalgesetzen mit an Sicherheit grenzender Wahrscheinlichkeit zu prognostizieren wäre. 13

bb) Nach einer Mindermeinung ist ein Kausalzusammenhang nicht erforderlich. Es **genüge**, wenn der potenzielle Retter die **realistische Chance** einer Erfolgsverhinderung bei Vornahme der gebotenen Handlung hatte (Vor § 13 Rn 69). Diese Lehre ist jedoch mit der von § 13 verlangten Gleichwertigkeit von Tun und Unterlassen nicht zu vereinbaren. Wenn die tatbestandsmäßige Handlung beim Begehen ein sicheres Ausbleiben des Erfolgs im Falle ihres Unterlassens voraussetzt, ist umgekehrt auch für das – hiermit gleichwertige – tatbestandsmäßige Unterlassen ein sicheres Ausbleiben des Erfolgs bei Vornahme der gebotenen Handlung zu fordern. 14

cc) Wie beim Begehungsdelikt bleiben auch beim Unterlassungsdelikt hypothetische Kausalverläufe iSv „**Reserveursachen**" unberücksichtigt. Dies ist vor allem zu bedenken, wenn mehrere Garanten ihre Rettungspflicht nicht erfüllen. Exemplarisch: Das Kleinkind K ertrinkt im Swimmingpool, ohne dass die beiden anwesenden Eltern rettend eingreifen. Hier kann sich der Vater nicht darauf berufen, dass der Erfolg auch deshalb eingetreten sei, weil die Mutter nicht geholfen habe. 15

16 **dd)** Die gebotene Handlung muss nicht notwendig die völlige Beseitigung eines Risikos zum Gegenstand haben. Möglich ist auch, dass der Täter nur verpflichtet ist, die Gefahr des Erfolgseintritts auf ein bestimmtes (erlaubtes) Maß zu reduzieren. Sofern dies der Fall ist, bezieht sich der Kausalnachweis auch nur auf das Ausbleiben des Erfolgs bei Einhaltung des reduzierten Risikos. Exemplarisch: In einer chemischen Fabrik kommt es zu einer Explosion mit Verletzungsfolgen, die ua darauf zurückzuführen ist, dass der Ingenieur I den Zufluss eines Gases nicht gestoppt hat. Nach den einschlägigen Sicherheitsbestimmungen musste I das Gas jedoch nur um einen bestimmten Prozentsatz reduzieren. Falls sich nicht ausschließen lässt, dass die Explosion auch bei einer pflichtgemäß reduzierten Gasmenge eingetreten wäre, fehlt es am erforderlichen Kausalzusammenhang zwischen Unterlassen und Erfolg.

17 Es ist ferner umstritten, ob sich das Kausalurteil auf den Erfolg in seiner konkreten Gestalt (so W-*Beulke/Satzger* Rn 1001; *Bringewat* Rn 420) oder auf den Erfolg in der abstrakten tatbestandlichen Beschreibung (so *Gropp* § 11/171 f; *Schlüchter* JuS 1976, 793 [794]; vgl auch BGH JZ 1973, 173) beziehen soll. Exemplarisch: A wagt es nicht, sein Kind vor dem (sicheren) Flammentod zu retten, indem er es aus dem Fenster wirft. Stellt man auf den Erfolg in seiner konkreten Gestalt ab, wäre Kausalität – anders als bei abstrakter Erfolgsbestimmung – zu bejahen, wenn auch der Wurf aus dem Fenster mit Sicherheit zum Tode geführt hätte.

Bei dieser Frage darf die Kausalität zwischen Verhalten und Erfolg nicht mit der Pflicht zur Erfolgsabwendung vermengt werden: Für die Feststellung der Kausalität kann, sollen Reserveursachen ausgeschlossen werden, allein die konkrete Art und Weise des Erfolgseintritts maßgeblich sein. Dagegen bezieht sich die Pflicht iSv § 13 auf *jeden* tatbestandsmäßigen Erfolg. Demnach besteht im Beispielsfall zwar Kausalität zwischen dem konkreten Tod infolge des Brandes und dem Unterlassen, das Kind aus dem Fenster zu werfen. Jedoch ist der Wurf aus dem Fenster, wenn er kein geringeres Erfolgsrisiko in sich birgt, keine rechtlich gebotene Handlung, so dass dem Täter der konkrete Tod mangels rechtlich gebotener Abwendungspflicht und damit mangels Risikozusammenhangs nicht zurechenbar ist.

18 **d) Garantenstellung**: Täter eines Unterlassungsdelikts kann schließlich nur sein, wer rechtlich dafür einzustehen hat (zum Merkmal „rechtlich" *Kühl* Herzberg-FS 177 [184 ff]; ferner *Böhm*, Garantenpflichten aus familiären Beziehungen, 2006, 170 ff; *Schünemann* Amelung-FS 303 ff; *von Coelln*, Die „rechtliche Einstehenmüssen" beim unechten Unterlassungsdelikt, 2008, 233 ff), dass der Erfolg nicht eintritt. Diese Zuständigkeit wird Garantenstellung genannt (näher Rn 32 ff) und kann zwei unterschiedliche Pflichten zum Gegenstand haben:

19 ▪ Die Zuständigkeit kann sich zum einen auf die spezifische Gefahr beziehen, in der sich das bedrohte Gut befindet. Gegenstand der Garantenpflicht ist dann die Überwachung der Gefahr zu dem Zweck, deren Realisierung in einem Erfolg zu verhindern (sog. **Überwachergarantenstellung**).

20 ▪ Die Zuständigkeit kann sich zum anderen auf die Bewahrung des betroffenen Gutes vor jeder beliebigen Gefahr beziehen (sog. **Beschützergarantenstellung**).

21 Beide Garantenstellungen können zusammentreffen. Exemplarisch: Als ein Kleinkind zu ertrinken droht, greifen weder der anwesende Vater noch der Bademeister ein. Hier ist der Badmeister Überwachergarant bezüglich der Gefahren des Wassers, der Vater dagegen Beschützergarant seines Kindes.

e) **Objektive Zurechnung:** Beim unechten Unterlassungsdelikt sind die Regeln der objektiven Zurechnung entsprechend anzuwenden (Vor § 13 Rn 101 ff). Die Zurechenbarkeit des Erfolgs kann etwa entfallen, wenn das Eigenverantwortlichkeitsprinzip eingreift (näher Vor § 13 Rn 118 ff, Vor § 211 Rn 22 ff) oder – namentlich bei Fahrlässigkeit – der Kausalverlauf nicht kausal adäquat ist (§ 15 Rn 54 f). Exemplarisch: A hält seinen bissigen Hund nicht zurück, als dieser sich auf das Kind K stürzt und es lebensgefährlich verwundet. Auf der Fahrt ins Krankenhaus wird der Notarztwagen in einen Verkehrsunfall verwickelt, wodurch K zu Tode kommt. Hier realisiert sich im Todeserfolg nicht die von A zu verhindernde lebensbedrohliche Bissgefahr in kausal adäquater Weise. 22

Dagegen bedarf es beim Unterlassungsdelikt keiner besonderen Prüfung eines Pflichtwidrigkeitszusammenhangs, da sich der Kausalitätsnachweis bereits auf die gebotene Handlung bezieht. 23

2. Vorsatz und Fahrlässigkeit

a) Vom **Vorsatz** müssen – wie beim Begehungsdelikt (§ 15 Rn 3 f) – alle tatbestandsrelevanten Umstände umfasst sein; daneben muss der Täter auch um die tatsächlichen Voraussetzungen wissen, auf denen seine Garantenpflicht beruht, da diese zu den ungeschriebenen Tatbestandsmerkmalen der unechten Unterlassungsdelikte gehören (vgl BGHSt 16, 155 [158]; *Jakobs* 29/89 f mwN). 24

Hinsichtlich der Garantenstellung kann es vier **Irrtumskonstellationen** geben (ausf. Darstellung außerdem bei *Satzger* Jura 2011, 432 [433 ff]): 25

- Verkennt der Täter das tatsächliche Vorliegen von Umständen, welche die Garantenstellung begründen, befindet er sich in einem vorsatzausschließenden Tatbestandsirrtum (§ 16 I 1). Exemplarisch: A erkennt nicht, dass die Ertrinkende, die er nicht rettet, seine Ehefrau E ist. Hier fehlt es bezüglich §§ 212, 13 am Vorsatz; in Betracht kommen jedoch §§ 222, 13; 323 c. 26

- Geht der Täter irrig davon aus, dass Umstände, die eine Garantenpflicht begründen, gegeben seien, liegt ein Versuch vor. Exemplarisch: A rettet die ertrinkende B nicht, weil er sie mit seiner Ehefrau E verwechselt, §§ 212, 13, 22 f (der zugleich verwirklichte § 323 c tritt subsidiär zurück; zum Irrtum über die Subjektsqualität bei Sonderpflichten ieS vgl Vor § 22 Rn 17 f). 27

- Geht der Täter trotz Kenntnis der seine Garantenstellung begründenden Umstände irrig davon aus, zur Erfolgsabwendung rechtlich nicht verpflichtet zu sein, befindet er sich in einem Gebotsirrtum nach § 17 (vgl BGHSt 16, 155 [158]). Exemplarisch: A rettet seine Ehefrau nicht vor dem Ertrinken, weil er annimmt, aufgrund eines vorangegangenen Streites hierzu nicht verpflichtet zu sein. 28

- Schließt der Täter aus Umständen, aus denen von Rechts wegen keine Garantenpflicht folgt, irrig auf das Bestehen einer Garantenstellung, der er nicht nachkommt, ist nur ein strafloses Wahndelikt anzunehmen. A rettet den C nicht, obgleich er davon ausgeht, als guter Freund zu dessen Rettung in besonderer Weise verpflichtet zu sein. Dass A mit Blick auf §§ 212, 13 mangels Garantenstellung nicht strafbar ist, berührt allerdings seine Haftung aus der für jedermann geltenden Hilfspflicht nach § 323 c nicht. 29

30 b) Für das **fahrlässige** (unechte) Unterlassungsdelikt gelten die allgemeinen Grundsätze. Zu beachten ist nur, dass sich die erwartete Sorgfalt auch auf die Vornahme der gebotenen Handlung erstrecken kann: Wegen Fahrlässigkeit haftet der Garant, dem die Erfolgsabwendung misslingt, obwohl sie ihm bei sachgemäßem Vorgehen möglich gewesen wäre.

31 Ferner müssen die Voraussetzungen einer Garantenstellung (objektiv und individuell) erkennbar sein. Erforderlich ist also, dass der Garant bei sorgfaltsgemäßer Aufmerksamkeit hätte erkennen können und müssen, dass die tatsächlichen Umstände gegeben sind, unter denen er zur Erfolgsabwendung verpflichtet ist. Exemplarisch: Bei Aufbringung der erforderlichen Sorgfalt hätte A erkennen können, dass es sich bei dem Kind, das er nicht rettet, obgleich es zu ertrinken droht, um seinen Sohn S handelt.

III. Garantenstellungen

32 **1. Verpflichtungsgründe: a)** § 13 I verlangt zwar als Haftungsvoraussetzung („Handlungsäquivalenz") eine Garantenstellung, sagt aber nicht, wann jemand als Garant anzusehen ist. Unstr. vermögen die tatbestandsmäßigen Situationen echter Unterlassungsdelikte (zB §§ 138, 323 c) *keine* Garantenpflichten zu begründen, da es sich hierbei nur um allgemeine Rechtspflichten und keine Sonderpflichten handelt (vgl nur BGHSt 3, 65 [66 f]). Keine Erfolgsabwendungspflicht ergibt sich auch aus rein sittlichen Pflichten (vgl BGHSt 7, 268 [271]; 30, 391 [395]; *Kretschmer* JR 2008, 51 [52]). Ansonsten werden folgende Theorien zu den Garantenpflichten vertreten:

33 **aa)** Nach der **formellen Rechtspflichtlehre** kann sich eine Garantenstellung aus Gesetz, Vertrag, freiwilliger Übernahme, enger Lebensgemeinschaft und Gefahrschaffung (Ingerenz) ergeben (vgl RGSt 63, 392 [394]; BGHSt 19, 167 [168]; *Baumann/Weber/Mitsch* § 15/51 ff). Da diese Lehre nur die Herkunft, nicht aber den Grund der Garantenstellung nennt – daher „formell" –, lässt sich ihr nicht entnehmen, welche gesetzlichen Verpflichtungen etwa als Garantenpflichten anzusehen sind.

34 **bb)** Die **materiellen Rechtspflichtlehren** versuchen, die Garantenstellung aus fundamentalen Haftungsprinzipien abzuleiten. Teils wird versucht, ihnen ein umfassendes Prinzip zugrunde zu legen, zB das „Vertrauensprinzip" (*Wolff*, Kausalität von Tun und Unterlassen, 1965, 36 ff; in einer soziologisch begründeten Variante als grundlegende Erwartungserwartung: *Otto* AT § 9/42 ff), den „Grundsatz der Verantwortung aufgrund zugewiesener Schutzfunktion" (*Rudolphi* NStZ 1984, 149 ff) oder die „Herrschaft über den Erfolgsgrund" (*Schünemann* ZStW 96, 287 [293 ff]).

35 **cc)** Solche Vereinheitlichungen lassen sich jedoch kaum mit der heute allgemein anerkannten Ansicht vereinbaren, dass Garantenpflichten zwei unterschiedliche **Funktionen** haben können (grundlegend *Kaufmann*, Die Dogmatik der Unterlassungsdelikte, 1959, 283 ff; vgl auch SK-*Rudolphi/Stein* Rn 23 f): Sie können zum einen die Überwachung bestimmter Risiken (Gefahrenquellen), zum anderen den Schutz bestimmter Güter vor Gefahren aller Art zum Gegenstand haben (oben Rn 18 ff). Beide Funktionen resultieren aus unterschiedlichen Gründen, die sich allenfalls durch ein ganz abstraktes und damit inhaltsleeres Prinzip verbinden lassen. Es ist deshalb vorzugswürdig, Garantenstellungen von vornherein **dual und funktionenspezifisch** zu begründen:

Eine Person kann aus zwei sachlich verschiedenen Gründen für die Abwendung eines Erfolgs zuständig sein: kraft Risikoherrschaft und kraft institutioneller Fürsorge: 36

- Die **Zuständigkeit kraft Risikoherrschaft** beruht auf dem Prinzip, dass derjenige, der die Herrschaft über ein Geschehen beansprucht, die Verantwortung dafür trägt, dass niemand hierdurch zu Schaden kommt; Herrschaft hat Verantwortung als Kehrseite. Dies bedeutet, dass jeder seinen Handlungsspielraum so zu gestalten hat, dass hieraus keine (rechtlich zu missbilligenden) Risiken für andere entstehen (*Jakobs*, Die strafrechtliche Zurechnung von Tun und Unterlassen, 1996, 19 ff, spricht insoweit von Zuständigkeit kraft Organisation). Ist ein solches Risiko geschaffen oder übernommen, so muss der Betreffende Sorge dafür tragen, dass sich dieses Risiko nicht realisiert. Daher begründet jede Risikoschaffung oder -übernahme eine Garantenpflicht (kraft Verkehrssicherungspflicht oder Ingerenz, näher Rn 42 ff, 46 ff), deren Verletzung eine Unterlassungsstrafbarkeit zu begründen vermag. Wer ein Risiko schafft oder übernimmt, hat maW grds. für dieses Risiko und die sich aus ihm (adäquat) ergebenden Folgen kraft Herrschaft einzustehen. Die Garantenpflichten kraft Risikoherrschaft entsprechen damit hinsichtlich des Haftungsgrunds den Begehungsdelikten. 37

- Die **Zuständigkeit kraft institutioneller Fürsorge** ist in folgender Überlegung verankert: Voraussetzung dafür, dass der Einzelne die ihm rechtlich gewährte Freiheit überhaupt wahrnehmen kann, ist das dauerhafte Bestehen rechtlich anerkannter sozialer Beziehungen, Institutionen genannt (näher *Jakobs*, Die strafrechtliche Zurechnung von Tun und Unterlassen, 1996, 30 ff). Zu diesen Institutionen, die dem Einzelnen Freiheiten ermöglichen und sichern, gehören etwa das Eltern-Kind-Verhältnis, die Ehe und gleichgestellte Lebenspartnerschaften, staatliche Gewaltverhältnisse, die Gewährleistung von Sicherheit und Ordnung sowie eine gesetzesgebundene Justiz und Verwaltung. Bei der Zuständigkeit kraft Institution geht es um Fürsorge und Kooperation, die sich aus der institutionellen Verbundenheit der Betroffenen ergeben. Der Bestand von Institutionen ist der Disposition des Einzelnen entzogen; der Einzelne mag zwar nicht heiraten, aber er kann nicht die Institution der Ehe abschaffen. Institutionelle Fürsorgepflichten treffen nur denjenigen, der rechtlich in die Institution eingebunden ist, also verheiratet ist oder Kinder zu erziehen hat. Die Garantenpflichten kraft institutioneller Fürsorge beruhen damit auf besonderer Verantwortlichkeit zur Erbringung von Leistungen gegenüber dem geschützten Gut. 38

Aus den beiden unterschiedlichen Begründungen von Garantenstellungen folgen jeweils **unterschiedliche Pflichten**: 39

- Der Garant kraft Risikoherrschaft ist Überwachergarant; er muss dafür sorgen, dass sich aus der von ihm zu verantwortenden Gefahrenquelle keine Schäden für andere ergeben.
- Der Garant kraft institutioneller Fürsorge ist Beschützergarant; er hat das Gut, für dessen Integrität er einzustehen hat, vor Schäden (von wem und durch was auch immer) zu bewahren.

b) Ein Täter kann aufgrund **mehrerer Garantenstellungen** zur Erfolgsabwendung verpflichtet sein, wobei die Garantenstellungen vielfach ineinander übergehen können. Auch kann sich die Garantenpflicht ggf aus mehreren zu addierenden Teilstücken verschiedener Garantenstellungen ergeben. Bei der Prüfung von (un- 40 echten) Unterlassungsdelikten sind daher *alle* in Betracht kommenden Garantenstellungen zu erwähnen. Dies ist auch sinnvoll, da es sich um unterschiedliche Voraussetzungen (mit ggf verschiedenen Funktionen) handelt, von denen sich im Prozess einige als zweifelhaft, andere als sicher gegeben darstellen können. Exemplarisch: A stößt seine Ehefrau E ins Wasser und rettet sie anschließend nicht vor dem Ertrinken. Hier könnte sich im Prozess die Beweislage hinsichtlich der Haftung kraft Organisation als zweifelhaft erweisen (der Nachweis, dass A seine Frau ins Wasser gestoßen hat, lässt sich zB nicht mit hinreichender Bestimmtheit führen), wohl aber steht fest, dass A seine Frau nicht aus dem Wasser gezogen hat, obwohl ihm dies möglich gewesen wäre. Dann haftet A jedenfalls als Garant kraft institutioneller Fürsorge (Ehegatte) für das Leben seiner Frau.

41 2. **Überwachergarantenstellung kraft Risikoherrschaft:** Zu den Garantenstellungen kraft Risikoherrschaft gehören vor allem die Pflichten
- aufgrund der Beherrschung von Gefahrenquellen (sog. Verkehrssicherungspflichten) und
- aufgrund gefährlichen Vorverhaltens (sog. Ingerenz).

42 a) **Verkehrssicherungspflichten:** Gefahrenquellen, die – wie zB der Betrieb von gefährlichen Anlagen und Kraftfahrzeugen oder das Halten gefährlicher Tiere – **im eigenen Organisationskreis** liegen, sind so zu kontrollieren und zu sichern, dass sie keine schädlichen Außenwirkungen haben (vgl BGHSt 19, 286 [288 f]; BGH NJW 1975, 108; *Fischer* Rn 27; *Jescheck/Weigend* § 59 IV 4 b; NK-*Wohlers/ Gaede* Rn 46 ff; zur Begrenzung durch das Eigenverantwortlichkeitsprinzip BGH NStZ 2012, 319 f m. krit. Anm. *Murmann* 387 ff und *Puppe* ZIS 2013, 46 ff). Als Garant kommt neben dem Inhaber der Gefahrenquelle auch derjenige in Betracht, der **freiwillig** ihre **Kontrolle und Sicherung tatsächlich übernommen** hat (zu den Verkehrssicherungspflichten eines „Prüfingenieurs" bzw anderer (am Bau eines Gebäudes) Beteiligter und deren strafrechtlicher Verantwortlichkeit im Falle eines Gebäudeeinsturzes vgl BGHSt 53, 38 ff m.Anm. *Duttge* HRRS 2009, 145; *Kraatz* JR 2009, 182 ff; *Wegner* HRRS 2009, 381 sowie BGH NJW 2010, 1087 m.Anm. *Kühl*; *Kahrs* NStZ 2011, 14; *Puppe* JR 2010, 353; *Stübinger* ZIS 2011, 636 ff; zur Garantenstellung des Leiters der Innenrevision einer öffentlich-rechtlichen Anstalt vgl BGHSt 54, 44; krit. dazu *Spring* GA 2010, 222 ff; *Warneke* NStZ 2010, 312 ff; zum Streuen bei Eis und Schnee vgl OLG Celle NJW 1961, 1939 ff; zur Haftung von Gewässerschutzbeauftragten bzw technischen Betriebsleitern in Unternehmen vgl BGH NJW 1992, 122; zur Garantenstellung des Mitarbeiters einer Kfz-Werkstatt in Bezug auf Gefahren, die aus technischen Mängeln eines seiner Kontrolle unterliegenden Fahrzeugs erwachsen vgl BGHSt 52, 159 (163 ff) m. Bspr *Bosch* JA 2008, 737;. Erkennt jedoch der wahre Inhaber der Gefahrenquelle, dass der Übernehmende seiner Pflicht zur Kontrolle und Sicherung nur unzureichend nachkommt, so bleibt er selber verkehrssicherungspflichtig (OLG Stuttgart NJW 2005, 2567 [2568]).

43 Eine entsprechende Garantenpflicht von **Wohnungsinhabern** besteht nach hM nicht, da die Wohnung kaum als Gefahrenquelle angesehen werden kann (vgl BGHSt 30, 391 [396]; BGH NJW 1993, 76; ferner BGH JA 2010, 306: keine Garantenpflicht des Wohnungsinhabers für Drogengeschäfte eines Mitbewohners). Dagegen bejaht der BGH die Pflicht des **Gastwirts**, in Räumen, die seiner Verfügungsgewalt unterstehen, für Ordnung zu sorgen, insbesondere Gäste vor Ausschreitungen anderer Gäste zu schützen (BGH NJW 1966, 1763). Diese Garantenstellung ist von solchen Pflichten zu unterscheiden, die mit den Gefahren des Ausschanks von Alkohol verbunden sind (Ingerenz, vgl Rn 46 ff). Im Übrigen

gilt: Wohnungsinhaber und Gastwirte können durch die Aufnahme Hilfsbedürftiger zu Garanten aus der Übernahme von Schutzfunktionen (vgl Rn 62 ff) werden (vgl BGHSt 27, 10 [12 f]; *Otto/Brammsen* Jura 85, 646 ff).

Gefahrenquelle können auch **Personen** sein, deren Verhalten der Aufsichtspflichtige zu kontrollieren hat. Insoweit tragen **Eltern** Verantwortung für Handlungen ihrer noch nicht mündigen Kinder (vgl BGH FamRZ 1958, 211 [212]). Oder: Ein Arzt in einer psychiatrischen Anstalt hat dafür einzustehen, dass sich Patienten nicht untereinander verletzen (W-*Beulke/Satzger* Rn 1015). Entsprechendes kann für **Lehrer** oder militärische Vorgesetzte (vgl § 41 WStG) gelten. Dagegen hat ein **Vorarbeiter** keine Garantenpflicht, Straftaten der ihm unterstellten Arbeiter gegenüber dem Arbeitgeber zu verhindern (OLG Karlsruhe GA 1971, 281 [282 f]). Umstritten ist, ob der anwesende **Halter eines Kfz** verpflichtet ist, den Fahrer am Verlassen der Unfallstelle zu hindern (hierzu § 142 Rn 33). 44

Umstritten ist ferner, ob die **Verantwortlichen eines Unternehmens** eine Garantenpflicht zur Verhinderung von Straftaten der Mitarbeiter haben (sog. Geschäftsherrenhaftung): Dies wird teils mit der Begründung bejaht, die Verantwortlichen hätten die Möglichkeit, derartige Taten zu verhindern (vgl *Bottke*, Haftung aus Nichtverhinderung von Straftaten Untergebener in Wirtschaftsunternehmen de lege lata, 1994, 25 ff; *Rogall* ZStW 98, 573 [617 f]; *Tiedemann* AT Rn 289 ff; vgl zu anderen Begründungsmöglichkeiten *Utz*, Die personale Reichweite der strafrechtlichen Geschäftsherrenhaftung, 2016). Teils wird dies mit dem Argument, das Arbeitsverhältnis begründe nur ein Weisungsrecht, nicht aber eine Herrschaft über Personen, abgelehnt (vgl *Heine*, Die strafrechtliche Verantwortlichkeit von Unternehmen, 1995, 116 ff; *Hsü*, Garantenstellung des Betriebsinhabers zur Verhinderung strafbarer Handlungen seines Angestellten?, 1986, 241 ff; diff. *Ransiek*, Unternehmensstrafrecht, 1996, 33 f, 36, 38, 40 f; *Schlüchter* Salger-FS 139 [158 ff]). 45

Der BGH nimmt eine Garantenpflicht des Betriebsinhabers oder Vorgesetzten nur für betriebsbezogene (nicht nur bei Gelegenheit begangene) Straftaten von Mitarbeitern an (BGHSt 57, 42 m. Bspr *Bülte* NZWiSt 2012, 176 ff; *Jäger* JA 2012, 392 ff; *Roxin* JR 2012, 305 ff; krit. *Kuhn* wistra 2012, 297 und *Schramm* JZ 2012, 969; Überblick zum Meinungsstand bei *Lindemann/Sommer* JuS 2015, 1057 ff). Dem ist insoweit zuzustimmen, als – unter Berücksichtigung des Gedankens der Verkehrssicherungspflicht – eine Garantenstellung des Unternehmers jedenfalls für die von ihm veranlassten oder sonst zurechenbaren gefährlichen Verhaltensweisen, auch bei rechtsgeschäftlichen Erklärungen, von Mitarbeitern und Vertretern anzunehmen ist. Als Folgeproblem stellt sich hinsichtlich der Verantwortung von **Mitgliedern der Geschäftsführung von Unternehmen** die Frage, wie weit die Garantenpflicht eines jeden einzelnen von ihnen zu ziehen ist (zB bzgl Warnung vor Gefahren, die von den hergestellten Produkten ausgehen). Zustimmung verdient die Auffassung, nach der die gesellschaftsrechtlichen Regelungen eine immanente Grenze der Garantenpflicht bilden (*Böse* wistra 2005, 41 [44] mwN).

In neuerer Zeit ist vermehrt die Frage aufgekommen, wie sog. **Compliance-Beauftragte** in Unternehmen einzuordnen sind. Ein Compliance-Beauftragter ist typischerweise dazu berufen, die Einhaltung gesetzlicher oder unternehmensinterner Vorgaben zu überwachen und ggf die Unternehmensleitung zu informieren, um Schäden vom Unternehmen abzuwenden (grds. zum Bereich Compliance *Krause* StraFo 2011, 437 ff; *Kretschmer* StraFo 2012, 259; *Momsen* Puppe-FS 751 ff; *Rotsch* ZStW 125, 481 ff; zur Garantenstellung eines Betriebsbeauftragten *Böse* NStZ 2003, 636 ff; zur Garantenstellung des Leiters der Innenrevision einer öffentlich-rechtlichen Anstalt BGHSt 54, 44 ff m. krit. Anm. *Kretschmer* JR 2009, 474 ff). Er hat dabei regelmäßig eine interne Garantenstellung hinsichtlich der Abwendung von Schäden vom eigenen Unternehmen. Weitergehend wird diskutiert, ob und inwieweit den Compliance-Beauftragten auch im Außenverhältnis eine Garantenpflicht zur Verhinderung von Straftaten der Mitarbeiter zulasten Dritter trifft (bej. – im Rahmen eines obiter dictums – BGHSt 54, 44 ff m. zust. Anm. *Dannecker/Dannecker* JZ 2010, 981 ff; *Kraft* wistra 2010, 81; krit. *Beulke* Geppert-FS 23 ff; *Schwarz* wistra 2012, 13 ff; *Spring* GA 2010, 222 ff; *Warneke* NStZ 2010, 312 ff).

46 **b) Ingerenz:** Die Pflicht aus **gefährlichem Vorverhalten** folgt aus der Zuständigkeit für eine vom Täter selbst geschaffene Gefahr (hM, vgl nur BGHSt 38, 356 [358]; BGH NStZ 1998, 83 [84]; *Stree* Klug-FS 395; abl. *Langer*, Das Sonderverbrechen, 1972, 504 f; *Schünemann* GA 1974, 231 ff; abl. zur Garantenstellung aus einer *vorsätzlich* begangenen Straftat BGH NStZ-RR 1996, 131; *Hillenkamp* Otto-FS 287 ff; zur Rspr *Jakobs* BGH-FS IV 29 ff).

47 **aa)** Die Gefahr, auf die sich die Garantenpflicht aus Ingerenz bezieht, richtet sich nach den Kriterien, nach denen auch das Schaffen eines Risikos im Rahmen der **objektiven Zurechnung** zu bestimmen ist (Vor § 13 Rn 101 ff; vgl auch *Sowada* Jura 2003, 236 ff). Insbesondere muss die Gefahr hinsichtlich bestimmter Rechtsgutverletzungen erfolgsrelevant sein (LK-*Weigend* Rn 42 f, 47). Zur Ingerenzhaftung durch das Inverkehrbringen von Produkten, deren bestimmungsgemäße Verwendung mit Gesundheitsgefahren verbunden ist, vgl BGHSt 37, 106 (Lederspray); *Brammsen* GA 1993, 97 ff; *Dencker* Stree/Wessels-FS 159 (164 f); *Hilgendorf* NStZ 1994, 561 ff; *Kuhlen* JZ 1994, 1142 ff; *Puppe* JZ 1994, 1147 ff.

48 ▪ Nach hM vermag **nur** die Schaffung eines **unerlaubten Risikos** eine Garantenpflicht aus Ingerenz zu begründen (BGHSt 23, 327 f; 43, 381 [396 f]; BGH NStZ 2000, 414 f; *Roxin* II § 32/160 ff). Nur bei Pflichtwidrigkeit des Vorverhaltens werde eine Haftung für die Gefahr begründet, so dass sozial adäquates Vorverhalten grds. keine Garantenstellung aus Ingerenz auslösen könne (vgl BGHSt 34, 82 [84]). Insoweit haftet ein Gastwirt nicht für die Folgen des Ausschanks von Alkohol, soweit er nicht ersichtlich Betrunkene (§ 20 Nr. 2 GastG) bedient (vgl BGHSt 19, 152; 26, 35 [37 f]; in solchen Fällen ließe sich auch die objektive Zurechenbarkeit verneinen, vgl Rn 22). Sofern ein unerlaubtes Risiko von mehreren **Mittätern** gemeinsam geschaffen wird, soll jeder Einzelne von ihnen aus Ingerenz für die Erfolgsabwendung einzustehen haben (vgl BGH NStZ 1985, 24; BayObLG NJW 1990, 3032; zust. *Otto* AT § 9/82).

49 **bb)** Bedeutsam ist die Streitfrage, ob das die Garantenstellung begründende **Risiko** auch **rechtlich missbilligt** (unerlaubt) sein muss, vor allem dann, wenn die Gefahrschaffung in Notwehr erfolgte:

50 ▪ Nach einer Mindermeinung soll dagegen ein **erlaubt riskantes Verhalten** grds. genügen (*Freund* JuS 1990, 213 [216]; *Seelmann* GA 1989, 241 [255]). Es entspreche dem allgemeinen Verantwortungsgefühl, für die schädlichen Auswirkungen eigenen Verhaltens unabhängig von dessen Rechtswidrigkeit einzustehen.

51 ▪ Sachgerecht ist es jedoch, wie folgt zu differenzieren (vgl W-*Beulke/Satzger* Rn 1023 ff; *Hoffmann-Holland* Rn 767 f; *Jakobs* 29/39 ff; *Maiwald* JuS

1981, 473 [482 f]): Auch aus der rechtmäßigen Eröffnung einer Gefahrenquelle, durch die *beliebige andere* über das sozial adäquate Maß hinaus belastet werden, können Sicherungspflichten entstehen. Beispielhaft ist der (erlaubte) Betrieb einer gefährlichen Anlage. Dagegen haftet der Täter nicht, wenn er dem *konkreten Opfer* gegenüber ein Eingriffsrecht (namentlich: Notwehr) ausübt. Ansonsten wäre derjenige, der sich in Notwehr verteidigt, stärker belastet als ein beliebiger Dritter, der nur nach § 323 c haftet.

Erwächst die Berechtigung zur Gefahrschaffung aus einer Rechtfertigungslage (Notstand), so entsteht nach allg. Ansicht bei Entfallen dieser Situation die Pflicht, evtl noch bestehende Risiken zu beseitigen (vgl hierzu BGH NStZ 1987, 171 [172]; *Seelmann* GA 1989, 241 [255]). 52

cc) Der BGH verneint – vor allem im Straßenverkehr – eine Haftung aus Ingerenz, wenn der Täter in jeder Hinsicht pflichtgemäß und verkehrsgerecht gehandelt hat (BGHSt 25, 218 [221 f]). Anderes soll jedoch gelten, wenn sich der Täter **verkehrswidrig** verhalten hat, und zwar auch dann, wenn die Gefahr nicht auf dem verkehrswidrigen Verhalten beruht. 53

Exemplarisch: Kraftfahrer K kollidiert auf einer Landstraße mit dem Radfahrer R, der mit erheblichen Verletzungen an den Fahrbahnrand geschleudert wird; K war zwar mit überhöhter Geschwindigkeit gefahren, hätte den Unfall aber auch bei Einhaltung der zulässigen Geschwindigkeit nicht vermeiden können. R stirbt, hätte aber gerettet werden können, wenn K nicht das Verständigen eines Notarztes unterlassen hätte. Eine Strafbarkeit des K (durch Begehen) nach § 222 scheidet mangels Risikozusammenhangs aus; der Unfall hätte sich auch bei pflichtgemäßem Alternativverhalten ereignet. In jedem Fall ist dagegen § 323 c (und ggf § 142 I Nr. 1) verwirklicht, da sich K nicht um den verletzten R kümmert. Der BGH bejaht jedoch zudem eine für die Annahme eines Totschlags durch Unterlassen (§§ 212, 13) erforderliche Garantenstellung, die sich aus dem (generell) gefährlichen Vorverhalten des Überschreitens der zulässigen Höchstgeschwindigkeit ergeben soll (BGHSt 34, 82 [84]). Dem steht jedoch entgegen, dass die Gefahr gerade nicht aus der Überschreitung des erlaubten Risikos resultiert. Im Übrigen ist es wenig einsichtig, dass dieselbe Gefahr kein Haftungsgrund für das Begehen, wohl aber für das auf denselben Erfolg bezogene Unterlassen sein soll. 54

dd) Die Rspr bejaht ferner eine Garantenpflicht aus Ingerenz, wenn sich das Opfer infolge des Täterverhaltens nicht (angemessen) gegen rechtswidrige Angriffe Dritter wehren kann (vgl BGHSt 38, 356 [358]; BGH NStZ 1992, 31; zur Garantenpflicht bei versuchtem Mord durch einen Mittäter BGH NStZ 2009, 381 f; eingehend zum Ganzen *Otto* Geppert-FS 441 ff). 55

ee) Eine Garantenpflicht aus Ingerenz soll nach BGH JA 2010, 151 m.Anm. *Kudlich* aber etwa dann zu verneinen sein, wenn bei einer mittäterschaftlich begangenen Tat einer der Täter sich über die zuvor explizit getroffene Absprache hinwegsetzt. Dann soll die durch die Tat in ihrer ursprünglich geplanten (und ausgeführten) Art und Weise begründete Gefahr nicht zu einer Garantenstellung hinsichtlich des vorher ausdrücklich ausgeschlossenen Exzesses führen. 56

3. Beschützergarantenstellung kraft institutioneller Fürsorge: Zu den Garantenpflichten kraft institutioneller Zuständigkeit gehören vor allem die Pflichten 57

- aus familiärer Verbundenheit (eingehend *Böhm*, Garantenpflichten aus familiären Beziehungen, 2006, 193 ff; *Schramm*, Ehe und Familie im Strafrecht, 2011, 245 ff) und enger Gemeinschaftsbeziehung (*Otto* Herzberg-FS 255 ff),

- kraft Übernahme von Schutzfunktionen (durch Inanspruchnahme besonderen Vertrauens) und
- aus (bestimmten) öffentlichen Ämtern.

58 a) Rechtsgrund für Pflichten aus **familiärer** (bzw natürlicher) **Verbundenheit** (vgl zB §§ 1626, 1627, 1631 BGB) ist zunächst das Verhältnis von den Eltern zu den in der Hausgemeinschaft lebenden Kindern (BGHSt 7, 268 [272 f]). So ist eine (gebärende) Mutter etwa zu Maßnahmen verpflichtet, die das Leben des Neugeborenen erhalten, wozu auch die Sicherheit der Geburtssituation selbst zählt (BGH JuS 2010, 453). Umgekehrt soll auch eine Garantenpflicht der erwachsenen Kinder gegenüber den Eltern bestehen (BGHSt 19, 167 ff; *Kühl* § 18/54 f). Letzteres wird in der Literatur teils auf Fälle beschränkt, in denen die Eltern in einem Abhängigkeitsverhältnis zum Kind stehen (*Jescheck/Weigend* § 59 IV 3 a; SK-*Rudolphi/Stein* Rn 49 mwN). Auch wird die Schutzpflicht erwachsener Kinder den Eltern gegenüber sowie der Eltern den erwachsenen Kindern gegenüber auf die Abwehr akuter Personengefahren, dh Gefahren für Leib, Leben und Freiheit, begrenzt (*Kretschmer* Jura 2006, 898 [900]). In Betracht kommen ferner Garantenpflichten zwischen Großeltern und Enkeln (RGSt 39, 397 [398]) sowie unter Geschwistern (*Jescheck/Weigend* § 59 IV 3 a; aA LG Kiel NStZ 2004, 157 [159]; *Freund* § 6/91; *Jakobs* 29/62). Dass die Rspr die Garantenhaftung auch auf Schwägerschaft (BGHSt 13, 162 [166]) und Verlöbnis (BGH JR 1955, 104 [105]) erstreckt, stößt in der Literatur überwiegend auf Ablehnung (S/S-*Stree/Bosch* Rn 18 mwN; aA *Lilie* JZ 1991, 541 [545 f]: alle von §§ 35, 241 erfassten Personen). Nach ganz hM nicht einschlägig sind bloße Freundschafts-, Liebes- oder Nachbarschaftsbeziehungen (abw. für Liebesbeziehungen LK-*Weigend* Rn 38).

59 b) Als **enge Gemeinschaftsbeziehung** gilt vor allem die **Ehe** (vgl § 1353 BGB; BGHSt 2, 150 [153 f]). Ob die Ehe intakt ist, spielt grds. keine Rolle (näher *Lilie* JZ 1991, 541 [543]; *Roxin* II § 32/50). Jedoch ist die Ehe dann nicht mehr als Grundlage einer Garantenstellung anzusehen, wenn die Eheleute sie – auch schon vor der formalen Scheidung – als gescheitert ansehen und keinen Anlass mehr haben, darauf zu vertrauen, dass der jeweils andere noch zum Schutz der eigenen Rechtsgüter bereit ist (BGH NJW 2003, 3212 [3214] m.Anm. *Rönnau* JR 2004, 158 und Bspr *Ingelfinger* NStZ 2004, 409; zum Meinungsstand *Kretschmer* Jura 2006, 898 [901]). Gleiches gilt für (eingetragene) **Lebenspartner** iSv § 11 I Nr. 1 a (dort Rn 6). Auch das Verhältnis von **Vormund** und **Mündel** (vgl §§ 1793, 1800 BGB) gehört hierher. Ferner werden **eheähnliche Lebensgemeinschaften** überwiegend als einschlägig angesehen (*Jescheck/Weigend* § 59 IV 3 b; SK-*Rudolphi/Stein* Rn 51; aA *Jakobs* 29/66); insoweit kommen auch Pflichten kraft Übernahme von Schutzfunktionen (Rn 62 ff) in Betracht.

Zu beachten ist, dass nach vordringender Ansicht eine bloß formal bestehende normative Gemeinschaftsbeziehung nicht als ausreichend angesehen wird, sondern zudem noch das tatsächliche Bestehen eines Obhutsverhältnisses verlangt wird (näher *Bülte* GA 2013, 389 ff; *Kretschmer* Jura 2006, 898 [901] mwN).

60 Nach einhelliger Ansicht gehören **Gefährdungen von Leib und Leben** zum Anwendungsbereich der Pflichten aus natürlicher Verbundenheit. Es gibt aber keinen Grund, nicht auch die Abwendung von Bedrohungen für geringwertige Güter zu erfassen (*Herzberg*, Die Unterlassung im Strafrecht und das Garantenprinzip, 1972, 338; auf erhebliche bzw existentielle Vermögenswerte beschränkend: *Nikolaus* JA 2005, 605 ff; *Otto* AT § 9/55; LK-*Weigend* Rn 28).

Die Garantenpflichten betreffen **nur das Innenverhältnis** der Beziehung, so dass 61
aus der institutionellen Fürsorge allein noch keine Garantenpflicht erwächst,
Straftaten des anderen Ehegatten oder Verwandter gegenüber Dritten zu verhindern (OLG Stuttgart NJW 1986, 1767 [1768 f]; *Roxin* II § 32/49; SK-*Rudolphi/
Stein* Rn 36 b; vgl dagegen BGHSt 6, 322 [323 f]).

c) Garantenpflichten können entstehen, wenn **Schutzfunktionen tatsächlich frei-** 62
willig übernommen werden, und zwar gegenüber dem Gefährdeten selbst (zB
einem Drogensüchtigen) oder gegenüber einem Dritten zugunsten eines oder
einer Mehrzahl von Gefährdeten (BGHSt 47, 224 [229, 232] m.Anm. *Kudlich* JR
2002, 468 ff und *Freund* NStZ 2002, 424 f; zweifelnd bzgl der Möglichkeit, eine
durch Ingerenz begründete Schutzfunktion zu übernehmen, BGH NStZ 2003,
259 [260] m. Bspr *Jasch* NStZ 2005, 8 ff). Hierbei kommt es nicht auf die
Rechtsgültigkeit des Vertrags an (BGHSt 47, 224 [229]). Das bloße Zusammenleben mit einer gefährdeten Person in einer Hausgemeinschaft ist noch nicht ausreichend (vgl BGH NJW 1987, 850). Erforderlich ist vielmehr die **tatsächliche** –
besonderes Vertrauen begründende – **Übernahme** von Schutzfunktionen (*Jakobs*
29/67 ff). Daher kann die Garantenpflicht ggf den Vertrag überdauern oder vor
dem formellen Vertragsanfang beginnen (vgl BGHSt 47, 224 [229 ff]). Allerdings
muss der Umfang der Pflichten vereinbart werden.

Beispiele: Der behandelnde Arzt gegenüber seinem Patienten (BGH NJW 1979, 63
1258 f; zu Bereitschaftsärzten vgl BGHSt 7, 211 [212]); die Hebamme (OLG
Düsseldorf NStZ 1991, 531); Badewärter; Bauleitung und Bauarbeiter bei der
Beseitigung einer Gefahrenquelle für eine Bahn gegenüber den Benutzern (BGHSt
47, 224 [229 ff]). Einschlägig sind ferner rechtlich anerkannte Gefahrengemeinschaften, also Gemeinschaften, die ihrem Wesen nach auf gegenseitige Hilfe und
Beistand angelegt sind, zB bei Bergtouren (*Jakobs* 29/71). Bei solchen Gemeinschaften wird durch den Beitritt zumindest konkludent der Wille zur gemeinsamen Gefahrenabwehr bekundet. Nicht einschlägig sind Zufallsgemeinschaften
von Drogenkonsumenten (OLG Stuttgart NJW 1981, 182 f) oder Zechern (BGH
NJW 1954, 1047 f). Zur Garantenstellung von Beteiligten an sog. „Notinsel"-
Projekten s. *Hertel* HRRS 2009, 555 ff

Wer einem **Verunglückten** zusagt, Hilfe zu holen, ist mangels Zuständigkeit für 64
die Notlage grds. auch kein Garant zur Abwendung hieraus drohender Schäden.
Unterlassen aber der Verunglückte selbst oder Dritte im Vertrauen auf die angebotene Hilfe eigene Rettungsmaßnahmen, so haftet der Versprechende für die
sich aus dieser neuen Gefahr ergebenden Verschlechterungen (vgl BGHSt 26, 35
[39]; BGH NStZ 1994, 84 [85]; *Mitsch* JuS 1994, 555 f).

d) Ob sich aus **Amtspflichten** eine Garantenstellung ergeben kann, hängt ent- 65
scheidend vom Aufgabenbereich des Amtsträgers ab. Zumindest muss die jeweilige Pflicht gerade den Schutz des betreffenden Rechtsguts vor Schädigungen zum
Gegenstand haben. Daher macht sich ein Strafvollzugsbeamter nicht wegen
Strafvereitelung (§§ 258 a, 13) strafbar, wenn er das strafbare Fehlverhalten anderer Bediensteter nicht den Strafverfolgungsorganen anzeigt, da ihm keine entsprechenden Überwachungspflichten obliegen (vgl BGHSt 43, 82 [84 ff] m.Anm.
Klesczewski JZ 1998, 313 ff; *Rudolphi* NStZ 1997, 599 ff; *Seebode* JR 1998,
338 ff; näher *Verrel* GA 2003, 595 ff). Anderes gilt ggf, wenn Gefangene von
Mitgefangenen misshandelt werden (vgl HansOLG Hamburg NStZ 1996, 102 f;
abl. *Verrel* GA 2003, 595 [599 ff]). Obwohl den im Strafverfahren zur Aussage
verpflichteten Zeugen freilich keine „Amtspflicht" im eigentlichen Sinne trifft,
wird auch er von der Rspr mit Blick auf seine besondere prozessuale Pflichten-

stellung zT als „Garant für die Strafrechtspflege" angesehen (vgl OLG Köln NStZ-RR 2010, 146 m. abl. Bspr *Reichling/Döring* StraFo 2011, 82 [83 ff] mwN; LG Ravensburg NStZ-RR 2008, 177 [179]), mit der Folge, dass bei unberechtigter Aussageverweigerung eine Strafbarkeit wegen Strafvereitelung durch Unterlassen in Betracht kommt (§ 258 Rn 10).

66 Nach hM sind Beamte der **Schutzpolizei** im Rahmen ihrer örtlichen und sachlichen Zuständigkeit – uU auch bei privat erlangtem Wissen – als Garanten zum Schutz der Rechtsgüter des Einzelnen oder der Allgemeinheit sowie zur Verhinderung von Straftaten anzusehen (vgl BVerfG NJW 2003, 1030 [1031] m.Anm. *Seebode* JZ 2004, 305; BGHSt 38, 388 [389 ff] m.Anm. *Laubenthal* JuS 1993, 907 ff, *Mitsch* NStZ 1993, 384 f und *Rudolphi* JR 1995, 167 f; NK-*Wohlers/Gaede* Rn 63). Ferner soll der Leiter eines **Ordnungsamtes** aufgrund der sich aus dem GastG ergebenden Überwachungspflichten Garant bzgl der sich aus dem Betrieb eines Bordells ergebenden Gefahren für Prostituierte (vgl § 180 a) sein (BGH NJW 1987, 199). Von besonderer Bedeutung ist die Garantenstellung von **Amtsträgern im Umweltstrafrecht** (vgl § 324 Rn 13; ferner OLG Frankfurt JR 1988, 168 ff; *Freund*, Erfolgsdelikt und Unterlassen, 1992, 305 ff; *Sangenstedt*, Garantenstellung und Garantenpflicht von Amtsträgern, 1989, 669 ff).

67 e) Die Rspr und Teile der Literatur erkennen in engen Grenzen die Möglichkeit an, dass sich Garantenpflichten aus **Treu und Glauben** (§ 242 BGB) ergeben können; hierbei handelt es sich vor allem um Aufklärungspflichten im Rahmen des Betrugs nach § 263 (vgl BGHSt 6, 198 f; BayObLG JZ 1987, 626; abl. *Kamberger*, Treu und Glauben [§ 242 BGB] als Garantenstellung im Strafrecht?, 1996, 157 ff, 240 f). In den einschlägigen Fällen lassen sich Garantenpflichten jedoch zumeist aus der Übernahme von Schutzfunktionen begründen, so dass es keines Rückgriffs auf den Grundsatz von Treu und Glauben bedarf.

IV. Zur Abgrenzung von Tun und Unterlassen

68 1. **Grundlagen: a)** Die Unterscheidung von Begehungs- und unechten Unterlassungsdelikten ist insbesondere wegen der **zusätzlichen Strafbarkeitsvoraussetzungen** bei den unechten Unterlassungsdelikten bedeutsam: Beim unechten Unterlassungsdelikt haftet *nur* der erfolgsabwendungspflichtige Garant für den Eintritt des tatbestandsmäßigen Erfolgs. Ferner muss das Unterlassen dem Handeln „entsprechen" (§ 13 I), und die Vornahme der gebotenen Handlung muss dem Garanten zumutbar gewesen sein. Außerdem kann die Strafe des Unterlassungstäters nach § 13 II gemildert werden (vgl hierzu BGH JR 1982, 464).

69 **b)** Umstritten ist, in welchem Verhältnis Tun und Unterlassen stehen, wenn sie sich auf denselben Erfolg beziehen. Teils wird eine Lösung schon auf der Tatbestandsebene (= *Tatbestandslösung*), teils erst im Rahmen der Konkurrenzen (= *Konkurrenzlösung*) gesucht.

70 aa) Im Rahmen der **Tatbestandslösung** werden wiederum unterschiedliche Abgrenzungskriterien vorgeschlagen:

71 ■ Die **naturalistisch-ontologisch** ausgerichteten Abgrenzungslehren stellen auf den kausalen (bzw sozial-sinnhaften) Energieeinsatz ab, so dass Tun bei kausaler Erfolgsherbeiführung und Unterlassen bei entsprechender Nichtkausalität des Verhaltens anzunehmen ist (vgl *Brammsen* GA 2002, 193 [205 ff]; *Engisch* Gallas-FS 163 [170 f]; *Roxin* ZStW 74, 411 [413 ff, 415]; *Samson* Welzel-FS 579 [584 ff, 595]; *Stoffers* GA 1993, 262 ff; *Struensee*

Stree/Wessels-FS 133 [143 ff]; diff. *Kuhlen* Puppe-FS 669 ff; krit. *Merkel* Herzberg-FS 193 ff). **Kritik**: Auf das Kausalitätskriterium kann nur beim vollendeten Delikt zurückgegriffen werden; beim Versuch versagt es.

- Nach den **normativen** Abgrenzungslehren soll der Schwerpunkt (bzw soziale Sinn) des Täterverhaltens maßgeblich sein (BGHSt 40, 257 [265 f]; BGH NStZ 2003, 657 m.Anm. *Duttge* JR 2004, 39, und Bspr *Nepomuck* StraFo 2004, 9 ff; BGH StV 2007, 76 m.Anm. *Ulsenheimer*; NJW 2015, 96 [100]). **Kritik**: Der Schwerpunkt der Vorwerfbarkeit lässt sich kaum ohne Vorgriff auf weitere Deliktsmerkmale (zB Vorsatz/Fahrlässigkeit) ausmachen (vgl auch MK-*Freund* Rn 5 ff; *Otto* Jura 2003, 100 [101]). 72

bb) Die (vorzugswürdige) **Konkurrenzlösung** geht von den Prämissen der neueren Lehre von der objektiven Zurechnung (Vor § 13 Rn 101 ff) aus: Da auch beim Begehungsdelikt eine Tatbestandsverwirklichung nur zurechenbar ist, wenn der Täter ein unerlaubtes Risiko geschaffen hat, die Schaffung eines unerlaubten Risikos aber zugleich eine Garantenstellung aus Ingerenz begründet (Rn 46 ff), ist im Prinzip jedes Begehen von einem Unterlassen begleitet. Exemplarisch: Wer ein Kind in die Luft wirft, muss es auch wieder auffangen. Häufig scheidet allerdings *faktisch* ein Unterlassen neben dem Begehen aus, weil der Täter nicht mehr fähig ist, die aktiv gesetzte Gefahr wieder zu beseitigen. Exemplarisch: Wenn A auf B schießt, kann er die Realisierung der aktiv geschaffenen Gefahr nicht mehr abwenden (er kann die Kugel nicht wieder einfangen). Umgekehrt ist es ohne Weiteres möglich, dass ein Unterlassen von einem auf denselben Erfolg bezogenen Tun begleitet wird. Exemplarisch: A unterlässt die ihm mögliche Rettung seiner ertrinkenden Ehefrau. Einem herbeieilenden Helfer erklärt er, seine Frau mache nur Spaß. 73

Nach dem normativen Ansatz der Konkurrenzlösung lassen sich Tun und Unterlassen nicht absolut, sondern **nur relativ** hinsichtlich eines bestimmten Erfolgs als Aktivität und Passivität voneinander **abgrenzen**. Auch derjenige, der eine Handlung aktiv vornimmt, verhält sich passiv hinsichtlich möglicher Alternativen (wer langsam geht, unterlässt es zu rennen, und umgekehrt). Strafrechtlich sind Tun und Unterlassen daher relativ zur fraglichen Tatbestandsverwirklichung voneinander abzugrenzen: Sie sind jeweils die aktive oder passive Alternative zu dem Verhalten, durch das der Täter die Tatbestandsverwirklichung (aus der ex-ante-Perspektive) vermeiden kann. Das heißt: *Begehen* ist die Vornahme des zur Vermeidung der Tatbestandsverwirklichung zu unterlassenden Verhaltens, und *Unterlassen* ist die Nichtvornahme des zur Abwendung der Tatbestandsverwirklichung auszuführenden Verhaltens (zu einer [kausalitätsorientierten] Abgrenzung zwischen Unterlassen und „*passivem* Tun" *Streng* ZStW 122, 1 ff). 74

Im **Gutachten** ist unter Zugrundelegung der Konkurrenzlösung zunächst zu fragen, ob jeweils alle Voraussetzungen für ein Begehungs- und ein Unterlassungsdelikt erfüllt sind (sonst ohnehin nur Bestrafung wegen des verwirklichten Delikts). Erst im Rahmen der Konkurrenzen ist dann zu prüfen, welche Weise der Tatbestandsverwirklichung zurücktritt (*Jakobs* 28/1 ff, 4; *Walter* ZStW 116, 555 [567]). Insoweit gelten die Regeln der (materiellen) Subsidiarität (vgl Vor § 52 Rn 31 ff): Vorsatz- vor Fahrlässigkeitsdelikt, Vollendung vor Versuch, Täterschaft vor Teilnahme, Anstiftung vor Beihilfe. Werden Begehungs- und Unterlassungsdelikt in derselben Weise verwirklicht (zB jeweils täterschaftliche vorsätzliche Vollendung), tritt regelmäßig das Unterlassungsdelikt zurück (vgl § 13: fakultative Strafmilderung). Exemplarisch: Der stark alkoholisierte Kraftfahrer A kommt auf einsamer Landstraße ins Schleudern und verletzt hierbei den Fußgän- 75 ger F; bewusst unterlässt A anschließend die ihm mögliche Rettung des F. Gegeben sind fahrlässige Tötung (§ 222) und Totschlag durch Unterlassen (§§ 212, 13); das fahrlässige Begehungsdelikt tritt hinter das vorsätzliche Unterlassungsdelikt kraft Subsidiarität zurück.

Es ist entbehrlich, im Gutachten auf ein *evident subsidiäres* Unterlassen, das einem Begehen nachfolgt, überhaupt ausdrücklich einzugehen. Exemplarisch: A schlägt den B mit Tötungsvorsatz nieder und entfernt sich sodann, ohne den alsbald verblutenden B zu retten. Hier wäre es (völlig) überflüssig, neben § 211 noch §§ 211, 13 anzusprechen.

76 2. Einzelfragen: a) Das **Fahrlässigkeitsdelikt** ist nach herkömmlicher Ansicht dadurch gekennzeichnet, dass der Täter einen Sorgfaltsverstoß begeht, der häufig wiederum in der Nichtvornahme von Sicherungsmaßnahmen liegt (vgl § 15 Rn 50). Insoweit steht vor allem die Tatbestandslösung vor der Frage, ob auf das erfolgsbedingende Handeln oder die Nichtvornahme der sorgfaltsgemäßen Sicherungsmaßnahmen abzustellen ist. Exemplarisch ist die „Ziegenhaar-Entscheidung" des RG: Ein Fabrikant hatte infizierte Ziegenhaare, ohne sie zu reinigen, zur Herstellung von Pinseln ausgehändigt; hierdurch erkrankten Arbeiterinnen an Milzbrand (RGSt 63, 211 ff; hierzu *Engisch* Gallas-FS 163 [184 ff]; MK-*Freund* Rn 4, 11).

Dürfen in Gefahrenbereichen Handlungen nur vorgenommen werden, wenn bestimmte Sicherungsmaßnahmen ergriffen werden, so dient die Beachtung der im Verkehr erwarteten Sorgfalt nur der Einhaltung des erlaubten Risikos. Daher handelt ein Täter, der keine Sicherungsmaßnahmen ergreift, (aktiv) unerlaubt riskant (vgl auch BGH NStZ 2003, 657 [658] mwN). Im Ziegenhaar-Fall liegt also im Aushändigen nicht desinfizierter Haare die Schaffung eines unerlaubten Risikos (iE hM, vgl nur *Jescheck/Weigend* § 58 II 2).

Nach der Konkurrenzlösung ist der Täter mit der Schaffung des unerlaubten Risikos zugleich zu dessen Beseitigung verpflichtet, so dass er auch wegen fahrlässiger Unterlassung haftet; diese Form der Tatbegehung ist jedoch gegenüber der aktiven Tatbestandsverwirklichung subsidiär.

77 b) Zwischen Tun und Unterlassen kann hinsichtlich desselben Erfolgs insbesondere dann eine **Zeitdifferenz** bestehen, wenn der Täter zunächst aktiv ein unerlaubtes Risiko setzt und sodann noch die Möglichkeit besitzt, dieses Risiko zu beseitigen. Exemplarisch: Kraftfahrer K verletzt auf nächtlicher Straße den Fußgänger F und fährt anschließend weiter, ohne Hilfe zu leisten; F stirbt.

78 ■ Soweit K hinsichtlich des Unfalls wie auch hinsichtlich des anschließenden Weiterfahrens ohne Hilfeleistung jeweils nur Fahrlässigkeit zur Last fällt – K nimmt zB irrig an, Wild angefahren zu haben –, muss die Tatbestandslösung auf den Schwerpunkt der Vorwerfbarkeit (hier wohl Begehen) und die Konkurrenzlösung auf das gewichtigere Delikt (hier Begehen, da Unterlassen subsidiär) abstellen. Entsprechendes gilt, wenn K hinsichtlich Verletzung und unterlassener Hilfe jeweils mit Vorsatz gehandelt hat.

79 ■ Soweit K den Unfall fahrlässig verursacht, die Hilfe dagegen mit Blick auf den Todeserfolg vorsätzlich unterlässt, sind nach der Konkurrenzlösung fahrlässige Tötung (§ 222) und Totschlag durch Unterlassen (§§ 212, 13) gegeben; hierbei ist das Fahrlässigkeitsdelikt gegenüber dem gewichtigeren Vorsatzdelikt subsidiär. Die Tatbestandslösung müsste in diesem Fall zum selben Ergebnis kommen, da der Schwerpunkt der Vorwerfbarkeit beim

Vorsatzdelikt liegt (freilich beruht dann die Gewichtung auf dem Vorgriff auf den subjektiven Tatbestand und nicht auf einem Vergleich von Tun und Unterlassen!); der BGH befürwortet jedoch in einem vergleichbaren Fall Tatmehrheit (BGHSt 7, 287 [288 f]), was allerdings angesichts der Identität des Erfolgs sehr problematisch ist.

c) Der **Abbruch eines rettenden Kausalverlaufs** ist nach hM als Begehen anzusehen, weil der Täter das fragliche Handeln um der Vermeidung der Tatbestandsverwirklichung willen unterlassen müsste (vgl *Roxin* Engisch-FS 380 [387 ff]). Exemplarisch: A schlägt R nieder, der den ertrinkenden Nichtschwimmer N aus dem Wasser ziehen möchte (vgl auch Vor § 13 Rn 92). 80

Wenn der Täter **eigene Rettungsbemühungen**, zu denen er verpflichtet ist, abbricht, bevor diese das gefährdete Objekt erreichen, ist insgesamt ein Unterlassen gegeben. Exemplarisch: A droht zu ertrinken. B eilt zu einem in der Nähe befindlichen Rettungsring. Als er diesen dem A zuwerfen will, erkennt er in ihm einen persönlichen Feind. Daraufhin unterlässt er die Rettung des A, der nunmehr ertrinkt (*Kühl* § 18/21; *Otto* AT § 9/10; aA MK-*Freund* Rn 9). 81

Anders ist dagegen zu entscheiden, wenn der Täter dem Gefährdeten eine bereits realisierbare Rettungsmöglichkeit eröffnet hat, diese jedoch wieder beseitigt; in diesem Fall verändert der Täter aktiv eine bereits für den Gefährdeten bestehende günstige Lage. Exemplarisch: A droht zu ertrinken. B eilt zu einem in der Nähe befindlichen Rettungsring und wirft ihn dem A zu. Jetzt erkennt B in A einen persönlichen Feind. Kurz bevor A den Ring ergreifen kann, zieht B ihn zurück. A ertrinkt. 82

Zur speziellen Problematik des Abschaltens medizinischer Geräte vgl BGHSt 40, 257; LG Ravensburg NStZ 1987, 229; *Frister* Samson-FS 19 ff; *Jakobs* 7/64; *Roxin* NStZ 1987, 345 (348 ff) mwN 83

d) Als **omissio libera in causa** wird der Fall angesehen, dass der Täter die Möglichkeit beseitigt, seine Pflicht aus einer Gebotsnorm zu erfüllen. Exemplarisch: Ein Rettungsschwimmer spricht so stark dem Alkohol zu, dass er später dem ertrinkenden E nicht zu helfen vermag. Hier ist ein Unterlassen anzunehmen, da der Täter die gebotene Handlung nicht vornimmt (*Hruschka* 304 ff, 341; *Kaufmann*, Die Dogmatik der Unterlassungsdelikte, 1959, 211; *Roxin* Engisch-FS 380 [383 f]; *Struensee* Stree/Wessels-FS 133 [146 ff]; zur omissio libera in causa bei *echten* Unterlassungsdelikten *Dehne-Niemann* GA 2009, 150 ff). Dass der Täter zur Vornahme der gebotenen Handlung nicht in der Lage ist, wird als unmaßgeblich angesehen, wenn die Unfähigkeit vorsätzlich oder fahrlässig herbeigeführt wurde (bei Fahrlässigkeit ist dies ein Fall von Übernahmefahrlässigkeit, vgl § 15 Rn 50, 80). 84

V. Strafmilderung (Abs. 2)

Abs. 2 sieht eine fakultative Strafmilderung vor und bringt damit das im Verhältnis zum Begehungsdelikt potenziell verringerte Unrecht des Unterlassens zum Ausdruck, welches darauf beruhen soll, dass „die gebotene Handlung vom Unterlassungstäter mehr verlange als den normalen Einsatz rechtstreuen Willens" (hierzu BGH JR 1982, 464 [465]; StV 1987, 527 [528]; *Freund* Herzberg-FS 225 [244 f]; *Lermann* GA 2008, 78 ff; *Loos* Samson-FS 81 [90 f]; krit. *Perdomo-Torres* Jakobs-FS 497 [511 ff]). 85

§ 14 Handeln für einen anderen

(1) Handelt jemand
1. als vertretungsberechtigtes Organ einer juristischen Person oder als Mitglied eines solchen Organs,
2. als vertretungsberechtigter Gesellschafter einer rechtsfähigen Personengesellschaft oder
3. als gesetzlicher Vertreter eines anderen,

so ist ein Gesetz, nach dem besondere persönliche Eigenschaften, Verhältnisse oder Umstände (besondere persönliche Merkmale) die Strafbarkeit begründen, auch auf den Vertreter anzuwenden, wenn diese Merkmale zwar nicht bei ihm, aber bei dem Vertretenen vorliegen.

(2) ¹Ist jemand von dem Inhaber eines Betriebs oder einem sonst dazu Befugten
1. beauftragt, den Betrieb ganz oder zum Teil zu leiten, oder
2. ausdrücklich beauftragt, in eigener Verantwortung Aufgaben wahrzunehmen, die dem Inhaber des Betriebs obliegen,

und handelt er auf Grund dieses Auftrags, so ist ein Gesetz, nach dem besondere persönliche Merkmale die Strafbarkeit begründen, auch auf den Beauftragten anzuwenden, wenn diese Merkmale zwar nicht bei ihm, aber bei dem Inhaber des Betriebs vorliegen. ²Dem Betrieb im Sinne des Satzes 1 steht das Unternehmen gleich. ³Handelt jemand auf Grund eines entsprechenden Auftrags für eine Stelle, die Aufgaben der öffentlichen Verwaltung wahrnimmt, so ist Satz 1 sinngemäß anzuwenden.

(3) Die Absätze 1 und 2 sind auch dann anzuwenden, wenn die Rechtshandlung, welche die Vertretungsbefugnis oder das Auftragsverhältnis begründen sollte, unwirksam ist.

I. Allgemeines

1 Die Vorschrift **dehnt** den **Anwendungsbereich** von Tatbeständen, die sich an bestimmte Normadressaten richten, auch **auf** deren **Vertreter aus,** wenn diese für den eigentlichen Normadressaten handeln. Dagegen regelt die Vorschrift nicht allgemein die strafrechtliche Haftung von natürlichen Personen für Pflichtverletzungen in Unternehmen oder Verbänden; sie gilt vielmehr nur für Delikte, die für bestimmte natürliche oder juristische Personen Sonderpflichten begründen (vgl dazu *Kuhlen* WiVerw 91, 181 [241]; *Schlüchter* Salger-FS 139 [143]). Die Strafbarkeitsausdehnung setzt voraus, dass ein bestimmtes Vertretungs- oder Auftragsverhältnis vorliegt. Die Regelung gilt als allgemeiner Strafausdehnungsgrund für das gesamte Strafrecht, sie findet aber hauptsächlich im Nebenstrafrecht Anwendung; eine inhaltsgleiche Vorschrift ist in § 9 OWiG normiert (zu Beispielen vgl NK-*Böse* Rn 3; zur Kritik an § 14 vgl S/S-*Perron* Rn 2; LK-*Schünemann* Rn 6 ff).

2 Handelt nicht der Normadressat, sondern dessen Vertreter, könnten ohne die Regelung des § 14 weder der Normadressat (der selbst nicht handelt) noch der Vertreter (dem die besondere Tätereigenschaft fehlt) bestraft werden. Besondere Bedeutung kommt dem bei juristischen Personen zu: Täter und Teilnehmer einer Straftat können nur natürliche Personen sein; juristische Personen und andere Personenmehrheiten sind dagegen im strafrechtlichen Sinne nicht deliktsfähig und für Handlungen ihrer Organe und Vertreter strafrechtlich nicht verantwort-

lich. Umgekehrt hängt die strafrechtliche Verantwortlichkeit der Organe und Vertreter allein davon ab, ob sie in ihrer Person die tatbestandlichen Voraussetzungen erfüllen. § 14 soll die sich daraus ergebenden **Strafbarkeitslücken schließen.**

Die Regelung des § 14 hat einen **kumulativen Übergang der Pflichten** auf den Vertreter bzw Beauftragten zur Folge (Abs. 1 und 2: „auch"); eine strafrechtliche Verantwortlichkeit des Vertretenen wird dadurch folglich nicht ausgeschlossen (KG JR 1972, 121; HWSt-*Achenbach* 3/20; NK-*Böse* Rn 2, 15, 51; S/S-*Perron* Rn 7; zur sog. „Geschäftsherrenhaftung" siehe LK-*Schünemann* Rn 67 f). 3

Anders als § 14 sieht § 30 OWiG die Möglichkeit der Verhängung von Geldbußen gegen juristische Personen und Personenvereinigungen vor und rechnet damit das Handeln natürlicher Personen dem Verband zu (vgl HWSt-*Achenbach* 2/1 ff). Auch für das Strafrecht wird die Möglichkeit einer sog. „**Verbandsstrafbarkeit**", also letztlich die Einführung einer Strafbarkeit von juristischen Personen, (kontrovers) diskutiert. Eine derartige Konstruktion wirft jedoch insbesondere mit Blick auf das Schuldprinzip erhebliche dogmatische Probleme auf (vgl hierzu *Böse* Jakobs-FS 15 ff; *ders.* ZStW 2014, 132 ff; *Dannecker* GA 2001, 101 ff; *Kelker* Krey-FS 221; *Kremnitzer/Ghanayim* ZStW 113, 539 ff; *Laue* Jura 2010, 339; *Leipold* Gauweiler-FS 375 ff; *Schünemann* Tiedemann-FS 429 ff; *Trüg* StraFo 2011, 471 ff; *von Freier* GA 2009, 98 ff; *Wegner* ZRP 1999, 186). Zum aktuellen Gesetzesentwurf der nordrhein-westfälischen Landesregierung für ein Verbandsstrafgesetzbuch vgl *Hoven* ZIS 2014, 19 ff; *Löffelmann* JR 2014, 185 ff; *Schünemann* ZIS 2014, 1 ff; *Zieschang* GA 2014, 91 ff. 4

II. Anwendbarkeit der Regelung

1. Tatbestände, die selbst unmittelbar das Vertreterhandeln sanktionieren: Es ist stets zunächst zu prüfen, ob das Vertreterhandeln von einem Tatbestand des BT unmittelbar erfasst wird, da § 14 in diesen Fällen **unanwendbar** ist. 5

Ob dies der Fall ist, ist anhand der Besonderheiten des jeweiligen Tatbestands zu ermitteln (näher NK-*Böse* Rn 19 ff; LK-*Schünemann* Rn 20 ff). Die Vorschrift des § 14 kann nur dann zum Tragen kommen, wenn das Gesetz bestimmte **Statusbezeichnungen** verwendet oder an solche anknüpft, die auf den Vertreter nicht zutreffen (vgl § 266 a I und II: Arbeitgeber; § 329 I: Betreiber; in diesen Fällen kann ein anderer als der in der Norm Genannte nur unter den Voraussetzungen des § 14 Täter sein (vgl S/S-*Perron* Rn 5; *Schroth*, Unternehmen als Normadressaten und Sanktionsobjekte, 1993, 36; LK-*Schünemann* Rn 13). Nicht anwendbar ist § 14 dagegen dort, wo der Tatbestand nicht an eine formale Rechtsposition anknüpft, wo also die Beziehung zu dem geschützten Rechtsgut nicht erst über einen bestimmten Status hergestellt wird, sondern wo das Rechtsgut schon im Zusammenhang mit der Ausübung bestimmter **Funktionen** unabhängig davon verletzt werden kann, ob der Täter für sich oder einen anderen handelt (vgl dazu NK-*Böse* Rn 19 f), wie etwa in § 29 I Nr. 1 BtMG: Handeltreiben (dazu auch BGHSt 29, 239 [240]; BGH NJW 1979, 1259); § 259: Ankaufen; umstritten dagegen bei §§ 284, 287: Veranstalten, Halten (siehe dazu S/S-*Heine/Hecker* § 284 Rn 15, 18). Die Nichtanwendbarkeit von § 14 kann zu einer Ungleichbehandlung führen, da auch Vertreter strafrechtlich erfasst werden, die nicht zum Personenkreis des § 14 gehören (näher hierzu NK-*Böse* Rn 21). 6

2. Die besonderen persönlichen Merkmale: Steht fest, dass es sich bei dem betreffenden Tatbestand des BT um ein Sonderdelikt handelt, welches das Vertreter- 7 handeln nicht unmittelbar erfasst, so ist nunmehr zu prüfen, ob die Merkmale, welche die Sonderpflichtigkeit des Adressaten begründen, auf den handelnden Vertreter gem. § 14 übertragen werden können.

8 a) **Übertragbarkeit der Merkmale:** Bei Anwendung des § 14 auf einen Tatbestand des BT bleibt dessen Rechtsfolge unverändert. Damit die Strafwürdigkeit auch des Vertreters gegeben ist, muss die Verpflichtung, die durch das besondere persönliche Merkmal gekennzeichnet wird, (bei fortbestehender Verantwortlichkeit des Vertretenen) auf ihn übertragbar sein (vgl NK-*Böse* Rn 12 f). Dieser Gedanke der Teilnahme des Vertreters an den Pflichten des Vertretenen ermöglicht es, die Tatbestände zu bestimmen, auf die § 14 anwendbar ist; dafür sind die in den Tatbeständen vorausgesetzten besonderen persönlichen Merkmale unter dem Aspekt zu überprüfen, ob durch sie eine übertragbare Pflichtenstellung gekennzeichnet ist.

9 Übertragen werden durch § 14 auf den Vertreter nur besondere persönliche Merkmale, die in den Sonderdelikten die **Strafbarkeit begründen**; nicht übertragen werden dagegen die besonderen persönlichen Merkmale, die sich strafschärfend auswirken. In Abs. 1 der Vorschrift ist eine Legaldefinition der strafbegründenden persönlichen Merkmale enthalten („besondere persönliche Eigenschaften, Verhältnisse oder Umstände"). Der Begriff der persönlichen Merkmale hat nach hM in § 14 jedoch eine andere Bedeutung als in § 28 I (NK-*Böse* Rn 12; *Herzberg* ZStW 88, 68 [110 ff]; aA *Langer* Lange-FS 241 [254 f]). Begründet wird dies mit der unterschiedlichen Funktion der Merkmale in den beiden Regelungen: in § 28 I entlasten sie den Extraneus, in § 14 belasten sie ihn dagegen. Eine belastende Übertragung auf den Vertreter soll jedoch ausgeschlossen sein, wenn es sich um Merkmale handelt, die ihrer Natur nach nicht übertragbar sind (vgl *Gallas* ZStW 80, 1 [21 f]).

10 Ob ein Merkmal übertragen werden kann, ist anhand des jeweiligen Tatbestands zu ermitteln. Als **Richtlinie** wird angenommen, dass höchstpersönliche Pflichtenstellungen mit starker sozialethischer Prägung nicht übertragbar sind, während Pflichtenstellungen, die allein auf das Rechtsgut Bezug nehmen, übertragbar sind (NK-*Böse* Rn 14; krit. *Schünemann* Jura 1980, 568 [574]).

11 **Subjektiv-täterschaftliche Merkmale** (zB Gesinnungen, Motive) können wegen ihres personalen Bezugs daher nicht durch § 14 auf den Vertreter übertragen werden, auch wenn sie persönliche Merkmale iSd § 28 I darstellen (*Gallas* ZStW 80, 1 [21 f]). Ob dies auch für Merkmale mit „egoistischer Innentendenz" gilt, wird nicht einheitlich beurteilt (bej. BGHSt 40, 8 [19]; 41, 187 [198]; LK-*Schünemann* Rn 39; abl. BGH NStZ 1995, 131 [133]; *Schroeder* JR 1995, 95; relevant war die Frage vor allem hinsichtlich der Zueignungsabsicht iSv § 242 aF).

12 Bei **objektiv-täterschaftlichen Merkmalen** wird danach unterschieden, ob es sich um solche höchstpersönlicher Natur handelt oder nicht. Sind sie **höchstpersönlicher Natur**, so sind die durch sie gekennzeichneten Eigenschaften oder Beziehungen unlösbar an eine bestimmte Person gekoppelt; aufgrund dieser Bindung an eine ganz bestimmte Person ist eine Vertretung durch eine andere Person nicht möglich, so dass sie einer anderen Person auch nicht angelastet werden können. Eine Übertragung solcher Merkmale auf einen Vertreter nach § 14 kommt daher nicht in Betracht; dagegen können solche Merkmale für den Vertreter entlastend nach § 28 I wirken (vgl NK-*Böse* Rn 14 f). Davon zu unterscheiden sind die Merkmale, die zwar täterbezogen sind, die aber lediglich die Funktion haben, durch Beschreibung einer bestimmten **sozialen Rolle** ihres Trägers den Bereich

festzulegen, in dem ein Rechtsgut geschützt werden soll, wie beispielsweise „Schuldner". Die Einschränkung des Täterkreises erfolgt in diesen Fällen ausschließlich aus rechtsgutsbezogenen Überlegungen (vgl LK-*Schünemann* Rn 10 ff). § 14 erfasst nur besondere persönliche Merkmale in diesem Sinne, weil die durch sie gekennzeichnete Funktion idR ohne Veränderung ihres Inhalts auch von einer anderen Person als der benannten wahrgenommen werden kann (*Gallas* ZStW 80, 1 [21 f]). Kommt es nach dem Gesetz ausnahmsweise auf die persönliche Erfüllung einer bestimmten Pflicht an, so ist in diesem Fall § 14 ebenfalls nicht anwendbar (zB Wehrpflicht).

b) **Besondere persönliche Eigenschaften, Verhältnisse, Umstände iSd § 14**: **Besondere persönliche Eigenschaften** sind die mit einer Person unmittelbar verbundenen Merkmale geistiger, körperlicher oder rechtlicher Art wie zB Alter, Geschlecht, Volljährigkeit (S/S-*Perron* Rn 9). In dieser Bedeutung können die besonderen persönlichen Eigenschaften für die Vorschrift des § 14 jedoch gerade nicht gelten, da in diesen Eigenschaften eine Vertretung nicht möglich ist (*Gallas* ZStW 80, 1 [22]). Der Begriff der besonderen persönlichen Eigenschaften läuft daher in § 14 leer. 13

Mit dem Begriff der **besonderen persönlichen Verhältnisse** werden die äußeren Beziehungen einer Person zu anderen Personen, Institutionen oder Sachen erfasst (BGHSt 6, 260 [262]). Dazu zählt der Großteil der objektiv-täterschaftlichen Merkmale. Um Relevanz für § 14 zu haben, müssen sie zudem eine Vertretung zulassen (Rn 8 f). Teilweise ergeben sich diese Merkmale aufgrund ausdrücklicher Nennung einer bestimmten Personengruppe als Normadressat im Gesetz; teilweise erschließen sie sich konkludent aus dem Sachzusammenhang des Tatbestandes. Beispiele: §§ 283 ff, 288: Schuldner; § 290: Pfandleiher; § 319: Bauleiter (OLG Hamm NJW 1969, 2211); § 266 a: Arbeitgeber (vgl OLG Karlsruhe JR 1985, 479); umstr. für § 170: Unterhaltspflichtiger (Anwendbarkeit des § 14 bej. LK-*Schünemann* Rn 41; verneinend NK-*Böse* Rn 14). 14

Dem Begriff der **besonderen persönlichen Umstände** unterfallen die sonstigen täterbezogenen Merkmale, die weder zu den besonderen persönlichen Eigenschaften noch zu den besonderen persönlichen Verhältnissen zu zählen sind; die Grenzen können fließend sein. 15

3. Anwendbarkeit der Regelung auf Unterlassungsdelikte: a) Echte Unterlassungsdelikte: Allgemein anerkannt ist, dass echte Unterlassungsdelikte von einem Dritten nur unter den Voraussetzungen des § 14 begangen werden können, wenn sie eine **besondere Tätereigenschaft** voraussetzen (zB §§ 266 a, 283 I Nr. 5). 16

Bei den echten Unterlassungsdelikten, die an **keine bestimmte Qualifikation des Täters** anknüpfen und somit von jedermann begangen werden können, kommt § 14 hingegen nicht zur Anwendung; vielmehr ist der Vertreter regelmäßig selbst Verpflichteter und damit tauglicher Täter (vgl BGHSt 37, 106; NK-*Böse* Rn 15; S/S-*Perron* Rn 6; *Schlüchter* Salger-FS 139 [143] m. Beispielen). 17

b) Unechte Unterlassungsdelikte: Für die unechten Unterlassungsdelikte wird teils angenommen, dass der Garantenstellvertreter immer selbst Garant sei (*Wiesener*, Die strafrechtliche Verantwortlichkeit von Stellvertretern, 1971, 187 f). Die Gegenmeinung, der zufolge auch bei unechten Unterlassungsdelikten ein Dritter nur unter den Voraussetzungen des § 14 Täter sein kann, wenn der entsprechende Begehungstatbestand eine bestimmte Täterqualifikation erfordert (NK-*Böse* Rn 15; LK-*Schünemann* Rn 25), hält dem entgegen, dass der Dritte außerhalb des § 14 auch nicht Täter des Begehungstatbestandes sein könne und 18 die Haftung des Nichtqualifizierten im Unterlassungsfall weitergehend wäre als im Begehungsfall (vgl *Bruns* GA 1982, 1 [24 f]; S/S-*Perron* Rn 6).

III. Die einzelnen Vertretungsmöglichkeiten

19 1. Abs. 1: Der erste Absatz überträgt besondere persönliche Merkmale auf gesetzliche Vertreter iwS, sofern sie in ihrer Eigenschaft als Vertreter handeln und die Merkmale beim Vertretenen vorliegen. Zudem wird eine rechtlich wirksame Bestellung zum Vertreter vorausgesetzt; andernfalls wäre Abs. 3 überflüssig. Faktische Vertreter werden daher von Abs. 1 nicht erfasst (vgl KG NJW-RR 1997, 1126; NK-*Böse* Rn 26 ff; aA MK-*Radtke* Rn 74).

20 a) Nr. 1 dehnt die Strafbarkeit auf die zur Vertretung berechtigten Organe juristischer Personen sowie auf Mitglieder solcher Organe aus.

21 **Juristische Personen** sind Organisationen mit eigener Rechtspersönlichkeit auf dem Gebiet des Privatrechts (zB GmbH, Aktiengesellschaft, Genossenschaft, eingetragener Verein, rechtsfähige Stiftung; umstr. für die Vor-GmbH, dafür: *Bittmann/Pikarski* wistra 1995, 91 [93], dagegen: *Deutscher/Körner* wistra 1996, 8 [9]; MK-*Radtke* Rn 76) oder des öffentlichen Rechts (zB Körperschaften, Anstalten, Stiftungen). Nicht einheitlich beurteilt wird, ob es erforderlich ist, dass die juristische Person wirksamen Bestand hat (bej. NK-*Böse* Rn 22; S/S-*Perron* Rn 15; MK-*Radtke* Rn 76 [nach dieser Ansicht sind die Mitglieder der Organisation selbst Normadressaten, wenn jener eine wirksame Rechtspersönlichkeit fehlt]; abl. LK-*Schünemann* Rn 44); ob die juristische Person wirksam besteht, ist nach den Vorschriften des Zivilrechts bzw des öffentlichen Rechts zu bestimmen. Rechtsmängel bei der Gründung der juristischen Person (des Privatrechts) führen den Regeln über die „fehlerhafte Gesellschaft" entsprechend nicht zur Unwirksamkeit ihrer Begründung (MK-*Radtke* Rn 76 mwN).

22 **Vertretungsberechtigte Organe** sind die Personen oder Gremien, die zur Führung der Geschäfte der juristischen Person nach außen und innen bestellt sind. Dies sind zB der Vorstand oder Notvorstand beim rechtsfähigen Verein (§§ 26, 29 BGB), einer rechtsfähigen Stiftung (§ 86 BGB), Genossenschaft (§ 24 GenG) oder Aktiengesellschaft (§§ 76, 85 AktG), der Geschäftsführer bei der GmbH (§ 35 GmbHG; nicht dagegen der Einmann-Gesellschafter als solcher oder dessen Generalbevollmächtigter, *Bruns* GA 1982, 1 [11]), die persönlich haftenden Gesellschafter bei der KGaA (§ 278 AktG). Befindet sich die juristische Person im Stadium der Abwicklung, treten die Liquidatoren an die Stelle der jeweiligen Organe (zB § 48 BGB; §§ 265 ff AktG; §§ 66 f GmbHG; vgl aber auch NK-*Böse* Rn 25). Nr. 1 erfasst zudem satzungsmäßig bestellte Vertreter (BGHSt 6, 314 [315 f]; BGH BB 1958, 930). Bei Körperschaften des öffentlichen Rechts ist die Organschaft nach dem jeweils maßgeblichen Organisationsrecht zu bestimmen.

23 Von Nr. 1 erfasst werden **eingliedrige** (1. Alt.) wie auch **mehrgliedrige Organe** (2. Alt.; zB eine aus mehreren Geschäftsführern bestehende Geschäftsführung einer GmbH). Normadressat ist bei mehrgliedrigen Organen grds. **jedes** Mitglied des Organs unabhängig von einer internen Zuständigkeitsverteilung (vgl BGH wistra 1990, 97 [98]; NJW 1997, 130 [132]).

24 Interne Zuständigkeitsvereinbarungen können jedoch die Verantwortlichkeit des Organmitglieds uU beschränken. Eine solche **Beschränkung der Strafbarkeit** kommt nicht in Betracht, wenn ein Organmitglied sich durch positives Tun im Zuständigkeitsbereich eines anderen Organmitglieds betätigt (NK-*Böse* Rn 30).

Verantwortlichkeit ist ebenso gegeben bei Mitwirkung an strafrechtlich relevanten Kollegialentscheidungen, bei den dem Organ aufgrund Gesetzes zwingend obliegenden Einzelaufgaben sowie in den Fällen, in denen die juristische Person ressortübergreifend als Ganzes betroffen ist (Grundsatz der „Allzuständigkeit"; vgl BGHSt 37, 106 [124]). In anderen Fällen sind Organmitglieder, denen die interne Zuständigkeit fehlt, nur dann für Pflichtverletzungen in einem anderen Zuständigkeitsbereich strafrechtlich voll verantwortlich, wenn sie von dem in Frage stehenden Geschehen Kenntnis haben und ihnen das Handeln möglich und zumutbar ist (S/S-*Perron* Rn 19). Eine Fahrlässigkeitshaftung kommt nur begrenzt in Betracht, da sie eine Pflicht zur gegenseitigen Überwachung unter den gleichgeordneten Organmitgliedern voraussetzen würde (vgl S/S-*Perron* Rn 19). Eine Sorgfaltspflichtverletzung kommt nur in Betracht, wenn sich dem nicht zuständigen Organmitglied die Pflichtverletzung regelrecht aufdrängen musste oder wenn aufgrund besonderer Umstände konkret Anlass bestand, sich um die Angelegenheiten des anderen zu kümmern (vgl BGHZ 133, 370 [377]; BGH NJW 2001, 969 ff; NK-*Böse* Rn 30); zudem muss sich die Fahrlässigkeit auf die konkrete Tat beziehen, da andernfalls nur § 130 OWiG (Aufsichtspflichtverletzung) einschlägig ist.

b) Mit den in **Nr. 2** genannten vertretungsberechtigten Gesellschaftern einer 25 rechtsfähigen Personengesellschaft sind wiederum nur Gesellschafter mit einer rechtswirksam erteilten Vertretungsbefugnis gemeint; ggf kann hier Abs. 3 eingreifen. Die Bedeutung von Nr. 2 für die Haftung von Gesellschaftern bei Personengesellschaften ist umstritten, da sich deren Schuldner- und damit Tätereigenschaft an sich bereits aus den allgemeinen zivilrechtlichen Regelungen ergibt. Es wird deshalb die Auffassung vertreten, dass § 14 in diesem Fall nicht anzuwenden und auch der nichtvertretungsberechtigte Gesellschafter tauglicher Täter sei (*Richter* GmbH-R 1984, 137 [143]; *Winkelbauer* JR 1988, 33 [34]). Hierbei wird jedoch verkannt, dass etwa in Insolvenzverfahren das Vermögen der Gesellschaft verselbstständigt ist und sich daher bestimmte Pflichten im Rahmen von §§ 283 ff nur für die Gesellschaft ergeben können, wenn sich das Verfahren nicht auch auf das Privatvermögen der einzelnen Gesellschafter bezieht (vgl NK-*Kindhäuser* Vor § 283 Rn 46; NK-*Böse* Rn 32; LK-*Schünemann* Rn 47). Zudem bringt die Bezugnahme von Abs. 1 Nr. 2 auf die Rechtsfähigkeit der Personengesellschaft deren Verselbstständigung zum Ausdruck (MK-*Radtke* Rn 83).

Rechtsfähige Personengesellschaften (vgl § 14 II BGB) sind die OHG, die KG 26 (§§ 105, 161 HGB), die GmbH und Co. KG sowie die durch EG-Recht geschaffene supranationale „Europäische Wirtschaftliche Vereinigung" – EWIV - (hierzu *Müller-Gugenberger* NJW 1989, 1449 [1452]). Ferner zählen hierzu die Partnergesellschaft (vgl BT-Drucks. 13/3604, 6 f) sowie die am Rechtsverkehr teilnehmende Gesellschaft bürgerlichen Rechts (vgl BGH [Z] NJW 2001, 1056; MK-*Radtke* Rn 84). Dagegen sind die nicht am Rechtsverkehr teilnehmende Gesellschaft bürgerlichen Rechts und der nicht rechtsfähige Verein nicht erfasst; bei diesen Vereinigungen sind die besonderen persönlichen Merkmale unmittelbar beim handelnden Gesellschafter oder Vorstand gegeben. Ob die Vor-GmbH von Nr. 2 erfasst wird, ist umstritten (dafür *Bittmann/Pikarski* wistra 1995, 91 [93]; dagegen *Deutscher/Körner* wistra 1996, 8 [13]; MK-*Radtke* Rn 84). Ob die Personengesellschaft wirksam bestehen muss, ist wie bei den juristischen Personen in Nr. 1 zu entscheiden (Rn 21).

Vertretungsberechtigt sind bei der OHG alle Gesellschafter, sofern sie nicht 27 durch Gesellschaftsvertrag von der Vertretung ausgeschlossen sind (§ 125 HGB).

Bei der KG sind nur die Komplementäre vertretungsberechtigt (§§ 161, 170 HGB); ein als faktischer Geschäftsführer tätiger Kommanditist kann allerdings zum Normadressaten nach Abs. 2 werden. Bei der GmbH und Co. KG ist der GmbH-Geschäftsführer Vertretungsberechtigter iSv Nr. 2 (hM, vgl zB BGHSt 28, 371 [372]; BGH NStZ 1984, 118 [119]; NK-*Böse* Rn 33; *Bottke* wistra 1991, 52 [53]; aA *Tiedemann* ZStW 83, 792 [796 f]). Bei der EWIV besteht die Besonderheit, Nichtgesellschafter zu vertretungsberechtigten Geschäftsführern bestellen zu können (Art. 19 EWIV-VO).

28 Ohne Relevanz ist, ob Einzel- oder Gesamtvertretungsbefugnis vereinbart ist. Als Täter kommt daher auch der Gesellschafter in Betracht, der gemeinsam mit einem anderen zur Vertretung berechtigt ist, jedoch allein handelt. Dies gilt nicht, wenn das Delikt ein wirksames Rechtsgeschäft voraussetzt, da der allein Handelnde ein solches nicht abschließen kann. Besteht intern eine Aufgabenverteilung bei mehreren vertretungsberechtigten Gesellschaftern, sind dennoch alle Normadressaten; hinsichtlich der Verantwortlichkeit eines Gesellschafters für Taten eines anderen gilt das zu den mehrgliedrigen Organen in Nr. 1 Ausgeführte entsprechend (Rn 23; vgl OLG Hamm NJW 1971, 817; OLG Koblenz VRS 39, 117 [119]).

29 c) Von **Nr. 3** werden **gesetzliche Vertreter** erfasst, dh Personen, deren Vertretungsmacht durch Gesetz bestimmt ist. Dies sind beispielsweise die Eltern (§§ 1626, 1629 I BGB), der Vormund (§§ 1773, 1793 BGB), der Pfleger (§§ 1909 ff, 1915 BGB), der Betreuer (§§ 1896, 1902 BGB), ebenso die „Parteien kraft Amtes", deren Handlungen als die eines gesetzlichen Vertreters beurteilt werden (zB Insolvenz-, Nachlassverwalter, Testamentsvollstrecker; nicht der Sequester [OLG Zweibrücken wistra 1995, 319 f]). Soweit die gesetzliche Vertretung auf einem Bestellungsakt beruht, muss dieser wirksam sein.

30 d) Die Fälle des Abs. 1 verlangen ein Handeln **als Organ** (Nr. 1), **als Gesellschafter** (Nr. 2) oder **als Vertreter** (Nr. 3), wobei der Begriff des „Handelns" gleichermaßen rechtsgeschäftliches und nichtrechtsgeschäftliches Vorgehen, aktives Tun und pflichtwidriges Unterlassen umfasst. Nach der früheren Rspr setzte ein Handeln „als" Normadressat ein Handeln (zumindest auch) im Interesse des Vertretenen voraus (sog. **Interessenformel**; BGHSt 30, 127 [128]; 34, 221 [223] m.Anm. *Weber* StV 1988, 16 und *Winkelbauer* JR 1988, 33; BGH NJW 1992, 250 [252]; NK-*Böse* Rn 17 ff). Hierauf kann es allerdings nicht ankommen, wenn – wie bei (echten und unechten) Unterlassungsdelikten – den Vertretenen eine Pflicht trifft, die der Vertreter zu erfüllen hat (NK-*Kindhäuser* Vor § 283 Rn 53 ff; vgl auch BGHSt 28, 371 [373 f]; 30, 127 [129 f]). Die hL stellt eher objektivierend darauf ab, dass die Handlung des Vertreters mit seinem Aufgaben- und Pflichtenkreis in einem funktionalen Zusammenhang steht (sog. **Funktionstheorie**; *Kasiske* wistra 2005, 81 [86]; S/S-*Perron* Rn 26; MK-*Radtke* Rn 60 ff, 64; LK-*Tiedemann* Vor § 283 Rn 81 ff). Der BGH hat nunmehr seine Rechtsprechung zur Interessenformel aufgegeben und will die Zurechnung über § 14 davon abhängig machen, ob der Vertreter im Geschäftskreis des Vertretenen tätig geworden ist (BGHSt 57, 229 [233 ff] m.Anm. *Pohl* wistra 2013, 329 ff; BGH NJW 2009, 2225 [2227 f]; NStZ-RR 2009, 373; NStZ 2012, 89 [91 ff]; näher dazu Vor §§ 283-283 d Rn 13).

31 **2. Abs. 2: a)** Durch Abs. 2 S. 1 und 2 wird der Kreis der Normadressaten auf bestimmte gewillkürte Vertreter in Betrieben (S. 1) und Unternehmen (S. 2) ausgedehnt, sofern das besondere persönliche Merkmal zwar beim Betriebs- bzw Unternehmensinhaber vorliegt, nicht aber beim Vertreter. Das Auftragsverhältnis

muss rechtswirksam begründet sein. Liegt keine rechtswirksame Begründung vor, kommt lediglich eine Erfassung als faktischer Vertreter durch Abs. 3 in Betracht. Die in Nr. 1 und 2 genannten Personen werden nur dann Normadressaten, wenn sie aufgrund ihres Auftrags handeln (wie Rn 30; BGH NJW 2006, 1364 [1365]).

aa) Zu Normadressaten nach S. 1 Nr. 1 werden Personen, die vom Betriebsinhaber oder einem sonst dazu Befugten beauftragt sind, den Betrieb ganz oder zum Teil zu leiten. Im Umkehrschluss zu Nr. 2 genügt für Nr. 1 auch eine konkludente Beauftragung mit den genannten Leitungsaufgaben (vgl BGH MDR 1990, 41). Erforderlich ist neben der Auftragserteilung, dass der Beauftragte den Auftrag angenommen (KG NJW-RR 1997, 1126 [1127]) und die Leitung tatsächlich übernommen hat; andernfalls fehlt es an einem Vertrauenstatbestand, der die Verantwortlichkeit des Betreffenden rechtfertigt (NK-*Böse* Rn 39; LK-*Schünemann* Rn 58). Außerdem ist es erforderlich, dass der Beauftragte bei wirtschaftlicher Betrachtungsweise zumindest auch für die Belange des Betriebes tätig werden will und nicht nur eigennützige Vermögensinteressen verfolgt (vgl OLG Karlsruhe StV 2009, 35 f). Der Beauftragte ist nur insoweit Normadressat, als ihm Entscheidungsbefugnisse zustehen. Er bleibt Normadressat, wenn er Teilkompetenzen auf andere überträgt (S/S-*Perron* Rn 30). 32

Unter **Betrieb** ist eine auf Dauer angelegte organisatorische Zusammenfassung von Personen und Sachmitteln zu verstehen, die unter einheitlicher Leitung steht und dem arbeitstechnischen Zweck dient, bestimmte Güter oder Leistungen hervorzubringen oder zur Verfügung zu stellen; meist besteht auch eine räumliche Einheit (L-Kühl-*Heger* § 11 Rn 15; LK-*Schünemann* Rn 54). Die Leistungen können sowohl materieller als auch immaterieller Natur sein. Nicht erforderlich ist, dass die Absicht besteht, Gewinn zu erzielen, so dass auch karitative Einrichtungen erfasst werden (NK-*Böse* Rn 37). **Inhaber** eines Betriebes kann nicht nur eine Einzelperson, sondern auch eine juristische Person oder eine Personengesellschaft sein (vgl *Achenbach* Stree/Wessels-FS 551). Die Rechtsform des Betriebs ist gleichgültig. 33

Beauftragt mit der Leitung ist derjenige, dem die Geschäftsführung nach innen und außen verantwortlich übertragen ist und der dementsprechend selbstständig an Stelle des Betriebsinhabers handelt (BGH NJW-RR 1989, 1185, 1186; NK-*Böse* Rn 38). Auch mehrere Personen können von Nr. 1 erfasst sein, wenn sie gemeinsam für den Betrieb verantwortlich sind; besteht intern eine Kompetenzverteilung, gilt das zu Abs. 1 Ausgeführte entsprechend (Rn 23 f, 28). Keine Leitung des Betriebes ist die bloße Beaufsichtigung (vgl *Bottke* wistra 1991, 52 [53]); Personen, die lediglich Aufsichtsfunktionen wahrnehmen, können jedoch nach Nr. 2 haften. 34

Beauftragt, den Betrieb **zum Teil zu leiten**, sind neben Leitern von räumlich und organisatorisch abgegrenzten Betriebsteilen (zB Zweigstellen) auch Leiter von sachlich abgegrenzten Teilbereichen innerhalb des Gesamtbetriebs (zB Ein- und Verkauf), sofern diese relativ selbstständig sind (näher NK-*Böse* Rn 39). Für die Frage, ob eine teilweise Betriebsleitung vorliegt, ist die handelsrechtliche Vertretungsform unmaßgeblich (näher S/S-*Perron* Rn 32 mit Beispielen). 35

Die Beauftragung muss **durch den Betriebsinhaber oder einen sonst dazu Befugten** erfolgt sein. Eine sonstige Befugnis zur Bestellung verantwortlicher Vertreter kann sich unmittelbar aus Gesetz oder aus einer Delegation (idR durch den Inhaber oder dessen Vertreter) ergeben. Auch Angestellte können sonst Befugte sein, sofern sie in einem bestimmten Bereich für die Betriebsorganisation verantwort- 36 lich sind (LK-*Schünemann* Rn 60). Die Befugnis zur Erteilung des Auftrags muss rechtswirksam übertragen worden sein (NK-*Böse* Rn 46; aA S/S-*Perron* Rn 38; LK-*Schünemann* Rn 75).

37 bb) Von **S. 1 Nr. 2** werden sonstige Beauftragte erfasst, wenn sie durch den Betriebsinhaber oder einen sonst dazu Befugten (Rn 36) **ausdrücklich** und konkret mit der Wahrnehmung von Aufgaben, die dem Betriebsinhaber obliegen, in eigener Verantwortung beauftragt sind (BGHSt 58, 10 [12 f]). Stillschweigende Bestellung, konkludente Billigung oder bloßes Dulden der tatsächlichen Aufgabenwahrnehmung sind nicht ausreichend (vgl BayObLG NStZ 1987, 58; NK-*Böse* Rn 42). Die Einhaltung einer bestimmten Form oder eine Bekanntmachung nach außen sind jedoch nicht erforderlich (KG VRS 36, 269 [270]); auch muss das Wort „Auftrag" nicht verwendet werden (näher LK-*Schünemann* Rn 61). Kumulativ zur Beauftragung muss hinzutreten, dass der Beauftragte die Aufgabenerfüllung **tatsächlich übernimmt**.

38 Der Beauftragte nimmt **in eigener Verantwortung Aufgaben** wahr, wenn er in seinem Tätigkeitsbereich selbstständig Entscheidungen und Maßnahmen treffen darf (vgl OLG Düsseldorf VRS 63, 135 [137]; *Bottke* wistra 1991, 52 [53]). Vertreter in ganz untergeordneter Position scheiden ebenso aus wie Personen mit bloßer Mitverantwortung. Der Beauftragte muss berechtigt sein, von sich aus die erforderlichen Maßnahmen zu treffen. Eigene Verantwortlichkeit liegt nicht vor, wenn der Betreffende noch der Zustimmung des Vorgesetzten bedarf; jedoch wird seine Eigenverantwortlichkeit aufgrund nachträglicher Kontrollen nicht ausgeschlossen (LK-*Schünemann* Rn 62). Während damit einerseits Angestellte mit einem weisungsfreien Teilbereich innerhalb eines weisungsgebundenen Tätigkeitsbereichs Beauftragte iSv Nr. 2 sein können (vgl S/S-*Perron* Rn 35; krit. NK-*Böse* Rn 44), bewirkt andererseits eine Prokura nicht zwingend eine Beauftragung in diesem Sinne (OLG Hamm MDR 1974, 425).

39 Unter den genannten Voraussetzungen können auch Personen von Nr. 2 erfasst werden, die **nicht dem Betrieb angehören**. Täter können zB beauftragte Drittunternehmer, für den Betrieb tätige Anwälte oder Wirtschaftsprüfer sein. Rein beratende Tätigkeit ist jedoch mangels eigenverantwortlicher Entscheidungsmacht nicht ausreichend.

40 b) **Unternehmen** werden den Betrieben in Abs. 2 S. 2 gleichgestellt. Die begriffliche Differenzierung zwischen Betrieb und Unternehmen ist damit für § 14 ohne Belang (zu den Kriterien vgl S/S-*Perron* Rn 28/29 mwN). Wird der Begriff des Betriebes weit ausgelegt, bedarf es der Gleichstellung nur noch in Fällen, in denen ein Unternehmen den Überbau für mehrere Betriebe bildet, die für dieses Unternehmen produktionstechnische Einheiten darstellen (S/S-*Perron* Rn 28/29).

41 c) Nach **Satz 3** ist Satz 1 sinngemäß anzuwenden, wenn ein entsprechend Beauftragter einer Stelle, die Aufgaben der öffentlichen Verwaltung wahrnimmt, handelt. Hierdurch werden Angehörige von solchen Stellen hinsichtlich ihrer Verantwortlichkeit den Beauftragten privater Betriebe gleichgestellt. **Stellen, die Aufgaben der öffentlichen Verwaltung wahrnehmen**, sind nicht nur die staatlichen Verwaltungsstellen im engeren Sinn (wie Behörden und Ämter), sondern zB auch Anstalten und Körperschaften des öffentlichen Rechts (deren Organe haften jedoch bereits nach Abs. 1 Nr. 1). Öffentliche Unternehmen werden dagegen von Satz 1 oder 2 erfasst.

42 Eine nur **sinngemäße** Anwendung ergibt sich daraus, dass es bei öffentlichen Stellen keinen Inhaber gibt, dessen Pflichten übertragen werden können. Dem-

entsprechend sind Tatbestände mit persönlichen Merkmalen zu berücksichtigen, deren Pflichtenkreise denen von Betriebsinhabern entsprechen. Statt auf den Betriebsleiter ist in Satz 3 auf den Leiter der Stelle abzustellen. Darüber hinaus kommt es darauf an, wie die entsprechende Stelle organisiert ist und wem danach welche Pflichten obliegen. Nicht erforderlich ist, dass die Beauftragten Beamte oder Angestellte des öffentlichen Dienstes sind; jedoch können Nichtamtsträger nicht Täter eines Amtsdelikts werden, da die Amtsträgereigenschaft nicht übertragbar ist.

3. Abs. 3: Abs. 3 regelt die **Haftung faktischer Organe und faktischer Vertreter.** 43
Die Kriterien für deren Bestimmung sind umstritten:

- Nach einer Ansicht erweitert Abs. 3 die Haftungsüberwälzung dahin gehend, dass § 14 I und II auch dann gilt, wenn die Rechtshandlungen, welche die Vertretungsbefugnis oder das Auftragsverhältnis begründen, zivilrechtlich unwirksam sind. Diese Haftungsausdehnung setzt voraus, dass der Vertreter nur deshalb lediglich „faktisch" agiert, weil eine Vertretungsbefugnis aufgrund der rechtlichen Unwirksamkeit des Bestellungsaktes entgegen der Absicht der Beteiligten nicht rechtswirksam begründet wurde (vgl NK-*Böse* Rn 26 ff, 50; *Bottke* wistra 1991, 52 [53]; *Hildesheim* wistra 1993, 166 [167]; *Hoyer* NStZ 1988, 369; *Joerden* wistra 1990, 1 ff; *Ransiek* ZGR 1992, 203 [209]). Dagegen könne die bewusste Bestellung eines „faktischen Geschäftsführers" oder das (ausdrückliche, Abs. 2 Nr. 2) Einverständnis mit dem Handeln des Betreffenden als Geschäftsführer häufig eine wirksame Beauftragung nach Abs. 2 enthalten oder in eine solche umgedeutet werden (vgl insoweit auch BGHSt 21, 101 [103 ff]; 31, 118 [122 f]; BGH StV 2009, 35; S/S-*Perron* Rn 42/43). 44

- Die Gegenansicht sieht durch Abs. 3 auch die faktischen Vertreter iSd zu den besonderen Organ- und Vertretertatbeständen des Gesellschaftsrechts vertretenen „faktischen Betrachtungsweise" erfasst (BGH bei *Holtz* MDR 1980, 453; *Dierlamm* NStZ 1996, 153; LK-*Schünemann* Rn 71 ff). Bisweilen wendet die Rspr sogar die zu § 84 GmbHG aufgestellten Grundsätze unmittelbar unter Übergehung von § 14 III für Handlungen eines faktischen Geschäftsführers nach § 283 an (vgl BGH StV 1984, 461). Hiergegen spricht jedoch, dass dem eindeutigen Wortlaut nach ein Rechtsverhältnis unter den Beteiligten gerade begründet werden soll. Insoweit hat die Vorschrift keinen deklaratorischen, sondern einen genuin strafbarkeitsbegründenden Charakter, der keine Analogien zulässt (*Groß*, Die strafrechtliche Verantwortlichkeit faktischer Vertretungsorgane bei Kapitalgesellschaften, 2007, 178 ff; *Tiedemann* NJW 1986, 1842 [1845]). 45

IV. Fehlende Sozialadäquanz

Teilweise wird vertreten, dass § 14 nicht anwendbar sei, wenn die Übertragung der Pflichten nicht mehr im Bereich des Sozialadäquaten liege, was insbesondere bei gewillkürter Stellvertretung der Fall sein könne (*Marxen* JZ 1988, 286 [288]). Sozialadäquanz sei zu verneinen, wenn der Vertreter nach in der Gesellschaft akzeptierten Maßstäben als Pflichtenträger nicht ernsthaft in Betracht komme, zB bei der Übertragung von Pflichten auf offensichtlich ungeeignete Personen (*Demuth-Schneider* BB 1970, 645; StA Mannheim NJW 1976, 585). In diesen Fällen verbleibe die volle Verantwortung beim ursprünglichen Pflichtenträger. Überwiegend wird jedoch eine solche Auslegung – insbesondere wegen 46 der Vagheit des Begriffs der Sozialadäquanz – abgelehnt (S/S-*Perron* Rn 36; LK-*Schünemann* Rn 64).

V. Subjektiver Tatbestand

47 Für den Vorsatz des Vertreters ist erforderlich, dass er die Umstände kennt, die ihn nach § 14 zum Normadressaten machen. Ein Irrtum über diese Umstände ist ein Tatbestandsirrtum (§ 16). Kennt der Vertreter zwar diese Umstände, weiß aber nicht, dass das fragliche Verbot oder Gebot auch für ihn Geltung hat, unterliegt er einem Verbotsirrtum (§ 17; vgl dazu BGH NJW 2001, 969 ff; StV 1984, 461 m.Anm. *Otto*).

VI. Objektive Bedingungen der Strafbarkeit

48 Zum Zeitpunkt, in dem eine objektive Bedingung der Strafbarkeit eintritt (zB Zahlungseinstellung bei Insolvenzdelikten), braucht der Täter nicht mehr Organ oder Vertreter zu sein; ausreichend ist vielmehr, dass er in dieser Eigenschaft tatbestandsmäßig gehandelt hat (RGSt 39, 217 f; S/S-*Perron* Rn 46).

VII. Bemessung der Strafe

49 Wird eine Geldstrafe verhängt, so ist auf die Verhältnisse des Vertreters, nicht auf die des Vertretenen abzustellen.

§ 15 Vorsätzliches und fahrlässiges Handeln

Strafbar ist nur vorsätzliches Handeln, wenn nicht das Gesetz fahrlässiges Handeln ausdrücklich mit Strafe bedroht.

I. Subjektive Zurechnung 1	4. Das zweistufige Fahrlässigkeitsmodell 46
II. Vorsatz 5	5. Das einstufige Fahrlässigkeitsmodell 81
1. Allgemeines 5	6. Fahrlässigkeitsformen 89
2. Begriff 10	7. Schuld 95
3. Arten des Vorsatzes 18	8. Gutachten: Der Aufbau des Fahrlässigkeitsdelikts 97
4. Dolus cumulativus und alternativus 27	IV. Zur Abgrenzung von Vorsatz und (bewusster) Fahrlässigkeit . 102
5. Dolus generalis 33	1. Begriffliches Verhältnis von Vorsatz und Fahrlässigkeit .. 102
III. Fahrlässigkeit 36	2. Abgrenzung 106
1. Funktion der Fahrlässigkeitshaftung 36	V. Vorsatz-Fahrlässigkeits-Kombination 123
2. Begriff und historische Entwicklung 37	
3. Die Merkmale der Fahrlässigkeitstat 41	

I. Subjektive Zurechnung

1 1. Nach § 15 ist nur vorsätzliches Verhalten strafbar, soweit fahrlässiges Verhalten nicht ausdrücklich unter Strafe gestellt ist. **Jedes Delikt** setzt somit **Vorsatz, Fahrlässigkeit** oder eine Kombination von Vorsatz und Fahrlässigkeit voraus.

Im **Gutachten** darf aus dem Fehlen von Vorsatz nicht auf Fahrlässigkeit geschlossen werden; vielmehr sind die Voraussetzungen der Fahrlässigkeitshaftung nach dem einschlägigen Fahrlässigkeitstatbestand schrittweise zu prüfen. 2

2. Gegenstand der subjektiven Zurechnung sind grds. alle im gesetzlichen Tatbestand genannten Umstände („Kongruenz von objektivem und subjektivem Tatbestand", vgl auch BGHSt 36, 221 [222 f]), sofern es sich nicht um objektive Bedingungen der Strafbarkeit (Vor § 13 Rn 227 ff) oder um (überflüssige) Hinweise auf die Rechtswidrigkeit als allgemeines Verbrechensmerkmal (vgl Vor § 13 Rn 22) handelt. Zurechnungsgegenstand ist bei den Erfolgsdelikten auch der Kausalverlauf, der nach hM in seinen wesentlichen Umrissen vorhergesehen bzw vorhersehbar sein muss (vgl nur RGSt 70, 257 [258]; *Jescheck/Weigend* § 29 II 3; *Struensee* ZStW 102, 21 ff). 3

Vom Vorsatz müssen ferner die Merkmale straferhöhender Tatbestandsqualifizierungen umfasst sein, und zwar gleichermaßen von abschließenden Qualifikationstatbeständen wie auch von Regelbeispielen (vgl Vor § 13 Rn 39 f). Dagegen genügt für die Zurechnung strafschärfender Erfolgsqualifizierungen grds. Fahrlässigkeit (§ 18); im Einzelfall werden jedoch an die Zurechnung höhere Anforderungen gestellt (vgl § 227 Rn 4 ff). 4

II. Vorsatz

1. Allgemeines: a) Der Vorsatz muss zum **Zeitpunkt** der Vornahme der tatbestandlichen Ausführungshandlung (= Begehung der Tat iSv § 16 I S. 1) gegeben sein (unstr., vgl nur *Fischer* § 15 Rn 4 a mwN; *Freund* § 7/43; *Frister* 11/4; *Jakobs* 8/1); ein „*dolus antecedens*" (vorausgehender Vorsatz) ist ebenso wie ein „*dolus subsequens*" (nachfolgender Vorsatz) unmaßgeblich (vgl BGH JZ 1983, 864 m.Anm. *Hruschka*; *Roxin* I § 12/80 ff; Überblick zum Vorsatzbegriff bei *Henn* JA 2008, 699; *Rönnau* JuS 2010, 675). Zur Verneinung des Vorsatzes genügt nach BGH NStZ 2010, 503 f insoweit ein auch nur vorübergehendes „Abrücken" vom Tatentschluss während der Ausführungshandlung aus. 5

b) Wird der Vorsatz (entsprechend der heute ganz hL) im subjektiven Deliktstatbestand loziert, so bedeutet dies, dass der Vorsatz beim Vorsatzdelikt **unrechtskonstitutiv** ist. Hieraus folgt, dass der Täter vorsätzlich gehandelt haben muss, wenn das Gesetz – wie zB bei § 257 I – an das Vorliegen einer **rechtswidrigen Tat** iSv § 11 I Nr. 5 Rechtsfolgen knüpft und die betreffende Tat Vorsatzdelikt ist. 6

Die Rspr ordnet den Vorsatz noch (als Ausläufer der früher vorherrschenden kausalen Handlungslehre, vgl Vor § 13 Rn 59) der Schuld zu. Das Wissen (und ggf Wollen), das für den subjektiven Tatbestand maßgeblich ist (etwa: Bereicherungsabsicht bei §§ 253, 263, Relevanz eines Tatbestandsirrtums usw), wird als „natürlicher Vorsatz" bezeichnet (vgl BGHSt 23, 356; BGH StV 1994, 304). Damit erschöpft sich die Differenz jedoch in der Terminologie, so dass für den Gutachtenaufbau die Deliktssystematik der ganz hL eindeutig vorzugswürdig ist. 7

c) Im Schrifttum wird dem Vorsatz bisweilen insoweit eine **Doppelfunktion** zugeschrieben, als dieser nicht nur für das Handlungsunrecht bedeutsam sein soll, sondern auch im Verhältnis zum Fahrlässigkeitsdelikt die gravierendere Schuldform („Träger des Gesinnungsunwerts") kennzeichne (vgl nur W-*Beulke/Satzger* Rn 200 ff; *Jescheck/Weigend* § 24 III 5, § 39 IV 4; abl. *Freund* AT § 7/31). Hieran ist zwar zutreffend, dass dem Fahrlässigkeitstäter, der nicht weiß, dass er einen Deliktstatbestand verwirklicht, auch notwendig das entsprechende Unrechtsbe- 8 wusstsein fehlt, während der Vorsatztäter regelmäßig mit aktuellem Unrechtsbewusstsein handelt. Allerdings kann sich auch der Vorsatztäter in einem unvermeidbaren Verbotsirrtum (entschuldigendem Notstand usw) befinden, so dass die vorsätzliche Begehungsweise als solche über die Schuld des Täters nichts aussagt (vgl auch *Jakobs* 8/5 ff zur mangelnden Legitimierbarkeit der Schulddifferenz bei Tatsachenblindheit).

9 d) Von einem „*dolus*" (Vorsatz) „*ex re*" spricht man, wenn sich ein bestimmter Handlungswille schon aus dem äußeren Verhalten erschließt. Exemplarisch: Von einem Täter, der mit einer Pistole, die er zuvor geladen hat, gezielt auf jemanden in Brusthöhe schießt, kann angenommen werden, dass er den Betreffenden töten will. Der dolus ex re wird heute nicht mehr als dogmatisches Zurechnungskriterium verstanden (und sollte daher auch im Gutachten nicht erörtert werden), sondern umschreibt die Möglichkeit, das subjektive Merkmal des Vorsatzes auch dann zu beweisen, wenn der Täter sich im Strafverfahren zu seinen Interna nicht äußert (näher zu Inhalt und Geschichte des dolus ex re *Hruschka* Kleinknecht-FS 191 ff). Teilweise wird bei der Tatbestandsauslegung der Sache nach noch auf den dolus ex re zurückgegriffen, so etwa, wenn für die Zueignung iSd Unterschlagung eine äußere Manifestation des Zueignungswillens verlangt wird (vgl § 246 Rn 13 ff).

10 **2. Begriff: a)** Der AT des StGB enthält keine explizite Definition des Vorsatzes. Lediglich aus §§ 16 und 17 lassen sich einige Folgerungen bezüglich Inhalt und Gegenstand des Vorsatzes ableiten. So lässt sich aus dem Nebeneinander dieser beiden Vorschriften schließen, dass das StGB systematisch zwischen Tatumständen und deren Bewertung als Unrecht unterscheidet: **Gegenstand des Vorsatzes** sind demnach die einschlägigen Tatumstände, während die Einsicht in deren Bewertung als Unrecht zum (schuldrelevanten) Unrechtsbewusstsein gehört. Daher wirkt nur die Unkenntnis der Tatbestandsverwirklichung vorsatzausschließend, während mangelndes Unrechtsbewusstsein eine den Vorsatz nicht berührende Schuldfrage darstellt.

11 b) Die **Definition** des Vorsatzes ist vor allem hinsichtlich der Erforderlichkeit eines voluntativen Begriffselements umstritten (Überblick bei *Satzger* Jura 2008, 112 [113 ff]):

12 ■ Die Rspr und ein Teil der Lehre definieren den Vorsatz als „**Wissen und Wollen der Tatbestandsverwirklichung**" (zB BGHSt 19, 295 [298]; 36, 1 [9 f]; BGH NStZ 1988, 175; BayObLG NJW 2003, 371 [372]; *Bung*, Wissen und Wollen im Strafrecht, 2009; *Heinrich* Rn 264; *Jescheck/Weigend* § 29 II 2; *Roxin* I § 12/4).

13 ■ Nach der in der Lehre zunehmend vertretenen Auffassung bedarf der Vorsatz in seiner Grundform keines voluntativen Elements; für die Zurechnung zum Vorsatz soll vielmehr dem Grunde nach – dh ungeachtet besonderer Vorsatzformen – das „**Wissen um die Tatbestandsverwirklichung**" als Folge gewollten Verhaltens genügen (vgl nur mit Abweichungen im Detail *Frisch*, Vorsatz und Risiko, 1983, 255 ff; *Hruschka* 434 ff; *Jakobs* 8/8; *Kindhäuser* ZStW 96, 1 ff, 21 ff; *Lesch* JA 1997, 802; NK-*Puppe* Rn 23 ff, 48, 61, 108; *Schlehofer* NJW 1989, 2017 [2019 ff]; *Schmidhäuser* Oehler-FS 135). Die Auswirkungen dieser abweichenden Definition sind **praktisch bedeutungslos**, da die Rspr kein Wollen im umgangssprachlichen Sinne, also keinen handlungsleitenden Willen verlangt, sondern ein „Billigen" ausreichen lässt (Rn 108 f), das nicht mehr ist als eine vom Täter ernst genommene, aber ihn

vom Handeln nicht abhaltende Erfolgsprognose. Genau dies vertritt im Kern auch die Gegenauffassung.

c) Die Zurechnung zum Vorsatz besagt, dass der Täter aktuell über das zur Vermeidung einer Tatbestandsverwirklichung erforderliche Wissen verfügt. Vorsatz ist also im Kern **hinreichendes Wissen zur gezielten Vermeidung der Tatbestandsverwirklichung**. Dieses Wissen um die tatbestandsrelevanten Umstände muss zudem entscheidungsrelevant sein, dh der Täter muss von der Verwirklichung des objektiven Deliktstatbestands als Wirkung seines Tuns in einem Maße überzeugt sein, dass er, wenn er die Tatbestandsverwirklichung vermeiden wollte, von seinem Handeln Abstand nehmen müsste (vgl *Frisch*, Vorsatz und Risiko, 1983, 26 ff; *Kindhäuser*, Gefährdung als Straftat, 1989, 91 ff). 14

Im Einzelnen ist jedoch umstritten, wenn auch zumeist ohne Auswirkung auf das Ergebnis, welche Wissensintensität für die Entscheidungsrelevanz erforderlich ist (vgl Rn 102 ff). Überwiegend wird angenommen, dass der Täter mit der **konkreten Möglichkeit** einer Tatbestandsverwirklichung rechnen müsse. Keinesfalls genügt es, wenn der Täter nur mehr oder weniger abstrakt bedenkt, dass eine Tatbestandsverwirklichung Folge seines Handelns sein könnte, oder dass er, ohne hinreichende tatsächliche Anhaltspunkte, lediglich hofft, ein Erfolg möge eintreten. 15

d) Als **sachgedankliches Mitbewusstsein** bezeichnet man das nicht aktuell reflektierte, aber vorhandene Wissen um Tatumstände (BGHSt 30, 44 [45]; *Jakobs* 8/11 f; *Platzgummer*, Die Bewußtseinsform des Vorsatzes, 1964, 55 ff; vgl auch OLG Köln NJW 1978, 652 f m.Anm. *Hruschka* NJW 1978, 1338; *Otto* AT § 7/5 ff, 11; krit. *Köhler* GA 1981, 285 [296 ff]; *Schild* Stree/Wessels-FS 241; abl. *Frisch* Kaufmann, A.-GS 317 ff). Dies gilt insbesondere für die vom Täter bekleidete tatbestandsrelevante Rolle (zB Amtsträger, Vater, Ehemann, Vormund usw) und das Ambiente der Tat (zB Anwesenheit in einem Gebäude usw). 16

e) Vorsatz liegt nur vor, wenn sich der Täter **unbedingt** zur Ausführung der Tat **entschlossen** hat (ganz hM, vgl schon RGSt 65, 145 [148]; 70, 201 [203]); insoweit ist der Terminus „bedingter Vorsatz" (Rn 26) missverständlich. Es schadet allerdings nicht, wenn der zur Tat fest entschlossene Täter noch den Eintritt eines bestimmten Umstands abwartet, bevor er beginnen und damit ins Versuchsstadium der Tat eintreten will (vgl BGHSt 5, 149 [152]; 21, 14 [17]). 17

3. Arten des Vorsatzes: Als Vorsatzarten werden unterschieden: 18
- **Absicht** (auch: dolus directus 1. Grades);
- **direkter Vorsatz** oder **dolus directus** (auch: dolus directus 2. Grades) und
- bedingter Vorsatz oder dolus eventualis.

Verlangt der Tatbestand eines Delikts keine bestimmte Vorsatzform, so sind alle drei Vorsatzarten gleichwertig; es genügt dann dolus eventualis. Es ist daher überflüssig, im Gutachten auf die Art des Vorsatzes einzugehen, wenn dolus eventualis ausreicht; es können sich hier nur überflüssige Fehler einschleichen. 19

a) Der Täter handelt mit **Absicht** hinsichtlich eines tatbestandlichen Umstands, wenn er dessen Verwirklichung erstrebt und annimmt, ihn durch sein Verhalten herbeiführen zu können (vgl BGHSt 4, 107 [108 f]; 21, 283 [284]; *Gropp* § 4/159 ff; *Kühl* § 5/33). Der tatbestandliche Erfolg kann hierbei Endziel oder auch (in der Regel) notwendiges Zwischenziel sein (*Jescheck/Weigend* § 29 III 1 a; *Otto* AT § 7/29). Absicht verlangt kein gegenüber dem dolus eventualis gesteigertes Wissen (vgl *Jakobs* 8/17; LK-*Vogel* Rn 79). 20

21 aa) Für die Unterscheidung der Absicht von anderen Vorsatzarten sind die Zielsetzung des Täters und damit die Differenzierung der Verhaltensfolgen in **Haupt- und Nebenfolgen** maßgeblich (vgl auch *Joerden* Jakobs-FS 235 ff). Die Tatbestandsverwirklichung kann als Hauptfolge angesehen werden, wenn sie Endzweck oder notwendiges Zwischenziel des Täterhandelns ist. Handelt der Täter dagegen in Kenntnis der Tatbestandsverwirklichung, ohne dass diese auch (Zwischen-)Ziel seines Verhaltens ist, so kann die Tatbestandsverwirklichung als Nebenfolge des Handelns angesehen werden. Hauptfolgen sind demnach alle Ereignisse, die der Täter (ggf auch nur „schweren Herzens") herbeiführen will, während Nebenfolgen solche Ereignisse sind, die nach der Tätervorstellung zur Erreichung seines Ziels nicht erforderlich sind, sondern nur (ggf willkommene) Begleitumstände der Tat darstellen (*v. Heintschel-Heinegg* Rn 224 f; *Jakobs* 8/15 ff; *Lesch* JA 1997, 802 [806]).

22 Bei der **Absicht** (vgl *Witzigmann* JA 2009, 489 ff) muss die Tatbestandsverwirklichung **Hauptfolge** des Handelns sein, bei den anderen Vorsatzarten dagegen (nur) Nebenfolge. Exemplarisch: A will ein Wohnhaus zur Erlangung der Versicherungsleistung anzünden; er geht davon aus, dass der im Obergeschoss lebende B bei dem Brand ums Leben kommt: Absicht bezüglich des Wohnhausbrands als Hauptfolge (= notwendiges Zwischenziel zur Erlangung der Versicherungssumme), dolus directus hinsichtlich des Todes von B als Nebenfolge.

23 bb) Neben Delikten, bei denen sich die Absicht auf die Verwirklichung des objektiven Tatbestands selbst bezieht (zB § 226 II), kennt das StGB auch Delikte, bei denen der Eintritt des beabsichtigten Erfolgs nicht mehr zum objektiven Tatbestand und damit zur Tatvollendung gehört. Diese Delikte werden als **Delikte mit überschießender Innentendenz** bzw als **kupierte Erfolgsdelikte** bezeichnet; exemplarisch: Bereicherungsabsicht in §§ 253, 259, 263. Einzelheiten sind im BT umstritten; bei manchen Delikten wird auch dolus directus für ausreichend erachtet.

24 b) Der Täter handelt mit **direktem Vorsatz** (**dolus directus**) hinsichtlich eines tatbestandlichen Umstands, wenn er dessen Verwirklichung für eine sichere Folge seines gewollten Verhaltens hält (vgl BGHSt 18, 246 [248]; 21, 283 [284 f]; *Gropp* § 4/169; *Roxin* I § 12/18 ff). Der direkte Vorsatz bezieht sich auf tatbestandliche Umstände, um die der Täter weiß oder deren Eintritt er als Nebenfolgen seines Handelns als sicher voraussieht. Bei dolus directus steht die intellektuelle Vorsatzkomponente im Vordergrund, während das voluntative Element keine motivationale Bedeutung hat; der Täter lässt sich also trotz Kenntnis der Folgen von seinem um anderer Ziele gewollten Handeln nicht abhalten.

25 Direkter Vorsatz ist stets dort **erforderlich**, wo das Gesetz (zumindest) „wissentliches" Handeln (zB §§ 226 II, 344 I) oder Handeln „wider besseres Wissen" (zB §§ 187, 278) verlangt.

26 c) Der Täter handelt mit **bedingtem Vorsatz** (**dolus eventualis**) hinsichtlich eines tatbestandlichen Umstands, wenn er mit dessen Verwirklichung als möglicher Folge seines gewollten Verhaltens rechnet (str., näher Rn 120 ff). Nach der (sachlich kaum abweichenden) **Formel der Rspr** handelt der Täter mit bedingtem Vorsatz, wenn er den für möglich gehaltenen Erfolg „innerlich billigt", „billigend in Kauf nimmt", „sich mit ihm abfindet" oder mit ihm „einverstanden" ist (vgl BGHSt 7, 363 [369]; BGH NStZ 2002, 315 [316]; näher Rn 108 f). Der bedingte Vorsatz ist die **Grundform** des Vorsatzes. Er stimmt mit der Absicht insoweit überein, als er hinsichtlich der intellektuellen Komponente keine Gewissheit,

sondern nur eine konkretisierte Möglichkeitsvorstellung voraussetzt. Mit dem dolus directus deckt er sich insoweit, als er sich auf Nebenfolgen bezieht und kein zielgerichtetes Wollen verlangt (zur Abgrenzung von der Fahrlässigkeit vgl Rn 102 ff).

4. Dolus cumulativus und alternativus: a) Sofern der Täter davon ausgeht, dass er durch sein Handeln **mehrere Tatbestände nebeneinander** verwirklicht, ist ihm jede Tatbestandsverwirklichung zum Vorsatz zurechenbar (sog. dolus cumulativus). Exemplarisch: A wirft eine Brandbombe in das Haus des B, wobei er davon ausgeht, dass sowohl das Haus in Brand gerät als auch die Gesundheit des B durch die Rauchentwicklung geschädigt wird. 27

b) Von **alternativem Vorsatz** (dolus alternativus) spricht man, wenn der Vorsatz seiner Art nach auf zwei oder mehr Tatbestände, der Zahl nach aber nur auf einen gerichtet ist. Der alternative Vorsatz ist also – wie der dolus cumulativus – keine Vorsatzform, sondern eine Verbindung mehrerer Vorsätze. Umstritten ist, welcher Erfolg dem Täter bei einem Handeln mit alternativem Vorsatz zuzurechnen ist. Exemplarisch: A schießt auf den Reiter R, wobei er es gleichermaßen für möglich hält, dass er den R (§ 212) oder nur das Pferd (§ 303) trifft. Möglich sind drei Konstellationen: 28
(1) A trifft den R (tödlich);
(2) A trifft das Pferd;
(3) A trifft weder R (tödlich) noch das Pferd.

Es bieten sich folgende Lösungsmöglichkeiten an (Überblick bei *Jeßberger/Sander* JuS 2006, 1065 ff): 29

■ Geahndet wird, falls es (wie in der 1. und 2. Variante) zum Erfolg kommt, das objektiv verwirklichte Delikt; zudem wird Tateinheit zwischen vollendetem und versuchtem Delikt unter der Voraussetzung bejaht, dass der Versuch, wie in der 2. Variante, im Unrechts- und Schuldgehalt wesentlich schwerer wiegt als die vollendete Tat. Kommt es, wie in der 3. Variante, zu keinem Erfolg, so ist wegen Versuchs des schwerwiegenderen Delikts zu bestrafen (W-*Beulke/Satzger* Rn 342 ff; *Heinrich* Rn 294; M-*Zipf* § 22/27). 30

■ Geahndet wird nur der Vorsatz hinsichtlich des schwereren Delikts, und zwar auch dann, wenn wegen des schwereren Delikts nur Versuch vorliegt (*Joerden* ZStW 95, 565 [594]; *Otto* AT § 7/23; LK-*Vogel* Rn 136). 31

■ Die hM findet eine Lösung erst auf der Ebene der **Konkurrenzen**, indem sie zwischen vollendetem und versuchtem bzw zwischen dem Versuch beider Delikte Tateinheit annimmt (vgl BGH JA 2006, 330; NK-*Puppe* Rn 115 f; *Roxin* I § 12/84 f; S/S-*Sternberg-Lieben/Schuster* Rn 90 f; *Stratenwerth/Kuhlen* § 8/122). 32

5. Dolus generalis: Mit der von *v. Weber* (Neues Archiv des Criminalrechts, 1825, 557 [576 ff]) begründeten Lehre vom sog. dolus generalis ist zunächst eine Vorsatzkonstellation gemeint, in welcher der Täter bewusst eine Gefahr für beliebig viele Rechtsgüter schafft, ohne dass es ihm gerade auf die Verletzung eines bestimmten Gutes ankommt. Exemplarisch: Terrorist T deponiert eine scharfe Bombe an einer belebten Stelle, um durch deren Explosion möglichst viele Menschen zu verletzen oder zu töten. Hier handelt T hinsichtlich jedes Todes- und Verletzungserfolgs vorsätzlich. 33

Ferner kann mit dem dolus generalis die Situation erfasst werden, in welcher der Täter nicht weiß, ob er schon mit einem ersten Akt den Erfolg herbeigeführt hat, 34 und deshalb sicherheitshalber eine weitere erfolgsrelevante Maßnahme ergreift. Exemplarisch: Da sich A nicht sicher ist, ob der mit einer Eisenstange niedergeschlagene B bereits tot ist, hängt er ihn noch auf; der zunächst nur bewusstlose B kommt erst durch die Strangulation zu Tode.

35 Während auch bei dieser Konstellation hinsichtlich des tatsächlich zum Tode führenden Kausalverlaufs unstr. bedingter Vorsatz gegeben ist, wird mit dem Begriff des dolus generalis schließlich auch und vor allem diejenige Situation erfasst, in welcher der Täter den **Erfolg durch einen zweiten Akt bedingt, ohne** auch nur die Möglichkeit dessen **zu bedenken**. Exemplarisch: C glaubt irrig, den D bereits erwürgt zu haben. Zur Verwischung der Tatspuren wirft er die vermeintliche Leiche in eine Jauchegrube; erst jetzt stirbt D durch Ertrinken. Für diese Konstellation ist umstritten, ob dem Täter der tatsächliche Kausalverlauf zum Vorsatz zurechenbar ist oder nicht (vgl § 16 Rn 22 ff).

III. Fahrlässigkeit

36 **1. Funktion der Fahrlässigkeitshaftung:** Die Fahrlässigkeitshaftung hat die Funktion, die Einhaltung der allgemein erwarteten Sicherheitsstandards für die Erkennbarkeit und Abschirmung von Risiken sicherzustellen. Dies geschieht in der Weise, dass derjenige, der zwar einen Tatbestand nicht vorsätzlich verwirklicht hat, die Tatbestandsverwirklichung aber bei Einhaltung der im Verkehr erforderlichen und ihm möglichen Sorgfalt hätte vermeiden können, kraft Fahrlässigkeit für den Erfolgseintritt haftbar gemacht wird. Demnach ist der Schlüssel der Fahrlässigkeitshaftung die Frage nach der Vermeidbarkeit der Tatbestandsverwirklichung durch Aufbietung der in der Tatsituation objektiv zu erwartenden und vom Täter zu erbringenden Sorgfalt. Die Verletzung dieser Sorgfalt gleicht beim Fahrlässigkeitsdelikt den hier mangelnden Vorsatz iSe dem Täter vorwerfbaren Verfehlung aus (vgl *Kindhäuser* Schünemann-FS 143 [147 ff]). Ansonsten deckt sich das Fahrlässigkeitsdelikt in allen konstitutiven Voraussetzungen grds. mit dem entsprechenden Vorsatzdelikt.

37 **2. Begriff und historische Entwicklung: a)** Der **Begriff** der Fahrlässigkeit wird im deutschen StGB nicht definiert (mit der Forderung einer positiven Regelung der Fahrlässigkeit in StGB de lege ferenda *Schmitz* Samson-FS 181 ff). In der historischen Entwicklung (hierzu *Schlüchter,* Grenzen strafbarer Fahrlässigkeit, 1996, 28 ff) ist Fahrlässigkeit (culpa) eine **Schuldform** neben dem Vorsatz (dolus). Während sich der Vorsatz auf die erkannten Folgen gewollten Handelns bezieht, verhält sich fahrlässig, wer solche Folgen seines Handelns nicht erkennt, die er bei Aufbietung der erforderlichen Sorgfalt hätte vorhersehen können: „culpam autem esse, quod cum a diligenti providere potuerit non est provisum" (*Paulus*, Digesten 9.2.31). Insoweit ist Fahrlässigkeit ein auf die Tatbestandsverwirklichung bezogener **Irrtum**, der nicht entlastet, weil er vom Täter aufgrund mangelnder Sorgfalt zu vertreten ist. In diesem Sinne bezeichnet das RG die Fahrlässigkeit als einen „verschuldeten Irrtum über die Kausalität der Handlung" (RGSt 9, 422 [424]; vgl auch RGSt 67, 12 [18]; *Frank* § 59 Anm. VIII 4; *Mezger* § 46 III). Ähnlich bestimmen die StGB-Entwürfe von 1913-1927 (wie auch § 18 I des Entwurfs 1962) die Fahrlässigkeit als Außerachtlassung der den Umständen nach vom Täter zu erwartenden Sorgfalt, die zu mangelnder Voraussicht der Tatbestandsverwirklichung oder einem unbegründeten Vertrauen auf deren Ausbleiben führt (vgl auch § 6 I österreichisches StGB).

Da sorgfaltsgemäßes Verhalten nicht nur die Erkennbarkeit der Tatbestandsverwirklichung, sondern auch das dieser Kenntnis entsprechende Verhalten umfasst, gehört zur Sorgfaltswidrigkeit das Nichtergreifen der zur Vermeidung der Tatbestandsverwirklichung gebotenen Maßnahmen. Schon in der frühen Rspr des RG wird die Fahrlässigkeit daher auch durch ein **äußeres Fehlverhalten** bestimmt (vgl nur RGSt 8, 66 [67]), das in der Folgezeit zunehmend als weiteres maßgebliches Kriterium des tatbestandsmäßigen Verhaltens angesehen wird. Die Kombination beider Elemente führt zu einem komplexen Fahrlässigkeitsbegriff, der zum einen die Sorgfaltspflicht zur Erkennbarkeit der Erfolgsgefahr („innere" Sorgfalt) wie auch die Sorgfaltspflicht zu gefahrvermeidendem Verhalten („äußere" Sorgfalt) umfasst. 38

b) Diese beiden Elemente der Fahrlässigkeit – die bei gebotener Sorgfalt erkennbare und vermeidbare Gefahr der Tatbestandsverwirklichung – wurden in der Folgezeit als **objektive Anforderungen** an normgemäßes Verhalten auf der Ebene des Tatbestands angesiedelt (grundlegend *Engisch*, Untersuchungen über Vorsatz und Fahrlässigkeit im Strafrecht, 1930, 266 ff, 365 ff; zur Entwicklung *Duttge*, Zur Bestimmtheit des Handlungsunwerts von Fahrlässigkeitsdelikten, 2001, 41 ff; *Laue* JA 2000, 666 ff). Dagegen wurde die **individuelle Fähigkeit** des konkreten Täters zur zumutbaren Gefahrerkennung und -vermeidung nach Maßgabe der kausalen Handlungslehre weiterhin als Schuldelement angesehen (vgl auch BGHSt 20, 315 [320 ff]; *Burgstaller*, Das Fahrlässigkeitsdelikt im Strafrecht, 1974, 26 f; *Jescheck/Weigend* § 54 I 3, 4; S/S-*Sternberg-Lieben/Schuster* Rn 113, 115, 121). Das Erfordernis der Objektivierung des Sorgfaltsverstoßes ergab sich aus dem Aufkommen des modernen Massenverkehrs und anderer technischer Risikobereiche. Da hier Handlungen per se gefährlich sind, bedarf es der Entwicklung von Maßstäben, mit deren Hilfe sich Grenzen zwischen erlaubten und unerlaubten Risiken ziehen und die Folgen erlaubt eingegangener Risiken bereits auf der Tatbestandsebene als strafrechtlich irrelevant ausscheiden lassen. In diesem Sinne handelt nach einer Formulierung des BGH fahrlässig, „wer eine objektive Pflichtwidrigkeit begeht, sofern er diese nach seinen subjektiven Kenntnissen und Fähigkeiten vermeiden konnte, und wenn gerade die Pflichtwidrigkeit objektiv und subjektiv vorhersehbar den Erfolg gezeitigt hat" (BGHSt 49, 1 [5]; 49, 166 [174]). 39

c) In der heutigen Diskussion steht neben der folgerichtigen Weiterentwicklung der anerkannten Prämissen die Frage im Vordergrund, ob sich nicht – parallel zum Vorsatzdelikt – die Fahrlässigkeit in der individuellen Vermeidbarkeit der Tatbestandsverwirklichung erschöpft und die entsprechende Fähigkeit des konkreten Täters zu sorgfaltsgemäßer Erkennbarkeit und Vermeidbarkeit des Erfolgs bereits auf der Tatbestandsebene zu prüfen ist (unten Rn 78, 81 f). 40

3. Die Merkmale der Fahrlässigkeitstat: a) Überblick: Das Fahrlässigkeitsdelikt unterscheidet sich vom Vorsatzdelikt allein dadurch, dass bei ihm an die Stelle des Vorsatzes die spezifischen Fahrlässigkeitsmerkmale treten. Daher müssen alle objektiven Tatbestandsmerkmale eines Vorsatzdelikts auch beim entsprechenden Fahrlässigkeitsdelikt erfüllt sein. Für das Erfolgsdelikt des Totschlags bedeutet dies etwa, dass der Täter durch sein Verhalten eine Ursache für den Tod eines anderen gesetzt haben muss. Uneingeschränkt gelten insoweit auch die Kriterien der objektiven Zurechnung; das Opfer darf das Risiko seines Todes nicht im Wege des eigenverantwortlichen **Handelns auf eigene Gefahr** übernommen haben (Vor § 13 Rn 118 ff). Ferner kann eine objektive Tatbestandsverwirklichung beim Fahrlässigkeitsdelikt aus denselben Gründen gerechtfertigt sein wie beim Vor- 41 satzdelikt. Schließlich weisen auch die allgemeinen Schuldmerkmale keine prinzipiellen Unterschiede auf (allg. Überblick über das Fahrlässigkeitsdelikt bei *Beck* JA 2009, 111 ff, 268 ff).

42 Kennzeichnend für die Fahrlässigkeit ist damit, dass der Täter zum einen das durch sein Verhalten bedingte tatbestandliche Risiko hätte erkennen können und müssen und zum anderen dieser Einsicht entsprechend das Schaffen des Risikos hätte vermeiden können und müssen. Das auf die Erkennbarkeit und Vermeidbarkeit bezogene **Müssen** wird als **Sorgfaltspflicht** bezeichnet. Das zur Erfüllung dieser Pflicht erforderliche **Können** ist die für die Fahrlässigkeitshaftung vorausgesetzte **Handlungsfähigkeit**.

43 b) **Fahrlässigkeitsmodelle:** Von der hM werden die Fahrlässigkeitselemente der Sorgfaltspflicht und der Handlungsfähigkeit in zwei Schritten festgestellt. Auf der Ebene des Tatbestands prüft sie, ob das Risiko von **einem gewissenhaften und einsichtigen Angehörigen des einschlägigen Lebensbereichs** in der Tatsituation hätte erkannt und vermieden werden können und müssen. Und erst auf der Schuldebene fragt sie, ob der konkrete Täter fähig war, den Anforderungen der Maßstabsfigur entsprechend das Risiko zu erkennen und zu vermeiden. Dieses Vorgehen führt somit zu einem **zweistufigen Fahrlässigkeitsmodell**, bei dem im Rahmen des Tatbestands die objektive und ihm Rahmen der Schuld die subjektive Fahrlässigkeit festgestellt wird.

44 Die im Vordringen befindliche **Lehre von der individuellen Vermeidbarkeit** hält diese Zweiteilung für überflüssig und will die Sorgfaltspflichten allein an den Fähigkeiten des konkreten Täters ausrichten. Diese Lehre gelangt damit zu einem **einstufigen Fahrlässigkeitsmodell**, bei dem – parallel zum Vorsatzdelikt – die sorgfaltsgemäße Erkennbarkeit und Vermeidbarkeit des Risikos allein auf der Tatbestandebene geprüft wird.

45 Zwar wirken sich die Unterschiede zwischen beiden Lehren praktisch kaum aus, der Übersichtlichkeit halber wird aber im Folgenden zunächst nur das zweistufige Modell dargestellt (Rn 46 ff). In einem gesonderten Abschnitt (Rn 81 ff) werden dann die Abweichungen erläutert, die sich ergeben, wenn man dem einstufigen Modell folgt. Die sich anschließenden Ausführungen zu Schuld und Fahrlässigkeitsformen (Rn 89 ff) gelten gleichermaßen für beide Modelle.

46 4. **Das zweistufige Fahrlässigkeitsmodell:**

a) Tatbestandsmerkmale:

aa) **Erfolg, Handlung und Kausalität:** Die Prüfung eines fahrlässigen Erfolgsdelikts beginnt mit der Frage, ob der Täter durch sein Verhalten einen Erfolg verursacht hat. Diese Merkmale müssen immer erfüllt sein, da es beim Fahrlässigkeitsdelikt keinen Versuch gibt.

47 bb) **Sorgfaltspflichtverletzung:** Die Verursachung des Erfolgs muss des Weiteren auf einer Sorgfaltspflichtverletzung beruhen, also durch Aufbietung der im Verkehr erforderlichen Sorgfalt erkennbar und vermeidbar gewesen sein. Mit dieser Formel wird auf die Anforderungen verwiesen, die an einen rechtstreuen Normadressaten hinsichtlich **seiner Fähigkeit zur Vermeidung tatbestandlicher Erfolge** von Rechts wegen gestellt werden (vgl auch § 276 II BGB). Wer eine Norm befolgen soll, soll auch in der Lage sein, diese Norm befolgen zu können; er muss sich bemühen, die Voraussetzungen zu erkennen und zu vermeiden, unter denen sein Verhalten zu einer Tatbestandsverwirklichung führen kann. Die verkehrsübliche Sorgfalt ist der **generalisierte Maßstab** für diese Bemühungen (zur normtheoreti-

schen Einordnung der Sorgfaltspflicht *Kindhäuser*, Gefährdung als Straftat, 1989, 62 ff; *Renzikowski*, Restriktiver Täterbegriff und fahrlässige Beteiligung, 1997, 226 ff; *Toepel*, Kausalität und Pflichtwidrigkeitszusammenhang beim fahrlässigen Erfolgsdelikt, 1992, 31 ff; *Vogel*, Norm und Pflicht bei den unechten Unterlassungsdelikten, 1993, 74 ff; vgl auch *Jähnke* Schlüchter-GS 99 [105 f]; *Otto* Schlüchter-GS 77 [91]).

Hierbei geht es nicht um eine Abbildung der tatsächlichen Bemühungen in bestimmten Verkehrskreisen. Sonst wäre auch ein bereichsweise eingerissener Schlendrian zu beachten. Maßgeblich ist vielmehr das **normative Leitbild eines gewissenhaften und einsichtigen Angehörigen des einschlägigen Lebensbereichs** in der Tatsituation (vgl BVerfG GA 1969, 246 [247 ff]; BGHSt 7, 307 [309]; 20, 315 [321]; BGH NStZ 1991, 30 [31]; W-*Beulke*/*Satzger* Rn 943; *Bringewat* Rn 645; *Ebert* 165; M/G/Z-*Gössel* § 43/33 ff; *Jäger* AT Rn 374; *Jescheck*/*Weigend* § 55 I 2 b; *Kudlich* AT 166 ff; krit. MK-*Duttge* § 15 Rn 117 f). Der jeweilige Lebensbereich ist hierbei risikospezifisch zu bestimmen: Erwartet wird, dass ein Normadressat über die Kenntnisse und Fähigkeiten verfügt, die für erforderlich gehalten werden, um das jeweils eingegangene Risiko zu beherrschen. Insoweit können die maßgeblichen Lebensbereiche weit, aber auch eng zugeschnitten sein. Exemplarisch: Wer am Straßenverkehr teilnimmt, muss in der Lage sein, auf Verkehrssituationen in der von einem durchschnittlichen Fahrzeugführer erwarteten Weise zu reagieren. Wer dagegen – zB als Testfahrer, Forscher oder Ingenieur – Risiken eingeht, die (ggf hoch spezialisierte) Expertenfähigkeiten und -kenntnisse verlangen, muss diesen spezifischen Anforderungen genügen.

cc) Innere und äußere Sorgfalt: Die so erwartete Sorgfalt hat einen inneren und einen äußeren Aspekt: Der innere Aspekt betrifft die Beachtung der mit einem Verhalten verbundenen Risiken, der äußere Aspekt die Vermeidung dieser Risiken oder zumindest ihre Begrenzung auf ein generell erlaubtes Maß durch das Ergreifen der hierzu erforderlichen Vorsichtsmaßnahmen. Dieses Zusammenspiel innerer und äußerer Anforderungen lässt sich auf die Formel bringen (*Burkhardt* in: Wolter/Freund [Hg.], Straftat, Strafzumessung und Strafprozess im gesamten Strafrechtssystem, 1996, 99 [127]): **Gefahr erkannt** (innere Sorgfalt), **Gefahr gebannt** (äußere Sorgfalt).

dd) Typische Sorgfaltspflichten: Im Bereich der Fahrlässigkeitsdelikte spielen vor allem folgende Verstöße gegen die Anforderungen an die erwartete Sorgfalt eine Rolle:

- die Verletzung von **Prüfungspflichten** bei der **Übernahme einer riskanten Tätigkeit** (sog. **Übernahmefahrlässigkeit**, vgl BGHSt 10, 133 [134]; BGH NJW 1998, 1802 [1803 f]; *Kühl* § 17/35; *Stratenwerth*/*Kuhlen* § 15/22). Exemplarisch: Kraftfahrer K setzt sich übermüdet an das Steuer seines Fahrzeugs und überfährt einen Menschen, weil er infolge der Übermüdung nicht mehr angemessen reagieren kann;
- die Verletzung von **Kontroll- und Überwachungspflichten**. Exemplarisch: Chirurg C klärt eine unerfahrene Schwester nicht hinreichend über die von ihr zu erbringenden Leistungen bei einer Operation auf (vgl BGH NJW 1955, 1487 f);
- die Verletzung von **Erkundigungspflichten**. Exemplarisch: Zahnarzt Z verabreicht einer Patientin ein Narkosemittel, ohne deren Hinweis auf ihre Herzbeschwerden nachzugehen (vgl BGHSt 21, 59 [61]);

- die Verletzung besonderer **Vorsorgepflichten** (Unfallverhütungsvorschriften, Berufsausübungsregeln usw).

51 Zur Bestimmung der objektiven Verhaltensanforderungen können auch spezielle **außerstrafrechtliche Rechtsvorschriften** (Sicherheitsnormen) herangezogen werden (zB § 14 II S. 2 StVO, § 42 I WaffG). In solchen Vorschriften hat sich gewissermaßen die bereichsspezifische Risikoerfahrung niedergeschlagen, so dass deren Nichtbeachtung eine objektive Sorgfaltswidrigkeit indizieren kann (BGHSt 4, 182 [185]; 12, 75 [78]; zur widerlegbaren Indizwirkung *Kudlich* Otto-FS 373 ff).

52 **b) Sorgfaltsgemäße Vorhersehbarkeit: aa) Wissensbasis:** Die „innere" Seite der erwarteten Sorgfalt betrifft die Erkennbarkeit des Kausalverlaufs vom Täterverhalten bis zum Erfolg in seinen wesentlichen Zügen (zum entsprechenden Schutzzweck der Sorgfaltspflicht vgl *Bringewat* Rn 651; M/G/Z-*Gössel* § 43/140 ff; *Kühl* § 4/74; *Stratenwerth/Kuhlen* § 15/11 ff). Insoweit stellt sich die Frage, auf welche Wissensbasis diese Prognose zum Tatzeitpunkt zu stützen ist. Die hM zieht hierzu die Kenntnisse heran, über welche die entsprechende Maßstabsfigur eines einsichtigen Angehörigen des betreffenden Verkehrskreises – als Arzt, Kraftfahrer, Steuerberater usw – **gewöhnlich verfügt** oder die sie bei den von ihr **erwarteten Erkundigungen** oder bei Aufwendung der von ihr **erwarteten Aufmerksamkeit gewinnen** würde (vgl nur *Roxin* § 24/54, 58 ff mwN).

53 Die hM erweitert dieses normativ begrenzte Wissen noch um solche Kenntnisse, über die der Täter (!) aufgrund besonderer Sachkunde verfügt oder die er durch Zufall erlangt (sog. **Sonderwissen**) hat (vgl nur OLG Düsseldorf NJW 1991, 1123 f; *Jescheck/Weigend* § 55 I 2 b; *Kühl* § 17/31; *Murmann* Herzberg-FS 123 ff; NK-*Puppe* Vor § 13 Rn 157 ff; *Roxin* I § 11/35, 50; S/S-*Sternberg-Lieben/Schuster* Rn 138 ff). Exemplarisch: Arzt A erkennt aufgrund einer von ihm durchgeführten, wenngleich unter den gegebenen Umständen nach den Regeln der ärztlichen Kunst nicht gebotenen Untersuchung, dass der Patient P an einer höchst seltenen Allergie leidet. Bei der Bestimmung des für die Behandlung des B nunmehr geltenden Sorgfaltsmaßstabs ist die Kenntnis dieser Allergie zu berücksichtigen. A kann sich daher nicht darauf berufen, dass dieses Wissen von ihm zufällig erlangt wurde und von einem durchschnittlichen Arzt nicht erwartet werden dürfe. *Kritik*: Auch wenn die Berücksichtigung von Sonderwissen auf der Tatbestandsebene ersichtlich sachgerecht ist, erfolgt sie doch systemwidrig, wenn die Kenntnisse und Fähigkeiten des konkreten Täters erst auf der Schuldebene zur Sprache kommen sollen.

54 **bb) Kausale Adäquanz:** Ein Geschehensverlauf kann nur selten völlig exakt prognostiziert werden, so dass sich die Frage stellt, wann der Kausalzusammenhang zwischen Täterverhalten und Erfolg als in seinen wesentlichen Zügen vorhersehbar anzusehen ist. Zur Beantwortung gibt es ein ebenso einfaches wie hinreichend präzises Verfahren. Da jedem Erfolg objektiv das Risiko seines Eintritts vorausgeht (Vor § 13 Rn 105 ff), ist mit der Feststellung der Ursachen eines Erfolgs ex post zugleich bekannt, welche Risikofaktoren zum Erfolg geführt haben. Freilich sind diese tatsächlichen Risikofaktoren in der Tatsituation ex ante nur mehr oder weniger bekannt oder erkennbar. Waren nun so viele Faktoren bekannt oder erkennbar, dass bereits aufgrund dieser Umstände der Erfolgseintritt mit einer gewissen Wahrscheinlichkeit prognostiziert werden konnte, so war der Erfolg vorhersehbar. **Im Erfolg** hat sich dann **das erkennbare Risiko adäquat realisiert**. Waren dagegen ex ante keine Umstände erkennbar, welche die Annahme eines Risikos nahelegten, so war der Kausalverlauf auch nicht vorhersehbar. Dies gilt auch dann, wenn zwar ex ante aufgrund bestimmter Umstände vom Beste-

hen eines Risikos auszugehen war, von diesen Umständen aber nur ein Teil zur kausalen Erklärung des Erfolgs heranzuziehen ist und diese Teilmenge der heranzuziehenden Umstände für sich gesehen ex ante noch keine Risikoprognose begründet hätte.

Diese letztgenannte Konstellation lässt sich anhand folgenden Falles verdeutlichen: Der von X bei einem Verkehrsunfall infolge überhöhter Geschwindigkeit verletzte Y erstickt beim nächtlichen Brand des Krankenhauses, in das er zur Behandlung verbracht wurde. Hier mag zum Tatzeitpunkt unter Heranziehung der überhöhten Geschwindigkeit und der weiteren konkreten Tatumstände das Urteil, der Täter schaffe das Risiko eines Verkehrsunfalls mit ggf auch lebensgefährlichen Verletzungen, gerechtfertigt gewesen sein. Diese Situation hat aber zunächst nur zum Krankenhausaufenthalt des Y geführt und war auch insoweit zum Tatzeitpunkt vorhersehbar. Jedoch ist der Krankenhausaufenthalt als solcher aus keinem der zum Tatzeitpunkt erkennbaren Umstände noch (oder erneut) lebensgefährlich. Daher hat sich das in der Tatsituation erkennbare Todesrisiko der überhöhten Geschwindigkeit nicht realisiert. Zwar muss auch bei der kausalen Erklärung des tatsächlich eingetretenen Todes durch Ersticken der Krankenhausaufenthalt des Y berücksichtigt werden, so dass X durchaus eine Ursache für den Tod des Y gesetzt hat. Diese Bedingung war aber zum Tatzeitpunkt nicht als Risikofaktor des Erstickungstodes erkennbar, weil sie zu einem solchen erst im Kontext der weiteren, nicht erkennbaren Bedingung des Brandes wurde. Daher war der Kausalverlauf im Beispielsfall bei Aufbietung der erforderlichen Sorgfalt nicht vorhersehbar, obgleich X den Tod des Y verursacht und auch eine – sich allerdings nicht im Erfolg realisierende – Lebensgefahr für Y geschaffen hat. Es fehlt an der kausalen Adäquanz zwischen Täterverhalten und Erfolg (anders bzw zumindest mit „großzügiger" Handhabung des erforderlichen Zusammenhangs OLG Celle NJW 1958, 271 f; hierzu *Hauck* GA 2009, 280 ff). 55

c) Sorgfaltsgemäße Vermeidbarkeit: Die „äußere" Seite der erwarteten Sorgfalt betrifft das der sorgfaltsgemäßen Erkennbarkeit des Risikos entsprechende Verhalten zur Vermeidung einer Erfolgsursache (vgl BGHSt 21, 59 [61]; 33, 61 [64] m.Anm. *Puppe* JZ 1985, 295 ff; BGHSt 37, 106 [115 f]; BGH NJW 1966, 1871 f; *Kühl* § 17/62; *Küper* Lackner-FS 247 ff; *Maiwald* JuS 1989, 186 [187]; *Otto* AT § 10/17 ff; *Schatz* NStZ 2003, 581 ff; *Schlüchter* JA 1984, 673 ff). Exemplarisch: Da es der allgemeinen Lebenserfahrung entspricht, dass Kleinkinder Gegenstände in den Mund stecken und verschlucken können, sind Medikamente so aufzubewahren, dass sie Kleinkindern nicht zugänglich sind. 56

Die sorgfaltsgemäße Vermeidbarkeit kann sich auch im schlichten Unterlassen des riskanten Verhaltens erschöpfen, etwa indem man nicht mit einer möglicherweise geladenen Schusswaffe herumspielt.

Die Feststellung der sorgfaltsgemäßen Vermeidbarkeit kann erhebliche **Probleme** aufwerfen, wenn dem Täter von Rechts wegen die Möglichkeit eröffnet ist, eine Verhaltensalternative zu ergreifen, die – und sei es auch in geringerem Maße – ebenfalls das Risiko einer Erfolgsverursachung birgt. In den beiden folgenden Abschnitten werden zunächst die Voraussetzungen erlaubt riskanten Verhaltens dargestellt (Rn 58 ff) und sodann wird aufgezeigt, wie in Fällen des erlaubt riskanten Alternativverhaltens der sog. Pflichtwidrigkeitszusammenhang zu prüfen ist, der dem Nachweis dient, dass der Erfolg gerade auf der Sorgfaltspflichtverletzung beruht (Rn 68 ff). 57

58 **d) Erlaubte Risiken und Vertrauensgrundsatz: aa) Erlaubtes Risiko:** Die Einhaltung der im Verkehr gebotenen Sorgfalt zwingt keineswegs dazu, stets jedes Verhalten, durch das die Fähigkeit zur Vermeidung einer Tatbestandsverwirklichung eingeschränkt wird, zu unterlassen. Vielmehr ist die moderne Gesellschaft in vielfältiger Weise – vom Straßenverkehr über die medizinische Forschung und Versorgung bis zu Wertanlagen auf dem Kapitalmarkt – auf das Eingehen von Risiken angewiesen (vgl *Hoyer* ZStW 121, 860 ff). Andererseits sind solche Risiken auf ein sozial tolerierbares Maß zu begrenzen. Der zu beschreitende Mittelweg ist das sog. erlaubte Risiko: Die Vornahme riskanter Handlungen wird generell nicht als sorgfaltswidrig angesehen, sofern die Sorgfaltsnormen (Sicherheitsregeln) des einschlägigen Verkehrskreises eingehalten werden (vertiefend *Kindhäuser* Maiwald-FS 397 ff; zum Begriff des erlaubten Risikos und seiner dogmatischen Einordnung vgl NK-*Paeffgen* Vor § 32 Rn 23 ff; ferner HKGS-*Duttge* § 15 Rn 37 ff; *ders.* Maiwald-FS 133 ff; *Hübner*, Die Entwicklung der objektiven Zurechnung, 2004, 279 ff; zur Schwierigkeit, solche Risikobereiche zu legitimieren, vgl *Jakobs* 7/35 ff; *Kindhäuser* GA 1994, 197 [215 ff]; *Roxin* I § 11/59 ff, mwN).

59 Dies bedeutet zB: Sorgfaltswidrig handelt, wer am motorisierten Straßenverkehr teilnimmt, ohne eine Fahrerlaubnis zu besitzen, körperlich fahrtauglich zu sein, ein den technischen Anforderungen genügendes Fahrzeug zu steuern, die den Verkehrsverhältnissen angemessene Geschwindigkeit einzuhalten usw. Wer dagegen ausnahmslos (!) alle einschlägigen Sicherheitsregeln befolgt, handelt sorgfaltsgemäß: Das Verhalten ist dann erlaubt riskant, weil der Handelnde für Erfolge, die er trotz Einhaltung der gebotenen Maßnahmen nicht vermeiden kann, **nicht haftet**. Exemplarisch: Wer im Straßenverkehr trotz Beachtung der Verkehrsregeln einen Unfall verursacht, hat mangels Überschreitung des erlaubten Risikos für die Folgen nicht strafrechtlich einzustehen.

60 Das erlaubte Risiko hindert damit die objektive Zurechnung eines Erfolgs zum Täter, ist aber – entgegen der insoweit missverständlichen Bezeichnung als „erlaubt" – **kein Rechtfertigungsgrund**. Ein Rechtfertigungsgrund ist eine Erlaubnisnorm, welche die Verwirklichung des Tatbestands insgesamt und damit auch und vor allem die Erfolgsherbeiführung gestattet. Dies bedeutet ua, dass derjenige, der durch das gerechtfertigte Verhalten verletzt wird, zur Hinnahme dieser Verletzung verpflichtet ist; widersetzt er sich, begeht er ggf seinerseits einen rechtswidrigen Angriff, gegen den Notwehr nach § 32 zulässig ist. Das erlaubte Risiko betrifft dagegen **nur den Ausschluss einer Sorgfaltspflichtverletzung** im Rahmen der Fahrlässigkeitshaftung, ohne eine Erlaubnis zur Erfolgsherbeiführung zu geben. Daher braucht eine durch ein erlaubt riskantes Verhalten ausgelöste Notstandslage von Rechts wegen nicht geduldet zu werden. Exemplarisch: Der ordnungsgemäß fahrende F droht (für ihn unerkennbar) spielende Kinder zu überfahren. A kann dies nur verhindern, indem er in letzter Sekunde den Pkw des F mit seinem eigenen Pkw rammt. Die Sachbeschädigung zulasten des F ist hier durch Notstandshilfe (§ 34) gerechtfertigt, da F seinerseits kein Recht hat, die Kinder ggf tödlich zu verletzen. Grund dieser Beurteilung ist der Umstand, dass Autofahren wegen seiner vielfältigen Vorteile zwar abstrakt bei Einhaltung von Sicherheitsregeln gestattet ist, aber bei einer konkreten Güterabwägung im Rahmen einer Rechtfertigung keinen vorrangigen Wert beanspruchen kann.

61 **bb) Vertrauensgrundsatz:** Das Eingehen eines erlaubten Risikos setzt nicht nur voraus, dass der Handelnde selbst die erforderlichen Sicherheitsvorkehrungen trifft, sondern ist auch nur dann sozial tolerabel, wenn die anderen Beteiligten

des entsprechenden Verkehrskreises ihr eigenes Verhalten danach ausrichten. Exemplarisch: Dass der Pkw-Fahrer P eine Ampel bei Grün gefahrlos passieren kann, hängt wesentlich davon ab, dass die wartenden Fußgänger das für sie geltende rote Signal beachten. Ob dies der Fall ist, kann P zwar nicht wissen, aber er darf grds. darauf vertrauen und in diesem Vertrauen das ihm erlaubte Risiko eingehen. Dieses das erlaubte Risiko ermöglichende und zugleich absichernde Prinzip, dass die Beteiligten eines Gefahrenbereichs wechselseitig die Einhaltung der ihnen jeweils obliegenden Sorgfalt erwarten können, wird Vertrauensgrundsatz genannt (vgl *Jakobs* 7/51; *Kühl* § 4/49; S/S-*Sternberg-Lieben/Schuster* Rn 148 f; zur Ableitung aus dem Eigenverantwortlichkeitsprinzip [Vor § 13 Rn 118 ff] vgl *Roxin* I § 24/11, 22).

Im Rahmen der Fahrlässigkeitszurechnung besagt der Vertrauensgrundsatz, dass 62 kausale Handlungsfolgen, die erst im Zusammenhang mit Umständen (insbesondere dem Verhalten Dritter), auf deren Ausbleiben der Täter vertrauen durfte, zur Erfolgsverursachung geführt haben, mangels Sorgfaltspflichtverletzung nicht objektiv zurechenbar sind (M/G/Z-*Gössel* § 43/88 ff; L-Kühl-*Kühl* Rn 39; SK-*Rudolphi/Jäger* Vor § 1 Rn 127; Überblick bei *Eidam* JA 2011, 912 ff). Der Vertrauensgrundsatz ist vor allem im **Straßenverkehr** bedeutsam (vgl BGHSt 7, 118 [121 f]; *Fischer* § 222 Rn 14 ff; S/S-*Sternberg-Lieben/Schuster* Rn 149). Ein weiterer wichtiger Anwendungsbereich sind (erlaubt) **riskante Unternehmen, die von mehreren Personen gemeinsam** durchgeführt werden (vgl BGH NJW 1998, 1802 ff). Hier darf grds. jeder Beteiligte darauf vertrauen, dass die anderen ihren Beitrag hinreichend sorgfältig erbringen, sofern diese Erwartung sachlich gerechtfertigt ist. Exemplarisch: Bei einer chirurgischen Operation darf der leitende Arzt A darauf vertrauen, dass die Mitarbeiter ihren jeweiligen Part ordnungsgemäß erbringen, sofern es sich um ein eingespieltes und fachlich hinreichend ausgebildetes Operationsteam handelt. Unterläuft einer Schwester ein – von A nicht bemerkter – Fehler bei den ihr zukommenden Handgriffen, haftet A nicht für die Folgen.

Da sich der Vertrauensgrundsatz auf den Normalfall des Zusammentreffens oder 63 -wirkens mehrerer Personen in Risikobereichen bezieht, **greift** er **nicht ein**, wenn aufgrund der konkreten Umstände mit einem ordnungsgemäßen Verhalten nicht zu rechnen ist (vgl BGHSt 7, 118 ff; 12, 81; 13, 169 ff; BGH VRS 33, 368 [370]; 62, 166 [167]; *Roxin* I § 24/23; SK-*Rudolphi/Jäger* Vor § 1 Rn 127 mwN), vor allem wenn

- sich ein anderer ersichtlich nicht an die einschlägigen Regeln hält; ein Fuß- 64 gänger versucht zB erkennbar, bei Rot die Straße zu überqueren;

- ein anderer ersichtlich nicht in der Lage ist, das Risiko zu überschauen 65 (Kind) oder zu beherrschen (Betrunkener);

- sich der Handelnde selbst verkehrswidrig verhält. Wer selbst eine Gefahr 66 schafft, darf sich nicht darauf verlassen, dass andere *diese* Gefahr meistern (BGHSt 17, 299 [302]; OLG Frankfurt JR 1994, 77 [78]; *Kühl* § 17/39; *Stratenwerth/Kuhlen* § 15/67).

Zu der Frage, ob bei der fahrlässigen Mitwirkung an einer Vorsatztat eines Drit- 67 ten der Erfolg dem Fahrlässigkeitstäter objektiv zugerechnet werden kann, vgl Vor § 13 Rn 139 ff.

e) Erlaubt riskantes Alternativverhalten: aa) Pflichtwidrigkeitszusammenhang: 68 Sofern sich ein Täter bei der Verursachung eines Erfolgs sorgfaltswidrig verhalten hat und das Risiko eines Erfolgseintritts bei Aufbietung der erwarteten Sorgfalt hätte erkennen und vermeiden können, beruht der Erfolgseintritt auf der Sorgfaltspflichtverletzung. In einem solchen Fall besteht zwischen der Sorgfaltspflichtverletzung und der Erfolgsverursachung ein sog. Pflichtwidrigkeitszusammenhang (BGHSt 21, 59 [61]; 33, 61 [64] m.Anm. *Puppe* JZ 1985, 295 ff; BGHSt 37, 106 [115 f]; BGH NJW 1966, 1871 f; *Kühl* § 17/47; *Küper* Lackner-FS 247 ff; *Otto* AT § 10/17 ff; *Schatz* NStZ 2003, 581 ff).

69 Schwierigkeiten kann die Feststellung des Pflichtwidrigkeitszusammenhangs in solchen Fällen aufwerfen, in denen der Täter das **Maß des erlaubten Risikos überschritten** hat. In einem solchen Fall hat sich der Täter zwar sorgfaltswidrig verhalten, durfte aber das betreffende Risiko in geringerem Umfang eingehen. Hätte hier der Erfolg auch bei erlaubt riskantem Alternativverhalten nicht vermieden werden können, so ist der Erfolg mangels seiner Vermeidbarkeit bei Einhaltung der gebotenen Sorgfalt nicht zurechenbar. Insoweit fehlt der für die Erfolgszurechnung erforderliche Pflichtwidrigkeitszusammenhang (vgl BGHSt 11, 1; 21, 59; 24, 31 f; 37, 106 [127]; *Baumann/Weber/Mitsch* § 14/83 f; *Krümpelmann* GA 1984, 491; krit. *Küper* Lackner-FS 247 [268]). Exemplarisch: Autofahrer A fährt mit 90 km/h auf einer Straße, auf der eine Höchstgeschwindigkeit von 60 km/h zulässig ist. Plötzlich betritt der Fußgänger F verkehrswidrig die Fahrbahn und wird von A, der nicht mehr bremsen oder ausweichen kann, erfasst; F erleidet tödliche Verletzungen. Da A den Unfall auch dann nicht hätte vermeiden können, wenn er die zulässige Geschwindigkeit eingehalten hätte, ist der Erfolg nicht auf die Überschreitung der zulässigen Höchstgeschwindigkeit, also den die Sorgfaltswidrigkeit des Täterverhaltens begründenden Umstand, zurückführbar. Der Erfolg ist mangels Pflichtwidrigkeitszusammenhangs nicht zurechenbar.

70 **bb)** Umstritten ist die Behandlung der Fälle, in denen sich im Nachhinein **nicht mehr** (mit Sicherheit) **klären** lässt, ob der Erfolg bei Einhaltung des erlaubten Risikos hätte vermieden werden können. Exemplarisch: Pkw-Fahrer P verursacht den Tod eines auf die Fahrbahn tretenden Fußgängers. P fuhr mit überhöhter Geschwindigkeit; im Nachhinein erscheint es zwar nicht unwahrscheinlich, aber auch nicht sicher, dass bei Einhaltung der zulässigen Höchstgeschwindigkeit rechtzeitiges Bremsen möglich gewesen wäre.

71 ■ Nach der sog. **Risikoerhöhungslehre** soll der Erfolg nur dann nicht objektiv zurechenbar sein, wenn er mit Sicherheit auch bei rechtmäßigem Alternativverhalten nicht hätte vermieden werden können; ansonsten reiche – bei bestehender Kausalität zwischen Täterverhalten und Erfolg – für die objektive Zurechnung eine **Steigerung der Erfolgsgefahr** aus (*Köhler* 197 ff; *Roxin* ZStW 74, 411 ff, 430 ff; SK-*Rudolphi/Jäger* Vor § 1 Rn 111 ff; *Stratenwerth/Kuhlen* § 8/36). Die **bloß mögliche** Unvermeidbarkeit des Erfolgs bei rechtmäßigem Alternativverhalten soll also die Zurechenbarkeit des Erfolgs noch nicht ausschließen. Argument: Wenn der Täter das tolerierbare Risiko überschreitet, bestehe kein Grund mehr, ihn von den Folgen zu entlasten (näher zur Begründung *Roxin* I § 11/78 ff). Da es im Beispielsfall plausible Anhaltspunkte dafür gibt, dass P den Unfall bei Einhaltung der zulässigen Höchstgeschwindigkeit hätte vermeiden können, soll der Erfolg zurechenbar sein.

72 ■ Nach hM ist dagegen ein zurechnungsbegründender Pflichtwidrigkeitszusammenhang zu verneinen, wenn (ex post) nicht mit an Sicherheit grenzender Wahrscheinlichkeit festgestellt werden kann, dass der Erfolg bei sorg-

faltsgemäßem Alternativverhalten vermeidbar gewesen wäre (BGHSt 11, 1 [7]; 21, 59 [61]; 24, 31 [34 ff]; 37, 106 [127]; 49, 1 [4]; BGH NStZ 1987, 505; *Baumann/Weber/Mitsch* § 14/86 f; *Freund* § 2/49 f; *Frisch* JuS 2011, 205 [208]; *Gropp* § 12/88; *Jakobs* 7/98 ff; S/S-*Sternberg-Lieben/Schuster* Rn 173 ff; LK-*Vogel* Rn 198; LK-*Walter* Vor § 13 Rn 99, jew. mwN). Dieser Lösung ist zuzustimmen, da die Risikoerhöhungslehre mit dem Grundsatz in dubio pro reo nicht zu vereinbaren ist; Zweifel bei der Aufklärung eines Sachverhalts dürfen nicht zulasten des Angeklagten gehen. Dass sich der Täter durch Überschreiten der zulässigen Höchstgeschwindigkeit unerlaubt verhalten hat, ist als Ordnungswidrigkeit zu ahnden. Der weitergehende strafrechtliche Vorwurf der Verwirklichung eines Tötungsdelikts lässt sich dagegen nur rechtfertigen, wenn zweifelsfrei feststeht, dass der Todeserfolg auf der Sorgfaltspflichtverletzung beruht, also mit Sicherheit nicht auch als Folge eines sorgfaltsgemäßen Verhaltens erklärt werden kann.

cc) Ein **Fehlverhalten des Opfers** ist unbeachtlich, wenn der Erfolg auch bei korrektem Verhalten des Opfers eingetreten wäre (W-*Beulke/Satzger* Rn 966 f). Exemplarisch: Aufgrund überhöhter Geschwindigkeit gerät ein Lkw in einer innerörtlichen Kurve ins Schleudern und erfasst – mit tödlichem Ausgang – einen Fußgänger, der unvorsichtig die Straße überquert; der Lkw hätte den Fußgänger auch erfasst, wenn sich dieser noch auf dem Bürgersteig aufgehalten hätte. 73

dd) **Mehrere sorgfaltswidrig handelnde Täter:** Wird ein Erfolg von zwei (oder mehreren) sorgfaltswidrig handelnden Tätern verursacht, so entlastet es keinen von ihnen, wenn der Erfolg nur bei sorgfaltsgemäßem Verhalten aller hätte vermieden werden können, etwa auch bei sorgfaltsgemäßem Verhalten nur eines Täters eingetreten wäre. Dies ergibt sich schon aus dem Gedanken des Opferschutzes (sowie den Regeln der alternativen Kausalität, vgl Vor § 13 Rn 88 ff sowie *Puppe* Frisch-FS 446 ff, und dem Vertrauensgrundsatz, vgl oben Rn 61 ff), da der Verletzte nicht schlechter gestellt werden kann, wenn er nicht nur von einem, sondern von mehreren sorgfaltswidrig geschädigt wird und jeder der Täter sich entlastend darauf berufen könnte, dass das jeweils eigene sorgfaltsgemäße Handeln nicht zur Erfolgsvermeidung geführt hätte (vgl BGHSt 30, 228 [232] m.Anm. *Puppe* JuS 1982, 660; BGHSt 37, 106 [131]; näher *Puppe* § 4/19 ff). Exemplarisch: Zwei Busse stoßen auf einer engen Bergstraße zusammen; mehrere Reisende erleiden Verletzungen. Der Unfall hätte sich nur vermeiden lassen, wenn beide Fahrer, was sie beide nicht getan haben, jeweils verkehrsgerecht äußerst rechts gefahren wären (W-*Beulke/Satzger* Rn 971; *Kühl* § 17/66 f). Hier kann sich keiner der Täter entlastend darauf berufen, dass der Unfall auch bei eigenem sorgfaltsgemäßem Verhalten nicht vermeidbar gewesen wäre. Vielmehr entfällt der Risikozusammenhang nur, wenn sich der Unfall auch bei sorgfaltsgemäßem Verhalten aller Nebentäter ereignet hätte. 74

ee) **Alkoholbedingte Unfälle:** Umstritten ist die Frage, wie der Risikozusammenhang bei Unfällen alkoholisierter Kraftfahrer festzustellen ist: 75

- Abweichend von der sonstigen Bestimmung des Pflichtwidrigkeitszusammenhangs stellt die Rspr darauf ab, ob sich der Unfall auch ereignet hätte, wenn der Kraftfahrer bei seinem Verkehrsverhalten seiner alkoholbedingten Fahruntüchtigkeit Rechnung getragen hätte (vgl BGHSt 24, 31; BGH NStZ 2013, 231 f m. krit. Bspr *Jäger* JA 2013, 393 ff sowie *Puppe* JR 2013, 473 ff, die im konkreten Fall zwar zum selben Ergebnis kommt, dies jedoch aufgrund von Erwägungen zur Doppelkausalität von Sorgfaltspflichtverlet-

zungen; BayObLG NStZ 1997, 388 m. abl. Anm. *Puppe*; vgl auch MK-*Duttge* Rn 176; *Schünemann* JA 1975, 715 [718]).
- Demgegenüber ist nach vorherrschender Lehre der Pflichtwidrigkeitszusammenhang unter der Fragestellung zu prüfen, ob der Unfall von einem nüchternen Kraftfahrer in der Situation des Täters hätte vermieden werden können (*Freund* JuS 1990, 213 [214 f]; *Kühl* § 17/63; *Otto* AT § 10/21 f; diff. *El-Ghazi* ZJS 2014, 23 ff).

76 Der Meinungsstreit wirkt sich insbesondere **in Fällen überhöhter Geschwindigkeit** aus. Exemplarisch: A fährt auf der Autobahn 160 km/h mit einer Blutalkoholkonzentration von 1,4 ‰; infolge des Fahrfehlers eines anderen Kraftfahrers K kommt es zu einem für diesen tödlichen Unfall (vgl BayObLG VRS 87, 121):
- Nach der Rspr ist zunächst zu entscheiden, bei welcher Geschwindigkeit A das Geschehen trotz Trunkenheit noch beherrscht hätte. Wäre dies etwa bei 120 km/h auf gerader Autobahnstrecke der Fall gewesen, so wird in einem zweiten Schritt geprüft, ob der Unfall bei dieser Geschwindigkeit ausgeblieben wäre; unter diesen Voraussetzungen wäre A im Beispielsfall wegen fahrlässiger Tötung zu bestrafen.
- Die hL verneint dagegen eine Haftung des A, wenn auch ein nüchterner Kraftfahrer bei der von A eingehaltenen Geschwindigkeit den Unfall nicht hätte vermeiden können.

77 Der Rspr ist entgegenzuhalten, dass sie sachwidrig ein pflichtwidriges Verhalten (Einhalten der Geschwindigkeit x bei alkoholbedingter Fahruntauglichkeit) durch ein *anderes pflichtwidriges Verhalten* (Einhalten der Geschwindigkeit y bei alkoholbedingter Fahruntauglichkeit) ersetzt: Im Zustand alkoholbedingter Fahruntauglichkeit darf aber überhaupt nicht am motorisierten Straßenverkehr teilgenommen werden. Folgerichtig kann daher bei der Prüfung, ob der Unfall gerade aus einer Pflichtverletzung resultiert, nur das pflichtwidrige Verhalten (alkoholbedingtes Fahren mit 160 km/h) in Relation zu dem parallelen pflichtgemäßen Verhalten (nüchternes Fahren mit 160 km/h) gesetzt werden. Zu fragen ist also, ob der Täter bei unterstellter Nüchternheit in der Lage gewesen wäre, den Unfall zu vermeiden.

78 f) **Die subjektiven Tatelemente der Fahrlässigkeit:** Folgt man dem zweistufigen Fahrlässigkeitsmodell der hM, wonach die tatbestandsmäßige Sorgfaltspflicht anhand der Maßstabsfigur eines gewissenhaften und einsichtigen Angehörigen des relevanten Verkehrskreises zu bestimmen ist, so steht nach den bisherigen Prüfungsschritten erst fest, dass die Tatbestandsverwirklichung für einen dergestalt objektivierten Normadressaten erkennbar und vermeidbar war. Offen ist damit aber noch, ob auch der **konkrete Täter** in der Lage war, die erwartete (innere und äußere) Sorgfalt aufzubieten, also die Gefahr der Erfolgsherbeiführung zu erkennen und durch sorgfaltsgemäßes Verhalten zu vermeiden. Nach dem zweistufigen Fahrlässigkeitsmodell ist diese Frage erst **auf der Ebene der Schuld** aufzuwerfen und zu beantworten.

79 Die **individuelle Fähigkeit** zu sorgfaltsgemäßem Verhalten ist zu bejahen, wenn der Täter aufgrund seiner Intelligenz und Bildung, namentlich der ihm erreichbaren kausalgesetzlichen Kenntnisse, seiner Geschicklichkeit und Befähigung, seiner Lebenserfahrung und sozialen Stellung in der Lage gewesen ist (*Jescheck/ Weigend* § 54 I 3), der objektiven Maßstabsfigur entsprechend die Erfolgsrelevanz seines Verhaltens zu erkennen und durch sorgfaltsgemäßes Handeln zu vermeiden (oder auf ein erlaubt riskantes Maß zu reduzieren). Exemplarisch: Vater V lässt Tabletten auf dem Küchentisch liegen; das dreijährige Kind K steckt sich

einige davon in den Mund und erleidet gesundheitliche Schäden iSv § 229. Nachdem im Rahmen der objektiven Fahrlässigkeitshaftung zunächst festgestellt wurde, dass ein gewissenhafter Vater keine Tabletten in greifbarer Nähe von Kleinkindern herumliegen lässt, weil aufgrund der allgemeinen Lebenserfahrung bekannt ist, dass Kleinkinder dazu neigen, kleinere Gegenstände in den Mund zu stecken, ist nun im Rahmen der subjektiven Fahrlässigkeitshaftung zu fragen, ob auch V selbst unter Berücksichtigung der ihm bekannten Lebenserfahrung die Gefährlichkeit seines Verhaltens hätte erkennen und den Erfolg durch sorgfaltsgemäßes Wegschließen der Tabletten hätte vermeiden können.

Individuelle Fahrlässigkeit ist auch anzunehmen, wenn der Täter ein Risiko eingeht, von dem er weiß oder wissen kann, dass er es aufgrund seiner fehlenden Kenntnisse und Fähigkeiten nicht hinreichend beherrschen kann. Exemplarisch für eine solche **Übernahmefahrlässigkeit** (oben Rn 50) ist die Ausübung einer beruflichen Tätigkeit ohne hinreichende Qualifikation (*Krey/Esser* AT Rn 1366 f; *Kühl* § 17/91). 80

5. Das einstufige Fahrlässigkeitsmodell: a) Kritik des zweistufigen Modells: Der zweistufige Fahrlässigkeitsaufbau basiert auf der kausalen Handlungslehre, welche die gesamte subjektive Tatseite – Vorsatz und Fahrlässigkeit – der Schuld zuordnete. Mit dem Vordringen der finalen Handlungslehre und der Einsicht, dass die Voraussetzungen der Handlungsfähigkeit zum Tatbestand und nur die Voraussetzungen der Motivationsfähigkeit zur Schuld gehören, hat dieser Deliktsaufbau seinen Sinn verloren. Denn es ist widersprüchlich, die Verwirklichung eines Tatbestands im Bewusstsein ihrer Vermeidbarkeit (= Vorsatz) als subjektive Tatseite, die Verwirklichung eines Tatbestands bei sorgfaltsgemäßer Erkennbarkeit ihrer Vermeidbarkeit aber als Schuldelement einzustufen. Vielmehr gehören alle subjektiven Merkmale, die sich auf die Fähigkeit zum erfolgsvermeidenden Handeln beziehen, zum subjektiven Tatbestand, während die Elemente der subjektiven Fähigkeit zur normgemäßen Motivation, der Schuld zuzuschlagen sind. Daher hatte schon *Welzel* in seiner frühen Konzeption des finalen Deliktsaufbaus das „entscheidende handlungsmäßige Moment der Fahrlässigkeit" in der „zwecktätigen Vermeidbarkeit" gesehen und dem Tatbestand zugewiesen (*Welzel*, 1. Aufl., § 20 III; systematisch ausgearbeitet von *Jakobs*, Studien zum fahrlässigen Erfolgsdelikt, 1972). 81

Sieht man in der Fahrlässigkeit ein dem Vorsatz entsprechendes Element der Erkennbarkeit und Vermeidbarkeit des Erfolgs, so muss man – parallel zum Vorsatzdelikt – die Fähigkeit zu sorgfaltsgemäßer Vorhersehbarkeit und Vermeidbarkeit dem Tatbestand zuordnen (eingehend *Struensee* Samson-FS 199 ff). Man erhält dann einen einstufigen Fahrlässigkeitsbegriff, bei dem alle spezifischen Merkmale fahrlässigen Handelns auf der Tatbestandsebene angesiedelt sind. Auf der (motivationsrelevanten) Schuldebene ist dann allenfalls noch zu fragen, ob dem Täter die Einhaltung der erwarteten Sorgfalt zugemutet werden konnte (Rn 96). 82

b) Individuelle Vermeidbarkeit: aa) Grundlagen: Diese Konsequenz aus der parallelen Funktion von Vorsatz und Fahrlässigkeit zieht die sog. Lehre von der individuellen Vermeidbarkeit (oder individuellen Fahrlässigkeit). Nach dieser Lehre ist zur Bestimmung der Sorgfaltswidrigkeit die Heranziehung einer fingierten Maßstabsfigur mit Durchschnittskenntnissen überflüssig. Die erforderliche Sorgfalt sei – wie beim Vorsatzdelikt – allein nach den individuellen Fähigkeiten des konkreten Täters zu bestimmen, da der Täter ohnehin nur für die Sorgfalt hafte, die er nach seinen Fähigkeiten auch hätte aufwenden können (vgl – mit Abwei- 83 chungen im Detail – *Burkhardt* in: Wolter/Freund, Straftat, Strafzumessung und Strafprozess im gesamten Strafrechtssystem, 1996, 99 [114 ff]; MK-*Duttge* § 15 Rn 121; *Freund* § 5/18, 22 f, 29 ff; M/G/Z-*Gössel* § 43/172; *Gropp* § 12/135 ff; *Hruschka* 182 ff, 327; *Jakobs* 9/1 ff; *Kindhäuser* GA 1994, 204 ff; *ders.* GA 2007, 457 [458 ff]; *Otto* AT § 10/5, 14 f; *Schmoller* Kühl-FS 433 ff; *Schöne* Kaufmann, H.-GS 649 [668]; LK-*Schroeder*, 11. Aufl., § 16 Rn 127 ff; *Stratenwerth* Jescheck-FS 285 ff; *Stratenwerth/Kuhlen* § 15/9 ff; *Struensee* GA 1987, 97; *ders.* JZ 1987, 58 ff).

84 Demnach richten sich die Sorgfaltsanforderungen an den Täter immer nach seinen tatsächlichen Kenntnissen und Fähigkeiten. Dass dies plausibel ist, wird an folgenden zwei Beispielen deutlich: (1) Der Lkw-Fahrer L überholt auf einer Landstraße den Radfahrer R, wobei er einen Sicherheitsabstand von 2 m einhält. R ist jedoch – für L nicht erkennbar – so stark alkoholisiert, dass er während des Überholvorgangs sein Rad aus Schreck so weit nach links reißt, dass er von dem Lkw tödlich erfasst wird. Und (2): L erkennt in R seinen Thekennachbarn wieder, der eine Viertelstunde vor ihm infolge hochgradiger Alkoholisierung schwankend das Lokal verlassen hatte. In Fall (1) verhält sich L in einer Weise sorgfaltsgemäß, die seinen Kenntnissen der Situation entspricht. Er hält einen Sicherheitsabstand ein, der unter „normalen" Verhältnissen völlig ausreichend gewesen wäre, um eine Schädigung des R zu vermeiden. In Fall (2) weiß L dagegen um die Alkoholisierung des R und erkennt (oder könnte erkennen), dass das Einhalten eines üblichen Sicherheitsabstands allein noch kein ungefährliches Überholen zulässt. Jetzt wird von L erwartet, dass er entweder einen erheblich größeren Sicherheitsabstand wählt oder dass er, wenn dies wegen der Straßenbreite nicht möglich ist, von einem Überholen ganz absieht. Wollte man dagegen in Fall (2) die von L erwartete Sorgfalt nach den durchschnittlichen Kenntnissen eines fingierten Lkw-Fahrers bestimmen, so müsste man auch hier, was ersichtlich sachwidrig wäre, einen Sorgfaltsverstoß verneinen. Die Vertreter der hM vermeiden freilich dieses Ergebnis, indem sie – prämissenwidrig – ein Sonderwissen des Täters ebenfalls bei der Bestimmung der Sorgfaltspflicht berücksichtigen (Rn 53).

85 **bb) Maßstab:** Dass bei der Bestimmung einer Sorgfaltspflicht die tatsächlichen Kenntnisse des Täters zugrunde zu legen sind, heißt indessen keineswegs, dass hierbei kein Maßstab erforderlich sei. Denn es ist ja zu bestimmen, welches Maß an Sorgfalt der Täter bei seinen Kenntnissen und Fähigkeiten hätte aufbieten müssen. Exemplarisch: Ein Marder beschädigt nachts einen Bremsschlauch am Pkw des Kraftfahrzeugmechanikers M. Als M am nächsten Morgen zur Arbeit fährt, versagen die Bremsen und es kommt zu einem Unfall mit Verletzungsfolgen. M hätte als Mechaniker ohne Weiteres den Schaden am Bremsschlauch entdecken können, wenn er seinen Pkw vor Fahrtantritt gründlich untersucht hätte. Die Frage ist aber, ob von M solche Untersuchungen von Rechts wegen überhaupt zu erwartet sind. Da der Rückgriff auf die individuellen Fähigkeiten und Kenntnisse des M zur Beantwortung dieser Frage nichts beiträgt, bedarf es zur Bestimmung der Sorgfaltspflicht der Maßstabsfigur eines gewissenhaften und einsichtigen Teilnehmers des entsprechenden Verkehrskreises. Nur ist diese Maßstabsfigur nicht mit einem fingierten durchschnittlichen Wissen, sondern mit den Kenntnissen und Fähigkeiten des individuellen Täters in der konkreten Tatsituation auszustatten (vgl *Kindhäuser* Schünemann-FS 143 [154 ff]).

86 Die Sorgfaltsanforderungen richten sich also danach, wie sich ein gewissenhafter und einsichtiger Angehöriger des einschlägigen Lebensbereichs hätte verhalten müssen, wenn er in der Tatsituation über die Kenntnisse und Fähigkeiten des Tä-

ters verfügt hätte. Hatte M im Beispielsfall keine Anhaltspunkte für das nächtliche Wirken eines Marders, so wird man von ihm als sorgfältigem Verkehrsteilnehmer auch nicht erwarten können, dass er vor Fahrtantritt seine Bremsen untersucht; seine Unkenntnis ist daher nicht sorgfaltswidrig. Zu beachten ist, dass mangelnde Kenntnisse den Täter bei der Fahrlässigkeit nicht stets entlasten. Zum einen kann geringes Wissen für einen gewissenhaften und einsichtigen Normadressaten Anlass sein, davon Abstand zu nehmen, überhaupt in einer ggf gefährlichen Weise zu handeln (zB ihm unbekannte Chemikalien an einem für Kinder zugänglichen Ort aufzubewahren). Zum anderen kann der Täter genug wissen, um bei Einhaltung der von ihm erwarteten Sorgfalt zu erkennen, dass er für ein bestimmtes Vorhaben nicht genug weiß und daher weitere Erkundigungen einziehen oder Vorbeugemaßnahmen ergreifen müsste, um es gefahrlos durchführen zu können (zB eine Maschine nur nach gründlicher Information über ihre Arbeitsweise in Betrieb zu nehmen).

cc) **Sonstige Fahrlässigkeitsmerkmale:** Alle sonstigen Kriterien der Fahrlässigkeitshaftung, die im Rahmen des zweistufigen Modells aufgezeigt wurden, gelten entsprechend auch für das einstufige Modell. Dies betrifft insbesondere die kausale Adäquanz (Rn 54 f), das erlaubte Risiko (Rn 58 ff), den Vertrauensgrundsatz (Rn 61 ff) sowie den Pflichtwidrigkeitszusammenhang (Rn 68 ff). 87

dd) **Vergleich:** Ein Vergleich des zweistufigen Fahrlässigkeitsmodells mit dem einstufigen Fahrlässigkeitsmodell zeigt, dass im entscheidenden Punkt kein praktisch bedeutsamer Unterschied besteht, falls ein eventuelles Sonderwissen des Täters bereits auf der Tatbestandsebene berücksichtigt wird. Denn dann kann der einzige sich auf die Strafbarkeit auswirkende Fall nicht eintreten, dass mangels Erkennbarkeit eines Risikos bei Durchschnittskenntnissen bereits der Tatbestand einer Fahrlässigkeitstat zu verneinen wäre, obgleich der Täter genügend Anhaltspunkte zur Erkennbarkeit des erfolgsverursachenden Risikos hatte. Der umgekehrte Fall, dass der konkrete Täter aufgrund seiner körperlichen und geistigen Fähigkeiten nicht in der Lage ist, die Sorgfaltsanforderungen an eine fingierte Maßstabsfigur zu erfüllen, wirkt sich dagegen nicht auf das Ergebnis aus: Das einstufige Modell verneint hier die Tatbestandsmäßigkeit, während das zweistufige Modell die Schuld verneint. Stets ist der Täter straflos. Hinsichtlich der sonstigen Deliktsmerkmale weisen beide Modelle keine Unterschiede auf. 88

6. Fahrlässigkeitsformen: a) bewusste und unbewusste Fahrlässigkeit: Die Fahrlässigkeitshaftung setzt – in Abgrenzung zum Vorsatz – negativ voraus, dass der Täter nicht mit der konkreten Möglichkeit (Gefahr) einer Tatbestandsverwirklichung als Folge seines gewollten Handelns rechnet (näher zur Abgrenzung Rn 102 ff). Hinsichtlich der tatsächlichen Situationseinschätzung lassen sich zwei Fahrlässigkeitsformen unterscheiden: 89

■ Bei der **bewussten Fahrlässigkeit** („luxuria") erkennt der Täter zwar, dass er die erforderliche Sorgfalt nicht (hinreichend) einhält, vertraut aber aufgrund unzutreffender Annahmen darauf, zur Erfolgsvermeidung in der Lage zu sein (W-*Beulke/Satzger* Rn 932). Der Täter schätzt also trotz seines Wissens um die Sorgfaltswidrigkeit seines Handelns die sich hieraus ergebende konkrete Möglichkeit des Erfolgseintritts falsch ein. Exemplarisch: Kraftfahrer K sieht zwar das Verkehrsschild, das auf eine gefährliche Kurve hinweist, reduziert aber seine Geschwindigkeit nicht, weil er auf seine Fahrkünste und die Qualitäten seines Fahrzeugs vertraut. 90

91   ■   Bei der **unbewussten Fahrlässigkeit** („neglegentia") verkennt der Täter (pflichtwidrig), dass er sich überhaupt erfolgsrelevant verhält und Maßnahmen zur Erfolgsvermeidung ergreifen müsste (*Baumann/Weber/Mitsch* § 22/63; *Kühl* § 17/42). Der Täter ist sich also (sorgfaltswidrig) nicht bewusst, dass er überhaupt einen Sorgfaltsverstoß begeht. Insoweit bedingt hier ein Sorgfaltsverstoß einen weiteren. Exemplarisch: Kraftfahrer K übersieht das Verkehrsschild, das auf eine gefährliche Kurve hinweist, weil er in ein intensives Gespräch mit seinem Beifahrer versunken ist, und reduziert deshalb nicht im erforderlichen Maße seine Geschwindigkeit.

92   Die Unterscheidung von bewusster und unbewusster Fahrlässigkeit (vgl auch *Jescheck/Weigend* § 54 II 1; *Otto* AT § 10/6 f) ist im Rahmen der Zurechnung ohne Bedeutung, da stets unbewusste Fahrlässigkeit ausreicht, wenn das Gesetz Fahrlässigkeit verlangt. Sie kann allenfalls bei der Strafzumessung Berücksichtigung finden.

93   **b) Leichtfertigkeit:** Einfache Fahrlässigkeit – sei es bewusste, sei es unbewusste – reicht nicht aus, wenn das Gesetz – wie zB in §§ 138 III, 178, 251, 264 IV, 306 c, 308 III – Leichtfertigkeit als Haftungsvoraussetzung verlangt. Denn Leichtfertigkeit ist eine gesteigerte Form der (nicht notwendig bewussten) Fahrlässigkeit.

94   Leichtfertigkeit entspricht in etwa der groben Fahrlässigkeit des Zivilrechts (vgl §§ 277, 680 BGB) und wird als schwerwiegende Verletzung der im Verkehr erforderlichen Sorgfalt umschrieben (BGHSt 14, 240 [255]; 20, 315 [323 f]; 33, 66 f; OLG Nürnberg NStZ 1986, 556; *Arzt* Schröder-GS 119 ff; *Tenckhoff* ZStW 88, 897 ff; *Wegscheider* ZStW 98, 624 ff). Sie ist insbesondere anzunehmen, wenn dem Täter die Gefährlichkeit seines Tuns unschwer, also schon bei geringem Interesse an der Vermeidbarkeit des Erfolges, erkennbar war, weil sich ihm die Möglichkeit eines solchen Verlaufs aufdrängte (vgl BGHSt 33, 66 [67]; *Jakobs* 9/24; *Otto* AT § 10/10; LK-*Vogel* Rn 297; entgegen der ganz hM will *Duttge*, zur Bestimmtheit des Handlungsunwerts von Fahrlässigkeitsdelikten, 2001, 386 ff, Fahrlässigkeit auf diese Form mangelnder Sorgfalt begrenzen; zur Kritik *Herzberg* GA 2001, 568 ff). Zu berücksichtigen sind hierbei auch das Gewicht des betroffenen Gutes und die Höhe des Risikos.

95   **7. Schuld:** Hinsichtlich der Feststellung der **Rechtswidrigkeit** (vgl Vor § 32 Rn 15 ff) wie auch hinsichtlich der **allgemeinen Schulderfordernisse** stimmt die Fahrlässigkeitstat grds. mit dem Vorsatzdelikt überein. Der Fahrlässigkeitstäter muss also schuldfähig sein und mit (zumindest potenziellem) Unrechtsbewusstsein handeln; Entschuldigungsgründe dürfen nicht eingreifen.

96   Zusätzlich ist im Rahmen der Schuldprüfung nur zu beachten, dass dem Täter die Erfüllung der Anforderungen sorgfaltsgemäßen Verhaltens zumutbar sein muss. Die **Unzumutbarkeit sorgfaltsgemäßen Verhaltens** kann (in besonderen Ausnahmefällen) den Schuldvorwurf auch dann beseitigen, wenn die – in erster Linie auf vorsätzliche Begehungsdelikte zugeschnittenen – Voraussetzungen des § 35 I nicht vorliegen, aber die Motivierung zu sorgfaltsgemäßem Verhalten aus „verständlichen Gründen" blockiert ist. Exemplarisch: Als Mutter M erfährt, dass ihr Kind auf der Straße verunglückt ist, läuft sie schnell zur Unfallstelle, ohne in ihrer Besorgnis zu bedenken, dass das Bügeleisen noch eingeschaltet ist; es kommt zum Brand der Wohnung (beispielhaft auch RGSt 30, 25 ff: Leinenfänger-Fall; *Jakobs* 20/36 ff; krit. *Köhler* 340).

97   **8. Gutachten: Der Aufbau des Fahrlässigkeitsdelikts:** Je nachdem, ob man dem **Gutachten** das zweistufige oder das einstufige Fahrlässigkeitsmodell zugrunde

legt, ergeben sich Abweichungen hinsichtlich der Stelle, an der die spezifischen Fahrlässigkeitsmerkmale der sorgfaltsgemäßen Erkennbarkeit und Vermeidbarkeit zu prüfen sind. Im Folgenden werden die beiden Prüfungsschemata einander nochmals in Kurzfassung gegenübergestellt. Im Gutachten ist nur ein bestimmter Aufbau zu wählen, ohne dass dieser – wie stets bei Aufbaufragen – zu begründen wäre.

a) Das zweistufige Fahrlässigkeitsmodell: Nach dem zweistufigen Aufbau der Fahrlässigkeitstat sind die objektiven Anforderungen der Sorgfalt dem Tatbestand und die subjektiven Anforderungen der Schuld zuzuordnen. Demnach ist die Fahrlässigkeitstat in folgenden Schritten zu prüfen: 98

I. Tatbestand 99
   1. Erfolg, Handlung, Kausalität
   2. sorgfaltsgemäße objektive Vorhersehbarkeit des erfolgsverursachenden Kausalverlaufs (kausale Adäquanz)
   3. sorgfaltsgemäße objektive Vermeidbarkeit der Erfolgsherbeiführung (Pflichtwidrigkeitszusammenhang)
   4. ggf sonstige Kriterien der objektiven Zurechnung (zB Handeln des Opfers auf eigene Gefahr)
II. Rechtswidrigkeit
III. Schuld
   1. individuelle Vorhersehbarkeit des erfolgsverursachenden Kausalverlaufs
   2. individuelle Fähigkeit zu sorgfaltsgemäßer Erfolgsvermeidung
   3. Zumutbarkeit sorgfaltsgemäßen Verhaltens
   4. sonstige Schuldmerkmale (Schuldfähigkeit, Entschuldigungsgründe usw)

b) Das einstufige Fahrlässigkeitsmodell: Nach dem einstufigen Modell richtet sich die Bestimmung der sorgfaltsgemäßen Vorhersehbarkeit und Vermeidbarkeit des Erfolgs nach den Kenntnissen und Fähigkeiten des konkreten Täters. Demnach ist die Fahrlässigkeitstat in folgenden Schritten zu prüfen: 100

I. Tatbestand 101
   1. Erfolg, Handlung, Kausalität
   2. sorgfaltsgemäße individuelle Vorhersehbarkeit des erfolgsverursachenden Kausalverlaufs (kausale Adäquanz)
   3. sorgfaltsgemäße individuelle Vermeidbarkeit der Erfolgsherbeiführung (Pflichtwidrigkeitszusammenhang)
   4. ggf sonstige Kriterien der objektiven Zurechnung (zB Handeln des Opfers auf eigene Gefahr)
II. Rechtswidrigkeit
III. Schuld
   1. Zumutbarkeit sorgfaltsgemäßen Verhaltens
   2. sonstige Schuldmerkmale (Schuldfähigkeit, Entschuldigungsgründe usw)

IV. Zur Abgrenzung von Vorsatz und (bewusster) Fahrlässigkeit

1. Begriffliches Verhältnis von Vorsatz und Fahrlässigkeit: a) Der begriffliche Unterschied zwischen Vorsatz und Fahrlässigkeit im Rahmen der subjektiven Zurechnung hängt von der Definition des Vorsatzes ab: 102

103 ▪ Diejenigen Lehren, die den Vorsatz allein durch das Wissenselement definieren (Rn 13, 112 ff), sehen zwischen Vorsatz und Fahrlässigkeit einen **qualitativen Unterschied**. Subjektiv ist die Fahrlässigkeit ein **aliud** zum Vorsatz, weil es kein gemeinsames Element gibt: Vorsatz ist entscheidungsrelevantes Wissen um die Tatbestandsverwirklichung, während Fahrlässigkeit (zu vertretende aktuelle) Unkenntnis (bzw nicht hinreichende Kenntnis) der Tatbestandsverwirklichung ist. Im Gegensatz zum Irrtum beim Versuch, bei dem sich der Täter eine Tatbestandsverwirklichung vorstellt, die sich tatsächlich nicht ereignet, **verkennt** er bei der Fahrlässigkeit die sich aus seinem Verhalten ergebende Gefahr der Tatbestandsverwirklichung.

104 ▪ Diejenigen Lehren, die für den Vorsatz ein voluntatives Element verlangen (Rn 12, 107 ff), sehen im Fehlen dieses Elements die entscheidende Differenz der Fahrlässigkeit zum Vorsatz. Im Wissensbereich sollen Vorsatz und Fahrlässigkeit dagegen übereinstimmen *können*, so dass sich die Fahrlässigkeit nur als voluntatives **Minus** gegenüber dem Vorsatz darstellt (vgl W-*Beulke/Satzger* Rn 325).

105 b) Die Abgrenzung kann über die Strafbarkeit entscheiden, da nicht jedes fahrlässige Handeln strafbar ist (§ 15). Ferner setzt die Teilnahme (§§ 26 f) eine vorsätzliche Haupttat voraus. Schließlich ist der Versuch nur beim Vorsatzdelikt möglich (§ 22).

106 2. Abgrenzung: a) Zur inhaltlichen Bestimmung des dolus eventualis werden mit Blick auf die Abgrenzung zur (bewussten) Fahrlässigkeit eine Fülle von Lehrmeinungen vertreten. Hierbei lassen sich im Wesentlichen zwei Meinungsgruppen unterscheiden, innerhalb derer zumeist nur minimale terminologische Abweichungen bestehen. Die eine Meinung definiert den bedingten Vorsatz rein durch ein Wissenselement, die andere stellt zusätzlich auf ein voluntatives Element ab. Auf diese Meinungsvielfalt braucht im **Gutachten** nicht näher eingegangen zu werden, wenn schon nach der Möglichkeitstheorie (Rn 113 f), welche die von allen Lehren geteilten Minimalanforderungen an den Vorsatz stellt, vorsätzliches Handeln nicht in Betracht kommt. Nur wenn nach der Möglichkeitstheorie Vorsatz zu bejahen ist und der Sachverhalt zudem deutliche Hinweise auf das evtl Fehlen eines voluntativen Handlungsmoments enthält, lohnt es sich, den Meinungsstreit vertieft darzulegen.

107 b) **Definitionen mit voluntativer Komponente:** Die Rspr und ein Teil der Lehre sehen den Unterschied zwischen dolus eventualis und bewusster Fahrlässigkeit nicht im Wissenselement, sondern in einem **zusätzlichen voluntativen Element des Vorsatzes**. Unstr. ist insoweit jedoch nur, dass das fragliche voluntative Element kein handlungsbestimmendes finales Wollen iSv Absicht (und damit auch kein Wollen im umgangssprachlichen Sinne) ist. Umstritten ist dagegen, wie dieses Wollenselement zu konkretisieren ist. Hierzu werden, ungeachtet des nur höchst seltenen Abweichens im Ergebnis, verschiedene Lehrmeinungen vertreten, vor allem die Einwilligungs- oder Billigungstheorie, die Ernstnahmetheorie und die Gleichgültigkeitstheorie.

108 aa) Die von der Rspr und Teilen der Literatur vertretene sog. **Einwilligungs- oder Billigungstheorie** verlangt, dass der Täter beim dolus eventualis den für möglich gehaltenen Erfolg „innerlich billigt", „billigend in Kauf nimmt", „sich mit ihm abfindet" oder mit ihm „einverstanden" ist. Das voluntative Element ist nicht gegeben, wenn der Täter auf das Ausbleiben der Tatbestandsverwirklichung vertraut (BGHSt 7, 363 [369]; 56, 277 [284 f]; BGH NStZ 2011, 699 [701 f]; *Bau-*

mann/Weber/Mitsch § 20/48; *Fischer* Rn 9 e; zur Kritik *Jakobs* 8/26; *Kindhäuser* ZStW 96, 1, 23 f).

Die Rspr bejaht ein Billigen „im Rechtssinne" auch dann, wenn der Erfolg dem 109 Täter höchst unerwünscht ist, er sich jedoch mit ihm abgefunden hat (BGHSt 7, 363 [369]; 18, 246 [248]). Der Sache nach geht es hier um die Entscheidung zur Tat trotz Kenntnis des damit verbundenen (konkretisierten) Erfolgsrisikos. Bei **lebensgefährlichen Gewalthandlungen** im Zustand hochgradiger Erregung, Wut oder Alkoholisierung des Täters hat der BGH bezüglich einer vorsätzlichen Tötung stets die Notwendigkeit der Überschreitung einer gegenüber der Tötung eines anderen bestehenden hohen **Hemmschwelle** betont (vgl BGH NStZ 2001, 475 [476]; 2002, 314 [315]; 2010, 571 f; NStZ-RR 2011, 73 f; 2012, 369 [370]; ferner § 212 Rn 4; zur Kritik *Herzberg* BGH-FS IV 51 [78 ff]; *Rissing-van Saan* Geppert-FS 497 [506 ff]). Der BGH stellte jedoch jüngst klar, dass sich die Bedeutung dieser sog. Hemmschwellentheorie in einem Hinweis auf § 261 StPO erschöpft und machte deutlich, dass das Schlagwort „Hemmschwellentheorie" eine Auseinandersetzung mit dem Einzelfall nicht zu ersetzen vermag (BGHSt 57, 183 [186 ff] m. Bspr *Jahn* JuS 2012, 757 und *Leitmeier* NJW 2012, 2850 sowie Anm. *Heghmanns* ZJS 2012, 826; *Puppe* JR 2012, 477 und *Sinn/Bohnhorst* StV 2012, 661; Überblick mit besonderem Bezug zu „Aids-Fällen" bei *Müller* JA 2013, 584 ff). Es soll demnach im Rahmen der Beweiswürdigung in begrenzten Maße ein Rückschluss vom Grad der objektiven Gefährlichkeit der Gewalthandlung auf den entsprechenden Vorsatz möglich sein, sofern eine umfassende tatrichterliche Würdigung aller objektiven und subjektiven Tatelemente vorgenommen wird (BGH NStZ 2002, 314 [315]; 2009, 91; 629 f; 2010, 511 f; 2012, 207 ff; 2011, 177 ff; NJW 2012, 1524 ff m. Bspr *Jahn* JuS 2012, 757; NStZ 2014, 35; 2015, 216 f; zum Ganzen auch *Steinberg* JZ 2010, 712 ff; speziell zur Hemmschwelle in Fällen der zum Tode führenden wiederholten körperlichen Misshandlung und/oder fortwährenden Vernachlässigung des eigenen Kindes BGH NStZ 2007, 402 [403]; NStZ-RR 2007, 267 f; 304 ff; zum Schütteln eines Säuglings BGH NStZ 2009, 264 ff; zum versuchten Totschlag durch die Manipulation der Zuteilung von Spenderorganen vgl OLG Braunschweig NStZ 2013, 593 m.Anm. *Böse* ZJS 2014, 117 ff; *Rissing-van Saan* NStZ 2014, 233 ff; *Schroth/Hofmann* NStZ 2014, 486 ff). Besonders bei spontanen, unüberlegten und affektbeladenen Tatbegehungen soll dieser Rückschluss vom Wissen um die Lebensgefährlichkeit auf eine billigende Inkaufnahme des Todeseintritts jedoch nicht ohne Berücksichtigung aller sich aus der Tat und der Persönlichkeit des Täters ergebenden Besonderheiten möglich sein (BGH NJW 2014, 3382 [3383]).

bb) Nach der im Schrifttum verbreiteten sog. **Ernstnahmetheorie** ist bedingter 110 Vorsatz anzunehmen, wenn der Täter die erkannte Gefahr des tatbestandlichen Erfolgs „ernst nimmt" und sich mit ihr – ggf nur widerwillig – um eines (außertatbestandlichen) Ziels willen abfindet (W-*Beulke/Satzger* Rn 323; *Gropp* § 4/192 ff; *Jescheck/Weigend* § 29 III 3 a; *Kühl* § 5/84 f; *Roxin* I § 12/21 ff; vgl SK-*Rudolphi/Stein* § 16 Rn 25 a). Fahrlässigkeit soll dagegen vorliegen, wenn sich der Täter darauf verlasse, dass der Erfolg nicht eintritt.

cc) Die sog. **Gleichgültigkeitstheorie** verlangt für bedingten Vorsatz, dass der Tä- 111 ter die von ihm für möglich gehaltene Tatbestandsverwirklichung aus Gleichgültigkeit gegenüber dem geschützten Rechtsgut in Kauf nimmt (*Engisch*, Untersuchungen über Vorsatz und Fahrlässigkeit, 1930, 186 ff, 230 ff, 233 f; *Gallas* ZStW 67, 1 [43]; S/S-*Sternberg-Lieben/Schuster* Rn 84). Dagegen soll Vorsatz zu verneinen sein, wenn dem Täter die Tatbestandsverwirklichung als Nebenfolge seines Verhaltens unerwünscht ist und er daher auf deren Ausbleiben hofft (s. aber BGH NStZ-RR 2011, 110).

112 **c) Definitionen ohne voluntative Komponente:** Nach einer verbreiteten und vordringenden Literaturansicht ist der dolus eventualis allein unter Bezugnahme auf den Kenntnisstand des Täters zu definieren. Allerdings werden an die erforderliche Wissensdichte unterschiedliche Anforderungen gestellt: Vorherrschend ist die Möglichkeitstheorie; daneben werden noch die Wahrscheinlichkeitstheorie, die Risikotheorie und die Vermeidungstheorie vertreten.

113 aa) Für die sog. **Möglichkeitstheorie** ist dolus eventualis gegeben, wenn der Täter bei seinem Handeln von Tatumständen und kausalen Gesetzmäßigkeiten ausgeht, denen zufolge eine Tatbestandsverwirklichung als konkret möglich erscheint (*Freund* § 7/70 f; *Grünwald* Mayer-FS 281 [288]; *Langer* GA 1990, 435 [458 ff]; *Schmidhäuser* JuS 1980, 241 [250 ff]; *Schumann* JZ 1989, 427 [430 f]). Dass die Möglichkeit konkret sein muss, besagt, dass der Täter **bestimmte Anhaltspunkte** dafür haben muss, dass sich das von ihm gesetzte Risiko tatsächlich in einer Tatbestandsverwirklichung realisiert (*Freund* JR 1988, 116 [117]; *Frisch*, Vorsatz und Risiko, 1983, 101, 482 ff, 486; *Frister* 11/24 f; *Jakobs* 8/21 ff; *Kindhäuser* GA 1994, 197 [203 f]; vgl auch *Schroth*, Vorsatz und Irrtum, 1998, 11 ff; in der Sache auch BGH JZ 1981, 35 m.Anm. *Köhler*; BGH NStZ 1983, 365; 1994, 483 [484]).

114 Die Vorstellung des Täters muss sich also auf einen **konkretisierten Kausalverlauf** beziehen. Keinesfalls reicht es aus, wenn der Täter eine Risikorealisierung nur „irgendwie" (abstrakt) für möglich hält. Exemplarisch: Wer einen Pkw mit abgefahrenen Reifen steuert, weiß zwar, dass er mit erhöhtem Risiko am Straßenverkehr teilnimmt und so ggf zu einem Unfall beitragen kann. Aber er handelt nicht bedingt vorsätzlich, weil er nicht aufgrund bestimmter Tatumstände von einer konkreten Risikorealisierung ausgeht. Anders verhält es sich, wenn der Täter mit einem Gewehr auf eine Zielscheibe schießt und es aufgrund seiner mangelnden Fähigkeiten für möglich hält, dass er eine der in der Nähe der Scheibe stehenden Personen trifft. Hier will der Täter weder jemanden absichtlich treffen noch ist er sich dessen iS eines dolus directus gewiss, doch hat er hinreichende Anhaltspunkte, die ihm einen solchen Kausalverlauf als konkret möglich erscheinen lassen.

115 bb) Die sog. **Wahrscheinlichkeitstheorie** bejaht dolus eventualis, wenn der Täter die Tatbestandsverwirklichung für – wenn auch nicht überwiegend – wahrscheinlich hält (*Kargl*, Der strafrechtliche Vorsatz auf der Basis der kognitiven Handlungslehre, 1993, 67 ff, 70; vgl auch *Prittwitz* JA 1988, 486 [498]; krit. S/S/W-*Momsen* §§ 15, 16 Rn 39). Der Ausdruck „wahrscheinlich" soll verdeutlichen, dass die bloße Möglichkeit des Erfolgseintritts nicht ausreicht. Da auch die Vertreter der Möglichkeitstheorie von einer konkretisierten Situationseinschätzung ausgehen, ist der Unterschied zwischen beiden Lehren allenfalls terminologischer Art.

116 cc) Nach der sog. **Risikotheorie** ist vorsätzliches Verhalten ein Handeln aufgrund einer mit den Risikomaximen der Rechtsordnung unverträglichen Entscheidung (NK-*Puppe* § 15 Rn 68 ff; *dies.*, Vorsatz und Zurechnung, 1992, 35 ff). Der Täter müsse von Tatumständen ausgehen, die eine spezifische Vorsatzgefahr begründeten, worin zugleich ein Abgrenzungskriterium zur Fahrlässigkeit liege. Eine Vorsatzgefahr sei die Vorstellung von einem Risiko, dessen Schaffung eine taugliche Methode zur Herbeiführung des Erfolges darstelle und dessen wissentliches Setzen daher nur als Ausdruck einer Entscheidung gegen das Rechtsgut

gelten könne. Das heißt: Die Umstände, auf die der Täter seine Erfolgsprognose stützt, müssen auch objektiv als Grundlage einer anerkannt sinnvollen Strategie zur Erfolgsherbeiführung in Betracht kommen (NK-*Puppe* § 15 Rn 69; *dies.*, Vorsatz und Zurechnung, 1992, 28 f). Dolus eventualis ist folglich anzunehmen, wenn der Täter im Bewusstsein handelt, eine solche Vorsatzgefahr zu schaffen.

Von der Möglichkeitstheorie will sich diese Lehre im Wesentlichen dadurch unterscheiden, dass es nach ihr nicht auf das Urteil des Täters über die Gefahr, sondern auf eine objektivierte Risikomaxime ankommen soll, anhand derer das Handeln zu beurteilen sei (NK-*Puppe* § 15 Rn 68). Indessen legt auch die Möglichkeitstheorie insoweit einen objektiven Maßstab an die Vorstellungen des Täters an, als sie verlangt, dass der Täter bei seinem Handeln von tatsächlichen Anhaltspunkten ausgeht, aus denen sich die konkrete Möglichkeit einer Tatbestandsverwirklichung ergibt. Ein Handeln ist also nach allen Auffassungen nicht schon deshalb vorsätzlich, weil der Täter in ungewöhnlichem Maße skrupulös ist. 117

Die Risikotheorie lässt sich daher als eine Fortentwicklung der Möglichkeitstheorie verstehen (hierzu auch *Kindhäuser* Hruschka-FS 527 [539 ff]; *ders.* GA 2007, 447 [464 ff]), die den Gegenstand des Vorsatzes, die Vorstellung von der Verwirklichung eines Tatbestands, in der Terminologie der objektiven Zurechnung zu erfassen sucht. Soll das Unrecht des objektiven Tatbestands in der Schaffung eines sich im Erfolg realisierenden unerlaubten Risikos liegen, so muss sich der Täter, wenn sich die objektive und die subjektive Tatseite beim vollendeten Vorsatzdelikt decken sollen, auch subjektiv eine Sachlage vorstellen, die als Schaffung eines bestimmten unerlaubten Risikos anzusehen ist. Somit handelt der Täter vorsätzlich, wenn er von Tatumständen und kausalen Gesetzmäßigkeiten ausgeht, nach denen sich sein Handeln als Schaffung des konkreten Risikos einer Tatbestandsverwirklichung darstellt. Ob die Vorstellungen des Täters auch tatsächlich zutreffen, spielt für den Vorsatz keine Rolle. Treffen sie objektiv nicht zu, so fehlt es nur am objektiven Tatbestand und es kann ein Versuch gegeben sein; näher hierzu unten § 30. Nach einer von *Herzberg* vertretenen Variante der Risikotheorie soll es dagegen, was mit § 23 III nicht zu vereinbaren ist, darauf ankommen, dass der Täter eine objektiv bestehende, ernstzunehmende Gefahr erkannt hat (JuS 1986, 249 [254 ff, 262]; 1987, 777 [780 f]; JZ 1989, 470 [476]; zust. *Artkämper/Dannhorn* NStZ 2015, 241 [250]; ähnlich *Canestrari* GA 2004, 210 [223 f]). 118

dd) Die sog. **Vermeidungstheorie** lässt für den bedingten Vorsatz eine konkrete Möglichkeitsvorstellung ausreichen, verneint aber vorsätzliches Handeln (zugunsten bewusster Fahrlässigkeit), wenn der Täter durch bestimmte Maßnahmen zum Ausdruck bringt, dass er die Tatbestandsverwirklichung vermeiden will („Manifestation des Vermeidewillens"). Daraus folgt, dass Eventualvorsatz zu bejahen ist, wenn der Täter die Tatbestandsverwirklichung für möglich hält, ohne einen Vermeidewillen zu betätigen (*Armin Kaufmann* ZStW 70, 64 [81]; ähnlich *Behrendt* JuS 1989, 945 [950]; *Schlehofer* NJW 1989, 2017 [2020]; *Schroth* JuS 1992, 1 [8]; *Schünemann* JA 1975, 790; vgl auch *Hillenkamp* Kaufmann, A.-GS 351 ff). Zutreffend an dieser Lehre ist, dass jemand, der sich bemüht, etwas zu vermeiden, es nicht herbeiführen will. Doch will umkehrt jemand, der etwas nicht vermeiden will, es deshalb noch nicht herbeiführen. Insoweit trägt die Vermeidungstheorie positiv zur inhaltlichen Präzisierung des dolus eventualis nichts bei, was über die Möglichkeitstheorie hinausgeht; sie formuliert nur negativ einen Fall fehlenden Vorsatzes. 119

120 **d) Folgerungen und Stellungnahme: aa)** Aus der vorangegangenen Darstellung folgt, dass sich der dolus eventualis auf der Basis der Möglichkeitstheorie (in Form der Risikotheorie) sachgerecht definieren lässt (vgl auch *Kindhäuser* Schünemann-FS 143 [146 f]). Diese Lehre vermag zudem überzeugend zu begründen, warum vorsätzliches Handeln grds. mit einer höheren Strafe als Fahrlässigkeit zu ahnden ist: Während der Vorsatztäter bei seinem Handeln eine Situation für gegeben hält, die sich als konkretes Risiko einer Tatbestandsverwirklichung darstellt, verkennt der Fahrlässigkeitstäter aufgrund mangelnder Sorgfalt das Ausmaß der von ihm geschaffenen Gefahr. Der Vorsatztäter handelt also, obgleich ihm das konkrete Risiko des Erfolgseintritts vor Augen steht, und kann deshalb auch nicht mehr – wie der die Sachlage falsch einschätzende Fahrlässigkeitstäter – auf das Ausbleiben der Tatbestandsverwirklichung vertrauen. Insoweit impliziert die Vorsatztat ein größeres Defizit an Rechtstreue als die Fahrlässigkeitstat. Die Wahrscheinlichkeitstheorie weicht in der Sache nicht von der Möglichkeitstheorie ab; beide Lehren meinen mit einer austauschbaren Terminologie dasselbe. Die anderen nicht-voluntativen Theorien präzisieren nur einzelne Aspekte der Möglichkeitstheorie, ohne aber eine insgesamt befriedigende Konzeption anbieten zu können.

121 **bb)** Dass die Rspr und ein Teil der Lehre beim dolus eventualis nicht nur auf das intellektuelle Vorsatzmoment abstellen, sondern über die Möglichkeitstheorie hinaus eine zumindest reduzierte voluntative Komponente fordern, mag mit dem Umstand zusammenhängen, dass auch bedingt vorsätzliches Handeln ein mit einer Entscheidung zugunsten der Tatbestandsverwirklichung verbundenes gewolltes Handeln ist. Insoweit umschreibt die Billigungsformel durchaus zutreffend die Situation des dolus eventualis: Der Täter verfolgt sein (außertatbestandliches) Ziel mit einem so dominanten Motiv, dass er sich auch von der konkreten Möglichkeit des Erfolgseintritts nicht abhalten lässt und diesen mithin billigend in Kauf nimmt. Er will maW lieber den Erfolg eintreten lassen als von seinem (außertatbestandlichen) Ziel Abstand zu nehmen (*Bung*, Wissen und Wollen im Strafrecht, 2009, 207 ff, 265 ff). Jedoch ist dieses Billigen eben kein Herbeiführenwollen, sondern nur Ausdruck eines Nichtvermeidenwollens um eines (für den Täter) wichtigeren Zieles willen. Die voluntativen Formeln der billigenden Inkaufnahme usw der Tatbestandsverwirklichung sind daher nicht falsch; sie geben nur keine über den bereits von der Möglichkeitstheorie erfassten Befund hinausgehende Information.

122 **cc)** Eine Definition des dolus eventualis hat daher zu berücksichtigen, dass der Täter **zwar gewollt, aber** eben **nicht auf die Tatbestandsverwirklichung gerichtet handelt**, sondern insoweit **nur eine konkrete Möglichkeitsvorstellung** hat. Daher handelt der Täter nach der oben (Rn 26) vorgeschlagenen Definition mit bedingtem Vorsatz hinsichtlich eines tatbestandlichen Umstands, wenn er mit dessen Verwirklichung als möglicher Folge seines gewollten Verhaltens rechnet (vgl auch BGHSt 18, 246 [248]; 21, 283 [284 f]; *Roxin* I § 12/18 ff).

V. Vorsatz-Fahrlässigkeits-Kombinationen

123 **1.** Das StGB kennt neben reinen Vorsatz- und reinen Fahrlässigkeitsdelikten auch Mischtatbestände, die für die Tathandlung Vorsatz verlangen und hinsichtlich einer besonderen Tatfolge Fahrlässigkeit ausreichen lassen. Nach § 11 II gelten Vorsatz-Fahrlässigkeits-Kombinationen als Vorsatzdelikte. Aus dieser Zuordnung ergibt sich insbesondere eine Strafbarkeit von Versuch und Teilnahme.

2. Bei den Vorsatz-Fahrlässigkeits-Kombinationen sind die nicht-qualifizierenden Tatbestände von den erfolgsqualifizierten Delikten zu unterscheiden: **124**

a) Bei den **nicht-qualifizierenden Vorsatz-Fahrlässigkeits-Kombinationen** ist der Vorsatzteil des Tatbestands für sich allein nicht selbstständig strafbar; die (zumindest) fahrlässig herbeigeführte Tatfolge ist hier also **strafbegründend** (vgl §§ 97 I; 308 V, 315 V, 315 a III Nr. 1, 315 b IV, 315 c III Nr. 1). Einige dieser Tatbestände sind auch insgesamt als Vorsatz- oder Fahrlässigkeitsdelikte begehbar (vgl nur § 315 c I und III Nr. 2). Daneben gibt es Tatbestände, die für die Tathandlung grds. Vorsatz verlangen, hinsichtlich einzelner Tatbestandsmerkmale aber auch Fahrlässigkeit genügen lassen (zB § 138 III). **125**

b) Bei den **erfolgsqualifizierten Delikten** verlangt das Gesetz die **vorsätzliche** Verwirklichung eines selbstständig mit Strafe bedrohten Grunddelikts und qualifiziert diese Tat, wenn durch sie zumindest fahrlässig (§ 18) eine besondere Folge verursacht wird (vgl §§ 221 III; 226; 227; 239 III Nr. 2, IV). Eine Reihe von Tatbeständen verlangt über § 18 hinausgehend, dass die schwere Folge (zumindest) leichtfertig (Rn 93 f) herbeigeführt wurde (vgl nur §§ 178, 251). **126**

Vorbemerkung zu den §§ 16–17

I. Allgemeines: Die Kenntnisse des Täters spielen bei der Zurechnung eines Vorsatzdelikts sowohl auf der Unrechts- als auch auf der Schuldebene eine Rolle. So erfordert der subjektive Tatbestand zumindest, dass der Täter die objektive Tatbestandsverwirklichung konkret für möglich hält (§ 15 Rn 26). Entsprechende Kenntnisse verlangt die subjektive Tatseite bei Rechtfertigungs- oder Entschuldigungsgründen. Schließlich setzt aktuelles Unrechtsbewusstsein bei der Schuld voraus, dass der Täter sein Handeln als rechtswidrig ansieht. **1**

Auf allen Zurechnungsstufen können die erforderlichen Vorstellungen des Täters falsch sein oder fehlen. Die Erscheinungsformen, Bezugspunkte und Rechtsfolgen solcher kognitiven Defizite behandelt die Irrtumslehre (Überblick über die examensrelevanten Irrtumskonstellationen bei *Knobloch* JuS 2010, 864). Die Entwicklung einer systematischen Irrtumslehre ist auch von großer praktischer Bedeutung, da die Rechtsfolgen der im Rahmen der Zurechnung in Betracht kommenden Irrtümer in den §§ 16, 17 und 35 II nur lückenhaft normiert sind. Diese Lücken müssen durch einen Rückgriff auf die in den gesetzlich fixierten Regelungen enthaltenen Prinzipien geschlossen werden. **2**

II. Irrtumsformen: Den Irrtumsregelungen des AT liegt ein weiter Irrtumsbegriff zugrunde, wonach unter **Irrtum mangelndes Wissen** zu verstehen ist (*Baumann/Weber/Mitsch* § 21/2). Das Unwissen kann sich zum einen darauf beziehen, dass der Betreffende hinsichtlich des in Frage stehenden Gegenstands überhaupt keine Vorstellungen hat (Unkenntnis, *ignorantia*). Das Unwissen kann aber auch darin bestehen, dass der Betreffende (bewusst oder unreflektiert) von einer Sachlage ausgeht, die mit dem in Frage stehenden Gegenstand unvereinbar ist (Fehlvorstellung, *error*). **3**

- Die **Unkenntnis** ist ein negativer Irrtum, bei dem ein in Wirklichkeit vorhandener Gegenstand entweder überhaupt nicht oder nur unzureichend erkannt wird.
- Die **Fehlvorstellung** ist ein positiver Irrtum, bei dem ein in Wirklichkeit nicht vorhandener Gegenstand für gegeben gehalten wird.

4   Ob das defiziente Wissen eines Irrenden als Unkenntnis oder als Fehlvorstellung einzustufen ist, hängt davon ab, ob der in Frage stehende Gegenstand vorhanden oder nicht vorhanden ist. Wer auf eine Statue in der Annahme schießt, es handele sich um einen Menschen, befindet sich hinsichtlich des tatsächlichen Zieles (Statue) im Zustand der Unkenntnis, hinsichtlich des nicht vorhandenen Zieles (Mensch) in einer Fehlvorstellung.

5   **III. Gegenstand des Irrtums:** Gegenstand eines Irrtums können **alle objektiven Elemente einer Straftat** sein. Von Bedeutung für die Irrtumslehre ist insbesondere die Unterscheidung zwischen den tatsächlichen Voraussetzungen (Tatumständen) eines Delikts-, Rechtfertigungs- oder Entschuldigungstatbestands einerseits und der Bewertung einer Tat als Unrecht andererseits (für eine Kategorisierung nach „Regel" und „Sachverhalt" *Neumann* Puppe-FS 171 ff). Exemplarisch: Ein Irrtum über Tatumstände in Form eines Tatbestandsirrtums liegt vor, wenn der Täter eine fremde Urkunde zerreißt (§ 274 I Nr. 1), die er für einen bedeutungslosen Schmierzettel hält. In einem Irrtum über das Unrecht seiner Tat befindet sich demgegenüber ein sog. „Hacker", dem das Verbot unbekannt ist, sich von Daten, die nicht für ihn bestimmt und gegen unberechtigten Zugang besonders gesichert sind, Kenntnis zu verschaffen (§ 202 a).

6   **IV. Rechtsfolgen des Irrtums: 1.** Im Grundsatz wirken Fehlvorstellungen über belastende Tatumstände belastend, während die Unkenntnis entlastender Tatumstände nicht entlastet. Im Unterschied hierzu haben Fehlvorstellungen über das Unrecht (Verbotensein) einer Tat keine belastende Wirkung. In diesem Fall stellt sich der Täter eine Norm vor, die es nicht gibt; eine solche Tat ist ein strafloses „Wahndelikt" (Vor § 22 Rn 10 ff).

7   Fehlvorstellungen über entlastende Umstände (vgl § 16 II) oder Erlaubnisse sowie die Unkenntnis belastender Umstände oder Verbote haben zumeist auch eine entlastende Wirkung. Solche Entlastungen werden jedoch häufig wieder – unter Anordnung einer zumindest fakultativen Strafmilderung – aufgehoben, wenn der Täter seinen Irrtum zu vertreten hat. So entfällt bei der Unkenntnis der Verwirklichung eines Deliktstatbestands zwar der Vorsatz (§ 16 I S. 1). Hat der Täter aber für seine Unkenntnis aufgrund mangelnder Sorgfalt einzustehen, kann er – soweit dies gesetzlich vorgesehen ist (§ 15) – für die Tatbestandsverwirklichung nach Fahrlässigkeitskriterien haften. Entsprechend wird der Täter nicht (völlig) entlastet, wenn er in zu vertretender Weise die Norm nicht kennt (§ 17 S. 2) oder irrig eine entschuldigende Notlage annimmt (§ 35 II).

8   **2.** Da sich Unkenntnis und Fehlvorstellung nur mit Blick auf das Vorhandensein eines strafrechtlich relevanten Gegenstands unterscheiden, kann es sein, dass die Unkenntnis der tatsächlichen Eigenschaft des konkreten Tatobjekts zwar hinsichtlich eines Delikts entlastet, der Irrtum über die vorgestellten Eigenschaften des Tatobjekts aber hinsichtlich eines anderen Delikts belastet. Exemplarisch: A will seinen Nachbarn B ärgern, indem er mit einem Gewehr auf dessen im Garten aufgestellte Nachbildung einer griechischen Statue schießt. In der hereinbrechenden Dunkelheit hält A jedoch den in seinem Garten stehenden B für die Statue und verletzt diesen tödlich. Hier entlastet die Unkenntnis hinsichtlich des tatsächlichen Tatobjekts insoweit, als der Tötungsvorsatz (§ 212) – ungeachtet einer möglichen Fahrlässigkeitsstrafbarkeit nach § 222 – entfällt. Belastend wirkt aber die Fehlvorstellung, eine fremde Sache zu beschädigen; insoweit macht sich A wegen einer versuchten Sachbeschädigung strafbar (§ 303 I, III).

V. Irrtümer über sonstige Strafbarkeitsvoraussetzungen: Die Irrtumslehre bezieht sich grds. nur auf solche Irrtümer, die für den Schuldvorwurf von Bedeutung sind, also auf den Zurechnungsebenen des Unrechts und der Schuld eine Rolle spielen können. Irrtümer hinsichtlich objektiver Voraussetzungen der Strafbarkeit, die den Schuldvorwurf des Täters nicht berühren, sind naturgemäß ohne Belang. 9

1. Unbeachtlich ist daher ein Irrtum über **Prozessvoraussetzungen** (vgl BGHSt 18, 123 [125]; *Roxin* I § 12/139), wie zB die Verjährung oder die Stellung eines Strafantrags. 10

2. Unbeachtlich ist ferner der Irrtum über die Voraussetzungen **objektiver Strafbarkeitsbedingungen**, da diese nicht Gegenstand der subjektiven Zurechnung sind (*Heinrich* Rn 133; *Roxin* I § 12/138, § 23/30; abw. MK-*Joecks* § 16 Rn 142). Weder ist § 16 I S. 1 anwendbar, wenn der Täter das Vorliegen einer objektiven Strafbarkeitsbedingung verkennt, noch führt umgekehrt die irrige Annahme einer objektiven Strafbarkeitsbedingung zur Versuchsstrafbarkeit. 11

3. Die hM hält auch den Irrtum über die Voraussetzungen eines **persönlichen Strafausschließungs- oder Strafaufhebungsgrunds** für unbeachtlich (vgl BGHSt 23, 281 ff; *Baumann/Weber/Mitsch* § 24/6; *Roxin* I § 23/30). Sachgerecht ist es jedoch, mit einer verbreiteten Gegenauffassung in solchen Fällen, in denen es um Umstände geht, die das Unrecht oder die besondere Motivation des Täters in privilegierender Weise betreffen, § 16 II analog anzuwenden (*Jescheck/Weigend* § 42 III l; MK-*Joecks* § 16 Rn 140; S/S-*Sternberg-Lieben/Schuster* § 16 Rn 34). Exemplarisch ist der Irrtum über die Angehörigeneigenschaft des Täters bei der Strafvereitelung (vgl § 258 Rn 24 f). 12

VI. Gutachten: Bei der Abfassung eines strafrechtlichen Gutachtens ist zu beachten, dass Irrtümer keine Deliktsmerkmale sind. Daher wird nie ein Irrtum als solcher geprüft. Vielmehr ist stets (nur) danach zu fragen, ob das jeweilige subjektive Deliktsmerkmal – Vorsatz, Kenntnis der Rechtfertigungslage usw – erfüllt ist. Insoweit wird ein Irrtum als negatives Ergebnis der Prüfung eines subjektiven Deliktsmerkmals, das bestimmte Kenntnisse verlangt, festgestellt. 13

Ein bestimmter Irrtum des Täters kann weitere Irrtümer nach sich ziehen. So befindet sich derjenige, der irrig glaubt, eine eigene Sache zu beschädigen, in einem Tatbestandsirrtum über die Fremdheit des Tatobjekts iSv § 303. Zugleich befindet sich der Täter aber auch in einem Verbotsirrtum, da ihm mangels Kenntnis der Fremdheit der Sache das Bewusstsein fehlt, Unrecht zu begehen. Im Gutachten kommt es jedoch zu keiner Konkurrenz von Irrtümern, da mit dem Tatbestandsirrtum der Vorsatz entfällt (§ 16 I S. 1) und die Prüfung des betreffenden Vorsatzdelikts insoweit beendet ist, der Verbotsirrtum also nicht mehr zur Sprache kommt. 14

§ 16 Irrtum über Tatumstände

(1) ¹Wer bei Begehung der Tat einen Umstand nicht kennt, der zum gesetzlichen Tatbestand gehört, handelt nicht vorsätzlich. ²Die Strafbarkeit wegen fahrlässiger Begehung bleibt unberührt.

(2) Wer bei Begehung der Tat irrig Umstände annimmt, welche den Tatbestand eines milderen Gesetzes verwirklichen würden, kann wegen vorsätzlicher Begehung nur nach dem milderen Gesetz bestraft werden.

I. Allgemeines

1. § 16 I S. 1 nennt die **Voraussetzungen**, unter denen ein Irrtum des Täters iSv Unkenntnis zum **Vorsatzausschluss** führt. Nach S. 2 bleibt die Strafbarkeit wegen fahrlässiger Begehung unberührt, dh der Täter kann – wenn dies gesetzlich vorgesehen ist (wie zB bei §§ 222, 229) – wegen fahrlässiger Tatbestandsverwirklichung strafbar sein, falls der zum Vorsatzausschluss führende Irrtum auf Fahrlässigkeit beruht. Anders als bei der Regelung des Verbotsirrtums in § 17 kommt es bei § 16 auf die Frage der Vermeidbarkeit des Irrtums nicht an. Auch ein unschwer zu vermeidender Irrtum über einen tatbestandsrelevanten Umstand führt zum Vorsatzausschluss (Überblick bei *Henn* JA 2008, 854; *Sternberg-Lieben* JuS 2012, 289 ff).

2. Nach § 16 II ist der Täter auch dann nach einem **Privilegierungstatbestand** zu bestrafen, wenn dessen Voraussetzungen nur in der Vorstellung des Täters erfüllt sind. Exemplarisch: Krankenpfleger K verabreicht B die tödliche Überdosis eines Medikaments in der irrigen Annahme, B habe dies von ihm ausdrücklich und ernstlich verlangt; K wird nach § 216 bestraft, obgleich die privilegierenden Umstände objektiv nicht verwirklicht sind (hierzu *Küper* Jura 2007, 260 ff).

3. Der Fall, dass der Täter das **Vorliegen privilegierender Merkmale verkennt**, wird von § 16 nicht erfasst und ist auch sonst nicht gesetzlich geregelt. Nach vorherrschender Ansicht ist danach zu differenzieren, ob die Privilegierung auf unrechts- oder schuldmindernden Gründen beruht (*Jescheck/Weigend* § 29 V 5 b; *Roxin* I § 12/126; aA *Heinrich* Rn 1113; nach L-Kühl-*Kühl* Rn 7 soll die Privilegierung entfallen und nur wegen des Grunddelikts zu bestrafen sein):

- Ist das (objektive) Unrecht unter den privilegierenden Voraussetzungen vermindert, so verwirklicht der Täter nur subjektiv das schwerere Unrecht des Grundtatbestands; er ist wegen Versuchs des Grundtatbestands in Tateinheit mit vollendeter Privilegierung zu bestrafen.

- Bei schuldmindernden Privilegierungen soll dagegen eine Strafmilderung die Kenntnis der einschlägigen Umstände voraussetzen, da ein unbekannt gebliebener Umstand nicht als schuldminderndes Tatmotiv in Frage komme. Auch bei § 216 soll nach hM die Privilegierung zumindest teilweise auf verminderter Schuld beruhen (§ 216 Rn 1). Exemplarisch: Der den Patienten B tötende Krankenpfleger K wäre demnach gem. § 212 (bzw § 211) zu bestrafen, wenn er verkennt, dass B ihn ausdrücklich und ernstlich um seine Tötung bat (so *Roxin* I § 12/128 mwN).

4. Unter einem **Umstand, der zum gesetzlichen Tatbestand gehört** (Abs. 1), sind nicht die Worte im Gesetzestext zu verstehen, sondern das reale Geschehen, auf das die Beschreibung eines Deliktstatbestands zutrifft. Es geht also um Umstände, die – wie es Abs. 2 klarer formuliert – einen Tatbestand „verwirklichen". Exemplarisch: Wenn A im Nebel auf B schießt, den er für eine Vogelscheuche hält, dann befindet er sich in einem Tatbestandsirrtum iSv § 16 I: Er irrt sich über die tatsächlichen Voraussetzungen, unter denen sein Verhalten als „einen Menschen töten" iSv § 212 beschrieben werden kann. Ob er dagegen weiß, was die Worte „einen Menschen töten" in der deutschen Sprache im Allgemeinen bedeuten, ist

für den vorsatzausschließenden Irrtum iSv § 16 ohne Belang. A handelte deshalb vorsätzlich, wenn er zwar – zB als sprachunkundiger Ausländer – nicht wüsste, was der Ausdruck „einen Menschen töten" in der deutschen Sprache bedeutet, wohl aber die tatsächlichen Voraussetzungen richtig erkannt hätte, unter denen die Beschreibung des Geschehens als „einen Menschen töten" zutreffend ist.

Ein **umgekehrter Tatbestandsirrtum** – der Täter geht irrtümlich davon aus, ein Geschehen zu verwirklichen, das (objektiv) unter die Beschreibung eines Deliktstatbestands fällt – führt zu einem (ggf strafbaren) **Versuch** (vgl § 22 Rn 3, ferner BGHSt 42, 268; *Kudlich* NStZ 1997, 432 ff; NK-*Zaczyk* § 22 Rn 42 ff). 7

5. Anders als **deskriptive** Tatbestandsmerkmale, die natürliche Eigenschaften wie etwa „beweglich" oder „Mensch" zum Gegenstand haben (Vor § 13 Rn 44), beziehen sich **normative Tatbestandsmerkmale** auf Eigenschaften, die auf sozialen oder rechtlichen Regeln beruhen (zB „fremd", „Urkunde", „verheiratet"). Diese Eigenschaften betreffen entweder Rechtsverhältnisse oder beziehen sich auf Funktionen, die das Objekt im gesellschaftlichen Leben erfüllt. So ist etwa eine Urkunde iSv § 267 über die Funktionen definiert, dass mit ihr als einer verkörperten Gedankenerklärung im Rechtsverkehr Beweis geführt werden kann. Oder die Eigenschaft einer Sache, iSv § 242 fremd zu sein, hat die Befugnis zum Gegenstand, mit ihr nach Belieben umzugehen und andere von einer Einwirkung auf sie auszuschließen (vgl § 903 BGB). Zur vorsatzrelevanten Kenntnis der Umstände, die einen Deliktstatbestand verwirklichen, gehört daher bei normativen Tatbestandsmerkmalen auch die Kenntnis der Funktionen oder Befugnisse, die mit der Zuschreibung der fraglichen Eigenschaft verbunden sind (hM, vgl nur NK-*Puppe* § 16 Rn 21, 46 ff; *Roxin* I § 12/ 89; zu den Arten von Tatbestandsmerkmalen auch *Puppe* Herzberg-FS 275 ff). 8

Da vor allem bei normativen Tatbestandsmerkmalen, die auf rechtliche Regelungen Bezug nehmen, von Laien keine exakten Rechtskenntnisse erwartet werden können, wird nach verbreiteter Ansicht eine „**Parallelwertung in der Laiensphäre**" beim Täter verlangt (vgl BGHSt 3, 248 [255]; 4, 347 [352]; 8, 321 [323]; *Jescheck/Weigend* § 29 II 3 a; *Kaufmann*, Die Parallelwertung in der Laiensphäre, 1982, 36 ff; *Kühl* § 5/93; *Schroth*, Vorsatz und Irrtum, 1998, 50 ff). Dieser Ausdruck ist jedoch zumindest in zweierlei Hinsicht eher missverständlich als erhellend: 9

Zum einen gehört zum Vorsatz nur die Kenntnis der Tatsache, dass ein Rechtsverhältnis besteht, nicht aber auch die Kenntnis der Regeln und tatsächlichen Voraussetzungen, die zur Entstehung des Rechtsverhältnisses geführt haben. Es kommt also für die Vorsatzzuschreibung ausschließlich darauf an, dass der Täter eine hinreichende Vorstellung vom tatsächlichen Resultat, also vom Vorliegen des Rechtsverhältnisses im konkreten Fall, gewonnen hat. Exemplarisch: Der Vorsatz, eine fremde Sache zu beschädigen (§ 303), verlangt nicht die Kenntnis der zivilrechtlichen Regeln des Eigentumsübergangs und der Eigentümerrechte, sondern allein das Wissen, dass ein anderer die Befugnis besitzt, über den Zustand der Sache bestimmen zu dürfen. Daher steht es der Annahme vorsätzlichen Handelns nicht entgegen, wenn der Täter aufgrund unzutreffender rechtlicher Überlegungen zu dem Schluss gekommen ist, dass die von ihm beschädigte Sache in fremdem Eigentum steht. Zum anderen ist die Formel von der Parallelwertung insoweit missverständlich, als der Täter die Tatsache, dass ein bestimmtes Rechtsverhältnis besteht, in der für die jeweilige Tat maßgeblichen Hinsicht nicht irgendwie „parallel", sondern *genau* erfasst haben muss. Er muss zB bei § 170 wissen, dass eine Unterhaltspflicht besteht (näher zur Kritik der Formel von der 10

Parallelwertung *Kindhäuser* GA 1990, 407 [417]; NK-*Puppe* Rn 45 ff; *Schulz* Bemmann-FS 246 ff). Ohne Bedeutung für die Vorsatzzurechnung ist es dagegen, dass der Täter die fragliche normative Eigenschaft gerade mit den Begriffen des jeweiligen Tatbestands erfasst. Es genügt ein Handeln mit einer sinngleichen Begrifflichkeit; insoweit mag die Rede von einer „Parallelwertung" eine gewisse Berechtigung haben.

11   6. Sog. **Blankettmerkmale** (Vor § 13 Rn 47) sind inhaltlich unvollständig und müssen durch die Tatbestände derjenigen rechtlichen Regelungen (Gesetz, Rechtsverordnung oder Verwaltungsakt), auf die sie verweisen, ergänzt werden. So verweist etwa § 283 b I Nr. 1 Alt. 1 auf die Vorschriften zur Führung von Handelsbüchern; die tatbestandlichen Voraussetzungen dieser Vorschriften müssen vom Vorsatz umfasst ein (NK-*Puppe* Vor § 13 Rn 26 mwN; zur Abgrenzung von normativen Tatbestandsmerkmalen vgl NK-*Puppe* Rn 21 mwN; zur Einordnung von Irrtümern über normative Tatbestandsmerkmale und Blankettmerkmale *Bülte* NStZ 2013, 65 ff; *Gómez* GA 2010, 259 ff; *Wendler* NZWiSt 2015, 99 ff).

12   7. Ein Irrtum bzgl des in der Gesetzesformulierung verwendeten Ausdrucks „**rechtswidrig**" („unbefugt", „widerrechtlich" usw) kann Tatbestandsirrtum oder Verbotsirrtum sein, je nachdem, ob der Ausdruck als Tatbestandsmerkmal (wie bei § 263) oder als redundanter Hinweis auf die Rechtswidrigkeit als allgemeines Verbrechensmerkmal (wie bei § 324) fungiert (vgl auch Vor § 13 Rn 49).

13   8. Ein Irrtum über die in den §§ 3 ff normierten Voraussetzungen für die Anwendung des deutschen Strafrechts wird nach hM nicht von § 16 erfasst, mit der Folge, dass der Vorsatz des Täters nicht entfällt (vgl nur *Fischer* Vor §§ 3-7 Rn 30 mwN; anders etwa noch RGSt 3, 316 [318]; 19, 147 [150]; diff. *Böse* Maiwald-FS 61 ff).

II. Abgrenzung zum Subsumtionsirrtum (Verbotsirrtum)

14   Der Täter befindet sich in einem sog. „Subsumtionsirrtum", wenn er sich über die sprachliche Zuordnung eines zutreffend erkannten Sachverhalts zu einem Deliktstatbestand irrt (MK-*Freund* Vor § 13 Rn 273; *Kühl* § 13/10). Exemplarisch: A entwendet seinem Nachbarn N in Zueignungsabsicht ein Huhn, wobei er irrig davon ausgeht, dass Tiere keine Sachen iSv § 242 sind. Da der Täter hier die tatsächlichen Voraussetzungen der Tatbestandsverwirklichung zwar nicht in der Begrifflichkeit des Gesetzes, gleichwohl aber inhaltlich zutreffend erfasst, ist der Subsumtionsirrtum kein vorsatzausschließender Tatbestandsirrtum (vgl BGHSt 13, 207). Der Subsumtionsirrtum kann jedoch zu einem Verbotsirrtum nach § 17 führen, wenn der Täter aufgrund seines sprachlichen Missverständnisses das Unrecht seines Tuns verkennt (vgl § 17 Rn 4); im Beispielsfall ist der Täter nur teilweise in der Lage, den genauen Sinn des gesetzlichen Diebstahlsverbots zu erfassen und auf sein Verhalten anzuwenden.

15   Die Unterscheidung zwischen einem vorsatzausschließenden Tatbestandsirrtum und einem (zum Verbotsirrtum führenden) Subsumtionsirrtum ist dem Grunde nach wie folgt zu treffen: Irrt sich der Täter über ein Geschehen in der Weise, dass es unter Zugrundelegung seiner Sachverhaltsvorstellung (objektiv) nicht mehr zutreffend unter einen Tatbestand subsumiert werden kann, so befindet er sich in einem vorsatzausschließenden Tatbestandsirrtum. Exemplarisch: A fängt ein Huhn seines Nachbarn, um es zu schlachten, wobei er irrig annimmt, das Tier gehöre zu seinem eigenen Hühnerbestand. Hier geht der Täter von einem

Sachverhalt aus, der, wenn er tatsächlich gegeben wäre, kein Diebstahl wäre: Tatbestandsirrtum. Verkennt der Täter dagegen den (objektiven) Sinn eines tatbestandlichen Ausdrucks, so dass er nicht in der Lage ist, diesen Begriff den einschlägigen sprachlichen Regeln entsprechend (ganz oder teilweise) korrekt anzuwenden, so unterliegt er einem (zum Verbotsirrtum führenden) Subsumtionsirrtum. So geht der Täter im Beispiel Rn 14 von einem konkreten Sachverhalt aus, der objektiv ein Diebstahl ist; er irrt sich nur über die Anwendung eines gesetzlichen Begriffs auf den von ihm zutreffend erkannten Sachverhalt. Zu beachten ist freilich, dass sich ein Täter zugleich in einem Tatbestands- und einem Subsumtionsirrtum (Verbotsirrtum) befinden kann, beide Irrtümer sich also nicht etwa ausschließen, sondern sich nur auf unterschiedliche Gegenstände beziehen (näher zur Abgrenzung der Normkenntnis vom Tatwissen und der Funktion des Vorsatzes *Kindhäuser* GA 1990, 407 [409 ff, 415 ff]; dazu *Palma* GA 2012, 220 ff; grds. gegen die Unterscheidung *Herzberg* Otto-FS, 265 [280 ff]).

III. Irrtümer über den Kausalverlauf

1. Bei den Erfolgsdelikten muss der Kausalverlauf vom Vorsatz erfasst sein. Da es sich hierbei um eine Prognose handelt, bei der zumeist nicht jedes Detail berücksichtigt werden kann, genügt es nach hM für die Vorsatzzurechnung jedoch, wenn sich das tatsächliche Geschehen in etwa mit den Tätervorstellungen deckt. Erst eine **wesentliche Abweichung** führt zum Vorsatzausschluss (BGHSt 7, 325 [329]; 38, 32; BGH NJW 2011, 2065 [2066 f]; krit. hierzu *Heinrich* Rn 1098; MK-*Joecks* Rn 81; *Puppe* GA 2008, 569; S/S-*Sternberg-Lieben/Schuster* § 15 Rn 55; gegen eine Berücksichtigung des abweichenden Kausalverlaufs im Vorsatz *Block*, Atypische Kausalverläufe in objektiver Zurechnung, 2008, 228 ff). In diesem Sinne ist eine Abweichung des wirklichen Kausalverlaufs vom vorgestellten Kausalverlauf wesentlich, wenn sie nicht mehr in den Grenzen des nach allgemeiner Lebenserfahrung Voraussehbaren liegt und keine andere Bewertung der Tat rechtfertigt. Letzteres ist insbesondere der Fall, wenn das Risiko, das der Täter tatsächlich setzt, ein ganz anderes ist, als er zu schaffen vermeint. Exemplarisch: A serviert dem B einen mit Tötungsabsicht vergifteten Obstkuchen, in dem sich unbemerkt eine Biene befindet; B wird gestochen und stirbt an einer allergischen Schockreaktion. Sofern im Schrifttum die objektive Vorhersehbarkeit des Erfolgs auch für das Vorsatzdelikt als Frage der objektiven Zurechnung angesehen wird, wird die Möglichkeit eines vorsatzausschließenden Irrtums teils verneint (*Krey/Esser* AT Rn 427), teils nur eingeschränkt befürwortet (W-*Beulke/Satzger* Rn 375; *Bringewat* Rn 612; näher *Kühl* § 13/43 ff mwN). 16

Die Bezugnahme auf die allgemeine Lebenserfahrung bei der Bewertung einer Kausalabweichung als wesentlich ist allerdings missverständlich formuliert. Denn es kann nicht unterstellt werden, dass sich der Vorsatz des Täters mit dem nach der Lebenserfahrung Vorhersehbaren ohne Weiteres deckt, so dass ein Kausalverlauf nur allgemein vorhersehbar sein müsse, um auch dem Täter zum Vorsatz zugerechnet werden zu können. Zum Vorsatz des Täters zurechenbar sind vielmehr Kausalverläufe, welche mit den nach der allgemeinen Lebenserfahrung typischen Risiken der von ihm geplanten Deliktsverwirklichung verbunden sind, weil solche Risiken zum **sachgedanklichen Mitbewusstsein** der Tatbegehung gehören (vgl § 15 Rn 16; *Köhler* 152 ff; *Otto* AT § 7/84 ff; vgl auch *Hsu*, „Doppelindividualisierung" und Irrtum, 2007, 206 ff, 223). Genauer ist es daher, einen Irrtum über den Kausalverlauf als unwesentlich anzusehen, wenn sich die Ge- 17 fahr, die der Täter bewusst schafft, in einer nach der allgemeinen Lebenserfahrung typischen Weise im Erfolg realisiert hat.

18 Ausgeschlossen ist bei einem inadäquaten Kausalverlauf nur die Zurechnung des **konkreten** Kausalverlaufs zum Vorsatz, mit der Konsequenz, dass das Delikt mangels Zurechenbarkeit der objektiven Erfolgsverursachung zum Vorsatz **nicht vollendet** ist. Hieraus können sich im **Gutachten** zwei Konsequenzen ergeben: Zum einen kann sich der Täter hinsichtlich des vorgestellten, aber objektiv nicht realisierten Kausalverlaufs wegen Versuchs strafbar gemacht haben (NK-*Puppe* § 15 Rn 82). Zum anderen kann ihm die tatsächliche Erfolgsverursachung ggf als Fahrlässigkeitsdelikt zugerechnet werden. Ist beides gegeben, sind die Delikte tateinheitlich verwirklicht.

19 2. Wenn der Tatbestand bereits durch einen nach Ansicht des Täters noch nicht erfolgsrelevanten Akt verwirklicht wird, dem die eigentliche Erfolgsverursachung noch nachfolgen soll, spricht man von **vorzeitiger Vollendung**. Exemplarisch: A will B betäuben, um ihn anschließend (unter Vortäuschung eines Suizids) durch Erhängen zu töten; bereits die Betäubung führt zum Tode:

20 ▪ Nach vorherrschender Meinung ist eine **vollendete Vorsatztat** gegeben, wenn der Täter bereits mit dem ersten Akt ins Versuchsstadium eingetreten ist und der tatsächliche Kausalverlauf nur unwesentlich vom vorgestellten abweicht (BGH NStZ 2002, 475 [476]; JR 2002, 381 [382]; SK-*Rudolphi/Stein* Rn 38; *Sowada* Jura 2004, 814 [817 ff]; S/S-*Sternberg-Lieben/Schuster* § 15 Rn 58); dies ließe sich im Beispielsfall bejahen.

21 ▪ Ein Teil der Lehre nimmt hier **nur Versuch** an, da sich im Erfolg nicht das vom Täter vorgestellte Risiko verwirklicht hat. Tateinheitlich hierzu kommt eine Fahrlässigkeitstat hinsichtlich des konkreten Erfolgs in Betracht (*Hruschka* JuS 1982, 317 [320 f]; *Jakobs* 8/76; *Kaufmann* Jescheck-FS 251 [264]; NK-*Puppe* Rn 86 ff).

22 3. Glaubt der Täter, den Erfolg schon herbeigeführt zu haben, bewirkt er ihn jedoch erst unbemerkt durch ein **späteres Verhalten**, so ist eine Konstellation des sog. dolus generalis gegeben (vgl § 15 Rn 33 ff). Exemplarisch: A geht davon aus, B durch einen Schlag mit einer Eisenstange getötet zu haben. Um einen Unfall vorzutäuschen, wirft er ihn anschließend aus dem Fenster eines Hochhauses; tatsächlich kommt B erst durch diesen Sturz zu Tode:

23 ▪ Die Rspr bejaht eine **vollendete Vorsatztat**, wenn der tatsächliche Kausalverlauf im Rahmen des Vorhersehbaren liegt (BGHSt 7, 325 ff; 14, 193 ff); dies wäre im Beispielsfall anzunehmen.

24 ▪ Die hL verneint dagegen eine vollendete Vorsatztat, wenn sich das vom Täter zunächst geschaffene Risiko in keiner Weise im Erfolg realisiert, der Erfolg vielmehr erst durch ein neues, das erste Risiko völlig überholendes unvorsätzlich geschaffenes Risiko bedingt wird. Hier befinde sich der Täter in einem **vorsatzausschließenden Irrtum** über das Tatbestandsmerkmal der Kausalität zwischen Handlung und Erfolg. Der Täter begeht demnach im Beispielsfall nur einen Totschlagsversuch (§§ 212, 22 f) hinsichtlich des ersten Tötungsakts (Erschlagen), ggf in Tatmehrheit mit fahrlässiger Herbeiführung des konkreten Erfolgs (vgl mit Abweichungen im Detail *Freund* AT § 7/143; *Hettinger* Spendel-FS 237 [238 f]; *Hruschka* 26 f; *Schlehofer*, Vorsatz und Tatabweichung, 1996, 177; LK-*Vogel* Rn 72; aA *Heinrich* Rn 1098: unwesentliche Abweichung des vorgestellten Kausalverlaufs vom

tatsächlichen Kausalverlauf; anders auch NK-*Puppe* Rn 81 ff unter Bezugnahme auf die Lehre von der Vorsatzgefahr; vgl auch *Jäger* Schroeder, F.-C.-FS 241 ff: Lösung über § 25).

IV. Error in persona und aberratio ictus

1. Beim „**error in persona vel objecto**" („Irrtum über die Person oder das Objekt") irrt sich der Täter über die Identität des Tatobjekts, ordnet dieses aber zutreffend der tatbestandlich beschriebenen Gattung zu (NK-*Puppe* Rn 93 f; *Warda* Blau-FS 159 [162]). 25

a) Der error in persona vel objecto **schließt** nach ganz hM die Zurechenbarkeit der objektiven Tatbestandsverwirklichung zum **Vorsatz** grds. nicht aus, da sich der Täter nur über eine **tatbestandlich irrelevante Individualisierung** des Objekts irrt (vgl BGHSt 11, 268; 37, 214 [216]; *Alwart* JuS 1979, 351 [352 f]; *Bemmann* MDR 1958, 817 ff; *Koriath* JuS 1998, 215; *Lubig* Jura 2006, 655 [656]; *Rath*, Zur Unerheblichkeit des error in persona vel in objecto, 1996; *Roxin* I § 12/173 ff). Exemplarisch: A schießt mit Tötungsvorsatz auf B, den er irrig für C hält. Oder: A stößt eine einfache Porzellanvase in der irrigen Annahme um, er beschädige so eine wertvolle chinesische Vase. In beiden Fällen erfasst der Täter das Tatobjekt jeweils in der tatbestandlich relevanten Beschreibung: Er handelt mit Tötungsvorsatz hinsichtlich des konkreten Opfers bzw mit Schädigungsvorsatz hinsichtlich der konkreten Sache (vertiefend zum error in objecto, wenn das gestohlene Behältnis nicht den erwarteten Inhalt aufweist, *Böse* GA 2010, 249 ff). 26

b) Wenn der Täter das Handlungsobjekt **nicht der tatbestandlich relevanten Gattung** zuordnet, ist der **Irrtum beachtlich** (und sollte der Klarheit halber auch nicht als error in persona vel objecto bezeichnet werden): Der Irrtum führt zum Vorsatzausschluss. Exemplarisch: T hält den sich im Park ausruhenden Spaziergänger S infolge der Dämmerung für eine Statue, die er in einem Anflug von Vandalismus mit einem Steinwurf beschädigen will; S wird von dem Stein schmerzhaft getroffen. Hier ist die Körperverletzung des S dem T nicht zum Vorsatz zurechenbar, da S keine Sache iSv § 303 ist; T begeht insoweit nur einen Versuch. Tateinheitlich hierzu kommt eine fahrlässige Körperverletzung (§ 229) in Betracht. 27

2. Als „**aberratio ictus**" („Fehlgehen des Schlages") wird eine Konstellation bezeichnet, in der sich der Vorsatz des Täters auf eine bestimmte Person/ein bestimmtes Objekt richtet, aufgrund eines vom Täter nicht vorhergesehenen Kausalverlaufs jedoch eine andere Person/ein anderes Objekt als die/das anvisierte getroffen wird (umfassend hierzu *Toepel* JA 1996, 886 ff; 1997, 248 ff; 344 ff). 28

a) Handelt der Täter sowohl hinsichtlich des anvisierten als auch hinsichtlich des tatsächlich verletzten Tatobjekts mit Vorsatz, ist **keine aberratio ictus** gegeben; vielmehr liegt ein Fall des alternativen Vorsatzes vor (§ 15 Rn 27 ff; vgl auch BGHSt 34, 53 [55]; BGH NStZ 2009, 210 f: bedingter Vorsatz auch hinsichtlich der Tötung des hinter der anvisierten Person stehenden Menschen durch einen Beilhieb; krit. hierzu *Hsu*, „Doppelindividualisierung" und Irrtum, 2007, 210 f, 224; *Puppe* HRRS 2009, 91 ff; LK-*Vogel* Rn 82 ff). 29

Auch ein Vorgehen, bei dem das Tatobjekt **nur generell** (bzw mittelbar) durch eine bestimmte Gestaltung der Tat bestimmt wird, ist **kein** Fall der **aberratio ictus**. Exemplarisch: Terrorist A deponiert bei einer Wahlveranstaltung eine Bombe 30 mit Zeitzünder neben dem Rednerpult. Bei der Explosion der Bombe hält nicht, wie T angenommen hat, P, sondern L eine Rede und wird getötet. Hier ist ein unbeachtlicher error in persona gegeben, da T genau den Menschen töten wollte, der sich zum Zeitpunkt der Explosion im Wirkungsbereich der Bombe aufhielt. Dass dies nicht P, sondern L war, ist insoweit nur ein Identitätsirrtum (vgl *Geppert* Jura 1992, 163; *Gropp* Lenckner-FS 55 [65]; *Jakobs* 8/81; *Lubig* Jura 2006, 655 [658]; *Prittwitz* GA 1983, 110 [127]; *Roxin* I § 12/177; *Stratenwerth* Baumann-FS 57 [60 f]; *Streng* JuS 1991, 910 [913 ff]; *Toepel* JA 1996, 886; 1997, 556, 948; vgl auch BGH NStZ 1998, 294; aA *Freund* Maiwald-FS 211 [228], der darauf abstellt, dass Vorsatz nur hinsichtlich der Person gegeben sein könne, die nach der Vorstellung des Täters auch tatsächlich durch die Handlung geschädigt werden kann (hier P). Personen, an die der Täter nicht gedacht habe (hier L), könnten auch trotz ihrer Gleichwertigkeit nicht vorsätzlich geschädigt werden; es fehle insoweit am „Erkennen der Schädigungsmöglichkeit", das für den Vorsatz konstitutiv sei; näher zu solchen Abgrenzungsfragen auch *Erb* Frisch-FS 389 [393 ff]).

31 **b)** Soweit das vom Täter tatsächlich beeinträchtigte Tatobjekt **einer tatbestandlich relevanten anderen Gattung** zuzuordnen ist als das anvisierte Tatobjekt, ist unstr. der Fall eines (erheblichen) Irrtums über den Kausalverlauf gegeben und nach den hier einschlägigen Regeln zu behandeln (Rn 16 ff). Exemplarisch: A schießt mit Tötungsvorsatz auf B, trifft aber wider Erwarten dessen Hund H. Hier liegt nur ein Tötungsversuch bezüglich B vor; die Verletzung des Hundes ist eine fahrlässige Sachbeschädigung, die mangels einer einschlägigen Vorschrift nicht strafbar ist.

32 **c)** Wie das Geschehen bei der aberratio ictus zu bewerten ist, wenn das tatsächlich beeinträchtigte Tatobjekt **derselben tatbestandlichen Gattung** angehört wie das anvisierte Tatobjekt, ist umstritten:

33 **aa)** Die hM behandelt auch diesen Fall als (erheblichen) Irrtum über den Kausalverlauf, wenn die Verletzung des tatsächlich getroffenen Tatobjekts nicht vom Vorsatz des Täters erfasst war. Exemplarisch: A zielt in Tötungsabsicht mit einem Gewehr auf B; die Kugel trifft jedoch, weil A leicht zitterte, wider Erwarten den in der Nähe des B stehenden C tödlich. Hier nimmt die hM einen Tötungs**versuch** (§§ 212, 22 f) hinsichtlich B und **ggf** eine **fahrlässige** Tötung (§ 222) hinsichtlich C an (vgl BGHSt 9, 240 [242]; hierzu *Mitsch* Puppe-FS 729 ff; BGHSt 34, 53 [55]; BGH bei *Holtz* MDR 1981, 630 f; *Alwart* JuS 1979, 351 [355]; *Bemmann* MDR 1958, 818 f; *Bottke* JA 1981, 346; *Hettinger* GA 1990, 531 [554]; *Hruschka* JZ 1991, 488 [491 f]; *Lubig* Jura 2006, 655 [657 f]). Der Unterschied zum error in persona wird namentlich darin gesehen, dass der Täter keinem Identitätsirrtum bezüglich des konkreten Tatobjekts unterliegt, sondern einen anderen Kausalverlauf mit anderem Tatobjekt prognostizierte.

34 **bb)** Eine Mindermeinung in der Literatur behandelt dagegen diese Konstellation der aberratio ictus als **unbeachtlichen error in persona**, wenn das anvisierte Objekt unter jedem rechtlich relevanten Aspekt dem getroffenen gleicht; der Täter habe Vorsatz bezüglich der Tötung eines Menschen gehabt und auch einen Menschen getötet (*Kuhlen*, Die Unterscheidung von vorsatzausschließendem und nichtvorsatzausschließendem Irrtum, 1987, 479 ff; *Loewenheim* JuS 1966, 310; *Puppe* JZ 1989, 728; *Welzel* § 13 I 3 d). Bei relevanter Ungleichheit der Tatobjekte wird der Fall dagegen wie von der hM als beachtlicher Irrtum über den Kausalverlauf eingestuft; etwa: A schießt mit Tötungsvorsatz auf B, trifft aber aufgrund leichten Zitterns C, der seinerseits den A, was dieser nicht bemerkt, ge-

rade töten wollte. Hier gleichen sich B und C nicht in rechtlich relevanter Weise, da letzterer ein Angreifer iSd Notwehrvorschrift (§ 32) ist. In einer Modifikation des früheren Ansatzes verlangt *Puppe* nunmehr (NK Rn 104 ff), dass der Täter auch gegenüber dem tatsächlich getroffenen Objekt eine Vorsatzgefahr (§ 15 Rn 115) geschaffen haben müsse, wenn die aberratio ictus als Unterfall eines unbeachtlichen error in persona anzusehen sein soll. Dies bedeutet, dass die Ergebnisse nach dieser Lehre in allen Fällen, in denen der Täter (nur) eine Fahrlässigkeitsgefahr schafft, mit denjenigen der hM übereinstimmen.

cc) Schließlich wird die Auffassung vertreten, dass die aberratio ictus **nur bei höchstpersönlichen Rechtsgütern beachtlich** sei, nicht aber bei übertragbaren Rechtsgütern wie Eigentum und Vermögen; nur bei höchstpersönlichen Rechtsgütern sei die Unrechtsverwirklichung abhängig von der Individualität des Verletzten (*Hillenkamp*, Die Bedeutung von Vorsatzkonkretisierungen bei abweichendem Kausalverlauf, 1971, 108 ff, 127 ff; krit. *Rath*, Zur strafrechtlichen Behandlung der aberratio ictus und des error in objecto des Täters, 1993, 166 ff). 35

§ 17 Verbotsirrtum

¹Fehlt dem Täter bei Begehung der Tat die Einsicht, Unrecht zu tun, so handelt er ohne Schuld, wenn er diesen Irrtum nicht vermeiden konnte. ²Konnte der Täter den Irrtum vermeiden, so kann die Strafe nach § 49 Abs. 1 gemildert werden.

I. Allgemeines

1. Die in § 17 getroffene Regelung des Verbotsirrtums beruht auf der sog. **Schuldtheorie**, die zwischen der Schuld und dem Unrecht (Erfolgs- und Handlungsunrecht) als Gegenstand der Schuldzurechnung differenziert (vgl MK-*Joecks* Rn 1; *Puppe* Stree/Wessels-FS 183; *Rudolphi* Maurach-FS 51 [57]). Nach dieser Theorie ist der Vorsatz als subjektives Unrechtselement vom Unrechtsbewusstsein zu trennen; das Unrechtsbewusstsein wird als selbstständiges Schuldelement angesehen. Demnach ist der Vorsatz ungeachtet eines möglichen Unrechtsbewusstseins festzustellen, und umgekehrt lässt fehlendes Unrechtsbewusstsein den Vorsatz unberührt (wichtig insbesondere für die Beteiligungslehre). 1

Mit der Anerkennung der Schuldtheorie (seit BGHSt 2, 194 [200]; hierzu *Neumann* BGH-FS IV 83 [95 ff]; vgl auch BVerfGE 41, 121 [125]) hat die **Rspr** die frühere Auffassung des Reichsgerichts preisgegeben, der zufolge der Schuldvorwurf grds. kein Unrechtsbewusstsein voraussetzt; nur der außerstrafrechtliche Rechtsirrtum wurde analog § 59 aF dem vorsatzausschließenden Tatirrtum gleichgestellt (vgl RGSt 1, 368; 72, 305 [309]). 2

Nicht durchgesetzt hat sich die sog. **Vorsatztheorie**, die im „Vorsatz" ein den Tatbestandsvorsatz und das Unrechtsbewusstsein umfassendes Schuldmerkmal erblickt (vgl Vor § 32 Rn 29). 3

2. Von einem **direkten Verbotsirrtum** spricht man, wenn der Täter sein Verhalten infolge Unkenntnis oder Verkennens der Verbotsnorm für erlaubt hält. Ein **indirekter Verbotsirrtum** ist dagegen gegeben, wenn der Täter irrtümlich annimmt, sein tatbestandsverwirklichendes Verhalten sei gerechtfertigt (BGH NStZ 2003, 596 f), also von einer Erlaubnisnorm gedeckt (= Erlaubnisirrtum, der nicht mit einem Erlaubnistatbestandsirrtum zu verwechseln ist, vgl Vor § 32 Rn 24 ff). 4

5 **3. Unrechtseinsicht** ist das Bewusstsein des Täters, eine das betreffende Rechtsgut schützende Norm der Rechtsordnung (nicht notwendig auch des Strafrechts) zu verletzen (vgl BGHSt 2, 194 [202]; 45, 97 [100 f]; *Jescheck/Weigend* § 41 I 3 a; *Küper* JZ 1989, 617 [621]; *Roxin* I § 21/12 f; *Rudolphi*, Unrechtsbewusstsein, Verbotsirrtum und Vermeidbarkeit des Verbotsirrtums, 1969, 44 ff; nur auf sanktionsbewehrte Normen begrenzend: *Neumann* JuS 1993, 793 [795]; *Otto* Jura 1990, 645 [647]). Für das Unrechtsbewusstsein genügt es zB, wenn der Täter sein Verhalten bloß für ordnungswidrig hält (OLG Stuttgart NStZ 1993, 344 [345]; NK-*Neumann* Rn 27 f), jedoch reicht die Annahme, das Handeln sei sozialschädlich oder unmoralisch, (noch) nicht aus (MK-*Joecks* Rn 10 f).

6 Eine genaue Kenntnis des Norminhalts ist nicht erforderlich. Jedoch ist das Unrechtsbewusstsein insoweit **tatbestandsbezogen**, als es den spezifischen Unrechtsgehalt der in Betracht kommenden Deliktsart zum Gegenstand hat (BGHSt 42, 123). Verwirklicht der Täter mehrere Straftatbestände in Tateinheit, so kann das Unrechtsbewusstsein hinsichtlich der jeweiligen Delikte teilbar sein (BGHSt 10, 35). In den sog. „Mauerschützen-Fällen" bezieht die Rspr das Unrechtsbewusstsein nicht auf die (ggf fehlende) formelle, sondern auf die materielle Rechtswidrigkeit (vgl BGHSt 39, 1 [15 ff]; 39, 168 [183 ff]; 40, 241 [244]).

7 **4. Aktuelles Unrechtsbewusstsein** ist gegeben, wenn sich der Täter (bei der Vorsatztat) über die Rechtswidrigkeit der Tatbestandsverwirklichung im Klaren ist (BGHSt 15, 377); sog. sachgedankliches Mitbewusstsein (vgl § 15 Rn 16) reicht aus. Ein dem dolus eventualis entsprechendes bedingtes Unrechtsbewusstsein lässt die hM nicht genügen (vgl BGH NJW 1996, 1605; *Paeffgen* JZ 1978, 738 [745]; *Timpe*, Strafmilderungen des Allgemeinen Teils des StGB und das Doppelverwertungsverbot, 1983, 253 ff; aA *Leite* GA 2012, 688 ff; *Otto* AT § 13/45).

8 **Potenzielles Unrechtsbewusstsein** liegt vor, wenn der Täter bei dem ihm zumutbaren Einsatz seiner Erkenntniskräfte und Wertvorstellungen das Unrecht der Tat hätte erkennen können (BGHSt 21, 18 [20]); mit potenziellem Unrechtsbewusstsein ist also ein Handeln in einem vermeidbaren Verbotsirrtum gemeint (Rn 14 ff).

9 **5.** Da der Täter bei der **Fahrlässigkeitstat** das Risiko einer Tatbestandsverwirklichung (sorgfaltswidrig) verkennt, fehlt ihm auch das aktuelle Bewusstsein, durch sein Verhalten das tatbestandliche Unrecht zu verwirklichen. Bei Fahrlässigkeitsdelikten ist also **nur potenzielles Unrechtsbewusstsein** erforderlich.

10 **6.** Hinsichtlich der **Garantenstellung** kommt beim **Unterlassungsdelikt** ein Tatbestandsirrtum oder ein Verbotsirrtum (bzw Gebotsirrtum) in Betracht:

11 ■ Verkennt der Täter die tatsächlichen Voraussetzungen, die seine Garantenstellung begründen, befindet er sich in einem vorsatzausschließenden Tatbestandsirrtum (§ 16 I S. 1); exemplarisch: E erkennt nicht, dass die Ertrinkende, der er nicht zu Hilfe kommt, seine Ehefrau ist.

12 ■ Sind dem Unterlassenden alle Umstände bekannt, die seine Garantenstellung begründen, nimmt er aber dennoch an, die gebotene Handlung unterlassen zu dürfen, so befindet er sich in einem Irrtum über die Garantenpflicht, also in einem Gebotsirrtum, der einem Verbotsirrtum gleichsteht und wie ein solcher zu behandeln ist (BGHSt 16, 155).

13 **7.** Im **Gutachten** ist vom Vorhandensein des Unrechtsbewusstseins auszugehen, wenn keine besonderen Anhaltspunkte auf sein Fehlen hindeuten (vgl BGHSt 5, 112). Sind solche Anhaltspunkte gegeben, so ist zunächst das Vorliegen eines

Verbotsirrtums zu prüfen und bejahendenfalls nach der Vermeidbarkeit dieses Irrtums zu fragen. Als Schuldausschließungsgrund ist der Verbotsirrtum vor einem möglichen Entschuldigungsgrund anzusprechen.

II. Vermeidbarkeit

1. Bei fehlender Unrechtseinsicht handelt der Täter ohne Schuld, wenn er den Irrtum nicht vermeiden konnte (§ 17 S. 1). Bei Vermeidbarkeit des Irrtums kann die Strafe nach § 49 I gemildert werden (§ 17 S. 2). **14**

2. Der Verbotsirrtum ist **vermeidbar**, wenn das Unrecht für den Täter erkennbar war, ihm also sein Verhalten unter Berücksichtigung seiner Fähigkeiten und Kenntnisse hätte Anlass geben müssen, über dessen mögliche Rechtswidrigkeit nachzudenken oder Erkundigungen einzuziehen, und er auf diesem Weg zur Unrechtseinsicht gekommen wäre (vgl BGHSt 3, 357; 4, 1 ff; 5, 111 ff; 21, 18 ff; BayObLG JR 1989, 386 f m.Anm. *Rudolphi*; *Lesch* JA 1996, 607; näher *Kühl* § 13/51; *Roxin* Tiedemann-FS 375 ff; *Walter*, Kern des Strafrechts, 2006, 307 ff; zum Irrtum von Ausländern BGHSt 45, 97; *Laubenthal/Baier* GA 2000, 205 ff; *Zabel* GA 2008, 33 [54]). Für den Bereich des Nebenstrafrechts wurden dabei teils nur abgeschwächte Anforderungen gestellt (OLG Oldenburg NStZ-RR 1999, 122). **15**

3. **Maßstab** für die Vermeidbarkeit sind die individuellen Fähigkeiten und Kenntnisse des konkreten Täters unter Beachtung der ihn in seiner Position treffenden Rechtspflichten. Die Anforderungen ergeben sich im Wesentlichen aus der spezifischen Lebens- und Berufssituation des Täters, seiner Vorbildung sowie aus üblichen Anlässen, Rechtsauskünfte einzuholen (MK-*Joecks* Rn 42 ff). Die Kriterien für einen Verstoß gegen die innere Sorgfalt bei der Fahrlässigkeit lassen sich entsprechend heranziehen (vgl § 15 Rn 49 ff; vgl auch *Otto* AT § 13/48). **16**

4. Ein **unverschuldeter** Irrtum ist zugleich ein unvermeidbarer Irrtum: Falls der Täter auch bei pflichtgemäßer Erkundigung – etwa aufgrund einer völlig unklaren Rechtslage – keine verlässliche (= vertrauenswürdige) Auskunft erhalten hätte, ist der Irrtum als unverschuldet und damit als unvermeidbar anzusehen (vgl OLG Celle NJW 1977, 1644; KG BeckRS 2012, 11907; *Neumann* JuS 1993, 793 [797 f]; LK-*Vogel* Rn 46). Verlässliche Auskünfte sind regelmäßig nur von zuständigen, sachkundigen und unvoreingenommenen Personen oder Stellen zu erwarten, die zugleich die Gewähr für eine objektive und verantwortungsbewusste Information bieten (vgl BGHSt 40, 257 [264]; 58, 15 [26 ff]; OLG Stuttgart JuS 2006, 1032 m. Bspr *Jahn*; *Zaczyk* JuS 1990, 889 [892 ff]). Die (falsche) Auskunft eines Verteidigers reicht jedoch zur Annahme mangelnder Vermeidbarkeit nicht aus, wenn dem Täter das Unerlaubte seines Tuns bei schon mäßiger Anspannung von Verstand und Gewissen leicht erkennbar ist (BGH NStZ-RR 2003, 263; speziell zum Verbotsirrtum im Falle Mannesmann LG Düsseldorf NJW 2004, 3275 einerseits, BGH JZ 2006, 560 ff andererseits). Gleiches gilt für ein anwaltliches Rechtsgutachten, dass erkennbar nicht verlässlich ist und eine reine Gefälligkeit darstellt (BGH NStZ 2013, 461; krit. gegenüber den hohen Anforderungen der Rspr *Gaede* HRRS 2013, 449). **17**

§ 18 Schwerere Strafe bei besonderen Tatfolgen

Knüpft das Gesetz an eine besondere Folge der Tat eine schwerere Strafe, so trifft sie den Täter oder den Teilnehmer nur, wenn ihm hinsichtlich dieser Folge wenigstens Fahrlässigkeit zur Last fällt.

1. Die **erfolgsqualifizierten Delikte** beruhen auf dem Gedanken, dass die Verwirklichung eines bestimmten Grunddelikts oder eines zu einem bestimmten Grunddelikt führenden Verhaltens in spezifischem Maße riskant ist, weshalb sich im Eintritt der qualifizierenden Folge gerade dieses Risiko verwirklicht haben muss (*Geilen* Welzel-FS 655 ff; *Jakobs* 9/33; *Kühl* BGH-FS IV 237 ff; *Otto* AT § 11/1; *Paeffgen* JZ 1989, 220 ff; *Sowada* Jura 1994, 644; LK-*Vogel* Rn 24; zum Begriff *Duttge* Herzberg-FS 309 ff; allg. *Kudlich* JA 2009, 246 ff).

2 Diese Begründung der Strafferhöhung führt zu einer **teleologischen Reduktion** des Anwendungsbereichs der erfolgsqualifizierten Delikte: Zwischen Grunddelikt und Folge muss ein spezifischer Zusammenhang bestehen.

3 2. Zur Bestimmung des **spezifischen Zusammenhangs** zwischen Grunddelikt und Folge werden mehrere Ansichten vertreten:

4 a) Die Rspr stellte zunächst auf einen **unmittelbaren Zusammenhang** zwischen Tathandlung und besonderer Tatfolge ab (vgl BGHSt 14, 110 [112]; 19, 382 [387]; 24, 213; BGH NJW 1971, 152; MDR 1982, 1034; *Sowada* Jura 1994, 646 ff); dieser Zusammenhang sollte vor allem dann nicht gegeben sein, wenn der Erfolg entscheidend durch ein Verhalten des Opfers oder das Eingreifen eines Dritten bedingt ist.

5 Nunmehr verlangt die Rspr in Übereinstimmung mit der hL, dass sich in der qualifizierenden Tatfolge gerade das spezifische **Risiko der Tathandlung** (vom Versuchs- bis zum Vollendungsstadium) realisieren müsse (vgl BGHSt 31, 96 [98]; 32, 25 [27 f]; BGH NJW 1986, 438; 1992, 1708; NStZ 1992, 333; NJW 2003, 150 [153]; *Burgstaller* Jescheck-FS 357 ff; *Geilen* Welzel-FS 655 [681]; *Gössel* Lange-FS 219 [232]; *Graul* JR 1992, 344 [345]; *Kostuch*, Versuch und Rücktritt beim erfolgsqualifizierten Delikt, 2004, 178 ff; *Wolter* GA 1984, 443 ff). Hiernach muss bei jedem erfolgsqualifizierten Delikt das spezifische Risiko des Grunddelikts durch Auslegung ermittelt werden (zB Risiken der Freiheitsberaubung, der Körperverletzung, des Raubes usw). Nach dieser Auffassung schließen auch Handlungen des Opfers oder Dritter den Risikozusammenhang dann nicht aus, wenn diese Reaktionen in die Risikozuständigkeit des Täters fallen.

6 b) Nach einer restriktiveren Auffassung in der Literatur ist es erforderlich, dass sich die qualifizierende Tatfolge **aus dem Erfolg des Grunddelikts ergeben** muss (so zB *Hirsch* Oehler-FS 111 ff; *Mitsch* Jura 1993, 21; *Roxin* I § 10/115; diff. SK-*Rudolphi/Stein* Rn 3). Für § 227 bedeutet dies etwa: Das Opfer muss an der ihm vom Täter beigebrachten Verletzung sterben (sog. **Letalitätstheorie**). Zur Begründung wird ua angeführt, dass sich die spezifische Gefährlichkeit des Grunddelikts gerade in dessen Erfolg niederschlage, so dass die qualifizierende schwere Folge ihrerseits durch den Erfolg des Grunddelikts bedingt sein müsse.

7 c) Weitergehend wird verlangt, dass zur Steigerung des Handlungsunrechts stets **Leichtfertigkeit** hinsichtlich der besonderen Tatfolge erforderlich sei (NK-*Paeffgen* Rn 43 ff; krit. *Radtke* Jung-FS 737 [741 ff]).

2. Konkrete Gefährdungen kommen **nicht** als **Erfolgsqualifikationen** in Betracht: 8
Auf Gefährdungserfolge ist § 18 *nicht* anwendbar (*Baumann/Weber/Mitsch* § 8/78; MK-*Hardtung* Rn 12). Gefährdungserfolge müssen also stets vom Vorsatz erfasst sein, wenn nicht das betreffende Gesetz selbst eine Fahrlässigkeitshaftung vorsieht (BGHSt 26, 244 [245]; BGH StV 1991, 262; NK-*Paeffgen* Rn 7 ff mwN).

Dieses einhellig vertretene Ergebnis wird unterschiedlich begründet: 9

- Nach der Rspr sind konkrete Gefährdungen nicht als Erfolge anzusehen (vgl 10 BGHSt 26, 176 [180]).

- Nach hL ist der Gesetzessystematik zu entnehmen, dass der Gesetzgeber 11 stets dort, wo er eine fahrlässige Verursachung des Gefahrerfolgs für ausreichend hält, eine ausdrückliche Regelung trifft (vgl zB §§ 307 II, 308 V, 315 a III Nr. 1, 315 b IV, 315 c III Nr. 1). Dies wäre bei Anwendbarkeit von § 18 überflüssig (vgl MK-*Hardtung* Rn 12; *Rengier*, Erfolgsqualifizierte Delikte und verwandte Erscheinungsformen, 1986, 87 f, 281 f).

3. Im **Gutachten** empfiehlt es sich, beim erfolgsqualifizierten Delikt zunächst das 12 vorsätzlich vollendete Grunddelikt komplett zu erörtern und sodann die fahrlässige Verursachung der schweren Folge zusammen mit der erforderlichen spezifischen Risikoverwirklichung zu prüfen, also:
(1) Vorsatzteil (Tatbestand, Rechtswidrigkeit, Schuld des Grunddelikts),
(2) Fahrlässigkeitsteil (ggf in Form von Leichtfertigkeit):
  (a) Verursachung des qualifizierenden Erfolgs;
  (b) Risikozusammenhang;
  (c) Sorgfaltspflichtverletzung (liegt in der Regel schon in der Begehung des Grunddelikts, vgl BGHSt 24, 213; BGH NStZ 1982, 27);
  (d) objektive Vorhersehbarkeit des erfolgsverursachenden Kausalverlaufs;
  (e) objektive Vermeidbarkeit der Erfolgsherbeiführung (Pflichtwidrigkeitszusammenhang);
  (f) Rechtswidrigkeit bzgl des Erfolgs;
  (g) Schuld bzgl des Erfolgs, namentlich individuelle Vorhersehbarkeit und Vermeidbarkeit (vgl BGH StraFo 2008, 434; *Wolter* JuS 1981, 168 [170 ff])

Bei Zugrundelegung des einstufigen Fahrlässigkeitsmodells (vgl § 15 Rn 81 ff, 97 ff) sind die Punkte (d) und (e) iSe individuellen Zurechnung zu modifizieren; im Rahmen der Schuld ist dann freilich keine Prüfung der individuellen Vorhersehbarkeit und Vermeidbarkeit mehr vorzunehmen.

Wenn der Sachverhalt so gelagert ist, dass die Erfolgsqualifikation und ihr Zu- 13 sammenhang mit dem Grunddelikt unschwer zu bejahen sind, können der Einfachheit halber Rechtswidrigkeit und Schuld für das Grunddelikt und die Erfolgsqualifikation zusammen geprüft werden, also:
(1) Vorsatzteil (objektiver und subjektiver Tatbestand);
(2) Fahrlässigkeitsteil;
(3) Rechtswidrigkeit und Schuld bzgl 1. und 2.

Bei der **Beteiligung mehrerer** am Grunddelikt ist für jeden gesondert die Zure- 14 chenbarkeit der Erfolgsqualifikation zu prüfen. Dementsprechend kann ein Haupttäter nur wegen des Grunddelikts, ein Gehilfe aber auch wegen der Erfolgsqualifikation zu bestrafen sein (vgl BGHSt 19, 339; *Kudlich* JA 2000, 511 [514 ff]; *Rengier,* Erfolgsqualifizierte Delikte und verwandte Erscheinungsformen, 1986, 249 ff; SK-*Rudolphi/Stein* Rn 32 f; S/S-*Sternberg-Lieben/Schuster* Rn 6; zu Exzesskonstellationen vgl auch *Isfen* Jura 2014, 1087 ff).

Vorbemerkung zu den §§ 19–21

I. Schuldprinzip

1   1. Das „Schuldprinzip" besagt, dass Strafe Schuld voraussetzt: „Keine Strafe ohne Schuld". Schuld ist zugleich ein die Strafe begründendes und begrenzendes Verbrechensmerkmal (hM, vgl nur BVerfGE 20, 323 [331]; 95, 96 [130 f]; BGHSt 2, 194 [200]; S/S-*Eisele* Vor § 13 Rn 107 ff; *Neumann* BGH-FS IV 83 ff; MK-*Schlehofer* Vor § 32 Rn 225 ff; aA *Roxin* I § 19/33 ff: nur begrenzende Funktion). Sie muss einerseits gegeben sein, damit überhaupt eine Strafe verhängt werden kann. Anderseits darf die Strafe das Maß der Schuld nicht übersteigen. Unterhalb der durch die Schuld vorgegebenen Obergrenze des Strafmaßes können auch präventive Gesichtspunkte für die Bestimmung der Strafe herangezogen werden.

2   Das Schuldprinzip hat **Verfassungsrang**. Es ist aber weder im GG noch im StGB ausdrücklich niedergelegt; vielmehr folgt es aus dem Rechtsstaatsprinzip sowie aus dem Grundsatz, dass Strafe ohne Schuld gegen Art. 1 I, Art. 2 I GG verstieße (vgl BVerfGE 20, 323 [331]; 25, 269 [285]; vgl auch *Hörnle* Tiedemann-FS 325 ff).

3   2. Die **Maßregeln der Besserung und Sicherung** (§ 61) setzen nur ein rechtswidriges Verhalten voraus; Anknüpfungspunkt für diese Rechtsfolgen einer „rechtswidrigen Tat" (iSv § 11 I Nr. 5) ist die Sozialgefährlichkeit des Täters.

4   3. Auch die **Beteiligungsregeln** verlangen nach hM kein schuldhaftes Handeln des (Mit-)Täters (Vor § 25 Rn 17 f).

II. Schuldbegriff

5   1. Unter Schuld ist, **formal** gesehen, die Verantwortlichkeit des Täters für einen sich im rechtswidrigen Verhalten zeigenden Mangel an hinreichender rechtstreuer Motivation zu verstehen. Inhalt der Schuld ist der Vorwurf, die (zumindest versuchte) Verwirklichung des Deliktstatbestands nicht um der Normbefolgung willen vermieden zu haben, obgleich dies unter den gegebenen Umständen vom Täter erwartet werden konnte (zur Maßstabsfigur, an der die Erwartungen zu normgemäßer Motivation ausgerichtet werden, vgl *Jescheck/Weigend* § 39 III 2; *Kindhäuser* ZStW 107, 701 [718 ff]; *Maiwald* Lackner-FS 149 [164 ff]; SK-*Rudolphi* Rn 1; *Schroeder* Tiedemann-FS 353 ff; zum Begriff der Verantwortlichkeit *Spendel* Küper-FS 597 ff).

6   Während auf der Ebene des Unrechts (Tatbestand und Rechtswidrigkeit) die Frage gestellt wird, ob der Täter die (versuchte) Tatbestandsverwirklichung bei unterstellter Rechtstreue hätte vermeiden sollen und (intellektuell und physisch) hätte vermeiden können, wird auf der Ebene der Schuld gefragt, ob es einen Grund gibt, dass vom Täter *nicht* erwartet werden konnte, das Motiv zur Normbefolgung zu bilden und in die Tat umzusetzen. Die Schuld wird also – im Ge-

gensatz zur Zurechnung des Unrechts – nicht positiv begründet, sondern liegt in der Feststellung, dass der Täter keinen der gesetzlich genannten Gründe hatte, nicht rechtmäßig zu handeln (zur Hypothese rechtstreuer Motivation auf der Unrechtsebene vgl *Hruschka* 337 ff; *Kindhäuser* GA 1990, 407 [415 ff]; *Otto* AT § 12/5 ff).

2. Umstritten ist, was unter Schuld im **materiellen** Sinne zu verstehen ist: 7

a) Nach dem heute in Rspr und Lehre vertretenen **normativen Schuldbegriff** ist 8 Schuld „Vorwerfbarkeit" (iSv „Dafür Können"): Dem Täter kann die rechtswidrige Tatbestandsverwirklichung als Ausdruck fehlerhafter Einstellung zu rechtlichen Normen vorgeworfen werden (grundlegend *Frank*, Aufbau des Schuldbegriffs, 1907, 11 ff und passim; vgl ferner – mit nicht unerheblichen Abweichungen im Detail – BGHSt 2, 194 [200]; S/S-*Eisele* Vor § 13 Rn 114; *Gallas* ZStW 67, 1 [45]; *Jescheck/Weigend* § 39 II; NK-*Paeffgen* Vor § 32 Rn 208 f; abl. unter Verneinung von Willensfreiheit *Herzberg* ZStW 124, 12; *ders.* Achenbach-FS 157 ff). Der normative Schuldbegriff hat den **psychologischen Schuldbegriff** abgelöst (hierzu und zur Lehre von der „Charakterschuld" [„Lebensführungsschuld"] vgl den Überblick bei *Otto* AT § 12/10 ff; umfassend *Achenbach*, Historische und dogmatische Grundlagen der strafrechtssystematischen Schuldlehre, 1974; *Kaufmann*, Das Schuldprinzip, 2. Aufl. 1976), der Schuld als psychisches Faktum verstand und so mit dem (jedenfalls rechtlich unlösbaren) Problem der menschlichen Willensfreiheit belastet war. Der normative Schuldbegriff sieht zwar zutreffend, dass Schuld ein normatives Konstrukt ist, das auf gesellschaftlichen Ansichten über freies und verantwortliches Handeln beruht, ist aber in hohem Maße unbestimmt und fast inhaltsleer.

b) Auf die neuere Diskussion hat insbesondere der **funktionale Schuldbegriff** Einfluss genommen. Der Schuldbegriff ist nach dieser Lehre abhängig vom Zweck der Strafe, die zur allgemeinen Befolgung von Normen hinreichende Rechtstreue (iSd positiven Generalprävention) zu sichern (Vor § 1 Rn 25 ff). Materielle Schuld ist mangelnde Rechtstreue gegenüber legitimen Normen (vgl insbesondere *Jakobs* AT 17/18 f; *ders.* Kühl-FS 281 ff; zur krit. Diskussion vgl nur *Burkhardt* GA 1976, 321 ff; *Hirsch* Otto-FS 307 ff; *Krümpelmann* GA 1983, 337 ff; *Stratenwerth*, Die Zukunft des strafrechtlichen Schuldprinzips, 1977, 28 ff). Legitim sind Normen, die dem Einzelnen die zu seiner freien und gleichen Entfaltung nötigen Subsidien zuweisen (*Jakobs*, Das Schuldprinzip, 1993, 26 ff). Trotz dieser Einschränkung ist auch der funktionale Schuldbegriff nicht nur in hohem Maße unbestimmt, sondern lässt auch die Frage unbeantwortet, warum es für den Täter verbindlich sein soll, die Norm zu befolgen. Denn es fehlt ein Zusammenhang zwischen der Legitimität der Norm und der Schuld des Normbrechers. 9

c) Der **diskursive Schuldbegriff** versucht, eine innere Verbindung zwischen Schuld und Legitimität der Norm herzustellen. Er versteht den Täter nicht nur als Adressaten, sondern – in einer rechtsstaatlichen Demokratie – auch als Autor der Norm, die er bricht (vgl mit Abweichungen im Detail *Günther*, Jahrbuch für Recht und Ethik, 1994, 143 ff; *ders.* Schuld und kommunikative Freiheit, 2005, 253 ff und passim; *Kindhäuser* ZStW 107, 701 [725 ff]; vgl auch – unter Bezugnahme auf die Rolle des Täters als Bürger – *Pawlik*, Person, Subjekt, Bürger, 2004, 88 ff). Die Norm ist Ausdruck der rechtsförmigen Verständigung kommunikativ autonomer Personen über einen (möglichst) gerechten Ausgleich ihrer Interessen. In seiner Rolle als (kommunikativ autonomer) Normautor ist der Täter auf die Verständigung mit anderen festgelegt, darf also nur im Wege der Verständigung („diskursiv") von legalen Normen abweichen. Jeder darf in einer demo- 10 kratisch verfassten Gesellschaft darauf hinwirken, dass Normen geändert werden, aber eben nur kommunikativ unter loyaler Beachtung des Rechts der anderen, am Prozess der Verständigung beteiligt zu sein. Bricht der Täter (in zurechnungsfähiger Weise) die Norm, so negiert er die der Norm zugrunde liegende Verständigung der Beteiligten. Demnach ist materielle Schuld ein sich in der Straftat zeigender Mangel an Loyalität gegenüber der Teilhabe anderer an der Verständigung über einen gerechten Ausgleich von Interessen. Nach diesem Ansatz ist Schuld im Strafrecht einer demokratisch verfassten Gesellschaft etwas anderes als Schuld im Strafrecht eines Gottesstaates oder einer Diktatur.

11 3. Die strafrechtliche Schuld ist allein **Rechtsschuld**, betrifft also nur den Vorwurf mangelnder Rechtstreue. Die moralischen Maßstäbe, die der Einzelne als für sich selbst verbindlich ansieht, werden hierdurch **nicht** (**moralisch**) **bewertet** und in Frage gestellt (vgl zum Neutralitätsgebot des Rechts *Kindhäuser* ZStW 107, 701 ff; zum Überzeugungstäter ferner *Ebert*, Der Überzeugungstäter in der neueren Rechtsentwicklung, 1975, 52 ff; *Frisch* Schroeder, F.-C.-FS 11 ff; *Hirsch*, Strafrecht und Überzeugungstäter, 1996, 27 f; zur Entschuldigung bei religiösen Konflikten vgl Vor § 32 Rn 95).

III. Merkmale des Schuldtatbestands

12 Im Rahmen der Schuldprüfung sind ggf folgende (positive und negative) Merkmale zu erörtern:
- **Schuldfähigkeit** (Erwartung normgemäßer Motivation); sie fehlt, wenn der Täter
    - noch ein Kind (dh noch nicht vierzehn Jahre alt) ist (§ 19);
    - unter den in § 20 genannten Voraussetzungen schuldunfähig ist.
- **Fehlen von Entschuldigungsgründen**; diese liegen vor, wenn der Täter
    - unter den Voraussetzungen des entschuldigenden Notstands handelt (§ 35);
    - unter den Voraussetzungen des § 33 handelt (Notwehrexzess).
- (Potenzielles) **Unrechtsbewusstsein**; dieses fehlt, wenn sich der Täter in einem unvermeidbaren Verbotsirrtum befindet (§ 17 S. 1).
- **Spezielle Schuldmerkmale** („Gesinnungsmerkmale"), zB „böswillig" (§§ 90 a I Nr. 1, 130 I Nr. 2, II, 225 I); die Zuordnung solcher Merkmale zu Unrecht oder Schuld ist jedoch regelmäßig umstritten (eingehend *Kelker*, Zur Legitimität von Gesinnungsmerkmalen im Strafrecht, 2007).
- (Vorsatz als Träger des Gesinnungsunwerts, bei gespaltenem Vorsatzbegriff [sehr str.]; relevant für die rechtsfolgenverweisende Schuldtheorie beim Erlaubnistatbestandsirrtum, die Vorsatz annimmt, aber die Vorsatzschuld entfallen lässt und bei Vermeidbarkeit des Irrtums ggf Fahrlässigkeit bejaht [vgl Vor § 32 Rn 37 f; ferner W-*Beulke/Satzger* Rn 708 f, 711].)
- (Subjektive Fahrlässigkeit [umstr., vgl § 15 Rn 78 ff].)

IV. Schuldfähigkeit, Schuldausschließungs- und Entschuldigungsgründe

13 1. Das StGB regelt die Frage der **Schuldfähigkeit** negativ, indem es eine Reihe von Bedingungen nennt, unter denen Schuld verneint wird (§§ 19, 20). Damit wird die Möglichkeit eines Erwachsenen, zur Normbefolgung fähig zu sein und über die entsprechende Handlungs- und Willensfreiheit zu verfügen, grds. angenommen (*Freund* § 4/45; MK-*Streng* § 20 Rn 2; zum Verhältnis von strafrechtlichem Schuldbegriff bzw Vorwerfbarkeit und den Ergebnissen der neueren Hirn-

forschung vgl *Fischer* Vor § 13 Rn 9 ff; *Günther* KJ 2007, 120 [126 ff]; *Hassemer* ZStW 121, 829 ff; *Krauß* Jung-FS 411 ff; *Lüderssen* Puppe-FS 65 ff; *Merkel* Herzberg-FS 3 [35 ff]; HKGS-*Rössner* Vor § 1 Rn 25 f; *Seidel* NJOZ 2009, 2106 ff; *Siesel*, Das Strafrecht, die Neurophysiologie und die Willensfreiheit, 2009; *Streng* Jakobs-FS 675 ff, *Wittmann* Szwarc-FS 145 ff, jew. mwN).

Im **Gutachten** ist auf eine mögliche Schuldunfähigkeit des Täters nur einzugehen, wenn der Sachverhalt dies eindeutig nahe legt.

Schuldfähigkeit setzt **Handlungsfähigkeit** voraus. Soweit Tatbestandsverwirklichungen auf Verhaltensweisen beruhen, die überhaupt nicht willensgetragen sind (zB Reflexe), fehlt es schon an einer Handlung; die Frage der Schuldfähigkeit stellt sich hier nicht. 14

2. Die Schuldunfähigkeit ist – wie auch der unvermeidbare Verbotsirrtum – ein **Schuldausschließungsgrund.** Unter den Voraussetzungen eines Schuldausschließungsgrunds fehlt es an einem **schuldbegründenden Merkmal.** 15

3. Demgegenüber nennt ein **Entschuldigungsgrund** Bedingungen, unter denen im Allgemeinen eine Normbefolgung nicht erwartet wird; Grundgedanke ist die Unzumutbarkeit normgemäßen Verhaltens (und nach verbreiteter Ansicht auch eine Minderung des Handlungsunrechts, vgl *Heinrich* Rn 563; *Jescheck/Weigend* § 43 III). Die Schuld ist hier nicht per se ausgeschlossen, da unter bestimmten Bedingungen eine Entschuldigungslage den Schuldvorwurf nicht entfallen lässt, so etwa, wenn der Täter eine Notstandslage selbst verursacht hat (§ 35 I S. 2). 16

§ 19 Schuldunfähigkeit des Kindes

Schuldunfähig ist, wer bei Begehung der Tat noch nicht vierzehn Jahre alt ist.

Kinder unter 14 Jahren sind schuldunfähig; **Jugendliche** (von 14 bis einschl. 17 Jahren) sind strafrechtlich nur unter der Voraussetzung verantwortlich, dass sie zum Zeitpunkt der Tat nach ihrer sittlichen und geistigen Entwicklung reif genug sind, das Unrecht der Tat einzusehen und nach dieser Einsicht zu handeln (§ 3 JGG; sog. „bedingte Schuldfähigkeit", vgl *Schaffstein/Beulke/Swoboda*, Jugendstrafrecht, 15. Aufl. 2015, Rn 168 ff). **Heranwachsende** – 18, aber noch nicht 21 Jahre alte Menschen (§ 1 II JGG) – werden hinsichtlich ihrer Schuldfähigkeit wie erwachsene Täter behandelt.

§ 20 Schuldunfähigkeit wegen seelischer Störungen

Ohne Schuld handelt, wer bei Begehung der Tat wegen einer krankhaften seelischen Störung, wegen einer tiefgreifenden Bewußtseinsstörung oder wegen Schwachsinns oder einer schweren anderen seelischen Abartigkeit unfähig ist, das Unrecht der Tat einzusehen oder nach dieser Einsicht zu handeln.

I. Grundlagen

1. Die Vorschrift ist **zweistufig aufgebaut:** Zunächst werden vier biologische Befunde (Bewusstseinsstörung usw) genannt. Ist einer von ihnen erfüllt, so ist in 1 einem zweiten Schritt die Schuldunfähigkeit unter der Fragestellung zu prüfen, ob der Täter wegen des Befunds psychisch unfähig war, das Unrecht der Tat einzusehen oder nach dieser Einsicht zu handeln. Dies bedeutet, dass die Schuldunfähigkeit auf bestimmte **psychologische Faktoren** (fehlende Einsichtsfähigkeit usw) gestützt wird, die ihrerseits **auf bestimmten biologischen Befunden** (Bewusstseinsstörung usw) **beruhen** müssen (näher zu dieser „kombinierten Methode" BGH NStZ-RR 2006, 265; *Krümpelmann* ZStW 88, 6 [21 ff]; *Schreiber* NStZ 1981, 46 ff; *ders./Rosenau* in: Dreßing/Habermeyer (Hrsg.), Psychiatrische Begutachtung, 6. Aufl. 2015, 8.3; allg. Übersicht über die jüngste Rspr *Pfister* NStZ-RR 2014, 193 ff; 2015, 161 ff; 2016, 161 ff).

2 2. Die **psychologischen Kriterien** der Schuldunfähigkeit sind:

3 ■ **fehlende Einsichtsfähigkeit** iSd Unfähigkeit, Unrechtsbewusstsein hinsichtlich der Tat zu erlangen (*Otto* AT § 13/4);

4 ■ **fehlende Steuerungsfähigkeit** iSd Unfähigkeit zu einsichtsgemäßem Verhalten hinsichtlich der konkreten Tat (vgl BGHSt 14, 30 [32]; 23, 176 [190]; BGH NStZ-RR 2007, 337).

5 3. Als **biologische Kriterien** der Schuldunfähigkeit werden genannt:

6 ■ **krankhafte seelische Störung** iSv Geisteskrankheiten (vgl BGHSt 14, 30; *Köhler* 389; L-Kühl-*Kühl* Rn 3 ff), deren somatische Ursache nachgewiesen ist (sog. exogene Psychosen wie Paralyse) oder postuliert wird (sog. endogene Psychosen wie Schizophrenie, vgl BGH StraFo 2014, 81 [nur bei einem akuten Schub], und manisch-depressives Irresein; zur Pädophilie BGH NStZ-RR 2010, 304);

7 ■ **tiefgreifende Bewusstseinsstörung** iSv schweren nichtkrankhaften Bewusstseinstrübungen oder -einengungen, die zu einem Verlust der raum-zeitlichen Orientierung führen (vgl BGH bei *Holtz* MDR 1983, 447 f; *Roxin* I § 20/13 ff) und in ihrer Wirkung auf die Einsichts- und Steuerungsfähigkeit den krankhaften seelischen Störungen (Rn 6) gleichwertig sind; praktisch bedeutsam sind hochgradige Affekte (vgl BGHSt 11, 20 [24]; BGH NStZ 1990, 231; 1997, 333 f; 2008, 618 f; NStZ-RR 2008, 105 f; *Freund* § 4/46; *Sander* Eisenberg-FS 359 ff; *Theune* NStZ-RR 2003, 223 [227 ff]; krit. zur Beurteilung von Affekttaten durch die Rspr *Haas* Krey-FS 117; zur Schuldunfähigkeit wegen Epilepsie vgl BGH NStZ-RR 2009, 136; 2010, 105; zur Möglichkeit der verminderten Schuldfähigkeit infolge eines „psychischen Ausnahmezustands" bei der Tötung eines Neugeborenen vgl BGH NStZ-RR 2009, 229 f). Stets erforderlich ist auch hier eine umfassende Gesamtwürdigung unter Berücksichtigung von tat- und täterbezogenen Merkmalen (BGH NStZ 2013, 31 [32 f]);

8 ■ **Schwachsinn** iSe angeborenen oder auf seelischer Fehlentwicklung beruhenden erheblichen Intelligenzschwäche ohne nachweisbare organische Ursachen (HKGS-*Verrel/Linke* Rn 11);

9 ■ **schwere andere seelische Abartigkeit** iSv gravierenden Psychopathien, Neurosen und Triebstörungen (vgl BGHSt 34, 22 [28]; 37, 397 [399 f]; BGH StV 1993, 240; NStZ 2007, 518 ff; *Theune* NStZ-RR 2003, 223 [229 ff]): Zur Bestimmung der Schuldfähigkeit des Täters bedarf es neben der Diagnose einer wie auch immer gearteten Persönlichkeitsstörung zusätzlich einer **Gesamtschau** seiner Persönlichkeit und deren Entwicklung. Auf diese

Weise ist festzustellen, ob die Störungen des Täter sein Leben vergleichbar schwer und mit ähnlichen Folgen wie krankhafte seelische Störungen auch im Hinblick auf seine Fähigkeit zum normgemäßen Verhalten beeinträchtigen, belasten oder einengen (BGH NStZ-RR 2005, 137 [138]; NStZ 2007, 6 [7]; 2009, 258 ff; NJW 2015, 3319 f; zu ADHS vgl OLG Hamm NStZ-RR 2008, 138 f; zu den sog. „kombinierten Persönlichkeitsstörungen" vgl BGH NStZ-RR 2001, 198; 2004, 105; StraFo 2008, 123 ff; 2012, 275 f; zu sog. „Anpassungsstörungen" BGH NStZ-RR 2008, 274 f; zum Borderline-Syndrom BGH NStZ-RR 2014, 72 f). Sog. „pathologisches Spielen" oder „Spielsucht" ist für sich betrachtet weder eine krankhafte seelische Störung noch eine schwere andere seelische Abartigkeit (BGHSt 49, 365; BGH NJW 2013, 181 [182]; NStZ 2014, 80 m.Anm. *Petzsche* JR 2014, 308 ff; zur „Kaufsucht" BGH NStZ 2007, 7 [8]). Bei mehreren möglichen Eingangsmerkmalen des § 20 ist im Rahmen einer Gesamtbetrachtung zu würdigen, ob diese im Zusammenwirken eine erhebliche Verminderung der Steuerungsfähigkeit bewirken können (BGH NStZ-RR 2004, 360 f; 2010, 7 f).

4. Der durch **Alkohol (Drogen, Psychopharmaka)** ausgelöste Rausch kann wegen   10
seiner toxischen Beeinträchtigung der Hirntätigkeit zu einer krankhaften seelischen Störung (exogene Psychose) führen (vgl BGHSt 43, 66 [69 f]; LK-*Schöch* Rn 59, 91 f).

Als **Faustregel** (zur vorläufigen Orientierung) gilt: Eine Schuldunfähigkeit nach   11
§ 20 kommt ab einer Blutalkoholkonzentration von 3 ‰ in Betracht; es sind jedoch stets die Umstände des Einzelfalles zu berücksichtigen (vgl BGHSt 57, 247 [252] m.Anm. *Schiemann* NJW 2012, 2675 f; BGH NStZ-RR 2003, 71; 2005, 683 f; 2013, 272 f). Eine verminderte Schuldfähigkeit nach § 21 ist umso nahe liegender, je mehr die Blutalkoholkonzentration 2 ‰ überschreitet (BGHSt 35, 308 [312]; 37, 231 [233 f]; vgl auch BGH NStZ 2002, 532 [533]; 2009, 496 f). Allerdings kann umgekehrt nicht stets von Schuldfähigkeit ausgegangen werden, wenn die Blutalkoholkonzentration weniger als 2 ‰ beträgt; erforderlich ist vielmehr stets eine **Gesamtwürdigung**, bei der die Blutalkoholkonzentration ein gewichtiges Beweisanzeichen ist (vgl BGHSt 43, 66 [69]; BGH NStZ 2005, 329 ff; *Maatz/Wahl* BGH-FS II 531 ff; *Theune* NStZ-RR 2003, 193 [194 ff]).

5. Wenn der Täter in einer für ihn **vorhersehbaren Weise** im **Affekt** (Rn 7) eine   12
Straftat begeht, ohne mögliche Vorkehrungen zur Vermeidung des Affekts getroffen zu haben, versagen Rspr und ein Teil der Lehre die Anwendung der §§ 20 f (vgl BGHSt 35, 143; aber BGH NJW 2009, 305; *Frisch* NStZ 1989, 263 ff; *Krümpelmann* Welzel-FS 327 [340 f]; *Rudolphi* Henkel-FS 199 [206 ff]).

Eine solche Einschränkung ist jedoch nicht mit dem Wortlaut von § 20 („bei Begehung der Tat") zu vereinbaren. In diesen Fällen sind vielmehr, sofern dies für möglich gehalten wird, die Grundsätze der actio libera in causa (hierzu Rn 14 ff) anzuwenden (vgl *Jescheck/Weigend* § 40 VI 2; *Otto* Jura 1992, 329 f; S/S-*Perron/ Weißer* Rn 15 a).   13

II. Actio libera in causa

1. Grundlagen: a) Das Zurechnungskriterium der „actio libera in causa" („in der   14
Ursache freie Handlung") besagt, dass eine Tatbestandsverwirklichung auch dann zur Schuld zurechenbar ist, wenn der Täter zwar im Zeitpunkt der unmittelbaren Tatausführung schuldunfähig ist, aber die **Schuldunfähigkeit zu vertreten** hat (zur Geschichte des aus der praktischen Philosophie des 18. Jahrhunderts

stammenden Begriffs *Hruschka* ZStW 96, 661 [665 ff]; *Rönnau* JuS 2010, 300). Exemplarisch: A beabsichtigt, B zu erschießen; um sich Mut anzutrinken, genießt er vorher in solchem Umfang Alkohol, dass er zum Zeitpunkt der Abgabe des tödlichen Schusses iSv § 20 schuldunfähig ist.

15 b) Das Problem der actio libera in causa ist ihre **Vereinbarkeit mit dem Koinzidenzprinzip** (vgl Vor § 13 Rn 23), wonach alle strafbegründenden Deliktsmerkmale wenigstens einmal während der Tatausführung gemeinsam vorliegen müssen. Wenn der Täter aber vom unmittelbaren Ansetzen zur Tatbestandsverwirklichung bis zum beendeten Versuch aufgrund des vorangegangenen Alkoholgenusses schuldunfähig ist, mangelt es in der gesamten einschlägigen Zeit an der Schuldfähigkeit und damit an einem konstitutiven Deliktsmerkmal.

16 Wenn der Defekt unvorhergesehen **nach Versuchsbeginn** eintritt, bedarf es der Figur der actio libera in causa nicht (mehr), um die Strafbarkeit zu begründen (BGHSt 7, 325 [328 f]; 23, 133 [135 f]; BGH NStZ 2003, 535 [536]): Die Versuchsstrafbarkeit ist dann bereits gegeben, und die Vollendung ist zurechenbar, wenn sich im Erfolg das vorsätzlich geschaffene Risiko realisiert.

17 c) Zur Vereinbarkeit der actio libera in causa mit dem Koinzidenzprinzip werden zwei grds. unterschiedliche Modelle vertreten: das sog. „Ausnahmemodell" und das sog. „Tatbestandsmodell". **Mindestvoraussetzung** beider Modelle ist, dass für den Täter zu dem Zeitpunkt, zu dem er den Defekt herbeiführt, die spätere (versuchte) Tatbestandsverwirklichung im schuldunfähigen Zustand **zumindest vorhersehbar** war (vgl BGHSt 17, 333 [335]; 21, 381; 23, 356 [358]).

18 aa) Dem **Ausnahmemodell** zufolge besagt die actio libera in causa, dass sich der Täter auf seine mangelnde Schuldfähigkeit zum Zeitpunkt der Tatbegehung nicht berufen kann, wenn er den Defekt zu vertreten hat: Dies ist der Fall, wenn der Täter den Defekt herbeiführt, obwohl er vorhergesehen hat oder hätte vorhersehen können und müssen, dass er in diesem Zustand die spätere Tat begeht (vgl W-*Beulke/Satzger* Rn 634; LK-*Hillenkamp* § 22 Rn 165; *Hruschka* JZ 1989, 310 ff; *Jescheck/Weigend* § 40 VI 2; *Joerden*, Strukturen des strafrechtlichen Verantwortlichkeitsbegriffs: Relationen und Verkettungen, 1988, 30 ff, 46 ff; *Kindhäuser*, Gefährdung als Straftat, 1989, 120 ff; *Krey/Esser* AT Rn 710; *Küper* Leferenz-FS 573 ff; S/S-*Perron* Rn 35 a; unter Berufung auf den Gedanken des Rechtsmissbrauchs: *Neumann* Kaufmann, Arth.-FS 581 [589 ff]). Ihre Bezeichnung als Ausnahmemodell verdankt diese Lehre dem Umstand, dass sie eine Ausnahme vom Koinzidenzprinzip zulässt: Der Täter handelt zwar zum Zeitpunkt der Tatbestandsverwirklichung ohne Schuld (= keine Koinzidenz). Da er aber für das Fehlen der Schuldfähigkeit aufgrund seines auf die spätere Tat bezogenen Vorverhaltens (sog. actio praecedens) einzustehen hat, wird er so behandelt, als sei er bei der Tatbegehung schuldfähig gewesen. In dieser Konstruktion entspricht die actio libera in causa der Fahrlässigkeitshaftung (in Form der Übernahmefahrlässigkeit); nur ist sie nicht auf der Tatbestandsebene, sondern auf der Schuldebene angesiedelt. Wie sich der Täter bei der Fahrlässigkeit nicht darauf berufen kann, dass er wegen seiner Unkenntnis (Unfähigkeit) die Tatbestandsverwirklichung nicht aktuell vermeiden konnte, wenn er diese Unkenntnis (Unfähigkeit) aufgrund einer Sorgfaltswidrigkeit zu vertreten hat, so kann er sich auf seine mangelnde Schuldfähigkeit zum Tatzeitpunkt nicht berufen, wenn er seine Unfähigkeit zu normgemäßer Steuerung aufgrund eines sorgfaltswidrigen Vorverhaltens (Herbeiführen des Defektzustands) zu vertreten hat.

Das Ausnahmemodell entspricht dem allgemeinen Grundsatz, dass man sich 19 nicht zur Entlastung auf Umstände berufen kann, für die man selbst einzustehen hat. Ausprägungen dieses allgemeinen Grundsatzes sind ua die Regelungen über die zu versagende Entschuldigung bei Verursachung der Notstandsgefahr (§ 35 I S. 2) oder bei Vermeidbarkeit des Verbotsirrtums (§ 17). Das Ausnahmemodell ist jedoch dem **erheblichen Einwand** ausgesetzt, dass die von ihm formulierte Ausnahme einer gesetzlichen Grundlage entbehrt. Denn anders als etwa § 35 I S. 2 sieht das Gesetz keine Ausnahme vom Erfordernis der Schuldfähigkeit zum Zeitpunkt der Tatbegehung vor. Diesem Einwand lässt sich wiederum entgegenhalten, dass die Regel, der zufolge sich auf das Fehlen eines Deliktsmerkmals nicht berufen kann, wer das Defizit zu vertreten hat, ein allgemeingültiges Zurechnungsprinzip sei; es bedürfe keiner besonderen Erwähnung und sei in den ausdrücklichen Ausnahmeregelungen nur beispielhaft angeführt (*Otto* AT § 13/24 ff). Im Übrigen habe der Gesetzgeber bei der Neufassung des § 20 eine ausdrückliche Regelung des allgemein anerkannten Zurechnungskriteriums der actio libera in causa für überflüssig gehalten und dieses nicht etwa ausschließen wollen (W-*Beulke/Satzger* Rn 634). Indessen dürften mit diesen Argumenten die Bedenken gegen das Ausnahmemodell nicht ausgeräumt sein. Denn das Koinzidenzprinzip ist ein fundamentaler rechtsstaatlicher Grundsatz der Verbrechenslehre, so dass für jeden Fall einer Ausnahme eine gesetzliche Normierung gefordert werden muss. Da diese bei § 20 fehlt, kann die Zurechnung im Wege der actio libera in causa mit gutem Grund als Verstoß gegen Art. 103 II GG für **verfassungswidrig** gehalten werden (so BGHSt 42, 235 [241]; zust. *Bringewat* Rn 514 f; *Hardtung* NZV 1997, 97 [98 f]; *Hirsch* NStZ 1997, 230 ff; *Hruschka* JZ 1997, 22 (24); *Wolf* NJW 1997, 2032 f).

bb) Nach dem sog. **Tatbestandsmodell** soll die Herbeiführung des Defektzustands bereits zur Deliktsbegehung gehören, so dass die actio libera in causa nur scheinbar dem Koinzidenzprinzip widerspricht. Exemplarisch: Trinkt sich der Täter, der einen Totschlag begehen will, bis zur Schuldunfähigkeit Mut an, so soll die Tatbestandsverwirklichung des Tötungsdelikts mit dem Alkoholgenuss beginnen. 20

- Teils wird dies damit begründet, dass der Begriff der **Tat** in § 20 auch 21 schuldrelevantes, auf die Tatbestandsverwirklichung gerichtetes Vorverhalten umfasse (vgl *Frisch* ZStW 101, 538 ff; *Streng* JZ 1994, 709 ff).

- Nach der sog. **Vorverlagerungstheorie** soll bereits mit der Herbeiführung des 22 Defektzustands (sog. *actio praecedens*) die Tatbestandsverwirklichung beginnen (vgl BGHSt 17, 333 [334 f]; 21, 381 ff; *Fischer* Rn 52; *Herzberg* Spendel-FS 203 [207 ff]; *Wolter* Leferenz-FS 545 ff). Demnach setzt der Täter im Beispielsfall (Rn 14) schon mit dem Alkoholgenuss zum Totschlag an.

- Schließlich wird das Tatbestandsmodell mithilfe der Figur der **mittelbaren** 23 **Täterschaft** (vgl § 25 Rn 7 ff) präzisiert: Der Täter sei zum Zeitpunkt der Tatausführung sein eigenes (schuldloses) Werkzeug, das er durch sein Vorverhalten gesteuert habe. Nach dieser Auffassung sind die eigenhändigen Delikte (zB §§ 153 ff, 316), bei denen mittelbare Täterschaft gerade ausgeschlossen ist, sowie teils auch reine Tätigkeitsdelikte oder verhaltensgebundene Delikte nicht nach den Kriterien der actio libera in causa zurechenbar (*Baumann/Weber/Mitsch* § 19/31 ff; *Behrendt*, Affekt und Vorverschulden, 1983, 64 ff; *Dold* GA 2008, 427 ff; *Hirsch* Geppert-FS 233 [236 ff]; *Jakobs* 17/64 f; *Puppe* JuS 1980, 346 ff; *Roxin* Lackner-FS 307 [311 ff]; SK-*Rudolphi* Rn 28 ff).

24 Auch das Tatbestandsmodell ist in allen drei Varianten **erheblichen Einwänden** ausgesetzt: Eine Ausdehnung des Begriffs der Tat in § 20 auf Verhaltensweisen vor Beginn der eigentlichen Tatbestandsverwirklichung ist mit dem Koinzidenzprinzip nicht zu vereinbaren. Denn dieses Prinzip will sicherstellen, dass die konstitutiven Elemente der Straftat – Tatbestandsverwirklichung, Rechtswidrigkeit und Schuld – bei der Tatbegehung auch wirklich gemeinsam vorliegen. Die Vorverlagerungstheorie steht in eklatantem Widerspruch zu § 22, der für den Beginn der Tatbestandsverwirklichung verlangt, dass der Täter „nach seiner Vorstellung von der Tat zur Verwirklichung des Tatbestandes unmittelbar ansetzt". Hiervon kann bei einem Täter, der sich zB Mut antrinkt, um später jemanden an einem anderen Ort zu töten, nicht die Rede sein. Die Vorverlagerungstheorie verwischt also die Grenze zwischen (strafloser) Vorbereitung und Versuch. Im Übrigen müsste ein Täter, der aufgrund seines übermäßigen Alkoholgenusses nicht mehr in der Lage ist, die geplante Tat noch in Angriff zu nehmen, wegen Versuchs eben dieser Tat bestraft werden; ein Gedanke, der bislang noch nicht ernsthaft erwogen wurde. Kaum haltbar ist schließlich die Begründung unter Heranziehung der Kriterien mittelbarer Täterschaft. Diese setzt voraus, dass das Handeln des Werkzeugs einem die Tatherrschaft innehabenden voll verantwortlichen Subjekt zurechenbar ist. Bei der actio libera in causa fehlt jedoch im Zeitpunkt der Tat ein Subjekt, dem die Tatbestandsverwirklichung zugerechnet werden könnte. Ferner verlangt § 25 I Alt. 2 die Tatbestandsverwirklichung „durch einen anderen", also Personenverschiedenheit von Täter und Werkzeug (vgl zur Kritik auch *Hruschka* Gössel-FS 145 ff; *Mitsch* Küper-FS 347). Im Übrigen hat diese Auffassung zur Konsequenz, dass die sog. eigenhändigen Delikte (zB §§ 153 ff, 316), bei denen die Möglichkeit mittelbarer Täterschaft gerade ausgeschlossen ist, sowie teils auch reine Tätigkeitsdelikte oder verhaltensgebundene Delikte nicht nach den Kriterien der actio libera in causa zugerechnet werden können.

25 cc) Nach einer verbreiteten Auffassung in der Literatur verstößt die actio libera in causa mangels reibungsloser Vereinbarkeit mit dem Koinzidenzprinzip gegen das verfassungsmäßig verankerte Schuldprinzip (vgl Vor § 19 Rn 1 ff) und ist damit **verfassungswidrig** (*Hettinger* Geerds-FS 623 ff; *Hruschka* JZ 1997, 22; *Paeffgen* ZStW 97, 513 [522 ff]; *Salger/Mutzbauer* NStZ 1993, 561 ff; *Zenker*, Actio libera in causa, 2003, 198 und passim).

26 dd) Nach BGHSt 42, 235 ff sollen die Regeln der actio libera in causa **nicht** auf die **eigenhändigen Delikte** der §§ 315 c, 316 StGB, 21 StVG anwendbar sein, da diese Tatbestände nicht (iSd Tatbestandsmodells) als Verursachung eines von der Tathandlung trennbaren Erfolges begriffen werden könnten (krit. hierzu *Freund* GA 2014, 137 ff). So sei etwa das „Führen" eines Fahrzeugs nicht gleichbedeutend mit dem Verursachen einer Bewegung, sondern beginne erst mit dem Anfahren. Hinsichtlich des Ausnahmemodells hat der BGH verfassungsrechtliche Bedenken. Ansonsten hält die Rspr eine Zurechnung nach den Regeln der actio libera in causa für zulässig (BGH JR 1997, 391; vgl zum Stand der Rspr auch *Ambos* NJW 1997, 2296 ff; *Hirsch* JR 1997, 391; *Jerouschek* JuS 1997, 385; *Neumann* StV 1997, 23; *Spendel* JR 1997, 133).

27 **2. Vorsätzliche actio libera in causa: a)** Eine **vorsätzliche actio libera in causa** setzt in jedem Fall voraus, dass der Täter den Deliktstatbestand vorsätzlich (zumindest versuchsweise) verwirklicht. Ob der Täter auch den Defektzustand mit Blick auf die spätere Tatbestandsverwirklichung vorsätzlich herbeigeführt haben muss, wird von den beiden Modellen unterschiedlich beantwortet:

- Beim Tatbestandsmodell beginnt die Tat mit der Herbeiführung des Defekts, 28
so dass der Täter beim Vorsatzdelikt auch schon zu diesem Zeitpunkt Vorsatz bezüglich der späteren Tat haben muss; nicht erforderlich ist allerdings, dass der Täter das Rauschmittel zum Zwecke einer leichteren Durchführung der Tat („Mut antrinken") zu sich nimmt (BGH NStZ 2002, 28). Zudem muss der Vorsatz auch noch bei der eigentlichen Tatbestandsverwirklichung gegeben sein. Insoweit verlangt also der vorsätzliche actio libera in causa nach dem Tatbestandsmodell einen **doppelten Vorsatz**, zum einen hinsichtlich der Herbeiführung des Defektzustands, zum anderen hinsichtlich der Tatbestandsverwirklichung (vgl BGHSt 2, 14 [17]; 17, 259; 21, 381 [382]; BGH NStZ 1995, 329 [330]; W-*Beulke/Satzger* Rn 637; *Joecks* § 323 a Rn 37). Fehlt dem Täter zum Zeitpunkt der Defektherbeiführung noch der Vorsatz, so kommt nach dem Tatbestandsmodell auch dann nur eine fahrlässige actio libera in causa in Betracht, wenn der Täter später bei der eigentlichen Tatbestandsverwirklichung vorsätzlich handelt.

- Da die Tat beim **Ausnahmemodell** (regulär) mit dem unmittelbaren Ansetzen zur Tatbestandsverwirklichung beginnt, muss der Täter auch erst in diesem Zeitpunkt mit Vorsatz handeln. Hinsichtlich der Defektherbeiführung genügt es, dass der Täter die spätere Tat vorhersehen konnte und musste (vgl *Hruschka* JZ 1997, 22 ff; *Kindhäuser*, Gefährdung als Straftat, 1989, 127 f). 29

b) Verlangt man mit dem Tatbestandsmodell einen doppelten Vorsatz (Rn 28), so 30
stellt sich das Problem, in welchem Umfang sich **Tatplanung und -ausführung decken** müssen. Exemplarisch: Der Täter plant, die F zu vergewaltigen, vergewaltigt aber aufgrund einer Personenverwechslung im schuldunfähigen Zustand die O.

- Nach der Rspr soll hier ein (unbeachtlicher) error in persona gegeben sein, 31
da das tatsächliche Geschehen nicht wesentlich von dem im defektfreien Zustand gefassten Vorsatz abweiche (BGHSt 21, 381 [384]; zust. LK-*Schöch* Rn 203; MK-*Streng* Rn 144).

- Demgegenüber wird im Schrifttum (konsequenter) eine aberratio ictus befürwortet, da der Täter als sein eigenes Tatmittel von dem im schuldfähigen Zustand gesetzten Ziel abweicht (SK-*Rudolphi/Stein* § 16 Rn 31 f; S/S-*Sternberg-Lieben/Schuster* § 15 Rn 56). Hinsichtlich der tatsächlich begangenen Tat ist bei einem Vorsatzwechsel nach Eintritt der Schuldunfähigkeit nur § 323 a einschlägig (W-*Beulke/Satzger* Rn 638). Hinsichtlich der nicht ausgeführten Tat wird teils straflose Vorbereitung (W-*Beulke/Satzger* Rn 639; *Jescheck/Weigend* § 40 VI 2), teils (immanent überzeugender) Versuch angenommen (*Baumann/Weber/Mitsch* § 19/51; *Jakobs* 17/68; *Roxin* I § 20/70 f; *Wolter* Leferenz-FS 545 [551 f]). 32

3. Fahrlässige actio libera in causa: a) Eine fahrlässige actio libera in causa ist 33
grds. nur möglich, wenn das betreffende Delikt überhaupt fahrlässig begangen werden kann. Unter dieser Voraussetzung kommt eine fahrlässige actio libera in causa in Betracht, wenn der Täter die betreffende Straftat fahrlässig begeht, unabhängig davon, ob er sich vorsätzlich oder fahrlässig in den Rauschzustand versetzt hat und hierbei die spätere Tatbestandsverwirklichung hätte vorhersehen können. Folgt man der Auffassung, die für eine vorsätzliche actio libera in causa einen doppelten Vorsatz verlangt (Rn 28), ist eine fahrlässige actio libera in causa ferner dann gegeben, wenn der Täter den Tatbestand vorsätzlich verwirklicht,

aber sich nur fahrlässig in einen Defektzustand versetzt und hierbei die spätere Tatbestandsverwirklichung hätte vorhersehen können.

34 b) Folgerichtig kann es eine fahrlässige actio libera in causa jedoch **nur auf der Basis des Ausnahmemodells** geben. Denn nur in diesem Fall wird mithilfe der Zurechnungsfigur der actio libera in causa eine Ausnahme vom Erfordernis der Schuldfähigkeit gemacht, so dass der Tatbestand gleichermaßen vorsätzlich oder fahrlässig verwirklicht sein kann (vgl *Hruschka* JZ 1997, 22 [24 ff] mwN). Legt man aber das **Tatbestandsmodell** zugrunde und legt den Anfang der Tatausführung bereits auf den Zeitpunkt des Alkoholgenusses, so ist die Konstruktion einer fahrlässigen actio libera in causa überflüssig (vgl BGHSt 42, 235 [236 f]; *Frisch* ZStW 101, 538 [608 ff]; *Jäger* AT Rn 182; *Otto* AT § 13/31 ff; *Paeffgen* ZStW 97, 513 [524]; *Puppe* JuS 1980, 346). In diesem Fall kann in der Herbeiführung des schuldunfähigen Zustands der für die fahrlässige Tatbestandsverwirklichung erforderliche Sorgfaltsverstoß gesehen werden. Ein Schuldproblem stellt sich nicht mehr, weil der Täter mit der sorgfaltswidrigen Tatbestandsverwirklichung noch im schuldfähigen Zustand – mit dem Alkoholgenuss – beginnt.

35 4. Alternative: Sofern die Regeln der actio libera in causa nicht eingreifen, weil
- diese Zurechnungsfigur insgesamt oder in Bezug auf die relevante Deliktsgruppe für unanwendbar gehalten wird oder
- für den Täter zum Zeitpunkt der Herbeiführung des Defektzustands die spätere Tatbestandsverwirklichung nicht vorhersehbar war,

kann der Täter – mangels Schuldvorwurfs – nicht wegen des verwirklichten Tatbestands bestraft werden. In diesem Fall greift jedoch § 323 a ein, der nach hM für die im Rausch begangene Tatbestandsverwirklichung keine subjektive Zurechnung verlangt, sondern die Rauschtat nur als objektive Bedingung der Strafbarkeit vorsieht (näher § 323 a Rn 16).

36 5. Gutachten: a) Da sich das Ausnahmemodell unproblematisch in den gängigen Deliktsaufbau einpassen lässt, das Tatbestandsmodell aber einen ungewöhnlichen Aufbau der Straftat (Vorverlagerung) verlangt, empfiehlt es sich, mit der Prüfung des einschlägigen Delikts nach dem üblichen Schema zu beginnen:

37 (1) Zunächst sind die (objektive und subjektive) Tatbestandsmäßigkeit sowie das Eingreifen möglicher Rechtfertigungsgründe zu erörtern.

Auf der Schuldebene ist sodann festzustellen, dass der Täter schon zum Zeitpunkt des unmittelbaren Ansetzens zur Tatbestandsverwirklichung aufgrund des vorherigen Alkoholgenusses schuldunfähig iSv § 20 war.

Nun ist unter Zugrundelegung des Ausnahmemodells die Frage aufzuwerfen, ob den Täter die Schuldunfähigkeit möglicherweise deshalb nicht entlastet, weil er diese herbeigeführt hat, obgleich er damit gerechnet hat bzw damit hätte rechnen können und müssen, dass er im schuldunfähigen Zustand die betreffende Tat begeht.

38 (2) Wird diese Frage bejaht, so ist das Problem der Verfassungsmäßigkeit des Ausnahmemodells aufzuwerfen. Wer das Modell für verfassungsgemäß hält, muss die Schuld des Täters feststellen und kann die Deliktsprüfung *beenden.*

Sind die Voraussetzungen des Ausnahmemodells nicht erfüllt oder wird das Modell für verfassungswidrig gehalten, so ist die bisherige Deliktsprüfung ebenfalls zu beenden, aber *neu zu beginnen.*

Unter Zugrundelegung des Tatbestandsmodells ist nunmehr erneut die *objektive Tatbestandsmäßigkeit* des Täterverhaltens zu prüfen, wobei der Tatbeginn auf den Zeitpunkt der Herbeiführung des Defektzustands zu legen ist: Nach dem Tatbestandsmodell muss der Alkoholgenuss bereits als unmittelbares Ansetzen iSv § 22 gedeutet werden, ggf in Analogie zu den Regeln der mittelbaren Täterschaft (Rn 23). Da dieses Vorgehen den üblichen Rahmen des Gutachtens verlässt, sollte bereits im Obersatz festgehalten werden, dass das betreffende Delikt nach den Grundsätzen der actio libera in causa (iSd Tatbestandsmodells) geprüft werden soll.

(3) Wird das Tatbestandsmodell als solches für unvereinbar mit den Grundsätzen des Versuchsbeginns gehalten oder handelt es sich bei der zu prüfenden Straftat um ein eigenhändiges Delikt, auf das im Anschluss an die neuere Rspr die Grundsätze der actio libera in causa nicht anwendbar sind (Rn 26), so ist die Deliktsprüfung zu beenden und nach einer möglichen Strafbarkeit des Täters gem. § 323 a zu fragen. 39

Wird das Tatbestandsmodell für anwendbar gehalten, so sind der subjektive Tatbestand und die Rechtswidrigkeit des Geschehens einschließlich des Alkoholgenusses zu prüfen. Auf der Schuldebene ist festzustellen, dass dem Täter, falls keine Entschuldigungsgründe eingreifen, die rechtswidrige Tatbestandsverwirklichung zur Schuld zugerechnet werden kann, da er die in der Herbeiführung des Defektzustands (Tatbeginn) liegende Ursache der Tatbestandsverwirklichung im schuldfähigen Zustand gesetzt hat.

b) Folgt man der hM, die beim Vorsatzdelikt neben dem Vorsatz der Tatbestandsverwirklichung auch ein vorsätzliches Herbeiführen des Defektzustands im Bewusstsein der späteren Tatbegehung verlangt (vgl Rn 28), so ist bei fehlendem Vorsatz hinsichtlich des Defekts die Prüfung des Vorsatzdelikts zu beenden und ggf *neu* mit der Prüfung des entsprechenden Fahrlässigkeitsdelikts zu beginnen (vgl zum Deliktsaufbau bei der actio libera in causa auch *v. Heintschel-Heinegg* Rn 412; *Kindhäuser/Schumann/Lubig* Klausurtraining, S. 198 ff). 40

§ 21 Verminderte Schuldfähigkeit

Ist die Fähigkeit des Täters, das Unrecht der Tat einzusehen oder nach dieser Einsicht zu handeln, aus einem der in § 20 bezeichneten Gründe bei Begehung der Tat erheblich vermindert, so kann die Strafe nach § 49 Abs. 1 gemildert werden.

Die Vorschrift sieht die Möglichkeit der Strafmilderung (vgl hierzu BVerfGE 50, 5 [11]; BGH JR 1986, 336) vor, wenn der Täter aus den in § 20 genannten Gründen in seiner Einsichts- oder Steuerungsfähigkeit bei der Tatausführung erheblich eingeschränkt war (näher zu den Einzelheiten *Göppinger* Leferenz-FS 411 [417 ff]; S/S-*Perron/Weißer* Rn 12 ff mwN; *Rasch* NStZ 1982, 177 ff). Ob die Einschränkung in der Einsichts- oder Steuerungsfähigkeit erheblich ist, muss das Gericht anhand einer umfassenden Gesamtwürdigung feststellen (ausf. *Fischer* Rn 7 ff). 1

Die Grundsätze zur **actio libera in causa** sollen nach überwiegender Ansicht auch iRv § 21 gelten (vgl ausf. LK-*Schöch* Rn 33 ff mwN). Von einer Strafrahmenverschiebung nach § 49 I kann demnach abgesehen werden, wenn der Täter seinen 2

Trunkenheitszustand und die Gefahr der Begehung von Straftaten als dessen Folge vorhergesehen hat oder vorhersehen konnte (BGHSt 43, 66 [78]; BGH NStZ 1993, 537; 2008, 619 f; krit. *Frister* JZ 2003, 1019 f; *Neumann* StV 2003, 527 ff; *Streng* NJW 2003, 2963 ff; einschr. bei alkoholkrankem Täter BGH NStZ-RR 2003, 136 [137]; näher zum Verhältnis der §§ 21, 49 zu § 323 a einerseits sowie den Grundsätzen der actio libera in causa andererseits BGHSt 49, 45 ff). Weitergehend will der 3. Strafsenat auf das Element der Vorsehbarkeit (zB aufgrund früherer Erfahrungen) verzichten und bereits die verschuldete Trunkenheit genügen lassen (BGH NStZ 2016, 203 ff); dem sind der 1. und 5. Strafsenat entgegengetreten (BeckRS 2016, 12152 und 07026).

3 Da im Gutachten grds. nicht auf Fragen der Strafzumessung einzugehen ist, bedarf § 21 (von besonderen, sich aus der Fragestellung ergebenden Ausnahmefällen abgesehen) keiner Erwähnung.

Zweiter Titel Versuch

Vorbemerkung zu den §§ 22–24

I. Allgemeines

1 1. Die **Strafwürdigkeit** des Versuchs wird unterschiedlich begründet:

2 a) Die **objektiven Theorien** sehen den Strafgrund des Versuchs in der Gefährdung des tatbestandlich geschützten Rechtsguts (grundlegend *v. Hippel* II § 30; vgl auch MK-*Herzberg/Hoffmann-Holland* § 22 Rn 17). Hieraus folgt eine Einschränkung des Versuchsbereichs auf Handlungen, die (auch) bei nachträglicher Prognose für gefährlich zu halten sind; die Strafbarkeit des untauglichen Versuchs, von der das Gesetz in § 23 III ausgeht, lässt sich kaum begründen. Demgegenüber stellt die sog. Gefährlichkeitstheorie maßgeblich auf die Schaffung eines aus der ex-ante-Sicht begründeten Vollendungsrisikos ab (*Hirsch* Vogler-GS 31 [38]; *Malitz*, Der untaugliche Versuch beim unechten Unterlassungsdelikt, 1998, 179 ff, 198 f; *Zieschang*, Die Gefährdungsdelikte, 1998, 137 ff, 148; zu einer Anbindung an das deliktsspezifische Tatbild *Maier*, Die Objektivierung des Versuchsunrechts, 2005, 209 ff, 219 ff). Insoweit werden auch Versuche, die sich erst ex post als untauglich herausstellen, erfasst.

3 b) Die (primär) **subjektiven Theorien** stellen auf den für die Rechtsordnung bereits gefährlichen rechtsfeindlichen Willen ab, der mit dem Ansetzen zur Tatbestandsverwirklichung betätigt werde (vgl BGHSt 1, 13 [16]; 2, 74 [76]; 4, 199 [200]; 11, 324 [327 f]; 15, 210 [214]; *Kühl* § 15/39; für eine einheitliche Zurechnungsfigur für Versuch und Rücktritt *Haas* ZStW 123, 226 ff).

4 c) Vorherrschend sind vermittelnde Lehren, die
- teils (wie die sog. **Eindruckstheorie**) einen strafbaren Versuch erst dann annehmen, wenn der betätigte rechtsfeindliche Wille objektiv geeignet ist, das Vertrauen in die Geltung der Rechtsordnung und das Gefühl der Rechtssicherheit zu erschüttern (vgl mit Abweichungen im Detail W-*Beulke/Satzger* Rn 843; S/S-*Eser/Bosch* Rn 22; *Fischer* § 22 Rn 40; *Jescheck/Weigend* § 49 II 3; *Otto* AT § 18/3; *Roxin* Nishihara-FS 157 [158 ff]; SK-*Rudolphi* Rn 14; vgl auch *Frister* 23/4);

- teils (die Eindruckstheorie auf der Basis der positiven Generalprävention präzisierend) den Strafgrund des Versuchs in der **Desavouierung von Normgeltung** durch die zum Ausdruck gebrachte mangelnde Normanerkennung des Täters sehen (*Jakobs* 25/21; *Kindhäuser*, Gefährdung als Straftat, 1989, 132 ff; zu einer diff. Konzeption vgl *Zaczyk*, Das Unrecht der versuchten Tat, 1989, 126 ff, 229 ff; *ders.* Maiwald-FS 885 [891 f]). Dies ist der Fall, wenn der Täter durch sein Verhalten (eindeutig) zeigt, dass er die Norm nicht befolgen will. Auch ein untauglicher Versuch kann als Normwiderspruch in diesem Sinne anzusehen sein. Exemplarisch: Der Täter betätigt in Tötungsabsicht den Abzug eines Gewehres, das er irrig für geladen hält.

d) Vertreten wird auch eine **dualistische** Begründung, die den Strafgrund des Versuchs entweder in der objektiven Gefährlichkeit („Gefährdungsunwert") oder in der auf die Tatbestandsverwirklichung bezogenen Absicht des Täters („Zielunwert") sieht (vgl *Alwart*, Strafwürdiges Versuchen, 1982, 158 ff, 172 ff; *Schmidhäuser* StuB AT 11/27). Da § 22 jedenfalls auch auf die Tätervorstellung abstellt, ist eine auch nur teilweise Begründung der Strafwürdigkeit des Versuchs ohne subjektive Komponente jedoch wenig überzeugend. 5

2. Der Versuch ist im **Gutachten** unter der Fragestellung zu prüfen, ob die Handlung den objektiven Tatbestand eines Delikts verwirklichen würde, wenn die Vorstellungen des Täters zutreffend wären (*Putzke* JuS 2009, 894, 985, 1083). 6

Wegen der Unvollständigkeit des objektiven Tatbestands ist bei der Prüfung eines versuchten Delikts mit dem **subjektiven Tatbestand** zu beginnen. Zunächst ist jedoch – als zweiteilige „**Vorprüfung**" – festzustellen, dass der objektive Tatbestand nicht (vollständig) verwirklicht ist und dass der Versuch des betreffenden Delikts strafbar ist (§ 23 I). Rechtswidrigkeit und Schuld weisen keine Besonderheiten auf. Die Möglichkeit eines strafbefreienden Rücktritts ist stets zu bedenken. 7

II. Versuch und Wahndelikt

1. Der Versuch ist vom sog. Wahndelikt abzugrenzen: 8

a) Beim **Versuch** geht der Täter von Umständen aus, die, wenn sie Realität wären, den Tatbestand verwirklichen würden (vgl BGHSt 42, 268 [272 f]). 9

b) Beim sog. **Wahndelikt** nimmt der Täter irrig an, sein in tatsächlicher Hinsicht zutreffend erkanntes Verhalten verstoße gegen eine Verbotsnorm, die es jedoch entweder nicht gibt oder die er infolge falscher Auslegung zu seinen Ungunsten überdehnt (vgl BGHSt 14, 345 [350]; BGH JR 1994, 510 [511]; *Burkhardt* JZ 1981, 681 ff; *Kindhäuser* GA 1990, 407 [419 f]; NK-*Paeffgen* Vor § 32 Rn 256 ff; *Puppe* GA 1990, 145 ff; ausdehnend NK-*Zaczyk* § 22 Rn 37, 47 ff). Das Wahndelikt ist damit ein **umgekehrter Verbots-, Subsumtions- oder Strafbarkeitsirrtum**. 10

Als Wahndelikt ist es etwa anzusehen, wenn der Täter glaubt: 11
- Ehebruch sei strafrechtlich untersagt (umgekehrter Verbotsirrtum);
- seine tatsächlich durch Notwehr gerechtfertigte Verteidigung mit einem Messer sei verboten, weil man sich gegen einen Angreifer nicht mit gefährlichen Werkzeugen wehren dürfe (= umgekehrter Erlaubnisirrtum);
- das Abwischen einer blutverschmierten Tatwaffe sei Urkundenfälschung (= umgekehrter Subsumtionsirrtum; vgl auch BGHSt 13, 235 [240, 241]);

- das Beiseiteschaffen von Beweismitteln zur Verhinderung einer Strafverfolgung des eigenen Sohnes sei strafbar, weil (entgegen § 258 VI) allenfalls die Strafvereitelung unter Ehegatten straflos sei (= umgekehrter Strafbarkeitsirrtum).

12 2. Das **Wahndelikt** ist – im Unterschied zum Versuch – grds. **straflos**. Während der Täter beim Versuch glaubt, die Voraussetzungen einer tatsächlich existierenden Verbotsnorm zu erfüllen und insoweit deren Geltung negiert, geht er beim Wahndelikt von der Existenz einer tatsächlich nicht bestehenden Norm aus. Der Verstoß gegen eine Norm, die es nicht gibt oder die nicht strafrechtlich sanktioniert ist, ist nach keinem Strafzweck strafwürdig (vgl auch *Stratenwerth/Kuhlen* § 11/25).

13 3. Ob der **Irrtum über normative Tatbestandsmerkmale**, die das Bestehen bestimmter Rechtsverhältnisse zum Gegenstand haben – zB „fremd" iSv § 246, „zuständige Stelle" iSv § 154 –, zu einem (untauglichen) Versuch oder zu einem Wahndelikt führt, ist umstritten:

14 a) Rspr und hL legen das **Umkehrprinzip** so aus, dass jeder Irrtum, der den Täter im Rahmen von § 16 I S. 1 entlastet, ihn im umgekehrten Falle belastet, also zu einem Versuch führt (krit. zum Umkehrprinzip *Streng* GA 2009, 529 ff). Nimmt man einen Vorsatzausschluss nach § 16 I S. 1 stets an, wenn der Täter das Bestehen eines tatbestandlich vorausgesetzten Rechtsverhältnisses verkennt (vgl § 16 Rn 8 ff), und zwar auch dann, wenn dies aufgrund laienhaft falscher Schlüsse geschieht – der Täter hält zB eine fremde Sache (aus welchen Gründen auch immer) für seine eigene –, so muss konsequent auch ein Versuch angenommen werden, wenn der Täter seine eigene Sache (aus welchen Gründen auch immer) für fremd hält (vgl BGHSt 10, 272 ff; 14, 345 [350]; LK-*Hillenkamp* § 22 Rn 180 ff; *Jescheck/Weigend* § 50 II; SK-*Rudolphi* § 22 Rn 32 a f; vgl auch NK-*Puppe* § 16 Rn 144 ff; zu den Besonderheiten bei Blankettmerkmalen *Schmitz* Jura 2003, 593 [599 ff]).

15 b) Nach einer verbreiteten Mindermeinung soll es dagegen nicht zum Versuch führen, wenn der Täter aufgrund falscher rechtlicher Schlüsse den Anwendungsbereich der Norm ausweitet; fehlerhafte rechtliche Wertungen dürften den Täter nicht belasten. Demnach begeht zB ein Wahndelikt, wer eine eigene Sache aufgrund unzutreffender Rechtskenntnisse für fremd iSv § 246 hält (vgl – mit nicht unerheblichen Abweichungen im Detail – BayObLG JZ 1981, 715 f; OLG Düsseldorf NStZ 1989, 370 [372]; *Burkhardt* GA 2013, 346 [356 ff]; S/S-*Eser/Bosch* § 22 Rn 89 ff; vermittelnd *Heidingsfelder*, Der umgekehrte Subsumtionsirrtum, 1992, 146 ff; *Roxin* JZ 1996, 981 [986]). Hierfür spricht, dass ein Verhalten, das aufgrund der geltende Rechtslage nie zu einem vollendeten Delikt führen kann, schwerlich wegen Versuchs strafbar sein kann. Mit anderen Worten: Ein Versuch setzt zumindest die faktisch oder normativ denkbare Möglichkeit seiner Vollendung voraus.

16 4. Umstritten ist ferner, ob ein Versuch oder ein Wahndelikt anzunehmen ist, wenn der Täter irrig annimmt, er erfülle die **persönlichen Merkmale eines Sonderdelikts**:

17 a) Die hM nimmt einen (untauglichen) Versuch an, wenn der Täter den Tatbestand eines Sonderdelikts verwirklicht (oder hierzu ansetzt) und dabei irrtümlich **Umstände** als gegeben erachtet, die im Falle ihres wirklichen Vorhandenseins seine **Sonderpflicht** („Subjektsqualität": zB Amtsträger, Soldat, Schuldner) **begründen** würden (vgl RGSt 72, 109 [110]; *Baumann/Weber/Mitsch* § 26/30; W-*Beul-*

ke/Satzger Rn 880; S/S-*Eser/Bosch* § 22 Rn 76; *Fischer* § 22 Rn 55; *Herzberg* GA 2001, 257 [269 ff]; *Jescheck/Weigend* § 50 III 2 c; NK-*Kindhäuser* § 283 Rn 101; *Kühl* § 15/105; NK-*Kuhlen* § 331 Rn 123). Exemplarisch: Der Handelnde hält sich bei der Verwirklichung eines (echten) Amtsdelikts für einen Beamten, weil ihm die Nichtigkeitsgründe seiner Ernennung unbekannt sind.

b) Nach der Gegenansicht ist es ein Wahndelikt, wenn der Täter irrig vom Vorliegen solcher Umstände ausgeht: Das den Täter kennzeichnende Tatbestandsmerkmal **grenze den Kreis der Normadressaten ein**, und diesen Kreis könne ein Extraneus nicht durch seinen Irrtum erweitern (*Jakobs* 25/43; *Kaufmann* Klug-FS 277 [283 ff]; *Langer*, Das Sonderverbrechen, 1972, 497 f; *Otto* AT § 18/75; *Schmidhäuser* AT 15/59; *Stratenwerth* Bruns-FS 59 [68 f]; *Welzel* § 24 V 2; krit. LK-*Hillenkamp* § 22 Rn 134 f). Es fehle das Strafbedürfnis, da der Täter dem geschützten Rechtsgut nicht gefährlich werden könne (*Krey/Esser* AT Rn 1250). Dem ist jedoch nur zuzustimmen, wenn sich der Täter über die rechtlichen Voraussetzungen der Sonderpflicht irrt. Irrt er sich dagegen über die tatsächlichen Voraussetzungen, so besteht die denkbare Möglichkeit, dass er bei Vorliegen dieser Vorausetzungen das Delikt auch begehen könnte (Rn 15). 18

c) Auch nach der hM ist **nur** ein **Wahndelikt** anzunehmen, wenn der Handelnde sich aufgrund von **Umständen** für sonderpflichtig hält, die eine solche **Pflicht nicht begründen**. Exemplarisch: Ein Zivilangestellter der Bundeswehr glaubt, auch für ihn gelte das Wehrstrafgesetz und er mache sich der eigenmächtigen Abwesenheit (§ 15 WStG) schuldig, indem er eine Woche dem Dienst fernbleibt. 19

§ 22 Begriffsbestimmung

Eine Straftat versucht, wer nach seiner Vorstellung von der Tat zur Verwirklichung des Tatbestandes unmittelbar ansetzt.

I. Allgemeines

1. Das (geplante) vorsätzliche Delikt nimmt von seiner Planung bis zur Beendigung einen mehr oder weniger großen Zeitraum in Anspruch, der sich aus strafrechtlicher Perspektive in **mehrere Stadien** unterteilen lässt: 1

- **Planung:** Gedankliche Vorwegnahme eines Verhaltens, das nach der Vorstellung des Täters einen Deliktstatbestand verwirklicht (straflos).
- **Vorbereitung:** Ergreifen der zur Tatausführung erforderlichen Maßnahmen (straflos; hiervon zu unterscheiden sind verselbstständigte Vorbereitungsdelikte wie zB §§ 83, 89 a, 89 b, 91, 98, 149, 234 a III, 265, 316 c IV).
- **Versuch:** Das nach der Vorstellung des Täters von der Tat unmittelbare Ansetzen zur Tatbestandsverwirklichung aufgrund eines unbedingten Tatentschlusses (§ 22); strafbar nach § 23.
- **Vollendung:** Alle Merkmale eines Deliktstatbestands sind erfüllt (Vollendungsstrafe).
- **Beendigung:** Das Tatgeschehen ist abgeschlossen (Verjährungsbeginn, § 78 a). Der Beendigungszeitpunkt kann vor allem bei Dauerdelikten (zB bei § 239) und Delikten mit überschießender Innentendenz (zB § 263) deutlich hinter dem Vollendungszeitpunkt liegen.

2   2. Da jede vorsätzliche Deliktsvollendung das Versuchsstadium durchläuft und sich Versuch und Vollendung im subjektiven Tatbestand decken, **genügt** nach hM für den Versuch **dolus eventualis** stets dann, wenn dieser auch für die Deliktsvollendung ausreicht (vgl BGHSt 22, 330 [332 ff]; 31, 374 [378]; *Bringewat* Rn 554; S/S-*Eser/Bosch* Rn 17; *Gropp* § 9/21; MK-*Herzberg/Hoffmann-Holland* Rn 43 ff; *Jakobs* 25/24; *Jescheck/Weigend* § 49 III 1; *Roxin* Schröder-GS 145 [151 f]; SK-*Rudolphi* Rn 2; aA *Bauer* wistra 1991, 168 ff; *Puppe* NStZ 1984, 488 [491]; zum Handeln mit dolus eventualis bei Unsicherheiten über die Rechtfertigungslage vgl *Roxin* I § 14/87 ff, 90).

3   3. Der **Versuch** ist eine Form des Irrtums über Tatumstände, da er gegeben ist, wenn alle subjektiven, aber nicht alle objektiven Tatbestandsmerkmale erfüllt sind (BGHSt 30, 363; S/S-*Eser/Bosch* Rn 1 ff; *Küper* JZ 1983, 361 ff). Der Täter irrt sich also beim Versuch über die Verwirklichung von Tatbestandsmerkmalen, so dass der Versuch als **umgekehrter Tatbestandsirrtum** iSv § 16 I S. 1 bezeichnet werden kann.

4   4. Ein Versuch ist **tauglich**, wenn die Handlung des Täters aus der Perspektive eines mit den Umständen vertrauten Beobachters als zur Tatbestandsverwirklichung geeignet erscheint. Exemplarisch: A schießt mit einer geladenen Pistole auf B, verfehlt ihn aber wegen ungenauen Zielens nur knapp. Ein Versuch ist dagegen **untauglich**, wenn er aus der Perspektive eines mit den Umständen vertrauten Beobachters als zur Tatbestandsverwirklichung ungeeignet erscheint. Der Versuch kann ua untauglich sein, weil das Tatobjekt nicht unter den Tatbestand fällt oder das Tatmittel ungeeignet ist (vgl BGHSt 41, 94; vgl auch *Steinberg* GA 2008, 517). Exemplarisch: Die Pistole, mit der A auf B schießen will, ist nicht geladen.

5   Die Untauglichkeit eines Versuchs hat für dessen Strafbarkeit grds. keine Bedeutung (Umkehrschluss aus § 23 III; ganz hM, vgl nur *Bloy* ZStW 113, 76 [79 ff]; *Heinrich* Rn 673; *Roxin* Jung-FS 829). Insoweit bedarf es in einem **Gutachten** grds. keines Eingehens auf die Frage, ob der Versuch tauglich oder untauglich ist. § 23 III sieht jedoch dann die Möglichkeit vor, von Strafe abzusehen oder die Strafe zu mildern, wenn der Täter aus **grobem Unverstand** verkannt hat, dass der von ihm unternommene Versuch überhaupt nicht zur Vollendung führen konnte. Erfasst sind hierbei Versuche, bei denen der Täter mit Vorstellungen über Ursachenzusammenhänge handelt, die der Alltagserfahrung völlig zuwiderlaufen (§ 23 Rn 2).

6   Demgegenüber kann man beim **abergläubischen Versuch**, bei dem es der Täter unternimmt, sein Ziel mit irrealen, der menschlichen Verfügungsgewalt entzogenen Mitteln (verhexen usw) zu erreichen, schon den Tatbestandsvorsatz verneinen (hM; vgl auch *Baumann/Weber/Mitsch* § 26/36; SK-*Rudolphi* Rn 34 f; für eine Anwendung von § 23 III mit obligatorischer Straflosigkeit auch hier *Fischer* § 23 Rn 9; *Otto* AT § 18/63; vgl auch *Ellbogen* v. Heintschel-Heinegg-FS 125 [132 f]; *Satzger* Jura 2013, 1017 [1025]; *Hilgendorf* JZ 2009, 139 [142 f]): Was sich nur herbeiwünschen lasse, könne man nicht verwirklichen wollen (*Kretschmer* JR 2004, 444 [445]).

7   5. Auch ein **erfolgsqualifiziertes Delikt**, das nach § 11 II als Vorsatzdelikt gilt, kann versucht werden, und zwar in zwei Formen:

8   a) Der Täter versucht oder vollendet das vorsätzliche Grunddelikt und handelt hierbei auch hinsichtlich der besonderen Folge vorsätzlich; diese bleibt jedoch aus (BGHSt 21, 194 f; BGH NStZ 2001, 534; *Herzberg* Amelung-FS 159 [159 f];

Kühl Jura 2003, 19 f; *Sowada* Jura 1995, 644 [650]). In diesem Fall spricht man von dem **Versuch der Erfolgsqualifikation.**

b) Der Täter führt beim Versuch des vorsätzlichen Grunddelikts die besondere Folge fahrlässig (§ 18) herbei; diese Konstellation wird als **erfolgsqualifizierter Versuch** bezeichnet (vgl BGHSt 7, 37 [39]; 42, 158 [159]; 48, 34 [37 f]; *Küper* Herzberg-FS 323 ff; *Wolter* GA 1984, 443 [445 f]; abl. M/G/Z-*Gössel* § 42/69; krit. auch *Herzberg* Amelung-FS 159 [161 ff]). Soweit bei erfolgsqualifizierten Delikten verlangt wird, dass die besondere Folge gerade aus dem Erfolg des Grunddelikts resultiert, ist ein erfolgsqualifizierter Versuch nicht möglich (vgl § 227 Rn 7). 9

6. Ein **fahrlässiger Versuch** ist konstruktiv nicht möglich (NK-*Zaczyk* Rn 21): Da der Täter beim fahrlässigen Delikt das Risiko einer Tatbestandsverwirklichung verkennt, kann er auch nicht nach seiner Vorstellung unmittelbar zur Tatbestandsverwirklichung ansetzen (Ausnahme: § 315 c III Nr. 2 iVm I Nr. 2 f). Gleichwohl sind aber Konstellationen denkbar, in denen auch ein „Rücktritt" vom *Fahrlässigkeits*delikt wertungsmäßig angezeigt erscheint (*Lüderssen* Samson-FS 93 ff). 10

II. Voraussetzungen

Nach der **Definition** des § 22 versucht eine Straftat, wer nach seiner Vorstellung von der Tat zur Verwirklichung eines Tatbestands unmittelbar ansetzt. Der Versuch verlangt also 11

- einen (unbedingten) **Tatentschluss,**
- der durch unmittelbares Ansetzen zur Tatbestandsverwirklichung betätigt sein muss,
- **ohne** (bereits) zur (objektiv zurechenbaren) Vollendung geführt zu haben.

1. Tatentschluss: a) Unter Tatentschluss ist der auf die Tatbestandsverwirklichung bezogene Vorsatz einschließlich sonstiger subjektiver Tatbestandsmerkmale (zB Bereicherungsabsicht in §§ 253, 263) zu verstehen. § 22 erwähnt zwar das Merkmal des Tatentschlusses im Gegensatz zu § 43 StGB aF nicht mehr explizit, bringt es aber durch die Formel vom unmittelbaren Ansetzen zur Tatbestandsverwirklichung zum Ausdruck (BGHSt 37, 294 [296]). 12

b) Der Tatentschluss muss in dem Sinne **unbedingt** sein, dass sich der Täter vorbehaltlos zur Tat entschlossen hat, also die Entscheidung über das Ob der Tat getroffen hat (vgl BGH StV 1987, 528 f; *Roxin* Schröder-GS 145 ff). Dem steht es nicht entgegen, wenn der Täter seine Entscheidung auf unsicherer Tatsachengrundlage getroffen hat und demnach die Ausführung der Tat noch vom Eintritt äußerer Umstände abhängig macht oder unter bestimmten Bedingungen von der Realisierung seines Vorhabens wieder Abstand nehmen will (vgl BGHSt 12, 306 [309]; BGH JZ 1967, 608; S/S-*Eser/Bosch* Rn 18; SK-*Rudolphi* Rn 5; als Gegenbeispiel BGH bei *Holtz* MDR 1980, 271 f). Exemplarisch: Der Täter drückt gegen ein Kellerfenster, um einzusteigen, falls dieses nicht verschlossen ist. 13

Soweit der Täter bereits zur Tatbestandsverwirklichung unmittelbar angesetzt hat, ist es regelmäßig überflüssig, noch nach der Unbedingtheit des Tatentschlusses zu fragen. Zur Ausführung einer Tat kann schwerlich unmittelbar ansetzen, wer hierzu noch nicht vorbehaltlos entschlossen ist. Bedeutung gewinnt das Merkmal des unbedingten Tatentschlusses vielmehr im Vorfeld der Tat bei der Frage nach einer möglichen Anstiftung, da jemand, der bereits unbedingt zur Tat 14 entschlossen ist, als sog. omnimodo facturus nicht mehr angestiftet werden kann (§ 26 Rn 14).

15 **2. Unmittelbares Ansetzen: a)** Das Merkmal des unmittelbaren Ansetzens markiert die Grenze zwischen strafloser Vorbereitung und Versuch. Mit der heutigen Gesetzesfassung, die subjektive und objektive Momente verbindet, ist weder ein **rein subjektiver Ansatz**, der allein auf die Tätervorstellung abhebt (vgl BGHSt 6, 302), noch eine **formal-objektive Theorie**, der zufolge der Versuch erst mit dem Anfang der Tatbestandsverwirklichung beginnt (vgl auch RGSt 70, 151 [157]), zu vereinbaren. Auch die **objektive Gefährdungstheorie**, die einen Versuch annimmt, sobald das von dem fraglichen Tatbestand geschützte Rechtsgut durch das Täterverhalten in Gefahr gebracht wird (vgl BGHSt 2, 380; 20, 150; 22, 80 [81]), ist kaum haltbar: Sie ist unverträglich mit der Anerkennung eines untauglichen Versuchs.

16 Die heute vertretenen Theorien **kombinieren individuelle mit objektiven Aspekten**; nur in der Schwerpunktsetzung unterscheiden sich die Zwischenaktstheorie, die Indiztheorie, die Sphärentheorie und die Theorie von der Feuerprobe der kritischen Situation. Der BGH verbindet häufig Theorien miteinander, so etwa die Sphären- oder Gefährdungstheorie mit den Kriterien der Zwischenakts- und Feuerprobentheorie (vgl nur BGHSt 48, 34 [35 f]; BGH NJW 2004, 580 [581]; NStZ-RR 2011, 367 [368]; StV 2012, 526 f; NStZ 2013, 156 [157]; vgl auch *Heinrich* Rn 727 ff; *Rönnau* JuS 2013, 879 [880 f]; krit. zu abstrakten Definitionen *Frister* 23/37 f).

17 Handlungen, welche die Ausführung der für später geplanten Tat nur ermöglichen oder erleichtern sollen, sind unstr. **Vorbereitungen**. Exemplarisch: Auskundschaften des Tatortes, Besorgen von Waffen, das bloße Anbringen einer Skimming-Apparatur bezogen auf § 152 b (BGH StV 2012, 530), Bereitstellen der Tatwerkzeuge (vgl BGHSt 28, 162; 40, 208 [210]; BGH NStZ 1996, 38). Demgegenüber ist ein Versuch gegeben, wenn der Täter zum Zwecke der Tötung das Gewehr anlegt und zielt (vgl BGH NStZ 1993, 133). Beim Klingeln an der Haustür zur Begehung eines Raubes wird ein Versuch bejaht, wenn der Täter unmittelbar nach dem Öffnen mit bereits einsatzbereiter Waffe losschlagen will (vgl BGHSt 26, 201 ff; BGH NStZ 1984, 506); macht der Täter die Tatdurchführung hingegen vom Fehlen bestimmter äußerer Umstände abhängig, beispielsweise von der Anwesenheit eines Kindes im Haus, führt dies nach Auffassung des BGH dazu, dass die Schwelle zum Versuch nach der Tätervorstellung erst nach Feststehen des Vorliegens dieser Bedingungen überschritten wird (so BGH NStZ 2013, 579 m. krit. Bspr *Jäger* JA 2013, 949 ff); auch reicht das Klingeln an der Eingangstür eines Mehrfamilienhauses nicht, wenn sich der Täter erst noch innerhalb des Hauses zur Wohnung des Opfers begeben muss (vgl BGH StV 1984, 420; OLG Hamm StV 1997, 242).

18 **b)** Die **Zwischenaktstheorie** geht von einem Versuch aus, wenn zwischen der Handlung des Täters und der Tatbestandsverwirklichung kein weiterer wesentlicher Zwischenschritt mehr liegt (vgl BGHSt 26, 201 [202 f]; 36, 249 [250]; 37, 294 [296 ff]; BGH NJW 2002, 1057; *Baumann/Weber/Mitsch* § 26/54; *W-Beulke/Satzger* Rn 855; LK-*Hillenkamp* Rn 77; SK-*Rudolphi* Rn 13).

19 Teils wird diese Theorie mit einem **subjektivierenden Gefährdungsansatz** verbunden: Ein Versuch wird dann angenommen, wenn der Täter Handlungen vornimmt, die nach seinem Tatplan im Falle ungestörten Fortgangs ohne Zäsur unmittelbar in die Tatbestandserfüllung einmünden und so, nach seiner Vorstel-

lung, das geschützte Rechtsgut bereits konkret gefährden; erforderlich ist hierfür zudem ein unmittelbarer räumlicher und zeitlicher Zusammenhang zwischen dem Täterhandeln und der Tatbestandsverwirklichung (vgl BGHSt 30, 363 [364 ff]; 43, 177 [179]; 48, 34 [35 f]; BGH NStZ 2004, 580 [581]; BayObLG NJW 1990, 781 f; S/S-*Eser/Bosch* Rn 42; *Küper* JZ 1992, 338 [340 f]; *Zaczyk*, Das Unrecht der versuchten Tat, 1989, 306 ff; modifizierend BGH NStZ 2014, 447 m. krit. Anm. *Krehl*).

Versuch ist nach diesem Ansatz auch möglich, wenn die Handlung des Täters 20 erst **nach längerer Zeit** zum Erfolg führen soll oder der Täter dem Opfer eine **Falle stellt**, damit dieses sich (als unwissendes Werkzeug) selbst schädigt. Nach der Rspr ist in solchen Konstellationen für den Versuchsbeginn erforderlich, dass sich nach dem Täterplan die einzelnen Handlungen in ihrer Gesamtheit bereits als eine unmittelbare Gefährdung des Opfers darstellen. Dies wird bejaht, wenn der Täter alles für das Gelingen des Tatplans Erforderliche getan hat und die (spätere) unbewusste Mitwirkung des Opfers bei der Erfolgsherbeiführung **gewiss** ist; der Täter manipuliert zB die Steckdosen in den zentralen Räumen eines Wohnhauses oder bringt eine Sprengladung an einem Pkw an (BGH NStZ 2001, 475 [476]). Bei **ungewissen** Situationen wird dagegen ein Versuchsbeginn bejaht, wenn sich das Opfer in den Wirkungskreis des Tatmittels (bzw der Falle) begeben hat. Exemplarisch: Der Apotheker A, der bereits Opfer eines Einbruchsdiebstahls geworden ist, stellt in seinem Haus eine Flasche mit vergiftetem Schnaps auf, wobei er davon ausgeht, dass die Täter zurückkehren und wie bereits zuvor Getränke zu sich nehmen würden (vgl BGHSt 43, 177 f). Hier hat der Versuch noch nicht begonnen, da der Täter die Mitwirkung des Opfers noch für ungewiss hält und daher noch nicht davon ausgeht, dass die Schädigung des Opfers unmittelbar bevorsteht (BGHSt 40, 257 [268]; 43, 177 [180] m.Anm. *Kudlich* JuS 1998, 596; *Otto* NStZ 1998, 243; *Roxin* JZ 1998, 211; *Wolters* NJW 1998, 578 ff). In der Literatur wird der Fall vornehmlich nach den Regeln des Versuchsbeginns bei mittelbarer Täterschaft (Rn 32 ff) behandelt (zusammenfassend *Dornis* Jura 2001, 664 [645 f]; vgl auch *Kudlich* AT 227). Die vorherrschende (modifizierte) Einzellösung stellt demnach darauf ab, ob der Täter den weiteren Geschehensablauf aus der Hand gegeben hat (Rn 33); dies wäre im Apotheker-Fall noch nicht gegeben.

c) Für die (hier sog.) **Indiztheorie** ist ein Versuch anzunehmen, wenn das Täter- 21 verhalten seinem äußeren Sinn nach bereits als Entscheidung gegen die Norm verstanden werden kann, also die äußeren Umstände die intendierte Tatbestandsverwirklichung indizieren (*Jakobs* 25/61 ff). Nach *Vehling* (Abgrenzung von Vorbereitung und Versuch, 1991, 141 ff) soll dies der Fall sein, wenn der Täter durch ein rolleninadäquates Verhalten ein unerlaubtes Risiko gesetzt hat; dies geht jedoch zu weit, da etwa derjenige, der in Unkenntnis eines tatbestandsausschließenden Einverständnisses handelt, zwar einen Versuch begeht, aber kein unerlaubtes Risiko schafft.

d) Die **Sphärentheorie** bejaht einen Versuch, sobald der Täter in die Schutzsphäre 22 des Opfers eingedrungen ist und zwischen der Tathandlung und dem angestrebten Erfolgseintritt ein enger zeitlicher Zusammenhang besteht (vgl BGHSt 28, 162 [163]; BGH StV 1992, 62; *Roxin* JuS 1979, 1 [5 f]; *ders.* Herzberg-FS 341 ff).

e) Nach der (subjektiv akzentuierten) **Theorie von der Feuerprobe der kritischen** 23 **Situation** ist ein Versuch gegeben, wenn der Täter die Schwelle zum „jetzt geht es los" (bzgl der Tatbestandsverwirklichung) überschreitet (vgl BGHSt 26, 201

[203]; 48, 34 [36]; BGH NStZ 2004, 38 f; 2004, 580 [581]; *Bockelmann* JZ 1954, 468 [473]).

24 **f)** **Im Gutachten** ist das Vorliegen eines Versuchs nach den individuell-objektiven Theorien jeweils **in zwei Schritten** zu prüfen (ausf. zur gutachterlichen Prüfung des unmittelbaren Ansetzens *Bosch* Jura 2011, 909 ff):
- Zunächst ist die **Tatsituation** zu bestimmen, wie sie sich aus der Sicht des Täters darstellt (**individuelle Perspektive**);
- sodann ist nach einem **objektiven Maßstab** zu beurteilen, ob das Verhalten des Täters – unter Zugrundelegung der so bestimmten Tatsituation – als unmittelbares Ansetzen zur Tatbestandsverwirklichung anzusehen ist.

III. Einzelfragen

25 1. Die Feststellung des **Versuchsbeginns beim unechten Unterlassungsdelikt** kann Schwierigkeiten aufwerfen, da der Begriff des „unmittelbaren Ansetzens" auf Begehungsdelikte zugeschnitten ist und für Unterlassungsdelikte entsprechend ausgelegt werden muss. Exemplarisch: Mutter M beschließt, ihr zwei Monate altes Kind verhungern zu lassen:

26 a) Die heute ganz hM differenziert nach dem **Grad der Gefahr** aus der Täterperspektive (W-*Beulke/Satzger* Rn 1043 f; S/S-*Eser/Bosch* Rn 50 f; *Exner* Jura 2010, 276 [278 f]; *Jescheck/Weigend* § 60 II 2; *Malitz*, Der untaugliche Versuch beim unechten Unterlassungsdelikt, 1998, 219; *Vogel* MDR 1995, 337 [339 f]; NK-*Zaczyk* Rn 64; offen gelassen in BGHSt 38, 356 [360]; 40, 257 [268 ff]). Besteht bereits eine unmittelbare Gefahr des Erfolgseintritts, wird Versuch bejaht, sobald der Garant aufgrund seines Tatentschlusses die erste Möglichkeit der Erfolgsabwendung verstreichen lässt; ist die Gefahr noch entfernt, soll der Versuch in dem Zeitpunkt beginnen, in dem der Garant entweder untätig bleibt, obgleich die Gefahr akut wird, oder die Möglichkeit des rettenden Eingriffs aus der Hand gibt und dem Geschehen seinen Lauf lässt.

27 Nach dieser Ansicht wäre im Beispielsfall der Versuchsbeginn mit dem Zeitpunkt anzusetzen, in dem sich nach Einschätzung der M erste ernsthafte Mangelerscheinungen zeigen. Diese Lehre beruht auf dem sachgerechten Gedanken, dass der Garant nicht nur zur Erfolgsabwendung, sondern auch zur Verminderung des bestehenden Risikos verpflichtet ist.

28 b) Vereinzelt wird ein Versuch erst angenommen, wenn das zu schützende Rechtsgut **objektiv** – also unabhängig von der Tätervorstellung – **konkret gefährdet** ist (*Schmidhäuser* AT 17/26). Im Beispielsfall wäre dies der Zeitpunkt, in dem sich erste ernsthafte Mangelerscheinungen zeigen. Demnach gäbe es beim Unterlassungsdelikt keinen untauglichen Versuch. Aber auch mit dem Erfordernis nach § 22, dass für den Versuchsbeginn die Vorstellung des Täters von der Tat maßgeblich ist, lässt sich dieser Ansatz nicht vereinbaren.

29 c) Überholt ist eine (zur alten Rechtslage vertretene) Auffassung, die den Versuchsbeginn mit dem Versäumen der **letzten Rettungschance** zusammenfallen ließ (*Kaufmann*, Die Dogmatik der Unterlassungsdelikte, 1959, 210 ff; *Welzel* § 28 IV). Nach dieser Ansicht waren das Versuchsstadium und damit auch die Möglichkeit eines strafbefreienden Rücktritts praktisch aufgehoben.

30 Gleichermaßen nicht mehr vertreten wird die extreme Gegenauffassung, die den Versuchsbeginn schon im Verstreichenlassen der **ersten Möglichkeit** zur gebotenen Erfolgsabwendung sah (*Herzberg* MDR 1973, 89 ff; *Schröder* JuS 1962,

81 ff). In einem so frühen Stadium braucht noch keine Entscheidung des Täters zur Untätigkeit gefallen zu sein, und zwar namentlich dann nicht, wenn sich die Rettungschancen bei einem Zuwarten noch nicht verschlechtern und so eine Notwendigkeit zum Eingreifen aus der Täterperspektive noch nicht besteht.

2. Für die **echten Unterlassungsdelikte** gilt grds. Entsprechendes. Allerdings ist der Versuch hier nur ausnahmsweise mit Strafe bedroht (zB § 283 III iVm I Nr. 5 Alt. 1 und Nr. 7 b). 31

3. Hinsichtlich der Feststellung des Versuchsbeginns bei der **mittelbaren Täterschaft** steht die sog. Einzellösung der sog. Gesamtlösung entgegen: 32

a) Nach der (sog. modifizierten) **Einzellösung** der hM beginnt der Versuch des Hintermanns, sobald er das Geschehen nach seiner Einwirkung auf den (gut- oder bösgläubigen) Tatmittler dergestalt aus der Hand gegeben hat, dass es nach seiner Vorstellung unmittelbar anschließend zur Tatbestandsverwirklichung kommen soll (BGHSt 30, 363 [365]; 40, 257 [268]; BGH NStZ 1986, 547; OLG München wistra 2006, 436 [437]; W-*Beulke/Satzger* Rn 872 f; S/S-*Eser/Bosch* Rn 54; *Jescheck/Weigend* § 62 IV 1; SK-*Rudolphi* Rn 20 a; LK-*Schünemann* § 25 Rn 151 ff; vgl auch *Prüßner*, Die von mehreren versuchte Tat, 2004, 112 ff). Bei der mittelbaren Täterschaft werde der Tatablauf durch den Hintermann gesteuert, so dass bei der Abgrenzung von Vorbereitung und Versuch – wie auch sonst beim Einsatz von Tatwerkzeugen – auf dessen Verhalten abzustellen sei. 33

b) Nach der **Einwirkungstheorie** (strenge Einzellösung) beginnt der Versuch des Hintermanns bereits mit der Einflussnahme (oder jedenfalls dem nach Ansicht des Hintermannes ausreichenden Abschluss der Einflussnahme) auf den Tatmittler (vgl *Baumann/Weber/Mitsch* § 29/155; *Jakobs* 21/105). 34

c) Nach der **Gesamtlösung** beginnt der Versuch für Hintermann und Tatmittler zum selben Zeitpunkt, in der Regel also mit dem Ansetzen zur Tatbestandsverwirklichung durch den Tatmittler (LK-*Hillenkamp* Rn 171 ff; *Kühl* § 20/91; *Stratenwerth/Kuhlen* § 12/105). Die Einschaltung eines Tatmittlers könne nicht mit der Benutzung sonstiger Tatmittel gleichgesetzt werden; vielmehr werde dem Hintermann das Verhalten eines anderen normativ zugerechnet, so dass beide als Einheit zu sehen seien. Nach dieser Auffassung verwirklicht nur der Vordermann den Tatbestand und dieses Verhalten wird dem Hintermann – ähnlich wie bei der Mittäterschaft – als eigenes Handeln zugerechnet (grundlegend hierzu *Mañalich* Puppe-FS 709 ff). Folglich wirft der Versuchsbeginn nach dieser Konstruktion keine Besonderheiten gegenüber dem Versuchsbeginn beim Einzeltäter oder beim Mittäter auf. 35

4. Auch hinsichtlich der Bestimmung des Versuchsbeginns bei der **Mittäterschaft** konkurriert eine Gesamt- mit einer Einzellösung: 36

a) Die von einer Mindermeinung befürwortete **Einzellösung** will für jeden Mittäter gesondert prüfen, ob er schon mit seinem Beitrag unmittelbar angesetzt hat (*Puppe* ZIS 2007, 234 [241 f]; *Rudolphi* Bockelmann-FS 369 [383 ff]; LK-*Schünemann* § 25 Rn 203 ff). Dies ergebe sich aus der Tatherrschaftslehre, der zufolge auch der Mittäter eines Versuchs diesen mitbeherrschen müsse; dies sei nur für denjenigen möglich, der im Versuchsstadium mitwirke. 37

b) Die hM vertritt eine **Gesamtlösung**, der zufolge der Versuch für alle Beteiligten in dem Zeitpunkt beginnt, in dem der erste Mittäter im Rahmen des gemeinsamen Tatentschlusses zur Tatbestandsverwirklichung unmittelbar ansetzt (vgl BGHSt 36, 249 [250]; 39, 236 [237 f]; BGH wistra 1987, 26 [27]; HKGS-*Am*- 38 *bos* § 22 Rn 34; W-*Beulke/Satzger* Rn 870; *Buser*, Zurechnungsfragen beim mittäterschaftlichen Versuch, 1998, 83; *Jescheck/Weigend* § 63 IV 1; *Küper*, Versuchsbeginn und Mittäterschaft, 1978, 11 ff, 69 ff; *Prüßner*, Die von mehreren versuchte Tat, 2004, 169 ff). Hierfür spricht das für die Mittäterschaft geltende Prinzip der wechselseitigen Tatzurechnung. Demnach kann ein Mittäter – soweit Mittäterschaft durch Beteiligung im Vorbereitungsstadium anerkannt wird (vgl Vor § 25 Rn 36 ff) – bereits seinen gesamten Tatbeitrag vor Versuchsbeginn erbracht haben, wie umgekehrt der Versuch auch für denjenigen schon begonnen haben kann, der nach dem Tatplan erst im letzten Stadium der Deliktsverwirklichung eingreifen soll. Auch mit dieser Lehre wird – entgegen den Einwänden der Einzellösung – der Tatherrschaftsgedanke insoweit beachtet, als jedenfalls die im Tatentschluss des jeweiligen Beteiligten zu prüfende Vorstellung über seine Mitwirkung eine Mitbeherrschung der Tat begründen muss. Dass diese ggf nicht in einer zumindest begonnenen Deliktsverwirklichung realisiert wird, ist dabei lediglich Konsequenz der mit § 25 II zugelassenen Arbeitsteilung.

39   5. Eine sog. **Schein-Mittäterschaft** (oder vermeintliche Mittäterschaft) ist gegeben, wenn ein Beteiligter irrig davon ausgeht, es bestehe (noch) ein gemeinsamer Tatplan zur Deliktsverwirklichung. Unproblematisch ist Versuch (in Alleintäterschaft) gegeben, wenn der Irrende selbst mit der Tatbestandsverwirklichung beginnt (vgl *Joerden* JZ 1995, 735 [736]). Umstritten ist dagegen der Fall, dass der Irrende nur im (vermeintlichen) Vorbereitungsstadium beteiligt war und nun irrtümlich davon ausgeht, der andere setze zur Tatbestandsverwirklichung an. Exemplarisch: A spiegelte B vor, der Münzhändler M wolle sich zum Schein überfallen lassen und anschließend seine Versicherung betrügen; B führt den Überfall aus. Tatsächlich war M über das Geschehen nicht informiert und meldete den Schadensfall seiner Versicherung:

40   a) Teils wird ein mittäterschaftlicher Betrugsversuch (§§ 263, 22 f) des B, der durch die Schadensmeldung des M vollzogen worden sei, bejaht (BGHSt 40, 299 [300 ff]; *Hauf* NStZ 1994, 263 ff). Dass M tatsächlich kein Beteiligter gewesen sei, ändere nichts daran, dass sein Verhalten dem B als untauglicher Versuch zuzurechnen sei. Auch in diesem Falle liege nach der subjektiven Vorstellung des B im Verhalten des M ein unmittelbares Ansetzen zur Tatbestandsverwirklichung vor.

41   b) Hiergegen spricht, dass es zwischen B und dem unbeteiligten M weder einen gemeinsamen Tatplan gab noch das Verhalten des M überhaupt als Betrugsversuch angesehen werden kann. Daher kann das Verhalten des M schwerlich dem B als eigenes Ansetzen zur Deliktsverwirklichung zugerechnet werden. Auch der untaugliche Versuch verlangt nach hM ein Ansetzen zur Tatbestandsverwirklichung, woran es fehlt, wenn der Schein-Mittäter nur in der Vorstellung des/der anderen mit der Tat beginnt (vgl BGHSt 39, 236 ff; *Ahrens* JA 1996, 664 ff; *Erb* NStZ 1995, 424 ff; S/S-*Eser/Bosch* Rn 55 a; *Ingelfinger* JZ 1995, 704; *Joecks* wistra 1995, 59; *Kudlich* JuS 2002, 27 [29]; *Kühl* § 20/123; *Kühne* NJW 1995, 934; *Küpper/Mosbacher* JuS 1995, 488; *Otto* AT § 21/126; *Riemenschneider* JuS 1997, 627 [631]; *Roxin* Odersky-FS 489 [496]; *Streng* ZStW 109, 862 [892]; *Zopfs* Jura 1996, 19 ff; diff. *Graul* JR 1995, 427 ff; *Mitsch* ZIS 2013, 369 ff).

42   6. Für die Bestimmung des Versuchsbeginns bei der **actio libera in causa** (§ 20 Rn 14 ff) kommt es entscheidend darauf an, nach welchem Modell diese Zurechnungsform konstruiert wird:

a) Da das **Ausnahmemodell** (§ 20 Rn 18 f) die Tatbestandsmäßigkeit und Rechtswidrigkeit der Tat unberührt lässt, sind für die Bestimmung des Versuchsbeginns die Regeln der individuell-objektiven Theorien anzuwenden (Rn 16 ff): Der Versuch beginnt, wenn der Schuldunfähige nach seiner Vorstellung unmittelbar zur Tatbestandsverwirklichung ansetzt. 43

b) Bei Zugrundelegung des **Tatbestandsmodells** (§ 20 Rn 20 ff) kommt es darauf an, ob man die Variante der Vorverlagerung (§ 20 Rn 22) oder der mittelbaren Täterschaft wählt (vgl § 20 Rn 23). 44

- Sieht man den Anfang der Tatbestandsverwirklichung bereits in der Herbeiführung des Defektzustands, muss man zu diesem Zeitpunkt auch den Versuch beginnen lassen (mit § 22 kaum zu vereinbaren).
- Folgt man der Variante der mittelbaren Täterschaft, sind die hierfür genannten Kriterien (Rn 32 ff) anzuwenden: Die Gesamtlösung lässt den Versuch mit dem unmittelbaren Ansetzen des Schuldunfähigen zur Tatbestandsverwirklichung beginnen, die Einzellösung mit dem Eintritt des Defektzustands (= Aus-der-Hand-Geben des Geschehens). Letzteres lässt sich indessen, da der Versuch iSv §§ 22 f keine Schuld voraussetzt, mit der uneingeschränkten Anwendbarkeit der allgemeinen Regeln des Versuchsbeginns auf den schuldunfähigen Alleintäter nicht vereinbaren: Wenn der Versuch beim schuldunfähigen Alleintäter erst beginnt, wenn dieser nach seiner Vorstellung von der Tat unmittelbar zur Tatbestandsverwirklichung ansetzt, muss dies auch dann gelten, wenn er seine Schuldunfähigkeit im Vorbereitungsstadium bewusst durch Alkoholgenuss herbeigeführt hat.

§ 23 Strafbarkeit des Versuchs

(1) Der Versuch eines Verbrechens ist stets strafbar, der Versuch eines Vergehens nur dann, wenn das Gesetz es ausdrücklich bestimmt.

(2) Der Versuch kann milder bestraft werden als die vollendete Tat (§ 49 Abs. 1).

(3) Hat der Täter aus grobem Unverstand verkannt, daß der Versuch nach der Art des Gegenstandes, an dem, oder des Mittels, mit dem die Tat begangen werden sollte, überhaupt nicht zur Vollendung führen konnte, so kann das Gericht von Strafe absehen oder die Strafe nach seinem Ermessen mildern (§ 49 Abs. 2).

1. Die Vorschrift bestimmt in Abs. 1, dass der Versuch von **Verbrechen** (§ 12 I) stets **strafbar** ist, während bei (**vorsätzlichen**) **Vergehen** die Versuchsstrafbarkeit gesetzlich vorgesehen sein muss. Nach Abs. 2 **kann** die Strafe für den Versuch iSv § 49 I **gemildert** werden. 1

2. Abs. 3 sieht die Möglichkeit vor, von Strafe abzusehen oder die Strafe zu mildern, wenn der Täter aus grobem Unverstand verkannt hat, dass der Versuch nicht zur Vollendung führen konnte. Mit **grobem Unverstand** sind Vorstellungen über Ursachenzusammenhänge, die der Alltagserfahrung völlig zuwiderlaufen, gemeint (vgl BGHSt 41, 94; *Bloy* ZStW 113, 76 [98 ff]; *Heinrich* Jura 1998, 393 ff; *Radtke* JuS 1996, 878 ff; *Seier/Gaude* JuS 1999, 456). Exemplarisch: A glaubt, er könne den gesunden B durch Verabreichen von Traubenzucker töten. Diese Regelung beruht auf dem Gedanken, dass von einem Täter, der Kausalzusammenhänge krass verkennt, keine Gefahr für das betreffende Rechtsgut ausgeht (zum abergläubischen Versuch vgl § 22 Rn 6). 2

§ 24 Rücktritt

(1) ¹Wegen Versuchs wird nicht bestraft, wer freiwillig die weitere Ausführung der Tat aufgibt oder deren Vollendung verhindert. ²Wird die Tat ohne Zutun des Zurücktretenden nicht vollendet, so wird er straflos, wenn er sich freiwillig und ernsthaft bemüht, die Vollendung zu verhindern.

(2) ¹Sind an der Tat mehrere beteiligt, so wird wegen Versuchs nicht bestraft, wer freiwillig die Vollendung verhindert. ²Jedoch genügt zu seiner Straflosigkeit sein freiwilliges und ernsthaftes Bemühen, die Vollendung der Tat zu verhindern, wenn sie ohne sein Zutun nicht vollendet oder unabhängig von seinem früheren Tatbeitrag begangen wird.

I. Allgemeines

1 1. Der Rücktritt ist nach hM ein **persönlicher Strafaufhebungsgrund** (BGHSt 7, 296 [299]; BGH StV 1982, 1; *Baumann/Weber/Mitsch* § 27/5; *Heinrich* Rn 763; *Jescheck/Weigend* § 51 I 3; *Kühl* § 16/8; LK-*Lilie/Albrecht* Rn 50; aA NK-*Zaczyk* Rn 6: Schuldaufhebungsgrund). Im **Gutachten** sind demnach seine Voraussetzungen im Anschluss an die Schuld zu prüfen. Teilweise wird der Rücktritt auch als Entschuldigungsgrund gedeutet (vgl *Roxin* Heinitz-FS 251 ff; SK-*Rudolphi* Rn 6; zur Geschichte *Loos* Jakobs-FS 347 ff; Übersicht über die jüngste Rspr zum Rücktritt *Heger* StV 2010, 320).

2 2. Die Begründung des Strafausschlusses wegen Rücktritts ist umstritten:

3 ■ Nach der **Theorie von der goldenen Brücke** soll der Täter mit der Inaussichtstellung von Straffreiheit zur Umkehr gebracht und so der Erfolgseintritt vermieden werden (vgl RGSt 63, 158; 73, 52 [60]; vgl auch *Puppe* NStZ 1984, 488 [490]).

4 ■ Nach der **Prämientheorie** (oder **Gnadentheorie**) soll der Täter für die freiwillige Rückkehr zum sozial richtigen Verhalten belohnt werden. Mit dieser Rückkehr entfalle das Strafbedürfnis für das Handlungsunrecht und die damit verbundene Beeinträchtigung des allgemeinen Vertrauens in die Geltung der Rechtsordnung (vgl *Jescheck/Weigend* § 51 I 3; *Schröder* JuS 1962, 81; vgl auch BGH MDR 1988, 244).

5 ■ Nach der von der heute hM vertretenen **Strafzwecktheorie** entfällt bei freiwilligem Rücktritt die Notwendigkeit einer Bestrafung des Täters zur Erreichung der dem Strafrecht obliegenden Aufgaben (BGHSt 9, 48 [52]; 14, 75 [80]; HKGS-*Ambos* § 24 Rn 1; *Baumann/Weber/Mitsch* § 27/8; S/S-*Eser/Bosch* Rn 2 f; SK-*Rudolphi* Rn 4; vgl auch – mit stärkerer Betonung der entfallenden Strafwürdigkeit – *Burkhardt*, Der „Rücktritt" als Rechtsfolgenbestimmung, 1975, 195 ff; *Kühl* § 16/6).

6 3. Insbesondere bei abstrakten Gefährdungsdelikten gibt es gesetzlich vorgesehene Möglichkeiten, auch vom vollendeten Delikt strafbefreiend Abstand zu nehmen (vgl §§ 139 IV, 314 a III). Anders als § 24 sehen die Vorschriften über die **tätige Reue** jedoch nicht stets einen Strafausschluss vor; teilweise kann die Strafe auch nur gemildert werden (vgl §§ 83 a, 98 II, 306 e).

7 4. § 24 I nennt die Voraussetzungen, unter denen ein **Alleintäter** von einem rechtswidrigen und schuldhaften Versuch zurücktreten kann. Hierbei sieht die 1. Alternative die Möglichkeit des strafbefreienden Rücktritts für den Fall vor, dass

der Täter freiwillig die weitere Ausführung der Tat aufgibt; diese Variante betrifft den Rücktritt vom sog. **unbeendeten Versuch**. Nach der 2. Alternative kann der Täter strafbefreiend zurücktreten, indem er die Vollendung der Tat verhindert; diese Variante betrifft den Rücktritt vom sog. **beendeten Versuch**.

§ 24 II trifft die entsprechende Regelung für **mehrere Tatbeteiligte**. 8

II. Rücktritt vom unbeendeten Versuch (Abs. 1 S. 1 Alt. 1)

1. Ein strafbefreiender Rücktritt nach Abs. 1 S. 1 Alt. 1 **setzt voraus**, dass 9
- der Versuch nicht fehlgeschlagen (Rn 10 ff), sondern
- noch unbeendet ist (Rn 14, 17 ff),
- der Täter die weitere Ausführung der Tat aufgibt (Rn 29 ff) und
- dies freiwillig geschieht (Rn 35 ff).

2. Ein **fehlgeschlagener Versuch** liegt vor, wenn nach der Vorstellung des Täters 10
- die **Tatbestandsverwirklichung nicht** (mehr) **möglich** ist (BGHSt 39, 221 [228]; BGH NStZ 2002, 311; 2010, 690; *Jescheck/Weigend* § 51 II 6; SK-*Rudolphi* Rn 8 ff) oder
- das **Tatobjekt nicht** demjenigen des **Tatplans entspricht**, insbesondere hinsichtlich seines Wertes hinter den Erwartungen zurückbleibt (BGH NStZ 2004, 333; *Bauer* wistra 1992, 201 [204 ff]; *Kühl* § 16/15; aA *Feltes* GA 1992, 395 [407 ff]).

In Teilen der Literatur wird der Figur des fehlgeschlagenen Versuchs keine eigenständige Bedeutung beigemessen oder diese sogar vollständig abgelehnt (*Fahl* GA 2014, 453 ff; *Gössel* GA 2012, 65 ff; *Schroeder* NStZ 2009, 9 ff; *Wörner* NStZ 2010, 66 ff; dagegen *Roxin* NStZ 2009, 319 ff). 11

Während die Frage, ob ein Versuch untauglich ist (§ 22 Rn 4), aus einer objektiven ex-ante-Sicht zu beantworten ist, ist für die Frage des Fehlschlags **allein die Tätervorstellung** maßgeblich. Demnach ist ein untauglicher Versuch so lange nicht fehlgeschlagen und ein strafbefreiender Rücktritt möglich, wie der Täter glaubt, den Erfolg noch herbeiführen zu können (vgl RGSt 68, 82; BGH NStZ 2008, 275 f m. Bspr *v. Heintschel-Heinegg* JA 2008, 545; vgl auch BGH JR 2008, 250 ff m.Anm. *Schroeder*). In dem Augenblick, in dem der Täter die **Untauglichkeit des Versuchs erkennt**, ist dieser fehlgeschlagen (vgl auch *Brand/Wostry* GA 2008, 611). Umgekehrt kann ein vom Täter für fehlgeschlagen gehaltener Versuch objektiv tauglich (gewesen) sein. Exemplarisch: A hat mit der einzigen ihm zur Verfügung stehenden Kugel sein Ziel knapp verfehlt. Oder: Es löst sich kein Schuss, weil die Waffe noch nicht entsichert ist; der Täter hält jedoch die Waffe für ungeladen und gibt sein Vorhaben auf. 12

3. Maßgeblich für die **Abgrenzung des unbeendeten Versuchs vom beendeten Versuch** ist die Täterperspektive (vgl BGHSt 31, 170 [171]; 33, 295 [297]; 35, 90; BGH NStZ 2004, 324 [325]; eingehend zur – strukturell gleichen – Abgrenzung für Begehungs- und Unterlassungsdelikte *Stein* GA 2010, 129 ff): 13

a) Ein unbeendeter Versuch ist gegeben, wenn der Täter davon ausgeht, **noch nicht alles** zur Tatbestandsverwirklichung **Erforderliche** getan zu haben und durch weiteres Handeln den Erfolg herbeiführen zu können (vgl BGH NStZ-RR 2012, 106). 14

b) Ein beendeter Versuch ist gegeben, wenn der Täter davon ausgeht, **alles** zur Tatbestandsverwirklichung **Erforderliche** getan zu haben, um den tatbestands- 15 mäßigen Erfolg herbeizuführen (*Jescheck/Weigend* § 51 II 1; SK-*Rudolphi* Rn 15). Der Versuch ist auch beendet, wenn der Täter aufgrund seines bisherigen Handelns den Erfolgseintritt für möglich hält, auch wenn er sich keine näheren Vorstellungen über die Folgen seines Tuns macht oder diese ihm schlicht gleichgültig sind (vgl BGHSt 31, 170 [177]; 33, 295 [297]; 40, 304 ff; BGH NStZ 2004, 324 [325]; 2015, 509).

16 c) Ob für die Abgrenzung des unbeendeten Versuchs vom beendeten Versuch auf den Zeitpunkt des Versuchsbeginns oder den Zeitpunkt nach Vornahme der letzten Ausführungshandlung abzustellen ist, richtet sich nach denselben Kriterien, nach denen auch der mögliche Fehlschlag eines Versuchs zu bestimmen ist (Rn 17 ff).

17 4. Ob der Versuch **noch unbeendet oder schon fehlgeschlagen** ist, wenn dem Täter zwar eine Aktion misslungen ist, er aber noch weitere Möglichkeiten sieht, den Erfolg herbeiführen zu können, ist umstritten. Exemplarisch: Nachdem A entgegen seiner Erwartung den B nicht mit dem ersten Schuss aus seiner Pistole tödlich getroffen hat, geht er davon aus, dass ihm dies mit dem zweiten oder einem weiteren Schuss gelingen werde. Ist hier der Versuch nach dem ersten Schuss als Fehlschlag anzusehen, könnte A nicht mehr zurücktreten; ist dagegen der Versuch noch nicht fehlgeschlagen, sondern unbeendet, wäre Rücktritt durch bloßes Aufgeben weiteren Schießens nach § 24 I S. 1 Alt. 2 möglich. Die Festsetzung des für den Fehlschlag maßgeblichen Zeitpunkts (sog. **Rücktrittshorizont**) ist demnach entscheidend für die Anwendbarkeit von § 24:

18 a) Die frühere Rspr hatte (mit der damals hL) auf den **Zeitpunkt des Tatentschlusses** (**Planungshorizont**) abgestellt: Hat der Täter nur eine bestimmte Handlung zur Erfolgsherbeiführung vorgesehen, so ist der Versuch mit dem Misslingen dieser Aktion fehlgeschlagen. Hat sich der Täter dagegen vorgenommen, den Erfolg ggf mit einer Reihe verschiedener – sei es schon bestimmter, sei es noch unbestimmter – Akte herbeizuführen, so ist der Versuch erst mit dem Misslingen aller in Betracht gezogenen Akte fehlgeschlagen, unabhängig davon, welche Erfolgschance dem einzelnen Akt vom Täter beigemessen wird (sog. **Tatplantheorie**; vgl BGHSt 10, 129; 14, 75 [79]; 22, 176 [177]; 22, 330 [331 f]; BGH NStZ 1984, 116). Diesem Ansatz ist entgegenzuhalten, dass für das Ergebnis die mehr oder weniger zufälligen Vorstellungen des Täters zu Beginn der Tat und nicht das konkrete Tatgeschehen entscheidend sind. Außerdem wird der skrupellose Täter, der auf jede mögliche Art und Weise zum Ziel kommen will, bevorzugt.

19 b) In der Folgezeit hat sich die Rspr der nunmehr auch im Schrifttum vorherrschenden **Gesamtbetrachtungslehre** angeschlossen, welche den Fehlschlag nach Maßgabe des **Ausführungshorizontes** bestimmt: Der Versuch ist noch unbeendet und Rücktritt damit möglich, wenn der Täter zwar die erste Aktion als misslungen ansieht, aber – wie im Beispielsfall – davon ausgeht, mit den ihm in der konkreten Situation zur Verfügung stehenden Mitteln (ohne zeitliche Zäsur) den Erfolg noch herbeiführen zu können (BGH NStZ 2009, 688 f). Hierbei müssen die erste Aktion und die weiteren für erfolgstauglich gehaltenen Handlungsmöglichkeiten als **eine** Handlung iSe **natürlichen Handlungseinheit** (hierzu Vor § 52 Rn 18 ff) anzusehen sein. Dagegen ist der Versuch fehlgeschlagen, wenn der Täter – zutreffend oder irrig – nach Vornahme der letzten Ausführungshandlung sein Ziel mit den ihm jetzt zur Verfügung stehenden Mitteln nicht mehr für erreichbar hält (vgl BGHSt 31, 170; 40, 75 [76 ff]; BGH NJW 2003, 1057 [1058]; StV 2008, 246 ff; StraFo 2009, 78 f; NStZ 2015, 26; *Jescheck/Weigend* § 51 II 4,

6; *Kühl* § 16/35; *Otto* Jura 1992, 423 [425, 429]; SK-*Rudolphi* Rn 14; modifizierend *Roxin* Paeffgen-FS 255 [262]).

c) Nach der sog. **Einzelaktstheorie** ist ein Versuch nur solange unbeendet, wie der Täter davon ausgeht, noch nicht alles zur Erfolgsherbeiführung Erforderliche getan zu haben. Dagegen ist der Versuch fehlgeschlagen, sobald der Täter annimmt, eine zunächst zur Erfolgsherbeiführung für hinreichend gehaltene Maßnahme sei misslungen (*Frister* 24/13; *Paeffgen* Puppe-FS 791 [792]), und zwar auch dann, wenn er glaubt, den Erfolg noch durch weitere ihm zur Verfügung stehende Handlungsmöglichkeiten erreichen zu können (S/S-*Eser/Bosch* Rn 20 f; *Jakobs* 26/15 f). Im Beispielsfall wäre also der Versuch schon mit dem ersten Schuss fehlgeschlagen (zu einer Synthese von Gesamt- und Einzelbetrachtung vgl *Herzberg* NJW 1991, 1633 [1635 f, 1642]).

5. Nach der Rspr ist auch eine **Korrektur des Rücktrittshorizonts** möglich, mit der Folge, dass ein an sich schon beendeter Versuch noch als unbeendet angesehen werden kann. Dies ist insbesondere dann zu erwägen, wenn das Tatopfer noch – vom Täter wahrgenommen – zu körperlichen Reaktionen fähig ist, die geeignet sind, Zweifel daran aufkommen zu lassen, das Opfer sei bereits tödlich verletzt (vgl NStZ 2014, 569 m.Anm. *Nestler*). Exemplarisch: A glaubt, dem B einen tödlichen Messerstich versetzt zu haben; als B jedoch die Flucht ergreifen will, erkennt A, dass seine erste Aktion misslungen ist und er ein weiteres Mal auf B einstechen müsste, um ihn zu töten (vgl BGHSt 36, 224; BGH NStZ-RR 2003, 40 f; StraFo 2008, 476; *Kühl* § 16/32; *Otto* Jura 1992, 423 [429 f] – zur „umgekehrten" Korrektur des Rücktrittshorizonts BGH StraFo 2008, 212 f; 2010, 36 f; näher *Knörzer*, Fehlvorstellungen des Täters und deren „Korrektur" beim Rücktritt vom Versuch nach § 24 Abs. 1 StGB, 2008, 282 ff). Voraussetzung für die Annahme eines unbeendeten Versuchs soll auch in dieser Konstellation sein, dass die erste Aktion und die weiteren Handlungsmöglichkeiten, falls sie ausgeführt würden, **eine natürliche Handlungseinheit** bildeten, also in einem unmittelbaren räumlich-zeitlichen Zusammenhang stünden (BGH NStZ 2012, 688 [689]; vgl auch Rn 19).

6. Ob bei **außertatbestandlicher Zielerreichung** und damit sinnlos gewordener Tatbestandsverwirklichung ein Rücktritt vom unbeendeten Versuch möglich ist oder wegen Fehlschlags nicht mehr in Betracht kommt, ist umstritten. Exemplarisch: A will B mit der Abgabe von Schüssen erschrecken, wobei er mit der Möglichkeit eines tödlichen Treffers rechnet. Schon nach dem ersten Schuss ist B von panischer Angst ergriffen, so dass A sein Ziel für erreicht hält und von weiteren Schüssen absieht.

a) Mit der Entscheidung des Großen Senats (BGHSt 39, 221 [230 ff]; ebenso BGH StV 2009, 467 f; NStZ 2011, 90; zust. *Hauf* MDR 1993, 929 [930]; *Pahlke* GA 1995, 72 ff; *Schroth* GA 1997, 151 ff; vgl auch *Bott* Jura 2008, 753; zur Rspr zum Rücktrittshorizont s. auch *Puppe* ZIS 2011, 524 ff) hat der BGH die Möglichkeit eines Rücktritts befürwortet und damit die zuvor uneinheitliche Rspr geklärt. Als Argument wird ua angeführt, dass der nur mit dolus eventualis handelnde Täter, der die Tat aufgibt, nicht schlechter gestellt werden dürfe als derjenige, der die Tatbestandsverwirklichung zunächst beabsichtigt hat (vgl S/S/W-*Kudlich/Schuhr* § 24 Rn 68 mwN). Außerdem diene die Rücktrittsmöglichkeit hier dem Opferschutz (näher hierzu MK-*Herzberg/Hoffmann-Holland* Rn 20 ff; vgl auch BGH StV 2008, 245 f; *Puppe* NStZ 2003, 309 [310]).

24 Eine Rücktrittsmöglichkeit hat der mit dolus eventualis handelnde Täter, der sein außertatbestandliches Ziel für erreicht hält, nach der Entscheidung des Großen Senats auf der Basis der Gesamtbetrachtungslehre jedoch nur dann, wenn ein Weiterhandeln mit dem ursprünglichen Versuch eine Handlungseinheit bzw. einen einheitlichen Lebenssachverhalt bilden würde (BGHSt 39, 221 [232]). Wäre dagegen ein weiteres Ansetzen zur Tatbestandsverwirklichung als eine neue selbstständige Tat zu bewerten, so ist der ursprüngliche Versuch als fehlgeschlagen anzusehen: Die Abstandnahme von einem solchen Handeln stellt sich nicht als Rücktritt vom ursprünglichen Versuch dar (vgl BGH NStZ 1994, 493; *Baumann/Weber/Mitsch* § 27/25; *Fischer* Rn 9; *Kühl* § 16/39; *Puppe* NStZ 1986, 17; abw. allerdings BGH bei *Holtz* MDR 1995, 442).

25 b) Nach der Gegenauffassung kann der Täter seine Tat nicht mehr aufgeben, wenn er das ihn motivierende (außertatbestandliche) Tatziel erreicht hat (S/S-*Eser/Bosch* Rn 17 c; *Otto* Jura 1992, 423 [430]; *Puppe* JZ 1993, 361; SK-*Rudolphi* Rn 14 b); ein honorierbarer Verzicht auf die Tatbestandsverwirklichung sei hier nicht gegeben (*Roxin* JZ 1993, 896).

26 7. Ein sog. **unbeendet-tauglicher Versuch** ist gegeben, wenn der Täter verkennt, dass sein bisheriges Vorgehen schon zum Erfolg führt, und glaubt, unter den Voraussetzungen eines noch unbeendeten Versuchs durch bloßes Aufgeben von der Tat Abstand nehmen zu können. Exemplarisch: A verkennt, dass die dem Opfer verabreichte Giftdosis schon tödlich wirkt; er glaubt daher, schon durch bloßes Aufgeben weiterer Vergiftungshandlungen den Todeseintritt vermeiden zu können. Ob der Täter von einem solchen Versuch strafbefreiend zurücktreten kann, ist umstritten. Die Lösung des Problems hängt von der Antwort auf die Vorfrage ab, ob dem Täter eine vorzeitige Vollendung zum Vorsatz zugerechnet werden kann (§ 16 Rn 19 ff):

27 ■ Bejaht man die Zurechenbarkeit einer Erfolgsherbeiführung zum Vorsatz schon dann, wenn sie in objektiv zurechenbarer Weise aus einer Versuchshandlung resultiert, so kommt ein strafbefreiender Rücktritt von einem solchen Versuch auch nur in Betracht, wenn der Täter die Vollendung tatsächlich verhindert. Wenn also die Vorstellung des Täters über die Erfolgsrelevanz seines bisherigen Tuns für seine Haftung wegen vorsätzlicher Vollendung unbeachtlich ist, dann kann folgerichtig auch der Irrtum über die Erfolgsvermeidung durch bloßes Aufgeben weiteren Handelns nicht strafbefreiend wirken (vgl *Jescheck/Weigend* § 51 III 3; *Knörzer*, Fehlvorstellungen des Täters und deren „Korrektur" beim Rücktritt vom Versuch nach § 24 Abs. 1 StGB, 2008, 281, 382 f; LK-*Lilie/Albrecht* Rn 79 ff; SK-*Rudolphi* Rn 16; *Saal* JA 1998, 563 [566]; S/S-*Sternberg-Lieben/Schuster* § 15 Rn 58).

28 ■ Verneint man dagegen die Zurechenbarkeit einer Erfolgsherbeiführung zum Vorsatz, wenn sie auf einem vom Täter noch nicht für hinreichend gehaltenen Teilakt beruht, so wäre der Täter wegen seines bisherigen Handelns ohnehin nur wegen Versuchs strafbar. Von diesem Versuch kann folgerichtig iSv Abs. 1 S. 1 Alt. 1 zurückgetreten werden, wenn der Täter davon absieht, noch weitere Handlungen, die seiner Vorstellung nach zur Erfolgsherbeiführung erforderlich sind, vorzunehmen, und der Erfolg zum Zeitpunkt des Aufgebens noch nicht eingetreten ist (S/S-*Eser/Bosch* Rn 23 f; *Jakobs* 26/13; *Toepel* JA 1996, 886 [888]; vgl auch LK-*Vogel* § 16 Rn 70 ff).

29 8. **Aufgeben** der Tat bedeutet, von weiteren Maßnahmen zur (noch für realisierbar gehaltenen) Tatbestandsverwirklichung abzusehen (und nicht bloß „innezu-

halten", BGH NStZ 2009, 501; 2010, 384 f; auch allein der Verzicht auf eine gewisse Beschleunigung des ohnehin vom Täter erwarteten Erfolgseintritts genügt nicht: BGH NStZ 2011, 688). Umstritten ist, ob diese Aufgabe endgültig sein muss oder sich auch nur vorläufig auf das konkrete Tatgeschehen beziehen kann:

a) Nach der älteren Rspr und einem Teil der Lehre muss sich das Aufgeben der Tat auf die endgültige Abstandnahme von der weiteren Durchführung des gesamten Tatplans beziehen (sog. **abstrakte Betrachtungsweise**, vgl BGHSt 7, 296 [297]; 21, 319 [321]; BGH NJW 1980, 602). 30

b) Die neuere Rspr und vorherrschende Lehre befürworten eine **konkrete Betrachtungsweise**: Hiernach muss sich das Aufgeben der Tat auf das Abstandnehmen von allen weiteren Akten beziehen, die hinsichtlich einer bestimmten Tatbestandsverwirklichung eine (natürliche) Handlungseinheit (vgl Vor § 52 Rn 18 ff) bilden. Behält sich der Täter eine spätere (bereits konkretisierte) Tatbegehung vor, soll dies einen Rücktritt nicht hindern (BGHSt 35, 184 [186 f]; 40, 75 [76 ff]; BGH NStZ 1992, 537; *Fischer* Rn 26; *Herzberg* Kaufmann, H.-GS 709 [723 ff]; *Jakobs* 26/10; *Lenckner* Gallas-FS 281 [303]). 31

c) Eine vermittelnde Auffassung verlangt für das Aufgeben der Tat auch die Abstandnahme von qualitativ gleichwertigen Angriffen auf dasselbe Tatobjekt, die sich **als Fortsetzung** der bisherigen Maßnahmen (unter Ausnutzung der bereits geschaffenen Situation) darstellen. Demnach wäre es kein Aufgeben, wenn der Täter aufhört, das von ihm zu diesem Zweck gefesselte Opfer zu würgen, es aber gefesselt lässt, um es zu einem späteren Zeitpunkt zu erschießen. Dagegen soll es der Möglichkeit eines Rücktritts nicht entgegenstehen, wenn der Täter beabsichtigt, die Tat bei (noch nicht festgelegter) passender Gelegenheit erneut zu versuchen oder an ihrer Stelle eine andere Straftat zu begehen (S/S-*Eser/Bosch* Rn 39 f; *Kühl* § 16/45 ff; *Küper* JZ 1979, 775 [779]; LK-*Lilie/Albrecht* Rn 214 ff; *Otto* AT § 19/21). 32

9. Der Begriff der **Tat**, die der Täter aufgeben muss, deckt sich nach vorherrschender Ansicht mit der vorsätzlichen und rechtswidrigen Verwirklichung eines **bestimmten** materiellrechtlichen **Straftatbestands** (BGHSt 33, 142 [144]; 39, 221 [230]; *Günther* Kaufmann, A.-GS 541 [543]). Demnach kann, wer zu einem Raubmord ansetzt, vom Mord zurücktreten, auch wenn er den Raub ausführt. 33

10. Unter einem **Teilrücktritt** ist die Abstandnahme von der Verwirklichung eines Qualifikationstatbestands zu verstehen, auch wenn der Täter den Grundtatbestand erfüllt. Die Möglichkeit eines Teilrücktritts wird mit Blick auf den Schutz des betroffenen Rechtsguts überwiegend bejaht. Exemplarisch: Nach dem Ansetzen zur Begehung eines Raubes entledigt sich der Täter einer mitgeführten Schusswaffe und tritt damit strafbefreiend von § 250 I Nr. 1 a zurück (*Jakobs* 26/13 a; L-Kühl-*Kühl* Rn 13; SK-*Sinn* § 250 Rn 13; offen gelassen in BGHSt 33, 142 [145]; anders noch BGH JZ 1984, 680). 34

11. Die Bestimmung der **Freiwilligkeit** beim Rücktritt ist umstritten: 35

a) Die Rspr zieht zur Beurteilung **psychologische Kriterien** heran und bejaht Freiwilligkeit, wenn der Täter **noch Herr seiner Entschlüsse** ist, während er unfreiwillig handeln soll, wenn es für ihn einen zwingenden Grund gibt, von der Tat Abstand zu nehmen (vgl BGHSt 35, 184 [186]; BGH NStZ-RR 2003, 199; 2009, 366; 2014, 9 [10]). Demnach ist ein Rücktritt auch freiwillig, wenn der Täter aus Scham, Mitleid mit dem Opfer, Angst vor Strafe oder infolge des Zuredens Dritter aufgibt (vgl BGHSt 21, 319 [321]; 39, 244 [247]; BGH StV 2012, 15 f; 2014, 336 f). Das Rücktrittsmotiv muss nicht billigenswert oder gar sittlich 36 hochwertig sein (BGHSt 35, 184 [186]; BGH StV 2003, 615 f), so dass auch der Entschluss, den Angriff auf ein neues Opfer zu richten, als freiwilliger Rücktritt der Tat gegenüber dem ursprünglichen Opfer gewertet werden kann (BGH StraFo 2013, 343). Hört der Täter dagegen wegen der gesteigerten Gefahr des Entdecktwerdens auf, so ist die Abstandnahme unfreiwillig (vgl BGHSt 9, 48 [50]; BGH NStZ 1993, 279; NStZ-RR 2007, 136 f; einschr. BGH NStZ 2011, 454 f: nur wenn es dem Täter auf die Heimlichkeit der Tat ankam oder wenn er aufgrund äußerer Veränderungen von einem wesentlich gesteigerten Risiko der Tataufdeckung ausging; zur Entdeckung durch das Opfer vgl BGHSt 24, 48 [49 f]; vgl aber auch BGH StV 1982, 219).

37 b) Nach dem überwiegend in der Lehre vertretenen Unterscheidungskriterium soll der Rücktritt freiwillig sein, wenn er aus **autonomen Motiven** erfolgt, dagegen unfreiwillig, wenn er auf **heteronomen Motiven** beruht: Autonom ist ein Entschluss in diesem Sinne, wenn er Ausdruck freier Selbstbestimmung ist; heteronom bestimmt ist er dagegen, wenn sich für den Täter ein mögliches Weiterhandeln aufgrund der hiermit verbundenen Nachteile als unvernünftig darstellt (vgl S/S-*Eser/Bosch* Rn 42 ff; *Jescheck/Weigend* § 51 III 2; S/S/W-*Kudlich/Schuhr* § 24 Rn 63 ff; *Kühl* § 16/55 ff; LK-*Lilie/Albrecht* Rn 243 ff; eingehend *Amelung* ZStW 120, 205 ff). Die Ergebnisse decken sich weitgehend mit denen der Rspr.

38 c) Nach der (heute ungebräuchlichen) **Frank'schen Formel** (*Frank* § 46 Anm. II) handelt freiwillig, wer sich sagt: „Ich will nicht zum Ziele kommen, selbst wenn ich es könnte", während unfreiwillig handelt, wer erkennt: „Ich kann nicht zum Ziele kommen, selbst wenn ich es wollte". Nach diesem Ansatz deckt sich jedoch die Unfreiwilligkeit mit dem fehlgeschlagenen Versuch (vgl *Jescheck/Weigend* § 51 III 2 mit Fn 33; *Roxin* Heinitz-FS 251 [254]).

39 d) Nach verbreiteter Ansicht im Schrifttum soll die Freiwilligkeit nach **normativen Kriterien** unter der Fragestellung zu bestimmen sein, ob sich der Täter durch seinen Rücktritt als ungefährlich erwiesen hat. Als maßgeblich für Freiwilligkeit wird hierbei ua angesehen, dass der Rücktritt

40 ▪ nicht nach den Regeln der „**Verbrechervernunft**" geboten ist (*Roxin* ZStW 77, 60 [97 ff]; SK-*Rudolphi* Rn 25);

41 ▪ sich bei strafzweckorientierter Bewertung als **Rückkehr zu rechtstreuem Verhalten** darstellt (*Bottke* JR 1980, 441 [442 ff]; ähnlich *Freund* § 9/57 f; *Frister* 24/29; *Ulsenheimer*, Grundfragen des Rücktritts vom Versuch in Theorie und Praxis, 1976, 103, 314 ff);

42 ▪ auf einem **verdienstlichen Motiv** beruht (*Bockelmann/Volk* AT § 27 V 4);

43 ▪ vom Täter vollzogen wird, weil ihm das **bereits Verwirklichte zu viel** ist (*Jakobs* 26/35 ff, 40). Unfreiwillig handelt nach diesem Ansatz dagegen, wer zurücktritt, um nicht noch mehr Unrecht zu schaffen und Schuld auf sich zu laden. Unfreiwillig handelt demnach der Täter, der von einem Diebstahlsversuch Abstand nimmt, weil er erkennt, dass er nur mit Gewaltmitteln zum Ziel kommt, die er nicht anwenden will.

44 e) Nach der Rspr gehen **Zweifel über die Freiwilligkeit** zugunsten des Täters (vgl BGH NStZ 1999, 300 [301]; NStZ-RR 2003, 199).

45 12. Umstritten ist, ob es der Annahme von Freiwilligkeit entgegensteht, wenn der Täter im Zeitpunkt des Rücktritts **schuldunfähig** ist:

a) Nach überwiegender Ansicht **schließt** der Eintritt von Schuldunfähigkeit (nach 46
einem zurechnungsfähig begangenen Versuch) die **Freiwilligkeit nicht aus** (vgl
BGHSt 23, 356 [359]; BGH NStZ 2004, 324 [325]; S/S-*Eser/Bosch* Rn 46; LK-
Lilie/Albrecht Rn 254): Die Rückkehr zum Recht sei auch mit „natürlichem Vorsatz" möglich.

b) Nach der Gegenansicht verlangt der Rücktritt **Schuldfähigkeit**, da dem Täter 47
die Abstandnahme von der Tat bzw die Erfolgsabwendung als sein Werk zugerechnet werden müsse (*Herzberg* Lackner-FS 325 [352 ff]; *Jakobs* 26/42).

c) Entsprechend der Entscheidung in dieser Frage ist auch zu beantworten, ob 48
ein Rücktritt von einem unter den Voraussetzungen der actio libera in causa
(§ 20 Rn 14 ff) begangenen Versuch möglich ist.

III. Rücktritt vom beendeten Versuch (Abs. 1 S. 1 Alt. 2)

1. Ein strafbefreiender Rücktritt nach Abs. 1 S. 1 Alt. 2 **setzt voraus**, dass 49
- der Versuch nicht fehlgeschlagen (Rn 10 ff),
- aber schon beendet ist (Rn 15),
- der Täter die Vollendung der Tat verhindert (Rn 50 ff) und
- dies freiwillig geschieht (Rn 35 ff).

2. Der Täter muss beim Rücktritt die Vollendung **genau der Tat** verhindern, die 50
sich im Stadium des beendeten Versuchs befindet.

3. Die Anforderungen an das Verhindern sind umstritten: 51

a) Die Rspr lässt es genügen, wenn der Täter durch das Ingangsetzen eines neuen 52
Kausalverlaufs für die **Nichtvollendung ursächlich** wird und dies auch anstrebt
(klärend zur zuvor uneinheitlichen Rspr BGHSt 48, 147 [149 ff] m. Bspr *Engländer* JuS 2003, 641 ff; *Neubacher* NStZ 2003, 576 ff; *Zwiehoff* StV 2003, 631 ff
und krit. Anm. *Jakobs* JZ 2003, 743 ff; ferner S/S-*Eser/Bosch* Rn 61, 66; *Fischer*
Rn 35; *Jescheck/Weigend* § 51 IV 2; ferner BGHSt 39, 295 [301]; BGH JZ 2005,
204 f m.Anm. *Rotsch/Sahan*). Ein Ausschöpfen der dem Täter erkennbaren Ver-
hinderungschancen iSe ernsthaften Bemühens ist nicht erforderlich; der Täter
braucht also nicht die sicherste unter mehreren Möglichkeiten zu wählen. Dies
gilt auch, wenn der Täter erfolgreich Dritte einschaltet, sofern dies nicht zum
Schein, sondern mit Rettungswillen geschieht (BGHSt 48, 147 [149 f]; BGH
NStZ-RR 2010, 276).

b) Im Schrifttum wird überwiegend jedes Handeln als ausreichend angesehen, 53
durch das die Erfolgsverhinderung dem Zurücktretenden in Analogie zu den einschlägigen Regeln als „**Täter**" oder – bei Einschaltung Dritter – als „Mittäter",
„mittelbarem Täter" oder „Anstifter" zugerechnet werden kann (vgl *Kühl*
§ 16/75; *Rudolphi* NStZ 1989, 508 [513]).

c) Restriktiver verlangt eine verbreitete Auffassung in der Literatur in Anlehnung 54
an § 24 I S. 2 ein **ernsthaftes Bemühen** (vgl *Baumann/Weber/Mitsch* § 27/28;
Roxin JR 1986, 424 [427]; vgl auch *Herzberg* Kohlmann-FS 37 [48]: sorgfältiges
Bemühen).

4. Nach der **Einzelaktstheorie** (Rn 20) ist ein Rücktritt vom beendeten Versuch 55
möglich, wenn der Täter zwar alles zur Erfolgsherbeiführung für erforderlich
Gehaltene getan hat, aber gleichwohl davon ausgeht, die Erfolgstauglichkeit der
Maßnahme durch Gegenakte wieder beseitigen zu können (sog. noch nicht verselbstständigter Versuch). Exemplarisch: Der Täter verabreicht dem Opfer in Tö-

tungsabsicht Gift, gibt ihm dann aber vor Wirkungseintritt ein Gegenmittel. Dagegen ist der beendete Versuch nach der Einzelaktstheorie fehlgeschlagen, sobald der Täter – zutreffend oder irrig – annimmt, das von ihm aus der Hand gegebene Geschehen (sog. verselbstständigter Versuch) könne nicht mehr zum Erfolg führen (näher hierzu *Burkhardt*, Der „Rücktritt" als Rechtsfolgenbestimmung, 1975, 43 ff; S/S-*Eser/Bosch* Rn 21; *Geilen* JZ 1972, 335 [337 f]; *Jakobs* ZStW 104, 82 [99 ff]).

IV. Rücktritt bei ernsthaftem Bemühen (Abs. 1 S. 2)

56 1. Nach Abs. 1 S. 2 kann der Täter auch dann strafbefreiend vom Versuch zurücktreten, wenn die Tat zwar ohne sein Zutun – etwa wegen der Untauglichkeit des Versuchs oder des rettenden Eingreifens Dritter – nicht (objektiv zurechenbar) vollendet wird, der Täter sich aber freiwillig und ernsthaft um die Verhinderung der Vollendung bemüht hat.

57 In dieser Alternative hat der Rücktritt folgende **Voraussetzungen**:
- kein fehlgeschlagener Versuch (Rn 10 ff),
- beendeter Versuch (vgl Rn 15),
- Vollendung ist nicht bzw nicht in einer dem Täter als vorsätzlich zurechenbaren Weise eingetreten,
- ernsthaftes Bemühen um Vollendungsverhinderung (Rn 58 f),
- Freiwilligkeit (Rn 35 ff).

58 2. Während die Rspr für die **Ernsthaftigkeit des Bemühens** zunächst (nur) ein Verhalten verlangte, in dem sich der Rücktrittswillen manifestiert und das zumindest nach Ansicht des Täters zur Erfolgsvereitelung ausreicht (vgl BGHSt 31, 46 [49]), fordert sie jetzt, dass der Täter alle von ihm erkannten Rettungsmöglichkeiten wirklich ausschöpft (vgl BGH JZ 1986, 303; BGH bei *Holtz* MDR 1992, 15 [16]; NStZ 2008, 329 f; 2008, 508 ff; NStZ-RR 2010, 276; NStZ 2012, 28 f).

59 Sachlich übereinstimmend muss der Täter nach hL in der Überzeugung handeln, durch sein Bemühen (in einer für einen Dritten nachvollziehbaren Weise) den Erfolgseintritt zu verhindern (vgl nur *Otto* AT § 19/52; s. ausf. *Noltensmeier/Henn* JA 2010, 269).

V. Rücktritt bei mehreren Tatbeteiligten (Abs. 2)

60 1. Bei **mehreren Beteiligten** (nicht *Neben*tätern, hierzu BGH NStZ 2010, 690 m. Bspr *Jahn* JuS 2011, 78: Anwendung des Abs. 1) ist ein strafbefreiender Rücktritt in drei Konstellationen (ausf. *Kölbel/Selter* JA 2012, 1 ff) möglich, nämlich wenn
- die Nichtvollendung der Tat zumindest auch auf die freiwilligen (Rn 35 ff) Rücktrittsbemühungen des Beteiligten zurückzuführen ist (Abs. 2 S. 1);
- die Tat zwar ohne Zutun des Beteiligten nicht vollendet wird, dieser sich jedoch freiwillig (Rn 35 ff) und ernsthaft (Rn 58 f) bemüht hat, die Vollendung der Tat zu verhindern (Abs. 2 S. 2 Alt. 1);
- die Tat zwar unabhängig vom Beitrag eines Beteiligten begangen (vollendet) wird, dieser sich jedoch freiwillig (Rn 35 ff) und ernsthaft (Rn 58 f) bemüht hat, die Vollendung der Tat zu verhindern (Abs. 2 S. 2 Alt. 2).

61 2. Der Rücktritt wirkt – als persönlicher Strafaufhebungsgrund (Rn 1) – nur für den Beteiligten, der die Rücktrittsvoraussetzungen **selbst** erfüllt. Zu bedenken ist

jedoch stets auch, dass mehrere oder alle Beteiligten aufgrund eines gemeinsamen Entschlusses die Vollendung der Tat iSe der drei Varianten des Abs. 2 aufgeben oder verhindern können. Die Beteiligten sind dann gewissermaßen nach Abs. 1 S. 1 Alt. 1 zu behandeln (vgl BGHSt 4, 172 [179]; S/S-*Eser/Bosch* Rn 73; *Krey/ Esser* AT Rn 1330).

3. Ein Rücktritt nach **Abs. 2 S. 1** ist auch durch **bloßes Unterlassen** möglich: Dies 62 ist der Fall, wenn der Beteiligte gerade den Tatbeitrag nicht erbringt, der für das Gelingen der Tat notwendig ist (vgl BGH NJW 1992, 989 [990]; S/S-*Eser/Bosch* Rn 89; *Gores*, Der Rücktritt des Tatbeteiligten, 1982, 165 ff; *Lenckner* Gallas-FS 281 [295 f]; LK-*Lilie/Albrecht* Rn 400 f) oder alle Mittäter einvernehmlich nicht mehr weiterhandeln (BGHSt 42, 158 [162]; BGH NStZ-RR 2010, 335; NStZ 2013, 521). Ein ausdrückliches Einvernehmen der Tatbeteiligten ist hierfür nicht erforderlich, es genügt auch eine stillschweigend getroffene Übereinkunft (BGH StV 2014, 472 f). Gleiches gilt auch für den Gehilfen, dem ansonsten bei wirksamem Rücktritt des Haupttäters jede Rücktrittsmöglichkeit genommen würde (vgl BGH NStZ-RR 2012, 167 f; krit. zu dieser rücktrittsfreundlichen Rspr *Ladiges* JuS 2016, 15 [18 f]).

4. Für einen Rücktritt nach **Abs. 2 S. 2** genügt es nicht, wenn der Beteiligte nur 63 seinen Beitrag unwirksam macht (oder von der Tat Abstand nimmt, obgleich er erkannt hat, dass die anderen Beteiligten ohne seinen Beitrag weiterhandeln werden). Um Straffreiheit zu erlangen, muss der Beteiligte vielmehr **darauf hinwirken**, dass die **Vollendung unterbleibt** (vgl BGHSt 28, 346 [348]; *Roxin* Lenckner-FS 267 [272]). Exemplarisch: A kann nicht von dem mit B vereinbarten Diebstahl nur dadurch zurücktreten, dass er seine Beteiligung absagt, wenn er weiß, dass B mithilfe des C die Tat ausführen wird; A muss vielmehr verhindern, dass der zunächst gemeinsam geplante Diebstahl überhaupt erfolgreich begangen wird.

Die Haftung des Zurücktretenden entfällt jedoch, wenn dieser seinen Beitrag 64 rückgängig gemacht hat und die neue Tat – etwa wegen Wechsels des Tatobjekts – nicht mehr mit der ursprünglichen identisch ist (vgl BGH NStZ 1992, 537; *Streng* JZ 1984, 652 [656]).

Ferner haftet der Zurücktretende nur wegen Versuchs, wenn sich der rückgängig 65 gemachte Tatbeitrag überhaupt nicht mehr in der Vollendung niederschlägt (vgl *Grünwald* Welzel-FS 701 [708]; *Walter* JR 1976, 100 [101 f]).

Nach der (rücktrittsfreundlichen) Rspr soll es im Übrigen beim beendeten Ver- 66 such genügen, wenn von zwei (oder mehreren) Beteiligten einer damit einverstanden ist, dass ein anderer den Erfolg verhindert (vgl BGH JR 1999, 295; vgl auch BGHSt 42, 158 [162]; BGH NStZ 1989, 317; LK-*Lilie/Albrecht* Rn 402; *Otto* Jura 1992, 423 [430 f]; abl. *Rotsch* GA 2002, 165 ff).

VI. Einzelfragen

1. Neben der in Abs. 2 S. 2 Alt. 2 genannten Möglichkeit kommt ein strafbefrei- 67 ender Rücktritt vom Versuch **trotz Eintritt des Erfolgs** auch dann in Betracht, wenn dieser nicht in objektiv zurechenbarer Weise auf den Versuch zurückgeführt werden kann. Dies ist insbesondere anzunehmen, wenn der Zurechnungszusammenhang durch das Verhalten des Opfers selbst oder eines Dritten unterbrochen wird. In diesem Fall ist der Täter so zu stellen, als ob die Tat ohne sein Zutun nicht vollendet wurde, mit der Konsequenz, dass er durch sein freiwilliges

und ernsthaftes Bemühen, die Vollendung zu verhindern, zurücktreten kann (vgl S/S-*Eser/Bosch* Rn 62/63; *Kühl* § 16/82; LK-*Lilie/Albrecht* Rn 436 f; SK-*Rudolphi* Rn 28). Exemplarisch: A will den von ihm vergifteten B retten, doch B, der sterben möchte, weigert sich, ärztliche Hilfe anzunehmen (Rücktritt nach Abs. 1 S. 2). Oder: A will einen zusammen mit B und C vorbereiteten Terroranschlag durch Alarmieren der Polizei verhindern; als B und C hiervon erfahren, sperren sie A ein (Rücktritt nach Abs. 2 S. 2 Alt. 1).

68 2. Ist in dem Versuch einer bestimmten Tatbestandsverwirklichung bereits ein vollendetes anderes Delikt enthalten (sog. **qualifizierter Versuch**), kann der Täter von dieser Tat nicht mehr zurücktreten (vgl BGHSt 41, 10 [14]; BGH NStZ 1996, 491; bzgl konkreter Gefährdungsdelikte BGHSt 39, 128 [129 ff]). Exemplarisch: A verletzt den B in Tötungsabsicht lebensgefährlich; es gelingt A jedoch, das Leben des B unter den Voraussetzungen von Abs. 1 S. 1 Alt. 2 zu retten. A ist nur vom Totschlag zurückgetreten; die Strafbarkeit nach §§ 223, 224 bleibt bestehen.

69 Hiervon sind **zwei Ausnahmen** zu beachten:

70 ■ Der Rücktritt erstreckt sich auf solche vollendeten Taten, die in materieller Hinsicht **nur** eine **Vorbereitungshandlung** zu dem vom Täter begangenen Versuch darstellen. Exemplarisch: Der Rücktritt vom gemeinsamen Totschlagsversuch führt auch zur Straflosigkeit der Verabredung zum Totschlag nach § 30 II (vgl BGHSt 14, 378 [380]). Dies gilt nach hM jedoch nicht, wenn die versuchte Tat leichter ist als die geplante (L-Kühl-*Kühl* § 31 Rn 7; *Roxin* JA 1979, 169 [175]; *Vogler* Bockelmann-FS 715 [728]; aA *Otto* AT § 22/95).

71 ■ Ferner ist nicht wegen des im Versuch enthaltenen vollendeten Delikts zu bestrafen, wenn *diese* Tat als solche **gerechtfertigt oder entschuldigt** wäre (vgl BGHSt 41, 10 [14 f]).

72 3. Beim (echten) **Unternehmensdelikt** ist der Versuch formell der Vollendung gleichgestellt (vgl § 11 I Nr. 6), mit der Folge, dass ein Rücktritt grds. nicht möglich ist (vgl BGHSt 15, 198 [199]; S/S-*Eser/Hecker* § 11 Rn 49; L-Kühl-*Kühl* Rn 29). Einige Unternehmenstatbestände (und materielle Vorbereitungsdelikte) enthalten jedoch spezielle Rücktrittsregelungen (zB §§ 83 a, 316 c IV iVm 320 III Nr. 2), deren analoge Anwendung auf andere Unternehmenstatbestände (oder Vorbereitungsdelikte) ggf zu erörtern ist (näher hierzu S/S-*Eser/Bosch* Rn 117 ff, S/S-*Eser/Hecker* § 11 Rn 49; *Hillenkamp* JuS 1997, 821 [829]; *Jescheck/Weigend* § 49 VIII 2, § 51 V 3; *Köhler* 483 f; abl. BGHSt 15, 198 [199]; *Burkhardt* JZ 1971, 352 [357 f]; SK-*Rudolphi/Stein* § 11 Rn 43).

73 4. Entsprechend den beiden Versuchsvarianten des **erfolgsqualifizierten Delikts** (§ 22 Rn 7 ff) sind zwei Rücktrittsmöglichkeiten zu bedenken:

74 a) Handelt der Täter mit Vorsatz hinsichtlich der schweren Folge, so kann er nach den jeweils einschlägigen Voraussetzungen des § 24 zurücktreten.

75 b) Tritt die schwere Folge bereits beim Versuch des Grunddelikts ein, so ist umstritten, ob der strafbefreiende Rücktritt vom Grunddelikt auch zur Straflosigkeit hinsichtlich der schweren Folge führt. Exemplarisch: Der Täter tritt vom Raub zurück, hat aber bei der Gewaltanwendung das Opfer tödlich verletzt.

76 ■ Nach hM lässt der strafbefreiende Rücktritt vom Grunddelikt auch die Strafbarkeit aus dem erfolgsqualifizierten Delikt (hier: § 251) entfallen, da

die Erfolgsqualifikation die Begehung des Grunddelikts voraussetzt (BGHSt 42, 158 [159 ff]; *Anders* GA 2000, 64 ff; S/S-*Eser/Bosch* Rn 26; *Fischer* Rn 28; MK-*Herzberg/Hoffmann-Holland* Rn 100; *Kühl* Jura 2003, 19 [22 f]; *Küper* JZ 1997, 229; LK-*Lilie/Albrecht* Rn 461 f; SK-*Rudolphi/Stein* § 18 Rn 36; diff. LK-*Vogel* § 18 Rn 85). Die Strafbarkeit wegen anderer Delikte, die auf die schwere Folge bezogen sind (hier zB §§ 224, 227, 212), bleibt hiervon unberührt.

■ Nach einer Mindermeinung hat sich in der schweren Folge bereits die Gefahr des Grunddelikts realisiert, so dass eine Straflosigkeit hinsichtlich des erfolgsqualifizierten Delikts trotz strafbefreienden Rücktritts vom Grunddelikt nicht mehr in Betracht komme (vgl *Jäger* NStZ 1998, 161 [164]; *Roxin* II § 30/289 ff; *Streng* Küper-FS 629 [643 f]; *Ulsenheimer* Bockelmann-FS 405 [414 f]; *Wolter* JuS 1981, 168 [178]). 77

5. Vom Versuch des **unechten Unterlassungsdelikts** kann unter der Voraussetzung strafbefreiend zurückgetreten werden, dass der Erfolg durch aktives Tun freiwillig abgewendet wird (BGHSt 48, 147 [149 ff]; S/S-*Eser/Bosch* Rn 30; *Jescheck/Weigend* § 60 II 3; *Kühl* § 18/152; aA *Engländer* JZ 2012, 130 ff; MK-*Herzberg/Hoffmann-Holland* Rn 83: Rücktritt uU auch durch bloßes Untätigbleiben möglich). Die Rspr verlangt auch in diesem Fall nur, dass der Täter für die Erfolgsabwendung kausal wird; optimale Rettungsbemühungen sollen nicht erforderlich sein (BGHSt 48, 147 [149 ff]; BGH NStZ 2003, 308 f m. abl. Anm. *Puppe,* aA *Ahmed,* Rücktritt vom versuchten unechten Unterlassungsdelikt, 2007, 134 ff, 150 ff). Ein **Fehlschlag** ist anzunehmen, wenn der Täter nach Versuchsbeginn davon ausgeht, dass der Erfolg – etwa wegen des Eingreifens Dritter oder einer sonstigen Unterbrechung der Gefährdungslage – nicht mehr eintreten kann, also nicht mehr durch das Unterlassen der rettenden Handlung bedingt werden kann (vgl BGH NJW 2003, 1057 [1058] m.Anm. *Kudlich* JR 2003, 380 ff zum Fall eines mehraktigen Unterlassungsdelikts; ferner *Exner* Jura 2010, 276 [279 ff]). 78

a) Weil der Rücktritt vom Versuch des unechten Unterlassungsdelikts stets ein aktives Tätigwerden verlangt, wird die Unterscheidung **zwischen unbeendetem und beendetem Versuch** von der hM hier als entbehrlich angesehen (vgl nur BGHSt 48, 147 [149]; BGH StV 1998, 369; MK-*Freund* § 13 Rn 258; *Roxin* II § 30/139; NK-*Zaczyk* Rn 47). Vielmehr sind stets die Regeln über den Rücktritt vom beendeten Versuch anzuwenden (BGHSt 48, 147 [149]; BGH NStZ 2003, 252 [253]). 79

b) Eine verbreitete Mindermeinung hält dagegen die Unterscheidung mit Blick auf das Risiko der Erfolgsabwendung für sinnvoll: Während der Garant beim beendeten Versuch immer hafte, wenn der Erfolg eintrete, sei beim unbeendeten Versuch ein Rücktritt auch dann möglich, wenn der Erfolg trotz der Gegenaktivitäten eintrete (S/S-*Eser/Bosch* Rn 28 f; *Exner* Jura 2010, 276 [280 f]; *Gropp* § 9/145; *Heinrich* Rn 815 ff; krit. *Kühl* § 18/153 ff; abl. *Küper* ZStW 112, 1 [30 ff]). 80

Als unbeendet wird der Versuch angesehen, wenn der Täter annimmt, den Erfolgseintritt durch schlichtes Nachholen der ursprünglich gebotenen Handlung noch verhindern zu können (*Bringewat* Rn 599; *Gropp* § 9/145). Dagegen soll der Versuch beendet sein, wenn der Täter davon ausgeht, den Eintritt des Erfolgs nur noch durch den Einsatz riskanterer Maßnahmen abwenden zu können (W-*Beulke/Satzger* Rn 1048; *Kühl* § 18/154). 81

Dritter Titel Täterschaft und Teilnahme

Vorbemerkung zu den §§ 25–31

  I. Begriffe 1
 II. Strafgrund der Teilnahme 11
III. Akzessorietät der Teilnahme ... 17
 IV. Zur Abgrenzung von Täterschaft und Teilnahme 20
  V. Beteiligung bei Fahrlässigkeit .. 45
     1. Fahrlässige Beteiligung an vorsätzlicher Tat 45
     2. Vorsätzliche Beteiligung an fahrlässiger Tat 46
     3. Fahrlässige Beteiligung an fahrlässiger Tat 47
 VI. Beteiligung beim Unterlassungsdelikt 49
VII. Irrtumsfragen 60
     1. Irrtum über die Tatherrschaft 60
     2. Objektsverwechslung beim Tatmittler 70

I. Begriffe

1 1. Der **Oberbegriff** von Täterschaft und Teilnahme ist die **Beteiligung** (vgl zB §§ 28 II, 29, 30, 31).

2 2. Der Begriff des **Einheitstäters** besagt, dass jeder, der für die Tatbestandsverwirklichung in zurechenbarer Weise (mit-)ursächlich wird, als Täter eingestuft wird. Die Intensität des Tatbeitrags wird nur im Bereich der Sanktionsbemessung berücksichtigt (vgl LK-*Schünemann* Rn 5 ff; zum Vergleich von Einheitstäter- und Beteiligungssystem *Bock* Jura 2005, 673 ff; *Heinrich* Rn 1174 ff). Das Strafrecht verwendet bei der **Fahrlässigkeit** insoweit einen Einheitstäterbegriff, als es hier (der Form nach) nicht zwischen Täterschaft und Teilnahme differenziert. Im **Ordnungswidrigkeitenrecht** gilt der Einheitstäterbegriff für alle Tatbestandsverwirklichungen (§ 14 OWiG; vgl hierzu *Mitsch* JA 2008, 241 [243 f]).

3 Das StGB differenziert beim **Vorsatzdelikt** zwischen Täterschaft und Teilnahme, um die Intensität der einzelnen Tatbeiträge auch formal im Schuldspruch zu gewichten, und sieht entsprechende Unterschiede im Strafrahmen vor (vgl §§ 27 II, 28, 29).

4 3. Die Differenzierung zwischen dem „restriktiven" und dem „extensiven Täterbegriff" dient der Begründung einer Abgrenzung von Täterschaft und Teilnahme (vgl *Bloy*, Die Beteiligungsformen als Zurechnungstypus im Strafrecht, 1985, 115 ff; LK-*Schünemann* Rn 11 ff):

5 a) Nach dem **restriktiven Täterbegriff** ist nur derjenige Täter, der die Tatbestandsmerkmale selbst erfüllt. Demnach sind Anstiftung und Beihilfe Strafausdehnungsgründe.

6 b) Nach dem **extensiven Täterbegriff** ist dem Grund nach jeder Täter, der zur Tatbestandsverwirklichung (mit-)ursächlich beiträgt. Demnach sind §§ 26 und 27, die bestimmte Formen der Beteiligung nicht als Täterschaft, sondern als Formen der Teilnahme behandeln, Strafeinschränkungsgründe. Dem steht jedoch entgegen, dass Täter eines echten Sonderdelikts nur sein kann, wer die entsprechenden Tätermerkmale aufweist. Fehlen einem Beteiligten diese Merkmale, lässt sich dessen Strafbarkeit als Teilnehmer nur als Strafausdehnung verstehen.

7 4. Als Formen der Teilnahme kennt das StGB die **Anstiftung** (§ 26) und die **Beihilfe** (§ 27). Eine Strafbarkeit nach §§ 26 f setzt voraus, dass die Haupttat **zumindest** in das **Versuchsstadium** gelangt ist. Der **Vorsatz** des Teilnehmers muss jedoch zum Zeitpunkt seines Beitrags **auf die Vollendung der Haupttat** gerichtet sein.

5. Die Teilnahme kann sich nicht nur unmittelbar auf die Haupttat, sondern auch auf eine Teilnahmehandlung beziehen. Eine solche **Kettenbeteiligung** ist in jeder Form möglich (vgl BGH NStZ 1996, 562 f), zB als Anstiftung zur Beihilfe oder als Beihilfe zur Anstiftung (zu letzterer Konstellation vgl OLG Bamberg NJW 2006, 2935 m. Bspr *Hecker* ZJS 2012, 485 ff; zur Kettenanstiftung *Krell* Jura 2011, 499 ff). Zuzurechnen ist dem Beteiligten jedoch nur das vom Unrecht her deliktisch **schwächste Glied** in der Kette, also ist

- die Anstiftung zur Anstiftung: Anstiftung zur Haupttat;
- die Anstiftung zur Beihilfe: Beihilfe zur Haupttat;
- die Beihilfe zur Anstiftung: Beihilfe zur Haupttat;
- die Beihilfe zur Beihilfe: Beihilfe zur Haupttat.

6. Von **notwendiger Teilnahme** spricht man, wenn zur Verwirklichung eines Tatbestands die Beteiligung von mehr als einer Person erforderlich ist. Zu unterscheiden sind

- die **Konvergenzdelikte**, bei denen der Tatbestand mit vereinten Kräften angestrebt wird (zB §§ 121, 124, 173 und 244 I Nr. 2), und
- die **Begegnungsdelikte**, bei denen verschiedene Personen in unterschiedlicher Weise, namentlich als Täter und Opfer, beteiligt sind (zB §§ 120, 174 ff, 181 a, 235 f, 258, 291, 331).

Die notwendige Teilnahme ist bei den **Begegnungsdelikten nicht strafbar**, sofern nicht der notwendig Beteiligte in „rollenüberschreitender Weise" die Tat des strafbaren Beteiligten unterstützt. Allerdings ist er auch dann nicht strafbar, wenn die Vorschrift gerade seinem Schutz dient (vgl BGHSt 10, 386 f; *Heinrich* Rn 1375 ff). Eine Schülerin ist daher auch dann nicht strafbar, wenn sie ihren Lehrer zu sexuellen Handlungen iSv § 174 I Nr. 1 angestiftet hat (vgl LK-*Schünemann* Vor § 26 Rn 24 ff).

II. Strafgrund der Teilnahme

Der Strafgrund der Teilnahme ist umstritten:

1. Nach der älteren **Schuld-** bzw **Unrechtsverstrickungstheorie** liegt das strafwürdige Unrecht der Teilnahme in der Verstrickung des Täters in Schuld bzw Unrecht. Demnach ist das Unrecht der Teilnahme täterbezogen (Teilnahme als „Delikt gegen den Täter", vgl *Frister* 25/27; näher zu dieser Lehre *Mayer* Rittler-FS 243 ff; *Trechsel*, Der Strafgrund der Teilnahme, 1967, 54 f).

Diese Theorie geht jedoch weit über die Voraussetzungen hinaus, die §§ 26, 27 als Tatbeitrag des Teilnehmers verlangen, und ist zudem kaum mit dem Prinzip der limitierten Akzessorietät (Rn 17) zu vereinbaren.

2. Nach der **Verursachungstheorie** liegt das strafwürdige Unrecht der Teilnahme in der Verursachung des Erfolgs durch den Teilnehmer. Das Unrecht der Teilnahme ist rein erfolgsbezogen; dem Teilnehmer wird also nicht das Unrecht des Täters zugerechnet, sondern die (mittelbare) Erfolgsverursachung durch den Teilnehmer selbst (vgl *Koriath* Maiwald-FS 417 [425 ff]; *Schmidhäuser* AT 14/57). Erfüllt der Teilnehmer besondere tatbestandliche Tätermerkmale nicht, so setzt seine Bestrafung die Annahme eines vom Unrecht der täterschaftlichen Tatbestandsverwirklichung losgelösten eigenen „Teilnahmedelikts" voraus.

15 Die Verursachungstheorie ist dem Einwand ausgesetzt, dass sie das gesetzliche Erfordernis der Haupttat in §§ 26 f nicht zu erklären vermag: Die Haupttat ist nach diesem Ansatz nur ein Verhalten, das den Beitrag des Teilnehmers wirksam vermittelt (SK-*Hoyer* Vor § 26 Rn 13 f).

16 3. Die vorherrschende **Unrechtsteilnahmetheorie** (akzessorische Verursachungstheorie) sieht das Unrecht der Teilnahme daher nicht in der bloßen Verursachung des Tatererfolgs, sondern in der Mitverursachung bzw Förderung der Haupttat durch gemeinsame Sache des Teilnehmers mit dem Haupttäter, wodurch auch die Haupttat zum Werk des Teilnehmers wird (Unrecht der Teilnahme als gegenüber dem Täter quantitativ reduzierte Beteiligung; vgl – mit Abweichungen im Detail – BGHSt 37, 214 [217]; *Heghmanns* GA 2000, 473 ff; *Roxin* Stree/Wessels-FS 365 [369 ff]). Der Teilnehmer haftet also nicht, weil das Bewirken bzw Fördern einer Haupttat für den Haupttäter Unrecht ist, sondern weil die Beteiligung an fremden Haupttaten für den Teilnehmer selbst Unrecht ist.

III. Akzessorietät der Teilnahme

17 1. Die Teilnahme gem. §§ 26, 27 setzt die (zumindest versuchte) vorsätzliche und rechtswidrige Tatbestandsverwirklichung durch einen anderen als Täter voraus (sog. „Haupttat"). Da die Haupttat aber nicht schuldhaft begangen sein muss (§ 29), ist die Akzessorietät der Teilnahme insoweit **limitiert** (ganz hM, vgl nur LK-*Schünemann* Vor § 26 Rn 19; abw. *Jakobs* GA 1996, 253 [268]). Zur Akzessorietätslockerung bei besonderen persönlichen Merkmalen vgl § 28.

18 An **tatbestandslosen** (zB Suizid) **oder gerechtfertigten Handlungen** ist **keine Teilnahme** möglich. Wer sich an einer Tat in der irrigen Vorstellung beteiligt, der Handelnde habe Vorsatz, macht sich allenfalls im Rahmen von § 30 strafbar. Dagegen ist nach hM eine Teilnahme an entschuldigten Taten möglich, und zwar auch dann, wenn für den Haupttäter § 35 eingreift (S/S-*Heine/Weißer* Rn 26 ff; abw. *Rudolphi* ZStW 78, 67).

19 2. Da nach § 11 II eine Tat auch dann als vorsätzlich verwirklicht gilt, wenn sie nur hinsichtlich der Handlung Vorsatz erfordert und hinsichtlich einer besonderen Folge Fahrlässigkeit ausreichen lässt (§ 18), sind **erfolgsqualifizierte Delikte** wie auch Delikte mit **Vorsatz-Fahrlässigkeits-Kombinationen** (vgl § 15 Rn 123 ff) teilnahmefähig. Für jeden Beteiligten ist hierbei gesondert festzustellen, ob ihm hinsichtlich der schweren Folge Fahrlässigkeit anzulasten ist (vgl BGHSt 19, 339 [341 f]; NK-*Paeffgen* § 18 Rn 132).

IV. Zur Abgrenzung von Täterschaft und Teilnahme

20 1. **Täter** ist, wem die Straftat als **eigene** zuzurechnen ist; **Teilnahme** ist die Beteiligung an der vorsätzlichen und rechtswidrigen Tat (Haupttat) eines **anderen**.

21 Täter ist grds. stets derjenige, der den Tatbestand unmittelbar selbst verwirklicht (§ 25 I Alt. 1), also alle objektiven und subjektiven Tatbestandsmerkmale erfüllt.

22 2. Die Abgrenzung zwischen Täterschaft und Teilnahme kann insbesondere dann problematisch sein, wenn zu entscheiden ist, ob Mittäterschaft oder Beihilfe gegeben ist; Schwierigkeiten kann auch die Abgrenzung zwischen mittelbarer Täterschaft und Anstiftung aufwerfen.

Zur Abgrenzung von Täterschaft und Teilnahme wird eine Vielzahl von Theorien vertreten, die sich im Wesentlichen in zwei Hauptrichtungen unterteilen lassen: 23

a) Die **subjektive Theorie** knüpft an die Willensrichtung und an die innere Einstellung der Beteiligten zur Tat an. 24

b) Die **objektive Theorie** sieht das entscheidende Kriterium in der Beherrschung des Tatgeschehens: 25

■ Vorherrschend ist die **materiell-objektive Theorie** oder **Tatherrschaftslehre**, die auf die Entscheidungs- und Gestaltungsherrschaft über die Tatbestandsverwirklichung abstellt. 26

■ Demgegenüber hält die ältere **formal-objektive Theorie** die unmittelbare Verwirklichung der Tatbestandsmerkmale für entscheidend; Täter ist hiernach, wer die tatbestandliche Ausführungshandlung ganz oder teilweise selbst vornimmt, während Teilnehmer derjenige ist, der nur durch Vorbereitungs- oder Unterstützungshandlungen zur Tatbestandsverwirklichung beiträgt. Diese Variante der objektiven Theorie ist mit der gesetzlichen Fixierung der mittelbaren Täterschaft in § 25 I Alt. 2 kaum zu vereinbaren und findet daher keine Zustimmung mehr (vgl aber *Freund* § 10/35 ff). 27

c) Elemente beider Theorien werden in der von *Schmidhäuser* (Stree/Wessels-FS 343; vgl auch *Geerds* Jura 1990, 173 ff) entwickelten **Ganzheitstheorie** verbunden, der zufolge eine Gesamtschau aller objektiven und subjektiven Momente entscheidend dafür sein soll, ob sich das Handeln einer Person (im Zusammenwirken mit anderen) als eigene Tat darstellt oder auf eine fremde Tat bezieht. 28

3. Die (vornehmlich von der Rspr vertretene) **subjektive Theorie** stellt zum einen auf die beherrschende Willensposition (**dolus-Theorie**) und zum anderen auf das Interesse am Taterfolg (**Interessentheorie**) ab (näher hierzu LK-*Schünemann* § 25 Rn 3 f). Demzufolge ist Täter, wer mit Täterwillen („**animus auctoris**") einen objektiven Beitrag zur Tatbestandsverwirklichung leistet und die Tat (aus Interesse am Erfolg) „als eigene" will. Dagegen ist Teilnehmer, wer mit Teilnehmerwillen („**animus socii**") handelt und die Tat „als fremde" veranlassen oder fördern will. Mit § 25 I Alt. 1 ist die subjektive Theorie nur zu vereinbaren, wenn sie als notwendiges Kriterium für Täterschaft auch die Einflussnahme auf die konkrete Tatbestandsverwirklichung verlangt. 29

Die **Rspr** vertritt keineswegs eine einheitliche Linie (näher *Roxin* BGH-FS IV 177 ff). In den Judikaten wird teils eine extrem subjektive Position unter Verzicht auf jedes Tatherrschaftsmoment bezogen (vgl RGSt 74, 84 ff [„Badewannen-Fall"]; BGHSt 18, 87, 89 ff [„Staschynskij-Fall"]; BGH NJW 1954, 1374 f), teils ganz auf die objektive Seite der Tatbeherrschung abgestellt (vgl BGHSt 19, 135 [138 ff]), teils das subjektive Kriterium auf eine objektive Grundlage gestellt (vgl BGHSt 8, 393 [395 f]). 30

Die neuere Rspr geht insoweit in die letztgenannte Richtung (sog. **beschränktsubjektive Theorie**), als nunmehr im Rahmen einer wertenden Gesamtbetrachtung neben dem Eigeninteresse am Erfolg auch der Umfang der Tatbeteiligung und die Tatherrschaft oder jedenfalls der Wille zur Tatherrschaft berücksichtigt werden (vgl BGHSt 28, 346 [348 f]; 51, 219 ff; BGH wistra 2012, 433 m.Anm. *Hecker* JuS 2013, 177 f; NStZ-RR 2016, 6 f; vgl auch *Baumann/Weber/Mitsch* § 29/59 ff). 31

32 4. Für die **materiell-objektive Theorie** ist das maßgebliche Kriterium für Täterschaft das Innehaben der **Tatherrschaft** iSe „In-den-Händen-Haltens des tatbestandsmäßigen Geschehensablaufs". Hierfür sind wiederum die **Entscheidungsherrschaft** (Herrschaft über das Ob der Tat) und die **Gestaltungsherrschaft** (Herrschaft über das Wie der Tat) von Bedeutung. Nach dem „Leitprinzip" der Tatherrschaft ist damit derjenige Täter, der als „Zentralgestalt" oder „Schlüsselfigur" das Geschehen durch seine Entscheidung lenkt und nach seinem Willen mitgestaltet, namentlich die Tatausführung hemmen oder ablaufen lassen kann (grundlegend *Roxin* TuT 25 f, 107 ff; mit subjektiver Akzentuierung *Kindhäuser* Hollerbach-FS 627 [650 ff]; Kritik bei *Haas*, Die Theorie der Tatherrschaft und ihre Grundlagen, 2008, 21 ff; hierzu wiederum *Schünemann* Roxin-FS II 799 [807 ff]).

33 ■ Bei der **mittelbaren Täterschaft** beruht die Tatherrschaft auf der Möglichkeit der Lenkung des Vordermanns (Werkzeugs) kraft überlegenen Willens oder Wissens (vgl auch BGHSt 32, 38 [41 ff]).

34 ■ Bei der **Mittäterschaft** liegt die Tatherrschaft in der arbeitsteiligen Vorgehensweise, bei welcher der Beitrag eines jeden für das Gelingen der Tat mitbestimmend ist.

35 ■ Demgegenüber ist **Teilnehmer**, wer die Tatbestandsverwirklichung veranlasst oder fördert und hierbei hinsichtlich der Einflussnahme auf das Geschehen nur als „Randfigur" anzusehen ist.

36 5. Umstritten ist, ob es für die Annahme von Mittäterschaft ausreicht, wenn der **Bandenchef** bei der Ausführung der von ihm geplanten und organisierten Tat nicht selbst am Tatort mitwirkt:

37 ■ Nach der subjektiven wie auch beschränkt-subjektiven Theorie ist eine Anwesenheit des Bandenchefs am Tatort nicht erforderlich, sofern die sonstigen Kriterien für Täterschaft (zB Interesse am Taterfolg, animus auctoris, maßgebliche Beeinflussung der Tatgestaltung) erfüllt sind (vgl BGHSt 37, 289 [291 ff]; BGH StV 2007, 187 [188] m. krit. Anm. *Schuhr*). Zu beachten ist im Übrigen, dass bei den Bandendelikten die Bandenmitgliedschaft die allgemeinen Beteiligungsregeln unberührt lässt (vgl § 244 Rn 34).

38 ■ Auch innerhalb der materiell-objektiven Theorie wird es für die Annahme von Mittäterschaft weitgehend als ausreichend angesehen, wenn die Tat in der vom Bandenchef im Vorbereitungsstadium geplanten und organisierten Weise abläuft, sie also von einem arbeitsteiligen Ineinandergreifen der einzelnen Beiträge geprägt ist (sog. **funktionelle Tatherrschaftslehre**). Ein Minus an Entscheidungsherrschaft kann demnach durch ein Plus an Gestaltungsherrschaft ausgeglichen werden (*Gropp* § 10/180 f; *Heinrich* Rn 1228; *Seher* JuS 2009, 304 [308]).

39 ■ Eine engere Variante der Tatherrschaftslehre verlangt dagegen für Täterschaft eine Einflussnahme auf die unmittelbare Tatbestandsverwirklichung, und zwar durch **Mitwirkung** bei der Tatausführung **an Ort und Stelle** (so *Rudolphi* Bockelmann-FS 369 ff) oder zumindest durch das Bestehen eines (zB telefonischen) Kontakts (LK-*Schünemann* § 25 Rn 182 ff; vgl auch *Bloy* GA 1996, 424 [432 ff]; *Köhler* 518 f; so auch *Puppe* GA 2013, 514 [522 f]).

40 6. Die Abgrenzungskriterien nach der subjektiven oder materiell-objektiven Theorie gelten nicht für eigenhändige Delikte und Sonderdelikte:

a) Täter eines **eigenhändigen Delikts** (zB §§ 153 f, 316) kann nur sein, wer den Tatbestand unmittelbar selbst verwirklicht (vgl *Satzger* Jura 2011, 103 [106]). 41

b) Täter eines **Sonderdelikts** (zB §§ 266, 283, 339 ff; zu beachten ist jedoch § 14) kann nur derjenige sein, dem die entsprechende Subjektsqualität zukommt (vgl *Herzberg*, Täterschaft und Teilnahme, 1977, 32 ff; *Roxin* TuT 352 ff). 42

c) In beiden Deliktsgruppen können **Dritte nur Teilnehmer** sein. Dies gilt bei Sonderdelikten auch, wenn der Außenstehende (als „qualifikationsloses Werkzeug") den Tatbestand ansonsten selbst verwirklicht, zB eine fehlerhafte Grundbucheintragung vornimmt (§ 348). In diesen Fällen wird das Tatherrschaftskriterium von der Sonderpflicht verdrängt (vgl S/S-*Heine/Weißer* Rn 82 f). 43

7. Das Unrecht der einzelnen **Beteiligungsformen** ist **unterschiedlich zu gewichten**, wobei die Beihilfe auf der unteren, die Anstiftung auf der mittleren und die Täterschaft auf der oberen Stufe anzusiedeln ist. Bleibt unklar, welche Beteiligungsform im konkreten Fall gegeben ist, scheidet eine Wahlfeststellung (vgl Vor § 52 Rn 50 ff) zwischen den Beteiligungsformen wegen des Stufenverhältnisses aus. Vielmehr ist unter Anwendung des in-dubio-pro-reo-Grundsatzes davon auszugehen, dass unter den in Betracht kommenden Beteiligungsformen diejenige mit dem geringsten Unrecht vorliegt (vgl BGHSt 31, 136; *Jescheck/Weigend* § 16 II 2). 44

V. Beteiligung bei Fahrlässigkeit

1. Fahrlässige Beteiligung an vorsätzlicher Tat: Teilnahme setzt die *vorsätzliche* Mitwirkung an der Tat eines anderen voraus, wie sich unmittelbar aus den Normen der §§ 26, 27 ergibt. Dementsprechend kommt bei fahrlässiger Beteiligung an der vorsätzlichen Tat eines anderen nur eine täterschaftliche Deliktsbegehung in Betracht. So kann etwa denjenigen, der als undolos handelndes Werkzeug eines das Geschehen steuernden Hintermanns (vgl § 25 Rn 13) einen anderen Menschen irrtümlich verletzt, immerhin noch der Vorwurf einer fahrlässigen Körperverletzung treffen, § 16 I S. 2. Sofern nicht der fahrlässig Handelnde, sondern der vorsätzlich Beteiligte als letztes Ursachenglied den tatbestandlichen Erfolg herbeiführt, kommen allerdings Einschränkungen der Strafbarkeit des Fahrlässigkeitstäters unter dem Gesichtspunkt der objektiven Zurechnung in Betracht (näher Vor § 13 Rn 135 ff). 45

2. Vorsätzliche Beteiligung an fahrlässiger Tat: Auch die vorsätzliche Teilnahme an einer fahrlässigen Tat ist nicht möglich, da in den §§ 26, 27 jeweils (ebenfalls) eine vorsätzlich begangene Haupttat gefordert wird (krit. *Frister* 25/26). Eine vorsätzliche Mitwirkung an fahrlässigen Delikten kommt danach nur in Form von **Nebentäterschaft** oder unter den Voraussetzungen **mittelbarer Täterschaft** in Betracht. 46

3. Fahrlässige Beteiligung an fahrlässiger Tat: Genau wie die Beteiligungsregeln setzen nach hM auch die Sonderformen der Täterschaft, wie sie in § 25 I Alt. 2 (mittelbare Täterschaft) bzw § 25 II (Mittäterschaft) normiert sind, ein vorsätzliches Vorgehen voraus. Demgemäß ist die fahrlässige Mitwirkung an einer fahrlässigen Tat nach der überkommenen Auffassung lediglich in Form der unmittelbaren (Neben-)Täterschaft (§ 25 I Alt. 1) möglich. Für die Konstruktion einer **fahrlässigen mittelbaren Täterschaft**, die von Teilen der Literatur durchaus erwogen wird (vgl SK-*Hoyer* § 25 Rn 153; LK-*Schünemann* § 25 Rn 218), ergibt sich grds. auch kein Bedürfnis. Denn die in Betracht kommenden Konstellationen 47 können idR als Fälle einer (unmittelbaren) Alleintäterschaft erfasst werden (zutr. S/S-*Heine/Weißer* Rn 109), in denen dem Vordermann lediglich die Funktion eines Kausalfaktors zukommt.

48 Demgegenüber hat die Konstruktion einer **fahrlässigen Mittäterschaft** durchaus ihren praktischen Reiz, da hiermit die Möglichkeit besteht, auch fahrlässig erbrachte Tatbeiträge wechselseitig zuzurechnen, ohne die Kausalität der einzelnen Handlung nachweisen zu müssen (S/S/W-*Murmann* § 25 Rn 33; *Pfeiffer* Jura 2004, 519 [522]). Exemplarisch: Rollen zwei Täter nach gemeinsamer Absprache jeweils einzeln Steine einen Abhang herunter und töten dabei unbeabsichtigt eine Person am Fuß des Abhangs, ohne dass der konkrete Urheber festgestellt werden kann, wäre bei wechselseitiger Zurechenbarkeit der Tathandlungen gemäß § 25 II dennoch eine unbedingte Erfolgszurechnung zulasten beider Handelnder möglich (sog. „Rolling-Stones"-Fall des Schweizerischen Bundesgerichts, dargestellt bei *Otto* Jura 1990, 47; zu alternativen Lösungsmöglichkeiten *Geppert* Jura 2011, 30 [33]). Für die Möglichkeit einer fahrlässigen Mittäterschaft wird dabei häufig dahin gehend argumentiert, dass das Gesetz in § 25 II zwar ein gemeinschaftliches Begehen fordere, wozu ein gemeinsames Wissen und Wollen konstitutiv sei. Dieses müsse nun aber nicht unbedingt auf die Verwirklichung des deliktischen Erfolgs bezogen werden, vielmehr komme bei Fahrlässigkeitstaten ein Ersatz durch eine gemeinsam vorgenommene, pflichtwidrige Gefahrschaffung („gemeinsames Handlungsprojekt") in Betracht (vgl etwa *Pfeiffer* Jura 2004, 519 [522 f]; *Renzikowski*, Restriktiver Täterbegriff und fahrlässige Beteiligung, 1997, 288 f; abl. hingegen *Puppe* GA 2004, 124 ff; hierzu wiederum *Hoyer* Puppe-FS 515 ff; Falllösung bei *Böß* JA 2012, 348 [350 f]).

VI. Beteiligung beim Unterlassungsdelikt

49 1. Ein Unterlassungsdelikt kann durch **mehrere Garanten als Mittäter** verwirklicht werden (vgl BGHSt 37, 106 [129]).

50 2. An einem **Unterlassungsdelikt** ist eine **aktive Teilnahme** nach den allgemeinen Beteiligungsregeln möglich (hM, vgl nur BGHSt 14, 280 ff; S/S-*Heine/Weißer* Rn 87 ff, 99 f). Die (früher vertretene) Gegenauffassung, der zufolge Beihilfe zum Unterlassen nicht möglich und der „Anstifter" zum Unterlassen stets Täter sein soll (*Kaufmann*, Die Dogmatik der Unterlassungsdelikte, 1959, 190 ff, 317; *Welzel* § 27 A V 2), lässt sich mit §§ 8, 9 II nicht vereinbaren. Der aktive Teilnehmer braucht **keine Garantenstellung** innezuhaben. Die Beihilfe ist hier regelmäßig psychischer Art, kann aber auch physisch sein (vgl BayObLG NJW 1990, 1861).

51 3. Eine **Beteiligung** an einem fremden Begehungsdelikt **durch Unterlassen** ist unter der Voraussetzung möglich, dass der Unterlassende Garant ist. Umstritten ist, ob hinsichtlich der Form der Beteiligung Besonderheiten gelten; im Wesentlichen werden folgende Meinungen vertreten:

52 **a)** Die Rspr stellt auch bei den Unterlassungsdelikten zur Abgrenzung von Täterschaft und Teilnahme auf die **innere Einstellung** des Beteiligten zum Gesamtgeschehen ab; maßgebliche Kriterien sind der Beteiligungswille (animus auctoris bzw animus socii) und das Interesse am Taterfolg (vgl BGHSt 38, 356 [360 f]; BGH NStZ 2009, 321 [322] m.Anm. *Bosch* JA 2009, 655 ff).

53 **b)** Wegen der **Schutzpflicht** des Garanten gegenüber dem Opfer soll nach einer Auffassung in der Literatur regelmäßig **nur Täterschaft** des Unterlassenden in Betracht kommen; eine Ausnahme sei bei eigenhändigen Delikten, beim Fehlen

spezifischer Tatbestandsmerkmale oder in den Fällen zu machen, in denen sich die Garantenpflicht auf das Verhindern der Beihilfe eines Dritten bezieht (*Frister* 26/40; SK-*Rudolphi/Stein* Vor § 13 Rn 36 ff). Hiergegen kann allerdings eingewandt werden, dass die Annahme einer regelmäßigen Täterschaft des Unterlassenden gegen die Gleichstellung von Begehen und Unterlassen verstößt, wie sie in § 13 vorgesehen ist. Denn dann wäre – im Gegensatz zum Begehungsdelikt – eine Ahndung des durch den Garanten verwirklichten Unrechts als bloßes Teilnahmeunrecht idR nicht möglich. Der Garant würde also gegenüber dem aktiv Handelnden schlechter gestellt.

c) Weitere Stimmen im Schrifttum stellen auch für die Bestimmung der Art der Beteiligung durch Unterlassen auf das Kriterium der **Tatherrschaft** ab (vgl etwa W-*Beulke/Satzger* Rn 1033; MK-*Joecks* § 25 Rn 270). Dies erscheint allerdings insofern zweifelhaft, als das Kriterium der „Tatherrschaft", wie schon dessen konkretisierende Formulierung des „In-den-Händen-Haltens" zeigt, maßgeblich auf Begehungsdelikte zugeschnitten ist. Daher ergeben sich beim Unterlassen, welches durch ein bloßes „Geschehenlassen" der Erfolgsverwirklichung charakterisiert wird, keine rechten Anknüpfungspunkte zum Ausfüllen dieses Kriteriums. Dem entspricht es, dass unter denjenigen Stimmen, die eine Entscheidung nach dem Maßstab der Tatherrschaft fordern, unterschiedliche Folgerungen bei Mitwirkung eines aktiven Begehungstäters gezogen werden: So wird dem Unterlassenden bei gegebener Möglichkeit zum Eingreifen teilweise regelmäßig Tatherrschaft zuerkannt (*Heinrich* Rn 1214). Die überwiegende Gegenposition nimmt demgegenüber an, dass zumindest bei Beherrschung des Geschehens durch einen vorsätzlich handelnden Begehungstäter der Unterlassende grds. nur Randfigur und damit Gehilfe sein könne (*Jescheck/Weigend* § 64 III 5; *Kühl* § 20/230).   54

d) Neuerdings wird vorgeschlagen, die Beteiligungsform des Garanten als Täter oder Teilnehmer von der Natur des abzuwendenden Geschehens abhängig zu machen (*Haas* ZIS 2011, 392 [396 f]). § 13 I wird dabei als **Zurechnungsnorm** verstanden, durch die das Nichthindern des abzuwendenden Erfolgs wie ein aktives Herbeiführen durch den Garanten selbst behandelt wird. Sofern sich eine Überwachergarantenstellung auf die Beaufsichtigung eines gefährlichen Gegenstandes bezieht, kommt danach, wenn ein Dritter auf diesen zugreift, allenfalls Beihilfe des Unterlassenden in Betracht, da sich der Tatbeitrag lediglich in der Nichthinderung der Benutzung des Gegenstandes durch den aktiv Handelnden erschöpft. Bezieht sich die Überwachungspflicht hingegen auf die Person des aktiven Täters selbst oder geht es um eine Beschützergarantenstellung, so sei entsprechend der Rolle des Begehenden (Täterschaft, Anstiftung oder Beihilfe) auch die Beteiligungsform des Garanten zu bestimmen.   55

e) Schließlich wird nach der **Garantenfunktion** differenziert: 56

■ Teils wird der Garant kraft institutioneller Fürsorge (§ 13 Rn 57 ff) – wegen der größeren sozialen Nähe zum Schützling – stets als Täter angesehen, während bei einer Garantenstellung kraft Risikoherrschaft (§ 13 Rn 41 ff) wie bei den Begehungsdelikten zwischen Täterschaft und Teilnahme abzugrenzen sei (*Jakobs* 29/101 ff; *Kindhäuser* Hollerbach-FS 627 [651]; vgl auch S/S-*Heine/Weißer* Rn 99 ff; *Murmann* Beulke-FS 181 [186 ff]).   57

■ Teils wird allerdings auch – umgekehrt – dem Überwachergaranten wegen einer angeblich leichteren Erfüllbarkeit seiner Pflicht, die sich regelmäßig auf (lediglich) eine *einzige* Gefahrenquelle beziehe, unter Rückgriff auf den   58

Gedanken der Tatherrschaft die Stellung eines Täters zuerkannt, während der Beschützergarant in den meisten Fällen als Teilnehmer einzustufen sei (*Krüger* ZIS 2011, 1 [8]).

59 f) Der Meinungsstreit wirkt sich nicht aus, wenn der aktiv Beteiligte schuldunfähig ist oder wenn ihm bestimmte Tätermerkmale fehlen; dann ist nach allen Ansichten der **Garant**, der die einschlägigen Merkmale erfüllt, **auch Täter**.

VII. Irrtumsfragen

60 1. **Irrtum über die Tatherrschaft:** Bei der **mittelbaren Täterschaft** kann sich der Hintermann in zweierlei Weise über seine Tatherrschaft irren, wenn er einen anderen zu einer Tatbestandsverwirklichung veranlasst:
- Er kann irrig annehmen, dass er den Vordermann wegen dessen Gutgläubigkeit oder Schuldlosigkeit lenkt, also irrig von einer in Wirklichkeit fehlenden Tatherrschaft ausgehen.
- Er kann irrig annehmen, dass der Vordermann die Tatbestandsverwirklichung bösgläubig begeht, also seine in Wirklichkeit gegebene Tatherrschaft verkennen.

61 a) Nimmt der Hintermann **irrig** an, er lenke den Vordermann wegen dessen Gutgläubigkeit oder Schuldlosigkeit, so geht er davon aus, den Vordermann iS **mittelbarer Täterschaft zu beherrschen**, während in Wirklichkeit nur die objektiven Voraussetzungen einer Anstiftung erfüllt sind. Die Lösung für diese Konstellation ist umstritten:

62 ■ Nach hM ist **vollendete Anstiftung** gegeben, da der Vorsatz des mittelbaren Täters als Plus gegenüber dem Anstiftervorsatz diesen umfasse (vgl *Heinrich* Rn 1265; *Jescheck/Weigend* § 62 III 1; *Kühl* § 20/87).

63 ■ Nach der Gegenauffassung liegt nur eine **versuchte mittelbare Täterschaft** vor, da mittelbare Täterschaft ein aliud gegenüber Anstiftung sei (*Gropp* § 10/160; *Herzberg,* Täterschaft und Teilnahme, 1977, 45).

64 ■ Teils wird vollendete Anstiftung und versuchte mittelbare Täterschaft in **Tateinheit** bejaht (LK-*Schünemann* § 25 Rn 146 f).

65 ■ Schließlich findet sich auch eine Ansicht, die sowohl eine Versuchsstrafbarkeit als auch eine Strafbarkeit wegen vollendeter Anstiftung ablehnt und lediglich eine **fahrlässige Haftung** des Hinternmanns befürwortet (*Küper* Roxin-FS II 895 [914 f]).

66 ■ Soweit nach der **subjektiven Theorie** (Rn 24, 29 ff) für die Annahme von Täterschaft allein subjektive Kriterien (animus auctoris, Interesse am Taterfolg, Wille zur Tatherrschaft) maßgeblich sein sollen, kann auch derjenige, der irrig davon ausgeht, der Vordermann handele in seinem Sinne, mittelbarer Täter sein.

67 b) Nimmt der Hintermann **irrig** an, der Vordermann begehe die Tatbestandsverwirklichung vorsätzlich, so geht er davon aus, den Vordermann **anzustiften**; in Wirklichkeit sind objektiv die Voraussetzungen mittelbarer Tatherrschaft erfüllt. Mittelbare Täterschaft ist hier gleichwohl zu verneinen, da dem Hintermann iSv § 16 I S. 1 der Vorsatz über täterschaftsbegründende Umstände fehlt (hM, LK-*Schünemann* § 25 Rn 143). Auch vollendete Anstiftung scheidet mangels vorsätz-

licher rechtswidriger Haupttat aus; es kommt **allenfalls** eine **versuchte Anstiftung** unter den Voraussetzungen des § 30 I in Betracht (*Heinrich* Rn 1266).

c) Nimmt der Hintermann **irrig** an, der vorsätzlich handelnde Vordermann begehe die Tatbestandsverwirklichung **schuldhaft** – er sei zB nicht geisteskrank –, ist nach hM eine **vollendete Anstiftung** (§ 26) gegeben. Nach den Regeln der limitierten Akzessorietät setzt die Teilnahme nur eine vorsätzliche rechtswidrige Haupttat voraus, so dass der Irrtum über die Schuld belanglos ist (Rn 17). 68

Wird dagegen mit einer Mindermeinung die Anstiftung als aliud gegenüber der mittelbaren Täterschaft gedeutet (Rn 63) und ist der Hintermann, ohne dies zu wissen, für die fehlende Schuld des Vordermanns in einer mittelbare Täterschaft begründenden Weise zuständig (vgl § 25 Rn 31 ff), so kommt auch in dieser Konstellation (parallel zur Fallgestaltung Rn 67) nur eine versuchte Anstiftung (§ 30 I) in Betracht (*Jakobs* 24/4). 69

2. Objektsverwechslung beim Tatmittler: a) Umstritten ist, wie sich für den Hintermann bei der **mittelbaren Täterschaft** eine Objektsverwechslung (error in persona vel objecto, näher § 16 Rn 25 ff) des Vordermanns auswirkt: 70

aa) Nach hL stellt sich die Objektsverwechslung durch den Vordermann für den mittelbaren Täter als **aberratio ictus** (näher § 16 Rn 28 ff) dar. Es mache keinen Unterschied, ob sich der Hintermann bei der Verfehlung seines Ziels einer mechanischen Waffe oder eines menschlichen Werkzeugs bediene. Demnach ist der Hintermann wegen Versuchs hinsichtlich des anvisierten Objekts und ggf tateinheitlich hiermit wegen Fahrlässigkeit hinsichtlich des verletzten Objekts zu bestrafen (*Baumann/Weber/Mitsch* § 21/15; *Heinrich* Rn 1267; SK-*Rudolphi/Stein* § 16 Rn 32). 71

bb) Die Gegenmeinung stellt darauf ab, ob sich der Vordermann (im Falle vorsätzlichen Handelns) bei der Auswahl des Tatobjekts an die (mehr oder weniger genauen) **Zielvorgaben des Hintermanns hält** und hierbei irrt oder ob er das Tatobjekt nach Kriterien bestimmt, die von den Direktiven des Hintermanns **abweichen**. In der ersten Variante hafte der Hintermann (Täter) für Vollendung, da sich der Vordermann im Rahmen des Tatplans des Täters bewege; in der zweiten Variante seien die Regeln der aberratio ictus anwendbar, da sich das Geschehen als Exzess darstelle und damit nicht mehr vom Vorsatz des Täters umfasst sei (*Jakobs* 21/106; *Lubig* Jura 2006, 655 [658]; *Stratenwerth/Kuhlen* § 8/99; *Toepel* JA 1997, 248 [251 ff]). 72

b) Umstritten ist ferner, wie sich eine Objektsverwechslung (error in persona vel objecto) des Vordermanns für den **Anstifter** auswirkt (berühmter Fall: Rose wird von Rosahl angestiftet, gegen reichliche Belohnung den Zimmermann Schliebe zu töten; aus dem Hinterhalt erschießt er jedoch einen gewissen Harnisch, den er in der Dämmerung mit dem ihm ansonsten bekannten Schliebe verwechselt [PreußObTrib GA 7, 1859, 322]). Es werden im Wesentlichen folgende Lösungsansätze vertreten: 73

aa) Nach (bislang) vorherrschender Meinung ist eine unbeachtliche Objektsverwechslung durch den Täter auch für den – hinsichtlich der Haupttat akzessorisch haftenden – Anstifter als **unbeachtlicher error in persona vel objecto** anzusehen (PreußObTrib GA 7 [1859], 322 [337]; *Fischer* § 26 Rn 14; *Mitsch* Jura 1991, 373 [375]; NK-*Puppe* § 16 Rn 107 ff, 113). Gegenargument: Für den Fall, dass der Täter nach dem Erkennen der Verwechslung ein weiteres Mal zuschlägt und nun (den Richtigen oder wieder einen Falschen) trifft, müsste der Hintermann wegen der Anstiftung zu zwei Taten zu bestrafen sein (sog. Blutbadargument, vgl 74

Binding, Normen, Bd. 3, 1918, 213 f; für Exzess hinsichtlich der zweiten Tat: *Geppert* Jura 1992, 163 [167 f]; *Streng* JuS 1991, 910 [915]).

75 Von dieser Lösung will der BGH (BGHSt 37, 214 ff m.Anm. *Puppe* NStZ 1991, 124 [125]) für den (seltenen!) Fall eine **Ausnahme** zulassen, dass der Irrtum des Täters für den Anstifter außerhalb der Grenzen des nach allgemeiner Lebenserfahrung Voraussehbaren liegt; dann sei ein vorsatzausschließender Irrtum (wesentliche Abweichung vom Kausalverlauf) gegeben. Hierbei ist zu beachten, dass eine Verwechslung des Opfers durch den Täter durchaus im Rahmen der Lebenserfahrung liegen und sich daher für den Hintermann als unbeachtlicher Irrtum darstellen kann (BGHSt 37, 214 [218]).

76 **bb)** Nach der Gegenauffassung weicht die Tat erheblich von der vom Vorsatz umfassten Tat des Anstifters ab, wenn der Täter (bei höchstpersönlichen Gütern) ein anderes als das ausersehene Tatobjekt verletzt. Aus der Perspektive des Anstifters führe die Objektsverwechslung beim Täter daher zu einem Fehlgehen der Tat, so dass die Regeln der **aberratio ictus** anzuwenden seien (*Bemmann* Stree/ Wessels-FS 397 ff; *Dehne-Niemann/Weber* Jura 2009, 373 [378]; SK-*Rudolphi/ Stein* § 16 Rn 32). Demnach wäre der Hintermann nur wegen versuchter Anstiftung (§ 30), ggf in Tateinheit mit fahrlässiger Tat, zu bestrafen (*Bemmann* MDR 1958, 821; *Letzgus*, Vorstufen der Beteiligung, 1972, 54 ff). Teils wird auch eine Anstiftung zur versuchten Tat angenommen, weil im Angriff auf das falsche Opfer zugleich ein Angriffsversuch auf die (abwesende) richtige Person liege (*Freund* § 10/132).

77 **cc)** Nach der vermittelnden (und vorzugswürdigen, Rn 80) Ansicht ist auch hier – entsprechend der Behandlung im Rahmen der mittelbaren Täterschaft – danach zu **differenzieren**, ob sich der Täter an die individualisierenden Vorgaben des Anstifters hält oder von ihnen abweicht (vgl nur – mit Unterschieden im Detail – *Lubig* Jura 2006, 655 [659]; *Roxin* II 26/127 ff; *Toepel* JA 1997, 248 ff):

- Sofern sich der Täter an die **Vorgaben des Anstifters hält** und hierbei ein anderes als das vorgesehene Tatobjekt verletzt, ist die konkrete Tat dem Anstifter zum Vorsatz zurechenbar; eine Objektsverwechslung des Täters ist dann auch für den Anstifter als unbeachtlicher error in persona vel objecto anzusehen. Hier lag das Irrtumsrisiko schon in den Vorgaben des Anstifters. Insoweit macht es keinen Unterschied, ob der Anstifter dem Täter das Tatobjekt nach bestimmten Merkmalen sehr genau oder nur vage beschrieben oder dem Täter die Individualisierung (völlig) überlassen hat. Denn in all diesen Varianten entspricht die konkrete Tat den Direktiven, mit denen der Anstifter den Täter vorsätzlich zur konkreten Tat bestimmt hat.
- **Weicht** der Täter dagegen **von den Vorgaben ab** und individualisiert er das Opfer in einer Weise, die nicht mehr den Kriterien des Anstifters entsprechen, dann stellt sich die konkrete Tat für den Anstifter als Exzess dar; die Tat entspricht nicht mehr dem Tatplan des Anstifters und kann ihm daher auch nicht zum Vorsatz zugerechnet werden. Vielmehr stellt sich die Objektsverwechslung des Täters für den Anstifter als aberratio ictus dar. Sofern die konkrete Tat für den Anstifter vorhersehbar war, kommt eine Fahrlässigkeitshaftung in Betracht; hinsichtlich des verfehlten Objekts hat der Täter nicht zum Versuch angesetzt, so dass dem Anstifter (bei Verbrechen) nur eine versuchte Anstiftung zur Last gelegt werden kann (*Roxin* II § 26/122; *Toepel* JA 1997, 344 [348 ff]; aA *Stratenwerth/Kuhlen* § 8/98 mwN).

c) Eine für einen Täter unbeachtliche Objektsverwechslung (error in persona vel objecto) ist nach hM auch für die **Mittäter** unbeachtlich. Eine Haftung ist nur beim Exzess des Mittäters ausgeschlossen (§ 25 Rn 57). 78

Umstritten ist, ob ein Exzess gegeben ist, wenn ein Mittäter bei der Flucht auf einen Komplizen schießt, den er irrig für einen Verfolger hält, sofern das Freischießen des Fluchtwegs zuvor vereinbart worden ist (verneinend und damit für Zurechnung: BGHSt 11, 268 ff; W-*Beulke/Satzger* Rn 771; *Puppe* Spinellis-FS 915 [933 ff]; Exzess bej.: *Herzberg*, Täterschaft und Teilnahme, 1977, 63 f; *Rudolphi* Bockelmann-FS 369 [380 f]; LK-*Schünemann* § 25 Rn 177; diff. M/G/Z-*Renzikowski* § 49/60). 79

d) **Stellungnahme:** Die Theorien zu den Folgen der Objektsverwechslung durch einen Beteiligten für andere Beteiligte zeigen bereits, dass es nur um die Frage geht, ob die Objektsverwechslung den Vorsatz der anderen Beteiligten unberührt lässt oder nicht. Es geht um die Abgrenzung zwischen unbeachtlichem Motivirrtum (error in persona vel objecto, näher § 16 Rn 25 ff) und beachtlichem Kausalirrtum (aberratio ictus, die nach hM den Vorsatz entfallen lässt, näher § 16 Rn 28 ff). Diese Abgrenzung richtet sich nach der **allgemeinen Regel des § 16 I S. 1**, wie sie auch auf die Abgrenzung von unbeachtlichen und beachtlichen Irrtümern beim Alleintäter Anwendung findet. 80

§ 25 Täterschaft

(1) Als Täter wird bestraft, wer die Straftat selbst oder durch einen anderen begeht.

(2) Begehen mehrere die Straftat gemeinschaftlich, so wird jeder als Täter bestraft (Mittäter).

I. Formen der Täterschaft

1. Täter kann nach Abs. 1 sein, wer die Tat selbst (**unmittelbare Täterschaft**) oder durch einen anderen (**mittelbare Täterschaft**) begeht. Begehen mehrere die Tat, so sind sie bei gemeinschaftlichem Handeln **Mittäter** (Abs. 2), anderenfalls **Nebentäter** (im StGB nicht ausdrücklich geregelt). 1

2. **Nebentäter** ist, wer einen Tatbestand unabhängig von einem anderen verwirklicht oder bei der Tatbegehung auf die Mitwirkung eines anderen ohne gemeinsamen Tatentschluss aufbaut. Der Nebentäter wird als **Alleintäter** behandelt (ganz hM, vgl nur BGHSt 4, 20 [21]; BGH NStZ 1996, 227; *Murmann*, Die Nebentäterschaft im Strafrecht, 1993, 183 ff und passim; LK-*Schünemann* Rn 222). 2

Nebentäter ist nach vorherrschender Meinung auch, wer einen fremden Tatentschluss zu eigenen Zwecken ausnutzt. Exemplarisch: A weiß, dass B dem C auflauert, um ihn zu erschießen. Er bewegt seinen Feind F dazu, zum fraglichen Zeitpunkt am betreffenden Ort zu sein; F wird von B (error in persona) erschossen (vgl W-*Beulke/Satzger* Rn 760; *Jescheck/Weigend* § 62 II 2; *Spendel* Lange-FS 147 [167 ff]). 3

Teils wird in dieser Konstellation auch eine mittelbare Täterschaft angenommen, da dem A zwar keine tatverändernde Steigerung von Unrecht oder Schuld, wohl aber die Tötung des konkreten Individuums anzulasten sei (sog. Irrtum über den 4 konkreten Handlungssinn; vgl *Roxin* II § 25/102 f; LK-*Schünemann* Rn 104 f; näher Rn 13 ff).

5 Schließlich finden sich auch Stimmen, die aufgrund der vollen strafrechtlichen Verantwortlichkeit des unmittelbar Ausführenden lediglich eine Teilnahme des A annehmen. Dieser wird dann entweder als bloßer Gehilfe (*Bloy*, Die Beteiligungsform als Zurechnungstypus im Strafrecht, 1985, 362 ff) oder – sofern man allein durch den Opfertausch bereits ein hinreichendes Bestimmen zu einer anderen Tat begründet sieht – als Anstifter qualifiziert (vgl *Otto* AT § 21/91; näher hierzu § 26 Rn 9 ff, 15).

II. Unmittelbare Täterschaft (Abs. 1 Alt. 1)

6 Unmittelbarer Täter iSv Abs. 1 Alt. 1 ist im Grundsatz stets derjenige, der den Tatbestand eigenhändig verwirklicht („die Straftat selbst begeht"), also alle objektiven und subjektiven Tatbestandsmerkmale erfüllt (BGHSt 38, 315; LK-*Schünemann* Rn 53).

III. Mittelbare Täterschaft (Abs. 1 Alt. 2)

7 **1.** Bei der mittelbaren Täterschaft wird einer Person (= Hintermann) die (zumindest versuchte) Tatbestandsverwirklichung durch eine andere Person (= Tatmittler, Werkzeug oder Vordermann) als eigenes täterschaftliches Verhalten zugerechnet, weil diese aufgrund eines Umstands nicht volldeliktisch handelt, für den der sich ihrer zur Tatbegehung bedienende Hintermann rechtlich einzustehen hat. Hieraus folgt, dass mittelbarer Täter nur sein kann, wer **alle Tätermerkmale** und **subjektiven Voraussetzungen** des Delikts auch selbst erfüllt. Bei eigenhändigen Delikten ist daher mittelbare Täterschaft nicht möglich (vgl hierzu *Herzberg* ZStW 82, 896 ff; LK-*Schünemann* Rn 45).

8 Das Bild von der Beherrschung des Tatmittlers durch den Hintermann ist normativ zu deuten: Es geht um die **rechtliche Verantwortlichkeit** des Hintermanns für ein rechtlich relevantes Verantwortungsdefizit des Vordermanns, und nicht etwa um psychische (gruppendynamische) oder sonstige (zB finanzielle) Abhängigkeiten (näher zu den Gründen für die Zuständigkeit des Hintermanns *Jakobs* GA 1997, 553 ff).

9 **2.** Die Haftung des Hintermanns kann durch **jedes deliktskonstitutive Defizit** in der Verantwortlichkeit des Tatmittlers begründet werden; der Vordermann kann also Tatmittler sein, wenn er (im subjektiven oder objektiven Bereich) tatbestandslos, gerechtfertigt oder schuldlos handelt.

10 Im **Gutachten** ist mit dem Tatmittler als dem Tatnächsten zu beginnen. Wird hinsichtlich seiner Strafbarkeit ein Defizit konstatiert, ist die Strafbarkeit des Hintermanns unter der Fragestellung zu prüfen, ob er für das betreffende Defizit einzustehen hat und die sonstigen Deliktsvoraussetzungen erfüllt sind.

11 a) Ein **tatbestandsloses Verhalten** des Vordermanns kann insbesondere in Fällen der Selbstverletzung mittelbare Täterschaft begründen, da §§ 211 ff und §§ 223 ff gegen eine andere Person als Tatobjekt gerichtet sein müssen; für den Hintermann ist dagegen das sich selbst verletzende Werkzeug ein anderer (vgl hierzu BGHSt 32, 38 ff; *Jescheck/Weigend* § 62 II 1; aA *Schumann* Puppe-FS 971 [975] mwN: Fall der unmittelbaren Täterschaft). Exemplarisch: A verzehrt gifti-

ge Pilze im Vertrauen auf die (bewusst falsche) Auskunft des B über deren Unschädlichkeit.

In dieser Fallgruppe kann die Abgrenzung zwischen strafloser Anstiftung (bzw Beihilfe) zur Selbstverletzung und strafbarer mittelbarer Täterschaft problematisch sein (näher Vor § 211 Rn 22 ff). Denkbar ist auch der umgekehrte Fall einer Selbsttötung in „mittelbarer Täterschaft", bei dem täuschungsbedingt vorsatzlos aktive Sterbehilfe geleistet wird (hierzu Vor § 211 Rn 40 ff). 12

b) Gewissermaßen der „Grundfall" mittelbarer Täterschaft ist gegeben, wenn der Vordermann aufgrund eines vom Hintermann zu verantwortenden Tatbestandsirrtums (vgl § 16 Rn 1 ff) **vorsatzlos** einen Deliktstatbestand verwirklicht. 13

Umstritten ist, ob dieser Konstellation ein Handeln in einem **Motivirrtum** gleichzustellen ist. Exemplarisch: A veranlasst B, eine angeblich ebenso wertlose wie kitschige Vase des C zu zerstören. In Wirklichkeit handelt es sich bei dem Tatobjekt um äußerst wertvolles chinesisches Porzellan. 14

- Da der sich in einem bloßen Motivirrtum befindliche Vordermann in vollem Umfang strafrechtlich verantwortlich handelt, ist hier nach verbreiteter Ansicht mittelbare Täterschaft zu verneinen (*Bloy*, Die Beteiligungsform als Zurechnungstypus im Strafrecht, 1985, 358 ff; *Herzberg*, Täterschaft und Teilnahme, 1977, 23 ff; *Jakobs* 21/101). 15

- Von der Gegenansicht wird ein Motivirrtum dann zur Begründung von mittelbarer Täterschaft für ausreichend erachtet, wenn sich der Irrtum auf den **konkreten Handlungssinn**, insbesondere auf Art und Ausmaß des bewirkten Schadens bezieht (*Frister* 27/14 ff; S/S-*Heine/Weißer* Rn 23; *Kühl* § 20/75). 16

c) Ob mittelbare Täterschaft durch das Handeln eines **qualifikationslos dolosen Werkzeugs** begründet werden kann, ist umstritten. Exemplarisch: Der zuständige Beamte veranlasst den Nichtbeamten N zu einer (bewussten = dolosen) Falscheintragung ins Grundbuch (§ 348). 17

- Mittelbare Täterschaft kann nach hM auch dann vorliegen, wenn bei einem Sonderdelikt ein qualifizierter Hintermann einen Außenstehenden zur Ausführung der tatbestandlichen Handlung veranlasst (vgl – mit unterschiedlicher Begründung – *Cramer* Bockelmann-FS 389 [399]; *Herzberg*, Täterschaft und Teilnahme, 1977, 31 ff; *Hünerfeld* ZStW 99, 228 [240]; LK-*Schünemann* Rn 133 ff). Argument: Bei Sonderpflichten könne Täterschaft nur durch die Verletzung der betreffenden Pflicht begründet werden. 18

- Nach der Gegenauffassung vermag allein die Innehabung einer Sonderpflicht noch keine Tatherrschaft über einen zwar qualifikationslos, aber ansonsten voll verantwortlich Handelnden zu begründen (*Otto* AT § 21/94; *Schroeder*, Der Täter hinter dem Täter, 1965, 164 ff; *Stratenwerth/Kuhlen* § 12/40). 19

Zu beachten ist, dass auch eine Tatbestandsverwirklichung (in Alleintäterschaft) durch Unterlassen in Betracht kommt, wenn der Sonderpflichtige gegen das Handeln eines Außenstehenden nicht einschreitet. 20

d) Umstritten ist ferner, ob mittelbare Täterschaft durch ein **absichtslos doloses Werkzeug** möglich ist. „Absichtslos dolos" ist ein Handelnder, der alle objektiven Tatbestandsmerkmale eines Delikts bewusst verwirklicht, dem jedoch die für das Delikt spezifische Absicht (zB bei §§ 242, 253, 263) fehlt (näher *Krämer* Jura 2005, 833 ff). 21

22 ▪ Nach verbreiteter Ansicht soll der Hintermann, der mit der betreffenden Absicht einen absichtslos Handelnden zur Tatbestandsverwirklichung veranlasst, mittelbarer Täter sein (*Baumann/Weber/Mitsch* § 29/129; *W-Beulke/Satzger* Rn 775; *Jescheck/Weigend* § 62 II 7). Argument: Auch derjenige habe eine beherrschende Stellung im Tatgeschehen, der die Absicht mitbringe, von deren Vorliegen die Begehung einer Absichtsstraftat abhänge („normative Tatherrschaft").

23 ▪ Nach der Gegenauffassung vermag allein die Veranlassung eines zwar absichtslos, ansonsten aber voll verantwortlich Handelnden zur Tatbestandsverwirklichung keine mittelbare Täterschaft zu begründen. Die Tatherrschaft gehe hier nicht über die eines Anstifters hinaus (vgl *Jakobs* 21/104; *Otto* AT § 21/97; *Stratenwerth/Kuhlen* § 12/37).

24 Zu beachten ist, dass in den einschlägigen Konstellationen stets auch zu prüfen ist, ob der Vordermann nicht mit Drittzueignungs- bzw Drittbereicherungsabsicht handelt; ist dies der Fall, so ist er ohnehin Allein- oder Mittäter.

25 e) Umstritten ist schließlich auch, ob mittelbare Täterschaft in Betracht kommt, wenn sich der Vordermann über die Verwirklichung eines **Qualifikationstatbestands** irrt. Exemplarisch: A veranlasst B, ein in einem Park stehendes „Gerüst" umzuwerfen; B weiß nicht, dass es sich hierbei um eine zur Verschönerung aufgestellte Plastik des Künstlers K handelt (§ 304).

26 ▪ Teils wird mittelbare Täterschaft bejaht, weil sich der Vordermann über ein erhebliches Unrechtsquantum irrt und der Hintermann insoweit überlegenes Tatwissen hat (LK-*Schünemann* Rn 101 f).

27 ▪ Teils wird wegen des in vollem Umfang verantwortlichen Handelns des Vordermanns mittelbare Täterschaft abgelehnt (*Jescheck/Weigend* § 62 II 2).

28 Zu beachten ist, dass mittelbare Täterschaft unstr. möglich ist, wenn sich der Vorsatz des Vordermanns auf die Begehung eines *anderen* Delikts bezieht (vgl BGHSt 30, 363 [364 f]; BGH NStZ 2013, 103 [104]).

29 f) Mittelbare Täterschaft ist (unstr.) anzunehmen, wenn der Hintermann für die Situation zuständig ist, in welcher der Tatmittler **gerechtfertigt** handelt (BGHSt 10, 306 [307]). Exemplarisch: A veranlasst durch eine unwahre Anzeige, dass B von den Strafverfolgungsbehörden ordnungsgemäß in Untersuchungshaft genommen wird (§§ 164, 239, 25 I Alt. 2, 52). Umstritten ist allerdings, ob der Tatmittler, der sich in einem vom Hintermann zu vertretenden Nötigungsnotstand befindet, nach § 34 gerechtfertigt oder nur nach § 35 entschuldigt ist (vgl § 34 Rn 25 ff).

30 g) Mittelbare Täterschaft ist (unstr.) gegeben, wenn der Hintermann dafür einzustehen hat, dass der Vordermann bei der Tatbestandsverwirklichung **irrig** davon ausgeht, die **tatsächlichen Voraussetzungen eines Rechtfertigungsgrunds** seien gegeben. Folgt man hier der strengen Schuldtheorie, so kommt eine mittelbare Täterschaft wegen eines Verbotsirrtums des Tatmittlers in Betracht. Exemplarisch: A ruft in B den Irrtum hervor, er werde von C angegriffen; B schlägt daraufhin C nieder (vgl LK-*Schünemann* Rn 88).

31 h) Mittelbare Täterschaft bei einem **schuldlos handelnden Werkzeug** ist vor allem in folgenden Konstellationen möglich (vgl *Jescheck/Weigend* § 62 II 4 ff):

32 aa) Der Hintermann nutzt bei einem strafunmündigen Kind, einem Jugendlichen oder einem Geisteskranken die **mangelnde Einsichts- oder Steuerungsfähigkeit**

zur Tatbegehung aus. Bei gegebener Einsichts- und Steuerungsfähigkeit des Vordermanns kommt dagegen (nach hM) nur Mittäterschaft oder Teilnahme in Betracht (*Exner* Jura 2013, 103 [107 f]; *Kühl* § 20/46 f; mittelbare Täterschaft bei Schuldunfähigen stets bej.: *Bottke,* Täterschaft und Gestaltungsherrschaft, 1992, 64 f; *Otto* AT § 21/73).

bb) Der Hintermann hat den die Schuldlosigkeit des Vordermanns bedingenden **33 Defekt zu vertreten** (zB durch heimliches Verabreichen eines Rauschmittels).

cc) Der Vordermann befindet sich in einem vom Hintermann zu vertretenden **un- 34 vermeidbaren Verbotsirrtum** (§ 17) oder entschuldigenden Notstand gem. § 35, soweit hier nicht die Ausnahmeregelungen nach Abs. 1 S. 2 eingreifen.

dd) Der Vordermann befindet sich in einem vom Hintermann zu vertretenden **35 unvermeidbaren Irrtum** über die **Voraussetzungen eines Entschuldigungsgrunds** (vgl § 35 II S. 1). Nach den Regeln der limitierten Akzessorietät (vgl Vor § 25 Rn 17 f) kommt hier auch Anstiftung in Betracht, da der Vordermann vorsätzlich und rechtswidrig handelt. Die Anstiftung tritt jedoch (als minder schwere Beteiligungsform) hinter die Täterschaft zurück.

i) Ob mittelbare Täterschaft möglich ist, wenn sich der Vordermann in einem **36 vermeidbaren Verbotsirrtum** befindet, ist umstritten: Teils wird mittelbare Täterschaft bejaht, da sich der Vordermann in einem die **Bewertung** seiner Tat betreffenden **erheblichen Irrtum** befindet (vgl BGHSt 40, 257 [265 ff]; *Heinrich* Rn 1260; *Herzberg* Jura 1990, 16 [22 ff]; *Kindhäuser* Bemmann-FS 339 [344 ff]; *Schumann* NStZ 1990, 32 ff).

Teils wird mittelbare Täterschaft mit der Begründung verneint, der Vordermann **37** sei aufgrund der Vermeidbarkeit des Irrtums für sein Handeln voll verantwortlich (*Jakobs* GA 1997, 553 [570 f]; *Maiwald* ZStW 93, 864 [892 f]; *Stratenwerth/Kuhlen* § 12/53 ff).

Sachgerecht erscheint es jedoch, in diesen Fällen eine mittelbare Täterschaft zu **38** bejahen, da der Vordermann zwar strafrechtlich voll verantwortlich handelt, die Situation des vermeidbaren Irrtums im Schuldbereich aber derjenigen eines vorsatzausschließenden, jedoch fahrlässigen Tatbestandsirrtums gleicht, der die Werkzeugeigenschaft des Vordermanns ebenfalls unberührt lässt (s. auch *Mañalich* Puppe-FS 709 [720 ff]). Entsprechendes gilt für einen vermeidbaren Irrtum des Tatmittlers über die Voraussetzungen eines Entschuldigungsgrunds (vgl § 35 II). Wird in diesen Fällen mittelbare Täterschaft abgelehnt, ist eine Strafbarkeit des Hintermanns wegen Anstiftung zu bedenken.

j) Fälle, in denen sich der Vordermann zwar noch nicht in einer entschuldigenden **39 Notstandslage,** wohl aber in einem hieran **psychisch angrenzenden Bereich** befindet, werden teils – wegen der „Lenkbarkeit" des Vordermanns – als Konstellationen mittelbarer Täterschaft angesehen (*Kühl* § 20/51; *Schroeder,* Der Täter hinter dem Täter, 1965, 123 ff). Die Gegenauffassung verneint eine „Werkzeugqualität" des Vordermanns wegen dessen noch vollumfänglicher rechtlicher Haftung (*Bloy,* Die Beteiligungsform als Zurechnungstypus im Strafrecht, 1985, 345 ff; *Jakobs* 21/94 ff; *Otto* AT § 21/72).

k) Inwieweit eine mittelbare Täterschaft durch Benutzung **organisatorischer 40 Machtapparate,** etwa mit Blick auf die Judenvernichtung in der NS-Zeit, das Grenzregime der DDR oder ein Handeln im Rahmen mafiaähnlicher Organisationsstrukturen möglich ist, ist heftig umstr., wird aber von einem beachtlichen Teil der Literatur bejaht (vgl etwa *Heinrich* II Rn 1255 ff; LK-*Schünemann*

Rn 122 ff). Voraussetzung hierfür soll neben der Anordnungsgewalt innerhalb des hierarchischen Machtapparates und dem Handeln desselben außerhalb der Rechtsordnung insbesondere die **Austauschbarkeit** („**Fungibilität**") **des Vordermanns** sein, welche die Tatausführung selbst bei Weigerung einer einzelnen, zur Ausführung bestimmten Person als sicher erscheinen lässt (vgl *Koch* JuS 2008, 496 [497]; *Roxin* II § 25/105, 107). Die Bedeutung des Vordermanns tritt damit in den Hintergrund, entscheidend erscheint allein die Anweisungsgewalt der obersten Hierarchieebene als „der eigentlichen Beherrscherin" der Tat. Nach einem anderen, alternativen Ansatz ist das entscheidende Merkmal nicht in der Fungibilität, sondern in der bereits bestehenden (generellen) **Tatentschlossenheit des Gehilfen** zu sehen, welche der Weisungsgeber zur Deliktsbegehung nur noch ausnutzen muss (ausf. *Schroeder*, Der Täter hinter dem Täter, 1965, 143 ff, 168; vgl jetzt auch *Roxin* Krey-FS 449 [462 f]).

41 Die **Rspr**, welche die Möglichkeit einer mittelbaren Täterschaft in der vorgenannten Form ebenfalls bejaht, stützt sich in ihren Entscheidungen auf beide Ansätze, indem sie neben der Austauschbarkeit des unmittelbar Handelnden auch dessen unbedingte Bereitschaft betont, den Tatbestand zu erfüllen (BGHSt 40, 218 [236]; 45, 270 [296]; krit. hierzu *Rotsch* ZStW 112, 518 [540]). Sofern die an der Spitze einer ununterbrochenen Verantwortungskette stehenden Machthaber gegen ein Verhalten der Untergebenen (Mauerschützen) nicht einschreiten, soll außerdem eine mittelbare Täterschaft durch Unterlassen in Betracht kommen (BGHSt 48, 77 [89 ff]; zust. S/S/W-*Murmann* Rn 28). Schließlich weitet die Rspr die Figur der organisatorischen Machtapparate auf Fälle regelhafter **Abläufe in Wirtschaftsunternehmen** aus (BGHSt 40, 218 [236 ff]; BGH NStZ 2008, 89 [90]), was von Teilen der Literatur unter Hinweis auf die grds. Rechtsgebundenheit dieser Organisationen als verfehlt betrachtet wird; insbesondere könne unter solchen Umständen nicht von einer (beliebigen) Austauschbarkeit des Tatmittlers ausgegangen werden (vgl *Rengier* AT § 43/68 f; *Roxin* II § 25/129 ff; der Rspr zust. hingegen *Hefendehl* GA 2004, 575 ff).

42 Eine verbreitete **Gegenauffassung** lehnt eine mittelbare Täterschaft kraft organisatorischer Machtapparate generell ab und verweist dazu auf die volle rechtliche Verantwortlichkeit des Ausführenden. Die Tätigkeit des Hintermanns wird dann ersatzweise als Mittäterschaft (*Krey/Nuys* Amelung-FS 203 [218, 220 ff]; *Otto* AT § 21/92) oder – insbesondere, soweit eine Täterrschaft im Vorbereitungsstadium der Tat abgelehnt wird (dazu Vor § 25 Rn 38 f) – als Anstiftung gedeutet (*Köhler* 510, 516; *Zaczyk* GA 2006, 411 [414]; Antikritik bei *Roxin* GA 2012, 395 [399 ff]).

43 3. Wenn der Tatmittler weitere, vom Vorsatz des Hintermanns nicht gedeckte Straftaten begeht, ist ein **Exzess des Tatmittlers** gegeben, der dem Hintermann nicht zum Vorsatz zugerechnet werden kann. Es kann jedoch eine Haftung wegen Fahrlässigkeit in Betracht kommen.

44 4. a) Die Möglichkeit mittelbarer Täterschaft aufgrund pflichtwidrigen **Unterlassens in Garantenstellung** ist mit der Rspr (vgl BGHSt 48, 77 [89 ff]) und einem Teil der Literatur (*Brammsen* NStZ 2000, 337 ff; *Jakobs* 29/103; *Schroeder*, Der Täter hinter dem Täter, 1965, 105 ff) jedenfalls dann anzunehmen, wenn der Tatmittler nicht volldeliktisch handelt und der Hintermann als Garant für die Beseitigung des Defizits einzustehen hat. Exemplarisch: A veranlasst den B durch eine vermeintlich zutreffende, in Wirklichkeit aber irreführende Information zu einer schädigenden Vermögensverfügung zugunsten des C. C war gegenüber A zur Aufklärung des Sachverhalts verpflichtet, hat dies aber unterlassen, um sich

durch die Verfügung des B rechtswidrig zu bereichern. Hier hat C in mittelbarer Täterschaft durch pflichtwidriges Unterlassen einen Betrug zum Nachteil des B begangen (§§ 263, 25 I Alt. 2, 13).

Die im Schrifttum vorherrschende Auffassung lehnt demgegenüber die Möglichkeit mittelbarer Täterschaft aufgrund garantenpflichtwidrigen Unterlassens mangels Tatherrschaft über den Vordermann ab (S/S-*Heine/Weißer* Rn 56 ff; *Jescheck/Weigend* § 60 III 1; *Roxin* TuT 471 f). Indessen lässt sich hinsichtlich der Tatherrschaftsfrage kein Unterschied ausmachen, ob der Hintermann den vorsatzausschließenden Irrtum beim Vordermann aktiv hervorruft oder pflichtwidrig nicht behebt, zumal beim Betrug beide Täuschungsformen als gleichwertig angesehen werden (vgl nur *Kindhäuser* BT II § 27/2, 24 ff mwN). 45

b) In seiner jüngsten Entscheidung zur Verantwortlichkeit von Mitgliedern des Politbüros für das Grenzregime der DDR kombiniert der BGH die Figur der mittelbaren Täterschaft durch Unterlassen mit der Begründung von Tatherrschaft durch die Benutzung organisatorischer Machtapparate (BGHSt 48, 77 [89 ff] m. krit. Anm. *Ranft* JZ 2003, 582 ff; zust. *Dreher* JuS 2004, 17): Es ging hierbei um Personen, die erst nach Anordnung des „Schießbefehls" ins Politbüro kamen und den bestehenden Zustand nicht zu ändern versuchten. Diese hätten ihrer Pflicht zuwidergehandelt, gegen die Todesschüsse der ihnen im Wege einer ununterbrochenen Verantwortungskette unterstehenden Untergebenen einzuschreiten. Doch dieser Lösungsweg ist nicht nur wegen der (dogmatisch unklaren) Konstruktion einer Tatherrschaft kraft organisatorischer Machtapparate über volldeliktisch handelnde Vorderleute fragwürdig. Er greift auch zu kurz, wenn er nur auf das Verhalten innerhalb des Gremiums abstellt. Denn die Politbüromitglieder waren (zumindest auch) Beschützergaranten für das Leben der fliehenden DDR-Bürger und hatten somit dafür einzustehen, dass sie nicht durch rechtswidriges Verhalten getötet oder verletzt wurden (vgl auch *Knauer* NJW 2003, 3101 [3102 f]). Insoweit stellt sich die Frage, ob sie nicht auch aufgrund ihres pflichtwidrigen Unterlassens sonstiger Maßnahmen (unmittelbare) Nebentäter neben den aktiv handelnden Mauerschützen waren. 46

IV. Mittäterschaft (Abs. 2)

1. Die Mittäterschaft beruht auf dem Prinzip gleichwertiger Verantwortung aufgrund **arbeitsteiligen Handelns** bei der Tatbestandsverwirklichung: Die einzelnen Tatbeiträge werden zu einem einheitlichen Ganzen – einer gemeinschaftlichen Straftat – zusammengefasst und jedem Mittäter in vollem Umfang als eigenes Handeln zugerechnet; jeder Mittäter wird so behandelt, als habe er alle zur Tatbestandsverwirklichung führenden Akte selbst vollzogen (BGHSt 24, 286 [288]; 37, 289 [291]; vgl zu unterschiedlichen Begründungen *Frister* Dencker-FS 119 [123 ff]; *Kindhäuser* Hollerbach-FS 627 [650 ff]; krit. *Stein*, Die strafrechtliche Beteiligungsformenlehre, 1988, 69 ff). Allerdings muss bei erfolgsqualifizierten Delikten gem. § 18 jedem Mittäter hinsichtlich der besonderen Folge zumindest Fahrlässigkeit zur Last fallen (vgl BGH NStZ 1997, 82); anderenfalls macht sich der Beteiligte nur wegen des Grunddelikts strafbar. 47

2. Die Mittäterschaft hat eine objektive und eine subjektive Komponente; sie setzt objektiv eine **gemeinschaftliche Tatbegehung** und subjektiv einen **gemeinsamen Tatentschluss** voraus. 48

a) **Objektiv** muss der Mittäter die Tatbestandsverwirklichung (Gesamttat) **maßgeblich beeinflussen**. In Abkehr von der formal-objektiven Täterschaftstheorie 49

(Vor § 25 Rn 27) ist hierfür die (Mit-)Verwirklichung gerade einer durch das Delikt umschriebenen Handlung nicht erforderlich. Vielmehr genügen auch Verhaltensweisen, die auf andere Weise zum Gelingen der Tat beitragen (Fahren des Fluchtautos beim Bankraub, „Räuberleiter" beim tatbestandsmäßigen Einsteigen in eine Räumlichkeit), sofern hiermit die konkrete Deliktsverwirklichung in wertender Betrachtung „steht und fällt". Darüber hinaus kann nach hM auch eine Mitwirkung (allein) im Vorbereitungsstadium zur Begründung von Mittäterschaft ausreichend sein, wenn diese für den späteren Ablauf und das Gelingen der Tat von entscheidender Bedeutung ist (BGH NStZ 2002, 200 [201]). Nur nach der engen Tatherrschaftslehre ist eine unmittelbare Mitwirkung bei der Tatbestandsverwirklichung vonnöten (s. Vor § 25 Rn 38 f).

50 Nicht notwendig ist weiterhin ein Ineinandergreifen der einzelnen Tatbeiträge der Mittäter zu einer „Gesamtverwirklichung". Anerkannt ist von der hM vielmehr ebenso eine **alternative Mittäterschaft**, bei der von vornherein nur einer von mehreren Tatbeiträgen zum Erfolg führen kann, sofern jeder einzelne jedenfalls aus der *ex-ante*-Perspektive als wesentlich einzustufen ist (SK-*Hoyer* Rn 110; abw. *Rudolphi* Bockelmann-FS 369 [379 f]). Exemplarisch hierfür wäre etwa ein Attentat, bei dem mehrere Täter an verschiedenen Hausausgängen einzeln auf das Opfer lauern. Mit gleicher Begründung wird auch die Möglichkeit einer **additiven Mittäterschaft** bejaht, bei der der Erfolg durch die Gesamtheit der gleichgerichteten Tathandlungen überdeterminiert ist. Danach sind bei einem Killerkommando, bei dem sämtliche Beteiligte verabredungsgemäß gleichzeitig auf das Opfer schießen, alle als Mittäter einzustufen, da jeder mit seinem eigenen Schuss den Erfolgseintritt wenigstens wahrscheinlicher macht (so SK-*Hoyer* Rn 111; *Roxin* II § 25/229 f; iE gleich, aber mit anderer Begründung *Herzberg*, Täterschaft und Teilnahme, 1977, 56 ff).

51 b) Das **subjektive** Element, der gemeinsame Tatentschluss, erfordert das (zumindest konkludente) **Einverständnis jedes Beteiligten** mit dem gemeinsamen vorsätzlichen Vorgehen. Eine ins Detail gehende Kenntnis der Handlungen der Beteiligten wird hierbei nicht vorausgesetzt (vgl BGH NJW 2009, 1360 [1362] m.Anm. *Jahn* JuS 2009, 466). Regelmäßig werden daher auch Handlungen eines Mittäters, mit denen nach den Umständen des Falles gerechnet werden musste, vom Willen eines anderen Mittäters umfasst sein, auch wenn dieser sie sich nicht besonders vorgestellt hat (BGH NStZ 2012, 563; zur ähnlich gelagerten Rechtsfigur der „unwesentlichen Abweichung vom Kausalverlauf" vgl außerdem oben, § 16 Rn 16 ff). Zudem müssen sich die Mittäter nicht unbedingt persönlich kennen, sofern jedem bewusst ist, dass andere mitwirken und alle im bewussten und gewollten Zusammenwirken handeln (BGH wistra 2010, 103; S/S-*Heine/Weißer* Rn 71 f). Die bloße Billigung oder Ausnutzung der durch einen anderen geschaffenen Situation reicht demgegenüber nicht aus (vgl BGH NStZ 1996, 227 [228]; *Herzberg* ZStW 99, 49 [57]; *Otto* AT § 21/58). Zu weitgehend ist es auch, wenn die Rspr eine Zurechnung gelegentlich bereits dann vornimmt, wenn einem Mittäter die Handlungsweise seines Kumpans „zumindest gleichgültig" gewesen sei (vgl BGH NStZ 2012, 563 mwN) – im Gegensatz zur Bestimmung des Vorsatzes für die Folgen *eigener*, bewusst vorgenommener Handlungen, bei der teilweise auch eine Gleichgültigkeit gegenüber dem angegriffenen Rechtsgut für vorsatztauglich erachtet wird (§ 15 Rn 111), geht es hier um den davon zu unterscheidenden Fall der Zurechnung *fremden* Verhaltens, für das demgemäß strengere Voraussetzungen zu gelten haben.

Nach einer Mindermeinung soll es für die Begründung von Mittäterschaft ausreichen, wenn sich ein Mitwirkender durch einen Einpassungsentschluss an der Tat beteiligt. Wissen die anderen nichts von der so begründeten Mitwirkung, so soll ihnen das Verhalten des Mittäters auch nicht als eigenes Verhalten zugerechnet werden (*Derksen* GA 1993, 163 ff; *Lesch* ZStW 105, 271 ff; zur Kritik vgl *Kindhäuser* Hollerbach-FS 627 [630 f]). Exemplarisch: A verhindert, dass B bei einem Diebstahl von C gestört wird; B weiß hiervon nichts. Nach hM ist A mangels gemeinsamen Tatentschlusses nur Gehilfe, nach der Mindermeinung dagegen „einseitiger" Mittäter. Wendet A Gewalt an, so wäre A nach der Mindermeinung wegen Raubes (§ 249), B nur wegen Diebstahls (§ 242) strafbar. 52

c) **Mittäter kann nur sein, wer alle Tätermerkmale und subjektiven Voraussetzungen** des Delikts auch selbst erfüllt (vgl BGH StraFo 2011, 408). Allerdings soll nach Stimmen im Schrifttum die Zurechnung von Tatbeiträgen einer Person, bei der dies nicht gegeben ist, an einen *anderen* täterschaftlich Beteiligten über § 25 II dennoch möglich sein (*Frister* 25/23; *Rengier* Puppe-FS 849 ff; iE auch BGH StV 1991, 349). Argumentiert wird, dass sich der zurechnungsbegründende gemeinschaftliche Tatentschluss der Mittäter ohnehin allein auf die objektiven Merkmale (Tatbeiträge) beziehe, so dass sich das Fehlen persönlicher Voraussetzungen bei einem der Mitwirkenden nicht zurechnungshemmend zugunsten eines anderen Tatbeteiligten auswirken könne, der diese tatsächlich erfüllt (näher *Rengier* Puppe-FS 849 [850 f, 858] mwN; aA *Dehne-Niemann* JuS 2008, 589 [590 f]). 53

3. Für den gemeinsamen Tatentschluss genügt eine – ggf durch konkludentes Handeln bekundete – Willensübereinstimmung aller erst **während der Tatausführung**, vorausgesetzt, dass sich jeder Beteiligte des nunmehr gemeinsamen vorsätzlichen Vorgehens bewusst ist (sog. **sukzessive Mittäterschaft**; vgl BGH NStZ 1985, 70 f). Über die zeitlichen Grenzen der Zurechnung besteht allerdings Streit: 54

a) Die hL hält die Begründung von Mittäterschaft nur **bis zur Deliktsvollendung** für möglich, da die tatbestandlich umschriebene Tat überhaupt nur bis zu diesem Zeitpunkt begangen werden könne. Sie lehnt aber auch bei einer Beteiligung bis zu diesem Zeitpunkt (mangels gemeinsamer Tatbegehung) die rückwirkende Zurechnung solcher Erschwerungsgründe ab, die bereits vor Eintritt des Hinzukommenden verwirklicht waren (*Seher* JuS 2009, 304 [306]; *Walter* NStZ 2008, 548 [552 f, 554]; AnwK-*Waßmer* Rn 68). Exemplarisch: Hat der zunächst allein handelnde Täter bei einem Wohnungseinbruchdiebstahl (§§ 242, 244) das Türschloss bereits beseitigt, haftet sein sich erst später nur an der Wegnahme beteiligender Kumpan nur noch gem. §§ 242, 25 II. Nur bei Dauerdelikten, bei denen die Vollendungsphase einen gewissen Zeitraum in Anspruch nehmen kann, ist eine Beteiligung auch nach Vollendungsbeginn noch möglich. So kommt etwa bei der Freiheitsberaubung (§ 239), bei der die Vollendungsphase von der Einschließung bis zur Freilassung reicht, eine Beteiligung durch Aufrechterhaltung des Freiheitsentzugs in Betracht (*Kühl* Roxin-FS I 665 [681 f]). 55

b) Die Rspr und ein Teil der Literatur lassen demgegenüber den Beitritt eines Mittäters noch **bis zur Tatbeendigung** zu und lasten dem Hinzukommenden auch die vor seiner Mitwirkung verwirklichten Erschwerungsgründe bei entsprechender „Kenntnis und Billigung" an (BGH NStZ 1996, 227 f; *Küpper* GA 1986, 437 [447 f]; *Welzel* § 15 IV 1). Allerdings muss auch in diesem Fall der Hinzutretende (selbstverständlich) die bereits begonnene Tat noch in irgendeiner Weise fördern (vgl BGH NStZ 2012, 379 [380]: kein mittäterschaftlich-sukzessiver 56

Mord bei bloßer Passivität des später Anwesenden). Die Zurechnung vollständig abgeschlossener Taten soll hingegen nicht mehr möglich sein (vgl BGH NStZ 2010, 146 [147]; NStZ-RR 2014, 73 f).

57 **4.** Einem Beteiligten sind nur solche Tatbeiträge der anderen Mittäter zuzurechnen, die sich im (ggf nur grob umrissenen) Rahmen des gemeinsamen Tatentschlusses bewegen. Verwirklicht ein Beteiligter hiervon abweichend Qualifikationsmerkmale oder weitere Straftaten (sog. **Exzess eines Mittäters**), sind diese den anderen nicht über Abs. 2 zuzurechnen (vgl RGSt 67, 367 ff). Exemplarisch: A und B begehen verabredungsgemäß einen Diebstahl; B führt, was A nicht weiß, eine Pistole bei sich. Hier ist A nur wegen §§ 242, 25 II strafbar; § 244 I Nr. 1 a hat B dagegen allein (im Exzess) verwirklicht. Insoweit begründet und begrenzt der gemeinsame Tatentschluss zugleich die gemeinsame strafrechtliche Verantwortung. Ein Exzess kommt daher nicht in Betracht, wenn ein Tatbeitrag von Anfang an vom gemeinsamen Tatentschluss erfasst war (vgl Rn 51) oder es während der Tat zwischen den Mittätern zu einer tatsituativen einverständlichen Vorsatzerweiterung kommt (BGH NStZ 2013, 400 m. Bespr *Hecker* JuS 2013, 943 ff mwN; zur strafrechtlichen Verantwortlichkeit aus einem erfolgsqualifizierten Delikt des sich nicht im Exzess befindlichen Mittäters vgl *Isfen* Jura 2014, 1087 ff; beispielhaft BGH NStZ 2016, 400).

58 **5.** Im **Gutachten** empfiehlt es sich, bei Prüfung des einzelnen Mittäters die gemeinschaftliche Tatbegehung im objektiven, den gemeinschaftlichen Tatentschluss im subjektiven Tatbestand anzusprechen (hierzu *Kindhäuser/Schumann/Lubig* Klausurtraining, S. 117 ff; ausf. zu abw. Konzeptionen *Seher* JuS 2009, 1 ff). Die Reihenfolge der Prüfung verschiedener Beteiligter richtet sich nach der Ausgestaltung des Sachverhalts, wobei insbesondere **vier Grundkonstellationen** einschlägig sind:

59 (1) Mehrere Beteiligte wirken bei einer Tat so zusammen, dass sich ihre **Beiträge nicht voneinander abgrenzen lassen**; exemplarisch: A, B und C räumen gemeinsam ein Warenlager aus. Hier kann die Strafbarkeit der Beteiligten so geprüft werden, als habe nur eine Person gehandelt.

60 (2) Ist von zwei (oder mehreren) Beteiligten einer **nur im Vorbereitungsstadium** tätig, so ist vorab die Strafbarkeit des unmittelbar Handelnden als des Tatnächsten ohne Berücksichtigung des anderen Mitwirkenden zu untersuchen. Anschließend ist gesondert die Frage aufzuwerfen, in welcher Form der andere objektiv und subjektiv an dieser Tat beteiligt war, ob er insbesondere einen Tatbeitrag geliefert hat, der die Zurechnung der Tatbestandsverwirklichung qua Mittäterschaft zu begründen vermag, und ob sich die konkrete Tatbestandsverwirklichung im Rahmen des gemeinsamen Entschlusses bewegt hat.

61 (3) Verwirklicht **keiner** von mehreren Beteiligten **alle Tatbestandsmerkmale selbst**, so ist die Strafbarkeit derjenigen Beteiligten gemeinsam zu prüfen, die durch ihr Zusammenwirken zur Tatbestandsverwirklichung beitragen. Exemplarisch: A und B wollen C mit Gewalt die Brieftasche wegnehmen. Während A den C festhält, entwendet ihm B die Brieftasche. Hier ist für A und B gemeinsam § 249 zu prüfen, wobei hinsichtlich der Gewaltanwendung das Verhalten des A und hinsichtlich der Wegnahme das Verhalten des B unter die Vorschrift zu subsumieren sind und im subjektiven Tatbestand der gemeinsame Tatentschluss festzustellen ist.

62 (4) Erfüllt ein Beteiligter selbst **nur** unmittelbar das **Merkmal eines Qualifikationstatbestands**, so ist zunächst mit der Prüfung der Strafbarkeit desjenigen zu

beginnen, der den Grundtatbestand unmittelbar verwirklicht hat. Erst wenn sodann in einem zweiten Schritt festgestellt ist, dass auch dem nicht unmittelbar Beteiligten eine mittäterschaftliche Verwirklichung des Grundtatbestands zuzurechnen ist, kann in einem dritten Schritt die (ggf gemeinsame) Verwirklichung des Qualifikationstatbestands untersucht werden. Exemplarisch: A plant aus Habgier mit B die Tötung des C, die allerdings B allein ausführen soll. Bevor hier eine Mittäterschaft des A aufgrund des bei ihm vorhandenen Mordmerkmals nach §§ 211, 25 II geprüft werden kann, muss feststehen, dass ihm auch die Verwirklichung des Grundtatbestands gem. § 212 als Mittäter zurechenbar ist (*Küpper* JuS 1991, 639 ff).

§ 26 Anstiftung

Als Anstifter wird gleich einem Täter bestraft, wer vorsätzlich einen anderen zu dessen vorsätzlich begangener rechtswidriger Tat bestimmt hat.

I. Überblick

1. Die Anstiftung hat folgende **Voraussetzungen**: 1
- eine (zumindest versuchte) vorsätzliche und rechtswidrige Haupttat;
- das Bestimmen des Haupttäters zu dieser Tat (Tathandlung des Anstifters);
- Anstiftervorsatz.

2. Die Anstiftung kann auch gemeinschaftlich oder mittelbar durch Einschalten 2 eines (gutgläubigen) Dritten erfolgen (vgl BGH NStZ 1995, 126).

II. Haupttat

1. Nach hM erfordert die Strafbarkeit der Anstiftung das objektive Vorliegen 3 einer (zumindest versuchten) vorsätzlichen und rechtswidrigen Haupttat.

Verhält sich der Haupttäter daher nur **fahrlässig**, ist eine tatbestandsmäßige An- 4 stiftung zu verneinen. Geht der Veranlasser irrtümlicherweise von einem vorsätzlichen Handeln des Haupttäters aus, kommt aber eine **versuchte Anstiftung** nach § 30 I in Betracht (vgl KG NJW 1977, 817 [819]; *Jescheck/Weigend* § 61 VII 3; aA *Baumann/Weber/Mitsch* § 30/27 f); mittelbare Täterschaft scheidet aus, da der Veranlasser das seine Tatherrschaft begründende Defizit des Vordermanns verkennt.

Handelt der Haupttäter in einem **Erlaubnistatbestandsirrtum**, wirkt sich der 5 Streit zwischen der eingeschränkten und der rechtsfolgenverweisenden Schuldtheorie um die Rechtsfolge dieses Irrtums (Ausschluss des Vorsatzes oder nur der Vorsatzschuld; dazu Vor § 32 Rn 27 ff) im Hinblick auf die Teilnahmefähigkeit der begangenen Haupttat aus.

2. Verleitet der Anstifter den Haupttäter irrig zu einer Tat, die ein **ihm zustehen-** 6 **des Tatobjekt** betrifft, ist bzgl des Haupttäters eine vorsätzliche und rechtswidrige Deliktsbegehung zu bejahen. Umstritten ist allerdings, wie es sich auswirkt, dass das durch die Haupttat betroffene Tatobjekt gegenüber dem Anstifter objektiv keinen Schutz genießt, sofern man mit der hM den Strafgrund der Anstiftung in der Förderung der Haupttat sieht (Vor § 25 Rn 16). Exemplarisch: A stif-

tet den B an, ein an der Straße stehendes Fahrrad zu stehlen. Dabei verkennt er aufgrund Dunkelheit, dass es sich um sein eigenes Gefährt handelt.

7 Die hM geht hier von einer **vollendeten Anstiftung zur versuchten Haupttat** aus. Argumentiert wird, dass sich die fehlende Fremdheit des Tatobjektes gegenüber dem Anstifter allein auf das Erfolgsunrecht der Haupttat auswirke, die Anstiftungstat im Übrigen jedoch unberührt lasse (vgl *Mitsch* JuS 1999, 372 [374]; *Nowak* JuS 2004, 197 [198 f] mwN).

8 Die Gegenauffassung nimmt demgegenüber lediglich eine **versuchte Anstiftung** an, da das Verhalten des Anstifters in seiner Gesamtheit kein Rechtsgut angreife, das vor ihm geschützt sei (vgl *Hake*, Beteiligungsstrafbarkeit und „besondere persönliche Merkmale", 1994, 71). Letztere Meinung führt regelmäßig und so auch hier zur Straflosigkeit des Irrenden, da die versuchte Anstiftung nur bei Verbrechen strafbar ist (§ 30 I).

III. Bestimmen

9 1. Unter **bestimmen** ist das Hervorrufen des Entschlusses zu einer konkreten rechtswidrigen Tat zu verstehen; es muss zumindest mitursächlich für die Tatausführung werden.

10 Welche Art und Intensität der Täterbeeinflussung das Bestimmen jedoch erfordert, ist umstritten:

11 a) Nach teilweise vertretener Ansicht, die vom Wortsinn des „Bestimmens" durchaus noch umfasst erscheint, kann der Tatentschluss durch **jede beliebige intellektuelle Beeinflussung** hervorgerufen werden, wobei es nicht erforderlich sein soll, dass dies von dem zu Beeinflussenden überhaupt erkannt wird (BGH NJW 1985, 924; *Hillenkamp* JR 1987, 254 [256]). In Betracht kommt daher auch eine Beeinflussung durch Schaffen provozierender Umstände wie das Bereitlegen eines Tatwerkzeugs.

12 b) Eine restriktivere, wohl herrschende Auffassung verlangt hingegen einen **geistigen Kontakt** zwischen Veranlasser und zu Beeinflussendem bzw einen **Kommunikationsakt**, der sich etwa in Bitten, Anregen, Auffordern, Inaussichtstellen einer Belohnung usw ausdrücken kann (vgl *Amelung* Schroeder-FS 147 [176 f]; S/S-*Heine/Weißer* Rn 4; *Jescheck/Weigend* § 64 II 2 a; *Schmidhäuser* AT 14/104). Das bloße Schaffen von situativen Tatanreizen ist demnach nicht ausreichend. Argumente: Das Prinzip der Eigenverantwortlichkeit verbiete eine so weitgehende Verlagerung der Verantwortung (*Kretschmer* Jura 2008, 265 [266]); der Strafrahmen des § 26 I, wonach der Anstifter „gleich einem Täter" bestraft wird, verlange nach einer restriktiven Auslegung des Bestimmungsbegriffes (so zB *Kühl* § 20/171 f).

13 c) Gerade weil das Gesetz durch den identischen Strafrahmen von einer Vergleichbarkeit des Unrechtsgehalts von Anstiftung und Täterschaft auszugehen scheint, finden sich im Schrifttum schließlich auch noch engere Auffassungen, die eine **Planherrschaft** des Anstifters (*Schulz* JuS 1986, 933 [937 ff]), einen **Unrechtspakt** zwischen Anstifter und Täter (*Puppe* GA 1984, 101 ff; *dies.* NStZ 2006, 424 ff) oder zumindest eine Beeinflussung in der Weise verlangen, dass der Täter seinen Entschluss in **Abhängigkeit** vom Willen des Anstifters fasst (*Jakobs* 22/21 f; *Timpe* GA 2013, 145 [158]). Dementsprechend genügt es für Anstiftung nicht, einem anderen nur das zur Ausführung einer konkreten Tat nötige Wissen zu vermitteln, auch wenn die Erlangung solcher Kenntnisse zum Fassen des Tat-

entschlusses führt; insoweit wäre allerdings psychische Beihilfe gegeben (vgl § 27 Rn 10 ff). Von der überwiegenden Literatur wird diese Interpretation demgegenüber als zu eng verworfen (vgl nur LK-*Schünemann* Rn 10 mwN; unter Bezugnahme auf systematische Argumente aus § 30 auch *Krüger* JA 2008, 492 [497 f]).

2. Für das Bestimmen reicht es aus, wenn ein bisher lediglich zur Tat Geneigter oder ein noch Schwankender zum festen Entschluss gebracht wird (vgl BGH bei *Dallinger* MDR 1972, 569). Wer dagegen zur Ausführung einer konkreten Tat bereits fest entschlossen ist (sog. „**omnimodo facturus**"), kann nicht mehr angestiftet werden (krit. *Puppe* § 25/8 ff; *Scheinfeld* GA 2007, 695 [702 f]). In einem solchen Fall sind jedoch versuchte Anstiftung nach § 30 I oder psychische Beihilfe nach § 27 I zu bedenken.   **14**

3. Das Umstimmen eines bereits Tatentschlossenen kann nach hM Anstiftung (sog. „**Umstiftung**") sein, wenn es zur Ausführung einer **anderen** als der geplanten **Tat oder** zu einer **weiteren Tatbestandsverwirklichung** führt (vgl BGH StV 1996, 2; *Bemmann* Gallas-FS 273 [277]; *Kühl* § 20/180 ff). Gerade bei der Frage, ob zu einer „anderen Tat" angestiftet wurde, kann die Abgrenzung zur bloß beratenden Beihilfe allerdings schwierig sein (vgl ausf. *Schulz* JuS 1986, 933 [934 ff]). Eine Anstiftung liegt jedenfalls nicht bereits bei Veränderung von Tatmodalitäten wie Ort und Zeit der Deliktsverwirklichung vor, da dies lediglich als Modifikation der ursprünglichen, nicht aber Bestimmung zu einer neuen Tat erscheint. Demgegenüber ist eine tatbestandsmäßige Anstiftung regelmäßig dann anzunehmen, wenn sie sich gegen ein anderes Rechtsgut oder jedenfalls einen anderen Rechtsgutsträger richtet (*Hoffmann-Holland* Rn 570; *Rengier* AT § 45/42).   **15**

4. Ob in der Bestimmung eines bereits zur Begehung des Grunddelikts fest Entschlossenen zur Verwirklichung einer Qualifikation eine Anstiftung (sog. „**Aufstiftung**") liegt, ist umstritten: **16**

a) Die hM bejaht wegen des höheren Unrechtsgehalts (und der mangelnden Teilbarkeit) der nunmehr verwirklichten Tat eine Anstiftung zur Qualifikation (vgl BGHSt 19, 339 ff; *Frister* 28/19; *Hoffmann-Holland* Rn 568; LK-*Schünemann* Rn 34 ff; *Stree* Heinitz-FS 277 ff).   **17**

b) Teilweise wird psychische Beihilfe zum Grundtatbestand angenommen; Anstiftung soll zusätzlich in Betracht kommen, wenn das zur Qualifizierung führende Plus selbstständig erfasst sei (vgl *Bemmann* Gallas-FS 273 ff; S/S-*Heine/Weißer* Rn 9; SK-*Hoyer* Rn 19; *Küpper* JuS 1996, 23 [24]).   **18**

Exemplarisch: A bringt die bereits zur Begehung eines Raubes entschlossenen B und C dazu, bei der Tat ein gefährliches Werkzeug einzusetzen. Nach der hM stiftet A zum schweren Raub (§ 250 II Nr. 1) an, nach der Mindermeinung liegt Anstiftung zu § 224 I Nr. 2 (ggf in Tateinheit mit psychischer Beihilfe zu § 249) vor.   **19**

5. Das Umstimmen des zur qualifizierten Tat Entschlossenen zur Begehung nur des Grunddelikts (sog. „**Abstiftung**") ist keine Anstiftung, da der Haupttäter (auch) bzgl des „Weniger" bereits tatentschlossen war. Es kommt allenfalls eine psychische Beihilfe in Betracht, wobei allerdings auch diese nach hL regelmäßig gemäß der Grundsätze der objektiven Risikoverringerung (dazu Vor § 13 Rn 109 ff) ausgeschlossen ist (*Koch/Wirth* JuS 2010, 203 [207 f]; aA S/S/W-*Murmann* Rn 6).   **20**

21 6. Hinsichtlich des **Zeitpunkts** der Anstiftungshandlung bestehen – im Gegensatz zum diesbezüglichen Problem bei der Beihilfe (§ 27 Rn 20 ff) – kaum Schwierigkeiten, da die Anstiftung wegen des erforderlichen (Mit-)Hervorrufens des Tatentschlusses regelmäßig vor Tatbeginn erfolgen muss. Unter dem Stichwort einer **sukzessiven Anstiftung** werden allerdings Fälle diskutiert, in denen eine Um- oder Aufstiftung nach Tatbeginn nicht gleichzeitig zu einer Zäsur führt, so dass die sich anschließende, weitere Tatausführung mit dem bereits begonnen Delikt in einer tatbestandlichen Handlungseinheit steht (näher *Börner* Jura 2006, 415 ff; *Grabow* Jura 2009, 408 ff).

22 7. Ob eine Anstiftung durch Unterlassen in Betracht kommt, ist umstritten:

23 a) Eine Anstiftung durch Unterlassen wird von einer verbreiteten Ansicht abgelehnt, da im Unterlassen keine Vermittlung eines für das Bestimmen relevanten Sinngehalts liegen könne (*Amelung* Schroeder-FS 147 [175]; *Heinrich* Rn 1293; *Otto* AT § 22/39).

24 b) Nach einer anderen Auffassung kommt eine Anstiftung durch Unterlassen in Betracht, wenn der für die Überwachung einer Person zuständige Garant es zulässt, dass diese einen Dritten zu einer Tat anstiftet (vgl *Bachmann/Eichinger* JA 2011, 509 [510]; SK-*Rudolphi/Stein* Vor § 13 Rn 61).

25 c) Schließlich wird eine Anstiftung durch Unterlassen auch dann für möglich gehalten, wenn die Pflicht besteht, das Risiko des Bestimmtwerdens zu unterbinden. Exemplarisch: A hat in einem Brief an B spaßeshalber eine Belohnung für das Begehen einer bestimmten Straftat in Aussicht gestellt; als A bemerkt, dass B die Aufforderung ernst nimmt und zur Tat schreiten will, klärt er ihn nicht auf (vgl *Jakobs* 29/104).

26 8. Die Anstiftung muss nicht an eine konkrete Person gerichtet sein; es genügt, wenn der Anzustiftende aus einem **individuell bestimmten Personenkreis** stammt (vgl BGHSt 6, 359 ff). Aufrufe zu Straftaten an einen unbestimmten Adressatenkreis werden dagegen von § 111 erfasst (vgl BGHSt 32, 310 ff).

IV. Anstiftervorsatz

27 1. Der Anstiftervorsatz, für den dolus eventualis genügt, muss die Vollendung einer bestimmten vorsätzlichen und rechtswidrigen Haupttat und das Hervorrufen des Tatentschlusses beim Haupttäter (sog. **doppelter Anstiftervorsatz**) umfassen.

28 2. Der Vorsatz des Anstifters muss sich auf eine zwar nicht in allen Einzelheiten, wohl aber in ihren **Grundzügen und wesentlichen Merkmalen konkretisierte Tat** beziehen (vgl BGHSt 15, 276 [277]; 34, 63 ff m.Anm. *Herzberg* JuS 1987, 617 ff; SK-*Hoyer* Rn 29; abw. *Kretschmer* Jura 2008, 265 [266 f], der die Konkretisierung der Tat als Problem der objektiven Zurechnung sieht). Insbesondere können Zeit, Ort und konkrete Ausführungsmodalität dem Täter überlassen bleiben. Auch die Person des Opfers braucht noch nicht identifiziert zu sein, wenn es dem Anstifter hierauf nicht ankommt. Exemplarisch: A verlangt von X und Y, ein beliebiges Mitglied der rivalisierenden B-Bande zusammenzuschlagen. Nicht ausreichend sind dagegen Anregungen zu unbestimmten und nur abstrakt umrissenen Taten, wie etwa die „künftige Begehung von Diebstählen" (vgl BGH JR 1999, 248 f m.Anm. *Graul*; *Koch/Wirt* JuS 2010, 203 [206]).

29 3. Wenn die Ausführung der Haupttat erheblich vom Vorsatz des Anstifters abweicht, ist ein sog. **Exzess des Haupttäters** gegeben, der dem Anstifter nicht mehr

zugerechnet werden kann (vgl auch BGH NStZ 1998, 511 [512 f]). Begeht der Haupttäter statt des vorgesehenen Diebstahls einen Raub, so haftet der Anstifter nur wegen §§ 242, 26.

4. Der Anstiftervorsatz muss sich auf die **Vollendung** der Haupttat beziehen, wenn man mit der hM den Strafgrund der Teilnahme in der (mittelbaren) Beeinträchtigung des tatbestandlich geschützten Rechtsguts sieht (Vor § 25 Rn 16). Daher macht sich der **Lockspitzel** (agent provocateur) nicht strafbar, der einen anderen nur zum Zwecke seiner Festnahme zur Begehung einer Tat, die dann im Versuchsstadium stecken bleibt, veranlasst (vgl *Baumann/Weber/Mitsch* § 30/44 f; *Deiters* JuS 2006, 302 [304]; *Mitsch*, Straflose Provokation strafbarer Taten, 1986, 102 ff). Dies gilt auch bei Unternehmensdelikten (s. § 11 Rn 35 ff), bei denen nach § 11 I Nr. 6 der „materielle" Versuch der Vollendung gleichsteht (*Mitsch* Jura 2012, 526 [529]). 30

Problematischer ist es demgegenüber, eine Strafbarkeit des Anstifters auch dann zu verneinen, wenn er zwar mit der (formellen) Vollendung, nicht aber **Beendigung** der Tat rechnet. Hier wird eine Straflosigkeit des Teilnehmers oftmals dann angenommen, wenn er es nicht zum Eintritt einer „tatsächlichen Rechtsgutsverletzung" kommen lassen will (vgl *Janssen* NStZ 1992, 237 [238]; *Krey/Esser* AT 1059 ff; *Rengier* AT § 45/71; *Rönnau* JuS 2015, 19 [20 f]). Ob der Beendigungszeitpunkt hinsichtlich dieser „materiellen" Betrachtungsweise einen Unterschied macht, hängt dabei von der Eigenart des jeweiligen Delikts ab. Zu denken ist etwa an den Fall, dass einem Dieb bei fehlendem Gewahrsam des Anstifters zwar die Wegnahme der Sache, nicht aber die (den Eigentümer erst endgültig schädigende) Sicherung der Beute zugestanden wird, um ihn überführen zu können. Bedeutung erlangt die Freistellung wegen fehlender Beendigung auch im Rahmen der praktisch wichtigen BtMG-Tatbestände, da die Rspr deren Vollendung bereits sehr früh ansetzt (vgl BGHSt 50, 252 ff; krit. *Roxin* StV 1992, 517 [518]). 31

Handelt der agent provocateur dagegen mit dolus eventualis sowohl hinsichtlich Vollendung als auch Beendigung der Tat, ist stets eine tatbestandsmäßige Anstiftung gegeben. Ggf ist jedoch noch zu prüfen, ob diese nicht nach **Notstandsregeln gerechtfertigt** ist, namentlich im Hinblick auf die Ermöglichung einer späteren Überführung des Haupttäters. Hier wird allerdings spätestens im Rahmen der dann notwendigen Güterabwägung (§ 34 Rn 31 ff) regelmäßig kein wesentliches Überwiegen des Interesses an der Überführung des Täters gegenüber der Verletzung des konkret betroffenen Rechtsguts festzustellen sein (näher *Deiters* JuS 2006, 302 [304]). 32

Auch wenn die Rechtmäßigkeit des Einsatzes von Lockspitzeln weitgehend anerkannt ist (vgl BVerfGE 57, 250 [284]; BGHSt 33, 356 ff), wird doch in Fällen einer provozierten Tat ein Konflikt mit dem Rechtsstaatsprinzip sowie Art. 6 I EMRK gesehen. Nach einem Teil der neuerdings uneinheitlichen Rspr soll dies zu einer Berücksichtigung im Rahmen der **Strafzumessung** führen (BGHSt 60, 238; zuvor schon BGHSt 45, 321 [324 ff]; ferner BGHSt 33, 356 ff; *Rieß* JR 1985, 45 ff; vgl auch § 46 Rn 47). Teils wird in der Provokation auch (zugunsten des Täters) ein Verfahrenshindernis (vgl BGHSt 60, 276 m. zust. Anm. *Mitsch* NStZ 2016, 57 f; *Meyer* ZStW 95, 834 [853]; *Taschke* StV 1984, 178 ff) oder ein Beweisverbot (vgl EGMR NJW 2012, 3502 [3503]; 2015, 3631 [3635]; *Berz* JuS 1982, 416 ff; *Lüderssen* Peters-FS 349 [363]) gesehen. 33

§ 27 Beihilfe

(1) Als Gehilfe wird bestraft, wer vorsätzlich einem anderen zu dessen vorsätzlich begangener rechtswidriger Tat Hilfe geleistet hat.
(2) ¹Die Strafe für den Gehilfen richtet sich nach der Strafdrohung für den Täter. ²Sie ist nach § 49 Abs. 1 zu mildern.

I. Überblick

1 1. Die Beihilfe hat folgende **Voraussetzungen**:
- eine (zumindest versuchte) vorsätzliche und rechtswidrige Haupttat (hierzu § 26 Rn 3 ff);
- das Hilfeleisten bei dieser Tat (Tathandlung des Gehilfen);
- Beihilfevorsatz.

2 2. Gegenüber der Mittäterschaft ist die Beihilfe die **schwächere Beteiligungsform** (zur Abgrenzung vgl Vor § 25 Rn 20 ff). Der **Begehungszeitpunkt** der Beihilfehandlung richtet sich nach dem Zeitpunkt der Hilfeleistung und nicht nach dem der Haupttat (BGH NStZ-RR 2005, 151).

II. Hilfeleistung

3 1. Ob die Hilfeleistung für den Erfolg der Haupttat kausal werden muss, ist umstritten; die Antwort hängt weitgehend davon ab, worin der Strafgrund der Teilnahme gesehen wird (vgl Vor § 25 Rn 11 ff):

4 a) Nach hL soll ein zum Gelingen der Tat kausaler Beitrag erforderlich sein. Ausreichend hierfür sei jedoch – wie auch sonst (vgl Vor § 13 Rn 68) – dass der Erfolg in seiner konkreten Gestalt modifiziert werde, so dass eine taugliche Beihilfehandlung bereits dann vorliege, wenn der Gehilfenbeitrag die **Tatbestandsverwirklichung erleichtert, intensiviert oder abgesichert** hat (*Baumann/Weber/Mitsch* § 31/16 f; *Geppert* Jura 2007, 589 [599]; *Heinrich* Rn 1326; *Letzgus* Vogler-GS 49 [53 f]). Daher steht es der Annahme einer Beihilfe zB nicht entgegen, wenn sich ein Schmierestehen hinterher als überflüssig herausstellt, da eine durch zwei Personen durchgeführte Tat etwas anderes sei, als wenn der Täter sie allein begangen hätte (LK-*Schünemann* Rn 9; krit. *Frister* 28/34).

5 b) Auf der Basis der objektiven Zurechnung (Vor § 13 Rn 101 ff) wird die hL teils dahin gehend präzisiert, dass der Gehilfe durch seine Leistung zur **Erhöhung des Risikos** beigetragen haben müsse, das sich in der Tatbestandsverwirklichung bzw Erfolgsherbeiführung realisiert hat (*Murmann* JuS 1999, 548 [549 ff]; *Otto* AT § 22/53; *Schaffstein* Honig-FS 169 ff; *Stratenwerth/Kuhlen* § 12/158). Soweit mit dieser Formel allerdings Beiträge, welche der Täter selbst vornehmen konnte und wollte, mangels Erhöhung des bereits bestehenden Risikos als bedeutungslos ausgeschlossen werden, ist dem die Irrelevanz hypothetischer Kausalverläufe entgegen zu halten (*Roxin* Miyazawa-FS 501 [510]).

6 c) Teils wird es in der Lehre aber auch als ausreichend angesehen, wenn der Gehilfe durch seinen Beitrag iSe **abstrakten Gefährdung** das Risiko einer Rechtsgutsverletzung erhöht hat (*Herzberg* GA 1971, 1 [4 ff]). Dieser Ansatz begegnet jedoch insoweit Bedenken, als hiermit die Gefahr einer Einbeziehung auch solcher Beihilfehandlungen besteht, die sich – da bloß abstrakte Betrachtung – iE überhaupt nicht auf die Haupttat ausgewirkt haben, was zu einer Umgehung der

Straflosigkeit einer bloß versuchten Beihilfe führen würde. Zudem erscheint der Begriff des „Hilfeleistens" bei bloß abstrakter Bestimmung zu konturlos, um gesicherte Ergebnisse zu ermöglichen (vgl *Jakobs* 22/35; *Samson* Peters-FS 121 [126]).

d) Nach der Rspr soll es genügen, wenn die Beihilfehandlung für die Ausführung der Tat zu irgendeinem Zeitpunkt **förderlich** war, mag sich auch der Beitrag im Ergebnis nicht ausgewirkt haben; eine Kausalität des Gehilfenbeitrags wird ausdrücklich nicht verlangt (vgl BGHSt 2, 279 [282]; BGH NStZ 2012, 264). Da sich aber die „Förderung" einer Tat typischerweise in einer (zumindest) taterleichternden Hilfe ausdrückt, ergeben sich zum Ansatz der hL im Ergebnis kaum Unterschiede; tatsächlich ist die Ablehnung des Verursachungserfordernisses wohl eher einem engeren Verständnis des Kausalitätsbegriffs geschuldet (SK-*Hoyer* Rn 8). Allerdings kommt die Rspr mithilfe dieser Formel teilweise auch dann zu einer Beihilfe zur vollendeten Tat, wenn der Täter sein Werk nach vergeblichem Ansetzen mit dem bereitgestellten Werkzeug unabhängig davon auf anderem Wege vollendet (vgl RGSt 6, 169 f; Beispiel bei *Timpe* JA 2012, 430 f), obwohl in diesem Fall richtigerweise nur eine Teilnahme am versuchten Delikt vorliegt (anders *Jakobs* Rüping-FS 17 [24 ff]). Ebenfalls häufig anzutreffen ist der Vorwurf, die Förderungstheorie der Rspr führe außerdem zur Gefahr der Einbeziehung bloß versuchter Beihilfehandlungen (vgl etwa *Roxin* II § 26/189). 7

2. Beihilfe kann durch **Rat und Tat** geleistet werden. 8

a) Tätige Beihilfe wird als **physische Beihilfe** bezeichnet und kann sowohl in der Gewährung von Sachmitteln (zB Waffen, Werkzeug) als auch körperlichen Tätigkeiten während der Tat bestehen. 9

b) Hinsichtlich beratender Beihilfe, sog. **psychischer Beihilfe**, ist zu differenzieren: Diese ist unstr. einschlägig, wenn sie sich auf technische Hinweise zur Durchführung der Tat bezieht oder auf Hilfestellungen, die schon im Vorfeld der Tat gegeben werden (vgl LK-*Schünemann* Rn 12; sog. **kognitive Beihilfe**). Umstritten ist jedoch, ob psychische Beihilfe auch durch bloße Bestärkung des Tatentschlusses geleistet werden kann (sog. **voluntative Beihilfe**): 10

■ Die hM bejaht dies, wenn der Gehilfe bei einem ansonsten fest zur Tat Entschlossenen bestimmte Hemmungen beseitigt oder Bedenken hinsichtlich der Tatausführung zerstreut (vgl OLG Düsseldorf NStZ-RR 2005, 336). Bloßes Billigen der Tat oder schlichte Anwesenheit am Tatort sollen demgegenüber idR nicht ausreichen (vgl BGH StV 2006, 695; anders BGH StV 1982, 517 m.Anm. *Rudolphi* StV 1982, 518 ff). In derartigen Konstellationen besteht auch die Gefahr, dass der Sache nach auf ein bloßes Unterlassen (nicht weggehen, nicht einschreiten) abgestellt wird, was aber stets eine Garantenstellung voraussetzt (unten Rn 17; s. auch BGH NStZ 2010, 221 f m.Anm. *Bosch* JA 2010, 306). 11

■ Von einer Mindermeinung wird die Möglichkeit einer voluntativen Beihilfe generell abgelehnt, da sich die Beihilfe im Unterschied zur Anstiftung nicht auf die Beeinflussung des Täters, sondern auf die Gestaltung der Tat beziehen müsse (*Hruschka* JR 1983, 177 f). Hiergegen wird wiederum eingewandt, dass eine strikte Trennung von Täter- und Tateinwirkung kaum möglich sei, da jede Tätereinwirkung mittelbar auch die Tat beeinflusse (LK-*Schünemann* Rn 14). 12

13 3. Ob Beihilfe auch durch alltägliche („**sozialadäquate**") **Handlungen** geleistet werden kann, wie etwa den regulären Verkauf eines Messers in Kenntnis seiner beabsichtigten Verwendung als Tatwerkzeug, ist umstritten (zum Meinungsstand *Rotsch* Jura 2004, 14 ff; *Schneider* NStZ 2004, 312 ff; zur Übertragung der Problematik auf die Anstiftung *Kudlich* Tiedemann-FS 221 [230 ff]):

14 a) Die herkömmliche Ansicht schließt alltägliche Handlungen grds. nicht aus dem Kreis potenzieller Hilfeleistungen aus, sondern stellt auf das **Wissen und Wollen** des Handelnden ab; seine Zwecksetzung sei entscheidend, ob alltägliche Verhaltensweisen als Beihilfehandlungen anzusehen seien (*Beckemper* Jura 2001, 163 ff; *Niedermair* ZStW 107, 507 [543 f]; *Otto* wistra 1995, 323 [327]; im Grundsatz auch *Krey/Esser* AT Rn 1083 ff).

15 b) Die Gegenansicht versucht, allein nach **objektiven Kriterien** neutrale und berufstypische Handlungen aus dem Bereich strafrechtlicher Beihilfe auszuschließen (*Hassemer* wistra 1995, 41 ff, 81 ff; *Jakobs* ZStW 97, 751 ff; *Kindhäuser* Otto-FS 355 [360 ff]; *Lesch* JA 2001, 986 ff; *Löwe-Krahl* wistra 1995, 201 ff). Namentlich scheide eine Strafbarkeit dann aus, wenn die Hilfeleistung auch ohne das anschließende Täterverhalten noch sinnvoll bleibe, etwa bei der Bewirtung der späteren Einbrecher in einem Gasthof, oder wenn sich der Täter die benötigten Hilfsmittel ohne Weiteres an beliebiger anderer Stelle besorgen kann. Vor allem typische Austauschgeschäfte des täglichen Lebens sollen so straflos gestellt werden.

16 c) Ein vermittelnder Lösungsvorschlag verlangt einen **deliktischen Sinnbezug** der Unterstützungshandlung, der **objektive und subjektive Elemente** verbindet (*Kudlich* JA 2011, 472 [473 f]; *Kühl* § 20/222 c; *Roxin* II § 26/221 ff; vgl auch *Gaede* JA 2007, 757 [760]). Dem entspricht der Sache nach auch die Rspr (BGHSt 46, 107 [112]; BGH NJW 2003, 2996 [2999]; wistra 2014, 176 m. krit. Bspr *Putzke* ZJS 2014, 635 ff; krit. *Hartmann* ZStW 116, 585 [596 ff]), die zwar zunächst danach differenziert, ob eine bewusste Förderung des Haupttäters (Absicht or dolus directus) oder nur ein Handeln mit dolus eventualis vorliegt. Jedoch verlangt der BGH im ersten Fall zum einen, dass die vom Vorsatz des Gehilfen umfasste, zu fördernde Handlung des Haupttäters *ausschließlich* auf die Begehung einer Straftat gerichtet ist; zum anderen nimmt er beim Handeln mit bedingtem Vorsatz eine Strafbarkeit dann an, wenn das vom Teilnehmer erkannte Risiko einer Straftat des Unterstützten derart hoch ist, dass die Hilfe als „Förderung eines erkennbar tatgeneigten Täters" erscheint – was aber wiederum aus objektiven Kriterien herzuleiten ist (vgl MK-*Joecks* Rn 83; Beispiele bei *Roxin* II § 26/241).

17 4. Nach hM ist **Beihilfe durch Unterlassen** grds. möglich, wenn es der Garant trotz Eingriffsmöglichkeit unterlässt, die Ausführung der Tat zu verhindern, zu erschweren, abzuschwächen oder für den Täter riskanter zu machen (vgl BGHSt 30, 391 [393 f]; BGH NStZ 1985, 24; *Baumann/Weber/Mitsch* § 31/22; *Kühl* § 20/229 ff; *Ranft* ZStW 97, 268 ff). Zu beachten ist jedoch, dass nach verbreiteter Auffassung in der Literatur der Garant nur in Ausnahmefällen nicht selbst Täter ist (vgl Vor § 25 Rn 53 ff; vgl auch *Bachmann/Eichinger* JA 2011, 509 [511 f]; *Schmidhäuser* AT StuB 13/14 f).

18 5. Von der heute ganz hM wird die Möglichkeit, **Beihilfe zu einem Unterlassungsdelikt** zu leisten, anerkannt, und zwar in allen in Betracht kommenden Formen (vgl BGHSt 14, 280 [282]; *Jescheck/Weigend* § 60 III 1; *Roxin* TuT 510 ff, 525 f; SK-*Rudolphi/Stein* Vor § 13 Rn 61; aA *Kaufmann*, Die Dogmatik der Unterlassungsdelikte, 1959, 190 f; *Welzel* § 27 V 3).

6. Der **Haupttäter** braucht von der ihm gewährten Hilfe **nichts** zu **wissen**, sofern diese der Tat objektiv förderlich ist (LK-*Schünemann* Rn 10). Exemplarisch: Der Helfende platziert Werkzeug am Tatort, welches der an einen Zufall glaubende Täter freudig zur Tatausführung nutzt. Anderes gilt allerdings für die psychische Beihilfe, die notwendigerweise die Kenntnis des Täters vom Teilnehmenden voraussetzt (BGH wistra 2012, 181 [182]). 19

7. Unstr. kann Beihilfe schon im **Vorbereitungsstadium** geleistet werden. Umstritten ist dagegen, bis zu welchem **Stadium der Haupttat** (sukzessive) Beihilfe möglich ist: 20

a) Dies betrifft zum einen (allgemein) die Frage der **rückwirkenden Zurechnung von Tatteilen**. Exemplarisch: Der Helfende tritt bei einem Raub erst hinzu, nachdem der Haupttäter den Gewahrsamsinhaber bereits niedergeschlagen hat, um sodann beim Abtransport der Beute aus dem Haus des Opfers Wache zu stehen. Nach einer Ansicht ist hier eine Zurechnung der bereits verwirklichten Nötigungshandlung an den Gehilfen zu verneinen, da dieser insofern lediglich einen dolus subsequens aufweise und auch keine Förderung des bereits realisierten Tatteils mehr möglich sei (vgl *Kleszcewski* AT Rn 746; AnwK-*Waßmer* Rn 28). Folge wäre, dass der Helfende hier allenfalls nach §§ 27, 242 zu bestrafen ist. Demgegenüber verweist die vorzugswürdige Gegenauffassung darauf, dass Beihilfe (im Gegensatz zum identischen Problemkreis bei der Mittäterschaft, vgl § 25 Rn 55) die Förderung einer *fremden* Tat darstellt, wobei es ausreichend ist, wenn der Helfende die von ihm zutreffend erfasste Gesamttat in einzelnen Aspekten unterstützt (näher *Grabow/Pohl* Jura 2009, 656 [660]; *Murmann* ZJS 2008, 456 [460] mwN). 21

b) Anders wird allerdings teilweise die Frage entschieden, ob eine Beihilfe auch noch in der **Beendigungsphase der Haupttat** möglich ist. Dies wird von der Rspr und einem Teil der Lehre ebenfalls bejaht (vgl BGHSt 19, 323 [325]; BGH wistra 2010, 219 [220]; *Baumann/Weber/Mitsch* § 31/25; *Frister* 28/50). Demgegenüber nimmt eine abweichende Ansicht im Schrifttum an, dass Beihilfe (mit Ausnahme von Dauerdelikten) nur bis zur formellen Deliktsvollendung in Betracht komme; anschließend sei die Hilfeleistung über § 257 zu erfassen (*Heinrich* Rn 1324; *Geppert* Jura 1999, 266 [272]; *Kühl* § 20/236). Verwiesen wird für diese Position insbesondere auf die bedenkliche Strafausweitung, die sich durch die Unsicherheiten bei der Bestimmung des Beendigungszeitpunkts eines Delikts ergebe sowie die Sperrwirkung der §§ 257, 258, deren Strafrahmen nicht durch die (zusätzliche) Möglichkeit einer Beihilfe am bereits vollendeten Delikt umgangen werden dürfe (näher *Roxin* II § 26/259 ff; vgl auch § 257 Rn 20 ff). 22

8. Die **Anstiftung** als intensivere Form der Teilnahme (vgl das Strafmaß) **verdrängt eine Beihilfe** zur selben Tat (vgl Vor § 52 Rn 33). 23

III. Gehilfenvorsatz

1. Der Gehilfenvorsatz, für den dolus eventualis genügt, muss 24
- die Vollendung einer bestimmten vorsätzlichen und rechtswidrigen Haupttat,
- die eigene Hilfeleistung und
- die Ausführung und Vollendung der Tat durch den anderen umfassen.

2. Der Vorsatz des Gehilfen muss sich auf die **Grundzüge und die wesentlichen Merkmale des Unrechts der Haupttat** beziehen (vgl BGHSt 42, 135 ff m.Anm. 25

Fahl JA 1997, 11 ff; *Kindhäuser* NStZ 1997, 273 ff; *Scheffler* JuS 1997, 598 ff). Gegenüber dem Anstiftervorsatz werden regelmäßig geringere Anforderungen gestellt, da der Helfende im Gegensatz zum Anstifter nicht eine zu konkretisierende Tat vorgeben muss, sondern eine bereits konkretisierte Tat begleitet (näher *Satzger* Jura 2008, 514 [520]).

26 Eine **fehlerhafte Einordnung der Haupttat** durch den Gehilfen ist unschädlich, sofern das tatsächlich verwirklichte Delikt in seinem Unrechtsgehalt von dem vorgestellten Tatbestand nicht wesentlich abweicht (*Fischer* Rn 22). Andererseits reicht die Vorstellung, der Haupttäter verwirkliche „irgendein" Vermögensdelikt, nicht aus (BGH wistra 2012, 302). Bei seinem Beitrag muss der Gehilfe davon ausgehen, dass die Haupttat zur Vollendung gelangen kann (vgl auch § 26 Rn 30); demnach kommt bewusste Beihilfe zum untauglichen Versuch nicht in Betracht (*Otto* AT § 22/65).

§ 28 Besondere persönliche Merkmale

(1) Fehlen besondere persönliche Merkmale (§ 14 Abs. 1), welche die Strafbarkeit des Täters begründen, beim Teilnehmer (Anstifter oder Gehilfe), so ist dessen Strafe nach § 49 Abs. 1 zu mildern.

(2) Bestimmt das Gesetz, daß besondere persönliche Merkmale die Strafe schärfen, mildern oder ausschließen, so gilt das nur für den Beteiligten (Täter oder Teilnehmer), bei dem sie vorliegen.

1 I. Die Vorschrift durchbricht teilweise den Grundsatz der Akzessorietät der Teilnahme („Akzessorietätslockerung") bei besonderen persönlichen Merkmalen:

2 1. Nach Abs. 1 wird die Strafe des Teilnehmers gem. § 49 I gemildert, wenn bei ihm besondere persönliche Merkmale fehlen, welche die Strafbarkeit des Täters **begründen**. Die Durchbrechung der Akzessorietät erfolgt hier also im Wege einer **Strafrahmenverschiebung**. Exemplarisch: Der Privatmann, der einen Richter zur Rechtsbeugung anstiftet, ist zwar nach §§ 26, 339 zu bestrafen, der Strafrahmen wird jedoch über die Vorschrift des § 49 I herabgesenkt.

3 Die Milderung nach Abs. 1 ist grds. **obligatorisch**. Eine Ausnahme macht die Rspr allerdings dann, wenn ein Teilnehmer nur deswegen als Gehilfe gem. § 27 (und nicht als Täter) bestraft wird, weil ihm ein die Täterschaft begründendes Sondermerkmal fehlt (hierzu Vor § 25 Rn 42 f). Da in diesem Fall eine Strafmilderung nach § 49 I bereits über § 27 II S. 2 (zwingend) erfolgt, wird von einer nochmaligen Milderung nach § 28 I abgesehen (BGHSt 26, 53 [54]; BGH wistra 2015, 146).

4 2. Nach Abs. 2 gilt die **Schärfung, Milderung** oder der **Ausschluss von Strafe** aufgrund besonderer persönlicher Merkmale nur für den Beteiligten (Täter oder Teilnehmer), auf den sie zutreffen. Im Hinblick auf strafschärfende oder -mildernde Merkmale wird diese Anordnung von der hM dahin gehend interpretiert, dass sich die Durchbrechung der Akzessorität hier bereits auf der Tatbestandsebene, nämlich durch eine **Tatbestandsverschiebung** auswirkt (BGHSt 55, 229; S/S-*Heine/Weißer* Rn 27; MK-*Joecks* Rn 10; abw. *Cortes Rosa* ZStW 90, 413 ff; SK-*Hoyer* Rn 45). Exemplarisch: Stiftet ein Privatmann einen Polizeibeamten zu einer Körperverletzung im Amt an, ist er nicht wegen Anstiftung zu § 340, sondern lediglich wegen Anstiftung zum Grunddelikt (§ 223 I) zu bestrafen, wäh-

rend der Polizeibeamte ohne Abstriche dem Qualifikationstatbestand des § 340 unterfällt.

II. § 28 verweist hinsichtlich der **besonderen persönlichen Merkmale** auf § 14. Diese Vorschrift definiert die Merkmale jedoch nicht näher, sondern umschreibt sie nur als „besondere persönliche Eigenschaften, Verhältnisse oder Umstände". Einschlägig sind nach einhelliger Ansicht Sonderpflichtmerkmale (zB Amtsträgereigenschaft). Welche Merkmale ferner in Betracht kommen, ist dagegen umstritten:

1. Die vorherrschende Auffassung sieht in den „besonderen persönlichen Merkmalen" (höchstpersönliche) täterbezogene persönliche Eigenschaften, die sie von den tatbezogenen abgrenzt:

■ **Tatbezogen** sind Merkmale, die nur das objektiv realisierte bzw zu realisierende Unrecht subjektiv widerspiegeln (vgl BGHSt 23, 103 [105]), zB Vorsatz, erfolgsbezogene Absichten (wie Zueignungs- oder Bereicherungsabsicht, §§ 242, 253, 263) oder die Heimtücke beim Mord.

■ **Täterbezogen** sind Merkmale, die sich nicht auf das objektive Unrecht der Tat beziehen, also vor allem Sonderpflichtmerkmale, aber auch Motive, die (wie zB die Habgier beim Mord) nicht auf die Verletzung des tatbestandlich geschützten Rechtsguts gerichtet sind (vgl BGHSt 39, 326 ff; 41, 1 ff; *Baumann/Weber/Mitsch* § 32/9 ff; SK-*Hoyer* Rn 18 ff; *Kühl* § 20/154; zur Kritik: LK-*Schünemann* Rn 33).

2. Nach einer in der Literatur verbreiteten Auffassung hat § 28 die Funktion, unterschiedlichen Pflichten der Beteiligten Rechnung zu tragen. Dementsprechend sollen die „besonderen persönlichen Merkmale" **mit den Sonderpflichtmerkmalen identisch** sein, während sonstige spezielle Schuldmerkmale den einzelnen Beteiligten im Rahmen von § 29 zugewiesen werden (*Brammsen* Die Entstehungsvoraussetzungen der Garantenpflichten, 1986, 103 ff; *Langer* JR 1993, 133 [137]; *Otto* Jura 2004, 469 [472 f]). Nach dieser Lehre liefe die Regelung in Abs. 2 teilweise (faktisch) leer, da es keine die Strafe mildernden oder ausschließenden Sonderpflichten gibt.

3. Ferner werden als besondere persönliche Merkmale solche angesehen, die **nicht** im Wege der **mittelbaren Täterschaft** verwirklicht werden können (*Schünemann* GA 1986, 293 [336 ff]).

4. Schließlich werden als besondere persönliche Merkmale solche Eigenschaften angesehen, die für den Tatunwert bedeutungslos sind (*Herzberg* GA 1991, 145 [176]). Für den Tatunwert sind jedoch alle Merkmale konstitutiv.

III. Hält man mit der ganz hM eine aktive Teilnahme (durch einen Nichtgaranten) am Unterlassungsdelikt für möglich (Vor § 25 Rn 50), so stellt sich die Frage, ob die **Garantenstellung** des Täters ein besonderes persönliches Merkmal iSv § 28 darstellt:

1. Die (wohl) hM behandelt die Garantenpflicht als strafbarkeitsbegründendes besonderes persönliches Merkmal iSv § 28 I (W-*Beulke/Satzger* Rn 800, 733; *Hake* JR 1996, 162 [164 f]; SK-*Hoyer* Rn 35; NK-*Puppe* Rn 72).

2. Nach einer verbreiteten Mindermeinung ist die Garantenstellung kein besonderes persönliches Merkmal (*Herzberg* ZStW 88, 68 [108 f]; *Jescheck/Weigend* § 61 VII 4 a; *Valerius* Jura 2013, 15 [18 f]). Die Garantenstellung habe nur die

Funktion, den Täterkreis zu bestimmen und das geringere Unterlassungsunrecht dem Begehungsunrecht anzugleichen.

15 3. Nach *Jakobs* (AT 23/24) ist zwischen den Garantenstellungen zu differenzieren: nur die Garantenstellung kraft Institution (vgl § 13 Rn 57 ff) sei besonderes persönliches Merkmal.

16 IV. Zwischen den Merkmalen nach Abs. 1 und Abs. 2 gibt es **keinen sachlichen Unterschied**. So wirkt zB die Amtsträgereigenschaft bei den echten Sonderdelikten (zB § 339) strafbegründend und bei den unechten Sonderdelikten (zB §§ 258 a, 340) strafschärfend. Die Anwendbarkeit von Abs. 1 oder 2 hängt also nicht von der Eigenart des jeweiligen Merkmals, sondern von seiner Funktion im jeweiligen Deliktstatbestand ab (abw. *Puppe* ZStW 120, 504 [525]).

17 V. Im **Gutachten** sind Anwendbarkeit und Auswirkungen des § 28 I in einem gesonderten Prüfungspunkt nach Feststellung der Schuld zu behandeln, da die Vorschrift allein den anzuwendenden Strafrahmen, nicht hingegen den Schuldspruch betrifft. Anderes gilt für die Behandlung des § 28 II, der nach hM zu einer Tatbestandsverschiebung führt. Die Norm kann entweder im Rahmen des objektiven bzw subjektiven Tatbestands geprüft werden (je nachdem, ob das besondere persönliche Merkmal objektiven oder subjektiven Charakter hat) oder ist – als gesonderter „Zurechnungsfilter" – unter einem eigenständigen Gliederungspunkt hinter dem subjektiven Tatbestand anzusprechen (vgl hierfür etwa *Rengier* AT § 45/12).

§ 29 Selbständige Strafbarkeit des Beteiligten

Jeder Beteiligte wird ohne Rücksicht auf die Schuld des anderen nach seiner Schuld bestraft.

1 Die Vorschrift normiert hinsichtlich der allgemeinen Entschuldigungs-, Schuldausschließungs- und Schuldminderungsgründe den **Grundsatz der Schuldunabhängigkeit**: Jeder Beteiligte (Mittäter, Anstifter, Gehilfe) ist ohne Rücksicht auf die Schuld des anderen nur nach Maßgabe seiner eigenen Schuld zu bestrafen. Der Grundsatz der Schuldunabhängigkeit gilt – über den Wortlaut des § 29 hinaus – auch für Anschlussdelikte sowie für teilnehmerähnliche Beziehungen, bei denen das Gesetz – wie zB bei §§ 111, 138, 257, 259, 357 – an die rechtswidrige Tat eines anderen anknüpft (L-Kühl-*Kühl* Rn 2; LK-*Schünemann* Rn 8).

2 Mit § 29 wird auch das Prinzip der sog. **limitierten Akzessorietät** bestätigt (vgl Vor § 25 Rn 17 f): Zurechenbar ist einem Beteiligten nur die rechtswidrige Tat eines anderen Beteiligten; die Zurechnung einer solchen Tat zur individuellen Schuld erfolgt dagegen unabhängig von der Schuld des anderen Beteiligten. Dies bedeutet nach hM etwa, dass einem Beteiligten eine Straftat auch dann zur Schuld zugerechnet werden kann, wenn – bei der Teilnahme – der Haupttäter oder – bei Mittäterschaft – der Mittäter schuldunfähig (§ 20) ist oder sich in einem unvermeidbaren Verbotsirrtum (§ 17) befindet (vgl nur BGH NStZ-RR 2004, 342; LK-*Schünemann* Rn 2, 7; abw. *Jakobs* GA 1996, 253 [257 ff]; *Lesch*, Der Verbrechensbegriff, 1999, 217 ff, 273). Umgekehrt wirken Gründe, welche die Schuld entfallen lassen, nur bei dem Beteiligten, bei dem die entsprechenden Voraussetzungen erfüllt sind. Gleiches gilt für Schuldminderungsgründe (zB § 21) sowie für persönliche Strafausschließungsgründe (wie zB § 24).

Mit Blick auf die Abgrenzung von Täterschaft und Teilnahme ist zu bedenken, 3
dass derjenige, der sich zur Durchführung einer Straftat eines schuldlos Handelnden bedient, bei gegebenen Voraussetzungen als mittelbarer Täter haften kann (vgl § 25 Rn 31 ff). Insoweit ist die limitierte Akzessorietät der Teilnahme vor allem für solche Fälle praktisch bedeutsam, in denen ein außenstehender Teilnehmer eines schuldlos verwirklichten eigenhändigen Delikts oder eines Sonderdelikts ist.

§ 30 Versuch der Beteiligung

(1) ¹Wer einen anderen zu bestimmen versucht, ein Verbrechen zu begehen oder zu ihm anzustiften, wird nach den Vorschriften über den Versuch des Verbrechens bestraft. ²Jedoch ist die Strafe nach § 49 Abs. 1 zu mildern. ³§ 23 Abs. 3 gilt entsprechend.

(2) Ebenso wird bestraft, wer sich bereit erklärt, wer das Erbieten eines anderen annimmt oder wer mit einem anderen verabredet, ein Verbrechen zu begehen oder zu ihm anzustiften.

I. Allgemeines

Die Vorschrift pönalisiert mit der Erfassung typischer Vorstufen der Beteiligung 1
bestimmte Vorbereitungshandlungen, bei denen es schlussendlich nicht zur Ausführung der angestrebten Haupttat kommt, wobei sich diese einschränkend als Verbrechen (§ 12 I) darstellen muss. Im Unterschied zum Versuch des Einzeltäters, bei dem durch das Erfordernis des „unmittelbaren Ansetzens" zur Deliktsverwirklichung bereits ein hinreichender Bezug zu dem durch den jeweiligen Tatbestand geschützten Rechtsgut hergestellt wird, begegnet die Strafbarkeit der versuchten Beteiligung insoweit Bedenken, als es in den durch die Norm erfassten Fällen lediglich um die Beeinflussung sonstiger potenziell Tatbeteiligter geht. Eine unmittelbare Rechtsgutsbeeinträchtigung liegt also gerade noch nicht vor.

Die weitgehende Vorverlagerung der Strafbarkeit in ein Stadium, das eigentlich 2
der Deliktsvorbereitung zuzuordnen ist, wird einerseits damit begründet, dass mit dem Anstoß des Kausalverlaufs durch den einzelnen Beteiligten dieser das Geschehen aus der Hand gebe, da es – im Gegensatz zum Einzeltäter – eben nicht mehr allein in seinem Belieben stehe, ob die Tat ausgeführt wird oder nicht (BGHSt 1, 305 [309]; *Bloy* JR 1992, 493 [495]; SK-*Hoyer* Rn 11; AnwK-*Waßmer* Rn 4). Des Weiteren wird gerade im Hinblick auf Abs. 2 auf die erhöhte Gefährlichkeit konspirativer Bindungen hingewiesen, die es jedem Beteiligten schwerer mache, von der vereinbarten Tatbegehung abzurücken (BGHSt 44, 91 [95]; W-*Beulke/Satzger* Rn 808; insgesamt krit. zur Norm *Becker*, Der Strafgrund der Verbrechensverabredung gem. § 30 Abs. 2, Alt. 3 StGB, 2012, 182 ff, 218 ff; NK-*Zaczyk* Rn 4 f mwN).

II. Versuchte Anstiftung (Abs. 1)

1. Nach Abs. 1 S. 1 wird bestraft, wer einen anderen zu bestimmen versucht, ein 3
Verbrechen zu begehen oder zu ihm anzustiften (sog. versuchte Kettenanstiftung). Die Anstiftung kann erfolglos bleiben, weil der Anzustiftende keinen Tatentschluss fasst, diesen nicht ausführt oder schon vorher zur Tat entschlossen

war (LK-*Schünemann* Rn 13 mwN; aA bzgl der ersten Var. HKGS-*Letzgus* Rn 8, 19; NK-*Zaczyk* Rn 12). Die für den Versuch des betreffenden Delikts vorgesehene Strafe ist obligatorisch nach § 49 I zu mildern (Abs. 1 S. 2). Die Regeln über die Straflosigkeit des grob unverständigen Versuchs (§ 23 Rn 2) sind entsprechend anwendbar (Abs. 1 S. 3). Die versuchte Anstiftung zur Beihilfe zu einem Verbrechen ist nicht strafbar.

4   2. Hinsichtlich der **Tatkonkretisierung** gelten die für die Anstiftung im Allgemeinen heranzuziehenden Kriterien: Die Tat muss zwar nicht in allen Einzelheiten, wohl aber in ihren Grundzügen und wesentlichen Merkmalen so konkretisiert sein, dass der Anzustiftende, wenn er dies wollte, die Tat ausführen könnte (vgl BGHSt 34, 63 [66]; *Ingelfinger*, Anstiftungsvorsatz und Tatbestimmtheit, 1992, 42 ff; *Otto* AT § 22/81). Entscheidend ist dabei die geplante Tat: Kommt es für diese nicht auf ein bestimmtes Opfer an (zB Überfall eines beliebigen Spaziergängers im Park), spielt dessen Individualisierung für die Tatkonkretisierung auch keine Rolle. Nicht ausreichend ist die Aufforderung zur Wahrnehmung einer nur gattungsmäßig beschriebenen Mehrzahl von Tatmöglichkeiten, wie etwa das Ansinnen, eine (beliebige) Bank zu überfallen (vgl BGHSt 15, 276 [277]; *Fischer* § 26 Rn 8).

5   3. Für die **Abgrenzung** des Versuchs der Anstiftung von der **Vorbereitung** hierzu gelten die allgemeinen Grundsätze (vgl § 22 Rn 15 ff). Der Auffordernde muss nach seiner Vorstellung unmittelbar auf die Bildung des Tatentschlusses beim Anzustiftenden hinwirken. Umstritten ist jedoch, ob die Erklärung der Anstiftung dem Anzustiftenden zugegangen sein muss:

6   ■ Nach der Rspr genügt es, wenn sich der Auffordernde in einer Weise seiner Erklärung entäußert hat, die als unmittelbares Ansetzen zur Einwirkung auf den Anzustiftenden anzusehen ist (vgl BGHSt 8, 261 [262]; S/S-*Heine/Weißer* Rn 17 f). Für diesen frühen Ansatz der Versuchsphase spricht etwa die Existenz des § 31 I Nr. 1, wonach das Gesetz auch einen unbeendeten Anstiftungsversuch kennt, bei dem also noch nicht bereits alles zur Beeinflussung des Täters geschehen ist (*Hinderer* JuS 2011, 1072 [1074]; MK-*Joecks* Rn 37).

7   ■ Nach verbreiteter, engerer Ansicht in der Literatur muss die Anstiftungserklärung dem Anzustiftenden hingegen zugegangen sein (*Jescheck/Weigend* § 65 II 1; *Stratenwerth/Kuhlen* § 12/175; enger *Jakobs* 27/4: Verstehen der Mitteilung durch den Adressaten erforderlich). Nur in diesem Fall sei das Minimum an Strafwürdigkeit erreicht bzw die mangelnde fortbestehende Beeinflussbarkeit des Geschehens, die die Strafbarkeit nach § 30 I im Wesentlichen rechtfertige (Rn 2), hinreichend begründet.

8   4. Umstritten ist, ob es für die Anwendbarkeit von § 30 I auf die Person des Auffordernden oder des Anzustiftenden ankommt, wenn die in Aussicht genommene Tat ein Qualifikationstatbestand ist, dessen **Verbrechenscharakter** durch **besondere persönliche Merkmale** iSv § 28 begründet wird. Die Streitfrage ist insoweit ohne nennenswerte praktische Bedeutung, als es kaum Verbrechensqualifikationen aufgrund besonderer persönlicher Merkmale gibt; beispielhaft ist die Anstiftung zur Aussageerpressung (§ 343) durch den Privatmann P, für den die Tat nur eine Nötigung (§ 240) und damit kein Verbrechen (§ 12 I) wäre.

9   a) Nach der Rspr und einem Teil der Literatur kommt es für die Anwendbarkeit von § 30 I auf die **Person des** in Aussicht genommenen **Täters** an (BGH StV 1987, 386; S/S/W-*Murmann* Rn 7; *Welzel* § 16 II 7). Maßgeblich sei, ob der An-

zustiftende ein Verbrechen beginge, wenn er die ihm angesonnene Tat ausführte. Hierfür kann der Wortlaut des § 30 I angeführt werden, der darauf abstellt, dass der andere, also der anivisierte Täter, ein Verbrechen „begeht" (*Putzke* JuS 2009, 1083 [1087]). Im Beispielsfall wäre P daher nach §§ 30 I, 343 strafbar, wobei die Strafe dem Strafrahmen des § 240 zu entnehmen wäre (§ 28 II).

b) Die hL schließt dagegen aus § 28 II, dass das nur beim Täter erhöhte Unrecht den Teilnehmer nicht belasten dürfe und stellt bei strafmodifizierenden besonderen persönlichen Merkmalen auf die **Person des Anstifters** ab (*Geppert* Jura 1997, 546 [549]; SK-*Hoyer* Rn 17 ff; *Otto* AT § 22/80). Im Beispielsfall wäre P nicht strafbar. 10

c) Nach einer dritten Ansicht („kumulative Theorie") sollen die besonderen persönlichen Merkmale, welche die Tat zu einem Verbrechen machen, für das Eingreifen des § 30 I **sowohl beim Täter als auch beim Teilnehmer** vorliegen müssen (*Baumann/Weber/Mitsch* § 32 Rn 50; *Dehne-Niemann* Jura 2009, 695 [700]): Allein dieser Lösungsweg führe zu einer sachgerechten Einschränkung der Vorschrift, dem auch der Wortlaut des § 30 nicht entgegenstehe. Auch nach dieser Meinung würde P in obigem Fall straflos bleiben. 11

d) Schließlich wird danach **differenziert**, ob das besondere persönliche Merkmal, das die Tat zu einem Verbrechen macht, dem Unrecht oder der Schuld zuzuordnen ist: Im ersten Fall soll es auf die Person des Anzustiftenden ankommen (wie Rn 9). Bei Schuldmerkmalen, welche die Verbrechensqualifikation beim Täter begründen, soll eine Strafbarkeit der versuchten Anstiftung ausscheiden; bei Merkmalen dagegen, welche die Schuld des Täters mildern und der Tat den ansonsten gegebenen Verbrechenscharakter nehmen, soll die versuchte Anstiftung strafbar sein (*Jescheck/Weigend* § 65 I 4; *Stratenwerth/Kuhlen* § 12/173). Für diese Ansicht spricht, dass die Anstiftung nur bei Verbrechen strafbar ist, so dass grds. nicht das Unrecht der Anstiftung, sondern die **Schwere der angesonnenen Rechtsgutsverletzung** – also die Gefährlichkeit der Tat und nicht die Gefährlichkeit der handelnden Person – entscheidend ist. Im Beispielsfall wäre P, da die Amtsträgereigenschaft ein unrechtserhöhendes Merkmal ist, nach §§ 30 I, 343 strafbar; der Strafrahmen wäre § 240 zu entnehmen. 12

5. Die **subjektiven Voraussetzungen** der versuchten Anstiftung entsprechen denjenigen der Anstiftung (§ 26 Rn 27 ff). Der Auffordernde muss mit „doppeltem Anstiftervorsatz" handeln. In Bezug auf die Bestimmungshandlung genügt es dabei, wenn der Auffordernde es für möglich hält und es billigend in Kauf nimmt, dass der Anzustiftende die Aufforderung ernst nehmen und durch sie zur Tat bestimmt werden könnte (vgl BGH NJW 2013, 1106). Bei der versuchten Kettenanstiftung ist eine Kenntnis des endgültigen Täters nicht erforderlich (*Otto* AT § 22/86). 13

6. Wenn die in Aussicht genommene Tat ins Versuchsstadium gelangt, ist eine strafbare Teilnahme am versuchten Delikt gegeben. Die versuchte Anstiftung ist insoweit **subsidiär** (vgl BGHR StGB § 30 Abs. 1 S. 1, Konkurrenzen 2) und bedarf im **Gutachten** regelmäßig keiner Erörterung. Sofern der Anstifter die Tat später selbst ausführt, tritt § 30 I als **mitbestrafte Vortat** zurück (BGH bei *Kudlich* JA 2010, 664). 14

Die Tat nach § 30 I tritt ferner hinter eine Verbrechensverabredung iSv Abs. 2 zurück (BGH NStZ 1994, 383). 15

III. Strafbare Vorbereitungen (Abs. 2)

16 1. Nach Abs. 2 sind folgende **Vorbereitungshandlungen** strafbar:
- das Sich-Bereiterklären zu einem Verbrechen (Alt. 1),
- die Annahme des Erbietens zu einem Verbrechen (Alt. 2),
- die Verabredung zu einem Verbrechen (Alt. 3).

17 Wie die Verweisung auf § 23 III in § 30 I zeigt, kommt es auf die Tauglichkeit der ins Auge gefassten Tatmittel und -objekte nicht an (vgl BGH NStZ 1998, 347 [348]; einschr. *Mitsch* Maiwald-FS 539 ff).

18 2. Das **Sich-Bereiterklären** zu einem Verbrechen umfasst zum einen die Annahme einer Anstiftung (Initiative eines Dritten) und zum anderen das Sich-Erbieten (Initiative des Erklärenden). Letzteres betrifft den Fall, dass ein zur Tat Geneigter, aber noch nicht Entschlossener sich gegenüber einem anderen, den er für interessiert hält, zur Begehung eines Verbrechens bereit erklärt, falls dieser es will (vgl BGHSt 10, 388 [391]; *Roxin* JA 1979, 169 [172]). Die Frage, für welchen der Beteiligten sich hier die Tat als Verbrechen darstellen muss, stellt sich in gleicher Weise wie bei Abs. 1 (oben Rn 8 ff; vgl auch BGHSt 53, 174 [176 ff] m. krit. Anm. *Mitsch* JR 2010, 359).

19 Das Angebot muss gegenüber dem Empfänger erklärt werden; ob es diesem auch zugegangen sein muss, ist umstritten (vgl auch oben Rn 5 ff; zur Bestimmung des Empfängers *Kroß* Jura 2004, 250 [252]):

20 ■ Nach Ansicht des BGH und eines Teils der Literatur braucht das Angebot nicht zugegangen zu sein (BGH GA 1963, 126; *Fischer* Rn 10).

21 ■ Die Gegenansicht verlangt einen Zugang, um die Bereiterklärung vom nur straflosen Versuch der Bereiterklärung deutlich abgrenzen zu können (vgl OLG Celle MDR 1991, 174; *Jescheck/Weigend* § 65 III 3; *Otto* AT § 22/88); eine tatsächliche Kenntnisnahme des Angebots ist aber auch nach dieser Ansicht nicht erforderlich.

22 3. Die **Annahme des Erbietens** eines anderen ist die ernstgemeinte Erklärung, mit dem Angebot eines anderen, ein Verbrechen zu begehen oder einen Dritten zu einem Verbrechen anzustiften, einverstanden zu sein (vgl BGHSt 10, 388 ff). Die Annahme des Erbietens ist damit das **Gegenstück des Sich-Bereiterklärens** (zum Zugang vgl Rn 19 ff).

23 4. Als **Verabredung** ist die (ausdrückliche oder konkludente) ernstgemeinte Übereinkunft wenigstens zweier Personen anzusehen, ein Verbrechen als Mittäter zu begehen oder einen Dritten gemeinsam zu einem Verbrechen anzustiften. Die Verabredung ist damit eine Vorstufe zur Mittäterschaft oder zur gemeinsamen Anstiftung. Die Zusage, als Gehilfe zur Tat beizutragen, genügt nicht (vgl BGH NStZ 1988, 406; *Dessecker* JA 2005, 549 [551]). Hinsichtlich des Vorsatzes der Beteiligten ist ausreichend, dass die in Aussicht genommene Tat in ihren wesentlichen Grundzügen konkretisiert ist; Zeit, Ort und Modalitäten der geplanten Ausführung können demgegenüber im Einzelnen noch offen sein (vgl BGH NStZ 2007, 697 m.Anm. *Kudlich* JA 2008, 146). Erforderlich ist jedoch stets, dass bereits ein unbedingter Tatentschluss und nicht eine bloße Tatgeneigtheit besteht (BGH NStZ 2009, 497 [498]). Kennen sich die beteiligten Personen untereinander nur unter Pseudonymen über das Internet, ist an einer Ernstlichkeit des Tatentschlusses regelmäßig zu zweifeln (vgl BGH NStZ 2011, 570 [571 f] m. zust. Anm. *Rotsch* ZJS 2012, 680 ff: anonyme Verabredung in einem „Chat-Room";

ausf. dazu *Rackow/Bock/Harrendorf* StV 2012, 687 ff; vgl auch *Heinrich* Heinz-FS 728 [732 ff]).

5. Bei der Verabredung mehrerer Verbrechen richtet sich die Beurteilung der Konkurrenzen nach den bereits verwirklichten Tathandlungen iSd § 30 II und nicht etwa den erst noch zu begehenden Delikten (vgl BGHSt 56, 170 [172 f] m. zust. Anm. *Duttge* NStZ 2012, 438 f; BGH NStZ 2013, 33 [34]; anders noch BGH NJW 2010, 623 [624]). Die Vorbereitungshandlungen nach Abs. 2 treten hinter intensivere Mitwirkungen am Delikt als **subsidiär** zurück.

24

§ 31 Rücktritt vom Versuch der Beteiligung

(1) Nach § 30 wird nicht bestraft, wer freiwillig
1. den Versuch aufgibt, einen anderen zu einem Verbrechen zu bestimmen, und eine etwa bestehende Gefahr, daß der andere die Tat begeht, abwendet,
2. nachdem er sich zu einem Verbrechen bereit erklärt hatte, sein Vorhaben aufgibt oder,
3. nachdem er ein Verbrechen verabredet oder das Erbieten eines anderen zu einem Verbrechen angenommen hatte, die Tat verhindert.

(2) Unterbleibt die Tat ohne Zutun des Zurücktretenden oder wird sie unabhängig von seinem früheren Verhalten begangen, so genügt zu seiner Straflosigkeit sein freiwilliges und ernsthaftes Bemühen, die Tat zu verhindern.

I. Die Vorschrift regelt den freiwilligen Rücktritt von einem nach § 30 strafbaren Versuch der Beteiligung. Dieser Rücktritt ist wie derjenige nach § 24 ein **persönlicher Strafaufhebungsgrund** und wirkt nur zugunsten des zurücktretenden Beteiligten (vgl BGH NStZ 1992, 537; aA NK-*Zaczyk* Rn 1: Unrechtsaufhebungsgrund). § 31 greift nur ein, wenn die Haupttat noch nicht ins Versuchsstadium gelangt ist; ansonsten gelten die Anforderungen des § 24 (zu denkbaren Ausnahmen *Mitsch* Herzberg-FS 443 ff). Insbesondere bei der Abstandnahme im Vorbereitungsstadium von einer dennoch vollendeten Tat kann sich die Abgrenzung schwierig gestalten (näher *Eisele* ZStW 112, 745 [750 ff] mwN).

1

II. Die einzelnen Tatbestandsmerkmale sind **wie bei § 24 auszulegen**; Abweichungen können sich jedoch in Bezug auf die Endgültigkeit der Aufgabe ergeben (BGHSt 50, 142 ff m. abl. Anm. *Kütterer-Lang* JuS 2006, 206; NK-*Zaczyk* Rn 14).

2

Für ein **Verhindern** der Tat genügt nach hM ein passives Verhalten, wenn der Beteiligte einen Tatbeitrag nicht erbringt, der nach seiner Vorstellung für das Gelingen der Tat in der geplanten Gestalt unerlässlich ist (vgl BGHSt 32, 133 [134 f]; *Bottke*, Rücktritt vom Versuch der Beteiligung nach § 31 StGB, 1980; zu den einzelnen Fallgruppen vgl *Kroß* Jura 2004, 250 [252 ff]).

3

Vierter Titel Notwehr und Notstand

Vorbemerkung zu den §§ 32–35

I. Allgemeines 1	4. Zivilrechtliche Selbsthilfe ... 71
II. Rechtswidrigkeit und Rechtfertigung 2	5. Zusendung unbestellter Leistungen 74
III. Der Rechtfertigungstatbestand . 10	6. Vorläufige Festnahme
IV. Irrtumsprobleme 20	(§ 127 I StPO) 78
V. Wichtige Rechtfertigungsgründe 45	VI. Entschuldigung und Unzumutbarkeit 89
1. Überblick 45	1. Unzumutbarkeit normgemäßen Verhaltens 89
2. Mutmaßliche Einwilligung .. 51	2. Übergesetzlicher entschuldigender Notstand 93
a) Grundgedanken 51	
b) Voraussetzungen 53	3. Religiöse Gewissenskonflikte 95
c) Abgrenzung zur hypothetischen Einwilligung 63	
3. Züchtigungs- und Erziehungsrecht 67	

I. Allgemeines

1 Der 4. Titel unterscheidet zwischen Rechtfertigungs- und Entschuldigungsgründen (vgl auch Vor § 13 Rn 6, 12; Vor § 19 Rn 13 ff), von denen erstere das Unrecht, letztere die Schuld des Täters entfallen lassen. Gesetzlich geregelt ist in dem Titel allerdings nur ein kleiner Teil der einschlägigen Gründe, nämlich Notwehr (§ 32) und rechtfertigender Notstand (§ 34) als Rechtfertigungsgründe einerseits, Überschreitung der Notwehr (§ 33) und entschuldigender Notstand (§ 35) als Entschuldigungsgründe andererseits.

II. Rechtswidrigkeit und Rechtfertigung

2 1. Eine Tat ist iSd Strafrechts „rechtswidrig", wenn sie (zumindest versuchsweise) den Tatbestand eines Delikts verwirklicht und nicht durch einen Rechtfertigungsgrund gedeckt wird. „Rechtfertigungsgründe" sind Normen, die unter den jeweils genannten Bedingungen die Vornahme der Verwirklichung eines Deliktstatbestands gestatten. Rechtfertigungsgründe typisieren also Situationen, in denen das durch die Verbotsnorm des Deliktstatbestands untersagte Verhalten (ausnahmsweise) erlaubt ist (näher hierzu NK-*Paeffgen* Rn 8 ff, 56 ff). Rechtfertigungsgründe sind demnach „Unrechtsausschließungsgründe"; sie werden **Erlaubnisnormen** genannt, sofern sie ein Verbot aufheben, und **Freistellungsnormen**, wenn sie von einem Gebot befreien.

3 Das Eingreifen von Rechtfertigungsgründen ist im **Gutachten** nur zu erörtern, wenn der Sachverhalt entsprechende Hinweise enthält. Ansonsten ist festzustellen, dass die (versuchte) Verwirklichung des Deliktstatbestands mangels Vorliegens von Rechtfertigungsgründen rechtswidrig ist. Umgekehrt endet mit der Feststellung, dass die Tat wegen Eingreifens eines (subjektiv zurechenbaren) Rechtfertigungsgrunds gerechtfertigt ist, die Fallprüfung.

4 2. Aus dem Umstand, dass der Täter unter den Voraussetzungen einer Rechtfertigungslage zur Vornahme der tatbestandsverwirklichenden Handlung berechtigt ist, ergibt sich auf der Opferseite eine **Duldungspflicht**. Wer daher etwa den Tä-

ter an einer durch rechtfertigenden Notstand (§ 34) gedeckten Güterbeeinträchtigung hindert, begeht selbst einen rechtswidrigen Angriff gegen den Täter, den dieser im Wege der Notwehr (§ 32) berechtigt zurückweisen kann. Erforderlich ist freilich stets, dass sich der Täter im Rahmen seiner Erlaubnis bewegt (vgl zum Übergriff in Rechte Dritter BGHSt 5, 245 [248]). Ein Verstoß gegen die Duldungspflicht ist zwar stets rechtswidrig, kann aber ggf entschuldigt sein.

3. Ob sich die Rechtfertigungsgründe auf ein **Grundprinzip** zurückführen lassen, ist umstritten:

a) Die **monistischen Theorien** behaupten zwar die Rückführbarkeit der Rechtfertigungsgründe auf einen Grundsatz, bestimmen dieses Prinzip aber unterschiedlich (näher NK-*Paeffgen* Rn 44 ff):

- Nach der **Zwecktheorie** beruht die Rechtfertigung auf dem Einsatz des angemessenen Mittels zu dem vom Gesetzgeber als berechtigt anerkannten Zweck bzw zum Zweck des staatlich geregelten Zusammenlebens (*v. Liszt* § 32 II 2);
- nach verbreiteter Ansicht beruht die Rechtfertigung auf einem **Vorrang des gerechtfertigten Verhaltens** gegenüber der Tatbestandsverwirklichung, wobei als vorrangig angesehen wird: ein in der konkreten Situation vorgehender Rechtsgutsanspruch (*Schmidhäuser* AT 9/13), ein überwiegender Wert (*Noll* ZStW 77, 1 [9]), ein überwiegender Nutzen (*Sauer* AT 56) oder ein überwiegendes Interesse (*Freund* § 3/4; *Roxin*, Kriminalpolitik und Strafrechtssystem, 2. Aufl. 1973, 15; diff. NK-*Paeffgen* Rn 46).

b) Da die Formulierung eines solchen Grundprinzips so abstrakt ausfällt, dass sich aus ihm keine inhaltlichen Folgerungen ableiten lassen, ist es sachgerecht, die Rechtfertigungsgründe iSe **pluralistischen Theorie** auf unterschiedliche Prinzipien zurückzuführen (näher *Jakobs* 11/3), wobei folgende Grundsätze leitend sind:

- Nach dem **Prinzip der Verantwortung durch das Eingriffsopfer** ist ein Verhalten gerechtfertigt, wenn es sich als Folge einer dem Opfer zuzurechnenden Organisation darstellt (zB einschlägig bei Notwehr, defensivem Notstand, vorläufiger Festnahme, Selbsthilfe und verschiedenen Amtsrechten);
- nach dem **Prinzip der Wahrnehmung des Opferinteresses** ist ein Verhalten gerechtfertigt, das sich aus der Sicht des Eingriffsopfers als vorteilhaft oder zumindest akzeptabel darstellt (zB einschlägig bei [mutmaßlicher] Einwilligung, behördlicher Erlaubnis);
- nach dem **Prinzip der Mindestsolidarität** ist ein Verhalten gerechtfertigt, durch welches in die Güter des Opfers zum Schutz erheblich überwiegender Interessen anderer Personen oder der Allgemeinheit eingegriffen wird (zB einschlägig bei aggressivem Notstand).

4. Nach hM gelten die strafrechtlichen Rechtfertigungsgründe, insbesondere §§ 32, 34, 193, nicht nur für das Verhalten von Privatpersonen untereinander, sondern auch für **hoheitliches Handeln** von Amtsträgern, falls keine engeren und abschließenden Sonderregelungen in einschlägigen Vorschriften getroffen sind (vgl BGHSt 27, 260; BayObLG JZ 1991, 936). Von Bedeutung ist die Anwendbarkeit der allgemeinen Rechtfertigungsgründe vor allem bei Maßnahmen zum Schutz vor terroristischen Gewalttaten sowie in Fällen der Begehung milieubedingter Straftaten durch verdeckte Ermittler und des polizeilichen Schusswaffengebrauchs im Rahmen der Nothilfe (für eine Anwendbarkeit hier: BGH NStZ 2005, 31 f m. zust. Anm. *Petersohn* JA 2005, 91 f; *Otto* AT § 8/58; abl. *Amelung*

JuS 1986, 329 [331 f]; NK-*Kindhäuser* § 32 Rn 84 ff; diff. *Rogall* JuS 1992, 551 [558 f]; *Seebode* Klug-FS 359 [371]).

9 Allerdings steht Polizeibeamten zum Zwecke der Gefahrabwendung – etwa in Entführungsfällen – kein auf § 32 (oder § 34) gestütztes **Recht zur Folter** zu (zutr. *Perron* Weber-FS 143 [149 f]; *Roxin* Eser-FS 461 ff; abw. *Merkel* Jakobs-FS 375 ff; zur Rettungsfolter durch Privatpersonen vgl *Greve* ZIS 2014, 236 ff); ein solches Recht widerspräche nicht nur eklatant rechtsstaatlichen Grundsätzen (Art. 104 I S. 2 GG; Art. 3 EMRK; vgl auch LG Frankfurt/M. NJW 2005, 692 [693 ff]: Verstoß gegen die Menschenwürde gem. Art. 1 I S. 1 GG), sondern würde sich, da Polizeibeamte Garanten des angegriffenen Rechtsguts wären, ggf zu einer Folterpflicht wandeln (vgl auch *Hilgendorf* JZ 2004, 331). Nicht gesagt ist hiermit allerdings, dass nicht aufgrund anderer Erwägungen, zB auf Schuldebene, in Einzelfällen eine Straflosigkeit eintreten kann (dazu etwa *Jäger* JA 2008, 678 [683 f]). Zur Frage, ob sich derjenige, der eine Rettungsfolter verhindert, im Hinblick auf die zu rettende Person strafbar macht, vgl (iE verneinend) *Mitsch* Roxin-FS II 639 ff.

III. Der Rechtfertigungstatbestand

10 1. Bei Rechtfertigungsgründen lässt sich wie bei den Deliktstatbeständen ein objektiver und ein subjektiver Tatbestand unterscheiden. Auch der objektive Erlaubnistatbestand muss also dem Täter subjektiv zuzurechnen sein (ganz hM, abl. *Spendel* Bockelmann-FS 245 ff).

11 a) Nach hM werden die **objektiven** Merkmale eines Rechtfertigungsgrunds wie beim Deliktstatbestand **ex post** festgestellt, wobei nur für Prognosebegriffe (zB „Gefahr") nachträglich ein Standpunkt ex ante einzunehmen ist (*Gallas* Bockelmann-FS 155 [166 ff]; *Graul* JuS 1995, 1049 [1056]; *Jescheck/Weigend* § 31 IV 4).

12 Nach einer verbreiteten Mindermeinung soll jedoch hinsichtlich der Feststellung aller Rechtfertigungsmerkmale die **ex-ante-Perspektive** eines vernünftigen Beobachters maßgeblich sein (vgl *Freund* GA 1991, 387 [406 ff]; *Momsen/Rackow* JA 2006, 550 [554 f]; *Rudolphi* Kaufmann, A.-GS 371 [381 ff]). Hiergegen spricht jedoch, dass das Unrecht einer Tat auch durch den Erfolg geprägt ist und dieses Unrecht nur entfällt, wenn sich ex post die Erfolgsherbeiführung auch tatsächlich als berechtigt herausstellt (zur Auswirkung des Meinungsstreits im Gutachten *Nippert/Tinkl* JuS 2002, 964 ff).

13 b) Der **subjektive** Rechtfertigungstatbestand stimmt beim Vorsatzdelikt mit dem subjektiven Deliktstatbestand überein: Während der subjektive Deliktstatbestand zumindest die Kenntnis des Täters von den Umständen voraussetzt, unter denen er den objektiven Deliktstatbestand verwirklicht, erfordert der subjektive Rechtfertigungstatbestand zumindest die Kenntnis der Umstände, unter denen die Tat berechtigt ist.

14 Es ist üblich, etwa bei der Notwehr von einem „Verteidigungswillen" (vgl § 32 Rn 36 ff; BGH NStZ 1996, 29 [30]), beim rechtfertigenden Notstand von einem „Rettungswillen" (vgl § 34 Rn 42; BGHSt 2, 111 [114]) oder bei der Wahrnehmung des – mittlerweile wohl mehrheitlich abgelehnten (vgl *Heinrich* Rn 521; *Roxin* JuS 2004, 177 [178 f]; vgl aber auch Rn 67 ff) – Erziehungsrechts von einem „Erziehungswillen" (vgl RGSt 67, 324 [327]) zu sprechen. Nach der vorherrschenden Lehre erschöpft sich dieser „Wille" in der Kenntnis (oder dem Fürmöglich-Halten) der Rechtfertigungslage (vgl *Frisch* Lackner-FS 113 [135 ff];

Rönnau JuS 2009, 594 [596]; *Roxin* I § 14/94); weitergehend wird jedoch teilweise auch Finalität verlangt (vgl § 32 Rn 37).

2. Für die Rechtfertigung bei **Fahrlässigkeitstaten** gilt grds. keine Besonderheit: 15

a) Ist **objektiv** eine Rechtfertigungslage gegeben, so ist das vom Täter geschaffene 16
Risiko nicht unerlaubt. Dementsprechend sind auch ungewollte Auswirkungen einer Verteidigungshandlung durch Notwehr gedeckt, wenn sie zu den typischen Gefahren der zu Recht gewählten Verteidigungsart gehören (vgl BGH NStZ 2001, 591 f m.Anm. *Otto*; *Seelmann* JR 2002, 249 ff).

b) Nach verbreiteter Ansicht bedarf es bei Fahrlässigkeitstaten **keines subjektiven** 17
Rechtfertigungselements: Da hier der subjektive Deliktstatbestand – wenn ein solcher überhaupt anerkannt wird (vgl § 15 Rn 78, 81 f) – keine Kenntnis, sondern nur Erkennbarkeit der Tatbestandsverwirklichung erfordert, ist insoweit auch kein Handlungsunrecht durch Kenntnis rechtfertigender Umstände auszugleichen (vgl auch *Kretschmer* Jura 2002, 114 [117]; *Kühl* § 17/80; *Schaffstein* Welzel-FS 557 [576 f]). Es kommt allein darauf an, ob die objektiven Voraussetzungen erfüllt sind, unter denen der Tatbestand in der gegebenen Situation nach Maßgabe des einschlägigen Rechtfertigungsgrunds verwirklicht werden durfte.

Teils wird eine Kenntnis der Rechtfertigungslage (*Roxin* I § 24/95, 98) oder zu- 18
mindest ein allgemeiner Wille zu rechtmäßigem Handeln verlangt (vgl *Geppert* ZStW 83, 947 [979]; diff. nach Deliktsarten *Jescheck/Weigend* § 56 I 3). Demnach ist jedenfalls gerechtfertigt, wer in einer Notwehrlage seinen Gegner schonen will, ihn jedoch versehentlich in einer Weise verletzt, die objektiv gerechtfertigt ist (vgl BGH NJW 2001, 3200; *Kretschmer* Jura 2002, 114). Exemplarisch: A will den Angreifer nur mit einem Schreckschuss vertreiben, trifft ihn jedoch in den Arm; diese Verteidigung war objektiv erforderlich.

Folgt man der Auffassung, dass bei objektiv gegebener Rechtfertigungslage das 19
Erfolgsunrecht entfällt, also überhaupt nur wegen Versuchs bestraft werden kann (s. Rn 20), ist der Streit bedeutungslos: Es gibt keinen fahrlässigen Versuch, weil das Fahrlässigkeitsdelikt stets das objektive Unrecht einer Tatbestandsverwirklichung voraussetzt. Bei objektiv gegebener Rechtfertigungslage entfällt somit ein Strafbarkeitserfordernis des Fahrlässigkeitsdelikts, so dass die subjektive Tatseite irrelevant ist (vgl *Frister* 14/44; S/S-*Lenckner/Sternberg-Lieben* Rn 99 mwN). Anderes gilt jedoch, wenn für eine Rechtfertigung – beim Fahrlässigkeitsdelikt wie beim Vorsatzdelikt – das kumulative Vorliegen objektiver und subjektiver Rechtfertigungselemente verlangt wird.

IV. Irrtumsprobleme

1. Wenn der Täter eine Rechtfertigungslage, zB Notwehrsituation, verkennt, ist 20
er subjektiv nicht gerechtfertigt; er verwirklicht also Handlungsunrecht. Da er jedoch objektiv erlaubt handelt, also kein Erfolgsunrecht realisiert, ist in diesem Fall ein (untauglicher) **Versuch** gegeben (KG GA 1975, 213 [215]; *Herzberg* JA 1986, 190 [192 f]; *Hruschka* GA 1980, 1 [16 f]; *Kindhäuser*, Gefährdung als Straftat, 1989, 111; SK-*Rudolphi* § 22 Rn 29; ebenso BGHSt 38, 144 [155] bzgl § 218a II).

Ein Teil des Schrifttums und bislang auch die Rspr verlangen demgegenüber für 21
eine Rechtfertigung stets das Vorliegen auch des subjektiven Rechtfertigungselements und kommen in diesem Fall zu einer **vollendeten rechtswidrigen Tat** (vgl

BGHSt 2, 111 [114]; 3, 194; *Schmidhäuser* AT 9/106; NK-*Zaczyk* § 22 Rn 57; abw. *Gropp* Kühl-FS 247 ff).

22 2. Ein Irrtum über einen Rechtfertigungsgrund kann als Erlaubnis- oder Erlaubnistatbestandsirrtum anzusehen sein. Zwischen diesen beiden Irrtümern ist wie folgt zu differenzieren:

23 a) Der **Erlaubnistatbestandsirrtum** bezieht sich – wie der Deliktstatbestandsirrtum, nur mit umgekehrtem Vorzeichen – auf die tatsächlichen Voraussetzungen eines Rechtfertigungsgrunds, also auf die Umstände, bei deren Vorliegen die Tat gerechtfertigt wäre. Er ist dann gegeben, wenn der Täter irrig davon ausgeht, es sei eine Rechtfertigungslage gegeben; exemplarisch: A will B am Rosenmontag mit einem Gummihammer zum Spaß auf den Kopf schlagen; B hält den Hammer für echt und streckt A mit einem Faustschlag nieder. Hier nimmt B irrig an, er befände sich in einer Notwehrsituation. Als Erlaubnistatbestandsirrtum ist es auch anzusehen, wenn der Täter über die tatsächlichen Voraussetzungen der Erforderlichkeit seines Abwehrverhaltens irrt, also bei der Notwehr zB verkennt, dass ihm weniger gefährliche Verteidigungsmittel zur Verfügung stehen (BGH NStZ 2001, 530; zur Frage des Erlaubnistatbestandsirrtums bzgl eines bei der Verteidigung parallel verwirklichten Fahrlässigkeitsdelikts *Börner* GA 2002, 276 ff; *Ludes/Pannenborg* Jura 2013, 24 ff).

24 b) Der **Erlaubnisirrtum** bezieht sich – wie der Verbotsirrtum, nur mit umgekehrtem Vorzeichen – auf die Bewertung der Tat. Er ist dann gegeben, wenn der Täter irrig davon ausgeht, sein Verhalten sei erlaubt; exemplarisch: A ertappt auf frischer Tat den Dieb D, der das Weite sucht, und tötet ihn in der Annahme, dies sei ihm zur Verhinderung der Flucht gestattet. Hinsichtlich des Erlaubnisirrtums lässt sich wiederum ein *Bestandsirrtum* – der Täter geht von einer Erlaubnisnorm aus, die das Recht überhaupt nicht kennt – von einem *Grenzirrtum* – der Täter glaubt irrig, sich noch im Rahmen einer Erlaubnis zu bewegen – unterscheiden.

25 Der Erlaubnisirrtum ist ein **indirekter Verbotsirrtum**: Der Täter geht aufgrund der irrigen Annahme, sein Verhalten sei erlaubt, davon aus, rechtmäßig zu handeln. Auf den Erlaubnisirrtum ist daher § 17 anzuwenden (BGHSt 45, 219 [225]).

26 c) Kein anderes Ergebnis ergibt sich, wenn sich der Täter *gleichzeitig* in einem Irrtum über die tatsächlichen Gegebenheiten und die Einschlägigkeit einer Erlaubnisnorm befindet (sog. **Doppelirrtum**). Exemplarisch: Im oben erörterten Fall sei der erschossene D kein Dieb, sondern – aufgrund Personenverwechslung – nur ein harmloser Passant. Auch hier setzt sich die Regelung zum Verbotsirrtum durch, dh über die Strafbarkeit entscheidet schließlich allein die Vermeidbarkeit iSd § 17 S. 1, da der Täter selbst bei tatsächlichem Vorliegen der vorgestellten Umstände nicht gerechtfertigt wäre (vgl auch *Frister* 14/36; *Schuster* JuS 2007, 617 ff).

27 3. Die deliktssystematischen Konsequenzen aus einem Erlaubnistatbestandsirrtum sind umstritten; sie hängen davon ab, wie die Reichweite des Vorsatzes zu bestimmen ist, also davon, welche außer den vom Deliktstatbestand umfassten Umständen noch Gegenstand des Vorsatzes sind. Vertreten werden insoweit die Vorsatztheorie, die modifizierte Vorsatztheorie, die strenge Schuldtheorie, die eingeschränkte Schuldtheorie, die rechtsfolgenverweisende Schuldtheorie und die Lehre vom Gesamtunrechtstatbestand (bzw Lehre von den negativen Tatbestandsmerkmalen).

Im **Gutachten** sollte der Meinungsstreit an der Stelle behandelt werden, an welcher nach der vom Bearbeiter bevorzugten Theorie der Erlaubnistatbestandsirrtum relevant wird. Wer etwa der Lehre von den negativen Tatbestandsmerkmalen folgt, kann nicht den Vorsatz im subjektiven Deliktstatbestand bejahen und später bei der Prüfung der subjektiven Rechtfertigungsvoraussetzungen wieder verneinen (näher zu Aufbaufragen *Kindhäuser/Schumann/Lubig* Klausurtraining, S. 218 ff; *Kraatz* Jura 2014, 787 ff). 28

a) Nach der sog. **Vorsatztheorie** umfasst der Vorsatz neben den zum gesetzlichen Tatbestand gehörenden Umständen auch das Unrechtsbewusstsein (sog. *„dolus malus"*; zur Begriffsgeschichte *Hruschka* Roxin-FS I 441 ff). Konsequenz für den Erlaubnistatbestandsirrtum: Derjenige, der (irrig) von einer Rechtfertigungslage ausgeht, handelt mangels Unrechtsbewusstseins auch *ohne Vorsatz*. Die Tat ist ggf – bei entsprechender Strafandrohung – wegen Fahrlässigkeit strafbar, wenn der Irrtum auf einem Sorgfaltsverstoß beruht. 29

Diese Lehre entspricht nicht (mehr) dem Gesetz, da dieses gerade zwischen Vorsatz (§ 16) und Unrechtsbewusstsein (§ 17) differenziert. Früheres Hauptargument gegen diese Lehre: Sie begünstige den in seinem Rechtsempfinden abgestumpften Täter (vgl auch *Jakobs* 19/14; *Koriath* Jura 1996, 113 [114 ff]). In einer Prüfungsarbeit kann es entbehrlich sein, auf die Vorsatztheorie überhaupt einzugehen. 30

b) Die sog. **modifizierte Vorsatztheorie** unterscheidet zwischen Vorsatz und Unrechtsbewusstsein, wobei sie das Unrechtsbewusstsein mit dem Wissen um die Rechtswidrigkeit (= Bewusstsein, gegen eine Rechtsvorschrift iSv Art. 103 II GG zu verstoßen) identifiziert, während sie den Vorsatz um die Kenntnis der Sozialschädlichkeit des Verhaltens (= Bewusstsein, die sozialethischen Grundlagen der Rechtsordnung zu verletzen) erweitert. Insoweit soll der Vorsatz nicht nur intellektuelles Element der Handlungsfähigkeit, sondern auch Träger des „Gesinnungsunwerts" sein (vgl – mit nicht unerheblichen Abweichungen im Detail – *Geerds* Jura 1990, 421 ff; *Herzberg* JuS 2008, 385 [388 ff]; *Otto* AT § 7/75, § 13/39 ff). Konsequenz für den Erlaubnistatbestandsirrtum: Der Irrtum über die tatsächlichen Voraussetzungen eines Rechtfertigungsgrundes nimmt dem Täter die Möglichkeit, sein Verhalten als sozialschädlich zu erkennen; insoweit handelt der Täter – unbeschadet einer möglichen Strafbarkeit aus Fahrlässigkeit – *nicht vorsätzlich*. 31

Bei der modifizierten Vorsatztheorie bleibt unklar, wie ein über die Kenntnis der Tatbestandsmerkmale hinausgehendes vorsatzrelevantes Bewusstsein um die Verletzung der sozialethischen Grundlagen näher zu präzisieren sein soll. Strafrechtliche Schuld ist allein auf die Verletzung von Recht bezogen: Der Täter soll die Tatbestandsverwirklichung um der Befolgung der Rechtsnorm willen vermeiden, so dass zum Vorsatz nicht mehr gehören kann als die Kenntnis der Voraussetzungen rechtmäßigen Verhaltens. Im Übrigen verwischt die modifizierte Vorsatztheorie die klare Linie zwischen Erlaubnisirrtum und Erlaubnistatbestandsirrtum, da sich vor allem derjenige, der irrig die Grenzen eines gegebenen Rechtfertigungsgrunds nur leicht überschreitet, der Sozialschädlichkeit seines Verhaltens kaum bewusst sein dürfte. 32

c) Die sog. **strenge Schuldtheorie** rechnet auf der Basis eines dreistufigen Verbrechensaufbaus nur das Wissen um die zum objektiven Deliktstatbestand gehörenden Tatumstände zum Vorsatz; alle anderen subjektiven Deliktselemente gehören zur Schuld. Konsequenz für den Erlaubnistatbestandsirrtum: Jeder Irrtum über 33

Merkmale, die nicht zum objektiven Deliktstatbestand gehören, berührt den Vorsatz nicht. Der Irrtum über die tatsächlichen Voraussetzungen eines Rechtfertigungstatbestands ist demnach ein *Verbotsirrtum* iSv § 17 (*Heuchemer* JuS 2012, 795 [799]; *Kaufmann* JZ 1955, 37 ff; *Paeffgen* Frisch-FS 403 ff; LK-*Schroeder*, 11. Aufl., § 16 Rn 36 f, 52 ff; *Welzel* § 22 III).

34 Diese Lehre stützt sich auf das Argument, dass die Tötung eines Menschen in Notwehr (= gerechtfertigte Tatbestandsverwirklichung) nicht dasselbe sei wie die Tötung einer Mücke (= tatbestandsloses Verhalten). Hierbei wird jedoch übersehen, dass ein von der Rechtsordnung erlaubtes Verhalten unabhängig vom Grund der Erlaubnis *kein* Unrecht ist. Die strenge Schuldtheorie verwischt die Grenze zwischen der Zurechnung von tatsächlichen Unrechtsvoraussetzungen und der Zurechnung der Bewertung dieser Voraussetzungen, indem sie die Tatsachenzurechnung aufspaltet und teilweise (bzgl der Rechtfertigungslage) als Wertungsfrage behandelt.

35 d) Die von der hM vertretene sog. **eingeschränkte Schuldtheorie** zählt nicht nur die zum objektiven Deliktstatbestand gehörenden Umstände, sondern auch die tatsächlichen Voraussetzungen eines anerkannten Rechtfertigstatbestands zum Handlungsunrecht (insoweit wird die Schuldtheorie „eingeschränkt"); der Erlaubnisirrtum wird dagegen als Schuldfrage angesehen. Der Vorsatz beziehe sich nach § 16 I S. 1 zwar nur auf den Deliktstatbestand, jedoch sei diese Vorschrift wegen des fehlenden Handlungsunrechts analog anzuwenden (vgl BGHSt 45, 378 [384]; *Herzberg* JA 1989, 294 ff; *Köhler* 326; NK-*Puppe* § 16 Rn 137 ff; *Stratenwerth/Kuhlen* § 9/162 ff). Konsequenz für den Erlaubnistatbestandsirrtum: Irrt sich der Täter über die tatsächlichen Voraussetzungen eines anerkannten Rechtfertigungsgrunds, so entfällt – unbeschadet einer möglichen Strafbarkeit wegen Fahrlässigkeit – in analoger Anwendung von § 16 I S. 1 der Vorsatz.

36 Diese Lehre leidet – ungeachtet ihres plausiblen Ergebnisses – an der Diskrepanz, den Vorsatz wegen des Irrtums über Umstände, die eigentlich nicht Gegenstand des Vorsatzes sein sollen, entfallen zu lassen.

37 e) Die sog. **rechtsfolgenverweisende Schuldtheorie** bezieht den Vorsatz zwar nur auf die zum Deliktstatbestand gehörenden Umstände, unterwirft den Erlaubnistatbestandsirrtum aber den Rechtsfolgen des § 16: Der Täter handele ohne Vorsatzschuld und sei deshalb nicht aus dem Vorsatzdelikt zu bestrafen (vgl BGH JR 2012, 204 [206] m.Anm. *Mandla* StV 2012, 334 [336 f]; W-*Beulke/Satzger* Rn 708 f; *Rengier* AT § 30/20; ähnlich die von *Jakobs* 11/43 ff, 58 vertretene sog. „unselbstständige Schuldtheorie"). Konsequenz für den Erlaubnistatbestandsirrtum: Irrt sich der Täter über die tatsächlichen Voraussetzungen eines anerkannten Rechtfertigungsgrunds, so handelt er zwar vorsätzlich, wird aber – unbeschadet einer möglichen Fahrlässigkeitshaftung – wegen fehlender Vorsatzschuld nicht aus dem Vorsatzdelikt bestraft.

38 Diese Lehre dient vor allem dem Ziel, in der Beteiligungslehre den nicht irrenden Teilnehmer eines im Erlaubnistatbestandsirrtum handelnden Täters haften zu lassen; führt der Erlaubnistatbestandsirrtum zum Vorsatzausschluss, entfällt mangels Vorsatzes eine teilnahmefähige Haupttat (§§ 26, 27). Dogmatisch lässt sich die Konstruktion der rechtsfolgenverweisenden Schuldtheorie kaum halten, da der Vorsatz nicht zugleich bejaht, die Vorsatzschuld aber verneint werden kann. Denn der Grund für die fehlende Vorsatzschuld ist das infolge des Erlaubnistatbestandsirrtums bereits fehlende Handlungsunrecht (vgl auch *Otto* AT § 15/30).

f) Nach der **Lehre vom Gesamtunrechtstatbestand** ist die Trennung von Delikts- 39
tatbestand und Rechtfertigungsgrund eine bloße Frage der Gesetzestechnik (MK-
Freund Vor § 13 Rn 216, 301 ff). Exemplarisch: Wer eine fremde Sache, bezüglich derer er einen fälligen Übereignungsanspruch hat, in Zueignungsabsicht
wegnimmt, begeht objektiv keinen Diebstahl, unabhängig davon, ob das Fehlen
eines Übereignungsanspruchs als Merkmal des Deliktstatbestands oder das Bestehen eines solchen Anspruchs als Rechtfertigungsgrund angesehen wird. Ob ein
Verhalten erlaubt oder verboten ist, richtet sich also ausschließlich nach den gesetzlich genannten Voraussetzungen. Dementsprechend kann auch die subjektive
Tatseite gleichermaßen auf die tatsächlichen Voraussetzungen des Delikts- wie
auch des Rechtfertigungstatbestands bezogen werden. Unter dieser Prämisse
können die tatsächlichen Voraussetzungen von Rechtfertigungsgründen als *negative Merkmale* eines umfassenden Unrechtstatbestands gesehen werden (sog.
**Lehre von den nega-
tiven Tatbestandsmerkmalen**) angesehen werden (vgl *Engisch* ZStW 70, 566
[600]; *Schünemann* GA 1985, 341 [348 ff]; ähnlich *Hruschka* Roxin-FS I 441
[451 ff]; *Kindhäuser*, Gefährdung als Straftat, 1989, 111 f). Konsequenz für den
Erlaubnistatbestandsirrtum: Nimmt der Täter irrig eine Rechtfertigungslage an,
so handelt er ohne Vorsatz; § 16 I S. 1 ist *unmittelbar* anzuwenden.

§ 16 I S. 1 spricht nur vom „gesetzlichen Tatbestand". Die Vorschrift lässt sich 40
aber, was auch von Vertretern anderer Theorien angenommen wird (vgl *Geerds*
Jura 1990, 421 [427 f]; *Grünwald* Noll-GS 183 ff), so deuten, dass sich der Vorsatz jedenfalls (also: zumindest) auf die zum Deliktstatbestand gehörenden Umstände beziehen muss. Eine weitergehende Bestimmung des Vorsatzgegenstands
wird hierdurch nicht ausgeschlossen.

Das gegen die Lehre von den negativen Tatbestandsmerkmalen häufig vorge- 41
brachte Argument, zum Vorsatz müsste folgerichtig stets das positive Bewusstsein vom Fehlen einer Rechtfertigungslage gehören (vgl *Jescheck/Weigend* § 41
IV 1 a mwN), geht fehl: Der Vorsatz ist eine Situationseinschätzung, die hinreichenden Anlass zur Vermeidung einer Tatbestandsverwirklichung gibt (§ 15
Rn 14). Vorsatzrelevant sind daher stets nur solche Umstände, die für die Situationseinschätzung zur Vermeidung der Tatbestandsverwirklichung erheblich sind;
das sind notwendig die Voraussetzungen des Deliktstatbestands, aber nicht notwendig auch die Voraussetzungen von Rechtfertigungsgründen.

4. Soweit der Irrtum über die tatsächlichen Voraussetzungen eines Rechtferti- 42
gungsgrunds als vorsatzausschließend (bzw die Vorsatzschuld ausschließend) angesehen wird (Rn 31 ff), stellt sich die Frage, wie **Irrtümer über normative Erlaubnistatbestandsmerkmale** zu erfassen sind.

Die hL behandelt die Irrtümer über normative Erlaubnistatbestandsmerkmale 43
wie Irrtümer über normative Merkmale eines Deliktstatbestands; hält der Täter
zB einen Angriff nach § 32 aufgrund einer unzutreffenden Parallelwertung irrig
für rechtswidrig, so soll der Vorsatz (bzw die Vorsatzschuld) ausgeschlossen sein
(vgl *Dreher* Heinitz-FS 207 [226]; *Engisch* ZStW 70, 566 [584 f]; *Schlüchter* JuS
1985, 617 f). Nur fehlerhafte Parallelwertungen, die sich auf ein sog. gesamttatbewertendes Merkmal beziehen (zB die Angemessenheit des Mittels bei § 34),
sollen, wenn sie auf richtiger Sachverhaltseinschätzung beruhen, als Erlaubnisirrtum einzustufen sein (W-*Beulke/Satzger* Rn 714; SK-*Rudolphi/Stein* § 16 Rn 13).

Teils wird jedoch der vorsatzausschließende Erlaubnistatbestandsirrtum auf 44
Sachverhaltsirrtümer beschränkt; der Irrtum über die Rechtswidrigkeit des An-

griffs iSv § 32 wäre dann ein Erlaubnisirrtum (vgl *Schaffstein* OLG Celle-FS 175 [193]; M-*Zipf* § 38/17 f).

V. Wichtige Rechtfertigungsgründe

45 1. **Überblick: a)** Nach hM gelten die Rechtfertigungsgründe des privaten und des öffentlichen Rechts wegen der Einheit und **Widerspruchsfreiheit der Rechtsordnung** auch im Strafrecht (BGHSt 11, 241 [244]; LK-*Rönnau* Rn 21). Die strafrechtlichen Rechtfertigungsgründe müssen nicht ihrerseits stets auch in anderen Rechtsbereichen rechtfertigend wirken (*Günther* Spendel-FS 189 ff; *Roxin* I § 14/30 ff). So kann etwa ein strafrechtlich gerechtfertigtes Verhalten aus disziplinarrechtlicher Sicht rechtswidrig sein.

46 **b)** Da Rechtfertigungsgründe zugunsten des Täters wirken, müssen sie nicht – wie Deliktstatbestände (Art. 103 II GG, § 1 StGB) – gesetzlich fixiert sein. Zu den **ungeschriebenen Rechtfertigungsgründen** gehören ua: die rechtfertigende Pflichtenkollision (§ 34 Rn 55 ff); die mutmaßliche Einwilligung (unten Rn 51 ff); das Erziehungsrecht (Züchtigungsrecht) der Eltern und Erzieher (unten Rn 67 ff).

47 **c)** Die wichtigsten gesetzlich festgelegten Rechtfertigungsgründe des StGB sind: Notwehr, § 32 (auch § 227 BGB), rechtfertigender Notstand, § 34 (auch § 16 OWiG), Wahrnehmung berechtigter Interessen bei Ehrverletzungen, § 193.

48 **d)** Die wichtigsten gesetzlich fixierten Rechtfertigungsgründe aus anderen Rechtsgebieten sind: erlaubte Selbsthilfe (§§ 229, 562 b, 581 II, 704, 859, 1029 BGB); zivilrechtlicher Notstand, und zwar defensiver Notstand (§ 228 BGB) und aggressiver Notstand (§ 904 BGB); Geschäftsführung ohne Auftrag (§§ 677, 679 BGB); Zwangsvollstreckungsbefugnisse (§§ 758, 802 g II, 808 ZPO); Widerstandsrecht (Art. 20 IV GG); Blutentnahme (§ 81 a StPO); Beschlagnahme (§§ 94 ff StPO); Durchsuchung (§§ 102 ff StPO); Festnahme (§§ 127 StPO, 87 StVollzG); ein bindender Befehl, der, was der Täter nicht erkennt, auf eine Ordnungswidrigkeit (oder Straftat) gerichtet ist (§ 63 II, III BBG, § 11 I SoldG; str., s. *Roxin* I § 17/15 ff mwN).

49 **e)** Es ist möglich, dass in bestimmten Situationen **mehrere Rechtfertigungsgründe** (zB §§ 229, 859 BGB, 32 StGB) eingreifen. Diese sind grds. unabhängig voneinander (und nebeneinander) auf den fraglichen Sachverhalt anwendbar (vgl OLG Schleswig NStZ 1987, 75).

50 Bei manchen Rechtfertigungsgründen wird jedoch auch Spezialität bejaht (so zB für §§ 228, 904 BGB im Verhältnis zu § 34 StGB, vgl *Seelmann*, Das Verhältnis des § 34 StGB zu anderen Rechtfertigungsgründen, 1978, 75; *Warda* Maurach-FS 143 [162]; aA *Hellmann*, Die Anwendbarkeit der zivilrechtlichen Rechtfertigungsgründe im Strafrecht, 1987, 106 ff).

2. Mutmaßliche Einwilligung

51 **a) Grundgedanken:** Die mutmaßliche Einwilligung ist nach hM ein eigenständiger, gewohnheitsrechtlich anerkannter Rechtfertigungsgrund (vgl BGHSt 16, 309 [312]; NK-*Paeffgen* Rn 157 ff mwN), der auf zwei Grundgedanken beruht: Ein Eingriff in eine fremde Rechtssphäre kann entweder zulässig sein, weil er den Interessen des Berechtigten dient (**Prinzip der Interessenwahrnehmung**) oder weil er die Interessen des Berechtigten ersichtlich nicht berührt (**Prinzip des mangelnden Interesses**).

Die mutmaßliche Einwilligung ist – anders als die Einwilligung, vgl Vor § 13 **52**
Rn 159 ff (str.) – nach hM als Rechtfertigungsgrund und nicht als Kriterium des
Tatbestandsausschlusses anzusehen, weil hier der wahre Wille des Betroffenen
seinem vermuteten Willen tatsächlich entgegenstehen kann, so dass eine Interessenkollision jedenfalls nicht ausgeschlossen ist. Während sich die Einwilligung
auf eine Willenserklärung des Berechtigten bezieht, beruht der Wille des Berechtigten bei der mutmaßlichen Einwilligung auf einer Hypothese. Die mutmaßliche
Einwilligung ist gegenüber der erklärten subsidiär, weil sie nur an deren Stelle
tritt (*Kühl* § 9/46; *Roxin* I § 18/10). Gegenüber dem rechtfertigenden Notstand
ist die mutmaßliche Einwilligung vorrangig, da sich die Interessenabwägung am
Selbstbestimmungsrecht des Betroffenen orientieren muss (SK-*Günther* § 34
Rn 60; ausf. hierzu *Erb* Schünemann-FS 337 ff). Die mutmaßliche Einwilligung
unterscheidet sich also insoweit von rechtfertigenden Notstand, als sie sich auf
keinen objektiven, sondern auf den **subjektiven Wertmaßstab** des Betroffenen bezieht. Die mutmaßliche Einwilligung steht damit zwischen der (rein subjektiven)
Einwilligung und dem (rein objektiven) rechtfertigenden Notstand (vgl *Roxin* I
§ 18/3 f).

b) Voraussetzungen: aa) Die mutmaßliche Einwilligung hat vier Voraussetzungen: **53**

(1) Es müssen – mit Ausnahme der notwendigerweise fehlenden Einwilligungserklärung des Rechtsgutsinhabers – **alle Bedingungen** einer **wirksamen Einwilligung erfüllt** sein (Vor § 13 Rn 168 ff); **54**

(2) eine ausdrückliche Erklärung des Berechtigten kann wegen **unüberwindbarer** **55**
(oder nur mit unverhältnismäßigen Mitteln zu überwindender) **Hindernisse** (zB
Bewusstlosigkeit, Abwesenheit usw) nicht rechtzeitig eingeholt werden;

(3) eine **Einwilligung** ist bei objektiver Würdigung aller Umstände **mit Sicherheit** **56**
zu erwarten, weil das Handeln entweder im Interesse des Berechtigten liegt oder
schutzwürdige Interessen des Betroffenen offensichtlich nicht berührt.

■ Ob ein Handeln **im Interesse des Betroffenen** liegt, richtet sich entscheidend **57**
nach dessen Präferenzen (individuelle Interessen, Wünsche, Bedürfnisse,
Wertvorstellungen, vgl BGHSt 45, 219 [221]; näher *Roxin* I § 18/19 ff). Auf
die Grundsätze der Geschäftsführung ohne Auftrag und sonstige objektive
Kriterien, insbesondere auf eine Interessenabwägung nach Maßgabe des
rechtfertigenden Notstands, ist nur unter dem Aspekt der Ermittlung des
hypothetischen wirklichen Willens des Betroffenen zurückzugreifen (vgl
BGHSt 45, 219 [221]; *Mitsch* ZJS 2012, 38 [42 f]; *Stratenwerth/Kuhlen*
§ 9/35; objektivierender *Otto* AT § 8/131). Exemplarisch: A dringt in das
Haus seines (abwesenden) Nachbarn N ein, um einen Brand zu löschen.
Hier ist davon auszugehen, dass ein Betreten der Räumlichkeiten um der
Verringerung des zu erwartenden Brandschadens eindeutig im Interesse des
B liegt. Besondere praktische Bedeutung hat die auf dem Prinzip der Interessenwahrnehmung beruhende mutmaßliche Einwilligung im Bereich ärztlicher Hilfsmaßnahmen, etwa bei der Rettung eines bewusstlosen Unfallopfers oder bei der Erweiterung des Umfangs einer mit Zustimmung des Patienten begonnenen Operation (BGHSt 35, 246).

■ Ein Eingriff in eine fremde Rechtssphäre ist ferner zulässig, wenn davon **58**
ausgegangen werden kann, dass der Betroffene **ersichtlich kein Interesse** an
einer unveränderten Sachlage hat. Exemplarisch: Der Täter wechselt eigenmächtig Geld, weil er Münzen zur Bedienung eines Automaten benötigt.

Auch hier setzt jedoch die mutmaßliche Einwilligung die Unerreichbarkeit des Betroffenen voraus; ferner sind dessen persönliche Präferenzen zu respektieren. So wäre etwa das Geldwechseln nicht von einer mutmaßlichen Einwilligung gedeckt, wenn bekannt ist, dass der Betroffene die Münzen sammelt oder selbst benötigt.

59 (4) Subjektiv setzt die mutmaßliche Einwilligung eine Kenntnis der Rechtfertigungslage voraus (*Roxin* Welzel-FS 447 [453 ff]).

60 Da die Einwilligung nicht nur ausdrücklich, sondern auch **konkludent** erklärt werden kann, ist von einer wirklichen Einwilligung – sog. „gemutmaßten" Einwilligung – auszugehen, wenn sich aus den Umständen des konkreten Falles, insbesondere aus früheren Äußerungen, eindeutig auf den tatsächlichen Willen des Betroffenen schließen lässt (aA *Mitsch* ZJS 2012, 38 [42 f]: Fall der mutmaßlichen Einwilligung).

61 Wie bei jedem Rechtfertigungsgrund ist auch bei der mutmaßlichen Einwilligung die Beurteilung der **Lage ex ante** ausschlaggebend. Ergibt sich im Nachhinein, dass die Entscheidung dem tatsächlichen Willen des Berechtigten zuwiderlief, ist die Tat gleichwohl gerechtfertigt (vgl *Jescheck/Weigend* § 34 VII 3). Ohne Belang sind auch Umstände, die für den Täter ex ante nicht erkennbar waren (S/S-*Lenckner/Sternberg-Lieben* Rn 58).

62 Eine mutmaßliche Einwilligung kommt niemals in Betracht, wenn der **gegenteilige Wille** des Betroffenen **bekannt** ist, selbst wenn dieser gegenteilige Wille noch so unvernünftig ist (instruktiv RGSt 25, 375 [383 f]; vgl auch BGHSt 45, 219 [223 f]).

63 c) **Abgrenzung zur hypothetischen Einwilligung:** Der **Begriff** der – ursprünglich für das Zivilrecht entwickelten – Rechtsfigur der hypothetischen Einwilligung beschreibt eine in neuerer Zeit vom BGH angewandte Einwilligungsfiktion, welche im Zusammenhang mit Aufklärungspflichten bei (lege artis durchgeführten) ärztlichen Heileingriffen genutzt wird (vgl BGH JR 2004, 469 m.Anm. *Puppe*; BGH NStZ-RR 2007, 340 f m.Anm. *Bosch* JA 2008, 70; *Conrad/Koranyi* JuS 2013, 979 ff; aA AG Moers BeckRS 2015, 18722; zur möglichen Anwendbarkeit der hypothetischen Einwilligung im Bereich der Organuntreue nach § 266 vgl *Krüger* Beulke-FS 137 [148 ff]). Exemplarisch: Arzt A vergisst nach einer Operation eine Bohrerspitze im Knochen des Patienten P. Um den Kunstfehler nicht offenbaren zu müssen, spiegelt er andere Umstände vor, welche die Notwendigkeit einer zweiten Operation begründen sollen. Sodann führt A die weitere Operation aus, um die Bohrerspitze entfernen zu können. Eine Rechtfertigung der tatbestandsmäßigen Körperverletzung (dazu § 223 Rn 7 ff) durch mutmaßliche Einwilligung kommt hier nicht in Betracht; denn diese verlangt, dass eine ausdrückliche Einwilligung des Patienten nicht bzw nur mit unverhältnismäßigen Mitteln einholbar ist (vgl oben Rn 55). Eine solche Erklärung hätte P jedoch vor der Operation ohne Weiteres abgeben können.

64 Bei der Frage nach der **hypothetischen Einwilligung** soll es demgegenüber nach der Rspr allein entscheidend sein, ob der Patient bei unterstellter Aufklärung ebenfalls seine Zustimmung zur Operation erteilt hätte (BGH NStZ 2004, 442; *Kuhlen* JR 2004, 227 ff; *Mitsch* JZ 2005, 279 [285]); das Vorliegen – oder auch nur die Möglichkeit – einer äußeren Kundgabe sei nicht erforderlich. Sei eine solche (hypothetische) Einwilligung nicht auszuschließen, so müsse der Arzt nach dem Grundsatz *in dubio pro reo* (dazu Vor § 52 Rn 44 ff) freigesprochen werden (BGH NStZ 2012, 205 [206]; abl. *Otto* Jura 2004, 679 [683]; *Puppe* GA 2003,

764 [769]). Dies gelte auch im Falle alternativer Behandlungsmethoden (BGH NJW 2013, 1688 ff m. krit. Anm. *Beckemper* NZWiSt 2013, 232 ff). Zur Begründung wird vorgetragen, es handele sich in diesen Fällen allenfalls um eine Verletzung des Selbstbestimmungsrechts des Patienten, die wertungsmäßig nicht als Rechtsgutsverletzung iSd §§ 223 ff zu qualifizieren sei (*Mitsch* JZ 2005, 279 [285]; *Rosenau* Maiwald-FS 683 [694]). Einschränkend wird demgegenüber teilweise anstatt einer vollständigen Straflosigkeit eine Strafbarkeit des Arztes wenigstens wegen Versuchs befürwortet, da die hypothetische Einwilligung nichts an der Pflichtwidrigkeit des Eingriffs ändere, sondern nur das Unrecht einer vollendeten Tat ausschließe (so *Kuhlen* JR 2004, 227 m. Fn 6; iE ebenso *Mitsch* JZ 2005, 279 [284], der freilich erhebliche Probleme bei der Nachweisbarkeit des entsprechenden Vorsatzes sieht).

Die vielfach vertretene Gegenposition lehnt eine nachträgliche Heilung des willensbeeinträchtigenden Aufklärungsmangels ab und verweist dabei insbesondere auf die Unmöglichkeit, die fiktive Entscheidung des Patienten nachträglich noch ermitteln zu können (*Eisele* JA 2005, 252 [254]; *S/S-Eser* § 223 Rn 40 h; *Gropp* Schroeder-FS 197 [201 ff]; *Haas* GA 2015, 147 [149 ff]; *Paeffgen* Rudolphi-FS 187 [208 f]; *Puppe* JR 2004, 470 ff; diff. *Zabel* GA 2015, 219 ff). Da jede menschliche Entscheidung frei sei (andernfalls man der Person das Selbstbestimmungsrecht raube), gebe es keine eindeutigen Gesetze, die einen fiktiven Entscheidungsprozess strikt determinieren könnten, so dass es sich schon gar nicht um ein nach dem Zweifelssatz lösbares Beweisproblem handele (*Puppe* JR 2004, 470; vgl auch *Paeffgen* Rudolphi-FS 187 [208]: der *In-dubio*-Satz könne allein bei Tatsachen, nicht aber bei Mutmaßungen zum Zuge kommen). Der tatsächliche Verlauf der Willensbildung verliere sein Dasein und seine rechtliche Bedeutung nicht dadurch, dass an seine Stelle möglicher- oder plausiblerweise ein anderer getreten wäre (*Puppe* JR 2004, 470 [472]). Und selbst wenn die hypothetische Einwilligung mit Sicherheit feststünde, so sei sie – vergleichbar etwa mit der nachträglichen Zustimmung eines Bestohlenen – ungeeignet, um das im Zeitpunkt der Rechtsgutsbeeinträchtigung verwirklichte Unrecht *ex post* aufheben zu können (*Otto* Jura 2004, 679 [683]; *Sowada* NStZ 2012, 1 [6, 9]). Kritisiert wird überdies, dass der Rechtsgedanke der hypothetischen Einwilligung aufgrund seiner Verankerung im Allgemeinen Teil folgerichtig auch in anderen Konstellationen Anwendung finden müsste, was jedoch zu absurden Ergebnissen führen würde (*Böse* ZIS 2016, 495 ff).

Damit nicht jeder geringfügige Irrtum des Patienten zur Strafbarkeit wegen Körperverletzung führt, wird alternativ eine strafrechtsbezogene Einschränkung der durch den Arzt aufzuklärenden Inhalte erwogen (*Otto/Albrecht* Jura 2010, 264 [270 f]; *Rönnau* JuS 2014, 882 [885]; *Saliger* Beulke-FS 257 ff; *Sternberg-Lieben* Beulke-FS 299 ff; *Zabel* GA 2015, 219 [235]) oder eine Einschränkung des Tatbestandes nach Art einer Verwerflichkeitsklausel befürwortet (*Sowada* ZIS 2013, 18 [29 ff]).

Im **Gutachten** bietet es sich an, die Frage der hypothetischen Einwilligung – je nachdem, ob man die tatsächliche Einwilligung als Tatbestandsausschließungsgrund oder als Rechtfertigungsgrund begreift (dazu Vor § 13 Rn 160 ff) – entweder im Rahmen der objektiven Zurechnung auf Tatbestandsebene oder aber auf der Rechtswidrigkeitsstufe zu behandeln (vgl für ersteres *Roxin* I § 13/120, 122, für letzteres *Kuhlen* JR 2004, 227; Falllösung bei *Zöller/Mavany* ZJS 2009, 694 [700 f]). Im letzteren Falle sollte sie allerdings nicht als Rechtfertigungsgrund genutzt, sondern lediglich als Strafausschlussgrund (iSe fehlenden Pflichtwidrigkeitszusammenhangs) auf der Ebene des objektiven Rechtfertigungstatbestandes eingeführt werden; ansonsten würde das Fehlen der Voraussetzungen der tatsächlichen bzw mutmaßlichen Einwilligung ohne Konsequenzen überspielt (vgl *Kuhlen* JR 2004, 227; *Sickor* JA 2008, 11 [14 f]). Im oben erörterten Fall kann nicht angenommen werden, dass sich P bei Kenntnis des Sachverhalts gerade von A ein weiteres Mal hätte behandeln lassen, so dass selbst bei Anerkennung der Möglichkeit einer hypothetischen Einwilligung die Berufung auf diese Rechtsfigur hier ausgeschlossen ist. Dass P sich ggf an einen anderen Arzt gewandt hätte, um die objektiv erforderliche Operation vornehmen zu lassen, ist für den konkreten Eingriff durch A ohne Bedeutung (vgl auch BGH JR 2004, 251 [252]).

67 3. **Züchtigungs- und Erziehungsrecht: a)** Rechtsgrundlage des (erheblichen Beschränkungen unterliegenden) elterlichen Züchtigungsrechts ist das **familienrechtliche Erziehungs- und Sorgerecht** (vgl §§ 1626, 1631 I, 1800 BGB). Da § 1631 II BGB entwürdigende Erziehungsmaßnahmen, insbesondere körperliche und seelische Misshandlungen untersagt, sind quälerische, gesundheitsschädliche, das Anstandsgefühl verletzende oder sonstige grobe Bestrafungen von vornherein unzulässig (näher hierzu *Schramm*, Ehe und Familie im Strafrecht, 2011, 169 ff; grds. abl. *Otto* Jura 2001, 670 [671]). Demnach können nach vorherrschender Auffassung allenfalls minimale körperliche Beeinträchtigungen gerechtfertigt sein, wenn sie (auf angemessene Weise) zu einem bestimmten Erziehungszweck (als ultima ratio) vorgenommen werden (zu einzelnen Begründungsversuchen *Heinrich* ZIS 2011, 431 [438 ff]).

68 In der **Berufsausbildung** ist eine körperliche Züchtigung verboten (§ 31 JArbSchG). Auch **Lehrer** haben nach heute hM kein Züchtigungsrecht gegenüber Schülern (vgl BGH NJW 1976, 1949; NK-*Paeffgen* § 223 Rn 31). In den meisten Bundesländern ist eine Züchtigung durch Verwaltungsvorschriften ausdrücklich untersagt (vgl BGH NStZ 1993, 591). Hiervon dürfte allenfalls der Einsatz (minimalen) körperlichen Zwangs zur Durchsetzung klasseninterner Ordnungsmaßnahmen unberührt sein (hierzu LG Berlin bei *Jahn* JuS 2010, 458 [459]).

69 **b)** Das Züchtigungsrecht steht grds. nur einem Erziehungsberechtigten gegenüber **eigenen Kindern** zu. Es kann jedoch im Rahmen eines besonderen Betreuungs- oder Erziehungsverhältnisses auf Dritte übertragen werden (BGHSt 12, 62 [67]).

70 **c)** Neben minimalen körperlichen Eingriffen können vom Erziehungsrecht insbesondere **Freiheitsentziehungen** (Stubenarrest) gedeckt sein. In gewissem Umfang werden auch **Beleidigungen** (§ 185) erfasst (vgl auch § 193). Ebenfalls unter das Erziehungsrecht fällt außerdem gemäß dem zum 20.12.2012 neu geschaffenen § 1631 d BGB die **Beschneidung von Jungen**, soweit der Eingriff fachgerecht erfolgt und die Beschneidung auch unter Berücksichtigung ihres Zwecks das Kindeswohl nicht gefährdet (krit. zum Entwurf *Scheinfeld* HRRS 2013, 268 ff; *Walter* JZ 2012, 1110 [1111 ff]; positiver *Rixen* NJW 2013, 257 ff). Die ausdrückliche Regelung war notwendig geworden, nachdem das LG Köln unter alter Gesetzeslage ein solches Vorgehen als grds. strafbare Körperverletzung iSd § 223 gewertet hatte (NJW 2012, 2128 [2129]), was in der Literatur neben einiger Zustimmung (vgl *Kempf* JR 2012, 436 ff; allgemein *Herzberg* ZIS 2010, 471 ff) auch zum Teil heftige Kritik provozierte (vgl *Beulke/Dießner* ZIS 2012, 338 ff; *Muckel* JA 2012, 636 [638 f]; *Rox* JZ 2012, 806 ff; zurückhaltender *Jahn* JuS 2012, 850 ff). In einer ersten Entscheidung zur neuen Rechtslage verlangte das OLG Hamm über § 1631 d BGB hinaus als ungeschriebenes Tatbestandsmerkmal, dass die Personensorgeberechtigten umfassend über Chancen und Risiken der Beschneidung aufgeklärt wurden (OLG Hamm NJW 2013, 3662 [3664]).

Zudem seien auch jüngere Kinder, selbst wenn diese im Ergebnis noch nicht einsichtsfähig seien, persönlich anzuhören und ihre Wünsche zu berücksichtigen (OLG Hamm NJW 2013, 3662 [3663]; zust. *Peschel-Gutzeit* NJW 2013, 3617 [3620]).

4. Zivilrechtliche Selbsthilfe: a) Die Vorschriften der §§ 229, 230 BGB berechtigen zur **Sicherung eines Anspruchs** durch private Gewalt. Die Notwehrregeln greifen hier nicht ein, weil für die Durchsetzung zivilrechtlicher Ansprüche nur der Rechtsweg vorgesehen ist (vgl *Jakobs* 11/17; *Kühl* § 9/3). Die Selbsthilfe nach §§ 229, 230 BGB darf nur der Sicherung des Anspruchs dienen, nicht aber einer darüber hinausgehenden sofortigen Befriedigung desselben (vgl BGHSt 17, 87 [89]). Erlaubt ist danach etwa das Festhalten einer Person oder die Wegnahme von Sachen, um eine Identifizierung zu ermöglichen (vgl BGH NStZ 2012, 144 m. zust. Anm. *Grabow*). 71

b) Die Selbsthilfe nach §§ 229, 230 BGB hat folgende **Voraussetzungen:** 72
- der Täter hat einen eigenen fälligen Anspruch;
- es besteht die Gefahr, dass die Verwirklichung des Anspruchs vereitelt oder erschwert wird;
- obrigkeitliche Hilfe kann nicht rechtzeitig in Anspruch genommen werden;
- die Selbsthilfe hält sich im Rahmen des zur Abwendung der Gefahr Erforderlichen;
- die Selbsthilfe ist nur Ersatz hoheitlichen Handelns, geht also nicht über die dem zuständigen staatlichen Organ in der entsprechenden Situation erlaubten Maßnahmen hinaus;
- subjektiv muss der Täter zum Zweck der Selbsthilfe handeln.

c) Weitere Selbsthilferegelungen sind in §§ 562 b I, 581 II, 704 S. 2, 859, 1029 BGB vorgesehen. Auch diese Vorschriften gehen der allgemeinen Notwehrberechtigung vor. 73

5. Zusendung unbestellter Leistungen, § 241 a BGB: Nach § 241 a BGB stehen einem Unternehmer, der einem Verbraucher eine Sache oder eine sonstige Leistung unbestellt zusendet, grds. weder vertragliche noch gesetzliche Ansprüche zu, soweit nicht eine irrtümliche Falschlieferung vorliegt. Daher muss der Verbraucher die Sache weder zurückgeben noch ist er dem Unternehmer zur Leistung von Schadensersatz verpflichtet, wenn sie beschädigt wird. Augrund dieser zivilrechtlichen Freistellung erscheint es widersprüchlich, ihn für das Behalten (§ 246) oder die Zerstörung (§ 303) der Sache strafrechtlich zu belangen. Fraglich ist jedoch, wie die Norm des § 241 a BGB zur Verneinung einer solchen Haftung fruchtbar gemacht werden kann: 74

Teilweise wird bereits die **Fremdheit** des Tatobjekts verneint (zu diesem Begriff § 242 Rn 8 ff): Da dem eigentlichen Eigentümer keine Rechte gegenüber dem Verbraucher zustehen, soll dieser kraft besserer Vermögensposition als wirtschaftlicher Eigentümer der Sache anzusehen sein (*Otto* Jura 2004, 389 [390]; ähnlich *Lamberz* JA 2008, 425 [428]). Dieser Ansatz ist jedoch insoweit bedenklich, als der Begriff eines „wirtschaftlichen Eigentums" höchst diffus erscheint; die Rechtssicherheit bringende Orientierung an der zivilrechtlich-dinglichen Rechtslage sollte nicht vorschnell aufgegeben werden (vgl auch *Matzky* NStZ 2002, 458 [461 f]; *Reichling* JuS 2009, 111 [113]). 75

Daher erscheint es vorzugswürdig, mit der überwiegenden Meinung im Schrifttum nur die **Rechtswidrigkeit** der grds. tatbestandsmäßigen Handlung zu verneinen (*Reichling* JuS 2009, 111 [114]; M-*Schroeder/Maiwald* I § 36/22; abl. *Lam-* 76 *berz* JA 2008, 425 [427 f]). Hierfür kann als Vergleichskonstellation auch die eigenmächtige Verschaffung einer Stückschuld durch den Gläubiger herangezogen werden: Obwohl einem Herausgabeverlangen des Schuldners hier die Einrede des „dolo agit" entgegensteht, sieht die hM in dieser Situation die Fremdheit der Sache unberührt und nimmt allein ein Fehlen der „Rechtswidrigkeit" der Zueignung an (näher § 242 Rn 123).

77 Zu beachten ist, dass die Wirkungen des § 241 a BGB nur demjenigen zugute kommen können, der die Voraussetzungen der Vorschrift erfüllt. Gibt der Verbraucher die ihm zugesandte Ware daher an einen (bösgläubigen) Dritten weiter, kann der Unternehmer die Sache von diesem vindizieren (Palandt/*Grüneberg* § 241 a BGB Rn 7). Entsprechend kommt auch eine strafrechtliche Verantwortung des Dritten nach Maßgabe eigentumsschützender Tatbestände in Betracht (vgl *Kreß/Baenisch* JA 2006, 707 [712]).

78 **6. Vorläufige Festnahme (§ 127 I StPO): a)** Nach § 127 I StPO hat **jedermann** das Recht, einen auf frischer Tat Betroffenen, welcher der Flucht verdächtig ist oder dessen Identität nicht sofort festgestellt werden kann, vorläufig festzunehmen.

79 **b) Voraussetzungen:**

80 **(1)** Unter **Tat** iSv § 127 I StPO ist nur eine rechtswidrige Tat gem. § 11 I Nr. 5 zu verstehen. Das Verhalten muss also den Tatbestand eines Strafgesetzes verwirklichen, ohne gerechtfertigt zu sein. Demgegenüber muss der Täter nicht auch schuldhaft gehandelt haben (*Sickor* JuS 2012, 1074 [1075 f]).

81 **(2)** Die Tat ist **frisch**, solange aus den gesamten Umständen, in denen sich der Betroffene befindet, noch auf die Tat geschlossen werden kann. Insbesondere muss die Festnahme oder Verfolgung noch in einem unmittelbaren zeitlichen und räumlichen Zusammenhang mit der Tat stehen (*Baumann/Weber/Mitsch* § 17/146).

82 **(3)** Ob Private **nur ein Festnahmerecht** haben, wenn der Festgenommene **tatsächlich eine Straftat begangen** hat, ist umstritten:

83 ■ Nach einer verbreiteten Mindermeinung darf auch ein Unschuldiger festgenommen werden, wenn er bei Aufbietung der erforderlichen Sorgfalt als Tatverdächtiger erscheint (vgl bei im Detail unterschiedlichen Anforderungen an den Tatverdacht: BayObLG JR 1987, 344; *Freund* § 3/13 ff; *Wagner* ZJS 2011, 465 [468 ff]). Argument: Da auch der Private mit der Festnahme im öffentlichen Interesse handele, erscheine es unbillig, ihm das Risiko eines schuldlosen Irrtums aufzubürden.

84 ■ Die hM verlangt dagegen eine tatsächliche Tatbegehung, da das Irrtumsprivileg des Amtsträgers nicht für Private gelte (OLG Hamm NJW 1972, 1826 f; *Baumann/Weber/Mitsch* § 17/145; *Krey/Esser* AT Rn 643 ff; *Satzger* Jura 2009, 107 [110]; *Welzel* § 14 VI 3). Hierfür spricht, dass ein Privatmann im Gegensatz zu einem Amtsträger nicht zur Festnahme verpflichtet ist; das für den Amtsträger erforderliche Irrtumsprivileg lässt sich daher nicht ohne Weiteres auf Privatleute, denen zudem regelmäßig eine einschlägige Berufserfahrung fehlt, übertragen. Zudem ändert der Umstand, dass sich ein Unschuldiger dem (dringenden) Verdacht, eine Straftat begangen zu haben, ausgesetzt sieht, nichts daran, dass er für den Konflikt selbst nicht zuständig ist und folglich jedenfalls von Privatleuten keine Einbußen seiner Freiheit hinzunehmen braucht. Schließlich verlangt der Wortlaut eindeutig eine „frische Tat" und nicht nur die Annahme einer solchen.

Auswirkungen hat der Streit weniger hinsichtlich einer möglichen Strafbarkeit 85
des Festnehmenden – hier ist regelmäßig ein (vorsatzausschließender) Erlaubnistatbestandsirrtum (Rn 23, 27 ff) gegeben –, als vielmehr hinsichtlich der Frage, ob der Festgenommene die Festnahme zu dulden hat (so die Konsequenz der Mindermeinung) oder ob er sich aufgrund Notwehr wehren darf (so die Konsequenz der hM). Im letztgenannten Fall ist zu beachten, dass das Notwehrrecht des Festgenommenen eingeschränkt sein kann, wenn sich der Festnehmende erkennbar in einem Irrtum befindet (§ 32 Rn 52).

Unstr. ist es für die Amtsbefugnis zur Festnahme nach § 127 II StPO nicht erforderlich, dass der Festgenommene die Straftat tatsächlich begangen hat. 86

(4) Die Festnahme darf **mit allen Mitteln** erfolgen, die **zum Festnahmezweck in** 87
einem angemessenen Verhältnis stehen. Unangemessen sind regelmäßig Handlungen, die zu einer ernsthaften Beschädigung der Gesundheit oder zu einer unmittelbaren Lebensgefährdung des Festzunehmenden führen (BGHSt 45, 378 [381]; *Jakobs* 16/19; *Roxin* I § 17/28). Für eine Berechtigung zum Schusswaffengebrauch besteht schon deshalb kein Anlass, weil der Festnehmende ein Notwehrrecht hat, wenn sich der Festzunehmende dem Einsatz zulässiger Mittel mit Gewalt widersetzt. Stets müssen Maßnahmen, die – wie etwa leichtere Körperverletzungen – über eine bloße Freiheitsbeeinträchtigung hinausgehen, zur Festnahme notwendig sein (vgl auch OLG Stuttgart NJW 1984, 1694 f). Mittel, die **milder** sind **als eine Freiheitsberaubung** durch Festnahme (zB Wegnahme des Personalausweises oder Autoschlüssels), sind ebenfalls von § 127 I StPO gedeckt (vgl OLG Saarbrücken NJW 1959, 1190 [1191]; *Satzger* Jura 2009, 107 [113]; aA *Krey/Esser* AT Rn 653). Setzt der Festnehmende aus Verwirrung, Furcht oder Schrecken Mittel ein, die die Grenzen der Verhältnismäßigkeit überschreiten, kann sich die Frage einer analogen Anwendung der Vorschrift zum Notwehrexzess (§ 33) stellen (ausf. dazu *Sickor* JuS 2012, 1074 [1078 f]).

(5) Der Festnehmende muss in Kenntnis der Rechtfertigungslage **zum Zweck der** 88
Festnahme handeln.

VI. Entschuldigung und Unzumutbarkeit

1. **Unzumutbarkeit normgemäßen Verhaltens:** Die Entschuldigungsgründe der 89
§§ 33, 35 nennen jeweils Bedingungen, unter denen im Allgemeinen eine Normbefolgung nicht erwartet wird. Sie beruhen primär auf dem Gedanken der Unzumutbarkeit normgemäßen Verhaltens. Einen allgemeinen Entschuldigungsgrund der Unzumutbarkeit normgemäßen Handelns lehnt die hM heute ganz hM – insbesondere beim vorsätzlichen Begehungsdelikt – dagegen ab (LK-*Rönnau* Rn 327; *Roxin* I § 22/142 ff): Das Kriterium sei zu vage und neben § 35 auch überflüssig. Bei **bestimmten Deliktsformen** (vgl Rn 90 ff) wird der Gedanke der Unzumutbarkeit jedoch zur Begrenzung der Strafbarkeit herangezogen (vgl *Baumann/Weber/Mitsch* § 23/63; aA MK-*Schlehofer* Rn 275 ff).

a) Bei den **echten Unterlassungsdelikten** wird die Zumutbarkeit normgemäßen 90
Handelns von der hM als Tatbestandsmerkmal angesehen (vgl § 323 c Rn 15).

b) Die Strafbarkeit des **unechten Unterlassungsdelikts** steht in sehr engen Gren- 91
zen unter dem Vorbehalt der Zumutbarkeit normgemäßen Verhaltens. Da die Unzumutbarkeit die Motivationsfähigkeit betrifft, ist sie als Entschuldigungsgrund einzustufen (hM, vgl nur BGH NStZ 1994, 29; *Kühl* § 18/140; LK-*Rönnau* Rn 327, 334). Teils wird auch schon ein Tatbestandsausschluss befür-

wortet (*Bringewat* Rn 452; *Stree* Lenckner-FS 393 [401]) oder ein Rechtfertigungsgrund angenommen (*Gropp* § 11/115; *Köhler* 297). Exemplarisch: Beim Brand eines Wohnhauses rettet A statt seines todkranken Vaters seine Freundin F, die er liebt und heiraten möchte. Zwar ist A nicht gerechtfertigt, da bei Abwägung der Pflichten die Garantenpflicht gegenüber dem Vater der allgemeinen Hilfspflicht vorgeht. Auch § 35 greift nicht ein, da F nicht zu dem dort genannten Personenkreis gehört. Jedoch kann hier von einer Bestrafung wegen Unzumutbarkeit abgesehen werden, da A zum einen ein Menschenleben gerettet hat und zum anderen billigenswerte Interessen verfolgt. Dagegen führt das Risiko (eigener) **strafrechtlicher Verfolgung** grds. nicht zur Unzumutbarkeit der Verhinderung nennenswerter Schäden, da der Betreffende für diese Gefahr selbst zuständig ist und die gefährdeten Güter insoweit vorrangig zu schützen sind (*Kühl* § 18/141). Exemplarisch: Autofahrer A verursacht wegen erheblicher Trunkenheit einen Verkehrsunfall, bei dem ein Fußgänger auf einer einsamen Straße lebensgefährlich verletzt wird. Hier ist dem A die Rettung zuzumuten, auch wenn er dadurch das Risiko eingeht, wegen der Straßenverkehrsgefährdung belangt zu werden.

92 c) Beim **Fahrlässigkeitsdelikt** kann die Unzumutbarkeit den Schuldvorwurf beseitigen, auch wenn die Tat nicht die Anforderungen des (in erster Linie auf vorsätzliche Begehungsdelikte zugeschnittenen) § 35 I erfüllt. Voraussetzung ist eine Blockierung der Motivierung zu sorgfaltsgemäßem Verhalten aus „verständlichen Gründen", insbesondere bei Lebens- oder Leibesgefahr (vgl RGSt 30, 25 ff; *Jakobs* 20/36 ff; krit. HKGS-*Duttge* § 15 Rn 51).

93 2. **Übergesetzlicher entschuldigender Notstand:** Als „übergesetzlicher" entschuldigender Notstand wird eine Situation angesehen, in welcher der Täter existentielle Güter zur Rettung gleichwertiger anderer Güter verletzt. Da § 35 nur eingreift, wenn es sich bei den geschützten Gütern um solche des Täters oder ihm nahestehender Personen handelt, wird der Entschuldigungsgrund als „übergesetzlicher" Notstand bezeichnet.

94 Anerkannt ist der „übergesetzliche" Notstand nur in **extremen Ausnahmesituationen**, etwa bei der Rettung einer Vielzahl von Menschen auf Kosten eines Einzelnen oder einer kleineren Gruppe (vgl LG Köln NJW 1952, 358; *Küper* JZ 1989, 617 [625 ff]; *Roxin* I § 22/146 ff; abl. *Mitsch* GA 2006, 11 [13]). Ein denkbarer Anwendungsfall wäre etwa der Abschuss eines durch Terroristen gekaperten und als Terrorinstrument genutzten Passagierflugzeugs (*Jäger* JA 2008, 678 [684]; *Pawlik* JZ 2004, 1045 [1051]; krit. *Roxin* ZIS 2011, 552 [562]). Teilweise wird in diesem Fall allerdings auch eine Rechtfertigungslösung erwogen (*Hirsch* Küper-FS 149 ff; *Rogall* NStZ 2008, 1 [2 ff]) oder eine Strafbarkeit des Abschießenden befürwortet (*Stübinger* ZStW 123, 403 [446]; Fallbearbeitung bei *Bergmann/Kroke* Jura 2010, 946 [951 ff]).

95 3. **Religiöse Gewissenskonflikte:** Die überwiegende Meinung erkennt im Falle eines religiösen Gewissenskonflikts mit Blick auf Art. 4 I GG einen Entschuldigungsgrund an, wenn der Täter die Rechtspflicht nicht aus mangelnder Rechtsgesinnung, sondern zur Befolgung eines höheren Gebots des Glaubens verletzt, und wenn sich seine Bestrafung als eine übermäßige und daher seine Menschenwürde verletzende soziale Reaktion darstellen würde (BVerfGE 32, 98 [106 ff]; vgl auch *Baumann/Weber/Mitsch* § 23/65; *Rudolphi* Welzel-FS 605 ff; einschr. *Kühl* § 12/120 ff; *Roxin* GA 2011, 1 [10 ff]; für Rechtfertigung: *Peters* Mayer-FS 257 [265 ff]; LK-*Rönnau* Rn 366 ff; krit. oder abl. dagegen BGHSt 8, 162 [163]; *Gallas* Mezger-FS 311 [319 f]; vgl zum Überzeugungstäter auch Vor § 19 Rn 11).

Dies kann jedoch allenfalls dann in Betracht kommen, wenn die Begehung einer Straftat die einzige Möglichkeit darstellt, die Glaubensentscheidung umzusetzen (vgl OLG Hamm BeckRS 2015, 05465).

§ 32 Notwehr

(1) Wer eine Tat begeht, die durch Notwehr geboten ist, handelt nicht rechtswidrig.
(2) Notwehr ist die Verteidigung, die erforderlich ist, um einen gegenwärtigen rechtswidrigen Angriff von sich oder einem anderen abzuwenden.

I. Allgemeines	1	III. Einzelfragen	40
II. Die Notwehrvoraussetzungen	3	1. Zur Notwehrfähigkeit staatlicher Güter	40
1. Überblick	3		
2. Die Notwehrlage	8	2. Zu Einschränkungen der Notwehrbefugnis	46
3. Notwehrhandlung	28		
4. Subjektive Rechtfertigung	36	3. Verschuldete Notwehrlage	54

I. Allgemeines

Nach heute hM ist das Notwehrrecht **dualistisch** zu begründen: Es soll dem Schutz der Rechtsgüter des Angegriffenen und der Bewährung der Rechtsordnung dienen (BGHSt 48, 207 [212]; *Kühl* JuS 1993, 177 [182 f]; krit. *Neumann* in: Lüderssen/Nestler-Tremel/Weigend [Hg.], Modernes Strafrecht und ulitma-ratio-Prinzip, 1990, 215 ff; zu individualistischen Erklärungen *Engländer*, Grund und Grenzen der Nothilfe, 2008, 7 ff; näher zur ratio legis NK-*Kindhäuser* Rn 7 ff). 1

§§ 15 OWiG, 227 BGB enthalten eine sachlich übereinstimmende Regelung der Notwehr; für das Strafrecht ist § 32 StGB die einschlägige Spezialvorschrift. 2

II. Die Notwehrvoraussetzungen

1. Überblick: a) Begrifflich lassen sich zwei Formen der Notwehr unterscheiden: Bei der **Notwehr** im eigentlichen Sinn verteidigt der Angegriffene eigene Güter. **Nothilfe** (Notwehrhilfe) ist die Abwehr eines gegen die Güter eines Dritten gerichteten Angriffs. 3

b) Notwehr ist diejenige Verteidigung, die erforderlich ist, um einen gegenwärtigen rechtswidrigen Angriff von sich oder einem anderen abzuwenden. Die rechtfertigende Notwehr hat drei Voraussetzungen: 4

- Notwehrlage (das „Ob" der Notwehr);
- Notwehrhandlung (das „Wie" der Notwehr);
- Verteidigungskenntnis („Verteidigungswille", die subjektive Seite der Notwehr).

Erfüllt eine (versuchte) Tatbestandsverwirklichung diese drei Voraussetzungen, so ist sie gerechtfertigt.

c) Nothilfe (Notwehrhilfe): Bei der Notwehr muss, wie aus der Gesetzesformulierung – „von sich oder einem anderen" – hervorgeht, der Verteidiger nicht mit 5 dem Angegriffenen identisch sein. „Notwehrhilfe" (Nothilfe) ist daher in gleicher Weise wie Notwehr möglich (vgl BGH bei *Holtz* MDR 1979, 985).

6 Nothilfe ist jedoch – mangels Gebotenheit – bei disponiblen Gütern nicht gestattet, wenn der Angegriffene (erkennbar) den Verlust seines Gutes dulden will, um zB eine Verletzung des Angreifers zu vermeiden (BGHSt 5, 245 [247 f]; *Jescheck/Weigend* § 32 IV; *Kaspar* JuS 2014, 769 [773]; *Kühl* Jura 1993, 233 [236]; *Otto* AT § 8/54 f; diff. *Seeberg*, Aufgedrängte Nothilfe, Notwehr und Notwehrexzess, 2004, 172 ff; gegen eine Berücksichtigung des Willens des Angegriffenen: *Schmidhäuser* AT 9/107; *Schroeder* Maurach-FS 127 [141]). Eine andere Frage ist, inwiefern der Angegriffene verpflichtet ist, zugunsten der Inanspruchnahme eines nothilfebereiten Dritten auf eine eigene Verteidigung zu verzichten (dazu ausf. *Engländer*, Grund und Grenzen der Nothilfe, 2008, 152 ff, 289 ff).

7 **d) Prüfungsschema**:
    A)   Tatbestandsmäßigkeit
    B)   Rechtswidrigkeit: Notwehr
        I.   Notwehrlage:
            1.   Angriff
            2.   auf rechtlich geschütztes Gut
            3.   Gegenwärtigkeit
            4.   Rechtswidrigkeit
       II. Notwehrhandlung:
            1.   Verteidigung
            2.   Erforderlichkeit:
                a)   geeignetes und
                b)   relativ mildestes Mittel
            3.   Gebotenheit (Einschränkungsgründe)
      III. Subjektive Rechtfertigung:
            1.   Kenntnis der Notwehrlage und -handlung
            2.   ggf Verteidigungswille

Falls die Notwehrvoraussetzungen erfüllt sind, ist der Täter gerechtfertigt, ansonsten sind die weiteren Deliktsmerkmale zu prüfen.

8 **2. Die Notwehrlage: Definition**: Eine Notwehrlage wird durch einen gegenwärtigen rechtswidrigen Angriff auf ein rechtlich geschütztes Gut (Interesse) begründet.

9 **a) Angriff** ist jede durch menschliches Verhalten drohende Verletzung eines rechtlich geschützten Gutes.

10 **aa)** Soweit **Tiere** oder **Sachen** nicht von einem Menschen als Werkzeuge zu Verletzungen benutzt werden (BGHSt 14, 152 [155]), sind die von ihnen ausgehenden Gefahren keine „Angriffe"; die Berechtigung ihrer Abwendung richtet sich nach § 228 S. 1 BGB bzw § 34 StGB.

11 **bb)** Das **menschliche Verhalten** muss nach ganz hM Handlungsqualität aufweisen, also zumindest willensgetragen sein; ansonsten könnte das Verhalten nicht als „rechtswidriger" Angriff bewertet werden. Drohende Beschädigungen bei einem epileptischen Krampfanfall etwa berechtigen nicht zur Notwehr (*Jakobs* 12/16; *Roxin* I § 15/8). Die Zuständigkeit des Angreifers für ein (zumindest) handlungsbezogenes Risiko begründet im Übrigen die gegenüber dem defensiven Notstand nach § 228 BGB erheblich weitergehenden Befugnisse des Notwehrrechts.

Ein Angriff setzt nach hM kein Handeln zum Zweck der Verletzung voraus; auch **12** unvorsätzliches Verhalten kann ein Angriff sein (*Geilen* Jura 1981, 200 [202]; *Sternberg-Lieben* JA 1996, 299 [300]). Maßgeblich ist, ob das Verhalten seiner objektiven Tendenz nach unmittelbar auf eine Verletzung gerichtet ist (aA *Otto* AT § 8/20, der eine bewusste Rechtsgutsbedrohung verlangt). Keinem Angriff durch Freiheitsberaubung ist etwa ausgesetzt, wer sich in einem fremden Geschäft versteckt, um nach Ladenschluss einen Diebstahl zu begehen. In diesem Fall hat das potenzielle Opfer selbst den zunächst gefahrlosen Verlauf ins Gefährliche gewendet, so dass es auch die Lasten der Konfliktlösung tragen muss.

cc) Ein notwehrfähiger Angriff kann grds. auch in einem Unterlassen liegen (LK- **13** *Rönnau/Hohn* Rn 101 ff mwN; aA *Schumann* Dencker-FS 287 ff). Jedoch ist umstritten, ob sich das Unterlassen hierfür als Verletzung einer Garantenpflicht darstellen muss (so M/R-*Engländer* Rn 10 mwN; *Hruschka* Dreher-FS 189 [201]; *Kühl* Jura 1993, 57 [59]; *Kretschmer* JA 2015, 589; *Roxin* I § 15/11) oder darüberhinausgehend bereits der Verstoß gegen eine besondere Rechtspflicht zum Tätigwerden genügt (so BayObLG NJW 1963, 825; S/S/W-*Rosenau* Rn 6 mwN). Teils wird auch verlangt, dass sich das Unterlassen zumindest als Verletzung einer straf- bzw ordnungsrechtlich sanktionierten Pflicht darstellt (*Geilen* Jura 1981, 200 [204]; *Jescheck/Weigend* § 32 II 1 a). Die Grenzen liegen jedenfalls dort, wo es um die bloße Nichterfüllung vertraglicher Pflichten geht (*Roxin* I § 15/12; diff. LK-*Rönnau/Hohn* Rn 105 ff). Exemplarisch: Der Vermieter kann den Mieter, der sich vertragswidrig weigert die Wohnung zu räumen, nicht im Wege der Notwehr zum Auszug zwingen (vgl *Kühl* Jura 1993, 125; *Lagodny* GA 1991, 300 ff).

b) Als Gegenstand des Angriffs kommt jedes **rechtlich geschützte Gut** (Interesse) **14** des Verteidigers selbst oder eines Dritten in Betracht, namentlich Leben, körperliche Unversehrtheit, Ehre, Eigentum und berechtigter Besitz. Zu beachten ist, dass die Bedrohung mit einer **Scheinwaffe** zwar objektiv keine Gefährdung von Leib oder Leben, wohl aber ein Angriff auf die Entscheidungsfreiheit iSe Nötigung sein kann, so dass hier nicht vorschnell zur Frage nach einem Erlaubnistatbestandsirrtum übergegangen werden darf (vgl auch *Amelung* Jura 2003, 91 [93 ff]). Besondere Problemstellungen können sich des Weiteren ergeben bei Ehrverletzungen (BayObLG NJW 1991, 2031); Verletzungen des Hausrechts (BGH bei *Holtz* MDR 1979, 985 [986]) und – umgekehrt – der unberechtigte Verweigerung des Zutritts (dazu ausf. *Sickor* Jura 2008, 14 ff mwN); „Reservieren" einer Parklücke durch Fußgänger (BayObLG NJW 1995, 2646); Versperren eines Weges im Straßenverkehr (BayObLG NJW 1993, 211 m.Anm. *Dölling* JR 1994, 113 f); Eingriffe in den Persönlichkeitsbereich (BayObLG NJW 1962, 1782 f), speziell durch fotografische Aufnahmen (BGH JZ 1978, 762; OLG Karlsruhe GA 1982, 224 ff; OLG Hamburg StraFo 2012, 278 m. zust. Anm. *Hecker* JuS 2012, 1039 [1040 f]: Notwehr des Angeklagten gegen das Fotografieren vor dem Gerichtssaal; näher NK-*Kindhäuser* Rn 39).

Eine Verteidigung scheidet stets aus, wenn der Schutz des angegriffenen Gutes **15** nur in einem bestimmten rechtsförmigen Verfahren garantiert ist. Exemplarisch: Der Vermieter kann den Mieter, der sich vertragswidrig weigert, die Wohnung zu räumen, nicht im Wege der Notwehr zum Auszug zwingen (vgl *Kühl* Jura 1993, 118 [125]; *Lagodny* GA 1991, 300 ff; vgl oben Rn 13).

c) Der Angriff ist **gegenwärtig**, wenn die Gutsverletzung unmittelbar bevorsteht, **16** bereits begonnen hat oder noch fortdauert.

17 **aa)** Der Angriff ist ab dem Zeitpunkt gegenwärtig, ab dem das betroffene Rechtsgut durch ihn (bei objektiver Betrachtung, vgl OLG Stuttgart NJW 1992, 850 [851]) **konkret gefährdet** wird. Hierbei braucht die Angriffshandlung das Versuchsstadium noch nicht erreicht zu haben; entscheidend ist vielmehr, ob durch weiteres Zuwarten die Chancen zur Erhaltung des Gutes (erheblich) verschlechtert werden. Exemplarisch: Gegenwärtigkeit ist bereits zu bejahen, wenn der Angreifer nach der Waffe greift, um alsdann zu schießen (vgl BGH NJW 1973, 255).

18 Noch fortdauernd ist auch der vollendete, aber noch nicht beendete Angriff (BGHSt 48, 207 [209]). Unbeendet ist danach zB der **Diebstahl** vor der endgültigen Sicherung der Beute (§ 242 Rn 53 ff). Im Fall einer **Erpressung** ist der Angriff auf die Willensfreiheit nach Ausspruch der Drohung noch nicht abgeschlossen, da diese auch nach dem Entschluss des Opfers, sich hiergegen zu verteidigen, noch potenziell freiheitsbeschränkend im Raum steht (vgl *Roxin* I § 15/29; aA etwa KG JR 1981, 254; *Arzt* JZ 2001, 1052 f, die in diesem Fall für die Notwehrlage allein auf die Gegenwärtigkeit der angekündigten Übelszufügung abstellen). Demgegenüber ist bei einer bereits ausgeführten **Beleidigung** genau zu prüfen, ob diese mit dem Aussprechen des Schimpfworts schon ihr Ende gefunden hat oder eine (unmittelbare) Fortsetzung in Form weiterer Ehrverletzungen zu befürchten ist. Wird ein ehemaliger, bereits auf dem Rückzug befindlicher Angreifer attackiert, kann ein Angriff gegen diesen vorliegen, der seinerseits durch Notwehr abgewendet werden darf (BGH bei *Altvater* NStZ 2004, 29 [29]).

19 **bb)** In Fällen, in denen ein (sicher zu erwartender) Angriff zwar nicht unmittelbar bevorsteht, aber nur durch alsbaldige Maßnahmen hinreichend effektiv abgewandt werden kann, wird teilweise eine sog. **notwehrähnliche Lage** angenommen, in der eine „Präventivnotwehr" analog § 32 gerechtfertigt sei (*Schmitt* JuS 1967, 19 [24]; *Suppert*, Studien zur Notwehr und „Notwehrähnlichen Lage", 1973, 356 ff).

20 Die hM lehnt eine solche Ausweitung der Notwehrbestimmung ab. Das „schneidige" Notwehrrecht sei an enge Voraussetzungen zu binden, zu denen eine auf zeitliche Unmittelbarkeit begrenzte Gegenwärtigkeit des Angriffs gehöre. Die notwehrähnliche Lage sei vielmehr eine Notstandslage, auf die § 34 anzuwenden sei (BGHSt 39, 133 [136] m.Anm. *Arzt* JZ 1994, 314 f; NK-*Kindhäuser* Rn 56; *Kühl* Jura 1993, 57 [61 f], jew. mwN).

21 **d)** Der Angriff ist **rechtswidrig**, wenn er als Gefährdung eines fremden Gutes nicht von einer Erlaubnisnorm gedeckt und vom Betroffenen daher nicht zu dulden ist (*Jescheck/Weigend* § 32 II 1 c; *Köhler* 267).

22 **aa)** Teilweise wird für die Rechtswidrigkeit verlangt, dass das Verhalten dem Angreifer auch subjektiv als „Handlungsunrecht" zurechenbar sein müsse (*Hirsch* Dreher-FS 211 ff; *Roxin* I § 15/14 ff). „Handlungsunrecht" kann hierbei jedoch nur in einem untechnischen Sinne zu verstehen sein, da der Angriff (unstr.) nicht auf die Verwirklichung eines Deliktstatbestands (iSv § 11 I Nr. 5) gerichtet zu sein braucht.

23 **bb)** Umstritten ist, ob der Angriff auch **schuldhaft** sein muss:

24 Die hM stützt sich auf den Gesetzeswortlaut des § 32 II und verlangt nur ein rechtswidriges Verhalten, so dass grds. auch ein schuldloses Verhalten als Angriff in Betracht kommt (BGHSt 3, 217; S/S-*Perron* Rn 24; *Roxin* JuS 1988, 425 [428] jew. mwN).

Nach einer verbreiteten Mindermeinung erfordert ein notwehrfähiger Angriff 25
schuldhaftes Verhalten (*Hoyer* JuS 1988, 89 [96]; *Hruschka* 140 ff; *Renzikowski*,
Notstand und Notwehr, 1994, 99 ff; diff. M/R-*Engländer* Rn 19). Argumente:
Nur bei schuldhaftem Handeln werde die Geltung der Rechtsordnung infrage gestellt, deren Verteidigung die Notwehr (auch) diene (*Otto* AT § 8/19 f); nur wer ein schuldhaft Handelnder habe in vollem Umfang die Kosten des Konflikts, also seine Gütereinbußen infolge der Verteidigung, zu tragen (*Jakobs* 12/16). Nach dieser Ansicht gelten beim schuldlosen Angriff die Regeln des rechtfertigenden (defensiven) Notstands.

Unabhängig davon, ob eine Verantwortlichkeit des Angreifers verlangt wird (vgl dazu NK-*Kindhäuser* Rn 22 f, 64 ff), ist der Ausdruck „Schuld" für diese Verantwortlichkeit missglückt: Denn Schuld im technischen Sinne setzt zumindest den Versuch einerDeliktsverwirklichung voraus; die durch den Angriff drohende Gutsverletzung muss aber unstr. *keine* versuchte Straftat sein. Auch eine rechtswidrige Gebrauchsanmaßung, die strafrechtlich nicht sanktioniert ist, kann ein notwehrfähiger Angriff sein. Im Übrigen ist zu beachten: Auch die hM beschränkt die Notwehrbefugnis gegenüber schuldlos Handelnden, jedoch nicht auf der begrifflichen Ebene des „Angriffs", sondern im Rahmen der Gebotenheit der Verteidigung (Rn 34, 46 ff).

cc) Bei hoheitlichem Handeln ist (parallel zu dem Meinungsstreit bei § 113) um- 26
stritten, wann das Handeln des Hoheitsträgers rechtswidrig ist. Nach der Rspr ist ein strafrechtlicher Rechtmäßigkeitsbegriff anzuwenden, wonach das hoheitliche Handeln rechtmäßig iSd § 32 ist, wenn die örtliche und sachliche Zuständigkeit sowie die vorgeschriebenen wesentlichen Förmlichkeiten gewahrt werden und der Hoheitsträger eingeräumtes Ermessen pflichtgemäß ausübt (BGHSt 60, 253 [258 ff] m. zust. Anm. *Erb* JR 2016, 29 ff; krit. *Kindhäuser* HRRS 2016, 439; *Rönnau/Hohn* StV 2016, 313).

Sachgerecht ist es jedoch, die Rechtmäßigkeit staatlichen Handelns formell und 27
materiell an die jeweiligen rechtlichen Eingriffsvoraussetzungen staatlichen Handelns zu binden und einen gespaltenen Rechtmäßigkeitsbegriff zu vermeiden. Vielmehr ist eine Grenze zu ziehen zwischen dem Verhalten eines Amtswalters, das noch den berechtigten Anschein, staatlichen Willen zu vollstrecken, beanspruchen kann, und einem willkürlichen Verhalten, das dem Amtswalter allein als Person und nicht mehr seiner Funktion als den Staatswillen vollziehendem Hoheitsträger zuzurechnen ist. Sofern das Verhalten des Amtswalters keinen Staatswillen mehr zum Ausdruck bringt, sondern willkürlichen Zielen dient und damit als Exzess einzustufen ist, steht der Amtswalter jedem beliebigen Bürger gleich, der widerrechtlich die staatlich zu sichernde Rechtsposition eines anderen Bürgers zu beeinträchtigen droht. Soweit das Verhalten des Amtswalters dagegen noch als Ausdruck staatlichen Willens begriffen werden kann, ist Notwehr inadäquat und daher trotz Rechtswidrigkeit des „Angriffs" als „nicht geboten" (Rn 65) zu versagen. Konflikte zwischen Staat und Bürger sind rechtliche Konflikte, so dass der Bürger zur Abwehr eines für rechtswidrig gehaltenen Eingriffs prinzipiell auf den hierfür vorgesehenen Rechtsbehelf zu verweisen ist.

3. Notwehrhandlung: Definition: Unter der Notwehrhandlung ist die erforderli- 28
che und gebotene Verteidigung gegenüber dem Angreifer zu verstehen.

a) Die **Verteidigung** darf sich nur gegen den Angreifer richten, da ihre Berechti- 29
gung auf dessen Verhalten beruht. Derjenige, der durch die Verteidigung verletzt wird, muss also mit dem Angreifer identisch sein. Die Berechtigung eines Ein-

griffs in die Güter Dritter (auch zur Verteidigung) richtet sich daher nicht nach § 32, sondern den Normen des rechtfertigenden Notstands (§ 34 StGB, §§ 228, 904 BGB). Entsprechend ist das Handeln des Verteidigers in diesen Fällen an zwei Rechtfertigungsgründen zu messen (aA *Koch* ZStW 122, 804 ff: Prüfung allein nach Notstandsregeln).

Die Verletzung von Universalrechtsgütern – zB beim gefährlichen Eingriff in den Straßenverkehr nach § 316 b oder einem Verstoß gegen das Waffengesetz – soll nach der Rspr jedoch ausnahmsweise gemäß § 32 gerechtfertigt sein, wenn diese Verletzung untrennbar mit der erforderlichen Verteidigung eines Individualrechtsguts verbunden ist (BGH NStZ 2012, 452; NJW 2013, 2133 [2136] m. insoweit abl. Anm. *Brüning* ZJS 2013, 511 [517] und *Engländer* HRRS 2013, 389 [393]; iE zust. *Mitsch* JuS 2014, 593 [596]).

30 **b) Erforderlich** ist diejenige Verteidigung, die aufgrund eines objektiven ex-ante-Urteils **geeignet** erscheint, den Angriff endgültig zu beenden, und dabei unter den **gleichermaßen geeigneten Mitteln** dasjenige darstellt, das den geringsten Verlust beim Angreifer bedingt (vgl BGHSt 3, 217 f; BGH NStZ 2015, 151 [152]). Die Erforderlichkeit bezieht sich nach hM auf die Verteidigungs*handlung*, nicht auf den Verteidigungs*erfolg* (BGH NStZ 1981, 138; *Jakobs* 12/37 f), so dass etwa der notwendige Schlag mit einer ungesicherten Pistole auch dann nach § 32 gerechtfertigt bleibt, wenn sich hierbei versehentlich ein Schuss löst, der den Angreifer lebensgefährlich verwundet (BGHSt 27, 313).

31 aa) Auf eine **Proportionalität** zwischen dem angegriffenen und dem durch die Verteidigung betroffenen Gut kommt es bei der Notwehr grds. *nicht* an („das Recht braucht dem Unrecht nicht zu weichen", *Berner*, Lehrbuch des Deutschen Strafrechts, 5. Aufl. 1871, 144; RGSt 21, 168 [170]). Schäden des Angreifers, die aus einer erforderlichen Verteidigung resultieren, sind von der Notwehrbefugnis gedeckt (BGHSt 27, 313 [314]; BayObLG JZ 1988, 725). Demnach kann eine erforderliche Verteidigung von Sachgütern sogar bis zur schweren Verletzung oder gar Tötung des Angreifers gehen, wenn gleichermaßen wirksame, aber mildere Mittel nicht zur Verfügung stehen (vgl BGHSt 42, 97 [100 ff]; NK³-*Herzog* Rn 63; *Otto* Würtenberger-FS 129 [137 f]; *Roxin* ZStW 93, 68 [99 ff]; zu möglichen Grenzen iRd Gebotenheit der Notwehrhandlung vgl aber LG München NJW 1988, 1860 ff m. abl. Anm. *Beulke* Jura 1988, 641 ff; *Frister* GA 1985, 553 [560 f]; NK-*Kindhäuser* Rn 100, 112). Bei der Installation automatisierter Sicherungen wie zB Selbstschussanlagen – bei deren Verwendung jedoch häufig die Gebotenheit (vgl Rn 34 ff) fehlen wird – müssen durch Warnhinweise uÄ sowie abgestufte Maßnahmen Überreaktionen ausgeschlossen werden (*Heinrich* ZIS 2010, 183 [192 ff]; *Schlüchter* Lenckner-FS 313, vgl zu diesem Problemkreis auch *Rönnau* JuS 2015, 880 ff). Wenn der Verteidiger das Maß des Erforderlichen überschreitet, ist sein Verhalten zwar rechtswidrig, ggf aber nach Maßgabe der Regeln des Notwehrexzesses schuldlos (§ 33).

32 bb) Bei der Verteidigung muss nicht auf weniger gefährliche Verteidigungsmittel zurückgegriffen werden, wenn deren Wirkung für die Abwehr zweifelhaft ist (BGHSt 27, 336 [337]; BGH NStZ 1998, 508; 2015, 151 [152]). Der Verteidiger braucht sich nicht auf einen Kampf mit ungewissem Ausgang einzulassen (BGH NStZ-RR 2007, 199 [200]). Wer sich zunächst mit einem schonenden Mittel verteidigt hat, kann, wenn es sich als nicht hinreichend wirksam erweist, zu einem gefährlicheren Mittel greifen (*Jakobs* 12/32). Vor allem gilt: Wer die Möglichkeit hat, sich wirksam zu verteidigen (**Trutzwehr**), braucht sich vor dem Angriff nicht nur zu schützen (**Schutzwehr**) oder in anderer Weise in Sicherheit zu bringen

(BGH StV 1986, 15; *Roxin* ZStW 75, 541 ff). Die Verwendung einer **Waffe** oder eines Messers wird vom Verteidiger regelmäßig anzudrohen sein, aber nur, wenn ihm dies nach der Kampfeslage möglich ist (vgl BGH JR 2012, 204 [206] m.Anm. *Hecker* JuS 2012, 263 [265]; BGH NStZ-RR 2013, 105 [106]). Der Hinweis auf die eigene Bewaffnung sowie ein möglichst schonender Einsatz von Waffe oder Messer (zB als Schlaginstrument) sind demnach (nur) dann vorrangig, wenn damit kein erhöhtes Fehlschlagsrisiko einhergeht und ein solches Vorgehen dem Täter daher zugemutet werden kann (BGH NStZ-RR 2013, 139 [140 f] m. zust. Anm. *Erb* HRRS 2013, 113 ff). Hat ein Angriff auf die körperliche Integrität erkennbar nachgelassen und gilt er nunmehr in erster Linie dem Besitz, ist ein lebensgefährlicher und bedingt vorsätzlich geführter Verteidigungsschlag mittels eines gefährlichen Werkzeugs – jedenfalls ohne vorherige Androhung – nicht mehr zulässig (BGH NStZ-RR 2004, 10 f). Ebenso ist eine Maßnahme nicht mehr erforderlich, wenn sie den Angriff bereits erfolgreich und sicher abgewendet hat (BGH NStZ-RR 2013, 305 [306]).

cc) Nach hM sind (völlig) ungeeignete Verteidigungshandlungen mangels Erforderlichkeit auch nicht gerechtfertigt (näher *Warda* Jura 1990, 344 ff, 393 ff; krit. NK-*Kindhäuser* Rn 89). 33

c) Die Verteidigung muss **geboten** sein. Dies ist nicht der Fall, sofern eine der Voraussetzungen vorliegt, unter denen die Zulässigkeit der Abwehr bestimmten „sozialethischen" Einschränkungen unterworfen ist (hM, vgl BGHSt 39, 374 [378]; *Matt* NStZ 1993, 271 [272]; *Schroth* NJW 1984, 2562; grds. abl. *Hassemer* Bockelmann-FS 225 [228 ff]; *Koch* ZStW 104, 785 [819 f]). Während ist das Merkmal der Erforderlichkeit auf die faktische Abwehrmöglichkeit des Angriffs bezieht, betrifft die Gebotenheit die normative Angemessenheit der Reaktion (zu den anerkannten Fallgruppen der Notwehreinschränkung unten Rn 46 ff). 34

Als Gründe für eine normative Einschränkung des Notwehrrechts werden ua genannt: In der Wahrnehmung der Notwehr dürfe kein Rechtsmissbrauch liegen (hM, vgl BGHSt 24, 356; *Roxin* I § 15/56); auch für die Notwehr gelte in bestimmtem Umfang der Verhältnismäßigkeitsgrundsatz (*Schroeder* Maurach-FS 127 ff); bei der Abwehr bestimmter Angriffe bedürfe es keiner Bewährung der Rechtsordnung bzw bestehe kein Rechtsbewährungsinteresse (*Jescheck/Weigend* § 32 III 3; *Krause* Kaufmann, H.-GS 673 [686]). 35

4. Subjektive Rechtfertigung: Das subjektive Rechtfertigungselement der Notwehr wird als „Verteidigungswille" bezeichnet. Die nähere Bestimmung dieses Verteidigungswillens ist umstritten: 36

a) Die Rspr und ein Teil des Schrifttums verlangen ein Handeln in Verteidigungsabsicht, also einen finalen Willen, der allerdings nicht das alleinige Motiv sein muss (BGH NStZ 2007, 325; NJW 2013, 2133 [2135]; NStZ 2016, 333; *Fischer* Rn 25 f; *Rengier* AT § 18/107). Hierfür spricht der Gesetzeswortlaut in § 32 II („um... abzuwenden"). 37

b) Nach der in der Lehre überwiegend vertretenen Ansicht genügt als subjektives Rechtfertigungselement eine Kenntnis der Notwehrlage und damit ein Handeln im Bewusstsein, einen Angriff abzuwehren (M/R-*Engländer* Rn 63; *Frisch* Lackner-FS 113 [135 ff]; *Frister* 14/24 f; *Hruschka* 437 f; *Kindhäuser*, Gefährdung als Straftat, 1989, 114 f; *Meyer* GA 2003, 807 ff). Argument: Die Bewertung eines Verhaltens als rechtswidrig kann nicht allein auf Motive gestützt werden. 38

Zu dem Problem, ob ein fehlender Verteidigungswille bei gegebener objektiver Rechtfertigungslage zur Strafbarkeit wegen Vollendung oder nur wegen Versuchs 39 führt, vgl Vor § 32 Rn 19; zur Erforderlichkeit eines subjektiven Rechtfertigungselements beim Fahrlässigkeitsdelikt vgl Vor § 32 Rn 15 ff.

III. Einzelfragen

40 1. **Zur Notwehrfähigkeit staatlicher Güter:** Hinsichtlich der Frage, ob der Einzelne zur Verteidigung staatlicher Güter berechtigt ist, sind folgende Konstellationen zu unterscheiden:

41 a) Angriffe auf Rechtsgüter der Allgemeinheit und die öffentliche Ordnung (iSe abstrakten Gefährdung), die nicht auch Rechte des Einzelnen unmittelbar gefährden, berechtigen den Einzelnen nicht zur Notwehr (ganz hM, vgl nur BGHSt 5, 245 [247]; *Jakobs* 12/9 ff; *Roxin* I § 15/36). Das schneidige Notwehrrecht will nicht den Einzelnen als „Hilfspolizisten" für jedwedes staatliche Ordnungsinteresse legitimieren. Exemplarisch: Ein Privatmann ist nicht aufgrund von Notwehr dazu berechtigt, aus einer Kioskauslage eigenmächtig pornografische Schriften (§ 184 I Nr. 1) zu entfernen (*Jescheck/Weigend* § 32 II 1 b).

42 b) Individualrechtsgüter (wie Eigentum, Vermögen, Besitz) sind stets notwehrfähig, unabhängig davon, ob sie einem Privaten oder dem Fiskus zustehen.

43 c) Umstritten ist die sog. **Staatsnotwehr**, wobei es um die Frage geht, ob auch Rechtsgüter des Staates in seiner Eigenschaft als Hoheitsträger für den Einzelnen notwehrfähig sind.

44 aa) Die hM bejaht die Möglichkeit einer Staatsnotwehr, sofern existenzielle staatliche Interessen unmittelbar bedroht sind und die zuständigen Organe in der gegebenen Situation nicht zum Schutz in der Lage sind (vgl *Otto* AT § 8/23; S/S-*Perron* Rn 6 f).

45 bb) Nach der Gegenauffassung ist die Abwehr von Gefahren für hoheitliche Rechtsgüter des Staates für den Einzelnen nur nach Maßgabe der Regeln des rechtfertigenden Notstands möglich (*Jescheck/Weigend* § 32 II 1 b; LK-*Rönnau/Hohn* Rn 80).

46 2. **Zu Einschränkungen der Notwehrbefugnis:** Eine Einschränkung der Notwehr ist in folgenden Fallgruppen (weitgehend) anerkannt (zusf. *Rönnau* JuS 2012, 404 ff; zur Nothilfe vgl *Engländer*, Grund und Grenzen der Nothilfe, 2008, 313 ff):
- bei Bagatellangriffen;
- bei einem krassen Missverhältnis zwischen den betroffenen Gütern;
- bei Angriffen von schuldlos Handelnden;
- bei Angriffen innerhalb bestimmter Garantenstellungen (kraft Institution) des Verteidigers zum Angreifer.

Die Begrenzung der Notwehrbefugnis besagt, dass sich der Angegriffene mit einer unsicheren Verteidigung begnügen oder sich auf Schutzwehr beschränken muss.

47 a) Unter **Bagatellangriffen** sind Verhaltensweisen zu verstehen, die an der Grenze zum sozial Adäquaten liegen, etwa bei nächtlicher Ruhestörung durch lautes Singen nach dem Besuch eines Volksfestes. Die Abwehr solcher Verhaltensweisen (sog. *Unfugabwehr*) ist zwar zulässig, jedoch nur in einem schonenden Maße (vgl *Kühl* Jura 1990, 244 [251]).

b) Obgleich es im Rahmen der Notwehr grds. nicht auf eine Proportionalität der 48
Güter, sondern auf das Verhältnis von Angriff und Verteidigung ankommt
(Rn 31), ist doch anerkannt, dass die Notwehr bei einem **krassen Missverhältnis**
der betroffenen Güter eingeschränkt ist (BGH NStZ 1987, 322; *Geilen* Jura
1981, 374). Wann ein solches Missverhältnis anzunehmen ist, ist eine Frage des
Einzelfalls (instruktive Beispiele bei *Ladiges* JuS 2011, 879 [880 f]).

An ein krasses Missverhältnis der betroffenen Güter ist zu denken, wenn die Ab- 49
wehr zum **Tode des Angreifers** führt. Fraglich ist insbesondere, ob Art. 2 IIa
EMRK zu berücksichtigen ist, dem zufolge eine Tötung des Angreifers nur gestattet ist, wenn sie unbedingt erforderlich ist, „um jemanden gegen rechtswidrige Gewalt zu verteidigen".

aa) Die hM bezieht Art. 2 IIa EMRK aufgrund Entstehungsgeschichte, Wortlaut 50
und Zweck nur auf hoheitliches Handeln, mit der Folge, dass lediglich die vorsätzliche Tötung von Menschen zur Verwirklichung staatlicher Zwecke verboten
ist. Demnach ist Privaten die Tötung eines Angreifers zur Verteidigung von Sachgütern grds. nicht untersagt (NK³-*Herzog* Rn 95 f; *Satzger* Jura 2009, 759
[762 f]).

bb) Nach einer verbreiteten Mindermeinung soll die EMRK insoweit auch un- 51
mittelbare Wirkung für privates Handeln entfalten, mit der Folge, dass ein Angreifer nur bei rechtswidriger Gewaltanwendung gegen Leib und Leben getötet
werden darf (*Frister* GA 1985, 553 [564]; *Schroeder* Maurach-FS 127 ff).

c) Während das Verhalten eines (erkennbar) **Schuldlosen** nach einer Auffassung 52
schon nicht als Angriff iSd Notwehr qualifiziert wird (Rn 25), begrenzt die hM
nur die Notwehrbefugnis gegenüber diesem Personenkreis wie auch gegenüber
ersichtlich Irrenden (vgl BayObLG JR 1987, 344; *Welzel* § 14 II 2). Hierbei wird
die zulässige Verteidigung auf Schutzwehr – namentlich auf Ausweichen – beschränkt und nur für den Fall, dass dies nicht möglich ist, auf schonende Trutzwehr erweitert (vgl BGHSt 3, 217; *Mitsch* JuS 1992, 289). Dies gilt grds. auch,
wenn die Schuldfähigkeit nur (iSd § 21) gemindert ist, da auch in diesem Fall ein
bloß eingeschränktes Rechtsbewährungsinteresse besteht (AG Rudolstadt NStZ-RR 2007, 265).

d) Garanten kraft institutioneller Fürsorge (§ 13 Rn 57 ff) wird wegen ihrer be- 53
sonderen Verantwortung nur ein eingeschränktes Notwehrrecht gegenüber den
von ihnen zu Beschützenden zuerkannt. Vor allem im Verhältnis von Ehegatten
untereinander und im Eltern-Kind-Verhältnis hat der Angegriffene in erster Linie
auszuweichen oder leichtere Beeinträchtigungen seiner Güter hinzunehmen, bevor er existentielle Güter des Angreifers beeinträchtigen darf (BGH NStZ 1994,
581; *Jakobs* 12/58; S/S/W-*Rosenau* Rn 33; *Schramm*, Ehe und Familie im Strafrecht, 2011, 115 ff; aA *Freund* § 3/123; *Frister* 16/33; *Kretschmer* JA 2015, 589
[591]), nicht jedoch iRv bloßen Wohngemeinschaften (BGH NStZ 2016, 526).
Zur Begründung dieser Einschränkung bei institutionellen Garantenverhältnissen
wird teils auf die Fürsorgepflicht (*Geilen* Jura 1981, 370 [374]; *Roxin* ZStW 93,
68 [101]), teils auf die vom Angegriffenen zu erwartende Zurückhaltung um des
Fortbestehens der Gemeinschaft willen abgestellt (vgl *Jescheck/Weigend* § 32 III
3 a).

3. Verschuldete Notwehrlage: a) Eine besondere und zugleich umstrittene Fall- 54
gruppe der Einschränkung des Notwehrrechts betrifft Situationen, in denen der
Verteidiger die **Notwehrlage** „(mit-)verschuldet" hat. Vor allem drei Ansichten

werden hierzu vertreten (detaillierter Überblick bei *Kühl* Jura 1991, 57 [60 ff], 175 ff):

55 aa) Die hM beschränkt das Notwehrrecht unter Berufung auf den Gedanken des *Rechtsmissbrauchs*, wenn der Verteidiger die Notwehrlage „(mit-)verschuldet", insbesondere absichtlich provoziert (sog. „Absichtsprovokation") hat (BGH NJW 1983, 2267 m.Anm. *Hassemer* JuS 1983, 966 f; NStZ-RR 2011, 305; *Roxin* ZStW 93, 68 ff). Nicht geklärt ist allerdings, ob das die Notwehrbefugnis beschränkende Vorverhalten des Verteidigers rechtswidrig sein muss (so *Freund* § 3/117; *Grünewald* ZStW 122, 51 [79 ff]; *Rengier* AT § 18/78) oder ob ein vorwerfbares (sozialethisch missbilligenswertes) Verhalten ausreicht (so BGH NStZ 2011, 82 [83] m.Anm. *Hecker* JuS 2011, 272; 2014, 451 f). In jedem Fall muss der Angriff zum Zeitpunkt des Vorverhaltens vorhersehbar sein (BGH NStZ 2009, 626 [627] m.Anm. *Hecker* JuS 2010, 172). Allerdings führt ein erlaubtes Tun nicht allein deshalb zur Einschränkung der Notwehr, weil der Täter mit der Veranlassung seines Gegenübers mit einem rechtswidrigen Angriff rechnen konnte (BGH StV 2011, 223 [224]).

56 bb) Nach der Gegenansicht, die sich auf den Gedanken der *Rechtsbewährung* stützt, ist die Verteidigung selbst bei der Absichtsprovokation gerechtfertigt, da sich der Angriff nicht nur gegen die Güter des Provokateurs, sondern gegen die Rechtsordnung richtet (*Hassemer* Bockelmann-FS 225 ff; *Hillenkamp*, Vorsatztat und Opferverhalten, 1981, 125 ff, 167 ff).

57 cc) Schließlich wird nach der – in Anlehnung an die Regel der actio libera in causa (§ 20 Rn 14 ff) entwickelten – Rechtsfigur der **actio illicita in causa** dem Provokateur die Verletzung des Angreifers als rechtswidrige (und ggf schuldhafte) Tat zugerechnet (*Lindemann/Reichling* JuS 2009, 496 ff; *Schmidhäuser* AT 6/81 ff; zum Begriff der actio illicita in causa *Hruschka* 381 ff). Dies bedeutet: Die an sich rechtmäßige Notwehrhandlung wirkt für den Verteidiger nicht rechtfertigend, weil er die Rechtfertigungslage aufgrund seines unerlaubten Vorverhaltens selbst zu vertreten hat. Ob der Verteidiger wegen vorsätzlicher oder fahrlässiger Tat haftet, richtet sich danach, ob er die eine Verteidigung auslösende Lage vorsätzlich oder fahrlässig herbeigeführt hat (S/S-*Perron* Rn 61).

58 dd) Stets gilt: Wenn bereits das Vorverhalten des „Verteidigers" die Voraussetzungen eines gegenwärtigen rechtswidrigen Angriffs erfüllt, ist eine Reaktion des Provozierten, die sich im Rahmen der erforderlichen Abwehr bewegt, ihrerseits eine nach § 32 gerechtfertigte Verteidigung, die der Provokateur zu dulden verpflichtet ist.

59 b) Soweit eine Beschränkung der Notwehrbefugnis im Falle der „(mit-)verschuldeten" Notwehrlage anerkannt wird, werden hierzu insbesondere zwei Wege vorgeschlagen:

60 aa) Die heute hM stuft die Abwehrberechtigung je nach den Tatumständen ab: Sofern eine *Absichts*provokation, dh die willentliche Herbeiführung des Angriffs, vorliegt, wird dem Verteidiger das Notwehrrecht teilweise vollständig versagt (W-*Beulke/Satzger* Rn 522; *Roxin* ZStW 93, 68 [86 f]); hier bliebe dem Täter also nur die Flucht und, bei fehlender Möglichkeit, Duldung des Angriffs. Ansonsten, jedenfalls aber bei sonst vorwerfbarer Herbeiführung der Notwehrlage wird hingegen hinsichtlich der Intensität der Verteidigung differenziert: Der Angegriffene muss auch in diesem Fall zunächst nach Möglichkeit ausweichen; falls er dies nicht kann, muss er sich bis an die Grenze des Zumutbaren defensiv verhal-

ten, bevor er zur Trutzwehr übergehen darf, sog. dreistufige Abwehrberechtigung:
- Ausweichen,
- Schutzwehr,
- Trutzwehr

(vgl BGHSt 39, 374 [379 f]; BGH NStZ 1993, 133). Erhebliche eigene Verletzungen muss der Verteidiger nicht hinnehmen (S/S-*Perron* Rn 60).

bb) In der Literatur wird auch die Ansicht vertreten, dass bei der (mit-)verschuldeten Notwehrlage eine Verteidigung nur nach Maßgabe der Güterproportionalität des defensiven Notstands (§ 228 BGB analog bzw § 34, vgl § 34 Rn 46 ff) zulässig sei (*Hruschka* 371 ff, 376 ff; *Schroeder* Maurach-FS 127 ff; vgl auch *Kindhäuser*, Gefährdung als Straftat, 1989, 117 f). 61

c) Sofern die unmittelbare Verteidigungshandlung nach den oben genannten Kriterien ihre rechtfertigende Wirkung behält, ist die Strafbarkeitsprüfung indessen noch nicht vollständig abgeschlossen. Vielmehr ist zu fragen, ob nicht jedenfalls an das (pflichtwidrige) **Vorverhalten** des Verteidigers ein **Fahrlässigkeitsvorwurf** – etwa nach § 222 bei letztlicher Tötung des Angreifers – geknüpft werden kann, was die Rspr bereits bei Vorhersehbarkeit des späteren Angriffs durch den Verteidiger grds. bejaht (instruktiv dazu BGH NStZ 2001, 143 [144 f] m.Anm. *Mitsch* JuS 2001, 751 [754]; vgl auch BGH NStZ 2011, 82 [83]). 62

Im Ergebnis wird damit auf Ebene des Fahrlässigkeitsdelikts ein der Lösung über die *actio illicita in causa* (oben Rn 57) vergleichbares Resultat erzielt (so auch *Eisele* NStZ 2001, 416 [417]; *Lindemann/Reichling* JuS 2009, 496 [499]), auch wenn die Rspr dieser Rechtsfigur formell ablehnend gegenübersteht (vgl BGH NStZ 1988, 450; 2001, 143 [144]). Ein Unterschied besteht freilich insoweit, als die Konstruktion der Rspr im Gegensatz zur *actio illicita in causa* nicht auf eine „Gesamttat" von Provokation und anschließender Notwehrhandlung abstellt, sondern allein das provozierende Vorverhalten zur Begründung der Strafbarkeit heranzieht. Insofern kann ihr jedenfalls nicht (wie dies gelegentlich geschieht) vorgeworfen werden, ein identisches Verhalten zugleich als erlaubt und unerlaubt zu qualifizieren (zutr. *Kretschmer* Jura 2012, 189 [193] mwN auch zur Gegenauffassung). 63

Da die Strafbarkeit lediglich an den dem rechtswidrigen Angriff vorausgehenden Provokationsakt anknüpft, wird allerdings von Seiten der hL das Vorliegen einer Fahrlässigkeitstat aus anderem Grunde regelmäßig verneint: So wird argumentiert, dass der notwehrfähige Angriff eine **eigenverantwortliche Selbstgefährdung** des Opfers darstelle, welche eine Zurechnung der hieraus resultierenden Folgen zum zeitlich vorgelagerten Verhalten des Verteidigers (stets) sperre (so zB *Engländer* Jura 2001, 534 [537 f]; *Hoffmann-Holland* Rn 261; vgl auch *Kretschmer* NStZ 2012, 179 [183]). Nach aA soll eine Zurechnung nur dann ausscheiden, wenn der spätere Verteidiger ein legitimes Interesse an der provozierenden Handlung hatte (*Frister* 16/31). Schließlich erscheint fraglich, ob ein Verantwortungsausschluss auch im Fall einer **Putativnotwehr** angenommen werden kann, bei der mangels tatsächlich existierenden Angriffs keine echte Selbstgefährdung des Attackierenden vorliegt (dazu *Voigt/Hoffmann-Holland* NStZ 2012, 362 [365 f]). 64

3. Handeln von Amtswaltern: Nach der hier vertretenen Ansicht gehört zu den Konstellationen einer „nicht gebotenen" Notwehr auch der Fall des materiell rechtswidrigen, aber noch als Ausdruck staatlichen Willens anzusehenden Handelns von Amtswaltern (§ 32 Rn 26 f). Zur Beantwortung der Frage, ob ein sol- 65 ches Verhalten als Ausdruck staatlichen Handelns anzusehen ist, sind die von der Rspr entwickelten Kriterien des strafrechtlichen Rechtmäßigkeitsbegriffs entsprechend heranzuziehen: Der Amtswalter muss örtlich und sachlich sein sowie die vorgeschriebenen wesentlichen Förmlichkeiten wahren und das ihm eingeräumte Ermessen pflichtgemäß ausüben (vgl nur BGHSt 60, 253). In diesem Fall muss der von dem Eingriff betroffene Bürger zur Verteidigung seiner Rechte den hierfür vorgesehenen Rechtsbehelf ergreifen (näher *Kindhäuser* HRRS 2016, 439).

§ 33 Überschreitung der Notwehr

Überschreitet der Täter die Grenzen der Notwehr aus Verwirrung, Furcht oder Schrecken, so wird er nicht bestraft.

1 **1. Allgemeines:** Die Vorschrift sieht einen **Entschuldigungsgrund** für denjenigen vor, der als Angegriffener aus Verwirrung, Furcht oder Schrecken die Grenzen seiner Notwehrbefugnis (§ 32) überschreitet (ganz hM, vgl nur BGHSt 39, 133; SK-*Rogall* Rn 1; zu abw. Konzeptionen NK-*Kindhäuser* Rn 2 f). Die Entschuldigung trägt zum einen der besonderen psychischen Lage des Angegriffenen (oder seines Nothelfers) Rechnung, der seine Verteidigung aus den genannten psychischen Gründen in einer Weise überzieht, die nicht mehr von der Notwehrbefugnis gedeckt ist und ihn deshalb selbst zu einem – Nachsicht verdienenden – rechtswidrig Angreifenden macht. Zum anderen lässt sich die mangelnde Strafwürdigkeit der Notwehrüberschreitung aus dem Umstand erklären, dass der ursprüngliche Angreifer nicht nur für die ursprüngliche Notwehrsituation, sondern auch – in einem gewissen Maße – für die aus ihr resultierende (Über-)Reaktion des ursprünglich Angegriffenen (und nunmehrigen Täters der Notwehrüberschreitung) zuständig ist (vgl *Jakobs* 20/28).

2 **2. Intensiver Notwehrexzess:** § 33 erfasst zunächst den Fall, dass das Opfer eines rechtswidrigen Angriffs (oder sein Nothelfer) aus Verwirrung, Furcht oder Schrecken das Maß der erforderlichen Verteidigung iSd Notwehr (§ 32) überschreitet (unstr.). Exemplarisch: A hätte den Angriff des ihm körperlich unterlegenen B ohne Weiteres mit den Fäusten abwehren können; erschrocken über die plötzliche Attacke greift A jedoch zu einem Messer und sticht es B in die Brust. Man spricht hier von einem intensiven Notwehrexzess, da A **hinsichtlich der Intensität der Abwehr über die Grenzen des Erforderlichen** hinausgeht; ihm stand mit der Möglichkeit der Faustabwehr ein der Verteidigung mit dem Messer gleichwirksames, aber milderes Mittel zur Verfügung. Ein intensiver Notwehrexzess ist im Übrigen auch möglich, wenn die Intensität des Angriffs bereits nachgelassen hat (BGH NStZ-RR 2004, 10), letzterer aber noch vorliegt. Das Überschreiten der Notwehrgrenzen ist widerrechtlich und damit selbst als rechtswidriger Angriff anzusehen.

3 Der intensive Notwehrexzess hat folgende **Voraussetzungen**:
- Es muss **objektiv** eine **Notwehrlage** gegeben sein (hierzu § 32 Rn 8 ff).
- Der (ursprünglich) Angegriffene muss das **erforderliche Maß der Abwehr überziehen,** also zu einem Mittel greifen, das hinsichtlich der Intensität seines Einsatzes (zB Schuss in die Brust statt ins Bein) oder wegen verfügbarer gleichwirksamer, aber milderer Mittel über das zur Verteidigung Notwendige hinausgeht.

- Der (ursprünglich) Angegriffene muss aus Verwirrung, Furcht oder Schrecken handeln. **Nur diese Schwächeaffekte** (sog. asthenische Affekte, näher LK-*Zieschang* Rn 53 ff) wirken entschuldigend, nicht dagegen Wut, Empörung, Hass (sog. sthenische Affekte) oder sonstige Gründe. Treffen die asthenischen Affekte mit weiteren Motiven zusammen, so müssen sie, um entschuldigend zu wirken, zwar nicht dominant, wohl aber mitbestimmend sein (vgl BGH NStZ 2001, 591 [593]; NK-*Kindhäuser* Rn 25; *Otto* Jura 1987, 604 [606 f]; aA *Roxin* Schaffstein-FS 105 [121 f]).

Hat der Exzesstäter selbst die **Notwehrlage schuldhaft herbeigeführt**, soll dies nach hL der Anwendung des § 33 nicht entgegenstehen. Verwiesen wird hierbei insbesondere auf das Fehlen eines im Gesetzestext zum Ausdruck kommenden Ausschlusses dieser Situation, der beim entschuldigenden Notstand in § 35 I S. 2 ausdrücklich zu finden ist (NK-*Kindhäuser* Rn 28; *Roxin* Schaffstein-FS 105 [123]). Ausnahmen sind im Fall einer Absichtsprovokation (§ 32 Rn 60) zu machen, sofern man annimmt, dass diese zum Ausschluss des Notwehrrechts führt, da dann bereits die Basis für einen entschuldigten Exzess fehlt (*Hoffmann-Holland* Rn 406 mwN). Weitergehend nimmt die Rspr an, dass sich der Exzesstäter auch dann nicht auf § 33 berufen könne, wenn er die Notwehrlage selbst planmäßig herbeigeführt habe (ausf. BGHSt 39, 133 [139 f] m. krit. Anm. *Roxin* NStZ 1996, 335 f). Auf der anderen Seite soll die Anwendung von § 33 nicht bereits dann ausgeschlossen sein, wenn der Täter den Angriff provoziert hat oder sich diesem hätte entziehen können (BGH NStZ 2016, 84 [86]). 4

3. Extensiver Notwehrexzess: Die Grenzen der Notwehr werden extensiv überschritten, wenn der Exzesstäter die **zeitlichen Grenzen der Notwehr** nicht einhält. Dieser Notwehrexzess betrifft also eine Situation, in welcher der Täter einen noch nicht begonnenen oder schon beendeten Angriff abwehrt, in der sich also die Verteidigung (ggf Nothilfe) gegen keinen gegenwärtigen Angriff richtet und damit zu früh oder verspätet erfolgt (näher NK-*Paeffgen* Vor § 32 Rn 279 ff). Exemplarisch: A hat erfahren, dass B einen Einbruch bei ihm plant. In seiner Angst schießt er auf B schon zu einem Zeitpunkt, als dieser noch auf der Straße hin- und hergeht, um die Örtlichkeiten auszukundschaften. In diesem Fall hat B noch nicht zur geplanten Tat angesetzt, so dass der Angriff noch nicht gegenwärtig ist (sog. **vorzeitig-extensiver** Notwehrexzess). Oder: C stürzt sich auf D, um ihn zu verprügeln, ergreift jedoch die Flucht, als D eine Pistole zieht; in panischer Angst schießt D jedoch C hinterher und verletzt ihn schwer. In diesem Fall ist der Angriff des C zum Zeitpunkt des Schusses bereits beendet, so dass er nicht mehr gegenwärtig ist (sog. **nachzeitig-extensiver** Notwehrexzess). Ob § 33 auf diese beiden Konstellationen Anwendung finden kann, ist umstritten: 5

a) Nach hM trifft § 33 auf den extensiven Exzess nicht zu, mit der Folge, dass der Exzesstäter **nicht entschuldigt** ist (BGH NStZ 2002, 141 f; *Geilen* Jura 1981, 370 [379]; *Krey/Esser* AT Rn 765; SK-*Rogall* Rn 2). Da eine Notwehrlage weder bei einem noch nicht begonnenen noch bei einem bereits beendeten Angriff objektiv bestehe, könne jeweils auch **keine Notwehrbefugnis** im asthenischen Affekt **überschritten** werden. 6

b) Nach einer verbreiteten Gegenansicht soll § 33 auf den extensiven Exzess anwendbar sein, da unter den „Grenzen der Notwehr" **auch die zeitlichen Grenzen** verstanden werden könnten (vgl *Jakobs* 20/31; *Müller-Christmann* JuS 1989, 717 [718 f]; diff. zwischen direkter und analoger Anwendung, abhängig von der zeitlichen Abfolge, LK-*Zieschang* Rn 6, 10 f). Außerdem sei wegen der gleicharti- 7 gen Motivationslage ein Unterschied zum intensiven Exzess sachlich nicht gerechtfertigt.

8 c) Eine vermittelnde Meinung will § 33 für den nachzeitig-extensiven Notwehrexzess gelten lassen; hier habe bereits eine **Notwehrbefugnis bestanden**, die nur in ihren zeitlichen Grenzen überschritten werde; erforderlich sei jedoch ein unmittelbarer zeitlicher Zusammenhang derart, dass die Verteidigungshandlung und ihre Fortsetzung bei natürlicher Betrachtungsweise als einheitliches Geschehen erscheinen (M/R-*Engländer* Rn 5; *Otto* Jura 1987, 604 [606]; *Timpe* JuS 1985, 117 [120 f]). Diese Differenzierung ist sachgemäß: Da beim vorzeitigen Exzess noch keine Notwehrlage und damit keine Verteidigungsbefugnis vorliegt, ist der vermutliche Angreifer mangels Angriffs auch noch gar nicht für eine Notwehrlage zuständig, aus der sich die Reaktion des Exzesstäters erklären und dem Angreifer als Selbstgefährdung zurechnen ließe. Beim nachzeitigen Exzess bestand dagegen bereits eine die Reaktion des Angegriffenen und späteren Exzesstäters erklärende Notwehrlage, die nur zeitlich „abgelaufen" ist.

9 Ob der Streit im Einzelfall Bedeutung erlangt, hängt wesentlich davon ab, wie die Gegenwärtigkeit des Angriffs bestimmt wird; die Rspr dehnt diesen Zeitraum bis zur endgültigen Beseitigung der Angriffsgefahr aus (vgl nur BGH NJW 1992, 516 f).

10 **4. Subjektive Tatseite:**

a) Da der Gesetzeswortlaut nicht zwischen bewusster und unbewusster Überschreitung der Notwehrgrenzen differenziert, ist nach hM auch der **in Kenntnis der Sachlage** begangene Exzess des Verteidigers entschuldigt (vgl BGHSt 39, 133 [139]; *Baumann/Weber/Mitsch* § 23/46; *Otto* Jura 1987, 604 [606]; *Theile* JuS 2006, 965 [967]). Exemplarisch: Obgleich A erkennt, dass ein Schuss ins Bein den Angreifer kampfunfähig machen könnte, schießt er aus Angst in die Brust.

11 Nach der Gegenansicht ist die Vorschrift so zu verstehen, dass dem Täter gerade aufgrund des asthenischen Affekts die Notwehrüberschreitung **verborgen** bleiben müsse (*Welzel* § 14 II 5). Für diese Einschränkung bietet der Gesetzeswortlaut jedoch keine Grundlage.

12 b) Nach der Rspr muss der Exzedent zudem – parallel zur Notwehr – mit **Verteidigungsabsicht** gehandelt haben (BGHSt 3, 194 [198]; BGH NJW 2013, 2133 [2134] m. iE zust. Anm. *Engländer* HRRS 2013, 389 [392] sowie abl. Anm. *Brüning* ZJS 2013, 511 [517]; *Jäger* JA 2013, 708 [710]).

13 **5. Putativnotwehrexzess:** Unter einer Putativnotwehr ist eine Situation zu verstehen, in welcher der Täter irrig annimmt, die tatsächlichen Voraussetzungen einer Notwehrlage seien gegeben (Erlaubnistatbestandsirrtum; vgl Vor § 32 Rn 23, 27 ff). Wehrt sich der Täter in dieser Situation in einer Weise gegen den vermeintlichen Angreifer, die auch bei gegebener Notwehrlage als Überschreitung der Notwehrbefugnis iSv § 33 anzusehen wäre, begeht er einen Putativnotwehrexzess. Exemplarisch: Die mit einer Pistole bewaffnete A missversteht das Verhalten des harmlosen Spaziergängers S und glaubt irrig, dieser wolle sie vergewaltigen. In panischer Angst schießt sie S in den Kopf statt in Arme oder Beine (ausf. Darstellung am Fall bei *Berster* JuS 2014, 998 ff).

14 a) Nach hM ist in diesem Fall § 33 **nicht** entsprechend **anwendbar**, da § 33 an § 32 anknüpfe und daher das objektive Vorliegen einer Notwehrlage verlange; der Täter könne nicht entschuldigt sein, wenn ihm schon die Berufung auf Notwehr versagt sei (BGH NStZ 2003, 599 [600]; *Jescheck/Weigend* § 45 II 4).

Schließlich treffe die überzogene Abwehr keinen für die Situation zuständigen Veranlasser (*Engländer* JuS 2012, 408 [411]; *Jakobs* 20/33).

b) Nach einer Mindermeinung soll § 33 jedoch **analog** heranzuziehen sein, wenn der **Irrtum unvermeidbar** war (S/S-*Perron* Rn 8) oder den durch die vermeintliche Abwehrhandlung Betroffenen ein erhebliches Verschulden am Irrtum des Verteidigers trifft (vgl *Hardtung* ZStW 108, 26 [55 ff, 60]; *Zieschang* Rn 367). Teils wird auch darauf abgestellt, dass sich § 33 allein auf die Schuld beziehe und es daher entscheidend auf die Motivationslage des Täters ankomme (*Schmidhäuser* StuB AT 8/33). 15

c) Schließlich ergeben sich auch Stimmen, die auf den Putativnotwehrexzess die **Regelung des § 35 II** entsprechend anwenden wollen, da diese Vorschrift Anhaltspunkte dafür biete, welche Lösung der Gesetzgeber für angemessen erachtet, wenn sich ein Täter über das Vorliegen eines entschuldigenden Sachverhaltes (vermeidbar oder unvermeidbar) irrt (*Bachmann* JA 2009, 510 [512]; *Rengier* AT § 27/29 f; *Sauren* Jura 1988, 567 [573 f]). 16

6. Fahrlässigkeit: § 33 kann auch bei fahrlässiger Deliktsverwirklichung Bedeutung erlangen: Ergreift der Täter unter den Voraussetzungen einer Notwehrlage eine Abwehrmaßnahme, die nach seiner irrigen Situationseinschätzung erforderlich ist – er bedient sich zB einer Schusswaffe, weil er verkennt, dass eine Verteidigung mit bloßen Fäusten nicht minder effektiv ist –, so befindet er sich in einem Erlaubnistatbestandsirrtum (Vor § 32 Rn 23, 27 ff). Bejaht man in diesem Fall einen Ausschluss des Vorsatzes (oder der Vorsatzschuld), so ist eine mögliche Fahrlässigkeitsstrafbarkeit hinsichtlich der Verletzung des Angreifers zu prüfen. Hier ist nun § 33 anzuwenden, da derjenige, der im asthenischen Affekt irrig glaubt, der Schusswaffeneinsatz sei erforderlich, nicht schlechter gestellt werden kann als derjenige, der die mangelnde Erforderlichkeit des Waffengebrauchs erkennt, aber hierzu im asthenischen Affekt getrieben wird (vgl BGH NStZ 2011, 630 m.Anm. *Hecker* JuS 2012, 465; *Köhler* 425; *Roxin* I § 22/84). 17

Daraus ergibt sich folgender Grundsatz: Bei Fahrlässigkeit greift § 33 stets ein, wenn der Täter auch bei entsprechendem vorsätzlichen Handeln im asthenischen Affekt entschuldigt wäre. 18

7. Das **Überschreiten der räumlichen Grenzen** – der Täter verletzt bei seiner zu weit greifenden Verteidigung auch unbeteiligte Dritte – ist kein Fall des Notwehrexzesses, sondern ist nach Notstandsregeln (§§ 34, 35) zu beurteilen. Erkennt der Täter bei seiner Verteidigung aus Furcht usw nicht, dass er überhaupt einen Dritten verletzt – der Täter schlägt um sich und trifft im Dunkeln eine Person, die ebenfalls den Angreifer zurückhalten will (beispielhaft RGSt 58, 27 [30]) –, ist jedenfalls ein vorsatzausschließender Tatbestandsirrtum gegeben. Möglich ist eine Bestrafung wegen fahrlässiger Verletzung, sofern die einschlägigen Voraussetzungen erfüllt sind (vgl BGH[Z] NJW 1978, 2028 [2029]; LK-*Zieschang* Rn 16). 19

§ 34 Rechtfertigender Notstand

¹Wer in einer gegenwärtigen, nicht anders abwendbaren Gefahr für Leben, Leib, Freiheit, Ehre, Eigentum oder ein anderes Rechtsgut eine Tat begeht, um die Gefahr von sich oder einem anderen abzuwenden, handelt nicht rechtswidrig, wenn bei Abwägung der widerstreitenden Interessen, namentlich der betroffenen

Rechtsgüter und des Grades der ihnen drohenden Gefahren, das geschützte Interesse das beeinträchtigte wesentlich überwiegt. ²Dies gilt jedoch nur, soweit die Tat ein angemessenes Mittel ist, die Gefahr abzuwenden.

I. Allgemeines 1	aa) Erforderlicher Eingriff .. 29
1. Begriff und Arten des Notstandes 1	bb) Interessenabwägung 31
	cc) Angemessenheit (S. 2) ... 38
2. Konkurrenzen 14	dd) Güter desselben Rechtsgutsträgers 39
3. Hoheitliches Handeln 15	
II. Der rechtfertigende Notstand nach § 34 16	ee) Verschuldete Notstandslage 40
1. Überblick 16	ff) Ausnahmen 41
2. Voraussetzungen 18	c) Subjektive Rechtfertigung 42
a) Notstandslage 18	III. Der zivilrechtliche aggressive Notstand (§ 904 BGB) 44
aa) Gegenwärtige Gefahr für ein notstandsfähiges Rechtsgut 18	IV. Der defensive Notstand, § 228 BGB (§ 34 StGB) 46
bb) Nötigungsnotstand 25	V. Rechtfertigende Pflichtenkollision 55
b) Notstandshandlung 29	

I. Allgemeines

1 1. Begriff und Arten des Notstands: a) Unter Notstand ist eine Gefährdung von Gütern zu verstehen, die nur im Wege der Preisgabe oder Beeinträchtigung anderer Güter abgewendet werden kann.

2 b) Die **Fallgruppen** zur Abwendung einer Notlage lassen sich mit Blick auf die Zuordnung der betroffenen Güter wie folgt **untergliedern**:

3 aa) In Betracht kommen zunächst Fälle, in denen eine Person zur Gefahrabwendung **eigene Güter** opfert. Hier greift der Handelnde nicht in die Güter Dritter ein und verhält sich insoweit von vornherein strafrechtlich irrelevant. Daher ist diese Fallgruppe im AT nicht ausdrücklich gesetzlich geregelt. Jedoch hat derjenige, der die Notlage herbeiführt, für die (insoweit nicht freiwillige) Aufopferung eigener Güter des Handelnden in einem bestimmten Umfang strafrechtlich einzustehen; relevant kann dies zB bei mittelbarer Täterschaft, Nötigung oder Erpressung werden.

4 bb) Soweit der Handelnde zur Gefahrabwendung in die **Güter desjenigen** eingreift, der die **Gefahr zu verantworten** hat, lassen sich zwei Konstellationen unterscheiden:

5 ■ Besteht die Gefahr in einem rechtswidrigen Angriff, so richtet sich deren Abwendung nach den speziellen Regeln der *Notwehr* (§ 32).

6 ■ Für die Abwendung sonstiger Gefahren gelten die Regeln des *defensiven Notstands* (vgl Rn 46).

7 cc) Greift der Handelnde zur Gefahrabwendung in die **Güter des Gefährdeten** ein, so ist das Verhalten vornehmlich nach den Regeln der *mutmaßlichen Einwilligung* bzw der Geschäftsführung ohne Auftrag zu beurteilen (Vor § 32 Rn 51 ff).

8 dd) Schließlich kommen Konstellationen in Betracht, in denen der Handelnde zur Gefahrabwendung in die **Güter unbeteiligter Dritter** eingreift. Fälle dieser Art werden als *aggressiver Notstand* bezeichnet (Rn 44 ff). Da hier Unbeteiligte zugunsten des Gefährdeten herangezogen werden, sind die Eingriffsvoraussetzungen erheblich enger als in den anderen Notstandsfällen. Soweit im Strafrecht unspezifiziert von Notstand gesprochen wird, ist regelmäßig der aggressive Notstand gemeint.

c) Der **rechtfertigende** wie auch der **entschuldigende Notstand** sind jeweils Fälle, in denen zur Abwendung einer Gefahr in die Güter Dritter eingegriffen wird, allerdings mit einem erheblichen Unterschied: 9

- Dient der Gütereingriff zur Abwendung der Gefährdung eines erheblich höher zu bewertenden Interesses, so ist er rechtmäßig (§§ 34 StGB, 16 OWiG, 904 BGB); der unbeteiligte Dritte muss also die Beeinträchtigung seiner Güter zur Gefahrabwendung dulden. 10

- Ist dagegen die Güterbeeinträchtigung mangels erheblichen Übergewichts des gefährdeten Interesses nicht gerechtfertigt, so kann gleichwohl eine Strafbarkeit zu verneinen sein, wenn dem Handelnden die Hinnahme der eigenen Gefahr nicht zuzumuten ist. Die Tat ist dann entschuldigt (§ 35), jedoch nur in sehr engen Grenzen. Gefährdet sein müssen existentielle Güter (Leib, Leben, Freiheit) des Handelnden selbst oder ihm nahestehender Personen. 11

d) Die heutige Regelung des rechtfertigenden Notstands in § 34 geht auf das 2. Strafrechtsreformgesetz von 1975 (BGBl. I, 717) zurück; der zugrunde liegende Rechtsgedanke wurde früher als **übergesetzlicher Notstand** bezeichnet, da die gesetzlichen Notstandsregelungen (§§ 904, 228 BGB) nur Eingriffe in Sachgüter, nicht aber sonstige Eingriffe in die Güter Dritter rechtfertigten. 12

Anerkannt war der übergesetzliche Notstand zunächst bei der medizinisch indizierten Schwangerschaftsunterbrechung (vgl RGSt 62, 137; BGHSt 14, 1; nunmehr § 218 a). Hieraus wurde das allgemeine Prinzip entwickelt, dass die Verletzung eines geringerwertigen Gutes nicht rechtswidrig ist, wenn sie unter Abwägung aller für die konkrete Interessenkollision bedeutsamen Umstände das einzige Mittel zum Schutz eines höherwertigen Gutes ist (vgl BGHSt 12, 299 f; *Otto* Jura 1985, 298 ff mwN). 13

2. Konkurrenzen: § 34 trifft die allgemeinste und weitestgehende Regelung zur Interessenabwägung in einer Notstandslage. Daher tritt § 34 hinter speziellere Regelungen und Entscheidungsprinzipien der Konfliktlösung (zB mutmaßliche Einwilligung, §§ 228, 904 BGB) zurück (zum Verhältnis von § 34 zu anderen Rechtfertigungsgründen vgl *Lenckner* GA 1985, 295 ff; *Stratenwerth* ZStW 68, 41 ff). 14

3. Hoheitliches Handeln: Nach hM kann auch die Rechtfertigung staatlichen Handelns grds. auf § 34 gestützt werden, sofern der zu regelnde Interessenkonflikt nicht durch öffentlich-rechtliche Sondervorschriften abschließend geregelt ist (vgl BGHSt 27, 260; *Bottke* JA 1980, 93 [95]; *Rengier* AT § 19/58; aA *Küper*, Darf sich der Staat erpressen lassen?, 1986, 77 ff, 90; vgl auch Vor § 32 Rn 8). Eine solche abschließende Regelung enthält insbesondere die StPO für Maßnahmen der Strafverfolgung, die nicht unter Rückgriff auf § 34 unterlaufen werden dürfen (MK-*Erb* Rn 48; vgl aber auch BGHSt 27, 260 [261]). 15

II. Der rechtfertigende Notstand nach § 34

16 **1. Überblick: a)** Der rechtfertigende (aggressive) Notstand nach § 34 beruht auf den **Prinzipien** des **überwiegenden Interesses und der gegenseitigen Mindestsolidarität**. Ist ein Rechtsgut in Gefahr, so entspricht es dem Gebot der Mindestsolidarität, zu seiner Rettung erheblich geringerwertige Güter zu opfern.

17 **b) Prüfungsschema:**
- A) Tatbestandsmäßigkeit
- B) Rechtswidrigkeit: Notstand (§ 34)
  - I. Notstandslage:
    1. Gefahr
    2. für rechtlich geschütztes Gut
    3. Gegenwärtigkeit
  - II. Notstandshandlung:
    1. Erforderlicher Eingriff
       - a) geeignetes und
       - b) mildestes Mittel
    2. Interessenabwägung (ggf Einschränkungen)
    3. Angemessenheit
  - III. Subjektive Rechtfertigung (Rettungswille):
    1. Kenntnis der Notstandslage und -handlung
    2. ggf Rettungsabsicht

Falls die Notstandsvoraussetzungen erfüllt sind, ist der Täter gerechtfertigt; ansonsten sind die weiteren Deliktsmerkmale zu prüfen.

2. Voraussetzungen

a) Notstandslage

18 **aa) Gegenwärtige Gefahr für ein notstandsfähiges Rechtsgut:** Eine Notstandslage ist gegeben, wenn eine gegenwärtige Gefahr für ein Rechtsgut besteht. Die Gefahr kann eigene Güter des Handelnden, aber auch die Güter Dritter betreffen (sog. **Notstandshilfe**).

19 (1) Ein Rechtsgut ist iSe Notstandslage **gefährdet**, wenn seine Schädigung aufgrund der gegebenen Umstände als (zumindest) sehr wahrscheinlich erscheint (BGHSt 18, 271 ff). Das **Gefahrurteil** ist nach hM im Wege einer objektiv nachträglichen Prognose vom Standpunkt eines neutralen Beobachters aus zu treffen (vgl BayObLG StV 1996, 484 [485]; *Hirsch* Kaufmann, Arth.-FS 545 [546 ff]; *Jescheck/Weigend* § 33 IV 3 a; auf die Täterperspektive abstellend dagegen *Rudolphi* Kaufmann, A.-GS 371 [381 ff]; zur irrigen Annahme einer Notstandslage durch den Täter [sog. **Putativnotstand**] vgl Vor § 32 Rn 25 ff).

20 (2) **Notstandsfähig** sind alle **Rechtsgüter**, namentlich Leib, Leben, Freiheit, Ehre und Eigentum. Auch Maßnahmen zum Schutz überindividueller (kollektiver) Rechtsgüter können durch Notstand gerechtfertigt sein (vgl OLG Frankfurt NStZ-RR 1996, 136). Der Begriff des **Interesses**, den § 34 unspezifisch verwendet, ist als Oberbegriff für rechtlich bewertete Güter und Handlungen zu verstehen und bezieht sich nicht etwa (nur) auf materielle Bedürfnisse (vgl *Gallas* ZStW 80, 1 [27]).

21 (3) Die Gefahr ist **gegenwärtig**, wenn Maßnahmen zu ihrer Abwendung alsbald zu treffen sind. Für die Gegenwärtigkeit kommt es also weniger auf den Zeitpunkt der erwarteten Gefahrrealisierung, als vielmehr auf die **Notwendigkeit so-**

fortigen Handelns zur Abwendung des drohenden Schadens an (BGH NJW 2003, 2464 [2466]; S/S-*Perron* Rn 17).

Die Gegenwärtigkeit ist die **Kehrseite** des Erfordernisses, dass die Gefahr **nicht anders abwendbar** sein darf (näher zur einschlägigen Entscheidungssituation *Kindhäuser/Wallau* StV 1999, 379 [380 f]). Nach hM werden daher vom Notstand auch Situationen erfasst, die einer **Notwehrlage vorgelagert** sind (vgl § 32 Rn 16, 19; ferner BGHSt 39, 133 [136 f]; *Otto* AT § 8/169). Exemplarisch: A sperrt B ein, um dessen drohenden Amoklauf zu verhindern. Einschlägig ist ferner zB die Rechtfertigung heimlicher Tonbandaufnahmen (§ 201) zur Abwehr einer späteren Nötigung oder Erpressung (vgl hierzu BGH NJW 1982, 277 [278]; *Otto* Kleinknecht-FS 319 [335]). 22

Bei bereits eingetretener Verletzung kann die Gefährdung in der Wahrscheinlichkeit einer **Intensivierung des Schadens** liegen (*Baumann/Weber/Mitsch* § 17/47). Gegenwärtig sind auch **Dauergefahren**, die bereits bestehen, aber jederzeit in einen Schaden umschlagen können (vgl BGH NJW 2003, 2464 [2466]; *Hillenkamp* Miyazawa-FS 141 [154]; *Jäger* AT Rn 112, 153). Der Begriff der gegenwärtigen Gefahr ist damit weiter als der des gegenwärtigen Angriffs iSd Notwehr (vgl § 32 Rn 16 f; krit. zu dieser Terminologie *Dencker* Frisch-FS 477 ff). 23

Für den Notstand – als umfassende Regelung von Interessenkollisionen in Gefahrenlagen – ist der **Ursprung der Gefahr** grds. gleichgültig; die Gefahr kann daher gleichermaßen von Naturgewalten oder menschlichem Verhalten ausgehen (*Baumann/Weber/Mitsch* § 17/49; *Roxin* I § 16/16). 24

bb) Nötigungsnotstand: Von einem Nötigungsnotstand spricht man, wenn der Handelnde in die Güter Dritter eingreift, um eine von einem Menschen ausgehende rechtswidrige Bedrohung abzuwenden. Ob der Nötigungsnotstand eine rechtfertigende Wirkung entfaltet, ist umstritten. 25

Exemplarisch: A droht B mit dem Tode, wenn dieser nicht eine dem C gehörende Urkunde vernichtet. Hierbei ist zunächst Folgendes zu sehen: Der Nötigende (A) begeht einen rechtswidrigen Angriff, gegen den sich der Dritte (C) nach Notwehrregeln wehren darf; da A im Hintergrund bleibt, ist diese Notwehrbefugnis für C jedoch ineffizient. Nimmt man an, dass der Genötigte (B) nach § 34 gerechtfertigt ist, so wäre sein Handeln erlaubt und C müsste die Urkundenvernichtung dulden. Verneint man dagegen eine Rechtfertigung des B, so wäre dessen Handeln verboten und stellte einen rechtswidrigen Angriff dar, gegen den sich C nach Notwehrregeln (§ 32) verteidigen dürfte. Zu beachten ist dann allerdings: Falls B wegen der Todesdrohung nach § 35 entschuldigt wäre, könnten die Notwehreinschränkungen gegen das Handeln (erkennbar) Schuldloser eingreifen, mit der Folge, dass C sich grds. nur schonend verteidigen dürfte (§ 32 Rn 52). 26

■ Zugunsten einer Rechtfertigung des Genötigten spricht, dass der Ursprung der Gefahr gleichgültig ist (Rn 24). Daher kann der Handelnde auch beim Nötigungsnotstand die Solidarität der Rechtsgenossen beanspruchen und ist gerechtfertigt, wenn er zur Gefahrabwendung in die Güter Dritter eingreift (vgl *Bernsmann*, „Entschuldigung" durch Notstand, 1989, 147 f; *Jakobs* 13/14, 21/84; *Renzikowski*, Notstand und Notwehr, 1994, 65 ff). 27

■ Nach der Gegenansicht soll jedoch der Nötigungsnotstand allenfalls entschuldigend (§ 35), nicht aber rechtfertigend wirken, da sich der Täter zum Werkzeug machen lasse und damit auf die Seite des Unrechts trete (SK-*Günther* Rn 49; *Hassemer* Lenckner-FS 115). Ferner würde die Geltungskraft 28 der Rechtsordnung erschüttert, wenn sich der Dritte (C) nur gegen den Nötigenden (A) wehren dürfe, nicht aber gegen den Genötigten (B), von dem der Angriff aber tatsächlich ausgehe (W-*Beulke/Satzger* Rn 663).

b) Notstandshandlung

29 **aa) Erforderlicher Eingriff:** Die Notstandshandlung, der Eingriff in die Güter eines unbeteiligten Dritten, muss erforderlich („nicht anders abwendbar") sein: Dies setzt voraus, dass die Handlung zur **Abwendung der Gefahr geeignet** ist und **zugleich** die **mildeste** zur Verfügung stehende **Abwehrmaßnahme** darstellt (vgl OLG Karlsruhe JZ 1984, 240 m.Anm. *Hruschka*; *Lenckner* Lackner-FS 95 [111]). Hierbei darf die erfolgreiche Abwendung des drohenden Schadens nicht ganz unwahrscheinlich sein (vgl OLG Karlsruhe NJW 2004, 3645).

30 Die Erforderlichkeit ist auf der Basis eines **objektiven** und sachverständigen **ex-ante-Urteils** festzustellen; die Einschätzung des Notstandstäters selbst ist insoweit ohne Belang. Keine Rolle spielt es, ob das verletzte Rechtsgut typischerweise als Rettungsmittel zur Gefahrabwendung anzusehen ist; auch ungewöhnliche Rettungsmaßnahmen können erforderlich sein (vgl *Grebing* GA 1979, 81 [86 ff]; *Küper* JZ 1976, 515 [516]).

31 **bb) Interessenabwägung:** Das durch die Notstandshandlung geschützte Interesse muss das beeinträchtigte Interesse **wesentlich überwiegen**. Das Überwiegen kann in drei Schritten festgestellt werden (vgl auch den Wortlaut von § 34 S. 1):

32 ■ **Ausgangspunkt** der Abwägung ist der **abstrakte Wert**, der den betroffenen Rechtsgütern in der Rechtsordnung zukommt; als Anhaltspunkt können die Strafrahmen der einzelnen Delikte wie auch die verfassungsrechtlichen Wertungen dienen (MK-*Erb* Rn 111; *Gropp* § 5/236; *Krey/Esser* AT Rn 605).

33 ■ Sodann ist das **Ausmaß der drohenden Schäden** zu berücksichtigen: Bei quantifizierbaren Rechtsgütern (zB Gesundheit, Eigentum) fällt nicht nur ihre Qualität, sondern auch die Quantität der Verletzungen ins Gewicht. Dies gilt insbesondere bei der Kollision gleichwertiger Güter. Das Rechtsgut Leben ist dagegen nicht quantifizierbar (Rn 36).

34 ■ Schließlich ist bei der Interessenabwägung der **Grad der** den Rechtsgütern **drohenden Gefahren** zu berücksichtigen; die Abwägung kann daher auch zugunsten eines geringerwertigen Gutes ausfallen, wenn das höherwertige Rechtsgut nur einer vergleichsweise minimalen Gefährdung ausgesetzt ist. Daher ist die Übertretung einer Straßenverkehrsvorschrift (auch des § 316) trotz der abstrakten Gefahr für andere Verkehrsteilnehmer dann gerechtfertigt, wenn dadurch konkrete Leibes- oder Lebensgefahren abgewendet werden sollen (vgl BayObLG NJW 1991, 1626; vgl aber auch OLG Düsseldorf NStZ 1990, 396).

35 Grds **nicht gerechtfertigt** sind nach hM **körperliche Eingriffe** (insbesondere Organentnahmen) zur Rettung Schwerverletzter, da diese gegen das in unserer Rechtsordnung angelegte Freiheitsprinzip bzw die Menschenwürde des Opfers, welches zur bloßen „Organ-Bank" reduziert werde, verstießen (*Gallas* Mezger-FS 311 [326]; *Hruschka* 144 ff; *Köhler* 291). Für (ungefährliche) **Blutentnahmen** finden sich jedoch auch gegenteilige Stimmen, die Parallelen zu verfassungsgemäßen staatlichen Eingriffsbefugnissen (etwa nach § 81 a StPO) ziehen, die solche Beeinträchtigungen erlauben (*Hassemer* Maihofer-FS 183 [201 f]; *Roxin*, Kriminalpolitik und Strafrechtssystem, 2. Aufl. 1973, 27 ff).

Ferner sind nach hM **Tötungen** unter den Voraussetzungen des aggressiven Notstands schlechthin nicht zu rechtfertigen; dies gilt auch dann, wenn durch den Tod eines Menschen eine große Anzahl anderer Menschen gerettet werden kann oder wenn der Notstandstäter selbst bzw Angehörige in Lebensgefahr schweben (vgl nur BGHSt 35, 347; *Gallas* Mezger-FS 311 [327, 331]; *Küper* JuS 1981, 785 ff; aA für bestimmte Fallgruppen *Erb* JuS 2010, 108 [110 ff]; *Otto* AT § 8/192). Ein Verstoß gegen das BtMG kann nicht dadurch gerechtfertigt werden, dass der Täter mit der Droge einem Schwerstkranken zum **Suizid** verhelfen will (BGHSt 46, 279 [285 f] m.Anm. *Rigizahn* JR 2002, 430 ff). 36

Beim **Eingriff** in die **Güter verschiedener Rechtsgutsträger** sind diese Güter nach hM als Gesamtheit zu betrachten und gegenüber dem geschützten Gut abzuwägen (*Jakobs* 13/32; *Küper*, Der „verschuldete" rechtfertigende Notstand, 1983, 146 ff; LK-*Zieschang* Rn 55); eine Mindermeinung will dagegen jeden Eingriff gesondert würdigen (*Otto* AT § 8/177). 37

cc) **Angemessenheit (S. 2):** Nicht angemessen iSv § 34 S. 2 ist die Gefahrenabwehr insbesondere dann, wenn hierfür rechtlich geordnete Verfahren zur Verfügung stehen (vgl *Erb* JuS 2010, 108 [113]; *Jescheck/Weigend* § 33 IV 3 d; *Roxin* I § 16/80 ff). Der rechtfertigende Notstand bezieht sich auf Ausnahmesituationen, in denen mangels anderweitiger Hilfe ein Gut nur durch den Eingriff in die Güter unbeteiligter Personen geschützt werden kann. Sofern das Recht jedoch gerade für den betreffenden Fall bestimmte Verfahren zur Sicherung von Interessen vorsieht, ist ein eigenmächtiges Vorgehen nicht mehr angemessen. Exemplarisch: Ein Meineid (§ 154) ist ein unangemessenes Mittel zur Abwendung der Verurteilung eines Unschuldigen; im Rahmen eines Verfahrens dürfen allein prozessual zulässige Maßnahmen ergriffen werden. Teilweise wird der Angemessenheitsklausel eine eigene Bedeutung neben der Interessenabwägung, deren Bestandteil sie sei, abgesprochen (vgl *Baumann/Weber/Mitsch* § 17/83; *Küper* JZ 1980, 755 ff; S/S-*Perron* Rn 46). Sachliche Konsequenzen ergeben sich aus dieser Zuordnung nicht. 38

dd) **Güter desselben Rechtsgutsträgers:** § 34 bezieht sich auf die Kollision von Gütern unterschiedlicher Rechtsgutsträger, da nur dann der Rückgriff auf einen objektiven Bewertungsmaßstab erforderlich ist. Soweit dagegen Güter desselben Rechtsgutsträgers gegeneinander abzuwägen sind, kann für die Lösung des Kollisionsproblems allein der subjektive Wertmaßstab des Betroffenen maßgeblich sein. Daher erscheint es sinnvoll, diesen Fall von vornherein nicht nach Notstandsregeln, sondern nach den **Regeln der (mutmaßlichen) Einwilligung** (Vor § 32 Rn 51 ff) zu behandeln (ebenso *Dörr*, Dogmatische Aspekte der Rechtfertigung bei Binnenkollision von Rechtsgütern, 2016). Soweit gleichwohl (auch) § 34 für einschlägig gehalten wird (W-*Beulke/Satzger* Rn 476; S/S-*Perron* Rn 8 a), sind die Wertvorstellungen des Betroffenen zu berücksichtigen (vgl BGHSt 42, 301 [305]). Im Ergebnis deckt sich dann die Lösung mit derjenigen nach den Regeln der mutmaßlichen Einwilligung. 39

ee) **Verschuldete Notstandslage:** Nach heute hM ist grds. auch demjenigen, der die Gefahr schuldhaft verursacht hat, eine Rechtfertigung nach § 34 nicht versagt (vgl BayObLG JR 1979, 124; *Küper* GA 1983, 289 ff). Allerdings soll das Verschulden bei der Interessenabwägung berücksichtigt werden; der Gefahrverursacher muss dann in erheblichem Umfang eigene Schäden hinnehmen (*Otto* AT § 8/174; *Roxin* I § 16/53; gegen eine Berücksichtigung eigenen Verschuldens *Hruschka* JR 1979, 125 [126]; teilweise wird hier auch auf die Rechtsfigur der actio illicita in causa zurückgegriffen, vgl § 32 Rn 57; hiergegen zutr. NK-*Neu*- 40 *mann* Rn 98 mwN). Ein Verschulden des Retters darf hingegen dem (schuldlos) Gefährdeten nicht angelastet werden.

41 **ff) Ausnahmen:** Wer verpflichtet ist, bestimmte Gefahren zu tragen, kann sich bei ihrem Eintritt grds. nicht auf Notstand berufen (M-*Zipf* § 27/39); dies gilt namentlich für Polizisten, Soldaten und Feuerwehrleute.

42 **c) Subjektive Rechtfertigung:** Beim **Vorsatzdelikt** verlangt der subjektive Tatbestand des rechtfertigenden Notstands zumindest Kenntnis der Rechtfertigungslage (*Gallas* ZStW 80, 1 [26]). Weitergehend ist nach vorherrschender Meinung, die sich auf den Wortlaut („um ... abzuwenden") beruft, auch ein „Rettungswille" erforderlich, dessen Fehlen der Rechtfertigung entgegenstehen soll (BGHSt 2, 111 [114]; *Welzel* § 14 IV; *Zieschang* Rn 253; hiergegen S/S/W-*Rosenau* Rn 48).

43 Eine **pflichtgemäße Prüfung** der Notstandslage durch den Täter ist nach heute hM nicht erforderlich (vgl nur MK-*Erb* Rn 202; *Küper*, Der „verschuldete" rechtfertigende Notstand, 1983, 115). – Zu Fragen der Rechtfertigung bei Fahrlässigkeit und zu Irrtumsproblemen vgl Vor § 32 Rn 15 ff, 20 ff.

III. Der zivilrechtliche aggressive Notstand (§ 904 BGB)

44 § 904 BGB regelt nur die Rechtfertigung von **Sacheingriffen** und ist damit die gegenüber § 34 speziellere Vorschrift: Ihr zufolge hat der Eigentümer einer Sache Einwirkungen auf die Sache zu dulden, wenn die Einwirkung zur Abwendung einer gegenwärtigen Gefahr notwendig und der drohende Schaden gegenüber dem aus der Einwirkung dem Eigentümer entstehenden Schaden unverhältnismäßig groß ist; zivilrechtlich steht dem Eigentümer ein Schadenersatzanspruch zu (§ 904 S. 2 BGB).

45 Ihrem Wortlaut nach erfordert die Vorschrift zwar nur eine Schadensabwägung; jedoch sind nach ganz hM auch die anderen Wertungsgesichtspunkte des § 34 in die Abwägung einzubeziehen, so dass sich die **Anwendungsvoraussetzungen** beider Vorschriften (im objektiven und subjektiven Bereich) **decken**. Der Vorrang von § 904 BGB ist rein formaler Natur; sachlich ist es kein Fehler, statt auf diese Vorschrift auf § 34 zurückzugreifen.

IV. Der defensive Notstand (§ 228 BGB, § 34 StGB)

46 **1.** Als defensiver Notstand wird die Situation bezeichnet, in der zur Abwendung einer Gefahr für ein Gut in das Gut eingegriffen wird, von dem die Gefahr (Rn 19) ausgeht; besteht die Gefahr im rechtswidrigen Angriff eines Menschen, ist der Spezialfall der Notwehr (§ 32) gegeben. Sofern die Gefahr von einer Sache – zB einem bissigen Hund – ausgeht, ist § 228 BGB die einschlägige Vorschrift. Der Umstand, dass hier zur Gefahrenabwehr nicht – wie beim aggressiven Notstand – in die Güter eines unbeteiligten Dritten eingegriffen wird, sondern die gefährdende Sache (bzw eine [nicht rechtswidrig angreifende] Person als Gefahrenquelle) selbst beeinträchtigt wird, hat erhebliche Auswirkungen auf die **Interessenabwägung:**

47 Während § 904 BGB Eingriffe in fremdes Eigentum nur zur Abwehr eines erheblich höheren Schadens rechtfertigt, genügt es für die Rechtfertigung nach § 228 BGB, dass der schädigende Sacheingriff **nicht außer Verhältnis** zur abzuwendenden Gefahr steht. § 228 BGB gestattet also Beschädigungen, die gravierender sind als der drohende Schaden (*Freund* § 3/80; *Krey/Esser* AT Rn 578). Dies be-

ruht auf dem Gedanken, dass der Eigentümer zur Abwendung der von seiner Sache ausgehenden Gefahr in erheblich höherem Maße haftet als ein unbeteiligter Dritter; nur bei unverhältnismäßigem Schaden kann er wieder die Solidarität der Rechtsgenossen in Anspruch nehmen (näher MK-*Erb* Rn 156; *Pawlik* Jura 2002, 26 ff). Dann darf seine Sache trotz der von ihr ausgehenden Gefahr nicht beschädigt werden. Der insoweit bestehende Unterschied zur „schärferen" Notwehr liegt darin, dass der Abwehrende in der Notwehrsituation zusammen mit dem angegriffenen Rechtsgut auch die Rechtsordnung verteidigt, während die von der Sache ausgehende Gefahr beim defensiven Notstand keine Störung der Rechtsordnung darstellt. Die Frage, ob den Notstandstäter ggf eine zivilrechtliche Schadensersatzpflicht trifft (§ 228 S. 2 BGB), berührt die Rechtfertigung der Gefahrabwendung nicht.

Exemplarisch: Greift ein besonders edler Rassehund einen Dackel an, so kann dessen Eigentümer notfalls den Rassehund erschlagen, um das Leben des Dackels zu retten. Dagegen kann der Eigentümer einer Wurst diese nicht dadurch vor dem Zugriff eines Hundes retten, dass er den Hund erschlägt; hier stünde der Schaden außer Verhältnis zum Wert der Wurst. **48**

2. Ob § 34 auch **für** Fälle des **defensiven Notstands** gilt, ist umstritten: Teils wird die Ansicht vertreten, dass § 34 als allgemeine Regel der Lösung von Interessenkollisionen auch für den defensiven Notstand gilt (so *Baumann/Weber/Mitsch* § 17/72 ff; *Jescheck/Weigend* § 33 IV 5 c). Teils wird nur § 228 BGB für einschlägig gehalten (so *Frister* GA 1988, 291 [295]; *Hruschka* NJW 1980, 21 ff). **49**

Diese Streitfrage ist jedoch insoweit bedeutungslos als **50**

- nach einhelliger Meinung die in § 228 BGB normierte Abwägungsregel (= Schaden darf nicht außer Verhältnis zur drohenden Gefahr stehen) auch auf den defensiven Notstand nach § 34 angewandt wird (vgl BGH NStZ 1989, 431; *Küper,* Der „verschuldete" rechtfertigende Notstand, 1983, 15; *Roxin* Jescheck-FS 457 ff); **51**

- nach hM § 228 BGB jedenfalls bei Sachgefahren die gegenüber § 34 speziellere Vorschrift ist. **52**

Damit ist allein offen, ob in solchen Fällen des defensiven Notstands, in denen die **Gefahr** nicht von einer Sache, sondern **von einem Menschen ausgeht**, § 228 BGB analog oder § 34 nach Maßgabe der entsprechenden Abwägungsklausel anzuwenden ist; auf das Ergebnis hat diese Frage auch hier keine Auswirkung. Greift (etwa mangels Gegenwärtigkeit des Angriffs) nicht bereits § 32 ein, soll nach hM aufgrund des defensiven Notstandsrechts sogar die Tötung eines Menschen (als ultima ratio) möglich sein (MK-*Erb* Rn 170; *Ladiges* JuS 2011, 879 [881 f] jew. mwN; zur Anwendung des defensiven Notstands im Falle gekaperter Passagierflugzeuge *Hirsch* Küper-FS 149 ff). **53**

3. Prüfungsschema: Die Voraussetzungen des defensiven Notstands sind – gleichgültig ob nach § 34 oder § 228 BGB direkt oder analog – in folgenden Schritten zu prüfen: **54**
   A) Tatbestandsmäßigkeit
   B) Rechtswidrigkeit: defensiver Notstand (§ 228 BGB oder § 34 StGB)
      I. Notstandslage:
         1. Vorliegen einer Gefahr, die von einer Sache (oder einem nicht iSd Notwehr angreifenden Menschen) ausgeht

        2. für ein rechtlich geschütztes Gut
        3. Gegenwärtigkeit bzw Drohen der Gefahr
    II. Notstandshandlung:
        1. Schädigung der Sache (oder des Menschen)
        2. Erforderlichkeit der Schädigung zur Gefahrabwendung
            a) geeignetes und
            b) mildestes Mittel
        3. Schädigung nicht außer Verhältnis zur Gefahr
    III. Subjektive Rechtfertigung:
        1. Kenntnis der Gefahr und ihrer Abwendung durch die Schädigung
        2. ggf Rettungswille

Falls die Notstandsvoraussetzungen erfüllt sind, ist der Täter gerechtfertigt; ansonsten sind die weiteren Deliktsmerkmale zu prüfen.

V. Rechtfertigende Pflichtenkollision

55 1. Eine rechtfertigende Pflichtenkollision ist gegeben, wenn eine Person **Adressat wenigstens zweier gleichwertiger Pflichten** ist, von denen sie aber nur eine auf Kosten der anderen erfüllen kann (*Kühl* § 18/134; *Stratenwerth/Kuhlen* § 9/120). Gewöhnlich handelt es sich um konkurrierende Handlungspflichten. Exemplarisch: Ein Notarzt kann bei einem Unglücksfall nicht allen Opfern gleichzeitig die erforderliche Hilfe leisten. Es können in seltenen Ausnahmesituationen aber auch Unterlassungspflichten aus Verboten kollidieren (instruktiver Beispielsfall bei *Hruschka* Larenz-FS 257 [261]).

56 Nicht als Fall der rechtfertigenden Pflichtenkollision ist es anzusehen, wenn eine Handlungspflicht nur durch Verletzung einer Unterlassungspflicht (= Ausführen einer an sich verbotenen Handlung) erfüllt werden kann. Hier ist unmittelbar nach den Regeln des rechtfertigenden Notstands zu entscheiden, ob die an sich verbotene Handlung vorgenommen werden darf (vgl *Satzger* Jura 2010, 753 [755]; *Stratenwerth/Kuhlen* § 9/126; anders *Otto* AT § 8/206). Kein Fall der Pflichtenkollision ieS ist es auch, wenn eine der kollidierenden Pflichten aus Gründen der Subsidiarität hinter die andere zurücktritt, da hier von vornherein nur eine Pflicht Geltung beansprucht.

57 2. Wenn der Normadressat in der Situation einer Pflichtenkollision nur eine Pflicht erfüllen kann, gilt hinsichtlich der anderen Pflicht(en) der Grundsatz impossibilium nulla est obligatio (bzw ultra posse nemo obligatur): zu Unmöglichem ist niemand verpflichtet. Da der Normadressat an sich zur Erfüllung jeder der Pflichten in der Lage wäre, ihnen nur nicht gleichzeitig nachkommen kann, scheidet die Zurechnung der nicht erfüllten Pflicht nicht schon mangels Handlungsfähigkeit als tatbestandslos aus, sondern ist nur – bei Beachtung der einschlägigen Kollisionsregel – gerechtfertigt (näher zu dieser Einordnung *Rönnau* JuS 2013, 113 f).

58 3. Bei der Frage, ob eine rechtfertigende Pflichtenkollision tatsächlich vorliegt, also überhaupt auf den ungeschriebenen Rechtfertigungsgrund zurückgegriffen werden muss, ist insbesondere das Gewicht der miteinander konkurrierenden Pflichten zu beachten:

59 ■ Ist eine Pflicht **wesentlich höherwertiger** als die andere, so tritt letztere bereits nach den Regeln des rechtfertigenden Notstands zurück (MK-*Erb*

Rn 41). Zwar kann auch hier sprachlich von einer Pflichtenkollision gesprochen werden und wird auch in diesen Fällen teilweise der entsprechende Rechtfertigungsgrund angewendet (*Satzger* Jura 2010, 753 [755]); richtigerweise bedarf es allerdings nicht des Rückgriffs auf einen ungeschriebenen Rechtfertigungstatbestand, wenn bereits die positiv normierte Abwägungsregel des § 34 S. 1 zu sachgerechten Ergebnissen führt. Exemplarisch: Ist zugleich eine Sache vor Beschädigung zu bewahren und das Leben eines Menschen zu retten, so geht von vornherein die Lebensrettungspflicht vor. Das Unterlassen des Verhinderns der Sachbeschädigung ist dann bereits nach § 34 gerechtfertigt.

■ Bei **gleichwertigen** Pflichten greift demgegenüber die rechtfertigende Wirkung des § 34 nicht ein, da keine Pflicht die andere (wesentlich) überwiegt. Somit ist hier ein Rückgriff auf die rechtfertigende Pflichtenkollision erforderlich. Dem Normadressaten ist in diesem Fall die Auswahl der Pflicht überlassen, die er erfüllen will. Kommt er einer Pflicht nach, ist er hinsichtlich der anderen gerechtfertigt (vgl *Küper* JuS 1987, 81 [89]; LK-*Rönnau* Vor § 32 Rn 116). Früher wurde auch die Auffassung vertreten, dass beide Pflichten bestehen blieben: Da nicht eine von zwei gleichwertigen Interessen entfallen könne, sei dem Normadressaten nur ein Entschuldigungsgrund zuzubilligen (*Gallas* Mezger-FS 311 [332]; ebenso *Jescheck/Weigend* § 33 V 1). 60

Das **Gewicht der konkurrierenden Pflichten** ist nach den für den rechtfertigenden Notstand geltenden Grundsätzen zu bestimmen (Rn 31 ff). Bei der Abwägung sind der Wert der gefährdeten Güter und die jeweilige Schadenswahrscheinlichkeit zu berücksichtigen. Ferner soll, soweit es um Pflichten zugunsten gleichwertiger Güter geht, die Garantenpflicht der allgemeinen Hilfspflicht vorgehen (NK-*Paeffgen* Vor § 32 Rn 176; LK-*Rönnau* Vor § 32 Rn 125; *Roxin* I § 16/109). Dabei gebührt bei gleichartigen Pflichten (zB konkurrierenden Garantenpflichten) in Abweichung von § 34 nicht nur der wesentlich überwiegenden, sondern schon der geringfügig höheren Pflicht der Vorrang (*Jakobs* 15/6 f). Exemplarisch: Ein Arzt hat den schwerer erkrankten dem leichter erkrankten Patienten vorzuziehen, auch wenn der erste nicht in Lebensgefahr schwebt. Ob im Rahmen der Intensivmedizin für denjenigen, bei dem bereits Rettungsmaßnahmen eingeleitet wurden, eine Privilegierung gegenüber einem gleichermaßen Gefährdeten besteht, ist umstr. (näher *Satzger* Jura 2010, 753 [756]). 61

4. Wenn der Normadressat **keiner der zu erfüllenden Pflichten nachkommt**, haftet der Täter allein für die Verletzung derjenigen mit dem geringsten Unrecht (*Jakobs* 15/7 a; NK-*Paeffgen* Vor § 32 Rn 177). Nach der Gegenauffassung soll der Täter für die Verletzung aller Pflichten haften, da er bei einer Pflichtenkollision nur dann hinsichtlich der nicht erfüllten Pflicht(en) gerechtfertigt ist, wenn er der konkurrierenden (vorrangigen) Pflicht nachkommt (LK-*Hirsch*, 11. Aufl., Vor § 32 Rn 81). Dem steht jedoch entgegen, dass dem Täter nur hinsichtlich vermeidbarer Verhaltensweisen ein strafrechtlicher Vorwurf gemacht werden kann; die Verletzung einer der beiden kollidierenden Pflichten kann der Täter keinesfalls vermeiden. 62

§ 35 Entschuldigender Notstand

(1) ¹Wer in einer gegenwärtigen, nicht anders abwendbaren Gefahr für Leben, Leib oder Freiheit eine rechtswidrige Tat begeht, um die Gefahr von sich, einem Angehörigen oder einer anderen ihm nahestehenden Person abzuwenden, handelt ohne Schuld. ²Dies gilt nicht, soweit dem Täter nach den Umständen, namentlich weil er die Gefahr selbst verursacht hat oder weil er in einem besonderen Rechtsverhältnis stand, zugemutet werden konnte, die Gefahr hinzunehmen; jedoch kann die Strafe nach § 49 Abs. 1 gemildert werden, wenn der Täter nicht mit Rücksicht auf ein besonderes Rechtsverhältnis die Gefahr hinzunehmen hatte.

(2) ¹Nimmt der Täter bei Begehung der Tat irrig Umstände an, welche ihn nach Absatz 1 entschuldigen würden, so wird er nur dann bestraft, wenn er den Irrtum vermeiden konnte. ²Die Strafe ist nach § 49 Abs. 1 zu mildern.

I. Voraussetzungen

1. § 35 normiert einen Entschuldigungsgrund, der auf dem Gedanken der Unzumutbarkeit normgemäßen Verhaltens beruht; teils wird der Strafausschluss (zusätzlich) auch mit einer Minderung des Handlungsunrechts begründet (vgl *W-Beulke/Satzger* Rn 653; *Jescheck/Weigend* § 43 III; Überblick bei *Bosch* Jura 2015, 347). Der Täter handelt zwar rechtswidrig, aber von ihm wird wegen der besonderen Zwangslage, in der er sich befindet, die Befolgung der Norm nicht erwartet. Voraussetzungen des entschuldigenden Notstands sind:
   - eine Notstandslage,
   - eine Notstandshandlung,
   - subjektiv ein Handeln mit Rettungswillen,
   - keine Zumutbarkeit.

2. Eine **Notstandslage** ist gegeben, wenn eine gegenwärtige Gefahr (§ 34 Rn 18 ff; vgl auch BGH NJW 2003, 2464 [2466]) für Leben, Leib oder Freiheit des Täters, eines Angehörigen iSd § 11 I Nr. 1 oder einer nahestehenden Person besteht.

3. a) Nach hM sind **nur** die **ausdrücklich genannten Güter**, nämlich Leben, Leib oder Freiheit, notstandsfähig; auf andere Güter ist die Vorschrift *nicht* analog anwendbar (vgl OLG Frankfurt StV 1989, 107 [108]; *Baumann/Weber/Mitsch* § 23/20; SK-*Rogall* Rn 4 f; aA bzgl Sachgütern, die den Persönlichkeitsrechten im Gewicht entsprechen *Jakobs* 20/9; *Timpe* JuS 1984, 859 [863 f]). Auch das ungeborene Leben wird von der hM nicht zu den notstandsfähigen Gütern gerechnet (vgl MK-*Müssig* Rn 13; NK-*Neumann* Rn 14; *Roxin* JA 1990, 97 [101]; aA HKGS-*Duttge* Rn 4; S/S-*Perron* Rn 5). Mit Freiheit iSv Abs. 1 S. 1 ist nur die Fortbewegungsfreiheit und nicht auch die allgemeine Handlungsfreiheit gemeint (vgl *Hirsch* JR 1980, 115; *Kühl* § 12/30).

4. b) Als **nahestehend** iSv Abs. 1 können Personen angesehen werden, mit denen der Täter in Hausgemeinschaft lebt oder die ihm wie Angehörige persönlich verbunden sind, zB ein Lebensgefährte (*Freund* § 4/48; MK-*Müssig* Rn 19).

5. 3. Die den Notstand begründende Gefahr darf **nicht anders** als durch die gewählte Handlung **abwendbar** sein (vgl § 34 Rn 29 f), dh: Die **Notstandshandlung** muss als **ultima ratio** zur Behebung der Gefahr **objektiv erforderlich** sein. Sie muss also **geeignet** und das **relativ mildeste** der zur Verfügung stehenden **Mittel** sein (*Kühl* § 12/47 f; MK-*Müssig* Rn 27 f). Insbesondere ist die Gefahr anders ab-

wendbar, wenn staatliche Hilfe in Anspruch genommen werden kann. Die Beantwortung dieser Frage bedarf sorgsamer Erörterung: Die Wirksamkeit möglicher Alternativen muss anhand konkreter Anhaltspunkte des Einzelfalls von vornherein zweifelhaft gewesen sein, weil zB staatliche Institutionen in vorangegangenen Konfliktfällen nicht oder nicht wirksam genug eingegriffen hatten (BGHSt 48, 255 [260 ff] m.Anm. *Otto* NStZ 2004, 142 zur Tötung eines Haustyrannen). Soweit dem Täter mehrere Möglichkeiten der Gefahrenabwehr zur Verfügung stehen, ist es ihm zumutbar, auch ein weniger aussichtsreiches Mittel zu ergreifen, wenn dies mit weniger gravierenden Folgen verbunden ist (vgl *Lenckner* Lackner-FS 95 [111]). Ferner muss eine gewisse **Proportionalität** zwischen dem zu schützenden und dem verletzten Rechtsgut bestehen. Drohen etwa nur unerhebliche körperliche Schäden, so ist der Eingriff in fremde Güter nicht entschuldigt (vgl RGSt 66, 397 [399 f]; MK-*Müssig* Rn 34).

4. Subjektiv setzt der entschuldigende Notstand ein Handeln in **Kenntnis der Gefahrenlage** voraus. Zudem ist ein Handeln zum Zwecke der Gefahrabwendung erforderlich, da die Entschuldigung an die Motivation („um ... abzuwenden") anknüpft (vgl BGHSt 3, 271 [273 ff]; MK-*Müssig* Rn 37; *Roxin* JA 1990, 97 [102]; aA *Jakobs* 20/10 f; *Timpe* JuS 1984, 859 [860]). 6

Ferner verlangt die Rspr eine umso sorgfältigere **Prüfung** anderweitiger Rettungsmöglichkeiten, je gravierender der Eingriff in fremde Güter durch die Notstandshandlung ist (vgl BGH NStZ 1992, 487; W-*Beulke/Satzger* Rn 659; *Otto* AT § 14/8; aA *Bernsmann*, „Entschuldigung" durch Notstand, 1989, 73, 107; MK-*Müssig* Rn 38). 7

5. Da § 35 I nur einen Entschuldigungsgrund formuliert, ist nach hM **Notwehr** gegen einen im entschuldigenden Notstand Handelnden zulässig (vgl § 32 Rn 24 f, auch zur Gegenansicht); ferner sind **Teilnahmehandlungen** möglich (§§ 26, 27). 8

II. Abs. 1 S. 2

1. Nach Abs. 1 S. 2 entfällt der Schuldvorwurf nicht, wenn dem Täter den Umständen nach **zugemutet** werden konnte, die Gefahr hinzunehmen, insbesondere wenn der Täter die Notstandslage selbst verursacht hat oder in einem besonderen Rechtsverhältnis mit erhöhten Gefahrtragungspflichten stand (näher NK-*Neumann* Rn 35 ff; *Roxin* JA 1990, 137 ff). 9

Nach einer Mindermeinung greift § 35 I S. 1 auch dann nicht ein, wenn der Täter zugunsten eines Angehörigen oder ihm Nahestehenden handelt und *dieser Person* aus den genannten Gründen die Hinnahme der Gefahr zumutbar ist. Hiergegen spricht jedoch neben dem eindeutigen Wortlaut („er selbst"), dass der entschuldigende Notstand auf die Motivationslage des Täters abstellt und es insoweit keinen Unterschied macht, ob der zu Rettende für die Gefahr zuständig ist oder nicht (*Fischer* Rn 11; M-*Zipf* § 34/6). 10

2. Die bloße **Verursachung der Gefahr** reicht nicht aus, dem Täter die Entschuldigung zu versagen. Vielmehr greift die Entschuldigung nur dann nicht, wenn sich der Täter (zumindest objektiv) ohne zureichenden Grund in eine Situation begeben hat, aus der die **Gefahrenlage vorhersehbar** erwachsen ist (vgl S/S/W-*Rosenau* Rn 14; *Roxin* I § 22/44 ff; weitergehend LK-*Zieschang* Rn 49: bereits schlicht pflichtwidriges Vorverhalten sei ausreichend). 11

12 3. In **Rechtsverhältnissen mit erhöhter Gefahrtragungspflicht** stehen typischerweise Polizeibeamte, Soldaten, Seeleute sowie Angehörige der Feuerwehr oder des Bergrettungsdienstes (vgl BGH NJW 1964, 730 [731]). Gemeinhin wird verlangt, dass sich aus dem Rechtsverhältnis eine besondere Pflichtenstellung gegenüber der Allgemeinheit ergeben müsse, so dass zB Eltern, die nur gegenüber ihren eigenen Kindern Schutzpflichten haben, nicht betroffen sind (*Kühl* § 12/70; aA *Zieschang* JA 2007, 679 [684]).

III. Abs. 2

13 1. Für den Fall, dass der Täter irrig davon ausgeht, die tatsächlichen Voraussetzungen eines entschuldigenden Notstands seien erfüllt, ist er nach Abs. 2 S. 1 nur bei **Unvermeidbarkeit seines Irrtums** entschuldigt (hierzu OLG Hamm NJW 1958, 271); bei Vermeidbarkeit des Irrtums kommt jedoch eine Strafmilderung in Betracht (Abs. 2 S. 2).

14 2. Abs. 2 kann für andere Entschuldigungsgründe **analog** herangezogen werden.

15 3. Der **Irrtum** über die Existenz eines rechtlich **nicht anerkannten Entschuldigungsgrundes** oder über die Grenzen eines anerkannten Entschuldigungsgrundes (zB Annahme, auch bei Hilfe zugunsten beliebiger Dritter iSv § 35 I S. 1 entschuldigt zu sein) ist unbeachtlich.

Fünfter Titel Straflosigkeit parlamentarischer Äußerungen und Berichte

§ 36 Parlamentarische Äußerungen

¹Mitglieder des Bundestages, der Bundesversammlung oder eines Gesetzgebungsorgans eines Landes dürfen zu keiner Zeit wegen ihrer Abstimmung oder wegen einer Äußerung, die sie in der Körperschaft oder in einem ihrer Ausschüsse getan haben, außerhalb der Körperschaft zur Verantwortung gezogen werden. ²Dies gilt nicht für verleumderische Beleidigungen.

1 I. Die Vorschrift regelt die **Indemnität** (vgl Art. 46 I GG), deren Sinn es ist, eine möglichst freie Diskussion vor dem Forum des Parlaments zu gewährleisten (BGH NJW 1980, 780 [781]; SK-*Hoyer* Rn 1). Nach hM ist die Indemnität als **persönlicher Strafausschließungsgrund** zu bewerten. Daraus ergibt sich, dass Notwehr und strafbare Teilnahme möglich sind (hM, LK-*Häger* Rn 9; *Heinrich* Rn 619 ff; aA *Köhler* 242: Rechtfertigungsgrund; NK-*Neumann* Rn 3 und *Roxin* I § 23/26: sachlicher Strafausschließungsgrund, der den Teilnehmer straflos lässt, aber Notwehr gestattet).

2 **Abzugrenzen** ist die Indemnität von der **Immunität**, die in Art. 46 II-IV GG geregelt ist. Diese stellt ein Prozesshindernis dar (vgl BGH NStZ 1992, 94; NK-*Neumann* Rn 1; vgl auch § 152 a StPO).

3 II. In seinem **persönlichen Anwendungsbereich** gilt § 36 für Mitglieder des Bundestages (Art. 38 ff GG), der Bundesversammlung (Art. 54 GG) und der Gesetzgebungsorgane der Länder (vgl die jeweiligen Landesverfassungen). Mitglieder der Bundes- oder Landesregierung oder des Bundesrates (Art. 51 GG), der aus Mitgliedern der Landesregierungen besteht, werden also von § 36 nicht geschützt

(*Graul* NJW 1991, 1717; zur strafrechtlichen Indemnität und Immunität der Mitglieder des Europäischen Parlaments vgl *Kreicker* GA 2004, 643 ff).

III. In **sachlicher Hinsicht** ist § 36 auf Äußerungen „in" Körperschaften oder „in" Ausschüssen anzuwenden. Dies bedeutet, dass die Äußerung im Zusammenhang mit der parlamentarischen Tätigkeit erfolgt sein muss; auf Privatgespräche ist § 36 nicht anwendbar (BGH NJW 1980, 780 [781] m. Bspr *Weber* JuS 1980, 447; S/S-*Perron* Rn 4). Umstritten ist hierbei der Begriff des Ausschusses (näher LK-*Häger* Rn 32 ff; NK-*Neumann* Rn 10 f). Die strafausschließende Wirkung des § 36 überdauert die Zeit des Mandats; eine Verfolgung darf „zu keiner Zeit" erfolgen (SK-*Hoyer* Rn 2). 4

§ 37 Parlamentarische Berichte

Wahrheitsgetreue Berichte über die öffentlichen Sitzungen der in § 36 bezeichneten Körperschaften oder ihrer Ausschüsse bleiben von jeder Verantwortlichkeit frei.

Die **Rechtsnatur** des § 37 ist umstritten: Von der hM wird er als **Rechtfertigungsgrund** eingestuft (OLG Braunschweig NJW 1953, 516; MK-*Joecks* Rn 2; NK-*Neumann* Rn 2), während die Gegenansicht § 37 als **sachlichen Strafausschließungsgrund** qualifiziert (*Fischer* Rn 1; *Jescheck/Weigend* § 19 II 3; L-*Kühl*-*Kühl* Rn 1). Hierbei differenziert die zweite Ansicht zwischen persönlichem (§ 36) und sachlichen (§ 37) Strafausschließungsgrund. In beiden Fällen sei daher Notwehr zulässig. Auch nach der Gegenansicht ist jedoch bei § 37 im Gegensatz zu § 36 eine strafbare Teilnahme ausgeschlossen, da § 37 aufgrund seines objektiven Charakters nicht auf die Person des Berichterstatters beschränkt werden könne (*Fischer* Rn 1; nach hM fehlt es bereits an einer rechtswidrigen Haupttat). 1

Für die zweite Ansicht wird geltend gemacht, dass der Schutzbereich des § 37 systematisch den des § 36 erweitere. Deshalb soll § 37 nicht weiter wirken als § 36 selbst. 2

An dieser Argumentation kritisiert die hM, dass die „unerwünschte Tat mit der erwünschten Berichterstattung von der Tat" vermischt werde (*Jakobs* 16/30; ihm folgend MK-*Joecks* Rn 2; *Roxin* I § 23/14). Die Berichterstattung falle auch in den Schutzbereich des Art. 5 I S. 2 GG, denn der Wähler habe ein Recht auf umfassende Information, was für die Einordnung des § 37 als Rechtfertigungsgrund spreche. Daraus folgt, dass nach der hM ein Notwehrrecht gegen die Berichterstattung ausgeschlossen ist. 3

Dritter Abschnitt Rechtsfolgen der Tat

Erster Titel Strafen

Vorbemerkung zu den §§ 38–45 b

I. Das StGB beinhaltet ein **zweispuriges** („duales") **System** der Rechtsfolgen: Die staatliche Reaktion auf eine rechtswidrige Tat (vgl § 11 I Nr. 5) besteht entweder 1 in einer **Strafe** oder einer **Maßnahme** (vgl § 11 I Nr. 8), hier vor allem die Maßregeln der Besserung und Sicherung (§§ 61 ff). Heute wird teilweise noch als **dritte Spur** der Täter-Opfer-Ausgleich hinzugezogen (LK-*Häger* Rn 16 ff; MK-*Radtke* Rn 88).

2 Wichtig ist die **Unterscheidung** zwischen den beiden Rechtsfolgen der Strafe und der Maßregeln, die jeweils unterschiedliche Zwecke verfolgen (vgl auch *Freund* GA 2010, 193 ff). Während jede Strafe eine Schuld des Täters bei Begehung der in der Vergangenheit liegenden Straftat voraussetzt und die konkret verhängte Strafe das Maß der Schuld nicht übersteigen darf, ist Voraussetzung für die Maßregel – unabhängig von der Schuld des Täters zum Tatzeitpunkt – die fortdauernde Gefährlichkeit des Täters für die Zukunft (*Roxin* I § 1/3). Der Strafe liegt also das Schuldprinzip zugrunde (vgl § 46 I S. 1; BVerfGE 20, 323 [332 ff]; 95, 96 [131]), während die Maßregeln den Schutz der Allgemeinheit vor dem Täter bezwecken und damit (rein) präventive Zwecke verfolgen (*Jescheck/Weigend* § 9 I); sie können daher auch bei fehlender Schuld angeordnet werden. Insoweit wird durch die Zweispurigkeit der Rechtsfolgen vermieden, dass die Strafe mit Präventionsaufgaben belastet wird, die das schuldangemessene Maß überschreiten (vgl auch *Radtke* GA 2011, 636 ff).

3 II. Innerhalb der Rechtsfolge der Strafe unterscheidet das StGB zwischen **Haupt- und Nebenstrafen**. Es kennt zwei Formen der Hauptstrafe, die Freiheits- und die Geldstrafe, die in §§ 38-43 näher erläutert werden, und als Nebenstrafe das Fahrverbot (§ 44). Der Unterschied zwischen Haupt- und Nebenstrafen besteht im Wesentlichen darin, dass eine Hauptstrafe für sich allein, die Nebenstrafe aber nur bei gleichzeitiger Verurteilung zu einer Hauptstrafe verhängt werden kann (OLG Karlsruhe NStZ-RR 2006, 23; *Eisenhuth* Jura 2004, 81 [88 m. Fn 81]). Das StGB sieht ferner sog. **Nebenfolgen** vor. Diese knüpfen automatisch an die Hauptstrafe an (zB §§ 45 I, 165, 200).

4 Die **Maßregeln** zur Besserung und Sicherung sind in den §§ 61-72 geregelt. Der Verfall, die Einziehung und die Unbrauchbarmachung gem. §§ 73 ff gehören zu den sonstigen Maßnahmen iSd § 11 I Nr. 8 (zu ihrer Einordnung in das Sanktionensystem vgl NK-*Villmow* Rn 11).

5 III. Das zweispurige System des StGB wird aber an vielen Stellen modifiziert, was insbesondere mit der Intention geschieht, die Strafzwecke (vgl Vor § 1 Rn 17 ff) besser erreichen zu können. Solche **Modifikationen** finden sich zB in §§ 56 ff, 59 ff. StGB, §§ 153 a, 459 d, 459 f. StPO. Ferner werden bisweilen in anderen Gesetzen besondere, vom StGB **abweichende Sanktionensysteme** geregelt: Wichtigstes Beispiel ist hier das JGG (§§ 5 ff JGG).

– Freiheitsstrafe –

§ 38 Dauer der Freiheitsstrafe

(1) Die Freiheitsstrafe ist zeitig, wenn das Gesetz nicht lebenslange Freiheitsstrafe androht.

(2) Das Höchstmaß der zeitigen Freiheitsstrafe ist fünfzehn Jahre, ihr Mindestmaß ein Monat.

1 I. Das StGB verwendet den Begriff der Freiheitsstrafe in zweierlei Weise. Der Begriff der Freiheitsstrafe kann im engeren Sinne verwendet werden, also als die im

allgemeinen Strafrecht vorgesehene Freiheitsstrafe als Form der Hauptstrafe iSv § 38. Oder aber der Begriff der Freiheitsstrafe wird im weiteren Sinne verstanden und meint jede freiheitsentziehende Maßnahme, also zB auch die Jugendstrafe gem. §§ 5 II, 17 ff JGG und den Arrest gem. § 9 WStG. In welchem Sinne der Begriff der Freiheitsstrafe in der jeweiligen Vorschrift verwendet wird, ist durch Auslegung zu ermitteln (näher NK-*Dünkel* Rn 21 ff).

II. § 38 unterscheidet zwischen zeitiger und lebenslanger Freiheitsstrafe: 2

- **Lebenslange Freiheitsstrafe** ist nur zulässig, wenn sie angedroht ist. Absolut 3 wird die lebenslange Freiheitsstrafe bei § 211 StGB sowie bei §§ 6 I, 7 I Nr. 1 und 2, 8 I Nr. 1 VStGB angedroht (zur Verfassungsmäßigkeit vgl BVerfGE 45, 187 [222 ff]; ferner § 211 Rn 4). Neben zeitiger Freiheitsstrafe wird lebenslange Freiheitsstrafe zB angedroht in §§ 81, 212 II, 251, 307 III Nr. 1, 316 a III.

- Gem. Abs. 2 beträgt das Höchstmaß für die **zeitige Freiheitsstrafe** 15 Jahre. 4 Auch bei Bildung einer Gesamtstrafe aufgrund von Tatmehrheit kann dieses Höchstmaß wegen § 54 II S. 2 nicht überschritten werden.

III. § 38 II gilt nur für die Strafverhängung. Im **Strafvollzug** hingegen kann die 5 Dauer von 15 Jahren überschritten werden; dies kann zB der Fall sein, wenn neben Freiheitsstrafe auf eine Geldstrafe erkannt wird, deren Ersatzfreiheitsstrafe zu vollstrecken ist (NK-*Dünkel* Rn 38; MK-*Radtke* Rn 9), oder wenn die Voraussetzungen einer auch nachträglich nach § 55 möglichen Gesamtstrafenbildung fehlen und daher die Bildung mehrerer Einzel- oder Gesamtstrafen erforderlich ist (BGHSt 44, 179 [185 f]; BGH NStZ 2000, 84 [85]; L-Kühl-*Kühl* Rn 3; krit. NK-*Dünkel* Rn 38). Die Einzelheiten für den Vollzug von Freiheitsstrafen sind in den StVollzG des Bundes und der Länder geregelt.

Teilweise enthalten andere Gesetze **abweichende Regelungen zur Freiheitsstrafe** 6 iwS So regelt zB das JGG in §§ 5 II, 17 ff eigenständig die Voraussetzungen der Jugendstrafe.

Das Verhältnis zum **Landesrecht** bestimmt sich nach Art. 3 EGStGB. 7

§ 39 Bemessung der Freiheitsstrafe

Freiheitsstrafe unter einem Jahr wird nach vollen Wochen und Monaten, Freiheitsstrafe von längerer Dauer nach vollen Monaten und Jahren bemessen.

I. Die Vorschrift bestimmt die **zeitlichen Maßeinheiten**, nach denen die zeitige 1 Freiheitsstrafe zu bemessen ist. Auf Tage oder auf Bruchteile von Wochen, Monaten oder Jahren (zB ein halbes Jahr) darf nicht erkannt werden. Doch ist in diesem Fall eine Umdeutung in eine zulässige Einheit möglich (hier: sechs Monate; vgl NK-*Dünkel* Rn 2; *Fischer* Rn 3).

II. Als **Grundsatz** gilt: Die kleinste Strafeinheit ist entweder eine Woche oder ein 2 Monat.

Ausnahme: Für die Ersatzfreiheitsstrafe gilt § 43 S. 3 (ein Tag). Zudem wird § 39 3 von § 54 I S. 2, II S. 1 verdrängt. So ist es zulässig, die Gesamtstrafe auf eine Höhe von einem Jahr und drei Wochen festzusetzen, wenn die Einzelstrafen einerseits ein Jahr und andererseits einen Monat betragen (vgl BGHSt 16, 167; 41,

374 [376]; BGH NStZ-RR 2004, 137; 2016, 240; LK-*Häger* Rn 7; vgl auch – für die Fälle des sog. Härteausgleichs – BGH NJW 1989, 236 [237]; MK-*Radtke* Rn 5). Darüber hinaus handelt es sich bei der Anrechnung der Untersuchungshaft gemäß § 51 nicht um eine Bemessung iSv § 39, so dass die noch zu verbüßende Strafe beispielsweise ein Jahr, drei Monate und zwei Tage betragen kann (vgl NK-*Dünkel* Rn 7).

– Geldstrafe –

§ 40 Verhängung in Tagessätzen

(1) ¹Die Geldstrafe wird in Tagessätzen verhängt. ²Sie beträgt mindestens fünf und, wenn das Gesetz nichts anderes bestimmt, höchstens dreihundertsechzig volle Tagessätze.

(2) ¹Die Höhe eines Tagessatzes bestimmt das Gericht unter Berücksichtigung der persönlichen und wirtschaftlichen Verhältnisse des Täters. ²Dabei geht es in der Regel von dem Nettoeinkommen aus, das der Täter durchschnittlich an einem Tag hat oder haben könnte. ³Ein Tagessatz wird auf mindestens einen und höchstens dreißigtausend Euro festgesetzt.

(3) Die Einkünfte des Täters, sein Vermögen und andere Grundlagen für die Bemessung eines Tagessatzes können geschätzt werden.

(4) In der Entscheidung werden Zahl und Höhe der Tagessätze angegeben.

1 I. Die Geldstrafe als Form der Hauptstrafe ist die **mildeste Strafart** des Kriminalrechts. Nach der Konzeption des EGStGB wird sie grds. nur wahlweise neben der Freiheitsstrafe, nicht aber allein angedroht (BT-Drucks. 7/550, 192, 204; MK-*Radtke* Rn 12). Zudem verdrängt die Geldstrafe die kurzfristige Freiheitsstrafe gem. § 47.

2 II. Die Umgestaltung der Geldstrafe im StGB in das **Tagessatzsystem** nach dem Vorbild der skandinavischen Länder war einer der Kernpunkte des 2. StRG von 1975. Ziel der Änderung war es, eine gerechtere Strafzumessung und eine größere Opfergleichheit bei den Tätern, deren Taten in Unrechts- und Schuldgehalt vergleichbar sind, zu erreichen.

3 Seit diesem Zeitpunkt wird die **Bemessung** der Geldstrafe **in zwei Akte unterteilt**: Zunächst wird die Zahl der Tagessätze festgelegt. Diese bemisst sich nach dem Schuldgehalt der Tat bzw der Tatschwere (vgl Abs. 1). In einem weiteren Akt wird die Höhe der einzelnen Tagessätze bestimmt. Die Höhe des einzelnen Tagessatzes entspricht der wirtschaftlichen Leistungsfähigkeit des Täters (vgl Abs. 2). Durch Multiplikation von Tagessatzanzahl und -höhe ergibt sich die Gesamtsumme der Geldstrafe.

4 In einem dritten Schritt können uU noch die Möglichkeiten der **Zahlungserleichterungen** gem. § 42 StGB, § 459 a StPO in die Bemessung der Geldstrafe mit einbezogen werden (BGH NJW 1993, 408 [409]; S/S-*Stree/Kinzig* Rn 1).

5 III. Die **Zahl der Tagessätze** gem. Abs. 1 ist nach den allgemeinen Regeln der Strafzumessung zu bestimmen (vgl § 46). Die Anzahl der Tagessätze beträgt mindestens fünf und, wenn das Gesetz nichts anderes vorsieht, höchstens 360. Etwas anderes bestimmt das Gesetz bei Eingreifen eines besonderen gesetzlichen Milderungsgrundes nach § 49. Dann muss gem. § 49 I Nr. 2 die Höchstzahl der Tages-

sätze auf drei Viertel, also auf maximal 270 Tagessätze gesenkt werden. Die Mindestzahl der Tagessätze wird von § 49 nicht berührt. Außerdem bestimmt sich bei Bildung einer Gesamtstrafe die Obergrenze für die Geldstrafe nach § 54 II S. 2 und beträgt hier 720 Tagessätze.

Abs. 1 S. 2 legt zudem fest, dass **„volle" Tagessätze** zu verhängen sind. Die Verhängung von Bruchteilen von Tagessätzen ist also durch den Wortlaut der Vorschrift ausgeschlossen. 6

IV. Die Festlegung der **Höhe eines Tagessatzes** beruht gem. Abs. 2 S. 1, 2 auf dem Nettoeinkommensprinzip. Nach Abs. 2 S. 2 geht das Gericht „in der Regel" (Rn 12) von dem „Nettoeinkommen" (Rn 8 f) aus, das der Täter durchschnittlich an einem Tag hat oder „haben könnte" (Rn 10 f). 7

1. Das **Nettoeinkommen** ist gesetzlich nicht definiert. Da aber der Zweck des § 40 ein strafrechtlicher ist, ist der Begriff in § 40 nicht gleichzusetzen mit dem steuerrechtlichen Begriff des Nettoeinkommens (hM, vgl nur MK-*Radtke* Rn 57; krit. *Tipke* JuS 1985, 345 [351]). Zunächst sind unter dem **Begriff des Einkommens** alle Einkünfte des Täters aus selbstständiger und nichtselbstständiger Arbeit und zusätzlich auch Zinseinkünfte aus dem Kapitalvermögen, Vermietung, Verpachtung, Versorgungsleistungen etc. zu verstehen (vgl L-*Kühl*-*Kühl* Rn 7; SK-*Wolters* Rn 10). Auch Sachbezüge gehören hierzu (vgl OLG Celle NStZ-RR 2012, 138: unentgeltliche Nutzung einer Wohnung). Ebenso können Beträge berücksichtigt werden, die dem Täter dauerhaft über das höhere Einkommen eines Ehepartners zufließen (OLG Celle NJW 2011, 2983 [2984]). Allgemein setzt das Einkommen eine gewisse Regelmäßigkeit an Einkünften voraus, einmalige Zuwendungen wie zB Schenkungen genügen nicht (HKGS-*Hartmann* Rn 8). 8

Für die Bestimmung der **Höhe des Nettoeinkommens** iSv Abs. 2 S. 2 muss neben den direkten Steuern auch jede Sozialabgabe und rechtliche Unterhaltsverpflichtung abgezogen werden, um die nachteilige Wirkung der Geldstrafe auf Dritte möglichst zu beschränken und gleichzeitig Opfergleichheit zu verwirklichen (OLG Stuttgart NJW 1995, 67 [68]; *Mitsch* JA 1993, 304 [305]; SK-*Wolters* Rn 9). Im Einzelnen ist umstritten, in welcher Höhe die jeweilige Unterhaltsverpflichtung vor allem für Ehegatten und Kinder anzusetzen ist und ob und inwieweit wirtschaftliche Belastungen, insbesondere Schulden, die Höhe des Tagessatzes beeinflussen (näher S/S-*Stree*/*Kinzig* Rn 14 ff; SK-*Wolters* Rn 10 f). Darüber hinaus birgt auch die Bemessung der Tagessatzhöhe bei wirtschaftlich schwachen Personen wie zB einkommenslosen Ehegatten, Schülern, Studenten, Sozialhilfeempfängern usw zahlreiche Probleme in sich (näher NK-*Albrecht* Rn 38 ff). 9

2. Neben dem Nettoeinkommen, das der Täter durchschnittlich an einem Tag hat, ist Ausgangspunkt für die Bemessung der Tagessatzhöhe gem. Abs. 2 S. 2 auch das Nettoeinkommen, das der Täter durchschnittlich an einem Tag „haben könnte", also das **potenzielle Nettoeinkommen**. Zu denken ist hierbei zunächst an **Unterhaltsleistungen**, auf die der Täter rechtlich einen Anspruch hat, die ihm aber tatsächlich nicht zufließen (SK-*Wolters* Rn 12). 10

Ferner kommt das potenzielle Einkommen insbesondere dann als Bemessungsgrundlage in Betracht, wenn der Täter ohne billigenswerten Grund **zumutbare Erwerbstätigkeiten** nicht wahrgenommen hat und deshalb kein oder nur ein eingeschränktes Nettoeinkommen erzielt (KG StV 2000, 203 f; *Mitsch* JA 1993, 304 [305]; einschr. *Krehl* NStZ 1999, 189 [190]; MK-*Radtke* Rn 89 f). Maßgeblich für die Bestimmung des potenziellen Nettoeinkommens ist also, was der Täter nach seinen persönlichen wirtschaftlichen Verhältnissen verdienen könnte, 11 wenn er nur wollte (BGH bei *Dallinger* MDR 1975, 541). So ist zB beim Arbeitsunfähigen das potenzielle Nettoeinkommen keine taugliche Bewertungsgrundlage. Ebenso kann bei nichtberufstätigen Verheirateten nicht auf die abstrakte Möglichkeit verwiesen werden, sie könnten einem Beruf nachgehen. Bei ihnen richtet sich die Höhe des Nettoeinkommens vielmehr nach dem, was ihnen als Unterhalt zufließt, denn den Entschluss des Ehepartners, nicht berufstätig zu sein, muss das Strafgericht akzeptieren (OLG Köln NJW 1979, 277; AnwK-*Scheffler/Matthies* Rn 45; abw. *Baumann* NStZ 1985, 393 [394 f]). Ebenso wird bei Studenten oft mit Blick auf die jeweilige Studiensituation – insbesondere in der Regelstudienzeit – kein erzielbares Einkommen für die Bemessung der Geldstrafe zugrunde gelegt werden können (OLG Frankfurt NJW 1976, 635 [636]; näher NK-*Albrecht* Rn 42; *Fischer* Rn 10).

12   3. Gem. Abs. 2 S. 2 geht das Gericht bei Bestimmung der Höhe der Geldstrafe nur **in der Regel** vom Nettoeinkommen aus. Fraglich ist, welche weiteren Umstände das Gericht berücksichtigen darf, um die persönlichen und wirtschaftlichen Verhältnisse des Täters iSv Abs. 2 S. 1 zu bestimmen. Aus Abs. 3 ergibt sich, dass auch das **Vermögen** einen solchen weiteren Faktor darstellt, der zur Bemessung der Tagessatzhöhe hinzugezogen werden kann. Inwieweit dies aber zulässig ist, lässt die gesetzliche Regelung offen und ist bis heute ungeklärt (vgl BayObLG bei *Rüth* DAR 1978, 201 [206 f]; näher LK-*Häger* Rn 61 ff). Übereinstimmung herrscht darüber, dass bei der Berücksichtigung des Vermögens zurückhaltend verfahren werden muss; der Sparsame darf im Vergleich zum Verschwender nicht benachteiligt werden, und darüber hinaus ist der Geldstrafe ein Enteignungscharakter fremd (OLG Köln StV 2001, 347; LK-*Häger* Rn 61; SK-*Wolters* Rn 13). Anderes kann nur gelten, wenn sich die Höhe des Nettoeinkommens vom tatsächlichen Lebenszuschnitt des Täters und seinem Vermögen so sehr unterscheidet, dass unter dem Gesichtspunkt der Opfergleichheit das Vermögen als Faktor in die Bemessung der Tagessatzhöhe einbezogen werden muss (NK-*Albrecht* Rn 30; SK-*Wolters* Rn 13).

13   V. Neben der Höhe des Nettoeinkommens als solches ist auch die **Zahl der Tagessätze** für die Bestimmung der Höhe der Tagessätze bedeutsam. Die Wirkung der Geldstrafe steigt mit zunehmender Dauer nicht linear sondern progressiv an, was bedeutet, dass die Strafe für den Täter mit zunehmender Länge fühlbarer wird, da er auf immer existenznotwendigere Mittel zurückgreifen muss. Um dem Täter aber ein Minimum an finanzieller Beweglichkeit garantieren zu können und eine entsozialisierende Wirkung der Geldstrafe zu vermeiden, ist es möglich, bei einer größeren Anzahl von Tagessätzen (idR mehr als 90; OLG Hamburg StV 1997, 472) die **Progressionswirkung** der Geldstrafe nachträglich durch eine Milderung der Tagessatzhöhe auszugleichen (BGHSt 26, 325 [330 f]; OLG Hamburg StV 1997, 472; KG NJW-Spezial 2013, 217; NK-*Albrecht* Rn 37; *Eisenhuth* Jura 2004, 81 [87]).

14   VI. Die **Schätzungsbefugnis** des Richters gem. Abs. 3 hat große praktische Bedeutung. Von ihr macht der Richter dann Gebrauch, wenn der Täter von vornherein keine (vgl § 136 I S. 2 StPO), unzutreffende oder unzureichende Angaben über seine finanziellen Verhältnisse macht und dazu auch nicht ohne Weiteres zu ermitteln sind (KG StV 2005, 89; restriktiver *Hellmann* GA 1997, 503 [514 f]). Dem Richter verbleibt insoweit ein weiter Beurteilungsspielraum, wobei allerdings jedenfalls die Mitteilung einer hinreichend konkreten Schätzgrundlage im Rahmen der Urteilsbegründung erforderlich ist (BGH NJW 1993, 408 [409]; SaarOLG StraFo 2012, 109; Schätzungsbeispiele bei *König* JA 2009, 809 [813]).

Eine Schätzung des Nettoeinkommens „ins Blaue hinein", namentlich ohne konkrete Feststellung der Schätzungsgrundlage, ist willkürlich und stellt einen Gesetzesverstoß dar (BVerfG NStZ-RR 2015, 335 ff).

VII. Entscheidender **Zeitpunkt** für die Bemessung der Höhe der einzelnen Tagessätze ist der Zeitpunkt der letzten tatrichterlichen Hauptverhandlung (BGHR StGB § 40 Abs. 2 Satz 1 Einkommen 2 Zeitpunkt; OLG Zweibrücken NStZ-RR 2001, 82 [83]; *Huber* JuS 2003, 1209 [1210]; SK-*Wolters* Rn 14). Eine **isolierte Anfechtung** der Entscheidung über die Höhe der Tagessätze ist grds. möglich (BGHSt 34, 90 [92]; OLG Köln StV 2001, 347; NK-*Albrecht* Rn 56), nicht aber eine auf die Zahl der Tagessätze beschränkte Anfechtung (LK-*Häger* Rn 78 ff).

Das **Verbot der reformatio in peius** (§§ 331 I, 358 II StPO) führt dazu, dass weder die ursprüngliche Zahl der Tagessätze (wegen § 43; OLG Köln VRS 60, 46) noch die Höhe der Tagessätze bei Verbesserung der wirtschaftlichen Verhältnisse des Beschwerdeführers (*Meyer* NJW 1979, 148 f) noch das Produkt aus Tagessatzzahl und -höhe überschritten werden darf. Somit ist eine Anhebung der Tagessatzhöhe nur möglich, wenn die **Endsumme** durch Herabsetzung der Tagessatzanzahl **nicht überschritten** wird (hM, vgl BayObLG NJW 1980, 849; SK-*Wolters* Rn 20; aA *Grebing* JR 1981, 1 [2 ff]). Deshalb ist auch die **Ersetzung** der Geldstrafe durch eine gleich hohe, aber zur Bewährung ausgesetzte **Freiheitsstrafe** unzulässig; die Freiheitsstrafe stellt für den Täter im Vergleich zur Geldstrafe immer eine Verschlechterung dar (OLG Hamburg MDR 1982, 776; SK-*Wolters* Rn 20).

VIII. Die **Vollstreckung** der Geldstrafe richtet sich nach §§ 459 ff StPO.

§ 41 Geldstrafe neben Freiheitsstrafe

¹Hat der Täter sich durch die Tat bereichert oder zu bereichern versucht, so kann neben einer Freiheitsstrafe eine sonst nicht oder nur wahlweise angedrohte Geldstrafe verhängt werden, wenn dies auch unter Berücksichtigung der persönlichen und wirtschaftlichen Verhältnisse des Täters angebracht ist. ²Dies gilt nicht, wenn das Gericht nach § 43 a eine Vermögensstrafe verhängt.

I. Zwar dürfen grds. Geld- und Freiheitsstrafe nicht nebeneinander verhängt werden; nach § 41 ist dies aber iSv Art. 12 III EGStGB zulässig. Da sich die Kumulation von Geld- und Freiheitsstrafe meist ungünstig auf die Resozialisierung des Täters auswirkt und § 41 insoweit in einem gewissen Spannungsverhältnis zu § 46 I S. 2 steht, hat diese Vorschrift **Ausnahmecharakter** (BGHSt 26, 325 [330]; *Fischer* Rn 2; aA S/S/W-*Mosbacher* Rn 4 f).

II. Umstritten ist, ob § 41 einen **allgemeinen Strafschärfungsgrund** enthält, so dass also das Höchstmaß der angedrohten Freiheitsstrafe ausgeschöpft und der Strafrahmen dann durch die kumulative Geldstrafe überschritten werden kann (LK-*Häger* Rn 19; *Schmidhäuser* AT 20/36), oder ob die Vorschrift gerade **keine Strafrahmenerweiterung** darstellt, sondern es nur dem Richter ermöglicht, innerhalb der schuldangemessenen Strafe mit verschiedenen Strafarten bezogen auf Tat und Täter flexibler zu reagieren (hM, BGHSt 32, 60 [66]; NK-*Albrecht* Rn 5; S/S-*Stree/Kinzig* Rn 8).

3 III. Die Vorschrift eröffnet dem Richter einen **Ermessensspielraum** („kann") bzgl der Entscheidung über die kumulierte Anordnung von Geld- und Freiheitsstrafe (auch: „Doppelstrafe") unter folgenden Voraussetzungen:

4 1. Der Täter muss sich bereichert oder zu bereichern versucht haben. **Sich bereichern** bedeutet, sich einen Vermögensvorteil (vgl § 263 Rn 226) zu verschaffen. Diesbezüglich muss der Täter mit **Vorsatz** handeln (arg. aus dem Versuch). Mangels einer Einschränkung im Gesetzeswortlaut genügt dazu bereits vorsätzliches Handeln in Form des dolus eventualis (L-Kühl-*Kühl* Rn 2; S/S-*Stree/Kinzig* Rn 3; aA OLG Hamm NJW 1975, 1370 [1371]; SK-*Wolters* Rn 8: direkter Vorsatz). Da auch der Versuch nach § 41 für die kumulative Verhängung der Strafen genügt, kommt es auf den tatsächlichen Eintritt der Bereicherung nicht an, allerdings kann dies die Höhe der Freiheits- und Geldstrafe beeinflussen (SK-*Wolters* Rn 6). Eine vorsätzliche Bereicherung ist auch bei einer **Fahrlässigkeitstat** möglich (zB § 319 IV; LK-*Häger* Rn 9), denn die Voraussetzung des Vorsatzes betrifft nur die Bereicherung, nicht aber die Tat als solche (S/S-*Stree/Kinzig* Rn 3). Unerheblich ist, ob das Bereicherungstatbestandsmerkmal des anwendbaren Gesetzes ist (zB in Form der Bereicherungsabsicht in § 263; vgl schon BGHSt 17, 35 [37 f]; SK-*Wolters* Rn 10). Hat der Täter unvorsätzlich einen Vermögensvorteil erlangt, so kommt nur Verfall in Betracht (vgl §§ 73 ff). Neben Verfall kann wiederum eine zusätzliche Geldstrafe regelmäßig nicht angeordnet werden, da die Bereicherung des Täters bereits über den Verfall abgeschöpft wird (OLG Celle NStZ 2008, 711 [712] m. krit. Anm. *Peglau* wistra 2009, 124 f).

5 2. Die Bereicherung des Täters muss **durch die Tat** erfolgen. Der Täter muss den Vermögensvorteil nicht aus der Tat selbst erhalten; es genügt hierzu, dass der Täter aufgrund der Tat ein Entgelt erlangt oder erwartet (BGHSt 32, 60 [61 f] m. krit. Anm. *Horn* JR 1984, 211; S/S-*Stree/Kinzig* Rn 3).

6 3. Die kumulative Geld- und Freiheitsstrafe muss **unter Berücksichtigung der persönlichen und wirtschaftlichen Verhältnisse des Täters angebracht** sein. Diese Voraussetzung muss in doppelter Hinsicht berücksichtigt werden: Einerseits entscheidet sich danach, ob überhaupt kumulativ Geld- und Freiheitsstrafe verhängt werden darf (vgl auch § 46), und andererseits bestimmt sich danach die Höhe des jeweiligen Tagessatzes (vgl § 40 II S. 1). Insbesondere bei längeren Freiheitsstrafen lässt sich der Strafzweck einer zusätzlichen Vermögenseinbuße aber nur erreichen, wenn der Täter über nennenswerte eigene Einkünfte verfügt. Anderenfalls liefe die Verhängung einer gesondert festgesetzten Geldstrafe darauf hinaus, dass diese entweder durch Dritte beglichen oder im Wege der Ersatzfreiheitsstrafe vollstreckt wird (BGH NStZ-RR 2003, 21 [22] mwN; vgl aber BGH StV 2016, 556).

§ 42 Zahlungserleichterungen

¹Ist dem Verurteilten nach seinen persönlichen oder wirtschaftlichen Verhältnissen nicht zuzumuten, die Geldstrafe sofort zu zahlen, so bewilligt ihm das Gericht eine Zahlungsfrist oder gestattet ihm, die Strafe in bestimmten Teilbeträgen zu zahlen. ²Das Gericht kann dabei anordnen, daß die Vergünstigung, die Geldstrafe in bestimmten Teilbeträgen zu zahlen, entfällt, wenn der Verurteilte einen Teilbetrag nicht rechtzeitig zahlt. ³Das Gericht soll Zahlungserleichterungen auch gewähren, wenn ohne die Bewilligung die Wiedergutmachung des durch die

Straftat verursachten Schadens durch den Verurteilten erheblich gefährdet wäre; dabei kann dem Verurteilten der Nachweis der Wiedergutmachung auferlegt werden.

I. Die Vorschrift gilt nur für Geldstrafen. Für weitergehende Vergünstigungen im Vollstreckungsverfahren ist gem. § 459 a StPO die Vollstreckungsbehörde zuständig, insbesondere gilt dies gem. § 459 a IV StPO für Verfahrenskosten. Zahlungserleichterungen für Geldbußen sind in § 18 OWiG geregelt. 1

II. S. 1 regelt den **dritten Strafzumessungsakt** innerhalb des **Tagessatzsystems** (§ 40 Rn 4), greift also erst nach Abschluss der ersten zwei Bemessungsakte – Festlegung von Anzahl und Höhe der einzelnen Tagessätze – ein. Wie § 40 entspricht auch § 42 dem Bestreben des Gesetzgebers, eine möglichst gleiche Wirkung der Strafen auf verschiedene Straftäter zu erzielen. 2

Nach S. 1 ist die Strafe nicht sofort zu zahlen, wenn dem Verurteilten dies nach seinen persönlichen und wirtschaftlichen Verhältnissen nicht zuzumuten ist. Dem Wortlaut nach handelt es sich zunächst um eine **Muss-Vorschrift**, in deren Rahmen die Liquidität des Verurteilten zu überprüfen ist (vgl SK-*Wolters* Rn 2). Mittelbar ist daraus zu schließen, dass die Geldstrafe grds. sofort fällig ist (LK-*Häger* Rn 5). 3

Die sofortige Zahlung ist dem Verurteilten **nicht zuzumuten**, wenn er keine ausreichenden Rücklagen besitzt und die Geldstrafe im Hinblick auf seine persönlichen Verhältnisse (dh seinen Lebensbedarf, einschließlich Familie) und auf seine wirtschaftlichen Verhältnisse (dh seine gesamte Einkommens- und Vermögenslage) so hoch ist, dass er die laufenden Verpflichtungen nicht aus seinen Einkünften begleichen kann, ohne in Bedrängnis zu geraten (NK-*Albrecht* Rn 4; S/S-*Stree/Kinzig* Rn 2). 4

III. Über die Anwendung des § 42 entscheidet gem. S. 2 der Richter nach **pflichtgemäßem Ermessen** („kann"). Durch S. 3 sollen die Wiedergutmachungsinteressen des Opfers gestärkt werden (BT-Drucks. 16/3038, 25, 58). Macht das Gericht hiervon keinen Gebrauch oder betreibt das Opfer die Wiedergutmachung nicht, kann die Vollstreckungsbehörde nach § 459 a StPO über Zahlungserleichterungen entscheiden (BT-Drucks. 16/3038, 25, 58). 5

IV. Der Richter hat **von Amts wegen** und nicht bloß auf Antrag darüber zu entscheiden, ob Zahlungserleichterungen in Betracht kommen. Das Fehlen einer Entscheidung nach § 42 ist aber idR nur dann Revisionsgrund, wenn die festgesetzte Geldstrafe 30 Tagessätze, was einem monatlichen Netto-Monatseinkommen entspricht, überschreitet (OLG Schleswig JR 1980, 425 m.Anm. *Zipf*; S/S-*Stree/Kinzig* Rn 3; diff. NK-*Albrecht* Rn 5: bei unteren Einkommensgruppen genüge eine geringere Anzahl von Tagessätzen als Revisionsgrund). 6

Auch bezüglich Revisionsentscheidungen über § 42 gilt das Verbot der reformatio in peius (vgl OLG Hamburg MDR 1986, 517 f; OLG Schleswig JR 1980, 425). 7

§ 43 Ersatzfreiheitsstrafe

¹An die Stelle einer uneinbringlichen Geldstrafe tritt Freiheitsstrafe. ²Einem Tagessatz entspricht ein Tag Freiheitsstrafe. ³Das Mindestmaß der Ersatzfreiheitsstrafe ist ein Tag.

1 I. Die Ersatzfreiheitsstrafe ist eine **echte Strafe** und nicht bloßes Beugemittel, um die Geldstrafe durchzusetzen, denn sie tritt unter den Voraussetzungen des § 43 „an die Stelle" der Geldstrafe (BGHSt 20, 13 [16]; krit. *Köhne* JR 2004, 453 [454]).

2 Um die Geldstrafe in eine Ersatzfreiheitsstrafe umwandeln zu können, muss die Geldstrafe uneinbringlich sein. **Uneinbringlich** ist die Geldstrafe gem. §§ 459 e II iVm 459 c II StPO, wenn die Zwangsvollstreckung fruchtlos bleibt oder wegen offensichtlicher Aussichtslosigkeit gar nicht erst versucht wird. Das Gericht muss das Unterbleiben der Vollstreckung der Ersatzfreiheitsstrafe anordnen, wenn die Vollstreckung für den Verurteilten eine unbillige Härte wäre (§ 459 f. StPO).

3 II. Wegen des in S. 2 feststehenden **Umrechnungsverhältnisses** ist eine Festsetzung der Ersatzfreiheitsstrafe im Urteil entbehrlich (OLG Bremen NJW 1975, 1524 ff mwN).

4 Gravierende Bedenken bestehen gegen den Umrechnungsmaßstab von 1:1 in Satz 2. Die Geldstrafe ist die mildeste Sanktion des Strafrechts (vgl § 40 Rn 1). Demgegenüber enthält die Ersatzfreiheitsstrafe für den Täter ein Mehr an Sanktionsschärfe. Entspricht also die nach § 40 verhängte Geldstrafe dem Unrecht der Tat und der Schuld des Täters, so übersteigt die Ersatzfreiheitsstrafe, die nach S. 2 im Verhältnis 1:1 verhängt werden muss, das Maß, das Tat und Täterschuld entspricht (NK-*Albrecht* Rn 6; *Tröndle* ZStW 86, 545 [574 ff]; aA *König* JA 2009, 809 [811]).

5 III. Das **Mindestmaß** der Freiheitsstrafe in S. 3 beträgt einen Tag und weicht damit von § 38 II ab. Diese Bestimmung trägt dem Umstand Rechnung, dass bereits ein Teil der Geldstrafe bezahlt sein kann und die Ersatzstrafe nur noch für den Rest (zB einen einzigen Tag) vollstreckt wird (BT-Drucks. V/4095, 22). Liegt aber der noch zu zahlende Teilbetrag unterhalb der Höhe eines Tagessatzes, so entfällt die Ersatzfreiheitsstrafe (vgl § 459 e III StPO). Das **Höchstmaß** der Ersatzstrafe beläuft sich gem. §§ 40 I S. 2 iVm 43 S. 2 auf 360 Tage (bei Gesamtstrafe gem. § 54 II S. 2 auf 720 Tage).

– Vermögensstrafe –

§ 43 a[1] Verhängung der Vermögensstrafe

(1) ¹*Verweist das Gesetz auf diese Vorschrift, so kann das Gericht neben einer lebenslangen oder einer zeitigen Freiheitsstrafe von mehr als zwei Jahren auf Zahlung eines Geldbetrages erkennen, dessen Höhe durch den Wert des Vermögens des Täters begrenzt ist (Vermögensstrafe).* ²*Vermögensvorteile, deren Verfall angeordnet wird, bleiben bei der Bewertung des Vermögens außer Ansatz.* ³*Der Wert des Vermögens kann geschätzt werden.*

---

1 § 43 a ist gemäß Urt. des BVerfG v. 20.3.2002 –2 BvR 794/95 – (BGBl. I S. 1340) mit Artikel 103 Abs. 2 des Grundgesetzes unvereinbar und nichtig.

(2) § 42 gilt entsprechend.

(3) ¹Das Gericht bestimmt eine Freiheitsstrafe, die im Fall der Uneinbringlichkeit an die Stelle der Vermögensstrafe tritt (Ersatzfreiheitsstrafe). ²Das Höchstmaß der Ersatzfreiheitsstrafe ist zwei Jahre, ihr Mindestmaß ein Monat.

– Nebenstrafe –

§ 44 Fahrverbot

(1) ¹Wird jemand wegen einer Straftat, die er bei oder im Zusammenhang mit dem Führen eines Kraftfahrzeugs oder unter Verletzung der Pflichten eines Kraftfahrzeugführers begangen hat, zu einer Freiheitsstrafe oder einer Geldstrafe verurteilt, so kann ihm das Gericht für die Dauer von einem Monat bis zu drei Monaten verbieten, im Straßenverkehr Kraftfahrzeuge jeder oder einer bestimmten Art zu führen. ²Ein Fahrverbot ist in der Regel anzuordnen, wenn in den Fällen einer Verurteilung nach § 315 c Abs. 1 Nr. 1 Buchstabe a, Abs. 3 oder § 316 die Entziehung der Fahrerlaubnis nach § 69 unterbleibt.

(2) ¹Das Fahrverbot wird mit der Rechtskraft des Urteils wirksam. ²Für seine Dauer werden von einer deutschen Behörde ausgestellte nationale und internationale Führerscheine amtlich verwahrt. ³Dies gilt auch, wenn der Führerschein von einer Behörde eines Mitgliedstaates der Europäischen Union oder eines anderen Vertragsstaates des Abkommens über den Europäischen Wirtschaftsraum ausgestellt worden ist, sofern der Inhaber seinen ordentlichen Wohnsitz im Inland hat. ⁴In anderen ausländischen Führerscheinen wird das Fahrverbot vermerkt.

(3) ¹Ist ein Führerschein amtlich zu verwahren oder das Fahrverbot in einem ausländischen Führerschein zu vermerken, so wird die Verbotsfrist erst von dem Tage an gerechnet, an dem dies geschieht. ²In die Verbotsfrist wird die Zeit nicht eingerechnet, in welcher der Täter auf behördliche Anordnung in einer Anstalt verwahrt worden ist.

I. Das Fahrverbot ist entsprechend seiner systematischen Einordnung im StGB eine **Nebenstrafe**, die zusätzlich zu Geld- oder Freiheitsstrafe verhängt werden kann. Es handelt sich um eine Denkzettelstrafe, die für Kraftfahrer gedacht ist, die zwar im Verkehr aus Nachlässigkeit oder Leichtsinn erheblich versagt haben, aber dennoch zum Führen eines Kfz geeignet sind (L-Kühl-*Kühl* Rn 1 mwN). Die Warnungs- und Besinnungsfunktion kann das Fahrverbot jedoch nur dann erfüllen, wenn es in einem angemessenen zeitlichen Abstand zur Tat verhängt wird, für lang zurückliegende Taten kommt es daher nicht mehr in Betracht (OLG Hamm DAR 2005, 406 [407]; OLG Jena VRS 112, 351 [352]). 1

II. § 44 ist einerseits von der Entziehung der Fahrerlaubnis gem. § 69 und andererseits vom Fahrverbot gem. § 25 StVG **abzugrenzen**. 2

1. Während die **Entziehung der Fahrerlaubnis gem.** § 69 eine Maßregel der Besserung und Sicherung ist und damit präventiv vor ungeeigneten Kraftfahrern schützen soll, ist das Fahrverbot gem. § 44 als Strafe für eine in der Vergangenheit liegende Tat anzusehen. Bei § 44 erfolgt das Fahrverbot gem. Abs. 1 S. 1 für die Dauer von einem bis drei Monaten, während die Entziehung der Fahrerlaubnis dauerhaft, also unbefristet erfolgt. Des Weiteren setzt § 44 eine „Straftat" (§ 44 I S. 1) voraus, mithin eine tatbestandsmäßige, rechtswidrige und schuldhaf- 3

te Tat, während Bedingung für die Anordnung der Entziehung der Fahrerlaubnis gem. § 69 eine „rechtswidrige Tat" (vgl §§ 69 I S. 1, 11 I Nr. 5) ist, also eine Tat, die nicht notwendig schuldhaft begangen worden sein muss.

4 Aufgrund dieser Unterschiede schließen sich Sanktionen nach § 44 und § 69 in der Regel gegenseitig aus; eine Ausnahme kommt aber in Betracht, wenn von der zusammen mit der Entziehung der Fahrerlaubnis zu erlassenden Sperre für eine Neuerteilung gem. § 69 a II bestimmte Fahrzeuge ausgenommen werden, für die aber zunächst ein Fahrverbot verhängt werden soll (OLG Düsseldorf VM 1972, 23), oder wenn Fahren mit erlaubnisfreien Fahrzeugen in Betracht kommt (OLG Düsseldorf VM 1970, 68; *Hentschel* DAR 1988, 156 [157]).

5 2. Weiterhin unterscheidet sich das Fahrverbot des StGB gem. § 44 von dem des § **25 StVG**, das im Vergleich zu § 44 an wesentlich engere Voraussetzungen geknüpft ist (dazu OLG Köln NZV 1996, 286; zur Anwendung dieser Vorschrift im Strafprozess *Krumm* NVZ 2012, 210 ff).

6 III. Das Fahrverbot gem. § 44 kann unter folgenden **Voraussetzungen** angeordnet werden:

7 1. Der Täter muss wegen einer **Straftat zu einer Freiheits- oder Geldstrafe verurteilt** worden sein. Eine **Straftat** ist eine rechtswidrige Tat iSv § 11 I Nr. 5, die auch schuldhaft begangen wurde. Eine Ordnungswidrigkeit genügt nicht (vgl dazu § 25 StVG). Wegen dieser Straftat muss der Täter zu Freiheits- oder Geldstrafe verurteilt worden sein; eine bloße Verwarnung (§ 59) ist unzureichend (vgl OLG Frankfurt aM NZV 2014, 136 m. Bspr *Timm*, 112).

8 Die Aussetzung der Vollstreckung der Hauptstrafe zur Bewährung (§§ 56 ff) steht der Anordnung eines Fahrverbots nicht entgegen (hM, vgl nur LK-*Geppert* Rn 8).

9 Bei **Jugendlichen** kann das Fahrverbot durch das Gericht neben Erziehungsmaßregeln und Zuchtmitteln angeordnet werden (§§ 2, 6, 8 III, 76 JGG). Umstritten ist hingegen, ob die Anordnung des Fahrverbots auch neben der Aussetzung der Verhängung der Jugendstrafe gem. § 27 JGG zulässig ist (befürwortend L-Kühl-*Kühl* Rn 5; abl. *Fischer* Rn 13; LK-*Geppert* Rn 12).

10 2. Der Täter muss die Straftat **im Zusammenhang mit dem Führen eines Kraftfahrzeugs** oder unter **Verletzung der Pflichten eines Kraftfahrzeugführers** begangen haben. Der Begriff des **Kraftfahrzeugs** richtet sich dabei nach der Legaldefinition des § 1 II StVG (BGHSt 39, 249 ff mwN).

11 Der Täter **führt** ein Fahrzeug, wenn er es unmittelbar in Bewegung setzt oder hält (BGHSt 35, 390 [393 f]), wobei er die Fortbewegung durch die Verwendung der technischen Vorrichtungen des Kraftfahrzeugs ganz oder zumindest teilweise leitet (vgl OLG Düsseldorf VRS 62, 193; zum Begriff des Führens vgl auch § 316 Rn 2).

12 **Verletzt** werden die **Kraftfahrzeugführerpflichten** durch den Täter schon dann, wenn er nicht selbst lenkt, aber einem betrunkenen Beifahrer das Steuer überlässt (OLG Hamm VRS 12, 272; OLG Koblenz NJW 1988, 152). Auch können diese Pflichten bereits verletzt sein, wenn der Halter des Wagens zwar nicht selbst mitfährt, aber den Wagen jemandem überlässt, der nicht Inhaber einer Fahrerlaubnis ist (vgl § 21 StVG; BGHSt 15, 316 [317 f]; krit. NK-*Herzog/Böse* Rn 13 ff).

13 IV. Die Verhängung des Fahrverbots steht im richterlichen **Ermessen** (§ 44 I S. 1 „kann"; näher LK-*Geppert* Rn 22 ff). Bei der Betätigung des Ermessens sind die

allgemeinen Strafzumessungsregeln (vgl § 46) auf das Fahrverbot als Nebenstrafe anzuwenden (näher SK-*Wolters* Rn 8). Dabei ist insbesondere zu beachten, dass die Hauptstrafe und das Fahrverbot zusammen das Maß der Tatschuld nicht überschreiten dürfen (BGHSt 29, 58 [60]; KG DAR 2007, 594; AnwK-*Scheffler/ Halecker* Rn 40; S/S-*Stree/Kinzig* Rn 14). Auch ist es unzulässig, eine die wirtschaftlichen Verhältnisse des Angeklagten übersteigende Tagessatzhöhe festzusetzen, um so die Verhängung eines an sich gebotenen Fahrverbotes zu vermeiden; eine solche Anhebung ist nur innerhalb der Grenzen des § 40 II zulässig (OLG Karlsruhe NStZ-RR 2006, 23).

Im Falle des § 44 I S. 2 ist das **Ermessen** des Gerichts **eingeschränkt**; hier ist das Fahrverbot „in der Regel" anzuordnen. 14

V. Die Erteilung des Fahrverbots hat für den Täter die **Wirkung**, dass er von seiner Fahrerlaubnis innerhalb des festgesetzten Zeitraums keinen Gebrauch machen darf (S/S-*Stree/Kinzig* Rn 19). Dem Täter ist also das **Führen** (Rn 11) eines **Kraftfahrzeugs** – gemeint ist jedes Kraftfahrzeug einschließlich der erlaubnisfreien (L-Kühl-*Kühl* Rn 10) – im **Straßenverkehr**, dh auf Wegen und öffentlichen Plätzen, die dem öffentlichen Verkehr dienen (*Fischer* Rn 16), für die **Dauer von einem bis zu drei Monaten** untersagt. 15

Die Berechnung der tatsächlichen Fahrverbotsdauer erfolgt gem. § 44 II und III. Mehrere Fahrverbote sind in der Regel nebeneinander zu vollstrecken (BayObLG DAR 1994, 74; LG Regensburg DAR 2008, 403). Zeiten der vorläufigen Entziehung oder Verwahrung, Sicherstellung und Beschlagnahme sind nach § 51 V anzurechnen. 16

VI. Das **Verfahren** ist näher in den §§ 232 I S. 1, 233 I S. 1, 268 c, 407 II, 409 I, 450 II, 463 b StPO; § 76 S. 1 JGG geregelt. Es gilt das **Verbot der reformatio in peius** (näher LK-*Geppert* Rn 100 ff). Da meistens Haupt- und Nebenstrafe einen inneren Zusammenhang aufweisen, ist die **Beschränkung des Rechtsmittels** auf das Fahrverbot grds. unzulässig (OLG Düsseldorf NZV 1993, 76; OLG Hamm VRS 109, 122 [123]). Hat das Fahrverbot jedoch erkennbar Art und Höhe der Hauptstrafe nicht beeinflusst und vermag es diese auch nicht mehr zu beeinflussen – etwa wegen des Verschlechterungsverbotes – so kann eine gesonderte Entscheidung über die Anordnung der Nebenstrafe ergehen (OLG Köln VRS 109, 343 [344]). 17

– Nebenfolgen –

§ 45 Verlust der Amtsfähigkeit, der Wählbarkeit und des Stimmrechts

(1) Wer wegen eines Verbrechens zu Freiheitsstrafe von mindestens einem Jahr verurteilt wird, verliert für die Dauer von fünf Jahren die Fähigkeit, öffentliche Ämter zu bekleiden und Rechte aus öffentlichen Wahlen zu erlangen.

(2) Das Gericht kann dem Verurteilten für die Dauer von zwei bis zu fünf Jahren die in Absatz 1 bezeichneten Fähigkeiten aberkennen, soweit das Gesetz es besonders vorsieht.

(3) Mit dem Verlust der Fähigkeit, öffentliche Ämter zu bekleiden, verliert der Verurteilte zugleich die entsprechenden Rechtsstellungen und Rechte, die er innehat.

(4) Mit dem Verlust der Fähigkeit, Rechte aus öffentlichen Wahlen zu erlangen, verliert der Verurteilte zugleich die entsprechenden Rechtsstellungen und Rechte, die er innehat, soweit das Gesetz nichts anderes bestimmt.

(5) Das Gericht kann dem Verurteilten für die Dauer von zwei bis zu fünf Jahren das Recht, in öffentlichen Angelegenheiten zu wählen oder zu stimmen, aberkennen, soweit das Gesetz es besonders vorsieht.

1   I. Die Vorschrift sieht **verschiedene Nebenfolgen** vor.

2   1. Verlust der Fähigkeit, ein öffentliches Amt zu bekleiden (§ 45 I, II): **Öffentliche Ämter** sind Stellungen mit öffentlich-rechtlich abgegrenzten Zuständigkeiten zur Wahrnehmung von Verrichtungen, die sich aus der Staatsgewalt ableiten lassen und staatlichen Zwecken dienen (RGSt 62, 24 [26]; VGH Stuttgart NJW 1950, 836 [837 f]). Als öffentliche Ämter sind demnach insbesondere Ämter der öffentlichen Verwaltung, Justiz, der Gemeinden und Ämter bei öffentlich-rechtlichen Körperschaften, soweit sie öffentlichen Zwecken dienen, einzuordnen. **Nicht** darunter fallen mangels Verfolgung staatlicher Zwecke ausländische und kirchliche Ämter.

3   2. Verlust der Fähigkeit, Rechte aus öffentlichen Wahlen zu erlangen (§ 45 I, II): Die Fähigkeit, **Rechte aus** öffentlichen **Wahlen zu erlangen**, entspricht dem Begriff des passiven Wahlrechts (SK-*Wolters* Rn 5). **Öffentliche** Wahlen sind solche, die inländische und öffentliche Angelegenheiten betreffen. In Betracht kommen nur solche Wahlen, welche sich auf die Gesamtheit des Gemeinwesens oder das öffentliche Wohl beziehen (vgl RGSt 64, 298 [303]; *Fischer* Rn 4), namentlich Wahlen von Bundes-, Länder- oder Gemeindeparlamenten. Nicht einschlägig sind Wahlen, die ausschließlich einzelne natürliche oder juristische Personen und deren Privatinteressen betreffen, ferner Wahlen zu kirchlichen Organen, da hier nur kirchliche, nicht aber staatliche Zwecke verfolgt werden (LK-*Theune* Rn 27).

4   3. Verlust des Rechts, in öffentlichen Angelegenheiten zu wählen oder zu stimmen (§ 45 V): Wem das Recht aberkannt wird, **in öffentlichen Angelegenheiten zu wählen oder zu stimmen**, verliert sein aktives Wahlrecht.

5   II. Es gibt **zwei Formen**, in denen der Verlust der in § 45 genannten Rechte eintreten kann:

6   1. Die Amtsfähigkeit und Wählbarkeit geht gem. Abs. 1 **ohne besonderen richterlichen Ausspruch** automatisch für die Dauer von fünf Jahren verloren, sofern gegen den Verurteilten wegen eines Verbrechens eine Freiheitsstrafe von mindestens einem Jahr verhängt wird. Die Einordnung der Tat als Verbrechen richtet sich nach § 12 I.

7   2. Die Amtsfähigkeit und/oder Wählbarkeit können nach pflichtgemäßer **Ermessensentscheidung** des Richters gem. Abs. 2 für die Dauer von zwei bis fünf Jahren aberkannt werden, sofern die Voraussetzungen von Abs. 1 nicht gegeben sind und soweit das Gesetz dies ausdrücklich vorsieht (so in §§ 92 a, 101, 102 II, 108 c, 108 e V, 129 a VIII, 264 VI S. 1, 358). Auch das aktive Wahlrecht kann gem. Abs. 5 nur kraft eines besonderen richterlichen Ausspruchs nach pflichtgemäßer richterlicher Ermessensbetätigung für die Dauer von zwei bis fünf Jahren aberkannt werden, soweit das Gesetz dies besonders vorsieht.

8   Umstritten ist, an welchen Kriterien der Richter seine Ermessenserwägungen auszurichten hat. Nach hM sind bzgl der Nebenfolgen Strafzumessungsregeln anwendbar, um über das „Ob" der Verhängung und die Dauer zu entscheiden

(BGH bei *Dallinger* MDR 1956, 9 zu § 35 aF; *Fischer* Rn 9). Denn trotz der Bezeichnung „Nebenfolgen" handele es sich materiell um **Nebenstrafen**, wofür die systematische Einordnung der Nebenfolgen als Annex zur Nebenstrafe spreche (S/S-*Stree/Kinzig* Rn 8). Das Gesetz bezeichne sie lediglich als „Nebenfolgen", um den Strafgedanken nicht zu betonen, der nur am Rande mitspiele (L-Kühl-*Kühl* Rn 3).

Nach anderer Ansicht sind bei der Ermessensbetätigung des Richters allein **Präventionsgesichtspunkte** entscheidend (vgl *Nelles* JZ 1991, 17; SK-*Wolters* Rn 12). 9

III. Der automatische Verlust der Rechtsstellung und Rechte nach **Abs. 3 und 4** ist im Gegensatz zu dem zeitlich begrenzten und der Rehabilitation gem. § 45 b zugänglichen Verlust von Rechten ein **endgültiger Verlust**. Insbesondere betrifft § 45 III, IV den Verlust des mit der Amtsfähigkeit und Wählbarkeit verbundenen **Besitzstands** (S/S-*Stree/Kinzig* Rn 9; SK-*Wolters* Rn 14). 10

IV. Gem. § 6 JGG ist § 45 auf **Jugendliche** nicht anzuwenden. Bei **Heranwachsenden** kann der Richter gem. § 106 II JGG bei Anwendung des allgemeinen Strafrechts anordnen, dass der Verlust gem. § 45 I nicht eintritt. 11

§ 45 a Eintritt und Berechnung des Verlustes

(1) Der Verlust der Fähigkeiten, Rechtsstellungen und Rechte wird mit der Rechtskraft des Urteils wirksam.

(2) ¹Die Dauer des Verlustes einer Fähigkeit oder eines Rechts wird von dem Tage an gerechnet, an dem die Freiheitsstrafe verbüßt, verjährt oder erlassen ist. ²Ist neben der Freiheitsstrafe eine freiheitsentziehende Maßregel der Besserung und Sicherung angeordnet worden, so wird die Frist erst von dem Tage an gerechnet, an dem auch die Maßregel erledigt ist.

(3) War die Vollstreckung der Strafe, des Strafrestes oder der Maßregel zur Bewährung oder im Gnadenweg ausgesetzt, so wird in die Frist die Bewährungszeit eingerechnet, wenn nach deren Ablauf die Strafe oder der Strafrest erlassen wird oder die Maßregel erledigt ist.

I. Die Vorschrift **unterscheidet** zwischen dem Zeitpunkt des **Eintritts des Verlustes** (Abs. 1: „mit der Rechtskraft des Urteils") und dem Zeitpunkt, von dem an die **Dauer des Verlustes** gerechnet wird (Abs. 2, 3). Daraus folgt, dass sich die Wirkungen der Nebenfolgen zusätzlich zu der im Urteil festgestellten Dauer um die Zeit zwischen Rechtskraft und Erledigung der Freiheitsstrafe verlängern (RGSt 67, 95 [96]). 1

II. Nach Abs. 2 S. 1 wird die Dauer des Verlustes von dem Tag an gerechnet, an dem die Freiheitsstrafe verbüßt, verjährt oder erlassen ist. **Umstritten** ist hier, ob der Fristbeginn und insbesondere der Fristablauf dadurch gehindert werden, dass der Verurteilte sich in anderer Sache (weiterhin) in Haft befindet. 2

Nach einer Meinung ist es ohne Belang für den Fristbeginn, ob sich der Betreffende in Freiheit befindet oder sich noch in anderer Sache in Haft befindet (S/S-*Stree/Kinzig* Rn 3; LK-*Theune* Rn 4). Eine entsprechende Anwendung von § 45 b II (auch § 67 c II S. 2), wonach Zeiten nicht eingerechnet werden, in denen der 3

Verurteilte auf behördliche Anordnung in einer Anstalt verwahrt worden ist, stelle eine unzulässige Analogie zuungunsten des Täters dar (S/S-*Stree/Kinzig* Rn 4).

4 Nach der Gegenansicht sollen aufgrund systemgerechter und verfassungskonformer Auslegung Fristbeginn und -ablauf durch einen anderweitigen Haftaufenthalt gehemmt werden, denn die Nebenfolgen des § 45 könnten den Täter nur dann hinreichend treffen, wenn er sich in Freiheit befinde (SK-*Wolters* Rn 6).

5 III. Zu Abs. 3: §§ 56, 56 a, 56 g I, 57, 67 b, 67 c I, II S. 4, 67 d II, 67 g V.

§ 45 b Wiederverleihung von Fähigkeiten und Rechten

(1) Das Gericht kann nach § 45 Abs. 1 und 2 verlorene Fähigkeiten und nach § 45 Abs. 5 verlorene Rechte wiederverleihen, wenn
1. der Verlust die Hälfte der Zeit, für die er dauern sollte, wirksam war und
2. zu erwarten ist, daß der Verurteilte künftig keine vorsätzlichen Straftaten mehr begehen wird.

(2) In die Fristen wird die Zeit nicht eingerechnet, in welcher der Verurteilte auf behördliche Anordnung in einer Anstalt verwahrt worden ist.

1 I. Die Vorschrift will dem Täter die Resozialisierung erleichtern (S/S-*Stree/Kinzig* Rn 1). Nach Abs. 1 können die Rechte aus § 45 I, II, V für die Zukunft wiederverliehen werden. Allerdings sind die Rechte und Rechtsstellungen aus § 45 III, IV endgültig verloren.

2 II. § 45 b knüpft die Wiederverleihung von Rechten sowohl an formelle als auch an materielle Voraussetzungen:

3 **1. Formelle Voraussetzungen: a)** Zunächst muss der Verlust von Rechten bereits **für die Hälfte der Zeit**, die er dauern sollte, **wirksam** gewesen sein (Abs. 1 Nr. 1). Berechnet wird die Halbzeitfrist vom Zeitpunkt der Rechtskraft des Urteils an, denn gem. § 45 a I ist der Rechtsverlust ab diesem Zeitpunkt „wirksam".

4 b) Gem. Abs. 2 werden in diese Frist Zeitspannen, in denen dem Verurteilten, aus welchem Grunde auch immer, auf behördliche Anordnung die Freiheit entzogen war, nicht eingerechnet (SK-*Wolters* Rn 4).

5 **2. Materielles Erfordernis** ist eine **günstige Täterprognose** (Abs. 1 Nr. 2). Die Erstellung der Prognose richtet sich im Wesentlichen nach den Grundsätzen der §§ 56, 57 (vgl § 56 Rn 9 ff). Im Unterschied dazu genügt aber für die positive Entscheidung nach § 45 b die Erwartung, der Täter werde zukünftig keine vorsätzlichen Straftaten mehr begehen (SK-*Wolters* Rn 5).

6 **3.** Nach dem Wortlaut von Abs. 1 handelt es sich um eine **Ermessensentscheidung** des Richters („kann").

7 III. Zum Verfahren vgl § 462 StPO.

Zweiter Titel Strafbemessung

§ 46 Grundsätze der Strafzumessung

(1) ¹Die Schuld des Täters ist Grundlage für die Zumessung der Strafe. ²Die Wirkungen, die von der Strafe für das künftige Leben des Täters in der Gesellschaft zu erwarten sind, sind zu berücksichtigen.

(2) ¹Bei der Zumessung wägt das Gericht die Umstände, die für und gegen den Täter sprechen, gegeneinander ab. ²Dabei kommen namentlich in Betracht:
die Beweggründe und die Ziele des Täters, besonders auch rassistische, fremdenfeindliche oder sonstige menschenverachtende,
die Gesinnung, die aus der Tat spricht, und der bei der Tat aufgewendete Wille,
das Maß der Pflichtwidrigkeit,
die Art der Ausführung und die verschuldeten Auswirkungen der Tat,
das Vorleben des Täters, seine persönlichen und wirtschaftlichen Verhältnisse sowie
sein Verhalten nach der Tat, besonders sein Bemühen, den Schaden wiedergutzumachen, sowie das Bemühen des Täters, einen Ausgleich mit dem Verletzten zu erreichen.

(3) Umstände, die schon Merkmale des gesetzlichen Tatbestandes sind, dürfen nicht berücksichtigt werden.

I. Begriff und Inhalt

1. Strafzumessung ist die Bestimmung der Rechtsfolgen der Tat durch den Richter. Durch sie wird die abstrakte Strafdrohung des Gesetzes konkretisiert. Die **Strafzumessung ieS**, der § 46 hauptsächlich gewidmet ist, bezieht sich hierbei auf die Ermittlung der konkreten Strafhöhe innerhalb eines bestimmten Strafrahmens (s. Rn 28 ff). Grundlagen hierfür sind vor allem die Schwere der Tat, die persönliche Schuld des Täters sowie die Bedeutung für die verletzte Rechtsordnung (BGH NStZ 1981, 389; einführend zur Methodik *Brögelmann* JuS 2002, 903 ff, 1005 ff). Neben diesem Vorgang umfasst der Begriff der **Strafzumessung iwS** auch die Ermittlung des anzuwendenden Strafrahmens (dazu unten, Rn 8 ff), die Bestimmung der Strafart (Geld- oder Freiheitsstrafe) und die Entscheidungen nach den §§ 56 ff (L-Kühl-*Kühl* Rn 22).

2. In welchem Umfang bei der Strafhöhenbemessung auch eine Berücksichtigung der **Strafzwecke** (vgl Vor § 1 Rn 17 ff) zu erfolgen hat, ist umstritten:

a) Nach der hM (S/S-*Stree/Kinzig* Rn 3; LK-*Theune* Rn 2) müssen die Strafzwecke als oberste Richtschnur für den gesamten Vorgang der Strafzumessung gelten. Da es die Aufgabe des Gerichts sei, die im Gesetz vorgezeichneten Ziele zu konkretisieren, könne sein Ermessen nur durch die gleichen Kriterien bestimmt werden, die auch den Gesetzgeber leiten.

aa) Dies wird für den Teilaspekt der **Spezialprävention**, den Täter zu resozialisieren oder seine Entsozialisierung zu vermeiden, bereits mit dem Wortlaut des § 46 I S. 2 begründet. Hiernach müssen die Wirkungen, die von der Strafe für das künftige Leben des Täters in der Gesellschaft zu erwarten sind, berücksichtigt werden. Die Intensität der Strafeinwirkung auf den Täter sei von den jeweils erwarteten Auswirkungen auf ihn abhängig zu machen (vgl BGH NStZ 1987, 550; NStZ 2003, 495). Eine Verlängerung der Strafdauer über das Schuldmaß hinaus sei jedoch – auch bei der Verfolgung spezialpräventiver Zwecke – unzulässig (*Schaffstein* Gallas-FS 99 [103]).

5   bb) Auf die ausdrückliche Erwähnung der **Generalprävention** als Kriterium für die Strafhöhenbemessung sei in § 46 zwar verzichtet worden, jedoch ergebe sich aus der Formulierung „Verteidigung der Rechtsordnung" in § 47 I, § 56 III und § 59 I Nr. 3, dass zumindest die positive Generalprävention ein wesentlicher Leitgesichtspunkt der Strafzumessung sei (*Fischer* Rn 10) und bei der Bestimmung der Höhe der Strafe im Rahmen der Schuld zulasten des Täters berücksichtigt werden könne (BGHSt 34, 150 [151]). Inwieweit auch die Abschreckung potenzieller Täter als Ausdruck der negativen Generalprävention die Strafhöhe beeinflussen kann, ist umstritten. Während die Rspr diesbezüglich keine Bedenken hat, wenn eine gemeinschaftsgefährliche Zunahme entsprechender Taten festgestellt wurde und die Notwendigkeit allgemeiner Abschreckung für den Gemeinschaftsschutz besteht (BGHSt 28, 318 [326]; BGH StV 2005, 387), wird dies in der Lehre auch kritisch (M/G/Z-*Zipf/Dölling* § 63/100 ff; *Jung* JZ 2004, 1155) bzw abl. (*Roxin* Bruns-FS 183 [196 f]) gesehen.

6   b) Nach der sog. **Stellenwert-Theorie** (*Henkel*, Die „richtige" Strafe, 1969, 23 ff; SK-*Horn/Wolters* Rn 33 ff; *Wolters* GA 2008, 723 [724 ff]) ist die Strafhöhe hingegen allein nach dem Maß der Schuld zu bestimmen. Präventive Aspekte könnten erst bei der Frage relevant werden, in welcher Form die schuldangemessene Strafe zu verhängen und zu vollstrecken sei. Die Lehre von der **tatproportionalen Strafzumessung** schließlich trennt zwischen der (ggf präventiv zu begründenden) Institution der Strafe insgesamt und der Verhängung der jeweiligen Einzelstrafe, die sich (rein retrospektiv) an der Schwere der durch Strafe zu tadelnden Tat zu orientieren habe (*Hörnle*, Tatproportionale Strafzumessung, 1999, 125 ff mwN).

II. Strafhöhe

7   Für die Bestimmung der Strafhöhe empfiehlt sich folgende **logische Reihenfolge**:

8   **1.** Zunächst ist der **gesetzliche Strafrahmen** zu ermitteln (*Fischer* Rn 16). An diesen und an die damit vom Gesetzgeber vorgegebene Wertung der Schwere der Tat ist der Richter unabdingbar gebunden (HKGS-*Rössner/Kempfer* Rn 4). Im Falle absoluter Strafandrohung (§ 211) entfällt ein Strafrahmen, in allen übrigen Fällen sieht das Gesetz einen solchen vor.

9   a) Der gesetzliche Strafrahmen von Grundtatbestand, Qualifizierung und Privilegierung eines Deliktes betrifft den vom Gesetzgeber ins Auge gefassten **Normalfall**, der auf einen Täter zugeschnitten ist, der den Tatbestand vollständig, aktiv und mit voller Schuld erfüllt.

10 b) Für besondere, aber typische Erscheinungsformen des Delikts hat der Gesetzgeber demgegenüber **Sonderstrafrahmen** eingerichtet. Soweit diese keine verbindlichen Merkmale benennen, werden sie von der hM als bloße **Strafzumessungsregeln** qualifiziert, für welche die Grundsätze des § 46 I, II entsprechend heranzuziehen sind (*Fischer* Rn 84).

11 **aa) Minder schwere Fälle:**

12 ■   Bei den **gesetzlich vertypten Rahmenmilderungsgründen** handelt es sich um die gesetzlichen Milderungsgründe iSd § 49, also zB Beihilfe, Versuch oder

verminderte Schuldfähigkeit, die einen Fall generell als relativ minder schwer erscheinen lassen. Der Gesetzgeber hat diese „Defekt-Varianten" (so SK-*Horn/Wolters* Rn 72) aus diesem Grunde mit einer obligatorischen (§§ 27 II, 28 I, 30, 35 II S. 2) oder fakultativen (§§ 13 II, 17 S. 2, 21, 23 II, 35 I S. 2) Strafrahmenverschiebung versehen. Für die Annahme eines minder schweren Falles genügt in der Regel schon ein vertypter Milderungsgrund, sofern dieser nicht völlig untergeordnetes Gewicht hat (BGH NStZ-RR 1996, 228; krit. *Hettinger* JZ 1982, 849 [852]).

- Als **benannten minder schweren Fall** kennt das StGB zurzeit nur § 213. Aufgrund seiner tatbestandlichen Ausformulierung ergibt sich eine Indizwirkung für die Annahme einer Strafmilderung. 13

- **Unbenannte minder schwere Fälle** hingegen sind nicht tatbestandlich ausformuliert, so dass hier die Indizwirkung entfällt. Die Kriterien, die zur Annahme eines unbenannten minder schweren Falles führen, müssen damit besonderen Erwägungen entspringen: Für die Annahme eines minder schweren Falles ist nach ständiger Rspr (seit BGHSt 4, 24 [28]) eine Gesamtabwägung aller strafzumessungserheblichen Umstände erforderlich (zur Kritik vgl *Gerhold* ZJS 2009, 261 ff). Hierzu gehören das Gesamtspektrum der Strafzumessungsschuld einschließlich Vor- und Nachtatverhalten (BGH StV 1989, 152) sowie Folgen von Tat, Strafe und Verfahren. Das gesamte Tatbild einschließlich aller subjektiven Momente und der Täterpersönlichkeit muss in so erheblichem Maße vom Normalfall abweichen, dass die Anwendung des Ausnahmestrafrahmens geboten erscheint. Indizien für die vom BGH geforderte erhebliche Abweichung vom Durchschnittsfall sind ein erheblich geminderter Erfolgs- und Handlungsunwert (BGH NStZ 1983, 370) sowie ein beträchtliches Gewicht oder Überwiegen der mildernden Faktoren (*Fischer* Rn 85). 14

Ein Umstand, der die Annahme eines minder schweren Falles begründet und zugleich ein besonderer gesetzlicher Milderungsgrund nach § 49 I ist, darf nach § 50 nur einmal berücksichtigt werden. 15

bb) Besonders schwere Fälle: (1) Liegt bei den **benannten schweren Fällen mit zwingenden Beispielen** (§§ 129 IV, 241 a IV) der gesetzlich vorgegebene Beispielsfall vor, muss vom erhöhten Strafrahmen ausgegangen werden. 16

(2) Mit **Regelbeispielen** versehene benannte schwere Fälle (zB §§ 125 a, 240 IV, 243 I S. 2) beinhalten hingegen lediglich eine Regelvermutung für das Vorliegen eines besonders schweren Falles (sog. **Indizwirkung** des Regelbeispiels; vgl auch § 243 Rn 1 ff). Die damit fehlende Verbindlichkeit des Regelbeispiels hat Auswirkungen in zwei Richtungen: 17

- Zum einen kann die an die Erfüllung eines Regelbeispiels geknüpfte Regelvermutung widerlegt werden, wenn besondere Umstände, die in der Tat oder (nach hM auch in) der Täterpersönlichkeit liegen, das Unrecht, die Schuld oder die Strafwürdigkeit gegenüber dem Durchschnittsfall des Regelbeispiels so wesentlich **mindern**, dass bei Berücksichtigung aller Umstände die Zuordnung der Tat zu der höheren Strafrahmenstufe unangemessen wäre (§ 243 Rn 3; BGH wistra 2009, 272 [273]). Dies kann auch bei Vorliegen eines gesetzlich vertypten Milderungsgrundes nach § 49 I der Fall sein, wobei insoweit allerdings zu prüfen ist, ob nicht die Anwendung des Regelbeispiels iVm der Strafrahmenmilderung zu einem für den Angeklagten günstigeren Ergebnis führt (BGH NStZ-RR 2009, 9 f). 18

19 ▪ Ist demgegenüber die Tat vollendet und liegen die Voraussetzungen eines Regelbeispiels nicht vor, so ist nach hM die Annahme eines besonders schweren Falles nicht unbedingt ausgeschlossen (anders *Calliess* JZ 1975, 112 [117]). Er darf jedoch nur bejaht werden, wenn die gebotene und in Zweifelsfällen näher zu begründende Gesamtwürdigung ergibt, dass die Anwendung lediglich des Regelstrafrahmens unangemessen wäre (BGHSt 29, 319 [322]; *Kindhäuser* Trifferer-FS 123 [128]). Dabei dienen die Regelbeispiele als allgemeiner Maßstab für die zu fordernde wesentliche Erhöhung von Unrecht und Schuld (*Fischer* Rn 91 f; Beispiele bei § 243 Rn 4).

20 Die Frage, inwieweit die Indizwirkung der Regelbeispiele auch im Rahmen von **Versuchskonstellationen** gilt, ist heftig umstr. (vgl auch § 243 Rn 48 ff). Insoweit lassen sich drei Kombinationsmöglichkeiten unterscheiden:
▪ Ist das Regelbeispiel vollendet, die Tat aber nur versucht, so kann dies nach hM als – mit gem. § 49 absenkbarem Rahmen – besonders schwerer Fall der Strafschärfung unterliegen (§ 243 Rn 48 ff; *Fabry* NJW 1986, 15 [18]; SK-*Horn/Wolters* Rn 86; anders BGH NStZ-RR 1997, 293; *Calliess* JZ 1975, 112 [118]).

21 ▪ Ist umgekehrt das Delikt vollendet, das Regelbeispiel aber nur versucht, so sollen zwar nach hM die Versuchsregeln mit Milderungsmöglichkeit nach § 23 II nicht unmittelbar eingreifen (so aber *Jakobs* 6/100; *Kindhäuser* Triffterer-FS 123 [133 f]); gleichwohl soll die Strafschärfung in Fom eines unbenannten schweren Falles in Betracht kommen (BGHSt 33, 370 [374 f]; BGH StV 1985, 103 f; SK-*Horn/Wolters* Rn 88; *Maiwald* NStZ 1984, 433 [437]). Teilweise wird die Möglichkeit eines besonders schweren Falles bei nur versuchtem Regelbeispiel allerdings auch grds. verneint (BayObLG NJW 1980, 2207 m. abl. Anm. *Zipf* JR 1981, 119 [121]; OLG Düsseldorf MDR 1985, 160; *Wessels* Maurach-FS 295 [306 f]).

22 ▪ Sind schließlich sowohl das Grunddelikt als auch das Regelbeispiel im Versuchsstadium steckengeblieben, so vertritt der BGH in ständiger Rspr die Auffassung, dass die Strafe dem – über § 49 absenkbaren – Sonderrahmen des besonders schweren Falles zu entnehmen ist (BGHSt 33, 370 m.Anm. *Schäfer* JR 1986, 522 ff; SK-*Horn/Wolters* Rn 90; aA L-Kühl-*Kühl* Rn 15 mwN).

23 (3) Bei den **unbenannten besonders schweren Fällen** haben die gesetzlichen „Regel-Umstände" die Bedeutung von Beispielen; der Richter wird deshalb die Qualität eines „ungeregelten" besonders schweren Falles im Wege der Auslegung an Art und Umfang dieser gesetzlichen Vorgaben zu orientieren haben.

24 ▪ Wie bei den unbenannten minder schweren Fällen (Rn 14) muss auch hier nach der Rspr eine umfassende **Abwägung** aller unter dem Aspekt des gerechten Schuldausgleichs erheblichen Umstände (BGH JZ 1988, 472) vorgenommen werden.

25 ▪ Anders als bei minder schweren Fällen darf jedoch ein besonders schwerer Fall ausschließlich auf die tatbezogenen objektiven und subjektiven Umstände gestützt werden. Nur das unmittelbar bei der Tatausführung verschuldete Unrecht kann den Sonderstrafrahmen begründen, nicht hingegen Umstände aus dem Vor- und Nachtatgeschehen (*Fischer* Rn 89).

26 ▪ Auch genügt das Vorliegen *eines* Erschwerungsgrundes idR *nicht* zur Annahme eines besonders schweren Falles. Milderungsgründe schließen regel-

mäßig einen besonders schweren Fall aus. Für den Fall des Zusammentreffens mit vertypten Milderungsgründen gilt § 50 entsprechend (diff. *Sobota* HRRS 2015, 339). Wurde also wegen eines vertypten Milderungsgrundes ein besonders schwerer Fall abgelehnt, findet wegen dieses Strafmilderungsgrundes keine zusätzliche Milderung des Normalstrafrahmens gem. § 49 statt.

■ Ob die **Teilnahme** an der Tat ein besonders schwerer Fall (oder minder 27 schwerer Fall) ist, bestimmt sich – unter Berücksichtigung der Haupttat – nach dem Tatbeitrag des Teilnehmers, der selbstständig zu würdigen ist (BGHSt 29, 239 [244]; BGH NStZ-RR 2012, 342 [343]).

2. Nach Bestimmung des Strafrahmens ist die Tat in denselben nach Maßgabe 28 von § 46 einzuordnen. Die Festsetzung der Strafe in den Grenzen des Strafrahmens ist ein Akt richterlichen Ermessens. Dieses Ermessen ist allerdings ein ausnahmslos „rechtlich gebundenes" (BGHSt 1, 175 [176 f]).

a) Gem. § 46 I S. 1 ist die **Schuld** des Täters Grundlage für die Zumessung der 29 Strafe. Die insoweit angesprochene Schuld ist nicht identisch mit der strafbarkeitsbegründenden des dreistufigen Deliktsaufbaus. Vielmehr erfasst sie das Maß der Vorwerfbarkeit bei der Verwirklichung des tatbestandsmäßigen Unrechts (S/S-*Stree/Kinzig* Rn 8, 9 a; LK-*Theune* Rn 3). Das Maß der Strafe richtet sich danach, wie stark der Angeklagte durch seine Tat die Rechtsordnung gestört hat (BGH NJW 1987, 2685 [2686]).

b) Nach Abs. 2 S. 1 hat das Gericht die Umstände, die für und gegen den Täter 30 sprechen, gegeneinander abzuwägen. Milderungs- und Schärfungsgründe sind demnach nicht einfach einander gegenüberzustellen; sie müssen vielmehr nach ihrer Bedeutung und ihrem Gewicht gegeneinander abgewogen werden (vgl BGH NStZ 1986, 493 [495]). Es sind alle general- und spezialpräventiven Tatsachen (Rn 4 f) zu ermitteln. Hierbei ist allerdings die Sperre des § 46 III zu berücksichtigen: Danach dürfen Tatbestandsmerkmale, da sie bereits zur Begründung des Strafrahmens genutzt wurden, bei der Bestimmung der konkreten Strafe nicht erneut berücksichtigt werden (sog. **Doppelverwertungsverbot**). Die Bestimmung gilt – über ihren Wortlaut hinaus – auch für die tatbestandsähnlich ausgestalteten, benannten besonders schweren und minder schweren Fälle, insbesondere Regelbeispiele (*Bunz* Jura 2011, 14 [16]; näher zum Anwendungsbereich des § 46 III *El-Ghazi* JZ 2014, 180 [182 ff]; zu den Grenzen LK-*Theune* Rn 277 ff). Im Übrigen ist zu beachten, dass jeder Umstand sowohl strafschärfend als auch -mildernd wirken kann; so wird etwa Trunkenheit am Steuer für eine fahrlässige Tötung in der Regel erschwerend, für eine Unfallflucht hingegen mildernd wirken (BGH VRS 5, 279). Das bloße Fehlen eines Strafschärfungsgrundes darf nicht mildernd und das Fehlen eines Milderungsgrundes nicht strafschärfend bewertet werden (vgl BGH StV 1993, 132; *Niemöller* GA 2012, 337 ff).

Bei **mehreren Tatbeteiligten** sind die Zumessungstatsachen in der Regel für jeden 31 in individueller Würdigung nach dem Maß der eigenen Schuld zu beurteilen, so dass ein Gehilfe eine höhere Strafe erhalten kann als der Täter (BGH NJW 1984, 2539 [2541]). Bei gleichzeitiger Aburteilung von Mittätern ist allerdings nach ständiger Rspr auf ein gerechtes Verhältnis der verhängten Strafen Bedacht zu nehmen (vgl etwa BGH NStZ-RR 2009, 279). Demgegenüber kommt es auf die Strafpraxis anderer Spruchkörper grds. nicht an, auch wenn Urteile zu vergleichbaren Sachverhalten oder gar zum selben Tatkomplex ergangen sind (BGHSt 56, 262 [266 ff] m.Anm. *Hörnle* HRRS 2011, 511 ff und *Streng* JR 2012, 252 ff).

32 c) Bei den **Strafzumessungstatsachen des Abs. 2 S. 2** (ausf. hierzu S/S-*Stree/Kinzig* Rn 10 ff) handelt es sich lediglich um eine beispielhafte Aufzählung, die der Richter für die Ermittlung des Maßes des Unrechts der Tat nach seinem Ermessen zu berücksichtigen hat:

33 aa) Die **Beweggründe (Motive) und Ziele des Angeklagten**, besonders auch rassistische, fremdenfeindliche oder sonstige menschenverachtende, die zur Tat geführt haben, sind im Hinblick auf ihre Qualität und Stärke ein gewichtiger Strafzumessungsfaktor. Die beispielhafte Aufzählung in der neuen Gesetzesfassung ist eine Umsetzung der Empfehlungen des NSU-Untersuchungsausschusses und hat eine rein deklaratorische Natur (krit. zu dieser lediglich hervorhebenden Ergänzung *Jungbluth* StV 2015, 579 f). Die „menschenverachtenden" Motive bilden den Oberbegriff der Aufzählung. Darunter fallen ua auch gegen die religiöse oder sexuelle Orientierung, gegen eine Behinderung oder auch gegen den gesellschaftlichen Status einer Personengruppe (zB Obdachlose) gerichtete Beweggründe (vgl BT-Drucks. 18/3007, S. 15). Andere als die nun explizit genannten Beweggründe und Ziele sind auch weiterhin gleichrangig zu berücksichtigen (vgl BT-Drucks. 18/3007, S. 15). Strafschärfend können sich daneben zB niedrige Beweggründe auswirken, etwa grob eigennütziges Verhalten (BGH NJW 1966, 787 [788]) oder Habgier (BGH StV 1982, 419). Voraussetzung ist jedoch generell die Vorwerfbarkeit der Tatmotive, was zu verneinen ist, wenn ihre Ursachen in einer vom Täter nicht zu vertretenden geistig-seelischen Beeinträchtigung liegen (BGH NStZ-RR 2014, 140 mwN). Das bloße Fehlen eines nachvollziehbaren Anlasses für die Tat kann sich hingegen nicht strafschärfend auswirken (BGH NStZ 2014, 512 [514]). Die ergänzende Aufzählung von Motiven, die sich lediglich auf strafschärfende Faktoren beziehen, ändert nichts an der neutralen Natur der zu berücksichtigenden Beweggründe und Ziele, die sich auch strafmildernd auswirken können. Ein strafmildernder Beweggrund kommt beispielsweise in Betracht bei Handeln aus Mitleid oder wirtschaftlicher Not (OLG Düsseldorf wistra 1994, 352 f), ebenso bei einer erstrebten Bereicherung für Dritte (BGH StV 1982, 522). Das Doppelverwertungsverbot des § 46 III ist hier besonders sorgfältig zu beachten, da Beweggründe oft schon Tatbestandsmerkmale sind (zB menschenverachtende Motive bei § 130 StGB).

34 bb) Die **Gesinnung** des Täters muss sich aus der Tat ergeben, wobei zu ihrer Feststellung allerdings auf die Täterpersönlichkeit zurückgegriffen werden kann. Eine Strafschärfung kann sich beispielsweise daraus ergeben, dass der Täter aus bloßer Menschenverachtung oder Gewissenlosigkeit handelt. Strafmildernd können hingegen achtenswerte Motive sein.

35 cc) Der **bei der Tat aufgewendete Wille** meint die Intensität des Täterwillens, also die kriminelle Energie des Täters. Je größer die Schwierigkeiten sind, die der Täter zu überwinden hat, und je hartnäckiger er sein Ziel verfolgt, desto mehr lässt sich ihm vorwerfen und desto größer ist seine Schuld. Entscheidend kann auch sein, ob der Täter aufgrund der Beeinflussung durch Dritte oder aus eigenem Antrieb handelt. Mildernd zu berücksichtigen sind gruppendynamische Prozesse, die den Täter überhaupt erst zur Tat veranlasst haben (BGH NJW 1996, 857 [863]), aber auch fehlende Kontrollen, die die Tat erleichtert haben (BGH StV 1983, 326).

36 dd) Das **Maß der Pflichtwidrigkeit** kann ein gewichtiger Strafzumessungsumstand bei Fahrlässigkeitsdelikten, unechten Unterlassungsdelikten und Tatbeständen mit besonderen Rechtspflichten (zB Vermögensbetreuungspflicht bei § 266) sein. Nachdem in diesen Fällen die Pflichtwidrigkeit bereits Tatbestandsmerkmal ist, darf hier ausschließlich auf das Maß abgestellt werden.

ee) Die **Art der Tatausführung** betrifft die Realisierung des bei der Tat aufgewendeten Willens. Maßgebende Kriterien sind die eigentlichen Tatmodalitäten (Ort, Zeit, Dauer, Mittel), die Tathandlung sowie die Beziehung zwischen Täter und Opfer (vgl dazu BGH NStZ-RR 2003, 168). Strafschärfend kann hier zB ein geplantes Zusammenwirken mehrerer Täter sein. Gleiches gilt für eine gemeine oder besonders brutale Tatausführung, sofern dies dem Täter vorwerfbar ist (vgl BGH NStZ 2014, 81 [82]; NStZ-RR 2016, 105). Demgegenüber darf die zur Durchführung von Gewaltdelikten (zB Tötungsdelikten) üblicherweise erforderliche Gewaltanwendung nicht strafschärfend berücksichtigt werden (vgl BGH StraFo 2016, 32 f mwN). Auch dürfen der auf eine versuchte Tat gerichtete Vorsatz sowie die ausschließlich darauf bezogene Tatbestandsverwirklichung nicht strafschärfend bewertet werden, wenn der Täter von dieser Tat zurückgetreten ist (BGH NStZ-RR 2010, 202). Strafmildernd kann sich auswirken, wenn der Täter die Tat in einem ungewöhnlich kurzen Tatzeitraum begeht (BGH NJW 1986, 597 [598]), wenn das Opfer – zB bei Delikten nach § 177 (str., dort Rn 8) – mit dem Täterhandeln partiell einverstanden war oder wenn sich die (versuchte) Tat als weitgehend ungefährlich herausstellt (vgl zum überwachten Drogentransport BGH NStZ 2004, 694). Die Tatbegehung in Anwesenheit der eigenen Kinder darf nicht strafschärfend berücksichtigt werden, wenn die verletzte Strafnorm nicht zumindest auch den Schutz Minderjähriger vor ungünstiger Beeinflussung bezweckt (OLG Jena NJW 2006, 3654). Soweit das Gesetz in bestimmten Tatbeständen diese Umstände als Tatbestandsmerkmale oder Regelbeispiele verwendet, dürfen sie wegen § 46 III nicht mehr gewertet werden (vgl BGH NStZ 2003, 105). Jedoch kann bei einem weiten Tatbestandsmerkmal – wie zB der Verwendung eines gefährlichen Werkzeugs in § 250 II Nr. 1 – die besondere Intensität seiner Verwirklichung strafschärfend berücksichtigt werden (BGH NStZ 2002, 480 f; 2003, 29).

ff) Nur die **verschuldeten Auswirkungen der Tat**, dh die mindestens vorhersehbaren und dem Täter vorwerfbaren Auswirkungen, sind zu berücksichtigen (vgl BGH StV 1991, 64; NStZ-RR 2010, 170). Die voraussehbaren Folgen seiner Tat dürfen auch dann strafschärfend berücksichtigt werden, wenn sie nicht in den Schutzbereich der strafrechtlichen Normen fallen, deren Verletzung dem Angeklagten vorgeworfen wird (BGH StV 2003, 442). Für die strafschärfende Berücksichtigung von Tatfolgen gilt dabei der Zweifelssatz uneingeschränkt (BGH NStZ-RR 2004, 41 [42]).

gg) Entscheidend kann auch das **Vorleben des Täters** sein, wobei Vorstrafen oder deren Fehlen in der Praxis die Hauptrolle spielen. Nach ständiger Rspr ist eine bisherige Straffreiheit nicht selbstverständlich und daher strafmildernd zu berücksichtigen (BGH NStZ 1988, 70). Strafmilderungen können sich auch aus dem Gesichtspunkt einer beachtlichen, sozial nützlichen Lebensleistung ergeben, wenn sich die Tat demgegenüber als einmaliges Versagen darstellt (exemplarisch: fahrlässige Tötung eines Verkehrsteilnehmers durch einen Berufskraftfahrer mit jahrelanger unfallfreier Praxis, KG VRS 8, 43). Als straferschwerend können demgegenüber auch verjährte Taten, wenn auch mit geringerem Gewicht, gewertet werden (BGH NStZ 2008, 146; StV 2016, 558; abl. *Leitmeier* StV 2015, 585). Eine strafschärfende Wirkung kommt auch sonstigen nicht angeklagten Taten (zB nach § 154 StPO eingestellte Delikte) zu, soweit sie prozessordnungsgemäß festgestellt sind, zur Überzeugung des Tatgerichts feststehen und einen inneren Zusammenhang zur angeklagten Tat aufweisen (BGH wistra 2012, 470 [471] mwN; StV 2014, 475 ff m. krit. Anm. *Staudinger*). Die Berücksichtigung getilgter Vorstrafen verstößt hingegen gegen das Verwertungsverbot des § 51 I BZRG (*Fischer* Rn 39). Bei nicht im Bundeszentralregister eingetragenen ausländischen Vorstrafen ist zu prüfen, ob diese tilgungsreif wären, wenn es sich um Verurteilungen nach deutschem Recht handeln würde (BGH StV 2012, 149; OLG Köln StV 2016, 572).

40 hh) Zu berücksichtigen sind die **persönlichen Verhältnisse des Täters**, wie zB Alter (vgl dazu BGH NJW 2006, 2129 m. Bspr *Nobis* NStZ 2006, 489 ff), Intelligenz oder Familienverhältnisse sowie die **wirtschaftlichen Verhältnisse**, wobei Letztere aber vor allem für die Bemessung der Geldstrafe von Bedeutung sind (BGH NJW 1969, 1725).

41 ii) Erheblich für die Bemessung der Strafe kann auch das **Verhalten des Täters nach der Tat** sein, besonders sein Bemühen, den Schaden wiedergutzumachen oder einen Ausgleich mit dem Verletzten zu erreichen (*Zander* JuS 2009, 684; beachte insofern auch § 46 a). Eine nach der Tat positive Stabilisierung der Lebensverhältnisse kann die Strafe wesentlich verringern. Exemplarisch: Aus der Entwicklung des Angeklagten ergibt sich, dass die Tat das Ende einer bestimmten Lebensphase darstellt. Nach der jetzt abzuurteilenden Tat begangene Delikte können nur dann in der Strafzumessung berücksichtigt werden, wenn ein Zusammenhang der Straftaten besteht und die neuen Taten auf Rechtsfeindschaft oder sonstige zu missbilligende Einstellungen des Angeklagten zur Zeit der abzuurteilenden Tat schließen lassen (BGH NStZ-RR 2010, 8 f). Eine Mithilfe des Angeklagten zur Aufklärung der Straftat wirkt sich stets strafmildernd aus (*Fischer* Rn 50). Reue, Einsicht oder die Ablegung eines Geständnisses sind strafmildernd zu berücksichtigen, wobei sich das strafmildernde Gewicht allerdings verringern kann bei Geständnissen aus prozesstaktischen Gründen (BGHSt 43, 195 [209]; BGH NStZ-RR 2014, 10) oder bei aussichtsloser Beweislage (BGH StV 1991, 106 [108]; wistra 2014, 180). Umgekehrt darf, da der Angeklagte nicht zur Wahrheit verpflichtet ist und Schweigen sowie Leugnen zulässiges Verteidigungsverhalten darstellen (BGHSt 32, 140 [144]; BGH StV 2013, 83 f), ein entsprechendes Prozessverhalten nur dann strafschärfend wirken, wenn es Ausdruck rechtsfeindlicher Gesinnung ist (vgl BGH NStZ 2012, 626 mwN).

42 Ein Strafschärfungsgrund kann daher nicht allein deshalb angenommen werden, weil der Angeklagte den Belastungszeugen der Lüge bezichtigt (BGH StV 2012, 290). Gleiches gilt, wenn der Angeklagte wahrheitswidrig behauptet, er habe in Notwehr gehandelt, und dieses Vorbringen darüber hinaus keine Verleumdungen, Herabwürdigungen oder Bezichtigungen besonders verwerflicher Handlungen des Opfers enthält (BGH NStZ-RR 2013, 170). Die Nichtrückgabe der Beute an den Geschädigten zeigt demgegenüber die rechtsfeindliche Haltung des Angeklagten und kann strafschärfend berücksichtigt werden, es sei denn, der Angeklagte leugnet die Tat und eine Schadenswiedergutmachung würde seine Verteidigungsposition gefährden (BGH NStZ-RR 2005, 168 [169]).

43 d) Da die Aufzählung der bedeutsamen Zumessungstatsachen nur von beispielhaftem Charakter ist, hat der Richter anhand des konkreten Falles zu überprüfen, welche **sonstigen Umstände** eine Rolle spielen können (näher SK-*Horn/ Wolters* Rn 160 ff).

44 aa) So können strafmildernd auch die **Strafempfindlichkeit und Strafempfänglichkeit** des Täters zu berücksichtigen sein (zB Haftpsychose, BGH StV 1984,

151; nur noch kurze Lebenserwartung, BGH StV 1987, 101; 1987, 345 [346]). Allein die Verbüßung von U-Haft stellt aufgrund der grundsätzlichen Anrechnung nach § 51 I S. 1 jedoch keinen Strafmilderungsgrund dar, so dass allenfalls bei Hinzutreten besonderer Umstände oder wenn keine ohnehin zu verbüßende Freiheitsstrafe verhängt wird eine strafmildernde Wirkung zu erwägen ist (BGH NJW 2006, 2645; NStZ 2014, 31). Ebenso sind **andere Tatfolgen**, wie berufliche Nachteile (BGH StV 2010, 479 f; NStZ 2013, 522) oder obligatorische Disziplinarmaßnahmen (BGH NStZ 1982, 507; 2004, 71 f) zu beachten. Ausländerrechtliche Folgen, wie zB eine zwingende Ausweisung, sind demgegenüber regelmäßig keine bestimmenden Strafzumessungsgründe (BGH NStZ 2012, 147). Zur strafmildernden Berücksichtigung einer belastenden Medienberichterstattung vgl *Knauer* GA 2009, 541 ff.

bb) Auch eine **überlange Verfahrensdauer** kann zugunsten des Angeklagten eine Rolle spielen. Hierbei ist allerdings zu differenzieren: Einer sehr langen Verfahrensdauer kann bereits an sich eine eigenständige strafmildernde Bedeutung zukommen, und zwar auch dann, wenn diese sachliche Gründe hatte (BGH wistra 2016, 29 f; OLG Thüringen StV 2009, 132 [133]; LK-*Theune* Rn 241); sie ist dann bei der Strafzumessung zu berücksichtigen. 45

Hiervon zu unterscheiden ist der Umstand, dass eine lange Verfahrensdauer von den Strafverfolgungsbehörden zu verantworten ist und sich damit als **rechtsstaatswidrige Verzögerung** des Verfahrens darstellt (pointiert *Beukelmann* StraFo 2011, 210 [211]). Während früher eine solche Verletzung des Beschleunigungsgebots – als besondere *Ursache* der Verfahrensverzögerung – ebenfalls im Rahmen der Strafzumessung berücksichtigt wurde (vgl BGHSt 45, 308 [309 f]), erfolgt die Kompensation nunmehr in Anlehnung an § 51 I S. 1, IV S. 2 dergestalt, dass die Gerichte nach Festlegung der schuldangemessenen Strafe einen Teil der Strafe als vollstreckt erklären (sog. **Vollstreckungslösung**; näher BGHSt 52, 124 ff m.Anm. *v. Heintschel-Heinegg* JA 2008, 474 und Bspr *Ignor/Berheau* NJW 2008, 2209). Die Rechtswidrigkeit einer überlangen Verfahrensdauer findet also bei der Strafzumessung selbst keine Berücksichtigung mehr, sondern berührt lediglich die Frage nach dem als bereits erledigt zu erklärenden Strafanteil (vgl auch BGH NStZ-RR 2011, 239 m. krit. Anm. *Brüning* ZJS 2011, 409 ff; näher zu den Auswirkungen *Kraatz* JR 2008, 189 ff). Bei Bestimmung des Umfangs der Erledigung sind dabei die Dauer der staatlich zu verantwortenden Verzögerung, das Maß des Fehlverhaltens staatlicher Organe sowie die Auswirkungen auf den einzelnen Angeklagten zu berücksichtigen (BGH NStZ-RR 2011, 239; 2012, 244). Keiner Kompensation bedarf es bei rechtsstaatswidrigen Verzögerungen, die einem ausländischen Hoheitsträger zuzurechnen sind (BGHSt 57, 1 f; abw. *Stiebig* ZJS 2012, 614 [617]). 46

cc) Als schuldunabhängigen Strafmilderungsgrund von besonderem Gewicht betrachtet die Rspr ferner die Verleitung des Täters zur Straftat in einer dem Staat zurechenbaren Weise durch Einsatz eines **V-Mannes oder Lockspitzels** (BGH NJW 1986, 75 [76]; StV 2012, 415). Die Tatprovokation kann sich hierbei bereits auf die Wahl des Strafrahmens auswirken, etwa durch Verneinung eines besonders schweren Falls trotz Vorliegens eines Regelbeispiels oder die Annahme eines minder schweren Falls (BGHSt 45, 321 [341]; LK-*Theune* Rn 254). Die Anwendung dieser sog. „Strafzumessungslösung" in Fällen einer unzulässigen Tatprovokation wird in der Praxis mit Blick auf die Entscheidung des EGMR in Sachen *Furcht gegen Deutschland* (EGMR NJW 2015, 3631: Eine Strafmilderung genügt nicht für die Wiedergutmachung eines Verstoßes gegen Art. 6 I 47

EMRK; zur Verbindlichkeit der Rspr des EGMR für das deutsche Strafprozessrecht *Meyer/Wohlers* JZ 2015, 761 ff) nicht mehr einheitlich beurteilt. Der BGH lehnt in Anbetracht der europäischen Sicht teilweise nun schon eine grundsätzliche Lösung über eine Strafmilderung ab und nimmt im Falle einer unzulässigen Tatprovokation ein Verfahrenshindernis an (so BGHSt 60, 276 m.Anm. *Mitsch* NStZ 2016, 57: regelmäßig Verfahrenshindernis; zust. *Eschelbach* GA 2015, 545 [559 ff]; aA hingegen BGHSt 60, 238: Verfahrenshindernis nur in „extremen" Ausnahmefällen, womit der 1. Senat beabsichtigt, an der bisherigen Rspr festzuhalten; eingehend zu diesen divergierenden Entscheidungen *Jahn/Kudlich* JR 2016, 54 ff). Das BVerfG lässt die Vereinbarkeit der Strafzumessungslösung mit den Anforderungen des Art. 6 I EMRK vorerst offen (BVerfG NJW 2015, 1083 [1085 f]). Ob der bisher angewandte Lösungsansatz einer Kompensation der unzulässigen Tatprovokation durch eine Stafmilderung in Zukunft weiterhin Bestand haben wird, ist aufgrund der nun beim BGH bestehenden Divergenz fraglich. Eine Vorlage vor dem Großen Senat wäre der Sicherung einer einheitlichen Rspr daher durchaus förderlich (vgl *Dölp* StraFo 2016, 265 [268]).

48 **dd)** *Keinen* Strafmilderungsgrund stellt die mit der Anordnung des Wertersatzverfalls verbundene Vermögenseinbuße dar (BGH NStZ 2001, 312; NStZ-RR 2015, 281); dennoch können die Höhe der Strafe und die Anordnung des Verfalls im Hinblick auf die aktuellen Vermögensverhältnisse des Angeklagten in gewissem Umfang aufeinander abgestimmt werden (BGH StraFo 2005, 384). Ebenfalls kann die unterschiedliche rechtliche Beurteilung des Konkurrenzverhältnisses bei unverändertem Schuldumfang kein maßgebliches Kriterium der Strafbemessung sein (BGH NStZ-RR 2005, 199).

49 **e)** Nach Abwägung aller strafzumessungserheblichen Umstände ist die Einordnung in den bereits gefundenen gesetzlichen Strafrahmen vorzunehmen. Umstritten ist hierbei die konkrete Vorgehensweise (näher hierzu *Streng* Rn 625 ff):

50 **aa)** Von der hM wird die sog. **Spielraumtheorie** vertreten (BGHSt 7, 28 [32]; *Bruns*, Das Recht der Strafzumessung, 1985, 105 ff; *Schaffstein* Gallas-FS 99 [101 ff]; krit. hierzu mit einem Gegenmodell der tatproportionalen Strafe *v. Hirsch*, Fairness, Verbrechen und Strafe: Strafrechtstheoretische Abhandlungen, 2005, 131 ff). Diese beruht auf dem Gedanken, dass sich aus dem Schuldmaß zwar keine feste Strafgröße für eine konkrete Tat, wohl aber ein gegenüber dem gesetzlichen Strafrahmen konkretisierter Schuldrahmen finden lasse; innerhalb dieses Rahmens sei in richterlicher Würdigung die schuldangemessene Strafe für die konkrete Tat unter Berücksichtigung der anerkannten Strafzwecke zuzumessen (BGHSt 20, 264 [266 ff]). Die Einordnung des konkreten Falles habe sich hierbei am Durchschnittsfall zu orientieren (BGHSt 27, 2 [4 f]).

51 Die Frage, wie dieser Durchschnittsfall zu bestimmen ist, wird jedoch nicht einheitlich beantwortet (näher L-*Kühl-Kühl* Rn 32, 48 f). So wird beispielsweise vorgeschlagen, den Maßstab eines gedachten oder empirisch zu bestimmenden Durchschnittsfalls (*Theune* StV 1985, 162 [168]) oder des tatsächlich am häufigsten vorkommenden Falles (*Bruns* JZ 1988, 1053 ff; *Horn* StV 1986, 168 ff) zugrunde zu legen.

52 Einigkeit besteht jedoch dahin gehend, dass die Tat zumindest „grob" in den Strafrahmen eingeordnet werden muss (*Bruns* NJW 1979, 289 [292]). Hierbei können nach der Rspr folgende Indizien herangezogen werden:

53 ▪ Auf die Mindeststrafe darf das Gericht nur erkennen, wenn die Schuld an der unteren Grenze der praktisch vorkommenden Durchschnittsfälle liegt.

- Die Höchststrafe ist nur bei denkbar schwerster Schuld zu verhängen (vgl BGH StV 1984, 152). 54
- Das rechnerische Mittel des Strafrahmens bezeichnet nur den denkbaren Durchschnittsfall. Es darf nicht schematisch mit dem Regelfall gleichgesetzt werden, da dieser erfahrungsgemäß wegen des relativ geringen Schweregrades meist unter dem Durchschnittswert der praktisch vorkommenden Fälle liegt (BGHSt 27, 2 [4 f]; BGH NStZ 1983, 217). Der Grundsatz, dass im „Regelfall" eine Strafe unterhalb der Mitte des Strafrahmens angemessen ist, gilt nicht für Ausnahmestrafrahmen (BGHSt 34, 355 [360]). 55

bb) Nach der **Theorie der Punktstrafe** hingegen ist für eine ganz bestimmte Tat eines bestimmten Täters nur eine ganz bestimmte Strafe („Punktstrafe") schuldangemessen (*Köhler* 578 ff). Hierbei wird jedoch betont, dass dieser „Punkt" sich in der Praxis nicht errechnen lasse, sondern nur als Annäherungswert erfassbar sei (*Bruns* NJW 1979, 289 ff). 56

cc) Die insbesondere von *Dreher* (JZ 1967, 41 ff) vertretene **Lehre vom sozialen Gestaltungsakt** geht davon aus, dass es für eine bestimmte Tat nicht etwa eine einzige richtige Strafe gibt, die der Richter zu finden habe, sondern dass er innerhalb des Strafrahmens die nach seiner Überzeugung von den Wertmaßstäben der Rechtsordnung schuldangemessene Strafe zu bestimmen habe. 57

3. Abschließend ist die **konkrete Ausgestaltung** der gefundenen Strafe vorzunehmen. Wichtig ist hier vor allem die Wahl zwischen Freiheitsstrafe und Geldstrafe, für die § 47 im Bereich der kurzen Freiheitsstrafe eine teilweise von § 46 abweichende Regelung bringt. Ebenso zu beachten ist die Möglichkeit des Absehens von Strafe nach § 60 oder der Strafaussetzung zur Bewährung gem. §§ 56 ff. Nach § 51 kann unter bestimmten Voraussetzungen eine bereits erlittene U-Haft auf eine andere Freiheitsstrafe angerechnet werden. 58

§ 46 a Täter-Opfer-Ausgleich, Schadenswiedergutmachung

Hat der Täter
1. in dem Bemühen, einen Ausgleich mit dem Verletzten zu erreichen (Täter-Opfer-Ausgleich), seine Tat ganz oder zum überwiegenden Teil wiedergutgemacht oder deren Wiedergutmachung ernsthaft erstrebt oder
2. in einem Fall, in welchem die Schadenswiedergutmachung von ihm erhebliche persönliche Leistungen oder persönlichen Verzicht erfordert hat, das Opfer ganz oder zum überwiegenden Teil entschädigt,

so kann das Gericht die Strafe nach § 49 Abs. 1 mildern oder, wenn keine höhere Strafe als Freiheitsstrafe bis zu einem Jahr oder Geldstrafe bis zu dreihundertsechzig Tagessätzen verwirkt ist, von Strafe absehen.

I. Die durch das Verbrechensbekämpfungsgesetz v. 28.10.1994 (BGBl. I, 3186) eingeführte Vorschrift (als Übernahme eines im Jugendstrafrecht erfolgreich angewandten Instituts, vgl BGH NStZ 2003, 199; krit. *Maiwald* GA 2005, 340) gilt sowohl bei Vergehen als auch Verbrechen (L-Kühl-*Heger* Rn 1 b). Es handelt sich um einen **vertypten Strafmilderungsgrund** (BGH NStZ 2003, 29 [39]; *Rössner/Bannenberg* Meurer-GS 157 [172]), der zwei unterschiedliche Ausgleichsformen (Täter-Opfer-Ausgleich nach Nr. 1; Schadenswiedergutmachung nach Nr. 2) 1 mit je eigenen Voraussetzungen statuiert. Nach dem Gesetzeswortlaut ist § 46 a nur bei solchen Delikten anwendbar, die sich gegen einen „Verletzten" (Nr. 1) bzw ein „Opfer" (Nr. 2) richten. Daher ist die Anwendung bei sog. opferlosen Delikten sowie dort, wo die Verfügung über das geschützte Rechtsgut allein dem Staat oder der Allgemeinheit zusteht, umstritten (für eine Anwendung *Meier* JuS 1996, 436 [439 f]; aA BGHSt 60, 84 ff m. krit. Anm. *Heghmanns* ZJS 2015, 436 ff sowie *Kaspar* JZ 2015, 312 ff; diff. *Fischer* Rn 8; MK-*Maier* Rn 3; *Schöch* BGH-FS IV 309 [333 f]). Praktisch wirkt sich dies vor allem bei Verkehrsdelikten (zB §§ 315 b, 316) und Steuerdelikten aus (ausf. *Kespe*, Täter-Opfer-Ausgleich und Schadenswiedergutmachung, 2011, 301 ff mwN).

2   Im Hinblick auf den **Anwendungsbereich** der Varianten nach Nr. 1 und Nr. 2 ist zu beachten, dass sich der **Täter-Opfer-Ausgleich nach Nr. 1** vornehmlich auf immaterielle, die **Schadenswiedergutmachung nach Nr. 2** dagegen auf materielle Ausgleichsleistungen des Täters bezieht (BGHSt 48, 134 [138 f]; BGH NStZ 2013, 33 [34]). Dem korrespondiert allerdings nicht eine entsprechende Aufteilung der in Betracht kommenden Delikte, vielmehr ist auch bei der Verletzung immaterieller Rechtsgüter eine materielle Wiedergutmachung iSv Nr. 2 denkbar, namentlich in Form von Schmerzensgeld (vgl *Schöch* Rissing-van Saan-FS 639 ff mwN; anders noch BGH StV 2007, 72). Umgekehrt wird eine Anwendbarkeit von Nr. 1 in Fällen rein materieller Schäden dann befürwortet, wenn der Täter durch geringes Verschulden einen erheblichen Schaden verursacht, den er aufgrund seines geringen Einkommens auch mit größten Anstrengungen nicht hinreichend ausgleichen kann (*Dölling/Hartmann* NStZ 2002, 366). Zudem kommt bei Taten mit mehreren Opfern ein Zusammentreffen beider Varianten in Betracht, deren Voraussetzungen dann entsprechend kumulativ erfüllt sein müssen (BGH NStZ 2002, 364 [365 f] m.Anm. *Dölling/Hartmann*; vgl auch BGH NStZ 2012, 439 [440]; NStZ-RR 2013, 372).

3   II. Bei **Nr. 1** muss der Täter **seine Tat** ganz oder zumindest teilweise **wiedergutgemacht** bzw deren Wiedergutmachung ernsthaft – sei es auch erfolglos – erstrebt haben (BGH NStZ 2002, 29). Eine einseitige Wiedergutmachung ohne den Versuch, das Opfer einzubeziehen, genügt nicht (BGH NStZ 2003, 29 [30]). Vielmehr muss das Streben des Täters in dem Bemühen erfolgen, mit dem Verletzten **in einem kommunikativen Prozess** einen umfassenden Ausgleich der durch die Straftat verursachten Folgen zu erreichen (BGH NStZ 2008, 452 f). Hierfür reicht es aus, wenn der Täter seinen Verteidiger für sich tätig werden lässt (BGH NStZ 2003, 29 [30]; OLG Köln NStZ-RR 2004, 71).

4   Der kommunikative Prozess setzt grds. voraus, dass sich das Opfer **auf freiwilliger Grundlage** zu einem Ausgleich bereit findet und sich auf ihn einlässt (BGH NStZ 2006, 275 [276]). Hieran fehlt es, wenn der Verletzte einer Abrede nur zustimmt, weil er befürchtet, ansonsten keinerlei Ersatzleistungen von dem Angeklagten zu erhalten und weil er – was der Angeklagte weiß – dringend Geld benötigt (BGH NStZ 2002, 646 [647]). Einem abgeschlossenen zivilrechtlichen Vergleich kann jedoch eine Indizwirkung für einen kommunikativen Prozess zukommen (BGH JR 2010, 217 m.Anm. *Rose*; anders für den Fall eines schwerwiegenden Sexualdelikts BGH StV 2012, 151). Ob eine fehlende Einwilligung des Opfers in den Ausgleich im Einzelfall einmal unbeachtlich sein kann, ist umstritten (dafür BGH NStZ 2002, 646 [647]; AnwK-*Seebode* Rn 20; dagegen BGH StV 2004, 72 unter Hinweis auf § 155 a S. 3 StPO; vgl hierzu auch NK-*Streng* Rn 14: Zumutbarkeit der Einwilligung entscheidend).

Die Wiedergutmachung muss in der Absicht einer **Lösung des der Tat zugrunde liegenden Gesamtkonflikts** geschehen (BGH NStZ 2002, 646 m.Anm. *Kaspar* StV 2002, 651). Hierfür ist ua erforderlich, dass der Täter dem Grunde nach – im Einzelfall in Abwägung zwischen dem Ziel der Schuldmilderung und dem nemo-tenetur-Prinzip – seine Verantwortlichkeit für das vom Opfer erlittene Unrecht akzeptiert, so dass ein die Tat explizit bestreitender Beschuldigter von dem friedensstiftenden Kommunikationsprozess ausgeschlossen bleiben muss (BGHSt 48, 134 [140 ff]; einschr. im Falle eines Notwehrexzesses BGH StV 2010, 303). 5

Ein uneingeschränktes **Geständnis** kann Anzeichen für einen gelungenen Täter-Opfer-Ausgleich sein, doch ist es nicht zwingend erforderlich (BGH StV 2008, 464), da § 46 a schon seinem Wortlaut nach kein bestimmtes Prozessverhalten fordert. Im Übrigen ist das Maß des zu verlangenden kommunikativen Prozesses auch abhängig von dem zugrunde liegenden Delikt, so dass bei Gewaltdelikten und Delikten gegen die sexuelle Selbstbestimmung regelmäßig ein Geständnis zu verlangen ist (BGHSt 48, 134 [141 f]). 6

Zweifelhaft ist, wer Verletzter im Fall der Nr. 1 sein kann. Während nach einer Ansicht wegen des erforderlichen Kommunikationsprozesses nur eine natürliche Person in Betracht kommen kann (L-Kühl-*Heger* Rn 3), wird nach der hM auch bei juristischen Personen ein Ausgleichsbedürfnis bejaht (BGH NStZ 2000, 205; *Rössner/Bannenberg* Meurer-GS 157 [166]; diff. S/S-*Stree/Kinzig* Rn 4 a). 7

III. Dem Ausgleichsbemühen ist nach **Nr. 2** die **Schadenswiedergutmachung** gleichgestellt, vorausgesetzt, der Täter erbringt ganz oder zum überwiegenden Teil eine Entschädigung, die ihm erhebliche **persönliche Leistungen** (zB umfangreiche Arbeiten in der Freizeit, erhebliche Einschränkungen im finanziellen Bereich) oder **persönlichen Verzicht** (zB Aufgabe einer geplanten Urlaubsreise) abgefordert hat (*Fischer* Rn 11). Mit dieser Einschränkung sollen von der besonderen Vergünstigung nach § 46 a Täter ausgeschlossen sein, die ohne eine ins Gewicht fallende persönliche Belastung das Opfer entschädigen, so dass ein Täter sich nicht ohne Weiteres mit Schadensersatzleistungen von einer strengeren Bestrafung „freikaufen" kann (vgl BGH NStZ 2000, 205 [206]; OLG Bamberg wistra 2013, 117 [118]). 8

Im Unterschied zu Nr. 1 muss das Opfer **tatsächlich** ganz oder zum überwiegenden Teil **entschädigt** werden (BGH NStZ 2000, 83 [84]). Das bloße Erstreben der Wiedergutmachung kann nur in Ausnahmefällen genügen, etwa wenn das Opfer die Annahme der Leistung verweigert (*Fischer* Rn 11 a). 9

Für eine **vollständige Entschädigung** des Opfers ist auch **bei Mittätern** regelmäßig eine Wiedergutmachung erforderlich, die sich – entsprechend der zivilrechtlichen Außenhaftung nach § 426 BGB – auf den gesamten Schaden und nicht nur den eigenen Anteil bezieht (*Dölling/Hartmann* NStZ 2002, 366 [367]; *Kaspar* GA 2003, 146 [149 f]). Eine **Entschädigung zum überwiegenden Teil** verlangt grds. die Wiedergutmachung von wenigstens der Hälfte des Schadens. Abw. hiervon lässt es der BGH teilweise aber auch genügen, wenn ein Teilschadensausgleich von weniger als der Hälfte erfolgt, sofern sich der Geschädigte (bzw dessen Versicherer) mit der Teilleistung zufrieden gibt und den Täter von der weitergehenden Haftung freistellt (BGH StV 2009, 405 [406]; abl. *König* JR 2002, 252 [254]). 10

IV. Der Anwendung des § 46 a steht nicht entgegen, dass der Täter die Entschädigungsleistungen erst erbringt, nachdem er durch das Opfer auf Zahlung in Anspruch genommen worden ist (BGH NStZ 2003, 29 [39]). Weiterhin ist der Aus- 11 gleich auch nicht an einen bestimmten **Zeitpunkt** gebunden; Ausgleichsmaßnahmen können erst im Rahmen der Hauptverhandlung vorgenommen werden (BGH StV 2009, 128). Dass ein Angeklagter seine Ausgleichsbemühungen erst spät entfaltet hat, kann aber im Rahmen der Strafmilderung nach § 49 I mitberücksichtigt werden (OLG Köln NStZ 2004, 71 [72]; vgl auch BGH NStZ 2003, 29 [30]).

12 V. Liegen die Voraussetzungen nach Nr. 1 oder Nr. 2 vor, ist im Rahmen einer Gesamtbewertung in einem ersten Schritt darüber zu befinden, ob der Strafrahmen nach § 49 I zu mildern ist (BGH StraFo 2010, 159). Nur wenn dies der Fall ist, erscheint überhaupt eine weitere Prüfung im Hinblick auf ein Absehen von Strafe veranlasst; hierzu muss zunächst in einem weiteren Schritt eine (fiktive) Strafzumessung zur Bestimmung einer konkret verwirkten Strafe durchgeführt werden (OLG Bamberg wistra 2013, 117 [118]). Liegt diese unter einem Jahr Freiheitsstrafe bzw 360 Tagessätzen Geldstrafe, so kann in einem letzten Schritt entschieden werden, ob von Strafe abgesehen werden soll (vgl *Fischer* Rn 4 ff).

§ 46 b Hilfe zur Aufklärung oder Verhinderung von schweren Straftaten

(1) ¹Wenn der Täter einer Straftat, die mit einer im Mindestmaß erhöhten Freiheitsstrafe oder mit lebenslanger Freiheitsstrafe bedroht ist,
1. durch freiwilliges Offenbaren seines Wissens wesentlich dazu beigetragen hat, dass eine Tat nach § 100 a Abs. 2 der Strafprozessordnung, die mit seiner Tat im Zusammenhang steht, aufgedeckt werden konnte, oder
2. freiwillig sein Wissen so rechtzeitig einer Dienststelle offenbart, dass eine Tat nach § 100 a Abs. 2 der Strafprozessordnung, die mit seiner Tat im Zusammenhang steht und von deren Planung er weiß, noch verhindert werden kann,

kann das Gericht die Strafe nach § 49 Abs. 1 mildern, wobei an die Stelle ausschließlich angedrohter lebenslanger Freiheitsstrafe eine Freiheitsstrafe nicht unter zehn Jahren tritt. ²Für die Einordnung als Straftat, die mit einer im Mindestmaß erhöhten Freiheitsstrafe bedroht ist, werden nur Schärfungen für besonders schwere Fälle und keine Milderungen berücksichtigt. ³War der Täter an der Tat beteiligt, muss sich sein Beitrag zur Aufklärung nach Satz 1 Nr. 1 über den eigenen Tatbeitrag hinaus erstrecken. ⁴Anstelle einer Milderung kann das Gericht von Strafe absehen, wenn die Straftat ausschließlich mit zeitiger Freiheitsstrafe bedroht ist und der Täter keine Freiheitsstrafe von mehr als drei Jahren verwirkt hat.

(2) Bei der Entscheidung nach Absatz 1 hat das Gericht insbesondere zu berücksichtigen:
1. die Art und den Umfang der offenbarten Tatsachen und deren Bedeutung für die Aufklärung oder Verhinderung der Tat, den Zeitpunkt der Offenbarung, das Ausmaß der Unterstützung der Strafverfolgungsbehörden durch den Täter und die Schwere der Tat, auf die sich seine Angaben beziehen, sowie
2. das Verhältnis der in Nummer 1 genannten Umstände zur Schwere der Straftat und Schuld des Täters.

(3) Eine Milderung sowie das Absehen von Strafe nach Absatz 1 sind ausgeschlossen, wenn der Täter sein Wissen erst offenbart, nachdem die Eröffnung des

Hauptverfahrens (§ 207 der Strafprozessordnung) gegen ihn beschlossen worden ist.

I. Die Vorschrift normiert einen **fakultativen Strafmilderungsgrund** (Abs. 1 S. 1) bzw ermöglicht – ausschließlich bei zeitiger Freiheitsstrafe – ein **Absehen von Strafe** (Abs. 1 S. 4) bei Delikten der mittleren und schweren Kriminalität. Zweck des § 46 b ist es, konspirative Strukturen vor allem im Bereich des Terrorismus und der organisierten Kriminalität aufzubrechen, denen ohne Angaben von selbst in das kriminelle Milieu verstrickten Tätern kaum wirksam begegnet werden kann (BT-Drucks. 16/6268, 9). Der Gesetzgeber beschränkt den Anwendungsbereich der Vorschrift in der seit dem 1.8.2013 geltenden Fassung – ua auch zur stärkeren Betonung des vorgenannten Regelungszweckes – auf **sog. Zusammenhangstaten** (BT-Drucks. 17/9695, 6). Die Norm steht damit in der Tradition der alten „Kronzeugenregelung", die von 1989 bis einschließlich 1999 in Kraft war. Diese eröffnete für die Bildung krimineller oder terroristischer Vereinigungen und damit zusammenhängender Taten die Möglichkeit, das Verfahren einzustellen, von Strafe abzusehen oder die Strafe zu mildern. Bei Auslegung der einzelnen Voraussetzungen des § 46 b kann nach dem Willen des Gesetzgebers auf ähnliche Regelungen aus strafrechtlichen Teilgebieten, namentlich § 31 BtMG, zurückgegriffen werden (BT-Drucks. 16/6268, 12; 17/9695, 8; s. auch Rn 4, 5, 6; zur Vereinbarkeit des § 46 b (aF) mit Legalitätsprinzip und Schuldgrundsatz vgl *Kneba*, Die Kronzeugenregelung des § 46 b StGB, 2011, 34 ff). 1

II. **Voraussetzung** einer fakultativen Strafmilderung ist gem. **Abs. 1 S. 1** zunächst, dass die dem Täter vorzuwerfende Straftat (sog. Anlasstat) mit einer **Mindestfreiheitsstrafe** bzw **lebenslanger Freiheitsstrafe** bedroht ist. Im ersteren Fall ist die Präzisierung nach S. 2 zu beachten. Mit diesem im Gegensatz zur früheren Kronzeugenregelung relativ weiten Anwendungsbereich sollen neben einem möglichst breit wirkendem Anreiz für Aufklärungs- und Präventionshilfen auch Differenzierungen zwischen den Deliktsarten vermieden werden, deren Berechtigung fraglich wäre (näher BT-Drucks. 16/6268, 10). 2

Durch das vom Täter freiwillig preisgegebene Wissen muss weiterhin die **Aufdeckung** (Nr. 1) bzw **Verhinderung** (Nr. 2) einer der in § **100 a II StPO genannten Taten** ermöglicht werden. Der Aufdeckungserfolg iSv Nr. 1 fordert dabei, dass der Täter wesentlich dazu beigetragen hat, dass gegen von ihm belastete Personen im Falle ihrer Ergreifung ein Strafverfahren mit Aussicht auf Erfolg durchgeführt werden könnte (BGH StraFo 2011, 323). Sein Beitrag muss außerdem nach Abs. 1 S. 3 über den eigenen Tatanteil hinausreichen, sofern er an der aufzuklärenden Tat selbst beteiligt war. Die Orientierung an dem Deliktskatalog des § 100 a II StPO ist zum einen dem Umstand geschuldet, dass für die dort niedergelegten Taten häufig eine konspirativ und in abgeschotteten Strukturen erfolgende Begehungsweise charakteristisch ist, so dass tendenziell besondere Ermittlungsdefizite bestehen. Darüber hinaus werden auch Straftaten erfasst, die bereits aufgrund ihrer Schwere die besondere Honorierung einer Aufklärungs- und Präventionshilfe nach § 46 b rechtfertigen (BT-Drucks. 16/6268, 11; krit. *Malek* StV 2010, 200 [201]). Die Frage, ob eine Katalogtat nach § 100 a II StPO vorliegt, hat das mit der Anlasstat des Aufklärungshelfers befasste Gericht in eigener Verantwortung zu beantworten. Die Einschätzung der Instanz, die über die Bezugstat entscheidet, ist insoweit nicht maßgeblich (OLG Hamburg NStZ-RR 2011, 201 f). 3

4   Es muss ein **Zusammenhang** bestehen zwischen der vom „Kronzeugen" offenbarten Katalogtat und seiner eigenen Straftat. Bei der bis zum 1.8.2013 geltenden aF entschied sich der Gesetzgeber noch bewusst für einen weiten Anwendungsbereich ohne eine Beschränkung auf Zusammenhangstaten. Die nunmehr nachträglich erfolgte Beschränkung wird damit begründet, dass die Privilegierung des § 46 b aF mit dem Schuldprinzip nicht in einem – vor allem für das Opfer und die rechtstreue Bevölkerung – nachvollziehbaren Einklang stehe, wenn die unmittelbare Tatschuld des Täters durch seine Offenbarung nicht berührt werde (vgl BT-Drucks. 17/9695, 6; krit. *Peglau* NJW 2013, 1910 [1911]). Maßgebliches Kriterium für die **Auslegung des Zusammenhangsbegriffes** ist daher, dass die offenbarte Katalogtat in einer Beziehung zur Schuld des Täters aus der Anlasstat steht. Es kann insofern die Rspr zu § 31 BtMG und zu der alten bis 1999 geltenden Fassung der „Kronzeugenregelung" herangezogen werden (BT-Drucks. 17/9695, 8; vertiefend zur Auslegung des Zusammenhangsbegriffs m. Beispiel *Peglau* NJW 2013, 1910 [1912 f]).

5   Die **Freiwilligkeit** der Offenbarung des Täters wird – entsprechend der Rspr zu § 31 BtMG – nicht durch das Bestehen einer strafprozessualen Aussagepflicht des Zeugen ausgeschlossen (BGHSt 55, 153 [155]). Der Fall, dass der Täter bei seiner Offenbarung den eigenen Tatbeitrag leugnet oder unberechtigt entschuldigt, ist allein im Rahmen der Ermessensentscheidung nach Abs. 2 zu berücksichtigen (BGH NStZ-RR 2012, 201; vgl dazu Rn 6).

6   III. Die Norm enthält in **Abs. 2** eine nicht abschließend zu verstehende („insbesondere") **Aufzählung von Kriterien**, die bei der Entscheidung über das Ob und Wie der Strafmilderung bzw das Absehen von Strafe zu berücksichtigen sind (näher *Peglau* wistra 2009, 409 [411]). Im Hinblick auf sonstige, nicht ausdrücklich aufgeführte Umstände kann auch auf die bei speziellen Kronzeugenregelungen entwickelten Grundsätze zurückgegriffen werden (vgl BT-Drucks. 16/6268, 14 m. Bsp.).

7   IV. Nach **Abs. 3** ist eine Strafmilderung oder ein Absehen von Strafe zwingend **ausgeschlossen**, wenn der Betroffene die Angaben erst nach dem Beschluss über die Eröffnung des Hauptverfahrens gem. § 207 StPO macht. Maßgeblich ist dabei der Zeitpunkt des Beschlusserlasses, nicht die Kenntnis seitens des Angeklagten (BGH StraFo 2011, 61). Hintergrund der zeitlichen Grenze ist der Umstand, dass die Ermittlungsbehörden Zeit benötigen, die vom Beschuldigten gemachten Angaben auf ihre Richtigkeit zu überprüfen; durch den zeitlichen Bezug auf den Eröffnungsbeschluss soll verhindert werden, dass der Angeklagte Wissen zB aus prozesstaktischen Gründen zurückhält oder nur scheinbar relevante Angaben allein zum Zwecke der Prozessverschleppung macht (BT-Drucks. 16/6268, 14; krit. *König* StV 2012, 113 [115]). Die Möglichkeit der Anwendung der allgemeinen Strafzumessungsregel des § 46 II für erst nach Eröffnung des Hauptverfahrens gemachte Angaben bleibt unberührt. Der zeitliche Beginn der Anwendbarkeit ist hingegen nicht ausdrücklich geregelt. Da die Vorschrift aber an das aktuelle Strafverfahren gegen den Betroffenen anknüpft, stellt die Begründung der Beschuldigteneigenschaft in einem Ermittlungsverfahren den erstmöglichen Zeitpunkt dar, in dem eine Strafmilderung durch eine Offenbarung erlangt werden kann (BGH NStZ-RR 2015, 248 mwN; MK-*Maier* Rn 43).

8   V. Im **Verhältnis zu speziellen Kronzeugenregelungen** (zB § 129 VI Nr. 2 StGB, § 31 BtMG) oder **Vorschriften der tätigen Reue** (etwa § 98 I S. 2, II) ist zu beachten, dass diese als *lex specialis* der Anwendung des § 46 b grds. vorgehen. In der Praxis scheitert eine Anwendung der Norm nicht selten am Vorhandensein sol-

cher (vorrangiger) rechtlicher Alternativen (vgl *Kaspar/Christoph* StV 2016, 318 [321]). Soweit der Sachverhalt von den speziellen Vorschriften aber nicht erfasst wird, ist ein Rückgriff auf § 46 b möglich. Gleiches kann dann gelten, wenn die Anwendung dieser Norm im Verhältnis zu den spezielleren Vorschriften für den Angeklagten günstiger ist (näher BT-Drucks. 16/6268, 15 mwN).

§ 47 Kurze Freiheitsstrafe nur in Ausnahmefällen

(1) Eine Freiheitsstrafe unter sechs Monaten verhängt das Gericht nur, wenn besondere Umstände, die in der Tat oder der Persönlichkeit des Täters liegen, die Verhängung einer Freiheitsstrafe zur Einwirkung auf den Täter oder zur Verteidigung der Rechtsordnung unerläßlich machen.

(2) ¹Droht das Gesetz keine Geldstrafe an und kommt eine Freiheitsstrafe von sechs Monaten oder darüber nicht in Betracht, so verhängt das Gericht eine Geldstrafe, wenn nicht die Verhängung einer Freiheitsstrafe nach Absatz 1 unerläßlich ist. ²Droht das Gesetz ein erhöhtes Mindestmaß der Freiheitsstrafe an, so bestimmt sich das Mindestmaß der Geldstrafe in den Fällen des Satzes 1 nach dem Mindestmaß der angedrohten Freiheitsstrafe; dabei entsprechen dreißig Tagessätze einem Monat Freiheitsstrafe.

I. Die Vorschrift räumt der Geldstrafe den Vorrang vor der Verhängung einer Freiheitsstrafe unter sechs Monaten ein. Das gilt selbst dann, wenn das Gesetz keine Geldstrafe im betreffenden Fall vorsieht (Abs. 2). Die kurzfristige Freiheitsstrafe hat somit eine **ultima-ratio-Funktion** (BGHSt 24, 40 [42 f]). Dabei schließt das Übermaßverbot die Verhängung einer kurzfristigen Freiheitsstrafe auch bei Bagatelldelikten nicht generell aus, jedoch kann seine Beachtung gebieten, auf die Mindeststrafe zu erkennen (OLG Stuttgart NJW 2006, 1222 ff). 1

§ 47 gilt immer, wenn Freiheitsstrafe unter sechs Monaten in Betracht kommt, also auch bei Verbrechen, sofern infolge einer Strafrahmenverschiebung (§§ 49, 50) eine Freiheitsstrafe unter sechs Monaten möglich ist, und unabhängig davon, ob eine Strafaussetzung nach § 56 infrage kommt (*Fischer* Rn 3). 2

Die Prüfung hat für jede einzelne Tat stattzufinden (BGHSt 24, 164 [165]; OLG Zweibrücken VRS 106, 274 [275]; SK-*Wolters* Rn 6), und zwar auch bei gleichzeitiger Verurteilung zu einer höheren Freiheitsstrafe (BGH bei *Detter* NStZ 1992, 477 [479]). Eine eingehende und nachvollziehbare Begründung der Verhängung einer kurzen Freiheitsstrafe ist auch bei erheblicher Vorbelastung des Täters erforderlich (OLG Köln NStZ 2003, 421 f). 3

II. Die Wahlregel in **Abs. 1** bestimmt, dass Freiheitsstrafe unter sechs Monaten statt einer Geldstrafe nur verhängt werden darf, wenn 4

1. aufgrund der besonderen Umstände der Tat (zB die Art der Tatbegehung oder des verletzten Rechtsgutes, das Ausmaß der Tatfolgen) und/oder der Persönlichkeit des Täters (zB das Maß der Pflichtwidrigkeit, seine persönlichen Verhältnisse, Vorleben/Vorstrafen) 5

2. das Geschehen so weit vom Durchschnitt abweicht (*Fischer* Rn 6), dass die **Verhängung der kurzfristigen Freiheitsstrafe unerlässlich ist** (vgl BGH StraFo 2011, 500). 6

7 a) Die Verhängung einer Freiheitsstrafe kann zum einen dann unerlässlich sein, wenn sie **zur Einwirkung auf den Täter**, dh aus spezialpräventiven Gründen (OLG Köln StV 1984, 378; OLG München NJW 2009, 161 [162]), erforderlich erscheint. Dies ist nur gegeben, wenn auch eine hohe Geldstrafe nicht ausreicht, den Täter so zu beeindrucken und ihm das Unrecht seiner Tat so vor Augen zu führen, dass er sich voraussichtlich nicht mehr strafbar macht (HKGS-*Rössner/ Kempfer* Rn 11). Das kann auch bei wiederholtem Diebstahl nur geringwertiger Sachen der Fall sein (OLG Celle NStZ 2004, 142). Ebenfalls steht der Verhängung einer kurzen Freiheitsstrafe nicht unbedingt entgegen, dass deren Vollzug nach Maßgabe des § 56 nicht geboten ist (BGHSt 24, 164 ff). Die erstmalige Verbüßung von Freiheitsstrafe kann der Unerlässlichkeit weiterer kurzer Freiheitsstrafen hingegegen entgegenstehen (OLG Naumburg StraFo 2015, 389).

8 b) Ferner kann **zur Verteidigung der Rechtsordnung**, also aus generalpräventiven Aspekten (vgl § 46 Rn 5), die Verhängung einer kurzen Freiheitsstrafe geboten sein. Zur Verteidigung der Rechtsordnung unerlässlich ist die Verhängung einer kurzen Freiheitsstrafe nach der Rspr nur dann, wenn eine Geldstrafe im Hinblick auf die Besonderheiten des Einzelfalls für das allgemeine Rechtsempfinden schlechthin unverständlich wäre (OLG Köln NJW 1984, 411 [412]; OLG Karlsruhe StV 2004, 477 [479]; vgl auch BGHSt 24, 40 [46] bzgl Strafaussetzung). Bleiben Zweifel, ob eine Freiheitsstrafe unerlässlich ist, so ist auf Geldstrafe zu erkennen (KG StV 2004, 383). Der jeweilige Grund für die Verhängung einer kurzen Freiheitsstrafe muss in den Urteilsgründen dargestellt werden oder sich zumindest aus deren Gesamtzusammenhang ergeben (BGH wistra 2004, 263 [264]; OLG Frankfurt StV 2004, 382).

9 **III.** Eines Rückgriffs auf **Abs. 2 S. 1** bedarf es nicht bei Gesetzen, die Freiheitsstrafe ohne besonderes Mindestmaß androhen, da bei ihnen bereits nach Art. 12 I S. 1 EGStGB stets die wahlweise Androhung der Geldstrafe neben die Freiheitsstrafe tritt (Ausnahme [vgl Art. 10 II EGStGB]: §§ 10 WStG, 56 ZDG). Gleiches gilt, wenn durch die Anwendung eines vertypten Strafmilderungsgrundes die Untergrenze des Strafrahmens einer Strafnorm, welche nur Freiheitsstrafe mit erhöhter Mindeststrafe androht, auf das gesetzliche Mindestmaß abgesenkt wird (BGHSt 60, 215 m.Anm. *Drees* NStZ 2016, 153).

§ 48 (weggefallen)

§ 49 Besondere gesetzliche Milderungsgründe

(1) Ist eine Milderung nach dieser Vorschrift vorgeschrieben oder zugelassen, so gilt für die Milderung folgendes:
1. An die Stelle von lebenslanger Freiheitsstrafe tritt Freiheitsstrafe nicht unter drei Jahren.
2. Bei zeitiger Freiheitsstrafe darf höchstens auf drei Viertel des angedrohten Höchstmaßes erkannt werden. Bei Geldstrafe gilt dasselbe für die Höchstzahl der Tagessätze.
3. Das erhöhte Mindestmaß einer Freiheitsstrafe ermäßigt sich
   im Falle eines Mindestmaßes von zehn oder fünf Jahren auf zwei Jahre,
   im Falle eines Mindestmaßes von drei oder zwei Jahren auf sechs Monate,

im Falle eines Mindestmaßes von einem Jahr auf drei Monate,
im übrigen auf das gesetzliche Mindestmaß.
(2) Darf das Gericht nach einem Gesetz, das auf diese Vorschrift verweist, die Strafe nach seinem Ermessen mildern, so kann es bis zum gesetzlichen Mindestmaß der angedrohten Strafe herabgehen oder statt auf Freiheitsstrafe auf Geldstrafe erkennen.

I. § 49 ist eine **Strafrahmenregelung** für die Fälle, in denen das Gesetz eine Milderung nach dieser Vorschrift zwingend vorschreibt oder zulässt. Die Bedeutung der Vorschrift erschöpft sich in der Veränderung des Strafrahmens. Innerhalb des gemilderten Rahmens gelten die allgemeinen Strafzumessungsregeln (vgl § 46 Rn 28 ff). 1

II. Eine Milderung nach **Abs. 1** ist entweder **zwingend vorgeschrieben** oder lediglich **fakultativ zugelassen**. 2

1. Vorgeschrieben ist eine Milderung in den Fällen der §§ 27 II, 28 I, 30 I, 35 II, 111 II. Bejaht der Richter die entsprechenden gesetzlichen Voraussetzungen, so hat er ohne weiteren selbstständigen Entscheidungsakt von dem nach § 49 I gemilderten Strafrahmen auszugehen. 3

2. Zugelassen ist eine Milderung zB in den Fällen der §§ 13 II, 17, 21, 23 II, 35 I, 46 a, 239 a IV. Hier hat der Richter nach hM aufgrund einer Gesamtabwägung aller wesentlichen Tatumstände und der Täterpersönlichkeit zunächst zu entscheiden, ob er von der Milderungsmöglichkeit überhaupt Gebrauch machen will (vgl BGHSt 17, 266 f; BGH NJW 1989, 3230; aA L-Kühl-*Heger* Rn 4 mwN: maßgeblich seien nur Umstände, die sich aus dem jeweiligen Milderungsgrund selbst ergeben). 4

3. § 49 I sieht als Rechtsfolge einen **Sonderstrafrahmen mit gemilderter Strafober- und Strafuntergrenze** vor. Der Sonderstrafrahmen ist unterschiedlich, je nachdem, an welchen Regelstrafrahmen er anknüpft. Eigenständige Delikte haben eigene Regelstrafrahmen, ebenso Privilegierungs- und Qualifizierungstatbestände. Auch unbenannte Strafänderungsgründe (besonders schwere und minder schwere Fälle) und Regelbeispiele führen, wenn der Richter ihr Vorliegen bejaht, zu neuen Strafrahmen, von denen auszugehen ist (*Fischer* Rn 4). 5

III. **Abs. 2** enthält die Vorgabe für den Fall einer **umfangsmäßig unbegrenzten Milderung**, die das Gesetz in zahlreichen Vorschriften vorsieht (§§ 23 III, 83 a I, 84 IV und V, 90 II, 98 II, 113 IV, 129 VI, 129 a VI und VIII, 157, 158 I, 314 a I und II, 320 I und II, 330 b II). Der Richter hat hier die Möglichkeit, die Strafe nach seinem Ermessen zu mildern. Er kann bis zum gesetzlichen Mindestmaß der angedrohten Geld- oder Freiheitsstrafe herabgehen (§§ 38 II, 40 I S. 2) oder auf Geldstrafe anstelle von Freiheitsstrafe erkennen. Die Obergrenze des Strafrahmens bleibt unberührt. 6

IV. Liegen **mehrere gesetzliche Milderungsgründe** nach Abs. 1 vor (zB vermindert Zurechnungsfähiger leistet Beihilfe zu einer versuchten Straftat), so muss (bei zwingenden) bzw kann (bei fakultativen Milderungsgründen) der Strafrahmen mehrfach gemildert werden (vgl § 50 Rn 4 ff). Eine mehrfache Strafrahmenmilderung ist dann unzulässig, wenn es ein und derselbe Umstand ist, der allein und ohne das Hinzutreten anderer Umstände zur mehrfachen Annahme eines Milderungsgrundes nach § 49 I oder II führt (S/S-*Stree/Kinzig* Rn 6). 7

§ 50 Zusammentreffen von Milderungsgründen

Ein Umstand, der allein oder mit anderen Umständen die Annahme eines minder schweren Falles begründet und der zugleich ein besonderer gesetzlicher Milderungsgrund nach § 49 ist, darf nur einmal berücksichtigt werden.

1 I. Die Vorschrift verbietet als Konkretisierung zu § 46 III die sog. **Doppelverwertung von Strafzumessungstatsachen**. Betroffen ist die **Strafrahmenwahl**, nicht die Strafzumessung im engeren Sinne (L-Kühl-*Heger* Rn 1).

2 § 50 beschränkt das Doppelverwertungsverbot auf den Fall, dass **derselbe Umstand** zur Annahme eines minder schweren Falles und zugleich eines besonderen gesetzlichen Milderungsgrundes führt (*Fischer* Rn 2). Unzulässig ist somit, etwa bei einem Totschlag im Zustand verminderter Schuldfähigkeit einen minder schweren Fall nach § 213 anzunehmen und dann die Strafe nochmals nach den §§ 21, 49 I zu mildern.

3 Ist eine Milderung nach § 49 vorgeschrieben oder zugelassen, stellt sich dem Richter die Frage, ob er den Strafrahmen für den minder schweren Fall oder den nach § 49 gemilderten anwenden soll bzw ob er überhaupt die **Wahl zwischen diesen Strafrahmen** hat. Die Rspr und ein Teil des Schrifttums (BGHSt 21, 57 ff; L-Kühl-*Heger* Rn 2) billigen ihm diesbezüglich eine freie Wahlmöglichkeit zu, sofern seine Entscheidung erkennen lasse, dass er „sich dieser Wahlmöglichkeit bewusst war" (BGH StV 1988, 385). Nach der Gegenauffassung (*Frisch* JR 1986, 89 [91]; SK-*Wolters* Rn 5) muss sich der Richter immer für den milderen Strafrahmen entscheiden.

4 II. Bei dem Zusammentreffen mehrerer Milderungsgründe empfiehlt sich folgende **Prüfungsreihenfolge** (vgl BGH StV 1992, 371 f; 2015, 549 m.Anm. *Schlothauer*):

5 1. Liegen neben mindestens einem besonderen gesetzlichen Milderungsgrund weitere allgemeine Milderungsgründe vor, so ist in der Regel zunächst zu prüfen, ob die allgemeinen Milderungsgründe für sich allein genommen ausreichen, einen minder schweren Fall zu bejahen (*Hettinger*, Das Doppelverwertungsverbot bei strafrahmenbildenden Umständen, 1982, 232 f; SK-*Wolters* Rn 8).

6 2. Erst im Anschluss daran ist zu entscheiden, ob der so gefundene Strafrahmen unter Berücksichtigung des § 50 nochmals gemildert werden kann (BGHSt 33, 92 [93]; *Meyer-Goßner* NStZ 1988, 529 [534 f]; SK-*Wolters* Rn 8).

7 a) Reichen die allgemeinen Milderungsgründe zur Annahme eines minder schweren Falles aus, so ergibt sich zugleich, dass der außerdem vorliegende besondere gesetzliche Milderungsgrund nicht „verbraucht" ist (BGH StV 1992, 371 f mwN). Er kann somit zu einer weiteren Milderung des Strafrahmens des minder schweren Falles gem. § 49 herangezogen werden. Liegen mehrere besondere gesetzliche Milderungsgründe vor, ist eine mehrfache Strafrahmenverschiebung nach § 49 möglich (L-Kühl-*Heger* Rn 3).

8 b) Reichen die allgemeinen Milderungsgründe nicht aus, ist alsdann zu prüfen, ob der besondere gesetzliche Milderungsgrund allein oder zusammen mit den anderen Umständen einen minder schweren Fall begründen kann (BGH NStZ 2012, 271 [272]; NStZ-RR 2013, 168) und ob diese Möglichkeit zu wählen ist (vgl Rn 3).

Erfolgt die Annahme eines minder schweren Falles unter Einbeziehung der Umstände des besonderen gesetzlichen Milderungsgrundes, so ist von dem geminderten Strafrahmen auszugehen und wegen des einbezogenen gesetzlichen Milderungsgrundes gem. § 50 eine weitere Strafrahmenverschiebung nach § 49 ausgeschlossen (BGH StV 1992, 371 [372]; S/S/W-*Eschelbach* Rn 13). Ansonsten bleibt es bei der Milderung nach § 49 (L-Kühl-*Heger* Rn 3). 9

§ 51 Anrechnung

(1) ¹Hat der Verurteilte aus Anlaß einer Tat, die Gegenstand des Verfahrens ist oder gewesen ist, Untersuchungshaft oder eine andere Freiheitsentziehung erlitten, so wird sie auf zeitige Freiheitsstrafe und auf Geldstrafe angerechnet. ²Das Gericht kann jedoch anordnen, daß die Anrechnung ganz oder zum Teil unterbleibt, wenn sie im Hinblick auf das Verhalten des Verurteilten nach der Tat nicht gerechtfertigt ist.

(2) Wird eine rechtskräftig verhängte Strafe in einem späteren Verfahren durch eine andere Strafe ersetzt, so wird auf diese die frühere Strafe angerechnet, soweit sie vollstreckt oder durch Anrechnung erledigt ist.

(3) ¹Ist der Verurteilte wegen derselben Tat im Ausland bestraft worden, so wird auf die neue Strafe die ausländische angerechnet, soweit sie vollstreckt ist. ²Für eine andere im Ausland erlittene Freiheitsentziehung gilt Absatz 1 entsprechend.

(4) ¹Bei der Anrechnung von Geldstrafe oder auf Geldstrafe entspricht ein Tag Freiheitsentziehung einem Tagessatz. ²Wird eine ausländische Strafe oder Freiheitsentziehung angerechnet, so bestimmt das Gericht den Maßstab nach seinem Ermessen.

(5) ¹Für die Anrechnung der Dauer einer vorläufigen Entziehung der Fahrerlaubnis (§ 111 a der Strafprozeßordnung) auf das Fahrverbot nach § 44 gilt Absatz 1 entsprechend. ²In diesem Sinne steht der vorläufigen Entziehung der Fahrerlaubnis die Verwahrung, Sicherstellung oder Beschlagnahme des Führerscheins (§ 94 der Strafprozeßordnung) gleich.

I. **Anrechnung** von Freiheitsentziehung gem. Abs. 1: 1

Gegenstand einer Anrechnung sind die U-Haft iSd §§ 112 ff StPO sowie jede andere Freiheitsentziehung, die der Verurteilte bis zur Rechtskraft des Urteils (OLG Frankfurt NJW 1980, 537 f; OLG Düsseldorf MDR 1990, 172 f) erlitten hat. Hierzu zählen zB die einstweilige Unterbringung nach § 126 a StPO, § 72 IV JGG oder die Unterbringung zur Beobachtung nach § 81 StPO, § 73 JGG (vgl SK-*Wolters* Rn 4). Anzurechnen ist ferner die Zeit des persönlichen Sicherheitsarrestes nach §§ 918, 933 ZPO, sofern er sich – wie im Falle einer Forderung des geschädigten Opfers – auf dieselbe Tat bezieht (KG NStZ-RR 2005, 388). Keine Berücksichtigung findet der Zeitraum, in welchem der Verurteilte mittels einer elektronischen Fußfessel überwacht wurde, da dies keine Freiheitsentziehung, sondern lediglich eine Freiheitsbeschränkung darstellt (BGH wistra 2009, 647 [648]); hier greift allein § 46 ein. 2

Nach dem Wortlaut des S. 1 ist nur diejenige Freiheitsentziehung anrechenbar, die **aus Anlass einer Tat, die Gegenstand des Verfahrens** ist oder gewesen ist, erlitten wurde (**Grundsatz der Verfahrenseinheit**, OLG Frankfurt MDR 1988, 794 3 mwN). Dies ist der Fall, wenn die Tat, derentwegen die Verurteilung erfolgt, mindestens einer der Anlässe der Freiheitsentziehung gewesen ist, oder wenn sich das zum Abschluss kommende Verfahren wenigstens während einer Phase auch auf die Tat bezogen hat, die Anlass zur Freiheitsentziehung gewesen ist (BGHSt 43, 112 ff; vgl auch BVerfG NStZ 1999, 24 f). Die Streitfrage, ob unter Umständen auch „**verfahrensfremder**" **Freiheitsentzug** in entsprechender Anwendung der Vorschrift anzurechnen ist, wurde bisher noch nicht abschließend entschieden. Es ist jedoch eine Tendenz der Rspr in Richtung einer weiten Auslegung zu erkennen. So wird eine Anrechnung analog § 51 I S. 1 bei einer „**funktionalen Verfahrenseinheit**" für zulässig erachtet, unabhängig davon, ob eine förmliche Verbindung der Verfahren bestanden hat (vgl BGHSt 43, 112 ff; OLG Köln StV 2013, 574; OLG Karlsruhe StraFo 2014, 212 f; zum Begriff der funktionalen Verfahrenseinheit vgl *Fischer* Rn 6 b).

4 Nur auf die erkannte **zeitige** (also nicht auf lebenslange) **Freiheitsstrafe und auf Geldstrafe** wird angerechnet. Auf Nebenstrafen und Nebenfolgen kann eine Freiheitsentziehung nicht angerechnet werden (L-Kühl-*Heger* Rn 2). Wird auf Freiheitsstrafe angerechnet, so ist der Maßstab 1:1; wird auf Geldstrafe angerechnet, so entspricht ein Tag Freiheitsentziehung einem Tagessatz, **Abs. 4 S. 1**.

5 Die Anrechnung erfolgt **kraft Gesetzes**; soll sie **unterbleiben**, so bedarf es einer ausdrücklichen Anordnung (HKGS-*Rössner/Kempfer* Rn 8). Diese kann nur ergehen, wenn die Anrechnung im Hinblick auf das **Verhalten des Verurteilten nach der Tat** nicht gerechtfertigt ist, Abs. 1 S. 2 (näher *Fischer* Rn 11).

6 Verweigert das Gericht die Anrechnung der U-Haft, so betrifft dies nach vorherrschender Lehre (S/S-*Stree/Kinzig* Rn 17; SK-*Wolters* Rn 5 f) nur den Teil der U-Haft, der bis zur Urteilsverkündung vollzogen ist, so dass eine spätere U-Haft „automatisch" auf die Strafe anzurechnen ist.

7 II. Abs. 2 stellt ausdrücklich klar, dass eine rechtskräftig verhängte und bereits vollstreckte (oder durch Anrechnung erledigte) **Strafe** voll angerechnet werden muss, wenn und soweit sie – wie zB bei nachträglicher Gesamtstrafenbildung gem. § 55 I S. 1 – **in einem späteren Verfahren durch eine neue Strafe ersetzt wird**.

8 III. Da das Verbot der Doppelbestrafung gem. Art. 103 III GG nicht gegenüber Urteilen gilt, die im Ausland ergangen sind (BVerfGE 12, 62 [66]; BVerfG NJW 2012, 1202 [1203]; vgl auch BGHSt 6, 176 [177]), ist es möglich, dass jemand wegen derselben Tat sowohl im Ausland als auch in der Bundesrepublik verurteilt wird. Aus diesem Grund schreibt **Abs. 3** zwingend vor, dass **verhängte und vollstreckte Auslandsstrafen** angerechnet werden, soweit jemand wegen derselben Tat im Inland noch einmal verurteilt wird. Die Bestrafung „wegen derselben Tat" wird dabei von der Rspr weit verstanden: Hierzu soll eine „funktionale Verfahrenseinheit" iSe Zusammenhangs oder irgendwie gearteten sachlichen Bezugs zwischen ausländischer und inländischer Verurteilung genügen (BGH StraFo 2011, 517; exemplarisch dazu BGH NStZ-RR 2012, 271: Abschiebe- und Auslieferungshaft). Das Maß der Anrechnung steht dann im Ermessen des Gerichts (Abs. 4 S. 2; vgl dazu BGH NStZ-RR 2009, 370; HRRS 2015 Nr. 34; näher *Bock* ZIS 2010, 482 ff; *Morgenstern* StV 2016, 395).

9 IV. Nach **Abs. 5** ist auf das **Fahrverbot** – unter entsprechender Anwendung von Abs. 1 – diejenige Zeit anzurechnen, in der die **Fahrerlaubnis gem. § 111 a StPO** entzogen oder eine ähnliche das Führen von Kraftfahrzeugen verhindernde Maßnahme gem. § 94 StPO angeordnet worden ist. Dabei kommt es nicht auf die

amtliche Verwahrung des Führerscheins, sondern auf den Zeitpunkt der Bekanntmachung des Beschlusses an (hierzu *Maatz* StV 1988, 84 ff).

Wird kein Fahrverbot, sondern die Entziehung der Fahrerlaubnis angeordnet, so ist nicht Abs. 4, sondern § 69 a IV-VI einschlägig (*Karl* DAR 1987, 283). 10

Dritter Titel Strafbemessung bei mehreren Gesetzesverletzungen

Vorbemerkung zu den §§ 52–55

I. Allgemeines

1. Ist im Gutachten festgestellt, dass der Täter mehrere Deliktstatbestände oder denselben Deliktstatbestand mehrmals verwirklicht hat, so ist anschließend im Rahmen der **Konkurrenzen** zu klären, welche dieser Gesetzesverletzungen bei der Festsetzung der Strafe zu berücksichtigen sind und wie der Strafrahmen aus den anzuwendenden Gesetzen zu bestimmen ist. Im Rahmen der Konkurrenzen sind also die Fragen zu beantworten, ob und ggf wie ein Gesetz neben anderen Gesetzen anzuwenden ist. Die Antwort kann sich auf den Schuldspruch, die Strafe und die prozessualen Rechtsmittel auswirken (vgl auch *Seher* JuS 2004, 393; ausf. *Erb* ZStW 117, 37 ff). 1

2. Für die Erörterung von Konkurrenzproblemen empfiehlt sich folgende **logische Reihenfolge**: 2

(1) Vorfrage: Hat der Täter mehrere tatbestandliche Handlungen ausgeführt – zB mehrmals auf das Opfer eingeschlagen oder mehrmals Gegenstände aus dem Tresor genommen –, so ist **schon bei der** jeweiligen **Deliktsprüfung** zu klären, ob der betreffende Tatbestand einmal oder mehrmals verwirklicht wurde. Zur Entscheidung sind die **Regeln der Bildung von (tatbestandsverwirklichenden) Handlungseinheiten** (hier: natürliche und tatbestandliche Handlungseinheit) heranzuziehen (Rn 7 ff). 3

(2) Eine **Prüfung der Konkurrenzen** ist erforderlich, wenn festgestellt ist, dass der Täter gegen mehrere Gesetze oder dasselbe Gesetz mehrmals verstoßen hat. Nunmehr ist zu fragen, ob diese einzelnen Gesetzesverletzungen zu einer einheitlichen Tat zu verbinden sind oder nicht. Zur Entscheidung sind die **Regeln der Bildung von Tateinheiten** (hier: Identität, Teilidentität, Klammerwirkung, natürliche Handlungseinheit) heranzuziehen (§ 52 Rn 5 ff). 4

(3) Sind mehrere Gesetze oder dasselbe Gesetz mehrmals durch eine einheitliche Tat verletzt, so ist zu prüfen, ob die jeweiligen Gesetze nebeneinander anwendbar sind. Zur Entscheidung sind die **Regeln der Gesetzeskonkurrenz** bei tateinheitlicher Begehung (hier: Spezialität, Subsidiarität, Konsumtion) heranzuziehen (Rn 29 ff): 5

(a) Gesetzesverletzungen, die nicht neben anderen zu ahnden sind, werden ausgeschieden und bleiben beim Schuldspruch unberücksichtigt (**unechte Tateinheit**). 6

(b) Bezüglich der Gesetzesverletzungen, die nebeneinander ahndbar sind, wird nach Maßgabe von § 52 auf *eine* Strafe erkannt (**echte Tateinheit, Idealkonkurrenz**). 7

(4) Sind mehrere Gesetze oder dasselbe Gesetz mehrmals durch verschiedene Taten (oder Tateinheiten), die untereinander nicht tateinheitlich verbunden sind, 8

verletzt, so stehen diese Gesetzesverletzungen im Verhältnis der Tatmehrheit zueinander und es ist zu fragen, ob die jeweiligen Gesetze nebeneinander anwendbar sind. Zur Entscheidung sind die **Regeln der Gesetzeskonkurrenz** bei tatmehrheitlicher Begehung (hier: Konsumtion) heranzuziehen (Rn 28, 34 ff):

9   (a) Gesetzesverletzungen, die nicht neben anderen zu ahnden sind, werden ausgeschieden und bleiben beim Schuldspruch unberücksichtigt (**unechte Tatmehrheit**).

10 (b) Bezüglich der Gesetzesverletzungen, die nebeneinander ahndbar sind, wird nach Maßgabe von §§ 53 f auf eine *Gesamtstrafe* erkannt (**echte Tatmehrheit, Realkonkurrenz**).

11 3. Die Begriffe „Handlungseinheit", „Tateinheit" und „Tat im prozessualen Sinne" haben jeweils eine eigene Bedeutung (Funktion):

12 a) Der Begriff der **Handlungseinheit** gehört zu den Kriterien, nach denen sich die Zusammenfassung mehrerer Teilakte zu einer einheitlichen Tatbestandsverwirklichung bestimmt (Rn 7 ff, vgl aber auch § 52 Rn 21 ff).

13 b) Der Begriff der **Tateinheit** hat die Zusammenfassung mehrerer (selbstständiger) Tatbestandsverwirklichungen zu einer Tat, für die eine bestimmte Strafe festgesetzt wird, zum Gegenstand (§ 52).

14 c) Mit dem Begriff der **prozessualen Tat** (iSv §§ 155, 264 StPO, Art. 103 III GG) wird der Lebensvorgang, auf den sich im Falle der Verurteilung der Strafklageverbrauch bezieht, für den also der Täter nicht ein weiteres Mal strafrechtlich zur Verantwortung gezogen werden darf, zu einer Einheit verbunden (vgl BGHSt 35, 60 [62]; näher *Ranft* JuS 2003, 417 ff).

II. Kriterien der (tatbestandsverwirklichenden) Handlungseinheit

15 1. Nimmt der Täter mehrere auf denselben Deliktstatbestand bezogene Akte vor, so stellt sich die Frage, ob alle oder mehrere dieser Akte **zu einer Tatbestandsverwirklichung zusammenzufassen** sind; die Kriterien der Handlungseinheit dienen hier der Entscheidung, ob eine oder mehrere Verletzungen desselben Gesetzes gegeben sind. Diese Frage ist (regelmäßig) nicht erst im Rahmen der Konkurrenzen, sondern schon bei der Prüfung des jeweiligen Delikts (Tatbestandsebene) aufzuwerfen und zu beantworten.

16 2. Die Abgrenzung einer einheitlichen Tatbestandsverwirklichung von einer Mehrheit von Tatbestandsverwirklichungen wird mithilfe der Kriterien der Handlungseinheit getroffen: Handlungsmehrheit ist anzunehmen, wenn keine Handlungseinheit vorliegt. Die Kriterien der entsprechenden Abgrenzung sind:

- die **Handlung im natürlichen Sinne**;
- die **natürliche Handlungseinheit**;
- die **tatbestandliche Handlungseinheit** und
- die **fortgesetzte Handlung**.

Die natürliche und die tatbestandliche Handlungseinheit werden bisweilen auch unter dem Oberbegriff der „juristischen" oder „normativen Handlungseinheit" zusammengefasst.

17 3. Von einer **Handlung im natürlichen Sinne** spricht man, wenn der Tatbestand eines Delikts durch eine Körperbewegung oder deren Unterlassung erfüllt wird (vgl BGHSt 1, 20; 6, 81). Exemplarisch: A gibt B eine Ohrfeige. Soweit ein Tat-

bestand durch eine Handlung im natürlichen Sinne verwirklicht wird, stellt sich kein Konkurrenzproblem. Es liegt nur eine Gesetzesverletzung (hier: § 223) vor, derentwegen der Täter verurteilt wird. Im Gutachten ist lediglich festzuhalten, durch welche Handlung oder Unterlassung der Tatbestand verwirklicht wurde; eine nähere Erläuterung ist überflüssig, so dass auch der Begriff der Handlung im natürlichen Sinne grds. **keiner Erwähnung** bedarf.

4. Mehrere Handlungen, die bei isolierter Betrachtung jeweils für sich gesehen schon den Tatbestand verwirklichen, können zu **einer Tatbestandsverwirklichung** (Gesetzesverletzung) nach dem Kriterium der **natürlichen Handlungseinheit** zusammengefasst werden, wenn sie 18

- in einem unmittelbaren räumlichen und zeitlichen Zusammenhang stehen,
- auf einer einheitlichen Motivationslage beruhen,
- sich für einen Beobachter bei „natürlicher" Betrachtung als einheitliches Geschehen (mit einem bestimmten Ziel) darstellen und
- zu einer quantitativen Steigerung des tatbestandlichen Schadens führen (vgl BGHSt 46, 6 [12]; *Sowada* Jura 1995, 245 [252 f]).

a) Von einer **iterativen** (wiederholten) **natürlichen Handlungseinheit** spricht man, wenn der Täter in unmittelbarer Aufeinanderfolge denselben Tatbestand mehrmals verwirklicht (vgl BGH StV 1996, 481; LK-*Rissing-van Saan* Rn 35). Exemplarisch: A nimmt mehrere Schmuckstücke aus dem Safe des B und steckt sie in Zueignungsabsicht in eine mitgeführte Tasche. Hier werden die einzelnen tatbestandsverwirklichenden Akte zu einem tatbestandlichen Diebstahl (§ 242) zusammengefasst, wobei der Wert der Tatobjekte zu einem **Gesamtschaden** addiert wird. Im Falle einer wiederholten Zuwiderhandlung gegen ein Betätigungsverbot gem. § 20 I Nr. 4 VereinsG nimmt der BGH eine „Bewertungseinheit" auch bei zeitlichen Intervallen von mehreren Monaten an (BGHSt 46, 6 [13 f]). 19

b) Eine **sukzessive natürliche Handlungseinheit** wird unter entsprechenden Voraussetzungen (= einheitlicher Lebensvorgang bei natürlicher Betrachtungsweise) angenommen, wenn der Täter entweder **schrittweise** durch mehrere jeweils weiterführende Akte einen tatbestandlichen Erfolg bedingt (vgl BGH NStZ 1990, 490; *Wolter* StV 1986, 315 [319 f]) oder durch **mehrfaches Ansetzen** zur Tatbestandsverwirklichung (vergeblich) sein Ziel zu erreichen sucht (vgl BGHSt 41, 368 m. krit. Anm. *Puppe* JR 1996, 513 [514]; zust. *Beulke/Satzger* NStZ 1996, 432). Im letzteren Fall ist eine Unterbrechung des einheitlichen Handlungsvorgangs erst dann zu bejahen, wenn auch im Hinblick auf einen Rücktritt des Täters von einem **fehlgeschlagenen Versuch** auszugehen wäre (vgl BGH StV 2012, 283 [284]; *Steinberg/Bergmann* Jura 2009, 905 [907]). 20

c) Für die Annahme einer natürlichen Handlungseinheit kann es von Belang sein, wenn durch die Tat **höchstpersönliche Rechtsgüter** verletzt werden; es ist wie folgt zu differenzieren: 21

aa) Der Annahme einer natürlichen Handlungseinheit steht es nach hM nicht entgegen, wenn sich die Tat gegen ein höchstpersönliches Rechtsgut **desselben Trägers** richtet. Exemplarisch: A beleidigt B, indem er diesen fortlaufend mit Schimpfworten belegt. Oder: C schlägt mehrmals hintereinander mit einem Stock auf D ein. 22

bb) Tatbestandsverwirklichungen, die sich gegen höchstpersönliche Rechtsgüter **verschiedener Träger** richten, können nach hM **nicht zu einer Tatbestandsverwirklichung** (Gesetzesverletzung) **verbunden** werden, da sich der Schaden nicht addieren lässt. Exemplarisch: Beleidigt A durch ein Schimpfwort zugleich B und 23

C, so begeht er zwei Beleidigungen und nicht nur eine (diese Beleidigungen stehen dann allerdings im Verhältnis der Tateinheit zueinander, vgl § 52 Rn 6). Gleiches gilt, wenn D kurz hintereinander zuerst E und dann F erschießt.

24 5. Von einer **tatbestandlichen Handlungseinheit** spricht man, wenn mehrere Einzelakte durch die tatbestandliche Unrechtsvertypung zu einer Handlung verbunden sind (vgl *Kühl* § 21/23 f). Eine solche Handlungseinheit liegt vor bei:
- Dauerdelikten (zB §§ 123, 239, 316),
- zusammengesetzten Delikten (zB §§ 177, 249) und
- mehraktigen Delikten (zB § 277).

Exemplarisch: § 316 zieht als Dauerdelikt alle Akte, mit denen der Täter sein Fahrzeug im Zustand alkoholbedingter Fahruntauglichkeit steuert, zu einer tatbestandlichen Handlung zusammen. Gleiches gilt für alle Akte, mit deren Hilfe der Täter eine Freiheitsberaubung (§ 239) aufrechterhält.

25 Ferner gibt es eine Reihe von Delikten, die ihrem Wortlaut nach eine Vielzahl einzelner Akte zu einer Einheit zusammenfassen, zB geheimdienstliche Agententätigkeit nach § 99 I Nr. 1 (vgl BGHSt 42, 215); Verletzung der Buchführungspflicht nach §§ 283 I Nr. 5, 6, 7, 283 b (vgl BGH NStZ 1998, 192); Handeltreiben mit Betäubungsmitteln (vgl BGHSt 43, 252).

26 6. Aus Gründen der Strafzumessung und der Prozessökonomie wurde von der Rspr die Figur der **fortgesetzten Handlung** (bzw rechtlichen Handlungseinheit oder Fortsetzungstat) geschaffen und lange Zeit anerkannt. Die Annahme einer fortgesetzten Tat hat zur Folge, dass nur eine Tatbestandsverwirklichung (Gesetzesverletzung) und nicht etwa Tateinheit (§ 52) gegeben ist. Diese Form der Handlungseinheit hat folgende Voraussetzungen:
- Mehrere Einzelakte müssen sich gegen dasselbe Rechtsgut richten,
- in der Begehungsweise im Wesentlichen gleichartig sein,
- in einem räumlichen und zeitlichen Zusammenhang stehen und
- auf einem einheitlichen Vorsatz (Gesamtvorsatz bzw Fortsetzungsvorsatz) beruhen (vgl W-*Beulke/Satzger* Rn 1078).

27 Mit der Entscheidung des Großen Senats von 1994 (BGHSt 40, 138 m.Anm. *Arzt* JZ 1994, 1000 ff; *Geppert* NStZ 1996, 57 ff, 118 ff) wurde die Rechtsfigur der fortgesetzten Handlung weitgehend aufgegeben; sie bedarf daher im **Gutachten** grds. **keiner Erörterung** mehr (näher hierzu und zu den Folgeproblemen *Altvater* BGH-FS II 495 ff; *Zschockelt* NStZ 1995, 109 f; zu prozessualen Folgen und zum Nebenstrafrecht *Kindhäuser* JZ 1997, 101).

III. Gesetzeskonkurrenz

28 1. Von Gesetzeskonkurrenz spricht man, wenn ein Strafgesetz zwar verwirklicht ist, aber nicht angewandt wird, weil es von einem anderen verletzten Strafgesetz „verdrängt" wird (bzw hinter dieses „zurücktritt"). Dies ist der Fall, wenn das Unrecht der betreffenden Gesetzesverletzung bereits von einem anderen Gesetz erfasst ist, dessen Verletzung dem Täter ebenfalls vorgeworfen wird (vgl BGHSt 25, 373; 42, 51; *Puppe*, Idealkonkurrenz und Einzelverbrechen, 1979, 322 ff; *Seier* Jura 1983, 225 ff). So ist etwa der Raub ein aus Nötigung und Diebstahl zusammengesetztes Delikt, mit der Folge, dass der Täter mit dem Tatbestand des § 249 stets zugleich auch die Tatbestände der §§ 240, 242 verwirklicht. Da jedoch § 249 das in §§ 240, 242 formulierte Unrecht in vollem Umfang enthält, kann der Täter nicht ohne Verstoß gegen das **Verbot der Doppelbestrafung** neben

dem Raub auch wegen Nötigung und Diebstahl bestraft werden. Die §§ 240 und 242 werden vielmehr als **nur scheinbar** mit § 249 konkurrierende Delikte aus dem Schuldvorwurf gegen den Täter ausgeschieden; in Wirklichkeit bilden die verwirklichten Tatbestände der §§ 249, 240, 242 ein einheitliches Unrecht, das mit den Merkmalen des Raubs umfassend charakterisiert ist. Daher spricht man statt von Gesetzeskonkurrenz auch von **unechter Konkurrenz** oder **Gesetzeseinheit** (vgl BGHSt 25, 373; LK-*Rissing-van Saan* Rn 89). Die Gesetzeskonkurrenz ist nicht ausdrücklich geregelt, da sie aus der **Logik der Gesetzesanwendung** folgt und keiner gesonderten gesetzlichen Festlegung bedarf.

2. Drei Arten der Gesetzeskonkurrenz werden unterschieden: Spezialität, Subsidiarität und Konsumtion.

a) **Spezialität** ist gegeben, wenn durch eine Handlung (bzw Handlungseinheit) zwei Gesetze verletzt werden, von denen eines alle Merkmale des anderen und zudem noch wenigstens ein weiteres Merkmal aufweist. In diesem Fall geht das merkmalsreichere und damit „speziellere" Gesetz dem allgemeineren vor (*„lex specialis derogat legi generali"*). Speziellere Gesetze sind insbesondere Qualifikations- und Privilegierungstatbestände (zB §§ 211, 216) gegenüber dem jeweiligen Grundtatbestand (zB § 212).

b) **Subsidiarität** ist gegeben, wenn durch eine Handlung (bzw Handlungseinheit) zwei Gesetze verletzt werden, von denen eines jedoch nur unter der Voraussetzung anwendbar ist, dass das andere nicht eingreift. In diesem Fall tritt das „subsidiäre" Gesetz hinter das andere Gesetz zurück.

aa) **Formell** ist die Subsidiarität, wenn sie ausdrücklich im Gesetz angeordnet ist, zB in §§ 145 II, 145 d I, 246 I, 265 a I, 316 I.

bb) Von **materieller** Subsidiarität spricht man, wenn dem Täter das Unrecht einer Tat in unterschiedlichen Formen zugerechnet werden kann. Hier wird das weniger gravierende Unrecht vom schwereren verdrängt (vgl BGHSt 14, 378; BGH NStZ 1986, 565 f). Diese Subsidiarität gilt insbesondere für:

- Beihilfe gegenüber Anstiftung,
- Teilnahme gegenüber Täterschaft,
- Versuch gegenüber Vollendung,
- Fahrlässigkeit gegenüber Vorsatz,
- Unterlassen gegenüber Begehen,
- echte Unterlassungsdelikte gegenüber (dasselbe Unrecht betreffenden) unechten Unterlassungsdelikten (zB § 323 c im Verhältnis zu §§ 223, 212, 13),
- das abstrakte gegenüber dem konkreten Gefährdungsdelikt und das konkrete Gefährdungsdelikt gegenüber dem Verletzungsdelikt (nur bei jeweils identischem Schutzzweck),
- Vorbereitungstatbestände (zB § 30) gegenüber versuchter oder vollendeter Haupttat.

3. Konsumtion ist nach hM gegeben, wenn das Unrecht eines Delikts im Regelfall von demjenigen eines anderen Delikts miterfasst wird. In diesem Fall hat das Unrecht des betreffenden Delikts kein eigenes Gewicht und wird von dem anderen Delikt „konsumiert" (vgl KG JR 1979, 249; LK-*Rissing-van Saan* Rn 144). Von der Spezialität unterscheidet sich die Konsumtion insoweit, als das zurücktretende Gesetz nicht bereits begrifflich in dem vorrangigen enthalten ist, sondern nur gewöhnlich (dh im „kriminologischen Grundfall") ebenfalls verletzt wird. Von der Subsidiarität unterscheidet sich die Konsumtion insoweit, als das zurücktretende Gesetz nicht auf dasselbe Unrecht wie das vorrangige Gesetz bezogen ist, sondern als Begleitunrecht mit der Bestrafung des schwereren Unrechts als mitabgegolten angesehen wird. Im Schrifttum werden die Fälle der Konsumtion bisweilen nicht als selbstständige Formen der Gesetzeskonkurrenz anerkannt, sondern (ohne nennenswerte Abweichungen im Ergebnis) der Spezialität oder Subsidiarität zugeschlagen (vgl *Jakobs* 31/12).

35 Als **Grundfälle** der Konsumtion werden
- **typische Begleittaten** (zB Hausfriedensbruch beim Einbruchsdiebstahl, §§ 123, 242, 243 I S. 2 Nr. 1, 244 I Nr. 3, oder Benzinverbrauch beim unbefugten Gebrauch eines Fahrzeugs, §§ 242, 248 b; vgl BGHSt 14, 386 [388]) und
- **mitbestrafte Vor- und Nachtaten** angesehen.

36 a) Als **mitbestrafte Vortat** wird eine Deliktsverwirklichung angesehen, die straflos bleibt, weil das Schwergewicht des Unrechts im Gesamtkomplex der Straftaten maßgeblich bei der Nachtat liegt, zB die Unterschlagung eines Fahrzeugschlüssels zum Zweck des späteren Diebstahls des Pkw (S/S-*Sternberg-Lieben/Bosch* Rn 127 f).

37 b) Als **mitbestrafte Nachtat** wird eine Deliktsverwirklichung angesehen, die straflos bleibt, weil das Schwergewicht des Unrechts im Gesamtkomplex der Straftaten maßgeblich bei der Vortat liegt. Einschlägig sind namentlich Verwertungs- oder Sicherungshandlungen, die sich im Rahmen der bereits eingetretenen Rechtsgutsverletzung halten (vgl BGHSt 38, 366). Exemplarisch: Der Täter isst die von ihm gestohlene Wurst; die Sachbeschädigung ist hier nur eine Verwertungshandlung, die sich im Rahmen der durch den Diebstahl angemaßten Eigentümerstellung bewegt. Bei der Verletzung unterschiedlicher Rechtsträger kommt eine mitbestrafte Nachtat nie in Betracht (BGH wistra 2008, 423 [424] m.Anm. v. *Heintschel-Heinegg* JA 2008, 899; BGH NStZ 2014, 579; *Kretschmer* JuS 2013, 24 [26]).

38 c) Ist die **Haupttat** (zB wegen Schuldunfähigkeit, fehlenden Strafantrags, Verjährung) **nicht strafbar**, so entfällt nach hM der Grund für die Straflosigkeit der Begleittat (vgl BGHSt 39, 233 [235]; BGH NStZ 2009, 203; *Otto* Jura 1994, 276 f; aA bei Verwertungs- und Sicherungshandlungen *Geppert* Jura 1982, 418 [429]; *Jescheck/Weigend* § 69 II 3 a).

39 4. Nach der Rspr darf das zurücktretende Gesetz bei der **Strafzumessung** berücksichtigt werden, sofern nicht die straferschwerenden Umstände (wie etwa bei der Spezialität) bereits in vollem Umfang von dem vorrangigen Delikt erfasst sind.

40 Ferner darf die **Mindeststrafe** des verdrängten Gesetzes **nicht unterschritten** werden (BGHSt 1, 152 f; 30, 166 [167]; abl. *Mitsch* JuS 1993, 471 [475]), es sei denn, dass das vorrangige Gesetz ein Privilegierungstatbestand ist (*Fischer* Rn 45). Auch sind die Nebenstrafen und Nebenfolgen des zurücktretenden Gesetzes, soweit sie nicht auch vom anzuwendenden Gesetz vorgesehen sind, zu verhängen (vgl BGHSt 19, 188 [189]).

41 An mitbestraften Vor- und Nachtaten ist eine selbstständige **Beteiligung Dritter** möglich (RGSt 67, 70 [77]).

42 Schließlich kann das verdrängte Delikt beim **Rücktritt** vom sog. qualifizierten Versuch **wieder aufleben** (vgl § 24 Rn 68).

43 5. Im **Gutachten** sind Deliktsprüfungen sachgemäß zu gewichten. Daher können in schriftlichen Aufsichtsarbeiten aus Zeitgründen offensichtlich im Wege der

Gesetzeskonkurrenz verdrängte Delikte grds. knapper behandelt werden als die vorrangigen Delikte (vgl auch *v. Heintschel-Heinegg* Rn 736 ff).

IV. Der Grundsatz „in dubio pro reo"

1. Der Grundsatz in dubio pro reo („im Zweifel für den Angeklagten") ist eine **Entscheidungsregel** der Rechtsanwendung und besagt, dass eine Verurteilung nur auf solche Tatsachen gestützt werden darf, die zur Überzeugung des Gerichts als im Verfahren erwiesen anzusehen sind (näher *Miebach* NStZ-RR 2015, 297 ff; *Wolter* JuS 1983, 363 ff). Der Grundsatz ergibt sich unmittelbar aus Art. 6 II EMRK und wird zudem als Annex des in Art. 103 II GG verankerten Gesetzlichkeitsprinzips verstanden (§ 1 Rn 1). 44

2. Der Grundsatz in dubio pro reo ist in **zwei Situationen** heranzuziehen: bei Entscheidungen über Bestrafung oder Freispruch und bei Entscheidungen zwischen Taten, die in einem Stufenverhältnis stehen: 45

a) Der Grundsatz in dubio pro reo gilt demnach, wenn der Täter wegen eines bestimmten Delikts angeklagt ist, dessen tatsächliche Voraussetzungen nach der Beweisaufnahme nicht zweifelsfrei als gegeben anzusehen sind. 46

b) Und der Grundsatz gilt ferner, wenn ein Qualifikationstatbestand angeklagt ist, nach der Beweisaufnahme aber nur die Verwirklichung des Grunddelikts zweifelsfrei feststeht; hier ist der Angeklagte nur wegen des Grunddelikts zu bestrafen. 47

3. Ein **Stufenverhältnis** ist unstr. in solchen Fällen gegeben, in denen sich die Tatbestände nur hinsichtlich des Mehr oder Weniger der relevanten Merkmale unterscheiden (sog. logisches Stufenverhältnis), wie im Verhältnis von Grunddelikt und Qualifikation, Privilegierung und Grunddelikt, Versuch und Vollendung (vgl S/S-*Eser/Hecker* § 1 Rn 83 mwN). Weitgehend anerkannt ist ein solches Stufenverhältnis auch, wenn sich die Tatbestände nur hinsichtlich der Intensität ihres Unrechtsgehalts unterscheiden (sog. wertethisches oder normatives Stufenverhältnis), wie dies im Verhältnis von 48

- Fahrlässigkeit und Vorsatz (vgl BGHSt 32, 48 [57]; *Jakobs* GA 1971, 257 [260 f]),
- Teilnahme und Täterschaft (BGHSt 23, 203 [206 ff]; S/S-*Eser/Hecker* § 1 Rn 87),
- Beihilfe und Anstiftung (vgl BGHSt 31, 136 [138] m.Anm. *Baumann* JZ 1983, 116 f; *Hruschka* JR 1983, 177 ff)

der Fall ist (näher hierzu *Otto* Peters-FS 373 [375 ff]; *Wolter*, Wahlfeststellung und in dubio pro reo, 1987, 57 ff). Die Rspr zieht in den genannten Fällen den Grundsatz in dubio pro reo bisweilen nur „analog" heran (vgl BGHSt 31, 136), die Literatur hält ihn dagegen für direkt anwendbar (vgl *Jescheck/Weigend* § 16 II 2 mwN).

4. Da der Grundsatz in dubio pro reo eine Entscheidungs- und keine Beweisregel ist, darf im **Gutachten** nicht etwa von vornherein die für den potenziellen Täter günstigste Sachverhaltsvariante unterstellt werden. Vielmehr ist in einem ersten Schritt das Geschehen für jede mögliche Konstellation vollständig durchzuprüfen. Erst im Anschluss hieran ist in einem zweiten Schritt hinsichtlich jeder möglichen Sachverhaltsvariante für jeden Tatbestand gesondert die für den Täter günstigste Rechtslage zu bestimmen. Exemplarisch: A hat bei Dunkelheit den B 49 erschossen. Es kann jedoch nicht ermittelt werden, ob er tatsächlich den B treffen wollte oder diesen sorgfaltswidrig für eine Statue hielt.

- Bei der Prüfung des vorsätzlichen Tötungsdelikts ist in dubio pro reo von einer Fehlvorstellung des A über die Sachqualität seines Ziels auszugehen, so dass hier – wegen des normativen Stufenverhältnisses (Rn 48) – eine Strafbarkeit (nur) wegen fahrlässiger Tötung besteht.
- Im Hinblick auf eine möglicherweise gleichzeitig verwirklichte versuchte Sachbeschädigung ist demgegenüber umgekehrt anzunehmen, dass der A sein Ziel zutreffend als Mensch identifiziert hat, so dass eine zusätzliche Versuchsstrafbarkeit nach §§ 303 I, III, 22, 23 ausscheidet (weitere lehrreiche Beispiele bei *v. Heintschel-Heinegg* Rn 71 f).

V. Wahlfeststellung

50 1. Während es bei Anwendung des in dubio pro reo-Grundsatzes um die ungewisse Alternative von strafbarem oder straflosem Verhalten bzw. die ungewisse Verwirklichung ungleichartiger Tatbestände geht, bezieht sich die Situation der sog. Wahlfeststellung auf die ungewisse Verwirklichung von Tatbeständen, die durch eine – im Detail umstrittene (Rn 56 ff) – Ähnlichkeit zueinander gekennzeichnet sind. Das heißt: Es müssen mehrere strafrechtlich relevante Sachverhalte möglich sein, die jeweils einen vergleichbaren Unrechtsgehalt aufweisen; zugleich muss ausgeschlossen sein, dass keiner der Sachverhalte vorgelegen hat.

51 2. Bei der sog. **gleichartigen Wahlfeststellung** (auch **Sachverhaltsalternativität**) steht fest, dass der Täter denselben Tatbestand notwendigerweise durch eine von zwei möglichen Handlungen verwirklicht hat. Da hier sicher ist, dass der Täter den Tatbestand verwirklicht hat, steht die Unklarheit über die zutreffende Sachverhaltsalternative der Verurteilung nicht entgegen. Exemplarisch: Der Zeuge Z hat im Berufungsverfahren eine Aussage gemacht, die derjenigen aus der ersten Instanz widerspricht; Z ist nach § 153 zu bestrafen. Bei zeitlich weit auseinanderliegenden Sachverhalten kann die **Identität der Tat** im prozessualen Sinne (§ 264 StPO) zweifelhaft sein (näher BGHSt 36, 262 [269]; *v. Heintschel-Heinegg* Rn 77).

52 Bei der gleichartigen Wahlfeststellung lässt sich der Grundsatz **in dubio pro reo nicht** heranziehen, weil hier die in Betracht kommenden Sachverhalte denselben Tatbestand erfüllen und daher in keinem Stufenverhältnis zueinander stehen. Sofern allerdings der Täter zu dem früheren möglichen Tatzeitpunkt noch ein weiteres und schwereres Delikt (mit gleicher Schutzrichtung) begangen hat, ist hinsichtlich dieser Tat der Grundsatz in dubio pro reo anwendbar. Das Entfallen dieses Delikts hat jedoch zur Konsequenz, dass eine mögliche Verjährung des leichteren Delikts die Wahlfeststellung nicht hindert, sofern beide Delikte die gleiche Schutzrichtung haben (BGHSt 46, 85 [87]). Exemplarisch: Es lässt sich nicht mehr klären, ob der Täter eine Schutzbefohlene vor oder nach ihrem 14. Geburtstag sexuell missbraucht hat. Vor diesem Datum wäre neben § 174 auch § 176 verwirklicht. Hier entfällt eine Strafbarkeit nach dem schwereren § 176 wegen des Grundsatzes in dubio pro reo. Wäre nun die frühere Tat nach § 174, nicht aber auch die nach § 176 verjährt, so ist eine wahlweise Verurteilung nach § 174 gleichwohl möglich. Denn durch die Anwendbarkeit des Grundsatzes in dubio pro reo soll nur die höhere Strafdrohung, nicht aber auch die Verfolgbarkeit der früheren Tat entfallen.

Im **Gutachten** ist jede Sachverhaltsmöglichkeit getrennt zu prüfen und sodann 53
festzustellen, dass der Täter bei jeder der in Betracht kommenden Konstellationen denselben Tatbestand erfüllt hat, der Grundsatz in dubio pro reo mangels Stufenverhältnisses nicht eingreift und daher ein Fall der gleichartigen Wahlfeststellung gegeben ist.

3. Bei der sog. **ungleichartigen Wahlfeststellung** (auch **echte Wahlfeststellung**) 54
steht fest, dass durch die in Betracht kommenden Sachverhaltsmöglichkeiten jeweils ein anderes, selbstständiges Delikt begangen wurde, wobei die möglichen Taten in keinem Stufenverhältnis zueinander stehen. Exemplarisch: A wird beim Transport von Diebesgut festgenommen; nicht geklärt werden kann, ob A die Gegenstände selbst entwendet (§ 242) oder sich von einem Dritten bösgläubig verschafft hat (§ 259).

a) Anders als bei der gleichartigen Wahlfeststellung, bei welcher der Täter wegen 55
eines Delikts verurteilt wird, das er auch tatsächlich begangen hat, impliziert eine wahlweise Verurteilung wegen eines der in Betracht kommenden Delikte auch den Vorwurf, möglicher Täter einer nicht begangenen Straftat zu sein. Eine rigorose Anwendung des Grundsatzes in dubio pro reo würde zu einem Freispruch führen, obgleich ein strafbares Verhalten mit Sicherheit vorliegt. Um den Täter gleichwohl nicht mit einem Makel zu belasten, den er nicht verdient hat, wird eine Verurteilung auf mehrdeutiger Tatsachengrundlage von der hM **nur in engen Grenzen** für **zulässig** gehalten.

b) Die **Voraussetzungen** für eine Verurteilung im Wege einer ungleichartigen 56
Wahlfeststellung sind umstritten:

aa) Die hM verlangt eine **rechtsethische und psychologische Vergleichbarkeit** der 57
Tatvorwürfe (vgl BGHSt 30, 77 [78]).

- Eine solche wird bejaht zwischen verschiedenen Begehungsformen desselben 58
  Delikts (BGHSt 22, 12 [13 f]), Meineid und falscher Verdächtigung (BayObLG MDR 1977, 860) sowie zwischen verschiedenen Vermögensdelikten wie Betrug und Computerbetrug (BGH NJW 2008, 1394; NStZ 2014, 42), Betrug und Hehlerei (BGH NJW 1974, 804 f) oder Eigentumsdelikten und Hehlerei (BGHSt 1, 302 [304]; 16, 184 [186 f]).

- Dagegen wird die Möglichkeit einer Wahlfeststellung zB verneint zwischen 59
  Beteiligung an der Vortat und Strafvereitelung (BGHSt 30, 77 [78]), Totschlag und Körperverletzung mit Todesfolge (BGH NJW 1990, 130 f), Diebstahl und Erpressung (BGH DRiZ 1972, 30 [31]) oder Diebstahl und Betrug (BGH NStZ 1985, 123).

- Kommen Raub (§ 249) und Hehlerei (§ 259) als alternative Straftaten in Be- 60
  tracht, ist zunächst der Raub in Diebstahl und Nötigung zu unterteilen und Letztere mangels Vergleichbarkeit mit der Hehlerei auszuscheiden; zu verurteilen ist dann wahlweise wegen Diebstahls oder Hehlerei (vgl BGH StV 1985, 92 f).

bb) Nach einer verbreiteten Mindermeinung ist eine **Identität des Unrechtskerns** 61
der in Betracht kommenden Delikte erforderlich (vgl *Jescheck/Weigend* § 16 III 3; *Otto* AT § 24/9; vgl auch SK-*Wolter* Anh. zu § 55 Rn 71 ff). Eine solche Identität sei gegeben, wenn sich der Angriff gegen ein zur selben Gattung gehörendes Rechtsgut richtet und der Handlungsunwert der verschiedenen Delikte in etwa gleichgewichtig sei.

62 c) Im **Gutachten** ist zunächst jede Sachverhaltsmöglichkeit getrennt zu prüfen und sodann festzustellen, dass der Täter bei jeder der in Betracht kommenden Konstellationen einen Deliktstatbestand erfüllt hat, der Grundsatz in dubio pro reo mangels Stufenverhältnisses nicht eingreift, die Delikte „rechtsethisch und psychologisch vergleichbar" bzw im „Unrechtskern identisch" sind und daher ein Fall der ungleichartigen Wahlfeststellung gegeben ist: Der Täter ist wahlweise wegen eines der in Betracht kommenden Delikte zu bestrafen, wobei der Strafrahmen des mildesten Gesetzes heranzuziehen ist.

63 d) Die grundsätzliche Zulässigkeit der ungleichartigen Wahlfeststellung wurde in der Vergangenheit nur vereinzelt angezweifelt (vgl NK-*Frister* Nach § 2 Rn 83 ff, 97; *Mayer* § 78). Uneinigkeit bestand vielmehr darüber, nach welchen Kriterien eine wahlweise Verurteilung möglich ist (vgl Rn 56 ff). Es besteht jedoch neuerdings – angestoßen durch einen Anfragebeschluss des 2. Senats – Dissens über deren verfassungsrechtliche Legitimität. Nach Auffassung des 2. Strafsenats verstößt die ungleichartige Wahlfeststellung gegen das Gesetzlichkeitsprinzip aus Art. 103 II GG und ist somit verfassungswidrig (BGH NStZ 2014, 392; zusf. *Jahn* JuS 2014, 753 ff; dem 2. Strafsenat zust. *Freund/Rostalski* JZ 2015, 164 ff; *v. Heintschel-Heinegg* JA 2014, 710 ff; *Kotsoglou* ZStW 127, 334 [358 f]; *Wagner* ZJS 2014, 436; aA die anderen vier Senate, zb der 5. Strafsenat, vgl BGH NStZ-RR 2014, 307 f; *Ceffinato* Jura 2014, 655 [664 f]; *Stuckenberg* ZIS 2014, 461 [469 f]; *Wolter* GA 2016, 316 [318 f, 321 f]). Der 2. Strafsenat hat den Fortbestand dieser richterrechtlich entwickelten Rechtsfigur damit infrage gestellt und eine Entscheidung des großen Senats veranlasst (vgl Vorlagebschluss v. 11.3.2015 in BGH StV 2016, 212; lesenswert dazu die krit. Anm. von *Haas* BGH HRRS 2016, S. 190, der die verfassungsrechtliche Problematik der ungleichartigen Wahlfeststellung in einem Verstoß gegen die Unschuldsvermutung sieht).

VI. Postpendenz und Praependenz

64 1. Während bei der Wahlfeststellung die Verwirklichung beider in Frage stehender Delikte jeweils unsicher ist, steht bei der Situation der sog. **Postpendenz** fest, dass von zwei strafrechtlich relevanten Sachverhalten der spätere gewiss vorliegt, während (nur) die Verwirklichung des früheren Sachverhalts zweifelhaft erscheint (BGHSt 35, 86 ff m. Bspr *Wolter* NStZ 1988, 456 ff; *Hruschka* NJW 1971, 1392 ff). Hier erfolgt eine **eindeutige Verurteilung** wegen des Delikts, das durch das sicher gegebene spätere Verhalten verwirklicht wurde (Postpendenzfeststellung), wobei allerdings – hiervon unabhängig – der Strafrahmen stets demjenigen Gesetz zu entnehmen ist, das die mildeste Sanktion zulässt (BGH NStZ 2011, 510). Exemplarisch: Nach Überzeugung des Gerichts steht fest, dass sich A bösgläubig Diebesgut zur Weiterverwertung verschafft hat; ob er auch Mittäter des Diebstahls war, lässt sich nicht mit Sicherheit klären. A ist nur wegen § 259 zu verurteilen.

65 Im **Gutachten** sind in Fällen der Postpendenz die möglichen Sachverhalte getrennt zu prüfen; sodann ist festzustellen, dass wegen des sicher feststehenden späteren Sachverhalts, nicht jedoch wegen der zweifelhaften früheren Tat zu verurteilen ist.

66 2. Bei der **Praependenzfeststellung** ist von zwei strafrechtlich relevanten Sachverhalten der frühere zweifelsfrei, der spätere jedoch nur möglicherweise gegeben. Die Entscheidungsregel entspricht spiegelbildlich derjenigen der Postpendenz: Zu verurteilen ist wegen des früheren Delikts.

§ 52 Tateinheit

(1) Verletzt dieselbe Handlung mehrere Strafgesetze oder dasselbe Strafgesetz mehrmals, so wird nur auf eine Strafe erkannt.

(2) ¹Sind mehrere Strafgesetze verletzt, so wird die Strafe nach dem Gesetz bestimmt, das die schwerste Strafe androht. ²Sie darf nicht milder sein, als die anderen anwendbaren Gesetze es zulassen.

(3) Geldstrafe kann das Gericht unter den Voraussetzungen des § 41 neben Freiheitsstrafe gesondert verhängen.

(4) ¹Läßt eines der anwendbaren Gesetze die Vermögensstrafe zu, so kann das Gericht auf sie neben einer lebenslangen oder einer zeitigen Freiheitsstrafe von mehr als zwei Jahren gesondert erkennen. ²Im übrigen muß oder kann auf Nebenstrafen, Nebenfolgen und Maßnahmen (§ 11 Abs. 1 Nr. 8) erkannt werden, wenn eines der anwendbaren Gesetze sie vorschreibt oder zuläßt.

I. Prinzipien und Funktion der Tateinheit

1. Nach Abs. 1 der Vorschrift ist nur auf **eine Strafe** zu erkennen, wenn durch 1
dieselbe Handlung mehrere Strafgesetze verletzt werden. Von **gleichartiger Tateinheit** (= gleichartiger Idealkonkurrenz) spricht man bei der mehrmaligen Verletzung desselben Gesetzes, von **ungleichartiger Tateinheit** (= ungleichartiger Idealkonkurrenz) bei der Verletzung mehrerer Gesetze.

2. Den Regelungen von Abs. 2 bis 4 liegen folgende **Prinzipien** zugrunde: Nach 2
Abs. 2 ist die einheitliche Strafe bei ungleichartiger Tateinheit nach dem Gesetz zu bestimmen, das die schwerste Strafe androht; hiervon wird die Strafe aus den ebenfalls verwirklichten Delikten aufgezehrt (**Absorptionsprinzip**). Jedoch darf die Strafe die in den anderen Gesetzen vorgesehene Mindeststrafe nicht unterschreiten (**Kombinationsprinzip**). Falls in den anderen Gesetzen die Vermögensstrafe, Nebenstrafen, Nebenfolgen oder Maßnahmen iSv § 11 I Nr. 8 zugelassen oder vorgeschrieben sind, kann oder muss auch auf diese Sanktionen erkannt werden (Abs. 4). Bei gleichartiger Tateinheit gilt der Strafrahmen des mehrmals verletzten Gesetzes.

Die mit der Vorschrift getroffene Regelung der Tateinheit hat vor allem eine 3
Klarstellungsfunktion. Das gesamte Unrecht einer Tat soll im Schuldspruch zum Ausdruck gebracht werden. Daher sind im Anklagesatz wie auch in der Urteilsformel bei einer Verurteilung alle tateinheitlich verletzten Strafgesetze anzugeben. Zugleich führt die Anwendung des Absorptionsprinzips zu einer Besserstellung des Täters, die auf dem Gedanken beruht, dass die Erfüllung mehrerer Tatbestände durch eine Tat einen geringeren Unrechts- und Schuldgehalt aufweist als die Verwirklichung dieser Tatbestände durch voneinander unabhängige Handlungen.

II. Tatidentität

1. Als **dieselbe Handlung** iSv Abs. 1 kann eine Handlung im natürlichen Sinne, 4
aber auch eine zu einer tatbestandlichen Handlungseinheit zusammengefasste Vielzahl von Akten angesehen werden (Vor § 52 Rn 5 ff).

a) **Tateinheit** ist nach hM gegeben, wenn 5

6 ▪ mehrere Tatbestände durch eine Handlung (bzw Handlungseinheit) verwirklicht werden; exemplarisch: A sticht auf B ein und beschädigt hierbei zugleich dessen Kleidung (§§ 212, 303, 52);

7 ▪ mehrere Tatbestände teilweise durch dieselbe Handlung (bzw Handlungseinheit) verwirklicht werden (Tateinheit durch **Teilidentität** der Ausführungshandlungen; vgl BGHSt 43, 317 [319]; BGH NStZ-RR 1998, 103 [104]); exemplarisch: A schlägt B nieder und nimmt dessen Brieftasche in Zueignungsabsicht an sich (§§ 249, 223, 52). Tatidentität bei teilweiser Kongruenz der Ausführungshandlungen soll nach hM auch im Stadium zwischen Vollendung und Beendigung der jeweiligen Delikte möglich sein (BGHSt 26, 24 [27]; W-*Beulke/Satzger* Rn 1085);

8 ▪ mehrere Tatbestände zwar unabhängig voneinander, aber jeweils teilidentisch mit der Verwirklichung eines weiteren Tatbestands erfüllt werden (Tateinheit durch **Klammerwirkung**); exemplarisch: A besitzt unerlaubt eine Waffe und verletzt mit dieser zunächst B und einen Tag später C (näher Rn 16 ff; zu verschiedenartigen Verstößen gegen das Waffengesetz vgl BGH NStZ-RR 2003, 124).

9 ▪ Nach der Rspr ist ferner Tateinheit gegeben, wenn die einzelnen Delikte durch eine Mehrheit von Handlungen begangen werden, die bei **natürlicher Betrachtung** eine **Einheit** bilden (näher Rn 21 ff).

10 b) Nach der von *Puppe* (Idealkonkurrenz und Einzelverbrechen, 1979, 302 ff; *dies*. GA 1982, 143 ff) entwickelten und von der hM völlig abweichenden Lehre ist Tateinheit (unter Zugrundelegung eines „tatbestandsabhängigen Handlungsbegriffs") nur bei „unrechtsverwandten" – dh zumindest in einem Unrechtsmerkmal übereinstimmenden – Tatbeständen möglich.

11 2. Grds kommt eine Begründung von Tateinheit durch Teilidentität der Ausführungshandlungen auch in Betracht, wenn eines der Delikte ein **Dauerdelikt** ist (vgl zB § 123 Rn 30):

12 a) Unstr. ist dies der Fall, wenn sich die Ausführungshandlungen (teilweise) decken (vgl BGH NStZ 1999, 83); exemplarisch: A fesselt B, um ungestört aus dessen Wohnung Dinge zu entwenden.

13 b) In der Literatur wird überwiegend Tateinheit auch dann angenommen, wenn eine (teilweise) Handlungsüberschneidung nicht gegeben ist, das andere Delikt die Begehung des Dauerdelikts aber ermöglichen soll oder wenn umgekehrt das Dauerdelikt der Verwirklichung der anderen Straftat dient (S/S-*Sternberg-Lieben/Bosch* Vor § 52 Rn 88 ff; aA hinsichtlich der letztgenannten Variante BGHSt 18, 29 [32 f]; *Zieschang* Rissing-van Saan-FS 787 [800]). Beispiele: A schlägt B nieder, um ihn anschließend fesseln zu können; C betritt widerrechtlich einen Raum, um dort ein Gespräch abhören zu können.

14 c) Fast einhellig wird Tateinheit verneint, wenn ein anderer Tatbestand nur gelegentlich eines Dauerdelikts verwirklicht wird; A sperrt B über mehrere Tage hin ein und äußert sich während dieser Zeit einmal in beleidigender Weise über C (vgl nur OLG Koblenz NJW 1978, 716).

15 d) Nach überwiegender Ansicht kann der Entschluss, eine neue Straftat zu begehen, zur materiellrechtlichen **Zäsur eines Dauerdelikts** führen (vgl BGHSt 21, 203). Hauptfall ist eine Trunkenheitsfahrt, die unterbrochen sein soll, wenn sich der Täter nach einem Unfall zum unerlaubten Entfernen vom Unfallort durch

Weiterfahren entschließt: Die Trunkenheitsfahrt unterfällt dann in zwei tatmehrheitlich begangene Delikte nach § 316 vor und nach dem Unfall, wobei § 316 bis zum Unfall subsidiär hinter § 315 c zurücktritt und nach dem Unfall tateinheitlich mit § 142 verwirklicht wird (§§ 315 c; 142, 316, 52; 53).

3. Die Begründung von Tateinheit durch **Klammerwirkung** (Rn 8) begegnet jedenfalls dann Bedenken, wenn das vermittelnde Delikt einen geringeren Unrechtsgehalt hat als die jeweils verklammerten Delikte (zB Verklammerung von Betrug [§ 263] und Urkundenfälschung [§ 267] durch unberechtigtes Führen eines Titels [§ 132 a I Nr. 1]). Die (freilich in § 52 angelegte) Konsequenz ist hier, dass sich der Täter besser stellt, wenn er nicht nur zwei Delikte ausführt, sondern noch eine dritte Straftat begeht, die sich mit den anderen teilweise überschneidet: 16

a) Die Rspr lässt in diesen Fällen eine Verklammerung grds. zu (vgl BGHSt 2, 246; 18, 26), und dies auch dann, wenn **nur eine** (nicht aber beide) der verklammerten Taten erheblich schwerer wiegt als das verbindende Delikt (vgl BGHSt 31, 29; BGH NJW 2014, 871). Die abstrakte Einstufung der Taten als Vergehen oder Verbrechen soll für die Gewichtung keine Rolle spielen; maßgeblich soll vielmehr das Unrecht der konkreten Taten sein, so dass zwei Verbrechen auch durch ein Vergehen zur Tateinheit verbunden werden können (vgl BGHSt 33, 4). Die Klammerwirkung soll schließlich auch nicht entfallen, wenn das betreffende Delikt aufgrund einer Beschränkung nach §§ 151, 154 a StPO aus dem Verfahren ausgeschieden ist (vgl BGH StV 1989, 247). 17

Soweit bei Tateinheit stets eine Tat im prozessualen Sinne (Vor § 52 Rn 14) angenommen wird, führt die Verurteilung wegen eines verklammernden Delikts zum Strafklageverbrauch auch nicht geahndeter verklammerter Delikte (vgl zur Problematik OLG Zweibrücken MDR 1986, 692 m.Anm. *Mitsch* NStZ 1987, 457 f; *Krauth* Kleinknecht-FS 215 ff; zu Ausnahmen bei Verstößen gegen das WaffG BGHSt 36, 151). Bei Organisationsdelikten wie §§ 129, 129 a stellt sich dieses Problem nicht mehr, da die neuere Rspr eine Aufspaltung in mehrere (tatmehrheitliche) Deliktseinheiten zulässt (BGHSt 60, 308 m. zust. Anm. *Puppe* JZ 2016, 478; bisher lehnte die Rspr einen Strafklageverbrauch hier ebenfalls aufgrund von Ausnahmen ab, vgl BVerfGE 56, 22 ff; BGHSt 29, 288). 18

b) In der Literatur wird die Begründung von Tateinheit durch Klammerwirkung – wegen des Fehlens einer gemeinsamen Handlung – teils gänzlich abgelehnt (*Jakobs* 33/11 f; *Puppe* GA 1982, 143 [152]), teils nur zurückhaltend befürwortet (*Geppert* Jura 1997, 214; *Otto* AT § 23/18 ff). 19

c) Die Streitfrage hat mit der Preisgabe der Figur der fortgesetzten Handlung (Vor § 52 Rn 26 f) erheblich an Bedeutung verloren, da als verklammernde Handlung keine zu einer rechtlichen Handlungseinheit verbundene Vielzahl gleichartiger Straftaten mehr in Betracht kommt. 20

4. Die Figur der **natürlichen Handlungseinheit** (Vor § 52 Rn 18 ff) wird nach hM *auch* zur Verbindung mehrerer Gesetzesverletzungen zur Tateinheit herangezogen. Die Voraussetzungen sind entsprechend heranzuziehen; insbesondere ist erforderlich, dass die einzelnen Tatbestandsverwirklichungen 21

- in einem unmittelbaren räumlichen und zeitlichen Zusammenhang stehen,
- auf einer einheitlichen Motivationslage beruhen und
- sich für einen Beobachter bei „natürlicher" Betrachtung als einheitliches Geschehen (mit einem bestimmten Ziel) darstellen.

22 a) Als **einheitliche Motivationslage**, die mehrere Tatbestandsverwirklichungen zu einer natürlichen Handlungseinheit verbindet, kommt nach hM ein einheitlicher Willensentschluss (vgl BGHSt 22, 67, [76]), ein für alle Taten gleichartiger Handlungswille (BGH NJW 1967, 60 f) oder die Verfolgung eines einheitlichen Zieles (BGH StraFo 2005, 82) in Betracht. Eine einheitliche Motivationslage fehlt etwa bei einem Vorsatzwechsel von einer Körperverletzung zu einem Totschlag (BGH StV 1986, 293).

23 b) Die Rspr und ein Teil der Literatur bejahen die Möglichkeit der Bildung von Tateinheit nach den Kriterien der natürlichen Handlungseinheit insbesondere in Fällen, in denen der Täter innerhalb eines engen raum-zeitlichen Zusammenhangs unter einer bestimmten Zielsetzung – zB auf der **Flucht vor der Polizei** nach einem Fehlverhalten im Straßenverkehr – unterschiedliche Straftaten begeht (vgl BGHSt 22, 67 [76]; *Geppert* Jura 1982, 358 [362]; *Otto* AT § 23/12 ff; einschr. BGH VRS 47, 340 [342]).

24 Von einer verbreiteten Mindermeinung werden jedoch die subjektive Zielsetzung des Täters und der raum-zeitliche Zusammenhang nicht als rechtlich relevante Kriterien zur Verbindung von – zwar nacheinander, aber unabhängig voneinander begangenen – Verletzungen verschiedener Gesetze zur Tateinheit angesehen (vgl *Jescheck/Weigend* § 66 III 3; *Keller*, Zur tatbestandlichen Handlungseinheit, 2004, 23 ff; *Kindhäuser* JuS 1985, 100 [104]). Tateinheit wird allenfalls erwogen, wenn dasselbe Gesetz bei einheitlicher Motivationslage und engem raum-zeitlichen Zusammenhang mehrmals verletzt wird (vgl *Jescheck/Weigend* § 66 III 1).

25 c) Ob auch mehrere Tatbestandsverwirklichungen, die sich **gegen höchstpersönliche Güter verschiedener Rechtsgutsträger** richten, mithilfe des Kriteriums der natürlichen Handlungseinheit zur **Tateinheit** verbunden werden können, ist umstritten (bej. BGH NStZ 1985, 217; zust. *Fischer* Vor § 52 Rn 7; *Sowada* Jura 1995, 245 [252 f]; einschr. BGH StV 1998, 72; W-*Beulke/Satzger* Rn 1073; abl. und damit Tatmehrheit annehmend BGHSt 16, 397 [398]; *Kindhäuser* JuS 1985, 100 [105]). Die jüngere Rspr des BGH (vgl BGH NStZ 2003, 366; NStZ-RR 2010, 140; JA 2012, 554) vertritt einen differenzierenden Standpunkt in Form eines Regel-Ausnahme-Prinzips. Danach können Handlungen, die sich nacheinander gegen höchstpersönliche Rechtsgüter mehrerer Personen richten, grds. weder durch ihre Aufeinanderfolge noch durch einen einheitlichen Plan oder Vorsatz zu einer natürlichen Handlungseinheit und damit einer selbstständigen Tat zusammengefasst werden. Sie seien aber ausnahmsweise dann als tateinheitlich nach dem Kriterium der natürlichen Handlungseinheit anzusehen, wenn die Aufspaltung des Tatgeschehens in Einzelhandlungen wegen eines außergewöhnlich engen zeitlichen und räumlichen Zusammenhanges, etwa bei Messerstichen oder Schüssen innerhalb weniger Sekunden, willkürlich und gekünstelt erschiene sowie ihren Unrechts- und Schuldgehalt nicht zutreffend erfasse.

26 Zu beachten ist, dass die Verneinung der Möglichkeit, mithilfe des Kriteriums der natürlichen Handlungseinheit die Verletzung höchstpersönlicher Güter verschiedener Träger zu *einer* Tatbestandsverwirklichung und damit *einer* Gesetzesverletzung zu verbinden (Vor § 52 Rn 23), keineswegs der Möglichkeit entgegensteht, *mehrere* solcher Gesetzesverletzungen zu einer Tateinheit iSv § 52 zusammenzufassen. Exemplarisch: Wenn A „in einem Atemzug" zunächst B und dann C beschimpft, begeht er zwar nicht eine, sondern *zwei* Beleidigungen nach § 185. Allein hierdurch wird jedoch nicht die Möglichkeit ausgeschlossen, diese zwei Gesetzesverletzungen zu *einer* Tat iSv § 52 zu verbinden und A wegen zweier tateinheitlich begangener Beleidigungen zu bestrafen. In Rspr und Literatur wird

häufig nicht exakt zwischen den beiden möglichen Funktionen der natürlichen Handlungseinheit, nämlich der Zusammenfassung mehrerer Akte zu einer Tatbestandsverwirklichung einerseits und der Verbindung mehrerer Gesetzesverletzungen zu einer Tateinheit andererseits, differenziert (vgl den Überblick bei *Kühl* § 21/10 ff). Eine exakte Differenzierung erlangt insbesondere für den Rücktritt von versuchten Straftatbeständen erhebliche Relevanz. Die Verbindung mehrerer versuchter Gesetzesverletzungen zu einer Tateinheit hat bei Anwendung allgemeiner Grundsätze nämlich auch eine separate Rücktrittsprüfung der Einzelnen (tateinheitlich) versuchten Straftatbestände zur Folge (beispielhaft BGH NStZ 2012, 562).

5. Verhindert der Garant **einen bestimmten Erfolg** nicht, so ist ungeachtet der Anzahl der in Betracht kommenden Rettungsmöglichkeiten nur wegen einer **Unterlassung** zu bestrafen. 27

Anders ist dagegen zu entscheiden, wenn der Garant die Abwendung **mehrerer Erfolge** unterlassen hat: 28
- Tateinheit ist anzunehmen, wenn er alle Erfolge durch ein bestimmtes Tun (zB eine Rettungsmaßnahme) hätte verhindern müssen (vgl BGHSt 37, 106 [134 f]).
- Tatmehrheit ist gegeben, wenn zur Rettung jeweils selbstständige Handlungen unabhängig voneinander hätten vollzogen werden müssen.

Gleiches gilt für die Verletzung von Handlungspflichten **echter Unterlassungsdelikte** (vgl BGH NJW 1985, 1719 f; LK-*Rissing-van Saan* Vor § 52 Rn 85 f). 29

6. Ob eine oder mehrere Handlungen gegeben sind, richtet sich bei der **Teilnahme** grds. nach dem **Verhalten des Teilnehmers**. Leistet der Gehilfe also durch jeweils selbstständige Unterstützungshandlungen zu mehreren Taten Hilfe, ist regelmäßig Tatmehrheit gegeben (vgl BGH NJW 2009, 690 [692]; anders für den Fall einer „fortlaufenden" Förderung mehrerer Taten BGH wistra 2007, 262 [267]; 2014, 437 [438]). Liegt hingegen nur eine Anstiftungshandlung oder Hilfeleistung vor, so ist er auch nur wegen einer Teilnahmehandlung zu bestrafen, und zwar unabhängig davon, ob der oder die Täter eine oder mehrere selbstständige Haupttaten begehen (vgl BGHSt 40, 374 [377]; BGH wistra 2015, 56 f; für Unterlassen: BGH NStZ 2009, 443 f). Liegen umgekehrt mehrere Teilnahmehandlungen, aber nur eine Haupttat vor, besteht wegen der Akzessorität der Teilnahme allerdings ebenfalls Tateinheit (BGHSt 46, 107 [116]; BGH NStZ-RR 2014, 180; aA *Heghmanns* Roxin-FS II 867 [872 ff]). 30

Auch bei der **mittelbaren Täterschaft** werden mehrere Tatausführungen durch den Tatmittler für den Hintermann grds. zu einer Tateinheit verbunden, sofern sie auf einem „Auftrag" beruhen (BGHSt 40, 218 [238 f]). 31

Begehen **Mittäter** eine Deliktsserie, ist für die Frage, ob die Straftaten tateinheitlich oder tatmehrheitlich zusammentreffen, wiederum auf die konkreten Tathandlungen der einzelnen Mittäter abzustellen. Danach liegt Tatmehrheit vor, wenn der einzelne Mittäter mehrere Delikte individuell begleitet hat, wohingegen Tateinheit bzgl solcher Delikte zu bejahen ist, die durch einen einzigen Tatbeitrag gefördert wurden (BGH StV 2011, 726 f; wistra 2013, 307 f; NStZ 2013, 641). 32

§ 53 Tatmehrheit

(1) Hat jemand mehrere Straftaten begangen, die gleichzeitig abgeurteilt werden, und dadurch mehrere Freiheitsstrafen oder mehrere Geldstrafen verwirkt, so wird auf eine Gesamtstrafe erkannt.

(2) ¹Trifft Freiheitsstrafe mit Geldstrafe zusammen, so wird auf eine Gesamtstrafe erkannt. ²Jedoch kann das Gericht auf Geldstrafe auch gesondert erkennen; soll in diesen Fällen wegen mehrerer Straftaten Geldstrafe verhängt werden, so wird insoweit auf eine Gesamtgeldstrafe erkannt.

(3) ¹Hat der Täter nach dem Gesetz, nach welchem § 43 a Anwendung findet, oder im Fall des § 52 Abs. 4 als Einzelstrafe eine lebenslange oder eine zeitige Freiheitsstrafe von mehr als zwei Jahren verwirkt, so kann das Gericht neben der nach Absatz 1 oder 2 zu bildenden Gesamtstrafe gesondert eine Vermögensstrafe verhängen; soll in diesen Fällen wegen mehrerer Straftaten Vermögensstrafe verhängt werden, so wird insoweit auf eine Gesamtvermögensstrafe erkannt. ²§ 43 a Abs. 3 gilt entsprechend.

(4) § 52 Abs. 3 und 4 Satz 2 gilt sinngemäß.

1 Nach Abs. 1 ist bei der Verletzung mehrerer Strafgesetze durch mehrere Handlungen jeweils eine Einzelstrafe festzusetzen; aus diesen Einzelstrafen ist sodann eine Gesamtstrafe (§ 54) zu bilden. Ist ungeklärt, ob die tatsächlichen Voraussetzungen der Tateinheit oder Tatmehrheit gegeben sind, gilt der Grundsatz in dubio pro reo (BGH NStZ-RR 2002, 75).

2 Abs. 2 S. 1 bestimmt, dass bei Zusammentreffen von Freiheits- und Geldstrafe ebenfalls eine Gesamtfreiheitsstrafe zu bilden ist. S. 2 eröffnet allerdings dem Tatrichter das Ermessen, neben der Freiheitsstrafe gesondert auf eine Geldstrafe zu erkennen. Dies ist jedenfalls immer dann angezeigt, wenn die Gesamtstrafe gegenüber der getrennten Sanktionierung für den Angeklagten nachteiliger ist (Beispiel bei BGH NStZ 2008, 283 f). Im Übrigen ist das Verhältnis beider Vorschriften umstr. (näher hierzu S/S-*Sternberg-Lieben/Bosch* Rn 18 ff).

§ 54 Bildung der Gesamtstrafe

(1) ¹Ist eine der Einzelstrafen eine lebenslange Freiheitsstrafe, so wird als Gesamtstrafe auf lebenslange Freiheitsstrafe erkannt. ²In allen übrigen Fällen wird die Gesamtstrafe durch Erhöhung der verwirkten höchsten Strafe, bei Strafen verschiedener Art durch Erhöhung der ihrer Art nach schwersten Strafe gebildet. ³Dabei werden die Person des Täters und die einzelnen Straftaten zusammenfassend gewürdigt.

(2) ¹Die Gesamtstrafe darf die Summe der Einzelstrafen nicht erreichen. ²Sie darf bei zeitigen Freiheitsstrafen fünfzehn Jahre, bei Vermögensstrafen den Wert des Vermögens des Täters und bei Geldstrafe siebenhundertzwanzig Tagessätze nicht übersteigen; § 43 a Abs. 1 Satz 3 gilt entsprechend.

(3) Ist eine Gesamtstrafe aus Freiheits- und Geldstrafe zu bilden, so entspricht bei der Bestimmung der Summe der Einzelstrafen ein Tagessatz einem Tag Freiheitsstrafe.

Die Gesamtstrafe wird nach dem sog. **Asperationsprinzip** durch Erhöhung der 1
verwirkten höchsten Einzelstrafe („Einsatzstrafe") gebildet, wobei die Gesamtstrafe die Summe der Einzelstrafen nicht erreichen darf (Abs. 1, 2). Die Einzelstrafen dürfen also nicht einfach addiert werden, damit nicht im Einzelfall eine unangemessen hohe Strafe festgesetzt wird. Vielmehr sind bei der Gesamtstrafenbildung die Person des Täters und die einzelnen Straftaten zusammenfassend zu würdigen; die Einsatzstrafe ist sodann unter Berücksichtigung dieser Würdigung angemessen zu erhöhen (BGH NStZ 2011, 32; näher HKGS-*Steinmetz* Rn 7). Bei einem (der Tateinheit angenäherten) engen zeitlichen, sachlichen und situativen Zusammenhang kann die Erhöhung der Einsatzstrafe niedriger ausfallen (BGH NStZ-RR 2010, 238).

Ist eine der Einzelstrafen eine lebenslange Freiheitsstrafe, so ist als Gesamtstrafe 2
auf lebenslange Freiheitsstrafe zu erkennen.

§ 55 Nachträgliche Bildung der Gesamtstrafe

(1) ¹Die §§ 53 und 54 sind auch anzuwenden, wenn ein rechtskräftig Verurteilter, bevor die gegen ihn erkannte Strafe vollstreckt, verjährt oder erlassen ist, wegen einer anderen Straftat verurteilt wird, die er vor der früheren Verurteilung begangen hat. ²Als frühere Verurteilung gilt das Urteil in dem früheren Verfahren, in dem die zugrundeliegenden tatsächlichen Feststellungen letztmals geprüft werden konnten.

(2) ¹Vermögensstrafen, Nebenstrafen, Nebenfolgen und Maßnahmen (§ 11 Abs. 1 Nr. 8), auf die in der früheren Entscheidung erkannt war, sind aufrechtzuerhalten, soweit sie nicht durch die neue Entscheidung gegenstandslos werden. ²Dies gilt auch, wenn die Höhe der Vermögensstrafe, auf die in der früheren Entscheidung erkannt war, den Wert des Vermögens des Täters zum Zeitpunkt der neuen Entscheidung übersteigt.

I. Eine nachträgliche Gesamtstrafenbildung kommt in Betracht, wenn die Aburteilung einer Tat ansteht, die der Täter vor der früheren Verurteilung wegen einer anderen Tat begangen hat. Wäre die jetzt in Rede stehende, aber früher begangene Tat bereits bei der früheren Entscheidung mit abgeurteilt worden, so hätte der damalige Richter nach den Regeln der §§ 53, 54 vorgehen, dem Täter also bei gemeinsamer Aburteilung beider Taten in einem Verfahren einen „Strafrabatt" einräumen müssen. § 55 will diese „Vergünstigung" dem Täter auch nachträglich zugute kommen lassen (BGHSt 35, 208 [211]). 1

II. Die im jetzigen Verfahren abzuurteilende Tat muss vor einer früheren Verurteilung, die auch durch Strafbefehl erfolgt sein kann (BGH GA 1956, 50 [52]), begangen, dh **beendet** worden sein (BGHSt 9, 370 [383]; L-Kühl-*Heger* Rn 4; aA *Bringewat*, Die Bildung der Gesamtstrafe, 1987, Rn 219; SK-*Jäger* Rn 4, die auf Tatvollendung abstellen), so dass diese frühere Verurteilung auch die jetzt abzuurteilende Tat mit der Folge einer Gesamtstrafenbildung theoretisch hätte erfassen können. Maßgeblicher Zeitpunkt für die Frage, ob eine frühere Gesamtstrafenbildung möglich gewesen wäre, ist das Urteil, in dem die tatsächlichen Feststellungen letztmals geprüft werden konnten (Abs. 1 S. 2). Dies kann ein Berufungsurteil sein (BGH NStZ 2002, 590), aber auch die Entscheidung über die Bildung einer Gesamtstrafe, wenn sie aufgrund tatrichterlicher Verhandlung ergangen ist (BGH NStZ-RR 2010, 41). 2

3 Die frühere Verurteilung, mit deren Strafe die Gesamtstrafe gebildet werden soll, muss jetzt **rechtskräftig** sein, da sonst die Gesamtstrafenbildung im späteren Urteil vom Bestand des früheren Urteils abhängig wäre (BGHSt 23, 98; S/S-*Sternberg-Lieben/Bosch* Rn 32). Unzulässig ist es auch, Einzelstrafen, die schon zur Bildung einer Gesamtstrafe in einem noch nicht rechtskräftigen anderen Urteil gedient haben, in eine weitere Gesamtstrafe einzubeziehen, auch wenn sie für sich genommen rechtskräftig sind (BGHSt 50, 188 [191 f]). Weiterhin darf die durch das frühere Urteil verhängte Strafe **nicht vollständig vollstreckt, verjährt oder erlassen** sein (Abs. 1 S. 1), wobei ein *nach* der jetzt maßgeblichen Verurteilung erfolgter Erlass unbeachtlich ist (BGH wistra 2010, 99 [100]). Einzelstrafen, die in einer aufgrund neuer Gesamtstrafenbildung entfallenen, alten Gesamtstrafe enthalten waren, sind insgesamt noch nicht als erledigt iSd § 55 I anzusehen, solange die sie zusammenfassende alte Gesamstrafe noch nicht vollständig vollstreckt ist (BGH NStZ 2012, 380 [381]).

4 Kann eine frühere Strafe nicht mehr berücksichtigt werden, weil sie bereits vollstreckt ist, so ist dies in einem sog. **Härteausgleich** zu berücksichtigen. Dies geschieht bei **zeitiger Freiheitsstrafe** idR im Rahmen der Strafbemessung für die nunmehr abzuurteilende Tat (BGH NJW 2011, 868). Teilweise wird allerdings auch das für die Berücksichtigung rechtswidriger Verfahrensverzögerungen entwickelte Vollstreckungsmodell (§ 46 Rn 46) angewandt, indem ein Teil der (unverändert) bemessenen Strafe für vollzogen erklärt wird (BGH NJW 2010, 2600; vgl auch *Kühl* NStZ-RR 2013, 338 ff). Bei **lebenslanger Freiheitsstrafe** kommt aufgrund der absoluten Strafdrohung, die keinen Spielraum für weitere Strafzumessungserwägungen lässt, allein die letztere Variante zur Anwendung (BGHSt 54, 259 [262 f]; 55, 1 [3]). Eines Härteausgleichs bedarf es auch bei bereits vollstreckter Geldstrafe, wenn sie durch Ersatzfreiheitsstrafe verbüßt wurde (BGH NStZ-RR 2008, 370). Da die Verweisung in Abs. 1 auch § 53 II S. 2 umfasst, sind neben einer Freiheitsstrafe verhängte Einzelgeldstrafen jedoch trotz ihrer Begleichung solange einbeziehungsfähig, wie die frühere Verurteilung insgesamt noch nicht iSd Abs. 1 erledigt ist (BGH NStZ-RR 2007, 232). Ob und wie **ausländische Vorverurteilungen**, deren Einbezug in eine nachträgliche Gesamtstrafenbildung wegen des hierdurch bedingten Eingriffs in deren Vollstreckbarkeit ebenfalls ausgeschlossen ist, im Rahmen eines Härtausgleichs zu berücksichtigen sind, ist umstr. (vgl BGH JR 2010, 130 ff einerseits, BGH JR 2010, 166 ff andererseits, jew. m.Anm. *van Gemmeren*; BGH HRRS 2014, Nr. 598: Härteausgleich bejahend).

5 III. Ob frühere Verurteilungen bereits zu einer Gesamtstrafe geführt haben, ist unerheblich. Es kommt immer nur auf die Einzelstrafen an. Wird jetzt eine neue Gesamtstrafe gebildet, ist die alte aufzulösen (BGHSt 12, 99). § 55 findet keine Anwendung, wenn das frühere Urteil auf eine Gesamtstrafe erkannt hat, aber keine Einzelstrafen enthält (BGH NStZ-RR 2004, 106).

6 Die nachträgliche Bildung einer Gesamtfreiheitsstrafe nach § 55 ist auch dann ausgeschlossen, wenn mehrere Verurteilungen zu berücksichtigen sind, die teils vor, teils nach der jetzt abzuurteilenden Tat erfolgt sind. Die Rspr nimmt hier eine **Zäsurwirkung** der Erstverurteilung an mit der Konsequenz, dass eine hiernach erfolgende zweite Verurteilung, welche sich auf Taten *vor* der Erstverurteilung bezieht, nicht mit einem anhängigen Verfahren zu einem *nach* der Erstverurteilung begangenen Delikt zusammengeführt werden kann, sondern nur mit Urteilen (einschließlich der Erstverurteilung), die ebenfalls vor dem Zäsururteil begangene Delikte behandeln (BGHSt 32, 190 ff; Beispiele bei *Nestler* JA 2011,

248 [252]; krit. *Wilhelm* NStZ 2008, 425 ff). Notwendig ist diese Konstruktion, da der Wortlaut des § 55 I S. 1 (ein ähnliches Problem ergibt sich bei Überschneidungen mit § 53) einerseits eine Zusammenfassung der Strafen aus Erstverurteilung und anhängigem Verfahren verbietet, andererseits aber für beide gleichermaßen die Zusammenfassung mit Strafen aus sonstigen Verfahren fordert. Die Zäsurwirkung entfällt daher erst bei Erledigung der Strafe aus der Erstverurteilung (BGHSt 32, 190 [193]). Hieraus entstehende Härten sind, wenn deswegen mehrere (Gesamt-)Freiheitsstrafen zu bilden sind, in ähnlicher Weise wie bei bereits vollstreckten Entscheidungen (Rn 4) zu berücksichtigen (BGHSt 41, 310 [311]; S/S/W-*Eschelbach* Rn 21).

Nach Abs. 2 S. 1 sind Vermögensstrafen, Nebenstrafen und Maßnahmen einer früheren Entscheidung aufrechtzuerhalten, soweit sie durch die neue Entscheidung nicht gegenstandslos werden. Die Regelung gilt entsprechend in Fällen, in denen eine nachträgliche Gesamtstrafenbildung wegen vollständiger Vollstreckung nicht mehr möglich ist (BGH NStZ-RR 2011, 41). Eine im Rahmen der nachträglichen Gesamtstrafenbildung erfolgende selbstständige Anordnung einer der genannten Rechtsfolgen ist demgegenüber unzulässig, wenn sie einer vorigen in jeder Hinsicht entspricht, also zu einer Verdoppelung führen würde. Denn der Täter soll auch insoweit dem Grundgedanken des § 55 entsprechend so gestellt werden, wie er bei gleichzeitiger Aburteilung aller Taten gestanden hätte (BGH NJW 2009, 2903 [2904]; LK-*Rissing-van Saan* Rn 58). 7

Liegen die Voraussetzungen der §§ 54, 55 vor, muss der Tatrichter eine Gesamtstrafe bilden. Nur wenn er dies rechtsfehlerhaft unterlässt, darf die Gesamtstrafenbildung in einem Beschlussverfahren gem. § 460 StPO nachgeholt werden (vgl BGH NStZ-RR 2013, 7 mwN; näher hierzu *Nestler* JA 2011, 248 [253 f]; krit. *Arnoldi/Rutkowski* NStZ 2011, 493 [495]). Der Tatrichter darf die nachträgliche Gesamtstrafenbildung allerdings ausnahmsweise dann dem späteren Beschlussverfahren überlassen, wenn es ihm aufgrund der bislang gewonnenen Erkenntnisse nicht möglich ist, eine sichere Entscheidung zu treffen. Dies kann etwa der Fall sein, wenn die erforderlichen Unterlagen für eine Gesamtstrafenbildung nicht vollständig vorliegen und die Hauptverhandlung allein wegen deshalb noch notwendiger Nachforschungen mit erheblichem Zeitaufwand belastet würde (BGH NStZ 2005, 32). 8

Vierter Titel Strafaussetzung zur Bewährung

§ 56 Strafaussetzung

(1) ¹Bei der Verurteilung zu Freiheitsstrafe von nicht mehr als einem Jahr setzt das Gericht die Vollstreckung der Strafe zur Bewährung aus, wenn zu erwarten ist, daß der Verurteilte sich schon die Verurteilung zur Warnung dienen lassen und künftig auch ohne die Einwirkung des Strafvollzugs keine Straftaten mehr begehen wird. ²Dabei sind namentlich die Persönlichkeit des Verurteilten, sein Vorleben, die Umstände seiner Tat, sein Verhalten nach der Tat, seine Lebensverhältnisse und die Wirkungen zu berücksichtigen, die von der Aussetzung für ihn zu erwarten sind.

(2) ¹Das Gericht kann unter den Voraussetzungen des Absatzes 1 auch die Vollstreckung einer höheren Freiheitsstrafe, die zwei Jahre nicht übersteigt, zur Be-

währung aussetzen, wenn nach der Gesamtwürdigung von Tat und Persönlichkeit des Verurteilten besondere Umstände vorliegen. ²Bei der Entscheidung ist namentlich auch das Bemühen des Verurteilten, den durch die Tat verursachten Schaden wiedergutzumachen, zu berücksichtigen.

(3) Bei der Verurteilung zu Freiheitsstrafe von mindestens sechs Monaten wird die Vollstreckung nicht ausgesetzt, wenn die Verteidigung der Rechtsordnung sie gebietet.

(4) ¹Die Strafaussetzung kann nicht auf einen Teil der Strafe beschränkt werden. ²Sie wird durch eine Anrechnung von Untersuchungshaft oder einer anderen Freiheitsentziehung nicht ausgeschlossen.

I. Allgemeines

1   1. **Grundgedanke** der Strafaussetzung ist, dem Täter Gelegenheit zu geben, durch ein straffreies Leben und die Erfüllung von Auflagen und Weisungen von der Strafverbüßung verschont zu werden, um so seine Resozialisierung zu fördern und Schäden durch den Vollzug kurzer Freiheitsstrafen zu vermeiden.

2   Die **Rechtsnatur** der Strafaussetzung ist in Rspr und Schrifttum nicht abschließend geklärt: Während die hM die Strafaussetzung als eine Modifikation der Vollstreckung ansieht (vgl BGHSt 31, 25 [28]; AnwK-*Trüg* Rn 4), handelt es sich nach anderer Ansicht um ein Rechtsinstitut eigener Art, gleichsam um eine „dritte Spur im Strafrecht" (SK-*Schall* Rn 3). In diese Richtung tendiert auch eine dritte Meinung, die von der „Eigenständigkeit" der Vollstreckungsaussetzung „iSe besonderen ambulanten Behandlungsart" ausgeht (BGHSt 24, 164 [166]; ähnlich *Dreher* ZStW 77, 481 ff; NK-*Ostendorf* Vor § 56 Rn 1).

3   Von der Aussetzung der Strafvollstreckung zu unterscheiden ist die **Zurückstellung der Strafvollstreckung gem. § 35 BtMG**. Diese kommt bei Freiheitsstrafen von nicht mehr als zwei Jahren in Betracht, wenn die Verurteilung wegen einer Straftat erfolgt ist, die aufgrund von Betäubungsmittelabhängigkeit begangen worden ist, und der Verurteilte sich wegen seiner Abhängigkeit in einer seiner Rehabilitation dienenden Behandlung befindet oder zusagt, sich einer solchen zu unterziehen, und deren Beginn gewährleistet ist.

4   2. Die Strafaussetzung ist **Teil der Entscheidung über die Straffrage**, also über die Frage, ob zu bestrafen ist. Von ihr unabhängig ist die Strafe als solche zu bemessen (BGH NStZ-RR 2008, 369). Die Verknüpfung von Überlegungen zur Strafaussetzung mit der Frage der Festlegung der Strafhöhe ist daher rechtsfehlerhaft (vgl BGH NStZ 2014, 32).

5   Ausgesetzt werden kann **nur** eine **Freiheitsstrafe** iSd § 38, nicht eine Geldstrafe oder Ersatzfreiheitsstrafe (OLG Koblenz GA 1977, 222 [224]; *Streng* Rn 139).

6   Eine Aussetzung zur Bewährung ist nur möglich hinsichtlich der ganzen verhängten, nicht eines Teils der Strafe, **Abs. 4 S. 1**. Eine Teilvollstreckung kommt lediglich unter den Voraussetzungen des § 57 in Betracht (L-Kühl-*Heger* Rn 6). Die bloße Anrechnung von Freiheitsstrafe (§ 51) steht dem. **Abs. 4 S. 2** nicht entgegen, es sei denn, dass die Strafe durch die Anrechnung voll aufgezehrt wird (BGHSt 31, 25 [28]). Bei einer **Gesamtstrafe** ist ihre Höhe, nicht die der Einzelstrafen für die Zulässigkeit der Strafaussetzung entscheidend (vgl § 58).

II. Die Aussetzungsvoraussetzungen

Die Voraussetzungen der Strafaussetzung sind in Abs. 1–3 je nach der Höhe der erkannten Freiheitsstrafe geregelt. 7

Es lassen sich drei Strafen unterscheiden, deren Aussetzung mit zunehmender Strafhöhe strengeren Anforderungen unterliegt: 8

- Bei Strafen zwischen einem und sechs Monaten hat **bei günstiger Sozialprognose zwingend** eine Aussetzung zu erfolgen (Abs. 1).
- Liegt die Strafe zwischen sechs Monaten und einem Jahr (einschließlich), so muss die Aussetzung **zwingend** erfolgen **bei günstiger Sozialprognose und Entbehrlichkeit der Vollstreckung zur Verteidigung der Rechtsordnung** (Abs. 1 und 3).
- Bei Strafen zwischen einem Jahr und zwei Jahren (einschließlich) ist eine Aussetzung **möglich bei günstiger Sozialprognose und Entbehrlichkeit der Vollstreckung zur Verteidigung der Rechtsordnung und dem Vorliegen besonderer Umstände** (Abs. 2 iVm Abs. 1 und 3).

1. Die günstige Sozialprognose (Abs. 1): Die günstige Sozialprognose ist ausschließlich unter spezialpräventiven Aspekten zu treffen (BT-Drucks. V/4094, 11). Auch ohne Vollstreckung der Freiheitsstrafe muss zu erwarten sein, dass sich der Verurteilte in Zukunft, und zwar zeitlich unbegrenzt über die Bewährungszeit hinaus, nicht mehr strafbar machen wird. Es genügt die **Wahrscheinlichkeit** straffreier Führung in der Zukunft (BGH NStZ 1986, 27; *Grube* Jura 2010, 759 [761]). Nicht notwendig ist es, dass eine jeden Zweifel ausschließende Gewissheit oder auch nur ein hoher Wahrscheinlichkeitsgrad vorliegt (S/S-*Stree/Kinzig* Rn 17). 9

Die Prognose muss auf **Tatsachen** basieren (*Fischer* Rn 4). Für diese Tatsachen, nicht aber für die Prognose selbst (BGH StV 1992, 106), gilt der **in-dubio-pro-reo-Grundsatz** (LK-*Hubrach* Rn 12). Die Prognose ist aufgrund aller Umstände zu treffen, die im **Zeitpunkt der letzten tatrichterlichen Hauptverhandlung** vorliegen (BGH StV 1992, 13), ohne dass es darauf ankommt, ob diese Umstände verschuldet sind oder nicht (SK-*Schall* Rn 22). Bei der Prognoseentscheidung kommt es grds. nicht darauf an, ob zukünftige Taten einschlägiger Natur sind, da das Gesetz von Straftaten schlechthin ausgeht, ohne diese auf den zur Aburteilung anstehenden Deliktsbereich einzuschränken (BayObLG NStZ-RR 2003, 105 f). Werden zwei Freiheitsstrafen in einem Urteil verhängt, so muss für beide eine einheitliche Sozialprognose gestellt werden (OLG Braunschweig NStZ-RR 2005, 139). Bei einer nachträglichen Gesamtstrafenbildung nach § 55 ist auf den Zeitpunkt dieser Entscheidung abzustellen (BGH NStZ 2004, 85). 10

Anhaltspunkte für die anzustellende **individuelle Würdigung** aller Umstände, die Rückschlüsse auf das künftige Verhalten des Täters zulassen, gibt das Gesetz selbst in **Abs. 1 S. 2**. Danach sind namentlich die Persönlichkeit des Täters, sein Vorleben, die Umstände seiner Tat, sein Nachtatverhalten, seine Lebensverhältnisse sowie die Wirkungen zu berücksichtigen, die von der Aussetzung für ihn zu erwarten sind (näher S/S-*Stree/Kinzig* Rn 19 ff). Tatsachen, die bereits das Maß der verhängten Strafe iSv § 46 mitbestimmt haben, können bei dieser Abwägung erneut verwertet werden (*Fischer* Rn 5 ff). 11

Gesichtspunkte für eine **günstige Prognose** können zB sein: eine erstmalige Verurteilung (BGHR StGB § 56 Abs. 1 Sozialprognose 17), die Einsicht des Täters in die Verwerflichkeit seiner Tat (S/S-*Stree/Kinzig* Rn 26), eine gute Führung über längere Zeit nach der Tat (BGHSt 6, 298 [301]; BGH StV NStZ-RR 2012, 170 12

[171]) oder eine Stabilisierung der Lebensverhältnisse (BayObLG StV 1994, 186 [187]). Als Anhaltspunkte für eine **ungünstige Prognose** kommen ua in Betracht: eine Vorverurteilung, sofern diese aufgrund zeitlicher und sachlicher Nähe einen Negativschluss zulässt (BGH StV 1992, 417), uU das Verheimlichen des Beuteverbleibs (OLG Karlsruhe MDR 1978, 71) oder wenn der Täter bereits wiederholt bewährungsbrüchig geworden ist (BGH NStZ 1988, 451 [452]), auch wenn eine Tatbegehung während der Bewährungszeit eine erneute Aussetzung zur Bewährung nicht grds. ausschließt (vgl BGH NStZ-RR 2012, 201). Ebenso kann bereits der erhebliche Verdacht später begangener Straftaten bei der Prognoseentscheidung ohne Verstoß gegen die Unschuldsvermutung zulasten des Angeklagten berücksichtigt werden (OLG Oldenburg NStZ 2007, 197). Demgegenüber ist strafrechtlich irrelevantes Verhalten nicht geeignet, eine ungünstige Prognoseentscheidung zu begründen (BGH NStZ 2003, 264). Gleiches gilt für die politische Überzeugung des Täters (BGH NStZ-RR 2004, 201 [202]). Auch prozessual zulässiges Verteidigungsverhalten des Angeklagten – wie zB das „Beschönigen" seiner Tat – darf ebenso wenig wie bei der Strafzumessung im Rahmen der Aussetzungsentscheidung zu seinem Nachteil berücksichtigt werden (OLG Hamm VRS 110, 111 [112]).

13   **2. Verteidigung der Rechtsordnung (Abs. 3):** Nach Abs. 3 ist eine Strafaussetzung zwingend ausgeschlossen, wenn die Verteidigung der Rechtsordnung die Vollstreckung einer Freiheitsstrafe von sechs Monaten bis zu zwei Jahren gebietet, obwohl die Voraussetzungen von Abs. 1 oder 2 erfüllt sind (BGH StV 1991, 19). Ist das Vorliegen dieses Versagungsgrundes nicht von vornherein ausgeschlossen, so ist dessen nähere Erörterung erforderlich (BayObLG JR 2003, 297 m.Anm. *Verrel*).

14   Die Vollstreckung ist zur Verteidigung der Rechtsordnung geboten, wenn eine Strafaussetzung im Hinblick auf schwerwiegende Besonderheiten des Einzelfalls für das allgemeine Rechtsempfinden **schlechthin unverständlich** erscheinen müsste und das Vertrauen der Bevölkerung in die Unverbrüchlichkeit des Rechts dadurch erschüttert werden könnte (BGH NStZ 2002, 312 [313]).

15   Die Anwendung des Abs. 3 **kommt etwa infrage** bei Delikten, mit denen eine zur Förderung von Allgemeininteressen gewährte privilegierte Rechtsstellung (zB als Arzt oder Rechtsanwalt, BGH NStZ 1988, 126) oder sonst eine Vertrauensstellung (BGH NJW 1991, 2574; wistra 2014, 477 f) missbraucht wird. Des Weiteren spielen auch besondere Tatfolgen (BGHSt 24, 40 [47]) oder die Häufung bestimmter Taten (BGH NStZ 1985, 165) eine Rolle (näher *Fischer* Rn 14 ff). Stets sind jedoch die Umstände des Einzelfalls zu beachten, so dass eine Strafaussetzung nicht bereits im Hinblick auf die Verwirklichung einer bestimmten Deliktsgruppe versagt werden darf (vgl BGH StraFo 2011, 324 [325]: sexueller Missbrauch eines Kindes).

16   **3. Das Vorliegen besonderer Umstände (Abs. 2):** Ist eine Freiheitsstrafe zwischen mehr als einem Jahr und zwei Jahren (einschließlich) verhängt worden, so kann deren Vollstreckung gem. Abs. 2 ausgesetzt werden, wenn neben den Anforderungen der Abs. 1 und 3 besondere Umstände vorliegen, die es – nach einer **Gesamtwürdigung von Tat und Persönlichkeit des Täters** (SK-*Schall* Rn 22 ff) – rechtfertigen, dass die Vollstreckung der Strafe ausgesetzt wird.

17   Strafen, die über ein Jahr hinausgehen, kennzeichnen in der Regel einen erhöhten Unrechts- und Schuldgehalt der Tat. Demzufolge sind nur solche Umstände als besondere iSd Abs. 2 zu betrachten, die im Vergleich mit durchschnittlichen oder

allgemeinen Milderungsgründen **von besonderem Gewicht** sind und eine Strafaussetzung trotz des erheblichen Unrechts- und Schuldgehalts der Tat nicht unangebracht erscheinen lassen (BGHSt 29, 370 [371]). Dass die Milderungsgründe der Tat Ausnahmecharakter verleihen, ist nicht erforderlich (BGH NStZ 2009, 441; OLG Bamberg StV 2013, 162 [163]). Auch das Zusammentreffen durchschnittlicher und einfacher Milderungsgründe kann für die Bejahung besonderer Umstände ausreichend sein (BGH NStZ 2010, 147; NStZ-RR 2016, 9). Die besonderen Umstände müssen **umso gewichtiger** sein, je näher die verhängte Strafe an der Zwei-Jahresgrenze liegt (BGH NStZ 1987, 21; *Grube* Jura 2010, 759 [763]).

Verwertbar sind zB eine günstige Sozialprognose (BGH NStZ 1997, 434), eine nachträgliche Stabilisierung der Lebensverhältnisse (BGH NStZ-RR 2006, 375 [376]), Aufklärungshilfe (BGH StV 2014, 598), durch die Tat bedingte berufliche Nachteile des Täters (BGH NStZ 1987, 172) oder das Bemühen des Täters um die Wiedergutmachung des angerichteten Schadens (S. 2). Unerheblich ist, ob die besonderen Umstände bereits bei der Strafzumessung berücksichtigt worden sind (BGH NStZ 1985, 261). Bei **Mitangeklagten** ist bei jedem Angeklagten selbstständig zu prüfen, ob besondere Umstände vorliegen (vgl BGH NStE § 56 Abs. 1 Nr. 19). 18

§ 56 a Bewährungszeit

(1) ¹Das Gericht bestimmt die Dauer der Bewährungszeit. ²Sie darf fünf Jahre nicht überschreiten und zwei Jahre nicht unterschreiten.

(2) ¹Die Bewährungszeit beginnt mit der Rechtskraft der Entscheidung über die Strafaussetzung. ²Sie kann nachträglich bis auf das Mindestmaß verkürzt oder vor ihrem Ablauf bis auf das Höchstmaß verlängert werden.

I. Nach Abs. 1 S. 2 beträgt die Bewährungszeit **mindestens zwei und höchstens fünf Jahre.** Sie wird von dem Gericht nach seinem Ermessen in einem mit dem Urteil zu verbindenden **Beschluss** nach § 268 a I StPO festgesetzt (BGH NJW 1954, 522). 1

II. **Kriterium für das Ermessen** bei der Entscheidung über die Dauer der Bewährungszeit ist die Überlegung, welche Zeit benötigt wird, um auf den Verurteilten – uU mithilfe von Weisungen (§ 56 c) oder unter Anleitung eines Bewährungshelfers (§ 56 d) – nachhaltig (auch nach Ablauf der Bewährungszeit) einzuwirken (S/S-*Stree/Kinzig* Rn 1). 2

III. Die Frist **beginnt mit der Rechtskraft des Urteils** (Abs. 2 S. 1), unabhängig davon, ob der Verurteilte sich zu diesem Zeitpunkt auf freiem Fuß oder in behördlicher Verwahrung (zB U-Haft in anderer Sache) befindet (SK-*Schall* Rn 5; *Seifert* Jura 2008, 684; aA OLG Zweibrücken MDR 1969, 861). 3

IV. Die Bewährungszeit kann **nachträglich** (§ 56 e StGB, § 453 StPO) **verkürzt oder** vor ihrem Ablauf (OLG Düsseldorf MDR 1991, 556) auf das Höchstmaß **verlängert** werden. Eine weitergehende Verlängerung über das Höchstmaß des § 56 a I S. 2 hinaus und auch nach Ablauf der Bewährungsfrist ermöglicht § 56 f II (vgl *Fischer* Rn 3). 4

5 V. Während der Bewährungszeit ruht gem. § 79 a Nr. 2 b die **Vollstreckungsverjährung**.

§ 56 b Auflagen

(1) ¹Das Gericht kann dem Verurteilten Auflagen erteilen, die der Genugtuung für das begangene Unrecht dienen. ²Dabei dürfen an den Verurteilten keine unzumutbaren Anforderungen gestellt werden.

(2) ¹Das Gericht kann dem Verurteilten auferlegen,
1. nach Kräften den durch die Tat verursachten Schaden wiedergutzumachen,
2. einen Geldbetrag zugunsten einer gemeinnützigen Einrichtung zu zahlen, wenn dies im Hinblick auf die Tat und die Persönlichkeit des Täters angebracht ist,
3. sonst gemeinnützige Leistungen zu erbringen oder
4. einen Geldbetrag zugunsten der Staatskasse zu zahlen.

²Eine Auflage nach Satz 1 Nr. 2 bis 4 soll das Gericht nur erteilen, soweit die Erfüllung der Auflage einer Wiedergutmachung des Schadens nicht entgegensteht.

(3) Erbietet sich der Verurteilte zu angemessenen Leistungen, die der Genugtuung für das begangene Unrecht dienen, so sieht das Gericht in der Regel von Auflagen vorläufig ab, wenn die Erfüllung des Anerbietens zu erwarten ist.

1 I. Auflagen dienen nach Abs. 1 S. 1 der **Genugtuung für das begangene Unrecht**. Durch ihre Verhängung soll vermieden werden, dass in der Öffentlichkeit und beim Täter selbst der Eindruck entsteht, die Straftat bleibe letztlich ohne Reaktion (SK-*Schall* Rn 2).

2 II. Die dem Gericht zur Verfügung stehenden Möglichkeiten einer Auflage sind in Abs. 2 **abschließend** aufgezählt.

3 1. Die **Schadenswiedergutmachung** (Abs. 2 S. 1 Nr. 1), die gem. Abs. 2 S. 2 **Vorrang vor den anderen Auflagen** hat, wird in erster Linie in den Grenzen, in denen ein zivilrechtlich begründbarer Schaden verursacht worden ist, angeordnet (vgl OLG Hamburg MDR 1982, 340 f; LG Zweibrücken NStZ 1997, 283). Dementsprechend hat sich der Strafrichter bei der Festsetzung der Wiedergutmachung **an der zivilrechtlichen Rechtsgestaltung** (zB Mitverschulden, Schadensgrund und -höhe) **zu orientieren**, wobei allerdings die Verjährung des privatrechtlichen Ersatzanspruchs einer Auflage nicht entgegensteht (*Schall* NJW 1977, 1045).

4 Daneben kommt nach der hM aber auch eine Wiedergutmachung in den vom BGB nicht geregelten Fällen – etwa bei immateriellen Schäden – in Betracht (L-Kühl-*Heger* Rn 3 a; S/S-*Stree/Kinzig* Rn 9; aA OLG Stuttgart MDR 1971, 1025; SK-*Schall* Rn 6). Zudem ist nach Ansicht des BVerfG (NStZ-RR 2002, 264) eine Begrenzung des Begriffs „Schaden" auf zivilrechtlich ersatzfähige Schäden unter Ausschluss öffentlich-rechtlicher Schadenspositionen nicht geboten, so dass zB auch Steuerschulden erfasst sind (AnwK-*Trüg* Rn 5).

5 Das Gesetz sieht vor, dass der Verurteilte den Schaden **nach Kräften** wieder gutzumachen hat, Abs. 2 S. 1 Nr. 1. Die Auflage ist mithin schon erfüllt, wenn der Verurteilte ernsthafte Wiedergutmachungsversuche unternommen hat, ohne dass ihm die Befriedigung des Verletzten tatsächlich gelungen sein muss (S/S-*Stree/Kinzig* Rn 10).

Die Auflage nach Abs. 2 S. 1 Nr. 1 ist in der Regel **zumutbar** iSd Abs. 1 S. 2 6
(OLG Hamm NJW 1976, 527), jedoch dann rechtswidrig, wenn sie wegen eines
krassen Missverhältnisses zur wirtschaftlichen Situation des Verurteilten rechtsmissbräuchlich erscheint (OLG Düsseldorf NStZ 1993, 136).

Die Anordnung der Schadenswiedergutmachung kann nur als Ausgleich gegen- 7
über dem **unmittelbar geschädigten Tatopfer** selbst (*Fischer* Rn 6), und zwar allein bezüglich des diesem selbst entstandenen Schadens (S/S-*Stree/Kinzig* Rn 9),
erfolgen. Verstirbt der Verletzte, ist es daher unzulässig, im Rahmen einer Änderung der Wiedergutmachungsauflage die Erwirkung einer Zahlung an die
Rechtsnachfolger anzuordnen (OLG Hamm NJW 2013, 2695 f).

2. Die **Geldauflage**, also die Zahlung eines Geldbetrags zugunsten einer **gemein-** 8
nützigen Einrichtung (Abs. 2 Nr. 2) oder der **Staatskasse** (Abs. 2 Nr. 4), ist die
wohl häufigste Auflage. Sie muss „im Hinblick auf die Tat und die Persönlichkeit
des Täters angebracht" sein, kommt also hauptsächlich in Betracht, wenn eine
Wiedergutmachung des Schadens ausgeschlossen ist, weil es an einem Schaden
fehlt oder dieser bereits anderweitig gedeckt ist (SK-*Schall* Rn 9).

Während nach einer Auffassung (*Fünfsinn* NStZ 1987, 97 [98]) die Geldauflage 9
in der **Höhe** einer Geldstrafe (§ 40) festzusetzen ist, besteht nach der überwiegenden Gegenauffassung (OLG Stuttgart NJW 1954, 522; S/S/W-*Mosbacher* Rn 13;
NK-*Ostendorf* Rn 11; SK-*Schall* Rn 13) keine formelle Mindest- oder Höchst-
grenze.

Die Zahlung muss aus **dem Vermögen des Verurteilten** stammen; bei Zahlung ei- 10
nes Dritten bleibt die Auflage unerfüllt (SK-*Schall* Rn 10).

Die Geldauflage darf gem. Abs. 1 S. 2 nicht **unzumutbar** sein, dh die Leistungsfä- 11
higkeit des Täters nicht überfordern (OLG Köln wistra 1998, 272 mwN) oder in
offensichtlichem Missverhältnis zur Tatschuld stehen (*Fischer* Rn 7).

3. Gem. Abs. 2 S. 1 Nr. 3 ist das Gericht ermächtigt, dem Verurteilten die Erbrin- 12
gung **sonst gemeinnütziger Leistungen** aufzuerlegen. Hier kommt in erster Linie
die Ableistung von Arbeit in Krankenhäusern, Pflege- oder Altersheimen, Unfall-
stationen und ähnlichen Einrichtungen in Betracht (L-Kühl-*Heger* Rn 5). Bei der
Festsetzung einer Arbeitsauflage muss das Gericht zumindest die Art und den
Umfang der geforderten Arbeitsleistung sowie den Zeitraum, innerhalb dessen
diese zu erbringen ist, festlegen (BVerfG NJW 2016, 148).

An die Verhängung einer Arbeitsauflage ist insbesondere zu denken, wenn anzu- 13
nehmen ist, dass der Verurteilte die Genugtuung für das von ihm begangene Unrecht nicht höchstpersönlich leisten wird, oder wenn die Erfüllung einer Auflage
nach Nr. 1 oder 2 vom Verurteilten mangels finanzieller Mittel nicht verlangt
werden kann (SK-*Schall* Rn 15).

Die **Zumutbarkeit** der Auflage ist gem. Abs. 1 S. 2 zu verneinen, wenn die Tätig- 14
keit über die körperliche Leistungsfähigkeit des Verurteilten hinausgeht oder zu
tief in seine Lebensführung eingreift (SK-*Schall* Rn 17).

Die **Verfassungsmäßigkeit** dieser Bestimmung, die früher im Hinblick auf das 15
Verbot von Arbeitszwang und Zwangsarbeit (Art. 12 II, III GG) und das Bestimmtheitsgebot (Art. 103 II GG) bezweifelt wurde, ist durch BVerfGE 83, 119
bestätigt worden (vgl S/S-*Stree/Kinzig* Rn 14 ff mwN).

III. Es liegt im pflichtgemäßen **Ermessen** des Gerichts, ob und wie es Auflagen 16
der in § 56 b bestimmten Art anordnet; es kann sich auf eine Auflage beschrän-

ken oder mehrere erteilen, allein oder neben Weisungen nach den §§ 56 c, 56 d (S/S-*Stree/Kinzig* Rn 3). Erwägt das Gericht die Anordnung einer Auflage im Zuge einer Verständigung gemäß § 257 c StPO, so hat es den Angeklagten vor einer Vereinbarung darauf hinzuweisen (BGH StV 2015, 150 f).

17 IV. Das Gericht sieht gem. **Abs. 3** von Auflagen ab, wenn der Verurteilte sich freiwillig zu Leistungen erbietet, die nach Art und Gewicht Auflagen entsprechen (*Fischer* Rn 9). Ein solches Absehen ist zB angezeigt, wenn bereits präzise Zahlungsabsprachen mit dem Geschädigten bestehen und eingehalten werden (*Schäfer/Sander/van Gemmeren*, Praxis der Strafzumessung, 5. Aufl. 2012, Rn 267). Hält der Angeklagte seine Zusagen nicht ein, kann die Aussetzung zur Bewährung gem. § 56 f I Nr. 3 nicht widerrufen werden, jedoch ist die Anordnung entsprechender Auflagen nachträglich zulässig (§ 56 e).

§ 56 c Weisungen

(1) ¹Das Gericht erteilt dem Verurteilten für die Dauer der Bewährungszeit Weisungen, wenn er dieser Hilfe bedarf, um keine Straftaten mehr zu begehen. ²Dabei dürfen an die Lebensführung des Verurteilten keine unzumutbaren Anforderungen gestellt werden.

(2) Das Gericht kann den Verurteilten namentlich anweisen,
1. Anordnungen zu befolgen, die sich auf Aufenthalt, Ausbildung, Arbeit oder Freizeit oder auf die Ordnung seiner wirtschaftlichen Verhältnisse beziehen,
2. sich zu bestimmten Zeiten bei Gericht oder einer anderen Stelle zu melden,
3. zu der verletzten Person oder bestimmten Personen oder Personen einer bestimmten Gruppe, die ihm Gelegenheit oder Anreiz zu weiteren Straftaten bieten können, keinen Kontakt aufzunehmen, mit ihnen nicht zu verkehren, sie nicht zu beschäftigen, auszubilden oder zu beherbergen,
4. bestimmte Gegenstände, die ihm Gelegenheit oder Anreiz zu weiteren Straftaten bieten können, nicht zu besitzen, bei sich zu führen oder verwahren zu lassen
5. Unterhaltspflichten nachzukommen.

(3) Die Weisung,
1. sich einer Heilbehandlung, die mit einem körperlichen Eingriff verbunden ist, oder einer Entziehungskur zu unterziehen oder
2. in einem geeigneten Heim oder einer geeigneten Anstalt Aufenthalt zu nehmen,

darf nur mit Einwilligung des Verurteilten erteilt werden.

(4) Macht der Verurteilte entsprechende Zusagen für seine künftige Lebensführung, so sieht das Gericht in der Regel von Weisungen vorläufig ab, wenn die Einhaltung der Zusagen zu erwarten ist.

1 I. Während Auflagen an das begangene Unrecht anknüpfen (§ 56 b Rn 1), dienen Weisungen der **Resozialisierung** des Täters (S/S-*Stree/Kinzig* Rn 1). Als **Lebenshilfe** für die Dauer der Bewährungszeit sind sie zu erteilen, wenn der Verurteilte nach Ansicht des Gerichts dieser Hilfe bedarf, **um nicht wieder straffällig** zu werden (BVerfG NStZ 1991, 181; S/S-*Stree/Kinzig* Rn 3).

Bei Erteilung der Weisungen dürfen an die Lebensführung des Verurteilten **keine** 2
unzumutbaren Anforderungen gestellt werden (Abs. 1 S. 2). Die Unzumutbarkeit
ist zu bejahen, wenn die Weisungen einen einschneidenden Eingriff in die Lebensführung des Verurteilten enthalten (BGH StV 1998, 658 mwN; LK-*Hubrach*
Rn 2), ihn zB in seiner Leistungsfähigkeit überfordern (vgl auch OLG Köln StV
1998, 176 [177]).

Weisungen dürfen **nicht gesetzwidrig** sein, insbesondere nicht gegen das Grund- 3
gesetz verstoßen (BVerfG NJW 1983, 442; LK-*Hubrach* Rn 23 ff). Weisungen,
die in ein unter Gesetzesvorbehalt stehendes Grundrecht eingreifen (zB Art. 11,
12 GG), sind nach der hM nur zulässig, soweit sie ausdrücklich in § 56 c genannt
sind (SK-*Schall* Rn 4; S/S-*Stree/Kinzig* Rn 8; aA OLG Stuttgart Die Justiz 1987,
234 [235]).

II. Der Katalog der dem Richter zur Verfügung stehenden Weisungen nach **Abs. 2** 4
enthält nur Beispiele und ist **nicht abschließend** (S/S-*Stree/Kinzig* Rn 3). Die Weisungen müssen aber stets klar, bestimmt und in ihrer Einhaltung überprüfbar
sein (vgl OLG Jena NStZ-RR 2009, 134 [135]).

1. Zu den **Anordnungen nach Nr. 1** gehören zunächst **Aufenthaltsverbote**. Der 5
Verurteilte darf etwa angewiesen werden, sich nicht in Spielkasinos oder in der
Drogenszene (BVerfG StV 1993, 465) aufzuhalten oder Orte zu meiden, an denen Betäubungsmittel konsumiert werden. Weisungen hinsichtlich **Arbeit** oder
Ausbildung können zB Beschränkungen in der Berufsausübung oder Anweisungen, eine Arbeits- oder Lehrstelle anzunehmen (OLG Hamm NStZ 1985, 310),
sein. Jedoch ist der Zwang zu einer bestimmten Arbeit unzulässig (OLG Jena
NStZ-RR 2004, 138; NK-*Ostendorf* Rn 6). Zu den die **Freizeit** betreffenden Anordnungen zählt zB das Verbot von Alkoholgenuss (OLG Düsseldorf NStZ
1984, 332). Weisungen, die sich auf die **Ordnung der wirtschaftlichen Verhältnisse** beziehen, sind zB die Anordnung, Schulden nach einem bestimmten Tilgungsplan zu begleichen und keine weiteren Schulden mehr zu machen (SK-*Schall*
Rn 13).

2. Die **Meldepflicht** (**Nr. 2**) ermöglicht es, den Verurteilten trotz Wohnungs- und 6
Arbeitswechsel weiter zu überwachen (LK-*Hubrach* Rn 10). Die Anweisung, jeden Wohnungswechsel dem Gericht mitzuteilen, soll allerdings nur in Ausnahmefällen eine Weisung iSv Nr. 2 darstellen, da sie oftmals lediglich dazu dient, den
Täter für das Gericht erreichbar zu halten (OLG Oldenburg NStZ 2008, 461).

3. Das **Verbot, mit bestimmten Personen Kontakt aufzunehmen** (**Nr. 3**), dient ei- 7
nerseits der Unterbrechung des Kontakts mit Kriminellen und andererseits der
Verhütung des Missbrauchs Abhängiger zur Begehung von Straftaten (SK-*Schall*
Rn 15). So kann zB einer Person, die zu Sexualdelikten an Minderjährigen neigt,
untersagt werden, fremde Kinder oder Jugendliche anzusprechen.

4. Das **Verbot, bestimmte Gegenstände zu besitzen** (**Nr. 4**), bei sich zu führen 8
oder verwahren zu lassen, betrifft zB den Besitz von Waffen, Diebeswerkzeug
oder Fälschungsmitteln.

5. Die Weisung, **rechtlich bestehende Unterhaltspflichten zu erfüllen** (**Nr. 5**), ist 9
idR bei Verletzung der Unterhaltspflicht nach § 170 angebracht. Die auferlegten
Leistungen dürfen jedoch die zivilrechtliche Unterhaltsverpflichtung nicht überschreiten (OLG Schleswig NStZ 1985, 269).

III. Die **Weisungen nach Abs. 3** dürfen wegen des weitgehenden Eingriffs in die 10
persönliche Freiheit nur mit **Einwilligung des Verurteilten** erteilt werden (OLG

Hamm StV 1990, 308). Diese muss im Zeitpunkt der Weisungserteilung vorliegen (BGHSt 36, 97 [99]). Bis dahin ist sie frei widerruflich (OLG Celle MDR 1987, 956). Erfolgt ein späterer Widerruf, so bleibt die Weisung rechtmäßig, kann aber nicht zwangsweise durchgesetzt werden (BGHSt 36, 97 [99]).

11 1. **Heilbehandlung und Entziehungskur** kommen namentlich bei Suchtgefährdeten in Betracht. Sie müssen geeignet und darauf gerichtet sein, den Verurteilten gegen Straftaten weniger anfällig zu machen (LK-*Hubrach* Rn 16). Eine Einwilligung des Verletzten in eine Heilbehandlung ist nicht erforderlich, wenn mit dieser ein körperlicher Eingriff verbunden ist (*Fischer* Rn 12).

12 2. Für einen Aufenthalt in **Heim** oder **Anstalt** sind in erster Linie Heil- und Entziehungsanstalten zu berücksichtigen.

13 3. Umstritten ist das **Verhältnis der Weisungen zu den Maßregeln** der Besserung und Sicherung, insbesondere, ob als Weisung angeordnet werden darf, was inhaltlich Gegenstand einer Maßregel sein kann. Während dies nach der Rspr und einem Teil der Literatur zulässig ist (BGH NJW 1956, 1447; S/S-*Stree/Kinzig* Rn 13), geht die Gegenauffassung davon aus, dass die besonderen Voraussetzungen der Maßnahmen das Eindringen der Weisungen in deren Bereich blockieren können (NK-*Ostendorf* Rn 4; SK-*Schall* Rn 11 f).

14 IV. **Freiwillige Zusagen** für die künftige Lebensführung, die geeignet sind, den Verurteilten voraussichtlich von Straftaten abzuhalten, verpflichten das Gericht gem. **Abs. 4**, von Weisungen vorläufig abzusehen. Die Nichteinhaltung der Zusage führt nicht zum Widerruf nach § 56 f I Nr. 2, sondern zu nachträglichen Weisungen (§ 56 e).

§ 56 d Bewährungshilfe

(1) Das Gericht unterstellt die verurteilte Person für die Dauer oder einen Teil der Bewährungszeit der Aufsicht und Leitung einer Bewährungshelferin oder eines Bewährungshelfers, wenn dies angezeigt ist, um sie von Straftaten abzuhalten.

(2) Eine Weisung nach Absatz 1 erteilt das Gericht in der Regel, wenn es eine Freiheitsstrafe von mehr als neun Monaten aussetzt und die verurteilte Person noch nicht 27 Jahre alt ist.

(3) ¹Die Bewährungshelferin oder der Bewährungshelfer steht der verurteilten Person helfend und betreuend zur Seite. ²Sie oder er überwacht im Einvernehmen mit dem Gericht die Erfüllung der Auflagen und Weisungen sowie der Anerbieten und Zusagen und berichtet über die Lebensführung der verurteilten Person in Zeitabständen, die das Gericht bestimmt. ³Gröbliche oder beharrliche Verstöße gegen Auflagen, Weisungen, Anerbieten oder Zusagen teilt die Bewährungshelferin oder der Bewährungshelfer dem Gericht mit.

(4) ¹Die Bewährungshelferin oder der Bewährungshelfer wird vom Gericht bestellt. ²Es kann der Bewährungshelferin oder dem Bewährungshelfer für die Tätigkeit nach Absatz 3 Anweisungen erteilen.

(5) Die Tätigkeit der Bewährungshelferin oder des Bewährungshelfers wird haupt- oder ehrenamtlich ausgeübt.

I. Die Unterstellung des Verurteilten unter die Aufsicht und Leitung eines Bewährungshelfers ist die praktisch bedeutsamste **Weisung** (§ 56 c) an den Verurteilten. Sie ist angezeigt, wenn ihre Anordnung erwarten lässt, dass sie den Verurteilten **von Straftaten abhalten** wird, insbesondere, weil weniger einschneidende Weisungen keinen oder nur geringeren Erfolg versprechen und die Stellung der günstigen Sozialprognose (§ 56 Rn 9 ff) nur erfolgen kann, wenn der Verurteilte einem Bewährungshelfer unterstellt wird (S/S-*Stree/Kinzig* Rn 6). 1

Dass diese Voraussetzung erfüllt ist, wird gem. **Abs. 2** vermutet, wenn eine Freiheitsstrafe von mehr als neun Monaten ausgesetzt wird und der Verurteilte zur Zeit des Urteils noch nicht siebenundzwanzig Jahre alt ist. 2

II. Der Bewährungshelfer wird vom Gericht bestellt (**Abs. 4 S. 1**); er übt seine Tätigkeit haupt- oder ehrenamtlich aus (**Abs. 5**). 3

III. Die **Aufgaben** des Bewährungshelfers bestehen gem. **Abs. 3** aus Hilfe und Betreuung (zB Beschaffung von Arbeit und Wohnung), der Überwachung des Verurteilten sowie einer Berichts- und Mitteilungspflicht gegenüber dem Gericht (näher NK-*Ostendorf* Rn 9 ff). Ein **Anweisungsrecht** gegenüber dem Verurteilten hat der Bewährungshelfer nicht (vgl **Abs. 4 S. 2**). 4

§ 56 e Nachträgliche Entscheidungen

Das Gericht kann Entscheidungen nach den §§ 56 b bis 56 d auch nachträglich treffen, ändern oder aufheben.

I. Die Vorschrift ermöglicht es dem Gericht, einen Auflagen- oder Weisungsbeschluss nachträglich zu treffen, zu ändern oder aufzuheben. Die Regelung verfolgt das **Ziel**, die Behandlung des Verurteilten den wechselnden Verhältnissen anpassen zu können (LK-*Hubrach* Rn 1). 1

II. **Nachträglich** erfolgt die Entscheidung, wenn sie nach dem mit dem Urteil über die Strafaussetzung zu verkündenden Beschluss nach § 268 a StPO ergeht (*Fischer* Rn 1). Anlass zu nachträglichen Entscheidungen können nur **neue Umstände** geben, die dem Gericht über den Verurteilten **bekannt geworden** sind (OLG Stuttgart NJW 1969, 1220). Eine bloße Änderung der Beurteilung (OLG Koblenz JR 1977, 346) oder der rechtlichen Bewertung der dem Beschluss nach § 268 a StPO zugrunde liegenden maßgeblichen Umstände (OLG Stuttgart NStZ-RR 2004, 363; LK-*Hubrach* Rn 3) reicht nicht aus. 2

Bei **Weisungen** (§§ 56 c, 56 d) bestehen gegen eine mögliche Veränderung – zugunsten oder zuungunsten des Verurteilten – keine Bedenken (vgl S/S-*Stree/Kinzig* Rn 2 ff). 3

Umstritten ist hingegen, inwieweit **Auflagen** (§ 56 b) zuungunsten des Angeklagten abgeändert werden dürfen. Teilweise wird eine solche nachträgliche Veränderung als nicht zulässig angesehen, da die Entscheidung über das Genugtuungsbedürfnis (vgl § 56 b Rn 1) bereits im Urteilszeitpunkt abschließend erfolgen könne (*Jescheck/Weigend* § 79 I 8 e; S/S-*Stree/Kinzig* Rn 6, einschr. jedoch bei der Schadenswiedergutmachung; aA OLG Frankfurt NStZ-RR 1996, 220; *Fischer* Rn 1; NK-*Ostendorf* Rn 3). 4

III. Einen **Spezialfall** der nachträglichen Anordnung von Auflagen und Weisungen enthält § 56 f Abs. 2. 5

§ 56 f Widerruf der Strafaussetzung

(1) ¹Das Gericht widerruft die Strafaussetzung, wenn die verurteilte Person
1. in der Bewährungszeit eine Straftat begeht und dadurch zeigt, daß die Erwartung, die der Strafaussetzung zugrunde lag, sich nicht erfüllt hat,
2. gegen Weisungen gröblich oder beharrlich verstößt oder sich der Aufsicht und Leitung der Bewährungshelferin oder des Bewährungshelfers beharrlich entzieht und dadurch Anlaß zu der Besorgnis gibt, daß sie erneut Straftaten begehen wird, oder
3. gegen Auflagen gröblich oder beharrlich verstößt.

²Satz 1 Nr. 1 gilt entsprechend, wenn die Tat in der Zeit zwischen der Entscheidung über die Strafaussetzung und deren Rechtskraft oder bei nachträglicher Gesamtstrafenbildung in der Zeit zwischen der Entscheidung über die Strafaussetzung in einem einbezogenen Urteil und der Rechtskraft der Entscheidung über die Gesamtstrafe begangen worden ist.

(2) ¹Das Gericht sieht jedoch von dem Widerruf ab, wenn es ausreicht,
1. weitere Auflagen oder Weisungen zu erteilen, insbesondere die verurteilte Person einer Bewährungshelferin oder einem Bewährungshelfer zu unterstellen, oder
2. die Bewährungs- oder Unterstellungszeit zu verlängern.

²In den Fällen der Nummer 2 darf die Bewährungszeit nicht um mehr als die Hälfte der zunächst bestimmten Bewährungszeit verlängert werden.

(3) ¹Leistungen, die die verurteilte Person zur Erfüllung von Auflagen, Anerbieten, Weisungen oder Zusagen erbracht hat, werden nicht erstattet. ²Das Gericht kann jedoch, wenn es die Strafaussetzung widerruft, Leistungen, die die verurteilte Person zur Erfüllung von Auflagen nach § 56 b Abs. 2 Satz 1 Nr. 2 bis 4 oder entsprechenden Anerbieten nach § 56 b Abs. 3 erbracht hat, auf die Strafe anrechnen.

1 **I. Die Widerrufsgründe** sind in § 56 f I S. 1 Nr. 1–3 **abschließend** aufgezählt (*Frank* MDR 1982, 353). Sie müssen positiv zur vollen Überzeugung des Gerichts feststehen. Bei Zweifeln gilt der Grundsatz in dubio pro reo (OLG Hamm StV 1987, 69).

2 **1. Begehen einer neuen Straftat (Abs. 1 S. 1 Nr. 1):** Der häufigste Widerrufsgrund ist der, dass der Verurteilte während der Bewährungszeit eine neue Straftat begangen hat. Aber nicht jede neue Straftat rechtfertigt den Widerruf (SK-*Schall* Rn 21), vielmehr sind folgende Voraussetzungen zu beachten:

3 a) Bei der **Straftat** muss es sich um ein tatbestandsmäßiges, rechtswidriges und schuldhaftes Verbrechen oder Vergehen (§ 12) handeln. Auf die Stellung eines Strafantrags kommt es nach der hM nicht an (OLG Hamburg JR 1979, 379; L-Kühl-*Heger* Rn 2; aA SK-*Schall* Rn 9).

4 Die neue Straftat muss feststehen (BVerfG NStZ 1987, 118), brauchte nach älterer Auffassung aber noch nicht rechtskräftig abgeurteilt zu sein (so noch OLG Karlsruhe MDR 1993, 780; S/S-*Stree/Kinzig* Rn 6 f). Der EGMR hat hierin einen Verstoß gegen die Unschuldsvermutung gem. Art. 6 II EMRK gesehen (NStZ 2004, 159). Jedoch ist ein Widerruf ohne rechtskräftige Verurteilung in der Anlasssache ausnahmsweise dann möglich, wenn der Verurteilte über die neue Tat ein glaubhaftes Geständnis unter rechtsstaatlich unbedenklichen Bedingungen

abgelegt hat (BVerfG NStZ 2005, 204; OLG Karlsruhe NStZ 2012, 702; ausf. NK-*Ostendorf* Rn 6 ff).

b) Die Tat muss **während der Bewährungszeit** begangen worden sein (OLG Düsseldorf wistra 1993, 153 mwN). Abs. 1 S. 2 ergänzt diesen Zeitraum in zweierlei Hinsicht: Zum einen wird die Zeit zwischen der Entscheidung über die Strafaussetzung und der Rechtskraft dieser Entscheidung einbezogen, wobei „Entscheidung über die Strafaussetzung" nur die letzte tatrichterliche Aussetzungsentscheidung meint (OLG Hamburg NStZ-RR 2007, 198 f; *Fischer* Rn 3 b). Zum anderen ermöglicht S. 2 den Widerruf einer im Rahmen nachträglicher Gesamtstrafenbildung einbezogenen Strafe, die zur Bewährung ausgesetzt wurde, wenn die verurteilte Person eine neue Tat in der Zeit zwischen der früheren Aussetzungsentscheidung und der Rechtskraft der Gesamtstrafenentscheidung begangen hat (näher hierzu BT-Drucks. 16/3038, 58; vgl aber auch LG Berlin StV 2015, 237 f). 5

Umstr. ist die Behandlung von Taten, die zwischen dem Ablauf der ursprünglichen Bewährungszeit und dem Erlass eines Verlängerungsbeschlusses liegen: Da sich die verlängerte Bewährungszeit nach hM rückwirkend an die ursprüngliche anschließt (vgl Rn 15), könnte man auch hier von einer während der Bewährungszeit erfolgten Tat sprechen (vgl BVerfG NStZ 1995, 437 m. abl. Anm. *Lammer*; OLG Brandenburg StraFo 2004, 214), während dies von anderen Stimmen verneint wird (OLG Köln StV 2008, 262; KG StV 2012, 484). Allerdings wirkt sich die unterschiedliche zeitliche Einordnung iE kaum aus, da ein Widerruf idR jedenfalls unter Berufung auf Vertrauensschutzgesichtspunkte abgelehnt wird (OLG Thüringen VRS 117, 344 [346]). Ein Vertrauensschutz greift freilich nicht, wenn der Verurteilte bereits aufgrund einer in der ursprünglichen Bewährungszeit begangenen Straftat (auch) mit der Verlängerung der Bewährungszeit rechnen musste (vgl OLG Jena NStZ-RR 2014, 206). 6

c) Die Begehung der neuen Straftat muss zeigen, dass sich die Erwartung, die der Strafaussetzung zugrunde lag (vgl § 56 Rn 7 ff), nicht erfüllt hat. Sie ist daher mit der früheren Tat in einen **kriminologischen Zusammenhang** zu setzen (so SK-*Schall* Rn 19; aA *Fischer* Rn 8 a). Aus der neuen Tat muss darauf geschlossen werden können, dass der Verurteilte die der früheren Strafaussetzung zur Bewährung innewohnende Warnung nicht ernst genommen hat (S/S-*Stree/Kinzig* Rn 8). Ein solcher Zusammenhang wird bei Fahrlässigkeitsdelikten (oder bei Gelegenheits- oder Bagatelltaten) regelmäßig zu verneinen sein (L-Kühl-*Heger* Rn 4). Deshalb rechtfertigt zB eine fahrlässige Körperverletzung im Straßenverkehr oder eine Verurteilung wegen sexuellen Missbrauchs nicht den Widerruf der Aussetzung einer wegen Betrugs verhängten Strafe (OLG Düsseldorf StV 1983, 337 [338]). 7

2. Verstoß gegen Weisungen oder die Bewährungshilfe (Abs. 1 S. 1 Nr. 2): Bei einem gröblichen oder beharrlichen Verstoß gegen Weisungen (§ 56 c) sowie dann, wenn sich der Verurteilte beharrlich der Aufsicht und Leitung eines Bewährungshelfers (§ 56 d) entzieht, ist der Widerruf zulässig, wenn der Verurteilte durch diese Verstöße Anlass zu der Besorgnis gibt, dass er erneut Straftaten begehen wird. Dabei muss bereits das Gericht (und nicht erst der Bewährungshelfer) dem Verurteilten unmissverständlich verdeutlicht haben, was genau von ihm erwartet wird und wann er mit einem Widerruf zu rechnen hat (BVerfG StV 2012, 481 [482]). Zuwiderhandlungen gegen unzulässige Weisungen rechtfertigen den Widerruf nicht, ohne dass es darauf ankommt, ob sich der Verurteilte auf die Unzulässigkeit beruft (OLG Frankfurt NStZ-RR 2003, 199). 8

9 Ein **gröblicher Verstoß** liegt vor, wenn es sich um eine objektiv erhebliche Zuwiderhandlung oder Unterlassung handelt und der Verurteilte dies weiß oder zumindest erkennen kann (SK-*Schall* Rn 27). Der Verurteilte verstößt **beharrlich** gegen Weisungen, wenn er sie wiederholt oder trotz Mahnung seitens des Gerichts oder des Bewährungshelfers nicht erfüllt oder sich ihrer Erfüllung entzieht (LK-*Hubrach* Rn 20). Das Verhalten muss Ausdruck einer ablehnenden Haltung sein (L-Kühl-*Heger* Rn 6).

10 Dem Weisungsverstoß allein kommt keine indizielle Wirkung zu (LK-*Hubrach* Rn 23). Für den Widerruf relevant sind die Verstöße nur, wenn sie **erneute Straftaten des Verurteilten befürchten lassen**. In einer Gesamtwürdigung sind somit die Persönlichkeit des Verurteilten, sein soziales Umfeld und die Art der Verstöße darauf zu prüfen, ob nunmehr eine schlechte Prognose besteht (OLG Düsseldorf StV 1983, 70).

11 3. **Verstoß gegen Auflagen (Abs. 1 S. 1 Nr. 3)**: Voraussetzung für den Widerruf ist ein gröblicher oder beharrlicher Verstoß (vgl Rn 9) gegen eine Auflage (§ 56 b). Jedoch kommt es im Gegensatz zu Abs. 1 S. 1 Nr. 1 und 2 nicht darauf an, ob sich aus dem Verstoß eine schlechte Prognose für den Verurteilten ergibt. Wesentlich ist vielmehr, ob die **besondere Genugtuung** für die Tat, die der Verurteilte mit der Erfüllung von Auflagen leisten soll (§ 56 b Rn 1), durch den Verstoß beeinträchtigt wird (S/S-*Stree/Kinzig* Rn 16). Das ist bei Gröblichkeit oder Beharrlichkeit des Verstoßes ohne Weiteres anzunehmen.

12 **II. Weitere Maßnahmen (Abs. 2)**: Trotz Vorliegens der Widerrufsvoraussetzungen darf die Strafaussetzung dann **nicht widerrufen** werden, **wenn Maßnahmen nach Abs. 2 ausreichen** (SK-*Schall* Rn 38).

13 1. Bei neuen Straftaten (Abs. 1 S. 1 Nr. 1) oder einem Verstoß gegen Weisungen (Abs. 1 S. 1 Nr. 2) muss mit den Maßnahmen des Abs. 2 eine **günstige Prognose** erreichbar sein, bei einem Verstoß gegen Auflagen (Abs. 1 S. 1 Nr. 3) Gelegenheit zu deren **Erfüllung** geschaffen werden können (näher *Horn* JR 1981, 5 mwN).

14 2. Als mögliche Maßnahmen nennt Abs. 2 die **Erteilung weiterer Auflagen oder Weisungen** einschließlich der Unterstellung unter einen Bewährungshelfer (Nr. 1) sowie die **Verlängerung der Bewährungs- oder Unterstellungszeit** (Nr. 2).

15 Die **Verlängerung der Bewährungszeit** ist begrenzt auf nicht mehr als die Hälfte der zunächst bestimmten Bewährungszeit, Abs. 2 S. 2 (näher *Fischer* Rn 17 ff). Sie ist auch dann noch zulässig, **wenn die reguläre Bewährungszeit bereits abgelaufen** ist (BVerfG NStZ 1995, 437; OLG Zweibrücken NStZ 1993, 510; *Fischer* Rn 16). Umstritten ist jedoch, ob sich die Verlängerung in diesem Fall rückwirkend an die abgelaufene Bewährungszeit anschließt (KG StV 1986, 165; OLG Stuttgart StV 1998, 666; *Seifert* Jura 2008, 684 [687]) oder sich die Bewährungszeit ab dem Zeitpunkt des Verlängerungsbeschlusses fortsetzt (OLG Bamberg NStZ-RR 2006, 326 [327]; OLG München StraFo 2013, 32 [33]; *Horn* NStZ 1986, 356).

16 Eine **Überschreitung des gesetzlichen Höchstmaßes** von fünf Jahren Bewährungszeit (§ 56 a I S. 2) ist möglich. Dabei ist allerdings umstritten, ob dies nur gilt, wenn das Anderthalbfache der ursprünglich bestimmten Bewährungszeit die 5-Jahres-Grenze überschreitet (so OLG Stuttgart NStZ 2000; LK-*Hubrach* Rn 38 f) oder ob die Überschreitung dieses Zeitraumes um die Hälfte der ursprünglichen Bewährungszeit stets zulässig ist (OLG Celle StV 1990, 117 [118]; OLG Jena VRS 118, 274 [278]; OLG Köln StV 2014, 493).

III. Der **Widerruf** der Strafaussetzung ist erst nach Rechtskraft der Aussetzungs- 17
entscheidung zulässig (S/S-*Stree/Kinzig* Rn 26). Er ist ausgeschlossen, wenn das
Gericht die Strafe gem. § 56 g I erlassen hat sowie mit Eintritt der Vollstreckungsverjährung gem. §§ 79, 79 a (näher SK-*Schall* Rn 55). Liegen die Voraussetzungen des Abs. 1 vor, jedoch nicht diejenigen des Abs. 2, so ist eine Zurückstellung des Widerrufs nicht zulässig (OLG Jena StV 2007, 194, OLG Köln
NStZ-RR 2015, 28).

IV. Wird die Strafaussetzung widerrufen, so werden nach **Abs. 3 S. 1** Leistungen, 18
die der Verurteilte zur Erfüllung von Auflagen (§ 56 b I und II), Anerbieten
(§ 56 b III), Weisungen (§ 56 c I-III) oder Zusagen (§ 56 c IV) erbracht hat, **nicht
erstattet.**

Leistungen zur Erfüllung von Auflagen nach § 56 b II S. 1 Nr. 2-4 sowie von An- 19
erbieten nach § 56 b III können jedoch auf die zu verbüßende Strafe **angerechnet**
werden, **Abs. 3 S. 2** (ausf. LK-*Hubrach* Rn 53 ff).

V. Die **Zuständigkeit** für den Widerruf oder das Absehen davon richtet sich nach 20
§ 462 a StPO (*Seifert* Jura 2008, 684 [687]). Die Entscheidung erfolgt nach § 453
I S. 1 StPO grds. ohne mündliche Verhandlung **durch Beschluss.** Die Staatsanwaltschaft und der Verurteilte sind zu hören, § 453 I S. 2 StPO.

§ 56 g Straferlaß

(1) ¹Widerruft das Gericht die Strafaussetzung nicht, so erläßt es die Strafe nach
Ablauf der Bewährungszeit. ²§ 56 f Abs. 3 Satz 1 ist anzuwenden.

(2) ¹Das Gericht kann den Straferlaß widerrufen, wenn der Verurteilte wegen
einer in der Bewährungszeit begangenen vorsätzlichen Straftat zu Freiheitsstrafe
von mindestens sechs Monaten verurteilt wird. ²Der Widerruf ist nur innerhalb
von einem Jahr nach Ablauf der Bewährungszeit und von sechs Monaten nach
Rechtskraft der Verurteilung zulässig. ³§ 56 f Abs. 1 Satz 2 und Abs. 3 gilt entsprechend.

I. Nach erfolgreichem Ablauf der Bewährungszeit wird die Vollstreckung der 1
Strafe endgültig erlassen, wenn nicht die Voraussetzungen des Widerrufs der
Strafaussetzung (§ 56 f Rn 1 ff) vorliegen (BGH NStZ 1993, 235). Eine bestimm-
te Frist, innerhalb derer die Widerrufsentscheidung ergehen muss und nach deren
Ablauf der Widerruf unzulässig wäre, gibt es nicht (*Kotz/Rahlf* NStZ-RR 2003,
161 [163]).

Ist das Gericht vom Fehlen der Voraussetzungen überzeugt (OLG Zweibrücken 2
MDR 1989, 178 f), so hat es unverzüglich nach Ablauf der Bewährungszeit
(BGH NStZ 1993, 235; SK-*Schall* Rn 4) einen diesbezüglichen Beschluss (§ 453
StPO) zu erlassen.

II. Ein Widerruf des Straferlasses mit der Folge, dass die Strafaussetzung wider- 3
rufen oder die in § 56 f II bezeichneten Maßnahmen ergriffen werden können, ist
nach Abs. 2 unter engen Voraussetzungen (dazu OLG Hamm NStZ 1989, 180)
möglich: Der Verurteilte muss wegen einer vorsätzlichen Straftat, die er in der
Bewährungszeit begangen hat, zu einer Freiheitsstrafe von mindestens sechs Monaten erneut rechtskräftig verurteilt worden sein.

4 Die **Wirkung des Widerrufs** ist umstritten. Nach einer Ansicht versetzt der Widerruf das Verfahren nur in die Lage vor dem Straferlass, so dass es einer zusätzlichen Entscheidung über den Widerruf der Strafaussetzung bedarf (OLG Düsseldorf MDR 1992, 506; S/S/W-*Mosbacher* Rn 11). Einer anderen Auffassung zufolge bewirkt der Widerruf zugleich die Vollstreckbarkeit der verhängten Strafe (OLG Zweibrücken NStZ 1995, 206; LK-*Hubrach* Rn 14 f).

§ 57 Aussetzung des Strafrestes bei zeitiger Freiheitsstrafe

(1) ¹Das Gericht setzt die Vollstreckung des Restes einer zeitigen Freiheitsstrafe zur Bewährung aus, wenn
1. zwei Drittel der verhängten Strafe, mindestens jedoch zwei Monate, verbüßt sind,
2. dies unter Berücksichtigung des Sicherheitsinteresses der Allgemeinheit verantwortet werden kann, und
3. die verurteilte Person einwilligt.

²Bei der Entscheidung sind insbesondere die Persönlichkeit der verurteilten Person, ihr Vorleben, die Umstände ihrer Tat, das Gewicht des bei einem Rückfall bedrohten Rechtsguts, das Verhalten der verurteilten Person im Vollzug, ihre Lebensverhältnisse und die Wirkungen zu berücksichtigen, die von der Aussetzung für sie zu erwarten sind.

(2) Schon nach Verbüßung der Hälfte einer zeitigen Freiheitsstrafe, mindestens jedoch von sechs Monaten, kann das Gericht die Vollstreckung des Restes zur Bewährung aussetzen, wenn
1. die verurteilte Person erstmals eine Freiheitsstrafe verbüßt und diese zwei Jahre nicht übersteigt oder
2. die Gesamtwürdigung von Tat, Persönlichkeit der verurteilten Person und ihrer Entwicklung während des Strafvollzugs ergibt, daß besondere Umstände vorliegen,

und die übrigen Voraussetzungen des Absatzes 1 erfüllt sind.

(3) ¹Die §§ 56 a bis 56 e gelten entsprechend; die Bewährungszeit darf, auch wenn sie nachträglich verkürzt wird, die Dauer des Strafrestes nicht unterschreiten. ²Hat die verurteilte Person mindestens ein Jahr ihrer Strafe verbüßt, bevor deren Rest zur Bewährung ausgesetzt wird, unterstellt sie das Gericht in der Regel für die Dauer oder einen Teil der Bewährungszeit der Aufsicht und Leitung einer Bewährungshelferin oder eines Bewährungshelfers.

(4) Soweit eine Freiheitsstrafe durch Anrechnung erledigt ist, gilt sie als verbüßte Strafe im Sinne der Absätze 1 bis 3.

(5) ¹Die §§ 56 f und 56 g gelten entsprechend. ²Das Gericht widerruft die Strafaussetzung auch dann, wenn die verurteilte Person in der Zeit zwischen der Verurteilung und der Entscheidung über die Strafaussetzung eine Straftat begangen hat, die von dem Gericht bei der Entscheidung über die Strafaussetzung aus tatsächlichen Gründen nicht berücksichtigt werden konnte und die im Fall ihrer Berücksichtigung zur Versagung der Strafaussetzung geführt hätte; als Verurteilung gilt das Urteil, in dem die zugrunde liegenden tatsächlichen Feststellungen letztmals geprüft werden konnten.

(6) Das Gericht kann davon absehen, die Vollstreckung des Restes einer zeitigen Freiheitsstrafe zur Bewährung auszusetzen, wenn die verurteilte Person unzureichende oder falsche Angaben über den Verbleib von Gegenständen macht, die dem Verfall unterliegen oder nur deshalb nicht unterliegen, weil der verletzten Person aus der Tat ein Anspruch der in § 73 Abs. 1 Satz 2 bezeichneten Art erwachsen ist.

(7) Das Gericht kann Fristen von höchstens sechs Monaten festsetzen, vor deren Ablauf ein Antrag der verurteilten Person, den Strafrest zur Bewährung auszusetzen, unzulässig ist.

I. Bei der Aussetzung des Strafrestes handelt es sich um eine Maßnahme der **Strafvollstreckung** (BGH bei *Holtz* MDR 1982, 100 [101]). Der Verurteilte erhält nach der Verbüßung eines Teils der Strafe die Gelegenheit, sich in der Freiheit zu bewähren und zu einem straffreien Leben zurückzufinden. Gelingt dies, bleibt ihm die Verbüßung des ausgesetzten Teils erspart. 1

Der Täter muss zu **zeitiger Freiheitsstrafe** (§ 38) rechtskräftig verurteilt sein. Eine vom Gericht verhängte Geldstrafe ist nicht aussetzungsfähig (L-Kühl-*Heger* Rn 1). 2

Ob § 57 auf die Ersatzfreiheitsstrafe (§ 43) Anwendung findet, ist umstritten. Teils wird dies für möglich gehalten, da es sich bei der Ersatzfreiheitsstrafe um eine echte Freiheitsstrafe handele und sich der Täter somit in einer vergleichbaren Situation befinde (OLG Oldenburg NStZ 1998, 271; *Streng* Rn 289; *Ullenbruch* NStZ 1999, 8). Die Gegenauffassung lehnt die Anwendbarkeit ua mit der Begründung ab, dass § 454 b StPO eine Unterbrechung der Ersatzfreiheitsstrafe nicht vorsehe und dass auch die in § 57 III S. 1 in Bezug genommene Regelung über Auflagen, Widerruf und Erlass auf die Ersatzfreiheitsstrafe nicht passe (OLG Oldenburg StraFo 2006, 247; LK-*Hubrach* Rn 4; *Jescheck/Weigend* § 79 II 3; SK-*Schall* Rn 4). 3

II. Die Zwei-Drittel-Aussetzung (Abs. 1)

1. Liegen die Voraussetzungen des Abs. 1 vor, so ist eine Aussetzung **zwingend** vorzunehmen (HKGS-*Braasch* Rn 15). Eine Ausnahme hiervon ist nach **Abs. 6** nur für den Fall vorgesehen, dass der Verurteilte bewusst unzureichende oder falsche Angaben über den Verbleib der Gegenstände macht, die als Vermögensvorteil für die begangene Tat oder aus ihr erlangt worden sind (etwa falsche Angaben über den Verbleib der Beute). 4

2. **Voraussetzungen:** a) Der Täter muss **zwei Drittel** der **verhängten** Strafe, mindestens jedoch zwei Monate verbüßt haben (**Abs. 1 S. 1 Nr. 1**). Freiheitsstrafen, die zwei Monate oder weniger betragen, scheiden demnach für eine Aussetzung des Strafrestes aus. 5

Eine **Reduzierung der Strafe im Gnadenweg** bleibt nach hM bei der Berechnung der zwei Drittel unberücksichtigt, da die Reduzierung nicht nach strafrechtlichen Maßstäben vorgenommen werde, also nicht an das Sanktionensystem anknüpfen könne (OLG Oldenburg MDR 1984, 772; *Fischer* Rn 9). Nach der Gegenauffassung ist bei der Berechnung hingegen von der reduzierten Strafe auszugehen, da nur diese verbüßt werden müsse (SK-*Schall* Rn 5; S/S-*Stree/Kinzig* Rn 5). 6

7 Auch wenn sich die Strafe durch **Anrechnung** (zB bei U-Haft nach § 51, bei Leistungen nach § 56 f III S. 2) erledigt hat, gilt sie gem. **Abs. 4** als verbüßte Strafe nach Abs. 1 bis 3.

8 Sind **mehrere Strafen** unmittelbar nacheinander zu vollstrecken, so sind die Entscheidungen nach § 57 erst zu treffen, wenn iSd sog. Unterbrechungsmodells über die Aussetzung der Reste aller Strafen gleichzeitig entschieden werden kann, § 454 b III StPO (näher SK-*Schall* Rn 10).

9 b) Ferner muss die **Aussetzung** unter Berücksichtigung des Sicherheitsinteresses der Allgemeinheit **verantwortet werden können** (**Abs. 1 S. 1 Nr. 2**). Dies ist nur dann der Fall, wenn sich eine wirkliche, nahe liegende Chance für ein positives Ergebnis hinsichtlich der Bewährung in der Freiheit abzeichnet, dh eine begründete Aussicht auf einen Resozialisierungserfolg besteht. Es muss die Wahrscheinlichkeit bestehen, dass der Verurteilte sich in der Zukunft straffrei verhalten wird (näher *Fischer* Rn 12 ff). Das Leugnen der Straftat steht dabei einer positiven Kriminalprognose grds. nicht entgegen; hinzukommen muss vielmehr der Schluss auf eine fortbestehende Gefährlichkeit, die sich allerdings aus der Tatsache ergeben kann, dass als Folge des stetigen Leugnens keine Aufarbeitung der Tat erfolgt ist und der Täter daher auch keine Vermeidungsstrategien erarbeitet hat (BVerfG HRRS 2016, Nr. 181; vgl auch OLG Köln NStZ-RR 2015, 29 m.Anm. *Brettel* StV 2015, 239 ff). Im Gegensatz zu § 56 stellt die nach § 57 I S. 1 Nr. 2 zu treffende Prognoseentscheidung nicht auf die Erwartung ab, der Verurteilte werde ohne die Einwirkung weiteren Strafvollzugs keine Straftaten mehr begehen. Vielmehr ist eine Abwägung zwischen den zu erwartenden Wirkungen des erlittenen Strafvollzugs für das künftige Leben des Verurteilten in Freiheit einerseits und den Sicherheitsinteressen der Allgemeinheit andererseits entscheidend (BGH NStZ-RR 2003, 200 [201]).

10 Nach Abs. 1 S. 2 sind bei der vorzunehmenden **Gesamtwürdigung** im Wesentlichen dieselben Tatsachen wie in § 56 I S. 2 zu berücksichtigen: die Persönlichkeit des Verurteilten, sein Vorleben, die Umstände seiner Tat, seine Lebensverhältnisse und die Wirkungen, die von der Aussetzung für ihn zu erwarten sind (vgl § 56 Rn 11; ausf. NK-*Dünkel* Rn 22 ff). Anstelle des Verhaltens nach der Tat sieht § 57 I S. 2 das Verhalten des Verurteilten im Vollzug vor (vgl LK-*Hubrach* Rn 15 ff). Neben diesen namentlich genannten Umständen können aber auch andere Tatsachen Berücksichtigung finden. Hierzu gehört insbesondere auch die Dauer der bisherigen Freiheitsentziehung (BVerfG NStZ-RR 2012, 385 [387]; StV 2015, 242 ff). Anders als bei der Entscheidung über einen Bewährungswiderruf nach § 56 f (vgl § 56 f Rn 4) stellt eine Berücksichtigung von Straftaten, die bisher nicht rechtskräftig abgeurteilt wurden, im Rahmen des § 57 keinen Verstoß gegen die Unschuldsvermutung des Art. 6 II EMRK dar, da die Aussetzung (nur) an eine günstige Prognoseentscheidung geknüpft ist und Zweifel über das Prognoseurteil zulasten des Verurteilten gehen (OLG Frankfurt NStZ-RR 2005, 248 [249]; OLG Hamm NStZ-RR 2005, 154 [155]).

11 c) Schließlich ist die **Einwilligung des Verurteilten** erforderlich (**Abs. 1 S. 1 Nr. 3**). Es soll ihm überlassen bleiben, ob er seine Strafe voll verbüßen oder sich möglichen Überwachungsmaßnahmen (Auflagen, Weisungen oder Bewährungshelfer) aussetzen will, die mit der Aussetzung verbunden sind und uU über die Dauer der Reststrafe hinausreichen können (SK-*Schall* Rn 13).

III. Die Halbstrafen-Aussetzung (Abs. 2)

1. Abs. 2 ermöglicht es dem Gericht, die Aussetzung des Strafrestes nach **pflicht- 12 gemäßem Ermessen** bereits nach Verbüßung der Hälfte der Freiheitsstrafe anzuordnen. Hierbei hat es jedoch zwischen den Fällen der Nr. 1 (Erstverbüßer) und der Nr. 2 (sonstige besondere Umstände) zu differenzieren: Da den Erstverbüßer der Strafvollzug regelmäßig empfindlich treffen und er daraus eine Lehre für die Gestaltung seines künftigen Lebens ziehen wird, muss die Aussetzung hier die Regel sein (OLG Düsseldorf JR 1988, 292 m.Anm. *Zipf*; L-Kühl-*Heger* Rn 20).

2. Voraussetzungen: a) Der Täter muss bereits **mindestens sechs Monate** der Frei- 13 heitsstrafe **verbüßt** haben. Demnach ist eine Aussetzung nach Abs. 2 für den Verurteilten nur dann günstiger, wenn die verhängte Strafe höher als neun Monate ist, da ansonsten bereits Abs. 1 eingreift.

b) Zusätzlich muss er **erstmals eine zwei Jahre nicht übersteigende Freiheitsstrafe** 14 **verbüßen (Nr. 1)** oder die Gesamtwürdigung seiner Tat, seiner Persönlichkeit und seiner Entwicklung während des Strafvollzugs muss ergeben, dass **besondere Umstände** vorliegen **(Nr. 2)**.

aa) Erstmals verbüßt eine Freiheitsstrafe (Nr. 1), wer zuvor keine andere Frei- 15 heitsstrafe ganz oder teilweise tatsächlich verbüßt hat (L-Kühl-*Heger* Rn 15). Nach der hM genügt im Hinblick auf den Zweck des Abs. 2 bereits die Verbüßung einer Jugendstrafe (vgl OLG Karlsruhe NStZ 1989, 323 f mwN; aA *Eisenberg* NStZ 1987, 167 [169]). Die vorherige Verbüßung einer **Ersatzfreiheitsstrafe** hindert nach der überwiegenden Auffassung die Anwendung des Abs. 2 Nr. 1 nicht, da ihre Einbeziehung eine Schlechterstellung mittelloser Verurteilter bedeuten würde (OLG Zweibrücken MDR 1988, 984; *Greger* JR 1986, 353 [355 f]; LK-*Hubrach* Rn 30; aA OLG Karlsruhe Die Justiz 1987, 319). **Nicht ausreichend** – wegen der andersartigen Haftsituation – ist nach der hM der vorherige Vollzug von **U-Haft** (OLG Zweibrücken StV 1998, 670; aA OLG Karlsruhe StV 1990, 119 m. abl. Anm. *Groß*; SK-*Schall* Rn 32).

Bei mehreren **nacheinander zu vollstreckenden selbstständigen Freiheitsstrafen** 16 (§ 454 b StPO) stellt die hM auf den tatsächlichen zusammenhängenden Erstvollzug – einschließlich des Anschlussvollzugs – ab (OLG Stuttgart StV 1994, 250 [251]; NK-*Dünkel* Rn 52; LK-*Hubrach* Rn 28; S/S-*Stree/Kinzig* Rn 23 a), während nach der Gegenansicht nur die erstvollzogene Strafe den erstmaligen Strafvollzug begründet (OLG Hamm MDR 1987, 512 [513]; *Bietz* JR 1987, 518 f; L-Kühl-*Heger* Rn 16).

bb) Besondere Umstände (Nr. 2) sind solche, die über die schon gestellte günstige 17 Sozialprognose nach Abs. 1 S. 1 Nr. 2 hinaus eine Aussetzung der Hälfte der Strafe rechtfertigen können (LG Bremen StV 1983, 381). Dies können zB die Mitwirkung bei der Aufklärung der Straftat oder erhebliche Wiedergutmachungsleistungen sein.

c) Schließlich müssen die **Voraussetzungen des Abs. 1** erfüllt sein; die in Abs. 1 18 S. 1 Nr. 2 verlangte Prognose muss also positiv ausfallen (Rn 9 f), und der Verurteilte muss in die Aussetzung einwilligen (Rn 11).

IV. Gem. **Abs. 3** gelten die §§ 56 a bis 56 e über Bewährungszeit, Auflagen, Wei- 19 sungen, Bewährungshilfe und nachträgliche Entscheidungen entsprechend; Gleiches gilt gem. **Abs. 5** für die §§ 56 f und 56 g, die Widerruf und Straferlass regeln. Bzgl beider Verweise sind ua noch folgende Besonderheiten zu beachten (näher *Fischer* Rn 36 ff):

20 1. Mit der Aussetzung der Vollstreckung des Strafrestes muss eine bestimmte **Bewährungszeit** verbunden werden. Diese beginnt mit Rechtskraft des die Aussetzung des Strafrestes anordnenden Beschlusses (vgl. § 56 a II S. 1). Die Dauer des Strafrestes stellt das Mindestmaß der Bewährungszeit dar, Abs. 3 S. 1 (S/S-*Stree/ Kinzig* Rn 30).

21 2. Bei der Verhängung von **Auflagen** (§ 56 b) ist zu beachten, dass schon die bisherige teilweise Strafverbüßung der Genugtuung für die begangene Tat gedient hat (OLG Frankfurt NStZ-RR 1998, 126 [127]). Demzufolge kommt ihre Erteilung nur noch ausnahmsweise in Betracht (OLG Celle StV 1981, 554; LK-*Hubrach* Rn 57).

22 3. Wird die Strafe ausgesetzt, nachdem der Verurteilte bereits ein Jahr seiner Strafe verbüßt hat, so soll er in der Regel unter die Aufsicht und Leitung eines **Bewährungshelfers** (§ 56 d) gestellt werden (Abs. 3 S. 2).

23 4. Abs. 5 S. 2 formuliert einen **zusätzlichen Widerrufsgrund** für die Strafaussetzung. Erfasst werden sollen hiervon vor allem die Fälle, in denen die erneute Straftat dem Gericht nicht bekannt war oder diese erst nach der Aussetzungsentscheidung nachweisbar wird (BT-Drucks. 16/3038, 58). Bei der Widerrufsentscheidung gelten die im Hinblick auf die Unschuldsvermutung des Art. 6 II EMRK zu § 56 f I S. 1 Nr. 1 entwickelten Maßstäbe entsprechend (vgl. § 56 f Rn 4).

24 V. Nach **Abs. 7** kann das Gericht eine **Sperrfrist** von höchstens sechs Monaten festsetzen, vor deren Ablauf ein Antrag des Verurteilten auf Aussetzung des Strafrestes unzulässig ist. Zweck dieser Regelung ist es, die Strafvollstreckungskammer nach Ablehnung einer Strafaussetzung vor unnötigen Wiederholungen von Aussetzungsanträgen zu bewahren (LK-*Hubrach* Rn 65).

25 VI. **Zuständig** für die Entscheidung ist die Strafvollstreckungskammer, in deren Bezirk die Strafanstalt liegt, in die der Verurteilte zu diesem Zeitpunkt aufgenommen ist, § 462 a I StPO, §§ 78 a, 78 b GVG. Die **Entscheidung** ergeht in den Fällen des Abs. 1 und Abs. 2 Nr. 1 von Amts wegen, ansonsten auf Antrag.

§ 57 a Aussetzung des Strafrestes bei lebenslanger Freiheitsstrafe

(1) ¹Das Gericht setzt die Vollstreckung des Restes einer lebenslangen Freiheitsstrafe zur Bewährung aus, wenn
1. fünfzehn Jahre der Strafe verbüßt sind,
2. nicht die besondere Schwere der Schuld des Verurteilten die weitere Vollstreckung gebietet und
3. die Voraussetzungen des § 57 Abs. 1 Satz 1 Nr. 2 und 3 vorliegen.

²§ 57 Abs. 1 Satz 2 und Abs. 6 gilt entsprechend.

(2) Als verbüßte Strafe im Sinne des Absatzes 1 Satz 1 Nr. 1 gilt jede Freiheitsentziehung, die der Verurteilte aus Anlaß der Tat erlitten hat.

(3) ¹Die Dauer der Bewährungszeit beträgt fünf Jahre. ²§ 56 a Abs. 2 Satz 1 und die §§ 56 b bis 56 g, 57 Abs. 3 Satz 2 und Abs. 5 Satz 2 gelten entsprechend.

(4) Das Gericht kann Fristen von höchstens zwei Jahren festsetzen, vor deren Ablauf ein Antrag des Verurteilten, den Strafrest zur Bewährung auszusetzen, unzulässig ist.

I. Mit Einführung des § 57 a ist der Gesetzgeber der Forderung des BVerfG nachgekommen, dass ein zu lebenslanger Freiheitsstrafe Verurteilter die Chance haben müsse, vor seinem Tod wieder in die Freiheit zu gelangen, und dass die Voraussetzungen sowie das anzuwendende Verfahren der Aussetzung gesetzlich geregelt sein müssen (BVerfGE 45, 187 [229, 239]). 1

Die Vorschrift gilt nur für die Aussetzung einer **lebenslangen** Freiheitsstrafe, und zwar nach der hM auch dann, wenn diese im Gnadenwege in eine zeitige umgewandelt worden ist (OLG Hamm NStZ 1989, 267; *Fischer* Rn 2 f; LK-*Hubrach* Rn 5; aA NK-*Dünkel* Rn 4 f; SK-*Schall* Rn 5). 2

II. Die Aussetzungsvoraussetzungen (Abs. 1, 2)

1. Mindestverbüßungszeit (Abs. 1 S. 1 Nr. 1):
Die Vollstreckung der lebenslangen Freiheitsstrafe kann **frühestens nach 15 Jahren** ausgesetzt werden. Eine vorherige Aussetzung ist auch bei Vorliegen besonderer Umstände (zB bei hohem Alter des Strafgefangenen) nicht möglich (OLG Hamburg MDR 1984, 163). 3

Bei der **Berechnung der Mindestverbüßungszeit** ist nach Abs. 2 jede Freiheitsentziehung zu berücksichtigen, die der Verurteilte aus Anlass der Tat erlitten hat, die zu der lebenslangen Strafe geführt hat (auch U-Haft oder Unterbringung). Dies gilt auch für im Ausland erlittene Freiheitsentziehungen (BGH NJW 2004, 3789). Gleichgültig ist, ob diese Freiheitsentziehung im Urteil angerechnet wurde (*Fischer* Rn 5). 4

Für den Fall der **Anschlussvollstreckung** sieht § 454 b StPO in gleicher Weise wie bei zeitigen Freiheitsstrafen eine Unterbrechung der Vollstreckung und die gleichzeitige Entscheidung über die Aussetzung aller Strafreste vor (vgl § 57 Rn 8; *Fischer* Rn 22). 5

2. Besondere Schuldschwere (Abs. 1 S. 1 Nr. 2):
a) Ferner darf nicht die besondere Schwere der Schuld des Verurteilten die weitere Vollstreckung gebieten. Diese sog. **Schuldschwereklausel** soll der besonderen Problematik Rechnung tragen, dass eine lebenslange Freiheitsstrafe auf ein höchst **unterschiedliches Schuldmaß** gegründet sein kann und es demzufolge sachwidrig ist, für alle zur Höchststrafe Verurteilten ohne Rücksicht auf ihre Schuld den Aussetzungszeitpunkt gleichermaßen festzusetzen (näher *Revel*, Anwendungsprobleme der Schuldschwereklausel des § 57 a StGB, 1989). 6

b) Für die **Feststellung der besonderen Schuldschwere** sind der Rspr zufolge Umstände von Gewicht zu verlangen und die Entscheidung auf eine Gesamtwürdigung von Tat und Täterpersönlichkeit zu stützen (BGHSt 40, 360 [370] m. Bspr *Hauf* NJW 1995, 1072; krit. *Heine* GA 2000, 305 [309 ff]). Eine andere Meinung stellt darauf ab, ob das Schuldmaß die tatbestandlichen Mindestvoraussetzungen für die Verhängung einer lebenslangen Freiheitsstrafe deutlich übersteigt (OLG Karlsruhe JR 1988, 163 [164]; *Duttge* Eisenberg-FS 271 [284]; SK-*Schall* Rn 9). Vereinzelt wird auch auf die „durchschnittliche", „normale" oder „Regelschuld" als Bezugsgröße für eine „ausnahmsweise besondere Schuld" iSd § 57 a abgehoben (vgl OLG Celle StV 1983, 156 f; NK-*Dünkel* Rn 11). 7

Anhaltspunkte für die Entscheidung lassen sich durch eine entsprechende Anwendung der Strafzumessungsregeln nach § 46 finden (BVerfGE 64, 261 [271]; 86, 288 [313]). So kommen als Kriterien für eine gesteigerte Schuld insbesondere in Betracht: die besondere Verwerflichkeit der Tatausführung oder der Motive, 8 mehrere Opfer bei einer Tat oder die Begehung mehrerer Mordtaten (AnwK-*Trüg* Rn 12 m. weiteren Beispielen).

9 Die Feststellung der besonderen Schuldschwere ist bereits **Aufgabe des Tatgerichts**, das auf die lebenslange Freiheitsstrafe erkennt (BVerfGE 86, 288 [320]; BGH NStZ 2006, 505 [506]). Es hat diese jedoch nicht – wie sonst nach § 46 – auch in eine bestimmte Strafdauer umzusetzen.

10 c) Die Schuldschwere muss ferner die weitere Vollstreckung **gebieten**. Diese ist nicht mehr geboten, wenn ihr besondere Umstände entgegenstehen und die Allgemeinheit deshalb Verständnis für eine Strafaussetzung hat (S/S-*Stree/Kinzig* Rn 8). Solche Umstände können zB eine schwere Dauererkrankung eines alten Strafgefangenen (OLG Karlsruhe NStZ 1983, 74 [75]) oder eine positive Persönlichkeitsentwicklung (OLG Frankfurt NStZ 1994, 54) sein.

11 Die Vornahme dieser sog. vollstreckungsrechtlichen Gesamtwürdigung obliegt dem **Vollstreckungsgericht** (vgl SK-*Schall* Rn 18).

12 **3. Günstige Prognose (Abs. 1 S. 1 Nr. 3): a)** Nach Abs. 1 S. 1 Nr. 3 müssen zudem die Voraussetzungen des § 57 I S. 1 Nr. 2 vorliegen. Die Aussetzung muss demnach **unter Berücksichtigung des Sicherheitsinteresses der Allgemeinheit verantwortet** werden können (vgl § 57 Rn 9). Die Regelungen über die Vollstreckung der lebenslangen Freiheitsstrafe über den durch die besondere Schwere der Schuld bedingten Zeitpunkt hinaus aus Gründen der Gefährlichkeit des Straftäters (Abs. 1 S. 1 Nr. 3 iVm § 57 I S. 1 Nr. 2, S. 2) sind verfassungsgemäß und verletzen den Täter insbesondere weder in seinem Recht aus Art. 1 I S. 1 GG noch aus Art. 2 II S. 2 GG (BVerfG JR 2007, 160 [161] m.Anm. *Kinzig*).

13 Da es sich bei den Taten der zu lebenslanger Freiheitsstrafe Verurteilten um Fälle der Schwerkriminalität handelt, muss dem Sicherungsbedürfnis der Allgemeinheit hier **in verstärktem Maße** Rechnung getragen werden (BVerfG NJW 1998, 2202 [2203]; *Fischer* Rn 19). Die Verfassung fordert allerdings bei der Entscheidung eine strikte Beachtung des Verhältnismäßigkeitsgrundsatzes, wobei die Voraussetzungen für die Verhältnismäßigkeit des Freiheitsentzuges umso strenger sind, je länger dieser andauert (BVerfG JR 2007, 160 [162]). Eine günstige Prognose entfällt nur bei zu befürchtenden **Straftaten schwerwiegender Art**, nicht bereits bei der Gefahr von Straftaten geringen oder mittleren Gewichts (OLG Nürnberg StV 2000, 266 [267 f]). Zweifel an einer günstigen Prognose gehen dabei zulasten der Verurteilten (BVerfG JR 2007, 160 [163]; LK-*Hubrach* Rn 24). Jedoch kann ein vertretbares Restrisiko eingegangen werden, wobei die Vertretbarkeit nach den im Falle eines Rückfalls bedrohten Rechtsgütern einerseits und dem Grad der Wahrscheinlichkeit erneuter Straffälligkeit andererseits bestimmt wird (BVerfG JR 2007, 160 [163]).

14 b) Vor seiner Entscheidung hat das Gericht in jedem Fall gem. § 454 II StPO das **Gutachten eines Sachverständigen** darüber einzuholen, ob keine Gefahr mehr besteht, dass die durch die Tat zutage getretene Gefährlichkeit des Verurteilten fortbesteht. Kann ein solches Gutachten wegen Weigerung des Verurteilten nicht erstellt werden, so ist eine Aussetzung nicht möglich (OLG Koblenz MDR 1983, 1044).

15 **4. Einwilligung des Verurteilten (Abs. 1 S. 1 Nr. 3)**: Schließlich muss der Verurteilte entsprechend der Regelung des § 57 I S. 1 Nr. 3 in die Aussetzung des Strafrestes einwilligen (vgl dort Rn 11).

III. Liegen die Voraussetzungen vor, so ist die Strafvollstreckungskammer (§§ 454 I, 462 a I StPO, 78 a, 78 b GVG) – abgesehen vom Fall des auch hier Anwendung findenden § 57 VI – **zur Aussetzung verpflichtet** (S/S-*Stree/Kinzig* Rn 2). 16

IV. Die Dauer der **Bewährungszeit** beträgt gem. **Abs. 3 S. 1** mindestens fünf Jahre. Für die Ausgestaltung derselben gelten gem. Abs. 3 S. 2 die §§ 56 b–56 g sowie § 57 III S. 2 und V S. 2 entsprechend. Die Entscheidung über den Widerruf der Aussetzung muss sich auch hier an der Erwartung, die der Strafaussetzung zugrunde lag, ausrichten. Exemplarisch: Betrugstaten rechtfertigen den Widerruf der Aussetzung einer lebenslangen Freiheitsstrafe nicht, wenn das Gericht damit gerechnet hat, dass der Verurteilte derartige Straftaten begehen werde und sich diese Befürchtung bestätigt (KG NStZ 2004, 156 [157]). 17

V. Nach **Abs. 4** kann das Gericht eine Frist von höchstens zwei Jahren bestimmen, vor deren Ablauf ein Antrag des Verurteilten auf Aussetzung des Strafrestes unzulässig ist (vgl § 57 Rn 24). Die Bestimmung der Sperrfrist ist ausschließlich im Zusammenhang mit der Entscheidung über die Frage einer etwaigen Aussetzung möglich; eine erst nachträglich durch gesonderten Beschluss erlassene Anordnung, mit der eine vorangegangene (negative) Aussetzungsentscheidung nach Ablauf mehrerer Monate ergänzt werden soll, ist daher nicht zulässig (näher OLG Celle NStZ-RR 2003, 381). 18

§ 57 b Aussetzung des Strafrestes bei lebenslanger Freiheitsstrafe als Gesamtstrafe

Ist auf lebenslange Freiheitsstrafe als Gesamtstrafe erkannt, so werden bei der Feststellung der besonderen Schwere der Schuld (§ 57 a Abs. 1 Satz 1 Nr. 2) die einzelnen Straftaten zusammenfassend gewürdigt.

Bei der lebenslangen Freiheitsstrafe als Gesamtstrafe sind gem. § 57 b bei der Feststellung der besonderen Schuldschwere iSv § 57 a I S. 1 Nr. 2 (vgl § 57 a Rn 6 ff) alle Straftaten zu berücksichtigen, die den in der Gesamtstrafe aufgegangenen Strafen zugrunde liegen (vgl BGH NStZ 2009, 203 [204]). 1

Für die zusammenfassende Würdigung der einzelnen Straftaten kommt es darauf an, ob sich aus den Gesamtumständen, namentlich der Zahl und Schwere der einzelnen Taten, ihrem Verhältnis zueinander und ihrem sachlichen, zeitlichen und situativen Zusammenhang (dazu BGHSt 39, 121 [126]) die erhebliche Schuldsteigerung ableiten lässt (*Fischer* Rn 2 ff). 2

§ 58 Gesamtstrafe und Strafaussetzung

(1) Hat jemand mehrere Straftaten begangen, so ist für die Strafaussetzung nach § 56 die Höhe der Gesamtstrafe maßgebend.

(2) ¹Ist in den Fällen des § 55 Abs. 1 die Vollstreckung der in der früheren Entscheidung verhängten Freiheitsstrafe ganz oder für den Strafrest zur Bewährung ausgesetzt und wird auch die Gesamtstrafe zur Bewährung ausgesetzt, so verkürzt sich das Mindestmaß der neuen Bewährungszeit um die bereits abgelaufene

Bewährungszeit, jedoch nicht auf weniger als ein Jahr. ²Wird die Gesamtstrafe nicht zur Bewährung ausgesetzt, so gilt § 56 f Abs. 3 entsprechend.

1 I. Die Vorschrift ergänzt die Regeln über die Strafaussetzung zur Bewährung (§§ 56, 57) bei primären und nachträglichen Gesamtstrafen.

2 II. Abs. 1 regelt ausdrücklich, dass es für die verschiedenen **Strafhöhen des** § 56 (die Jahresgrenze nach Abs. 1, die Zweijahresgrenze nach Abs. 2 sowie die Sechsmonatsgrenze nach Abs. 3) nicht auf die Einzelstrafen, sondern auf die Höhe der Gesamtstrafe ankommt (BGHSt 25, 142). In die nach § 56 II vorzunehmende Gesamtabwägung (§ 56 Rn 16 ff) sind alle von dem Angeklagten begangenen Straftaten einzubeziehen (S/S-*Stree/Kinzig* Rn 3). Die Verteidigung der Rechtsordnung (§ 56 III) ist nur hinsichtlich der Gesamtstrafe zu prüfen (*Fischer* Rn 2).

3 III. Abs. 2 macht deutlich, dass in eine nachträglich gebildete Gesamtstrafe (§ 55) auch Strafen einbezogen werden können, deren Vollstreckung im früheren Urteil zur Bewährung gem. § 56 oder § 57 ausgesetzt wurde. In diesem Fall wird die im früheren Urteil gewährte Strafaussetzung gegenstandslos (*Fischer* Rn 3). Der Richter hat über die Aussetzung der Gesamtstrafe unter Anwendung der §§ 56, 58 I neu zu befinden (SK-*Schall* Rn 3). Hinsichtlich der zu treffenden Prognose ist auf den Zeitpunkt der jetzigen Entscheidung abzustellen, so dass auch Umstände, die dem früheren Richter noch unbekannt waren, berücksichtigt werden dürfen (BGH NJW 2003, 2841 [2842]).

4 1. Wird die Vollstreckung der nachträglich gebildeten Gesamtstrafe dann ebenfalls zur Bewährung ausgesetzt, so verkürzt sich das Mindestmaß der neuen Bewährungszeit (§ 56 a I) um die bereits abgelaufene Bewährungszeit der einbezogenen Strafe bis zur Mindestfrist von einem Jahr, **Abs. 2 S. 1**.

5 2. Wird die Vollstreckung der Gesamtstrafe nicht zur Bewährung ausgesetzt, so verweist **Abs. 2 S. 2** für die Anrechnung von Leistungen, die zur Erfüllung alter Auflagen oder Anerbieten erbracht worden sind, auf eine entsprechende Anwendung des § 56 f III (BGHSt 36, 378 m.Anm. *Weber* NStZ 1991, 35). Dabei ist dessen Ermessensregelung in S. 2 allerdings dergestalt zu modifizieren, dass eine Anrechnung erbrachter Leistungen auf die nachträglich erkannte Gesamtstrafe der Regelfall ist (BGHSt 38, 378 [381]).

Fünfter Titel Verwarnung mit Strafvorbehalt; Absehen von Strafe

§ 59 Voraussetzungen der Verwarnung mit Strafvorbehalt

(1) ¹Hat jemand Geldstrafe bis zu einhundertachtzig Tagessätzen verwirkt, so kann das Gericht ihn neben dem Schuldspruch verwarnen, die Strafe bestimmen und die Verurteilung zu dieser Strafe vorbehalten, wenn
1. zu erwarten ist, daß der Täter künftig auch ohne Verurteilung zu Strafe keine Straftaten mehr begehen wird,
2. nach der Gesamtwürdigung von Tat und Persönlichkeit des Täters besondere Umstände vorliegen, die eine Verhängung von Strafe entbehrlich machen, und
3. die Verteidigung der Rechtsordnung die Verurteilung zu Strafe nicht gebietet.

²§ 56 Abs. 1 Satz 2 gilt entsprechend.

(2) ¹Neben der Verwarnung kann auf Verfall, Einziehung oder Unbrauchbarmachung erkannt werden. ²Neben Maßregeln der Besserung und Sicherung ist die Verwarnung mit Strafvorbehalt nicht zulässig.

I. Die Verwarnung mit Strafvorbehalt wird als **Reaktionsmittel eigener Art** mit maßnahmeähnlichem Charakter angesehen (S/S/W-*Mosbacher* Rn 3) oder auch mit einer zur Bewährung ausgesetzten Geldstrafe verglichen (NK-*Albrecht* Rn 2). Sie eröffnet dem Gericht die Möglichkeit, einen Täter, der eine Geldstrafe bis zu 180 Tagessätzen verwirkt hat, zu verwarnen und schuldig zu sprechen, seine Verurteilung zu der bereits bestimmten Strafe jedoch erst einmal vorzubehalten. Bewährt sich der Täter innerhalb der laufenden Bewährungszeit (§ 59 a) nicht, so erfolgt die Verurteilung zu der bereits festgesetzten Strafe. Bei Bestehen der Bewährungszeit bleibt er hingegen nicht nur von der Vollstreckung, sondern auch von der Verurteilung verschont (vgl L-Kühl-*Kühl* Rn 1).   1

II. Voraussetzungen der Verwarnung mit Strafvorbehalt

1. Der Täter muss wegen seiner Tat eine **Geldstrafe bis zu 180 Tagessätzen** verwirkt haben, dh die Tat darf nach dem Gewicht des verschuldeten Unrechts keinen größeren Unwert darstellen, als in einer Strafe von 180 Tagen ausgedrückt werden kann (Abs. 1 S. 1).   2

Neben einer zusätzlichen Strafe ist eine Verwarnung nicht zulässig, da in diesem Fall ihr Zweck, den Täter vor einer Bestrafung zu bewahren, nicht mehr erreicht werden kann (*Fischer* Rn 3). Des Weiteren scheidet die Verwarnung neben einer Maßregel der Besserung und Sicherung aus (Abs. 2 S. 2). Wohl aber kann neben ihr auf Verfall (§§ 73 ff), Einziehung (§§ 74 ff) oder Unbrauchbarmachung (§ 74 d) erkannt werden (Abs. 2 S. 1).   3

2. Ferner muss zum Urteilszeitpunkt zu erwarten sein, dass der Täter künftig auch ohne Verurteilung keine Straftaten mehr begehen wird (Abs. 1 S. 1 Nr. 1). Die Voraussetzungen für das Vorliegen dieser **günstigen Sozialprognose** decken sich im Wesentlichen mit denen der Strafaussetzung (vgl § 56 Rn 9 ff). Zu beachten ist jedoch, dass das Erfordernis der günstigen Prognose bereits dann nicht gegeben ist, wenn vom Täter auch nur geringfügige Straftaten zu erwarten sind (S/S-*Stree/Kinzig* Rn 8).   4

3. Weiterhin müssen **besondere Umstände**, die sich aus einer **Gesamtwürdigung** der Tat und der Persönlichkeit des Täters ergeben, vorliegen, die eine Verhängung von Strafe entbehrlich machen (Abs. 1 S. 1 Nr. 2). Dies kommt dann in Betracht, wenn bestimmte Faktoren, die das deliktische Geschehen von vergleichbaren, gewöhnlich vorkommenden Durchschnittsfällen deutlich abheben und ihnen gegenüber Tatunrecht und Schuld wesentlich mindern, einen bedingten Verzicht auf die Verurteilung rechtfertigen (BGH NStZ-RR 2002, 84; S/S-*Stree/Kinzig* Rn 11). Besondere Umstände in diesem Sinne werden zB angenommen, wenn der Täter erstmals im Bereich der Kleinkriminalität in Erscheinung tritt (SK-*Schall* Rn 14) oder die Tat aus einer unerwarteten und unausweichlichen Konfliktlage erwachsen ist (S/S-*Stree/Kinzig* Rn 12).   5

4. Schließlich darf die **Verteidigung der Rechtsordnung** (vgl § 56 Rn 13 ff) die Verurteilung zur Geldstrafe nicht gebieten (Abs. 1 S. 1 Nr. 3). Eine Verurteilung zur Strafe ist danach notwendig, wenn ansonsten das Vertrauen auf wirksamen Rechtsgüterschutz erschüttert und die Rechtstreue der Bevölkerung ernstlich beeinträchtigt werden könnte (SK-*Schall* Rn 18). Dies kann insbesondere der Fall   6 sein, wenn eine zu großzügige Handhabung des Rechtsinstituts der Verwarnung den Eindruck erweckt, in minder schweren Fällen gelte der Grundsatz „einmal ist keinmal" (S/S-*Stree/Kinzig* Rn 15).

7 III. Liegen die genannten Voraussetzungen vor, so ist nach der hM die Verwarnung mit Strafvorbehalt zwingend auszusprechen (OLG Celle StV 1988, 109; NK-*Albrecht* Rn 11; SK-*Schall* Rn 22; aA *Fischer* Rn 2; LK-*Hubrach* Rn 22).

§ 59 a Bewährungszeit, Auflagen und Weisungen

(1) ¹Das Gericht bestimmt die Dauer der Bewährungszeit. ²Sie darf zwei Jahre nicht überschreiten und ein Jahr nicht unterschreiten.

(2) ¹Das Gericht kann den Verwarnten anweisen,
1. sich zu bemühen, einen Ausgleich mit dem Verletzten zu erreichen oder sonst den durch die Tat verursachten Schaden wiedergutzumachen,
2. seinen Unterhaltspflichten nachzukommen,
3. einen Geldbetrag zugunsten einer gemeinnützigen Einrichtung oder der Staatskasse zu zahlen,
4. sich einer ambulanten Heilbehandlung oder einer ambulanten Entziehungskur zu unterziehen,
5. an einem sozialen Trainingskurs teilzunehmen oder
6. an einem Verkehrsunterricht teilzunehmen.

²Dabei dürfen an die Lebensführung des Verwarnten keine unzumutbaren Anforderungen gestellt werden; auch dürfen die Auflagen und Weisungen nach Satz 1 Nummer 3 bis 6 zur Bedeutung der vom Täter begangenen Tat nicht außer Verhältnis stehen. ³§ 56 c Abs. 3 und 4 und § 56 e gelten entsprechend.

1 I. Abs. 1 der Vorschrift bestimmt die Dauer der **Bewährungszeit**, innerhalb derer der nach § 59 Verwarnte zeigen muss, ob er das Absehen von Verurteilung und Vollstreckung verdient hat und es bei der Verwarnung bleiben kann. Die Bewährungszeit darf abweichend von § 56 a I zwei Jahre nicht überschreiten und ein Jahr nicht unterschreiten (Abs. 1 S. 2). Die verkürzte Höchstdauer erklärt sich im Hinblick auf das geringere Gewicht der in Frage kommenden Straftaten und soll die Bereitschaft der Praxis zur Anwendung der Vorschrift fördern (BT-Drucks. 16/3038, 59).

2 Auch wenn § 59 a I im Gegensatz zu § 56 a II S. 2 nicht ausdrücklich die Möglichkeit einer **Verlängerung oder Verkürzung** der Bewährungszeit vorsieht, wird sie von Teilen des Schrifttums auch hier für zulässig gehalten (L-Kühl-*Kühl* Rn 1; SK-*Schall* Rn 3; aA *Fischer* Rn 2; LK-*Hubrach* Rn 3).

3 II. Das Gericht kann dem Verwarnten bestimmte, in **Abs. 2** abschließend aufgezählte **Auflagen** (§ 56 b) oder **Weisungen** (§ 56 c) erteilen (L-Kühl-*Kühl* Rn 2). Nach Abs. 2 S. 2 ist hierbei in jedem Fall zu beachten, dass an die Lebensführung des Verwarnten keine unzumutbaren Anforderungen gestellt werden dürfen (vgl § 56 b I S. 2).

4 1. In Anlehnung an § 46 a Nr. 1 regelt **Nr. 1** die Auflage an den Verwarnten, sich um einen Ausgleich mit dem Verletzten (§ 46 a Rn 3 ff) oder sonst eine Schadenswiedergutmachung zu bemühen (§ 56 b Rn 3 ff).

2. Die Weisung an den Verwarnten gem. **Nr. 2**, seinen Unterhaltspflichten nachzukommen, entspricht der Weisung nach § 56 c II Nr. 5 (vgl dort Rn 9).

3. Die Anweisung nach **Nr. 3**, einen Geldbetrag zugunsten einer gemeinnützigen Einrichtung oder der Staatskasse zu zahlen, gleicht im Wesentlichen der Auflage nach § 56 b II S. 1 Nr. 2, 4 (vgl dort Rn 7 ff). Sie ist in ihrem Umfang begrenzt auf die Höhe der bereits festgesetzten, aber noch vorbehaltenen Geldstrafe (SK-*Schall* Rn 9).

4. Nach **Nr. 4** kann das Gericht den Verwarnten anweisen, sich einer ambulanten Heilbehandlung oder Entziehungskur zu unterziehen. Dies entspricht § 56 c III Nr. 1 (vgl dort Rn 11) mit der Einschränkung, dass eine stationäre Behandlung nicht angeordnet werden darf. Wegen der Verweisung auf § 56 c III über **Abs. 2 S. 3** darf die Behandlung, wenn sie mit einem körperlichen Eingriff verbunden ist, auch hier nur mit Einwilligung des Verwarnten erfolgen (OLG Naumburg NJW 2009, 3314).

5. Die Möglichkeit des Gerichts, den Verwarnten nach **Nr. 5** anzuweisen, an einem sozialen Trainingskurs (näher hierzu *Busch* JR 2013, 402 f) teilzunehmen, dient dem Interesse eines nachhaltigen und wirkungsvollen Opferschutzes (BT-Drucks. 17/1466, 6) und ist als erweiternde Ergänzung des Katalogs nach Abs. 2 nachträglich (zum 1.3.2013) eingeführt worden.

6. **Nr. 6** enthält schließlich die Möglichkeit der Weisung an den Verwarnten, an einem Verkehrsunterricht teilzunehmen.

III. Die genannten Anweisungen können entsprechend § 56 e nachträglich getroffen, geändert oder aufgehoben werden (**Abs. 2 S. 3**).

IV. Von Weisungen ist in der Regel vorläufig abzusehen, wenn der Verwarnte entsprechende Zusagen gemacht hat und deren Einhaltung zu erwarten ist (**Abs. 2 S. 3** iVm § 56 c IV). Hält er seine Zusagen nicht ein, so darf allein deswegen die Verurteilung zur vorbehaltenen Strafe nicht erfolgen. Das Gericht hat vielmehr nachträglich die entsprechenden Weisungen zu erteilen (SK-*Schall* Rn 11).

§ 59 b Verurteilung zu der vorbehaltenen Strafe

(1) Für die Verurteilung zu der vorbehaltenen Strafe gilt § 56 f entsprechend.

(2) Wird der Verwarnte nicht zu der vorbehaltenen Strafe verurteilt, so stellt das Gericht nach Ablauf der Bewährungszeit fest, daß es bei der Verwarnung sein Bewenden hat.

I. Nach **Abs. 1** der Vorschrift gilt für die Verurteilung zu der vorbehaltenen Strafe § 56 f entsprechend: Hat der Täter eine Straftat begangen und dadurch gezeigt, dass die Erwartung, die dem Strafvorbehalt zugrunde lag, sich nicht erfüllt hat, so hat das Gericht den Verwarnten **zu der vorbehaltenen Strafe zu verurteilen** (vgl § 56 f Rn 2 ff). Der **Maßstab für die Erwartung**, die an den Verwarnten gestellt wird, entspricht nach einer Ansicht dem der Strafaussetzung (*Jescheck/Weigend* § 80 IV 3), während eine andere Auffassung § 56 f nur sinngemäß anwenden und hier einen strengeren Maßstab als bei der Strafaussetzung anlegen will (L-Kühl-*Kühl* Rn 1; diff. auch LK-*Hubrach* Rn 2, 8).

2   Die **Verurteilung** zu der vorbehaltenen Strafe kann entsprechend § 56 f II **zurückgestellt** werden, wenn die Verlängerung der Bewährungszeit bzw die Erteilung (weiterer) Auflagen oder Weisungen ausreicht, um hinreichend auf den Verwarnten einzuwirken (vgl § 56 f Rn 12 ff).

3   II. Unterbleibt eine Verurteilung nach Abs. 1, so stellt das Gericht nach Ablauf der Bewährungszeit gem. **Abs. 2** fest, dass es bei der Verwarnung sein Bewenden hat. Mit Rechtskraft dieser Entscheidung bleibt der Verwarnte endgültig von der Verurteilung verschont, und zwar auch dann, wenn sich nachträglich noch eine in der Bewährungszeit begangene Straftat herausstellt (S/S/W-*Mosbacher* Rn 6).

4   III. Die Entscheidungen nach Abs. 1 und 2 trifft das erstinstanzliche Gericht (§ 462 a II S. 1 StPO) durch **Beschluss** gem. § 453 StPO.

§ 59 c Gesamtstrafe und Verwarnung mit Strafvorbehalt

(1) Hat jemand mehrere Straftaten begangen, so sind bei der Verwarnung mit Strafvorbehalt für die Bestimmung der Strafe die §§ 53 bis 55 entsprechend anzuwenden.

(2) Wird der Verwarnte wegen einer vor der Verwarnung begangenen Straftat nachträglich zu Strafe verurteilt, so sind die Vorschriften über die Bildung einer Gesamtstrafe (§§ 53 bis 55 und 58) mit der Maßgabe anzuwenden, daß die vorbehaltene Strafe in den Fällen des § 55 einer erkannten Strafe gleichsteht.

1   I. Nach **Abs. 1** der Vorschrift sollen die Regeln über die Gesamtstrafenbildung (§§ 53–55) auch für die Verwarnung mit Strafvorbehalt gelten. Bei einer Verwarnung bezüglich mehrerer Straftaten ist für das Strafhöhenkriterium des § 59 I demnach die **Höhe der verwirkten Gesamtstrafe maßgebend**. Unerheblich ist dabei, ob die Gesamtstrafe gleichzeitig (§ 53) oder nachträglich (§ 55) gebildet wird (näher SK-*Schall* Rn 3 f).

2   II. **Abs. 2** betrifft den Fall, dass das Gericht einen Verwarnten nachträglich zu einer Strafe wegen einer Tat verurteilen will, die er vor der Verwarnung begangen hat. Da die Verwarnung keine Verurteilung iSd § 55 I ist (L-Kühl-*Kühl* Rn 3), stellt Abs. 2 klar, dass die gem. § 59 **vorbehaltene Strafe der erkannten Strafe** iSd § 55 I **gleichzustellen** ist. Die §§ 53-55 und § 58 sind also auch in diesem Fall anwendbar (vgl auch BVerfG NStZ-RR 2002, 330 zur nachträglichen Festsetzung einer Gesamtstrafe gem. § 460 StPO).

§ 60 Absehen von Strafe

¹Das Gericht sieht von Strafe ab, wenn die Folgen der Tat, die den Täter getroffen haben, so schwer sind, daß die Verhängung einer Strafe offensichtlich verfehlt wäre. ²Dies gilt nicht, wenn der Täter für die Tat eine Freiheitsstrafe von mehr als einem Jahr verwirkt hat.

1   I. Die Vorschrift ermöglicht das Absehen von Strafe, wenn die Folgen der Tat, die den Täter getroffen haben, so schwer sind, dass die Verhängung einer Strafe offensichtlich verfehlt wäre, und die Freiheitsstrafe nicht mehr als ein Jahr betragen würde (krit. zur Zeitgrenze *Kett-Straub* JA 2009, 53 [54 f]). Der Täter wird

in diesem Fall nur schuldig gesprochen und zur Kostentragung verurteilt (L-Kühl-*Kühl* Rn 7).

1. Die **Folgen der Tat** müssen **den Täter schwer getroffen** haben. Dies kann der Fall sein, wenn er in persönlicher (zB Täter verletzt sich bei Verkehrsdelikt selbst schwer) oder wirtschaftlicher (zB Täter erleidet bei fahrlässiger Brandstiftung selbst erheblichen Sachschaden) Hinsicht betroffen oder aufgrund einer besonderen Beziehung zum Tatopfer seelisch (zB fahrlässige Tötung eines nahen Angehörigen) schwer belastet wird (näher S/S-*Stree/Kinzig* Rn 3 ff). Auch mittelbare Tatfolgen (zB Verlust des Arbeitsplatzes) reichen aus (*Kett-Straub* JA 2009, 53 [55]). 2

2. Die Folgen müssen so schwer sein, dass die **Verhängung der Strafe offensichtlich verfehlt** wäre. 3

a) **Verfehlt** ist eine Strafverhängung nur, wenn sie sowohl nach den Interessen des Täters wie auch der Allgemeinheit keine sinnvolle Funktion mehr erfüllen könnte (BGHSt 27, 298 [300] mwN). 4

b) Das Verfehltsein von Strafe muss **offensichtlich** sein, muss sich also bei verständiger Würdigung der gesamten Umstände dem Betrachter unmittelbar aufdrängen (BGH NJW 1996, 3350 f). 5

II. Liegen die genannten Voraussetzungen vor, ist das Absehen von Strafe **obligatorisch** (NK-*Albrecht* Rn 3). 6

Sechster Titel Maßregeln der Besserung und Sicherung

§ 61 Übersicht

Maßregeln der Besserung und Sicherung sind
1. die Unterbringung in einem psychiatrischen Krankenhaus,
2. die Unterbringung in einer Entziehungsanstalt,
3. die Unterbringung in der Sicherungsverwahrung,
4. die Führungsaufsicht,
5. die Entziehung der Fahrerlaubnis,
6. das Berufsverbot.

I. Die Maßregeln der Besserung und Sicherung bilden neben den Strafen den zweiten Grundtypus der strafrechtlichen Rechtsfolgen. Anders als die Strafe knüpfen die Maßregeln allein an die Gefährlichkeit des Täters in der Zukunft an und sind nicht an das Vorliegen und das Maß der Schuld gebunden. Die Maßregeln verfolgen den Zweck, den Täter zu bessern und die Allgemeinheit vor ihm zu schützen. Sie dienen so kriminalpolitischen Erfordernissen, welche durch die schuldgebundene Strafe allein nicht erfüllt werden können. Man spricht insoweit von der **Zweispurigkeit der strafrechtlichen Sanktionen** (vgl hierzu LK-*Schöch* Vor § 61 Rn 21 ff). 1

Zusätzlich zu den in § 61 genannten Maßregeln finden sich Maßregeln der Sicherung auch in § 41 BJagdG (Entziehung des Jagdscheins) und in § 20 TierschG (Verbot der Tierhaltung). Von der Maßregel ist der weitergehende Begriff der Maßnahme zu unterscheiden, welcher in § 11 I Nr. 8 legal definiert ist und neben den Maßregeln auch den Verfall, die Einziehung und die Unbrauchbarmachung (vgl §§ 73 ff) umfasst. 2

3 II. Aufgrund des präventiven Charakters der Maßregeln kommt der **Prognose über die zukünftige Gefährlichkeit des Täters** im Maßregelrecht zentrale Bedeutung zu. Hierunter versteht man die auf Tatsachen gestützte Erwartung, der Täter werde auch in Zukunft Strafgesetze verletzen.

4 1. Diese Erwartung ist bereits bei einer **bestimmten Wahrscheinlichkeit** zukünftiger Taten gegeben, setzt also nicht Sicherheit oder an Sicherheit grenzende Wahrscheinlichkeit voraus (BGH bei *Holtz* MDR 1994, 433), lässt aber auch nicht die bloße Möglichkeit weiterer Taten genügen (vgl BGH NStZ 1991, 384 [385]). Wie erheblich die insoweit zu erwartenden Straftaten sein müssen, um die Anordnung bzw Aufrechterhaltung einer Maßregel rechtfertigen zu können, bestimmt sich nach den einzelnen Maßregelvorschriften und dem Grundsatz der Verhältnismäßigkeit (vgl § 62).

5 2. Die Prognoseentscheidung selbst verlangt die Subsumtion unter einen Rechtsbegriff und ist daher dem Grundsatz in dubio pro reo nicht zugänglich. Anwendung findet das in dubio pro reo-Prinzip hingegen auf die Ermittlung der für die Prognoseentscheidung ausschlaggebenden Tatsachengrundlage (Prognosebasis): Zweifel in Bezug auf die der Entscheidung zugrunde zu legenden Tatsachen dürfen sich nicht zulasten des Angeklagten auswirken. Unstr. gilt dies bei der Entscheidung über die **Anordnung** einer Maßregel. Umstritten ist die Geltung des Zweifelsgrundsatzes jedoch für Entscheidungen über die **Aussetzung oder Aufhebung** von Maßregeln der Besserung und Sicherung (vgl §§ 67b-67 d, 68 e II, 69 a VII, 70 a):

6 a) Nach tradierter Auffassung wirken bei der Entscheidung über die Aussetzung oder Aufhebung der Maßregel Zweifel in Bezug auf die Tatsachenlage zulasten des Angeklagten (OLG Karlsruhe JZ 1958, 669; *Baur* MDR 1990, 473 [481]; L-Kühl-*Heger* Rn 5). Zur Begründung wird darauf verwiesen, dass das Gesetz schon nach seinem Wortlaut (zB in § 67 b I: „... wenn besondere Umstände die Erwartung rechtfertigen...") die Beendigung der Maßregel von der positiven Überzeugung des Gerichts abhängig mache, der Täter sei nicht mehr so gefährlich, dass die Vollstreckung der Maßregel aufrechterhalten werden müsse.

7 b) Die Gegenauffassung wendet auch bei der Entscheidung über die Aussetzung oder Aufhebung der Maßregel – mit Unterschieden im Detail – den in dubio pro reo-Grundsatz an (LK-*Schöch* Vor § 61 Rn 66 f; *Streng* Rn 426; vgl auch SK-*Sinn* Rn 9). Die Aufrechterhaltung eines derart gewichtigen Eingriffs in die Grundrechte des Täters, wie sie die Vollstreckung einer keine Schuld voraussetzenden Maßregel darstellt, sei nicht mehr gerechtfertigt, wenn die Tatsachenlage keine zweifelssichere Basis mehr für eine negative Prognose des zukünftigen Täterverhaltens biete.

8 III. Die Maßregeln der Besserung und Sicherung werden durch den Tatrichter im Urteil angeordnet. Vor Abschluss des Strafverfahrens kann jedoch eine vorläufige Maßregelanordnung gem. §§ 126 a, 111 a und 132 a StPO ergehen. Ist das Strafverfahren wegen Schuld- oder Verhandlungsunfähigkeit des Täters undurchführbar, so kann das Gericht gem. § 71 die Unterbringung in einem psychiatrischen Krankenhaus oder in einer Entziehungsanstalt, die Entziehung der Fahrerlaubnis sowie das Berufsverbot auch selbstständig anordnen. Für das Verfahren gelten dann die §§ 413 ff StPO.

9 IV. Nach Verjährung der Tat ist die Anordnung einer Maßregel der Besserung und Sicherung ebenso wie die Bestrafung ausgeschlossen (§ 78 I). Für die Vollstreckungsverjährung nach rechtskräftiger Anordnung einer Maßregel gilt § 79 I,

IV, V. Soweit der Täter zum Zeitpunkt der Tat das 21. Lebensjahr noch nicht vollendet hat, ist der Anwendungsbereich des JGG eröffnet mit der Folge, dass die Anordnung einer Sicherungsverwahrung oder eines Berufsverbots ausgeschlossen ist (§ 7 JGG).

§ 62 Grundsatz der Verhältnismäßigkeit

Eine Maßregel der Besserung und Sicherung darf nicht angeordnet werden, wenn sie zur Bedeutung der vom Täter begangenen und zu erwartenden Taten sowie zu dem Grad der von ihm ausgehenden Gefahr außer Verhältnis steht.

I. Maßregeln der Besserung und Sicherung unterliegen wie alle staatlichen Eingriffe in Grundrechte des Einzelnen dem verfassungsrechtlichen Übermaßverbot (vgl hierzu BVerfGE 16, 194 [202]). Durch § 62 wird ein Teilaspekt dieses Übermaßverbots in besonderer Weise herausgestellt: Die **Verhältnismäßigkeit im engeren Sinne** oder auch **Proportionalität**. 1

Danach dürfen Maßregeln nicht angeordnet werden, wenn zwischen dem durch sie bewirkten Eingriff in die Freiheit des Täters einerseits und der Bedeutung der vom Täter begangenen und zu erwartenden Taten sowie dem Grad seiner Gefährlichkeit andererseits ein eindeutiges Missverhältnis besteht. Als Bezugspunkt der Prüfung nennt das Gesetz an erster Stelle die **Bedeutung der vom Täter begangenen Taten**. In Anbetracht der rein präventiven Zielsetzung der Maßregeln (§ 61 Rn 1) ist hierunter allein die indizielle Bedeutung der bereits begangenen Taten für die zukünftige Gefährlichkeit des Täters zu verstehen. Die **Bedeutung der zu erwartenden Taten** bemisst sich nach der Gewichtigkeit der bedrohten Rechtsgüter, dem Ausmaß, in welchem diese bedroht sind, sowie der zu erwartenden Begehungshäufigkeit. Mit dem **Grad der Gefahr** fließt schließlich die Größe der Wahrscheinlichkeit sowie die zeitliche Nähe der Tatbegehung in die Verhältnismäßigkeitsprüfung ein. 2

Diese Bezugspunkte sind für sich zu prüfen und dann in einer **Gesamtwürdigung** zu der Schwere des mit der Maßregel verbundenen Eingriffs in die Grundfreiheiten des Täters in Beziehung zu setzen (BGHSt 24, 134 [135]). 3

II. Die Verhältnismäßigkeitsprüfung setzt grds. voraus, dass die Anordnung der Maßregel die Tatbestandsvoraussetzungen der jeweiligen Anordnungsnorm als solche erfüllt. Gleichwohl ist schon bei der Auslegung der jeweiligen Tatbestandsmerkmale eine **integrierende Berücksichtigung des Verhältnismäßigkeitsprinzips** geboten (LK-*Schöch* Rn 17; SK-*Sinn* Rn 2 ff). So kann zB nur unter Anwendung des Verhältnismäßigkeitsprinzips ermittelt werden, ob eine in Zukunft zu erwartende rechtswidrige Tat eine „erhebliche" iSd § 63 ist. 4

III. Entgegen dem Wortlaut des § 62 gilt der Grundsatz der Verhältnismäßigkeit nach allgemeiner Auffassung nicht nur bei der **Anordnung** einer Maßregel, sondern auch bei allen Folgeentscheidungen, wie der Entlassung aus dem Maßregelvollzug oder der Aussetzung der Vollziehung. 5

IV. Ergänzt wird § 62 durch § 72 I, wonach bei gleichzeitigem Vorliegen der tatbestandlichen Voraussetzungen von mehreren Maßregeln nur diejenige anzuordnen ist, die den Täter am wenigsten beschwert, wenn schon dadurch der erstrebte Zweck erreicht wird. § 72 I stellt damit die gesetzliche Konkretisierung eines weiteren Teilaspekts des verfassungsrechtlichen Übermaßverbotes dar: des Gebo- 6 tes des geringstmöglichen Eingriffs. Ob dieses Gebot auch außerhalb des § 72 bei der Anordnung von Maßregeln zu berücksichtigen ist, wird in Literatur und Rspr unter der Frage nach der **Subsidiarität der Maßregeln** kontrovers diskutiert. Exemplarisch ist die Frage, ob das Gericht die Unterbringung des Täters in einem psychiatrischen Krankenhaus gem. § 63 anordnen kann, obwohl der Täter mit dem gleichen Erfolg durch Familienangehörige überwacht und therapiert werden könnte. § 72 ist hier nicht einschlägig, gleichwohl wäre die Anordnung der Unterbringung bei Anwendung des Gebotes des geringstmöglichen Eingriffs unzulässig.

7   1. Nach einer Ansicht, die sich auf die legislatorische Zielsetzung bei der Neuordnung der §§ 61 ff im Zuge des 2. StRG beruft, soll die Möglichkeit der Zweckerreichung auf einem den Täter weniger belastenden Wege bei der Anordnung einer Maßregel noch nicht zu berücksichtigen sein. Solche Möglichkeiten sollen vielmehr erst auf der Ebene der **Vollstreckung** der Maßregel – etwa im Rahmen einer Aussetzungsentscheidung nach § 67 b I – eine Rolle spielen können (BGH NStZ 2009, 260 [261]; SK-*Sinn* § 61 Rn 16; S/S-*Stree/Kinzig* § 67 b Rn 1).

8   2. Die Gegenauffassung verlangt **schon bei Anordnung** der Maßregel die Berücksichtigung des Gebotes des geringstmöglichen Eingriffs. Der Strafgesetzgeber könne nicht über das aus dem Rechtsstaatsprinzip erwachsende Verfassungsgebot des geringstmöglichen Eingriffs disponieren. Die generelle „Subsidiarität" der Maßregeln ergebe sich daher schon aus einer verfassungskonformen Auslegung der §§ 61 ff (BGH NStZ-RR 2007, 300 [301]; NK-*Pollähne* § 61 Rn 59 ff; LK-*Schöch* Vor § 61 Rn 78).

9   V. Keine Anwendung findet § 62 nach der Regelung des § 69 I S. 2 im Fall der Entziehung der Fahrerlaubnis. Hier bedarf es also keiner zusätzlichen Verhältnismäßigkeitsprüfung (vgl § 69 Rn 9).

– Freiheitsentziehende Maßregeln –

§ 63 Unterbringung in einem psychiatrischen Krankenhaus

¹Hat jemand eine rechtswidrige Tat im Zustand der Schuldunfähigkeit (§ 20) oder der verminderten Schuldfähigkeit (§ 21) begangen, so ordnet das Gericht die Unterbringung in einem psychiatrischen Krankenhaus an, wenn die Gesamtwürdigung des Täters und seiner Tat ergibt, daß von ihm infolge seines Zustandes erhebliche rechtswidrige Taten, durch welche die Opfer seelisch oder körperlich erheblich geschädigt oder erheblich gefährdet werden oder schwerer wirtschaftlicher Schaden angerichtet wird, zu erwarten sind und er deshalb für die Allgemeinheit gefährlich ist. ²Handelt es sich bei der begangenen rechtswidrigen Tat nicht um eine im Sinne von Satz 1 erhebliche Tat, so trifft das Gericht eine solche Anordnung nur, wenn besondere Umstände die Erwartung rechtfertigen, dass der Täter infolge seines Zustandes derartige erhebliche rechtswidrige Taten begehen wird.

1   I. Die Anordnung der Unterbringung in einem psychiatrischen Krankenhaus setzt voraus, dass der Täter eine **rechtswidrige Tat** iSd § 11 I Nr. 5 **begangen** hat. Notwendige Voraussetzung für eine Anordnung nach § 63 ist daher, dass der Täter den objektiven Tatbestand einer Straftat erfüllt hat und Rechtfertigungsgründe

nicht greifen. Unterliegt der Täter einem nach § 16 I S. 1 vorsatzausschließenden Tatbestandsirrtum, so soll nach hM gleichwohl eine rechtswidrige Tat iSd § 63 vorliegen, wenn der Irrtum allein auf dem die Schuldfähigkeit ausschließenden oder mindernden Zustand beruht (BGHSt 3, 287 ff: sog. **natürlicher Vorsatz** sei ausreichend; BGH NStZ-RR 2003, 11; *Sinn* ZJS 2011, 402 f; aA *Streng* Rn 400). Begründet wird dieses vom Wortlaut der Norm her zweifelhafte Ergebnis mit dem Zweck des § 63, die Allgemeinheit vor dem Täter zu schützen. Der defektbedingte Irrtum über Rechtfertigungs- oder Entschuldigungsgründe steht demgemäß einer Anordnung gem. § 63 ebenfalls nicht entgegen.

Umstritten ist des Weiteren, ob eine Unterbringung gem. § 63 auch dann möglich 2 ist, wenn zusätzliche Entschuldigungsgründe gegeben sind, welche die Schuld und somit die Strafbarkeit des Täters auch bei dessen – gedachter – voller Schuldfähigkeit ausgeschlossen hätten. Die insoweit hM verneint für diese Fälle die Zulässigkeit einer Anordnung nach § 63 unter Hinweis darauf, dass der Täter im Bereich des § 63 nicht schlechter gestellt sein dürfe als andere Täter und dass gem. § 63 die ungünstige Prognose auf einer Würdigung nicht nur des Täters, sondern auch der Tat beruhen müsse (LK-*Schöch* Rn 51; SK-*Sinn* Rn 3). Ausgeschlossen ist eine Anordnung gem. § 63 auch dann, wenn der Täter einen persönlichen Strafaufhebungsgrund erfüllt (zB Rücktritt vom Versuch nach § 24) oder ein erforderlicher Strafantrag nicht gestellt wurde (BGHSt 31, 132 [134]).

II. Die Tat muss ferner **im Zustand der Schuldunfähigkeit (§ 20) oder der verminderten Schuldfähigkeit (§ 21)** begangen worden sein (BGH NStZ-RR 2013, 141 [142]; ausf. NK-*Pollähne* Rn 57 ff). Es handelt sich insoweit um echte Tatbestandsmerkmale. Daher ist nach dem Grundsatz in dubio pro reo vom Fehlen der Eingriffsvoraussetzungen des § 63 auszugehen, wenn nicht ausgeschlossen werden kann, dass der Täter voll schuldfähig war (zur Anwendbarkeit des § 63 bei der Verurteilung wegen Vollrauschs nach § 323 a, wenn gleichzeitig die Voraussetzungen des § 66 vorliegen, BGH NJW 2004, 960 f; *Fischer* Rn 12; weitergehend *Streng* StV 2004, 614 [619]).

III. Des Weiteren ist die **Prognose** (vgl hierzu § 61 Rn 3 ff) erforderlich, dass von 4 dem Täter infolge seines Zustands erhebliche rechtswidrige Taten, durch welche die Opfer seelisch oder körperlich erheblich geschädigt oder erheblich gefährdet werden oder schwerer wirtschaftlicher Schaden angerichtet wird, zu erwarten sind und er deshalb für die Allgemeinheit gefährlich ist.

1. Aufgrund des äußerst belastenden Charakters der Unterbringung sind an diese 5 Prognose hohe Anforderungen zu stellen (BGH NStZ-RR 2006, 338 [339]). Erforderlich ist eine Wahrscheinlichkeit höheren Grades und nicht nur die einfache Möglichkeit künftiger schwerer Störungen des Rechtsfriedens (BGH NStZ-RR 2013, 42 [43]). Grundlage dieser Prognose ist eine **Gesamtwürdigung des Täters und seiner Tat**. Danach muss der Zustand, welcher zur Schuldunfähigkeit oder verminderten Schuldfähigkeit des Täters bei Begehung der Tat geführt hatte, zum Zeitpunkt der Entscheidung fortbestehen, dauerhafter Natur sein und das Gewicht einer krankhaften seelischen Störung haben (BGHSt 49, 347 [351]; NK-*Pollähne* Rn 81). Nicht erforderlich ist, dass sich der Täter durchgehend in einer die §§ 20 oder 21 erfüllenden geistigen Verfassung befindet. Es genügt, wenn er dauerhaft so disponiert ist, dass schon das Hinzutreten eines weiteren Umstandes die Schuldunfähigkeit oder verminderte Schuldfähigkeit herbeiführt (BGHSt 44, 369 [375]). Zudem muss die begangene Tat symptomatisch für den Zustand des Täters und die in Zukunft zu erwartenden Taten sein (vgl MK-*van Gemmeren* Rn 30, 35 ff). Hat der Täter trotz bestehenden Defekts über längere Zeit hinweg

keine Straftat begangen, kann dies ein gewichtiges Indiz gegen die Wahrscheinlichkeit künftiger gefährlicher Straftaten sein (BGH NStZ-RR 2014, 42 [43]).

6 2. Ob die infolge des Täterzustands zu erwartenden rechtswidrigen Taten **erheblich** sind, bestimmt sich unter Anwendung des Verhältnismäßigkeitsgrundsatzes (vgl § 62). Diesem verfassungsrechtlich verankerten Maßstab ist in der Vergangenheit allerdings bei der Bestimmung der Erheblichkeit nicht immer in angemessener Weise Beachtung geschenkt worden (vgl *Traub/Weithmann* R&P 2013, 208 [216]). Die seit dem **1.8.2016** in Kraft getretene Gesetzesänderung (BGBl. I 2016, 1610) soll dem durch eine verstärkte gesetzliche Betonung des Erfordernisses der Verhältnismäßigkeit, mit der sich der Gesetzgeber eine Sensibilisierung der landgerichtlichen Praxis erhofft, entgegenwirken (vgl BT-Drucks. 18/7244, 17).

7 In S. 1 werden die Voraussetzungen einer „erheblichen" rechtswidrigen Tat mit der neuerlichen Ergänzung („durch welche [...]") in Form von gleich mehreren Regelungsvarianten konkretisiert. Im Wesentlichen differenziert die Vorschrift nun zwischen drohender Verletzung oder Gefährdung **höchstpersönlicher Güter** („seelisch oder körperlich") und drohenden **Vermögensdelikten** („wirtschaftlicher Schaden"). In den Fällen, in denen die Verletzung oder Gefährdung höchstpersönlicher Rechtsgüter droht, hat die Ergänzung lediglich klarstellende Funktion, da nach dem Willen des Gesetzgebers an der bisherigen Rspr festgehalten werden soll. Danach ist eine Straftat als erheblich anzusehen, wenn sie mindestens dem **Bereich der mittleren Kriminalität** zugeordnet werden kann, den Rechtsfrieden empfindlich stört und geeignet ist, das Gefühl der Rechtssicherheit der Bevölkerung erheblich zu beeinträchtigen (vgl BVerfG NStZ-RR 2014, 305; BGH NStZ-RR 2013, 141 [142]; zu der Frage, ob zu erwartende Taten unterhalb der Schwelle der mittleren Kriminalität ausnahmslos als nicht erheblich gelten, *Peglau* NJW 2016, 2298 [2299]). Beleidigungstaten, Nötigung oder auch Nachstellung gelten daher grds. nicht als erheblich (BT-Drucks. 18/7244, 18 mwN; vgl auch BGH NJW 2013, 3383 [3385]). Konkretisierte, ernst zu nehmende Bedrohungen mit schweren Verbrechen können im Einzelfall aber als erheblich anzusehen sein (BGH NJW 2016, 341 f). Es kommt auch weiterhin nicht allein auf das Gewicht des gesetzlichen Straftatbestandes an, sondern auch auf die konkreten Umstände und Besonderheiten des Einzelfalles, die zu befürchtende konkrete Ausgestaltung der Tat sowie die zu erwartende Rückfallfrequenz (BVerfG NStZ-RR 2014, 305; BGH StV 2002, 477; NStZ 2008, 563 [564]; NStZ-RR 2012, 39 [40]). Demgemäß können auch Verbrechen in Ausnahmefällen eine Gefährlichkeitsprognose dann nicht begründen, wenn sie von der Allgemeinheit als (nur) belästigend empfunden werden und zu einer bloß geringfügigen Beeinträchtigung des Opers geführt haben (vgl BGH NStZ 2009, 689 [690]: räuberischer Diebstahl durch Drohung mit Körperverletzung nach Entwendung eines Tabakpäckchens im Wert von zwei Euro). Gleiches gilt für niedrigschwellige Körperverletzungsdelikte (zB einfache Ohrfeige oder Ziehen an den Haaren, vgl BT-Drucks. 18/7244, 18 f). Die Gefährdungsvariante umfasst drohende gemeingefährliche Taten wie insbesondere Brandstiftungsdelikte, aber auch Betäubungsmitteldelikte und Taten nach dem WaffG (näher dazu BT-Drucks. 18/7244, 19 f).

8 Bei drohenden Taten aus dem Bereich der Vermögensdelikte hebt die Neuregelung die Anordnungsvoraussetzungen für eine Unterbringung gegenüber dem bisherigen Rechtszustand hingegen an. Es müssen Vermögensdelikte drohen, durch welche „*schwerer* **wirtschaftlicher Schaden**" angerichtet wird (zur Ausle-

gung kann auf die Rspr der gleichlautenden Formulierung aus § 66 Abs. 1 Nr. 3 zurückgegriffen werden). Schon nach alter Rechtslage konnten bloß gemeinlästige Taten, wie zB Zechprellereien (BGH NStZ 1992, 178) oder kleinere Diebstähle (BGH StV 1997, 466), den mit einer Anordnung gem. § 63 einhergehenden Freiheitsentzug von ungewisser Dauer nicht rechtfertigen. Durch die Neuregelung soll die materielle Grenzziehung im Vergleich zu früher auf einen Schaden iHv 5.000 EUR heraufgesetzt werden, wobei es sich dabei lediglich um einen Richtwert handelt und die konkreten Umstände des Einzelfalles, insbesondere die wirtschaftlichen Verhältnisse der Opferkreise, zu berücksichtigen sind (näher BT-Drucks. 18/7244, 20 f). Auch die Häufigkeit und Vielzahl der drohenden vermögensschädigenden Taten können eine Rolle spielen, wenn der zu erwartende Gesamtschaden den Grenzbereich erreicht (vgl BT-Drucks. 18/7244, 21; BGHSt 27, 246 [248]).

Der neu eingefügte S. 2 regelt die Voraussetzungen für eine Anordnung der Unterbringung, wenn es sich bei der begangenen Anlasstat um eine solche mit Bagatellcharakter handelt. Der Gesetzgeber knüpft hierbei an das von der Rspr entwickelte Regel-Ausnahmeverhältnis an, wonach eine Unterbringung bei nicht erheblicher Anlasstat zwar nicht ausgeschlossen ist, jedoch als Ausnahme vom Normalfall nur unter Beachtung strenger Anforderungen an die Gefahrprognose und Darlegung im Urteil zulässig ist (vgl BT-Drucks. 18/7244, 22 f mwN). Verdeutlicht wird dies mit dem Erfodernis der „besonderen Umstände" (näher dazu BT-Drucks. 18/7244, 22 f; vgl auch *Peglau* NJW 2016, 2298 [2299]). 9

Dem Passus, wonach der Täter wegen der zu erwartenden Taten **für die Allgemeinheit gefährlich** sein muss, kommt keine eigenständige Bedeutung zu, da die Rspr insoweit bereits eine Gefahr für bestimmte Einzelpersonen ausreichen lässt (BGHSt 34, 22 [29]; vgl auch BGH JR 2015, 481 m.Anm. *Eisenberg*). 10

IV. Sind die Tatbestandsmerkmale des § 63 gegeben und die Erfordernisse des Verhältnismäßigkeitsgrundsatzes erfüllt (vgl § 62), so ist die Unterbringung in einem psychiatrischen Krankenhaus anzuordnen. Auf die Erfolgsaussichten der dort möglichen Behandlung sowie die Heil- und Pflegebedürftigkeit des Täters kommt es – im Gegensatz zu § 64 – nicht zwingend an (BGH StV 2012, 83 [84]; MK-*van Gemmeren* Rn 1). Auch steht dem Gericht kein Ermessen zu (BGH NStZ 1990, 122 [123]; *Fischer* Rn 21). Doch ist unter den Voraussetzungen des § 67 b der Vollzug der Unterbringung zugleich mit der Anordnung zur Bewährung auszusetzen (vgl dort). Andererseits darf mit Blick auf § 62 die Unterbringung nur angeordnet werden, wenn weniger einschneidende Maßnahmen – etwa eine Betreuung nach §§ 1896 ff BGB – keinen ausreichenden Schutz bieten (BGH NStZ-RR 2007, 300 [301]). 11

Eine gesetzliche Höchstfrist für die Dauer der Unterbringung besteht nicht. Der jährlichen Überprüfung der Erforderlichkeit des Maßregelvollzugs gem. § 67 e II kommt bei der Unterbringung in einem psychiatrischen Krankenhaus daher besondere Bedeutung zu (vgl BVerfG NJW 1995, 3048 f; OLG Hamburg NStZ-RR 2005, 40 [41 f]; S/S-*Stree/Kinzig* Rn 24). § 67 d VI bestimmt, dass das Gericht in Fällen der Erledigung durch nachträglichen Wegfall der Unterbringungsvoraussetzungen (und gleichermaßen bei ursprünglicher Fehleinweisung) sowie in Fällen der Unverhältnismäßigkeit der weiteren Vollstreckung die Unterbringung für erledigt erklären muss (vgl § 67 d Rn 14). 12

Der Vollzug der Unterbringung richtet sich nach den §§ 136, 138 StVollzG und den Unterbringungsgesetzen der Länder. 13

14 V. Die Unterbringung gem. § 63 hat für den Täter weiterhin zur Folge, dass er das aktive wie das passive Wahlrecht zum Bundestag verliert (§§ 13 Nr. 3, 15 II Nr. 1 BWahlG). Zu beachten ist schließlich, dass neben der Anordnung nach § 63 die Möglichkeit einer Anordnung der Unterbringung auch unter den Voraussetzungen des jeweiligen Landesunterbringungsgesetzes besteht (zu dem hierdurch entstehenden Konkurrenzverhältnis vgl LK-*Schöch* Rn 159 ff).

§ 64 Unterbringung in einer Entziehungsanstalt

¹Hat eine Person den Hang, alkoholische Getränke oder andere berauschende Mittel im Übermaß zu sich zu nehmen, und wird sie wegen einer rechtswidrigen Tat, die sie im Rausch begangen hat oder die auf ihren Hang zurückgeht, verurteilt oder nur deshalb nicht verurteilt, weil ihre Schuldunfähigkeit erwiesen oder nicht auszuschließen ist, so soll das Gericht die Unterbringung in einer Entziehungsanstalt anordnen, wenn die Gefahr besteht, dass sie infolge ihres Hanges erhebliche rechtswidrige Taten begehen wird. ²Die Anordnung ergeht nur, wenn eine hinreichend konkrete Aussicht besteht, die Person durch die Behandlung in einer Entziehungsanstalt innerhalb der Frist nach § 67 d Absatz 1 Satz 1 oder 3 zu heilen oder über eine erhebliche Zeit vor dem Rückfall in den Hang zu bewahren und von der Begehung erheblicher rechtswidriger Taten abzuhalten, die auf ihren Hang zurückgehen.

1 I. Voraussetzung der Unterbringung ist zunächst der Hang des Täters, alkoholische Getränke oder andere berauschende Mittel im Übermaß zu sich zu nehmen.

2 1. Von einem **Hang** kann gesprochen werden, wenn die anlagebedingte oder durch regelmäßigen Konsum erworbene Neigung des Täters zu der jeweiligen Droge den Grad psychischer Abhängigkeit erreicht (BGH NStZ 2005, 210). Indiz hierfür ist die erhebliche Beeinträchtigung der Gesundheit, der Arbeits- oder Leistungsfähigkeit des Betroffenen (BGH NStZ-RR 2011, 242 [243]; das Fehlen solcher Beeinträchtigungen schließt jedoch nicht notwendigerweise die Annahme eines Hanges aus, vgl BGH NStZ-RR 2013, 340). Eine körperliche Abhängigkeit des Täters wird demgegenüber nicht verlangt (BGH StV 2008, 405 [406]; MK-*van Gemmeren* Rn 26). Auch stehen begrenzte zeitliche Unterbrechungen des Drogenkonsums der Annahme eines Hanges nicht entgegen, so dass auch gegen den „Quartalssäufer" eine Unterbringungsanordnung gem. § 64 ergehen kann (S/S-*Stree/Kinzig* Rn 5; aA NK-*Pollähne* Rn 65, 71). Beruht dagegen die (erheblich verminderte) Schuldfähigkeit bei der Tatbegehung auf einer länger andauernden und so als Zustand iSv § 63 anzusehenden krankhaften Drogensucht oder ist der Täter infolge einer schweren Persönlichkeitsstörung, die in ihrem Schweregrad einer (nicht pathologischen) krankhaften Störung gleichkommt, drogensüchtig, so ist die Unterbringung in einem psychiatrischen Krankenhaus anzuordnen (BGH NStZ 2002, 197).

3 2. Unter die **anderen berauschenden Mittel** fallen alle Drogen im weiteren Sinne, dh sowohl Betäubungsmittel iSd BtMG als auch schmerzstillende Arzneimittel, die als Ersatzdroge und ohne therapeutische Zielsetzung eingenommen werden. Eine analoge Anwendung der Vorschrift auf nicht stoffgebundene Abhängigkeiten, zB Glücksspielsucht, ist nicht möglich (BGHSt 49, 365 [367 f] m. zust. Anm. *Schöch* JR 2005, 296 [297]).

3. Auf eine Einnahme **im Übermaß** bezieht sich der Hang, wenn der Täter das 4
berauschende Mittel immer wieder in einer Dosis konsumiert, die ihn in seiner
Gesundheit oder Arbeits- und Leistungsfähigkeit wesentlich beeinträchtigt (BGH
NStZ 2004, 494) oder insbesondere zu Beschaffungskriminalität führt (BGH
NStZ 2005, 210).

II. Weitere Voraussetzung ist, dass der Täter eine **rechtswidrige Tat** (§ 11 I Nr. 5; 5
§ 63 Rn 1) begangen hat. Die bei § 63 (dort Rn 2) erörterte Streitfrage, ob eine
Maßregelanordnung auch möglich ist, wenn die Anlasstat entschuldigt war, stellt
sich bei der Unterbringung in einer Entziehungsanstalt nicht, da nach dem Wortlaut des § 64 die Unterbringung in einer Entziehungsanstalt nur dann zulässig ist,
wenn der Täter verurteilt oder **nur** deshalb nicht verurteilt wurde, weil die
Schuldunfähigkeit erwiesen oder nicht auszuschließen ist. Handelte der Täter bei
Begehung der Tat entschuldigt, so wäre er auch bei erwiesener Schuldfähigkeit
nicht verurteilt worden; eine Unterbringungsanordnung gem. § 64 scheidet in
diesem Fall daher aus.

Anders als es der Wortlaut der Norm nahe legt, muss die **Anlasstat** stets – also 6
auch bei ihrer Begehung im Rausch – auf **den Hang** des Täters zu übermäßigem
Rauschmittelkonsum **zurückgehen**, mithin symptomatisch für die Gewöhnung
des Täters an das Rauschmittel sein (vgl BGH NStZ-RR 2012, 72 [73 f]). Hierbei ist ausreichend, dass der Hang – ggf neben anderen Umständen – mit zur Tat
beigetragen hat (BGH StraFo 2011, 407; NStZ-RR 2013, 74). Ob dieser Zusammenhang schon dann bejaht werden kann, wenn der Drogenmissbrauch den sozialen Verfall des Täters herbeigeführt und ihn so auf kriminelle Wege geleitet
hat, ist zweifelhaft (bej. LK-*Schöch* Rn 40; krit. SK-*Sinn* Rn 8; abl. NK-*Pollähne*
Rn 74). Gegeben ist der erforderliche Zusammenhang zwischen Tat und Hang
des Täters jedenfalls bei der sog. Beschaffungskriminalität sowie regelmäßig
auch bei Verkehrsdelikten (weitere Beispiele bei LK-*Schöch* Rn 41).

III. Es muss weiterhin die Gefahr bestehen, dass der Täter in der Zukunft infolge 7
seines Hanges erhebliche rechtswidrige Taten begehen wird. Wie stets bei der
Anordnung einer Maßregel ist also eine **negative Prognose** erforderlich (vgl § 61
Rn 4 ff), für welche der Zeitpunkt der Hauptverhandlung maßgeblich ist (BGH
NStZ-RR 1997, 97). Möglichkeiten, Chancen und Maßnahmen einer *künftigen*
therapeutischen Behandlung haben daher außer Betracht zu bleiben, so dass etwa die Bereitschaft des Täters, sich freiwillig einer stationären Therapie zu unterziehen, für sich genommen kein Grund ist, von einer negativen Prognose abzusehen (BGH NStZ-RR 2012, 203 [204]; HRRS 2016, Nr. 138).

Ob die zu **erwartenden Taten erheblich** sind, wird – ebenso wie im Rahmen des 8
§ 63 (vgl dort Rn 6) – durch Anwendung des Verhältnismäßigkeitsprinzips ermittelt. Doch wird überwiegend die Auffassung vertreten, im Rahmen des § 64 sei
die Erheblichkeitsschwelle niedriger anzusetzen als bei den §§ 63, 66 (KG StV
1997, 315 [316]; HKGS-*Rössner/Best* Rn 9; einschr. LK-*Schöch* Rn 88 ff). Hierfür spricht, dass die Anordnung der Unterbringung in einer Entziehungsanstalt
aufgrund der durch § 67 d I S. 1 festgelegten Höchstdauer von zwei Jahren nur
einen – verglichen mit der Sicherungsverwahrung und der Unterbringung in
einem psychiatrischen Krankenhaus – kurzen Eingriff in die Freiheit des Täters
zur Folge haben kann. Die Auswirkungen dieses unterschiedlichen Erheblichkeitsbegriffs werden im Einzelfall jedoch nur schwer zu präzisieren sein.

IV. In § 64 S. 2 tritt als weitere positive Voraussetzung einer Unterbringung in 9
einer Entziehungsanstalt schließlich noch hinzu, dass deren Anordnung nur erge-

hen darf, wenn eine **hinreichend konkrete Aussicht** besteht, die betroffene **Person innerhalb der Frist nach § 67 d Absatz 1 Satz 1 oder 3 zu heilen** oder über eine **erhebliche Zeit** vor dem **Rückfall in den Hang** zu bewahren und von der **Begehung erheblicher rechtswidriger Taten abzuhalten**, die auf ihren Hang zurückgehen. Hierbei wird keine sichere Gewähr, sondern eine durch Tatsachen begründete Wahrscheinlichkeit eines Behandlungserfolges verlangt (BT-Drucks. 16/1110, 13). Die Anordnung der Unterbringung hängt dabei nicht unbedingt von einer Therapiebereitschaft des Täters ab, vielmehr ist bei einem entsprechenden Motivationsmangel zu überprüfen, ob nicht eine Therapiebereitschaft beim Täter geweckt werden kann (BGH NStZ-RR 2012, 307 mwN). Auch der Umstand, dass der Täter bereits einen erfolglosen Therapieversuch unternommen hat, steht der Annahme einer hinreichend konkreten Erfolgsaussicht grds. nicht entgegen (BGH HRRS 2013, Nr. 764). Die früher in der obergerichtlichen Rspr bestehende Streitfrage, ob bei einer voraussichtlich erforderlichen Unterbringungsdauer von mehr als zwei Jahren mit Blick auf die Regelung des § 67 d I S. 1 generell vom Fehlen einer konkreten Erfolgsaussicht zur Heilung ausgegangen werden müsse (so BGH JR 2010, 500; NStZ 2014, 453 mwN; aA BGH NStZ 2014, 315 [316]; LG Kleve StV 2010, 687; zum Ganzen *Schneider* NStZ 2014, 617), hat der Gesetzgeber jüngst entgegen einer starren zweijährigen Höchstfrist und zugunsten der bisher herrschenden, differenzierenden Meinung entschieden. Die in S. 2 mit Wirkung zum **1.8.2016** eingefügte Gesetzesergänzung (vgl BGBl. I S. 1610 Art. 1, Ziff. 2: „innerhalb der Frist nach § 67 d Absatz 1 Satz 1 oder 3") nimmt als temporäre Bedingung für eine konkrete Erfolgsaussicht zur Heilung Bezug auf § 67 d I S. 1 **oder** S. 3. Aufgrund der nun klarstellenden Bezugnahme auch auf S. 3 ist in den Fällen einer Begleitstrafe neben einer Unterbringung als Zeitraum für eine voraussichtlich erfolgreiche Behandlung grds. die in § 67 d I S. 3 benannte **verlängerte Höchstfrist** maßgeblich (BT-Drucks. 18/7244, 12 f, 24 f; zur Berechnung der verlängerten Höchstfrist s. § 67 d Rn 2). Die Erheblichkeit der Zeitspanne, die der Täter vor dem Rückfall in seinen Hang bzw die Begehung damit zusammenhängender Straftaten bewahrt werden muss, wird sich wohl nur im Einzelfall bestimmen lassen. Sie wird aber in jedem Fall durch die Zeitspanne begrenzt, über die im Zeitpunkt der Anordnung eine fachlich begründete Prognose möglich ist (BT-Drucks. 16/5137, 10; näher *Schöch* Volk-FS 703 [705]).

10 V. In der **Rechtsfolge** sieht § 64 S. 1 bei Vorliegen der Voraussetzungen keine zwingende Anordnung einer Unterbringung vor, sondern enthält als „**Soll-Vorschrift**" ein gebundenes Ermessen des Gerichts, welches das Absehen von einer Unterbringung in eng begrenzten Ausnahmefällen ermöglicht (BGH NStZ-RR 2008, 73 [74]; krit. *Fischer* Rn 23). Als Beispiele solcher Ausnahmefälle führt der Gesetzgeber die Sprachunkundigkeit des Täters (vgl hierzu BGH StV 2009, 586, aber auch BGH StV 2014, 545; zum Ganzen *Korn* JR 2015, 411 ff), seine zu erwartende Ausweisung und das Zusammentreffen eines Hanges mit weiteren Persönlichkeitsmängeln an (BT-Drucks. 16/1344, 12). Der Tatrichter muss aber in jedem Fall das Ermessen auch tatsächlich ausüben. Der Charakter als Soll-Vorschrift macht die Prüfung der Norm nicht entbehrlich (BGH NStZ-RR 2010, 307).

11 VI. Eine Unterbringungsfrist ist bei Erlass einer Anordnung gem. § 64 grds. nicht festzusetzen. Doch darf die Unterbringung in einer Entziehungsanstalt nicht länger als zwei Jahre dauern, § 67 d I S. 1. Demgemäß wird von der Rspr bei einer voraussichtlich höheren erforderlichen Unterbringungsdauer das gesetzliche Erfordernis des Bestehens einer konkreten Erfolgsaussicht der Unterbringung

(Rn 9) verneint (BGH JR 2010, 500; NJW 2012, 2292; aA BGH NStZ 2014, 315 [316]; LG Kleve StV 2010, 687; zum Ganzen *Schneider* NStZ 2014, 617).

§ 65 (weggefallen)

Vorbemerkung zu den §§ 66–66 c

I. Die Maßregel der **Sicherungsverwahrung**, deren Anordnung und Vollziehung maßgeblich in den §§ 66-66 c geregelt wird, dient dem **Zweck**, die **Allgemeinheit vor Schwerkriminellen zu schützen**, die mit anderen strafrechtlichen Mitteln nicht von der Begehung erheblicher Straftaten abgehalten werden können (näher *Mitsch* JuS 2011, 785 [786]; rechtsvergleichender Überblick bei *Drenkhahn/ Morgenstern* ZStW 124, 132 [161 ff]). Sie setzt zwar stets eine Verurteilung des Betroffenen wegen einer Anlasstat und damit dessen Schuldfähigkeit voraus, knüpft in ihrer Vollziehung allerdings nicht an die Schuld des Täters, sondern allein an dessen fortdauernde Gefährlichkeit an (*Esser* JA 2011, 727 [728]). Damit ist sie – wie sonstige Maßregeln auch – nicht an repressiven, sondern **präventiven Gesichtspunkten** orientiert und führt idR nach Verbüßung der eigentlichen Strafe zu einer fortdauernden Freiheitsentziehung, auch wenn diese auf eine andere Grundlage gestellt wird. 1

Die Normen zur Anordnung der Sicherungsverwahrung lassen sich dabei danach unterteilen, ob diese bereits mit der strafrechtlichen Verurteilung vorgenommen (§ 66), im Strafurteil nur vorbehalten (§ 66 a) oder unabhängig davon nachträglich ausgesprochen wird (§ 66 b). § 66 c legt die Grundsätze für die Ausgestaltung des Vollzugs der Sicherungsverwahrung fest. Die §§ 66-66 c bilden den Kern der Regelungen zur Sicherungsverwahrung, sie werden jedoch durch weitere Regelungen in den §§ 67 ff sowie im Strafverfahrens- und Strafvollzugsrecht (zB § 463 StPO, § 119 a StVollzG) ergänzt (zu Problemstellungen bei der Vollstreckung und dem Vollzug der Sicherungsverwahrung vgl *Baier* StraFo 2014, 397 ff; ausf. zum strafvollzugsbegleitenden gerichtlichen Kontrollverfahren nach § 119 a StVollzG *Peglau* JR 2016, 45 ff). 2

II. Das Institut der Sicherungsverwahrung hat seit Einführung der Maßregeln der Besserung und Sicherung am 24.11.1933 Bestand im Strafgesetzbuch. Die Entwicklung seither ist geprägt von grundlegenden Neueinführungen, Änderungen und Rückänderungen (Überblick bei NK-*Böllinger/Dessecker* § 66 Rn 1 ff; *Zimmermann* HRRS 2013, 164 [164 ff]). Die Vorschriften über die Sicherungsverwahrung **in der seit dem 1.6.2013 geltenden Fassung** stehen dabei in weiten Teilen unter dem Einfluss der jüngeren Rechtsprechung des EGMR und des BVerfG: 3

1. Die §§ 66-66 b wurden zunächst im Zuge einer kritischen Entscheidung des EGMR vom 17.12.2009 (NJW 2010, 2495) zum 1.1.2011 neu gefasst und größtenteils in erheblicher Weise eingeschränkt (Überblick bei *Esser* JA 2011, 727 [732 ff]). Trotz des im Vergleich zu den Vorgängervorschriften enger gefassten Anwendungsbereichs hat das **BVerfG** in der Entscheidung vom 4.5.2011 und im Anschluss an das vorgenannte Urteil des EGMR die gesamten **Regelungen zur Sicherungsverwahrung als mit dem Freiheitsgrundrecht aus Art. 2 II S. 2 iVm Art. 104 I GG unvereinbar erklärt** (BVerfGE 128, 326 ff; hierzu etwa die Anm. von *Hörnle* NStZ 2011, 488 ff und die Bspr von *Payandeh/Sauer* Jura 2012, 289 ff). Begründet wurde diese Entscheidung insbesondere damit, dass die Siche- 4

rungsverwahrung in ihrer damaligen Form zu sehr am Strafvollzug orientiert gewesen und damit das verfassungsrechtliche **Abstandsgebot** zwischen Strafe und Maßregel nicht eingehalten worden sei (BVerfGE 128, 326 [374 ff]; dazu *Schöch* GA 2012, 14 [17 ff]; krit. *Höffler/Kaspar* ZStW 124, 87 [108 ff]; *Streng* JZ 2011, 827 [831]). Zusätzlich hat das Gericht im Hinblick auf die Anordnung der nachträglichen Sicherungsverwahrung nach § 66 b II aF (dh in der Fassung der Norm vor der Neuregelung zum 1.1.2011) sowie im Hinblick auf die Fortdauer der Sicherungsverwahrung gem. § 67 d III S. 1, soweit die Vorschrift auch Fälle vor dem Inkrafttreten zum 31.1.1998 erfasste, **einen Verstoß gegen das rechtsstaatliche Vertrauensschutzgebot aus Art. 2 II S. 2 iVm Art. 20 III GG angenommen** (näher BVerfGE 128, 326 [388 ff]).

5   Zur Vermeidung einer Beeinträchtigung des bestehenden zweispurigen Maßregel- und Strafrechtssystems hob das BVerfG die betroffenen Vorschriften aber dennoch nicht auf, sondern bestimmte deren zeitlich befristete Weitergeltung bis zum Inkrafttreten der dem Gesetzgeber zugleich aufgetragenen verfassungsgemäßen Neuregelung am 1.6.2013. Die fortdauernde Anwendung im Zeitraum vom 4.5.2011 bis zum 31.5.2013 hatte dabei allerdings nach Maßgabe einer **strikten Orientierung am Verhältnismäßigkeitsgrundsatz** zu erfolgen. Dieser wurde nach Auffassung des Gerichts idR nur dann gewahrt, wenn die Gefahr künftiger schwerer Gewalt- oder Sexualstraftaten aus konkreten Umständen in der Person oder dem Verhalten des Betroffenen abzuleiten war (BVerfGE 128, 326 [405 f]; näher zu diesem verschärften Prognosemaßstab *Mosbacher* HRRS 2011, 229 [231 f]). Im Hinblick auf die auch gegen das rechtsstaatliche Vertrauensschutzgebot verstoßenden Vorschriften der §§ 66 b II aF, § 67 d III S. 1 fasste das BVerfG den Prognosemaßstab sogar noch enger. Hier bedurfte es nach Ansicht des Gerichts einer hochgradigen Gefahr schwerster Gewalt- oder Sexualstraftaten, die aus konkreten Umständen in der Person oder dem Verhalten des Untergebrachten abgeleitet werden konnte; zusätzlich musste dieser an einer psychischen Störung iSv § 1 I Nr. 1 des Gesetzes zur Therapierung und Unterbringung psychisch gestörter Gewalttäter (ThUG) leiden (BVerfGE 128, 326 [332, 407]; ausf. hierzu *Schöch* GA 2012, 14 [21 ff]; krit. *Streng* JZ 2011, 827 [832]).

6   2. Den verfassungsgerichtlichen Auftrag hat der Gesetzgeber mit dem **Gesetz zur bundesrechtlichen Umsetzung des Abstandsgebotes im Recht der Sicherungsverwahrung** vom 5.12.2012 (BGBl. I 2425) verwirklicht (krit. zur Neuregelung *Renzikowski* NJW 2013, 1638; *Köhne* KJ 2013, 336; ein erster Überblick zur Anwendung der Neuregelungen in der Praxis bei *Schäfersküpper/Grote* NStZ 2016, 197). Die Änderungen und Neueinführungen des am 1.6.2013 in Kraft getretenen Gesetzes konzentrieren sich weitestgehend auf die Umsetzung der inhaltlichen Vorgaben, die das BVerfG in seiner Entscheidung vom 4.5.2011 aus dem Abstandsgebot in Form von verschiedenen Geboten bzw Prinzipien hergeleitet hat, namentlich: Ultima-ratio-Prinzip, Individualisierungs- und Intensivierungsgebot, Motivierungsgebot, Trennungsgebot, Minimierungsgebot, Rechtsschutz- und Unterstützungsgebot, Kontrollgebot (im Einzelnen BVerfGE 128, 326 [378 ff]; vgl auch *Peglau* JR 2013, 249 f; *Zimmermann* HRRS 2013, 164 [166 f]). Im Mittelpunkt steht dabei die neu eingeführte Vorschrift des § 66 c, die die „wesentlichen Leitlinien" einer für die Wahrung des Abstandsgebots grundlegenden „freiheitsorientierten und therapiegerechten" Unterbringung in der Sicherungsverwahrung bestimmt. §§ 67 a II S. 2 u. IV S. 2, 67 c I, 67 d III S. 2 sowie 67 e II beinhalten weitere Neueinführungen bzw Änderungen, die vorwiegend der verfassungsgerichtlich vorgegebenen Beachtung des Ultima-ratio-Prinzips und des Kontrollgebots geschuldet sind. Die Gesetzesänderungen im Strafverfahrens- und

Vollzugsrecht dienen in erster Linie der Absicherung des nun in § 66 c gesetzlich konkretisierten Abstandsgebotes durch gerichtliche Kontrollmechanismen und angepasste Rechtsschutzmöglichkeiten für den Betroffenen (hierzu *Renzikowski* NJW 2013, 1638 [1639 f]). Die Anordnungsregelungen selbst, namentlich §§ 66 bis einschließlich 66 b in der Fassung seit dem 1.1.2011, bleiben von Änderungen unberührt, da das BVerfG die Anordnungsvoraussetzungen als solche nicht beanstandet hat (BT-Drucks. 17/9874, 30).

Die unberührt gebliebenen Anordnungsvoraussetzungen der §§ 66 ff sind nach 7 der Umsetzung des Abstandsgebotes nun in materieller Hinsicht für Anlasstaten ab dem 1.6.2013 uneingeschränkt anwendbar, dh, es bedarf für Neufälle nicht mehr der Vornahme einer verfassungskonformen Auslegung iSd vom BVerfG aufgezeigten strikten Verhältnismäßigkeitsprüfung (vgl BGH NStZ 2015, 208 [210]; *Fischer* § 66 b Rn 16 a; *Renzikowski* NJW 2013, 1638 [1642]; aA *Detter* NStZ 2014, 22 [27]). Anderes gilt für die sog. Vertrauensschutzfälle. Für diese hat der Gesetzgeber die Fortgeltung der erhöhten Anwendungsvoraussetzungen des BVerfG ausdrücklich gesetzlich festgelegt (vgl hierzu Rn 9).

III. Das Verhältnis zu den Altvorschriften regeln **Art. 316 e** und **Art. 316 f** 8 EGStGB. Als Altfälle gem. Art. 316 f II S. 1 gelten dabei alle Sachverhalte, deren letzte Anlasstat vor dem 1.6.2013 begangen wurde. Für diese bestimmt Art. 316 f III S. 1 die Anwendbarkeit der seit dem 1.6.2013 geltenden Neuregelungen im StGB (beachte jedoch die Ausnahme zum neuen § 67 c I Nr. 2).

Ein wesentlicher Zweck der Übergangsregelung des Art. 316 f EGStGB ist es, im 9 Interesse des Schutzes der Allgemeinheit auch nach der Übergangsanordnung des BVerfG eine verfassungskonforme Sicherungsverwahrung in den **sog. Vetrauensschutzfällen**, dh in solchen Fälle, in denen das BVerfG auch einen Verstoß gegen das Vetrauensschutzgebot angenommen hat (vgl Rn 4), zu ermöglichen (BT-Drucks. 17/9874, 12, 31). Für diese Sachverhalte bestimmt Art. 316 f II S. 2 im Grunde die Fortschreibung der vom BVerfG im Rahmen seiner Weitergeltungsanordnung vorgegebenen – gegenüber den Verstößen allein gegen das Abstandsgebot noch engeren – strikten Verhältnismäßigkeitsprüfung (vgl Rn 5), ergänzt diese jedoch noch – entsprechend § 1 Nr. 1 ThUG – um die Notwendigkeit einer kausalen Verknüpfung zwischen psychischer Störung und hochgradiger Gefahr. Nach Auffassung des BGH gilt die Weitergeltung einer einschränkenden strikten Verhältnismäßigkeitsprüfung aus Gründen des Vertrauensschutzes darüber hinaus aber auch für die übrigen Altfälle nach Art. 316 f II S. 1 (BGH NJW 2014, 1316 f). Die in den Folgesätzen enthaltene ausdrückliche Fortschreibung nur in besonderen Fällen stehe einem weitergehenden Vertrauensschutz nicht entgegen.

Das Verständnis des Begriffs der **psychischen Störung** entspricht weiterhin dem 10 von § 1 Nr. 1 ThUG (BT-Drucks. 17/9874, 31). Das BVerfG hat im Hinblick auf den Begriff der psychischen Störung im Zusammenhang mit der Frage der Verfassungsmäßigkeit des ThUG entschieden, dass dieser nicht gegen den Bestimmtheitsgrundsatz verstoße; insbesondere bedarf es nach Auffassung des Gerichts zur Wahrung der konventionsrechtlichen Vorgaben auch keiner den Schweregrad nach §§ 20, 21 erreichenden psychischen Störung (BVerfG NJW 2013, 3151 [3159, 3157] m. krit. Anm. *Höffler* StV 2014, 168 [170 f]). In Bezug auf die Sicherungsverwahrung betonte das BVerfG bereits in früheren Entscheidungen unter Rückgriff auf die Gesetzesmaterialien des ThUG, dass der Begriff der psychischen Störung vielmehr auch Konstellationen erfasse, die unterhalb der Schwelle der vorgenannten Vorschriften liegen (BVerfG StV 2012, 25 [26 f] m.

krit. Anm. *Krehl* und *Morgenstern* ZIS 2011, 974 ff). Nach dem Willen des Gesetzgebers des ThUG, der sich hierbei an der Rspr des EGMR orientiert hat, soll nämlich auch „weiterhin abnorm aggressives und ernsthaft unverantwortliches Verhalten eines verurteilten Straftäters" der psychischen Störung unterfallen, und zwar ausdrücklich unabhängig vom Vorliegen einer im klinischen Sinn behandelbaren psychischen Krankheit (BT-Drucks. 17/3403, 53 f unter Verweis auf EGMR, Urteil v. 20.2.2003, Nr. 50272/99 – Hutchinson Reid./. UK; krit. hierzu MK-*Ullenbruch/Drenkhahn/Morgenstern* § 66 Rn 46).

§ 66 Unterbringung in der Sicherungsverwahrung

(1) ¹Das Gericht ordnet neben der Strafe die Sicherungsverwahrung an, wenn
1. jemand zu Freiheitsstrafe von mindestens zwei Jahren wegen einer vorsätzlichen Straftat verurteilt wird, die
   a) sich gegen das Leben, die körperliche Unversehrtheit, die persönliche Freiheit oder die sexuelle Selbstbestimmung richtet,
   b) unter den Ersten, Siebenten, Zwanzigsten oder Achtundzwanzigsten Abschnitt des Besonderen Teils oder unter das Völkerstrafgesetzbuch oder das Betäubungsmittelgesetz fällt und im Höchstmaß mit Freiheitsstrafe von mindestens zehn Jahren bedroht ist oder
   c) den Tatbestand des § 145 a erfüllt, soweit die Führungsaufsicht auf Grund einer Straftat der in den Buchstaben a oder b genannten Art eingetreten ist, oder den Tatbestand des § 323 a, soweit die im Rausch begangene rechtswidrige Tat eine solche der in den Buchstaben a oder b genannten Art ist,
2. der Täter wegen Straftaten der in Nummer 1 genannten Art, die er vor der neuen Tat begangen hat, schon zweimal jeweils zu einer Freiheitsstrafe von mindestens einem Jahr verurteilt worden ist,
3. er wegen einer oder mehrerer dieser Taten vor der neuen Tat für die Zeit von mindestens zwei Jahren Freiheitsstrafe verbüßt oder sich im Vollzug einer freiheitsentziehenden Maßregel der Besserung und Sicherung befunden hat und
4. die Gesamtwürdigung des Täters und seiner Taten ergibt, dass er infolge eines Hanges zu erheblichen Straftaten, namentlich zu solchen, durch welche die Opfer seelisch oder körperlich schwer geschädigt werden, zum Zeitpunkt der Verurteilung für die Allgemeinheit gefährlich ist.

²Für die Einordnung als Straftat im Sinne von Satz 1 Nummer 1 Buchstabe b gilt § 12 Absatz 3 entsprechend, für die Beendigung der in Satz 1 Nummer 1 Buchstabe c genannten Führungsaufsicht § 68 b Absatz 1 Satz 4.

(2) Hat jemand drei Straftaten der in Absatz 1 Satz 1 Nummer 1 genannten Art begangen, durch die er jeweils Freiheitsstrafe von mindestens einem Jahr verwirkt hat, und wird er wegen einer oder mehrerer dieser Taten zu Freiheitsstrafe von mindestens drei Jahren verurteilt, so kann das Gericht unter der in Absatz 1 Satz 1 Nummer 4 bezeichneten Voraussetzung neben der Strafe die Sicherungsverwahrung auch ohne frühere Verurteilung oder Freiheitsentziehung (Absatz 1 Satz 1 Nummer 2 und 3) anordnen.

(3) ¹Wird jemand wegen eines die Voraussetzungen nach Absatz 1 Satz 1 Nummer 1 Buchstabe a oder b erfüllenden Verbrechens oder wegen einer Straftat

nach den §§ 174 bis 174 c, 176, 177 Absatz 2 Nummer 1, Absatz 3 und 6, §§ 180, 182, 224, 225 Abs. 1 oder 2 oder wegen einer vorsätzlichen Straftat nach § 323 a, soweit die im Rausch begangene Tat eine der vorgenannten rechtswidrigen Taten ist, zu Freiheitsstrafe von mindestens zwei Jahren verurteilt, so kann das Gericht neben der Strafe die Sicherungsverwahrung anordnen, wenn der Täter wegen einer oder mehrerer solcher Straftaten, die er vor der neuen Tat begangen hat, schon einmal zu Freiheitsstrafe von mindestens drei Jahren verurteilt worden ist und die in Absatz 1 Satz 1 Nummer 3 und 4 genannten Voraussetzungen erfüllt sind. ²Hat jemand zwei Straftaten der in Satz 1 bezeichneten Art begangen, durch die er jeweils Freiheitsstrafe von mindestens zwei Jahren verwirkt hat und wird er wegen einer oder mehrerer dieser Taten zu Freiheitsstrafe von mindestens drei Jahren verurteilt, so kann das Gericht unter den in Absatz 1 Satz 1 Nummer 4 bezeichneten Voraussetzungen neben der Strafe die Sicherungsverwahrung auch ohne frühere Verurteilung oder Freiheitsentziehung (Absatz 1 Satz 1 Nummer 2 und 3) anordnen. ³Die Absätze 1 und 2 bleiben unberührt.

(4) ¹Im Sinne des Absatzes 1 Satz 1 Nummer 2 gilt eine Verurteilung zu Gesamtstrafe als eine einzige Verurteilung. ²Ist Untersuchungshaft oder eine andere Freiheitsentziehung auf Freiheitsstrafe angerechnet, so gilt sie als verbüßte Strafe im Sinne des Absatzes 1 Satz 1 Nummer 3. ³Eine frühere Tat bleibt außer Betracht, wenn zwischen ihr und der folgenden Tat mehr als fünf Jahre verstrichen sind; bei Straftaten gegen die sexuelle Selbstbestimmung beträgt die Frist fünfzehn Jahre. ⁴In die Frist wird die Zeit nicht eingerechnet, in welcher der Täter auf behördliche Anordnung in einer Anstalt verwahrt worden ist. ⁵Eine Tat, die außerhalb des räumlichen Geltungsbereichs dieses Gesetzes abgeurteilt worden ist, steht einer innerhalb dieses Bereichs abgeurteilten Tat gleich, wenn sie nach deutschem Strafrecht eine Straftat der in Absatz 1 Satz 1 Nummer 1, in den Fällen des Absatzes 3 der in Absatz 3 Satz 1 bezeichneten Art wäre.

I. Die Regelungen in Abs. 1 bis 3 ermöglichen die Anordnung der Sicherungsverwahrung unter jeweils **unterschiedlichen formellen Voraussetzungen**, wobei im Fall von Abs. 1 die Anordnung der Unterbringung zwingend vorgeschrieben ist, in den Fällen von Abs. 2 und 3 hingegen im pflichtgemäßen Ermessen des Richters steht. Sind bereits die formellen Voraussetzungen des Abs. 1 S. 1 erfüllt, so treten Abs. 2 und 3 als Auffangtatbestände zurück (BGH bei *Mösl* NStZ 1981, 427). In **materieller Hinsicht** aber ist in allen Fällen – im Rahmen von Abs. 1 wie in den Fällen der Abs. 2 und 3 – eine negative Prognose des zukünftigen Täterverhaltens gem. Abs. 1 S. 1 Nr. 4 erforderlich. Abs. 4 schließlich dient der näheren Konkretisierung von Tatbestandsmerkmalen der Abs. 1-3. Zur Entstehungsgeschichte vgl NK- *Böllinger/Dessecker* Rn 1 ff.

II. **Abs. 1 S. 1** sieht die Anordnung der Unterbringung in der Sicherungsverwahrung **nach mehreren Vorstrafen** vor.

1. Formelle Voraussetzung ist gem. S. 1 Nr. 1 zunächst, dass der Betreffende wegen einer der in den lit. a-c benannten **Straftaten** zu einer **Freiheitsstrafe von mindestens zwei Jahren** verurteilt wird. Gegenüber der ursprünglichen Fassung der Norm, die sich pauschal auf vorsätzliche Straftaten mit einem im konkreten Fall erreichten Strafmaß von mindestens zwei Jahren bezog, wurde der Tatbestand nach Abs. 1 S. 1 im Rahmen der Neufassung zum 1.1.2011 auf einen eng begrenzten Kreis von Delikten eingeschränkt und erfasst nunmehr vorsätzliche Straftaten gegen höchstpersönliche Rechtsgüter sowie sonstige Delikte, die nach Auffassung des Gesetzgebers durch eine besondere Schwere gekennzeichnet sind

(vgl BT-Drucks. 17/3403, 15). Die vorsätzliche Straftat kann auch ein Versuch, eine Teilnahme oder die Verwirklichung einer Vorsatz-Fahrlässigkeits-Kombination (vgl § 11 II) sein. **S. 2** der Norm stellt dabei klar, dass es für die Einordnung des Strafrahmens, der für die Identifizierung der Taten nach lit. b entscheidend ist, unter Anwendung des § 12 III nicht auf eine im konkreten Fall einschlägige Strafmilderung ankommt.

4 2. Des Weiteren ist gem. Abs. 1 S. 1 Nr. 2 erforderlich, dass der Täter wegen Straftaten der in Nr. 1 genannten Art, die er vor der neuen Tat begangen hat, schon zweimal jeweils zu einer Freiheitsstrafe von mindestens einem Jahr verurteilt worden ist. Notwendig ist also die **zweifache Vorverurteilung** des Täters. Nach **Abs. 4 S. 1** stellt dabei die Verurteilung zu einer Gesamtstrafe nur eine Verurteilung iSd Vorschrift dar. Dies gilt auch bei nachträglicher Gesamtstrafenbildung gem. § 55 StGB oder § 460 StPO. Demgegenüber ist es unschädlich, wenn in einem Urteil zwei *selbstständige* Strafen ausgesprochen werden, von welchen eine Taten aus einer früheren Verurteilung (zur Gesamtstrafenbildung) mit einbezieht: Das frühere Urteil bleibt taugliche Vorverurteilung iSd § 66 I S. 1 Nr. 2, da die jetzige Einbeziehung der damaligen Einzelstrafen nicht zu einem Verlust seiner Warnfunktion führt (BGHSt 52, 225 f). Für die Frage, ob die Verurteilung zu einer Gesamtstrafe zu der nötigen Mindestfreiheitsstrafe von einem Jahr geführt hat, genügt nicht eine entsprechende Höhe der Gesamtstrafe. Erforderlich ist vielmehr, dass in der Gesamtstrafe wenigstens eine Einzelstrafe von mindestens einem Jahr wegen vorsätzlicher Tat enthalten ist (BGHSt 26, 152 [153]). Wurde der Täter zu einer Einheitsstrafe gem. § 31 JGG verurteilt, so ist dementsprechend entscheidend, ob der Täter wenigstens bei einer der ihr zugrunde liegenden Straftaten eine Jugendstrafe von mindestens einem Jahr verwirkt hätte (BGH NStZ 2002, 29). Hiervon darf nur ausgegangen werden, wenn der Tatrichter Feststellungen darüber treffen kann, wie der Richter des Vorverfahrens die einzelnen Taten bewertet hat; er darf nicht an dessen Stelle im Nachhinein eine eigene Strafzumessung vornehmen (BGH NStZ-RR 2007, 171).

5 Nach dem Wortlaut von Nr. 2 müssen die den Vorverurteilungen zugrunde liegenden Straftaten vor der Anlasstat begangen worden sein. Aus dem Zusammenhang mit S. 1 Nr. 3 ergibt sich zudem, dass zumindest eine der hieraus folgenden Vorverurteilungen ebenfalls vor Begehung der Anlasstat erfolgt sein muss. Darüber hinausgehend wird aus der **Warnfunktion der Vorverurteilungen** allgemein der Schluss gezogen, der Täter müsse bei Begehung der zweiten Vortat einmal und bei Begehung der Anlasstat zweimal verurteilt gewesen sein. Die erforderliche Reihenfolge lautet also: Tat – Verurteilung – Tat – Verurteilung – Anlasstat. Die herrschende Meinung verlangt zudem, dass die erste Vorverurteilung bei Begehung der zweiten Vortat und die zweite Vorverurteilung bei Begehung der Anlasstat bereits **rechtskräftig** war (BGH StV 2009, 406; LK-*Rissing-van Saan/ Peglau* Rn 51; *Streng* Rn 452; MK-*Ullenbruch/Drenkhahn/Morgenstern* Rn 72).

6 Die Vorverurteilungen müssen wegen Straftaten der in S. 1 Nr. 1 genannten Art erfolgt sein, was im Hinblick auf den damit abermals angewendeten engen Tatkatalog als weitere erhebliche Einschränkung gegenüber dem früheren Anwendungsbereich der Norm gewertet wird (*Kinzig* NJW 2011, 177 [178]). Aufgrund des engen systematischen Zusammenhangs zwischen dieser formellen Voraussetzung und der materiellen Prognoseentscheidung gem. S. 1 Nr. 4 können insoweit nur solche Straftaten Berücksichtigung finden, die **symptomatisch** für den Hang des Täters zu erheblichen Straftaten sind und selbst die Schwelle der Erheblichkeit gem. S. 1 Nr. 4 überschreiten (BGHSt 24, 153 [156]; SK-*Sinn* Rn 18, 32).

Unbeachtlich ist grds. die Verurteilung wegen solcher Taten, die bei Begehung 7
der nächstfolgenden Tat bereits fünf Jahre zurückliegen (**Abs. 4 S. 3 Hs 1**, sog.
Rückfallverjährung). Nur im Hinblick auf Sexualstraftaten gilt gem. Hs 2 eine
fünfzehnjährige Zeitspanne, da der Gesetzgeber aufgrund neuerer kriminologischer Untersuchungen davon ausgeht, dass Täter in diesen Fällen nicht ganz selten erst nach fünf bis zehn Jahren in Freiheit rückfällig werden (BT-Drucks.
17/3403, 15). Die den Zeitrahmen der Rückfallverjährung modifizierende Regelung von **Abs. 4 S. 4**, wonach der Lauf der Verjährungsfrist ruht, solange der Täter aufgrund behördlicher, dh in der Regel richterlicher Anordnung, in einer Anstalt verwahrt wird, spiegelt die gesetzgeberische Überlegung wider, dass der Täter für die Zeit der Verwahrung seine Rechtstreue nicht beweisen konnte. Die
Ablaufhemmung greift daher selbst dann, wenn die Verwahrung zu Unrecht erfolgte (BGH StV 2005, 130 [131]; krit. *Pollähne* StraFo 2004, 156 ff). Auch Freigang ist grds. als Verwahrung in einer Anstalt iSd Vorschrift anzusehen (BGH
NStZ 2005, 265 [266]). Bei Flucht befindet sich der Täter hingegen unkontrolliert in Freiheit, so dass der entsprechende Zeitabschnitt in die Verjährungsfrist
Eingang findet (BGH NStZ 2008, 91).

Abs. 4 S. 5 bestimmt schließlich, dass Vorverurteilungen, die außerhalb des 8
räumlichen Geltungsbereiches des StGB vorgenommen wurden, grds. inländischen Vorverurteilungen gleichzustellen sind. Dies kann jedoch nur dann gelten,
wenn das ausländische Urteil in einem rechtsstaatlichen Grundsätzen entsprechenden Verfahren zustande gekommen ist (LK-*Rissing-van Saan/Peglau* Rn 56).

3. Formelle Voraussetzung für die Anordnung der Sicherungsverwahrung nach 9
Abs. 1 S. 1 ist ferner nach Nr. 3, dass der Täter wegen einer oder mehrerer Taten,
welche Grundlage der Vorverurteilungen waren, vor der Anlasstat für die Zeit
von mindestens zwei Jahren Freiheitsstrafe verbüßt oder sich im Vollzug einer
freiheitsentziehenden Maßregel der Besserung und Sicherung befunden hat. Zulässig ist danach auch die Addition von mehreren verbüßten Freiheitsstrafen oder
von Strafvollzug und Maßregelvollzug. Als verbüßte Strafe gilt auch Untersuchungshaft oder eine andere Freiheitsentziehung, wenn sie auf die Freiheitsstrafe
angerechnet wird (Abs. 4 S. 2). Nach allgemeiner Ansicht greift die Regelung von
Abs. 4 S. 2 jedoch nicht in den Fällen, in denen die Untersuchungshaft angerechnet, die Vollstreckung der Strafe aber im Übrigen zur Bewährung ausgesetzt und
später erlassen wird (S/S/W-*Jehle* Rn 18; LK-*Rissing-van Saan/Peglau* Rn 61). Andernfalls würde sich der dem Täter gewährte Vorteil einer Anrechnung trotz
Strafaussetzung zur Bewährung in einen Nachteil verkehren.

4. Die **materiellen Erfordernisse** der Anordnung der Sicherungsverwahrung sind 10
in Abs. 1 Nr. 4 geregelt (Rn 19 ff).

III. **Abs. 2** ermöglicht die Anordnung der Sicherungsverwahrung **nach mehreren** 11
Vortaten.

1. Der Täter muss **drei Straftaten** der in Abs. 1 S. 1 bezeichneten Art begangen 12
haben. Es muss sich hierbei um rechtlich selbstständige Taten handeln, so dass
Einzelakte einer Handlungseinheit nicht genügen (BGHSt 1, 313). Erforderlich
ist darüber hinaus, dass mindestens eine der drei Taten zur Aburteilung steht und
die übrigen bereits abgeurteilt wurden. Demgegenüber können Taten, die nicht
aktuell zur Aburteilung stehen und auch nicht bereits abgeurteilt wurden, keine
Berücksichtigung finden (BGHSt 25, 44). Dies folgt zwar nicht zwingend aus
dem Wortlaut des Abs. 2, doch würde dem Täter andernfalls der verfahrensrechtliche Schutz in Bezug auf die nicht abgeurteilten Taten genommen.

13   2. Voraussetzung ist des Weiteren, dass der Täter durch diese Straftaten jeweils eine Freiheitsstrafe von mindestens einem Jahr **verwirkt hat**, dh er muss für jede dieser Straftaten jeweils zu einer Freiheitsstrafe von mindestens einem Jahr verurteilt worden sein oder jetzt verurteilt werden (BGH NStZ 2007, 212). Soweit auf eine Gesamtfreiheitsstrafe erkannt wurde oder erkannt wird, kommt es auf die Höhe der jeweiligen Einzelstrafen an.

14   3. Erforderlich ist schließlich, dass der Täter durch den Urteilsspruch, der den Anlass zur Anordnung der Sicherungsverwahrung gibt, **zu Freiheitsstrafe von mindestens drei Jahren verurteilt** wird. Diese Voraussetzung führt dazu, dass im Rahmen von Abs. 2 nur schwerwiegende Verurteilungen die Sicherungsverwahrung auslösen können. Wird eine Gesamtstrafe gebildet, so kommt es auf deren Höhe an. Sind in ihr jedoch Einzelfreiheitsstrafen enthalten, die nicht auf die nach Abs. 2 erforderlichen Taten zurückgehen, so muss eine aus den übrigen Einzelstrafen gebildete Gesamtstrafe die Dreijahresgrenze erreichen (BGH StV 1996, 541 [542]).

15   4. In materieller Hinsicht ist im Rahmen von Abs. 2 – ebenso wie in Abs. 1 – eine negative Prognose des zukünftigen Täterverhaltens gem. Abs. 1 Nr. 4 erforderlich (Rn 19 ff).

16   IV. Abs. 3 lässt die Anordnung der Sicherungsverwahrung unter weiteren formellen Voraussetzungen zu:

17   1. Satz 1 stellt eine Erweiterung zu Abs. 1 dar. Danach kann die Sicherungsverwahrung angeordnet werden, wenn der Täter wegen einer Tat nach Abs. 1 Nr. 1 lit. a, b oder einer der in Abs. 3 genannten Katalogtaten zu Freiheitsstrafe von mindestens zwei Jahren verurteilt wird und schon einmal wegen einer oder mehrerer Straftaten dieser Art zu einer Freiheitsstrafe von mindestens drei Jahren verurteilt worden ist. Abweichend von Abs. 1 S. 1 Nr. 2 genügt also schon **eine Vorverurteilung**. Als Vorverurteilung reicht eine entsprechend hohe Gesamtstrafe aus, wenn dieser ausschließlich Katalogtaten zugrunde liegen (BGH NJW 2003, 981 f). Dem steht es gleich, wenn die in einer Gesamtfreiheitsstrafe zumindest mitenthaltenen Katalogtaten zwingend das von § 66 III S. 1 vorausgesetzte Strafmaß erreichen (BGH StV 2007, 574 m.Anm. *Kinzig*). Im Übrigen gelten dieselben Voraussetzungen wie im Rahmen von Abs. 1 S. 1.

18   2. Die Anordnung der Sicherungsverwahrung gem. **Satz 2** ist demgegenüber an Abs. 2 angelehnt und knüpft nicht an die Vorverurteilung, sondern an die Vortatbegehung an. Erforderlich ist danach, dass der Täter **zwei** (anstatt drei wie bei Abs. 2) Taten der in Abs. 1 S. 1 Nr. 1 genannten Art begangen hat, durch diese Freiheitsstrafe von jeweils mindestens zwei Jahren verwirkt hat (Rn 13) und nun wegen einer oder mehrerer dieser Taten zu Freiheitsstrafe von mindestens drei Jahren verurteilt wird. In materieller Hinsicht ist im Fall von Satz 2 – wie stets – eine negative Prognose gem. Abs. 1 S. 1 Nr. 4 notwendig. Problematisch ist diesbezüglich, dass nach beiden Sätzen von Abs. 3 lediglich die Begehung von zwei Straftaten der dort genannten Art für die Anordnung der Sicherungsverwahrung erforderlich ist und somit die Grundlage der notwendigen negativen Prognose erheblich minimiert sein kann (*Hammerschlag/Schwarz* NStZ 1998, 321 [322]).

19   V. **In materieller Hinsicht** setzt die Anordnung der Sicherungsverwahrung – bei Abs. 1 S. 1 ebenso wie bei Abs. 2 und 3 – gem. **Abs. 1 S. 1 Nr. 4** eine **negative Prognose** (zu diesem Begriff vgl § 61 Rn 3 ff) dahin gehend voraus, der Täter werde auch in Zukunft infolge seines Hanges zu erheblichen Straftaten eine Gefahr für die Allgemeinheit darstellen. Strukturell unterscheidet sich die gesetzli-

che Regelung der Sicherungsverwahrung insoweit nicht von den anderen freiheitsentziehenden Maßregeln der Besserung und Sicherung. Die Prognoseentscheidung des § 66 entfaltet jedoch keine Bindungswirkung für eine solche nach § 57 I S. 1 Nr. 2, da die beiden Entscheidungen verschiedener Art sind (BVerfG NStZ-RR 2003, 282).

1. Hang iSv Abs. 1 S. 1 Nr. 4 ist eine eingewurzelte, aufgrund charakterlicher Veranlagung bestehende oder durch Übung erworbene intensive Neigung zu Rechtsbrüchen (vgl BGH NStZ 2003, 201; 310; *Mitsch* JuS 2011, 785 [787]). Den Täter muss an dem Vorhandensein oder Entstehen des Hanges kein Verschulden treffen. Auch steht es der Annahme eines Hanges nicht entgegen, wenn der Täter nur straffällig wird, wenn sich ihm bestimmte Gelegenheiten bieten (BGH NStZ-RR 2011, 77). Die Anwendung des § 66 ist insoweit – ebenso wie bei Augenblickstaten – nur dann ausgeschlossen, wenn die äußere Tatsitutation oder eine Augenblickserregung die Tat allein verursacht hat (BGH NStZ 2007, 114; S/S/W-*Jehle* Rn 20 ff). Nicht ausreichend ist hingegen eine sich aus dem Fehlen einer moralischen Verankerung ergebende Tatneigung (BGH NStZ-RR 2003, 20). Erforderlich ist vielmehr ein Handeln aus einem mehr oder weniger unwiderstehlichen Zwang heraus, so dass auch allein das Zurückfallen in gleiche Verhaltensmuster nicht genügt (BGH wistra 2005, 95). 20

2. Der Hang muss sich auf die Begehung **erheblicher Straftaten** beziehen (Abs. 1 S. 1 Nr. 4). Wie sich aus den im Gesetz genannten Beispielen („namentlich…") und der Anwendung des Verhältnismäßigkeitsprinzips (vgl § 62) ergibt (krit. zur Breite des Katalogs *Laubenthal* ZStW 116, 703 [719]), fallen hierunter grds. nur solche Taten, die geeignet sind, den Rechtsfrieden in besonders schwerwiegender Weise zu stören (BGHSt 24, 153 [154]). Daher scheiden Taten aus dem Bereich der Bagatellkriminalität als Grundlage für eine Anordnung der Maßregel aus (*Fischer* Rn 57; S/S/W-*Jehle* Rn 26; MK-*Ullenbruch/Drenkhahn/Morgenstern* Rn 99). Delikte der mittleren Kriminalität kommen nur dann in Betracht, wenn sie einen hohen Schweregrad aufweisen. Dieser ist – bei gebotener restriktiver Auslegung – in erster Linie nach Art und Umfang des Eingriffs und des Schadens zu bestimmen (BGH wistra 2005, 95 [96]). Als Beispiel für erhebliche Straftaten iSv Nr. 4 nennt das Gesetz an erster Stelle Taten, welche **schwere seelische Schäden** des Opfers verursachen. Hierunter fallen überwiegend Sexualdelikte oder solche Straftaten, die eine Rauschmittelsucht des Opfers indizieren oder verstärken. **Köperlich schwer geschädigt** iSd zweiten gesetzlichen Beispieles wird das Opfer durch Taten, welche das Ausmaß einer einfachen Körperverletzung deutlich übersteigen (SK-*Sinn* Rn 27; aA S/S/W-*Jehle*, Rn 27). Die Frage, ob die Quantität von weniger schweren Taten gleichfalls eine Erheblichkeit begründet, ist umstritten. Die Rspr und ein Teil der Literatur entnehmen dem Zweck des § 66, eine Gefährdung der Allgemeinheit zu verhindern, dass auch eine Vielzahl von weniger schwerwiegenden Straftaten – zum Teil unter Berücksichtigung der Rückfallgeschwindigkeit – zur Annahme einer Erheblichkeit iSv Nr. 4 führen kann, wenn insgesamt ein objektiv erheblicher Schaden verursacht wird (BGHSt 24, 153 [155 ff]; BGH NStZ-RR 2003, 73 f; *Fischer* Rn 57; S/S/W-*Jehle* Rn 26; einschr. S/S-*Stree/Kinzig* Rn 30; aA SK-*Sinn* Rn 22: Die zu erwartenden Straftaten müssten für sich gesehen und nicht erst in ihrer Gesamtheit erheblich sein; MK-*Ullenbruch/Drenkhahn/Morgenstern* Rn 102). 21

In den Altfällen ist auch nach der Neuregelung der Sicherungsverwahrung die Rechtsprechung des BVerfG, wonach es einer besonderen Berücksichtigung des Verhältnismäßigkeitsprinzips bedarf, zu beachten (s. dazu Vor § 66 Rn 8 f). Dem- 22 gemäß ist die in Abs. 1 S. 1 Nr. 4 enthaltene konkretisierende Formulierung, wonach „namentlich" solche Taten gemeint sind, „durch welche die Opfer seelisch oder körperlich schwer geschädigt werden", nochmals einengend zu interpetieren. Denn nicht alle unter die oben genannte Formulierung subsumierbaren Straftaten können gleichzeitig auch als „schwere Gewalt- oder Sexualstraftaten" iSd Vorgaben des BVerfG aufgefasst werden (BGH NStZ 2011, 692 [693]; StV 2012, 721 [722]). So sind nach Auffassung des BGH Betäubungsmitteldelikte (StV 2012, 210 [211]) oder der bloße Umgang mit Kinderpornographie iSd § 184 b (StV 2012, 212) keine ausreichend schweren Delikte, welche dem vom BVerfG aufgestellten Verhältnismäßigkeitsmaßstab genügen würden. Einschlägig sind nach Ansicht des Gerichts aber etwa Vergewaltigungen (BGH NStZ 2011, 692 [693]), sexueller Missbrauch von Kindern (vgl hierzu BGH StV 2014, 136 m. krit. Anm. *Renzikowski*) sowie schwere räuberische Erpressungen (BGH StV 2012, 721 [722]), sofern nicht – wie bei der Bedrohung mit einer Scheinwaffe – nur rein psychische Beeinträchtigungen zu erwarten sind, die weder das Ausmaß schwerwiegender oder nachhaltiger Schäden erreichen, noch Auswirkungen auf die körperliche Gesundheit des Opfers haben (dazu BGH StV 2012, 213 [214]; vgl aber auch BGH NJW 2013, 707 [709 f]).

23   3. Aus dem Hang des Täters muss nach dem Gesetzeswortlaut eine **Gefährdung der Allgemeinheit** resultieren. Ob diesem Passus eine eigenständige Bedeutung zukommt oder ob mit dem erforderlichen Hang zu erheblichen Straftaten zugleich stets eine Gefährdung der Allgemeinheit festgestellt ist, wird unterschiedlich beurteilt (vgl einerseits BGH NStZ 2011, 204 [205]; LK-*Rissing-van Saan/Peglau* Rn 203; andererseits SK-*Sinn* Rn 29; *Streng* Rn 456; ausf. NK-*Böllinger/Dessecker* Rn 108 ff). Bedeutung für die Entscheidung im konkreten Fall kommt diesen Divergenzen jedoch nicht zu, da Einigkeit darüber herrscht, dass in Zukunft erhebliche Straftaten des Täters zu erwarten sein müssen und auch bei der Gefährdung nur einzelner Personen der Rechtsfrieden insgesamt beeinträchtigt und somit eine Gefahr für die Allgemeinheit hervorgerufen wird (BGH NStZ-RR 2010, 77).

24   4. Die Prognoseentscheidung erfolgt auf der Grundlage einer **Gesamtwürdigung** des Täters und seiner Taten. Maßgebliche Gesichtspunkte bei der Beurteilung der Persönlichkeit des Täters sind ua Herkunft, Erziehung, Sozialverhalten, Charakter und Intelligenz, aber auch seine Vorstrafen sowie die Rückfallgeschwindigkeit (BGH JZ 1980, 532). Die bei der Prognoseentscheidung zu berücksichtigenden Taten sind neben der Anlasstat vor allem die in formeller Hinsicht erforderlichen Vortaten. Der Eintritt einer Rückfallverjährung (oben Rn 7) hindert nicht die Berücksichtigung der hierunter fallenden Taten bei der Prognoseentscheidung (BGH NStZ-RR 2010, 238 [239]). Allerdings verstößt die indizielle Verwertung bereits getilgter Vorstrafen gegen das Verwertungsverbot des § 51 I BZRG (BGH NJW 2012, 3591). Auch ein prozessual zulässiges Verteidigungsverhalten darf nicht zum Nachteil des Angeklagten gewertet werden (BGH StV 2011, 482 [483]; NStZ-RR 2014, 107). Rein statistische Erkenntnisse über die Rückfallwahrscheinlichkeit bei bestimmten Deliktsgruppen können die Prognose ebenfalls nicht stützen (BGHSt 50, 121 [130 f]).

25   Maßgeblich für die Prognoseentscheidung ist die Tatsachenlage im **Zeitpunkt der letzten tatrichterlichen Hauptverhandlung** (BGHSt 24, 160 [164]). Dies wird durch einen in S. 1 Nr. 4 zum 1.1.2011 neu eingefügten Passus nochmals klargestellt. Der Gesetzgeber wollte hierdurch Tendenzen entgegenwirken, dass die Gefährlichkeit des Täters allein aufgrund der bloßen Hoffnung, der Täter werde am

Ende des Strafvollzuges wegen einer beabsichtigten Therapie nicht mehr gefährlich sein, verneint wird (BT-Drucks. 17/3403, 15). Dies wurde allerdings bereits bisher von der obergerichtlichen Rspr als nicht ausreichend gewertet, um eine positive Prognose zu begründen (vgl BGH NStZ-RR 2010, 77 [78], aber auch NStZ-RR 2012, 205 [206]). Anderes gilt nur dann, wenn unabhängig von einem zum Urteilszeitpunkt noch festzustellenden Hang mit Sicherheit anzunehmen ist, dass die Gefährlichkeit (zB aus Alters- oder Krankheitsgründen) bei Ende des Strafvollzugs keinesfalls mehr bestehen wird (BGH StV 2002, 480).

VI. Sind nur die formellen Voraussetzungen von **Abs. 2 oder 3** erfüllt, so steht die **Anordnung der Sicherungsverwahrung im** pflichtgemäßen **Ermessen** des Tatrichters, wobei jedoch auch die Nichtanordnung einer Begründung bedarf (BGH NStE Nr. 9). Dabei können auch die Wirkungen eines langjährigen Strafvollzugs und die mit dem Fortschreiten des Lebensalters erfahrungsgemäß eintretenden Haltungsänderungen von Gewicht sein (BGH NStZ-RR 2011, 172; 2015, 73 f). Hierbei ist nicht die bloße (mutmaßliche) Dauer des Vollzugs von Belang, sondern die Frage, inwieweit dieser eine präventive Wirkung auf den Täter haben und zu einer Haltungsänderung bei ihm führen wird (BGH NStZ 2007, 401; vgl auch BGH NStZ 2016, 337 mwN). Anders als die Unterbringung in einem psychiatrischen Krankenhaus oder in einer Entziehungsanstalt (vgl § 67 I) erfolgt die Sicherungsverwahrung erst nach Verbüßung der Freiheitsstrafe. Vor Beendigung des Strafvollzugs ist jedoch stets gem. § 67 c I S. 1 zu prüfen, ob eine Bewährungsaussetzung unter den Voraussetzungen der Nr. 1 (Erforderlichkeit der Unterbringung) sowie der Nr. 2 (Unverhältnismäßigkeit wegen Betreuungsmangels iSv § 66 c II) in Betracht kommt. Eine Höchstfrist für die Unterbringung in der Sicherungsverwahrung sieht das Gesetz nicht vor (dazu BVerfG NJW 2004, 739), doch ist nach zehn Jahren der Unterbringung unter den Voraussetzungen des § 67 d III die Maßregel ggf für erledigt zu erklären. Zudem ist unter den Voraussetzungen des § 67 d II die Aussetzung der Vollstreckung zur Bewährung geboten. 26

VII. Die Anordnung der Sicherungsverwahrung ist auch bei Vorliegen der gesetzlichen Voraussetzungen keiner Verständigung im Strafprozess zugänglich (BGH NStZ-RR 2005, 39). Ist auf die Möglichkeit der Anordnung der Sicherungsverwahrung weder in der Anklageschrift noch im Eröffnungsbeschluss hingewiesen worden, so bedarf es eines **förmlichen Hinweises** gem. § 265 II StPO in der Hauptverhandlung. Allein die Verlesung der die Voraussetzungen des § 66 begründenden Vorstrafen und der Umstand, dass sich der Sachverständige zum Vorliegen des Hangs des Angeklagten zu erheblichen Straftaten geäußert hat, ersetzen nicht den förmlichen Hinweis (BGH NStZ-RR 2004, 297 [298]). 27

§ 66 a Vorbehalt der Unterbringung in der Sicherungsverwahrung

(1) Das Gericht kann im Urteil die Anordnung der Sicherungsverwahrung vorbehalten, wenn
1. jemand wegen einer der in § 66 Absatz 3 Satz 1 genannten Straftaten verurteilt wird,
2. die übrigen Voraussetzungen des § 66 Absatz 3 erfüllt sind, soweit dieser nicht auf § 66 Absatz 1 Satz 1 Nummer 4 verweist, und
3. nicht mit hinreichender Sicherheit feststellbar, aber wahrscheinlich ist, dass die Voraussetzungen des § 66 Absatz 1 Satz 1 Nummer 4 vorliegen.

(2) Einen Vorbehalt im Sinne von Absatz 1 kann das Gericht auch aussprechen, wenn
1. jemand zu einer Freiheitsstrafe von mindestens fünf Jahren wegen eines oder mehrerer Verbrechen gegen das Leben, die körperliche Unversehrtheit, die persönliche Freiheit, die sexuelle Selbstbestimmung, nach dem Achtundzwanzigsten Abschnitt oder nach den §§ 250, 251, auch in Verbindung mit § 252 oder § 255, verurteilt wird,
2. die Voraussetzungen des § 66 nicht erfüllt sind und
3. mit hinreichender Sicherheit feststellbar oder zumindest wahrscheinlich ist, dass die Voraussetzungen des § 66 Absatz 1 Satz 1 Nummer 4 vorliegen.

(3) ¹Über die nach Absatz 1 oder 2 vorbehaltene Anordnung der Sicherungsverwahrung kann das Gericht im ersten Rechtszug nur bis zur vollständigen Vollstreckung der Freiheitsstrafe entscheiden; dies gilt auch, wenn die Vollstreckung des Strafrestes zur Bewährung ausgesetzt war und der Strafrest vollstreckt wird. ²Das Gericht ordnet die Sicherungsverwahrung an, wenn die Gesamtwürdigung des Verurteilten, seiner Tat oder seiner Taten und ergänzend seiner Entwicklung bis zum Zeitpunkt der Entscheidung ergibt, dass von ihm erhebliche Straftaten zu erwarten sind, durch welche die Opfer seelisch oder körperlich schwer geschädigt werden.

1 I. § 66 a trägt mit der Möglichkeit eines Vorbehalts der Sicherungsverwahrung der Besorgnis Rechnung, dass die besondere Gefährlichkeit eines Straftäters iSv § 66 I S. 1 Nr. 4 in Ausnahmefällen erst **aufgrund der Erfahrungen im Strafvollzug** sicher feststellbar ist. Die praktische Relevanz der Norm ist seit ihrer Einführung zum 21.8.2002 gering geblieben (*Ullenbruch* NStZ 2008, 5 [6, 11]). Mit einer seit dem 1.1.2011 erfolgten Änderung soll daher nach dem Willen des Gesetzgebers die Vorschrift gestärkt und ihr Anwendungsbereich erweitert werden (BT-Drucks. 17/3403, 15; krit. dazu *Kinzig* NJW 2011, 177 [179 f]; zust. hingegen *Kreuzer* StV 2011, 122 [128]). Diese gesetzgeberische Absicht ist nochmals im Zusammenhang mit dem Gesetz zur bundesrechtlichen Umsetzung des Abstandsgebotes im Recht der Sicherungsverwahrung bekräftigt worden (vgl BT-Drucks. 17/9874, 12).

2 II. Das erkennende Gericht kann nach § 66 a I, wenn bei der Verurteilung wegen einer der in § 66 III S. 1 genannten Straftaten die Gefährlichkeitsprognose nicht mit hinreichender Sicherheit getroffen werden kann, in seinem Urteil die Anordnung der Sicherungsverwahrung vorbehalten, soweit die übrigen Voraussetzungen des § 66 III erfüllt sind. Die Vorbehaltsmöglichkeit soll jedoch nicht dazu führen, die Verhängung der Maßregel trotz Angezeigtheit zu vermeiden (dazu BGHR StGB § 66 a Vorbehaltene Sicherungsverwahrung 1).

3 1. Abs. 1 knüpft dabei **formell** an das Vorliegen der Voraussetzungen des § 66 III an. Die Möglichkeit der vorbehaltenen Sicherungsverwahrung ist somit auf die dort genannten schwerwiegenden **Katalogtaten** als Anlasstaten beschränkt (zur Begr. BT-Drucks. 14/8586, 6). Zu den weiteren Voraussetzungen des § 66 III s. § 66 Rn 16 f.

4 2. **Materiell** enthält § 66 a I die Besonderheit, dass die Merkmale des § 66 I S. 1 Nr. 4 nicht sicher feststehen müssen, sondern bereits die **Wahrscheinlichkeit** ihres Vorliegens ausreicht (vgl Abs. 1 Nr. 3). Die Wahrscheinlichkeit bezieht sich somit nach der ausdrücklichen gesetzlichen Anordnung sowohl auf den **Hang** als auch die **Gefährlichkeit** des Täters, während bei Auslegung der vor dem 1.1.2011 geltenden Fassung der Vorschrift – trotz bereits zu diesem Zeitpunkt bestehender,

entgegengesetzter gesetzgeberischer Intention (BT-Drucks. 14/8586, 6) – überwiegend angenommen wurde, dass zumindest der Hang sicher feststehen müsse, um den Vorbehalt rechtfertigen zu können (vgl BGHSt 50, 188 [194 f]; S/S/W-*Jehle* Rn 8; s. zum Streitstand auch die Voraufl., § 66 a Rn 4). Bei der Frage nach der Gefährlichkeit des Täters ist in Altfällen auch nach der Neuregelung der Sicherungsverwahrung mit Gesetz vom 5.12.2012 die Rechtsprechung des BVerfG zu beachten (dazu Vor § 66 Rn 8 f). Hinsichtlich des maßgeblichen **Zeitpunkts** der Gefahrenprognose gilt das zu § 66 Gesagte entsprechend (dort Rn 24).

III. Nach **Abs. 2** in der Fassung seit dem 1.1.2011 besteht für das Gericht die neu geschaffene Möglichkeit, einen Vorbehalt der Sicherungsverwahrung auch in Fällen vorzunehmen, in denen die Voraussetzungen des § 66 nicht vorliegen, wenn zumindest der Hang und die Gefährlichkeit iSv S. 1 Nr. 4 dieser Vorschrift wahrscheinlich sind. Abs. 2 soll danach den Vorbehalt der Sicherungsverwahrung auch in den Fällen des sog. **Ersttäters** ermöglichen, der also nicht bereits mehrmals wegen einschlägiger Delikte verurteilt wurde (vgl BT-Drucks. 17/3403, 15). Bisher kam für solche Täter nur die nachträgliche Sicherungsverwahrung nach § 66 b II aF in Betracht, die im Zuge der Neustrukturierung dieser Vorschrift aber gestrichen wurde. Als Ausgleich für den Verzicht auf das Vorliegen bereits einschlägiger Vortaten werden nach Abs. 2 Nr. 1 an das jetzt zu ahndende Delikt höhere Anforderungen als in § 66 a I Nr. 1 (iVm § 66 I Nr. 1) gestellt: Der Katalog der in Frage kommenden Anlasstaten wird nochmals eingeschränkt und die konkret verhängte Strafe von zwei auf fünf Jahre erhöht.

IV. Gem. **Abs. 3** entscheidet das Gericht des ersten Rechtszugs über die im Urteil vorbehaltene Anordnung der Sicherungsverwahrung. Es hat diese Maßregel gem. S. 2 **zwingend** anzuordnen, wenn von dem Verurteilten erhebliche Straftaten zu erwarten sind, durch welche die Opfer seelisch oder körperlich schwer geschädigt werden. Entscheidungsgrundlage bildet eine **Gesamtwürdigung** des Verurteilten, seiner Persönlichkeit, seiner Taten und seines Verhaltens während des Strafvollzugs (näher dazu BGH StV 2007, 73 f m.Anm. *Ullenbruch* NStZ 2008, 5 [8 ff]). Die Entscheidung ist nach S. 1 bis zur vollständigen Vollstreckung der Strafe zu treffen; im Fall der Aussetzung der Vollstreckung zur Bewährung ist der Zeitpunkt der Rechtskraft dieser Entscheidung maßgeblich (BT-Drucks. 17/3403, 15). Die **Folgen eines Fristverstoßes** sind von der Rspr bisher noch nicht abschließend erörtert worden: Während in einer Entscheidung zumindest eine Fristüberschreitung von wenigen Tagen als unbeachtlich bezeichnet wird (BGH StV 2006, 63), wird in anderen Urteilen der Charakter der in Abs. 2 gesetzten Frist als (verbindliche) Ausschlussfrist betont (BGHSt 51, 159 [161 ff]; OLG Hamm StV 2010, 189 [191]).

§ 66 b Nachträgliche Anordnung der Unterbringung in der Sicherungsverwahrung

¹Ist die Unterbringung in einem psychiatrischen Krankenhaus nach § 67 d Abs. 6 für erledigt erklärt worden, weil der die Schuldfähigkeit ausschließende oder vermindernde Zustand, auf dem die Unterbringung beruhte, im Zeitpunkt der Erledigungsentscheidung nicht bestanden hat, so kann das Gericht die Unterbringung in der Sicherungsverwahrung nachträglich anordnen, wenn

1. die Unterbringung des Betroffenen nach § 63 wegen mehrerer der in § 66 Abs. 3 Satz 1 genannten Taten angeordnet wurde oder wenn der Betroffene

wegen einer oder mehrerer solcher Taten, die er vor der zur Unterbringung nach § 63 führenden Tat begangen hat, schon einmal zu einer Freiheitsstrafe von mindestens drei Jahren verurteilt oder in einem psychiatrischen Krankenhaus untergebracht worden war und

2. die Gesamtwürdigung des Betroffenen, seiner Taten und ergänzend seiner Entwicklung bis zum Zeitpunkt der Entscheidung ergibt, dass er mit hoher Wahrscheinlichkeit erhebliche Straftaten begehen wird, durch welche die Opfer seelisch oder körperlich schwer geschädigt werden.

²Dies gilt auch, wenn im Anschluss an die Unterbringung nach § 63 noch eine daneben angeordnete Freiheitsstrafe ganz oder teilweise zu vollstrecken ist.

1   I. Die Vorschrift des § 66 b soll ergänzend zu § 66 a, der immerhin den (vorsorglichen) Vorbehalt der Sicherungsverwahrung im Ausgangsurteil voraussetzt, die Möglichkeit einer originären nachträglichen Anordnung der Sicherungsverwahrung schaffen, um einen effektiven Schutz vor hochgefährlichen Straftätern durch Inhaftierung über das Strafende hinaus zu gewährleisten. Während der ursprüngliche Adressatenkreis der Norm relativ großzügig gefasst war und in den Abs. 1 und 2 aF auf einen weiten Deliktskatalog mit schweren Straftaten zurückgegriffen wurde, werden seit der Neufassung zum 1.1.2011 nur noch ein begrenzter Kreis von Personen erfasst, nämlich nur noch solche Straftäter, die bislang in Abs. 3 aF angesprochen wurden. Hintergrund der Einschränkung ist, dass die Vorschrift seit ihrer Einführung zum 29.7.2004 erheblicher Kritik ausgesetzt war (vgl nur *Kinzig* NJW 2004, 911 [913 f]; *Pieroth* JZ 2002, 926). Diese hat durch eine EGMR-Entscheidung zur nachträglichen Verlängerung zeitlich begrenzter Sicherungsverwahrung nach § 67 d III S. 1 im Jahr 2010 neuen Auftrieb bekommen (EGMR NJW 2010, 2495; vgl auch Vor § 66 Rn 1 und § 67 d Rn 11), da das genannte Urteil in seiner Kritik vielfach auch auf die nachträgliche Sicherungsverwahrung bezogen wurde (*Kinzig* NStZ 2010, 233 [238 f]; *Laue* JR 2010, 198 [203 f]). Hinzu kommt die Tatsache, dass § 66 b in der Vergangenheit nur in wenigen Ausnahmefällen tatsächlich Anwendung fand. Hintergrund hierfür war, dass das Haupterfordernis der bisherigen Abs. 1 und 2 – das Vorliegen von die Gefährlichkeit des Betroffenen begründenden neuen Tatsachen, die erst *nach* Verurteilung des Täters bekannt geworden sind (sog. „Nova") – in den seltensten Fällen erfüllt wurde (vgl BT-Drucks. 17/3403, 15; *Kreuzer* StV 2011, 122 [127]). Die Einschränkung der nachträglichen Sicherungsverwahrung auf den alten Abs. 3, der bereits nach bisherigem Verständnis keine „Nova" erforderte, ist auch von daher als konsequent anzusehen.

2   II. § 66 b regelt folglich nunmehr allein die Anordnung der nachträglichen Sicherungsverwahrung für solche Personen, deren **Unterbringung in einem psychiatrischen Krankenhaus** gem. § 67 d VI **für erledigt erklärt wurde**, weil der die Schuldfähigkeit ausschließende oder vermindernde Zustand, auf dem die Unterbringung beruhte, im Zeitpunkt der Erledigungsentscheidung nicht bestanden hat. Erfasst werden auch Fehleinweisungen, bei denen also ein die Schuldfähigkeit ausschließender oder vermindernder Zustand von Beginn an fehlte (BGH NStZ 2009, 323 [324]; vgl auch § 67 d Rn 14). Die Norm greift zudem aufgrund des zum 1.1.2011 neu angefügten S. 2 auch dann ein, wenn der Beschuldigte im Anschluss an die Erledigung der Unterbringung noch eine Freiheitsstrafe zu verbüßen hat (krit. dazu *Kinzig* NJW 2011, 177 [180]; *Kreutzer* StV 2011, 122 [127 f]). Unter Geltung des § 66 b III aF wurde für diese Fälle bisher angenommen, dass die alten Abs. 1 und 2 eine Sperrwirkung entfalten, im Gegenzug dafür wurden aber die Anforderungen an „neue Tatsachen" herabgesetzt (näher

BGHSt 52, 379 [385] m. Bspr *Peglau* NJW 2009, 957 ff). Nachdem die Abs. 1 und 2 mit Neufassung der Norm entfallen sind, bedurfte es nach Ansicht des Gesetzgebers der ergänzenden Neukonzeption, um in diesem Fall weiterhin die nachträgliche Sicherungsverwahrung anordnen zu können (BT-Drucks. 17/3403, 16).

III. Als formelle Voraussetzung erfasst die Norm nach S. 1 Nr. 1 drei Fallgestaltungen: Entweder muss der Betroffene wegen mehrerer Taten iSv § 66 III S. 1 in die jetzt erledigte Unterbringung eingewiesen worden sein (Var. 1) oder aber die Unterbringung erfolgte zwar aufgrund einer anderen Tat, der jedoch eine Verurteilung wegen mindestens einer oder mehrerer Katalogtaten iSv § 66 III S. 1 voranging, welche weiterhin zu einer Freiheitsstrafe von wenigstens drei Jahren geführt hat (Var. 2). Schließlich wird als dritte Variante auch der Fall erfasst, dass der Betroffene bereits vor der jetzt erledigten Unterbringung wegen einer Katalogtat nach § 66 III S. 1 gem. § 63 untergebracht war.

IV. Als materielle Voraussetzung fordert S. 1 Nr. 2 der Vorschrift, dass die Gesamtwürdigung des Betroffenen, seiner Taten und ergänzend seiner Entwicklung bis zum Zeitpunkt der Entscheidung ergibt, dass er mit hoher Wahrscheinlichkeit erhebliche Straftaten begehen wird, durch welche die Opfer seelisch oder körperlich schwer geschädigt werden. Bei dieser Prognose sind in den Altfällen die gesteigerten Anforderungen, die das BVerfG im Hinblick auf eine Verhältnismäßigkeitsprüfung aufgestellt hat, auch weiterhin zu beachten (dazu Vor § 66 Rn 8 f). Für Neufälle mit Anlasstaten nach dem 1.6.2013 gilt der strengere Prognosemaßstab der Übergangsanordnung hingegen nicht mehr (vgl Vor § 66 Rn 7).

Grundlage für die Gefahrenprognose ist eine **Gesamtwürdigung** des Verurteilten, seiner Straftaten, Lebensumstände und persönlichen Bindungen sowie seiner Entwicklung, wobei die Gericht zur Einholung zweier Sachverständigengutachten verpflichtet ist (vgl § 275 a IV StPO). Hierdurch sollen monokausale Erklärungsmuster ausgeschlossen werden, die etwa allein auf das Therapieverhalten abstellen (BT-Drucks. 15/2887, 12 f). Es genügt daher zB nicht, sich nur auf die Verweigerung von Resozialisierungs- und Therapiemaßnahmen zu stützen. Zudem fehlt Verhaltensweisen, die sich auf die Vollzugssituation zurückführen lassen und sich für Strafgefangene als typisch oder doch weit verbreitet darstellen, die Erheblichkeit (BVerfG JR 2006, 474 [477]; BGH StV 2010, 186 [187]).

Das Gesetz verlangt eine **hohe** – dh gegenüber § 66 a gesteigerte – **Wahrscheinlichkeit** dafür, dass der Verurteilte nach seiner Freilassung eine erhebliche Straftat begehen wird, durch die das Opfer seelisch oder körperlich schwer geschädigt würde. An die hohe Wahrscheinlichkeit sind strenge Anforderungen zu stellen (*Kinzig* NStZ 2004, 655 [658]). Eine bloß abstrakte, auf statistische Wahrscheinlichkeiten gestützte Prognoseentscheidung reicht nicht aus. Vielmehr muss eine konkrete, auf den Einzelfall bezogene hohe Wahrscheinlichkeit bestehen (BGH NStZ 2010, 504 [506]). Die Gefahr der Straftatbegehung muss außerdem zeitlich gegenwärtig sein, so dass ein nur mittel- oder langfristig bestehendes Risiko nicht ausreicht (BVerfG NJW 2008, 980 [983]).

V. Ob die nachträgliche Sicherungsanordnung getroffen wird, steht im **Ermessen** des Gerichts, dh das Gericht ist auch bei Vorliegen der Voraussetzungen nicht zur Anordnung der nachträglichen Sicherungsverwahrung verpflichtet.

VI. Zuständig für die nachträgliche Sicherungsverwahrung ist gemäß §§ 74 f, 120 a GVG regelmäßig die Strafkammer, die bereits im ersten Rechtszug entschieden hat. Das **Verfahren** bestimmt sich nach § 275 a StPO (dazu *von Freier* ZStW 120, 273 [275 f]).

§ 66 c Ausgestaltung der Unterbringung in der Sicherungsverwahrung und des vorhergehenden Strafvollzugs

(1) Die Unterbringung in der Sicherungsverwahrung erfolgt in Einrichtungen, die
1. dem Untergebrachten auf der Grundlage einer umfassenden Behandlungsuntersuchung und eines regelmäßig fortzuschreibenden Vollzugsplans eine Betreuung anbieten,
    a) die individuell und intensiv sowie geeignet ist, seine Mitwirkungsbereitschaft zu wecken und zu fördern, insbesondere eine psychiatrische, psycho- oder sozialtherapeutische Behandlung, die auf den Untergebrachten zugeschnitten ist, soweit standardisierte Angebote nicht Erfolg versprechend sind, und
    b) die zum Ziel hat, seine Gefährlichkeit für die Allgemeinheit so zu mindern, dass die Vollstreckung der Maßregel möglichst bald zur Bewährung ausgesetzt oder sie für erledigt erklärt werden kann,
2. eine Unterbringung gewährleisten,
    a) die den Untergebrachten so wenig wie möglich belastet, den Erfordernissen der Betreuung im Sinne von Nummer 1 entspricht und, soweit Sicherheitsbelange nicht entgegenstehen, den allgemeinen Lebensverhältnissen angepasst ist, und
    b) vom Strafvollzug getrennt in besonderen Gebäuden oder Abteilungen erfolgt, sofern nicht die Behandlung im Sinne von Nummer 1 ausnahmsweise etwas anderes erfordert, und
3. zur Erreichung des in Nummer 1 Buchstabe b genannten Ziels
    a) vollzugsöffnende Maßnahmen gewähren und Entlassungsvorbereitungen treffen, soweit nicht zwingende Gründe entgegenstehen, insbesondere konkrete Anhaltspunkte die Gefahr begründen, der Untergebrachte werde sich dem Vollzug der Sicherungsverwahrung entziehen oder die Maßnahmen zur Begehung erheblicher Straftaten missbrauchen, sowie
    b) in enger Zusammenarbeit mit staatlichen oder freien Trägern eine nachsorgende Betreuung in Freiheit ermöglichen.

(2) Hat das Gericht die Unterbringung in der Sicherungsverwahrung im Urteil (§ 66), nach Vorbehalt (§ 66 a Absatz 3) oder nachträglich (§ 66 b) angeordnet oder eine solche Anordnung im Urteil vorbehalten (§ 66 a Absatz 1 und 2), ist dem Täter schon im Strafvollzug eine Betreuung im Sinne von Absatz 1 Nummer 1, insbesondere eine sozialtherapeutische Behandlung, anzubieten mit dem Ziel, die Vollstreckung der Unterbringung (§ 67 c Absatz 1 Satz 1 Nummer 1) oder deren Anordnung (§ 66 a Absatz 3) möglichst entbehrlich zu machen.

I. Allgemeines

1 § 66 c ist die neu eingefügte **Kernvorschrift** des seit dem 1.6.2013 in Kraft getretenen **Gesetzes zur bundeseinheitlichen Umsetzung des Abstandsgebotes im Recht der Sicherungsverwahrung** (BGBl. I 2425). Die Vorschrift konkretisiert mehrere inhaltliche Vorgaben des für eine verfassungsgemäße Neugestaltung der Sicherungsverwahrung fundamentalen Abstandsgebotes (vgl Vor 66 Rn 4 ff).

Dieses grundlegende Gebot besagt, dass die Ausgestaltung eines schuldunabhängigen präventiven Freiheitsentzuges – wie im Falle der Sicherungsverwahrung – gegenüber dem Strafvollzug einen „Abstand" im Sinne einer qualitativen Privilegierung aufzeigen muss (BVerfGE 128, 326 [374 ff]; ausf. dazu *Zimmermann* HRRS 2013, 164 [166 ff]). Gemäß der Entscheidung des BVerfG vom 4.5.2011 muss der Vollzug der Sicherungsverwahrung – um dem gerecht zu werden – in ein „**freiheitsorientiertes und therapiegerechtes Gesamtkonzept**" eingebettet sein (BVerfGE 128, 326 [383]). § 66 c konkretisiert diese verfassungsgerichtlich geforderte gesamt-konzeptionelle Therapieausrichtung der Sicherungsverwahrung und bezieht dafür auch den vorhergehenden Strafvollzug mit ein.

Aufgrund der eingeschränkten gesetzgeberischen Kompetenz des Bundes normiert § 66 c die von ihm umfassten, vom BVerfG zur Verwirklichung des Abstandsgebotes inhaltlich vorgegeben konkreten Gebote bzw Prinzpien (fünf der insgesamt sieben, vgl Rn 3, 10; Vor § 66 Rn 6) lediglich als „**wesentliche Leitlinien**" (vgl BT-Drucks. 17/9874, 13 f); die nähere Ausgestaltung des Vollzugs obliegt kraft grundgesetzlicher Kompetenzverteilung den Landesgesetzgebern (vgl hierzu *Schäfersküpper/Grote* NStZ 2013, 447 ff).

II. Ausgestaltung der Unterbringung in der Sicherungsverwahrung

Abs. 1 gilt für die Ausgestaltung des Vollzugs der Sicherungsverwahrung, unabhängig davon, nach welcher Regelung die Unterbringung angeordnet wurde. Die Regelung konkretisiert gleich vier inhaltliche Vorgaben des BVerfG: **Individualisierungs-/Intensivierungsgebot, Motivierungsgebot** (Abs. 1 Nr. 1), **Trennungsgebot** (Abs. 1 Nr. 2) und **Minimierungsgebot** (Abs. 1 Nr. 3). Die ähnliche Struktur lässt die vom Gesetzgeber vorgenommene Orientierung an § 2 Abs. 1 ThUG erkennen (zur Verfassungsmäßigkeit des ThUG vgl BVerfG NJW 2013, 3151).

Nach Abs. 1 muss die Unterbringung in die Sicherungsverwahrung in Einrichtungen vollzogen werden, welche die allgemeinen Vorgaben nach Nr. 1 bis 3 gewährleisten:

1. Die zentrale Regelung zur Umsetzung der therapiebezogenen Vorgaben bildet **Abs. 1 Nr. 1**. Danach ist Ausgangspunkt einer therapiegerechten Unterbringung eine regelmäßig am Beginn des Vollzugs zu erfolgende **umfassende Behandlungsuntersuchung**. Hierbei sind die individuellen Faktoren der Gefährlichkeit des Untergebrachten zu analysieren. Auf Grundlage dessen ist sodann ein fortlaufend zu aktualisierender **Vollzugsplan** zu erstellen, der – wenn nach wissenschaftlichen und medizinischen Erkenntnissen angezeigt und sinnvoll – die sich am **Vollzugsziel nach Nr. 1 b)** zu orientierenden Betreuungsmaßnahmen vorgeben muss (BT-Drucks. 17/9874, 15).

Abs. 1 Nr. 1 a) umschreibt die dem Untergebrachten hierbei anzubietenden Betreuungsmaßnahmen und hebt diejenigen besonders hervor, die dem therapeutischen Bereich zuzuordnen sind. Die Betreuungsangebote müssen **individuell** und **intensiv** sein. So bedarf ein Untergebrachter, der an einer psychischen Störung iSv Art. 316 f II EGStGB (vgl Vor § 66 Rn 9 f) leidet, vorwiegend eine medizinische-therapeutische Betreuung, die gerade auf die Behandlung dieser Störung abzielt (BT-Drucks. 17/9874, 15). Dem Individualisierungsgebot widerspricht es jedoch grds. nicht, wenn dem Untergebrachten zunächst standardisierte Betreuungsmaßnahmen angeboten werden. Denn erst wenn sich derartige Angebote als nicht erfolgversprechend erweisen, wird nach Nr. 1 a) eine therapeutische Behandlung verlangt, die auf den Untergebrachten zugeschnitten sein muss. Zu beachten ist, dass mögliche (individuelle) Therapien nicht allein deshalb unterbleiben dürfen, weil sie im Hinblick auf Aufwand und Kosten über das standardisierte Angebot hinausgehen (zu den möglichen Rechtsfolgen von Betreuungsmängeln vgl § 67 d Rn 8).

7 Ein weiterer wesentlicher Bestandteil der therapiebezogenen Vorgaben nach Abs. 1 Nr. 1 a) ist die Verpflichtung der Einrichtung, den Untergebrachten **fortwährend zu motivieren**. Der Gesetzgeber beabsichtgt damit, dem Umstand entgegenzuwirken, dass die unbestimmte Dauer des Freiheitsentzuges einen negativen psychischen Effekt auf den Untergebrachten haben kann und dadurch seine Bereitschaft, Behandlungsangebote anzunehmen mindert bzw erst gar nicht entstehen lässt. Die Einrichtung darf eine solche ablehnende Haltung des Untergebrachten nicht als Grund dafür nehmen, von weiteren Betreuungsangeboten abzusehen; vielmehr sind dauerhaft Versuche zu unternehmen, die hierfür erforderliche Bereitschaft des Untergebrachten zu wecken und zu fördern (zB mithilfe eines „Anreizsystems", wobei die nähere Ausgestaltung Ländersache ist, vgl BT-Drucks. 17/9874, 15). Bei dennoch dauerhafter Therapieunwilligkeit oder auch Therapieunfähigkeit bleibt es bei dem auch im Rahmen des § 63 geltenden Grundsatz, dass die fehlende Aussicht auf eine Heilung oder Besserung bei fortbestehender Gefährlichkeit der Unterbringung nicht entgegensteht.

8 **2. Abs. 1 Nr. 2** bezieht sich auf die konkrete Gestaltung des äußeren Vollzugsrahmens der Unterbringung und ist der Umsetzung des Trennungsgebotes geschuldet. Der Legitimationsgrund der Sicherungsverwahrung (vgl Vor § 66 Rn 1) gebietet es, dass der Untergebrachte nur mit sochen Einschränkungen belastet wird, die zur Sicherung und Reduzierung seiner Gefährlichkeit erforderlich sind (BVerfGE 128, 326 [377]). Daher muss der spezialpräventive Charakter der Maßregel durch eine grundsätzliche Trennung vom Strafvollzug zur Geltung kommen und so seinen „deutlichen Abstand" dazu vorweisen. Diesen Anspruch verwirklichen die nach Nr. 2 a) und b) zu gewährleistenden Leitlinien in zweierlei Hinsicht:

9 Zum einen müssen die Einrichtungen nach **Nr. 2 a)** ein belastungsarmes positives Vollzugsumfeld schaffen, das auch den Voraussetzungen einer Behandlung nach Nr. 1 entspricht und – sofern Sicherheitsbelange insbesondere für die Allgemeinheit und auch für die Bediensteten nicht entgegenstehen – eine Anpassung an allgemeine (normale) Lebensverhältnisse für den Untergebrachten ermöglicht. Diese (allgemeinen) Vorgaben beziehen sich auf die äußere Gestaltung des Vollzugs als solche, um so aufgrund der Rahmenbedingungen der Unterbringung eine Ablösung vom Strafvollzug zu erreichen (zB durch Arbeits-, Freizeitangebote oder ausreichende Besuchsmöglichkeiten, vgl BT-Drucks. 17/9874, 16).

10 **Nr. 2 b)** bestimmt zudem die grds. auch **räumliche Trennung** des Vollzugs der Sicherungsverwahrung vom Strafvollzug, dh die Sicherungsverwahrung muss in gesonderten Gebäuden oder auch Abteilungen vollzogen werden. Letztere Alternative lässt erkennen, dass es keiner vollständigen räumlichen Ablösung vom Strafvollzug bedarf (vgl auch BVerfG 128, 326 [380]). Die Regelung enthält im Hinblick auf das Behandlungsgebot nach Abs. 1 Nr. 1 eine **Ausnahmeklausel** zur Durchbrechung des Trennungsgebots. Der Gesetzgeber hat hierbei Konstellationen im Blick, in denen der Betroffene sich noch im Strafvollzug befindet, jedoch kurz vor dem erfolgreichen Abschluss einer Therapie steht, die eine Vollstreckung der Sicherungsverwahrung überflüssig machen könnte. Ein anstehender Wechsel in einen getrennten Maßregelvollzug, der zum Abbruch der Therapie führen würde, liefe in diesem Fall dem Ultima-ratio-Prinzip zuwider (vgl BT-Drucks. 17/9874. 16)

3. Die verfassungsrechtliche Vorgabe, dass die gebotene Konzeption „Vollzugslockerungen zum Zwecke der Erprobung" vorsehen und Leitlinien zur Entlassungsvorbereitung enthalten muss (Minimierungsgebot), wird in **Abs. 1 Nr. 3** aufgegriffen. Unter Bezugnahme auf das nach Abs. 1 Nr. 1 b) gesetzte Vollzugsziel verlangt die Regelung daher in Nr. 3 a) die Gewährung von vollzugsöffnenden Maßnahmen und Entlassungsvorbereitungen, sofern eine Flucht- oder Missbrauchsgefahr nicht entgegensteht, sowie in Nr. 3 b) eine nachsorgende Betreuung durch die Einrichtung. 11

Der in **Nr. 3 a)** verwendete Begriff der **„vollzugsöffnenden Maßnahme"** beinhaltet die aus dem Strafvollzug bekannten Lockerungen (vgl §§ 11, 130, 134 StVollzG) wie zB Ausgang, Freigang oder Urlaub, aber auch sonstige öffnende Maßnahmen wie insbesondere die Verlegung in eine Einrichtung oder Abteilung des offenen Vollzugs (BT-Drucks. 17/9874, 17). Im Falle der letztgenannten Maßnahme kann es zweckdienlich sein, den Untergebrachten in einen offenen Vollzug zu verlegen, der auch Strafgefangenen zugänglich ist. Der Gesetzgeber verweist insofern auf die Möglichkeit der Durchbrechung des grds. geltenden Trennungsgebots durch eine Anwendung der Ausnahmeklausel nach Nr. 2 b) (näher BT-Drucks. 17/9874, 17). Derartige Maßnahmen sind jedoch im Falle **entgegenstehender zwingender Gründe** zu verwehren, dh wenn sich durch die Gewährung der Maßnahme eine Flucht- oder Missbrauchsgefahr ergibt. Die Gefahr muss sich dabei aus konkreten Anhaltspunkten ergeben; eine rein abstrakte Gefahr genügt nicht (näher *Peglau* JR 2013, 249 [252]). Im Hinblick auf die Missbrauchsgefahr muss die Begehung **„erheblicher Straftaten"** iSv § 66 I S. 1 Nr. 4 drohen (BT-Drucks. 17/9874, 17). 12

Neben den gem. Nr. 3 a) vorzunehmenden Entlassungsvorbereitungen hat die Einrichtung nach **Nr. 3 b)** zudem die Pflicht zur **nachsorgenden Betreuung** des Betroffenen auch nach der Entlassung. Dies begründet eine rein organisatorische Verpflichtung der Einrichtungen, dh diese müssen etwa in Abstimmung mit bestimmten staatlichen Nachsorgeeinrichtungen (zB zum Zwecke des betreuten Wohnens) dafür Sorge tragen, dass ein nahtloser Übergang der Betreuung ohne längere Wartezeiten nach der Entlassung erfolgen kann. 13

III. Ausgestaltung des vorhergehenden Strafvollzuges

Abs. 2 gilt für noch im Strafvollzug befindliche Betroffene, deren Unterbringung in die Sicherungsverwahrung bereits angeordnet (§§ 66, 66 a III, 66 b) oder vorbehalten (§ 66 a I, II) wurde und hat die Umsetzung des **Ultima-ratio-Prinzips** zum Gegenstand. Dieses Prinzip verlangt, dass die Sicherungsverwahrung nur als letztes Mittel angeordnet werden darf. Demzufolge muss ein Gesamtkonzept des Vollzugs der Sicherungsverwahrung auch den vorhergehenden Strafvollzug mit einbeziehen. Abs. 2 bestimmt daher – wiederum als „wesentliche Leitlinie" – die zwingende Vorgabe an die Vollzugsbehörden, dass den betroffenen Strafgefangenen bei angeordneter oder vorbehaltener Sicherungsverwahrung eine Betreuung iSv Abs. 1 Nr. 1 anzubieten ist, welche dem Zweck dient, eine spätere Vollstreckung der angeordneten Maßregel (§ 67 c I Nr. 1) oder eine spätere Anordnung bei Vorbehalt (§ 66 a) zu vermeiden. Die Formulierung **„schon im Strafvollzug"** soll dabei nach dem Willen des Gesetzgebers betonen, dass das Betreuungsgebot auch während der Zwischenvollstreckung einer anderen Freiheitsstrafe, die in keinem Zusammenhang mit der angeordneten oder vorbehaltenen Sicherungsverwahrung steht, gilt (BT-Drucks. 17/9874, 18). 14

15 Es ist nicht erforderlich, die vorhergehende Freiheitsstrafe – entgegen dem in Abs. 1 Nr. 2 b statuierten Trennungsgebot – in Einrichtungen nach Abs. 1 zu vollziehen, also die betroffenen Strafgefangenen im Maßregelvollzug unterzubringen. Vielmehr soll die unterbliebene Bezugnahme auf Abs. 1 Nr. 2 und 3 verdeutlichen, dass eine Betreuung auch im Rahmen einer für alle Strafgefangenen offen stehenden Einrichtung erfolgen kann (BT-Drucks. 17/9874, 18). Die nähere Ausgestaltung des Betreuungsangebots ist jedoch den Ländern überlassen.

16 Die Einhaltung der Vorgaben des Abs. 2 wird durch von Amts wegen zu erfolgende gerichtliche Kontrollen sichergestellt, vgl § 119 a StVollzG.

§ 67 Reihenfolge der Vollstreckung

(1) Wird die Unterbringung in einer Anstalt nach den §§ 63 und 64 neben einer Freiheitsstrafe angeordnet, so wird die Maßregel vor der Strafe vollzogen.

(2) ¹Das Gericht bestimmt jedoch, daß die Strafe oder ein Teil der Strafe vor der Maßregel zu vollziehen ist, wenn der Zweck der Maßregel dadurch leichter erreicht wird. ²Bei Anordnung der Unterbringung in einer Entziehungsanstalt neben einer zeitigen Freiheitsstrafe von über drei Jahren soll das Gericht bestimmen, dass ein Teil der Strafe vor der Maßregel zu vollziehen ist. ³Dieser Teil der Strafe ist so zu bemessen, dass nach seiner Vollziehung und einer anschließenden Unterbringung eine Entscheidung nach Absatz 5 Satz 1 möglich ist. ⁴Das Gericht soll ferner bestimmen, dass die Strafe vor der Maßregel zu vollziehen ist, wenn die verurteilte Person vollziehbar zur Ausreise verpflichtet und zu erwarten ist, dass ihr Aufenthalt im räumlichen Geltungsbereich dieses Gesetzes während oder unmittelbar nach Verbüßung der Strafe beendet wird.

(3) ¹Das Gericht kann eine Anordnung nach Absatz 2 Satz 1 oder Satz 2 nachträglich treffen, ändern oder aufheben, wenn Umstände in der Person des Verurteilten es angezeigt erscheinen lassen. ²Eine Anordnung nach Absatz 2 Satz 4 kann das Gericht auch nachträglich treffen. ³Hat es eine Anordnung nach Absatz 2 Satz 4 getroffen, so hebt es diese auf, wenn eine Beendigung des Aufenthalts der verurteilten Person im räumlichen Geltungsbereich dieses Gesetzes während oder unmittelbar nach Verbüßung der Strafe nicht mehr zu erwarten ist.

(4) Wird die Maßregel ganz oder zum Teil vor der Strafe vollzogen, so wird die Zeit des Vollzugs der Maßregel auf die Strafe angerechnet, bis zwei Drittel der Strafe erledigt sind.

(5) ¹Wird die Maßregel vor der Strafe oder vor einem Rest der Strafe vollzogen, so kann das Gericht die Vollstreckung des Strafrestes unter den Voraussetzungen des § 57 Abs. 1 Satz 1 Nr. 2 und 3 zur Bewährung aussetzen, wenn die Hälfte der Strafe erledigt ist. ²Wird der Strafrest nicht ausgesetzt, so wird der Vollzug der Maßregel fortgesetzt; das Gericht kann jedoch den Vollzug der Strafe anordnen, wenn Umstände in der Person des Verurteilten es angezeigt erscheinen lassen.

(6) ¹Das Gericht bestimmt, dass eine Anrechnung nach Absatz 4 auch auf eine verfahrensfremde Strafe erfolgt, wenn deren Vollzug für die verurteilte Person eine unbillige Härte wäre. ²Bei dieser Entscheidung sind insbesondere das Verhältnis der Dauer des bisherigen Freiheitsentzugs zur Dauer der verhängten Strafen, der erzielte Therapieerfolg und seine konkrete Gefährdung sowie das Verhalten der verurteilten Person im Vollstreckungsverfahren zu berücksichtigen. ³Die

Anrechnung ist in der Regel ausgeschlossen, wenn die der verfahrensfremden Strafe zugrunde liegende Tat nach der Anordnung der Maßregel begangen worden ist. ⁴Absatz 5 Satz 2 gilt entsprechend.

I. Die Vorschrift sieht für die Unterbringung in einer psychiatrischen Anstalt oder einer Entziehungsanstalt das sog. **vikariierende System** vor, wonach die Maßregeln grds. vor einer zugleich angeordneten Freiheitsstrafe vollzogen werden (Abs. 1), wobei sie die Funktion der Strafe teilweise stellvertretend mitübernehmen und demzufolge auf die Strafe angerechnet werden (Abs. 4). Die Sicherungsverwahrung wurde demgegenüber nicht in das vikariierende System aufgenommen, da sie den Charakter einer ultima ratio hat (BT-Drucks. V/4095, 31). Hierbei bleibt es auch nach Inkrafttreten des Gesetzes vom 5.12.2012 zur Umsetzung des Abstandsgebots im Recht der Sicherungsverwahrung (vgl BT-Drucks. 17/9874, 19; für eine Aufnahme der Sicherungsverwahrung ins vikariierende System *Pollähne* StV 2013, 249 [252]). 1

II. § 67 Abs. 1–3 gelten ihrem Wortlaut und dem gesetzgeberischen Willen nach nur, wenn die Maßregelanordnung und die Verurteilung zu einer Freiheitsstrafe **in einem Urteil** ausgesprochen wurden. Treffen hingegen eine Unterbringungsanordnung und Freiheitsstrafen aus verschiedenen Erkenntnisverfahren zusammen, so wird die Reihenfolge der Vollstreckung gem. § 44 b II StVollstrO durch die Vollstreckungsbehörde (gem. § 451 StPO die Staatsanwaltschaft) bestimmt. In der seit dem **1.8.2016** geltenden Fassung ist die strikte Beschränkung des Anwendungsbereiches auf nur einheitlich im Urteil ausgesprochene Freiheitsstrafen im Regelungsbereich von Abs. 4 (und Abs. 5 S. 2) aufgehoben worden. Mit dem neu eingefügten **Abs. 6** hat der Gesetzgeber nämlich eine Härtefallregelung eingeführt, die es unter Beachtung bestimmter Kriterien zulässt, den Vollzug der Maßregel mit Verweis auf Abs. 4 auch auf **verfahrensfremde Freiheitsstrafen** anzurechnen (dazu Rn 18 ff). Diese noch junge Gesetzesänderung ist einer Entscheidung des BVerfG geschuldet, die den nach aF geltenden ausnahmslosen Ausschluss einer Anrechnung des Maßregelvollzugs auf verfahrensfremde Freiheitsstrafen für unvereinbar mit dem GG erklärt hat (Entscheidung v. 27.3.2012, BVerfG NJW 2012, 1784 ff; näher Rn 12). 2

III. Will das Tatgericht von der **Grundregel** nach **Abs. 1** abweichen und soll die Strafe oder ein Teil der Strafe vor der Maßregel gem. §§ 63, 64 vollzogen werden, so bedarf es einer **gesonderten Anordnung** nach **Abs. 2:** 3

1. Hierbei sieht zunächst S. 1 eine **allgemeine Ausnahme** vor, die voraussetzt, dass der Zweck der Maßregel durch den (teilweisen) Vorwegvollzug der Freiheitsstrafe erleichtert wird. Erforderlich sind insoweit **stichhaltige, auf den Einzelfall bezogene Gründe**, welche die Anwendung der gesetzlichen Ausnahmeregelung konkret geboten erscheinen lassen (BGH StraFo 2006, 299). Ein solcher Grund ist zB gegeben, wenn sich an eine Unterbringung im Maßregelvollzug eine langandauernde Strafverbüßung anschließen müsste, die im konkreten Fall den Therapieerfolg in besonderer Weise gefährdete (BGH NStZ 1990, 52). 4

Unzulässig ist hingegen die Begründung einer Anordnung gem. S. 1 mit reinen Zweckmäßigkeitserwägungen (BayObLG DAR 1984, 239) oder Unterbringungsschwierigkeiten im Maßregelvollzug (BGH NStZ 1990, 103; weitere Beispiele bei *Fischer* Rn 7). Auch allein in der Zukunft eintretende Veränderungen können eine Abweichung vom Regelvollzug nicht rechtfertigen (BGH StV 2012, 723). Bei der sog. Organisationshaft, die nach Rechtskraft der Verurteilung der Überbrückung bis zum Freiwerden eines Therapieplatzes dient, liegt eine gesetzeswidrige 5

Umkehrung der Vollstreckungsreihenfolge dann vor, wenn die Vollstreckungsbehörde nicht unverzüglich die Überstellung des Täters in den Maßregelvollzug einleitet und herbeiführt, wobei die jeweils noch verfassungsgemäße Organisationsfrist unter Berücksichtigung der Bemühungen der Behörde um beschleunigte Unterbringung im jeweiligen Einzelfall bewertet werden muss (BVerfG NJW 2006, 427 [429]; LG Braunschweig R&P 2012, 169).

6 2. Weiterhin sehen die **S. 2 und 3** eine **spezielle Ausnahme** zur Regelreihenfolge nach Abs. 1 in den Fällen vor, in denen die **Unterbringung in eine Entziehungsanstalt** neben einer zeitigen Freiheitsstrafe von über drei Jahren angeordnet worden ist. Nach S. 3 ist dabei die Dauer des vorzuziehenden Strafteils so zu bestimmen, dass nach dessen Verbüßung die Aussetzung der Reststrafe zur Bewährung möglich ist. Kommt es zur Verhängung mehrerer (Gesamt-)Freiheitsstrafen, ist dabei von der Summe der verhängten Strafen auszugehen (BGH NStZ-RR 2014, 368 f). Bei (allein) fehlerhafter Berechnung des vorab zu vollziehenden Strafabschnitts durch das Tatgericht kann das Revisionsgericht analog § 354 I StPO diesen auch selbst festlegen (BGH NStZ 2008, 213). Die Konzeption von S. 2 als „Soll-Norm" gewährleistet, dass das Gericht in begründeten Fällen auch abweichende Entscheidungen treffen kann (vgl BGH NStZ-RR 2009, 105). Bei Bemessung des zu vollziehenden Strafteils nach S. 3 hat der Richter hingegen keinen Beurteilungsspielraum (BGH StV 2008, 638 m.Anm. *Ahmed*).

7 3. Schließlich enthält auch S. 4 eine **spezielle Ausnahme**, und zwar für Fälle, in denen die verurteilte Person vollziehbar zur **Ausreise verpflichtet** und zu erwarten ist, dass ihr Aufenthalt im räumlichen Geltungsbereich dieses Gesetzes während oder unmittelbar nach Verbüßung der Strafe beendet wird. Eine Bestandskraft der aufenthaltsbeendenden Maßnahme ist nicht erforderlich (OLG Celle StV 2009, 194 [195]). Da in diesen Konstellationen – ua mangels sicherer Aufenthaltszeit – eine sinnvolle Therapieplanung kaum möglich erscheint (näher zu den Problemen *Schneider* NStZ 2008, 68), führt die grds. Umkehr des Vollzugs zu einer effektiveren Nutzung der Maßregel (krit. *Jung* StV 2009, 212 [214 f]). Auch diese Norm ist als „Soll"-Vorschrift ausgestaltet, abweichende Entscheidungen sind also möglich.

8 4. Nach der Rspr ist die erlittene **Untersuchungshaft** gem. § 51 auf den Strafteil anzurechnen, der zeitlich nach einem Vorwegvollzug gem. § 67 Abs. 2 zu vollstrecken ist. Die Kürzung der Dauer des angeordneten Vorwegvollzuges um die Dauer der auf die Strafe anzurechnenden Untersuchungshaft ist unzulässig (BGH NStZ-RR 2014, 107 f).

9 IV. Anders als die Anordnung des Vorwegvollzugs der Strafe nach Abs. 2 wird eine nachträgliche Anordnung nach **Abs. 3** nicht durch das Tatgericht im Urteil, sondern durch die Strafvollstreckungskammer durch Beschluss ausgesprochen (§§ 463 VI, 462 I, 462 a I StPO, §§ 78 a, 78 b GVG). Während S. 2 und 3 hierbei besondere Bestimmungen für die Änderung der Vollstreckungsreihenfolge bei zur Ausreise verpflichteten Personen enthalten, gilt S. 1 für die Umkehr der Vollstreckung nach Maßgabe der Generalklausel und der speziellen Ausnahmeregelung des Abs. 2 S. 2. Da die Strafvollstreckungskammer Urteilsfeststellungen des Tatgerichts nicht wie ein Rechtsmittelgericht korrigieren darf (OLG Düsseldorf MDR 1989, 1012 [1013]), kann eine nachträgliche Anordnung nach dieser Vorschrift nur auf neu hinzutretende Umstände gestützt werden. Es muss sich insofern um **Umstände in der Person des Verurteilten** handeln.

Eine weitergehende Änderung der Vollstreckungsreihenfolge ist dabei auch im 10
Rahmen von Abs. 3 nur zulässig, wenn hierdurch der Maßregelzweck leichter erreicht zu werden verspricht (LG Zweibrücken StV 2004, 608 [609]; NK-*Pollähne* Rn 46). So ist insbesondere gegenüber dem „Behandlungsstörer", der sich seiner Behandlung im Maßregelvollzug widersetzt und auch die Therapie Dritter stört, eine Anordnung der Überweisung in den Strafvollzug nach Abs. 3 nur zulässig, wenn sie nicht allein der Entlastung der Unterbringungsanstalt, sondern auch der Vorbereitung späterer erneuter Anstaltstherapie dienen soll (SK-*Sinn* Rn 18). Ebenso wie im Rahmen des Abs. 2 genügt für eine Anordnung nach Abs. 3 ein Mangel an Therapieplätzen, das Fehlen einer adäquaten Therapiemethode (OLG Hamm NStZ-RR 2005, 251 [252]) oder Belegungsschwierigkeiten im Strafvollzug nicht (OLG Hamburg MDR 1993, 1100; L-Kühl-*Heger* Rn 6; krit. SK-*Sinn* Rn 13). Eine erneute Anordnung des Maßregelvollzugs gem. Abs. 3 scheidet schließlich aus, wenn der Maßregelvollzug zuvor gem. § 67 d V aufgehoben wurde (OLG Hamm NStZ 2000, 168).

V. Die Anrechnung nach **Abs. 4** erfolgt kraft Gesetzes und bedarf keiner weiteren 11
Anordnung. Sie wird von der Strafvollstreckungsbehörde bei der Berechnung der Strafzeit unmittelbar berücksichtigt.

Nach dem BVerfG ist die **Regelung** in der aF des § 67 insoweit **verfassungswidrig** 12
gewesen, als sie es (in Härtefällen) nicht ermöglichte, die Zeit des Vollzugs einer freiheitsentziehenden Maßregel der Besserung und Sicherung auf Freiheitsstrafen aus einem anderen Urteil als demjenigen, in welchem diese Maßregel angeordnet worden ist oder das bezüglich der Maßregel anordnenden Urteils gesamtstrafenfähig ist (sog. **verfahrensfremde Freiheitsstrafen**), anzurechnen. Insoweit hat die Vorschrift gegen das Freiheitsgrundrecht des Art. 2 II S. 2 GG verstoßen (BVerfG NJW 2012, 1784 [1786]). Allerdings hat das Gericht aufgrund dieses Verstoßes seinerzeit nicht die Unwirksamkeit des Abs. 4 festgestellt, sondern eine Weitergeltung bis zu einer gesetzlichen Neuregelung mit der Maßgabe angeordnet, dass künftig auch verfahrensfremde Freiheitsstrafen zur Vermeidung von Härtefällen zu berücksichtigen sind (BVerfG NJW 2012, 1784 [1788]). Zur Feststellung eines Härtefalles hat das BVerfG dabei bestimmte Kriterien sowie Ausschlussgründe vorgegeben (näher BVerfG NJW 2012, 1784 [1786 f]), die der Gesetzgeber nun weitestgehend im neu eingefügten Abs. 6 gesetzlich fixiert hat (s. Rn 18 ff). Mit der zum 1.8.2016 in Kraft getretenen Neuregelung ist die Verfassungsmäßigkeit der Norm folglich wiederhergestellt.

1. Wurde entsprechend dem gesetzlichen Regelfall nach Abs. 1 die Maßregel vor 13
der Strafe vollzogen, so wird die Zeit des Maßregelvollzugs auf die Strafe angerechnet, bis zwei Drittel der Strafe erledigt sind. Die beschränkte Anrechnung dient dem Zweck, einerseits eine doppelte Belastung des Verurteilten zu verhindern, andererseits die strafende Reaktion auf seine Tatschuld nicht völlig aufzuheben. Die Begrenzung der Anrechnung auf zwei Drittel der Strafe soll zudem bei dem Verurteilten unter dem Druck des noch nicht erledigten Teils der Strafe die Bereitschaft stärken, am Erfolg seiner Behandlung mitzuwirken, damit das letzte Drittel der Strafe gem. § 57 I zur Bewährung ausgesetzt werden kann (BT-Drucks. 10/2720, 13). Diese Begrenzung wurde vom BVerfG auch in Hinblick auf das Grundrecht des Verurteilten aus Art. 2 II S. 2 GG für verfassungsgemäß erachtet (BVerfGE 91, 1 [35]; krit. *Müller-Dietz* JR 1995, 353 [357]; abl. LK-*Hanack*, 11. Aufl., Rn 19: Anrechnungsbegrenzung nicht zu rechtfertigendes Sonderopfer). Im Falle einer unrechtmäßig angeordneten Maßregel kann es jedoch verfassungsrechtlich geboten sein, von einer Begrenzung abzusehen und eine

vollumfängliche Anrechnung der vollzogenen (rechstwidrigen) Unterbringung analog § 51 Abs. 1 S. 1 vorzunehmen (vgl KG StraFo 2015, 128 ff; LG Görlitz StraFo 2014, 171 f).

14 2. Umstritten ist, ob die **Rechtsfolge des Abs. 4** auch dann eintritt, **wenn die Freiheitsstrafe zur Bewährung ausgesetzt wurde**. Exemplarisch: A wird zu einer Freiheitsstrafe von einem Jahr auf Bewährung verurteilt. Zugleich wird die Unterbringung in einer Entziehungsanstalt angeordnet. A wird daraufhin für ein Jahr im Maßregelvollzug untergebracht. Droht A nun bei Widerruf der Strafaussetzung eine einjährige oder – aufgrund einer Anrechnung nach Abs. 4 – lediglich eine viermonatige Haft? Die überwiegende Auffassung bejaht die Anwendbarkeit der Anrechnungsregel nach Abs. 4 auch in diesen Fällen, da andernfalls der zunächst günstig Prognostizierte im Fall des Widerrufs der Strafaussetzung schlechter stünde als derjenige, dem die Strafaussetzung von vornherein versagt wurde (OLG Hamm MDR 1979, 157; S/S/W-*Jehle* Rn 25 f; S/S-*Stree/Kinzig* Rn 3). Die Gegenauffassung wendet gegen die Anrechnung in diesen Fällen ein, dass dies auch eine Verlängerung der Höchstdauer des Unterbringungsvollzugs nach § 67 d I S. 3 sei und somit Nachteile für den durch die Strafaussetzung Begünstigten auch dann zur Folge habe, wenn die Strafaussetzung nachträglich nicht widerrufen wird (LK-*Horstkotte* § 67 d, 10. Aufl., Rn 13; SK-*Sinn* Rn 5).

15 3. Kontrovers wird ferner die Frage diskutiert, ob eine vor dem Maßregelvollzug erlittene **Untersuchungshaft** auf das nach Abs. 4 von der Anrechnung ausgenommene Strafdrittel angerechnet oder ob sie dem anrechenbaren Zwei-Drittel-Zeitraum zugeschlagen werden und so die Anrechenbarkeit des Maßregelvollzugs beschränken soll. Exemplarisch: A wird, nachdem er bereits vier Monate in Untersuchungshaft verbracht hat, zu einer Freiheitsstrafe von 18 Monaten verurteilt. Zugleich wird die Unterbringung in einer Entziehungsanstalt angeordnet. A verbringt daraufhin ein Jahr im Maßregelvollzug. Stehen A nun noch zwei Monate (sechs Monate abzüglich vier Monate U-Haft) oder sechs Monate Freiheitsstrafe bevor (von der möglichen Aussetzung zur Bewährung abgesehen)? Die hM entscheidet diese Frage im letztgenannten Sinne und stützt dies auf den Wortlaut des Abs. 4, wonach die Maßregel nur anzurechnen sei, bis zwei Drittel der Strafe erledigt sind (vgl etwa OLG Zweibrücken NStZ 1996, 357; OLG Brandenburg NStZ-RR 2009, 232; SK-*Sinn* Rn 4). Nach anderer Auffassung ist eine so weitgehende Beschränkung der Möglichkeit, den Maßregelvollzug auf die Strafe anzurechnen, mit dem verfassungsrechtlichen Übermaßverbot nicht vereinbar (OLG Düsseldorf StV 2006, 423; S/S-*Stree/Kinzig* Rn 3).

16 4. Für den Fall der sog. **Organisationshaft** ist nach der Entscheidung des BVerfG diese Haftzeit von dem nach Abs. 4 anrechnungsfreien Strafdrittel abzuziehen (BVerfG NStZ 1998, 77; vgl auch OLG Thüringen StV 2007, 427).

17 **VI. Abs. 5 S. 1** stellt mit seiner 1. Alt. eine Privilegierung derjenigen Personen dar, die nach Abs. 1 gem. der Regelreihenfolge zunächst im Maßregelvollzug untergebracht wurden. Für diese ist eine **Strafaussetzung zur Bewährung** über § 57 hinaus schon **nach Erledigung der Hälfte der Strafe** möglich. Dem wird gem. Alt. 2 der Fall gleichgestellt, dass vor der Maßregel bereits eine teilweise Strafvollstreckung stand, so dass auch Fälle von Abs. 2 oder 3 erfasst werden, in denen kein vollständiger Vorwegvollzug der Strafe angeordnet wurde. Die vorzeitige Strafaussetzung steht im pflichtgemäßen Ermessen des Gerichts (Strafvollstreckungskammer) und dient der Förderung des mit dem Maßregelvollzug in besonderer Weise verfolgten Ziels der Rehabilitation des Verurteilten. Die Regelung des **Abs. 5 S. 2 Hs 1** soll für den Fall, dass der Strafrest nicht ausgesetzt wird, einen

Anstaltswechsel vermeiden helfen (NK-*Pollähne* Rn 26). Will die Strafvollstreckungskammer hiervon abweichend gem. **Abs. 5 S. 2 Hs 2** den Vollzug der Strafe anordnen, so bedarf diese Anordnung einer besonderen Begründung. Die Umlegung in den Strafvollzug wird zB dann iSd Vorschrift angezeigt sein, wenn eine Besserung des Untergebrachten durch eine weitere Behandlung im Maßregelvollzug nicht zu erwarten und noch eine lange Freiheitsstrafe zu vollstrecken ist.

VI. Zur Wahrung des Verhältnismäßigkeitsgrundsatzes ermöglicht es **Abs. 6 S. 1** 18 schließlich, in Fällen „unbilliger Härte" die Zeit einer vorab vollzogenen Maßregel mit Verweis auf Abs. 4 auch auf eine **verfahrensfremde Freiheitsstrafe** (vgl Rn 12) anzurechnen. S. 2 konkretisiert dafür die Kriterien, die zur Feststellung eines Härtefalles zu berücksichtigen sind. Mit S. 3 benennt der Gesetzgeber auch einen Ausschlussgrund, bei dem eine Anrechnung regelmäßig zu unterbleiben hat. S. 4 bestimmt schließlich eine entsprechende Geltung von Abs. 5 S. 2.

1. Die in S. 2 normierten Kriterien können aufgrund ihrer neutralen Formulie- 19 rung im Einzelfall für oder gegen einen Härtefall sprechen. Eine schematische Anwendung wäre hierbei verfehlt, vielmehr ist eine Gesamtabwägung vorzunehmen, in der den einzelnen Umständen mehr oder weniger Gewicht beigemessen werden kann (vgl BT-Drucks. 18/7244, 27 mwN).

Als erstes Kriterium ist das **Verhätnis der Dauer der bisherigen Freiheitsentzie-** 20 **hung** (idR die Zeit des bisherigen Maßregelvollzugs) **zur Dauer der verhängten Freiheitsstrafen** zu würdigen. Mit Blick auf die Vorgaben des BVerfG setzt ein Härtefall grds. voraus, dass die Dauer des bisherigen Freiheitsentzuges die Summe der verhängten Freiheitsstrafen erheblich überschreitet. Allerdings kann im Einzelfall eine bisherige Freiheitsentziehung von lediglich zwei Dritteln der Summe der verhängten Freiheitsstrafen ausreichen, wenn dem im Rahmen der vorzunehmenden Gesamtabwägung etwa die konkrete Gefährdung eines überaus eindrucksvollen Therapieerfolges gegenübersteht (vgl BT-Drucks. 18/7244, 28 mwN). Weiterhin sind folglich der **erzielte Therapieerfolg und seine konkrete Gefährdung** durch eine sich anschließende Vollstreckung der Freiheitsstrafe als weitere Kriterien zu beachten. Es bedarf insofern zunächst einer Feststellung des Therapieerfolges. Fehlt ein Therapieerfolg gänzlich, da die untergebrachte Person etwa ihre Mitwirkung verweigert hat, so wird auch regelmäßig ein Härtefall abzulehnen sein (so OLG Celle StV 2014, 159). Ob zusätzlich zur Feststellung eines Therapieerfolges eine Prognose bezogen auf eine konkrete Gefährdung des erzielten Erfolges zu erstellen ist, liegt zwar nah, ist jedoch von der bisherigen Rspr (zur entsprechenden Maßgabe des BVerfG) unterschiedlich beurteilt worden (vgl BT-Drucks. 18/7244, 28 mwN). Als letztes normiertes Kriterium ist das **Verhalten der verurteilten Person im Verlauf des Vollstreckungsverfahrens** zu berücksichtigen. Hier liegt das Augenmerk insbesondere auf der Mitwirkung des Betroffenen im Rahmen des Vollzuges und seiner Therapie. Im Rahmen dieses Kriteriums soll aber auch ein früheres Verhalten der verurteilten Person zu ihren Lasten Berücksichtigung finden, wenn eine Gefährdung oder Verzögerung des Resozialisierungserfolges darauf beruht, etwa wenn sie sich einer verfahrensfremden Freiheitsstraffe zu einem früheren Zeitpunkt entzogen hat (vgl BT-Drucks. 18/7244, 28).

2. Ist die der verfahrensfremden Freiheitsstrafe zugrunde liegende **Tat erst nach** 21 **der Maßregelanordnung** begangen worden, so ist nach S. 3 eine Anrechnung idR ausgeschlossen. Dies dient der Wahrung der präventiven Wirkung von Strafandrohungen und des Vermeidens von „Gutschriften" (näher dazu BT-Drucks. 18/7244, 29).

22 3. **Zuständig** für die Entscheidung über eine Anrechnung im Härtefall ist, anders als in den regulären Fällen des Abs. 4, nicht die Strafvollstreckungsbehörde, sondern das Gericht, nämlich die Strafvollstreckungskammer (zur unterschiedlichen Handhabung der Rspr im Rahmen der Beurteilung von Fällen nach Maßgabe der Weitergeltungsanordnung des BVerfG, vgl BT-Drucks. 18/7244, 26 mwN).

§ 67a Überweisung in den Vollzug einer anderen Maßregel

(1) Ist die Unterbringung in einem psychiatrischen Krankenhaus oder einer Entziehungsanstalt angeordnet worden, so kann das Gericht die untergebrachte Person nachträglich in den Vollzug der anderen Maßregel überweisen, wenn ihre Resozialisierung dadurch besser gefördert werden kann.

(2) ¹Unter den Voraussetzungen des Absatzes 1 kann das Gericht nachträglich auch eine Person, gegen die Sicherungsverwahrung angeordnet worden ist, in den Vollzug einer der in Absatz 1 genannten Maßregeln überweisen. ²Die Möglichkeit einer nachträglichen Überweisung besteht, wenn die Voraussetzungen des Absatzes 1 vorliegen und die Überweisung zur Durchführung einer Heilbehandlung oder Entziehungskur angezeigt ist, auch bei einer Person, die sich noch im Strafvollzug befindet und deren Unterbringung in der Sicherungsverwahrung angeordnet oder vorbehalten worden ist.

(3) ¹Das Gericht kann eine Entscheidung nach den Absätzen 1 und 2 ändern oder aufheben, wenn sich nachträglich ergibt, dass die Resozialisierung der untergebrachten Person dadurch besser gefördert werden kann. ²Eine Entscheidung nach Absatz 2 kann das Gericht ferner aufheben, wenn sich nachträglich ergibt, dass mit dem Vollzug der in Absatz 1 genannten Maßregeln kein Erfolg erzielt werden kann.

(4) ¹Die Fristen für die Dauer der Unterbringung und die Überprüfung richten sich nach den Vorschriften, die für die im Urteil angeordnete Unterbringung gelten. ²Im Falle des Absatzes 2 Satz 2 hat das Gericht bis zum Beginn der Vollstreckung der Unterbringung jeweils spätestens vor Ablauf eines Jahres zu prüfen, ob die Voraussetzungen für eine Entscheidung nach Absatz 3 Satz 2 vorliegen.

1 **I.** Eine nachträgliche Überweisung gem. Abs. 1 oder 2 S. 1 ist zulässig, wenn die Resozialisierung des Täters dadurch besser gefördert werden kann, dh wenn die in der anderen Vollzugsform konkret zur Verfügung stehenden Behandlungsmöglichkeiten ein zukünftig von Straftaten freies Leben des Untergebrachten voraussichtlich besser zu gewährleisten vermögen (L-Kühl-*Heger* Rn 3). Die nachträgliche Überweisung dient – ebenso wie ihre Änderung oder Aufhebung gem. Abs. 3 – dem Zweck, eine flexible Reaktion auf die Entwicklung des Untergebrachten in der jeweiligen Vollzugsform zu ermöglichen. Erforderlich sind daher neu entstandene oder neu hervorgetretene Umstände, die eine Neubewertung der zukünftigen Entwicklung des Untergebrachten rechtfertigen. Nicht erforderlich ist demgegenüber, dass sämtliche gesetzlichen Voraussetzungen für die Anordnung der jeweils anderen Maßregel vorhanden sind (SK-*Sinn* Rn 6).

2 Während sich Abs. 1 auf Überweisungen aus den Maßregeln der §§ 63 und 64 in die jeweils andere Maßregel bezieht, regelt Abs. 2 S. 1 die nachträgliche Überweisung einer Person, gegen die Sicherungsverwahrung angeordnet wurde und bereits vollzogen wird, in eine solche Maßregel. Letztere Überweisung kann gem.

S. 2 bereits während der Strafhaft erfolgen, die – da die Vorschriften der §§ 66 ff nicht in das vikariierende System des § 67 I aufgenommen wurden (dazu § 67 Rn 1) – vor der Sicherungsverwahrung zu vollziehen ist.

Anders als die aF ermöglicht die **seit dem 1.6.2013 geltende Neufassung des Abs. 2 S. 2** eine nachträgliche Überweisung auch bei solchen Personen, deren Unterbringung in der Sicherungsverwahrung noch nicht angeordnet, aber vorbehalten worden ist. Grund für diese Ausdehnung des Anwendungsbereichs ist die bei der Neugestaltung der Sicherungsverwahrung verfassungsrechtlich geschuldete Beachtung des Ultima-Ratio-Prinzips (BT-Drucks. 17/9874, 19; vgl auch § 66 c Rn 14). Eine nachträgliche Überweisung nach S. 2 erfordert zusätzlich zum Vorliegen der Voraussetzungen nach Abs. 1 auch, dass sie zur Durchführung einer **Heilbehandlung oder Entziehungskur** angezeigt sein muss, dh bei der betroffenen Person muss eine entsprechende psychische Disposition oder eine Suchtmittelproblematik vorliegen. Letzteres ersetzt das noch in der aF vorausgesetzte Erfordernis eines „Zustands nach § 20 oder § 21", welches als kaum praktikabel erachtet wurde (BT-Drucks. 17/9874, 19 mwN). Das Ende der Freiheitsstrafe muss zum Zeitpunkt der Überweisung noch nicht absehbar sein (LG Berlin NStZ 2008, 692 f). 3

II. Auf Abs. 1 oder 2 kann nicht die erstmalige Überweisung in den Vollzug der Sicherungsverwahrung gestützt werden (BVerfG NJW 1995, 772 [773]). Gleiches gilt für die Überweisung in eine sozialtherapeutische Anstalt gem. § 9 StVollzG (OLG Hamm NStZ 1987, 44; *Fischer* Rn 2), da dies eine Form des Strafvollzugs und keine Maßregelvollstreckung darstellt. 4

III. Die Regelung des Abs. 4 S. 1 stellt klar, dass Vollstreckungsgrundlage weiterhin die ursprüngliche, im Urteil getroffene Maßregelanordnung bleibt. Nach dieser allein richten sich daher auch die höchstzulässige Dauer der Maßregel (vgl § 67 d I, IV) und die Fristen zur Überprüfung des Maßregelvollzugs (vgl § 67 e I S. 2, II) sowie der Prüfungsmaßstab für eine Fortdauerentscheidung (vgl OLG München StV 2014, 153). S. 2 sieht bei Überweisungen gem. Abs. 2 feststehende Überprüfungstermine für eine mögliche Entscheidung nach Abs. 3 S. 2 vor, um eine langdauernde „Fehlplatzierung" von aus der Sicherungsverwahrung bzw Strafhaft stammenden Personen zu verhindern (vgl BT-Drucks. 16/1110, 17). Die durch das Gesetz vom 5.12.2012 (BGBl. I 2425) geänderte nF verkürzt die Frist zur Prüfung einer Rücküberweisung dabei generell auf ein Jahr und bezweckt damit eine Angleichung an die im Zuge der vorgenannten Gesetzesänderung verkürzten Überprüfungsfrist nach § 67 e II. 5

IV. **Zuständig** für eine Anordnung nach § 67 a ist gem. §§ 463 VI, 462 I, 462 a I StPO die Strafvollstreckungskammer, welche durch Beschluss entscheidet. Eine Anordnung durch das Tatgericht, die etwa nach § 67 a II gleichzeitig mit der Anordnung nachträglicher Sicherungsverwahrung denkbar wäre, ist nicht zulässig (näher BGH StV 2006, 413 f; zust. *Fischer* Rn 6). 6

§ 67 b Aussetzung zugleich mit der Anordnung

(1) ¹Ordnet das Gericht die Unterbringung in einem psychiatrischen Krankenhaus oder einer Entziehungsanstalt an, so setzt es zugleich deren Vollstreckung zur Bewährung aus, wenn besondere Umstände die Erwartung rechtfertigen, daß der Zweck der Maßregel auch dadurch erreicht werden kann. ²Die Aussetzung

unterbleibt, wenn der Täter noch Freiheitsstrafe zu verbüßen hat, die gleichzeitig mit der Maßregel verhängt und nicht zur Bewährung ausgesetzt wird.

(2) Mit der Aussetzung tritt Führungsaufsicht ein.

1   I. Die Regelung des § 67 b ist eine **Ausprägung des Verhältnismäßigkeitsgrundsatzes** und konkretisiert das Gebot des geringstmöglichen Eingriffs (vgl hierzu und zur sog. Subsidiarität bei Anordnung der Maßregel § 62 Rn 6). Nach **Abs. 1 S. 1** ist die Vollstreckung der Unterbringung in einem psychiatrischen Krankenhaus oder einer Entziehungsanstalt zugleich mit ihrer Anordnung zur Bewährung auszusetzen, wenn **besondere Umstände** eine Zweckerreichung auch ohne Vollstreckung erwarten lassen. Besondere Umstände in diesem Sinne sind solche in der Tat, der Person des Täters oder seiner gegenwärtigen oder zukünftigen Lage (BGH bei *Dallinger* MDR 1975, 722 [724]). Zweck der Maßregel ist im Fall des § 63 die Sicherung der Allgemeinheit vor dem Täter, im Fall des § 64 die Sicherung durch Heilung.

2   Im Schrifttum ist umstritten, ob die Aussetzung gem. Abs. 1 S. 1 den Ausnahmefall darstellt (so L-Kühl-*Heger* Rn 1; LK-*Rissing-van Saan/Peglau* Rn 45 unter Berufung auf den Wortlaut: „[...] wenn besondere Umstände [...]") oder ob umgekehrt der Vollzug der Maßregelanordnung nur gerechtfertigt ist, wenn die tatsächlichen Umstände eine negative Prognose des zukünftigen Täterverhaltens zu stützen vermögen (SK-*Sinn* Rn 2). Hiermit einher geht die Streitfrage, ob sich Zweifel in Bezug auf die Zweckerreichung der Maßregel auch ohne Vollstreckung zugunsten des Verurteilten (dh im Zweifel Aussetzung) oder zu seinen Ungunsten (dh im Zweifel Vollzug) auswirken (hierzu § 61 Rn 5 ff).

3   Ungeachtet der Beantwortung dieser Fragen werden besondere Umstände iSv Abs. 1 S. 1 allgemein zB dann als gegeben angesehen, wenn eine medikamentöse oder psychotherapeutische Behandlung auf freiwilliger Basis Erfolg verspricht (BGH bei *Holtz* MDR 1985, 979), die persönlichen Verhältnisse des bisher haltlosen Täters sich konsolidiert haben oder eine Überwachung durch die Familie des Täters ausreichend erscheint (weitere Beispiele bei SK-*Sinn* Rn 4).

4   II. Die mit dem Eintritt der Führungsaufsicht nach **Abs. 2** verbundenen Rechtsfolgen sind in den §§ 68 ff geregelt.

5   III. **Angeordnet** wird die Aussetzung des Maßregelvollzugs durch das **erkennende Gericht** im Urteil. Sie muss gem. § 260 IV S. 4 StPO in der Urteilsformel enthalten sein.

§ 67 c Späterer Beginn der Unterbringung

(1) ¹Wird eine Freiheitsstrafe vor einer wegen derselben Tat oder Taten angeordneten Unterbringung vollzogen und ergibt die vor dem Ende des Vollzugs der Strafe erforderliche Prüfung, dass
1. der Zweck der Maßregel die Unterbringung nicht mehr erfordert oder
2. die Unterbringung in der Sicherungsverwahrung unverhältnismäßig wäre, weil dem Täter bei einer Gesamtbetrachtung des Vollzugsverlaufs ausreichende Betreuung im Sinne des § 66 c Absatz 2 in Verbindung mit § 66 c Absatz 1 Nummer 1 nicht angeboten worden ist,

setzt das Gericht die Vollstreckung der Unterbringung zur Bewährung aus; mit der Aussetzung tritt Führungsaufsicht ein. ²Der Prüfung nach Satz 1 Nummer 1 bedarf es nicht, wenn die Unterbringung in der Sicherungsverwahrung im ersten Rechtszug weniger als ein Jahr vor dem Ende des Vollzugs der Strafe angeordnet worden ist.

(2) ¹Hat der Vollzug der Unterbringung drei Jahre nach Rechtskraft ihrer Anordnung noch nicht begonnen und liegt ein Fall des Absatzes 1 oder des § 67 b nicht vor, so darf die Unterbringung nur noch vollzogen werden, wenn das Gericht es anordnet. ²In die Frist wird die Zeit nicht eingerechnet, in welcher der Täter auf behördliche Anordnung in einer Anstalt verwahrt worden ist. ³Das Gericht ordnet den Vollzug an, wenn der Zweck der Maßregel die Unterbringung noch erfordert. ⁴Ist der Zweck der Maßregel nicht erreicht, rechtfertigen aber besondere Umstände die Erwartung, daß er auch durch die Aussetzung erreicht werden kann, so setzt das Gericht die Vollstreckung der Unterbringung zur Bewährung aus; mit der Aussetzung tritt Führungsaufsicht ein. ⁵Ist der Zweck der Maßregel erreicht, so erklärt das Gericht sie für erledigt.

I. Die seit dem 1.6.2013 geltende **Neufassung des Abs. 1** betrifft weiterhin vorwiegend die Sicherungsverwahrung, aber auch solche Fälle, in denen der Vorwegvollzug der Strafe vor der Maßregel gem. § 67 II gesondert angeordnet wurde. Anders als noch die aF findet die Neufassung jedoch aufgrund der Umformulierung in S. 1 (statt „zugleich" nunmehr „wegen derselben Tat oder Taten") auch **Anwendung auf die vorbehaltene und nachträglich angeordnete Sicherungsverwahrung**. Zudem eröffnet die neu eingeführte Regelung in Nr. 2 anknüpfend an § 66 c II eine weitere Aussetzungsmöglichkeit in Form einer speziell geregelten Verhältnismäßigkeitsprüfung. Hintergrund der Änderung bzw Neueinführungen ist das nach den Vorgaben des BVerfG für eine verfassungsgemäße Neugestaltung der Sicherungsverwahrung ua auch zu beachtende **Ultima-Ratio-Prinzip** (BT-Drucks. 17/9874, 19 f; vgl auch § 66 c Rn 14). Bei einer Anwendung auf Altfälle der Sicherungsverwahrung ist auch weiterhin der strenge Maßstab des BVerfG zu beachten (hierzu Vor § 66 Rn 8 f). 1

1. Die Aussetzungsregelung nach **Abs. 1 S. 1 Nr. 1** entspricht – mit Ausnahme der nunmehr geltenden Ausdehnung auf alle Anordnungsformern der Sicherungsverwahrung – der bereits in Abs. 1 aF (allein) enthaltenen Erforderlichkeitsprüfung. Nach **Abs. 1 S. 1** muss die Überprüfung der Erforderlichkeit des Maßregelvollzugs gem. Nr. 1 **vor dem Ende des Vollzugs der Strafe** erfolgen, dh in der Regel dann, wenn ein konkreter Entlassungstermin ins Auge gefasst werden kann. Sie muss so rechtzeitig vorgenommen werden, dass die Entscheidung noch vor der Entlassung aus dem Strafvollzug rechtskräftig werden kann (OLG Stuttgart NStZ 1988, 45), was bei einem Prüfungsbeginn sechs Monate vor dem in Betracht kommenden Entlassungszeitpunkt regelmäßig der Fall sein wird (OLG Stuttgart aaO; SK-*Sinn* Rn 4). Kommt es jedoch trotz rechtzeitigen Prüfungsbeginns vor der Entlassung aus dem Strafvollzug nicht zu einer rechtskräftigen Entscheidung, so kann der Verurteilte aufgrund der fortwirkenden Maßregelanordnung in Verwahrung gehalten werden, wenn die rechtskräftige Entscheidung innerhalb einer angemessenen Frist herbeigeführt wird (BVerfGE 42, 1 [10]). Wird die Erforderlichkeitsprüfung demgegenüber vollständig versäumt, ist der Untergebrachte in jedem Falle (jedenfalls vorübergehend) freizulassen (OLG Rostock NStZ 2013, 107 [108]). Werden mehrere, in verschiedenen Verfahren verhängte Strafen nacheinander vollstreckt, so ist eine Entscheidung gem. Abs. 1 S. 1 erst 2

dann zu treffen, wenn über die Aussetzung aller Strafreste gleichzeitig entschieden werden kann (KG NStZ 1990, 54).

3 Für die **Aussetzungsentscheidung** gem. Abs. 1 S. 1 Nr. 1 stellt sich auch weiterhin die Streitfrage, ob hierfür eine positive Prognose des Täterverhaltens dahin gehend, dieser werde in Zukunft keine erheblichen Straftaten mehr begehen, erforderlich ist oder ob der Wegfall der zuvor bestehenden Negativprognose genügt, Zweifel bezüglich der zugrunde liegenden Tatsachen sich mithin zugunsten des Verurteilten auswirken (hierzu § 61 Rn 5 ff). Der leicht geänderte Wortlaut im Vergleich zur aF (zuvor: „ob der Zweck...noch erfordert") hat lediglich redaktionelle Gründe und bezweckt ausweislich der Gesetzesbegründung keine Festschreibung dahin gehend, dass eine positive Legalprognose verlangt werde (BT-Drucks. 17/9874, 20; vgl aber OLG Köln StV 2015, 372 [373] sowie OLG Hamm NStZ-RR 2016, 230 f, die den Gesetzesmaterialien für den Bereich der Sicherungsverwahrung einen tendenziellen Aussagegehalt zugunsten des Wegfalls der Negativprognose als Maßstab entnehmen).

4 Einer Erforderlichkeitsprüfung nach Abs. 1 S. 1 Nr. 1 bedarf es gem. **Abs. 1 S. 2** ausnahmsweise dann nicht, wenn die Sicherungsverwahrung in einem Zeitraum von weniger als einem Jahr vor Vollzugsende der Strafe angeordnet wurde. Eine erneute Gefährlichkeitsprüfung wird in diesen Fällen als „überflüssiger Formalismus" angesehen (BT-Drucks. 17/9874, 20). Die Ausnahme nach S. 2 findet keine Anwendung auf die gem. Abs. 1 S. 1 Nr. 2 zu erfolgende Verhältnismäßigkeitsprüfung.

5 2. **Abs. 1 S. 1 Nr. 2** erfüllt im Hinblick auf § 66 c II und dem darin zur Geltung gebrachten Ultima-Ratio-Prinzip eine „Sanktionierungsfunktion" (so auch *Renzikowski* NJW 2013, 1638 [1640]), um damit die Beachtung der verfassungsrechtlichen Vorgaben bei der Vollstreckung sicherzustellen. Es ist für eine Aussetzung der Vollstreckung zur Bewährung daher ohne Belang, ob dem Betroffenen eine günstige Legalprognose gestellt werden kann. Im Rahmen der durchzuführenden Verhältnismäßigkeitsprüfung kommt es entscheidend auf eine **Gesamtbetrachtung des Vollzugsverlaufes** an, also ob der Vollzug der Sicherungsverwahrung in Anbetracht aller dem Täter während des Strafvollzugs gemachten Betreuungsangebote verhältnismäßig erscheint (näher BT-Drucks. 17/9874, 20 f; vgl auch *Peglau* JR 2013, 249 [253]). Bei seiner Entscheidung ist das Gericht gem. § 119 a VII StVollzG an die rechtskräftigen Feststellungen der StVK gebunden. Eine defizitäre Betreuung im Zeitraum vor Inkrafttreten der Vorschrift bleibt unberücksichtigt (vgl Art. 316 f III S. 1 EGStGB).

6 Ein eventueller Widerruf der Aussetzung zur Bewährung bestimmt sich nach § 67 g Abs. 1 S. 1, wonach erforderlich ist, dass aufgrund der dort genannten Voraussetzungen der Zweck der Maßregel die erneute Unterbringung der verurteilten Person erfordert. Ob ein solcher Widerruf auch im konkreten Einzelfall angemessen und damit verhältnismäßig ist, richtet sich vor allem danach, ob der vom Betroffenen zu vertretende Widerrufsgrund so schwer wiegt, dass die ursprünglich unverhältnismäßige Vollstreckung nunmehr doch als verhältnismäßig anzusehen ist (BT-Drucks. 17/9874, 21). Im Schrifttum wird letztere vom Gesetzgeber vertretene Wechselwirkung zwischen einem schwer wiegenden Widerrufsgrund und der Verhältnismäßigkeit einer Vollstreckung kritisch betrachtet und alternativ vorgeschlagen, als Rechtsfolge von Betreuungsmängeln die Maßregel unter Anordnung von Führungsaufsicht für erledigt zu erklären (*Renzikowski* NJW 2013, 1638 [1640]; vgl auch *Peglau* JR 2013, 249 [253 f]; *Pollähne* StV 2013, 249 [253]).

3. Mit Bewährungsaussetzung tritt sowohl in Fällen nach Nr. 1 als auch nach Nr. 2 kraft Gesetz Führungsaufsicht ein (vgl § 68).

II. **Abs. 2** liegt die Überlegung zugrunde, dass eine ursprünglich negative Prognose über die zukünftige Gefährlichkeit des Täters in Zweifel gezogen werden muss, wenn der Täter drei Jahre seit Rechtskraft der Anordnung in Freiheit verbracht hat, ohne dass es zur Begehung weiterer erheblicher Straftaten gekommen ist. Im Falle einer Entscheidung gem. Abs. 2 ist stets zu beachten, dass das Gericht den Unterbringungsvollzug nur solange anordnen darf, wie noch keine Vollstreckungsverjährung gem. § 79 I, IV eingetreten ist.

III. Zuständig für die Prüfung gem. Abs. 1 ist, ebenso wie für die Anordnung nach Abs. 2, die Strafvollstreckungskammer (§§ 463 III, 454, 462 a I bzw §§ 463 VI, 462, 462 a I StPO).

§ 67 d Dauer der Unterbringung

(1) ¹Die Unterbringung in einer Entziehungsanstalt darf zwei Jahre nicht übersteigen. ²Die Frist läuft vom Beginn der Unterbringung an. ³Wird vor einer Freiheitsstrafe eine daneben angeordnete freiheitsentziehende Maßregel vollzogen, so verlängert sich die Höchstfrist um die Dauer der Freiheitsstrafe, soweit die Zeit des Vollzugs der Maßregel auf die Strafe angerechnet wird.

(2) ¹Ist keine Höchstfrist vorgesehen oder ist die Frist noch nicht abgelaufen, so setzt das Gericht die weitere Vollstreckung der Unterbringung zur Bewährung aus, wenn zu erwarten ist, daß der Untergebrachte außerhalb des Maßregelvollzugs keine erheblichen rechtswidrigen Taten mehr begehen wird. ²Gleiches gilt, wenn das Gericht nach Beginn der Vollstreckung der Unterbringung in der Sicherungsverwahrung feststellt, dass die weitere Vollstreckung unverhältnismäßig wäre, weil dem Untergebrachten nicht spätestens bis zum Ablauf einer vom Gericht bestimmten Frist von höchstens sechs Monaten ausreichende Betreuung im Sinne des § 66 c Absatz 1 Nummer 1 angeboten worden ist; eine solche Frist hat das Gericht, wenn keine ausreichende Betreuung angeboten wird, unter Angabe der anzubietenden Maßnahmen bei der Prüfung der Aussetzung der Vollstreckung festzusetzen. ³Mit der Aussetzung nach Satz 1 oder 2 tritt Führungsaufsicht ein.

(3) ¹Sind zehn Jahre der Unterbringung in der Sicherungsverwahrung vollzogen worden, so erklärt das Gericht die Maßregel für erledigt, wenn nicht die Gefahr besteht, daß der Untergebrachte erhebliche Straftaten begehen wird, durch welche die Opfer seelisch oder körperlich schwer geschädigt werden. ²Mit der Entlassung aus dem Vollzug der Unterbringung tritt Führungsaufsicht ein.

(4) ¹Ist die Höchstfrist abgelaufen, so wird der Untergebrachte entlassen. ²Die Maßregel ist damit erledigt. ³Mit der Entlassung aus dem Vollzug der Unterbringung tritt Führungsaufsicht ein.

(5) ¹Das Gericht erklärt die Unterbringung in einer Entziehungsanstalt für erledigt, wenn die Voraussetzungen des § 64 Satz 2 nicht mehr vorliegen. ²Mit der Entlassung aus dem Vollzug der Unterbringung tritt Führungsaufsicht ein.

(6) ¹Stellt das Gericht nach Beginn der Vollstreckung der Unterbringung in einem psychiatrischen Krankenhaus fest, dass die Voraussetzungen der Maßregel nicht mehr vorliegen oder die weitere Vollstreckung der Maßregel unverhältnismäßig wäre, so erklärt es sie für erledigt. ²Dauert die Unterbringung sechs Jahre, ist

ihre Fortdauer in der Regel nicht mehr verhältnismäßig, wenn nicht die Gefahr besteht, dass der Untergebrachte infolge seines Zustandes erhebliche rechtswidrige Taten begehen wird, durch welche die Opfer seelisch oder körperlich schwer geschädigt werden oder in die Gefahr einer schweren körperlichen oder seelischen Schädigung gebracht werden. ³Sind zehn Jahre der Unterbringung vollzogen, gilt Absatz 3 Satz 1 entsprechend. ⁴Mit der Entlassung aus dem Vollzug der Unterbringung tritt Führungsaufsicht ein. ⁵Das Gericht ordnet den Nichteintritt der Führungsaufsicht an, wenn zu erwarten ist, dass der Betroffene auch ohne sie keine Straftaten mehr begehen wird.

1   I. **Abs. 1 S. 1** der Vorschrift begrenzt die zulässige Unterbringung in einer Entziehungsanstalt auf die grundsätzliche Höchstdauer von zwei Jahren und trägt damit der Erkenntnis Rechnung, dass der mit einer solchen Unterbringung verfolgte Zweck der Sicherung durch Heilung nach Ablauf dieses Zeitraums erreicht ist oder nicht mehr erreicht werden kann. Aus Satz 1 ergibt sich im Umkehrschluss, dass eine Befristung durch Ausspruch im Urteil – etwa bei Anordnung der Unterbringung in einer psychiatrischen Anstalt – nicht zulässig ist (BGHSt 30, 305 [307]).

2   ■   Die Höchstfristverlängerung gem. **Satz 3** hat nach hM zur Folge, dass der Grundfrist von zwei Jahren nach Satz 1 zwei Drittel der verhängten Freiheitsstrafe (vgl § 67 IV) zugeschlagen werden, abzüglich des Teils der Strafzeit, der sich bereits über eine Anrechnung gem. § 51 erledigt hat (OLG Frankfurt NStZ 1993, 453; OLG Hamm StV 1995, 89; HKGS-*Braasch* Rn 4; SK-*Sinn* Rn 5; zur Berücksichtigung einer vorangegangenen U-Haft bei der Anrechnung des Maßregelvollzugs auf die Freiheitsstrafe vgl § 67 Rn 15). Exemplarisch: A wird zu neun Jahren Freiheitsstrafe verurteilt. Zugleich wird die Unterbringung in einer Entziehungsanstalt angeordnet. A hat bereits zuvor sechs Monate in U-Haft verbracht. Die Höchstfrist für die Unterbringung in der Entziehungsanstalt beträgt hier nach hM siebeneinhalb Jahre (Grundfrist von zwei Jahren zuzüglich zwei Drittel der neunjährigen Freiheitsstrafe abzüglich der sechs Monate U-Haft).

3   ■   Nach anderer Ansicht wird die zweijährige Grundhöchstfrist des Satzes 1 gem. Satz 3 nur um den Teil der Freiheitsstrafe verlängert, welcher sich während des Laufs der Grundhöchstfrist durch Anrechnung des Maßregelvollzugs nach § 67 IV erledigt hat (LG Paderborn NStZ 1990, 357; *Volckart* NStZ 1987, 215 [216]). Folgt man dieser Ansicht, so beträgt im o.g. Beispielsfall die Höchstfrist für die Unterbringung in der Entziehungsanstalt vier Jahre (Grundhöchstfrist von zwei Jahren zuzüglich der zwei Jahre Freiheitsstrafe, welche sich durch Anrechnung des Maßregelvollzugs während des Laufs der Grundhöchstfrist erledigt haben). Die Höchstfristverlängerung gem. Satz 3 wäre demnach durch Satz 1 begrenzt. Begründet wird diese Abweichung vom Wortlaut des Satzes 3 mit der kriminalpolitischen Bedenklichkeit einer weitergehenden Höchstfristverlängerung sowie mit dem früheren Wortlaut des § 67 II, der eine Beschränkung der Anrechnung auf zwei Drittel der nachfolgenden Freiheitsstrafe nicht kannte (näher *Volckart* aaO).

4   Ist die Unterbringungshöchstfrist **abgelaufen**, so bestimmt sich die Rechtsfolge nach **Abs. 4**.

5   II. Unter den Voraussetzungen des **Abs. 2 S. 1** setzt das Vollstreckungsgericht die Unterbringung im Maßregelvollzug zur Bewährung aus.

1. Nach **Abs. 2 S. 1** ist vor Ablauf der Höchstfrist und auch im Falle unbefristeter   6
Unterbringung der Vollzug der Maßregel dann zur Bewährung auszusetzen,
wenn beim Untergebrachten die Erfüllung der vorausgesetzten Erwartung prognostiziert werden kann. Ob insoweit eine positive Prognose des zukünftigen Täterverhaltens erforderlich oder eine Aussetzung bereits dann geboten ist, wenn
die Umstände eine Aufrechterhaltung der negativen Prognose nicht mehr zu tragen vermögen, wird auch hier kontrovers diskutiert (vgl hierzu § 61 Rn 5 ff und
§ 67 c Rn 3). Gegenstand der Prognose müssen im Rahmen des § 67 d II S. 1 zu
erwartende **erhebliche rechtswidrige Taten** des Untergebrachten sein, die bereits
eine Anordnung der Unterbringung hätten rechtfertigen können (KG StV 2007,
432; L-Kühl-*Heger* Rn 3; zur Erheblichkeit vgl § 63 Rn 6 ff, § 64 Rn 7 und § 66
Rn 21).

Sind die Voraussetzungen für eine Aussetzung nach Abs. 2 nicht gegeben, verstie-   7
ße ein weiterer Vollzug der Maßregel aber gegen den Grundsatz der Verhältnismäßigkeit, so ist die Maßregel für erledigt zu erklären (OLG Karlsruhe NStZ
1999, 37). Zu bedenken ist insoweit, dass in Hinblick auf die Verhältnismäßigkeit ein umso strengerer Maßstab gilt, je länger der Maßregelvollzug bereits andauert (BVerfGE 70, 297 [315]; BVerfG NStZ-RR 2013, 322 [323]). Hierbei bedarf es insbesondere in Fällen der Fortdaueranordnung nach bereits längerem
Freiheitsentzug einer eingehenden Begründung der Verhältnismäßigkeit, dessen
in der Praxis häufig zu beobachtendes Fehlen jüngst vom BVerfG in mehreren
Entscheidungen beanstandet wurde (so auch im Fall „Mollath", vgl BVerfG
NJW 2013, 3228 [3230] m. Bspr *Muckel* JA 2014, 73 ff; BVerfG StV 2014, 148
[150]). Analog § 67 c II S. 5 ist die Maßregel auch dann für erledigt zu erklären,
wenn sich nachträglich herausstellt, dass die tatsächlichen Voraussetzungen für
eine Anordnung der Maßregel nicht vorgelegen haben (BVerfG StV 1995, 202).

2. Die neu eingeführte Aussetzungsmöglichkeit nach **Abs. 2 S. 2** bezieht sich ausschließlich auf die Sicherungsverwahrung und dient in Anknüpfung an die Neuregelung nach § 66 c der Beachtung des **Ultima-ratio Prinzips** (hierzu § 66 c   8
Rn 14) auch **während des Vollzugs der Maßregel** (vgl BT-Drucks. 17/9874, 21).
Bei der Vorschrift handelt es sich um eine **gesetzlich normierte spezielle Verhältnismäßigkeitprüfung** für den Fall von nicht ausreichenden Betreuungsangeboten
nach § 66 c I Nr. 1. Die gerichtliche Prüfung erfolgt dabei im Wesentlichen in den
folgenden Schritten (vgl auch BT-Drucks. 17/9874, 21): (1) Spätestens zu den gesetzlich vorgegebenen Fristen nach § 67 e II muss das Gericht ua auch prüfen, ob
dem Untergebrachten eine ausreichende Betreuung iSd § 66 c angeboten wird; (2)
stellt es einen entsprechenden Betreuungsmangel fest, muss es der Vollzugsbehörde unter Angabe der konkret anzubietenden Maßnahme(n) zur zukünftigen Einhaltung des Betreuungsgebots eine Frist setzen (vgl Abs. 2 S. 2 Hs 2); (3) erst
nach fruchtlosem Ablauf dieser Frist (höchstens 6 Monate) ist eine Aussetzung
zulässig und das Gericht hat anhand einer Gesamtwürdigung des Vollzugsverlaufes darüber zu befinden, ob in Anbetracht des Betreuungsmangels eine weitere
Vollstreckung unverhältnismäßig wäre (vgl hierzu OLG Hamm NStZ 2014,
538 ff m. krit. Anm. *Ullenbruch*).

Abs. 2 S. 2 ist auf Versäumnisse bei der Behandlung im Vollzug der Sicherungsverwahrung, die in der Zeit bis zum 31.5.2013 – also noch vor Inkrafttreten der   9
Vorschrift – eingetreten sind, nicht anwendbar (OLG Frankfurt NStZ-RR 2013,
359 [360]). Zur Frage, ob in Unverhältnismäßigkeitsfällen wegen unzureichender Betreuung die Bewährungsaussetzung als richtige Rechtsfolge anzusehen ist,
vgl § 67 c Rn 6 mwN

10 **III.** Gem. **Abs. 3** ist die Sicherungsverwahrung nach zehn Jahren des Vollzugs im Regelfall auszusetzen. Da die Nichterledigung schon nach der gesetzlichen Formulierung („[...] wenn nicht [...]") die Ausnahme darstellt, wirken sich Zweifel in Bezug auf die für die Prognose ausschlaggebende Tatsachenlage nach allen Auffassungen zugunsten des Untergebrachten aus (BVerfGE 109, 133 [161]; SK-*Sinn* Rn 32).

11 Nach der Grundsatzentscheidung des BVerfG vom 4.5.2011 verstößt eine Verlängerung der Sicherungsverwahrung über die Frist von zehn Jahren hinaus außerdem in sog. **Vertrauensschutzfällen**, die zeitlich *vor* Inkrafttreten des § 67 d III S. 1 am 31.1.1998 abgeurteilt wurden, gegen das **rechtsstaatliche Vertrauensschutzgebot** aus Art. 2 II S. 2 iVm Art. 20 III GG (BVerfGE 128, 326 [388 ff]; vgl hierzu bereits Vor § 66 Rn 4 f). Das BVerfG knüpft damit an ein Urteil des EGMR an, der bereits zuvor einen Verstoß gegen Art. 5 I und Art. 7 I EMRK angenommen hatte (NJW 2010, 2495 m.Anm. *Laue* JR 2010, 218 ff; krit. *Hörnle* Rissing-van Saan-FS 239 [242 ff]; vgl auch EGMR NJW 2011, 3427 f). Zur Lösung dieser Problematik hat der Gesetzgeber im Zuge der jüngsten Neuregelung zur Sicherungsverwahrung die Übergangsvorschrift des **Art. 316 f EGStGB** eingeführt (vgl hierzu Vor § 66 Rn 8 f). Aufgrund dieser Bestimmung wird sichergestellt, dass in den vorgenannten Vertrauensschutzfällen nunmehr sowohl dem Vertrauensschutzgebot als auch dem Abstandsgebot Genüge getan wird (im Einzelnen BT-Drucks. 17/9874, 12, 31 f). Nach Art. 316 f II S. 1 ist Abs. 3 auch in den Vertrauensschutzfällen weiterhin anzuwenden, jedoch darf der Vollzug der Sicherungsverwahrung nach Art. 316 f II S. 2 nur noch fortgesetzt werden, wenn beim Betroffenen eine psychische Störung vorliegt und aus konkreten Umständen in seiner Person oder seinem Verhalten die hochgradige Gefahr abzuleiten ist, dass er infolge dieser Störung schwerste Gewalt- oder Sexualstraftaten begehen wird. Zu beachten ist, dass der Gesetzgeber mit dieser Maßgabe die vom BVerfG für die Fortgeltung der Vorschrift bis zum 31.5.2013 angeordnete strikte Verhältnismäßigkeitsprüfung (vgl Vor § 66 Rn 4 f, 9) nicht nur weitestgehend übernommen, sondern darüber hinaus auch ein Kausalitätserfordernis zwischen psychischer Störung und hochgradiger Gefahr eingefügt hat. Der Begriff der psychischen Störung entspricht demnach § 1 I Nr. 1 ThUG, der das Kausalitätserfordernis ebenfalls enthält (vgl Vor § 66 Rn 9 f; BT-Drucks. 17/9874, 31). Liegen die Voraussetzungen für eine Fortdauer nicht vor, so ist auch in den Altfällen die Maßregel vom Gericht für erledigt zu erklären; mit Entlassung tritt kraft Gesetz Führungsaufsicht ein (vgl Art. 316 f II S. 4 EGStGB).

12 **IV.** Nach **Abs. 5 S. 1** kann das Gericht die Unterbringung in einer Entziehungsanstalt generell für erledigt erklären, wenn die Voraussetzungen des § 64 S. 2 nicht mehr vorliegen, also keine hinreichend konkrete Aussicht zur Heilung der Person oder zur Bewahrung vor dem Rückfall in den Hang und damit einhergehender erheblicher rechtswidriger Taten besteht. Den Ablauf einer Mindestdauer der Unterbringung sieht die Vorschrift im Gegensatz zu der verfassungswidrigen Vorgängerregelung (dazu BVerfGE 91, 1 [34]) nicht mehr vor. Daher ist ein zulässiger Ausspruch der Erledigung bereits nach kürzester Zeit denkbar (vgl OLG Stuttgart NStZ-RR 2014, 123: lediglich sechs Tage im Maßregelvollzug). Jedoch wird in der Praxis regelmäßig dennoch eine gewisse Dauer der Unterbringung erforderlich sein, bevor die fehlende Erfolgstauglichkeit der Maßnahme beurteilt werden kann (vgl *Schneider* NStZ 2008, 68 [69]).

13 Bestimmt das Gericht gem. Abs. 5 S. 1, dass die Unterbringung nicht weiter zu vollziehen ist, so ist die Maßregel erledigt (SK-*Sinn* Rn 8). Ein Aussetzungswiderruf gem. § 67 g kommt deshalb auch während der Dauer der sich anschließenden Führungsaufsicht nicht in Betracht. Der notwendige Druck auf den vormals Untergebrachten, Weisungen im Rahmen der Führungsaufsicht Folge zu leisten, wird daher in diesem Fall allein durch die Aussicht auf eine mögliche Bestrafung nach § 145 a hergestellt.

V. Von **Abs. 6 S. 1** werden die Fälle erfasst, in denen das Gericht nach Beginn der 14 Vollstreckung der Unterbringung in einem psychiatrischen Krankenhaus feststellt, dass die Voraussetzungen der Maßregel nicht mehr vorliegen oder die weitere Vollstreckung der Maßregel unverhältnismäßig wäre. Letzterer Anknüpfungspunkt erfährt in der seit dem 1.8.2016 geltenden Gesetzesfassung durch die neu eingefügten Sätze 2 und 3 (dazu Rn 15) eine stärkere Ausprägung. Die **Voraussetzungen der Maßregel liegen nicht mehr vor**, wenn entweder der die Einweisung begründende Zustand oder die Gefährlichkeit des Täters entfallen sind. Diese Fallgruppe ist auch bei sog. tatsächlichen Fehleinweisungen anzuwenden, bei denen nachträglich Umstände bekannt werden, die, wenn sie bereits dem Tatgericht bekannt gewesen wären, einer Anordnung entgegengestanden hätten (OLG Frankfurt NStZ-RR 2005, 252; S/S/W-*Jehle* Rn 21). Fehleinweisungen, die allein rechtliche Fehler der Maßregelanordnung zurückzuführen sind, werden hingegen nicht erfasst (BVerfG NStZ-RR 2015, 59; aA *Berg/Wiedner* StV 2007, 434 [435 ff]). Der alternative zweite Anknüpfungspunkt, die **Unverhältnismäßigkeit** der weiteren Vollstreckung, richtet sich nach § 62 und berücksichtigt zusätzlich die Dauer der bisherigen Unterbringung (BVerfGE 70, 297) bis zu einem Zeitraum von sechs Jahren. Die Fortdauer einer Unterbringung über sechs Jahre hinaus ist nur unter den erhöhten Anforderungen der Sätze 2 und 3 zulässig. Liegt eine der beiden Fallgruppen vor, ist das Gericht verpflichtet, die Unterbringung für erledigt zu erklären. Eine Erledigungserklärung der Unterbringung nach der zweiten Alternative ist gegenüber einer Aussetzung nach Abs. 2 S. 1 vorrangig (vgl OLG Nürnberg NStZ-RR 2014, 230).

Die **Sätze 2 und 3** enthalten zusätzlich zu den Ergänzungen des § 63 eine weitere 15 gesetzliche Fixierung des Verhältnismäßigkeitsgrundsatzes im neuen Recht der Unterbringung in einem psychiatrischen Krankenhaus. Anknüpfend an die Dauer der Unterbringung werden die materiellen Anforderungen für eine Fortdauer in zwei Stufen erhöht. Nach S. 2 ist die Fortdauer der Unterbringung **über sechs Jahre** hinaus regelmäßig unverhältnismäßig, wenn nicht durch die zu erwartenden erheblichen rechtswidrigen Taten die Verletzung oder Gefährdung höchstpersönlicher Güter („seelisch oder körperlich") zu befürchten ist, und zwar in Form einer **schweren Schädigung**. Im Vergleich zu den Anordnungsvoraussetzungen des § 63 genügen drohende Verletzungen oder Gefährdungen höchstpersönlicher Güter im Grad einer lediglich erheblichen Schädigung nicht mehr. Zudem können drohende Taten aus dem Bereich der Vermögensdelikte eine Fortdauerentscheidung nur noch in extremen Ausnahmefällen, nämlich bei drohender Gefahr des Verlustes von unersetzbaren Kulturgütern, rechtfertigen (vgl BT-Drucks. 18/7244, 32). Zur Bestimmung einer „schweren" Schädigung soll nach der Gesetzesbegründung auf die Auslegung des gleichlautenden Begriffs in § 66 I Nr. 4 zurückgegriffen werden (dazu ausführlich BT-Drucks. 18/7244, 33 f; vgl auch *Peglau* NJW 2298 [2301]). Jedenfalls sollen alle Taten aus dem Deliktskatalog von § 66 I Nr. 1 a–c hierunter fallen (*Peglau* NJW 2298 [2301]). Die in S. 2 gewählte Formulierung indiziert, dass es sich bei der Vorschrift um eine Regelvermutung der Unverhältnismäßigkeit handelt, die anhand einer negativen Prognose („[...] wenn nicht [...]") zu widerlegen sein muss. Eine bloße nicht hinreichende Feststellbarkeit einer günstigen Prognose genügt nicht (näher dazu *Peglau* NJW 2298

[2301]). Gleiches gilt für die Regelvermutung der Unverhältnismäßigkeit gem. S. 3, nach dem die Voraussetzungen für eine Unterbringung **über zehn Jahre** hinaus durch Verweis auf Abs. 3 S. 1 auf die einer Fortdauer der Sicherungsverwahrung von mehr als zehn Jahren angehoben bzw. angeglichen wird (vgl BT-Drucks. 18/7244, 35 f).

16 Mit der Entlassung aus dem Vollzug der Unterbringung tritt nach S. 2 **Führungsaufsicht** ein (vgl § 68), nicht jedoch, wenn schon die Anordnung der Unterbringung in einem psychiatrischen Krankenhaus auf einer Fehldiagnose beruhte (OLG Jena NStZ 2010, 217 f). Der Nichteintritt der Führungsaufsicht wird dann vom Gericht angeordnet, wenn zu erwarten ist, dass der Betroffene auch ohne sie keine Straftaten mehr begehen wird (S. 3). In Betracht kommt ebenfalls die Anordnung der nachträglichen Sicherungsverwahrung nach § 66 b. Diese ist jedoch nur zurückhaltend anzuordnen, da andernfalls der Eindruck entstehen kann, die Erklärung der Erledigung werde nur ausgesprochen, um vermeintlich „Unbehandelbare" in die Sicherungsverwahrung abzuschieben (NK-*Pollähne* Rn 61).

17 **VI. Zuständig** für die Entscheidungen nach den Abs. 2 und 3 ist die Strafvollstreckungskammer gem. §§ 463 III, 454, 462 a I StPO. Gleiches gilt für die Entscheidung nach Abs. 5 (§§ 463 VI, 462, 462 a I StPO).

§ 67 e Überprüfung

(1) ¹Das Gericht kann jederzeit prüfen, ob die weitere Vollstreckung der Unterbringung zur Bewährung auszusetzen oder für erledigt zu erklären ist. ²Es muß dies vor Ablauf bestimmter Fristen prüfen.

(2) Die Fristen betragen bei der Unterbringung
  in einer Entziehungsanstalt sechs Monate,
  in einem psychiatrischen Krankenhaus ein Jahr,
  in der Sicherungsverwahrung ein Jahr, nach dem Vollzug von zehn Jahren der Unterbringung neun Monate.

(3) ¹Das Gericht kann die Fristen kürzen. ²Es kann im Rahmen der gesetzlichen Prüfungsfristen auch Fristen festsetzen, vor deren Ablauf ein Antrag auf Prüfung unzulässig ist.

(4) ¹Die Fristen laufen vom Beginn der Unterbringung an. ²Lehnt das Gericht die Aussetzung oder Erledigungserklärung ab, so beginnen die Fristen mit der Entscheidung von neuem.

1 **I.** Die **Prüfungspflicht** des Gerichts gem. Abs. 1 S. 2 besteht nicht nur vor Ablauf der Fristen des Abs. 2, sondern auch auf entsprechenden Antrag des Untergebrachten hin. Anderes gilt, wenn das Vollstreckungsgericht – nicht das erkennende Gericht (OLG Karlsruhe MDR 1978, 158) – eine Sperrfrist gem. Abs. 3 S. 2 gesetzt hat, um eine Blockade des Gerichts mit gleichlautenden Anträgen zu verhindern.

2 Zur Einhaltung der in Abs. 2 statuierten Fristen ist das entscheidende Gericht zu einer Fristenkontrolle gehalten, welche die Vorbereitung einer rechtzeitigen Entscheidung sicherstellt. Werden die Fristen überschritten, verletzt dies den Untergebrachten in seinen Freiheitsgrundrechten aus Art. 2 II S. 2 iVm Art. 104 I GG, wenn die Gründe für die Überschreitung in der Fortdauerentscheidung nicht dar-

gelegt werden (BVerfG NJW 2012, 516 [517 f]). Eine erhebliche Überschreitung der gesetzlichen Frist kann zu einem vorläufigen Vollstreckungshindernis führen (BerlVerfGH NStZ-RR 2014, 292; KG NStZ-RR 2015, 323: bei Überschreitung von mehr als einem Jahr).

II. Die Prüfungspflicht bezieht sich nach dem Wortlaut des Abs. 1 S. 1 zunächst auf die Frage, ob eine Vollstreckungsaussetzung zur Bewährung (§ 67 d II) geboten oder die Maßregel für erledigt zu erklären ist. Daneben hat das Gericht aber zB auch zu prüfen, ob eine Entscheidung nach den §§ 67 a oder 67 III in Betracht kommt (Aufzählung sämtlicher Prüfungsgegenstände bei NK-*Pollähne* Rn 8). Der Prüfungspflicht wird Genüge getan, wenn der Entscheidung eine eingehende Erhebung und Abwägung aller wesentlichen Umstände zugrunde liegt (Negativbeispiel bei OLG Koblenz MDR 1974, 246). Welche Mittel das Gericht zur Vorbereitung der Entscheidung heranzieht, liegt in seinem pflichtgemäßem Ermessen (BVerfG NJW 2012, 516 [517]).

§ 67 f Mehrfache Anordnung der Maßregel

Ordnet das Gericht die Unterbringung in einer Entziehungsanstalt an, so ist eine frühere Anordnung der Maßregel erledigt.

I. Die Vorschrift bezieht sich allein auf die Maßregel nach § 64. Sie ist vor allem für die Berechnung der Höchstunterbringungsfrist nach § 67 d I sowie der Prüfungsfrist nach § 67 e II bedeutsam: Die Zeit der bisherigen Unterbringung in der Entziehungsanstalt wird auf diese nunmehr neu beginnenden Fristen weder angerechnet noch findet eine Addition der verbliebenen Laufzeit der vorangegangenen Maßregel statt.

§ 67 f wirkt sich ferner aus, wenn die vorherige Unterbringungsanordnung zur Bewährung ausgesetzt wurde. In diesem Fall bedarf es keines Aussetzungswiderrufs gem. § 67 g, um die Vollstreckung der neu angeordneten Unterbringung zu veranlassen (NK-*Pollähne* Rn 6). Umgekehrt ist der bereits in einer Entziehungsanstalt Untergebrachte ohne Weiteres aus dem Maßregelvollzug zu entlassen, wenn die Unterbringung gem. § 64 erneut angeordnet und ihre Vollziehung gem. § 67 b I ausgesetzt wird.

II. Wurde die Anlasstat bereits vor der früheren Verurteilung begangen, so greifen die Grundsätze der Gesamtstrafenbildung und die ursprüngliche Anordnung bleibt bestehen (BGH NStZ-RR 2011, 243). § 55 II geht somit § 67 f vor.

§ 67 g Widerruf der Aussetzung

(1) ¹Das Gericht widerruft die Aussetzung einer Unterbringung, wenn die verurteilte Person
1. während der Dauer der Führungsaufsicht eine rechtswidrige Tat begeht,
2. gegen Weisungen nach § 68 b gröblich oder beharrlich verstößt oder
3. sich der Aufsicht und Leitung der Bewährungshelferin oder des Bewährungshelfers oder der Aufsichtsstelle beharrlich entzieht

und sich daraus ergibt, dass der Zweck der Maßregel ihre Unterbringung erfordert. ²Satz 1 Nr. 1 gilt entsprechend, wenn der Widerrufsgrund zwischen der Entscheidung über die Aussetzung und dem Beginn der Führungsaufsicht (§ 68 c Abs. 4) entstanden ist.

(2) Das Gericht widerruft die Aussetzung einer Unterbringung nach den §§ 63 und 64 auch dann, wenn sich während der Dauer der Führungsaufsicht ergibt, dass von der verurteilten Person infolge ihres Zustands rechtswidrige Taten zu erwarten sind und deshalb der Zweck der Maßregel ihre Unterbringung erfordert.

(3) Das Gericht widerruft die Aussetzung ferner, wenn Umstände, die ihm während der Dauer der Führungsaufsicht bekannt werden und zur Versagung der Aussetzung geführt hätten, zeigen, daß der Zweck der Maßregel die Unterbringung der verurteilten Person erfordert.

(4) Die Dauer der Unterbringung vor und nach dem Widerruf darf insgesamt die gesetzliche Höchstfrist der Maßregel nicht übersteigen.

(5) Widerruft das Gericht die Aussetzung der Unterbringung nicht, so ist die Maßregel mit dem Ende der Führungsaufsicht erledigt.

(6) Leistungen, die die verurteilte Person zur Erfüllung von Weisungen erbracht hat, werden nicht erstattet.

1 I. Gemeinsame Voraussetzung für den Widerruf der Unterbringungsaussetzung nach den Abs. 1 bis 3 ist, dass der Zweck der Maßregel eine (erneute) Unterbringung erfordert. Im Zeitpunkt der Widerrufsentscheidung müssen deshalb stets die Prognosevoraussetzungen für eine Anordnung der Maßregel wie auch für ihre Vollstreckung gegeben sein.

2 II. Der Widerruf nach **Abs. 1 S. 1** verlangt im Fall von Nr. 1 die **Begehung einer rechtswidrigen Tat** (§ 11 I Nr. 5). Erforderlich ist zudem, dass die Tat symptomatisch für den Hang oder Zustand des Täters ist, der bereits die Grundlage für die ursprüngliche Anordnung der Maßregel bildete (KG StV 1997, 315). Eine solche Straftat kann auch in dem Verstoß gegen eine Weisung gem. § 68 b liegen, wenn der Verstoß zu einer Gefährdung des Maßregelzwecks führt und somit von § 145 a erfasst wird.

3 III. Der Widerruf nach den **Abs. 2 und 3** kommt nur in Betracht, wenn nicht bereits Abs. 1 einschlägig ist (NK-*Pollähne* Rn 23, 26). Unter **Zustand** iSv Abs. 2 ist allein die physische oder psychische Verfassung des Täters zu verstehen, nicht etwa auch äußere Umstände und Verhältnisse. Ob im Falle eines Widerrufs nach Abs. 3 die nachträglich bekannt gewordenen Umstände auch zum Zeitpunkt der Widerrufsentscheidung gegeben sein müssen, ist umstritten (bej. SK-*Sinn* Rn 15; verneinend LK-*Rissing-van Saan/Peglau* Rn 69).

4 IV. Zuständig für die Entscheidung über den Widerruf ist das Gericht, welches die Aussetzung der Vollstreckung ausgesprochen hat, dh im Falle des § 67 b das erkennende Gericht, im Übrigen die Strafvollstreckungskammer.

§ 67 h Befristete Wiederinvollzugsetzung; Krisenintervention

(1) ¹Während der Dauer der Führungsaufsicht kann das Gericht die ausgesetzte Unterbringung nach § 63 oder § 64 für eine Dauer von höchstens drei Monaten wieder in Vollzug setzen, wenn eine akute Verschlechterung des Zustands der aus

der Unterbringung entlassenen Person oder ein Rückfall in ihr Suchtverhalten eingetreten ist und die Maßnahme erforderlich ist, um einen Widerruf nach § 67 g zu vermeiden. ²Unter den Voraussetzungen des Satzes 1 kann es die Maßnahme erneut anordnen oder ihre Dauer verlängern; die Dauer der Maßnahme darf insgesamt sechs Monate nicht überschreiten. ³§ 67 g Abs. 4 gilt entsprechend.

(2) Das Gericht hebt die Maßnahme vor Ablauf der nach Absatz 1 gesetzten Frist auf, wenn ihr Zweck erreicht ist.

I. Die Vorschrift ist als Ergänzung zum Widerruf der Aussetzung nach § 67 g konzipiert und geht diesem als milderes Mittel vor (vgl Abs. 1 S. 1 aE und unten, Rn 2). Ausweislich der Gesetzesbegründung soll die Möglichkeit der befristeten Wiederinvollzugsetzung die bis zum Inkrafttreten der Vorschrift praktizierte Alternative einer Krisenbehandlung durch Unterbringung aufgrund eines Sicherungsunterbringungsbefehls (§ 453 c I StPO) ersetzen, welche als rechtlich problematisch eingestuft wurde (näher BT-Drucks. 16/1996, 16). 1

II. **Voraussetzung** der befristeten Wiederinvollzugsetzung der ausgesetzten Unterbringung ist gem. **Abs. 1 S. 1** zunächst, dass eine akute Verschlechterung des Zustands der aus der Unterbringung entlassenen Person bzw ein Rückfall in ihr Suchtverhalten eingetreten ist. Hierbei soll es nach überwiegender Meinung trotz des Wortlauts („wieder") unschädlich sein, wenn die Unterbringung bisher wegen Aussetzung zur Bewährung gem. § 67 b I noch nicht vollstreckt wurde (OLG Stuttgart NStZ 2010, 152 [153]; S/S/W-*Jehle* Rn 5; AnwK-*Kilian/Möhlenbeck* Rn 4). Da § 67 h gem. S. 1 aE weiterhin nur eingreift, um einen Widerruf nach § 67 g zu vermeiden, muss zusätzlich die Anwendung dieser Vorschrift zu befürchten sein, also eine Risikoprognose im Hinblick auf den Eintritt einer der dort genannten Tatbestände bestehen. Dabei kommen insbesondere die Fälle nach § 67 g II, aber auch nach Abs. 1 Nr. 2 und 3 in Betracht (*Peglau* NJW 2007, 1558 [1561]). Die Vorschrift ist aus Verhältnismäßigkeitsgründen außerdem dann anwendbar, wenn sich die Widerrufsvoraussetzung zwar bereits realisiert hat, die kurzfristige Unterbringung aber ausreicht, um den Zweck der Maßregel sicherzustellen (LK-*Rissing-van Saan/Peglau* Rn 15). 2

III. Die **Dauer der Unterbringung** ist gem. Abs. 1 S. 1 auf drei Monate beschränkt. Eine erneute Verhängung bzw Verlängerung ist nach S. 2 Hs 2 zwar möglich, jedoch nur bis zur Gesamthöchstdauer von sechs Monaten; bei (voraussichtlicher) Erforderlichkeit einer zeitlich darüber hinausgehenden Behandlung ist nach Ansicht des Gesetzgebers eine Anwendung des § 67 g unausweichlich (BT-Drucks. 16/1993, 17; LK-*Rissing-van Saan/Peglau* Rn 21). Die Frist von sechs Monaten gilt nur für die einzelne Interventionsmaßnahme, nicht hingegen für die Summe mehrerer Invollzugsetzungen während der Führungsaufsicht (OLG Stuttgart NStZ 2011, 93). Eine Aufhebung der Maßnahme vor Ablauf der angesetzten Unterbringungszeit ist, als Ausdruck des Grundsatzes der Verhältnismäßigkeit, jederzeit möglich, sofern der Zweck der Maßnahme erreicht ist (Abs. 2). 3

IV. Für die Zuständigkeit zum Ausspruch der Wiederinvollzugsetzung gilt das bei § 67 g Gesagte entsprechend (dort Rn 4). Hinsichtlich des Verfahrens ist insbesondere auf § 463 VI 3 StPO zu verweisen, der es ermöglicht, dass das Gericht die Wiederinvollzugsetzung für sofort vollziehbar erklärt, um eine rasche Durchführung der Maßnahme zu gewährleisten. Nach Ende der befristeten Invollzugsetzung der Unterbringungsanordnung ergibt sich die Zuständigkeit der Straf- 4 vollstreckungskammer zur weiteren Überwachung der Führungsaufsicht in entsprechender Anwendung des Verweises in § 463 VII StPO (BGH NJW 2011, 163).

– Führungsaufsicht –

Vorbemerkung zu den §§ 68–68 g

1 I. Das Institut der Führungsaufsicht erfüllt eine doppelte Funktion: Zum einen soll dem Täter bei der Rückkehr in ein geregeltes, gesetzestreues Leben Hilfe geleistet, zum anderen durch Überwachung des Täters die Allgemeinheit vor weiteren Straftaten geschützt werden (BT-Drucks. V/4095, 35). Ob die Führungsaufsicht in Anbetracht dieser einander teils entgegenlaufenden Funktionen und angesichts personeller und sachlicher Engpässe in der Praxis ein taugliches Mittel zur Verhütung zukünftiger Kriminalität darstellt, ist seit langem Gegenstand der kriminalpolitischen Diskussion (vgl *Fischer* Vor § 68 Rn 2 mwN).

2 II. Kraft Gesetzes tritt die Führungsaufsicht in den in § 68 II aufgezählten Fällen ein, dh als Folge der Aussetzung oder Erledigung einer freiheitsentziehenden Maßregel oder nach Verbüßung einer zweijährigen Freiheitsstrafe, bei welcher der Strafrest nicht gem. § 57 ausgesetzt wurde (§ 68 f). Daneben besteht unter den Voraussetzungen des § 68 I die Möglichkeit einer selbstständigen Anordnung der Führungsaufsicht. Von dieser machen die Gerichte in der Praxis jedoch nur selten Gebrauch (*Baur/Groß* JuS 2010, 404 [405]).

3 III. Die Regelungen der §§ 68 ff gelten für die selbstständig angeordnete wie für die kraft Gesetzes eintretende Führungsaufsicht gleichermaßen. Unterschiede ergeben sich allein hinsichtlich der Zuständigkeit: Wird die Führungsaufsicht selbstständig angeordnet, so ist es das erkennende Gericht, welches durch Beschluss (vgl § 268 a I, II StPO) die Anordnungen nach den §§ 68 a bis 68 c trifft. Gleiches gilt im Fall des § 67 b. In den sonstigen Fällen der Führungsaufsicht kraft Gesetzes werden die betreffenden Anordnungen hingegen durch das Vollstreckungsgericht getroffen (§§ 463 I, II, 453, 462 a I, II StPO).

§ 68 Voraussetzungen der Führungsaufsicht

(1) Hat jemand wegen einer Straftat, bei der das Gesetz Führungsaufsicht besonders vorsieht, zeitige Freiheitsstrafe von mindestens sechs Monaten verwirkt, so kann das Gericht neben der Strafe Führungsaufsicht anordnen, wenn die Gefahr besteht, daß er weitere Straftaten begehen wird.

(2) Die Vorschriften über die Führungsaufsicht kraft Gesetzes (§§ 67 b, 67 c, 67 d Abs. 2 bis 6 und § 68 f) bleiben unberührt.

1 I. Unter den Voraussetzungen des **Abs. 1** kann das erkennende Gericht im Urteil Führungsaufsicht selbstständig anordnen:

2 1. **Formell** ist erforderlich, dass der Täter zu einer Freiheitsstrafe von mindestens sechs Monaten verurteilt wird. Die Verurteilung muss wegen einer Tat erfolgen, bei welcher das Gesetz die Führungsaufsicht besonders vorsieht. Dies sind die in den §§ 129 a, 181 b, 239 c, 245, 256, 262, 263, 263 a, 321 StGB und 34 BtMG

aufgeführten Straftaten. Wird eine Gesamtstrafe gebildet, so muss eine Einzelstrafe wegen einer entsprechenden Tat mindestens sechs Monate betragen. Es genügt, wenn die Verurteilung wegen Teilnahme an einer der genannten Taten, wegen Versuchs oder versuchter Beteiligung (§ 30) erfolgt.

2. **Materiell** ist die Gefahr vorausgesetzt, dass der Täter in Zukunft weitere Straftaten begehen wird. Aus dem Zusammenhang zwischen formellen und materiellen Voraussetzungen wird dabei abgeleitet, dass es sich bei den zu erwartenden Straftaten um solche handeln muss, für welche bereits die Anlasstat symptomatisch war (L-Kühl-*Heger* Rn 5). Ob die zu erwartenden Straftaten darüber hinaus erheblich sein müssen, ist umstritten (bej. NK-*Ostendorf* Rn 7; SK-*Sinn* Rn 8; abl. *Fischer* Rn 5; S/S-*Stree/Kinzig* Rn 6). Zukünftige Bagatelltaten scheiden jedoch schon aufgrund des Verhältnismäßigkeitsgebotes (vgl § 62) als Grundlage der Anordnung von Führungsaufsicht aus. 3

3. Basis der Prognoseentscheidung über die zukünftige Straffälligkeit des Täters ist dessen körperlicher und geistiger Zustand, sein soziales Umfeld sowie die Vortaten zum Zeitpunkt der gerichtlichen Entscheidung. 4

4. Sind die tatbestandlichen Voraussetzungen des Abs. 1 erfüllt, so kann das Gericht neben der Strafe nach **pflichtgemäßem Ermessen** Führungsaufsicht anordnen. Begrenzt wird das Ermessen des Gerichts vor allem durch das verfassungsrechtliche Übermaßverbot in seinen einzelnen Ausprägungen: So muss die Führungsaufsicht im konkreten Fall geeignet sein, ihren Zweck (Vor § 68 Rn 1) zu erreichen, sie muss den geringstmöglichen Eingriff zur Erreichung dieses Zwecks darstellen und schließlich verhältnismäßig im engeren Sinne sein (vgl § 62). 5

II. Abs. 2 stellt klar, dass in den Fällen des gesetzlichen Eintritts der Führungsaufsicht die Voraussetzungen des Abs. 1 nicht gegeben sein müssen (näher NK-*Ostendorf* Rn 14). 6

§ 68 a Aufsichtsstelle, Bewährungshilfe, forensische Ambulanz

(1) Die verurteilte Person untersteht einer Aufsichtsstelle; das Gericht bestellt ihr für die Dauer der Führungsaufsicht eine Bewährungshelferin oder einen Bewährungshelfer.

(2) Die Bewährungshelferin oder der Bewährungshelfer und die Aufsichtsstelle stehen im Einvernehmen miteinander der verurteilten Person helfend und betreuend zur Seite.

(3) Die Aufsichtsstelle überwacht im Einvernehmen mit dem Gericht und mit Unterstützung der Bewährungshelferin oder des Bewährungshelfers das Verhalten der verurteilten Person und die Erfüllung der Weisungen.

(4) Besteht zwischen der Aufsichtsstelle und der Bewährungshelferin oder dem Bewährungshelfer in Fragen, welche die Hilfe für die verurteilte Person und ihre Betreuung berühren, kein Einvernehmen, entscheidet das Gericht.

(5) Das Gericht kann der Aufsichtsstelle und der Bewährungshelferin oder dem Bewährungshelfer für ihre Tätigkeit Anweisungen erteilen.

(6) Vor Stellung eines Antrags nach § 145 a Satz 2 hört die Aufsichtsstelle die Bewährungshelferin oder den Bewährungshelfer; Absatz 4 ist nicht anzuwenden.

(7) ¹Wird eine Weisung nach § 68 b Abs. 2 Satz 2 und 3 erteilt, steht im Einvernehmen mit den in Absatz 2 Genannten auch die forensische Ambulanz der verurteilten Person helfend und betreuend zur Seite. ²Im Übrigen gelten die Absätze 3 und 6, soweit sie die Stellung der Bewährungshelferin oder des Bewährungshelfers betreffen, auch für die forensische Ambulanz.

(8) ¹Die in Absatz 1 Genannten und die in § 203 Abs. 1 Nr. 1, 2 und 5 genannten Mitarbeiterinnen und Mitarbeiter der forensischen Ambulanz haben fremde Geheimnisse, die ihnen im Rahmen des durch § 203 geschützten Verhältnisses anvertraut oder sonst bekannt geworden sind, einander zu offenbaren, soweit dies notwendig ist, um der verurteilten Person zu helfen, nicht wieder straffällig zu werden. ²Darüber hinaus haben die in § 203 Abs. 1 Nr. 1, 2 und 5 genannten Mitarbeiterinnen und Mitarbeiter der forensischen Ambulanz solche Geheimnisse gegenüber der Aufsichtsstelle und dem Gericht zu offenbaren, soweit aus ihrer Sicht

1. dies notwendig ist, um zu überwachen, ob die verurteilte Person einer Vorstellungsweisung nach § 68 b Abs. 1 Satz 1 Nr. 11 nachkommt oder im Rahmen einer Weisung nach § 68 b Abs. 2 Satz 2 und 3 an einer Behandlung teilnimmt,
2. das Verhalten oder der Zustand der verurteilten Person Maßnahmen nach § 67 g, § 67 h oder § 68 c Abs. 2 oder Abs. 3 erforderlich erscheinen lässt oder
3. dies zur Abwehr einer erheblichen gegenwärtigen Gefahr für das Leben, die körperliche Unversehrtheit, die persönliche Freiheit oder die sexuelle Selbstbestimmung Dritter erforderlich ist.

³In den Fällen der Sätze 1 und 2 Nr. 2 und 3 dürfen Tatsachen im Sinne von § 203 Abs. 1, die von Mitarbeiterinnen und Mitarbeitern der forensischen Ambulanz offenbart wurden, nur zu den dort genannten Zwecken verwendet werden.

1 I. Die Vorschrift regelt die Aufgaben und die Zusammenarbeit von Aufsichtsstelle und Bewährungshelfer. Die Besetzung der Aufsichtsstelle, ihre Zuordnung zum Geschäftsbereich der Landesjustizverwaltungen, ihre örtliche Zuständigkeit und sonstigen Befugnisse sind zudem in Art. 295 EGStGB und § 463 a StPO festgelegt.

2 II. Nach Abs. 2 wird die Aufgabe der Betreuung und Unterstützung des Verurteilten von Aufsichtsstelle und Bewährungshelfer im Einvernehmen miteinander wahrgenommen. In der Praxis liegt der Schwerpunkt insoweit jedoch beim Bewährungshelfer, was auch dem Willen des Gesetzgebers (vgl BT-Drucks. V/4095, 35) entspricht.

3 III. Demgegenüber wird die Überwachung nach der Konzeption von Abs. 3 in erster Linie durch die Aufsichtsstelle vorgenommen. Sie hat diese Aufgabe im Einvernehmen mit dem Gericht zu erfüllen. Besonders belastende Kontrollmaßnahmen bedürfen der Zustimmung des Gerichts, welches zudem über außergewöhnliche Entwicklungen zu unterrichten ist (SK-*Sinn* Rn 5). Der Bewährungshelfer hat die Überwachung zu unterstützen, womit die Pflicht verbunden ist, Weisungsverstöße des Verurteilten zu melden (*Fischer* Rn 6 f).

4 IV. Weisungen gem. Abs. 5 kann das Gericht der Aufsichtsstelle und dem Bewährungshelfer über § 68 d auch noch nachträglich erteilen.

5 V. Abs. 7 führt eine für das StGB neue Institution, die forensische Ambulanz, ein und beschreibt deren Verhältnis zu Bewährungshelfer und Aufsichtsstelle. Foren-

sische Ambulanzen sollen bei sog. Therapieweisungen nach § 68 b II S. 2 und 3, also zur psychiatrischen, sozialtherapeutischen und psychotherapeutischen Nachsorge im Anschluss an die Unterbringung im Maßregelvollzug eingesetzt werden.

VI. Abs. 8 regelt die Pflicht zur Offenbarung von unter § 203 I fallenden Geheimnissen durch die an der Nachsorge beteiligten Stellen. Mit Rücksicht auf das bei einer Behandlung notwendige Vertrauensverhältnis ist die Vorschrift restriktiv auszulegen (*Baur/Groß* JuS 2010, 404 [405 f]). Hierbei gilt S. 1 für die Kommunikation der beteiligten Stellen untereinander, welche grds. unter dem Vorbehalt steht, der verurteilten Person zu helfen, um eine weitere Straffälligkeit zu verhindern. S. 2 bezieht sich auf zusätzliche Offenbarungspflichten der Mitarbeiter der forensischen Ambulanz gegenüber Gericht und Aufsichtsstelle unter im Einzelnen in den Nr. 1-3 konkretisierten Voraussetzungen (dazu ausf. *Schneider* NStZ 2007, 441 [445 f]). S. 3 schließlich enthält eine Verwendungsbeschränkung für die auf S. 1, S. 2 Nr. 2 oder 3 gestützte Informationsweitergabe auf die dort jeweils genannten Zwecksetzungen. Ein Verstoß gegen diese Verwendungsbeschränkung wird idR zu einem Verwertungsverbot führen (S/S/W-*Jehle* Rn 10).

6

§ 68 b Weisungen

(1) ¹Das Gericht kann die verurteilte Person für die Dauer der Führungsaufsicht oder für eine kürzere Zeit anweisen,
1. den Wohn- oder Aufenthaltsort oder einen bestimmten Bereich nicht ohne Erlaubnis der Aufsichtsstelle zu verlassen,
2. sich nicht an bestimmten Orten aufzuhalten, die ihr Gelegenheit oder Anreiz zu weiteren Straftaten bieten können,
3. zu der verletzten Person oder bestimmten Personen oder Personen einer bestimmten Gruppe, die ihr Gelegenheit oder Anreiz zu weiteren Straftaten bieten können, keinen Kontakt aufzunehmen, mit ihnen nicht zu verkehren, sie nicht zu beschäftigen, auszubilden oder zu beherbergen,
4. bestimmte Tätigkeiten nicht auszuüben, die sie nach den Umständen zu Straftaten missbrauchen kann,
5. bestimmte Gegenstände, die ihr Gelegenheit oder Anreiz zu weiteren Straftaten bieten können, nicht zu besitzen, bei sich zu führen oder verwahren zu lassen,
6. Kraftfahrzeuge oder bestimmte Arten von Kraftfahrzeugen oder von anderen Fahrzeugen nicht zu halten oder zu führen, die sie nach den Umständen zu Straftaten missbrauchen kann,
7. sich zu bestimmten Zeiten bei der Aufsichtsstelle, einer bestimmten Dienststelle oder der Bewährungshelferin oder dem Bewährungshelfer zu melden,
8. jeden Wechsel der Wohnung oder des Arbeitsplatzes unverzüglich der Aufsichtsstelle zu melden,
9. sich im Fall der Erwerbslosigkeit bei der zuständigen Agentur für Arbeit oder einer anderen zur Arbeitsvermittlung zugelassenen Stelle zu melden,
10. keine alkoholischen Getränke oder andere berauschende Mittel zu sich zu nehmen, wenn aufgrund bestimmter Tatsachen Gründe für die Annahme bestehen, dass der Konsum solcher Mittel zur Begehung weiterer Straftaten beitragen wird, und sich Alkohol- oder Suchtmittelkontrollen zu unterziehen, die nicht mit einem körperlichen Eingriff verbunden sind,

11. sich zu bestimmten Zeiten oder in bestimmten Abständen bei einer Ärztin oder einem Arzt, einer Psychotherapeutin oder einem Psychotherapeuten oder einer forensischen Ambulanz vorzustellen oder
12. die für eine elektronische Überwachung ihres Aufenthaltsortes erforderlichen technischen Mittel ständig in betriebsbereitem Zustand bei sich zu führen und deren Funktionsfähigkeit nicht zu beeinträchtigen.

²Das Gericht hat in seiner Weisung das verbotene oder verlangte Verhalten genau zu bestimmen. ³Eine Weisung nach Satz 1 Nummer 12 ist nur zulässig, wenn
1. die Führungsaufsicht auf Grund der vollständigen Vollstreckung einer Freiheitsstrafe oder Gesamtfreiheitsstrafe von mindestens drei Jahren oder auf Grund einer erledigten Maßregel eingetreten ist,
2. die Freiheitsstrafe oder Gesamtfreiheitsstrafe oder die Unterbringung wegen einer oder mehrerer Straftaten der in § 66 Absatz 3 Satz 1 genannten Art verhängt oder angeordnet wurde,
3. die Gefahr besteht, dass die verurteilte Person weitere Straftaten der in § 66 Absatz 3 Satz 1 genannten Art begehen wird, und
4. die Weisung erforderlich erscheint, um die verurteilte Person durch die Möglichkeit der Datenverwendung nach § 463 a Absatz 4 Satz 2 der Strafprozessordnung, insbesondere durch die Überwachung der Erfüllung einer nach Satz 1 Nummer 1 oder 2 auferlegten Weisung, von der Begehung weiterer Straftaten der in § 66 Absatz 3 Satz 1 genannten Art abzuhalten.

⁴Die Voraussetzungen von Satz 3 Nummer 1 in Verbindung mit Nummer 2 liegen unabhängig davon vor, ob die dort genannte Führungsaufsicht nach § 68 e Absatz 1 Satz 1 beendet ist.

(2) ¹Das Gericht kann der verurteilten Person für die Dauer der Führungsaufsicht oder für eine kürzere Zeit weitere Weisungen erteilen, insbesondere solche, die sich auf Ausbildung, Arbeit, Freizeit, die Ordnung der wirtschaftlichen Verhältnisse oder die Erfüllung von Unterhaltspflichten beziehen. ²Das Gericht kann die verurteilte Person insbesondere anweisen, sich psychiatrisch, psycho- oder sozialtherapeutisch betreuen und behandeln zu lassen (Therapieweisung). ³Die Betreuung und Behandlung kann durch eine forensische Ambulanz erfolgen. ⁴§ 56 c Abs. 3 gilt entsprechend, auch für die Weisung, sich Alkohol- oder Suchtmittelkontrollen zu unterziehen, die mit körperlichen Eingriffen verbunden sind.

(3) Bei den Weisungen dürfen an die Lebensführung der verurteilten Person keine unzumutbaren Anforderungen gestellt werden.

(4) Wenn mit Eintritt der Führungsaufsicht eine bereits bestehende Führungsaufsicht nach § 68 e Abs. 1 Satz 1 Nr. 3 endet, muss das Gericht auch die Weisungen in seine Entscheidung einbeziehen, die im Rahmen der früheren Führungsaufsicht erteilt worden sind.

(5) Soweit die Betreuung der verurteilten Person in den Fällen des Absatzes 1 Nr. 11 oder ihre Behandlung in den Fällen des Absatzes 2 nicht durch eine forensische Ambulanz erfolgt, gilt § 68 a Abs. 8 entsprechend.

1 I. Abs. 1 S. 1 enthält eine abschließende Aufzählung derjenigen Weisungen, deren Nichtbefolgung unter den Voraussetzungen des § 145 a strafbar ist. Erteilt das Gericht dem Verurteilten hingegen eine Weisung nach Abs. 2, so kann ein Verstoß lediglich den Widerruf der Aussetzung einer freiheitsentziehenden Maßregel gem. § 67 g I Nr. 2 oder der Strafaussetzung zur Bewährung gem. § 56 f I Nr. 2

zur Folge haben. Letzteres gilt jedoch nur für den Fall, dass gem. § 68 g I an die Stelle von Weisungen nach § 56 c die Weisungen nach § 68 b getreten sind.

II. Hinsichtlich der in **Abs. 1 aufgezählten Weisungen** gilt insbesondere:

1. **Verlassen** iSd **Nr. 1** wird ein Ort noch nicht, wenn sich der Täter kurzfristig ohne Erlaubnis der Aufsichtsstelle von dort entfernt (*Fischer* Rn 3 a; NK-*Ostendorf* Rn 9). Denn Zweck einer Weisung nach Nr. 1 ist es nicht, die auswärtige Begehung von Straftaten zu verhindern. Vielmehr dient sie der Sicherung der planmäßigen Kontrolle des Verurteilten durch die Aufsichtsstelle.

2. Auch verstößt der Verurteilte nicht gegen eine Weisung gem. **Nr. 2**, sich an einem bestimmten Ort **nicht aufzuhalten**, wenn er ihn lediglich betritt, um ihn zu über- oder durchqueren oder ein dem Maßregelzweck nicht zuwiderlaufendes Geschäft zu tätigen (exemplarisch: Fahrkartenkauf im Bahnhof).

3. Die Möglichkeit gem. **Nr. 4**, dem Verurteilten durch Weisung eine bestimmte Tätigkeit zu untersagen, darf nach hM nicht zur Anordnung eines Berufsverbots führen, da dessen Voraussetzungen in den §§ 70 ff ausdrücklich geregelt seien und ein Unterlaufen dieser besonderen Regelungen dem Willen des Gesetzgebers widerspräche (*Fischer* Rn 2, 6; SK-*Sinn* Rn 10). Daher sei eine Weisung gem. Nr. 4 nur insoweit zulässig, als eine außerberufliche Tätigkeit untersagt oder im Rahmen der Berufsausübung nur eine punktuelle Beschränkung auferlegt werde (LK-*Schneider* Rn 25). Beispielhaft für eine nur punktuelle Beschränkung der Berufsausübung ist etwa die gegenüber einem Kaufmann erlassene Anordnung, lediglich den Verkauf bestimmter Produkte zu unterlassen (OLG Frankfurt NStZ-RR 2011, 140).

Nach der Gegenauffassung ist eine Weisung gem. Nr. 4 auch dann zulässig, wenn sie einem Berufsverbot gleichkommt, da der in den Gesetzesberatungen geäußerte Wille zur Einschränkung im Wortlaut der Norm keinen Ausdruck gefunden habe (L-Kühl-*Heger* Rn 2).

4. In gleicher Weise umstritten ist das Verhältnis einer Weisung gem. **Nr. 6** zur Entziehung der Fahrerlaubnis und Bestimmung einer Sperre gem. §§ 69 ff (vgl einerseits LK-*Schneider* Rn 29; andererseits S/S-*Stree/Kinzig* Rn 11). Unstr. kann über Nr. 6 jedoch die Haltung eines Kraftfahrzeugs verboten werden. Gleiches gilt für ein punktuelles Fahrverbot, etwa beim Aufsuchen von Nachtlokalen sowie für das Verbot, Fahrzeuge zu führen, die nicht unter § 69 fallen, wie zB Fahrräder oder Boote.

5. Eine Meldeweisung gem. **Nr. 7** muss aus Gründen des Garantieprinzips nähere terminliche Bestimmungen enthalten, insbesondere sind Meldeturnus und Meldestelle vom Gericht festzusetzen (*Fischer* Rn 9; KG JR 1987, 125). Die Festlegung des konkreten Termins innerhalb der in dem gerichtlichen Anordnungsbeschluss festgelegten Periode (etwa „einmal im Monat") kann der Meldestelle überlassen bleiben (S/S-*Stree/Kinzig* Rn 12). Wird jedoch ein Termin innerhalb des gerichtlich festgelegten Zeitraums nicht zur Meldung wahrgenommen, so liegt ein Verstoß auch dann vor, wenn mit dem Bewährungshelfer Termine außerhalb dieses Zeitraums abgesprochen waren (BGHSt 58, 72; dazu Bspr *Pollähne* in StV 2014, 161 ff).

6. Der mit Gesetz vom 1.1.2011 neu eingefügte **Nr. 12** sieht vor, dass das Gericht die verurteilte Person auch anweisen kann, die für eine elektronische Überwachung ihres Aufenthaltsorts erforderlichen technischen Mittel ständig in betriebsbereitem Zustand bei sich zu führen und deren Funktionsfähigkeit nicht zu be-

einträchtigen (sog. **elektronische Fußfessel**; näher *Brauneisen* StV 2011, 311 ff; *Havekamp/Schwedler/Wössner* R&P 2012, 9 ff). Die Weisung ist nur unter engen Voraussetzungen zulässig, die in Abs. 1 S. 3, 4 näher bestimmt werden (s. hierzu KG NStZ-RR 2014, 175 f). Dem Gesetzgeber schwebt eine Einsatzmöglichkeit vor allem zur Überprüfung der Einhaltung aufenthaltsbezogener Weisungen nach § 68 b I S. 1 Nr. 1, 2 oder bei Kontakt- und Verkehrsverboten nach Nr. 3 vor (BT-Drucks. 17/3403, 17).

10 III. Die Anordnung einer Weisung steht nach beiden Absätzen im pflichtgemäßen Ermessen des Gerichts. Gebunden ist das Gericht bei dessen Ausübung an den Verhältnismäßigkeitsgrundsatz (vgl Abs. 3) und das Bestimmtheitsgebot, welches in Abs. 1 S. 2 im Hinblick auf die Strafandrohung nach § 145 a gesonderte Erwähnung findet. Letzterem ist nur dann Genüge getan, wenn die betreffende Weisung eindeutig und so fest umrissen ist, dass dem Betroffenen mit der Weisung unmittelbar verdeutlicht wird, welches Tun oder Unterlassen von ihm erwartet wird, so dass er sein Verhalten danach ausrichten kann (BGH NJW 2013, 1894 [1895]). Andernfalls besteht keine objektive Grundlage für eine Strafbarkeit nach § 145 a. Zu beachten hat das Gericht schließlich seine besonderen Hinweispflichten gem. § 268 a III StPO.

11 IV. Abs. 4 ist im Zusammenhang mit § 68 e I S. 1 Nr. 3 zu sehen, wonach eine Führungsaufsicht kraft Gesetzes endet, sobald eine neue Führungsaufsicht eintritt. Die Vorschrift bestimmt insofern, dass noch nicht erledigte Weisungen der alten Führungsaufsicht nicht ebenfalls hinfällig werden, vielmehr im Rahmen der neuen Führungsaufsicht beachtet werden müssen (hierzu BT-Drucks. 16/1993, 21).

12 V. Abs. 5 ordnet eine entsprechende Anwendung der Offenbarungspflichten nach § 68 a VIII (dazu § 68 a Rn 6) für den Fall an, dass an Stelle der dieser Vorschrift unmittelbar unterfallenden forensischen Ambulanzen die beschriebenen Maßnahmen durch freie Therapeuten durchgeführt werden.

§ 68 c Dauer der Führungsaufsicht

(1) ¹Die Führungsaufsicht dauert mindestens zwei und höchstens fünf Jahre. ²Das Gericht kann die Höchstdauer abkürzen.

(2) ¹Das Gericht kann eine die Höchstdauer nach Absatz 1 Satz 1 überschreitende unbefristete Führungsaufsicht anordnen, wenn die verurteilte Person
1. in eine Weisung nach § 56 c Abs. 3 Nr. 1 nicht einwilligt oder
2. einer Weisung, sich einer Heilbehandlung oder einer Entziehungskur zu unterziehen, oder einer Therapieweisung nicht nachkommt

und eine Gefährdung der Allgemeinheit durch die Begehung weiterer erheblicher Straftaten zu befürchten ist. ²Erklärt die verurteilte Person in den Fällen des Satzes 1 Nr. 1 nachträglich ihre Einwilligung, setzt das Gericht die weitere Dauer der Führungsaufsicht fest. ³Im Übrigen gilt § 68 e Abs. 3.

(3) ¹Das Gericht kann die Führungsaufsicht über die Höchstdauer nach Absatz 1 Satz 1 hinaus unbefristet verlängern, wenn
1. in Fällen der Aussetzung der Unterbringung in einem psychiatrischen Krankenhaus nach § 67 d Abs. 2 aufgrund bestimmter Tatsachen Gründe für die Annahme bestehen, dass die verurteilte Person andernfalls alsbald in einen

Zustand nach § 20 oder § 21 geraten wird, infolge dessen eine Gefährdung der Allgemeinheit durch die Begehung weiterer erheblicher rechtswidriger Taten zu befürchten ist, oder
2. sich aus dem Verstoß gegen Weisungen nach § 68 b Absatz 1 oder 2 oder auf Grund anderer bestimmter Tatsachen konkrete Anhaltspunkte dafür ergeben, dass eine Gefährdung der Allgemeinheit durch die Begehung weiterer erheblicher Straftaten zu befürchten ist, und
   a) gegen die verurteilte Person wegen Straftaten der in § 181 b genannten Art eine Freiheitsstrafe oder Gesamtfreiheitsstrafe von mehr als zwei Jahren verhängt oder die Unterbringung in einem psychiatrischen Krankenhaus oder in einer Entziehungsanstalt angeordnet wurde oder
   b) die Führungsaufsicht unter den Voraussetzungen des § 68 b Absatz 1 Satz 3 Nummer 1 eingetreten ist und die Freiheitsstrafe oder Gesamtfreiheitsstrafe oder die Unterbringung wegen eines oder mehrerer Verbrechen gegen das Leben, die körperliche Unversehrtheit, die persönliche Freiheit oder nach den §§ 250, 251, auch in Verbindung mit § 252 oder § 255, verhängt oder angeordnet wurde.

²Für die Beendigung der Führungsaufsicht gilt § 68 b Absatz 1 Satz 4 entsprechend.

(4) ¹In den Fällen des § 68 Abs. 1 beginnt die Führungsaufsicht mit der Rechtskraft ihrer Anordnung, in den Fällen des § 67 b Abs. 2, des § 67 c Absatz 1 Satz 1 und Abs. 2 Satz 4 und des § 67 d Absatz 2 Satz 3 mit der Rechtskraft der Aussetzungsentscheidung oder zu einem gerichtlich angeordneten späteren Zeitpunkt. ²In ihre Dauer wird die Zeit nicht eingerechnet, in welcher die verurteilte Person flüchtig ist, sich verborgen hält oder auf behördliche Anordnung in einer Anstalt verwahrt wird.

I. Abs. 1 S. 1 bestimmt den zeitlichen Rahmen der Dauer der Führungsaufsicht. **1** Anders als die Bewährungszeit gem. § 56 a wird die Dauer der Führungsaufsicht im Regelfall nicht durch das Gericht vorab bestimmt. Die Führungsaufsicht ist vielmehr aufzuheben, wenn innerhalb des von Abs. 1 S. 1 gesteckten zeitlichen Rahmens die Gefahr weiterer Straftaten des Verurteilten entfällt (§ 68 e II S. 1).

Jedoch kann das Tatgericht gem. Satz 2 die Höchstdauer der Führungsaufsicht **2** bis zur Mindestdauer von zwei Jahren absenken. Dies wird insbesondere dann der Fall sein, wenn schon zum Zeitpunkt des Urteils feststeht, dass eine längere Führungsaufsicht zu den vom Täter ausgehenden geringen Gefahren außer Verhältnis steht (L-Kühl-*Heger* Rn 1). Verlängern kann sich die Höchstdauer der Führungsaufsicht demgegenüber gem. § 68 g I S. 2 für den Fall, dass die Führungsaufsicht mit einer längeren Bewährungszeit zusammentrifft.

II. Nach Abs. 2 S. 1 kann das Gericht – abweichend von der Höchstfrist des **3** Abs. 1 S. 1 – eine unbefristete Dauer der Führungsaufsicht in zwei Fällen anordnen: Nach Nr. 1 gilt dies zunächst dann, wenn sich die verurteilte Person weigert, für eine Entziehungskur oder eine Heilbehandlung, mit der ein körperlicher Eingriff verbunden ist, die gem. §§ 68 b II S. 3, 56 c III Nr. 1 erforderliche Einwilligung zu erklären. Dieselbe Möglichkeit besteht nach Nr. 2 auch in dem Fall, dass sich der Verurteilte (schuldhaft) weigert, einer mit seiner Einwilligung oder aber auch ohne dieses Erfordernis rechtmäßig angeordneten Heilbehandlung, Entziehungskur oder Therapieweisung zu folgen. Erfasst ist mit dieser Alternative also die faktische Sperrung (MK-*Groß* Rn 9). In beiden Fällen muss zusätzlich eine negative Kriminalprognose in Form der Gefahr bestehen, dass der Täter weitere erhebliche Straftaten begeht. Die Gefahr muss dabei gerade durch die Nichtdurchführung der Heilbehandlung oder Entziehungskur hervorgerufen werden (*Fischer* Rn 8). Dies ergibt sich zwar nicht aus dem Wortlaut, folgt aber daraus, dass die zugrunde liegende Weisung nur dann zulässig und rechtmäßig ist, wenn sie geeignet und erforderlich ist, um die drohende Gefahr abzuwehren.

4 Abs. 2 S. 2 sieht die nachträgliche Bestimmung einer festen Dauer der Führungsaufsicht vor, wenn die verurteilte Person eine nach S. 1 Nr. 1 zunächst verweigerte Einwilligung nachträglich erteilt. Die Regelung gilt entsprechend bei einer nachträglichen Therapiebefolgung im Fall des S. 1 Nr. 2 (S/S/W-*Jehle* Rn 5). Bei der Festsetzung der weiteren Dauer der Führungsaufsicht ist das Gericht an den zeitlichen Rahmen des Abs. 1 gebunden. Die insoweit bereits verstrichene Zeit zwischen Eintritt der Führungsaufsicht und nachträglicher Erklärung der Einwilligung ist nicht einzurechnen (SK-*Sinn* Rn 6).

5 III. Abs. 3 bietet die Möglichkeit der unbefristeten Verlängerung einer Führungsaufsicht. In den Nr. 1 und 2 sind dabei jeweils Alternativen genannt, auf welche die Verlängerung gestützt werden kann. Gemeinsame Voraussetzung ist in beiden Fällen das Vorliegen der bereits in Abs. 2 benannten, negativen Kriminalprognose. Diese muss sich aus einer der in beiden Varianten beschriebenen Ausgangslagen ergeben. Für die praktische Anwendung der Nr. 1 schweben dem Gesetzgeber dabei insbesondere Fälle vor, in denen allein durch die Verlängerung der Überwachung die weitere Einnahme von psychisch stabilisierenden Medikamenten gewährleistet werden kann, deren Nichteinnahme nach Ende der Führungsaufsicht ansonsten zu befürchten ist (BT-Drucks. 16/1993, 21). Die Regelung nach Nr. 2 soll den Schutz der Allgemeinheit vor erheblichen Sexualstraftaten verbessern, da gerade bei Sexualstraftätern über einen längeren Zeitraum hinweg ein erhöhtes Rückfallrisiko besteht.

6 IV. Abs. 4 S. 1 bestimmt den Beginn der Führungsaufsicht, wobei für den Fall der richterlich angeordneten Führungsaufsicht gem. § 68 I nach Hs 1 der Vorschrift die Rechtskraft des Urteils, nicht der Beschlüsse gem. § 268 a II StPO maßgeblich ist (HKGS-*Pflieger* Rn 7). Tritt die Führungsaufsicht kraft Gesetzes ein, so legt Hs 2 den Beginn auf den Zeitpunkt der Rechtskraft der Aussetzungsentscheidung fest, sofern nicht das Gericht einen späteren Zeitpunkt anordnet.

7 Wie sich aus Abs. 4 S. 2 ergibt, besteht die Führungsaufsicht auch während des Strafvollzugs. Auf ihre Dauer wird diese Zeit jedoch ebenso wenig angerechnet wie Zeiten, in denen der Täter flüchtig oder verborgen ist, da die Führungsaufsicht ihre sichernde und bessernde Wirkung nur entfalten kann, wenn sich der Täter in Freiheit befindet und zugleich betreut und überwacht wird.

§ 68 d Nachträgliche Entscheidungen; Überprüfungsfrist

(1) Das Gericht kann Entscheidungen nach § 68 a Abs. 1 und 5, den §§ 68 b und 68 c Abs. 1 Satz 2 und Abs. 2 und 3 auch nachträglich treffen, ändern oder aufheben.

(2) ¹Bei einer Weisung gemäß § 68 b Absatz 1 Satz 1 Nummer 12 prüft das Gericht spätestens vor Ablauf von zwei Jahren, ob sie aufzuheben ist. ²§ 67 e Absatz 3 und 4 gilt entsprechend.

Abs. 1 bestimmt, dass die dort aufgeführten Entscheidungen auch nachträglich, 1
dh nach Anordnung der Führungsaufsicht im Urteil oder dem Beginn einer von
Gesetzes wegen eintretenden Führungsaufsicht (MK-*Groß* Rn 3) getroffen, aufgehoben oder abgeändert werden können. Seine Anwendung setzt stets voraus,
dass nach dem maßgeblichen Zeitpunkt neue Umstände eingetreten oder bekannt geworden sind, die eine Neubewertung des entsprechenden Teilaspekts
rechtfertigen (LK-*Schneider* Rn 5).

Mit dem zum 1.1.2011 neu angefügten Abs. 2 wird für die zum gleichen Datum 2
eingeführte Weisung nach § 68 b I S. 1 Nr. 12, welche die elektronische Überwachung betrifft, eine Sonderprüfungsfrist vor Ablauf von zwei Jahren angeordnet
(S. 1). Auf diese Frist werden gem. S. 2 einzelne Regelungen zu Modifikation und
Beginn einer Prüfungsfrist bei Unterbringung (§ 67 e III, IV) entsprechend angewandt.

Zuständiges Gericht iSd § 68 d ist gem. §§ 463 I, II, 453, 462 a I StPO die Straf- 3
vollstreckungskammer, wenn zuvor eine Freiheitsstrafe oder eine freiheitsentziehende Maßregel zur Bewährung ausgesetzt wurde. In den übrigen Fällen wird die
nachträgliche Entscheidung gem. § 462 a II StPO durch das Gericht des ersten
Rechtszuges vorgenommen.

§ 68 e Beendigung oder Ruhen der Führungsaufsicht

(1) ¹Soweit sie nicht unbefristet oder nach Aussetzung einer freiheitsentziehenden
Maßregel (§ 67 b Absatz 2, § 67 c Absatz 1 Satz 1, Absatz 2 Satz 4, § 67 d Absatz
2 Satz 3) eingetreten ist, endet die Führungsaufsicht
1. mit Beginn des Vollzugs einer freiheitsentziehenden Maßregel,
2. mit Beginn des Vollzugs einer Freiheitsstrafe, neben der eine freiheitsentziehende Maßregel angeordnet ist,
3. mit Eintritt einer neuen Führungsaufsicht.

²In den übrigen Fällen ruht die Führungsaufsicht während der Dauer des Vollzugs einer Freiheitsstrafe oder einer freiheitsentziehenden Maßregel. ³Das Gericht ordnet das Entfallen einer nach Aussetzung einer freiheitsentziehenden
Maßregel eingetretenen Führungsaufsicht an, wenn es ihrer nach Eintritt eines in
Satz 1 Nummer 1 bis 3 genannten Umstandes nicht mehr bedarf. ⁴Tritt eine neue
Führungsaufsicht zu einer bestehenden unbefristeten oder nach Aussetzung einer
freiheitsentziehenden Maßregel eingetretenen Führungsaufsicht hinzu, ordnet das
Gericht das Entfallen der neuen Maßregel an, wenn es ihrer neben der bestehenden nicht bedarf.

(2) ¹Das Gericht hebt die Führungsaufsicht auf, wenn zu erwarten ist, dass die
verurteilte Person auch ohne sie keine Straftaten mehr begehen wird. ²Die Aufhebung ist frühestens nach Ablauf der gesetzlichen Mindestdauer zulässig. ³Das
Gericht kann Fristen von höchstens sechs Monaten festsetzen, vor deren Ablauf
ein Antrag auf Aufhebung der Führungsaufsicht unzulässig ist.

(3) ¹Ist unbefristete Führungsaufsicht eingetreten, prüft das Gericht
1. in den Fällen des § 68 c Abs. 2 Satz 1 spätestens mit Verstreichen der
Höchstfrist nach § 68 c Abs. 1 Satz 1,
2. in den Fällen des § 68 c Abs. 3 vor Ablauf von zwei Jahren,

ob eine Entscheidung nach Absatz 2 Satz 1 geboten ist. ²Lehnt das Gericht eine Aufhebung der Führungsaufsicht ab, hat es vor Ablauf von zwei Jahren von neuem über eine Aufhebung der Führungsaufsicht zu entscheiden.

1 I. Abs. 1 sieht in S. 1 zunächst Fälle der **Beendigung einer Führungsaufsicht** kraft Gesetzes vor, sofern diese nicht unbefristet besteht oder nach Aussetzung einer freiheitsentziehenden Maßregel eingetreten ist. Genannt werden der Beginn des Vollzugs einer freiheitsentziehenden Maßregel (Nr. 1), der Vollzug einer Freiheitsstrafe, zu der eine freiheitsentziehende Maßregel tritt (Nr. 2) und der Eintritt einer neuen Führungsaufsicht (Nr. 3). S. 2 ordnet demgegenüber „in den übrigen Fällen", also insbesondere bei **unbefristeter Führungsaufsicht**, nur das **Ruhen** derselben an, sofern es zur Vollziehung einer Strafe oder Maßregel kommt. Die Führungsaufsicht wird folglich lediglich für den Zeitraum des Vollzugs suspendiert. Ziel beider Vorschriften ist es, eine unsinnige Doppelbetreuung während der Dauer einer anderen Maßnahme zu vermeiden (vgl BT-Drucks. 16/1993, 22; dazu auch *Schneider* NStZ 2007, 441 [446 f]). Bei der von S. 1 ebenfalls ausgenommenen **Führungsaufsicht nach Aussetzung einer freiheitsentziehenden Maßregel** hat das Gericht gemäß der Sonderregelung in S. 3 außerdem die Möglichkeit, bei Eintritt der in S. 1 genannten Voraussetzungen das Entfallen der Führungsaufsicht anzuordnen. S. 4 schließlich regelt mit dem Zusammentreffen von alter und neuer Führungsaufsicht eine dem Abs. 1 S. 1 Nr. 3 ähnliche Konstellation, bezieht sich aber nur auf die von S. 1 ausgenommenen Arten der Führungsaufsicht. Hier sieht das Gesetz die Möglichkeit einer gerichtlichen Aufhebung der neuen Führungsaufsicht vor, wenn sich diese neben der bisher ohnehin schon unbefristet laufenden Variante als nicht erforderlich erweist (hierzu LK-*Schneider* Rn 6).

2 II. Gem. **Abs. 2 S. 1** wird die Führungsaufsicht durch gerichtliche Entscheidung aufgehoben, wenn Umstände die **positive Prognose** rechtfertigen, der Verurteilte werde auch ohne Führungsaufsicht keine Straftaten mehr begehen. Die hierzu notwendige Prüfung kann von Amts wegen oder auch – wie sich ua mittelbar aus Abs. 2 S. 3 ergibt – auf Antrag des Betroffenen erfolgen (LK-*Schneider* Rn 36). Da die Aufhebung der Führungsaufsicht zur Folge hat, dass der Verurteilte von jeder amtlichen Überwachung unwiderruflich frei wird, wirken sich nach allgemeiner Ansicht Zweifel in Bezug auf die zukünftige Gesetzestreue zulasten des Verurteilten aus und hindern eine Aufhebung (SK-*Sinn* Rn 11; vgl aber auch § 67 b Rn 2, § 67 c Rn 3).

3 Die Aufhebung ist ausgeschlossen, wenn die Führungsaufsicht noch nicht die Mindestdauer von zwei Jahren erreicht hat, **Abs. 2 S. 2**. Ist die Führungsaufsicht kraft Gesetzes eingetreten (§ 68 II), so soll jedoch nach einer Meinung in der Literatur das Gericht nicht an die Mindestdauer gebunden sein: Der Verhältnismäßigkeitsgrundsatz gebiete es in diesen Fällen, § 68 f II analog anzuwenden und die Führungsaufsicht ggf schon vor Ablauf der Sperrfrist aufzuheben (SK-*Sinn* Rn 13, § 68 Rn 14; S/S-*Stree/Kinzig* § 68 f Rn 12). Die hM verweist demgegenüber auf den Wortlaut des Abs. 2 S. 2 und darauf, dass auch in den Fällen des gesetzlichen Eintritts der Führungsaufsicht der Verdacht auf die Rückfälligkeit des Täters so stark ausgeprägt sei, dass eine Aussetzung vor Ablauf von zwei Jahren nicht angezeigt sei (*Fischer* § 68 c Rn 2; LK-*Schneider* Rn 25).

4 Auch die Aufhebung der Führungsaufsicht in entsprechender Anwendung des Abs. 2 S. 1 bei Aussichtslosigkeit der Maßregel wird von der hL abgelehnt (S/S/W-*Jehle* Rn 5; LK-*Schneider* Rn 8; aA LG Bonn NStZ 1994, 358 [359]).

Abs. 2 S. 3 eröffnet dem Gericht die Möglichkeit, die Zulässigkeit eines Antrags 5
auf Aufhebung der Führungsaufsicht bis zu sechs Monate lang auszuschließen.
Sinn der Regelung ist es, einem Missbrauch durch schnell hintereinander folgende Aufhebungsanträge vorzubeugen, da eine Änderung der Prognose innerhalb kurzer Zeit unwahrscheinlich ist (*Fischer* Rn 9; LK-*Schneider* Rn 38). Die Frist beginnt mit Erlass des Beschlusses, nicht mit seiner Rechtskraft (MK-*Groß* Rn 24).

III. Der ebenfalls neu gefasste **Abs. 3** regelt Prüfungspflichten des Gerichts im 6
Falle unbefristeter Führungsaufsicht: S. 1 nennt hierbei in den Nr. 1 und 2, abhängig von der gesetzlichen Grundlage der Anordnung, Zeitpunkte, bei deren Eintritt das Gericht über eine Entscheidung nach Abs. 2 S. 1, also die Aufhebung der Führungsaufsicht wegen positiver Kriminalprognose, zu befinden hat. Bei negativem Ergebnis sieht S. 2 sodann eine erneute Entscheidung nach Ablauf von zwei Jahren vor.

IV. Die Zuständigkeit bestimmt sich wie bei § 67 d (vgl dort Rn 16). Nur richtet 7
sich das Verfahren bei einer Entscheidung nach § 68 e nach den §§ 463 III iVm 454 I, III und IV StPO.

§ 68 f Führungsaufsicht bei Nichtaussetzung des Strafrestes

(1) ¹Ist eine Freiheitsstrafe oder Gesamtfreiheitsstrafe von mindestens zwei Jahren wegen vorsätzlicher Straftaten oder eine Freiheitsstrafe oder Gesamtfreiheitsstrafe von mindestens einem Jahr wegen Straftaten der in § 181 b genannten Art vollständig vollstreckt worden, tritt mit der Entlassung der verurteilten Person aus dem Strafvollzug Führungsaufsicht ein. ²Dies gilt nicht, wenn im Anschluss an die Strafverbüßung eine freiheitsentziehende Maßregel der Besserung und Sicherung vollzogen wird.

(2) Ist zu erwarten, dass die verurteilte Person auch ohne die Führungsaufsicht keine Straftaten mehr begehen wird, ordnet das Gericht an, dass die Maßregel entfällt.

I. § 68 f ordnet die Führungsaufsicht in Fällen der Vollverbüßung an, in denen es 1
also zu keiner Strafaussetzung gem. § 57 gekommen ist bzw diese widerrufen wurde. Die Vorschrift trägt so der Überlegung Rechnung, dass für den Täter in diesen Fällen regelmäßig eine negative Sozialprognose erstellt wurde und er daher der Unterstützung beim Übergang in die Freiheit, welche bei der Strafaussetzung zur Bewährung durch die Bewährungshilfe gem. § 56 d geleistet wird, in besonderer Weise bedarf.

II. Voraussetzung für den Eintritt der Führungsaufsicht gem. Abs. 1 S. 1 ist zunächst 2
die Verbüßung einer Freiheitsstrafe von mindestens zwei Jahren oder einer mindestens einjährigen Freiheitsstrafe wegen einer der in § 181 b genannten Straftaten. Ausreichend ist jeweils auch die Verurteilung zu einer Gesamtfreiheitsstrafe.

Des Weiteren muss die Freiheitsstrafe **vollständig** vollstreckt worden sein. Diese 3
Voraussetzung ist auch erfüllt, wenn die Freiheitsstrafe zunächst zur Bewährung ausgesetzt, die Aussetzung sodann aber widerrufen wurde und der Täter die Strafe voll verbüßt hat (*Fischer* Rn 6). Vollständig vollstreckt ist die Freiheitsstrafe ferner, wenn eine anderweitige Freiheitsentziehung gem. § 51 oder gem. § 67

IV auf die Freiheitsstrafe angerechnet oder der Entlassungstermin gem. § 16 III StVollzG vorverlegt wurde.

4 Die Führungsaufsicht tritt mit der **Entlassung** aus dem Strafvollzug ein. Hierunter ist die tatsächliche Entlassung in die Freiheit zu verstehen, nicht schon der Ablauf der ersten von mehreren, sich aneinander anschließenden Strafen (OLG München NStZ-RR 1998, 125) oder die Überweisung in den Vollzug einer freiheitsentziehenden Maßregel (Abs. 1 S. 2). Wird der Täter noch während des Laufs der Führungsaufsicht erneut zu einer Freiheitsstrafe von zwei oder mehr Jahren verurteilt, so gilt § 68 e I, dh es kommt regelmäßig zu einem Ruhen der Führungsaufsicht.

5 III. Die Voraussetzungen der gerichtlichen Entscheidungen gem. **Abs. 2** entsprechen denjenigen einer Aufhebung der Führungsaufsicht gem. § 68 e II (vgl dort Rn 2 f) mit dem Unterschied, dass die dort in S. 2 vorgesehene zweijährige Mindestdauer nicht einzuhalten ist (LK-*Schneider* Rn 19).

6 Hat das Gericht bei Verhängung einer mindestens zweijährigen Freiheitsstrafe, die in der Folgezeit vollständig verbüßt wurde, gem. § 68 I die Führungsaufsicht selbstständig angeordnet, so stellt sich die Frage, ob die Aufhebung der Maßregel erst nach Ablauf der zweijährigen Mindestdauer gem. § 68 e II S. 2 zulässig ist oder ob die Sonderregel des § 68 f II Anwendung findet. Nach wohl hM ist eine Aufhebung der Führungsaufsicht in diesen Fällen erst nach Ablauf der zweijährigen Mindestdauer möglich (OLG Düsseldorf NStZ 1995, 34; *Fischer* Rn 9; L-Kühl-*Heger* Rn 4): Gesetzliche und richterlich angeordnete Führungsaufsicht bestünden nebeneinander und würden einheitlich ausgeführt. Auf die somit fortbestehende Führungsaufsicht kraft richterlicher Anordnung könne § 68 f II jedoch keine Anwendung finden. Nach der Gegenauffassung ist die Aufhebung schon vor Ablauf der Zweijahresfrist zulässig, da die gesetzliche Führungsaufsicht gem. § 68 f der richterlich angeordneten gem. § 68 I vorgehe (LK-*Schneider* Rn 7; SK-*Sinn* § 68 Rn 12).

7 In anderen Fällen des gesetzlichen Eintritts der Führungsaufsicht findet § 68 f II nach hM keine Anwendung (vgl § 68 e Rn 3).

8 IV. Zuständig für die Anordnung nach Abs. 2 ist die Strafvollstreckungskammer (§§ 463 III, 454, 462 a I StPO).

§ 68 g Führungsaufsicht und Aussetzung zur Bewährung

(1) ¹Ist die Strafaussetzung oder Aussetzung des Strafrestes angeordnet oder das Berufsverbot zur Bewährung ausgesetzt und steht der Verurteilte wegen derselben oder einer anderen Tat zugleich unter Führungsaufsicht, so gelten für die Aufsicht und die Erteilung von Weisungen nur die §§ 68 a und 68 b. ²Die Führungsaufsicht endet nicht vor Ablauf der Bewährungszeit.

(2) ¹Sind die Aussetzung zur Bewährung und die Führungsaufsicht auf Grund derselben Tat angeordnet, so kann das Gericht jedoch bestimmen, daß die Führungsaufsicht bis zum Ablauf der Bewährungszeit ruht. ²Die Bewährungszeit wird dann in die Dauer der Führungsaufsicht nicht eingerechnet.

(3) ¹Wird nach Ablauf der Bewährungszeit die Strafe oder der Strafrest erlassen oder das Berufsverbot für erledigt erklärt, so endet damit auch eine wegen der-

selben Tat angeordnete Führungsaufsicht. ²Dies gilt nicht, wenn die Führungsaufsicht unbefristet ist (§ 68 c Abs. 2 Satz 1 oder Abs. 3).

I. Abs. 1 bestimmt das Verhältnis von Strafaussetzung zur Bewährung und Führungsaufsicht für den Regelfall.   1

1. Danach bestehen diese grds. nebeneinander, doch gelten in Bezug auf Aufsicht und Weisungen allein die Vorschriften der einschneidenderen Führungsaufsicht und treten an die Stelle der §§ 56 c, 56 d. Ein Verstoß gegen Weisungen gem. § 68 b rechtfertigt dann auch einen Widerruf der Strafaussetzung gem. § 56 f I Nr. 2, da Weisungen gem. § 56 c von den weitergehenden Weisungen nach § 68 b mitumfasst sind (SK-*Sinn* Rn 2).   2

2. In zeitlicher Hinsicht bestimmt Abs. 1 S. 2, dass die Führungsaufsicht nicht vor dem Ablauf der Bewährungszeit endet. Dies dient dem Zweck, eine einheitliche Aufsicht während der gesamten Dauer der Aufsichtszeit zu gewährleisten. Nicht zulässig ist daher eine Entscheidung des Gerichts gem. § 68 c I S. 2, mit welcher die Höchstdauer der Führungsaufsicht unter die Dauer der Bewährungszeit gekürzt wird (LK-*Schneider* Rn 17). Da § 68 g I S. 2 jedoch nur das zeitliche Verhältnis **bestehender** Führungsaufsicht zur Strafaussetzung zur Bewährung regelt, nicht aber die Voraussetzungen des Bestehens selbst, wird eine Aufhebung der Führungsaufsicht gem. §§ 68 e II oder 68 f II durch die Vorschrift nicht ausgeschlossen (OLG Hamm NStZ 1984, 188).   3

II. Von der Möglichkeit, die Führungsaufsicht gem. Abs. 2 bis zum Ablauf der Bewährungszeit für ruhend zu erklären, kann das Vollstreckungsgericht (vgl § 462 a I, II StPO) trotz des Wortes „angeordnet" auch dann Gebrauch machen, wenn die Führungsaufsicht aufgrund derselben Tat **kraft Gesetzes** eingetreten ist. Es hat diese Entscheidung nach pflichtgemäßem Ermessen zu treffen.   4

Ruht die Führungsaufsicht, so sind nach § 68 b ergangene Weisungen außer Kraft gesetzt. Weisungen werden dann allein auf Grundlage des § 56 c erteilt. Zuwiderhandlungen gegen diese können mit dem Widerruf der Strafaussetzung gem. § 56 f I Nr. 2, nicht aber mit einem Aussetzungswiderruf gem. § 67 g I Nr. 2 oder einer Bestrafung gem. § 145 a sanktioniert werden.   5

III. Die Führungsaufsicht endet – soweit sie wegen derselben Tat angeordnet wurde – gem. Abs. 3 S. 1 mit dem Erlass der Strafe gem. § 56 g I oder der Erklärung der Erledigung des Berufsverbots gem. § 70 b V, nicht aber schon mit Ablauf der Bewährungszeit. Ob Abs. 3 auch greift, wenn die Führungsaufsicht wegen derselben Tat kraft Gesetzes eingetreten ist, ist umstritten, wird von der hM jedoch bejaht (LK-*Schneider* Rn 19; SK-*Sinn* Rn 10; aA LG Marburg NStZ-RR 2007, 39; LG Zweibrücken VRS 117, 288 [289 f]). Fälle unbefristeter Führungsaufsicht sind gem. S. 2 von der Beendigungsregelung ausgenommen.   6

– Entziehung der Fahrerlaubnis –

§ 69 Entziehung der Fahrerlaubnis

(1) ¹Wird jemand wegen einer rechtswidrigen Tat, die er bei oder im Zusammenhang mit dem Führen eines Kraftfahrzeuges oder unter Verletzung der Pflichten eines Kraftfahrzeugführers begangen hat, verurteilt oder nur deshalb nicht verurteilt, weil seine Schuldunfähigkeit erwiesen oder nicht auszuschließen ist, so entzieht ihm das Gericht die Fahrerlaubnis, wenn sich aus der Tat ergibt, daß er

zum Führen von Kraftfahrzeugen ungeeignet ist. ²Einer weiteren Prüfung nach § 62 bedarf es nicht.

(2) Ist die rechtswidrige Tat in den Fällen des Absatzes 1 ein Vergehen
1. der Gefährdung des Straßenverkehrs (§ 315 c),
2. der Trunkenheit im Verkehr (§ 316),
3. des unerlaubten Entfernens vom Unfallort (§ 142), obwohl der Täter weiß oder wissen kann, daß bei dem Unfall ein Mensch getötet oder nicht unerheblich verletzt worden oder an fremden Sachen bedeutender Schaden entstanden ist, oder
4. des Vollrausches (§ 323 a), der sich auf eine der Taten nach den Nummern 1 bis 3 bezieht,

so ist der Täter in der Regel als ungeeignet zum Führen von Kraftfahrzeugen anzusehen.

(3) ¹Die Fahrerlaubnis erlischt mit der Rechtskraft des Urteils. ²Ein von einer deutschen Behörde ausgestellter Führerschein wird im Urteil eingezogen.

1 I. Die Entziehung der Fahrerlaubnis stellt die in der Praxis mit Abstand am häufigsten angeordnete Maßregel der Besserung und Sicherung dar (*Streng* Rn 348). Sie ist zu unterscheiden vom Fahrverbot gem. § 44, welches als Nebenstrafe an die Schuld des Täters und nicht an seine zukünftige Gefährlichkeit anknüpft. **Schutzzweck** des § 69 ist allein die Sicherheit des Straßenverkehrs; der allgemeine Rechtsgüterschutz ist nur „Schutzreflex" (BGHSt 50, 93 [100]; hierzu *Sowada* NStZ 2004, 169).

2 II. Die **Anordnungsvoraussetzungen** in Abs. 1, wonach die Entziehung der Fahrerlaubnis die Begehung einer rechtswidrigen Tat (vgl § 11 I Nr. 5) bei oder im Zusammenhang mit dem Führen eines Kraftfahrzeugs oder unter Verletzung der Pflichten eines Kraftfahrzeugführers erfordert, sind nach Wortlaut und Sinngehalt mit den entsprechenden Merkmalen in § 44 identisch (vgl § 44 Rn 10 ff). Abweichend hiervon wird allerdings teilweise die Ansicht vertreten, dass unter den Begriff des Kraftfahrzeugs iSd § 69 auch Schiffe und Schienenfahrzeuge zu subsumieren seien (LG Kiel NStZ-RR 2007, 59; *Fischer* Rn 3; dagegen OLG Brandenburg DAR 2008, 393; OLG Rostock NZV 2008, 472).

3 Des Weiteren muss der Täter wegen der Tat verurteilt oder nur deshalb nicht verurteilt werden, weil seine Schuldunfähigkeit erwiesen oder nicht auszuschließen ist. **Verurteilt** in diesem Sinne ist der Täter immer schon dann, wenn ein Schuldspruch ergangen ist. Eine Verurteilung zu Strafe ist nicht erforderlich, so dass ein Absehen von dieser einer Anordnung gem. § 69 I nicht entgegensteht. Wurde der Täter nicht verurteilt und greifen neben der (nicht auszuschließenden) Schuldunfähigkeit noch andere Schuldausschließungs- oder Strafaufhebungsgründe ein, so ist eine Anordnung gem. § 69 nicht möglich.

4 Aus der Tat muss sich ergeben, dass der Täter zum **Führen von Kraftfahrzeugen ungeeignet** ist. Die Ungeeignetheit kann dabei auf körperlichen oder geistigen Fehlern ebenso wie auf charakterlichen Mängeln beruhen (BGHSt 5, 179 [180 f]). Als **körperliche Fehler** kommen insbesondere nachlassendes Hör- oder Sehvermögen, als **geistige Mängel** Beeinträchtigungen wie Epilepsie in Betracht (näher NK-*Herzog/Böse* Rn 12 ff). Eine **charakterliche Ungeeignetheit** schließlich ist – entsprechend dem Schutzzweck des § 69 – nur dann zu bejahen, wenn die Umstände die Erwartung tragen, dass der Täter bereit ist, die Sicherheit des Straßenverkehrs seinen eigenen kriminellen Interessen unterzuordnen. **Maßstab** für

die Entscheidung über die Entziehung der Fahrerlaubnis ist daher die in die Zukunft gerichtete Beurteilung der **Gefährlichkeit** des Kraftfahrers für den **öffentlichen Straßenverkehr**, nicht die Gefahr der Begehung (beliebiger) Delikte der Allgemeinkriminalität mithilfe eines Kfz (vgl BGHSt 50, 93 [100] m. teilweise krit. Anm. *Duttge* JZ 2006, 102). Demgemäß reicht zB der Umstand, dass der Täter mit seinem Gefährt Rauschgift transportiert, für die Anordnung nach § 69 nicht aus, da kein allgemeiner Erfahrungssatz existiert, dass Rauschgifttransporteure gerade die Belange der Verkehrssicherheit – etwa durch eine besonders riskante Fahrweise bei Verkehrskontrollen – beeinträchtigen (vgl BGH NStZ 2015, 379).

Grundlage der Beurteilung ist eine Gesamtwürdigung der Täterpersönlichkeit. 5 Berücksichtigung können jedoch nur solche **Mängel** finden, **die in der Anlasstat ihren Ausdruck gefunden haben** (BGH NStZ-RR 1998, 43 f) und konkret auf eine Gefährdung des Straßenverkehrs durch den Straftäter hinweisen (BGH NStZ 2005, 687 [687 f]). Dabei ist unter Tat der dem Urteil zugrunde liegende historische Gesamtvorgang iSd § 264 StPO zu verstehen. Es genügt nicht, wenn aus Anlass der Aufklärung der Tat Mängel des Täters zu Tage getreten sind, die ihn als ungeeignet zum Führen eines Kraftfahrzeugs erscheinen lassen, aber nicht zum Tatgeschehen beigetragen haben.

Maßgeblicher Zeitpunkt für die Gesamtwürdigung ist der Zeitpunkt der letzten 6 tatrichterlichen Hauptverhandlung (BGHSt 7, 165 [175]). Daher ist eine positive Entwicklung des Täters in der Zeit zwischen Anlasstat und Hauptverhandlung – etwa infolge einer vorläufigen Entziehung der Fahrerlaubnis gem. § 111 a StPO – bei der Beurteilung der Ungeeignetheit zu berücksichtigen (LG Münster NZV 2005, 656). Gegen einen **Beifahrer** kommt die Maßregelanordnung des § 69 I nur in Betracht, wenn besonders gewichtige Hinweise für seine Ungeeignetheit zum Führen von Kraftfahrzeugen vorliegen (BGH NStZ 2004, 617; vgl hierzu auch *Zopfs* NZV 2010, 179 ff).

III. Abs. 2 stellt eine Sonderregelung zur Beurteilung der Ungeeignetheit des Tä- 7 ters dar und dient der Vereinheitlichung der Rspr Hat der Täter eine der dort aufgeführten Straftaten begangen, so ist er im Regelfall als ungeeignet zum Führen von Kraftfahrzeugen anzusehen. Einer Gesamtwürdigung der Täterpersönlichkeit und einer näheren Begründung seiner Ungeeignetheit bedarf es grds. nicht (BGH NStZ 2000, 26 [27]; S/S/W-*Jehle* Rn 40). Eine Begründungspflicht trifft das Gericht aber, wenn es von der gesetzlichen Regel abweichen möchte und die Geeignetheit des Täters, Kraftfahrzeuge zu führen, trotz der begangenen Katalogtat bejaht. Erforderlich sind hierfür konkrete Gründe in der Person des Täters oder der Tat, die einen wesentlichen Unterschied zum Durchschnittsfall entstehen lassen. Exemplarisch sind etwa eine lediglich kurze Trunkenheitsfahrt auf einem öffentlichen Parkplatz (AG Westerstede NVZ 2012, 304 f), die Meldung eines Unfalls durch den nur kurze Zeit zuvor vom Unfallort geflohenen Täter (AG Bielefeld NZV 2014, 378 f) oder die Teilnahme an einem anerkannten Nachschulungskurs zu nennen (OLG Karlsruhe StV 2004, 584 [585]; AnwK-*Scheffler/Halecker* Rn 36). Nicht ausreichend ist demgegenüber das Fehlen von Vorstrafen oder ein guter Eindruck in der Hauptverhandlung (weitere Beispiele bei L-Kühl-*Heger* Rn 7).

Bedeutend iSv Abs. 2 Nr. 3 ist ein **Schaden** nach gegenwärtigem Stand der Rspr, 8 wenn er 1.300 Euro oder mehr beträgt (OLG Dresden NJW 2005, 2633; OLG Jena NStZ-RR 2005, 183; abw. LG Köln DAR 2006, 289 m. abl. Anm. *Himmelreich*: 1.000 Euro; LG Frankfurt/M wistra 2009, 649 ff: 1.400 Euro). Unterhalb dieser Schwelle kann sich eine Ungeeignetheit des Täters aber immer noch nach

Abs. 1 ergeben (LG Berlin DAR 2010, 533). Der Schaden an mehreren Sachen ist zusammenzuzählen, doch findet der Schaden an einem fremden Kraftfahrzeug, das vom Täter gesteuert wird, ebenso wie im Rahmen des § 315 c I, keine Berücksichtigung (*Fischer* Rn 27: sofern berechtigt geführt).

9 **IV.** Einer zusätzlichen Prüfung der Verhältnismäßigkeit bedarf es bei Anordnung des Führerscheinentzugs nicht, **Abs. 1 S. 2.** Der zum Führen eines Kraftfahrzeuges ungeeignete Fahrer stellt eine erhebliche Gefahr für die Sicherheit des Straßenverkehrs dar. Der Entzug der Fahrerlaubnis bei Ungeeignetheit widerspricht daher nicht dem Übermaßverbot.

10 **V.** Mit der Rechtskraft des Urteils erlischt die Fahrerlaubnis gem. **Abs. 3 S. 1** endgültig. Eine Entziehung nur für einen begrenzten Zeitraum ist nicht zulässig (BGH bei *Spiegel* DAR 1976, 92). Auch eine Beschränkung auf bestimmte Fahrzeugarten ist bei der Entziehung der Fahrerlaubnis nicht zulässig, wohl aber bei Bestimmung der Sperre für die Neuerteilung eines Führerscheins (§ 69 a II).

11 **VI.** Eine **vorläufige Entziehung** der Fahrerlaubnis vor Abschluss des Strafverfahrens kann gem. § 111 a StPO ausgesprochen werden. Auch ist vor Abschluss des Strafverfahrens eine Verwahrung, Sicherstellung oder Beschlagnahme des Führerscheins gem. § 94 StPO möglich. Neben § 69 besteht ferner die Möglichkeit der Entziehung der Fahrerlaubnis durch die ausstellende Behörde gem. § 3 StVG, wobei der Entziehung nach § 69 allerdings grds. ein Vorrang zukommt (vgl § 3 III S. 1 StVG; näher zum Konkurrenzverhältnis *Koehl* DAR 2012, 682 ff).

§ 69 a Sperre für die Erteilung einer Fahrerlaubnis

(1) ¹Entzieht das Gericht die Fahrerlaubnis, so bestimmt es zugleich, daß für die Dauer von sechs Monaten bis zu fünf Jahren keine neue Fahrerlaubnis erteilt werden darf (Sperre). ²Die Sperre kann für immer angeordnet werden, wenn zu erwarten ist, daß die gesetzliche Höchstfrist zur Abwehr der von dem Täter drohenden Gefahr nicht ausreicht. ³Hat der Täter keine Fahrerlaubnis, so wird nur die Sperre angeordnet.

(2) Das Gericht kann von der Sperre bestimmte Arten von Kraftfahrzeugen ausnehmen, wenn besondere Umstände die Annahme rechtfertigen, daß der Zweck der Maßregel dadurch nicht gefährdet wird.

(3) Das Mindestmaß der Sperre beträgt ein Jahr, wenn gegen den Täter in den letzten drei Jahren vor der Tat bereits einmal eine Sperre angeordnet worden ist.

(4) ¹War dem Täter die Fahrerlaubnis wegen der Tat vorläufig entzogen (§ 111 a der Strafprozeßordnung), so verkürzt sich das Mindestmaß der Sperre um die Zeit, in der die vorläufige Entziehung wirksam war. ²Es darf jedoch drei Monate nicht unterschreiten.

(5) ¹Die Sperre beginnt mit der Rechtskraft des Urteils. ²In die Frist wird die Zeit einer wegen der Tat angeordneten vorläufigen Entziehung eingerechnet, soweit sie nach Verkündung des Urteils verstrichen ist, in dem die der Maßregel zugrunde liegenden tatsächlichen Feststellungen letztmals geprüft werden konnten.

(6) Im Sinne der Absätze 4 und 5 steht der vorläufigen Entziehung der Fahrerlaubnis die Verwahrung, Sicherstellung oder Beschlagnahme des Führerscheins (§ 94 der Strafprozeßordnung) gleich.

(7) ¹Ergibt sich Grund zu der Annahme, daß der Täter zum Führen von Kraftfahrzeugen nicht mehr ungeeignet ist, so kann das Gericht die Sperre vorzeitig aufheben. ²Die Aufhebung ist frühestens zulässig, wenn die Sperre drei Monate, in den Fällen des Absatzes 3 ein Jahr gedauert hat; Absatz 5 Satz 2 und Absatz 6 gelten entsprechend.

I. Ordnet das erkennende Gericht eine Entziehung der Fahrerlaubnis gem. § 69 an, so bestimmt es gem. § 69 a I S. 1 zugleich eine **Frist**, innerhalb derer es der zuständigen Verwaltungsbehörde untersagt ist, dem Täter eine **neue Fahrerlaubnis** zu erteilen. Diese Sperre gilt auch für die Erteilung einer Fahrerlaubnis in einem anderen EU-Mitgliedstaat (vgl EuGH NJW 2009, 207 [209] m.Anm. *Dauer* NZV 2009, 154; OLG Hamm NZV 2010, 162; EuGH NZV 2016, 38 für den Fall einer isolierten Sperrfrist nach Abs. 1 S. 3). Bei Festsetzung der Sperrfristdauer (von sechs Monaten bis zu fünf Jahren) ist auf der Grundlage einer Gesamtwürdigung aller Umstände des Einzelfalls zu fragen, für welchen Zeitraum vom Täter weitere Pflichtverletzungen und somit eine Gefährdung des Straßenverkehrs zu erwarten wäre, sofern er eine Fahrerlaubnis besäße. Maßgeblich sind somit dieselben Grundsätze wie bei Entziehung der bisherigen Fahrerlaubnis (BGHSt 15, 392 [397]). Dies hat zur Folge, dass eine nach der Anlasstat eingetretene positive Entwicklung des Täters – ebenso wie im Rahmen des § 69 – zu dessen Gunsten für die Prognoseentscheidung berücksichtigt werden kann (vgl § 69 Rn 6; ferner SK-*Sinn* Rn 6). 1

Je länger die festgelegte Sperrfrist dauert, desto eingehender ist die Entscheidung zu begründen (BGHSt 5, 168 [177]). Eine unbegrenzte Sperre nach Abs. 1 S. 2 kommt in Betracht, wenn etwa wegen hartnäckiger Verkehrskriminalität, chronischer Neigung zu Trunkenheitsfahrten oder körperlicher Unfähigkeit, ein Fahrzeug zu steuern, eine Besserung des Täters auch auf Dauer nicht erwartet werden kann (OLG Köln NJW 2001, 3491 [3492]; näher NK-*Herzog/Böse* Rn 3 ff). 2

II. **Abs. 1 S. 3** eröffnet dem Gericht die Möglichkeit, eine **isolierte Sperre** anzuordnen, wenn der Täter über keine Fahrerlaubnis verfügt. Für sie gelten dieselben Voraussetzungen wie für die Entziehung der Fahrerlaubnis (§ 69). 3

III. Nach **Abs. 2** kann das Gericht besondere Arten von Fahrzeugen von der Sperre ausnehmen. Voraussetzung dafür ist die Möglichkeit, die aufgrund der Ungeeignetheit des Täters zunächst einmal anzunehmende Straßenverkehrsgefährdung abschirmen zu können (AG Lüdinghausen NJW 2010, 310 [311]). Die Ausnahme ändert allerdings nichts daran, dass die bisherige Fahrerlaubnis durch die Entziehung in vollem Umfang erloschen ist. Der Verwaltungsbehörde bleibt es in diesen Fällen lediglich unbenommen, eine neue Fahrerlaubnis für die von der Sperre ausgenommenen Kfz-Arten zu erteilen, wenn sie den Täter insoweit für geeignet erachtet. 4

Da relevante Mängel des Täters – insbesondere solche charakterlicher Art – im Regelfall die Eignung zum Führen von Kraftfahrzeugen insgesamt ausschließen, kann eine Anordnung iSv Abs. 2 nur in Ausnahmefällen ergehen (OLG Karlsruhe DAR 1978, 139). **Besondere Umstände**, die eine Begrenzung der Sperre zu rechtfertigen vermögen, sind beispielsweise gegeben, wenn die körperliche Ungeeignetheit des Täters sich nur auf das Führen schneller Kraftfahrzeuge, nicht aber auch auf langsame Fahrzeuge, wie etwa Traktoren, erstreckt (näher zu den Fällen des § 69 a Abs. 2 NK-*Herzog/Böse* Rn 11 ff). 5

IV. Die **Mindestdauer** der auszusprechenden Sperre beträgt gem. Abs. 1 S. 1 grds. sechs Monate. 6

7   Der Erhöhung dieses Mindestmaßes auf ein Jahr gem. **Abs. 3** liegt der Gedanke zugrunde, dass derjenige, der gegen seine Pflichten als Führer eines Kraftfahrzeugs verstoßen hat, obwohl in den letzten drei Jahren schon einmal eine Sperre gegen ihn verhängt wurde, nur mit durchgreifenderen Mitteln positiv beeinflusst werden kann. Demzufolge findet die Regelung entgegen des weiten Wortlauts des Abs. 3 keine Anwendung, wenn die vorangegangene und die aktuelle Maßregelverhängung auf völlig unterschiedliche Eignungsmängel zurückgehen (LK-*Geppert* Rn 33; krit. *Fischer* Rn 11). Der 3-Jahres-Zeitraum, innerhalb dessen die erneute Pflichtverletzung zu einer Erhöhung der Mindestdauer führt, berechnet sich ab Rechtskraft der die frühere Sperre anordnenden Entscheidung (OLG Jena VRS 118, 279 [280]).

8   **Abs. 4 S. 1**, der die Mindestdauer der Sperre um die Dauer der vorläufigen Entziehung der Fahrerlaubnis verkürzt (zu beachten ist insoweit auch Abs. 6), führt nicht zu einer Anrechnung im technischen Sinne (L-Kühl-*Heger* Rn 5). Er trägt vielmehr der Überlegung Rechnung, dass das Gericht die möglichen positiven Auswirkungen einer vorläufigen Entziehung der Fahrerlaubnis auf den Täter berücksichtigen muss und ihm daher in Bezug auf das Mindestmaß ein größerer Spielraum zu geben ist. Kommt das Gericht jedoch zu dem Ergebnis, dass die vorläufige Entziehung den Eignungsmangel des Täters bereits vollständig beseitigt hat, so ist eine Entziehung und Sperre gem. §§ 69, 69 a nicht zulässig und eine Aufhebung der vorläufigen Entziehung nach § 111 a II StPO geboten.

9   Ob die dreimonatige Mindestdauer der Sperre gem. **Abs. 4 S. 2** in der Berufungsinstanz zu einer unzulässigen reformatio in peius führt, wenn dadurch der Täter faktisch schlechter gestellt wird, ist umstritten. Exemplarisch: Gegen den Täter wird in erster Instanz eine Sperre von sechs Monaten verhängt. In der vier Monate später stattfindenden Berufungsverhandlung wird die Sperre auf das Mindestmaß von drei Monaten verkürzt. War dem Täter in der Zwischenzeit die Fahrerlaubnis gem. § 111 a StPO vorläufig entzogen, so wird der Täter durch die Anwendung der Mindestsperrfrist schlechter gestellt (faktische Verlängerung um einen Monat). Für eine Nichtanwendung der Mindestsperrzeit in diesen Fällen wird angeführt, dem Verbot der reformatio in peius gem. §§ 331 I, 358 II StPO liege der Gedanke zugrunde, der Verurteilte solle nicht durch die Aussicht, sich im Ergebnis schlechter zu stellen, von der Einlegung von Rechtsmitteln abgehalten werden. Dieser Grundgedanke aber greife bei einer faktischen Schlechterstellung ebenso ein wie bei einer formellen Schlechterstellung im Urteilsspruch des Berufungsgerichts (*Gontard* Rebmann-FS 211 [221]). Die hM stützt demgegenüber die uneingeschränkte Anwendung des § 69 a IV S. 2 auf den Wortlaut dieser Vorschrift sowie auf die Überlegung, dass die Absätze 4-6 des § 69 a eine Spezialregelung zu den §§ 331 I, 358 II StPO seien und diese daher ausschlössen (BGH VRS 21, 335 [338]; SK-*Sinn* Rn 8 f).

10 V. Nach **Abs. 5 S. 1 beginnt** die **Sperre** mit der Rechtskraft des Urteils. Dies gilt auch, wenn zu diesem Zeitpunkt eine Sperrfrist bereits aus einer anderen Erkenntnis gegen den Täter verhängt und eine nachträgliche Gesamtstrafenbildung gem. § 55 nicht möglich ist. Eine **Anschlusssperrfrist**, die erst nach Ablauf der bereits erlassenen Sperre einsetzt, ist deshalb nicht zulässig (OLG Zweibrücken StV 1983, 22). Doch wird in diesen Fällen oft Abs. 2 einschlägig sein.

11 Zu **Abs. 5 S. 2** stellt sich die Frage, ab welchem Zeitpunkt eine Anrechnung der vorläufigen Entziehung der Fahrerlaubnis auf die Dauer der Sperre erfolgt, wenn das **Revisionsgericht** die Sache an die Berufungsinstanz **zurückverweist**. Teilweise wird eine analoge Anwendung von Abs. 5 S. 2 vom Zeitpunkt des ersten Beru-

fungsurteils an befürwortet (*Fischer* Rn 39; SK-*Sinn* Rn 12), überwiegend jedoch die Anrechnung über Abs. 5 S. 2 schon von diesem Zeitpunkt an verneint (OLG Karlsruhe NJW 1975, 455 [456]; L-Kühl-*Heger* Rn 6); eine Berücksichtigung der vorläufigen Entziehung der Fahrerlaubnis soll dann allein im Rahmen des Abs. 4 erfolgen.

Läuft noch **während** des laufenden **Revisionsverfahrens** die tatrichterlich verhängte **Sperrfrist ab**, so gebietet es nach einer Mindermeinung die Billigkeit, die vorläufige Entziehung gem. § 111 a II StPO aufzuheben (vgl OLG Koblenz MDR 1978, 337; *Hentschel* NJW 1982, 1073 [1080]). Die hM lehnt demgegenüber eine Aufhebung der vorläufigen Entziehung ab (BGH NZV 1998, 418; *Fischer* Rn 39; S/S-*Streel/Kinzig* Rn 26): Mit Ablauf der angeordneten Sperrfrist falle nicht – wie für eine Aufhebung der vorläufigen Entziehung gem. § 111 a II StPO erforderlich – der Rechtsgrund der vorläufigen Entziehung, dh die Möglichkeit einer endgültigen Entziehung gem. § 69, weg. Zudem sei die Aufhebung der vorläufigen Entziehung mit der Folge des automatischen Wiedererwerbs der alten Fahrerlaubnis systemwidrig. Bestätige nämlich das Revisionsgericht die Entscheidung der unteren Instanz gem. § 69, so bleibe auch nach Ablauf der Sperrfrist die Fahrerlaubnis des Täters erloschen. Über einen Neuerwerb könne dann allein die Verwaltungsbehörde entscheiden. 12

Unterschiedlich beurteilt wird schließlich die Frage, ob die Anrechnungsregelung des Abs. 5 S. 2 sowie die Senkung der Mindestsperrzeit gem. Abs. 4 entsprechend gelten sollen, wenn der Täter keine Fahrerlaubnis besitzt und die Sperrfrist gem. Abs. 1 S. 3 isoliert angeordnet wird (für eine analoge Anwendung LG Heilbronn NStZ 1984, 263 f; LK-*Geppert* Rn 74 a; dagegen BayObLG NZV 1991, 358; OLG Zweibrücken NZV 1997, 279; *Fischer* Rn 37). 13

VI. Eine vorzeitige Aufhebung der Sperre ist gem. **Abs. 7** möglich, wenn der Täter nicht mehr als ungeeignet zum Führen von Kraftfahrzeugen anzusehen ist, dh die (veränderten) Umstände – also neue Tatsachen und nicht etwa die Änderung der Rechtsprechung (OLG Hamburg DAR 2004, 660) – eine negative Prognose nicht mehr zu tragen vermögen. Beispielhaft ist der Nachweis des glaubhaften Entschlusses zu dauerhafter und vollständiger Alkoholabstinenz (LG Flensburg DAR 2005, 409 [410]; vgl auch BVerfG DAR 2007, 80 m. zust. Anm. *Himmelreich*) oder die erfolgreiche Teilnahme an einer Nachschulung (LG Leipzig NZV 2010, 105). Eine günstige Sozialprognose oder allein wirtschaftliche Gesichtspunkte sind zur Abkürzung der Sperrfrist hingegen nicht ausreichend (OLG Hamm NZV 2007, 250), ebenso wenig wie ein langer Zeitablauf (AG Bochum DAR 2011, 97). Auch bei vorzeitiger Aufhebung der Sperre nach dieser Vorschrift bleibt die alte Fahrerlaubnis jedoch erloschen. Der Täter kann vielmehr bei der zuständigen Verwaltungsbehörde die Erteilung einer neuen Fahrerlaubnis beantragen. Zulässig ist auch eine nachträgliche Aufhebung der Sperre begrenzt auf bestimmte Fahrzeugarten (vgl Abs. 2). Eine bloße Verkürzung der Sperrfrist ohne gleichzeitige Aufhebung der Sperre ist demgegenüber nicht möglich (OLG Celle VRS 115, 410 [411 f]). 14

Zuständig für die Entscheidung nach Abs. 7 ist, soweit ein Strafvollzug oder der Vollzug von freiheitsentziehenden Maßregeln vorausgegangen ist und die Voraussetzungen des § 462 a I S. 2 StPO vorliegen, die Strafvollstreckungskammer, im Übrigen gem. § 462 a II StPO das Gericht des ersten Rechtszugs. 15

§ 69 b Wirkung der Entziehung bei einer ausländischen Fahrerlaubnis

(1) ¹Darf der Täter auf Grund einer im Ausland erteilten Fahrerlaubnis im Inland Kraftfahrzeuge führen, ohne daß ihm von einer deutschen Behörde eine Fahrerlaubnis erteilt worden ist, so hat die Entziehung der Fahrerlaubnis die Wirkung einer Aberkennung des Rechts, von der Fahrerlaubnis im Inland Gebrauch zu machen. ²Mit der Rechtskraft der Entscheidung erlischt das Recht zum Führen von Kraftfahrzeugen im Inland. ³Während der Sperre darf weder das Recht, von der ausländischen Fahrerlaubnis wieder Gebrauch zu machen, noch eine inländische Fahrerlaubnis erteilt werden.

(2) ¹Ist der ausländische Führerschein von einer Behörde eines Mitgliedstaates der Europäischen Union oder eines anderen Vertragsstaates des Abkommens über den Europäischen Wirtschaftsraum ausgestellt worden und hat der Inhaber seinen ordentlichen Wohnsitz im Inland, so wird der Führerschein im Urteil eingezogen und an die ausstellende Behörde zurückgesandt. ²In anderen Fällen werden die Entziehung der Fahrerlaubnis und die Sperre in den ausländischen Führerscheinen vermerkt.

1   I. Abs. 1 der Vorschrift stellt klar, dass auch dann, wenn der Täter aufgrund einer im Ausland erteilten Fahrerlaubnis berechtigt ist, im Inland Kraftfahrzeuge zu führen, im Urteil die Entziehung der Fahrerlaubnis gem. § 69 und eine Sperre gem. § 69 a anzuordnen sind (abl. zur „vorsorglichen" Entziehung einer nur evtl bestehenden ausländischen Fahrerlaubnis OLG Stuttgart NJW 2010, 3591). Doch hat diese Anordnung aufgrund der Grenzen, welche der deutschen Staatsgewalt insoweit gesetzt sind, nur die Wirkung einer Aberkennung des Rechts, von der Fahrerlaubnis in Deutschland Gebrauch zu machen.

2   II. Abs. 2 regelt den Vollzug der Anordnung, wobei zwischen ausländischen Führerscheinen von Mitgliedstaaten der Europäischen Union bzw Vertragsstaaten des Europäischen Wirtschaftsraums (S. 1) und ausländischen Führerscheinen sonstiger Staaten (S. 2) unterschieden wird (näher *Blum* NZV 2008, 176 [181 f]). Zuständig für die Vornahme der dort festgelegten Handlungen ist die Vollstreckungsbehörde, dh gem. § 451 StPO die Staatsanwaltschaft.

– Berufsverbot –

§ 70 Anordnung des Berufsverbots

(1) ¹Wird jemand wegen einer rechtswidrigen Tat, die er unter Mißbrauch seines Berufs oder Gewerbes oder unter grober Verletzung der mit ihnen verbundenen Pflichten begangen hat, verurteilt oder nur deshalb nicht verurteilt, weil seine Schuldunfähigkeit erwiesen oder nicht auszuschließen ist, so kann ihm das Gericht die Ausübung des Berufs, Berufszweiges, Gewerbes oder Gewerbezweiges für die Dauer von einem Jahr bis zu fünf Jahren verbieten, wenn die Gesamtwürdigung des Täters und der Tat die Gefahr erkennen läßt, daß er bei weiterer Ausübung des Berufs, Berufszweiges, Gewerbes oder Gewerbezweiges erhebliche rechtswidrige Taten der bezeichneten Art begehen wird. ²Das Berufsverbot kann für immer angeordnet werden, wenn zu erwarten ist, daß die gesetzliche Höchstfrist zur Abwehr der von dem Täter drohenden Gefahr nicht ausreicht.

(2) ¹War dem Täter die Ausübung des Berufs, Berufszweiges, Gewerbes oder Gewerbezweiges vorläufig verboten (§ 132 a der Strafprozeßordnung), so verkürzt sich das Mindestmaß der Verbotsfrist um die Zeit, in der das vorläufige Berufsverbot wirksam war. ²Es darf jedoch drei Monate nicht unterschreiten.

(3) Solange das Verbot wirksam ist, darf der Täter den Beruf, den Berufszweig, das Gewerbe oder den Gewerbezweig auch nicht für einen anderen ausüben oder durch eine von seinen Weisungen abhängige Person für sich ausüben lassen.

(4) ¹Das Berufsverbot wird mit der Rechtskraft des Urteils wirksam. ²In die Verbotsfrist wird die Zeit eines wegen der Tat angeordneten vorläufigen Berufsverbots eingerechnet, soweit sie nach Verkündung des Urteils verstrichen ist, in dem die der Maßregel zugrunde liegenden tatsächlichen Feststellungen letztmals geprüft werden konnten. ³Die Zeit, in welcher der Täter auf behördliche Anordnung in einer Anstalt verwahrt worden ist, wird nicht eingerechnet.

I. Die Voraussetzungen der Anordnung eines Berufsverbots sind in Abs. 1 S. 1 aufgeführt:

1. **Unter Missbrauch seines Berufs oder Gewerbes** begeht der Betreffende eine rechtswidrige Tat (§ 11 I Nr. 5), wenn er die durch den Beruf oder das Gewerbe gegebenen Möglichkeiten für die Tat bewusst und planmäßig ausnutzt und die Straftat den Zwecken des Berufs oder Gewerbes zuwiderläuft (BGH NStZ 1988, 176). Exemplarisch: Ein Lehrer vergeht sich an Schulkindern; ein Drucker stellt Falschgeld her; ein Strafverteidiger schmuggelt Waffen zu seinem inhaftierten Mandanten (BGHSt 28, 84). Erforderlich ist ein **innerer Zusammenhang** mit der Berufsausübung; dass sich die Möglichkeit zur Tatbegehung anlässlich der Berufsausübung ergibt, genügt für sich allein nicht. Kein Missbrauch liegt daher etwa vor, wenn ein Arzt von einem Patienten ein Darlehen erschwindelt (BGH NJW 1983, 2099).

An einem Missbrauch des Berufs oder Gewerbes fehlt es ferner, wenn sich der Täter eine berufliche Stellung lediglich anmaßt (BGH NStZ 1998, 567 zu vermeintlichem Rechtsanwalt).

2. Alternativ kommt ein Berufsverbot in Betracht, wenn die Tat **unter grober Verletzung der mit dem Beruf oder Gewerbe verbundenen Pflichten** begangen ist. Dabei handelt es sich um solche Pflichten, die – seien sie berufsspezifisch oder allgemeiner Natur – Ausfluss der im Einzelfall ausgeübten Tätigkeit sind (BGH NJW 1989, 3231 [3232]). Auch hier ist also ein innerer Zusammenhang zwischen Pflicht und Beruf erforderlich. Exemplarisch: Ein Rechtsanwalt stellt die technische Einrichtung seines Büros zur Verfügung, um die Kommunikation zwischen inhaftierten und in Freiheit lebenden Terroristen zu ermöglichen (BGHSt 28, 84 [85]); ein Arbeitgeber führt einbehaltene Sozialversicherungsbeiträge nicht ab (LG München wistra 1987, 261; L-Kühl-*Heger* Rn 3). Verneint wird der notwendige innere Zusammenhang jedoch bei der Verletzung der Pflicht, Einkommen-, Umsatz- oder Gewerbesteuern abzuführen (KG JR 1980, 247), da die Einnahmen aus der beruflichen Tätigkeit hier lediglich als Grundlage für die Berechnung der Abgabenlast dienen (SK-*Sinn* Rn 6).

Die grobe Verletzung der mit dem Beruf oder Gewerbe verbundenen Pflichten und der Missbrauch des Berufs sind nicht immer streng voneinander zu trennen. Sie ergänzen sich vielmehr.

6　3. Der Täter muss wegen der Tat **verurteilt oder nur deshalb nicht verurteilt werden, weil seine Schuldunfähigkeit erwiesen oder nicht auszuschließen ist** (hierzu § 69 Rn 3).

7　4. Des Weiteren muss eine **Gesamtwürdigung des Täters und der Tat die Gefahr erkennen lassen, dass er bei weiterer Ausübung des Berufs usw erhebliche rechtswidrige Taten der bezeichneten Art begehen wird.** Maßgeblicher Zeitpunkt für die Erstellung dieser Prognose ist der Zeitpunkt des Urteils (BGH NJW 1975, 2249 f). Alle Umstände in der Person des Täters und der Tat, die zu diesem Zeitpunkt bekannt sind, müssen berücksichtigt werden. Eine Einschränkung wie bei § 69 I, wonach nur solche Defizite des Täters Berücksichtigung finden können, die in der Anlasstat ihren Ausdruck gefunden haben (vgl § 69 Rn 5), besteht im Rahmen des § 70 nicht.

8　Ob die zu erwartenden Taten erheblich sind, bestimmt sich auch im Rahmen des § 70 unter Anwendung des Verhältnismäßigkeitsgrundsatzes (vgl § 62 Rn 1 ff; § 63 Rn 6; § 66 Rn 21).

9　II. Sind die genannten Voraussetzungen erfüllt, so kann das Gericht ein Berufsverbot anordnen. Ihm steht also ein **Ermessen** zu, dessen Ausübung stets zu begründen ist (BGH wistra 1994, 100 [101]). Bei der Ermessensausübung hat sich das Gericht allein an dem Zweck der Maßregel, zukünftige berufsbezogene Straftaten des Täters zu verhindern, zu orientieren (BGH NStZ 1981, 391 [392]). Von der Anordnung des Berufsverbots wird daher etwa abgesehen werden können, wenn seit der Anlasstat lange Zeit verstrichen ist, während der Täter nicht erneut gegen seine berufsbezogenen Pflichten verstoßen hat (BGH wistra 1982, 66 [68]). Keine Berücksichtigung können demgegenüber Gesichtspunkte des Schuldausgleichs finden. Dem Gericht sind bei der Ausübung des Ermessens zudem weitere Grenzen gesetzt:

10　1. Bezüglich des **Ob** der Anordnung eines Berufsverbots ist das Gericht an das Verhältnismäßigkeitsprinzip gebunden. Die Anordnung eines Berufsverbots ist nicht zulässig, wenn der mit der Maßregel verfolgte Zweck auf einem den Täter weniger belastenden Wege – etwa über eine Entziehung der Fahrerlaubnis gem. § 69 – erreicht werden kann, die Verhängung der Maßregel mithin nicht erforderlich ist (SK-*Sinn* Rn 12; der Streit um die „Subsidiarität" der Maßregel, vgl § 62 Rn 6 ff, wird bei § 70 nicht geführt). Gebunden ist das Gericht auch an das Gebot der Verhältnismäßigkeit im engeren Sinne (vgl § 62).

11　2. Das Verhältnismäßigkeitsprinzip setzt dem Ermessen des Gerichts ferner in Bezug auf den **Umfang des Berufsverbots** Grenzen: Die Untersagung ist auf einen bestimmten Berufszweig oder eine bestimmte Art der Berufsausübung zu beschränken, wenn schon hierdurch der Gefahr zukünftiger Straftaten in ausreichendem Maße entgegengewirkt werden kann (vgl BGH bei *Miebach* NStZ 1996, 122).

12　3. Die verbotene Tätigkeit ist gem. § 260 II StPO im Urteil genau zu bezeichnen. Die Anordnung etwa eines Verbots jeder Gewerbetätigkeit ist daher schon wegen mangelnder Bestimmtheit unzulässig (vgl BGH bei *Holtz* MDR 1979, 454 [455]). Der Beachtung dieses Bestimmtheitsgebots kommt im Hinblick auf die Strafandrohung in § 145 c besondere Bedeutung zu.

13　4. Die **Dauer**, für welche ein Berufsverbot ausgesprochen werden kann, ist durch Abs. 1 S. 1 und 2 eingegrenzt. Sie hat sich allein nach der voraussichtlichen Dauer der Gefährlichkeit des Täters zu richten. Die Auswirkungen eines vorläufigen

Berufsverbots auf diesen zeitlichen Rahmen sind in **Abs. 2** in einer § 69 a IV entsprechenden Weise festgelegt (vgl § 69 a Rn 8 f).

5. Eine verfassungsrechtliche Grenze der Ermessensausübung wird schließlich für den Fall diskutiert, dass ein Berufsverbot gegen einen Journalisten verhängt und nicht mit der Verhinderung von allgemeinen Delikten, sondern von Meinungsäußerungsstraftaten begründet wird (vgl LK-*Hanack* Rn 64; NK-*Pollähne* Rn 8). Ob ein Berufsverbot gem. § 70 in dieser Fallgestaltung mit Art. 18 GG vereinbar ist, hat das BVerfG dahin gehend beantwortet, dass ein Berufsverbot jedenfalls dann mit der Verfassung in Einklang steht, wenn die Anlasstat den Tatbestand einer Norm zum Schutz des Staates vor verfassungswidrigen Parteien erfüllt hat (BVerfGE 25, 88 [95 ff]).

III. Spricht das Gericht ein Berufsverbot aus, so hat dies die in **Abs. 3** bezeichneten Wirkungen. Nicht erfasst von der Reichweite des Verbots ist jedoch das Weiterführenlassen des Gewerbes durch eine selbstständige, nicht an die Weisungen des Verurteilten gebundene Person (S/S/W-*Jehle* Rn 22). Handelt der Verurteilte dem Berufsverbot vorsätzlich zuwider, so macht er sich gem. § 145 c strafbar.

IV. Die Regelung in **Abs. 4** entspricht derjenigen in § 69 a V (vgl dort Rn 10 ff). Doch haben das Gericht und die Vollstreckungsbehörde gem. § 456 c StPO auch die Möglichkeit, das Wirksamwerden des Berufsverbots aufzuschieben bzw auszusetzen.

§ 70 a Aussetzung des Berufsverbots

(1) Ergibt sich nach Anordnung des Berufsverbots Grund zu der Annahme, daß die Gefahr, der Täter werde erhebliche rechtswidrige Taten der in § 70 Abs. 1 bezeichneten Art begehen, nicht mehr besteht, so kann das Gericht das Verbot zur Bewährung aussetzen.

(2) ¹Die Anordnung ist frühestens zulässig, wenn das Verbot ein Jahr gedauert hat. ²In die Frist wird im Rahmen des § 70 Abs. 4 Satz 2 die Zeit eines vorläufigen Berufsverbots eingerechnet. ³Die Zeit, in welcher der Täter auf behördliche Anordnung in einer Anstalt verwahrt worden ist, wird nicht eingerechnet.

(3) ¹Wird das Berufsverbot zur Bewährung ausgesetzt, so gelten die §§ 56 a und 56 c bis 56 e entsprechend. ²Die Bewährungszeit verlängert sich jedoch um die Zeit, in der eine Freiheitsstrafe oder eine freiheitsentziehende Maßregel vollzogen wird, die gegen den Verurteilten wegen der Tat verhängt oder angeordnet worden ist.

I. Zur Bewährung auszusetzen ist das Berufsverbot nach Abs. 1, wenn neue oder neu bekannt gewordene Tatsachen dazu führen, dass eine negative Prognose des zukünftigen Täterverhaltens nicht mehr aufrechterhalten werden kann (NK-*Pollähne* Rn 2). Abs. 1 ist zwar als Kann-Vorschrift formuliert, gleichwohl hat das Gericht keinen Ermessensspielraum, wenn die Voraussetzungen des Abs. 1 gegeben sind: Sind zukünftige berufsbezogene Straftaten des Täters nicht mehr zu erwarten, so ist die Maßregel nicht mehr erforderlich und daher stets auszusetzen.

Eine Aussetzung gem. § 70 a hat deshalb auch dann zu erfolgen, wenn zwar weitere, ggf auch erhebliche Straftaten zu erwarten sind, diese aber nicht solche (berufsbezogene) iSd § 70 I sind.

3 II. Abs. 2 bestimmt, dass die Aussetzung erst erfolgen kann, wenn das Berufsverbot ein Jahr gedauert hat und sich der Täter in dieser Zeit in Freiheit befunden hat. Diese Jahresfrist gilt jedoch im Hinblick auf das Grundrecht des Verurteilten aus Art. 12 I GG nicht, wenn nachträglich bekannt gewordene Umstände zeigen, dass die Voraussetzungen für ein Berufsverbot auch zum Zeitpunkt der Anordnung nicht vorgelegen haben.

§ 70 b Widerruf der Aussetzung und Erledigung des Berufsverbots

(1) Das Gericht widerruft die Aussetzung eines Berufsverbots, wenn die verurteilte Person
1. während der Bewährungszeit unter Mißbrauch ihres Berufs oder Gewerbes oder unter grober Verletzung der mit ihnen verbundenen Pflichten eine rechtswidrige Tat begeht,
2. gegen eine Weisung gröblich oder beharrlich verstößt oder
3. sich der Aufsicht und Leitung der Bewährungshelferin oder des Bewährungshelfers beharrlich entzieht

und sich daraus ergibt, daß der Zweck des Berufsverbots dessen weitere Anwendung erfordert.

(2) Das Gericht widerruft die Aussetzung des Berufsverbots auch dann, wenn Umstände, die ihm während der Bewährungszeit bekannt werden und zur Versagung der Aussetzung geführt hätten, zeigen, daß der Zweck der Maßregel die weitere Anwendung des Berufsverbots erfordert.

(3) Die Zeit der Aussetzung des Berufsverbots wird in die Verbotsfrist nicht eingerechnet.

(4) Leistungen, die die verurteilte Person zur Erfüllung von Weisungen oder Zusagen erbracht hat, werden nicht erstattet.

(5) Nach Ablauf der Bewährungszeit erklärt das Gericht das Berufsverbot für erledigt.

1 I. Unter den Voraussetzungen der Abs. 1 oder 2 **widerruft** das Gericht die Aussetzung des Berufsverbots. Ob es an Stelle des Aussetzungswiderrufs auch analog § 56 f II die angeordnete Bewährungszeit verlängern oder die Bewährungsmaßnahmen intensivieren kann, wird kontrovers diskutiert (den Widerruf für zwingend hält SK-*Sinn* Rn 2; aA S/S/W-*Jehle* Rn 3).

2 II. **Bewährungszeit** iSv Abs. 1 Nr. 1 ist allein die bei Aussetzung des Berufsverbots gem. §§ 70 a III, 56 a I festgelegte Frist. Eine zugleich laufende und unter Umständen länger dauernde Bewährungsfrist, welche anlässlich der Aussetzung einer Freiheitsstrafe oder freiheitsentziehenden Maßregel ausgesprochen wurde, ist unbeachtlich. Dies gilt auch, wenn die Straftat, welche der ausgesetzten Freiheitsstrafe oder freiheitsentziehenden Maßregel zugrunde liegt, zugleich Anlass für die Anordnung des Berufsverbots war.

3 III. Dass der Zweck der Maßregel die weitere Anwendung des Berufsverbots erfordert und somit ein **Aussetzungswiderruf** gem. Abs. 2 gerechtfertigt ist, kann nur dann auf nachträglich bekannt gewordene Umstände gestützt werden, wenn diese zum Zeitpunkt der Widerrufsentscheidung noch fortbestehen und die Gefahr der Begehung neuer erheblicher Taten begründen (LK-*Hanack* Rn 8; SK-*Sinn* Rn 7).

IV. Das Berufsverbot wird gem. Abs. 5 nach Ablauf der Bewährungszeit durch das Gericht für **erledigt** erklärt. Diese Erklärung beendet gem. § 68 g III auch eine wegen derselben Tat angeordnete Führungsaufsicht. Anders als es der Wortlaut von Abs. 5 nahe legt, kann das Gericht nach Ablauf der Bewährungszeit die Aussetzung des Berufsverbots auch noch widerrufen (vgl L-Kühl-*Heger* Rn 2). Ausgeschlossen ist der Aussetzungswiderruf erst mit der Erledigungserklärung. 4

– Gemeinsame Vorschriften –

§ 71 Selbständige Anordnung

(1) Die Unterbringung in einem psychiatrischen Krankenhaus oder in einer Entziehungsanstalt kann das Gericht auch selbständig anordnen, wenn das Strafverfahren wegen Schuldunfähigkeit oder Verhandlungsunfähigkeit des Täters undurchführbar ist.

(2) Dasselbe gilt für die Entziehung der Fahrerlaubnis und das Berufsverbot.

I. Die selbstständige Anordnung der genannten Maßregeln wird über den Wortlaut der Vorschrift hinaus auch dann als zulässig angesehen, wenn die Schuldfähigkeit des Täters nicht ausgeschlossen werden kann (*Fischer* Rn 2). Nicht zulässig ist die selbstständige Maßregelanordnung hingegen, wenn andere Strafverfahrenshindernisse greifen. 1

II. Die selbstständige Anordnung der Maßregeln erfolgt im Sicherungsverfahren nach den §§ 413–416 StPO. 2

§ 72 Verbindung von Maßregeln

(1) ¹Sind die Voraussetzungen für mehrere Maßregeln erfüllt, ist aber der erstrebte Zweck durch einzelne von ihnen zu erreichen, so werden nur sie angeordnet. ²Dabei ist unter mehreren geeigneten Maßregeln denen der Vorzug zu geben, die den Täter am wenigsten beschweren.

(2) Im übrigen werden die Maßregeln nebeneinander angeordnet, wenn das Gesetz nichts anderes bestimmt.

(3) ¹Werden mehrere freiheitsentziehende Maßregeln angeordnet, so bestimmt das Gericht die Reihenfolge der Vollstreckung. ²Vor dem Ende des Vollzugs einer Maßregel ordnet das Gericht jeweils den Vollzug der nächsten an, wenn deren Zweck die Unterbringung noch erfordert. ³§ 67 c Abs. 2 Satz 4 und 5 ist anzuwenden.

I. Die Prüfung, wie viele und welche von mehreren möglichen Maßregeln der Besserung und Sicherung angeordnet werden, hat nach Abs. 1 in **drei Schritten** zu erfolgen: 1

1. Zunächst ist zu fragen, ob die gesetzlichen Voraussetzungen für mehrere Maßregeln erfüllt sind. 2

3 2. Sodann ist zu prüfen, ob der erstrebte Gesamtzweck, dh die Verhinderung weiterer Straftaten durch den Täter, schon durch einzelne der Maßregeln zu erreichen ist. Zu beachten ist insoweit, dass der mit der Entziehung der Fahrerlaubnis gem. § 69 oder der Anordnung eines Berufsverbots gem. § 70 verfolgte Zweck durch eine freiheitsentziehende Maßregel nicht erreicht werden kann (vgl BGH VRS 30, 274).

4 3. Sind einzelne der mehreren zulässigen Maßregeln zur Erreichung des Gesamtzwecks geeignet, so ist in einem dritten Schritt diejenige geeignete Maßregel auszuwählen, welche den Täter am wenigsten belastet. Der Grad der Belastung ist im Einzelfall aufgrund einer Gesamtabwägung der Umstände in der Person des Täters und der Tat zu ermitteln (BGHSt 5, 312 [315]). Starre Beurteilungsregeln, etwa dahin gehend, die Unterbringung in einem psychiatrischen Krankenhaus sei weniger belastend als die Sicherungsverwahrung, gibt es nicht (vgl BGHSt 25, 40).

5 II. Kann der Gesamtzweck hingegen nicht durch einzelne der zulässigen Maßregeln erreicht werden, so bestimmt **Abs. 2**, dass die Maßregeln nebeneinander anzuordnen sind.

6 III. Während die **Anordnung der Reihenfolge** der Vollstreckung gem. Abs. 3 S. 1 durch das Tatgericht im Urteil vorgenommen wird, entscheidet über den **Vollzug der nächstfolgenden Maßregel** gem. Abs. 3 S. 2 das Vollstreckungsgericht durch Beschluss (vgl §§ 463 III, 454 StPO). Es prüft dabei zunächst, ob der Zweck der nachfolgenden Maßregel schon erreicht ist und erklärt bejahendenfalls die Maßregel gem. §§ 72 III S. 3, 67 c II S. 5 für erledigt. Ist der Zweck der Maßregel noch nicht erreicht, so setzt es gem. §§ 72 III S. 3, 67 c II S. 4 die Vollstreckung zur Bewährung aus, wenn zu erwarten ist, dass der Zweck der Maßregel schon hierdurch erreicht werden wird. Ist auch dies nicht der Fall, so ordnet es nach Abs. 3 S. 2 den Vollzug der nachfolgenden Maßregel an.

7 IV. § 72 I und II regeln das **Verhältnis mehrerer Maßregeln zueinander** nur, wenn diese in **demselben Urteil** angeordnet werden. Die Vorschriften gelten jedoch entsprechend, wenn die Maßregelkonkurrenz im Rahmen einer nachträglichen Gesamtstrafenbildung entsteht (BGHSt 42, 306). Die Reihenfolge der Vollstreckung mehrerer freiheitsentziehender Maßregeln **aus verschiedenen Erkenntnissen** wird nicht gem. Abs. 3 durch das Gericht, sondern durch die Staatsanwaltschaft als Vollstreckungsbehörde bestimmt (OLG Hamm NStZ 1988, 430).

Siebenter Titel Verfall und Einziehung

Vorbemerkung zu den §§ 73–76 a

I. Allgemeines

1 Verfall und Einziehung fallen gemeinsam mit den Maßregeln der Besserung und Sicherung unter den Begriff der Maßnahme iSd § 11 I Nr. 8. Durch den Verfall werden Vermögensvorteile entzogen, die für eine rechtswidrige Tat oder aus ihr erlangt wurden, während mit der Einziehung auf Gegenstände zugegriffen wird, die Produkt oder Mittel einer begangenen Tat sind bzw waren. Die praktische Bedeutung der Einziehung ist deutlich größer als diejenige des Verfalls (vgl *Streng* Rn 380; vgl aber auch *Nack* GA 2003, 879 ff zur jüngeren Rspr des

BGH). Die komplexe Regelung dieser Rechtsinstitute hat vielfältige Kritik erfahren und Reformbemühungen hervorgerufen (vgl hierzu *Meyer* ZStW 127, 241 ff; LK-*Schmidt* Rn 17 f), die schließlich mit dem am 13.7.2016 vorgelegten Regierungsentwurf eines **Gesetzes zur Reform der strafrechtlichen Vermögensabschöpfung** auch erste Früchte getragen haben. Ziel der vorgeschlagenen Reform ist es, das Recht der Vermögensabschöpfung zu vereinfachen und nicht vertretbare Abschöpfungslücken zu schließen (näher zu den vorgesehenen Neuerungen *Bittman* NZWiSt 2016, 131 ff; *Möhrenschläger* wistra 2016, Heft 5, XII; vom Deutschen Richterbund wird der Entwurf in weiten Teilen als praxisuntauglich bewertet und abgelehnt, vgl DRB-Stellungnahme 09/16). Ein „Kernstück" des Reformvorhabens bildet dabei die grundlegende Neuregelung der Opferentschädigung, die mit der beabsichtigten Streichung des § 73 I S. 2 das Konzept der „Rückgewinnungshilfe" abschaffen und durch ein neues Entschädigungsmodell ersetzen soll. Darüber hinaus soll ua das Bruttoprinzip konkretisiert und der Anwendungsbereich des erweiterten Verfalles nach § 73 d ausgeweitet werden (vgl zu letzterem *Rönnau/Begemeier* NZWiSt 2016, 260).

II. Der Verfall

1. Von seinem Rechtscharakter her ist der Verfall weder eine Maßregel der Besserung und Sicherung noch – mangels Schuldgebundenheit – eine Strafe (BGHSt 47, 260 [265]; vgl auch BVerfGE 110, 1 [14 ff]). Vielmehr handelt es sich um eine Maßnahme eigener Art, deren präventiver **Zweck** darin besteht, unrechtmäßig erlangte Vermögensvorteile abzuschöpfen (BVerfG 110, 1 ff: nicht-pönale Maßnahme zur Beseitigung deliktisch verursachter Störungen; BGHSt 47, 369 [373 ff]). Die Begehung von Straftaten soll sich weder für Täter oder Teilnehmer noch für von diesen bedachte dritte Personen lohnen (vgl *Kiethe/Hohmann* NStZ 2003, 505 [506]; Überblick bei *Theile* ZJS 2011, 333 ff). Bei nachträglicher Gesamtstrafenbildung ist der Verfall einheitlich anzuordnen, dh auch über den im einbezogenen Urteil enthaltenen Verfall ist neu zu entscheiden (BGH NStZ-RR 2008, 275 [276]).   2

2. Die **Systematik** der Verfallsvorschriften erschließt sich, wenn man sie von ihrem Zweck her betrachtet: An erster Stelle geregelt ist der praktische Regelfall der Gewinnabschöpfung. Anschließend decken erweiternde gesetzliche Regelungen Fallkonstellationen ab, deren Herbeiführung anderenfalls eine Umgehung der gesetzgeberischen Intentionen ermöglichte. Begrenzt wird die Anordnung des Verfalls schließlich durch konkurrierende Ansprüche des Verletzten (§ 73 I S. 2) sowie durch § 73 c.   3

a) Der **Normal- oder Grundfall** der Anordnung des Verfalls ist geregelt in § 73 I S. 1: Der Täter oder Teilnehmer einer rechtswidrigen, nicht notwendig schuldhaften Tat hat aus dieser oder für diese etwas unmittelbar erlangt und verfügt auch zum Zeitpunkt der gerichtlichen Entscheidung noch über diesen Vermögensvorteil. Das Tatgericht ordnet bei Erfüllung dieser Voraussetzungen den Verfall des Vermögensvorteils an (zum Prozessrecht *Schmid/Winter* NStZ 2002, 8 [13 ff]).   4

b) Eine **Erweiterung bezüglich des Objekts** der Verfallsanordnung enthalten die §§ 73 II und 73 a: 5

- § **73 II** erstreckt die Anordnung des Verfalls auf die gezogenen Nutzungen (vgl § 100 BGB) und auf Surrogate, welche an die Stelle des unmittelbar durch oder für die Straftat erlangten Vermögensvorteils getreten sind. Solche Surrogate sind beispielsweise der Veräußerungserlös oder – bei Zerstörung einer erlangten Sache – Ansprüche gegen eine Versicherung oder einen dritten Schädiger. Nicht erfasst werden mittelbare Gewinne, etwa ein Lottogewinn, der auf den Erwerb von Lottolosen mit deliktisch erworbenem Geld zurückzuführen ist (BGH NStZ-RR 2008, 107). Die Erstreckung des Verfalls auf Surrogate steht im Ermessen des Gerichts, für dessen Ausübung insbesondere Gesichtspunkte der praktischen Vollstreckbarkeit und Verwertbarkeit maßgeblich sind (L-Kühl-*Heger* § 73 Rn 7).

- § 73 a erstreckt den Verfall auf den Geldbetrag, welcher dem Wert des erlangten Vermögensvorteils entspricht, wenn der unmittelbar erlangte Vermögensvorteil zum Zeitpunkt der Entscheidung nicht (mehr) herausgegeben werden kann und Surrogate nicht vorhanden sind oder von ihrem Verfall nach pflichtgemäßem Ermessen abgesehen wurde (näher *Schmid/Winter* NStZ 2002, 8 [9 f]).

6 c) Eine **Erweiterung hinsichtlich der Person**, gegen welche sich die Verfallsanordnung richtet, findet sich in § 73 III und IV:

- Hat der Täter oder Teilnehmer nicht für sich, sondern für einen Dritten gehandelt und erlangt dieser durch die Tat einen Vermögensvorteil, so richtet sich die Verfallsanordnung gem. § **73 III** gegen den Vorteilsempfänger. Abs. 3 stellt den Vorteilsempfänger dem Tatbeteiligten gleich: Die Verfallsanordnung gegen ihn erstreckt sich also über den unmittelbaren Vorteil hinaus auch auf Nutzungen, Surrogate und ggf Wertersatz in Geld (vgl Rn 5). Da auch diese Anordnung im Verfahren gegen den Täter oder Teilnehmer ausgesprochen wird, ist der von der Verfallsanordnung betroffene Dritte gem. §§ 442 I, 431 I StPO zu beteiligen.
- Besteht der Vermögensvorteil für den Täter oder Teilnehmer allein im Besitz oder der Nutzung eines Gegenstands und hat der Eigentümer den Gegenstand für die Tat oder sonst in Kenntnis der Tatumstände gewährt, so bestimmt § **73 IV**, dass auch der Verfall des Dritteigentums anzuordnen ist. Auch durch eine formale Beibehaltung der ursprünglichen Eigentumsverhältnisse kann demnach der Verfall der Belohnung nicht umgangen werden.

7 d) Eine zusätzliche Ausdehnung wurde durch den **erweiterten Verfall gem. § 73 d** eingeführt, der den Verfall unter erleichterten Beweisvoraussetzungen zulässt: Wurde eine rechtswidrige Tat begangen und verweist die entsprechende Strafnorm ausdrücklich auf § 73 d, so kann der Verfall von Gegenständen des Täters oder Teilnehmers schon dann angeordnet werden, wenn die Umstände die Annahme rechtfertigen, dass die entsprechenden Gegenstände aus rechtswidrigen Taten oder für diese erlangt wurden.

8 e) **Grenzen der Verfallsanordnung** ergeben sich unter zwei Gesichtspunkten:

- Die Einschränkung des Verfalls gem. § **73 I S. 2** folgt dem Zweck des Rechtsinstituts, die durch die Tat erlangten Vermögensvorteile abzuschöpfen (vgl OLG München wistra 2004, 117 [119]). Werden diese Vorteile schon durch Ansprüche, welche dem Verletzten aufgrund der Tat entstanden sind, entzogen, so bleibt für eine Verfallsanordnung kein Raum, da der Verfall einerseits nicht zulasten des Verletzten gehen darf, andererseits aber auch nicht durch zusätzliche Belastung des Täters oder Teilnehmers den Charakter einer Strafe annehmen darf.
- Ferner kann die Härtevorschrift des § **73 c** eingreifen.

9 3. Ist der Verfall rechtswirksam angeordnet, so bestimmen sich die **Rechtsfolgen** nach § 73 e.

III. Die Einziehung

Anders als der Verfall stellt die Einziehung kein einheitliches Rechtsinstitut dar. 10
Es ist zunächst zwischen drei in ihren Voraussetzungen und Zielsetzungen unterschiedlichen gesetzlich normierten Formen der Einziehung zu unterscheiden: Der strafähnlichen Einziehung gem. §§ 74 II Nr. 1, 74 a, 74 c, der Einziehung mit Sicherungscharakter gem. § 74 II Nr. 2 und schließlich der Einziehung von Schriften gem. § 74 d. Als eine im Gesetz nicht geregelte – jedoch von der Praxis im Strafverfahren gleichfalls herangezogene – Form ist zudem die sog. „außergerichtliche Einziehung" von Vermögenswerten zu berücksichtigen (hierzu ausf. *Brauch* NStZ 2013, 503 ff).

1. **Strafähnlichen Charakter hat die Einziehung**, soweit sie auf Grundlage der 11 §§ 74 II Nr. 1, 74 a oder 74 c erfolgt. Sie knüpft in diesen Fällen stets an ein vorwerfbares Verhalten der von der Einziehung betroffenen Person an, dient dem Schuldausgleich und ist – soweit die betroffene Person Täter oder Teilnehmer der Anlasstat ist – bei der Strafzumessung im Übrigen in Rechnung zu stellen (BGH StraFo 2012, 152; *Walter* JA 2011, 481 [484]).

a) **Der Grundfall** der strafähnlichen Einziehung ist in § 74 II Nr. 1 iVm I geregelt: 12 Wurde durch eine vorsätzliche Straftat ein Gegenstand hervorgebracht oder wurde der Gegenstand zu deren Vorbereitung oder Durchführung gebraucht oder war er dazu bestimmt, so kann der Gegenstand eingezogen werden, wenn er zum Zeitpunkt der Entscheidung einem schuldhaft handelnden Beteiligten der Anlasstat gehört oder zusteht.

b) **Erweiterungen in personeller Hinsicht** enthalten die §§ 74 a und 75: 13

- Nach § 74 a kann die Einziehung auch dann angeordnet werden, wenn der tatverstrickte Gegenstand zum Zeitpunkt der Entscheidung einer Person zusteht, die zwar nicht an der Anlasstat beteiligt war, die aber iSd § 74 a Nr. 1 leichtfertig gehandelt hat oder den Gegenstand nach der Tat in Kenntnis der die Einziehung zulassenden Umstände verwerflich erworben hat (§ 74 a Nr. 2). Diese Erweiterung der Einziehung auch auf Gegenstände tatunbeteiligter Personen ist jedoch nur zulässig, soweit das Strafgesetz auf § 74 a ausdrücklich verweist.
- Ist Eigentümer oder Inhaber des tatverstrickten Gegenstandes eine juristische Person, ein nicht rechtsfähiger Verein oder eine rechtsfähige Personengesellschaft und hat eine der in § 75 S. 1 genannten Personen die für eine Einziehung gem. § 74 II Nr. 1 oder § 74 a erforderliche Handlung vorgenommen, so kann die Einziehung des Gegenstandes gem. § 75 ebenfalls angeordnet werden.

c) **Erweiterungen hinsichtlich des Objekts** der Einziehung finden sich in § 74 c: 14

- Abs. 1 verhindert, dass der Täter oder Teilnehmer der strafähnlichen Wirkung der Einziehung dadurch entgeht, dass er den tatverstrickten Gegenstand vor der Entscheidung verwertet oder auf andere Weise – etwa durch Zerstören oder Verstecken – die Einziehung vereitelt. In diesem Fall kann das Gericht die Einziehung eines dem Wert des tatverstrickten Gegenstands entsprechenden Geldbetrags anordnen.
- Abs. 2 ermöglicht die Einziehung des Wertersatzes neben der Einziehung des Gegenstands oder an dessen Stelle, wenn der Tatbeteiligte den tatverstrickten Gegenstand vor der Entscheidung mit dem Recht eines Dritten belastet und somit teilweise wirtschaftlich verwertet hat. Voraussetzung der Einziehung des Wertersatzes nach Abs. 2 ist jedoch, dass bei Erlöschen des Rechts

des Dritten diesem ein Entschädigungsanspruch gem. § 74 f zustünde. Dieser Einschränkung liegt die Überlegung zugrunde, dass demjenigen Dritten, dessen Recht entschädigungslos gelöscht werden kann, Schadensersatzansprüche gegen den Tatbeteiligten, welcher ihm das Recht am Gegenstand eingeräumt hat, zustehen. Diese Ersatzansprüche entziehen den durch die Teilverwertung erlangten wirtschaftlichen Vorteil wieder und führen somit die strafähnliche Wirkung der gerichtlich angeordneten Einziehung auf anderem Wege herbei (L-Kühl-*Heger* § 74 c Rn 3).

- Zu beachten ist bei Anwendung des § 74 c, dass sich die Einziehung des Wertersatzes – gleichgültig, ob sie auf Abs. 1 oder 2 beruht – immer nur gegen den Täter oder Teilnehmer der Anlasstat richten kann, nie aber gegen einen Dritten iSd § 74 a.

15 d) Eingeschränkt wird die strafähnliche Einziehung durch den **Grundsatz der Verhältnismäßigkeit** (§ 74 b):

- § 74 b II konkretisiert das Gebot des geringstmöglichen Eingriffs und nennt ua namentlich die Unbrauchbarmachung als ein den Betroffenen weniger belastendes Mittel. Da die mit der strafähnlichen Einziehung verfolgten Zwecke des Schuldausgleichs sowie der General- und Spezialprävention durch weniger belastende Maßnahmen in der Regel jedoch nicht zu erreichen sind, ist die praktische Bedeutung des Abs. 2 bei der strafähnlichen Einziehung gering (L-Kühl-*Heger* § 74 b Rn 3).
- § 74 b I gibt für die fakultative strafähnliche Einziehung das verfassungsrechtliche Gebot der Verhältnismäßigkeit ieS wieder. Aber auch soweit durch ein Strafgesetz die strafähnliche Einziehung zwingend vorgeschrieben wird, ist das Übermaßverbot zu beachten: Die strafähnliche Einziehung ist Teil der Gesamtsanktion (vgl Rn 11), welche sich an der Schuld des Täters orientieren muss (vgl § 46 Rn 1).

16 2. Die **Sicherungseinziehung** ist in § 74 II Nr. 2 iVm I und III geregelt:

17 a) Geht von dem iSd § 74 I tatverstrickten Gegenstand nach seiner Art und den Umständen eine Gefahr für die Allgemeinheit aus oder besteht die Gefahr, dass er der Begehung zukünftiger rechtswidriger Taten dienen wird, so kann seine Einziehung angeordnet werden. Dies gilt unabhängig davon, ob der Gegenstand zum Zeitpunkt der Tat oder der Entscheidung einem Tatbeteiligten oder einem Dritten zusteht. Ist der Gegenstand mit dem Recht eines Dritten belastet, so ordnet das Gericht gem. § 74 e II S. 2 das Erlöschen des Rechts des Dritten an. § 74 III bestimmt, dass die Einziehung auch dann zulässig ist, wenn die Anlasstat schuldlos begangen wurde. Dies entspricht dem Zweck der Maßnahme, welcher allein in der Verhütung zukünftiger Gefahren, nicht aber in der Sanktionierung schuldhaft begangenen Unrechts besteht. Aus diesem Grund scheidet auch eine Einziehung des Wertersatzes gem. § 74 c in den Fällen der Sicherungseinziehung aus (SK-*Wolters* § 74 c Rn 3).

18 b) Auch die Sicherungseinziehung unterliegt als Eingriff in die Eigentumsgarantie gem. Art. 14 I GG dem verfassungsrechtlichen Verhältnismäßigkeitsgebot, welches in § 74 b lediglich konkretisiert, nicht aber modifiziert wird. Deshalb ändert der auf die strafähnliche Einziehung beschränkte Wortlaut des § 74 b I nichts daran, dass auch eine Sicherungseinziehung nur zulässig ist, wenn der mit ihr verbundene Eingriff in angemessenem Verhältnis zu der verhüteten Gefahr steht, mithin die Verhältnismäßigkeit ieS gewahrt ist (OLG Schleswig StV 1989, 156).

3. Als dritte Form der Einziehung ist die **Einziehung von Schriften und deren Unbrauchbarmachung** gem. § 74 d zu nennen. § 74 d regelt einen Sonderfall der Sicherungseinziehung und erleichtert für diesen die Anordnung der Einziehung. Da die Voraussetzungen der Einziehung in § 74 d abschließend aufgeführt sind, bedarf es für die Einziehung von Schriften iSd § 11 III nicht der zusätzlichen Voraussetzungen gem. § 74 II-IV (L-Kühl-*Heger* § 74 d Rn 1). Sind hingegen bei tatverstrickten Schriften im konkreten Fall nicht die Erfordernisse des § 74 d, wohl aber jene des § 74 erfüllt, so kann die Anordnung der Einziehung auch auf § 74 gestützt werden (vgl SK-*Wolters* § 74 d Rn 13). Zwischen zwei Fallgruppen der Einziehung und Unbrauchbarmachung von Schriften ist zu unterscheiden: 19

a) Zum einen der Einziehung von solchen Schriften, deren vorsätzliche Verbreitung oder sonstige öffentliche Zugänglichmachung im Hinblick auf ihren Inhalt einen Straftatbestand erfüllt (Abs. 1, 2, 4). Von der Sonderregelung erfasst sind gem. Abs. 1 S. 2 auch die zur Herstellung der Schriften gebrauchten oder bestimmten Vorrichtungen. Auf die Eigentumsverhältnisse kommt es dabei nicht an (vgl Abs. 2). 20

b) Zum anderen der Einziehung von Schriften, deren vorsätzliche Verbreitung oder sonstige öffentliche Zugänglichmachung nur bei Hinzutreten weiterer Umstände den Tatbestand eines Strafgesetzes erfüllen würde (Abs. 3, 4). Auch hier sind die Eigentumsverhältnisse an den Schriftstücken nicht maßgeblich, doch sind die an die Einziehung geknüpften Voraussetzungen strenger (vgl Abs. 3 S. 2). 21

c) Eingeschränkt wird die Schrifteneinziehung in beiden Fallgruppen durch das Gebot der Verhältnismäßigkeit. Da dieses verfassungsrechtlicher Natur ist und auch durch den Gesetzgeber nicht ausgeschlossen werden kann, verhindert die eingeschränkte, § 74 b I ausnehmende Verweisung in § 74 d V nicht, dass auch auf § 74 d gestützte Einziehungsanordnungen in angemessenem Verhältnis zu der drohenden Gefahr stehen müssen (BGHSt 23, 267). 22

4. **Rechtsfolge aller Formen der Einziehung** ist gem. § 74 e I, dass das Eigentum an der eingezogenen Sache oder das eingezogene Recht auf den Staat übergeht. Rechte tatunbeteiligter Dritter bleiben gem. § 74 e II im Regelfall bestehen. War ein tatunbeteiligter Dritter Eigentümer oder Inhaber des Gegenstands oder hatte er ein beschränkt dingliches Recht an diesem, welches in Anwendung der Ausnahmevorschrift des § 74 e II S. 2, 3 erloschen ist, so steht ihm gem. § 74 f I ein Entschädigungsanspruch gegen den Staat zu. Da dieser Anspruch durch § 74 f II erheblich eingeschränkt ist, ist er im Regelfall nur nach einer Sicherungseinziehung gem. §§ 74 II Nr. 2, III, 74 d gegeben. Rechtsvorschriften außerhalb der Strafgesetze iSd § 74 f II Nr. 3, die eine Entziehung des Gegenstands auch ohne Entschädigung ermöglichen, sind in erster Linie in den Polizeigesetzen der Länder enthalten. 23

IV. Gemeinsamkeiten von Verfall und Einziehung

1. Gemeinsam ist Verfall und Einziehung, dass für die Beurteilung der Anordnungsvoraussetzungen der **Zeitpunkt** der gerichtlichen Entscheidung maßgeblich ist. § 76 sieht hiervon für beide Rechtsinstitute iSd gesetzgeberischen Intentionen eine Ausnahme vor, wenn nach diesem Zeitpunkt der Verfall oder die Einziehung durch Eintritt der in §§ 73 a, 73 d II, 74 c genannten Umstände (teilweise) vereitelt wird. In diesen Fällen kann der Verfall bzw die Einziehung des Wertersatzes noch nachträglich angeordnet werden. 24

25　2. Auch können Verfall oder Einziehung gem. § 76 a selbstständig angeordnet werden, ohne dass zugleich eine Strafe verhängt wird (BGHSt 47, 260 [265 f]). Dies ist möglich, wenn tatsächliche Gründe der Verfolgung oder Verurteilung einer bestimmten Person entgegenstehen oder das Gericht von Strafe absieht oder das Verfahren nach pflichtgemäßem Ermessen eingestellt wird (Abs. 1, 3). Exemplarisch: Der Täter ist im Ausland flüchtig oder er konnte nicht ermittelt werden. Der Tod des Verurteilten ist hingegen kein tatsächlicher Grund iSd Vorschrift (OLG Frankfurt NStZ 2006, 40; AnwK-*Rübenstahl* Rn 8; aA OLG Stuttgart NJW 2000, 2598; L-Kühl-*Heger* § 76 a Rn 2). Die Sicherungseinziehung ist darüber hinaus auch zulässig, wenn rechtliche Gründe der Verfolgung der Straftat entgegenstehen (Abs. 2).

26　3. Das Verfahren bei Anordnung der Einziehung richtet sich nach den §§ 430 ff StPO. Über die Verweisung in § 442 I StPO gelten diese Vorschriften auch für den Verfall. Schließlich sind die Vorschriften der §§ 111 b ff StPO zu erwähnen, welche die vorläufige Sicherung von Verfall und Einziehung durch die Möglichkeit eines dinglichen Arrestes bezwecken (hierzu etwa *Dittmann/Reichhart* JA 2011, 540 ff).

§ 73 Voraussetzungen des Verfalls

(1) ¹Ist eine rechtswidrige Tat begangen worden und hat der Täter oder Teilnehmer für die Tat oder aus ihr etwas erlangt, so ordnet das Gericht dessen Verfall an. ²Dies gilt nicht, soweit dem Verletzten aus der Tat ein Anspruch erwachsen ist, dessen Erfüllung dem Täter oder Teilnehmer den Wert des aus der Tat Erlangten entziehen würde.

(2) ¹Die Anordnung des Verfalls erstreckt sich auf die gezogenen Nutzungen. ²Sie kann sich auch auf die Gegenstände erstrecken, die der Täter oder Teilnehmer durch die Veräußerung eines erlangten Gegenstandes oder als Ersatz für dessen Zerstörung, Beschädigung oder Entziehung oder auf Grund eines erlangten Rechts erworben hat.

(3) Hat der Täter oder Teilnehmer für einen anderen gehandelt und hat dadurch dieser etwas erlangt, so richtet sich die Anordnung des Verfalls nach den Absätzen 1 und 2 gegen ihn.

(4) Der Verfall eines Gegenstandes wird auch angeordnet, wenn er einem Dritten gehört oder zusteht, der ihn für die Tat oder sonst in Kenntnis der Tatumstände gewährt hat.

1　I. **Voraussetzung** des Verfalls ist gem. Abs. 1 S. 1, dass der Täter oder Teilnehmer (unmittelbar) aus der rechtswidrigen, nicht notwendig schuldhaft begangenen Tat oder für diese **etwas erlangt** hat. Hierunter fallen Vermögensvorteile aller Art, bewegliche und unbewegliche Sachen ebenso wie Rechte, Leistungen oder Einsparungen. Es kann nur ein **tatsächlich erlangter** Vermögensvorteil für verfallen erklärt werden (BGH StV 2002, 485). Der bloß kurzfristige Besitz eines Gehilfen, der die Tatbeute unverzüglich an den Täter weiterleiten soll, reicht dazu grds. nicht aus (BGH NStZ 2011, 87). Ein erlangtes Etwas kann nach der Rspr aber auch bei bloß versuchtem Erfolgsdelikt gegeben sein (BGH wistra 2010, 477 [479] m. krit. Anm. *Rübenstahl* HRRS 2010, 505 [507 ff]). Die rechtliche Wirksamkeit des zugrundeliegenden Verpflichtungs- und Verfügungsgeschäfts ist dabei irrelevant (BGH bei *Leipold/Beukelmann* NJW-Spezial 2009, 218). Mittäter haften gesamtschuldnerisch, wenn sie zumindest eine Mitverfügungsgewalt an der Tatbeute erlangt haben (BGHSt 56, 39 [46 f]; vgl aber auch BGH NStZ 2010, 568 m.Anm. *Spillecke*; NStZ 2013, 401). Zur Bestimmung des Verfallsgegenstandes bei Wirtschaftsdelikten vgl *Lindemann/Ordner* Jura 2014, 19 (22 ff).

Aus der Tat sind alle Vermögenswerte erlangt, die dem Täter unmittelbar aus der Verwirklichung des Tatbestands selbst in irgendeiner Phase des Tatablaufs zufließen, insbesondere also die Beute. Vermögenswerte, die erst mittelbar in das Tätervermögen fließen, bleiben an dieser Stelle hingegen unberücksichtigt. Insofern greift allenfalls Abs. 2 ein. So sind etwa bei einer Bestechung das erlangte Schmiergeld (vgl BGH NStZ 2014, 397) und die durch die Vorteilsgewährung beeinflusste Auftragsvergabe selbst Verfallsgegenstand, nicht aber der erst durch die spätere Auftragsdurchführung erlangte Werklohn (BGHSt 50, 299 [309 ff]; abw. BGHSt 52, 227 [228 ff]; zu beiden Entscheidungen *Schlösser* NStZ 2011, 121 ff; vgl auch *Schmidt* NZWiSt 2015, 401). Der Unterschied ist entscheidend, da der wirtschaftliche Wert der Auftragsvergabe nach Ansicht der Rspr regelmäßig allein den erwarteten Gewinn aus dem Geschäft, nicht die durch den Werklohn repräsentierte gesamte Gegenleistung umfasst (näher zum Verfall bei Austauschverträgen *Heine* NStZ 2015, 127 ff). 2

Um Vorteile **für die Tat** handelt es sich, wenn Vermögenswerte dem Täter als Gegenleistung für sein rechtswidriges Handeln und nicht nur gelegentlich einer Straftat gewährt werden, die also nicht auf der Tatbestandsverwirklichung selbst beruhen, wie zB ein für die Tatbegehung gezahlter Lohn (BGH NStZ-RR 2003, 10 f). Die Abschöpfung muss spiegelbildlich dem vom Täter durch die Tat erzielten Vermögensvorteil entsprechen (BGHSt 47, 260 [268] m.Anm. *Wohlers* JR 2003, 160). 3

Abgeschöpft wird entsprechend dem **Bruttoprinzip** der Vermögensvorteil als solcher, ohne dass Aufwendungen, die von dem Tatbeteiligten zur Erlangung des Vermögensvorteils getätigt wurden, mindernd berücksichtigt werden dürfen (BGH NStZ 2011, 83 [85] m. krit. Anm. *Bauer* NStZ 2011, 396). Eine Anrechnung der gemachten Aufwendungen (sog. **Nettoprinzip**), wie sie von der früheren Rspr praktiziert wurde (vgl BGHSt 31, 145 [146]; zur vereinzelten Fortführung *Walter* JA 2011, 481 [483]), ist zwar nicht durch den neu gefassten Wortlaut von Satz 1 ausgeschlossen, widerspricht jedoch dem ausdrücklichen Willen des Reformgesetzgebers (vgl BT-Drucks. 12/1134, 12). Soweit der Verfall über den Nettogewinn des Tatbeteiligten hinausgeht, führt er zu einer zusätzlichen Belastung für diesen und nimmt somit einen strafähnlichen Charakter an. Problematisch ist dies im Hinblick darauf, dass der Verfall auch bei rechtswidrig, aber schuldlos handelnden Tätern oder Teilnehmern anzuordnen ist. Im Schrifttum wird daher teilweise gefordert, bei schuldlos handelnden Tatbeteiligten über eine Anwendung der Härteklausel gem. § 73 c weiterhin lediglich den Nettogewinn abzuschöpfen (S/S-*Eser* Rn 4; vgl auch *Streng* Rn 369). Zur Einschränkung des aus dem Bruttoprinzip abgeleiteten Abzugsverbots für die auf die rechtswidrig erzielten Vorteile gezahlten oder noch zu zahlenden Steuern vgl (diff.) BGHSt 47, 260 (266 ff); anscheinend weitergehend BGH wistra 2004, 391 (393) m. iE zust. Anm. *Odenthal* wistra 2004, 427. Zur **Schätzung** des Umfangs des erlangten Erlöses vgl BGH wistra 2004, 391 (392); NStZ 2005, 454. 4

Voraussetzung einer Anordnung nach § 73 ist ferner, dass das Erlangte aus einer von der Anklage umfassten und vom Tatrichter festgestellten Tat stammt (BGH NStZ 2003, 422 [423]). Wird eine solche Tat während der Hauptverhandlung 5 nach § 154 II StPO eingestellt, ist das Verfahren hinsichtlich dieser Tat (vorläufig) beendet und die Verhängung von Rechtsfolgen im subjektiven Verfahren ohne Wiederaufnahme nicht mehr möglich. Es bleibt die Möglichkeit der Überleitung in das objektive Verfahren nach § 76 a I und III.

6 II. **Abs. 1 S. 2 schließt die Anordnung des Verfalls aus,** soweit dem Verletzten für Vermögensvorteile **aus der Tat** ein Anspruch gegen den Tatbeteiligten erwachsen ist, dessen Erfüllung diesem den erlangten Vermögensvorteil wieder entziehen würde. Bei Vermögensvorteilen **für die Tat** ist die Vorschrift demgegenüber nicht anwendbar (BGH NJW 2012, 2051 mwN; krit. *Barreto da Rosa* wistra 2012, 334 [336 f]). Jedoch erfordert es der Schutzzweck des Abs. 1 S. 2, auch dann von einer Verfallsanordnung abzusehen, wenn idealkonkurrierend zugleich Tatbestände erfüllt sind, aus deren Normperspektive der Vermögenszuwachs bzgl des einen Tatbestandes *für* die Tat und eines anderen *aus* der Tat erfolgt sein sollte (BGH NJW 2013, 950 [951]).

7 Ob eine **Verletzteneigenschaft** nur begründet werden kann, wenn die vom Täter verletzte Strafnorm entsprechende Individualinteressen schützt oder auch dann, wenn sie lediglich dem Allgemeininteresse dient, wird innerhalb des BGH nicht einheitlich beurteilt. Nach Auffassung des 5. Senats verlangt der Wortlaut des Abs. 1 S. 2 lediglich einen Kausalzusammenhang zwischen Tatbegehung und Entstehung des Ersatzanspruches, so dass das Schutzgut des verletzten Strafgesetzes unerheblich ist (BGH NStZ 2010, 326; BGH NJW 2013, 950 [951]; zust. *Schmidt* NZWiSt 2015, 401 [403 f]). Verletzter sei daher auch derjenige, der durch die strafrechtlich relevante Handlung des Täters geschädigt wurde, auch wenn das vom Täter dabei übertretene Strafgesetz nicht dem Individualschutz diene (vgl BGH NJW 2013, 950 [951]). Demgegenüber vertritt der 3. Senat den Standpunkt, dass Verletzter nur derjenige sein kann, dessen Individualinteressen durch das vom Täter übertretene Strafgesetz geschützt werden sollen (BGH StV 2011, 16; vgl auch *Walter* JA 2011, 481 [482]). Auch der Staat selbst kann Verletzter iSd Abs. 1 S. 2 sein – etwa bei Begehung einer Steuerhinterziehung (BGH NStZ 2013, 403; HKGS-*Hölscher* Rn 5). Denn § 73 I S. 2 erfasst Ansprüche aller Art und somit auch öffentlich-rechtliche (BGH JR 2002, 296 [297] m.Anm. *Rönnau/Hohn*). Eigene prozessuale Beteiligungsrechte des Verletzten lassen sich aus Abs. 1 S. 2 nicht herleiten (OLG München wistra 2004, 117 [119 f]).

8 Durch die Regelung soll die Erfüllung des Ausgleichsanspruchs gewährleistet und zugleich sichergestellt werden, dass der Täter nicht zweimal zahlen muss (BGHSt 47, 22 [31]; *Gaßmann* wistra 2004, 41 [42]). Es genügt insoweit schon das bloße Bestehen eines Anspruchs des Verletzten, ohne dass dieser Anspruch geltend gemacht oder gar realisiert werden müsste (BGH NStZ 2011, 83 [86]; S/S/W-*Burghart* Rn 33; aA *Kiethe/Hohmann* NStZ 2003, 505 [510 f]). Etwas anderes kann gelten, wenn der Verletzte bei Kenntnis der Durchsetzungsmöglichkeit seiner Ausgleichsansprüche auf diese ausdrücklich verzichtet oder Verjährung derselben eingetreten ist, so dass der Verurteilte es selbst in der Hand hält, durch Erhebung der Verjährungseinrede eine doppelte Inanspruchnahme abzuwenden (BGH NStZ 2006, 621 [623]). Auch ist eine Verfallsanordnung dann möglich, wenn für eine bestimmte Konstellation keine eigenständigen Ersatzansprüche zur Verfügung stehen, wie dies die Rspr etwa für Geld angenommen hat, welches von den Ermittlungsbehörden für Betäubungsmittelkäufe eingesetzt wurde (BGHSt 53, 179 [181] m. zust. Anm. *Stiebig* JR 2010, 35 ff).

9 III. Das Handeln „für einen anderen" iSv Abs. 3 ist nach den vom BGH entwickelten Grundsätzen (BGHSt 45, 235 ff) nicht auf Fälle einer (echten) Stellver-

tretung begrenzt; es bedarf insoweit auch keiner Erkennbarkeit nach außen (*Theile* ZJS 2011, 333 [334]). Jedoch muss der Tatbeteiligte bei oder zumindest im Zusammenhang mit der rechtswidrigen Tat auch (faktisch) im Interesse des Dritten gehandelt haben, und zwar dergestalt, dass es einen Bereicherungszusammenhang (vgl BGH wistra 2014, 219 [221 f]) zwischen der Tat und dem Vorteil des Dritten gibt (Vertretungsfall iwS). Erfasst wird ferner die Konstellation, dass der Tatbeteiligte dem Dritten die Tatvorteile unentgeltlich oder durch ein kollusives Rechtsgeschäft zum Nachteil des Gläubigers oder zur Verschleierung der Tat zukommen lässt (Verschiebungsfall). Dagegen greift Abs. 3 nicht ein, wenn der Dritte die Tatbeute (oder deren Wertersatz) aufgrund eines mit einem gutgläubigen Tatbeteiligten geschlossenen entgeltlichen Rechtsgeschäfts erlangt, das weder für sich noch im Zusammenhang mit der rechtswidrigen Tat bemakelt ist (Erfüllungsfall). „Anderer" kann eine natürliche, aber auch eine juristische Person sein (BGH wistra 1999, 477 [487]; näher *Korte* Samson-FS 65 [67 f]).

§ 73 a Verfall des Wertersatzes

¹Soweit der Verfall eines bestimmten Gegenstandes wegen der Beschaffenheit des Erlangten oder aus einem anderen Grunde nicht möglich ist oder von dem Verfall eines Ersatzgegenstandes nach § 73 Abs. 2 Satz 2 abgesehen wird, ordnet das Gericht den Verfall eines Geldbetrags an, der dem Wert des Erlangten entspricht. ²Eine solche Anordnung trifft das Gericht auch neben dem Verfall eines Gegenstandes, soweit dessen Wert hinter dem Wert des zunächst Erlangten zurückbleibt.

§ 73 b Schätzung

Der Umfang des Erlangten und dessen Wert sowie die Höhe des Anspruchs, dessen Erfüllung dem Täter oder Teilnehmer das aus der Tat Erlangte entziehen würde, können geschätzt werden.

§ 73 c Härtevorschrift

(1) ¹Der Verfall wird nicht angeordnet, soweit er für den Betroffenen eine unbillige Härte wäre. ²Die Anordnung kann unterbleiben, soweit der Wert des Erlangten zur Zeit der Anordnung in dem Vermögen des Betroffenen nicht mehr vorhanden ist oder wenn das Erlangte nur einen geringen Wert hat.

(2) Für die Bewilligung von Zahlungserleichterungen gilt § 42 entsprechend.

Die Vorschrift ist eine Ausprägung des Grundsatzes der Verhältnismäßigkeit. Eine unbillige Härte iSv Abs. 1 S. 1 setzt voraus, dass die Anordnung des Verfalls das Übermaßverbot verletzen würde, also schlechthin ungerecht wäre (BGH NStZ-RR 2009, 234). Dies kann insbesondere dann der Fall sein, wenn der Täter zwar rechtswidrig, aber nicht schuldhaft gehandelt hat (L-Kühl-*Heger* Rn 1; vgl ferner BGH NStZ 2002, 477 [478 f]). Diskutiert wird eine Anwendung der Norm auch bei mehrfach angeordnetem Verfall durch verschiedene Staaten, wie 1 dies bei grenzüberschreitenden Sachverhalten der Fall sein kann (vgl BGH NStZ 2005, 455 f; krit. zu einer reinen „Billigkeits"-Lösung *Rönnau* Volk-FS 583 [598]). Demgegenüber ist eine unbillige Härte regelmäßig bei solchen Folgen zu verneinen, die sich als Konsequenz des durch den Gesetzgeber eingeführten Bruttoprinzips (§ 73 Rn 4) ergeben (Beispiel bei BGH NJW 2009, 2755). Auch die Tatsache, dass der Wert des aus der Straftat Erlangten nicht mehr im Vermögen des Täters vorhanden ist, reicht für sich allein nicht für ein Absehen von der Verfallsanordnung aus (BGH NStZ 2010, 86 [87]; 2016, 279 f).

2 Wegen des systematischen Verhältnisses der beiden Regelungen in § 73 c I S. 1 und S. 2 ist regelmäßig zunächst das Vorliegen der Voraussetzungen des § 73 c I S. 2 zu prüfen (vgl BGH NStZ-RR 2015, 307 f; *Fischer* Rn 2). Das Absehen einer Verfallsanordnung nach S. 2 erfolgt nach pflichtgemäßem Ermessen des Gerichts, wobei auch ein teilweises Absehen möglich ist (zur Ermessensausübung vgl BGHSt 33, 37 [40]). Hinsichtlich S. 2 Alt. 1 gilt hierbei, dass die Verfallsanordnung auch unterbleiben kann, wenn der Betroffene zum Zeitpunkt der Verfallsanordnung zwar noch über Vermögenswerte verfügt, die dem Verfallsbetrag entsprechen, diese aber zweifelsfrei in keinem Zusammenhang mit den verfallsbegründenden Straftaten stehen (BGHSt 48, 40 [43]; BGH NJW 2012, 92; zweifelnd BGHSt 51, 65 [69 f]). Bzgl des Merkmals der „Geringwertigkeit" in S. 2 Alt. 2 kann eine Orientierung an der Rspr zu § 248 a erfolgen, so dass die Grenze bei ca. 50 Euro zu ziehen ist (MK-*Joecks* Rn 33).

§ 73 d Erweiterter Verfall

(1) ¹Ist eine rechtswidrige Tat nach einem Gesetz begangen worden, das auf diese Vorschrift verweist, so ordnet das Gericht den Verfall von Gegenständen des Täters oder Teilnehmers auch dann an, wenn die Umstände die Annahme rechtfertigen, daß diese Gegenstände für rechtswidrige Taten oder aus ihnen erlangt worden sind. ²Satz 1 ist auch anzuwenden, wenn ein Gegenstand dem Täter oder Teilnehmer nur deshalb nicht gehört oder zusteht, weil er den Gegenstand für eine rechtswidrige Tat oder aus ihr erlangt hat. ³§ 73 Abs. 1 Satz 2, auch in Verbindung mit § 73 b, und § 73 Abs. 2 gelten entsprechend.

(2) Ist der Verfall eines bestimmten Gegenstandes nach der Tat ganz oder teilweise unmöglich geworden, so finden insoweit die §§ 73 a und 73 b sinngemäß Anwendung.

(3) Ist nach Anordnung des Verfalls nach Absatz 1 wegen einer anderen rechtswidrigen Tat, die der Täter oder Teilnehmer vor der Anordnung begangen hat, erneut über den Verfall von Gegenständen des Täters oder Teilnehmers zu entscheiden, so berücksichtigt das Gericht hierbei die bereits ergangene Anordnung.

(4) § 73 c gilt entsprechend.

1 I. Objekt des erweiterten Verfalls können – anders als bei § 73 – nur Gegenstände, dh Sachen und Rechte (vgl § 74 e I), sein; zudem sind Adressaten der Norm – anders als bei § 73, dort Abs. 3 – allein Täter und Teilnehmer der Tat (ausf. zu den einzelnen Voraussetzungen *Theile* ZJS 2011, 333 [339 ff]). Gegenüber den §§ 73, 73 a ist die Regelung des erweiterten Verfalls subsidiär (BGH wistra 2013, 267; StV 2014, 599 ff; vgl auch *Nestler* HRRS 2011, 519 [520 ff]; näher zur Abgrenzung von §§ 73, 73 a zum erweiterten Verfall *Mayer* JR 2016, 112 [116 f]).

Mangels Strafcharakters verstößt die Vorschrift weder gegen den Schuldgrundsatz noch gegen die Unschuldsvermutung und ist somit mit dem GG vereinbar (BVerfG NJW 2004, 2073; krit. NK-*Saliger* Rn 2).

II. Für die Anordnung des erweiterten Verfalls sind erhöhte Anforderungen zu stellen und eine uneingeschränkte Überzeugung des Tatrichters dahin gehend zu fordern, dass die Gegenstände für rechtswidrige Taten oder aus ihnen erlangt worden sind (BGH NStZ-RR 2004, 347 [348]). Dies setzt nach der Rspr voraus, dass die Gesamtheit aller Umstände so auffällig auf eine entsprechende Herkunft der Gegenstände hinweist, dass diese sich bei unbefangener und verständiger Beurteilung geradezu aufdrängt (BGHSt 40, 371 [372]). Auch diese Auslegung ist verfassungsgemäß, so dass die Annahme der deliktischen Herkunft gerechtfertigt ist, wenn sich der Tatrichter durch Ausschöpfung der vorhandenen Beweismittel von ihr überzeugt hat (BVerfGE 110, 1 [26 ff]). Nicht erforderlich ist, dass die Umstände für eine Herkunft gerade aus der Anlasstat sprechen. 2

§ 73 e Wirkung des Verfalls

(1) ¹Wird der Verfall eines Gegenstandes angeordnet, so geht das Eigentum an der Sache oder das verfallene Recht mit der Rechtskraft der Entscheidung auf den Staat über, wenn es dem von der Anordnung Betroffenen zu dieser Zeit zusteht. ²Rechte Dritter an dem Gegenstand bleiben bestehen.

(2) Vor der Rechtskraft wirkt die Anordnung als Veräußerungsverbot im Sinne des § 136 des Bürgerlichen Gesetzbuches; das Verbot umfaßt auch andere Verfügungen als Veräußerungen.

§ 74 Voraussetzungen der Einziehung

(1) Ist eine vorsätzliche Straftat begangen worden, so können Gegenstände, die durch sie hervorgebracht oder zu ihrer Begehung oder Vorbereitung gebraucht worden oder bestimmt gewesen sind, eingezogen werden.

(2) Die Einziehung ist nur zulässig, wenn
1. die Gegenstände zur Zeit der Entscheidung dem Täter oder Teilnehmer gehören oder zustehen oder
2. die Gegenstände nach ihrer Art und den Umständen die Allgemeinheit gefährden oder die Gefahr besteht, daß sie der Begehung rechtswidriger Taten dienen werden.

(3) Unter den Voraussetzungen des Absatzes 2 Nr. 2 ist die Einziehung der Gegenstände auch zulässig, wenn der Täter ohne Schuld gehandelt hat.

(4) Wird die Einziehung durch eine besondere Vorschrift über Absatz 1 hinaus vorgeschrieben oder zugelassen, so gelten die Absätze 2 und 3 entsprechend.

I. Objekt der Einziehung können nur solche Gegenstände sein, die durch eine vorsätzliche Straftat hervorgebracht oder zu ihrer Vorbereitung oder Begehung gebraucht worden oder bestimmt gewesen sind (NK-*Herzog/Saliger* Rn 2, 6). Die nur gelegentliche Nutzung eines Gegenstandes im Zusammenhang mit einer Straftat ist nicht ausreichend (BGH StV 2005, 210 [211]). Bestand die begangene 1

Straftat im unbefugten Gebrauch eines bestimmten Gegenstands, so kann dieser Gegenstand (sog. **Beziehungsgegenstand** = auf ihn bezog sich die Straftat) nicht gem. § 74 eingezogen werden. Nicht eingezogen werden kann daher etwa die unbefugt getragene Uniform oder das ohne Fahrerlaubnis gefahrene Fahrzeug (vgl ferner *Detter* NStZ 2003, 133 [140]).

2 II. Für die Frage, ob der Gegenstand iSd Abs. 2 Nr. 1 dem Tatbeteiligten **gehört oder zusteht**, stellt die Rspr allein auf die formale Rechtsposition ab (BGH NStZ 1997, 30 [31]). Treuhänderische Bindungen zugunsten Dritter sind insoweit unbeachtlich (vgl LG Köln NStZ-RR 2012, 74 [75]). Bei Sachen ist formales Alleineigentum des Tatbeteiligten erforderlich. Bei Gesamt- oder Miteigentum kommt eine Einziehung daher nur in Betracht, wenn alle Berechtigten an der Tat beteiligt waren, wobei für die Beteiligung allerdings ein Wissen und Billigen der Tatverstrickung des einziehungsbedrohten Objekts ausreichen soll (OLG Stuttgart wistra 2007, 276 [277]; NK-*Herzog/Saliger* Rn 24).

3 Sofern der Einziehungsgegenstand **gleichzeitig Verfallsgegenstand** sein kann – vorstellbar zB bei der Geldwäsche (§ 261 VII) im Hinblick auf Beutestücke aus der Vortat – kann der dort zu beachtende § 73 I S. 2 (auch) der Einziehung entgegenstehen, sofern ein Anspruch des durch die Vortat Verletzten vereitelt würde (BGH NStZ-RR 2011, 338; 2016, 41; zust. *Barreto da Rosa* NStZ 2012, 419 ff).

§ 74 a Erweiterte Voraussetzungen der Einziehung

Verweist das Gesetz auf diese Vorschrift, so dürfen die Gegenstände abweichend von § 74 Abs. 2 Nr. 1 auch dann eingezogen werden, wenn derjenige, dem sie zur Zeit der Entscheidung gehören oder zustehen,
1. wenigstens leichtfertig dazu beigetragen hat, daß die Sache oder das Recht Mittel oder Gegenstand der Tat oder ihrer Vorbereitung gewesen ist, oder
2. die Gegenstände in Kenntnis der Umstände, welche die Einziehung zugelassen hätten, in verwerflicher Weise erworben hat.

1 I. Die erweiterte Einziehung gem. Nr. 1 setzt voraus, dass der tatunbeteiligte Dritte mit dem Gegenstand die Anknüpfungstat oder ihre Vorbereitung grob sorgfaltswidrig gefördert hat. Ausreichend ist insoweit auch ein Unterlassen (S/S-*Eser* Rn 6). Umstritten ist, ob die gesetzliche Formulierung „oder Gegenstand der Tat [...] gewesen ist" generell auch die Einziehung von Beziehungsgegenständen (vgl § 74 Rn 1) ermöglicht (so S/S-*Eser* Rn 5) oder ob Beziehungsgegenstände nur dann unter die erweiterte Einziehung fallen, wenn die auf § 74 a verweisende Spezialnorm Beziehungsgegenstände ausdrücklich einbezieht (so SK-*Wolters* Rn 3).

2 II. Hat der Dritte gem. Nr. 2 den Gegenstand nach der Tat erworben, so kann eine Kenntnis der die Einziehung zulassenden Umstände nach herrschender Lehre auch dann bejaht werden, wenn er deren Vorhandensein bloß für möglich hält (S/S/W-*Burkhart* Rn 18; LK-*Schmidt* Rn 16; aA S/S-*Eser* Rn 9). In verwerflicher Weise erwirbt der Dritte den Gegenstand etwa dann, wenn sein Handeln gerade der Vereitelung der Einziehung dient oder wenn er das Ziel verfolgt, einen ungerechtfertigten Vermögensvorteil auf Kosten des ursprünglich Berechtigten zu erlangen.

§ 74 b Grundsatz der Verhältnismäßigkeit

(1) Ist die Einziehung nicht vorgeschrieben, so darf sie in den Fällen des § 74 Abs. 2 Nr. 1 und des § 74 a nicht angeordnet werden, wenn sie zur Bedeutung der begangenen Tat und zum Vorwurf, der den von der Einziehung betroffenen Täter oder Teilnehmer oder in den Fällen des § 74 a den Dritten trifft, außer Verhältnis steht.

(2) ¹Das Gericht ordnet in den Fällen der §§ 74 und 74 a an, daß die Einziehung vorbehalten bleibt, und trifft eine weniger einschneidende Maßnahme, wenn der Zweck der Einziehung auch durch sie erreicht werden kann. ²In Betracht kommt namentlich die Anweisung,
1. die Gegenstände unbrauchbar zu machen,
2. an den Gegenständen bestimmte Einrichtungen oder Kennzeichen zu beseitigen oder die Gegenstände sonst zu ändern oder
3. über die Gegenstände in bestimmter Weise zu verfügen.

³Wird die Anweisung befolgt, so wird der Vorbehalt der Einziehung aufgehoben; andernfalls ordnet das Gericht die Einziehung nachträglich an.

(3) Ist die Einziehung nicht vorgeschrieben, so kann sie auf einen Teil der Gegenstände beschränkt werden.

§ 74 c Einziehung des Wertersatzes

(1) Hat der Täter oder Teilnehmer den Gegenstand, der ihm zur Zeit der Tat gehörte oder zustand und auf dessen Einziehung hätte erkannt werden können, vor der Entscheidung über die Einziehung verwertet, namentlich veräußert oder verbraucht, oder hat er die Einziehung des Gegenstandes sonst vereitelt, so kann das Gericht die Einziehung eines Geldbetrags gegen den Täter oder Teilnehmer bis zu der Höhe anordnen, die dem Wert des Gegenstandes entspricht.

(2) Eine solche Anordnung kann das Gericht auch neben der Einziehung eines Gegenstandes oder an deren Stelle treffen, wenn ihn der Täter oder Teilnehmer vor der Entscheidung über die Einziehung mit dem Recht eines Dritten belastet hat, dessen Erlöschen ohne Entschädigung nicht angeordnet werden kann oder im Falle der Einziehung nicht angeordnet werden könnte (§ 74 e Abs. 2 und § 74 f); trifft das Gericht die Anordnung neben der Einziehung, so bemißt sich die Höhe des Wertersatzes nach dem Wert der Belastung des Gegenstandes.

(3) Der Wert des Gegenstandes und der Belastung kann geschätzt werden.

(4) Für die Bewilligung von Zahlungserleichterungen gilt § 42.

§ 74 d Einziehung von Schriften und Unbrauchbarmachung

(1) ¹Schriften (§ 11 Abs. 3), die einen solchen Inhalt haben, daß jede vorsätzliche Verbreitung in Kenntnis ihres Inhalts den Tatbestand eines Strafgesetzes verwirklichen würde, werden eingezogen, wenn mindestens ein Stück durch eine rechtswidrige Tat verbreitet oder zur Verbreitung bestimmt worden ist. ²Zugleich wird angeordnet, daß die zur Herstellung der Schriften gebrauchten oder bestimmten

Vorrichtungen, wie Platten, Formen, Drucksätze, Druckstöcke, Negative oder Matrizen, unbrauchbar gemacht werden.

(2) Die Einziehung erstreckt sich nur auf die Stücke, die sich im Besitz der bei ihrer Verbreitung oder deren Vorbereitung mitwirkenden Personen befinden oder öffentlich ausgelegt oder beim Verbreiten durch Versenden noch nicht dem Empfänger ausgehändigt worden sind.

(3) ¹Absatz 1 gilt entsprechend bei Schriften (§ 11 Abs. 3), die einen solchen Inhalt haben, daß die vorsätzliche Verbreitung in Kenntnis ihres Inhalts nur bei Hinzutreten weiterer Tatumstände den Tatbestand eines Strafgesetzes verwirklichen würde. ²Die Einziehung und Unbrauchbarmachung werden jedoch nur angeordnet, soweit

1. die Stücke und die in Absatz 1 Satz 2 bezeichneten Gegenstände sich im Besitz des Täters, Teilnehmers oder eines anderen befinden, für den der Täter oder Teilnehmer gehandelt hat, oder von diesen Personen zur Verbreitung bestimmt sind und
2. die Maßnahmen erforderlich sind, um ein gesetzwidriges Verbreiten durch diese Personen zu verhindern.

(4) Dem Verbreiten im Sinne der Absätze 1 bis 3 steht es gleich, wenn eine Schrift (§ 11 Abs. 3) oder mindestens ein Stück der Schrift durch Ausstellen, Anschlagen, Vorführen oder in anderer Weise öffentlich zugänglich gemacht wird.

(5) § 74 b Abs. 2 und 3 gilt entsprechend.

1 I. **Verbreitet** iSd Abs. 1–3 wird eine Schrift, wenn sie in ihrer Substanz einem größeren, nicht notwendig unbestimmten Personenkreis, welcher für den Täter nicht kontrollierbar ist, zugänglich gemacht wird (BGHSt 18, 63). Dem gleichgestellt ist gem. Abs. 4 jede Form des öffentlichen Zugänglichmachens, dh die Fälle, in welchen die Personen, die von der Schrift Kenntnis nehmen können, nach Anzahl und Individualität unbestimmt oder nicht durch persönliche Beziehungen miteinander verbunden sind (BT-Drucks. 6/3521, 8, 57).

2 II. Die **Einschränkung in Abs. 2** bezieht sich nur auf Schriften, nicht auch auf die Vorrichtungen, mit deren Hilfe die Schriftstücke hergestellt wurden oder werden sollten (S/S-*Eser* Rn 8). Solche Vorrichtungen können daher auch dann eingezogen werden, wenn sie nicht in einer der in Abs. 2 genannten räumlichen Beziehungen stehen. Mitwirkende Personen iSd Abs. 2 müssen nicht Täter oder Teilnehmer der auslösenden Tat sein.

§ 74 e Wirkung der Einziehung

(1) Wird ein Gegenstand eingezogen, so geht das Eigentum an der Sache oder das eingezogene Recht mit der Rechtskraft der Entscheidung auf den Staat über.

(2) ¹Rechte Dritter an dem Gegenstand bleiben bestehen. ²Das Gericht ordnet jedoch das Erlöschen dieser Rechte an, wenn es die Einziehung darauf stützt, daß die Voraussetzungen des § 74 Abs. 2 Nr. 2 vorliegen. ³Es kann das Erlöschen des Rechts eines Dritten auch dann anordnen, wenn diesem eine Entschädigung nach § 74 f Abs. 2 Nr. 1 oder 2 nicht zu gewähren ist.

(3) § 73 e Abs. 2 gilt entsprechend für die Anordnung der Einziehung und die Anordnung des Vorbehalts der Einziehung, auch wenn sie noch nicht rechtskräftig ist.

§ 74 f Entschädigung

(1) Stand das Eigentum an der Sache oder das eingezogene Recht zur Zeit der Rechtskraft der Entscheidung über die Einziehung oder Unbrauchbarmachung einem Dritten zu oder war der Gegenstand mit dem Recht eines Dritten belastet, das durch die Entscheidung erloschen oder beeinträchtigt ist, so wird der Dritte aus der Staatskasse unter Berücksichtigung des Verkehrswertes angemessen in Geld entschädigt.

(2) Eine Entschädigung wird nicht gewährt, wenn
1. der Dritte wenigstens leichtfertig dazu beigetragen hat, daß die Sache oder das Recht Mittel oder Gegenstand der Tat oder ihrer Vorbereitung gewesen ist,
2. der Dritte den Gegenstand oder das Recht an dem Gegenstand in Kenntnis der Umstände, welche die Einziehung oder Unbrauchbarmachung zulassen, in verwerflicher Weise erworben hat oder
3. es nach den Umständen, welche die Einziehung oder Unbrauchbarmachung begründet haben, auf Grund von Rechtsvorschriften außerhalb des Strafrechts zulässig wäre, den Gegenstand dem Dritten ohne Entschädigung dauernd zu entziehen.

(3) In den Fällen des Absatzes 2 kann eine Entschädigung gewährt werden, soweit es eine unbillige Härte wäre, sie zu versagen.

§ 75 Sondervorschrift für Organe und Vertreter

[1]Hat jemand
1. als vertretungsberechtigtes Organ einer juristischen Person oder als Mitglied eines solchen Organs,
2. als Vorstand eines nicht rechtsfähigen Vereins oder als Mitglied eines solchen Vorstandes,
3. als vertretungsberechtigter Gesellschafter einer rechtsfähigen Personengesellschaft,
4. als Generalbevollmächtigter oder in leitender Stellung als Prokurist oder Handlungsbevollmächtigter einer juristischen Person oder einer in Nummer 2 oder 3 genannten Personenvereinigung oder
5. als sonstige Person, die für die Leitung des Betriebs oder Unternehmens einer juristischen Person oder einer in Nummer 2 oder 3 genannten Personenvereinigung verantwortlich handelt, wozu auch die Überwachung der Geschäftsführung oder die sonstige Ausübung von Kontrollbefugnissen in leitender Stellung gehört,

eine Handlung vorgenommen, die ihm gegenüber unter den übrigen Voraussetzungen der §§ 74 bis 74 c und 74 f die Einziehung eines Gegenstandes oder des Wertersatzes zulassen oder den Ausschluß der Entschädigung begründen würde, so wird seine Handlung bei Anwendung dieser Vorschriften dem Vertretenen zugerechnet. ²§ 14 Abs. 3 gilt entsprechend.

– Gemeinsame Vorschriften –

§ 76 Nachträgliche Anordnung von Verfall oder Einziehung des Wertersatzes

Ist die Anordnung des Verfalls oder der Einziehung eines Gegenstandes nicht ausführbar oder unzureichend, weil nach der Anordnung eine der in den §§ 73 a, 73 d Abs. 2 oder § 74 c bezeichneten Voraussetzungen eingetreten oder bekanntgeworden ist, so kann das Gericht den Verfall oder die Einziehung des Wertersatzes nachträglich anordnen.

§ 76 a Selbständige Anordnung

(1) Kann wegen der Straftat aus tatsächlichen Gründen keine bestimmte Person verfolgt oder verurteilt werden, so muß oder kann auf Verfall oder Einziehung des Gegenstandes oder des Wertersatzes oder auf Unbrauchbarmachung selbständig erkannt werden, wenn die Voraussetzungen, unter denen die Maßnahme vorgeschrieben oder zugelassen ist, im übrigen vorliegen.

(2) ¹Unter den Voraussetzungen des § 74 Abs. 2 Nr. 2, Abs. 3 und des § 74 d ist Absatz 1 auch dann anzuwenden, wenn
1. die Verfolgung der Straftat verjährt ist oder
2. sonst aus rechtlichen Gründen keine bestimmte Person verfolgt werden kann und das Gesetz nichts anderes bestimmt.

²Einziehung oder Unbrauchbarmachung dürfen jedoch nicht angeordnet werden, wenn Antrag, Ermächtigung oder Strafverlangen fehlen.

(3) Absatz 1 ist auch anzuwenden, wenn das Gericht von Strafe absieht oder wenn das Verfahren nach einer Vorschrift eingestellt wird, die dies nach dem Ermessen der Staatsanwaltschaft oder des Gerichts oder im Einvernehmen beider zuläßt.

Vierter Abschnitt Strafantrag, Ermächtigung, Strafverlangen

Vorbemerkung zu den §§ 77–77 e

1 I. Bei bestimmten Delikten ist die Strafverfolgung von einem Strafantrag abhängig. Dabei werden **absolute Antragsdelikte**, bei denen die Strafverfolgung ausschließlich dann möglich ist, wenn ein Antrag gestellt wurde (zB § 205 I), und **relative Antragsdelikte**, die grds. ohne Antrag, in bestimmten Fällen aber, vor allem bei besonderen persönlichen Beziehungen, nur mit Strafantrag verfolgbar sind (zB §§ 247, 259 II), unterschieden. Daneben gibt es Antragsdelikte, bei welchen der Strafantrag durch die Bejahung eines besonderen öffentlichen Interesses seitens der Staatsanwaltschaft ersetzt werden kann (zB § 303 c).

II. Der **rechtliche Charakter** des Strafantrags ist umstritten (zum Meinungsstand NK-*Kargl* Rn 8 ff). Während die in Literatur und Rspr herrschende prozessuale Theorie (BGHSt 6, 155 f; *Jescheck/Weigend* § 85 I 1; S/S/W-*Rosenau* § 77 Rn 4; LK-*Schmid* Rn 7) ihn als bloße Prozessvoraussetzung ansieht, bedeutet sein Fehlen nach der materiellrechtlichen Theorie (*Maiwald* GA 1970, 33 [38] mwN) einen Strafaufhebungsgrund. Die gemischte Theorie schließlich geht von der Doppelnatur des Antrags aus (SK-*Wolter* Rn 12). 2

III. Der Antrag ist zu stellen bei den in § 158 I StPO genannten Stellen. Für die in § 158 II StPO vorgesehene **Form** genügt einfache Schriftform. Diese wird auch durch Faksimileunterschrift (RGSt 62, 53 ff) oder Telegramm gewahrt. 3

IV. Inhaltlich muss der Antrag – evtl durch Auslegung – den Willen des Berechtigten erkennen lassen, dass der Antragsteller die Strafverfolgung wegen einer bestimmten Tat wünscht (BGH NJW 1991, 367 [370]; 1992, 2167). Die ausdrückliche Bezeichnung eines Strafverfolgungsbegehrens als Strafantrag ist nicht erforderlich (OLGSt StGB § 77 Nr. 3). Ein bedingter Strafantrag ist jedoch unzulässig (näher *Klett-Straub* JA 2011, 694 [697]). 4

V. Von seinem **Umfang** her bezieht sich der Strafantrag auf die gesamte Tat im prozessualen Sinn, sofern er nicht in sachlicher Hinsicht beschränkt wird (S/S-*Sternberg-Lieben/Bosch* § 77 Rn 42). Eine solche Beschränkung ist allerdings nicht bereits in einer rechtlich unrichtigen oder nicht erschöpfenden Bewertung des Geschehens durch den Antragsteller zu sehen, so dass zB eine ausdrückliche Strafanzeige wegen Kaufhausdiebstahls nicht die Verfolgung wegen eines ebenfalls in Betracht kommenden Hausfriedensbruchs ausschließt (vgl OLG Hamm NStZ-RR 2012, 308). 5

§ 77 Antragsberechtigte

(1) Ist die Tat nur auf Antrag verfolgbar, so kann, soweit das Gesetz nichts anderes bestimmt, der Verletzte den Antrag stellen.

(2) ¹Stirbt der Verletzte, so geht sein Antragsrecht in den Fällen, die das Gesetz bestimmt, auf den Ehegatten, den Lebenspartner und die Kinder über. ²Hat der Verletzte weder einen Ehegatten, oder einen Lebenspartner noch Kinder hinterlassen oder sind sie vor Ablauf der Antragsfrist gestorben, so geht das Antragsrecht auf die Eltern und, wenn auch sie vor Ablauf der Antragsfrist gestorben sind, auf die Geschwister und die Enkel über. ³Ist ein Angehöriger an der Tat beteiligt oder ist seine Verwandtschaft erloschen, so scheidet er bei dem Übergang des Antragsrechts aus. ⁴Das Antragsrecht geht nicht über, wenn die Verfolgung dem erklärten Willen des Verletzten widerspricht.

(3) Ist der Antragsberechtigte geschäftsunfähig oder beschränkt geschäftsfähig, so können der gesetzliche Vertreter in den persönlichen Angelegenheiten und derjenige, dem die Sorge für die Person des Antragsberechtigten zusteht, den Antrag stellen.

(4) Sind mehrere antragsberechtigt, so kann jeder den Antrag selbständig stellen.

I. Antragsberechtigt ist, soweit das Gesetz (zB in §§ 194 III, 230 II, 355 III) nichts anderes bestimmt, nur der **Verletzte**, dh der Träger des in dem vom Täter verwirklichten Tatbestand geschützten Rechtsgutes (BGHSt 31, 207 [210]). Auch 1 juristischen Personen kann die Verletzteneigenschaft zukommen (vgl OLG Frankfurt NStZ-RR 2006, 342 [343]). Eine gewillkürte Stellvertretung ist grds. möglich (näher *Klett-Straub* JA 2011, 694 [696 f]).

2 II. Bei **Geschäftsunfähigkeit** oder **beschränkter Geschäftsfähigkeit** steht das Antragsrecht gem. Abs. 3 dem gesetzlichen Vertreter oder Personensorgeberechtigten zu (ausf. hierzu *Schwarz/Sengbusch* NStZ 2006, 673 ff); allerdings nicht, wenn dieser im Hinblick auf die einschlägige Tat selbst mitverdächtig ist (OLG Karlsruhe NStZ 2012, 702). Keine Antragsberechtigung steht ferner dem Betreuer zu, dem lediglich die Vermögensfürsorge als Aufgabenkreis übertragen wurde, und zwar auch nicht bei Eigentums- und Vermögensdelikten; denn die Stellung eines Strafantrags gehört in jedem Fall zur Personensorge (LG Hamburg NStZ 2002, 39 [40]). Zum Teil wird weitergehend angenommen, es bedürfe einer ausdrücklichen Zuweisung der Strafantragsbefugnis (so OLG Karlsruhe NStZ-RR 2014, 143 f). Dies ist aber jedenfalls dann nicht erforderlich, wenn sich die Bestellung eines Betreuers gerade aus der Notwendigkeit zur Aufdeckung möglicher strafrechtlicher Vorwürfe (zB Untreue eines Bevollmächtigten) ergab (BGHSt 59, 278). Bei Minderjährigen wird teilweise vertreten, dass diesen neben dem gesetzlichen Vertreter ein Strafantragsrecht zusteht, sofern sie eine entsprechende Einsichtsfähigkeit aufweisen (*Exner* Jura 2013, 103 [106] mwN; aA NK-*Kargl* Rn 39).

3 III. Das Antragsrecht erlischt grds. mit dem **Tod** des Verletzten. Nur in den Fällen, die das Gesetz bestimmt (zB §§ 165 I, 194 I und II, 205 II, 230 I S. 2), geht es nach Abs. 2 auf bestimmte Angehörige über, wenn der Verletzte nach der Tat und vor Antragstellung stirbt. Geht das Antragsrecht auf mehrere Angehörige gleichzeitig über, so kann jeder den Antrag gem. Abs. 4 selbstständig stellen.

§ 77 a Antrag des Dienstvorgesetzten

(1) Ist die Tat von einem Amtsträger, einem für den öffentlichen Dienst besonders Verpflichteten oder einem Soldaten der Bundeswehr oder gegen ihn begangen und auf Antrag des Dienstvorgesetzten verfolgbar, so ist derjenige Dienstvorgesetzte antragsberechtigt, dem der Betreffende zur Zeit der Tat unterstellt war.

(2) ¹Bei Berufsrichtern ist an Stelle des Dienstvorgesetzten antragsberechtigt, wer die Dienstaufsicht über den Richter führt. ²Bei Soldaten ist Dienstvorgesetzter der Disziplinarvorgesetzte.

(3) ¹Bei einem Amtsträger oder einem für den öffentlichen Dienst besonders Verpflichteten, der keinen Dienstvorgesetzten hat oder gehabt hat, kann die Dienststelle, für die er tätig war, den Antrag stellen. ²Leitet der Amtsträger oder der Verpflichtete selbst diese Dienststelle, so ist die staatliche Aufsichtsbehörde antragsberechtigt.

(4) Bei Mitgliedern der Bundesregierung ist die Bundesregierung, bei Mitgliedern einer Landesregierung die Landesregierung antragsberechtigt.

1 I. Bei bestimmten Delikten (§§ 194 III, 230 II, 355 III) bestimmt das Gesetz, dass sie auf Antrag des Dienstvorgesetzten verfolgbar sind.

2 II. Wer bei Amtsträgern und besonders Verpflichteten Dienstvorgesetzter ist, ergibt sich aus den maßgeblichen dienstrechtlichen Vorschriften (zB für Bundesbe-

amte nach § 3 II BBG) und dem Behördenaufbau (S/S-*Sternberg-Lieben/Bosch* Rn 3). Amtsträger, die keinen Dienstvorgesetzten haben (Abs. 3), sind zB die Laienrichter (§§ 44 ff DRiG).

§ 77 b Antragsfrist

(1) ¹Eine Tat, die nur auf Antrag verfolgbar ist, wird nicht verfolgt, wenn der Antragsberechtigte es unterläßt, den Antrag bis zum Ablauf einer Frist von drei Monaten zu stellen. ²Fällt das Ende der Frist auf einen Sonntag, einen allgemeinen Feiertag oder einen Sonnabend, so endet die Frist mit Ablauf des nächsten Werktags.

(2) ¹Die Frist beginnt mit Ablauf des Tages, an dem der Berechtigte von der Tat und der Person des Täters Kenntnis erlangt. ²Für den Antrag des gesetzlichen Vertreters und des Sorgeberechtigten kommt es auf dessen Kenntnis an.

(3) Sind mehrere antragsberechtigt oder mehrere an der Tat beteiligt, so läuft die Frist für und gegen jeden gesondert.

(4) Ist durch Tod des Verletzten das Antragsrecht auf Angehörige übergegangen, so endet die Frist frühestens drei Monate und spätestens sechs Monate nach dem Tod des Verletzten.

(5) Der Lauf der Frist ruht, wenn ein Antrag auf Durchführung eines Sühneversuchs gemäß § 380 der Strafprozeßordnung bei der Vergleichsbehörde eingeht, bis zur Ausstellung der Bescheinigung nach § 380 Abs. 1 Satz 3 der Strafprozeßordnung.

I. Der Antragsteller hat nach Abs. 1 eine dreimonatige Frist zu beachten. Es handelt sich um eine **Ausschlussfrist**, bei der eine Wiedereinsetzung unzulässig ist (BGH NJW 1994, 1165 [1166] mwN). 1

II. Voraussetzung für den Beginn der Frist ist gem. Abs. 2 die **Kenntnis** (nicht nur die bloße Vermutung) **des Antragsberechtigten** (vgl § 77) von der Tatbestandsverwirklichung sowie der Person des Täters (näher *Fischer* Rn 4 ff). 2

III. Im Fall des § 77 II beginnt für die **Angehörigen** mit ihrer Kenntniserlangung von Tat und Täter eine selbstständige Frist (Abs. 4). Sind **mehrere Antragsberechtigte** vorhanden, so läuft für jeden eine gesonderte Frist (Abs. 3), die mit der eigenen Kenntnisnahme beginnt (NK-*Kargl* Rn 12). 3

§ 77 c Wechselseitig begangene Taten

¹Hat bei wechselseitig begangenen Taten, die miteinander zusammenhängen und nur auf Antrag verfolgbar sind, ein Berechtigter die Strafverfolgung des anderen beantragt, so erlischt das Antragsrecht des anderen, wenn er es nicht bis zur Beendigung des letzten Wortes im ersten Rechtszug ausübt. ²Er kann den Antrag auch dann noch stellen, wenn für ihn die Antragsfrist schon verstrichen ist.

I. Die Norm **verkürzt** (S. 1) bzw **verlängert** (S. 2) die Dauer der **Antragsfrist** (§ 77 b), wenn bei wechselseitig begangenen Antragsdelikten, die in einem tat- 1 sächlichen Zusammenhang stehen, ein Antragsberechtigter bereits Strafantrag gestellt hat (näher SK-*Wolter* Rn 1).

2 **II. Wechselseitig** sind solche Taten, die gegnerisch begangen bzw erwidert werden, so dass dieselbe Person zugleich Täter und Verletzter ist (S/S-*Sternberg-Lieben/Bosch* Rn 2). In Betracht kommt etwa die gegenseitige Beleidigung oder die Erwiderung einer Sachbeschädigung mit einer Körperverletzung (*Fischer* Rn 2).

§ 77 d Zurücknahme des Antrags

(1) ¹Der Antrag kann zurückgenommen werden. ²Die Zurücknahme kann bis zum rechtskräftigen Abschluß des Strafverfahrens erklärt werden. ³Ein zurückgenommener Antrag kann nicht nochmals gestellt werden.

(2) ¹Stirbt der Verletzte oder der im Falle seines Todes Berechtigte, nachdem er den Antrag gestellt hat, so können der Ehegatte, der Lebenspartner, die Kinder, die Eltern, die Geschwister und die Enkel des Verletzten in der Rangfolge des § 77 Abs. 2 den Antrag zurücknehmen. ²Mehrere Angehörige des gleichen Ranges können das Recht nur gemeinsam ausüben. ³Wer an der Tat beteiligt ist, kann den Antrag nicht zurücknehmen.

1 I. Der Antrag kann bis zum rechtskräftigen Abschluss des Strafverfahrens durch den Inhaber des Antragsrechts (vgl § 77) bzw im Fall seines Todes durch die Angehörigen (Abs. 2) zurückgenommen werden (näher S/S-*Sternberg-Lieben/Bosch* Rn 2 ff).

2 II. Die Rücknahme kann formlos (RGSt 8, 79 [80]) gegenüber der mit der Sache befassten Behörde erklärt werden (RGSt 52, 200). Sie muss inhaltlich den Willen erkennen lassen, dass der Antragsteller eine Strafverfolgung jetzt nicht mehr begehrt (RGSt 48, 195). Widerruf oder Anfechtung der Rücknahme sind nicht möglich (HKGS-*Weiler* Rn 9).

3 III. Die Zurücknahme hat die Wirkung, dass der Strafantrag als nicht gestellt gilt (*Fischer* Rn 8). Ein bereits eingeleitetes Verfahren wird eingestellt (§§ 206 a, 260 III StPO).

§ 77 e Ermächtigung und Strafverlangen

Ist eine Tat nur mit Ermächtigung oder auf Strafverlangen verfolgbar, so gelten die §§ 77 und 77 d entsprechend.

1 I. Vom Strafantrag zu unterscheiden sind die Ermächtigung und das Strafverlangen.

2 1. Bei der zB in den §§ 90 IV, 90 b II, 97 III, 194 IV vorgesehenen **Ermächtigung** handelt es sich um die Erklärung eines Staatsorgans, sich der Strafverfolgung nicht zu widersetzen (SK-*Wolter* Rn 1).

3 2. Das zB nach § 104 a erforderliche **Strafverlangen** stellt die einem ausländischen Staat zugestandene Befugnis dar, die Strafverfolgung zu begehren (S/S-*Sternberg-Lieben/Bosch* Rn 2).

II. Die Strafverfolgungsbehörden haben von Amts wegen zu überprüfen, ob Ermächtigung oder Strafverlangen vorliegen (RGSt 33, 66 [71]). Wegen der Nichtanwendbarkeit des § 77 b ist die Einhaltung einer Frist hierbei nicht zu beachten. 4

Fünfter Abschnitt Verjährung

Erster Titel Verfolgungsverjährung

Vorbemerkung zu den §§ 78–78 c

I. Das Gesetz unterscheidet zwei **Arten** von Verjährung: Die **Verfolgungsverjährung** (§§ 78–78 c) steht Verfolgungshandlungen wegen einer Straftat entgegen, die **Vollstreckungsverjährung** (§§ 79–79 b) hindert die Vollstreckung einer rechtskräftig angeordneten Strafe oder Maßnahme. Die Vollstreckungsverjährung schließt sich nach rechtskräftiger Verurteilung unmittelbar an die Verfolgungsverjährung an (BGHSt 20, 198 [200]). Der **Sinn** der Verjährungsvorschriften ist einerseits materiell darin zu erblicken, dass mit zunehmendem zeitlichen Abstand zur Tat die Verwirklichung der Strafzwecke (dazu Vor § 1 Rn 16, 21 ff) immer weniger erfolgversprechend erscheint (vgl *Satzger* Jura 2012, 433 [434, 441]; diff. *Hörnle* Beulke-FS 115 [119]). Andererseits wird prozessual (im Hinblick auf die Verfolgungsverjährung) die Erforschung der „materiellen Wahrheit" mit größerem zeitlichen Abstand immer schwieriger (näher *Bock* JuS 2006, 12 f). 1

II. Ihrer **Rechtsnatur** nach handelt es sich bei der Verfolgungsverjährung um ein **Prozesshindernis** (BVerfGE 25, 269 [287]; BGHSt 11, 393 [395]; NK-*Saliger* Rn 3 ff; LK-*Schmid* Rn 8 f). Andere halten sie für ein materiellrechtliches Institut, mit dem das Unrecht der Tat aufgehoben oder jedenfalls Strafe ausgeschlossen wird (*Bloy*, Die dogmatische Bedeutung der Strafausschließungs- und Strafaufhebungsgründe, 1976, 251), für ein aus materiellem und prozessualem Recht gemischtes Institut (RGSt 66, 328; *Jescheck/Weigend* § 86 I 1; S/S/W-*Rosenau* § 78 Rn 4) oder für eine Institution sui generis (*Grünwald*, Die Teilrechtskraft im Strafverfahren, 1964, 373; zum Meinungsstand NK-*Saliger* Rn 3 ff). 2

III. Eine **rückwirkende Verlängerung** laufender Verjährungsfristen durch den Gesetzgeber ist mit Art. 103 II GG vereinbar (BVerfGE 25, 269 [287]; LK-*Schmid* Rn 11 mwN; aA *Jakobs* 4/9), nicht aber die Neueröffnung bereits abgelaufener Verjährungsfristen. 3

IV. **Folge** des Verjährungseintritts ist die **Einstellung** des Verfahrens nach §§ 206 a, 260 III StPO, nicht etwa Freispruch (RGSt 76, 159 [160]), es sei denn, eine derartige Sachentscheidung ist ohne Weiteres möglich (BGHSt 13, 75 [80]; KG JR 1990, 124). Die eingetretene Verjährung ist von Amts wegen in jeder Lage des Verfahrens zu berücksichtigen, auch noch in der Revisionsinstanz (RGSt 23, 184 [188]). Der Grundsatz **in dubio pro reo** gilt hinsichtlich der Verjährungsvoraussetzungen uneingeschränkt (BGH NStZ-RR 2009, 270 [271]; abw. *Meyer-Goßner* Jung-FS 543 ff). 4

V. **Sonderregelungen** finden sich in den Landespressegesetzen für die sog. **Presseinhaltsdelikte** (zur Zulässigkeit trotz Art. 1 II EGStGB vgl BVerfGE 7, 29 [38, 45]; krit. LK-*Schmid* Rn 4). Für vor dem 1.1.1975 begangene Taten gelten die **Übergangsregelungen** des Art. 309 EGStGB. Für sog. **DDR-Alttaten** enthält Art. 315 a I EGStGB eine abschließende Sondervorschrift; Art. 315 a II EGStGB 5 gilt insbesondere für die sog. **Vereinigungskriminalität** (näher hierzu LK-*Schmid* § 78 c Rn 39 ff mwN). Für Straftaten in der ehemaligen DDR, deren Nichtverfolgung **nicht** auf einer **rechtsstaatswidrigen Staatspraxis** beruhte, gelten die allgemeinen Regeln über den Verjährungsbeginn (BGH NStZ 2002, 143 f m.Anm. *Ebert* JR 2003, 120 ff); dies gilt insbesondere für § 78 b I Nr. 1 StGB (vgl BGH NStZ 2003, 84).

§ 78 Verjährungsfrist

(1) ¹Die Verjährung schließt die Ahndung der Tat und die Anordnung von Maßnahmen (§ 11 Abs. 1 Nr. 8) aus. ²§ 76 a Abs. 2 Satz 1 Nr. 1 bleibt unberührt.

(2) Verbrechen nach § 211 (Mord) verjähren nicht.

(3) Soweit die Verfolgung verjährt, beträgt die Verjährungsfrist
1. dreißig Jahre bei Taten, die mit lebenslanger Freiheitsstrafe bedroht sind,
2. zwanzig Jahre bei Taten, die im Höchstmaß mit Freiheitsstrafen von mehr als zehn Jahren bedroht sind,
3. zehn Jahre bei Taten, die im Höchstmaß mit Freiheitsstrafen von mehr als fünf Jahren bis zu zehn Jahren bedroht sind,
4. fünf Jahre bei Taten, die im Höchstmaß mit Freiheitsstrafen von mehr als einem Jahr bis zu fünf Jahren bedroht sind,
5. drei Jahre bei den übrigen Taten.

(4) Die Frist richtet sich nach der Strafdrohung des Gesetzes, dessen Tatbestand die Tat verwirklicht, ohne Rücksicht auf Schärfungen oder Milderungen, die nach den Vorschriften des Allgemeinen Teils oder für besonders schwere oder minder schwere Fälle vorgesehen sind.

1 I. **Wirkung der Verfolgungsverjährung** ist nach Abs. 1, dass jegliche Ahndung der Tat durch Strafen, Nebenstrafen oder Nebenfolgen sowie die Verhängung von Maßnahmen iSv § 11 I Nr. 8 ausgeschlossen ist (Ausnahme: selbstständige Einziehungsanordnung, Abs. 1 S. 2 iVm § 76 a II S. 1 Nr. 1). **Tat** iSd Abs. 1 ist die einzelne Gesetzesverletzung, dh bei Idealkonkurrenz ist die Verjährung für jeden Straftatbestand selbstständig zu prüfen (BGH NStZ 2008, 146; LK-*Schmid* Rn 3).

2 II. Die **Unverjährbarkeit** von Mord (Abs. 2) gilt auch für Versuch, Teilnahme und versuchte Beteiligung (OLG Frankfurt NJW 1988, 2900 f; NK-*Saliger* Rn 7; LK-*Schmid* Rn 6; aA für Beihilfe: LG Hamburg NStZ 1981, 141 f m. krit. Anm. *Schünemann*; *Triffterer* NJW 1980, 2049 ff).

3 III. Die **Dauer** der Verjährungsfristen ist in fünf Stufen nach der Deliktsschwere gestaffelt (Abs. 3). Maßgeblich für die **Fristberechnung** ist die für den Einzelfall angedrohte (nicht die verhängte) Strafe, und zwar die Regelstrafdrohung; Strafschärfungen und Strafmilderungen iSd Abs. 4 bleiben außer Betracht (sog. **abstrakte** Betrachtungsweise). Bei Änderung der materiellrechtlichen Strafdrohung eines Delikts innerhalb des Laufes einer Verjährungsfrist, welche gleichzeitig zu einer Änderung der nach Abs. 3 maßgeblichen Laufzeit führt, gilt die kürzere Laufzeit, da das nach § 2 anzuwendende, mildere Strafgesetz auch die maßgebliche Verjährungsfrist bestimmt (BGH NJW 2010, 2365 [2366]; S/S-*Sternberg-Lieben/Bosch* § 78 Rn 11). Zur Frage der Verjährung bei Umwandlung eines Qualifikationstatbestandes in ein Regelbeispiel: BGHSt 50, 138 ff.

IV. Ergeht vor dem Ende der Verjährungsfrist ein Urteil, so endet die Verfolgungsverjährung mit dessen **Rechtskraft**. Wird die eingetretene Rechtskraft wieder beseitigt (insbesondere durch Wiederaufnahme des Verfahrens), so beginnt die Verfolgungsverjährung erneut, und zwar mit einer vollen neuen Frist (OLG Düsseldorf JR 1988, 519 f m. abl. Anm. *Lenzen*; *Gössel* NStZ 1988, 537 ff; NK-*Saliger* Rn 8, 15; aA *Fischer* § 78 b Rn 11 a; SK-*Wolter* Vor § 78 Rn 10). 4

§ 78 a Beginn

¹Die Verjährung beginnt, sobald die Tat beendet ist. ²Tritt ein zum Tatbestand gehörender Erfolg erst später ein, so beginnt die Verjährung mit diesem Zeitpunkt.

I. Die Verfolgungsverjährung beginnt mit **Beendigung** der Tat, dh mit dem einzurechnenden Tag (OLG Karlsruhe VRS 57, 114 [115]; *Wickern* NStZ 1994, 572) der Verwirklichung des Tatbestandes unter Einschluss des tatbestandsmäßigen Erfolges. Dies ergibt sich bereits aus Satz 1, so dass Satz 2 überflüssig ist (*Satzger* Jura 2012, 433 [437]; aA AnwK-*Hilger* Rn 2 f; *Otto* Lackner-FS 715 [721]). Über den Erfolg hinaus zählt die Rspr zur Tatbeendigung im Sinne der Vorschrift allerdings auch solche Umstände, die zwar nicht mehr von den objektiven Tatbestandsbeschreibung erfasst werden, aber dennoch das materielle Unrecht der Tat vertiefen, weil sie den Angriff auf das geschützte Rechtsgut perpetuieren oder gar intensivieren (vgl BGHSt 52, 300 [302 f]; krit. *Mitsch* Jura 2009, 534 ff).Tat iSv Satz 1 ist die einzelne Gesetzesverletzung, nicht die Tat im prozessualen Sinne (BGH NStZ 1990, 80 [81]; LK-*Schmid* Rn 3). Der **Erfolg** iSv Satz 2 ist nach der gesetzlichen Formulierung auf den Tatbestand bezogen, so dass zweifelhaft erscheint, ob hierunter auch eine objektive Bedingung der Strafbarkeit fällt. Jedoch wird man bei Verneinung dieser Frage die Zeitspanne ihres Ausbleibens zumindest unter die Hemmungsvorschrift des § 78 b I Nr. 2 subsumieren können (*Satzger* Jura 2006, 108 [112]). 1

II. Einzelne Deliktsarten

1. **Erfolgsdelikte** und **erfolgsqualifizierte Delikte** beginnen mit dem Eintritt des Erfolges zu verjähren. Dies gilt auch dann, wenn der Erfolg erst nach Verjährung des Versuchs (RGSt 42, 171 [173]) bzw des Grunddelikts (LK-*Schmid* Rn 16) eintritt. Bei **Gefährdungsdelikten** kommt es auf den Eintritt der Gefahr, nicht auf eine daraus erwachsene Verletzung an (BGHSt 36, 255 [257] m.Anm. *Laubenthal* JR 1990, 513). 2

2. Bei **Zustandsdelikten** beginnt die Verjährung mit der Schaffung des rechtswidrigen Zustands (BGHSt 32, 293 [294]), so zB bei § 271 mit dem Beurkundungsvorgang (RGSt 21, 228 [229]). **Dauerdelikte** sind mit der Beseitigung des rechtswidrigen Zustandes beendet (BGHSt 36, 255 [257]; HKGS-*Beukelmann* Rn 3), so zB bei § 239 mit der Freilassung des Opfers. 3

3. **Unechte Unterlassungsdelikte** sind mit dem Erfolgseintritt beendet (S/S/W-*Rosenau* Rn 8; krit. *Tondorf* Kohlmann-FS 71 ff), **echte Unterlassungsdelikte** mit dem Fortfall der Handlungspflicht (BGHSt 28, 371 [380]; NK-*Saliger* Rn 16). 4

4. Beim **Versuch** kommt es grds. auf das Ende der Tätigkeit an, die der Vollendung der Tat dienen sollte (BGHSt 36, 105 [117] m.Anm. *Schlüchter* NStZ 5

1990, 180). Anderes kann gelten, wenn die Gefährdung des Opfers auch nach Abschluss der Tathandlung noch fortwirkt, weil zB der Messerstich des Täters zu lebensgefährlichen Blutungen führt, die erst weit nach dessen Flucht von einem zufällig eintreffenden Arzt gestoppt werden; hier kommt es für den Beginn der Verjährung auf den Zeitpunkt der Beseitigung der Gefahr an (*Satzger* Jura 2012, 433 [438]). Bei **Mittäterschaft** entscheidet die letzte Handlung eines Mittäters für alle Beteiligten (BGHSt 36, 105 [117]). Bei **Anstiftung** und **Beihilfe** beginnt die Verjährung regelmäßig erst mit Beendigung der Haupttat (BGHSt 20, 227 [228]).

6   5. Bei **fortgesetzter Handlung** (sofern eine solche seit BGHSt 40, 138 ff noch ausnahmsweise anzunehmen ist) beginnt die Verjährung mit der Beendigung des letzten Teilakts (BGHSt 36, 105 [109]; *Kratzsch* JR 1990, 177 [183]; LK-*Schmid* Rn 13; aA *Foth* Nirk-FS 293 [298 ff]; *Rüping* GA 1985, 437 [443 ff]).

§ 78 b Ruhen

(1) Die Verjährung ruht
1. bis zur Vollendung des 30. Lebensjahres des Opfers bei Straftaten nach den §§ 174 bis 174 c, 176 bis 178, 180 Absatz 3, §§ 182, 225, 226 a und 237,
2. solange nach dem Gesetz die Verfolgung nicht begonnen oder nicht fortgesetzt werden kann; dies gilt nicht, wenn die Tat nur deshalb nicht verfolgt werden kann, weil Antrag, Ermächtigung oder Strafverlangen fehlen.

(2) Steht der Verfolgung entgegen, daß der Täter Mitglied des Bundestages oder eines Gesetzgebungsorgans eines Landes ist, so beginnt die Verjährung erst mit Ablauf des Tages zu ruhen, an dem
1. die Staatsanwaltschaft oder eine Behörde oder ein Beamter des Polizeidienstes von der Tat und der Person des Täters Kenntnis erlangt oder
2. eine Strafanzeige oder ein Strafantrag gegen den Täter angebracht wird (§ 158 der Strafprozeßordnung).

(3) Ist vor Ablauf der Verjährungsfrist ein Urteil des ersten Rechtszuges ergangen, so läuft die Verjährungsfrist nicht vor dem Zeitpunkt ab, in dem das Verfahren rechtskräftig abgeschlossen ist.

(4) Droht das Gesetz strafschärfend für besonders schwere Fälle Freiheitsstrafe von mehr als fünf Jahren an und ist das Hauptverfahren vor dem Landgericht eröffnet worden, so ruht die Verjährung in den Fällen des § 78 Abs. 3 Nr. 4 ab Eröffnung des Hauptverfahrens, höchstens jedoch für einen Zeitraum von fünf Jahren; Absatz 3 bleibt unberührt.

(5) ¹Hält sich der Täter in einem ausländischen Staat auf und stellt die zuständige Behörde ein förmliches Auslieferungsersuchen an diesen Staat, ruht die Verjährung ab dem Zeitpunkt des Zugangs des Ersuchens beim ausländischen Staat
1. bis zur Übergabe des Täters an die deutschen Behörden,
2. bis der Täter das Hoheitsgebiet des ersuchten Staates auf andere Weise verlassen hat,
3. bis zum Eingang der Ablehnung dieses Ersuchens durch den ausländischen Staat bei den deutschen Behörden oder
4. bis zur Rücknahme dieses Ersuchens.

²Lässt sich das Datum des Zugangs des Ersuchens beim ausländischen Staat nicht ermitteln, gilt das Ersuchen nach Ablauf von einem Monat seit der Absendung oder Übergabe an den ausländischen Staat als zugegangen, sofern nicht die ersuchende Behörde Kenntnis davon erlangt, dass das Ersuchen dem ausländischen Staat tatsächlich nicht oder erst zu einem späteren Zeitpunkt zugegangen ist. ³Satz 1 gilt nicht für ein Auslieferungsersuchen, für das im ersuchten Staat auf Grund des Rahmenbeschlusses des Rates vom 13. Juni 2002 über den Europäischen Haftbefehl und die Übergabeverfahren zwischen den Mitgliedstaaten (ABl. EG Nr. L 190 S. 1) oder auf Grund völkerrechtlicher Vereinbarung eine § 83 c des Gesetzes über die internationale Rechtshilfe in Strafsachen vergleichbare Fristenregelung besteht.

(6) In den Fällen des § 78 Absatz 3 Nummer 1 bis 3 ruht die Verjährung ab der Übergabe der Person an den Internationalen Strafgerichtshof oder den Vollstreckungsstaat bis zu ihrer Rückgabe an die deutschen Behörden oder bis zu ihrer Freilassung durch den Internationalen Strafgerichtshof oder den Vollstreckungsstaat.

I. Gem. Art. 2 des 30. StrÄndG vom 23.6.1994 (BGBl. I, 1310) gilt § 78 b I in dieser Fassung auch für vor dem 30.6.1994 begangene Taten, es sei denn, dass deren Verfolgung zu diesem Zeitpunkt bereits verjährt war. 1

II. Das **Ruhen** der Verjährung hemmt den Beginn bzw den Weiterlauf der Verjährungsfrist. Fällt der Grund des Ruhens weg, setzt sich die Verjährung mit dem noch nicht verbrauchten Teil der Frist fort. Das Ruhen tritt **kraft Gesetzes** ein; eine Kenntnis des Strafverfolgungsorgans von der Tat ist nicht erforderlich (vgl BGHSt 18, 367 [368]), Ausnahme: Immunität von Abgeordneten (Abs. 2). 2

Ruhensgründe sind die altersbedingte Schutzbedüftigkeit des noch lange bis ins Erwachsenenalter mit Anzeigehemmungen kämpfenden, idR minderjährigen oder heranwachsenden Opfers bei bestimmten Sexualstraftaten, Körperverletzungsdelikten und im Falle der Zwangsheirat (Abs. 1 Nr. 1) sowie gesetzliche Strafverfolgungshindernisse (Abs. 1 Nr. 2). Zu Letzteren zählen insbesondere Exterritorialität (§§ 18-20 GVG) und Immunität (Art. 46 II GG; § 152 a StPO) des Täters sowie eine zwingende Abhängigkeit des Strafverfahrens von einer in einem anderen Verfahren zu klärenden Vorfrage (bzgl Art. 100 GG BVerfGE 7, 29 [36]; LK-*Schmid* Rn 10). 3

III. Der Erlass eines erstinstanzlichen Urteils bewirkt nach **Abs. 3** kein Ruhen, sondern eine bloße **Ablaufhemmung** der Verjährung (OLG Düsseldorf wistra 1992, 108 ff m.Anm. *Ulsenheimer*; *Stree* JR 1993, 79): Die Verjährungsfrist läuft weiter, jedoch wird ihr Ende, falls es vor dem rechtskräftigen Abschluss des Verfahrens läge, bis zu diesem Zeitpunkt hinausgeschoben. 4

IV. In den Fällen des **Abs. 4** bewirkt die Eröffnung des Hauptverfahrens ein Ruhen der Verjährung, um zu verhindern, dass insbesondere Großverfahren der Wirtschaftskriminalität wegen § 78 IV und § 78 c III S. 2 nicht mit einer Verurteilung enden können (näher LK-*Schmid* Rn 17 ff). Für die Frage, ob eine Staftat nach dieser Vorschrift vorliegt, kommt es allein auf den vom Gericht der Verurteilung zugrunde gelegten Tatbestand, nicht die in der Anklage oder im Eröffnungsbeschluss angegebenen Delikte an (BGHSt 56, 146 [149] m.Anm. *Mitsch* NStZ 2012, 508 ff). 5

V. **Abs. 5** soll verhindern, dass die absolute Verjährungsfrist hinsichtlich der Verfolgung eines in einem ausländischen Staat befindlichen Täters bereits verstri- 6 chen ist, ehe das ausländische Auslieferungsverfahren beendet ist und ohne dass die deutschen Strafverfolgungsbehörden Einfluss auf das Verfahren nehmen konnten (BT-Drucks. 15/5653, 1, 6). Deshalb ordnet Abs. 5 unter bestimmten Voraussetzungen das **Ruhen der Verfolgungsverjährung** an (krit. *Mitsch* NJW 2005, 3036 [3037], der eine Verjährungsunterbrechung befürwortet). Die Regelung findet auch Anwendung auf solche Verfahren, die zurzeit ihres Inkrafttretens bereits anhängig waren, da das Rückwirkungsverbot insoweit keine Anwendung findet (BVerfG NStZ 2000, 251). Der Täter muss sich in einem ausländischen Staat aufhalten, in dem nicht aufgrund des Rahmenbeschlusses des Rates vom 13. Juni 2002 über den Europäischen Haftbefehl und die Übergabeverfahren zwischen den Mitgliedstaaten oder aufgrund völkerrechtlicher Vereinbarung eine § 83 c des Gesetzes über die internationale Rechtshilfe in Strafsachen vergleichbare Fristenregelung besteht (S. 3). Die Regelung beschränkt sich damit hauptsächlich auf ausländische Staaten außerhalb der EU (*Fischer* Rn 14), zumal völkerrechtliche Vereinbarungen mit Norwegen und Island erst für die Zukunft geplant sind (BT-Drucks. 15/5653, 7).

7 Durch die zuständige Behörde der Bundesrepublik muss an den jeweiligen ausländischen Staat ein förmliches Auslieferungsersuchen gerichtet werden. Mit Zugang dieses Ersuchens beim ausländischen Staat beginnt das Ruhen der Verfolgungsverjährung. Nicht bestimmt wird, an welche konkrete Stelle das Ersuchen zu richten ist, so dass der Zugang bei jeder staatlichen Behörde des ausländischen Staates, die für die Bearbeitung oder Weiterleitung des Auslieferungsersuchens zuständig ist, ausreicht (*Fischer* Rn 15). Bei Zweifeln über den Zeitpunkt des tatsächlichen Zugangs des Ersuchens findet S. 2 Anwendung. Die Verjährung ruht bis zu den in S. 1 Nr. 1–4 normierten Zeitpunkten. Für die Übergabe des Täters an die deutschen Behörden (Nr. 1) genügt jede Übergabe, sie braucht nicht aufgrund des Ersuchens erfolgt zu sein (BT-Drucks. 15/5653, 7). Ein Verlassen des Hoheitsgebietes des ersuchten Staates durch den Täter (Nr. 2) erfasst jegliche Form des Verlassens, so auch die freiwillige Ausreise des Täters. Durch endgültige ablehnende Entscheidung des ersuchten Staates (Nr. 3) sowie durch die Rücknahme des Ersuchens durch die deutschen Behörden (Nr. 4), etwa zur Vermeidung eines offenen Konfliktes mit dem ausländischen Staat wegen politischer Gründe oder wegen Nichtauffindbarkeit des Täters im ausländischen Staat (*Fischer* Rn 16), endet das Ruhen der Verjährung.

8 **VI. Der neu angefügte Abs. 6** sieht ein Ruhen in bestimmten Fällen schwerwiegender Straftaten vor, sobald der Beschuldigte an den Internationalen Strafgerichtshof übergeben wurde. Die Verjährung ruht bis zum Zeitpunkt seiner Rückgabe. Die Vorschrift ersetzt die gleichzeitig aufgehobene Regelung des § 1 IStGH-GleichstellungsG.

§ 78 c Unterbrechung

(1) ¹Die Verjährung wird unterbrochen durch
1. die erste Vernehmung des Beschuldigten, die Bekanntgabe, daß gegen ihn das Ermittlungsverfahren eingeleitet ist, oder die Anordnung dieser Vernehmung oder Bekanntgabe,
2. jede richterliche Vernehmung des Beschuldigten oder deren Anordnung,

3. jede Beauftragung eines Sachverständigen durch den Richter oder Staatsanwalt, wenn vorher der Beschuldigte vernommen oder ihm die Einleitung des Ermittlungsverfahrens bekanntgegeben worden ist,
4. jede richterliche Beschlagnahme- oder Durchsuchungsanordnung und richterliche Entscheidungen, welche diese aufrechterhalten,
5. den Haftbefehl, den Unterbringungsbefehl, den Vorführungsbefehl und richterliche Entscheidungen, welche diese aufrechterhalten,
6. die Erhebung der öffentlichen Klage,
7. die Eröffnung des Hauptverfahrens,
8. jede Anberaumung einer Hauptverhandlung,
9. den Strafbefehl oder eine andere dem Urteil entsprechende Entscheidung,
10. die vorläufige gerichtliche Einstellung des Verfahrens wegen Abwesenheit des Angeschuldigten sowie jede Anordnung des Richters oder Staatsanwalts, die nach einer solchen Einstellung des Verfahrens oder im Verfahren gegen Abwesende zur Ermittlung des Aufenthalts des Angeschuldigten oder zur Sicherung von Beweisen ergeht,
11. die vorläufige gerichtliche Einstellung des Verfahrens wegen Verhandlungsunfähigkeit des Angeschuldigten sowie jede Anordnung des Richters oder Staatsanwalts, die nach einer solchen Einstellung des Verfahrens zur Überprüfung der Verhandlungsfähigkeit des Angeschuldigten ergeht, oder
12. jedes richterliche Ersuchen, eine Untersuchungshandlung im Ausland vorzunehmen.

²Im Sicherungsverfahren und im selbständigen Verfahren wird die Verjährung durch die dem Satz 1 entsprechenden Handlungen zur Durchführung des Sicherungsverfahrens oder des selbständigen Verfahrens unterbrochen.

(2) ¹Die Verjährung ist bei einer schriftlichen Anordnung oder Entscheidung in dem Zeitpunkt unterbrochen, in dem die Anordnung oder Entscheidung unterzeichnet wird. ²Ist das Schriftstück nicht alsbald nach der Unterzeichnung in den Geschäftsgang gelangt, so ist der Zeitpunkt maßgebend, in dem es tatsächlich in den Geschäftsgang gegeben worden ist.

(3) ¹Nach jeder Unterbrechung beginnt die Verjährung von neuem. ²Die Verfolgung ist jedoch spätestens verjährt, wenn seit dem in § 78 a bezeichneten Zeitpunkt das Doppelte der gesetzlichen Verjährungsfrist und, wenn die Verjährungsfrist nach besonderen Gesetzen kürzer ist als drei Jahre, mindestens drei Jahre verstrichen sind. ³§ 78 b bleibt unberührt.

(4) Die Unterbrechung wirkt nur gegenüber demjenigen, auf den sich die Handlung bezieht.

(5) Wird ein Gesetz, das bei der Beendigung der Tat gilt, vor der Entscheidung geändert und verkürzt sich hierdurch die Frist der Verjährung, so bleiben Unterbrechungshandlungen, die vor dem Inkrafttreten des neuen Rechts vorgenommen worden sind, wirksam, auch wenn im Zeitpunkt der Unterbrechung die Verfolgung nach dem neuen Recht bereits verjährt gewesen wäre.

I. Unterbrechung der Verjährung ist im Gegensatz zum bloßen Ruhen die an bestimmte Verfahrensakte geknüpfte Ersetzung einer laufenden durch eine volle neue (Abs. 3 S. 1) Verjährungsfrist (S/S/W-*Rosenau* Rn 2). Die Unterbrechung ist an sich beliebig oft wiederholbar, jedoch setzt Abs. 3 Satz 2 eine zeitliche Grenze (sog. **absolute Verjährung**).

2 II. Abs. 1 enthält einen **abschließenden Katalog** von Unterbrechungshandlungen (BGHSt 25, 6 [7 f]; BGH StV 2009, 697 [698]; näher zu den einzelnen Handlungen LK-*Schmid* Rn 19 ff). Die Unterbrechungswirkung kann, wie einzelne Kataloghandlungen zeigen, auch ohne Kenntnis des Beschuldigten eintreten (BGH wistra 2007, 28 [31]). Unwirksame Handlungen führen im Gegensatz zu lediglich rechtlich fehlerhaften nicht zur Unterbrechung (BGHSt 29, 351 [358]); wirksame Handlungen unterbrechen auch dann, wenn sie später rückgängig gemacht werden (BGH NStZ 1985, 545 [546]). Die Unterbrechungswirkung von Handlungen, die nur zum Zweck der Unterbrechung vorgenommen werden, ist umstritten (bej. BayObLGSt 1976, 28 [30 f]; diff. LK-*Schmid* Rn 11; verneinend *Satzger* Jura 2012, 433 [441]; wohl auch BGHSt 25, 6 [8]). Zur Frage der Unterbrechungswirkung ausländischer Maßnahmen, die ihrer Art nach geeignet wären, die Verjährung nach deutschen Rechtsvorschriften zu unterbrechen, vgl OLG Oldenburg NJW 2009, 2320 f.

3 III. Schriftliche Unterbrechungshandlungen entfalten ihre Unterbrechungswirkung regelmäßig im **Zeitpunkt** der Unterzeichnung (Abs. 2); sonstige Handlungen wirken im Zeitpunkt der Vornahme (LK-*Schmid* Rn 18).

4 IV. Ihrem **sachlichen Umfang** nach erstreckt sich die Unterbrechungswirkung auf die gesamte Tat im prozessualen Sinn (vgl BGHSt 22, 105 [107]) sowie auf alle weiteren in demselben Verfahren verfolgten Taten, sofern die Unterbrechungshandlung nicht erkennbar auf einzelne Taten begrenzt ist (BGH wistra 2015, 390 f). **Persönlich** wirkt die Unterbrechung nur gegenüber derjenigen individuell bestimmten (BGHSt 24, 321 [323]) Person, auf die sich die Handlung bezieht (Abs. 4). So genügt eine Untersuchungshandlung in einem Ermittlungsverfahren gegen Unbekannt nicht, um eine Verjährungsunterbrechung herbeizuführen, auch wenn der daraus ermittelte Tatverdächtige bereits zuvor als Beschuldigter vernommen, das Verfahren jedoch zuvor gem. § 170 II S. 1 StPO eingestellt wurde (BGH NJW 2013, 1174). Auch hat die vorläufige Einstellung eines Verfahrens wegen Abwesenheit eines Mitangeklagten in Bezug auf den Angeklagten keine verjährungsunterbrechende Wirkung gem. § 78 c I Nr. 10 (vgl BGH NStZ 2004, 148). Bei mehreren Tatverdächtigen kann eine Unterbrechungshandlung, die sich unmittelbar allein gegen einen Beschuldigten richtet, Wirkung auch gegenüber den übrigen Beteiligten entfalten, wenn sie erkennbar eine Aufklärung auch derer Tatbeiträge bezweckt (BGH wistra 2011, 298 [299]).

5 V. Abs. 5 enthält eine **Übergangsvorschrift** auch für künftige Gesetzesänderungen.

Zweiter Titel Vollstreckungsverjährung

§ 79 Verjährungsfrist

(1) Eine rechtskräftig verhängte Strafe oder Maßnahme (§ 11 Abs. 1 Nr. 8) darf nach Ablauf der Verjährungsfrist nicht mehr vollstreckt werden.
(2) Die Vollstreckung von lebenslangen Freiheitsstrafen verjährt nicht.

(3) Die Verjährungsfrist beträgt
1. fünfundzwanzig Jahre bei Freiheitsstrafe von mehr als zehn Jahren,
2. zwanzig Jahre bei Freiheitsstrafe von mehr als fünf Jahren bis zu zehn Jahren,
3. zehn Jahre bei Freiheitsstrafe von mehr als einem Jahr bis zu fünf Jahren,
4. fünf Jahre bei Freiheitsstrafe bis zu einem Jahr und bei Geldstrafe von mehr als dreißig Tagessätzen,
5. drei Jahre bei Geldstrafe bis zu dreißig Tagessätzen.

(4) ¹Die Vollstreckung der Sicherungsverwahrung und der unbefristeten Führungsaufsicht (§ 68 c Abs. 2 Satz 1 oder Abs. 3) verjähren nicht. ²Die Verjährungsfrist beträgt
1. fünf Jahre in den sonstigen Fällen der Führungsaufsicht sowie bei der ersten Unterbringung in einer Entziehungsanstalt,
2. zehn Jahre bei den übrigen Maßnahmen.

(5) ¹Ist auf Freiheitsstrafe und Geldstrafe zugleich oder ist neben einer Strafe auf eine freiheitsentziehende Maßregel, auf Verfall, Einziehung oder Unbrauchbarmachung erkannt, so verjährt die Vollstreckung der einen Strafe oder Maßnahme nicht früher als die der anderen. ²Jedoch hindert eine zugleich angeordnete Sicherungsverwahrung die Verjährung der Vollstreckung von Strafen oder anderen Maßnahmen nicht.

(6) Die Verjährung beginnt mit der Rechtskraft der Entscheidung.

I. Die Vollstreckungsverjährung **bewirkt** gem. Abs. 1, dass rechtskräftig verhängte Strafen oder Maßnahmen nicht mehr durchgesetzt werden können. Die Vollstreckungsverjährung gehört ausschließlich dem **Verfahrensrecht** an (NK-*Saliger* Rn 1). 1

II. **Unverjährbar** sind die Vollstreckung von lebenslangen Freiheitsstrafen (Abs. 2), die Vollstreckung von Sicherungsverwahrung und unbefristeter Führungsaufsicht (Abs. 4 S. 1) sowie Rechtsfolgen der Tat, die (wie zB Berufsverbot, Entziehung der Fahrerlaubnis) ihrer Natur nach keiner Vollstreckung bedürfen (LK-*Schmid* Rn 3). 2

III. **Beginn** der Vollstreckungsverjährung ist der Tag der Rechtskraft der Entscheidung (Abs. 6), dh des Strafausspruchs. Die **Dauer** der Verjährungsfristen ist für die Hauptstrafen in fünf Stufen nach der Höhe der erkannten (nicht wie bei § 78 der angedrohten) Strafe gestaffelt (Abs. 3); für Maßnahmen gilt Abs. 4. Abs. 5 regelt die **Fristenkonkurrenz** von verschiedenartigen Strafen sowie von Strafe und Maßnahmen. 3

§ 79 a Ruhen

Die Verjährung ruht,
1. solange nach dem Gesetz die Vollstreckung nicht begonnen oder nicht fortgesetzt werden kann,
2. solange dem Verurteilten

a) Aufschub oder Unterbrechung der Vollstreckung,
b) Aussetzung zur Bewährung durch richterliche Entscheidung oder im Gnadenweg oder
c) Zahlungserleichterung bei Geldstrafe, Verfall oder Einziehung
bewilligt ist,
3. solange der Verurteilte im In- oder Ausland auf behördliche Anordnung in einer Anstalt verwahrt wird.

1 Zum **Begriff** des Ruhens vgl § 78 b Rn 2. Die **Ruhensgründe** sind in § 79 a abschließend aufgezählt. Wichtigster Fall eines gesetzlichen Vollstreckungshindernisses iSd Nr. 1 ist die Abgeordnetenimmunität (S/S/W-*Rosenau* Rn 2).

§ 79 b Verlängerung

Das Gericht kann die Verjährungsfrist vor ihrem Ablauf auf Antrag der Vollstreckungsbehörde einmal um die Hälfte der gesetzlichen Verjährungsfrist verlängern, wenn der Verurteilte sich in einem Gebiet aufhält, aus dem seine Auslieferung oder Überstellung nicht erreicht werden kann.

1 Die Vorschrift ersetzt für gewisse Fälle die nicht mehr vorgesehene Unterbrechung der Vollstreckungsverjährung. Zu den Voraussetzungen der Fristverlängerung vgl OLG Hamm NStZ 1991, 186. Vollstreckungsbehörden sind die Staatsanwaltschaft (§ 451 StPO) und der Jugendrichter (§ 82 JGG). Zur Zuständigkeit des Gerichts vgl §§ 462 I, 462 a StPO.

Besonderer Teil

Erster Abschnitt Friedensverrat, Hochverrat und Gefährdung des demokratischen Rechtsstaates

Vorbemerkung zu den §§ 80–92 b

1 Die **Staatsschutzdelikte im StGB** sind systematisch folgendermaßen gegliedert:
2 Die beiden ersten Abschnitte des Besonderen Teils des StGB enthalten die **Staatsschutzdelikte im engeren Sinne**. Zu diesen gehören Friedensverrat, Hochverrat und Gefährdung des demokratischen Rechtsstaates sowie der Landesverrat und die Gefährdung der äußeren Sicherheit. Friedensverrat (§ 80 a) und Landesverrat (§§ 93 ff) schützen die Sicherheit der Bundesrepublik gegenüber anderen Staaten, während Hochverrat (§§ 81 ff) und Gefährdung des demokratischen Rechtsstaates (§§ 84 ff) die Sicherheit des Staates nach innen betreffen.
3 Der dritte Abschnitt des Besonderen Teils des StGB betrifft Straftaten gegen ausländische Staaten. Es folgen im vierten Abschnitt die Delikte gegen Verfassungsorgane und Wahlmanipulationen sowie im fünften Abschnitt Straftaten gegen die Landesverteidigung.

Erster Titel Friedensverrat

§ 80 (aufgehoben)

§ 80 a Aufstacheln zum Verbrechen der Aggression

Wer im räumlichen Geltungsbereich dieses Gesetzes öffentlich, in einer Versammlung oder durch Verbreiten von Schriften (§ 11 Abs. 3) zum Verbrechen der Aggression (§ 13 des Völkerstrafgesetzbuches) aufstachelt, wird mit Freiheitsstrafe von drei Monaten bis zu fünf Jahren bestraft.

I. Der Friedensverrat wurde in seiner aktuellen Fassung zuletzt durch das Gesetz zur Änderung des Völkerstrafgesetzbuches vom 22.12.2016 geändert. **Geschütztes Rechtsgut** ist die Sicherheit der Bundesrepublik gegenüber und der Frieden der Bundesrepublik mit anderen Staaten (jeweils noch zur alten Fassung: MK-*Classen* § 80 Rn 1; SK-*Rudolphi* § 80 Rn 1; § 80 a Rn 1). 1

Friedensverrat bedeutet die Aufstachelung zu einem **Verbrechen der Aggression** im Sinne von § 13 Völkerstrafgesetzbuch (§ 80 a), an dem die Bundesrepublik entweder aktiv als Aggressor oder passiv als angegriffenes Opfer beteiligt ist (vgl jeweils noch zur alten Fassung: MK-*Classen* § 80 Rn 29 und 34; LK-*Laufhütte/ Kuschel* § 80 Rn 10; NK-*Paeffgen* § 80 Rn 18 unter Hinweis auf den Willen des Gesetzgebers; aA *Kreß* ZStW 115, 294 [344 ff]; *Schroeder* JZ 1969, 41 [47]). Demnach ist darunter ein **Angriffskrieg** oder eine **Angriffshandlung** zu verstehen (hierzu die Definition in Art. 8bis IStGH-Statut). Dies genügt auch den Anforderungen des Art. 26 GG, der selbst keine Definition des Begriffs des Angriffskrieges enthält. 2

Im Rahmen der Tathandlung des § 80 a meint **öffentlich** die Möglichkeit der Kenntnisnahme durch einen nach Zahl und Individualität unbestimmten und auch nicht durch persönliche Beziehungen innerlich verbundenen Personenkreis (*Fischer* § 80 a Rn 4), während unter **Aufstacheln** ein gesteigertes, auf die Gefühle des Adressaten gemünztes propagandistisches Anreizen zu verstehen ist (LG Köln NStZ 1981, 261; NK-*Paeffgen* § 80 a Rn 5; krit. *Klug* Jescheck-FS I 583 ff). 3

Das Aufstacheln braucht keinen weiteren Erfolg; eine Kriegsgefahr oder eine Gefährdung der Sicherheit der Bundesrepublik müssen nicht vorliegen (NK-*Paeffgen* § 80 a Rn 8). 4

Zweiter Titel Hochverrat

Vorbemerkung zu den §§ 81–83 a

Der Hochverrat (§§ 81 ff) hat als **geschütztes Rechtsgut** die Sicherheit des Staates nach innen zum Gegenstand. Konkretisierend kann dabei weiter zwischen dem Schutz der territorialen und der verfassungsmäßigen Integrität des Bundes bzw der Länder unterschieden werden (LK-*Laufhütte/Kuschel* § 81 Rn 1; NK-*Paeffgen* § 81 Rn 5 und § 83 Rn 2; zur Entstehungsgeschichte MK-*Lampe/Hegmann* vor § 81 Rn 2 ff; NK-*Paeffgen* § 81 Rn 1 ff). 1

2 Hochverrat ist die Beeinträchtigung des Bestands (sog. Bestandshochverrat einschließlich Gebietshochverrat) oder die Änderung der verfassungsmäßigen Ordnung (sog. Verfassungshochverrat) des Bundes (§ 81) oder eines Landes (§ 82). Die Auslegung der einzelnen Begriffe richtet sich nach den entsprechenden **Legaldefinitionen** des § 92 (ausf. NK-*Paeffgen* § 81 Rn 5 ff und § 92 Rn 5).

3 Während die §§ 81, 82 als sog. **echte Unternehmensdelikte** iSd § 11 I Nr. 6 (vgl auch Vor § 13 Rn 261 f) sowohl den vollendeten als auch den nur versuchten Hochverrat erfassen, richtet sich § 83 bereits gegen bloße Vorbereitungshandlungen zum Hochverrat. Auf diese Weise wird die Strafbarkeit bewusst in ein frühes zeitliches und organisatorisches Vorfeld ausgedehnt, um staatsgefährdenden Bestrebungen effektiv entgegentreten zu können (vgl LK-*Laufhütte/Kuschel* § 83 Rn 1; S/S-*Sternberg-Lieben* § 83 Rn 1; zur Frage der Bestimmtheit iSd § 83 vgl NK-*Paeffgen* § 83 Rn 7 ff). Eine besondere Rücktrittsvorschrift, in deren Rahmen der Richter nach pflichtgemäßem Ermessen die Strafe mildern oder von einer Bestrafung absehen kann, enthält § 83 a (ausf. NK-*Paeffgen* § 83 a Rn 2 ff). Zur Anzeigepflicht s. § 138 I Nr. 2; zur Zuständigkeit s. §§ 74 a, 120 und 142 a GVG.

§ 81 Hochverrat gegen den Bund

(1) Wer es unternimmt, mit Gewalt oder durch Drohung mit Gewalt
1. den Bestand der Bundesrepublik Deutschland zu beeinträchtigen oder
2. die auf dem Grundgesetz der Bundesrepublik Deutschland beruhende verfassungsmäßige Ordnung zu ändern,

wird mit lebenslanger Freiheitsstrafe oder mit Freiheitsstrafe nicht unter zehn Jahren bestraft.

(2) In minder schweren Fällen ist die Strafe Freiheitsstrafe von einem Jahr bis zu zehn Jahren.

§ 82 Hochverrat gegen ein Land

(1) Wer es unternimmt, mit Gewalt oder durch Drohung mit Gewalt
1. das Gebiet eines Landes ganz oder zum Teil einem anderen Land der Bundesrepublik Deutschland einzuverleiben oder einen Teil eines Landes von diesem abzutrennen oder
2. die auf der Verfassung eines Landes beruhende verfassungsmäßige Ordnung zu ändern,

wird mit Freiheitsstrafe von einem Jahr bis zu zehn Jahren bestraft.

(2) In minder schweren Fällen ist die Strafe Freiheitsstrafe von sechs Monaten bis zu fünf Jahren.

§ 83 Vorbereitung eines hochverräterischen Unternehmens

(1) Wer ein bestimmtes hochverräterisches Unternehmen gegen den Bund vorbereitet, wird mit Freiheitsstrafe von einem Jahr bis zu zehn Jahren, in minder schweren Fällen mit Freiheitsstrafe von einem Jahr bis zu fünf Jahren bestraft.

(2) Wer ein bestimmtes hochverräterisches Unternehmen gegen ein Land vorbereitet, wird mit Freiheitsstrafe von drei Monaten bis zu fünf Jahren bestraft.

§ 83 a Tätige Reue

(1) In den Fällen der §§ 81 und 82 kann das Gericht die Strafe nach seinem Ermessen mildern (§ 49 Abs. 2) oder von einer Bestrafung nach diesen Vorschriften absehen, wenn der Täter freiwillig die weitere Ausführung der Tat aufgibt und eine von ihm erkannte Gefahr, daß andere das Unternehmen weiter ausführen, abwendet oder wesentlich mindert oder wenn er freiwillig die Vollendung der Tat verhindert.

(2) In den Fällen des § 83 kann das Gericht nach Absatz 1 verfahren, wenn der Täter freiwillig sein Vorhaben aufgibt und eine von ihm verursachte und erkannte Gefahr, daß andere das Unternehmen weiter vorbereiten oder es ausführen, abwendet oder wesentlich mindert oder wenn er freiwillig die Vollendung der Tat verhindert.

(3) Wird ohne Zutun des Täters die bezeichnete Gefahr abgewendet oder wesentlich gemindert oder die Vollendung der Tat verhindert, so genügt sein freiwilliges und ernsthaftes Bemühen, dieses Ziel zu erreichen.

Dritter Titel Gefährdung des demokratischen Rechtsstaates

Vorbemerkung zu den §§ 84–91

Die Delikte der Gefährdung des demokratischen Rechtsstaates **schützen** – wie der Hochverrat – die Sicherheit des Staates nach innen. Die Gefährdung des demokratischen Rechtsstaates umfasst dabei die sonstige (nicht hochverräterische) Beeinträchtigung der verfassungsmäßigen Ordnung. Als Angriffsformen kommen – im Unterschied zu den §§ 81 ff, die als Tatmittel Gewalt oder Drohung mit Gewalt voraussetzen – insbesondere subtilere („vergeistigte") Angriffsformen in Betracht. 1

Systematisch lassen sich die §§ 84–91 in drei Gruppen unterteilen: Während die §§ 84–86 a die eigentlichen Organisationsdelikte, also die Unterstützung verbotener Vereinigungen erfassen, beinhalten die §§ 87–89 gefährdende Eingriffe (Sabotage, Zersetzung) in das Funktionieren des staatlichen Lebens. Die §§ 90–90 b schließlich stellen die verfassungsverräterische Beschimpfung des Staates, seiner höchsten Repräsentanten und Organe unter Strafe, um so das Ansehen des demokratischen Rechtsstaates zu schützen (vgl NK-*Paeffgen* §§ 90, 90 a, 90 b jew. Rn 2). 2

Die einschlägigen **Legaldefinitionen** der Delikte dieses Titels finden sich in § 92. 3

§ 84 Fortführung einer für verfassungswidrig erklärten Partei

(1) ¹Wer als Rädelsführer oder Hintermann im räumlichen Geltungsbereich dieses Gesetzes den organisatorischen Zusammenhalt
1. einer vom Bundesverfassungsgericht für verfassungswidrig erklärten Partei oder
2. einer Partei, von der das Bundesverfassungsgericht festgestellt hat, daß sie Ersatzorganisation einer verbotenen Partei ist,

aufrechterhält, wird mit Freiheitsstrafe von drei Monaten bis zu fünf Jahren bestraft. ²Der Versuch ist strafbar.

(2) Wer sich in einer Partei der in Absatz 1 bezeichneten Art als Mitglied betätigt oder wer ihren organisatorischen Zusammenhalt oder ihre weitere Betätigung unterstützt, wird mit Freiheitsstrafe bis zu fünf Jahren oder mit Geldstrafe bestraft.

(3) ¹Wer einer anderen Sachentscheidung des Bundesverfassungsgerichts, die im Verfahren nach Artikel 21 Abs. 2 des Grundgesetzes oder im Verfahren nach § 33 Abs. 2 des Parteiengesetzes erlassen ist, oder einer vollziehbaren Maßnahme zuwiderhandelt, die im Vollzug einer in einem solchen Verfahren ergangenen Sachentscheidung getroffen ist, wird mit Freiheitsstrafe bis zu fünf Jahren oder mit Geldstrafe bestraft. ²Den in Satz 1 bezeichneten Verfahren steht ein Verfahren nach Artikel 18 des Grundgesetzes gleich.

(4) In den Fällen des Absatzes 1 Satz 2 und der Absätze 2 und 3 Satz 1 kann das Gericht bei Beteiligten, deren Schuld gering und deren Mitwirkung von untergeordneter Bedeutung ist, die Strafe nach seinem Ermessen mildern (§ 49 Abs. 2) oder von einer Bestrafung nach diesen Vorschriften absehen.

(5) In den Fällen der Absätze 1 bis 3 Satz 1 kann das Gericht die Strafe nach seinem Ermessen mildern (§ 49 Abs. 2) oder von einer Bestrafung nach diesen Vorschriften absehen, wenn der Täter sich freiwillig und ernsthaft bemüht, das Fortbestehen der Partei zu verhindern; erreicht er dieses Ziel oder wird es ohne sein Bemühen erreicht, so wird der Täter nicht bestraft.

1   I. Gem. § 84 I und II gilt das auf dem grundgesetzlichen Parteienprivileg beruhende **Verbots- und Feststellungsprinzip**, wonach ein strafrechtliches Vorgehen gegen politische Parteien stets einer vorherigen und gesonderten Verbotsentscheidung durch das BVerfG bedarf. Das (akzessorische) Organisationsdelikt des § 84 gelangt mithin immer erst dann zur Anwendung, wenn die Partei höchstrichterlich für verfassungswidrig erklärt worden ist. Die notwendigen Feststellungen werden im (Verbots-)Verfahren des Art. 21 GG iVm § 46 BVerfGG oder (im Falle der von § 84 I S. 1 Nr. 2 erfassten Ersatzorganisationen) im Verfahren nach § 33 II PartG getroffen (L-Kühl-*Kühl* Rn 1; krit. *Willms* Lackner-FS 471 ff). Sie entfalten gem. § 31 I BVerfGG eine für die Strafgerichte bindende Tatbestandswirkung (NK-*Paeffgen* Rn 1, 8). Freilich obliegt es dem Tatrichter, zwischen einer bereits verbotenen – und daher von § 84 I S. 1 Nr. 1 erfassten – Partei und einer zwar inhaltlich und sachlich gleichgerichteten, organisatorisch-personell aber nicht identischen **Ersatzorganisation** zu unterscheiden. Denn auch die Verfassungswidrigkeit einer solchen Ersatzorganisation muss in den Fällen des § 33 II PartG eben zunächst vom BVerfG gesondert festgestellt werden, bevor eine Strafbarkeit – sodann nach § 84 I S. 1 Nr. 2 – in Betracht kommen kann (vgl zu diesem Abgrenzungsproblem BGH NStZ 1997, 603 [604]; NStZ-RR 1998, 217 f;

LK-*Laufhütte/Kuschel* Rn 5; MK-*Steinmetz* Rn 9; zu den problematischen Fällen des § 33 III PartG, in denen allenfalls § 85 I 1 Nr. 1 zur Anwendung gelangen könnte, vgl NK-*Paeffgen* Rn 10 und unten § 85 Rn 1).

II. Der Begriff der **Partei** richtet sich nach der Legaldefinition des § 2 PartG. 2

III. Geeigneter **Täter** der §§ 84 I, 85 I ist, wer als Rädelsführer oder Hintermann 3
tätig wird. Von den §§ 84 II, III, 85 II hingegen werden sowohl Mitglieder als
auch außenstehende Dritte erfasst.

Rädelsführer ist derjenige, der als Mitglied in der Organisation eine führende 4
Rolle spielt, sei es, dass er zu den Führungskräften gehört, oder dass er wenigstens durch seinen Einfluss an der Führung teilnimmt (BGHSt 19, 109 [110]; 20,
121 ff; NK-*Paeffgen* Rn 6).

Als **Hintermann** betätigt sich, wer als Außenstehender geistig oder wirtschaftlich 5
maßgeblichen Einfluss auf die Vereinigung hat (BGHSt 7, 279; 20, 121 [123];
NK-*Paeffgen* Rn 7; MK-*Steinmetz* Rn 12).

IV. **Tathandlungen** der §§ 84, 85 sind das Aufrechterhalten des organisatorischen 6
Zusammenhalts (§ 84 I, § 85 I), das Betätigen als Mitglied (§ 84 II, § 85 II) und
das Unterstützen des organisatorischen Zusammenhalts (§ 84 II, § 85 II). Nach
§ 84 III ist darüber hinaus die Zuwiderhandlung gegen andere Sachentscheidungen des BVerfG oder gegen vollziehbare Maßnahmen unter Strafe gestellt (dazu
LK-*Laufhütte/Kuschel* Rn 22 ff; NK-*Paeffgen* Rn 18 ff).

Dabei bedeutet die **Aufrechterhaltung des organisatorischen Zusammenhalts** eine 7
aktive Tätigkeit, die darauf gerichtet ist und bewirkt, dass die organisatorische
Verbundenheit im Parteiapparat, sei es auch nur auf einer unteren Ebene oder im
Untergrund, ganz oder teilweise fortbesteht (BGHSt 7, 104 ff; 20, 74 [75 f]; 20,
287 [289 ff]; MK-*Steinmetz* Rn 13).

Betätigen als Mitglied setzt aktive Förderungshandlungen voraus (BT-Drucks. V/ 8
2860, 6; BGH NJW 2006, 709 [710]; SK-*Rudolphi* Rn 12).

Unterstützen des organisatorischen Zusammenhalts ist das irgendwie vorteilhaf- 9
te, einen organisatorischen Effekt erzielende Tun eines Nichtmitglieds (BGHSt
26, 258 [260 f]; BGH NJW 2006, 709 [710]; MK-*Steinmetz* Rn 18 mwN). Infolge der Aufwertung dieser materiellen Beihilfehandlung zum vollendeten Delikt
ist eine Beihilfe zu den Abs. 1 und 2 ausgeschlossen. Für die Anstiftung gelten indes die allgemeinen Regeln (*Fischer* Rn 6; NK-*Paeffgen* Rn 22; aA hinsichtlich
Beihilfe LK-*Laufhütte/Kuschel* Rn 26; S/S-*Sternberg-Lieben* Rn 17). Bei versuchten Taten nach Abs. 1 sowie bei Taten nach Abs. 2 und 3 bleibt die sog. **Mitläuferklausel** des Abs. 4 zu beachten.

V. **Konkurrenzen**: Die sich häufig über einen längeren Zeitraum erstreckenden 10
und aus mehreren Teilakten bestehenden Tathandlungen der Abs. 1 und 2 stehen
regelmäßig nicht in Tatmehrheit zueinander, sondern bilden – gerade aufgrund
der tatbestandlichen Struktur des § 84 – eine **gesetzliche Handlungseinheit**, werden also zu einer einzigen Tat im Rechtssinne zusammengefasst (BGHSt 15, 259
[261]; 46, 6 [13 f]; *Rissing-van Saan* BGH-FS 475 [480 ff]; MK-*Steinmetz* Rn 28;
im Grundsatz zust. NK-*Paeffgen* Rn 27; diff. LK-*Laufhütte/Kuschel* Rn 33 ff).
Der Anwendungsbereich der Vorschrift wird durch die Sonderregelung des § 91 a
eingeschränkt, der nur solche Taten von § 84 erfasst sein lässt, die im räumlichen
Geltungsbereich des StGB begangen worden sind (zu Recht krit. NK-*Paeffgen*
Rn 24 und § 91 Rn 4). § 84 verdrängt sowohl § 85 als auch § 20 I S. 1 Nr. 1-3
VereinsG. – Zur **Zuständigkeit** s. §§ 74 a, 120 und 142 a GVG.

§ 85 Verstoß gegen ein Vereinigungsverbot

(1) ¹Wer als Rädelsführer oder Hintermann im räumlichen Geltungsbereich dieses Gesetzes den organisatorischen Zusammenhalt
1. einer Partei oder Vereinigung, von der im Verfahren nach § 33 Abs. 3 des Parteiengesetzes unanfechtbar festgestellt ist, daß sie Ersatzorganisation einer verbotenen Partei ist, oder
2. einer Vereinigung, die unanfechtbar verboten ist, weil sie sich gegen die verfassungsmäßige Ordnung oder gegen den Gedanken der Völkerverständigung richtet, oder von der unanfechtbar festgestellt ist, daß sie Ersatzorganisation einer solchen verbotenen Vereinigung ist,

aufrechterhält, wird mit Freiheitsstrafe bis zu fünf Jahren oder mit Geldstrafe bestraft. ²Der Versuch ist strafbar.

(2) Wer sich in einer Partei oder Vereinigung der in Absatz 1 bezeichneten Art als Mitglied betätigt oder wer ihren organisatorischen Zusammenhalt oder ihre weitere Betätigung unterstützt, wird mit Freiheitsstrafe bis zu drei Jahren oder mit Geldstrafe bestraft.

(3) § 84 Abs. 4 und 5 gilt entsprechend.

1 § 85 behandelt parallel zu § 84 I, II Zuwiderhandlungen gegen unanfechtbare Organisationsverbote, die von anderen Staatsorganen als dem BVerfG, nämlich den in § 3 II VereinsG genannten Verbotsbehörden, ausgesprochen worden sind. Für die entsprechenden Verbotsverfügungen gelten die Regelungen der § 33 III PartG, §§ 3 ff, 8 II VereinsG. Soweit sich die Vorschrift jedoch auf Parteien bezieht, ist sie nach hM wegen eines Verstoßes gegen das grundgesetzlich verankerte Parteienprivileg **verfassungswidrig**. Denn solange eine Partei lediglich von der Exekutive, nicht aber gem. Art. 21 II GG vom BVerfG verboten worden sei, dürfe auch ihre Unterstützung bzw die Propagierung ihrer Ziele nicht mit Strafe bedroht werden (hL NK-*Paeffgen* Rn 8 mwN; aA *Fischer* Rn 3 und § 84 Rn 2; *Willms* JZ 1993, 830; relevant wird dieser Streit in den Fällen des § 33 III PartG). Zum Täterkreis und zu den Tathandlungen vgl bereits die Hinweise in § 84.

Vorbemerkung zu den §§ 86, 86 a

1 Auch für §§ 86, 86 a gilt das **Verbots- und Feststellungsprinzip** (vgl § 84 Rn 1 und § 85 Rn 1). Beide Vorschriften beinhalten abstrakte Gefährdungstatbestände (BVerfG NJW 2006, 3050 [3051] m. krit. Bspr *Muckel* JA 2007, 237 f; NJW 2006, 3052 [3053]; SK-*Rudolphi* Rn 1; diff. *Reuter*, Verbotene Symbole, 2005, 230 f), die sich als „mittelbare Organisationsdelikte" insbesondere gegen neonazistische Umtriebe wenden (NK-*Paeffgen* § 86 a Rn 2 ff mwN). Bei beiden – nach hM verfassungskonformen (BGHSt 23, 64 [70 f]; MK-*Steinmetz* § 86 Rn 2; krit. NK-*Paeffgen* § 86 Rn 6 mwN; abl. im Hinblick auf § 86 I Nr. 4 *v. Dewitz* NS-Gedankengut und Strafrecht, 2006, 240 ff und 281) – Vorschriften ist stets die Sozialadäquanzklausel des § 86 III zu beachten, die eine Abwägung der subjektiven Handlungsziele bereits auf Tatbestandsebene gebietet und durch die die grundrechtlichen Gewährleistungen des Art. 5 GG Berücksichtigung finden (BVerfGE 77, 240 [253 ff]; BVerfG NJW 2006, 3052 [3053] m. Bspr *Muckel* JA

2007, 236 f; BGHSt 23, 226 [228]; 25, 133 [136 f]; LK-*Laufhütte/Kuschel* § 86 Rn 36 ff; ausf. NK-*Paeffgen* § 86 Rn 38 ff; zur Problematik des § 86 III beim Einsatz von V-Leuten vgl einerseits LG Cottbus NJ 2005, 377 ff; *Kubiciel* NStZ 2003, 57 ff; *Rautenberg* GA 2003, 623 ff und andererseits *Willems* ZRP 2005, 79 ff; zur Verwendung von inkriminierten Kennzeichen in Fimen und Computerspielen vgl *Liesching* MMR 2010, 309 ff).

§ 86 Verbreiten von Propagandamitteln verfassungswidriger Organisationen

(1) Wer Propagandamittel
1. einer vom Bundesverfassungsgericht für verfassungswidrig erklärten Partei oder einer Partei oder Vereinigung, von der unanfechtbar festgestellt ist, daß sie Ersatzorganisation einer solchen Partei ist,
2. einer Vereinigung, die unanfechtbar verboten ist, weil sie sich gegen die verfassungsmäßige Ordnung oder gegen den Gedanken der Völkerverständigung richtet, oder von der unanfechtbar festgestellt ist, daß sie Ersatzorganisation einer solchen verbotenen Vereinigung ist,
3. einer Regierung, Vereinigung oder Einrichtung außerhalb des räumlichen Geltungsbereichs dieses Gesetzes, die für die Zwecke einer der in den Nummern 1 und 2 bezeichneten Parteien oder Vereinigungen tätig ist, oder
4. Propagandamittel, die nach ihrem Inhalt dazu bestimmt sind, Bestrebungen einer ehemaligen nationalsozialistischen Organisation fortzusetzen,

im Inland verbreitet oder zur Verbreitung im Inland oder Ausland herstellt, vorrätig hält, einführt oder ausführt oder in Datenspeichern öffentlich zugänglich macht, wird mit Freiheitsstrafe bis zu drei Jahren oder mit Geldstrafe bestraft.

(2) Propagandamittel im Sinne des Absatzes 1 sind nur solche Schriften (§ 11 Abs. 3), deren Inhalt gegen die freiheitliche demokratische Grundordnung oder den Gedanken der Völkerverständigung gerichtet ist.

(3) Absatz 1 gilt nicht, wenn das Propagandamittel oder die Handlung der staatsbürgerlichen Aufklärung, der Abwehr verfassungswidriger Bestrebungen, der Kunst oder der Wissenschaft, der Forschung oder der Lehre, der Berichterstattung über Vorgänge des Zeitgeschehens oder der Geschichte oder ähnlichen Zwecken dient.

(4) Ist die Schuld gering, so kann das Gericht von einer Bestrafung nach dieser Vorschrift absehen.

§ 86 a Verwenden von Kennzeichen verfassungswidriger Organisationen

(1) Mit Freiheitsstrafe bis zu drei Jahren oder mit Geldstrafe wird bestraft, wer
1. im Inland Kennzeichen einer der in § 86 Abs. 1 Nr. 1, 2 und 4 bezeichneten Parteien oder Vereinigungen verbreitet oder öffentlich, in einer Versammlung oder in von ihm verbreiteten Schriften (§ 11 Abs. 3) verwendet oder
2. Gegenstände, die derartige Kennzeichen darstellen oder enthalten, zur Verbreitung oder Verwendung im Inland oder Ausland in der in Nummer 1 bezeichneten Art und Weise herstellt, vorrätig hält, einführt oder ausführt.

(2) ¹Kennzeichen im Sinne des Absatzes 1 sind namentlich Fahnen, Abzeichen, Uniformstücke, Parolen und Grußformen. ²Den in Satz 1 genannten Kennzeichen stehen solche gleich, die ihnen zum Verwechseln ähnlich sind.

(3) § 86 Abs. 3 und 4 gilt entsprechend.

1 Die Vorschrift soll nicht nur die Wiederbelebung verbotener Organisationen und der mit ihnen verfolgten verfassungsfeindlichen Bestrebungen abwehren, sondern auch den politischen Frieden wahren. Es soll der Anschein vermieden werden, dass die mit den Kennzeichen symbolisierten Bestrebungen geduldet würden (BVerfG NJW 2009, 2805 [2806]; NJW 2006, 3050 [3051]: kommunikatives Tabu; BGHSt 47, 354 [358]; BGH NJW 2005, 3223 [3225] m. zust. Anm. *Steinmetz* NStZ 2006, 337 f; *v. Dewitz* NS-Gedankengut und Strafrecht, 2006, 247 ff; krit. NK-*Paeffgen* Rn 2, 14; S/S-*Sternberg-Lieben* Rn 1 mwN: Pönalisierung der inhaltlichen Identifizierung mit dem Gehalt der Kennzeichen; abl. gegenüber dem Schutzgut „Ansehen des Staates" *Stegbauer* JR 2002, 182 [183]; zu Geschichte, Rechtsguts- und Schutzzweckbestimmung *Reuter*, Verbotene Symbole, 2005, 51 ff; 62 ff; *Schumann* MMR 2011, 440 ff; zur verfassungskonformen Auslegung: *Hamdan* Jura 2008, 169 ff; vgl zu den entsprechenden Vorschriften im VereinsG bzgl der Kutten der Hells Angels OLG Celle NStZ 2008, 159 ff; m.Anm. *Rau/Zschieschack* NStZ 2008, 131 ff; BGH NJW 2015, 3590 ff m. zust. Anm. *Eisele*; Überblick bei *Stegbauer* NStZ 2010, 129 ff).

2 Hieraus folgt, dass die Verwendung von Kennzeichen in offenkundig und eindeutig **ablehnender Tendenz** nicht tatbestandsmäßig ist (vgl BVerfG NJW 2006, 3052 [3053] und der sog. Antifa-Versand-Fall BGHSt 51, 244 ff m. krit. Anm. *Schröder* JA 2007, 851 ff und zust. Anm. *Gau* JA 2007, 776 ff; NK-*Paeffgen* Rn 14; nach MK-*Steinmetz* Rn 25 soll der Tatbestandsausschluss von den Voraussetzungen des § 86 a III iVm § 86 III abhängen; Überblick über die diesbezügliche Rechtsprechung und den Meinungsstand in der Literatur bei S/S/W-*Güntge* Rn 9 f).

Als zum **Verwechseln ähnlich** iSv Abs. 2 S. 2 können nur solche Gegenstände angesehen werden, die ein unbefangener und durchschnittlicher Beobachter (ohne Weiteres) als Kennzeichen einer verfassungswidrigen Organisation wahrnimmt (vgl BVerfG NJW 2009, 2805 [2806]; BGH NStZ 1999, 87; OLG Rostock NStZ 2012, 572; instruktiv zur Verwechslungsgefahr BGH NJW 2005, 3223 ff m. zust. Anm. *Steinmetz* NStZ 2006, 337 f einerseits und OLG Karlsruhe NJW 2003, 1200 ff andererseits; vgl auch *Kurth* StraFo 2006, 483 [484 f]). Es ist allerdings nicht erforderlich, dass das zugrunde liegende Original einen gewissen Bekanntheitsgrad als Symbol einer verfassungswidrigen Organisation hat (BGHSt 47, 354 [357]; KG NStZ 2002, 148 [149]; *Steinmetz* NStZ 2004, 444 [445]; *von Dewitz* NS-Gedankengut und Strafrecht, 2006, 255; aA OLG Jena NJW 2002, 310 [311]; *Hörnle* NStZ 2002, 113 [115]). Die bloß wortgetreue Übersetzung von Leitsprüchen verfassungswidriger Organisationen reicht für eine solche Verwechslungsgefahr jedoch nicht, da (hier) zB die Losung der Hitlerjugend: Blut und Ehre – Blood and Honour untrennbar mit dem Gebrauch der deutschen Sprache verknüpft ist (BGHSt 54, 61 [62 ff]). Ebenso fehlt bei einer nicht abgekürzten Namensbezeichnung einer Vereinigung der für § 86 a notwendige Symbolcharakter, es sei denn, dieser Name hat eine bestimmte Formgebung erfahren (BGHSt 54, 61 [64]). Allerdings ist in beiden vorgenannten Fällen eine Strafbarkeit nach §§ 85 und 86 zu erwägen. Hinsichtlich der Strafbarkeit der Verwendung von Namenskürzeln (zB „NSDAP") vgl S/S/W-*Güntge* Rn 2, 4 und (mit abweichender Ansicht) *Fischer* Rn 3 a.

Die Vorschrift des Abs. 2 S. 2 ist im Hinblick auf Art. 103 II GG bedenklich, da der Vorschrift Umfang und Grenze der Strafbarkeit nicht ohne Weiteres zu entnehmen ist (vgl S/S/W-*Güntge* Rn 6, *Kett-Straub* NStZ 2011, 601).

Die öffentliche Verwendung von **Runenzeichen** führt nicht generell zur Strafbarkeit nach § 86 a I Nr. 1, II, auch wenn ihre Verwendung im Nationalsozialismus zur „Verherrlichung" der „nordischen Rasse" diente (zum Fall „Thor Steinar" ausf. Brandenburgisches OLG OLG-NL 2006 69 [69 ff]; OLG Dresden NJ 2008, 276 f; zur Verwendung eines „Keltenkreuzes": BGHSt 52, 364 ff, m.Anm. *Stegbauer* und *Steinmetz* NStZ 2009, 384 f; BGH NStZ 1996, 81; OLG Karlsruhe NStZ-RR 1998, 10; zur „Lebensrune": BayObLGSt 1998, 181 [182]). Zwar hat die doppelte Sig-Rune als SS-Kennzeichen zweifelsfrei nationalsozialistische Bedeutung erlangt, andere Runenzeichen haben jedoch keine eindeutig verfassungswidrige Verwendung gefunden und finden sich heute noch mit zum Teil unterschiedlicher Bedeutung (etwa die „Wolfsangel" im Wappen der Bundeswehr; Brandenburgisches OLG OLG-NL 2006, 69 [70]; so auch BayObLGSt 1998, 181 [182]). Eine Strafbarkeit nach § 86 a kommt nur dann in Betracht, wenn die Runen etwa in Uniformstücken nationalsozialistische Kennzeichen wiedergeben oder diesen zum Verwechseln ähnlich sehen, so dass ein unbefangener Betrachter von einem NS-Kennzeichen ausgehen kann (Brandenburgisches OLG OLG-NL 2006, 69 [70]; vgl auch OLG Bamberg NStZ 2008, 631).

Als **inkriminierte Kennzeichen** iSd § 86 a II S. 1 kommen zB das Hakenkreuz, Kopfbilder Hitlers, die Abzeichen der SA und FDJ, der Hitlergruß, „Sieg Heil!"-Rufe oder auch das Horst-Wessel-Lied in Betracht (BVerfG NJW 2009, 2805 [2806]; NJW 2006, 3052 f; BGHSt 28, 394 [395 ff]; 29, 73 [83]; NK-*Paeffgen* Rn 10 f mwN). Keine Kennzeichen im Sinne des Tatbestandes sind jedoch sogenannte Gegenwartsschöpfungen wie Zahlen- oder Buchstabenkombinationen (88 = HH = Heil Hitler) sowie Markenlogos, die an das Kürzel NSDAP erinnern (Lonsdale; vgl dazu mit weiteren Beispielen und Nachweisen S/S/W-*Güntge* Rn 4). Im Rahmen des § 86 a II S. 2 ist es darüber hinaus **nicht** ausreichend, wenn **lediglich der Anschein** eines Kennzeichens der jeweiligen Organisation erweckt wird, ohne dass jenes „Fantasiekennzeichen" überhaupt jemals von der entsprechenden Organisation verwandt worden wäre (BVerfG NJW 2006, 3050 [3051 f] m. krit. Bspr *Muckel* JA 2007, 237 f und *Horsch*, JR 2008, 99 [101 ff]; BGH NJW 2005, 3223 [3224 f] m. zust. Anm. *Steinmetz* NStZ 2006, 337 f „Ruhm und Ehre der Waffen-SS"; MK-*Steinmetz* Rn 17; abw. KG NStZ 2002, 148 [149]). Allerdings kann in diesen letztgenannten Fällen eine Strafbarkeit nach § 86 I Nr. 4 in Betracht kommen (BGH NJW 2005, 3223 [3225]). 3

Zu den **Tathandlungen**, zum **subjektiven Tatbestand** sowie zum **räumlichen Geltungsbereich** der Vorschrift vgl BVerfG NJW 2006, 3052 (3053): Nachweis verfassungsfeindlicher Absicht nicht erforderlich; so auch OLG Oldenburg NStZ-RR 2010, 368: Verwendung des „Hitler-Grußes" zur bloßen Provokation ist tatbestandsmäßig; näher *Reuter*, Verbotene Symbole, 2005, 188 ff, 231 ff. Zu den Merkmalen der „Öffentlichkeit" und des „Verwendens" vgl BayObLG NStZ 2003, 89 f; NStZ-RR 2003, 233 f; AG Rudolstadt NStZ-RR 2013, 143 f; *Malek*, Strafsachen im Internet, 2004, Rn 341. Zur Verbreitung im Internet vgl auch OLG Stuttgart MMR 2006, 387 (388 ff) mwN und Anm. *Liesching*, Anm. *Kaufmann* CR 2006, 545 f sowie § 111 Rn 11; über die Frage des Erfolgsortes bei abstrakten Gefährdungsdelikten wie in § 86 a und dem Einstellen von Kennzeichen 4 in das Internet vom Ausland aus vgl BGH NStZ 2015, 81 (82 f) m.Anm. *Becker* und *Zimmermann* HRRS 2015, 441 ff.

§ 87 Agententätigkeit zu Sabotagezwecken

(1) Mit Freiheitsstrafe bis zu fünf Jahren oder mit Geldstrafe wird bestraft, wer einen Auftrag einer Regierung, Vereinigung oder Einrichtung außerhalb des räumlichen Geltungsbereichs dieses Gesetzes zur Vorbereitung von Sabotagehandlungen, die in diesem Geltungsbereich begangen werden sollen, dadurch befolgt, daß er
1. sich bereit hält, auf Weisung einer der bezeichneten Stellen solche Handlungen zu begehen,
2. Sabotageobjekte auskundschaftet,
3. Sabotagemittel herstellt, sich oder einem anderen verschafft, verwahrt, einem anderen überläßt oder in diesen Bereich einführt,
4. Lager zur Aufnahme von Sabotagemitteln oder Stützpunkte für die Sabotagetätigkeit einrichtet, unterhält oder überprüft,
5. sich zur Begehung von Sabotagehandlungen schulen läßt oder andere dazu schult oder
6. die Verbindung zwischen einem Sabotageagenten (Nummern 1 bis 5) und einer der bezeichneten Stellen herstellt oder aufrechterhält,

und sich dadurch absichtlich oder wissentlich für Bestrebungen gegen den Bestand oder die Sicherheit der Bundesrepublik Deutschland oder gegen Verfassungsgrundsätze einsetzt.

(2) Sabotagehandlungen im Sinne des Absatzes 1 sind
1. Handlungen, die den Tatbestand der §§ 109 e, 305, 306 bis 306 c, 307 bis 309, 313, 315, 315 b, 316 b, 316 c Abs. 1 Nr. 2, der §§ 317 oder 318 verwirklichen, und
2. andere Handlungen, durch die der Betrieb eines für die Landesverteidigung, den Schutz der Zivilbevölkerung gegen Kriegsgefahren oder für die Gesamtwirtschaft wichtigen Unternehmens dadurch verhindert oder gestört wird, daß eine dem Betrieb dienende Sache zerstört, beschädigt, beseitigt, verändert oder unbrauchbar gemacht wird oder daß die für den Betrieb bestimmte Energie entzogen wird.

(3) Das Gericht kann von einer Bestrafung nach diesen Vorschriften absehen, wenn der Täter freiwillig sein Verhalten aufgibt und sein Wissen so rechtzeitig einer Dienststelle offenbart, daß Sabotagehandlungen, deren Planung er kennt, noch verhindert werden können.

1 Die Vorschrift soll der Vorbereitung rechtsstaatsgefährdender Sabotagehandlungen entgegenwirken. Der Begriff der Sabotagehandlung ist in § 87 II definiert.

2 Die **Aufzählung** der strafbaren Tathandlungen in Abs. 1 Nr. 1-6 ist **abschließend** (*Otto* BT § 84/28; NK-*Paeffgen* Rn 7).

§ 88 Verfassungsfeindliche Sabotage

(1) Wer als Rädelsführer oder Hintermann einer Gruppe oder, ohne mit einer Gruppe oder für eine solche zu handeln, als einzelner absichtlich bewirkt, daß im räumlichen Geltungsbereich dieses Gesetzes durch Störhandlungen
1. Unternehmen oder Anlagen, die der öffentlichen Versorgung mit Postdienstleistungen oder dem öffentlichen Verkehr dienen,
2. Telekommunikationsanlagen, die öffentlichen Zwecken dienen,
3. Unternehmen oder Anlagen, die der öffentlichen Versorgung mit Wasser, Licht, Wärme oder Kraft dienen oder sonst für die Versorgung der Bevölkerung lebenswichtig sind, oder
4. Dienststellen, Anlagen, Einrichtungen oder Gegenstände, die ganz oder überwiegend der öffentlichen Sicherheit oder Ordnung dienen,

ganz oder zum Teil außer Tätigkeit gesetzt oder den bestimmungsmäßigen Zwecken entzogen werden, und sich dadurch absichtlich für Bestrebungen gegen den Bestand oder die Sicherheit der Bundesrepublik Deutschland oder gegen Verfassungsgrundsätze einsetzt, wird mit Freiheitsstrafe bis zu fünf Jahren oder mit Geldstrafe bestraft.

(2) Der Versuch ist strafbar.

Die Vorschrift bezweckt, wie § 87, den Schutz des Bestandes und der Sicherheit der Bundesrepublik Deutschland sowie der in § 92 II genannten Verfassungsgrundsätze (LK-*Laufhütte/Kuschel* Rn 1; NK-*Paeffgen* Rn 2). Insoweit ist der Tatbestand als abstraktes Gefährdungsdelikt ausgestaltet (SK-*Rudolphi* Rn 1). Zu den Begriffen des Rädelsführers und des Hintermanns vgl § 84 Rn 4 f. 1

§ 89 Verfassungsfeindliche Einwirkung auf Bundeswehr und öffentliche Sicherheitsorgane

(1) Wer auf Angehörige der Bundeswehr oder eines öffentlichen Sicherheitsorgans planmäßig einwirkt, um deren pflichtmäßige Bereitschaft zum Schutz der Sicherheit der Bundesrepublik Deutschland oder der verfassungsmäßigen Ordnung zu untergraben, und sich dadurch absichtlich für Bestrebungen gegen den Bestand oder die Sicherheit der Bundesrepublik Deutschland oder gegen Verfassungsgrundsätze einsetzt, wird mit Freiheitsstrafe bis zu fünf Jahren oder mit Geldstrafe bestraft.

(2) Der Versuch ist strafbar.

(3) § 86 Abs. 4 gilt entsprechend.

§ 89 a Vorbereitung einer schweren staatsgefährdenden Gewalttat

(1) ¹Wer eine schwere staatsgefährdende Gewalttat vorbereitet, wird mit Freiheitsstrafe von sechs Monaten bis zu zehn Jahren bestraft. ²Eine schwere staatsgefährdende Gewalttat ist eine Straftat gegen das Leben in den Fällen des § 211 oder des § 212 oder gegen die persönliche Freiheit in den Fällen des § 239 a oder des § 239 b, die nach den Umständen bestimmt und geeignet ist, den Bestand

oder die Sicherheit eines Staates oder einer internationalen Organisation zu beeinträchtigen oder Verfassungsgrundsätze der Bundesrepublik Deutschland zu beseitigen, außer Geltung zu setzen oder zu untergraben.

(2) Absatz 1 ist nur anzuwenden, wenn der Täter eine schwere staatsgefährdende Gewalttat vorbereitet, indem er
1. eine andere Person unterweist oder sich unterweisen lässt in der Herstellung von oder im Umgang mit Schusswaffen, Sprengstoffen, Spreng- oder Brandvorrichtungen, Kernbrenn- oder sonstigen radioaktiven Stoffen, Stoffen, die Gift enthalten oder hervorbringen können, anderen gesundheitsschädlichen Stoffen, zur Ausführung der Tat erforderlichen besonderen Vorrichtungen oder in sonstigen Fertigkeiten, die der Begehung einer der in Absatz 1 genannten Straftaten dienen,
2. Waffen, Stoffe oder Vorrichtungen der in Nummer 1 bezeichneten Art herstellt, sich oder einem anderen verschafft, verwahrt oder einem anderen überlässt oder
3. Gegenstände oder Stoffe sich verschafft oder verwahrt, die für die Herstellung von Waffen, Stoffen oder Vorrichtungen der in Nummer 1 bezeichneten Art wesentlich sind.

(2 a) Absatz 1 ist auch anzuwenden, wenn der Täter eine schwere staatsgefährdende Gewalttat vorbereitet, indem er es unternimmt, zum Zweck der Begehung einer schweren staatsgefährdenden Gewalttat oder der in Absatz 2 Nummer 1 genannten Handlungen aus der Bundesrepublik Deutschland auszureisen, um sich in einen Staat zu begeben, in dem Unterweisungen von Personen im Sinne des Absatzes 2 Nummer 1 erfolgen.

(3) [1]Absatz 1 gilt auch, wenn die Vorbereitung im Ausland begangen wird. [2]Wird die Vorbereitung außerhalb der Mitgliedstaaten der Europäischen Union begangen, gilt dies nur, wenn sie durch einen Deutschen oder einen Ausländer mit Lebensgrundlage im Inland begangen wird oder die vorbereitete schwere staatsgefährdende Gewalttat im Inland oder durch oder gegen einen Deutschen begangen werden soll.

(4) [1]In den Fällen des Absatzes 3 Satz 2 bedarf die Verfolgung der Ermächtigung durch das Bundesministerium der Justiz und für Verbraucherschutz. [2]Wird die Vorbereitung in einem anderen Mitgliedstaat der Europäischen Union begangen, bedarf die Verfolgung der Ermächtigung durch das Bundesministerium der Justiz und für Verbraucherschutz, wenn die Vorbereitung weder durch einen Deutschen erfolgt noch die vorbereitete schwere staatsgefährdende Gewalttat im Inland noch durch oder gegen einen Deutschen begangen werden soll.

(5) In minder schweren Fällen ist die Strafe Freiheitsstrafe von drei Monaten bis zu fünf Jahren.

(6) Das Gericht kann Führungsaufsicht anordnen (§ 68 Abs. 1); § 73 d ist anzuwenden.

(7) [1]Das Gericht kann die Strafe nach seinem Ermessen mildern (§ 49 Abs. 2) oder von einer Bestrafung nach dieser Vorschrift absehen, wenn der Täter freiwillig die weitere Vorbereitung der schweren staatsgefährdenden Gewalttat aufgibt und eine von ihm verursachte und erkannte Gefahr, dass andere diese Tat weiter vorbereiten oder sie ausführen, abwendet oder wesentlich mindert oder wenn er freiwillig die Vollendung dieser Tat verhindert. [2]Wird ohne Zutun des Täters die bezeichnete Gefahr abgewendet oder wesentlich gemindert oder die

§ 89 a Vorbereitung einer schweren staatsgefährdenden Gewalttat

Vollendung der schweren staatsgefährdenden Gewalttat verhindert, genügt sein freiwilliges und ernsthaftes Bemühen, dieses Ziel zu erreichen.

I. § 89 a wurde gemeinsam mit den §§ 89 b und 91 durch das **Gesetz zur Verfolgung der Vorbereitung von schweren staatsgefährdenden Gewalttaten (GVVG)** am 3.8.2009 verkündet (BGBl. I 2009, 2437; krit. zu den eingeführten Normen *Zöller*, Terrorismusstrafrecht, 2009, 564 ff). Die Vorschriften sollen ein möglichst frühzeitiges Eingreifen des Strafrechts bei der Vorbereitung von schweren staatsgefährdenden Gewalttaten ermöglichen (BT-Drucks. 16/12428, 1). Aufgrund der mit solchen Gewalttaten verbundenen erheblichen Gefahren iSv abstrakten Gefährdungen hält der Gesetzgeber eine Vorverlagerung des Strafrechtsschutzes für rechtlich geboten (BT-Drucks. 16/12428, 1; krit. Auseinandersetzung bei *Rackow* Maiwald-FS 615 ff). § 89 a dehnt daher die Strafbarkeit von **Vorbereitungshandlungen** über die Grenzen des § 30 hinaus aus: Zum einen braucht der Täter kein im Detail geplantes Verbrechen vorzubereiten, sondern es genügt, dass er sich im Klaren ist, dass es sich bei der vorbereiteten Tat um eine Katalogtat gegen das Leben oder gegen die persönliche Freiheit handelt (BT-Drucks. 16/12428, 14). Gefordert wird jedoch eine wenigstens in groben Zügen vorhandene Vorstellung über einen der maßgeblichen Tatumstände, wie etwa das Anschlagsziel oder das Tatmittel (KG StV 2012, 345 [348]). Zum anderen verlangt § 89 a – im Gegensatz zu § 30 – nicht das Zusammenwirken mehrerer Personen, sondern lässt bereits die Vorbereitungshandlungen eines Alleintäters zur Begehung einer schweren staatsgefährdenden Gewalttat genügen (BT-Drucks. 16/12428, 14). Gegenüber § 129 a erfasst die Norm Handlungen zur Vorbereitung von Straftaten, die mangels Bestehens oder der Nachweisbarkeit einer terroristischen Vereinigung nicht als Beteiligung an oder Unterstützung einer solchen verfolgt werden können (BT-Drucks. 16/12428, 2; zum Vergleich der beiden Normen und zum Stand des § 89 a im geltenden Recht, siehe *Radtke/Steinsiek* ZIS 2008, 383 [385]).

Ein **Grundproblem** der Vorschrift ist (Gleiches gilt bei §§ 89 b und 91) die Bezugnahme auf Verhaltensweisen, die **weit im Vorfeldbereich** einer konkreten Rechtsgutverletzung angesiedelt sind, was dem Prinzip der Straflosigkeit bloßer Vorbereitungshandlungen eines Einzeltäters widerspricht (ausf. *Gierhake* ZIS 2008, 397; vgl auch *Decker/Heusel* ZRP 2008, 169 [170 f]; *Radtke/Steinsiek* JR 2010, 107 [108]; *Zöller* GA 2010, 607 [618]) und in den Bereich eines Gesinnungsstrafrechts reicht (NK-*Paeffgen* Rn 2; *ders.* Amelung-Fs 81 [112]). Der Einordnung als (legitimes) abstraktes Gefährdungsdelikt steht die regelmäßig zeitliche Diskrepanz zur letztendlich ausgeführten Tat entgegen, die weitere Zwischenschritte und erneute Willensentschlüsse des Täters erfordert (*Gierhake* ZIS 2008, 397 [402]; *Zöller* StV 2012, 364 [371]). Dem entspricht als weiterer Kritikpunkt, dass der Gesetzgeber in Abs. 2 viele prinzipiell rechtsgutsneutrale Handlungen und deliktsneutrale Verhaltensweisen ohne (wesentlichen) Gefährdungsgehalt (vgl *Sieber* NStZ 2009, 353 [362]) unter Strafe stellt: So umfasst Abs. 2 Nr. 1 nicht nur das Sich-unterweisen-lassen in Terrorcamps, sondern zB auch das Besuchen einer Flugschule (*Deckers/Heusel* ZRP 2008, 169 [171]) und den Erwerb besonderen Sachwissens. Ebenso werden Zweifel hinsichtlich der Bestimmtheit der Norm erhoben (*Backes* StV 2008, 654 [656 ff/660]; NK-*Paeffgen* Rn 50; *Radtke/Steinsiek* ZIS 2008, 383 [388]; Zöller StV 2012,364 [370]; aA *Bader* NJW 2009, 2853 [2856]) wie auch die Rechtmäßigkeit ihrer Stellung bei den Staatsschutzdelikten angezweifelt (NK-*Paeffgen* Rn 9 ff). In einer neuen Entscheidung hat der BGH die grundsätzliche Verfassungsmäßigkeit der Norm bestätigt. Allerdings sei eine verfassungskonforme Auslegung der Norm geboten, wobei die Tat sich gegen Verfassungsgrundsätze richten oder geeignet sein muss, das innere Gefüge das Gesamtstaats zu beeinträchtigen (BGHSt 59, 218 [221 ff]; *Petzsche* HRRS 2015, 33 ff; *Biehl* HRRS 2016, 85 ff; krit. *Mitsch* NJW 2015, 209 ff; *Sinn/Moeller* ZJS 2015, 232 ff; *Zöller* NStZ 2015, 373 ff).

3   II. Unter einer **schweren staatsgefährdenden Gewalttat** sind nach dem Wortlaut des Abs. 1 S. 2 Straftaten iSd §§ 211, 212, 239 a und 239 b zu verstehen, die nach den Umständen bestimmt und geeignet sind, den Bestand oder die Sicherheit eines Staates oder einer internationalen Organisation zu beeinträchtigen oder die Verfassungsgrundsätze der Bundesrepublik Deutschland zu beseitigen, außer Geltung zu setzen oder zu untergraben.

4   Die (für sich genommen schon schwerwiegenden) Delikte nach den §§ 211, 212, 239 a und 239 b müssen damit einen **Staatsschutzbezug** aufweisen (krit. zur Weite der Ausgestaltung NK-*Paeffgen* Rn 13 ff). Der Gesetzestext orientiert sich hierbei inhaltlich an § 120 II S. 1 Nr. 3 a, b und d GVG und erlaubt hinsichtlich des Begriffs der Verfassungsgrundsätze einen Rückgriff auf die in § 92 getroffenen Begriffsbestimmungen (BT-Drucks. 16/12428, 14; krit. dazu *Gazeas/Grosse-Wilde/Kießling* NStZ 2009, 593 [594 f]). Die geplanten Katalogtaten müssen insoweit die **Eignung** aufweisen, einen Staat oder eine internationale Organisation (iSe öffentlichen Organisation) zu beeinträchtigen. Damit fordert § 89 a I eine geringere Eingriffsintensität als § 129 a II, der eine Eignung zur erheblichen Schädigung eines Staates oder einer internationalen Organisation voraussetzt (vgl auch BT-Drucks. 16/12428, 14). Im Vergleich mit den dort umschriebenen Folgen (vgl § 129 a Rn 9) dürfte darunter die zumindest partielle Erschwerung der Wahrnehmung der dem Staat oder der Organisation obliegenden Aufgaben zu verstehen sein. Beispielhaft wird vom Gesetzgeber die Erschütterung des Vertrauens der Bevölkerung, vor gewaltsamen Einwirkungen geschützt zu sein, genannt (vgl dazu BT-Drucks. 16/12428, 14). Unerheblich ist, ob es sich bei einem ausländischen Staat um ein Unrechtsregime handelt oder die Bundesrepublik Deutschland zu diesem Staat diplomatische Beziehungen unterhält (BGH StraFo 2016, 505 ff m. abl. Anm. *Grosse-Wilde*).

5   III. Die unter Abs. 1 genannten, dem terroristischen Kernbereich zuzuordnenden Straftaten (BT-Drucks. 16/12428, 12), sind unter Strafe gestellt, soweit sie durch eine der in Abs. 2 genannten Tathandlungen vorbereitet werden (BT-Drucks. 16/12428, 13; zu den einzelnen Merkmalen *Gazeas/Grosse-Wilde/Kießling* NStZ 2009, 593 [596 ff]):

6   1. Nr. 1 stellt hierbei das **Ausbilden** und das **Sich-Ausbilden lassen** in einer der näher beschriebenen Fertigkeiten unter Strafe (NK-*Paeffgen* Rn 36 setzt eine Kommunikation zwischen Unterweisendem und Sich-Unterweisen-Lassendem voraus). Offensichtliches Leitbild für diese Tatvariante ist das Training in einem sog. „Terrorcamp", erfasst wird dem Wortlaut des § 89 a II Nr. 1 nach aber auch das Sich-Ausbilden lassen durch Personen, die nicht in deliktischer Absicht handeln (etwa durch Flug- oder Sprachlehrer; NK-*Paeffgen* Rn 36 befürwortet das Erfordernis eines kollusiven Zusammenwirkens zwischen Unterweisendem und Unterwiesenem). Es genügt hierbei, dass der Täter, der sich in einem solchen Camp ausbilden lässt, sein erworbenes Wissen bzw seine erworbenen Fähigkeiten zu einem späteren, noch nicht näher konkretisierten, Zeitpunkt zur Begehung einer schweren staatsgefährdenden Gewalttat, zB Selbstmordattentaten (BT-Drucks. 16/12428, 1), nutzen will; eine unmittelbar an die Ausbildung anschließende Tatbegehung ist nicht erforderlich (BT-Drucks. 16/12428, 15). Im Falle

der Unterweisung im Gebrauch von Schusswaffen zum Schutz vor Angriffen in einem Bürgerkriegsland ist der Tatbestand nicht erfüllt, da dieser nach Ansicht des BGH überdehnt würde, wenn die Vorschrift auf die Vorbereitung jedweder die Sicherheit eines beliebigen Staates gefährdenden Gewalttat angewendet werde (BGH StV 2016, 492 ff m.Anm. *Zöller*). Ebenso braucht kein islamistischer Bezug vorhanden zu sein (BT-Drucks. 16/12428, 2). Unter dem Begriff der „sonstigen Fertigkeiten" sind, iSe Auffangfunktion, zB das Auskundschaften des Tatortes, die Beschaffung falscher Dokumente oder eines Fluchtfahrzeugs zu verstehen (BT-Drucks. 16/12428, 15). Die ebenfalls genannten gesundheitsschädlichen Stoffe umfassen die Merkmale des Gifts und der anderen gesundheitsschädlichen Stoffe in § 224 I, so dass auf die dortige Kommentierung verwiesen werden kann (Rn 2 ff). Zur Ausführung der Tat erforderliche besondere Vorrichtungen sind vor allem technische Apparaturen und Instrumente, Zünder und sonstiges technisches Zubehör für die Durchführung der Tat (BT-Drucks. 16/12428, 15).

2. Die in **Nr. 2** aufgezählten Tathandlungen des **Herstellens, Verschaffens, Verwahrens** bzw **Überlassens** weisen teilweise Parallelen zu anderen Vorschriften des StGB, etwa zu §§ 86, 86 a, 259, 261 II Nr. 1 und Nr. 2, vor allem aber zu § 310 I auf. Diese lassen sich zur Auslegung der beschriebenen Tathandlungen heranziehen. 7

3. Die Regelung der **Nr. 3** bezieht sich auf die **Verschaffung** bzw **Verwahrung** von Materialien (Grundstoffen: BT-Drucks. 16/12428, 14), die zur Herstellung von Waffen, Stoffen oder Vorrichtungen iSd Abs. 2 Nr. 1 genutzt werden können. Der Begriff der „Wesentlichkeit" stellt hierbei klar, dass nicht jedweder Gegenstand mit einem alltäglichen Verwendungszweck vom Tatbestand erfasst wird. Wann eine solche „Wesentlichkeit" gegeben ist, soll nach dem Willen des Gesetzgebers in einer einzelfallbezogenen Gesamtschau ermittelt werden (BT-Drucks. 16/12428, 15; krit. NK-*Paeffgen* Rn 43). 8

Mit dem Gesetz zur Änderung der Verfolgung einer Vorbereitung schwerer staatsgefährdender Gewalttaten wurde Abs. 2 lit. a eingeführt (abl. mit Hinweis auf einen Verstoß gegen den verfassungsrechtlichen Verhältnismäßigkeitsgrundsatz und dem Bestimmtheitsgebot gem. Art. 103 II GG *Puschke* StV 2015, 457 ff; ebenfalls abl. aufgrund der erheblichen Vorverlagerung *Zöller* GA 2016, 90 [104]). Strafbar ist es nun, Deutschland zu verlassen, um sich an schweren Gewalttaten im Ausland zu beteiligen oder sich für die Teilnahme an schweren Gewalttaten ausbilden zu lassen oder hierzu auszubilden. Grundlage hierfür war die UN-Resolution 2178, die sich mit spezifischen Gefahren befasst, die von ausländischen terroristischen Kämpfern ausgehen. Als eigenständige erhebliche Gefahr für die innere Sicherheit der Bundsrepublik Deutschland wird die Reisetätigkeit junger Deutscher gesehen, die aus Deutschland in Richtung Syrien ausreisen, um sich dort islamistischen Gruppierungen in Konfliktgebieten anzuschließen, in Verbindung mit der Annahme, dass die Rückkehr dieser ausländischen terroristischen Kämpfer oftmals mit einer weiteren Vernetzung mit anderen Personen und Gruppierungen mit terroristischen Hintergrund einhergeht (BT-Drucks. 18/4279, S. 8). Die Beschränkungen des Tatbestandes stellen hierbei sicher, dass lediglich Reisen in terroristischer Absicht unter Strafe gestellt werden. Voraussetzung für die Strafbarkeit der Reisetätigkeit ist somit zum einen, dass die Reise in ein Land erfolgt oder erfolgen soll, in dem Unterweisungen von Personen in Straftaten gemäß § 89 a II Nr. 1 erfolgen. Zum anderen setzt die Norm die Absicht voraus, eine schwere staatsgefährdende Straftat zu begehen oder vorzubereiten (BT- 9

Drucks. 18/4279, S. 13; krit. zu dieser Koppelung *Biehl* JR 2015, 561 [567]). Der Wortlaut ist so weit gefasst, dass nicht nur Ausreisen in entsprechende Krisenregionen wie Syrien oder dem Irak umfasst sind, sondern grds. die Ausreise in jedes andere Land in einer entsprechenden Absicht, selbst wenn dort kein terroristisches Ausbildungslager exisitiert (krit. *Biehl* JR 2015, 561 ff). Als Unternehmensdelikt beginnt die strafbare Handlung bereits, wenn der Ausreiseweillige in das Versuchsstadium der Ausreise eintritt (vgl *Biehl* JR 2015, 561 [568]).

10 **IV.** Auf **subjektiver Seite** genügt nach dem Wortlaut der Norm für sämtliche Merkmale **dolus eventualis**. Hier sind jedoch strenge Anforderungen zu stellen, da nicht das äußere Verhalten des Täters den Ausgangspunkt der strafrechtlichen Beurteilung bildet, sondern umgekehrt die Tathandlungen unter der Voraussetzung des für sie erforderlichen Anschlagsvorsatzes zu sehen sind, dieser Vorsatz mithin der Ausgangspunkt der Beurteilung der Vorbereitungshandlung ist (KG StV 2012, 345 [347]). Der Täter muss nur in der Vorstellung handeln, durch die in Abs. 2 Nrn. 1-3 geschilderten Handlungen eine schwere staatsgefährdende Gewalttat vorzubereiten, wobei sich der Vorsatz des Täters auch auf die Staatsgefährdung der Tat beziehen muss (so auch *Gazeas/Grosse-Wilde/Kießling* NStZ 2009, 593 [596]; NK-*Paeffgen* Rn 25, 52 fordert dagegen dolus directus 2. Grades; BT-Drucks. 16/12428, 14 verlangt jedoch ausdrücklich kein zielgerichtetes Handeln hinsichtlich der Beeinträchtigung des Schutzgutes). Konkret bedeutet das zB, dass ein Täter, der eine Vorrichtung iSd Tatbestandes herstellt oder verwahrt, zumindest billigend in Kauf nehmen muss, dass damit eine schwere staatsgefährdende Gewalttat begangen wird. Der BGH hält es nun in einer neuen Entscheidung zur Wahrung der Verhältnismäßigkeit für erforderlich, dass der Täter bei seiner Vorbereitungshandlung bereits fest zur Begehung der schweren staatsgefährdenden Tat entschlossen ist, so dass bedingter Vorsatz ausreicht (BGHSt 59, 218 [239 ff]).

11 **V. Abs. 3** ordnet an, dass ein Täter auch dann nach § 89 a strafbar ist, wenn er die tatbestandlich umschriebenen Vorbereitungshandlungen im Ausland vollzieht. Das in § 7 angeordnete Erfordernis der Tatortstrafbarkeit gilt im Rahmen des § 89 a also grds. nicht (BT-Drucks. 16/12428, 16). Weiterhin beschreibt die Norm besondere Voraussetzungen für den Fall, dass die Vorbereitungshandlung aus einem außereuropäischen Staat heraus erfolgt (krit. *Zöller* StV 2012, 364 [371]). Nach der Ansicht des BGH liegt es nahe, den Geltungsbereich des § 129 b und den des § 89 a III als identisch anzusehen (vgl BGHSt 54, 264 [268]).

12 **VI. Abs. 4** enthält, wie zB die §§ 90 IV, 90 b II, 97 III und 129 b I, einen Ermächtigungsvorbehalt. Daneben besteht die Möglichkeit der Einstellung des Verfahrens nach § 153 c I StPO.

13 **VII.** Eine an § 83 a II und III angelehnte Vorschrift zur tätigen Reue findet sich in **Abs. 7**.

14 **VIII. Konkurrenzen:** Werden die §§ 89 a, b und § 91 gemeinsam verwirklicht, so werden die §§ 89 b und 91 von § 89 a verdrängt (BT-Drucks. 16/12428, 17/18).

§ 89 b Aufnahme von Beziehungen zur Begehung einer schweren staatsgefährdenden Gewalttat

(1) Wer in der Absicht, sich in der Begehung einer schweren staatsgefährdenden Gewalttat gemäß § 89 a Abs. 2 Nr. 1 unterweisen zu lassen, zu einer Vereinigung im Sinne des § 129 a, auch in Verbindung mit § 129 b, Beziehungen aufnimmt oder unterhält, wird mit Freiheitsstrafe bis zu drei Jahren oder mit Geldstrafe bestraft.

(2) Absatz 1 gilt nicht, wenn die Handlung ausschließlich der Erfüllung rechtmäßiger beruflicher oder dienstlicher Pflichten dient.

(3) ¹Absatz 1 gilt auch, wenn das Aufnehmen oder Unterhalten von Beziehungen im Ausland erfolgt. ²Außerhalb der Mitgliedstaaten der Europäischen Union gilt dies nur, wenn das Aufnehmen oder Unterhalten von Beziehungen durch einen Deutschen oder einen Ausländer mit Lebensgrundlage im Inland begangen wird.

(4) Die Verfolgung bedarf der Ermächtigung durch das Bundesministerium der Justiz und für Verbraucherschutz
1. in den Fällen des Absatzes 3 Satz 2 oder
2. wenn das Aufnehmen oder Unterhalten von Beziehungen in einem anderen Mitgliedstaat der Europäischen Union nicht durch einen Deutschen begangen wird.

(5) Ist die Schuld gering, so kann das Gericht von einer Bestrafung nach dieser Vorschrift absehen.

I. Gemeinsam mit den §§ 89 a und 91 wurde § 89 b durch das **Gesetz zur Verfolgung der Vorbereitung von schweren staatsgefährdenden Gewalttaten (GVVG)** am 3.8.2009 (BGBl. I 2009, 2437) verkündet. § 89 b stellt bereits die **Kontaktaufnahme** zu einer **terroristischen Vereinigung** mit dem Ziel, sich zur Begehung einer schweren staatsgefährdenden Gewalttat ausbilden zu lassen, unter Strafe. Begründet wird die Notwendigkeit der Strafandrohung damit, dass bereits die Aufnahme oder das Unterhalten von Beziehungen zu den in der Norm genannten Vereinigungen eine **abstrakte Gefahr** für Leib und Leben der potenziellen Opfer begründen würde (BT-Drucks. 16/12428, 16; krit. *Gazeas/Grosse-Wilde/Kießling* NStZ 2009, 593 [601]). Vor allem benötige ein ausbildungswilliger Täter eine Person, die ihm den Kontakt zu einer solchen Ausbildung vermittle, so dass der Tatbestand regelmäßig Handlungen im Vorfeld eines Aufenthalts in einem Terrorcamp erfassen dürfte (BT-Drucks. 16/12428, 18).

Wie auch die §§ 89 a und 91 unterliegt 89 b **verfassungsrechtlichen Bedenken** (vgl. zur allgemeinen Kritik an den Normen § 89 a Rn 2; speziell zu § 89 b vgl NK-*Paeffgen* Rn 3 ff; *Sieber* NStZ 2009, 353 [362]).

II. Abs. 1 der Vorschrift umfasst das Aufnehmen oder Unterhalten von Verbindungen zu einem Rädelsführer, Mitglied oder Unterstützer einer Organisation nach § 129 a, auch in Verbindung mit § 129 b, durch beliebige Kommunikationsmedien (BT-Drucks. 16/12428, 17). **Aufnehmen** ist jede Tätigkeit, die auf das Herstellen von Kontakten gerichtet ist. **Unterhalten** wird ein Kontakt durch jedes Verhalten, das eine Fortsetzung des Kontakts bewirken soll (BT-Drucks. 16/12428, 17). § 89 b I dient damit als Auffangtatbestand für solche Handlungen, die weder ein Unterstützen iSd § 129 a V darstellen, etwa weil der Täter die Vereinigung ausschließlich zur Förderung eigener Zwecke benutzt, noch eine

Vorbereitung gem. § 89 a begründen, da noch keine hinreichend enge Beziehung zu einer schweren staatsgefährdenden Gewalttat besteht (vgl BT-Drucks. 16/12428, 17).

3 III. **Subjektiv** ist die Absicht erforderlich, sich in der Begehung einer Tat iSd § 89 a II Nr. 1 unterweisen zu lassen. Ein irgendwie gearteter Vorsatz, dass diese Tat tatsächlich begangen werden soll, wird nicht ausdrücklich verlangt (so aber NK-*Paeffgen* Rn 11 hinsichtlich des „Ob" der Begehung einer schweren staatsgefährdenden Gewalttat).

4 IV. Die Regelung des **Abs. 2** stellt eine Restriktion der Norm auf strafwürdige Verhaltensweisen dar.

5 V. Eine Ausdehnung des Tatbestandes des Abs. 1 auf Auslandstaten wird durch **Abs. 3** herbeigeführt. Für den Fall, dass Kontakte zu einer Organisation iSd § 129 a, ggf iVm § 129 b, außerhalb der Mitgliedsstaaten der Europäischen Union aufgenommen oder unterhalten werden, muss es sich bei dem Täter um einen Deutschen oder einen Ausländer mit Lebensgrundlage im Inland (vgl § 5 Nr. 3 a StGB) handeln. Ergänzt wird die Regelung des Abs. 3 durch den in Abs. 4 enthaltenen Ermächtigungsvorbehalt.

6 VI. **Konkurrenzen:** Werden die §§ 89 a und b gemeinsam verwirklicht, so wird § 89 b von § 89 a verdrängt (BT-Drucks. 16/12428, 17).

§ 89 c Terrorismusfinanzierung

(1) ¹Wer Vermögenswerte sammelt, entgegennimmt oder zur Verfügung stellt mit dem Wissen oder in der Absicht, dass diese von einer anderen Person zur Begehung
1. eines Mordes (§ 211), eines Totschlags (§ 212), eines Völkermordes (§ 6 des Völkerstrafgesetzbuches), eines Verbrechens gegen die Menschlichkeit (§ 7 des Völkerstrafgesetzbuches), eines Kriegsverbrechens (§§ 8, 9, 10, 11 oder 12 des Völkerstrafgesetzbuches), einer Körperverletzung nach § 224 oder einer Körperverletzung, die einem anderen Menschen schwere körperliche oder seelische Schäden, insbesondere der in § 226 bezeichneten Art, zufügt,
2. eines erpresserischen Menschenraubes (§ 239 a) oder einer Geiselnahme (§ 239 b),
3. von Straftaten nach den §§ 303 b, 305, 305 a oder gemeingefährlicher Straftaten in den Fällen der §§ 306 bis 306 c oder 307 Absatz 1 bis 3, des § 308 Absatz 1 bis 4, des § 309 Absatz 1 bis 5, der §§ 313, 314 oder 315 Absatz 1, 3 oder 4, § 316 b Absatz 1 oder 3 oder des § 316 c Absatz 1 bis 3 oder des § 317 Absatz 1,
4. von Straftaten gegen die Umwelt in den Fällen des § 330 a Absatz 1 bis 3,
5. von Straftaten nach § 19 Absatz 1 bis 3, § 20 Absatz 1 oder 2, § 20 a Absatz 1 bis 3, § 19 Absatz 2 Nummer 2 oder Absatz 3 Nummer 2, § 20 Absatz 1 oder 2 oder § 20 a Absatz 1 bis 3, jeweils auch in Verbindung mit § 21, oder nach § 22 a Absatz 1 bis 3 des Gesetzes über die Kontrolle von Kriegswaffen,
6. von Straftaten nach § 51 Absatz 1 bis 3 des Waffengesetzes,
7. einer Straftat nach § 328 Absatz 1 oder 2 oder § 310 Absatz 1 oder 2,
8. einer Straftat nach § 89 a Absatz 2 a

verwendet werden sollen, wird mit Freiheitsstrafe von sechs Monaten bis zu zehn Jahren bestraft. ²Satz 1 ist in den Fällen der Nummern 1 bis 7 nur anzuwenden, wenn die dort bezeichnete Tat dazu bestimmt ist, die Bevölkerung auf erhebliche Weise einzuschüchtern, eine Behörde oder eine internationale Organisation rechtswidrig mit Gewalt oder durch Drohung mit Gewalt zu nötigen oder die politischen, verfassungsrechtlichen, wirtschaftlichen oder sozialen Grundstrukturen eines Staates oder einer internationalen Organisation zu beseitigen oder erheblich zu beeinträchtigen, und durch die Art ihrer Begehung oder ihre Auswirkungen einen Staat oder eine internationale Organisation erheblich schädigen kann.

(2) Ebenso wird bestraft, wer unter der Voraussetzung des Absatzes 1 Satz 2 Vermögenswerte sammelt, entgegennimmt oder zur Verfügung stellt, um selbst eine der in Absatz 1 Satz 1 genannten Straftaten zu begehen.

(3) ¹Die Absätze 1 und 2 gelten auch, wenn die Tat im Ausland begangen wird. ²Wird sie außerhalb der Mitgliedstaaten der Europäischen Union begangen, gilt dies nur, wenn sie durch einen Deutschen oder einen Ausländer mit Lebensgrundlage im Inland begangen wird oder die finanzierte Straftat im Inland oder durch oder gegen einen Deutschen begangen werden soll.

(4) ¹In den Fällen des Absatzes 3 Satz 2 bedarf die Verfolgung der Ermächtigung durch das Bundesministerium der Justiz und für Verbraucherschutz. ²Wird die Tat in einem anderen Mitgliedstaat der Europäischen Union begangen, bedarf die Verfolgung der Ermächtigung durch das Bundesministerium der Justiz und für Verbraucherschutz, wenn die Tat weder durch einen Deutschen begangen wird noch die finanzierte Straftat im Inland noch durch oder gegen einen Deutschen begangen werden soll.

(5) Sind die Vermögenswerte bei einer Tat nach Absatz 1 oder 2 geringwertig, so ist auf Freiheitsstrafe von drei Monaten bis zu fünf Jahren zu erkennen.

(6) Das Gericht mildert die Strafe (§ 49 Absatz 1) oder kann von Strafe absehen, wenn die Schuld des Täters gering ist.

(7) ¹Das Gericht kann die Strafe nach seinem Ermessen mildern (§ 49 Absatz 2) oder von einer Bestrafung nach dieser Vorschrift absehen, wenn der Täter freiwillig die weitere Vorbereitung der Tat aufgibt und eine von ihm verursachte und erkannte Gefahr, dass andere diese Tat weiter vorbereiten oder sie ausführen, abwendet oder wesentlich mindert oder wenn er freiwillig die Vollendung dieser Tat verhindert. ²Wird ohne Zutun des Täters die bezeichnete Gefahr abgewendet oder wesentlich gemindert oder die Vollendung der Tat verhindert, genügt sein freiwilliges und ernsthaftes Bemühen, dieses Ziel zu erreichen.

I. Das **Gesetz zur Änderung der Verfolgung der Vorbereitung von schweren staatsgefährdenden Gewalttaten** vom 12.6.2015 führte einen eigenständigen Straftatbestand der **Terrorismusfinanzierung** ein und ersetzt somit die bisherige Nummer 4 in § 89 a II. Dabei geht er jedoch deutlich über den engen Anwendungsbereich der bisherigen Regelung hinaus, indem er nun die Finanzierung terroristischer Straftaten allgemein unter Strafe stellt (BT-Drucks. 18/4279, 14; abl. unter Verweis auf reine Symbolik und fehlenden Praxisbezug *Zöller* GA 2016, 90 [106]). Um eine Ausuferung der Strafbarkeit zu verhindern, sieht die Regelung vor, dass nur die Finanzierung solcher Delikte tatbestandlich erfasst wird, welche die terroristische Qualifikation entsprechend der in § 129 a II bereits verwendeten Definition erfüllen.

2   II. In **Abs. 1** geregelt ist die Strafbarkeit der Finanzierung **fremder Taten**. Erfasst werden die in den Nummer 1–7 aufgezählten Straftatbestände, soweit auch die terroristische Zwecksetzung entsprechend § 129 a II gegeben ist. Die Straftaten der Nummern 1 und 2 entsprechen dem Katalogtaten des § 129 a I Nr. 1 und 2, jedoch ergänzt um die gefährliche Körperverletzung, die Nummern 3–6 entsprechen den Nummern 2–5 des § 129 a II. § 89 c I Nr. 7 und Nr. 8 waren zu ergänzen, um verschiedene internationale Übereinkommen vollständig zu erfüllen. Für die finanzierte Reise nach Nr. 8 gilt das Erfordernis der zusätzlichen terroristischen Zwecksetzung entsprechend § 129 a II nicht, da sich der terroristische Bezug schon aus den Voraussetzungen des § 89 a Abs. 2 lit. a ergibt.

Von der Finanzierung einer fremden Tat gemäß Abs. 1 nicht erfasst werden sollen **alltägliche Vermögenszuflüsse**, die einer Rechtspflicht entsprechen, wie etwa laufende Geldzahlungen. Hier ist bereits auf Tatbestandsebene kein Zurverfügungstellen oder das Entgegennehmen solcher Zuwendungen gegeben, da die auf einer Rechtspflicht beruhende Zahlung nicht freiwillig erfolgt, sondern rechtlich geschuldet ist und auf die Leistung ein Anspruch besteht, der unabhängig von einer Verwendungsabsicht des Empfängers ist (BT-Drucks. 18/4279, 14).

3   Auf **subjektiver Seite** wird für Abs. 1 **Wissen oder Absicht** in der Kenntnis gefordert, dass die entsprechenden Vermögenswerte für die terroristische Tat eines Dritten verwendet werden sollen. Die Strafbarkeit geht auf diese Weise bei vielen Delikten über die bisherige strafbare Finanzierung terroristischer Taten hinaus, die – abgesehen von den Fällen des bisherigen § 89 a II Nr. 4 – als Beihilfe zu allgemeinen Straftaten erfasst wurde (BT-Drucks. 18/4279, 14). So ist auch der Fall abgedeckt, in dem der finanzierte Täter eine der genannten Katalogtaten plant, diese Tat jedoch noch nicht einmal bis in das Versuchsstadium gelangt (BT-Drucks. 18/4279, 14).

4   III. **Abs. 2** fordert für die Finanzierung der **eigenen terroristischen Tat** die **Absicht**, dass die entsprechenden Vermögenswerte zur Begehung der eigenen Tat verwendet werden sollen. Auch hier werden Vermögenszuwendungen, die auf einer Rechtspflicht beruhen, nicht erfasst.

5   IV. Die Regelungen für Auslandstaten in den Absätzen 3 und 4 entsprechen der Regelung des bisherigen § 89 a.

6   V. Im bisherigen § 89 a IV war eine Erheblichkeit der Vermögenszuwendung verlangt. Diese ist nun gestrichen worden, jedoch werden in **Abs. 5** ein **minder schwerer Fall** bei geringwertigen Vermögenswerten und in **Abs. 6** die zwingende Minderung sowie ein fakultatives **Absehen von Strafe** im Falle geringen Schuld vorgesehen. Abs. 7 ist ähnlich gestaltet wie § 89 a VII und regelt den Fall der **tätigen Reue**, wenn der Täter seinen Tatentschluss aufgibt. Die Regelung trägt dem Umstand Rechnung, dass § 89 c ein sogenanntes Planungsdelikt ist und für einen Rücktritt vom Versuch idR kein Raum mehr bleibt (BT-Drucks. 18/4705, 11). Gibt der Täter gleichwohl die weitere Vorbereitung der Tat auf oder wendet eine von ihm verursachte und erkannte Gefahr ab, so dass andere diese Tat weiter vorbereiten oder ausführen können, oder verringert er sie wesentlich, kann das Gericht nach seinem Ermessen die Strafe mildern oder von Strafe absehen.

7   VI. Im Rahmen der **Konkurrenzen** ist davon auszugehen, dass Taten nach § 89 c als mitbestrafte Vortaten im Wege der Gesetzeskonkurrenz hinter die durchgeführte Tat in jedem Stadium und in jeder Beteiligungsform zurücktreten (BT-Drucks. 18/4279, 14).

Vorbemerkung zu den §§ 90–90 b

Tathandlung der §§ 90, 90 a I Nr. 2, 90 b ist das **Verunglimpfen**. Dies ist eine 1
nach Form, Inhalt, den Begleitumständen oder dem Beweggrund besonders
schwere Ehrkränkung iSd §§ 185–187 (vgl § 189 Rn 2; ferner BGHSt 12, 364;
NK-*Paeffgen* § 90 Rn 4). Nach § 90 a I Nr. 1 ist das **Beschimpfen oder böswillige
Verächtlichmachen** der BRD, eines ihrer Länder oder der verfassungsmäßigen
Ordnung strafbar. Unter dem Beschimpfen ist eine nach Form oder Inhalt besonders
verletzende Äußerung der Missachtung zu verstehen. Das besonders Verletzende
muss dabei entweder äußerlich in der Rohheit des Ausdrucks oder inhaltlich
in dem Vorwurf eines schimpflichen Verhaltens liegen (BGHSt 7, 110;
BGH NStZ 2000, 643 [644]; LK-*Laufhütte/Kuschel* § 90 a Rn 12 mwN). Das
böswillige Verächtlichmachen wiederum erfasst jede auch bloß wertende Äußerung,
durch die der Staat oder die verfassungsmäßige Ordnung als der Achtung
der Staatsbürger unwert oder unwürdig hingestellt wird (BGHSt 3, 346 [348]; 7,
110 [111]; BGH NStZ 2003, 145; MK-*Steinmetz* § 90 a Rn 12). Besteht die Äußerung
in einer Tatsachenbehauptung, so ist dem Rechtsgedanken des § 186 entsprechend
der Wahrheitsbeweis zulässig (BGH NStZ 2000, 643 [644]; NK-*Paeffgen*
§ 90 a Rn 8 mwN). § 90 a II S. 1 schließlich stellt in seinen ersten fünf Varianten
Beschädigungshandlungen zulasten der Bundesflagge, einer Länderflagge
oder sonstiger Hoheitszeichen unter Strafe (ausf. zu § 90 a *Burkiczak* JR 20045,
50 ff). Die Taten müssen stets entweder **öffentlich** (vgl § 80 a Rn 3), in einer **Versammlung**
(vgl § 111 Rn 9) oder durch **Verbreiten von Schriften** (vgl § 74 d Rn 1)
begangen werden.

Bei der Auslegung dieser – verfassungskonformen (BVerfGE 81, 278 [293]; 81, 2
298 [307 f]; *Last*, Die Staatsverunglimpfungsdelikte: §§ 90–90 b StGB, 2000,
121 ff; skeptisch NK-*Paeffgen* § 90 Rn 2) – Vorschriften sind insbesondere die
Grundrechte der Meinungs- und Kunstfreiheit zu beachten (vgl zu rechtsextremistischer
Musik *Soiné* JuS 2004, 382 [385]). Selbst polemische, unsachliche
und drastische Kritik überschreitet die Grenze zur Tatbestandsmäßigkeit erst,
wenn sie massiv übersteigert und allein auf diffamierende Schmähung ausgerichtet
ist (BVerfGE 47, 198 [232]; BVerfG NJW 2001, 596 ff; BGH NStZ 2003,
145 [146]; 2002, 592 f; *Burkiczak* JR 20045, 50 [51]; LK-*Laufhütte/Kuschel*
§ 90 a Rn 22 ff; NK-*Paeffgen* § 90 a Rn 8; MK-*Steinmetz* § 90 Rn 9 ff; vgl zur
Bezeichnung der Flagge der Bundesrepublik Deutschland als „Schwarz-Rot-Senf"
BVerfG NJW 2009, 908 ff; m. zust. Anm. *Vormbaum* JR 2009, 127 ff;
Bspr *Hufen* JuS 2009, 950 f; *Muckel* JA 2009, 312 ff).

§ 90 Verunglimpfung des Bundespräsidenten

(1) Wer öffentlich, in einer Versammlung oder durch Verbreiten von Schriften
(§ 11 Abs. 3) den Bundespräsidenten verunglimpft, wird mit Freiheitsstrafe von
drei Monaten bis zu fünf Jahren bestraft.

(2) In minder schweren Fällen kann das Gericht die Strafe nach seinem Ermessen
mildern (§ 49 Abs. 2), wenn nicht die Voraussetzungen des § 188 erfüllt sind.

(3) Die Strafe ist Freiheitsstrafe von sechs Monaten bis zu fünf Jahren, wenn die
Tat eine Verleumdung (§ 187) ist oder wenn der Täter sich durch die Tat absicht-

lich für Bestrebungen gegen den Bestand der Bundesrepublik Deutschland oder gegen Verfassungsgrundsätze einsetzt.

(4) Die Tat wird nur mit Ermächtigung des Bundespräsidenten verfolgt.

§ 90 a Verunglimpfung des Staates und seiner Symbole

(1) Wer öffentlich, in einer Versammlung oder durch Verbreiten von Schriften (§ 11 Abs. 3)
1. die Bundesrepublik Deutschland oder eines ihrer Länder oder ihre verfassungsmäßige Ordnung beschimpft oder böswillig verächtlich macht oder
2. die Farben, die Flagge, das Wappen oder die Hymne der Bundesrepublik Deutschland oder eines ihrer Länder verunglimpft,

wird mit Freiheitsstrafe bis zu drei Jahren oder mit Geldstrafe bestraft.

(2) ¹Ebenso wird bestraft, wer eine öffentlich gezeigte Flagge der Bundesrepublik Deutschland oder eines ihrer Länder oder ein von einer Behörde öffentlich angebrachtes Hoheitszeichen der Bundesrepublik Deutschland oder eines ihrer Länder entfernt, zerstört, beschädigt, unbrauchbar oder unkenntlich macht oder beschimpfenden Unfug daran verübt. ²Der Versuch ist strafbar.

(3) Die Strafe ist Freiheitsstrafe bis zu fünf Jahren oder Geldstrafe, wenn der Täter sich durch die Tat absichtlich für Bestrebungen gegen den Bestand der Bundesrepublik Deutschland oder gegen Verfassungsgrundsätze einsetzt.

§ 90 b Verfassungsfeindliche Verunglimpfung von Verfassungsorganen

(1) Wer öffentlich, in einer Versammlung oder durch Verbreiten von Schriften (§ 11 Abs. 3) ein Gesetzgebungsorgan, die Regierung oder das Verfassungsgericht des Bundes oder eines Landes oder eines ihrer Mitglieder in dieser Eigenschaft in einer das Ansehen des Staates gefährdenden Weise verunglimpft und sich dadurch absichtlich für Bestrebungen gegen den Bestand der Bundesrepublik Deutschland oder gegen Verfassungsgrundsätze einsetzt, wird mit Freiheitsstrafe von drei Monaten bis zu fünf Jahren bestraft.

(2) Die Tat wird nur mit Ermächtigung des betroffenen Verfassungsorgans oder Mitglieds verfolgt.

§ 91 Anleitung zur Begehung einer schweren staatsgefährdenden Gewalttat

(1) Mit Freiheitsstrafe bis zu drei Jahren oder mit Geldstrafe wird bestraft, wer
1. eine Schrift (§ 11 Abs. 3), die nach ihrem Inhalt geeignet ist, als Anleitung zu einer schweren staatsgefährdenden Gewalttat (§ 89 a Abs. 1) zu dienen, anpreist oder einer anderen Person zugänglich macht, wenn die Umstände ihrer Verbreitung geeignet sind, die Bereitschaft anderer zu fördern oder zu wecken, eine schwere staatsgefährdende Gewalttat zu begehen,

2. sich eine Schrift der in Nummer 1 bezeichneten Art verschafft, um eine schwere staatsgefährdende Gewalttat zu begehen.

(2) Absatz 1 Nr. 1 ist nicht anzuwenden, wenn

1. die Handlung der staatsbürgerlichen Aufklärung, der Abwehr verfassungswidriger Bestrebungen, der Kunst und Wissenschaft, der Forschung oder der Lehre, der Berichterstattung über Vorgänge des Zeitgeschehens oder der Geschichte oder ähnlichen Zwecken dient oder
2. die Handlung ausschließlich der Erfüllung rechtmäßiger beruflicher oder dienstlicher Pflichten dient.

(3) Ist die Schuld gering, so kann das Gericht von einer Bestrafung nach dieser Vorschrift absehen.

I. § 91 (neben den §§ 89 a und 89 b Bestandteil des **Gesetzes zur Verfolgung der Vorbereitung von schweren staatsgefährdenden Gewalttaten (GVVG)**, verkündet am 3.8.2009, BGBl. I 2009, 2437) soll Strafbarkeitslücken schließen, die sich ergeben, wenn eine inhaltlich neutrale Schrift erst durch die Umstände, unter denen sie verbreitet wird, die Eignung aufweist, die Bereitschaft anderer zu fördern oder zu wecken, eine der in § 89 a genannten Katalogtaten zu begehen (BT-Drucks. 16/12428, 17). Exemplarisch wird das Verteilen von Bombenbauplänen an einen tatgeneigten Personenkreis oder die Verbreitung eines solchen Plans auf einer islamistischen Internetseite, die zu Terrorakten aufruft, genannt (BT-Drucks. 16/12428, 17). Strafbarkeitslücken treten nach Ansicht des Gesetzgebers in diesem Zusammenhang vor allem deswegen auf, weil § 111 mangels der Aufforderung zu einer bestimmten rechtswidrigen Tat und § 130 a mangels der generellen Eignung der Schrift zur Bestimmung zur Katalogtat nicht greifen. § 91 ist, wie auch die §§ 89 a und 89 b, dem Bereich der **abstrakten Gefährdungsdelikte** zuzuordnen. 1

Wie auch § 89 a (vgl Rn 2) unterliegt die Regelung des § 91 **schwerwiegenden Bedenken**, hinsichtlich der weit ins Vorfeld von Versuchsbeginn oder gar vollendeter Tat gerückten Strafbarkeit von Vorbereitungshandlungen (vgl *Gierhake* ZIS 2008 397 [404]). Ebenso werden Zweifel an der Bestimmtheit der Norm iSd Art. 103 II GG (*Sieber* NStZ 2009, 353 [363], aA *Radtke/Steinsiek* ZIS 2008, 383 [389]) und damit an ihrer Verfassungsmäßigkeit geäußert (NK-*Paeffgen* Rn 5 ff; vgl auch *Gazeas/Grosse-Wilde/Kießling* NStZ 2009, 593 [602]; *Radtke/ Steinsiek* JR 2010, 107 [109]; aA *Bader* NJW 2009 2853 [2855]). 2

II. Abs. 1 Nr. 1 stellt das Anpreisen oder **Zugänglichmachen** einer Schrift (§ 11 III) unter Strafe, die ihrem Inhalt nach geeignet ist, als Anleitung einer Tat nach § 89 a zu dienen (vgl dazu S/S-*Sternberg-Lieben* Rn 3). Anknüpfungspunkt ist dabei die Art ihrer Verbreitung. So setzt Abs. 1 Nr. 1 dem Wortlaut nach zunächst die objektive Eignung der Schrift voraus, überhaupt als Anleitung zu einer schweren staatsgefährdenden Gewalttat iSd § 89 a zu dienen. Eine Strafbarkeit ergibt sich jedoch erst dann, wenn der Kontext der Verbreitung der Schrift geeignet ist, die Bereitschaft anderer zur Begehung einer schweren staatsgefährdenden Gewalttat zu motivieren, dh die Bereitschaft zur Begehung einer solchen zu fördern oder zu wecken. Die Begriffe des **Weckens** und des **Förderns** sind im Sinne der Begriffe des § 130 a I zu verstehen (vgl § 130 a Rn 6) und verlangen nicht die Intensität des Aufforderns gem. § 111 (BT-Drucks. 16/12428, 18). 3

III. Abs. 1 Nr. 2 bezieht sich auf Personen, die sich eine Schrift iSv Abs. 1 Nr. 1 **verschaffen**, um eine Tat nach § 89 a zu begehen. Dabei setzt der Begriff des Sich- 4

Verschaffens zumindest voraus, dass der Zugriff auf die Schrift nicht nur flüchtig und ganz vorübergehend ist. Weiterhin muss derjenige, der sich die Schrift verschafft, den Willen zur Besitzverschaffung haben (BT-Drucks. 16/12428, 18). Einer physischen Herrschaft bedarf es jedoch nicht; es reicht aus, wenn der Zugriff von gemieteten oder sonstigen externen Speicherplätzen erfolgt (BT-Drucks. 16/12428, 18).

5 IV. In **subjektiver Hinsicht** genügt bezüglich der objektiven Tatbestandsmerkmale **dolus eventualis**, wobei sich der Vorsatz des Täters auch auf die Staatsgefährdung der Tat beziehen muss (NK-*Paeffgen* Rn 19, 21 fordert dahin gehend dolus directus 2. Grades).

6 V. Die beiden Alternativen des **Abs. 2** dienen der Einschränkung der Strafbarkeit nach Abs. 1 Nr. 1, wodurch der Anwendungsbereich der Norm auf strafwürdige Verhaltensweisen gewährleistet werden soll (BT-Drucks. 16/12428, 18).

7 VI. Konkurrenzen: Werden die §§ 89 a und 91 gemeinsam verwirklicht, so wird § 91 von § 89 a verdrängt (BT-Drucks. 16/12428, 18).

§ 91 a Anwendungsbereich

Die §§ 84, 85 und 87 gelten nur für Taten, die durch eine im räumlichen Geltungsbereich dieses Gesetzes ausgeübte Tätigkeit begangen werden.

Vierter Titel Gemeinsame Vorschriften

§ 92 Begriffsbestimmungen

(1) Im Sinne dieses Gesetzes beeinträchtigt den Bestand der Bundesrepublik Deutschland, wer ihre Freiheit von fremder Botmäßigkeit aufhebt, ihre staatliche Einheit beseitigt oder ein zu ihr gehörendes Gebiet abtrennt.

(2) Im Sinne dieses Gesetzes sind Verfassungsgrundsätze
1. das Recht des Volkes, die Staatsgewalt in Wahlen und Abstimmungen und durch besondere Organe der Gesetzgebung, der vollziehenden Gewalt und der Rechtsprechung auszuüben und die Volksvertretung in allgemeiner, unmittelbarer, freier, gleicher und geheimer Wahl zu wählen,
2. die Bindung der Gesetzgebung an die verfassungsmäßige Ordnung und die Bindung der vollziehenden Gewalt und der Rechtsprechung an Gesetz und Recht,
3. das Recht auf die Bildung und Ausübung einer parlamentarischen Opposition,
4. die Ablösbarkeit der Regierung und ihre Verantwortlichkeit gegenüber der Volksvertretung,
5. die Unabhängigkeit der Gerichte und
6. der Ausschluß jeder Gewalt- und Willkürherrschaft.

(3) Im Sinne dieses Gesetzes sind
1. Bestrebungen gegen den Bestand der Bundesrepublik Deutschland solche Bestrebungen, deren Träger darauf hinarbeiten, den Bestand der Bundesrepublik Deutschland zu beeinträchtigen (Absatz 1),
2. Bestrebungen gegen die Sicherheit der Bundesrepublik Deutschland solche Bestrebungen, deren Träger darauf hinarbeiten, die äußere oder innere Sicherheit der Bundesrepublik Deutschland zu beeinträchtigen,
3. Bestrebungen gegen Verfassungsgrundsätze solche Bestrebungen, deren Träger darauf hinarbeiten, einen Verfassungsgrundsatz (Absatz 2) zu beseitigen, außer Geltung zu setzen oder zu untergraben.

Die Vorschrift enthält die **Legaldefinitionen** einiger Angriffsgegenstände des Hochverrats und der Gefährdung des demokratischen Rechtsstaates sowie Möglichkeiten ihrer Beeinträchtigung. 1

§ 92 a Nebenfolgen

Neben einer Freiheitsstrafe von mindestens sechs Monaten wegen einer Straftat nach diesem Abschnitt kann das Gericht die Fähigkeit, öffentliche Ämter zu bekleiden, die Fähigkeit, Rechte aus öffentlichen Wahlen zu erlangen, und das Recht, in öffentlichen Angelegenheiten zu wählen oder zu stimmen, aberkennen (§ 45 Abs. 2 und 5).

§ 92 b Einziehung

¹Ist eine Straftat nach diesem Abschnitt begangen worden, so können
1. Gegenstände, die durch die Tat hervorgebracht oder zu ihrer Begehung oder Vorbereitung gebraucht worden oder bestimmt gewesen sind, und
2. Gegenstände, auf die sich eine Straftat nach den §§ 80 a, 86, 86 a, 89 a bis 91 bezieht,

eingezogen werden. ²§ 74 a ist anzuwenden.

Zweiter Abschnitt Landesverrat und Gefährdung der äußeren Sicherheit

Vorbemerkung zu den §§ 93–101 a

Wie der Hochverrat **schützt** auch der Landesverrat (§§ 93 ff) das **Rechtsgut** der Sicherheit der Bundesrepublik Deutschland gegenüber anderen Staaten, also die äußere Sicherheit (NK-*Paeffgen* Rn 5 sowie § 94 Rn 2). Das freiheitlich verfasste Staatsgefüge – einschließlich seiner Grundrechtsgarantien – soll vor Angriffen von außen bewahrt und der Bundesrepublik der Freiraum gesichert werden, den sie benötigt, um sich in der Gegenläufigkeit der internationalen Politik möglichst unbehindert und wirksam bewegen zu können (vgl BVerfGE 57, 250 [268 f]; 92, 277 [317 f]; KG NStZ 2004, 209 m.Anm. *Lampe*; LK-*Schmidt* Vor § 93 Rn 3). 1

2 Unter **Landesverrat** ist die Gefährdung der äußeren Sicherheit der Bundesrepublik Deutschland durch die Offenbarungen von Staatsgeheimnissen oder sonstigen geheimhaltungsbedürftigen Gegenständen zu verstehen (NK-*Paeffgen* Rn 5).

3 Während § 93 in Form der Legaldefinition den **Begriff des Staatsgeheimnisses** bestimmt, differenziert das Gesetz in den §§ 94 ff zwischen Begehungsweisen mit unterschiedlichen Graden teils nach Motiven, teils nach Inhalt sowie Art und Weise der Information (zum zentralen Spionagetatbestand des § 99, insbesondere der Tathandlung und dem Deliktscharakter vgl BGH NJW 1996, 3424 f; NStZ-RR 2005, 305 f m.Anm. *Schmidt/Wolff* NStZ 2006, 161 ff; 2007, 93 ff; NStZ-RR 2006, 303 [304]; NK-*Paeffgen* § 99 Rn 7 ff).

§ 93 Begriff des Staatsgeheimnisses

(1) Staatsgeheimnisse sind Tatsachen, Gegenstände oder Erkenntnisse, die nur einem begrenzten Personenkreis zugänglich sind und vor einer fremden Macht geheimgehalten werden müssen, um die Gefahr eines schweren Nachteils für die äußere Sicherheit der Bundesrepublik Deutschland abzuwenden.

(2) Tatsachen, die gegen die freiheitliche demokratische Grundordnung oder unter Geheimhaltung gegenüber den Vertragspartnern der Bundesrepublik Deutschland gegen zwischenstaatlich vereinbarte Rüstungsbeschränkungen verstoßen, sind keine Staatsgeheimnisse.

§ 94 Landesverrat

(1) Wer ein Staatsgeheimnis
1. einer fremden Macht oder einem ihrer Mittelsmänner mitteilt oder
2. sonst an einen Unbefugten gelangen läßt oder öffentlich bekanntmacht, um die Bundesrepublik Deutschland zu benachteiligen oder eine fremde Macht zu begünstigen,

und dadurch die Gefahr eines schweren Nachteils für die äußere Sicherheit der Bundesrepublik Deutschland herbeiführt, wird mit Freiheitsstrafe nicht unter einem Jahr bestraft.

(2) [1]In besonders schweren Fällen ist die Strafe lebenslange Freiheitsstrafe oder Freiheitsstrafe nicht unter fünf Jahren. [2]Ein besonders schwerer Fall liegt in der Regel vor, wenn der Täter
1. eine verantwortliche Stellung mißbraucht, die ihn zur Wahrung von Staatsgeheimnissen besonders verpflichtet, oder
2. durch die Tat die Gefahr eines besonders schweren Nachteils für die äußere Sicherheit der Bundesrepublik Deutschland herbeiführt.

§ 95 Offenbaren von Staatsgeheimnissen

(1) Wer ein Staatsgeheimnis, das von einer amtlichen Stelle oder auf deren Veranlassung geheimgehalten wird, an einen Unbefugten gelangen läßt oder öffentlich

bekanntmacht und dadurch die Gefahr eines schweren Nachteils für die äußere Sicherheit der Bundesrepublik Deutschland herbeiführt, wird mit Freiheitsstrafe von sechs Monaten bis zu fünf Jahren bestraft, wenn die Tat nicht in § 94 mit Strafe bedroht ist.

(2) Der Versuch ist strafbar.

(3) [1]In besonders schweren Fällen ist die Strafe Freiheitsstrafe von einem Jahr bis zu zehn Jahren. [2]§ 94 Abs. 2 Satz 2 ist anzuwenden.

§ 96 Landesverräterische Ausspähung; Auskundschaften von Staatsgeheimnissen

(1) Wer sich ein Staatsgeheimnis verschafft, um es zu verraten (§ 94), wird mit Freiheitsstrafe von einem Jahr bis zu zehn Jahren bestraft.

(2) [1]Wer sich ein Staatsgeheimnis, das von einer amtlichen Stelle oder auf deren Veranlassung geheimgehalten wird, verschafft, um es zu offenbaren (§ 95), wird mit Freiheitsstrafe von sechs Monaten bis zu fünf Jahren bestraft. [2]Der Versuch ist strafbar.

§ 97 Preisgabe von Staatsgeheimnissen

(1) Wer ein Staatsgeheimnis, das von einer amtlichen Stelle oder auf deren Veranlassung geheimgehalten wird, an einen Unbefugten gelangen läßt oder öffentlich bekanntmacht und dadurch fahrlässig die Gefahr eines schweren Nachteils für die äußere Sicherheit der Bundesrepublik Deutschland verursacht, wird mit Freiheitsstrafe bis zu fünf Jahren oder mit Geldstrafe bestraft.

(2) Wer ein Staatsgeheimnis, das von einer amtlichen Stelle oder auf deren Veranlassung geheimgehalten wird und das ihm kraft seines Amtes, seiner Dienststellung oder eines von einer amtlichen Stelle erteilten Auftrags zugänglich war, leichtfertig an einen Unbefugten gelangen läßt und dadurch fahrlässig die Gefahr eines schweren Nachteils für die äußere Sicherheit der Bundesrepublik Deutschland verursacht, wird mit Freiheitsstrafe bis zu drei Jahren oder mit Geldstrafe bestraft.

(3) Die Tat wird nur mit Ermächtigung der Bundesregierung verfolgt.

§ 97 a Verrat illegaler Geheimnisse

[1]Wer ein Geheimnis, das wegen eines der in § 93 Abs. 2 bezeichneten Verstöße kein Staatsgeheimnis ist, einer fremden Macht oder einem ihrer Mittelsmänner mitteilt und dadurch die Gefahr eines schweren Nachteils für die äußere Sicherheit der Bundesrepublik Deutschland herbeiführt, wird wie ein Landesverräter (§ 94) bestraft. [2]§ 96 Abs. 1 in Verbindung mit § 94 Abs. 1 Nr. 1 ist auf Geheimnisse der in Satz 1 bezeichneten Art entsprechend anzuwenden.

§ 97 b Verrat in irriger Annahme eines illegalen Geheimnisses

(1) ¹Handelt der Täter in den Fällen der §§ 94 bis 97 in der irrigen Annahme, das Staatsgeheimnis sei ein Geheimnis der in § 97 a bezeichneten Art, so wird er, wenn
1. dieser Irrtum ihm vorzuwerfen ist,
2. er nicht in der Absicht handelt, dem vermeintlichen Verstoß entgegenzuwirken, oder
3. die Tat nach den Umständen kein angemessenes Mittel zu diesem Zweck ist,

nach den bezeichneten Vorschriften bestraft. ²Die Tat ist in der Regel kein angemessenes Mittel, wenn der Täter nicht zuvor ein Mitglied des Bundestages um Abhilfe angerufen hat.

(2) ¹War dem Täter als Amtsträger oder als Soldat der Bundeswehr das Staatsgeheimnis dienstlich anvertraut oder zugänglich, so wird er auch dann bestraft, wenn nicht zuvor der Amtsträger einen Dienstvorgesetzten, der Soldat einen Disziplinarvorgesetzten um Abhilfe angerufen hat. ²Dies gilt für die für den öffentlichen Dienst besonders Verpflichteten und für Personen, die im Sinne des § 353 b Abs. 2 verpflichtet worden sind, sinngemäß.

§ 98 Landesverräterische Agententätigkeit

(1) ¹Wer
1. für eine fremde Macht eine Tätigkeit ausübt, die auf die Erlangung oder Mitteilung von Staatsgeheimnissen gerichtet ist, oder
2. gegenüber einer fremden Macht oder einem ihrer Mittelsmänner sich zu einer solchen Tätigkeit bereit erklärt,

wird mit Freiheitsstrafe bis zu fünf Jahren oder mit Geldstrafe bestraft, wenn die Tat nicht in § 94 oder § 96 Abs. 1 mit Strafe bedroht ist. ²In besonders schweren Fällen ist die Strafe Freiheitsstrafe von einem Jahr bis zu zehn Jahren; § 94 Abs. 2 Satz 2 Nr. 1 gilt entsprechend.

(2) ¹Das Gericht kann die Strafe nach seinem Ermessen mildern (§ 49 Abs. 2) oder von einer Bestrafung nach diesen Vorschriften absehen, wenn der Täter freiwillig sein Verhalten aufgibt und sein Wissen einer Dienststelle offenbart. ²Ist der Täter in den Fällen des Absatzes 1 Satz 1 von der fremden Macht oder einem ihrer Mittelsmänner zu seinem Verhalten gedrängt worden, so wird er nach dieser Vorschrift nicht bestraft, wenn er freiwillig sein Verhalten aufgibt und sein Wissen unverzüglich einer Dienststelle offenbart.

§ 99 Geheimdienstliche Agententätigkeit

(1) Wer
1. für den Geheimdienst einer fremden Macht eine geheimdienstliche Tätigkeit gegen die Bundesrepublik Deutschland ausübt, die auf die Mitteilung oder Lieferung von Tatsachen, Gegenständen oder Erkenntnissen gerichtet ist, oder

2. gegenüber dem Geheimdienst einer fremden Macht oder einem seiner Mittelsmänner sich zu einer solchen Tätigkeit bereit erklärt,

wird mit Freiheitsstrafe bis zu fünf Jahren oder mit Geldstrafe bestraft, wenn die Tat nicht in § 94 oder § 96 Abs. 1, in § 97 a oder in § 97 b in Verbindung mit § 94 oder § 96 Abs. 1 mit Strafe bedroht ist.

(2) ¹In besonders schweren Fällen ist die Strafe Freiheitsstrafe von einem Jahr bis zu zehn Jahren. ²Ein besonders schwerer Fall liegt in der Regel vor, wenn der Täter Tatsachen, Gegenstände oder Erkenntnisse, die von einer amtlichen Stelle oder auf deren Veranlassung geheimgehalten werden, mitteilt oder liefert und wenn er
1. eine verantwortliche Stellung mißbraucht, die ihn zur Wahrung solcher Geheimnisse besonders verpflichtet, oder
2. durch die Tat die Gefahr eines schweren Nachteils für die Bundesrepublik Deutschland herbeiführt.

(3) § 98 Abs. 2 gilt entsprechend.

§ 100 Friedensgefährdende Beziehungen

(1) Wer als Deutscher, der seine Lebensgrundlage im räumlichen Geltungsbereich dieses Gesetzes hat, in der Absicht, einen Krieg oder ein bewaffnetes Unternehmen gegen die Bundesrepublik Deutschland herbeizuführen, zu einer Regierung, Vereinigung oder Einrichtung außerhalb des räumlichen Geltungsbereichs dieses Gesetzes oder zu einem ihrer Mittelsmänner Beziehungen aufnimmt oder unterhält, wird mit Freiheitsstrafe nicht unter einem Jahr bestraft.

(2) ¹In besonders schweren Fällen ist die Strafe lebenslange Freiheitsstrafe oder Freiheitsstrafe nicht unter fünf Jahren. ²Ein besonders schwerer Fall liegt in der Regel vor, wenn der Täter durch die Tat eine schwere Gefahr für den Bestand der Bundesrepublik Deutschland herbeiführt.

(3) In minder schweren Fällen ist die Strafe Freiheitsstrafe von einem Jahr bis zu fünf Jahren.

§ 100 a Landesverräterische Fälschung

(1) Wer wider besseres Wissen gefälschte oder verfälschte Gegenstände, Nachrichten darüber oder unwahre Behauptungen tatsächlicher Art, die im Falle ihrer Echtheit oder Wahrheit für die äußere Sicherheit oder die Beziehungen der Bundesrepublik Deutschland zu einer fremden Macht von Bedeutung wären, an einen anderen gelangen läßt oder öffentlich bekanntmacht, um einer fremden Macht vorzutäuschen, daß es sich um echte Gegenstände oder um Tatsachen handele, und dadurch die Gefahr eines schweren Nachteils für die äußere Sicherheit oder die Beziehungen der Bundesrepublik Deutschland zu einer fremden Macht herbeiführt, wird mit Freiheitsstrafe von sechs Monaten bis zu fünf Jahren bestraft.

(2) Ebenso wird bestraft, wer solche Gegenstände durch Fälschung oder Verfälschung herstellt oder sie sich verschafft, um sie in der in Absatz 1 bezeichneten

Weise zur Täuschung einer fremden Macht an einen anderen gelangen zu lassen oder öffentlich bekanntzumachen und dadurch die Gefahr eines schweren Nachteils für die äußere Sicherheit oder die Beziehungen der Bundesrepublik Deutschland zu einer fremden Macht herbeizuführen.

(3) Der Versuch ist strafbar.

(4) ¹In besonders schweren Fällen ist die Strafe Freiheitsstrafe nicht unter einem Jahr. ²Ein besonders schwerer Fall liegt in der Regel vor, wenn der Täter durch die Tat einen besonders schweren Nachteil für die äußere Sicherheit oder die Beziehungen der Bundesrepublik Deutschland zu einer fremden Macht herbeiführt.

§ 101 Nebenfolgen

Neben einer Freiheitsstrafe von mindestens sechs Monaten wegen einer vorsätzlichen Straftat nach diesem Abschnitt kann das Gericht die Fähigkeit, öffentliche Ämter zu bekleiden, die Fähigkeit, Rechte aus öffentlichen Wahlen zu erlangen, und das Recht, in öffentlichen Angelegenheiten zu wählen oder zu stimmen, aberkennen (§ 45 Abs. 2 und 5).

§ 101 a Einziehung

¹Ist eine Straftat nach diesem Abschnitt begangen worden, so können
1. Gegenstände, die durch die Tat hervorgebracht oder zu ihrer Begehung oder Vorbereitung gebraucht worden oder bestimmt gewesen sind, und
2. Gegenstände, die Staatsgeheimnisse sind, und Gegenstände der in § 100 a bezeichneten Art, auf die sich die Tat bezieht,

eingezogen werden. ²§ 74 a ist anzuwenden. ³Gegenstände der in Satz 1 Nr. 2 bezeichneten Art werden auch ohne die Voraussetzungen des § 74 Abs. 2 eingezogen, wenn dies erforderlich ist, um die Gefahr eines schweren Nachteils für die äußere Sicherheit der Bundesrepublik Deutschland abzuwenden; dies gilt auch dann, wenn der Täter ohne Schuld gehandelt hat.

Dritter Abschnitt Straftaten gegen ausländische Staaten

Vorbemerkung zu den §§ 102–104 a

1 Die Vorschriften dienen zunächst dem **Schutz** normaler Auslandsbeziehungen der Bundesrepublik Deutschland und damit auch dem Schutz des eigenen Staates, wie insbesondere die Regelung des § 104 a zeigt. Daneben werden auch die Organe und Organvertreter ausländischer Staaten geschützt (vgl § 104 a, der für die Strafverfolgung ein Strafverlangen auch der fremden Regierung voraussetzt; für doppelten Schutzzweck LK-*Bauer/Gmel* Vor § 102 Rn 1; *Otto* BT § 86/1; SK-*Wolter/Rudolphi* Rn 2; aA S/S-*Eser* Rn 2; NK-*Wohlers/Kargl* Rn 2, die allein die inländischen Rechtsgüter iS funktionierender diplomatischer Beziehungen als geschützt ansehen wollen; ausschließlich auf die Handlungsfähigkeit und die Ehre der jeweiligen ausländischen Staaten abstellend *Dreher* JZ 1953, 426 f; MK-*Kreß*

Rn 5 ff mwN zum Streitstand). Sowohl § 102 (Angriff auf Leib und Leben ausländischer Organe oder Organvertreter) als auch § 103 (Beleidigung) setzen voraus, dass sich der Angegriffene bzw Beleidigte zum Tatzeitpunkt in amtlicher Eigenschaft im Inland aufhält. Hiervon ausgenommen ist das Staatsoberhaupt, das auch Schutz genießt, wenn es sich nicht im Inland aufhält (*Fahl* NStZ 2016, 314; *Schelzke* HRRS 2016, 249). Der Tatbestand des § 104 knüpft an die Vorschrift des § 90 a an, der den Schutz der entsprechenden inländischen Symbole vorsieht.

§ 102 Angriff gegen Organe und Vertreter ausländischer Staaten

(1) Wer einen Angriff auf Leib oder Leben eines ausländischen Staatsoberhaupts, eines Mitglieds einer ausländischen Regierung oder eines im Bundesgebiet beglaubigten Leiters einer ausländischen diplomatischen Vertretung begeht, während sich der Angegriffene in amtlicher Eigenschaft im Inland aufhält, wird mit Freiheitsstrafe bis zu fünf Jahren oder mit Geldstrafe, in besonders schweren Fällen mit Freiheitsstrafe nicht unter einem Jahr bestraft.

(2) Neben einer Freiheitsstrafe von mindestens sechs Monaten kann das Gericht die Fähigkeit, öffentliche Ämter zu bekleiden, die Fähigkeit, Rechte aus öffentlichen Wahlen zu erlangen, und das Recht, in öffentlichen Angelegenheiten zu wählen oder zu stimmen, aberkennen (§ 45 Abs. 2 und 5).

§ 103 Beleidigung von Organen und Vertretern ausländischer Staaten

(1) Wer ein ausländisches Staatsoberhaupt oder wer mit Beziehung auf ihre Stellung ein Mitglied einer ausländischen Regierung, das sich in amtlicher Eigenschaft im Inland aufhält, oder einen im Bundesgebiet beglaubigten Leiter einer ausländischen diplomatischen Vertretung beleidigt, wird mit Freiheitsstrafe bis zu drei Jahren oder mit Geldstrafe, im Falle der verleumderischen Beleidigung mit Freiheitsstrafe von drei Monaten bis zu fünf Jahren bestraft.

(2) ¹Ist die Tat öffentlich, in einer Versammlung oder durch Verbreiten von Schriften (§ 11 Abs. 3) begangen, so ist § 200 anzuwenden. ²Den Antrag auf Bekanntgabe der Verurteilung kann auch der Staatsanwalt stellen.

§ 104 Verletzung von Flaggen und Hoheitszeichen ausländischer Staaten

(1) Wer eine auf Grund von Rechtsvorschriften oder nach anerkanntem Brauch öffentlich gezeigte Flagge eines ausländischen Staates oder wer ein Hoheitszeichen eines solchen Staates, das von einer anerkannten Vertretung dieses Staates öffentlich angebracht worden ist, entfernt, zerstört, beschädigt oder unkenntlich macht oder wer beschimpfenden Unfug daran verübt, wird mit Freiheitsstrafe bis zu zwei Jahren oder mit Geldstrafe bestraft.

(2) Der Versuch ist strafbar.

§ 104 a Voraussetzungen der Strafverfolgung

Straftaten nach diesem Abschnitt werden nur verfolgt, wenn die Bundesrepublik Deutschland zu dem anderen Staat diplomatische Beziehungen unterhält, die Gegenseitigkeit verbürgt ist und auch zur Zeit der Tat verbürgt war, ein Strafverlangen der ausländischen Regierung vorliegt und die Bundesregierung die Ermächtigung zur Strafverfolgung erteilt.

Vierter Abschnitt Straftaten gegen Verfassungsorgane sowie bei Wahlen und Abstimmungen

Vorbemerkung zu den §§ 105–108 e

1 Die Delikte des vierten Abschnitts bezwecken den **Schutz** der Freiheit der politischen Meinungsbildung und Meinungsäußerung, indem bestimmte Beeinträchtigungen von Verfassungsorganen (§§ 105-106 b) und von Wahlen und Abstimmungen (§§ 107-108 e) untersagt werden (OLG Düsseldorf NJW 1978, 2562 [2563]; LK-*Bauer/Gmel* Rn 1; NK-*Wohlers/Kargl* Rn 1; zur Reichweite des § 108 e vgl *Michalke* Hamm-FS 459 ff; *Timm* Kriminalistik 2006, 578; zum Verhältnis zu §§ 331 ff vgl *Verjans* Volk-FS 829 ff).

§ 105 Nötigung von Verfassungsorganen

(1) Wer
1. ein Gesetzgebungsorgan des Bundes oder eines Landes oder einen seiner Ausschüsse,
2. die Bundesversammlung oder einen ihrer Ausschüsse oder
3. die Regierung oder das Verfassungsgericht des Bundes oder eines Landes

rechtswidrig mit Gewalt oder durch Drohung mit Gewalt nötigt, ihre Befugnisse nicht oder in einem bestimmten Sinne auszuüben, wird mit Freiheitsstrafe von einem Jahr bis zu zehn Jahren bestraft.

(2) In minder schweren Fällen ist die Strafe Freiheitsstrafe von sechs Monaten bis zu fünf Jahren.

§ 106 Nötigung des Bundespräsidenten und von Mitgliedern eines Verfassungsorgans

(1) Wer
1. den Bundespräsidenten oder
2. ein Mitglied
    a) eines Gesetzgebungsorgans des Bundes oder eines Landes,
    b) der Bundesversammlung oder
    c) der Regierung oder des Verfassungsgerichts des Bundes oder eines Landes

rechtswidrig mit Gewalt oder durch Drohung mit einem empfindlichen Übel nötigt, seine Befugnisse nicht oder in einem bestimmten Sinne auszuüben, wird mit Freiheitsstrafe von drei Monaten bis zu fünf Jahren bestraft.

(2) Der Versuch ist strafbar.

(3) In besonders schweren Fällen ist die Strafe Freiheitsstrafe von einem Jahr bis zu zehn Jahren.

§ 106 a (aufgehoben)

§ 106 b Störung der Tätigkeit eines Gesetzgebungsorgans

(1) Wer gegen Anordnungen verstößt, die ein Gesetzgebungsorgan des Bundes oder eines Landes oder sein Präsident über die Sicherheit und Ordnung im Gebäude des Gesetzgebungsorgans oder auf dem dazugehörenden Grundstück allgemein oder im Einzelfall erläßt, und dadurch die Tätigkeit des Gesetzgebungsorgans hindert oder stört, wird mit Freiheitsstrafe bis zu einem Jahr oder mit Geldstrafe bestraft.

(2) Die Strafvorschrift des Absatzes 1 gilt bei Anordnungen eines Gesetzgebungsorgans des Bundes oder seines Präsidenten weder für die Mitglieder des Bundestages noch für die Mitglieder des Bundesrates und der Bundesregierung sowie ihre Beauftragten, bei Anordnungen eines Gesetzgebungsorgans eines Landes oder seines Präsidenten weder für die Mitglieder der Gesetzgebungsorgane dieses Landes noch für die Mitglieder der Landesregierung und ihre Beauftragten.

§ 107 Wahlbehinderung

(1) Wer mit Gewalt oder durch Drohung mit Gewalt eine Wahl oder die Feststellung ihres Ergebnisses verhindert oder stört, wird mit Freiheitsstrafe bis zu fünf Jahren oder mit Geldstrafe, in besonders schweren Fällen mit Freiheitsstrafe nicht unter einem Jahr bestraft.

(2) Der Versuch ist strafbar.

§ 107 a Wahlfälschung

(1) Wer unbefugt wählt oder sonst ein unrichtiges Ergebnis einer Wahl herbeiführt oder das Ergebnis verfälscht, wird mit Freiheitsstrafe bis zu fünf Jahren oder mit Geldstrafe bestraft.

(2) Ebenso wird bestraft, wer das Ergebnis einer Wahl unrichtig verkündet oder verkünden läßt.

(3) Der Versuch ist strafbar.

§ 107 b Fälschung von Wahlunterlagen

(1) Wer
1. seine Eintragung in die Wählerliste (Wahlkartei) durch falsche Angaben erwirkt,
2. einen anderen als Wähler einträgt, von dem er weiß, daß er keinen Anspruch auf Eintragung hat,
3. die Eintragung eines Wahlberechtigten als Wähler verhindert, obwohl er dessen Wahlberechtigung kennt,
4. sich als Bewerber für eine Wahl aufstellen läßt, obwohl er nicht wählbar ist,

wird mit Freiheitsstrafe bis zu sechs Monaten oder mit Geldstrafe bis zu einhundertachtzig Tagessätzen bestraft, wenn die Tat nicht in anderen Vorschriften mit schwererer Strafe bedroht ist.

(2) Der Eintragung in die Wählerliste als Wähler entspricht die Ausstellung der Wahlunterlagen für die Urwahlen in der Sozialversicherung.

§ 107 c Verletzung des Wahlgeheimnisses

Wer einer dem Schutz des Wahlgeheimnisses dienenden Vorschrift in der Absicht zuwiderhandelt, sich oder einem anderen Kenntnis davon zu verschaffen, wie jemand gewählt hat, wird mit Freiheitsstrafe bis zu zwei Jahren oder mit Geldstrafe bestraft.

§ 108 Wählernötigung

(1) Wer rechtswidrig mit Gewalt, durch Drohung mit einem empfindlichen Übel, durch Mißbrauch eines beruflichen oder wirtschaftlichen Abhängigkeitsverhältnisses oder durch sonstigen wirtschaftlichen Druck einen anderen nötigt oder hindert, zu wählen oder sein Wahlrecht in einem bestimmten Sinne auszuüben, wird mit Freiheitsstrafe bis zu fünf Jahren oder mit Geldstrafe, in besonders schweren Fällen mit Freiheitsstrafe von einem Jahr bis zu zehn Jahren bestraft.

(2) Der Versuch ist strafbar.

§ 108 a Wählertäuschung

(1) Wer durch Täuschung bewirkt, daß jemand bei der Stimmabgabe über den Inhalt seiner Erklärung irrt oder gegen seinen Willen nicht oder ungültig wählt, wird mit Freiheitsstrafe bis zu zwei Jahren oder mit Geldstrafe bestraft.

(2) Der Versuch ist strafbar.

§ 108 b Wählerbestechung

(1) Wer einem anderen dafür, daß er nicht oder in einem bestimmten Sinne wähle, Geschenke oder andere Vorteile anbietet, verspricht oder gewährt, wird mit Freiheitsstrafe bis zu fünf Jahren oder mit Geldstrafe bestraft.

(2) Ebenso wird bestraft, wer dafür, daß er nicht oder in einem bestimmten Sinne wähle, Geschenke oder andere Vorteile fordert, sich versprechen läßt oder annimmt.

§ 108 c Nebenfolgen

Neben einer Freiheitsstrafe von mindestens sechs Monaten wegen einer Straftat nach den §§ 107, 107 a, 108 und 108 b kann das Gericht die Fähigkeit, Rechte aus öffentlichen Wahlen zu erlangen, und das Recht, in öffentlichen Angelegenheiten zu wählen oder zu stimmen, aberkennen (§ 45 Abs. 2 und 5).

§ 108 d Geltungsbereich

¹Die §§ 107 bis 108 c gelten für Wahlen zu den Volksvertretungen, für die Wahl der Abgeordneten des Europäischen Parlaments, für sonstige Wahlen und Abstimmungen des Volkes im Bund, in den Ländern, in kommunalen Gebietskörperschaften, für Wahlen und Abstimmungen in Teilgebieten eines Landes oder einer kommunalen Gebietskörperschaft sowie für Urwahlen in der Sozialversicherung. ²Einer Wahl oder Abstimmung steht das Unterschreiben eines Wahlvorschlags oder das Unterschreiben für ein Volksbegehren gleich.

§ 108 e Bestechlichkeit und Bestechung von Mandatsträgern

(1) Wer als Mitglied einer Volksvertretung des Bundes oder der Länder einen ungerechtfertigten Vorteil für sich oder einen Dritten als Gegenleistung dafür fordert, sich versprechen lässt oder annimmt, dass er bei der Wahrnehmung seines Mandates eine Handlung im Auftrag oder auf Weisung vornehme oder unterlasse, wird mit Freiheitsstrafe bis zu fünf Jahren oder mit Geldstrafe bestraft.

(2) Ebenso wird bestraft, wer einem Mitglied einer Volksvertretung des Bundes oder der Länder einen ungerechtfertigten Vorteil für dieses Mitglied oder einen Dritten als Gegenleistung dafür anbietet, verspricht oder gewährt, dass es bei der Wahrnehmung seines Mandates eine Handlung im Auftrag oder auf Weisung vornehme oder unterlasse.

(3) Den in den Absätzen 1 und 2 genannten Mitgliedern gleich stehen Mitglieder
1. einer Volksvertretung einer kommunalen Gebietskörperschaft,
2. eines in unmittelbarer und allgemeiner Wahl gewählten Gremiums einer für ein Teilgebiet eines Landes oder einer kommunalen Gebietskörperschaft gebildeten Verwaltungseinheit,
3. der Bundesversammlung,

4. des Europäischen Parlaments,
5. einer parlamentarischen Versammlung einer internationalen Organisation und
6. eines Gesetzgebungsorgans eines ausländischen Staates.

(4) ¹Ein ungerechtfertigter Vorteil liegt insbesondere nicht vor, wenn die Annahme des Vorteils im Einklang mit den für die Rechtsstellung des Mitglieds maßgeblichen Vorschriften steht. ²Keinen ungerechtfertigten Vorteil stellen dar
1. ein politisches Mandat oder eine politische Funktion sowie
2. eine nach dem Parteiengesetz oder entsprechenden Gesetzen zulässige Spende.

(5) Neben einer Freiheitsstrafe von mindestens sechs Monaten kann das Gericht die Fähigkeit, Rechte aus öffentlichen Wahlen zu erlangen, und das Recht, in öffentlichen Angelegenheiten zu wählen oder zu stimmen, aberkennen.

1   I. Die Neufassung berücksichtigt zu großen Teilen die Kritik zum bisherigen § 108 e StGB (zur Normgenese *Müller* v. Heintschel-Heinegg-FS 325 ff). Geschütztes Rechtsgut ist das öffentliche Interesse an der Integrität parlamentarischer Prozesse und der Unabhängigkeit der Mandatsausübung sowie der Sachbezogenheit parlamentarischer Entscheidungen (BT-Drucks. 18/476, 6).

Bislang wurde nur der Stimmenkauf und -verkauf bei Wahlen und Abstimmungen innerhalb der in der Norm genannten Gremien unter Strafe gestellt. Unklar blieb, inwieweit neben Wahlen und Abstimmungen im Plenum auch solche in anderen Gremien der jeweiligen Volksvertretung umfasst sind (vgl *Barton* NJW 1994, 1098 [1100]; *Francuski* HRRS 2014, 220 [223]; MK-*Müller* Rn 13). Weiterhin musste der Leistung des Abgeordneten ein messbarer, in einem Geldbetrag ausdrückbarer materieller Vorteil entsprechen; immaterielle oder dem rein persönlichen Bereich zugehörige Vorteile wurden nicht erfasst (vgl LK-*Bauer/Gmel* Rn 10 f).

Straflos blieb ferner die nachträgliche Belohnung einer Stimmabgabe, also sog. „Dankeschön-Spenden" (*Francuski* HRRS 2014, 220 [221]; S/S-*Eser* Rn 10). Regelungsbedarf ergab sich zudem aus dem Umstand, dass die geltende Regelung zum einen hinter internationalen Vorgaben zurückblieb, und zum anderen aus der gesetzgeberischen Handlungsbedarf konstatierenden Entscheidung des Bundesgerichtshofes, dass kommunale Mandatsträger keine Amtsträger im Sinne des § 11 I Nr. 2 StGB sind (BGHSt 51, 45 [49 ff]; BGH NStZ 2007, 36 f; vgl BT-Drucks. 18/476, 5).

2   II. Zu den Tatbestandsmerkmalen sowie zur Vereinbarkeit mit internationalen Vorgaben und den Vorschriften der §§ 331 ff, 299 StGB vgl BT-Drucks. 18/476, 6 ff; BGH NStZ 2015, 450 ff m.Anm. *Becker*; *Francuski* HRRS 2014, 220 (225 ff); *Trips-Hebert* JR 2015, 372; krit. *Sinner* Kargl-FS 559 ff.

Fünfter Abschnitt Straftaten gegen die Landesverteidigung

Vorbemerkung zu den §§ 109–109 k

1   Die Delikte des fünften Abschnitts des StGB dienen dem **Schutz** der Landesverteidigung vor bestimmten Angriffen gegen personelle Verteidigungskräfte (§§ 109 f, 109 h) und sachliche Verteidigungsmittel (§ 109 e) sowie vor Beein-

trächtigungen ihrer Funktionsfähigkeit (§§ 109 d, 109 f, 109 g). Soweit es um Taten gegen oder durch Soldaten geht, sind regelmäßig die Vorschriften des WStG als leges speciales einschlägig (*Otto* BT § 88/3; LK-*Schroeder* Rn 3). Die Bestimmung der Wehrpflicht im Rahmen des § 109 I richtet sich nach den §§ 1-3 WehrpflG (MK-*Müller* § 109 Rn 10; LK-*Schroeder*). Zum Begriff der Landesverteidigung vgl *Müller* NStZ 2002, 633 ff.

§ 109 Wehrpflichtentziehung durch Verstümmelung

(1) Wer sich oder einen anderen mit dessen Einwilligung durch Verstümmelung oder auf andere Weise zur Erfüllung der Wehrpflicht untauglich macht oder machen läßt, wird mit Freiheitsstrafe von drei Monaten bis zu fünf Jahren bestraft.

(2) Führt der Täter die Untauglichkeit nur für eine gewisse Zeit oder für eine einzelne Art der Verwendung herbei, so ist die Strafe Freiheitsstrafe bis zu fünf Jahren oder Geldstrafe.

(3) Der Versuch ist strafbar.

§ 109 a Wehrpflichtentziehung durch Täuschung

(1) Wer sich oder einen anderen durch arglistige, auf Täuschung berechnete Machenschaften der Erfüllung der Wehrpflicht dauernd oder für eine gewisse Zeit, ganz oder für eine einzelne Art der Verwendung entzieht, wird mit Freiheitsstrafe bis zu fünf Jahren oder mit Geldstrafe bestraft.

(2) Der Versuch ist strafbar.

§§ 109 b und 109 c (weggefallen)

§ 109 d Störpropaganda gegen die Bundeswehr

(1) Wer unwahre oder gröblich entstellte Behauptungen tatsächlicher Art, deren Verbreitung geeignet ist, die Tätigkeit der Bundeswehr zu stören, wider besseres Wissen zum Zwecke der Verbreitung aufstellt oder solche Behauptungen in Kenntnis ihrer Unwahrheit verbreitet, um die Bundeswehr in der Erfüllung ihrer Aufgabe der Landesverteidigung zu behindern, wird mit Freiheitsstrafe bis zu fünf Jahren oder mit Geldstrafe bestraft.

(2) Der Versuch ist strafbar.

§ 109 e Sabotagehandlungen an Verteidigungsmitteln

(1) Wer ein Wehrmittel oder eine Einrichtung oder Anlage, die ganz oder vorwiegend der Landesverteidigung oder dem Schutz der Zivilbevölkerung gegen Kriegsgefahren dient, unbefugt zerstört, beschädigt, verändert, unbrauchbar

macht oder beseitigt und dadurch die Sicherheit der Bundesrepublik Deutschland, die Schlagkraft der Truppe oder Menschenleben gefährdet, wird mit Freiheitsstrafe von drei Monaten bis zu fünf Jahren bestraft.

(2) Ebenso wird bestraft, wer wissentlich einen solchen Gegenstand oder den dafür bestimmten Werkstoff fehlerhaft herstellt oder liefert und dadurch wissentlich die in Absatz 1 bezeichnete Gefahr herbeiführt.

(3) Der Versuch ist strafbar.

(4) In besonders schweren Fällen ist die Strafe Freiheitsstrafe von einem Jahr bis zu zehn Jahren.

(5) Wer die Gefahr in den Fällen des Absatzes 1 fahrlässig, in den Fällen des Absatzes 2 nicht wissentlich, aber vorsätzlich oder fahrlässig herbeiführt, wird mit Freiheitsstrafe bis zu fünf Jahren oder mit Geldstrafe bestraft, wenn die Tat nicht in anderen Vorschriften mit schwererer Strafe bedroht ist.

§ 109 f Sicherheitsgefährdender Nachrichtendienst

(1) [1]Wer für eine Dienststelle, eine Partei oder eine andere Vereinigung außerhalb des räumlichen Geltungsbereichs dieses Gesetzes, für eine verbotene Vereinigung oder für einen ihrer Mittelsmänner
1. Nachrichten über Angelegenheiten der Landesverteidigung sammelt,
2. einen Nachrichtendienst betreibt, der Angelegenheiten der Landesverteidigung zum Gegenstand hat, oder
3. für eine dieser Tätigkeiten anwirbt oder sie unterstützt

und dadurch Bestrebungen dient, die gegen die Sicherheit der Bundesrepublik Deutschland oder die Schlagkraft der Truppe gerichtet sind, wird mit Freiheitsstrafe bis zu fünf Jahren oder mit Geldstrafe bestraft, wenn die Tat nicht in anderen Vorschriften mit schwererer Strafe bedroht ist. [2]Ausgenommen ist eine zur Unterrichtung der Öffentlichkeit im Rahmen der üblichen Presse- oder Funkberichterstattung ausgeübte Tätigkeit.

(2) Der Versuch ist strafbar.

§ 109 g Sicherheitsgefährdendes Abbilden

(1) Wer von einem Wehrmittel, einer militärischen Einrichtung oder Anlage oder einem militärischen Vorgang eine Abbildung oder Beschreibung anfertigt oder eine solche Abbildung oder Beschreibung an einen anderen gelangen läßt und dadurch wissentlich die Sicherheit der Bundesrepublik Deutschland oder die Schlagkraft der Truppe gefährdet, wird mit Freiheitsstrafe bis zu fünf Jahren oder mit Geldstrafe bestraft.

(2) Wer von einem Luftfahrzeug aus eine Lichtbildaufnahme von einem Gebiet oder Gegenstand im räumlichen Geltungsbereich dieses Gesetzes anfertigt oder eine solche Aufnahme oder eine danach hergestellte Abbildung an einen anderen gelangen läßt und dadurch wissentlich die Sicherheit der Bundesrepublik Deutschland oder die Schlagkraft der Truppe gefährdet, wird mit Freiheitsstrafe

bis zu zwei Jahren oder mit Geldstrafe bestraft, wenn die Tat nicht in Absatz 1 mit Strafe bedroht ist.

(3) Der Versuch ist strafbar.

(4) ¹Wer in den Fällen des Absatzes 1 die Abbildung oder Beschreibung an einen anderen gelangen läßt und dadurch die Gefahr nicht wissentlich, aber vorsätzlich oder leichtfertig herbeiführt, wird mit Freiheitsstrafe bis zu zwei Jahren oder mit Geldstrafe bestraft. ²Die Tat ist jedoch nicht strafbar, wenn der Täter mit Erlaubnis der zuständigen Dienststelle gehandelt hat.

§ 109 h Anwerben für fremden Wehrdienst

(1) Wer zugunsten einer ausländischen Macht einen Deutschen zum Wehrdienst in einer militärischen oder militärähnlichen Einrichtung anwirbt oder ihren Werbern oder dem Wehrdienst einer solchen Einrichtung zuführt, wird mit Freiheitsstrafe von drei Monaten bis zu fünf Jahren bestraft.

(2) Der Versuch ist strafbar.

§ 109 i Nebenfolgen

Neben einer Freiheitsstrafe von mindestens einem Jahr wegen einer Straftat nach den §§ 109 e und 109 f kann das Gericht die Fähigkeit, öffentliche Ämter zu bekleiden, die Fähigkeit, Rechte aus öffentlichen Wahlen zu erlangen, und das Recht, in öffentlichen Angelegenheiten zu wählen oder zu stimmen, aberkennen (§ 45 Abs. 2 und 5).

§ 109 k Einziehung

¹Ist eine Straftat nach den §§ 109 d bis 109 g begangen worden, so können
1. Gegenstände, die durch die Tat hervorgebracht oder zu ihrer Begehung oder Vorbereitung gebraucht worden oder bestimmt gewesen sind, und
2. Abbildungen, Beschreibungen und Aufnahmen, auf die sich eine Straftat nach § 109 g bezieht,

eingezogen werden. ²§ 74 a ist anzuwenden. ³Gegenstände der in Satz 1 Nr. 2 bezeichneten Art werden auch ohne die Voraussetzungen des § 74 Abs. 2 eingezogen, wenn das Interesse der Landesverteidigung es erfordert; dies gilt auch dann, wenn der Täter ohne Schuld gehandelt hat.

# Sechster Abschnitt Widerstand gegen die Staatsgewalt

§ 110 (weggefallen)

§ 111 Öffentliche Aufforderung zu Straftaten

(1) Wer öffentlich, in einer Versammlung oder durch Verbreiten von Schriften (§ 11 Abs. 3) zu einer rechtswidrigen Tat auffordert, wird wie ein Anstifter (§ 26) bestraft.

(2) ¹Bleibt die Aufforderung ohne Erfolg, so ist die Strafe Freiheitsstrafe bis zu fünf Jahren oder Geldstrafe. ²Die Strafe darf nicht schwerer sein als die, die für den Fall angedroht ist, daß die Aufforderung Erfolg hat (Absatz 1); § 49 Abs. 1 Nr. 2 ist anzuwenden.

1 I. Die Vorschrift pönalisiert die Aufforderung zu rechtswidrigen Taten. In Ergänzung der allgemeinen Regeln über Anstiftung (§ 26) und versuchte Anstiftung (§ 30 I) setzt sie weder die Einwirkung auf einen bestimmten Adressaten oder Adressatenkreis noch die Ausrichtung auf eine vollständig konkretisierte Tat voraus (*Bloy* JR 1985, 206 [207]; S/S-*Eser* Rn 1). Zusätzlich erfasst Abs. 2 auch die erfolglose Aufforderung zu Vergehen, während nach § 30 I nur die versuchte Anstiftung zu einem Verbrechen strafbar ist. Die hM sieht den Grund für diese Ausdehnung der Strafbarkeit neben der gesteigerten Gefährlichkeit für das Rechtsgut, zu deren Verletzung der Täter auffordert, in der **Gefährdung des inneren Gemeinschaftsfriedens** (BGHSt 29, 258 [267]; BayObLG NJW 1994, 396 [397]; *Fischer* Rn 1; *Nehm* JR 1993, 120 [122]; HKGS-*Pflieger* Rn 1; nur auf das durch die Straftat geschützte Rechtsgut verweisen: MK-*Bosch* Rn 2; NK-*Paeffgen* Rn 2 ff; SK-*Wolters* Rn 2). Durch die öffentliche oder doch quasi-öffentliche Begehungsweise, entzieht sich der Täter in der Regel einer weiteren Einflussnahme und schafft dadurch die Gefahr von unkontrollierbaren kriminellen Aktionen, welche die verbindliche Kraft staatlicher Strafnormen infrage stellen. Insoweit stellt die Tat ein abstraktes Gefährdungsdelikt dar (BGHSt 29, 258 [267]; *Dreher* Gallas-FS 307 [312 f]; krit. und daher für eine möglichst restriktive Auslegung *Paeffgen* Hanack-FS 591 ff).

2 II. Tathandlung ist die Aufforderung zur Begehung einer rechtswidrigen Tat.

3 1. **Auffordern** ist eine Äußerung, mit der erkennbar von einem anderen ein bestimmtes Tun oder Unterlassen verlangt wird. Sie braucht nicht verbal zu erfolgen; schlüssiges Verhalten reicht aus (KG NJW 2001, 2896; NStZ-RR 2002, 10; OLG Oldenburg NJW 2006, 3735 [3736]; LK-*Rosenau* Rn 17). Ernst gemeint braucht die Aufforderung nicht zu sein, allerdings muss sie – dem Auffordernden bewusst (Rn 12) – den Eindruck der Ernsthaftigkeit erwecken können (BGHSt 32, 310 [313]; OLG Frankfurt NStZ-RR 2003, 327 [328]; *Nehm* JR 1993, 120 [122]). Zur Ermittlung des Sinngehaltes ist ein normativer, nicht zwingend am Wortlaut der Äußerung verhaftet bleibender Maßstab anzulegen, der sowohl den gesellschaftlichen als auch den geistigen Hintergrund der Kundgabe miteinbezieht (Beispiel einer solchen Abwägung: OLG Hamm NStZ 2010, 452 f). Auf diese Weise wird dem Gebot der Auslegung iSd freien Meinungsäußerung des Art. 5 I GG Genüge getan (OLG Stuttgart NStZ 2008, 36 [37]). Probleme bereiten in diesem Zusammenhang **allgemein gehaltene Erklärungen und Parolen**, denen – bei verständiger und objektiver Würdigung – trotz zum Teil drastischen,

provozierenden Inhalts der Aufforderungscharakter fehlen kann. Als bloße Unmutsäußerungen, als nur verbale Auflehnung gegen die bestehende Ordnung enthalten sie keine konkreten Handlungsanweisungen und entziehen sich damit der Strafbarkeit nach § 111 (BGHSt 32, 310 ff: „Hängt Brandt"; „Tod dem Klerus"; OLG Karlsruhe NStZ-RR 2004, 254: „Tod den Imperialisten! Tod dem Faschismus!"; SK-*Wolters* Rn 14 c; krit. NK-*Paeffgen* Rn 17). Schwierigkeiten bereitet auch die strafrechtliche Behandlung der **Aufrufe zur Gehorsamsverweigerung und Fahnenflucht** im Rahmen von militärischen Einsätzen der Bundeswehr. Hier ist bereits fraglich, ob das Grundrecht der Meinungsfreiheit aus Art. 5 I GG einem Aufforderungscharakter der Äußerung entgegensteht oder jedenfalls als Rechtfertigungsgrund einzugreifen vermag. Zudem wird in diesen Fällen die Rechtswidrigkeit der jeweiligen Einsätze und damit mittelbar auch die Rechtswidrigkeit der angesonnenen Haupttat (einschließlich möglicher Irrtümer durch die auffordernden Personen) kontrovers diskutiert (vgl KG NJW 2001, 2896 f m. krit. Anm. *Schroeder* JR 2001, 474 f; KG NStZ-RR 2002, 10 f; AG Tiergarten NStZ 2000, 144 [145 f] m. abl. Anm. *Hussels* NStZ 2000, 650 f; *Geppert* Meurer-GS 315 [316 ff]; *Jahn* KJ 2000, 489 ff; ausf. *Busse* NStZ 2000, 631 ff mwN).

Allgemein gilt nach Streichung des § 88 a (Befürworten von Straftaten), dass ein 4 bloßes Anreizen zur Tat, Gutheißen oder Befürworten der Tat nicht mehr mit Strafe bedroht ist. Anders als bei bloßen Meinungsäußerungen muss der „Aufforderung" ein Appellcharakter als konstitutives Kriterium innewohnen, durch den der Täter die Erwünschtheit des angesonnenen kriminellen Geschehens zum Ausdruck bringt (BGHSt 32, 310 [311]; KG NJW 2001, 2896; OLG Stuttgart NStZ 2008, 36 [37]; OLG Celle NStZ 2013, 720 ff, *Ostendorf/Frahm/Doege* NStZ 2012, 529 [532]; aA SK-*Wolters* Rn 14 d). Insofern ist § 111 enger als § 26, dessen „Bestimmen" nach hM jede Beeinflussung des Täters umfasst (KG NStZ-RR 2002, 10; LK-*Rosenau* Rn 9). Enthält eine als Aufforderung gemeinte Äußerung keinen entsprechenden sozialen Sinngehalt, so verbleibt allein ein – auch nach Abs. 2 strafloser – Aufforderungsversuch (*Bloy* JR 1985, 206). Bei der Mitteilung einer fremden Äußerung greift § 111 nur ein, wenn der Mitteilende sie unmissverständlich zu seiner eigenen macht (BGHSt 36, 363 [371]; OLG Frankfurt NStZ-RR 2003, 327 [328]; NK-*Paeffgen* Rn 12). Ohne eine solche Identifizierung kommt allenfalls eine Strafbarkeit des Mitteilenden wegen Beihilfe zu strafbarer fremder Äußerung in Betracht, da es sich bei § 111 auch in der Verbreitungsalternative um ein **persönliches Äußerungsdelikt** handelt (vgl auch BGHSt 29, 258 [266 f]; *Fuhr*, Die Äußerung im Strafgesetzbuch, 2001, 145, 166).

2. Die Aufforderung muss sich an einen **unbestimmten** (nicht individualisierten) 5 **Personenkreis** richten (vgl BayObLG JR 1993, 117 [119]; MK-*Bosch* Rn 11; *Dreher* Gallas-FS 307 [311 ff]). Als Anhaltspunkt für die Abgrenzung dient – entsprechend dem Strafgrund der Vorschrift – die Unüberschaubarkeit der Folgen der Aufforderung, so dass auch der Aufruf „einer von euch soll..." ausreichend sein kann (so auch HKGS-*Pflieger* Rn 4). Die Erklärung muss, um abstrakt gefährlich zu sein, irgendwelche möglichen Adressaten erreichen können, also zumindest in deren Einflussbereich gelangen (BayObLG NJW 1994, 396 [397]; LK-*Rosenau* Rn 18). Weitergehend wird bisweilen die tatsächliche Kenntnisnahme seitens der Adressaten und sogar das inhaltliche Verständnis der Aufforderung verlangt (*Franke* GA 1984, 452 [465 f]; Bedeutung erlangt dieser Streit im Rahmen des § 111 II, der eine vollendete Aufforderung, aber gerade keine auf die Aufforderung zurückgehende Haupttat verlangt). Die unmittelbaren Adressaten brauchen nicht notwendig taugliche Täter der in Aussicht genommenen Tat zu sein (BayObLG NJW 1994, 396 [397]: Aufforderung zur Fahnenflucht an nicht-soldatische Trauergemeinde; NK-*Paeffgen* Rn 14; abl. *Kissel*, Aufrufe zum Ungehorsam und § 111 StGB, 1996, 155).

6 3. Die Aufforderung muss sich gem. § 11 I Nr. 5 auf die **rechtswidrige Verwirklichung eines Straftatbestandes** richten, worunter auch andere Teilnahmeformen (BayObLG NJW 1984, 1366 [1367]; OLG Karlsruhe NStZ 1985, 78; SK-*Wolters* Rn 3; S/S-*Eser* Rn 14: „stellt Barrikaden zur Verfügung"), die Verwirklichung strafbarer Vorbereitungshandlungen oder eines Versuches (Rn 13) fallen (vgl S/S/W-*Fahl* Rn 3 mwN). Dabei muss die angesonnene Haupttat die für ihre rechtliche Einordnung wesentlichen Konturen erkennen lassen (also eine realisierbare Handlungsanweisung darstellen OLG Stuttgart NStZ 2008, 36 [37]; NK-*Paeffgen* Rn 15 mwN), braucht aber nicht im gleichen Umfang wie bei der Anstiftung nach Zeit, Ort oder Objekt konkretisiert zu sein (hM MK-*Bosch* Rn 13; S/S-*Eser* Rn 13; *Paeffgen* Hanack-FS 591 [612] jew. mwN; vgl aber OLG Oldenburg NJW 2006 3735 [3736]). Voraussetzung ist allerdings, dass die Tat im Inland begangen werden soll, auch wenn der Aufgeforderte im Ausland sitzt (vgl S/S/W-*Fahl* Rn 3 mwN). Es genügen somit Appelle, Kaufhäuser in Brand zu setzen, Schaufenster einzuschlagen oder Politiker zu ermorden. Zu unbestimmt ist hingegen die Parole „Widerstand zu leisten" oder der Aufruf zu „Festen, die die Stadt erzittern lassen" (MK-*Bosch* Rn 13; SK-*Wolters* Rn 14 b; zur Problematik der Aufforderung zu Sitzblockaden und zur Schienendemontage bei Castor-Transporten vgl BVerfG NJW 1992, 2688 ff; LG Dortmund NStZ-RR 1998, 139 ff; *Graul* JR 1994, 51 [55 ff]; NK-*Paeffgen* Rn 15 mit Fn 95). Bei öffentlichen Aufrufen, welche die Ankündigung einer Kundgebung mit Demonstrationscharakter mit einem Aufruf zur Begehung von Straftaten verbinden, liegt ein Auffordern iSd § 111 nur dann vor, wenn zeitgleich die Mitteilung eines bestimmten Tatortes und einer bestimmten Tatzeit erfolgt (OLG Stuttgart NStZ 2008, 36 [37]). Für die Aufforderung zu Ordnungswidrigkeiten gilt § 116 OWiG. Der Täter muss ferner zwar nicht zu schuldhaftem, wohl aber zu **vorsätzlichem Tun** auffordern (*Dreher* Gallas-FS 307 [328]; *Paeffgen* Hanack-FS 591 [613 und 616]).

7 4. Die Aufforderung muss öffentlich, in einer Versammlung oder durch Verbreiten von Schriften geschehen.

8 a) **Öffentlich** ist eine Aufforderung erfolgt, wenn sie unabhängig von der Öffentlichkeit des fraglichen Ortes von einem größeren, nach Zahl und Individualität unbestimmten Personenkreis unmittelbar wahrgenommen werden kann (BGHSt 11, 282 ff; OLG Karlsruhe NStZ 1993, 389 [390]; NK-*Paeffgen* Rn 21). An der Unmittelbarkeit der Wahrnehmungsmöglichkeit hinsichtlich des Inhaltes kann es fehlen, wenn das Medium nur zum Kauf angeboten wird (vgl S/S/W-*Fahl* Rn 4, vgl aber hier Rn 10). Maßgeblich ist – wie auch bei den anderen Begehungsweisen –, dass der Täter aufgrund der Unüberschaubarkeit des Adressatenkreises die Wirkungen seiner Aufforderung nicht abzusehen vermag (Hauswandparolen, Piratensender, Internet, Schaufensteraushänge, Plakatanschläge an allgemein zugänglichen Orten, vgl § 74 d IV). Auch Äußerungen in Rundfunk und Fernsehen oder über die Printmedien, etwa durch Anzeigen oder Pressemitteilungen, entsprechen dem Öffentlichkeitserfordernis, wobei in diesen Fällen sowohl eine Strafbarkeit des Verfassers als auch des jeweils verantwortlichen Redakteurs in Betracht kommen kann (vgl BGH NJW 1990, 2828 [2839]; OLG Stuttgart NJW 2004, 622 f; LK-*Rosenau* Rn 36 mwN; *Willms* JR 1984, 120 [121]).

b) Unter einer **Versammlung** ist ein zeitweiliges und räumlich verbundenes Bei- 9
sammensein einer größeren Zahl von Menschen zu einem gemeinsamen Zweck
zu verstehen, wobei grds. auch geschlossene Versammlungen – zB eine Mitgliederversammlung oder eine Betriebsratssitzung – erfasst werden (vgl SK-*Wolters*
Rn 6 – sonst liege bereits eine „öffentliche" Aufforderung vor). In Einklang mit
dem Strafgrund und -charakter des § 111 muss allerdings auch insoweit eine
nicht mehr überschaubare und damit vom Täter nicht mehr kontrollierbare Vielzahl von Personen vorausgesetzt, der Versammlungsbegriff also restriktiv verstanden werden (S/S-*Eser* Rn 7-10; SK- *Wolters* Rn 6; S/S/W-*Fahl* Rn 5; aA BGH
NJW 2005, 689 [691]; *Fischer* Rn 5). Der **gemeinsame Zweck** braucht zwar kein
politischer zu sein, rein persönliche Zusammenkünfte wie Geburtstagsfeiern genügen indes nicht. Nicht erforderlich ist ein Versammlungsleiter.

c) **Schriften** und diesen durch die Legaldefinition des § 11 III gleichgestellte Dar- 10
stellungen **verbreitet**, wer ihre Substanz – und nicht bloß ihren Inhalt – einem
größeren, individuell nicht feststehenden Personenkreis zugänglich macht
(BGHSt 13, 257 [258]; 36, 51 [56]; NK-*Paeffgen* Rn 26; vgl auch S/S/W-*Fahl*
Rn 7). Ausreichend ist dabei – aufgrund der schriftlichen Fixierung und der damit verbundenen Umlauffähigkeit – die Übergabe von auffordernden Schriften
an bestimmte, dem Täter individuell bekannte Dritte, sofern der Auffordernde
mit der Weiterleitung an noch unbekannte Personen rechnet (BGHSt 19, 63 [71];
47, 55 [59]; LK-*Rosenau* Rn 43; krit. NK-*Paeffgen* Rn 26; eine Absicht der Weitergabe verlangt NK-*Herzog* § 74 d Rn 4 mwN; vgl zu § 130 II: BGH NJW
2005, 689 [690] m.Anm. *Stegbauer* NJ 2005, 225; BGH StraFO 2012, 323
[324]). Wird sogar nur ein einzelnes Exemplar mit dem entsprechenden Vorsatz
(des Zugänglichmachens an einen nicht mehr kontrollierbaren Personenkreis)
weitergegeben, so liegt eine gleichermaßen tatbestandsmäßige sog. **Kettenverbrei-
tung** vor, wohingegen man in den sonstigen Fällen von einer **Mengenverbreitung**
spricht. Zu beachten bleibt dabei in beiden Fällen, dass sich der Aufforderungscharakter unmittelbar aus dem Wortlaut der Schrift selbst ergeben muss (BVerfG
NJW 1992, 2688 [2689]; *Kissel*, Aufrufe zum Ungehorsam und § 111 StGB,
1996, 164). Hauptanwendungsfälle sind Bücher, Zeitschriften und vor allem das
Verteilen von Flugblättern.

Der BGH hat den Verbreitungsbegriff – im Rahmen des § 184 III Nr. 1 aF – auch 11
auf die Datenübermittlung im **Internet** ausgedehnt (BGHSt 47, 55 [58 ff]; vgl
auch BGH NStZ 2007, 216 [217] zu § 130 II Nr. 1 a). Danach genügt es für eine
gegenständliche Weitergabe, wenn die inkriminierte Schriftdatei auf dem Rechner eines Internetnutzers – sei es im Arbeitsspeicher oder auf einem dauerhaften
Speichermedium – angelangt ist. Unerheblich ist dabei, ob die Daten an den Nutzer übersandt (upload) oder von diesem heruntergeladen (download) worden
sind (zur Problematik vgl *Conradi/Schlömer* NStZ 1996, 366 ff und 472 ff;
Derksen NJW 1997, 1878 ff; *Kudlich* JZ 2002, 310 [311]; *Löhnig* JR 1997,
496 ff; *Valerius* NStZ 2003, 341 ff; *Hilgendorf/Frank/Valerius*, Computer- und
Internetstrafrecht, 2005). Bedingt durch den raschen technischen Fortschritt verbleibt im Rahmen von Telediensteangeboten allerdings noch eine Vielzahl bisher
weitgehend ungeklärter Fragen. Probleme bereitet etwa die Anwendbarkeit der
Schriftenverbreitungstatbestände auf die Betreiber eines Internetcafés oder auf
den Einsatz von Hyperlinks, durch die der Zugang zu Webseiten mit strafbarem
Inhalt ermöglicht wird (vgl etwa OLG Stuttgart MMR 2006, 387 [388 ff] m. iE
zust. Anm. *Liesching* und *Kaufmann* CR 2006, 545 f; LG Stuttgart CR 2005,
675 f m. zust. Anm. *Kaufmann* und iE zust. Anm. *Köcher* MMR 2005, 717 f;
AG Stuttgart CR 2005, 69 f m. abl. Anm. *Neumann* und *Kaufmann/Köcher*

MMR 2005, 335 f; *Gercke* CR 2006, 844 [849]; *Knupfer/Liesching* MMR 2003, 562 ff; zur Verantwortlichkeit eines Host-Providers für die von Dritten auf dem zur Verfügung gestellten Speicherplatz eingestellten Inhalte vgl LG Stuttgart NStZ-RR 2004, 241 f; *Liebau* Jura 2006, 520 [525 ff]; zur Frage des Tatorts § 9 Rn 22 ff).

12 III. Der **subjektive Tatbestand** verlangt – wie bei § 26 – einen (doppelten) Vorsatz des Auffordernden. Der Täter muss (zumindest mit dolus eventualis) davon ausgehen, dass seine Erklärung ernst genommen wird, mag die Aufforderung auch tatsächlich nicht ernst gemeint sein (BGHSt 32, 310 [313]; OLG Oldenburg NJW 2006, 3735 [3736]; *Fischer* Rn 6; *Nehm* JR 1993, 120 [122]). Der Vorsatz muss ferner die für die Rechtswidrigkeit der Haupttat maßgeblichen Umstände mitumfassen (OLG Celle JR 1988, 433 [435]; *Geerds* JR 1988, 435 [436]; *Schumann* Stree/Wessels-FS 383 [395 f]; aA S/S-*Eser* Rn 16: Kenntnis der Strafrechtswidrigkeit). Bloße (Bewertungs-) Irrtümer über das Unrecht der angesonnenen Haupttat sind daher nach § 17 zu behandeln (AG Tiergarten NStZ 2000, 144 [146] m.Anm. *Hussels* NStZ 2000, 650 [651]; *Busse* NStZ 2000, 631 [634 f]; SK-*Wolters* Rn 7). Abweichend von § 26 fällt auch der agent provocateur unter § 111 (*Fischer* Rn 6 mwN; aA S/S-*Eser* Rn 17: Straflosigkeit mwN).

13 IV. Die Bestrafung nach **Abs. 1** setzt voraus, dass die Aufforderung Erfolg gehabt hat. Es muss daher zu einer ursächlich auf die Einwirkung zurückführbaren rechtswidrigen Tat gekommen sein, wobei den allgemeinen Regeln entsprechend ein mit Strafe bedrohter Versuch ausreicht (LG Dortmund NStZ-RR 1998, 139 [140]; SK-*Wolters* Rn 3; missverständlich LG Mainz NJW 2000, 2220 f). Der die Haupttat Ausführende braucht nach hM nicht unmittelbar durch die Aufforderung motiviert worden zu sein; es genügt deren Vermittlung durch dritte Personen (*Dreher* Gallas-FS 307 [327]; SK-*Wolters* Rn 4; LK-*Rosenau* Rn 60; krit. MK-*Bosch* Rn 19; NK-*Paeffgen* Rn 22 f). Die notwendige Kausalität fehlt, wenn die Tat nur Folge der durch die Aufforderung hervorgerufenen allgemeinen Aufregung war. Der Auffordernde ist wie ein Anstifter (§ 26) zu bestrafen, wobei die erfolgreiche Aufforderung zu einer Beihilfehandlung als nur mittelbare Förderung der Haupttat die obligatorische Strafmilderung der §§ 27 II, 49 I nach sich zieht. Insofern sind die Grundsätze der Anstiftung zur Beihilfe (sog. Kettenbeihilfe, vgl Vor §§ 25-31 Rn 8) entsprechend heranzuziehen (S/S-*Eser* Rn 14). Bei der Aufforderung zu Teilnahmehandlungen muss es stets zumindest zu einem strafbaren Versuch der Haupttat gekommen sein; andernfalls blieb der Aufruf des Täters erfolglos (AK-*Zielinski* Rn 17).

14 V. Kriminalpolitisch wichtiger ist **Abs. 2**, der in Erweiterung des § 30 auch die erfolglose Anstiftung zu einem Vergehen unter Strafe stellt. Ihrem Wortlaut entsprechend („die Aufforderung...") meint die Vorschrift nicht den bloßen Handlungsversuch, zu Straftaten aufzufordern. Straflos bleibt somit die aufgezeichnete, aber nicht gesendete Rede ebenso wie die objektiv einen Aufforderungscharakter entbehrende Parole (fehlende Objektivierung des Täterwillens). Anders als § 30, der auch den Versuch des Bestimmens erfasst („zu bestimmen versucht..."), setzt Abs. 2 eine „vollendete" Aufforderung voraus (*Bloy* JR 1985, 206; NK-*Paeffgen* Rn 39). Folglich erfasst § 111 II diejenigen Versuchssituationen, in denen den gedachten Adressaten die Aufforderung zwar zuging, die erstrebte Haupttat aber gänzlich ausgeblieben, nur bis zum straflosen Vorbereitungsstadium gediehen oder im Falle ihrer Verwirklichung nicht auf den Auffordernden zurückführbar ist, etwa weil die Aufforderung auf einen bereits zur Tat Entschlossenen stieß (RGSt 65, 200 [202]; *Fischer* Rn 8).

Die Regelung des Abs. 2 sieht eine **eigenständige Strafandrohung** – Freiheitsstrafe 15
bis zu fünf Jahren oder Geldstrafe – vor, wobei jedoch der in seinem Höchstmaß
nach § 49 I Nr. 2 gemilderte Strafrahmen der Haupttat die Obergrenze bildet.
Vor allem bei der Aufforderung zu schwersten Delikten führt diese Regelung zu
Friktionen mit § 30 (krit. daher *Dreher* Gallas-FS 307 [324 ff]; *Fischer* Rn 8).

Unklar ist, ob Abs. 2 auch im Falle einer **erfolglosen Aufforderung zur Anstiftung** 16
uneingeschränkt Anwendung findet oder ob ein strafwürdiges Verhalten (des
Auffordernden!) vielmehr erst dann vorliegt, wenn der Aufgeforderte seinerseits
zumindest versucht hat, auf einen potenziellen Täter einzuwirken (so LK-*Rosenau* Rn 53; iE zust. NK-*Paeffgen* Rn 39, 46). Gegen eine solche Tatbestandsreduktion spricht allerdings zunächst die allgemeine Wertung des § 30 I S. 1, der
bei Verbrechenstatbeständen ausdrücklich die nur versuchte Anstiftung zur Anstiftung unter Strafe stellt, eine entsprechende tatbestandliche Einschränkung
aber gerade vermissen lässt. Darüber hinaus würde die vorverlagernde Funktion
des § 111 II missachtet, der die Strafandrohung ins kommunikative Vorfeld erweitert (vgl auch MK-*Bosch* Rn 12). Ebenso uneingeschränkt von Abs. 2 erfasst
wird die erfolglose Aufforderung zu Beihilfehandlungen (OLG Karlsruhe NStZ
1985, 78; BayObLG NJW 1984, 1366 [1367]; *Dreher* Gallas-FS 307 [328]).

VI. Teilnahme an § 111 ist nach den gleichen Grundsätzen möglich wie Teilnah- 17
me an Anstiftung und Beihilfe (vgl BGHSt 29, 258 [266 f]; SK-*Hoyer* Vor § 26
Rn 30). Erfasst werden auch Beihilfehandlungen zu Taten nach Abs. 2, der sich
als selbstständiger Straftatbestand insoweit gerade von § 30 unterscheidet und
dessen Strafbarkeitsgrenzen erweitert (A verschafft dem Redner B das Mikrofon,
dessen Aufforderung bleibt jedoch ohne Erfolg). Im Hinblick auf das – iSd hM
– zusätzliche Rechtsgut des inneren Gemeinschaftsfriedens, zu dessen abstrakter
Gefährdung auch der Gehilfe nicht unwesentlich beiträgt, erscheint dieses Ergebnis auch materiell gerechtfertigt (BGHSt 29, 258 [266 f]; *Arzt/Weber/Heinrich/
Hilgendorf* § 44/42; MK-*Bosch* Rn 34; aA NK-*Paeffgen* Rn 45: Straffreiheit der
Beihilfe zur erfolglosen Aufforderung).

VII. Die **Rechtswidrigkeit** richtet sich nach der angesonnenen Haupttat, eine 18
Rechtfertigung etwa aufgrund zulässigen Verteidigungshandelns oder nach Art. 5
GG ist möglich (vgl BGH NJW 1982, 2508 [2509]; KG NJW 2001,
2896 m.Anm. *Gritschneder* und krit. Anm. *Schroeder* JR 2001, 474 f; AG Tiergarten NStZ 2000, 144 [145] m. abl. Anm. *Hussels* NStZ 2000, 650 f: dort bereits Tatbestandsausschluss durch Art. 5 I GG; vgl auch LG Mainz NJW 2000,
2220 [2221], wo das Gericht zutreffend eine Rechtfertigung aus Art. 5 III GG
ablehnt). Bei der **Berichterstattung in den Medien** schützt die Informationsfreiheit des Art. 5 I S. 2 GG den verantwortlichen Redakteur jedenfalls dann vor
einer Strafbarkeit wegen Beihilfe zu § 111, wenn er sich – etwa durch eine entschärfende Begleiterklärung – von der publizierten Aufforderung distanziert und
dadurch der berichtende Charakter der Veröffentlichung in den Vordergrund
tritt. Macht sich der Redakteur hingegen zum willfährigen Sprachrohr der inkriminierten Äußerung, so kommt eine Gehilfenstrafbarkeit, bei einer Identifizierung mit dem Inhalt sogar eine mittäterschaftliche Verwirklichung in Betracht
(*Willms* JR 1984, 120 [121]; vgl auch BGHSt 29, 258 [269]; 36, 363 [370 ff];
MK-*Bosch* Rn 33; LK-*Rosenau* Rn 28, 72).

VIII. Die Möglichkeit eines strafbefreienden **Rücktritts** sieht § 111 nach hM 19
nicht vor, da mit Aufforderung und Kenntnisnahme bereits eine abstrakte Gefährdung der Friedensordnung und damit insoweit eine vollendete, nicht mehr
rücktrittsfähige Tat vorliege (*Dreher* Gallas-FS 307 [313]; *Fischer* Rn 8; LK-*Ro-

senau Rn 73; aA SK-*Wolters* Rn 15; NK-*Paeffgen* Rn 41). Die von der Gegenmeinung befürwortete analoge Anwendung des § 24 II bzw § 31 dürfte freilich – was ihre Anhänger auch einräumen – regelmäßig an der faktischen Unmöglichkeit scheitern, sämtliche Wirkungen der Aufforderung durch eine spätere „umgekehrte" Einflussnahme zu widerrufen, so dass beide Ansichten überwiegend zu den gleichen Ergebnissen gelangen (AK-*Zielinski* Rn 18).

20 IX. Mit Rücksicht auf das – nach hM – zusätzliche Rechtsgut des inneren Friedens ist ein **Strafantrag** selbst dann nicht erforderlich, wenn sich die Aufforderung auf die Begehung von Antragsdelikten richtet (OLG Stuttgart NJW 1989, 1939 [1940]; S/S-*Eser* Rn 22; aA SK-*Wolters* Rn 9 b; AK-*Zielinski* Rn 23).

21 X. Konkurrenzen: Wird durch die Aufforderung die Begehung mehrerer strafbarer Delikte veranlasst, so ist gleichwohl nur wegen einer Tat nach § 111 I zu strafen. Wegen des grds. bestehenden Alternativverhältnisses zwischen § 111 und §§ 26, 30 (vgl bereits § 26 Rn 26) ist eine tatbestandliche Überschneidung nur in Ausnahmefällen denkbar, so etwa, wenn sich der Auffordernde zugleich an bestimmte und unbestimmte Adressaten wendet (vgl S/S/W-*Fahl* Rn 14; HKGS-*Pflieger* Rn 16). Im Hinblick auf das (nach hM) zusätzliche Rechtsgut des Gemeinschaftsfriedens stehen beide Anstiftungsformen dann in Idealkonkurrenz zueinander (LK-*Rosenau* Rn 75; für Subsidiarität L-Kühl-*Heger* Rn 10; NK-*Paeffgen* Rn 47). Tateinheit ist ferner möglich mit §§ 80 a, 89, 125 I Alt. 3, 129 ff, 130, 140 Nr. 2.

§ 112 (weggefallen)

§ 113 Widerstand gegen Vollstreckungsbeamte

(1) Wer einem Amtsträger oder Soldaten der Bundeswehr, der zur Vollstreckung von Gesetzen, Rechtsverordnungen, Urteilen, Gerichtsbeschlüssen oder Verfügungen berufen ist, bei der Vornahme einer solchen Diensthandlung mit Gewalt oder durch Drohung mit Gewalt Widerstand leistet oder ihn dabei tätlich angreift, wird mit Freiheitsstrafe bis zu drei Jahren oder mit Geldstrafe bestraft.

(2) [1]In besonders schweren Fällen ist die Strafe Freiheitsstrafe von sechs Monaten bis zu fünf Jahren. [2]Ein besonders schwerer Fall liegt in der Regel vor, wenn
1. der Täter oder ein anderer Beteiligter eine Waffe oder ein anderes gefährliches Werkzeug bei sich führt, um diese oder dieses bei der Tat zu verwenden, oder
2. der Täter durch eine Gewalttätigkeit den Angegriffenen in die Gefahr des Todes oder einer schweren Gesundheitsschädigung bringt.

(3) [1]Die Tat ist nicht nach dieser Vorschrift strafbar, wenn die Diensthandlung nicht rechtmäßig ist. [2]Dies gilt auch dann, wenn der Täter irrig annimmt, die Diensthandlung sei rechtmäßig.

(4) [1]Nimmt der Täter bei Begehung der Tat irrig an, die Diensthandlung sei nicht rechtmäßig, und konnte er den Irrtum vermeiden, so kann das Gericht die Strafe nach seinem Ermessen mildern (§ 49 Abs. 2) oder bei geringer Schuld von einer Bestrafung nach dieser Vorschrift absehen. [2]Konnte der Täter den Irrtum nicht vermeiden und war ihm nach den ihm bekannten Umständen auch nicht zuzumuten, sich mit Rechtsbehelfen gegen die vermeintlich rechtswidrige Dienst-

handlung zu wehren, so ist die Tat nicht nach dieser Vorschrift strafbar; war ihm dies zuzumuten, so kann das Gericht die Strafe nach seinem Ermessen mildern (§ 49 Abs. 2) oder von einer Bestrafung nach dieser Vorschrift absehen.

I. Allgemeines: Die Vorschrift dient nach hM einem **doppelten Zweck:** Sie soll einerseits staatliche Vollstreckungshandlungen sichern, andererseits aber auch das zur Vollstreckung berufene Organ schützen (vgl BGHSt 21, 334 [365]; M/R-*Dietmeier* Rn 1; S/S-*Eser* Rn 2; abl. im Hinblick auf den Schutz des Organwalters NK-*Paeffgen* Rn 7; aA – mit Auswirkungen auf die Konkurrenzen – *Deiters* GA 2002, 259 ff; krit. zur Notwendigkeit des Tatbestandes *Hoffmann-Holland/Koranyi* ZStW 2015, 913 [930 ff]). Das 44. Gesetz zur Änderung des Strafgesetzbuchs – Widerstand gegen Vollstreckungsbeamte – brachte eine Anhebung der Strafobergrenze (*Steinberg/Zetzmann/Dust* JR 2013, 7; zu deren praktischer Irrelevanz *Zopfs* GA 2012, 259 [262 f]) von zwei auf drei Jahre Freiheitsstrafe sowie die Einbeziehung des gefährlichen Werkzeugs in die Regelbeispiele (krit. zur Reform *Bosch* Jura 2011, 268; *Caspari* NJ 2011, 318 [327ff]; *Messer* NK 2011, 2 [3 f]; *Singelnstein/Puschke* NJW 2011, 3473 ff).

1

Deliktsaufbau:
  A) Tatbestand:
    I. Objektiver Tatbestand:
      1. Opfer: Zur Vollstreckung berufener Amtsträger (Rn 2 f)
      2. Tatsituation: bei der Vornahme einer Vollstreckungshandlung (Rn 4 ff)
      3. Rechtmäßigkeit der Vollstreckungshandlung (Rn 17 ff)
      4. Tathandlungen:
        a) Alt. 1: Widerstandleisten mit Gewalt oder durch Drohung mit Gewalt (Rn 10 ff) und/oder
        b) Alt. 2: Tätlicher Angriff (Rn 14 f)
    II. Subjektiver Tatbestand:
      1. Vorsatz bzgl Abs. 1 S. 1, 2 und 4 (Rn 16)
      2. ggf Irrtum über die Rechtmäßigkeit der Vollstreckungshandlung (Rn 29 ff)
  B) Rechtswidrigkeit
  C) Schuld
  D) ggf besonders schwerer Fall nach Abs. 2 (Rn 32 ff)

II. Tatbestand

1. Personenkreis: a) Geschützt sind **Amtsträger** (§ 11 I Nr. 2) und **Soldaten der Bundeswehr,** die zur Vollstreckung des Staatswillens (der sich in Gesetzen, Rechtsverordnungen, Urteilen, Gerichtsbeschlüssen oder Verfügungen äußern kann) berufen sind. Exemplarisch: Gerichtsvollzieher (BGHSt 5, 93) und Polizeibeamte, nicht aber Mitarbeiter der Jugendgerichtshilfe (vgl *Zöller* JA 2010, 161 [162]). Über Art. 7 II Nr. 5 des Vierten StrÄndG werden auch Soldaten und Beamte der in Deutschland stationierten NATO-Truppen geschützt. Der Kreis der geschützten Personen wird durch § 114 erweitert (vgl dort). Zur **Vollstreckung berufen** bedeutet, befugt zu sein, im Einzelfall den Staatswillen zu verwirklichen und notfalls mit Zwang durchzusetzen (Rn 4 ff).

2

b) Der **Täterkreis** ist nicht auf Personen beschränkt, die von der Vollstreckungsmaßnahme betroffen sind; vielmehr kann jeder Täter sein, der den Tatbestand verwirklicht (hM, vgl LK-*v. Bubnoff,* 11. Aufl., Rn 50; S/S-*Eser* Rn 60 mwN; aA

3

LK-*Rosenau* Rn 75 mwN; hinsichtlich des Widerstandleistens SK-*Wolters* Rn 16; *Sander* JR 1995, 491 [492 ff]: Anwendbarkeit von § 240).

4 2. **Diensthandlung:** Das Merkmal **Vornahme einer solchen Diensthandlung** bezieht sich auf die Befugnis des Beamten „zur Vollstreckung" von Gesetzen usw. Daher wird die fragliche Diensthandlung auch als **Vollstreckungshandlung** bezeichnet (dazu *Zöller* JA 2010, 161 [162]).

5 a) Unter einer Vollstreckungshandlung in diesem Sinne ist die **Verwirklichung** des **bereits konkretisierten Staatswillens** zu verstehen. Das heißt: Der Staatswille muss von dem Beamten kraft seines Amtes durch einen staatshoheitsrechtlichen Akt notfalls einseitig verwirklicht und mit Zwang durchgesetzt werden können (hM, vgl nur BGHSt 25, 313 [314 f]; NK-*Paeffgen* Rn 18 mwN). Wesentliches Kriterium für die Vollstreckungshandlung ist also ihre **unmittelbare zwangsweise Durchsetzbarkeit**. Bei Soldaten der Bundeswehr kann sich diese Befugnis insbesondere aus den Regeln des UZwGBw ergeben (vgl KG NStZ 2004, 45 [46 f]). Fehlt dem Amtsträger die rechtliche Möglichkeit, unmittelbaren Zwang anzuwenden, ist das Verhalten auch dann keine tatbestandsmäßige Vollstreckungshandlung, wenn es ansonsten um die Regelung eines Einzelfalles geht (vgl SK-*Wolters* Rn 5 mwN); exemplarisch: polizeiliche Vernehmung eines Beschuldigten oder informatorische Befragung von Straßenpassanten.

6 b) Von den Vollstreckungshandlungen **abzugrenzen** sind dienstliche Tätigkeiten, die sich in der Anwendung von Gesetzen (zB Erlass eines Bußgeldbescheids) erschöpfen (S/S-*Eser* Rn 10). Solche **schlichten Gesetzesanwendungen** sind keine Diensthandlungen iSd Tatbestands. Zu den typischen polizeilichen Tätigkeiten, die nicht einschlägig iSd Tatbestands sind, gehören ferner polizeiliche Streifenfahrten oder die Begleitung bzw Beobachtung eines Demonstrationszuges (BGHSt 25, 313 [314]; *Keller* Kriminalistik 2006, 348 [349]; *Trüg* JA 2002, 214 [221]). In diesen Fällen **bloßer präventiv-polizeilicher Tätigkeit** geht es nicht um die Durchsetzung einer bereits konkretisierten staatlichen Entscheidung (vgl KG StV 1988, 437; NStZ 1989, 121). Gleichfalls nicht einschlägig ist der Streifengang von Soldaten (BGH GA 1983, 411; weitere Beispiele bei NK-*Paeffgen* Rn 18).

7 c) Die Vollstreckungshandlung setzt **keine bereits erlassene** gerichtliche oder behördliche **Anordnung** voraus. Die Konkretisierung des Staatswillens kann auch durch den hierzu berufenen Beamten selbst erfolgen. Exemplarisch: Im Wege einer allgemeinen Verkehrskontrolle nach § 36 V StVO wird ein Verkehrsteilnehmer von Polizeibeamten angehalten; in der Aufforderung zum Halten liegt der Beginn einer bestimmten, notfalls mit Zwang durchsetzbaren Vollstreckungshandlung (BGHSt 25, 313 [314 f]; OLG Düsseldorf NZV 1996, 458 [459]; LK-*Rosenau* Rn 18). Weitere Beispiele: Betreten eines Gebäudes durch Polizeibeamte zur Festnahme eines Straftäters (BGH NJW 1982, 2081); Durchführung einer polizeilichen Razzia (vgl auch *Keller* Kriminalistik 2006, 348 [349]).

8 d) Das Merkmal **bei** der Vornahme einer Diensthandlung umfasst den **Zeitraum** von deren Beginn bis zur Beendigung (zB vom Betreten bis zum Verlassen eines Spielcasinos zur Ermittlung wegen illegalen Glücksspiels, vgl KG NStZ 1989, 121). Hierbei ist nach der Rspr die Vollstreckungshandlung so lange nicht beendet, wie das Verhalten des Vollstreckungsbeamten nach natürlicher Lebensauffassung noch als Bestandteil der zur Regelung des Einzelfalls ergriffenen Maßnahme angesehen werden kann (BGH NJW 1982, 2081; die Begründung – nämlich: während dieses Zeitraums verdiene der Beamte besonderen Schutz – trägt

jedoch allenfalls mit Blick auf Abs. 2, nicht aber hinsichtlich des Grundtatbestands nach Abs. 1, weil dem Beamten in der fraglichen Zeit der mit höherer Strafandrohung versehene Schutz des § 240 versagt wird, vgl Rn 35; *Bosch* Jura 2011, 268 [270 f]: alle Verhaltensakte, die mittelbar mit der hoheitlichen Tätigkeit zusammenhängen). Der Widerstand (Rn 10 ff) ist nach hM auch dann bei der Vornahme der Vollstreckungshandlung geleistet, wenn er sich erst in diesem Zeitraum **auswirkt** (sog. vorweggenommener Widerstand, vgl BGHSt 18, 133 [135]; LK-*Rosenau* Rn 20; NK-*Paeffgen* Rn 18; krit. MK-*Bosch* Rn 14). Es genügt etwa das Stellen einer Falle, in die der Beamte beim Vollzug der Vollstreckung gerät.

3. **Tathandlungen:** Der Tatbestand nach Abs. 1 kennt **zwei Tatmodalitäten:** das 9
Widerstandleisten mit Gewalt oder durch Drohung mit Gewalt gegen die Diensthandlung einerseits und den tätlichen Angriff bei deren Vornahme andererseits (zum Widerstand durch Dritte *Zöller* JA 2010, 161 [163]; vgl auch Rn 3).

a) Als **Widerstandleisten** ist jedes aktive Verhalten zu verstehen, das darauf gerichtet ist, die Vollstreckungsmaßnahme in der vom Amtsträger gewählten Vorgehensweise zu verhindern oder zumindest zu erschweren (BVerfG NJW 2006, 136; BGHSt 25, 313 [314]; NK-*Paeffgen* Rn 20 mwN). Der Widerstand braucht keinen Erfolg zu haben. Exemplarisch: Einschließen eines Polizeibeamten; Versperren des Weges für ein anfahrendes polizeiliches Einsatzfahrzeug (vgl BayObLG JR 1989, 24). 10

Dass das Widerstandleisten aktiv sein muss, besagt, dass es nicht ausreicht, wenn der Täter ohne Schaffung eines unerlaubten Risikos seine aktive Mitwirkung am Gelingen der Vollstreckungshandlung bloß verweigert; insoweit kann der Beamte unmittelbaren Zwang einsetzen (Rn 5). Beispiel: Der Täter weigert sich, bei einer polizeilichen Durchsuchung ein verschlossenes Zimmer zu öffnen. Jedoch umfasst das Widerstandleisten nach dem Zweck der Norm, die Vollstreckung des Staatswillens und den diesen Staatswillen vollstreckenden Amtsträger zu schützen, das **garantenpflichtwidrige Nichtbeseitigen von Gefahren** bei der Vornahme von Diensthandlungen. Etwa: Der Gerichtsvollzieher betritt das Grundstück des Schuldners und wird von dessen bissigem Hund in Schach gehalten; auch nachdem der Schuldner erkennt, um wen es sich handelt, pfeift er den Hund nicht zurück, um so die Vollstreckung zu verhindern (MK-*Bosch* Rn 20 mit Fn 133; diff. S/S-*Eser* Rn 42; LK-*Rosenau* Rn 24). 11

Die Nötigung zur Vornahme einer Diensthandlung fällt nicht unter § 113. **Kein Widerstandleisten** ist es ferner, wenn der Täter lediglich sein (aktives oder passives) rechtswidriges Verhalten trotz entsprechender polizeilicher Aufforderung nicht beendet. 12

Der Widerstand muss mit Gewalt (Vor § 232 Rn 3 ff) oder Drohung (Vor § 232 Rn 22 ff) geleistet werden. Die **Gewaltanwendung** muss sich nach hM zumindest mittelbar gegen das Opfer richten; reine Sachgewalt wird dem Normzweck entsprechend nicht für ausreichend gehalten (BGHSt 18, 133 [134]; NK-*Paeffgen* Rn 27 mwN; vgl auch BVerfG NJW 2006, 136 und *Bosch* Jura 2011, 268 [271]). Ein Handeln aus bloßer Flucht vor der Polizei erfüllt diese Voraussetzungen nicht (BGH NStZ 2013, 336 f; 2015, 388). Die **Drohung** muss die Ankündigung eines Gewaltakts iSv § 113 zum Gegenstand haben. Hierbei genügt es, wenn für den Fall der Durchführung der Vollstreckungshandlung eine Gewaltmaßnahme nach deren Abschluss in Aussicht gestellt wird. Die Drohung des Täters, sich zu verbrennen, ist mangels angekündigter Gewalt gegen den Vollstre- 13 ckungsbeamten nicht einschlägig (vgl OLG Hamm NStZ 1995, 547 [548]; MK-*Bosch* Rn 45).

14 b) **Tätlicher Angriff** iSd Tatbestands ist jede unmittelbar auf den Körper des Vollstreckungsbeamten gerichtete feindselige Einwirkung (BGH NJW 1982, 2081; MK-*Bosch* Rn 24). Ein Körperverletzungserfolg wird nicht verlangt; daher werden überwiegend auch eine Freiheitsberaubung oder die Abgabe von Schreckschüssen als tätliche Angriffe angesehen (vgl BSG NJW 2003, 164; S/S/W-*Fahl* Rn 8 mwN; aA SK-*Wolters* Rn 15; NK-*Paeffgen* Rn 31: Körperverletzungsversuch erforderlich).

15 Der tätliche Angriff muss nur während der Vollstreckungshandlung („dabei") erfolgen, **nicht** aber einem **Nötigungszweck** dienen; ein Racheakt genügt (vgl *Fischer* Rn 28 mwN; aA NK-*Paeffgen* Rn 31). Widerstandleisten und tätlicher Angriff können durch eine (einheitliche) Handlung begangen werden (zB Zufahren auf Polizisten).

16 4. **Subjektiver Tatbestand:** Für die subjektive Tatseite ist (zumindest bedingter) Vorsatz hinsichtlich der Merkmale des objektiven Tatbestands erforderlich. Zu beachten sind die Konsequenzen, die sich bei möglichen Irrtümern über die Amtsträgereigenschaft oder die Vollstreckungssituation hinsichtlich der Anwendbarkeit von § 240 ergeben (vgl Rn 39 f).

III. Rechtmäßigkeit der Diensthandlung (Abs. 3)

17 1. Abs. 3 S. 1 bestimmt, dass eine Tat nur bei objektiver Rechtmäßigkeit der Vollstreckungshandlung nach § 113 strafbar ist. Diese Regelung ist weitgehend deklaratorisch, da dem Täter gegen rechtswidrige Vollstreckungshandlungen die Notwehrbefugnis zusteht (vgl BGH bei *Holtz* MDR 1980, 984). Es ist jedoch zu beachten, dass im Rahmen einer rechtswidrigen Diensthandlung nicht jede Form der Notwehr rechtfertigend wirkt (vgl OLG Hamm NStZ-RR 2009, 271 ff). Abs. 3 S. 2 trifft diese Regelung auch für den Fall, dass der Täter von der Rechtmäßigkeit der Diensthandlung ausgeht. Da der Versuch des § 113 nicht strafbar ist, hat auch diese Regelung nur klarstellende Bedeutung. Eine mögliche Strafbarkeit nach anderen Vorschriften (zB § 223) wird im Falle der Rechtswidrigkeit der Diensthandlung nicht gesperrt; allerdings sind dann die Notwehrvoraussetzungen zu prüfen.

18 2. Die **Voraussetzungen der Rechtmäßigkeit** einer Vollstreckungshandlung iSv § 113 sind umstritten (Überblick bei *Zöller* JA 2010, 161 [164 ff]):

19 a) Die hM vertritt den sog. **strafrechtlichen Rechtswidrigkeitsbegriff**, der sich auf folgende Faustformel bringen lässt: Eine Diensthandlung ist rechtmäßig, wenn der sie vornehmende Amtsträger sachlich und örtlich zuständig ist, die wesentlichen Förmlichkeiten beachtet und nach pflichtgemäßem Ermessen tätig wird (vgl BGHSt 21, 334 [361 ff]; KG StraFo 2005, 435 [436] mwN; mit zahlreichen Nachweisen S/S/W-*Fahl* Rn 10; W-*Hettinger* Rn 635 ff; zur Verfassungsmäßigkeit des Begriffs BVerfG HRRS 2007, Nr. 1022 m. krit. Anm. *Niehaus/Achelpöhler* StV 2008, 75 ff). Hinter dem strafrechtlichen Rechtmäßigkeitsbegriff steht das Anliegen, den Amtsträger von nicht vorwerfbaren **Irrtümern über die Tatsachengrundlage** seiner Entscheidung zu **entlasten** (vgl zur erzwungenen Duldung einer Blutentnahme durch einen Sanitäter, den die Polizeibeamten in der konkreten Situation ohne Verschulden für einen Arzt halten, BGHSt 24, 125 [130 ff]); **rechtli-**

che **Fehleinschätzungen** sollen sich dagegen **nicht** zu seinen Gunsten auswirken (vgl auch W-*Hettinger* Rn 635 ff). Im Einzelnen gilt:

aa) Der Amtsträger muss sich objektiv in den Grenzen seiner **sachlichen und örtlichen Zuständigkeit** bewegt haben (BGHSt 4, 161 [164]). 20

bb) Er muss die **wesentlichen Förmlichkeiten** – also diejenigen Formvorschriften, die für die Wahrung der Rechte des Betroffenen erheblich und deshalb unerlässlich sind – eingehalten haben (zB §§ 758 a I, IV und V, 759; 802 g II ZPO; §§ 105 II [BayObLG JZ 1980, 109], 114 a, 134, 163 b I iVm § 163 a IV S. 1 StPO [BGH NJW 2002, 3789 f]; § 136 StPO [OLG Celle NJW-Spezial 2012, 600 f]; § 56 II OWiG [OLG Düsseldorf NJW 1984, 1571 f]; ausf. zur Problematik MK-*Bosch* Rn 41 ff; *Gehm* Kriminalistik 2003, 379 ff). 21

cc) Ist dem Amtsträger nach dem jeweiligen Verfahrens- oder Verwaltungsrecht ein Ermessen eingeräumt, so hängt die Rechtmäßigkeit seines Vorgehens davon ab, ob er bei der Prüfung der sachlichen Voraussetzungen sein **Ermessen pflichtgemäß ausgeübt** und seine Diensthandlung hiernach eingerichtet hat (BGHSt 21, 334 [363]; KG StraFo 2005, 435 [436]). Beurteilungen im Rahmen eines unbestimmten Rechtsbegriffs dürfen nicht auf erheblichen Sorgfaltsmängeln beruhen. Objektiv sachgerechte Entscheidungen sind jedoch auch bei subjektiven Fehlern rechtmäßig. 22

dd) Ein **Mindestmaß an sachlicher Richtigkeit** bei eigenen Entscheidungen des Amtsträgers muss gegeben sein; insbesondere muss das Gesetz die konkrete Diensthandlung überhaupt zulassen (BayObLG NJW 1989, 1815). Dies ist vor allem bedeutsam bei Strafverfolgungsmaßnahmen, die in der StPO vorgesehen sein müssen. Soweit der Amtsträger nur eine **anderweitig getroffene Entscheidung** (Urteil, Verwaltungsakt) vollstreckt, kommt es auf deren **Wirksamkeit** und **Vollstreckbarkeit**, nicht aber auf deren materielle Rechtmäßigkeit an. 23

ee) Bei Diensthandlungen, die durch **Weisung** oder auf **Befehl** angeordnet sind, kommt es auf die Rechtmäßigkeit der Anordnung an, es sei denn, diese beruht auf falschen tatsächlichen Voraussetzungen, die dem ausführenden und zur Überprüfung berechtigten Beamten bekannt sind (vgl BGHSt 4, 161 [162 ff]; KG StV 2001, 260 f; *Gehm* Kriminalistik 2003, 379 ff). 24

b) Der sog. strafrechtliche Rechtswidrigkeitsbegriff ist jedoch **Einwänden** ausgesetzt: Da er sich zugunsten des Amtsträgers auswirken soll, bedingt er insoweit eine Schlechterstellung des Täters. So ist es etwa schwer einzusehen, warum der Täter Maßnahmen gegen sich gelten lassen soll, die auf einer dem Amtsträger subjektiv nicht vorwerfbaren Personenverwechslung beruhen. Fehlende objektive Eingriffsvoraussetzungen können nicht durch das Erfordernis pflichtgemäßen Ermessens überspielt werden: Die „Gutgläubigkeit" eines Beamten kann Unrecht nicht in Recht verwandeln (*Roxin* I § 17/9 f mwN). 25

Aufgrund dieser Bedenken wird in der Literatur zunehmend ein sog. **vollstreckungsrechtlicher Rechtmäßigkeitsbegriff** vertreten, der allein darauf abstellt, ob die fragliche Diensthandlung die in den ermächtigenden Gesetzen genannten Voraussetzungen erfüllt (vgl mit unterschiedlichen Ansätzen *Amelung* JuS 1986, 329 [335 ff]; *Bosch* Jura 2011, 268 [273]; NK-*Paeffgen* Rn 41 ff mwN; *Roxin* Pfeiffer-FS 48 ff). Ein „Irrtumsprivileg" von Amtsträgern wird grds. nicht anerkannt. Vielmehr sei ein Irrtum des Amtsträgers nur dann unschädlich, wenn auch eine irrtümliche Sachverhaltseinschätzung die Rechtmäßigkeit des Vorgehens unberührt lasse, wie dies namentlich bei Eingriffen aufgrund von Verdachts- und Prognosetatbeständen der Fall sei (*Roxin* I § 17/12 f). Für diese Lö- 26 sung spricht (vgl *Weber* JuS 1997, 1080 ff), dass das BVerfG für die Sanktionierung (Geldbuße) von Verstößen gegen behördliche Anordnungen nicht auf den strafrechtlichen Rechtswidrigkeitsbegriff, sondern auf die materielle Rechtmäßigkeit der Anordnung abstellt (vgl BVerfGE 87, 399 [408 ff]; 92, 191 [199 ff]).

27 c) Noch über den weiten strafrechtlichen Rechtmäßigkeitsbegriff hinaus geht dagegen der Vorschlag, allein auf die – verwaltungsrechtlich mit fehlender Nichtigkeit gleichzusetzende – Wirksamkeit der Maßnahme abzustellen (sog. **verwaltungsrechtlicher Rechtmäßigkeitsbegriff**, vgl m. abl. Stellungnahme KHH/*Heinrich* BT I Rn 673).

28 3. Die deliktssystematische Einordnung des Merkmals der Rechtswidrigkeit der Diensthandlung ist umstritten (näher MK-*Bosch* Rn 26 ff; *Fischer* Rn 10): Teils wird ein Tatbestandsmerkmal (S/S-*Eser* Rn 20; *Naucke* Dreher-FS 459 [472]), teils eine objektive Strafbarkeitsbedingung (W-*Hettinger* Rn 633), teils eine eigenständige Sonderregelung nach Art eines modifizierten Rechtfertigungsgrundes (*Dreher* Schröder-GS 359 [376]; *Paeffgen* JZ 1979, 516 [521]) angenommen. Dieser Streit ist jedoch praktisch unerheblich, da für den Irrtum die Sonderregelungen des Abs. 3 S. 2 und Abs. 4 gelten.

IV. Irrtum über die Rechtmäßigkeit der Diensthandlung (Abs. 4)

29 Abs. 4 trifft für den Fall, dass sich der Täter über die Rechtmäßigkeit der Diensthandlung irrt, diese also für rechtswidrig hält, eine **abschließende Sonderregelung**. Diese Sonderregelung ist unabhängig davon, ob sich die (vorhandene) Fehlvorstellung auf die tatsächlichen oder normativen Voraussetzungen der Rechtmäßigkeit bezieht. Insoweit ist sowohl die deliktssystematische Einordnung des Rechtswidrigkeitsmerkmals als auch die Einstufung des fraglichen Irrtums als Tatbestands-, Erlaubnistatbestands- oder Verbotsirrtum ohne Belang.

30 Maßgeblich für die Behandlung eines Irrtums nach Abs. 4 ist die Frage, ob dieser Irrtum vermeidbar oder unvermeidbar ist. Zu beachten ist hierbei, dass an die Unvermeidbarkeit gegenüber der Regelung in § 17 insoweit strengere Anforderungen gestellt sind, als es dem Täter obliegt, sich mit Rechtsbehelfen zu wehren, es sei denn, dies sei ihm – etwa wegen eines nicht wiedergutzumachenden Schadens – nicht zuzumuten (MK-*Bosch* Rn 60 ff; NK-*Paeffgen* Rn 80).

31 Abs. 4 **gilt nicht** für den Fall, dass der Täter zwar die Vollstreckungshandlung (zutreffend) für rechtmäßig hält, seine Widerstandsleistung jedoch aus anderen Gründen als erlaubt ansieht. Dann sind die allgemeinen Regeln des Erlaubnistatbestands- bzw Verbotsirrtums anzuwenden.

V. Besonders schwere Fälle (Abs. 2)

32 In Abs. 2 werden zwei besonders schwere Fälle in der Regelbeispieltechnik (hierzu § 46 Rn 17 ff, § 243 Rn 1 ff und *Bosch* Jura 2011, 268 [274 f]) formuliert.

33 1. Das Regelbeispiel in **Nr. 1** verlangt das Beisichführen einer Waffe oder eines anderen gefährlichen Werkzeugs in Verwendungsabsicht.

Waffen sind (nach den Vorgaben in BVerfG NJW 2008, 3627 [3629] m.Anm. *Kudlich* JR 2009, 210 ff; *Wörner* ZJS 2009, 236 ff) im technischen Sinne zu verstehen und damit Gegenstände, die – wie Schuss-, Hieb- und Stoßwaffen – ihrer Konstruktion nach zur Herbeiführung erheblicher Verletzungen allgemein bestimmt sind. Sie sind bereits zu dem Zweck, sich unschwer zur Herbeiführung von Verletzungen einsetzen zu lassen, entwickelt worden (näher § 244 Rn 4 f).

Demgegenüber sind **gefährliche Werkzeuge** waffengleiche Gegenstände, die aufgrund ihrer objektiven Beschaffenheit und der Art ihrer (geplanten) Verwendung geeignet sind, erhebliche Verletzungen herbeizuführen (im Detail umstr., näher hierzu § 244 Rn 6 ff); exemplarisch: ein als Wurfgeschoss mitgeführter Stein (BayObLG JR 1987, 466). Das Tatobjekt verliert seine Eigenschaft als gefährliches Werkzeug nicht dadurch, dass es gegen Polizeibeamte in Schutzkleidung gerichtet wird, da das Regelbeispiel einen tatsächlichen Einsatz nicht voraussetzt und es daher für seine Anwendbarkeit auch nicht auf Schutzmaßnahmen potenzieller Tatopfer ankommt (LG Berlin NStZ 1992, 37 [38]; aA AG Tiergarten NStZ 1991, 493).

Der Täter **führt** die Waffe oder das gefährliche Werkzeug in **Verwendungsabsicht bei sich,** wenn er sich den Gegenstand für die Tatausführung verfügbar hält, um ihn im Bedarfsfall zum Widerstandleisten oder zum tätlichen Angriff einzusetzen (vgl § 244 Rn 27). Es reicht auch aus, wenn sich der Täter erst im Augenblick der Tat entschließt, den Gegenstand oder das Mittel zu benutzen. Die ursprünglichen Motive sind insoweit unbeachtlich (BGH NJW 1995, 2643 [2645]; *Dölling* JR 1987, 467 [468 f]). Der beabsichtigte Gebrauch der Waffe oder des gefährlichen Werkzeugs muss sich dabei auf einen Einsatz gegen Personen richten. In der Kombination von Beisichführen und Verwendungsabsicht wird ein Unsicherheitsfaktor in Bezug auf die richtige Auslegung des gefährlichen Werkzeugs gesehen (*Fahl* Jura 2012, 593 [595 f]): Weder eine Orientierung an § 224 I Nr. 2 helfe weiter, da man die Gefährlichkeit nicht anhand der im Moment des Beisichführens noch gar nicht feststehenden Art der Verwendung beurteilen könne, noch könne das Merkmal iSv §§ 244 I Nr. 1 a, 250 I Nr. 1 a ausgelegt werden, weil bei § 113 II Nr. 1 noch die Verwendungsabsicht hinzutrete.

2. Nach dem Regelbeispiel der **Nr. 2** muss der Täter das Opfer durch eine **Gewalttätigkeit** in die (konkrete) **Gefahr des Todes** (§ 250 Rn 27) oder **einer schweren Gesundheitsschädigung** (§ 250 Rn 13 f) bringen. Unter **Gewalttätigkeit** wird die Anwendung physischer Kraft durch ein unmittelbar gegen den Körper eines Menschen oder gegen eine Sache gerichtetes aggressives Handeln verstanden (BVerfGE 87, 209 [227]; BGHSt 23, 46 [51 ff]; BGH NJW 1995, 2643 [2644]; MK-*Bosch* Rn 76 mwN). Insoweit ist die Definition enger als die des allgemeinen Gewaltbegriffs (vgl § 125 Rn 4 f und Vor § 232 Rn 3 ff); eine Körperverletzung oder Sachbeschädigung muss allerdings nicht eintreten. Der Gefahrerfolg muss vom **Vorsatz** umfasst sein; § 18 gilt hier nicht (hM, vgl § 250 Rn 18 f, ferner BGHSt 26, 176). 34

VI. Verhältnis zur Nötigung und zum Körperverletzungsversuch

1. § 113 I Alt. 1 steht zur Nötigung (§ 240) in einem **Exklusivitätsverhältnis** und bezieht sich auf die spezifische Vollstreckungssituation (näher *Zopfs* GA 2012, 259 [260 ff] mwN, auch zur Gesetzesgeschichte). Infolge der Strafrahmenangleichung (oben Rn 1) wird man § 113 I jedenfalls nicht mehr – entsprechend der früher hM – als Privilegierungstatbestand ansehen können (vgl zum Verhältnis der beiden Delikte auch *Bosch* Jura 2011, 268; *Deiters* GA 2002, 258 [268 ff]; *Fahl* ZStW 124, 311 ff; NK-*Paeffgen* Rn 3 ff; *Zöller* JA 2010, 161 [167]). 35

36   2. Sofern der Täter die Voraussetzungen einer Nötigung nach § 240 erfüllt, § 113 I jedoch nicht verwirklicht ist, sind zwei unterschiedliche Fallgruppen zu unterscheiden:

37   a) Scheitert § 113 an der **fehlenden** spezifischen **Vollstreckungssituation** – der Täter droht zB einer Politesse Gewalt an, wenn sie sein Falschparken notiert –, ist § 240 uneingeschränkt anwendbar.

38   b) Scheitert § 113 dagegen daran, dass die Widerstandsleistung des Täters unterhalb der tatbestandlich vorausgesetzten Schwelle liegt – der Täter droht zB nicht mit Gewalt, sondern „nur" mit einem sonstigen empfindlichen Übel oder wendet Gewalt gegenüber Dritten an –, entfaltet § 113 I, der hier eine abschließende Spezialregelung trifft, eine Sperrwirkung (iE übereinstimmend BGHSt 30, 235 [236] m.Anm. *Jakobs* JR 1982, 206; *Arzt/Weber/Heinrich/Hilgendorf* § 45/25; LK-*Rosenau* Rn 95; *Zopfs* GA 2000, 527 [538 ff]). Nach der (bisherigen) Gegenansicht soll dagegen auch in dieser Fallgruppe § 240 mit der Maßgabe anwendbar sein, dass der Strafrahmen des § 113 nicht überschritten werden dürfe und § 113 III und IV analog anzuwenden seien (vgl OLG Hamm NStZ 1995, 547 [548]; L-Kühl-*Heger* Rn 26). Zur Begründung wird darauf verwiesen, dass eine weitergehende Einschränkung der Nötigung nicht sachgerecht sei und auch den Gesetzesmaterialien nicht entnommen werden könne (vgl *Otto* BT § 91/25).

39   3. Nimmt der Täter irrtümlich an, er leiste gegen die Vollstreckungshandlung eines Amtsträgers Widerstand, so geht er von einer Tatsituation iSv § 113 aus. Durch die Anhebung der Strafobergrenze ist die Frage, ob nur nach § 113 zu bestrafen oder eine Strafbarkeit nach § 240 mit einer Limitierung der Strafe nach den Sätzen des § 113 gegeben sei, obsolet geworden (vgl S/S-*Eser* Rn 52; S/S/W-*Fahl* Rn 9; M-*Schroeder/Maiwald* II § 71/20 f; für gänzliche Straflosigkeit: MK-*Bosch* Rn 67 mwN).

40   4. Wenn der Täter die objektiv gegebenen Tatbestandsvoraussetzungen der Amtsträgereigenschaft und der Vollstreckungshandlung verkennt (**Tatbestandsirrtum**), scheidet § 113 zugunsten von § 240 aus. Dieser Irrtum ist nicht mit dem Irrtum über die Rechtmäßigkeit der Diensthandlung zu verwechseln (vgl Rn 29 ff).

41   5. Nach vorherrschender Ansicht entfaltet § 113 I keine Sperrwirkung gegenüber der (versuchten) Körperverletzung (SK-*Wolters* § 223 Rn 28 b; LK-*Rosenau* Rn 98). Dies wird jedoch mit dem Argument bestritten, jeder tätliche Angriff enthalte notwendigerweise auch eine versuchte Körperverletzung (*Zopfs* GA 2000, 527 [540 ff]; *ders*. GA 2012, 259 [272 f]).

§ 114 Widerstand gegen Personen, die Vollstreckungsbeamten gleichstehen

(1) Der Diensthandlung eines Amtsträgers im Sinne des § 113 stehen Vollstreckungshandlungen von Personen gleich, die die Rechte und Pflichten eines Polizeibeamten haben oder Ermittlungspersonen der Staatsanwaltschaft sind, ohne Amtsträger zu sein.

(2) § 113 gilt entsprechend zum Schutz von Personen, die zur Unterstützung bei der Diensthandlung zugezogen sind.

(3) Nach § 113 wird auch bestraft, wer bei Unglücksfällen oder gemeiner Gefahr oder Not Hilfeleistende der Feuerwehr, des Katastrophenschutzes oder eines Rettungsdienstes durch Gewalt oder durch Drohung mit Gewalt behindert oder sie dabei tätlich angreift.

Die Vorschrift erweitert in den Abs. 1 und 2 den Kreis der durch § 113 geschützten Personen, und zwar in: 1

Abs. 1 um Personen, welche die Rechte und Pflichten eines Polizeibeamten haben, ohne – mangels Anstellungsakts – ein solcher zu sein (zB bestätigte Jagdaufseher, die Berufsjäger sind oder forstlich ausgebildet wurden, vgl § 25 II BJagdG; siehe auch S/S/W-*Fahl* Rn 2); 2

Abs. 2 dient dem Schutz von Personen, die zur Unterstützung einer Diensthandlung iSv § 113 zugezogen sind (zB Zeugen nach §§ 105 II, 106 StPO, 759 ZPO oder von der Polizei mit dem Abschleppen ordnungswidrig abgestellter Fahrzeuge beauftragte Privatunternehmer; vgl S/S-*Eser* Rn 14; *Keller* Kriminalistik 2006, 348). 3

Abs. 3 schützt mit der Rechtsfolge des § 113 Hilfeleistende der Feuerwehr, des Katastrophenschutzes oder eines Rettungsdienstes vor Behinderungen ihrer Hilfstätigkeit und vor tätlichen Angriffen. Die Tatsituation (Hilfe) ist hier also eine andere als bei den Widerstandshandlungen der §§ 113, 114 I, II, die sich auf eine spezifische Vollstreckungslage beziehen; die Erweiterung in Abs. 3 kann nur als legislatorisch systemwidriger Fehlgriff bezeichnet werden, zumal der gewünschte Schutz bereits vollumfänglich durch §§ 240, 223 ff gewährleistet ist. Abs. 3 wie auch Abs. 4 von § 113 sind mangels Vollstreckungssituation nicht anwendbar. Auch entfaltet die Vorschrift aus diesem Grund gegenüber §§ 223, 22 f und 240 keine Sperrwirkung. Wegen der ausdrücklichen Aufzählung der geschützten Personengruppen sind sonstige Hilfeleistende nicht erfasst (vgl *Singelnstein/Puschke* NJW 2011, 3473 [3474]; *Zopfs* GA 2012, 259 [273]). 4

§§ 115 bis 119 (weggefallen)

§ 120 Gefangenenbefreiung

(1) Wer einen Gefangenen befreit, ihn zum Entweichen verleitet oder dabei fördert, wird mit Freiheitsstrafe bis zu drei Jahren oder mit Geldstrafe bestraft.

(2) Ist der Täter als Amtsträger oder als für den öffentlichen Dienst besonders Verpflichteter gehalten, das Entweichen des Gefangenen zu verhindern, so ist die Strafe Freiheitsstrafe bis zu fünf Jahren oder Geldstrafe.

(3) Der Versuch ist strafbar.

(4) Einem Gefangenen im Sinne der Absätze 1 und 2 steht gleich, wer sonst auf behördliche Anordnung in einer Anstalt verwahrt wird.

I. Die Vorschrift soll die **staatliche Verwahrungsgewalt über Gefangene** sichern (vgl BGHSt 6, 304 [312]: Haftrecht des Staates; 9, 62 [64]; SK-*Wolters* Rn 2; *Peglau* NJW 2003, 3256 f). Mitunter wird auch auf die Rechtspflege als (zusätzlich) geschütztes Rechtsgut abgestellt (vgl MK-*Bosch* Rn 2; *Helm*, Das Delikt der Gefangenenbefreiung, 2010, 52 f). 1

In Abs. 2 wird ein **Qualifikationstatbestand** für Amtsträger (§ 11 Rn 13 ff) normiert (unechtes Sonderdelikt). Probleme bereitet dabei die Frage, ob die erhöhte Strafandrohung des § 120 II nicht nur bei einem aktiven Tun des Amtsträgers, sondern auch in Unterlassungskonstellationen eingreifen soll, in denen dem Täter „lediglich" ein pflichtwidriges Untätigbleiben vorgeworfen werden kann. Die überwiegende Zahl der Autoren hält § 13 I auch in den Fällen des § 120 II für uneingeschränkt anwendbar, so dass ein Aufsichtspflichtiger selbst dann qualifiziert nach Abs. 2 zu bestrafen wäre, wenn er den über die Anstaltsmauer kletternden Häftling zwar beobachtet, ihn jedoch nicht an seiner Flucht hindert (*Arzt/Weber/Heinrich/Hilgendorf* § 45/61; S/S-*Eser* Rn 20 mwN; aA *Siegert* JZ 1973, 308 [310]; AK-*Zielinski* Rn 31: unzulässige Doppelverwertung). Innerhalb der hM wiederum ist umstritten, ob die Strafe des unterlassenden Amtsträgers nach § 13 II gemildert werden kann. Für die Anwendbarkeit dieser fakultativen Strafmilderung spricht, dass § 120 II im Gegensatz zu § 347 aF gerade nicht als echtes Unterlassungsdelikt ausgestaltet ist (ebenso L-*Kühl-Heger* Rn 12; abl. *Cortes-Rosa* ZStW 90, 413 [425 f]; M-*Schroeder/Maiwald* II § 72/15).

II. Tatbestand

2 **Gefangener** ist, wer sich kraft Hoheitsgewalt formell ordnungsgemäß in staatlichem, mit Freiheitsentzug verbundenem Gewahrsam einer zuständigen Behörde befindet (vgl SK-*Wolters* Rn 4 ff). Exemplarisch: Strafgefangene, Untersuchungsgefangene, nach § 127 StPO von einem Strafverfolgungsorgan vorläufig Festgenommene, Inhaftierte nach §§ 51, 70 StPO, 177, 178 GVG, 380, 390, 888, 890 ZPO; nach §§ 16, 90 JGG arrestierte Jugendliche (umfassend dazu *Helm*, Das Delikt der Gefangenenbefreiung, 2010, 87 ff). Die Wahrnehmung des jedermann zustehenden Festnahmerechts nach § 127 I StPO durch eine Privatperson begründet keine Gefangenschaft, da der Private zwar im Interesse des Staates, nicht jedoch als Hoheitsträger tätig wird und daher keine hoheitliche Inobhutnahme gegeben ist. Kein Gefangener ist ferner, gegen wen nur Zwangsmaßnahmen durchgeführt werden (*Helm*, Das Delikt der Gefangenenbefreiung, 2010, 100 ff; L-Kühl-*Heger* Rn 5 mwN). Denn in diesen Fällen handelt es sich lediglich um die Anwendung unmittelbaren Zwanges, durch den eine auf einen gänzlich anderen Zweck gerichtete hoheitliche Maßnahme vollstreckt wird und in dessen Rahmen es regelmäßig und nahezu unvermeidbar zu einer Freiheitsbeschränkung kommt. Es liegt mithin keine zielgerichtete Inobhutnahme und daher auch kein taugliches Gefangenenverhältnis vor. Derartige Vollstreckungsmaßnahmen haben vielmehr mit der Regelung des § 113 einen speziellen (und auch abschließenden) strafrechtlichen Schutz erfahren, dessen Privilegierungen nicht durch eine Anwendung des § 120 unterlaufen werden dürfen.

3 Auf die **materielle Rechtmäßigkeit der Inhaftierung** kommt es nicht an, sondern nur auf die gesetzlich zulässige Form (S/S/W-*Fahl* Rn 4 mwN); zu denken ist etwa an einen unschuldig Verurteilten. Die Gefangenschaft beginnt mit der formell ordnungsgemäßen Ingewahrsamnahme. Sie endet mit der Aufhebung der Unterstellung unter die Staatsgewalt; eine Entlassung in den offenen Vollzug (vgl §§ 3, 7, 11, 13 StVollzG) reicht hierzu grds. noch nicht aus (BGHSt 37, 388 [390 ff]; *Fischer* Rn 4 mwN; aA LK-*Rosenau* Rn 28 f bzgl offenen Vollzugs). Denn auch bei **Vollzugslockerungen** ist – ebenso wie beim sog. mobilen Gewahrsam (vgl nur KG JR 1980, 513; *Kusch* NStZ 1985, 385 [386]) – stets allein maßgeblich, ob eine Flucht des Häftlings physisch verhindert werden könnte, also ein materielles, die körperliche Bewegungsfreiheit beschränkendes Gewahrsamsverhältnis

noch fortbesteht. Der Gefangenenstatus endet dementsprechend, wenn sich der Häftling ohne jedwede Aufsicht außerhalb der Anstaltsmauern aufhalten darf (so beim Freigang und Ausgang, § 11 I Nr. 2 StVollzG, sowie beim Urlaub, §§ 13, 35 StVollzG). Insbesondere der **Hafturlauber** ist somit **kein taugliches Tatobjekt** iSd § 120. Folge dieser Sicht ist zB, dass keine strafbare Gefangenenbefreiung vorliegt, wenn ein Dritter den in einer unbeaufsichtigten Vollzugslockerung befindlichen Häftling überredet, nicht mehr in die Justizvollzugsanstalt zurückzukehren. In diesen Fällen kommt allein eine Strafbarkeit nach § 258 II in Betracht (hM, S/S-*Eser* Rn 6, 10; LK-*Rosenau* Rn 25 ff; iE auch NK-*Ostendorf* Rn 6 und 11, der in diesen Fällen kein tatbestandliches „Befreien" annimmt). Die **Gegenmeinung** plädiert für eine „vollzugsrechtliche" Auslegung des Gefangenenbegriffs, die die amtliche Gewalt auch während freier Vollzugsformen fortbestehen lässt. Für diese Sicht sollen zunächst die fortbestehenden Einflussmöglichkeiten der Anstaltsleitung (Weisungsrechte nach § 14 I StVollzG; disziplinarrechtliche Ahndung von Verstößen nach §§ 102 ff. StVollzG sowie weiterhin die Überlegung sprechen, dass Vollzugslockerungen gerade auch der Erreichung der in §§ 2 und 3 StVollzG niedergelegten Vollzugsziele dienten und daher jedwede (diese Ziele gefährdende) Einflussnahme Dritter einschränkungslos unter Strafe gestellt werden müsse (*Fischer* Rn 4; *Rössner* JZ 1984, 1065 [1066 ff]; *Schaffstein* Lackner-FS 795). Abgesehen jedoch davon, dass § 120 lediglich mittelbar die jeweiligen Vollzugsziele schützt (da andernfalls der Verzicht auf die materielle Rechtmäßigkeit der Verwahrung nicht erklärbar wäre), lässt sich eine solche Auslegung nicht mit dem Wortlaut des § 120 vereinbaren. Rein psychische Fesseln führen nicht zu einer Beschränkung der körperlichen Bewegungsfreiheit und damit auch nicht zu einer „Gefangenschaft" iSd Gesetzes.

2. Tauglicher **Täter** nach Abs. 1 kann jedermann sein. Nur der befreite Gefangene selbst kommt nicht als Täter in Betracht; das bloße „Entweichen" ist nicht tatbestandsmäßig. Dies ergibt sich bei der zweiten und dritten Tatalternative schon aus dem Wortlaut. Aber auch hinsichtlich der ersten Alternative wird das Entweichen nur als nicht strafwürdige Konsequenz der Befreiung aus einer (notstandsähnlichen) Lage verstanden (vgl LK-*Rosenau* Rn 2 mwN; zur geschichtlichen Entwicklung *Gropp*, Deliktstypen mit Sonderbeteiligung, 1992, 240 ff), soweit sie nicht in den Formen des § 121 erfolgt. Eine Anwendbarkeit des Angehörigenprivilegs aus § 258 VI kommt nicht in Betracht. 4

Ein **Mitgefangener** kann Täter sein, sofern sein Beitrag – so die hM – nicht zugleich der eigenen Befreiung dient (vgl BGHSt 17, 369 [373 ff]; NK-*Ostendorf* Rn 9; aA RG GA 59 (1912), 116 [117]; OLG Oldenburg NJW 1958, 1598 f: Strafbarkeit bei gemeinschaftlicher Flucht auch dann, wenn die Hilfe der eigenen Befreiung dient). Das „Selbstbefreiungsprivileg", die straflose Teilnahme am Entweichen eines Mitgefangenen zum Zwecke der Selbstbefreiung, wird dabei deliktssystematisch teils als Tatbestandsausschluss, teils als Entschuldigungs- oder Strafausschließungsgrund behandelt (vgl S/S-*Eser* Rn 15; LK-*Rosenau* Rn 58 f). 5

3. **Befreien** ist das Aufheben der amtlichen Gewalt über den Gefangenen trotz bestehenden (formell wirksamen) Haftrechts; das Mittel der Befreiung – Gewalt, Täuschung, Drohung, Entweichenlassen usw – spielt keine Rolle. Die Befreiung muss nicht gegen den Willen des Gewahrsamshalters geschehen, so dass auch (faktische) Maßnahmen der Vollzugsbehörde einschlägig sein können (*Fischer* Rn 5; *Kusch* NStZ 1985, 385 [387 f]). 6

4. Das **Verleiten** entspricht der Anstiftung iSv § 26, das **Fördern** der Beihilfe iSv § 27. 7

8 a) Verleiten und Fördern sind Teilnahmehandlungen der Selbstbefreiung, die jedoch mangels strafbarer Haupttat ihrerseits straflos wären. In der Tatbestandsfassung des § 120 I sind diese Teilnahmehandlungen deshalb zur Schließung der Strafbarkeitslücke als selbstständige Tathandlungen ausgestaltet worden, mit der Folge, dass an ihnen nach §§ 26, 27 ihrerseits teilgenommen werden kann (vgl S/S-*Eser* Rn 9; LK-*Rosenau* Rn 3, 58). Diese Aufwertung der – ggf erfolglosen – Beteiligung an der Selbstbefreiung hin zur täterschaftlichen Verwirklichung des § 120 weckt vor allem im Hinblick auf den Unrechtsgehalt der jeweiligen Taten Bedenken (skeptisch auch NK-*Ostendorf* Rn 5).

9 b) Nach den Regeln des AT ist die Anstiftung zur Anstiftung (**Kettenanstiftung**) ihrerseits eine Anstiftung (Vor § 25 Rn 8). Demnach müsste auch die Anstiftung zum Verleiten des Entweichens selbst ein Verleiten und damit eine täterschaftliche Verwirklichung des § 120 I sein. Nach hM soll jedoch bei § 120 nur der letzte Akt der Kette – das unmittelbare Verleiten – täterschaftliches Handeln sein, während vorangegangene Anstiftungen nur als Teilnahmehandlungen eingestuft werden (vgl NK-*Ostendorf* Rn 13, 19; LK-*Rosenau* Rn 44, 61). Gleiches soll für die Kettenbeihilfe gelten. Für diese Restriktion spricht, dass die Aufwertung einer bestimmten Teilnahmehandlung zur täterschaftlichen Begehensweise nicht zur Aufhebung der Akzessorietät der Teilnahme insgesamt für das betreffende Delikt führen kann.

10 c) Ob sich ein Gefangener strafbar macht, der (erfolgreich) Dritte zu seiner Befreiung veranlasst, ist umstritten: Nach Ansicht der Rspr geht das Verhalten des Gefangenen über eine bloße Selbstbefreiung hinaus, da der Gefangene zu der (zumindest versuchten) Tatbestandsverwirklichung des Dritten anstiftet (BGHSt 17, 369 [373, 375 f]). Die hL sieht jedoch in der Anstiftung zur Befreiung durch einen Dritten zu Recht nur einen Unterfall der straflosen Selbstbefreiung, da der Gefangene in beiden Fällen nur ein und dasselbe Rechtsgut angreift (*Helm*, Das Delikt der Gefangenenbefreiung, 2010, 357; LK-*Rosenau* Rn 58 f; vgl auch *Herzberg* GA 1971, 1 [10], der auf den akzessorischen Charakter der Anstiftung verweist und im Selbstbefreiungsprivileg ein besonderes persönliches Merkmal iSd § 28 II erblickt).

11 5. Die **Deliktsvollendung** setzt einen Erfolgseintritt, die widerrechtliche uneingeschränkte Aufhebung der Gefangenschaft, voraus; der Gefangene muss zumindest vorübergehend dem staatlichen Gewahrsam vollständig entzogen worden sein und seine Freiheit wiedererlangt haben. An der Rechtswidrigkeit des Erfolgs fehlt es, wenn die Verwahrung durch die zuständige Behörde förmlich korrekt aufgehoben wird, mag die Entscheidung auch dem materiellen Recht widersprechen (BGHSt 37, 388 [392]; *Kusch* NStZ 1985, 383 [387 f]; vgl auch *Nagel* NStZ 2001, 233 f); insoweit kommt § 258 a in Betracht.

12 Das Erfordernis des Erfolgseintritts gilt auch für die Tatvarianten des Verleitens und Förderns; jeweils müssen sie kausal zum gelungenen (rechtswidrigen) Entweichen beigetragen haben. Dies ergibt sich mittelbar aus der Strafbarkeit des Versuchs (Abs. 3).

13 6. Der **subjektive Tatbestand** verlangt (**zumindest bedingten**) Vorsatz.

14 III. Der **Versuch** (Abs. 3) beginnt mit dem unmittelbaren Ansetzen zum Befreien, Verleiten oder Fördern. Es ist nicht erforderlich, dass der Gefangene selbst zum Entweichen ansetzt (vgl BGHSt 9, 62 [63 f]; MK-*Bosch* Rn 37; krit. *Siegert* JZ 1973, 308 [309]). Zur Förderung der Tat durch einen Mitgefangenen, der sich

vorbehält, sich dem Fliehenden später anzuschließen und dessen Tat im Vorfeld fördert (KG NStZ 2009, 698 ff).

IV. Nach **Abs. 4** sind den Gefangenen solche Personen gleichgestellt, die auf behördliche Anordnung in einer Anstalt – zB im Wege des Maßregelvollzugs nach §§ 63, 64, 66 – verwahrt werden (vgl hierzu NK-*Ostendorf* Rn 8). 15

§ 121 Gefangenenmeuterei

(1) Gefangene, die sich zusammenrotten und mit vereinten Kräften
1. einen Anstaltsbeamten, einen anderen Amtsträger oder einen mit ihrer Beaufsichtigung, Betreuung oder Untersuchung Beauftragten nötigen (§ 240) oder tätlich angreifen,
2. gewaltsam ausbrechen oder
3. gewaltsam einem von ihnen oder einem anderen Gefangenen zum Ausbruch verhelfen,

werden mit Freiheitsstrafe von drei Monaten bis zu fünf Jahren bestraft.

(2) Der Versuch ist strafbar.

(3) ¹In besonders schweren Fällen wird die Meuterei mit Freiheitsstrafe von sechs Monaten bis zu zehn Jahren bestraft. ²Ein besonders schwerer Fall liegt in der Regel vor, wenn der Täter oder ein anderer Beteiligter
1. eine Schußwaffe bei sich führt,
2. eine andere Waffe oder ein anderes gefährliches Werkzeug bei sich führt, um diese oder dieses bei der Tat zu verwenden, oder
3. durch eine Gewalttätigkeit einen anderen in die Gefahr des Todes oder einer schweren Gesundheitsschädigung bringt.

(4) Gefangener im Sinne der Absätze 1 bis 3 ist auch, wer in der Sicherungsverwahrung untergebracht ist.

I. Die Vorschrift verfolgt neben der Sicherung der staatlichen Verwahrungsgewalt über Gefangene auch den Schutzzweck des § 113 (NK-*Ostendorf* Rn 3; LK-*Rosenau* Rn 4; vgl auch MK-*Bosch* Rn 1, der zusätzlich auf die Anstaltssicherheit und -ordnung abstellt). 1

Als taugliche **Täter** kommen **nur Gefangene** (§ 120 Rn 2) in Betracht (**echtes Sonderdelikt**). Ihnen werden in Abs. 4 Personen gleichgestellt, die sich in Sicherungsverwahrung (§ 66) befinden (S/S-*Eser* Rn 3; vgl auch LG Verden StV 2006, 696 [697]). 2

II. Der **Tatbestand** ist als zweiaktiges Delikt konstruiert: Die Täter müssen sich zunächst zusammenrotten und sodann mit vereinten Kräften eine der Tatvarianten von Abs. 1 Nr. 1-3 verwirklichen. 3

1. Unter **Zusammenrotten** ist das räumliche Zusammentreten oder Zusammenhalten von wenigstens zwei Gefangenen zu einem äußerlich erkennbar gewaltsamen oder bedrohlichen Zweck zu verstehen (zahlreiche Nachweise bei S/S/W-*Fahl* Rn 4). 4

2. Ein Handeln ist **mit vereinten Kräften** ausgeführt, wenn es der psychischen Grundhaltung der anwesenden anderen an der Zusammenrottung Beteiligten erkennbar entspricht. Ein gemeinschaftliches Handeln ist nicht erforderlich; es ge- 5

nügt aber nicht, wenn ein Gefangener allein handelt, während die nicht anwesenden anderen das Vorgehen nur billigen (S/S-*Eser* Rn 5; NK-*Ostendorf* Rn 10).

6 a) Die erste Tatvariante ist verwirklicht, wenn das (tatbestandlich bezeichnete) Opfer (dazu S/S/W-*Fahl* Rn 6 mwN) **genötigt** (§ 240) oder **tätlich angegriffen** (§ 113 Rn 14 f) wird.

7 b) **Gewaltsames Ausbrechen** ist das (zumindest vorübergehende) Aufheben des Freiheitsentzugs durch Anwendung von Gewalt (Vor § 232 Rn 3 ff) gegen sachliche Verwahrungseinrichtungen oder Personen, die amtliche Verwahrungsmacht ausüben (BGHSt 16, 34 [35]; NK-*Ostendorf* Rn 13). Exemplarisch: Durchschneiden von Drähten; Aufbrechen eines Raumes, um aus ihm Schlüssel und Zivilkleider zur Flucht zu holen (RGSt 49, 429 [430]). Die bloße Verwendung eines Schlüssels oder Dietrichs (ohne Kraftanstrengung) genügt nicht (BGHSt 16, 34 [35]). Bei Personengewalt ist Nr. 2 wegen der spezifischen Zwecksetzung ein Sonderfall zu Nr. 1.

8 Teils wird weitergehend jede Gewaltanwendung gegen Personen (zB auch gegen entgegentretende Mitgefangene) als einschlägig angesehen (*Fischer* Rn 8); teils wird Personengewalt als Ausbruchsmittel ganz verneint und in Abs. 1 Nr. 1 insoweit eine abschließende Regelung gesehen (S/S-*Eser* Rn 11; SK-*Wolters* Rn 11).

9 c) **Zum Ausbruch verhelfen** bedeutet, das Entweichen eines anderen, der sich auch in einem anderen Gebäude befinden kann, zu fördern.

10 3. Abs. 1 Nr. 1 ist mit **Vollendung** der Nötigung bzw dem Beginn des tätlichen Angriffs bereits vollendet. Dagegen setzen die Tatvarianten nach Abs. 1 Nr. 2 und 3 zur Vollendung einen gelungenen Ausbruch voraus (jedenfalls im Verlassen der staatlichen Gewahrsamssphäre; ausf. NK-*Ostendorf* Rn 15 ff mwN).

11 4. Der **subjektive Tatbestand** verlangt (zumindest bedingten) Vorsatz. Gleiches gilt für die Verwirklichung eines Regelbeispiels nach Abs. 3.

12 III. Der **Versuch** ist strafbar (Abs. 2).

13 IV. **Abs. 3** normiert in der Regelbeispieltechnik (vgl § 46 Rn 17 ff, § 243 Rn 1 ff) besonders schwere Fälle. **Schusswaffen** iSv **Nr. 1** sind Geräte, bei denen mechanisch wirkende Geschosse durch einen Lauf getrieben werden können (vgl § 1 II WaffG; BGHSt 24, 136 [138]; näher § 125 a Rn 4). Sie müssen dazu bestimmt und geeignet sein, durch den Abschuss von Munition erhebliche Verletzungen hervorzurufen (BGHSt 4, 125 [127]). Die Merkmale in **Nr. 2 und 3** entsprechen denjenigen des § 113 II (vgl dort Rn 32–34).

§ 122 (weggefallen)

Siebenter Abschnitt Straftaten gegen die öffentliche Ordnung

§ 123 Hausfriedensbruch

(1) Wer in die Wohnung, in die Geschäftsräume oder in das befriedete Besitztum eines anderen oder in abgeschlossene Räume, welche zum öffentlichen Dienst oder Verkehr bestimmt sind, widerrechtlich eindringt, oder wer, wenn er ohne

Befugnis darin verweilt, auf die Aufforderung des Berechtigten sich nicht entfernt, wird mit Freiheitsstrafe bis zu einem Jahr oder mit Geldstrafe bestraft.

(2) Die Tat wird nur auf Antrag verfolgt.

I. Allgemeines

1. Entgegen seiner Einordnung in den 7. Abschnitt des StGB bezweckt § 123 nicht den Schutz der öffentlichen Ordnung. Vielmehr sichert die Vorschrift das **Hausrecht**, worunter die Freiheit verstanden wird, darüber zu entscheiden, wer sich in bestimmten Räumen aufhalten darf (OLG Frankfurt NJW 2006, 1746 [1749]; S/S-*Sternberg-Lieben* Rn 1 mwN).

Nach einer – materiell konkretisierenden – Mindermeinung soll § 123 hinsichtlich des Wohnungsschutzes dem Einzelnen eine räumlich begrenzte höchstpersönliche Privat- oder Geheimsphäre garantieren. Bei Geschäftsräumen soll dagegen zum einen dem Inhaber eine geschäftliche Geheimsphäre gesichert werden; zum anderen soll gewährleistet werden, dass die Arbeitsprozesse in den Räumen nicht durch das Eindringen Unbefugter gestört werden. Bei den öffentlichen Dienst- und Verkehrsräumen sei in ähnlicher Weise ein formalisierter Schutz der staatlichen Geheimsphäre sowie der in den Räumen zu erledigenden Dienste bezweckt (*Kargl* JZ 1999, 930 [934 ff]; NK-*Ostendorf* Rn 6 ff mwN).

2. Der Tatbestand nennt **zwei Modalitäten**: das Eindringen in bestimmte Räumlichkeiten und das Verweilen trotz gegenteiliger Aufforderung. In der zweiten Variante ist § 123 ein **echtes Unterlassungsdelikt**; § 13 gilt nicht. § 123 ist **kein eigenhändiges Delikt**, sondern kann auch ohne eigenes Betreten der Räume mittäterschaftlich oder in mittelbarer Täterschaft begangen werden (L-Kühl-*Heger* Rn 12; MK-*Schäfer* Rn 7).

3. Deliktsaufbau:
   A) Tatbestand:
      I. Objektiver Tatbestand:
         1. Geschützte Räumlichkeit: Wohnung usw (Rn 5 ff)
         2. Tathandlung:
            a) Eindringen: Betreten durch Tun (Rn 11 f) oder garantenpflichtwidriges Unterlassen (Rn 25) gegen den Willen des Berechtigten (Rn 13 ff) oder
            b) Sich-nicht-Entfernen trotz Aufforderung (echtes Unterlassen, Rn 26 f)
      II. Subjektiver Tatbestand: Vorsatz (Rn 28).
   B) Rechtswidrigkeit
   C) Schuld
   D) Strafantrag (Abs. 2).

II. Tatbestand

1. **Geschützte Räumlichkeiten** sind Wohn- und Geschäftsräume, das befriedete Besitztum sowie abgeschlossene Räume, welche zum öffentlichen Dienst oder Verkehr bestimmt sind.

a) **Wohnung** ist ein nach außen abgeschlossener räumlicher Bereich, der einer oder mehreren Personen als Unterkunft dient. Wohnungen in diesem Sinne sind auch Hotelzimmer, Schiffe, Wohnwagen oder Campingzelte, nicht dagegen

Kraftfahrzeuge. Zur Wohnung gehören die ihr funktional zugeordneten Nebenräume, wie zB Treppen, Flure, Keller und Speicher (OLG Schleswig NStZ 2000, 479 [480] m. zust. Anm. *Hellmich* NStZ 2001, 511 ff; NK-*Ostendorf* Rn 21; AnwK-*v. Schlieffen* Rn 4; vgl auch BayObLGSt 2003, 130 [131]; enger *Behm* GA 2002, 153 [163]).

7 b) **Geschäftsräume** sind nach außen abgeschlossene Räumlichkeiten, die bestimmungsgemäß zu beruflichen, gewerblichen, wissenschaftlichen oder künstlerischen Zwecken genutzt werden (OLG Köln NJW 1982, 2740). Exemplarisch: Arztpraxis, Büroraum, Ladenlokal oder Fabrikhalle. Zu den Geschäftsräumen gehören die ihnen funktional zugeordneten Räumlichkeiten (LK-*Lilie* Rn 15 mwN).

8 c) **Befriedetes Besitztum** ist ein gegen willkürliches Betreten durch Schutzwehren gesicherter Grundstücksbereich (OLG Frankfurt NJW 2006, 1746 [1747]; SK-*Stein/Rudolphi* Rn 36). Die Schutzwehren – zB Mauern, Zäune, Hecken – müssen nicht lückenlos sein, wenn nur erkennbar ist, dass Unbefugten der Zutritt verwehrt sein soll; das bloße Aufstellen von Warn- oder Verbotstafeln reicht zur Befriedung nicht aus (BayObLG NJW 1995, 269). Zum befriedeten Besitztum gehören Zubehörflächen von Wohnungen, die selbst nicht Bestandteil der abgegrenzten Räumlichkeiten sind, wie etwa Vorgärten oder Hofräume (HKGS-*Hartmann* Rn 9; S/S-*Sternberg-Lieben* Rn 4, 6 f; vgl auch BayObLGSt 2003, 130 [131]; für Bestandteile der Wohnungen: BayObLG NJW 1995, 269 [271]; *Gössel/Dölling* I § 38/9; gegen die Einbeziehung in den Schutzbereich des § 123 überhaupt: *Amelung* JZ 1986, 247 ff und NJW 1986, 2079 f). Einschlägig sind ferner Friedhöfe, gewerbliche Lagerplätze, Gärten, nicht aber unterirdische Fußgängerpassagen (OLG Frankfurt NJW 2006, 1746 [1747 f]; MK-*Schäfer* Rn 19). Als befriedetes Besitztum werden auch leerstehende und zum Abbruch bestimmte Gebäude angesehen, sofern sich aus den Umständen noch auf einen dem Betreten entgegenstehenden Willen des Berechtigten schließen lässt (OLG Köln NJW 1982, 2674; OLG Stuttgart NStZ 1983, 123; NK-*Ostendorf* Rn 23 mwN).

9 d) Räume sind **zum öffentlichen Dienst bestimmt,** wenn sie der Ausübung von Tätigkeiten aufgrund öffentlich-rechtlicher Vorschriften dienen, wie zB Behördenräume, Universitäten, Wahllokale oder auch Kirchengebäude (vgl BGHSt 30, 350 zum Eindringen in einen Gerichtssaal; OLG Jena NJW 2006, 1892 zum Eindringen in den Erfurter Dom; dazu *Valerius* JuS 2007, 1105 [1107 f]; ausf. *Olizeg,* Hausrecht und Hausfriedensbruch [§ 123 StGB] in Gerichtsgebäuden, 2000, 151 ff; weitere Beispiele bei HKGS-*Hartmann* Rn 10). **Abgeschlossenheit** erfordert eine bauliche Abgrenzung nach außen.

10 e) Räume sind **zum öffentlichen Verkehr bestimmt,** wenn sie allgemein zugänglich sind und für den Personen- oder Gütertransportverkehr genutzt werden. Exemplarisch: Bahnhofshallen, Wartesäle, Flugzeuge, Zugabteile (vgl OLG Hamburg NStZ 2005, 276; zum bloßen Fußgängerverkehr in oder auf unterirdischen Verkehrsflächen vgl OLG Frankfurt NJW 2006, 1746 [1748]; weitere Beispiele bei S/S/W-*Fahl* Rn 5). Geschützt werden auch die Räume privat betriebener Verkehrsunternehmen.

11 **2. Eindringen** ist das Betreten gegen den Willen des Berechtigten (BGH bei *Dallinger* MDR 1968, 551; OLG Jena NJW 2006, 1892; S/S-*Sternberg-Lieben* Rn 11; aA S/S/W-*Fahl* Rn 6; SK-*Stein/Rudolphi* Rn 13: Handeln ohne den Willen des Berechtigten). Hierbei kann der entgegenstehende Wille ausdrücklich erklärt sein, sich aber auch konkludent aus den Umständen ergeben (etwa: Erfordernis

einer Eintrittskarte). Eine rechtswidrige Durchsuchungsanordnung rechtfertigt ein Eindringen nicht, ebenso wenig wie das Befolgen einer rechtswidrigen Weisung (hierzu *Seibert* JA 2008, 31 [35 f] mwN)

a) Für das Eindringen ist nicht erforderlich, dass der Täter mit dem ganzen Körper in die geschützte Räumlichkeit gelangt; der Fuß in der Wohnungstür ist ausreichend (BGH bei *Dallinger* MDR 1955, 144). Dagegen genügt es nicht, wenn der Täter mit der Hand in einen Briefschlitz greift oder Hausbewohner durch nächtliche Telefonanrufe stört (weitere Beispiele bei HKGS-*Hartmann* Rn 15). 12

b) **Berechtigter** iSd Vorschrift ist zunächst der Inhaber des Hausrechts. Das Hausrecht hat inne, wem kraft seiner Verfügungsgewalt das Bestimmungsrecht innerhalb des geschützten Bereichs zusteht. Dies wiederum ist der berechtigte Besitzer. Berechtigter ist ferner derjenige, der aufgrund gesetzlicher Stellvertretung (zB Behördenleiter) zuständig ist oder dem der Hausrechtsinhaber die Wahrnehmung des Rechts übertragen hat (zB Gästen, Hausangestellten). In diesem Fall ist das Einverständnis nur wirksam, wenn es sich im Rahmen der erteilten Ermächtigung bewegt (LK-*Lilie* Rn 37; S/S-*Sternberg-Lieben* Rn 21). Minderjährigen Kindern wird ein stellvertretendes Hausrecht in Relation zu ihrem Alter und ihrer Einsichtsfähigkeit eingeräumt; Geschäftsfähigkeit wird für die Ausübung des Hausrechts nicht verlangt (BGHSt 21, 224; NK-*Ostendorf* Rn 35). 13

Sind **mehrere** (zB Eheleute) berechtigt, so steht jedem von ihnen die Befugnis zur Erteilung des Einverständnisses in das Betreten zu. Ist dies im Einzelfall für den anderen unzumutbar, kann er dem Einverständnis wirksam widersprechen (KG StraFo 2016, 214; MK-*Schäfer* Rn 37 f; zum Fall getrennt lebender Ehegatten vgl *König* FPR 2006, 370 [371]). 14

Im Rahmen von **Mietverhältnissen** steht grds. dem Mieter einer Wohnung auch gegenüber dem Hauseigentümer bis zur Räumung der Wohnung das Hausrecht zu (vgl OLG Hamburg NJW 2006, 2131 f). Es kann sich allerdings aus dem Vertrag ergeben, dass der Hauseigentümer in bestimmtem Umfang das Recht hat, missliebigen Besuchern (zB Landstreichern) den Zutritt zum Haus zu verwehren (vgl LK-*Lilie* Rn 28 ff; nur bei Untermietern und Hotelgästen: S/S-*Sternberg-Lieben* Rn 17; eine solche Möglichkeit generell abl. SK-*Stein/Rudolphi* Rn 15). 15

Ein Hausverbot kann auch durch **Verwaltungsakt** ausgesprochen werden. Ein solches Hausverbot hat jedoch nur strafrechtliche Relevanz, wenn der Verwaltungsakt nicht mehr mit Rechtsbehelfen angefochten werden kann oder für sofort vollziehbar erklärt wurde (hierzu BGH NStZ 1982, 158 [159]; *Fischer* Rn 21 mwN; auf die materielle Rechtmäßigkeit des Verwaltungsakts abstellend: *Bernsmann* Jura 1981, 465 [469 ff]). 16

c) Ein Handeln **mit Willen des Berechtigten** lässt bereits das Tatbestandsmerkmal „eindringen" entfallen (sog. **tatbestandsausschließendes Einverständnis**). Bei fehlenden (ausdrücklichen oder konkludenten) Erklärungen ist eine mutmaßliche Einwilligung zu bedenken; sie kommt allerdings nicht in Betracht, wenn eine Erklärung des Berechtigten eingeholt werden kann. 17

aa) Der Täter kann sich nach hM dann nicht auf ein Einverständnis des Berechtigten berufen, wenn er dieses durch **Nötigung** (Drohung, kompulsive Gewalt) veranlasst hat. 18

bb) Ein durch **Täuschung** erschlichenes Einverständnis ist unbeachtlich, wenn sich der Irrtum des Berechtigten auf die Person und den Zweck des Betretens bezieht. In diesem Fall ist der Täter und nicht der Berechtigte für die Erklärung zu- 19 ständig, so dass der Täter eigenmächtig und nicht mit (dem rechtsverbindlichen) Willen des Berechtigten handelt.

20 Nach einer weitergehenden Ansicht soll jeder Irrtum zur Unwirksamkeit des Einverständnisses führen (OLG München NJW 1972, 2275; *Tag* JuS 1996, 904 [906 f]; auf rechtsgutbezogene Irrtümer beschränkt: *Amelung/Schall* JuS 1975, 565 [566 f]). Demgegenüber hält die wohl hM auch das erschlichene Einverständnis für „faktisch" wirksam (*Eisele* BT I Rn 671; S/S/W-*Fahl* Rn 7; S/S-*Sternberg-Lieben* Rn 22 mwN). Hiergegen spricht jedoch, dass das Recht keine „faktisch" wirksamen Willenserklärungen bei der Ausübung von Rechten, zu denen das Hausrecht zählt, kennt.

21 d) Der Hausrechtsinhaber kann (ausdrücklich oder konkludent) erklären, dass er seine Räumlichkeiten dem **allgemeinen Publikumsverkehr** öffnet, wie dies etwa bei Geschäften, Ausstellungsräumen uÄ der Fall ist (sog. **generelles Einverständnis**). Dies erfolgt in der Regel unter Bedingungen, so etwa, dass der Zutritt zu den Geschäftszeiten und in der sozial üblichen Weise erfolgt; daher begeht einen Hausfriedensbruch, wer mit Masken und Waffen die Schalterhalle einer Bank betritt (vgl OLG Düsseldorf NJW 1982, 2678; *Amelung* NStZ 1985, 457; S/S-*Sternberg-Lieben* Rn 26). Soweit ein privates Grundstück dem öffentlichen Verkehr gewidmet worden ist, kann eine besondere öffentliche Sachherrschaft entstehen, hinter der im Konkurrenzfall die Rechte aus Privatbesitz insoweit zurücktreten, als sie mit der öffentlich-rechtlichen Zweckbindung unvereinbar sind. In diesen Fällen werden mithin die Eigentümerrechte und mit ihnen das Hausrecht durch den – widmungsgemäßen – Gemeingebrauch verdrängt (vgl OLG Frankfurt NJW 2006, 1747 [1749 f] m. Bspr *Jahn* JuS 2007, 191 ff; SK-*Stein/Rudolphi* Rn 37). Während bei Privaträumen dem Hausrechtsinhaber eine willkürliche Ausübung seines Hausrechts zugestanden wird, ist dies bei Geschäftsräumen nicht ohne Weiteres der Fall (zur willkürlichen Abweisung durch Türsteher *Sickor* Jura 2008, 14 [16 ff]).

22 Eine Bedingung des Inhalts, dass generell nur derjenige die Räumlichkeiten betreten dürfe, der nicht die Absicht verfolgt, eine Straftat zu begehen, wird gewöhnlich weder ausdrücklich noch konkludent erklärt. Es lässt sich auch nicht sinnvoll differenzieren zwischen solchen Personen, die bereits mit dem Willen zu stehlen das Geschäft betreten, und solchen Personen, welche die Zueignungsabsicht erst im Geschäft fassen; an beiden Arten von „Kunden" hat der Berechtigte gleichermaßen kein Interesse. Im Betreten eines Geschäfts liegt schließlich auch keine konkludente Erklärung des Täters, nicht stehlen (oder sich sonst strafbar verhalten) zu wollen.

23 Weitergehend soll nach hM ein Betreten auch dann von der generellen Einwilligung erfasst sein, wenn der Geschäftsinhaber **bestimmten Personengruppen** ausdrücklich (zB durch das Schild „Keine Testkäufer") den Zugang untersagt (HKGS-*Hartmann* Rn 18; SK-*Stein/Rudolphi* Rn 27 b; auf einen entgegenstehenden mutmaßlichen Willen des Berechtigten abstellend: LK-*Schäfer*, 10. Aufl., Rn 31 ff). Dies mag praktischen Erfordernissen gerecht werden, ist aber dogmatisch nur schwer zu begründen; die Erklärung des Berechtigten ließe sich allenfalls als ein der Rechtsklarheit und -sicherheit entgegenstehendes widersprüchliches Verhalten einstufen.

24 Der Täter kann sich jedoch (unstr.) nicht auf das generelle Einverständnis berufen, wenn er einem ihm **persönlich erteilten Hausverbot** zuwiderhandelt.

e) Das **Eindringen** kann auch durch **Unterlassen** verwirklicht werden, und zwar 25
unstr. dann, wenn ein Garant pflichtwidrig einen Unbefugten nicht am Betreten
eines Raumes hindert (MK-*Schäfer* Rn 26 mwN). Ein Eindringen durch Unterlassen ist ferner unter dem Aspekt der Ingerenz möglich, etwa bei nachträglichem
Erkennen, einen Raum wider Willen des Berechtigten betreten zu haben, oder
durch Überschreiten einer zeitlich begrenzten Aufenthaltserlaubnis (BGHSt 21,
224 [225 f]; *Heinrich* JR 1997, 89, 97 f; MK-*Schäfer* Rn 26; aA *Herzberg/Hardtung* JuS 1994, 492 [493]; NK-*Ostendorf* Rn 27).

3. Das Merkmal des **Sich-nicht-Entfernens trotz Aufforderung** ist verwirklicht, 26
wenn der Täter einer (ausdrücklichen oder konkludenten, zB durch Klingelzeichen) Aufforderung des Berechtigten zum Verlassen des Raumes nicht unverzüglich Folge leistet, so dass sein Verweilen die Bedeutung eines Widerspruchs zur
Erklärung des Berechtigten hat.

Das Sich-nicht-Entfernen trotz Aufforderung hat gegenüber der Tatvariante des 27
Eindringens **selbstständige** Relevanz, wenn die beim Betreten des Raumes noch
gegebene Befugnis durch die Aufforderung des Berechtigten, den Raum zu verlassen, erlischt. Ist der Täter bereits widerrechtlich in einen Raum eingedrungen,
so ist sein Verweilen iSd zweiten Tatalternative **subsidiär** (BGHSt 21, 224 [225];
OLG Jena NJW 2006, 1892 [1893]; HKGS-*Hartmann* Rn 28).

4. Die Tat ist **Vorsatzdelikt**; dolus eventualis genügt. Die Merkmale **widerrechtlich** und **ohne Befugnis** gehören nicht zum Deliktstatbestand; sie sind nur (überflüssige) Hinweise auf das allgemeine Rechtswidrigkeitserfordernis. Als **Rechtfertigungsgrund** ist speziell an öffentlich-rechtliche Befugnisse (Pfändung, Beschlagnahme, Durchsuchung uÄ) zu denken. 28

III. Konkurrenzen

§ 123 steht

- zu Delikten, die den Hausfriedensbruch **ermöglichen** sollen (zB §§ 223, 29
  265 a, 303), in Tateinheit. Exemplarisch: Um in eine Wohnung eingelassen
  zu werden, schlägt A auf den Hausrechtsinhaber ein;

- zu Delikten, die durch den Hausfriedensbruch **ermöglicht werden** sollen (zB 30
  §§ 177, 242), wie es auch sonst bei Dauerdelikten der Fall ist, in Tateinheit
  (*Fischer* Rn 45; HKGS-*Hartmann* Rn 28; *Kindhäuser* JuS 1985, 100 [104
  f]). Die hM (BGHSt 18, 29 [32 f]; OLG Jena NJW 2006, 1892 [1893]; SK-*Stein/Rudolphi* Rn 43 ff) bejaht hier jedoch Tatmehrheit mit dem Argument,
  bloße Gleichzeitigkeit mehrerer Tatbestandsverwirklichungen begründe
  noch keine Idealkonkurrenz. Exemplarisch: Der Täter betritt widerrechtlich
  einen Raum, um von dort ein Gespräch mit einem Abhörgerät zu belauschen (§ 201 II Nr. 1);

- zu Delikten, die **anlässlich** (gelegentlich) eines Hausfriedensbruchs vorgenommen werden (zB § 185), in Tatmehrheit (hM, vgl MK-*Schäfer* Rn 70 31
  mwN). Exemplarisch: Der aus der Kneipe gewiesene Gast beleidigt den
  Wirt;

- zu Delikten, die **gewöhnlich zusammen** mit einem Hausfriedensbruch begangen werden, in Gesetzeskonkurrenz (Konsumtion); der Hausfriedensbruch tritt hinter das andere Delikt zurück. Exemplarisch: Der Täter begeht
  einen Einbruchsdiebstahl nach §§ 242, 244 I Nr. 3. 32

33 **IV. Strafantrag:** Der Hausfriedensbruch ist Antragsdelikt. Verletzter ist der Hausrechtsinhaber (Rn 13; vgl dazu KG NStZ 2010, 34 f); dessen Vertreter ist nur antragsberechtigt, wenn er auch insoweit mit der Interessenwahrnehmung beauftragt ist (OLG Brandenburg NJW 2002, 693 f).

§ 124 Schwerer Hausfriedensbruch

Wenn sich eine Menschenmenge öffentlich zusammenrottet und in der Absicht, Gewalttätigkeiten gegen Personen oder Sachen mit vereinten Kräften zu begehen, in die Wohnung, in die Geschäftsräume oder in das befriedete Besitztum eines anderen oder in abgeschlossene Räume, welche zum öffentlichen Dienst bestimmt sind, widerrechtlich eindringt, so wird jeder, welcher an diesen Handlungen teilnimmt, mit Freiheitsstrafe bis zu zwei Jahren oder mit Geldstrafe bestraft.

I. Allgemeines

1 Die Vorschrift vereinigt Elemente des Hausfriedensbruchs (§ 123) und des Landfriedensbruchs (§ 125) und hat damit eine **doppelte Zwecksetzung:** Einerseits soll das Hausrecht, andererseits die öffentliche Sicherheit geschützt werden. § 124 ist damit Qualifikationstatbestand zu § 123, schränkt jedoch dessen Garantie des Hausrechts ein: Zum einen wird nur das Eindringen und nicht auch das aufforderungswidrige Verweilen erfasst, zum anderen werden Räume, die zum öffentlichen Verkehr bestimmt sind, ausgeklammert.

II. Tatbestand

2 1. Eine **Menschenmenge** ist eine zahlenmäßig nicht sofort überschaubare Personenmehrheit, bei der es auf das Hinzukommen oder Weggehen eines Einzelnen nicht ankommt (BGHSt 33, 306 [308]; BGH NStZ 1993, 538). Erforderlich sind mindestens 10 Personen (so BGH NStZ 1994, 483; vgl dagegen OLG Düsseldorf NStZ 1990, 339 f).

3 2. Eine **Zusammenrottung** setzt voraus, dass die Menschenmenge in äußerlich erkennbarer Weise von dem gemeinsamen Willen zu bedrohlichem oder gewalttätigem Handeln beherrscht ist (BGH NJW 1954, 1694; LK-*Lilie* Rn 3; NK-*Ostendorf* Rn 11; vgl auch BGH NStZ-RR 2001, 239 [240]). Hierbei ist es ohne Belang, wenn einzelne Personen diese feindselige Willensrichtung nicht teilen. Ein organisiertes Vorgehen wird nicht verlangt.

4 Die Zusammenrottung ist **öffentlich**, wenn sich der Menschenmenge beliebig viele Personen anschließen können (MK-*Schäfer* Rn 14 mwN).

5 3. Damit vom **Eindringen** einer zusammengerotteten Menschenmenge gesprochen werden kann, müssen die Personen, welche die geschützten Räumlichkeiten (hierzu § 123 Rn 5 ff) betreten, ihrerseits eine Menschenmenge bilden. Es müssen also weder alle Personen einer zusammengerotteten Menschenmenge eindringen noch reicht es aus, wenn nur einzelne Personen aus der Menschenmenge in das Innere der Räumlichkeit gelangen (SK-*Stein/Rudolphi* Rn 7 mwN).

6 4. Die Menschenmenge muss (ggf gewaltsam) eindringen, um anschließend die (von ihr) **beabsichtigten Gewalttätigkeiten** zu verüben. Es genügt nicht, wenn

sich die Menschenmenge nur auf gewalttätige Weise Zutritt zu einer geschützten Räumlichkeit verschafft (LK-*Lilie* Rn 12 mwN).

5. Um iSd Tatbestands **teilzunehmen**, muss sich der Täter objektiv dergestalt der Menschenmenge anschließen, dass er für einen Beobachter als deren Teil erscheint (RGSt 60, 334 f). Dagegen ist es für die Teilnahme nicht erforderlich, dass der Täter selbst in die geschützte Räumlichkeit eindringt (LK-*Lilie* Rn 17 ff; aA SK-*Stein/Rudolphi* Rn 13). Da § 124 kein eigenhändiges Delikt ist, genügt es, wenn er zum Eindringen anderer beiträgt. Für ein solches Beitragen wird teils eine Teilnahme ieS (§§ 26 f) als ausreichend angesehen (M-*Schroeder/Maiwald* I § 30/25 f), teils eine Beteiligung nach Mittäterschaftsregeln verlangt (MK-*Schäfer* Rn 18 mwN). 7

Unabhängig von der Frage, ob die Teilnahme am Eindringen der Menschenmenge mittäterschaftliches Handeln erfordert oder ob auch eine Mitwirkung nach Teilnahmegrundsätzen hierfür ausreicht (die dann Täterschaft begründet), ist eine **Beteiligung** am schweren Hausfriedensbruch nach allgemeinen Grundsätzen möglich, zB durch Anstiftung oder Beschaffen von Tatwerkzeugen (SK-*Stein/Rudolphi* Rn 17 mwN). Ausgeschlossen ist ein Teilnehmen iSd Tatbestandes jedoch dann, wenn sich Personen lediglich in die Menge begeben, um das Vorgehen zu dokumentieren oder die Menge zu beruhigen (vgl Rn 9 und S/S/W-*Fahl* Rn 7 mwN). 8

6. Für den **subjektiven Tatbestand** ist zunächst (zumindest bedingter) **Vorsatz** hinsichtlich der Merkmale des objektiven Tatbestands erforderlich. Ferner muss der Täter in der **Absicht** handeln, sich an den Gewalttätigkeiten (aktiv oder als Gehilfe oder Anstifter) zu beteiligen, da anderenfalls auch derjenige den Tatbestand verwirklichte, der die Räumlichkeit betritt, um abzuwiegeln und die Menge zu beruhigen (NK-*Ostendorf* Rn 17; SK-*Stein/Rudolphi* Rn 15; ohne die Einschränkung MK-*Schäfer* Rn 24: Zurechenbarkeit der Absicht anderer zum Vorsatz sei ausreichend). 9

§ 125 Landfriedensbruch

(1) Wer sich an
1. Gewalttätigkeiten gegen Menschen oder Sachen oder
2. Bedrohungen von Menschen mit einer Gewalttätigkeit,

die aus einer Menschenmenge in einer die öffentliche Sicherheit gefährdenden Weise mit vereinten Kräften begangen werden, als Täter oder Teilnehmer beteiligt oder wer auf die Menschenmenge einwirkt, um ihre Bereitschaft zu solchen Handlungen zu fördern, wird mit Freiheitsstrafe bis zu drei Jahren oder mit Geldstrafe bestraft, wenn die Tat nicht in anderen Vorschriften mit schwererer Strafe bedroht ist.

(2) Soweit die in Absatz 1 Nr. 1, 2 bezeichneten Handlungen in § 113 mit Strafe bedroht sind, gilt § 113 Abs. 3, 4 sinngemäß.

I. Als **geschützte Rechtsgüter** des Landfriedensbruchs stehen nach hM nebeneinander die öffentliche Sicherheit und die jeweils bedrohten Individualrechtsgüter, also insbesondere Leben, Gesundheit, Freiheit und Eigentum der Personen, gegen die sich die von der Menschenmenge mit vereinten Kräften begangenen Gewalttätigkeiten und Bedrohungen richten (OLG Düsseldorf NJW 1990, 2699 [2700]; 1

OLG Celle JR 2002, 33 f m.Anm. *Hoyer*; *Arzt* JA 1982, 269; NK-*Ostendorf* Rn 5 f; SK-*Stein/Rudolphi* Rn 2; aA S/S-*Sternberg-Lieben* Rn 2). Dabei enthält § 125 I – sofern nicht die Subsidiaritätsklausel des Abs. 2 eingreift – im Verhältnis zur Individualstrafnorm neben der Vorverlagerung des Strafschutzes auch eine Schärfung der Strafandrohung, deren Rechtfertigung sich vor allem in der besonderen Gefährlichkeit der aus einer Menschenmenge heraus begangenen Gewalttaten für den jeweils Betroffenen findet. Die verantwortungslähmende Anonymität der Masse verleiht dem Einzelnen ein übersteigertes Kraftgefühl und bereitet so den Boden für unkontrollierbare, schwer einzudämmende Handlungen (*Schild* GA 1982, 55 [69 ff]; LK-*v. Bubnoff*, 11. Aufl., Vor § 125 Rn 3 f). Darüber hinaus beeinträchtigt der Täter das Sicherheitsgefühl der rechtstreuen Bürger, bei denen er den Eindruck der Schutzlosigkeit und der Ohnmacht des Staates hervorruft (OLG Hamburg JR 1983, 250 [251]; *Brause* NJW 1983, 1640 [1641]; *Rudolphi* JR 1983, 252 [253]).

2 **II.** Der objektive Tatbestand kann als **gewalttätiger** (Abs. 1 Alt. 1), **bedrohender** (Abs. 1 Alt. 2) oder als **aufwieglerischer** Landfriedensbruch (Abs. 1 Alt. 3) verwirklicht werden. Hinsichtlich der ersten beiden Begehungsformen stellt die Vorschrift dabei jegliche Beteiligung iSv §§ 25 ff als Täterschaft unter Strafe, enthält insofern also – abweichend von den allgemeinen Regeln – einen Einheitstäterbegriff (S/S-*Sternberg-Lieben* Rn 12; zur Reichweite dieser Verselbstständigung vgl aber Rn 11 f). Die dritte Alternative pönalisiert spezifische Vorfeldhandlungen zum gewalttätigen und bedrohenden Landfriedensbruch.

3 **1.** Der **gewalttätige Landfriedensbruch** setzt voraus, dass aus einer Menschenmenge in einer die öffentliche Sicherheit gefährdenden Weise mit vereinten Kräften Gewalttätigkeiten gegen Personen oder Sachen begangen werden.

4 **a)** Der Begriff der **Gewalttätigkeit** verlangt den Einsatz physischer Kraft durch ein nicht unerhebliches positives Tun, mit dem auf die körperliche Unversehrtheit von Menschen oder Sachen eingewirkt wird (BGHSt 20, 305 [308]; 23, 46 [51 ff]; BGH NJW 1995, 2643 [2644]; OLG Köln NStZ-RR 1997, 234; *Fischer* Rn 4; MK-*Schäfer* Rn 20). In Einschränkung des allgemeinen Gewaltverständnisses setzt § 125 damit eine besondere **Aggressivität** des Täterverhaltens voraus, so dass bloß bagatellmäßige Angriffshandlungen nicht einschlägig sind. Bei der Entscheidung, ob etwa das Werfen von Lehmklumpen, das Umstoßen von Gegenständen, das Errichten von Barrikaden oder das Abdrängen von Polizisten jene Geringfügigkeitsschwelle überschreitet, stellen sich mitunter beträchtliche Abgrenzungsprobleme (eine Gewalttätigkeit bej. BGHSt 23, 46 [53]; BayObLG JR 1990, 382 [383]; *Geerds* JR 1990, 384 [385]; abl. *Martin* BGH-FS 211 [224]; S/S-*Sternberg-Lieben* Rn 6). Notwendige – wenngleich nicht stets hinreichende – Voraussetzung für das Vorliegen einer Gewalttätigkeit ist, dass das Täterverhalten zumindest geeignet sein muss, eine Körperverletzung nicht völlig unerheblicher Art oder eine iSd § 303 tatbestandsmäßige Sachbeschädigung herbeizuführen (BGH NJW 1995, 2643 [2644]; *Rudolphi* JR 1983, 252; MK-*Schäfer* Rn 20; vgl auch NK-*Ostendorf* Rn 17 ff). Beispiele für Gewalttätigkeiten sind etwa das Bewerfen mit Steinen, Feuerwerkskörpern oder Eiern, das Durchbrechen von Absperrungen, das Zertrümmern von Einrichtungsgegenständen, das Schleudern von Brandsätzen. Mangels aggressiven Einwirkens kommen dagegen **Sitzblockaden** – ungeachtet der Frage, ob sie überhaupt als nötigende Gewalt iSv § 240 angesehen werden können (vgl Vor § 232 Rn 8 f) – jedenfalls nicht als Gewalttätigkeit iSv § 125 in Betracht (*Arzt* JA 1982, 269 [270]; MK-*Schäfer* Rn 21; aA [noch] BayObLG NJW 1969, 1127 [1128]).

Nicht erforderlich ist hingegen, dass es tatsächlich zu einer physischen Einwirkung auf Personen oder Sachen kommt oder gar ein bestimmter strafrechtlicher Verletzungserfolg eintritt (BGHSt 23, 46 [52]; NJW 1995, 2643 [2644]; OLG Köln NStZ-RR 1997, 234; LK-*Krauß* Rn 28 ff; ähnlich, wenngleich zumindest eine konkrete Gefährdung verlangend NK-*Ostendorf* Rn 24 ff; *Wolter* NStZ 1985, 245 [251]). Mithin erfasst § 125 auch die nur versuchte Gewaltanwendung – wie etwa den fehlgegangenen Steinwurf – und stellt damit ein **unechtes Unternehmensdelikt** iSv § 11 I Nr. 6 dar. Trotz des missverständlichen, im Plural gehaltenen Wortlautes verlangt § 125 nach hM nicht mehrere Gewalttätigkeiten gegen mehrere Personen oder Sachen (vgl nur BGH NStZ 2004, 618; *Heilborn* ZStW 18, 161 [190]; S/S-*Lenckner/Sternberg-Lieben* Rn 5 mwN; aA *Brause* NJW 1983, 1640 f; NK-*Ostendorf* Rn 25). Die strikt auf den Gesetzeswortlaut und dessen Garantiefunktion verweisende Gegenmeinung übersieht, dass das Sicherheitsgefühl der Allgemeinheit in gleichem Maße beeinträchtigt sein kann, wenn sich der gewalttätige Angriff nur gegen *eine* Person oder nur *eine* Sache richtet (vgl aber unten Rn 10). Darüber hinaus ist zu bedenken, dass der Gesetzgeber in mehreren anderen Vorschriften – etwa bei §§ 131, 132 a, 176 – ebenso untechnisch den Plural verwendet, ohne damit eine tatbestandliche Restriktion vornehmen zu wollen.

5

b) Die Gewalttätigkeiten müssen aus einer **Menschenmenge** heraus begangen werden. Der Begriff der Menschenmenge bezeichnet eine größere Personenmehrheit, die in ihrer Zahl nicht sofort überschaubar ist (BGH NStZ 1986, 70; 1993, 538; L-Kühl-*Heger* Rn 3; *Otto* NStZ 1986, 70 [71]). Der Personenkreis muss so groß sein, dass es – aus der Sicht eines Außenstehenden – auf das Hinzukommen oder Weggehen eines Einzelnen nicht ankommt (BGH NStZ 1994, 483; OLG Köln NStZ-RR 1997, 234 [235]; SK-*Stein/Rudolphi* Rn 7). Nach überwiegender Rspr und Lehre bedarf es hierzu grds. des räumlichen Zusammenfindens von 15 bis 20 Personen (BGH NStZ 2002, 538; zust. *Fischer* § 124 Rn 4; S/S-*Sternberg-Lieben* Rn 7-9 mwN; teleologisch auf die Kontrollierbarkeit und die Gefahr massenpsychologischer Effekte stellen ab LG Fürth StV 1984, 207; NK-*Ostendorf* Rn 13); ggf kann jedoch auch eine geringere Personenzahl ausreichen, wenn etwa die besondere räumliche Enge zur Unübersichtlichkeit der Menschenmenge und der von ihr ausgehenden Gefahr führt (BGH NStZ 1994, 483; 2002, 538: 10 Personen; krit. *Arzt* JA 1982, 269 [270]; zusammenfassend *Küpper* Kohlmann-FS 133 [138]).

6

c) Die Gewalttätigkeiten müssen **aus der Menschenmenge**, also von Mitgliedern der Menge gegen Personen oder Sachen außerhalb der Menge begangen werden. Daher sind Ausschreitungen, die lediglich innerhalb der Menschenmenge ausgetragen werden, nicht vom Tatbestand erfasst (BGH NStZ 1986, 70; OLG Hamm NStZ 1995, 547 [548]; MK-*Schäfer* Rn 15 mwN). Ausreichend ist es hingegen, wenn sich innerhalb einer größeren Personenmenge eine sog. **Teilmenge** bildet, die ihrerseits nun gegen Mitglieder der Gesamtmenge – und damit gegen Außenstehende – vorgeht und Gewalttätigkeiten verübt (BGH NStZ 1986, 70).

7

Weiterhin muss es sich um eine – zumindest im Wesentlichen – **unfriedliche** Menschenmenge handeln (OLG Köln NStZ-RR 1997, 234 [235]; *Lampe* ZStW 106, 683 [684]; SK-*Stein/Rudolphi* Rn 10; aA *Arzt* JA 1982, 269 [270]; LK-*Krauß* Rn 51). Die Gewalttätigkeiten müssen also von einem feindseligen Willen der Menge getragen werden; die Personenansammlung darf nicht nur als Kulisse dienen, sondern muss die Basis der Ausschreitungen bilden. Für diese Gesetzesauslegung streitet – auch wenn das Gesetz im Gegensatz zum früheren Recht nicht

8

mehr von einer „zusammengerotteten" Menschenmenge spricht – vor allem die ratio legis: Die für § 125 charakteristische und sich gerade aus der Unkontrollierbarkeit der Menge ergebende Eskalationsgefahr entsteht regelmäßig nur, wenn sich das Opfer einer unüberschaubaren Zahl potenzieller Angreifer ausgesetzt sieht. Andernfalls wäre die Menschenmenge nur der zufällige Tatort und der Landfriedensbruch mithin nicht mehr als die von mehreren begangene Gewalttätigkeit. Dieses Ergebnis kann sich zudem darauf stützen, dass die Ausschreitungen nach wie vor „mit vereinten Kräften" – wenn auch nicht von allen Mitgliedern der Gruppe – begangen werden müssen. Isolierte Ausschreitungen Einzelner, die nicht von einer feindseligen Haltung der Menge getragen werden, scheiden somit aus (*Fischer* Rn 8; *Lampe* ZStW 106, 683 [684]; teils zust. LK-*Krauß* Rn 52; aA MK-*Schäfer* Rn 18).

9 d) Die Gewalttätigkeit erfolgt **mit vereinten Kräften**, wenn sie in den feindlichen Absichten der Menschenmenge oder jedenfalls eines wesentlichen Teils von ihr Rückhalt findet (OLG Köln NStZ-RR 1997, 234 [235]; ausf. OLG Hamm NStZ 2013, 347 [348]; SK-*Stein/Rudolphi* Rn 11). Dem steht nicht entgegen, dass sich der Täter bei Vornahme der Tathandlung räumlich von der gewalttätigen Menschenmenge entfernt hat, sofern die von ihm verübte Gewalttätigkeit von der kollektiven Grundstimmung getragen wird und somit als Teil der von der Menge ausgehenden Angriffe erscheint (BGH NStZ 2014, 5122 ff).

10 e) Die Ausschreitungen müssen schließlich in einer **die öffentliche Sicherheit gefährdenden Weise** begangen werden. Die öffentliche Sicherheit ist sowohl der allgemeine objektive Friedenszustand, das unbedrohte Dasein aller im Staat im Gegensatz zum Rechtsfrieden des Einzelnen, als auch subjektiv das Vertrauen der Bevölkerung in die Fortdauer dieses Zustands (OLG Celle NJW 2001, 2735; LK-*Krauß* Rn 55 mwN). Eine Gefährdung liegt vor, wenn eine unbestimmte Vielzahl von Personen um Leib und Leben, Hab und Gut fürchten muss und von der Besorgnis ergriffen wird, ohne ausreichenden staatlichen Schutz fremder Willkür ausgesetzt zu sein (OLG Köln NStZ-RR 1997, 234 [235]; LK-*Krauß* Rn 58 mwN). Auch bei **Gewalttätigkeiten gegen Einzelne** kann die öffentliche Sicherheit gefährdet sein, wenn die Person allein wegen ihrer Zugehörigkeit zu einer bestimmten religiösen, politischen oder sonstigen Gruppierung ausgewählt wird und durch sie die von ihr repräsentierte Personengruppe getroffen werden soll (BGH NStZ 2004, 618; *Fischer* Rn 9 mwN). Entscheidend ist, dass der Betroffene nur das zufällige Opfer der Gewalttaten ist, die Ausschreitungen also auch jeden anderen hätten treffen können. Richtet sich der Angriff indes gegen einen nicht beliebig austauschbaren Vertreter – etwa einen bestimmten Minister –, so kann diese Gewalttätigkeit bei den übrigen Anhängern der jeweiligen Gruppe den für einen Landfriedensbruch maßgeblichen Eindruck der Schutzlosigkeit nicht erwecken. § 125 findet hier keine Anwendung (*Rudolphi* JR 1983, 252 [253]; SK-*Stein/Rudolphi* Rn 12; aA OLG Hamburg JR 1983, 250 [251]; S/S-*Sternberg-Lieben* Rn 11).

11 f) Die **Tathandlung** besteht im **Sich-Beteiligen** an Gewalttätigkeiten als Täter oder Teilnehmer, so dass die allgemeinen Regeln der §§ 25 ff im Rahmen dieser Tatbestandsalternative zurücktreten; sie sind bereits im Tatbestand vertypt (S/S-*Sternberg-Lieben* Rn 12). Zu der Klärung der Beteiligungsart im Einzelfall ist auf die allgemeinen Regeln zurückzugreifen (BGH StV 2008, 639 [640]).

12 Umstritten ist jedoch, ob eine täterschaftliche Begehung wenigstens die **Zugehörigkeit zur Menschenmenge** voraussetzt, es sich bei § 125 I Alt. 1 und 2 also um eigenhändige Delikte handelt. Unter weitgehender Zustimmung des Schrifttums

verneint der BGH diese Frage für die Beteiligung als „Täter" und ermöglicht es so, den außenstehenden spiritus rector, der sich nicht selbst an den Ausschreitungen beteiligt, als Mittäter des Landfriedensbruchs bestrafen zu können (BGHSt 32, 165 [178 f]; OLG Braunschweig NStZ 1991, 492 [493]; *Arzt* JZ 1984, 428 [430]; *Fischer* Rn 12 mwN; *S/S-Sternberg-Lieben* Rn 13 f mwN; einschr. *Meyer* GA 2000, 459 [468 ff]; zur verfassungsrechtlichen Zulässigkeit dieser Auslegung vgl BVerfGE 82, 236 [270] m. krit. Anm. *Rinken* StV 1994, 95 [98]; aA *Rotsch* ZIS 2015, 577 [582]). Im Hinblick auf die vom BGH ausdrücklich offen gelassene Frage, ob auch bei der Beteiligung als „Teilnehmer" auf die Anwesenheit am Tatort verzichtet werden kann, ist der Tatbestand hingegen nach überwiegender Ansicht teleologisch einzuschränken (*Arzt* JZ 1984, 428 [430]; *S/S-Sternberg-Lieben* Rn 13; aA LK-*Krauß* Rn 67; MK-*Schäfer* Rn 29 mwN). Die von § 125 I angeordnete Gleichstellung lässt sich nur rechtfertigen, wenn sich der Betroffene als Mitträger der feindlichen Willensrichtung innerhalb der Menge befindet und somit deren spezifische Gefährlichkeit steigert. Nur nach §§ 125 I Alt. 1, 27 I zu bestrafen ist daher derjenige, der dem Landfriedensbrecher die Waffenmunition verschafft, seinerseits aber nicht in der Menge mitagiert (*Arzt* JA 1982, 269 [270]).

Die **bloße Anwesenheit** in einer unfriedlichen Menschenmenge stellt für sich allein keine psychische Beihilfe und damit auch keine „Beteiligung" iSd § 125 I Alt. 1 dar. Daher scheiden nicht nur die sich berufsmäßig als Arzt, Sanitäter oder Reporter in der Menge aufhaltenden Personen, sondern auch die passiven Mitläufer aus, selbst wenn sie die Ausschreitungen innerlich billigen (BGH NStZ 1984, 549; OLG Naumburg NJW 2001, 2034; OLG Köln NStZ-RR 1997, 234 [235]; NK-*Ostendorf* Rn 22; SK-*Stein/Rudolphi* Rn 13 b; *Werle* Lackner-FS 481 [495 ff]; vgl auch *Kostaras*, Zur strafrechtlichen Problematik der Demonstrationsdelikte, 1982, 152). Die – im Einzelfall schwierig zu bestimmenden – Grenzen hin zum objektiv tatbestandsmäßigen Verhalten sind hier erst überschritten, wenn der Täter durch zusätzliches unterstützendes Verhalten erkennbar seine Solidarität zum Ausdruck bringt. Eine weitergehende Auslegung, die im Ergebnis ein strafbewehrtes Entfernungsgebot zulasten reiner Mitläufer entstehen ließe, unterliefe den eindeutigen Willen des Gesetzgebers, dem zufolge das bloße passive Verweilen in einer unfriedlichen Menge nach der Aufhebung des § 115 (Aufruhr) und der Umwandlung der §§ 116 (Auflauf), 125 aF nur noch als Ordnungswidrigkeit gem. § 113 I OWiG, § 29 I Nr. 2 VersG geahndet werden soll (NK-*Ostendorf* Rn 4, 22; S/S-*Sternberg-Lieben* Rn 14). 13

2. Der **bedrohende Landfriedensbruch** nach Abs. 1 Alt. 2 stellt im Gegensatz zur ersten Alternative, die das Begehen von Ausschreitungen erfasst, die Bedrohung von Menschen mit einer solchen Gewalttätigkeit unter Strafe. 14

a) Unter **Bedrohung** ist das Inaussichtstellen einer Gewalttätigkeit zu verstehen, auf deren Verwirklichung der Drohende Einfluss zu haben vorgibt. Die Bedrohung kann ausdrücklich oder durch konkludente Handlungen erfolgen (SK-*Stein/Rudolphi* Rn 15). Dabei brauchen der Adressat der Bedrohung und derjenige, gegen den sich die Gewalttätigkeit richten soll, nicht identisch zu sein. Da der Betroffene der angedrohten Gewalttätigkeit jedoch eine andere Person sein muss, fällt die Ankündigung einer Selbsttötung oder Selbstschädigung nicht unter § 125 I Alt. 2 (OLG Hamm NStZ 1995, 547 [548]; L-Kühl-*Heger* Rn 5). 15

b) Die angedrohten Ausschreitungen können sich nach hM sowohl gegen Personen als auch gegen Sachen richten (vgl nur LK-*Krauß* Rn 82 mwN; aA *Fischer* Rn 6). Eine Bedrohung mit Gewalttätigkeiten gegen Sachen kann in gleichem 16

Umfang einschüchternd und friedensstörend wirken (zB die Drohung, ein Gebäude in die Luft zu sprengen oder alles kurz und klein zu schlagen) wie eine solche gegen Personen.

17 3. Der **aufwieglerische Landfriedensbruch** nach Abs. 1 Alt. 3 schließlich pönalisiert das Einwirken auf eine Menschenmenge und erfasst so die Agitatoren der Ausschreitung, die sog. Anheizer oder Aufwiegler.

18 a) Das **Einwirken** umfasst dabei jede Art der Einflussnahme auf die Menge. In Erweiterung des § 111 I ist dabei neben ausdrücklichen oder konkludenten Aufforderungen auch das Schaffen einer tatanreizenden Situation ausreichend, so etwa der provozierende Schuss eines vermeintlichen Polizisten auf die Menschenmenge, das Absingen aufreizender Lieder oder sonstige anfeuernde Gesten (OLG Braunschweig NStZ 1991, 492). Objekt der Einwirkung muss stets die Menge sein; die Anstiftung Einzelner genügt nicht. Gleichfalls geringe Anforderungen sind an die Bestimmtheit der angesonnenen Haupttat zu stellen, so dass auch allgemein gehaltene Aufforderungen, Fenster einzuschlagen oder Politiker zu ermorden, ausreichend sind. Gleichgültig ist, ob der Täter sich in der Menge befindet oder von außen auf sie einwirkt (LK-*Krauß* Rn 90; MK-*Schäfer* Rn 34).

19 b) Die Einwirkung muss mit der **Absicht**, dh dem zielgerichteten Willen erfolgen, die Bereitschaft der Menschenmenge zu gewalttätigem oder bedrohendem Landfriedensbruch zu fördern. Die Tat nach Abs. 1 Alt. 3 lässt somit als unechtes Unternehmensdelikt (Vor § 13 Rn 263) allein den zweckgerichteten Versuch des Täters ausreichen und ist bereits mit der ersten aufwieglerischen Handlung vollendet, mag die erstrebte Haupttat auch gänzlich ausgeblieben oder mangels Kausalitätsnachweises nicht auf den Aufwiegler zurückführbar sein (LK-*Krauß* Rn 86; SK-*Stein/Rudolphi* Rn 20). Wie auch bei § 111 II (vgl dort Rn 14) genügt allerdings der bloße „Aufwiegelungsversuch" nicht, so dass etwa der Anheizer, dessen Megaphon versagt und dessen Agitation somit von keinem Zuhörer vernommen wird, straflos bleiben muss (*Arzt* JZ 1984, 428 [430]). Weiterhin wird derjenige nicht erfasst, der ernsthaft zu einer friedlichen Versammlung aufruft, dabei aber mit dem Anschluss gewalttätiger Gruppen rechnet (BGHSt 32, 165 [180]).

20 Im Gegensatz zu den ersten beiden Tatbestandsalternativen beurteilt sich die **Täterschaft** beim agitatorischen Landfriedensbruch nach den allgemeinen Regeln der §§ 25 ff; Anstiftung und Beihilfe sind also der Täterschaft nicht gleichgestellt, so dass lediglich als Gehilfe zu strafen ist, wer dem Aufwiegler das Megaphon anreicht (NK-*Ostendorf* Rn 23; SK-*Stein/Rudolphi* Rn 22).

21 c) Umstritten ist, ob – bei restriktivem Verständnis des Wortlauts – tatsächlich nur die **Förderung** der Gewaltbereitschaft tatbestandsmäßig ist **oder** ob darüber hinaus auch das **Hervorrufen** einer zunächst noch nicht vorhandenen Tatbereitschaft umfasst wird. Für die weite Auslegung spricht, dass andernfalls der gänzlich erfolglose Versuch, eine bereits feindselige Menschenmenge in ihrer Gewaltbereitschaft zu stärken, strafbar wäre, derjenige jedoch straflos bliebe, der eine unfriedliche Menschenmenge durch seine Agitation erst entstehen lässt, diese aber keine Gewalttätigkeiten begeht. Eine Restriktion widerspräche auch dem Schutzzweck des § 125, der mit dem aufwieglerischen Landfriedensbruch gerade den sog. Anheizer der Ausschreitungen erfassen will; dessen Gefährlichkeit äußert sich vor allem im Wecken der Gewaltbereitschaft, das gegenüber dem bloßen Steigern einen erhöhten Unrechtsgehalt aufweist. Daher kommt auch die – zunächst noch – friedliche Menschenmenge als taugliches Tatobjekt des Abs. 1

Alt. 3 in Betracht (OLG Braunschweig NStZ 1991, 492; SK-*Stein/Rudolphi* Rn 18 mwN).

d) Da das Einwirken regelmäßig auch zu einer Beteiligung des Täters iSd ersten beiden Alternativen führt, erlangt der aufwieglerische Landfriedensbruch vor allem selbstständige Bedeutung, wenn die Einwirkung von einem außenstehenden Dritten ausgeht (vgl oben Rn 12) oder ihre Ursächlichkeit für die tatsächlich begangene Gewalttätigkeit nicht feststellbar ist (M-*Schroeder/Maiwald* II § 60/32). 22

III. Der **subjektive Tatbestand** setzt bei allen drei Begehungsformen zumindest bedingten Vorsatz voraus, wobei allerdings beim aufwieglerischen Landfriedensbruch die Absicht, die Bereitschaft der Menschenmenge zur Begehung von Gewalttätigkeiten zu fördern, noch hinzutreten muss. 23

IV. Stellen die Gewalttätigkeiten oder die Bedrohung zugleich einen Widerstand gegen Vollstreckungsbeamte iSd § 113 dar, so gilt nach **§ 125 II** die **Irrtumsregelung** des § 113 III und IV sinngemäß. Dasselbe muss jedoch – über den Wortlaut hinaus – ebenso für den aufwieglerischen Landfriedensbruch gelten, sofern sich die Aufforderung des Täters auf solche Handlungen bezieht (LK-*Krauß* Rn 96). 24

V. Ein **Rechtfertigungsgrund** für Taten nach § 125 ergibt sich weder aus Art. 8 GG, der allein friedliche Versammlungen schützt, noch aus der Meinungsfreiheit des Art. 5 I GG, dessen Grenzen durch tätliches, aggressives Verhalten ebenso überschritten werden (BGHSt 23, 46 [56 f]; OLG Köln NStZ-RR 1997, 234 [235]; näher *Kostaras*, Zur strafrechtlichen Problematik der Demonstrationsdelikte, 1982, 32 ff, 111 ff). 25

VI. Da die Strafbarkeit bei den ersten beiden Tatbestandsalternativen erst mit der Begehung einer Gewalttätigkeit bzw der Bedrohung einsetzt, kommt ein **Rücktritt** konstruktiv nur beim aufwieglerischen Landfriedensbruch in Betracht. Bei einer Einordnung des Abs. 1 Alt. 3 als (unechtes) Unternehmensdelikt ist die Tat jedoch bereits mit der Einwirkung vollendet und damit auch dann nicht rücktrittsfähig, wenn es nicht zu den inkriminierten Gewalttätigkeiten oder Bedrohungen gekommen ist (LK-*Krauß* Rn 86; SK-*Stein/Rudolphi* Rn 22 a; aA *Berz* Stree/Wessels-FS 331 [340 f]; MK-*Schäfer* Rn 46; *Schröder* Kern-FS 457 [467 f], die eine analoge Anwendung des § 31 befürworten). 26

VII. Infolge der gesetzlich angeordneten **Subsidiarität** (Abs. 1 letzter Hs), tritt die Bestrafung wegen Landfriedensbruchs hinter diejenigen Vorschriften zurück, welche die Tat mit schwererer Strafe bedrohen. Dabei greift diese Regelung nach hM selbst dann ein, wenn die schwerere Straftat sich gegen ein anderes Rechtsgut richtet und sich beide Taten in ihrem Schuld- und Unrechtsgehalt auch nicht partiell decken (BGHSt 43, 237 [238 f]; *Kostaras*, Zur strafrechtlichen Problematik der Demonstrationsdelikte, 1982, 109; *Martin* JuS 1998, 375; zust., aber gleichwohl krit. MK-*Schäfer* Rn 48 f). Auf diese Weise besteht jedoch die Gefahr, dass das spezifische tatbestandliche Unrecht eines Landfriedensbruchs nicht einmal ansatzweise erfasst und sein Charakter als Straftat gegen die öffentliche Sicherheit entwertet wird, etwa wenn § 125 hinter eine gleichzeitig verwirklichte Körperverletzung oder eine öffentliche Verleumdung nach § 187 Hs 2 zurücktreten soll. Daher ist mit der Gegenmeinung aus Klarstellungsgründen für eine einschränkende Auslegung der Subsidiaritätsklausel zu plädieren (LK-*Krauß* Rn 106; *Rudolphi* JZ 1998, 471 [472]; vgl auch S/S-*Sternberg-Lieben* Rn 31 mwN; zur Vereinbarkeit dieses Ergebnisses mit dem Wortlaut des Gesetzes vgl noch § 246 Rn 42; abl. BGHSt 43, 237 [238]). Die Subsidiaritätsklausel greift auch dann ein, wenn ein besonders schwerer Fall des Landfriedensbruchs nach 27

§ 125 a StGB vorliegt. Als Vergleichsmaßstab für das konkurrenzrechtliche Zurücktreten eines erschwerten Landfriedensbruchs hinter andere Strafbestimmungen ist der Strafrahmen des § 125 a heranzuziehen (BGH NStZ 2014, 512 ff). Hinsichtlich der Delikte mit gleicher oder geringerer Sanktionsandrohung gelten die allgemeinen Konkurrenzregeln; § 113 OWiG tritt ebenso wie § 29 VersG gem. § 21 OWiG zurück. Auch der „Vorfeldtatbestand" des § 27 II VersG wird regelmäßig von § 125 verdrängt (MK-*Schäfer* Rn 53; SK-*Stein/Rudolphi* Rn 26).

§ 125 a Besonders schwerer Fall des Landfriedensbruchs

¹In besonders schweren Fällen des § 125 Abs. 1 ist die Strafe Freiheitsstrafe von sechs Monaten bis zu zehn Jahren. ²Ein besonders schwerer Fall liegt in der Regel vor, wenn der Täter
1. eine Schußwaffe bei sich führt,
2. eine andere Waffe oder ein anderes gefährliches Werkzeug bei sich führt, um diese oder dieses bei der Tat zu verwenden,
3. durch eine Gewalttätigkeit einen anderen in die Gefahr des Todes oder einer schweren Gesundheitschädigung bringt oder
4. plündert oder bedeutenden Schaden an fremden Sachen anrichtet.

1 I. Die Vorschrift benennt als unselbstständiger Ergänzungstatbestand zu § 125 **Straferschwerungsgründe** in der Regelbeispielstechnik (näher hierzu § 46 Rn 17 ff, § 243 Rn 1 ff). In allen Begehungsformen knüpft die Regelung an die volle Tatbestandserfüllung iSd § 125 I an. Die straferschwerenden Umstände nach S. 2 Nr. 1-3 stellen auf die – gegenüber dem Grunddelikt – gesteigerte Gefährlichkeit der Ausschreitungen und damit auf ein erhöhtes Handlungsunrecht ab, während die Merkmale der Nr. 4 dem Schutz des Eigentums vor zusätzlichen Verletzungen dienen (LK-*Krauß* Rn 1; NK-*Ostendorf* Rn 2; MK-*Schäfer* Rn 1).

2 Nach hM setzen die Regelbeispiele eine **eigenhändige Begehung** voraus, so dass eine Zurechnung der straferschwerenden Umstände auch zu anderen Beteiligten auszuscheiden hat (BGH NJW 2016, 403 f). Eine Anwendung etwa der Nr. 1 kommt also nach hM stets nur in Betracht, wenn der Täter selbst eine Schusswaffe bei sich führt (vgl nur BGHSt 27, 56 ff; 42, 368 [370]; 43, 237 [240]; BGH NStZ 2000, 194 [195]; NK-*Ostendorf* Rn 8; SK-*Stein/Rudolphi* Rn 4 jew. offen gelassen von BGHSt 48, 189 [195] m.Anm. *Altenhain* NStZ 2003, 436; aA S/S- *Sternberg-Lieben* Rn 6). Für diese Abweichung von den allgemeinen Akzessorietätsregeln spricht vor allem der Gesetzeswortlaut, der im Gegensatz zu ähnlichen Vorschriften (§§ 113 II Nr. 1, 244 I Nr. 1, 2, 250 I Nr. 1) gerade nicht „einen anderen Beteiligten" einbezieht, sondern ausschließlich auf „den Täter" abstellt. Das Argument der Gegenmeinung, dass § 125 I den Beteiligten ohnehin zum Täter erkläre und daher jene Klarstellung in § 125 a entbehrlich sei, wäre nur überzeugend, wenn § 125 a nicht auf den Täter, sondern auf „*einen* oder *einen der* Täter" verweisen würde (BGHSt 27, 56 [57]). Dieses Ergebnis zieht zudem keine entscheidenden Strafbarkeitslücken nach sich, da bei einem Täter, der die Erfüllung eines Regelbeispiels durch einen anderen Täter kennt und billigt, die Annahme eines sonstigen besonders schweren Falles nach § 125 a möglich ist (Rn 14; BGHSt 43, 237 [240]; BGH NStZ 2000, 194 [195]; MK-*Schäfer* Rn 14 mwN).

II. Das Regelbeispiel nach **Nr. 1** ist verwirklicht, wenn der Täter eine Schusswaffe bei sich führt. 3

1. Schusswaffen sind – als Untergruppe der Waffen im technischen Sinne (§ 244 4
Rn 4 f) – Geräte, bei denen mechanisch wirkende Geschosse (mithilfe von Explosivstoffen oder durch Luftdruck) durch einen Lauf getrieben werden können (BGHSt 24, 136 [138 f]; *Geppert* Jura 1992, 496 [499]). Zur teilweise erheblich umstrittenen Subsumtion im Einzelfall bietet sich – neben anderen Kriterien wie der Distanzgefährlichkeit oder den jeweiligen abstrakten Verletzungsmöglichkeiten – zumindest eine mittelbare Anlehnung an die Definitionen des WaffG an (BGHSt 24, 136 [138]; *Geppert* Jura 1992, 496 [499]; LK-*Krauß* Rn 6). Nach hM fallen auch **Gaspistolen** unter den Begriff der Schusswaffe, sofern bei ihnen das Gas nach vorne aus der Mündung austritt (BGHSt 24, 136 [139]; 45, 92 [93]; BGH NStZ 1999, 135 [136]; MK-*Schäfer* Rn 10; weitergehend OLG Düsseldorf MDR 1991, 468: seitliches Austreten genügt). Dem ist jedoch insoweit zu widersprechen, als Gaspistolen – ebenso wie Gassprühdosen, die unstr. keine Schusswaffen sind – die für Schusswaffen spezifische Gefährlichkeit fehlt, mithilfe von Projektilen erhebliche Verletzungen herbeizuführen (*Haft* JuS 1988, 364 [366]); in jedem Fall sind Gaspistolen aber als Waffen iSv Nr. 2 anzusehen. Keine **Schuss**waffen sind (erst recht) **Schreckschusspistolen**, da sie schon ihrer generellen Bestimmung nach nicht der körperlichen Verletzung eines Menschen dienen (BGH StV 1987, 67; 1988, 469 [472]; SK-*Stein/Rudolphi* Rn 2 a mwN; aA BGH NJW 2006, 73 f; *Fischer* NStZ 2003, 569 [574]; MK-*Schäfer* Rn 10).

2. Der Täter **führt** die Schusswaffe **bei sich**, wenn er über sie zu irgendeinem 5
Zeitpunkt während des Tathergangs schnell und ungehindert verfügen kann (näher § 244 Rn 16 ff, auch zum Problem der Berufswaffenträger). Es ist ausreichend, wenn der Täter erst während der Tatausführung von einer Schusswaffe Besitz ergreift, indem er sie etwa einem Polizisten entreißt (BGHSt 13, 259 f; 29, 184 [185]; BGH StV 1988, 429 m.Anm. *Scholderer*; *Dölling* JR 1987, 467 [468]; LK-*Krauß* Rn 8).

Das Beisichführen verlangt bei Nr. 1 **keine Verwendungsabsicht** (BGHSt 24, 136 6
[137 f]; 30, 44 [45]; *Geppert* Jura 1992, 496 [497]).

3. Da sich § 125 a auf alle drei Tatbestandsalternativen des § 125 I bezieht, wen- 7
det die hM das Regelbeispiel der Nr. 1 auch auf den **Aufwiegler** an, der während des Einwirkens eine Schusswaffe bei sich trägt (S/S-*Sternberg-Lieben* Rn 6 mwN; aA NK-*Ostendorf* Rn 3; diff. SK-*Stein/Rudolphi* Rn 5). Hierfür spricht neben dem Wortlaut vor allem, dass der Täter etwa durch das demonstrative Zeigen einer Waffe seinem Aufruf besonderen Nachdruck verleihen kann und damit gleichfalls zu einer Verschärfung der ohnehin bedrohlichen, rechtsgütergefährdenden Lage beizutragen vermag. Dies gilt jedoch nicht für den Aufwiegler, der die Menschenmenge zum Einsatz von Schusswaffen auffordert; bei dieser Fallkonstellation, die infolge der fehlenden Eigenhändigkeit (Rn 2) keinem der geschriebenen Regelbeispiele entspricht, kommt allein ein sonstiger besonders schwerer Fall in Betracht (vgl unten Rn 14).

III. Ein Regelfall nach **Nr. 2** ist gegeben, wenn der Täter eine andere Waffe oder 8
ein anderes gefährliches Werkzeug bei sich führt, um diese bei der Tat zu verwenden (hierzu § 113 Rn 33).

Als möglicher Täter kommt (wie bei Nr. 1, vgl Rn 7) auch hier der **Aufwiegler** iSv 9
§ 125 I Alt. 3 in Betracht (LK-*Krauß* Rn 18; aA NK-*Ostendorf* Rn 3).

10 **IV.** Der Straferschwerungsgrund nach **Nr. 3** greift ein, wenn **durch eine Gewalttätigkeit** ein anderer vorsätzlich in die **Gefahr des Todes** oder einer **schweren Gesundheitsschädigung** gebracht worden ist (hierzu § 113 Rn 34). Dieses Regelbeispiel ist bereits begrifflich nur auf den gewalttätigen Landfriedensbruch nach § 125 I Alt. 1 anwendbar. Nach hM sollen ferner nur mit vereinten Kräften begangene Gewalttätigkeiten iSd § 125 I erfasst werden, so dass Einzelaktionen, die nicht mehr vom Willen der Menschenmenge getragen sind, auszuscheiden hätten (SK-*Stein/Rudolphi* Rn 9; S/S-*Sternberg-Lieben* Rn 11). Neben unmittelbaren Angriffen gegen Personen – zB durch das Werfen gefährlicher Sprengkörper in Menschennähe, – ist es für die Gewalttätigkeit ausreichend, wenn sich die Ausschreitung vornehmlich gegen Sachen richtet, in ihrer mittelbaren Wirkung aber auch Menschen umfasst (so etwa das Umstürzen von Autos, vgl LK-*Krauß* Rn 19). Nach überwiegender Auffassung werden auch Personen innerhalb der gewalttätigen Menge geschützt. Als Delikt gegen die öffentliche Sicherheit trage § 125 einen gemeingefährlichen Charakter, aus dem sich die Unbegrenztheit des Opferkreises ergebe (LK-*Krauß* Rn 19; MK-*Schäfer* Rn 23; aA NK-*Ostendorf* Rn 5; S/S-*Sternberg-Lieben* Rn 11).

11 **V.** Das Regelbeispiel nach **Nr. 4** ist erfüllt, wenn der Täter plündert oder bedeutenden Schaden an fremden Sachen anrichtet.

12 **1. Plündern** ist die Wegnahme oder Abnötigung fremder Sachen in der Absicht rechtswidriger Zueignung unter Ausnutzung der sicherheitsgefährdenden Situation (BGH JZ 1952, 369; SK-*Stein/Rudolphi* Rn 10 mwN). Teilnehmer des Landfriedensbruchs scheiden aufgrund des Schutzzwecks der Norm als Geschädigte aus (*Fischer* Rn 7; NK-*Ostendorf* Rn 6). Wie in allen Fällen des § 125 a setzt auch Nr. 4 Alt. 1 voraus, dass der Plünderer gleichzeitig Täter des § 125 ist; Plünderungen durch außenstehende Dritte unter Ausnutzung der durch den Landfriedensbruch geschaffenen Gefährdungslage reichen daher nicht aus (MK-*Schäfer* Rn 29). Dagegen ist es nicht notwendig, dass es sich bei der Plünderung um eine mit vereinten Kräften begangene Gewalttätigkeit handelt. Erfasst werden vielmehr alle Diebstahlshandlungen, mit denen ein Täter des § 125 die bedrohliche Situation ausnutzt, mögen sie nun offen oder heimlich, mit vereinten Kräften oder lediglich als nicht mehr vom Willen der Masse getragene Einzelaktion begangen sein (SK-*Stein/Rudolphi* Rn 10; M-*Schroeder/Maiwald* II § 60/44).

13 **2.** Der **bedeutende Schaden an fremden Sachen** bestimmt sich nach der Verkehrsauffassung. Die Zerstörung nur geringwertiger Gegenstände wird nicht erfasst (*Fischer* Rn 8; NK-*Ostendorf* Rn 7). Entscheidend ist stets, dass ein bedeutender Sachschaden eintritt, der sich sowohl auf die Sachsubstanz als auch auf die Verwendungsfähigkeit beziehen kann (LK-*Krauß* Rn 26). Dabei muss es sich jedoch um Sachobjekte außerhalb der Menge handeln. Nach überwiegender Ansicht genügen im Rahmen der zweiten Alternative der Nr. 4 solche Ausschreitungen Einzelner, die nicht mehr vom Willen der Menge getragen sind, sofern nur der Täter mit ihnen die sicherheitsgefährdende Situation ausnutzt (LK-*Krauß* Rn 26; SK-*Stein/Rudolphi* Rn 12; S/S-*Sternberg-Lieben* Rn 14).

14 **VI.** Über die genannten Regelbeispiele hinaus kommt ein besonders schwerer Fall des Landfriedensbruchs auch in Betracht, wenn die Tat in ihrem Unrechts- und Schuldgehalt den Regelbeispielen vergleichbar ist (BGH NStZ 2000, 194 [195]; BGHSt 23, 254 [257]; 29, 319 [322]). Ein solcher **sonstiger Fall nach Satz 1** liegt etwa vor, wenn ein Landfriedensbrecher nicht selbst eine Waffe bei sich führt, er jedoch die Verwirklichung dieses Regelbeispiels bei einem anderen Täter kennt und billigt (Rn 2; BGHSt 27, 56 [59]; 43, 237 [240]; grds. zust. NK-*Ostendorf*

Rn 8). Ebenso liegt eine Strafschärfung nahe, wenn der Aufwiegler des § 125 I Alt. 3 zu Plünderungen oder zum Gebrauch von Schusswaffen auffordert.

VII. Der **subjektive Tatbestand** erfordert zumindest bedingten Vorsatz, der sich auf alle diejenigen unrechtssteigernden Umstände beziehen muss, die den besonders schweren Fall begründen (SK-*Stein/Rudolphi* Rn 14). 15

VIII. Die **Subsidiaritätsklausel** des § 125 II findet auch im Rahmen des § 125 a Anwendung (OLG Celle NStZ-RR 1997, 265 [266]; SK-*Stein/Rudolphi* Rn 19). Bei Verwirklichung mehrerer Begehungsweisen des § 125 a liegt nur ein einheitlicher, besonders schwerer Fall des Landfriedensbruchs vor (*Fischer* Rn 11). 16

§ 126 Störung des öffentlichen Friedens durch Androhung von Straftaten

(1) Wer in einer Weise, die geeignet ist, den öffentlichen Frieden zu stören,
1. einen der in § 125 a Satz 2 Nr. 1 bis 4 bezeichneten Fälle des Landfriedensbruchs,
2. einen Mord (§ 211), Totschlag (§ 212) oder Völkermord (§ 6 des Völkerstrafgesetzbuches) oder ein Verbrechen gegen die Menschlichkeit (§ 7 des Völkerstrafgesetzbuches) oder ein Kriegsverbrechen (§§ 8, 9, 10, 11 oder 12 des Völkerstrafgesetzbuches),
3. eine schwere Körperverletzung (§ 226),
4. eine Straftat gegen die persönliche Freiheit in den Fällen des § 232 Absatz 3 Satz 2, des § 232 a Absatz 3, 4 oder 5, des § 232 b Absatz 3 oder 4, des § 233 a Absatz 3 oder 4, jeweils soweit es sich um Verbrechen handelt, der §§ 234, 234 a, 239 a oder 239 b,
5. einen Raub oder eine räuberische Erpressung (§§ 249 bis 251 oder 255),
6. ein gemeingefährliches Verbrechen in den Fällen der §§ 306 bis 306 c oder 307 Abs. 1 bis 3, des § 308 Abs. 1 bis 3, des § 309 Abs. 1 bis 4, der §§ 313, 314 oder 315 Abs. 3, des § 315 b Abs. 3, des § 316 a Abs. 1 oder 3, des § 316 c Abs. 1 oder 3 oder des § 318 Abs. 3 oder 4 oder
7. ein gemeingefährliches Vergehen in den Fällen des § 309 Abs. 6, des § 311 Abs. 1, des § 316 b Abs. 1, des § 317 Abs. 1 oder des § 318 Abs. 1

androht, wird mit Freiheitsstrafe bis zu drei Jahren oder mit Geldstrafe bestraft.

(2) Ebenso wird bestraft, wer in einer Weise, die geeignet ist, den öffentlichen Frieden zu stören, wider besseres Wissen vortäuscht, die Verwirklichung einer der in Absatz 1 genannten rechtswidrigen Taten stehe bevor.

I. Die Vorschrift **schützt** den **öffentlichen Frieden**. Darunter versteht die hM sowohl den objektiven Zustand allgemeiner Rechtssicherheit als auch subjektiv das Vertrauen der Bürger in den Fortbestand dieses Zustandes, also das Sicherheitsgefühl der Allgemeinheit oder auch nur einzelner Bevölkerungsteile (BGHSt 29, 26; HKGS-*Hartmann* Rn 2; krit. *Fischer* NStZ 1988, 159 [163 ff]; *Kargl* Jura 2001, 176 [181 f]; zum Verhältnis des „öffentlichen Friedens" zur „öffentlichen Sicherheit" iSv § 125 vgl BGHSt 34, 329 [331]; 41, 47 [55]; LK-*Krauß* § 125 Rn 55 ff; NK-*Ostendorf* Rn 6; *Schittenhelm* NStZ 1995, 343; zur internationalen Ausdehnung des Schutzes des öffentlichen Friedens vgl *Schmoller* Szwarc-FS 387 ff). Die im Straftatenkatalog des Abs. 1 enumerativ aufgezählten Rechtsgüter werden jedenfalls mittelbar mitgeschützt, auch wenn der maßgebliche und über 1

§ 241 hinausgehende Unrechtsgehalt der Ankündigung vornehmlich in der Rechtsfriedensstörung liegt (*Fischer* Rn 3 a; MK-*Schäfer* Rn 2).

2 II. Der **objektive Tatbestand** setzt voraus, dass in einer zur Störung des öffentlichen Friedens geeigneten Weise entweder eine bestimmte Tat angedroht (Abs. 1) oder ihre bevorstehende Verwirklichung wissentlich vorgetäuscht wird (Abs. 2).

3 1. Unter **Androhung** ist das Inaussichtstellen einer Straftat zu verstehen, auf deren Verwirklichung der Drohende Einfluss zu haben vorgibt (BGHSt 16, 386 [387] zu § 114; NK-*Ostendorf* Rn 13). Bei Unklarheiten über diese Einflussnahmemöglichkeit („der Bahnhof fliegt in die Luft") kommt allein eine Bestrafung nach § 126 II in Betracht (vgl unten Rn 4). Unerheblich ist, ob der Täter die Drohung auch tatsächlich verwirklichen kann (SK-*Stein*/*Rudolphi* Rn 3). Im Umkehrschluss zu Abs. 2, der ausdrücklich eine bevorstehende Tat verlangt, setzt die hM im Rahmen des Abs. 1 keine unmittelbar zu erwartende Deliktsverwirklichung voraus, verzichtet also auf das Kriterium der zeitlichen Nähe (LK-*Krauß* Rn 12; MK-*Schäfer* Rn 15; aA *Fischer* Rn 5; NK-*Ostendorf* Rn 13: „alsbald"); in diesen Fällen kann jedoch die konkrete Eignung zur Friedensstörung zu verneinen sein.

4 2. **Vortäuschen** iSv Abs. 2 ist die wahrheitswidrige Ankündigung eines der in Abs. 1 genannten Delikte. Dabei muss es sich allerdings um die Vorspiegelung einer fremden, vom Willen des Täters unabhängigen Tat handeln, da andernfalls bereits Abs. 1 Anwendung findet. Praktische Bedeutung erlangt Abs. 2 damit vor allem bei fälschlichen Bombenwarnungen, auf die der Täter keinen Einfluss zu haben vorgibt (MK-*Schäfer* Rn 11, 18). Ausnahmsweise vom Regelungsgehalt der Vorschrift erfasst sind aber die Fälle, in denen der Täter anderen gegenüber ein gerade von ihm eingeleitetes Verbrechen als bevorstehend und von ihm nicht mehr beeinflussbar vorspiegelt (OLG Frankfurt NStZ-RR 2002, 209 m.Anm. *Martin* JuS 2002, 929: Versendung vermeintlicher Milzbranderreger durch Trittbrettfahrer; zust. MK-*Schäfer* Rn 19; *Schramm* NJW 2002, 419 [420]; aA *Fischer* Rn 8; *Hoffmann* GA 2002, 385 [387 f]). Ohne Belang ist, ob ein entsprechender Irrtum tatsächlich eintritt (LK-*Krauß* Rn 36 mwN); bei plumpen und schnell zu durchschauenden Täuschungen kann allerdings die konkrete Eignung zur Friedensstörung fehlen (vgl unten Rn 6). Die vorgetäuschte Tat **steht bevor**, wenn ihre Verwirklichung unmittelbar oder doch zumindest in naher Zukunft zu befürchten ist. Der bloße Hinweis auf noch gänzlich unbestimmte, in weiter Ferne liegende Planungen scheidet somit aus. Aufgrund der ratio legis kommt es nicht auf die objektive Unwahrheit des Vorspiegelns an, so dass es unbeachtlich ist, ob sich die vermeintliche Täuschung zufällig bewahrheitet, die angedrohte Straftat also wider Erwarten doch begangen wird. Denn da durch § 126 bereits eine Verunsicherung der Bevölkerung vermieden werden soll, kann deren Steigerung (durch Begehung der Tat) dem Täter nicht noch entlastend zugute kommen (NK-*Ostendorf* Rn 14; aA S/S-*Sternberg-Lieben* Rn 6: strafloser untauglicher Versuch).

5 3. Die Androhung bzw das Vortäuschen müssen eine der in Abs. 1 **abschließend aufgezählten Straftaten** zum Gegenstand haben. An den Grad der Konkretisierung sind dabei nur geringe Anforderungen zu stellen: Eine Bestimmung nach Zeit, Ort und Opfer ist nicht erforderlich, sofern nur eine nachvollziehbare Subsumtion unter einem der genannten Tatbestände möglich bleibt (BGHSt 29, 258 [268]; S/S-*Sternberg-Lieben* Rn 4; zu der mit § 12 III in Widerspruch stehenden Neuregelung des Abs. 1 Nr. 4 vgl *Schroeder* GA 2005, 307 f). Nach hM genügt für beide Begehungsformen die Ankündigung einer **rechtswidrigen** Tat, so dass der Täter des Abs. 1 auch dann eine tatbestandsmäßige Drohung ausspricht, wenn er sich selbst als geisteskrank hinstellt (HKGS-*Hartmann* Rn 5; *Hoffmann* GA 2002, 385 [386 f]; aA NK-*Ostendorf* Rn 15).

4. Beide Tathandlungen müssen dazu **geeignet** sein, den **öffentlichen Frieden zu stören**. Dies ist der Fall, wenn das Vertrauen der Bevölkerung in die öffentliche Rechtssicherheit erschüttert wird oder wenn potenzielle Täter durch Schaffung eines „psychischen Klimas", in dem Taten wie die angedrohten begangen werden könnten, aufgehetzt werden (BGHSt 34, 329 [331]; BGH NStZ-RR 2011, 78 ff mwN; vgl auch *v. Dewitz*, NS-Gedankengut und Strafrecht, 2006, 187 ff). Dabei setzt § 126 allerdings nicht den tatsächlichen Eintritt dieser Folgen voraus, sondern lässt gerade die „Eignung" zur Friedensstörung ausreichen und stellt damit nach hM ein abstraktes (potenzielles) Gefährdungsdelikt dar (BGH NStZ-RR 2011, 78 f; HKGS-*Hartmann* Rn 1; NK-*Ostendorf* Rn 16). So ist etwa der Protest der Mitglieder einer bedrohten Personengruppe keine Voraussetzung der Tatbestandserfüllung, kann aber als Indiz für die – gleichwohl vom Richter im Einzelfall konkret festzustellende – Eignung zur Friedensstörung dienen (OLG Nürnberg NStZ-RR 1999, 238 [241]; NK-*Ostendorf* Rn 22: Vielzahl von Leserbriefen, Presseberichten, Hilfeersuchen an die Polizei; vgl auch BGHSt 46, 36 [42 f] m.Anm. *Stegbauer* JR 2001, 37 [38]; BGHSt 47, 278 [282] m.Anm. *Stegbauer* JR 2003, 74 [75]: jew. zu § 130). Eine restriktive und damit tatbestandsausschließende Wirkung kann die Eignungsklausel etwa bei überängstlichen Gemütern oder bei leicht zu durchschauenden Täuschungen entfalten (LK-*Krauß* Rn 29; MK-*Schäfer* Rn 30). 6

§ 126 setzt **keine öffentliche Begehung** voraus, sondern lässt auch Drohungen gegenüber einem Einzelnen genügen, wenn nach den konkreten Umständen – nach dem „normalen Gang der Dinge" – damit zu rechnen ist, dass der in ihr angekündigte Angriff einer breiten Öffentlichkeit bekannt wird (BGHSt 29, 26 [27]; BGH NStZ-RR 2011, 78 [79] mwN; MK-*Schäfer* Rn 31). Erfasst werden daher Zuschriften an eine Zeitungsredaktion oder an einen nicht näher eingegrenzten Kreis von Privatpersonen, von deren Verschwiegenheit nicht auszugehen ist (BGHSt 29, 26 [27]; MK-*Schäfer* Rn 12, 31). Anders kann allerdings zu entscheiden sein, wenn es sich bei den Adressaten der Androhung um staatliche Organe handelt, die zwar voraussichtlich Präventivmaßnahmen ergreifen, jedoch um Diskretion bemüht sein werden, gerade um ihre Schutzvorkehrungen nicht zu gefährden. In diesen Fällen kommt allein eine Bestrafung nach § 145 d I Nr. 2 in Betracht (BGHSt 34, 329 [333]). Richtet sich das angedrohte Delikt nur gegen eine einzelne Person, so ist die Eignungsklausel erfüllt, wenn der Bedrohte entweder zufällig oder aber allein wegen seiner Zugehörigkeit zu einer bestimmten religiösen, politischen oder sonstigen Gruppierung ausgewählt wurde und so die von ihm repräsentierte Personengruppe getroffen werden sollte (OLG Hamburg JR 1983, 250 [251]; SK-*Stein/Rudolphi* Rn 7; vgl § 125 Rn 10). 7

III. Der **subjektive Tatbestand des Abs. 1** setzt eine vorsätzliche Begehung voraus, wobei dolus eventualis ausreichend ist. Die Bedrohung braucht nicht ernst gemeint zu sein, muss aber den Eindruck der Ernstlichkeit erwecken können (NK-*Ostendorf* Rn 18). Dabei kommt es nicht darauf an, ob der Täter selbst das angedrohte Verhalten rechtlich als Erfüllung einer der in Abs. 1 genannten Katalogtaten wertet. Entscheidend ist allein, dass er die maßgeblichen Tatsachen erkennt und im Wege einer – laienhaften – Parallelwertung den materiellen Unrechtsgehalt der angedrohten Straftat erfasst (LK-*Krauß* Rn 34; ähnlich BGHSt 17, 307 [308 f]: zu § 241). 8

9 Das Vortäuschen einer Straftat nach **Abs. 2** setzt hingegen das **sichere Wissen** von der Unwahrheit der Androhung voraus, lässt also einen lediglich bedingten Vorsatz nicht ausreichen. Damit sind von der Vorschrift solche Ankündigungen ausgenommen, deren Verwirklichung sich der Täter immerhin als möglich vorgestellt hat (SK-*Stein/Rudolphi* Rn 8). Im Hinblick auf die Eignung zur Friedensstörung genügt allerdings auch im Rahmen des Abs. 2 dolus eventualis.

10 **IV. Konkurrenzen.** Die Abs. 1 und 2 schließen sich gegenseitig aus (NK-*Ostendorf* Rn 21; MK-*Schäfer* Rn 41). Tateinheit des **Abs. 1** ist möglich u.a. mit §§ 125 I Nr. 2, 240, 241 I (der im Gegensatz zu § 126 das Sicherheitsgefühl des Einzelnen schützt), 249, 253. **Abs. 2** kann tateinheitlich zusammentreffen mit §§ 145 I Nr. 2, 145 d I Nr. 2, 241 II (vgl OLG Frankfurt NStZ-RR 2002, 209 [210]). Im Falle der Verwirklichung der angedrohten Straftat besteht zwischen dieser und § 126 Tatmehrheit.

§ 127 Bildung bewaffneter Gruppen

Wer unbefugt eine Gruppe, die über Waffen oder andere gefährliche Werkzeuge verfügt, bildet oder befehligt oder wer sich einer solchen Gruppe anschließt, sie mit Waffen oder Geld versorgt oder sonst unterstützt, wird mit Freiheitsstrafe bis zu zwei Jahren oder mit Geldstrafe bestraft.

1 I. Das abstrakte Gefährdungsdelikt des § 127 – neugefasst durch das 6. StRG – **schützt** neben dem primären Rechtsgut des **inneren Rechtsfriedens** gleichzeitig auch die Wehrhoheit des Bundes und dessen Interesse an der Wahrung der Neutralität bei kriegerischen Auseinandersetzungen zwischen anderen Staaten (MK-*Schäfer* Rn 1 f mwN; auf das demokratisch legitimierte Gewaltmonopol verweist NK-*Ostendorf* Rn 3).

2 II. Unter einer **Gruppe** ist die – nicht notwendig räumliche – Vereinigung einer Mehrheit von Menschen zu einem gemeinsamen Zweck zu verstehen. Der Schutzzweck der Vorschrift verlangt keine bestimmte Mindestzahl, so dass ggf bereits drei Personen ein ausreichendes Gefahrenpotenzial bilden können (BT-Drucks. 13/8587, 57; 13/9064, 9; LK-*Krauß* Rn 10 f; MK-*Schäfer* Rn 9 ff; näher S/S-*Sternberg-Lieben* Rn 2; krit. NK-*Ostendorf* Rn 9: mindestens 10 Personen; zum Streitstand *Küpper* Kohlmann-FS 133 [137, 145]). Erforderlich ist weder eine straffe, militärähnliche Organisation noch eine dauerhafte Verbindung; erfasst werden daher auch „ad-hoc Gruppen", die sich – wie etwa mit Baseballschlägern umherziehende Skinheads – nur zu einer einmaligen Aktion zusammenfinden (BT-Drucks. 13/8587, 28; OLG Stuttgart StV 2015, 118 f; *Kreß* NJW 1998, 633 [641]; MK-*Schäfer* Rn 12; aA *Fischer* Rn 3; NK-*Ostendorf* Rn 8).

3 Die Gruppe muss über **Waffen** im technischen Sinne oder andere **gefährliche Werkzeuge verfügen**, wobei die Bewaffnung nach hM dem Angriff gegen Menschen zu dienen hat (L-Kühl-*Heger* Rn 2; aA S/S/W-*Fahl* Rn 3; zum Waffen- und Werkzeugbegriff vgl § 244 Rn 4 ff). Nicht unter § 127 fallen daher Jagd- und Schützenvereine (NK-*Ostendorf* Rn 11; iE ebenso *Fischer* Rn 4, 11; krit. S/S/W-*Fahl* Rn 2 f; zum Problem bewaffneter Bürgerwehren vgl *Kunz* ZStW 95, 973 [979]). Es ist ausreichend, wenn ein erheblicher Teil der Gruppe Waffen trägt.

4 Das **Bilden** umfasst sowohl das Zusammenbringen bewaffneter Personen als auch die Bewaffnung bereits zusammengebrachter Personen (NK-*Ostendorf*

Rn 12). **Befehligen** ist das Innehaben der Kommandogewalt durch ein Mitglied der Gruppe. Ein **Anschließen** liegt vor, wenn sich der Täter, der nicht selbst bewaffnet zu sein braucht, in die Gruppe eingliedert (RGSt 30, 391 [392]; SK-*Stein/Rudolphi* Rn 6 ff). Es genügt, dass eine bewaffnete Gruppe durch den Zusammenschluss erst entsteht. Das **Versorgen mit Waffen oder Geld** als Unterfall des **Unterstützens** umfasst auch das Zur-Verfügung-Stellen anderer gefährlicher Werkzeuge. Bei der Tathandlung des Unterstützens handelt es sich wie bei §§ 129, 129 a um eine zur Täterschaft verselbstständigte Beihilfe eines Nichtmitglieds (BT-Drucks. 13/8587, 28; zum Folgeproblem der Teilnahme iSd §§ 26, 27 vgl NK-*Ostendorf* Rn 15, 19; S/S-*Sternberg-Lieben* Rn 10).

III. Der **subjektive Tatbestand** lässt in allen Begehungsformen bedingten Vorsatz 5 ausreichen.

IV. Die nach hM als allgemeines Verbrechensmerkmal interpretierte **Unbefugt-** 6 **heit** des Handelns (so LK-*Krauß* Rn 30, Nachtrag Rn 18; NK-*Ostendorf* Rn 17 mwN) liegt vor, wenn die Handlung nicht durch die nach Landes- oder Bundesrecht zuständigen Stellen erlaubt oder sonst gerechtfertigt ist.

IV. Tateinheit ist u.a. möglich mit §§ 129, 129 a StGB sowie §§ 51, 52 WaffG. 7

§ 128 (weggefallen)

§ 129 Bildung krimineller Vereinigungen

(1) Wer eine Vereinigung gründet, deren Zwecke oder deren Tätigkeit darauf gerichtet sind, Straftaten zu begehen, oder wer sich an einer solchen Vereinigung als Mitglied beteiligt, für sie um Mitglieder oder Unterstützer wirbt oder sie unterstützt, wird mit Freiheitsstrafe bis zu fünf Jahren oder mit Geldstrafe bestraft.

(2) Absatz 1 ist nicht anzuwenden,
1. wenn die Vereinigung eine politische Partei ist, die das Bundesverfassungsgericht nicht für verfassungswidrig erklärt hat,
2. wenn die Begehung von Straftaten nur ein Zweck oder eine Tätigkeit von untergeordneter Bedeutung ist oder
3. soweit die Zwecke oder die Tätigkeit der Vereinigung Straftaten nach den §§ 84 bis 87 betreffen.

(3) Der Versuch, eine in Absatz 1 bezeichnete Vereinigung zu gründen, ist strafbar.

(4) Gehört der Täter zu den Rädelsführern oder Hintermännern oder liegt sonst ein besonders schwerer Fall vor, so ist auf Freiheitsstrafe von sechs Monaten bis zu fünf Jahren zu erkennen; auf Freiheitsstrafe von sechs Monaten bis zu zehn Jahren ist zu erkennen, wenn der Zweck oder die Tätigkeit der kriminellen Vereinigung darauf gerichtet ist, in § 100 c Abs. 2 Nr. 1 Buchstabe a, c, d, e und g mit Ausnahme von Straftaten nach § 239 a oder § 239 b, Buchstabe h bis m, Nr. 2 bis 5 und 7 der Strafprozessordnung genannte Straftaten zu begehen.

(5) Das Gericht kann bei Beteiligten, deren Schuld gering und deren Mitwirkung von untergeordneter Bedeutung ist, von einer Bestrafung nach den Absätzen 1 und 3 absehen.

(6) Das Gericht kann die Strafe nach seinem Ermessen mildern (§ 49 Abs. 2) oder von einer Bestrafung nach diesen Vorschriften absehen, wenn der Täter
1. sich freiwillig und ernsthaft bemüht, das Fortbestehen der Vereinigung oder die Begehung einer ihren Zielen entsprechenden Straftat zu verhindern, oder
2. freiwillig sein Wissen so rechtzeitig einer Dienststelle offenbart, daß Straftaten, deren Planung er kennt, noch verhindert werden können;

erreicht der Täter sein Ziel, das Fortbestehen der Vereinigung zu verhindern, oder wird es ohne sein Bemühen erreicht, so wird er nicht bestraft.

1   I. Die Vorschrift **schützt** nach hM die **öffentliche Sicherheit** und die **staatliche Ordnung** (BGHSt 30, 328 [331]; 41, 47 [51]; BGH NStZ 2005, 377 [378]; OLG Düsseldorf NStZ 1998, 249; *Gössel* JR 1983, 118 f; *Hofmann* NStZ 1998, 249 [250]; LK-*Krauß* Rn 1 ff mwN; S/S/W-*Patzak/Lohse* Rn 2 mwN). Einschränkend verweist ein Teil der Literatur allein auf die im BT geschützten Rechtsgüter und spricht § 129, der insofern lediglich einen weit vorverlagerten Individualschutz gewähre, damit einen eigenständigen, „gemeinschaftsbezogenen" Schutzcharakter ab (*Hohmann* wistra 1992, 85 [86]; *Kress* JA 2005, 220 [227]; SK-*Rudolphi/Stein* Rn 3 f; *Scheiff*, Wann beginnt der Strafrechtsschutz gegen kriminelle Vereinigungen?, 1997, 25 ff; *Zöller* StV 2012, 364 [365]). Ihre kriminalpolitische Rechtfertigung findet die Regelung in der erhöhten Gefährlichkeit krimineller Vereinigungen, die aufgrund der gegenseitigen Stimulierung, kriminellen Durchdringung und Enthemmung der Mitglieder das persönliche Verantwortungsgefühl des Einzelnen beeinträchtigen oder gar ausschließen und zudem durch ihre organisatorischen Strukturen die Begehung von Straftaten erheblich erleichtern können. Diese spezifische Eigendynamik soll es gebieten, den strafrechtlichen Schutz über § 30 hinaus bereits ins Vorbereitungsstadium zu verlagern und so iSe präventiven Zielsetzung die Gefahrenquelle für die Rechtsgüter des Staates und seiner Bürger auszuschalten (BGHSt 28, 110 [116]; 28, 147 [148 f]; 33, 16 [17]; 49, 268 [271]; *Bottke* JR 1985, 122 [123]; *Hofmann* NStZ 1998, 249 [250]; *Rudolphi* Bruns-FS 315 [317]; zur geschichtlichen Entwicklung vgl *Kinzig*, Die rechtliche Bewältigung von Erscheinungsformen organisierter Kriminalität, 2004, 164 ff; *Stein* GA 2005, 433 [434 ff]; näher zum Unrecht der kriminellen Vereinigung *Cancio Meliá* Jakobs-FS 27 [35 ff]).

2   Bis zum Inkrafttreten des 34. StRÄndG am 30.8.2002 (BGBl. I, 3390) beschränkte sich der Schutzbereich der §§ 129, 129 a auf die innere Sicherheit und Ordnung innerhalb der BRD. Mit der Einführung des § 129 b, durch den zukünftig auch solche kriminellen bzw terroristischen Vereinigungen strafrechtlich erfasst werden können, die **ausschließlich im Ausland** bestehen und nicht einmal eine Teilorganisation in der Bundesrepublik unterhalten, hat der Gesetzgeber diese Begrenzung aufgegeben. Die gegen das **transnationale organisierte Verbrechen** gerichtete Strafausdehnungsvorschrift des § 129 b bedingt dadurch gleichzeitig, dass sich auch die Grenzen des von §§ 129, 129 a geschützten Rechtsguts verschieben. Auf der Grundlage der hM (oben Rn 1) muss sich der Schutzbereich nunmehr konsequenterweise auch auf die öffentliche Sicherheit einschließlich des allgemeinen Rechtssicherheitsgefühls außerhalb der Bundesrepublik Deutschland erstrecken. Angesichts des Charakters der §§ 129 und 129 a, die auf die Verhältnisse innerhalb eines funktionierenden Rechtsstaats zugeschnitten sind, muss sich diese Ausweitung dabei allerdings fast zwangsläufig auf den **Europäischen Rechtsraum** sowie – unter den Voraussetzungen des § 129 b I S. 2 – auf solche Länder beschränken, die eine vergleichbare innere Ordnung aufweisen (LK-*Krauß* § 129 b Rn 2; MK-*Schäfer* § 129 b Rn 2; krit. *Fischer* § 129 b Rn 3; NK-

Ostendorf §§ 129 a, 129 b Rn 3; vgl auch *Kress* JA 2005, 220 [227], der auf die von den ausländischen Strafrechtsordnungen geschützten Rechtsgüter abstellt). Ausdrücklich betont auch der Gesetzgeber, dass trotz dieser weitreichenden und nur schwer greifbaren Ausdehnung keine Allzuständigkeit deutscher Strafverfolgungsbehörden begründet, sondern vorrangig eine effektivere Bekämpfung der organisierten Kriminalität ermöglicht werden soll (BT-Drucks. 14/8893, 8 f). Ziel des § 129 b ist es danach, iSe sicherheitspolitischen Brücke zwischen Repression und Prävention einen Beitrag zur Bekämpfung weltweit operierender krimineller und terroristischer Organisationen zu leisten und so einen wirksameren Schutz vor terroristischen Anschlägen zu bieten. Der Gefahr, dass die deutschen Organisationsdelikte auf diese Weise zu einem Universalstrafrecht erhoben werden, versucht das Gesetz durch mehrere „Filter" entgegenzutreten. So sollen – abgesehen davon, dass im Hinblick auf die zu ahndenden Beteiligungshandlungen nach wie vor eine Legitimation durch das Strafanwendungsrecht der §§ 3 ff erforderlich bleibt – insbesondere die Regeln des § 129 b I S. 2-5 sowie des § 153 c I S. 1 Nr. 3 StPO eine maßvolle Anwendung deutschen Strafrechts gewährleisten (BT-Drucks. 14/8893, 8 f; *Altvater* NStZ 2003, 179 ff; *Pick* BR-Prot. 776, 300; *Stein* GA 2005, 433 [454 ff]; vgl hierzu noch unten Rn 13 ff sowie § 129 b Rn 4 ff).

§ 129 zählt zu den sog. **Organisationsdelikten**, sieht jedoch im Unterschied zu 3 den §§ 84-86 sowie den Vorschriften des VereinsG (§ 20 I S. 1 Nr. 1-4) die Strafbarkeit einer kriminellen Vereinigung bereits dann vor, wenn ein staatliches Verbot noch nicht ausgesprochen worden ist (*Ostendorf* JA 1980, 499 [500]). Ursprünglich sicherte § 129 dabei als sog. Ausführungsgesetz die Geltung des aus Art. 9 II GG entstammenden Vereinigungsverbots. Mit der Ausdehnung des tatbestandlichen Anwendungsbereiches auch auf ausländische Vereinigungen ist dieser Charakter indes entfallen (*Altvater* NStZ 2003, 179 [180]).

II. Der **objektive Tatbestand** gliedert sich mit dem Gründen, der mitgliedschaftli- 4 chen Beteiligung, dem Werben um Mitglieder oder Unterstützer sowie dem Unterstützen in insgesamt vier verschiedene Begehungsarten. Dabei verzichtet das Gesetz darauf, dass es tatsächlich zur Ausübung von Straftaten kommt und ordnet § 129 somit den abstrakten Gefährdungsdelikten zu (*Gössel* JR 1983, 118 [119]; *Rebmann* NStZ 1981, 457 [458]; S/S/W-*Patzak/Lohse* Rn 3 mwN). Die früher einschränkungslos unter Strafe gestellte Tatbestandsvariante des „Werbens" ist durch das 34. StrÄndG auf das „Werben um Mitglieder und Unterstützer" beschränkt worden, um auf diese Weise die sog. Sympathiewerbung von der Strafbarkeit auszunehmen (BT-Drucks. 14/8893, 8; ausf. hierzu unten Rn 28 ff).

1. Allen vier Begehungsformen gemeinsam ist das Merkmal der Vereinigung, de- 5 ren Zwecke oder Tätigkeiten auf die Begehung von Straftaten gerichtet sind.

a) Als **Vereinigung** gelten solche auf eine gewisse Dauer berechnete organisatori- 6 sche Verbindungen von drei oder mehr Personen, die – bei Unterordnung des Willens des Einzelnen unter den Willen der Gesamtheit – gemeinsame Zwecke verfolgen und unter sich derart in Beziehung stehen, dass sie sich untereinander als einheitlicher Verband fühlen (ständige Rspr vgl nur BGHSt 10, 16 [17]; 31, 239 f m. Bspr *Hassemer* JuS 1983, 808 f; BGHSt 54, 216 [221]; BGHSt 57, 14 [16]; BGH NJW 2015, 1540; NK-*Ostendorf* Rn 12; krit. *Rudolphi* Bruns-FS 315 [319 f]; *Weißer* JZ 2008, 388 [389]; zur Vereinigungseigenschaft von Al Qaida: BGHSt 54, 69 [107 ff] und „Sturm 34" BGHSt 54, 216 ff; zur Problematik der kriminellen Vereinigung im Wirtschaftsstrafrecht vgl *Rübenstahl* wistra 2014, 166 ff). Als maßgebliche Kriterien des Vereinigungsbegriffs lassen sich mithin ein **personelles**, ein **zeitliches**, ein **organisatorisches** sowie schließlich ein **voluntatives**

Element ausmachen. Der organisatorische Zusammenschluss setzt ein **Mindestmaß an fester Organisation** mit gegenseitiger (den individuellen Gestaltungseinfluss zurückdrängender) Verpflichtung der Mitglieder voraus und ist vom Tatrichter im Urteil eingehend zu würdigen. Als Indizien für diese Organisationsstruktur lassen sich zB eine gemeinsame politische oder ideologische Grundhaltung, ein enges Beziehungsgeflecht, regelmäßige Absprachen oder Zusammenkünfte, das „Sicheinspielen" von Handlungsabläufen, der Aufbau von Gebiets- oder Regionalkomitees, der zur logistischen Vorbereitung notwendige, erhebliche Planungsaufwand oder auch ein konspiratives Verhalten etwa durch die Verwendung von Decknamen heranziehen (vgl BGHSt 31, 239 [243]; 41, 47 [48 f]; BGH NStZ-RR 2002, 300 [301]; ausf. MK-*Schäfer* § 129 Rn 18 ff). Allein aus ihrem Fehlen kann jedoch nicht geschlossen werden, dass keine kriminelle Vereinigung vorliegt; so steht es der Annahme einer kriminellen Vereinigung zB nicht zwangsläufig entgegen, dass keine ausdrückliche Festlegung dahin existiert, wer Mitglied der Vereinigung sein soll, so lange sich die Mitglieder etwa durch regelmäßige Teilnahme am „Kameradschaftsleben" von Nichtmitgliedern abgrenzen lassen (so für Kameradschaft Sturm 34 BGHSt 54, 216 [233 f]; vgl auch Rn 25). Die für alle Mitglieder verbindlichen **Regeln über die Willensbildung** müssen nicht notwendig auf dem Prinzip von Befehl und Gehorsam aufgebaut sein, sondern können durchaus auch demokratischen Grundsätzen entsprechen (BGHSt 54, 216 [226 f] mit ausf. Betrachtungen zum erforderlichen Gruppenwillen, wobei sich der BGH von der Erforderlichkeit von Regeln distanziert und sein Augenmerk vermehrt auf den Gemeinschaftswillen und die Zielsetzung der Vereinigung selbst richtet; zust. Anm. *Bader* NJW 2010, 1986 [1987]). Die verbandsmäßig organisierte Willensbildung kann sogar fehlen, wenn sich mehrere zur Begehung von Straftaten entschlossene Personen allein dem autoritären Willen eines Einzelnen unterwerfen und damit ein losgelöster, die typische Eigendynamik hervorrufender **Gruppenwille** nicht entstehen kann (BGHSt 28, 147 [149]; BGH NStZ 2007, 31; OLG Dresden StV 2006, 700 f; LK-*Krauß* Rn 20, 27 ff; HKGS-*Hartmann* Rn 2; MK-*Schäfer* § 129 Rn 23; abw. *Kress* JA 2005, 220 [227]: jedwede Regelhaftigkeit der Willensbildung ausreichend). Wesentlich für eine Vereinigung ist insoweit die subjektive Einbindung der Beteiligten in die kriminellen Ziele der Organisation und in deren entsprechende Willensbildung unter Zurückstellung individueller Einzelmeinungen. Denn nur ein derartiger Gruppenwille schafft die spezifischen Gefahren der für die Vereinigung typischen, vom Willen des Einzelnen losgelösten Eigendynamik (BGH StV 2012, 339 [340]). Entscheidend ist insofern stets, dass sich die gegenseitige ernsthafte Verpflichtung der beteiligten Personen auch auf die vorgesehene Willensbildungs- und Führungsstruktur bezieht. Ähnlich wie bei der Frage der Organisationsstruktur muss das Urteil auch hier eingehende tatrichterliche Feststellungen zum Willenselement enthalten. Die Anforderungen hieran sind dann geringer, wenn die Mitglieder der Organisation eine über den bloßen Zweckzusammenhang der Begehung von Straftaten hinausreichende Zielsetzung verfolgen, wie dies typischerweise bei politisch, ideologisch, religiös oder weltanschaulich motivierter Kriminalität der Fall ist, und sich gerade in der Verfolgung dieser Ziele verbunden fühlen (BGHSt 54, 216 [228 f]; BGH StV 2012, 339 [340]).

7 Das Kriterium der **Willensbildung** zieht der BGH (NJW 2010, 3042 ff; NJW 2011, 543 [545]) nunmehr auch bei der **Abgrenzung** einer (nur) ausländischen Vereinigung iSv § 129 b zu einer inländischen Teilorganisation iSd §§ 129, 129 a heran. Danach liegt eine inländische (Teil-)Organisation iSd §§ 129, 129 a nur dann vor, wenn die Teilorganisation unabhängig von der ausländischen Gesamt-

organisation einen eigenen Willensbildungsprozess vollzieht, dem sich die Mitglieder der Teilorganisation unterwerfen. Ohne eine eigenständige Willensbildung der Teilorganisation findet keine Intensivierung der bereits von der ausländischen Gesamtorganisation ausgehenden Gefährdung statt; der bereits von § 129 b I 2 Alt. 1 erfasste Unrechtsgehalt wird nicht gesteigert (BGHSt 56, 28 [32]; 57, 14 [18 f]; BGH NJW 2010, 3042 [3044]). Eine solche eigenständige Vereinigung setzt voraus, dass die Gruppierung für sich genommen alle für eine Vereinigung notwendigen personellen, organisatorischen, zeitlichen und voluntativen Voraussetzungen erfüllt (BGHSt 56, 28 [32 f]; BGH StV 2012, 339 [342]; krit. *Eidam* StV 2012, 373 [375]).

aa) Schwierigkeiten bereiten in diesem Zusammenhang etwa Hausbesetzergruppen, neonazistische Ortskader, sog. Parteispendenwaschanlagen, das organisierte Glücksspiel oder schließlich die Arbeitnehmerüberlassung, deren gemeinsames Vorgehen sich zwar über einen gewissen Zeitraum erstreckt und einem gemeinsamen Endzweck dient, allein deswegen aber nicht notwendigerweise auch Ausdruck eines organisierten Gemeinschaftswillens sein muss (BGHSt 28, 147 [149]; 31, 202 ff; 31, 239 ff BGH NJW 1992, 1518 f; BayObLG StV 1998, 265 [266]; LK-*Krauß* Rn 30 ff; NK-*Ostendorf* Rn 12; MK-*Schäfer* Rn 59 ff und § 129 a Rn 55 ff). Bei der Abgrenzung ist der gesetzlichen Systematik Rechnung zu tragen: Die Strafbestimmungen über bandenmäßige Deliktsverwirklichungen sowie vor allem die in § 30 vorgesehene Beschränkung auf die *Verbrechens*verabredung würden unterlaufen, wollte man bereits jede gemeinschaftliche Deliktsplanung mehrerer Personen der Strafbarkeit nach § 129 unterwerfen. Eine kriminelle Vereinigung setzt daher – gerade auch im Hinblick auf die von § 129 vorausgesetzte spezifische Gefahr einer unkontrollierbaren Eigendynamik – ein Mehr an **personeller Geschlossenheit** und an **instrumenteller Vorplanung** voraus (BGH NJW 1992, 1518; S/S/W-*Patzak/Lohse* Rn 15 f; *Rebmann* NStZ 1986, 289 f; *Rudolphi* JR 1984, 32 [33]; zum Bandenbegriff mit seinen geringeren Anforderungen an den Organisationsgrad vgl § 244 Rn 28 ff). 8

bb) Vom Tatbestand erfasst werden neben politisch motivierten Untergrundorganisationen auch rein kriminelle Vereinigungen ohne jeglichen politischen Hintergrund. In Betracht kommt hier vor allem die organisierte Kriminalität etwa in Form von Rauschgifthändlerringen (vgl § 30 b BtMG), Gruppierungen zur Schutzgelderpressung oder zum Menschenhandel, Gruppierung von Hooligans; organisierte Steuerstraftaten zB in Form von Umsatzsteuerkarussellen oder Zigarettenschmuggel, Scheckbetrüger und Hehlerbanden (BGHSt 48, 240 [250 f]; BGHSt 60, 166 ff; BGH NStZ 2004, 574 f; 2007, 31; OLG Dresden StV 2006, 700 f; LK-*Krauß* Rn 7 ff, 89 ff; MK-*Schäfer* Rn 59 ff; S/S-*Sternberg-Lieben* Rn 1, 7; aA *Hohmann* wistra 1992, 85 f; *Walischewski* StV 2000, 583 [585]: nur politisch motivierte Straftaten ausreichend). Notwendig ist auch in diesen Fällen stets der in Rn 6 angesprochene Gruppenwille, der insbesondere bei straff organisierten Führungsstrukturen Probleme bereiten kann. Unterwerfen sich die Mitglieder nur jeweils für sich der autoritären Führung einer Person, so fehlt dem Zusammenschluss das vom Tatbestand vorausgesetzte Gefährdungspotential (BGHR StGB § 129 Gruppenwille 2 und 3; BGH StV 1999, 424 [425]; OLG Frankfurt StV 2005, 671; *Kress* JA 2005, 220 [224]). Andererseits steht eine hierarchische Strukturierung, die gerade Gegenstand der gegenseitigen Verpflichtung der beteiligten Personen ist und bei der der Einzelne vornehmlich aus Angst vor Repressalien anderer Mitglieder handelt, der Annahme einer Vereinigung **nicht** grds. entgegen (SK-*Rudolphi/Stein* Rn 6 c; de lege lata insgesamt restriktiver *Kinzig*, Die rechtliche Bewältigung von Erscheinungsformen organisierter 9

Kriminalität, 2004, 169; vgl auch NK-*Ostendorf* Rn 12, der bei „organisierter Kriminalität" regelmäßig von einem fehlenden Gruppenwillen ausgeht). Eine kriminelle Vereinigung kann auch im Gefängnis fortbestehen (BGH JR 1985, 121 m.Anm. *Bottke*; *Rudolphi* Bruns-FS 315 [323]).

10 cc) Bis zum Inkrafttreten des 34. StrÄndG am 30.8.2002 war umstritten, ob § 129 auch auf **ausländische Vereinigungen** Anwendung finden konnte. Nach Rspr und hM, die diese Frage verneinten, sollte die Vorschrift allein dann eingreifen, wenn die Vereinigung zumindest eine Teilorganisation in der Bundesrepublik besaß (BGHSt 30, 328 [329 ff]; 45, 26 [35]; LK-*Krauß* Rn 36 mwN; zur Gegenmeinung *Rudolphi* NStZ 1982, 198 [199 f]; zum Vorliegen einer eigenständigen Teilorganisation vgl Rn 7).

11 Mit der **Einführung des § 129 b** hat der Gesetzgeber diesen Streit entschieden und damit auch auf die europarechtlichen Vorgaben zur Bekämpfung der organisierten Kriminalität reagiert (vgl die Gemeinsame Maßnahme der Europäischen Union vom 21.12.1998, AmtsBl. EG 1998 L 351, 1 f, sowie die vorangegangene Empfehlung Nr. 17 des Europäischen Rates, AmtsBl. EG 1997 C 251, 1 [4, 11]; LK-K*rauß* § 129 b Rn 8 ff; S/S-*Sternberg-Lieben* Rn 1; *Wehner*, Europäische Zusammenarbeit bei der polizeilichen Bekämpfung aus rechtlicher Sicht, 1993, 91 ff, 127 ff, 161 ff; die Terroranschläge vom 11.9.2001 in den USA sowie das Attentat vom 11.4.2002 auf der tunesischen Insel Djerba bildeten insoweit den unmittelbaren Anlass für die Gesetzesänderung, vgl *Fischer* § 129 b Rn 1; *Nehm* NJW 2002, 2665 ff; *Weiß*, *Gnauck* und *Pick* BR-Prot. 776, 299 f). Mithin erstreckt sich der Anwendungsbereich der §§ 129, 129 a nunmehr auch auf solche kriminellen oder terroristischen Vereinigungen, die **lediglich im Ausland bestehen** und nicht einmal eine Teilorganisation innerhalb der BRD unterhalten (zu den mit dieser Ausdehnung verbundenen Auslegungsproblemen der Neuregelung vgl § 129 b Rn 6 ff sowie *Altvater* NStZ 2003, 179 ff; *Fischer* § 129 b Rn 4 ff; *Kress* JA 2005, 220 [226 ff]; *Stein* GA 2005, 433 [447 ff]).

12 dd) In einem Rahmenbeschluss zur Terrorismusbekämpfung vom 13.6.2002 hat der Rat der Europäischen Union den Begriff der (terroristischen) Vereinigung ausdrücklich **definiert** und dabei insbesondere die Anforderungen an Festigkeit und Kontinuität der Organisationsstruktur herabgesetzt (AmtsBl. EG 2002 L 164, 3 [4]; vgl auch AmtsBl. EG 1998 L 351, 1). Erforderlich, aber auch ausreichend ist danach gem. Art. 2 I S. 1 und 2 des Rahmenbeschlusses ein auf längere Dauer angelegter organisierter Zusammenschluss von mehr als zwei Personen, die sich nicht nur zufällig zur unmittelbaren Tatbegehung verabreden, sondern die gezielt zusammenwirken, um (weitere) Straftaten zu begehen. Mit dieser erweiternden Auslegung, die **weder** eine feste Rollenverteilung, eine kontinuierliche Mitgliedschaft **noch** eine ausgeprägte Organisationsstruktur voraussetzt, bietet sich die Möglichkeit, den teils diffusen Organisationsstrukturen des internationalen Terrorismus besser gerecht werden zu können. Auch der Einbeziehung hierarchisch strukturierter Organisationen steht diese Begriffsbestimmung nicht von vornherein entgegen, zielt der Rahmenbeschluss doch ausdrücklich auf eine effektivere Bekämpfung gerade der organisierten Kriminalität ab (*Altvater* NStZ 2003, 179 [184]; *v. Bubnoff* NJW 2002, 2672 [2673]; L-Kühl-*Heger* Rn 2). Das 34. StrÄndG ist allerdings auf diesen modifizierten Vereinigungsbegriff nicht eingegangen, die Rechtsprechung hat bisher, etwa durch eine **europarechtskonforme Auslegung**, die mitunter strengen tatbestandlichen Anforderungen an den Vereinigungsbegriff zumindest partiell – soweit ersichtlich – nicht gelockert (vgl auch BGH NJW 2006, 1603; *Altvater* NStZ 2003, 179 [184]; *Fischer* Rn 4, 7; *Kress*

JA 2005, 220 [223 ff]; MK-*Schäfer* § 129 Rn 32 ff: überkommene Struktur von Vereinen und parteiähnlichen Gruppen; *v. Heintschel-Heinegg* Schroeder-FS 799 ff).

Vielmehr ist zu beachten, dass der Rahmenbeschluss des Rates vom 24.10.2008 zur Bekämpfung der organisierten Kriminalität [AblEu 2008 Nr. L 300, S. 42] in Art. 1 Nr. 1 und 2 eine Definition des Begriffs „kriminelle Vereinigung" enthält. In seiner Entscheidung vom 3.12.2009 hat der BGH dazu ausdrücklich festgestellt, dass diese „europäische" Bezeichnung einer kriminellen Vereinigung nicht unmittelbar auf die §§ 129 ff übertragen werden kann und einer europarechtsfreundlichen Modifikation des bisherigen Begriffs der kriminellen Vereinigung durch die Rechtsprechung allgemeine Rechtsgrundsätze des deutschen Strafrechts entgegenstehen (BGHSt 54, 216 [222 ff] m.Anm. *Bader* NJW 2010, 1986 f; krit. *Kreß/Gazeas* Puppe-FS 1487 ff; *Zöller* JZ 2010, 908 ff). Dabei beruft sich der BGH insbesondere darauf, dass einer Auslegung des Merkmals „Vereinigung" iSd europäischen Rahmenbeschlusses allgemeine Rechtsgrundsätze des deutschen Strafrechts entgegenstünden. So unterscheide sich die Umschreibung einer Vereinigung iSd Rahmenbeschlusses nur unwesentlich von der einer Bande, wie sie in der neueren Rechtsprechung definiert wird; allein die Mitgliedschaft in einer Bande ist iSd StGB aber nicht strafbar, sondern stellt bei der Verwirklichung anderer Delikte allenfalls ein (strafschärfendes) Qualifikationsmerkmal dar, welches nicht strafbegründend wirkt. Diese im deutschen Strafrecht vorgenommene Unterscheidung ginge bei einer Anwendung der „europäischen" Definition verloren, denn bei deren Anwendung wäre bereits die Mitgliedschaft in einer Gruppierung strafbar, die lediglich die Voraussetzungen einer Bande erfüllt (BGHSt 54, 216 [223 f] m. krit. Anm. *Zöller* JZ 2010, 908 ff).

ee) Nach bisheriger nahezu einhelliger Ansicht galt eine Vereinigung nur dann als kriminell bzw terroristisch iSd §§ 129, 129 a, wenn sie auf **Straftaten abzielte**, auf die das deutsche Recht Anwendung fand (BGH NStZ-RR 2002, 300 [301]; BGH CR 2002, 378; LK-*Krauß* Rn 66; *Scheiff*, Wann beginnt der Strafrechtsschutz gegen kriminelle Vereinigungen?, 1997, 59; weitergehend S/S-*Sternberg-Lieben* Rn 6). Voraussetzung war mithin, dass die in Aussicht genommenen und im Ausland zu begehenden Straftaten – den Regeln der §§ 4-7 entsprechend – nach deutschem Strafrecht hätten geahndet werden können (bei Attentaten hingegen, die im Inland ausgeführt werden sollten, hätte sich die Geltung deutschen Strafrechts bereits aus dem Territorialitätsprinzip des § 3 ergeben). Exemplarisch: Plante eine Vereinigung, Tötungshandlungen **ausschließlich im Ausland** zu begehen, so kam eine Strafbarkeit nach § 129 etwa dann in Betracht, wenn (zumindest auch) deutsche Staatsbürger Opfer der Anschläge werden sollten und die jeweilige Tat daher nach § 7 I strafbar gewesen wäre. 13

Mit der Einführung des § 129 b, durch den der tatbestandliche Anwendungsbereich der Organisationsdelikte und damit gleichzeitig auch die Grenzen des geschützten Rechtsguts erweitert worden sind, hat diese einschränkende Auslegung ihre Rechtfertigung **verloren**. Die früher tragende Überlegung, wonach es sich bei den §§ 129, 129 a aF um Ausführungsgesetze zu Art. 9 II GG handelte, deren Schutzbereich allein die öffentliche Sicherheit und Ordnung *innerhalb* der BRD umfasst, gilt nicht mehr. Abgesehen davon liefe es der erklärten Zielsetzung des Gesetzgebers, gerade auf die zunehmende internationale Vernetzung und den weltweiten Handlungsradius reagieren zu können, deutlich zuwider, wenn auch die von der Organisation geplanten Taten nach deutschem Straf*anwendungs*recht beurteilt werden müssten (*Altvater* NStZ 2003, 179 [180]; SK-*Rudolphi/Stein* 14

Rn 8; nach europäischen und außereuropäischen Vereinigungen diff. *Kress* JA 2005, 220 [227 f]). Insoweit ist eine ausländische Vereinigung, deren Zwecke oder Tätigkeiten auf die rechtswidrige Tötung von Ausländern im Ausland gerichtet sind, nunmehr **auch dann** eine *terroristische* Vereinigung iSd § 129 a iVm § 129 b, **wenn** keiner der in §§ 3 ff bezeichneten Anknüpfungspunkte für die Geltung deutschen Strafrechts vorliegt (aA S/S/W-*Patzak/Lohse* Rn 24). Somit stellt auch der Zusammenschluss ausländischer Staatsbürger, die ausschließlich Betrügereien zulasten von Versicherungen in ihrem Heimatland begehen wollen, eine *kriminelle* Vereinigung iSd § 129 dar (*Altvater* NStZ 2003, 179 [180]; LK-*Krauß* Rn 67). Mit diesem weiten Verständnis freilich reicht der Anwendungsbereich der §§ 129 ff deutlich über den sonstiger Vereinigungsdelikte hinaus. So etwa stellt das VereinsG die Unterstützung verbotener *ausländischer Vereine* (§ 15 I S. 1 VereinsG) ausdrücklich nur dann nach § 20 I S. 1 Nr. 4 Alt. 2 iVm §§ 3 I, 18 S. 2 VereinsG unter Strafe, wenn durch die Zuwiderhandlung die verbotene *inländische Tätigkeit* des betroffenen Vereins gefördert worden ist (vgl BGH NStZ 2003, 42 f m.Anm. *Heinrich*).

15 **Allein deutsches Recht** entscheidet allerdings darüber, ob es sich bei den Bestrebungen der Organisation überhaupt um Straftaten – und nicht etwa nur um Ordnungswidrigkeiten – handelt (*Altvater* NStZ 2003, 179 [180]). Auch nach Einführung des § 129 b ist eine im Ausland agierende Vereinigung nur dann kriminell iSd § 129, wenn die von ihr geplanten Taten einen Straftatbestand des StGB verwirklichen (würden). Denn es ist nicht Aufgabe des deutschen Strafrechts, ausländischen Rechtsvorstellungen zum Durchbruch zu verhelfen, die im innerstaatlichen Recht keine Entsprechung finden. Umgekehrt führen die Regeln der lex loci dazu, dass eine Vereinigung – abgesehen von den Fällen der §§ 5 und 6 StGB – selbst dann nicht kriminell ist, wenn das von ihr intendierte Verhalten zwar den Tatbestand eines deutschen Strafgesetzes erfüllt, es jedoch am Tatort nicht unter Strafe gestellt ist (S/S-*Sternberg-Lieben* Rn 6).

16 Von den vorangegangenen Überlegungen stets zu unterscheiden bleibt die Frage, ob die konkrete **Beteiligungshandlung** nach deutschem Recht verfolgt werden kann. Da sich auch § 129 b nicht über die Regeln des AT des StGB hinwegzusetzen vermag, kann es insoweit allein auf das deutsche Strafanwendungsrecht der §§ 3 ff ankommen (*Altvater* NStZ 2003, 179 f; *Fischer* § 129 b Rn 4 f; S/S/W-*Patzak/Lohse* Rn 24; MK-*Schäfer* § 129 b Rn 10; *Stein* GA 2005, 433 [454 ff]; aA *Kress* JA 2005, 220 [226], der de lege lata von einer Verdrängung der §§ 3 ff ausgeht). Bei außereuropäischen Vereinigungen schließlich müssen darüber hinaus die Voraussetzungen des § 129 b I S. 2-5 erfüllt sein, um eine Strafbarkeit nach § 129 bzw § 129 a begründen zu können (zum Problem dieses sog. **Inlandsbezugs** § 129 b Rn 6 ff).

17 **b)** Der **Zweck** der Vereinigung muss auf die Begehung von Straftaten **gerichtet** sein. Ausreichend ist es, wenn die in Aussicht genommenen Tätigkeiten nur das (vorbereitende) Mittel zur Erreichung eines weiter gesteckten und seinerseits nicht notwendig missbilligenswerten Ziels sind. Die Begehung von Straftaten braucht also nicht das Endziel oder der Hauptzweck der Vereinigung zu sein (BGHSt 41, 47 [56]; BGH NJW 1975, 985; BayObLG NStZ-RR 1997, 251 [252]; *Krehl* JR 1996, 208 [209]; SK-*Rudolphi/Stein* Rn 11). Allerdings muss diese Absicht – dolus eventualis infolge des eindeutigen Wortlautes nicht ausreichend – als verbindlich festgelegtes Ziel den kriminellen Charakter der Vereinigung zumindest mitprägen (BGHSt 49, 268 [272]: zweckrationale Ausrichtung; HKGS-*Hartmann* Rn 3; LK-*Krauß* Rn 71, 73; missverständlich BGH NStZ

1999, 503 [504]). § 129 richtet sich also nicht gegen die Gelegenheitstaten irgendeiner im Übrigen nicht kriminellen Organisation. Abzustellen ist dabei auf die für die Willensbildung maßgeblichen Führungspersonen. Im Gegensatz zu § 30 braucht sich jene Absicht allerdings noch nicht bis zur Vorbereitung einzelner Taten konkretisiert oder sonst nach außen hin niedergeschlagen zu haben (BGHSt 49, 268 [272]; BGH NJW 2005, 1668 [1670]; S/S-*Sternberg-Lieben* Rn 7; aA *Arzt/Weber/Heinrich/Hilgendorf* § 44/14).

c) Zu den geplanten **Straftaten** – Ordnungswidrigkeiten reichen nicht aus – gehören alle nicht bereits mit dem organisatorischen Zusammenschluss begangenen, ihm zeitlich und logisch nachfolgenden Delikte (BGHSt 7, 6 [8]; 41, 47 [50]; *Hofmann* NStZ 1998, 249 [250]). Voraussetzung ist hierfür nach hM nicht, dass die Straftaten in zeitlich größerem Abstand erfolgen sollen, so dass es genügen kann, wenn etwa Hausbesetzer umfangreiche Vorkehrungen treffen, um sich dem Eingreifen der Polizei mit gewaltsamen Aktionen zu widersetzen (BGHSt 31, 202 [207] BGH NJW 1975, 985; LK-*Krauß* Rn 54; vgl aber auch oben Rn 6 f zur organisierten Willensbildung). Demgegenüber verlangt die Gegenmeinung, dass die geplanten Straftaten nicht nur im Rahmen einer einzigen zusammenhängenden Aktionseinheit, sondern vielmehr unabhängig voneinander ausgeübt werden sollen, die Demonstranten also etwa weitere Hausbesetzungen in Folge planen. Nur unter dieser Bedingung könne die für § 129 spezifische Gefahr der kriminellen Eigendynamik entstehen (*Langer-Stein*, Legitimation und Interpretation der strafrechtlichen Verbote krimineller und terroristischer Vereinigungen, 1987, 219 ff; NK-*Ostendorf* Rn 14; SK-*Rudolphi/Stein* Rn 9). 18

aa) Mit Blick auf das geschützte Rechtsgut sowie auf die Bedeutung des § 129 für besondere strafprozessuale Maßnahmen wie etwa §§ 98 a I S. 1 Nr. 2, 100 a II S. 1 Nr. 1 d StPO müssen die begangenen oder geplanten Straftaten eine nicht **unbeträchtliche Gefahr** für die öffentliche Sicherheit bedeuten und **von einigem Gewicht** sein (BGHSt 31, 202 [207]; 41, 47 [50 ff]; BGH NJW 1975, 985 [986]; *Hofmann* NStZ 1998, 249 [250]; *Krehl* JR 1996, 208 ff). Im Rahmen einer Gesamtwürdigung sind alle für das Maß der Gefährdung der öffentlichen Sicherheit relevanten Umstände zu berücksichtigen, wobei nach hM neben den Tatauswirkungen auch die spezielle Art der Begehung und sogar die „Zeitverhältnisse als Hintergrund und Rahmen" des jeweiligen Verhaltens Beachtung verlangen können (BGHSt 41, 47 [51 ff]; 57, 14 [17]; LK-*Krauß*, Rn 59 f; S/S/W-*Patzak/Lohse* Rn 23). Die Gegenansicht stellt allein auf die für die tatbestandliche Unrecht des jeweiligen Delikts maßgeblichen Umstände ab, so dass etwa bei Sachbeschädigungen durch Graffiti der rechtsextremistische Inhalt der Parolen außer Betracht bleiben müsste (*Krehl* JR 1996, 208 [209]; *Ostendorf* JZ 1996, 55 [56]). 19

Der Regelung des **Abs. 2 Nr. 2** verbleibt vornehmlich die Funktion, eine Bestrafung nach § 129 dann auszuschließen, wenn die Straftaten für die Tätigkeit der Gruppe – zB bei Auseinandersetzungen mit politischen Gegnern oder im Rahmen von Demonstrationen – nur den Charakter von Gelegenheitstaten haben oder lediglich peripheres Mittel zur Durchsetzung der Ziele sind (BGHSt 41, 47 [56 f]; 49, 268 [274]; *Krehl* JR 1996, 208 [209 f]; *Schittenhelm* NStZ 1995, 343 [344]). Selbst erhebliche Straftaten reichen daher nicht aus, wenn sie keinen prägenden Einfluss auf das Erscheinungsbild der Vereinigung ausüben (*Scheiff*, Wann beginnt der Strafrechtsschutz gegen kriminelle Vereinigungen?, 1997, 82 f). 20

bb) Als mögliche Straftaten kommen auch solche Tatbestände in Betracht, die – wie etwa §§ 111, 130 a, 140 – **ihrerseits** auf weitere Taten **verweisen** und gleichermaßen dem Schutz des öffentlichen Friedens dienen. Ihre Rechtfertigung fin- 21 det diese erneute Vorverlagerung des strafrechtlichen Schutzbereiches vor allem in den nicht unerheblichen, im Vergleich zB zu den Beleidigungs- oder Sachbeschädigungsdelikten sogar gewichtigeren Strafrahmen der genannten Vorschriften, welche die Gefährlichkeit jener Taten unterstreichen und damit einer einschränkenden Auslegung entgegenstehen (BGH NStZ 2000, 27; OLG Düsseldorf NStZ 1998, 249 m. zust. Anm. *Hofmann*; S/S-*Sternberg-Lieben* Rn 7 a; anders noch BGHSt 27, 325 [328]).

22 cc) Auch nach Einführung des § 129 b entscheidet jedoch – wie oben bereits angesprochen – stets allein deutsches Recht darüber, ob es sich überhaupt um eine Straftat und nicht etwa nur um eine Ordnungswidrigkeit handelt (*Altvater* NStZ 2003, 179 [180]). Die **geplanten** Handlungen der Organisation müssen also einen **deutschen Straftatbestand** verwirklichen, unabhängig davon, ob sie nach den §§ 3 bis 7 auch *verfolgt* werden können.

23 2. Die Tathandlung des **Gründens** umfasst die führende oder richtungsweisende Mitwirkung bei der Bildung der kriminellen Organisation (BGHSt 27, 325 [326 f]; *Lampe* ZStW 106, 683 [726]; S/S-*Sternberg-Lieben* Rn 12 a mwN; vgl auch die Konkretisierung in BGH NJW 2006, 1603 [1604]: gemeint ist nicht der Beitrag einer führenden Person, sondern ein richtungsweisender und weiterführender Beitrag iSe „wesentlichen Förderung der Gründung"). Der Gründer braucht dabei nicht selbst Mitglied der gegründeten Vereinigung zu werden. Ein Gründen liegt auch vor, wenn eine zunächst legale Vereinigung später in eine kriminelle umgewandelt wird (BGHSt 27, 325 [326 f]; 49, 268 [273]; sog. Umfunktionieren). Selbst inhaftierte Mitglieder einer Organisation können in der Haft eine neue kriminelle Vereinigung bilden (BGHSt 31, 16 [17]).

24 3. Als **Mitglied beteiligt sich**, wer sich unter Eingliederung in die Organisation deren Willen unterordnet und eine – wenn auch vorerst einmalige – Tätigkeit zur Förderung der kriminellen Ziele der Vereinigung entfaltet (BGH NStZ 1993, 37 [38]; NJW 2015, 1032 [1033]; NK-*Ostendorf* Rn 18; *Rebmann* NStZ 1989, 97 [100]; vgl auch BGHSt 54, 69 [116 f] zu Al Qaida).

25 a) Eine satzungsgemäß förmliche Mitgliedschaft ist nicht erforderlich, bei reiner Passivität andererseits aber auch nicht ausreichend (BGHSt 18, 296 [299 f]; BayObLG NStZ-RR 1997, 251 [252]; NK-*Ostendorf* Rn 18; weitergehend BGHSt 29, 114 [123]; vgl auch Rn 6). Entscheidend ist vielmehr, dass der Täter die kriminelle Zielsetzung von innen her, funktionseingebunden fördert, wobei eine eigene Beteiligung an den Straftaten nicht erforderlich ist (BGHSt 29, 288 [291, 294]; BGH HRRS 2012, Nr. 745; SK-*Rudolphi/Stein* Rn 16 b; S/S/W-*Patzak/Lohse* Rn 32). Ausreichend sind daher die Erledigung logistischer Aufgaben wie etwa das Anmieten konspirativer Wohnungen, das Beschaffen von Hilfsmitteln, die Zahlung von Beiträgen, der Erwerb von Sprengstoff und Schusswaffen, das Besorgen und die Verwahrung unechter Ausweise oder schließlich das Verbreiten von Strategie- und Grundsatzpapieren (OLG Karlsruhe NJW 1977, 2222 [2223]). Umgekehrt führt weder die bloße Teilnahme an den Straftaten der Vereinigung noch die alleinige Billigung der von einem „harten Kern" begangenen Straftaten notwendig auch zu einer mitgliedschaftlichen Beteiligung; allerdings kommt dann eine Strafbarkeit wegen Unterstützens in Betracht (BGHSt 45, 26 [36]). Stets ist eine ausdrückliche oder stillschweigend erklärte Willensübereinstimmung zwischen dem Handelnden und der Vereinigung erforderlich (BGH NStZ 1993, 37 [38]; BayObLG NStZ-RR 1997, 251 [252]; LK-*Krauß* Rn 105).

b) Der Begriff der **mitgliedschaftlichen Beteiligung** ist auf die fördernde Teilnahme am Verbandsleben gerichtet, lässt also die bloße Passivität nicht genügen. Dabei kann es jedoch zu Pausen zwischen den einzelnen Beteiligungsakten kommen, die ohne Einfluss auf das Andauern der Mitgliedschaft bleiben (BGHSt 29, 114 [123]; 46, 349 [356]; *Fischer* Rn 24, 50; NK-*Ostendorf* Rn 18). Ähnlich der geheimdienstlichen Agententätigkeit des § 99 I Nr. 1, der eine vergleichbare Tatbestandsstruktur aufweist, führt daher auch die vorübergehende „Abschaltung" eines Mitglieds nicht zwingend zur Beendigung jenes Dauerdelikts, wenn eine Fortsetzung der Tätigkeit im Einvernehmen mit der Organisation geplant ist (vgl *Rissing-van Saan* BGH-FS 475 [485]). So zieht insbesondere das bloße „Abtauchen" eines Mitglieds, das sich einem verstärkten Fahndungsdruck entziehen und erst nach geraumer Zeit wieder erneute Betätigungen für die Organisation aufnehmen will, nicht notwendig die Aufhebung der Mitgliedschaft nach sich. Neben die zeitliche Zäsur müssen vielmehr weitere Umstände treten, die das erneute Tätigwerden auch als eine neue Tat erscheinen lassen (BGHSt 29, 288 [294]; 46, 349 [357]; *Fischer* Rn 24). Aus dem Charakter des § 129 als Dauerdelikt ergibt sich gleichzeitig – in Verbindung mit dem neu eingeführten § 129 b –, dass bereits der bloße Aufenthalt eines Mitglieds einer ausländischen Vereinigung im Gebiet der BRD ausreichend sein kann, um eine Strafbarkeit nach §§ 129, 129 a zu begründen (vgl KG NStZ 2004, 209 [210]; *Altvater* NStZ 2003, 179 [180]; MK-*Schäfer* § 129 b Rn 12; iE auch *Stein* GA 2005, 433 [451, 455 f]; enger LK-*Krauß* § 129 b Rn 13: Betätigungshandlung im Inland erforderlich; vgl auch § 129 b Rn 9).

26

c) Bei werbenden **Äußerungen innerhalb eines Strafprozesses**, mit denen ein angeklagtes Vereinigungsmitglied seine Tat zu erklären sucht und die sich – als zumeist unvermeidbare Folge – günstig auf den Fortbestand einer kriminellen Vereinigung auswirken, steht das prozessuale Grundrecht des Angeklagten, sich umfassend gegen den Schuldvorwurf verteidigen zu können, einer Strafbarkeit aus § 129 grds. entgegen. Die Grenze zur strafbewehrten mitgliedschaftlichen Beteiligung – wer als Mitglied einer kriminellen Vereinigung für diese wirbt, erfüllt das Merkmal des Sich-Beteiligens (BGHSt 31, 16 [17]) – ist hier erst überschritten, wenn der Einlassung des Angeklagten selbst bei einer Gesamtwürdigung jeglicher Verteidigungsbezug fehlt (BGHSt 31, 16 [18 ff]; *Gössel* JR 1983, 118 [119 f]; MK-*Schäfer* Rn 90, 114).

27

4. a) Gleichzeitig mit der Einführung des § 129 b wurde durch das 34. StRÄndG die Tathandlung des Werbens in § 129 I und § 129 a V S. 2 auf das **Werben um Mitglieder und Unterstützer** beschränkt.

28

aa) Ziel dieser Gesetzesänderung ist es, „die zu weit gefasste Vorschrift, die vielfach als Hindernis für kritische Äußerungen verstanden wurde, auf einen klar umgrenzten und in der strafrechtlichen Praxis auch anwendbaren Gehalt zurückzuführen". Ausdrücklich ausgeschieden werden soll die sog. **Sympathiewerbung**, also das bloße Werben um Zustimmung für die betroffene Vereinigung (BT-Drucks. 14/8893, 8; BGH NStZ-RR 2005, 73 [74]; NJW 2007, 2782 [2783]; *Altvater* NStZ 2003, 179; NK-*Ostendorf* Rn 19; *Pick* BT-Prot. 14/234, 23331). Vor allem die grundrechtlich gewährleistete Meinungsfreiheit aus Art. 5 I GG gebiete, die kritische, auf politischen oder humanitären Gründen beruhende Berichterstattung „umfassend und zweifelsfrei vom strafrechtlichen Risiko" freizustellen (BT-Drucks. 14/8893, 8). Ausdrücklich benennt die Gesetzesbegründung die werbende Tätigkeit sog. Solidaritätsbüros, deren Bericht etwa über gewaltsame Auseinandersetzungen im Ausland nicht mehr vom Merkmal des Werbens

29

umfasst werden dürfe. Mit dieser tatbestandlichen Einschränkung reagierte der Gesetzgeber gleichzeitig auf die Entwicklung der Rspr, die der Sympathiewerbung ohnehin einen nur geringen Unrechtsgehalt beimaß (BGHSt 33, 16 [18]) und die sich darüber hinaus erheblichen Problemen ausgesetzt sah, um die (bisher strafbare) Sympathiewerbung sachgerecht von der bloßen (grundrechtlich geschützten) Meinungsäußerung abzugrenzen (vgl nur BGHSt 28, 26 [28]; BayObLG NJW 1998, 2542 [2543]).

30 bb) Die Gegenposition verweist darauf, dass die Straflosstellung bloßer Sympathisanten angesichts der Schutzgüter der öffentlichen Sicherheit und Ordnung nicht hinnehmbar sei und den Ermittlungsbehörden wertvolle Ermittlungsansätze entziehe (*Mittler* BR-Prot. 777, 363 [364]; *v. Stetten* BT-Prot. 14/234, 23332; *Weiß/Gnauck* BR-Prot. 776, 299 f; BT-Drucks. 15/540, 1 [2]: Entkriminalisierung der geistigen Brandstifter). Sympathiewerbung sei die politische Begleitung des Terrorismus. Auch verlagere der Gesetzgeber die Abgrenzungsproblematik mit dem 34. StRÄndG lediglich auf die Frage, ob sich die werbende Tätigkeit bereits auf die Werbung um Unterstützer oder Mitglieder beziehe oder aber sie noch eine (straflose) Sympathiewerbung darstelle. Schließlich seien auch die Regeln der §§ 111 und 140 insoweit keinesfalls ausreichend, um das strafwürdige Unrecht angemessen erfassen zu können.

31 cc) Auf der Grundlage der Vorgaben des Gesetzgebers erfüllt mithin derjenige das persönliche Äußerungsdelikt des **Werbens um Mitglieder oder Unterstützer** für eine kriminelle Vereinigung, der als Nichtmitglied mit Mitteln der Propaganda (in objektiv erkennbarer Weise) Dritte zum Beitritt oder zu Unterstützungshandlungen bewegen will, um so die Vereinigung aufrechtzuerhalten oder zu stärken (*Fischer* Rn 25; MK-*Schäfer* Rn 93 f). Die **Werbung um Mitglieder** zielt dabei auf die Gewinnung von Personen, die bereit sind, sich mitgliedschaftlich in die Organisation der Vereinigung einzufügen.

32 Die **Werbung um Unterstützer** wiederum richtet sich entweder auf die Anstiftung zu einer konkreten Beihilfehandlung oder auf die Gewinnung von Anhängern, die zu einer über den Einzelfall hinausgehenden Zusammenarbeit, etwa als Quartiergeber oder Nachrichtenmittler, bereit sind (BT-Drucks. 14/8893, 8; *Altvater* NStZ 2003, 179 [Fußn. 10]; NK-*Ostendorf* Rn 19; restriktiver SK-*Rudolphi/ Stein* Rn 18: angesonnenes Unterstützungsverhalten müsste auf eine gewisse Dauer angelegt sein). Das Werben kann in jeder Form, also mündlich oder schriftlich, gegenüber einem Einzelnen oder gegenüber der Öffentlichkeit erfolgen. Der Äußerung muss dabei stets ein Bezug zu einer konkreten – oder zumindest anhand der Umstände konkretisierbaren – Vereinigung innewohnen (BGH NStZ 2005, 73 [74]: **konkreter Organisationsbezug**; *Fischer* Rn 26). Das Werben anderer durch ein Mitglied der Vereinigung selbst erfüllt bereits den Tatbestand der mitgliedschaftlichen Beteiligung (MK-*Schäfer* Rn 106 mwN; vgl auch BGH NStZ-RR 2006, 240 [241]).

33 b) Nach hM setzt das Werben keinen tatbestandlichen Erfolg voraus, so dass auch der erfolglose Versuch, andere zum Beitritt oder zur Unterstützung einer kriminellen oder terroristischen Organisation zu bestimmen, erfasst wird (BGHSt 20, 89 [90]; *Gössel* JR 1983, 118 [119]; LK-*Krauß* Rn 116, 131). Zur Begründung wird sowohl auf den Wortlaut, der im Unterschied zum Begriff des Anwerbens nach § 109 h I bereits die bloße Tätigkeit genügen lässt („Werben ... um"), als auch auf die Gesetzesmaterialien verwiesen, die eine entsprechende Einschränkung nicht vorsehen (BT-Drucks. IV/2145, 6; *Altvater* NStZ 2003, 179; *Laufhütte* Prot. VII, 2464; *Lüttger* Prot. IV, 204 [205 und 209]; NK-*Osten-*

dorf Rn 19; so auch BT-Drucks. 14/8893, 8, wo ausdrücklich der erfolglose Versuch, andere zum Beitritt oder zur Unterstützung zu bestimmen, genannt wird).

c) Nach der Rspr und der inzwischen überwiegenden, vorzugswürdigen Lehre setzt das Werben **eine bereits bestehende Organisation** voraus. Ein Beteiligter, der schon im Gründungsstadium um Unterstützer oder Mitglieder wirbt, macht sich daher nicht iSd Werbungsalternative strafbar. In Betracht kommt allein eine Anstiftung zur Gründung (OLG Koblenz StV 1989, 205; *Rebmann* NStZ 1981, 457 [460]; SK-*Rudolphi/Stein* Rn 18 a). Dies gilt allerdings nicht, wenn der Täter führungs- oder richtungsweisend tätig wird, da er dann bereits zum Kreis der Gründer zählt und daher nach Abs. 1 Alt. 1 oder aber bei Erfolglosigkeit seines Vorgehens nach Abs. 3 bestraft werden kann. Konsequenz dieser Auffassung, die sich maßgeblich auf den Wortlaut der Vorschrift stützt, ist die Straflosigkeit der erfolglosen Aufforderung zum Gründen, da es sich beim Gründen einer kriminellen Vereinigung lediglich um ein Vergehen handelt und damit die Regeln über die versuchte Anstiftung (§ 30 I S. 1) nicht zur Anwendung gelangen können (vgl BayObLG NJW 1998, 2542 ff m. zust. Anm. *Radtke* JR 1999, 84 mit Fn 1). Die Gegenmeinung, die auf eine bereits existierende Vereinigung verzichtet und gleichzeitig bereits das erfolglose Werben genügen lässt, kann in diesen Fällen wegen eines vollendeten Delikts nach § 129 I Var. 3 bestrafen (LK-*v. Bubnoff*, 11. Aufl., Rn 49).

5. Das **Unterstützen** der Vereinigung ist eine zur Täterschaft verselbstständigte Form der Beihilfe. Eine kriminelle Vereinigung unterstützt, wer als Nichtmitglied ihren Fortbestand oder die Verwirklichung ihrer Ziele fördert (ständige Rspr, vgl nur BGHSt 20, 89 f; 54, 69 [116 ff]; BGH HRRS 2012, Nr. 745; auch BVerwG NVwZ 2005, 1091 [1092 f]). Es genügt daher, dass die der Organisation unmittelbar oder einem ihrer Mitglieder gewährte Hilfe an sich wirksam und für die Vereinigung irgendwie vorteilhaft ist oder die Mitglieder in dem Entschluss bestärkt, die geplanten Taten zu begehen.

Im Unterschied zur Begehungsform des Werbens wird das **Unterstützen ohne jeglichen Erfolg** nicht erfasst, obgleich ein messbarer Nutzen nicht entstehen muss (BGHSt 29, 99 [101]; BGH JR 1985, 121; StV 2016, 498 f; *Fischer* Rn 30; HKGS-*Hartmann* Rn 8). In Betracht kommen etwa die finanzielleUnterstützung, die Lieferung von Waffen oder Werkzeugen oder die Übernahme von Kurierdiensten (näher LK-*Krauß* Rn 142 mwN; zum Problem der bloßen Zusage einer solchen Unterstützungshandlung vgl BGHR StGB § 129 a Abs. 3 Unterstützen 4; StGB § 129 a Abs. 5 Unterstützen 1; BGH NStZ-RR 2006, 240 f; SK-*Rudolphi/Stein* Rn 17 a).

b) Bei der Beurteilung der **Handlungen eines Strafverteidigers**, die sich vor allem bei politisch motivierten Straftätern häufig als unvermeidbare Folge günstig auf den Fortbestand einer kriminellen Vereinigung auswirken, beansprucht das Recht des Angeklagten auf einen wirksamen, möglichst unbehinderten und seine Interessen umfassend wahrnehmenden Beistand maßgebliche Geltung. Eine Strafbarkeit darf hier erst bejaht werden, wenn die strafprozessualen Grenzen erlaubter Verteidigertätigkeit überschritten werden (BGHSt 29, 99 [102 ff]; BGH JR 1985, 121 f m.Anm. *Bottke*; näher *Fürst*, Grundlagen und Grenzen der §§ 129, 129 a StGB, 1989, 158 ff; *Rudolphi* Bruns-FS 315 [332 ff]; zur dogmatischen Einordnung *Gössel* JR 1983, 118 [119 f]; LK-*Krauß* Rn 146 ff; vgl zur entsprechenden Problematik im Rahmen der Strafvereitelung § 258 Rn 7 ff). Ein nicht mehr vom Verteidigungszweck getragenes Handeln kommt etwa in Betracht bei der Einrichtung und dem Betrieb einer Informationszentrale unter dem

Deckmantel des Anwaltsbüros oder der Weitergabe eines Strategiepapiers unter den Inhaftierten zur Organisation einer „revolutionären Gefängnisbewegung" (BGH NJW 1982, 2508 ff). Für Irrtümer über die rechtlichen Grenzen des Verteidigerhandelns gilt § 17, die irrige Vorstellung über das Gebotensein der Verteidigung innerhalb dieser Grenzen führt dagegen nach § 16 I zu einem vorsatzausschließenden Tatbestandsirrtum bzw zu einem Erlaubnistatbestandsirrtum, falls die erlaubte Verteidigung als Rechtfertigungsgrund begriffen wird (BGH JR 1985, 121 f; S/S-*Sternberg-Lieben* Rn 17).

38 6. Der Tatbestandsausschluss des **Abs. 2** trägt dem Umstand Rechnung, dass § 129 bereits vor einem vollziehbaren staatlichen Verbot eingreift und somit in Widerstreit zu politisch-demokratischen Grundfreiheiten treten kann (NK-*Ostendorf* Rn 2, 24).

39 Infolgedessen entzieht **Abs. 2 Nr. 1** in Umsetzung des Parteienprivilegs aus Art. 21 II GG politische Parteien, die das BVerfG noch nicht für verfassungswidrig erklärt hat, dem Anwendungsbereich des § 129. Die Regelung greift auch ein, wenn die geplanten Straftaten keinerlei Bezug zu der politischen Tätigkeit der Partei mehr aufweisen (LK-*Krauß* Rn 82; einschr. S/S-*Sternberg-Lieben* Rn 9). **Keine** Anwendung findet der Vorbehalt jedoch auf ausländische Vereinigungen. Als Ausprägung des Art. 21 II S. 2 GG kann er sich nur zugunsten solcher Vereinigungen auswirken, die überhaupt in den Geltungsbereich der Verfassungsnorm fallen (*Altvater* NStZ 2003, 179 [180]; MK-*Schäfer* § 129 b Rn 13). Zur Regelung des **Abs. 2 Nr. 2** vgl oben Rn 20.

40 Nach **Abs. 2 Nr. 3** fallen solche Vereinigungen aus dem Anwendungsbereich der Vorschrift heraus, deren Zwecke oder Tätigkeit die Begehung von Straftaten nach den §§ 84-87 betreffen. Mit dieser dem Verbot der Doppelbestrafung entstammenden Regelung wird vermieden, dass ein und dieselbe Handlung nach zwei Organisationsdelikten geahndet wird (NK-*Ostendorf* Rn 24; zur Reichweite der Vorschrift vgl auch SK-*Rudolphi/Stein* Rn 7 b und 7 c). Gleiches gilt für die im Gesetzestext lediglich aus technischen Gründen weggelassenen Delikte des § 20 I S. 1 Nr. 1-4 VereinsG (LK-*Krauß* Rn 87).

41 III. Der **subjektive Tatbestand** lässt grds. bedingten Vorsatz ausreichen. Die Tatbestandsalternative des Werbens erfordert jedoch Absicht iSe zielgerichteten Vorgehens (BGH bei *Schmidt* MDR 1993, 504 [505]; BayObLG NStZ-RR 1996, 7 [8]; NK-*Ostendorf* Rn 25). Der Täter muss um die Strafbarkeit der geplanten Taten wissen, so dass ihm der erforderliche Vorsatz fehlt, wenn er das strafwürdige Unrecht der in Aussicht genommenen Delikte verkennt (SK-*Rudolphi/Stein* Rn 19).

42 IV. Der **Versuch** ist nur im Hinblick auf die Gründung einer Vereinigung strafbar (**Abs. 3**). Durch den Verzicht auf einen Erfolgseintritt nähert sich freilich die Begehungsform des Werbens einem Unternehmenstatbestand, so dass das Gesetz in der Sache auch hier eine Versuchsstrafbarkeit eintreten lässt (S/S-*Sternberg-Lieben* Rn 18; vgl oben Rn 33).

43 V. Erhebliche Probleme bereitet die Frage, ob im Rahmen des Abs. 1 eine strafbare **Teilnahme** möglich ist. Nach wohl hM sperrt die Vorschrift, obgleich sie mit dem Werben und Unterstützen typische, zur Täterschaft verselbstständigte Teilnahmehandlungen enthält, nicht grds. der Anwendung der allgemeinen Regeln iSd §§ 26, 27. Gestützt wird diese Position, bei der mitunter noch zwischen den einzelnen Tathandlungen unterschieden wird, vor allem auf die Überlegung, dass auch die mit einem Unrechtsminus versehenen Teilnahmehandlungen das Gefähr-

dungspotential der inkriminierten Vereinigungen erhöhen können. Der Schutzzweck des § 129 erlaube daher die Einbeziehung auch untergeordneter Hilfeleistungen, zumal § 27 II S. 2 eine obligatorische Strafmilderungsvorschrift enthalte (BGHSt 29, 258 [263 ff]; 36, 363 [365 ff]; BayObLG NJW 1998, 2542 ff m. zust. Anm. *Radtke* JR 1999, 84 [85 f]; S/S-*Sternberg-Lieben* Rn 24; diff. *Fischer* Rn 38; S/S/W-*Patzak/Lohse* Rn 41 mwN: da das Unterstützen eine zur Täterschaft erhobene Form der Beihilfe sei, müsse jedwede Mitwirkung hieran ihrerseits als täterschaftliches Unterstützen gewertet werden).

Die Gegenmeinung verweist auf die ohnehin weit gezogenen Grenzen des § 129, **44** die einer weiteren Strafbarkeitsausdehnung auch auf bloße Gehilfentätigkeiten – etwa die Kurierfahrt für den seinerseits als Unterstützer strafbaren Waffenlieferanten oder das bloße Besorgen der Wandfarbe für den werbenden Täter – entgegenstünden (NK-*Ostendorf* Rn 28; *Schlothauer/Tscherch* StV 1981, 22 [23]; *Sommer* JR 1981, 490 [494 f]).

Einigkeit besteht darin, dass das Gesetz mit dem Werben die Anstiftung zur mit- **45** gliedschaftlichen Beteiligung (zu den Problemen der Anstiftung zur Gründung und der Aufforderung zum Unterstützen vgl oben Rn 28 ff und 32 ff) sowie mit dem Unterstützen die Beihilfe zur mitgliedschaftlichen Beteiligung selbstständig als Täterschaft unter Strafe gestellt hat (LK-*Krauß* Rn 163; SK-*Rudolphi/Stein* Rn 26; zur Teilnahme am Gründen vgl ausf. *Scheiff*, Wann beginnt der Strafrechtsschutz gegen kriminelle Vereinigungen?, 1997, 125 ff).

VI. Im Rahmen der **Strafzumessung** sieht Abs. 4 für besonders schwere Fälle eine **46** Strafschärfung vor. Bei der vom Gesetz ausdrücklich benannten Beteiligung als Rädelsführer oder Hintermann handelt es sich um einen zwingenden Erschwerungsgrund, der stets die Erhöhung des Strafrahmens auf ein Mindestmaß von sechs Monaten nach sich zieht (BGHSt 11, 233 [241]; *Fischer* Rn 41; HKGS-*Hartmann* Rn 15). Durch Gesetz vom 24.6.2005 (BGBl. I, 1841) wurde Abs. 4 um eine zusätzliche Qualifikation erweitert, die in bestimmten Fällen der Schwerstkriminalität den höchstmöglichen Strafrahmen von fünf (**Abs. 4 Hs 1**) auf nunmehr zehn Jahre Freiheitsstrafe (**Abs. 4 Hs 2**) anhebt. Mit dieser zwischen den verschiedenen Vereinigungszwecken differenzierenden Ergänzung des Tatbestands reagierte der Gesetzgeber auf eine Entscheidung des BVerfG, die die akustische Wohnraumüberwachung nach § 100 c ff StPO nur bei besonders schweren Straftaten für zulässig erklärte und dabei maßgeblich auf die Bestimmung des Unrechtsgehalts durch den Gesetzgeber abstellte: Von der besonderen Schwere einer Straftat könne nur ausgegangen werden, wenn sie mit einer höheren Höchststrafe als fünf Jahre Freiheitsstrafe bewehrt sei (BVerfGE 109, 279 [347 ff]). Dementsprechend wurde § 129 IV diesen verfassungsgerichtlichen Vorgaben angepasst. Die parallel hierzu umgestalteten strafprozessualen Regelungen enthalten in § 100 c II Nr. 1 b Alt. 1 StPO einen entsprechenden ausdrücklichen Verweis.

Rädelsführer ist, wer als Mitglied, **Hintermann**, wer als Außenstehender, geistig **47** oder wirtschaftlich eine maßgebliche Rolle für die Vereinigung spielt. Erfasst werden soll der „Drahtzieher", der kraft seiner Schlüsselstellung ein erhebliches Gewicht und einen maßgeblichen Einfluss auf die Führung der Organisation ausübt, etwa im Sinne einer Mitbestimmung der Organisationszwecke, -tätigkeiten oder -ziele (BGHSt 6, 129 [130]; 20, 121 [122 ff]; 57, 160 [161]; BGH NStZ-RR 2016, 170 f; LK-*Krauß* Rn 173 f; vgl auch § 84 Rn 4 f), wobei jedoch selbst die Verantwortlichkeit für ganz Deutschland innerhalb einer Vereinigung nicht ausreicht, wenn dem Verantwortlichen andere Personen übergeordnet sind und er diesen jederzeit zu unbedingtem Gehorsam verpflichtet ist und nach ihren Weisungen handeln muss (BGHSt 57, 160, [162 ff]).

48 In den Fällen des **Abs. 5** kann das Gericht bei geringer Schuld und Mitwirkung von untergeordneter Bedeutung von einer Bestrafung absehen. Bei Anwendung dieser (§ 84 IV entlehnten) sog. Mitläuferklausel ist der Angeklagte mit der Kostenfolge des § 465 StPO lediglich schuldig zu sprechen (LK-*Krauß* Rn 177 f; SK-*Rudolphi/Stein* Rn 29). Ebenso neu eingeführt wurde mit dem 34. StrÄndG auch die Regelung des § 153 c I S. 1 Nr. 3 StPO, die bei Vereinigungen, deren organisatorischer Sitz sich zumindest überwiegend im Ausland befindet, erweiterte Einstellungsmöglichkeiten zur Verfügung stellt.

49 VII. **Abs. 6** enthält eine Sonderregelung der **tätigen Reue** für die Abs. 2, 4 und 5; beim Gründungsversuch des Abs. 3 gelten die allgemeinen Regeln nach § 24 (HKGS-*Hartmann* Rn 17; S/S-*Sternberg-Lieben* Rn 18; SK-*Rudolphi/Stein* Rn 22: analoge Anwendung). Die Vorschrift stellt eine *kleine* – weil auf die §§ 129, 129 a beschränkte – Kronzeugenregelung dar (LK-*Krauß* Rn 180; MK-*Schäfer* Rn 157). Voraussetzung für die Anwendbarkeit des Abs. 6 ist, dass die Vereinigung als solche zum Zeitpunkt der Verhinderungsbemühungen noch besteht und dass sie nach der Vorstellung des Täters ohne sein Eingreifen noch fortbestehen würde, er aber durch seine Bemühungen das Fortbestehen verhindern will (BGH NStZ-RR 2006, 232 [233]).

50 In **Abs. 6** Hs 2 sieht das Gesetz einen zwingenden Strafausschließungsgrund vor, wobei es die kausal gewordene tätige Reue ebenso wie bei § 24 II S. 2 der nichtkausalen Reuebetätigung gleichstellt. Die Regelungen der **Nr. 1 und 2** hingegen sehen eine fakultative Strafmilderung sowie ein Absehen von Strafe vor. Die Bestimmung der Nr. 2, die im Unterschied zur Nr. 1 ein erfolgreiches Bemühen voraussetzt (S/S-*Sternberg-Lieben* Rn 22; vgl auch *Fischer* Rn 47 f; aA SK-*Rudolphi/Stein* Rn 25; MK-*Schäfer* Rn 166), ist allerdings nahezu bedeutungslos, da sich der einer Dienststelle offenbarende Täter zumeist auch ernsthaft und freiwillig bemüht und sich damit selbst bei Nichtverhinderung einer geplanten Tat auf die Privilegierung der Nr. 1 berufen kann. – Der Rücktritt allein vom Versuch einer geplanten Tat lässt die Strafbarkeit nach § 129 unberührt (eingehend zu den denkbaren Konstellationen der tätigen Reue *Fischer* Rn 44 ff; MK-*Schäfer* Rn 159 ff).

VIII. Konkurrenzen

51 1. Das Vergehen der Mitgliedschaft in einer kriminellen oder terroristischen Vereinigung steht nach hM in Tateinheit zu Straftaten, die der Täter als Mitglied der Vereinigung in Verfolgung ihrer Ziele oder zur Aufrechterhaltung der Organisation begeht (BGHSt 29, 288 [290]; BGH NStZ-RR 2006, 232 [233]; 2015, 10 f, *Rieß* NStZ 1981, 74; *Rissing-van Saan* BGH-FS 475 [482]). Verletzt eine bestimmte Unterstützungs- oder Werbungshandlung gleichzeitig eine weitere Strafrechtsnorm, so liegt ebenfalls Tateinheit vor (BGH NJW 1975, 985 [986]; *Ostendorf* JA 1980, 499 [503]).

52 Mitgliedschaftliche Beteiligung sowie Rädelsführerschaft bilden – auch wenn die Einzelakte unterschiedlich ausgestaltet sind und in nicht unerheblichen Zeitabständen ausgeführt werden – jeweils **tatbestandliche Handlungseinheiten** (ständige Rspr, BGHSt 15, 259 [262]; 46, 349 [356 f]; BGH NStZ 2004, 385; MK-*Schäfer* Rn 138; diff. *Puppe* JZ 1986, 205 [207]). Bei Unterbrechungen mitgliedschaftlicher Betätigungen durch längerfristige Inaktivität gelten die zu § 99 ent-

wickelten Grundsätze (BGHSt 46, 349 [357]). Die durch mehrere mitgliedschaftliche Betätigungsakte verwirklichten weiteren Straftaten, die für sich jeweils selbstständig strafbar wären und in Realkonkurrenz zueinander stünden, werden bei annähernder Gleichwertigkeit kraft der Klammerwirkung der §§ 129, 129 a zur Tateinheit verbunden (BGH NStZ-RR 2006, 232 [233]; NStZ 2011, 577 [578]; NStZ-RR 2015, 10; SK-*Rudolphi/Stein* Rn 34; vgl § 52 Rn 16 ff; krit. *Paeffgen* NStZ 2002, 281 [287]; stets für Tateinheit NK-*Ostendorf* Rn 33). Dies gilt jedoch nicht bei Handlungen, die zugleich den Tatbestand einer anderen Strafvorschrift erfüllen (BGH St 60, 308 [311 ff]). Diese Taten sind zwar gem. § 52 I Alt. 1 tateinheitlich mit der jeweils gleichzeitig verwirklichten mitgliedschaftlichen Beteiligung iSd § 129 I Alt. 2 begangen, stehen aber sowohl untereinander als auch zu der Gesamtheit der sonstigen mitgliedschaftlichen Beteiligungsakte in Tatmehrheit (BGHSt 60, 308; m. zust. Anm. *Puppe* JZ 2015, 478 ff; m. abl. Anm. *van Lessen* NStZ 2016, 446 ff). Bei mehrfachem Werben oder Unterstützen ist regelmäßig Tatmehrheit anzunehmen, obgleich bei einem engen zeitlichen und räumlichen Zusammenhang auch hier eine tatbestandliche Handlungseinheit in Betracht kommen kann (MK-*Schäfer* Rn 139). Die Gründung einer Vereinigung und die unmittelbar anschließende mitgliedschaftliche Beteiligung stehen in Tateinheit zueinander, da das Gründen einer kriminellen Vereinigung einen selbstständigen Unrechtsgehalt im Verhältnis zur Beteiligung aufweist (unter ausdrücklicher Aufgabe der noch in BGH NStZ 2004, 385 vertretenen Auffassung nunmehr BGHSt 54, 216 [235 f]).

2. Im Übrigen ist Tateinheit zB möglich mit §§ 84, 85 (sofern sich die Zwecke und Tätigkeiten der Vereinigung nicht in Straftaten nach jenen Vorschriften erschöpfen), 111, 126, 130, 130 a, 140 und 244 I Nr. 2 (LK-*Krauß* Rn 198). Die Bildung terroristischer Vereinigungen nach § 129 a verdrängt als spezieller Qualifikationstatbestand § 129 im Wege der Gesetzeskonkurrenz (Subsidiarität). 53

3. Auf **verfahrensrechtlicher Ebene** hat die Rspr abweichend vom allgemeinen Grundsatz, wonach *eine* Tat in materiellrechtlicher Hinsicht jedenfalls auch *eine* prozessuale Tat iSd § 264 StPO darstellt, entschieden, dass ein Strafklageverbrauch nicht eintritt, wenn die begangene, im ersten Verfahren aber noch nicht abgeurteilte Tat schwerer wiegt als § 129 (BVerfG NJW 2004, 279 f; BGHSt 46, 349 [358]; BGH NStZ 2001, 436 [438]) m. zust. Anm. *Mitsch* NStZ 2002, 159 [160]; BGH NStZ 2002, 607 [608]; *Lampe* ZStW 106, 683 [727]; *Paeffgen* NStZ 2002, 281 [285 ff]; abw. NK-*Ostendorf* Rn 34; SK-*Rudolphi/Stein* Rn 35: Verstoß gegen Art. 103 III GG). Aufgrund seines besonderen Charakters als Organisationsdelikt, das ganz verschiedenartige Verhaltensweisen zu einer rechtlichen Einheit zusammenfasse, sei § 129 mit anderen Dauerstraftaten nicht vergleichbar. Das in Art. 103 III GG niedergelegte Verbot wiederholter Strafverfolgung (ne bis in idem) stehe solchen „Grenzkorrekturen" nicht entgegen, da sowohl der verfassungsrechtliche als auch der prozessuale Tatbegriff unabhängig vom materiellen Strafrecht zu bestimmen seien und damit eine erneute, unter Durchbrechung der Identitätsthese erfolgende Verurteilung nicht notwendig auch das von Art. 103 III GG geschützte Vertrauen des Abgeurteilten verletze. Auch würde eine andere Entscheidung sowohl dem Zweck des § 129, der bei kriminellen Vereinigungen die Möglichkeiten der Strafverfolgung verbessern, nicht aber verschlechtern wolle, als auch dem Gebot materieller Gerechtigkeit zuwiderlaufen: Es entstünde eine Privilegierung der Mitglieder einer kriminellen Vereinigung gegenüber anderen Straftätern – etwa den Mitgliedern einer Diebesbande –, bei denen die Aburteilung eines strafbaren Aktes nicht zwingend den Verbrauch der Strafklage hinsichtlich weiterer strafbarer Handlungen nach sich ziehe (BGHSt 54

29, 288 [296]; 46, 349 [358]; *Arzt/Weber/Heinrich/Hilgendorf* § 44/20; *Neuhaus* NStZ 1987, 138 [139 f]; ausf. *Ranft* JuS 2003, 417 [420 f]; krit. *Verrel* JR 2002, 212 [214]). Ausdrücklich plädiert auch das BVerfG dafür, die Reichweite des Strafklageverbrauchs am Maßstab der Rechtssicherheit und des Vertrauensschutzes auszurichten. Voraussetzung dafür, dass der Abgeurteilte nicht darauf habe vertrauen dürfen, mit seiner rechtskräftigen Aburteilung sei auch eine nicht berücksichtigte weitere Tat erledigt, sei, dass diese weitere Tathandlung ihm in der Anklage nicht vorgeworfen worden und dass sie tatsächlich in der Hauptverhandlung auch nicht Gegenstand der Untersuchung geworden sei (BVerfG NJW 2004, 279 [280]; ebenso *Krauth* Kleinknecht-FS 215 [229]; abw. NK-*Ostendorf* Rn 34: Entklammerung einer normativ-gewollten Verklammerung; SK-*Rudolphi/Stein* Rn 35; *Schlüchter* JZ 1991, 1057 [1059 und 1061]).

§ 129 a Bildung terroristischer Vereinigungen

(1) Wer eine Vereinigung gründet, deren Zwecke oder deren Tätigkeit darauf gerichtet sind,
1. Mord (§ 211) oder Totschlag (§ 212) oder Völkermord (§ 6 des Völkerstrafgesetzbuches) oder Verbrechen gegen die Menschlichkeit (§ 7 des Völkerstrafgesetzbuches) oder Kriegsverbrechen (§§ 8, 9, 10, 11 oder § 12 des Völkerstrafgesetzbuches) oder
2. Straftaten gegen die persönliche Freiheit in den Fällen des § 239 a oder des § 239 b

zu begehen, oder wer sich an einer solchen Vereinigung als Mitglied beteiligt, wird mit Freiheitsstrafe von einem Jahr bis zu zehn Jahren bestraft.

(2) Ebenso wird bestraft, wer eine Vereinigung gründet, deren Zwecke oder deren Tätigkeit darauf gerichtet sind,
1. einem anderen Menschen schwere körperliche oder seelische Schäden, insbesondere der in § 226 bezeichneten Art, zuzufügen,
2. Straftaten nach den §§ 303 b, 305, 305 a oder gemeingefährliche Straftaten in den Fällen der §§ 306 bis 306 c oder 307 Abs. 1 bis 3, des § 308 Abs. 1 bis 4, des § 309 Abs. 1 bis 5, der §§ 313, 314 oder 315 Abs. 1, 3 oder 4, des § 316 b Abs. 1 oder 3 oder des § 316 c Abs. 1 bis 3 oder des § 317 Abs. 1,
3. Straftaten gegen die Umwelt in den Fällen des § 330 a Abs. 1 bis 3,
4. Straftaten nach § 19 Abs. 1 bis 3, § 20 Abs. 1 oder 2, § 20 a Abs. 1 bis 3, § 19 Abs. 2 Nr. 2 oder Abs. 3 Nr. 2, § 20 Abs. 1 oder 2 oder § 20 a Abs. 1 bis 3, jeweils auch in Verbindung mit § 21, oder nach § 22 a Abs. 1 bis 3 des Gesetzes über die Kontrolle von Kriegswaffen oder
5. Straftaten nach § 51 Abs. 1 bis 3 des Waffengesetzes

zu begehen, oder wer sich an einer solchen Vereinigung als Mitglied beteiligt, wenn eine der in den Nummern 1 bis 5 bezeichneten Taten bestimmt ist, die Bevölkerung auf erhebliche Weise einzuschüchtern, eine Behörde oder eine internationale Organisation rechtswidrig mit Gewalt oder durch Drohung mit Gewalt zu nötigen oder die politischen, verfassungsrechtlichen, wirtschaftlichen oder sozialen Grundstrukturen eines Staates oder einer internationalen Organisation zu beseitigen oder erheblich zu beeinträchtigen, und durch die Art ihrer Begehung oder ihre Auswirkungen einen Staat oder eine internationale Organisation erheblich schädigen kann.

(3) Sind die Zwecke oder die Tätigkeit der Vereinigung darauf gerichtet, eine der in Absatz 1 und 2 bezeichneten Straftaten anzudrohen, ist auf Freiheitsstrafe von sechs Monaten bis zu fünf Jahren zu erkennen.

(4) Gehört der Täter zu den Rädelsführern oder Hintermännern, so ist in den Fällen der Absätze 1 und 2 auf Freiheitsstrafe nicht unter drei Jahren, in den Fällen des Absatzes 3 auf Freiheitsstrafe von einem Jahr bis zu zehn Jahren zu erkennen.

(5) ¹Wer eine in Absatz 1, 2 oder Absatz 3 bezeichnete Vereinigung unterstützt, wird in den Fällen der Absätze 1 und 2 mit Freiheitsstrafe von sechs Monaten bis zu zehn Jahren, in den Fällen des Absatzes 3 mit Freiheitsstrafe bis zu fünf Jahren oder mit Geldstrafe bestraft. ²Wer für eine in Absatz 1 oder Absatz 2 bezeichnete Vereinigung um Mitglieder oder Unterstützer wirbt, wird mit Freiheitsstrafe von sechs Monaten bis zu fünf Jahren bestraft.

(6) Das Gericht kann bei Beteiligten, deren Schuld gering und deren Mitwirkung von untergeordneter Bedeutung ist, in den Fällen der Absätze 1, 2, 3 und 5 die Strafe nach seinem Ermessen (§ 49 Abs. 2) mildern.

(7) § 129 Abs. 6 gilt entsprechend.

(8) Neben einer Freiheitsstrafe von mindestens sechs Monaten kann das Gericht die Fähigkeit, öffentliche Ämter zu bekleiden, und die Fähigkeit, Rechte aus öffentlichen Wahlen zu erlangen, aberkennen (§ 45 Abs. 2).

(9) In den Fällen der Absätze 1, 2, 4 und 5 kann das Gericht Führungsaufsicht anordnen (§ 68 Abs. 1).

I. Allgemeines: 1. Die Vorschrift enthält einen gegenüber § 129 qualifizierten Tatbestand und bezweckt den Schutz vor besonders gefährlichen terroristischen Vereinigungen (*Fischer* Rn 2; *Helm* StV 2006, 719; NK-*Ostendorf* Rn 6; näher *Netz*, Die Strafbarkeit ausländischer terroristischer Vereinigungen, 2008, 87 ff). Sie wurde durch das sog. Antiterroristengesetz vom 18.8.1976 in das StGB eingeführt und durch das TerrorismusbekämpfungsG vom 19.12.1986 erweitert und verschärft (zur Entstehungsgeschichte *Bader* NStZ 2007, 618 [621 f]; *Felske*, Kriminelle und terroristische Vereinigungen – §§ 129, 129 a StGB, 2002, 349 ff, 397 ff; SK-*Rudolphi/Stein* Rn 1 ff; MK-*Schäfer* Rn 7 ff mwN). Mit Inkrafttreten des 34. StRÄndG am 30.8.2002 und der Einführung des § 129 b erstreckt sich der Anwendungsbereich des § 129 a auch auf ausländische Terrororganisationen. Im Jahre 2003 wurde der Tatbestand schließlich in Umsetzung des EU-Rahmenbeschlusses zur Terrorismusbekämpfung vom 13.6.2002 (AmtsBl. EG 2002 L 164, 3 ff; s. auch BGBl. I, 2836; BT-Drucks. 15/813, 1 ff; 15/1730, 1 ff; BR-Drucks. 738/1/03, 1 ff; 855/1/03) erheblich umstrukturiert und erneut ausgedehnt. Dabei zwangen die europarechtlichen Vorgaben den deutschen Gesetzgeber neben einer teilweisen Anhebung der in § 129 a vorgesehenen Strafrahmen vor allem auch zu einer Erweiterung des Straftatenkatalogs. Zum Kreis der neu eingeführten Delikte zählen die Herbeiführung einer schweren Körperverletzung oder ähnlich schwerer Schäden, die Computersabotage, die Zerstörung von Bauwerken und Telekommunikationsanlagen, die schwere Gefährdung durch Freisetzen von Giften sowie Verstöße gegen das Kriegswaffenkontroll- und das Waffengesetz. Seit der Neufassung kennt § 129 a insgesamt drei verschiedene, nach dem jeweiligen Zweck der Vereinigungsabrede differenzierende Arten von terroristischen Vereinigungen. Während in Abs. 1 besonders schwere Katalogtaten aufgeführt werden, nennt Abs. 2 Straftaten mit einem geringeren Unrechtsgehalt und verlangt gleichzeitig in strafbarkeitseinschränkender Weise sowohl eine spezielle Zielrichtung der Katalogtat (unten Rn 8) als auch in objektiver Hinsicht eine besondere Schädigungseignung (unten Rn 9). Durch den neu eingefügten Abs. 3 werden erstmals Vereinigungen erfasst, deren Zwecke oder Tätigkeiten „lediglich" auf die Androhung von Straftaten gerichtet sind (zur damit verbundenen Strafbarkeitsausdehnung *Weißer* JZ 2008, 388 [390 ff]; zu den verfassungsrechtlichen Bedenken S/S/W-*Lohse* Rn 4).

2 Bedeutung erlangt die Vorschrift vor allem als **Anknüpfungspunkt für das Strafprozessrecht**, das an mehreren Stellen auf § 129 a Bezug nimmt (zB §§ 98 a I S. 1 Nr. 2: Rasterfahndung, 100 a II S. 1 Nr. 1 d: Überwachung der Telekommunikation, §§ 100 c I, II Nr. 1 b Alt. 2, 100 f II S. 1: Abhören des nichtöffentlich gesprochenen Wortes und akustische Wohnraumüberwachung [vgl in diesem Zusammenhang aber auch BVerfGE 109, 279, 348 f], 103 I S. 2: Wohnungsdurchsuchung, 111 I S. 1: Einrichtung von Kontrollstellen, 112 III: besonderer Haftgrund der Tatschwere, 163 d I S. 1 Nr. 1 StPO: Schleppnetzfahndung; §§ 120 I Nr. 6, II S. 1 Nr. 2, 142 a I S. 1 GVG: gerichtliche und staatsanwaltschaftliche Zuständigkeit; hierzu ausf. *Hawickhorst* § 129 a StGB – Ein feindstrafrechtlicher Irrweg zur Terrorismusbekämpfung, 2011, 125 ff). Gerade im Kampf gegen den internationalen Terrorismus kommt diesen Eingriffsbefugnissen ein noch gesteigertes Gewicht zu (vgl BVerfGE 109, 38 [60 f]; *Fischer* Rn 3; *Nehm* NJW 2002, 2665 [2666 ff]; MK-*Schäfer* Rn 5 und 93 ff; krit. *Pollähne* KJ 2005, 292 [308 ff]; *Radtke* ZStW 117, 475 [480]; *v. Plottnitz* ZRP 2002, 351 [352 f]; *Weißer* JZ 2008, 388 [392]).

Auf internationaler Ebene wurden etwa zeitgleich zu den oben genannten Gesetzesänderungen sogenannte Terroristenlisten eingeführt (vgl die UN-Sanktionen Nr. 1267 [von 1999], Nr. 1333 [von 2000], Nr. 1390 [von 2002] und Nr. 1373 [von 2001]). Auf diesen Listen wurden zunächst nur die bekannten Mitglieder der Al Qaida, später auch der Taliban aufgeführt und das Einfrieren aller Gelder und Finanzmittel der erfassten Personen verfügt. Durch Sanktion Nr. 1373 wurde dies schließlich auf alle Personen ausgedehnt die terroristische Straftaten begehen (vgl weiter zu diesen Listen: *Kaleck* KJ 2011, 63 ff; *Meyer* HRRS 2010, 74 ff; zum Individualschutz gegen diese Listen vgl *Feinäugle* ZRP 2010, 188 ff).

3 2. Über § 138 II löst § 129 a eine strafbewehrte Anzeigepflicht aus (vgl dazu BT-Drucks. 14/7025, 7; *Altvater* NStZ 2003, 179 [183]; *Helm* StV 2006, 719 [720]; SK-*Rudolphi/Stein* Rn 5; MK-*Schäfer* Rn 6; *Weißer* JZ 2008, 388 [391 f]). Dabei ist es als gesetzgeberische Wertentscheidung hinzunehmen, dass § 129 a auch solche Katalogtaten benennt, die ihrerseits nicht in § 138 I aufgeführt sind, so dass in diesen Fällen zwar die Bildung einer auf sie gerichteten Vereinigung, *nicht* aber die *Begehung* der entsprechenden Straftaten selbst anzeigepflichtig wäre. Bezieht sich die anzuzeigende Tat auf eine Vereinigung außerhalb der EU, so müssen sowohl der für die Geltung deutschen Strafrechts erforderliche Inlandsbezug (vgl § 129 b Rn 6 ff) als auch die Verfolgungsermächtigung des Bundesjustizministeriums gegeben sein (§ 138 II S. 2). Zu beachten bleibt dabei, dass sich die Ermächtigung stets auf die „Nichtanzeige der Tat", also auf die Anzeigepflicht beziehen muss.

4 3. Aufgrund der erstinstanzlichen Zuständigkeit des OLG liegt die **Verfolgungskompetenz** im Hinblick auf terroristische Vereinigungen bei der Generalbundesanwaltschaft, § 142 a I S. 1 iVm § 120 I Nr. 6 GVG (vgl auch BT-Drucks. 14/7025, 7; *Altvater* NStZ 2003, 179 [183]; *Nehm* NJW 2002, 2665 [2670]; *Rebmann* NStZ 1986, 289 ff). Im Rahmen der durch das 34. StRÄndG vorge-

nommenen Folgeänderungen ist § 120 I Nr. 6 GVG dabei auch auf ausländische terroristische Vereinigungen ausgedehnt worden. Unklar bleibt insoweit allerdings das Verhältnis zu der unverändert gebliebenen Vorschrift des § 120 II S. 1 Nr. 2 GVG, wonach die evokative Zuständigkeit des Generalbundesanwalts (nur) dann begründet ist, wenn eine Katalogtat iSd § 129 a begangen wurde, diese in Zusammenhang mit einer ausländischen Vereinigung steht und zudem eine besondere Bedeutung des Falles gegeben ist (vgl auch die unklare Aussage in BT-Drucks. 15/813, 1 [8]: kleiner, aber weiterhin bestehender Anwendungsbereich; vgl auch BGH NStZ 2008, 146 [147 f]: das Einschreiten des GBA ist nur dann begründet, wenn ein staatsgefährdendes Delikt von erheblichem Ausmaß vorliegt).

Bei einer kriminellen Vereinigung iSv § 129 hingegen ist gem. § 74 a I Nr. 4 iVm § 142 I Nr. 2 GVG grds. die Landesstaatsanwaltschaft zuständig.

II. Terroristische Vereinigungen: Der auf den Grundsätzen des § 129 aufbauende **Vereinigungsbegriff** des § 129 a (vgl § 129 Rn 5 ff; zu den möglichen Auswirkungen des EU-Rahmenbeschlusses auf die Gesetzesauslegung vgl § 129 Rn 12 sowie BGH NJW 2006, 1603; MK-*Schäfer* Rn 27 ff, 55 ff; zu Al Qaida vgl BGHSt 54, 69 [107 ff]; zur Abgrenzung zu einer ausländischen terroristischen Vereinigung vgl § 129 Rn 7) unterscheidet in den Abs. 1 bis 3 zwischen drei verschiedenen Arten von terroristischen Vereinigungen (zum strafrechtlichen Begriff des Terrorismus *Cancio Meliá* GA 2012, 1 ff). Das maßgebliche Abgrenzungskriterium bilden dabei die jeweiligen Zwecke und Tätigkeiten, auf die die Vereinigungsabrede gerichtet ist (vgl auch *Weißer* JZ 2008, 388 [389]). Entscheidend ist stets, auf welche der in den Abs. 1 und 2 **abschließend aufgezählten Straftaten** die Organisation abzielt und ob diese Katalogtaten tatsächlich begangen oder „nur" angedroht werden sollen. Zusätzlich zu der objektiven Schwere der Bezugsstraftaten gem. § 129 a I soll nach *Zöller* auch die subjektive Motivation des Terroristen hinzukommen; dies sei das charakteristische Merkmal, das den gewöhnlichen Straftäter zum Terroristen mache (StV 2012, 364 [367]). Wie bei § 129 darf es sich in allen Fällen nicht nur um eine einmalige Straftat handeln (NK-*Ostendorf* Rn 6). Dem Charakter einer Organisation, der sich überdies von einer kriminellen zu einer terroristischen Vereinigung wandeln kann (BayObLG NJW 1998, 2542 [2543 f]), steht es nicht entgegen, wenn neben den Katalogtaten auch andere Ziele verwirklicht werden sollen.

1. Der Verbrechenstatbestand des **Abs. 1** pönalisiert die Gründung (vgl § 129 Rn 23) und die mitgliedschaftliche Beteiligung (vgl § 129 Rn 24 ff) an einer Vereinigung, deren Zwecke oder Tätigkeiten auf die in den Nrn. 1 und 2 aufgezählten, zum Bereich der Schwerstkriminalität gehörenden Katalogtaten gerichtet sind. Schon das Vereinigungsziel eine der Katalogtaten des § 129 a zu begehen oder eine hierauf gerichtete Tätigkeit macht die Vereinigung zu einer terroristischen (*Weißer* JZ 2008, 388 [389]). Durch den in Abs. 1 Nr. 1 enthaltenen Verweis auf die weit gefassten Tatbestände der §§ 6 bis 12 VStGB wird der Anwendungsbereich des § 129 a – namentlich im Hinblick auf ausländische terroristische Vereinigungen – zusätzlich ausgedehnt (krit. *Fischer* Rn 7).

2. Der ebenfalls als Verbrechenstatbestand ausgestaltete und mit dem gleichen Strafrahmen versehene **Abs. 2** hat den früheren Abs. 1 Nr. 3 übernommen und – dem EU-Rahmenbeschluss entsprechend – um mehrere weitere Straftaten ergänzt (vgl oben Rn 1). Erfasst werden dabei auch Vergehenstatbestände, deren Verwirklichung einen geringeren Strafrahmen aufweisen kann als das im Vorbereitungsstadium liegende Organisationsdelikt des § 129 a selbst (krit. *Dencker* StV

1987, 117 [121]: teleologische Restriktion iSe negativer Typenkorrektur; *Helm* StV 2006, 719 [720]; MK-*Schäfer* Rn 13; S/S-*Sternberg-Lieben* Rn 1 a; keine Bedenken hingegen unter Hinweis auf die neu eingeführten, einschränkenden Tatbestandsvoraussetzungen des Abs. 2 bei SK-*Rudolphi/Stein* Rn 8). So stellt etwa die Gründung einer auf die Begehung von Computersabotage (§ 303 b) gerichteten Vereinigung ein Verbrechen dar, das mit einer Freiheitsstrafe nicht unter einem Jahr bestraft wird, wohingegen die Verwirklichung der Sabotagehandlungen selbst ein Vergehen ist und keine Mindestfreiheitsstrafe vorsieht. Zusätzlich zum Katalog der Nrn. 1-5 verlangt Abs. 2 (unter Verwendung einer Vielzahl unbestimmter Rechtsbegriffe), dass die von der Vereinigung in Aussicht genommenen Straftaten sowohl eine besondere subjektive Bestimmung iSe „terroristischen Absicht" als auch eine objektive Schädigungseignung aufweisen (vgl. Art. 1 I des EU-Rahmenbeschlusses; BT-Drucks. 15/813, 1 [7]).

8 a) Mit der **Bestimmungsklausel** des Abs. 2 macht das Gesetz die Strafbarkeit von einer besonderen (**terroristischen**) **Absicht** abhängig. Diese verlangt, dass die von der Vereinigung in Aussicht genommenen Katalogtaten dazu **bestimmt** sind, die Bevölkerung auf schwerwiegende Weise einzuschüchtern, eine Behörde oder eine internationale Organisation durch Gewalt oder durch die Drohung mit Gewalt zu nötigen oder die politischen, verfassungsrechtlichen, wirtschaftlichen oder sozialen Grundstrukturen eines Staates oder einer internationalen Organisation zu beseitigen oder erheblich zu beeinträchtigen. Dabei ist es – entgegen dem missverständlichen, im Singular gehaltenen Wortlaut des § 129 a II – bereits ausreichend, wenn eine Tat iSd § 129 a II die erforderliche Bestimmung und Eignung erst im Zusammenhang mit den weiteren von der Vereinigung geplanten Taten aufweist (BGH NJW 2006, 1603: sog. „Nadelstich-Taktik").

Die **Bevölkerung** ist dann **eingeschüchtert**, wenn das Sicherheitsgefühl eines zumindest wesentlichen Teils von ihr (vgl. hierzu BGH NJW 2006, 1603 f: wenigstens nennenswerte Teile der Gesamtbevölkerung; *Helm* StV 2006, 719 [721 mit Fn 17]) derart betroffen ist, dass das Vertrauen in die öffentliche Rechtssicherheit und das befriedete Zusammenleben der Bürger massiv beschädigt oder gar erschüttert ist, so dass die Wahrnehmung elementarer, für das Zusammenleben unabdingbarer Grundfreiheiten des Einzelnen gefährdet wird (*Helm* StV 2006, 719 [721]; ähnlich *Fischer* Rn 15; MK-*Schäfer* Rn 47). Auch der EU-Rahmenbeschluss verweist insoweit ausdrücklich auf die freie Ausübung der Menschenrechte sowie auf die Grundsätze der Demokratie und Rechtsstaatlichkeit, auf deren Außerkraftsetzung Terrorismus abziele (Abs. 1 und 2 der Präambel). Bei der Auslegung der **zweiten Variante** kann jedenfalls hilfsweise auf die Regelungen der §§ 105, 106 zurückgegriffen werden. Die mit der Nötigung beabsichtigten Folgen müssen eine der ersten Variante vergleichbare Qualität aufweisen (SK-*Rudolphi/Stein* Rn 10). Die **dritte Fallgruppe** schließlich dürfte einen solchen Angriff auf die Integrität eines Staates (oder einer internationalen Organisation) voraussetzen, durch den die Sicherung des Gemeinwesens konstituierenden Strukturen und die Gewährleistung grundlegender (rechtsstaatlicher) Prinzipien wesentlich gefährdet werden würde (vgl Abs. 1 und 2 der Präambel zum Rahmenbeschluss). In Betracht kommen etwa Anschläge auf zentrale Infrastruktur- oder Versorgungseinrichtungen, auf Regierungsstellen, Amtsgebäude, Informatiksysteme oder auch bedeutende Finanzzentren eines Staates (vgl Art. 1 I lit. d und h des Rahmenbeschlusses). Als Indizien für eine hinreichende Beeinträchtigung können dabei etwa die mangelnde Beherrschbarkeit solcher und vergleichbarer Bedrohungslagen oder gar die partielle Wehrlosigkeit, sich ausreichend gegen entsprechende Anschläge zu verteidigen, die Bedeutung der angegriffenen

Objekte für das Staatswesen, das Maß der öffentlichen Resonanz oder schließlich die finanziellen Folgewirkungen der Straftat, die ggf die wirtschaftliche Basis des Staates bedrohen und so die Gefahr einer weitreichenden Instabilität begründen, herangezogen werden (vgl auch BGH NJW 2006, 1603 [1604]; *Fischer* Rn 15; *Helm* StV 2006, 719 [721]; SK-*Rudolphi/Stein* Rn 10; MK-*Schäfer* Rn 49; zum Tourismus als wichtiger staatlicher Einnahmequelle vgl *Arzt* Weber-FS 17 [18 f]; zum Problem des Tätervorsatzes vgl unten Rn 12).

b) Die Katalogtaten müssen darüber hinaus die **objektive Eignung** aufweisen, 9 durch die Art ihrer Begehung oder durch ihre Auswirkungen einen Staat oder eine internationale Organisation erheblich schädigen zu können. Abgestellt wird damit auf die (angesonnene) Durchführung oder die (angesonnenen) Folgen der Straftat, denen eine konkrete Gefährlichkeit anhaften muss. Zu einem konkreten Schadenseintritt muss es hingegen nicht kommen (*Fischer* Rn 16; SK-*Rudolphi/Stein* Rn 11; MK-*Schäfer* Rn 43; näher *Helm* StV 2006, 719 [721 f]; bloße Vermögensnachteile allein genügen auch dann nicht, wenn sie wertmäßig erheblich sind: BGHSt 52, 98 ff; vgl auch § 126 Rn 6). Unter einer **erheblichen** (dh sich deutlich spürbar auswirkenden) Schädigung ist die vollständige oder zumindest partielle Unfähigkeit des Staates oder der internationalen Organisation zu verstehen, die ihm oder ihr obliegenden Aufgaben (etwa Bereitstellung von Infrastruktur, Sozialwesen, Wahrung der öffentlichen Sicherheit) ordnungsgemäß zu erfüllen. Nicht ausreichen soll dagegen die bloße Schädigung von Sachen, bei der die Gefährdung von Menschen ausgeschlossen ist und auch ausgeschlossen sein soll (BGH NStZ 2008, 146 [147]). Bloß mittelbare Tatfolgen, die sich erst durch ein eigenständiges Handeln Dritter ergeben könnten, zählen nicht mehr zu den Auswirkungen der Tat und unterfallen daher nicht § 129 a II (BGH NStZ 2008, 146 [147]).

Abs. 2 erfordert eine gemischt subjektiv-objektive Prüfung, da objektiv eine Schädigungseignung der Katalogtaten vorliegen muss, diese aber nur anhand der Vorstellung der Vereinigungsmitglieder von der künftigen Tatbegehung ermittelt werden kann. Daher ist die Tat am objektiven Maßstab ihrer Schädigungseignung für den Fall ihrer Realisierung zu messen (*Weißer* JZ 2008, 388 [389]).

3. Abs. 3 lässt es ausreichen, dass Inhalt der Vereinigungsabrede allein die **Androhung** (vgl § 126 Rn 3) der in den Abs. 1 und 2 genannten Katalogtaten ist. 10 Den allgemeinen Regeln folgend müssen mehrere Drohungshandlungen vorgesehen sein, wobei es aber auch hier nicht zu einer tatsächlichen Verwirklichung einer Drohung kommen muss. Aufgrund des geringeren Unrechtsgehalts gegenüber den Abs. 1 und 2 ist Abs. 3 als Vergehenstatbestand ausgestaltet, der einen Strafrahmen von sechs Monaten bis zu fünf Jahren vorsieht (vgl BT-Drucks. 15/813, 1 [7]; MK-*Schäfer* Rn 74; krit. *Fischer* Rn 18). Soweit Katalogtaten iSv Abs. 2 angedroht werden sollen, müssen zusätzlich auch die dort genannten weiteren Voraussetzungen (terroristische Absicht und Schädigungseignung) erfüllt sein. Ob dabei auf die angedrohten Straftaten (so *Helm* StV 2006, 719 [722]) oder aber bereits auf die in der Vereinigungsabrede in Aussicht genommenen Drohungshandlungen selbst (so *Fischer* Rn 18; SK-*Rudolphi/Stein* Rn 13) abzustellen ist, lässt der Gesetzeswortlaut offen. Da sich jedoch auch die Untersuchung und Bewertung der Drohungshandlung selbst regelmäßig nach der jeweils angedrohten Straftat und ihren möglichen Auswirkungen richten wird, dürfte diese Unterscheidung iE ohne Auswirkungen bleiben.

III. **Tathandlungen des Abs. 5:** In Abs. 5 schließlich stellt das Gesetz das **Unter-** 11 **stützen** (vgl § 129 Rn 35 ff) sowie das **Werben um Mitglieder und Unterstützer** (vgl § 129 Rn 28 ff) unter Strafe. Unterstützt wird eine terroristische Vereinigung dann, wenn ihr Fortbestand oder die Verwirklichung ihrer Ziele gefördert wird und der Förderer selbst nicht Mitglied dieser Organisation ist. Dabei muss der Vereinigung zwar kein messbarer Nutzen entstehen, aber der Beitrag muss objektiv förderungsgeeignet sein (*Bader* NStZ 2007, 618). Das bloße Befürworten und Rechtfertigen der Ziele und Straftaten einer Vereinigung reicht hierfür nicht aus (BGH NJW-Spezial 2013, 121). Die bloße Zusage einer Unterstützungshandlung bzw nachfolgendes erfolgloses Bemühen stellt nur dann ein Unterstützen dar, wenn sich dies für sich allein auf die Aktionsmöglichkeiten der Vereinigung oder eines ihrer Mitglieder in irgendeiner Weise positiv auswirkt (StraFO 2016, 33 f). Eine strafbare Unterstützung liegt aber dann vor, wenn ein Nichtmitglied nicht selbst propagandistisch tätig wird, sondern eine derartige Tätigkeit eines Mitglieds der Organisation fördert (BGH NStZ 2014, 2010 m.Anm. *Werndl/Lickleder* ZIS 2014, 644 ff). Dies führt jedoch zu dem wenig überzeugenden Ergebnis, dass derjenige straflos ist, der unter der Schwelle des § 129 a V 2 bleibt, hingegen derjenige bestraft wird, der ein solches Handeln eines Mitglieds unterstützt. Unter Werben um Mitglieder ist die Bedienung von Propagandamitteln zur Weckung der Bereitschaft Dritter zum Beitritt in eine terroristische Organisation zu verstehen (BGHSt 51, 345 [353]; *Bader* NStZ 2007, 618 [622]). Eine Werbung um Unterstützer liegt dagegen vor, wenn bei einem anderen die Bereitschaft geweckt werden soll, Tätigkeiten oder Bestrebungen einer terroristischen Organisation auf irgendeine Art zu fördern, ohne selbst Mitglied der Organisation zu werden (BGHSt 51, 345 [353]; BGH StV 2013, 303). Beide Arten der Werbung können sich sowohl an konkrete Personen, als auch an einen unbestimmten Adressatenkreis richten, ein Erfolg der Werbung wird nicht vorausgesetzt (BGHSt 51, 345 [353]). Werbung iSd Vorschrift liegt nicht vor, wenn Ziele oder Straftaten lediglich gebilligt werden. Aus den Äußerungen muss sich ergeben, dass zugunsten einer bestimmten Organisation gezielt Mitglieder oder Unterstützer gewonnen werden sollen; ein allgemeiner Aufruf sich dem Djihad oder nicht näher bestimmten terroristischen Aktivitäten anzuschließen genügt nicht (BGHSt 51, 345 [353]; BGH NStZ 2015, 636 [637 f]). Die Weitergabe von werbenden Äußerungen durch Dritte begründet nur dann eine Strafbarkeit für diesen, wenn erkennbar wird, dass der Dritte die Äußerung als eigenes werbendes Eintreten verstanden wissen will; eine Wiedergabe der Äußerung als fremde reicht nicht (BGHSt 51, 345 [354]). Unterschieden wird in Abs. 5 jeweils nach der Art der terroristischen Vereinigung, die unterstützt oder für die geworben wird. Aufgrund dieser Systematik verbietet es sich, Handlungen, die sich als Werben für eine terroristische Vereinigung darstellen, auch unter dem Merkmal des Unterstützens zu fassen (BGHSt 51, 345 [346 ff]; BGH NJW 2007, 2782 [2783]). Den EU-Vorgaben entsprechend (Art. 5 III S. 1 Var. 2 iVm Art. 2 II lit. b des Rahmenbeschlusses; vgl auch BT-Drucks. 15/813, 1 [8]) wurde mit der Neufassung des § 129 a die Höchststrafe für Unterstützer einer terroristischen Vereinigung iSd **Abs. 1 und 2** auf zehn Jahre heraufgesetzt, Abs. 5 S. 1. Der Strafrahmen für das Werben um Mitglieder oder Unterstützer hingegen blieb unverändert. Im Hinblick auf Vereinigungen iSd **Abs. 3** hingegen beschränkt Abs. 5 S. 2 die Strafbarkeit auf das Unterstützen. Das Werben um Mitglieder und Unterstützer für eine solche Organisation, deren Vereinigungsabrede nur auf die Androhung von Straftaten gerichtet ist, bleibt daher straflos. Es ist jedoch zu beachten, dass bereits die Beihilfe zur Mitgliedschaft bzw zur Unterstützung einer solchen Organisation vielfach als täterschaftliches Unterstützen iSd § 129 a V S. 1 gesehen wird (ausf. zu Abs. 5; *Bader* NStZ 2007, 618 ff; zur Strafbarkeit wegen Beihilfe S/S/W-*Lohse* Rn 22).

IV. Subjektiver Tatbestand: Der subjektive Tatbestand setzt – wie bei § 129 – 12 grds. bedingten Vorsatz voraus. Im Hinblick auf die im Rahmen des Abs. 2 erforderliche besondere „Bestimmung der Katalogtat" spricht die Gesetzesbegründung ausdrücklich von einem **direkten Vorsatz** (BT-Drucks. 15/170, 1 [7]), verlangt insofern also ein wissentliches Handeln des Täters (ebenso L-Kühl-*Heger* Rn 2; MK-*Schäfer* Rn 61; abl. *Helm* StV 2006, 719 [722 f]; SK-*Rudolphi/Stein* Rn 15: dolus eventualis ausreichend). Unklar bleibt hierbei allerdings, aus welchem Grund der Bezugsgegenstand des Vorsatzes, zumal entgegen den allgemeinen Regeln (vgl § 129 Rn 41), modifizierende Auswirkungen auf den Grad des Vorsatzes selbst haben sollte.

V. Rädelsführer und Hintermänner: Gehört der Täter zu den Rädelsführern oder 13 Hintermännern (vgl § 129 Rn 47), so sieht **Abs. 4** eine (weitere) **Strafschärfung** vor, wobei es sich im Unterschied zu § 129 IV um eine abschließende Aufzählung handelt (echter Qualifikationstatbestand, der keine sonstigen besonders schweren Fälle kennt; vgl L-Kühl-*Heger* Rn 3; MK-*Schäfer* Rn 58, 77). Beide Eigenschaften, die ein besonders gefährliches Verhalten kennzeichnen und nicht ein speziell personales Unrecht beschreiben, sind keine besonderen persönlichen Merkmale iSd § 28 II (S/S- *Sternberg-Lieben* Rn 4). Trotz der missverständlichen Systematik und des unklaren Wortlauts gilt die Regelung des Abs. 4 – namentlich im Hinblick auf die Strafbarkeit eines Hintermannes – auch in den Fällen des Abs. 5. Denn als Außenstehender wirkt der Hintermann gerade nicht mitgliedschaftlich wie der Rädelsführer, sondern unterstützend auf die Vereinigung ein, so dass die Qualifikation des Abs. 4 insoweit nahezu leer liefe, wollte man eben jene Unterstützung durch einen Hintermann lediglich der allgemeinen Strafandrohung des Abs. 5 unterwerfen (ausf. *Helm* StV 2006, 719 [723]).

VI. Versuch: Durch die Einstufung als Verbrechen ist in den Fällen der Abs. 1 14 und 2 neben dem **Gründungsversuch** auch der **Versuch der mitgliedschaftlichen Beteiligung** strafbar. Bei den in Abs. 4 qualifiziert unter Strafe gestellten Rädelsführern und Hintermännern gilt dies auch im Hinblick auf Vereinigungen nach Abs. 3, da Abs. 4 letzter Hs auch insoweit eine Verbrechensstrafe anordnet (SK-*Rudolphi/Stein* Rn 16; zum Beginn der Ausführungshandlung beim Versuch der Gründung einer terroristischen Vereinigung vgl BGH NStZ-RR 2004, 40). Gleichermaßen ist – bei einem Hintermann – eine versuchte Unterstützung sowie ein versuchtes Werben um Mitglieder und Unterstützer denkbar, §§ 129 a IV iVm V, § 23 I. Über § 30 I ist schließlich auch die versuchte Anstiftung mit Strafe bedroht (vgl BayObLG NJW 1998, 2542 [2543] m. zust. Anm. *Radtke* JR 1999, 84 ff; *Dencker* KJ 1987, 36 [48]; NK-*Ostendorf* Rn 7; weitestgehend abl. LK-*Krauß* Rn 87 f; vgl auch oben § 129 Rn 34, 42 ff).

VII. Sonstiges: Die bei kriminellen Organisationen geltende Ausnahmeregelung 15 des § 129 II wurde nicht übernommen. Gleichwohl soll nach hM das verfassungsrechtlich in Art. 21 II GG verankerte **Parteienprivileg** des § 129 II Nr. 1 auch bei terroristischen Vereinigungen des § 129 a entsprechende Anwendung finden (*Fürst*, Grundlagen und Grenzen der §§ 129, 129 a StGB, 1989, 87 ff; NK-*Ostendorf* Rn 8; SK-*Rudolphi/Stein* Rn 7; aA LK-*Krauß* Rn 27 ff; MK-*Schäfer* Rn 54; S/S-*Sternberg-Lieben* Rn 3). Wie bei § 129 nehmen ausländische terroristische Vereinigungen **nicht** an dieser Privilegierung teil. Im Unterschied zum Grunddelikt (§ 129 V) sieht § 129 a VI kein völliges Absehen von Strafe, sondern nur die Möglichkeit einer Strafmilderung vor. Zur tätigen Reue nach **Abs. 7** vgl § 129 Rn 49 f; zu den **Konkurrenzen** vgl § 129 Rn 51 ff; zu den sonstigen Rechtsfolgen vgl MK-*Schäfer* Rn 73 ff; S/S/W-*Lohse* Rn 33 f.

§ 129 b Kriminelle und terroristische Vereinigungen im Ausland; Erweiterter Verfall und Einziehung

(1) ¹Die §§ 129 und 129 a gelten auch für Vereinigungen im Ausland. ²Bezieht sich die Tat auf eine Vereinigung außerhalb der Mitgliedstaaten der Europäischen Union, so gilt dies nur, wenn sie durch eine im räumlichen Geltungsbereich dieses Gesetzes ausgeübte Tätigkeit begangen wird oder wenn der Täter oder das Opfer Deutscher ist oder sich im Inland befindet. ³In den Fällen des Satzes 2 wird die Tat nur mit Ermächtigung des Bundesministeriums der Justiz und für Verbraucherschutz verfolgt. ⁴Die Ermächtigung kann für den Einzelfall oder allgemein auch für die Verfolgung künftiger Taten erteilt werden, die sich auf eine bestimmte Vereinigung beziehen. ⁵Bei der Entscheidung über die Ermächtigung zieht das Ministerium in Betracht, ob die Bestrebungen der Vereinigung gegen die Grundwerte einer die Würde des Menschen achtenden staatlichen Ordnung oder gegen das friedliche Zusammenleben der Völker gerichtet sind und bei Abwägung aller Umstände als verwerflich erscheinen.

(2) In den Fällen der §§ 129 und 129 a, jeweils auch in Verbindung mit Absatz 1, sind die §§ 73 d und 74 a anzuwenden.

1 **I. Allgemeines: 1.** Die Vorschrift ist durch das 34. StrÄndG vom 22.8.2002 in das StGB eingefügt worden (zur Verfassungskonformität vgl OLG München NJW 2007, 2786 ff). Sie erweitert den Schutzbereich der §§ 129, 129 a auch auf solche kriminellen oder terroristischen Vereinigungen, die lediglich im Ausland bestehen und nicht einmal eine Teilorganisation innerhalb der Bundesrepublik unterhalten (vgl BT-Drucks. 14/8893, 8 f; *Altvater* NStZ 2003, 179 ff; *v. Bubnoff* NJW 2002, 2672 ff; *Nehm* NJW 2002, 2665 [2670];*Stein* GA 2005, 433 ff; vgl zur Abgrenzung von rein ausländischen Vereinigungen zu inländischen [Teil-]Organisationen § 129 Rn 7); § 129 b stellt keinen Qualifikationstatbestand, sondern vielmehr eine Regelung der Rechtsanwendung dar, die den Charakter der §§ 129, 129 a als abstrakte Gefährdungsdelikte unberührt lässt (S/S/W-*Lohse* Rn 3). Mit dieser (Straf-)Ausdehnung auch auf **ausländische Vereinigungen** folgte der Gesetzgeber einer verbindlichen Vorgabe für alle EU-Staaten vom 21.12.1998, als der Rat der EU eine Gemeinsame Maßnahme verabschiedete, die die Mitgliedstaaten verpflichtete, in ihr jeweiliges Strafrecht den Tatbestand der „Beteiligung an einer kriminellen Vereinigung" aufzunehmen (AmtsBl. EG 1998 L 351, 1 f; vgl auch BT-Drucks. 14/7025, 6; *Kress* JA 2005, 220 [226]; SK-*Stein* Rn 1). Diese Gemeinsame Maßnahme beruhte ihrerseits auf der Empfehlung Nr. 17 des EU-Aktionsplans zur Bekämpfung der organisierten Kriminalität vom 28.4.1997 (AmtsBl. EG 1997 C 251, 1 [4, 11]). Gem. Art. 4 Unterabsatz 1 der Gemeinsamen Maßnahme haben die Mitgliedstaaten dafür Sorge zu tragen, dass die Beteiligung an einer kriminellen Vereinigung in ihrem Hoheitsgebiet strafrechtlich geahndet werden kann, und „zwar unabhängig von dem Ort im Hoheitsgebiet der Mitgliedstaaten, an dem die Vereinigung ihre Operationsbasis hat oder ihre strafbaren Tätigkeiten ausübt" (AmtsBl. EG 1998 L 351, 1 [2]). Die terroristischen Anschläge in den USA vom September 2001 und das Attentat auf der tunesischen Insel Djerba vom April 2002, die das Gefährdungspotential auch außereuropäischer Terrororganisationen deutlich zu Tage treten ließen, beschleunigten das bis dahin zögerlich verlaufende innerdeutsche Umsetzungsverfahren und bewogen den Gesetzgeber gleichzeitig dazu, den Anwendungsbereich der §§ 129 und 129 a – über jene europarechtlichen Vorgaben noch hinaus – nicht nur auf Vereinigungen im EU-Ausland, sondern auch auf Organisationen außerhalb des

Unionsgebiets zu erstrecken (BT-Drucks. 14/7025, 6; *Fischer* Rn 1 f; *Kress* JA 2005, 220 [226 mit Fn 74]; *Pick* BT-Prot. 14/234, 23331; MK-*Schäfer* Rn 1; *Stein* GA 2005, 433 [442 ff, 447 ff]; näher *Netz*, Die Strafbarkeit ausländischer terroristischer Vereinigungen, 2008, 53 ff). Partiell bestätigt wird diese Ausdehnung durch den noch während des innerdeutschen Gesetzgebungsverfahrens vom Rat der EU erlassenen Rahmenbeschluss zur Terrorismusbekämpfung vom 13.6.2002, der in Art. 9 IV bei terroristischen Organisationen ebenso auf die Trennung zwischen EU- und Nicht-EU-Ausland verzichtet (vgl AmtsBl. EG L 164, 3 und 6). Darüber hinaus stellt § 129 b die Beteiligung an einer ausländischen Vereinigung auch dann unter Strafe, wenn die entsprechende Beteiligungshandlung ausschließlich im Ausland vorgenommen worden ist, und verzichtet dadurch auf die in Art. 4 der Gemeinsamen Maßnahme enthaltene Begrenzung der Pönalisierungspflicht auf Fälle eines inländischen Handlungsortes (*Stein* GA 2005, 433 [442 ff]; vgl aber Rn 5).

2. Ziel der Neuregelung ist es, dem weltweiten Handlungsradius und der zunehmenden Außensteuerung terroristischer Zusammenschlüsse (auch von außerhalb des Unionsgebiets) Rechnung zu tragen. Vor allem die internationale Vernetzung, die nicht an den Ländergrenzen Halt macht, gebietet es, sowohl den Strafverfolgungsbehörden als auch den Gerichten ein entsprechendes (Handlungs-)Instrumentarium zur Verfügung zu stellen und so einen wirksameren Schutz insbesondere vor terroristischen Anschlägen zu gewährleisten (vgl BT-Drucks. 14/7025, 6; KG NStZ 2004, 209 [210]; *v. Bubnoff* NJW 2002, 2672 [2675 f]; *Nehm* NJW 2002, 2665 [2670]; MK-*Schäfer* Rn 1; krit. *Fischer* Rn 2; NK-*Ostendorf* Rn 5; eingehend *Nehring*, Kriminelle und terroristische Vereinigungen im Ausland, 2007; *Netz*, Die Strafbarkeit ausländischer terroristischer Vereinigungen, 2008). 2

Verbunden mit der Einführung des § 129 b sind (insbesondere auf europäischer Ebene) weitere Maßnahmen, anhand derer die „**Ermittlungsfähigkeit**" der Strafverfolgungsbehörden effektiver werden soll (AmtsBl. EG 1998 L 191, 4 ff: Europäisches Justizielles Netz; 2001 L 182, 1 f: Einfrieren von Straftaterträgnissen; 2001 L 344, 70 ff, 90 ff und 93 ff: spezifische Maßnahmen zur Terrorismusbekämpfung; 2002 L 63, 1 ff: Errichtung von Eurojust; 2002 L 190, 1 ff: Europäischer Haftbefehl; vgl auch AmtsBl. EG 2002 L 164, 3 mwN; *Esser* GA 2004, 711 ff; *Esser/Herbold* NJW 2004, 2421 ff; *Gusy* GA 2005, 215 ff; *v. Bubnoff* NJW 2002, 2672 ff; krit. *Ahlbrecht* JR 2005, 400 [401 ff]). Diese **zunehmend intensivere internationale Zusammenarbeit** der Ermittlungsbehörden sowie die Nutzung der Aufklärungsmöglichkeiten etwa von Europol (vgl AmtsBl. EG 1995 C 316, 1 ff; 1999 C 26, 22) oder anderen übernationalen Organen relativieren gleichzeitig die – bereits vor Einfügung des § 129 b – häufig erhobenen Bedenken hinsichtlich der praktischen Aufklärungs- und Ermittlungsschwierigkeiten. Zudem bieten auch die Regeln des § 129 b I S. 2-5 sowie die Opportunitätsgrundsätze des § 153 c I S. 1 Nr. 3 StPO Korrektive, um eine gänzlich undifferenzierte oder gar ineffektive Strafverfolgung zu vermeiden (BT-Drucks. 14/8893, 8; LK-*Krauß* Rn 38). Gleichwohl zwingt die Kritik an der Einbeziehung ausländischer Vereinigungen zu einer maßvollen Bestimmung der Strafbarkeitsgrenzen (vgl etwa BGH NStZ 1982, 198; *Rebmann* NStZ 1986, 289 [291 f]: es bestehe die Gefahr, dass deutsche Gerichte oder Strafverfolgungsbehörden ohne zureichende tatsächliche Ermittlungsmöglichkeiten vor Ort tragfähige Feststellungen über die jeweilige Struktur der ausländischen Organisation, deren Zielsetzung und personelle Zusammensetzung treffen müssten; auch entstünden erhebliche Probleme, wenn die vermeintlich kriminelle Vereinigung ihren „Kampf" zB als berechtigten Widerstand gegen ein ausländisches Unrechtssystem verstehe). 3

4 3. Ausdrücklich betont der Gesetzgeber daher, dass trotz der weitreichenden Tatbestandsausdehnung der §§ 129 ff **keine Allzuständigkeit** deutscher Behörden begründet, sondern vorrangig eine effektivere Bekämpfung der organisierten Kriminalität ermöglicht werden solle. Denn die universelle Geltung der Organisationsdelikte würde die Strafverfolgungsbehörden in der Tat nicht nur vor erhebliche Kapazitätsprobleme stellen, sondern vor allem auch missachten, dass die §§ 129, 129 a auf Verhältnisse innerhalb einer stabilen demokratischen Ordnung zugeschnitten sind und daher auf Staaten, die diesen Anforderungen nicht entsprechen, nicht uneingeschränkt passen (BT-Drucks. 14/8893, 8 f; *Pick* BT-Prot. 14/234, 23331).

Infolgedessen ist § 129 b, der in der Entwurfsfassung der Bundesregierung (BT-Drucks. 14/7025, 1 und 5 f) zunächst vorbehaltlos alle ausländischen Vereinigungen in die Gleichstellung einbezog, im Laufe des Gesetzgebungsverfahrens auf die jetzige, zwischen Vereinigungen **innerhalb** und **außerhalb des Unionsgebietes** differenzierenden Fassung konkretisiert worden. Organisationstaten, die sich auf eine außereuropäische Vereinigung beziehen, können mithin nur unter den einschränkenden Voraussetzungen des § 129 b I S. 2-5 verfolgt bzw bestraft werden. Neben einem sog. **spezifischen Inlandsbezug** verlangt das Gesetz dabei zusätzlich auch noch eine **Strafverfolgungsermächtigung** durch das Bundesministerium der Justiz und für Verbraucherschutz (BT-Drucks. 14/8893, 8 f; *Ambos* ZIS 2016, 505 ff; *Altvater* NStZ 2003, 179 ff; *Mittler* BR-Prot. 777, 363 [364]; *Pick* BR-Prot. 776, 300; MK-*Schäfer* Rn 14 ff; *Stein* GA 2005, 433 [447 ff]; vgl unten Rn 6 ff und 12 ff).

5 4. Zusätzlich zu diesen Überlegungen bleibt zu beachten, dass im Hinblick auf die zu ahndenden Beteiligungshandlungen nach wie vor eine **Legitimation durch das Strafanwendungsrecht der §§ 3 bis 7** erforderlich ist. Sofern die zu beurteilenden Tathandlungen nicht der allgemeinen Geltung deutschen Strafrechts unterfallen, kann sich auch § 129 b I nicht über diese bindende gesetzgeberische Entscheidung hinwegsetzen (BGH HRRS 2012, Nr. 699; *Altvater* NStZ 2003, 179; *Fischer* Rn 4; S/S-*Sternberg-Lieben* Rn 3; ausf. *Stein* GA 2005, 433 [453 ff]; vgl aber auch *Kress* JA 2005, 220 [226 ff], der de lege lata von einer Verdrängung der §§ 3 ff ausgeht und daher für eine Neufassung des § 129 b plädiert; abw. ebenso *Betmann* Kriminalistik 2006, 186 [187]; NK-*Ostendorf* Rn 9 f; dagegen BGHSt 54,264 [267 f], der davon ausgeht, dass die allgemeinen Regelungen der §§ 3 ff allenfalls zu einer Einschränkung der Geltungsregelungen des § 129 b I 2 herangezogen werden können). Denn sowohl der Respekt vor der völkerrechtlichen Souveränität anderer Staaten als auch die nur begrenzte Ermittlungsfähigkeit der deutschen Strafverfolgungsbehörden verbietet es, ihnen eine globale Allzuständigkeit zu verleihen (vgl *Altvater* NStZ 2003, 179 [181]; *Fischer* Rn 4; MK-*Schäfer* Rn 2). Obgleich daher Mitglieder oder Unterstützer terroristischer Gruppen aus dem Bereich der EU zukünftig ohne Einschränkung in Deutschland verfolgt werden können, so muss auch ihre Tathandlung den Regeln der §§ 3 ff unterfallen, um überhaupt die Anwendbarkeit des deutschen Strafrechts begründen zu können. Freilich dürfte dieser Problematik gerade bei Vereinigungen innerhalb des Unionsgebietes kaum eine nennenswerte Bedeutung beikommen, da selbst für den – ohnehin kaum denkbaren – Fall der Unanwendbarkeit deutschen Strafrechts regelmäßig Auslieferungsabkommen bestehen, die eine sachgerechte Ahndung der Tat jedenfalls im Ausland ermöglichen (vgl *v. Bubnoff* NJW 2002, 2672 ff; MK-*Schäfer* Rn 10). Exemplarisch: Die Unterstützung einer nur im Ausland agierenden, Betrügereien zulasten ausländischer Versicherungen begehenden Vereinigung durch einen sich ebenfalls nur in diesem aus-

ländischen Staat aufhaltenden und auch dort betroffenen Ausländer vermag die Anwendung deutschen Strafrechts nicht zu begründen. Die rechtliche Bewertung der in Aussicht genommenen Straftaten ist stets von derjenigen der konkreten Beteiligungshandlung zu unterscheiden (vgl § 129 Rn 14 und 16).

II. Vereinigungen außerhalb der EU (Abs. 1 S. 2): Nach der Vorgabe des Gesetzgebers sollen Beteiligungshandlungen in außereuropäischen kriminellen und terroristischen Vereinigungen nur dann von den §§ 129, 129 a erfasst werden, wenn sie einen **spezifischen Inlandsbezug** aufweisen. Zu diesem Zweck nennt das Gesetz in **§ 129 b I S. 2** fünf verschiedene Fallgruppen, die sicherstellen sollen, dass jener räumliche oder persönliche Bezug zur Bundesrepublik auch tatsächlich gegeben ist (BT-Drucks. 14/8893, 8 f; *Fischer* Rn 7 ff; LK-*Krauß* Rn 18 f; *Kress* JA 2005, 220 [226 ff]; SK-*Stein* Rn 4 f). Die Umsetzung dieses Vorhabens, durch die die Erstreckung deutschen Strafrechts gerechtfertigt und der Gefahr einer uferlosen Ausdehnung vorgebeugt werden sollte, ist dem Gesetzgeber nicht zufriedenstellend gelungen. Denn abgesehen davon, dass die einzelnen Fallgruppen eine Vielzahl unklarer Vorgaben enthalten, vermögen sie es in ihrer **Gesamtwirkung** gerade nicht, den Anwendungsbereich gegenüber innereuropäischen Vereinigungen nachhaltig einzuschränken (eine befriedigende Interpretation wird auch dadurch erschwert, dass der Gesetzgeber selbst das Verhältnis der §§ 129 ff zum Strafanwendungsrecht der §§ 3 ff nicht vollends überdacht hat, vgl nur *Kress* JA 2005, 220 [226]; *Stein* GA 2005, 433 [450]).

6

1. Mit der **ersten Variante**, wonach die **Tat im räumlichen Geltungsbereich** dieses Gesetzes begangen worden sein muss, greift das Gesetz auf das Territorialitätsprinzip der §§ 3 und 9 I zurück und verleitet damit zu dem nicht gerechtfertigten Gegenschluss (Rn 5), Taten im Hinblick auf innereuropäische Vereinigungen unterfielen auch unabhängig von den Voraussetzungen der §§ 3 ff der Geltung deutschen Strafrechts (*Fischer* Rn 8; S/S-*Sternberg-Lieben* Rn 7; abw. *Betmann* Kriminalistik 2006, 186 [187] sowie NK-*Ostendorf* Rn 10, der unter „ausgeübter Tätigkeit" die Verwirklichung eines von der Vereinigung bezweckten Delikts versteht). § 129 b I 2 Alt. 1 schränkt den Anwendungsbereich des § 9 aber dergestalt ein, dass er den Erfolgsort als Anknüpfungspunkt für eine Strafbarkeit ausschließt, so dass dieser zur Begründung der innerstaatlichen Strafgewalt nicht herangezogen werden kann (BGHSt 54, 264 [270 f]).

7

2. Die **zweite Variante**, wonach der **Täter Deutscher** sein muss, wiederholt das aktive Personalitätsprinzip des § 7 II Nr. 1, ohne jedoch klarstellend darauf hinzuweisen, dass die Tathandlung auch am Tatort unter Strafe gestellt sein muss. In seiner Umkehrung ließe der Wortlaut wiederum den Schluss zu, dass das Gesetz in den Fällen des Satzes 2 (und sodann erst recht auch in den Fällen des Satzes 1, dessen Schutzbereich keinesfalls hinter demjenigen des Satzes 2 zurückbleiben kann) auf eben jenes konstitutive Element des § 7 II Nr. 1 habe verzichten wollen, die Tat am Tatort also nicht mit Strafe bedroht sein müsste. Mit einem solchen Ergebnis würde das deutsche Strafrecht unter Missachtung der lex loci einem anderen Staat aufgedrängt, obwohl die Regeln der §§ 5 und 6 gerade hierfür eine ausdrückliche und abschließende Regelung vorsehen (MK-*Schäfer* Rn 2; abw. NK-*Ostendorf* Rn 10: Ausweitung des § 7 II Nr. 1; vgl auch *Kress* JA 2005, 220 [227]; S/S-*Sternberg-Lieben* Rn 7).

8

3. Bedenken weckt auch die **dritte Variante**, die es bereits genügen lässt, dass der **Täter im Inland betroffen** wird. Nach der ausdrücklichen Vorgabe des Gesetzgebers sei dies selbst dann der Fall, wenn das Mitglied einer kriminellen Vereinigung das Bundesgebiet bereise und hierbei **nicht** vereinigungsbezogen tätig werde

9

(BT-Drucks. 14/8893, 9; *Altvater* NStZ 2003, 179 [181]). Ein solches Ergebnis, wonach bereits der bloße Aufenthalt eines Mitglieds in der Bundesrepublik ausreichend sein solle, stimmt durchaus mit der Überlegung überein, dass es sich bei der Mitgliedschaft in einer terroristischen oder kriminellen Vereinigung um ein Dauerdelikt handelt, welches keine ständige Betätigung voraussetzt (vgl BGHSt 46, 349 [357]; *Altvater* NStZ 2003, 179 [180]; *Rissing-van Saan* BGH-FS 475 [482]; MK-*Schäfer* Rn 12). Folgerichtig ist auch die Tathandlung eines Mitglieds an jedem Ort begangen, an dem es sich aufhält (abw. *Stein* GA 2005, 433 [451 mit Fn 31]). Bestätigt wird diese Überlegung auch durch den Gesetzeswortlaut des § 153 c I S. 1 Nr. 3 StPO, der ausdrücklich die „bloße", dh im Inland **nicht** betätigte Mitgliedschaft als grds. strafbare und damit überhaupt erst einstellungsfähige Beteiligungshandlung ausreichen lässt. Im Gegensatz etwa zu § 85 II, der eine „Betätigung als Mitglied" voraussetzt, lässt § 129 eine solche tatbestandliche Einschränkung vermissen. Vor diesem Hintergrund erscheint es konsequent, dass der Gesetzgeber bereits den bloßen Aufenthalt ohne nachhaltige vereinigungsbezogene Tätigkeit eines Mitglieds in der Bundesrepublik hat ausreichen lassen wollen (bei der bloßen Durchreise durch die Bundesrepublik Deutschland läge hingegen kein solcher „Aufenthalt" vor). Erfasst werden sollten auf diese Weise vor allem die sog. **Schläfer**, die – ausgebildet für Terroranschläge – in Deutschland auf ihren Einsatz warten und die Bundesrepublik dadurch gezielt als Ruheraum nutzen (BT-Drucks. 14/8893, 7; NK-*Ostendorf* Rn 10; vgl auch KG NStZ 2004, 209 [210]; *Altvater* NStZ 2003, 179 [180]; MK-*Schäfer* Rn 12, 20; krit. *Fischer* Rn 10 f). Bei diesem Verständnis kommt der dritten Variante allein eine klarstellende Funktion gegenüber der ersten, die Konstellationen eines inländischen Handlungsortes nach §§ 3, 9 I bereits erfassenden Fallgruppe zu (*Altvater* NStZ 2003, 179 [181]; MK-*Schäfer* Rn 18; konsequent aA *Stein* GA 2005, 433 [451]). Abgesehen hiervon bleibt jedoch unklar, ob der Gesetzgeber tatsächlich auch diejenigen Fälle erfassen wollte, in denen die Bundesrepublik nicht als Ruhe- oder Rückzugsort für Mitglieder einer (außereuropäischen) Vereinigung, sondern allein als Durchreiseland genutzt und der „Täter" dabei im Inland betroffen wird. Insoweit würde sich die Frage stellen, worin der spezifische Inlandsbezug eines solchen bloßen Bereisens der Bundesrepublik erblickt werden könnte (vgl auch *Fischer* Rn 10 f; *Kress* JA 2005, 220 [227]).

10   4. Auch die **vierte** und **fünfte** Variante erweisen sich als nicht geglückt. Danach soll es ausreichend sein, dass das „**Opfer**" **Deutscher** sei oder aber das (ausländische) **Opfer auf dem Gebiet der Bundesrepublik betroffen** werde. Die §§ 129, 129 a sind jedoch „opferlose" Gefährdungsdelikte im Vorfeld von Rechtsgutsverletzungen, die lediglich begünstigte Vereinigungen, nicht aber Verletzte oder Opfer kennen. Nach dem – im Gesetz allerdings nicht zum Ausdruck gekommenen – Willen des Gesetzgebers soll der Opferbegriff daher auch nicht auf die Beteiligungshandlungen, sondern auf diejenigen Straftaten bezogen werden, die der Vereinigung zuzurechnen sind (BT-Drucks. 14/8893, 9). Stellte man hierbei nun auf das Opfer einer bereits zuvor begangenen (Organisations-)Tat ab, das uU rein zufällig die Bundesrepublik bereist, so wäre erneut nicht ersichtlich, inwiefern hierin ein spezifischer, die Interessen der Bundesrepublik überhaupt berührender Inlandsbezug erblickt werden könnte. Ebenso wenig überzeugend wäre es, auf die potenziellen Opfer der unterstützten Vereinigung abzustellen (*Stein* GA 2005, 433 [452]). Insoweit wird man verlangen müssen, dass das Opfer einer **tatsächlich begangenen** Bezugsstraftat gerade auf dem Gebiet der BRD verletzt worden ist (so auch BT-Drucks. 14/8893, 9; ebenso *Altvater* NStZ 2003, 179 [181 mit Fn 29]; L-Kühl-*Heger* Rn 3; MK-*Schäfer* Rn 22; *Stein* GA 2005,

433 [453]; S/S-*Sternberg-Lieben* Rn 7; abw. *Fischer* Rn 11; *Kress* JA 2005, 220 [227], die jedoch Beteiligungshandlung und Bezugsstraftat vermengen). Im Falle einer von der Vereinigung bereits verwirklichten Auslandstat gegen einen Deutschen ergibt sich bei diesem Verständnis die Konsequenz, dass jede spätere Beteiligungshandlung zugunsten dieser Vereinigung (sofern die zusätzlichen Voraussetzungen der §§ 3 ff erfüllt sind, vgl oben Rn 5) nach den §§ 129 ff verfolgt werden kann (MK-*Schäfer* Rn 21; *Stein* GA 2005, 433 [453 und 456]).

5. Bei einer zusammenfassenden Beurteilung der einzelnen Fallgruppen bleibt festzuhalten, dass der Gesetzgeber durch die tatbestandliche Ausgestaltung des Abs. 1 S. 2 keine oder jedenfalls keine wesentliche Einschränkung der Strafbarkeit im Hinblick auf außereuropäische Vereinigungen erreicht hat. Es ist **nicht** ersichtlich, inwieweit – verglichen mit den ohnehin zu prüfenden Voraussetzungen der §§ 3 ff – tatsächlich Beteiligungshandlungen denkbar sind, die zwar bezogen auf eine **innereuropäische** Vereinigung strafbar wären, bezogen auf eine **außereuropäische** Vereinigung aber straflos bleiben müssten. Nur wenn ein solch unterschiedlicher Anwendungsbereich existierte, hätte der Gesetzgeber mit der Regelung des **Abs. 1 S. 2** überhaupt sein Ziel erreicht, einer uferlosen Ausdehnung des deutschen Strafrechts Grenzen zu setzen und einen „sachgerechten Filter" in den Gesetzestext einzubauen.

III. Verfolgungsermächtigung (Abs. 1 S. 3-5): 1. Als weiteres – erheblich wirksameres – Korrektiv hat der Gesetzgeber in **Abs. 1 S. 3** die Verfolgung von Organisationstaten in Bezug auf außereuropäische Vereinigungen von der Ermächtigung durch das Bundesjustizministerium abhängig gemacht (BT-Drucks. 14/8893, 9; *Altvater* NStZ 2003, 179 [181 f]; *Fischer* Rn 13 f; *Pick* BT-Drucks. 14/234, 23331; krit. *Betmann* Kriminalistik 2006, 186 [189]; *v. Bubnoff* NJW 2002, 2672 [2675]; SK-*Stein* Rn 1). Diese **Ermächtigung zur Strafverfolgung** stellt eine Prozessvoraussetzung dar, die an keine Frist gebunden ist und daher auch noch in der Revisionsinstanz erteilt werden kann. Sie wird von der Staatsanwaltschaft von Amts wegen eingeholt. In der Schwebezeit bis zu ihrer Erteilung oder Verweigerung sind nur diejenigen Maßnahmen zur Strafverfolgung zulässig, die durch Gefahr im Verzug geboten sind. Zuständig für die Erteilung ist der Bundesminister der Justiz (also nicht die Bundesregierung als Kollegialorgan). Diese Kompetenzzuweisung findet ihre Rechtfertigung in der Eilbedürftigkeit, die bei den uU knappen Fristen in Haftsachen (vgl § 130 StPO) eine förmliche Befassung des Kabinetts verbietet (BT-Drucks. 14/8893, 9; MK-*Schäfer* Rn 23).

2. Die Ermächtigung kann gem. **Abs. 1 S. 4** sowohl für den konkreten Einzelfall als auch generell für künftige Taten erteilt werden, die sich auf eine bestimmte Vereinigung beziehen (krit. L-Kühl-*Heger* Rn 4). Eine bereits erteilte allgemeine Ermächtigung kann auch mit dem Ziel zurückgenommen werden, die Kontrolle in (späteren) Einzelfällen wieder zu ermöglichen (*Altvater* NStZ 2003, 179 [182]; aA SK-*Stein* Rn 6 unter Hinweis auf § 77 e iVm § 77 d I S. 3).

3. Auch wenn die Entscheidung über die Erteilung oder die Verweigerung der Ermächtigung einer gerichtlichen Nachprüfung entzogen ist (BT-Drucks. 14/8893, 9; *Altvater* NStZ 2003, 179 [182]; SK-*Stein* Rn 6 f), so hat der Gesetzgeber in **Abs. 1 S. 5** doch konkretisierende Hinweise aufgenommen, an denen sich die Ermessensbetätigung des Ministeriums auszurichten hat. Danach müssen die Bestrebungen der Vereinigung als **verwerflich** erscheinen, also einen erhöhten Grad der Missbilligung verdienen. Mit diesem Gebot einer umfassenden und wertenden Gesamtabwägung versucht das Gesetz jenes (weitere) Korrektiv zu schaffen, um der Gefahr einer uferlosen Ausdehnung deutschen Strafrechts entgegenwirken zu können. Insbesondere bietet sich dem Bundesjustizministerium so die Möglichkeit, die Beteiligung etwa an Befreiungsbewegungen von der Strafverfolgung auszunehmen, die sich – wenngleich gewaltsam – gegen staatliche Willkür in Form von Diktaturen oder Unrechtsregimen wenden (BT-Prot. 14/234, 23331 und 23333; *Ambos* ZIS 2016, 505, [511 f]; NK-*Ostendorf* Rn 12; MK-*Schäfer* Rn 24; krit. *Kress* JA 2005, 220 [228]; *Stein* GA 2005, 433 [457 f]). Dabei bleibt allerdings stets zu beachten, dass das bloße Ziel, völker- und menschenrechtlich anerkannte Positionen zu verteidigen, nicht ohne Weiteres auch die Befugnis zu einem gewaltsamen Vorgehen verleiht (BVerfG NStZ 2001, 187; BGH NJW 2000, 3079; S/S-*Sternberg-Lieben* Rn 8). Ein weiteres Problem wirft die Möglichkeit auf, dass sich außenpolitische Interessen durch Verfolgung oder Nichtverfolgung von Straftaten nach § 129 b I S. 1 steuern und unterstützen lassen (*Zöller* StV 2012, 364 [366]).

15 **IV. Abs. 2:** Mit der Regelung des Abs. 2, in der die Rechtsfolgen der § 73 d (erweiterter Verfall) und § 74 a (Dritteinziehung) für anwendbar erklärt werden, ermöglicht das Gesetz auch bei den Organisationsdelikten der §§ 129 und 129 a einen umfassenden Zugriff auf (möglicherweise) inkriminierte Vermögenswerte (BT-Drucks. 14/8893, 9; NK-*Ostendorf* Rn 11). Mit Blick auf den Schutzzweck des § 129 b, der ebenso wie der Erweiterte Verfall und die Dritteinziehung auf eine effektivere Bekämpfung der organisierten Kriminalität abzielt, ist dieser Schritt folgerichtig. Konsequent fortgesetzt werden diese Maßnahmen durch die Vorschrift des § 443 I S. 1 Nr. 1 StPO, die die Beschlagnahme des Vermögens des Beschuldigten zur Sicherung des Strafverfahrens ermöglicht. Als speziellere, nicht zwischen europäischen und außereuropäischen Vereinigungen differenzierende Regelung verdrängt § **30 b BtMG** die Vorschrift des § 129 b I (BT-Drucks. 14/8893, 9; LK-*Krauß* Rn 33; NK-*Ostendorf* Rn 12; S/S-*Sternberg-Lieben* Rn 10). **Abs. 2** hingegen bleibt auch in diesen Fällen (einer auf den unbefugten Vertrieb von Betäubungsmitteln gerichteten Vereinigung) anwendbar, da er sich im Gegensatz zu Abs. 1 ausdrücklich auf sämtliche kriminellen und terroristischen Vereinigungen erstreckt und § 30 b BtMG insofern keine weiterreichende, speziellere Regelung trifft (MK-*Schäfer* Rn 29; SK-*Stein* Rn 8).

16 **V. Sonstiges:** Weitere durch das 34. StrÄndG herbeigeführte **Folgeänderungen** enthalten die §§ 138 II Nr. 2, 139 III S. 1 Nr. 3, 261 I S. 2 Nr. 5. Auf strafprozessualer Ebene ist insbesondere die Ergänzung des § 153 c I S. 1 Nr. 3 StPO hervorzuheben (zu den weiteren Gesetzesänderungen, etwa des GVG, der StPO oder des StVollzG, vgl BGBl. 2002, 3390 f; BT-Drucks. 14/8893, 2 ff).

§ 130 Volksverhetzung

(1) Wer in einer Weise, die geeignet ist, den öffentlichen Frieden zu stören,
1. gegen eine nationale, rassische, religiöse oder durch ihre ethnische Herkunft bestimmte Gruppe, gegen Teile der Bevölkerung oder gegen einen Einzelnen wegen seiner Zugehörigkeit zu einer vorbezeichneten Gruppe oder zu einem Teil der Bevölkerung zum Hass aufstachelt, zu Gewalt- oder Willkürmaßnahmen auffordert oder
2. die Menschenwürde anderer dadurch angreift, dass er eine vorbezeichnete Gruppe, Teile der Bevölkerung oder einen Einzelnen wegen seiner Zugehö-

rigkeit zu einer vorbezeichneten Gruppe oder zu einem Teil der Bevölkerung beschimpft, böswillig verächtlich macht oder verleumdet,

wird mit Freiheitsstrafe von drei Monaten bis zu fünf Jahren bestraft.

(2) Mit Freiheitsstrafe bis zu drei Jahren oder mit Geldstrafe wird bestraft, wer
1. eine Schrift (§ 11 Absatz 3) verbreitet oder der Öffentlichkeit zugänglich macht oder einer Person unter achtzehn Jahren eine Schrift (§ 11 Absatz 3) anbietet, überlässt oder zugänglich macht, die
   a) zum Hass gegen eine in Absatz 1 Nummer 1 bezeichnete Gruppe, gegen Teile der Bevölkerung oder gegen einen Einzelnen wegen seiner Zugehörigkeit zu einer in Absatz 1 Nummer 1 bezeichneten Gruppe oder zu einem Teil der Bevölkerung aufstachelt,
   b) zu Gewalt- oder Willkürmaßnahmen gegen in Buchstabe a genannte Personen oder Personenmehrheiten auffordert oder
   c) die Menschenwürde von in Buchstabe a genannten Personen oder Personenmehrheiten dadurch angreift, dass diese beschimpft, böswillig verächtlich gemacht oder verleumdet werden,
2. einen in Nummer 1 Buchstabe a bis c bezeichneten Inhalt mittels Rundfunk oder Telemedien einer Person unter achtzehn Jahren oder der Öffentlichkeit zugänglich macht oder
3. eine Schrift (§ 11 Absatz 3) des in Nummer 1 Buchstabe a bis c bezeichneten Inhalts herstellt, bezieht, liefert, vorrätig hält, anbietet, bewirbt oder es unternimmt, diese Schrift ein- oder auszuführen, um sie oder aus ihr gewonnene Stücke im Sinne der Nummer 1 oder Nummer 2 zu verwenden oder einer anderen Person eine solche Verwendung zu ermöglichen.

(3) Mit Freiheitsstrafe bis zu fünf Jahren oder mit Geldstrafe wird bestraft, wer eine unter der Herrschaft des Nationalsozialismus begangene Handlung der in § 6 Abs. 1 des Völkerstrafgesetzbuches bezeichneten Art in einer Weise, die geeignet ist, den öffentlichen Frieden zu stören, öffentlich oder in einer Versammlung billigt, leugnet oder verharmlost.

(4) Mit Freiheitsstrafe bis zu drei Jahren oder mit Geldstrafe wird bestraft, wer öffentlich oder in einer Versammlung den öffentlichen Frieden in einer die Würde der Opfer verletzenden Weise dadurch stört, dass er die nationalsozialistische Gewalt- und Willkürherrschaft billigt, verherrlicht oder rechtfertigt.

(5) ¹Absatz 2 Nummer 1 und 3 gilt auch für eine Schrift (§ 11 Absatz 3) des in den Absätzen 3 und 4 bezeichneten Inhalts. ²Nach Absatz 2 Nummer 2 wird auch bestraft, wer einen in den Absätzen 3 und 4 bezeichneten Inhalt mittels Rundfunk oder Telemedien einer Person unter achtzehn Jahren oder der Öffentlichkeit zugänglich macht.

(6) In den Fällen des Absatzes 2 Nummer 1 und 2, auch in Verbindung mit Absatz 5, ist der Versuch strafbar.

(7) In den Fällen des Absatzes 2, auch in Verbindung mit Absatz 5, und in den Fällen der Absätze 3 und 4 gilt § 86 Abs. 3 entsprechend.

I. Die zum 21.1.2015 zuletzt geänderte Vorschrift (BGBl. I, 10 [11] v.) **schützt** in **Abs. 1** neben dem **öffentlichen Frieden** (BGH NStZ 1994, 140; OLG Celle JR 1998, 79; *Brugger* Lampe-FS 383 [395]; ausf. *v. Dewitz*, NS-Gedankengut und Strafrecht, 2006, 171 ff; restr. *Kargl* Jura 2001, 176 [181 f]; zum Begriff des „öffentlichen Friedens" vgl § 126 Rn 1) auch die **Menschenwürde**. Dies gilt nach hM nicht nur für die Tatvariante nach **Nr. 2** (hierzu NK-*Ostendorf* Rn 4; MK- 1

Schäfer Rn 3, jew. mwN; aA OLG München NJW 1985, 2430 [2431]; S/S-*Sternberg-Lieben* Rn 1 a), sondern (jedenfalls mittelbar) auch für die Tatvariante nach **Nr. 1** (*Fischer* Rn 2; LK-*Krauß* Rn 8; HKGS-*Rössner/Krupna* Rn 1; aA *Reichard*, Die Behandlung fremdenfeindlicher Straftaten im deutschen Strafrecht, 2009, 104 ff; SK-*Stein/Rudolphi* Rn 1 e).

2 **Abs. 2** verzichtet auf die Eignung zur Friedensstörung und nimmt daher mit dem Schutz auch ausländischer Bevölkerungsgruppen eine „globale Dimension" an; er kann als allgemeiner Anti-Diskriminierungstatbestand verstanden werden (*König/Seitz* NStZ 1995, 1 [3]; MK-*Schäfer* Rn 5; krit. *Foerstner*, Kollektivbeleidigung, Volksverhetzung und „lex Tucholsky", 2002, 194 ff).

3 **Abs. 3** wiederum, der ebenso wie Abs. 1 als abstraktes (potenzielles) Gefährdungsdelikt ausgestaltet ist, soll vor einer „Vergiftung des politischen Klimas" schützen und dient damit gleichermaßen der Bewahrung des öffentlichen Friedens (BT-Drucks. 12/8588, 8; BGHSt 46, 36 [40]; 47, 278 [280] mit insoweit abl. Anm. *Brugger* JA 2006, 687 [691]; vgl auch *Junge*, Das Schutzgut des § 130, 2000, 118 ff; SK-*Stein/Rudolphi* Rn 1 f; *Schubert*, Verbotene Worte?, 2005, 238 ff; zur Diskussion um die Menschenwürde als [mittelbar] geschütztem Rechtsgut vgl *Leukert*, Die strafrechtliche Erfassung des Auschwitzleugnens, 2005, 90 ff; NK-*Ostendorf* Rn 4).

4 Vergleichbare Schutzgutüberlegungen gelten auch für **Abs. 4**, durch den der Gesetzgeber – einhergehend mit einer Verschärfung des Versammlungsrechts – eine noch effektivere Bekämpfung nationalsozialistischer Umtriebe anstrebt (vgl BT-Drucks. 15/5051, 5; BVerfG NJW 2005, 3204 f; NK-*Ostendorf* Rn 3; krit. *Bertram* NJW 2005, 1476 [1478]; *Stegbauer* NStZ 2005, 677 [682 f]). Über den bereits in Abs. 3 gewährten Schutz hinaus wird dabei jedwede, die Würde der Opfer verletzende Verherrlichung der nationalsozialistischen Gewalt- und Willkürherrschaft unter Strafe gestellt, so dass Abs. 4 infolgedessen nicht nur dem öffentlichen Frieden, sondern gleichermaßen auch dem Schutz der Menschenwürde dient. Im Unterschied zu den vorangehenden Absätzen ist Abs. 4 allerdings nicht als (abstrakter) Gefährdungstatbestand, sondern als **echtes Erfolgsdelikt** ausgestaltet (vgl BT-Drucks. 15/5051, 5 und 6; BVerfG NJW 2005, 3202 [3203]; OLG Rostock StraFo 2007, 515; *Poscher* NJW 2005, 1316 [1318]). Demnach muss eine Friedensstörung tatsächlich eintreten. Als Indizien hierfür werden Empörung in der Öffentlichkeit, Presseberichte oder eine Vielzahl von Strafanzeigen genannt (OLG Rostock StraFo 2007, 515; NK-*Ostendorf* Rn 36; krit. SK-*Stein/Rudolphi* Rn 32, die solche Reaktionen auch zur Erstickung volksverhetzender Tendenzen für möglich halten, ohne dass eine Störung des öffentlichen Friedens stattgefunden hat).

5 § 130 ist insgesamt als ein Delikt gegen die Menschlichkeit konzipiert und untersagt iSe Vorfeldschutzes stark diffamierende Äußerungen, die geeignet sind, aggressive Tendenzen gegenüber Minderheiten zu verstärken und deren Anspruch auf eine menschenwürdige Behandlung zu vereiteln (OLG Frankfurt JR 1989, 516 [519]; *Brugger* Lampe-FS 383 [395]; Rspr-Übersicht bei *Stegbauer* JR 2004, 281 ff, *ders.* NStZ 2005, 677 [679 ff]; *ders.* NStZ 2010, 129 [132 ff]; krit. NK-*Ostendorf* Rn 8). Bei der Auslegung der einzelnen Tatbestandsmerkmale ist stets das Spannungsverhältnis zur Kommunikations-, Kunst- und Wissenschaftsfreiheit **des Art. 5 GG** zu beachten, die als entgegenstehende Grundrechte einen der Wechselwirkung gerecht werdenden Abwägungsprozess gebieten (vgl nur BVerfGE 7, 198 [207 ff]; BVerfG NJW 2008, 2907 [2908] m. Bspr *Hufen* JuS 2009, 458 ff; BGH NStZ-RR 2006, 305; LK-*Krauß* Rn 22; S/S/W-*Lohse* Rn 4;

v. Dewitz, NS-Gedankengut und Strafrecht, 2006, 208 ff). Dabei genießen Meinungen den Schutz des Art. 5 I S. 1 GG ohne Rücksicht auf ihre Begründetheit, Werthaltigkeit oder Richtigkeit; sie verlieren ihren Schutz auch dann nicht, wenn sie scharf und überzogen geäußert werden (BVerfG NJW 2010, 2193 [2194] mwN zu der Aussage: Ausländerrückführung – Für ein lebenswertes deutsches Augsburg; Bspr *Muckel*, JA 2010, 913 ff). Geschützt sind daher in den Schranken des Art. 5 II GG auch rechtsextrimistische Meinungen (BVerfG NJW 2010, 2193 [2194] mwN; Bspr *Muckel*, JA 2010, 913 ff; zu rechtsextremistischer Musik *Soiné* JuS 2004, 382 [385]); das StGB stellt nicht schon ausländerfeindliche Aussagen an sich unter Strafe (BVerfG NJW 2010, 2193 [2194] mwN). Es ist jedoch zu beachten, dass die Menschenwürde im Verhältnis zur Meinungsfreiheit nicht abwägungsfähig ist (vgl BVerfGE 93, 266 [293]), so dass die Belange der Meinungsfreiheit nach Bejahung der tatbestandlichen Voraussetzungen des § 130 I Nr. 2 nicht mehr berücksichtigt werden können (BVerfG NJW 2008, 2907 [2909]; NJW 2009, 3503 f m.Anm. *Muckel* JA 2010, 234 f zum NPD-Wahlplakat „Polen-Invasion stoppen"). Zudem muss das Religionsgrundrecht aus Art. 4 I GG berücksichtigt werden. Dieses schützt ebenso wie die Meinungsfreiheit auch fundamentalistische oder extremistische religiöse Bekenntnisse (OLG Stuttgart NJW-Spezial 2011, 506).

II. Der objektive Tatbestand des Abs. 1 stellt das Aufstacheln zum Hass, die Aufforderung zu Gewalt- und Willkürmaßnahmen (Nr. 1) sowie besonders massive Schmähungen (Nr. 2) unter Strafe, wobei sich alle in Nr. 1 und 2 genannten Tathandlungen gegen Teile der Bevölkerung oder die dort genannten Gruppen richten und zur Friedensstörung geeignet sein müssen. 6

1. Durch die zum 22.3.2011 in Kraft getretene Änderung des § 130 zur Umsetzung des Rahmenbeschlusses der Europäischen Union 2008/913/JI (ABl.EU 2008 Nr. L 328/55; dazu *Bock* ZRP 2011, 46 ff; *Hellmann/Gärtner* NJW 2011, 961 ff) wurde das geschützte Angriffsobjekt –**Teile der Bevölkerung** – dahin gehend erweitert, dass nunmehr alle nationalen, rassischen, religiösen oder durch ihre ethnische Herkunft bestimmten **Gruppen** als auch zu diesen Gruppen gehörende Einzelpersonen dem Schutz der Abs. 1 (Nr. 1 und Nr. 2) und 2 unterfallen. Dies erweitert den bisherigen Tatbestand insofern, als nach der alten Fassung Einzelpersonen grds. nur eingeschränkt geschützt wurden (BR-Drucks. 495/10 S. 3 f; vgl zur alten Rechtslage *Foerstner*, Kollektivbeleidigung, Volksverhetzung und „lex Tucholsky", 2002, 172). Im Hinblick auf den Schutz der Einzelpersonen ist jedoch zu beachten, dass der Einzelne „wegen seiner Zugehörigkeit" zu den genannten Gruppen angegriffen werden muss; diesbezüglich bleibt die „Gruppenbezogenheit" des Tatbestandes erhalten (vgl dazu *Hellmann/Gärtner* NJW 2011, 961 [963 f]). 7

Unter Teilen der Bevölkerung sind alle inländischen Minderheiten zu verstehen, die sich durch ein bestimmtes Merkmal – sei es politischer, religiöser, weltanschaulicher, wirtschaftlicher, sozialer oder auch beruflicher Art – von der Gesamtbevölkerung unterscheiden und damit als äußerlich erkennbare Einheit, als „umrandetes Feindbild", abgrenzbar sind (BGH HRRS 2008, Nr. 458; OLG Stuttgart NStZ 2010, 453 [454]; LK-*Krauß* Rn 26 ff; zur Tatbestandsmäßigkeit der Volksverhetzung gegen Deutsche *Mitsch* JR 2011, 380). Stets ist dabei eine gewisse – im Einzelfall häufig schwierig zu ermittelnde – zahlenmäßige Erheblichkeit und Bedeutung der jeweiligen Gruppe im Leben des Volkes erforderlich (OLG Braunschweig StraFo 2007, 212; OLG Stuttgart NJW-Spezial 2011, 506; MK-*Schäfer* Rn 30; abl. NK-*Ostendorf* Rn 19). Als Beispiele dienen etwa „die

Katholiken, die Juden, die Zigeuner oder die Neger, aber auch die Soldaten der Bundeswehr und die Asylbewerber" (BGHSt 16, 49 [56]; BGH NStZ 2007, 216 [217]; aA bei Bundeswehrsoldaten *Streng* Lackner-FS 501 [523]). Eine Diffamierung von Einzelpersonen wurde vom Schutzbereich des § 130 bisher nur erfasst, wenn dadurch zugleich eine bestimmte Personenmehrheit angegriffen wurde (vgl OLG Stuttgart NStZ 2010, 453 [454]).

8   2. Weiterhin wird für alle der in Abs. 1 Nr. 1 und 2 genannten Tathandlungen deren (konkrete) **Eignung zur Friedensstörung** verlangt (NK-*Ostendorf* Rn 16 f; vgl auch § 126 Rn 1, 6). Wegen dieser Eignungsklausel, die als ausfüllungsbedürftiges Tatbestandsmerkmal dem Richter einen gewissen Beurteilungsspielraum einräumt, handelt es sich bei Abs. 1 um ein sog. **Eignungs-** oder auch **potenzielles Gefährdungsdelikt** (vgl BGHSt 46, 212 [218]; BGH NStZ 2007, 216 [217]; zur Auslegung der jeweiligen Äußerung vgl S/S/W-*Lohse* Rn 14).

9   3. Zum **Hass aufstacheln** (Abs. 1 Nr. 1) bedeutet, nachhaltig auf Sinn und Gefühle anderer mit dem Ziel einzuwirken, eine über die bloße Ablehnung und Verachtung hinausgehende feindselige Haltung gegen die betreffenden Bevölkerungsteile bzw Einzelpersonen zu erzeugen oder zu steigern (BVerfG NJW 2003, 660 [662]; BGHSt 40, 97 [102]; 46, 212 [217]; MK-*Schäfer* Rn 40 ff). Auslegungskriterium dafür ist die Sicht eines objektiven Durchschnittsempfängers, der das Verhalten als objektiv geeignet und subjektiv bestimmt empfindet, auf ihn entsprechend einzuwirken (HKGS-*Rössner/Krupna* Rn 5). Nicht von Abs. 1 Nr. 1 erfasst werden nach hM Lokalschilder, auf denen etwa Gastarbeitern der Zutritt verwehrt wird, da sie zwar Ablehnung enthielten, aber nicht auf das Schüren von Feindschaft gerichtet seien (SK-*Stein/Rudolphi* Rn 4 b).

10 Der Begriff des **Aufforderns** ist dem des § 111 entlehnt, so dass § 130 I Nr. 1 bei bloßen Unmutsäußerungen nicht zur Anwendung gelangt. Erhebliche Probleme bereiten in diesem Zusammenhang vor allem fremdenfeindliche Parolen – etwa „Ausländer/Türken usw raus" –, denen trotz ihres provozierenden Inhalts der Aufforderungscharakter fehlen kann (BGHSt 32, 310 [313]: § 130 verneinend; OLG Brandenburg NJW 2002, 1440 [1441]: § 130 bej.; *Streng* Lackner-FS 501 [519 f]; vgl § 111 Rn 3 f).

11 Mit **Gewalt- und Willkürmaßnahmen** sind Gewalttätigkeiten oder Akte der Diskriminierung gemeint, wobei im Unterschied zu § 234 a auch Privataktionen ohne staatliche Beteiligung – wie etwa Pogrome – erfasst werden (NK-*Ostendorf* Rn 12 mwN). Im Gegensatz zu den in Nr. 2 bezeichneten Handlungen setzt Abs. 1 Nr. 1 einen Angriff gegen die Menschenwürde nicht (unmittelbar) voraus (vgl Rn 1).

12 4. Bei den in Abs. 1 Nr. 2 vorausgesetzten Begehungsformen des Beschimpfens, böswillig (Rn 29) Verächtlichmachens oder Verleumdens ist generell ein besonderes Maß an Gehässigkeit und Rohheit oder eine besonders gehässige Ausdrucksweise erforderlich. Die einfache Kundgabe der Missachtung reicht mithin nicht aus (*Lohse* NJW 1985, 1677 [1680]; MK-*Schäfer* Rn 51 ff). Umgekehrt führt diese enge Umschreibung der Tathandlungen dazu, dass sich der Täter nicht darauf berufen kann, in Wahrnehmung berechtigter Interessen gehandelt zu haben (S/S-*Sternberg-Lieben* Rn 26). Ein **Beschimpfen** ist die nach Form oder Inhalt besonders verletzende Missachtenskundgabe (BGHSt 7, 110; 46, 212 [216]; LK-*Krauß* Rn 47), das **Verächtlichmachen** meint jede Äußerung, die den jeweiligen Bevölkerungsteil oder eine Einzelperson als der Achtung der Bürger unwert und unwürdig darstellt (BGHSt 3, 346 [348]; BGH NStZ-RR 2006, 305 [306]; MK-

Schäfer Rn 52; enger *Kargl* Jura 2001, 176 [177]). Der Begriff der **Verleumdung** schließlich setzt voraus, dass der Täter wider besseres Wissen unwahre Tatsachenbehauptungen aufstellt, die das Ansehen der betroffenen Gruppe herabwürdigen (SK-*Stein/Rudolphi* Rn 6).

Das Merkmal des **Angriffs auf die Menschenwürde** beschränkt die Tatbestandserfüllung auf solche Fälle, die über die Beeinträchtigung nur einzelner Persönlichkeitsrechte hinausgehen und den Betroffenen im Kernbereich seiner Persönlichkeit berühren. Der Täter muss dem Angegriffenen das Lebensrecht als gleichwertiges Mitglied der staatlichen Gemeinschaft bestreiten und ihn unter Leugnung des fundamentalen Wert- und Achtungsanspruchs als unterwertiges Wesen behandeln (BGHSt 19, 63 [64 ff]; 36, 83 [90]; OLG Frankfurt NStZ-RR 2000, 368 f; NK-*Ostendorf* Rn 15; krit. *Lohse* NJW 1985, 1677 [1678 f]). Einschlägig sind etwa die Behauptung, „die Juden seien Untermenschen", die Forderung, „alle in Deutschland lebenden Negermischlinge zu vergasen" oder schließlich die Gleichstellung von Asylbewerbern mit Schweinekot (vgl BGHSt 16, 49 [56]; 21, 371 [372 f]). Neben diesen als menschenverachtende Angriffe anerkannten Konstellationen stellen sich im Einzelfall erhebliche Abgrenzungsschwierigkeiten, wobei vor allem die entgegenstehenden Grundrechte des Art. 5 GG eine (restriktive) Abwägung gebieten (vgl BVerfG NJW 2009, 3503 f m.Anm. *Muckel* JA 2010, 234 f und OLG München NStZ 2011, 41 f). Als äußerst problematisch erweist sich etwa die verletzende „Kritik" gegenüber Bundeswehrsoldaten, die diese als potenzielle oder bezahlte Mörder attackiert (BVerfG NJW 1994, 2943 f; NK-*Ostendorf* Rn 15; *Streng* Lackner-FS 501 [523 f]). Gleichermaßen umstritten ist, ob Verbotsschilder an Lokalen, die bestimmten Bevölkerungsgruppen den Zutritt verwehren und die betroffenen Personen damit iSd Abs. 1 Nr. 2 beschimpfen bzw böswillig verächtlich machen, einen Angriff auf die Menschenwürde enthalten (verneinend OLG Frankfurt NJW 1985, 1720 f; *Fischer* Rn 12 b; SK-*Stein/Rudolphi* Rn 7 b; bej. *Blau* JR 1986, 82 ff; *Geilen* LdR 1168 [1173]; *Lohse* NJW 1985, 1677 ff; diff. LK-*Krauß* Rn 61).

5. Bei den in Abs. 1 bezeichneten Begehungsformen handelt es sich mit Ausnahme der Verleumdung um **persönliche Äußerungsdelikte**, die eine eigene, nach außen in Erscheinung tretende Stellungnahme des Täters voraussetzen. Bei der Wiedergabe fremder Überzeugungen liegt nur dann ein tatbestandsmäßiges Verhalten vor, wenn sich der Täter mit dem übernommenen Inhalt identifiziert und objektiv erkennbar die eigene Missachtung zum Ausdruck bringt (S/S-*Sternberg-Lieben* Rn 5 d). Bloße Verbreitungshandlungen wie etwa Presseveröffentlichungen, in denen sich der verantwortliche Redakteur nicht eindeutig von den Wertungen des Urhebers distanziert, begründen mithin keine, erst noch zu widerlegende Täterschaftsvermutung (iSd Abs. 1). Allerdings kommen in diesen Fällen eine Beihilfe zu fremder Äußerungstat, eine Strafbarkeit nach Abs. 2 und ggf eine presserechtliche Verantwortlichkeit in Betracht (LK-*Krauß* Rn 37; aA OLG Koblenz StV 1985, 15 [16]; vgl aber auch § 111 Rn 18).

III. Abs. 2 enthält ein Herstellungs- und Verbreitungsverbot für die im Gesetz abschließend bezeichneten Darstellungen, wobei Abs. 2 Nr. 1 d den strafrechtlichen Schutz auch auf spezifische Vorbereitungshandlungen ausdehnt. Als sog. Schriftenverbreitungstatbestand (allgemeiner Anti-Diskriminierungstatbestand S/S/W-*Lohse* Rn 22), der gerade keine eigene Identifikation des Täters mit dem Inhalt der inkriminierten Schriften voraussetzt, erfüllt Abs. 2 eine **Auffangfunktion** gegenüber den persönlichen Äußerungsdelikten des Abs. 1 und erlangt damit Bedeutung vor allem für Zeitungs-, Zeitschriften- und Rundfunkredakteure (vgl

Beisel NJW 1995, 997 [999]; LK-*Krauß* Rn 73; NK-*Ostendorf* Rn 23). Durch den Verzicht auf das Merkmal der Eignung zur Friedensstörung umfasst die Vorschrift nicht nur inländische Bevölkerungsteile, sondern auch lediglich im Ausland lebende Gruppen und reicht insoweit über den Schutz des Abs. 1 hinaus (*König/Seitz* NStZ 1995, 1 [3]; MK-*Schäfer* Rn 62; krit. *Fischer* Rn 15 ff). Nach Abs. 2 strafbar ist damit zB das Verbreiten einer allein gegen den Staat Israel gerichteten Schrift, während Abs. 1 nur eingreift, wenn der Täter gleichzeitig auch gegen das inländische Judentum vorgeht.

16 Bei der Auslegung von **Schriften** und diesen durch § 11 III gleichgestellten Darstellungen ist stets auf einen verständigen Durchschnittsleser abzustellen; maßgebend ist nicht das, was der Äußernde zum Ausdruck bringen wollte, sondern was er bei objektiver Würdigung zum Ausdruck gebracht hat (BayObLG JR 1994, 471; MK-*Schäfer* Rn 69). Auch vorkonstitutionelle Schriften können dem Tatbestand unterfallen (OLG Celle JR 1998, 79 m.Anm. *Popp*). Durch **Abs. 5** werden Schriften, welche die nationalsozialistischen Gewaltverbrechen gutheißen bzw verherrlichen (**Abs. 3 und 4**), denen des Abs. 2 gleichgestellt.

17 Das 49. Strafrechtsänderungsgesetz brachte eine Neuordnung des Abs. 2, wobei sich inhaltlich nichts änderte. Die **Verbreitungshandlungen** des bisherigen Abs. 2 Nr. 1, die denen des § 184 I Nr. 1 entsprechen, sind nun unter dem Oberbegriff des „Öffentlich-Zugänglichmachens" zusammengefasst; zur Frage des Tatortes bei der Volksverhetzung im Internet vgl BGHSt 46, 212 [220 ff] m.Anm. *Hörnle* NStZ 2001, 309 ff). Ein **Verbreiten** liegt vor, wenn der Täter die Schrift einem größeren Personenkreis ihrer Substanz nach körperlich zugänglich macht. Dieser Personenkreis muss dabei nach Zahl und Individualität so groß sein, dass er für den Täter nicht mehr kontrollierbar ist (BVerfG NJW 2012, 1497 [1500]; BGH NJW 2005, 689 [690] m.Anm. *Stegbauer* NJ 2005, 225; OLG Jena NStZ 2004, 628 [629 f]; zur Unterscheidung zwischen Ketten- und Mengenverbreitung vgl § 111 Rn 10). Öffentlich zugänglich gemacht sind Schriften, wenn die Möglichkeit der Wahrnehmung durch unbestimmt viele Personen besteht (*Fischer*, § 74 d, Rn 6). Beide Tathandlungen bereiten insbesondere im Rahmen von Teledienstangeboten erhebliche Probleme, etwa bei der Frage eines Zugänglichmachens durch die Verwendung von Hyperlinks auf der eigenen Internetseite (vgl AG Stuttgart CR 2005, 69 f m. abl. Anm. *Neumann* und *Kaufmann/Köcher* MMR 2005, 335 f; LG Stuttgart CR 2005, 675 f m. zust. Anm. *Kaufmann* und iE zust. Anm. *Köcher* MMR 2005, 717 f; *Hörnle* NJW 2002, 1008 [1010]).

18 Nach **Abs. 2 Nr. 2** gilt das Verbot der Nr. 1 auch für Darbietungen durch Rundfunkoder Telemedien, wobei die Vorschrift vor allem bei Live-Sendungen Bedeutung erlangt, da alle anderen Sendungen bereits von Nr. 1 erfasst werden (BT-Drucks. VI/3521, 8). Keine Anwendung findet die Gleichstellung hingegen zB bei Live-Aufführungen im Theater (LK-*Krauß* § 131 Rn 41; NK-*Ostendorf* Rn 20; krit. SK-*Stein/Rudolphi* Rn 17). Im Gegensatz zum bisherigen Abs. 2 Nr. 2 kommt es nun nicht mehr auf ein Verbreiten an. Vielmehr reicht ein der Öffentlichkeit Zugänglichmachen aus.

19 **Abs. 2 Nr. 3** umfasst Vorbereitungshandlungen zum Verbreiten und Zugänglichmachen volksverhetzender Schriften.

20 **IV.** Der durch die Gesetzesänderung von 2015 nicht berührte **Abs. 3** (krit. dazu *Bock* ZRP 2011, 46 [47 f]; zust. *Hellmann/Gärtner* NJW 2011, 961 [964 ff]) erfasst die sog. Auschwitzlüge, wobei nach der ausdrücklichen Absicht des Reformgesetzgebers nun neben der sog. „qualifizierten" (der NS Völkermord wird

mit dem Motiv angeblicher Erpressung verbunden) auch die „nur einfache" Auschwitzlüge (bloßes Leugnen des NS-Völkermordes) tatbestandsmäßig sein soll (BT-Drucks. 12/7421, 3 f; 12/8588, 8; BR-Drucks. 534/94, 10; LK-*Krauß* Rn 102; *Stegbauer* NStZ 2000, 281 [282]; zum alten Recht vgl BGHSt 40, 97 [100]; kriminalpolitische Bedenken erhebt *Schubert*, Verbotene Worte?, 2005, 217 ff und 226 ff; vgl auch *Gruber*, Die Lüge des Beschuldigten im Strafverfahren, 2008, 192 ff). Abs. 3 umfasst aber auch die Leugnung von Genoziden an Sinti, Roma und anderen, solange es sich um Massentötungen handelt, die unter § 6 des Völkerstrafgesetzbuches fallen (vgl *Geilen* Herzberg-FS 593 [594]).

1. Tatbestandsmäßig handelt bereits derjenige, der in friedensstörender Weise die 21 Völkermordhandlungen des Nationalsozialismus öffentlich billigt usw, auch wenn er sich nicht gleichzeitig und zusätzlich in qualifizierender Weise mit der nationalsozialistischen Ideologie identifiziert oder den durch sie Verfolgten – etwa durch den Vorwurf der Erpressung – elementare Persönlichkeitsrechte abspricht (*Baumann* NStZ 1994, 392 f; *Frommel* KJ 1995, 402 [407 ff]; zum Problem der Legitimation des Gesetzgebers *Beisel* NJW 1995, 997 [1000 f]; *Huster* NJW 1996, 487 ff).

2. **Billigen** bedeutet das ausdrückliche oder konkludente „Gutheißen" einer der 22 in § 6 VStGB genannten Taten (BGHSt 22, 282 [286 f]; S/S-*Sternberg-Lieben* Rn 18; zur Rechtfertigung der tatbestandlichen Reduktion auf nationalsozialistische Verbrechen *v. Dewitz*, NS-Gedankengut und Strafrecht, 2006, 208 ff und 218 f). Dem objektiv zu ermittelnden, aus sich selbst heraus verständlichen Sinngehalt der Äußerung müssen eine positive Parteinahme und damit Elemente der Solidarisierung und Sympathisierung zugrunde liegen. **Verharmlosen** ist jedes Bagatellisieren des Unwertes – selbst in nur quantitativer Hinsicht –, der Gefährlichkeit oder der Folgen der Genozidhandlungen (BGHSt 46, 36 [40]; BGH NJW 2005, 689 [690] m.Anm. *Stegbauer* NJ 2005, 225 f: Relativierung durch Herunterspielen der Opferzahlen; OLG Koblenz NJW 1986, 1700 f; vgl auch *Wandres*, Die Strafbarkeit des Auschwitzleugnens, 2000, 230 ff und 245 ff; krit. *Bertram* NJW 2005, 1476 [1477]). Das **Leugnen** umfasst das Bestreiten auch nur einer der – als offenkundige geschichtliche Tatsache anerkannten – Katalogtaten (*Beisel* NJW 1995, 997 [1000]; *Fischer* Rn 23 mwN). Ein solches Inabredestellen bleibt selbst dann tatbestandsmäßig, wenn der Täter den NS-Völkermord gleichzeitig als verwerflich und verabscheuungswürdig zurückweist (S/S-*Sternberg-Lieben* Rn 19; zur Abstufung der drei Deliktsformen aufgrund ihres unterschiedlichen Unrechtsgehalts vgl BGHSt 47, 278 [281]; BGH NJW 2000, 2217 [2220]; teilweise wird angenommen, dass ein bloßes Infragestellen der Tatsachen nicht tatbestandsmäßig sei, S/S/W-*Lohse* Rn 34).

3. Die Tathandlungen des Abs. 3 müssen entweder **öffentlich** (§ 111 Rn 8) oder 23 in einer **Versammlung** (§ 111 Rn 9) erfolgen.

4. Die Handlungen müssen dazu **geeignet** sein, den öffentlichen **Frieden zu stö-** 24 **ren**. Maßgebliche Bedeutung misst die Rspr hierbei neben dem Inhalt und der Intensität des Angriffs insbesondere der Resonanz in der Öffentlichkeit bei. Indizien können etwa eine Vielzahl von Leserbriefen, Hilfeersuchen an die Polizei, Presseberichten, Strafanzeigen oder sonstiger Gegenaktivitäten sein, in denen sich Empörung und Beunruhigung der Bevölkerung niederschlagen (vgl BGHSt 46, 36 [42 f]; 47, 278 [282]; MK-*Schäfer* Rn 24 ff; krit. *Stegbauer* NJ 2005, 225 [226]; s. auch § 126 Rn 1 und 6).

25　5. Bei allen drei Begehungsformen des Abs. 3 handelt es sich – wie bei Abs. 1 (Rn 14) – um **persönliche Äußerungsdelikte**. Aufgrund der Gleichstellung des Abs. 5 kommt allerdings auch insoweit die Regelung des Abs. 2 (iVm Abs. 3 und 5) als Auffangtatbestand in Betracht.

26　V. Der neugeschaffene und als echtes Erfolgsdelikt ausgestaltete **Abs. 4** setzt voraus, dass der Täter die nationalsozialistische Gewalt- oder Willkürherrschaft billigt, verherrlicht oder rechtfertigt. Für alle drei Handlungsvarianten gilt dabei, dass nicht jede Verherrlichung nationalsozialistischer Anschauungen, sondern nur solche Handlungen erfasst werden, welche die unter der NS-Herrschaft verübten Menschenrechtsverletzungen billigen und gerade dadurch den Achtungsanspruch der Opfer angreifen (BGH NJW 2005, 3223 [3225] m.Anm. *Steinmetz* NStZ 2006, 337 [338]). Im Einzelfall kann allerdings die Grenzziehung zwischen strafloser Anpreisung „nur" der NS-Regierungszeit (ohne Bezug zu Gewalt- und Willkürmaßnahmen) und strafbarer Verherrlichung gerade der NS-Unrechtsdoktrin Schwierigkeiten bereiten (*Fischer* Rn 34; NK-*Ostendorf* Rn 30). Die Vorschrift ist nach Auffassung des BVerfG mit Art. 5 und Art. 2 GG vereinbar (BVerfGE 124, 300 ff m.Anm. *Degenhart* JZ 2010, 306 ff; *Muckel* JA 2010, 236 ff; *Hörnle* JZ 2010, 310 ff; *Wüstenberg* HRRS 2010, 471 ff), auch wenn sie kein allgemeines Gesetz iSv Art. 5 II GG darstellt, sondern sich gezielt gegen Äußerungen innerhalb einer Meinung richtet und damit strafrechtliches „Sonderrecht" darstellt (zust. *Fischer* Puppe-FS 1119 [1123 f]).

27　1. Für das **Billigen** soll nach der ausdrücklichen Vorgabe des Gesetzgebers nicht nur die vorbehaltlose Zustimmung, sondern bereits eine solche Äußerung genügen, durch die die schwerwiegenden Verbrechen, die das NS-Regime maßgeblich charakterisieren, als zwar bedauerlich, aber unvermeidbar hingestellt werden. Dabei muss sich der Täter nicht auf eine konkrete Tat beziehen. Ausreichend ist vielmehr, wenn er konkludent – etwa durch Werturteile über verantwortliche (Führungs-)Personen – eine positive Einschätzung der unter der NS-Herrschaft begangenen Menschenrechtsverletzungen abgibt (BT-Drucks. 15/5051, 5; vgl auch *Fischer* Rn 34; *Poscher* NJW 2005, 1316 [1318]; SK-*Stein/Rudolphi* Rn 30). Der Begriff des **Verherrlichens** erfasst das Berühmen der NS-Gewalt- und Willkürherrschaft als etwas Großartiges, Imponierendes oder Heldenhaftes. Neben der direkten Glorifizierung der Unrechtshandlungen genügt es, wenn der Täter seine Darstellung in einen positiven Bewertungszusammenhang einfügt, etwa indem er einen Verantwortungsträger oder eine Symbolfigur des NS-Regimes anpreist oder in besonderer Weise hervorhebt (BT-Drucks. 15/5051, 5; NK-*Ostendorf* Rn 33). Die Tathandlung des **Rechtfertigens** bezeichnet das Verteidigen der die NS-Herrschaft kennzeichnenden Menschenrechtsverletzungen als notwendige Maßnahmen. Dies kann bereits dadurch geschehen, dass die Handlungsweise eines für die Menschenrechtsverletzungen maßgeblich Verantwortlichen als richtig oder gerechtfertigt dargestellt wird.

28　2. Auch die Tathandlungen des Abs. 4, die ebenso wie bei Abs. 3 persönliche Äußerungsdelikte darstellen, müssen entweder **öffentlich** (§ 111 Rn 8) oder in einer **Versammlung** (§ 111 Rn 9) erfolgen. Im Unterschied zu Abs. 3, der schon die Eignung zur Friedensstörung ausreichen lässt, verlangt Abs. 4 dem Wortlaut nach, dass es zu einer **konkreten, tatsächlichen Störung** des öffentlichen Friedens gekommen ist. Das Merkmal des öffentlichen Friedens ist bei Abs. 4 jedoch, im Hinblick auf Art. 103 II GG dahin gehend auszulegen, dass es sich nicht um ein strafbegründendes Tatbestandsmerkmal handelt, sondern um ein Korrektiv, welches erlaubt, grundrechtlichen Wertungen im Einzelfall Geltung zu verschaffen

(BVerfG 124, 300 [341]; *Fischer* Rn 41: „Wertungsklausel zur Ausscheidung nicht strafwürdig erscheinender Fälle"; *ders.* Puppe-FS 1119 [1139 f]). Maßgeblich für das Vorliegen der Störung des öffentlichen Friedens sind die Umstände des Einzelfalles, wobei etwa die in Leserbriefen geäußerte oder in Hilfeersuchen an die Polizei zum Ausdruck kommende Empörung ein Indiz für eine derartige Störung sein kann (BT-Drucks. 15/5051, 5; NK-*Ostendorf* Rn 36; krit. *Enders/ Lange* JZ 2006, 105 [108]; S/S/W-*Lohse* Rn 44 m. Beispiel).

VI. Für den **subjektiven Tatbestand** genügt grds. bedingter Vorsatz, der sich – 29 nach bisher ständiger Rspr – auch auf die Eignung zur Friedensstörung beziehen muss. Ob dies nach der Entscheidung des BVerfG (vgl Rn 28) weiterhin verlangt werden wird, ist jedoch fraglich (vgl dazu *Fischer* Puppe-FS 1119 [1140]). Hinsichtlich des Aufstachelns und der Aufforderung iSv Abs. 1 Nr. 1 ist nach hM zielgerichtetes Vorgehen notwendig (BGHSt 40, 97 [102]; BGH NStZ-RR 2006, 305 [306]; LK-*Krauß* Rn 128; L-Kühl-*Kühl* Rn 12; aA *Kargl* Jura 2001, 176 [177]). Das Verächtlichmachen nach Abs. 1 Nr. 2 erfordert Böswilligkeit des Täters. **Böswillig** handelt, wer trotz Kenntnis des Unrechts aus einem verwerflichen Beweggrund, insbesondere aus feindseliger oder niederträchtiger Gesinnung handelt (BGHSt 7, 110; *Geilen* LdR 1168 [1172]; ähnlich BGH NJW 1964, 1481 [1483]). In den Fällen der Nr. 1 d schließlich ist die zusätzliche Absicht des Täters erforderlich, die Schriften zu verwenden oder eine solche Verwendung einem anderen zu ermöglichen.

Im Rahmen der **Abs. 3 und 4** ist nach hM nicht erforderlich, dass der Täter sich 30 bewusst wahrheitswidrig äußert, solange er nur um den Widerspruch zur Geschichtsschreibung und damit um die soziale, friedensstörende Relevanz seiner Äußerung weiß. Auch der „verblendete" Täter kann damit erfasst werden (BT-Drucks. 12/7960, 4; 12/8411, 4; BGHSt 47, 278 [281 f] m.Anm. *Stegbauer* JR 2003, 74 [75 f] und NStZ 2005, 677 [682]; aA *Fischer* Rn 44; SK-*Stein/Rudolphi* Rn 27; *Streng* JZ 2001, 205 [206 ff]; krit. S/S-*Sternberg-Lieben* Rn 20; unklar BGH NJW 2005, 689 [691 f]). Dieses Ergebnis ist trotz der Offenkundigkeit der nationalsozialistischen Verbrechen im Hinblick auf die allgemeinen Regeln des Tatbestandsirrtums, die bei Verkennung eines zum gesetzlichen Tatbestand gehörenden Merkmals selbst bei wahnhafter Verblendung des Täters zu einem Vorsatzausschluss führen, nicht unproblematisch. Ist Leugnen objektiv das Inabredestellen von etwas Wahrem, so muss der Täter bei konsequenter Anwendung dieser Grundsätze des § 16 I, welche die Frage nach den Ursachen des Irrtums gerade ausblenden und daher auch den „mit Blindheit geschlagenen Überzeugungstäter" privilegieren, Kenntnis von der Wahrheitswidrigkeit seiner Aussage haben.

Bisher enthielt § 130 keine Versuchsstrafbarkeit. Dies wurde 2015 durch den 31 neuen **Abs. 6** geändert. Damit wird der Wertungswiderspruch beseitigt, wonach zwar gewisse Vorbereitungshandlungen strafbar sind, nicht aber der Versuch als unmittelbares Ansetzen zur Tatbestandsverwirklichung (BT-Drucks. 18/2601, 25). Die Versuchsstrafbarkeit soll folgerichtig nicht die Vorbereitungsdelikte des § 130 II Nr. 3 erfassen (BT-Drucks. 18/2601, 25).

VII. Durch **Abs. 7** wird die auf dem Gedanken der sozialen Adäquanz beruhende 32 Vorschrift des § 86 III für entsprechend anwendbar erklärt. Der Anwendungsspielraum der Vorschrift bleibt gering, da den jeweiligen grundrechtlichen Freiheiten des Täters bereits bei der (restriktiven) Tatbestandsauslegung Rechnung getragen wird und damit die den Abs. 2, 3 und 4 gleichwohl unterfallenden Tathandlungen kaum jemals sozialadäquat sein dürften (MK-*Schäfer* Rn 105; zur

Anwendbarkeit des Abs. 6 auf das Verteidigerhandeln eines Rechtsanwalts vgl BGHSt 47, 278; 46, 36 [40 ff] m.Anm. *Stegbauer* JR 2001, 37 [38] und *Streng* JZ 2001, 205 [208]). Auch eine **Rechtfertigung** der volksverhetzenden Tat nach Art. 5 GG, dessen Schrankenvorbehalt durch § 130 als allgemeines Gesetz ausgefüllt wird, kommt grds. nicht in Betracht (vgl BGH NStZ-RR 2006, 305 [306]; AG Linz NStZ-RR 1996, 358 [359 f]; *Grimm* NJW 1995, 1697 [1703]; LK-*Krauß* Rn 134).

33 VIII. **Konkurrenzen:** Die einen geringeren Strafrahmen vorsehende Regelung des **Abs. 2** tritt hinter **Abs. 1** zurück, wenn der Täter zwar eine fremde Schrift verbreitet, sich aber gleichzeitig mit dieser identifiziert und damit selbst ein persönliches Äußerungsdelikt begeht (BGHSt 46, 212 [217]; *Stegbauer* JR 2004, 281 [282]). Gleiches dürfte gelten, wenn der Täter neben der Billigung der nationalsozialistischen Gewalt- und Willkürherrschaft iSd Abs. 4 zugleich die Voraussetzungen des – mit einer strengeren Rechtsfolge versehenen – Abs. 3 erfüllt. Tateinheit ist indessen möglich, wenn in der inkriminierten Schrift (auch) eine ausländische Bevölkerungsgruppe angegriffen wird (S/S-*Sternberg-Lieben* Rn 27).

34 § 130 kann tateinheitlich zusammentreffen u.a. mit §§ 86 f; 111, 126, 140, 185 bis 187. Hingegen wird § 140 Nr. 2 von Abs. 3 Var. 1 verdrängt (BGH NJW 1999, 1561 f; Weiteres bei S/S/W-*Lohse* Rn 54 f).

§ 130 a Anleitung zu Straftaten

(1) Wer eine Schrift (§ 11 Abs. 3), die geeignet ist, als Anleitung zu einer in § 126 Abs. 1 genannten rechtswidrigen Tat zu dienen, und nach ihrem Inhalt bestimmt ist, die Bereitschaft anderer zu fördern oder zu wecken, eine solche Tat zu begehen, verbreitet oder der Öffentlichkeit zugänglich macht, wird mit Freiheitsstrafe bis zu drei Jahren oder mit Geldstrafe bestraft.

(2) Ebenso wird bestraft, wer
1. eine Schrift (§ 11 Abs. 3), die geeignet ist, als Anleitung zu einer in § 126 Abs. 1 genannten rechtswidrigen Tat zu dienen, verbreitet oder der Öffentlichkeit zugänglich macht oder
2. öffentlich oder in einer Versammlung zu einer in § 126 Abs. 1 genannten rechtswidrigen Tat eine Anleitung gibt,

um die Bereitschaft anderer zu fördern oder zu wecken, eine solche Tat zu begehen.

(3) Nach Absatz 1 wird auch bestraft, wer einen in Absatz 1 oder Absatz 2 Nummer 1 bezeichneten Inhalt mittels Rundfunk oder Telemedien der Öffentlichkeit zugänglich macht.

(4) § 86 Abs. 3 gilt entsprechend.

1 I. Die Vorschrift **schützt** den **öffentlichen Frieden** (LK-*Krauß* Rn 1; BeckOK-*Rackow* Rn 4), dient daneben aber – jedenfalls mittelbar – auch der Bewahrung der betroffenen **individuellen Rechtsgüter** (BT-Drucks. 10/6635, 13; *Fischer* Rn 2). Ähnlich wie § 140 will sie verhindern, dass durch die Schaffung eines psychischen Klimas, in dem schwere Gewalttaten gedeihen und nachgeahmt werden können, eine Gefährdung der Allgemeinheit eintritt (BT-Drucks. 7/3030, 8; 10/6286, 8; S/S-*Sternberg-Lieben* Rn 1; zum Begriff des „öffentlichen Friedens"

vgl § 126 Rn 1). Aufgrund seiner Eignungsklausel, die gerade auf den Eintritt eines tatbestandlichen Erfolgs – etwa in Form einer tatsächlich geweckten Tatbereitschaft oder gar einer verwirklichten Haupttat iSd § 126 I – verzichtet, stellt § 130 a ein **abstraktes Gefährdungsdelikt** dar (*Fischer* Rn 2; NK-*Ostendorf* Rn 4; SK-*Rudolphi/Stein* Rn 2; auf den Charakter als potenzielles Gefährdungsdelikt verweisen LK-*Krauß* Rn 3; MK-*Schäfer* Rn 5), das bereits typische Vorfeldhandlungen im Bereich von Gewalttaten – die von anderen Strafvorschriften wie §§ 111, 126 oder §§ 40 I, 52 I Nr. 4 WaffG nur unzureichend erfasst werden können – unter Strafe stellt (BT-Drucks. 10/6635, 12 f; *Gänßle* NStZ 1999, 90 f; zu den verfassungsrechtlichen Bedenken S/S/W-*Lohse* Rn 5 f).

II. Der **objektive Tatbestand** gliedert sich mit dem Verbreiten und Zugänglichmachen von Schriften einerseits (Abs. 1 und Abs. 2 Nr. 1) und der mündlichen Äußerung in der Öffentlichkeit andererseits (Abs. 2 Nr. 2) in zwei verschiedene Handlungsformen. 2

1. Die Regelung des **Abs. 1** stellt ein schlichtes Verbreitungsdelikt dar, bei dem allein der Inhalt der Schrift, also ihre objektive, von den Intentionen des Verbreitenden unabhängige Gefährlichkeit, ausschlaggebend ist (BGHSt 36, 363 [370]; BayObLG NJW 1998, 1087 [1088] m.Anm. *Gänßle* NStZ 1999, 90; LK-*Krauß* Rn 4). **Tatgegenstand** sind **Schriften** und diesen nach § 11 III gleichgestellte Darstellungen, worunter auch die Verwendung von Bild- und Tonträgern fällt. Bei Live-Sendungen im Rundfunk hingegen greift Abs. 2 Nr. 2 ein. 3

a) Die Schriften müssen **geeignet** sein, als Anleitung zu einer rechtswidrigen Katalogtat zu dienen. **Anleiten** ist als eine Kenntnisse vermittelnde, unterrichtende Schilderung über Möglichkeiten zur Tatausführung oder zur Tatvorbereitung zu verstehen (BayObLG NJW 1998, 1087; *Beck*, Unrechtsbegründung und Vorfeldkriminalisierung, 1992, 192). Im Gegensatz zur Aufforderung des § 111 fehlt der bloßen Wissensvermittlung des § 130 a ein appellativer Charakter; der Täter muss dem Adressaten kein bestimmtes Verhalten abverlangen. Ausreichend ist vielmehr, dass der Täter durch die informierende, allgemein verständliche Darstellung, insbesondere durch die Vermittlung von technischen oder taktischen Hinweisen, mittelbar und anreizend auf den Adressaten einwirkt (BT-Drucks. 7/3030, 8; 10/6635, 13; BayObLG NJW 1998, 1087 m.Anm. *Gänßle* NStZ 1999, 90; *Schnarr* NStZ 1990, 257 [258]). Erfasst werden sollen vor allem die sog. „Kochbücher" von Terroristen sowie sonstige Handbücher und Flugzettel, die zB Anweisungen zum Bau von Entgleisungsvorrichtungen, zum Umsägen von Strommasten oder zum Herstellen von Brand- und Sprengsätzen enthalten. 4

Nach hM muss die Schrift darüber hinaus die **Tendenz** zur Begehung einer Straftat erkennen lassen (BayObLG NJW 1998, 1087; *Derksen* NJW 1998, 3760; HKGS-*C. Koch* Rn 4; LK-*Krauß* Rn 13; *Rosenau/Wittek* Jura 2002, 781 [785]; MK-*Schäfer* Rn 18; aA *Dencker* KJ 1987, 36 [47]; *Fischer* Rn 10, 12; NK-*Ostendorf* Rn 9). Mit dieser Tatbestandsrestriktion will man bereits auf der Ebene der Geeignetheit Fälle wie die Weitergabe von Patentschriften, Handwerkslehrmitteln, wissenschaftlichen Abhandlungen oder Kriminalromanen ausschließen, wodurch dann auch eine Anwendung des Abs. 2 Nr. 1 ausschiede. Die Gegenmeinung weist diese Aufgabe jedoch zutreffend der „Bestimmungsklausel" des Abs. 1 zu, die – gerade im Unterschied zu Abs. 2 Nr. 1 – sog. neutrale Schriften ausschließen soll, durch die hM aber zur Bedeutungslosigkeit verurteilt würde. Der bei diesem Verständnis durchaus drohenden Gefahr, im Rahmen des Abs. 2 Nr. 1 ein reines Gesinnungsstrafrecht einzuführen, kann dort durch eine restriktive Interpretation der Vorschrift, nämlich durch das Erfordernis einer (objektiven) 5

Manifestation der Förderungsabsicht, entgegengetreten werden (vgl unten Rn 6 und 8).

6 b) Ferner müssen die Schriften nach ihrem **Inhalt dazu bestimmt** sein, die **Bereitschaft anderer** zur Begehung einer Katalogtat zu fördern oder zu wecken. Abzustellen ist allein auf den objektiven Inhalt der Schrift, der sich allerdings auch erst mittelbar durch das „zwischen den Zeilen Stehende" ergeben kann; die Vorstellungen des Urhebers oder des Verbreitenden bleiben unbeachtlich (BGHSt 28, 312 [315]; *Beck*, Unrechtsbegründung und Vorfeldkriminalisierung, 1992, 192; NK-*Ostendorf* Rn 9). Es ist nicht erforderlich, dass die Anleitung der alleinige oder auch nur vorrangige Zweck der Schrift ist. Durch diese Tatbestandseinschränkung, die insbesondere den bei § 130 a stets entgegenstehenden Grundrechten aus Art. 5 GG (im Medienbereich auch Art. 12 GG) Rechnung trägt, fallen etwa Kriminalromane, Dokumentationen, Bundeswehrdienstvorschriften oder andere neutrale Informationen aus dem Anwendungsbereich des Abs. 1 heraus, können aber uU von Abs. 2 Nr. 1 erfasst werden (*Fischer* Rn 12; vgl unten Rn 8). Mit der Wendung „**zu wecken**" werden, im Gegensatz zum **Fördern**, ausdrücklich auch solche Fälle erfasst, in denen noch keine latente Gewaltbereitschaft beim Empfänger besteht. Insbesondere in diesen letztgenannten Fällen kann es zu Überschneidungen mit § 111 kommen (vgl auch unten Rn 17).

7 c) Die **Tathandlungen** des Verbreitens usw, die denen des § 184 I und § 184 b I entsprechen, enthalten kein Herstellungsverbot und verzichten damit auf die etwa in § 130 II Nr. 3 pönalisierte Vorbereitungshandlungen (ausf. zu den einzelnen Begehungsformen S/S-*Eisele* § 184 Rn 16, 26, 49, § 184 b Rn 5; vgl auch § 111 Rn 10 f und § 130 Rn 17).

8 **2. Abs. 2 Nr. 1** ersetzt die Bestimmungsklausel des Abs. 1 durch das subjektive Merkmal der **Förderungsabsicht** und weist damit dieser Verbreitungstatbestand der Gruppe der **Tendenzdelikte** zu (LK-*Krauß* Rn 4). Die Regelung soll eine Auffangfunktion erfüllen, um eine Umgehung des Abs. 1 durch solche Täter zu vermeiden, die eine neutrale Schrift umfunktionieren und sie als Deckmantel scheinbar sozialadäquaten Verhaltens missbrauchen (BT-Drucks. 10/6286, 9; *Kühl* NJW 1987, 737 [745]). Gerade durch seinen Verzicht auf die (objektive) Bestimmungsklausel setzt sich Abs. 2 Nr. 1 allerdings der Gefahr des unzulässigen Gesinnungsstrafrechts aus. Aus diesem Grund ist in restriktivem Verständnis der Vorschrift zu verlangen, dass sich die Anleitungsabsicht des Täters in einem objektiv festzustellenden Verhalten – zB in der Art der Präsentation – manifestiert (*Beck*, Unrechtsbegründung und Vorfeldkriminalisierung, 1992, 193; *Dencker* StV 1987, 117 [121]; MK-*Schäfer* Rn 28; krit. *Fischer* Rn 17; SK-*Rudolphi/Stein* Rn 13; allgemein krit. zur Vorschrift *Demski/Ostendorf* StV 1989, 30 [38]). Damit erfasst Abs. 2 Nr. 1 auch den Täter, der mit objektiv erkennbarer Förderungsabsicht etwa einen Kriminalroman oder eine wissenschaftliche Abhandlung verbreitet.

9 Die **Tathandlungen** des Abs. 2 Nr. 1 entsprechen denen des Abs. 1 (Rn 7).

10 **3.** Die als persönliches Äußerungsdelikt (vgl *Franke* GA 1984, 452 [462]; *Gänßle* NStZ 1999, 90) ausgestaltete Begehungsform des **Abs. 2 Nr. 2** pönalisiert die **mündliche Gewaltanleitung** und richtet sich damit vor allem gegen den sog. „Anheizer" (MK-*Schäfer* Rn 30). Die Anleitung muss entweder **öffentlich** (§ 111 Rn 8) oder **in einer Versammlung** (§ 111 Rn 9) erfolgen und nach dem Willen des Täters darauf zielen, die Bereitschaft anderer zur Begehung der genannten Katalogtaten zu wecken oder zu bestärken. Durch dieses Absichtserfordernis, das sich

sowohl aus dem Inhalt der Äußerung als auch aus sonstigen Umständen ergeben kann, dabei aber äußerlich erkennbar sein muss (LK-*Krauß* Rn 27, 36; NK-*Ostendorf* Rn 12 und 16; vgl aber auch *Fischer* Rn 18, 21), sollen vor allem verbale – möglicherweise unbedachte – Entgleisungen von der Strafbarkeit ausgenommen werden (BT-Drucks. 10/6286, 9; LK-*Krauß* Rn 36).

4. In allen Fällen des § 130 a muss sich die Anleitung auf die **Begehung** einer der in § 126 I Nr. 1 bis 7 abschließend aufgezählten **Katalogtaten** beziehen (vgl BT-Drucks. 10/6286, 8; krit. zur Einbeziehung auch der Nr. 7 *Dencker* StV 1987, 117 [121]). An den Grad der Konkretisierung sind dabei nur geringe Anforderungen zu stellen: Eine Bestimmung nach Zeit, Ort und Opfer ist nicht erforderlich, sofern nur eine nachvollziehbare Subsumtion unter einen der genannten Tatbestände möglich bleibt (LK-*Krauß* Rn 14). Die Handlungsanweisung muss mithin den Charakter der geförderten Tat hinreichend deutlich machen. 11

III. Der **subjektive Tatbestand des Abs. 1** setzt (zumindest bedingten) Vorsatz voraus, der sich insbesondere auf die Eignung der Schrift und auf die ihr objektiv innewohnende Zweckbestimmung beziehen muss. Dem Charakter des Abs. 1 als bloßem Verbreitungsdelikt entsprechend ist eine Identifikation des Täters mit dem Inhalt der Schrift nicht erforderlich. Es kommt auch nicht darauf an, dass der Täter selbst das Verhalten, zu dessen Verwirklichung er anleitet, rechtlich als Erfüllung einer der Katalogtaten wertet. Entscheidend ist vielmehr, dass er die maßgeblichen Tatsachen erkennt und im Wege einer (laienhaften) Parallelwertung den materiellen Unrechtsgehalt der geförderten Straftat erfasst (MK-*Schäfer* Rn 36 mwN). 12

Im Rahmen des **Abs. 2** ist zusätzlich die **Absicht** des Täters erforderlich, die Tatbereitschaft anderer zu fördern oder zu wecken. Sie ist kein besonderes persönliches Merkmal iSd § 28 I (*Fischer* Rn 21; LK-*Krauß* Rn 35). 13

Der neu eingeführte **Abs. 3** soll eine Verbreitung durch Rundfunk oder Telemedien erfassen, um so der technischen Entwicklung Rechnung zu tragen, dass heute eine Weitergabe auch ohne gegenständliches Zugänglichmachen des Trägermediums möglich ist. 14

IV. Durch **Abs. 4** wird die auf dem Gedanken der sozialen Adäquanz beruhende Vorschrift des § 86 III für entsprechend anwendbar erklärt. Die praktische Bedeutung dieser (nach hM bereits zum Tatbestandsausschluss führenden) Verweisung bleibt allerdings gering, da Handlungen nach Abs. 2 schon ihrer Zielsetzung nach als sozial inadäquat erscheinen und auch tatbestandsmäßige Schriften des Abs. 1 – die immerhin zur Begehung einer Straftat bestimmt sein müssen – idR nicht der staatsbürgerlichen Aufklärung oder der Verhinderung verfassungswidriger Bestrebungen usw dienen (MK-*Schäfer* Rn 42; diff. NK-*Ostendorf* Rn 11). 15

V. Die Schriften des Abs. 1 unterliegen der **Einziehung** nach § 74 d I, die von Abs. 2 Nr. 1 erfassten wertneutralen Schriften hingegen können nach § 74 III eingezogen und unbrauchbar gemacht werden. 16

VI. Konkurrenzen: Tateinheit ist möglich u.a. mit §§ 83, 125, 126, 131, 140. Treffen die §§ 111, 130 a im Bereich der Katalogtaten des § 126 I zusammen, so tritt § 130 a als subsidiär hinter die Regelung des § 111, die gleichermaßen den öffentlichen Frieden schützt, jedoch die intensivere Angriffsart darstellt, zurück. Vorrang genießen ferner die spezielleren und mit einer schärferen Strafandrohung versehenen Regelungen der §§ 40 I, 52 I Nr. 4 iVm Anl. 2 Abschn. 1 Nr. 1.3.4 WaffG. 17

§ 131 Gewaltdarstellung

(1) ¹Mit Freiheitsstrafe bis zu einem Jahr oder mit Geldstrafe wird bestraft, wer
1. eine Schrift (§ 11 Absatz 3), die grausame oder sonst unmenschliche Gewalttätigkeiten gegen Menschen oder menschenähnliche Wesen in einer Art schildert, die eine Verherrlichung oder Verharmlosung solcher Gewalttätigkeiten ausdrückt oder die das Grausame oder Unmenschliche des Vorgangs in einer die Menschenwürde verletzenden Weise darstellt,
    a) verbreitet oder der Öffentlichkeit zugänglich macht,
    b) einer Person unter achtzehn Jahren anbietet, überlässt oder zugänglich macht oder
2. einen in Nummer 1 bezeichneten Inhalt mittels Rundfunk oder Telemedien
    a) einer Person unter achtzehn Jahren oder
    b) der Öffentlichkeit
    zugänglich macht oder
3. eine Schrift (§ 11 Absatz 3) des in Nummer 1 bezeichneten Inhalts herstellt, bezieht, liefert, vorrätig hält, anbietet, bewirbt oder es unternimmt, diese Schrift ein- oder auszuführen, um sie oder aus ihr gewonnene Stücke im Sinne der Nummer 1 Buchstabe a oder b oder der Nummer 2 zu verwenden oder einer anderen Person eine solche Verwendung zu ermöglichen.

²In den Fällen des Satzes 1 Nummer 1 und 2 ist der Versuch strafbar.

(2) Absatz 1 gilt nicht, wenn die Handlung der Berichterstattung über Vorgänge des Zeitgeschehens oder der Geschichte dient.

(3) Absatz 1 Satz 1 Nummer 1 Buchstabe b, Nummer 2 Buchstabe a ist nicht anzuwenden, wenn der zur Sorge für die Person Berechtigte handelt; dies gilt nicht, wenn der Sorgeberechtigte durch das Anbieten, Überlassen oder Zugänglichmachen seine Erziehungspflicht gröblich verletzt.

1 I. Die Vorschrift richtet sich gegen die Darstellung von Aggressionen, die stimulierend auf mögliche Gewalttäter wirken und dadurch die Grundlage feindseligen Verhaltens bilden können. Sie **schützt** somit den **öffentlichen Frieden,** will jedoch gleichzeitig auch den **Einzelnen** davor bewahren, aggressive Verhaltensweisen oder Einstellungen anzunehmen (BT-Drucks. VI/3521, 4; LK-*Krauß* Rn 2; *Meirowitz* Jura 1993, 152 [154]; krit. SK-*Rudolphi/Stein* Rn 2 a; *Weigend* Herrmann-FS 41 f; zum Begriff des „öffentlichen Friedens" vgl § 126 Rn 1). Schließlich dient die Regelung insbesondere in Abs. 1 Nr. 1 und 2 auch dem **Jugendschutz** (*Geilen* LdR 1996, 413 [414]; aA S/S-*Sternberg-Lieben* Rn 1).

2 Da § 131 auf den Eintritt eines tatbestandlichen Erfolgs etwa in Form tatsächlich begangener Gewalttätigkeiten verzichtet und zudem nicht einmal die konkrete Eignung der Gewaltdarstellung zur Auslösung nachahmender Handlungen voraussetzt, handelt es sich bei der Regelung um ein **abstraktes Gefährdungsdelikt** (*Erdemir* ZUM 2000, 699 [703]; LK-*Krauß* Rn 7; MK-*Schäfer* Rn 8). Angesichts der wissenschaftlich noch weitgehend unklaren Auswirkungen medialer Gewaltdarstellungen auf den Betrachter (näher *Eisenberg*, Kriminologie, § 50/13 ff; NK-*Ostendorf* Rn 6) hat der Gesetzgeber bewusst von einer – zur Wirkungslosigkeit des § 131 führenden – Eignungsklausel abgesehen (BT-Drucks. VI/3521, 7; LK-*Krauß* Rn 7; krit. *Köhne* GA 2004, 180 [187]; SK-*Rudolphi/Stein* Rn 2: Risikodelikt).

II. Der **objektive Tatbestand** enthält ein umfassendes Herstellungs- und Verbreitungsverbot (*Beisel/Heinrich* NJW 1996, 491 [495]; LK-*Krauß* Rn 39). 3

1. **Tatgegenstand** sind **Schriften** und diesen durch die Legaldefinition des § 11 III 4
gleichgestellte Darstellungen. Nach Abs. 1 Nr. 2 gilt das Verbot des Abs. 1 Nr. 1
auch für die das Öffentlich-Zugänglichmachen einschlägiger Darbietungen durch
Rundfunk oder Telemedien, wobei die Vorschrift vor allem bei Live-Sendungen
über Fernsehen oder Hörfunk Bedeutung erlangt, da sonstige Sendungen bereits
von Abs. 1 Nr. 2 erfasst werden können. Auch Computerspiele sind Schriften iSd
§ 131 (*Höynck* ZIS 2008, 206 [207]). Keine Anwendung findet die Gleichstellung hingegen bei Live-Aufführungen beispielsweise im Theater (LK-*Krauß*
Rn 41; NK-*Ostendorf* Rn 8; krit. *Geilen* LdR 1996, 413 [414]).

a) **Gewalttätigkeiten gegen Menschen** umfassen jedes aggressive, aktive Handeln, 5
mit dem unter Einsatz physischer Kraft unmittelbar auf die körperliche Unversehrtheit eines anderen eingewirkt wird (BGH NJW 1980, 65 [66]; OLG Köln
NJW 1981, 1458 [1459]; SK-*Rudolphi/Stein* Rn 6; weitergehend BVerfGE 87,
209 [227]; S/S-*Sternberg-Lieben* Rn 6: auch mittelbare Einwirkung; vgl auch
§ 125 Rn 4).

Psychischer Terror sowie **Unterlassungshandlungen** – etwa das Ertrinken- oder 6
Verbrennenlassen einer anderen Person – **scheiden** ebenso aus dem Anwendungsbereich des § 131 **aus** wie die bloße **Gewalt gegenüber Tieren und Sachen** (NK-*Ostendorf* Rn 9). Einverständliches Handeln, etwa bei sado-masochistischen Exzessen, schließt indessen die Annahme einer Gewalttätigkeit nicht aus. Gleichermaßen unerheblich ist, ob die Darstellung ein reales oder erkennbar fiktives Geschehen zum Gegenstand hat (BGH NStZ 2000, 307 [308]; *Fischer* Rn 5; MK-*Schäfer* Rn 19; restriktiver *Köhne* GA 2004, 180 [181 f]).

Der Tatbestand gilt nach der Neufassung im Jahre 2004 (BGBl. I 2003, 3007) 7
auch für Gewalttätigkeiten, die **gegenüber menschenähnlichen Wesen** (etwa
Zombies, Phantomen oder anderen Phantasiegestalten) verübt werden. Eine solche – in Grenzbereichen mitunter schwierig zu ermittelnde – Ähnlichkeit liegt
vor, wenn die fiktiven Wesen nach objektiven Maßstäben ihrer äußeren Gestalt
nach Ähnlichkeit mit Menschen aufweisen (*Fischer* Rn 6 ff; *Höynck* ZIS 2008,
206 [207]; MK-*Schäfer* Rn 21; für eine restriktive Auslegung NK-*Ostendorf*
Rn 9).

Mit dieser Ausweitung will der Gesetzgeber auch ein Instrument gegen die zu- 8
nehmende Zahl sog. Zombie-Filme schaffen (BT-Drucks. 10/2546, 22 f). Außerdem bestehen die (abstrakte) Gefährdung des öffentlichen Friedens sowie die Gefahr der Nachahmung auch dann, wenn Opfer bzw Täter der grausamen oder
unmenschlichen Gewalttaten „nur" menschenähnliche Wesen sind (vgl *Meirowitz*, Gewaltdarstellung auf Videokassetten, 1993, 335 ff; MK-*Schäfer* Rn 21;
krit. *Köhne* GA 2004, 180 [183], der die Erweiterung wegen Verstoßes gegen das
Bestimmtheitsgebot für verfassungswidrig hält und daher für eine restriktive
Auslegung plädiert).

b) **Grausam** ist die Handlung, wenn sie unter Zufügung von Qualen oder 9
Schmerzen körperlicher oder seelischer Art erfolgt und Ausdruck einer besonders
gefühllosen und unbarmherzigen Gesinnung desjenigen ist, der sie begeht (BT-Drucks. 10/2546, 22; BVerfGE 87, 209 [226]; *Geilen* LdR 1996, 413 [414]; S/S-*Sternberg-Lieben* Rn 7 mwN; vgl auch § 211 Rn 24 f).

c) **Unmenschlich** ist eine Gewalttätigkeit, wenn sie – auch ohne grausam zu sein 10
– eine brutale, menschenverachtende oder rücksichtslose Gesinnung des Täters

erkennen lässt; so zB das völlig bedenkenlose und kaltblütige Erschießen von Menschen aus reinem Vergnügen (BT-Drucks. VI/3521, 7; BVerfGE 87, 209 [226 f]; OLG Koblenz NStZ 1998, 40 [41]; *Meirowitz*, Gewaltdarstellung auf Videokassetten, 1993, 326 m. Beispielen Fn 46).

11 d) Mit dem Begriff der **Schilderung** verlangt das Gesetz, dass das Geschehen *gerade* in seinen die Grausamkeit oder Unmenschlichkeit ausmachenden Elementen dargestellt wird, das Grausame oder Unmenschliche also den wesentlichen Inhalt und zugleich den Sinn der Darstellung ausmacht (BT-Drucks. 10/2546, 22; BGH NStZ 2000, 307 [308]; vgl auch OLG Stuttgart MMR 2006, 387 [390]; MK-*Schäfer* Rn 20; zur Schilderung von Gewalttätigkeiten in Computerspielen vgl *Höynck* ZIS 2008, 206 [208]). Eine unauffällige, zurückhaltende oder distanzierte Darstellungsweise ist daher ebenso wenig einschlägig wie die bloß spekulative Schilderung, die zB die Gewalttätigkeit nach Beginn ausblendet und das weitere Geschehen der Vorstellung des Betrachters überlässt.

12 e) Über die bloße Wiedergabe der grausamen oder unmenschlichen Gewalttätigkeiten hinaus muss die Schilderung entweder eine **verherrlichende** oder **verharmlosende** (Abs. 1 Alt. 1) oder eine die **Menschenwürde missachtende** (Alt. 2) Tendenz zum Ausdruck bringen. Maßgebend für die Feststellung dieser besonderen Darstellungsart ist dabei allein der objektive Aussagegehalt, wie er sich für einen verständigen Erklärungsempfänger ergibt. Die subjektiven Absichten und Motive des Verfassers, die in der Schrift keinen Niederschlag gefunden haben, bleiben bei der Würdigung außer Betracht (OLG Koblenz NStZ 1998, 40 [41]; OLG Stuttgart MMR 2006, 387 [390]; *Beisel/Heinrich* NJW 1996, 491 [495]; LK-*Krauß* Rn 36; MK-*Schäfer* Rn 33). Durch dieses besondere Formerfordernis der Darstellung sollen – neben den gängigen Kriminal- oder Wildwestfilmen – vor allem solche Gewaltdarstellungen ausscheiden, deren Sinn es ist aufzuzeigen, zu welchen Aggressionen der Mensch fähig ist und welche Rolle die Gewalt in der Geschichte und in der Gegenwart spielt (BT-Drucks. 10/2546, 21; S/S-*Sternberg-Lieben* Rn 9). Die Abgrenzung, ob eine Schrift als „kritischer Denkanstoß" straflos bleibt, kann jedoch im Einzelfall erhebliche Probleme bereiten, wobei zudem stets die entgegenstehenden Grundrechte der Kommunikations-, Kunst- und Pressefreiheit Berücksichtigung verlangen (BayObLG NJW 1990, 2479 [2480 f]; *Greger* NStZ 1986, 8 [11]; *v. Hartlieb* UFITA 86 [1980], 101 [109]; S/S-*Sternberg-Lieben* Rn 2, 17).

13 aa) **Verherrlichen** ist die positive Bewertung der Gewalttätigkeit als heldenhaft, erstrebenswert oder vorbildlich, insbesondere als nachahmenswertes Mittel zur Streitlösung (*Erdemir* ZUM 2000, 699 [702]; LK-*Krauß* Rn 28; S/S-*Sternberg-Lieben* Rn 9; etwas großzügiger SK-*Rudolphi/Stein* Rn 10).

14 bb) **Verharmlosen** ist eine den wahren Bedeutungsgehalt herunterspielende Bagatellisierung von Gewalttätigkeiten und ihre Darstellung als eine im menschlichen Leben übliche und akzeptable Form des Verhaltens oder mindestens als nicht verwerfliche Möglichkeit zur Lösung von Konflikten (OLG Koblenz NJW 1986, 1700; LK-*Krauß* Rn 30; aA NK-*Ostendorf* Rn 10: Werbung für Gewalttätigkeit erforderlich). Hierunter kann auch die nur flüchtige, emotionsneutrale Schilderung fallen, sofern sie gerade durch ihre Beiläufigkeit einen selbstzweckhaften Charakter annimmt (BT-Drucks. 10/2546, 22; *Geilen* LdR 1996, 413 [415]; *Greger* NStZ 1986, 8 [10]; aA LK-*Krauß* Rn 31; S/S- *Sternberg-Lieben* Rn 9, die allerdings Alt. 2 in Betracht ziehen).

cc) Schließlich erfasst Abs. 1 Alt. 2 auch solche Schriften, die das Geschehen in einer die **Menschenwürde verletzenden Weise** vorführen. Ein solcher Verstoß gegen die Menschenwürde liegt vor, wenn die Opfer der Gewalttätigkeiten unter Missachtung ihres fundamentalen Wert- und Achtungsanspruchs zum bloßen Objekt degradiert werden (BVerfGE 87, 209 [228]; OLG Koblenz NStZ 1998, 40 [41]; *Fischer* Rn 13). Tatbestandsmäßig sind damit insbesondere exzessive Gewaltdarstellungen, die unter Ausklammerung aller sonstigen menschlichen Bezüge das geschundene Opfer – etwa durch genüssliche und minutiöse Nahaufnahmen – in widerwärtiger Weise in den Vordergrund rücken, allein um dem Betrachter einen ekelerregenden Nervenkitzel oder ein sadistisches Vergnügen zu bereiten (sog. selbstzweckhafte Übersteigerung; OLG Koblenz NStZ 1998, 40 [41]; SK-*Rudolphi/Stein* Rn 12 f; MK-*Schäfer* Rn 37; enger, eine bejahende Anteilnahme verlangend NK-*Ostendorf* Rn 11). 15

2. Die **Tathandlungen** des Verbreitens und Herstellens entsprechen denen des § 184 I Nr. 5, 8 (näher S/S-*Eisele* § 184 Rn 49, 61, § 184 b Rn 5 mwN; vgl auch § 111 Rn 10 f und § 130 Rn 17). 16

III. Der **subjektive Tatbestand** setzt (zumindest bedingten) Vorsatz voraus. Der wesentliche Bedeutungsgehalt der Merkmale muss erfasst sein; eine Identifikation mit dem Inhalt der Schrift ist nicht erforderlich (LK-*Krauß* Rn 42; SK-*Rudolphi/Stein* Rn 14; zum Problem des Verbotsirrtums vgl BGH NStZ 2000, 307 [309]). Darüber hinaus erfordert Abs. 1 Nr. 4 eine Verwendungsabsicht. 17

IV. Das sog. **Berichterstatterprivileg des Abs. 2** umfasst jede Form der Nachrichtenübermittlung oder Dokumentation, die ein wahres Geschehen zum Gegenstand hat und Informationszwecken dient (ausf. MK-*Schäfer* Rn 49 ff). Hierunter fällt auch die Wiedergabe wirklicher Vorgänge in gestellten Szenen oder fiktiven Nachgestaltungen, sofern der Täter das historische Ereignis nicht nur als vordergründigen Anlass und damit als Deckmantel für eine Gewaltdarstellung missbraucht. Die praktische Bedeutung dieser Privilegierung bleibt allerdings gering, da die hinter Abs. 2 stehenden Grundrechte der Kommunikations- und Pressefreiheit aus Art. 5 und 12 GG bereits auf Tatbestandsebene Berücksichtigung finden: Eine tatsächlich der Berichterstattung dienende Schrift dürfte regelmäßig schon nicht tatbestandserheblich sein, eine gewaltverherrlichende Schrift hingegen nicht bloßer Berichterstattung dienen (*Geilen* LdR 1996, 413 [416]; vgl auch NK-*Ostendorf* Rn 13). 18

Entsprechendes gilt hinsichtlich einer möglichen Rechtfertigung durch die zwar vorbehalts- aber nicht schrankenlos gewährleistete **Kunstfreiheit** des Art. 5 III GG (BT-Drucks. 10/2546, 23; *v. Hartlieb* NJW 1985, 830 [834]; vgl ausf. *Beisel*, Die Kunstfreiheitsgarantie des GG und ihre strafrechtlichen Grenzen, 1997, 293 ff; LK-*Krauß* Rn 53 f). 19

V. Aufgrund des sog. **Erziehungsprivilegs** des **Abs. 3** findet § 131 I Nr. 3 keine Anwendung, wenn der zur Sorge um die Person Berechtigte handelt. Über den zu engen Gesetzeswortlaut hinaus muss diese, bereits zum Tatbestandsausschluss führende Regelung allerdings auch und erst recht in den Fällen des Abs. 1 Nr. 3 eingreifen, sofern die der Täter die Schrift nur herstellt, bezieht usw. um eine Handlung nach Abs. 1 Nr. 2 vorzubereiten (LK-*Krauß* Rn 50; NK-*Ostendorf* Rn 14; MK-*Schäfer* Rn 57). Wie § 180 I S. 2 enthält Abs. 3 eine Missbrauchsklausel, so dass das Privileg nicht eingreift, wenn der Sorgeberechtigte die ihm obliegenden Pflichten **gröblich** verletzt (vgl auch § 171). 20

21 Handeln Dritte auf konkrete Weisung des Sorgeberechtigten, also nicht in eigenem Ermessen, so können sie sich nach hM trotz der im Gesetzgebungsverfahren erfolgten Streichung des sog. verlängerten Erzieherprivilegs gleichermaßen auf die Privilegierung des Abs. 3 berufen (NK-*Ostendorf* Rn 14; SK-*Rudolphi/Stein* Rn 18; aA LK-*Krauß* Rn 51; S/S/W-*Lohse* Rn 20; *Schroeder* Lange-FS 391 [399]).

22 VI. Die inkriminierten Schriften unterliegen nach § 74 d der **Einziehung** und Unbrauchbarmachung (SK-*Rudolphi/Stein* Rn 22). Als milderes Mittel kommt allerdings insbesondere bei Filmen das „Schneiden" in Betracht (ausf. zu den Straftatfolgen sowie der [kürzeren] Verjährung nach den Landespressegesetzen *Meirowitz*, Gewaltdarstellung auf Videokassetten, 1993, 341 ff).

23 VII. **Konkurrenzen:** Tateinheit ist möglich u.a. mit §§ 86, 86 a, 130 II, 140 Nr. 2 und 185. Die Regelung des § 27 I JuSchG tritt hinter § 131 I Nr. 1 b und § 131 I Nr. 2 a zurück. In den übrigen Fällen kommt auch hier Idealkonkurrenz in Betracht, da andernfalls die besondere Verletzung der Interessen des Jugendschutzes unberücksichtigt bliebe (*Beisel/Heinrich* NJW 1996, 491 [496]; LK-*Krauß* Rn 59; NK-*Ostendorf* Rn 18).

§ 132 Amtsanmaßung

Wer unbefugt sich mit der Ausübung eines öffentlichen Amtes befaßt oder eine Handlung vornimmt, welche nur kraft eines öffentlichen Amtes vorgenommen werden darf, wird mit Freiheitsstrafe bis zu zwei Jahren oder mit Geldstrafe bestraft.

1 I. Die Vorschrift dient nach hM dem **Schutz** der Autorität des Staates und seiner Behörden als Grundlage der effektiven Ausübung staatlicher Hoheitsgewalt. Es soll verhindert werden, dass Tätigkeiten den Anschein staatlichen Handelns erwecken, obgleich sie nicht der staatlichen Kontrolle unterliegen (vgl BGHSt 3, 241; 40, 8 [12 f]; BayObLG NJW 2003, 1616 [1617] m. zust. Anm. *Sternberg-Lieben* JR 2004, 74 ff; OLG Stuttgart StraFo 2006, 255; LK-*Krauß* Rn 1).

2 Bei § 132 handelt es sich um ein **Tätigkeitsdelikt**, das zugleich **abstraktes Gefährdungsdelikt** ist: Der Tatbestandsverwirklichung steht es nicht entgegen, wenn die Amtsanmaßung durchschaut wird, es sei denn, sie ist evident täuschungsuntauglich (vgl OLG Stuttgart StraFo 2006, 255 [256]; MK-*Hohmann* Rn 3; NK-*Ostendorf* Rn 7).

3 II. Der **Tatbestand** nennt zwei Handlungsmodalitäten: die unbefugte Ausübung eines öffentlichen Amtes (Alt. 1) und die Vornahme einer Handlung, die nur kraft eines öffentlichen Amtes vollzogen werden darf (Alt. 2).

4 1. **Mit der Ausübung eines öffentlichen Amtes befasst** sich, wer sich ausdrücklich oder konkludent als Träger eines (inländischen) öffentlichen Amtes ausgibt **und** eine Handlung vornimmt, die aufgrund dessen als Ausübung hoheitlicher Tätigkeit erscheint. Für die Beurteilung des äußeren Anscheins ist auf den Empfängerhorizont abzustellen (OLG Karlsruhe NStZ-RR 2002, 301 [302]; NK-*Ostendorf* Rn 12; vgl auch unten Rn 5, 7). Eine Kongruenz von Amt und Handlung dergestalt, dass die Handlung gerade in den Zuständigkeitsbereich des angemaßten Amtes fällt, wird nicht gefordert (vgl SK-*Rudolphi/Stein* Rn 7 c). Es ist sogar unerheblich, ob das vorgetäuschte Amt überhaupt existiert (S/S-*Sternberg-Lieben* Rn 4; anders, wenn die Amtsbezeichnungen erkennbar und unverwechselbar frü-

heren Zeiten zuzuordnen sind: OLG Stuttgart 2007, 527 [528]: Reichspräsident; Präsident der Nationalversammlung; OLG München NStZ-RR 2010, 173 [174] mwN: § 132 schützt nicht Ämter des ehemaligen Deutschen Reichs; dazu auch SK-*Rudolphi/Stein* Rn 6). Ferner ist es ohne Belang, ob der Täter die fragliche Handlung auch als Privatmann – zB aufgrund des allgemeinen prozessualen Festnahmerechts – hätte vornehmen dürfen (OLG Karlsruhe NStZ-RR 2002, 301 [302]; LK-*Krauß* Rn 17). Umstritten ist, ob Träger von Ämtern innerhalb von supranationalen Organisationen, denen deutsche Hoheitsgewalt übertragen ist (EU), von § 132 erfasst werden (S/S/W-*Jeßberger* Rn 6 mwN).

Nach hM folgt aus dem Schutzzweck der Norm, dass auch die 1. Alt. des § 132 5 die Vornahme einer Amtshandlung verlangt. Gegenstand der Anmaßung sind damit **Amt und Amtshandlung** (vgl KG NJW 2007, 1989; NK-*Ostendorf* Rn 11): Der Täter muss sich als Inhaber eines von ihm nicht bekleideten öffentlichen Amtes ausgeben und in dieser Rolle eine Handlung vornehmen, die nach außen den Anschein einer Amtshandlung erweckt. Exemplarisch: Der Täter tritt als Polizist auf und nimmt in dieser Eigenschaft eine Beschlagnahme oder Durchsuchung vor. Nicht einschlägig ist es dagegen, wenn sich jemand nur als Polizist (mithilfe einer unechten Dienstmarke) ausweist (BGH GA 1967, 114) oder in einem Hotel als Minister ausgibt, um bevorzugt behandelt zu werden. Nicht ausreichend ist es ferner, wenn der Täter als angeblicher Beamter (fiskalisch) Waren einkauft (vgl BGHSt 12, 30; OLG Oldenburg MDR 1987, 604).

2. Der Täter führt eine Handlung, die **nur kraft eines öffentlichen Amtes vorge-** 6 **nommen werden darf**, aus, wenn er, ohne seine Amtsinhaberschaft vorzuspiegeln, nach außen hin den Anschein erweckt, eine Amtshandlung zu vollziehen. Die zweite Tatalternative verlangt also die Anmaßung einer **Amtshandlung ohne gleichzeitige Anmaßung einer Amtsstellung** (vgl RGSt 58, 173 [175 f]; *Baier* JuS 2004, 56 [60]).

Den **Anschein**, Amtshandlung zu sein, erweckt das Verhalten, wenn es unter den 7 gegebenen Umständen von einem objektiven Beobachter mit einer solchen Handlung **verwechselt** werden kann (BGHSt 40, 8 [12 ff]; OLG Stuttgart StraFo 2006, 255 [256]; *Baier* JuS 2004, 56 [60]; SK-*Rudolphi/Stein* Rn 9 f). Hierbei ist es nicht notwendig, dass der Täter als Urheber der angemaßten Amtshandlung in Erscheinung tritt. Exemplarisch: Der Täter versendet (angebliche) amtliche Bescheide (LG Paderborn MDR 1988, 336), stellt heimlich ein amtliches Verkehrsschild auf (NK-*Ostendorf* Rn 12) oder bringt eine Pfandmarke an, um eine Sache als gepfändet erscheinen zu lassen. Bei der Herstellung „amtlicher" Dokumente ist es zur Verwirklichung des § 132 2. Alt. zwar nicht notwendig, dass sie in allen Punkten der vorgeschriebenen Form genügen, soweit die Dokumente amtlich wirken; sind jedoch wesentliche Inhalts- oder Formerfordernisse nicht gewahrt, deren Fehlen die Wirksamkeit echter Dokumente beeinträchtigen würde, fehlt es an der Verwechslungsgefahr (OLG München NStZ-RR 2010, 173 [175]).

Abzugrenzen sind die Tathandlungen von Verhaltensweisen, die zwar nur von 8 zuständigen Hoheitsträgern vollzogen werden dürfen und durch deren Vornahme sich der Täter in hoheitliche Befugnisse einmischt, bei deren Vornahme der Täter aber nicht als Amtsträger auftritt, wie dies etwa beim eigenmächtigen Ablösen einer Pfandmarke der Fall ist (näher hierzu SK-*Rudolphi/Stein* Rn 10 b). Tritt also der Täter offen als Privatmann auf, ist sein Verhalten selbst dann nicht tatbestandsmäßig, wenn die Handlung nur von einem Amtsträger vorgenommen werden darf; etwa: Ein Detektiv, der sich als solcher zu erkennen gibt, durchsucht eine Wohnung (*Küper/Zopfs* Rn 26). Auch das Verfälschen einer amtlichen Urkunde ist nicht einschlägig, weil die Handlung nicht mit dem Anspruch, Amtshandlung zu sein, ausgeführt wird (vgl BGH bei *Holtz* MDR 1993, 719).

9   Nicht einschlägig sind ferner Handlungen, durch die der **Täter** nur den Anschein erweckt, er **selbst sei Betroffener** einer amtlichen Maßnahme, da dies nur staatliche Stellen irritiert, nicht aber das Vertrauen anderer Bürger in die Echtheit (gegen sie gerichteten) hoheitlichen Handelns tangiert. Exemplarisch: Der Täter entfernt von einem fremden Pkw eine Verwarnung wegen Falschparkens und heftet sie zur Täuschung der Polizei an die eigene Windschutzscheibe (LK-*Krauß* Rn 35). Anders wäre es, wenn der Täter eine solche Verwarnung an einem fremden Pkw anbringt.

10 3. Auch ein **Amtsträger** kann **Täter** sein, und zwar iSd 2. Alt., wenn er nicht nur gegen interne Zuständigkeitsregelungen verstößt oder im Rahmen seiner Zuständigkeit pflichtwidrig handelt, sondern **außerhalb seines sachlichen Kompetenzbereichs** tätig wird (vgl BGHSt 3, 241 [244]; BayObLG NJW 2003, 1616 [1617] m. zust. Anm. *Sternberg-Lieben* JR 2004, 74 ff). Erweckt er zudem den Anschein, Inhaber eines anderen, ihm nicht zustehenden Amtes zu sein, erfüllt er auch die 1. Alt. des § 132.

11 4. **Unbefugt** ist bei § 132 objektives Tatbestandsmerkmal, da ein Handeln ohne amtliche Legitimation für das Unrecht konstitutiv ist. Ein Irrtum über die Befugnis ist Tatbestandsirrtum (BGHSt 40, 8 [15]).

12 5. Der **subjektive Tatbestand** verlangt (zumindest bedingten) Vorsatz.

13 **III. Konkurrenzen**: Die erste Tatalternative ist gegenüber der zweiten der speziellere Tatbestand (Gesetzeskonkurrenz), weil sie neben der Tätigkeit auch die Amtsanmaßung verlangt (OLG Stuttgart StraFo 2006, 255; LK-*Krauß* Rn 7, 43).

§ 132 a Mißbrauch von Titeln, Berufsbezeichnungen und Abzeichen

(1) Wer unbefugt
1. inländische oder ausländische Amts- oder Dienstbezeichnungen, akademische Grade, Titel oder öffentliche Würden führt,
2. die Berufsbezeichnung Arzt, Zahnarzt, Psychologischer Psychotherapeut, Kinder- und Jugendlichenpsychotherapeut, Psychotherapeut, Tierarzt, Apotheker, Rechtsanwalt, Patentanwalt, Wirtschaftsprüfer, vereidigter Buchprüfer, Steuerberater oder Steuerbevollmächtigter führt,
3. die Bezeichnung öffentlich bestellter Sachverständiger führt oder
4. inländische oder ausländische Uniformen, Amtskleidungen oder Amtsabzeichen trägt,

wird mit Freiheitsstrafe bis zu einem Jahr oder mit Geldstrafe bestraft.

(2) Den in Absatz 1 genannten Bezeichnungen, akademischen Graden, Titeln, Würden, Uniformen, Amtskleidungen oder Amtsabzeichen stehen solche gleich, die ihnen zum Verwechseln ähnlich sind.

(3) Die Absätze 1 und 2 gelten auch für Amtsbezeichnungen, Titel, Würden, Amtskleidungen und Amtsabzeichen der Kirchen und anderen Religionsgesellschaften des öffentlichen Rechts.

(4) Gegenstände, auf die sich eine Straftat nach Absatz 1 Nr. 4, allein oder in Verbindung mit Absatz 2 oder 3, bezieht, können eingezogen werden.

I. **Zweck** der Vorschrift ist nach hM der Schutz der Allgemeinheit vor Personen, 1
die sich durch den unbefugten Gebrauch falscher Bezeichnungen den Schein besonderer Funktionen, Fähigkeiten und Vertrauenswürdigkeit geben (BGHSt 31, 61 [62]; 36, 277 [279]; OLG Düsseldorf NJW 2000, 1052; KG NJW 2007, 1989 [1990]; *Bolewski* Jura 2006, 921 [923]; MK-*Hohmann* Rn 1 f). Dadurch soll etwa verhindert werden, dass der Gutgläubige Hochstaplern zum Opfer fällt (näher *Bottke*, Lästiger Scherz oder strafbarer Ernst?, 2005, 31 ff). Nicht geschützt sollen dagegen die berechtigten Inhaber entsprechender Titel sein. Die Vorschrift wird ergänzt durch die §§ 124 ff OWiG.

II. **Tatbestand**

1. Ein **Führen** der in Abs. 1 Nr. 1–3 genannten Bezeichnungen setzt voraus, dass 2
sie der Täter im Umgang mit anderen aktiv (ausdrücklich oder konkludent) in Anspruch nimmt. Der Gebrauch muss, damit überhaupt schutzwürdige Interessen der Allgemeinheit verletzt werden, eine gewisse Intensität aufweisen; ein bloßes Dulden der Anrede oder ein einmaliges Verwenden eines Titels im privaten Bereich genügen regelmäßig nicht (BGHSt 26, 267 [268 f]; 31, 61 [62 f]; OLG Saarbrücken NStZ 1992, 236 f; NK-*Ostendorf* Rn 15; ausf. *Bottke*, Lästiger Scherz oder strafbarer Ernst?, 2005, 61 ff, 70 ff: Aussicht auf unverdienten Respekterweis). Entscheidend sind dabei stets die Umstände des Einzelfalles (OLG Zweibrücken NJW 2003, 982 f; OLG Köln NJW 2000, 1053 [1054]; MK-*Hohmann* Rn 27). Nicht ausreichend ist auch das Anbringen einer Arztplakette, um unbehelligt an verbotenen Stellen parken zu können (BayObLG NJW 1979, 2359) oder das Unterzeichnen auf einer vorgefertigten Unterschriftszeile ausschließlich mit seinem Namen, wenn unter der Zeile unzutreffende Berufsbezeichnungen oder Titel stehen (OLG Karlsruhe wistra 2007, 438 [439]).

2. Von **Abs. 1 Nr. 1** werden nur **förmliche Amts- und Dienstbezeichnungen** (zB 3
Studienrat, Universitätsprofessor, Kriminalhauptkommissar) erfasst, nicht aber allgemeine Berufs- oder Funktionsbezeichnungen (zB Lehrer, Hochschullehrer, Kriminalbeamter):

- **Amtsbezeichnungen** sind Bezeichnungen für staatliche und kommunale Ämter (zB Bürgermeister, Richter am Amtsgericht).
- **Dienstbezeichnungen** sind Bezeichnungen für Berufe, die eine öffentliche Zulassung erfordern, aber nicht mit einem öffentlichen Amt verbunden sind (zB vereidigter Buchprüfer, Privatdozent, Referendar).
- **Akademische Grade** sind die von einer deutschen Hochschule verliehenen Titel, Bezeichnungen und Ehrungen (zB Doktortitel, Honorarprofessor, Diplomkaufmann; zu Bachelor- und Masterabschlüssen vgl *Hansalek* JR 2006, 17 ff; zu diplomatischen Amtsbezeichnungen vgl *Bolewski* Jura 2006, 921 [923]; zu Ehrendoktortiteln vgl *Laustetter/Beige* JR 2013, 93 [94 f]).
- **Öffentliche Würden** sind die auf öffentlichem Recht beruhenden Ehrungen (zB Ehrenbürger).

3. Hinsichtlich der **Bekleidung** iSv Abs. 1 Nr. 4 gilt: 4

- **Uniformen** sind bestimmte Kleidungen, deren Tragen gesetzlich geregelt ist (Bundeswehr, Polizei usw).
- **Amtskleidungen** sind aufgrund öffentlich-rechtlicher Bestimmung eingeführte Kleidungen, die zu bestimmten Amtshandlungen getragen werden (zB Richterroben, kirchliche Messgewänder; vgl Abs. 3 und LG Offenburg NJW 2004, 1609; MK-*Hohmann* Rn 20).

- **Amtsabzeichen** sind aufgrund öffentlich-rechtlicher Bestimmung eingeführte Abzeichen, die ihren Träger als Inhaber eines bestimmten Amtes ausweisen (Brustschild, Dienstmütze usw).

5   4. Eine Bezeichnung (usw) ist iSv **Abs. 2 zum Verwechseln ähnlich**, wenn sie nach dem Gesamteindruck eines durchschnittlichen, nicht genau prüfenden Beurteilers als echt erscheinen kann (vgl BGHSt 26, 267 [269]; OLG Köln NJW 2000, 1053 [1054]; VG Berlin JR 2013, 118 [120] m.Anm. *Laufstetter/Beige* JR 2013, 93 [96 ff]; *Bottke*, Lästiger Scherz oder strafbarer Ernst?, 2005, 60 f; *Hansalek* JR 2006, 17 [19]; NK-*Ostendorf* Rn 14); exemplarisch: „Konsul" eines erfundenen Staates (*Fischer* Rn 17).

6   5. **Unbefugt** ist (normatives) Tatbestandsmerkmal (ausf. S/S/W-*Jeßberger* Rn 18 ff). Nimmt der Täter Umstände an, bei deren Vorliegen er zum Führen der Bezeichnung (usw) befugt wäre, handelt er ohne Vorsatz (§ 16 I).

7   6. Der **subjektive Tatbestand** verlangt (zumindest bedingten) Vorsatz.

§ 133 Verwahrungsbruch

(1) Wer Schriftstücke oder andere bewegliche Sachen, die sich in dienstlicher Verwahrung befinden oder ihm oder einem anderen dienstlich in Verwahrung gegeben worden sind, zerstört, beschädigt, unbrauchbar macht oder der dienstlichen Verfügung entzieht, wird mit Freiheitsstrafe bis zu zwei Jahren oder mit Geldstrafe bestraft.

(2) Dasselbe gilt für Schriftstücke oder andere bewegliche Sachen, die sich in amtlicher Verwahrung einer Kirche oder anderen Religionsgesellschaft des öffentlichen Rechts befinden oder von dieser dem Täter oder einem anderen amtlich in Verwahrung gegeben worden sind.

(3) Wer die Tat an einer Sache begeht, die ihm als Amtsträger oder für den öffentlichen Dienst besonders Verpflichteten anvertraut worden oder zugänglich geworden ist, wird mit Freiheitsstrafe bis zu fünf Jahren oder mit Geldstrafe bestraft.

1   I. Die Vorschrift dient nach hM dem **Schutz des amtlichen Verwahrungsbesitzes** und damit auch dem allgemeinen Vertrauen in die Sicherheit einer solchen Aufbewahrung (BGHSt 5, 155 [159 f]; 35, 340 [341]; 38, 381 [386]; *Fischer* Rn 2; vgl auch NK-*Ostendorf* Rn 4).

II. Tatbestand

2   1. **Täter** kann jeder sein, auch der Eigentümer der Sache oder ein Dritter, dem die Sache zwecks Aufbewahrung dienstlich übergeben worden ist.

3   2. Als **Tatobjekte** kommen bewegliche Sachen aller Art in Betracht, soweit es auf ihre **körperliche Identität** ankommt (und sie nicht nur der Gattung nach zurückgegeben werden sollen). Die Eigentumsverhältnisse sind ohne Belang. Gesondert genannt werden Schriftstücke; sie müssen keine Urkundenqualität haben.

4   3. Eine Sache befindet sich in **dienstlicher Verwahrung** („fürsorglichem Amtsgewahrsam"), wenn sie von einem Hoheitsträger in Gewahrsam genommen wurde, um sie für die Dauer des amtlichen Besitzes in ihrem Bestand unversehrt zu er-

halten und vor unbefugtem Zugriff zu bewahren (BGHSt 18, 312 [313]; BayObLG JZ 1988, 726; MK-*Hohmann* Rn 6). Exemplarisch: Behördenakten, Examensarbeiten in der Obhut des Prüfers, beschlagnahmte Gegenstände, amtlich aufbewahrte Blutproben (vgl zum Verwahrungsverhältnis einer Friedhofsverwaltung an Verbrennungsrückständen von Verstorbenen OLG Nürnberg NJW 2010, 2071 [2072] m. Bspr *Kudlich* JA 2010, 226 [(228)]; OLG Hamburg NJW 2012, 1601 [1604] m.Anm. *Stoffers*). Gepfändete Gegenstände sind verwahrt, wenn sie der Gerichtsvollzieher zur Pfandkammer bringt, nicht aber, wenn er sie gemäß § 808 II ZPO im Gewahrsam des Schuldners belässt (NK-*Ostendorf* Rn 14; S/S-*Sternberg-Lieben* Rn 9).

a) Für die hoheitliche Verwahrung kommt es auf deren **rechtliche Wirksamkeit** 5 an; formelle oder materielle Rechtsfehler können daher unbeachtlich sein.

b) Als **Hoheitsträger** kommen u.a. Behörden, Anstalten, Körperschaften, Amts- 6 träger in Betracht. Ihnen werden in **Abs. 2** Kirchen und andere Religionsgemeinschaften des öffentlichen Rechts gleichgestellt. Sendungen mit Post und Bahn sind seit deren Privatisierung nicht mehr „dienstlich" verwahrt (NK-*Ostendorf* Rn 12).

c) Der **Verwahrungsort** kann auch ein nichtdienstlicher sein. 7

d) Das Inventar einer Behörde und der sonstige Amtsbesitz (Büromaterial, 8 Brennstoffe usw), der nicht um seiner besonderen Bestandserhaltung willen hoheitlich verwahrt wird (sog. **allgemeiner Gewahrsam** ohne spezifische Zweckbindung), unterfällt **nicht** dem Tatbestand (SK-*Rudolphi/Stein* Rn 6 a). Auch das zur Auszahlung bereitgehaltene Geld in öffentlichen Kassen (BGHSt 18, 312 [314]), Bücher in staatlichen Bibliotheken, Ausstellungsobjekte in öffentlichen Museen sowie Gegenstände, die zur Veräußerung oder zur Vernichtung vorgesehen sind (BGHSt 9, 64 f; 33, 190), fallen nicht unter den Tatbestand.

4. Als Personen, denen Sachen **dienstlich in Verwahrung gegeben** werden kön- 9 nen, kommen **neben Amtsträgern** auch **Privatpersonen** als Inhaber dienstlicher Herrschaftsgewalt in Betracht, wenn ihnen die Sache zu diesem Zweck **aufgrund einer hoheitlichen Anordnung** übergeben wird. Exemplarisch: Ein privater Unternehmer schleppt im Auftrag der Polizei ein Kfz ab und parkt es auf seinem Betriebsgelände (BayObLG NJW 1992, 1399). Oder: Einem Rechtsanwalt werden zur Einsichtnahme in seiner Kanzlei Gerichtsakten ausgehändigt.

5. **Tathandlungen** sind das Zerstören (§ 303 Rn 10), Beschädigen (§ 303 Rn 6 ff), 10 Unbrauchbarmachen oder der dienstlichen Verfügung Entziehen.

a) Das Tatobjekt ist **unbrauchbar gemacht**, wenn es seinen Zweck nicht mehr er- 11 füllen kann. Ein Tonband wird zB gelöscht (MK-*Hohmann* Rn 15).

b) Eine Sache ist der **dienstlichen Verfügung entzogen**, wenn dem (Allein- oder 12 Mit-)Berechtigten die Möglichkeit des ungehinderten Zugriffs zur bestimmungsgemäßen Verwendung genommen oder erheblich erschwert wird; zB durch Beiseiteschaffen, aber auch durch Verstecken innerhalb der Amtsräume (LK-*Krauß* Rn 26 f; nach BGHSt 35, 340 [341 f] noch nicht gegeben, wenn der Berechtigte die Sache zwar suchen muss, sie dann aber leicht und ohne Hindernisse auffinden kann). Einschlägig ist auch das pflichtwidrige Überlassen von Akten an Dritte, wenn hierdurch die dienstliche Verfügungsmöglichkeit (zB des Vorgesetzten) zeitweilig beseitigt wird.

Ein Entziehen verlangt eine Beseitigung der Verfügungsmöglichkeit **gegen den** 13 **Willen** des Berechtigten, so dass dessen (nach hM auch täuschungsbedingtes)

Einverständnis das Merkmal entfallen lässt (vgl BGH bei *Holtz* MDR 1993, 719; OLG Düsseldorf NStZ 1981, 25 f; MK-*Hohmann* Rn 18; S/S-*Sternberg-Lieben* Rn 15). Zu beachten ist jedoch, dass bei Behörden der Dienstvorgesetzte regelmäßig (Mit-)Berechtigter ist und der Entzug daher gegen dessen Willen erfolgen kann (zur Tat durch einen Behördenleiter vgl BGHSt 33, 190 [193 ff]).

14 6. Der **subjektive Tatbestand** verlangt (zumindest bedingten) Vorsatz.

15 III. **Abs. 3** formuliert einen **Qualifikationstatbestand**, der eingreift, wenn der Täter ein Amtsträger (§ 11 I Nr. 2) oder für den öffentlichen Dienst besonders Verpflichteter (§ 11 I Nr. 4) ist und ihm die Sache in dieser Eigenschaft anvertraut oder zugänglich gemacht wurde.

16 Die Sache ist dem Amtsträger **anvertraut**, wenn er die fürsorgliche Verfügungsmacht über sie in seiner amtlichen Eigenschaft kraft dienstlicher Anordnung erhält (BGHSt 3, 304 [305 f]; 38, 381 [387]; NK-*Ostendorf* Rn 9).

§ 134 Verletzung amtlicher Bekanntmachungen

Wer wissentlich ein dienstliches Schriftstück, das zur Bekanntmachung öffentlich angeschlagen oder ausgelegt ist, zerstört, beseitigt, verunstaltet, unkenntlich macht oder in seinem Sinn entstellt, wird mit Freiheitsstrafe bis zu einem Jahr oder mit Geldstrafe bestraft.

1 I. Die Vorschrift **bezweckt** die Sicherstellung einer unbeeinflussten und vollständigen Kenntnisnahme der Bekanntmachungen öffentlicher Dienststellen durch die Bevölkerung, indem sie die der staatlichen Informationsaufgabe dienenden Schriftstücke vor Beeinträchtigungen schützt (vgl BT-Drucks. 7/550, 224; LK-*Krauß* Rn 1; NK-*Ostendorf* Rn 3).

2 II. **Tatobjekt** ist ein **dienstliches Schriftstück**, dh ein von einer Behörde oder anderen Dienststelle öffentlich-rechtlicher Körperschaften oder Anstalten angefertigtes Schriftstück amtlichen, nicht notwendigerweise hoheitlich anordnenden Inhalts (NK-*Ostendorf* Rn 6). Nach hM (S/S-*Sternberg-Lieben* Rn 1; diff. NK-*Ostendorf* Rn 7; SK-*Rudolphi/Stein* Rn 8) fallen dabei Schriftstücke offensichtlich verfassungs- oder gesetzeswidrigen Inhalts nicht in den Schutzbereich des § 134. Das Schriftstück ist zur **Bekanntmachung öffentlich angeschlagen oder ausgelegt**, wenn die Allgemeinheit Kenntnis nehmen kann und soll (MK-*Hohmann* Rn 9 f). Mitteilungen an einzelne Personen, wie im Falle eines polizeilichen Verwarnungszettels, sind nicht einschlägig (NK-*Ostendorf* Rn 8).

3 **Tathandlungen** sind das **Zerstören** (§ 303 Rn 10), Beseitigen, Verunstalten, Unkenntlichmachen oder Sinnentstellen. **Beseitigen** ist das Entfernen des Schriftstücks von seinem Ort gegen den Willen des Berechtigten (L-Kühl-*Kühl* Rn 4). **Verunstalten, Unkenntlichmachen** und **Sinnentstellen** sind Einwirkungen auf den Inhalt der Aussage (MK-*Hohmann* Rn 12 f).

4 Der Täter muss **wissentlich**, also mit direktem Vorsatz, handeln.

5 III. **Konkurrenzen**: Tateinheit ist möglich mit §§ 242, 267, 274. Hingegen tritt § 303 in Gesetzeskonkurrenz zurück.

§ 135 (weggefallen)

§ 136 Verstrickungsbruch; Siegelbruch

(1) Wer eine Sache, die gepfändet oder sonst dienstlich in Beschlag genommen ist, zerstört, beschädigt, unbrauchbar macht oder in anderer Weise ganz oder zum Teil der Verstrickung entzieht, wird mit Freiheitsstrafe bis zu einem Jahr oder mit Geldstrafe bestraft.

(2) Ebenso wird bestraft, wer ein dienstliches Siegel beschädigt, ablöst oder unkenntlich macht, das angelegt ist, um Sachen in Beschlag zu nehmen, dienstlich zu verschließen oder zu bezeichnen, oder wer den durch ein solches Siegel bewirkten Verschluß ganz oder zum Teil unwirksam macht.

(3) ¹Die Tat ist nicht nach den Absätzen 1 und 2 strafbar, wenn die Pfändung, die Beschlagnahme oder die Anlegung des Siegels nicht durch eine rechtmäßige Diensthandlung vorgenommen ist. ²Dies gilt auch dann, wenn der Täter irrig annimmt, die Diensthandlung sei rechtmäßig.

(4) § 113 Abs. 4 gilt sinngemäß.

I. Allgemeines

Die Vorschrift dient insgesamt dem **Schutz der staatlichen Sicherungs- und Dokumentationsaufgabe** (NK-*Ostendorf* Rn 3; Überblick bei S/S/W-*Jeßberger* Rn 2 f). Hierbei garantiert der in Abs. 1 formulierte Verstrickungsbruch als Verletzungsdelikt die durch staatliche Pfändung oder Beschlagnahme begründete staatliche Herrschaftsgewalt über eine Sache (BGHSt 5, 155 [157]). Der in Abs. 2 normierte Siegelbruch schützt dagegen die amtliche Herrschaft über Sachen vor der (konkreten) Gefährdung, die in der Beeinträchtigung der Unversehrtheit des dienstlichen Siegels als eines äußeren Zeichens eben dieser Herrschaft liegt (vgl OLG Köln NStZ 1987, 330; vgl auch SK-*Rudolphi/Stein* Rn 2). Die Gegenansicht schreibt § 136 II einen von Abs. 1 unabhängigen Schutzzweck zu; es werde hier das Siegel, unabhängig von der Wirksamkeit der Verstrickung, als äußeres Zeichen amtlicher Herrschaft geschützt (*Geppert* Jura 1987, 35; LK-*Krauß* Rn 1). Übereinstimmend werden private Interessen nicht als vom Schutzzweck erfasst angesehen; insoweit sind die Vermögensdelikte der §§ 283 ff, 288 und 289 einschlägig. 1

II. Verstrickungsbruch (Abs. 1)

1. Verstrickung ist die durch den Hoheitsakt geschaffene amtliche Verfügungsgewalt; sie bedingt ein relatives Veräußerungsverbot (§§ 135, 136 BGB). Ist die Verstrickung entstanden, schadet es nicht, wenn sie – etwa infolge Abfallens der Pfandmarke – nicht mehr nach außen erkennbar ist. 2

a) **Geschützt** sind bewegliche und unbewegliche Sachen (Grundstücke), nicht aber Forderungen. 3

b) Die Verstrickung wird durch **staatliche Beschlagnahme** bewirkt. Exemplarisch: Beschlagnahme nach §§ 94 ff, 111 b ff StPO (und zwar nicht schon durch die Anordnung, sondern erst durch Sicherstellung der Sache, vgl BGHSt 15, 149 f). 4

5 c) Die **Pfändung** ist ein Unterfall der Beschlagnahme und setzt voraus, dass die allgemeinen wie auch die für die spezifische Pfändungsart erforderlichen Voraussetzungen vorliegen (vgl §§ 704 ff, 724 ff, 750, 808 ff, 864 ff ZPO).

6 d) Nach hM führen – in Parallele zur Wirksamkeit von Verwaltungsakten – Pfändungen auch bei **Vollstreckungsfehlern** zu einer wirksamen, wenngleich anfechtbaren (vgl § 766 ZPO) Verstrickung, es sei denn, dass die Vollstreckungshandlung wegen grundlegender Mängel nichtig ist (zB Fehlen eines Vollstreckungstitels; Verstoß gegen § 808 II S. 2 ZPO). Als wirksam angesehen wird die Pfändung von schuldnerfremden oder nach § 811 ZPO unpfändbaren Sachen.

7 2. **Tathandlungen** sind das Zerstören (§ 303 Rn 10), Beschädigen (§ 303 Rn 6 ff), Unbrauchbarmachen (§ 133 Rn 11) oder das sonstige Entziehen.

8 Die Sache ist **ganz oder zum Teil der Verstrickung entzogen**, wenn die durch die Beschlagnahme begründete amtliche Verfügungsgewalt dauernd oder vorübergehend aufgehoben wird (RGSt 15, 205 [206]). Exemplarisch: Verkauf und Übergabe der Sache an einen Dritten. Die bloße Weiternutzung einer beim Schuldner belassenen gepfändeten Sache ohne Beeinträchtigung der Zugriffsmöglichkeit (und des Wertes, str.) ist nicht tatbestandsmäßig (LK-*Krauß* Rn 25). Für die Entziehung ist eine räumliche Entfernung der Sache weder erforderlich noch als solche ausreichend.

9 3. **Täter** kann neben dem durch die Beschlagnahme Betroffenen jeder Dritte sein. Ob auch der Gerichtsvollzieher oder ein sonstiger Amtsträger durch Freigabe der Sache den Tatbestand verwirklichen kann, ist umstritten, bei Handeln im Rahmen der formellen Befugnis aber wohl zu verneinen (näher hierzu SK-*Rudolphi/Stein* Rn 13, 15 mwN).

10 4. Der **subjektive Tatbestand** verlangt (zumindest bedingten) Vorsatz.

III. Siegelbruch (Abs. 2)

11 1. **Tatobjekt** ist ein dienstliches Siegel. **Siegel** bedeutet hier den Abdruck eines Siegels aus einem beliebigen Material. Das Siegel ist **dienstlich**, wenn es von einer staatlichen Stelle (Behörde, Anstalt des öffentlichen Rechts usw) im Rahmen ihrer Tätigkeit verwendet wird. Der Siegelabdruck muss dazu dienen, Sachen zu beschlagnahmen, dienstlich zu verschließen oder zu bezeichnen. Exemplarisch: Plombenverschluss an einem öffentlichen Feuermelder (RGSt 65, 133 [134]), Stempel des Fleischbeschauers (RGSt 39, 367), Stempel auf Kfz-Schildern, Pfandanzeige des Gerichtsvollziehers (RGSt 34, 398 [399]; vgl zum Ganzen auch *Kuhr*, Siegelbruch [§ 136 StGB], 2005, 5 ff; zu ausländischen Siegeln siehe S/S/W-*Jeßberger* Rn 11).

12 2. Ein Siegel ist **angelegt**, wenn zwischen ihm und seinem Bezugsobjekt eine mechanische Verbindung besteht. Das Anheften mit einer Stecknadel (BGH MDR 1952, 658) oder das Aufkleben der Siegelmarke bei der Pfändung (§ 808 II S. 2 ZPO) genügt. Da nur die Verbindung zwischen Siegel und Bezugsobjekt geschützt ist, kann der Tatbestand nicht mehr durch bloßes Beschädigen eines abgefallenen Siegels verwirklicht werden (vgl dagegen Rn 2). Zur Wirksamkeit der Siegelung gelten die zum Verstrickungsbruch genannten Grundsätze entsprechend (vgl Rn 6).

13 3. Als **Tathandlungen** kommen das (vorsätzliche) Beschädigen, Ablösen oder Unkenntlichmachen des Siegels in Betracht, aber auch alle Handlungen, durch die der mit dem Siegel bewirkte Verschluss zumindest teilweise aufgehoben wird. Bei

der letztgenannten Variante kann das Siegel unverändert an Ort und Stelle bleiben, wenn nur der mit der Siegelanlegung bezweckte dienstliche **Verschluss** überwunden wird; etwa: Der Täter steigt in einen Raum ein, dessen Tür versiegelt ist (MK-*Hohmann* Rn 27; NK-*Ostendorf* Rn 14; SK-*Rudolphi/Stein* Rn 23).

IV. Rechtmäßigkeit (Abs. 3, 4)

Abs. 3 enthält eine dem § 113 III entsprechende Regelung (vgl dort Rn 17 ff); Abs. 4 ordnet die sinngemäße Anwendung von § 113 IV an (vgl dort Rn 29 ff). Demzufolge sind auch hier die dort existenten Streitfragen von Belang. 14

Bei Anwendung des strafrechtlichen Rechtswidrigkeitsbegriffs (§ 113 Rn 19 ff) ist zu klären, inwieweit der Bruch einer wirksamen, aber prozessual fehlerhaften Verstrickung zur Straflosigkeit führt (vgl LK-*Krauß* Rn 46; *Kuhr*, Siegelbruch [§ 136 StGB], 2005, 48 ff; NK-*Ostendorf* Rn 16 ff). Bei Zugrundelegung des vollstreckungsrechtlichen Rechtmäßigkeitsbegriffs (§ 113 Rn 26) ist zu beachten, dass die Pfändung schuldnerfremder Sachen prozessual rechtmäßig sein kann (§ 808 I ZPO stellt nur auf den Gewahrsam ab). 15

V. **Konkurrenzen:** Bei gleichzeitiger Verwirklichung beider Tatbestände tritt die Tat nach Abs. 2 als Gefährdungsdelikt im Wege der Subsidiarität hinter die Tat nach Abs. 1 zurück (*Arzt/Weber/Heinrich/Hilgendorf* § 45/88; NK-*Ostendorf* Rn 22; SK-*Rudolphi/Stein* Rn 31). Wird dagegen den beiden Tatbeständen ein unterschiedlicher Schutzzweck zugeschrieben, ist Tateinheit anzunehmen (*Geppert/Weaver* Jura 2000, 49; LK-*Krauß* Rn 53; S/S-*Sternberg-Lieben* Rn 35). 16

§ 137 (weggefallen)

§ 138 Nichtanzeige geplanter Straftaten

(1) Wer von dem Vorhaben oder der Ausführung
1. (aufgehoben)
2. eines Hochverrats in den Fällen der §§ 81 bis 83 Abs. 1,
3. eines Landesverrats oder einer Gefährdung der äußeren Sicherheit in den Fällen der §§ 94 bis 96, 97 a oder 100,
4. einer Geld- oder Wertpapierfälschung in den Fällen der §§ 146, 151, 152 oder einer Fälschung von Zahlungskarten mit Garantiefunktion und Vordrucken für Euroschecks in den Fällen des § 152 b Abs. 1 bis 3,
5. eines Mordes (§ 211) oder Totschlags (§ 212) oder eines Völkermordes (§ 6 des Völkerstrafgesetzbuches) oder eines Verbrechens gegen die Menschlichkeit (§ 7 des Völkerstrafgesetzbuches) oder eines Kriegsverbrechens (§§ 8, 9, 10, 11 oder 12 des Völkerstrafgesetzbuches) oder eines Verbrechens der Aggression (§ 13 des Völkerstrafgesetzbuches),
6. einer Straftat gegen die persönliche Freiheit in den Fällen des § 232 Absatz 3 Satz 2, des § 232 a Absatz 3, 4 oder 5, des § 232 b Absatz 3 oder 4, des § 233 a Absatz 3 oder 4, jeweils soweit es sich um Verbrechen handelt, der §§ 234, 234 a, 239 a oder 239 b,
7. eines Raubes oder einer räuberischen Erpressung (§§ 249 bis 251 oder 255) oder

8. einer gemeingefährlichen Straftat in den Fällen der §§ 306 bis 306 c oder 307 Abs. 1 bis 3, des § 308 Abs. 1 bis 4, des § 309 Abs. 1 bis 5, der §§ 310, 313, 314 oder 315 Abs. 3, des § 315 b Abs. 3 oder der §§ 316 a oder 316 c

zu einer Zeit, zu der die Ausführung oder der Erfolg noch abgewendet werden kann, glaubhaft erfährt und es unterläßt, der Behörde oder dem Bedrohten rechtzeitig Anzeige zu machen, wird mit Freiheitsstrafe bis zu fünf Jahren oder mit Geldstrafe bestraft.

(2) ¹Ebenso wird bestraft, wer
1. von der Ausführung einer Straftat nach § 89 a oder
2. von dem Vorhaben oder der Ausführung einer Straftat nach § 129 a, auch in Verbindung mit § 129 b Abs. 1 Satz 1 und 2,

zu einer Zeit, zu der die Ausführung noch abgewendet werden kann, glaubhaft erfährt und es unterlässt, der Behörde unverzüglich Anzeige zu erstatten. ²§ 129 b Abs. 1 Satz 3 bis 5 gilt im Fall der Nummer 2 entsprechend.

(3) Wer die Anzeige leichtfertig unterläßt, obwohl er von dem Vorhaben oder der Ausführung der rechtswidrigen Tat glaubhaft erfahren hat, wird mit Freiheitsstrafe bis zu einem Jahr oder mit Geldstrafe bestraft.

1 I. 1. Die Vorschrift **schützt** zunächst mittelbar die Rechtsgüter, die von den Normen gesichert werden, deren drohende Verletzung durch die Benachrichtigung verhindert werden soll (LK-*Hanack* Rn 2; *Kisker*, Die Nichtanzeige geplanter Straftaten – §§ 138, 139 StGB, 2002, 173 f; NK-*Ostendorf* Rn 3; SK-*Rudolphi/ Stein* Rn 2). Nach verbreiteter Meinung soll daneben auch die Rechtspflege in ihrer Funktion, Verbrechen zu verhüten, geschützt werden (*Tröndle* 48. Aufl. Rn 1 mwN). Hiergegen spricht zunächst, dass die Funktionsfähigkeit der Rechtspflege nicht von der Anzeigenerstattung abhängt, so dass deren Unterlassen auch nicht die Rechtspflege schädigen kann. Ferner kann der Täter seiner Pflicht aus § 138 (vom Fall des Abs. 2 abgesehen) auch dadurch nachkommen, dass er den Bedrohten selbst über die anstehende Straftat informiert. Und schließlich enthält § 138 auch eine Anzeigepflicht für die Tat eines Unzurechnungsfähigen, der von der Rechtsordnung keine Bestrafung zu befürchten hätte. § 138 ist ein **echtes Unterlassungsdelikt**. Die Anzeigepflicht setzt daher keine Garantenstellung voraus; umgekehrt darf aus der Vorschrift keine Garantenstellung zur Verhinderung der anzuzeigenden Delikte abgeleitet werden.

2 2. Deliktsaufbau:
   A) Tatbestand:
      I. Objektiver Tatbestand:
         1. Anzeigepflicht:
           a) eine konkret geplante oder bereits ausgeführte Katalogtat nach Abs. 1 oder 2
           b) glaubhafte Kenntniserlangung zum Zeitpunkt der Abwendbarkeit
           c) durch eine Person, die weder das ausschließliche Opfer der geplanten Tat (Rn 8) noch an ihr beteiligt ist (Rn 4 ff) und nicht die Voraussetzungen von § 139 II und III erfüllt

2. Tathandlung:
   a) Unterlassen der Anzeige
   b) an zuständige Behörde oder (nur bei Abs. 1) den Bedrohten selbst
   c) bei Abs. 1 rechtzeitig / bei Abs. 2 unverzüglich (Rn 10)
   d) keine anderweitige Verhinderung iSv § 139 IV
 II. Subjektiver Tatbestand:
   1. Vorsatz bzgl Abs. 1 S. 1 (Rn 11)
   2. Vorsatz oder Leichtfertigkeit (Abs. 3) bzgl Abs. 1 S. 2 (Rn 12)
B) Rechtswidrigkeit
C) Schuld

II. Tatbestand: 1. Die Vorschrift betrifft allein die Nichtanzeige bestimmter **ge-** 3 **planter Straftaten**. Die Nichtanzeige begangener Straftaten ist – jetzt unter der Voraussetzung, dass der Täter eine entsprechende Garantenstellung hat – allenfalls nach §§ 258, 258 a, 13 strafbar (zu der mit § 12 III in Widerspruch stehenden Neuregelung des Abs. 1 Nr. 6 vgl *Schroeder* GA 2005, 307 f).

2. Anzeigepflicht: a) § 138 gilt nach hM **nur für fremde Straftaten**; Beteiligte sind 4 nicht anzeigepflichtig, und zwar auch dann nicht, wenn sie strafbefreiend zurückgetreten sind und/oder an der Straftat nur im Vorbereitungsstadium mitgewirkt haben (BGHSt 36, 167 [169 ff]; 39, 164 [167]; BGH NStZ 1982, 244; S/S/W-*Jeßberger* Rn 22; NK-*Ostendorf* Rn 7; *Piatkowski/Saal* JuS 2005, 979 [984]; S/S-*Sternberg-Lieben* Rn 20/21; einschr. LK-*Hanack* Rn 44).

Eine Mindermeinung (*Fischer* Rn 16 ff; LK-*Hanack* Rn 2, 75; SK-*Rudolphi/Stein* 5 Rn 5, 10, 15) erstreckt die Anzeigepflicht auf Beteiligte, lässt § 138 aber als subsidiär hinter das jeweilige Delikt zurücktreten (SK-*Rudolphi/Stein* Rn 5, 10; *Rudolphi* Roxin-FS I 827 [835 f] mwN). Demnach kommen nur solche Beteiligte als Täter des § 138 in Betracht, die – aus welchen Gründen auch immer (zB wegen Nichterweislichkeit der Katalogtat) – nicht wegen der anzuzeigenden Tat strafbar sind.

b) Lässt sich **nicht klären**, ob jemand Gehilfe an einer geplanten Katalogtat iSv 6 § 138 ist oder nicht, so war der Betreffende nach bislang hM straflos: Zu seinen Gunsten wurde der Grundsatz in dubio pro reo zweimal – bezüglich der Katalogtat wie auch der Tatbestandsverwirklichung des § 138 – angewendet. Wegen der mangelnden Unrechtsverwandtschaft sollte auch eine wahlweise Verurteilung nicht möglich sein (BGHSt 39, 164 [167] m. zust. Anm. *Tag* JR 1995, 133 [136]; BGH StV 1988, 202; MK-*Hohmann* Rn 25; NK-*Ostendorf* Rn 8, 25).

Diese Rechtsprechung hat der BGH nunmehr ausdrücklich aufgegeben (NJW 7 2010, 2291 [2229] m. krit. Anm. *Schiemann*; bereits angekündigt in einem obiter dictum BGH NStZ 2004, 499 [500]; krit. *Stuckenberg* Wolter-FS 661 [664 f]). Eine doppelte Anwendung des Grundsatzes in dubio pro reo sei in dem vorliegenden Fall nicht geboten, da zwischen der Katalogtat und § 138 ein normativ-ethisches Stufenverhältnis bestünde, so dass ggf unter Berücksichtigung des Zweifelsatzes nach dem milderen Gesetz verurteilt werden könnte. Da § 138 die Rechtsgüter der genannten Katalogtaten mittelbar schütze, gehe der Unrechtsgehalt des § 138 vollständig im Katalogtat auf.

Mit diesen Ausführungen hat sich der 5. Strafsenat des BGH einer bisherigen Mindermeinung angenähert, wonach zwischen der Beteiligung an der geplanten Straftat und § 138 (als Auffangtatbestand) ein Stufenverhältnis besteht, mit der

Folge, dass bei Unklarheit über die Beteiligung wegen des minder schweren Delikts nach § 138 zu bestrafen ist (BGH NStZ 2004, 499 f; *Fischer* Rn 20 a; LK-*Hanack* Rn 74 f; *Rudolphi* Roxin-FS I 827 [836 f]; M-*Schroeder/Maiwald* II § 98/17; iE auch *Joerden* Jura 1990, 633 [640 f]: Postpendenzfeststellung; vgl auch *Mitsch* NStZ 2004, 395 [396]). Diese Auffassung ist insbesondere konsequent, wenn § 138 nicht auch als Delikt gegen die Rechtspflege, sondern nur als Delikt gegen die durch die anzeigepflichtigen Straftaten verletzten Güter angesehen wird.

8 c) Der **Bedrohte** ist nicht anzeigepflichtig, soweit nur er allein potenzielles Opfer der geplanten Tat ist. Dies folgt bereits aus dem Umstand, dass zur Erfüllung der Anzeigepflicht die Mitteilung an den Bedrohten ausreicht.

9 **3. Vorhaben** ist jeder ernstliche Plan, eine in ihren Umrissen festgelegte Tat zu begehen.

10 **4. Rechtzeitig**: Anders als Abs. 2 verlangt Abs. 1 nicht, dass die Anzeige **unverzüglich** – dh ohne schuldhafte Verzögerung – erstattet wird; die Anzeige muss vielmehr bei Abs. 1 in dem Sinne rechtzeitig sein, dass Ausführung oder Erfolg der geplanten Tat noch abgewendet werden können (BGHSt 42, 86 [88]; NK-*Ostendorf* Rn 14; enger *Rudolphi* Roxin-FS I 827 [837]: optimale Eignung zur Verhinderung der Straftat).

11 **5. Subjektiver Tatbestand**: Die Tat ist Vorsatzdelikt; ein Irrtum über die Rechtzeitigkeit führt zum Vorsatzausschluss. Erforderlich ist eine glaubhafte Kenntnis von dem Vorhaben oder der Ausführung einer der tatbestandlich genannten Katalogtaten.

12 Nach **Abs. 3** wird das Vorsatzerfordernis dergestalt eingeschränkt, dass Leichtfertigkeit (§ 15 Rn 93 f) hinsichtlich des Unterlassens der Anzeige ausreicht; der Täter vergisst zB leichtfertig, die Anzeige abzusenden, oder hält sie leichtfertig für zwecklos (näher, auch zur geschichtlichen Entwicklung *Kisker*, Die Nichtanzeige geplanter Straftaten – §§ 138, 139 StGB, 2002, 185 ff).

§ 139 Straflosigkeit der Nichtanzeige geplanter Straftaten

(1) Ist in den Fällen des § 138 die Tat nicht versucht worden, so kann von Strafe abgesehen werden.

(2) Ein Geistlicher ist nicht verpflichtet anzuzeigen, was ihm in seiner Eigenschaft als Seelsorger anvertraut worden ist.

(3) ¹Wer eine Anzeige unterläßt, die er gegen einen Angehörigen erstatten müßte, ist straffrei, wenn er sich ernsthaft bemüht hat, ihn von der Tat abzuhalten oder den Erfolg abzuwenden, es sei denn, daß es sich um
1. einen Mord oder Totschlag (§§ 211 oder 212),
2. einen Völkermord in den Fällen des § 6 Abs. 1 Nr. 1 des Völkerstrafgesetzbuches oder ein Verbrechen gegen die Menschlichkeit in den Fällen des § 7 Abs. 1 Nr. 1 des Völkerstrafgesetzbuches oder ein Kriegsverbrechen in den Fällen des § 8 Abs. 1 Nr. 1 des Völkerstrafgesetzbuches oder
3. einen erpresserischen Menschenraub (§ 239 a Abs. 1), eine Geiselnahme (§ 239 b Abs. 1) oder einen Angriff auf den Luft- und Seeverkehr (§ 316 c Abs. 1) durch eine terroristische Vereinigung (§ 129 a, auch in Verbindung mit § 129 b Abs. 1)

handelt. ²Unter denselben Voraussetzungen ist ein Rechtsanwalt, Verteidiger, Arzt, Psychologischer Psychotherapeut oder Kinder- und Jugendlichenpsychotherapeut nicht verpflichtet anzuzeigen, was ihm in dieser Eigenschaft anvertraut worden ist. ³Die berufsmäßigen Gehilfen der in Satz 2 genannten Personen und die Personen, die bei diesen zur Vorbereitung auf den Beruf tätig sind, sind nicht verpflichtet mitzuteilen, was ihnen in ihrer beruflichen Eigenschaft bekannt geworden ist.

(4) ¹Straffrei ist, wer die Ausführung oder den Erfolg der Tat anders als durch Anzeige abwendet. ²Unterbleibt die Ausführung oder der Erfolg der Tat ohne Zutun des zur Anzeige Verpflichteten, so genügt zu seiner Straflosigkeit sein ernsthaftes Bemühen, den Erfolg abzuwenden.

Die Vorschrift nennt eine Reihe von Voraussetzungen, unter denen die Nichtanzeige einer geplanten Straftat straflos ist, namentlich wenn 1

- die Katalogtat nicht ins Versuchsstadium gelangt ist (Abs. 1),
- der Verpflichtete Ausführung oder Erfolg der Tat auf andere Weise als durch eine Anzeige abwendet (hierzu MK-*Hohmann* Rn 25; *Kisker*, Die Nichtanzeige geplanter Straftaten – §§ 138, 139 StGB, 2002, 206 ff),
- die Anzeige gegen einen Angehörigen zu erstatten ist und der Verpflichtete sich ernsthaft bemüht, jenen von der Tat abzuhalten (hier aber Ausnahmen für bestimmte Kapitalverbrechen beachten).

§ 140 Belohnung und Billigung von Straftaten

Wer eine der in § 138 Absatz 1 Nummer 2 bis 4 und 5 letzte Alternative in[1] § 126 Abs. 1 genannten rechtswidrigen Taten oder eine rechtswidrige Tat nach § 176 Abs. 3, nach den §§ 176 a und 176 b, nach § 177 Absatz 4 bis 8 oder nach § 178, nachdem sie begangen oder in strafbarer Weise versucht worden ist,
1. belohnt oder
2. in einer Weise, die geeignet ist, den öffentlichen Frieden zu stören, öffentlich, in einer Versammlung oder durch Verbreiten von Schriften (§ 11 Abs. 3) billigt,

wird mit Freiheitsstrafe bis zu drei Jahren oder mit Geldstrafe bestraft.

I. Das von § 140 umschriebene abstrakte Gefährdungsdelikt soll verhindern, dass 1
durch die Belohnung oder die den öffentlichen Frieden gefährdende Billigung rechtswidriger Taten eine Atmosphäre geschaffen wird, welche die Begehung gleichartiger Delikte begünstigt (NK-*Ostendorf* Rn 3; SK-*Rudolphi/Stein* Rn 2; abw. MK-*Hohmann* Rn 2; krit. im Hinblick auf §§ 176 ff. *Duttge/Hörnle/Renzikowski* NJW 2004, 1065 [1068]). Zweck der Vorschrift ist somit die Erhaltung des **öffentlichen Friedens** und der Schutz des **Rechtssicherheitsgefühls** der Bevölkerung (BGHSt 22, 282 [285]).

II. Der Tatbestand setzt die Begehung einer der ausdrücklich genannten oder in 2
§ 138 I Nr. 1 bis 4 oder in § 126 I aufgeführten **rechtswidrigen Taten** voraus. Ein Versuch genügt, wenn dieser als solcher strafbar ist. Trotz der missverständlichen Formulierung des Gesetzeswortlauts „in strafbarer Weise versucht worden ist"

---

1 Richtig wohl: „und in".

folgt aus dem Oberbegriff der „rechtswidrigen Tat", dass eine Strafbarkeit des konkreten Täters wegen des Versuchs nicht erforderlich ist (LK-*Hanack* Rn 8; NK-*Ostendorf* Rn 11). Auslandstaten werden von § 140 nur insofern umfasst, als es sich um eine der benannten, nach deutschem Recht strafbaren Taten handelt (*Fischer* Rn 4; SK-*Rudolphi/Stein* Rn 5).

3 **Belohnen** ist die nachträgliche Gewährung eines Vorteils jeder Art (zB auch die Verleihung einer Auszeichnung oder die Duldung der Vornahme sexueller Handlungen; *Fischer* Rn 6; S/S-*Sternberg-Lieben* Rn 4) und stellt eine qualifizierte Form des Billigens (Rn 4) dar, so dass eine positive Einstellung zur Tat notwendig ist (SK-*Rudolphi/Stein* Rn 6).

4 **Billigen** ist das eigene Gutheißen einer konkreten Straftat durch eine aus sich heraus verständliche, für andere wahrnehmbare Zustimmung (BGHSt 22, 282 [287]; LG Berlin v. 12.5.2004 – 81 Js 1640/02 m. zust. Anm. *Stegbauer* NStZ 2005, 677 [683]; MK-*Hohmann* Rn 14). Um Gesinnungsstrafrecht zu vermeiden, bedarf der Begriff der Billigung einer restriktiven Auslegung (OLG Karlsruhe NJW 2003, 1200 [1201]; *Hoffmann* GA 2002, 385 [390 f]; SK-*Rudolphi/ Stein* Rn 3). **Öffentlich** ist die Billigung, wenn der Zuhörerkreis nicht durch persönliche Beziehungen miteinander verbunden oder so groß ist, dass er nach Zahl und Individualität unbestimmbar ist (OLG Hamm MDR 1980, 159 f; NK-*Ostendorf* Rn 9). Die Billigung muss ferner dazu **geeignet sein, den öffentlichen Frieden zu stören** (hierzu § 126 Rn 1, 6).

5 **III. Konkurrenzen:** Tateinheit ist möglich zB mit §§ 130, 130 a, 131, 257, 258.

§ 141 (weggefallen)

§ 142 Unerlaubtes Entfernen vom Unfallort

(1) Ein Unfallbeteiligter, der sich nach einem Unfall im Straßenverkehr vom Unfallort entfernt, bevor er
1. zugunsten der anderen Unfallbeteiligten und der Geschädigten die Feststellung seiner Person, seines Fahrzeugs und der Art seiner Beteiligung durch seine Anwesenheit und durch die Angabe, daß er an dem Unfall beteiligt ist, ermöglicht hat oder
2. eine nach den Umständen angemessene Zeit gewartet hat, ohne daß jemand bereit war, die Feststellungen zu treffen,

wird mit Freiheitsstrafe bis zu drei Jahren oder mit Geldstrafe bestraft.

(2) Nach Absatz 1 wird auch ein Unfallbeteiligter bestraft, der sich
1. nach Ablauf der Wartefrist (Absatz 1 Nr. 2) oder
2. berechtigt oder entschuldigt

vom Unfallort entfernt hat und die Feststellungen nicht unverzüglich nachträglich ermöglicht.

(3) ¹Der Verpflichtung, die Feststellungen nachträglich zu ermöglichen, genügt der Unfallbeteiligte, wenn er den Berechtigten (Absatz 1 Nr. 1) oder einer nahe gelegenen Polizeidienststelle mitteilt, daß er an dem Unfall beteiligt gewesen ist, und wenn er seine Anschrift, seinen Aufenthalt sowie das Kennzeichen und den Standort seines Fahrzeugs angibt und dieses zu unverzüglichen Feststellungen für

eine ihm zumutbare Zeit zur Verfügung hält. ²Dies gilt nicht, wenn er durch sein Verhalten die Feststellungen absichtlich vereitelt.

(4) Das Gericht mildert in den Fällen der Absätze 1 und 2 die Strafe (§ 49 Abs. 1) oder kann von Strafe nach diesen Vorschriften absehen, wenn der Unfallbeteiligte innerhalb von vierundzwanzig Stunden nach einem Unfall außerhalb des fließenden Verkehrs, der ausschließlich nicht bedeutenden Sachschaden zur Folge hat, freiwillig die Feststellungen nachträglich ermöglicht (Absatz 3).

(5) Unfallbeteiligter ist jeder, dessen Verhalten nach den Umständen zur Verursachung des Unfalls beigetragen haben kann.

I. Allgemeines

1. Die Vorschrift soll den Unfallbeteiligten die Feststellung solcher Umstände ermöglichen, die für die **Sicherung oder Abwehr ihrer zivilrechtlichen Ansprüche** von Belang sind (BVerfGE 16, 191; BGHSt 8, 263 [265]; 24, 382; *Sternberg-Lieben* JR 2002, 386 [387]; MK-*Zopfs* Rn 2 f). § 142 ist also ein **abstraktes Vermögensgefährdungsdelikt**, das den spezifischen Beweisschwierigkeiten von Schadensersatzansprüchen im Bereich des Straßenverkehrs Rechnung trägt und nach hM mit dem GG vereinbar ist (näher BVerfGE 16, 191 ff; *Arloth* GA 1985, 492 [494]; *Fischer* Rn 2; *Geppert* Eisenberg-FS 287 [290]; die Verfassungsmäßigkeit der Vorschrift bezweifeln u.a. NK-*Schild/Kretschmer* Rn 18 ff; *Steenbock*, Über die Unfallflucht als Straftat, 2004, 39 ff, 57 ff, 161 ff, 175 ff; zur Entwicklung des Straftatbestandes *Meurer*, Unerlaubtes Entfernen vom Unfallort – § 142 StGB, 2014, passim). Dagegen ist die Vorschrift kein Rechtspflegedelikt zur Sicherung der Strafverfolgung, da andernfalls entgegen dem nemo-tenetur-Grundsatz ein Gebot zur Selbstbelastung entstünde (BGHSt 8, 263 [266 f]; 29, 138 [142]; *Fahl* JuS 2003, 472 [475]; LK-*Geppert* Rn 1). Hieraus folgt, dass der Tatbestand nicht verwirklicht ist, wenn die Beteiligten keine Feststellungsinteressen haben. **Täter** kann nur ein Unfallbeteiligter sein (**Sonderdelikt**, vgl NK-*Schild/ Kretschmer* Rn 46 mwN). 1

2. Deliktsaufbau: 2

a) Abs. 1:
A) Tatbestand:
  I. Objektiver Tatbestand:
   1. Tatsituation: Unfall im Straßenverkehr (Rn 4 ff)
   2. Täterkreis: Unfallbeteiligter iSv Abs. 5 (Rn 8 ff)
   3. Tathandlung: Räumliches Sich-Entfernen
     a) Nr. 1: ohne Ermöglichung von Feststellungen bei Anwesenheit feststellungsbereiter Personen (Rn 11 ff) oder
     b) Nr. 2: ohne angemessene Wartezeit bei Nichtanwesenheit feststellungsbereiter Personen (Rn 18 ff)
  II. Subjektiver Tatbestand: (zumindest bedingter) Vorsatz (Rn 31)
B) Rechtswidrigkeit
C) Schuld
D) ggf tätige Reue iSv Abs. 4 (Rn 32)

b) Abs. 2: 3
A) Tatbestand:
  I. Objektiver Tatbestand:

1. Tatsituation: Unfall im Straßenverkehr (Rn 4 ff)
2. Täterkreis: Unfallbeteiligter iSv Abs. 5 (Rn 8 ff)
3. Weitere Tatvoraussetzungen:
   a) Keine Strafbarkeit nach Abs. 1
   b) Sich-Entfernen vom Unfallort
   c) Nr. 1: nach Ablauf der Wartepflicht iSv Abs. 1 Nr. 2 oder
   d) Nr. 2: berechtigt oder schuldlos (Rn 25 ff)
4. Tathandlung: Unterlassen des unverzüglichen Ermöglichens von Feststellungen iSv Abs. 3 (Rn 21 f)

II. Subjektiver Tatbestand: (zumindest bedingter) Vorsatz (Rn 31)

B) Rechtswidrigkeit
C) Schuld
D) ggf tätige Reue iSv Abs. 4 (Rn 32)

II. Unfall und Unfallbeteiligte

4   1. Ein **Unfall im Straßenverkehr** (Verkehrsunfall) ist ein mit den Gefahren des öffentlichen Straßenverkehrs ursächlich zusammenhängendes plötzliches Ereignis, das einen nicht völlig belanglosen Personen- oder Sachschaden zur Folge hat (BGHSt 8, 263 [264 f]; 24, 382 [383]; *Baier* JA 2005, 37 [38]; *Brüning* ZJS 2008, 148 f; NK-*Schild/Kretschmer* Rn 33; LK-*Geppert* Rn 20 ff, 74: kein Unfall bei Überfahren von Wild; vgl auch *Zopfs* ZIS 2016, 426 ff). Im Unfall muss sich (dem äußeren Erscheinungsbild nach) ein verkehrstypisches Risiko realisieren (BGH NJW 2002, 626 [627]), verkehrsfremde Eingriffe sind daher regelmäßig nicht erfasst (*Zopfs* ZIS 2016, 428 f). Eine bloße Gefährdung anderer ist – mangels Eingreifens von Schadensersatzansprüchen – kein Unfall. Gleiches gilt für eine Selbstschädigung des Täters (zur Problematik der Alleinunfälle mit fremden Fahrzeugen vgl BGHSt 9, 267 [269]; OLG Köln NJW 2002, 2334; NK-*Schild/ Kretschmer* Rn 44 mwN). Ein Sachschaden ist völlig belanglos, wenn er unterhalb der Grenze liegt, ab der üblicherweise Schadensersatzansprüche geltend gemacht werden (ab 50 Euro: OLG Nürnberg DAR 2007, 530 [532]). Auch Körperverletzungen sind nur einschlägig, wenn sie die Bagatellgrenze überschritten haben (vgl zur Auslegung, ob überhaupt ein Schaden iSd Vorschrift entstanden ist: *Geppert* Eisenberg-FS 287 [295 ff]).

5   Der Unfall hat im Straßenverkehr stattgefunden, wenn er sich als Realisierung einer **vom** (öffentlichen) **Verkehrsraum ausgehenden Gefahr** darstellt. Zu diesem Raum gehören alle Flächen, die – wie Autobahnen, Radwege, Bürgersteige – den Verkehrsteilnehmern dauernd oder vorübergehend zur Fortbewegung offen stehen; dem Verkehrsraum können auch private Grundstücke (Parkhäuser, Tankstellen, mit weiteren Beispielen S/S/W-*Ernemann* Rn 10 f und HKGS-*Pflieger* Rn 5) unterfallen (§ 316 Rn 4; vgl dazu BGH Beschl. v. 18.11.2008 – 2 Ss 330/08 m. Bspr *Jahn* JuS 2009, 1046 ff). Nur muss der Schaden in einem unmittelbaren Zusammenhang mit dem Verkehrsgeschehen stehen; für eine Ursächlichkeit der Risiken des öffentlichen Straßenverkehrs im Hinblick auf den Schaden genügt es daher zB, wenn das Kraftfahrzeug von einer öffentlichen Straße abkommt und der Schaden sich erst außerhalb der öffentlichen Verkehrsfläche realisiert (vgl S/S/W-*Ernemann* Rn 12) oder wenn die Schadenursache zwar außerhalb des öffentlichen Verkehrs gesetzt wird, der Schaden aber dann im Verkehrsraum eintritt (*Geppert* Eisenberg-FS 287 [293]). Der Verkehr kann fließend, aber auch ruhend (hM, OLG Stuttgart NJW 1969, 1726; *Fischer* Rn 9; abw. NK-

Schild/Kretschmer Rn 39) sein. **Nicht** umfasst ist der Verkehr im Luftraum, auf Schienen und Wasserwegen sowie auf Skipisten (näher NK-*Schild/Kretschmer* Rn 37; MK-*Zopfs* Rn 32).

Der Unfall muss nicht notwendig durch ein Kraftfahrzeug verursacht werden; auch die Beschädigung eines geparkten Pkw durch einen zum Umladen von Waren benutzten Einkaufswagen eines Supermarkts (OLG Koblenz MDR 1993, 366; OLG Düsseldorf NStZ 2012, 326; krit. NK-*Schild/Kretschmer* Rn 39; abl. LG Düsseldorf NStZ-RR 2011, 355) oder durch das Vorbeischieben einer Mülltonne (LG Berlin NStZ 2007, 100) sowie der Zusammenstoß zweier unachtsamer Fußgänger sollen nach hM genügen (OLG Stuttgart VRS 18, 117; *Eichberger* JuS 1996, 1078 [1081]; M-*Schroeder/Maiwald* I § 49/18; aA S/S-*Sternberg-Lieben* Rn 17). Kein verkehrstypisches Unfallrisiko soll dagegen vorliegen, wenn im stehenden Verkehr beim Be- oder Entladen ein Gegenstand von einem LKW auf einen daneben stehenden Pkw fällt (AG Berlin-Tiergarten NJW 2008, 3728; dazu *Kudlich* JA 2009, 230 ff; abl. OLG Köln NStZ-RR 2011, 354; dazu *Hecker* JuS 2011, 1038). 6

Für die Annahme eines Unfalls reicht es aus, dass wenigstens ein Beteiligter ungewollt geschädigt wird und die Schädigung mit den Risiken des Straßenverkehrs zusammenhängt (BGHSt 12, 253 [254]; 24, 382 [383 ff]; BGH VRS 108, 427; HKGS-*Pflieger* Rn 9; NK-*Schild/Kretschmer* Rn 40 mwN; aA *Fahl* JuS 2003, 472 [474 f]; *Sternberg-Lieben* JR 2002, 386 [387 f]). Daher kann auch ein Unfall gegeben sein, wenn der Täter einen Schaden **vorsätzlich herbeiführt**. Noch weitergehend soll dies sogar dann gelten, wenn ein Streifenwagen vorsätzlich von den Polizeibeamten gegen das Fahrzeug eines flüchtenden Verkehrsstraftäters gerammt und dabei beschädigt wird (BGHSt 48, 233 [239]; zust. *Schnabl* NZV 2005, 281 [290 mit Fn 149]; abl. *Hentschel* NJW 2004, 651 [657]; *Müller/Krauß* NZV 2003, 559 [560]; M/R-*Renzikowski* Rn 8). An der Realisierung eines verkehrstypischen Unfallrisikos fehlt es aber, wenn (bewusst) Gegenstände auf parkende Kraftfahrzeuge geworfen werden, und zwar auch dann, wenn dies aus einem fahrenden Pkw heraus geschieht (BGHSt 47, 158 [159] m. zust. Anm. *Sternberg-Lieben* JR 2002, 386 ff; *Baier* JA 2002, 631 [633]; NK-*Schild/Kretschmer* Rn 40; abl. *Schnabl* NZV 2005, 281 [282 ff]). 7

2. Unfallbeteiligter ist jeder (Verkehrsteilnehmer), dessen Verhalten nach den Umständen zur Verursachung des Unfalls beigetragen haben kann (Legaldefinition nach **Abs. 5**). Hierbei bedeutet **nach den Umständen**, dass das fragliche Verhalten in unmittelbarem Zusammenhang mit der Unfallsituation stehen muss. Für die Annahme, dass das Verhalten zum Unfall beigetragen haben kann, genügt ein entsprechender, aufgrund der konkreten Umstände begründeter Verdacht: Es kommt auf den **äußeren Schein der Unfallsituation** an (BGHSt 15, 1 [4]; OLG Stuttgart NStZ-RR 2003, 278 f; *Lehmpuhl* DAR 2002, 433 [436]; MK-*Zopfs* Rn 36; krit. und restr. NK-*Schild/Kretschmer* Rn 53; abl. *Engelstädter*, Der Begriff des Unfallbeteiligten in § 142 Abs. 4, 1997, 270 ff und 279 f). Ohne Belang ist dagegen, ob das Verhalten verkehrswidrig war; auch die Schuldfrage spielt keine Rolle. 8

Auch ein Mitfahrer kann Unfallbeteiligter sein, soweit die Vermutung besteht, dass er zum Unfall beigetragen hat (zur Kritik der zT sehr extensiven Rspr vgl *Arloth* GA 1985, 495 ff; *Küper* JuS 1988, 287 f; SK-*Rudolphi/Stein* Rn 16 b). 9

Täter kann nach hM nur ein solcher Unfallbeteiligter sein, der zum Tatzeitpunkt am Unfallort **anwesend** ist, da sich die Vorschrift nur auf die räumlich Beteiligten 10 bezieht. Für eine Unfallbeteiligung kann auch eine nur mittelbare Verursachung des Unfallgeschehens genügen; dabei soll in Fällen, die keinen konkreten Anhaltspunkt für eine Haftung bieten jedoch nur ein verkehrswidriges Verhalten ausreichen (L-Kühl-*Kühl* Rn 3; SK-*Rudolphi/Stein* Rn 16 b; aA S/S/W-*Ernemann* Rn 16). Wer mittelbar zum Unfall beigetragen hat und erst später zum Unfallort kommt, scheidet als Täter aus (OLG Jena DAR 2004, 599; OLG Stuttgart NStZ 1992, 384; SK-*Rudolphi/Stein* Rn 16 c; abw. *Berz* NStZ 1992, 591 f).

III. Tathandlungen

11   1. **Abs. 1 Nr. 1: a)** In **Abs. 1 Nr. 1** wird eine **Anwesenheitspflicht** normiert, und zwar zu dem Zweck, anderen **anwesenden Unfallbeteiligten** und Geschädigten (= Berechtigten, Abs. 3) die zur Sicherung zivilrechtlicher Ersatzansprüche erforderlichen Feststellungen über Person, Fahrzeug und Art der Beteiligung zu ermöglichen. Die Feststellungen können von den Berechtigten selbst, für diese handelnden Dritten oder der Polizei (im Interesse aller Beteiligten) getroffen werden (HKGS-*Pflieger* Rn 19; NK-*Schild/Kretschmer* Rn 61). Als **feststellungsbereit** sind maW alle Personen anzusehen, die fähig sind und erkennbar den Willen haben, zugunsten der anderen Beteiligten Feststellungen zu treffen und an diese weiterzugeben (OLG Köln NJW 2002, 1359 mwN).

12   Die Anwesenheitspflicht ist mit einer **passiven Duldungspflicht** zur Ermöglichung der erforderlichen Feststellungen verbunden. Eine Vorstellungspflicht besteht darüber hinaus allein insoweit, als der Verpflichtete seine Beteiligung am Unfall angeben muss, soweit dies nicht schon bekannt ist (BayObLG NJW 1993, 410; NK-*Schild/Kretschmer* Rn 58). Fraglich ist dagegen, ob der Beteiligte verpflichtet ist, anwesende Personen darauf hinzuweisen, dass es zu einem Schadenereignis gekommen ist und so deren Feststellungsbereitschaft zu wecken (abl. S/S/W-*Ernemann* Rn 24 mwN). Über Personalien muss gegenüber den Berechtigten keine Auskunft erteilt werden (OLG Frankfurt NJW 1990, 1189 [1190]; die Pflicht aus § 34 I Nr. 5 b StVO ist nicht strafrechtlich sanktioniert; zur Diskrepanz zwischen Duldungspflicht und fehlender Kompetenz des Berechtigten zur zwangsweisen Feststellung vgl *Zopfs* Küper-FS 747 ff); auch müssen gegenüber privaten Feststellungsinteressenten Führerschein und Fahrzeugpapiere nicht vorgezeigt und die Versicherungsnummer nicht genannt werden. Allerdings besteht bei Weigerung die Pflicht, die Identität von der Polizei feststellen zu lassen, die dann ggf Zwangsmaßnahmen ergreifen kann (vgl §§ 111 OWiG, 163 b, 163 c StPO).

13   Die **Anwesenheitspflicht endet**, wenn die (erfolgversprechenden) Feststellungen getroffen sind. Die Verwischung strafrechtlich relevanter Spuren (zB Nachtrunk zur Verschleierung der BAK, Beseitigung von Unfallspuren [BGHSt 5, 124 ff]) ist nicht einschlägig.

14   **b)** Der Täter **verletzt** die **Anwesenheitspflicht** nach Abs. 1 Nr. 1, wenn er „sich vom Unfallort entfernt".

15   **aa) Unfallort** ist die Stelle, an der sich der Unfall ereignet hat, einschließlich des Bereichs, innerhalb dessen ein Aufenthalt feststellungsbereiter Unfallbeteiligter nach den Umständen des Einzelfalls noch zu vermuten ist (zB ein ungefährlicher Platz in unmittelbar Nähe der Unfallstelle). Der Unfallort bestimmt sich mit anderen Worten nach dem Schutzzweck der Norm: Es ist der Bereich, innerhalb dessen feststellungsbereite Personen mit der Anwesenheit des Wartepflichtigen rechnen und diesen ggf durch Befragen ermitteln können (vgl OLG Jena DAR 2004, 599 [600]; NK-*Schild/Kretschmer* Rn 82; MK-*Zopfs* Rn 47 f; zu den Aus-

legungsmöglichkeiten *Brüning* ZJS 2008, 148 [150]). Umstritten ist, ob auch der Ort, an dem der Täter auf den Unfall hingewiesen wird, noch als Unfallort angesehen werden kann (vgl Rn 16 aE; 29).

bb) Sich-Entfernen ist das willentliche Verlassen des Unfallorts. Dies kann auch 16 durch Unterlassen geschehen (zB pflichtwidriges Zulassen des Weggefahrenwerdens). Eine größere Distanz ist für den Erfolg des Sich-Entfernens (die Abwesenheit am Unfallort) nicht erforderlich; es muss nur der Bereich verlassen sein, innerhalb dessen der Wartepflichtige von feststellungsbereiten Personen noch zu vermuten ist (BayObLG NJW 1993, 410; *Fischer* Rn 21; *Küper* GA 1994, 49 ff, 63 f). Wenn der Täter ohne Willen (zB wegen Bewusstlosigkeit) entfernt wird oder dies unabhängig von seinem Willen (zB zur Durchführung einer Blutentnahme gem. § 81 a StPO) geschieht, ist nach hM kein Sich-Entfernen iSd Tatbestands gegeben (OLG Hamm NJW 1985, 445; NK-*Schild/Kretschmer* Rn 85 mwN; vgl dagegen BGHSt 30, 160 [161 ff]; *Joerden* JR 1984, 51 ff; s. auch unten Rn 30). Auch ein Verstecken am Unfallort ist kein Sich-Entfernen (OLG Hamm NJW 1979, 438). Allerdings ist es denkbar, dass auch das Entfernen von dem Ort, an dem man von einem Unfall erfährt, sich als tatbestandsmäßiges Sich-Entfernen darstellt (BVerfG NJW 2007, 1666 [1668]; OLG Düsseldorf StraFo 2008, 83 [84]; aA BGH StV 2011, 160; HansOLG Hamburg StraFo 2009, 211 f, m. zust. Anm. *Brüning* ZJS 2009, 442 ff).

cc) Grds entfällt eine Feststellungspflicht, wenn die möglichen Berechtigten auf 17 Feststellungen **verzichten**, wobei der Verzicht auch teilweise oder konkludent erfolgen kann (ausf. S/S/W-*Ernemann* Rn 29 ff). Der Verzicht ist jedoch unbeachtlich, wenn er auf einem Willensmangel beruht, für den der Täter aufgrund von Täuschung oder Drohung zuständig ist (OLG Stuttgart NJW 1982, 2266; BayObLG NJW 1984, 1365; HKGS-*Pflieger* Rn 24 ff; S/S-*Sternberg-Lieben* Rn 30 a ff; diff. LK-*Geppert* Rn 83). Umstritten ist, ob ein Verzicht, der durch die Angabe falscher Personalien erschlichen ist, unwirksam ist (bej. OLG Stuttgart NJW 1982, 2266; verneinend, wenn der Betreffende seine Unfallbeteiligung eingeräumt hat, BayObLG NJW 1984, 1365; *Küper* JZ 1990, 510; diff. NK-*Schild/ Kretschmer* Rn 59, 96 mwN).

2. Abs. 1 Nr. 2: Abs. 1 Nr. 2 ordnet eine **Wartepflicht** an der Unfallstelle für den 18 Fall an, dass keine feststellungsbereiten Personen am Unfallort anwesend oder erschienen sind. Auf diese Weise soll für eine angemessene Zeit auch später eintreffenden feststellungsbereiten Personen die Möglichkeit eröffnet werden, die erforderlichen Feststellungen zu treffen. Die Angemessenheit der Zeitspanne richtet sich nach den Umständen des Einzelfalles (Tageszeit, Verkehrsdichte, Witterungsverhältnisse usw). Die Zeit beträgt bei größeren Sach- und Personenschäden wenigstens eine Stunde, kann bei geringfügigen Schäden aber auch nur bei einer Viertelstunde liegen (OLG Köln NJW 2002, 1359 [1360]; OLG Karlsruhe DAR 2003, 38 [39]; Rspr-Übersicht bei *Poeck*, Wartepflicht und Wartedauer des § 142 Abs. 1 Nr. 2, 1994, 185 ff; umf. NK-*Schild/Kretschmer* Rn 75 ff). Handlungen, die den Zweck des Wartens fördern, können verkürzend wirken, wie umgekehrt Maßnahmen, welche die Möglichkeit von Feststellungen erschweren, die Wartefrist verlängern (BGH NJW 1957, 352; BayObLG NJW 1987, 1712). Auf die Wartezeit ist grds. auch die Zeit anzurechnen, in der sich der Pflichtige gezwungenermaßen an der Unfallstelle aufhält, weil er sich zB einen Verband anlegen oder sonstige Maßnahmen ergreifen muss, um weiterfahren zu können (OLG Köln NJW 2002, 1359 [1360] mwN).

19 **Ersatzmaßnahmen** – zB Benachrichtigung eines Berechtigten oder der Polizei, Hinterlassen eines Zettels an der Windschutzscheibe – entbinden grds. nicht von der Wartepflicht (jedoch ist hier mutmaßliche Einwilligung, etwa bei persönlichen Beziehungen, zu bedenken, vgl OLG Köln VRS 64, 115; BayObLG VRS 64, 121).

20 **Treffen** tatsächlich **feststellungsbereite Personen** am Unfallort **ein**, so hat der Täter nunmehr die Pflichten aus Abs. 1 Nr. 1 (OLG Stuttgart NJW 1982, 1769; L-Kühl-*Kühl* Rn 16).

21 **3. Abs. 2: a)** Abs. 2 normiert eine **Nachholpflicht** für den Unfallbeteiligten, der sich
- nach Ablauf seiner Wartepflicht iSv Abs. 1 Nr. 2 (Abs. 2 Nr. 1) oder
- berechtigt oder entschuldigt, aber bevor die notwendigen Feststellungen iSv Abs. 1 Nr. 1 getroffen werden konnten (Abs. 2 Nr. 2),
- vom Unfallort entfernt hat (echtes Unterlassungsdelikt).

22 Abs. 2 ist **nur einschlägig**, wenn sich der Täter nicht nach Abs. 1 strafbar gemacht hat und die erforderlichen Feststellungen noch nicht iSv Abs. 1 Nr. 1 getroffen sind (HKGS-*Pflieger* Rn 35; NK-*Schild/Kretschmer* Rn 119).

23 **b) Gegenstand der Nachholpflicht** ist das unverzügliche Ermöglichen der bislang noch nicht getroffenen Feststellungen iSv Abs. 1 Nr. 1, wobei Abs. 3 zur aktiven und wahrheitsgemäßen (vgl Abs. 3 S. 2) Angabe weiterer Informationen verpflichtet. Die Erklärungen sind (nach freier Entscheidung) gegenüber den Berechtigten, einer nahe gelegenen Polizeidienststelle oder in anderer, gleichermaßen geeigneter Weise (insoweit ist Abs. 3 nur beispielhaft, nicht abschließend) abzugeben (vgl NK-*Schild/Kretschmer* Rn 138 ff).

24 **Unverzüglich** bedeutet ohne schuldhaftes Zögern und richtet sich nach den Gegebenheiten des Einzelfalls. Maßgeblich ist die Vermeidung des Verlusts von Beweismitteln (OLG Karlsruhe MDR 1982, 164; *Fischer* Rn 54; NK-*Schild/Kretschmer* Rn 145 ff; krit. bzgl der Vagheit dieses Begriffs *Schulz* ZRP 2006, 149 [150]); bei nächtlichem Unfall mit nicht besonders hohem Sachschaden genügt ein Informieren am nächsten Morgen.

25 **c) Berechtigt** ist das Sich-Entfernen, wenn Rechtfertigungsgründe eingreifen, insbesondere nach § 34 oder bei rechtfertigender Pflichtenkollision, weil etwa § 323 c die Bergung eines Verletzten vorschreibt.

26 **d) Entschuldigt** ist das Sich-Entfernen, wenn Entschuldigungs- oder Schuldausschließungsgründe vorliegen (zB Schuldunfähigkeit aufgrund einer Schockreaktion; zur Anwendbarkeit des Abs. 2 Nr. 2 im Falle eines entschuldigenden Verbotsirrtums des Täters über die Wartezeit vgl *Mitsch* NZV 2005, 347 [348 f]).

27 Da auch das Sich-Entfernen im **Zustand der Volltrunkenheit** schuldlos (§ 20) erfolgt, wird Nr. 2 teils für anwendbar gehalten (*Keller* JR 1989, 343 [344]; *Miseré* Jura 1991, 300 f; M-*Schroeder/Maiwald* I § 49/53). Nach der herrschenden Gegenansicht soll sich der Täter dagegen nicht entschuldigt entfernen: Da hier § 323 a eingreife und sich der Täter insoweit „strafbar" mache, verlasse er auch nicht „schuldlos" den Unfallort (BayObLG NJW 1989, 1685 m. zust. Bspr *Küper* NJW 1990, 209; *Fischer* Rn 48; SK-*Rudolphi/Stein* Rn 39 b; MK-*Zopfs* Rn 103; iE auch *Paeffgen* NStZ 1990, 365 ff m. ausf. Problemanalyse). Der Streit ist insoweit ohne größere praktische Bedeutung, als nach der erstgenannten Ansicht den Täter, nüchtern geworden, die Pflicht zur nachträglichen Ermöglichung der Feststellungen trifft; erfüllt er diese allerdings, macht er sich auch nicht nach

§ 323 a iVm § 142 als Rauschtat strafbar (ausf. zum Streitstand NK-*Schild/Kretschmer* Rn 134 mwN).

e) Nach der früheren Rspr galt Abs. 2 Nr. 2 auch für den Fall, dass sich der Täter **28** **unvorsätzlich** vom Unfallort entfernt und noch innerhalb eines zeitlichen und räumlichen Zusammenhangs vom Unfall erfahren hat (grundlegend BGHSt 28, 129 [132 ff]). Exemplarisch: Um schnell nach Hause zu gelangen, verschweigt der nach einem Unfall allein ausgestiegene Beifahrer dem Täter zunächst, dass es zu einem erheblichen Schaden gekommen ist; erst bei der Ankunft am drei Kilometer entfernten Zielort klärt er den Täter wahrheitsgemäß auf. Die Merkmale „berechtigt oder entschuldigt" seien iSd Alltagssprache dahin gehend zu verstehen, dass dem Täter hinsichtlich des Sich-Entfernens kein persönlicher Vorwurf gemacht werden könne, was auch bei einem Handeln unter den Voraussetzungen eines vorsatzausschließenden Tatbestandsirrtums gegeben sei (BGHSt 28, 129 [132]; OLG Koblenz NZV 1989, 141 [142]).

Im Schrifttum wurde gegen diese Auslegung überwiegend der Einwand verbote- **29** ner Analogie erhoben und zudem angeführt, dass das „Sich-Entfernen" in Abs. 1 nach einhelliger Meinung Vorsatz verlange und daher in Abs. 2 nicht anders interpretiert werden dürfe (vgl nur MK-*Zopfs* Rn 105). Dieser Sicht hat sich das BVerfG angeschlossen und die Erstreckung der Strafbarkeit nach § 142 II Nr. 2 auf Fälle des unvorsätzlichen Entfernens vom Unfallort für **verfassungswidrig** erklärt, dies allerdings mit dem Hinweis, dass sich der Bereich des Unfallortes (zum Begriff vgl Rn 15) über eine größere Distanz erstrecken könne, innerhalb derer der Unfallbeteiligte Kenntnis erlangen könnte, so dass durch eine weitere Entfernung der Tatbestand des § 142 I erfüllt werde (BVerfG NJW 2007, 1666 ff; zust. OLG Düsseldorf StraFo 2008, 83; *Dehne-Niemann* Jura 2008, 135 ff; *Küper* NStZ 2008, 597 ff; krit. S/S/W-*Ernemann* Rn 43; *Rittig* Unfallflucht (§ 142 StGB; zu den Folgen vgl *Hillenkamp* Beulke-FS 449 ff) und das unvorsätzliche Sich-Entfernen vom Unfallort, 77; *Mitsch* JuS 2010, 303 [305 f]; abl. zum obiter dictum des BVerfG, im Übrigen aber zustimmend *Beulke* Maiwald-FS 21 [31 f]; ausf. Überblick bei LK-*Geppert* Rn 133 ff). Eine solche Ausdehnung des Begriffs „Unfallort" wird jedoch vom BGH abgelehnt (BGH StV 2011, 160).

f) Nach hM greift Abs. 2 Nr. 2 nicht ein, wenn ein Unfallbeteiligter **ohne Willen** – **30** zB bei Bewusstlosigkeit – von der Unfallstelle entfernt wurde (OLG Köln VRS 57, 406; L-Kühl-*Kühl* Rn 25; NK-*Schild/Kretschmer* Rn 85, 123 mwN; aA – mit Blick auf den Gesetzeszweck der Beweissicherung – BayObLG NJW 1982, 1059 f; 1993, 410; *Bischoff* JuS 2004, 508 [511 f]; M-*Schroeder/Maiwald* I § 49/55; vgl auch BGHSt 30, 160 [161 ff]).

IV. Der **subjektive Tatbestand** setzt (zumindest bedingt) vorsätzliches Handeln **31** voraus (BayObLG NStZ-RR 2000, 140 [141]; OLG Hamm NJW 2003, 3286 [3287]; OLG Jena StV 2006, 529; MK-*Zopfs* Rn 88), auf eine Vereitelungsabsicht kommt es bei Abs. 1 nicht an (L-Kühl-*Kühl* Rn 31).

V. **Abs. 4** sieht die Möglichkeit der Milderung oder des Absehens von Strafe vor **32** (**tätige Reue**), wenn sich der Unfall außerhalb des fließenden Verkehrs ereignet und ausschließlich zu einem nicht bedeutenden Sachschaden geführt hat und wenn der Täter innerhalb von 24 Stunden freiwillig die erforderlichen Feststellungen iSv Abs. 3 nachträglich ermöglicht (näher *Böse* StV 1998, 509 ff; NK-*Schild/Kretschmer* Rn 112 ff; krit. wegen des nur engen Anwendungsbereichs der Vorschrift *Schulz* ZRP 2006, 149 [151]). Gemeint sind hauptsächlich die sog.

Parkunfälle (S/S/W-*Ernemann* Rn 59). Jedenfalls das Fahrzeug des geschädigten Unfallbeteiligten muss sich außerhalb des fließenden Verkehrs befinden. Umstritten ist dagegen, ob Abs. 4 auch solche Fälle erfasst, die aus dem fließenden Verkehr heraus geschehen (zB Streifschäden beim Vorbeifahren; mit Hinweis auf den gesetzgeberischen Willen verneinend: *Fischer* Rn 63; SK-*Rudolphi/Stein* Rn 56; bej. mit Hinweis auf den verkümmerten Anwendungsbereich der Norm: S/S/W-*Ernemann* Rn 59; LK-*Geppert* Rn 201). „Nicht bedeutend" ist der Schaden, wenn er entsprechend § 69 II Nr. 3 unter 1.300 Euro liegt (OLG Jena NStZ-RR 2005, 183; OLG Dresden NJW 2005, 2633; LG Gera DAR 2006, 107 f m.Anm. *Heinrich*; ausf. *Himmelreich* DAR 2006, 289 f; vgl § 69 Rn 8).

33 **VI. Beteiligung**: Ein anwesender Fahrzeugeigentümer bzw -halter soll nach der Rspr als Gehilfe (durch Unterlassen) in Betracht kommen, wenn er den Unfallbeteiligten, den er zum Führen des Fahrzeugs ermächtigt hat, nicht am unerlaubten Entfernen vom Unfallort hindert. Die Garantenstellung soll hierbei in der Sachherrschaft und Verfügungsberechtigung des Eigentümers über sein Fahrzeug liegen, das in seiner Anwesenheit als Mittel zur Begehung einer Straftat benutzt wird (BGH VRS 24, 34; OLG Stuttgart NJW 1981, 2369; abl. *Otto* AT § 9/93).

34 **VII. Beendigung**: Nach Ansicht des BayObLG kann der Vollendung bei § 142 I mit dem Entfernen vom Unfallort noch eine materielle Beendigungsphase folgen, in der sich der Täter in Sicherheit bringt (NJW 1980, 412). In diesem Sinne geht das BVerfG sogar davon aus, dass der Vorsatz, sich zu entfernen, noch bis zur Beendigung der Tat gebildet werden kann (NJW 2007, 1666 [1668]; abl. *Brüning* ZJS 2007, 317 [320 ff]; krit. auch *Mitsch* JuS 2010, 303,306]).

35 **VIII. Konkurrenzen**: § 142 steht mit Delikten, die bei der Herbeiführung des Unfalls verwirklicht werden (zB §§ 315 c, 222, 229), in Tatmehrheit, wenn die Unfallflucht (wie regelmäßig) auf einem neuen Tatentschluss beruht (Verkehrsunfall als Zäsur im Gesamtgeschehen, vgl BGHSt 23, 141; 25, 72; vgl auch OLG Saarbrücken NStZ 2005, 117 [118] und OVG Münster VRS 105, 152 [155]; NK-*Schild/Kretschmer* Rn 160; MK-*Zopfs* Rn 138). Mit Delikten, die der Täter beim Entfernen vom Unfallort begeht (namentlich § 316), besteht Tateinheit. Bei schweren Dauerstraftaten vor und nach dem Unfall kommt eine Verklammerung aller Taten einschließlich § 142 zur Tateinheit (§ 52 Rn 16 ff) in Betracht (so bei § 248 b, nicht aber, mangels erforderlicher Schwere der Dauerstraftat, bei §§ 316 oder 21 StVG; näher NK-*Schild* Rn 161).

36 An Tateinheit ist auch zu denken, wenn die Voraussetzungen einer natürlichen Handlungseinheit erfüllt sind (so die Rspr in Fällen der sog. Polizeiflucht; vgl BGHSt 22, 67 [76]; BGH DAR 2004, 316 sowie § 52 Rn 23 f).

§ 143 (aufgehoben)

§ 144 (weggefallen)

§ 145 Mißbrauch von Notrufen und Beeinträchtigung von Unfallverhütungs- und Nothilfemitteln

(1) Wer absichtlich oder wissentlich
1. Notrufe oder Notzeichen mißbraucht oder
2. vortäuscht, daß wegen eines Unglücksfalles oder wegen gemeiner Gefahr oder Not die Hilfe anderer erforderlich sei,

wird mit Freiheitsstrafe bis zu einem Jahr oder mit Geldstrafe bestraft.

(2) Wer absichtlich oder wissentlich
1. die zur Verhütung von Unglücksfällen oder gemeiner Gefahr dienenden Warn- oder Verbotszeichen beseitigt, unkenntlich macht oder in ihrem Sinn entstellt oder
2. die zur Verhütung von Unglücksfällen oder gemeiner Gefahr dienenden Schutzvorrichtungen oder die zur Hilfeleistung bei Unglücksfällen oder gemeiner Gefahr bestimmten Rettungsgeräte oder anderen Sachen beseitigt, verändert oder unbrauchbar macht,

wird mit Freiheitsstrafe bis zu zwei Jahren oder mit Geldstrafe bestraft, wenn die Tat nicht in § 303 oder § 304 mit Strafe bedroht ist.

I. Die Vorschrift dient dem **Schutz** der Allgemeinheit durch die Aufrechterhaltung einer **wirksamen Hilfeleistung** (NK-*Schild/Kretschmer* Rn 3; vgl S/S-*Sternberg-Lieben* Rn 1; einschr. SK-*Rudolphi/Stein* Rn 2; zur Entstehungsgeschichte *Sieme* NStZ 2007, 671 [672 f]). Zum einen (Abs. 1) soll sie verhindern, dass die Funktionsfähigkeit von Notrufen oder die Hilfsbereitschaft anderer durch missbräuchliche Inanspruchnahme gemindert wird; zum anderen (Abs. 2) soll sie gewährleisten, dass Präventivmaßnahmen, die zur Vermeidung von Unglücksfällen oder gemeiner Gefahr getroffen wurden, nicht beeinträchtigt werden (vgl BGHSt 34, 4 [7]). § 145 ist in allen Begehungsformen abstraktes Gefährdungsdelikt. 1

II. Ein **Missbrauch** von Notrufen oder Notzeichen nach **Abs. 1 Nr. 1** liegt vor, wenn auf sie ohne Vorliegen einer Notlage und damit ohne Berechtigung zurückgegriffen wird (*Fischer* Rn 5; SK-*Rudolphi/Stein* Rn 3). Unter **Notrufen** und **Notzeichen** sind akustische, optische oder sonstigen wahrnehmbaren Kurzäußerungen, mit denen das Bestehen einer Notlage angezeigt wird, zu verstehen (S/S-*Sternberg-Lieben* Rn 4). Beispiele sind der Anruf bei der Polizeinotrufnummer, SOS-Rufe sowie das Auslösen einer Notbremse oder eines Feueralarms (vgl NK-*Schild/Kretschmer* Rn 9; zur Tatbestandsmäßigkeit des Wählens der Notrufnummer unabhängig vom Gesprächsgegenstand *Sieme* NStZ 2007, 671 f; zur anlasslosen Anwahl der Notrufnummer OLG Bamberg NStZ 2012, 156 ff). 2

Die **Täuschungshandlung** nach **Abs. 1 Nr. 2** muss sich auf das Vorliegen einer tatbestandsmäßigen Situation iSd § 323 c beziehen und kann auch durch konkludentes Handeln erfolgen (*Fischer* Rn 6). Erfasst ist damit der Fall, dass der Täter zB durch das Versenden von angeblichen Milzbrandbriefen den Anschein erweckt, eine unbestimmte Anzahl von Personen sei gefährdet (vgl OLG Frankfurt 3

NStZ-RR 2002, 209 [210]; *Esser* Jura 2004, 273 [280]; *Hoffmann* GA 2002, 385 [392]).

4   III. Zu den von **Abs. 2 Nr. 1** erfassten **Warn- und Verbotszeichen** gehören die Verkehrszeichen zur Sicherung des Straßen-, Bahn-, Schiffs- oder Luftverkehrs, wie zB Warndreiecke, Hinweise auf Glatteisgefahr, Zeichen vor Bahnübergängen oder auch Begrenzungen der Höchstgeschwindigkeit (vgl *Baier* JuS 2004, 56 [60]; *Eger* Jura 2001, 112 [117]; NK-*Schild/Kretschmer* Rn 16). **Abs. 2 Nr. 2** erstreckt sich auf **Schutzvorrichtungen** wie Leitplanken oder Schranken an Bahnübergängen sowie auf Rettungsgeräte von einem gewissen Gewicht (SK-*Rudolphi/Stein* Rn 16; zum Wählen einer Notrufnummer *Sieme* NStZ 2007, 671 [675]).

5   **Beseitigen** setzt eine räumliche Entfernung voraus; **unkenntlich** gemacht, in seinem **Sinn entstellt, verändert** oder **unbrauchbar** gemacht ist das Schutzobjekt, wenn es aufgrund einer solchen Manipulation seinen Schutzzweck nicht mehr erfüllt (NK-*Schild/Kretschmer* Rn 17; zum Verstecken eines Zündschlüssels eines Rettungsfahrzeugs AG Emmendingen NJW 2008, 3511 [3512]).

6   IV. Der **subjektive Tatbestand** verlangt nach beiden Absätzen ein absichtliches oder wissentliches Handeln, so dass bedingter Vorsatz nicht genügt (BayObLG NJW 1988, 837 [838]; NK-*Schild/Kretschmer* Rn 22; MK-*Zopfs* Rn 16).

7   V. **Konkurrenzen**: Aufgrund der Subsidiaritätsklausel tritt Abs. 2 zurück, wenn die Tat nach §§ 303, 304 strafbar und verfolgbar ist (SK-*Rudolphi/Stein* Rn 25; krit. NK-*Schild/Kretschmer* Rn 26). Ferner ist Abs. 2 gegenüber solchen Vorschriften subsidiär, die eine gleichartige Schutzrichtung aufweisen und ein konkretes Gefährdungsdelikt erfassen, so bei §§ 88, 312, 313, 315, 315 b, 316 b, 317, 318 (vgl *Fischer* Rn 11; S/S-*Sternberg-Lieben* Rn 22).

§ 145 a   Verstoß gegen Weisungen während der Führungsaufsicht

¹Wer während der Führungsaufsicht gegen eine bestimmte Weisung der in § 68 b Abs. 1 bezeichneten Art verstößt und dadurch den Zweck der Maßregel gefährdet, wird mit Freiheitsstrafe bis zu drei Jahren oder mit Geldstrafe bestraft. ²Die Tat wird nur auf Antrag der Aufsichtsstelle (§ 68 a) verfolgt.

1   I. Die Vorschrift **bezweckt** die Einhaltung bestimmter Weisungen gem. § 68 b I und damit die Erhaltung der Funktionsfähigkeit der Maßregel „Führungsaufsicht" (NK-*Schild/Kretschmer* Rn 3 ff; krit. zur Vorschrift *Neubacher* ZStW 118, 855 [874 ff]; umf. *Pollähne* StV 2014, 161 ff). Zur Sicherstellung einer hinreichenden Motivation zur Weisungsbefolgung wurde der Strafrahmen auf 3 Jahre angehoben (BT-Drucks. 16/1993, 24). Der Umstand, dass eine Weisung strafbewehrt ist, muss in dem Führungsaufsichtsbeschluss unmissverständlich klargestellt sein (BGH StraFO 2015, 471 f; OLG Saarbrücken NStZ 2016, 243 f).

2   II. § 145 a ist (echtes) **Sonderdelikt**; **Täter** kann nur die unter Führungsaufsicht stehende Person selbst sein. Teilnahme ist nach allgemeinen Regeln möglich. § 28 I gilt nicht (NK-*Schild/Kretschmer* Rn 21; aA LK-*Roggenbuck* Rn 28; SK-*Wolters* Rn 4).

3   III. Um dem Bestimmtheitsgebot des Art. 103 II GG zu genügen, wird von § 145 a lediglich der Verstoß gegen eine **bestimmte Weisung**, die das Gericht

nach § 68 b I erteilt hat, erfasst (MK-*Groß* Rn 4, 9; LK-*Roggenbuck* Rn 7 f; krit. *Groth* JR 1988, 258 f). Dem Erfordernis der Bestimmtheit einer Weisung ist dann nicht genügt, wenn der Verurteilte das geforderte Verhalten erst aus dem Weisungszweck herleiten kann; vielmehr muss inhaltlich und dem Umfang nach genau festgehalten sein, was der Verurteilte zu tun oder zu lassen hat (vgl BGHSt 58, 72 [74]; 136 [137 f]; OLG München NStZ 2010, 218 ff). Gegen eine Weisung ist in diesem Sinne **verstoßen**, wenn der Verurteilte der Weisung nicht oder nur unvollkommen nachkommt (NK-*Schild/Kretschmer* Rn 14). Voraussetzung für eine Bestrafung nach § 145 a ist auch, dass die Weisung rechtsfehlerfrei ist. Das ungeschriebene Tatbestandsmerkmal der Rechtsfehlerfreiheit der Weisung ist daher vollständig im Urteil festzustellen (OLG Dresden StV 2015, 699 [700 ff]). Der Weisungsverstoß muss ferner den **Zweck der Maßregel gefährden**. Dogmatisch ordnet die hM die Gefährdung des Maßregelzwecks als Tatbestandsmerkmal ein (NK-*Schild/Kretschmer* Rn 16 mwN; aA SK-*Wolters* Rn 2 f, der von einer objektiven Strafbarkeitsbedingung ausgeht, mit dem Unterschied, dass sich der Vorsatz nicht auf die Gefährdung der Maßregel beziehen muss).

§ 145 b (weggefallen)

§ 145 c Verstoß gegen das Berufsverbot

Wer einen Beruf, einen Berufszweig, ein Gewerbe oder einen Gewerbezweig für sich oder einen anderen ausübt oder durch einen anderen für sich ausüben läßt, obwohl dies ihm oder dem anderen strafgerichtlich untersagt ist, wird mit Freiheitsstrafe bis zu einem Jahr oder mit Geldstrafe bestraft.

I. Die Vorschrift soll sicherstellen, dass ein vom Strafrichter angeordnetes Berufsverbot eingehalten wird und dient somit dem **Schutz** der Allgemeinheit vor den Gefahren, die zur Anordnung des Berufsverbots geführt haben (LK-*Krehl* Rn 1; *Lehmann*, Der Verstoß gegen das Berufsverbot [§ 145 c StGB], 2007, 98 ff; NK-*Schild/Kretschmer* Rn 3). 1

II. § 145 c erstreckt sich nur auf **strafgerichtliche Berufsverbote** nach § 70 StGB und § 132 a StPO; für Verbote der Verwaltungsbehörden hingegen greifen die Vorschriften der GewO (*Otto* BT § 96/25; NK-*Schild/Kretschmer* Rn 4). Erfasst wird jede Handlung, die sich als die untersagte Berufs- oder Gewerbeausübung darstellt (L-Kühl-*Kühl* Rn 1). 2

III. Tateinheit ist u.a. möglich mit § 263 (näher zu den Konkurrenzen NK-*Schild/Kretschmer* Rn 16). 3

§ 145 d Vortäuschen einer Straftat

(1) Wer wider besseres Wissen einer Behörde oder einer zur Entgegennahme von Anzeigen zuständigen Stelle vortäuscht,
1. daß eine rechtswidrige Tat begangen worden sei oder
2. daß die Verwirklichung einer der in § 126 Abs. 1 genannten rechtswidrigen Taten bevorstehe,

wird mit Freiheitsstrafe bis zu drei Jahren oder mit Geldstrafe bestraft, wenn die Tat nicht in § 164, § 258 oder § 258 a mit Strafe bedroht ist.

(2) Ebenso wird bestraft, wer wider besseres Wissen eine der in Absatz 1 bezeichneten Stellen über den Beteiligten
1. an einer rechtswidrigen Tat oder
2. an einer bevorstehenden, in § 126 Abs. 1 genannten rechtswidrigen Tat

zu täuschen sucht.

(3) Mit Freiheitsstrafe von drei Monaten bis zu fünf Jahren wird bestraft, wer
1. eine Tat nach Absatz 1 Nr. 1 oder Absatz 2 Nr. 1 begeht oder
2. wider besseres Wissen einer der in Absatz 1 bezeichneten Stellen vortäuscht, dass die Verwirklichung einer der in § 46 b Abs. 1 Satz 1 Nr. 2 dieses Gesetzes oder in § 31 Satz 1 Nr. 2 des Betäubungsmittelgesetzes genannten rechtswidrigen Taten bevorstehe, oder
3. wider besseres Wissen eine dieser Stellen über den Beteiligten an einer bevorstehenden Tat nach Nummer 2 zu täuschen sucht,

um eine Strafmilderung oder ein Absehen von Strafe nach § 46 b dieses Gesetzes oder § 31 des Betäubungsmittelgesetzes zu erlangen.

(4) In minder schweren Fällen des Absatzes 3 ist die Strafe Freiheitsstrafe bis zu drei Jahren oder Geldstrafe.

1   I. Die Vorschrift soll als abstraktes Gefährdungsdelikt staatliche Behörden vor unberechtigter Inanspruchnahme und der damit verbundenen Schwächung ihrer Funktionsfähigkeit bewahren, wobei Abs. 1 Nr. 1 und Abs. 2 Nr. 1 die inländische **staatliche Rechtspflege**, Abs. 1 Nr. 2 und Abs. 2 Nr. 2 dagegen die **Präventivorgane**, insbesondere die Polizei, schützen sollen (vgl BGHSt 6, 251 [255]; 19, 305 [307 f]; BGH NStZ 2015, 514 f; näher *Janott*, Täuschungen mit Wahrheitsbeweis im Rahmen des Vortäuschens einer Straftat, 2004, 89 ff sowie NK-*Schild/ Kretschmer* Rn 4 f; krit. *Stübinger* GA 2004, 338 [341 ff], der die Strafwürdigkeit des Vortäuschens bezweifelt und von einem Legitimationsdefizit des § 145 d spricht; zur Entwicklungsgeschichte ausf. *Bernhard*, Falsche Verdächtigung und Vortäuschen einer Straftat, 2003, 133 ff und 198 ff).

II. Abs. 1 Nr. 1

2   Die Tatalternative nach Abs. 1 Nr. 1 verwirklicht, wer einer zuständigen Stelle vortäuscht, es sei eine rechtswidrige Tat begangen worden.

3   1. Adressaten des Vortäuschens sind zunächst **Behörden** (§ 11 Rn 44 ff), zu denen vor allem Staatsanwaltschaft und Polizei (§ 158 StPO), aber auch die einzelnen Beamten in dienstlicher Eigenschaft, so etwa der Bürgermeister einer Stadt, zählen. Zu den **zur Entgegennahme von Anzeigen zuständigen Stellen** ohne Behördencharakter gehören zB parlamentarische Untersuchungsausschüsse oder auch militärische Dienststellen (NK-*Schild/Kretschmer* Rn 9; aA *Fischer* Rn 3). Nicht erforderlich ist, dass die Behörde Aufgaben der Strafverfolgung oder der Gefahrenabwehr wahrzunehmen hat (S/S/W-*Jeßberger* Rn 6). Umstritten ist, ob die betreffende Behörde verpflichtet ist, die erlangten Erkenntnisse weiterzuleiten (verneinend LK-*Ruß* Rn 7; bej.: SK-*Rogall/Rudolphi* Rn 10).

4   2. **Vortäuschen** ist das Erregen oder Bestärken eines Verdachts. Das Vortäuschen kann durch ausdrückliche oder konkludente Tatsachenbehauptungen, durch

Schaffen einer irreführenden Beweislage oder sonstiges irreführendes Verhalten erfolgen. In Betracht kommt auch eine falsche Selbstbezichtigung (OLG Köln VRS 54, 196; *Gruber*, Die Lüge des Beschuldigten im Strafverfahren, 2008, 132 ff). Ein tatsächliches Einschreiten der Behörde ist nicht erforderlich. Jedoch muss die zuständige Stelle von der Vortäuschung Kenntnis erlangt haben, da anderenfalls noch nicht die Gefahr nutzlosen Einschreitens geschaffen wurde. Die Behörde braucht hierbei nicht ausdrücklicher Adressat des Vortäuschens zu sein. Vom Schutzzweck erfasst ist auch die nur mittelbare Kenntniserlangung über andere Personen (OLG Frankfurt NStZ-RR 2002, 209 [210]; *Piatkowski/Saal* JuS 2005, 979 [981]; *Schramm* NJW 2002, 419 [420]; vgl auch *Hoffmann* GA 2002, 385 [394], der auf die Voraussetzungen mittelbarer Täterschaft abstellt).

3. Bei der vorgetäuschten **rechtswidrigen** Tat muss es sich um eine solche iSv 5 § 11 I Nr. 5 handeln. Die Verdachtslage muss so manipuliert werden, dass der Eindruck entsteht, es sei eine tatbestandsmäßige und rechtswidrige, nicht notwendig auch schuldhafte oder strafbare Tat begangen worden. Im Unterschied zu § 164 (vgl dort Rn 5 f) genügt es für Abs. 1 Nr. 1 unstr. nicht, dass nur falsches Verdachtsmaterial geliefert wird. Hier darf vielmehr auch die Tat, die Gegenstand des Verdachts ist, nicht begangen worden sein. Anderenfalls wird die Strafverfolgungsbehörde nicht nutzlos in Anspruch genommen, sondern zur Verfolgung einer wirklich begangenen Tat veranlasst (SK-*Rogall/Rudolphi* Rn 18); bei § 145 d spielt der Individualschutz des § 164 keine Rolle (vgl dort Rn 1).

Ist zwar eine Straftat begangen worden, **bauscht** der Meldende aber das Geschehen durch Hinzudichten von Umständen **auf**, so ist die Schilderung so lange tatbestandslos, als die Strafverfolgungsbehörden (aus der ex ante-Perspektive) nicht zu einem Ermittlungsaufwand veranlasst werden, der deutlich über dem zur Aufklärung der tatsächlich begangenen Tat erforderlichen Umfang liegt (OLG Oldenburg NStZ 2011, 95 m. krit. Bspr *Hecker* JuS 2011, 81 f; NK-*Schild/Kretschmer* Rn 14; vgl auch *Stree* NStZ 1987, 559 [560], der die Umwandlung von einem Antrags- oder Privatklagedelikt in ein Offizialdelikt als Indiz für eine wesentliche Mehrbelastung nennt); teilweise wird einengend darauf abgestellt, ob eine andere Tat im prozessualen Sinne fingiert wird bzw ob sich vorgetäuschtes und tatsächliches Geschehen nicht einmal partiell decken (*Fischer* Rn 5 b; SK-*Rogall/Rudolphi* Rn 18 f; vgl zum Ganzen auch *Krümpelmann* JuS 1985, 763 [765 f]; MK-*Zopfs* Rn 24 f; nach *Saal*, Das Vortäuschen einer Straftat als abstraktes Gefährdungsdelikt, 1997, 161 ff, soll hingegen jede Form der Verfälschung der Realität grds. tatbestandsmäßig sein; abl. hierzu *Geppert* Jura 2000, 383 [385]). Nicht einschlägig sind daher zB das Übertreiben beim Umfang der Diebesbeute (OLG Hamm NJW 1982, 60), das Ausgeben einer Sachbeschädigung als Wegnahme (BayObLG NJW 1988, 83), das Aufbauschen eines Grunddelikts zur Qualifikation (OLG Hamm NJW 1971, 1324 [1325]), das Hinzudichten einer Körperverletzung zu einem Raub (OLG Karlsruhe MDR 1992, 1166) oder das Darstellen eines versuchten Diebstahls als vollendet (OLG Hamm NStZ 1987, 558 f; ausf. zum Streitstand *Janott*, Täuschungen mit Wahrheitsbeweis im Rahmen des Vortäuschens einer Straftat, 2004, 41 ff, 57 ff, 150 ff; *Piatkowski/Saal* JuS 2005, 979 [980]). Ist eine Straftat begangen worden, erlangt die begangene Tat aber durch die Anzeige ein im Kern anderes Gepräge, so genügt dies für die Strafbarkeit (BGH NStZ 2015, 514 f).

Der Tatbestand von Abs. 1 Nr. 1 ist auch einschlägig für rechtswidrige Taten, de- 7 ren Begehung als **noch nicht abgeschlossen** vorgespiegelt wird; etwa: Fingieren einer Geiselnahme (OLG Braunschweig NJW 1955, 1935 f; NK-*Schild/Kretsch-*

mer Rn 13; vgl auch *Esser* Jura 2004, 273 [280]). Auch in diesen Fällen besteht Anlass zur Aufklärung einer bereits vorliegenden Straftat.

8 Gibt der Täter wahrheitswidrig vor, in **Notwehr** gehandelt zu haben, so ist der Tatbestand hinsichtlich der eigenen Tat nicht verwirklicht, da diese als gerechtfertigt dargestellt wird. Mit den falschen Angaben kann jedoch die Vortäuschung einer rechtswidrigen Tat des Angreifers verbunden sein (SK-*Rogall/Rudolphi* Rn 16; LK-*Ruß* Rn 8).

III. Abs. 1 Nr. 2

9 Gegenstand der Tathandlung nach Abs. 1 Nr. 2 ist die Täuschung einer zuständigen Stelle (Rn 3) darüber, dass eine Verwirklichung der in § 126 I genannten Tatbestände in rechtswidriger Weise bevorstehe, also entweder vom Täter selbst oder einem Dritten geplant oder schon in Form des Versuchs eingeleitet sei.

10 Problematisch ist hier, ob die Angabe auch tatbestandsmäßig ist, wenn zwar eine (beliebige) Straftat bevorsteht, der Täter sie aber durch Hinzudichten von Tatumständen zu einer Tat iSv § 126 I aufbauscht. Da hier die Präventionsorgane allenfalls zu intensiveren Maßnahmen veranlasst werden, um die Tat zu verhindern, als dies bei wahren Angaben der Fall gewesen wäre, fehlt es an einer die Strafbarkeit begründenden unberechtigten Inanspruchnahme der Behörden (M/R-*Dietmeier* Rn 12; iE auch MK-*Zopfs* Rn 29 m. Fn 106; aA *Janott*, Täuschungen mit Wahrheitsbeweis im Rahmen des Vortäuschens einer Straftat, 2004, 182 ff). Dagegen ist der Tatbestand erfüllt, wenn ein bevorstehendes Bagatelldelikt, zu dessen Verhinderung die Behörden nicht verpflichtet sind, aufgebauscht wird.

IV. Abs. 2 Nr. 1

11 1. Während der Täter bei Abs. 1 Nr. 1 eine tatsächlich nicht vorliegende rechtswidrige Tat als begangen vorspiegelt, erfasst Abs. 2 Nr. 1 die erfolgreiche oder versuchte Täuschung **über den Täter oder Teilnehmer** einer Tat gegenüber einer zuständigen Stelle (Rn 3). Auch bei Abs. 2 Nr. 1 ist keine mündliche oder schriftliche Behauptung erforderlich; die Irreführung der Behörden kann durch Schaffen einer falschen Beweislage geschehen.

12 2. Falsche Angaben sind nicht tatbestandsmäßig, solange sie nur über die Beteiligung an einer Straftat täuschen, nicht aber den **Verdacht auf einen Unbeteiligten lenken** (hM, vgl nur BayObLG JR 1985, 294 ff m.Anm. *Kühl*; NK-*Schild* Rn 22). Der Tatbestand ist dagegen verwirklicht, wenn sich der **Täter selbst** unzutreffend der Beteiligung bezichtigt, um einen Tatbeteiligten zu entlasten (*Esser* Jura 2004, 273 [281]; NK-*Schild* Rn 17; vgl aber auch OLG Zweibrücken NStZ 1991, 530).

13 3. Bei § 145 d II Nr. 1 muss es sich – anders als bei § 164 I – **nicht um eine bestimmte** identifizierbare **Person** handeln. Es genügt der Hinweis auf einen Unbekannten, wenn zu dessen Person konkrete Angaben gemacht werden, welche die Strafverfolgungsbehörden zur Aufnahme von Ermittlungen in eine bestimmte Richtung veranlassen (vgl BGHSt 6, 251 [254 f]; SK-*Rogall/Rudolphi* Rn 27; S/S-*Sternberg-Lieben* Rn 14). Der bloße Hinweis, die Tat habe ein anderer (als der Täter selbst) begangen, genügt allerdings nicht; denn das bloße Ableugnen des Tatvorwurfs, der bloße Hinweis auf den „großen Unbekannten" muss schon aufgrund des nemo-tenetur-Grundsatzes, wonach den Täter gerade keine Wahrheits-

pflicht trifft, straffrei bleiben (LK-*Ruß* Rn 17; NK-*Schild/Kretschmer* Rn 17; *Stree* Lackner-FS 527 [536]; aA *Saal*, Das Vortäuschen einer Straftat als abstraktes Gefährdungsdelikt, 1997, 203).

4. Ob die Tat, über deren Beteiligte der Täter zu täuschen sucht, **tatsächlich begangen** worden sein muss, wird unterschiedlich beantwortet: 14

- Nach einer Auffassung, die sich auf den (restriktiv ausgelegten) Wortlaut des Tatbestands stützt, genügt zwar ein Täuschungsversuch über einen Tatbeteiligten; die Tat selbst müsse aber tatsächlich begangen sein (BayObLG NStZ 2004, 97; KG JR 1989, 26; *Fischer* Rn 7). 15

- Nach einer etwas weitergehenden Ansicht genügt es, wenn hinsichtlich des Vorliegens einer rechtswidrigen Tat hinreichender Tatverdacht besteht: Auch in diesem Fall greife der Schutzzweck der Norm ein, wenn die Strafverfolgungsbehörden aufgrund hinreichenden Verdachts zu Ermittlungen veranlasst würden und der Täter diesen Verdacht auf einen mit Sicherheit Unbeteiligten zu lenken versuche (SK-*Rogall/Rudolphi* Rn 25; NK-*Schild/Kretschmer* Rn 23; MK-*Zopfs* Rn 32). Verlange man eine tatsächlich begangene Tat, so sei der Täter sinnwidrig wegen des zu seinen Gunsten eingreifenden Grundsatzes in dubio pro reo gerade dann nicht strafbar, wenn sein falscher Hinweis zur mangelnden Aufklärbarkeit der Tat beigetragen hat. 16

- Nach einer extensiven Interpretation sollen auch Fälle einschlägig sein, in denen der Täter aufgrund einer irrigen Sachverhaltsannahme oder rechtlichen Fehlbeurteilung vom Vorliegen einer rechtswidrigen Tat ausgeht, wenn seine Angaben nicht evident ungeeignet zur Einleitung von Ermittlungen sind (*Saal*, Das Vortäuschen einer Straftat als abstraktes Gefährdungsdelikt, 1997, 173 ff; S/S-*Sternberg-Lieben* Rn 13; *Stree* Lackner-FS 536 ff). Auch in diesem Fall locke der Täter die Strafverfolgungsbehörden auf eine falsche Fährte und veranlasse sie zu nutzlosen Ermittlungen; diese Deutung sei vom Wortlaut, der nur auf einen Täuschungsversuch abstelle, gedeckt. Gegen diese Lehre ist indessen einzuwenden, dass die Strafverfolgungsbehörden beim Fehlen eines für die Aufnahme von Ermittlungen hinreichenden Verdachts auch nicht tätig werden und dementsprechend vom Täter nicht fehlgeleitet werden können (SK-*Rogall/Rudolphi* Rn 25). 17

5. Der Tatbestand des Abs. 2 Nr. 1 ist nicht erfüllt, wenn das Geschehen nach den Angaben des Täters **keine Straftat wäre**. Exemplarisch: A, der alkoholbedingt fahruntauglich seinen Pkw gesteuert hat, gibt bei der Polizei an, sein nüchterner Beifahrer B sei gefahren. Wenn A hier den B als Fahrer angibt, täuscht er nicht über dessen Beteiligung an einer rechtswidrigen Tat, sondern stellt das Geschehen so dar, dass es keinen Straftatbestand mehr erfüllt. In diesem Fall wirkt der Täter auf eine Einstellung des Verfahrens und nicht auf die Durchführung nutzloser Ermittlungen hin (vgl BGHSt 19, 305 [306 ff]; OLG Celle NStZ 1981, 440). Tatbestandsmäßig ist es dagegen, wenn der Täter zur eigenen Entlastung einen Dritten belastet, der als tauglicher Täter infrage kommt. 18

V. Bei **Abs. 2 Nr. 2** setzt die tatbestandliche Täuschung voraus, dass der Täter den Verdacht von einem wirklich Beteiligten auf einen tatsächlich Unbeteiligten ablenkt. Ansonsten ist die Tatvariante entsprechend Abs. 1 Nr. 2 und Abs. 2 Nr. 1 auszulegen. 19

VI. Abs. 3 wurde nachträglich in § 145 d eingefügt, um einer Missbrauchsgefahr der sog. „Kronzeugenregelung" in § 46 b entgegenzutreten. Bislang fielen un- 20 wahre Behauptungen über zu verhindernde Straftaten nur dann in den Bereich des § 145 d, wenn sich diese Angaben auf Katalogtaten nach § 126 I bezogen. Durch die Schaffung des § 145 d III ist der Anwendungsbereich der Vorschrift auf alle in § 46 b I S. 1 Nr. 2 StGB iVm § 100 a II StPO und in § 31 BtMG genannten Taten erweitert. Voraussetzung für eine Strafbarkeit nach § 145 d III ist also, dass das Vortäuschen der Straftat geschieht, um eine Strafmilderung oder ein Absehen von Strafe nach den oben genannten Vorschriften zu erreichen (BT-Drucks. 16/6268, 15). Ergänzt wird die Vorschrift des § 145 d III durch § 164 III (abl. *Zopfs* ZIS 2011, 669).

21 **VII. Subjektiver Tatbestand**: Der Täter muss „wider besseres Wissen" täuschen, also sicher annehmen (dolus directus, vgl OLG Karlsruhe NStZ-RR 2003, 234 [235]; NK-*Schild/Kretschmer* Rn 24 sowie § 15 Rn 24 f), dass
- bei Abs. 1 die angegebene Straftat nicht begangen wurde bzw bevorsteht,
- bei Abs. 2 eine rechtswidrige Tat vorliegt bzw bevorsteht und die Angabe über den Tatbeteiligten falsch ist.

Eine Absicht iSv § 164 I, gegen einen anderen ein Verfahren herbeizuführen, ist für § 145 d nicht erforderlich. Abs. 3 setzt Absicht iSe finalen Willens hinsichtlich der Erlangung der Strafmilderung bzw des Absehens von Strafe voraus.

22 **VIII. Subsidiaritätsklausel**: § 145 d I ist formell subsidiär gegenüber §§ 164, 258 und 258 a. Die Formulierung „mit Strafe bedroht" ist insoweit missverständlich, als § 145 d I nicht schon zurücktritt, wenn der Straftatbestand eines der anderen Delikte verwirklicht wird, sondern erst dann, wenn die Tat nach dem anderen Delikt auch tatsächlich geahndet werden kann, also eine Bestrafung im konkreten Fall möglich ist (NK-*Schild/Kretschmer* Rn 32 mwN).

23 Die Gründe, die im Falle von § 258 V und VI zu einer Straflosigkeit führen, gelten allein für die Strafvereitelung, sind aber nicht auf § 145 d I mit dessen spezifischer Schutzrichtung übertragbar. § 258 V oder VI stehen demnach einer Bestrafung wegen § 145 d I nicht entgegen (OLG Celle NJW 1980, 2205; *Bischoff* JuS 2004, 508 [512]; NK-*Schild/Kretschmer* Rn 32).

Achter Abschnitt Geld- und Wertzeichenfälschung

Vorbemerkung zu den §§ 146–150

1 I. Die Geldfälschungsdelikte sind **Spezialfälle der Urkundenfälschung**; sie dienen nach hM dem Schutz der Sicherheit und Zuverlässigkeit des Geldverkehrs (BGHSt 42, 162 [169]; BGH NJW 1995, 1845 [1846]; zur Geschichte *Landes*, Die Wertzeichenfälschung, 2007, 3 ff).

2 II. Dementsprechend wird das Merkmal **Geld** definiert: Geld ist jedes vom Staat oder von einer durch ihn dazu ermächtigten Stelle als Wertträger beglaubigtes und zum Umlauf im öffentlichen Verkehr bestimmtes Zahlungsmittel (BGHSt 23, 229 [231 f]; 32, 198 f m. Bspr *Puppe* JZ 1986, 992; *Fischer* § 146 Rn 2 mwN; zur Tauglichkeit als Tatobjekt bei sog. Regionalwährungen vgl *Ensenbach* JA 2011, 341 [342]).

3 Mit dem Erlöschen der Einlösungspflicht verlieren außer Kurs gesetzte Banknoten und Münzen ihre Geldeigenschaft, auch wenn sie noch auf dem Sammlermarkt gehandelt werden (LK-*Ruß* § 146 Rn 5; S/S-*Sternberg-Lieben* § 146 Rn 3;

enger NK-*Puppe* Rn 8; SK-*Rudolphi/Stein* § 146 Rn 4 a: schon mit Außerkurssetzung).

III. Geld ist **echt**, wenn seine Herstellung als gesetzliches Zahlungsmittel durch einen staatlichen Auftrag gedeckt wird. Geld ist **falsch** (unecht), wenn es in der vorliegenden Form nicht vom Inhaber des Monopols stammt, obwohl es diesen Eindruck erweckt (BGH wistra 2003, 179). Auch Münzen, die in einer staatlichen Münzstätte ohne Prägeauftrag nachgeprägt werden, sind Falschgeld (BGHSt 27, 255; LK-*Ruß* § 146 Rn 10). 4

§ 146 Geldfälschung

(1) Mit Freiheitsstrafe nicht unter einem Jahr wird bestraft, wer
1. Geld in der Absicht nachmacht, daß es als echt in Verkehr gebracht oder daß ein solches Inverkehrbringen ermöglicht werde, oder Geld in dieser Absicht so verfälscht, daß der Anschein eines höheren Wertes hervorgerufen wird,
2. falsches Geld in dieser Absicht sich verschafft oder feilhält oder
3. falsches Geld, das er unter den Voraussetzungen der Nummern 1 oder 2 nachgemacht, verfälscht oder sich verschafft hat, als echt in Verkehr bringt.

(2) Handelt der Täter gewerbsmäßig oder als Mitglied einer Bande, die sich zur fortgesetzten Begehung einer Geldfälschung verbunden hat, so ist die Strafe Freiheitsstrafe nicht unter zwei Jahren.

(3) In minder schweren Fällen des Absatzes 1 ist auf Freiheitsstrafe von drei Monaten bis zu fünf Jahren, in minder schweren Fällen des Absatzes 2 auf Freiheitsstrafe von einem Jahr bis zu zehn Jahren zu erkennen.

I. Die Vorschrift vereinigt **vier Tatvarianten**: Das Herstellen von Falschgeld mit dem Unterfall des Verfälschens (Abs. 1 Nr. 1), das Sichverschaffen von Falschgeld (Abs. 1 Nr. 2 Alt. 1), das Feilhalten von Falschgeld (Abs. 1 Nr. 2 Alt. 2) und das Inverkehrbringen von Falschgeld (Abs. 1 Nr. 3). Hierbei sind – ähnlich wie bei § 267 – die drei ersten Tatvarianten nur verselbständigte Vorbereitungshandlungen zur vierten Tatvariante (NK-*Puppe* Rn 1 f). – Das Delikt der Geldfälschung ist **Verbrechen** (§ 12 I). 1

II. Nachmachen und Verfälschen von Geld (Abs. 1 Nr. 1)

1. Unter dem **Nachmachen von Geld** ist das Herstellen falschen Geldes (Vor § 146 Rn 4) zu verstehen. Das Falsifikat muss geeignet sein, den Anschein eines gültigen Zahlungsmittels zu erwecken, was erfordert, dass es im üblichen Verkehr zur Täuschung eines Arglosen verwendet werden könnte. Maßgeblich ist die Verwechslungsgefahr mit echtem Geld (BGH NJW 1995, 1844 f), wobei nicht vorausgesetzt wird, dass entsprechendes Geld als Zahlungsmittel existiert (BGHSt 30, 71 f; LK-*Ruß* Rn 6). An die Verwechslungsgefahr sind keine hohen Anforderungen zu stellen, da es keine Prüfungspflicht des Geldempfängers gibt (NK-*Puppe* Rn 4 mwN). 2

Ein nicht aufgeschnittener, mit mehreren Banknoten bedruckter Bogen begründet noch keine Verwechslungsgefahr (ggf greift hier § 149 I Nr. 2 ein, vgl BGH NStZ 1994, 124). Die Gefahr einer Verwechslung kann dadurch ausgeschlossen sein, 3 dass sich auf den Banknoten ein (auffälliger) Werbeaufdruck befindet, mag er auch durch die üblichen Banderolen verdeckt sein (BGH NJW 1995, 1844; anders OLG Düsseldorf NJW 1995, 1846).

4 Als Nachmachen wird auch das Anfertigen sog. Systemnoten durch Zusammenkleben von unvollständigen Teilen echter Banknoten angesehen (BGHSt 23, 229; der Täter hatte so aus jeweils neun Banknoten einen neuen Geldschein gewonnen).

5 **2. Verfälschen** ist das Verändern echten Geldes in einer Weise, die geeignet ist, für einen Arglosen den Anschein eines höheren Nominalwertes hervorzurufen. Das so veränderte echte Geld ist Falschgeld (vgl RGSt 68, 65 [69]; NK-*Puppe* Rn 9; SK-*Rudolphi/Stein* Rn 7).

6 **3.** Der **subjektive Tatbestand** verlangt neben dem auf das Nachmachen gerichteten (zumindest bedingten) Vorsatz die Absicht, das Geld als echtes Zahlungsmittel selbst in Verkehr zu bringen oder einem Dritten ein solches Inverkehrbringen zu ermöglichen. Die hM deutet die **Absicht** hierbei als zielgerichteten Willen (vgl nur SK-*Rudolphi/Stein* Rn 8; LK-*Ruß* Rn 15; aA NK-*Puppe* Rn 13: einfacher Vorsatz ausreichend), wobei das Inverkehrbringen (wie im Regelfall) ein notwendiges Zwischenziel einer weitergehenden Zwecksetzung sein kann (BGHSt 35, 21 [22]).

7 Während § 146 I Nr. 3 und § 147 die objektive Tathandlung jeweils auf das Inverkehrbringen von Falschgeld als echt beschränken und damit die Frage aufwerfen, ob hier nur die Weitergabe von Falschgeld an einen gutgläubigen Dritten erfasst wird (vgl Rn 19 ff), bezieht § 146 I Nr. 1 die Täterabsicht ausdrücklich auch auf das **Ermöglichen des Inverkehrbringens** von Falschgeld als echt durch einen Dritten. Demnach wird von dieser Tatvariante das Fälschen von Geld mit dem Ziel, es einem Bösgläubigen zukommen zu lassen, vom Wortlaut her (eindeutig) erfasst (NK-*Puppe* Rn 17; LK-*Ruß* Rn 14).

III. Sichverschaffen und Feilhalten von falschem Geld (Abs. 1 Nr. 2)

8 **1.** Der Täter hat **sich** das Falschgeld **verschafft**, wenn er allein oder gemeinsam mit einem Mittäter die selbstständige faktische Verfügungsgewalt darüber erlangt hat (NK-*Puppe* Rn 20). Diese Verfügungsmacht kann nach hM einverständlich mit dem Vorbesitzer, aber auch durch Fund oder Diebstahl begründet werden (BGHSt 42, 196 [197]; *Fischer* Rn 10; abw. *Frister* GA 1994, 553 [556]; NK-*Puppe* Rn 25: kollusives Zusammenwirken erforderlich). Auch die Rücknahme bereits weitergegebenen Falschgelds ist ein erneutes Sichverschaffen (BGHSt 42, 162 [168]; BGH NJW 1995, 1845).

9 Nicht ausreichend ist es nach hM, wenn der Täter das Falschgeld nur (als Fremdbesitzer) für einen anderen verwahrt oder wenn er als Verteilungsgehilfe nur reine Übermittlungs- und Botentätigkeiten für einen anderen ausübt (BGHSt 3, 154 [156]; 44, 62; BGH wistra 1997, 143; 2005, 303 f; LK-*Ruß* Rn 20; krit. NK-*Puppe* Rn 21; beachte aber auch BGHSt 35, 21 [22]: Übernahme zur Verwahrung in Alleingewahrsam als Sichverschaffen).

10 **2. Feilhalten** ist, seiner allgemeinen Bedeutung nach, das äußerlich erkennbare Bereitstellen von Ware zum Zwecke des Verkaufs an andere (BGHR StGB § 152 a Abs. 1 Nr. 1; vgl auch *Fischer* Rn 14; LK-*Ruß* § 152 a Rn 5 und § 148 Rn 11). Der Verkäufer muss die in Rede stehenden Gegenstände so bereitstellen und sie unter solchen Umständen dem Publikum zugänglich machen, dass dieses

ohne Weiteres auf die Verkaufsabsicht schließen kann (BGHSt 23, 286 [290]; vgl zu der Streitfrage, ob es sich um größere Mengen handeln muss, LK-*Ruß* § 148 Rn 11). Das Feilhalten geht über ein bloßes Vorrätighalten hinaus, stellt jedoch gegenüber dem Inverkehrbringen von Falschgeld nach Nr. 3 ein Minus dar.

Problematisch erscheint das Merkmal des Feilhaltens in Hinblick darauf, dass 11 Geld – anders als Wertzeichen oder Zahlungskarten – grds. nicht wie eine Ware gehandelt wird, weshalb diese Tatvariante ursprünglich auch nur in die §§ 148 und 152 a Eingang gefunden hatte (vgl insoweit die Begr. zum EGStGB BT-Drucks. 7/550, 228). Mit der Neufassung des § 146 im Jahre 2003 ist dieser Standpunkt revidiert oder doch zumindest relativiert worden. Entscheidender Aspekt und Ziel der Gesetzesänderung war es, den Regelungsgehalt des § 146 (auch in Verbindung mit § 151 Nr. 5) an den des § 152 a anzupassen (BT-Drucks. 15/1720, 8; *Husemann* NJW 2004, 109). Somit sollen (in Anlehnung an § 152 a) insbesondere Fälle erfasst werden, in denen die Absicht besteht, das Falschgeld Bösgläubigen zum Kauf anzubieten, damit diese es als echt in den Zahlungsverkehr einschleusen (vgl zur Begr. bei § 152 a BT-Drucks. 10/5058, 27; zur Diskussion im Rahmen des Inverkehrbringens unten Rn 19 ff).

3. Der **subjektive Tatbestand** entspricht demjenigen von Abs. 1 Nr. 1. Der Täter 12 muss hinsichtlich der mangelnden Echtheit des Geldes zumindest bedingten Vorsatz haben (BGHSt 2, 116; 3, 154). Im Rahmen der Verschaffensalternative muss er sich zudem das Geld in der Absicht verschaffen, es als echt in Verkehr zu bringen oder einem anderen (bösgläubigen) Abnehmer ein solches Inverkehrbringen zu ermöglichen, also in einem gewissen Rahmen eigenständig über das Falschgeld zu verfügen (Rn 6 f sowie BGH wistra 2008, 19). Mittäter kann daher nur der sein, der ebenfalls über diesen Willen verfügt (BGH wistra 2008, 19). Die bloße Ansichnahme einer gefälschten Banknote zum Sammeln reicht nicht aus. Im Rahmen des Feilhaltens ist strittig, ob dolus eventualis im Hinblick auf die Abgabe des Geldes ausreichend ist oder ob es einer gezielten Verkaufsabsicht bedarf. Der BGH lässt insoweit Kenntnis der Umstände, die bei dem Publikum den Eindruck eines Verkaufswillens hervorrufen könnten, genügen (BGHSt 23, 286 [289]). Nach anderer Ansicht ist ein Bezwecken des Verkaufs der ausgestellten Ware erforderlich (vgl S/S-*Sternberg-Lieben* Rn 17).

IV. Inverkehrbringen von falschem Geld (Abs. 1 Nr. 3)

1. Abs. 1 Nr. 3 formuliert ein **zweiaktiges Delikt**: Der Täter muss einen der drei 13 Tatbestände des Abs. 1 Nr. 1 oder 2 vollständig (einschl. des subjektiven Tatbestands) verwirklicht haben. Sodann muss er das falsche Geld als echt in Verkehr bringen.

Da der Täter in der Regel mit dem Inverkehrbringen des Falschgelds seine bei 14 der Tat nach Abs. 1 Nr. 1 oder 2 gefasste Absicht realisiert und damit das Inverkehrbringen iSv Abs. 1 Nr. 3 mit der Tat nach Abs. 1 Nr. 1 oder 2 eine **einheitliche Tat der Geldfälschung** bildet (BGHSt 34, 108; 35, 21 [27]; 42, 162; zum Parallelfall bei der Urkundenfälschung vgl § 267 Rn 65), hat der Tatbestand nach Abs. 1 Nr. 3 nur dann eine eigenständige Bedeutung, wenn zwischen dem ersten und dem zweiten Teilakt eine Zäsur liegt.

Dies ist zunächst der Fall, wenn der Täter seine ursprüngliche, bei der Tat nach 15 Abs. 1 oder 2 vorhandene, Absicht zunächst aufgibt und später erneut fasst und realisiert (vgl BGHSt 35, 21 [27]). Gleiches gilt bei zwischenzeitlicher Verjährung des ersten Teilakts.

16 Ferner soll Abs. 1 Nr. 3 nach verbreiteter Ansicht auch dann (selbstständig) anwendbar sein, wenn der Täter bereits wegen einer Tat nach Abs. 1 Nr. 1 oder 2 rechtskräftig verurteilt wurde und später das (zB zwischenzeitlich versteckte) Falschgeld in Verkehr bringt (*Fischer* Rn 23; SK-*Rudolphi/Stein* Rn 14). Dem wird jedoch entgegengehalten, dass es gegen den Grundsatz ne bis in idem verstoße, wenn das bereits abgeurteilte Unrecht des ersten Teilakts ein weiteres Mal strafschärfend bei der Strafzumessung berücksichtigt werde; für diesen Fall dürfe hinsichtlich des zweiten Teilakts nur § 147 angewandt werden (NK-*Puppe* Rn 32; LK-*Ruß* Rn 3).

17 2. Der Täter **bringt** falsches Geld **als echt in Verkehr**, wenn er es einem anderen in der Weise zukommen lässt, dass sich dieser des Falschgelds bemächtigen und mit ihm nach seinem Belieben umgehen, es insbesondere weitergeben kann (BGHSt 35, 21 [23]; BGH NStZ 1996, 604 [605]; BGH StraFO 2013, 126 [127]). Der Täter selbst muss seine bisherige Verfügungsgewalt über das Falschgeld verlieren. Die bloße Übergabe an den Verteilungsgehilfen oder der Gewahrsamsübergang unter Mittätern reichen nicht aus (BGH bei *Dallinger* MDR 1971, 16; S/S-*Sternberg-Lieben* Rn 21), wohl aber die Rückgabe an den ursprünglichen Lieferanten des Falschgelds (BGH NStZ 2002, 593).

18 Demnach ist auch der Einwurf von Falschgeld in einen Automaten (BGH NJW 1952, 311) oder Opferstock (BGHSt 35, 21 [24]) tatbestandsmäßig (nach BGH JR 1976, 294 auch der Verkauf nachgemachter Münzen an einen Sammler). Selbst das Wegwerfen in den Abfalleimer an einem allgemein zugänglichen Ort (zB Autobahnraststätte) soll genügen, wenn dadurch die naheliegende Gefahr begründet wird, dass ein beliebiger Dritter das Falschgeld auffindet und es als echt in den Zahlungsverkehr gelangen lässt (BGHSt 35, 21; *Jakobs* JR 1988, 121; *Prittwitz* NStZ 1989, 8; *Schroeder* JZ 1987, 1133; abl. NK-*Puppe* Rn 41).

19 3. Umstritten ist, ob derjenige, dem der Täter die Verfügung über das Falschgeld ermöglicht, gutgläubig sein muss:

20 a) Eine Mindermeinung zieht folgenden Umkehrschluss aus dem Wortlaut von Abs. 1 Nr. 3: Da hier im Gegensatz zum (subjektiven) Tatbestand in Abs. 1 Nr. 1 nicht von einem Ermöglichen des Inverkehrbringens gesprochen werde, werde auch nicht der Fall einer Weitergabe ohne Täuschung – „als echt" – erfasst (OLG Stuttgart NJW 1980, 2089; *Otto* BT § 75/11; *Puppe* JZ 1986, 992 [994]; SK-*Rudolphi/Stein* Rn 12 f, § 147 Rn 6).

21 b) Nach hM unterfällt dem Inverkehrbringen auch die Weitergabe des Falschgelds an einen bösgläubigen Dritten, damit dieser es „als echt" in den Zahlungsverkehr einschleust (BGHSt 29, 311 [313 f]; 42, 162 [167 f]; BGH NStZ 2002, 593; LK-*Ruß* Rn 14; S/S-*Sternberg-Lieben* Rn 22; s. auch § 147 Rn 4): Die Einbeziehung der Weitergabe des Falschgelds an Bösgläubige in das Merkmal des Inverkehrbringens entspreche dem Normzweck; die ausdrückliche Erwähnung des „Ermöglichens" im subjektiven Tatbestand von Abs. 1 Nr. 1 habe allein deklaratorischen Charakter (vgl. BT-Drucks. 7/550, 226). Es sei auch kein Grund ersichtlich, die Absicht des Inverkehrbringens im subjektiven Tatbestand des Abs. 1 Nr. 1 anders zu bestimmen als deren objektive Realisierung in Abs. 1 Nr. 3.

22 Vor allem mit Blick auf den (hinsichtlich des zweiten Teilakts) mit Abs. 1 Nr. 3 übereinstimmenden Tatbestand des § 147 wird auf folgende Ungereimtheit hingewiesen: Schiebt derjenige, der gutgläubig falsches Geld erworben hat, es anschließend über einen bösgläubigen Mittelsmann ab, so sei er nicht nach (dem für diesen Fall vorgesehenen, aber vom eng interpretierten Wortlaut her nicht anwendbaren Vergehenstatbestand des) § 147 I, sondern wegen Teilnahme am Verbrechen nach § 146 I Nr. 2, 3 strafbar. (Wenn der eingeweihte Mittelsmann ein verdeckter Ermittler ist, wäre eine Beihilfe mangels Haupttat nicht strafbar, vgl Rn 23.)

4. Übergibt der Täter einem **verdeckten Ermittler** der Polizei (in Unkenntnis dieser Sachlage) das Falschgeld, so liegt nur ein Versuch vor, da das Falschgeld objektiv nicht in den Zahlungsverkehr gelangt (BGHSt 34, 108 [109]; BGH NStZ 1997, 80).

5. Der **subjektive Tatbestand** entspricht hinsichtlich des ersten Teilakts in vollem Umfang demjenigen von Abs. 1 Nr. 1 bzw 2 (Rn 6 f); hinsichtlich des zweiten Teilakts ist (zumindest bedingter) Vorsatz erforderlich.

V. Gewerbs- und bandenmäßige Tatbegehung (Abs. 2)

Abs. 2 formuliert einen **abschließenden Qualifikationstatbestand**. Vorausgesetzt ist, dass der Täter gewerbsmäßig (§ 243 Rn 24 f) oder als Mitglied einer Bande (§ 244 Rn 28 ff), die sich zur fortgesetzten Begehung (§ 244 Rn 32; BGH wistra 2005, 303 [304]) einer Geldfälschung verbunden hat, handelt. Zu einer gewerbsmäßigen Begehung des § 146 I Nr. 2, 3 genügt es nicht, wenn der Täter sich das Geld einmalig verschafft, aber plant, es nach und nach in den Verkehr zu bringen (vgl BGH NStZ 2010, 148 f; BGH NJW 2011, 1686 f).

§ 147 Inverkehrbringen von Falschgeld

(1) Wer, abgesehen von den Fällen des § 146, falsches Geld als echt in Verkehr bringt, wird mit Freiheitsstrafe bis zu fünf Jahren oder mit Geldstrafe bestraft.

(2) Der Versuch ist strafbar.

I. Die Vorschrift erfasst die Fälle des Inverkehrbringens von Falschgeld, bei denen der erste Teilakt des § 146 I Nr. 3 nicht erfüllt ist. Exemplarisch: Der Täter erlangt gutgläubig falsches Geld und gibt es, nachdem er die mangelnde Echtheit erkennt, „als echt" weiter, statt es der zuständigen Ordnungsbehörde auszuhändigen. Oder: Der Täter hat zunächst zum Scherz eine Banknote hergestellt, benutzt sie dann aber, weil sie ihm überraschend gut gelungen zu sein scheint, als Zahlungsmittel (vgl auch BGHSt 44, 62).

§ 147 verlangt anders als § 146 I Nr. 2 („sich verschaffen") **keine selbstständige Verfügungsgewalt** des Täters über das Falschgeld. Auch der Verteilungsgehilfe, der das Falschgeld in Gewahrsam hat (vgl § 146 Rn 9), ist demnach unter den Voraussetzungen der hM tauglicher Täter des § 147.

II. Die Frage, ob die **Weitergabe an einen eingeweihten Dritten** als Inverkehrbringen anzusehen ist, stellt sich bei § 147 ebenso wie bei § 146 I Nr. 3 (vgl dort Rn 19 ff) als umstritten dar.

- Geht man mit der hM davon aus, dass es keinen sachlichen Unterschied macht, ob der Täter das Falschgeld einem gut- oder einem bösgläubigen Dritten zukommen lässt (§ 146 Rn 21 f), so könnte sich derjenige, der das Falschgeld einem eingeweihten Dritten verschafft, zugleich wegen Teilnahme an § 146 I strafbar machen. Um jedoch den Wertungswiderspruch, dass der Täter in diesem Fall nicht nur wegen des Vergehens nach § 147, sondern auch wegen Teilnahme am Verbrechen des § 146 I strafbar wäre, zu vermeiden, soll nach hM die Teilnahme an § 146 I hinter § 147 zurücktreten (vgl BGHSt 29, 311 [315]; BGH bei *Holtz* MDR 1982, 101 [102]; *Wessels* Bockelmann-FS 669 [678 ff]). Nach diesem Ansatz ist § 147 also im Verhältnis zu § 146 I ein **privilegierender Spezialtatbestand**.

5 ▪ Für die Mindermeinung, die weder für § 147 noch für § 146 I Nr. 3 die bewusste Weitergabe von Falschgeld an einen Eingeweihten als tatbestandsmäßig ansieht (§ 146 Rn 20), sondern diese Fälle – soweit die sonstigen Voraussetzungen erfüllt sind – als Teilnahmehandlungen zu den Taten eines Dritten nach § 146 I einstuft, ist § 147 der **Grundtatbestand** zu § 146 I Nr. 3 (so folgerichtig NK-*Puppe* § 146 Rn 30).

§ 148 Wertzeichenfälschung

(1) Mit Freiheitsstrafe bis zu fünf Jahren oder mit Geldstrafe wird bestraft, wer
1. amtliche Wertzeichen in der Absicht nachmacht, daß sie als echt verwendet oder in Verkehr gebracht werden oder daß ein solches Verwenden oder Inverkehrbringen ermöglicht werde, oder amtliche Wertzeichen in dieser Absicht so verfälscht, daß der Anschein eines höheren Wertes hervorgerufen wird,
2. falsche amtliche Wertzeichen in dieser Absicht sich verschafft oder
3. falsche amtliche Wertzeichen als echt verwendet, feilhält oder in Verkehr bringt.

(2) Wer bereits verwendete amtliche Wertzeichen, an denen das Entwertungszeichen beseitigt worden ist, als gültig verwendet oder in Verkehr bringt, wird mit Freiheitsstrafe bis zu einem Jahr oder mit Geldstrafe bestraft.

(3) Der Versuch ist strafbar.

1 I. § 148 gestaltet den Schutz amtlicher Wertzeichen hinsichtlich der Tathandlungen parallel zu demjenigen der Geldfälschung (§ 146) aus. Auch hier wird die Strafbarkeit wegen Vollendung weit in das Vorbereitungsstadium der tatsächlichen Verwendung der Zeichen im Rechtsverkehr vorverlagert. Die Vorschrift ist vor dem Hintergrund der hM verständlich und erforderlich, die Wertzeichen nicht als Urkunden ansieht (vgl § 267 Rn 23; krit. hierzu NK-*Puppe* Rn 3; abl. *Landes*, Die Wertzeichenfälschung, 2007, 53).

2 II. Die **Tathandlungen** des § 148 I entsprechen denjenigen der §§ 146 I, 147. Abs. 2 dehnt den Anwendungsbereich der Vorschrift auf das Wiederverwenden entwerteter amtlicher Wertzeichen aus (näher NK-*Puppe* Rn 21 ff).

3 **Amtliche Wertzeichen** sind vom Staat, einer Gebietskörperschaft oder einer sonstigen Körperschaft oder einer Anstalt des öffentlichen Rechts ausgegebene Marken oder ähnliche Zeichen, die Zahlungen gleicher Art (wie von Gebühren, Steuern, Abgaben, Beiträgen und dergleichen) vereinfachen oder sicherstellen und nachweisen. Sie müssen einen bestimmten Geldwert verkörpern und in dem Sinne öffentlichen Glauben genießen, dass sie im Rahmen ihrer bestimmungsgemäßen Verwendung den ihnen zugedachten Beweis für und gegen jedermann erbringen (BGHSt 32, 68 [75 f]; NK-*Puppe* Rn 7; S/S-*Sternberg-Lieben* Rn 2; vgl

auch *Landes*, Die Wertzeichenfälschung, 2007, 28). Exemplarisch: Gerichtskostenmarken. Das Fälschen von Briefmarken fällt seit der Privatisierung der Deutschen Post AG nur noch unter § 267.

Ob ausländische Zeichen (vgl § 152) dem der Vorschrift des § 148 zugrunde liegenden Begriff der amtlichen Wertzeichen qualitativ genügen, ist nach dem betreffenden ausländischen Recht zu beurteilen (BGHSt 32, 68 [76]). 4

§ 149 Vorbereitung der Fälschung von Geld und Wertzeichen

(1) Wer eine Fälschung von Geld oder Wertzeichen vorbereitet, indem er
1. Platten, Formen, Drucksätze, Druckstöcke, Negative, Matrizen, Computerprogramme oder ähnliche Vorrichtungen, die ihrer Art nach zur Begehung der Tat geeignet sind,
2. Papier, das einer solchen Papierart gleicht oder zum Verwechseln ähnlich ist, die zur Herstellung von Geld oder amtlichen Wertzeichen bestimmt und gegen Nachahmung besonders gesichert ist, oder
3. Hologramme oder andere Bestandteile, die der Sicherung gegen Fälschung dienen,

herstellt, sich oder einem anderen verschafft, feilhält, verwahrt oder einem anderen überläßt, wird, wenn er eine Geldfälschung vorbereitet, mit Freiheitsstrafe bis zu fünf Jahren oder mit Geldstrafe, sonst mit Freiheitsstrafe bis zu zwei Jahren oder mit Geldstrafe bestraft.

(2) Nach Absatz 1 wird nicht bestraft, wer freiwillig
1. die Ausführung der vorbereiteten Tat aufgibt und eine von ihm verursachte Gefahr, daß andere die Tat weiter vorbereiten oder sie ausführen, abwendet oder die Vollendung der Tat verhindert und
2. die Fälschungsmittel, soweit sie noch vorhanden und zur Fälschung brauchbar sind, vernichtet, unbrauchbar macht, ihr Vorhandensein einer Behörde anzeigt oder sie dort abliefert.

(3) Wird ohne Zutun des Täters die Gefahr, daß andere die Tat weiter vorbereiten oder sie ausführen, abgewendet oder die Vollendung der Tat verhindert, so genügt an Stelle der Voraussetzungen des Absatzes 2 Nr. 1 das freiwillige und ernsthafte Bemühen des Täters, dieses Ziel zu erreichen.

§ 150 Erweiterter Verfall und Einziehung

(1) In den Fällen der §§ 146, 148 Abs. 1, der Vorbereitung einer Geldfälschung nach § 149 Abs. 1, der §§ 152 a und 152 b ist § 73 d anzuwenden, wenn der Täter gewerbsmäßig oder als Mitglied einer Bande handelt, die sich zur fortgesetzten Begehung solcher Taten verbunden hat.

(2) Ist eine Straftat nach diesem Abschnitt begangen worden, so werden das falsche Geld, die falschen oder entwerteten Wertzeichen und die in § 149 bezeichneten Fälschungsmittel eingezogen.

Vorbemerkung zu den §§ 151–152

1   I. Der Anwendungsbereich der Geldfälschungstatbestände wird durch § 151 auf die dort genannten Wertpapiere und durch § 152 auch auf Geld, Wertzeichen und Wertpapiere eines fremden Währungsgebiets erweitert.

2   II. Wie bei § 146 müssen auch die Wertpapiere kein gültiges Original als Vorlage haben (vgl dort Rn 2); es kann sich, soweit eine Verwechslungsgefahr besteht, auch um Phantasiepapiere handeln (vgl BGH NStZ 1987, 504; vgl zu sog. Regionalwährungen *Ensenbach* JA 2011, 341 [343]).

§ 151 Wertpapiere

Dem Geld im Sinne der §§ 146, 147, 149 und 150 stehen folgende Wertpapiere gleich, wenn sie durch Druck und Papierart gegen Nachahmung besonders gesichert sind:
1. Inhaber- sowie solche Orderschuldverschreibungen, die Teile einer Gesamtemission sind, wenn in den Schuldverschreibungen die Zahlung einer bestimmten Geldsumme versprochen wird;
2. Aktien;
3. von Kapitalverwaltungsgesellschaften ausgegebene Anteilscheine;
4. Zins-, Gewinnanteil- und Erneuerungsscheine zu Wertpapieren der in den Nummern 1 bis 3 bezeichneten Art sowie Zertifikate über Lieferung solcher Wertpapiere;
5. Reiseschecks.

§ 152 Geld, Wertzeichen und Wertpapiere eines fremden Währungsgebiets

Die §§ 146 bis 151 sind auch auf Geld, Wertzeichen und Wertpapiere eines fremden Währungsgebiets anzuwenden.

§ 152 a Fälschung von Zahlungskarten, Schecks und Wechseln

(1) Wer zur Täuschung im Rechtsverkehr oder, um eine solche Täuschung zu ermöglichen,
1. inländische oder ausländische Zahlungskarten, Schecks oder Wechsel nachmacht oder verfälscht oder
2. solche falschen Karten, Schecks oder Wechsel sich oder einem anderen verschafft, feilhält, einem anderen überlässt oder gebraucht,

wird mit Freiheitsstrafe bis zu fünf Jahren oder mit Geldstrafe bestraft.

(2) Der Versuch ist strafbar.

(3) Handelt der Täter gewerbsmäßig oder als Mitglied einer Bande, die sich zur fortgesetzten Begehung von Straftaten nach Absatz 1 verbunden hat, so ist die Strafe Freiheitsstrafe von sechs Monaten bis zu zehn Jahren.
(4) Zahlungskarten im Sinne des Absatzes 1 sind Karten,
1. die von einem Kreditinstitut oder Finanzdienstleistungsinstitut herausgegeben wurden und
2. durch Ausgestaltung oder Codierung besonders gegen Nachahmung gesichert sind.
(5) § 149, soweit er sich auf die Fälschung von Wertzeichen bezieht, und § 150 Abs. 2 gelten entsprechend.

Die Vorschrift stellt die Fälschung und Verbreitung falscher Zahlungskarten ohne Garantiefunktion, Schecks und Wechsel unter Strafe. **Zahlungskarten ohne Garantiefunktion** sind solche, die von einem Geld- oder Finanzdienstleistungsinstitut herausgegeben worden sind. Damit sind sog. Leistungskarten (Telefonkarten, Kantinenkarten usw) ausgeschlossen. Nach wohl hM sind Zahlungskarten iSd Norm insbesondere einfache Bankkarten, mit denen ausschließlich an institutseigenen Geldautomaten Geld abgehoben werden kann (*Husemann* NJW 2004, 105; NK-*Puppe* Rn 6; aA *Schumann*, Die elektronische Geldbörse auf Chipkartenbasis, 2004, 67; zust. SK-*Rudolphi/Stein* Rn 4). Ob ec- bzw Maestro-Karten Tatobjekt der §§ 152 a oder 152 b sind, ist umstritten, wobei die hM zur Anwendbarkeit von § 152 b tendiert (für den BGH handelt es sich bei der im Jahre 2002 an die Stelle der Eurocheck-Karte getretenen Maestro-Karte ebenfalls um eine Zahlungskarte iSd § 152 b I, IV, da die Möglichkeit besteht, mit der Karte den Aussteller im Zahlungsverkehr zu einer garantierten Zahlung zu veranlassen: Nutzt der Karteninhaber die Karte am Geldautomaten einer dritten Bank, so ist die kartenausgebende Bank verpflichtet, den abgehobenen Betrag an die Betreiberin des Geldautomaten zu erstatten (NStZ 2012, 318); vgl zur Problematik ferner *Fischer* § 152 b Rn 5: Karte mit Garantiefunktion, unabhängig von der Art der Benutzung; MK-*Erb* § 152 b Rn 6; S/S-*Sternberg-Lieben* § 152 b Rn 2: Zahlungskarten mit Garantiefunktion, jedenfalls soweit sie im electronic cash-/POS-System verwendet werden; aA *Heger* wistra 2010, 281 ff). Ob der Täter die Karten als Zahlungskarten oder in sonstiger Funktion verwenden will, ist unerheblich (BGHSt 46, 146 [148 ff]; aA SK-*Rudolphi/Stein* Rn 4; *Schumann*, Die elektronische Geldbörse auf Chipkartenbasis, 2004, 98 ff). Der Tatbestand ist – entgegen der missverständlichen Formulierung – (nach wohl mittlerweile hM) bereits dann erfüllt, wenn sich die Tathandlung nur auf *eine* Zahlungskarte bezieht (BGHSt 46, 146 [150 ff]). Falsch sind Zahlungskarten (auch solche mit Garantiefunktion vgl § 152 b), wenn sie fälschlicherweise den Anschein erwecken, dass sie von demjenigen ausgegeben wurden, auf den die lesbaren Angaben auf der Karte oder die auf ihr unsichtbar gespeicherten Informationen als Aussteller hinweisen; ein kumulatives Nachahmen beider Komponenten ist jedoch nicht Voraussetzung (BGH StV 2010, 354 [355]). Die Tathandlungen entsprechen weitgehend denen der anderen (Geld- und Urkunden-)Fälschungstatbestände und werden von der hM auch entsprechend behandelt (zur Alternative des „Gebrauchens" enger *Schumann*, Die elektronische Geldbörse auf Chipkartenbasis, 2004, 131 ff). Zum subjektiven Tatbestand stellt sich hinsichtlich der Täuschungsabsicht dasselbe Problem wie zu § 267 (s. dort Rn 55 f).   1

Da Zahlungskarten Urkunden – und zugleich hinsichtlich der auf ihnen kodierten Daten Datenurkunden – sind, werden die entsprechenden Tathandlungen der

§§ 267, 269 von § 152 a als Qualifikationstatbestand verdrängt (NK-*Puppe* § 152 b Rn 26).

§ 152 b Fälschung von Zahlungskarten mit Garantiefunktion und Vordrucken für Euroschecks

(1) Wer eine der in § 152 a Abs. 1 bezeichneten Handlungen in Bezug auf Zahlungskarten mit Garantiefunktion oder Euroscheckvordrucke begeht, wird mit Freiheitsstrafe von einem Jahr bis zu zehn Jahren bestraft.

(2) Handelt der Täter gewerbsmäßig oder als Mitglied einer Bande, die sich zur fortgesetzten Begehung von Straftaten nach Absatz 1 verbunden hat, so ist die Strafe Freiheitsstrafe nicht unter zwei Jahren.

(3) In minder schweren Fällen des Absatzes 1 ist auf Freiheitsstrafe von drei Monaten bis zu fünf Jahren, in minder schweren Fällen des Absatzes 2 auf Freiheitsstrafe von einem Jahr bis zu zehn Jahren zu erkennen.

(4) Zahlungskarten mit Garantiefunktion im Sinne des Absatzes 1 sind Kreditkarten, Euroscheckkarten und sonstige Karten,
1. die es ermöglichen, den Aussteller im Zahlungsverkehr zu einer garantierten Zahlung zu veranlassen, und
2. durch Ausgestaltung oder Codierung besonders gegen Nachahmung gesichert sind.

(5) § 149, soweit er sich auf die Fälschung von Geld bezieht, und § 150 Abs. 2 gelten entsprechend.

1 Die aus § 152 a aF hervorgegangene Vorschrift stellt die Fälschung und Verbreitung falscher Euroscheckvordrucke und Zahlungskarten (Kreditkarten, Euroscheckkarten und sonstige Karten **mit Garantiefunktion**) unter Strafe. Während die Rechtsprechung (BGHSt 46, 146; BGH wistra 2014, 224) zur Feststellung der Garantiefunktion wohl von einem echten zivilrechtlichen Garantieverhältnis, bei dem der Aussteller das Deckungsrisiko trägt, ausgehen will, mehren sich Stimmen in der Literatur, die einen weiterreichenden – untechnischen – Garantiebegriff zugrunde legen (NK-*Puppe* Rn 2: die durch den Aussteller geleistete Zahlung muss einen *eigenen Rechtsgrund* haben; *Schumann*, Die elektronische Geldbörse auf Chipkartenbasis, 2004, 73: Kartenanbieter muss das *Fälschungsrisiko* tragen). Umstritten ist, ob ec- bzw Maestro-Karten taugliches Tatobjekt des § 152 b sind (so die hM, vgl § 152 a Rn 1).

2 § 152 b verdrängt als Qualifikationstatbestand die entsprechenden Tathandlungen der §§ 267, 269. Hinsichtlich der Vordrucke und deren späterem Ausfüllen und Gebrauchen besteht Tateinheit zwischen § 152 a und §§ 263, 267 (BGH NStZ 2001, 138 [139] m. insoweit zust. Anm. *Krack*; NK-*Puppe* Rn 27). Das Verhältnis von § 152 b und § 152 a ist umstritten: § 152 a wird teilweise als subsidiär (NK-*Puppe* Rn 25 [annähernde Spezialität]; *Schumann*, Die elektronische Geldbörse auf Chipkartenbasis, 2004, 147), teilweise als von § 152 b konsumiert (*Husemann* NJW 2004, 106) angesehen. Innerhalb des § 152 b ist zu beachten, dass die Beschaffung gefälschter Kreditkarten als Vorbereitungsakt mit deren Einsatz eine Tat iSd Vorschrift bilden (BGH wistra 2010, 482; 2013, 310 [311]; zum Versuchsbeginn vgl BGH StraFo 2011, 190 ff mwN; BGH wistra 2011,

422 f). Zu den sog Skimming-Taten, bei denen Daten der ec- bzw Kreditkarten von Bankkunden, die einen Geldautomaten benutzen, ausgelesen und auf Kartenrohlingen übertragen werden, mit denen anschließend unter Verwendung der ebenfalls erlangten persönlichen Geheimzahl Geld von Geldautomaten abgehoben wird, vgl BGHSt 56, 170 f m.Anm. *Bachmann/Goeck* JR 2011, 425 ff; BGH NStZ 2010, 275 f; 2016, 338 f; StV 2012, 526 ff m.Anm. *Saliger*; NStZ-RR 2013, 109 f; *Seidl/Fuchs* HRRS 2011, 265 ff; *Seidl* ZIS 2012, 415 ff; zum Versuchsbeginn beim „Skimming" vgl BGH NJW 2014, 1463 ff m.Anm. *Schiemann* JR 2014, 303 ff; zur Frage der Mittäterschaft *Feldmann* wistra 2015, 41 ff.

Neunter Abschnitt Falsche uneidliche Aussage und Meineid

Vorbemerkung zu den §§ 153–163

I. Allgemeines

1. Rechtsgut der Aussagedelikte ist die inländische Rechtspflege, die vor einer Verfälschung ihrer Entscheidungsgrundlagen bewahrt werden soll (vgl BGHSt 8, 301 [309]). Mit derselben Zwecksetzung werden durch die §§ 153, 154 und 156 auch bestimmte Verwaltungsbehörden und andere staatliche Stellen (zB parlamentarische Untersuchungsausschüsse [162 II], Patentamt) geschützt (BGHSt 10, 142). Die Eidesdelikte sind keine Religionsdelikte; der Eid unterstreicht nur durch die feierliche oder sakrale Bekräftigung die Aussage (zur historischen Entwicklung und krit. zur heutigen Funktion des Eides *Haller*, Der Eid im Strafverfahren, 1998, 20 ff, 106 ff, 177 ff).   1

2. Die Aussagedelikte sind **Tätigkeitsdelikte** in der Form **abstrakter Gefährdungsdelikte**. Die Entscheidung braucht also durch das Täterverhalten nicht negativ beeinflusst worden zu sein. Die Aussagedelikte sind ferner **eigenhändige Delikte**; mittelbare Täterschaft und Mittäterschaft sind daher ausgeschlossen. Strafwürdiges Verhalten eines Hintermanns wird von § 160 erfasst. §§ 154, 155 sind **Verbrechen** iSv § 12 I (zusf. *Hettinger/Bender* JuS 2015, 577 ff; zur Beteiligung an den Aussagedelikten *Kudlich/Henn* JA 2008, 510).   2

3. Die prozessuale Wahrheitspflicht ist ein **strafbegründendes persönliches Merkmal** iSv § 28 I, da die Aussagedelikte höchstpersönliche Pflichtdelikte sind; die Wahrheitspflicht trifft nur den unmittelbar Aussagenden (SK-*Rudolphi* Vor § 153 Rn 9; NK-*Vormbaum* § 153 Rn 111). Dem wird von einer Mindermeinung entgegengehalten, dass das Gesetz mit der dem Täter obliegenden prozessualen Wahrheitspflicht lediglich die tatsächlichen Möglichkeiten eines Angriffs auf die gerichtliche oder behördliche Wahrheitsermittlung umschrieben habe (*Otto* JuS 1984, 161 [166]; S/S-*Lenckner/Bosch* Rn 42).   3

II. Falschheit der Aussage

1. Die **Wahrheitspflicht** umfasst alle Angaben, die **Gegenstand der Vernehmung** sind (vgl §§ 57, 69 StPO, 396 ZPO). Sie kann sich auf äußere und innere Tatsachen sowie beim Sachverständigen auch auf Werturteile beziehen. Die Verwendung von Rechtsbegriffen, die – wie „Kauf" oder „Miete" – typische Lebenssachverhalte bezeichnen, sind als Tatsachenbehauptungen anzusehen. Gegenstand der Wahrheitspflicht können auch Angaben zur Person sein (vgl §§ 68   4

StPO, 395 ZPO; vgl auch *Gruber*, Die Lüge des Beschuldigten im Strafverfahren, 2008, 195 ff).

5 **Spontane Aussagen** sind grds. nicht einschlägig, da sie nicht der Wahrheitspflicht unterfallen, es sei denn, dass der Zeuge auf eine nachträgliche Erweiterung des Vernehmungsgegenstands durch den Richter seine Spontanäußerungen bestätigt (BGHSt 25, 244 [246]; BGH NStZ 1982, 464).

6 2. Zu der Frage, unter welchen Voraussetzungen eine Aussage als **falsch** (iSd Aussagedelikte) anzusehen ist, werden im Wesentlichen drei Theorien vertreten (eingehend *Beitz*, Die Bedeutung des Tatbestandsmerkmals „falsch" im Rahmen der Aussagedelikte, 2006):

7 a) Nach der sog. **objektiven Theorie** der hM ist eine Aussage falsch, wenn sie mit ihrem Gegenstand nicht inhaltlich übereinstimmt. Entscheidend ist allein der Widerspruch zur Wirklichkeit ohne Rücksicht auf die Vorstellungen des Aussagenden vom Sachverhalt (BGHSt 7, 147; HKGS-*Heinrich* § 153 Rn 14, 16; *Hilgendorf* GA 1993, 547 ff; S/S-*Lenckner/Bosch* Rn 6 ff; S/S/W-*Sinn* § 153 Rn 8; ausf. *Kargl* GA 2003, 791 [796 ff]).

8 b) Nach der sog. **subjektiven Theorie** ist das Vorstellungsbild des Täters maßgeblich. Eine Aussage ist dementsprechend falsch, wenn die Sachverhaltsannahmen des Täters nicht mit seiner Aussage übereinstimmen (so wohl OLG München NJW 2009, 3043; *Gallas* GA 1957, 315 ff; LK-*Willms*, 10. Aufl., Rn 8 ff). Diese Lehre kann jedoch § 160 nicht begründen und ist zudem nicht bruchlos mit dem Normzweck zu vereinbaren, Gerichte vor einer Verfälschung ihrer Entscheidungsgrundlagen zu bewahren.

9 c) Nach der sog. **Pflichttheorie** ist der jeweilige Inhalt der Aussagepflicht entscheidendes Kriterium: Eine Aussage ist falsch, wenn sie nicht der prozessualen Wahrheitspflicht entsprechend das zum Gegenstand hat, was der Pflichtige bei kritischer Prüfung seines Erinnerungs- und Wahrnehmungsvermögens hätte aussagen können und müssen (*Otto* JuS 1984, 161 ff; *Schmidhäuser* OLG Celle-FS 207 ff; vgl auch NK-*Vormbaum* § 153 Rn 79 ff). Eine Beweisperson könne nur die Pflicht haben, das wahrheitsgemäß wiederzugeben, was sie selbst wahrgenommen hat; eine Schilderung der objektiven Wirklichkeit könne dagegen vom Aussagenden nicht gefordert werden. Ähnlich argumentiert die **modifizierte objektive Theorie**: Eine Aussage sei falsch, wenn sie mit dem wirklichen oder (beim Sachverständigen) dem erreichbaren Erlebnisbild des Aussagenden nicht übereinstimmt (SK-*Rudolphi* Rn 43). Gegen die Pflichttheorie spricht, dass sie, da sie falsche mit sorgfaltswidrig falschen Aussagen gleichstellt, nur schwer mit § 161 zu vereinbaren ist (vgl *Wolf* JuS 1991, 177 [180 f]).

10 3. Ist Aussagegegenstand – wie zB beim Sachverständigen – eine **bestimmte persönliche Überzeugung**, so ist bei deren Fehlen die Aussage nach jeder Theorie falsch.

11 4. Eine Aussage kann auch falsch sein, wenn sie **unvollständig** ist oder als frei von (tatsächlich aber bestehenden) Zweifeln ausgegeben wird. Die zu erwartende Vollständigkeit hängt vom Umfang der Aussagepflicht ab. Ein Zeuge muss auch ungefragt alle Tatsachen angeben, die erkennbar mit dem Gegenstand der Vernehmung zusammenhängen und für die Entscheidung von Bedeutung sind (vgl auch §§ 64 I, II StPO, 392 ZPO: „die reine Wahrheit gesagt und *nichts verschwiegen*").

5. Wer eine Aussage **verweigert**, bekundet nichts Falsches, sondern sagt überhaupt nicht aus (OLG Zweibrücken StV 1993, 423).   12

6. Die Tatbestandsmäßigkeit einer falschen Aussage entfällt nach hM selbst dann   13
nicht, wenn die Angabe aufgrund der **Verletzung strafprozessualer Vorschriften**
unverwertbar ist. Dies gilt auch bei **fehlender Aussagegenehmigung** nach § 54
StPO oder bei einem Verstoß gegen ein **Vereidigungsverbot** nach § 60 StPO (vgl
Reese JA 2005, 612 f). Beim Meineid (§ 154) muss allerdings der Eid in der vorgeschriebenen Form geleistet worden sein.

Sind die Verfahrensverstöße so gravierend (vgl etwa § 136 a StPO), dass die auf   14
ihnen beruhende Erklärung nicht mehr als freie Mitteilung eigenen Wissens angesehen werden kann, ist nach hM keine Aussage iSd Tatbestands gegeben (vgl nur
OLG Köln NJW 1988, 2485 [2486]; LK-*Ruß* Rn 30). Ansonsten sind Verfahrensfehler im Strafmaß zugunsten des Täters zu berücksichtigen (BGH StV 2004,
482 f; NStZ 2005, 33 f).

§ 153 Falsche uneidliche Aussage

Wer vor Gericht oder vor einer anderen zur eidlichen Vernehmung von Zeugen
oder Sachverständigen zuständigen Stelle als Zeuge oder Sachverständiger uneidlich falsch aussagt, wird mit Freiheitsstrafe von drei Monaten bis zu fünf Jahren
bestraft.

I. **Deliktsaufbau:**   1
   A) Tatbestand:
      I. Objektiver Tatbestand:
         1. Tauglicher Täter: Zeuge oder Sachverständiger (Rn 2)
         2. Zuständige Stelle (Rn 3)
         3. Tathandlung: Aussage (Rn 4), die der Wahrheitspflicht unterliegt (Vor § 153 Rn 4 f) und falsch (Vor § 153 Rn 6 ff) sowie abgeschlossen (Rn 6) ist
      II. Subjektiver Tatbestand: (zumindest bedingter) Vorsatz (Rn 5)
   B) Rechtswidrigkeit
   C) Schuld

II. **Täter** der uneidlichen Falschaussage können *nur* Zeugen und Sachverständige   2
sein; der Angeklagte oder eine Partei im Zivilprozess scheiden als taugliche Täter
aus. Ein Zeuge kann unabhängig davon Täter sein, ob er nach § 57 StPO belehrt
worden ist, nicht nach § 60 StPO zu vereidigen ist oder gehandelt hat, um die
Gefahr gerichtlicher Bestrafung abzuwenden (vgl aber § 157).

III. **Zuständig** iSd Tatbestands sind nur **Stellen**, die zur **eidlichen Vernehmung**   3
von Zeugen oder Sachverständigen berechtigt sind; eine Zuständigkeit nach
§ 156 genügt nicht. Als zuständige Stellen kommen neben den (staatlichen) Gerichten auch Disziplinargerichte, parlamentarische Untersuchungsausschüsse
(§ 162 II; vgl auch Art. 44 GG oder Landesverfassungsrecht; OLG Köln NJW
1988, 2485 ff; *Güther/Seiler* NStZ 1993, 305 ff; *Vormbaum* JZ 2002, 166 ff),
das Patentamt (§§ 46 I S. 1, 59 III PatentG) und Notare (§ 22 I BNotO) in Betracht. Internationale Gerichte sind gem. § 162 I ebenfalls zuständige Stellen.
Nicht einschlägig sind zB Staatsanwaltschaft, Polizei oder Schiedsgerichte. Der
Rechtspfleger nimmt zwar nach §§ 3, 4 RechtspflegerG richterliche Aufgaben

wahr, muss aber zur Herbeiführung einer eidlichen Vernehmung die Sache nach § 28 RechtspflegerG dem zuständigen Richter vorlegen (*Ostendorf* JZ 1987, 337; LK-*Ruß* Rn 5; aA S/S-*Lenckner/Bosch* Rn 6). Gleichermaßen sind Referendare nicht zur Abnahme von Eiden befugt (§ 10 S. 2 GVG).

4 IV. Als **Aussagen** iSd Tatbestands kommen grds. nur mündliche Bekundungen, nicht aber auch schriftliche Erklärungen (Ausnahme § 186 GVG) in Betracht (HKGS-*Heinrich* Rn 10; NK-*Vormbaum* Rn 7; modifizierend S/S-*Lenckner/ Bosch* Vor § 153 Rn 22).

5 V. Die **subjektive Tatseite** verlangt (zumindest bedingten) Vorsatz hinsichtlich des Umstands, dass die falsche Aussage der Wahrheitspflicht unterfällt (Vor § 153 Rn 4 f) und vor einer zuständigen Stelle gemacht wird.

6 VI. Die Tat ist nach Abschluss der Aussage **vollendet**. Dies ist der Fall, wenn der Aussagende nichts mehr zu bekunden hat, kein Verfahrensbeteiligter weitere Fragen an ihn stellen will und der Richter zu erkennen gibt, dass die Vernehmung beendet ist, spätestens mit dem Schluss der Verhandlung im jeweiligen Rechtszug (vgl BGHSt 8, 301 [314]; BayObLG StV 1989, 251). Der Täter kann also sowohl in einer Verhandlung mehrere abschließende Aussagen (vgl BGHSt 4, 172 [177]) als auch eine Aussage über mehrere Verhandlungstage hin (vgl BGH NStZ 1984, 418) machen. Der Vollendungszeitpunkt ist insbesondere für die Frage entscheidend, ob strafloser Versuch oder nur Berichtigung (§ 158) vorliegt, wenn der Aussagende seine Angaben im Nachhinein richtig stellt (vgl BGHSt 8, 301 [314 f]).

7 VII. Die Tat ist Vergehen (§ 12 II); der **Versuch** ist **nicht strafbar**.

8 VIII. Wer in einem Gerichtsverfahren einen Zeugen benennt, von dem er zutreffend annimmt, er werde falsch aussagen, ist grds. nicht wegen **Teilnahme** (§§ 26, 27) strafbar: Durch einen zulässigen Beweisantrag wird kein unerlaubtes Risiko geschaffen, so dass mit der Stellung des Antrags auch keine Zuständigkeit für die Folgen eines vollumfänglich von einem anderen zu verantwortenden deliktischen Verhaltens begründet werden kann. Anderes gilt jedoch, wenn der Betreffende über den bloßen Beweisantrag hinaus auf den Zeugen einwirkt (vgl OLG Hamm NStZ 1993, 82 [83]; LG Münster StV 1994, 134 f; S/S-*Lenckner/Bosch* Vor § 153 Rn 36; vgl auch *Heinrich* JuS 1995, 1115 [1116 ff]).

9 Auch eine **Beihilfe durch Unterlassen** kommt für einen Prozessbeteiligten nur unter engen Voraussetzungen in Betracht: Eine Garantenstellung kann nur aus Ingerenz herrühren; die allgemeine Wahrheitspflicht der Parteien im Zivilprozess (§ 138 ZPO) vermag keine Garantenstellung zu begründen (vgl BGHSt 4, 327 ff; OLG Köln, NStZ 1990, 594; *Heinrich* JuS 1995, 1115 [1119 f] mwN). Als ingerentes Vorverhalten (sog. Schaffen einer **prozessinadäquaten, besonderen Gefahr**) kommt jede nicht mehr prozessordnungsgemäße Unterstützung von (falsch aussagenden) Zeugen und Sachverständigen in Betracht (vgl BGHSt 14, 229 ff; BGH NStZ 1993, 489; OLG Düsseldorf NJW 1994, 272 [273]; restriktiv: S/S-*Lenckner/Bosch* Vor § 153 Rn 40; NK-*Vormbaum* Rn 120). Da das bloße Benennen eines (zur Falschaussage entschlossenen) Zeugen keine Beihilfe durch positives Tun ist (vgl Rn 8), kann es auch keine Garantenpflicht, den Zeugen von einer falschen Aussage abzuhalten, begründen (vgl BGH StV 1994, 125 f; *Bartholme* JA 1993, 220 [221 f]; *Prittwitz* StV 1995, 270 [274]; unhaltbar dagegen OLG Hamm NStZ 1993, 82 [83]). Zur Teilnahme bei den Aussagedelikten vgl *Kudlich/Henn* JA 2008, 510 ff; *Müller* Jura 2007, 697 ff.

§ 154 Meineid

(1) Wer vor Gericht oder vor einer anderen zur Abnahme von Eiden zuständigen Stelle falsch schwört, wird mit Freiheitsstrafe nicht unter einem Jahr bestraft.
(2) In minder schweren Fällen ist die Strafe Freiheitsstrafe von sechs Monaten bis zu fünf Jahren.

I. Der **Täterkreis** des Meineids ist nicht – wie bei § 153 – auf Zeugen und Sachverständige beschränkt. Tatbestandsmäßig ist auch der falsche Parteieid im Zivilprozess (§ 452 ZPO). Tauglicher Täter kann ferner der falsch übersetzende vereidigte Dolmetscher (§ 189 GVG) sein (BGHSt 4, 154; S/S-*Lenckner/Bosch* Rn 4; zu den verschiedenen Eidesarten vgl S/S/W-*Sinn* Rn 7 ff). Der Beschuldigte (Angeklagte) kann dagegen nie Täter des § 154 sein (BGHSt 10, 8 [10]). 1

Personen, die nach § 60 Nr. 1 Alt. 2 StPO als **eidesunfähig** gelten, scheiden als Täter aus. Dagegen können nach der Rspr Personen, die das Wesen einer Aussage und des Eides verstehen, grds. Täter sein, und zwar auch dann, wenn sie das 18. Lebensjahr noch nicht vollendet haben und so nach § 60 Nr. 1 Alt. 1 StPO noch nicht **eidesmündig** sind (BGHSt 10, 142 [144]; LK-*Ruß* Rn 10). Die überwiegende Auffassung in der Literatur verneint dagegen die Täterqualität Eidesunmündiger: § 60 Nr. 1 Alt. 1 StPO entfalte eine auch für das materielle Recht geltende unwiderlegliche Vermutung mangelnder Eidesfähigkeit. Außerdem sei § 157 II, der die Möglichkeit eines Strafausschlusses bei uneidlicher Falschaussage von Eidesunmündigen vorsehe, zu entnehmen, dass eidliche Aussagen solcher Personen von vornherein straflos seien (*Hohmann/Sander* BT II § 22 Rn 4; S/S-*Lenckner/Bosch* Vor § 153 Rn 25; *Otto* JuS 1984, 161 [166]). 2

II. Meineid kann nur in einem **Verfahren** begangen werden, in dem die **Leistung eines Eides** (als Vor- oder Nacheid) **gesetzlich vorgesehen** ist und von einer hierzu ermächtigten Person abgenommen werden darf (BGHSt 3, 248 [249]; 3, 309 [310 f]; 10, 8 [13]). Insbesondere sind einschlägig der Zeugeneid (§§ 59 ff StPO, 391 ff ZPO), Sachverständigeneid (§ 79 StPO, § 410 ZPO) und Parteieid (§ 452 ZPO). **Nicht zulässig** ist ein Eid zB vor dem Rechtspfleger (§ 4 II Nr. 1 RPflG) oder in einem Verfahren der freiwilligen Gerichtsbarkeit für den Verfahrensbeteiligten (§ 29 II; 31 FamFG). 3

Ferner muss der **Amtsträger** nach den allgemeinen Grundsätzen des Staats- und Gerichtsverfassungsrechts **berufen** sein; ein Referendar ist unzuständig (§ 10 S. 2 GVG). Dagegen berührt es die Tatbestandsmäßigkeit eines falschen Eides nicht, wenn der konkrete Richter unzuständig ist, Verfahrenshindernisse vorliegen oder gegen Vernehmungsvorschriften (§§ 69, 241 II StPO) verstoßen wurde (BGHSt 10, 142 ff; 16, 232 [233 ff]; *Geppert* Jura 1988, 496 ff; aA SK-*Rudolphi* Vor § 153 Rn 32 ff). 4

III. Voraussetzung der Tatbestandsverwirklichung ist die **Wahrung der wesentlichen Förmlichkeiten** der Eidabnahme. Vor allem darf der Ausdruck „ich schwöre" nicht fehlen (S/S-*Lenckner/Bosch* Vor § 153 Rn 21; NK-*Vormbaum* Rn 32). 5

IV. Mit dem Ausdruck **falsch schwören** ist das Beschwören einer falschen Aussage (§ 153 Rn 4) gemeint. Die Vereidigung erfolgt bei Zeugen im Wege des Nacheides (§§ 59 II S. 1 StPO, 392 S. 1 ZPO), bei Dolmetschern im Wege des Voreides (§ 189 GVG). Bei Sachverständigen ist der Nacheid (§ 79 II StPO), im Zivilprozess aber auch der Voreid möglich (§ 410 I S. 1 ZPO). Ohne Belang ist es, ob der Eid mit oder ohne religiöse Beteuerung geleistet wird (vgl § 64 I, II StPO). 6

7 Welche Angaben **von der Eidesleistung** umfasst werden, richtet sich nach den einschlägigen Vorschriften: Bei Zeugen unterliegen zB die Angaben zur Person der Wahrheitspflicht (vgl § 68 StPO), während sich der Sachverständigeneid nur auf das Gutachten bezieht (§§ 79 StPO, 410 ZPO).

8 V. Im **subjektiven Tatbestand** muss sich der (zumindest bedingte) Vorsatz darauf beziehen, dass die Aussage falsch ist, unter den Eid fällt und dass die abnehmende Stelle zuständig ist. Bei irriger Annahme einer zuständigen Stelle (zB Zuständigkeit zur Eidabnahme in einem Verfahren der freiwilligen Gerichtsbarkeit) wird teils Versuch (BGHSt 3, 248 [253 ff]; 5, 111 [117]; 12, 56 [58]; *Jescheck/Weigend* § 50 II 2), teils ein Wahndelikt (*Kühl* § 15/100; *Roxin* JZ 1996, 986 f) bejaht.

9 VI. Der **Versuch** beginnt beim Nacheid (nach der Falschaussage) mit dem Anfang der Eidesleistung (vgl BGHSt 1, 241 [243 f]; 4, 172 [176]; 31, 178 [182]; *Mitsch* Jura 2006, 381 [384]; BeckOK-*Kudlich* Rn 16), beim Voreid mit dem Anfang der Falschaussage. Der Meineid ist beim Voreid mit dem Abschluss der Aussage, beim Nacheid mit der Beendigung des Schwurs **vollendet**.

10 VII. § 154 ist **Qualifikationstatbestand** zu § 153 (BGHSt 8, 301 [309 f]), hat aber, da er sich nicht nur auf Zeugen und Sachverständige beschränkt, einen größeren Anwendungsbereich. Falls in einem Verfahren neben einem Meineid noch durch eine weitere Falschaussage § 153 verwirklicht wird, ist die letztgenannte Tat subsidiär. Wahlfeststellungen zu § 154 sind möglich beim alternativen Vorliegen mit einer uneidlichen Falschaussage, dem unbewusst fahrlässigen Falscheid, der faschen Versicherung an Eides statt und der falschen Verdächtigung (vgl S/S/W-*Sinn* Rn 17 mwN).

§ 155 Eidesgleiche Bekräftigungen

Dem Eid stehen gleich
1. die den Eid ersetzende Bekräftigung,
2. die Berufung auf einen früheren Eid oder auf eine frühere Bekräftigung.

1 Die Vorschrift stellt dem Eid die ihn ersetzende Bekräftigung (vgl §§ 65 StPO, 484 ZPO) sowie die Berufung auf eine frühere Eidesleistung oder eidesgleiche Bekräftigung (vgl §§ 67, 79 III StPO, 398 III, 410 II ZPO) gleich.

§ 156 Falsche Versicherung an Eides Statt

Wer vor einer zur Abnahme einer Versicherung an Eides Statt zuständigen Behörde eine solche Versicherung falsch abgibt oder unter Berufung auf eine solche Versicherung falsch aussagt, wird mit Freiheitsstrafe bis zu drei Jahren oder mit Geldstrafe bestraft.

1 I. Eine Behörde ist iSd Tatbestands zuständig, wenn sie zur Abnahme eidesstattlicher Versicherungen überhaupt zuständig ist – **allgemeine Zuständigkeit** – und hinsichtlich des Gegenstands des konkreten Verfahrens eine eidesstattliche Versicherung abnehmen darf – **besondere Zuständigkeit** (vgl BGHSt 17, 303; OLG

Stuttgart NStZ-RR 1996, 265; OLG Frankfurt NStZ-RR 1996, 294). In Betracht kommen insbesondere folgende Verfahren:

1. Im **Zivilprozess** und im **Verwaltungsverfahren** können eidesstattliche Versicherungen zur Glaubhaftmachung tatsächlicher Behauptungen abgegeben werden (vgl §§ 294 I, 920 II ZPO; § 27 VwVfG).

2. Im Rahmen der **Zwangsvollstreckung** kann der Schuldner verpflichtet sein, ein Vermögensverzeichnis vorzulegen und dessen Richtigkeit an Eides Statt zu versichern (§ 802 c III S. 1 ZPO); für das Vollstreckungsverfahren sind auch die §§ 707 I S. 2, 719, 769 I S. 2, 883 II ZPO bedeutsam.

3. Für das **Strafverfahren** gilt: Eidesstattliche Versicherungen sind nur in bestimmtem Umfang und nur bei den Strafgerichten zulässig (vgl §§ 26 II, 56, 74 III StPO). Für den Beschuldigten ist die Möglichkeit, eine eidesstattliche Versicherung abzugeben, grds. nicht vorgesehen. Aussagen von Zeugen und Sachverständigen, welche die Schuldfrage betreffen, können nur mit dem Eid, nicht aber mit einer eidesstattlichen Versicherung bekräftigt werden (BGHSt 17, 303 ff; 24, 38). Polizei und Staatsanwaltschaft sind grds. unzuständig (vgl § 161 a I S. 3 StPO; RGSt 37, 209 ff).

4. **Unaufgefordert** abgegebene eidesstattliche Versicherungen sind iSv § 156 unbeachtlich, wenn das Gesetz ihre vorherige Anforderung durch die Behörde (vgl zB §§ 118 II S. 1, 435 ZPO) vorschreibt (vgl BGH StV 1985, 505; S/S-*Lenckner/Bosch* Rn 10; NK-*Vormbaum* Rn 19).

II. Die Versicherung ist **falsch**, wenn sie inhaltlich unrichtig ist, von der prozessualen Wahrheitspflicht umfasst ist und für den Verfahrensausgang bedeutsam werden kann (vgl BGH NJW 1990, 918 [920]; SK-*Rudolphi* Rn 10; NK-*Vormbaum* Rn 46 ff). Exemplarisch: In einer eidesstattlichen Versicherung nach § 802 c ZPO sind alle Vermögenswerte anzuführen, soweit es sich nicht um offensichtlich unpfändbare oder wertlose Gegenstände handelt (vgl § 802 c II ZPO; hierzu auch BGHSt 14, 345 [349]; BayObLG JR 2004, 167 m.Anm. *Vormbaum*). Ob persönliche Angaben unter die Wahrheitspflicht fallen, hängt von Gegenstand und Zweck der jeweiligen Erklärung ab (vgl BGHSt 11, 223 ff).

Nach hM richtet sich die Wahrheitspflicht bei **spontan abgegebenen Versicherungen** nach dem Beweisthema, das sich der Erklärende selbst stellt (BGH JR 1990, 478 [479] m.Anm. *Keller*; *Otto* BT § 97/56; SK-*Rudolphi* Rn 10; NK-*Vormbaum* Rn 49; aA OLG Düsseldorf NJW 1985, 1848 f: Es komme auf das Beweisthema an, wie es nach dem Stand des Verfahrens zu bestimmen gewesen wäre). Eine mögliche Bedeutung für das Verfahren ist jedoch stets erforderlich.

III. Eine eidesstattliche Versicherung ist **abgegeben**, wenn sie der Behörde willentlich zu Beweiszwecken zugänglich gemacht wurde; eine Kenntnisnahme ihres Inhalts ist nicht erforderlich (BGHSt 45, 16 [24]).

Die Verwendung des **Ausdrucks an Eides Statt** ist für eine eidesstattliche Versicherung **nicht konstitutiv**. Es muss sich aus der Erklärung nur die eidesgleich bindende Bestärkung ergeben.

IV. Für den **subjektiven Tatbestand** gelten die zu § 154 genannten Voraussetzungen (§ 154 Rn 8).

V. Mehrere in einem Verfahren abgegebene eidesstattliche Versicherungen stehen jedenfalls dann im Verhältnis der **Tatmehrheit** zueinander, wenn sie einen unterschiedlichen Inhalt haben und auch nicht der Begehung eines einheitlichen Prozessbetrugs dienen (BGHSt 45, 16 [24 f]).

§ 157 Aussagenotstand

(1) Hat ein Zeuge oder Sachverständiger sich eines Meineids oder einer falschen uneidlichen Aussage schuldig gemacht, so kann das Gericht die Strafe nach seinem Ermessen mildern (§ 49 Abs. 2) und im Falle uneidlicher Aussage auch ganz von Strafe absehen, wenn der Täter die Unwahrheit gesagt hat, um von einem Angehörigen oder von sich selbst die Gefahr abzuwenden, bestraft oder einer freiheitsentziehenden Maßregel der Besserung und Sicherung unterworfen zu werden.

(2) Das Gericht kann auch dann die Strafe nach seinem Ermessen mildern (§ 49 Abs. 2) oder ganz von Strafe absehen, wenn ein noch nicht Eidesmündiger uneidlich falsch ausgesagt hat.

1   I. Die Vorschrift betrifft Taten nach §§ 153, 154 (nicht nach §§ 156, 161); sie gilt **nur** für **Zeugen und Sachverständige**, nicht für die Partei im Zivilprozess und auch nicht für den Anstifter eines Aussagedelikts (aA *Bemmann* Mayer-FS 485 [491]; *Heusel* JR 1989, 428 [249]) unabhängig davon, ob er bei wahrheitsgemäßer Aussage seine eigene Strafverfolgung zu befürchten hätte.

2   § 157 ist nicht nur anzuwenden, wenn der Täter mit der Falschaussage verhindern will, überhaupt bestraft zu werden, sondern auch, wenn er eine mildere Bestrafung (zB nach §§ 212, 213 statt nach § 211) erreichen will (BGHSt 29, 298 ff). Ferner steht es der Anwendung von § 157 nicht entgegen, wenn der Täter falsch aussagt, obgleich er von einem Aussage- oder Zeugnisverweigerungsrecht hätte Gebrauch machen können (BGH StV 1995, 250); erst recht ist § 157 anzuwenden, wenn der Täter davon ausgeht durch die Ausübung seines Zeugnisverweigerungsrechts sein früheres Fehlverhalten einzugestehen (BGH NStZ-RR 2008, 9). Unerheblich ist schließlich auch, ob die Absicht, die Gefahr einer Bestrafung von sich abzuwenden, der einzige oder wesentliche Beweggrund für die falsche Aussage war (BGHSt 2, 379 [380]; 8, 301 [317]; BGH NStZ-RR 2007, 40 [41]; NK-*Vormbaum* Rn 14).

3   II. Die **Gefahr einer Bestrafung** oder Verhängung einer freiheitsentziehenden Maßregel (§§ 63–66) darf nicht ganz entfernt sein und muss eine zum Zeitpunkt der Falschaussage **noch verfolgbare Straftat** betreffen. Bei bestehenden Verfolgungshindernissen (zB Verjährung) fehlt es an der Gefahr.

4   Hinsichtlich der Gefahr kommt es **allein auf das Vorstellungsbild** des Täters an (BGH NStZ-RR 2008, 9; OLG Düsseldorf NJW 1986, 1822; *Meyer-Goßner* StraFo 2006, 32 [33]; NK-*Vormbaum* Rn 13); der Grundsatz in dubio pro reo ist zu beachten (BGH NJW 1988, 2391). Verkennt der Täter eine objektiv bestehende Gefahr, ist die Vorschrift nicht anwendbar. Die Gefahrabwendung muss weder das einzige, noch das entscheidende Motiv sein (BGH StV 1995, 249 f; S/S-*Lenckner/Bosch* Rn 10).

5   Die Tat muss **vor dem Aussagedelikt begangen** worden sein (OLG München StraFo 2006, 32 m.Anm. *Meyer-Goßner*; MK-*Müller* Rn 23 f). Es genügt nicht, wenn die Gefahr der Bestrafung erst durch die Aussage begründet wird. Nicht in Betracht kommen auch Straftaten, die in Tateinheit mit der Falschaussage verübt

werden, zB eine Begünstigung oder eine der Falschaussage vorausgegangene und mit ihr eine tatbestandliche Einheit bildende weitere Falschaussage im selben Rechtszug (vgl BGHSt 9, 121 ff; SK-*Rudolphi* Rn 9 f).

Die Gefahr muss gerade **aus der Offenbarung** der Wahrheit erwachsen (BGHSt 7, 2 [5]). § 157 greift also nur ein, wenn der Täter sich oder einen Angehörigen durch die Wahrheit **nicht belasten** will, nicht aber, wenn er sich oder einen Angehörigen durch die Falschaussage nur entlasten will, indem er zB einem Angehörigen ein Alibi verschafft. 6

III. Im **Unterschied** zu §§ 34, 35 ist für § 157 kein wesentliches Überwiegen der betroffenen Güter des Täters (oder der Angehörigen) erforderlich. § 157 ist (naturgemäß) auch dann anwendbar, wenn die Gefahr der Bestrafung (usw) verschuldet ist (vgl BGHSt 7, 332 f; NStZ-RR 2007, 40 [41]; aA S/S-*Lenckner/ Bosch* Rn 11, der eine Notstandslage fordert). 7

Soweit die Voraussetzungen der §§ 34 oder 35 gegeben sind, gehen diese vor, da sie die Strafbarkeit obligatorisch und nicht nur, wie § 157, fakultativ entfallen lassen. Im Regelfall greifen jedoch die §§ 34, 35 in einschlägigen Konstellationen schon deshalb nicht ein, weil sich der Aussagenotstand durch Aussage- oder Zeugnisverweigerungsrechte vermeiden lässt. 8

IV. Nach hM, die auf den Wortlaut abstellt, kommen als Begünstigte **nur Angehörige** in Betracht (BayObLG NJW 1986, 202 [203]; OLG Celle NJW 1997, 1084 f; S/S-*Lenckner/Bosch* Rn 6). Eine verbreitete Gegenauffassung dehnt den Kreis der Begünstigten auf nahestehende Personen (wie nichteheliche Lebenspartner) aus, weil die emotionale Beziehung zum Täter nicht geringer als bei Angehörigen iSv § 11 I Nr. 1 sei (SK- *Rudolphi* Rn 1; NK-*Vormbaum* Rn 15; vgl auch *Kretschmer* JR 2008, 51 [54 f]). 9

§ 158 Berichtigung einer falschen Angabe

(1) Das Gericht kann die Strafe wegen Meineids, falscher Versicherung an Eides Statt oder falscher uneidlicher Aussage nach seinem Ermessen mildern (§ 49 Abs. 2) oder von Strafe absehen, wenn der Täter die falsche Angabe rechtzeitig berichtigt.

(2) Die Berichtigung ist verspätet, wenn sie bei der Entscheidung nicht mehr verwertet werden kann oder aus der Tat ein Nachteil für einen anderen entstanden ist oder wenn schon gegen den Täter eine Anzeige erstattet oder eine Untersuchung eingeleitet worden ist.

(3) Die Berichtigung kann bei der Stelle, der die falsche Angabe gemacht worden ist oder die sie im Verfahren zu prüfen hat, sowie bei einem Gericht, einem Staatsanwalt oder einer Polizeibehörde erfolgen.

I. Die Vorschrift gilt ausschließlich für die §§ 153–156, nicht aber auch für weitere, in Tateinheit hierzu stehende Delikte (zB § 258); sie normiert einen Fall der **tätigen Reue** und ermöglicht Strafmilderung oder -freiheit trotz Deliktsvollendung. § 158 gilt nicht nur für Täter, sondern **auch für Teilnehmer** der dort genannten Aussagedelikte. Als **persönlicher Strafaufhebungsgrund** wirkt § 158 bei mehreren Beteiligten nur zugunsten des Berichtigenden (BGHSt 4, 172 [179]). 1

2 **II. Berichtigen** verlangt, dass die eingestandene falsche Aussage in allen nicht völlig nebensächlichen Punkten durch die Mitteilung der Wahrheit – und nicht etwa durch eine neue falsche oder nicht vollständig wahre Aussage – ersetzt wird. Die Unwahrheit der früheren Aussage muss hierbei eindeutig zum Ausdruck gebracht werden (BGHSt 21, 115). Ein „Schuldeingeständnis" ist jedoch nicht erforderlich; ausreichend ist das Abrücken von den bisherigen Angaben (OLG Hamburg NJW 1981, 237 m.Anm. *Rudolphi* JR 1981, 384; NK-*Vormbaum* Rn 16). Wenn sich nicht klären lässt, ob die Berichtigung der Wahrheit entspricht, greift der Grundsatz in dubio pro reo ein (vgl BayObLG JZ 1976, 33 [34]). Für einen aussageverweigerungsberechtigten Zeugen genügt es, wenn er seine bisherige Aussage als falsch bezeichnet und sich sodann auf sein Schweigerecht beruft (SK-*Rudolphi* Rn 4).

3 Für die **Rechtzeitigkeit** ist der Eingang bei derjenigen Stelle, der gegenüber zu berichtigen ist, maßgeblich. Die Berichtigung muss für die den Rechtszug abschließende, nicht notwendig auch rechtskräftige Entscheidung in der Sache **noch verwertbar** (Abs. 2) sein (BGH JZ 1954, 171; OLG Hamm NJW 1950, 358 [359]).

4 Als **Nachteil** iSv Abs. 2 kommt jede über die negative Beeinflussung der Beweislage hinausgehende Verschlechterung der Position eines anderen in Betracht, namentlich die Einleitung eines Straf- oder Disziplinarverfahrens, die Erhebung einer Klage oder die Entstehung von Verfahrenskosten (bzw sonstige Vermögensnachteile). Ein bloßer Nachteil für die Strafverfolgung – zB die Entlassung eines Beschuldigten aus der Untersuchungshaft – genügt noch nicht. Als **Anzeige** genügt eine Strafanzeige gegen den Täter; eine Untersuchung ist nur tatbestandsmäßig, wenn sie von einer Strafverfolgungsbehörde durchgeführt wird.

5 III. Im **Unterschied** zu § 24 setzt § 158 zwar keine Freiwilligkeit voraus, hat aber nur eine schwächere Wirkung (fakultativ). Daher ist § 24 (bei § 154) grds. vorrangig zu prüfen; für die §§ 153 und 156 kommt § 24 nicht in Betracht, da bei diesen Delikten der Versuch nicht strafbar ist.

§ 159 Versuch der Anstiftung zur Falschaussage

Für den Versuch der Anstiftung zu einer falschen uneidlichen Aussage (§ 153) und einer falschen Versicherung an Eides Statt (§ 156) gelten § 30 Abs. 1 und § 31 Abs. 1 Nr. 1 und Abs. 2 entsprechend.

1 I. § 159 macht speziell für die §§ 153 und 156 eine **Ausnahme** von dem Prinzip, dass die versuchte Anstiftung zu einem Vergehen nicht strafbar ist. Die versuchte Anstiftung zum Verbrechen (§ 12 I) des § 154 ist dagegen unmittelbar nach § 30 I strafbar.

2 II. § 159 ist anwendbar, wenn die **Anstiftung nicht erfolgreich** gewesen ist (sonst §§ 153, 156, 26), objektiv die Voraussetzungen eines versuchten Bestimmens (Anstiftung, vgl § 26 Rn 9 ff) gegeben sind und der Täter subjektiv mit Anstiftervorsatz (hinsichtlich seines Bestimmens wie auch der vorsätzlichen Haupttat) handelt (§ 26 Rn 27). Die Anstiftung kann etwa misslingen, wenn der Angesprochene die Aufforderung nicht verstanden oder zurückgewiesen hat oder wenn sie an einen „omnimodo facturus" gerichtet war.

3 **1.** Umstritten ist, ob § 159 auch erfüllt ist, wenn die **Haupttat in das Stadium eines Versuchs** gelangt ist. Das Problem ergibt sich daraus, dass in einem solchen

Fall der Anstifter einerseits mehr als beim völligen Misslingen seiner Anstiftung erreicht hat. Andererseits ist der Täter hier (mangels Strafbarkeit des Versuchs) selbst straflos, und außerdem tritt die versuchte Anstiftung nach § 30 I gewöhnlich subsidiär hinter die Anstiftung zur versuchten Haupttat nach § 26 zurück. Zur Behebung dieses Wertungswiderspruchs werden folgende (notwendig nie völlig befriedigende) Vorschläge vertreten:

Nach der sog. Versuchslösung ist die versuchte Anstiftung unabhängig von den Gründen ihres Misslingens strafbar. Demnach kann die Haupttat auch in einem tauglichen oder untauglichen Versuch bestehen. Da schon derjenige nach § 159 strafbar sei, dem es nicht gelingt, überhaupt einen Tatentschluss beim Angesprochenen hervorzurufen, müsse dies erst recht für denjenigen gelten, dessen Beeinflussung zu einem unmittelbaren Ansetzen des Aussagenden zur Tat führt (L-Kühl-*Heger* Rn 3; SK-*Rudolphi* Rn 2; LK-*Ruß* Rn 1 f; ebenso noch BGHSt 17, 303 [305]). 4

Die sog. Akzessorietätslösung nimmt dagegen zur Vermeidung einer unzulässigen Analogie nur dann eine Strafbarkeit nach § 159 an, wenn der Anstiftungsversuch erfolglos bleibt und es nicht zum straflosen Versuch der Haupttat kommt. Sobald eine Haupttat in Gestalt eines straflosen Versuchs vorliege, müsse die Anstiftung nach Akzessorietätsregeln ebenfalls straflos sein (M-*Schroeder/Maiwald* II § 75/89; *Vormbaum* GA 1986, 353 [367 ff]; *ders.* NK Rn 20 f). 5

Der BGH und Teile der Literatur befürworten eine Lösung, die für eine Strafbarkeit nach § 159 voraussetzt, dass das Bestimmen im Falle des Gelingens zumindest zu einem tauglichen Versuch führen kann. Ein Anstiftungsversuch zu einer Handlung, die von vornherein nicht zur Vollendung der Haupttat führen kann, müsse straflos bleiben. § 159 bezwecke vor allem den Schutz vor der Gefährlichkeit des Rechtsgutsangriffs. Insoweit stelle das Erfordernis, dass das Bestimmen zumindest zu einem tauglichen Versuch der Haupttat führen kann, eine sinnvolle teleologische Begrenzung der Strafbarkeit auf objektiv gefährliche Anstiftungsversuche dar (BGHSt 24, 38 [40]; *Kudlich/Henn* JA 2008, 510 [511 f]; MK-*Müller* Rn 13 f; LK-*Willms*, 10. Aufl. Rn 1). 6

2. Umstritten ist ferner, ob der Verweis auf § 30 I auch zur Strafbarkeit der versuchten Kettenanstiftung führt. Nach hM ist dies zu verneinen, da § 159 als eng auszulegende Ausnahmevorschrift lediglich die versuchte Anstiftung zur Haupttat erfasst (S/S-*Lenckner/Bosch* Rn 7; aA M-*Schroeder/Maiwald* II § 75/94). 7

§ 160 Verleitung zur Falschaussage

(1) Wer einen anderen zur Ableistung eines falschen Eides verleitet, wird mit Freiheitsstrafe bis zu zwei Jahren oder mit Geldstrafe bestraft; wer einen anderen zur Ableistung einer falschen Versicherung an Eides Statt oder einer falschen uneidlichen Aussage verleitet, wird mit Freiheitsstrafe bis zu sechs Monaten oder mit Geldstrafe bis zu einhundertachtzig Tagessätzen bestraft.

(2) Der Versuch ist strafbar.

I. **§ 160 schließt die Strafbarkeitslücke**, die sich daraus ergibt, dass die §§ 153–156 eigenhändige Delikte sind und nicht in mittelbarer Täterschaft nach § 25 I Alt. 2 begangen werden können (vgl Vor § 153 Rn 2, vgl auch § 271). 1

2　II. Ein **Verleiten** ist gegeben, wenn der Täter bewusst eine gutgläubige, wenn auch ggf fahrlässig handelnde Beweisperson zur Falschaussage (bzw falschen Versicherung an Eides Statt) veranlasst, etwa durch Täuschung, Drohung, Ausnutzen eines schon bestehenden Irrtums.

3　1. Für den **Grundfall** gilt die Faustformel: Der Erklärende weiß nicht, und der Wissende erklärt nicht. Einschlägig ist allerdings auch der Fall, dass sich der Aussagende im Nötigungsnotstand nach § 34 befindet und daher gerechtfertigt die Unwahrheit sagt. Unter den Voraussetzungen des § 35 ist dagegen die Falschaussage rechtswidrig, so dass sich der Hintermann nach §§ 26, 153 (154, 156) strafbar macht.

4　2. Wenn der „Verleitete" – den Vorstellungen des Täters entsprechend – **bewusst falsch aussagt**, ist der Hintermann nach §§ 26, 153 (154, 156) strafbar. In dieser Konstellation ist § 160, der nur eine Ergänzungsfunktion zu erfüllen hat, subsidiär (oder – da kein Fall mittelbarer Täterschaft vorliegt – nach einer verbreiteten Meinung erst gar nicht anwendbar, vgl Rn 7).

5　3. Wenn der Hintermann **irrtümlich von der Bösgläubigkeit des Aussagenden** ausgeht, ist ebenfalls keine Strafbarkeitslücke gegeben. In diesem Fall ist der Hintermann wegen versuchter Anstiftung nach § 30 I oder § 159 strafbar. § 160 ist wiederum subsidiär (oder – da kein Fall mittelbarer Täterschaft vorliegt – nach einer verbreiteten Meinung erst gar nicht anwendbar, vgl Rn 7).

6　4. Wenn der Hintermann **irrtümlich von der Gutgläubigkeit des Aussagenden** ausgeht, ergibt sich folgende Konstellation: Der Aussagende verwirklicht § 153 (§§ 154, 156); der Hintermann ist nicht wegen Anstiftung strafbar, weil bei ihm der Vorsatz hinsichtlich der vorsätzlichen Haupttat fehlt. Ob jetzt der Tatbestand des § 160 versucht oder vollendet ist, hängt von der Auslegung des Merkmals „verleiten" ab:

7　■　Sieht man in § 160 einen gesetzlich normierten Sondertatbestand mittelbarer Täterschaft, so ist der objektive Tatbestand nicht erfüllt; der Vordermann ist für sein Handeln selbst strafrechtlich verantwortlich und damit kein Werkzeug iSe mittelbarer Täterschaft. Folglich ist der Hintermann nur wegen Versuchs (§§ 160 II, 22 f) strafbar (*Eschenbach* Jura 1993, 407 ff; *Kudlich/Henn* JA 2008, 510 [513]; *Otto* BT § 97/91 ff; *Vormbaum* Maiwald-FS 819 [824 ff]; NK-*Vormbaum* Rn 12, 20 ff).

8　■　Nach hM soll das Verleiten nicht nur den Fall mittelbarer Täterschaft, sondern jede Veranlassung eines anderen zu einer falschen Aussage (bzw falschen eidesstattlichen Versicherung) erfassen. Dementsprechend müsse der Falschaussagende nicht notwendig die Voraussetzungen eines Werkzeugs iSe mittelbarer Täterschaft erfüllen (BGHSt 21, 116 ff; *Heinrich* JuS 1995, 1115 [1118]; *Küper* JZ 2012, 992 [998]; SK-*Rudolphi* Rn 4; iE auch *Hruschka* JZ 1967, 210 [211 f]). Auch in diesem Falle erreiche der Hintermann in vollem Umfang sein Ziel, die Rechtspflege zu gefährden.

9　■　Ein Verleiten entfällt jedenfalls dann, wenn der Aussagende „omnimodo facturus" ist, also bereits vor der Einwirkung zur Falschaussage entschlossen war.

10　■　**Uneinheitlich** wird im Rahmen des § 160 II die Frage beantwortet, ob auch dann ein Versuch anzunehmen ist, wenn die Stelle, bei der die falsche Aussage abgegeben wird, entgegen der Annahme des Verleitenden unzuständig war (vgl dazu *Kudlich/Henn* JA 2008, 510 [514]).

§ 161 Fahrlässiger Falscheid; fahrlässige falsche Versicherung an Eides Statt

(1) Wenn eine der in den §§ 154 bis 156 bezeichneten Handlungen aus Fahrlässigkeit begangen worden ist, so tritt Freiheitsstrafe bis zu einem Jahr oder Geldstrafe ein.

(2) ¹Straflosigkeit tritt ein, wenn der Täter die falsche Angabe rechtzeitig berichtigt. ²Die Vorschriften des § 158 Abs. 2 und 3 gelten entsprechend.

I. Die Vorschrift sieht eine Bestrafung wegen fahrlässiger Begehungsweise nur für die §§ 154-156 vor. Die Delikte nach §§ 153 und 160 können nur vorsätzlich verwirklicht werden.

II. § 161 kommt insbesondere bei Tatbestandsirrtümern (etwa bzgl der Zuständigkeit der Stelle oder des Umfangs der Wahrheitspflicht) in Betracht. Hinsichtlich der Wahrheit der Aussage muss sich ein Zeuge bemühen, sein Erinnerungsbild kritisch zu überprüfen; er darf es vor allem nicht leichtfertig als sicheres Wissen ausgeben. Auch darf er während der Vernehmung keine Anhaltspunkte außer Acht lassen, die Zweifel an der Richtigkeit seiner Bekundung wecken könnten (vgl OLG Köln MDR 1980, 421).

Um ein möglichst exaktes Erinnerungsbild muss sich der **Zeuge** in jedem Fall während der Vernehmung bemühen und ggf Rückfragen an den Vernehmenden richten; eine Pflicht zur Vorbereitung besteht im Strafprozess grds. nicht. Im Zivilprozess ist § 378 ZPO zu beachten, der verlangt, dass der Zeuge, soweit es ihm zumutbar ist, ihm zur Verfügung stehende Aufzeichnungen und Unterlagen einsieht und zur Vernehmung mitbringt. Zeugen, die ihre Wahrnehmung **in amtlicher Eigenschaft** (zB als Polizeibeamte, Richter) gemacht haben, sowie **Sachverständige** und **Parteien im Zivilprozess** haben stets eine **Vorbereitungspflicht**. Ferner ist eine **eidesstattliche Versicherung** immer sorgsam vorzubereiten (näher OLG Koblenz NStZ 1984, 551 [552 f] m.Anm. *Bohnert* JR 1984, 425; *Fischer* Rn 4 ff; *Krehl* NStZ 1991, 416 ff; NK-*Vormbaum* Rn 36).

§ 162 Internationale Gerichte; nationale Untersuchungsausschüsse

(1) Die §§ 153 bis 161 sind auch auf falsche Angaben in einem Verfahren vor einem internationalen Gericht, das durch einen für die Bundesrepublik Deutschland verbindlichen Rechtsakt errichtet worden ist, anzuwenden.

(2) Die §§ 153 und 157 bis 160, soweit sie sich auf falsche uneidliche Aussagen beziehen, sind auch auf falsche Angaben vor einem Untersuchungsausschuss eines Gesetzgebungsorgans des Bundes oder eines Landes anzuwenden.

Der durch das „Gesetz zur Umsetzung des Rahmenbeschlusses des Rates der Europäischen Union zur Bekämpfung der sexuellen Ausbeutung von Kindern und der Kinderpornographie" (BGBl. I 2149) neu eingefügte § 162 I dehnt den Anwendungsbereich der Aussagedelikte auch auf die Internationale Gerichtsbarkeit (Errichtung durch völkerrechtlichen Vertrag: IStGH; EGMR; EuGH; Errichtung durch sonstigen Rechtsakt: Internationaler Strafgerichtshof für das ehemalige Jugoslawien; Internationaler Strafgerichtshof für Ruanda) aus.

2 § 162 II stellt eine Strafbarkeit vor den genannten Ausschüssen sicher.

§ 163 (aufgehoben)

Zehnter Abschnitt Falsche Verdächtigung

§ 164 Falsche Verdächtigung

(1) Wer einen anderen bei einer Behörde oder einem zur Entgegennahme von Anzeigen zuständigen Amtsträger oder militärischen Vorgesetzten oder öffentlich wider besseres Wissen einer rechtswidrigen Tat oder der Verletzung einer Dienstpflicht in der Absicht verdächtigt, ein behördliches Verfahren oder andere behördliche Maßnahmen gegen ihn herbeizuführen oder fortdauern zu lassen, wird mit Freiheitsstrafe bis zu fünf Jahren oder mit Geldstrafe bestraft.

(2) Ebenso wird bestraft, wer in gleicher Absicht bei einer der in Absatz 1 bezeichneten Stellen oder öffentlich über einen anderen wider besseres Wissen eine sonstige Behauptung tatsächlicher Art aufstellt, die geeignet ist, ein behördliches Verfahren oder andere behördliche Maßnahmen gegen ihn herbeizuführen oder fortdauern zu lassen.

(3) ¹Mit Freiheitsstrafe von sechs Monaten bis zu zehn Jahren wird bestraft, wer die falsche Verdächtigung begeht, um eine Strafmilderung oder ein Absehen von Strafe nach § 46 b dieses Gesetzes oder § 31 des Betäubungsmittelgesetzes zu erlangen. ²In minder schweren Fällen ist die Strafe Freiheitsstrafe von drei Monaten bis zu fünf Jahren.

1 I. Die Vorschrift **schützt** nach hM zum einen die inländische staatliche Rechtspflege vor unberechtigter Beanspruchung und Irreführung, zum anderen den Einzelnen vor unberechtigter staatlicher Verfolgung (BGHSt 5, 66 [68]; 9, 240; BGH NJW 1952, 1385; S/S-*Lenckner/Bosch* Rn 1 a; LK-*Ruß* Rn 1). Dieser Rechtsgüterschutz wird alternativ verstanden, so dass der Tatbestand schon einschlägig ist, wenn nur eines der beiden Rechtsgüter verletzt ist. Bei dieser Deutung ist das Delikt einerseits nicht einwilligungsfähig (OLG Düsseldorf NJW 1962, 1263). Andererseits ist die Vorschrift wegen Verletzung des individuellen Schutzes auch anwendbar, wenn ein Deutscher im Ausland falsch verdächtigt wird (vgl *Geilen* Jura 1984, 251, 300; vgl auch zur Anwendbarkeit deutschen Strafrechts § 7 I).

2 In der Literatur wird der Schutz teilweise nur auf die individuellen Belange mit der Folge einer Einwilligungsmöglichkeit des Betroffenen bezogen (vgl *Hirsch* Schröder-GS 308; NK-*Vormbaum* Rn 10, 66). Teilweise wird nur die (inländische) Rechtspflege als geschützt angesehen, mit der Folge, dass die falsche Verdächtigung eines Deutschen im Ausland in Deutschland straflos ist (vgl *Landskron*, Der Gegenstand der falschen Verdächtigung, 2005, 99 ff, insbesondere 108 ff; *Langer* GA 1987, 289; SK-*Rogall/Rudolphi* Rn 1 f, 32).

II. Abs. 1

3 1. Ein **anderer** iSd Tatbestands kann nur eine **bestimmte lebende Person** sein. Der Täter muss sie zwar nicht namentlich nennen, wohl aber ihre Identifizierung er-

möglichen (BGHSt 13, 219 [220]). Nicht erfasst werden irreführende Anzeigen gegen Unbekannt oder Verstorbene sowie falsche Selbstbezichtigungen (vgl BGHSt 6, 252).

2. **Verdächtigen** ist das Hervorrufen oder Bestärken eines Verdachts (vgl BGHSt 14, 240 [246]; BGH NJW 2015, 1705). 4

a) Das Verdächtigen kann durch ausdrückliches oder konkludentes Erklären, aber nach hM auch durch das Schaffen von Indizien („isolierte Beweismittelfiktion") erfolgen (BGHSt 9, 240; S/S-*Lenckner/Bosch* Rn 8 mwN). Beispiele für Verdächtigungen: Der auf frischer Tat Ertappte gibt einen falschen Namen an (BGHSt 18, 204); einem Unschuldigen werden Fangbriefe zugespielt (BGHSt 9, 240); der Täter hinterlässt am Tatort Spuren (Schriftstücke, Ausweis o.Ä.), die den Verdacht auf einen anderen lenken. 5

Von einer Mindermeinung wird ein Verdächtigen durch bloße Beweismittelfiktion abgelehnt (*Langer* Lackner-FS 541 ff; NK-*Vormbaum* Rn 20 f), da aus der Formulierung „sonstige Behauptung tatsächlicher Art" in Abs. 2 hervorgehe, dass nur Äußerungen erfasst seien; außerdem gewährleiste schon § 145 d einen umfassenden Rechtsgüterschutz. 6

b) Ob es für ein Verdächtigen genügt, wenn der Täter wahrheitswidrig einen gegen ihn erhobenen Vorwurf **bestreitet** und dadurch den Tatverdacht auf einen (bestimmten) anderen lenkt, hängt von den näheren Umständen ab: 7

Grds gilt, dass ein Beschuldigter berechtigt ist zu schweigen (§ 136 StPO), auch wenn dadurch ein anderer belastet wird. Dem Schweigen steht ein bloßes Leugnen gleich. Der Tatbestand soll aber nach hM auch dann nicht erfüllt sein, wenn der Täter die belastenden Konsequenzen, die sich aus seinem Leugnen *zwangsläufig* für einen anderen ergeben, selbst erwähnt (OLG Düsseldorf NJW 1992, 1119; S/S-*Lenckner/Bosch* Rn 5; *Mitsch* JZ 1992, 979 f; aA *Dehne-Niemann* NStZ 2015, 677 [679 ff]; *Otto* BT § 95/4; diff. *Krell* HRRS 2015, 483). Exemplarisch: Nach Sachlage können nur A oder B Täter einer bestimmten Straftat (zB als Fahrzeuginsassen einer Trunkenheitsfahrt) sein; es ist dann gleichermaßen tatbestandslos, wenn A schweigt, seine Täterschaft bloß bestreitet oder B als Täter benennt. Lenkt er den Verdacht jedoch auf eine bis dahin völlig unverdächtige Person, so ist dies nicht mehr von der Selbstbelastungsfreiheit gedeckt (BGHSt 60, 203, m. zust. Anm. *Dehne-Niemann* NStZ 2015, 677). 8

Eine falsche Verdächtigung ist jedoch gegeben, wenn der Schuldige zusätzlich unwahres belastendes Tatsachenmaterial gegen den anderen anführt und damit den **Verdacht** gegen diesen **verstärkt** (hM, vgl nur OLG Düsseldorf NJW 1992, 1119; *Kuhlen* JuS 1990, 398 f; S/S-*Lenckner/Bosch* Rn 5). 9

Die Problematik stellt sich entsprechend, wenn ein Beschuldigter die ihn (zutreffend) belastende Aussage eines Zeugen zurückweist und diesen damit einer Tat nach § 164 bezichtigt (hierzu SK-*Rogall/Rudolphi* Rn 16; NK-*Vormbaum* Rn 27; vgl auch *Gruber*, Die Lüge des Beschuldigten im Strafverfahren, 2008, 155 ff). 10

3. **Gegenstand der Verdächtigung** ist eine rechtswidrige Tat (§ 11 I Nr. 5) oder eine Dienstpflichtverletzung: 11

a) Als **rechtswidrige Tat** kommt nur eine Straftat, keine Ordnungswidrigkeit in Betracht. Die Tat muss jedenfalls zum Begehungszeitpunkt noch aburteilbar sein. Außerdem muss sich aus dem zur Verfügung gestellten Tatsachenmaterial ein ausreichender Grund zur Strafverfolgung (vgl § 152 II StPO) ergeben. Daher ist es keine Verdächtigung, wenn sich bereits aus der Anzeige ergibt, dass die fragli- 12 che Tat zB gerechtfertigt, entschuldigt oder wegen Rücktritts straflos ist (S/S-*Lenckner/Bosch* Rn 10). Der Tatbestand des § 164 ist auch nicht erfüllt, wenn schon nach dem Inhalt der verdächtigenden Äußerung selbst ausgeschlossen ist, dass diese zu der beabsichtigten behördlichen Reaktion führen kann. Dies ist etwa der Fall, wenn es bereits nach dem vom Täter dargestellten Sachverhalt an einer Strafverfolgungsvoraussetzung, wie zB einem Strafantrag, fehlt (OLG Stuttgart NStZ-RR 2014, 276). Tatbestandsmäßig ist es dagegen, wenn im Kontext einer Erklärung bewusst entlastende Umstände verschwiegen werden und dadurch der Eindruck vom Vorliegen einer strafrechtlich verfolgbaren Tat entsteht (*Geilen* Jura 1984, 300 f; S/S-*Lenckner/Bosch* Rn 10; LK-*Ruß* Rn 15; aA SK-*Rogall/Rudolphi* Rn 24; MK-*Zopfs* Rn 31).

13 b) Eine **Dienstpflichtverletzung** setzt voraus, dass der Verstoß gegen die Dienstpflicht disziplinarisch ahndbar ist. Die Verletzung von Standespflichten (zB bei Ärzten, Anwälten), die in Ehrengerichtsverfahren behandelt werden, ist nicht einschlägig.

14 4. Die Verdächtigung muss **falsch** sein, wie sich insoweit mittelbar aus dem Tatbestand ergibt, als die Verdächtigung „wider besseres Wissen" erfolgen muss. Die Verdächtigung ist falsch, wenn sie in ihrem wesentlichen Inhalt objektiv nicht der Wahrheit entspricht. Dies kann auch in der nur unvollständigen Darstellung eines Sachverhalts liegen (OLG Brandenburg NJW 1997, 141 f; OLG Karlsruhe NStZ-RR 1997, 37 [38]). So ist der Tatbestand erfüllt, wenn der Täter einen einfachen Diebstahl (§ 242) zu einem Wohnungseinbruchsdiebstahl (§ 244 I Nr. 3) oder einem Raub (§ 249) aufbauscht (vgl OLG München NJW 2009, 3043). Bloße Übertreibungen sind jedoch nicht einschlägig (vgl OLG München NJW 2009, 3043; BayObLG NJW 1956, 273). Ferner ist es nicht tatbestandsmäßig, wenn die falschen Angaben ohne Veränderung des Deliktscharakters nur die Schwere der Straftat betreffen (vgl BGH bei *Dallinger* MDR 1956, 270; OLG Karlsruhe Die Justiz 1986, 195 [196]; SK-*Rogall/Rudolphi* Rn 28). Auch ein Anzeigenerstatter, der wahrheitsgemäß Tatsachen mitteilt und hieraus lediglich unzutreffende Schlussfolgerungen zieht, begeht noch keine „falsche" Verdächtigung (OLG Rostock NStZ 2005, 335 [336]).

15 5. Nach der Rspr kann der Tatbestand nicht dadurch verwirklicht werden, dass **gegen einen** tatsächlich **Schuldigen** unwahre Verdachtsmomente geäußert werden. Es soll sogar nicht genügen, wenn ein nur möglicherweise Schuldiger belastet wird; für den Verdächtigenden soll dann der Grundsatz in dubio pro reo eingreifen (BGHSt 35, 50; OLG Köln NJW 1952, 117; zust. *Fischer* Rn 6; *Schilling* GA 1984, 345 ff).

16 Nach vorherrschender Lehre erfüllt die Mitteilung falschen Tatsachenmaterials unabhängig davon den Tatbestand, ob der Verdächtigte in Wirklichkeit schuldig ist oder nicht. Auch ein tatsächlich Schuldiger habe Anspruch darauf, nicht aufgrund falschen Beweismaterials straf- oder disziplinarrechtlich belangt zu werden. Im Übrigen würden die Strafverfolgungsbehörden zu nutzlosen Ermittlungen unberechtigt in Anspruch genommen (vgl *Fezer* NStZ 1988, 177 f; *Landskron*, Der Gegenstand der falschen Verdächtigung, 2005, 34 ff; S/S-*Lenckner/Bosch* Rn 16; LK-*Ruß* Rn 10; NK-*Vormbaum* Rn 50 ff).

17 6. Eine Verdächtigung durch **Unterlassen** kommt zunächst in Betracht, wenn ein Garant nicht gegen die falsche Verdächtigung durch einen Dritten einschreitet. Ferner kommt eine Tatbestandsverwirklichung in Betracht, wenn ein Garant durch das Vorenthalten richtiger Informationen die Einstellung eines laufenden

Verfahrens verhindert (*Fischer* Rn 4; S/S-*Lenckner/Bosch* Rn 21; LK-*Ruß* Rn 14; aA für den zweiten Fall SK-*Rogall/Rudolphi* Rn 17).

III. Abs. 2

1. § 164 I trifft eine abschließende Regelung für Strafverfahren (samt Verfahren zur Verhängung von Maßregeln der Sicherung und Besserung) und Disziplinarverfahren. Abs. 2 erstreckt die falsche Verdächtigung auf **sonstige behördliche Verfahren und Maßnahmen**, worunter insbesondere Bußgeldverfahren (BGH bei *Holtz* MDR 1978, 623), Verwaltungsverfahren zur Entziehung von Konzessionen, Approbationen und akademischen Graden (S/S-*Lenckner/Bosch* Rn 13), Insolvenzverfahren (OLG Koblenz NJW-Spezial 2012, 729) oder Ehrengerichtsverfahren fallen. Nicht geeignet, ein behördliches Verfahren gegen den Verdächtigten herbeizuführen, sind solche Verdächtigungen, bei denen Umstände vorliegen, die Sanktionen von vornherein ausschließen. Dies trifft auch auf eine Verfolgungsverjährung zu, wenn ein Verfahren unter keinen Umständen mehr eingeleitet werden kann (OLG Celle DAR 2007, 713).   18

2. Abs. 2 wird (seinem Wortlaut entsprechend) enger als Abs. 1 (Rn 5) ausgelegt und **nur** auf **Äußerungen**, nicht aber auch auf Manipulationen von Fakten („isolierte Beweismittelfiktionen") angewandt.   19

IV. Abs. 3 stellt eine Ergänzung zur neu geschaffenen sog. „Kronzeugenregelung"
des § 46 b dar und dient gemeinsam mit § 145 d dazu, den dort geschaffenen Missbrauchsmöglichkeiten vorzubeugen (vgl BT-Drucks. 16/6268, 16; § 145 d Rn 20). Wie auch § 145 d III setzt § 164 III voraus, dass die falsche Verdächtigung begangen wird, um eine Strafmilderung oder ein Absehen von Strafe nach § 31 BtMG oder § 46 b zu erreichen (vgl BT-Drucks. 16/6268, 15).   20

V. Subjektiver Tatbestand (Abs. 1 und 2)

Der subjektive Tatbestand verlangt (zumindest bedingten) **Vorsatz** bezüglich der Merkmale des objektiven Tatbestands und zudem sowohl die **sichere Kenntnis** von der Unwahrheit der Verdachtsmomente („wider besseres Wissen"; hierzu *Koch* NJW 2005, 943 [944]) als auch die **Absicht**, das betreffende Verfahren herbeizuführen oder fortdauern zu lassen. Unter „Absicht" wird hierbei neben zielgerichtetem Wollen auch dolus directus iSe sicheren Wissens für ausreichend erachtet (OLG Düsseldorf NZV 1996, 244; S/S-*Lenckner/Bosch* Rn 32; aA NK-*Vormbaum* Rn 64). Abs. 3 setzt Absicht, iSe finalen Willens hinsichtlich der Erlangung der Strafmilderung bzw des Absehens von Strafe voraus.   21

Leitet die Behörde das Verfahren aufgrund der falschen Verdächtigung gegen eine andere als die vom Täter ins Auge gefasste Person ein, so nimmt die hM einen Fall der unwesentlichen Abweichung vom Kausalverlauf (§ 16 Rn 16 ff) an, da die Behörde auch hier irregeführt werde (BGHSt 9, 240 [242]; S/S-*Lenckner/Bosch* Rn 31 mwN). Nach einer Mindermeinung liegt nur ein (strafloser) Versuch vor, da sich die Absicht auf eine bestimmte Person, gegen die das Verfahren laufen soll, beziehen müsse (*Roxin* I § 12/158).   22

VI. Eine entsprechende Anwendung von § 158 kommt trotz des gleichen Grundgedankens nicht in Betracht, da der Gesetzgeber bei der Neufassung des § 164 von einer entsprechenden Regelung abgesehen hat (SK-*Rogall/Rudolphi* Rn 49; LK-*Ruß* Rn 32; aA S/S-*Lenckner/Bosch* Rn 35).   23

§ 165 Bekanntgabe der Verurteilung

(1) ¹Ist die Tat nach § 164 öffentlich oder durch Verbreiten von Schriften (§ 11 Abs. 3) begangen und wird ihretwegen auf Strafe erkannt, so ist auf Antrag des Verletzten anzuordnen, daß die Verurteilung wegen falscher Verdächtigung auf Verlangen öffentlich bekanntgemacht wird. ²Stirbt der Verletzte, so geht das Antragsrecht auf die in § 77 Abs. 2 bezeichneten Angehörigen über. ³§ 77 Abs. 2 bis 4 gilt entsprechend.

(2) Für die Art der Bekanntmachung gilt § 200 Abs. 2 entsprechend.

Elfter Abschnitt Straftaten, welche sich auf Religion und Weltanschauung beziehen

Vorbemerkung zu den §§ 166–168

1 Die in diesem Abschnitt zusammengefaßten Delikte haben kein gemeinsames Schutzgut (Überblick bei *Otto* BT § 64/1 ff). Während § 166 dem Schutz des öffentlichen Friedens (bzgl Toleranz in Fragen des Glaubens und der Weltanschauung unabhängig vom konkreten Inhalt des Bekenntnisses) vor spezifischen Störungen dient (*Fischer* § 166 Rn 2; *Steinbach* JR 2006, 495 [496]; zur historischen Entwicklung vgl *Pawlik* Küper-FS 411 ff; krit. NK-*Stübinger* § 166 Rn 2 ff), soll § 167 zudem noch die ungestörte Ausübung von Religion und Weltanschauung in einem institutionalisierten Rahmen sichern. §§ 167 a, 168 haben wiederum den Schutz des allgemeinen Pietätsempfindens zum Gegenstand (hM, RGSt 39, 155; L-Kühl-*Heger* § 167 a Rn 1, § 168 Rn 1), wobei § 168 weitergehend die über den Tod hinausgehende Achtung der Menschenwürde sichern (vgl BT-Drucks. 10/3758, 4) und damit zusätzlich den postmortalen Persönlichkeitsschutz des Toten gewährleisten soll (BGHSt 50, 80 [89]).

§ 166 Beschimpfung von Bekenntnissen, Religionsgesellschaften und Weltanschauungsvereinigungen

(1) Wer öffentlich oder durch Verbreiten von Schriften (§ 11 Abs. 3) den Inhalt des religiösen oder weltanschaulichen Bekenntnisses anderer in einer Weise beschimpft, die geeignet ist, den öffentlichen Frieden zu stören, wird mit Freiheitsstrafe bis zu drei Jahren oder mit Geldstrafe bestraft.

(2) Ebenso wird bestraft, wer öffentlich oder durch Verbreiten von Schriften (§ 11 Abs. 3) eine im Inland bestehende Kirche oder andere Religionsgesellschaft oder Weltanschauungsvereinigung, ihre Einrichtungen oder Gebräuche in einer Weise beschimpft, die geeignet ist, den öffentlichen Frieden zu stören.

§ 167 Störung der Religionsausübung

(1) Wer
1. den Gottesdienst oder eine gottesdienstliche Handlung einer im Inland bestehenden Kirche oder anderen Religionsgesellschaft absichtlich und in grober Weise stört oder
2. an einem Ort, der dem Gottesdienst einer solchen Religionsgesellschaft gewidmet ist, beschimpfenden Unfug verübt,

wird mit Freiheitsstrafe bis zu drei Jahren oder mit Geldstrafe bestraft.

(2) Dem Gottesdienst stehen entsprechende Feiern einer im Inland bestehenden Weltanschauungsvereinigung gleich.

Unter einer **Störung** iSd Abs. 1 Nr. 1 ist die Beeinträchtigung einer konkreten, bereits stattfindenden Veranstaltung zu verstehen, wobei unerheblich ist, ob die Beeinträchtigung von außen auf die Veranstaltung wirkt oder innerhalb der Veranstaltung auftritt. Sie stört in grober Weise, wenn sie die Bagatellschwelle überschreitet und sich nachhaltig auswirkt (*Valerius* JuS 2007, 1105 [1109 f]; vgl auch LG Köln StV 2016, 810 ff m.Anm. *Bülte* StV 2016, 837 ff).

§ 167 a Störung einer Bestattungsfeier

Wer eine Bestattungsfeier absichtlich oder wissentlich stört, wird mit Freiheitsstrafe bis zu drei Jahren oder mit Geldstrafe bestraft.

Eine Bestattungsfeier ist eine feierliche Veranstaltung, mit der von einem Toten Abschied genommen wird. Darauf, ob es sich dabei um eine Veranstaltung religiöser oder weltlicher Art handelt, kommt es nicht an, so dass auch private Gedenkfeiern im Haus des Verstorbenen unter den Schutzweck der Norm, nämlich das Pietätsempfinden der Allgemeinheit und der an der Bestattungsfeier Teilnehmenden (weitergehend SK-*Rudolphi/Rogall* Rn 1: öffentlicher Friede; LK-*Dippel* 4: nachwirkendes Persönlichkeitsrecht), fallen (vgl zum Ganzen S/S/W-*Hilgendorf* mwN).

§ 168 Störung der Totenruhe

(1) Wer unbefugt aus dem Gewahrsam des Berechtigten den Körper oder Teile des Körpers eines verstorbenen Menschen, eine tote Leibesfrucht, Teile einer solchen oder die Asche eines verstorbenen Menschen wegnimmt oder wer daran beschimpfenden Unfug verübt, wird mit Freiheitsstrafe bis zu drei Jahren oder mit Geldstrafe bestraft.

(2) Ebenso wird bestraft, wer eine Aufbahrungsstätte, Beisetzungsstätte oder öffentliche Totengedenkstätte zerstört oder beschädigt oder wer dort beschimpfenden Unfug verübt.

(3) Der Versuch ist strafbar.

1   Als **Gewahrsam** iSv Abs. 1 ist nach hM (ausf. zum Streitstand *Czerner* ZStW 115, 91 [93 ff]) nicht – wie bei § 242 (vgl dort Rn 21 ff; OLG Zweibrücken JR 1992, 212 m.Anm. *Laubenthal*) – die Sachherrschaft, sondern das Obhutsverhältnis des Berechtigten an der Leiche anzusehen. Demnach ist unter **Wegnahme** der Bruch dieses Obhutsverhältnisses zu verstehen. **Berechtigter** ist derjenige, dem das Totenfürsorgerecht zusteht (näher S/S-*Lenckner/Bosch* Rn 5 ff; OLG Bamberg NJW 2008, 1543 [1545] verlangt eine tatsächliche Ausübung der Totenfürsorge, um den Anforderungen des Art. 103 II GG zu genügen). Der Inhaber des Gewahrsams iSv § 168 I ist im Einzelfall anhand der tatsächlichen Gegebenheiten unter Berücksichtigung der Verkehrsauffassung zu beurteilen (OLG Bamberg NJW 2008, 1543 [1545] mwN). In der Regel sind es die Angehörigen.

2   Die Asche eines Verstorbenen umfasst sämtliche bei einer Einäscherung verbleibenden Verbrennungsrückstände, also alle mit einem Körper zu Lebzeiten verbundenen eigenen und fremden Teile (näher OLG Bamberg NJW 2008, 1543 [1544 f]). Dies gilt zB auch für Zahngold (BGHSt 60, 303; OLG Hamburg NJW 2012, 1601 [1606]; *Jahn* JuS 2008, 457 ff; *Kudlich* JA 2008, 391 ff; aA OLG Nürnberg, NJW 2010, 2071 [2074] m. insoweit abl. Bspr *Kudlich* JA 2010, 226 [2278]: durch das Abscheiden des Zahngolds in den Abfallbehälter keine erkennbare Verbundenheit mit dem Verstorbenen).

3   Da neben dem postmortalen Persönlichkeitsschutz auch das allgemeine (für den Einzelnen nicht disponible) Pietätsempfinden durch § 168 I Alt. 2 gesichert wird (Vor § 166 Rn 1; KG NJW 1990, 782 [783]; OLG Bamberg NJW 2008, 1543 [1546]; LK-*Dippel* Rn 2), lässt das Einverständnis des Tatopfers in **beschimpfenden Unfug** an seiner Leiche die Strafbarkeit nicht entfallen (BGHSt 50, 80 [90] m. insoweit zust. Anm. *Schiemann* NJW 2005, 2350 [2351] und abl. Anm. *Kreuzer* MschrKrim 2005, 412 [423 f]; *Momsen/Jung*, ZIS 2007, 162 [164]). Beschimpfender Unfug iSe grob ungehörigen Handlung liegt im Hinblick auf den postmortalen Achtungsanspruch vor, wenn der Täter dem Toten gegenüber seine Verachtung ausdrücken will und sich des beschimpfenden Charakters seiner Handlung bewusst ist (BGH NStZ 1981, 300). Hinsichtlich des Pietätsgefühls der Allgemeinheit ist maßgeblich, ob der Täter gegenüber dem Menschsein seine Verachtung ausdrücken bzw die Menschenwürde als Rechtsgut an sich missachten will (BVerfG NJW 2001, 2957 [2959]; OLG Bamberg NJW 2008, 1543 [1546]; *Fischer* Rn 2).

Zwölfter Abschnitt Straftaten gegen den Personenstand, die Ehe und die Familie

§ 169 Personenstandsfälschung

(1) Wer ein Kind unterschiebt oder den Personenstand eines anderen gegenüber einer zur Führung von Personenstandsregistern oder zur Feststellung des Personenstands zuständigen Behörde falsch angibt oder unterdrückt, wird mit Freiheitsstrafe bis zu zwei Jahren oder mit Geldstrafe bestraft.

(2) Der Versuch ist strafbar.

1   **I.** Die Vorschrift schützt nach hM die im Interesse der Allgemeinheit wie auch des Betroffenen liegende Feststellbarkeit des Personenstands als Grundlage von

Rechten und Rechtsbeziehungen (vgl *Fischer* Rn 2; NK-*Frommel* Rn 2, jew. mwN; *Schramm* JA 2013, 881 f).

II. **Unterschieben** eines Kindes ist das Herbeiführen eines Zustands, der ein Kind als das leibliche Kind einer Frau erscheinen lässt, die es nicht geboren hat. Auch die angebliche Mutter kann Täterin sein. 2

Unter **Personenstand** (Familienstand) ist das familienrechtliche, auf Abstammung oder Rechtsakt (zB Vaterschaftsanerkennung, Eheschließung) beruhende Verhältnis einer (ggf verstorbenen) Person zu einer anderen Person zu verstehen. Personenstandsregister werden beim Standesamt geführt (§§ 1, 2, 3 PStG). Zuständig sind ferner solche Behörden, die den Personenstand durch Entscheidung für und gegen jedermann festzustellen berufen sind, zB Gerichte im Statusprozess nach § 1600 d BGB, nicht dagegen das Jugendamt, das Einwohnermeldeamt oder das Finanzamt; allerdings kommt bei Weitergabe von Daten durch solche Behörden ein Handeln in mittelbarer Täterschaft in Betracht (*Fischer* Rn 6; NK-*Frommel* Rn 12). 3

Das **Angeben** verlangt eine (ausdrückliche oder konkludente) Erklärung; bloßes Schaffen eines irreführenden tatsächlichen Zustands reicht nicht aus (S/S-*Lenckner/Bosch* Rn 5; SK-*Schall* Rn 14). Unter einer falschen Angabe ist eine Erklärung zu verstehen, nach der sich das familienrechtliche Verhältnis eines anderen anders darstellt, als es in Wirklichkeit ist (S/S-*Lenckner/Bosch* Rn 5). Die Angabe ist nicht **falsch** iSd Tatbestands, wenn sie einer gesetzlichen Vermutung entspricht (vgl § 1592 Nr. 1 BGB für den Fall der Anmeldung eines im Ehebruch gezeugten Kindes als ehelich). Auch die Anerkennung der Vaterschaft für ein nichteheliches Kind nach §§ 1594 ff BGB verwirklicht den Tatbestand nicht, da die Legitimierung des Kindes auf diese Weise rechtlich möglich ist (LK-*Dippel* Rn 19; *Otto* BT § 65/7). Dies gilt auch dann, wenn es dem Anerkennenden bewusst ist, nicht der Vater des Kindes zu sein (OLG Hamm, NJW 2008, 1240). Diese Anerkennung stellt eine wirksame konstitutive Feststellung der Vaterschaft dar, die nicht sittenwidrig oder nichtig ist. Der Anerkennende wird daher Vater des Kindes im Rechtssinne nach § 1592 Nr. 2 BGB. Dies ist aufgrund der Einheit der Rechtsordnung auch von den Strafgerichten zu akzeptieren und zu respektieren (hM, vgl nur OLG Hamm NJW 2008, 1240 [1241] mwN). 4

Unterdrücken des Personenstands ist das Herbeiführen eines Zustands, in dem gegenüber den zuständigen Behörden das Bekanntwerden des wahren Personenstands verhindert oder zumindest erheblich erschwert wird (weitere Beispiele bei S/S/W-*Wittig* Rn 10 ff). 5

§ 170 Verletzung der Unterhaltspflicht

(1) Wer sich einer gesetzlichen Unterhaltspflicht entzieht, so daß der Lebensbedarf des Unterhaltsberechtigten gefährdet ist oder ohne die Hilfe anderer gefährdet wäre, wird mit Freiheitsstrafe bis zu drei Jahren oder mit Geldstrafe bestraft.

(2) Wer einer Schwangeren zum Unterhalt verpflichtet ist und ihr diesen Unterhalt in verwerflicher Weise vorenthält und dadurch den Schwangerschaftsabbruch bewirkt, wird mit Freiheitsstrafe bis zu fünf Jahren oder mit Geldstrafe bestraft.

1 I. Abs. 1 der Vorschrift dient primär der Sicherung des Unterhaltsberechtigten vor der Gefährdung seines materiellen Lebensbedarfs und sekundär (im Allgemeininteresse) der Verhütung unberechtigter Beanspruchung öffentlicher Mittel (BVerfGE 50, 142 f; *Schramm* JA 2013, 881 [884]; hierzu und umf. zu prozessualen Fragen vgl *Krumm* StraFO 2015, 139). Abs. 2 bezweckt zusätzlich den Schutz des ungeborenen Lebens, indem er die Entscheidungsfreiheit der Schwangeren flankierend stützt (*Fischer* Rn 2). Von der hM wird Abs. 2 als Qualifikation zu Abs. 1 angesehen (MK-*Ritscher* § 170, Rn 69; *Tröndle* NJW 1995, 3017 f). Teils wird Abs. 2 auch als selbstständiges Delikt eingestuft (*Otto* BT § 65/19; *Schittenhelm* NStZ 1997, 169 f); hierfür spricht, dass Abs. 2 eine besondere Schutzrichtung verfolgt und nicht in vollem Umfang auf Abs. 1 Bezug nimmt.

2 II. Für die Regelung nach **Abs. 1** sind **alle Unterhaltspflichten** iSd BGB einschlägig, namentlich solche aufgrund von §§ 1360 ff, 1570 ff, 1601 ff, 1615 a ff, 1751 IV BGB. Der Strafrichter ist an die im Statusverfahren rechtskräftig festgestellten Tatsachen (zB Vaterschaftsfeststellung) sowie an die gesetzlichen Beweisvermutungen (§§ 1591 ff BGB) gebunden, nicht aber an ein Urteil, das nur die Unterhaltshöhe betrifft (BGHSt 5, 106; OLG Hamm NStZ 2008, 342 [343]; *Otto* BT § 65/20; S/S/W-*Wittig* Rn 13 ff; für Bindungswirkung eines klageabweisenden Urteils LK-*Dippel* § 170 Rn 28; S/S-*Lenckner/Bosch* Rn 13). Er hat die Leistungsfähigkeit des Unterhaltsschuldners selbstständig zu beurteilen (BayObLGSt 2002, 71; OLG Koblenz NStZ 2005, 640 [641]; OLG München NStZ 2009, 212 [213]). Die Beurteilungsgrundlagen sind daher so genau darzulegen, dass eine Überprüfung möglich ist (OLG Jena StV 2005, 213; OLG Hamm NStZ 2008, 342 [343]). Rein vertragliche Ansprüche werden nicht erfasst (zur Frage, ob zur Feststellung der Leistungsfähigkeit eine Durchschnittsberechung über einen längeren Zeitraum hinweg oder für einzelne Zeitabschnitte gesondert zu erfolgen hat, vgl OLG Koblenz NStZ 2005, 640 [641 mwN]). Ficht der wegen Unterhaltspflichtverletzung Verurteilte die Vaterschaft erfolgreich an, stellt dies als neue Tatsache einen Wiederaufnahmegrund iSd § 359 Nr. 5 StPO dar. § 170 greift (mangels Inlandsbezugs) nicht ein, wenn sich ein in der Bundesrepublik lebender Ausländer (oder Deutscher) seiner auf ausländischem Recht beruhenden Verpflichtungen gegenüber im Ausland lebenden ausländischen Unterhaltsberechtigten entzieht (BGHSt 29, 85 [87 ff]; BayOLG NJW 1982, 1243).

3 Seiner Unterhaltspflicht **entzieht sich,** wer den gesetzlich geschuldeten Unterhalt trotz bestehender Leistungsfähigkeit (vgl §§ 1603, 1581 BGB) ganz oder teilweise nicht gewährt (BGHSt 12, 185 [190]). Die Leistungsfähigkeit stellt ein ungeschriebenes Tatbestandsmerkmal dar und entfällt, wenn der Täter den Unterhalt nicht ohne Gefährdung der eigenen materiellen Existenz gewähren könnte (OLG Zweibrücken StV 1986, 531 [532]; NK-*Frommel* Rn 8; *König* FPR 2006, 370 [373]). Tatbestandsmäßig ist es – neben dem „echten" Unterlassen – auch, wenn der Täter (schuldhaft) seine Leistungsfähigkeit beeinträchtigt (BGHSt 14, 165; 18, 379) oder Maßnahmen unterlässt, durch die er leistungsfähig geworden wäre (OLG Düsseldorf NJW 1994, 672; S/S-*Lenckner/Bosch* Rn 27 mwN). In erster Linie geht es hierbei um Geldzahlungen. In Betracht kommen aber auch Leistungen, die sich aus der Pflicht zur Haushaltsführung (§ 1360 S. 2 BGB) und zur Pflege und Erziehung des Kindes (§ 1610 II BGB) ergeben; vorzunehmen sind insoweit die üblichen Handlungen (BVerfGE 50, 142 [153]; *Otto* BT § 65/21; aA *Schall* Maiwald-FS 753 ff).

4 Der Lebensbedarf ist **gefährdet,** wenn dem Berechtigten durch die ausgebliebene Unterhaltsleistung nicht nur unwesentliche Einschränkungen der zu beanspru-

chenden Lebensführung drohen. Eine Gefährdung liegt auch vor, wenn der Berechtigte einer unzumutbaren Erwerbstätigkeit nachgehen muss. Der Gefährdung des Lebensbedarfs steht es gleich, wenn die Gefahr nur dadurch abgewendet werden kann, dass andere Personen (in innerem Zusammenhang mit dem ausgebliebenen Unterhalt) helfend eingreifen, also mit ihrer Leistung die Sicherung des erforderlichen Lebensbedarfs bezwecken (BGHSt 26, 312 [315]; BGH NStZ 1985, 166; OLG Düsseldorf NJW 1990, 399).

III. Auch die Tat nach Abs. 2 verlangt das Bestehen einer Unterhaltspflicht. Der 5
nichteheliche Vater scheidet deshalb regelmäßig als Täter aus, da er nach § 1615l BGB erst ab sechs Wochen vor der Geburt – bzw unter den Voraussetzungen von § 1615l II S. 3 BGB frühestens vier Monate vor der Entbindung – Unterhalt zu gewähren hat. Das **Vorenthalten** des Unterhalts entspricht dem Entziehen (Rn 3). Es erfolgt **in verwerflicher Weise**, wenn es sozial-ethisch nachdrücklich zu missbilligen ist (*Otto* Jura 1996, 144; vgl auch BVerfGE 88, 203 [298]); das bloße Verweigern des Unterhalts genügt daher noch nicht.

Zwischen dem Vorenthalten und dem Schwangerschaftsabbruch muss ein Kausalzusammenhang (**bewirken**) bestehen. 6

IV. Für Abs. 1 wie auch Abs. 2 ist (zumindest bedingter) **Vorsatz** erforderlich. 7

§ 171 Verletzung der Fürsorge- oder Erziehungspflicht

Wer seine Fürsorge- oder Erziehungspflicht gegenüber einer Person unter sechzehn Jahren gröblich verletzt und dadurch den Schutzbefohlenen in die Gefahr bringt, in seiner körperlichen oder psychischen Entwicklung erheblich geschädigt zu werden, einen kriminellen Lebenswandel zu führen oder der Prostitution nachzugehen, wird mit Freiheitsstrafe bis zu drei Jahren oder mit Geldstrafe bestraft.

I. Die Vorschrift dient der Absicherung des Fürsorge- und Erziehungsanspruchs 1
eines (eigenen oder fremden) Kindes unter 16 Jahren um dessen ungestörter Entwicklung willen (**konkretes Gefährdungsdelikt**; umf. zur Frage des Rechtsguts *Wittig* v. Heintschel-Heinegg-FS 505 ff). Es kann zu tatbestandlichen Überschneidungen mit landesrechtlichen Vorschriften kommen, die das Ziel verfolgen, die allgemeine Schulpflicht durchzusetzen (BVerfG NJW 2015, 44 ff m. krit. Anm. *Köpferl* HRRS 2015, 81 ff).

II. Die **Fürsorge- oder Erziehungspflicht** kann sich aus Gesetz (zB Eltern, Vor- 2
mund, Pfleger), Vertrag (zB Pflegeeltern), tatsächlicher Übernahme (zB Aufnahme in Wohngemeinschaft) oder öffentlich-rechtlichem Aufgabenbereich (zB Sozialarbeiter des Jugendamts; ausf. hierzu *Bohnert* ZStW 117, 290 ff) ergeben.

Von der Gefahr einer **erheblichen Schädigung** kann erst gesprochen werden, 3
wenn zu befürchten ist, dass der körperliche oder seelische Reifeprozess nachhaltig beeinträchtigt wird (BGH NStZ 1982, 328 [329]; 1995, 178; vgl auch BGH NStZ 2006, 447 f [zu § 235 IV Nr. 1]; *Bohnert* ZStW 117, 290 [297 f]). Ein **krimineller Lebenswandel** setzt die wiederholte Begehung nicht unerheblicher (vorsätzlicher) Straftaten voraus. Dem **Nachgehen der Prostitution** (§ 180 a Rn 2) unterfällt nicht erst die Vornahme sexueller Handlungen, sondern bereits das Aufsuchen von Gelegenheiten (zB Straßenstrich, Animierlokal) hierzu (BayObLG JZ 1989, 51 [52]).

4   III. Die Tat ist **Vorsatzdelikt**; die Gefährdung muss vom Vorsatz umfasst sein.

§ 172 Doppelehe; doppelte Lebenspartnerschaft

¹Mit Freiheitsstrafe bis zu drei Jahren oder mit Geldstrafe wird bestraft, wer verheiratet ist oder eine Lebenspartnerschaft führt und
1. mit einer dritten Person eine Ehe schließt oder
2. gemäß § 1 Absatz 1 des Lebenspartnerschaftsgesetzes gegenüber der für die Begründung der Lebenspartnerschaft zuständigen Stelle erklärt, mit einer dritten Person eine Lebenspartnerschaft führen zu wollen.

²Ebenso wird bestraft, wer mit einer dritten Person, die verheiratet ist oder eine Lebenspartnerschaft führt, die Ehe schließt oder gemäß § 1 Absatz 1 des Lebenspartnerschaftsgesetzes gegenüber der für die Begründung der Lebenspartnerschaft zuständigen Stelle erklärt, mit dieser dritten Person eine Lebenspartnerschaft führen zu wollen.

1   I. Die Vorschrift dient dem **Schutz der** auf dem Prinzip der Einehe beruhenden staatlichen **Eheordnung** (§ 1306 BGB).

2   II. Der Täter oder dessen Partner ist **verheiratet**, wenn er in einer formell gültigen Ehe lebt. Dass die Ehe ggf materiell nichtig oder aufhebbar ist, steht dem nicht entgegen. Ungeachtet des Rechts im Heimatstaat ist für einen **Ausländer** eine polygame Eheschließung in Deutschland untersagt; nicht strafbar ist dagegen die Fortführung einer gültigen bigamischen Auslandsehe oder das erlaubte Schließen einer solchen Doppelehe im Ausland (StA München NStZ 1996, 436). Die Auslandsbigamie eines Deutschen richtet sich nach § 7 II Nr. 1.

3   III. Die Tat ist **Zustandsdelikt** (Vor § 13 Rn 260) und damit zugleich mit dem Abschluss der neuen Ehe vor dem Standesbeamten nach §§ 1310 ff BGB vollendet und beendet (*Fischer* Rn 6).

§ 173 Beischlaf zwischen Verwandten

(1) Wer mit einem leiblichen Abkömmling den Beischlaf vollzieht, wird mit Freiheitsstrafe bis zu drei Jahren oder mit Geldstrafe bestraft.

(2) ¹Wer mit einem leiblichen Verwandten aufsteigender Linie den Beischlaf vollzieht, wird mit Freiheitsstrafe bis zu zwei Jahren oder mit Geldstrafe bestraft; dies gilt auch dann, wenn das Verwandtschaftsverhältnis erloschen ist. ²Ebenso werden leibliche Geschwister bestraft, die miteinander den Beischlaf vollziehen.

(3) Abkömmlinge und Geschwister werden nicht nach dieser Vorschrift bestraft, wenn sie zur Zeit der Tat noch nicht achtzehn Jahre alt waren.

1   I. Die Vorschrift dient dem Schutz von Ehe und Familie um ihrer Institution willen: Die engste Familie soll freigehalten werden von sexuellen Beziehungen, die mit der Ehe unvereinbar sind. Da es um die Sicherung der Institution geht, spielt es keine Rolle, ob die konkrete Familie noch intakt ist. Sekundär soll auch möglichen Gefahren eugenischer bzw genetischer Schäden sowie der psychischen Entwicklung Minderjähriger (zB der Tochter) begegnet werden (vgl BGHSt 39, 326

[329]; vgl zur Verfassungsmäßigkeit der Norm BVerfGE 120, 224; zur Kritik vgl *Al-Zand/Siebenhüner* KritV 2006, 68 ff; *Dippel* NStZ 1994, 182; *Ellbogen* ZRP 2006, 190 ff: fehlendes Strafbedürfnis; *Otto* Jura 2016, 368 ff).

II. Der Tatbestand kann nur von **leiblichen** Verwandten auf- und absteigender Linie und von leiblichen Geschwistern verwirklicht werden (die Vorschrift des § 173 II S. 2 ist verfassungsgemäß, BVerfGE 120, 24 ff m.Anm. *Kudlich* JA 2008, 549 ff und *Ziethen* NStZ 2008, 617 f; abw. Votum *Hassemer* JR 2008, 473 ff; vgl *Hörnle*, NJW 2008, 2085 ff; *Noltenius* ZJS 2009, 15 ff; *Roxin* StV 2009, 544 ff; nun auch vom EGMR bestätigt – Urt. vom 12.4.2012 – 43547/08 m.Anm. *Jung* GA 2012, 617; *Kubiciel* ZIS 2012, 282). Die Tathandlung ist auf den Beischlaf (§ 176 a Rn 4) beschränkt; andere sexuelle Handlungen werden nicht erfasst (BGH NStZ-RR 2010, 371). 2

III. Die Tat ist **eigenhändiges Delikt**. Der Partner kann nicht strafbarer Teilnehmer sein, sondern sich nur durch eigenes täterschaftliches Verhalten strafbar machen. 3

Dreizehnter Abschnitt Straftaten gegen die sexuelle Selbstbestimmung

Vorbemerkung zu den §§ 174–184 j

I. Mit der Bezeichnung „Straftaten gegen die sexuelle Selbstbestimmung" für die im 13. Abschnitt zusammengefassten Delikte soll zum Ausdruck kommen, dass das Strafrecht nicht dem Schutz einer bestimmten sittlichen Sexualordnung dient, sondern ein individuelles Freiheitsrecht sichern soll (zur geschichtlichen Entwicklung *Gössel*, Das neue Sexualstrafrecht, 2005, § 1/1 ff; zur Kriminalpolitik *Streng* Bemmann-FS 443 ff). Unter **sexueller Selbstbestimmung** ist die Freiheit zu verstehen, über Ort, Zeit, Form und Partner sexuellen Verhaltens frei entscheiden zu können (umfassend zum Rechtsgut: *Hörnle* ZStW 2015, 851 ff). Allerdings ist dieses Individualrecht im Kontext des grundgesetzlichen Menschen- und Familienbildes zu sehen, so dass die sexuelle Selbstbestimmung in einem institutionellen – und damit überindividuellen – Rahmen, zu dem etwa auch die Bewahrung des Sexuallebens vor völliger Vermarktung und der sexuellen Entwicklung in der Jugend vor erheblichen Beeinträchtigungen zählen, garantiert wird. 1

Die Straftaten des 13. Abschnitts lassen sich in **sechs Gruppen mit spezifisch akzentuierter Schutzrichtung** unterteilen (*Schroeder*, Das neue Sexualstrafrecht, 1975, 16 f), und zwar in die Delikte gegen die sexuelle Selbstbestimmung ieS (§§ 174 a II, 174 c, 177, 178), die Delikte gegen die sexuelle Entwicklung in der Jugend (§§ 174, 176, 176 a, 176 b, 180, 182, 184 g), den Missbrauch institutioneller Abhängigkeiten (§§ 174 a I, 174 b), die Förderung und Ausnutzung von Prostitution (§§ 180 a, 181 a), die Verbreitung pornografischer Schriften (§§ 184, 184 a, 184 b, 184 c jeweils auch iVm § 184 d) und die sexuelle Belästigung unbeteiligter Dritter (§§ 183, 183 a, 184 f, 184 i, 184 j). 2

II. § 184 h enthält die für die Auslegung der einzelnen Vorschriften maßgebliche **Begriffsbestimmung** der sexuellen Handlung. Dieser Begriff wurde durch das 4. StrRG von 1973 eingeführt, um die mit den früheren Ausdrücken „Unzucht" und „unzüchtige Handlung" verbundenen sittlichen Wertungen zu vermeiden (näher zur Terminologie M-*Schroeder/Maiwald* I § 17/24). 3

4 III. Durch das 37. StrÄndG (BGBl. I, 239 ff) vom 11.2.2005 wurden die §§ 180 b, 181 aufgehoben und zugleich zum Ausgangspunkt für die Neuregelung der §§ 232, 233, 233 a, 233 b gemacht (vgl *Herz/Minthe*, Straftatbestand Menschenhandel, 2006, 20 ff). Das am 1.4.2004 in Kraft getretene „Gesetz zur Änderung der Vorschriften über die Straftaten gegen die sexuelle Selbstbestimmung und zur Änderung anderer Vorschriften" führte zu einer Ausweitung bestehender und der Schaffung neuer Straftatbestände (§ 184 a–§ 184 c). In diesem Zuge wurde die Geldstrafe als Sanktion insgesamt vollständig abgeschafft und durch eine Mindestfreiheitsstrafe von drei Monaten ersetzt (krit. zur Anhebung *Duttge/Hörnle/Renzikowski* NJW 2004, 1065 [1066]).

5 Die Vorschriften haben ihre **aktuelle Fassung** durch das am 21.1.2015 in Kraft getretene 49. StrÄndG (BGBl. 2015 I, 11 ff) zur Umsetzung europäischer Vorgaben zum Sexualstrafrecht erhalten. Wegen des Ruhens der Verjährung bis zur Vollendung des 30. Lebensjahres des Opfers gemäß § 78 b I Nr. 1 haben auch die früheren Gesetzesfassungen aktuell noch praktische Bedeutung. Denn für „Altfälle" gilt gemäß § 2 I grds. das Tatzeitrecht, wenn nicht § 2 III die Anwendung eines späteren Gesetzes vorschreibt.

§ 174 Sexueller Mißbrauch von Schutzbefohlenen

(1) Wer sexuelle Handlungen
1. an einer Person unter sechzehn Jahren, die ihm zur Erziehung, zur Ausbildung oder zur Betreuung in der Lebensführung anvertraut ist,
2. an einer Person unter achtzehn Jahren, die ihm zur Erziehung, zur Ausbildung oder zur Betreuung in der Lebensführung anvertraut oder im Rahmen eines Dienst- oder Arbeitsverhältnisses untergeordnet ist, unter Mißbrauch einer mit dem Erziehungs-, Ausbildungs-, Betreuungs-, Dienst- oder Arbeitsverhältnis verbundenen Abhängigkeit oder
3. an einer Person unter achtzehn Jahren, die sein leiblicher oder rechtlicher Abkömmling ist oder der seines Ehegatten, seines Lebenspartners oder einer Person, mit der er in eheähnlicher oder lebenspartnerschaftsähnlicher Gemeinschaft lebt,

vornimmt oder an sich von dem Schutzbefohlenen vornehmen läßt, wird mit Freiheitsstrafe von drei Monaten bis zu fünf Jahren bestraft.

(2) Mit Freiheitsstrafe von drei Monaten bis zu fünf Jahren wird eine Person bestraft, der in einer dazu bestimmten Einrichtung die Erziehung, Ausbildung oder Betreuung in der Lebensführung von Personen unter achtzehn Jahren anvertraut ist, und die sexuelle Handlungen
1. an einer Person unter sechzehn Jahren, die zu dieser Einrichtung in einem Rechtsverhältnis steht, das ihrer Erziehung, Ausbildung oder Betreuung in der Lebensführung dient, vornimmt oder an sich von ihr vornehmen lässt oder
2. unter Ausnutzung ihrer Stellung an einer Person unter achtzehn Jahren, die zu dieser Einrichtung in einem Rechtsverhältnis steht, das ihrer Erziehung, Ausbildung oder Betreuung in der Lebensführung dient, vornimmt oder an sich von ihr vornehmen lässt.

(3) Wer unter den Voraussetzungen des Absatzes 1 oder 2
1. sexuelle Handlungen vor dem Schutzbefohlenen vornimmt oder
2. den Schutzbefohlenen dazu bestimmt, daß er sexuelle Handlungen vor ihm vornimmt,

um sich oder den Schutzbefohlenen hierdurch sexuell zu erregen, wird mit Freiheitsstrafe bis zu drei Jahren oder mit Geldstrafe bestraft.

(4) Der Versuch ist strafbar.

(5) In den Fällen des Absatzes 1 Nummer 1, des Absatzes 2 Nummer 1 oder des Absatzes 3 in Verbindung mit Absatz 1 Nummer 1 oder mit Absatz 2 Nummer 1 kann das Gericht von einer Bestrafung nach dieser Vorschrift absehen, wenn das Unrecht der Tat gering ist.

I. Die Vorschrift dient der Sicherung der sexuellen Selbstbestimmung und der ungestörten sexuellen Entwicklung von Kindern und Jugendlichen innerhalb bestimmter Abhängigkeitsverhältnisse (BGH NStZ 1983, 553; NJW 2000, 3147 f). Die Strafbarkeit nach § 174 beruht auf der Unterstellung, dass Kindern und Jugendlichen per se die Einwilligungsfähigkeit fehlt. Insoweit sind aber Grenzfälle denkbar, die mit dem angehobenen Strafrahmen in Abs. 1 ggf nicht zu bewältigen sind (vgl *Duttge/Hörnle/Renzikowski* NJW 2004, 1065 [1066]). In der Praxis dürfte es daher in Zukunft vermehrt zu Verfahrenseinstellungen kommen. Es handelt sich um ein – **eigenhändig** zu vollziehendes – **Sonderdelikt**, bei dem sich das Opfer, dessen mögliches **Einverständnis** unbeachtlich ist, aufgrund notwendiger Teilnahme nicht (zB durch Anstiftung) strafbar machen kann. Für teilnehmende Dritte ist nach hM wegen des tatbezogenen Schutzbedürfnisses des Opfers § 28 I nicht anwendbar (LK-*Hörnle* Rn 52; S/S-*Eisele* Rn 20; vgl S/S/W-*Wolters* Rn 13; aA M/R-*Eschelbach* Rn 35; LK-*Roxin*, 11. Aufl., § 28 Rn 63). Der **Versuch** ist strafbar (Abs. 4). 1

II. Der Tatbestand erfasst drei Gruppen von **Schutzbefohlenen**: 2

1. Personen unter 16 Jahren (**Abs. 1 Nr. 1**), die dem Täter zur Erziehung, Ausbildung oder Betreuung in der Lebensführung anvertraut sind. **Erziehung** ist die Leitung und Überwachung der Lebensführung zur Förderung der körperlichen und seelischen Entwicklung (über einen längeren Zeitraum (S/S/W-*Wolters* Rn 7)). **Ausbildung** ist die Vermittlung (größerer) fachlicher Kenntnisse und Fähigkeiten auf einem beliebigen Gebiet zu einem bestimmten Ziel, insbesondere zum Erwerb der erforderlichen Berufserfahrung (BGHSt 21, 196 [198]). Unter **Betreuung in der Lebensführung** ist die gestaltende Mitverantwortung für das körperliche und seelische Wohl des Schutzbefohlenen im Ganzen zu verstehen (BGHSt 33, 340 [344]). Dem Täter müssen dabei insbesondere das Recht und die Pflicht obliegen, seine geistig-sittliche Entwicklung zu überwachen und zu leiten (vgl nur BGHSt 41, 137 [139]; BGHR StGB § 174 Abs. 1 Obhutsverhältnis 1 und 2). 3

Der Schutzbefohlene ist dem Täter **anvertraut**, wenn er zu diesem in einer engen, durch Unterordnung und Abhängigkeit geprägten Beziehung steht. Eine Übertragung der Sorgepflicht ist die Regel, aber nicht notwendig, so dass ein entlaufener Minderjähriger auch demjenigen anvertraut sein kann, der seine Betreuung tatsächlich übernimmt (BGHSt 1, 292; zum Problem des Missbrauchs nach Abs. 1 Nr. 1 StGB durch einen Lehrer siehe BGH NJW-Spezial 2012, 441 f; StV 2014, 730 ff; *Fromm* NJOZ 2010, 276). 4

5 2. **Personen unter 18 Jahren** (**Abs. 1 Nr. 2**), die dem Täter zur Erziehung, Ausbildung oder Betreuung in der Lebensführung anvertraut (Rn 3 f) oder im Rahmen eines Dienst- oder Arbeitsverhältnisses untergeordnet sind, sofern diese Beziehung missbraucht wird. In einem **untergeordneten Dienst- oder Arbeitsverhältnis** befindet sich, wer für einen anderen Arbeiten oder Dienste zu verrichten hat und hierbei einem Vorgesetzten unterstellt ist; die Befugnis zur Erteilung von Einzelanweisungen genügt nicht. Das Verhältnis setzt keine rechtliche Wirksamkeit voraus.

6 Der Täter **missbraucht** die tatbestandsmäßige Beziehung, wenn er gerade die sich aus ihr ergebende Abhängigkeit des Opfers zur Tatausführung ausnutzt. Entscheidend ist hierbei, dass die sexuellen Handlungen auf beiden Seiten im Bewusstsein der spezifischen Abhängigkeit vorgenommen werden (BGHSt 28, 365 [367]; NStZ-RR 1997, 293; OLG Zweibrücken NJW 1996, 330 [331]; HKGS-*Laue* Rn 11). Eine Ausübung von Druck ist zwar nicht erforderlich, aber es muss für beide Seiten klar sein, dass der Täter nur oder zumindest überwiegend wegen der ihm möglichen Repressalien zum Erfolg kommt.

7 3. **Personen unter 18 Jahren**, die leiblicher oder rechtlicher Abkömmling des Täters oder der seines Ehegatten, seines Lebenspartners oder einer Person, mit der er in eheähnlicher oder lebenspartnerschaftsähnlicher Gemeinschaft lebt (**Abs. 1 Nr. 3**), sind. Das **49. Gesetz zur Änderung des Strafgesetzbuches** sieht in § 174 Abs. 1 Nr. 3 eine Erweiterung des Anwendungsbereiches der Vorschrift im Hinblick auf die Veränderungen der sozialen Wirklichkeit (sog. „Patchworkfamilien") vor. Somit soll der Schutz von Jugendlichen gegenüber sexuellen Übergriffen in ihrem engsten sozialen und verwandtschaftlichen Umfeld verbessert werden (BT-Drucks. 18/2602, 26).

8 **III.** Der neu eingefügte **Abs. 2** soll den engen Anwendungsbereich des „Anvertrautseins" gem. § 174 Abs. 1 Nr. 2 zwischen Täter und Opfer insofern erweitern, als es nunmehr genügt, dass dem Täter in der Einrichtung die Erziehung, Ausbildung oder Betreuung in der Lebensführung von Jugendlichen allgemein anvertraut ist. Einer der Gründe für die Erweiterung war die heftige Kritik in der Öffentlichkeit am Freispruch eines Lehrers, der gelegentlich Vertretungsunterricht in der Klasse einer 14-jährigen Schülerin übernahm und eine sexuelle Beziehung zu ihr unterhielt (OLG Koblenz NJW 2012, 629).

9 **IV.** Als **Tathandlungen** kommen zwei Varianten in Betracht:

10 1. Bei **Abs. 1** und **Abs. 2** sexuelle Handlungen (§ 184 h Rn 2 f), die der Täter *am Schutzbefohlenen* vornimmt oder *an sich* von diesem vornehmen lässt; hierbei muss es zu einer körperlichen Berührung kommen (BGHSt 41, 242; LK-*Hörnle* Rn 6; MK-*Renzikowski* Rn 24; S/S/W-*Wolters* Rn 10). Täterschaftliches Handeln durch Unterlassen ist deshalb bei diesem Tatbestand nicht möglich (BGH NStZ 2007, 699). Die **subjektive Tatseite** verlangt (zumindest bedingten) Vorsatz auch hinsichtlich der Tatumstände und des Alters.

11 2. Bei **Abs. 3** die Vornahme sexueller Handlungen *vor* (184 h Rn 7) dem Schutzbefohlenen oder das Bestimmen des Schutzbefohlenen, solche Handlungen *vor* dem Täter vorzunehmen. In dieser Tatvariante ist neben dem Vorsatz auch die **Absicht** – iS zielgerichteten Wollens –, sich oder den Schutzbefohlenen sexuell zu erregen, erforderlich. Für das **Bestimmen** genügt nach hM jedes (Mit-)Verursachen des gesetzlich umschriebenen Verhaltens; Form und Mittel der Einflussnahme (zB Täuschung oder Drohung) sind ohne Belang (BGHSt 41, 242 [245 f];

Fischer Rn 13; LK-*Hörnle* Rn 44; enger – unmittelbare Einwirkung auf das Opfer erforderlich – SK-*Wolters* § 176 Rn 7; S/S-*Eisele* § 176 Rn 8).

V. Geringes Unrecht nach Maßgabe von **Abs. 5** kann etwa in sehr großen Institutionen gegeben sein, wenn sich der betreffende Erwachsene und der Jugendliche einander außerhalb der Schule kennengelernt haben und sich in ihren jeweiligen sozialen Rollen gar nicht begegnet sind (BT-Drucks. 18/2601, 28). Entscheidend für ein Absehen von Strafe soll allein sein, ob die gesetzliche Fiktion der Einwilligungsunfähigkeit im konkreten Fall unzutreffend ist. Das Erfordernis der Berücksichtigung des Verhaltens des Schutzbefohlenen ist durch das 49. StrÄndG aufgehoben worden, um Schuldzuweisungen in Richtung auf den betroffenen Jugendlichen zu verhindern (BT-Drucks. 18/2601, 28).

VI. Im Wege der **Gesetzeskonkurrenz** (Subsidiarität) werden Taten nach Abs. 1 Nr. 1 und 2 von solchen nach Abs. 1 Nr. 3, Taten nach Abs. 1 Nr. 2 von solchen nach Abs. 1 Nr. 1 und Taten nach Abs. 3 von solchen nach Abs. 1 Nr. 1 und 3 verdrängt (L-Kühl-*Heger* Rn 18; aA BGHSt 30, 355 [358]; BGH bei *Miebach* NStZ 1998, 130 [131]: Abs. 1 Nr. 2 geht Abs. 1 Nr. 1 als lex specialis vor). Mit § 174 können §§ 173, 174 a, 174 b, 176, 177 oder 240 **tateinheitlich** verwirklicht werden. Begründet gerade das Abhängigkeitsverhältnis eine Zwangslage, so wird der Unrechtsgehalt des § 182 Abs. 1 Nr. 1 von § 174 Abs. 1 Nr. 2 erschöpfend erfasst; demgemäß tritt § 182 Abs. 1 im Wege der Gesetzeskonkurrenz hinter diesen zurück (BGH NStZ-RR 2014, 46 f).

§ 174 a Sexueller Mißbrauch von Gefangenen, behördlich Verwahrten oder Kranken und Hilfsbedürftigen in Einrichtungen

(1) Wer sexuelle Handlungen an einer gefangenen oder auf behördliche Anordnung verwahrten Person, die ihm zur Erziehung, Ausbildung, Beaufsichtigung oder Betreuung anvertraut ist, unter Mißbrauch seiner Stellung vornimmt oder an sich von der gefangenen oder verwahrten Person vornehmen läßt, wird mit Freiheitsstrafe von drei Monaten bis zu fünf Jahren bestraft.

(2) Ebenso wird bestraft, wer eine Person, die in einer Einrichtung für Kranke oder hilfsbedürftige Menschen aufgenommen und ihm zur Beaufsichtigung oder Betreuung anvertraut ist, dadurch mißbraucht, daß er unter Ausnutzung der Krankheit oder Hilfsbedürftigkeit dieser Person sexuelle Handlungen an ihr vornimmt oder an sich von ihr vornehmen läßt.

(3) Der Versuch ist strafbar.

I. Die Vorschrift sichert nach hM neben der sexuellen Selbstbestimmung des Betroffenen die Funktion der Einrichtung im Interesse des Betreuten und das Allgemeininteresse an der Integrität der Betreuer (*Fischer* Rn 2; krit. M-*Schroeder/ Maiwald* I § 18/39). Abs. 1 sanktioniert den sexuellen Missbrauch an gefangenen oder behördlich verwahrten Personen, deren Entscheidungsfreiheit durch das Abhängigkeitsverhältnis, in dem sie sich befinden, wesentlich eingeschränkt ist und die daher regelmäßig an einer Verbesserung ihrer Lage besonders interessiert sind. Demgegenüber hat **Abs. 2** die Vornahme sexueller Handlungen an Personen zum Gegenstand, die aufgrund ihrer Hilflosigkeit eines besonderen Schutzes bedürfen.

2   Beide Tatvarianten sind – nur **eigenhändig** begehbare – **Sonderdelikte** (vgl § 174 Rn 1). Ein mögliches **Einverständnis** des Opfers ist irrelevant (näher *Otto* Lange-FS 197 [210 ff]). Dass der Tatbestand einen **Missbrauch des Opfers** verlangt, ist ohne eigenständige Bedeutung, da ein solcher nur ausgeschlossen wäre, wenn die sexuelle Handlung der Betreuungsaufgabe entspräche (vgl S/S-*Eisele* Rn 10). Der **Versuch** ist strafbar (Abs. 3).

3   II. Im Fall von **Abs. 1** muss die **gefangene** (§ 120 Rn 2) oder **behördlich verwahrte Person** (§ 120 Rn 15) dem Täter zur Erziehung (§ 174 Rn 3), Ausbildung (§ 174 Rn 3), Beaufsichtigung oder Betreuung anvertraut sein. Eine **Verwahrung** ist zu verneinen, wenn sich der Minderjährige in einer stationären Jugendhilfeeinrichtung befindet, wie sie § 34 SGB VIII vorsieht (BGH NJW 2015, 3045 [3046]). Die **Betreuung** braucht sich – abweichend von § 174 (dort Rn 3) – nicht auf die Lebensführung im Ganzen (wie zB durch Anstaltsleiter) zu beziehen, sondern kann auch die nur partiell oder vorübergehend gestaltende Verantwortung für das Wohl des Schutzbefohlenen betreffen (zB in der Werkstatt der Haftanstalt). Unter **Beaufsichtigung** ist die Kontrolle vor allem durch das Wachpersonal zu verstehen.

4   Als **Missbrauch** ist es anzusehen, wenn der Täter eine ihm gerade durch seine Stellung gebotene Tatgelegenheit ausnutzt; auf das Ausspielen der Abhängigkeit kommt es – anders als bei § 174 (dort Rn 6) – mit Blick auf den beschränkten Status des Opfers nicht an. **Tathandlung** ist die Vornahme oder das Vornehmenlassen sexueller Handlungen (§ 184 h Rn 2) am Täter bzw Opfer. Die Annahme eines Missbrauchs scheidet aus, wenn die sexuellen Handlungen im Rahmen einer echten Liebesbeziehung zwischen der oder dem Gefangenen und der zur Betreuung eingesetzten Person stattfinden (OLG München StV 2015, 495 f).

5   III. Die Tat nach **Abs. 2** ist gegen die Personen gerichtet, die in einer Einrichtung für kranke oder hilfsbedürftige Menschen, zu denen neben Krankenhäusern zB auch psychiatrische Anstalten, Asyl- und Altersheime zählen, aufgenommen sind. Die Aufnahme muss nach dem ÄG 2004 *nicht mehr* (wie zuvor) *stationär* erfolgen, da maßgeblich allein das Gefühl der Hilflosigkeit bzw des Ausgeliefertseins auf Seiten des Opfers ist. Ein solches ist ohne Weiteres auch bei einer ambulanten Behandlung möglich. Das Anvertrautsein zur Beaufsichtigung und Betreuung entspricht den Voraussetzungen nach Abs. 1 (Rn 3); als Täter kommen vor allem Ärzte, Pfleger und Wärter in Betracht, nicht aber Personen, die zwar in der Einrichtung arbeiten, jedoch lediglich mit technischen oder Verwaltungsaufgaben betraut sind (AnwK-*Deckers* Rn 15; S/S/W-*Wolters* § 174 b Rn 15). Auch die Tathandlung entspricht derjenigen des Abs. 1 (Rn 4).

6   Das **Ausnutzen** der Krankheit oder Hilfsbedürftigkeit setzt zunächst voraus, dass sich das Opfer tatsächlich in einem solchen Zustand befindet und dieser Zustand mit der Aufnahme in einem inneren Zusammenhang steht (*Fischer* Rn 11 ff; vgl S/S/W-*Wolters* § 174 b Rn 18). Ferner muss gerade die Kombination aus Zustand und Aufnahme die Tat ermöglichen (oder erheblich erleichtern), sei es, dass sich das Opfer anderenfalls nicht auf die Handlungen eingelassen hätte, sei es, dass der Täter Überraschungshandlungen vornimmt.

§ 174 b Sexueller Mißbrauch unter Ausnutzung einer Amtsstellung

(1) Wer als Amtsträger, der zur Mitwirkung an einem Strafverfahren oder an einem Verfahren zur Anordnung einer freiheitsentziehenden Maßregel der Besserung und Sicherung oder einer behördlichen Verwahrung berufen ist, unter Mißbrauch der durch das Verfahren begründeten Abhängigkeit sexuelle Handlungen an demjenigen, gegen den sich das Verfahren richtet, vornimmt oder an sich von dem anderen vornehmen läßt, wird mit Freiheitsstrafe von drei Monaten bis zu fünf Jahren bestraft.

(2) Der Versuch ist strafbar.

I. Die Vorschrift **schützt** nach hM neben der sexuellen Selbstbestimmung des Betroffenen das Allgemeininteresse an der Integrität der in Betracht kommenden Behörden (*Laubenthal* Rn 406; S/S-*Eisele* Rn 1; MK-*Renzikowski* Rn 2). Die Tat ist ein – nur **eigenhändig** begehbares – **Sonderdelikt** (vgl § 174 Rn 1). Ein mögliches **Einverständnis** des Opfers ist irrelevant. Der **Versuch** ist strafbar (Abs. 2). 1

II. **Täter** kann nur ein Amtsträger (§ 11 Rn 13 ff) sein. Das Strafverfahren beginnt mit der Aufnahme der Ermittlungen gegen eine bestimmte Person; keine Strafverfahren sind Bußgeld- und Disziplinarverfahren. Verfahren zur Anordnung einer freiheitsentziehenden Maßregel der Besserung und Sicherung betreffen Maßnahmen nach § 61 Nr. 1–3. Fälle behördlicher Verwahrung sind zB der Arrest (§ 22 WDO) oder die Unterbringung nach § 12 Nr. 2 JGG. Zur Einleitung und Mitwirkung an den betreffenden Verfahren sind neben Richtern und Staatsanwälten ggf auch Polizeibeamte (vgl § 163 StPO) oder Ärzte beteiligt. Das Verfahren darf nicht nur vorgetäuscht sein, sondern muss tatsächlich geführt werden (SK-*Wolters* Rn 3). 2

III. Die **Tathandlung** entspricht derjenigen von § 174. Sie muss unter Missbrauch einer konkreten, gerade durch das Verfahren begründeten Abhängigkeit erfolgen (hierzu § 174 Rn 6). 3

§ 174 c Sexueller Mißbrauch unter Ausnutzung eines Beratungs-, Behandlungs- oder Betreuungsverhältnisses

(1) Wer sexuelle Handlungen an einer Person, die ihm wegen einer geistigen oder seelischen Krankheit oder Behinderung einschließlich einer Suchtkrankheit oder wegen einer körperlichen Krankheit oder Behinderung zur Beratung, Behandlung oder Betreuung anvertraut ist, unter Mißbrauch des Beratungs-, Behandlungs- oder Betreuungsverhältnisses vornimmt oder an sich von ihr vornehmen läßt, wird mit Freiheitsstrafe von drei Monaten bis zu fünf Jahren bestraft.

(2) Ebenso wird bestraft, wer sexuelle Handlungen an einer Person, die ihm zur psychotherapeutischen Behandlung anvertraut ist, unter Mißbrauch des Behandlungsverhältnisses vornimmt oder an sich von ihr vornehmen läßt.

(3) Der Versuch ist strafbar.

I. Die Vorschrift dient dem **Schutz** der sexuellen Selbstbestimmung von Personen, die wegen intellektuell, psychisch oder körperlich bedingter Schwächen in erhöhtem Maße der Gefahr sexueller Übergriffe im Rahmen therapeutischer Abhän- 1 gigkeitsverhältnisse ausgesetzt sind (zur Kriminologie BT-Drucks. 13/8267, 4 f; *Dessecker* NStZ 1998, 1 [2 ff]). Zumindest mittelbar wird auch die Integrität der einschlägigen Behandlungs- und Betreuungsverhältnisse gesichert (vgl BT-Drucks. 13/8267, 4; *Laubenthal* Rn 355; SK-*Wolters* Rn 2; ausf. *Zauner*, Sexueller Missbrauch eines Beratungs-, Behandlungs- oder Betreuungsverhältnisses, 2004, 33 ff). Die Taten nach Abs. 1 und 2 sind – nur **eigenhändig** begehbare – **Sonderdelikte** (vgl § 174 Rn 1). Ein mögliches **Einverständnis** des Opfers ist irrelevant (BGH NJW 2011, 1891 ff m.Anm. *Renzikowski* NStZ 2011, 696 ff; SK-*Wolters* Rn 5; S/S/W-*Wolters* § 174 c Rn 7). Der **Versuch** ist strafbar (Abs. 3).

2   II. Die Tat richtet sich gegen Personen, die an einer geistigen, seelischen oder körperlichen Krankheit oder Behinderung leiden. Die Begriffe der Krankheit und der Behinderung überschneiden sich. **Geistige Krankheiten** sind Intelligenzdefizite unterschiedlicher Schweregrade, die bei einer gewissen Dauer als **geistige Behinderung** (Oligophrenie) einzustufen sind (vgl *Jürgens*, Betreuungsrecht, 5. Aufl. 2014, § 1896 Rn 3, 7; MK-BGB-*Schwab* § 1896 Rn 7 ff und 16). Zu den **seelischen Krankheiten** gehören die anerkannten psychiatrischen Krankheitsbilder der endogenen und exogenen Psychosen (§ 20 Rn 6). Persönlichkeitsstörungen (Psychopathien, Neurosen) sind ihnen gleichzustellen, wenn sie einen Krankheitswert von klinischem Ausmaß erreichen (vgl auch § 20 Rn 9 zur schweren seelischen Abartigkeit; ferner *Jürgens* aaO Rn 4; *Schwab* aaO Rn 9 ff). Mit dem Begriff der **seelischen Behinderung** werden anhaltende psychische Beeinträchtigungen als Folge seelischer Krankheiten erfasst (näher *Jürgens* aaO Rn 6). Durch die mit dem ÄG 2004 erfolgte Hinzufügung der **körperlichen Krankheit** – iSe vorübergehenden, der Heilung bedürfenden Zustandes – oder **körperlichen Behinderung** – als der dauerhaften Beeinträchtigung wesentlicher körperlicher Funktionen – wurde eine bestehende und als nicht hinnehmbar erkannte Gesetzeslücke geschlossen (vgl BT-Drucks. 15/350, 16; krit. *Duttge/Hörnle/Renzikowski* NJW 2004, 1065 [1068]; *Fischer* Rn 2 a). Dies hat jedoch zur Konsequenz, dass für § 174 a II kaum noch ein eigenständiger Anwendungsbereich verbleibt. Als **Suchtkrankheiten** sind insbesondere Alkohol-, Drogen- und Medikamentenabhängigkeit anzusehen, die bei hirnorganischen Auswirkungen zugleich den seelischen Krankheiten unterfallen können. Nur den seelischen Krankheiten sind bei hinreichender Schwere auch Suchtformen, die nicht stofflich gebunden sind (zB Spielsucht), zuzuordnen.

3   Der Tatbestand knüpft nicht an das tatsächliche Vorliegen der Krankheit oder Behinderung an, sondern an die Begründung des auf eine solche Schwäche bezogenen Vertrauensverhältnisses um der Therapie willen (*Fischer* Rn 7; *Laubenthal* Rn 370; SK-*Wolters* Rn 3; abw. L-Kühl-*Heger* Rn 2). Zur **Behandlung** gehören auch begleitende diagnostische Untersuchungen und nachfolgende Rehabilitationsmaßnahmen. Das Vorliegen eines rein faktischen Behandlungsverhältnisses genügt nicht, da es einer gewissen Institutionalisierung des Anvertrauensakts bedarf, um eine sachgerechte Eingrenzung des Opferkreises zu ermöglichen (S/S/W-*Wolters* § 174 c Rn 5). Die **Beratung** betrifft die einer möglichen Behandlung vorausgehenden Besprechungen. Nicht erfasst sind sog. Bezugspersonengespräche (BGH StraFo 2016, 302 f). Die **Betreuung** deckt sich mit der entsprechenden Pflicht in § 174 a (dort Rn 3). Die betroffenen Personen können sich in ambulanter Behandlung befinden, aber auch in teilstationären Einrichtungen (zB Behindertenwerkstätten, Tageskliniken) untergebracht sein. Der **Täter** kann aus allen einschlägigen Berufsgruppen (einschließlich des Hilfspersonals) kommen, sofern ihm nur der Betreffende im Rahmen eines Beratungs-, Behandlungs- oder Betreuungsvertrages, der nicht notwendig zivilrechtlich wirksam sein muss, **an-**

vertraut ist (LG Ravensburg NStZ-RR 2012, 44 f). Das Verhältnis muss aber nicht von einer solchen Intensität und Dauer sein, dass eine Abhängigkeit entstehen kann, die es dem Opfer zusätzlich, dh über die mit einem derartigen Verhältnis allgemein verbundene Unterordnung unter die Autorität des Täters und die damit einhergehende psychische Hemmung, erschwert, einen Abwehrwillen gegenüber dem Täter zu entwickeln und zu betätigen (BGH NStZ 2012, 440 f; aA S/S-*Eisele* Rn 5; MK-*Renzikowski* Rn 23). Ob das Opfer das Vertrauensverhältnis von sich aus begründet hat oder ihm – wie etwa bei einem Jugendlichen durch die Eltern – überantwortet wurde, ist ohne Belang (BT-Drucks. 13/8267, 6 f).

Von einem **Missbrauch** ist dem Zweck der Vorschrift gemäß bereits auszugehen, wenn der Täter eine aus dem Vertrauensverhältnis ergebende Tatgelegenheit wahrnimmt (zu den Voraussetzungen vgl BGHSt 56, 227 [233]). Das Merkmal schränkt den Tatbestand dahin gehend ein, dass nicht jeder sexuelle Kontakt für sich ausreicht (BGH NJW-Spezial 2016, 536). Eine Ausnutzung der krankheitsbedingten Schwäche des Opfers ist nicht erforderlich (vgl § 174 a Rn 4). 4

III. Mit Abs. 2 wird klargestellt, dass zum Täterkreis **psychotherapeutisch behandelnde Personen** zählen können. Der BGH sieht als „psychotherapeutische Behandlungen" ausschließlich solche an, die zu den wissenschaftlich anerkannten psychotherapeutischen Verfahren zählen. Sie müssen von einer Person durchgeführt werden, die berechtigt ist, die Bezeichnung „Psychotherapeut" zu führen (BGH NStZ 2010, 213; anders *Fischer* Rn 6 b; S/S/W-*Wolters* § 174 c Rn 13). Die Tatvoraussetzungen entsprechen denjenigen in Abs. 1. Das Anvertrautsein iSv **Abs. 2** endet jedoch stets mit der Beendigung der Therapie, selbst wenn zu diesem Zeitpunkt noch ein therapeutisches Abhängigkeitsverhältnis besteht (LG Offenburg NStZ-RR 2005, 74 f; *Zauner* aaO Rn 1, 136 f). Etwas anderes mag allenfalls gelten, wenn das Behandlungsverhältnis durch den Täter nur pro forma beendet wird, bevor es zu sexuellen Handlungen kommt (*Zauner* aaO Rn 99 ff mwN). 5

IV. **Tathandlung** ist jeweils das Vornehmen oder Vornehmenlassen sexueller Handlungen (§ 184 h Rn 2) mit körperlicher Berührung; verbale Scheintherapien mit sexueller Motivation werden nicht erfasst. Die Tathandlung muss nicht während eines Beratungstermins selbst ausgeführt werden, sondern kann auch im Anschluss an die förmliche Behandlungszeit erfolgen. Die subjektive Tatseite erfordert (zumindest bedingten) **Vorsatz**. 6

§ 175 (weggefallen)

§ 176 Sexueller Mißbrauch von Kindern

(1) Wer sexuelle Handlungen an einer Person unter vierzehn Jahren (Kind) vornimmt oder an sich von dem Kind vornehmen läßt, wird mit Freiheitsstrafe von sechs Monaten bis zu zehn Jahren bestraft.

(2) Ebenso wird bestraft, wer ein Kind dazu bestimmt, daß es sexuelle Handlungen an einem Dritten vornimmt oder von einem Dritten an sich vornehmen läßt.

(3) In besonders schweren Fällen ist auf Freiheitsstrafe nicht unter einem Jahr zu erkennen.

(4) Mit Freiheitsstrafe von drei Monaten bis zu fünf Jahren wird bestraft, wer
1. sexuelle Handlungen vor einem Kind vornimmt,
2. ein Kind dazu bestimmt, dass es sexuelle Handlungen vornimmt, soweit die Tat nicht nach Absatz 1 oder Absatz 2 mit Strafe bedroht ist,
3. auf ein Kind mittels Schriften (§ 11 Absatz 3) oder mittels Informations- oder Kommunikationstechnologie einwirkt, um
   a) das Kind zu sexuellen Handlungen zu bringen, die es an oder vor dem Täter oder einer dritten Person vornehmen oder von dem Täter oder einer dritten Person an sich vornehmen lassen soll, oder
   b) um eine Tat nach § 184 b Absatz 1 Nummer 3 oder nach § 184 b Absatz 3 zu begehen, oder
4. auf ein Kind durch Vorzeigen pornographischer Abbildungen oder Darstellungen, durch Abspielen von Tonträgern pornographischen Inhalts, durch Zugänglichmachen pornographischer Inhalte mittels Informations- und Kommunikationstechnologie oder durch entsprechende Reden einwirkt.

(5) Mit Freiheitsstrafe von drei Monaten bis zu fünf Jahren wird bestraft, wer ein Kind für eine Tat nach den Absätzen 1 bis 4 anbietet oder nachzuweisen verspricht oder wer sich mit einem anderen zu einer solchen Tat verabredet.

(6) Der Versuch ist strafbar; dies gilt nicht für Taten nach Absatz 4 Nr. 3 und 4 und Absatz 5.

1 I. Die Vorschrift dient dem **Schutz** der ungestörten sexuellen Entwicklung von Kindern, und zwar iSe abstrakten Gefährdungsdelikts: Vorzeitige sexuelle Kontakte sollen unabhängig davon unterbleiben, ob das Kind noch sehr klein ist oder bereits sexuelle Erfahrungen gemacht hat (vgl BGHSt 38, 68 [69]; BGH StV 1989, 432; *Fischer* Rn 2; S/S-*Eisele* Rn 1; SK-*Wolters* Rn 2; vertiefend *Bange/ Deegener*, Sexueller Missbrauch an Kindern, 1996; *Bezjak*, Grundlagen und Probleme des Straftatbestandes des sexuellen Missbrauchs von Kindern gemäß § 176 StGB, 2015; *Laubenthal* JZ 1996, 335 [336]). Auslandstaten von Deutschen gegen ausländische Kinder werden über § 5 Nr. 8 erfasst.

2 Die Taten nach Abs. 1 und 4 Nr. 1 sind **eigenhändige Delikte** (BGHSt 41, 242 [243]). **Täter** kann jedermann sein; als Opfer kommen nur Mädchen oder Jungen unter 14 Jahren in Betracht. Ein mögliches **Einverständnis** des Opfers ist irrelevant. **Vorsatz** ist für alle Tatvarianten erforderlich.

3 II. **Tathandlung** nach Abs. 1 ist die Vornahme sexueller Handlungen mit Körperkontakt an einem Kind oder das Vornehmenlassen solcher Handlungen (*Laubenthal* Rn 445); bloßes Gewährenlassen reicht nur aus, wenn es über die rein passive Duldung hinausgeht und zB eine Bestärkung der vom Kind ausgehenden Initiative enthält (BGH JZ 2015, 152 [153] m. krit. Anm. *Brockmann*). Die erforderliche Erheblichkeit (§ 184 h Rn 3) kann bei flüchtigen Berührungen oder einem Kuss auf die Wange fehlen (OLG Zweibrücken NStZ 1998, 357). Da die §§ 176, 176 a die Möglichkeit ungestörter sexueller Entwicklung von Kindern schützen, ist eine sexuell getönte Handlung gegenüber einem Kind eher erheblich als gegenüber einem Erwachsenen (BGH NStZ 2007, 700). Das Kind muss jedoch die sexuelle Bedeutung der Handlung nicht verstehen und kann ggf sogar schlafen (BGHSt 38, 68). Durch das ÄG 2004 wurde der Strafrahmen für unbenannte minder schwere Fälle gestrichen, so dass nunmehr auch für Delikte am untersten Rand des Schwerespektrums eine Freiheitsstrafe obligatorisch ist. Ob hier eine ausreichende Strafbedürftigkeit für die Verhängung einer Freiheitsstrafe besteht, erscheint jedoch zweifelhaft.

III. Der Tat nach Abs. 1 wird gem. **Abs. 2** das **Bestimmen** (hierzu § 174 Rn 11) 4
des Kindes zur Vornahme (körperlicher) sexueller Handlungen an einem Dritten
oder das Vornehmenlassen solcher Handlungen an sich gleichgestellt. Hierfür ist
ohne Bedeutung, ob sich derjenige, der die sexuelle Handlung an dem Kind vornimmt
oder von diesem an sich vornehmen lässt, selbst strafbar gemacht hat. Die
Vorschrift stellt die auf das Opfer und nicht auf den Dritten bezogene Bestimmungshandlung
unter Strafe und begründet unabhängig von einer grds. möglichen
Teilnahme an der Tat des Dritten eine eigene Strafbarkeit (BGH NStZ
2005, 152 [153] zu § 176 II aF).

IV. **Abs. 3** beinhaltet eine Strafzumessungsregel für unbenannte besonders schwere 5
Fälle der Abs. 1 und 2, deren Anwendung eine Gesamtbewertung aller strafzumessungserheblichen
tat- und täterbezogenen Umstände des Einzelfalles erfordert
(krit. *Duttge/Hörnle/Renzikowski* NJW 2004, 1065 [1067]). Die Mindestfreiheitsstrafe
beträgt in solchen Fällen ein Jahr. Die Einordnung als Vergehen
bleibt unberührt, § 12 III (dort Rn 10).

V. **Abs. 4** erstreckt den Anwendungsbereich der Vorschrift mit geringerem Strafrahmen 6
nach **Nr. 1** auf das Vornehmen sexueller – einschließlich exhibitionistischer
– Handlungen *vor* (§ 184 h Rn 7) dem Kind. Dazu muss der Täter das Kind
in der Weise in das sexuelle Geschehen einbeziehen, dass für ihn gerade die
Wahrnehmung der sexuellen Handlung durch das Tatopfer von handlungsleitender
Bedeutung ist (BGH NJW 2005, 1133; NStZ 2011, 633; 2013, 278 f; StraFO
2016, 122). Nach dem Schutzzweck des § 176 Abs. 4 Nr. 1 StGB kann es nicht
auf eine unmittelbare Nähe zwischen Täter und Opfer ankommen. Nr. 1 ist daher
auch dann erfüllt, wenn das Opfer die über das Internet übermittelten sexuellen
Handlungen des Täters zeitgleich am Bildschirm mitverfolgt (BGH NStZ
2009, 500). Ferner ist es ausreichend, wenn die sexuelle Handlung des Täters
von dem Kind lediglich zeitgleich akustisch – etwa über das Telefon – wahrgenommen
wird (BGHSt 60, 44 [46 ff] m. krit. Anm. *Krehl* NStZ 2015, 29 f).

Wer vor dem Kind sexuelle Handlungen **eines Dritten passiv an sich vornehmen
lässt** (BGH NStZ 2010, 32; MK-*Renzikowski* Rn 31), macht sich nicht nach
§ 176 Abs. 4 Nr. 1 strafbar.

Nr. 2 hat das Bestimmen (Rn 4) des Kindes zur Vornahme solcher sexueller 7
Handlungen zum Gegenstand. Handlungen des Kindes, die als solche keine sexuelle
Bedeutung haben, sondern nur vom Täter in dieser Weise betrachtet werden,
sind nicht einschlägig (BGHSt 43, 366 [368]). Nach der aktuellen Gesetzesfassung
werden alle sexuellen Handlungen erfasst, die ein Kind an sich selbst oder
lediglich mit seinem Körper aktiv vornimmt (*Fischer* Rn 10; SK-*Wolters*
Rn 18 a f; S/S/W-*Wolters* § 176 Rn 20). Ein Beobachten sexueller Handlungen
Dritter reicht nicht aus (*Hörnle* NJW 2008, 3521). Nur wer mit Berührungen
verbundene Manipulationen am eigenen Körper vornimmt, nimmt eine Handlung
an sich selbst vor (BGH NStZ-RR 2008, 170).

Unter diese Tatbestandsalternative fallen alle Handlungen in Anwesenheit des
Täters oder eines Dritten, die das Kind auf Veranlassung des Täters hin vornimmt.
Dem Wortlaut nach ist es nicht erforderlich, dass die Vornahme der
Handlung von dem Täter oder Dritten – unmittelbar oder durch technische Aufzeichnungen
– wahrgenommen wird (L-Kühl-*Heger* Rn 4; S/S/W-*Wolters* § 176
Rn 20), der Täter sich also beispielsweise allein durch die Vorstellung davon erregen
will, etwa Telefonanrufe durch Verbalerotiker (*Fischer* Rn 12; SK-*Wolters*
Rn 18 a). In der Konsequenz bedarf es auch keiner räumlichen Anwesenheit des

Täters oder des Dritten (*Fischer* Rn 12; *Kreß* NJW 1998, 633 [639]; *Laubenthal* Rn 470). Teils wird jedoch gleichwohl einschränkend verlangt, dass die Handlung von dem Kind zumindest laienhaft in dem Bewusstsein vorgenommen wird, optisch oder zumindest akustisch beobachtet zu werden (*Renzikowski* NStZ 1999, 440; SK-*Wolters* Rn 19). Entgegen § 176 V Nr. 2 idF des 4. StrRG und der früheren Rechtsprechung des BGH (BGHSt 50, 370 [371]) reicht es nunmehr auch aus, dass das Kind vom Täter dazu bestimmt wird, vor ihm in sexuell aufreizender Weise zu posieren (*Fischer* Rn 10). Das Kind braucht den sexuellen Charakter einer Handlung nicht zu erkennen (vgl SK-*Wolters* Rn 19; S/S/W-*Wolters* § 176 Rn 20).

8 **Nr. 3** dehnt die Strafbarkeit des sexuellen Missbrauchs von Kindern (für das StGB systemfremd) auf bloße **Vorbereitungshandlungen** aus (abl. *Duttge/Hörnle/ Renzikowski* NJW 2004, 1065 [1067 f]; *Fischer* Rn 15). Hintergrund ist die Kontaktaufnahme im Internet von Erwachsenen – häufig unter der Vorgabe, selbst ein Kind zu sein – mit Kindern in sog. „Chatrooms". Da **Schriften** iSd § 11 III auch Datenspeicher umfassen (§ 11 Rn 56), ist eine Strafverfolgung bereits in diesem Stadium möglich. Der erweiterte Schriftbegriff in § 11 III erfasst jedoch grds. nur Speichermedien, so dass solche Fälle nicht sicher erfasst werden, in denen die Informationsübertragung ausschließlich über Datenleitungen erfolgt, wie etwa Telefonleitungen, insbesondere wenn es hierbei beim Informationsempfänger zu keinen – auch nur flüchtigen, „unkörperlichen" – Zwischenspeicherungen kommt. Durch die Ergänzung der Vorschrift im 49. Änderungsgesetz soll diese Schutzlücke nun geschlossen werden. Unter **Einwirken** ist auch ein Handeln ohne sexuelle Bedeutung zu verstehen: Der Bezug zur Sexualstraftat wird nur durch die Intention des Täters hergestellt, der die vermeintliche Kontaktaufnahme von „Kind zu Kind" zu späteren sexuellen Zwecken ausnutzen möchte. Auch die Strafrahmenanhebung auf eine Mindestfreiheitsstrafe von drei Monaten ist systematisch fragwürdig. Denn die beschriebenen Handlungen **ohne Körperkontakt** wiegen typischerweise weniger schwer als solche mit Körperkontakt und schließen bagatellartige Vergehen mit ein, wie zB das einmalige Zeigen einer pornografischen Darstellung. Der Tatbestand setzt keine Anonymität voraus: Der Wortlaut der Norm gebietet keine Einschränkung dahin gehend, dass sich der Absender und der Adressat des Kontakts zum Zeitpunkt der Kontaktaufnahme noch nicht kennen, auch wenn der Anlass zur Schaffung des Tatbestandes der Schutz der Anonymität des Internets war (OLG Hamm MMR 2016, 425 f).

9 **Nr. 4** erfasst ferner die Vermittlung pornografischer Inhalte. Deren sinnliche Wahrnehmung durch das Kind ist für das Merkmal **Einwirkung** anders als bei Nr. 3 (Rn 8) erforderlich. Problematisch kann auch hier die Erheblichkeit iSv § 184 h Nr. 1 sein (vgl BGH NJW 1991, 3162; *Bussmann* StV 1999, 613 [618]; *Renzikowski* NStZ 1999, 440); verlangt wird jedenfalls eine psychische Einflussnahme tiefergehender Art (BGH NStZ 2011, 455; NStZ-RR 2015, 74); eine sexuelle Motivation des Täters, des Kindes oder eines Dritten ist hierfür vorauszusetzen (*Fischer* Rn 16 a). Dem Wortlaut nach unterfallen den pornografischen **Abbildungen oder Darstellungen** (§ 184 Rn 3) keine Schriften ohne Abbildung (OLG Düsseldorf NJW 2000, 1129), was hinsichtlich des zur Tatbestandsverwirklichung ausreichenden **Redens** (hierzu BGH NJW 1991, 3162; LG Zweibrücken StV 1997, 522) wenig einsichtig ist (S/S-*Eisele* Rn 16). Pornografisch sind Abbildungen oder Darstellungen, die sexualbezogenes Geschehen vergröbernd und ohne Sinnzusammenhang mit anderen Lebensäußerungen zeigen (BGH NStZ 2011, 455).

Das Bestimmen nach Nr. 2 kann mit körperlicher Einwirkung verbunden sein; bei Handlungen nach Nr. 1, 3 und 4 fehlt die körperliche Berührung. 10

VI. Abs. 5 umfasst das **Anbieten**, das **Versprechen des Nachweises** eines Kindes sowie die **Verabredung** zu einer solchen Tat. Bei den Tatbeständen handelt es sich um abstrakte Gefährdungsdelikte, bei denen es bereits ausreichend ist, dass das Versprechen nur ernstlich gemeint erscheint. Dadurch sollen Strafbarkeitslücken in Fällen geschlossen werden, in denen mangels Beweises der Ernstlichkeit des Vorhabens eine Bestrafung nach §§ 176 a, 176 b iVm § 30 II entfällt (vgl den sog. „Rosenheimer Fall", BGH NStZ 1998, 403 f m.Anm. *Geerds* JR 1999, 426 f; BGH StV 2013, 744 f). 11

VII. Nach Abs. 6 ist der Versuch außer in den Fällen von Abs. 4 Nr. 3, 4 und Abs. 5 strafbar; er kann gegeben sein, wenn der Täter das Opfer irrig für ein Kind hält (im umgekehrten Fall kann § 182 einschlägig sein). 12

VIII. Konkurrenzen: Umstr. ist, ob §§ 176, 176 a selbstständig neben § 177 stehen (*Fischer* Rn 4) oder einen „Auffangbestand" darstellen (NK-*Frommel* § 176 a Rn 3). Zur Kritik an den aus der neueren Rspr des BGH resultierenden tatbestandlichen Überschneidungen der §§ 176, 176 a mit § 177 I Nr. 3 (siehe § 177 Rn 4) vgl *Fischer* Rn 4; *Folkers* NStZ 2005, 181. 13

§ 176 a Schwerer sexueller Mißbrauch von Kindern

(1) Der sexuelle Missbrauch von Kindern wird in den Fällen des § 176 Abs. 1 und 2 mit Freiheitsstrafe nicht unter einem Jahr bestraft, wenn der Täter innerhalb der letzten fünf Jahre wegen einer solchen Straftat rechtskräftig verurteilt worden ist.

(2) Der sexuelle Missbrauch von Kindern wird in den Fällen des § 176 Abs. 1 und 2 mit Freiheitsstrafe nicht unter zwei Jahren bestraft, wenn
1. eine Person über achtzehn Jahren mit dem Kind den Beischlaf vollzieht oder ähnliche sexuelle Handlungen an ihm vornimmt oder an sich von ihm vornehmen lässt, die mit einem Eindringen in den Körper verbunden sind,
2. die Tat von mehreren gemeinschaftlich begangen wird oder
3. der Täter das Kind durch die Tat in die Gefahr einer schweren Gesundheitsschädigung oder einer erheblichen Schädigung der körperlichen oder seelischen Entwicklung bringt.

(3) Mit Freiheitsstrafe nicht unter zwei Jahren wird bestraft, wer in den Fällen des § 176 Abs. 1 bis 3, 4 Nr. 1 oder Nr. 2 oder des § 176 Abs. 6 als Täter oder anderer Beteiligter in der Absicht handelt, die Tat zum Gegenstand einer pornographischen Schrift (§ 11 Abs. 3) zu machen, die nach § 184 b Absatz 1 oder 2 verbreitet werden soll.

(4) In minder schweren Fällen des Absatzes 1 ist auf Freiheitsstrafe von drei Monaten bis zu fünf Jahren, in minder schweren Fällen des Absatzes 2 auf Freiheitsstrafe von einem Jahr bis zu zehn Jahren zu erkennen.

(5) Mit Freiheitsstrafe nicht unter fünf Jahren wird bestraft, wer das Kind in den Fällen des § 176 Abs. 1 bis 3 bei der Tat körperlich schwer misshandelt oder durch die Tat in die Gefahr des Todes bringt.

(6) ¹In die in Absatz 1 bezeichnete Frist wird die Zeit nicht eingerechnet, in welcher der Täter auf behördliche Anordnung in einer Anstalt verwahrt worden ist. ²Eine Tat, die im Ausland abgeurteilt worden ist, steht in den Fällen des Absatzes 1 einer im Inland abgeurteilten Tat gleich, wenn sie nach deutschem Strafrecht eine solche nach § 176 Abs. 1 oder 2 wäre.

1 I. Die Vorschrift normiert – im Strafrahmen abgestufte – **Qualifikationstatbestände** zu § 176 mit Verbrechenscharakter (näher *Kreß* NJW 1998, 633 [639]; SK-*Wolters* Rn 2). § 30 ist etwa anwendbar, wenn im Internet Kinder zum Missbrauch angeboten werden (BT-Drucks. 13/9064, 11).

2 II. Eine Beibehaltung der Mindeststrafe von einem Jahr sieht **Abs. 1** für das Qualifikationsmerkmal der vor dem ÄG 2004 in § 176 a I Nr. 4 aF geregelten **wiederholten Begehung** von (schuldhaften) Taten nach § 176 I oder II innerhalb von fünf Jahren vor (vgl zu Rückfällen bei Kindesmissbrauch *Schuhmann/Neutze/Osterheider* MSchrKrim 2016, 58 ff). Für die Fristberechnung (vgl auch Abs. 6) ist der Zeitpunkt der letzten Tatsachenverhandlung maßgeblich (*Fischer* Rn 2; S/S-*Eisele* Rn 5; *Renzikowski* NStZ 1999, 440 [442]; aA SK-*Wolters* Rn 10). Zum Zeitpunkt der Urteilsverkündung in der Tatsacheninstanz einschlägige aber tilgungsreife Vorstrafen dürfen nach dem Regelungszweck des § 51 Abs. 1 BZRG nicht zur Bejahung der Voraussetzungen des Tatbestands verwertet werden (BGH NStZ 2016, 468).

3 III. Die Qualifikationstatbestände des Abs. 2 erhöhen die Mindeststrafe deutlich auf zwei Jahre für die bislang in § 176 a I Nr. 2 bis 4 aF mit Mindeststrafe von einem Jahr bedrohten Taten. Dies wurde gesetzessystematisch nötig, um die Strafandrohung vom besonders schweren Fall iSd § 176 III abzugrenzen (BT-Drucks. 15/350, 18).

4 1. Unter **Beischlaf** iSv **Nr. 1** ist die der Art nach zur Zeugung geeignete (heterosexuelle) Vereinigung der Geschlechtsteile zu verstehen. Er ist bereits mit dem Beginn des Eindringens des männlichen Gliedes vollzogen; ein Einführen in den Scheidenvorhof reicht aus (BGHSt 16, 175 [177]; 37, 153 [154]; BGH NStZ-RR 2014, 208; *Otto* BT § 65/15; aA S/S-*Lenckner/Bosch* § 173 Rn 3). Zu den **ähnlichen sexuellen Handlungen** gehören nur solche, die – wie die orale oder anale Penetration – mit einem Eindringen in den Körper des Opfers oder des Täters (BGHSt 45, 131 [132]) verbunden sind (BGH NJW 1999, 2977; NStZ 2000, 27 f); einschlägig sind insoweit auch homosexuelle Kontakte. Das Eindringen kann mit dem Geschlechtsglied, aber auch anderen Körperteilen oder Gegenständen erfolgen (BGH NJW 2000, 672). **Eindringen** erfordert eine Penetration des Körpers. Auch Flüssigkeiten können in einen Körper eindringen, so dass eine Penetration des Körpers zB auch dann gegeben ist, wenn Sperma des Täters in den Mund des Opfers gelangt (BGHSt 53, 181). Auch das gegenseitige Urinieren stellt eine Handlung an dem Kind bzw des Kindes am Täter iSv § 176 a Abs. 2 Nr. 1 dar (BGH NStZ 2015, 335 ff). Auf den entgegenstehenden Willen des Opfers kommt es nicht an. Die „Beischlafähnlichkeit" kann als Kriterium der Erheblichkeit verstanden werden, so dass etwa ein Zungenkuss (gewöhnlich) nicht als tatbestandsmäßig anzusehen ist (BGH NStZ 2000, 367; BGH NJW-Spezial 2011, 569; S/S-*Eisele* Rn 8 f). Der **Täter** muss über achtzehn Jahre alt sein.

5 2. Für die Qualifikation nach **Nr. 2** ist entscheidend, dass durch die Mitwirkung mehrerer Personen generell die Schutzlosigkeit des Opfers erhöht ist und ggf die Gefahr massiver sexueller Handlungen begründet wird. **Gemeinschaftlich** ist die Tatbegehung bei einem aktiven Zusammenwirken von wenigstens zwei Tätern

mit gemeinsamem Ziel, das jedoch hinsichtlich § 176 I und II differieren kann (BGHSt 59, 28 [32 ff]; StV 2014, 413 f; *Fischer* Rn 9).

3. Qualifikationsgrund nach **Nr. 3** ist die aus der Tat resultierende **konkrete Gefahr** einer schweren Gesundheitsschädigung (§ 250 Rn 12 ff) oder einer erheblichen Schädigung der körperlichen oder seelischen Entwicklung (§ 171 Rn 3). 6

IV. Abs. 3 erhöht die Mindestfreiheitsstrafe ebenso auf zwei Jahre, wenn der Beteiligte einer (ggf nur versuchten) Tat nach § 176 I–III, IV Nr. 1 oder 2 oder des § 176 VI in der **Absicht** handelt, sie zum Gegenstand einer **pornografischen Schrift** (§ 11 III) zu machen (unechtes Unternehmensdelikt, vgl *Laubenthal* Rn 551; SK-*Wolters* Rn 22) und iSd § 184 b I–III zu verbreiten. Die Verwendung bezieht sich auf alle Tatvarianten des § 184 b I–III, nicht nur auf das Verbreiten (BGHSt 47, 55 [57] zu § 176 a II aF). Erfasst werden auch Darstellungen von sexuellen Handlungen, die Kinder an sich selbst vornehmen, sofern sich aus dem Kontext ergibt, dass das Kind hierzu aufgefordert wurde (BGHSt 45, 41 ff). Eine Strafmilderung für den Gehilfen (§§ 27 II, 49 I) ist ausgeschlossen. 7

V. Einen Strafrahmen für minder schwere Fälle sieht Abs. 4 aufgestuft für Straftaten nach § 176 a I bzw II vor. Ein Milderungsbedürfnis ist insbesondere bei unter Abs. 2 Nr. 1 fallenden einvernehmlich vorgenommenen sexuellen Handlungen im Rahmen einer Liebesbeziehung zwischen einem körperlich und seelisch über den altersgemäßen Zustand hinaus entwickelten Mädchen und einem jungen Erwachsenen denkbar. 8

VI. Eine weitere Erhöhung des Mindeststrafrahmens auf fünf Jahre sieht **Abs. 5** für den Fall vor, dass das Kind im Rahmen einer Tat nach § 176 I oder III, wozu auch Zwangsmaßnahmen gehören, durch den (nicht notwendig eigenhändig agierenden) Täter **vorsätzlich körperlich schwer misshandelt** (§ 250 Rn 26; vgl BGH NStZ 2015, 152 f) oder in die **Gefahr des Todes** gebracht wird (§ 250 Rn 27). Letzteres ist auch bei einer sich aus der Tat ergebenden lebensbedrohlichen Schwangerschaft oder einer (konkreten) Suizidgefahr anzunehmen (S/S-*Eisele* Rn 15). 9

VII. Der vollendete schwere sexuelle Missbrauch gem. § 176 a I verdrängt den sexuellen Missbrauch gem. § 176 I. Dies gilt auch, wenn ein minder schwerer Fall gemäß § 176 a IV angenommen wird (BGH NStZ 2005, 90 zu § 176 a III aF). Nimmt der Täter neben dem Beischlaf oder der Penetration weitere selbstständige sexuelle Handlungen vor, wird § 176 nicht verdrängt, sondern steht zu diesem in Tateinheit, weil ein gegenüber der Qualifikation selbstständig zu berücksichtigender Unrechtsgehalt vorliegt, der einen Eingriff in die sexuelle Selbstbestimmung der Kinder darstellt (BGH NStZ-RR 2016, 109). 10

§ 176 b Sexueller Mißbrauch von Kindern mit Todesfolge

Verursacht der Täter durch den sexuellen Mißbrauch (§§ 176 und 176 a) wenigstens leichtfertig den Tod des Kindes, so ist die Strafe lebenslange Freiheitsstrafe oder Freiheitsstrafe nicht unter zehn Jahren.

I. Die Vorschrift normiert eine **Erfolgsqualifikation** iSv § 18. Der Tod muss nicht durch eine sexuelle Handlung verursacht sein (*Fischer* Rn 2; aA L-Kühl-*Heger* Rn 1); es reicht aus, wenn sich im Erfolg eine Gefahr realisiert, die durch eine der zur Tatbestandsverwirklichung gehörenden Handlungen – etwa eine körperliche 1

Misshandlung iSv § 176 a V Alt. 1 oder eine zur Erzwingung vollzogene Gewaltmaßnahme – geschaffen wurde (zum erforderlichen Risikozusammenhang vgl § 18 Rn 3 ff).

2 II. Die Qualifikation betrifft nur **Täter** des Grunddelikts; für Teilnehmer gilt § 222. Erforderlich ist – zumindest – **Leichtfertigkeit** (§ 15 Rn 93 f).

§ 177 Sexueller Übergriff; sexuelle Nötigung; Vergewaltigung

(1) Wer gegen den erkennbaren Willen einer anderen Person sexuelle Handlungen an dieser Person vornimmt oder von ihr vornehmen lässt oder diese Person zur Vornahme oder Duldung sexueller Handlungen an oder von einem Dritten bestimmt, wird mit Freiheitsstrafe von sechs Monaten bis zu fünf Jahren bestraft.

(2) Ebenso wird bestraft, wer sexuelle Handlungen an einer anderen Person vornimmt oder von ihr vornehmen lässt oder diese Person zur Vornahme oder Duldung sexueller Handlungen an oder von einem Dritten bestimmt, wenn
1. der Täter ausnutzt, dass die Person nicht in der Lage ist, einen entgegenstehenden Willen zu bilden oder zu äußern,
2. der Täter ausnutzt, dass die Person auf Grund ihres körperlichen oder psychischen Zustands in der Bildung oder Äußerung des Willens erheblich eingeschränkt ist, es sei denn, er hat sich der Zustimmung dieser Person versichert,
3. der Täter ein Überraschungsmoment ausnutzt,
4. der Täter eine Lage ausnutzt, in der dem Opfer bei Widerstand ein empfindliches Übel droht, oder
5. der Täter die Person zur Vornahme oder Duldung der sexuellen Handlung durch Drohung mit einem empfindlichen Übel genötigt hat.

(3) Der Versuch ist strafbar.

(4) Auf Freiheitsstrafe nicht unter einem Jahr ist zu erkennen, wenn die Unfähigkeit, einen Willen zu bilden oder zu äußern, auf einer Krankheit oder Behinderung des Opfers beruht.

(5) Auf Freiheitsstrafe nicht unter einem Jahr ist zu erkennen, wenn der Täter
1. gegenüber dem Opfer Gewalt anwendet,
2. dem Opfer mit gegenwärtiger Gefahr für Leib oder Leben droht oder
3. eine Lage ausnutzt, in der das Opfer der Einwirkung des Täters schutzlos ausgeliefert ist.

(6) ¹In besonders schweren Fällen ist auf Freiheitsstrafe nicht unter zwei Jahren zu erkennen. ²Ein besonders schwerer Fall liegt in der Regel vor, wenn
1. der Täter mit dem Opfer den Beischlaf vollzieht oder vollziehen lässt oder ähnliche sexuelle Handlungen an dem Opfer vornimmt oder von ihm vornehmen lässt, die dieses besonders erniedrigen, insbesondere wenn sie mit einem Eindringen in den Körper verbunden sind (Vergewaltigung), oder
2. die Tat von mehreren gemeinschaftlich begangen wird.

(7) Auf Freiheitsstrafe nicht unter drei Jahren ist zu erkennen, wenn der Täter
1. eine Waffe oder ein anderes gefährliches Werkzeug bei sich führt,
2. sonst ein Werkzeug oder Mittel bei sich führt, um den Widerstand einer anderen Person durch Gewalt oder Drohung mit Gewalt zu verhindern oder zu überwinden, oder
3. das Opfer in die Gefahr einer schweren Gesundheitsschädigung bringt.

(8) Auf Freiheitsstrafe nicht unter fünf Jahren ist zu erkennen, wenn der Täter
1. bei der Tat eine Waffe oder ein anderes gefährliches Werkzeug verwendet oder
2. das Opfer
   a) bei der Tat körperlich schwer misshandelt oder
   b) durch die Tat in die Gefahr des Todes bringt.

(9) In minder schweren Fällen der Absätze 1 und 2 ist auf Freiheitsstrafe von drei Monaten bis zu drei Jahren, in minder schweren Fällen der Absätze 4 und 5 ist auf Freiheitsstrafe von sechs Monaten bis zu zehn Jahren, in minder schweren Fällen der Absätze 7 und 8 ist auf Freiheitsstrafe von einem Jahr bis zu zehn Jahren zu erkennen.

I. Die Vorschrift wurde in ihrer heute geltenden Fassung mit dem Gesetz zur Verbesserung des Schutzes der sexuellen Selbstbestimmung vom 4.11.2016 eingeführt und dient dem **Schutz** der **sexuellen Selbstbestimmung** innerhalb und außerhalb der Ehe (Vor § 174 Rn 1; näher *Fischer* ZStW 112, 75; *Mitsch* JA 1989, 484; *Rössner* Leferenz-FS 527; *Schroeder* JZ 1999, 827). Die Vorschrift geht ua auf Art. 36 I der sog. „Istanbul-Konvention" des Europarates zurück, der zum Verbot aller nicht einverständlichen sexuellen Handlungen auffordert. **Täter** können Männer und Frauen gleichermaßen sein. Die Tat ist **kein eigenhändiges Delikt** (BGH NStZ 1985, 71 [72]). Der **Versuch** ist in allen Fällen des § 177 strafbar (§§ 23 Abs. 1, 12; § 177 Abs. 3).

II. Der **Grundtatbestand** des sexuellen Übergriffs wird in **Abs. 1** formuliert. Dieser pönalisiert entgegen der vorherigen Fassung nicht mehr lediglich Nötigungen, sondern das Hinwegsetzen über den erkennbaren entgegenstehenden Willen des Opfers. Dieser muss durch das Opfer jedoch verbal oder zumindest konkludent geäußert worden und damit für einen objektiven Dritten erkennbar sein.

Tathandlungen sind einerseits die Vornahme sexueller Handlungen des Täters am Opfer oder an sich von diesem; hierbei muss es zu einer körperlichen Berührung kommen. Andererseits ist die Bestimmung (vgl zum Begriff des Bestimmens § 174 Rn 11; krit. zu diesem *Renzikowski* NJW 2016, 3553 [3554]), sexuelle Handlungen an oder von einem Dritten vorzunehmen oder zu dulden, erfasst.

III. Ist der entgegenstehende Wille des Opfers nicht erkennbar, bestimmt **Abs. 2** Umstände, unter denen eine Strafbarkeit dennoch vorliegt. In den aufgeführten Fällen ist die Äußerung des entgegenstehenden Willens für das Opfer faktisch nicht möglich oder jedenfalls unzumutbar (BT-Drucks. 18/9097 S. 23). Bei **Nr. 1–4** muss der Täter die Situation **ausnutzen**. Hierzu muss er die Lage erkennen und sich zunutze machen (vgl hierzu auch BGH NStZ 2009, 324 [325]).

■ **Nr. 1** betrifft Fälle, in denen das Opfer absolut unfähig ist, einen entgegenstehenden Willen zu bilden. Erfasst werden hiervon sowohl Konstellationen, in denen der Täter die Situation bspw durch Gabe von K.O.-Tropfen herbeiführt, als auch solche, in denen der Täter eine solche Situation vorfindet und zu seinen Zwecken nutzt. Nr. 1 greift die bisherige Regelung des § 179

Abs. 1 und 2 aF auf, welcher im Gegenzug dafür gestrichen wurde. (Vgl BT-Drucks. 18/9097 S. 23 f). Anders als § 179 aF setzt der Wortlaut der Norm jedoch kein missbräuchliches Verhalten des Täters mehr voraus. Danach konnte ein Missbrauch verneint werden, wenn die sexuelle Handlung aus einer von Zuneigung und Fürsorge geprägten Liebesbeziehung erwachsen oder von einer vorausgehenden Einwilligung gedeckt ist (jew. zu § 179 aF: *Fischer* Rn 17 f; L-Kühl-*Heger* Rn 6), wobei die Einwilligung regelmäßig nur vor Eintritt der Widerstandsunfähigkeit wirksam erteilt werden konnte. Ob die neue Regelung, die auf eine missbräuchliche Begehungsweise verzichtet, dem Grundrecht der Personen aus Art. 2 I GG iVm Art. 1 I GG gerecht wird, erscheint auf Grundlage des Wortlauts zumindest zweifelhaft.

6 ▪ **Nr. 2** betrifft im Gegensatz zu Nr. 1 Fälle, in denen das Opfer einen natürlichen Willen zwar bilden und äußern kann, in dieser Fähigkeit aufgrund seiner körperlichen oder psychischen Situation aber erheblich eingeschränkt ist. Hiervon sind insbesondere Menschen mit solchen Behinderungen erfasst, die mit einer erheblichen Intelligenzminderung einhergehen, aber auch stark betrunkene Menschen, deren Trunkenheitsgrad die Fähigkeit zur Willensbildung oder -äußerung jedoch nicht absolut ausschließt. Körperlich sind hierbei solche Gebrechen und Hemmnisse, die keine psychischen Ursachen haben. Der Begriff *psychisch* ist gleichbedeutend mit dem Begriff *seelisch* in § 20 (vgl § 20 Rn 6). Um dem Recht auf Sexualität als Ausfluss des Art. 2 I iVm Art. 1 I GG auch bei Menschen, die dauerhaft in ihrer Willensbildung oder Willensäußerung erheblich eingeschränkt sind, Rechnung zu tragen, kennt der Tatbestand die Ausnahme von der Strafbarkeit für den Fall, dass der Täter sich der Zustimmung versichert hat. Es genügt hierfür nicht, dass das Opfer nur keinen gegenteiligen Willen äußert. Maßgeblich ist der natürliche Willen der Person, nicht etwa der Wille eines Betreuers (BT-Drucks. 18/9097 S. 24 f).

7 ▪ **Nr. 3** erfasst Fälle, in denen das Opfer mit der Vornahme einer sexuellen Handlung nicht rechnet und aufgrund des Überrumpelungseffekts keinen entgegenstehenden Willen bilden oder diesen jedenfalls nicht mehr äußern kann. Hieran ist bspw zu denken, wenn der Täter in der Öffentlichkeit ohne Vorwarnung einem Fremden an Geschlechtsteile fasst, wobei auch hier die Erheblichkeitsschwelle des § 184 h überschritten sein muss (BT-Drucks. 18/9097 S. 25).

8 ▪ **Nr. 4** betrifft Fälle, in denen das Opfer keinen entgegenstehenden Willen bildet, weil ihm ein **empfindliches Übel** droht (vgl zum Begriff Vor § 232 Rn 22 ff sowie § 240 Rn 16). Insbesondere sind davon Fälle eines „Klimas-der-Gewalt" umfasst (BT-Drucks. 18/9097 S 26).

9 ▪ **Nr. 5** setzt entgegen den vorangehenden Nummern eine Nötigung voraus und orientiert sich an § 240 IV S. 2 Nr. 1 aF.

10 **IV. Abs. 4** stellt eine **Qualifikation** zu Abs. 2 Nr. 1 dar, wenn die fehlende Fähigkeit, einen entgegenstehenden Willen zu bilden, auf einer Krankheit oder Behinderung (§ 2 SGB IX) des Opfers beruht. Nicht erfasst sind daher Fälle, in denen das Opfer sich zB durch die Einnahme von Alkohol oder Betäubungsmitteln und somit nur vorübergehend in diesem Zustand befindet (BT-Drucks. 18/9097 S. 26).

V. **Abs. 5** stellt eine Qualifikation zu den **Abs.** 1 und 2 dar und entspricht dem 11
Grundtatbestand des § 177 Abs. 1 aF. Er erfasst Fälle, in denen der sexuelle
Übergriff mittels qualifizierter Nötigung begangen wird.

1. **Tathandlung** ist die Nötigung einer (männlichen oder weiblichen) Person mit 12
Gewalt (Abs. 5 Nr. 1) (dazu BGH StV 2003, 390 [391]; vgl auch Vor § 232
Rn 3 ff), weiterhin durch **Drohung mit gegenwärtiger Gefahr für Leib oder Leben**
(Abs. 5 Nr. 2) (§ 249 Rn 5 f), die im Anschluss an früher verübte Gewalt auch
konkludent erfolgen kann (BGH NStZ 2005, 168 [169]; NStZ-RR 2011, 311
[312]; NStZ 2012, 34; 2013, 207; 2013, 279; anders, wenn zwischen der Gewaltanwendung und dem späteren Geschlechtsverkehr ein längerer Zeitraum, etwa von Wochen oder sogar Monaten, liegt, BGH NStZ 2007, 468; die bloße
Schaffung eines Klimas der Bedrohung und Einschüchterung, die jetzt von Abs. 2
Nr. 4 erfasst ist, reicht für die Bejahung hier nicht aus, BGH NStZ 2015, 211 f
m.Anm. *Piel*) oder unter Ausnutzung einer Lage, in der das Opfer der Einwirkung des Täters schutzlos ausgeliefert ist (zur Nötigung einer Prostituierten vgl
BGH NStZ 2004, 682). Zwang gegen schutzbereite Dritte (oder dem Opfer nahestehende Personen) reicht aus (BGHSt 42, 378 [379 f]; BGH NStZ 1994, 31;
enger – nur wer zugleich motivierendem Zwangsempfinden des Opfers – L-*Kühl-Heger* Rn 4), nicht dagegen eine Selbstmorddrohung (BGH NStZ 1982, 286).
Kann das Opfer seinen Abwehrwillen nicht bilden, weil es vom Täter überrascht
wird, ist der Tatbestand des Abs. 5 Nr. 1 selbst dann nicht erfüllt, wenn der Täter
zugleich Gewalt anwendet (vgl BGH NJW 1982, 2264; BGH NStZ 2010, 698).
Auch reicht die reine Penetration als sexuelle Handlung nicht aus, um eine Gewaltanwendung als Nötigungshandlung zu bejahen, da bei der Nötigung Handlung und Erfolg zu trennen sind (BGH NStZ-RR 2016, 202 f).

2. Die Situation des **schutzlosen Ausgeliefertseins** überschneidet sich mit der hilf- 13
losen Lage (§ 221 Rn 6 f); sie ist gegeben, wenn das Opfer aufgrund seiner **situationsbedingten Wehrlosigkeit** – zB angesichts fehlender Fluchtmöglichkeit oder
der Abwesenheit Dritter – dem ungehemmten Einfluss des Täters preisgegeben
ist (vgl auch BGHSt 44, 228 [232]; BGH NStZ 2003, 533 [534]; 2011, 455
(456); *Renzikowski* NStZ 1999, 377 [379]; näher *Folkers*, Ausgewählte Probleme bei sexueller Nötigung und Vergewaltigung aus der Sicht der Praxis, 2004,
52 ff). Aus dem bloßen Alleinsein des Opfers bei sexueller Nötigung mit dem
Täter kann sich eine objektive Schutzlosigkeit genauso wenig ergeben (vgl
Fischer Rn 29 mwN; BGH NStZ-RR 2016, 202) wie aus der Tatsache, dass sich
das Opfer in einer ihm fremden Umgebung befindet und sich unvermittelt einer
sexuellen Annäherung ausgesetzt sieht (BGH StV 2010, 356 [357]). Ebenfalls
unzureichend ist es, wenn sich das Opfer nur schutzlos fühlt, objektiv aber keine
schutzlose Lage gegeben ist (BGH StraFo 2012, 73 f). Der Tatbestand scheidet
aus, wenn es dem Opfer in zumutbarer Weise möglich war, durch Schreie oder
andere Geräusche Hilfe zu erlangen (BGH StV 2012, 534 [535 f]; krit. *Maiwald*
Kühl-FS 539 [541 ff]).

Das **Ausnutzen** setzt voraus, dass die Lage des Opfers dem Täter die Gelegenheit 14
zur Tat bietet und deren Ausführung (zumindest) erleichtert. Erfasst werden Fälle, in denen das Opfer an einen Ort verbracht wird, an dem keine Hilfe zu erwarten ist, und ihm eine Verteidigung angesichts der körperlichen Überlegenheit des
Täters sinnlos erscheint (BGH NJW 1999, 369; NStZ-RR 2006, 139; NStZ
2006, 165; NStZ 2012, 209 [210]). Die Schutzlosigkeit kann sich bei Hinzutreten weiterer Umstände, aber auch aus der Abgeschiedenheit der familiären Wohnung ergeben (BGH NStZ-RR 2003, 42 [44]; NStZ 2006, 165). Die verminder-

ten Schutz- und Verteidigungsmöglichkeiten können sowohl auf den äußeren Gegebenheiten als auch auf den in der Person des Opfers liegenden Umständen beruhen (BGH NStZ 2003, 424 [425]; NStZ-RR 2006, 139; StV 2012, 534 ff). Da bei **Nr. 3** die Angabe eines bestimmten Nötigungsmittels fehlt, lässt der BGH insoweit jedes **Bestimmen des Opfers gegen dessen Willen**, das sich als Ausnutzen der Schutzlosigkeit darstellt, genügen (BGHSt 45, 253). Für das Ausnutzen der schutzlosen Lage komme es wiederum nicht darauf an, ob das Opfer selbst diese Lage erkennt und ob es sich vor den über die sexuelle Handlung hinausgehenden Zwangshandlungen oder Übelszufügungen fürchtet (BGH NStZ 2004, 440 [2. Strafsenat]; OLG Celle NStZ-RR 2005, 263; krit. SK-*Wolters* Rn 14 a; abl. *Graul* JR 2001, 117; diese Auslegung – ohne die Voraussetzungen des Nötigungsbegriffs in § 240 I für notwendig zu erachten – begegnet keinen verfassungsrechtlichen Bedenken, vgl BVerfG NStZ 2005, 30; hierzu *Güntge* NJW 2004, 3750 ff). Dies hätte zur Konsequenz, dass auch widerstandsunfähige oder schlafende Personen gegen ihren (mutmaßlichen) Willen sexuell genötigt werden könnten. Demgegenüber neigt der 3. Strafsenat zu einer restriktiven Interpretation und verlangt zusätzlich zur Willensbeugung durch die sexuelle Handlung eine subjektiv vom Opfer empfundene Zwangslage dergestalt, dass es seine schutzlose Lage erkennt und deshalb von Widerstand absieht, weil es diesen aufgrund seines Ausgeliefertseins für sinnlos erachtet (BGH NStZ 2005, 380; idS auch BGH StV 2006, 294; NStZ-RR 2006, 241 [242]; NStZ 2012, 268; StV 2013, 745 f).

15 4. Der **Nötigungserfolg** liegt darin, dass das Opfer sexuelle Handlungen (§ 184 h) des Täters oder eines Dritten an sich duldet oder an dem Täter oder einem Dritten vornimmt. Die sexuellen Handlungen müssen mit unmittelbarem **Körperkontakt** verbunden sein (BGH NStZ 2007, 217 [218]). Zur Tatbestandsverwirklichung genügt die erzwungene Fortsetzung einer zunächst willentlich geduldeten sexuellen Handlung (BGH JR 1993, 163).

16 5. Zwischen Nötigung und sexueller Handlung muss ein **Finalzusammenhang** bestehen (BGH NStZ 2004, 682 [683]; NStZ-RR 2006, 269 [270]; *Fischer* Rn 13; aA *Hörnle* Puppe-FS 1143 ff), der etwa bei sexuellen Gewaltakten unter Ausnutzung des Überraschungsmoments (BGHSt 31, 76), was nun von Abs. 2 Nr. 3 erfasst ist, oder bei sexuellen Handlungen, die in sadistischen Akten bestehen (BGHSt 17, 1 [4]), fehlen kann. Eine lediglich auf Unterlassung des Weitererzählens gerichtete Drohung nach Vornahme der sexuellen Handlung reicht für die erforderliche finale Verknüpfung zwischen dem Taterfolg und dem Nötigungsmittel nicht aus (BGH NStZ 2007, 31 [32]). Dagegen kann die Nötigung auch Zwangsmittel sein, wenn sie der sexuellen Handlung nicht vorausgeht, sondern diese um ihrer Ermöglichung willen begleitet. Bedingter **Vorsatz** – etwa hinsichtlich des entgegenstehenden Willens (BGHSt 39, 244 [245]; StV 2006, 294) – reicht aus. Dem Täter muss klar sein, dass er unter Ausnutzung der schutzlosen Lage vorgeht (vgl BGH NStZ 2005, 380 [381]). Auch bei **Vorsatzwechsel** – die Nötigung diente zunächst einem anderen Ziel – kann der Tatbestand erfüllt sein, wenn der Zwang zur Ermöglichung der sexuellen Handlung final fortgesetzt oder die Fortsetzung (konkludent) angedroht wird (BGH NStZ 2003, 424 [425]; *Fischer* Rn 15).

17 **VI. Abs. 6** nennt in Form der **Regelbeispieltechnik** (§ 46 Rn 17 ff, § 243 Rn 1 ff) Voraussetzungen besonders schwerer Fälle. Ob neben einem vollendeten Grunddelikt auch ein Versuch des Abs. 6 in Betracht kommt, ist umstritten (jew. zur bisherigen und wohl auch zur aktuellen Rechtslage: bej. *Laubenthal* Rn 232; SK-*Wolters* Rn 26 d; abl. BGH NJW 1998, 2987 [2988]; BGH v. 14.12.2005 – 2 StR

439/05; *Fischer* Rn 77; S/S-*Eisele* Rn 23, vgl auch BGH NStZ 2003, 602: Keine Indizwirkung für die Anwendung von Abs. 2 aF bei einer bloß versuchten Verwirklichung eines Regelbeispiels).

Ein **besonders schwerer Fall** ist zunächst regelmäßig gegeben, wenn der Täter mit dem Opfer den **Beischlaf** (§ 176 a Rn 4) vollzieht oder **ähnliche sexuelle Handlungen** an dem Opfer vornimmt oder von ihm an sich vornehmen lässt (§ 176 a Rn 4). Die letztgenannten Verhaltensweisen müssen das Opfer besonders **erniedrigen**, was wiederum namentlich bei Handlungen anzunehmen ist, die mit einem Eindringen (von Körperteilen oder Gegenständen) in den Körper (§ 176 a Rn 4) verbunden sind (vgl BGH NStZ 1999, 186 f; NStZ 2003, 111). An einem Erniedrigen kann es etwa bei einem Zungenkuss fehlen (*Fischer* Rn 68); maßgeblich sind die Umstände des Einzelfalls (vgl BGH StV 2000, 198). Sofern Prostituierte Tatopfer sind, ist noch ungeklärt, ob deren grds. Bereitschaft zu Sexualhandlungen (gegen Entgelt) als mildernder Tatumstand zu bewerten ist, sofern sich nicht aus weiteren Umständen die besondere Erniedrigung des Opfers ergibt (bej. BGH NStZ 2001, 29; 2001, 369 f; abl. BGH NStZ 2001, 646; vgl dazu auch BGH NStZ-RR 2008, 74; *Gaede* NStZ 2002, 238 ff). 18

Die **mittäterschaftliche** Begehung bei einer Vergewaltigung ieS nach Abs. 6 Nr. 1 setzt dem nunmehr geltenden Wortlaut nach die Vornahme eigener sexueller Handlungen mit unmittelbarem Körperkontakt voraus (BGH NJW 1999, 2909). Mittäterschaftliche Nötigung zum Beischlaf mit einem Dritten wird von Abs. 6 Nr. 2 erfasst. 19

Von einem besonders schweren Fall ist ferner regelmäßig dann auszugehen, wenn die Tat von mehreren **gemeinschaftlich** begangen wird (§ 176 a Rn 5). Eine gleichzeitige Anwesenheit am Tatort ist nicht erforderlich (*Renzikowski* NStZ 1999, 377 [382]; aA *Fischer* Rn 73 mwN). 20

VII. Abschließende Qualifikationstatbestände mit deutlich erhöhter Mindestfreiheitsstrafe enthalten **Abs. 7** (vgl zu **Nr. 1**: § 244 Rn 4 ff, 16 ff; zu **Nr. 2**: § 244 Rn 23 ff, 27; zu **Nr. 3**: § 250 Rn 12 ff) und **Abs. 8** (zu **Nr. 1**: § 250 Rn 22 f; ferner BGH NStZ 2005, 35; zu **Nr. 2 a**: § 250 Rn 26; zu **Nr. 2 b**: § 250 Rn 27). Bei Abs. 7 Nr. 2 ist ausreichend, dass der Täter das Tatmittel zu irgendeinem Zeitpunkt der Tatbegehung einsatzbereit bei sich hat, auch wenn er es erst am Tatort ergreift (BGH NStZ 2003, 202). Für Abs. 8 Nr. 1 genügt, dass der Gegenstand die Gefährlichkeit durch die konkrete Art des Einsatzes gewinnt (BGHSt 46, 225 [228]; BGH NStZ 2015, 213 f). Es reicht aus, wenn der Täter das Werkzeug ohne Nötigungskomponente, sondern allein zur Luststeigerung im unmittelbaren Zusammenhang mit dem sexuellen Geschehen gegen das Tatopfer einsetzt (BGH NJW 2014, 2134 f m.Anm. *Kudlich* StV 2012, 734 ff). Die körperliche Misshandlung iSv **Abs. 8 Nr. 2 lit. a** ist insbesondere schwer, wenn sie mit der Zufügung erheblicher Schmerzen verbunden ist; eine besondere Herabwürdigung des Opfers reicht noch nicht aus (BGH JR 2001, 378 [379] m. zust. Anm. *Kudlich*; diff. SK- *Wolters* Rn 33). Nr. 2 lit. a scheidet jedenfalls aus, wenn die schwere Misshandlung nur das Mittel einer auf einem neuen Tatentschluss beruhenden Bedrohung war (vgl BGH NStZ-RR 2007, 12, 13; BGH StV 2010, 21). 21

VIII. Abs. 9 sieht die Möglichkeit einer Herabsetzung der Strafe in minder schweren Fällen vor (BGH StV 2006, 16; *Fischer* Rn 88 ff). Ein minder schwerer Fall ist auch dann nicht ausgeschlossen, wenn der Täter den Qualifikationstatbestand des Abs. 8 und ein Regelbeispiel gem. Abs. 6 Nr. 2 verwirklicht hat (BGH NStZ 2004, 32 [33]). 22

23 IX. **Konkurrenzen:** § 177 V ist ein Spezialfall der Nötigung (§ 240) und verdrängt diese. Nur dann, wenn der Täter mit der Nötigung ein darüber hinausgehendes Ziel verfolgt oder die Deliktsverwirklichung über die Tatvollendung des § 177 Abs. 5 hinaus andauert, ist Tateinheit gegeben (BGH NStZ-RR 2014, 139). § 177 V Nr. 3 kann tateinheitlich mit § 177 V Nr. 1 oder 2 verwirklicht werden (BGH NStZ 2011, 274; teilw. abw. *Fischer* Rn 45 f). Nutzt der Täter eine über einen längeren Zeitraum bestehende schutzlose Lage zu mehrfachem Geschlechtsverkehr aus, so stehen die Taten nach Abs. 5 Nr. 3 in Realkonkurrenz zueinander (BGH NJW 2002, 381 [382]), sofern nicht die Voraussetzungen einer natürlichen Handlungseinheit gegeben sind. Nur eine Tat der sexuellen Nötigung ist dagegen anzunehmen, wenn mehrere Tatvarianten von Abs. 5 Nr. 1 und 2 im Rahmen einer einheitlichen Zwangshandlung begangen werden (BGH NJW 1999, 1041; NStZ 1999, 505; NStZ-RR 2003, 360). Bei der Verwirklichung mehrerer Qualifikationen gehen die einschlägigen nach Abs. 8 (zB Nr. 1) denjenigen nach Abs. 7 (zB Nr. 1 und 2) vor; verschiedene Qualifikationen können tateinheitlich verwirklicht sein. Ferner ist Tateinheit möglich zwischen § 177 und allen sonstigen Sexualdelikten.

§ 178 Sexueller Übergriff, sexuelle Nötigung und Vergewaltigung mit Todesfolge

Verursacht der Täter durch den sexuellen Übergriff, die sexuelle Nötigung oder Vergewaltigung (§ 177) wenigstens leichtfertig den Tod des Opfers, so ist die Strafe lebenslange Freiheitsstrafe oder Freiheitsstrafe nicht unter zehn Jahren.

1 I. § 178 ist eine **Erfolgsqualifikation** (§ 18) zu § 177. Als „Opfer" kommt nur die Person in Betracht, gegen die sich die sexuelle Handlung richtet (SK-*Wolters* Rn 2). Erforderlich ist – zumindest – **Leichtfertigkeit** (§ 15 Rn 93 f).

2 II. Im Erfolg muss sich das durch die sexuelle Handlung (oder deren Versuch) geschaffene Todesrisiko realisieren (zum erforderlichen Risikozusammenhang vgl § 18 Rn 3 ff). Nicht einschlägig ist es, wenn ein späterer (auch kunstgerecht vorgenommener) Schwangerschaftsabbruch zum Tode führt (hier fehlt es zudem an der Leichtfertigkeit). Ferner greift § 178 nicht ein, wenn der Täter das Opfer erst im Anschluss – zB in Verdeckungsabsicht – tötet (BGH NStZ-RR 1999, 170).

3 III. Die Qualifikation betrifft nur **Täter** des Grunddelikts; für Teilnehmer gilt § 222.

§ 179 (aufgehoben)

§ 180 Förderung sexueller Handlungen Minderjähriger

(1) ¹Wer sexuellen Handlungen einer Person unter sechzehn Jahren an oder vor einem Dritten oder sexuellen Handlungen eines Dritten an einer Person unter sechzehn Jahren
1. durch seine Vermittlung oder
2. durch Gewähren oder Verschaffen von Gelegenheit

Vorschub leistet, wird mit Freiheitsstrafe bis zu drei Jahren oder mit Geldstrafe bestraft. ²Satz 1 Nr. 2 ist nicht anzuwenden, wenn der zur Sorge für die Person Berechtigte handelt; dies gilt nicht, wenn der Sorgeberechtigte durch das Vorschubleisten seine Erziehungspflicht gröblich verletzt.

(2) Wer eine Person unter achtzehn Jahren bestimmt, sexuelle Handlungen gegen Entgelt an oder vor einem Dritten vorzunehmen oder von einem Dritten an sich vornehmen zu lassen, oder wer solchen Handlungen durch seine Vermittlung Vorschub leistet, wird mit Freiheitsstrafe bis zu fünf Jahren oder mit Geldstrafe bestraft.

(3) Wer eine Person unter achtzehn Jahren, die ihm zur Erziehung, zur Ausbildung oder zur Betreuung in der Lebensführung anvertraut oder im Rahmen eines Dienst- oder Arbeitsverhältnisses untergeordnet ist, unter Mißbrauch einer mit dem Erziehungs-, Ausbildungs-, Betreuungs-, Dienst- oder Arbeitsverhältnis verbundenen Abhängigkeit bestimmt, sexuelle Handlungen an oder vor einem Dritten vorzunehmen oder von einem Dritten an sich vornehmen zu lassen, wird mit Freiheitsstrafe bis zu fünf Jahren oder mit Geldstrafe bestraft.

(4) In den Fällen der Absätze 2 und 3 ist der Versuch strafbar.

I. Die Vorschrift bezweckt den **Schutz** Jugendlicher vor missbräuchlichen und dem Alter unangemessenen Einflüssen in die Entwicklung sexueller Identität und Selbstbestimmungsfähigkeit (*Fischer* Rn 2; *Laubenthal* Rn 617). Ergänzt wird die Vorschrift durch § 119 I OWiG. Erfasst werden gleichermaßen hetero- und homosexuelle Handlungen. **Täter** wie **Opfer** können männlich oder weiblich sein; die Opfer sind als **notwendige Teilnehmer** stets straflose Beteiligte. Auch die **beteiligten Dritten** machen sich nicht nach § 180 strafbar, da dieser Tatbestand als verselbstständigte Teilnahme an straflosen oder lediglich nach anderen Vorschriften strafbaren sexuellen Handlungen des Minderjährigen mit Dritten ausgestaltet ist (M/R-*Eschelbach* Rn 35; L-Kühl-*Heger* Rn 14; SK-*Wolters* Rn 24; aA BGHSt 15, 377 zu § 180 aF). Will der Täter neben dem Vorschubleisten fremder sexueller Handlungen **zugleich** auch eigene sexuelle Handlungen an der Minderjährigen vornehmen, ist § 180 I gleichwohl erfüllt (BGH NStZ-RR 2005, 307 [308]). **Abs. 3** ist **Sonderdelikt**. Der **Versuch** ist bei Abs. 2 und 3 strafbar (Abs. 4). 1

II. **Tathandlungen** nach **Abs. 1** sind bestimmte Formen des Vorschubleistens zur Vornahme oder zum Vornehmenlassen sexueller Handlungen (§ 184 h Rn 2 f) von Personen **unter sechzehn Jahren**. Unter **Vorschubleisten** ist das Schaffen günstigerer Bedingungen für eine nach Ort, Zeit und Beteiligung hinreichend konkretisierte sexuelle Handlung zu verstehen (KG NStZ 1998, 571; LK-*Hörnle* Rn 15 ff; SK-*Wolters* Rn 2; abw. bzgl Beteiligung S/S-*Eisele* Rn 3). Nach vorherrschender Meinung kann die Förderung erfolglos bleiben (BGHSt 24, 249 zu § 181 I Nr. 2 aF; *Laubenthal* Rn 630). Hiergegen spricht jedoch zum einen, dass für das Merkmal in Abs. 2 eine erfolgreiche Förderung verlangt wird (Rn 5) und für dessen unterschiedliche Auslegung in derselben Vorschrift kein Grund besteht. Zum anderen lässt sich aus der Versuchsstrafbarkeit nur für Abs. 2 und 3 schließen, dass die nur versuchte Beihilfe in Abs. 1 straflos sein soll (*Fischer* Rn 8). 2

Vermittlung (Abs. 1 Nr. 1) ist das Herstellen einer bislang nicht bestehenden persönlichen Beziehungen (sexuellen Inhalts) zwischen dem Opfer und einem Partner (BGHSt 1, 115 [116]). Das **Gewähren oder Verschaffen von Gelegenheit** (Abs. 1 Nr. 2) ist eine sachliche Beihilfe und betrifft das Herstellen äußerer Umstände, durch die sexuelle Handlungen ermöglicht oder wesentlich erleichtert 3 werden, wie etwa das Bereitstellen von Räumlichkeiten oder das Organisieren von Zusammenkünften für den sexuellen Kontakt (L-Kühl-*Heger* Rn 6).

4 Bei entsprechender Garantenstellung (bei Betreuern, Ausbildern usw, nicht Vermieter KG NStZ 1998, 571 f) kommt eine Tatbestandsverwirklichung durch **Unterlassen** in Betracht. Für Nr. 2 gilt jedoch das **Erziehungsprivileg** des Sorgeberechtigten (Eltern, Vormund, ggf Jugendamt) nach S. 2, das die Funktion eines Tatbestandsausschlusses hat (näher *Fischer* Rn 10 ff).

5 III. Abs. 2 schützt Personen **unter achtzehn Jahren**, und zwar auch dann, wenn sie bereits zuvor der Prostitution nachgegangen sind (SK-*Wolters* Rn 27). Der Täter muss das Opfer entweder (erfolgreich) zur Vornahme oder zum Vornehmenlassen der sexuellen Handlung gegen Entgelt **bestimmt** (§ 174 Rn 11) oder solchen auch tatsächlich vollzogenen Handlungen durch **Vermittlung** (Rn 3) **Vorschub geleistet** (Rn 2) haben. Das **Entgelt** (§ 11 Rn 50 f) muss aufgrund einer (zumindest konkludenten) Einigung als Gegenleistung zur sexuellen Handlung gewährt werden (BGH NStZ 1995, 540); wem es zufließt, ist unerheblich.

6 IV. Abs. 3 dient dem Schutz von Personen **unter achtzehn Jahren**, die dem Täter zur **Erziehung**, zur **Ausbildung** oder zur **Betreuung in der Lebensführung anvertraut** oder im Rahmen eines **Dienst- oder Arbeitsverhältnisses untergeordnet** sind (zu den einzelnen Merkmalen § 174 Rn 3-5). Das Opfer muss erfolgreich (sonst Versuch, Abs. 4) zur Vornahme oder Duldung der sexuellen Handlungen **bestimmt** (§ 174 Rn 11) worden sein. Der erforderliche **Missbrauch** des Abhängigkeitsverhältnisses (§ 174 Rn 6) ist etwa gegeben, wenn der Täter finanzielle Interessen verfolgt.

§ 180 a Ausbeutung von Prostituierten

(1) Wer gewerbsmäßig einen Betrieb unterhält oder leitet, in dem Personen der Prostitution nachgehen und in dem diese in persönlicher oder wirtschaftlicher Abhängigkeit gehalten werden, wird mit Freiheitsstrafe bis zu drei Jahren oder mit Geldstrafe bestraft.

(2) Ebenso wird bestraft, wer
1. einer Person unter achtzehn Jahren zur Ausübung der Prostitution Wohnung, gewerbsmäßig Unterkunft oder gewerbsmäßig Aufenthalt gewährt oder
2. eine andere Person, der er zur Ausübung der Prostitution Wohnung gewährt, zur Prostitution anhält oder im Hinblick auf sie ausbeutet.

1 I. Die Vorschrift dient (als abstraktes Gefährdungsdelikt) dem **Schutz** der persönlichen und wirtschaftlichen Freiheit von Prostituierten mit Blick auf die mit einer Verfestigung prostitutiver Lebensweise typischerweise verbundenen Gefahren (BGHSt 38, 93 [95]; BGH NJW 1995, 1686 [1687]; vertiefend *Gless*, Die Reglementierung von Prostitution in Deutschland, 1999; *Kelker* KritV 1993, 289). Zur Auswirkung des Prostitutionsgesetzes (BGBl. I 2001, 3983 ff) auf das Strafrecht vgl *Heger* StV 2003, 350 ff; *Schroeder* JR 2002, 408 f

2 II. Abs. 1 untersagt das **gewerbsmäßige** (§ 243 Rn 24 f) **Unterhalten** oder **Leiten** (§ 14 Rn 34) eines Bordells oder bordellartigen Betriebs. Hierunter ist eine Einrichtung zu verstehen, die dem Zweck dient, durch die räumliche und organisatorische Einbindung von **zumindest zwei** Prostituierten Gewinne zu erzielen

(BayObLG NStZ 1994, 396). Als **Prostitution** ist es anzusehen, wenn eine Person für einen gewissen Zeitraum hetero- oder homosexuelle Handlungen gegen Entgelt an wechselnden Partnern vornimmt oder von ihnen an sich vornehmen lässt (BGH NStZ 2000, 368 [369]; S/S-*Eisele* Rn 5; SK-*Wolters* Rn 4); die ausschließliche Vornahme sexueller Handlungen *vor* Dritten (zB als Striptease-Tänzerin) wird nicht erfasst. Dem **Nachgehen** der Prostitution unterfällt nicht nur deren Ausübung, sondern auch das Aufsuchen von Gelegenheiten (zB Straßenstrich, Animierlokal, telefonische Anbahnungsgespräche) hierzu (BayObLG JZ 1989, 51 f).

Unter den Voraussetzungen von **Abs. 1** muss wenigstens eine (BGH NJW 1995, 1686) in dem Betrieb tätige Prostituierte in **persönlicher oder wirtschaftlicher Abhängigkeit** (zu dem Betrieb) gehalten werden (BGH StV 2003, 165 und 617), zB durch Beschneidung der Entscheidung über das Ob, Wo und Wie der Prostitutionsausübung oder durch Vorenthalten ausreichender Geldmittel (LK-*Laufhütte*/*Roggenbuck* Rn 9). **Halten** verlangt eine gezielte Einwirkung, die im Übrigen gegen den Willen der Prostituierten erfolgen muss, auch wenn sie keinen Nötigungscharakter ieS anzunehmen braucht. 3

III. **Abs. 2** untersagt in Nr. 1 die Wohnungs-, gewerbsmäßige Unterkunfts- oder Aufenthaltsgewährung zur Ausübung der Prostitution an Personen unter achtzehn Jahren. 4

Nr. 2 erfasst das Gewähren von Wohnung zur Ausübung der Prostitution an eine Person (jeden Alters), wenn diese zur Prostitution angehalten oder im Hinblick hierauf ausgebeutet wird. Unter **Anhalten** ist eine nachhaltige und dauernde psychische Einwirkung zu verstehen (BGH NStZ 1983, 220; StV 2003, 165). **Ausbeuten** ist ein gewinnsüchtiges Ausnutzen der Prostitution als Erwerbsquelle in einem Abhängigkeitsverhältnis, durch welches die Prostituierte eine spürbare Verschlechterung ihrer wirtschaftlichen Lage erfährt (BGH NStZ 1983, 220; 1989, 67; 1996, 188; 2003, 361). 5

IV. Zwischen Abs. 1 und Abs. 2 ist Tateinheit möglich. 6

§§ 180 b und 181 (aufgehoben)

Vgl die durch das 37. StrÄndG eingefügten Nachfolgeregelungen (BGH NStZ 2005, 445) der §§ 232, 232 a.

§ 181 a Zuhälterei

(1) Mit Freiheitsstrafe von sechs Monaten bis zu fünf Jahren wird bestraft, wer
1. eine andere Person, die der Prostitution nachgeht, ausbeutet oder
2. seines Vermögensvorteils wegen eine andere Person bei der Ausübung der Prostitution überwacht, Ort, Zeit, Ausmaß oder andere Umstände der Prostitutionsausübung bestimmt oder Maßnahmen trifft, die sie davon abhalten sollen, die Prostitution aufzugeben,

und im Hinblick darauf Beziehungen zu ihr unterhält, die über den Einzelfall hinausgehen.

(2) Mit Freiheitsstrafe bis zu drei Jahren oder mit Geldstrafe wird bestraft, wer die persönliche oder wirtschaftliche Unabhängigkeit einer anderen Person dadurch beeinträchtigt, dass er gewerbsmäßig die Prostitutionsausübung der anderen Person durch Vermittlung sexuellen Verkehrs fördert und im Hinblick darauf Beziehungen zu ihr unterhält, die über den Einzelfall hinausgehen.

(3) Nach den Absätzen 1 und 2 wird auch bestraft, wer die in Absatz 1 Nr. 1 und 2 genannten Handlungen oder die in Absatz 2 bezeichnete Förderung gegenüber seinem Ehegatten oder Lebenspartner vornimmt.

1 I. Die Vorschrift dient (als abstraktes Gefährdungs- und Dauerdelikt) dem **Schutz der persönlichen Freiheit der Prostituierten** und soll verhindern, dass sich diese von der Prostitution nicht mehr lösen kann und zum Ausbeutungsobjekt des Zuhälters wird (BGHSt 42, 179 [183]; BGH NStZ 1996, 188). Täter wie auch Opfer können jeweils beiderlei Geschlechts sein; das Opfer muss der Prostitution zur Tatzeit tatsächlich nachgehen. Der **Versuch** ist nicht strafbar. Wegen notwendiger Teilnahme bleibt eine Beteiligung des Opfers stets straflos.

2 II. **Abs. 1** erfasst die schweren Formen der Zuhälterei, und zwar in **Nr. 1** diejenige durch **Ausbeutung** (§ 180 a Rn 5) einer Person, die der **Prostitution nachgeht** (§ 180 a Rn 2).

3 **Nr. 2** betrifft die Fälle der **dirigierenden Zuhälterei** durch eine – auch bei freiwilliger Unterwerfung der Prostituierten nicht notwendig ausgeschlossene (BGH NJW 1987, 3209 [3210]; zur freiwilligen Ausübung der Straßenprostitution siehe BGH NStZ 2010, 274) – bestimmende Einflussnahme auf die Ausübung und Maßnahmen gegen das Aufgeben der Prostitution. Das Verhalten muss geeignet sein, die Prostituierte in Abhängigkeit zu halten, ihre Selbstbestimmung zu beeinträchtigen, sie zu nachhaltiger Prostitutionsausübung anzuhalten oder ihre Entscheidungsfreiheit in sonstiger Weise nachhaltig zu beeinflussen (BGH NStZ 1983, 220; NStZ-RR 2002, 232; BGH NStZ 2015, 638 f). Als Maßnahmen dieser Art kommen alle Vorkehrungen in Betracht, welche die betreffende Person unüblich einschränken, etwa bei Beschränkung der Ausgangsmöglichkeiten, hohen Abgaben (BGH NStZ 2000, 657) oder besonderen Bestrafungsaktionen zur Anhaltung nachhaltigerer Prostitutionsausübung. Der dem Prostitutionsgesetz (vgl § 180 a Rn 1) zugrunde liegenden gesetzgeberischen Intention entsprechend ist allein bei der Eingliederung in eine Organisationsstruktur durch Vorgabe von festen Arbeitszeiten, Einsatzorten und Preisen aber noch kein „Bestimmen" gegeben, wenn die Prostituierte freiwillig in dem Betrieb arbeitet (BGH StV 2004, 14 [15]; vgl auch BGH NJW 1987, 3209 [3210]). Der Täter muss mit der **Absicht** handeln, selbst einen Vermögensvorteil zu erzielen.

4 **Abs. 2** hat die sog. **kupplerische** Zuhälterei zum Gegenstand. Sie verlangt die **gewerbsmäßige** (§ 243 Rn 24 f) Förderung der Prostitutionsausübung durch Vermittlung sexuellen Verkehrs, zu dem es auch tatsächlich kommen muss (BGH StV 2000, 309). Auch die Leitung eines Callgirl-Rings oder eines Hostessen-Services kann einschlägig sein. Durch diese Maßnahmen muss die persönliche oder wirtschaftliche Unabhängigkeit (§ 180 a Rn 3) der Prostituierten eingeschränkt werden.

5 Alle Varianten der Zuhälterei setzen das Unterhalten einer **über den Einzelfall hinausgehenden Beziehung** voraus. Hierunter ist ein auf eine gewisse Dauer angelegtes Verhältnis zu verstehen, dessen Aufrechterhaltung wesentlich vom Interesse des Täters an der Prostitutionsausübung als Einnahmequelle abhängt (BGH StV 1984, 334). Private Verhältnisse, welche die Prostituierte freiwillig eingeht

und in denen das Erwerbsinteresse hinter die persönliche Beziehung zurücktritt, gehören nicht hierher (vgl BGH NStZ 1996, 188 f; vgl S/S-*Eisele* Rn 12).

III. Nach **Abs.** 3 sind auch zuhälterische Handlungen (iSv Abs. 1 und 2) gegenüber dem Ehegatten strafbar. Einer besonderen Beziehung (Rn 5) bedarf es hier nicht. 6

§ 181 b Führungsaufsicht

In den Fällen der §§ 174 bis 174 c, 176 bis 180, 181 a und 182 kann das Gericht Führungsaufsicht anordnen (§ 68 Abs. 1).

§ 181 c Vermögensstrafe und Erweiterter Verfall

¹In den Fällen des § 181 a Abs. 1 Nr. 2 sind die §§ 43 a, 73 d anzuwenden, wenn der Täter als Mitglied einer Bande handelt, die sich zur fortgesetzten Begehung solcher Taten verbunden hat. ²§ 73 d ist auch dann anzuwenden, wenn der Täter gewerbsmäßig handelt.

§ 182 Sexueller Mißbrauch von Jugendlichen

(1) Wer eine Person unter achtzehn Jahren dadurch missbraucht, dass er unter Ausnutzung einer Zwangslage
1. sexuelle Handlungen an ihr vornimmt oder an sich von ihr vornehmen lässt oder
2. diese dazu bestimmt, sexuelle Handlungen an einem Dritten vorzunehmen oder von einem Dritten an sich vornehmen zu lassen,

wird mit Freiheitsstrafe bis zu fünf Jahren oder mit Geldstrafe bestraft.

(2) Ebenso wird eine Person über achtzehn Jahren bestraft, die eine Person unter achtzehn Jahren dadurch missbraucht, dass sie gegen Entgelt sexuelle Handlungen an ihr vornimmt oder an sich von ihr vornehmen lässt.

(3) Eine Person über einundzwanzig Jahre, die eine Person unter sechzehn Jahren dadurch mißbraucht, daß sie
1. sexuelle Handlungen an ihr vornimmt oder an sich von ihr vornehmen läßt oder
2. diese dazu bestimmt, sexuelle Handlungen an einem Dritten vorzunehmen oder von einem Dritten an sich vornehmen zu lassen,

und dabei die ihr gegenüber fehlende Fähigkeit des Opfers zur sexuellen Selbstbestimmung ausnutzt, wird mit Freiheitsstrafe bis zu drei Jahren oder mit Geldstrafe bestraft.

(4) Der Versuch ist strafbar.

(5) In den Fällen des Absatzes 3 wird die Tat nur auf Antrag verfolgt, es sei denn, daß die Strafverfolgungsbehörde wegen des besonderen öffentlichen Interesses an der Strafverfolgung ein Einschreiten von Amts wegen für geboten hält.

(6) In den Fällen der Absätze 1 bis 3 kann das Gericht von Strafe nach diesen Vorschriften absehen, wenn bei Berücksichtigung des Verhaltens der Person, gegen die sich die Tat richtet, das Unrecht der Tat gering ist.

1 I. Die Vorschrift **schützt** die ungestörte sexuelle Entwicklung und Selbstbestimmung Jugendlicher beiderlei Geschlechts unter achtzehn Jahren (BGHSt 42, 27 [29]; 42, 51 [55]; BGH NJW 1997, 1590). **Täter** des § 182 kann ein Mann oder eine Frau sein; der Täter muss im Falle von Abs. 1 und Abs. 2 über achtzehn und im Falle von Abs. 3 über einundzwanzig Jahre alt sein. Das Opfer ist als notwendig Beteiligter stets straflos.

2 Das für alle Varianten geltende Merkmal des **Missbrauchs** hat über die sonstige Tatumschreibung hinaus nur eine negative Funktion und dient der Ausschließung außergewöhnlicher Fälle, etwa der Zuwendung von Geschenken innerhalb einer echten Liebesbeziehung (L-Kühl-*Heger* Rn 2).

3 **II. Abs. 1 Nr. 1** stellt die Vornahme oder das Vornehmenlassen sexueller Handlungen mit unmittelbarem Körperkontakt (§ 184 h Rn 2 f) unter **Ausnutzung** einer **Zwangslage** unter Strafe. Für das Merkmal der **Zwangslage** ist eine ernste persönliche oder wirtschaftliche Bedrängnis des Opfers kennzeichnend. Sie setzt Umstände von Gewicht voraus, denen die spezifische Gefahr anhaftet, sexuellen Übergriffen gegenüber einem Jugendlichen in einer Weise Vorschub zu leisten, dass sich der Jugendliche ihnen gegenüber nicht ohne Weiteres entziehen kann (BGHSt 42, 399). Es müssen also gravierende, das Maß des für Personen im Alter und in der Situation des Jugendlichen Üblichen deutlich übersteigende Umstände vorliegen, die geeignet sind, die Entscheidungsmöglichkeiten des Jugendlichen gerade über sein sexuelles Verhalten einzuschränken (BGH NStZ-RR 2008, 238; *Fischer* Rn 5).

Nr. 2 betrifft die Ausnutzung einer Zwangslage zum **Bestimmen** (§ 174 Rn 11) des Opfers zu sexuellen Handlungen mit Dritten.

4 III. Nach **Abs. 2** macht sich ein Täter über 18 Jahren strafbar, der gegen Entgelt an dem jugendlichen Opfer, also einer Person unter 18 Jahren, sexuelle Handlungen mit unmittelbarem Körperkontakt eigenhändig vornimmt oder solche an sich vornehmen lässt. Hierfür genügt es, dass der Jugendliche zur Duldung oder Vornahme der sexuellen Handlung durch die Entgeltvereinbarung wenigstens mitmotiviert wird (BGH NStZ 2004, 683).

5 **IV. Abs. 3** erfasst die **Ausnutzung** der **fehlenden Fähigkeit des Opfers zur sexuellen Selbstbestimmung** über die Vornahme oder Duldung sexueller Handlungen mit dem Täter (**Nr. 1**) oder mit Dritten (**Nr. 2**). Mit dem (vom Gericht festzustellenden, BGHSt 42, 399 [402]; BGH NStZ-RR 1997, 98 [99]; vgl auch StV 2008, 238-239) Fehlen dieser Fähigkeit ist die noch nicht abgeschlossene sexuelle und psychische Reifung des Opfers gemeint. Der Tatbestand kann sowohl durch einvernehmliche sexuelle Handlungen als auch dann vorliegen, wenn das Opfer seinen entgegenstehenden Willen aufgrund von Reifemängeln nicht gegen die Dominanz des Täters durchsetzen kann (BGH NJW-Spezial 2013, 728 f; NStZ 2014, 573).

6 V. Der **Versuch** ist hinsichtlich aller Handlungen nach den Abs. 1 bis 3 strafbar.

Die Tat nach Abs. 3 ist **Antragsdelikt** (Abs. 5). Hierdurch soll insbesondere dem Personensorgeberechtigten die Entscheidung überlassen bleiben, ob er den Jugendlichen vor den Belastungen durch ein Strafverfahren bewahren will.

VI. Nach **Abs. 6** kann bei geringem Unrecht von Strafe abgesehen werden (*Kusch/Mössle* NJW 1994, 1504 [1507]; *Laubenthal* Rn 710). 7

§ 183 Exhibitionistische Handlungen

(1) Ein Mann, der eine andere Person durch eine exhibitionistische Handlung belästigt, wird mit Freiheitsstrafe bis zu einem Jahr oder mit Geldstrafe bestraft.

(2) Die Tat wird nur auf Antrag verfolgt, es sei denn, daß die Strafverfolgungsbehörde wegen des besonderen öffentlichen Interesses an der Strafverfolgung ein Einschreiten von Amts wegen für geboten hält.

(3) Das Gericht kann die Vollstreckung einer Freiheitsstrafe auch dann zur Bewährung aussetzen, wenn zu erwarten ist, daß der Täter erst nach einer längeren Heilbehandlung keine exhibitionistischen Handlungen mehr vornehmen wird.

(4) Absatz 3 gilt auch, wenn ein Mann oder eine Frau wegen einer exhibitionistischen Handlung
1. nach einer anderen Vorschrift, die im Höchstmaß Freiheitsstrafe bis zu einem Jahr oder Geldstrafe androht, oder
2. nach § 174 Absatz 3 Nummer 1 oder § 176 Abs. 4 Nr. 1

bestraft wird.

I. Die Vorschrift **schützt** die körperliche und psychische Integrität des Einzelnen 1
vor ungewollten sexuellen Eindrücken (näher *Sander* ZRP 1997, 447; *Sick* ZStW 103, 83; *Witter* Würtenberger-FS 333). Die Tat ist **Antragsdelikt** (Abs. 2). **Täter** kann nur ein Mann sein (kein Merkmal iSv § 28).

II. **Tathandlung** ist die Belästigung eines anderen (Mann oder Frau) durch eine 2
exhibitionistische Handlung. **Exhibitionistisch** ist das Entblößen des Geschlechtsteils zur ungewollten Wahrnehmung durch einen anderen, um sich hierdurch oder durch die Beobachtung der Reaktion des anderen geschlechtlich zu befriedigen, zu erregen oder eine Erregung zu intensivieren (vgl BGHR StGB § 183 Abs. 1 Exhibitionistische Handlung 1; OLG Düsseldorf NStZ 1998, 412 f; BayObLG NJW 1999, 72 f; LG Koblenz NStZ-RR 1997, 104; *Gössel*, Das neue Sexualstrafrecht, § 7 Rn 5 ff mwN). Der Täter muss sein Geschlechtsteil jedoch nicht bereits zu diesem Zweck entblößt haben. Maßgeblich ist hingegen allein der zum Zeitpunkt des Vorzeigens des entblößten Gliedes vom Täter verfolgte Zweck, sich gerade hierdurch oder zusätzlich durch die Reaktion des Gegenübers oder durch Masturbieren zu befriedigen (BGH NStZ 2015, 337 f). Handlungen ohne die Tendenz zur spezifischen sexuellen Provokation werden nicht erfasst. Ferner sind Handlungen nicht einschlägig, die nur der Vorbereitung eines anschließenden (erzwungenen oder erhofft freiwilligen) sexuellen Kontakts dienen. Das Opfer (dh nur der Wahrnehmende) wird **belästigt**, wenn es in seinem psychischen Wohlbefinden nicht nur unerheblich beeinträchtigt wird. Reaktionen können Schrecken, Abscheu, Schock oder Verletzung des Schamgefühls sein. Die Belästigung ist **Handlungserfolg**.

Subjektiv ist direkter Vorsatz hinsichtlich des Entblößens, zumindest bedingter 3
Vorsatz hinsichtlich des Belästigungserfolgs und Absicht hinsichtlich der sexuellen Zielsetzung erforderlich (OLG Düsseldorf NStZ 1998, 412 f; vgl auch BGH NStZ-RR 2007, 374).

4 III. Abs. 3 sieht iSe Kann-Vorschrift die Möglichkeit der Aussetzung einer Freiheitsstrafe zur Bewährung auch für den Fall vor, dass erst nach längerer Heilbehandlung eine günstige Prognose zu erwarten ist (BGHSt 34, 150; ausf. *Hörnle* MSchrKrim 2001, 212 ff). Nach **Abs. 4** gilt dies auch für exhibitionistische Handlungen (von Männern wie auch Frauen), die unter einem anderen rechtlichen Gesichtspunkt (zB § 185) strafbar sind.

5 IV. **Konkurrenzen**: Wegen der Unterschiede im Schutzzweck ist Tateinheit mit §§ 174 II Nr. 1 und 176 IV Nr. 1 möglich (BGH NStZ-RR 1999, 298; S/S-*Eisele* Rn 15).

§ 183 a Erregung öffentlichen Ärgernisses

Wer öffentlich sexuelle Handlungen vornimmt und dadurch absichtlich oder wissentlich ein Ärgernis erregt, wird mit Freiheitsstrafe bis zu einem Jahr oder mit Geldstrafe bestraft, wenn die Tat nicht in § 183 mit Strafe bedroht ist.

1 I. Die Vorschrift dient dem **Schutz** des Einzelnen vor ungewollter Konfrontation mit sexuellen Eindrücken (vgl *Fischer* Rn 2 a; S/S-*Eisele* Rn 1; SK-*Wolters* Rn 1; *Rathgeber/Krug* StraFo 2016, 309 [311], die auch Zweifel an der Verfassungsmäßigkeit der Norm äußern [312 f]), nach anderer Ansicht dem Allgemeininteresse an der Respektierung der verbreiteten sozial-moralischen Grundanschauungen (L-Kühl-*Heger* Rn 1; krit. *Fischer* Rn 2; *Esser* JA 2016, 561 f).

2 II. **Tathandlung** ist die Vornahme einer sexuellen Handlung (§ 184 h Rn 2 f); eine provokative Zwecksetzung zur sexuellen Erregung des Täters oder Wahrnehmenden ist nicht erforderlich. Gleichwohl muss die Handlung im situativen Kontext objektiv geeignet sein, das psychische Empfinden Dritter nicht unerheblich zu beeinträchtigen. Die Handlung ist **öffentlich vorgenommen**, wenn sie von einem größeren, individuell unbestimmten oder zwar individuell bestimmten, aber nicht durch persönliche Beziehungen miteinander verbundenen Personenkreis wahrgenommen werden kann (BGHSt 11, 282 [284 ff]; *Fischer* Rn 4; *Esser* JA 2016, 561 [563 f]). In Betracht kommt auch die Vornahme an einem für andere einsehbaren Fenster eines Privathauses. Ein **Ärgernis** ist (als Erfolg) **erregt**, wenn wenigstens eine Person durch unmittelbares und ungewolltes Wahrnehmen der Handlung in seinen Gefühlen verletzt ist. Insoweit ist nicht betroffen, wer durch den gewollten Besuch sexueller Darbietungen negativ beeindruckt wird.

3 **Subjektiv** muss der Täter hinsichtlich des sexuellen Charakters des Verhaltens mit bedingtem Vorsatz und hinsichtlich der Ärgerniserregung mit dolus directus oder Absicht handeln.

4 III. **Konkurrenzen**: Tateinheit ist u.a. möglich mit § 185. Hinter § 183 tritt § 183 a im Wege der Gesetzeskonkurrenz (*Fischer* Rn 7: Spezialität; *Laubenthal* Rn 758: Subsidiarität) zurück.

§ 184 Verbreitung pornographischer Schriften

(1) Wer eine pornographische Schrift (§ 11 Absatz 3)
1. einer Person unter achtzehn Jahren anbietet, überläßt oder zugänglich macht,
2. an einem Ort, der Personen unter achtzehn Jahren zugänglich ist oder von ihnen eingesehen werden kann, zugänglich macht,
3. im Einzelhandel außerhalb von Geschäftsräumen, in Kiosken oder anderen Verkaufsstellen, die der Kunde nicht zu betreten pflegt, im Versandhandel oder in gewerblichen Leihbüchereien oder Lesezirkeln einem anderen anbietet oder überläßt,
3a. im Wege gewerblicher Vermietung oder vergleichbarer gewerblicher Gewährung des Gebrauchs, ausgenommen in Ladengeschäften, die Personen unter achtzehn Jahren nicht zugänglich sind und von ihnen nicht eingesehen werden können, einem anderen anbietet oder überläßt,
4. im Wege des Versandhandels einzuführen unternimmt,
5. öffentlich an einem Ort, der Personen unter achtzehn Jahren zugänglich ist oder von ihnen eingesehen werden kann, oder durch Verbreiten von Schriften außerhalb des Geschäftsverkehrs mit dem einschlägigen Handel anbietet oder bewirbt,
6. an einen anderen gelangen läßt, ohne von diesem hierzu aufgefordert zu sein,
7. in einer öffentlichen Filmvorführung gegen ein Entgelt zeigt, das ganz oder überwiegend für diese Vorführung verlangt wird,
8. herstellt, bezieht, liefert, vorrätig hält oder einzuführen unternimmt, um sie oder aus ihr gewonnene Stücke im Sinne der Nummern 1 bis 7 zu verwenden oder einer anderen Person eine solche Verwendung zu ermöglichen, oder
9. auszuführen unternimmt, um sie oder aus ihr gewonnene Stücke im Ausland unter Verstoß gegen die dort geltenden Strafvorschriften zu verbreiten oder der Öffentlichkeit zugänglich zu machen oder eine solche Verwendung zu ermöglichen,

wird mit Freiheitsstrafe bis zu einem Jahr oder mit Geldstrafe bestraft.

(2) ¹Absatz 1 Nr. 1 ist nicht anzuwenden, wenn der zur Sorge für die Person Berechtigte handelt; dies gilt nicht, wenn der Sorgeberechtigte durch das Anbieten, Überlassen oder Zugänglichmachen seine Erziehungspflicht gröblich verletzt. ²Absatz 1 Nr. 3 a gilt nicht, wenn die Handlung im Geschäftsverkehr mit gewerblichen Entleihern erfolgt.

I. Abs. 1 ist trotz der seit langem und vielfach geäußerten Kritik im Wege der umfangreichen Neugestaltung des Pornografiestrafrechts durch das ÄG 2004 unverändert geblieben (dazu *Duttge/Hörnle/Renzikowski* NJW 2004, 1065 [1069] mwN). Die bislang in § 184 III-V aF normierten Fälle der Verbreitung gewalt- oder tierpornografischer sowie kinderpornografischer Schriften wurden wegen der intensiveren Entwicklung jenes Regelungsbereiches in den letzten Jahrzehnten im Interesse einer trennschärferen Abgrenzung voneinander und zum Zwecke der Verbesserung der Verfolgung insbesondere der Kinderpornografie in § 184 a, § 184 b und § 184 d selbstständig geregelt (BT-Drucks. 15/350, 19). Abs. 2 normiert das sog. Erzieherprivileg (§ 180 Rn 4) und übernimmt in S. 1 den bisherigen § 184 VI S. 1, in S. 2 den bisherigen § 184 VI S. 2.

2 II. Die sich vielfach überschneidenden Tatbestände des Abs. 1 haben unterschiedliche Zielsetzungen (*Heinrich* ZJS 2016, 136 ff; krit. zu den Schutzzwecken *Köhne* JR 2012, 325 ff). Dem Jugendschutz dienen unmittelbar Abs. 1 Nr. 1, 2, 3 a, 5 und mittelbar Abs. 1 Nr. 3, 4, 5, 7 und Abs. 2. Abs. 1 Nr. 6 wie auch teilweise Abs. 1 Nr. 5 und 7 sollen den Bürger vor ungewollter Konfrontation mit Pornografie bewahren (BGHSt 34, 94 [97]). Abs. 1 Nr. 9 soll verhindern, dass weitergehende Pornografieverbote anderer Staaten unterlaufen werden und es so zu Konflikten mit dem Ausland kommt. Das Delikt ist in allen Varianten als abstraktes Gefährdungsdelikt ausgestaltet, so dass es weder des Nachweises einer konkreten Gefährdung noch einer Beeinträchtigung im Einzelfall bedarf (*Heinrich* ZJS 2016, 136 f).

3 III. Abs. 1 hat die sog. „einfache" (oder „weiche") Pornografie zum Gegenstand. Die **einfache Pornografie** lässt sich als grobe Darstellung des Sexuellen, die den Menschen zum beliebigen und entpersönlichten Objekt geschlechtlicher Lust oder Betätigung macht, umschreiben (vgl BT-Drucks. VI/3521, 60; umfassend zum Pornografiebegriff mwN: *Heinrich* ZJS 2016, 132 ff). Grob ist die Darstellung namentlich, wenn sie aufdringlich, verzerrend und ohne soziale Sinnbezüge ist (BGHSt 23, 40 [45 f]; 37, 55 [60]; abgrenzend StA München I NJW 1999, 1984). Kunst (iSe formalen Begriffs) und Pornografie schließen sich nicht begrifflich aus; vielmehr ist zwischen Kunstfreiheit und Jugendschutz eine an den Umständen des Einzelfalls orientierte Abwägung vorzunehmen (vgl BVerfGE 83, 130 [139, 143]; BVerwG NJW 1993, 1490; S/S-*Eisele* Rn 11 a; aA *Gössel*, Das neue Sexualstrafrecht, § 7 Rn 36 ff: Pornografie ist niemals Kunst).

4 IV. **Tathandlungen** sind die in Abs. 1 detailliert aufgezählten Arten des (vorbereitenden) Verbreitens (näher *Fischer* Rn 9 ff; zum Zugänglichmachen im Internet *Hörnle* NJW 2002, 1008 [1010]). Hinsichtlich des **Zugänglichmachens von pornografischen Schriften im Internet** im Rahmen des **Abs. 1 Nr. 2** stellt sich die Frage, ob der potenzielle Täter eine **effektive Barriere** iSe wirksamen Altersverifikationssystems zwischen der pornografischen Darstellung und dem Minderjährigen errichtet hat, die dieser überwinden muss, um die Darstellung wahrnehmen zu können (KG NStZ-RR 2004, 249 [250]; OLG Düsseldorf MMR 2005, 611 ff m.Anm. *Liesching*; näher *Hörnle* NJW 2002, 1008 [1010]; vgl zum Schriftenbegriff *Heinrich* ZJS 2016, 138 ff). Ein ausnahmsweise nach Maßgabe des **Abs. 1 Nr. 3 a** zur gewerblichen Vermietung zulässiges **Ladengeschäft** liegt auch im Fall einer Automatenvideothek vor, wenn technische Sicherungsmaßnahmen (zB Ausgabe von Chipkarte und PIN erst nach persönlichem Kontakt mit dem Kunden und Überprüfung seines Alters; Fingerabdruckvergleich) einen gleichwertigen Jugendschutz wie die Überwachung durch Ladenpersonal gewährleisten (BGHSt NStZ 2004, 148 [149] m. zust. Anm. *Hörnle;* aA BayObLGSt 2002, 170, 172 ff: Anwesenheit von Personal notwendig; in diesem Sinne zu § 184 I Nr. 3 aF auch OLG München NJW 2004, 3344 [3346]: Gewährleistung, dass Warensendung dem volljährigen Kunden persönlich ausgehändigt wird).

5 V. **Abs. 2 S. 1** formuliert mit dem Erzieherprivileg eine Ausnahme der Strafbarkeit nach Abs. 1 Nr. 1. Es wurde durch das ÄG 2004 eingeschränkt und gilt nicht, wenn das Zugänglichmachen einer pornografischen Schrift eine gröbliche Verletzung der Erziehungspflicht darstellt. Damit soll den Erziehungsberechtigten ein pädagogischer Spielraum verschafft, ein Eingriff in das Familienleben vermieden und ein gewisser „pädagogischer" Notstand berücksichtigt werden (BT-Drucks. 15/350, 20; ausf. *Schroeder* Lange-FS 391 [394]). Eine gröbliche Verletzung liegt zB vor, wenn Personensorgeberechtigte Minderjährige häufig pornografischen Inhalten aussetzen. Maßgeblich ist insoweit die Intensität des Kontakts mit Pornografie (*Duttge/Hörnle/Renzikowski* NJW 2004, 1065 [1069]). Eine *Ausnahme* der Strafbarkeit von Abs. 1 Nr. 3 a liegt nach **Abs. 2** S. 2 vor, wenn die Handlung im Geschäftsverkehr mit gewerblichen Entleihern erfolgt.

VI. Die **subjektive Tatseite** verlangt stets (zumindest bedingten) Vorsatz. Bzgl Abs. 1 Nr. 2 handelt der Anbieter pornografischer Internetinhalte auch dann (bedingt) vorsätzlich, wenn das verwendete unzulängliche Altersverifikationssystem bei den Betreibern zwar allgemein als sicher gilt, dem Anbieter jedoch die Umgehungs- und Missbrauchsmöglichkeiten für minderjährige Nutzer bekannt sind (KG MMR 2005, 474). 6

§ 184 a Verbreitung gewalt- oder tierpornographischer Schriften

¹Mit Freiheitsstrafe bis zu drei Jahren oder mit Geldstrafe wird bestraft, wer eine pornographische Schrift (§ 11 Absatz 3), die Gewalttätigkeiten oder sexuelle Handlungen von Menschen mit Tieren zum Gegenstand hat,
1. verbreitet oder der Öffentlichkeit zugänglich macht oder
2. herstellt, bezieht, liefert, vorrätig hält, anbietet, bewirbt oder es unternimmt, diese Schrift ein- oder auszuführen, um sie oder aus ihr gewonnene Stücke im Sinne der Nummer 1 oder des § 184 d Absatz 1 Satz 1 zu verwenden oder einer anderen Person eine solche Verwendung zu ermöglichen.

²In den Fällen des Satzes 1 Nummer 1 ist der Versuch strafbar.

I. § 184 a entspricht in seinen Grundzügen § 184 III aF. Die in der damaligen Fassung vom Gesetzgeber als unbefriedigend empfundene Zusammenfassung der Bekämpfung der Kinderpornografie mit der Gewalt- und Tierpornografie führte zur strikten Trennung jener beiden Deliktsbereiche in § 184 a und § 184 b (BT-Drucks. 15/350, 19 f). Taten nach § 184 a unterfallen dem Weltrechtsprinzip (§ 6 Nr. 6). 1

II. Bei der sog. „harten" **Pornografie** iSd Vorschrift geht es um eine Darstellung, welche die Kriterien einfacher Pornografie erfüllt und zudem bestimmte Formen sexuellen Handelns zum Gegenstand hat: In Betracht kommen **Gewalttätigkeiten** (§ 131 Rn 5) wie Sexualmorde, Vergewaltigungen, Marterungen oder das Abtrennen von Körperteilen und **sexuelle** (nicht notwendig beischlafähnliche) **Handlungen von Menschen mit Tieren**. 2

III. Die möglichen **Tathandlungen** des (vorbereitenden) Verbreitens sind in § 184 a Nr. 1 bis 3 umschrieben (*Fischer* Rn 9). Bei der Benutzung des Internets liegt ein **Verbreiten** bereits vor, wenn die Datei auf dem Rechner (ggf Arbeitsspeicher) des Internetbenutzers (unkörperlich) angekommen ist. Ob dieser auf die Daten zugegriffen oder ob ihm der Anbieter die Daten übermittelt hat, ist unerheblich (so der spezifische Verbreitens-Begriff für Internet-Taten nach BGHSt 47, 55; vgl *Hörnle* NJW 2002, 1008 [1009 f] mwN; krit. *Kudlich* JZ 2002, 310 [311]). Für das **Zugänglichmachen** reicht es aus, wenn eine Datei zum Lesen ins Internet gestellt wird; der tatsächliche Zugriff eines Internetnutzers ist nicht erforderlich (BGHSt 47, 55 [59 f]; BGH NStZ-RR 2014, 47; *Hörnle* NJW 2002, 1008 [1009]). 3

4   IV. Die **subjektive Tatseite** verlangt stets (zumindest bedingten) Vorsatz. Bei Nr. 3 ist **Absicht** des Täters hinsichtlich der Verwendung bzw Verwendungsermöglichung nötig (dazu BGH NStZ 2003, 661 [662]).

5   V. Bisher enthielt § 184 a keine **Versuchsstrafbarkeit**. Durch ihre Einführung soll nun der Wertungswiderspruch beseitigt werden, wonach gewisse Vorbereitungshandlungen strafbar sind, nicht aber der Versuch als unmittelbares Ansetzen zur Tatbestandsverwirklichung (BT-Drucks. 18/2601, 25).

6   VI. Die **subjektive Tatseite** verlangt stets (zumindest bedingten) Vorsatz. Bei Nr. 3 ist **Absicht** des Täters hinsichtlich der Verwendung bzw Verwendungsermöglichung nötig (dazu BGH NStZ 2003, 661 [662]).

§ 184 b Verbreitung, Erwerb und Besitz kinderpornographischer Schriften

(1) Mit Freiheitsstrafe von drei Monaten bis zu fünf Jahren wird bestraft, wer
1. eine kinderpornographische Schrift verbreitet oder der Öffentlichkeit zugänglich macht; kinderpornographisch ist eine pornographische Schrift (§ 11 Absatz 3), wenn sie zum Gegenstand hat:
    a) sexuelle Handlungen von, an oder vor einer Person unter vierzehn Jahren (Kind),
    b) die Wiedergabe eines ganz oder teilweise unbekleideten Kindes in unnatürlich geschlechtsbetonter Körperhaltung oder
    c) die sexuell aufreizende Wiedergabe der unbekleideten Genitalien oder des unbekleideten Gesäßes eines Kindes,
2. es unternimmt, einer anderen Person den Besitz an einer kinderpornographischen Schrift, die ein tatsächliches oder wirklichkeitsnahes Geschehen wiedergibt, zu verschaffen,
3. eine kinderpornographische Schrift, die ein tatsächliches Geschehen wiedergibt, herstellt oder
4. eine kinderpornographische Schrift herstellt, bezieht, liefert, vorrätig hält, anbietet, bewirbt oder es unternimmt, diese Schrift ein- oder auszuführen, um sie oder aus ihr gewonnene Stücke im Sinne der Nummer 1 oder 2 oder des § 184 d Absatz 1 Satz 1 zu verwenden oder einer anderen Person eine solche Verwendung zu ermöglichen, soweit die Tat nicht nach Nummer 3 mit Strafe bedroht ist.

(2) Handelt der Täter in den Fällen des Absatzes 1 gewerbsmäßig oder als Mitglied einer Bande, die sich zur fortgesetzten Begehung solcher Taten verbunden hat, und gibt die Schrift in den Fällen des Absatzes 1 Nummer 1, 2 und 4 ein tatsächliches oder wirklichkeitsnahes Geschehen wieder, so ist auf Freiheitsstrafe von sechs Monaten bis zu zehn Jahren zu erkennen.

(3) Wer es unternimmt, sich den Besitz an einer kinderpornographischen Schrift, die ein tatsächliches oder wirklichkeitsnahes Geschehen wiedergibt, zu verschaffen, oder wer eine solche Schrift besitzt, wird mit Freiheitsstrafe bis zu drei Jahren oder mit Geldstrafe bestraft.

(4) Der Versuch ist strafbar; dies gilt nicht für Taten nach Absatz 1 Nummer 2 und 4 sowie Absatz 3.

(5) Absatz 1 Nummer 2 und Absatz 3 gelten nicht für Handlungen, die ausschließlich der rechtmäßigen Erfüllung von Folgendem dienen:

1. staatliche Aufgaben,
2. Aufgaben, die sich aus Vereinbarungen mit einer zuständigen staatlichen Stelle ergeben, oder
3. dienstliche oder berufliche Pflichten.

(6) ¹In den Fällen des Absatzes 2 ist § 73 d anzuwenden. ²Gegenstände, auf die sich eine Straftat nach Absatz 1 Nummer 2 oder 3 oder Absatz 3 bezieht, werden eingezogen. ³§ 74 a ist anzuwenden.

I. § 184 b stellt die zentrale Norm für Erscheinungsformen der Kinderpornografie dar. Die Vorschrift soll Heranwachsende und junge Erwachsene in ihrer seelischen Entwicklung und sozialen Orientierung schützen. Zudem sollen Abs. 1 und 2 mittelbar dem sexuellen Missbrauch von Kindern entgegenwirken (BT-Drucks. 12/3001, 5; BGHSt 47, 55 [61] zu § 184 III aF). Taten nach § 184 b unterfallen dem Weltrechtsprinzip (§ 6 Nr. 6). 1

Die Tathandlungen nach den Abs. 1, 3 und 4 müssen sich auf kinderpornographische Schriften iSd § 11 III beziehen. Die Schriften brauchen keinen sexuellen Missbrauch von Kindern iSd §§ 176–176 a zum Gegenstand zu haben. Es genügt vielmehr jede sexuelle Handlung in Bezug auf das Kind (*Fischer* Rn 4; vgl auch *Hörnle* NJW 2008, 3521). Um als „kinderpornographische" Schrift eingeordnet zu werden, geht die Rechtsprechung abweichend von dem für §§ 184, 184 a entwickelten Begriff und von der herrschenden Lehre (*Fischer* Rn 3; MK-*Hörnle* Rn 14) nicht von dem Erfordernis eines vergröbernd reißerischen Charakters aus (nach *Eisele/Franosch* ZIS 2016, 519 [520 f] wirkt sich dies jedoch kaum aus, da der Pornographiebegriff bei Kindern per se weiter ist). Die Degradierung zum Objekt fremder Begierde ergebe sich bereits daraus, dass Kindern eine selbstbestimmte Mitwirkung an sexuellen Handlungen per se nicht möglich sei (BGHSt 59, 177 [179 ff] m.Anm. *Eisele* StV 2014, 739 f; abl. *Schumann* ZIS 2015, 234 ff). Dabei ist nicht jede Aufnahme des nackten Körpers oder eines Geschlechtsteils Pornographie iSd § 184 b (BGH StV 2014, 416). Voraussetzung ist, dass die von dem Kind eingenommene Körperposition objektiv, also allein gemessen an ihrem äußeren Erscheinungsbild, einen eindeutigen Sexualbezug aufweist (BGH StraFO 2015, 78 f). Um im Einklang mit Art. 5 GG zu sein, ist ein Werk, das in den Schutzbereich fällt, immer in seiner Gesamtheit als pornographisch oder nicht-pornographisch zu würdigen (*Eisele/Franosch* ZIS 2016, 519 [521]).

II. Abs. 1 erfasst den sexuellen Missbrauch von Kindern, aber auch von Kindern untereinander. Der Tatbestand ist stets erfüllt, wenn die abgebildete Person ein Kind ist, mag auch ein höheres Alter angegeben werden. Für den umgekehrten Fall, in dem eine ältere (oder fiktive) Person als Kind dargestellt wird, kommt es auf die Einschätzung des Alters durch einen verständigen objektiven Betrachter an (BGHSt 47, 55 [60 ff]; ausf. zu den Irrtumsvarianten das Alter betreffend *Fahl* ZStW 124, 323 ff). 2

Zu den möglichen Tathandlungen des Abs. 1 vgl § 184 a Rn 3: Wird (je) nur ein einzelnes Exemplar der Schrift weitergegeben, ist ein **Verbreiten** iSv Abs. 1 Nr. 1 StGB nur gegeben, wenn der Täter zumindest damit rechnet, dass das Werk im Anschluss einer größeren, nicht mehr kontrollierbaren Zahl von Personen zugänglich gemacht werde (BGHSt 19, 63 [71]; BGH NStZ-RR 2015, 139 f). 3

Mit **Abs. 1 Nr. 1 b** soll als politische Reaktion auf den Fall des SPD-Politikers und Bundestagsabgeordneten *Edathy* im 49. StRÄndG eine vermeintliche Regelungslücke geschlossen werden (sog. Posing-Bilder). Nach der Gesetzesbegrün- 4 dung liege diese darin, dass es bisher auf ein Einnehmen einer Körperhaltung durch das Kind als sexuelle Handlung ankam. Um nun auch unwillkürlich eingenommene geschlechtsbetonte Körperhaltungen, etwa durch ein schlafendes Kind, strafrechtlich in § 184 b zu erfassen, soll es nicht mehr auf das Einnehmen dieser Körperhaltung als sexuelle Handlung ankommen, sondern lediglich auf die Körperhaltung selbst (BT-Drucks. 18/2601, 30). Das Merkmal der „Unbekleidetheit" muss im Zusammenhang mit der „unnatürlich geschlechtsbetonten" Körperhaltung gesehen werden, da Kinder oftmals zumindest „teilweise" unbekleidet sind. Das Merkmal dürfte jedenfalls erfüllt sein, wenn primäre oder sekundäre Geschlechtsmerkmale unverhüllt sind (*Fischer* Rn 8; aA jedenfalls bei Großaufnahmen *Eisele/Franosch* ZIS 2016, 519 [522]).

5 Neu eingefügt wurde in **Abs. 1 Nr. 1 c** die sexuell aufreizende Wiedergabe der unbekleideten Genitalien oder des unbekleideten Gesäßes eines Kindes (krit. *Fischer* Rn 9 a). Erfasst werden Abbildungen, die an sich keinen Bezug zu sexuellen Handlungen haben, jedoch solche intendieren (*Fischer* Rn 9 a). Die Prüfung des Abs. 1 Nr. 1 c ist zweistufig vorzunehmen (vgl dazu und zum folgenden *Eisele/Franosch* ZIS 2016, 519 [523]): Auf der ersten Stufe muss die Handlung objektiv sexuell aufreizend sein, wobei hier auf einen „durchschnittlichen" pädophilen Betrachter abzustellen ist. Sodann muss auf der zweiten Stufe hinzukommen, dass die Abbildung in der konkreten Verwendung primär sexuellen Zwecken dient. Hierdurch soll sichergestellt werden, dass gewöhnliche Nacktaufnahmen in Händen der Eltern straflos bleiben können, solange diese subjektive Komponente nicht hinzutritt.

6 **III. Abs. 1 Nr. 2** stellt das Unternehmen (Versuch oder Vollendung, § 11 Rn 35 ff) der Besitzverschaffung *qualifiziert pornografischer Darstellungen*, die also ein tatsächliches oder wirklichkeitsnahes – dem durchschnittlichen Betrachter reell erscheinendes – Geschehen (BGHSt 43, 366 [369 f]; S/S-*Eisele* Rn 8) wiedergeben, *zugunsten eines anderen* unter Strafe. Nicht erfasst ist die bloße Beschreibung einer Missbrauchsschilderung in Worten (BGHSt 58, 197 ff).

Sofern die Tat unter Benutzung des Internets erfolgt, liegt die Besitzverschaffung noch nicht im bloßen Betrachten, wohl aber im Speichern auf eigenen Datenträgern (MK-*Hörnle* Rn 29) oder in der Übermittlung (E-Mail) an Dritte im Wege des Zwischenspeicherns (*Hilgendorf* JuS 1997, 323 [329]). Bei Personen, die eine konspirative, aber nicht abgeschlossene Benutzergruppe bilden, fehlte es insoweit am Verbreiten bzw öffentlichen Zugänglichmachen (BT-Drucks. 15/350, 20 f; krit. *Duttge/Hörnle/Renzikowski* NJW 2004, 1065 [1069 f]; vgl auch BGH StraFO 2012, 195 [196 f]).

7 **IV.** Nach der neuen Vorschrift des § 184 b Abs. 1 Nr. 3 soll sich nunmehr strafbar machen, wer eine kinderpornographische Schrift, die ein tatsächliches Geschehen wiedergibt, herstellt. Auf das Erfordernis der Verbreitungsabsicht kommt es nicht an.

8 **V. Abs. 2** ist eine Qualifikation für Taten nach Abs. 1. Die Tat muss gewerbsmäßig (§ 243 Rn 24 f) oder bandenmäßig (§ 244 Rn 29 ff) begangen werden, *und* die kinderpornografischen Schriften müssen ein tatsächliches oder wirklichkeitsnahes Geschehen wiedergeben (Rn 6).

9 **VI. Abs. 3** S. 1 regelt im Gegensatz zum Verschaffen für einen anderen gem. Abs. 2 das Unternehmen des Sich-Verschaffens von qualifiziert kinderpornographischen Schriften (Rn 6). Die Schwelle zur Tatbestandsmäßigkeit wird in einem sehr frühen Stadium mit dem Fassen des Vorsatzes zur Abspeicherung von Bild-

dateien auf eigene Speichermedien während des Betrachtens erreicht (LG Stuttgart NStZ 2003, 36 zu § 184 Abs. 5 aF; *Harms* NStZ 2003, 646 [648 ff]; *Heinrich* NStZ 2005, 361 [362]). Allein das Vorhandensein von Vorschaubildern (sog. Thumbnails) mit kinderpornographischen Inhalt soll allerdings noch nicht ausreichen (OLG Düsseldorf NStZ 2015, 654 f). Nach dem OLG Hamburg stellt sogar bereits die automatische Speicherung von Dateien im Cache-Verzeichnis beim bewussten Öffnen einer Internetseite ein vorsätzliches Unternehmen der Besitzverschaffung dar, ohne dass es einer weiter gehenden Speicherung bedarf (OLG Hamburg NJW 2010, 1893 [1894 ff]; krit. Anm. *Fuchs* jurisPR-ITR 19/2010; krit. *Eckstein* NStZ 2011, 18 ff). Das Zurückgreifen auf diese Rspr ist nun durch die Einführung des § 184 d Abs. 2 überflüssig geworden (vgl § 184 d, Rn 3). Der Strafrahmen für das Sich-Verschaffen ist mit Freiheitsstrafe bis zu drei Jahren oder Geldstrafe niedriger als in Abs. 2. Mit der Anhebung auf drei Jahre durch das 49. ÄG soll der Unrechtsgehalt des Erwerbs und Besitzes stärker betont werden (BT-Drucks. 18/2601, 31). Kaum einzusehen ist jedoch die erfolgte Gleichbehandlung mit dem **bloßen Besitz** solcher Schriften auf der Rechtsfolgenseite. Denn der nicht durch eine Verschaffungshandlung am Markt beteiligte Besitzer verwirklicht ungleich geringeres Unrecht als der aktiv Nachfragende und ist dementsprechend geringer oder sogar überhaupt nicht zu bestrafen (S/S-*Eisele* Rn 15; *Jäger* Schüler-Springorum-FS 229 [232 f]). Denn gerade die aktive Beeinflussung des „Marktgeschehens" führt dazu, dass neue Angebote hervorgebracht werden (*Duttge/Hörnle/Renzikowski* NJW 2004, 1069 [1070]; iE zust.; *Heinrich* NStZ 2005, 361 [362 f]). Das Abstellen auf eine generalpräventive Wirkung überzeugt dagegen nicht (so aber BT-Drucks. 18/2601, 31). Der Besitztatbestand tritt gegenüber dem Sich-Verschaffen als subsidiärer Auffangtatbestand zurück (BGH StraFo 2015, 473 ff).

VII. Bisher enthielt § 184 keine Versuchsstrafbarkeit. Durch ihre Einführung in Abs. 4 soll der Wertungswiderspruch beseitigt werden, wonach gewisse Vorbereitungshandlungen strafbar sind, nicht aber der Versuch als unmittelbares Ansetzen zur Tatbestandsverwirklichung (BT-Drucks. 18/2601, 25). 10

VIII. Abs. 5 nimmt Handlungen nach Abs. 2 und 3 von der Strafbarkeit aus, wenn diese ausschließlich der rechtmäßigen Erfüllung bestimmter Aufgaben und Pflichten dienen. So wird sichergestellt, dass u.a. ermittelnde Polizeibeamte insoweit strafrechtlich nicht belangt werden können. Das 49. StRÄndG brachte eine Erweiterung in Abs. 5 und soll Rechtssicherheit für Organisationen schaffen, die im gesetzlichen Auftrag oder auf der Basis von Vereinbarungen mit staatlichen Stellen diese bei der Erfüllung ihrer Aufgaben unterstützen (BT-Drucks. 18/2601, 31). Zum Rechtmäßigkeitsbegriff vgl § 113 Rn 17 ff und zur Frage einer Strafbarkeit des Strafverteidigers wegen Drittbesitzverschaffung kinderpornographischer Schriften BGH NStZ 2014, 514 f, *Jahn* Beulke-FS 801 ff; *Meyer-Lohkamp/Schwerdtfeger* StV 2014, 772 ff. 11

IX. Die **subjektive Tatseite** verlangt stets (zumindest bedingten) Vorsatz. 12

§ 184 c Verbreitung, Erwerb und Besitz jugendpornographischer Schriften

(1) Mit Freiheitsstrafe bis zu drei Jahren oder mit Geldstrafe wird bestraft, wer

1. eine jugendpornographische Schrift verbreitet oder der Öffentlichkeit zugänglich macht; jugendpornographisch ist eine pornographische Schrift (§ 11 Absatz 3), wenn sie zum Gegenstand hat:
   a) sexuelle Handlungen von, an oder vor einer vierzehn, aber noch nicht achtzehn Jahre alten Person oder
   b) die Wiedergabe einer ganz oder teilweise unbekleideten vierzehn, aber noch nicht achtzehn Jahre alten Person in unnatürlich geschlechtsbetonter Körperhaltung,
2. es unternimmt, einer anderen Person den Besitz an einer jugendpornographischen Schrift, die ein tatsächliches oder wirklichkeitsnahes Geschehen wiedergibt, zu verschaffen,
3. eine jugendpornographische Schrift, die ein tatsächliches Geschehen wiedergibt, herstellt oder
4. eine jugendpornographische Schrift herstellt, bezieht, liefert, vorrätig hält, anbietet, bewirbt oder es unternimmt, diese Schrift ein- oder auszuführen, um sie oder aus ihr gewonnene Stücke im Sinne der Nummer 1 oder 2 oder des § 184 d Absatz 1 Satz 1 zu verwenden oder einer anderen Person eine solche Verwendung zu ermöglichen, soweit die Tat nicht nach Nummer 3 mit Strafe bedroht ist.

(2) Handelt der Täter in den Fällen des Absatzes 1 gewerbsmäßig oder als Mitglied einer Bande, die sich zur fortgesetzten Begehung solcher Taten verbunden hat, und gibt die Schrift in den Fällen des Absatzes 1 Nummer 1, 2 und 4 ein tatsächliches oder wirklichkeitsnahes Geschehen wieder, so ist auf Freiheitsstrafe von drei Monaten bis zu fünf Jahren zu erkennen.

(3) Wer es unternimmt, sich den Besitz an einer jugendpornographischen Schrift, die ein tatsächliches Geschehen wiedergibt, zu verschaffen, oder wer eine solche Schrift besitzt, wird mit Freiheitsstrafe bis zu zwei Jahren oder mit Geldstrafe bestraft.

(4) Absatz 1 Nummer 3, auch in Verbindung mit Absatz 5, und Absatz 3 sind nicht anzuwenden auf Handlungen von Personen in Bezug auf solche jugendpornographischen Schriften, die sie ausschließlich zum persönlichen Gebrauch mit Einwilligung der dargestellten Personen hergestellt haben.

(5) Der Versuch ist strafbar; dies gilt nicht für Taten nach Absatz 1 Nummer 2 und 4 sowie Absatz 3.

(6) § 184 b Absatz 5 und 6 gilt entsprechend.

1 I. Die Vorschrift wurde am 5.11.2008 durch das „Gesetz zur Umsetzung des Rahmenbeschlusses des Rates der EU zur Bekämpfung der sexuellen Ausbeutung von Kindern und der Kinderpornographie" vom 31.1.2008 (BGBl. I S. 2149) neu eingefügt und hat durch das 49. StRÄndG eine neue Prägung erhalten (zum unionsrechtlichen Hintergrund aktueller Auslegungsfragen der §§ 184 b, 184 c vgl *Haustein* ZIS 2014, 348).

Von der Vorschrift **geschützt** werden Jugendliche vom Beginn des 15. bis zur Vollendung des 18. Lebensjahres. Jugendliche sollen durch diese Vorschrift davor bewahrt werden, im Rahmen der Herstellung pornografischer Schriften missbraucht zu werden. Zudem soll einer Anreiz- und Nachahmungswirkung aufgrund der Verbreitung solcher Schriften entgegengetreten werden (BGH NJW 1999, 1979; *Fischer* Rn 2 f, § 184 b Rn 2; *Hörnle* NJW 2008, 3521).

II. Die Tathandlungen nach den **Abs. 1, 3 und 4** müssen sich auf jugendpornografische Schriften iSd § 11 III beziehen. Diese pornografischen Schriften müssen gem. Abs. 1 sexuelle Handlungen von, an oder vor Personen von „vierzehn bis achtzehn Jahren" zum Gegenstand haben. Während es im Fall der Abs. 1 und 2 ausreicht, wenn durch Schriften ein wirklichkeitsnahes Geschehen wiedergegeben wird, erfordert eine Verwirklichung des Abs. 3, dass die Schriften ein tatsächliches Geschehen wiedergeben (*Fischer* Rn 5; SK-*Wolters* Rn 8). 2

Die Tathandlungen nach Abs. 1 und 2 decken sich inhaltlich mit den Tathandlungen der §§ 184 b I und II (vgl § 184 a Rn 3 und § 184 b Rn 6), wobei die Strafrahmen jeweils ermäßigt sind. Abgesehen von der Strafandrohung sind auch die in Abs. 2 aufgeführten Qualifikationen für gewerbsmäßiges und bandenmäßiges Handeln im Vergleich zu § 184 b identisch zu beurteilen (vgl § 184 b Rn 8).

Die Erläuterungen zu § 184 b Abs. 3 (dort Rn 9 f) gelten, bezogen auf die Tathandlungen, auch für jugendpornografische Schriften.

III. Abs. 3 S. 1 regelt, dass sich die Tathandlungen auf Schriften beziehen müssen, die ein tatsächliches Geschehen wiedergeben, also „tatsächliche sexuelle Handlungen" darstellen (BT-Drucks. 16/9646, 38). Nicht ausreichend sind hierfür lediglich schriftliche Beschreibungen („Schriften" im wörtlichen Sinn), da ihre Darstellung nicht „tatsächlich" ist (*Fischer* Rn 8). Dasselbe gilt auch für zeichnerische Darstellungen, Trickfilme, Comics, aber auch realitätsnahe Animationen (*Fischer* Rn 8). Bilddarstellungen geben nur dann „Tatsächliches" wieder, wenn mittels der Medien Film oder Fotografie wirkliche Handlungen **unmittelbar abgebildet** werden. Ob es sich bei den dargestellten Szenen oder Handlungsmotiven um fiktive oder reale Handlungen handelt, ist unerheblich (*Fischer* Rn 8). 3

Anders als in den Abs. 1 Nr. 3 und 2 kommt es ausschließlich auf das **tatsächliche Alter** der dargestellten Person an; soweit eine erwachsene Person lediglich als jugendlich erscheint oder der Eindruck erweckt wird, sie sei jugendlich, ist der Tatbestand nach Abs. 4 S. 1 nicht erfüllt (*Fischer* Rn 8; vgl *Hörnle* NJW 2008, 3521; aA SK-*Wolters* Rn 8).

Abs. 4 privilegiert denjenigen Besitzer pornografischer Schriften, der diese mit Einwilligung der dargestellten Personen hergestellt hat. Dasselbe gilt auch für denjenigen, der versucht, sich diese Schriften zu verschaffen. Der Besitz durch den Darsteller ist nicht strafbar (Rechtsausschuss-Empfehlung BT-Drucks. 16/9646, S. 39). 4

Voraussetzung für die Straffreiheit ist, dass die dargestellten Personen in die Herstellung der Schriften eingewilligt haben (*Fischer* Rn 9). Damit sollen diejenigen Fälle von der Strafbarkeit auszunehmen sein, in denen Personen innerhalb einer sexuellen Beziehung im gegenseitigen Einverständnis pornografische Schriften herstellen und austauschen (SK-*Wolters* Rn 9). Die Privilegierung verliert mit dem Erwachsenwerden des Jugendlichen nicht seine Wirkung, so dass der Besitz von im Jugendalter selbst hergestellten jugendpornografischen Darstellungen und Personen, die der Herstellung zugestimmt haben, dauerhaft straflos bleibt (*Fischer* Rn 9; vgl *Hörnle* NJW 2008, 3521).

IV. Abs. 5 bestimmt die Versuchsstrafbarkeit, die durch das 49. StRÄndG eingeführt wurde. 5

V. Abs. 6 bestimmt, dass die Privilegierung des § 184 b V auch im Rahmen des § 184 c gilt. 6

7   VI. **Subjektiv** muss der Täter in allen Fällen zumindest mit bedingtem Vorsatz handeln. Abs. 1 Nr. 3 fordert zusätzlich die Absicht zur Verwendung der pornografischen Schriften. Irrt der Täter im Hinblick auf die tatsächlichen Umstände, auf denen die Bewertung als jugendpornografische Schrift beruht, stellt dies einen unbeachtlichen Subsumtionsirrtum dar (SK-*Wolters* Rn 5).

§ 184 d Zugänglichmachen pornographischer Inhalte mittels Rundfunk oder Telemedien; Abruf kinder- und jugendpornographischer Inhalte mittels Telemedien

(1) ¹Nach den §§ 184 bis 184 c wird auch bestraft, wer einen pornographischen Inhalt mittels Rundfunk oder Telemedien einer anderen Person oder der Öffentlichkeit zugänglich macht. ²In den Fällen des § 184 Absatz 1 ist Satz 1 bei einer Verbreitung mittels Telemedien nicht anzuwenden, wenn durch technische oder sonstige Vorkehrungen sichergestellt ist, dass der pornographische Inhalt Personen unter achtzehn Jahren nicht zugänglich ist. ³§ 184 b Absatz 5 und 6 gilt entsprechend.

(2) ¹Nach § 184 b Absatz 3 wird auch bestraft, wer es unternimmt, einen kinderpornographischen Inhalt mittels Telemedien abzurufen. ²Nach § 184 c Absatz 3 wird auch bestraft, wer es unternimmt, einen jugendpornographischen Inhalt mittels Telemedien abzurufen; § 184 c Absatz 4 gilt entsprechend. ³§ 184 b Absatz 5 und 6 Satz 2 gilt entsprechend.

1   I. § 184 d regelt das Verbot von Live-Darbietungen im Fernsehen durch ein entsprechendes Verbot solcher Inhalte im Rundfunk oder den Telemedien. Der Anwendungsbereich der Vorschrift ist jedoch äußerst begrenzt. Die Ausstrahlung pornografischer Filme im privaten Fernsehen oder im Video-on-Demand-Verfahren (zu dessen Reichweite vgl VG München JuS 2003, 825 ff) ist weiterhin anhand von § 184 I Nr. 2, 3 a und 7 zu beurteilen (dazu BVerwG JZ 2002, 1057 ff m. zust. Anm. *Hörnle* JZ 2002, 1062 ff).

2   II. S. 2 formuliert eine Ausnahme von der Strafbarkeit des S. 1 bei Vorliegen entsprechender technischer oder sonstiger Vorkehrungen gegen das Zugänglichmachen gegenüber Minderjährigen (vgl § 184 Rn 4).

3   III. Abs. 2 wurde im Rahmen des 49. StRÄndG eingeführt und soll die Fälle erfassen, in denen etwa kinder- bzw jugendpornographische Seiten im Internet lediglich aufgerufen und betrachtet, aber vom Betrachter nicht dauerhaft abgespeichert werden. Bisher erfüllte dies nach der hM den Tatbestand der §§ 184 b Abs. 4, 184 a Abs. 4.

§ 184 e Veranstaltung und Besuch kinder- und jugendpornographischer Darbietungen

(1) ¹Nach § 184 b Absatz 1 wird auch bestraft, wer eine kinderpornographische Darbietung veranstaltet. ²Nach § 184 c Absatz 1 wird auch bestraft, wer eine jugendpornographische Darbietung veranstaltet.

(2) ¹Nach § 184 b Absatz 3 wird auch bestraft, wer eine kinderpornographische Darbietung besucht. ²Nach § 184 c Absatz 3 wird auch bestraft, wer eine jugendpornographische Darbietung besucht. ³§ 184 b Absatz 5 Nummer 1 und 3 gilt entsprechend.

I. Die Vorschrift trat am 26.1.2015 in Kraft und soll die Lücke schließen, dass § 184 d nur die Verbreitung einer pornographischen Darbietung erfasst. Weder die Veranstaltung von noch das Zuschauen bei pornographischen Live-Darbietungen war bisher strafbar.

§ 184 f Ausübung der verbotenen Prostitution

Wer einem durch Rechtsverordnung erlassenen Verbot, der Prostitution an bestimmten Orten überhaupt oder zu bestimmten Tageszeiten nachzugehen, beharrlich zuwiderhandelt, wird mit Freiheitsstrafe bis zu sechs Monaten oder mit Geldstrafe bis zu einhundertachtzig Tagessätzen bestraft.

I. Die Vorschrift ist identisch mit § 184 a aF und § 184 d aF, normiert ein schlichtes – nur **eigenhändig** begehbares – **Tätigkeitsdelikt** und soll nach hM im Allgemeininteresse vor den mit der Prostitutionsausübung verbundenen Belästigungen und Gefahren **schützen** (BayObLG NJW 1981, 2766 [2768]; *Gössel*, Das neue Sexualstrafrecht, § 7 Rn 117). Die Tat ist zugleich eine durch das Merkmal der Beharrlichkeit des Zuwiderhandelns spezifizierte Qualifikation zu § 120 I Nr. 1 OWiG. Der Kunde ist als notwendig Beteiligter stets straflos. 1

II. Den Tatbestand verwirklicht, wer (als Mann oder Frau) der **Prostitution nachgeht** (§ 180 a Rn 2). Das bloße Vorhandensein eines Telefonanschlusses im Sperrbezirk reicht (mangels jedes einschlägigen Risikos) nicht aus (*Behm* JZ 1989, 301 [302]; S/S-*Eisele* § 184 e Rn 4; aA BayObLG MDR 1989, 181). Der Sperrbezirk muss in der Rechtsverordnung (Art. 297 EGStGB) klar bestimmt sein (BVerwG NJW 1964, 512). Als **beharrlich** ist es anzusehen, wenn der Täter durch wiederholtes Zuwiderhandeln zu erkennen gibt, dass er (auch künftig) nicht bereit ist, das Verbot zu befolgen (BGHSt 23, 167 [172 f]; OLG Köln GA 1984, 333). Die Beharrlichkeit wird überwiegend als besonderes persönliches Merkmal (§ 28) angesehen (BayObLG NJW 1985, 1566 f; *Fischer* Rn 5; abw. *Otto* BT § 66/85). 2

III. Die Förderung der Prostitution durch Gewährung von Wohnraum und Unterkunft ist in § 180 a II Nr. 1 abschließend geregelt und kommt daher im Rahmen von § 184 f nicht als Teilnahmehandlung in Betracht (L-Kühl-*Heger* Rn 7; SK-*Wolters* § 184 e Rn 5). 3

§ 184 g Jugendgefährdende Prostitution

Wer der Prostitution
1. in der Nähe einer Schule oder anderen Örtlichkeit, die zum Besuch durch Personen unter achtzehn Jahren bestimmt ist, oder
2. in einem Haus, in dem Personen unter achtzehn Jahren wohnen,

in einer Weise nachgeht, die diese Personen sittlich gefährdet, wird mit Freiheitsstrafe bis zu einem Jahr oder mit Geldstrafe bestraft.

1 I. Die Vorschrift entspricht § 184 b aF und normiert ein dem **Jugendschutz** dienendes, nur **eigenhändig** begehbares **konkretes Gefährdungsdelikt**.

2 II. Den Tatbestand verwirklicht, wer (als Mann oder Frau) der **Prostitution nachgeht** (§ 180 a Rn 2). Durch das Verhalten des Täters muss (wenigstens) eine Person unter achtzehn Jahren sittlich (konkret) gefährdet werden, dh durch Beobachtungen so beeinflusst werden, dass sie in der Entwicklung ihrer ethischen Wertvorstellungen beeinträchtigt werden kann (SK-*Wolters* § 184 f Rn 5). Die Tageszeit spielt grds. keine Rolle, jedoch kann eine Gefährdung ausgeschlossen sein, wenn mit dem Erscheinen von Kindern nicht zu rechnen ist.

§ 184 h Begriffsbestimmungen

Im Sinne dieses Gesetzes sind
1. sexuelle Handlungen
 nur solche, die im Hinblick auf das jeweils geschützte Rechtsgut von einiger Erheblichkeit sind,
2. sexuelle Handlungen vor einer anderen Person
 nur solche, die vor einer anderen Person vorgenommen werden, die den Vorgang wahrnimmt.

1 Die Norm ist identisch mit § 184 f aF und beinhaltet zwei „Begriffsbestimmungen", die generell gehalten sind und keine feststehenden Legaldefinitionen im eigentlichen Sinne darstellen.

2 I. **Sexuelle Handlungen** sind Verhaltensweisen, die aufgrund ihres äußeren Erscheinungsbilds oder des konkreten Kontextes geschlechtsbezogen sind (BGH NStZ 1983, 167 [169]; NJW 1992, 325 f; NStZ 2015, 33 [35]). Bei äußerlich eindeutigen Handlungen hat die subjektive Zielrichtung des Täters für die Einordnung als sexuelle Handlung keine Bedeutung (BGH NStZ 2015, 457). Sie müssen mit dem eigenen oder an einem fremden Körper vollzogen werden; verbale Äußerungen oder das Vorzeigen von Darstellungen sind nicht einschlägig. Generell mehrdeutige Handlungen (zB gynäkologische Untersuchungen, Turnübungen) sind situationsbezogen zu interpretieren; sie sind – unabhängig von der tatsächlichen Motivation des Täters – *nur* als sexuell anzusehen, wenn sich aus dem Kontext keine andere Zweckbestimmung ergibt (S/S-*Eisele* Rn 6). Auf die Absicht sexueller Erregung kann für die Einordnung ambivalenter Handlungen nicht abgestellt werden, da § 174 Abs. 3 das Merkmal der Absicht der sexuellen Erregung neben dem der sexuellen Handlung verlangt. Die sexuelle Handlung wird regelmäßig aktiv vollzogen, kann aber auch durch Unterlassen verwirklicht werden (zB Entblößtbleiben beim Hinzukommen einer Person).

3 Für die erforderliche **Erheblichkeit** ist die qualitative und quantitative (Intensität, Dauer) Art der Rechtsgutsbeeinträchtigung maßgeblich. Ob eine sexuelle Handlung iSv § 184 h Nr. 1 StGB erheblich ist, richtet sich demnach nach dem Grad ihrer Gefährlichkeit für das betroffene Rechtsgut (BGH NStZ 2007, 700). Aufgrund der gesamten Begleitumstände darf die Tat nicht mehr als sozial hinnehmbar anzusehen sein (vgl BGH 1992, 324; NStZ 2012, 269 [270]; 2013, 280). Bei den meisten Tatbeständen der Sexualdelikte ist das Merkmal überflüssig, da sich

die Erheblichkeit bereits aus der weiteren Tatumschreibung (Ausnutzen, Missbrauch usw) ergibt. Nicht erheblich sind etwa übliche Küsse und Umarmungen oder ein kurzes Streicheln (BGH NStZ 2013, 708 f m.Anm. *Krehl;* näher *Fischer* Rn 7). Dasselbe gilt im Rahmen des § 177 StGB auch für einen Zungenkuss, soweit dieser nicht von besonders langer Dauer oder Intensität ist oder weitere Begleitumstände hinzutreten (vgl BGH StV 1983, 415-416; vgl OLG Brandenburg NStZ-RR 2010, 45-46 m.Anm. *Deutscher,* jurisPR-StrafR 1/2010 Anm. 4). Nach dem BGH sind auch solche Handlungen gem. § 184 b strafbar, die den §§ 176–176 b nur deshalb nicht unterfallen, weil sie nicht iSv § 184 h Nr. 1 „von einiger Erheblichkeit" sind (BGHSt 59, 177 [182]). Irrelevant ist hingegen, ob das Opfer den sexuellen Charakter der Handlung auch als solchen erkennt (BGH NJW-Spezial 2016, 377 f).

Subjektiv ist nicht mehr erforderlich als das Bewusstsein, eine Handlung mit sexueller Bedeutung zu vollziehen. Sexuelle Zielsetzungen sind nicht erforderlich. Umgekehrt verliert eine eindeutig sexuelle Handlung diese Bedeutung nicht dadurch, dass sie der Täter aus Wut oder zum Scherz vornimmt (vgl BGH NJW 1993, 2252 [2253]; vgl BGH StraFo 2008, 172-173; vgl BGH NStZ 2009, 29). 4

II. Das Gesetz unterscheidet zwischen sexuellen Handlungen an sich, an einem anderen und vor einem anderen. 5

Hierbei verlangen Handlungen **an** einer Person stets körperlichen Kontakt mit dieser. Berührungen der Kleidung können ausreichen (BGH NStZ 1992, 433; LK-*Laufhütte/Roggenbuck* Rn 16). Der Berührte braucht den Kontakt nicht wahrzunehmen; er kann auch schlafen oder bewusstlos sein (BGHSt 1, 292 [297]; 15, 197 [198]; *Laubenthal* Rn 124). 6

Dagegen fehlt bei Handlungen **vor** einer Person der körperliche Kontakt mit dieser. Nach Nr. 2 muss der Betreffende hier jedoch die Handlung wahrnehmen, und diese Wahrnehmung muss zudem **subjektiv** für den Täter ein entscheidender Faktor der Tat sein. Ein Verständnis gerade der sexuellen Bedeutung des Vorgangs durch den Wahrnehmenden wird nicht vorausgesetzt (BGH NStZ 1992, 433). 7

§ 184 i Sexuelle Belästigung

(1) Wer eine andere Person in sexuell bestimmter Weise körperlich berührt und dadurch belästigt, wird mit Freiheitsstrafe bis zu zwei Jahren oder mit Geldstrafe bestraft, wenn nicht die Tat in anderen Vorschriften mit schwererer Strafe bedroht ist.

(2) ¹In besonders schweren Fällen ist die Freiheitsstrafe von drei Monaten bis zu fünf Jahren. ²Ein besonders schwerer Fall liegt in der Regel vor, wenn die Tat von mehreren gemeinschaftlich begangen wird.

(3) Die Tat wird nur auf Antrag verfolgt, es sei denn, dass die Strafverfolgungsbehörde wegen des besonderen öffentlichen Interesses an der Strafverfolgung ein Einschreiten von Amts wegen für geboten hält.

I. Die Norm wurde durch Gesetz zur Verbesserung des Schutzes der sexuellen Selbstbestimmung vom 4.11.2016 in das StGB eingefügt. Sie schützt die sexuelle Selbstbestimmung, indem sie Fälle erfasst, in denen die Handlung die Erheblich- 1 keitsschwelle des § 184 h nicht überschreitet und somit nach sonstigen Vorschriften des 13. Abschnitts straffrei bleibt. Die Vorschrift soll somit zB Fälle von flüchtigen Griffen an die Genitalien einer bekleideten Person, das Berühren der Kleidung im Vaginalbereich, das Küssen des Nackens, der Haare und des Kopfes der von hinten umfassten Geschädigten sowie das feste Drücken der behandschuhten Hand der Geschädigten auf das Geschlechtsteil des Beschuldigten erfassen (vgl zu den Beispielen BT-Drucks. 18/9097 S. 29 f).

2 II. Das Opfer muss sich **belästigt** fühlen. Die Tat muss das Opfer nicht nur unerheblich beeinträchtigen, sowie eine negative Reaktion in diesem hervorrufen. Diese muss über Verwunderung oder Interesse hinausgehen (vgl zum Begriff des Belästigens MüKo-*Hörnle* § 183 Rn 10). Sexuell ist die Belästigung, wenn sie über bloße Distanzlosigkeiten hinaus die sexuelle Selbstbestimmung verletzt. Einfaches Küssen auf die Wange, sowie das In-den-Arm-Nehmen ist nicht ohne Weiteres erfasst (BT-Drucks. 18/9097 S. 30).

3 III. **Subjektiv** verlangt der Tatbestand direkten Vorsatz in Bezug auf die sexuell bestimmte Weise der Berührung.

4 IV. Abs. 2 normiert das **Regelbeispiel** der **gemeinschaftlichen** Begehung. Die Tat ist als **Antragsdelikt** ausgestaltet (Abs. 3; krit. dazu Renzikowski NJW 2016, 3553 [3557]).

§ 184 j Straftaten aus Gruppen

Wer eine Straftat dadurch fördert, dass er sich an einer Personengruppe beteiligt, die eine andere Person zur Begehung einer Straftat an ihr bedrängt, wird mit Freiheitsstrafe bis zu zwei Jahren oder mit Geldstrafe bestraft, wenn von einem Beteiligten der Gruppe eine Straftat nach den §§ 177 oder 184 i begangen wird und die Tat nicht in anderen Vorschriften mit schwererer Strafe bedroht ist.

1 I. Die Norm wurde durch Gesetz zur Verbesserung des Schutzes der sexuellen Selbstbestimmung vom 4.11.2016 in das StGB eingefügt und stellt eine Reaktion des Gesetzgebers auf die Vorkommnisse in der Silvesternacht 2015 auf der Kölner Domplatte dar.

2 II. Eine **Personengruppe** ist eine Mehrheit von mindestens drei Personen. Der Grund für die Straferhöhung ist zum einen darin zu sehen, dass die Verteidigungs- und Fluchtmöglichkeiten für das Opfer eingeschränkt sind, wenn es sich einer Vielzahl von Tätern ausgesetzt sieht. Zum anderen trägt dies dem Phänomen der Gruppendynamik Rechnung (krit. *Renzikowski* NJW 2016, 3553 [3557]. Bloße Ansammlungen von Personen werden nicht erfasst (BT-Drucks. 18/9097 S. 31).

3 **Beteiligung** ist nicht iSd §§ 25–27 zu verstehen, ein bewusstes und gewolltes Zusammenwirken ist somit nicht zu verlangen (vgl auch Rn 6; krit. zum Tatbestand daher *Renzikowski* NJW 2016, 3553 [3557 f]).

4 Eine **Bedrängung** liegt vor, wenn das Opfer von der Gruppe mit Nachdruck an der Ausübung seiner Bewegungsfreiheit oder seiner sonstigen freien Willensbetätigung gehindert wird. Diese Einwirkung muss eine gewisse Hartnäckigkeit aufweisen, lediglich kurzfristige Einschüchterungen genügen nicht (BT-Drucks. 18/9097 S. 31).

III. Der Täter muss **subjektiv** mindestens bedingt vorsätzlich handeln sowohl in 5
Bezug auf die Bedrängung des Opfers, sowie auf das Ermöglichen oder Erleichtern der Tat durch sein Zutun.

IV. Die Begehung einer Tat nach §§ 177, 184 i stellt eine **objektive Bedingung der** 6
Strafbarkeit dar. Hierauf muss sich der Vorsatz demnach nicht beziehen.

V. § 184 j ist **subsidiär** zu anderen Vorschriften, die mit schwererer Strafe bedroht sind. Dies ist insbesondere der Fall, wenn die Förderungshandlung mindestens Teilnahme-Qualität zu § 177, insbesondere dessen Abs. 6 S. 2 Nr. 2, erreicht. 7

Vierzehnter Abschnitt Beleidigung

Vorbemerkung zu den §§ 185–200

I. Schutzbereich

1. Rechtsgut der Beleidigungsdelikte ist die Ehre. Nach hM ist der **Begriff der** 1
Ehre dualistisch („normativ-faktisch") zu interpretieren: Geschützt werde einerseits der personale, andererseits der soziale (tatsächliche) Geltungswert einer Person; sog. „innere" und „äußere Ehre" oder auch einfach der „gute Ruf" innerhalb der Gesellschaft (vgl BGHSt 1, 288; 11, 67 [70 f]; *Otto* NJW 2006, 575; vgl auch BGHSt 36, 145; *Karpf*, Die Begrenzung des strafrechtlichen Schutzes der Ehre, 2004, 53, spricht im Anschluss an *Hirsch* Wolff-FS 136, von einer „Basisebene" und einer „Wirkungsebene"; zur Rechtsgutbestimmung bei Rassenhetze *Schubert*, Verbotene Worte?, 2004, 228 ff; zur Internetbeleidigung in sozialen Netzwerken *Krischker* JA 2013, 488 ff). *Amelung* deutet die Ehre **funktional** als Fähigkeit eines Menschen, sich so zu verhalten, dass er die normativen Erwartungen erfüllt, denen er gerecht werden muss, um als ebenbürtiger Partner von Kommunikationen akzeptiert zu werden (Die Ehre als Kommunikationsvoraussetzung, 2002, 18 ff, 38).

In der Literatur wird verbreitet auch ein rein **normativer Ehrbegriff** befürwortet, 2
der ausschließlich den aus der Personenwürde abgeleiteten personalen Geltungswert des Menschen zum Gegenstand hat (vgl *Hirsch*, Ehre und Beleidigung, 1967, 29 ff, 45 ff, 72 ff; *Kaufmann* ZStW 72, 430 f; L-Kühl-*Kühl* Vor § 185 Rn 1; *Tenckhoff* JuS 1988, 199 [203]). Der sog. **interpersonale Ehrbegriff** deutet die Ehre als ein normativ zu verstehendes Beziehungsverhältnis zu anderen. Ehre ist demnach das von der Würde des Menschen geforderte und seine Selbstständigkeit als Person begründende Anerkennungsverhältnis mit anderen Personen (*Wolff* ZStW 81, 886 [893 ff]; NK-*Zaczyk* Rn 1).

Nach *Jakobs* (Jescheck-FS 627 ff; Maiwald-FS 365 ff) sichern die Beleidigungsdelikte die **informelle** (alltägliche) **Zurechnung** vor Verfälschung.

2. Beleidigungsfähig sind zunächst alle **lebenden natürlichen Personen** (zu geistig 3
Behinderten *Winter* in Tellenbach, Die Rolle der Ehre im Strafrecht, 2007, 95 [119]). Verstorbene sind nach hM nicht beleidigungsfähig (BGHSt 7, 129 [132]; 23, 1 [3]; M/R-*Gaede* Rn 20, S/S-*Lenckner/Eisele* Rn 2; MK-*Regge/Pegel* Rn 40; aA LK-*Hilgendorf* § 189 Rn 2, jew. mwN); für sie gilt der Sondertatbestand des § 189.

Beleidigungsfähig sind ferner **Personengesamtheiten**, wie sich aus § 194 III, IV erschließen lässt (vgl BGHSt 6, 186 [191]). Voraussetzung für die Zuschreibung 4 einer „Verbandsehre" ist, dass die betreffende Personengesamtheit einen **einheitlichen Willen** bilden kann und eine **rechtlich anerkannte Funktion** in der Gesellschaft erfüllt (vgl BGHSt 6, 186 [191]; BayObLG NJW 1990, 1742; S/S-*Lenckner/Eisele* Rn 3 f; *Tenckhoff* JuS 1988, 457 ff; restriktiv: LK-*Hilgendorf* Rn 25; SK-*Rogall* Rn 35 f; abl. NK-*Zaczyk* Rn 12 ff; auch *Kett-Straub* ZStW 120, 759 [783 f], die in der Annahme einer Kollektivehre eine Verwässerung des Rechtsguts sieht). Exemplarisch: Bundeswehr (BGHSt 36, 83 [88]); Handelsgesellschaften und juristische Personen (BGHSt 6, 186 [191]); politische Parteien (OLG Düsseldorf MDR 1979, 692); kommunale Gebietskörperschaft als Trägerin eines Klinikums (BVerfG NJW 2006, 3769 [3771]). Nicht dagegen: „die" Ärzte; „die" Polizei (BVerfG NJW-Spezial 2015, 344 f; *Geppert* NStZ 2013, 553 [556 ff], aber: die „Frankfurter Polizei", vgl OLG Frankfurt NJW 1977, 1353); die Familie (BGH JZ 1951, 520; *Geppert* Jura 1983, 538; S/S-*Lenckner/Eisele* Rn 4; aA *Otto* BT § 31/18).

5   3. Von der Kollektivbeleidigung ist die **Beleidigung unter einer Kollektivbezeichnung** abzugrenzen. Während bei einer Kollektivbeleidigung eine Personengesamtheit als solche, die selbst Träger einer Verbandsehre ist, angegriffen wird, betrifft die Beleidigung unter einer Kollektivbezeichnung die dem Kollektiv zugehörenden **einzelnen Personen**.

6   Für eine solche Form der Beleidigung ist es erforderlich, dass unter der Kollektivbezeichnung überhaupt bestimmte Personen angesprochen werden können: Der betroffene Personenkreis muss **überschaubar** und die ihm zugehörenden Personen müssen **individualisierbar** sein (vgl BVerfG HRRS 2016 Nr. 629; BGHSt 36, 83 [85 ff]; OLG Karlsruhe JA 2013, 232 ff; *Geppert* Jura 2005, 244 ff; *Reinbacher* Jura 2007, 382 [383]). Auch größere Personenkreise können betroffen sein, falls das herabsetzende Kriterium eindeutig allen Mitgliedern zuzuordnen ist (etwa Berufssoldaten der Bundeswehr, wenn sie mit „Folterknechten, KZ-Aufsehern oder Henkern" verglichen werden, BGHSt 36, 83; weitere Beispiele S/S/W-*Sinn* Rn 8 f). Keine Kollektivbeleidigungen sind dagegen negative Äußerungen über „die" Katholiken oder „die" Frauen, wohl aber über die Ärzte des X-Krankenhauses, die Richter der 3. Strafkammer in Y oder die als Juden vom Nationalsozialismus verfolgten Menschen (vgl BVerfG NJW 2006, 3769 [3771]; BGHSt 11, 207 [208]; 16, 49 [57]; 40, 97 [103]). Bei Beleidigungen kommt es immer auf den Kontext an. Insoweit ist zB die auf einen bestimmten anwesenden Rechtsanwalt gemünzte Äußerung, „alle" Strafverteidiger seien selbst Gangster, eindeutig die Beleidigung einer bestimmten Person, auch wenn sie in das Gewand einer unbestimmten Kollektivbeleidigung gekleidet ist. Zur Gleichsetzung von Soldaten mit (potenziellen) Mördern vgl BVerfGE 93, 266 ff; *Gounalakis* NJW 1996, 481 ff; *Herdegen* NJW 1994, 2933 f; *Otto* NStZ 1996, 127 f; *Stark* JuS 1995, 689.

7   Ein Sonderfall der Beleidigung unter einer Kollektivbezeichnung ist eine ehrenrührige Äußerung über einzelne, nicht namentlich genannte Angehörige eines bestimmten Personenkreises, wenn jeder gemeint sein kann. Exemplarisch: In einer Zeitung wird die Behauptung aufgestellt, „ein bayerischer Staatsminister habe zu den Kunden eines Callgirl-Rings gehört" (BGHSt 19, 235); hier ist jedes Mitglied der Staatsregierung betroffen (vgl auch BGHSt 14, 48; *Eppner/Hahn* JA 2006, 702 [704]).

8   In sämtlichen oben genannten Fällen ist jedoch streng danach zu unterscheiden, ob sich eine Äußerung nur als (überspitzte) Kritik an einer Maßnahme darstellt oder ob sie zumindest auch gegen die ausführenden Personen gerichtet ist. So

stellt zB die Aussage „das ist wie bei der Gestapo" im Einzelfall keine Beleidigung einer Person dar, wenn diese ausschließlich gegen (staatliche) Reaktionen gerichtet ist (vgl KG StraFo 2010, 392 f). Ob dies der Fall ist, ist durch Auslegung der Äußerung zu ermitteln.

II. Kundgabe

1. Die Straftaten gegen die Ehre sind **Kundgabedelikte**. Sie verlangen als Erfolg eine an einen anderen gerichtete und von diesem zur Kenntnis genommene ehrenrührige Äußerung, die ggf auch in einer Geste bestehen kann. Es bedarf jedoch konkreter Anhaltspunkte für eine Individualisierung (nach BVerfG HRRS 2016 Nr. 629 ist es nicht ausreichend, ein Fußballstadion mit der Hosenaufschrift ACAB [„All cops are bastards"] in dem Wissen zu betreten, dass dort auch Polizisten zugegen sind, ebenso wenig wie das Verlassen des Stadions in einer Gruppe in dem Wissen, dass diese von der Polizei überwacht wird). Als „anderer" kommt hierbei – je nach Delikt – der Beleidigte selbst oder ein Dritter in Betracht. Selbstgespräche oder private Notizen sind demnach keine einschlägigen Tatbestandshandlungen (bei Kenntnisnahme durch einen anderen fehlt der Kundgabevorsatz). Vgl zu Äußerungen im Internet in sozialen Netzwerken *Hilgendorf* ZIS 2010, 208 ff.

Zur Kenntnisnahme gehört nach hM auch die Erfassung des **Sinns der Äußerung**. Wird der Sinn einer Äußerung nicht begriffen, so fehlt eine Voraussetzung, unter der die Ehre einer Person überhaupt tangiert werden kann (vgl BGHSt 9, 17 [19]; MK-*Regge/Pegel* Rn 28; SK-*Rogall* § 185 Rn 18; S/S/W-*Sinn* § 185 Rn 8 mwN). **Tatvollendung** tritt erst ein, wenn ein anderer von der (dann zumeist schriftlichen) Äußerung Kenntnis erlangt.

2. Äußerungen im engsten **Familienkreis** über (nicht anwesende) **Dritte** fehlt der für die Beleidigung erforderliche Kundgabecharakter: Sie unterfallen der Privatsphäre und stellen die Normgeltung nicht in sozial erheblicher Weise infrage. Solche Äußerungen sind, wenn mit Diskretion zu rechnen ist, wie Selbstgespräche einzustufen (vgl zu dieser teleologischen Reduktion des Tatbestands OLG Stuttgart NJW 1963, 119; *Engisch* GA 1957, 326 [331]; *Eppner/Hahn* JA 2006, 702 [704 f]; *Geppert* Jura 1983, 533 ff; S/S-*Lenckner/Eisele* Rn 9 f; *Welzel* 308; vgl auch BVerfG NJW 1995, 1015). Anderes gilt, wenn sich Familienangehörige **untereinander** beleidigen. Wenn die Ehre des unmittelbaren Gesprächspartners verletzt wird, ist die Kommunikation insoweit nicht mehr privat (vgl BayObLG MDR 1976, 1036 [1037]; *Tenckhoff* JuS 1988, 788 f).

3. Die Grundsätze zu Äußerungen im engsten Familienkreis gelten gleichermaßen für Kommunikationen in **besonderen Vertrauensverhältnissen**, namentlich dann, wenn diese Verhältnisse wegen ihrer Vertraulichkeit rechtlichen Schutz genießen, so etwa für das Verhältnis von

- Mandant und Anwalt (L-Kühl-*Kühl* § 185 Rn 9; zur Formalbeleidigung in diesem Verhältnis OLG Hamburg NStZ 1990, 237; vgl aber BGH NJW 2009, 2690 [2692 f] m.Anm. *Barton* JZ 2010, 102 ff und *Wohlers* JR 2009, 523 f zum umgekehrten Verhältnis Anwalt zu Mandant),
- Verlobten (BVerfG NJW 1995, 1477),
- Partnern in eheähnlicher Verbindung (BVerfG NJW 1997, 185 [186]),
- oder beim Briefverkehr von Untersuchungs- oder Strafgefangenen mit Familienangehörigen (BVerfGE 90, 255 [262]; vgl aber *Arloth* ZIS 2010, 263 ff),

je nach den Umständen des Einzelfalles auch beim Briefverkehr mit anderen Gefangenen (BVerfG NJW 2007, 1194 [1195]; LG Hof StV 2015, 571).

Umstritten ist, ob ein besonderes Vertrauensverhältnis auch für das Diktat gegenüber einer Sekretärin anzunehmen ist (bej. OLG Koblenz OLGSt StGB § 185 Nr. 2; verneinend LG Hannover NdsRpfl. 1966, 23; L-Kühl-*Kühl* § 185 Rn 8).

13   4. Dem **Schaffen ehrenrühriger Fakten** – zB Verstecken der Tatwaffe bei einem Unschuldigen – fehlt der für ein ehrverletzendes Delikt erforderliche Kundgabecharakter (hM, vgl BGH NStZ 1984, 216; S/S-*Lenckner/Eisele* § 186 Rn 7; *Tenckhoff* JuS 1988, 618 [621], 787 [788]; NK-*Zaczyk* § 186 Rn 12; aA *Otto* BT § 32/18; *Streng* GA 1985, 214).

III. Systematik

14   1. § 186 hat die (nicht erweislich wahre) ehrenrührige Tatsachenbehauptung gegenüber Dritten zum Gegenstand. Hierzu ist § 187 **Qualifikationstatbestand** mit der Voraussetzung, dass der Täter die objektiv falsche ehrenrührige Tatsachenbehauptung wider besseres Wissen aufstellt oder weitergibt; erfasst wird von § 187 ferner der Sonderfall der Kreditgefährdung. § 188 ist eine **Qualifikation** zu § 186 (Abs. 1) wie auch zu § 187 (Abs. 2), wenn sich die Tat gegen Personen des politischen Lebens richtet (hierzu BayObLG NJW 1982, 2511).

15   2. § 185 ist bei ehrenrührigen Tatsachenbehauptungen wie Werturteilen gleichermaßen erfüllt, tritt aber hinter §§ 186, 187 subsidiär zurück, wenn der Täter eine ehrenrührige Tatsache gegenüber Dritten äußert (Überblick über die Delikte in der Fallbearbeitung bei *Mavany* Jura 2010, 594 ff). Damit greift § 185 nur **selbstständig** ein, wenn der Täter entweder gegenüber dem Beleidigten selbst eine ehrenrührige Tatsache äußert oder wenn er gegenüber dem Beleidigten und/oder gegenüber Dritten ein ehrenrühriges Werturteil fällt. Soweit der Täter ehrenrührige Werturteile und Tatsachenbehauptungen nebeneinander äußert, können § 185 und §§ 186, 187 auch tateinheitlich verwirklicht sein, so etwa, wenn die ehrenrührige Tatsache unter den Voraussetzungen einer Formalbeleidigung mitgeteilt wird (vgl BGHSt 12, 287 [292]).

16   3. § 189 dient dem Schutz des Andenkens Verstorbener.

17   4. Für die Beleidigungsdelikte gilt eine Reihe von **Sonderregelungen**, unter denen vor allem der Rechtfertigungsgrund des § 193 und das Strafantragserfordernis in § 194 bedeutsam sind.

§ 185 Beleidigung

Die Beleidigung wird mit Freiheitsstrafe bis zu einem Jahr oder mit Geldstrafe und, wenn die Beleidigung mittels einer Tätlichkeit begangen wird, mit Freiheitsstrafe bis zu zwei Jahren oder mit Geldstrafe bestraft.

1   In § 185 ist die sog. einfache Beleidigung und als Qualifikation die Beleidigung mittels einer Tätlichkeit normiert. Im **Gutachten** empfiehlt es sich, die Tatbestandsmerkmale der Beleidigung in folgenden Schritten zu prüfen:
   A) Tatbestand:
      I. Objektiver Tatbestand:

1. Tathandlung: Kundgabe der Missachtung oder Nichtachtung (Rn 4 ff); ggf mittels einer Tätlichkeit (Rn 12)
2. Erfolg: Kenntnisnahme der Äußerung durch einen anderen
II. Subjektiver Tatbestand: (zumindest bedingter) Vorsatz (Rn 11)
B) Rechtswidrigkeit (ggf § 193)
C) Schuld
D) Strafantrag (§§ 194, 77 ff)

Sieht man mit einer verbreiteten Literaturansicht auch bei der Beleidigung durch Tatsachenbehauptung in der Nichterweislichkeit der Wahrheit eine objektive Strafbarkeitsbedingung (Rn 8), so empfiehlt es sich, diese wie bei § 186 nach dem subjektiven Tatbestand (als A III) zu prüfen. 2

I. Tathandlung des § 185 ist die Beleidigung. 3

1. Unter einer **Beleidigung** ist die Kundgabe eigener Nichtachtung oder Missachtung zu verstehen (ganz hM, BGHSt 1, 289; 16, 58 [63]; OLG Hamm NStZ 2011, 42 [43]; LK-*Hilgendorf* § 185 Rn 1 mwN; zur Vereinbarkeit mit dem Bestimmtheitsgrundsatz vgl BVerfG NJW 1995, 3303 [3304]). Allerdings ist eine Beleidigung nur die unverdiente Missachtung; wer zB einen Raubtäter einen „Kriminellen" nennt, begeht keine Beleidigung. 4

Die Beleidigung kann durch eine **ehrenrührige Tatsachenbehauptung** gegenüber dem Betroffenen sowie durch **herabsetzende Werturteile** gegenüber dem Betroffenen oder einem Dritten begangen werden (zur Abgrenzung von Werturteilen und Tatsachenbehauptungen vgl § 186 Rn 5 ff). 5

2. Für die **Interpretation** einer Äußerung als herabsetzendes Werturteil kommt es auf deren objektiven Sinn (aus der Sicht eines unbefangenen Erklärungsempfängers) im konkreten Kontext an (BVerfGE 93, 266 [295]; OLG Düsseldorf NJW 1989, 3030; KG NStZ-RR 2013, 8 [9]; *Jerouschek* NStZ 2006, 345 [346]; zw. daher iE OLG Karlsruhe NStZ 2005, 575 m. abl. Anm. *Mosbacher* zur Behauptung der rechtswidrigen Abtreibungspraxis eines Frauenarztes; vgl auch BVerfG NJW 2006, 207 [208]). Bei mehreren Deutungsmöglichkeiten ist das Gericht gehalten, andere mögliche Deutungen, die nicht völlig fern liegen, mit schlüssigen Argumenten auszuschließen, bevor es die zur Verurteilung führende Bedeutung zugrunde legt (BVerfGE 93, 266 [295]; KG NStZ-RR 2013, 8 [9]). Dagegen spielt weder die Intention des Täters noch das subjektive Empfinden des Betroffenen eine Rolle (AG Berlin Tiergarten NJW 2008, 3233). Unhöfliche Verhaltensweisen oder (misslungene) Scherze sind regelmäßig noch keine Beleidigungen (näher NK-*Zaczyk* Rn 9 f; zur Kritik an am Prozess beteiligten Personen vgl OLG Hamm NStZ 2008, 631 f; BGH NJW 2009, 3016 ff; zum Auslachen einer Person: OLG Hamm NStZ 2011, 42 ff). Ebenso können Besonderheiten eines regionalen Sprachraums einer Aussage den beleidigenden Charakter nehmen, wenn diese alltäglich verwendet wird (vgl AG Ehingen NStZ-RR 2010, 143 f: „Leck mich am Arsch" im schwäbischen Sprachraum; zur Berücksichtigung kultureller Wertevorstellungen vgl *Valerius* JA 2010, 481 [482 f]). Auch das bloße Beobachten einer unbekleideten Person ist als solches noch keine Kundgabe der Missachtung (OLG Düsseldorf NJW 2001, 3562 [3563]), ebenso wie die bloße Drohung einem Menschen das Leben zu nehmen (OLG Oldenburg NStZ-RR 2009, 77). Der Ausdruck „Bulle" gegenüber einem Polizisten soll nach der Rechtsprechung nicht notwendig missachtend sein, da mit ihm auch positive Eigenschaften assoziiert werden könnten (KG JR 1984, 165; LG Regensburg NJW 2006, 629). Auch die Bezeichnung eines Polizeibeamten als „Wegelagerer" soll nicht zwangs- 6

läufig eine Beleidigung beinhalten (BayObLG NJW 2005, 1291 m. Bspr *Otto* NJW 2006, 575 ff), wohl aber die anlässlich einer Fahrausweiskontrolle getätigte Aussage: „Da kann ja jeder Clown kommen" (KG NStZ 2005, 693 [694] m. Bspr *Otto* NJW 2006, 575 ff; keine Beleidigung soll dagegen bei der Anrede als „Herr Oberförster, zum Wald geht es da lang" vorliegen, AG Berlin-Tiergarten NJW 2008, 3233). Ebenfalls keine Beleidigung stellt die Aussage „Das ist doch Korinthenkackerei" anlässlich einer Verwarnung wegen Falschparkens dar (AG Emmendingen JuS 2015, 81). Bei der Anrede mit „Du" kommt es auf den sozialen Kontext besonders an (vgl OLG Düsseldorf JR 1990, 345). Auch die bloße Bezeichnung als „Jude" kann durch die sie begleitenden Umstände zu einer Ehrverletzung führen (OLG Celle NStZ-RR 2004, 107). Dagegen stellt die Äußerung eines Moderators in einer Fernsehsendung über eine längere Gefängnisstrafe, die der Betroffene während und nach Verbüßung seiner Strafhaft selbst in der Medienöffentlichkeit verbreitet hat, nicht zwangsläufig eine Ehrverletzung iSd § 185 dar (OLG Brandenburg MDR 2007, 1316). Ebenfalls keine Beleidigung stellt die Titulierung einer Person als „Homosexueller" dar (LG Tübingen NStZ-RR 2013, 10). Der Vorwurf, dass der erkennende Richter „einen Schauprozess inszeniere und augenscheinlich Aktenbestandteile vernichte", soll im Prozess wegen des Kampfes um Rechtspositionen und dem überragenden öffentlichen Interesse an einer unparteilichen und objektiven Rechtsprechung dagegen keine Ehrverletzung sein (OLG Hamm NStZ-RR 2006, 7 [8]; ferner die Beispiele bei NK-*Zaczyk* Rn 9 f).

7 Verhaltensweisen mit **sexuellem Bezug** sind – ungeachtet ihrer Strafbarkeit nach §§ 174 ff – nur dann (auch) als Beleidigungen strafbar, wenn sie über den sexuellen Bedeutungsgehalt hinaus das Opfer oder Dritte herabsetzend bewerten (BGHSt 36, 145 ff; BGH NStZ 2007, 218; NStZ-RR 2012, 206 f; OLG Bamberg NStZ 2007, 96; OLG Nürnberg NStZ 2011, 217 f; *Amelung* Rudolphi-FS 373 [378]; *Fischer* Rn 11). Ferner liegt im sexuellen Missbrauch von Kindern und Jugendlichen nur im Falle weiterer besonderer Umstände eine Beleidigung der Erziehungsberechtigten (BayObLGSt 36 [1986], 91).

8 3. Bei den **Tatsachenbehauptungen** im Rahmen des Beleidigungstatbestands ist umstritten, ob ihre **Unwahrheit** (wie bei § 187) vorsatzrelevantes Tatbestandsmerkmal (hM) oder (wie bei § 186) objektive Strafbarkeitsbedingung ist (so OLG Frankfurt MDR 1980, 495; *Tenckhoff* JuS 1989, 36 f). Für die hM (vgl OLG Koblenz MDR 1977, 864; LK-*Hilgendorf* Rn 35; *Küper/Zopfs* Rn 119; S/S-*Lenckner/Eisele* Rn 6; *Welp* JuS 1983, 865 f) spricht, dass die gegenüber herabsetzenden Werturteilen intensivere Rufschädigung durch ehrenrührige Tatsachenbehauptungen, die den besonderen Ehrenschutz durch § 186 rechtfertigt (vgl dort Rn 1, 5), auf Zweipersonenverhältnisse nicht zutrifft.

9 4. Die Beleidigung kann auch **anonym** erfolgen, soweit sie als Äußerung eines gedanklichen Inhalts zu verstehen ist (LK-*Hilgendorf* Rn 10; NK-*Zaczyk* Vor § 185 Rn 21). Eine Beleidigung ist es daher, wenn der Täter eine Zeitungsanzeige mit ehrenrührigem Inhalt aufgibt, die von dem Betroffenen selbst zu stammen scheint („Hostessen-Anzeige", vgl BGH NStZ 1984, 216 f; SK-*Rogall* Rn 4). Das bloße Schaffen eines kompromittierenden Sachverhalts reicht jedoch nicht (Vor § 185 Rn 13).

10 5. Die **bloße Weitergabe** der ehrverletzenden Äußerung eines anderen ist, da sie keine eigene herabsetzende Stellungnahme beinhaltet, nicht tatbestandsmäßig (vgl OLG Köln NJW 1993, 1486 [1487]). Eine Beleidigung durch **Unterlassen** ist unter den üblichen Voraussetzungen möglich. Allerdings kann sich eine Garan-

tenstellung nur aus Ingerenz ergeben; etwa: jemand verhindert vorsätzlich nicht, dass eine zunächst ohne Kundgabewillen verfasste Äußerung später nach außen gelangt (SK-*Rogall* Rn 17 mwN).

II. Die Beleidigung ist **Vorsatzdelikt**. Hinsichtlich der ehrverletzenden Bedeutung seiner Äußerung muss der Täter zumindest mit dolus eventualis handeln (hierzu LG Regensburg NJW 2008, 1094 f m. krit. Anm. *Nierwetberg*). 11

III. Für die Beleidigung **mittels einer Tätlichkeit** ist eine Handlung erforderlich, die unmittelbar auf den Körper des Opfers einwirkt (BGHSt 35, 77; OLG Karlsruhe NJW 2003, 1263 [1264]; LK-*Hilgendorf* Rn 15; MK-*Regge/Pegel* Rn 38; NK-*Zaczyk* Rn 20); eine Mindermeinung verlangt keine Berührung (S/S-*Lenckner/Eisele* Rn 18). Durch eine solche Tätlichkeit muss der Täter seine Nicht- oder Missachtung zum Ausdruck bringen; exemplarisch: Anspucken (BGH NStZ-RR 2009, 172; OLG Zweibrücken NJW 1991, 241) oder Ohrfeigen, nicht aber beim Bespritzen mit abgefülltem Sperma (AG Lübeck JuS 2012, 179 [180]). Das Tippen an die Stirn ist keine tätliche Beleidigung, sondern nur eine symbolisch vermittelte beleidigende Äußerung. 12

Mit § 223 ist **Tateinheit** möglich. 13

§ 186 Üble Nachrede

Wer in Beziehung auf einen anderen eine Tatsache behauptet oder verbreitet, welche denselben verächtlich zu machen oder in der öffentlichen Meinung herabzuwürdigen geeignet ist, wird, wenn nicht diese Tatsache erweislich wahr ist, mit Freiheitsstrafe bis zu einem Jahr oder mit Geldstrafe und, wenn die Tat öffentlich oder durch Verbreiten von Schriften (§ 11 Abs. 3) begangen ist, mit Freiheitsstrafe bis zu zwei Jahren oder mit Geldstrafe bestraft.

I. Die Vorschrift normiert ein **abstraktes Gefährdungsdelikt** mit einem spezifischen Beweisrisiko, das der Täter zu tragen hat: Der einzelne Bürger soll nicht beweisen müssen, dass über ihn behauptete ehrenrührige Tatsachen unwahr sind. Daher gilt jede ehrenrührige Tatsache als tatbestandsmäßig iSv § 186, deren Wahrheit sich nicht im Strafverfahren objektiv nachweisen lässt. Allerdings hat nicht etwa der Täter die Beweislast zu tragen und die Wahrheit nachzuweisen; diese Aufgabe obliegt vielmehr allein dem Gericht. 1

Im **Gutachten** empfiehlt es sich, die Tatbestandsmerkmale der üblen Nachrede in folgenden Schritten zu prüfen: 2
    A) Tatbestand:
        I. Objektiver Tatbestand:
            1. Tathandlung: eine ehrenrührige Tatsache (Rn 5 ff) wird behauptet oder verbreitet (Rn 8 f) gegenüber einem Dritten (Rn 10 f)
            2. Erfolg: Kenntnisnahme der Äußerung durch den Dritten
        II. Subjektiver Tatbestand: (zumindest bedingter) Vorsatz bzgl objektivem Tatbestand (Rn 12)
        III. Objektive Strafbarkeitsbedingung: Nichterweislichkeit der Tatsache (Rn 13 ff)
    B) Rechtswidrigkeit (ggf § 193)
    C) Schuld

D) ggf Qualifikation (Rn 16 f)
E) Strafantrag (§§ 194, 77 ff)

3 Sieht man mit einer verbreiteten Literaturansicht die Nichterweislichkeit der Tatsache als Tatbestandsmerkmal mit Fahrlässigkeitsbezug (Rn 14) an, gehört A III zum objektiven Tatbestand (dann A I 3) und muss fahrlässig verkannt oder mit dolus eventualis erfasst sein; bei dolus directus greift § 187 ein.

4 **II. Tathandlung** ist das Behaupten oder Verbreiten einer Tatsache bezüglich eines anderen, die geeignet ist, den Betreffenden verächtlich zu machen oder in der öffentlichen Meinung herabzuwürdigen.

5 **1.** Unter **Tatsachen** sind nach hM alle vergangenen oder gegenwärtigen Sachverhalte (Geschehnisse, Zustände) einschließlich solcher der menschlichen Psyche zu verstehen, die objektiv bestimmt und dem Beweis zugänglich sind (vgl § 263 Rn 52 ff, ferner BGHSt 15, 24 [26]; *Janal* NJW 2006, 870 ff; *Küper/Zopfs* Rn 493). Maßgeblich für die Bestimmung des Tatsachenbegriffs muss stets der Normzweck sein: Da § 186 verhindern will, dass sich jemand aufgrund bestimmter Umstände selbst ein unzutreffendes Urteil über die Achtbarkeit einer anderen Person bildet, kommen als Tatsachen alle Sachverhalte in Betracht, die ein solches Urteil rechtfertigen.

6 Ein **Werturteil** ist demgegenüber das Ergebnis einer bereits vollzogenen Wertung und nur dann keine Behauptung einer Tatsache iSd Tatbestands, wenn es kein Faktenmaterial zur Fällung eines eigenen Urteils enthält, sich also in einer subjektiven Stellungnahme erschöpft (vgl BGHSt 6, 357 [358 f]; 12, 287 [291 f]; OLG Hamm NStZ-RR 2006, 7; SK-*Rogall* Rn 7; zu Abgrenzungsfragen vgl auch BGHSt 6, 159 [161 f]; 11, 329 [330]; BGH NJW 1982, 2246 [2247 f]; BayObLG JR 1995, 216 [217]; *Soehring/Seelmann-Eggebert* NJW 2005, 571 [572 ff]). Exemplarisch: „X ist ein Idiot" ist eine Äußerung, die es ihrem Adressaten nicht erlaubt, eine eigene Wertung über X zu treffen; es handelt sich um ein reines Werturteil. Dagegen ist die Äußerung „Y ist ein Haustyrann, der Frau und Kinder schlägt" eine Tatsachenbehauptung, da sie trotz ihres wertenden Charakters dem Adressaten Umstände mitteilt („Schlagen von Frau und Kindern"), die den Nachvollzug des bereits getroffenen Werturteils ermöglicht. Da ehrenrührige Tatsachenbehauptungen keine (oder nicht nur) subjektive Stellungnahmen sind, sondern Informationen zur Begründung einer eigenen Stellungnahme liefern, tangieren sie den Ruf einer Person erheblich stärker als bloße missachtende Werturteile.

7 Für die (normzweckorientierte) Einordnung einer Äußerung als Tatsachenbehauptung (oder Werturteil) ist stets der Kontext zu berücksichtigen. Dies gilt insbesondere für juristisch geprägte Begriffe der Alltagssprache („Betrüger", „Dieb" usw).

8 **2.** Eine Tatsache wird **behauptet,** wenn sie (ausdrücklich oder konkludent) als nach eigener Überzeugung wahr hingestellt wird. Gleichgültig ist es, ob auf eigene oder fremde Wahrnehmung verwiesen wird. Demgegenüber wird eine Tatsache **verbreitet,** wenn sie als Gegenstand fremden Wissens weitergegeben wird. Die Mitteilung eines Gerüchts als bloßes Gerücht ist demnach das Verbreiten einer Tatsache. Einem Verbreiten steht im Übrigen nicht entgegen, wenn sich der Täter von der Information distanziert, indem er sie etwa als nach seiner Überzeugung haltlos hinstellt (vgl BGHSt 18, 182 [183]; *Morgenstern* JuS 2006, 251 [252]; vgl auch *Eppner/Hahn* JA 2006, 860 [862]; *Soehring/Seelmann-Eggebert* NJW 2005, 571 [574 f]).

Behaupten und Verbreiten verlangen keine Mitteilungen in Form indikativischer Aussagesätze. Einschlägige Informationen können sich auch in Vermutungen oder Fragen verstecken; maßgeblich ist der Kontext (vgl OLG Hamm NJW 1971, 853). 9

3. **In Beziehung auf einen anderen** bedeutet, dass die Äußerung (auch) gegenüber einem anderen als dem Verletzten selbst abgegeben werden muss. Für die Tatbestandsverwirklichung ist es gleichermaßen ohne Belang, ob der Beleidigte bei der Äußerung zugegen ist oder nie etwas von ihr erfährt. 10

Am Drittbezug fehlt es, wenn eine Äußerung als vom Betroffenen selbst stammend hingestellt wird. Exemplarisch: Kein Drittbezug, wenn der Täter eine Zeitungsannonce unter dem Namen seiner Ehefrau aufgibt, in der diese ihre Dienste als Callgirl anbietet (BGH NStZ 1984, 216; *Eppner/Hahn* JA 2006, 860 [861 f]). Die Tat ist jedoch Beleidigung nach § 185 (vgl dort Rn 9). 11

4. Subjektiv muss der Täter mit (zumindest bedingtem) **Vorsatz** handeln. 12

III. Der Täter macht sich jedoch nicht strafbar, wenn die fragliche Tatsache **erweislich wahr** ist. Diese Formulierung umschreibt eine **objektive Bedingung der Strafbarkeit**, die nach hM nicht Gegenstand subjektiver Zurechnung ist (BGHSt 11, 273 [274]; *Geppert* Jura 1983, 582 f; HKGS-*Schneider* Rn 13). Der Tatbestand ist demnach nur dann nicht verwirklicht, wenn im Strafverfahren der Nachweis von der Wahrheit der fraglichen Tatsache erbracht wird. Der Grundsatz in dubio pro reo greift bei offener Beweislage *nicht* zugunsten des Täters ein. Auch die Überzeugung des Täters von der Wahrheit berührt den subjektiven Tatbestand nicht. Umgekehrt gilt: Da der Versuch nicht strafbar ist, macht sich der Täter nicht strafbar, wenn sich entgegen seiner Überzeugung die Wahrheit der fraglichen Tatsache im Prozess herausstellt. Der Wahrheitsbeweis ist erbracht, wenn sich die fragliche Tatsache im Wesentlichen („in ihrem Kern") als wahr erwiesen hat (vgl BGHSt 18, 182; S/S-*Lenckner/Eisele* Rn 15). 13

Von einer verbreiteten Mindermeinung wird (mit Blick auf das Schuldprinzip) gleichwohl verlangt, dass der Täter zumindest fahrlässig hinsichtlich der Zweifelhaftigkeit seiner Informationsquelle gehandelt hat (vgl *Hirsch*, Ehre und Beleidigung, 1967, 168 ff; *Jakobs* 10/2; *Kindhäuser*, Gefährdung als Straftat, 1989, 307 f; MK-*Regge/Pegel* Rn 28; NK-*Zaczyk* Rn 19 mwN; abl. *Winter* in Tellenbach, Die Rolle der Ehre im Strafrecht, 2007, 95 [117]). Dem wird entgegengehalten, dass der Maßstab individuell sorgfältigen Verhaltens in dieser Hinsicht bei Einzelpersonen kaum zu bestimmen sei, so dass eine Korrektur des Tatbestandes zulasten des Opfers nicht unwahrscheinlich sei (vgl S/S/W-*Sinn* Rn 18). 14

§ 190 enthält eine bindende Regel über den Wahrheitsbeweis bezüglich solcher Straftaten, die Gegenstand eines Strafverfahrens waren. Im Übrigen ist im Strafverfahren der Wahrheitsbeweis im Interesse des Verletzten an der Klärung des Sachverhalts und der Wiederherstellung seiner Reputation auch dann zu erheben, wenn der Angeklagte nach § 193 freizusprechen ist oder nach §§ 185, 192 verurteilt werden könnte (BGH NJW 1978, 834; OLG Frankfurt NJW 1989, 1367; *Graul* NStZ 1991, 457 [459 ff]). 15

IV. **Qualifikation**: Die Tat ist **öffentlich** begangen, wenn die ehrenrührige Tatsache vor einem größeren, individuell unbestimmten Personenkreis geäußert wird. 16

Das Merkmal **Verbreiten von Schriften** (vgl § 11 III) besagt, dass die Äußerung in gegenständlicher Fixierung in fremde Hände gelangen muss, mit der Folge, dass der Täter nicht mehr kontrollieren kann, wer die Äußerung zur Kenntnis nimmt. 17

Das Merkmal ist zB beim Austeilen von Flugblättern, nicht aber beim Ankleben eines Plakats oder beim Verlesen eines Schriftstücks erfüllt. Die Übergabe an nur eine Person reicht aus, wenn die Schrift auf diese Weise weiteren Personen zugänglich gemacht wird (NK-*Zaczyk* Rn 32). Bei Äußerungen im **Internet** (durch Einstellen auf eine Homepage oder die Versendung von E-Mails) gelten die Grundsätze für schriftliche Äußerungen entsprechend. Öffentlich ist die Äußerung in der ersten Variante stets, in Letzterer dann, wenn sie nicht nur an eine abgeschlossene Gruppe gerichtet ist (vgl *Fischer* Rn 19).

§ 187 Verleumdung

Wer wider besseres Wissen in Beziehung auf einen anderen eine unwahre Tatsache behauptet oder verbreitet, welche denselben verächtlich zu machen oder in der öffentlichen Meinung herabzuwürdigen oder dessen Kredit zu gefährden geeignet ist, wird mit Freiheitsstrafe bis zu zwei Jahren oder mit Geldstrafe und, wenn die Tat öffentlich, in einer Versammlung oder durch Verbreiten von Schriften (§ 11 Abs. 3) begangen ist, mit Freiheitsstrafe bis zu fünf Jahren oder mit Geldstrafe bestraft.

1 I. Die Vorschrift enthält **zwei** unterschiedliche **Tatvarianten**, von denen die eine ein Beleidigungsdelikt (Verleumdung ieS) und die andere ein Vermögensdelikt (Kreditgefährdung) ist.

2 II. Der **objektive Verleumdungstatbestand** stimmt mit § 186 überein, verlangt jedoch abweichend, dass die ehrenrührige Tatsache unwahr ist. Insoweit muss also die Unwahrheit im Prozess nachgewiesen werden. Gelingt dies nicht oder nicht mit einer für eine prozessuale Tatsachenfeststellung hinreichenden Sicherheit (Grundsatz in dubio pro reo), so greift § 186 ein (*Jäger* BT Rn 166).

3 **Subjektiv** muss der Täter bei § 187 hinsichtlich der Unwahrheit der ehrenrührigen Tatsache mit dolus directus handeln („wider besseres Wissen").

4 III. Unter **Kredit** ist das Vertrauen zu verstehen, das jemand hinsichtlich der Erfüllung seiner Verbindlichkeiten genießt (LK-*Hilgendorf* Rn 3; MK-*Regge/Pegel* Rn 12; NK-*Zaczyk* Rn 4). Nur wenn die angedichtete Tatsache dieses Vertrauen zu erschüttern vermag, ist sie iSd Tatbestands **geeignet**, den Kredit **zu gefährden**. Die kreditgefährdende Äußerung kann sich neben natürlichen Personen auch auf (beleidigungsfähige) Kollektive beziehen (zB GmbH).

5 Die Tatsache muss nicht ehrenrührig sein. Ausreichend ist etwa die Behauptung, jemandem sei die Arbeitsstelle gekündigt worden. Ferner braucht – wie auch sonst bei §§ 185 ff – der Adressat der Äußerung keinen Glauben zu schenken (abstraktes Gefährdungsdelikt).

6 IV. § 187 enthält neben den auch in § 186 genannten Varianten des öffentlichen Äußerns und Verbreitens durch Schriften zusätzlich die **Qualifikation** der Kundgabe in einer Versammlung. Unter einer **Versammlung** ist eine größere Zahl von Menschen zu verstehen, die sich zu einem bestimmten Zweck räumlich vereinigt haben. Erfasst werden damit auch geschlossene Veranstaltungen.

7 V. Wenn in einer kreditgefährdenden Äußerung zugleich eine Ehrverletzung liegt, besteht zwischen beiden Delikten **Tateinheit** (hM, LK-*Hilgendorf* Rn 3; S/S-*Lenckner/Eisele* Rn 8; MK-*Regge/Pegel* Rn 28; SK-*Rogall* Rn 12).

§ 188 Üble Nachrede und Verleumdung gegen Personen des politischen Lebens

(1) Wird gegen eine im politischen Leben des Volkes stehende Person öffentlich, in einer Versammlung oder durch Verbreiten von Schriften (§ 11 Abs. 3) eine üble Nachrede (§ 186) aus Beweggründen begangen, die mit der Stellung des Beleidigten im öffentlichen Leben zusammenhängen, und ist die Tat geeignet, sein öffentliches Wirken erheblich zu erschweren, so ist die Strafe Freiheitsstrafe von drei Monaten bis zu fünf Jahren.

(2) Eine Verleumdung (§ 187) wird unter den gleichen Voraussetzungen mit Freiheitsstrafe von sechs Monaten bis zu fünf Jahren bestraft.

I. Abs. 1 qualifiziert die – öffentlich (§ 186 Rn 16), in einer Versammlung (§ 187 Rn 6) oder durch Verbreiten von Schriften (§ 186 Rn 17) begangene – Tat nach § 186 unter der Voraussetzung, dass sie sich gegen eine im politischen Leben stehende Person richtet und geeignet ist, deren öffentliches Wirken erheblich zu beeinträchtigen. Im politischen Leben des Volkes stehen Personen, die sich für eine gewisse Dauer mit grundsätzlichen Angelegenheiten des Staates, der Verfassung, der Gesetzgebung und Verwaltung befassen und maßgeblichen politischen Einfluss ausüben (BayObLG NJW 1982, 2511; *Eppner/Hahn* JA 2006, 860 [862]; *Otto* BT § 32/29); exemplarisch: Regierungsmitglieder, Bundesverfassungsrichter (BGHSt 4, 338) und führende Parteipolitiker (OLG Düsseldorf NJW 1983, 1211), nicht aber Landräte und Gemeinderatsmitglieder (OLG Frankfurt NJW 1981, 1569; abw. für unmittelbar gewählte Landräte BayObLG JZ 1989, 699; *Fischer* Rn 2). Journalisten, Gewerkschaftsführer und leitende Verbandsvertreter zählen selbst dann nicht zum geschützten Personenkreis, wenn sie sich in der Öffentlichkeit für politische Fragen engagieren (*Fischer* Rn 2; NK-*Zaczyk* Rn 5; aA L-Kühl-*Kühl* Rn 2; diff. MK-*Regge/Pegel* Rn 7 f). 1

Die Tat – dh die Äußerung in ihrem konkreten Erscheinungsbild – muss geeignet sein, das **öffentliche Wirken** des Betroffenen durch Untergraben des Vertrauens **erheblich zu erschweren**; keine Rolle spielen die Glaubwürdigkeit des Täters selbst oder die Größe der Versammlung (BGH NJW 1954, 649; *Otto* BT § 32/34; enger SK-*Rogall* Rn 5; *Zieschang*, Die Gefährdungsdelikte, 1998, 304; aA NK-*Zaczyk* Rn 6). 2

Subjektiv ist neben dem auf die objektiven Tatbestandsmerkmale bezogenen **Vorsatz** ein Handeln aus einem mit der Stellung des Beleidigten im öffentlichen Leben zusammenhängenden **Beweggrund** erforderlich. Der Tatbestand greift auch ein, wenn der Betroffene nur mit Blick auf seine Kandidatur für ein bestimmtes Amt diffamiert wird (OLG Düsseldorf NJW 1983, 1211 [1212]; *Fischer* Rn 4; abw. *Otto* BT § 32/33). Auf eine politische Zielsetzung kommt es nicht an. Es genügt etwa das Spekulieren auf die Steigerung des Absatzes einer Zeitung (BGHSt 4, 119 [121]; 9, 187 [189]). 3

II. Abs. 2 qualifiziert unter den gleichen Voraussetzungen eine Tat nach § 187. 4

§ 189 Verunglimpfung des Andenkens Verstorbener

Wer das Andenken eines Verstorbenen verunglimpft, wird mit Freiheitsstrafe bis zu zwei Jahren oder mit Geldstrafe bestraft.

1   I. Das **Rechtsgut** des § 189 ist umstritten. Nach einer Auffassung schützt die Vorschrift das Pietätsempfinden der Angehörigen und der Allgemeinheit sowie die über den Tod fortwirkende Menschenwürde des Verstorbenen (BGHSt 40, 105 m. krit. Anm. *Jakobs*; *Fischer* Rn 2; modifizierend NK-*Zaczyk* Rn 1: Rechtsgut sei die Ehre des Adressaten in ihrem besonderen Andenken zum Verstorbenen). Teils wird jedoch auch nur (oder primär) die fortbestehende Ehre des Toten (LK-*Hilgendorf* Rn 2; *Otto* BT § 33/1), teils nur das Pietätsempfinden als geschützt angesehen (OLG Düsseldorf 1967, 1142; SK-*Rogall* Rn 10: Schutz öffentlicher Interessen an zutreffender Information über den Toten). Teilweise wird auch die Anerkennung eines Persönlichkeitsrechts eigener Art gefordert, welches enger als die Ehre des Lebenden zu fassen sei und den Kernbereich des zu Lebzeiten geschützten Achtungsanspruchs umfasse (S/S-*Lenckner/Eisele* Rn 1).

2   II. **Verunglimpfen** ist eine erhebliche Kränkung durch Tatsachenbehauptungen oder ein herabsetzendes Werturteil (BGHSt 12, 364; LG Bonn NStZ-RR 2014, 79 ff; LK-*Hilgendorf* Rn 3; besonders schwere Kränkung: BayObLG NJW 1988, 2902; S/S-*Lenckner/Eisele* Rn 2; SK-*Rogall* Rn 12). Beispiel: „Ein schlechter Charakter durch und durch" (NK-*Zaczyk* Rn 4).

3   III. **Subjektiv** ist (zumindest bedingter) Vorsatz erforderlich.

4   Beim **Irrtum** wirkt sich der Meinungsstreit über das Rechtsgut aus: Wenn auch bei § 189 die Ehre als geschützt angesehen wird, begeht der Täter bei Unkenntnis des Todes des Betroffenen eine Tat nach dieser Vorschrift, vorausgesetzt, die Äußerung hat die Intensität eines Verunglimpfens. Wird dagegen nur das Pietätsgefühl für geschützt erachtet, ist Straflosigkeit zu bejahen, da die §§ 185 ff keine Versuchsstrafbarkeit kennen. Entsprechendes gilt, wenn der Täter einen Lebenden beleidigt, den er für tot hält.

§ 190 Wahrheitsbeweis durch Strafurteil

¹Ist die behauptete oder verbreitete Tatsache eine Straftat, so ist der Beweis der Wahrheit als erbracht anzusehen, wenn der Beleidigte wegen dieser Tat rechtskräftig verurteilt worden ist. ²Der Beweis der Wahrheit ist dagegen ausgeschlossen, wenn der Beleidigte vor der Behauptung oder Verbreitung rechtskräftig freigesprochen worden ist.

§ 191 (weggefallen)

§ 192 Beleidigung trotz Wahrheitsbeweises

Der Beweis der Wahrheit der behaupteten oder verbreiteten Tatsache schließt die Bestrafung nach § 185 nicht aus, wenn das Vorhandensein einer Beleidigung aus der Form der Behauptung oder Verbreitung oder aus den Umständen, unter welchen sie geschah, hervorgeht.

1   I. Die Vorschrift gilt für §§ 186 f, ferner für §§ 185 und 189, soweit hier die Tat eine ehrenrührige Tatsache zum Gegenstand hat (*Fischer* Rn 1).

II. Der Wahrheitsbeweis nach § 192 schließt die Bestrafung nach § 185 nicht aus, 2
wenn die Tat den Charakter einer Formalbeleidigung hat (hierzu § 193 Rn 17).

§ 193 Wahrnehmung berechtigter Interessen

Tadelnde Urteile über wissenschaftliche, künstlerische oder gewerbliche Leistungen, desgleichen Äußerungen, welche zur Ausführung oder Verteidigung von Rechten oder zur Wahrnehmung berechtigter Interessen gemacht werden, sowie Vorhaltungen und Rügen der Vorgesetzten gegen ihre Untergebenen, dienstliche Anzeigen oder Urteile von seiten eines Beamten und ähnliche Fälle sind nur insofern strafbar, als das Vorhandensein einer Beleidigung aus der Form der Äußerung oder aus den Umständen, unter welchen sie geschah, hervorgeht.

I. Die Vorschrift normiert einen speziell auf die Beleidigungsdelikte zugeschnittenen und daher nicht analogiefähigen (OLG Stuttgart NStZ 1987, 121 [122]; *Bohnert* NStZ 2004, 301 [305] mwN) **Rechtfertigungsgrund** (BVerfGE 12, 125; BGHSt 18, 182 [184]; NK-*Zaczyk* Rn 1 mwN). Er beruht auf einer Güter- und Interessenabwägung und ist zudem Ausprägung des Grundrechts der freien Meinungsäußerung (BVerfGE 24, 282; BGHSt 12, 287 [293]; 36, 83 [89]; *Otto* NJW 2006, 575 f; SK-*Rogall* Rn 2 mwN; Überblick zur Rspr des BVerfG bei NK-*Zaczyk* Rn 4 f); teilweise wird vertreten, § 193 sei (auch) ein (besonderer) Fall des erlaubten Risikos (*Fischer* Rn 1; *Jescheck/Weigend* § 36 II 1).

Ungeachtet der Regelung des § 193 kann die Rechtswidrigkeit von Beleidigungsdelikten auch unter den Voraussetzungen der allgemeinen Rechtfertigungsgründe entfallen, etwa bei Notwehr (BGHSt 3, 217; BayObLG NJW 1991, 2031) oder aufgrund einer Einwilligung (BGHSt 5, 362; 8, 357; 23, 1 [3]).

II. Als Verfolgung **berechtigter Interessen** sind zunächst die gesetzlich genannten Fälle der Abgabe tadelnder Urteile über wissenschaftliche (usw) Leistungen, Vorhaltungen und Rügen von Vorgesetzten sowie dienstliche Anzeigen oder Urteile durch Beamte anzusehen. Dies beruht auf dem Gedanken, dass sich der Einzelne im sozialen Kontakt der Bewertung seiner Leistungen durch andere stellen muss (vgl LK-*Hilgendorf* Rn 14).

Ferner können herabsetzende Äußerungen gerechtfertigt sein, die der Ausführung oder Verteidigung von Rechten dienen, und zwar sowohl zwischen Personen unmittelbar als auch im Rahmen eines Verfahrens (auch durch Prozessbevollmächtigte). So ist es etwa einem Angeklagten erlaubt, im Strafprozess einen Zeugen als unglaubwürdig hinzustellen (vgl BGH NStZ 1995, 78; OLG Karlsruhe NStZ-RR 2006, 173 [174]). Eine Wahrung berechtigter Interessen kann auch dann vorliegen, wenn bei einer Verfahrenseinstellung oder der Anordnung einer Durchsuchung ehrverletzende Äußerungen gegen einen Staatsanwalt oder Richter getätigt werden, so lange diese Äußerungen keiner Formalbeleidigung oder Schmähkritik gleichkommen (OLG Oldenburg NStZ-RR 2008, 201; Naumburg StraFO 2012, 283 f; Celle 2015, 293 [296]). So stellt etwa die Bezeichnung eines Staatsanwalts als „durchgeknallt" nicht stets eine § 185 unterfallende Schmähkritik dar (BGH NJW 2009, 3016 ff m.Anm. *Muckel* JA 2010, 672 ff). Auf der anderen Seite kann der im Verteidigerplädoyer dem Vertreter der Staatsanwaltschaft gemachte (haltlose) Vorwurf der „Rechtsbeugung" keine Wahrnehmung berechtigter Interessen darstellen (OLG Jena NJW 2002, 1890

[1891]; vgl aber auch OLG Hamm NStZ-RR 2006, 7 f; Beispiele bei S/S/W-*Sinn* Rn 11).

5   Schließlich können ehrenrührige Äußerungen gerechtfertigt sein, wenn sie der Wahrnehmung (sonstiger) berechtigter Interessen dienen. Berechtigt in diesem Sinne sind alle (ideellen wie materiellen) Interessen, die von der Rechtsordnung als schutzwürdig anerkannt und daher auch vom Opfer zu respektieren sind. Einschlägig sind auch **öffentliche Interessen** (Allgemeininteressen), zB das Informationsinteresse an der Aufklärung des Reichstagsbrands (BGH NJW 1966, 647), die Sicherheit des Straßenverkehrs (OLG Düsseldorf VRS 60, 115 ff), die Strafverfolgung (maßgeblich für Strafanzeigen, die nicht leichtfertig erstattet werden, vgl OLG Köln NJW 1997, 1247), politische und rechtliche Entscheidungen (vgl BVerfG NJW 1992, 2815 zu einem Leserbrief über Abschiebemaßnahmen ["Gestapo-Methoden"]).

6   **III. Wahrnehmungsberechtigt** ist jeder, den das Interesse angeht, der also nach vernünftigem Ermessen als dessen Verfechter auftreten darf. Bei privaten Rechten sind dies der Inhaber, Angehörige bzw nahestehende Personen sowie zuständige Vertreter (zB Rechtsanwalt, Steuerberater, Ladendetektiv). Öffentliche Interessen (Allgemeininteressen) können von jedem (als Teil der Allgemeinheit) wahrgenommen werden. Vor allem nimmt die (seriöse) Presse berechtigte Informationsinteressen der Allgemeinheit wahr (BVerfGE 12, 113 [126]; BGHSt 18, 182).

7   **IV.** Die Äußerung ist dann als Wahrnehmung eines berechtigten Interesses **gerechtfertigt**, wenn sie zur Interessenwahrnehmung erforderlich und geeignet ist sowie in angemessener Weise erfolgt.

8   **1.** Die Äußerung ist zur Interessenwahrnehmung **erforderlich**, wenn dem Täter zur Erreichung seines Ziels kein gleichermaßen wirksames, aber milderes Mittel zur Verfügung steht. Hieran fehlt es etwa, wenn ein (vermeintlicher) Warenhausdieb nicht an einem abgelegenen Ort zur Rede gestellt, sondern vor einem größeren Personenkreis bloßgestellt wird (vgl OLG Hamm NJW 1987, 1034).

9   **2.** Die Äußerung ist **geeignet**, wenn sie dem Interesse dienlich ist. Dies ist zB nicht der Fall, wenn die Äußerung gegenüber jemandem erfolgt, der das betreffende Interesse in keiner Weise zu fördern vermag.

10 **3. Angemessen** ist die Interessenwahrnehmung, wenn sich aus einer Abwägung aller Umstände des jeweiligen Falles ergibt, dass das Interesse an der ehrenrührigen Äußerung das Interesse am Schutz der Ehre überwiegt (BayObLG NJW 1995, 2501 [2503]; *Fischer* Rn 9; LK-*Hilgendorf* Rn 17; S/S-*Lenckner/Eisele* Rn 12). Nach verbreiteter Ansicht soll es genügen, wenn das verletzte durch das wahrgenommene Interesse aufgewogen wird (SK-*Rogall* Rn 26) bzw ein gleichwertiges oder erträgliches Verhältnis zwischen den betroffenen Interessen besteht (OLG Frankfurt NJW 1989, 1367 [1368]; 1991, 2032 [2034]; *Geppert* Jura 1985, 29 f). Bei der Abwägung sind, soweit betroffen, die Grundrechte der Meinungs- und Pressefreiheit (Art. 5 I GG) und der Kunstfreiheit (Art. 5 III S. 1 GG) zu beachten (vgl BVerfGE 75, 369 [376]; 81, 278 [298]; 93, 266 [292 ff]; BVerfG NJW 1992, 2815; 2009, 748 ff; m. Bspr *v. Heintschel-Heinegg* JA 2009, 310 ff; NJW-Spezial 2012, 569; OLG Karlsruhe NStZ-RR 2006, 173 f; OLG Frankfurt aM NJW-Spezial 2012, 409; *Karpf*, Die Begrenzung des strafrechtlichen Schutzes der Ehre, 2004, 235 ff; krit. vor allem gegenüber der engen Auslegung des Begriffs der „Schmähkritik" durch das BVerfG *Otto* NJW 2006, 575 [576]; dazu auch BVerfG NJW 2009, 3016 ff m.Anm. *Muckel* JA 2010, 672 ff; BVerfG NJW 2012, 3712 ff; *Fahl* NStZ 2016; 315 ff; *Kühne* GA 2016, 439 ff).

Diese dienen als Maßstäbe für die Konkretisierung des § 193 (so auch NK-*Zaczyk* Rn 6; aA LK-*Hilgendorf* Rn 4: aus Art. 5 I, III seien selbst Rechtfertigungsgründe herzuleiten). Vor allem in Wahlkampfzeiten sind zugespitzte und polemische Äußerungen und Entgegnungen (sog. adäquater Gegenschlag) im politischen Meinungskampf hinzunehmen (BVerfGE 12, 113 [132]; 42, 163; 43, 130; 82, 272; BayObLG NStZ 1983, 265; OLG Frankfurt JR 1996, 250; vgl auch BayObLG JR 2003, 33 m. krit. Anm. *Zaczyk*; *Eppner/Hahn* JA 2006, 702 [705]; näher SK-*Rogall* Rn 31 mwN).

■ **Unangemessen** ist die Interessenwahrnehmung, wenn sie mit der Ehrverletzung **in keinem sachlichen (inneren) Zusammenhang** steht (etwa: Sensationsmeldungen mit übler Nachrede zum Zwecke der Auflagensteigerung und des Arbeitsplatzerhalts; Beleidigungen eines Staatsanwalts oder Richters durch den Verteidiger (OLG Jena NJW 2002, 1890 f; vgl auch BVerfG NJW 2005, 3274 f; OLG Düsseldorf NStZ-RR 2006, 206; OLG Bremen 2013, 276). 11

■ Unangemessen kann ferner die sog. **Flucht in die Öffentlichkeit** sein, wenn der Täter die Möglichkeit hat, sich an den Betroffenen selbst oder an zuständige Behörden zu wenden (OLG Köln NJW 1958, 802; SK-*Rogall* Rn 24 mwN). Dies gilt auch im Verhältnis eines Beamten zu seinem Dienstherrn (VGH Baden-Württemberg VBlBW 2005, 30). 12

■ Unangemessen kann auch die **Nennung von Namen** oder die **Veröffentlichung von Bildern** sein, etwa im Zusammenhang mit der Kriminalberichterstattung (NK-*Zaczyk* Rn 25 mwN). 13

■ Unangemessen sind schließlich ehrverletzende Äußerungen, deren **Haltlosigkeit erkennbar** war. Daher besteht nach hM eine **Informationspflicht**, deren Umfang sich nach den jeweiligen Umständen richtet (BVerfG NJW 2006, 2318 m.Anm. *Vahle* Kriminalistik 2006, 625; BGHSt 3, 75; BayObLGSt 44 [1994], 152; *Fischer* Rn 9, 32 f mwN; zu Ausnahmen bei Strafverteidigungen: BGHSt 14, 48 [51]; BGH NStZ 1987, 554; 1995, 78). 14

■ Da eine **bewusste Lüge** allenfalls in Ausnahmefällen gerechtfertigt sein kann, kommt § 193 für § 187 praktisch nicht in Betracht (vgl BGH NStZ 1995, 78; *Gruber*, Die Lüge des Beschuldigten im Strafverfahren, 2008, 184 ff; S/S-*Lenckner/Eisele* Rn 2). 15

V. Die überwiegende Ansicht entnimmt der Tatbestandsformulierung („zur") das Erfordernis, dass der Täter (ggf neben anderen Beweggründen auch) in der **Absicht** handelt, das betreffende Interesse wahrzunehmen (vgl BGHSt 18, 186; OLG Hamm DB 1980, 1215; LK-*Hilgendorf* Rn 30; SK-*Rogall* Rn 32; *Tenckhoff* JuS 1989, 202; NK-*Zaczyk* Rn 46). Nach einer verbreiteten Mindermeinung genügt dagegen für § 193 – wie für jeden Rechtfertigungsgrund – als **subjektive Voraussetzung** die **Kenntnis** der Rechtfertigungslage (MK-*Joecks* Rn 69; L-Kühl*Kühl* Rn 9; S/S-*Lenckner/Eisele* Rn 23). 16

VI. Die Wahrnehmung berechtigter Interessen nach § 193 schließt die Bestrafung nach § 185 nicht aus, wenn aus der Form der Äußerung oder aus den Umständen, unter denen sie erfolgt, eine Nicht- oder Missachtung des Betroffenen hervorgeht (sog. **Formalbeleidigung**). Das heißt: Form oder Umstände müssen ein selbstständig zu erfassendes Plus an Ehrenkränkung enthalten (LK-*Hilgendorf* § 192 Rn 4 ff; SK-*Rogall* § 192 Rn 6 ff, § 193 Rn 36). Exemplarisch: Der Dienstvorgesetzte trägt seine (berechtigte) Rüge vor, indem er den Untergebenen an- 17 schreit (vgl RGSt 54, 289). Oder: Eine wahre ehrenrührige Tatsache (zB Ladendiebstahl) wird in einem Schaukasten der Öffentlichkeit zugänglich gemacht oder in der Presse aufgebauscht (sog. Publikationsexzess, vgl NK-*Zaczyk* § 192 Rn 3).

§ 194 Strafantrag

(1) ¹Die Beleidigung wird nur auf Antrag verfolgt. ²Ist die Tat durch Verbreiten oder öffentliches Zugänglichmachen einer Schrift (§ 11 Abs. 3), in einer Versammlung oder dadurch begangen, dass beleidigende Inhalte mittels Rundfunk oder Telemedien der Öffentlichkeit zugänglich gemacht worden sind, so ist ein Antrag nicht erforderlich, wenn der Verletzte als Angehöriger einer Gruppe unter der nationalsozialistischen oder einer anderen Gewalt- und Willkürherrschaft verfolgt wurde, diese Gruppe Teil der Bevölkerung ist und die Beleidigung mit dieser Verfolgung zusammenhängt. ³Die Tat kann jedoch nicht von Amts wegen verfolgt werden, wenn der Verletzte widerspricht. ⁴Der Widerspruch kann nicht zurückgenommen werden. ⁵Stirbt der Verletzte, so gehen das Antragsrecht und das Widerspruchsrecht auf die in § 77 Abs. 2 bezeichneten Angehörigen über.

(2) ¹Ist das Andenken eines Verstorbenen verunglimpft, so steht das Antragsrecht den in § 77 Abs. 2 bezeichneten Angehörigen zu. ²Ist die Tat durch Verbreiten oder öffentliches Zugänglichmachen einer Schrift (§ 11 Abs. 3), in einer Versammlung oder durch eine Darbietung im Rundfunk begangen, so ist ein Antrag nicht erforderlich, wenn der Verstorbene sein Leben als Opfer der nationalsozialistischen oder einer anderen Gewalt- und Willkürherrschaft verloren hat und die Verunglimpfung damit zusammenhängt. ³Die Tat kann jedoch nicht von Amts wegen verfolgt werden, wenn ein Antragsberechtigter der Verfolgung widerspricht. ⁴Der Widerspruch kann nicht zurückgenommen werden.

(3) ¹Ist die Beleidigung gegen einen Amtsträger, einen für den öffentlichen Dienst besonders Verpflichteten oder einen Soldaten der Bundeswehr während der Ausübung seines Dienstes oder in Beziehung auf seinen Dienst begangen, so wird sie auch auf Antrag des Dienstvorgesetzten verfolgt. ²Richtet sich die Tat gegen eine Behörde oder eine sonstige Stelle, die Aufgaben der öffentlichen Verwaltung wahrnimmt, so wird sie auf Antrag des Behördenleiters oder des Leiters der aufsichtführenden Behörde verfolgt. ³Dasselbe gilt für Träger von Ämtern und für Behörden der Kirchen und anderen Religionsgesellschaften des öffentlichen Rechts.

(4) Richtet sich die Tat gegen ein Gesetzgebungsorgan des Bundes oder eines Landes oder eine andere politische Körperschaft im räumlichen Geltungsbereich dieses Gesetzes, so wird sie nur mit Ermächtigung der betroffenen Körperschaft verfolgt.

1 I. Alle Beleidigungsdelikte sind **Antragsdelikte**. Hiervon wird nur in § 194 I S. 2, II S. 2 eine **Ausnahme** gemacht, wenn sich die Tat gegen NS-Verfolgte oder andere Opfer einer Gewalt- und Willkürherrschaft richtet. Der Verfolgung von Amts wegen steht jedoch der Widerspruch des Antragsberechtigten entgegen (§ 194 I S. 3, II S. 3).

2 II. Abs. 3 sieht neben dem Antragsrecht des Verletzten eine **Erweiterung** jenes Rechts zusätzlich auf Dienstvorgesetzte und Behördenleiter vor.

III. **Verfolgungsermächtigung:** Nach Abs. 4 tritt die **Ermächtigung** der betroffenen Körperschaft an die Stelle des Strafantrags. Dies hat zur Konsequenz, dass der Privatklageweg nicht beschritten werden kann (§ 374 I Nr. 2 StPO). 3

§§ 195 bis 198 (weggefallen)

§ 199 Wechselseitig begangene Beleidigungen

Wenn eine Beleidigung auf der Stelle erwidert wird, so kann der Richter beide Beleidiger oder einen derselben für straffrei erklären.

§ 200 Bekanntgabe der Verurteilung

(1) Ist die Beleidigung öffentlich oder durch Verbreiten von Schriften (§ 11 Abs. 3) begangen und wird ihretwegen auf Strafe erkannt, so ist auf Antrag des Verletzten oder eines sonst zum Strafantrag Berechtigten anzuordnen, daß die Verurteilung wegen der Beleidigung auf Verlangen öffentlich bekanntgemacht wird.

(2) ¹Die Art der Bekanntmachung ist im Urteil zu bestimmen. ²Ist die Beleidigung durch Veröffentlichung in einer Zeitung oder Zeitschrift begangen, so ist auch die Bekanntmachung in eine Zeitung oder Zeitschrift aufzunehmen, und zwar, wenn möglich, in dieselbe, in der die Beleidigung enthalten war; dies gilt entsprechend, wenn die Beleidigung durch Veröffentlichung im Rundfunk begangen ist.

Fünfzehnter Abschnitt Verletzung des persönlichen Lebens- und Geheimbereichs

Vorbemerkung zu den §§ 201–206

I. Im 15. Abschnitt des StGB werden Delikte zusammengefasst, die vor Eingriffen in die Privat- oder Intimsphäre des Bürgers **schützen** sollen. Es werden jedoch nur bestimmte Angriffsarten sanktioniert, nämlich 1
- die Vertraulichkeit des Wortes (iSe Vertrauens auf die Flüchtigkeit und damit Unbefangenheit der Rede) vor den Möglichkeiten des Zugriffs und Konservierens mit technischen Mitteln (§ 201),
- den engsten räumlichen Lebensbereich (und damit einen Kernbereich des allgemeinen Persönlichkeitsrechts und des Rechts auf informationelle Selbstbestimmung) vor der Verletzung durch Bildaufnahmen (§ 201 a),
- das Briefgeheimnis vor dem Öffnen verschlossener Schriftstücke und anderer Gedankenträger (§ 202),
- elektronisch oder magnetisch gespeicherte oder übermittelte Daten vor unberechtigtem Zugriff (§§ 202 a ff),
- Privatgeheimnisse, die in sozialen Kontakten anderen anvertraut werden, vor Offenbarung gegenüber Unbefugten (§ 203).

2 Den Schutz der Privatsphäre bezwecken auch die §§ 123 und 353 d, nicht aber § 353 b und § 355, die vornehmlich öffentlichen Interessen dienen.

3 II. Bei dem Merkmal **unbefugt** in den Tatbeständen des 15. Abschnitts handelt es sich um die Kennzeichnung der Rechtswidrigkeit als allgemeines Deliktsmerkmal (BGHSt 31, 304 [306]; BGH NJW 1983, 1570; L-Kühl-*Kühl* Rn 2; diff. S/S-*Lenckner/Eisele* § 201 Rn 13 f, 29). Das Abhören fremder Kommunikation mit technischen Geräten oder das Offenbaren fremder Geheimnisse ist also grds. verboten und nur in besonderen Rechtfertigungslagen gestattet.

§ 201 Verletzung der Vertraulichkeit des Wortes

(1) Mit Freiheitsstrafe bis zu drei Jahren oder mit Geldstrafe wird bestraft, wer unbefugt
1. das nichtöffentlich gesprochene Wort eines anderen auf einen Tonträger aufnimmt oder
2. eine so hergestellte Aufnahme gebraucht oder einem Dritten zugänglich macht.

(2) ¹Ebenso wird bestraft, wer unbefugt
1. das nicht zu seiner Kenntnis bestimmte nichtöffentlich gesprochene Wort eines anderen mit einem Abhörgerät abhört oder
2. das nach Absatz 1 Nr. 1 aufgenommene oder nach Absatz 2 Nr. 1 abgehörte nichtöffentlich gesprochene Wort eines anderen im Wortlaut oder seinem wesentlichen Inhalt nach öffentlich mitteilt.

²Die Tat nach Satz 1 Nr. 2 ist nur strafbar, wenn die öffentliche Mitteilung geeignet ist, berechtigte Interessen eines anderen zu beeinträchtigen. ³Sie ist nicht rechtswidrig, wenn die öffentliche Mitteilung zur Wahrnehmung überragender öffentlicher Interessen gemacht wird.

(3) Mit Freiheitsstrafe bis zu fünf Jahren oder mit Geldstrafe wird bestraft, wer als Amtsträger oder als für den öffentlichen Dienst besonders Verpflichteter die Vertraulichkeit des Wortes verletzt (Absätze 1 und 2).

(4) Der Versuch ist strafbar.

(5) ¹Die Tonträger und Abhörgeräte, die der Täter oder Teilnehmer verwendet hat, können eingezogen werden. ²§ 74 a ist anzuwenden.

1 I. Deliktsaufbau:
    A) Tatbestand:
        I. Objektiver Tatbestand:
           1. Abs. 1 Nr. 1: Aufnahme des nichtöffentlich gesprochenen Wortes eines anderen auf einen Tonträger (Rn 3 ff)
           2. Abs. 1 Nr. 2: Gebrauchen oder Zugänglichmachen einer iSv Abs. 1 Nr. 1 hergestellten Aufnahme (Rn 10 f); Bagatellklausel (Rn 18)
           3. Abs. 2 Nr. 1: Abhören des nicht zur Kenntnis bestimmten nichtöffentlich gesprochenen Wortes mit einem Abhörgerät (Rn 13 ff) oder

4. Abs. 2 Nr. 2: öffentliche Mitteilung (Rn 17) einer nach Abs. 1 Nr. 1 aufgenommenen oder nach Abs. 2 Nr. 1 abgehörten Äußerung
II. Subjektiver Tatbestand: (zumindest bedingter) Vorsatz
B) Rechtswidrigkeit: unbefugtes Handeln (Rn 19, 21 ff)
C) Schuld
D) Strafantrag (§ 205)
E) ggf Qualifikation: Abs. 3 (Rn 20)

II. Nach **Abs. 1** handelt tatbestandsmäßig, wer das nichtöffentlich gesprochene Wort eines anderen auf einen Tonträger aufnimmt (Nr. 1) oder eine so hergestellte Aufnahme gebraucht oder einem Dritten zugänglich macht (Nr. 2). 2

1. Ein **gesprochenes Wort** iSv Abs. 1 Nr. 1 ist die mündliche Äußerung einer durch die Lautgestalt symbolisch vermittelten Gedankenerklärung. Nach vorherrschender Ansicht gehört auch der Gesang zum Sprechen (*Fischer* Rn 3; MK-*Graf* Rn 10; NK-*Kargl* Rn 7; LK-*Schünemann* Rn 6; aA L-Kühl-*Kühl* Rn 2). Rein musikalische Darbietungen werden dagegen ebenso wenig erfasst wie Mitteilungen nicht verbaler Art (zB durch Gesten) oder bloßes Ausstoßen von Lauten (Schreien, Stöhnen, Gähnen). Heimliches Fotografieren und Filmen (ohne Ton) sind daher nicht tatbestandsmäßig (vgl aber § 201 a). 3

Ein Wort ist **nichtöffentlich** gesprochen, wenn der Sprechende noch die Kontrolle über die Reichweite seiner Äußerung hat. Äußerungen sind deshalb auch dann nichtöffentlich, wenn sie zwar vor einem größeren, aber (zur Sicherung der Unbefangenheit der Kommunikation) auf bestimmte Personen begrenzten Hörerkreis erfolgen; dies gilt nicht, wenn zu einer Veranstaltung grds. jedermann (ggf mit Eintrittskarten o.Ä.) Zutritt hat. Kriterium für die Nichtöffentlichkeit ist der Schutz der **Unbefangenheit der Kommunikation**, nicht der Vertraulichkeit. Auch Äußerungen, die als solche keine Geheimnisse sind, unterfallen dem Tatbestand. Nicht nur private, sondern auch dienstliche Äußerungen können nichtöffentlich sein (vgl BVerfG NJW 2011, 1859 (1862); OLG Frankfurt NJW 1977, 1547: polizeiliches Vernehmungsgespräch; vgl zu Lehrern im Unterricht und zum sog. Online-Mobbing *Beck* MMR 2008, 77 [78 f]). Aufnahmen in einer öffentlichen Hauptverhandlung sind dagegen auch bei fehlenden Zuhörern nicht einschlägig. 4

Eine Äußerung ist nicht schon deshalb öffentlich, weil sie unbemerkt oder ungebeten (dh ohne konkludente Einwilligung des Sprechenden) belauscht werden kann (vgl OLG Schleswig NStZ 1992, 399 [400]; OLG Thüringen NStZ 1995, 502). Sie kann jedoch „faktisch" öffentlich werden, wenn sie von unbestimmt vielen Personen ohne besondere Bemühung mitgehört werden kann (NK-*Kargl* Rn 8). Im **nichtöffentlichen Funkverkehr** (Polizeifunk, Taxifunk) wird öffentlich gesprochen, da die Sonderfrequenzen von jedermann mithilfe eines entsprechenden Gerätes abgehört werden können (hM). 5

2. Als **Tonträger** sind alle Geräte mit akustischer Wiedergabemöglichkeit anzusehen. 6

3. **Aufnehmen** ist die Fixierung des gesprochenen Wortes auf einem Tonträger (*Fischer* Rn 5). Nicht tatbestandsmäßig ist das Herstellen einer Kopie von einer Aufnahme. Vielmehr ist im Kopiervorgang – allerdings nur bei Kenntnisnahme des Inhalts – ein Gebrauchen iSv Abs. 1 Nr. 2 zu sehen, zumal die Gefährdung des Schutzgutes bereits durch die Originalaufnahme eingetreten ist (SK-*Hoyer* Rn 13; S/S-*Lenckner/Eisele* Rn 12). 7

8 4. Dem Wortlaut nach verweist das Merkmal „**so hergestellte Aufnahme**" in Abs. 1 Nr. 2 auf den Text von Abs. 1 Nr. 1, während sich das Merkmal „unbefugt" in der ersten Satzhälfte von Abs. 1 auf beide Tatvarianten gleichermaßen bezieht. Demzufolge wäre es auch tatbestandsmäßig, wenn eine zunächst befugt hergestellte Aufnahme später unbefugt gebraucht wird.

9 Nach hM soll gleichwohl nur das Gebrauchen einer schon unbefugt (oder zumindest ohne Einwilligung) hergestellten Aufnahme tatbestandsmäßig sein (*Fischer* Rn 6; NK-*Kargl* Rn 12; LK-*Schünemann* Rn 16; vgl auch OLG Düsseldorf NJW 1995, 975). Dies ist unter dem Aspekt, dass mit Einwilligung in eine Aufnahme kein Vertrauen in die Unbefangenheit einer Äußerung mehr besteht, berechtigt. Exemplarisch: Die abredewidrige Veröffentlichung eines einverständlich erstellten Tonbandprotokolls einer vertraulichen Besprechung ist demnach nicht tatbestandsmäßig. Gleiches gilt für die Veröffentlichung eines heimlich entwendeten, aber mit Einwilligung hergestellten Gesprächsmitschnitts.

10 5. Die Aufnahme **gebraucht**, wer von ihrem Inhalt durch Abspielen Kenntnis nimmt. Die Kenntnisnahme kann auch durch Abspielen einer Kopie erfolgen. Kein Gebrauch der Aufnahme ist die schriftliche Wiedergabe ihres gedanklichen Inhalts; die schriftliche Veröffentlichung des Inhalts verbotener Aufnahmen ist also nicht tatbestandsmäßig.

11 6. Eine Aufnahme ist **einem Dritten zugänglich gemacht**, wenn dieser entweder selbst unmittelbar von ihrem Inhalt durch Wiedergabe Kenntnis erlangt oder wenn ihm der Tonträger vom Täter zum Gebrauch überlassen wird.

12 III. Nach **Abs. 2** handelt tatbestandsmäßig, wer das nicht zu seiner Kenntnis bestimmte nichtöffentlich gesprochene Wort eines anderen mit einem Abhörgerät abhört (Nr. 1) oder ein nach Abs. 1 Nr. 1 aufgenommenes oder nach Absatz 2 Nr. 1 abgehörtes nichtöffentlich gesprochenes Wort eines anderen öffentlich mitteilt (Nr. 2).

13 1. Eine Äußerung ist **nicht zur Kenntnis** des Täters **bestimmt**, wenn dieser nicht zu ihrem vom Sprecher bestimmten Adressatenkreis (durch Zuhören oder spätere Inhaltsübermittlung) gehört (LK-*Schünemann* Rn 23 ff). Einschlägig ist insbesondere der Fall, dass der Täter die Äußerung jenseits der vom Sprecher bestimmten Reichweite abhört. Das Merkmal ist **tatbezogen** und fällt nicht unter § 28 I.

14 2. Als **Abhörgerät** kommt jede Vorrichtung in Betracht, durch welche eine Äußerung über ihren Klangbereich hinaus durch Verstärkung oder Übertragung unmittelbar wahrnehmbar gemacht werden kann; beispielhaft sind Minisender oder Mikrophone. Das Risiko, innerhalb des normalen Klangbereichs gehört zu werden, geht zulasten des Sprechers. Der Lauscher an der Wand handelt also nur tatbestandsmäßig, wenn er sich eines Hörrohrs bedient, nicht aber, wenn er nur sein Ohr anlegt.

15 Übliche Fernsprechgeräte sind keine Tatwerkzeuge, auch nicht, wenn sie aufgrund eines Defekts das Mithören fremder Gespräche ermöglichen (hM, vgl MK-*Graf* Rn 32). Gleiches gilt für handelsübliche Zusatzeinrichtungen zum Mithören, da der Sprecher mit deren Vorhandensein rechnen muss (BGHSt 39, 335 [343]; BGH NJW 1982, 1397 [1398]; OLG Hamm NStZ 1988, 515; *Sternberg-Lieben* Jura 1995, 299 [303]; aA S/S-*Lenckner/Eisele* Rn 19).

16 3. **Abhören** ist zunächst die unmittelbare Kenntnisnahme einer Äußerung. Einschlägig ist aber auch das Aufnehmen mithilfe eines Abhörgeräts auf einen Tonträger, mit dessen Hilfe die Äußerung später zur Kenntnis genommen werden kann (S/S-*Lenckner/Eisele* Rn 20; LK-*Schünemann* Rn 21). Das Abhören verlangt eine gewisse Aktivität; der Täter muss etwa das Abhörgerät einschalten oder sich in den Wirkungsbereich eines bereits laufenden Geräts begeben. Da der Tatbestand kein eigenhändiges Delikt ist, muss der Täter die Äußerung nicht selbst zur Kenntnis nehmen; er kann sich auch eines Dritten als Werkzeug bedienen.

4. Die (mündliche oder schriftliche) **Mitteilung** ist **öffentlich**, wenn der Wortlaut oder der wesentliche Inhalt einer Äußerung von einem größeren, nach Zahl und Individualität unbestimmten und auch nicht durch nähere Beziehung verbundenen Personenkreis zur Kenntnis genommen werden kann.

5. Die in **Abs. 2 S. 2** formulierte **Bagatellklausel** dient dem Zweck, den Anwendungsbereich der Norm bereits auf Tatbestands- und nicht erst auf der Rechtswidrigkeitsebene zu begrenzen. Zu den berechtigten Interessen vgl § 193 Rn 3.

6. Abs. 2 S. 3 enthält einen **Rechtfertigungsgrund**, der sich nur auf (überragende) öffentliche Interessen bezieht; für die Wahrnehmung privater Interessen gilt vor allem § 34 (vgl Rn 20).

IV. Nach **Abs. 3** werden Amtsträger (vgl § 11 I Nr. 2) und besonders für den öffentlichen Dienst Verpflichtete (vgl § 11 I Nr. 4) schärfer bestraft, wenn sie die Tat nach Abs. 1 und 2 in dieser Eigenschaft („als") begehen. Erforderlich ist zudem, dass die Tat in einem **inneren Zusammenhang mit dem Amt** steht.

V. Bezüglich möglicher **Rechtfertigungsgründe** (Einwilligung, Notwehr, Notstand) gilt:

- Eine **Einwilligung** – die deliktssystematisch auch als Tatbestandsausschlussgrund eingestuft wird (vgl Vor § 13 Rn 162; L-Kühl-*Kühl* Rn 9 mwN) – kann auch konkludent erteilt werden (Vor § 13 Rn 172). Hiervon kann etwa ausgegangen werden, wenn jemand, der erkennbar weiß, dass seine Äußerungen aufgenommen werden, sich hiergegen nicht verwahrt, sondern weiterspricht.

- **Notwehr** (§ 32) kommt in Betracht, wenn die Aufnahme etwa der Abwehr einer Erpressung dient. Allerdings kann hier die Gegenwärtigkeit des Angriffs problematisch sein (zur Gegenwärtigkeit des Angriffs und zur sog. notwehrähnlichen Lage vgl *Kühl* § 7/42; S/S-*Lenckner/Eisele* Rn 32; *Roxin* I § 15/21 ff; vgl auch BGHSt 34, 39 [51 f]; *Nelles* Stree/Wessels-FS 719 [733 f]).

- **Notstand** (§ 34) kann einschlägig sein, wenn etwa anderweitig nicht zu gewinnende Beweismittel durch heimliche Aufzeichnungen erlangt werden sollen. Dies gilt nach hM jedoch nur für Privatpersonen, da für Strafverfolgungsorgane abschließende Regelungen bestehen (vgl §§ 100 a ff StPO) und auf § 34 nicht zurückgegriffen werden kann (BGHSt 31, 304 [306 f]; 34, 39 [51 f]; S/S-*Lenckner/Eisele* Rn 31 a, 34 a).

VI. Da sich im Gebrauch der Aufnahme lediglich die in der Herstellung liegende Gefahr realisiert, bilden Aufnehmen und Gebrauchen eine **einheitliche Tat**. Wird eine Aufnahme mehrmals gebraucht, besteht zwischen diesen Handlungen **Realkonkurrenz** (vgl SK-*Hoyer* Rn 49). Beim Aufnehmen der abgehörten Äußerungen auf einen Tonträger ist **Tateinheit** zwischen Abs. 1 und 2 gegeben.

§ 201 a Verletzung des höchstpersönlichen Lebensbereichs durch Bildaufnahmen

(1) Mit Freiheitsstrafe bis zu zwei Jahren oder mit Geldstrafe wird bestraft, wer
1. von einer anderen Person, die sich in einer Wohnung oder einem gegen Einblick besonders geschützten Raum befindet, unbefugt eine Bildaufnahme herstellt oder überträgt und dadurch den höchstpersönlichen Lebensbereich der abgebildeten Person verletzt,
2. eine Bildaufnahme, die die Hilflosigkeit einer anderen Person zur Schau stellt, unbefugt herstellt oder überträgt und dadurch den höchstpersönlichen Lebensbereich der abgebildeten Person verletzt,
3. eine durch eine Tat nach den Nummern 1 oder 2 hergestellte Bildaufnahme gebraucht oder einer dritten Person zugänglich macht oder
4. eine befugt hergestellte Bildaufnahme der in den Nummern 1 oder 2 bezeichneten Art wissentlich unbefugt einer dritten Person zugänglich macht und dadurch den höchstpersönlichen Lebensbereich der abgebildeten Person verletzt.

(2) Ebenso wird bestraft, wer unbefugt von einer anderen Person eine Bildaufnahme, die geeignet ist, dem Ansehen der abgebildeten Person erheblich zu schaden, einer dritten Person zugänglich macht.

(3) Mit Freiheitsstrafe bis zu zwei Jahren oder mit Geldstrafe wird bestraft, wer eine Bildaufnahme, die die Nacktheit einer anderen Person unter achtzehn Jahren zum Gegenstand hat,
1. herstellt oder anbietet, um sie einer dritten Person gegen Entgelt zu verschaffen, oder
2. sich oder einer dritten Person gegen Entgelt verschafft.

(4) Absatz 1 Nummer 2, auch in Verbindung mit Absatz 1 Nummer 3 oder Nummer 4, Absatz 2 und 3 gelten nicht für Handlungen, die in Wahrnehmung überwiegender berechtigter Interessen erfolgen, namentlich der Kunst oder der Wissenschaft, der Forschung oder der Lehre, der Berichterstattung über Vorgänge des Zeitgeschehens oder der Geschichte oder ähnlichen Zwecken dienen.

(5) ¹Die Bildträger sowie Bildaufnahmegeräte oder andere technische Mittel, die der Täter oder Teilnehmer verwendet hat, können eingezogen werden. ²§ 74 a ist anzuwenden.

1 I. Bis zum 49. StrÄndG war der Anwendungsbereich von § 201 a beschränkt auf Bildaufnahmen von Personen, die sich in einer Wohnung oder in einem gegen Einblick besonders geschützten Bereich befinden. Geschützt wurde damit der höchstpersönliche Lebensbereich im Sinne eines letzten räumlichen Rückzugsbereichs des Einzelnen (zum Schutzzweck BGH NStZ-RR 2015, 141; zur Entstehungsgeschichte *Kächele*, Der strafrechtliche Schutz vor unbefugten Bildaufnahmen [§ 201 a StGB], 2007, 45 ff, 55; NK-*Kargl* Rn 1 f; *Murmann* Maiwald-FS 585 [586 ff]; zu den Auswirkungen auf die journalistische Tätigkeit ausf. *Kraenz*, Der strafrechtliche Schutz des Persönlichkeitsrechts, 2008).

Durch die zum einen ständige Verfügbarkeit von Kameras, die in Mobiltelefonen eingebaut sind, und zum anderen durch die angesichts der Anonymität geringe Hemmschwelle der Verbreitung von Inhalten in Telemedien sah sich der Gesetzgeber veranlasst, eine Norm zu erschaffen, die die Herstellung und nachfolgende Verbreitung von Bildaufnahmen in entwürdigenden, bloßstellenden oder gewalttätigen Situationen unter Strafe stellt (BT.Drucks. 18/2601, 36; krit. *Eisele/Sieber* StV 2015, 312 ff, die Fehler vor allem in der fehlenden Abstimmung mit dem KUrhG und der verfassungsrechtlich bedenklich weiten Fassung des § 201 a Abs. 2 sehen). Des Weiteren wurde das Höchstmaß der angedrohten Freiheitsstrafe für die unbefugte Herstellung und Übertragung von Bildaufnahmen von einem Jahr auf zwei Jahren erhöht. In der Deliktsstruktur besteht eine sachliche Parallele zum Schutz vor unbefugtem Abhören (BT-Drucks. 15/2466, 4; *Heuchemer/Paul* JA 2006, 616), die sich auch im **Deliktsaufbau** widerspiegelt:

A) Tatbestand:
  I. Objektiver Tatbestand:
   1. Abs. 1: Verletzung des höchstpersönlichen Lebensbereichs durch unbefugtes Herstellen und Übertragen von Bildaufnahmen einer Person, die sich in einer Wohnung oder in einem gegen Einblick besonders geschützten Raum befindet (Rn 2 ff)
   2. Abs. 2: Verletzung des höchstpersönlichen Lebensbereichs durch das Gebrauchen und Zugänglichmachen einer nach Abs. 1 hergestellten Bildaufnahme (Rn 8 ff)
   3. Abs. 3: Verletzung des höchstpersönlichen Lebensbereichs durch wissentlich unbefugtes Zugänglichmachen befugt hergestellter Bildaufnahmen von einer Person, die sich in einer Wohnung oder einem gegen Einblick besonders geschützten Raum befindet (Rn 9)
  II. Subjektiver Tatbestand: (zumindest bedingter) Vorsatz hinsichtlich Abs. 1 und 2; direkter Vorsatz hinsichtlich Abs. 3 (Rn 12)
B) Rechtswidrigkeit: unbefugtes Handeln
C) Schuld
D) Strafantrag (§ 205)

II. Abs. 1 hat durch das StrÄndG eine neue Prägung erhalten und wurde erheblich erweitert. 2

1. Nach **Abs. 1 Nr. 1** handelt tatbestandsmäßig, wer von einer anderen Person, die sich in einer Wohnung oder einem gegen Einblick besonders geschützten Raum befindet, unbefugt Bildaufnahmen herstellt oder überträgt und dadurch deren höchstpersönlichen Lebensbereich verletzt.

Tatopfer kann jede vom Täter verschiedene Person sein; Selbstaufnahmen sind 3 nicht tatbestandsmäßig. Ebenfalls nicht erfasst werden nach Wortlaut, Systematik und Entstehungsgeschichte der Vorschrift Verstorbene (*Kühl* AfP 2004, 190 [195]; *Linkens*, Der strafrechtliche Schutz vor unbefugten Bildaufnahmen, 2005, 71; *Sauren* ZUM 2005, 425 [430]). Einschlägig ist nur das Fotografieren von Personen, nicht jedoch das Fotografieren von Gegenständen wie Einrichtungen oder Dokumenten (krit. *Kargl* ZStW 117, 324 [352]; *Koch* GA 2005, 589 [598]).

Die **Wohnung** ist ein räumlicher Bereich, der einer Einzelperson oder einer zu- 4 sammengehörenden Mehrheit von Personen (zB einer Familie) als Mittelpunkt ihres privaten, ungestörten Lebens und so der individuellen Selbstentfaltung dienen soll (NK-*Kargl* Rn 4 mwN). Dieser Zweck erfordert zwar eine bauliche Abgegrenztheit der Räumlichkeiten, bedarf aber – als absolut geschützter Bereich – keiner Vorkehrungen zur Verhinderung des Einblicks von außen. Die Eigentumslage ist ohne Bedeutung, so dass auch Hotelzimmer erfasst werden (BT-Drucks.

15/1891, 7; 15/2466, 5; mw Beispielen LK-*Valerius* Rn 15; vgl auch *Eisele* JR 2005, 6 [8]).

5 Mit dem **gegen Einblick besonders geschützten Raum** soll der Bereich erfasst werden, der zwar nicht zur Wohnung, wohl aber zur Intimsphäre und privaten Lebensgestaltung gehört (krit. zur Ausgestaltung des Tatbestandsmerkmals *Murmann* Maiwald-FS 585 [593]). Vorausgesetzt ist ein vollständiger und undurchdringlicher Sichtschutz, der verhindert, dass Personen, die sich bewusst der Öffentlichkeit entzogen haben, in ihrer Privatheit gestört werden (BT-Drucks. 15/1891, 7; 15/2466, 5). Entscheidend hierfür ist keine Umschlossenheit und Abgegrenztheit, sondern die Versagung der Einblickmöglichkeit (*Eisele* JR 2005, 6 [8]; *Hesse* ZUM 2005, 432 [433]), wie dies auch bei einem mit einer Hecke umgrenzten Garten der Fall sein kann (vgl *Bosch* JZ 2005, 377 [379]; vgl aber auch AG Bielefeld Kriminalistik 2006, 335 m.Anm. *Vahle*). Exemplarisch sind Umkleidekabinen, Solarien, Toiletten oder Duschkabinen. Geschützt werden daher keine Personen, die sich in der Öffentlichkeit befinden (*Eisele* JR 2005, 6 [8]; NK-*Kargl* Rn 3, 5; L-Kühl-*Kühl* Rn 2), so dass das Fotografieren im öffentlichen Saunabereich eines Erlebnisbades kein tatbestandsmäßiges Verhalten darstellt (OLG Koblenz NStZ 2009, 268).

6 Eine **Bildaufnahme** ist **hergestellt**, wenn das Bild auf einem Bild- oder Datenträger fixiert und eine bildliche Wiedergabe möglich ist (BT-Drucks. 15/2466, 5; L-Kühl-*Kühl* Rn 4; zum sachlich übereinstimmenden Aufnehmen bei Tonträgern vgl § 201 Rn 7). **Übertragen** einer Bildaufnahme bedeutet die direkte Weiterleitung von Bildern oder Bilderfolgen, ohne dass es einer Speicherung bedarf. Erfasst werden auch sog. Echtzeitübertragungen mittels Web- oder Spycams (BT-Drucks. 15/1891, 7; 15/2466, 5; NK-*Kargl* Rn 6 a). Einer Kenntnisnahme durch den Täter bedarf es nicht.

7 2. Nach **Abs. 1 Nr. 2** macht sich strafbar, wer eine Bildaufnahme, die die Hilflosigkeit einer anderen Person zur Schau stellt, unbefugt herstellt oder überträgt und dadurch den höchstpersönlichen Lebensbereich der abgebildeten Person verletzt. Da sich diese Situationen nicht notwendigerweise ausschließlich in Wohnungen oder in gegen Einblick besonders geschützen Räumen ergeben, sondern auch außerhalb dieser geschützten Räumlichkeiten auftreten können, hat der Gesetzgeber auf dieses Merkmal bei Neueinführung der Nr. 2 verzichtet. Eine Definition des Begriffs „Hilflosigkeit" blieb aus. Als Beispiel für den Anwendungsbereich werden betrunkene Personen oder Opfer einer Gewalttat genannt, die verletzt und blutend auf dem Boden liegen. Unklar ist, ob die Hilflosigkeit lediglich bei nicht nur unerheblichen Gefahren für Leib oder Leben zu bejahen ist (bej. *Eisele/Sieber* StV 12, [313], die an die hilflose Lage iSd § 221 anknüpfen wollen; abl. *Busch* NJW 2015, 977 [978]). Erforderlich ist, dass die Hilflosigkeit einer anderen Person auf der Bildaufnahme in den Fokus gerückt wird und nicht lediglich völlig untergeordnetes Beiwerk der Aufnahme ist (*Eisele/Sieber* StV 2015, 312 [314]).

8 3. Nach **Abs. 1 Nr. 3** handelt tatbestandsmäßig, wer eine durch eine Tat nach Abs. 1 Nr. 1 oder 2 hergestellte Bildaufnahme gebraucht oder einem Dritten zugänglich macht. **Gebrauchen** ist jede Nutzung der Bildaufnahme, zB ihr Speichern oder Kopieren (*Kargl* ZStW 117, 324 [334]); krit. *Lagardère/Fink* HRRS 2008, 247). Auch das Betrachten der Bildaufnahme durch den Täter (L-Kühl-*Kühl* Rn 6; abw. *Koch* GA 2005, 589 [600]) oder einen Dritten (BT-Drucks. 15/1891, 7) fällt unter den Gebrauch. Eine Bildaufnahme ist in Anlehnung an § 201 I Nr. 2 **zugänglich gemacht**, wenn der Täter einer oder mehreren Personen

den Zugriff auf das Bild oder die Kenntnisnahme vom Gegenstand des Bildes ermöglicht. Dabei kommt es nicht auf eine tatsächliche Kenntnisnahme der betroffenen Person an.

4. In **Abs. 1 Nr. 4** wird das wissentlich unbefugte Zugänglichmachen einer befugt hergestellten Bildaufnahme gegenüber einem Dritten unter Strafe gestellt. Hier hat der Täter die Bildaufnahme *mit* dem Willen der abgebildeten Person hergestellt, verbreitet sie allerdings ohne oder entgegen deren Willen. Grund dieser Strafbarkeit ist ein gegenüber der abgebildeten Person begangener Vertrauensbruch (L-Kühl-*Kühl* Rn 8 mwN; abw. *Heuchemer/Paul* JA 2006, 616 [620]). Problematisch ist jedoch, dass Selbstaufnahmen nach dem Wortlaut der Vorschrift grds. nicht strafbar sind, so dass sich die Frage stellt, ob die Veröffentlichung von gemeinschaftlich erstellten Bildern oder Aufnahmen (zB Geschlechtsverkehr) unter die Norm fallen (vgl S/S/W-*Bosch* Rn 5). Dies dürfte vor dem Hintergrund der Vorschrift jedenfalls der Intention des Gesetzgebers entsprechen. 9

5. Taterfolg ist die **Verletzung des höchstpersönlichen Lebensbereichs.** Gegenstand des höchstpersönlichen Lebensbereichs ist die Intimsphäre einer Person und umfasst Krankheit, Tod und Sexualität, die innere Gedanken- und Gefühlswelt mit ihren äußeren Erscheinungsformen sowie Angelegenheiten einer Person, die ihrer Natur nach der Geheimhaltung unterliegen, wie dies bei der Benutzung von Toiletten, Saunen, Solarien uÄ oder bei ärztlichen Untersuchungen der Fall ist (BT-Drucks. 15/1891, 7; 15/2466, 5; *Kargl* ZStW 117, 324 [337]; *Koch* GA 2005, 589 [596]; *Linkens*, Der strafrechtliche Schutz vor unbefugten Bildaufnahmen, 2005, 64 ff; krit. hinsichtlich der Bestimmtheit *Bosch* JZ 2005, 377 [379]; *Hesse* ZUM 2005, 432 [435]; *Tillmanns/Führ* ZUM 2005, 441 [444]). Verletzt ist der geschützte Lebensbereich, wenn er durch die Bildaufnahme kenntlich gemacht wird, also der Rückzug der betroffenen Person aus der Öffentlichkeit in eine selbstbestimmte Privatsphäre gestört wird. Problematisch erscheint es nun, dass im Zuge des 49. StrÄndG der Schutz des höchstpersönlichen Lebensbereiches erheblich ausgeweitet worden ist. Dass die Aufnahme in der Wohnung oder in einem gegen Einblick besonders geschützten Raum hergestellt wird, ist außer bei § 201a Abs. 1 Nr. 1 nicht mehr notwendig. Kritisiert wird daher, dass ehrverletzende Bildaufnahmen nicht notwendig die Intimsphäre des Betroffenen beeinträchtigen, so dass eine teleologische Reduktion des § 201 a Abs. 2 gefordert wird (*Busch* NJW 2015, 977 [980]). Die Verletzung erfordert keine Erkennbarkeit der abgebildeten Person auf der Bildaufnahme; andernfalls bestünde die Gefahr, dass eine Strafbarkeit des Täters vom Zufall abhängen könnte (*Ernst* NJW 2004, 1277 [1278]; *Flechsig* ZUM 2004, 605 [611]). Tatbestandlich erfasst werden jedenfalls solche Bildaufnahmen, die aufgrund hinreichend vorhandener Identifizierungsmerkmale von den jeweiligen Tatopfern der eigenen Person zugeordnet werden können (BGH NStZ 2015, 391) 10

III. Nach **Abs. 2** handelt tatbestandsmäßig, wer unbefugt von einer anderen Person eine Bildaufnahme, die geeignet ist, dem Ansehen der abgebildeten Person erheblich zu schaden, einer dritten Person zugänglich macht. Unter bloßstellenden Bildaufnahmen versteht man solche, welche die abgebildete Person in peinlichen oder entwürdigenden Situationen oder in einem solchen Zustand zeigen, so dass üblicherweise von einem Interesse daran auszugehen ist, dass die Aufnahmen nicht hergestellt, übertragen oder Dritten zugänglich gemacht werden (BT-Drucks. 18/2601, 37). Maßstab dafür, ob eine Bildaufnahme geeignet ist, dem Ansehen der abgebildeten Person erheblich zu schaden, ist die Beurteilung durch einen durchschnittlichen Betrachter (BT-Drucks. 18/2601, 37). Die Gesetzesbe- 11 gründung lässt allerdings offen, auf welche Kriterien genau für den Begriff „Ansehen einer Person" abzustellen ist, der zudem bisher im StGB nicht auftaucht (krit. *Eisele/Sieber* StV 2015, 312 [315 f] und *Busch* NJW 2015, 977 [978], die auf die Grundsätze der § 185 ff zurückgreifen). Die mögliche Beeinträchtigung des Ansehens muss nach Art, Intensität und Dauer sowie Berücksichtigung der Begleitumstände gravierend sein (*Eisele/Sieber* StV 2015, 312 [315 f]). Auf das Erfordernis der Verletzung des höchstpersönlichen Lebensbereiches wurde verzichtet, da davon auszugehen ist, dass bei bloßstellenden Bildaufnahmen der höchstpersönliche Lebensbereich verletzt ist.

12 **IV. Abs. 3 Nr. 1, 2** erfüllt, wer eine Bildaufnahme, die die Nacktheit einer anderen Person unter 18 Jahren zum Gegenstand hat, herstellt oder anbietet, um sie einer dritten Person gegen Entgelt zu verschaffen, oder sich oder einer dritten Person gegen Entgelt verschafft. Dem Gesetzgeber war es insbesondere nach der „Edathy-Affäre" gelegen, Bildaufnahmen von unbekleideten Kindern zu vorwiegend sexuellen Zwecken unter Strafe zu stellen (krit. *Fischer* Rn 26). Weder eine besondere Hervorhebung der Nacktheit noch ein kinder- oder jugendpornographischer Inhalt ist erforderlich, auch muss die „Nacktheit" nicht vollständig sein. Unter Entgelt ist nach § 11 Nr. 9 jede in einem Vermögensvorteil bestehende Gegenleistung zu verstehen. Somit ist auch das Anbieten und Zugänglichmachen im Rahmen eines Tauschsystems gem. § 201 a Abs. 3 Nr. 1 und 2 strafbar.

13 **V.** Das Merkmal **unbefugt iSd Abs. 1 und 2** stellt einen Hinweis auf die allgemeine Rechtswidrigkeit dar (L-Kühl-*Kühl* Rn 9). Durch den Eingriff in den höchstpersönlichen Lebensbereich wird bereits hinreichend Unrecht verwirklicht (*Kühl* AfP 2004, 190 [196]; *Linkens*, Der strafrechtliche Schutz vor unbefugten Bildaufnahmen, 2005, 120; aA *Pollähne* KritV 2003, 387 [414]). Mit der Neufassung des § 201 a wurde das Merkmal „unbefugt" in Abs. 3 gestrichen (krit. *Busch* NJW 2015, 977 [979]). Ein tatbestandsausschließendes Einverständnis oder eine rechtfertigende Einwilligung sind weiterhin möglich (BT-Drucks. 18/3202, 25). Minderjährige können nach allgemeinen Grundsätzen selbst einwilligen, wenn sie über die erforderliche Einsichtsfähigkeit verfügen (vgl Vor § 13 Rn 168 ff). Fehlt dem Rechtsgutsinhaber die nötige Einsichtsfähigkeit, so ist der Personenberechtigte – im Interesse des Rechtsgutsinhabers – entscheidungsbefugt (vgl Vor § 13 Rn 177). Überschreitet dieser seine Entscheidungsbefugnis, ist die Einwilligung unwirksam. Dies gilt etwa beim Verkauf der Kinder zum Zwecke der Herstellung von Nacktfotos oder bei der eigenen Herstellung von Nacktbildern, die kommerziell verbreitet werden sollen (*Eisele/Sieber* StV 2015, 312 [315]).

14 **VI. Abs. 1 Nr. 3 und 4 sowie Abs. 3** verlangen das Zugänglichmachen gegenüber einem **Dritten**. Problematisch ist daher, ob auch das Zugänglichmachen unbefugt gewonnenen Materials gegenüber Polizeibeamten ein tatbestandsmäßiges Verhalten darstellt (ausf. *Lagardère/Fink* HRRS 2008, 247 ff).

15 **VII.** Im Rahmen der Abs. 1 und 2 ist **Vorsatz** in Form des dolus eventualis ausreichend, während Abs. 3, wie die Wendung „wissentlich" verdeutlicht, das Vorliegen des dolus directus voraussetzt.

16 **VIII.** Als **Rechtfertigungsgrund** ist vor allem die Einwilligung, die auch als Tatbestandsausschluss verstanden werden kann (vgl Vor § 13 Rn 162; *Linkens*, Der strafrechtliche Schutz vor unbefugten Bildaufnahmen, 2005, 122), von Bedeutung. Ferner kommen die §§ 99-101 StPO (speziell § 100 c StPO) und § 34 StGB in Betracht (NK-*Kargl* Rn 16 ff). Eine mutmaßliche Einwilligung wird häufig da-

ran scheitern, dass die Einwilligung des Berechtigten hätte eingeholt werden können (*Pollähne* KritV 2003, 387 [415]). Ursprünglich war in dem Entwurf für den neuen § 201 a die entsprechende Geltung des § 201 Abs. 2 S. 3 als weiterer Rechtfertigungsgrund vorgesehen (vgl BT-Drucks. 18/2601, 11). Da jedoch das Erfordernis der Wahrnehmung überragender öffentlicher Interessen eine zu hohe Hürde darstelle, wurde eine an § 86 Abs. 3 angelehnte Fassung beschlossen (BT-Drucks. 18/3202, 29). Mit Ausnahme der Handlung nach Abs. 1 Nr. 1 wird nun ausdrücklich herausgestellt, dass es einer Abwägung zwischen der in § 201 a geschützten Privatsphäre und den in § 201 a Abs. IV genannten grundrechtlichen Interessen bedarf, namentlich der Kunst oder der Wissenschaft, der Forschung oder der Lehre, der Berichterstattung über Vorgänge des Zeitgeschehens oder der Geschichte oder ähnlichen Zwecken (BT-Drucks. 18/3202, 29).

IX. Konkurrenzen: Das Herstellen einer Bildaufnahme und ihr anschließendes Verwenden stehen in Tatmehrheit zueinander, wenn der Täter nicht bereits bei der Herstellung das Ziel verfolgte, die Bildaufnahme zu gebrauchen (NK-*Kargl* Rn 22). In diesem Fall ist aufgrund der deliktischen Einheit von Tateinheit auszugehen. Bei mehrfachem Gebrauchen einer Bildaufnahme ist grds. gleichartige Realkonkurrenz gegeben. Zwischen dem unbefugtem Herstellen nach § 201 a I und dem Verbreiten nach § 33 KUrhG ist aus Klarstellungsgründen Tatmehrheit anzunehmen (L-Kühl-*Kühl* Rn 11; *Linkens*, Der strafrechtliche Schutz vor unbefugten Bildaufnahmen, 2005, 145). 17

§ 202 Verletzung des Briefgeheimnisses

(1) Wer unbefugt
1. einen verschlossenen Brief oder ein anderes verschlossenes Schriftstück, die nicht zu seiner Kenntnis bestimmt sind, öffnet oder
2. sich vom Inhalt eines solchen Schriftstücks ohne Öffnung des Verschlusses unter Anwendung technischer Mittel Kenntnis verschafft,

wird mit Freiheitsstrafe bis zu einem Jahr oder mit Geldstrafe bestraft, wenn die Tat nicht in § 206 mit Strafe bedroht ist.

(2) Ebenso wird bestraft, wer sich unbefugt vom Inhalt eines Schriftstücks, das nicht zu seiner Kenntnis bestimmt und durch ein verschlossenes Behältnis gegen Kenntnisnahme besonders gesichert ist, Kenntnis verschafft, nachdem er dazu das Behältnis geöffnet hat.

(3) Einem Schriftstück im Sinne der Absätze 1 und 2 steht eine Abbildung gleich.

I. Tatobjekt sind verschlossene oder nicht zur Kenntnisnahme durch den Täter bestimmte Schriftstücke. 1

1. Ein **Schriftstück** iSd Vorschrift ist jeder Träger von Zeichen mit gedanklichem Inhalt. Der Text kann in einer Geheimschrift abgefasst sein. Der **Brief** – eine an einen anderen gerichtete schriftliche Mitteilung – ist ein Unterfall des Schriftstücks. Den Schriftstücken sind nach Abs. 3 **Abbildungen** gleichgestellt. 2

Schriftstücke müssen weder Geheimnisse ieS enthalten noch Urkundenqualität (Beweiseignung usw) iSd § 267 aufweisen. Da jedoch § 202 dem Schutz der persönlichen Privatsphäre dient, nimmt die hM solche Schriftträger aus dem Tatbestand heraus, denen **jeder Persönlichkeitsbezug fehlt**, wie dies zB bei Gebrauchs- 3 anweisungen, Briefmarken, Reklame und sonstigen öffentlich verbreiteten Schriften der Fall ist. Jedoch ist zu bedenken, dass auch der Besitz bestimmter Bücher oder Beipackzettel von Medikamenten Rückschlüsse auf die Persönlichkeit ihres Besitzers zulassen kann, so dass es sachgerechter erscheint, tatbestandliche Restriktionen über das Merkmal „nicht zu seiner Kenntnis bestimmt" (Rn 5) vorzunehmen.

4   2. Ein Schriftstück (Brief) ist **verschlossen**, wenn es mit einer (an ihm befindlichen) Vorkehrung versehen ist, die (auch) die Kenntnisnahme seines Inhalts verhindern soll; beispielhaft sind der zugeklebte Briefumschlag oder das zugeschlossene Tagebuch.

5   3. Ein Schriftstück (Brief) ist nicht **zur Kenntnis** des Täters **bestimmt**, wenn sein Inhalt nach dem Willen des Berechtigten zum Tatzeitpunkt nicht vom Täter in Erfahrung gebracht werden soll. **Berechtigter** ist derjenige, der das Bestimmungsrecht über das Schriftstück hat; beim Brief ist dies nach Zugang der Adressat, vorher der Absender.

6   II. **Tathandlungen** sind das Öffnen des Schriftstücks (Abs. 1 Nr. 1) oder die Kenntnisnahme unter Anwendung technischer Mittel (Abs. 1 Nr. 2) oder nach Öffnung eines Behältnisses (Abs. 2).

7   1. **Öffnen** ist das Ermöglichen der Kenntnisnahme durch Aufheben oder Überwinden des Verschlusses. Der Verschluss braucht hierbei nicht beschädigt zu werden (vgl RGSt 54, 295). Eine **Kenntnisnahme** ist bei Abs. 1 Nr. 1 **nicht erforderlich**.

8   2. Die Kenntnisnahme iSd Abs. 1 Nr. 2 erfolgt **unter Anwendung technischer Mittel**, wenn sich der Täter hierzu spezifischer Materialien oder Geräte bedient (zB Chemikalien, Durchleuchtungseinrichtungen). Es genügt nicht, wenn sich der Täter Kenntnis vom Inhalt des Schriftstücks verschafft, indem er dieses etwa gegen das Licht einer Lampe hält (MK-*Graf* Rn 23).

9   3. Ein **verschlossenes Behältnis** iSv Abs. 2 ist ein abgeschlossenes Raumgebilde, das nicht zum Betreten von Menschen bestimmt ist und der Aufbewahrung von Gegenständen dienen kann; exemplarisch: Kassette, Schrank, Schublade, Tresor, nicht aber ein verschlossenes Zimmer. Das verschlossene Behältnis erfüllt dann die besondere Sicherungsfunktion iSd Tatbestands, wenn sich sein Verschluss (auch) gegen die Kenntnisnahme des in ihm aufbewahrten Schriftstücks richtet. Es reicht also aus, wenn ein Verschluss nicht nur vor Wegnahme, sondern *auch* vor Kenntnisnahme schützen soll; ob das Schriftstück seinerseits verschlossen oder offen ist, spielt keine Rolle. Tatbestandsmäßig ist es auch, wenn der Täter das Behältnis mit einem regulären Schlüssel öffnet, sofern ihm hierzu die entsprechende Berechtigung fehlt.

10 4. Für die **Kenntnisnahme** iSv Abs. 1 Nr. 2 und Abs. 2 wird teils eine bloße visuelle Wahrnehmung (eines Teils) des Schriftstücks für ausreichend erachtet (S/S/W-*Bosch* Rn 8; L-Kühl-*Kühl* Rn 4), teils wird ein Erfassen des Sinngehalts gefordert (vgl MK-*Graf* Rn 23; S/S-*Lenckner/Eisele* Rn 10,11; *Schmitz* JA 1995, 297 [299]). Die Frage kann zB bedeutsam werden, wenn das Schriftstück in einer vom Täter nicht beherrschten Fremdsprache abgefasst ist. Für die Auffassung, die eine visuelle Wahrnehmung genügen lässt, spricht, dass § 202 ein Gefährdungstatbestand ist und es insbesondere nicht auf das Verstehen des Textes zum Tatzeitpunkt ankommen kann (der Täter bringt zB nach der Tat die Bedeutung der für ihn zunächst unverständlichen Worte in Erfahrung). Außerdem stellen

sich anderenfalls Abgrenzungsprobleme, wenn der Täter zwar einzelne Worte, nicht aber größere Sinnzusammenhänge versteht.

5. Ob ein Schriftstück nach Abs. 1 **verschlossen** ist oder nach Abs. 2 in einem verschlossenen Behältnis aufbewahrt wird, ist insoweit von Belang, als nach Abs. 1 Nr. 1 die Öffnung des Verschlusses genügt, während Abs. 2 eine Kenntnisnahme des Inhalts erfordert. Entnimmt zB der Täter einer von ihm aufgebrochenen Schreibtischschublade ein (unverschlossenes) Tagebuch, so macht er sich erst mit dem Beginn des Lesens nach Abs. 2 strafbar; dagegen liegt eine Tat nach Abs. 1 Nr. 1 schon vor, wenn der Täter ein an dem Tagebuch angebrachtes Schloss aufbricht, auch wenn er noch kein Wort darin gelesen hat.

III. Die Tat ist in allen Varianten **Vorsatzdelikt**. Abs. 2 verlangt zudem ein Öffnen des Behältnisses in der **Absicht**, ein Schriftstück zur Kenntnis zu nehmen („dazu ... geöffnet"). Es genügt also für Abs. 2 nicht, wenn der Täter eine Schublade aufbricht, um Wertgegenstände zu entwenden und dann einen dort vorgefundenen Brief liest.

IV. Konkurrenzen: Die Tatbestände von Abs. 1 Nr. 1 und Nr. 2 schließen sich wechselseitig aus. Eine Tat nach Abs. 2 geht einer solchen nach Abs. 1 als intensivere Rechtsgutsverletzung (Kenntnisnahme) vor.

§ 202 a Ausspähen von Daten

(1) Wer unbefugt sich oder einem anderen Zugang zu Daten, die nicht für ihn bestimmt und die gegen unberechtigten Zugang besonders gesichert sind, unter Überwindung der Zugangssicherung verschafft, wird mit Freiheitsstrafe bis zu drei Jahren oder mit Geldstrafe bestraft.

(2) Daten im Sinne des Absatzes 1 sind nur solche, die elektronisch, magnetisch oder sonst nicht unmittelbar wahrnehmbar gespeichert sind oder übermittelt werden.

I. Die §§ 202a-c sind durch das „41. Strafrechtsänderungsgesetz zur Bekämpfung der Computerkriminalität" vom 11.8.2007 (BGBl. I, 1786) mit dem Ziel geändert bzw. eingefügt worden, den immer neu entstehenden Missbrauchsmöglichkeiten der schnell fortschreitenden Informationstechnologie wirksam entgegentreten zu können (BT-Drucks. 16/3656, 1; krit. *Vassilaki* CR 2008, 131 [131, 136]). Mit der Einfügung der Tatbestände in das StGB kam der deutsche Gesetzgeber europarechtlichen Vorgaben nach (Übereinkommen des Europarates über Computerkriminalität vom 23.11.2001; Rahmenbeschluss 2005/222/JI des Rates v. 25.2.2007; vgl dazu auch BVerfG JR 2010, 79 ff m. Bspr *Kudlich* JA 2009, 742 ff).

Die Vorschrift des § 202 a **garantiert** das Recht an der Geheimhaltung von Informationen, die nach Maßgabe von Abs. 2 gespeichert sind oder übermittelt werden (hM zur aF L-Kühl-*Heger* Rn 1 mwN; zur nF *Schumann* NStZ 2007, 675 [676]). Geschützt wird allerdings nicht derjenige, über den die Daten informieren (insoweit sind §§ 43 f BDSG einschlägig).

II. Daten sind Informationen, die durch Zeichen oder kontinuierliche Funktionen nach Maßgabe einer Konvention dargestellt werden (DIN-Norm 44300). Sie müssen elektronisch, magnetisch oder sonst nicht unmittelbar wahrnehmbar gespeichert sein oder übermittelt werden (Abs. 2). Neben Computerdaten kommen zB auch Daten auf Mikrofilmen, Tonbändern oder CDs in Betracht, nicht aber Strichcodes, da diese zwar dechiffriert werden, aber unmittelbar visuell wahrnehmbar sind (vgl S/S/W-*Bosch* Rn 2). Im Unterschied zu § 269 müssen die Daten keine Gedankenerklärungen wiedergeben; einschlägig sind auch Informationen, die selbsttätig von einer Maschine erhoben oder gewonnen wurden (zB die Darstellung von Messwerten). Auch kommt es nicht darauf an, wie interessant oder wertvoll die in den Daten enthaltenen Informationen sind (*Popp* JuS 2011, 385 [386]).

3 Die Daten sind **nicht** für den Täter **bestimmt**, wenn der an den Daten Berechtigte nicht damit einverstanden ist, dass der Täter zum Tatzeitpunkt die Verfügungsmacht über die Daten erlangt. Die Berechtigung iSd Tatbestandes ergibt sich nicht durch das Eigentum an dem Datenträger, sondern durch die Rechtsmacht zur Verfügung über die Daten selbst (*Fischer* Rn 7 a; bzgl Raubkopien vgl S/S/W-*Bosch* Rn 4; *Popp* JuS 2011, 385 [386 f]). Der Berechtigte kann den Zugang zu den Daten von Voraussetzungen abhängig machen, zB nur gegen ein Entgelt mit der Weiterleitung der Daten einverstanden sein (*Schreibauer/Hessel* K&R 2007, 616 [617]). Hat der Berechtigte einem anderen Daten zugänglich gemacht, so sind die Daten – unabhängig von einer etwaigen Zweckbindung – auch für diesen anderen bestimmt (S/S-*Lenckner/Eisele* Rn 11). Daher ist eine bloß vertrags- oder zweckwidrige Verwendung von Daten, die dem Betreffenden – etwa aufgrund eines Dienstverhältnisses – zugänglich sind, zur Verwirklichung des Tatbestandes nicht ausreichend, sie bleiben für ihn bestimmt (vgl S/S/W-*Bosch* Rn 9; *Gössel* Puppe-FS 1377 [1387]). Auch die Kontrolle dienstlicher Dateien durch den Arbeitgeber ist grds. nicht nach § 202 a strafbar (*Schuster* ZIS 2010, 68 [69]), denn diese sind (zumindest) nicht ausschließlich dem Arbeitnehmer zuzurechnen, wenn ihre Erstellung auf Weisung des Arbeitgebers erfolgt, dem als solchem ebenfalls eine Verfügungsbefugnis zukommt (*Eisele* Jura 2012, 922 [924]; *Schuster* ZIS 2010, 68 [69]). Probleme können sich aber dort ergeben, wo eine dienstliche Kontrolle von Dateien erfolgt, die dem privaten Bereich der Arbeitnehmer zuzurechnen sind, auch wenn die Erstellung der Daten weisungswidrig ist. Die Weisungswidrigkeit ändert nämlich nichts an der Verfügungsberechtigung über die Daten (vgl *Schuster* ZIS 2010, 68 [69 f]).

4 Eine **besondere Sicherung gegen unberechtigten Zugang** setzt voraus, dass der Berechtigte durch eine Maßnahme sein Interesse an der Geheimhaltung der Daten dokumentiert (BT-Drucks. 16/3656, 10; BGH StraFO 2015, 476 ff; *Gössel* Puppe-FS 1377 [1387] mwN; krit. und eingehend zu dem Tatbestandsmerkmal der besonderen Sicherung: *Dietrich,* Das Erfordernis der besonderen Sicherung im StGB am Beispiel des Ausspähens von Daten, 2009; *ders.* NStZ 2011, 247 ff). Dabei ist eine Orientierung am technischen Laien angebracht (*Schumann* NStZ 2007, 675 [676]). Nur die Verfolgung eines selbstständigen Sicherungszwecks macht die Sicherung zu einer „besonderen" (*Schumann* NStZ 2007, 675 [676]), weshalb Sicherungen, die ausschließlich einem anderen Zweck als der Datensicherung dienen (zB der Sicherung urheberrechtlicher Ansprüche oder Sperren, die Jugendlichen den Zugang zu bestimmten Programmen verwehren) nicht tatbestandsmäßig sind (S/S-*Lenckner/Eisele* Rn 14; *Vassilaki* CR 2008, 131 [132]; aA *Popp* JuS 2011, 385 [387]). Objektiv muss zur Überwindung der Sicherung ein gewisser zeitlicher und technischer Aufwand erforderlich sein (*Schreibauer/ Hessel* K&R 2007, 616); eine einfache Durchbrechung der Sicherung ohne jede Anstrengung genügt daher ebensowenig wie die bloße Wegnahme des Datenträgers (*Vassilaki* CR 2008, 131 [132]) oder die Überwindung einer allgemeinen

Zutrittssicherung eines Gebäudes (vgl *Hilgendorf* JuS 1996, 702 [703]). In Betracht kommen aber gezielt zur Datensicherung verschlossene (Arbeits-)Räume oder Behältnisse und computerspezifische Sicherungen wie persönliche Passwörter oder Kennnummern (*Fischer* Rn 9 f; NK-*Kargl* Rn 9 f). Auch Logins und Firewalls stellen Zugangssicherungen iSd Tatbestands dar, nicht jedoch standardisierte Passwörter oder Speicherungen einer Datei unter einem unzutreffenden Namen (*Schuster* ZIS 2010, 68 [70]; *Vassilaki* CR 2008, 131 [132]). Umstritten ist, ob eine bloße Verschlüsselung der Daten eine tatbestandlich relevante Sicherung darstellt (zum Streitstand *Schumann* NStZ 2007, 675 [676]; verneinend nunmehr BGH wistra 2010, 265 [266]). Das bloße Speichern von Daten auf einem Magnetstreifen stellt jedenfalls keine Sicherung iSd Tatbestands dar (zum sog. Skimming vgl § 152 b Rn 2 mwN); im Falle der bewussten – wenngleich täuschungsbedingten – elektronischen Offenbarung von Daten durch den Berechtigten, etwa im Falle des sog. „Phishings" (vgl § 263 a Rn 68), überwindet der Täter keine besondere Sicherung und handelt daher insoweit im Hinblick auf § 202 a tatbestandslos (*Goeckenjan* wistra 2009, 47 [48]; *Graf* NStZ 2007, 129 [131]; *Popp* MMR 2006, 84 [85]; *Stuckenberg* ZStW 118, 878 [884]; *Seidl/Fuchs* HRRS 2010, 85 [86], die allerdings eine Strafbarkeit des Phishers wegen des anschließenden Verwendens der erlangten Daten annehmen; zur unbemerkten Versendung der entsprechenden Daten vgl *Graf* NStZ 2007, 131; zum Falle der späteren Benutzung der Informationen, um sich Zugang zu den Kontoinformationen zu verschaffen, vgl *Knupfer* MMR 2004, 641 [642]; weitere Fälle bei *Koch*, Strafrechtliche Probleme des Angriffs und der Verteidigung in Computernetzen, 2008). Dasselbe gilt für die Installation sog. Dialer, solange diese keine Daten übermitteln oder Zugriffsmöglichkeiten auf diese eröffnen (S/S/W-*Bosch* Rn 7).

III. Das **Verschaffen** iSd Vorschrift bezieht sich nicht (mehr) nur auf das Erlangen der Verfügungsmöglichkeit über die Daten durch den Täter selbst oder einen Dritten, sondern auch auf das Verschaffen des bloßen Zugangs zu den Daten (*Ernst* NJW 2007, 2661 ff; *Schreibauer/Hessel* K&R 2007, 616 ff; *Schumann* NStZ 2007, 675 ff). Dabei muss der Täter gerade die spezifische Zugangssicherung überwinden (OLG Celle wistra 1989, 354 [355]; *Schumann* NStZ 2007, 675 [676 f]). Eine Kenntnisnahme der Information ist nicht erforderlich. Umgekehrt genügt es aber auch, wenn der Täter die Informationen (ohne sie zu kopieren) in entschlüsselter Form liest (*Fischer* Rn 11 f). 5

Infolge der Erweiterung des Tatbestandes durch das Änderungsgesetz wird nunmehr auch das sog. **Hacking**, dh das bloße Erreichen des Zugangs zu Daten ohne deren Ausspähen, von § 202 a erfasst (*Schreibauer/Hessel* K&R 2007, 616 [617]; *Schumann* NStZ 2007, 675 [676]; krit. zur neuen Regelung *Ernst* NJW 2007, 2661 f). Damit hat sich der Gesetzgeber der zu § 202 a aF vertretenen hM angeschlossen und europäischen Vorgaben Genüge getan (zur früheren Diskussion vgl *Fischer* Rn 10 a). § 202 a kommt diesbezüglich also eine Klarstellungsfunktion zu. 6

Der **Versuch** der Zugangsverschaffung ist **nicht strafbar**. Dies führt zu einem Widerspruch, da gem. § 202 c das Sich-Verschaffen von Hacking-Tools strafbar ist, während der tatsächliche Versuch des Hackings straflos bleibt (*Schreibauer/Hessel* K&R 2007, 616 [617]; *Schumann* NStZ 2007, 675 [680]).

Nicht vom Tatbestand erfasst wird der Fall, dass sich der Täter bestimmte Daten durch Berechnen und Beobachten (etwa eines Glücksspielautomaten) selbst erschließt (vgl S/S-*Lenckner/Eisele* Rn 19; zum tatbestandslosen Erhalt der Daten durch Dritte OLG Celle wistra 1989, 354 [355]). 7

8   IV. Der Täter muss sich die Daten **unbefugt**, also rechtswidrig, verschaffen (vgl S/S-*Lenckner/Eisele* Rn 24). Nicht strafbar macht sich daher ein Dienstleister, der im Auftrag des Berechtigten Sicherheitslücken aufdecken soll (BT-Drucks. 16/3656, 10; dazu *Schreibauer/Hessel* K&R 2007, 616 [617]).

9   Für den **subjektiven Tatbestand** ist Vorsatz erforderlich; dolus eventualis ist ausreichend.

10 **Tateinheit** kommt u.a. in Betracht mit § 303 a f, § 17 UWG und § 43 BDSG (näher *Fischer* Rn 15).

§ 202 b Abfangen von Daten

Wer unbefugt sich oder einem anderen unter Anwendung von technischen Mitteln nicht für ihn bestimmte Daten (§ 202 a Abs. 2) aus einer nichtöffentlichen Datenübermittlung oder aus der elektromagnetischen Abstrahlung einer Datenverarbeitungsanlage verschafft, wird mit Freiheitsstrafe bis zu zwei Jahren oder mit Geldstrafe bestraft, wenn die Tat nicht in anderen Vorschriften mit schwererer Strafe bedroht ist.

1   Der durch das „Strafrechtsänderungsgesetz zur Bekämpfung der Computerkriminalität" vom 11.8.2007 (BGBl. I, 1786) eingeführte § 202 b schützt ebenfalls das formelle Geheimhaltungsinteresse (BT-Drucks. 16/3656, 11; *Fischer* Rn 2; *Schumann* NStZ 2007, 675 [677]). Er ergänzt damit die §§ 201und 202 a. Insbesondere zu § 201 sollte eine Parallelvorschrift geschaffen werden (BT-Drucks. 16/3656, 10 f).

2   **Tatobjekt** sind Daten, die sich im **Übermittlungsstadium** befinden. Das heißt, die Daten müssen bewusst an einen Adressaten geleitet werden. Auf eine Leitungsgebundenheit des Übermittlungsvorgangs kommt es nicht an, so dass auch die Datenübermittlung per W-Lan von § 202 b erfasst wird. Beendet ist der Übermittlungsvorgang, wenn die Daten in den Herrschaftsbereich des Adressaten so eingegangen sind, dass er Kenntnis erlangen kann (*Schumann* NStZ 2007, 675 [677]). Eine besondere Datensicherung wird im Rahmen des § 202 b nicht verlangt. Einschlägig ist daher besonders das Verschaffen von Daten aus E-Mails, Fax und Telefon (*Ernst* NJW 2007, 2661 [2662]; *Fischer* Rn 3), nicht aber das Verschaffen durch das bloße Versenden von ganzen Datenträgern (*Fischer* Rn 3) oder durch das unbemerkte Auslesen einer ec-Karte durch eine technische Vorrichtung (*Tyszkiewicz* HRRS 2010, 207 [212]).

3   Das Merkmal der **nichtöffentlichen Datenübermittlung** soll sich aus dem Merkmal des § 201 ableiten (BT-Drucks. 16/3656, 11). Nichtöffentlich sind Daten danach, wenn sie für einen konkreten Personenkreis, der durch eine persönliche oder sachliche Beziehung verbunden ist, bestimmt oder von diesem verstehbar ist. Es kommt also nicht auf den Inhalt der Daten, sondern auf die Form ihrer Übermittlung an (BT-Drucks. 16/3656, 11). Nicht geschützt sind dagegen Übertragungen, die zwar nicht direkt an die Öffentlichkeit gerichtet sind, aber so erfolgen, dass sie von Dritten nahezu mühelos abgefangen werden können (vgl S/S-*Eisele* § 201, Rn 4 a; *Schumann* NStZ 2007, 675 [677]). Dies ist etwa bei der Nutzung unverschlüsselter WLAN-Netze der Fall (LG Wuppertal MMR 2011, 65 [66]).

Zum **Verschaffen** genügt die Erlangung der Herrschaft über die Daten, so dass 4
ihre Kenntnisnahme möglich ist (*Schreibauer/Hessel* K&R 2007, 616 [617]; *Vassilaki* CR 2008, 131 [133]; vgl auch *Fischer* Rn 5 mit Beispielen), ein Abspeichern soll dagegen nicht erforderlich sein (krit. S/S/W-*Bosch* Rn 3). Eine Einschränkung erfährt der Tatbestand dadurch, dass der Täter **unter Anwendung technischer Mittel** handeln muss. Ob diesem Tatbestandsmerkmal eine eigenständige Bedeutung zukommt, darf jedoch bezweifelt werden, da für einen Zugriff auf Daten technische Mittel stets erforderlich sind (*Eisele* Jura 2012, 922 (928); *Schreibauer/Hessel* K&R 2007, 616 [617]). Der Begriff der technischen Mittel ist weit zu verstehen, so dass auch Software, Codes und Passwörter hierunter fallen (BT-Drucks. 16/3656, 11; krit. *Fischer* Rn 6).

Die Handlung muss **unbefugt**, also rechtswidrig iSd allgemeinen Tatbestandsmerkmals sein. 5

Im **subjektiven Tatbestand** ist Vorsatz in Form des dolus eventualis ausreichend. 6

Konkurrenzen: § 202 b hat subsidiären Charakter. Vor allem § 148 I Nr. 1 iVm 7
§ 89 S. 1 TKG, die das Abhören mittels technischer Mittel unter Strafe stellen, gehen vor. Erfolgt das Sichverschaffen mittels der Überwindung einer Zugangssicherung, greift § 202 a als lex specialis ein (*Vassilaki* CR 2008, 131 [132]).

§ 202 c Vorbereiten des Ausspähens und Abfangens von Daten

(1) Wer eine Straftat nach § 202 a oder § 202 b vorbereitet, indem er
1. Passwörter oder sonstige Sicherungscodes, die den Zugang zu Daten (§ 202 a Abs. 2) ermöglichen, oder
2. Computerprogramme, deren Zweck die Begehung einer solchen Tat ist,

herstellt, sich oder einem anderen verschafft, verkauft, einem anderen überlässt, verbreitet oder sonst zugänglich macht, wird mit Freiheitsstrafe bis zu zwei Jahren oder mit Geldstrafe bestraft.

(2) § 149 Abs. 2 und 3 gilt entsprechend.

Der sog. „Hackerparagraph" (zur Geschichte vgl BVerfG JR 2010, 79 ff) soll 1
erstmals besonders gefährliche Vorbereitungshandlungen im Rahmen der §§ 202 a und 202 b erfassen (die in der Norm beschriebenen Verhaltensweisen waren bislang nur als Beihilfehandlungen strafbar). Dass sich die Strafbarkeit nach § 202 c auch auf versuchte Teilnahmehandlungen erstreckt, während ein Versuch der §§ 202 a und b straffrei bleibt, ist eine bewusste Entscheidung des Gesetzgebers (BT-Drucks. 16/3656, 10; dazu S/S/W-*Bosch* Rn 1; NK-*Kargl* Rn 2 f).

§ 202 c ist ein abstraktes Gefährdungsdelikt (BT-Drucks. 16/3656, 12; krit. dazu 2
Schumann NStZ 2007, 675 [678]; *Vassilaki* CR 2008, 131 [135]), welches der Gefährlichkeit der durch das Internet möglichen weiten Verbreitung und leichten Verfügbarkeit der in § 202 c genannten Tatgegenstände entgegenwirken soll (NK-*Kargl* Rn 3).

Tatgegenstände iSd Abs. 1 Nr. 1 sind Zugangscodes, Passwörter oder ähnliche 3
Daten, die die Tathandlungen nach §§ 202 a und b ermöglichen. Durch die Erfassung von Passwörtern und sonstigen Sicherheitscodes in Abs. 1 Nr. 1 wurde erstmals das sog. **Phishing** einem eigenen Straftatbestand unterstellt (*Schreibauer/*

Hessel K&R 2007, 616 [618]; *Schumann* NStZ 2007, 675 [678]; krit. *Goeckenjan* wistra 2009, 47 [54]; *Seidel/Fuchs* HRRS 2010, 85 [89]). Erfasst wird von § 202 c, neben dem Ausspähen von Passwörtern (zB der PIN; *Tyszkiewicz* HRRS 2010, 207 [212]), auch deren Weitergabe und Veröffentlichung, nicht aber das Aufzeigen von Sicherheitslücken (*Ernst* NJW 2007, 2661 [2662 f]; NK-*Kargl* Rn 4; HKGS-*Tag* Rn 3; vgl auch Rn 5).

4 Unter den von **Nr. 2** erwähnten Computerprogrammen sind vor allem sog. **Hackertools** zu verstehen, die einen Zugriff auf Computersysteme erlauben (dazu *Cornelius* CR 2007, 682 [684]; zur alten Rechtslage *Ernst* in: Ernst (Hrsg.), Hacker, Cracker & Computerviren, 2004, Rn 393 ff). Diese müssen den *primären* Zweck haben, eine in § 202 a oder § 202 b genannte Straftat zu begehen (BT-Drucks. 16/5449, 4; *Schumann* NStZ 2007, 675 [678]). Der Zweck des Programms ist rein objektiv zu bestimmen, dh die Absicht eine Straftat nach § 202 a oder b zu begehen muss sich objektiv manifestiert haben (BT-Drucks. 16/3656, 12; BVerfG JR 2010, 79 [82] m.Anm. *Valerius*; zu den Kriterien *Cornelius* CR 2007, 682 [685 f]; vgl auch *Popp* GA 2008, 375 ff). An der primären Zweckbestimmung fehlt es bei der Entwicklung und Verwendung von „Hacker"-Tools, die zur Aufdeckung von Sicherheitslücken oder in Forschung und Lehre eingesetzt werden („dual use tools", BVerfG JR 2010, 79 [82 f] m.Anm. *Valerius*; *Holzner* ZRP 2009, 177 [178]; näher hierzu *Bölke/Yilmaz* CR 2008, 261 [262 f]; *Cornelius* CR 2007, 682 ff m. Beispielen; *Stuckenberg* wistra 2010, 41 ff). Zur Problematik des Vorbereitens iSd Tatbestandes und zur Rechtfertigung vgl *Böhlke/Yilmaz* CR 2008, 261 (263 ff).

5 Zentrale Tathandlungen des § 202 c sind das Herstellen, das sich oder einem anderen Verschaffen und das Zugänglich-machen von Tatobjekten nach Abs. 1 Nr. 1 und 2. Die Tathandlungen sind an die des § 149 angelehnt. Hergestellt ist ein Computerprogramm jedenfalls dann, wenn es gebrauchsfähig ist (vgl NK-*Kargl* Rn 9 f). Unter Verschaffen ist das Erlangen der Verfügungsgewalt über die Tatobjekte zu verstehen. Das tatbestandsmäßige Überlassen und Verbreiten stellen besondere Formen des Zugänglichmachens – der Einräumung der Zugriffsmöglichkeit – dar. Überlassen ist die Einräumung einer Gebrauchsmöglichkeit (vgl L-Kühl-*Heger* § 149 Rn 4), Verbreiten das Zugänglichmachen an einen größeren Personenkreis (NK-*Kargl* Rn 11). Nach zutreffender Ansicht hat jedoch die Alternative des Verkaufens als solche keine eigene Funktion im Tatbestand (vgl *Schumann* NStZ 2007, 675 [678]).

6 Hinsichtlich der Tatbegehung genügt dolus eventualis (zu sog. Penetrationstests mit Programmen, die den Tatbestand des § 202 c I Nr. 2 erfüllen, aber nicht zur Vorbereitung einer Straftat nach §§ 202 a oder b dienen vgl BVerfG JR 2010, 79 (84) m.Anm. *Valerius*). Ob aus der Formulierung des Tatbestandes ein Absichtserfordernis hinsichtlich einer Tatbegehung nach § 202 a und b abzuleiten ist, ist fraglich (vgl abl. S/S/W-*Bosch* Rn 6; *Eisele* Jura 2012, 922 (930); *Fischer* Rn 8). Der Täter muss aber jedenfalls in der Vorstellung handeln, dass potenzielle Nutzer der Programme iSv Abs. 1 Nr. 2 diese entsprechend ihrem Zweck für Taten nach §§ 202 a und b nutzen (S/S-*Eisele* Rn 7; NK-*Kargl* Rn 13 f). Gleiches hat für die Nutzung der Passwörter oder Sicherungscodes iSd Abs. 1 Nr. 1 zu gelten.

7 Abs. 2 verweist auf die Regelungen über tätige Reue in § 149.

8 § 202 c steht grds. in **Tateinheit** zu den §§ 202 a und 202 b. § 202 c tritt jedoch hinter diese zurück, wenn alle Delikte durch denselben Täter verwirklicht wer-

den oder sich die Beihilfe zu §§ 202 a und 202 b in einer Tat nach § 202 c erschöpft (*Fischer* Rn 10).

§ 202 d Datenhehlerei

(1) Wer Daten (§ 202 a Absatz 2), die nicht allgemein zugänglich sind und die ein anderer durch eine rechtswidrige Tat erlangt hat, sich oder einem anderen verschafft, einem anderen überlässt, verbreitet oder sonst zugänglich macht, um sich oder einen Dritten zu bereichern oder einen anderen zu schädigen, wird mit Freiheitsstrafe bis zu drei Jahren oder mit Geldstrafe bestraft.

(2) Die Strafe darf nicht schwerer sein als die für die Vortat angedrohte Strafe.

(3) ¹Absatz 1 gilt nicht für Handlungen, die ausschließlich der Erfüllung rechtmäßiger dienstlicher oder beruflicher Pflichten dienen. ²Dazu gehören insbesondere
1. solche Handlungen von Amtsträgern oder deren Beauftragten, mit denen Daten ausschließlich der Verwertung in einem Besteuerungsverfahren, einem Strafverfahren oder einem Ordnungswidrigkeitenverfahren zugeführt werden sollen, sowie
2. solche beruflichen Handlungen der in § 53 Absatz 1 Satz 1 Nummer 5 der Strafprozessordnung genannten Personen, mit denen Daten entgegengenommen, ausgewertet oder veröffentlicht werden.

Der durch das „Gesetz zur Einführung einer Speicherpflicht und einer Höchstspeicherpflicht für Verkehrsdaten" vom 10.12.2015 (BGBl. I, 2218; vgl zur Entwicklungsgeschichte *Stuckenberg* ZIS 2016, 526 [527 ff]) eingeführte § 202 d schützt das formelle Datengeheimnis vor einer Perpetuierung und Intensivierung der bereits durch die Vortat erfolgten Verletzung (BR-Drucks. 249/15, 49; BeckOK-*Weidemann* Rn 2; krit. zur Einführung des Tatbestandes: *Golla* ZIS 2016, 192 [196]; *Selz*, in: Taeger (Hrsg.), Internet der Dinge, Digitalisierung von Wirtschaft und Gesellschaft, 2015, S. 915 [923 ff]; *Stuckenberg* ZIS 2016, 526 [530 ff]; zur Schutzrichtung bei Daten in Abgrenzung zu der bei Sachen vgl *Singelnstein* ZIS 2016, 433 f). Ziel des Tatbestandes ist es auch, bislang bestehenden Beweisproblemen zu begegnen (*Singelnstein* ZIS 2016, 432 mwN) und Strafbarkeitslücken zu schließen (BR-Drucks. 249/15, 24; krit. hierzu: *Franck* RDV 2015, 180 [182]; *Selz*, in: Taeger (Hrsg.) Internet der Dinge, Digitalisierung von Wirtschaft und Gesellschaft, 2015, S. 915 [929 f]). 1

Tatobjekt sind nur nicht öffentlich zugängliche Daten, wobei die Vorschrift auf den Datenbegriff des § 202 a verweist. Diese sind daher nur solche, die elektronisch, magnetisch oder sonst nicht unmittelbar wahrnehmbar gespeichert sind oder übermittelt werden. Macht der Täter sich die Vortat zunutze, obwohl eine allgemein zugängliche Quelle existiert, entfällt die Strafwürdigkeit (*Franck* RDV 2015, 180). Eine Entgeltlichkeit des Zugriffs steht der allgemeinen Zugänglichkeit nicht entgegen. Lediglich unter Verstoß gegen Urheberrechte erlangte Werke sind daher nicht tatbeständsmäßig (BR-Drucks. 249/15, 50). 2

Als **Vortat** kommen entsprechend der Sachhehlerei alle Taten in Betracht, die ein Strafgesetz verwirklichen und sich gegen die formelle Verfügungsbefugnis des Berechtigten richten (*Franck* RDV 2015, 180 [181, 182]). Entscheidend ist die Berechtigung an den Daten. Irrelevant ist daher die Berechtigung am Datenträger. 3

Es kommt insoweit auch nicht auf eine schuldhafte Verwirklichung des Tatbestandes an oder ob ein notwendiger Strafantrag gestellt wurde. Eine taugliche Vortat liegt nicht vor, wenn diese nur gegen öffentliche Interessen verstößt. Dies soll auch für den Fall gelten, dass der Vortäter Daten selbst erstellt und sich dadurch nach dem BDSG strafbar macht, da der Schutzzweck voraussetzt, dass die Daten der Verfügungsmacht des Berechtigten unterlagen. Auch die Datenhehlerei selbst kann Vortat sein, ebenso wie Straftaten nach dem BDSG. Der Wortlaut verlangt zudem, dass die Vortat bereits vollendet ist (BR-Drucks. 249/15, 50). Bloße Ordnungswidrigkeiten oder Dienstverstöße (zB typische Steuer-CD- oder Whistleblow-Fälle) sind nicht ausreichend, was vor dem Hintergrund verwundert, dass diese Fallgruppen die Diskussion der Notwendigkeit des Tatbestandes erst ausgelöst haben (*Stuckenberg* ZIS 2016, 425 [429]).

4 Als **Tathandlung** sieht der Tatbestand das Verschaffen, Überlassen, Verbreiten oder sonstiges Zugänglichmachen vor. Auf die Varianten des Verkaufens oder Ankaufens hat der Gesetzgeber bewusst verzichtet, da für diese Handlungen umstritten ist, ob diese schon durch Abschluss des schuldrechtlichen Geschäfts erfüllt sind, was für eine Strafbarkeit nach § 202 d jedenfalls nicht ausreichen soll (BR-Drucks. 249/15, 51). Es ist für die Datenhehlerei demnach nur die Erlangung der tatsächlichen Verfügungsmacht tatbestandsmäßig. Entsprechend § 259 ist ein einvernehmliches Handeln von Täter und Vortäter erforderlich. Eine Strafbarkeit liegt nicht vor, wenn der Täter den Vortäter nicht als Quelle zu den Daten nutzt, sondern auf andere Weise darauf Zugriff nimmt. Ein bloßes Zusammenwirken mit einem anderen, der die Daten infolge einer rechtswidrigen Tat eines Dritten erlangt hat, reicht somit nicht aus. Mangels Verletzung des Rechtsguts scheidet eine Strafbarkeit ebenfalls aus, wenn der an den Daten Berechtigte diese zurückkauft. Eine Täterschaft des lediglich datenschutzrechtlich Betroffenen ist jedoch möglich. (BR-Drucks. 249/15, 51).

5 Im **subjektiven Tatbestand** erfordert die Datenhehlerei Vorsatz, sowohl bezüglich der eigenen Tathandlung als auch bezüglich der Vortat, wobei die genauen Einzelheiten der Tat nicht bekannt sein müssen (krit.: *Selz*, in: Taeger (Hrsg.) Internet der Dinge, Digitalisierung von Wirtschaft und Gesellschaft, 2015, S. 915 [927 f]. Allein das Bewusstsein, dass die Daten aus irgendeiner rechtswidrigen Tat stammen, ist jedoch nicht hinreichend und konkret und somit nicht ausreichend. Hinzutreten muss eine Bereicherungs- oder Schädigungsabsicht, die entsprechend der Qualifikationsregelung der Verletzung von Privatgeheimnissen in § 203 Abs. 5 ausgestaltet ist und für die Absicht vonnöten ist (BR-Drucks. 249/15, 51 f; *Singelnstein* ZIS 2016, 433).

6 Gemäß **Abs. 2** darf die Strafe nicht höher als die der Vortat sein. Damit wird dem Umstand Rechnung getragen, dass Schutzzweck der Norm die Intensivierung und Perpetuierung der Verletzung durch die Vortat ist. Eine Bestrafung höher als durch die das Rechtsgut verletzende Vortat ist somit nicht angezeigt (BR-Drucks. 249/15, 52).

7 Der **Tatbestandsausschluss** nach **Abs. 3** gilt insbesondere für Handlungen von Amtsträgern, mit denen Daten ausschließlich der Verwertung in einem Besteuerungsverfahren, einem Strafverfahren oder einem Ordnungswidrigkeitenverfahren zugeführt werden sollen. Die Regelung entspricht § 184 b Abs. 5 und soll sicherstellen, dass Daten zum Zwecke journalistischer Tätigkeiten und Ermittlungen verwendet werden dürfen (krit. dennoch: *Franck* RDV 2015, 180 [183]; *Selz*, in: Taeger (Hrsg.) Internet der Dinge, Digitalisierung von Wirtschaft und Gesellschaft, 2015, S. 915 [929]). Zu beachten ist auch das Ausschließlichkeitskriteri-

um, wonach die Verwendung einzig den genannten Zwecken dienen darf. Für die Bestimmung der journalistischen Personen ist in Anlehnung an § 353 b Abs. 3 a auf § 53 Abs. 1 S. 1 Nr. 5 StPO zurückzugreifen (BR-Drucks. 249/15, 52 f).

Zu beachten ist das Strafantragserfordernis des § 205 Abs. 1 S. 2, es sei denn, es besteht ein besonderes öffentliches Interesse. 8

§ 203 Verletzung von Privatgeheimnissen

(1) Wer unbefugt ein fremdes Geheimnis, namentlich ein zum persönlichen Lebensbereich gehörendes Geheimnis oder ein Betriebs- oder Geschäftsgeheimnis, offenbart, das ihm als
1. Arzt, Zahnarzt, Tierarzt, Apotheker oder Angehörigen eines anderen Heilberufs, der für die Berufsausübung oder die Führung der Berufsbezeichnung eine staatlich geregelte Ausbildung erfordert,
2. Berufspsychologen mit staatlich anerkannter wissenschaftlicher Abschlußprüfung,
3. Rechtsanwalt, Patentanwalt, Notar, Verteidiger in einem gesetzlich geordneten Verfahren, Wirtschaftsprüfer, vereidigtem Buchprüfer, Steuerberater, Steuerbevollmächtigten oder Organ oder Mitglied eines Organs einer Rechtsanwalts-, Patentanwalts-, Wirtschaftsprüfungs-, Buchprüfungs- oder Steuerberatungsgesellschaft,
4. Ehe-, Familien-, Erziehungs- oder Jugendberater sowie Berater für Suchtfragen in einer Beratungsstelle, die von einer Behörde oder Körperschaft, Anstalt oder Stiftung des öffentlichen Rechts anerkannt ist,
4a. Mitglied oder Beauftragten einer anerkannten Beratungsstelle nach den §§ 3 und 8 des Schwangerschaftskonfliktgesetzes,
5. staatlich anerkanntem Sozialarbeiter oder staatlich anerkanntem Sozialpädagogen oder
6. Angehörigen eines Unternehmens der privaten Kranken-, Unfall- oder Lebensversicherung oder einer privatärztlichen, steuerberaterlichen oder anwaltlichen Verrechnungsstelle

anvertraut worden oder sonst bekanntgeworden ist, wird mit Freiheitsstrafe bis zu einem Jahr oder mit Geldstrafe bestraft.

(2) ¹Ebenso wird bestraft, wer unbefugt ein fremdes Geheimnis, namentlich ein zum persönlichen Lebensbereich gehörendes Geheimnis oder ein Betriebs- oder Geschäftsgeheimnis, offenbart, das ihm als
1. Amtsträger,
2. für den öffentlichen Dienst besonders Verpflichteten,
3. Person, die Aufgaben oder Befugnisse nach dem Personalvertretungsrecht wahrnimmt,
4. Mitglied eines für ein Gesetzgebungsorgan des Bundes oder eines Landes tätigen Untersuchungsausschusses, sonstigen Ausschusses oder Rates, das nicht selbst Mitglied des Gesetzgebungsorgans ist, oder als Hilfskraft eines solchen Ausschusses oder Rates,
5. öffentlich bestelltem Sachverständigen, der auf die gewissenhafte Erfüllung seiner Obliegenheiten auf Grund eines Gesetzes förmlich verpflichtet worden ist, oder

6. Person, die auf die gewissenhafte Erfüllung ihrer Geheimhaltungspflicht bei der Durchführung wissenschaftlicher Forschungsvorhaben auf Grund eines Gesetzes förmlich verpflichtet worden ist,

anvertraut worden oder sonst bekanntgeworden ist. ²Einem Geheimnis im Sinne des Satzes 1 stehen Einzelangaben über persönliche oder sachliche Verhältnisse eines anderen gleich, die für Aufgaben der öffentlichen Verwaltung erfaßt worden sind; Satz 1 ist jedoch nicht anzuwenden, soweit solche Einzelangaben anderen Behörden oder sonstigen Stellen für Aufgaben der öffentlichen Verwaltung bekanntgegeben werden und das Gesetz dies nicht untersagt.

(2 a) Die Absätze 1 und 2 gelten entsprechend, wenn ein Beauftragter für den Datenschutz unbefugt ein fremdes Geheimnis im Sinne dieser Vorschriften offenbart, das einem in den Absätzen 1 und 2 Genannten in dessen beruflicher Eigenschaft anvertraut worden oder sonst bekannt geworden ist und von dem er bei der Erfüllung seiner Aufgaben als Beauftragter für den Datenschutz Kenntnis erlangt hat.

(3) ¹Einem in Absatz 1 Nr. 3 genannten Rechtsanwalt stehen andere Mitglieder einer Rechtsanwaltskammer gleich. ²Den in Absatz 1 und Satz 1 Genannten stehen ihre berufsmäßig tätigen Gehilfen und die Personen gleich, die bei ihnen zur Vorbereitung auf den Beruf tätig sind. ³Den in Absatz 1 und den in Satz 1 und 2 Genannten steht nach dem Tod des zur Wahrung des Geheimnisses Verpflichteten ferner gleich, wer das Geheimnis von dem Verstorbenen oder aus dessen Nachlaß erlangt hat.

(4) Die Absätze 1 bis 3 sind auch anzuwenden, wenn der Täter das fremde Geheimnis nach dem Tod des Betroffenen unbefugt offenbart.

(5) Handelt der Täter gegen Entgelt oder in der Absicht, sich oder einen anderen zu bereichern oder einen anderen zu schädigen, so ist die Strafe Freiheitsstrafe bis zu zwei Jahren oder Geldstrafe.

1 I. Die Vorschrift **schützt** in **Abs. 1** neben der Geheimsphäre des Einzelnen auch das Allgemeininteresse an der Verschwiegenheit der für Hilfe in Krankheit und Rechtsnot zuständigen Berufe (BGH NJW 1990, 510 [511 f]; *Bosch* Jura 2013, 780 f; MK-*Cierniak/Pohlit* Rn 5; abw. LK-*Schünemann* Rn 14: nur Individualschutz; *Eisele* ZIS 2011, 354 [357]: nur mittelbarer Schutz des Vertrauens in die Verschwiegenheit). In **Abs. 2** wird strafrechtlich eine allgemeine Geheimhaltungspflicht der öffentlichen Verwaltung begründet, um den Bürger vor Verletzungen seiner Geheimsphäre zu bewahren. **Abs. 4** sanktioniert das Offenbaren des Geheimnisses über den Tod des Betroffenen hinaus. Nach **Abs. 5** ist die Tat qualifiziert, wenn der Täter gegen Entgelt (§ 11 Rn 50 f) oder mit Bereicherungs- oder Schädigungsabsicht handelt.

2 II. Die Vorschrift ist **Sonderdelikt**: Als Täter kommen nur die im Gesetz bestimmten geheimhaltungspflichtigen Personen in Betracht. Daher scheiden Außenstehende als mittelbare Täter aus. Für Teilnehmer gilt § 28 I (MK-*Cierniak/Pohlit* Rn 141; NK-*Kargl* Rn 86 mwN). Exemplarisch: Privatmann P spiegelt dem Arzt A vor, Kollege zu sein, und bittet um Einsicht in Krankenakten des K, die A daraufhin gutgläubig dem P überlässt. P ist weder – mangels Sonderpflicht – mittelbarer Täter noch – mangels Haupttat des A – Teilnehmer. Instruktiv zum Tatbestand und mit zahlreichen Beispielsfällen *Bock/Wilms* JuS 2011, 24 ff.

3 **Abs. 3** stellt den Geheimnisträgern nach Abs. 1 ihre berufsmäßig tätigen Gehilfen und Auszubildenden gleich. Diese sind als „befugte Mitwisser" (*Kreuzer* NJW

1975, 2232 [2235]) anzusehen, die zusammen mit dem ursprünglichen Geheimnisträger eine „schweigepflichtige Sphäre" bilden, innerhalb derer die Weitergabe von Geheimnissen straflos ist (*Hoenike/Hülsdunk* MMR 2004, 788 [789]; ausf. zum Gehilfenbegriff *Heghmanns/Niehaus* NStZ 2008, 57 [58 ff]).

III. Fremde Geheimnisse iSv Abs. 1 und 2 sind nur Privatgeheimnisse, worunter nach hM Tatsachen zu verstehen sind, die lediglich einem beschränkten Personenkreis bekannt sind und nach dem sachlich begründeten Interesse des Betroffenen keine weitere Verbreitung erfahren sollen (vgl BGH NJW 1995, 2301). Demnach ist für den Geheimnischarakter einer Tatsache nicht nur der **Geheimhaltungswille** des Berechtigten, sondern auch die **objektive Geheimhaltungswürdigkeit** maßgeblich. Ihre Qualität als Geheimnis verliert eine Tatsache nicht schon dadurch, dass sie bereits verraten wurde oder als Gerücht kursiert. Das Geheimnis muss nicht den Verletzten selbst betreffen, sondern kann sich auch auf einen **Dritten** beziehen (etwa: Erbkrankheit eines Elternteils). 4

Gegenstand des Geheimnisses kann jeder Umstand aus der persönlichen, wirtschaftlichen oder beruflichen Sphäre des Berechtigten sein; bereits das Bestehen von Vertragsbeziehungen soll daher als Geheimnis anzusehen sein (*Heghmanns/ Niehaus* NStZ 2008, 57). Auch amtliche Vorgänge, an denen ein Geheimhaltungsinteresse besteht, kommen in Betracht. Die Abtretung einer Darlehensforderung durch eine Bank stellt jedoch keinen Verstoß gegen § 203 StGB dar, da es sich nicht um ein fremdes Geheimnis handelt; das sog. Bankgeheimnis (eine zivilrechtliche Nebenpflicht des Bankvertrages; vgl nur *Eisele* ZIS 2011, 354 [355] mwN) fällt nicht unter den strafrechtlichen Schutz des § 203 (vgl BGH NJW 2010, 361 [362]: der Zessionar erhält nur solche Informationen, die die Beitreibung der Forderung ermöglichen, nicht jedoch Informationen über Kontoinhalte etc; krit. *Eisele* ZIS 2011, 354 [357 f; 366 f]; Anm. *Popp* JR 2011, 216). Der persönliche Lebensbereich und das Betriebs- oder Geschäftsgeheimnis sind dagegen beispielhaft erwähnt. Die Geheimnisse müssen **nicht berufsspezifisch** sein; ein Anwalt muss etwa auch die Krankheiten verschweigen, von denen ihm sein Mandant anlässlich einer Rechtsberatung vertraulich berichtet hat. 5

Ein sog. **Drittgeheimnis** liegt vor bei personenbezogenen Informationen, die einen Dritten und gerade nicht einen Mandanten, Patienten usw des zur Verschwiegenheit Verpflichteten betreffen (vgl OLG Köln NStZ 1983, 412 m.Anm. *Rogall*; zur Geheimnisfähigkeit von Vergleichsangeboten im Prozess: *Risse/ Reichert* NJW 2008, 3680 [3681]). Es ist umstritten, ob und inwieweit ein über das berufliche Vertrauensverhältnis hinausgehender (und hiervon unabhängiger) Geheimbereich des Dritten von § 203 geschützt sein kann (abl. bzw einengend *Fischer* Rn 9 f; NK-*Kargl* Rn 17 f; LK-*Schünemann* Rn 39; weitergehend S/S-*Lenckner/Eisele* Rn 8, 15; zum Streitstand *Risse/Reichert* NJW 2008, 3680 [3682 f]); sicher nicht erfasst sind solche Geheimnisse Dritter, von denen der Sonderpflichtige wie ein beliebiger Dritter Kenntnis erlangt (S/S/W-*Bosch* Rn 8).

Ein Geheimnis ist dem Täter **anvertraut worden**, wenn es ihm im Rahmen einer beruflichen Inanspruchnahme mitgeteilt wurde. Es muss also ein innerer Zusammenhang zwischen der Kenntniserlangung und der Berufsausübung bestehen. Die Mitteilung kann durch den Betroffenen selbst oder einen Dritten erfolgt sein. 6

Ein Geheimnis ist dem Täter **sonst bekanntgeworden**, wenn er es im Rahmen seiner Berufsausübung in Erfahrung gebracht hat. Exemplarisch: Ein Arzt diagnostiziert eine dem Patienten noch unbekannte Krankheit. 7

8 **IV. Offenbaren** ist das Mitteilen des Geheimnisses (in welcher Form auch immer) unter Bezugnahme auf den Betroffenen an jemanden, der es noch nicht kennt (*Langkeit* NStZ 1994, 6; LK-*Schünemann* Rn 41; zum Cloud Computing vgl *Kroschwald/Wicker* CR 2012, 758 [759 ff]; *Rammos/Vonhoff* CR 2013, 265 [269 ff]). Dies gilt grds. auch, wenn der Adressat seinerseits zur Verschwiegenheit verpflichtet ist (vgl BayObLG NStZ 1995, 187; *Lilie* Otto-FS 673 [679]). Die ärztliche Schweigepflicht reicht über den Tod des Patienten hinaus, vgl § 203 IV (zu den Voraussetzungen für die Annahme der Entbindung von der Verpflichtung zur ärztlichen Schweigepflicht vgl OLG Naumburg NJW 2005, 2017; zum Übergang der Verfügungsbefugnis über das Geheimnis und zur Offenbarungspflicht des Arztes bei mutmaßlicher Einwilligung eines Verstorbenen vgl *Bub/Korn* Mehle-FS 115 [119 ff; 123 f]). Kein Offenbaren ist es, wenn ein Arzt über eine Krankengeschichte spricht, ohne dass sich hieraus Rückschlüsse auf die Identität des Patienten ziehen lassen. Umstritten ist, ob ein tatbestandliches Offenbaren auch dann vorliegt, wenn die Weitergabe von Daten lediglich zu Verarbeitungszwecken erfolgt (so *Ziegler/Jung* DUD 1980, 133 [136]; aA *Heghmanns/Niehaus* NStZ 2008, 57 [58]; zur Einschaltung privatärztlicher Verrechnungsstellen *Giesen* NStZ 2012, 122 ff; zum Outsorcing *Kahler* CR 2015, 153 ff).

Die Tat nach § 203 I ist mit dem unbefugten Offenbaren des fremden Geheimnisses sowohl vollendet als auch zugleich beendet (BGH NStZ 1993, 538; MK-*Cierniak/Pohlit* Rn 142), was zur Folge hat, dass zB die spätere Veröffentlichung durch einen Journalisten in der Presse keine Beihilfe mehr darstellt. Bei der Hilfeleistung durch bloße Zur-Kenntnisnahme des offenbarten Geheimnisses bleiben die Grundsätze der sog. notwendigen Teilnahme zu beachten (*Brüning* NStZ 2006, 253; vgl auch BGH NStZ 1993, 239 [240]; NK-*Kindhäuser* § 283 c Rn 21; Vor §§ 26, 27 Rn 6).

9 **V.** Eine **Befugnis** zum Offenbaren kann sich aus der (ggf konkludenten oder mutmaßlichen) **Einwilligung** des Betroffenen ergeben (zur Entbindung von der ärztlichen Schweigepflicht OLG Frankfurt NStZ-RR 2005, 235; OLG München NJW-Spezial 2009, 8; vgl auch § 53 II StPO); relevant kann dies etwa bei Konsultationen von spezialisierten Fachkollegen werden (zum Kanzleiverkauf ohne Zustimmung der Mandanten vgl BGH NJW 2001, 2462 [2463 f]; zur Mitteilung persönlicher Daten durch den Kinderschutzbund an das Familiengericht vgl OLG Stuttgart NStZ 2006, 508 f; zur Preisgabe der Identität eines uU schadensersatzpflichtigen (Mit-)Patienten an das verletzte Opfer vgl OLG Karlsruhe bei *Wasserburg* NStZ 2007, 198 [199 f]; zur Datenfernwartung im Wege des IT-Outsourcing *Lilie* Otto-FS 673 ff).

10 Als (weiterer) **Rechtfertigungsgrund** kommt vor allem der rechtfertigende **Notstand** in Betracht, und zwar dann, wenn das Offenbaren des Geheimnisses einziges Mittel zum Schutz erheblich höherwertiger Interessen ist. So darf etwa ein Arzt die Epilepsie seines autofahrenden Patienten der Verwaltungsbehörde mitteilen (vgl BGH NJW 1968, 2288 [2290]) oder den Sexualpartner seines Patienten über dessen Geschlechtskrankheit oder Aids-Erkrankung informieren (vgl RGSt 38, 62 [63 ff]; OLG Frankfurt NStZ 2001, 150 f), wenn er die sich aus der jeweiligen Krankheit ergebenden einschlägigen Gefahren nicht anders abzuwenden vermag.

§ 204 Verwertung fremder Geheimnisse

(1) Wer unbefugt ein fremdes Geheimnis, namentlich ein Betriebs- oder Geschäftsgeheimnis, zu dessen Geheimhaltung er nach § 203 verpflichtet ist, verwertet, wird mit Freiheitsstrafe bis zu zwei Jahren oder mit Geldstrafe bestraft.

(2) § 203 Abs. 4 gilt entsprechend.

I. **Täter** nach § 204 kann nur sein, wer iSv § 203 zur Geheimhaltung verpflichtet ist. 1

II. **Verwerten** ist die wirtschaftliche Nutzung des Geheimnisses zur Gewinnerzielung (für den Täter selbst oder einen Dritten). In der Verwertung muss zugleich eine Verletzung der Interessen des Betroffenen liegen (vgl *Maiwald* JuS 1977, 353 [362]; aA BayObLG NStZ 1984, 169 f; MK-*Graf* Rn 10). 2

Die **Tatvollendung** setzt den Eintritt eines Verwertungserfolgs voraus (MK-*Graf* Rn 22; *Wagner* JZ 1987, 658 [668]); diff. NK-*Kargl* Rn 8). 3

III. **Konkurrenzen:** Es ist Tateinheit mit § 38 WpHG möglich. Wird das Geheimnis durch Offenbaren verwertet, tritt § 204 hinter § 203 V zurück (vgl BT-Drucks. 7/550, 244). 4

§ 205 Strafantrag

(1) ¹In den Fällen des § 201 Abs. 1 und 2 und der §§ 202, 203 und 204 wird die Tat nur auf Antrag verfolgt. ²Dies gilt auch in den Fällen der §§ 201 a, 202 a, 202 b und 202 d, es sei denn, dass die Strafverfolgungsbehörde wegen des besonderen öffentlichen Interesses an der Strafverfolgung ein Einschreiten von Amts wegen für geboten hält.

(2) ¹Stirbt der Verletzte, so geht das Antragsrecht nach § 77 Abs. 2 auf die Angehörigen über; dies gilt nicht in den Fällen der §§ 202 a, 202 b und 202 d. ²Gehört das Geheimnis nicht zum persönlichen Lebensbereich des Verletzten, so geht das Antragsrecht bei Straftaten nach den §§ 203 und 204 auf die Erben über. ³Offenbart oder verwertet der Täter in den Fällen der §§ 203 und 204 das Geheimnis nach dem Tod des Betroffenen, so gelten die Sätze 1 und 2 sinngemäß.

Mit Ausnahme von § 201 III und § 202 c setzt die Verfolgung aller Taten nach §§ 201–204 die Stellung eines Strafantrags voraus. Bei **Drittgeheimnissen** ist nur die dritte Person, nicht aber der Anvertrauende antragsberechtigt (SK-*Hoyer* Rn 4; NK-*Kargl* Rn 7; LK-*Schmid* § 77 Rn 28). Im Fall des § 202 c kommt ein Antragserfordernis nicht in Betracht, da es sich um ein abstraktes Gefährdungsdelikt handelt (BT-Drucks. 16/3656, 12). Werden Daten der von einem Bankinstitut ausgegebenen ec-Karte ausgespäht (§ 202 a), so ist das Institut – und nicht der Inhaber der Karte – zur Stellung des Strafantrags berechtigt (BGH NStZ 2005, 566). 1

§ 206 Verletzung des Post- oder Fernmeldegeheimnisses

(1) Wer unbefugt einer anderen Person eine Mitteilung über Tatsachen macht, die dem Post- oder Fernmeldegeheimnis unterliegen und die ihm als Inhaber oder Beschäftigtem eines Unternehmens bekanntgeworden sind, das geschäftsmäßig Post- oder Telekommunikationsdienste erbringt, wird mit Freiheitsstrafe bis zu fünf Jahren oder mit Geldstrafe bestraft.

(2) Ebenso wird bestraft, wer als Inhaber oder Beschäftigter eines in Absatz 1 bezeichneten Unternehmens unbefugt
1. eine Sendung, die einem solchen Unternehmen zur Übermittlung anvertraut worden und verschlossen ist, öffnet oder sich von ihrem Inhalt ohne Öffnung des Verschlusses unter Anwendung technischer Mittel Kenntnis verschafft,
2. eine einem solchen Unternehmen zur Übermittlung anvertraute Sendung unterdrückt oder
3. eine der in Absatz 1 oder in Nummer 1 oder 2 bezeichneten Handlungen gestattet oder fördert.

(3) Die Absätze 1 und 2 gelten auch für Personen, die
1. Aufgaben der Aufsicht über ein in Absatz 1 bezeichnetes Unternehmen wahrnehmen,
2. von einem solchen Unternehmen oder mit dessen Ermächtigung mit dem Erbringen von Post- oder Telekommunikationsdiensten betraut sind oder
3. mit der Herstellung einer dem Betrieb eines solchen Unternehmens dienenden Anlage oder mit Arbeiten daran betraut sind.

(4) Wer unbefugt einer anderen Person eine Mitteilung über Tatsachen macht, die ihm als außerhalb des Post- oder Telekommunikationsbereichs tätigem Amtsträger auf Grund eines befugten oder unbefugten Eingriffs in das Post- oder Fernmeldegeheimnis bekanntgeworden sind, wird mit Freiheitsstrafe bis zu zwei Jahren oder mit Geldstrafe bestraft.

(5) ¹Dem Postgeheimnis unterliegen die näheren Umstände des Postverkehrs bestimmter Personen sowie der Inhalt von Postsendungen. ²Dem Fernmeldegeheimnis unterliegen der Inhalt der Telekommunikation und ihre näheren Umstände, insbesondere die Tatsache, ob jemand an einem Telekommunikationsvorgang beteiligt ist oder war. ³Das Fernmeldegeheimnis erstreckt sich auch auf die näheren Umstände erfolgloser Verbindungsversuche.

I. Allgemeines

1. Bei der Bestimmung handelt es sich um die Nachfolgevorschrift zum bisherigen Amtsdelikt des § 354. § 354 aF hat infolge der Umstrukturierung des Post- und Fernmeldewesens in privatrechtlich organisierte Unternehmen seinen Deliktscharakter als Amtsdelikt verloren und ist mit einigen Änderungen in den 15. Abschnitt eingefügt worden (vgl Art. 2 XIII Nr. 6 BegleitG zum TelekommunikationsG). Die Norm **schützt** neben dem Post- und Fernmeldegeheimnis (Art. 10 GG) auch das öffentliche Vertrauen in die Sicherheit und Zuverlässigkeit des Post- und Fernmeldeverkehrs (LK-*Altvater* Rn 7; NK-*Kargl* Rn 2 f; aA MK-*Altenhain* Rn 1 ff; *Welp* Lenckner-FS 619 [626 ff]: nur Individualinteressenschutz).

2. Die Tat ist ein Sonderdelikt. Der **Täterkreis** der **Abs. 1 und 2** umfasst Inhaber und Beschäftigte eines Unternehmens, das geschäftsmäßig Post- oder Telekommunikationsdienste erbringt. Auch eine Universität kann mangels Abgrenzbarkeit zwischen dienstlichen, wissenschaftlichen und Studienzwecken sowie privaten und wirtschaftlichen Zwecken Unternehmen iSd Vorschrift sein (OLG Karlsruhe MMR 2005, 178 [179 f] m.Anm. *Heidrich*); dasselbe gilt für Anwaltskanzleien, Hotels oder Krankenhäuser (*Rüießs* in: Roßnagel, Handbuch Datenschutzrecht, 2003, Abschn. 6.4 Rn 26). Als Unternehmen iSd Vorschrift kann auch der Arbeitgeber gesehen werden, der seinen Arbeitnehmern die private Nutzung zB des Internets ermöglicht (*Schuster* ZIS 2010, 68 [70 f] zur Strafbarkeit eines Arbeitgebers bei innerdienstlichen Kontrollen privater E-Mails). **Beschäftigte** sind dabei sämtliche Mitarbeiter dieser Unternehmen, selbst wenn sie in auslaufenden öffentlich-rechtlichen Dienstverhältnissen stehen (*Welp* Lenckner-FS 619 [633]). **Geschäftsmäßiges Erbringen** von Post- und Telekommunikationsdiensten ist das nachhaltige Betreiben der Beförderung von Postsendungen für andere gem. § 4 Nr. 4 PostG bzw das Angebot von Telekommunikation einschließlich des Angebots von Übertragungswegen für Dritte nach § 3 Nr. 10 und 24 TKG, auch ohne Gewinnerzielungsabsicht (*Fischer* Rn 2). **Abs. 3** erweitert diesen Täterkreis um die dort genannten Personen. Unter **Abs. 3 Nr. 1** fallen vor allem Beschäftigte der verbliebenen Hoheitsverwaltung des Bundes (BT-Drucks. 13/8016, 29). **Abs. 3 Nr. 2** betrifft Personen, die nicht bei dem Unternehmen beschäftigt sind, sondern in die Abwicklung des Post- und Fernmeldeverkehrs eingeschaltet sind. **Abs. 3 Nr. 3** erfasst Inhaber, Angestellte und Arbeiter von Hersteller- und Serviceunternehmen für technische Anlagen (*Otto* BT § 34/49).

II. Tatbestand

Den unterschiedlichen **Handlungsalternativen** ist gemeinsam, dass der Täter **als Inhaber oder Beschäftigter**, dh im inneren Zusammenhang mit seiner beruflichen Funktion, tätig geworden sein muss (*Otto* BT § 34/54). Dass der Täter **unbefugt** handeln muss, ist als Hinweis auf die Rechtswidrigkeit als allgemeines Deliktsmerkmal zu verstehen (vgl Vor § 201 Rn 3; für eine Doppelfunktion OLG Karlsruhe MMR 2005, 178 [180]).

1. Abs. 1 nennt als Tathandlung die unbefugte Mitteilung von **Tatsachen** (vgl § 186 Rn 5), die dem **Post- oder Fernmeldegeheimnis** (vgl Abs. 5) unterliegen, an andere. Auf welche Weise die **Mitteilung** erfolgt, ist gleichgültig.

2. Abs. 2 schützt die dem Unternehmen anvertrauten Sendungen gegen Ausforschung und Unterdrückung. **Sendung** iSv **Nr. 1** ist jeder körperliche Gegenstand, der auf dem Post- oder Fernmeldeweg übermittelt wird (*Fischer* Rn 12 f); mangels Beschränkung auf solche Gegenstände erfasst **Nr. 2** darüber hinausgehend auch unkörperliche Gegenstände, dh Tatobjekt ist jede dem Fernmeldegeheimnis unterliegende Kommunikation (LK-*Altvater* Rn 46; NK-*Kargl* Rn 30). Die Sendung ist dem Unternehmen **anvertraut**, wenn sie ordnungsgemäß in den Post- und Fernmeldeverkehr gelangt ist und sich im Gewahrsam des Unternehmens befindet. **Gewahrsam** an einer E-Mail ist spätestens dann begründet, wenn die Anfrage zur Übermittlung von Daten den Mailserver des Unternehmens erreicht und der versendende Mailserver die Daten dem empfangenden Server übermittelt hat (OLG Karlsruhe MMR 2005, 178 [180]).

a) Die Merkmale **verschlossen, öffnen** und unter **Anwendung technischer Mittel Kenntnis verschaffen** in **Nr. 1** sind wie in § 202 auszulegen (dort Rn 4, 7, 8).

7 **b) Unterdrücken** iSv Nr. 2 bedeutet, dass die Sendung dem ordnungsgemäßen Verkehr entzogen wird, wobei eine vorübergehende Entziehung bereits ausreicht (OLG Köln NJW 1987, 2596). Im Telekommunikationsbereich (§ 3 Nr. 22 TKG; zB bei einer **E-Mail**) gilt: Eine Nachricht wird unterdrückt, wenn durch technische Eingriffe in den Vorgang des Aussendens, Übermittelns oder Empfangens von Nachrichten mittels Telekommunikationsanlagen verhindert wird, dass die Nachricht ihr Ziel vollständig und unversehrt erreicht (OLG Karlsruhe MMR 2005, 178 [180]; S/S-*Lenckner/Eisele* Rn 20 b; *Tschoepe* MMR 2004, 75 [78]).

8 **c) Nr. 3** hat das Gestatten und Fördern des Ausforschens oder Unterdrückens zum Gegenstand. Ein **Gestatten** liegt vor, wenn der Täter in einer Lage, in der er eingreifen könnte, die Tat des anderen ausdrücklich erlaubt, passiv duldet oder zu ihr anstiftet (*Fischer* Rn 16; S/S-*Lenckner/Eisele* Rn 23). **Fördern** ist jede Hilfeleistung (vgl § 27 Rn 3 ff, 7).

9 **III. Abs. 4** erweitert den Strafrechtsschutz über den Post- und Telekommunikationsbereich hinaus. **Täter** können nur Amtsträger anderer Dienstbereiche sein. Insofern ist die Tat ein echtes **Amtsdelikt** (*Otto* BT § 34/56).

10 **IV.** Der **subjektive Tatbestand** verlangt (zumindest bedingten) Vorsatz, der jedoch den Mangel der Befugnis nicht zu umfassen braucht.

11 **V.** Eine **rechtfertigende** Befugnis kann sich neben den allgemeinen Rechtfertigungsgründen aus §§ 99 bis 100 b StPO, § 39 IV, V PostG und § 88 III S. 3 TKG ergeben (hierzu *Dann/Gastell* NJW 2008, 2945 [2946]).

12 **VI. Konkurrenzen:** Tateinheit ist möglich zwischen den Abs. 1, 3 und § 353 b I, ferner zwischen den Abs. 2, 3 und §§ 242, 246. § 202 tritt hinter Abs. 2 Nr. 1 und § 203 II hinter Abs. 1, 3 zurück (L-Kühl-*Heger* Rn 16). Weiterhin ist Abs. 2 Nr. 2 gegenüber § 133 III lex specialis (KG JR 1977, 426 f).

§§ 207 bis 210 (weggefallen)

Sechzehnter Abschnitt Straftaten gegen das Leben

Vorbemerkung zu den §§ 211–222

I. Schutzbereich

1 1. Zu den Straftaten gegen das (menschliche) Leben gehören die **Tötungsdelikte ieS** (§§ 211–213, 216, 222; vgl zu einer möglichen Reform der Tötungsdelikte *Deckers/Fischer/König/Bernsmann* NStZ 2014, 9 ff; *Eser* Kargl-FS 91 ff; *Hauck* HRRS 2016, 230 ff; *Mitsch* JR 2015, 122 ff; *Saliger* ZIS 2015, 600 ff; *Walter* NStZ 2014, 368 ff), der **Schwangerschaftsabbruch** (§§ 218–219 b) und die **Aussetzung** (§ 221).

2 2. Der **strafrechtliche Schutz des Lebens** durch die Tötungsdelikte ieS **beginnt** mit dem Geburtsakt, dh mit Einsetzen der sog. Eröffnungswehen bzw – beim Kaiserschnitt – mit der Öffnung des Uterus (arg. aus dem Wortlaut des § 217 aF: Tötung „in oder gleich nach der Geburt", vgl BGHSt 32, 194; *Arzt/Weber/Heinrich/Hilgendorf* § 2/85; *Küper* GA 2001, 515 ff; *Merkel*, Frühethanasie, 2001, 100 ff; vgl auch *Hirsch* Eser-FS 309 ff; *Kühl* JA 2009, 321 f; aA R. *Herzberg/A.I. Herzberg* JZ 2001, 1106 ff: mit Vollendung der Geburt; NK-*Neumann* Rn 10:

Beginn der Presswehen); erfasst werden soll auch der Geburtsvorgang als erhöhte Gefahr für das Kind (BGHSt 10, 291 [292]). Ob ein Embryo, der – zB infolge einer Abtreibungshandlung – vorzeitig ausgestoßen wird, als Mensch iSd § 212 anzusehen ist, hängt davon ab, ob er, sei es auch nur kurze Zeit, unabhängig von der Mutter lebt (hM, *Fischer* Rn 5; *Geilen* ZStW 103, 836; krit. NK-*Neumann* Rn 13; näher zum Embryonenschutz *Dreier* JZ 2007, 261 [266 ff]; *Merkel*, Forschungsobjekt Embryo, 2002; *Schroth* JZ 2002, 170 ff, jew. mwN); Überlebensfähigkeit ist nicht erforderlich. Dagegen ist der Mensch für das Zivilrecht erst mit „Vollendung der Geburt", dh mit vollständigem Austritt aus dem Mutterleib (Palandt/*Ellenberger* § 1 BGB Rn 2), rechtsfähig (§ 1 BGB).

Der für das Strafrecht **maßgebliche Todeszeitpunkt** ist der Eintritt des sog. Hirntods, dh ein irreversibler Funktionsausfall des Gesamthirns (vgl § 3 II Nr. 2 TPG). Entscheidend ist also weder ein völliges Aussetzen aller biologischen Lebensregungen noch der Stillstand von Herz- und Atmungstätigkeit (hM, näher *Heun* JZ 1996, 213; *Heyers* Jura 2016, 709 ff [715]; *Kühl* JA 2009, 321 [323] mwN). **Organentnahmen** richten sich nach dem Transplantationsgesetz, das auch besondere Straf- und Bußgeldvorschriften vorsieht (§§ 18 ff TPG). Das Problem der **Sterbehilfe** stellt sich nur vor Eintritt des Hirntods (Rn 14 ff). 3

3. Ob **pränatale Eingriffe**, die zu einem Zeitpunkt vorgenommen werden, in dem 4
das betroffene Leben noch keine Menschenqualität iSd Tötungsdelikte besitzt, unter den Tatbestand der Tötungsdelikte fallen, hängt von dem Zeitpunkt ab, an dem auf den Embryo **eingewirkt** wird. Hierbei ist unter Einwirkung der tatsächliche Eintritt der Schädigung des Embryos durch die Handlung zu verstehen. Der Todeszeitpunkt oder der Zeitpunkt der Vornahme der Handlung selbst ist unmaßgeblich. Ferner muss sich die Handlung nicht unmittelbar gegen den Embryo richten; auch Gewalthandlungen gegen die Schwangere, mit dem Ziel, eine Fehlgeburt herbeizuführen, können den Tatbestand des § 218 erfüllen (vgl § 218 Rn 2). Die Abgrenzung der §§ 218 ff zu den §§ 211 ff nach dem Zeitpunkt der Einwirkung auf den Embryo ist vor allem bei fahrlässigen Handlungen bedeutsam, da die §§ 218 ff. Vorsatzdelikte sind (BVerfG NJW 1988, 2945; BGHSt 31, 348 [352]; krit. *Gropp* GA 2000, 1 ff). Im Einzelnen gilt:

- Bei einer Einwirkung (vgl Rn 4) auf den Embryo noch vor Geburtsbeginn 5
  (zB dem Auslösen der Fehlgeburt eines auf Dauer lebensunfähigen Kindes) ist nur § 218 einschlägig (BVerfG NJW 1988, 2945; BGHSt 31, 348 [352 f]; *Hirsch* JR 1985, 336). Die Voraussetzungen der §§ 218 ff sind erfüllt, soweit es aufgrund der Handlung und der darauf beruhenden Einwirkung zu einer Totgeburt kommt (OLG Bamberg NJW 1988, 2963). Einer Erfüllung der Tatbestände steht es jedoch auch nicht entgegen, wenn das Kind nach der Geburt noch kurzzeitig lebt; jedoch muss der Tod durch den ursprünglichen Eingriff bedingt sein und darf nicht durch eine weitere nachgeburtliche Handlung herbeigeführt werden.

- Wird dagegen erst nach Geburtsbeginn derart auf den Embryo eingewirkt, 6
  dass es letztendlich zu einer Totgeburt kommt oder er seine Lebensfähigkeit verliert, so gelten die §§ 211 ff (zB eine vor Geburt der Mutter beigebrachte Infektion wird nach der Geburt durch Körperkontakt auf das Kind mit Todesfolge übertragen).

- Wird trotz einer vorgeburtlichen Handlung, die einen Eingriff in das Wohl 7
  des Embryos zur Folge hat, ein lebensfähiges Kind geboren und wird dieses nach der Geburt getötet, so sind versuchte Abtreibung und Totschlag nach

der hM tatmehrheitlich verwirklicht (BGHSt 13, 21 [23 f]; S/S-*Eser* § 218 Rn 69; NK-*Neumann* Rn 14; SK-*Rogall/Rudolphi* § 218 Rn 44; diff. *Fischer* Rn 6).

II. Systematik der Tötungsdelikte ieS

8   1. Nach ganz hL ist **§ 212** der **Grundtatbestand** der vorsätzlichen Tötungsdelikte (vgl nur LK-*Jähnke* Rn 39 mwN); § 222 erfasst die fahrlässige Tötung. **§ 213** ermöglicht als **unselbstständige** Strafzumessungsvorschrift eine mildere Bestrafung für (insbesondere) provozierte Tötungen und gilt **nur** für § 212, nicht jedoch für § 211 (BGHSt 30, 105 [118]; S/S-*Eser/Sternberg-Lieben* Rn 9 a, § 213 Rn 3; für eine Anwendbarkeit von § 213 Alt. 1 auf § 211 dagegen NK-*Neumann* Rn 167; *ders*. Eser-FS 431 ff). Eine **selbstständige** und abschließende **Privilegierung** zu § 212 ist nach hL die Tötung auf Verlangen nach **§ 216** (*Engländer* Krey-FS 71 ff; SK-*Sinn* § 216 Rn 2).

9   2. Nach der Rspr sind §§ 211 und 212 zwei selbstständige Tatbestände mit jeweils unterschiedlichem und abschließend umschriebenem Unrechtsgehalt (vgl nur BGHSt 1, 368; 50, 1 [5]; beachte nunmehr aber die Entscheidung BGH NJW 2006, 1008 [1012 f], in der der BGH – wenngleich nur in einem obiter dictum – seine bisherige Rspr in Frage stellt; hierzu auch *Gössel* ZIS 2008, 153 ff; *Gropp* Seebode-FS 125 [126; 140 f]; *Küper* JZ 2006, 608 [612 f] und 1157 ff). Der Mord ist demnach ein **delictum sui generis**, das die Strafbarkeit selbstständig begründet, und keine Qualifikation zu § 212 (vgl Vor 13 Rn 41). Entsprechend wird auch § 216 als delictum sui generis angesehen (BGHSt 13, 165).

10   3. Die unterschiedliche systematische Einstufung des Mordtatbestands durch Rspr und hL hat insbesondere Auswirkungen auf die **Anwendbarkeit von § 28** (näher *Geppert* Jura 2008, 34 ff, mit Beispielen; zur historischen Entwicklung *Gerhold*, Die Akzessorietät der Teilnahme an Mord und Totschlag). Entsprechendes gilt für das Verhältnis von § 212 und § 216 (hierzu *Engländer* Krey-FS 71 ff):

11   ■   Nach der hL gilt für die Strafbarkeit des Beteiligten bei **täterbezogenen besonderen persönlichen Merkmalen** § 28 II. Hierfür spricht die nur graduelle Unrechtsabstufung zwischen § 211 und § 212. Diesem Ansatz steht auch nicht die für § 211 absolut angedrohte lebenslange Freiheitsstrafe entgegen, da die Differenz zwischen zeitiger und lebenslanger Freiheitsstrafe mit der Einfügung von § 57 a relativiert wurde und die Rspr außerdem bei geringem Unrecht für § 211 eine Strafmilderung nach § 49 I Nr. 1 befürwortet (§ 211 Rn 5). Ferner steht der Qualifikationslösung nicht entgegen, dass § 211 vom „Mörder", § 212 dagegen vom „Totschläger" spricht: Weder normativ noch kriminologisch lassen sich entsprechende Tätertypen unterscheiden. Allerdings muss der Richter bei der Abgrenzung von Mord und Totschlag die Persönlichkeit des Täters und die Verwerflichkeit seiner Motivation würdigen.

12   ■   Nach der Rspr gilt für die Strafbarkeit des Teilnehmers bei täterbezogenen besonderen persönlichen Merkmalen grds. § 28 I (hierzu *Gropp* Seebode-FS 125 [134 ff]). Allerdings verfolgt die Rspr ihren Ansatz nicht konsequent und kommt weitgehend zu denselben Ergebnissen wie die hL (näher hierzu § 211 Rn 46 ff). Im Übrigen ist die neueste Rspr auch terminologisch nicht mehr von der hL zu unterscheiden: So werden die Mordmerkmale im Allgemeinen als Mordqualifikationen (BGHSt 41, 358 [362]) und die Verde-

ckungsabsicht im Besonderen als Qualifikationsgrund (BGHSt 41, 8 [9]) bezeichnet. Abgesehen hiervon hat der 5. Strafsenat des BGH angesichts „gewichtiger Argumente" der Gegenmeinung ausdrücklich offen gelassen, ob es sich bei den täterbezogenen Merkmalen des Mordtatbestandes um strafbegründende (§ 28 I) oder um strafschärfende (§ 28 II) besondere persönliche Merkmale handele (BGH NJW 2006, 1008 [1012 f] m. Bspr *Küper* JZ 2006, 608 [612 f] und 1157 [1167]; *Gössel* ZIS 2008, 153 [157 ff]).

4. Zwischen § 211 und § 216 besteht **Gesetzeskonkurrenz**: § 211 wird von § 216 als dem milderen Gesetz verdrängt (*Küpper* Meurer-GS 123 [124 f]; NK-*Neumann* Rn 164 mwN). 13

III. Euthanasie/Behandlungsabbruch

Bisher ist die Abgrenzung einer strafbaren Handlung nach den §§ 212, 216 zu einer straflosen Sterbehilfe nach den Kriterien der aktiven und passiven Sterbehilfe vorgenommen worden (vgl dazu Rn 15 bis einschl. Rn 20; auch *Engländer* JZ 2011, 513 ff; rechtsvergleichende Darstellung zur Regelung der Sterbehilfe in ausgewählten europäischen Staaten: ZStW 2016 Band 128 Heft 1). Diese Differenzierung hat der BGH nunmehr in seiner Entscheidung vom 25.6.2010 (BGHSt 55, 191 ff; siehe Rn 21) ausdrücklich aufgegeben. 14

1. Nach einhelliger Auffassung ist jede gezielte **aktive Lebensverkürzung** zur Herbeiführung eines schmerzlosen Todes (**Euthanasie/direkte Sterbehilfe**) grds. untersagt (BGHSt 37, 376; S/S-*Eser/Sternberg-Lieben* Rn 24; LK-*Jähnke* Rn 14 mwN; vgl zur innerhalb der aktiven Euthanasie getroffenen Unterscheidung zwischen direkter/indirekter Euthanasie nur NK-*Neumann* Rn 97 f und 139 f; *Otto* Jura 1999, 434 [441] jew. mwN). Insoweit gilt die Einwilligungssperre des § 216 (zur Diskussion um die „Liberalisierung" der Tötung schwer Kranker vgl etwa *Große-Vehne*, Tötung auf Verlangen (§ 216 StGB), „Euthanasie" und Sterbehilfe, 2005; *Ingelfinger* JZ 2006, 821 [822 f]; Lösungsvorschläge bei *Kusch* NJW 2006, 261 ff; *Schöch/Verrel* u.a. GA 2006, 553 ff [dort auch Abdruck des Alternativ-Entwurfs Sterbebegleitung 2005]; *Verrel*, Gutachten C zum 66. DJT, 2006, 53 ff, 77 ff; *Zuck* ZRP 2006, 173 ff; vgl aber Rn 20 aE). Das Verbot betrifft auch die aktive Tötung geschädigter Neugeborener, sog. Früheuthanasie (näher zur dieser Problematik *Kaufmann* JZ 1982, 481 ff; *Merkel*, Früheuthanasie, 2001, 151 ff; NK-*Neumann* Rn 136 ff). Sofern die besonderen (privilegierenden) Voraussetzungen der Tötung auf Verlangen nach § 216 nicht erfüllt sind, ist eine solche Tat als Totschlag oder Mord zu bestrafen. 15

Von der gezielten (**direkten**) Lebensverkürzung ist der Fall zu unterscheiden, dass einem Patienten zum Zwecke einer medizinisch indizierten Schmerzlinderung ein Medikament verabreicht wird, dessen Einnahme mit der Gefahr einer Lebensverkürzung verbunden ist (sog. **indirekte Sterbehilfe**; BGHSt 42, 301; BGH NJW 2001, 1802 [1803]; *Roxin*, in ders./Schroth [Hg.], Medizinstrafrecht, 4. Aufl. 2010, 86 f; *Saliger* KritV 1998, 127; MK-*Schneider* Rn 99 ff; *Weißer* ZStW 2016, 106 [112 ff]; vgl ferner die Grundsätze der Bundesärztekammer zur ärztlichen Sterbebegleitung NJW 1998, 3406 [3407]). Eine solche Therapie, bei der der Tod „lediglich" eine unbeabsichtigte Nebenfolge der Behandlung darstellt, ist zulässig, sofern sie vom Patienten unter verständiger Würdigung seiner Lage gebilligt wird (iE ganz hM, wenn auch unterschiedlich begründet: für erlaubtes Risiko *Engisch* Bockelmann-FS 497 [532]; für Sozialadäquanz *Herzberg* NJW 1996, 3043 [3048 f]; für § 34 [Überwiegen des Schmerzlinderungsinteresses] die 16

Rspr, vgl nur BGH NJW 2001, 1802 [1803] mwN; S/S-*Eser/Sternberg-Lieben* Rn 26; NK-*Neumann* Rn 103; *Schreiber* BGH-FS 503 [524]; *Sternberg-Lieben* Lenckner-FS 349 [362]; ausf. zu den einzelnen Ansätzen *Merkel* Schroeder-FS 297 [299 ff]). Die ganz hM verlangt und betont für die Zulässigkeit der indirekten Sterbehilfe allerdings, dass der handelnde Arzt den Tod keinesfalls „beabsichtigen" dürfe (L-Kühl-*Kühl* Rn 7; *Otto* BT § 6/41; SK-*Sinn* § 212 Rn 58; *Verrel*, Gutachten C zum 66. DJT, 2006, 102 f; vgl auch *Schöch/Verrel* u.a. GA 2005, 553 [576 ff], die gleichzeitig im Rahmen ihres Alternativ-Entwurfs für eine Präzisierung im objektiven Tatbestand durch die Regeln der medizinischen Wissenschaft sowie durch Dokumentationspflichten des Arztes plädieren; für eine Beschränkung sogar auf dolus eventualis *Duttge* GA 2006, 573 [578 f]; *Schöch* NStZ 1997, 409 [411]; wohl auch BGHSt 42, 301 [304]; BGH NJW 2001, 1802 [1803]; abl. gegenüber einem solchen strafbarkeitsbegründenden „Absichtsverbot" hingegen *Herzberg* NJW 1996, 3043 [3049 m. Fn 31]; *Merkel* Schroeder–FS 297 [314 ff]; vgl auch *Ingelfinger* JZ 2006, 821 [824 f]; NK-*Neumann* Rn 139).

Umstritten ist darüber hinaus, inwieweit diese Grundsätze auch auf die Fälle einer mit unzumutbaren Schmerzen verbundenen „tödlichen Krankheit" erstreckt werden können (so BGH NJW 2001, 1802 [1803]; *Ingelfinger* JZ 2006, 821 [824]; *Otto* NJW 2006, 2217 [2221]; MK-*Schneider* Rn 99; *Schöch/Verrel* u.a. GA 2005, 553 [558 und 585]; *Schroth* GA 2006, 549 [565 f]; vgl auch § 214 a des Alternativ-Entwurfs Sterbebegleitung GA 2005, 553 [584 ff]) oder ob sie allein im Falle eines bereits eingeleiteten Sterbeprozesses Geltung beanspruchen (BGHSt 42, 301 (305); *Dölling* JR 1998, 160 [162]; vgl auch die Grundsätze der Bundesärztekammer NJW 1998, 3406 f). Bei Entscheidungsunfähigkeit des Betroffenen sind die Kriterien der mutmaßlichen Einwilligung maßgeblich (Vor § 32 Rn 51 ff; vgl auch BGH NJW 1997, 807). Straflos ist ferner die bloße Beihilfe zum Suizid (ausf. *Kuschel*, Der ärztlich assistierte Suizid, 2005, 50 f; NK-*Neumann* Rn 47 ff, 96; unten Rn 20 ff).

17 2. Unter **passiver Sterbehilfe** (passiver Euthanasie) ist das Sterbenlassen durch Verzicht auf lebensverlängernde Maßnahmen zu verstehen (NK-*Neumann* Rn 104; vgl auch *Schneider* NStZ 2006, 473 [474 f]; *Schroth* GA 2006, 549 [550 ff]; weiterführend *Möller*, Die medizinische Indikation lebenserhaltender Maßnahmen, 2010). Die Strafbarkeit hängt von der Anwendbarkeit der §§ 212, 13 im konkreten Fall ab (*Holzhauer* ZRP 2004, 41 ff; *Landau* ZRP 2005, 50 ff; vgl auch Rn 18). Bedeutung erlangt die passive Sterbehilfe sowohl bei Moribunden oder irreversibel Bewusstlosen als auch in Fällen, in denen der Sterbeprozess noch nicht eingesetzt hat (sog. passive Sterbehilfe im engeren und weiteren Sinne; *Otto* NJW 2006, 2227 [2218]; vgl auch BGHSt 40, 257 [260]; MK-*Schneider* Rn 114 ff; zur Gebotenheit oder dem Recht auf passive Sterbehilfe: *Kuschel*, Der ärztlich assistierte Suizid, 2005, 68 f).

18 Grds gilt, dass ein strafbefreiender **Verzicht auf Maßnahmen zur Lebensverlängerung** nur möglich ist, wenn dies mit tatsächlicher oder mutmaßlicher Einwilligung des Patienten geschieht (vgl nur BGHSt 37, 376 [378 f]; BGH NStZ 1983, 117 [118]; zur Begr. und zu den Voraussetzungen NK-*Neumann* Rn 105 ff, 111 ff, 117 ff m. umf. Nachweisen).

Die Verweigerung lebensverlängernder Maßnahmen kann bereits im Vorhinein für den Fall einer späteren Äußerungs- und Entscheidungsunfähigkeit schriftlich erklärt werden, sog. **Patientenverfügung** (§ 1901 a ff BGB; zu deren Voraussetzungen und Wirksamkeit vgl nunmehr BT-Drucks. 16/8442, 1 ff; NK-*Neumann*

Rn 112 ff; allgemein dazu *Dölling* Puppe-FS 1365 ff; *Eisenbart,* Patiententestament und Stellvertretung in Gesundheitsangelegenheiten, 2. Aufl. 2001, 177 ff; *Engländer* JZ 2011, 513 [514]; *Sternberg-Lieben* Roxin-FS II 537; siehe auch BGHSt 40, 257 [263]); die Verfügung kann mit der Übertragung von Vollmachten auf eine betreuende Person verbunden werden (vgl §§ 1897 IV S. 3, 1901 a BGB). Die Einwilligungssperre des § 216 gilt hier nicht, da der Patient keine aufgenötigte Hilfe hinnehmen muss (BGHSt 11, 111 [114]; *Ingelfinger* JZ 2006, 821 [825 f]; *Otto* NJW 2006, 2217 [2218]; *Popp* ZStW 118, 639 [641]; MK-*Schneider* Rn 106 f) und der Suizid straflos ist. Der Sterbeprozess muss beim Verzicht auf Maßnahmen zur Lebensverlängerung noch nicht eingesetzt haben; in einem solchen Fall sind jedoch an die mutmaßliche Einwilligung sehr strenge Anforderungen zu stellen (BGHSt 40, 257 [263]; *Fischer* Rn 48 ff; NK-*Neumann* Rn 93; zu den weiteren zivilrechtlichen Möglichkeiten: *Kuschel,* Der ärztlich assistierte Suizid, 2005, 69 ff). Schon der überarbeitete und im Jahre 2005 vorgestellte Alternativ-Entwurf Sterbebegleitung benennt dementsprechend in § 214 I ausdrücklich die Möglichkeit, dass der Betroffene eine schriftliche Patientenverfügung verfasst und in dieser die Beendigung lebenserhaltender Maßnahmen für den Fall seiner Einwilligungsunfähigkeit anordnet (abgedruckt bei *Schöch/Verrel* u.a. GA 2005, 553 [584 ff]; vgl auch *Duttge* GA 2006, 573 [581]). Klarstellend lässt § 214 II des Alternativentwurfes diese Regeln auch für den Fall gelten, dass der Zustand des Betroffenen auf einem frei verantwortlichen Selbstmordversuch beruht.

3. Liegen die Voraussetzungen einer (mutmaßlichen) Einwilligung nicht vor, wird aber gleichwohl die **Behandlung** einseitig **abgebrochen**, um einem Moribunden schwere Leiden zu ersparen, so liegt eine Kollision zwischen der Pflicht zur Lebensverlängerung und der Pflicht zur Verhinderung von Leiden vor, deren Abwägung nach **Notstandskriterien** vorzunehmen ist (vgl BGHSt 40, 257 [260]; BGH NJW 1997, 807 [809 f]). Bei fehlendem Schmerzlinderungsbedürfnis – der Patient ist zB bewusstlos – kann die Behandlung abgebrochen werden, wenn die Lebensverlängerung, soweit sie überhaupt möglich ist, normativ unzumutbar erscheint: Die Pflicht des Arztes zur Heilung endet, wenn der Patient jegliche Reaktions- und Kommunikationsfähigkeit und damit die Fähigkeit zu personaler Selbstverwirklichung unwiderruflich verloren hat (vgl BGHSt 32, 367 [380]; S/S-*Eser/Sternberg-Lieben* Rn 29 e; *Otto* NJW 2006, 2217 [2218]). Dem Behandlungsabbruch steht in diesen Fällen das Unterlassen der Behandlungsaufnahme gleich (zum Ganzen auch *Lorenz,* Sterbehilfe – Ein Gesetzesentwurf, 2008) 19

4. Für den **technischen Behandlungsabbruch** (zB Abschalten eines Reanimators) gelten die dargelegten Grundsätze entsprechend. Da das Abschalten der Maschine dem Abbruch der medikamentösen Therapie gleichzustellen ist, spielt es keine Rolle, dass der Einsatz der Maschine ggf durch aktives Tun beendet wird (vgl BGHSt 40, 257 [261 ff]; *Hirsch* Lackner-FS 597 [600 ff]; *Jakobs* Schewe-FS 72 ff; NK-*Neumann* Rn 126 ff; für aktives Tun, iE aber ebenso für Straflosigkeit LK-*Jähnke* Rn 18; MK-*Schneider* Rn 118 f; vgl auch S/S-*Eser/Sternberg-Lieben* Rn 32). 20

Der BGH (vgl NJW 2010, 2963 ff Rn 14; krit. aber iE zust. *Bosch* JA 2010, 908 ff; *Kubiciel* ZJS 2010, 656 ff; Anm. *Mandla* NStZ 2010, 698 f; *Verrel* NStZ 2010, 671 ff; gegen die Annahme von Mittäterschaft: *Schumann* JR 2011, 142 ff; die Dogmatik der Entscheidung kritisierend *Haas* JZ 2016, 714 ff) hat entschieden, dass auch eine unmittelbar auf die Lebensbeendigung abzielende Handlung einer Rechtfertigung nach den Kriterien der Einwilligung zugänglich ist (vgl 21

Hirsch JR 2011, 37 [38]; *Verrel* NStZ 2010, 671 [673]; abl. *Walter* ZIS 2011, 76 [78] m. abl. Erwiderung *Engländer* JZ 2011, 513 [518]). Er hält ausdrücklich nicht an einer Abgrenzung von strafbarem zu straflosem Verhalten anhand der äußeren Erscheinungsformen von Tun und Unterlassen fest (zust. *Hirsch* JR 2011, 37; abl. *Walter* ZIS 2011, 76 ff; krit. zur Einbeziehung der sog. indirekten Sterbehilfe *Wolfslast/Weinrich* StV 2011, 286 [287]), sondern wertet jeden Behandlungsabbruch als eine Vielzahl von aktiven und passiven Handlungen, die unter den normativ-wertenden Oberbegriff des „Behandlungsabbruchs" zusammenzufassen seien. Dabei sei neben den objektiven Handlungselementen auch die subjektive Zielsetzung des Handelnden zu berücksichtigen. Eine Unterscheidung, ob strafbares Verhalten vorliegt oder nicht, sei demnach nach den Kriterien der „Behandlungsbezogenheit" und der „Verwirklichung des auf die Behandlung bezogenen [Patienten]Willens" vorzunehmen. Vor diesem Hintergrund komme für eine Rechtfertigung durch eine Einwilligung nur dann in Betracht, wenn sich das Handeln darauf beschränke, „einen Zustand (wieder-)herzustellen, der einem bereits begonnenen Krankheitsprozess seinen Lauf lässt, so dass der Patient letztlich dem Sterben überlassen wird"; nicht erfasst seien „dagegen Fälle eines gezielten Eingriffs, der die Beendigung des Lebens vom Krankheitsprozess" abkoppele; auf das Stadium der Krankheit komme es für einen Behandlungsabbruch nicht an (BGHSt 55, 191 [204 f]). Der Patientenwille sei vor allem vor dem Hintergrund der §§ 1901 a, 1901 b und 1904 BGB zu ermitteln (BGH NJW 2011, 161 ff m. krit. Anm. *Jäger* JA 2011, 309 [312] und *Verrel* NStZ 2011, 276; *Engländer* JZ 2011 513 [516 f]; zust. *Wolfslast/Weinrich* StV 2011, 286 [287]; zur Regelung der Patientenverfügung vgl *Dölling* Puppe-FS 1365 ff). Durch diese Entscheidung hat der BGH den Anwendungsbereich des § 216 reduziert und das Selbstbestimmungsrecht des Patienten im Umgang mit seiner Krankheit gestärkt; eine rechtfertigende Einwilligung in aktive Tötungen im Rahmen eines Behandlungsabbruchs ist demnach nunmehr möglich (vgl *Engländer* JZ 2011, 513 [517]; *Gaede* NJW 2010, 2925 [2926 f]; krit. zu den Folgeproblemen bei der Anwendung von § 216 *Eidam* GA 2011, 232 [240 f]; *Wolfslast/ Weinrich* StV 2011, 286 [287] sehen die Entscheidung des BGH als mögliche neue Grundlage für die Diskussion um die aktive Sterbehilfe).

IV. Fremdtötung und eigenverantwortlicher Suizid

22 **1. Täterschaft und Teilnahme beim Suizid:** Die strafrechtlichen Zurechnungskriterien der Täterschaft und Teilnahme sind auf die Verletzung der Güter anderer zugeschnitten (näher *Hohmann/König* NStZ 1989, 304; *Neumann* JA 1987, 244 [245 ff]). Es gibt keine täterschaftliche Selbstverletzung (eine ganz andere Frage ist es, inwieweit man durch eine Selbstverletzung die Güter Dritter oder der Allgemeinheit beeinträchtigen kann, vgl etwa § 109). Daher kann auch ein Dritter nicht an einer solchen Verletzung nach Maßgabe der §§ 26 und 27 als Anstifter oder Gehilfe teilnehmen. Eine Selbsttötung ist mithin strafrechtlich grds. irrelevant; der Suizident trägt für sein Handeln, sofern es fehlschlägt, keine strafrechtliche Verantwortung. Entsprechend fehlen Zurechnungsregeln, die auf Handlungen Dritter, durch die der Suizid unterstützt wird, unmittelbar anwendbar sind. Wird also von der „Teilnahme" an einem Suizid durch einen Dritten gesprochen, so geht es nicht um die Zuschreibung strafrechtlicher Verantwortung, sondern nur um die (negative) Feststellung, dass der Dritte den Tod nicht als Täter einer Fremdtötung strafrechtlich zu verantworten hat. Kurz: Ist der Dritte kein strafbarer Täter, so ist er allenfalls strafloser „Teilnehmer".

a) Da sich dem Strafgesetz unmittelbar keine Regeln für die „Teilnahme" an 23
Selbstverletzungen entnehmen lassen, sind sie in Analogie zu den entsprechenden
Regeln der Fremdverletzung zu entwickeln: Eine **Teilnahme am Suizid** liegt, so
gesehen, dann vor, wenn das Verhalten des Dritten unter der Hypothese, § 212
umfasse auch die Selbsttötung und der Suizident verwirkliche diesen Tatbestand
als Täter vorsätzlich und rechtswidrig, als Anstiftung oder Beihilfe iSv §§ 26, 27
anzusehen wäre.

b) Da es **verschiedene Täterschaftsformen** gibt, die auf jeweils unterschiedliche 24
Weise von einer bloßen Teilnahme abzugrenzen sind, empfiehlt es sich, zunächst
der Frage nachzugehen, ob der Dritte als unmittelbarer Begehungstäter (vgl § 25
Rn 6) einer Fremdtötung gehandelt hat. Eine solche Form der Tötung ist nämlich
unabhängig von der Beteiligung des Opfers stets strafbar, und zwar entweder
nach § 212 oder – sofern die entsprechenden Voraussetzungen erfüllt sind – nach
§ 216. Ob der Dritte als (unmittelbarer) Täter gehandelt hat, hängt von der bejahenden Antwort auf die Frage ab, ob er das zum Tode führende Geschehen tatsächlich beherrscht hat. Dies befürwortet auch die sonst auf subjektive Kriterien
abstellende Rspr (vgl BGHSt 19, 135 [139]; zur Rspr bzgl des § 323 c in diesem
Zusammenhang *Schreiber* Jakobs-FS 615 [618 f]). Denn § 216 ist gerade ein
Fall, in dem sich der Täter dem Willen des Opfers unterordnet und die Tat nicht
als eigene, sondern als fremde will. Genauer: Der Dritte ist als unmittelbarer Täter anzusehen, wenn er allein die Tatherrschaft über den unmittelbar lebensbeendenden Akt innehat (*Brunhöber* JuS 2011, 401 [403]; *Chatzikostas*, Die Disponibilität des Rechtsgutes Leben in ihrer Bedeutung für die Probleme von Suizid
und Euthanasie, 2001, 39, 272 ff; *Eisele* JuS 2012, 577 [578]; *Kühl* Jura 2010,
81 ff; *Neumann* JA 1987, 244 [249]; *Rengier* II 8/8; *Roxin* TuT 567 ff; *Schroth*
GA 2006, 549 [567]; krit. *Arzt/Weber/Heinrich/Hilgendorf* § 3/40).

Von einer – die unmittelbare Täterschaft begründenden – alleinigen Tatherr- 25
schaft ist nicht mehr auszugehen, wenn der Sterbewillige das Geschehen zumindest gleichgewichtig beherrscht. Dies resultiert aus dem Umstand, dass die Kriterien der Mittäterschaft (§ 25 Rn 47 ff mwN) im Falle der Beteiligung an einem
Suizid nicht herangezogen werden können (*Herzberg* NStZ 1989, 559 [560];
Hohmann/König NStZ 1989, 304 [307]; *Neumann* JA 1987, 244 [245 f]; *Roxin*
TuT 569 f): Ist der eigene Beitrag des Suizidenten strafrechtlich irrelevant, so
kann er auch nicht – wie sonst bei Mittäterschaft – dem Dritten als dessen eigene
unrechtmäßige Tat zugerechnet werden. Hängt deshalb die Entscheidung über
den todbringenden Akt maßgeblich auch vom Suizidenten ab, scheidet eine
Fremdtötung des beteiligten Dritten in unmittelbarer Täterschaft aus (vgl *Eisele*
JuS 2012, 577 [578]; S/S-*Eser/Sternberg-Lieben* § 216 Rn 11; NK-*Neumann*
Rn 54 f). Dies ist etwa zu bejahen, wenn der Sterbewillige noch selbst das Gift
trinken muss, oder es nur in seiner Hand liegt, rettende Gegenmaßnahmen gegen
die vom Dritten gesetzte Bedingung zu ergreifen, zB ein ihm zur Verfügung stehendes Gegengift einzunehmen (NK-*Neumann* Rn 56 f; aA *Roxin* GA-FS 177
[185]).

2. Die **Teilnahme** (Anstiftung, Beihilfe) an einer (eigenverantwortlichen) Selbsttö- 26
tung ist mangels Haupttat straflos (ganz hM, vgl nur BGHSt 32, 367 [371]; S/S-
Eser/Sternberg-Lieben Rn 33, 35); die Tötungstatbestände betreffen die Tötung
eines anderen Menschen (zur Geschichte und sozialen Relevanz des Suizids sowie
zum umstr. Recht auf Selbsttötung vgl NK-*Neumann* Rn 35 f, 43 ff). Handelt der
Suizident dagegen nicht eigenverantwortlich, kommt mittelbare Täterschaft des
Dritten in Betracht (Rn 33 ff). Mithilfe des Kriteriums der Eigenverantwortlich-

keit entscheidet sich also, ob der Dritte mittelbarer Täter eines Totschlags mit dem Suizidenten als Tatmittler oder (strafloser) Teilnehmer einer vom Suizidenten als „Täter" vollzogenen (straflosen, weil tatbestandslosen) Selbsttötung ist. Da das Strafgesetz nur die Haftung für Fremdverletzungen vorsieht, gibt es keine expliziten Regeln für die Zuschreibung von Eigenverantwortlichkeit für Selbstverletzungen. Wie bei der Teilnahme am Suizid sind daher auch die Grundsätze für die Eigenverantwortlichkeit im Wege der Analogie zu gewinnen. Anders als bei der Teilnahme, bei der eine entsprechende Anwendung der §§ 26, 27 auf der Hand liegt, gestaltet sich jedoch die Analogiebildung zur Bestimmung der Eigenverantwortlichkeit erheblich schwieriger, weil sich hier zwei verschiedene Möglichkeiten anbieten:

27 a) Nach verbreiteter Ansicht ist die Verantwortlichkeit für Selbstverletzungen in Analogie zur Verantwortlichkeit für Fremdverletzungen zu konstruieren. Ein Suizid ist dann eigenverantwortlich, wenn der Sterbewillige für den Fall, dass er statt seiner selbst einen anderen getötet hätte, diese Tötung vorsätzlich und schuldhaft begangen hätte. Dies wiederum bedeutet, dass der Suizid nicht als eigenverantwortlich anzusehen ist, wenn er – im Falle einer Fremdtötung – unvorsätzlich oder unter den Voraussetzungen der gesetzlichen Exkulpationsregeln (§§ 19, 20, 35 StGB; § 3 JGG) vorgenommen worden wäre, sog. **Exkulpationslösung** (vgl *Bottke*, Suizid und Strafrecht, 1982, 250; *Roxin* GA 2013, 313 [319]; MK-*Schneider* Rn 54 ff; LK-*Schünemann* § 25 Rn 72; *Zaczyk*, Strafrechtliches Unrecht und die Selbstverantwortung des Verletzten, 1993, 36, 43). In Fällen also, in denen das Gesetz von mangelnder Verantwortlichkeit einer Person für Fremdschädigungen ausgeht, soll auch eine Verantwortlichkeit für Selbstschädigungen ausgeschlossen sein. Hieraus folgt: Eigenverantwortlichkeit wird beim Erwachsenen grds. unterstellt und nur in Ausnahmefällen (§§ 20, 35) verneint.

28 b) Nach hL ist die Eigenverantwortlichkeit in Analogie zu den Regeln zu bestimmen, die für die Wirksamkeit einer Einwilligung gelten, sog. **Einwilligungslösung** (iE ebenso BGH NStZ 2012, 319 [320] m. krit. Anm. *Murmann* NStZ 2012, 387 [388 f]; *Eisele* JuS 2012, 577 [578]; S/S-*Eser/Sternberg-Lieben* Rn 36; LK-*Jähnke* Rn 25 f; *Laber*, Der Schutz des Lebens im Strafrecht, 1997, 254 ff; *Mitsch* JuS 1995, 888 [891]; vgl auch *Neumann/Saliger* HRRS 2006, 280 [286 f]): Ein Suizid ist dann eigenverantwortlich, wenn der Sterbewillige für den Fall, dass nicht er selbst, sondern ein anderer die Tötungshandlung vornähme, die subjektiven Voraussetzungen einer wirksamen Einwilligung erfüllte (dass es hier nur auf die subjektiven Voraussetzungen der Einwilligung ankommen kann, ergibt sich aus dem Umstand, dass § 216 ihrer Wirksamkeit objektiv entgegensteht). Nicht als eigenverantwortlich einzustufen ist dagegen der Suizid, wenn der Sterbewillige – im Falle seiner Tötung durch fremde Hand – unter Voraussetzungen einwilligen würde, unter denen seine Erklärung nicht als ernstlich iSd § 216 anzusehen wäre. Demnach handelt der Sterbewillige nicht eigenverantwortlich bei mangelnder Einsichtsfähigkeit, nicht ausreichendem Urteils- und Hemmungsvermögen, fehlender Ernstlichkeit der Entscheidung und irrtumsbefangener Willensbildung (näher hierzu *Heinrich/Reinbacher* JA 2007, 264 [266 f]; NK-*Neumann* Rn 65 ff). Die Einwilligungslösung befürwortet die Möglichkeit eines eigenverantwortlichen Suizids also in erheblich engeren Grenzen als die Exkulpationslösung.

29 Die Einwilligungslösung ist vorzugswürdig, da sie dem Umstand Rechnung trägt, dass der Sterbewillige im Falle einer straflosen Selbsttötung vor einer qualitativ anderen Entscheidung steht als im Falle einer strafbaren Fremdtötung (näher

Herzberg JA 1985, 336 ff; *Neumann* JA 1987, 244 [251 ff]). Während der Handelnde in der letztgenannten Konstellation schwerstes Unrecht verwirklicht und daher nur in beschränktem Umfang von seiner Verantwortung entlastet sein kann, handelt er im Fall des Suizids nicht gegen das Recht, trifft also keine Entscheidung, von der ihn das Recht abhalten will. Während deshalb im Falle einer Fremdtötung die Verantwortung des Hintermanns wegen der unmittelbaren Verantwortung des Vordermanns geschmälert sein kann, entfällt in der Konstellation des Suizids die strafrechtliche Verantwortlichkeit des Vordermanns völlig. Der Hintermann hat also, rechtlich gesehen, eine erheblich niedrigere Entscheidungssperre zu überwinden, wenn er den Vordermann (nur) zu einem Suizid statt zu einer Fremdtötung veranlasst. Dies spricht im Umkehrschluss dafür, an die Verantwortung des Hintermanns beim Suizid auch die höheren Anforderungen iSd Einwilligungslösung zu stellen.

3. Die Eigenverantwortlichkeit des Suizidenten kann unter der weiteren Fragestellung bedeutsam sein, ob der Dritte neben dem aktiv handelnden Suizidenten als **Unterlassungstäter** oder nur als (dann ohnehin strafloser) Teilnehmer durch Unterlassen anzusehen ist (vgl Vor § 25 Rn 51 ff; zur Problematik des Hungerstreiks vgl NK-*Neumann* Rn 84 ff; MK-*Schneider* Rn 78 ff). Im Falle einer Garantenstellung kommt eine Strafbarkeit nach §§ 212, 13, anderenfalls nach § 323 c in Betracht. Dies ist jeweils unproblematisch zu bejahen, falls der Suizid nicht eigenverantwortlich begangen wurde und die sonstigen Voraussetzungen eines (echten oder unechten) Unterlassungsdelikts erfüllt sind (NK-*Neumann* Rn 87 f). 30

Wird der Suizid dagegen **eigenverantwortlich** begangen, so **schließt** dies auch eine **Strafbarkeit nach §§ 212, 216, 13 aus** (mit unterschiedlicher Begr. ganz hL: *Arzt/Weber/Heinrich/Hilgendorf* § 3/45; *Eisele* BT I Rn 191; S/S-*Eser/Sternberg-Lieben* Rn 41; NK-*Neumann* Rn 78; abw. *Herzberg* JA 1985, 177 [179 ff]): Die Eigenverantwortlichkeit des Suizidenten sperrt jede strafrechtliche Verantwortlichkeit eines Außenstehenden; der Garant hat nicht etwa eine „Vormundschaftsstellung" mit Zwangsbefugnissen gegenüber dem zu Beschützenden. Vielmehr entfällt die Befugnis zum Einschreiten, wenn der Sterbewillige den Garanten (zB einen Arzt) von seiner Verpflichtung entbindet. Eine solche Entbindung setzt nach der Einwilligungslösung eine ernstliche Entscheidung iSv § 216 voraus, muss also frei von Irrtum und Zwang und mit hinreichender Einsichtsfähigkeit in die Tragweite der Entscheidung erfolgen. Ihren Ausdruck findet die Entscheidung, den Garanten von seiner Hilfspflicht zu entbinden, im Ansetzen zum Suizid, und ist, bei Tauglichkeit des Versuchs, auch als hinreichend ernstlich anzusehen. Zu beachten ist allerdings, dass die Wirksamkeit einer Einwilligung in eine Fremdtötung von § 216 grds. gesperrt wird. Da die Vorschrift aber einen eigenhändig vollzogenen eigenverantwortlichen Suizid nicht unterbinden soll, ist sie durch teleologische Reduktion so auszulegen, dass sie nur die Einwilligung in aktive Fremdtötungen, nicht aber auch die Einwilligung in das Unterlassen des Einschreitens gegen eigenverantwortliche Suizide hindert. 31

Demgegenüber befürwortet die **Rspr** eine Strafbarkeit wegen Unterlassens, wenn der Sterbewillige nach dem beendeten Selbsttötungsversuch handlungsunfähig (bewusstlos) geworden ist. Ab diesem Zeitpunkt hänge der Todeseintritt – im Falle seiner möglichen Vermeidbarkeit (zur Straflosigkeit bei fehlender Möglichkeit BGH NStZ 1984, 452; 1987, 406; NJW 2001, 1802 [1805]) – vom Willen des Dritten ab, wodurch dieser kraft der jetzt auf ihn übergehenden Tatherrschaft zum Unterlassungstäter werde (BGHSt 13, 162 [166 f]; 32, 367 [374 f]; 32

BGH NJW 1960, 1821). Falls der Dritte Arzt ist, soll aber ausnahmsweise ein mit dem (an Standesethik und Recht orientierten) ärztlichen Gewissen zu vereinbarendes Unterlassen der Hilfe nicht „unvertretbar" sein. Dies hat zur (wenig einleuchtenden) Konsequenz, dass der Garant G dem eigenverantwortlich handelnden Suizidenten S zwar Medikamente zu dessen Freitod geben darf (vgl OLG München NJW 1987, 2940); ist G aber anwesend, wenn S bewusstlos wird, so muss er ab diesem Zeitpunkt das ihm Mögliche zu dessen Rettung unternehmen (zur Kritik *Eser* JZ 1986, 786 [792]; *Gropp* NStZ 1985, 97; *Kutzer* ZRP 2012, 135 [137f], der eine Pflicht des Garanten im Widerspruch zu der Regelung des § 1901 a BGB sieht; in der Konsequenz zu OLG München NJW 1987, 2940 ff beachte nunmehr StA München I NStZ 2011, 345 f, die in einem solchen Fall von einer Anklage absieht; vgl auch den Werdegang von OLG Hamburg NJW-Spezial 2016, 506, in dem das LG die Klage nicht zugelassen hatte und die Staatsanwaltschaft daraufhin erfolgreich Nicht-Zulassungsbeschwerde zum OLG erhoben hat). Ungeklärt ist bei dieser Ansicht ferner, warum – entgegen dem auch vom BGH anerkannten Verbot aufgedrängter Heilbehandlung (vgl BGHSt 11, 111) – sich der Sterbewillige gegen seinen Willen einem ärztlichen Eingriff soll unterziehen müssen (vgl OLG München NJW 1987, 2940 [2944]; StA München I NStZ 2011, 345 f; NK-*Neumann* Rn 75 mwN).

33 4. Eine Anwendbarkeit von § 323 c auf eigenverantwortliche Suizide ist gleichermaßen zu verneinen (*Kuschel,* Der ärztlich assistierte Suizid, 2005, 60 f; *Kutzer* ZRP 2012, 135 [137]; MK-*Schneider* Rn 81 ff; einschr. für Fälle des sog. Appellsuizids, deren Eigenverantwortlichkeit aber fraglich ist, NK-*Neumann* Rn 83; vgl auch *Otto* NJW 2006, 2217 [2221 f]). Hier lässt sich schon bezweifeln, ob ein solcher Suizid als „Unglücksfall" einzustufen ist. Jedenfalls kann mit der Hilfspflicht aus § 323 c nicht die Straflosigkeit der Teilnahme am eigenverantwortlichen Suizid unterlaufen werden. Unstr. besteht eine Hilfspflicht (bzw lebt wieder auf), wenn der Suizident erkennbar (zB durch Hilferufe) vom Freitod Abstand nehmen will.

34 5. Nicht strafbar ist die **fahrlässige Mitverursachung** eines eigenverantwortlichen Suizids (BGHSt 24, 342; S/S-*Eser/Sternberg-Lieben* Rn 35; *Kuschel,* Der ärztlich assistierte Suizid, 2005, 60/61; *Mitsch* JuS 1995, 787 [790]; *Weber* Spendel-FS 371 [376]). Zwar gibt es bei fahrlässiger Begehung keine Unterscheidung zwischen Täterschaft und Teilnahme, sondern nur einen „Einheitstäter". Wenn jedoch ein Verhalten bei vorsätzlicher Begehung nur straflose „Teilnahme" wäre, kann es bei Fahrlässigkeit keine strafbare Täterschaft begründen (Vor § 13 Rn 119).

V. Fremdtötung in mittelbarer Täterschaft

35 Ist der an einem Suizid Beteiligte kein unmittelbarer Täter (iSd §§ 212, 216), so bedeutet dies noch nicht, dass er schon deshalb strafloser Teilnehmer an einem Suizid wäre. Denn auch bei eigenhändiger Selbsttötung kommt eine strafbare Beteiligung eines Dritten in Form der mittelbaren Täterschaft mit dem Suizidenten als Tatmittler in Betracht (OLG München NJW 1987, 2940 [2941 ff]; S/S-*Eser/Sternberg-Lieben* Rn 37).

36 Eine Fremdtötung in mittelbarer Täterschaft setzt zunächst voraus, dass die Selbsttötung des Opfers nicht als **eigenverantwortlich** anzusehen ist, da die Eigenverantwortlichkeit – als ein die objektive Zurechenbarkeit des Todeserfolgs

hinderndes Kriterium (oben Rn 27 ff; Vor § 13 Rn 118 ff) – eine Verantwortlichkeit Dritter sperrt.

Ferner muss der Täter den Suizid durch **Herbeiführung oder Ausnutzung des** 37
Verantwortlichkeitsdefizits veranlasst haben (zu den allgemeinen Voraussetzungen mittelbarer Täterschaft vgl § 25 Rn 7 ff):

- Dies ist zunächst der Fall, wenn der Dritte durch **Nötigung** (§ 240) auf das 38
Opfer eingewirkt hat (vgl *Otto* Wolff-FS 395 [402]). Hier ist zu sehen, dass die Haftung des Hintermanns unter Zugrundelegung der Einwilligungslösung (Rn 28) deutlich über die Kriterien der mittelbaren Täterschaft bei Schädigung eines Dritten durch den (genötigten) Tatmittler hinausgeht. Exemplarisch: Veranlasst A den Politiker P durch die Drohung, anderenfalls eine Schmiergeldaffäre aufzudecken, zur Tötung des D, so ist er nur Anstifter zur Tat des P, da die Voraussetzungen des § 35 nicht gegeben sind. Dagegen ist nach der Einwilligungslösung eine Selbsttötung in mittelbarer Täterschaft (und nicht nur eine straflose Anstiftung) anzunehmen, wenn A den P durch eine solche Drohung zum Suizid bewegt.

- Des Weiteren kommt eine mittelbare Täterschaft insbesondere bei Veranlassung 39
einer **irrtumsbedingten** Selbsttötung des Opfers in Betracht. Hier ist eine Täterschaft stets dann begründet, wenn das Opfer verkennt, dass es eine Todesursache setzt, also im Falle einer Fremdtötung unvorsätzlich handeln würde (BGHSt 43, 177). Außerdem ist mittelbare Täterschaft gegeben, wenn der Täter den Sterbewilligen über das Vorliegen einer dessen Verantwortlichkeit ausschließenden Zwangssituation (iSv § 35) täuscht. Schließlich liegt nach der Einwilligungslösung mittelbare Täterschaft vor, wenn sich das Opfer in einem die Wirksamkeit der Einwilligung ausschließenden (rechtsgutsbezogenen) Irrtum befindet (zum Irrtum über die Fortdauer der geistigseelischen Existenz in sog. Sirius-Fall vgl BGHSt 32, 38 m.Anm. *Roxin* NStZ 1984, 71; *Schmidhäuser* JZ 1984, 195 und Bspr *Neumann* JuS 1985, 677 ff; *Otto* Jura 1987, 256). Exemplarisch: Arzt A bewegt den Patienten P durch die (bewusst) falsche Diagnose, er habe nur noch kurze Zeit zu leben, zur Selbsttötung. Als Fall mittelbarer Täterschaft (iSe Irrtums über den konkreten Handlungssinn, vgl LK-*Schünemann* § 25 Rn 97 ff) wird zudem das Vorspiegeln der Bereitschaft zu einem Doppelselbstmord angesehen, und zwar jedenfalls dann, wenn auch der Täuschende die Herrschaft über das Geschehen in der Hand haben will und auch hat (BGH GA 1986, 508; *Brandts/Schlehofer* JZ 1987, 442 ff; *Neumann* JA 1987, 244 [254]; abl. *Charalambakis* GA 1986, 485).

VI. Suizid in „mittelbarer Täterschaft"

Schließlich kann auch ein (eigenverantwortlicher) Sterbewilliger einen anderen 40
durch Täuschung dazu veranlassen, eine Ursache für den eigenen Tod zu setzen. Hierbei sind mehrere Konstellationen zu unterscheiden:

1. Sofern der andere nur einen Beitrag leistet, der im Falle vorsätzlichen Han- 41
delns als Beihilfe anzusehen wäre, so gelten (unstr.) die allgemeinen Grundsätze einer Straflosigkeit der Teilnahme am selbst zu verantwortenden Suizid (Rn 26). Exemplarisch: A bittet den Polizisten P, ihm dessen Dienstwaffe zu geben, um sie sich näher anzusehen. P händigt dem A die Waffe aus, wobei er (sorgfaltswidrig) verkennt, dass sich A mit der Waffe erschießen will.

42 2. Der Dritte verkennt täuschungsbedingt, dass er das zum Tode führende Geschehen täterschaftlich beherrscht; außerdem weiß er nicht um das Sterbeverlangen. Exemplarisch: Der moribunde Polizist P übergibt A seine Dienstwaffe mit der Bitte, dieser solle auf ihn schießen; die Waffe sei nicht geladen. A glaubt (sorgfaltswidrig), es handele sich um einen Spaß, und erschießt zu seiner Überraschung den P (nach OLG Nürnberg NJW 2003, 454).

43 ■ Die Rspr und ein Teil der Literatur bejahen hier eine Strafbarkeit des aktiv Handelnden (A) nach § 222 (BGH NJW 2003, 2326; OLG Nürnberg NJW 2003, 454 m.Anm. *Küpper* JuS 2004, 757; *Herzberg* NStZ 2004, 1 ff; *Sonnen* 11). Hierfür spricht, dass A im Falle vorsätzlichen Handelns § 212 bzw bei Kenntnis auch des Sterbeverlangens § 216 verwirklichen würde. Insoweit müsste bei Fahrlässigkeit § 222 eingreifen. Dass das Opfer sterben will, beseitigt, wie § 216 zeigt, das objektive Unrecht einer Tötung nicht.

44 ■ Nach der Gegenauffassung setzt der Sterbewillige (P) den Dritten nur als Werkzeug iS mittelbarer Täterschaft (bzw in Analogie zu diesen Regeln) ein. Das Handeln des Dritten sei dem Sterbewilligen als eigenes (selbstverantwortliches) Handeln zurechenbar. Dasselbe Verhalten – die objektive Tötung durch A – könne nicht zugleich als eigenverantwortliches Verhalten des Sterbewilligen (P) und als tatbestandsmäßige Fremdtötung des Dritten (A) angesehen werden (*Engländer* Jura 2004, 234; NK-*Neumann* § 222 Rn 4; *Otto* JK 3/04, StGB § 216/7). Außerdem beherrsche nur P (kraft Irrtumsherrschaft) den lebensbeendenden Akt (*Hecker/Witteck* JuS 2005, 397 ff; *Roxin* Otto-FS 441); A sei daher straflos. Kritik: Diese Auffassung lässt sich jedenfalls nicht auf die Regeln mittelbarer Täterschaft stützen. Denn es ist ohne Weiteres möglich, dass derjenige, der als vorsatzloses Werkzeug eines Hintermanns jemanden verletzt, diese Verletzung auch selbst als Fahrlässigkeitstat zu vertreten hat (vgl § 16 Rn 1; Vor § 25 Rn 45).

45 3. Der Dritte verkennt sorgfaltswidrig den zum Tode führenden Geschehensverlauf, er weiß aber um das Sterbeverlangen. Exemplarisch: Der moribunde Polizist P übergibt A seine Dienstwaffe mit der Bitte, dieser solle ihn töten. A will nur zum Schein auf das Ansinnen des P eingehen und vorbeischießen. Beim Abdrücken wackelt A jedoch und trifft P tödlich. Da A im Falle vorsätzlichen Handelns nach § 216 strafbar wäre, ist kein Grund ersichtlich, ihn bei Fahrlässigkeit nicht nach § 222 zu bestrafen. Die geminderte Schuld kann bei der Strafzumessung, die bei § 222 im Gegensatz zum Vorsatzdelikt nach § 216 keine Untergrenze hat, berücksichtigt werden (*Herzberg* NStZ 2004, 1 [8 f]; aA wohl *Roxin* Schreiber-FS 399 [403]).

46 4. Da ein Beschützergarant nicht verpflichtet ist, einen eigenverantwortlichen Suizid zu verhindern, ist es unerheblich, ob es der Garant bewusst oder täuschungsbedingt unterlässt, rettend einzugreifen. Exemplarisch: Die Sterbewillige S vereinbart mit dem Dritten D, dass dieser sie tötet. Aufgrund einer Täuschung der S verkennt ihr Ehemann E sorgfaltswidrig die Situation und greift deshalb nicht rettend ein. Sofern der Auffassung gefolgt wird, dass § 216 nicht durch Unterlassen verwirklicht werden kann (dort Rn 6; vgl auch NK-*Neumann* § 222 Rn 6), ist E straflos. Da es für den Garanten um die Pflicht zur Erfolgsverhinderung geht, spielt es für E auch keine Rolle, ob sich S eigenverantwortlich mit eigener Hand das Leben nimmt oder sich durch D töten lässt (*Herzberg* NStZ 2004, 1 [8]).

§ 211 Mord

(1) Der Mörder wird mit lebenslanger Freiheitsstrafe bestraft.

(2) Mörder ist, wer
>aus Mordlust, zur Befriedigung des Geschlechtstriebs, aus Habgier oder sonst aus niedrigen Beweggründen,
>heimtückisch oder grausam oder mit gemeingefährlichen Mitteln oder
>um eine andere Straftat zu ermöglichen oder zu verdecken,

einen Menschen tötet.

I. Allgemeines

1. Der Mordtatbestand nennt kasuistisch die Bedingungen, unter denen der Totschlag als sozialethisch **besonders verwerflich** zu bewerten ist (vgl umfassend zu den Grundlagen der erhöhten Verwerflichkeit einer Tötung *Hauck* HRRS 2016, 230 ff). Mit dieser Deutung des Mordes wird die **deutsch-rechtliche Entwicklungslinie** aufgegriffen, welche die in der Unehrlichkeit und Heimlichkeit liegende Verwerflichkeit der Tatbegehung als strafschärfendes Kriterium ansah (näher *David*, Die Entwicklung des Mordtatbestandes im 19. Jahrhundert, 2009; *Thomas*, Die Geschichte des Mordparagraphen, 1985). Vor der Neufassung des Tatbestands (1941, RGBl I, 549) hatte das RStGB auf das **römisch-rechtliche Kriterium** der Tatausführung mit Überlegung als Mordmerkmal abgestellt (vgl Art. 137 CCC von 1532, vgl *Hauck* HRRS 2016, 236 ff). Der Mordtatbestand kann grds. auch durch **Unterlassen** verwirklicht werden (BGHSt 19, 167; S/S-*Eser/Sternberg-Lieben* Rn 3; einschr. *Arzt* Roxin-FS I 855 ff; näher *Rauber*, Mord durch Unterlassen?, 2008).

2. Die den Mord kennzeichnende **sozialethische Verwerflichkeit** eines Totschlags liegt insbesondere darin, dass der Täter zur Verfolgung seines Ziels das Leben anderer instrumentalisiert (vgl NK-*Neumann* Vor § 211 Rn 152). Diese Verwerflichkeit wird in **drei Fallgruppen** konkretisiert:

- durch das **Motiv** (1. Gruppe: Mordlust, Befriedigung des Geschlechtstriebes, Habgier oder sonstige niedrige Beweggründe),
- die **gefährliche** oder unmenschliche Art der **Tatausführung** (2. Gruppe: heimtückisch, grausam oder mit gemeingefährlichen Mitteln)
- und die **deliktische Zielsetzung** (3. Gruppe: Ermöglichung oder Verdeckung einer Straftat).

Während die Merkmale der 1. und 3. Gruppe **täterbezogene (besondere persönliche)** Unrechtsmerkmale des subjektiven Tatbestands sind (BGHSt 1, 368 [371]; 22, 375 [377]; *Paeffgen* GA 1982, 255; abw. *Köhler* JuS 1984, 762 [763]: Schuldmerkmale), sind die Merkmale der 2. Gruppe **tatbezogene Merkmale** des objektiven Tatbestands (ausf. zur Frage der Anwendbarkeit von § 28 im **Gutachten** unten Rn 41 ff).

3. § 211 sieht als **Sanktion** ausschließlich lebenslange Freiheitsstrafe vor (vgl aber auch § 57 a; BVerfGE 86, 288). Nach dem BVerfG muss auch bei der Verwirklichung von Mordmerkmalen die Strafe in einem gerechten Verhältnis zur Schwere der Tat und zum Maß der Schuld stehen; in möglichen Grenzfällen dürfe keine unverhältnismäßig hohe und nicht mehr schuldangemessene Strafe verhängt werden (BVerfGE 45, 187 [259 ff]; 54, 100 [109]; NK-*Neumann* Rn 1; krit. *Mitsch*

JZ 2008, 336 ff). Besondere Schwierigkeiten werfen die Merkmale der Heimtücke und der Verdeckungsabsicht auf. Die sich damit stellende Aufgabe, bei der Gesetzesanwendung dem verfassungsrechtlichen Schuld- und Verhältnismäßigkeitsprinzip hinreichend Rechnung zu tragen, wird in Rspr und Schrifttum unterschiedlich gelöst:

5 ■ Die Rspr vertritt eine **Rechtsfolgenlösung**: Wenn unter außergewöhnlichen Umständen die Verhängung einer lebenslangen Freiheitsstrafe nicht schuldangemessen ist, soll die Strafe nach § 49 I Nr. 1 gemildert werden (BGHSt 30, 105; vgl auch BGH JZ 1983, 967 m.Anm. *Hassemer*; dazu auch *Reichenbach* Jura 2009, 176 ff; verneinend für den Fall der Habgier BGH NJW 1997, 807; offen haltend, ob diese Lösung auch für andere Merkmale als das der Heimtücke gilt, BGH NStZ 2016, 469 [470], m.Anm. *Hinz* JR 2016, 576 ff). Beispiele für außergewöhnliche Umstände: notstandsnahe Tatsituation, tiefes Mitleid, große Verzweiflung, längere, schwere Kränkung, auch vom Opfer zu verantwortender Konflikt (vgl BGH NStZ 1995, 231). Kritisch ist gegen diese Lösung einzuwenden, dass sie im Gesetz keine Grundlage hat (*Günther* NJW 1982, 353; *Hirsch* Tröndle-FS 19 [28 f]; *Küper* JuS 2000, 740 [746]; *Mitsch* JuS 1996, 121 f; *Müller-Dietz* Nishihara-FS 248 [254 ff]; zust. *Frommel* StV 1982, 533; *Rengier* NStZ 1982, 225 [226 f]; MK-*Schneider* Rn 44 ff; *Weigend* Hirsch-FS 917 [920]). Sie ist aber auch von ihrem eigenen Ansatz her inadäquat, da eine Milderung der lebenslangen Freiheitsstrafe nach § 49 I Nr. 1 zu einer Mindeststrafandrohung von drei Jahren führt, die – unter Umgehung von § 213 – deutlich unter derjenigen des Totschlags nach § 212 liegt. Schließlich ist der Rückgriff auf „außergewöhnliche Umstände" höchst vage.

6 ■ Die hL befürwortet eine möglichst **restriktive Auslegung** der einzelnen Mordmerkmale (*Müller-Dietz* Nishihara-FS 248 [251]; NK-*Neumann* Rn 1; umf. Nachweise zur Heimtücke bei *Küper/Zopfs* Rn 311 ff).

7 ■ Teilweise wird in der Literatur auch eine **Typenkorrektur** befürwortet, der zufolge aufgrund einer Gesamtwürdigung von Tat und Täter die Verwerflichkeit unter besonderen Bedingungen verneint werden könne (*Geilen* JR 1980, 309; *Welzel* 284). Eine Variante dieser Lehre verlangt den positiven Nachweis besonderer Verwerflichkeit, sog. „positive Typenkorrektur" (*Lange* Schröder-GS 217 [218 ff]). Überwiegend wird jedoch nur verlangt, dass § 211 nicht eingreift, wenn aufgrund besonderer Umstände die Verwerflichkeit der Tat trotz eines verwirklichten Mordmerkmals zu verneinen ist, sog. „negative Typenkorrektur" (S/S-*Eser/Sternberg-Lieben* Rn 10; *Geilen* JR 1980, 309; *Saliger* ZStW 109, 302 [332 ff]; SK-*Sinn* Rn 8). Nach beiden Auffassungen kommt den Mordmerkmalen also nur eine indizielle Bedeutung zu. Eine solche Lösung ist jedoch kaum mit dem Prinzip der Tatbestandsbestimmtheit zu vereinbaren, da sie an die Stelle regelgebundenen Entscheidens einen moralischen Wertungsakt des Richters setzt (NK-*Neumann* Vor § 211 Rn 160; krit. auch *Arzt/Weber/Heinrich/Hilgendorf* § 2/15; LK-*Jähnke* Vor § 211 Rn 37; abl. BGHSt 30, 105 [115]; 41, 358 [361]).

8 4. Die Frage, ob der Mord delictum sui generis oder Qualifikationstatbestand zu § 212 ist, wirkt sich auch beim **Gutachtenaufbau** aus. Wer – was eindeutig vorzugswürdig ist – der hL folgt, sollte zunächst § 212 vollständig erörtern und anschließend nach dem Vorliegen relevanter Mordmerkmale (bei den Merkmalen der zweiten Gruppe jeweils getrennt nach objektiver und subjektiver Tatseite) fragen; es wäre überflüssig, ausführlich ein Mordmerkmal zu prüfen, wenn

schon § 212 ausscheidet, weil der Täter gerechtfertigt oder entschuldigt ist. Entsprechendes gilt für den Versuch.

II. Tatbestand

1. **Mordmerkmale der ersten Gruppe: a) Aus Mordlust** tötet, wem es in erster Linie darauf ankommt, einen Menschen sterben zu sehen (BGHSt 34, 59 [61]; BGH NJW 2002, 382 [384]). Typisch ist ein Handeln aus Langeweile, Angeberei, Mutwillen oder zum „sportlichen Vergnügen", vor allem aber ohne einen (in der Person des Opfers oder der Situation liegenden) Tatanlass (vgl BGHSt 34, 59; BGH NStZ 1994, 239; BGH NStZ 2007, 522 [523]: triebhafte, gefühlsmäßige Regungen schließen Mordlust nicht aus; zu weitgehend BGHSt 47, 128 [133], der bereits das bloße Fehlen eines Motivs ausreichen lässt; ausf. *Kühl* JA 2009, 566 f). Hieran zeigt sich die vom individuellen Opfer losgelöste Missachtung fremden Lebens.

b) **Zur Befriedigung des Geschlechtstriebes** tötet, wer sich durch den Tötungsakt als solchen oder an der Leiche sexuelle Befriedigung verschaffen will oder mit dem Tod des Opfers bei einer Vergewaltigung rechnet (BGHSt 7, 353; 19, 101 [105]; BGH NJW 1982, 2565; *Kühl* JA 2009, 566 [568]). Ferner soll es nach der Rspr ausreichen, wenn der Täter diese Befriedigung erst bei der späteren Betrachtung des Videos vom Tötungsakt und Umgang mit der Leiche finden will; ein unmittelbarer zeitlich-räumlicher Zusammenhang zwischen der Tötung eines Menschen und dem Zweck der Triebbefriedigung sei nicht erforderlich (BGHSt 50, 80 ff m. krit. Anm. *Otto* JZ 2005, 799 f; *Momsen/Jung* ZIS 2007, 162 [163]; abl. *Kreuzer* MschrKrim 2005, 412 [422 f]; *Schiemann* NJW 2005, 2350 ff). Entscheidend ist, dass die Person, auf die sich das sexuelle Begehren bezieht, mit dem Tötungsopfer identisch ist (BGH GA 1963, 84; *Mitsch* JuS 1996, 121 [123]; M/R-*Safferling* Rn 13, aA M-*Schroeder/Maiwald* I § 2/32). Ob der Täter die angestrebte sexuelle Befriedigung erreicht, spielt keine Rolle. Jedoch ist es keine Tötung zur Befriedigung des Geschlechtstriebes, wenn das Handeln nur der Erregung sexueller Lust dient oder der Wut über die Verweigerung des Geschlechtsverkehrs entspringt (LK-*Jähnke* Rn 7; NK-*Neumann* Rn 11); in diesen Fällen kann ein „sonstiger niedriger Beweggrund" gegeben sein. Ferner ist es nicht einschlägig, wenn der Täter das Opfer tötet, um so die sexuelle Nötigung eines Dritten zu ermöglichen (ggf liegt hier aber Ermöglichungsabsicht iSd dritten Fallgruppe vor).

c) Unter **Habgier** ist ein rücksichtsloses Streben nach materiellen Gütern zu verstehen, also ein Gewinnstreben „um jeden Preis" (BGHSt 10, 399; 29, 317 [318]; BGH NJW 1995, 2365 [2366]; 2001, 763; näher *Köhne* Jura 2008, 805 ff; *Kühl* JA 2009, 566 [570 ff]). Dem Täter muss es in erster Linie um die Erlangung eines wirtschaftlichen Vorteils gehen, wobei zumindest die Aussicht auf diesen Gewinn unmittelbar durch den Tod begründet werden muss (BGH NJW 1993, 1664; 2001, 763). Kennzeichnend ist eine hemmungslose Eigensucht, die auch bei Taten im Affekt gegeben sein kann (BGHSt 3, 132). Exemplarisch: Raubmord (BGHSt 39, 159 [160]), Tötung gegen Entgelt (BGH NJW 1993, 1664 [1665]; NStZ 2006, 34 [35]) oder um der Erlangung einer Lebensversicherung oder Erbschaft willen (BGHSt 42, 301 [303 f]; zur Problematik des sog. **Motivbündels** vgl BGHSt 50, 1 [7 f] m.Anm. *Jäger* JR 2005, 477 und krit. Bspr *Kraatz* Jura 2006, 613 [614]; BGH NJW 1981, 932 [933]; NStZ 2005, 332 [333 f]; 2006, 288 [289]; S/S-*Eser/Sternberg-Lieben* Rn 18 b; NK-*Neumann* Rn 31; SK-*Sinn* Rn 18, 29).

12 Der Gewinn muss nicht beträchtlich sein (BGHSt 29, 317 [318]; *Gössel/Dölling* I § 4/45) und kann im Zuwachs von Vermögenswerten oder in der Ersparung von Aufwendungen – zB Befreiung von einer Unterhaltspflicht (BGHSt 10, 399; 50, 1 [10]; BGH NJW 1993, 1664 [1665]; NK-*Neumann* Rn 21; M/R-*Safferling* Rn 17; MK-*Schneider* abl. Rn 65; SK-*Sinn* Rn 19) – als unmittelbare Tötungsfolge liegen. Ohne Belang ist auch, ob der Täter einen Anspruch auf die Leistung hat (LK-*Jähnke* Rn 8; aA *Mitsch* JuS 1996, 121 [124]). Das Vorliegen einer Notwehrlage kann der Annahme von Habgier entgegenstehen (vgl NK-*Neumann* Rn 17). Auch kommt es dem Täter nicht in der erforderlichen Weise gerade auf den wirtschaftlichen Wert der Beute an, wenn ein drogenabhängiger Täter in den Besitz einer Rauschgiftdosis zum Eigenkonsum gelangen will (*Alwart* JR 1981, 293 ff; *Paeffgen* GA 1982, 255 [264 f]; aA BGHSt 29, 317 [318 f]).

13 **d) Sonstige niedrige Beweggründe** sind Motive, die als besonders verwerflich erscheinen. Nach der weithin anerkannten Formulierung des BGH sind dies Motive, die nach allgemeiner sittlicher Wertung auf tiefster Stufe stehen, durch hemmungslose, triebhafte Eigensucht bestimmt und deshalb besonders verachtenswert sind (BGHSt 3, 132 f; BGH NStZ 2006, 284 [285]; 2008, 273 [275]; HRRS 2012, Nr. 528; vgl zum Motivbündel BGH NStZ-RR 2007, 175; krit. *Köhne* Jura 2008, 805 [808 f]; ausf. zur Kasuistik *Kühl* JuS 2010, 1041 ff). Für das Werturteil sind die inneren und äußeren Gesamtumstände der Tat (BGH StV 2003, 26; NStZ-RR 2006, 140; 2007, 111 m. Bspr *v. Heintschel-Heinegg* JA 2007, 386 ff; NStZ 2013, 337 [338]), die Lebensverhältnisse des Täters und vor allem das Missverhältnis zwischen Tatanlass und -zweck maßgeblich (BGHSt 35, 116 [127]; BGH NJW 2002, 382 [383]; NStZ 2003, 146 [147]; *Altvater* NStZ 2006, 86 [89 f] mwN). Die bloße Anmaßung, „Gott gleich über Leben und Tod" zu entscheiden, genügt als pauschale Gleichsetzung mit dem Mordmerkmal der niedrigen Beweggründe nicht, denn allein dieser Umstand begründet kein über § 212 hinausgehendes Unwerturteil (BGH StV 2009, 524 [525] m.Anm. *Neumann*). Affektzustände oder psychopathische Persönlichkeitsstrukturen sollen beim Merkmal der niedrigen Beweggründe eher als entlastend zu berücksichtigen sein (vgl BGH JR 2009, 339 ff m.Anm. *Streng*; NStZ 1996, 384 [385]; StV 1996, 211; NStZ-RR 2006, 340 [341 f]; *Kreuzer* MschrKrim 2005, 412 [424 f]; zur nervlichen Überforderung eines Vaters mit seinem schreienden Kind vgl BGH NStZ-RR 2007, 111 m. Bspr *v. Heintschel-Heinegg* JA 2007, 386 ff; zur Kindstötung im Allgemeinen *Zabel* HRRS 2010, 403 ff; vgl auch § 213 Rn 7). Jedoch steht einem niedrigen Beweggrund grds. nicht entgegen, dass sich der Täter **spontan** zur Tötung entschlossen hat (BGH NStZ 2001, 87). Im Wesentlichen lassen sich die niedrigen Beweggründe in **zwei Gruppen** unterteilen:

14 ▪ Auf der einen Seite stehen die Konstellationen, in denen die Tat **nicht mehr als verständliche Reaktion** auf die Situation erscheint (NK-*Neumann* Rn 27 f; *Schütz* JA 2007, 23 [25 f]; SK-*Sinn* Rn 23 f; zum Verschulden der Situation durch den Täter BGHSt 28, 210 [212]). Dies gilt vor allem für Motive wie **Neid**, **Rache** oder **Wut**, die dann als niedrige Beweggründe anzusehen sind, wenn die konkreten Lebensumstände keinen begreiflichen Anlass zur Tat bieten (BGHSt 2, 60 [63]; 3, 180 [182 f]; BGH NJW 2006, 1008 [1011] m. zust. Bspr *Küper* JZ 2006, 608 [610 f]; zur Rache instruktiv BGHSt 56, 11 [19 f]; zum Abreagieren frustrationsbedingter Aggressionen an einem unbeteiligten Opfer: BGHSt 47, 128 [132] BGH NStZ 2015, 690 [691 f]). Dies gilt auch dann, wenn der Täter in dem Bewusstsein handelt, keinen Grund für die Tötung zu haben oder zu brauchen (BGH NStZ-RR 2004, 332 f; NStZ 2006, 167 [169]; JuS 2012, 562 [565]; vgl aber auch

BGH NStZ 2006, 166 [167]). Ein niedriger Beweggrund kann auch bei einem besonders brutalen Tatbild vorliegen, wenn der Täter das Opfer in einer menschenverachtenden Weise tötet, bei der das Opfer nicht mehr ansatzweise als Person, sondern nur noch wie ein beliebiges Objekt behandelt wird (BGHSt 60, 52 [55 f] m.Anm. *Drees* NStZ 2015, 35 f; *Grünewald* HRRS 2015, 162 ff; krit. *Bartsch* StV 2015, 718 ff). **Eifersucht** ist verwerflich, wenn der Täter das Opfer tötet, weil er es keinem anderen gönnt, während ein Handeln aus **Verzweiflung** nicht aus einem niedrigen Beweggrund erfolgt (BGH StV 2001, 228 [229]; NStZ-RR 2006, 340 [342]; NStZ 2011, 35; *Altvater* NStZ 2002, 20 [22 f]; *Schütz* JA 2007, 23 ff). Verwerfliche Motive sind ferner **Rassenhass** und **Ausländerfeindlichkeit** (BGH NStZ 1994, 124 [125]; NJW 2000, 1583 [1584]; *Reichard*, Die Behandlung fremdenfeindlicher Straftaten im deutschen Strafrecht, 2009, 39 ff). Ursprünglich wurden Wertvorstellungen, die durch **andere Kulturen** geprägt sind, als entlastend berücksichtigt (BGH JZ 1980, 238 m.Anm. *Köhler*; BGH StV 1997, 565 [566]: Blutrache bei gekränkter Familienehre), dies wurde jedoch dahin gehend revidiert, dass nunmehr die Anschauungen und Wertvorstellungen der Bundesrepublik als Maßstab für die Annahme niedriger Beweggründe dienen, es sei denn, der Täter kannte diese Wertungen nicht oder konnte diese nicht nachvollziehen (vgl BGH NStZ 2002, 369 f; NStZ-RR 2004, 361 [362] m.Anm. *Vahle* Kriminalistik 2006, 631 f; vgl auch BGH NJW 2006, 1008 [1011 ff] m. zust. Bspr *Küper* JZ 2006, 608 [610 f]; S/S/W-*Momsen* Rn 31 ff; *Nehm* Eser-FS 419 ff; *Pohlreich*, „Ehrenmorde" im Wandel des Strafrechts, 2009; *Valerius* JA 2010, 481 [482]: rechtsvergleichend *Grünewald* NStZ 2010, 1 [3 ff]; *Kudlich/Tepe* GA 2008, 92 [94 ff]; umf. *Schorn*, Mord aus niedrigen Beweggründen bei fremden soziokulturellen Wertvorstellungen, 2013).

■ Zur zweiten Gruppe gehören die Fälle, in denen der Täter aus **krasser Eigensucht** gerade die Tötung des Opfers zur Erreichung seiner Ziele einsetzt, also das Leben anderer rücksichtslos instrumentalisiert (*Heine*, Tötung aus „niedrigen Beweggründen", 1988, 220 ff; NK-*Neumann* Rn 29). Exemplarisch sind die Tötung des einem **Liebesverhältnis entgegenstehenden Ehegatten** (BGHSt 3, 132 ff; BGH NJW 1955, 1727; JZ 1987, 474) oder die Tötung eines Unbekannten zur **Identitätstäuschung** (BGH NStZ 1985, 454). In Betracht kommt ferner eine Tötung aus **Imponiergehabe** (BGH NStZ 1999, 129 f) oder zur **Verdeckung** einer Handlung, die der Täter zwar nicht für strafbar, wohl aber für ehrenrührig hält (vgl BGH NStZ 1997, 81; zu „verdeckungsnahen Motiven" vgl BGHSt 35, 116 [121 f]; BGH NJW 1992, 919 [920]; krit. NK-*Neumann* Rn 37). **Politisch** motivierte Tötungen, die im vermeintlichen Allgemeininteresse erfolgen, sind regelmäßig mangels der für den niedrigen Beweggrund typischen Eigensucht nicht einschlägig (vgl BGH NStZ 1993, 341 [342]; S/S-*Eser/Sternberg-Lieben* Rn 20; aA LK-*Jähnke* Rn 27; einschr. S/S/W-*Momsen* Rn 30; zusammenf. *Selle* NJW 2000, 992). 15

e) Bei den verwerflichen Motiven der ersten Gruppe, die **subjektive Unrechtsmerkmale** sind, müssen dem Täter die äußeren Umstände bekannt und die Ziele bewusst sein, die sein Tötungsmotiv als besonders verwerflich erscheinen lassen (BGH1996, 602 [603]; 2002, 382 [383]; NStZ-RR 2006, 340 [341]; NStZ 2012, 691 [692]). Ob der Täter seine Motive selbst für niedrig hält, spielt dagegen keine Rolle (BGH NStZ 2001, 87; JuS 2012, 562 [565]). Beim Handeln aus Mordlust ist hinsichtlich des Todes direkter Vorsatz erforderlich, da es dem Täter auf den Lustgewinn durch die Tötung ankommen muss (BGH NJW 2002, 382 16

[384]). In der Praxis (weniger im Prüfungsgutachten) stellt sich zudem die schuldrelevante Frage, ob der Täter hinsichtlich seiner Motive als steuerungsfähig angesehen werden kann (vgl BGHSt 35, 116 [121]; BGH NStZ 1994, 34; 1997, 81; NJW 2002, 382 [383 f]; NStZ-RR 2006, 234 f; *Grotendiek/Göbel* NStZ 2003, 118 ff). Das Mordmerkmal braucht **nicht das einzige Motiv** der Tötung zu sein; es muss jedoch vorherrschen und die **Tat prägen** (BGHSt 42, 301 [304]; BGH NStZ 1993, 341 [342]; NJW 2001, 763; NStZ-RR 2004, 14 [15]; vgl auch BGH NStZ 2006, 166 [167]).

17 2. Mordmerkmale der zweiten Gruppe: a) **Heimtückisch** tötet, wer in feindseliger Willensrichtung die Arg- und Wehrlosigkeit des Opfers bewusst zur Tötung ausnutzt (hM, BGHSt 9, 385; 30, 105 [116]; 37, 376 [377]; 39, 353 [368]; 41, 72 [78 f]; 50, 16 [28]; BGH NStZ 2001, 86; 2008, 273 [274]; 2015, 214 f; Überblick bei *Altvater* NStZ 2002, 20 [22 f]; *Kaspar* JA 2007, 699 ff; *Kett-Straub* JuS 2007, 515 ff; vgl auch BVerfGE 45, 187 [262 f]; BVerfG NJW 2001, 669 f; BGH NJW 2000, 3079). Diese Definition stellt insbesondere auf die Gefährlichkeit einer heimtückischen Vorgehensweise für das in seinen Abwehrmöglichkeiten eingeschränkte Opfer ab (BGHSt 39, 353 [368]; 41, 72 [78 f]; LK-*Jähnke* Rn 40 ff; krit. NK-*Neumann* Rn 48). Eine Begehung durch Unterlassen ist nicht möglich (ausf. *Rauber*, Mord durch Unterlassen?, 2008, 103 ff; aA *Berster* ZIS 2011, 255 [258 ff]). Im Einzelnen gilt:

18 aa) Das Opfer ist **arglos**, wenn es zum Zeitpunkt der ersten Handlung des Täters keinen Angriff auf Leib und Leben befürchtet (BGHSt 27, 322 [324]; 39, 353 [368]; 41, 72 [79]; BGH NJW 2006, 1008 [1010] m. zust. Anm. *Küper* JZ 2006, 608 [609 f]; 2008, 273 [274]; StV 2012, 84 [85]; 2015, 285 f). Hierfür ist nicht erforderlich, dass das Opfer bewusst davon ausgeht, vor dem Täter sicher zu sein (*Küper* JuS 2000, 740 [745]; SK-*Sinn* Rn 40;). Auch vorherige verbale und ggf auch tätliche Auseinandersetzungen stehen einer Arglosigkeit nicht entgegen, wenn das Opfer – etwa aufgrund einer zeitlichen Zäsur – mit keinem weiteren Angriff auf seine körperliche Integrität rechnet (BGHSt 20, 301 [302]; 39, 353 [368 f]; 50, 16 [28 JuS 2012, 562 [564 f]; vgl auch BGH NStZ 2012, 270 [271]; krit. zu dieser Auslegung *Köhne* Jura 2009, 749 [752]) oder wenn das Opfer den Angriff zu spät bemerkt, so dass es dem Angriff nicht mehr begegnen kann (BGH NStZ 2002, 368 [369]; 2008, 510 [511]; HRRS 2013, Nr. 932; *Altvater* NStZ 2005, 22 [24]; 2006, 86 [88 f]; zur Tötung nach vorhergehender Ohrfeige durch das Opfer BGH NStZ 2009, 30 ff m.Anm. *Schneider*). Kann das Opfer zu Beginn des Angriffs nichts entgegensetzen, so ist Heimtücke auch dann anzunehmen, wenn das Opfer im weiteren Verlauf des Kampfgeschehens Abwehrmaßnahmen zu entfalten vermag (BGH NStZ 2016, 405). Überdies vermag auch eine auf früheren Aggressionen und auf einer feindlichen Atmosphäre beruhende latente Angst des Opfers dessen Arglosigkeit nicht zu beseitigen (BGH NStZ 2009, 501 [502] m. Bspr *Hecker* JuS 2009, 79 ff; NStZ 2010, 450 mwN). Heimtücke liegt dagegen nicht vor, wenn der durch verdächtige Geräusche geweckte Hausbewohner unvermutet auf einen bewaffneten Einbrecher trifft, diesen stellt und sodann getötet wird (BGH NStZ 2004, 495 f; *Altvater*, NStZ 2005, 22 [24]). Ebenso ist Heimtücke dann abzulehnen, wenn das Opfer von der Tat nicht überrascht wird, etwa weil die Ausführung der Tat gerade vom Verhalten des Opfers abhängt (vgl BGH NStZ 2008, 273 [275]: keine Rückzahlung von Schulden im Drogenmilieu) oder sich das Opfer nur über die Gefährlichkeit eines erwarteten Angriffs getäuscht hat (BGH NStZ-RR 2011, 10). Ferner gilt:

- Arglos können auch **Schlafende** sein, die ihre Arglosigkeit mit in den Schlaf nehmen (BGHSt 8, 216 [218]; 23, 119 [120]; 32, 382 [386]; BGH NStZ

2003, 482 m. krit. Anm. *Otto* NStZ 2004, 142 [„Haustyrannen-Fall"]; NStZ 2006, 338 [339]; diff. *Haverkamp* GA 2006, 586 [587 ff]; aA *Kretschmer* Jura 2009, 590 [591 f]; *Küper* JuS 2000, 740 [745]; zum diskriminierenden Charakter des Heimtückemerkmals in den Haustyrannenfällen vgl *Rotsch* JuS 2005, 12 [13]).

- Ein **Bewusstloser** dagegen, der den Eintritt seines Zustands nicht abwenden kann, kann auch nicht in seiner Erwartung, ihm werde nichts geschehen, getäuscht werden (BGHSt 23, 119; 32, 382 [386]; BGH StV 1998, 545; aA *Kutzer* NStZ 1994, 110 f; NK-*Neumann* Rn 57; vgl zu mehraktigem Tatgeschehen unten Rn 20).

- Keine tauglichen Opfer sind ferner Personen, die konstitutionell kein Misstrauen (mehr) entwickeln können; dies gilt etwa für ihre Umwelt nicht mehr wahrnehmende **Schwerkranke** (BGH NStZ 1997, 490; StV 1998, 545; NStZ 2008, 93 [94] m. Bspr *Bosch* JA 2008, 389 ff) und **Kleinkinder** (BGHSt 3, 330 [332]; 18, 37 [38]; 32, 382 [387]; BGH NStZ 1995, 230; 2006, 338 [339]; 2013, 158 f), denen erst ab ca. drei Jahren Fähigkeit zum Argwohn zugeschrieben wird (vgl BGH NStZ 1995, 230). In diesen Fällen kommt jedoch Heimtücke bei arglistiger Ausschaltung von **schutzbereiten Hilfspersonen** in Betracht (BGHSt 3, 330 [332]; 4, 11 [12 f]; 8, 216 [219]; BGH NJW 1978, 709; NStZ-RR 2006, 43; NStZ 2008, 93 [94] m. Bspr *Bosch* JA 2008, 389 ff; StV 2009, 524 [525] m.Anm. *Neumann*; *Mitsch* JuS 1996, 213; NStZ 2013, 158 f m.Anm. *Theile* ZJS 2013, 307 ff; krit. *Mitsch* JuS 2013, 783 ff; NStZ 2015, 215 f). Abzulehnen ist die von der Rspr (ausnahmsweise) bejahte Möglichkeit, heimtückisches Vorgehen anzunehmen, wenn der Täter einem Kleinstkind Gift in süßem Brei oä verabreicht (BGHSt 8, 216; BGH bei *Dallinger* MDR 1973, 901; abl. *Kasper/Broichmann* ZJS 2013, 346 [348]; NK-*Neumann* Rn 58; *Rengier* MDR 1980, 1 [5 f]); die hier ausgeschalteten „natürlichen Abwehrinstinkte" betreffen jedenfalls keinen lebensgefährdenden Angriff.

- Keine Arglosigkeit kann nach neuer Rspr angenommen werden, wenn das Opfer wegen seines vorherigen **erpresserischen** Angriffs mit Gegenwehr des sich objektiv noch in einer Notwehrlage befindlichen Täters rechnen muss. Hiermit beschreitet die Rspr den neuen Weg, die Heimtücke **wertend zu betrachten** (vgl BGHSt 48, 207 [209 ff] m. zust. Anm. *Roxin* JZ 2003, 966 und *Widmaier* NJW 2003, 2788 [2790 f] sowie krit. Anm. *Schneider* NStZ 2003, 428 ff [besser Rechtsfolgenlösung]; krit. auch *Haverkamp* GA 2006, 586 [591 f]; *Küper* GA 2006, 310 [311 ff]; *Quentin* NStZ 2005, 128 ff).

bb) Das Opfer ist **wehrlos**, wenn es aufgrund seiner Arglosigkeit in seiner Verteidigungsfähigkeit zumindest erheblich eingeschränkt ist (BGHSt 32, 382 [388]; BGH NStZ 2006, 502 [503]; 2006, 503 [504] m. Bspr *Geppert* Jura 2007, 270 [275 f]; *Küper* Beulke-FS 467 ff). Durch die Möglichkeit, zu fliehen oder Hilfe herbeizurufen, kann die Wehrlosigkeit ggf ausgeschlossen sein (BGHSt 20, 301 [303]). Die Wehrlosigkeit des Opfers muss **auf seiner Arglosigkeit** beruhen (BGHSt 32, 382 [388]; 39, 353 [369]; BGH NStZ 1997, 490 [491]; 2006, 338 [339]). An diesem **Kausalzusammenhang** fehlt es etwa, wenn sich das Opfer auch bei rechtzeitigem Erkennen des Angriffs (zB wegen Lähmung) nicht hätte verteidigen können. 19

cc) Maßgeblicher **Zeitpunkt** für die Arg- und Wehrlosigkeit ist der Beginn des Tötungsversuchs (BGHSt 23, 119 [121]; 32, 382; BGH NJW 1991, 1963; NStZ-RR 1999, 234; NStZ 2006, 502 [503]; NStZ-RR 2007, 175; zur Zeitbestim- 20 mung der Arglosigkeit *Küper* GA 2014, 611 ff). Dies gilt auch bei mehraktigem Tatgeschehen (BGH NStZ 2009, 29 [30]; krit. *Rengier* Küper-FS 473 [474 ff]). In den letztgenannten Fällen soll nach der Rspr zB der Zustand der Bewusstlosigkeit eine Arglosigkeit dann nicht hindern, wenn dieser Zustand gerade von dem Täter unter Ausnutzung der Arg- und Wehrlosigkeit des Opfers in Tötungsabsicht herbeigeführt wurde. Bei dieser Sachlage stellt die Tötung durch eine weitere Handlung im Zustand der Bewusstlosigkeit des Opfers immer noch ein Ausnutzen der vom Täter zuvor hervorgerufenen und noch fortwirkenden Arg- und Wehrlosigkeit des Opfers dar. Eine Aufspaltung des vom einheitlichen Tötungsvorsatz getragenen Geschehens in einen versuchten Heimtückemord in Tateinheit mit Totschlag wegen Wegfalls des Mordmerkmals während der weiteren Tatausführung kommt demnach nicht in Frage (BGH JR 2008, 391 f m. krit. Anm. *Schroeder*).

Ausreichend ist es demgemäß auch, wenn der Täter die Arglosigkeit des Opfers schon im Vorbereitungsstadium ausgenutzt hat, um es – zB durch Locken in eine Falle – wehrlos zu machen (BGHSt 22, 77; 32, 382 [386 f]; BGH NJW 1991, 1963; NStZ 2015, 31 f m.Anm. *Engländer*; näher hierzu *Küper* JuS 2000, 740 [742 ff]). Abwehrhandlungen des überraschten Opfers stehen der Verwirklichung des Merkmals nicht entgegen (BGH NStZ 2007, 700).

21 **dd)** Der Täter **nutzt** die Arg- und Wehrlosigkeit des Opfers **aus**, wenn er sein Vorgehen danach berechnend ausrichtet (BGH NStZ 1987, 173; 187, 554; 2006, 167 [169]). Heimliches Vorgehen ist – bei Überraschungsangriffen – nicht erforderlich (BGH NStZ 1993, 438; NStZ-RR 1997, 168; NStZ 2003, 146 [147]; 2016, 340 f; vgl aber auch BGH NStZ 2007, 268 [269]). Auch braucht die schutzlose Lage nicht vom Täter herbeigeführt worden zu sein (BGHSt 18, 87 [88]; 27, 322 [324]; 32, 382 [384]; BGH NStZ 2006, 338 [339] m. Bspr *Geppert*; 2013, 158; 2014, 639). Ebenfalls ausreichend ist, dass der Täter den die Arg- und Wehrlosigkeit des Opfers begründenden Zustand lediglich bemerkt bzw auch nur für möglich hält. Denn ein Ausnutzen liegt schon in der Vornahme der konkreten Tötungshandlung bei erkannter Situation (BGH NStZ 2006, 502 [503]; 2006, 503 [504]; 2009, 571; NStZ-RR 2004, 139 [140]; zum Ausnutzungsbewusstsein bei Spontantaten: BGH NStZ 2007, 330 f; NStZ-RR 2010, 183; NStZ 2014, 507 ff m.Anm. *Schiemann*; StraFO 2014, 433 f; krit. *Rengier* Küper-FS 473 [478 ff]; zur Versuchsstrafbarkeit in Fällen fehlender, vom Täter aber irrig angenommener Arglosigkeit vgl BGH NStZ 2006, 501 [502]; *Küper* JZ 2006, 608 [610]; zum Wechsel von Körperverletzungs- zu Tötungsvorsatz BGH NStZ 2009, 29 [30 f]; NStZ-RR 2015, 308 f; 2016, 43 [44]). Eine besondere Erregung des Täters kann einem Ausnutzungsbewusstsein entgegenstehen, wenn er die für die Heimtücke maßgeblichen Umstände nicht in sein Bewusstsein aufgenommen hat. Dies ist jedoch nicht zwangsläufig anzunehmen und für jeden Fall erneut zu prüfen (BGH StV 2012, 84 [85]; NStZ 2014, 574 f m.Anm. *Liebhart*; 2015, 392 [393]). Gerade bei gegebener Einsichtsfähigkeit des Täters ist seine Fähigkeit, die Tatsituation in ihrem Bedeutungsgehalt für das Opfer realistisch wahrzunehmen und einzuschätzen, im Regelfall nicht beeinträchtigt (BGH NStZ 2008, 510 [511 f]), auch wenn er spontan in affektiver Erregung handelt (BGH NStZ-RR 2010, 175 [176]).

22 **ee)** Mit dem Kriterium der **feindseligen Willensrichtung** sollen vor allem Fälle ausgeschlossen werden, bei denen der Täter zum vermeintlich Besten des Opfers handelt, zB um einem Todkranken schwere Schmerzen zu ersparen (BGHSt 11, 139 [143]; 37, 376 [377]; zum Fall eines sog. Mitnahmesuizids BGHSt 9, 385

[390]; krit. NK-*Neumann* Rn 73 mwN; zum sog. erweiterten Suizid u.a. bei Amoktaten vgl *Witteck* JA 2009, 292 ff). Diese Ausnahme greift jedoch nicht, wenn jemand lediglich seine Vorstellung über Würde und Wert des Lebens eines sterbenden Menschen durchsetzen will (BGH StV 2009, 524 [525]; so auch S/S/W-*Momsen* Rn 50).

ff) Eine verbreitete Ansicht im Schrifttum sieht das entscheidende Moment der 23 Heimtücke weniger in der (opferorientierten) Gefährlichkeit als vielmehr (auch) in der (täterbezogenen) Verwerflichkeit des Handelns und verlangt zusätzlich einen **Vertrauensbruch** (S/S-*Eser/Sternberg-Lieben* Rn 26; *Miehe* JuS 1996, 1000 [1004]; *Otto* BT § 4/25; SK-*Sinn* Rn 44; ausf. zum Streitstand *Geppert* Jura 2007, 270 [271 ff]). Heimtücke setzt dann voraus, dass die Arglosigkeit des Opfers gerade auf dessen Vertrauen gegenüber dem Täter beruht. Täter kann dann nur sein, wem Vertrauen entgegengebracht wird. Mithilfe dieses zusätzlichen Kriteriums soll die für die „Tücke" erforderliche hinterhältig-verschlagene Vorgehensweise erfasst werden. Ferner wird bemängelt, dass ansonsten kein Raum bestehe, um auch entlastende Motive berücksichtigen zu können (vgl *Eser*, Gutachten D zum 53. DJT, 1980, 44 ff, 180 ff). Schließlich ließe sich so vermeiden, dass Frauen benachteiligt würden, die in Beziehungskonflikten aufgrund ihrer häufig schwächeren körperlichen Konstitution eine der Verteidigungsmöglichkeiten des Opfers, zB eines Familientyrannen, ausschließende Vorgehensweise ergreifen müssten (vgl *Oberlies*, Tötungsdelikte zwischen Männern und Frauen, 1995, 173 f, 195; *Otto* BT § 4/23; *Rengier* II § 4/38). Auch wenn eine restriktive Auslegung der Heimtücke geboten ist, vermag der Rückgriff auf in Anspruch genommenes Vertrauen kaum zu überzeugen. Zum einen ist der Begriff des Vertrauens höchst vage (BGHSt 30, 105 [116]; *Haverkamp/Kaspar* JuS 2006, 895 [897]; LK-*Jähnke* Rn 48; MK-*Schneider* Rn 197 ff). Zum anderen und vor allem ist nicht einzusehen, warum der für heimtückisches Vorgehen geradezu typische, aber nicht durch eine Vertrauensbeziehung geprägte Fall des Meuchelmordes von der Heimtücke nicht erfasst sein sollte (BGHSt 28, 210 [212]; 30, 105 [116]; *Geilen* Schröder-GS 235 [253]; *Mitsch* JuS 1996, 213 [214]; S/S/W-*Momsen* Rn 56; HKGS-*Rössner/Wenkel* Rn 16).

b) Grausam tötet, wer dem Opfer aus gefühlloser und unbarmherziger Gesin- 24 nung besondere Schmerzen oder Qualen körperlicher oder seelischer Art zufügt, die nach Stärke oder Dauer über das für die Tötung unvermeidliche Maß hinausgehen (BGHSt 3, 264; BGH NStZ 2008, 29 ff m.Anm. *Schneider;* krit. *Küper* Seebode-FS 197 [199 ff]; vgl auch *Köhne* Jura 2009, 265 f). Maßstab für die Grausamkeit ist die Empfindungsfähigkeit des Opfers; grausam ist daher das Verhungernlassen eines Kleinkindes (BGH bei *Dallinger* MDR 1974, 14; NStZ-RR 2009, 173 ff; einschr. BGH NStZ 2007, 402 [403]).

Die Grausamkeit muss sich aus den Umständen ergeben, unter denen die Tö- 25 tungshandlung vollzogen wird. Sofern der Tötung seelische Quälereien vorausgehen, müssen diese jedenfalls noch **bis zum Beginn des Tötungsversuchs** anhalten (BGH NJW 1986, 265 [266] m.Anm. *Amelung* NStZ 1986, 265 f; BGH NJW 1988, 2682). Teilweise zieht die Rspr jedoch auch vorangehende Misshandlungen mit der eigentlichen Tötungshandlung zu einer grausamen Tötung zusammen (BGHSt 37, 40 [41]; BGH StV 1997, 565 [566]; zust. *Otto* Jura 1994, 150; abl. NK-*Neumann* Rn 83). Die dem Opfer zugefügten Schmerzen müssen über das zur Todesverursachung typischerweise erforderliche Maß hinausgehen, es sei denn, dass die vom Täter gewählte Todesart bereits als solche – wie zB beim Ertränken oder Verbrennen – mit der Zufügung besonderer Qualen oder Schmerzen verbunden ist (*Frister* StV 1989, 343 [344]; LK-*Jähnke* Rn 54; vgl auch BGH MDR 1987, 623). „Grausamkeit" liegt jedoch nicht bei jeder bloß brutalen Vorgehensweise vor, wie auch Grausamkeit nicht bloß deshalb abzulehnen ist, weil dem Täter noch einschneidendere Methoden zur Verfügung gestanden hätten (vgl hierzu S/S/W-*Momsen* Rn 57).

26 c) **Gemeingefährlich** ist ein Tötungsmittel, bei dessen konkretem Einsatz der Täter nicht ausschließen kann, eine Mehrzahl von Menschen an Leib und Leben zu gefährden (BGHSt 38, 353 [354]; BGH NStZ 2006, 167 [168]; 2006, 503 [504]: vorsätzliche Geisterfahrt; bedenklich BGH NJW 1985, 1477 ff; enger *v. Danwitz* Jura 1997, 569 ff; begrenzend auf Lebensgefahren NK-*Neumann* Rn 86; *Zieschang* Puppe-FS 1301 [1314] verlangt eine Lebensgefahr für mindestens 10 Personen; krit. *Köhne* Jura 2009, 265 [267 ff]), auch wenn das Mittel seiner generellen Beschaffenheit nach nicht gemeingefährlich ist (BGH NStZ 2007, 330). Kennzeichnend für die Gemeingefährlichkeit ist die mangelnde Kontrollierbarkeit der Wirkungsweise des Mittels durch den Täter, daher fallen Mehrfachtötungen nicht zwingend unter das Mordmerkmal (vgl dazu MK-*Schneider* Rn 122; *Zieschang* Puppe-FS 1301 [1318 ff]; *Rengier* II § 4/47 c). Exemplarisch: Brandstiftung, Gefährdung beliebig vieler Personen durch die Verwendung von Gift oder Sprengstoff; Fahrt mit zügigem Tempo durch Caféterrassen und Gehwege (BGH NStZ 2006, 167 f m.Anm. *Vahle* Kriminalistik 2006, 543). Bei Steinwürfen von einer Autobahnbrücke kommt es darauf an, ob – etwa durch Folgeunfälle – größere Schäden drohen (BGHSt 38, 353 [355]; BGH NStZ-RR 2010, 373 [374]). Allerdings kann auch ein typischerweise gemeingefährliches Mittel im Einzelfall mit keiner Gemeingefahr, sondern nur mit einer konkreten Einzelgefährdung verbunden sein; der Täter installiert zB eine Bombe unter dem Hochsitz eines Jägers (vgl BGHSt 38, 353 [355]). Nicht ausreichend ist es ferner, wenn der Täter nur einen Schuss auf eine bestimmte Person abgibt, auch wenn er damit rechnet, in einer Menschenmenge einen unbeteiligten Dritten treffen zu können (BGHSt 38, 353; *v. Heintschel-Heinegg* JA 1993, 223; *Rengier* JZ 1993, 364).

27 Keine Tötung mit gemeingefährlichen Mitteln ist es, wenn der Täter nur eine bereits vorhandene gemeingefährliche Situation zur Tat ausnutzt (BGHSt 34, 13 f; BGH NStZ 2010, 87 [88]; *Rengier* StV 1986, 405 [408 m. Fn 42]; krit. *Grünewald* JA 2005, 519 ff); der Täter wirft zB das Opfer in ein nicht von ihm (oder von ihm, aber nicht mit Tötungsvorsatz) in Brand gesetztes Haus. Nach Ansicht des BGH ist eine Tötung mit gemeingefährlichen Mitteln durch Unterlassen grds. nicht möglich, es sei denn, dass der Täter bereits bei der Gefahrsetzung mit Tötungsvorsatz handelte (vgl BGHSt 34, 13 f; BGH NStZ 2010, 87 [88] m. abl. Anm. *Bachmann/Goeck* NStZ 2010, 510; Bspr *Kudlich* JA 2009, 901 ff).

28 d) Die Merkmale der zweiten Gruppe sind **tatbezogene, objektive Unrechtsmerkmale**. Subjektiv ist eine besonders verwerfliche Motivation des Täters nicht erforderlich. Der Täter muss nur mit entsprechendem Vorsatz handeln: Bei der Heimtücke muss er um die Arg- und Wehrlosigkeit wissen, um sie bewusst für sein Vorgehen ausnutzen zu können (vgl BGH NJW 1991, 2975 [2976]). Die für die grausame Tatbegehung erforderliche gefühllose und unbarmherzige Gesinnung ist bereits zu bejahen, wenn der Täter in Kenntnis der Schmerzen oder Qualen seines Opfers handelt (BGHSt 3, 264 [265]; BGH NStZ 1982, 379; S/S-*Eser/Sternberg-Lieben* Rn 27; NK-*Neumann* Rn 79).

29 **3. Mordmerkmale der dritten Gruppe: a)** Die beiden subjektiven Unrechtsmerkmale dieser Gruppe erfassen die finale Verknüpfung der Tötungshandlung mit

einer weiteren Straftat: Bei der **Ermöglichungsabsicht** wird die Tat durch den Umstand qualifiziert, dass der Täter die Tötung als Mittel zur Begehung einer weiteren Straftat einsetzt. Bei der **Verdeckungsabsicht** liegt die besondere Verwerflichkeit darin, dass ein Mensch – als Opfer, Zeuge oder Verfolger der zu verdeckenden Tat – getötet wird, um die eigene oder auch eine fremde Bestrafung zu verhindern.

Die Straftat, die ermöglicht oder verdeckt werden soll, muss unter Zugrundelegung der **Sachverhaltsvorstellungen des Täters** eine **strafbare** – dh eine tatbestandsmäßige, rechtswidrige und schuldhafte – **Tat** sein; eine bloße Ordnungswidrigkeit genügt nicht (BGHSt 28, 93; LK-*Jähnke* Rn 14; *Mitsch* JuS 1996, 213 [218]; aA M-*Schroeder/Maiwald* I § 2/34). Tötet der Täter das von ihm schwangere Opfer, um die Geburt des Kindes zu verhindern, so verfolgt er keinen über den Tod des Opfers hinausreichenden eigenständigen und eigenen kriminellen Zweck (BGH NStZ 2015, 693 f m. abl. Anm. *Berster*). Ob die Tat tatsächlich strafbar ist oder wäre, spielt keine Rolle (BGHSt 11, 226 [228]; BGH bei *Holtz* MDR 1991, 1021; LK-*Jähnke* Rn 10; abw. für die Ermöglichungsalternative NK-*Neumann* Rn 93). Dies bedeutet: 30

- Der Täter handelt auch mit Ermöglichungs- oder Verdeckungsabsicht, wenn er nicht erkennt, dass die betreffende Tat durch Notwehr gerechtfertigt ist oder war.
- Umgekehrt ist das Mordmerkmal nicht erfüllt, wenn der Täter einen Umstand, der die Strafbarkeit objektiv begründet oder entfallen lässt, verkennt (BGH NStZ 1996, 81; LK-*Jähnke* Rn 10, 18; SK-*Sinn* Rn 68); der Täter nimmt zB irrig an, dass die zu verdeckende Tat in einer Notwehrsituation erfolgte.
- Auf die prozessuale Verfolgbarkeit der Tat kommt es weder objektiv noch subjektiv an (S/S-*Eser/Sternberg-Lieben* Rn 33; NK-*Neumann* Rn 93; diff. SK-*Sinn* Rn 76).

Die zu ermöglichende oder zu verdeckende Straftat braucht **keine eigene Tat** des Mordtäters zu sein (BGHSt 9, 180; BGH NJW 1996, 939). In der Verdeckungsvariante braucht die Tat auch nicht begangen worden zu sein („Absicht"); es genügt, wenn der Täter ihr Vorliegen für möglich hält (BGH NJW 1973, 1724). 31

b) Bei den Merkmalen der dritten Gruppe, die **subjektive Unrechtsmerkmale** sind, muss der Täter nur hinsichtlich der Ermöglichung bzw Verdeckung der Tat mit Absicht handeln. **Absicht** bedeutet zielgerichtetes Wollen: Zwischen der Tötung und der zu ermöglichenden bzw zu verdeckenden Tat muss also ein Finalzusammenhang bestehen. Die Absicht muss entscheidender Grund („Triebfeder") der Tötung sein (BGH NStZ 1996, 81; 1999, 243), ohne das alleinige Motiv bilden zu müssen (BGH NStZ 2003, 261). 32

Hinsichtlich der Tötung genügt dolus eventualis (BGHSt 15, 291 [297]; 23, 176 [194]; 39, 159; BGH NJW 1999, 1039 [1040]; *Geilen* Lackner-FS 571 [588 ff]; NK-*Neumann* Rn 101; MK-*Schneider* Rn 237 ff). Exemplarisch: Der Täter will durch Brandstiftung Tatspuren beseitigen und nimmt hierbei den Tod Dritter in Kauf (BGHSt 41, 358; *Saliger* ZStW 109, 302 [317 ff]). Regelmäßig wird jedoch die Tötung für den Täter notwendiges Zwischenziel und damit ebenfalls beabsichtigt sein (BGHSt 21, 283; BGH StV 1992, 259 f; NStZ 2002, 433 [434]). 33

aa) Nach der Tätervorstellung muss der **Tod** des Opfers **nicht zur Ermöglichung** der anderen Tat **notwendig** sein; es genügt, wenn der Täter annimmt, die andere Tat aufgrund der Tötung zumindest schneller oder einfacher verwirklichen zu 34 können (BGHSt 39, 159; 41, 358 [359 ff]). Auch kann die andere Tat bereits vollendet sein; es genügt, wenn der Täter eine Dauerstraftat aufrechterhalten oder eine Tat – zB einen bereits vollendeten Raub – noch beenden will (BGH NStZ 1984, 453 [454]; NJW 1995, 2365 [2367]; krit. *Graul* JR 1993, 510 [511]).

35 bb) Für die **Verdeckungsabsicht** reicht es aus, wenn der Täter **nur die Beteiligung** einer Person **an der Vortat** verbergen will; ein völliges Verbergen der Tat an sich, etwa durch endgültiges Verwischen von Spuren, ist nicht erforderlich (BGH bei *Dallinger* MDR 1966, 24; anders noch BGHSt 7, 287 [290]). Mit Verdeckungsabsicht handelt also der Täter, der einen Zeugen beseitigen oder unerkannt entkommen will, auch wenn die Tat bereits entdeckt ist (BGHSt 15, 291; 41, 8; 50, 11 [14 f]; 56, 239 [244]). Dagegen genügt es nicht, wenn sich der Täter bereits für erkannt hält und nur seine Strafverfolgung vereiteln will (BGHSt 50, 11 [14]; vgl Anm. *Steinberg* JR 2007, 293 ff; BGH GA 1979, 108; vgl auch *Altvater* NStZ 2006, 86 [90] mwN). In diesen Fällen kommt jedoch ein Handeln aus einem sonstigen niedrigen Beweggrund in Betracht (vgl BGH NStZ 1992, 127).

36 Dem Täter muss es bei der **Verdeckungsabsicht** nicht darauf ankommen, die Tat **gerade vor den Strafverfolgungsbehörden** zu verdecken. Es genügt, wenn er nur unerwünschte Konsequenzen der Straftat, die von dritter Seite drohen, vermeiden will. Auch in diesem Fall benutzt der Täter das Leben eines anderen, um Unrecht zu verbergen, und verknüpft so Unrecht mit Unrecht (BGHSt 41, 8 [9]; BGH NStZ 1999, 615; diff. S/S-*Eser/Sternberg-Lieben* Rn 34; *Fischer* Rn 69; *Köhne* Jura 2011, 650 [654]; *Saliger* ZStW 109, 302 [305 ff]). Exemplarisch: Der Täter begeht eine Straftat gegenüber dem Mitglied einer kriminellen Organisation; um Racheakte der Organisation auszuschließen, tötet er das Opfer. Obgleich diese Auslegung ohne Weiteres mit dem Wortlaut vereinbar ist und weder hinsichtlich der Gefährlichkeit der Tat noch der Verwerflichkeit der Einstellung Differenzierungen ersichtlich sind, wird im Schrifttum überwiegend eine Beschränkung der Tatvariante auf die Vermeidung strafrechtlicher Konsequenzen befürwortet (*Heine* Brauneck-FS 315 [328 f]; *Küper* JZ 1995, 1158 ff; *Rengier* II § 4/56). Wer in solchen Fällen Verdeckungsabsicht ablehnt, muss einen sonstigen niedrigen Beweggrund prüfen.

37 Zwischen Vortat und Tötung muss **keine zeitliche Zäsur** liegen; beide Taten können ineinander übergehen (BGHSt 35, 116). Exemplarisch: Noch während der Täter auf sein Opfer einschlägt, entschließt er sich, es zu töten, um nicht wegen Körperverletzung bestraft zu werden. Oder: Der Täter will sein Opfer berauben und es anschließend zur Verdeckung dieser Tat töten (BGH NJW 2001, 763). Nicht ausreichend ist es dagegen, wenn sich der Täter nach einer schon mit (bedingtem) Tötungsvorsatz begangenen Körperverletzung entschließt, nicht aufzuhören, sondern das Opfer auch zu töten (BGH NStZ 2000, 498; 2015, 639 [640] m.Anm. *Heghmanns* ZJS 2016, 1 ff; *Altvater* NStZ 2002, 20 [22 f]), bzw es unterlässt, Rettungsmaßnahmen zu ergreifen (BGH NStZ 2003, 312; NStZ-RR 2009, 239; vgl zu dieser Problematik auch *Freund* NStZ 2004, 123 ff; NK-*Neumann* Rn 103 ff; MK-*Schneider* Rn 226 ff; *Stein* JR 2004, 79 ff; *Theile* JuS 2006, 110 ff), und zwar selbst dann, wenn die spätere Tötung auch aus dem Motiv erfolgt, die vorherige Misshandlung zu verdecken (BGH NStZ 2002, 253 f). In diesem Fall will der Täter keine andere Tat verdecken, sondern er führt eine bereits begonnene Tötungshandlung noch aus einem weiteren Motiv zu Ende. Verdeckungsabsicht ist allerdings zu bejahen, wenn die erste Tathandlung nicht zum Tode geführt hat und der Täter nach einer zeitlichen Zäsur dieses Gesche-

hen durch die (endgültige) Tötung des Opfers verdecken will (BGHR StGB § 211 Abs. 2 – Verdeckung 11; BGH NStZ 2002, 253 [254]; JuS 2015, 754 f; dazu *Freund* JuS 2002, 640); hier bezieht sich die zweite Tötungshandlung auf eine andere, bereits abgeschlossene Tat.

Grds kann der Täter seine Verdeckungsabsicht auch im Wege einer Tötung durch **Unterlassen** realisieren (BGHSt 38, 356; 41, 358 [362]; BGH NStZ 1992, 125; 2003, 312 f; *Wilhelm* NStZ 2005, 177 ff; näher *Grünewald* GA 2005, 502 ff; *Rauber*, Mord durch Unterlassen?, 2008, 253; diff. NK-*Neumann* Rn 102 ff; abl. *Arzt* Roxin-FS I 855 [857]; *Haas* Weber-FS 235 ff). Exemplarisch: Der Täter hat durch eine Vergewaltigung sein Opfer in Lebensgefahr gebracht; um seine Identifizierung zu verhindern, unterlässt er es, ärztliche Hilfe herbeizuholen. 38

Dass der Täter bei der Verdeckungsabsicht häufig um einer Selbstbegünstigung willen handelt, rechtfertigt keineswegs die Annahme einer generell geminderten Schuld. Der Täter instrumentalisiert vielmehr auch in dieser Tatvariante das Leben anderer zur Erreichung seiner Zwecke (vgl auch BGHSt 35, 116 [124]; BGH NJW 1999, 1039 [1041]). Wie zudem § 252 zeigt, kann Gewaltanwendung zur Sicherung oder Ermöglichung von Unrecht nicht nur nicht ent-, sondern gerade belastend wirken. Daher besteht kein Grund, die Merkmale der 3. Gruppe auf im Voraus geplante Tötungen zu beschränken und Mord zu verneinen, wenn der bei der Vortat überraschte Täter ungeplant reagiert (vgl BGHSt 27, 281; W-*Hettinger* Rn 129). Plausibel ist dagegen die Annahme einer Schuldminderung bei Reaktionen in einem hochgradig affektiven Zustand (vgl *Wohlers* JuS 1990, 20 [24]). 39

c) Im **Gutachten** kann es zur Vermeidung einer Inzidentprüfung hilfreich sein, wenn die betreffende Straftat bereits vorweg erörtert ist. 40

III. Beteiligung

Die zwischen Rspr und hL **umstrittene systematische Einordnung** des Mordtatbestands (Vor § 211 Rn 8 ff) führt zu einer Reihe von Beteiligungsproblemen, deren Lösung zu den Standardaufgaben in der strafrechtlichen Ausbildung gehört. Im Mittelpunkt steht die **Anwendbarkeit von § 28**: 41

1. Grds gilt, dass ein Beteiligter nach Maßgabe der §§ 25-27 für das ihm zurechenbare Unrecht der anderen Beteiligten einzustehen hat. Demnach bezieht sich zB die Anstiftung auf das Unrecht der Tat, zu der angestiftet wird. Dieses Prinzip der Akzessorietät wird durch § 28 hinsichtlich der sog. besonderen persönlichen Merkmale durchbrochen. Unter diesen Merkmalen sind (höchstpersönliche) täterbezogene Eigenschaften zu verstehen, zu denen insbesondere tatbestandlich genannte Motive gehören, die sich nicht auf das objektive Unrecht der Tat beziehen (§ 28 Rn 4 ff). Sonstige (subjektive und objektive) Merkmale werden dagegen als tatbezogen angesehen; für sie gilt § 28 nicht. 42

Nach hM sind die Mordmerkmale der 1. und 3. Gruppe täterbezogene besondere persönliche Merkmale iSv § 28, während die Mordmerkmale der 2. Gruppe als tatbezogene Merkmale eingestuft werden (oben Rn 3). So umschreibt etwa die Heimtücke ein bestimmtes Vorgehen; der Vorsatz des Täters spiegelt hierbei nur subjektiv das objektiv realisierte Unrecht wider. Demnach ist auf die Merkmale der 2. Gruppe § 28 nicht anwendbar. Stiftet A den B an, C in heimtückischer Weise zu erschießen, so macht sich A wegen Anstiftung zum Mord nach §§ 211, 26 strafbar. Hinsichtlich der Mordmerkmale der 1. und 3. Gruppe dage- 43 gen, auf die § 28 anwendbar ist, stellt sich die Frage, ob Abs. 1 oder Abs. 2 dieser Vorschrift eingreift:

44 ▪ Wird § 211 mit der Rspr (Vor § 211 Rn 9) als ein gegenüber § 212 selbstständiges Delikt gedeutet, so wirken die Merkmale der 1. und 3. Gruppe strafbarkeitsbegründend iSv § 28 I. Exemplarisch: Wenn B den habgierigen Auftragsmörder A zu dessen Tat anstiftet, ohne selbst ein besonderes Mordmerkmal zu erfüllen, dann macht er sich nach §§ 211, 26 strafbar; seine Strafe ist gem. §§ 28 I, 49 I zu mildern (im Falle einer Beihilfe greift noch die weitere Strafmilderung nach § 27 II S. 2 ein, vgl BGHSt 26, 53 [55]; 50, 1 [5 f] m. abl. Bspr *Kraatz* Jura 2006, 613 [618]; abl. Anm. *Jäger* JR 2006, 477 [479 f] und *Puppe* JZ 2005, 902 ff; BGH NStZ 1981, 299; ferner Nachw. bei *Altvater* NStZ 2003, 21 [22]; 2006, 86 [88]). A ist als Täter nach §§ 211, 25 I Alt. 1 zu bestrafen. Dieser Lösungsansatz hat mithin zur Folge, dass die über §§ 28 I, 49 I gemilderte Strafandrohung (Mindeststrafe von drei Jahren) bei einer Anstiftung zum Mord geringer ausfällt als bei einer Anstiftung zum Totschlag, die eine Mindeststrafdrohung von fünf Jahren vorsieht (vgl *Jäger* JR 2005, 477 [480]; *Küper* JZ 2006, 1157 [1166]; NK-*Neumann* Rn 119 mwN; vgl auch die ausf. Kritik bei NK-*Puppe* §§ 28, 29 Rn 27 ff; zur Frage, ob in den Fällen einer versuchten Anstiftung zum Mord die für eine Beteiligung an einem Totschlag zu verhängende Mindeststrafe eine „Sperrwirkung" für die Mindeststrafe wegen einer Beteiligung am Mord entfaltet, vgl BGH NStZ 2006, 34 [35]; 2006, 288 [289 f] m. krit. Anm. *Puppe*). Fehlt umgekehrt das täterbezogene Merkmal beim Täter und wird es lediglich vom Anstifter verwirklicht, so scheidet eine Verurteilung wegen Anstiftung zum Mord aus. Allerdings soll in diesen Fällen zusätzlich zur Anstiftung zum Totschlag noch tateinheitlich eine versuchte Anstiftung zum Mord, §§ 30, 211, in Betracht kommen (vgl BGHSt 50, 1 [10] m. abl. Anm. *Jäger* JR 2006, 477 [479 f]).

45 ▪ Wird dagegen § 211 mit der ganz hL (Vor § 211 Rn 8) als Qualifikationstatbestand zu § 212 verstanden, so wirken die Merkmale der 1. und 3. Gruppe strafschärfend iSv § 28 II, und zwar nur bei dem Beteiligten, der diese Merkmale erfüllt. Demnach macht sich B, der den habgierigen Auftragsmörder A zu dessen Tat anstiftet, ohne selbst ein besonderes Mordmerkmal zu erfüllen, nach §§ 212, 26 strafbar; A, bei dem das Mordmerkmal der Habgier vorliegt, ist nach §§ 211, 25 I Alt. 1 zu bestrafen. Umgekehrt: Stiftet B aus Habgier an, während A nur einen Totschlag begeht, ohne hierbei Mordmerkmale zu verwirklichen, so macht sich B nach §§ 211, 26 strafbar; A ist dagegen (nur) nach §§ 212, 25 I Alt. 1 zu bestrafen.

46 2. Ihren Ansatz, bei den täterbezogenen Merkmalen der 1. und 3. Gruppe jeweils § 28 I anzuwenden, hält die Rspr jedoch nicht konsequent durch, sondern lässt tiefgreifende Ausnahmen zu und stimmt so in den Ergebnissen weitgehend mit der hL überein:

47 a) Stiftet B mit Verdeckungsabsicht den habgierigen Auftragsmörder A zu dessen Tat an, so macht sich A als Täter nach §§ 211, 25 I Alt. 1 strafbar. Da das Merkmal der Habgier, das hier die Strafbarkeit iSv § 28 I begründet, bei B fehlt, müsste dessen Strafe nach § 49 I gemildert werden. Dass B selbst das Mordmerkmal der Verdeckungsabsicht erfüllt, dürfte bei exakter Gesetzesanwendung keine Rolle spielen, da es nicht die Strafbarkeit des Täters (!) begründet. Wegen der mangelnden Plausibilität dieses Ergebnisses ignoriert die Rspr – zulasten des Teilnehmers (!) – den Wortlaut von § 28 I und sieht von einer Strafmilderung auch dann

ab, wenn der Teilnehmer zwar nicht das besondere persönliche Mordmerkmal des Täters, wohl aber ein anderes besonderes persönliches Merkmal erfüllt, sog. **gekreuzte Mordmerkmale** (BGHSt 23, 39 [40]; BGH NStZ 2006, 288 [289]). Demnach wäre B wegen der bei ihm gegebenen Verdeckungsabsicht nach §§ 211, 26 ohne Strafmilderung nach §§ 28 I, 49 I zu bestrafen.

Folgt man dagegen der hL, so ist in dem Beispielsfall § 28 II doppelt anzuwenden: A erfüllt täterschaftlich den Mordtatbestand und ist nach §§ 211, 25 I Alt. 1 zu bestrafen. Bei B fehlt das Merkmal der Habgier, so dass für ihn der für A eingreifende Qualifikationstatbestand des Mordes aus Habgier gem. § 28 II nicht eingreift; für ihn gilt vielmehr insoweit nur der Grundtatbestand des § 212. Jedoch begeht B die Anstiftung zum Grundtatbestand mit dem Merkmal der Verdeckungsabsicht, so dass § 28 II erneut – und zwar jetzt in positiver Anwendung – eingreift. Demnach ist B – ganz unabhängig von dem ihm nicht zurechenbaren Mord des A aus Habgier – wegen Anstiftung zum Mord nach §§ 211, 26 zu bestrafen. Das sachlich richtige Ergebnis lässt sich also auf dem Boden der hL durch logisch korrekte Gesetzesanwendung unschwer erreichen. 48

b) Nach der Rspr soll es ferner möglich sein, dass von zwei Mittätern der eine einen Mord, der andere einen Totschlag begeht (BGHSt 36, 231 [233]). Wenn aber der Mord ein selbstständiges Delikt ist, kann demjenigen, der kein Mordmerkmal erfüllt, auch nicht der Tatbeitrag des Mörders als eigene Tathandlung zugerechnet werden (zur wechselseitigen Zurechnung bei der Mittäterschaft vgl § 25 Rn 47 ff). 49

Konstruktiv ist dieses Ergebnis wiederum nur zu erzielen, wenn man der hL folgt: Töten A und B gemeinschaftlich den C, handelt aber nur A aus Habgier, während B kein Mordmerkmal erfüllt, so verwirklichen sie jedenfalls als Mittäter den Grundtatbestand des § 212. Da nur bei A das Mordmerkmal der Habgier vorliegt, ist nach § 28 II auch nur für ihn der strafschärfende § 211 verwirklicht. Somit macht sich A nach §§ 211, 25 II, B nach §§ 212, 25 II strafbar. 50

Die neuere Rspr folgt insoweit terminologisch der hL, als sie die Mordmerkmale als Qualifikationsgründe bezeichnet (vgl Vor § 211 Rn 12). In einer neueren Entscheidung lässt es der BGH in einem obiter dictum sogar offen, ob § 211 nicht als Qualifikationstatbestand im technischen Sinne anzusehen sei (BGH NJW 2006, 1008 [1012 f] m. Bspr *Küper* JZ 2006, 608 [612 f] und 1157 ff; dazu auch *Gössel* ZIS 2008, 153 ff).

3. Der Streit um die systematische Einordnung von § 211 ist ohne praktische Bedeutung, wenn der Täter neben einem (ggf nur bei ihm vorliegenden) täterbezogenen besonderen persönlichen Merkmal der 1. oder 3. Gruppe auch ein tatbezogenes Merkmal der 2. Gruppe verwirklicht und dies vom Vorsatz des Teilnehmers umfasst ist. Weil insoweit § 28 nicht eingreift, ist stets wegen Teilnahme zu § 211 zu bestrafen. Exemplarisch: B stiftet (ggf mit Verdeckungsabsicht) den habgierigen A zu einem Auftragsmord an, der heimtückisch ausgeführt werden soll. Hier ist schon wegen der Heimtücke B nach §§ 211, 26 strafbar. Auch wenn hier im Ergebnis keine Strafmilderung des Teilnehmers mehr in Betracht kommt, sollte im Gutachten die Frage der Zurechnung des täterbezogenen besonderen persönlichen Merkmals nicht unter den Teppich gekehrt, sondern sorgfältig beantwortet werden. Im Gutachten ist die Strafbarkeit der Beteiligten umfassend und nach allen in Betracht kommenden Tatvarianten zu prüfen. 51

IV. Wahlfeststellung: Da für alle Mordmerkmale die sozialethische Verwerflichkeit kennzeichnend ist, kommt bei Zweifeln für alle Varianten eine Wahlfeststel- 52 lung nach den allgemeinen Regeln (Vor § 52 Rn 44 ff mwN) in Betracht (hM, vgl nur S/S-*Eser/Sternberg-Lieben* Rn 13; *Fischer* Rn 77; LK-*Jähnke* Rn 2; zu diff. Lösungen NK-*Neumann* Rn 5 mwN).

§ 212 Totschlag

(1) Wer einen Menschen tötet, ohne Mörder zu sein, wird als Totschläger mit Freiheitsstrafe nicht unter fünf Jahren bestraft.

(2) In besonders schweren Fällen ist auf lebenslange Freiheitsstrafe zu erkennen.

1 I. Der **objektive Tatbestand** verlangt die Tötung eines Menschen. Mit dem Merkmal „einen Menschen" ist gemeint, dass der Täter den Tod einer – wie in der eindeutigeren Formulierung des § 223 – *anderen* Person herbeiführen muss (*Kühl* JA 2009, 321 [324 f]; NK-*Neumann* Vor § 211 Rn 37 f mwN); der Suizid ist nicht strafbar.

2 Unter „**töten**" ist der dem Täter objektiv zurechenbare Eintritt des Todeserfolgs zu verstehen. Im Falle aktiven Verhaltens muss der Täter ein (unerlaubtes) Todesrisiko geschaffen haben, das sich im Erfolg realisiert. Die Haftung für ein Unterlassen setzt voraus, dass der Täter den Eintritt des Todeserfolgs entgegen seiner Garantenpflicht nicht verhindert hat (zur Manipulation der Zuteilungsreihenfolge eines Spenderorgans OLG Braunschweig StV 2013, 749 ff m.Anm. *Bülte*; *Böse* ZJS 2014, 117 ff; *Rissing-van Saan* NStZ 2014, 233 [239]; *Schroth/Hofmann* NStZ 2014, 786 ff;).

3 Der Ausdruck „**ohne Mörder zu sein**" ist ohne Bedeutung, wenn § 212 als Grundtatbestand zu § 211 verstanden wird (Vor § 211 Rn 8). Für die Auffassung der Rspr ist dagegen der tatbestandliche Hinweis Kriterium für die jeweilige Eigenständigkeit von § 211 und § 212.

4 II. Der **subjektive Tatbestand** verlangt Vorsatz. Von großer praktischer Bedeutung ist die Abgrenzung zwischen (bedingtem) Vorsatz und Fahrlässigkeit nach § 222, zumal die Rspr für den Tötungsvorsatz die Überwindung einer (hohen) Hemmschwelle verlangt (grundlegend hierzu BGHSt 36, 1 [ungeschützte Sexualkontakte eines Aidsinfizierten]; NStZ 2002, 541 f; NStZ 2005, 629 m.Anm. *Schneider* [lebensgefährliche Gewalthandlungen]; NStZ 2006, 98 f [Messerstich in den Nacken]; NStZ 2007, 150 f [wuchtige Schläge auf den Hinterkopf]; NStZ-RR 2007, 267 f [Schütteln eines Kleinkindes]; NStZ 2009, 629 f m. Bspr *Jahn* JuS 2009, 956 ff [Ablehnung des Tötungsvorsatzes bei Stich mit einer Scherbe in den Hals]; Überblick bei *Altvater* NStZ 2002, 20 f; 2003, 21 f; 2006, 86 f; *Schroth* NStZ 1990, 324; *Trück* NStZ 2005, 233 ff; instruktiv zum Indizwert einer lebensgefährlichen Tathandlung für den Tötungsvorsatz auch *Steinberg* JZ 2010, 712 ff; vgl insbesondere zum Tötungsvorsatz von Ärzten *Krüger* HRRS 2016, 148 ff). Als Indiz für das Vorliegen eines Tötungsvorsatzes und damit für ein Überschreiten der vom BGH verlangten Hemmschwelle wird vor allem das Vorliegen von besonders gefährlichen Gewalthandlungen gewertet (BGH NStZ 2007, 150 [151]; 2010, 571 [572]; 2012, 207 [208]; 2014, 35 f; vgl aber auch BGH StV 2009, 472; hierzu und krit. zur Bewertung von Gegenindizien *Edlbauer* JA 2008, 725 ff). In einer neueren Entscheidung lässt der BGH nun eine Abkehr von der Hemmschwellentheorie erkennen und sieht seinem Verständnis nach in der Theorie einen bloßen Hinweis auf § 261 StPO (BGHSt 57, 183 [189

ff] m. Bspr *Jahn* JuS 2012, 757 ff; *Leitmeier* NJW 2012, 2850 ff; *Puppe* JR 2012, 477; *Trück* JZ 2013, 179 ff; krit. *Fahl* JuS 2013, 499 ff): Durch sie solle die Wertung der hohen und offensichtlichen Lebensgefährlichkeit von Gewalthandlungen als ein gewichtiges, auf Tötungsvorsatz hinweisendes Beweisanzeichen in der praktischen Rechtsanwendung nicht infrage gestellt oder auch nur relativiert werden. Die Theorie dürfe nicht als Schlagwort zur pauschalen Verneinung des Tötungsvorsatzes herangezogen werden. Täter, die während einer Tat von einem Körperverletzungsvorsatz zu einem Tötungsvorsatz übergehen, so dass nicht auszuschließen ist, dass die zum Tode führende Handlung „nur" mit Körperverletzungsvorsatz ausgeführt wurde, sind idR gem. § 227 und gem. §§ 212, 22, 23 I zu bestrafen (BGH StV 2009, 472).

III. Ein **besonders schwerer Fall** des Totschlags iSv Abs. 2 ist gegeben, wenn die Tat ihrem Unrechts- und Schuldgehalt nach einem Mord entspricht, aber formal kein Mordmerkmal erfüllt; zB bei hinrichtungsähnlicher Bluttat (BGH MDR 1977, 638; näher zu Abs. 2: *Köhne* Jura 2011, 741; *Momsen* NStZ 1998, 487). Da Abs. 2 eine Strafzumessungsregel normiert, deren Anwendung auch die Berücksichtigung der Täterpersönlichkeit erfordert, ist im **Gutachten** mangels ausreichender Anhaltspunkte zur Täterpersönlichkeit regelmäßig nicht auf das Vorliegen eines besonders schweren Falles einzugehen. Krit. zum Verhältnis von § 212 II zu § 211 und zur dessen verfassungsrechtlicher Bedenklichkeit S/S/W-*Momsen* Rn 14 ff mwN   5

§ 213 Minder schwerer Fall des Totschlags

War der Totschläger ohne eigene Schuld durch eine ihm oder einem Angehörigen zugefügte Mißhandlung oder schwere Beleidigung von dem getöteten Menschen zum Zorn gereizt und hierdurch auf der Stelle zur Tat hingerissen worden oder liegt sonst ein minder schwerer Fall vor, so ist die Strafe Freiheitsstrafe von einem Jahr bis zu zehn Jahren.

Die Vorschrift ist ein nur teilweise benannter Strafmilderungsgrund (§ 12 III), der für die tatbestandlich umschriebene erste Tatvariante zwingend einen milderen Strafrahmen vorsieht (BGH NJW 1995, 1910).   1

I. Die **erste Tatvariante** sieht für den Fall, dass der Zorn des Täters aufgrund der Provokation verständlich erscheint („**berechtigter Zorn**"), für die hieraus resultierende Affekttat eine Strafmilderung gegenüber § 212 vor (vgl BGH StV 1983, 198). Die Schwere der Kränkung ist nach objektiven (für den Lebenskreis der Beteiligten relevanten) Maßstäben zu beurteilen (BGH StV 1990, 204; StV 2011, 368; NStZ 2015, 218 f; 582 ff).   2

Ohne eigene Schuld bedeutet, dass der Täter die Provokation nicht in vorwerfbarer (dh ihm objektiv zurechenbarer) Weise veranlasst haben darf (vgl BGH NStZ-RR 2003, 166 [168]).   3

Das Merkmal **zum Zorn gereizt** wird weit ausgelegt und umfasst nicht nur Affekte ieS, sondern auch ein Handeln aus Wut oder Empörung (Beispiel: BGH NStZ 2001, 477).   4

Der Täter ist **auf der Stelle zur Tat hingerissen worden**, wenn die Tat noch als maßgeblich durch die Provokation beeinflusst erscheint. Ein unmittelbarer zeitlicher Zusammenhang ist hierfür nicht stets erforderlich (vgl BGH NStZ 1995,   5

83; BGH NStZ-RR 2007, 200: hervorgerufener Zorn darf nicht durch rationale Abwägung unterbrochen sein). Am Zurechnungszusammenhang fehlt es, wenn der Totschlag nicht auf die Provokation zurückführbar ist, weil Anhaltspunkte für einen Tatentschluss aus anderen Gründen vorliegen.

6 Wenn der Täter irrtümlich davon ausgeht, dass die Voraussetzungen der ersten Tatvariante erfüllt sind, kommt eine Strafmilderung nach der ersten Tatvariante nicht in Betracht (BGHSt 1, 203). Es sind – allerdings mangels ausreichender Anhaltspunkte zur Täterpersönlichkeit nicht im studentischen **Gutachten** – die Voraussetzungen eines unbenannten minder schweren Falles zu prüfen. Zu beachten ist im Übrigen, dass nicht jeder Entlastungsfaktor, der nach § 213 zu berücksichtigen wäre, zur Unverhältnismäßigkeit der lebenslangen Freiheitsstrafe führt (BGH NStZ-RR 2004, 294).

7 II. Ein sonstiger minder schwerer Fall ist anzunehmen, wenn nach dem Gesamteindruck von Tat und Täter und bei Abwägung aller be- und entlastenden Umstände der Regelstrafrahmen des § 212 unangemessen hart erscheint (ausf. BGH NStZ-RR 2002, 140; vgl auch BGH NStZ-RR 2006, 270 [271]; zur Gesamtbetrachtung und Gewichtung der Milderungsgründe auch BGH StV 2008, 355 f). Erforderlich ist eine solche Abwägung der Gesamtumstände auch nach der Aufhebung des § 217 aF für den Fall der Kindstötung (BGH NStZ-RR 2004, 80; LG Erfurt NStZ 2002, 260; *Fischer* Rn 16; aA S/S-*Eser/Sternberg-Lieben* Rn 15; vgl zu dieser Problematik *Zabel* HRRS 2010, 403 ff).

§§ 214 und 215 (weggefallen)

§ 216 Tötung auf Verlangen

(1) Ist jemand durch das ausdrückliche und ernstliche Verlangen des Getöteten zur Tötung bestimmt worden, so ist auf Freiheitsstrafe von sechs Monaten bis zu fünf Jahren zu erkennen.

(2) Der Versuch ist strafbar.

1 I. Die Vorschrift normiert nach ganz hL einen **Privilegierungstatbestand** gegenüber § 212, während die Rspr in ihr – wie bei § 212 – ein selbstständiges Delikt (delictum sui generis) sieht. Für die Privilegierung mit einem deutlich herabgesetzten Strafmaß werden vor allem zwei Gründe angeführt: Das Unrecht (Rechtsgutsverzicht des Lebensmüden) wie auch die Schuld (Mitleidsmotivation) seien gemindert (S/S-*Eser/Sternberg-Lieben* Rn 1; *Küpper* § 1/59 mwN).

2 Indessen stellt sich die Frage, warum die Strafe unter den Voraussetzungen des § 216 nur gemindert ist und nicht überhaupt entfällt (Zweifel an der Legitimität der Vorschrift bei *v. Hirsch/Neumann* GA 2007, 671 ff; *Hoerster* ZRP 1988, 1 [4], 185 f; *Jakobs* Kaufmann, Arth.-FS 459 [470 ff]; die Legitimität bejahend *Weißer* ZStW 2016, 106 ff; eingehend zur Problematik *Brunhöber* JuS 2011, 401 ff; *Murmann*, Die Selbstverantwortung des Opfers im Strafrecht, 2005, 488 ff; zu den verschiedenen Legitimationsansätzen *Müller* § 216 als Verbot abstrakter Gefährdung, 2010; *Roxin* Jakobs-Fs, 571 ff; zum Problem der [aktiven] Sterbehilfe *Dreier* JZ 2007, 317 [320 ff]; *Große-Vehne*, Tötung auf Verlangen [§ 216 StGB], „Euthanasie" und Sterbehilfe, 2005; *Ingelfinger* JZ 2006, 821 [822 f]; *Kubiciel* JZ 2009, 600 ff; *Lindner* JZ 2006, 373 [375 ff] m. Erwiderung

Duttge JZ 2006, 899 ff; *Lüderssen* JZ 2006, 689 ff; *Neumann/Saliger* HRRS 2006, 280 [285 f]; *Schroth* GA 2006, 549 [559 ff]; *Verrel*, Gutachten C zum 66. DJT, 2006, 53 ff, 77 ff; empirische Daten bei *Janes/Schick* NStZ 2006, 484 ff; kurzer Überblick bei *Kühl* Jura 2010, 81 [84]). Denn in einer freiheitlich verfassten Gesellschaft unterliegen die Güter des Einzelnen grds. seiner Dispositionsfreiheit, so dass die Einwilligung des Berechtigten in die Beeinträchtigung seiner Güter den entsprechenden Deliktstatbestand (oder zumindest die Rechtswidrigkeit der Tat) stets entfallen lässt. Die Einwilligung führt also im Allgemeinen zum Ausschluss und nicht nur zu einer Minderung des Unrechts. Dass § 216 hiervon beim Lebensschutz eine Ausnahme macht, lässt sich (neben der Verhinderung einer hier besonders gravierenden Missbrauchsgefahr) damit erklären, dass die Vorschrift dem Selbstschutz dienen und vor Übereilung bewahren soll: Der Entschluss des Sterbewilligen soll erst dann in vollem Umfang als verbindliche Entscheidung zur Aufgabe seines Lebens anzusehen sein, wenn er auch maßgeblich mit eigener Hand vollzogen wird. Die Entscheidung soll möglichst bis zum letzten Augenblick vom Suizidenten selbst abhängen, indem sie für ihre rechtliche Wirksamkeit einen maßgeblichen Eigenbeitrag verlangt. Insoweit schränkt § 216 nicht die Dispositionsfreiheit einer Person über ihr Leben ein, sondern lässt – anders als die Einwilligung bei übertragbaren Gütern – die bloße Erklärung, ein anderer möge das eigene Leben beenden, noch nicht für einen Unrechtsausschluss ausreichen (vgl *Kindhäuser* Rudolphi-FS 135 [144]). Damit lässt sich zugleich begründen, warum die unterlassene Verhinderung eines eigenverantwortlichen Suizids durch einen Garanten nicht vom Tatbestand des § 216 erfasst wird (Rn 6).

II. Der Tatbestand setzt „das ausdrückliche und ernstliche Verlangen" des Getöteten voraus (Überblick zum Tatbestand auch bei *Steinhilber* JA 2010, 430 ff). Ein solches ist gegeben, wenn das Opfer seinen Tod (auch noch zum Tatzeitpunkt) nachdrücklich begehrt; bloße Zustimmung reicht nicht (RGSt 68, 306; NK-*Neumann* Rn 10). Das Verlangen ist **ausdrücklich**, wenn es unmissverständlich (verbal, gestisch) geäußert wird, und es ist **ernstlich**, wenn sich das Opfer der Bedeutung und Tragweite seines Entschlusses bewusst ist (BGH NJW 1981, 932; LK-*Jähnke* Rn 6 f). Das Verlangen ist insbesondere nicht ernstlich, wenn es auf Zwang, Irrtum, alkoholischer Berauschung oder jugendlicher Unreife beruht (näher *Kühl* Jura 2010, 81 [85]; *Küper* JZ 1986, 227). Auch das Verlangen aus einer bloßen (depressiven) Augenblicksstimmung heraus ist dann nicht als ernstlich zu betrachten, wenn es nicht von einer inneren Festigkeit getragen ist (BGH StraFo 2011, 63 [64]; StV 2012, 90 [91]; MK-*Schneider* Rn 19 ff; vgl auch *Gierhake* GA 2012, 291, zu der Frage, ob das ernstliche Tötungsverlangen objektiv oder nur aus der Sicht des Täters vorliegen muss). 3

Damit der Täter durch das Verlangen **bestimmt** wird, muss es sein entscheidender, wenn auch nicht alleiniger Tatantrieb sein (*Gössel/Dölling* § 5/9; LK-*Jähnke* Rn 8; ein handlungsleitendes Verlangen des Opfers wird vom BGH in Kannibalismusfällen, in denen der Entschluss zur Tötung bereits vor dem konkreten Kontakt der Beteiligten feststeht, verneint, BGH NStZ 2016, 469; BGHSt 50, 80 ff m. insoweit zust. Anm. *Kreuzer* MschrKrim 2005, 412 [421]; abl. Anm. *Kudlich* JR 2005, 342 ff; *Mitsch* ZIS 2007, 197 [199]; *Scharnweber* Kriminalistik 2006, 549 [553 ff]; eingehend hierzu *Scheinfeld* GA 2007, 695 ff). Daher ist der Tatbestand schon dann nicht anwendbar, wenn der Täter das Verlangen nicht gekannt hat (vgl auch § 16 II). 4

5 Das Opfer kann sein Tötungsverlangen an **bestimmte Bedingungen** knüpfen, zB eine bestimmte Art und Weise der Tötung (BGH NJW 1987, 1092 m.Anm. *Kühl* Jura 2010, 81 [85]). Hält sich der Täter nicht an die Bedingung – er erschießt zB das Opfer, das durch eine Spritze getötet werden möchte –, wird die Tat nicht von § 216, sondern ggf von § 212 oder § 211 erfasst.

6 Entgegen der Rspr (BGHSt 13, 162 [166 ff]; 32, 367) scheidet eine Tatbestandsverwirklichung durch **Unterlassen** jedenfalls dann aus, wenn der Täter als (bisheriger) Garant gegen eine freiverantwortliche Selbsttötung nicht einschreitet (hL, LK-*Jähnke* Rn 9; *Schmitt* JZ 1985, 365 [366 ff]; *Sowada* Jura 1985, 75 [77 ff]; *Steinhilber* JA 2010, 430 [432]; vgl bereits oben Vor § 211 Rn 30 f). Exemplarisch: Ein Ehegatte fordert den anderen ernstlich und ausdrücklich auf, gegen den beabsichtigten Suizid nicht einzuschreiten. Da die Vorschrift (in nur schwer zu begründender Weise) die Dispositionsfreiheit des Einzelnen einschränkt (Rn 2), ist die hL eindeutig vorzugswürdig: Die Möglichkeit des freiverantwortlichen Suizids darf nicht dadurch unterlaufen werden, dass ein anderer als Garant zu seiner Verhinderung strafrechtlich verpflichtet ist. Strafbar nach § 216 kann also nur ein Verhalten sein, durch das die Entscheidung über Leben und Tod vom Opfer in die Hand des Täters gelegt und durch dessen Begehen verwirklicht wird.

7 **Täter** kann nur derjenige sein, an den das Opfer sein Sterbeverlangen gerichtet hat. Begeht der Täter die Tat in Mittäterschaft mit einem Dritten, der nicht (auch) Adressat des Tötungsverlangens ist, so ist dieser als Täter nach § 212 zu bestrafen. Allerdings muss das Tötungsverlangen nicht an den Täter persönlich gerichtet sein; es genügt, wenn der Täter zu einer bestimmten Gruppe von Personen gehört, an die das Opfer sein Verlangen gerichtet hat (zB Pflegepersonal einer Krankenhausstation).

8 III. Das Opfer bleibt – als **notwendig Beteiligter** – stets straflos (Vor § 25 Rn 9 f); missglückt der Tötungsversuch, greifen die §§ 216, 26 nicht ein.

9 IV. Für die **Teilnahme** gelten die allgemeinen Regeln. Ob § 28 anzuwenden ist, hängt davon ab, ob das Bestimmtsein durch das Verlangen des Opfers als täterbezogenes besonderes persönliches Merkmal anzusehen ist. Dies wird teils mit dem Argument bestritten, dass das Verlangen rein als ein unrechtsmindernder, privilegierender und damit tatbezogener Umstand zu werten sei (SK-*Hoyer* § 28 Rn 42; NK-*Neumann* Rn 20; *Otto* BT § 7/73). Dem steht jedoch entgegen, dass Grund der Privilegierung (zumindest auch) die persönliche Konflikt- bzw Mitleidsmotivation des Täters ist (*Eisele* BT I Rn 217; S/S-*Eser/Sternberg-Lieben* Rn 18; L-Kühl-*Kühl* Rn 2). Außerdem gilt § 216 auf Täterebene nur für denjenigen, der durch das Verlangen des Opfers auch zur Tat bestimmt wurde; anderenfalls greift § 212 ein. Für den Teilnehmer kann nichts anderes gelten (*Arzt/Weber/Heinrich/Hilgendorf* § 3/19 ff; S/S-*Eser/Sternberg-Lieben* Rn 18; LK-*Jähnke* Rn 10). Ist also das Bestimmtsein durch das Verlangen täterbezogenes persönliches Merkmal, so ist für Teilnehmer § 28 I anzuwenden, wenn man mit der Rspr § 216 für ein delictum sui generis hält, während § 28 II eingreift, wenn § 216 mit der hL als Privilegierungstatbestand eingestuft wird (Rn 1; ferner NK-*Neumann* Vor § 211 Rn 151). Die sich aus dieser unterschiedlichen Einordnung ergebenden Probleme entsprechen denjenigen des Mordtatbestands (§ 211 Rn 41 ff).

§ 217 Geschäftsmäßige Förderung der Selbsttötung

(1) Wer in der Absicht, die Selbsttötung eines anderen zu fördern, diesem hierzu geschäftsmäßig die Gelegenheit gewährt, verschafft oder vermittelt, wird mit Freiheitsstrafe bis zu drei Jahren oder mit Geldstrafe bestraft.

(2) Als Teilnehmer bleibt straffrei, wer selbst nicht geschäftsmäßig handelt und entweder Angehöriger des in Absatz 1 genannten anderen ist oder diesem nahesteht.

I. Dem Gesetz zur geschäftsmäßigen Förderung der Selbsttötung vom 3.12.2015 ging eine intensive gesellschaftliche wie auch politische Auseinandersetzung voraus (vgl *Roxin* NStZ 2016, 185). Vier Gesetzesentwürfe lagen dem Bundestag zur Abstimmung vor, und die Wichtigkeit der Entscheidung zeigte sich in der Aufhebung des Fraktionszwanges bei der Erarbeitung der Vorschläge (ein kurzer Überblick über die Regelungsentwürfe bei *Jäger* JZ 2015, 875 [879 ff]; *Verrel* GuP 2016, 45). An dem Prinzip der Straflosigkeit des Suizids und der Teilnahme daran sollte grds nichts geändert werden, eine Korrektur wurde jedoch in den Fällen für erforderlich gehalten, in denen geschäftsmäßige Angebote die Suizidhilfe als normale Behandlungsoption erscheinen lassen und Menschen dazu verleiten könnten, sich das Leben zu nehmen (BT-Drucks. 18/5373, 2). Mit dem Gesetz soll verhindert werden, dass die Beihilfe zum Suizid zu einem Dienstleistungsangebot der gesundheitlichen Versorgung wird (BT-Drucks. 18/5373, 2); nach *Grünewald* JZ 2016, 938 [946] liegt der Hauptzweck des Gesetzes darin, die Tätigkeit von Sterbehilfevereinen zu unterbinden; krit hierzu *Duttge* NJW 2016, 120 [122 f]). Weiterhin soll mit einem strafrechtlichen Verbot der Gefahr vorgebeugt werden, dass sich alte oder kranke Menschen durch das Vorhandensein von sogenannten Sterbehilfevereinen zu einem assistierten Suizid verleiten lassen oder gedrängt fühlen (BT-Drucks. 18/5373, 2). Ohne die Verfügbarkeit solcher Angebote würden sie eine solche Entscheidung nicht erwägen, geschweige denn treffen (BT-Drucks. 18/5373, 2). Zum Schutz der Selbstbestimmung und des Grundrechts auf Leben sei daher mit den Mitteln des Strafrechts die geschäftsmäßige Förderung der Selbsttötung als abstraktes Gefährdungsdelikt zu verbieten (BT-Drucks. 18/5373, 2 f; nach *Grünewald* JZ 2016, 938 [943] und *Roxin* NStZ 2016, 186 ist diese Einordnung unhaltbar; zur rechtsvergleichender Betrachtung *Grünewald* JZ 2016, 938 [940 f]). Die Gesetzesbegründung ist vielfach auf Kritik gestoßen. Bemängelt wird vor allem, dass es an einem zu schützenden Interesse fehle. Solange die Entscheidung zur Selbsttötung freiverantwortlich getroffen werde, sei in der Suizidförderung kein sozialschädliches Unrecht zu sehen (*Duttge* NJW 2016, 120 [123]; *Henking* JR 2015, 174 [183]; *Hoven* ZIS 2016, 1 [3]; *Schöch* Kühl-FS 585 [601]; *Verrel* Paeffgen-FS 331 [334 ff]; ein Eilrechtsschutzantrag des Vereins Sterbehilfe Deutschland e.V. beim BVerfG blieb erfolglos, BVerfG NJW 2016, 558 ff; zur Verfassungsmäßigkeit der Norm: *Kubiciel* ZIS 2016, 396 ff; gegen eine Vereinbarkeit der Norm mit der Verfassung: *Hecker* GA 2016, 455 [463 ff]; vgl auch *Roxin* NStZ 2016, 186 ff mwN). Ist die Entscheidung nicht freiverantwortlich getroffen worden, so bestand bereits nach bisheriger Rechtslage eine Strafbarkeit (*Verrel* GuP 2016, 46).

II. Strafbar nach Abs. 1 ist die geschäftsmäßige Förderung der Selbsttötung. Konkret werden Handlungen unter Strafe gestellt, mit denen einem anderen die Gelegenheit zur Selbsttötung geschäftsmäßig gewährt, verschafft oder vermittelt wird, wenn dies in der Absicht geschieht, die Selbsttötung eines anderen zu fördern (BT-Drucks. 18/5373, 16).

3 Geschäftsmäßig iSd Vorschrift handelt, wer die Gewährung, Verschaffung oder Vermittlung der Gelegenheit zur Selbsttötung zu einem dauernden oder wiederkehrenden Bestandteil seiner Tätigkeit macht, unabhängig von einer Gewinnerzielungsabsicht und unabhängig von einem Zusammenhang mit einer wirtschaftlichen oder beruflichen Tätigkeit (BT-Drucks. 18/5373, 17; vgl auch § 4 Nr. 4 PostG). Bei der Schaffung des Straftatbestandes wurde sich bewusst gegen eine Entgeltlichkeit der Förderung entschieden. Das Ziel des Gesetzes sei es, den Anschein einer Normalität und eine gewisse gesellschaftliche Adäquanz des assistierten Suizids zu verhindern, so dass Menschen nicht zur Selbsttötung verleitet werden, die dies ohne ein solches Angebot nicht tun würden. Diese autonomiegefährdenden Gewöhnungseffekte und Abhängigkeiten würden nicht nur in Fällen befürchtet, in denen die Suizidhilfe entgeltlich angeboten wird, sondern auch in Fällen, in denen die Suizidhelfer eine auf Wiederholung und Kontinuität angelegte Suizidförderung anbieten (BT-Drucks. 18/5373, 17; krit. zu dem Merkmal vor dem Hintergrund des Gesetzeszwecks *Weigend/Hoven* ZIS 2016, 681 [687 f]). Grds reicht hierfür ein erst- und einmaliges Angebot nicht aus, es sei denn, das erstmalige Angebot stellt den Beginn einer auf Fortsetzung angelegten Tätigkeit dar (BT-Drucks. 18/5373, 17). Kritisiert wird hierbei, dass der Begriff der Geschäftsmäßigkeit zu unbestimmt sei und keine scharfen, überprüfbaren Kriterien liefere, sondern auf eine tatferne Zwecksetzung Bezug nehme (*Duttge* NJW 2016, 120 [122]; *Roxin* NStZ 2016, 189; für eine restriktive Handhabung insbesondere in Fällen gewachsener Arzt-Patienten-Verhältnisse daher auch *Gaede* JuS 2016, 389 f; *Grünewald* JZ 2016, 938 [944] sieht die Grenze zum Gesinnungsstrafrecht betroffen). Des Weiteren sei nicht verständlich, weshalb eine an sich legale Handlung allein durch ihre Wiederholung strafwürdiges Unrecht darstelle (*Duttge* NJW 2016, 120 [122 f]; *Hoven* ZIS 2016, 1 [7]; *Roxin* NStZ 2016, 189; *Schöch* Kühl-FS 585 [599]).

4 Der Gesetzgeber will einen deutlichen Unterschied zu der sogenannten Hilfe beim Sterben, die durch palliativmedizinische Einrichtungen geleistet wird, dem zulässigen Behandlungsabbruch und der indirekten Sterbehilfe machen, die nicht unter den Straftatbestand fallen (BT-Drucks. 18/5373, 17 f; vgl zu den Begriffen Vor § 211 Rn 14 ff). So soll die Strafbarkeit entfallen, wenn im Einzelfall nach sorgfältiger Untersuchung und unter strikter Orientierung an der freiverantwortlich getroffenen Entscheidung einer zur Selbsttötung entschlossenen Person Suizidhilfe gewährt wird (BT-Drucks. 18/5373, 18). Einer besonderen Ausschlussregelung bedürfe es nicht, da die Suizidhilfe nicht dem Selbstverständnis dieser Berufe und Einrichtungen entspreche und von diesen grds – jedenfalls nicht geschäftsmäßig – gewährt werde (BT-Drucks. 18/5373, 18; krit. *Duttge* NJW 2016, 120 [124 f]; *Jäger* JZ 2015, 875 [883 ff]; *Hoven* ZIS 2016, 1 [7 f], die ebenso wie *Verrel* GuP 2016, 47 f demgegenüber eine hohe Gefahr der Strafbarkeit für die nicht in Abs. 2 aufgenommenen Ärzte sehen).

5 Gewähren oder Verschaffen einer **Gelegenheit** setzt voraus, dass der Täter äußere Umstände herbeiführt, die geeignet sind, die Selbsttötung zu ermöglichen oder wesentlich zu erleichtern (BT-Drucks. 18/5373, 18). Beim Gewähren ist die Gelegenheit hierzu bereits vorhanden und steht zur Verfügung des Täters, beim Verschaffen werden die äußeren Bedingungen erst noch hergestellt oder arrangiert (*Hecker* GA 2016, 456). Als Beispiel für das Gewähren werden das Überlassen einer Räumlichkeit oder das zur Tötung geeignete Mittel genannt, wäh-

rend das Verschaffen das Besorgen einer solchen Räumlichkeit oder des Mittels sein kann (BT-Drucks. 18/5373, 18; beide Beispiele als tatbestandlich ablehnend *Weigend/Hoven* ZIS 2016, 681 [684 f]). Die Tat ist vollendet, wenn die äußeren Bedingungen für die Selbsttötung günstiger gestaltet worden sind (BT-Drucks. 18/5373, 18). Vermitteln einer Gelegenheit setzt voraus, dass der Täter den konkreten Kontakt zwischen einer suizidwilligen Person und der Person, die die Gelegenheit zur Selbsttötung gewährt oder verschafft, ermöglicht, wobei allein der Hinweis auf eine ohnedies allgemein bekannte Stelle nicht ausreicht (krit. dazu, dass der Begriff der Konkretheit keinen Einzug in den Wortlaut der Norm gefunden hat *Verrel* GuP 2016, 48 f). Für die Vollendung der Tat muss der Täter mit beiden Personen in Verbindung stehen und deren zumindest grundsätzliche Bereitschaft abgeklärt haben, wobei diese beiden Personen noch nicht selbst miteinander in Kontakt getreten sein müssen (BT-Drucks. 18/5373, 18; *Hecker* GA 2016, 457; aA *Weigend/Hoven* ZIS 2016, 681 [686]; als Folge verfassungskonformer Auslegung BeckOK-*Oglakcioglu* Rn 22).

III. In subjektiver Hinsicht muss die gewährte Hilfestellung zur Selbsttötung absichtlich, also zielgerichtet erfolgen. Die Absicht des Täters muss sich dabei lediglich auf die Förderung der Selbsttötung beziehen, nicht auch auf die tatsächliche Durchführung (BT-Drucks. 18/5373, 19, das Merkmal als ungeeignet kritisierend *Grünewald* JZ 2016, 938 [944 f]). Damit soll auch die Straflosigkeit von Medizinern sichergestellt sein, die nicht in der Absicht handeln, die Selbsttötung eines anderen zu fördern, sondern deren Handlungen darauf abzielen, in den natürlichen Krankheitsverlauf nicht mehr durch eine Behandlung einzugreifen bzw die Schmerzen und Leiden der betroffenen Person durch die Verabreichung schmerzstillender Medikamente zu lindern (BT-Drucks. 18/5373, 18; vgl auch *Gaede* JuS 2016, 390 f). 6

IV. Abs. 2 sieht die Straffreiheit für Teilnehmer vor, die selbst nicht geschäftsmäßig handeln und entweder Angehörige (§ 11 Abs. 1 Nr. 1) des Suizidwilligen sind oder diesem nahestehen. Der Begriff ist in Anlehnung an die für § 35 I (§ 35 Rn 4) entwickelten Grundsätze auszulegen (*Gaede* JuS 2016, 391; aA *Weigend/Hoven* ZIS 2016, 681 [690 f]) und stellt einen persönlichen Strafausschließungsgrund dar (BT-Drucks. 18/5373, 19). Nicht bestraft wird, wer allein aus Mitleid in einer singulären Situation einem todkranken Angehörigen oder einer nahestehenden Person Hilfe zur Selbsttötung leistet (BT-Drucks. 18/5373, 19; *Gaede* JuS 2016, 391). Hierin wird ein Widerspruch mir der eigentlichen Zielsetzung des Gesetzes gesehen, da gerade aus dem familiären Umfeld der befürchtete Druck auf alte oder kranke Menschen zu erwarten sei (*Hoven* ZIS 2016, 1 [7 f]). Kritisiert wird zudem, dass die Ausnahmeregelung allein auf Angehörige und sonst nahestehende Personen begrenzt ist, da dies eine Ungleichbehandlung der Personen bedeute, die – etwa wie Ärzte – nur einmalig tätig werden, aber nicht in einem Näheverhältnis zum Suizidwilligen stehen (*Duttge* NJW 2016, 120 [124 f]; *Jäger* JZ 2015, 875 [883 ff]; *Hoven* ZIS 2016, 1 [8]; *Verrel* GuP 2016, 46). 7

V. Strafbarkeit wegen fahrlässiger Tötung kommt bei eigenverantwortlichen Suiziden weiterhin nicht in Betracht, wenngleich § 217 bestimmte Suizidförderungen für strafbar erklärt, denn bei dem Tatbestand handelt es sich um ein eigenständig vertyptes Delikt mit eigenem Unrechtsgehalt (*Gaede* JuS 2016, 391). 8

Vorbemerkung zu den §§ 218–219 b

I. Zur Geschichte

1 Bis 1974 war die Abtreibung grds. strafbar. Das 5. StrRG vom 18.6.1974 sah die sog. Fristenlösung mit einer Straflosigkeit des Schwangerschaftsabbruchs in den ersten zwölf Wochen der Schwangerschaft vor; mit Urteil vom 25.2.1975 hat das BVerfG diese Regelung für verfassungswidrig erklärt (BVerfGE 39, 1).

2 Die Neufassung durch das 15. StrÄndG vom 18.5.1976 enthielt eine Indikationslösung: Ein Abbruch war in den Fällen der medizinischen, der embryopathischen, der kriminologischen und der sozialen (bzw Notlagen-)Indikation grds. gestattet. Mit der Wiedervereinigung trat dieses Gesetz jedoch auf dem Gebiet der ehemaligen DDR nicht in Kraft. Dort blieb aufgrund Art. 31 IV des Einigungsvertrages zunächst noch die frühere Regelung gültig, der zufolge ein ärztlicher Schwangerschaftsabbruch innerhalb von zwölf Wochen nach Beginn der Schwangerschaft straflos war.

3 Im Wege des Schwangeren- und FamilienhilfeG vom 27.7.1992 sah der Gesetzgeber in §§ 218 a I, 219 erneut eine Fristenlösung (für die ersten zwölf Wochen der Schwangerschaft) mit Beratungspflicht vor. Auch dieses Gesetz wurde vom BVerfG für verfassungswidrig erklärt (BVerfGE 88, 203 ff), da es mit der Schutzpflicht des Staates gegenüber dem ungeborenen Leben unvereinbar sei, den Schwangerschaftsabbruch, von Ausnahmesituationen abgesehen, für nicht rechtswidrig zu erklären. Gem. § 35 BVerfGG traf das Gericht selbst eine vorläufige Regelung, und zwar mit der Maßgabe, dass ein Schwangerschaftsabbruch bis zur 12. Woche rechtswidrig, aber straffrei ist, wenn er innerhalb von drei Tagen nach einer Beratung bei einer hierfür anerkannten Stelle vorgenommen wird.

4 Die heutige Rechtslage geht auf das Schwangeren-FamilienhilfeänderungsG vom 21.8.1995 (BGBl. I, 1050) zurück. Sie berücksichtigt die verfassungsgerichtliche Vorgabe, dass ein Schwangerschaftsabbruch ohne Feststellung einer Indikation auch nach vorangegangener Beratung rechtswidrig bleibt (vgl auch die 17 Leitsätze in BVerfGE 88, 203; ferner *Geiger/v. Lampe* Jura 1994, 20 ff; näher zur Gesetzesgeschichte LK-*Kröger* Entstehungsgeschichte und Rn 4 ff; NK-*Merkel* Rn 1 ff; *Satzger* Jura 2008, 424 [425 f]; krit. zum Schutz des Ungeborenen durch das Beratungsschutzkonzept *Tröndle* Otto-FS 821 ff).

II. Systematik

5 1. § 218 sieht in Abs. 1 den **Grundtatbestand** des strafbaren Schwangerschaftsabbruchs vor. Besonders schwere Fälle sind nach Art der **Regelbeispieltechnik** in Abs. 2 normiert. Abs. 3 enthält iSe **Privilegierung** eine geringere Strafandrohung für die Schwangere selbst. Abs. 4 stellt den **Versuch** unter Strafe, jedoch (als persönlicher Strafausschließungsgrund) nicht für die Schwangere selbst.

6 2. § 218 a nennt in Abs. 1 die Bedingungen, unter denen der Schwangerschaftsabbruch **nicht tatbestandsmäßig** (aber rechtswidrig) ist; Abs. 1 ist insoweit der gesetzlich geregelte Fall eines **Tatbestandsausschließungsgrunds**. Abs. 2 und 3 enthalten **Rechtfertigungsgründe** für einen Schwangerschaftsabbruch bei medizinisch-sozialer sowie kriminologischer Indikation (Spezialfälle des § 34). Abs. 4 S. 1 räumt der Schwangeren einen persönlichen Strafausschließungsgrund ein; S. 2 sieht eine fakultative Strafmilderung bei besonderer Bedrängnis vor.

3. § 218 b enthält **Ergänzungen** zu § 218 a II und III; § 218 c sanktioniert die Verletzung bestimmter **Aufklärungspflichten** des Arztes bei einem Schwangerschaftsabbruch (jeweils gegenüber § 218 subsidiär). 7

4. § 219 regelt die Voraussetzungen, unter denen eine **Beratung** zu einer **Straflosigkeit** des Schwangerschaftsabbruchs nach § 218 a I führt. 8

5. §§ 219 a, 219 b pönalisieren bestimmte Teilnahmehandlungen im Vorbereitungsstadium (abstrakte Gefährdungsdelikte). Zur Systematik und zu den Konkurrenzen *Satzger* Jura 2008, 424 (426 f/433). 9

6. Weitere **Strafandrohungen** zugunsten der Schwangeren werden in §§ 170 II, 240 IV S. 2 Nr. 2 normiert. 10

III. Täterkreis

Täter einer Abtreibung können Laien, Ärzte sowie die Schwangere selbst sein. Es gelten jedoch unterschiedliche Strafbarkeitsregelungen: 11

- Ein Schwangerschaftsabbruch durch **Laien** ist grds. strafbar.
- **Ärzte** sind unter den Voraussetzungen des § 218 a I–III straflos.
- Für die **Schwangere** (in mittelbarer oder unmittelbarer Täterschaft) gelten neben § 218 a I–III noch §§ 218 IV S. 2 und 218 a IV.

§ 218 Schwangerschaftsabbruch

(1) ¹Wer eine Schwangerschaft abbricht, wird mit Freiheitsstrafe bis zu drei Jahren oder mit Geldstrafe bestraft. ²Handlungen, deren Wirkung vor Abschluß der Einnistung des befruchteten Eies in der Gebärmutter eintritt, gelten nicht als Schwangerschaftsabbruch im Sinne dieses Gesetzes.

(2) ¹In besonders schweren Fällen ist die Strafe Freiheitsstrafe von sechs Monaten bis zu fünf Jahren. ²Ein besonders schwerer Fall liegt in der Regel vor, wenn der Täter
1. gegen den Willen der Schwangeren handelt oder
2. leichtfertig die Gefahr des Todes oder einer schweren Gesundheitsschädigung der Schwangeren verursacht.

(3) Begeht die Schwangere die Tat, so ist die Strafe Freiheitsstrafe bis zu einem Jahr oder Geldstrafe.

(4) ¹Der Versuch ist strafbar. ²Die Schwangere wird nicht wegen Versuchs bestraft.

I. § 218 **schützt** das ungeborene menschliche Leben; dieses steht unter dem Schutz des Lebens (Art. 2 II S. 1 GG) und der Menschenwürde (Art. 1 I GG; BVerfGE 39, 1 [36 ff, 41 f]). Damit unterliegt das werdende Leben nicht der freien Verfügungsgewalt der Schwangeren. Die gegenüber den Tötungsdelikten geringere Strafandrohung trägt der besonderen Konfliktsituation der Schwangeren Rechnung. Daneben dient die Vorschrift nach verbreiteter Ansicht auch den Gesundheitsinteressen der Schwangeren (S/S-*Eser* Vor § 218 Rn 12; einschr. *Fischer* Vor § 218 Rn 2; zutr. aA MK-*Gropp* Vor § 218 Rn 40; LK-*Kröger* Vor § 218 Rn 27 f; S/S/W-*Momsen* Rn 4; *Otto* BT § 13/6; *Satzger* Jura 2008, 424 [425]; zur Rechtsstellung des Nascituros *Hähnchen* Jura 2008, 161 [162]). 1

2   II. Unter dem **Abbruch einer Schwangerschaft** ist die Abtötung der Leibesfrucht zu verstehen. Entscheidend ist der Zeitpunkt der Einwirkung auf das Kind. Erfolgt diese vor der Geburt, so kommt, auch wenn der Tod der Leibesfrucht erst nach der Geburt eintritt, allein eine Strafbarkeit gemäß § 218 in Betracht (BGH StraFo 2008, 174 [175] m.Anm. *Schroeder* JR 2008, 252). Die Art und Weise der Einwirkung, durch die die Schwangerschaft abgebrochen wird, ist unerheblich (*Satzger* Jura 2008, 424 [425]).

3   Nach Abs. 1 S. 2 **beginnt** der Strafrechtsschutz mit Abschluss der Nidation (ca. 13 Tage nach Befruchtung), Handlungen, die auf die Verhütung der Nidation abzielen, sind strafrechtlich irrelevant.

4   Ein Schwangerschaftsabbruch durch **Unterlassen** ist möglich, wenn eine entsprechende Garantenstellung besteht, zB bei Nichteinschreiten des Vaters oder des behandelnden Arztes gegen eine Abtreibung (vgl hierzu S/S-*Eser* Rn 29; NK-*Merkel* Rn 115 ff, 124 ff; SK-*Rogall/Rudolphi* Rn 23 ff; *Satzger* Jura 2008, 424 [428 f]).

5   § 218 II S. 2 normiert zwei Regelbeispiele. Im Falle der Nr. 1 ist zu beachten, dass ein Handeln gegen den Willen der Schwangeren nicht zwangsläufig mit einem Handeln ohne Einwilligung gleichgesetzt werden darf (vgl dazu *Satzger* Jura 2008, 424 [429 f]).

6   Zugunsten der Schwangeren greift Abs. 3 ein, wobei die Schwangerschaft ein besonderes persönliches Merkmal iSd § 28 II darstellt (S/S-*Eser* Rn 51; *Satzger* Jura 2008, 424 [429]).

7   § 218 setzt nicht voraus, dass die Schwangere die Abtreibung überlebt (BGHSt 1, 278 ff; LK-*Kröger* Rn 10).

8   III. Da mit jedem Schwangerschaftsabbruch auch eine Körperverletzung zum Nachteil der Schwangeren verbunden ist – § 228 greift insoweit nicht ein –, tritt § **223** im Wege der Gesetzeskonkurrenz hinter § 218 zurück (BGHSt 10, 312 [315]; 28, 11 [16]). Wegen des erheblich unterschiedlichen Unrechtsgewichts gilt dies allerdings nicht im Verhältnis zu § 224 (BGH NJW 2007, 2565 [2566] unter ausdrücklicher Aufgabe von BGHSt 28, 11; S/S-*Eser* Rn 68; LK-*Kröger* Rn 58; NK-*Merkel* Rn 153; SK-*Rogall/Rudolphi* Rn 44). Tateinheit besteht auch, wenn § 218 nur versucht ist, §§ 223 f aber vollendet sind. Verwirklicht der Täter zugleich ein Tötungsdelikt gegenüber der Schwangeren, so stehen die Delikte wegen der Eigenbedeutung der betroffenen Rechtsgüter in Tateinheit zueinander (BGH NStZ-RR 2016, 109 f).

§ 218 a Straflosigkeit des Schwangerschaftsabbruchs

(1) Der Tatbestand des § 218 ist nicht verwirklicht, wenn
1. die Schwangere den Schwangerschaftsabbruch verlangt und dem Arzt durch eine Bescheinigung nach § 219 Abs. 2 Satz 2 nachgewiesen hat, daß sie sich mindestens drei Tage vor dem Eingriff hat beraten lassen,
2. der Schwangerschaftsabbruch von einem Arzt vorgenommen wird und
3. seit der Empfängnis nicht mehr als zwölf Wochen vergangen sind.

(2) Der mit Einwilligung der Schwangeren von einem Arzt vorgenommene Schwangerschaftsabbruch ist nicht rechtswidrig, wenn der Abbruch der Schwangerschaft unter Berücksichtigung der gegenwärtigen und zukünftigen Lebensver-

hältnisse der Schwangeren nach ärztlicher Erkenntnis angezeigt ist, um eine Gefahr für das Leben oder die Gefahr einer schwerwiegenden Beeinträchtigung des körperlichen und seelischen Gesundheitszustandes der Schwangeren abzuwenden, und die Gefahr nicht auf eine andere für sie zumutbare Weise abgewendet werden kann.

(3) Die Voraussetzungen des Absatzes 2 gelten bei einem Schwangerschaftsabbruch, der mit Einwilligung der Schwangeren von einem Arzt vorgenommen wird, auch als erfüllt, wenn nach ärztlicher Erkenntnis an der Schwangeren eine rechtswidrige Tat nach den §§ 176 bis 178 des Strafgesetzbuches begangen worden ist, dringende Gründe für die Annahme sprechen, daß die Schwangerschaft auf der Tat beruht, und seit der Empfängnis nicht mehr als zwölf Wochen vergangen sind.

(4) ¹Die Schwangere ist nicht nach § 218 strafbar, wenn der Schwangerschaftsabbruch nach Beratung (§ 219) von einem Arzt vorgenommen worden ist und seit der Empfängnis nicht mehr als zweiundzwanzig Wochen verstrichen sind. ²Das Gericht kann von Strafe nach § 218 absehen, wenn die Schwangere sich zur Zeit des Eingriffs in besonderer Bedrängnis befunden hat.

Aus dem Umstand, dass Abs. 1 zwar einen Tatbestandsausschluss, aber keinen Rechtfertigungsgrund normiert, ergibt sich hinsichtlich möglicher Rechtfertigungsgründe folgendes Problem: Da der Schwangerschaftsabbruch unter den Voraussetzungen des Abs. 1 rechtswidrig bleibt, käme eine Nothilfe (§ 32) zugunsten der Leibesfrucht in Betracht (näher zur Problematik NK-*Merkel* Rn 64 f; *Satzger* JuS 1997, 800 ff). Diese Konsequenz wird jedoch vom BVerfG nicht gezogen (und entspricht auch nicht gesetzgeberischem Willen, vgl BT-Drucks. 13/1850, 25). Vielmehr wird de facto das Verhalten des Arztes und der Schwangeren als rechtmäßig behandelt; weder sollen Notrechte zugunsten des Nasciturus eingreifen noch werden die auf den Schwangerschaftsabbruch gerichteten Verträge als rechtswidrig eingestuft (BVerfGE 88, 203 [279, 295 f]; näher *Satzger* Jura 2008, 424 [429 ff]). 1

In der Literatur wird daher zunehmend die Ansicht vertreten, der Tatbestandsausschluss sei eine besondere Form der Rechtfertigung (vgl nur *Hassemer* Mahrenholz-FS 731 ff; *Hermes/Walther* NJW 1993, 2337 [2340 ff], jew. mwN; grundlegende Kritik bei *Gropp* GA 1994, 147 [157 ff]). Zum Verhältnis der Abs. 2 und 3 zu den allgemeinen Rechtfertigungsgründen vgl S/S-*Eser* Rn 21, 25; *Mitsch* JR 2006, 450 [452 f]). 2

§ 218 b Schwangerschaftsabbruch ohne ärztliche Feststellung; unrichtige ärztliche Feststellung

(1) ¹Wer in den Fällen des § 218 a Abs. 2 oder 3 eine Schwangerschaft abbricht, ohne daß ihm die schriftliche Feststellung eines Arztes, der nicht selbst den Schwangerschaftsabbruch vornimmt, darüber vorgelegen hat, ob die Voraussetzungen des § 218 a Abs. 2 oder 3 gegeben sind, wird mit Freiheitsstrafe bis zu einem Jahr oder mit Geldstrafe bestraft, wenn die Tat nicht in § 218 mit Strafe bedroht ist. ²Wer als Arzt wider besseres Wissen eine unrichtige Feststellung über die Voraussetzungen des § 218 a Abs. 2 oder 3 zur Vorlage nach Satz 1 trifft, wird mit Freiheitsstrafe bis zu zwei Jahren oder mit Geldstrafe bestraft, wenn die

Tat nicht in § 218 mit Strafe bedroht ist. ³Die Schwangere ist nicht nach Satz 1 oder 2 strafbar.

(2) ¹Ein Arzt darf Feststellungen nach § 218 a Abs. 2 oder 3 nicht treffen, wenn ihm die zuständige Stelle dies untersagt hat, weil er wegen einer rechtswidrigen Tat nach Absatz 1, den §§ 218, 219 a oder 219 b oder wegen einer anderen rechtswidrigen Tat, die er im Zusammenhang mit einem Schwangerschaftsabbruch begangen hat, rechtskräftig verurteilt worden ist. ²Die zuständige Stelle kann einem Arzt vorläufig untersagen, Feststellungen nach § 218 a Abs. 2 und 3 zu treffen, wenn gegen ihn wegen des Verdachts einer der in Satz 1 bezeichneten rechtswidrigen Taten das Hauptverfahren eröffnet worden ist.

§ 218 c Ärztliche Pflichtverletzung bei einem Schwangerschaftsabbruch

(1) Wer eine Schwangerschaft abbricht,
1. ohne der Frau Gelegenheit gegeben zu haben, ihm die Gründe für ihr Verlangen nach Abbruch der Schwangerschaft darzulegen,
2. ohne die Schwangere über die Bedeutung des Eingriffs, insbesondere über Ablauf, Folgen, Risiken, mögliche physische und psychische Auswirkungen ärztlich beraten zu haben,
3. ohne sich zuvor in den Fällen des § 218 a Abs. 1 und 3 auf Grund ärztlicher Untersuchung von der Dauer der Schwangerschaft überzeugt zu haben oder
4. obwohl er die Frau in einem Fall des § 218 a Abs. 1 nach § 219 beraten hat,

wird mit Freiheitsstrafe bis zu einem Jahr oder mit Geldstrafe bestraft, wenn die Tat nicht in § 218 mit Strafe bedroht ist.

(2) Die Schwangere ist nicht nach Absatz 1 strafbar.

§ 219 Beratung der Schwangeren in einer Not- und Konfliktlage

(1) ¹Die Beratung dient dem Schutz des ungeborenen Lebens. ²Sie hat sich von dem Bemühen leiten zu lassen, die Frau zur Fortsetzung der Schwangerschaft zu ermutigen und ihr Perspektiven für ein Leben mit dem Kind zu eröffnen; sie soll ihr helfen, eine verantwortliche und gewissenhafte Entscheidung zu treffen. ³Dabei muß der Frau bewußt sein, daß das Ungeborene in jedem Stadium der Schwangerschaft auch ihr gegenüber ein eigenes Recht auf Leben hat und daß deshalb nach der Rechtsordnung ein Schwangerschaftsabbruch nur in Ausnahmesituationen in Betracht kommen kann, wenn der Frau durch das Austragen des Kindes eine Belastung erwächst, die so schwer und außergewöhnlich ist, daß sie die zumutbare Opfergrenze übersteigt. ⁴Die Beratung soll durch Rat und Hilfe dazu beitragen, die in Zusammenhang mit der Schwangerschaft bestehende Konfliktlage zu bewältigen und einer Notlage abzuhelfen. ⁵Das Nähere regelt das Schwangerschaftskonfliktgesetz.

(2) ¹Die Beratung hat nach dem Schwangerschaftskonfliktgesetz durch eine anerkannte Schwangerschaftskonfliktberatungsstelle zu erfolgen. ²Die Beratungsstelle hat der Schwangeren nach Abschluß der Beratung hierüber eine mit dem Datum des letzten Beratungsgesprächs und dem Namen der Schwangeren versehene Bescheinigung nach Maßgabe des Schwangerschaftskonfliktgesetzes auszustellen.

³Der Arzt, der den Abbruch der Schwangerschaft vornimmt, ist als Berater ausgeschlossen.

§ 219 a Werbung für den Abbruch der Schwangerschaft

(1) Wer öffentlich, in einer Versammlung oder durch Verbreiten von Schriften (§ 11 Abs. 3) seines Vermögensvorteils wegen oder in grob anstößiger Weise
1. eigene oder fremde Dienste zur Vornahme oder Förderung eines Schwangerschaftsabbruchs oder
2. Mittel, Gegenstände oder Verfahren, die zum Abbruch der Schwangerschaft geeignet sind, unter Hinweis auf diese Eignung

anbietet, ankündigt, anpreist oder Erklärungen solchen Inhalts bekanntgibt, wird mit Freiheitsstrafe bis zu zwei Jahren oder mit Geldstrafe bestraft.

(2) Absatz 1 Nr. 1 gilt nicht, wenn Ärzte oder auf Grund Gesetzes anerkannte Beratungsstellen darüber unterrichtet werden, welche Ärzte, Krankenhäuser oder Einrichtungen bereit sind, einen Schwangerschaftsabbruch unter den Voraussetzungen des § 218 a Abs. 1 bis 3 vorzunehmen.

(3) Absatz 1 Nr. 2 gilt nicht, wenn die Tat gegenüber Ärzten oder Personen, die zum Handeln mit den in Absatz 1 Nr. 2 erwähnten Mitteln oder Gegenständen befugt sind, oder durch eine Veröffentlichung in ärztlichen oder pharmazeutischen Fachblättern begangen wird.

§ 219 b Inverkehrbringen von Mitteln zum Abbruch der Schwangerschaft

(1) Wer in der Absicht, rechtswidrige Taten nach § 218 zu fördern, Mittel oder Gegenstände, die zum Schwangerschaftsabbruch geeignet sind, in den Verkehr bringt, wird mit Freiheitsstrafe bis zu zwei Jahren oder mit Geldstrafe bestraft.

(2) Die Teilnahme der Frau, die den Abbruch ihrer Schwangerschaft vorbereitet, ist nicht nach Absatz 1 strafbar.

(3) Mittel oder Gegenstände, auf die sich die Tat bezieht, können eingezogen werden.

§ 220 (weggefallen)

§ 220 a (aufgehoben)

§ 221 Aussetzung

(1) Wer einen Menschen
1. in eine hilflose Lage versetzt oder
2. in einer hilflosen Lage im Stich läßt, obwohl er ihn in seiner Obhut hat oder ihm sonst beizustehen verpflichtet ist,

und ihn dadurch der Gefahr des Todes oder einer schweren Gesundheitsschädigung aussetzt, wird mit Freiheitsstrafe von drei Monaten bis zu fünf Jahren bestraft.

(2) Auf Freiheitsstrafe von einem Jahr bis zu zehn Jahren ist zu erkennen, wenn der Täter
1. die Tat gegen sein Kind oder eine Person begeht, die ihm zur Erziehung oder zur Betreuung in der Lebensführung anvertraut ist, oder
2. durch die Tat eine schwere Gesundheitsschädigung des Opfers verursacht.

(3) Verursacht der Täter durch die Tat den Tod des Opfers, so ist die Strafe Freiheitsstrafe nicht unter drei Jahren.

(4) In minder schweren Fällen des Absatzes 2 ist auf Freiheitsstrafe von sechs Monaten bis zu fünf Jahren, in minder schweren Fällen des Absatzes 3 auf Freiheitsstrafe von einem Jahr bis zu zehn Jahren zu erkennen.

I. Allgemeines

1 1. Die Vorschrift normiert ein **konkretes Gefährdungsdelikt** zum **Schutz von Leben und Gesundheit** (*Arzt/Weber/Heinrich/Hilgendorf* § 36/1; *Heger* ZStW 119, 593 [595]; LK-*Jähnke* Rn 1; SK-*Wolters* Rn 2; zusf. zu klausurrelevanten Problemen *Wengenroth* JA 2012, 584 ff; *Wielant*, Die Aussetzung nach § 221 Abs. 1 StGB, 2009, 43 ff). Entgegen der Überschrift geht der Anwendungsbereich des Delikts weit über die ursprünglich im Vordergrund stehenden Findelkindfälle hinaus und bezieht nicht nur Erwachsene und gesunde Personen, deren Hilflosigkeit aus einer Ausnahmesituation resultiert, in den Schutzbereich ein, sondern verlangt auch keine räumliche Distanzierung des Täters vom Opfer.

2 **Abs. 1** umschreibt **zwei Tatvarianten**, die jeweils als Erfolg den Eintritt der Gefahr des Todes oder einer schweren Gesundheitsschädigung verlangen. In der Tatvariante nach Nr. 1 führt der Täter die hilflose Lage des Opfers herbei, während er in der zweiten Variante das Opfer nicht aus der (von ihm ggf nur vorgefundenen) hilflosen Lage befreit. **Abs. 2** erhöht als **Qualifikatstatbestand** mit Verbrechenscharakter die Mindeststrafe auf Freiheitsstrafe von einem Jahr für den Fall einer besonderen Täter-Opfer-Beziehung bzw des Eintritts einer schweren Gesundheitsschädigung. Durch das in **Abs. 3** formulierte **erfolgsqualifizierte Delikt** wird die Mindeststrafe auf drei Jahre angehoben, wenn durch die Tat der Tod des Opfers verursacht wird. Der **Versuch** ist straflos (näher zum gesamten Tatbestand *Heger* ZStW 119, 593 ff).

3 2. **Aufbau**: Es empfiehlt sich, die Tatbestandsmerkmale der Aussetzung in folgenden Schritten zu prüfen:
A) Tatbestand:
  I. Objektiver Tatbestand:
    1. Gefahrerfolg (Rn 4 f)
    2. Hilflose Lage (Rn 6 f)
    3. Tathandlungen:
       – Versetzen in eine hilflose Lage (Rn 8 f) oder
       – Im Stich Lassen mit Garantenstellung (Rn 10 ff)
    4. Risikozusammenhang (Rn 14)
  II. Subjektiver Tatbestand: Vorsatz (Rn 15)
B) Rechtswidrigkeit
C) Schuld

D) Ggf Qualifikationen:
  I. Abs. 2 Nr. 1: Besondere Garantenstellung des Täters (Rn 17)
  II. Abs. 2 Nr. 2: Eintritt einer schweren Gesundheitsschädigung (Rn 18), hinsichtlich dieses Erfolgs nur Fahrlässigkeit erforderlich (§ 18)
  III. Abs. 3: Todeseintritt (Rn 19), hinsichtlich dieses Erfolgs nur Fahrlässigkeit erforderlich (§ 18)

II. Grundtatbestand der Aussetzung (Abs. 1)

1. **Gefahrerfolg:** Erfolg der Tat nach Abs. 1 ist die konkrete Gefahr des Todes oder einer schweren Gesundheitsschädigung. Von einer **schweren Gesundheitsschädigung** ist auszugehen, wenn das Opfer im Gebrauch seiner Sinne, seines Körpers oder seiner Arbeitskraft erheblich beeinträchtigt ist. Zu denken ist etwa an eine ernste und langwierige Krankheit oder an eine beträchtliche Reduzierung der Arbeitsfähigkeit für längere Zeit (vgl BT-Drucks. 13/8587, 27 f; BGH NJW 2002, 2043; MK-*Hardtung* Rn 19; *Schroth* NJW 1998, 2861 [2865]). 4

Erforderlich ist eine **konkrete Gefahr**, die eingetreten ist, wenn es für das Opfer nur noch vom nicht mehr beherrschbaren Zufall abhängt, ob es stirbt oder eine schwere Gesundheitsbeeinträchtigung erleidet (vgl BGHSt 26, 176 [181]; BGH NStZ 1996, 83; StV 1998, 662; *Roxin* I § 11/151; vgl auch § 250 Rn 13 f, 27). Exemplarisch: Das Opfer wird mit Erregern einer schweren Krankheit infiziert, die ohne ärztliche Versorgung alsbald ausbrechen kann. Die individuelle gesundheitliche Konstitution ist bei der Gefahrfeststellung zu berücksichtigen (BGH NJW 2002, 2043 f). 5

2. **Versetzen in eine hilflose Lage (Nr. 1): a)** Das Opfer befindet sich in einer **hilflosen Lage**, wenn es nicht fähig ist, sich aus eigener Kraft vor der Gefahr für Leben und Gesundheit zu schützen. Die Gefahren können von anderen Menschen, von Tieren, von äußeren Umständen (zB Witterungseinflüsse), aber auch von der Konstitution des Opfers selbst (zB Gebrechlichkeit, Schwäche) ausgehen. Die hilflose Lage braucht noch kein Zustand zu sein, in dem das Opfer in einer Gefahr für Leib oder Leben schwebt. Sie ist vielmehr eine Situation, die in eine konkrete Gefahrenlage umschlagen kann und aufgrund derer das Opfer der Hilfe bedarf (vgl *Küper* ZStW 111, 30 [54 f]; SK-*Wolters* Rn 3; ähnlich NK-*Neumann* Rn 7). Dass das Opfer ein Handy bei sich trägt, ändert an seiner objektiv hilflosen Lage nichts, wenn es ihm nicht gelingt, jemanden anzurufen oder der Aufenthaltsort des Opfers unbekannt ist (BGH NStZ 2008, 395 f). Sofern der Täter bereits vor dem Eintritt der hilflosen Lage Beschützergarant für Leib und Leben des Opfers ist, kann die hilflose Lage auch durch das Verweigern des dem Opfer garantierten Beistands entstehen. Umstritten ist dies allerdings, falls sich der Beschützergarant räumlich von seinem Schützling trennt und sich dadurch ein rettendes Eingreifen unmöglich macht. Exemplarisch: Der Bergführer lässt seinen Schützling in einer schwierigen Felswand zurück (für die Anwendbarkeit des Abs. 1 Nr. 1 in diesen Fällen W-*Hettinger* Rn 197, 199, 204; aA *Jäger* JuS 2000, 31 [33 f]; SK-*Wolters* Rn 4: Fall von Nr. 2). 6

Keine hilflose Lage ist gegeben, wenn das Opfer nur die Möglichkeit einer drohenden Verletzung nicht erkennt, im Falle einer Kenntnis der Sachlage aber ohne Weiteres in der Lage wäre, sich zu schützen. Exemplarisch: Terrorist T installiert am Auto des O eine Bombe, die beim Betätigen der Zündung explodieren soll; hier könnte O bei Kenntnis der Sachlage unschwer einer Verletzung entgehen 7 und ist daher der drohenden Gefahr nicht hilflos ausgesetzt. Dass **Ahnungslosigkeit** als solche noch keine Hilflosigkeit begründet, zeigt im Übrigen das Regelbeispiel des § 243 I Nr. 6, das die Hilflosigkeit auf die Unfähigkeit, einem Gewahrsamsbruch aus eigener Kraft zu begegnen, und nicht auf die bloße Unkenntnis des Angriffs bezieht, da anderenfalls jeder Trick- und Taschendiebstahl ein einschlägiger besonders schwerer Fall wäre (vgl auch *Erbel* NStZ 2002, 404 [406 f]). Gleichermaßen nicht einschlägig sind **Augenblicksgefahren** wie das Schießen aus dem Hinterhalt oder Steinwürfe von einer Autobahnbrücke. Dies wird teils dem Begriff der „Lage", der eine gewisse Dauer erfordere, entnommen (*Sternberg-Lieben/Fisch* Jura 1999, 45 [46]). Entscheidend ist jedoch, dass hier der Täter das Opfer nicht in eine Situation reduzierter Abwehrfähigkeit bringt, sondern nur durch ein Überraschungsmoment oder seine eigene körperliche bzw. technische Überlegenheit die „normalen" Reaktionsmöglichkeiten des Opfers überwindet.

8   b) **Versetzen** ist jede **Veränderung der Sicherheitslage** des Opfers, die vom Täter bestimmt wird. Für das Versetzen in eine hilflose Lage ist keine Veränderung des Aufenthaltsortes erforderlich (BGHSt 52, 153 [156]; MK-*Hardtung* Rn 11; LK-*Jähnke* Rn 13; SK-*Wolters* Rn 4; krit. *Jahn* JuS 2008, 647 f). Ausreichend ist vielmehr jedes Verhalten, durch das eine hilflose Lage für das Opfer geschaffen wird (näher *Küper* ZStW 111, 30 [40 ff]; *Wielant*, Die Aussetzung nach § 221 Abs. 1 StGB, 2009, 215), zB auch durch Beseitigen von Schutzmöglichkeiten. Erfasst wird auch der Fall, dass der Täter das Opfer von einer bereits bestehenden hilflosen Lage in eine neue (aus anderen Gründen) hilflose Lage bringt oder dass er eine bereits bestehende hilflose Lage dergestalt beeinflusst, dass die Wahrscheinlichkeit des Todeseintritts oder der Gesundheitsschädigung (nicht unerheblich) erhöht wird (*Hacker/Lautner* Jura 2006, 274 [275]; LK-*Jähnke* Rn 14; diff. NK-*Neumann* Rn 15 f).

9   Der Täter kann die Veränderung **unmittelbar selbst** schaffen, er kann sich aber auch des Opfers als eines Werkzeugs in **mittelbarer Täterschaft** (durch Zwang, Irrtumserregung) bedienen. Nicht ausreichend sind Handlungen, die als Anstiftung oder Beihilfe zu einer Selbstgefährdung anzusehen sind. Ein Versetzen durch garantenpflichtwidriges **Unterlassen** (§ 13) ist grds. möglich (S/S-*Eser* Rn 5; SK-*Wolters* Rn 5). Exemplarisch: Der Garant hindert das Opfer nicht daran, sich in eine hilflose Lage zu begeben.

10 **3. Im Stich Lassen (Nr. 2): a)** Das Opfer muss sich in einer **hilflosen Lage** befinden (Rn 6 f). Der Grund für die Hilflosigkeit berührt die Beistandspflicht grds. nicht; das Opfer kann daher auch durch eigenes Verschulden in die hilflose Lage gekommen sein.

11 b) Der Täter **lässt** das Opfer **im Stich**, wenn er die zur Abwendung gebotene Hilfe nicht erbringt. Ein räumliches Verlassen ist nicht erforderlich; es genügt jedes Unterlassen der gebotenen Hilfe (*Küper/Zopfs* Rn 344; *Otto* BT § 10/3; *Wielant*, Die Aussetzung nach § 221 Abs. 1 StGB, 2009, 168). Insoweit unterfallen dem Tatbestand gleichermaßen die untätige Anwesenheit, das Entfernen vom Ort und das Unterlassen des Kommens (*Hacker/Lautner* Jura 2006, 274 [277]; NK-*Neumann* Rn 22; *Rengier* II § 10/10; SK-*Wolters* Rn 6). Exemplarisch: Ein Arzt weigert sich, seinen hilflosen Patienten aufzusuchen.

12 c) **Täter** kann jeder sein, der als **Garant** für die Abwendung einer Leibes- oder Lebensgefahr vom Opfer einzustehen hat (auch Ingerenz). Anders als bei dem Jedermann-Delikt nach Nr. 1 ist der Täterkreis in der zweiten Tatvariante auf Ga-

ranten beschränkt, die hinsichtlich Leben und Gesundheit des Opfers obhuts- oder beistandspflichtig sind. Die Garantenstellung kann durch Ingerenz oder tatsächliche Übernahme einer Beistandspflicht begründet sein. **Obhut** ist ein bestehendes allgemeines Schutzpflichtverhältnis, namentlich eine Beschützergarantenstellung kraft Institution (vgl § 13 Rn 20, 57 ff).

d) Konstruktiv ist die zweite Tatvariante eine Besonderheit: Die Vorschrift geht über die Haftung des § 13 hinaus, da der Täter nicht nur den Erfolg (Tod, Gesundheitsschädigung) abzuwenden hat, sondern durch die Vorschrift verpflichtet wird, das Opfer bereits vor der Gefahr eines solchen (Gefahr-)Erfolgs zu schützen. Die Tat ist daher ein **echtes Unterlassungsdelikt**, welches das Bestehen einer Garantenstellung voraussetzt (BGHSt 57, 28 [30 f] m. krit. Anm. *Momsen* StV 2013, 54 ff, vgl aber auch *Küper* ZStW 111, 30 [48 f, 58 f]: kodifiziertes unechtes Unterlassungsdelikt). Mit der Einordnung als echtes Unterlassungsdelikt kommt eine Strafmilderung nach § 13 II nicht in Betracht (krit. hierzu *Ladiges* JuS 2012, 687 [688 f]). 13

4. **Risikozusammenhang:** Zwischen dem konkreten Gefahrerfolg und der hilflosen Lage muss ein Risikozusammenhang bestehen. Dies bedeutet zunächst, dass die Gefahr des Todes oder einer schweren Gesundheitsschädigung durch Hilflosigkeit **verursacht** worden sein muss; zwischen dem Zustand der hilflosen Lage und dem Zustand der Gefahr muss eine Kausalrelation bestehen. Ferner muss sich **im konkreten Gefahrerfolg** das bereits **in der hilflosen Lage angelegte Risiko** erhöhen. Exemplarisch: Der Täter bringt das Opfer in eine Situation, in der es sich nicht ausreichend gegen Kälte schützen kann (= hilflose Lage). Infolge der eintretenden Kälte gerät das Opfer in die konkrete Gefahr zu erfrieren oder an einer Lungenentzündung zu erkranken (= konkreter Gefahrerfolg). Hierbei bejaht der BGH die Möglichkeit, dass der Täter mit derselben Handlung sowohl die gefahrträchtige Situation als auch die Hilflosigkeit des Opfers erzeugt, sofern die Hilflosigkeit die konkrete Lebens- oder Leibesgefahr mitverursacht (BGHSt 52, 153 [156] m. zust. Anm. *Hardtung* JZ 2008, 953 [956]; *Jahn* JuS 2008, 647 ff). 14

III. Subjektiver Tatbestand (Abs. 1): Die Tat nach Abs. 1 ist Vorsatzdelikt. Der konkrete Gefahrerfolg muss vom Vorsatz umfasst sein (NK-*Neumann* Rn 34); er ist keine Erfolgsqualifikation iSv § 18 (näher § 18 Rn 8 ff). 15

IV. Qualifikationen: Abs. 2 und 3 formulieren drei Tatbestände als Qualifikationen zum Grundfall (Abs. 1): 16

1. Der Täter verletzt eine **spezifische Garantenpflicht (Abs. 2 Nr. 1).** Erfasst werden die Eltern von leiblichen und adoptierten Kindern im kind- und jugendlichen Alter (*Sternberg-Lieben/Fisch* Jura 1999, 45 [49]; SK-*Wolters* Rn 14; zum Begriff des „Kindes" vgl NK-*Neumann* Rn 36 f). Zu den einschlägigen Verpflichteten aus den Betreuungsverhältnissen gehören insbesondere Heim- und Pflegeeltern (L-Kühl-*Heger* Rn 7). 17

2. **Realisiert** sich die **konkrete Gefahr** der schweren Gesundheitsschädigung aus dem Grundtatbestand, so ist der Täter nach **Abs. 2 Nr. 2** zu bestrafen. Diese Tatvariante ist ein erfolgsqualifiziertes Delikt, für das § 18 gilt. Hinsichtlich des Eintritts der Gesundheitsschädigung muss zumindest Fahrlässigkeit gegeben sein. 18

3. Abs. 3 greift ein, wenn der Täter durch die Tat den **Tod des Opfers** verursacht. Auch diese Tatvariante ist ein erfolgsqualifiziertes Delikt. Hierbei muss sich im Tod gerade das spezifische Risiko der Todesgefahr des Grundtatbestands (Abs. 1) 19

realisieren. Es genügt also kein bloßer Ursachenzusammenhang. Nach § 18 muss der Täter hinsichtlich des Todes zumindest fahrlässig gehandelt haben.

20 **V. Teilnahme:** Die Obhutsgarantenstellungen nach § 221 I Nr. 2, II Nr. 1 sind **besondere persönliche Merkmale** iSv § 28. Im Falle von Abs. 1 Nr. 2 ist dieses Merkmal strafbegründend, so dass § 28 I eingreift, wenn der Teilnehmer die Merkmale nicht erfüllt (LK-*Jähnke* Rn 43; aA SK-*Wolters* Rn 12: §§ 28 II, 323 c seien anwendbar). Bei Abs. 2 Nr. 1 wirkt das Merkmal strafschärfend; hier ist der außenstehende Teilnehmer gem. § 28 II zu bestrafen.

21 **VI. Konkurrenzen:** Innerhalb des § 221 wird Abs. 2 Nr. 2 von Abs. 3 verdrängt (aA MK-*Hardtung* Rn 48: zur Klarstellung Tateinheit; zum Verhältnis von Abs. 1 Nr. 1 zu Abs. 1 Nr. 2 vgl *Hacker/Lautner* Jura 2006, 274 [278 ff]; *Jäger* JuS 2000, 31 [33 f]; NK-*Neumann* Rn 45; *Wielant*, Die Aussetzung nach § 221 Abs. 1 StGB, 2009, 427). Mit §§ 223 ff, 227 kann Tateinheit bestehen (SK-*Wolters* Rn 13), jedoch treten § 229 hinter § 221 II Nr. 2 und § 222 hinter § 221 III zurück. Ferner wird § 221 von vorsätzlichen Tötungsdelikten verdrängt (*Fischer* Rn 28); sind diese nur versucht, gilt der Klarheit halber Tateinheit.

§ 222 Fahrlässige Tötung

Wer durch Fahrlässigkeit den Tod eines Menschen verursacht, wird mit Freiheitsstrafe bis zu fünf Jahren oder mit Geldstrafe bestraft.

1 **I.** Eine Strafbarkeit nach § 222 hat zur Voraussetzung, dass der Täter den Tod des Opfers durch Begehen verursacht oder durch pflichtwidriges Unterlassen nicht verhindert hat. Anzuwenden sind die Regeln der objektiven Zurechnung für fahrlässiges Verhalten (Vor § 13 Rn 101 ff, § 15 Rn 58 ff). Zur Bestimmung der Sorgfaltspflicht sei auf folgende neuere Entscheidungen verwiesen: BGHSt 53, 288 ff (Zusammensetzung eines Betäubungsmittels); BGHSt 55, 121 ff (Brechmitteleinsatz durch einen Arzt) m.Anm. *Eidan* NJW 2010, 2599 f und Bspr *Brüning* ZJS 2010, 549 ff, erneute Aufhebung des Freispruchs: BGH NJW 2012, 2453 [2454]; BGH NJW 2005, 917 ff (Raserfall); BGH NJW 2008, 240 ff m.Anm. *Kraatz* JR 2009, 182 und *Renzikowski* StV 2009, 443 ff (Sorgfaltspflichten bei Arbeitsteilung am Bau); BGH NStZ 2009, 148 m.Anm. *Brüning* ZJS 2009, 194 ff und *Kudlich* JA 2009, 390 f (illegale Autorennen); OLG Bamberg NStZ-RR 2008, 10 ff (Handeln nach innerdienstlichen Vorschriften lässt die Einstandspflicht für Fahrlässigkeit nicht notwendig entfallen); vgl außerdem zum Amoklauf eines Jugendlichen mit der Waffe des Vaters BGH JR 2013, 34 m.Anm. *Braun* JR 2013, 37; *Mitsch* ZJS 2011, 128 ff.

2 **II.** Nach § 222 ist nicht strafbar, wer es einem anderen aufgrund einer Sorgfaltspflichtverletzung ermöglicht hat, sich zu töten oder in Lebensgefahr zu bringen. Exemplarisch: Ein Polizist verhindert sorgfaltswidrig nicht, dass seine Dienstwaffe einem Lebensmüden zugänglich ist (vgl BGHSt 24, 342). Wenn die vorsätzliche Unterstützung einer (eigenverantwortlichen) Selbsttötung nicht strafbar ist (Vor § 211 Rn 26), kann auch die **fahrlässige Mitverursachung** eines solchen **Suizids** nicht strafbar sein (hM). Gleiches gilt für die Mitwirkung an einer eigenverantwortlichen **Selbstgefährdung** (BGHSt 32, 262; BGH NStZ 1985, 25; 1987, 406; StV 2014, 601 ff m.Anm. *Kaspar* HRRS 2014, 436 ff; StV 2016, 426 ff m.Anm. *Roxin*; BayObLG NStZ 1990, 81; vgl zur Abgrenzung von Selbstgefährdung und strafbarer Fremdgefährdung *Krawczyk/Neugebauer* JA 2011, 264 ff).

Soweit jedoch die Hilfe nach zunächst fahrlässiger Unterstützung der Selbstgefährdung bei Gefahrrealisierung vorsätzlich nicht gewährt wird, greift nach hM § 323 c ein; hier ist ein Unglücksfall mangels gewollter Selbsttötung zu bejahen (zur Zurechnung von sog. Retterschäden OLG Stuttgart StraFo 2008, 176 ff m.Anm. *Kudlich* JA 2008, 740 ff und *Puppe* NStZ 2009, 333 ff; Bspr *Furukawa* GA 2010, 169 ff).

In Rauschgiftfällen ist umstritten, ob das Selbstverantwortungsprinzip durch § 30 I Nr. 3 BtMG eingeschränkt ist (hierzu Vor § 13 Rn 132 ff; vgl zu dieser Thematik auch *Sternberg-Lieben* Puppe-FS 1281 ff mwN). Nimmt man eine solche Beschränkung an, ist es wiederum umstritten, ob der Betroffene wirksam in die Beeinträchtigung seiner Individualrechtsgüter einwilligen kann (so BGHSt 49, 34 [43]: keine Strafbarkeit nach §§ 222, 229) oder nicht (*Sternberg-Lieben* Puppe-FS 1281 [1299] mwN). 3

Siebzehnter Abschnitt Straftaten gegen die körperliche Unversehrtheit

Vorbemerkung zu den §§ 223–231

I. Schutzzweck

1. Rechtsgut der §§ 223 ff ist die **körperliche Unversehrtheit** (L-Kühl-*Kühl* § 223 Rn 1 mwN; SK-*Wolters* § 223 Rn 3), und zwar hinsichtlich der körperlichen Integrität wie auch der Gesundheit. Vom (lebenden) Körper abgetrennte Körperteile unterfallen grds. nicht dem Schutzbereich (NK-*Paeffgen* § 223 Rn 2). Hiervon wird eine Ausnahme befürwortet, wenn die Teile nur kurz vom Körper – etwa während einer Operation – getrennt und innerhalb desselben engen raumzeitlichen Gesamtvorgangs wieder in der ursprünglichen oder einer vergleichbaren Funktion reimplantiert werden (*Tag*, Der Körperverletzungstatbestand im Spannungsfeld zwischen Patientenautonomie und Lex artis, 2000, 111). Daneben schützt § 225 auch vor seelischen Leiden (durch Quälen). 1

2. Opfer kann nur ein anderer Mensch sein. Als Täter ist daher lediglich strafbar, wer für die Verletzung eines anderen unmittelbar oder mittelbar (ggf durch das Opfer als Werkzeug) zuständig ist. Selbstverletzungen können jedoch unter einem anderen Schutzzweck untersagt sein (vgl §§ 109 StGB, 17 WStG). 2

3. Hinsichtlich der **Abgrenzung** von strafbarer **Körperverletzung** und strafloser „Beihilfe" zur **Selbstverletzung/Selbstgefährdung** lassen sich die Grundsätze zur Abgrenzung zwischen Fremdtötung und Selbsttötung entsprechend heranziehen (Vor § 211 Rn 22 ff, 30 ff; vgl auch *Krawczyk/Neugebauer* JA 2011, 264 ff; *Lange/Wagner* NStZ 2011, 67 ff). Für die Körperverletzung gilt nicht die Einwilligungssperre des § 216. Die Körperverletzung eines anderen ist mit dessen Einwilligung also grds. straflos (einschr. hier jedoch § 228). Daher begeht ein Arzt keine Körperverletzung, wenn er einem medizinisch hinreichend aufgeklärten und eigenverantwortlich handelnden Patienten ohne sachliche Indikation Medikamente (zB Doping- oder Betäubungsmittel) verschreibt (vgl BayObLG NJW 1995, 797 [798]; *Kargl* JZ 2002, 389 ff; *Paeffgen* BGH-FS IV 695 [700 ff]). Auch der ungeschützte Sexualkontakt mit einem Aidsinfizierten in Kenntnis aller Risiken wird als Selbstgefährdung eingestuft (BayObLG NJW 1990, 131 f; NK- 3

Paeffgen § 223 Rn 20 mwN); bei fehlender Risikokenntnis kommt mittelbare Täterschaft des Infizierten in Betracht (vgl *Frisch* JuS 1990, 362 [369 f]).

4   4. Der Schutz der körperlichen Unversehrtheit beginnt parallel zum Lebensschutz mit dem Beginn der Geburt. Insoweit unterfallen Handlungen (zB Verabreichung von Medikamenten), die während der Schwangerschaft vorgenommen werden (**pränatale Handlungen**), nur dann den §§ 223 ff, wenn sie erst *nach* Geburtsbeginn zu körperlichen Beeinträchtigungen führen (Vor § 211 Rn 4 ff). Eine Körperverletzung kommt ferner in Betracht, wenn eine der Schwangeren vor Geburt beigebrachte Infektion durch nachgeburtlichen Kontakt auf das Kind übertragen wird.

5   Körperliche Einwirkungen auf den Embryo sind dagegen auch dann keine Körperverletzungen, wenn sie nach der Geburt fortbestehen (hM, BVerfG NJW 1988, 2945; BGHSt 31, 348; LK-*Lilie* Rn 2). Solche Handlungen werden auch von § 218 nicht erfasst und bleiben daher sanktionslos.

II. Systematik und Konkurrenzen

6   1. Grundtatbestand der Körperverletzungsdelikte ist § 223. Die fahrlässige Körperverletzung ist in § 229 normiert. §§ 224, 225 I, 340 sind Qualifikationstatbestände; § 225 I wird wegen der Einbeziehung seelischer Qualen und der besonderen Beziehung zwischen Täter und Opfer auch als eigenständiges Sonderdelikt angesehen (LK-*Hirsch*, 11. Aufl., § 225 Rn 1; wohl auch BGHSt 41, 113). §§ 225 III, 226, 227 sind als Verbrechen (§ 12 I) eingestufte erfolgsqualifizierte Delikte (§ 18). § 231 ist ein verselbstständigter Gefährdungstatbestand. § 228 trifft eine Sonderregelung für die Einwilligung in Körperverletzungen. § 230 sieht ein Strafantragserfordernis für §§ 223 und 229 vor (zur Systematik auch *Hardtung* JuS 2008, 864).

7   2. Nach heute hM ist (zur Klarstellung) Tateinheit zwischen vollendeter Körperverletzung nach §§ 223, 224, 225 und versuchtem Totschlag (§§ 212, 22 f) anzunehmen (BGH NStZ 1999, 30 f unter Aufgabe von BGHSt 16, 122; 22, 248; *Maatz* NStZ 1995, 209 mwN).

§ 223 Körperverletzung

(1) Wer eine andere Person körperlich mißhandelt oder an der Gesundheit schädigt, wird mit Freiheitsstrafe bis zu fünf Jahren oder mit Geldstrafe bestraft.

(2) Der Versuch ist strafbar.

I. Grundlagen

1   1. Der Tatbestand unterscheidet zwei Begehungsweisen: die körperliche Misshandlung und die Gesundheitsschädigung. Beide Tatmodalitäten sind zwar selbstständig, überschneiden sich aber in der Regel (näher *Tag*, Der Körperverletzungstatbestand im Spannungsfeld zwischen Patientenautonomie und Lex artis, 2000, 44 ff, 170 ff; vgl auch *Hardtung* JuS 2008, 864 [865 ff]). Der Tatbestand ist im Falle einer freiverantwortlichen Selbstgefährdung nicht erfüllt (vgl instruktiv BGH NStZ 2011, 341 ff m.Anm. *Jäger* JA 2011, 474: versehentliche Überdosierung von Drogen, die sich Patienten selbst verabreichen).

2. Körperliche Misshandlung ist eine üble, unangemessene Behandlung, durch 2
die das Opfer in seinem körperlichen Wohlbefinden mehr als nur unerheblich beeinträchtigt wird (BGHSt 14, 269; 25, 277 f; BGH NStZ 2007, 218; OLG Karlsruhe VRS 108, 427 [428]; LK-*Lilie* Rn 4; NK-*Paeffgen* Rn 8; *Rackow* GA 2003, 135 mwN). Erforderlich ist eine Verschlechterung des Status quo, so dass auch ein bereits Verletzter durch Intensivierung seiner Beeinträchtigung noch misshandelt werden kann. Die Erheblichkeit ist aus der Sicht eines objektiven Beobachters zu bestimmen, wobei der Konstitution des Opfers (zB neuro-pathologische Überempfindlichkeit) Rechnung zu tragen ist. Auf die Fähigkeit, Schmerzen empfinden zu können, kommt es nicht an (BGHSt 25, 277 f).

Eine körperliche Misshandlung ist bei verletzenden Einwirkungen auf den Körper (Beulen, Prellungen, Wunden, Einbußen von Gliedern, Organen oder Zähnen) stets zu bejahen (zu Hautrötungen vgl OLG Karlsruhe VRS 108, 427 [428]). Das körperliche Wohlbefinden kann aber auch durch das Auslösen von Funktionsstörungen (zB gehörschädigende Lärmbelästigung) oder Verunstaltungen (Beschmieren mit Teer, unangemessenes Abschneiden des Haares [nicht Abnahme einer Haarprobe für einen Drogentest], vgl BGH NJW 1966, 1763; NStZ-RR 2009, 50; abl. NK-*Paeffgen* Rn 8) beeinträchtigt werden. Handlungen, die keine körperlichen Auswirkungen haben, unterfallen nicht dem Tatbestand, zB nicht bloßes Erschrecken (OLG Hamm MDR 1958, 939) oder Hervorrufen von Ekel (durch Angespucktwerden: OLG Zweibrücken NStZ 1990, 541; NK-*Paeffgen* Rn 10; wohl aber bei Hervorrufen von Brechreiz, vgl BGH NStZ 2016, 27), auch nicht die bloße Störung der Befindlichkeit durch nächtliche Telefonanrufe (OLG Düsseldorf NJW 2002, 2118). Als körperliche Wirkung ist jedenfalls ein – wenn auch nur kurz anhaltendes – Schmerzempfinden zu verlangen (BGH NStZ-RR 2014, 11). Tatbestandsmäßig kann aber das Verursachen eines Schocks (BGH NJW 1996, 1068 [1069]), eine Fesselung (BGH NStZ 2007, 404) oder das Übergießen mit Brennspiritus (BGH NStZ 2007, 701 f) sein. Problematisch ist dagegen die Feststellung der Tatbestandsmäßigkeit eines körperlichen Übergriffes im Rahmen militärischer Ausbildungsverhältnisse (vgl „Fall Coesfeld" BGH NJW 2009, 1360 f; *Jahn* JuS 2009, 466 f) oder bei Lehrern (vgl BGH bei *Jahn*, JuS 2010, 458 ff). Zur Tatbestandsmäßigkeit und Rechtfertigung einer religiös motivierten Beschneidung von Jungen *Beulke/Dießner* ZIS 2012, 2128 f; *Herzberg* ZIS 2010, 471 ff; *Putzke* Herzberg-FS 669 (673 ff); zur religiös motivierten Beschneidung von Jungen LG Köln NJW 2012, 2128 f m. Bspr *Muckel* JA 2012, 636 ff; *Beulke/Dießner* ZIS 2012, 338 ff; *Brocke/Weidling* StraFo 2012, 450; *Hassemer* ZRP 2012, 179 ff; *Isensee* JZ 2013, 317 ff; *Jahn* JuS 2012, 850 ff. Nach einer breiten gesellschaftlichen Debatte wurde am 20.12.2012 der neue § 1631 d BGB erlassen, nach dem die Eltern in eine medizinisch nicht indizierte Beschneidung eines männlichen Kindes einwilligen können, soweit der Eingriff fachgerecht erfolgt und die Beschneidung auch unter Berücksichtigung ihres Zwecks das Kindeswohl nicht gefährdet (*Peschel-Gutzeit* NJW 2013, 3617 ff; *Rixen* NJW 2013, 257 ff; krit. *Herzberg* ZIS 2012, 486 ff; *Sonnekus* JR 2015, 1 ff; *Walter* JZ 2012, 1110 ff).

3. Gesundheitsschädigung ist jedes Hervorrufen oder (nicht unerhebliche) Steigern eines krankhaften Zustands, und zwar ohne Rücksicht auf dessen Dauer (BGH NJW 1960, 2253; S/S-*Eser* Rn 5; MK-*Joecks* Rn 28; NK-*Paeffgen* Rn 14). Kennzeichnend für die Gesundheitsschädigung ist das **Erfordernis eines Heilungsprozesses**. Gesundheitsschädigungen sind auch die Verschlimmerung oder Aufrechterhaltung einer bereits vorhandenen Krankheit (vor allem bei Unterlassen, § 13). Exemplarisch: Anstecken mit Krankheitserregern (HIV-Übertragung:

BGHSt 36, 1; 36, 262, auch schon vor dem Ausbruch der Krankheit; dazu auch BGH NStZ 2009, 34 f; NK-*Paeffgen* Rn 18; vgl aber auch AG Nürtingen StV 2009, 418 f), Verursachung von Volltrunkenheit (BGH NStZ 1986, 266; BayObLG StV 1995, 589 [590]), Betäubung, übermäßige Röntgenbestrahlung (BGHSt 43, 346 [353 ff]), Herbeiführung eines Schocks oder Nervenzusammenbruchs (BGH NStZ 1997, 123; zu Angstzuständen nach nicht einverständlichem Geschlechtsverkehr vgl BGH NStZ 2007, 218). Eine psychische Erkrankung (Geisteskrankheit) kann tatbestandsmäßig sein, wenn sie – zB als Nervenerkrankung – körperlich objektivierbar ist, sog. somatologischer Krankheitsbegriff (BGH NJW 1996, 1068 [1069]; StV 1998, 76; NStZ-RR 2013, 375 [376]; NK-*Paeffgen* Rn 3; vgl auch BVerfG DVBl. 2007, 126 m. Bspr *Jahn* JuS 2007, 384 [385]; zur Frage der psychischen Gesundheit als strafrechtliches Rechtsgut *Steinberg*, Strafe für das Versetzen in Todesangst). Daher kommt als Schädigungshandlung auch eine psychische Beeinflussung in Betracht, soweit sie zu einem pathologischen Zustand des Körpers führt (BGH NStZ 2015, 269 m.Anm. *Drees*; AG Lübeck JuS 2012, 179 [180]; LG Hamburg MDR 1954, 630: nächtliche Störanrufe).

5 Beide Tatvarianten können jeweils unter den Voraussetzungen von § 13 durch **Unterlassen** verwirklicht werden (BGHSt 37, 106 [114]; OLG Düsseldorf NStZ 1989, 269). Dies ist zunächst der Fall, wenn der Garant seinen Schützling nicht vor Beeinträchtigungen durch Dritte bewahrt. Dies ist aber auch der Fall, wenn der Garant den bestehenden Zustand nicht lindert bzw eine Intensivierung nicht mindert (BGH JR 1996, 470; OLG Düsseldorf JR 1992, 37 f; zur Garantenstellung des Arztes *Tag*, Der Körperverletzungstatbestand im Spannungsfeld zwischen Patientenautonomie und Lex artis, 2000, 407 ff).

6 4. Der **subjektive Tatbestand** verlangt ein Handeln mit (zumindest bedingtem) Vorsatz (BGH NStZ 1987, 362 f m.Anm. *Puppe*; S/S-*Eser* Rn 65; vgl auch BGH NStZ 2006, 572 [573]). Der **Versuch** (Abs. 2) ist seit dem 6. StrRG vom 26. 1. 1998 (BGBl. I, 164 ff) strafbar.

II. Ärztliche Heilbehandlung

7 Ob und inwieweit ärztliche Maßnahmen (operative Eingriffe, medikamentöse Behandlungen, Betäubung, Bestrahlung usw) als Körperverletzung anzusehen sind, ist umstritten (näher *Bollacher/Stockburger* Jura 2006, 908 ff; *Kargl* GA 2001, 538 ff; *Kraatz* NStZ-RR 2012, 1 ff; NK-*Paeffgen* § 228 Rn 56 ff; zur praktischen Bedeutung des Arztstrafrechts *Lilie/Orben* ZRP 2002, 154 ff; zu den Regeln ärztlicher Kunst *Tag*, Der Körperverletzungstatbestand im Spannungsfeld zwischen Patientenautonomie und Lex artis, 2000, 199 ff; Rspr-Übersicht bei *Wasserburg* NStZ 2003, 353 ff; 2007, 198 ff).

8 1. Nach ständiger **Rspr** verwirklicht jede die körperliche Integrität berührende Maßnahme den Tatbestand der Körperverletzung (BGHSt 11, 111 [112]; 16, 309; BGH NJW 2011, 1088 [1089]; 2012, 2128; LG Köln NJW 2012, 2128; HKGS-*Dölling* Rn 9). Keine Rolle spielt es hiernach, ob der Eingriff kunstgerecht oder fehlerhaft vorgenommen wird und ob er missglückt oder erfolgreich verläuft. Die Einwilligung des Patienten wird als Rechtfertigungsgrund angesehen. Der Patient ist daher so ausführlich über den Befund sowie über Art, Chancen und Risiken des Eingriffs aufzuklären, dass ein verständiger Mensch in die Lage versetzt wird, Risiko und Tragweite des Eingriffs abzuschätzen (vgl BGHSt 11, 111 [114]; 12, 379 [383]; umfassend zu den Anforderungen an eine Aufklärung

Burgert JA 2016, 246 ff; für eine Übersicht über die Rechtsprechung zur Einwilligung in den ärztlichen Eingriff vgl *Kraatz* NStZ-RR 2016, 233 ff). Verstößt der Arzt allerdings wissentlich gegen die ärztliche Kunst, so erstreckt sich die Einwilligung des Patienten nicht auf diese Behandlung (BGH NStZ 2008, 278 [279]). Kann die Einwilligung (zB wegen Bewusstlosigkeit) nicht eingeholt werden, so sind die Regeln der **mutmaßlichen Einwilligung** anzuwenden (hierzu BGHSt 35, 246; *Bollacher/Stockburger* Jura 2006, 911 f; NK-*Paeffgen* Vor §§ 32-35 Rn 157 ff; *Sickor* JA 2008, 11 f; zur fehlenden Einwilligung bzw fortwirkenden Einwilligung bei einem zweiten Eingriff BGH StraFo 2007, 472).

2. Nach verbreiteter **Lehre** ist der Heileingriff (nicht: Schönheitschirurgie) nicht als tatbestandsmäßig anzusehen (S/S-*Eser* Rn 28 ff; *Gössel/Dölling* § 12/73 ff). Die Begründungen divergieren: 9

- Die sog. Erfolgstheorie differenziert zwischen gelungenen und misslungenen Eingriffen (grundlegend *Bockelmann* ZStW 93, 105). Als entscheidend werden nicht die einzelnen Behandlungsakte (Injektionen, Schnitte usw), sondern der Gesamterfolg angesehen. Im Falle der Heilung oder Besserung fehlt es daher schon an der Verletzung. Der misslungene Eingriff ist eine Körperverletzung, die allerdings durch Einwilligung gerechtfertigt sein kann. Regelmäßig wird aber schon der Vorsatz fehlen, da der Arzt den positiven Gesamterfolg anstrebt. Fahrlässigkeit scheidet aus, wenn der Eingriff nach der lex artis vorgenommen wird und daher sorgfaltsgemäß erfolgt. Kritisch ist gegen diese Lehre einzuwenden, dass auch ein Teilakt, der dem Willen des Patienten widerspricht, in dessen Recht auf körperliche Integrität eingreift und nicht mit Blick auf den bezweckten Enderfolg ignoriert werden kann. 10

- Die sog. Theorie des kunstgerechten Eingriffs hält den kunstgerechten, von einer Heilungstendenz getragenen Eingriff für nicht tatbestandsmäßig, und zwar auch dann nicht, wenn er misslingt (*Engisch* ZStW 58, 1). Gegen diesen Ansatz spricht, dass eine eigenmächtige Heilmaßnahme grds. auch dann in die körperliche Unversehrtheit des Patienten eingreift, wenn sie, was selbstverständlich sein sollte, kunstgerecht vorgenommen wird. 11

- Soweit der Schutzzweck des § 223 in dem höchstpersönlichen Recht des Einzelnen auf körperliche Unversehrtheit gesehen wird (Vor § 223 Rn 1), ist allein entscheidend, ob der Eingriff mit oder ohne den Willen des Patienten erfolgt. Die Einwilligung schließt dann bereits den Tatbestand aus, und zwar unabhängig davon, ob der Eingriff letztlich erfolgreich verläuft oder nicht. Voraussetzung der Einwilligung ist hierbei grds, dass der Eingriff nach der lex artis vorgenommen wird. Im Ergebnis – die Strafbarkeit hängt allein vom Willen des Patienten ab – entspricht dieser Ansatz der Rspr (so hinsichtlich der Misshandlungsalternative auch SK-*Wolters* Rn 36 ff). 12

Zu beachten ist, dass das Selbstbestimmungsrecht des Patienten auch dann gilt, wenn er eine aus medizinischen Gründen dringend erforderliche Operation verweigert. Dieses Selbstbestimmungsrecht wird selbst dann nicht beseitigt, wenn der Kranke infolge seiner Krankheit entscheidungsunfähig wird. Es ist auf den mutmaßlichen Willen des Patienten abzustellen (Generalstaatsanwaltschaft Nürnberg NStZ 2008, 343 f mwN). 13

III. Für Organentnahmen gelten die besonderen Regeln des Transplantationsgesetzes vom 5.11.1997 (mit eigenen Straf- und Bußgeldvorschriften). 14

15 **IV. Allgemeine Rechtfertigungsgründe:** Als allgemeine Rechtfertigungsgründe kommen insbesondere die Notwehr (§ 32), die Ausübung staatlicher Zwangsbefugnisse (zB Entnahme von Blutproben) sowie das – stark bestrittene – Erziehungs- und Züchtigungsrecht (Vor § 32 Rn 67 ff) in Betracht.

Zu Körperverletzungen beim **Sport** *Klein*, Die strafrechtliche Verantwortlichkeit für Sportverletzungen beim Fußball, 2008, 179 ff; *Kühn*, Sportstrafrecht und Notwehr, 2001; *Schild*, Sportstrafrecht, 2002.

Zur umstrittenen Rechtfertigung im Wege **hypothetischer Einwilligung** vgl Vor § 32 Rn 63 ff.

§ 224 Gefährliche Körperverletzung

(1) Wer die Körperverletzung
1. durch Beibringung von Gift oder anderen gesundheitsschädlichen Stoffen,
2. mittels einer Waffe oder eines anderen gefährlichen Werkzeugs,
3. mittels eines hinterlistigen Überfalls,
4. mit einem anderen Beteiligten gemeinschaftlich oder
5. mittels einer das Leben gefährdenden Behandlung

begeht, wird mit Freiheitsstrafe von sechs Monaten bis zu zehn Jahren, in minder schweren Fällen mit Freiheitsstrafe von drei Monaten bis zu fünf Jahren bestraft.

(2) Der Versuch ist strafbar.

I. Allgemeines

1 § 224 ist Qualifikationstatbestand zu § 223 und setzt eine Körperverletzung – körperliche Misshandlung und/oder Gesundheitsschädigung – voraus. Grund der Strafverschärfung ist die **gefährliche Begehungsweise** (BGHSt 19, 352); als Erfolg genügt eine leichte Körperverletzung.

II. Beibringung von Gift (Abs. 1 Nr. 1)

2 **1. Gift** ist jeder anorganische oder organische Stoff, der in der konkreten Verwendung durch chemische oder chemisch-physikalische Wirkung die Gesundheit erheblich zu beeinträchtigen vermag. Einschlägig sind zB Arsen, Strychnin, Zyankali, Gas und sog. Krankheitsgifte (zB Pocken oder Syphilis), aber auch Zucker bei Diabetikern oder Arzneimittel (in falscher Dosierung).

3 Als **andere gesundheitsschädliche Stoffe** kommen Substanzen in Betracht, die mechanisch oder thermisch wirken, zB gehacktes Blei, zerstoßenes Glas, kochendes Wasser. Strahlen sind keine Stoffe und daher nicht tatbestandsmäßig.

4 Die Tatmodalität ist aus dem Vergiftungstatbestand des § 229 aF (Mindestfreiheitsstrafe von einem Jahr) hervorgegangen. Dieser Tatbestand verlangte die Beibringung einer Substanz, welche die Gesundheit zu zerstören (= Herbeiführen eines nicht nur vorübergehenden Ausfalls wesentlicher Körperfunktionen) geeignet ist und normierte damit ein Gefährdungsdelikt. Die jetzige Fassung geht davon aus, dass mittels der Substanz ein Gesundheitsschaden herbeigeführt wird, ist also ein Verletzungsdelikt. Da jedoch die Schädigung der Gesundheit – gleich welcher Art – bereits von § 223 erfasst wird, kann es für Abs. 1 Nr. 1 nicht genügen,

dass das Tatmittel nur geeignet ist, eine Gesundheitsschädigung hervorzurufen. Vielmehr ist es – auch im Verhältnis zu den Tatmodalitäten nach Abs. 1 Nr. 2 und 5 – erforderlich, dass die beigebrachte Substanz (nach Qualität und Quantität) geeignet ist, in ihrer konkreten Verwendung eine **erhebliche Gesundheitsbeeinträchtigung** zu bedingen, also eine schwere Gesundheitsschädigung iSv § 221 I auszulösen (dies kann auch bei Stoffen des täglichen Bedarfs vorliegen, etwa bei Kochsalzintoxikation: BGHSt 51, 18 [22 f] m. Bspr *Bosch* JA 2006, 743 [744 f]; hierzu auch *Kretschmer* Jura 2008, 916 [917 f]); eine Eignung zur Gesundheitszerstörung ist jedoch wegen des im Vergleich zu § 229 aF gemilderten Strafrahmens nicht mehr erforderlich. Es reicht vielmehr sogar aus, wenn der gesundheitsschädliche Stoff in seiner Wirkung gegenüber Giften einen deutlich geringeren Schädigungsgrad zur Folge hat (vgl S/S/W-*Momsen* Rn 9).

2. Der Täter **bringt** das Tatmittel **bei**, wenn er es derart mit dem Körper verbindet, dass es seine gesundheitsschädigende Wirkung entfalten kann. Es genügt auch eine äußere Anwendung, sofern sich dies organisch auswirkt, wie zB beim Bestreichen mit einer giftigen Salbe (BGHSt 15, 113; 32, 130; vgl auch BGH NJW 1976, 1851: Zerstörung der Hornhaut eines Auges durch Salzsäure); nicht aber beim Überschütten einer relativ unempfindlichen Körperregion mit heißem Kaffee (OLG Dresden NStZ-RR 2009, 337 [338]) m. krit. Bspr *Jahn* JuS 2010, 268 ff). 5

Das Beibringen kann auch durch pflichtwidriges Unterlassen erfolgen, zB durch (vorsätzliches) Nichteinschreiten gegen die Giftbeibringung durch einen Dritten oder unterlassenes Wegräumen einer vergifteten Flüssigkeit. 6

III. Mittels einer Waffe oder eines anderen gefährlichen Werkzeugs (Abs. 1 Nr. 2)

1. **Gefährliches Werkzeug** ist jeder (bewegbare) Gegenstand, der geeignet ist, nach der Art und Weise seiner konkreten Verwendung erhebliche Verletzungen hervorzurufen (BGHSt 3, 105 [109]; 14, 152; BGH NStZ 1987, 174; StV 2002, 482; NStZ 2007, 95; JR 2015, 206 [207]; KG VRS 109, 112 [113] m.Anm. *Krüger* NZV 2006, 112; OLG Hamburg JuS 2012, 1039 f; ausf. *Eckstein* NStZ 2008, 125 ff; *Hardtung* JuS 2008, 960 [962 f]; *Kretschmer* Jura 2008, 916 [918 ff]). 7

Auch Gegenstände, die **im Allgemeinen ungefährlich** sind, können bei entsprechender Anwendung als gefährliche Werkzeuge anzusehen sein, zB der zum Stechen ins Auge benutzte spitze Bleistift oder der zum Würgen eingesetzte Damenstrumpf (vgl auch BGHSt 30, 375 [377]: Schuh am Fuß des Täters bei Tritten ins Gesicht, s. auch Rn 9). Umgekehrt können generell gefährliche Gegenstände im Einzelfall als ungefährliches Werkzeug gebraucht werden (zB Schere oder Messer beim Abschneiden der Haare, BGH NStZ-RR 2009, 50). Als gefährliche Werkzeuge können vom Täter auch Tiere (zB bissiger Hund) eingesetzt werden (BGHSt 14, 152; aA *Knauer* JuS 2007, 1011 [1013]). Weitere Beispiele: Weinschlauch (BGHSt 3, 105), Kraftfahrzeug (BGH VRS 14, 286; NStZ 2012 697 [698]; HRRS 2013, Nr. 305 m. abl. Anm. *Jäger* JA 2013, 472 ff; NStZ 2014, 36 ff; NStZ-RR 2015, 244; *Eckstein* NStZ 2008, 125 ff), Injektionsspritze in der Hand eines medizinischen Laien (BGH NStZ 1987, 174), brennende Zigarette (BGH NStZ 2002, 30; 2002, 86; vgl aber auch OLG Köln StV 1994, 244 [246]); Pfefferspray (BGH NStZ 2007, 375 ff m.Anm. *Volkmer* NStZ 2009, 364 ff; NStZ-RR 2012, 308 f); nicht aber ein nur lose um den Hals gelegtes Kabel bei 8 einer „Scheinstrangulation" (BGH NStZ-RR 2010, 205 f); nach Ansicht des OLG Dresden sind Flüssigkeiten nicht als anderes gefährliches Werkzeug anzusehen (NStZ-RR 2009, 337 m. krit. Bespr *Jahn* JuS 2010, 268 f).

9 Nach hM sind eigene **Körperteile** des Täters, auch wenn sie mit gefährlicher Wirkung (zB Faust- oder Handkantenschlag) eingesetzt werden, keine Werkzeuge (BGH GA 1984, 124; OLG Köln StV 1994, 247). Hiervon zu unterscheiden ist die Werkzeugeigenschaft eines beschuhten Fußes – wobei im Zusammenhang mit dieser Vorschrift nicht auf den Fuß, sondern richtigerweise auf den Schuh abzustellen ist. Eine Eignung als gefährliches Werkzeug ist in der Regel dann zu bejahen, wenn mit festem Schuhwerk getreten wird; bei einem normalen Straßenschuh wird darüber hinaus verlangt, dass das Opfer mit Wucht ins Gesicht oder besonders empfindliche Regionen getreten wird (dazu *Heinke* HRRS 2010, 428 ff mwN aus der Rspr). Im Übrigen kann die Tat bei Verneinung eines gefährlichen Werkzeugs ggf als lebensgefährdende Behandlung (Abs. 1 Nr. 5) anzusehen sein.

10 Gegenstände, die der Täter (unter den gegebenen Umständen) **nicht bewegen** kann (Mauer, Fußboden), scheiden nach hM als Werkzeuge aus (BGHSt 22, 235; BGH NStZ 1988, 361 [362]; NStZ-RR 2005, 75; *Hohmann/Sander* BT II § 7 Rn 19; NK-*Paeffgen* Rn 14; aA LK-*Lilie* Rn 27): Nur vom Täter bewegbare Gegenstände seien der Wortbedeutung nach als Werkzeuge anzusehen. Nicht einschlägig ist es also, wenn der Täter den Kopf des Opfers gegen eine Hauswand stößt. Ohne Bedeutung für den Werkzeugcharakter des Gegenstands ist es dagegen, wenn er im gegebenen Fall nur arretiert ist. Daher ist es auch gleichgültig, ob das Werkzeug gegen den Menschen oder der Mensch gegen das Werkzeug bewegt wird (RGSt 24, 373). Wiederum ist zu beachten, dass die Tat bei Verneinung eines gefährlichen Werkzeugs ggf die Voraussetzungen einer lebensgefährdenden Behandlung (Abs. 1 Nr. 5) erfüllt.

11 2. Unter **Waffen** sind Gegenstände zu verstehen, die – wie Schuss-, Hieb- und Stoßwaffen – zur Herbeiführung erheblicher Verletzungen allgemein bestimmt sind (vgl § 1 II WaffG; BGHSt 4, 125 [127]; zur Anwendbarkeit des WaffG auf sog. „Soft-Air-Waffen" vgl LG Konstanz NStZ 2007, 295 [296]; aA LG Ravensburg NJW-Spezial 2007, 553 [554]). Waffen sind (im Rahmen des § 224) als Unterfall der gefährlichen Werkzeuge anzusehen (BGHSt 22, 235 [236]).

12 3. Die **Tathandlung** ist nicht auf mechanisches Vorgehen beschränkt. In Betracht kommen auch Einwirkungen chemischer (zB Betäubung durch Äther, Bespritzen mit Salzsäure [BGHSt 1, 1]) oder thermischer Art (Verbrennungen), ebenso Einwirkungen mit elektrischem Strom oder Strahlen. Auch muss die Verletzung **nicht vom Werkzeug selbst** stammen; es genügt, wenn der Einsatz des Werkzeugs kausal für die Verletzung wurde. Es muss aber jedenfalls eine körperliche Wirkung beim Opfer entfalten, eine bloße psychische genügt nicht (BGH NStZ-RR 2010, 205 [206] mwN). Exemplarisch: T fährt mit seinem Pkw auf O zu, der sich nur durch einen Sprung auf das Fahrzeug retten kann; beim Abbremsen fällt O vom Pkw und verletzt sich (KG VRS 109, 112 [113 f] m.Anm. *Krüger* NZV 2006, 112). Nicht ausreichend soll es hingegen nach Sicht des BGH sein, wenn bei Schüssen auf ein fahrendes Kfz die Verletzungen der Insassen nicht bereits durch die abgefeuerten Projektile, sondern erst durch ein infolge der Schüsse ausgelöstes – und vom Täter billigend in Kauf genommenes – Unfallgeschehen eintreten (BGH NStZ 2006, 572 [573]; StraFo 2015, 477 f).

IV. Hinterlistiger Überfall (Abs. 1 Nr. 3)

1. **Überfall** ist ein plötzlicher Angriff auf einen Ahnungslosen. 13

2. Der Überfall ist **hinterlistig**, wenn der Täter in einer seine wahren Absichten 14 planmäßig verdeckenden Weise vorgeht, um dem Angegriffenen die Abwehr zu erschweren (BGH StV 1989, 152; MDR 1996, 551; StraFo 2009, 80; NStZ-RR 2013, 173 [174]; MK-*Hardtung* Rn 29). Ein Überfall kann auch hinterlistig sein, wenn der Täter dem Opfer mit vorgetäuschter Friedfertigkeit gegenübertritt. Der Täter muss jedoch über das bloße Ausnutzen der Überraschung hinaus Vorkehrungen getroffen haben, um den Angriff zu verschleiern (BGH StV 2007, 634 [635]; NStZ-RR 2011, 337 [338]; NStZ 2012, 698). Ein bloßer Angriff von hinten genügt nicht (BGH NStZ-RR 2007, 330; StraFo 2009, 80). Das Merkmal der „Tücke" braucht bei einem hinterlistigen Überfall nicht vorzuliegen.

V. Gemeinschaftlich mit einem Beteiligten (Abs. 1 Nr. 4)

1. Eine Körperverletzung wird **gemeinschaftlich** begangen, wenn mindestens zwei 15 Personen bei ihrer Ausführung zusammenwirken. Es reicht aus, wenn nur einer von ihnen die Verletzungshandlung vornimmt oder wenn die Beteiligten einvernehmlich nacheinander tätig werden. Dagegen genügt es nicht, wenn zwei Angreifer gegenüber zwei Opfern lediglich in Kenntnis der Anwesenheit des jeweils anderen tätig werden, ohne dass der eine Täter dem anderen zu Hilfe kommen kann (vgl zu dieser Problematik *Gerhold* Jura 2010, 379 ff; BGH JA 2015, 793 f m. krit. Anm. *Jäger*); ebenfalls nichts ausreichend ist das bloße Vertrauen auf die Hilfe anderer (BGH StraFo 2012, 422). Allein die Anwesenheit einer zweiten Person, die sich passiv verhält, erfüllt die Qualifikation nicht (BGH StraFO 2015, 478). Auch wenn sich bei dem Angriff mehrere Opfer jeweils nur einem Angreifer ausgesetzt sehen, ohne dass die Positionen ausgetauscht werden, ist ausgehend von dem Strafschärfungsgrund die Qualifikation nicht erfüllt (BGH NStZ 2015, 584).

Für die Annahme einer gemeinschaftlichen Begehungsweise müssen wenigstens 16 zwei Personen **am Tatort** anwesend sein. Die erhöhte Gefährlichkeit der Tatvariante liegt in dem Umstand, dass sich das Opfer mehr als einem Angreifer gegenübersieht und daher in seinen Verteidigungsmöglichkeiten eingeschränkt ist. Nach bisher weitgehend unbestrittener Sicht sollte dabei erforderlich sein, dass das Opfer um die Beteiligung einer zweiten Person weiß (BGH StV 1994, 542 [543]; MK-*Hardtung* Rn 33; LK-*Lilie* Rn 35; SK-*Wolters* Rn 25). Unter Hinweis auf den Schutzzweck des § 224 I Nr. 4 verzichtet der BGH nunmehr auf diese Kenntnis des Opfers (BGH NStZ 2006, 572 [573]; vgl auch *Fischer* Rn 11 a). Für diese objektivierte, auch bei den anderen Begehungsformen des Abs. 1 ausschlaggebende Sicht spricht, dass die Gefährlichkeit einer Körperverletzungshandlung zB bei einem verdeckt geführten Angriff durch mehrere Personen aus einem Hinterhalt nicht selten höher anzusetzen sein wird als bei einer offen geführten Konfrontation. Weitere Personen können auch ohne Anwesenheit am Tatort beteiligt sein.

2. Da **Beteiligung** Täterschaft und Teilnahme umfasst, kann auch ein Gehilfe 17 Mitwirkender iSd Tatbestands sein (BGHSt 47, 383 [386] m.Anm. *Schroth* JZ 2003, 215 und *Stree* NStZ 2003, 203 f; BGH NStZ 2006, 572 [573]; BGH NStZ-RR 2016, 139; HRRS 2012, Nr. 527; ausf. *Hörnle* Jura 1998, 169 [178]; *Küper* GA 2003, 363; *Rengier* ZStW 111, 1 [9 f]; abw. NK-*Paeffgen* Rn 23 f; *Schroth* NJW 1998, 2861 f: zwei Täter erforderlich).

VI. Lebensgefährdende Behandlung (Abs. 1 Nr. 5)

18 1. Eine lebensgefährdende Behandlung setzt nach hM voraus, dass die Körperverletzung nach den Umständen des konkreten Falles **objektiv generell** (abstrakt) **geeignet** ist, das Opfer in Lebensgefahr zu bringen. Eine konkrete Lebensgefahr muss nach hM nicht eingetreten sein (BT-Drucks. 13/8587, 82 f; BGH NStZ 2005, 156 [157]; JuS 2012, 367 [368]; NStZ 2013, 345; OLG Hamm NStZ-RR 2009, 15; *Eisele* BT I Rn 341; *Miebach* NStZ-RR 2007, 65 [67]; S/S-*Stree/Sternberg-Lieben* Rn 12; bereits zur alten Rechtslage BGHSt 36, 1 [9]). Exemplarisch: Anfahren eines Fußgängers mit einem Kraftfahrzeug, Abschütteln einer Person von einem fahrenden Pkw, kräftiger Schlag, Stoß oder Tritt auf oder an den Kopf (BGH NStZ-RR 2013, 342; OLG Hamm NStZ-RR 2009, 15 [16]), Stoß in tiefes oder eiskaltes Wasser (LG Saarbrücken NStZ 1983, 414), häufiges Röntgen (BGH NJW 1998, 833), Infektion mit dem Aids-Erreger (BGHSt 36, 1 [9]; 36, 262 [265 f]; zur Aids-Problematik vgl auch BGH NStZ 2009, 34 f; *Frisch* JuS 1990, 362; *Prittwitz* StV 1989, 123; *Schramm* JuS 1994, 405). Ob das Würgen des Opfers am Hals eine das Leben gefährdende Behandlung darstellt, hängt u.a. von der Dauer des Würgens ab (vgl BGH StV 2002, 482; NStZ-RR 2011, 11 [12]; 2015, 111 f); auch bei Tritten oder Schlägen gegen eine Person ist die Intensität und der getroffene Körperteil zur Beurteilung der Lebensgefährlichkeit der Behandlung zu berücksichtigen (vgl BGH NStZ-RR 2013, 342; *Heinke* HRRS 2010, 428 ff). Allein das Zustechen mit einem Messer begründet noch keine Lebensgefährdung, vielmehr muss mit dem Messer ein Angriff auf Körperregionen vorliegen, die eine solche Gefahr in sich bergen (BGH NStZ-RR 2016, 81 f). Zum – nicht ausreichenden – Stoß einer Person auf eine Fahrbahn vgl BGH NStZ 2010, 276; *Miebach* NStZ-RR 2007, 65 (67 f).

19 Nach verbreiteter Literaturansicht muss dagegen das Opfer durch die ihm widerfahrende Behandlung in eine konkrete Lebensgefahr kommen, es also für einen Beobachter nur noch vom Zufall abhängen, ob es dem Tod entgeht (LK-*Lilie* Rn 36; NK-*Paeffgen* Rn 28; *Stree* Jura 1980, 281 [291]; vgl auch *Küper* Hirsch-FS 595 ff mit eingehender Problemanalyse: konkrete Gefahr einer lebensgefährlichen Verletzung; vgl auch *Beck* ZIS 2016, 692 ff).

20 Folgt man der hM und lässt eine abstrakte Lebensgefahr ausreichen, so ist zu beachten, dass die Qualifikation des § 224 I Nr. 5 zB in der besonders schweren Brandstiftung gemäß § 306 b II Nr. 1 aufgeht, weil die jenem Delikt zugrunde liegende abstrakte Lebensgefährdung durch die Qualifikation der vorsätzlichen konkreten Lebensgefährdung verdrängt wird (BGH StraFo 2007, 430). Dagegen steht die gefährliche Körperverletzung in der Form der lebensgefährdenden Behandlung in Tateinheit mit einer durch die Tathandlung verursachten schweren Körperverletzung iSd § 226 (vgl BGH NStZ 2009, 572 m. Bspr *v. Heintschel-Heinegg* JA 2009, 391).

21 2. Für den subjektiven Tatbestand ist es ausreichend, wenn dem Täter die Umstände bekannt sind, aus denen sich die Eignung zur Lebensgefährdung ergibt (BGHSt 19, 352; 36, 1 [15]; *Heinrich/Reinbacher* JA 2007, 264 [271]). Dabei kann vorsätzliches Handeln in Hinblick auf § 224 auch dann angenommen werden, wenn Zweifel am Tötungsvorsatz bestehen (BGH VRS 102, 375).

§ 225 Mißhandlung von Schutzbefohlenen

(1) Wer eine Person unter achtzehn Jahren oder eine wegen Gebrechlichkeit oder Krankheit wehrlose Person, die
1. seiner Fürsorge oder Obhut untersteht,
2. seinem Hausstand angehört,
3. von dem Fürsorgepflichtigen seiner Gewalt überlassen worden oder
4. ihm im Rahmen eines Dienst- oder Arbeitsverhältnisses untergeordnet ist,

quält oder roh mißhandelt, oder wer durch böswillige Vernachlässigung seiner Pflicht, für sie zu sorgen, sie an der Gesundheit schädigt, wird mit Freiheitsstrafe von sechs Monaten bis zu zehn Jahren bestraft.

(2) Der Versuch ist strafbar.

(3) Auf Freiheitsstrafe nicht unter einem Jahr ist zu erkennen, wenn der Täter die schutzbefohlene Person durch die Tat in die Gefahr
1. des Todes oder einer schweren Gesundheitsschädigung oder
2. einer erheblichen Schädigung der körperlichen oder seelischen Entwicklung

bringt.

(4) In minder schweren Fällen des Absatzes 1 ist auf Freiheitsstrafe von drei Monaten bis zu fünf Jahren, in minder schweren Fällen des Absatzes 3 auf Freiheitsstrafe von sechs Monaten bis zu fünf Jahren zu erkennen.

I. Die Vorschrift normiert ein **Sonderdelikt**. Täter kann nur sein, wer in einem der tatbestandlich genannten Pflichtenverhältnisse steht. Für (selbst nicht schutzpflichtige) Teilnehmer gilt hinsichtlich des (rein seelischen) Quälens § 28 I (hier fehlt ein Grundtatbestand), für die anderen Begehungsweisen § 28 II mit § 223 (ggf auch § 224) als Grundtatbestand.

II. Geschützt werden nur **bestimmte Personengruppen**, nämlich:

1. Personen unter 18 Jahren (**Kinder und Jugendliche**) und wegen Gebrechlichkeit oder Krankheit Wehrlose. **Gebrechlichkeit** ist eine Störung der körperlichen Gesundheit, die ihren Ausdruck in einer Behinderung der Bewegungsfreiheit findet; **wehrlos** ist, wer sich gegen eine Misshandlung allenfalls in eingeschränkter Weise wehren kann. Die Wehrlosigkeit muss auf der Gebrechlichkeit oder der Krankheit beruhen (*Hardtung* JuS 2008, 1060 mwN).

2. Eine Person untersteht der **Fürsorge** des Täters, wenn dieser rechtlich verpflichtet ist, für ihr geistiges oder leibliches Wohl zu sorgen (zB Eltern, Pflegeeltern, Betreuer, Leiter und Angestellte von Erziehungsanstalten, Beamte des Straf- und Maßregelvollzugs). Bloße Gefälligkeitsverhältnisse sind nicht ausreichend (BGH NJW 1982, 2390; MK-*Hardtung* Rn 6; AnwK-*Zöller* Rn 4).

Eine Person untersteht der **Obhut** des Täters, wenn dieser zu ihrer unmittelbaren körperlichen Beaufsichtigung verpflichtet ist (zB Kind unter der Obhut des Kindermädchens beim Spazierengehen). Ein Obhutsverhältnis kann auch durch Ingerenz begründet werden.

Zum **Hausstand** gehören die mit dem Täter in Hausgemeinschaft lebenden Personen (Hauspersonal, Lehrling, zur Fürsorgeerziehung in eine Familie Überwiesener). Täter ist der den Hausstand Leitende (insbesondere Ehegatten).

7   Eine Person ist iSd Tatbestands der **Gewalt** des Täters **überlassen** worden, wenn sie von diesem mit Willen des Fürsorgepflichtigen in einem bestimmten zeitlichen Umfang beaufsichtigt wird (zB Babysitter).

8   Für das **Dienst- oder Arbeitsverhältnis** ist erforderlich, dass es sich bei der geschützten Person um einen unselbstständigen (vor allem: weisungsgebundenen) Arbeitnehmer handelt. Erfasst werden auch sog. arbeitnehmerähnliche Verhältnisse.

9   III. Tathandlungen sind Quälen, rohes Misshandeln und böswilliges Vernachlässigen der Sorgepflicht.

10 1. **Quälen** ist das Zufügen von Leid oder länger dauernden oder sich wiederholenden Schmerzen (BGHSt 41, 113; BGH NStZ-RR 2007, 304 [306]; StV 2016, 434 f), wobei die typischerweise wiederholten Handlungen den besonderen Unrechtsgehalt der Tat ausmachen. Dabei sind räumliche und situative Zusammenhänge, zeitliche Dichte oder eine sämtliche Einzelakte prägende Gesinnung mögliche Indikatoren (BGH StV 2012, 534 [536 ff]. Das Quälen verlangt weder einen körperlichen Eingriff noch eine gesundheitliche Beeinträchtigung; es genügt eine rein seelische Misshandlung. Exemplarisch: Ein Kind wird durch Erzählungen in Angstzustände versetzt. Eine gefühllose Gesinnung ist für das Quälen nicht erforderlich (hM, s. BGH NJW 2015, 3047 [3048 f] m. zust. Anm. *Engländer*; m.Anm. *Momsen-Pflanz* StV 2016, 440 ff; aA SK-*Wolters* Rn 10). Quälen durch Unterlassen kann dadurch verwirklicht werden, dass die gebotene ärztliche Hilfe durch die Eltern des Kindes nicht veranlasst wird (BGH NStZ-RR 2015, 369 [370].

11 2. Eine **Misshandlung** ist **roh,** wenn sie aus einer gefühllosen, gegen die Leiden des Opfers gleichgültigen Gesinnung heraus erfolgt (BGHSt 25, 277 m.Anm. *Jakobs* NJW 1974, 1829; NK-*Paeffgen* Rn 16; zum Schütteln eines Kleinkindes: BGH NStZ 2007, 405). Der Begriff der Misshandlung entspricht demjenigen in § 223 I (vgl nur NK-*Paeffgen* § 225 Rn 16 mwN; abw. *Hardtung* JuS 2008, 1060 [1061]). Die Gesinnung muss ihren Ausdruck in der Tat finden, so dass die Zufügung erheblicher Schmerzen oder Leiden als Handlungsfolgen erforderlich ist (BGH NStZ 2016, 472).

12 3. Eine der tatbestandlich genannten Sorgepflichten ist **böswillig vernachlässigt,** wenn sie der Täter aus einem verwerflichen Beweggrund (zB Hass, Geiz, Eigennutz, sadistischer Neigung) nicht erfüllt (BGHSt 3, 20). Dies ist zu verneinen, wenn das Handeln oder Unterlassen des Täters nur auf Gleichgültigkeit oder Schwäche beruht (BGH NStZ 1991, 234); anders ist es, wenn die Gleichgültigkeit Ausdruck böswilliger Motive ist (*Fischer* Rn 11). Das verwerfliche Motiv muss sich nicht direkt gegen den Schutzbefohlenen richten. Es reicht aus, wenn der Täter sein „Ich" in den Vordergrund stellt; Eltern vernachlässigen zB ihre Kinder, um ihrem Vergnügen nachzugehen (aA NK-*Paeffgen* Rn 17; S/S-*Stree/Sternberg-Lieben* Rn 14). Einschlägig ist auch das Verwahrlosenlassen von Kindern, wenn es zu Gesundheitsbeeinträchtigungen führt. Fraglich ist jedoch, ob das durch die Vernachlässigung hervorgerufene bloße Verwahrlosen schon eine Gesundheitsschädigung iSd Tatbestands darstellt oder in solchen Fällen vielmehr der § 171 greift (für Ersteres RGSt 76, 371 [373]; L-Kühl-*Kühl* Rn 6; für Letzteres M-*Schroeder/Maiwald* I 10/8; S/S-*Stree/Sternberg-Lieben* Rn 14). Kann nicht festgestellt werden, welcher Elternteil eine Misshandlung zum Nachteil des gemeinsamen Kindes vornahm, kommt in Anwendung des Zweifelssatzes eine Strafbarkeit wegen Unterlassens in Betracht (BGH StV 2016, 431).

IV. Abs. 3 formuliert (konkrete) Gefährdungsqualifikationen, die vom Vorsatz umfasst sein müssen. Fahrlässigkeit iSv § 18 reicht nicht aus (ganz hM, näher § 18 Rn 8 ff). Zu den Gefahren der schweren Gesundheitsschädigung und des Todes vgl § 250 Rn 13 ff, 26; zur Gefahr der erheblichen Schädigung der körperlichen und seelischen Entwicklung vgl § 171 Rn 3. 13

V. Zur Klarstellung des differierenden Unrechts und des (bei rein seelischen Einwirkungen) über §§ 223, 224 hinausgehenden Anwendungsbereichs des § 225 wird von der hM **Tateinheit** zwischen diesen Delikten befürwortet (BGHSt 41, 113; *Hirsch* NStZ 1996, 37; S/S-*Stree/Sternberg-Lieben* Rn 1, 17 mwN). Tateinheit ist auch zwischen den einzelnen Handlungsvarianten anzunehmen (exemplarisch: Misshandlung eines Schutzbefohlenen in Tateinheit mit Verletzung der Fürsorgepflicht für den Fall, dass ein Elternteil es unterlässt, das gemeinsame eheliche Kind von dem anderen Elternteil zu trennen, wenn dieser das Kind misshandelt, BGH FamRZ 2003, 450). Die mehrfachen Misshandlungen eines Schutzbefohlenen werden jedoch nicht allein deswegen zu einer Tat verbunden, weil gleichzeitig eine Verletzung der Fürsorgepflicht nach § 171 gegeben ist (vgl BGH NStZ-RR 2006, 42). 14

§ 226 Schwere Körperverletzung

(1) Hat die Körperverletzung zur Folge, daß die verletzte Person
1. das Sehvermögen auf einem Auge oder beiden Augen, das Gehör, das Sprechvermögen oder die Fortpflanzungsfähigkeit verliert,
2. ein wichtiges Glied des Körpers verliert oder dauernd nicht mehr gebrauchen kann oder
3. in erheblicher Weise dauernd entstellt wird oder in Siechtum, Lähmung oder geistige Krankheit oder Behinderung verfällt,

so ist die Strafe Freiheitsstrafe von einem Jahr bis zu zehn Jahren.

(2) Verursacht der Täter eine der in Absatz 1 bezeichneten Folgen absichtlich oder wissentlich, so ist die Strafe Freiheitsstrafe nicht unter drei Jahren.

(3) In minder schweren Fällen des Absatzes 1 ist auf Freiheitsstrafe von sechs Monaten bis zu fünf Jahren, in minder schweren Fällen des Absatzes 2 auf Freiheitsstrafe von einem Jahr bis zu zehn Jahren zu erkennen.

I. § 226 Abs. 1 ist ein **erfolgsqualifiziertes Delikt,** für das hinsichtlich des tatbestandlichen Erfolgs § 18 gilt (zumindest Fahrlässigkeit, auch dolus eventualis). Grundtatbestand hierzu ist eine vorsätzliche, rechtswidrige und schuldhafte Körperverletzung nach § 223. Sofern der Täter mit dolus directus und Absicht handelt, greift **Abs. 2** als lex specialis ein. 1

II. Von einem **Verlust** der in Abs. 1 **Nr. 1** genannten Fähigkeiten ist auszugehen, wenn das Sehvermögen (zumindest auf einem Auge), das Gehör (insgesamt), das Sprechvermögen oder die Fortpflanzungsfähigkeit dauerhaft (für unabsehbare Zeit) eingebüßt wurde. Bei Sehvermögen und Gehör ist dies der Fall, wenn die Fähigkeit unter 10 Prozent des Normalzustands gesunken ist (OLG Hamm GA 1976, 304; BayObLG NStZ-RR 2004, 264 f). Zu berücksichtigen ist jeweils die Möglichkeit der Heilung durch einen zumutbaren operativen Eingriff. Der Verlust des Sehvermögens auf einem Auge wird jedoch nicht durch das Tragen einer 2

Kontaktlinse und einer Prismenbrille am verletzten Auge kompensiert (BayObLG NStZ-RR 2004, 264 f).

3 **III. Glied** iSv Abs. 1 **Nr. 2** ist jeder Körperteil, der mit einem anderen durch ein Gelenk verbunden ist (hM, BGHSt 28, 100 [101]; MK-*Hardtung* Rn 26; SK-*Wolters* Rn 8 mwN). Nach einer weitergehenden Auslegung sind auch äußere Körperteile, also auch Nase, Ohren usw, Glieder (*Gössel/Dölling* § 13/61). Verbreitet ist ferner eine Definition, der zufolge Glieder Körperteile sind, die eine in sich abgeschlossene Existenz mit besonderer Funktion im Gesamtorganismus haben; Glieder können demnach auch innere Organe sein (OLG Neustadt NJW 1961, 2077; *Otto* BT § 17/6).

4 Als wichtige Glieder werden eingestuft: Daumen (RG GA 1906, 74), oberes Glied des Daumens (RGSt 64, 202), Zeigefinger der rechten Hand (BGH bei *Dallinger* MDR 1953, 597). Verneint für Mittelfinger der linken Hand (RG GA 1905, 91) und den rechten Ringfinger (RGSt 62, 161). Die Wichtigkeit des Körpergliedes bestimmt sich nach hM nach der Bedeutung des Gliedes für den Gesamtorganismus (BGH NJW 1991, 1990; NK-*Paeffgen* Rn 27). Diese Wichtigkeit hat das Reichsgericht und zunächst auch der BGH rein abstrakt, also nach der Wichtigkeit für alle Menschen bestimmt (RGSt 64, 201 [202]; BGH bei *Dallinger* MDR 1953, 596 [597 f]). Eine Ansicht in der Lehre stellt zur Bestimmung der Wichtigkeit auf die individuelle Sicht des Betroffenen ab, wobei insbesondere den beruflichen Besonderheiten Rechnung zu tragen sein soll (L-Kühl-*Kühl* Rn 3; M-*Schroeder/Maiwald* I § 9/21); wichtig ist also auch der kleine Finger beim Geigenvirtuosen. Nach neuerer BGH-Rechtsprechung und einer verbreiteten Ansicht in der Literatur ist die Wichtigkeit grds. abstrakt, aber unter Berücksichtigung der individuellen Körpereigenschaften (zB Linkshändigkeit) und eventueller dauerhafter (Vor-)Schädigungen des Verletzten zu bestimmen (BGHSt 51, 252 ff; BGH NStZ 2007, 702 ff unter Aufgabe der bisherigen Rechtsprechung; zust. S/S-*Stree/Sternberg-Lieben* Rn 2; ausf. *Paeffgen/Grosse-Wilde* HRRS 2007, 363 ff; abl. *Jesse* NStZ 2008, 605 ff). Im letzten Fall stellen daher auch Zehen für einen händelosen Menschen wichtige Körperglieder dar, wenn er diese als Greifwerkzeuge benutzt (BGH NStZ 2007 702 [703]).

5 **Verlust** ist die (völlige) Abtrennung vom Körper. Dem ist der Funktionsverlust (**dauerhaft nicht zu gebrauchen**) – zB durch Versteifung des Gliedes (BGH NJW 2007, 1988 [1989]) – auf unabsehbare Zeit gleichgestellt (vgl StraFO 2014, 125).

6 **IV.** Von einer **dauernden Entstellung** iSv Abs. 1 **Nr. 3 Alt. 1** ist auszugehen, wenn die äußere Gesamterscheinung des Verletzten in ihrer ästhetischen Wirkung derart verändert wird, dass er auf unabsehbare Zeit psychische Nachteile im Verkehr mit seiner Umwelt zu erleiden hat. Diese Wirkung kann auch bei einer bereits vorhandenen Unansehnlichkeit eintreten. Wenn die Entstellung durch (zumutbare) **kosmetische Eingriffe** behoben werden kann, ist sie nicht dauerhaft (LG Berlin NStZ 1993, 286; dazu *Hardtung* JuS 2008, 1060 [1063]). Nicht dauerhaft ist daher auch der Verlust einer durch eine Prothese ersetzbaren Zahnreihe (vgl BGHSt 24, 315: Zahnprothese nach Verlust aller Schneidezähne).

7 Für die **Erheblichkeit** ist ein Vergleich mit den anderen Tatvarianten der Vorschrift maßgebend (BGH StV 1992, 115; NStZ 2006, 686). Exemplarisch: Verletzung des Unterkiefers, Verletzung der Nase (BGH bei *Dallinger* MDR 1957, 267), Verlust eines (größeren Teils des) Ohres (RG LZ 1933, 1339), Narbenbildung am Hals, schlaff herunterhängendes Augenlid, größere Narbe im Gesicht

(BGH NJW 1967, 297; HRRS 2013, Nr. 935; LG Berlin NStZ 1993, 286). Nicht ausreichend sollen Narben und Färbungen der Hand (BGH StV 1992, 115) oder die bloß deutliche Sichtbarkeit einer Narbe sein (BGH StraFo 2007, 428; NJW 2014, 3382 [3384]). Die Entstellung muss nicht stets zu erkennen sein; es reicht aus, wenn sie nur **zeitweilig** (zB beim Baden oder Gehen) **sichtbar** ist (vgl RGSt 39, 419: Verkürzung des Oberschenkels um 3,5 cm).

V. **Verfallen** iSv Abs. 1 **Nr. 3 Alt. 2** liegt vor, wenn der Körper insgesamt in erheblicher Weise chronisch beeinträchtigt wird. Vorübergehende Krankheiten sind nicht ausreichend. 8

Siechtum ist ein chronischer Krankheitszustand ohne absehbare Heilungschance, der den Gesamtorganismus des Verletzten ergreift und ein Schwinden der Körperkräfte zur Folge hat (vgl BGH bei *Dallinger* MDR 1968, 16 [17]: Beeinträchtigung der körperlichen und geistigen Kräfte, die eine Minderung der Erwerbsfähigkeit um 40 % und allgemeine Hinfälligkeit bedingt). 9

Lähmung ist eine erhebliche Beeinträchtigung der Bewegungsfähigkeit eines Körperteils, die den ganzen Körper in Mitleidenschaft zieht. Ausreichend sind etwa die völlige Bewegungslosigkeit des rechten Arms oder eines Kniegelenks (BGH NJW 1988, 2622), die Versteifung des Hüftgelenks, wenn sich der Verletzte nur noch mit Krücken fortbewegen kann. Nicht ausreichend: Bewegungsunfähigkeit einer Hand (BGH NJW 1988, 2622). 10

Als **geistige Krankheiten** kommen exogene und endogene Psychosen in Betracht: Exogene Psychosen beruhen auf hirnorganischen Prozessen (wie zB Paralyse); bei endogenen Psychosen ist die somatische Grundlage der Störung nur postuliert (zB Schizophrenie, manische Depression). 11

Eine **geistige Behinderung** ist eine der Geisteskrankheit an Gewicht gleichstehende Einschränkung der intellektuellen Fähigkeiten. 12

VI. Grunddelikt und Erfolgsqualifikation müssen über die erforderliche Kausalität hinaus dergestalt **zusammenhängen**, dass sich im qualifizierenden Erfolg eine bereits mit der Verwirklichung des Grunddelikts (§ 223) angelegte entsprechende **Gefahr realisiert** (näher NK-*Paeffgen* Rn 7 ff). 13

VII. Ein Versuch des § 226 kommt in zwei Varianten in Betracht: 14

1. Ein Versuch ist zunächst möglich, wenn der Täter die Körperverletzung (§ 223) mit Vorsatz hinsichtlich einer der schweren Folgen des § 226 I begeht, diese Folge aber ausbleibt (BGHSt 21, 194; BGH NStZ 2006, 686, sog. **versuchte Erfolgsqualifikation**). Soweit der Täter hinsichtlich der schweren Folge mit dolus eventualis handelt, ist ein Versuch nach § 226 I gegeben; bei dolus directus oder Absicht hinsichtlich der schweren Folge ist § 226 II versucht. 15

2. Ferner kommt (in seltenen Fällen) ein sog. **erfolgsqualifizierter Versuch** in Betracht, wenn der Täter das Grunddelikt (§ 223) zwar nicht vollendet, aber gleichwohl durch die Versuchshandlung fahrlässig (§ 18) eine schwere Folge iSv § 226 herbeiführt. Dies setzt voraus, dass die körperliche Beeinträchtigung, durch welche die schwere Folge ausgelöst wird, nicht vom Vorsatz des Täters erfasst ist (sonst ist das vorsätzliche Grunddelikt vollendet). Beispiel: A weicht den Schlägen des B aus, verletzt sich beim Sturz und erleidet infolge dieser (vom Vorsatz des Täters nicht erfassten) Verletzung eine Lähmung iSv § 226 I Nr. 3 Alt. 2. 16

VIII. Während der Tötungsvorsatz im Allgemeinen den Vorsatz der Körperverletzung impliziert (BGHSt 16, 122; 21, 265; 22, 248: sog. Einheitstheorie), ist dies 17 hinsichtlich § 226 nicht der Fall. Hier ist die Körperverletzung kein „Durchgangsstadium" der Tötung, sondern eine auf Dauer angelegte Folge, die gerade ein Weiterleben des Opfers voraussetzt. Daher kann der Täter nicht zugleich mit Absicht oder dolus directus hinsichtlich Tötung und schwerer Folge nach § 226 handeln. Anderes gilt nur, wenn der Täter alternativ zur beabsichtigten Tötung eine schwere Folge als sichere Auswirkung seiner Handlung voraussieht (vgl BGH bei *Eisele* JA 2003, 105).

§ 226 a Verstümmelung weiblicher Genitalien

(1) Wer die äußeren Genitalien einer weiblichen Person verstümmelt, wird mit Freiheitsstrafe nicht unter einem Jahr bestraft.

(2) In minder schweren Fällen ist auf Freiheitsstrafe von sechs Monaten bis zu fünf Jahren zu erkennen.

I. Allgemeines

1   Die Vorschrift trat mit dem 47. Gesetz zur Änderung des Strafgesetzbuches am 28.9.2013 in Kraft (BGBl. 2013 I, 3671; bereits befürwortend *Hagemeier/Bülte* JZ 2010, 406 ff; *Hahn* ZRP 2010, 37 ff; zur Gesetzgebungsgeschichte *Zöller/ Thörnich* JA 2014, 167 [168]; *Schramm* Kühl-FS 603 ff; umf. *Sotiriadis* ZIS 2014, 320 ff). Vor Inkrafttreten wurde die Verstümmelung weiblicher Genitalien als gefährliche Körperverletzung von § 224 StGB erfasst.

Zum Schutz der Betroffenen soll die Bekämpfung der Verstümmelung der äußeren weiblichen Genitalien jedoch intensiviert und das Bewusstsein der Öffentlichkeit für das Unrecht, das in jeder Genitalverstümmelung liegt, geschärft werden (BT-Drucks. 17/13707, 1). Geschützt sind Mädchen und Frauen jeden Alters, weshalb der neutrale Begriff der „weiblichen Person" gewählt wurde.

Nicht unproblematisch ist die neue Strafnorm in Bezug auf ihre Verfassungsmäßigkeit. Die Entscheidung des LG Köln vom 7.5.2012 (LG Köln NJW 2012, 2128 f) löste eine intensive Diskussion über die Strafwürdigkeit der Beschneidung von Jungen aus (vgl § 223 Rn 3 mwN), als deren Ergebnis § 1631 d BGB erlassen wurde. Nach dieser Vorschrift kann nunmehr in eine medizinisch nicht notwendige Beschneidung eines männlichen Kindes eingewilligt werden, sofern diese nach den Regeln der ärztlichen Kunst durchgeführt wird und die Beschneidung das Kindeswohl nicht gefährdet. Während bei Mädchen von einer „Verstümmelung" die Rede ist, die zu einem Verbrechen hochgestuft ist, bleibt es für Jungen bei der Bezeichnung „Beschneidung", die unter bestimmten Voraussetzungen straflos ist. Fraglich ist, ob insoweit Art. 3 III S. 1 GG, der jede Benachteiligung bzw Bevorzugung aufgrund des Geschlechts verbietet, bei der Fassung des neuen § 226 a hinreichend berücksichtigt wurde (vgl *Fischer* Rn 4 ff; *Herzberg* ZIS 2014, 56 [59]; *Kraatz* NStZ 2014, 65 [70]; *Ritting* JuS 2014, 499; *Walter* JZ 2012, 1110 ff; *Zöller/Thörnich* JA 2014, 167 [173]). In der Praxis dürfte die Norm Probleme in Bezug auf die Unterscheidung zwischen „Verstümmelung" und weniger einschneidenden Maßnahmen aufwerfen, die wiederum unter die gefährliche Körperverletzung nach § 224 zu subsumieren sind (vgl *Fischer* Rn 7) sowie der Anwendbarkeit deutschen Strafrechts, da es sich oftmals um von Ausländern im Ausland begangene Straftaten handelt (*Zöller* Schünemann-FS 729 [735 ff]).

II. Definitionen und Erläuterungen

1. Tathandlung ist die Verstümmelung der äußeren Genitalien einer weiblichen Person. 2

Die äußeren Genitalien schließen die äußeren Schamlippen, die kleinen Schamlippen, den Scheidenvorhof, die Klitoris samt Klitorisvorhaut ein.

Als Verstümmeln sind alle Handlungen anzusehen, die mit mechanischen Mitteln 3 zu Einbußen an Körpersubstanz im Bereich der äußeren weiblichen Genitalien führen (*Fischer* Rn 11). Damit sollen neben den von der Weltgesundheitsorganisation (WHO) als Klitoridektomie, Exzision und Infibulation typisiert umschriebenen Erscheinungsformen der Beschneidung von Frauen und Mädchen auch sonstige Veränderungen an den weiblichen Genitalien – wie etwa Einschnitte, Ätzungen oder Ausbrennen – erfasst werden (BT-Drucks. 17/13707, 9). Danach reichen die Tathandlungen vom Entfernen von Gewebe aus dem Körper, Entfernung der Klitoris bis zur vollständigen Verschließung der weiblichen Genitalöffnung.

Es muss sich dabei um negative Veränderungen an den äußeren Genitalien von 4 einigem Gewicht handeln. Der Begriff des „Verstümmelns" indiziert ein gewaltsames Vorgehen. Rein kosmetisch motivierte Eingriffe wie Intimpiercings sowie Schönheitsoperationen sollen vom Anwendungsbereich der Strafnorm ausgenommen werden (BT-Drucks. 17/13707, 9).

Durch die Beschränkung auf die äußeren Genitalien, sind medizinische Eingriffe 5 an den inneren Genitalien, insbesondere an den Eierstöcken, Eileitern und der Gebärmutter, von dem Anwendungsbereich ausgenommen (BT-Drucks. 17/13707, 9).

2. Der subjektive Tatbestand erfordert Vorsatz, wobei dolus eventualis ausreichend ist. 6

3. Eine Strafmilderung nach Abs. 2 kommt nur in Fällen in Betracht, in denen 7 das Ausmaß der Verstümmelung nicht wesentlich über das Ergebnis der oben genannten kosmetischen Eingriffe hinausgeht und die körperlichen und psychischen Beschwerden des Opfers wesentlich geringer sind.

III. Konkurrenzen

Der Grundtatbestand des § 223 wird durch die Qualifikation verdrängt. Wegen 8 Verlustes der Fortpflanzungsfähigkeit kann in Einzelfällen tateinheitlich auch eine schwere Körperverletzung gem. § 226 Abs. 1 Nr. 1 verwirklicht sein. Idealkonkurrenz kommt ferner mit versuchten Tötungsdelikten sowie der Klarstellung halber mit Tatvarianten von § 224 in Betracht. Bei einem Handeln der Eltern gegenüber ihrem Kind kann zudem § 225 eingreifen.

§ 227 Körperverletzung mit Todesfolge

(1) Verursacht der Täter durch die Körperverletzung (§§ 223 bis 226 a) den Tod der verletzten Person, so ist die Strafe Freiheitsstrafe nicht unter drei Jahren.

(2) In minder schweren Fällen ist auf Freiheitsstrafe von einem Jahr bis zu zehn Jahren zu erkennen.

1 I. § 227 ist ein **erfolgsqualifiziertes Delikt**, auf das § 18 Anwendung findet. Demnach muss das Grunddelikt (§§ 223-226) vorsätzlich begangen werden und hinsichtlich des Todeserfolgs nach § 227 zumindest Fahrlässigkeit gegeben sein (BGH NStZ 2011 341 [342]; m.Anm. *Jäger* JA 2011, 474; eingehend *Stuckenberg* Jakobs-FS 693 ff).

2 Als Grunddelikt reicht eine Körperverletzung durch **Unterlassen** aus, wenn sich aus dieser bereits eine Lebensgefahr für das Opfer ergibt (BGH bei *Holtz* MDR 1982, 624; NJW 1995, 3194 m. krit. Anm. *Wolters* JR 1996, 471 ff; BGH NStZ 2006, 686; *Ingelfinger* GA 1997, 573 ff; NK-*Paeffgen* Rn 33).

3 Die für die Fahrlässigkeitszurechnung erforderliche **Pflichtwidrigkeit** des Handelns liegt bei § 227 regelmäßig schon in der Verwirklichung des Grunddelikts mit entsprechender Gefahr für das Leben des Opfers. Zu prüfen ist aber stets die (objektive und individuelle) Vorhersehbarkeit des tödlichen Ausgangs (hierzu BGHSt 24, 213 [215]; 51, 18 [21]; BGH NStZ 1982, 27; 1997, 82; 2001, 478 f; JuS 2008, 273 f m.Anm. *Dehne-Niemann* StraFo 2008, 126 ff und *Hardtung* StV 2008, 407 f; vgl auch *Altvater* NStZ 2006, 86 [91]).

4 II. Dem Strafmaß von § 227 (Freiheitsstrafe nicht unter drei Jahren) ist zu entnehmen, dass das Unrecht der Tat erheblich über demjenigen aus einfacher Körperverletzung (§ 223) und fahrlässiger Tötung (§ 222) liegen muss (jeweils Freiheitsstrafe bis zu fünf Jahren bei diesen Delikten). Die **Körperverletzung** muss also schon **lebensbedrohlich** – dh mit einer spezifischen Todesgefahr verbunden – sein (BGHSt 31, 96):

5 1. Nach Ansicht des BGH und eines Teils der Literatur genügt es, wenn der Tod aus der **spezifischen Gefahr** der Körperverletzungs**handlung** (vom Versuch bis zur Vollendung) resultiert (BGHSt 14, 110; 31, 96; *Kostuch*, Versuch und Rücktritt beim erfolgsqualifizierten Delikt, 2004, 120 ff; Überblick bei NK-*Paeffgen* Rn 9 ff). Exemplarisch: Das Opfer duckt sich, um einem Schlag des Täters auszuweichen und stürzt hierbei in einen Abgrund.

6 Weiterhin muss nach diesem Ansatz zwischen der spezifischen lebensbedrohlichen Körperverletzungshandlung und dem Tod ein **unmittelbarer Kausalzusammenhang** bestehen (BGHSt 31, 96 [99] m. Bspr *Maiwald* JuS 1984, 439; BGHSt 32, 25; BGH NStZ 1992, 333 m.Anm. *Puppe* JR 1992, 510; BGH NStZ 1992, 335 m.Anm. *Graul* JR 1992, 342; BGH NJW 1995, 3194; NStZ 1997, 341; NStZ-RR 2007, 76; näher zur Problematik auch *Sowada* Jura 1994, 643). Während die frühere Rspr diesen Unmittelbarkeitszusammenhang verneinte, wenn die Todesfolge direkt auf ein Verhalten des Opfers selbst oder das Eingreifen eines Dritten zurückzuführen war (BGH NJW 1971, 152 [153]), soll es nach neueren Entscheidungen für die Annahme der Unmittelbarkeit ausreichen, wenn das Verhalten des Opfers naheliegend und nachvollziehbar in Hinblick auf den Angriff durch den Täter ist (BGHSt 48, 34 [38] m.Anm. *Hardtung* NStZ 2003, 261 und *Puppe* JR 2003, 123 [„Gubener-Hetzjagd-Fall"]; BGH NStZ-RR 2007, 76 f; StraFo 2008, 219 m.Anm. *Bosch* JA 2008, 547 ff [„Messerstich-Fall"]; JA 2013,

Einwilligung § 228

312 ff m.Anm. *Jäger*; noch weitergehend BGH NStZ 1994, 394: Unmittelbarkeit, obgleich das Opfer eine lebensrettende ärztliche Heilbehandlung verweigert; vgl zur Thematik der psychischen Verletzung mit Todesfolge *Steinberg* JZ 2009, 1053).

2. Nach einer verbreiteten Meinung ist es jedoch erforderlich, dass der Tod aus der **spezifischen Gefährlichkeit** des (vorsätzlich herbeigeführten) Körperverletzungserfolgs resultiert (sog. Letalitätstheorie), also das Opfer etwa infolge einer (vorsätzlich beigebrachten) Schussverletzung stirbt (RGSt 44, 137; *Geilen* Welzel-FS 655 [681]; MK-*Hardtung* Rn 11; LK-*Hirsch* Rn 4 f; *Mitsch* Jura 1993, 18; S/S/W-*Momsen* Rn 10 ff; *Puppe* NStZ 1983, 22; *Roxin* I § 10/115 f). 7

3. Teilweise wird auch **Leichtfertigkeit** hinsichtlich des Todes bei der Körperverletzung verlangt (NK-*Paeffgen* § 226 Rn 17). 8

III. Ein **erfolgsqualifizierter Versuch** – dh ein Versuch des Grunddelikts führt auf andere Weise als über den vom Täter vorgestellten Körperverletzungserfolg zum Tod des Opfers – kommt nur in Betracht, wenn man für den Gefahrzusammenhang zwischen Grunddelikt und Todesfolge auf die Gefährlichkeit der Körperverletzungshandlung (Rn 5, BGHSt 48, 34), und nicht (wie die Letalitätstheorie, Rn 7) auf die Gefährlichkeit des (vorsätzlich herbeigeführten) Körperverletzungserfolgs abstellt. 9

Fälle einer versuchten Erfolgsqualifikation – dh der bei der Körperverletzung zumindest mit dolus eventualis vorgestellte Todeserfolg tritt nicht ein – haben bei § 227 keine eigenständige Bedeutung, da sie unter das schwerere Delikt des versuchten Totschlags (§§ 212, 22 f) bzw Mordes (§§ 211, 22 f) fallen. 10

IV. **Konkurrenzen:** § 30 I Nr. 3 BtMG in der Tatvariante des Verabreichens von Betäubungsmitteln mit Todesfolge steht zu § 227 I nicht im Verhältnis privilegierender Spezialität (BGH JuS 2004, 350). Eine gefährliche Körperverletzung nach § 224 kann von § 227 konsumiert werden (BGH NStZ-RR 2007, 76 [77]). 11

§ 228 Einwilligung

Wer eine Körperverletzung mit Einwilligung der verletzten Person vornimmt, handelt nur dann rechtswidrig, wenn die Tat trotz der Einwilligung gegen die guten Sitten verstößt.

I. **Einwilligungsberechtigt** ist grds. das Opfer. **Voraussetzung** sind natürliche Einsichts- und Urteilsfähigkeit (vgl BGH NStZ 2000, 87; BayObLG NJW 1999, 372), keine zivilrechtliche Geschäftsfähigkeit. Bei fehlender Einwilligungsfähigkeit ist der gesetzliche Vertreter zuständig. 1

Falls – zB bei einem erforderlichen ärztlichen Heileingriff – die Einwilligung des Betroffenen (bzw die seines Vertreters) nicht eingeholt werden kann, kommt eine mutmaßliche Einwilligung (Vor § 32 Rn 51 ff; vgl auch *Puppe* § 11/9 ff) in Betracht. Für diese ist allerdings nur insoweit Raum, als der Einwilligungsberechtigte nicht bereits eindeutig seinen Willen erklärt hat. Der Meinung von (nicht einwilligungsberechtigten) Angehörigen kommt nur Bedeutung für die Ermittlung des mutmaßlichen Willens des Betroffenen zu. 2

II. Die Einwilligung ist nur **wirksam**, wenn sie frei von Willensmängeln ist. Dies setzt zum einen (negativ) das Fehlen von (nötigendem) Zwang und Irrtum, zum 3 anderen (positiv) hinreichende Urteilsfähigkeit und Einsicht in die Tragweite der Entscheidung voraus (instruktiv zu Einwilligungen in nicht indizierte Körperverletzungen *Schroth* Volk-FS 719 ff).

4 ■ Nach der Rspr führen Täuschung, Drohung oder Erklärungsirrtum stets zur Unwirksamkeit der Einwilligung (BGHSt 4, 113; 16, 309; BGH NJW 1998, 1784; zust. LK-*Rönnau* Vor § 32 Rn 199, sofern der Willensmangel dem Täter zuzurechnen ist).

5 ■ Nach verbreiteter Lehre soll dagegen ein **Irrtum** nur beachtlich sein, wenn er **rechtsgutsbezogen** ist, also Inhalt und Umfang der Verletzung betrifft. Nicht ausreichend soll dagegen ein bloßer Motivirrtum (zB hinsichtlich der Behandlungskosten und ihrer Erstattungsfähigkeit) sein (vgl *Arzt*, Willensmängel bei der Einwilligung, 1970, 15; S/S-*Lenckner/Sternberg-Lieben* Vor § 32 Rn 46; *Tag*, Der Körperverletzungstatbestand im Spannungsfeld zwischen Patientenautonomie und Lex artis 2000, 383; vermittelnd L-*Kühl*-*Kühl* Rn 8 mwN).

6 Die Einwilligung bedarf **keiner Form**, muss aber unmissverständlich (verbal, gestisch etc.) zum Ausdruck kommen.

7 Eine Einwilligung kann **jederzeit widerrufen** werden. In diesem Fall gelten die für die Wirksamkeit der Einwilligung erforderlichen Bedingungen auch für die Wirksamkeit des Widerrufs (zB kein ersichtlich nur vorübergehendes Angstgefühl).

8 III. Die **ärztliche Heilbehandlung** setzt grds. eine hinreichende ärztliche Aufklärung voraus, um dem Patienten Art, Bedeutung und Tragweite des Eingriffs in seinen Grundzügen erkennbar zu machen und ihm so eine Abschätzung von Für und Wider des Eingriffs zu ermöglichen (BVerfG NJW 1979, 1925 [1929]; BGH NJW 2011, 1088 [1089] „Zitronensaftfall" mwN; *Kraatz* NStZ-RR 2015, 97 ff; *Sowada* NStZ 2012, 1 [3 ff]; *Tag*, Der Körperverletzungstatbestand im Spannungsfeld zwischen Patientenautonomie und Lex artis, 2000, 335 ff; zur Aufklärungspflicht bei Außenseitermethoden *Hardtung* NStZ 2011, 635 ff; *Schiemann* NJW 2011, 1046 ff). Wird dem Arzt die Therapiewahl überlassen, so ist auch die Anwendung einer nicht allgemein anerkannten Heilmethode nicht ausgeschlossen; auf die Verwendung der Methode und die Tatsache, dass es sich eben nicht um medizinischen Standard handelt, ist der Patient hinzuweisen (BGH NJW 2011, 1088 [1089]; NJW 2013, 1688 ff). Bei mehreren (aufeinanderfolgenden) Eingriffen, ist der Patient – soweit tatsächlich möglich – über die Risiken eines jeden Eingriffs oder eine Änderung in der Behandlungsmethode gesondert aufzuklären; eine Fortwirkung der Wirksamkeit der Einwilligung findet ohne eine solche Aufklärung nicht statt (vgl BGH NJW 2011, 1088 [1090]).

9 Eine Aufklärung ist entbehrlich, wenn der Betroffene bereits hinreichend informiert ist oder wenn er auf sie unmissverständlich verzichtet. Des Weiteren kann die ärztliche Aufklärungspflicht (ausnahmsweise) aufgrund des Fürsorgeprinzips eingeschränkt sein oder entfallen, wenn sich aus der Aufklärung eine Gefährdung des Patienten ergibt, die schwerwiegender ist als die Beeinträchtigung seines Selbstbestimmungsrechts.

10 IV. Eine **Körperverletzung verstößt** gegen die **guten Sitten** iSv § 228 und ist daher trotz Einwilligung rechtswidrig, wenn sie dem Anstandsgefühl aller billig und gerecht Denkenden widerspricht, wobei Art, Umfang und Zweck des Eingriffs zu berücksichtigen sind. Die Körperverletzung wird jedenfalls dann als sittenwidrig bewertet, wenn bei objektiver Betrachtung unter Einbeziehung aller maßgebli-

chen Umständen die einwilligende Person durch die Handlung in konkrete Todesgefahr gebracht wird (BGHSt 49, 34 [41] m. teilweise zust. Anm. *Mosbacher* JR 2004, 390 f und abl. Anm. *Sternberg-Lieben* JuS 2004, 954 ff; m. Bspr *Duttge* NJW 2005, 260 ff und *Trüg* JA 2004, 597 ff; BGHSt 49, 166 [173 f]; 53, 55 [62 f]; *Kühl* Jakobs-FS 293 [300]; *Roxin* I § 13/37 ff; zur allgemeinen Bestimmung der Sittenwidrigkeit vgl *Bott* JA 2009, 421 [422 ff]). Bei tätlichen Auseinandersetzungen zwischen rivalisierenden Gruppen ist die typischerweise mit derartigen Handlungen verbundene Eskalationsgefahr zu berücksichtigen. Fehlen dabei das Gefährlichkeitspotenzial begrenzende Absprachen und effektive Sicherungen für deren Einhaltung, liegt selbst dann ein Verstoß gegen die guten Sitten vor, wenn mit den einzelnen Körperverletzungen keine konkrete Todesgefahr verbunden war (BGHSt 58, 140 ff m.Anm. *Jahn* JuS 2013, 945 ff; krit. *Sternberg-Lieben* JZ 2013, 953 ff und *Theile* Beulke-FS 557 ff; OLG München NStZ 2014, 706 ff). Bei tateinheitlichem Zusammentreffen von Körperverletzungstaten und Beteiligung an einer Schlägerei, führt die Verwirklichung des Tatbestandes des § 231 zur Annahme der Sittenwidrigkeit der Körperverletzung iSv § 228 (BGH NJW 2015, 1540 [1543 f] m. abl. Anm. *Mitsch; Zabel* JR 2015, 619 ff). Zur Sittenwidrigkeit der Einwilligung in Dopingspritzen *Kühl* Schroeder-FS 521 [525]; *Sternberg-Lieben* ZIS 2011, 583 ff; abl. *Bottke* Kohlmann-FS 85 [102 f]; näher S/S/W-*Momsen* Rn 9 ff und *Schild*, Sportstrafrecht, 2002, 151 ff; zu sadomasochistischen Praktiken vgl BGHSt 49, 166, 169 ff m.Anm. *Arzt* JZ 2005, 103 f, *Duttge* NJW 2005, 260 ff, *Gropp* ZJS 2012, 602; *Jakobs* Schroeder-FS 507 [511 ff]; zur freiwilligen Amputation von gesunden Körperteilen und zu weiteren Beispielen *Nitschmann* ZStW 119, 547 ff. Die **Einwilligung selbst** kann auf sittenwidrigen Motiven beruhen (vgl BGHSt 4, 88 [91]; MK-*Hardtung* Rn 15; vgl auch NK-*Paeffgen* Rn 34).

Nach einer verbreiteten Gegenansicht soll für die Sittenwidrigkeit der Körperverletzung primär das Gewicht des tatbestandlichen Rechtsguteingriffs maßgeblich sein. Dementsprechend sei die Einwilligung (erst) bei Verletzungen mit einem Schweregrad iSv § 226 ausgeschlossen (vgl *Arzt*, Willensmängel bei der Einwilligung, 1970, 36 ff; *Gaede* ZIS 2014, 489 ff; *Hirsch* Welzel-FS 775 [798 f]; *Jakobs* 14/9; *Otto* Geerds-FS 603 [618 ff]; *Weigend* ZStW 98, 44 [64 f]). 11

V. Bei der wirksamen Einwilligung entfällt das Unrecht einer Körperverletzung. Entsprechend erfasst die Einwilligung in ein Verletzungsrisiko auch alle Körperverletzungserfolge, die adäquat aus dem bewusst eingegangenen Risiko resultieren. Soweit das bewusst eingegangene Risiko auch eine **Lebensgefahr** umfasst, stellt sich die Frage, inwieweit die **Einwilligungssperre des** § 216 eingreift: 12

1. Die Rspr hält wegen § 216 eine Einwilligung in Lebensgefahren grds. für **irrelevant** (BGHSt 4, 88 [93]; *Jescheck/Weigend* § 56 II 3; vgl auch BGHSt 49, 34 [44]; 49, 166 [171 ff]), verneint jedoch unter bestimmten Bedingungen § 222, wenn das Opfer die Gefahr erkannt hat und der Täter seiner allgemeinen Sorgfaltspflicht nachgekommen ist („klassisch" RGSt 57, 172: Fährmann setzt einen ihn bedrängenden und über die Risiken aufgeklärten Fahrgast bei stürmischem Wetter widerwillig über die Memel; das Boot kentert, der Fahrgast ertrinkt). In BGHSt 7, 112 (114 f) wird die Annahme einer Sorgfaltspflichtverletzung von einer auf die konkreten Umstände der Tat abstellenden Einzelfallbewertung abhängig gemacht, bei der u.a. zu berücksichtigen seien: die zutreffende Einschätzung der Gefahr, die Größe der Gefahr, die getroffenen Vorsichtsmaßnahmen, Anlass und Zweck des Unternehmens und das Maß der Sorglosigkeit. 13

14 2. In der Literatur wird teilweise die Auffassung vertreten, dass § 216 die Einwilligung in Fremdgefährdungen (mit Lebensgefahr) nicht sperre, wenn die einverständliche Fremdgefährdung unter allen relevanten Aspekten einer **Selbstgefährdung gleichsteht** (*Roxin* I § 11/107; abl. *Walter* NStZ 2013, 673 ff). Dies sei der Fall, wenn der Schaden allein aus dem eingegangenen Risiko resultiert und der Gefährdete für das gemeinsame Tun dieselbe Verantwortung trägt wie der Gefährdende. Exemplarisch: Ein Beifahrer drängt den Fahrer zu einer Geschwindigkeitsübertretung, weil er einen Termin wahrnehmen will; es kommt zu einem für den Beifahrer tödlichen Unfall (vgl auch OLG Zweibrücken JR 1994, 518; *Otto* Tröndle-FS 157 [169 ff]).

15 3. Nach anderer Ansicht sperrt § 216 **nur** die Einwilligung in **vorsätzliche Tötungshandlungen**, nicht aber die Einwilligung in Sorgfaltspflichtverletzungen, selbst wenn diese die mangelnde Vermeidbarkeit einer Todesfolge betrifft (S/S-*Lenckner/Sternberg-Lieben* Vor § 32 Rn 104 mwN; vgl auch Vor § 13 Rn 225).

16 4. Ungeachtet der Frage nach der Reichweite der Einwilligung ist deren Wirksamkeit unter dem Aspekt einer möglichen Sittenwidrigkeit zu prüfen (zum sog. Autosurfen, dem Liegen auf dem Dach eines fahrenden Pkw, vgl OLG Düsseldorf NStZ-RR 1997, 325; LG Mönchengladbach NStZ-RR 1997, 169 [170]; *Saal* NZV 1998, 49; zum Verabreichen illegaler Betäubungsmittel vgl BGHSt 49, 34 [42 ff] m.Anm. *Mosbacher* JR 2004, 390 f, *Sternberg-Lieben* JuS 2004, 954 ff und Bspr *Duttge* NJW 2005, 260 ff und *Trüg* JA 2004, 597 ff; *Kühl* Schroeder-FS 521 [526 ff]). Die Einwilligung in Trunkenheitsfahrten ist im Regelfall nicht sittenwidrig (vgl BayObLG JR 1978, 296 [297]; OLG Zweibrücken VRS 30, 284).

17 VI. § 228 gilt nach ganz hM **nur für Körperverletzungsdelikte** und lässt sich nicht als allgemeiner Grundsatz auf andere Delikte übertragen.

§ 229 Fahrlässige Körperverletzung

Wer durch Fahrlässigkeit die Körperverletzung einer anderen Person verursacht, wird mit Freiheitsstrafe bis zu drei Jahren oder mit Geldstrafe bestraft.

1 Der Täter muss eine körperliche Misshandlung und/oder eine Gesundheitsschädigung des Opfers iSv § 223 durch Begehen verursacht oder durch pflichtwidriges Unterlassen nicht verhindert haben. Anzuwenden sind die Regeln der objektiven Zurechnung für fahrlässiges Verhalten (Vor § 13 Rn 101 ff, § 15 Rn 58 ff).

§ 230 Strafantrag

(1) ¹Die vorsätzliche Körperverletzung nach § 223 und die fahrlässige Körperverletzung nach § 229 werden nur auf Antrag verfolgt, es sei denn, daß die Strafverfolgungsbehörde wegen des besonderen öffentlichen Interesses an der Strafverfolgung ein Einschreiten von Amts wegen für geboten hält. ²Stirbt die verletzte Person, so geht bei vorsätzlicher Körperverletzung das Antragsrecht nach § 77 Abs. 2 auf die Angehörigen über.

(2) ¹Ist die Tat gegen einen Amtsträger, einen für den öffentlichen Dienst besonders Verpflichteten oder einen Soldaten der Bundeswehr während der Ausübung seines Dienstes oder in Beziehung auf seinen Dienst begangen, so wird sie auch auf Antrag des Dienstvorgesetzten verfolgt. ²Dasselbe gilt für Träger von Ämtern der Kirchen und anderen Religionsgesellschaften des öffentlichen Rechts.

Das öffentliche Strafverfolgungsinteresse gem. Abs. 1 kann durch Verfolgungshandlungen bzw durch den Schlussvortrag des Staatsanwalts auch konkludent bejaht werden (OLG Düsseldorf OLGSt StGB § 230 Nr. 9). Ebenso möglich ist auch die Verneinung desselben durch Rücknahme der Erklärung. Dies kann auch noch im Revisionsverfahren geschehen (OLG Düsseldorf StraFo 2003, 218; *Hardtung* JuS 2008, 960 [961]). 1

§ 231 Beteiligung an einer Schlägerei

(1) Wer sich an einer Schlägerei oder an einem von mehreren verübten Angriff beteiligt, wird schon wegen dieser Beteiligung mit Freiheitsstrafe bis zu drei Jahren oder mit Geldstrafe bestraft, wenn durch die Schlägerei oder den Angriff der Tod eines Menschen oder eine schwere Körperverletzung (§ 226) verursacht worden ist.

(2) Nach Absatz 1 ist nicht strafbar, wer an der Schlägerei oder dem Angriff beteiligt war, ohne daß ihm dies vorzuwerfen ist.

I. § 231 ist ein **abstraktes Gefährdungsdelikt**, das auf die generelle Gefährlichkeit von Schlägereien für Leib oder Leben abstellt. Die schwere Folge, die sich unmittelbar aus der Schlägerei oder dem Angriff ergeben muss, ist eine **objektive Bedingung** der Strafbarkeit, auf die sich der Vorsatz nicht zu beziehen braucht (näher zur Vorschrift *Hardtung* JuS 2008, 1060 [1063 f]; *Henke* Jura 1985, 585; *Stree* Schmitt-FS 215; *Wagner* JuS 1995, 296). Im **Gutachten** empfiehlt es sich, die Tatbestandsmerkmale der Beteiligung an einer Schlägerei in folgenden Schritten zu prüfen: 1

A) Tatbestand:
 I. Objektiver Tatbestand:
  1. Schlägerei oder Angriff (Rn 2, 6)
  2. Beteiligung (Rn 3 ff)
 II. Subjektiver Tatbestand:
  Vorsatz bzgl des objektiven Tatbestands (Rn 12)
 III. Objektive Strafbarkeitsbedingung:
  1. Tod oder schwere Verletzung (§ 226) eines Menschen (Rn 9)
  2. (Unmittelbare) Verursachung durch die Schlägerei/den Angriff (Rn 10 f)
B) Rechtswidrigkeit
C) Schuld

II. **Schlägerei** ist ein tätlicher Streit mit gegenseitigen Körperverletzungen zwischen mindestens drei Personen (BGHSt 15, 369; 31, 124 [125]; MK-*Hohmann* Rn 6). Wechselseitige Körperverletzungen zwischen zwei Personen werden zu einer Schlägerei, wenn ein Dritter hinzukommt und mit Tätlichkeiten gegen einen der Streitenden beginnt (BGH GA 1960, 213). Der tätliche Streit verliert 2 seinen Charakter als Schlägerei, wenn nur noch zwei Personen in die Auseinandersetzung verwickelt sind, nachdem sich der bzw die anderen Beteiligten entfernt haben (BGHSt 14, 132 [135]; BGH NStZ 2014, 147 ff).

3 Abs. 2 stellt klar, dass **nur derjenige Beteiligte strafbar** ist, der selbst vorwerfbar (vorsätzlich, rechtswidrig, schuldhaft) in die Schlägerei verwickelt ist (BGHSt 15, 369 [370 f]; LK-*Hirsch* Rn 16). Dagegen ist es für die Tatbestandsverwirklichung eines schuldhaft Beteiligten nicht erforderlich, dass auch die anderen Beteiligten schuldhaft handeln. Der Begriff der Schlägerei setzt also **keine schuldhafte Beteiligung aller** (also noch nicht einmal von nur drei Mitwirkenden) voraus (BGHSt 15, 369 [370]).

4 Wer nur in **Schutzwehr** einen rechtswidrigen Angriff abwehrt, ist erst gar nicht Beteiligter an der Schlägerei. Wer dagegen in **Trutzwehr** zu Tätlichkeiten übergeht, ist, solange er sich im Rahmen der Notwehr bewegt, zwar schuldlos Beteiligter, aber gleichwohl Beteiligter iSe Schlägerei (BGHSt 15, 369 [370 f]).

5 Ein an einer Schlägerei schuldhaft Beteiligter kann wegen **einzelner Abwehrmaßnahmen** in **Notwehr** handeln (zB bei einem plötzlichen Angriff mit einem Messer). Die strafbare Beteiligung an der Schlägerei im Allgemeinen wird hierdurch **nicht berührt** (vgl S/S-*Stree/Sternberg-Lieben* Rn 10). Ein Beteiligter kann demnach auch dann nach § 231 strafbar sein, wenn er im Rahmen einer Schlägerei in Notwehr einen Angreifer tötet oder (iSv § 226) schwer verletzt; auch die in Notwehr verursachte Tatfolge ist objektive Bedingung der Strafbarkeit und begründet damit die Strafe des (hinsichtlich dieses Aktes) in Notwehr handelnden Beteiligten (BGHSt 39, 305 [307 f]).

6 III. Unter einem **von mehreren verübten Angriff** ist ein unmittelbar auf die körperliche Verletzung eines anderen bezogenes Verhalten von mindestens zwei Personen zu verstehen (BGHSt 31, 124 [126]; 33, 100 [102]; MK-*Hohmann* Rn 9). Anders als die Schlägerei verlangt der Angriff keine gegenseitigen Tätlichkeiten. Schuldhafte Beteiligung ist auch hier keine Voraussetzung des Angriffs, sondern nur der Strafbarkeit (Rn 3).

7 Für den Angriff von mehreren ist **Einheitlichkeit des Angriffs**, des Angriffsgegenstands und des Angriffswillens erforderlich (BGHSt 2, 160 [163]); gemeinschaftliches Handeln als Mittäter ist nicht notwendig (BGHSt 31, 124 [127]; 33, 100 [102]).

8 IV. Der Begriff der „Beteiligung an einer Schlägerei" iSd § 231 ist **untechnisch** (also nicht iSd § 28 II) zu verstehen, so dass ein eigener Anwendungsbereich für eine Teilnehmerstrafbarkeit verbleibt (zur problematischen Abgrenzung zu täterschaftlichem Handeln vgl *Zopfs* Puppe-FS 1323 f mwN). **Beteiligung** setzt Anwesenheit am Tatort und physische Mitwirkung an den gegen andere gerichteten Tätlichkeiten voraus (*Fischer* Rn 8; L-Kühl-*Kühl* Rn 3; *Schroeder* JuS 2002, 139). Für die Mitwirkung reicht aktive Anteilnahme aus, die sich im Anfeuern der Streitenden oder im Abhalten von Hilfe erschöpfen kann (BGHSt 15, 369 [371]). Kein Beteiligter ist, wer nur zuschaut, Verletzten hilft oder den Streit zu schlichten sucht.

9 V. Die **schwere Folge** kann auch bei einem Unbeteiligten (Zuschauer, herbeigerufenem Polizeibeamten usw) eintreten (vgl BGH NJW 1961, 1732). Ferner kann die Tatfolge auch durch einen rechtmäßigen (zB durch Notwehr gerechtfertigten) oder schuldlosen Einzelakt verursacht sein (BGHSt 33, 100; 39, 305 m.Anm. *Stree* JR 1994, 370). Es reicht demnach für die Strafschärfung der Beteiligung aus, wenn einer der Angreifer vom Angegriffenen in Notwehr getötet oder (iSv

§ 226) schwer verletzt wird (BGHSt 33, 100 [104]; *Stree* Schmitt-FS 224 ff; abl. *Günther* JZ 1985, 585 [586 f]).

VI. Zwischen den Beiträgen des einzelnen Beteiligten zur Schlägerei (zum Angriff) und dem Tod des Opfers bzw der schweren Körperverletzung ist **keine Kausalität** erforderlich (abstrakte Gefährdung). Notwendig ist nur, dass die Tatfolge unmittelbar durch die Schlägerei oder den Angriff – gleichgültig durch welchen Akt – verursacht wird (BGHSt 14, 132; 16, 130 [132]; *Hardtung* JuS 2008, 1060 [1064]). Nicht ausreichend ist es, wenn sich in der schweren Folge keine gerade durch die Schlägerei gesetzte Gefahr realisiert (zB ein bei der Schlägerei Verletzter stirbt auf dem Weg ins Krankenhaus infolge eines Verkehrsunfalls des Rettungswagens).

Nach hM ist es für die Strafbarkeit eines Beteiligten unerheblich, ob die Ursache für die schwere Folge **vor, während oder nach seiner Beteiligung** gesetzt worden ist (BGHSt 14, 132; 16, 130). Anderes soll nur gelten, wenn das Geschehen vor oder nach der Mitwirkung des Beteiligten noch nicht oder nicht mehr die Voraussetzungen einer Schlägerei erfüllt (OLG Köln NJW 1962, 1688). Teilweise wird eine Strafbarkeit bei Beteiligung nach dem Verursachungszeitpunkt verneint (*Eisele* BT I Rn 422; L-Kühl-*Kühl* Rn 5; *Otto* BT § 23/6; S/S-*Stree/Sternberg-Lieben* Rn 9; SK-*Wolters* Rn 8), teilweise eine Strafbarkeit von einer Beteiligung zum Verursachungszeitpunkt abhängig gemacht (*Binding* I 78; *Welzel* 297).

VII. Der **Vorsatz** muss sich nur auf die Tat, dh die Voraussetzungen der Schlägerei oder des Angriffs, richten. Die schwere Folge muss als objektive Bedingung der Strafbarkeit nach hM für den Einzelnen noch nicht einmal vorhersehbar gewesen sein (BGH MDR 1954, 371; L-Kühl-*Kühl* Rn 5; aA LK-*Hirsch* Rn 14).

VIII. Der für den Tod Verantwortliche kann, je nach den Umständen des konkreten Falles, über § 231 hinaus nach §§ 226, 227 oder nach §§ 212, 211 zu bestrafen sein.

Achtzehnter Abschnitt Straftaten gegen die persönliche Freiheit

Vorbemerkung zu den §§ 232–241 a

Das StGB fasst im 18. Abschnitt eine Reihe von Delikten zusammen, die allein oder vorrangig dem Schutz elementarer persönlicher Freiheiten (zu Systematik und Begriff *Schroeder* JuS 2009, 14 ff) dienen. Kennzeichnend für diese Delikte sind vor allem die Art und Weise, in welcher auf das Opfer freiheitsbeeinträchtigend eingewirkt wird: Zwangsmittel sind Gewalt und Drohung, bei manchen Delikten auch List.

I. List

List ist ein Verhalten, mit dem der Täter sein Ziel unter geschicktem Verbergen der wahren Zwecke oder Mittel verfolgt (BGHSt 32, 267 [269]; BGH NStZ 1996, 276 [277]; *Bohnert* GA 1978, 353 ff; MK-*Wieck-Noodt* § 234 Rn 37 mwN; nach *Krack*, List als Straftatbestandsmerkmal, 1994, 25 ff, ist weitergehend auch ein Irrtum des Überlisteten erforderlich). Exemplarisch: Einladung zu einer Autofahrt oder Vorspiegeln einer besonders günstigen Situation (zum Handeln für das Ministerium für Staatssicherheit der DDR vgl BGH NJW 1997, 2609).

II. Gewalt

3   1. Der **Gewaltbegriff** ist im Grundsatz wie auch im Detail umstritten:

4   a) Nach heutiger **Rspr** ist Gewalt zu definieren als körperlich wirkender Zwang durch die Entfaltung von Kraft oder durch sonstige physische Einwirkung, die nach ihrer Intensität und Wirkungsweise dazu geeignet ist, die freie Willensentschließung oder Willensbetätigung eines anderen zu beeinträchtigen (vgl BGH NJW 1995, 2862; OLG Karlsruhe NJW 1996, 1551; OLG Köln NJW 1996, 472; OLG Stuttgart NJW 1995, 2647).

5   Die Auslegung des Gewaltbegriffs durch die Rspr war jedoch im Laufe der Zeit erheblichen **Wandlungen** unterworfen (zur Begriffsentwicklung *Geppert* Jura 2006, 31 [33 ff]; *Huhn*, Nötigende Gewalt mit und gegen Sachen, 2007, 36 ff; *Sinn* JuS 2009, 577 [580 ff]; *Swoboda* JuS 2008, 862 f).

6   aa) Zunächst wurde auf die Aufwendung körperlicher Kraft und auf eine gewisse physische Zwangswirkung beim Opfer abgestellt: Gewalt wurde als Einwirkung auf einen anderen unter Anwendung körperlicher Kraft zur Beseitigung eines zumindest erwarteten Widerstands definiert (RGSt 56, 87 [88]; 73, 343 [344]). Eine unmittelbare Einwirkung auf den Körper des Opfers wurde nicht verlangt, sofern nur das Täterhandeln vom Opfer (auch) als körperlicher Zwang empfunden wurde (RGSt 27, 405 [406]; 45, 153 [156]; BGHSt 23, 126 [127 f]; 37, 350 [353]; OLG Köln NStZ-RR 2006, 280). Auch Einwirkungen auf Sachen oder dritte Personen wurden für einschlägig erachtet, wenn sie sich mittelbar gegen das Opfer zur Überwindung seines Widerstands richteten (RGSt 7, 269 [271]; 27, 405; 60, 157 f).

7   bb) In der Folgezeit trat die Bedeutung der körperlichen Kraftentfaltung für den Gewaltbegriff in den Hintergrund (Tendenz zum sog. **vergeistigten Gewaltbegriff**; maßgeblich u.a. BGHSt 16, 341 [343]; 20, 194 [195]; 37, 350 [352 f]; 41, 182 [185]; BGHR § 249 Abs. 1 Gewalt 6; gegen eine völlige Preisgabe des Merkmals der körperlichen Kraftentfaltung jedoch BGH StV 1990, 262; BGHR § 249 Abs. 1 Gewalt 2). Verhaltensweisen wie der Gebrauch einer Schusswaffe, die Verwendung eines Narkosemittels (Gewaltanwendung noch verneinend RGSt 72, 349 [351]; anders dann BGHSt 1, 145 [147 f]) oder das Einsperren des Opfers verlangen keine besondere Körperkraft, werden jedoch als Gewaltanwendung angesehen (RGSt 13, 49 [50 f]; 73, 343 [344 f]). Für erforderlich wird jedoch weiterhin die körperliche Zwangswirkung beim Opfer gehalten (BGHSt 19, 263 [265]; 23, 126; 41, 182 [185]; nach BGHSt 23, 46 [54] soll dagegen psychisches Zwangsempfinden ausreichen; nach OLG Köln StV 1985, 371 [372] und StV 1985, 457 soll der Zwang „wie körperlich" und damit eben nicht „körperlich" wirken). Allerdings muss diese Zwangswirkung vom Opfer nicht notwendig wahrgenommen werden (vgl BGHSt 4, 210 [212]; 25, 237 [238]: Gewalt gegen Bewusstlose).

8   cc) In seiner 1995 ergangenen Grundsatzentscheidung zur Gewaltanwendung bei sog. „gewaltfreien" Protestaktionen hält das BVerfG in Abkehr von seiner früheren Rechtsprechung (vgl BVerfGE 73, 206 [239 ff, 242 ff]; 76, 211 [216]) die körperliche Kraftentfaltung für ein Wesensmerkmal der Gewalt (BVerfGE 92, 1 ff m. krit. Anm. von *Altvater* NStZ 1995, 278 und *Amelung* NJW 1995, 2584;

Minderheitsvotum BVerfGE 92, 1 [20 ff]; vgl ferner OLG Frankfurt StV 2006, 244 [245 ff] m. Bspr *Jahn* JuS 2006, 943 ff; *Priester* Bemmann-FS 362 ff; *Rheinländer* Bemmann-FS 387 ff; instruktiv *Zöller* GA 2011, 147 ff): Da bereits im Begriff der Nötigung ein Zwangsmoment enthalten sei, müsse Gewalt als bestimmtes Nötigungsmittel mehr als bloße Zwangsausübung sein.

Hinsichtlich „gewaltloser" **Demonstrationen** ist daher zu beachten, dass nur die Ausübung psychischen Zwanges nicht als Gewalt anzusehen sein soll. Gewalt soll dagegen vorliegen, wenn der Täter ein physisches Hindernis errichtet, indem er sich zB ankettet oder Fahrzeuge auf der Fahrbahn abstellt. Gleiches soll gelten, wenn durch eine Sitzblockade anhaltende Fahrzeuge eine physische Barriere für andere Fahrzeuge bilden und diese so an der Weiterfahrt hindern (BVerfG NJW 2002, 1031 [1032] mit insoweit abw. Sondervotum *Jaeger* und *Bryde* NJW 2002, 1037; m. Bspr *Sinn* NJW 2002, 1024 f; BVerfG StraFo 2011, 180 m. krit. Bspr *Sinn* ZJS 2011, 283 ff; vgl ferner BGHSt 41, 182; BGH NJW 1985, 2862); die sitzenden Demonstranten sind sodann mittelbare Täter einer Nötigung). Es kommt jedoch eine Rechtfertigung in Betracht, soweit die Demonstranten im Rahmen des Grundrechts auf Versammlungsfreiheit (Art. 8 I GG) handeln. Auch ist die Gewaltanwendung unter diesen Umständen nicht zwangsläufig verwerflich iSv § 240 II; Fernziele sind unter diesen Umständen zu berücksichtigen (vgl § 240 Rn 44 und 57; zu dieser Thematik BVerfG StraFo 2011, 180 ff m.Anm. *Jahn* JuS 2011, 563; zust. *Sinn* ZJS 2011, 283 [287]). 9

b) Die Definitionsvorschläge im **Schrifttum** reichen von rein normativen Interpretationen bis hin zu restriktiven Begrenzungen der Gewalt auf intensive Eingriffe (unter Kraftentfaltung) in den Schutzbereich des Opfers (krit. Überblick bei *Huhn*, Nötigende Gewalt mit und gegen Sachen, 2007, 52 ff; *Paeffgen* Grünwald-FS 433 ff). 10

aa) Überwiegend wird in der Literatur – bei Abweichungen im Detail – der Gewaltbegriff der Judikatur übernommen und als Herbeiführen einer physischen und/oder psychischen **Zwangswirkung beim Opfer** definiert (S/S-*Eser/Eisele* Vor § 234 Rn 6, 9 mwN). Teils wird eine körperliche Spürbarkeit des Zwangs verlangt (L-Kühl-*Heger* § 240 Rn 10; *Huhn*, Nötigende Gewalt mit und gegen Sachen, 2007, 126) oder – noch enger – auf die **Kraftentfaltung** beim Täterhandeln abgestellt (*Hruschka* JZ 1995, 744; *Köhler* NJW 1983, 10 f; *Paeffgen* Grünwald-FS 433 [463 f]; *Wolter* NStZ 1985, 245 [248]). Weitgehend ist anerkannt, dass auch **Gewalt gegen Sachen** möglich ist, wenn sich diese mittelbar auf den Körper des Opfers auswirkt, zB Aushängen eines Fensters, Abstellen der Heizung oder Sperren der Wasser- oder Stromzufuhr (vgl OLG Hamm NJW 1983, 1505 [1506]; OLG Frankfurt StV 2007, 244 [246 ff] m. Bspr *Jahn* JuS 2006, 943 ff; *Fischer* § 240 Rn 25; *Geppert* Jura 2006, 31 [35 f]; sehr weitgehend für den Fall der Onlineblockade einer Homepage AG Frankfurt MMR 2005, 863 ff m. krit. Anm. *Gercke* [aufgehoben durch OLG Frankfurt StV 2007, 244 ff]; vgl auch *Eichelberger* DuD 2006, 490 ff; *Kitz* ZUM 2006, 730 ff; *Klutzny* RDV 2006, 50 ff; *Kraft/Meister* MMR 2003, 366 [370 f]). 11

bb) Ferner wird auf das Moment der Zwangswirkung verzichtet und unter Gewalt iSd Nötigung jede **physische Beeinträchtigung notstandsfähiger** (körperlicher) **Güter** verstanden (NK-*Kindhäuser* Vor § 249 Rn 16). Notstandsfähige Güter in diesem Sinne sind in erster Linie die Gegenstände absoluter Rechte wie Leib, Leben, Bewegungsfreiheit und Eigentum. Dementsprechend sind als **vertypte Gewaltakte** – unabhängig vom jeweiligen Aufwand an körperlicher Kraft – *alle* Handlungen nach §§ 212, 223, 239, 303 anzusehen (es gibt begrifflich keine 12

„gewaltlose" Tötung oder Freiheitsberaubung). Ideelle Güter (zB Ehre) und Rechte lassen sich nicht physisch beeinträchtigen und sind damit keine tauglichen Angriffsobjekte von Gewalt (vgl auch *Hruschka* NJW 1996, 160 [161]). Keine Gewaltakte sind ferner Drohungen und Täuschungen.

13 cc) Nach einer rein normativen Definition unterfallen dem Gewaltbegriff alle **Verletzungen garantierter Rechte** des Opfers. Zu den garantierten Rechten werden neben allen absoluten Rechten auch deren funktionale Äquivalente und das jedermann zustehende Recht auf Gemeingebrauch gezählt (*Jakobs* Kaufmann, H.-GS 791 [799 ff]; *Timpe*, Die Nötigung, 1989, 72 ff, 89 ff, 110 ff). Dementsprechend umfasst der Gewaltbegriff auch List und Drohung, soweit durch diese Vorgehensweisen garantierte Rechte verletzt werden. Erlaubte Verhaltensweisen sind nach dieser Ansicht schon tatbestandlich keine Gewaltakte; „erlaubte Gewalt" ist begrifflich nicht möglich (*Jakobs* Kaufmann, H.-GS 791 [799]).

14 dd) Schließlich wird Gewalt als **gegenwärtige Zufügung eines empfindlichen Übels** umschrieben (SK-*Horn/Wolters* § 240 Rn 9; *Knodel*, Der Begriff der Gewalt im Strafrecht, 1962, 54). Wenn bereits die Drohung mit einem empfindlichen Übel Nötigung sei, dann müsse die Zufügung eines solchen Übels erst recht Nötigung iSv Gewalt sein.

15 2. Die Gewalt kann als Zwangsmittel absolut oder kompulsiv eingesetzt werden.

16 a) Bei der **absoluten Gewalt** (*vis absoluta*) nimmt der Täter dem Opfer physisch die Möglichkeit, eine Verhaltensalternative zu ergreifen, sei es, dass das Opfer einen entsprechenden Willensentschluss erst gar nicht fassen kann, sei es, dass es einen bereits gefassten Willensentschluss nicht in die Tat umzusetzen vermag; (möglicher) Widerstand wird faktisch ausgeschlossen. Das Opfer kann nicht mehr in einer bestimmten Weise agieren, ob es dies will oder nicht. Das äußere Verhalten des Opfers wird vielmehr unmittelbar durch den Täter gesteuert. Daher kommt es bei *vis absoluta* auch nicht darauf an, ob das Opfer den Verlust der Verhaltensalternative überhaupt wahrnimmt. Exemplarisch: Festhalten, Einsperren, aus der Hand schlagen, Unbrauchbarmachen eines Autos zur Verhinderung einer Fahrt.

17 b) Bei der **kompulsiven Gewalt** (*vis compulsiva*) zwingt der Täter das Opfer, zur Abwendung einer (weiteren) gegenwärtigen physischen Beeinträchtigung von Gütern eine ungewollte Verhaltensalternative zu ergreifen, wobei die Beeinträchtigung vom Opfer körperlich („spürbar"), aber auch rein kognitiv wahrgenommen werden kann. Exemplarisch: Das Opfer wird gezwungen zur Seite zu gehen, weil es nur so den Schlägen des Täters ausweichen kann. Anders als bei der absoluten Gewalt ist dem Opfer bei der vis compulsiva eine Verhaltensalternative faktisch nicht völlig genommen. Es befindet sich nur in einer Situation, in der es durch die Abwendung des Angriffs entsprechend dem Täterwunsch reagiert; das Opfer könnte den Schlägen standhalten und nicht zur Seite gehen, aber es nimmt den Verlust der Freiheit, dort zu bleiben, wo es sich befindet, in Kauf, um den Verlust an körperlicher Unversehrtheit durch die Schläge zu vermeiden.

18 Kompulsive Gewalt kann in der Herbeiführung einer (gegenwärtigen) Gefahr liegen, wie zB durch dichtes Auffahren auf der Autobahn zur Erzwingung eines Überholvorgangs (BGHSt 19, 263; BGH NStZ-RR 2006, 280 f; OLG Düsseldorf NJW 1996, 2245), durch überraschendes Abbremsen (OLG Stuttgart NJW 1995, 2647) oder drastisches Reduzieren der Geschwindigkeit (BayObLG NJW 2002, 628 f; OLG Celle VRS 116, 110 ff), durch Schneiden nach einem Überholvorgang oder durch Zufahren auf Menschen, um diese zum Ausweichen zu

zwingen (ausf. zur Nötigung im Straßenverkehr *Eisele* JA 2009, 698 ff; *Maatz* NZV 2006, 337 [339 ff]). Die Annahme von Gewalt bei dichtem, bedrängendem Auffahren (auch Innerorts) ist mit Art. 103 II GG vereinbar, wenn das Erfordernis von physisch wirkendem Zwang beachtet wird (BVerfG NJW 2007, 1669 f; krit. *Bosch* JA 2007, 661; *Huhn* DAR 2007, 287 ff). Allerdings ist zu beachten, dass nicht jeder vorsätzliche Regelverstoß, der ein Nötigungselement enthält, auch eine Nötigung iSd § 240 darstellt. Vielmehr muss die Einwirkung auf andere Verkehrsteilnehmer der Zweck, nicht bloß die Folge der nötigenden Handlung sein; „bloß" rücksichtsloses Überholen genügt nicht (dazu OLG Düsseldorf DAR 2007, 713 [714]; OLG Hamm NStZ 2009, 213). Kompulsive Gewalt ist auch das Zerstören von Sachen, an denen das Opfer ein starkes Affektionsinteresse hat, um es auf diese Weise gefügig zu machen (vgl auch *Huhn*, Nötigende Gewalt mit und gegen Sachen, 2007, 137 ff, 198 ff).

c) Teilweise wurde früher der Gewaltbegriff iSd Nötigung nur auf *vis absoluta* (*Binding* I 83) oder nur auf *vis compulsiva* beschränkt (*Wächter* GS 27, 171; diff. *Hruschka* NJW 1996, 160; *Köhler* Leferenz-FS 511 ff; MK-*Sinn* § 240 Rn 55 ff; hierzu *Huhn*, Nötigende Gewalt mit und gegen Sachen, 2007, 19 ff). 19

d) Die **Unterscheidung** zwischen *vis absoluta* und *vis compulsiva* **betrifft** vor allem den **Zweck des Gewaltakts**, nicht notwendig auch die Art und Weise der Ausführung. So kann ein und derselbe Gewaltakt absolut oder kompulsiv eingesetzt werden, je nachdem, ob der Täter seinen Zweck unmittelbar selbst oder mittelbar durch den Genötigten erreichen will. Exemplarisch: Der Täter sperrt das Opfer ein, um es zur Unterzeichnung eines Schecks zu veranlassen. Hier ist der Gewaltakt, das Einsperren, absolut hinsichtlich der Möglichkeit, das Zimmer zu verlassen, und kompulsiv hinsichtlich der Unterzeichnung des Schecks. 20

3. Nach hM kann Gewalt auch durch ein **Unterlassen** in Garantenstellung ausgeübt werden, zB durch Unterlassen der Befreiung eines Gefesselten (S/S-*Eser/Eisele* Vor § 234 Rn 20; *Fischer* § 240 Rn 22). 21

III. Drohung

1. Drohung ist die **Ankündigung** einer als vom **Täterwillen abhängig** dargestellten Übelszufügung (BGHSt 7, 252 [253]; 16, 386; BGH NStZ 1981, 218; StV 2006, 694; S/S-*Eser/Eisele* Vor § 234 Rn 30; *Perron/Bott/Gutfleisch* Jura 2006, 706 [707]; zum Begriff der Drohung und Versprechung vgl *Kuhlen* Schünemann-FS 611 ff). Soll das in Aussicht gestellte Übel durch einen Dritten vorgenommen werden, muss in dem Bedrohten die Vorstellung geweckt werden, dass der Drohende den Dritten in der befürchteten Richtung beeinflussen könne und wolle (BGH NStZ-RR 2007, 16). Die Drohung muss nach dem Willen des Täters unmittelbar oder mittelbar **zur Kenntnis des Bedrohten** gelangt sein. 22

2. Von der **Warnung** (oder dem gut gemeinten Rat) unterscheidet sich die Drohung insbesondere dadurch, dass der Täter bei Letzterer den Eintritt des angekündigten Übels als von seinem Willen abhängig darstellt (hM, BGHSt 7, 198; 31, 201; BGH NStZ 2009, 692 [693]; aA bzgl Abhängigkeit vom Täterwillen *Jakobs* Peters-FS 69 [84]; *Puppe* JZ 1989, 596 ff; eingehend *Küper* GA 2006, 439 ff, 461 ff; *ders*. Puppe-FS 1217 ff). Dagegen wird mit der Warnung lediglich auf eine unabhängig vom Willen des Sprechers eintretende Folge eines bestimmten Verhaltens hingewiesen. Eine Drohung ist demnach auch gegeben, wenn der Täter die Übelszufügung durch einen Dritten in Aussicht stellt, sofern er vorgibt, 23

auf dessen Willen entscheidenden Einfluss zu haben (OLG Frankfurt StV 2007, 244 [248] m. Bspr *Jahn* JuS 2006, 943 ff; *Geppert* Jura 2006, 31 [36]).

24 3. Bei der Drohung sind das in Aussicht gestellte Übel (das **angedrohte Übel**, das im Tatbestand erwähnt wird) und das Übel der Ankündigung jenes Übels (das **Übel der Drohung**) zu unterscheiden. Bereits die Ankündigung eines Übels soll den Adressaten in eine Notstandslage bringen. Nicht das künftige Übel, sondern seine Inaussichtstellung soll das Opfer unter Entscheidungsdruck setzen und dazu veranlassen, sich iSd Täters zu verhalten. Insoweit ist auch die Drohung schon eine gegenwärtige Einflussnahme auf die persönliche Freiheit des Opfers. Ferner ist das angedrohte Übel von dem **mit der Drohung bezweckten Erfolg** abzugrenzen und darf nicht mit ihm gleichgesetzt werden. Insbesondere bei der Nötigung ist auch das abgenötigte Verhalten ein Übel, das jedoch nicht mit dem Übel, durch dessen Androhung dieser Erfolg gerade herbeigeführt werden soll, identisch ist. Daher liegt im Versperren einer Straße durch eine Sitzblockade keine Drohung mit einem Übel: Das Verhindern des Weiterfahrens ist der erstrebte Nötigungserfolg. Den Eintritt des hier in Aussicht gestellten Übels (Überfahren werden) stellen die Demonstranten nicht als von ihrem Willen abhängig dar (M/R-*Eidam* Rn 47; *Schroeder* Meurer-GS 237 [238 f, 241 f]; aA *Herzberg* GA 1998, 211). Das angedrohte Übel wird in § 240 (ebenso in §§ 108, 253) nicht näher gekennzeichnet; es muss nur „empfindlich" sein. Andere Tatbestände verlangen bestimmte („qualifizierte") Formen des Drohungsübels (vgl zB §§ 177, 249, 255; näher *Blanke*, Das qualifizierte Nötigungsmittel der Drohung mit gegenwärtiger Gefahr für Leib oder Leben, 2007).

25 Die Drohung kann unter der **Bedingung** ausgesprochen werden, dass die Zufügung des angekündigten Übels vom Eintritt oder Nichteintritt eines bestimmten Umstands abhängen soll. Allerdings kann die Ernstlichkeit der Drohung bei zunehmender Ungewissheit des Eintritts der Bedingung zweifelhaft werden.

26 4. Es ist nicht erforderlich, dass der Drohende die Drohung zu realisieren gedenkt. Der tatsächliche Wille des Täters ist ebenso unerheblich wie seine Vorstellungen über die Ausführbarkeit des Angedrohten. Es **genügt**, wenn die Drohung objektiv den **Eindruck der Ernstlichkeit** erweckt und dem Bedrohten auch als ernsthaft erscheint.

27 Unter denselben Voraussetzungen kommt es auch auf die **Ausführbarkeit der Drohung nicht** an (BGH NJW 1996, 2663). Daher kann eine Drohung auf Täuschung beruhen (BGHSt 23, 294) oder die Wirkung der Drohung durch List verstärkt werden (zur Abgrenzung von Drohung und Täuschung, relevant vor allem für das Verhältnis von §§ 253 und 263, *Geilen* Jura 1980, 43 [48]; NK-*Kindhäuser* § 253 Rn 50). Auch die Ausnutzung von Dummheit, nicht aber von Aberglauben, kann zu einer Drohung führen.

28 5. Ob eine Drohung **ihre Ernstnahme durch das Opfer** voraussetzt, ist umstritten:

29 ■ Teils wird dies mit dem Argument verneint, dass die Bedeutung der Drohung als Handlung nicht davon abhängt, ob und wie der Adressat sie tatsächlich versteht. Entscheidend sei nur, dass das Opfer nach der Tätervorstellung die Drohung ernst nehmen soll (BGHSt 26, 309 [310]; BGH NJW 1976, 976; *Schünemann* JA 1980, 351 f).

30 ■ Nach der Gegenansicht ist eine Ernstnahme der Gefahr durch das Opfer – zumindest iSe Für-möglich-Haltens – erforderlich, weil anderenfalls die

Drohung keine der Gewalt vergleichbare Nötigungswirkung entfalten könne (BGHSt 16, 386 [387]; 23, 294 [295], NK-*Kindhäuser* Vor § 249 Rn 24; LK-*Vogel* § 249 Rn 19 f).

6. Die Drohung kann **ausdrücklich**, aber auch in Andeutungen, in **verschlüsselter Form** oder **konkludent** ausgesprochen werden (BGHSt 7, 252 [253]; BGH NJW 1989, 1289; BGHR § 249 Abs. 1 Drohung 1; NStR-RR 2015, 373 [374]). Insoweit können auch Handlungen, die als solche – von ihrer physischen Struktur her – noch keine Gewaltanwendung darstellen, die Androhung einer Verletzung bedeuten (vgl BGH GA 1974, 219). Der Täter kann ferner – bei entsprechender Garantenstellung – **durch Unterlassen** drohen, indem er zB eine zunächst versehentlich ausgesprochene Drohung (vorsätzlich) nicht zurücknimmt. 31

Bei der **Auslegung** des vom Täter Erklärten sind alle relevanten Umstände und auch die Tatsituation zu berücksichtigen. Es kann genügen, wenn das Opfer selbst erst das Übel und eine Möglichkeit der Abwendung zur Sprache bringt und der Täter sich dann den Vorschlag zu Eigen macht (BGH bei *Dallinger* MDR 1952, 408). 32

7. Die Drohung verliert nicht ihren Charakter als Übelsankündigung, wenn sie **auch körperliche Reaktionen** (zB Angstschweiß oder Zittern) auslöst (hM, anders noch zu § 251 aF BGHSt 23, 126 [127]). Umgekehrt verliert ein Verhalten seinen Charakter als Gewaltakt nicht, wenn es *zugleich* als Drohung wirkt. 33

8. Drohung und Gewalt sind zwar verschiedene Nötigungsmittel, können aber in mehrfacher Hinsicht aufeinander bezogen sein und stehen in **keinem Exklusivitätsverhältnis** zueinander. Grds kann ein und dasselbe Verhalten zugleich Gewaltanwendung – in seiner physischen Struktur – und Drohung – in seiner symbolischen Bedeutung der Ankündigung eines weiteren Übels – sein; der Täter versperrt zB in drohender Haltung einen Weg (vgl auch BGHSt 23, 46 [54]). Die Möglichkeit, dass Gewalt und Drohung Hand in Hand gehen können, ist vor allem unter dem Aspekt von Belang, dass **in der Anwendung von Gewalt die konkludente Drohung** liegen kann, die Verletzung fortzusetzen (BGH NStZ 1986, 409; bei *Holtz* MDR 1993, 9; BGHR § 249 Abs. 1 Drohung 3). 34

Vorbemerkung zu den §§ 232–233 a

I. Die Vorschriften wurden mit dem Gesetz (BGBl. I 2016, 2226) zur Verbesserung der Bekämpfung des Menschenhandels und zur Änderung des Bundeszentralregistergesetzes sowie des Achten Buches Sozialgesetzbuch vom 11.10.2016 ins Strafgesetzbuch aufgenommen und dienen der Umsetzung der Richtlinie 2011/36/EU des Europäischen Parlaments und des Rates vom 5.4.2011. Über die reine Umsetzung der Richtlinie hinaus fand jedoch eine umfassende Neustrukturierung der Vorschriften über den Menschenhandel statt (BT-Drucks. 18/9095 S. 18). 35

Nach bisherigem Recht erfasste der Begriff des Menschenhandels Handlungen, durch die der Täter das Opfer unter Ausnutzung bestimmter Umstände insbesondere zur Aufnahme oder Fortsetzung der Prostitution oder eines ausbeuterischen Beschäftigungsverhältnisses bringt (zur Entstehungsgeschichte *Herz/Minthe*, Straftatbestand Menschenhandel, 2006, 20 ff; *Renzikowski* JZ 2005, 879 f; SK-Wolters Vor § 232 aF Rn 1; umf. *Reintzsch*, Strafbarkeit des Menschenhandels zum Zweck der sexuellen Ausbeutung). International wird darunter jedoch die 36

Anwerbung, Beförderung, Verbringung, Beherbergung oder Aufnahme von Personen, einschließlich der Übergabe oder Übernahme der Kontrolle über diese Personen, u.a. unter Einsatz eines Nötigungsmittels oder der Ausnutzung der besonderen Schutzbedürftigkeit des Opfers zum Zwecke der – späteren – Ausbeutung (vgl Kap. 1 Art. 4 der Europaratskonvention vom 16.5.2005 zur Bekämpfung des Menschenhandels sowie Art. 2 Abs. 1 der Richtlinie 2011/36/EU) verstanden, woran sich die Umsetzung orientierte.

37 Bei der grundlegenden Neugestaltung wurden auch die meist nachfolgenden Ausbeutungen in die Systematik integriert. § 232 a und § 232 b stellen daher nun die Zwangsarbeit sowie die Zwangsprostitution unter Strafe. Zudem stellt § 233 eine neue zentrale Norm für den bisher nur fragmentarisch geregelten Bereich der Ausbeutung der Arbeitskraft dar (vgl BT-Drucks. 18/9095 S. 20). § 233 a qualifiziert die Freiheitsberaubung, wenn diese zur Ausbeutung ausgenutzt wird.

38 II. Einige Tatbestandsmerkmale sind für mehrere der neu formulierten Delikte konstitutiv:

39 1. Eine **Zwangslage** ist bei einer ernsten persönlichen oder wirtschaftlichen Bedrängnis – zB bei Wohnungs- oder Arbeitslosigkeit, wirtschaftlichem Ruin, Angst vor Aufdeckung des illegalen Aufenthalts in der Bundesrepublik –, durch welche die Handlungs- und Entscheidungsfreiheit eingeschränkt ist, gegeben (BGHSt 42, 399). Ausreichend ist, wenn im Heimatland des Opfers schlechte soziale Verhältnisse herrschen, ohne dass noch weitere erschwerende Umstände hinzukommen müssen (BGH NStZ 2014, 576).

40 2. Die auslandsspezifische **Hilflosigkeit** verlangt, dass das Opfer aufgrund seiner Lage und seiner persönlichen Fähigkeiten nur in erheblich eingeschränktem Maße in der Lage ist, sich dem Ansinnen sexueller Betätigung zu widersetzen (BGH NStZ 1999, 349; NStZ-RR 2004, 233; S/S-*Eisele* § 232 aF Rn 11). Die Hilflosigkeit muss gerade auf dem Auslandsaufenthalt beruhen. Dies setzt zB voraus, dass das Opfer der deutschen Sprache nicht mächtig ist, über keine Barmittel verfügt und bezüglich Unterkunft und Verpflegung auf den Täter angewiesen ist (BGH NStZ-RR 2004, 233). Weitere Indizien sind die Unterbindung sozialer Kontakte und die Erschwerung der Rückkehr, etwa durch Abnahme des Passes (jew. zu § 232 aF: Fischer Rn 10 a; SK-*Wolters* Rn 15).

41 3. Das **Ausnutzen** setzt **objektiv** voraus, dass die Lage des Opfers dem Täter die Gelegenheit zur Tat bietet und deren Ausführung (zumindest) erleichtert, etwa durch Bedrängen, Täuschen, Einschüchtern oder Versprechen (BGHSt 45, 158 [161]; BGH NJW 1990, 196); auch das Schaffen einer günstigen Gelegenheit oder ein bloßes Angebot genügt (BGH StraFo 2010, 210); ein Handeln gegen den Willen des Opfers ist nicht erforderlich (vgl NK-*Böse* § 232 aF Rn 13). Einschlägig ist es auch, wenn der Täter eine Lage herbeiführt, in der sich das Opfer selbst zur Aufnahme der Tätigkeit entscheidet (jew. zu § 232 aF: S/S-*Eisele* Rn 12; *Fischer* Rn 12 f; *Schroeder* NJW 2005, 1393 [1395]; abw. *Renzikowski* JZ 2005, 879 [880]). Mit dem in § 1 ProstG zum Ausdruck gebrachten Verständnis der sozialen Adäquanz einer Berufstätigkeit im Rahmen der Prostitution ist es jedoch nicht zu vereinbaren, das es als tatbestandsmäßigen Menschenhandel anzusehen, wenn einer Person ohne Täuschung oder Nötigung angeboten wird, durch einen auf Prostitution gerichteten Beschäftigungsvertrag ihre Zwangslage zu beenden (*Fischer* § 232 aF Rn 13). **Subjektiv** setzt das Ausnutzen zielgerichtetes Vorgehen voraus.

4. Eine Person befindet sich in **Schuldknechtschaft**, wenn sie aufgrund einer existenziell bedrohlichen Verschuldung einem anderen auf Dauer ihre Arbeitskraft im Rahmen einer abhängigen oder scheinselbstständigen Beschäftigung ganz oder überwiegend gegen ein unverhältnismäßig geringes Entgelt zur Verfügung stellen muss (vgl auch BT-Drucks. 15/3045, 9; *Eydner* NStZ 2006, 10 [11 f]; *Renzikowski* JZ 2005, 879 [884]). Zwischen Arbeitsleistung und Entgelt muss also ein ausbeuterisches Missverhältnis bestehen. Der Täter löst zB Schulden des Opfers ab und bindet dieses als Gegenleistung in eine durch Kontrolle, Einschüchterung und neue Verschuldung geprägte „Drückerkolonne" ein (*Fischer* § 233 aF Rn 6). Exemplarisch ist ferner die Ausbeutung von Prostituierten. 42

5. Die Merkmale der Sklaverei und Leibeigenschaft sind iSd einschlägigen internationalen Vereinbarungen zu verstehen (vgl Zusatzübereinkommen vom 7.9.1956 über die Abschaffung der Sklaverei, des Sklavenhandels und sklavereiähnlicher Einrichtungen und Praktiken, BGBl. 1958 II, 203 ff; ferner BGBl. 1972 II, 1069, 1473 ff). Hiernach ist **Sklaverei** die Rechtsstellung oder Lage einer Person, an der einzelne oder alle mit dem Eigentumsrecht verbundenen Befugnisse ausgeübt werden; **Leibeigenschaft** ist die Lage oder Rechtsstellung eines Pächters, der durch Gesetz, Gewohnheitsrecht oder Vereinbarung verpflichtet ist, auf einem einer anderen Person gehörenden Grundstück zu leben und zu arbeiten und dieser Person bestimmte Dienste zu leisten, ohne seine Rechtsstellung selbstständig ändern zu können. Der Sklaverei oder Leibeigenschaft kann in der Bundesrepublik selbst niemand zugeführt werden; dies setzt vielmehr ein Verbringen in den Geltungsbereich einer Rechtsordnung voraus, in der solche Formen der Unterdrückung zumindest (ggf trotz eines formellen Verbots) faktisch geduldet werden (BGHSt 39, 212; vgl auch NK-*Böse* § 233 aF Rn 4; *Renzikowski* JZ 2005, 879 [884]). 43

§ 232 Menschenhandel

(1) ¹Mit Freiheitsstrafe von sechs Monaten bis zu fünf Jahren wird bestraft, wer eine andere Person unter Ausnutzung ihrer persönlichen oder wirtschaftlichen Zwangslage oder ihrer Hilflosigkeit, die mit dem Aufenthalt in einem fremden Land verbunden ist, oder wer eine andere Person unter einundzwanzig Jahren anwirbt, befördert, weitergibt, beherbergt oder aufnimmt, wenn
1. diese Person ausgebeutet werden soll
    a) bei der Ausübung der Prostitution oder bei der Vornahme sexueller Handlungen an oder vor dem Täter oder einer dritten Person oder bei der Duldung sexueller Handlungen an sich selbst durch den Täter oder eine dritte Person,
    b) durch eine Beschäftigung,
    c) bei der Ausübung der Bettelei oder
    d) bei der Begehung von mit Strafe bedrohten Handlungen durch diese Person,
2. diese Person in Sklaverei, Leibeigenschaft, Schuldknechtschaft oder in Verhältnissen, die dem entsprechen oder ähneln, gehalten werden soll oder
3. dieser Person rechtswidrig ein Organ entnommen werden soll.

²Ausbeutung durch eine Beschäftigung im Sinne des Satzes 1 Nummer 1 Buchstabe b liegt vor, wenn die Beschäftigung aus rücksichtslosem Gewinnstreben zu Arbeitsbedingungen erfolgt, die in einem auffälligen Missverhältnis zu den Ar-

beitsbedingungen solcher Arbeitnehmer stehen, welche der gleichen oder einer vergleichbaren Beschäftigung nachgehen (ausbeuterische Beschäftigung).

(2) Mit Freiheitsstrafe von sechs Monaten bis zu zehn Jahren wird bestraft, wer eine andere Person, die in der in Absatz 1 Satz 1 Nummer 1 bis 3 bezeichneten Weise ausgebeutet werden soll,
1. mit Gewalt, durch Drohung mit einem empfindlichen Übel oder durch List anwirbt, befördert, weitergibt, beherbergt oder aufnimmt oder
2. entführt oder sich ihrer bemächtigt oder ihrer Bemächtigung durch eine dritte Person Vorschub leistet.

(3) ¹In den Fällen des Absatzes 1 ist auf Freiheitsstrafe von sechs Monaten bis zu zehn Jahren zu erkennen, wenn
1. das Opfer zur Zeit der Tat unter achtzehn Jahren alt ist,
2. der Täter das Opfer bei der Tat körperlich schwer misshandelt oder durch die Tat oder eine während der Tat begangene Handlung wenigstens leichtfertig in die Gefahr des Todes oder einer schweren Gesundheitsschädigung bringt oder
3. der Täter gewerbsmäßig handelt oder als Mitglied einer Bande, die sich zur fortgesetzten Begehung solcher Taten verbunden hat.

²In den Fällen des Absatzes 2 ist auf Freiheitsstrafe von einem Jahr bis zu zehn Jahren zu erkennen, wenn einer der in Satz 1 Nummer 1 bis 3 bezeichneten Umstände vorliegt.

(4) In den Fällen der Absätze 1, 2 und 3 Satz 1 ist der Versuch strafbar.

1   I. **Abs. 1 S. 1** fasst die zuvor in separaten Vorschriften normierten Regelungen über den Menschenhandel in einer neuen zentralen Norm zusammen, die über die bisherige Beschränkung auf den Zweck der sexuellen Ausbeutung und den Zweck der Ausbeutung der Arbeitskraft hinausgeht. Ergänzt wird die Vorschrift um den Zweck des Organhandels. Auch ist **Abs. 1 S. 1 Nr. 2** um eine Auffangklausel des ähnlichen oder entsprechenden Verhältnisses ergänzt worden. Ebenfalls wurde durch **Abs. 1 S. 1 Nr. 1 lit. d** eine Ausbeutung auf jedwede strafbare Handlung erweitert.

2   Die Norm schützt die Willensfreiheit der verbrachten Person. Hinzu treten bei den verschiedenen Tatbestandsvarianten weitere Schutzzwecke:
- Geschützt wird so u.a. (**Abs. 1 S. 1 Nr. 1 lit. a**) die sexuelle Selbstbestimmung von Personen (beiderlei Geschlechts) in spezifischen oder altersbedingten Schwächesituationen, aber auch das Vermögen der Personen, die zum Zwecke der Prostitution oder prostitutionsnaher Tätigkeiten ausgebeutet werden (aA NK-*Böse* § 232 aF Rn 1 und wohl auch zur nF: Schutz des sexuellen Selbstbestimmungsrechts und vor Beeinträchtigungen der persönlichen Freiheit, die typischerweise mit der sexuellen Ausbeutung verbunden sind).
- In **Abs. 1 S. 1 Nr. 1 lit. b** und **Abs. 1 S. 1 Nr. 2** schützt die Norm die Freiheit der Person hinsichtlich der freien Verfügung über Einsatz und Verwertung ihrer Arbeitskraft (jew. zu § 233 aF und wohl auch zu § 232 nF S/S-*Eisele* Rn 1; vgl auch *Renzikowski* JZ 2005, 879 [883]: Schutz der beruflichen und wirtschaftlichen Betätigungsfreiheit des Vermögens und der Gesundheit der Opfer; NK-*Böse* Rn 1: Schutz der persönlichen Unabhängigkeit; *Schroeder* GA 2005, 307 [309]).

In **Abs. 1 S. 1 Nr. 3** tritt der Schutz der körperlichen Unversehrtheit hinzu.

II. Tathandlungen: Anwerben ist das vom Täter durch (erhebliche) psychische 3
Beeinflussung erreichte Einvernehmen mit dem Opfer, kraft dessen sich dieses
verpflichtet fühlt, iSd Täters zu handeln (BGHSt 42, 179 [182]; BGH NStZ
1994, 78; *Renzikowski* JZ 2005, 879 [883]; SK-*Wolters* § 233 a aF Rn 7). Nicht
ausreichend ist es zB, wenn der Täter nur die allgemeine Möglichkeit des Besorgens einer Arbeitsstelle in Aussicht stellt (BGH NStZ-RR 1997, 293).
- **Befördern** ist jede Form des Transports einer Person.
- **Weitergeben** ist die kontrollierte Übergabe einer Person an einen Dritten zur weiteren Beförderung oder Verwendung (*Fischer* § 233 a aF Rn 4; *Renzikowski* JZ 2005, 879 [883]).
- **Beherbergen** ist das vorübergehende **Aufnehmen** und das auf Dauer angelegte Gewähren einer Unterkunft.

III. Abs. 1 S. 2 definiert legal eine ausbeuterische Beschäftigung als Beschäftigung 4
aus rücksichtslosem Gewinnstreben zu Arbeitsbedingungen, die in einem auffälligen Missverhältnis zu den Arbeitsbedingungen solcher Arbeitnehmer stehen,
welche der gleichen oder einer vergleichbaren Beschäftigung nachgehen.

IV. Abs. 2 normiert tatbezogene Qualifikation für die Fälle in denen zusätzlich zu 5
Abs. 1 S. 1 weitere Nötigungs- oder Bemächtigungsmerkmale hinzutreten.

V. Abs. 3 S. 1 normiert täter- oder opferbezogene Qualifikationen wie die Min- 6
derjährigkeit (Nr. 1), Gesundheitsgefährdungen (Nr. 2) oder die Gewerbs- oder
Bandenmäßigkeit (Nr. 3). **Abs. 3 S. 2** qualifiziert die Handlung als Verbrechen,
wenn tatbezogene und täter- oder opferbezogene Qualifikationen zusammen fallen.

VI. Der Versuch ist gemäß **Abs. 4** auch in den nicht als Verbrechen ausgestalteten 7
Varianten strafbar.

VII. Konkurrenzen: Tateinheit ist bei den sexualbezogenen Varianten u.a. mit 8
§§ 180 a und 181 a möglich (jew. noch zu § 232 aF und wohl auch zu § 232 nF:
Fischer Rn 35; SK-*Wolters* Rn 49; zur Frage einer etwaigen Klammerwirkung der
Zuhälterei vgl BGH NStZ-RR 2007, 46 [47]). Umstritten zur alten Rechtslage
war und wohl auch zur neuen Fassung ist, ob es sich bei § 232 um ein Dauerdelikt handelt (bejahend NK-*Böse* noch zu § 232 aF Rn 29; verneinend die hM jew.
noch zu § 232 aF S/S-*Eisele* Rn 35; *Pfuhl* JR 2014, 234). Bezüglich der Varianten, die die Ausbeutung der Arbeitskraft als Merkmal haben, ergibt sich eine Parallele zu § 291 (insbesondere Lohnwucher, dort Rn 23). Da sich die Tatbestandsmerkmale entsprechen, ist bei Beschäftigungsverhältnissen von Arbeitnehmern von einer Spezialität des § 232 auszugehen.

§ 232 a Zwangsprostitution

(1) Mit Freiheitsstrafe von sechs Monaten bis zu zehn Jahren wird bestraft, wer
eine andere Person unter Ausnutzung ihrer persönlichen oder wirtschaftlichen
Zwangslage oder ihrer Hilflosigkeit, die mit dem Aufenthalt in einem fremden
Land verbunden ist, oder wer eine andere Person unter einundzwanzig Jahren
veranlasst,

1. die Prostitution aufzunehmen oder fortzusetzen oder
2. sexuelle Handlungen, durch die sie ausgebeutet wird, an oder vor dem Täter oder einer dritten Person vorzunehmen oder von dem Täter oder einer dritten Person an sich vornehmen zu lassen.

(2) Der Versuch ist strafbar.

(3) Mit Freiheitsstrafe von einem Jahr bis zu zehn Jahren wird bestraft, wer eine andere Person mit Gewalt, durch Drohung mit einem empfindlichen Übel oder durch List zu der Aufnahme oder Fortsetzung der Prostitution oder den in Absatz 1 Nummer 2 bezeichneten sexuellen Handlungen veranlasst.

(4) In den Fällen des Absatzes 1 ist auf Freiheitsstrafe von einem Jahr bis zu zehn Jahren und in den Fällen des Absatzes 3 auf Freiheitsstrafe nicht unter einem Jahr zu erkennen, wenn einer der in § 232 Absatz 3 Satz 1 Nummer 1 bis 3 bezeichneten Umstände vorliegt.

(5) In minder schweren Fällen des Absatzes 1 ist auf Freiheitsstrafe von drei Monaten bis zu fünf Jahren zu erkennen, in minder schweren Fällen der Absätze 3 und 4 auf Freiheitsstrafe von sechs Monaten bis zu zehn Jahren.

(6) ¹Mit Freiheitsstrafe von drei Monaten bis zu fünf Jahren wird bestraft, wer an einer Person, die Opfer
1. eines Menschenhandels nach § 232 Absatz 1 Satz 1 Nummer 1 Buchstabe a, auch in Verbindung mit § 232 Absatz 2, oder
2. einer Tat nach den Absätzen 1 bis 5

geworden ist und der Prostitution nachgeht, gegen Entgelt sexuelle Handlungen vornimmt oder von ihr an sich vornehmen lässt und dabei deren persönliche oder wirtschaftliche Zwangslage oder deren Hilflosigkeit, die mit dem Aufenthalt in einem fremden Land verbunden ist, ausnutzt. ²Nach Satz 1 wird nicht bestraft, wer eine Tat nach Satz 1 Nummer 1 oder 2, die zum Nachteil der Person, die nach Satz 1 der Prostitution nachgeht, begangen wurde, freiwillig bei der zuständigen Behörde anzeigt oder freiwillig eine solche Anzeige veranlasst, wenn nicht diese Tat zu diesem Zeitpunkt ganz oder zum Teil bereits entdeckt war und der Täter dies wusste oder bei verständiger Würdigung der Sachlage damit rechnen musste.

1   I. **Tathandlung:** Unter **Veranlassen** ist eine psychische Beeinflussung des Opfers, etwa durch das Vorspiegeln günstiger Geschäftsabschlüsse, zu verstehen.

2   II. **Abs. 1 Nr. 1:** Der Taterfolg der Aufnahme ist eingetreten, sobald das Opfer mit einer Handlung beginnt, die unmittelbar auf eine sexuelle Betätigung gegen Entgelt abzielt. Von einer Fortsetzung ist auszugehen, sofern das Opfer die Prostitution im bisherigen Umfang oder in intensiverer Form weiter ausübt (BGHSt 33, 353; 42, 179; S/S-*Eisele* § 232 aF Rn 14 f; vgl auch BGHSt 45, 158 [161 ff] zu § 180 b II aF). Will das Opfer seine Tätigkeit aufgeben, so genügt die Veranlassung zur weiteren Ausübung in einem geringeren als dem bisherigen Umfang (*Fischer* § 232 aF Rn 5 a).

3   III. **Abs. 1 Nr. 2:** Im Gegensatz zur Aufnahme der Prostitution des **Abs. 1 Nr. 1** ist der Taterfolg hier bereits bei einmaliger Betätigung auf sexuellem Gebiet erfüllt.

4   IV. Ein Verbrechen begeht, wer bei der Veranlassung eine der benannten Nötigungshandlungen ausführt oder List anwendet (**Abs. 3**). Die täter- und opferbezogenen Qualifikationen des § 232 Abs. 3 S. 1 qualifizieren Taten nach Abs. 1 und Abs. 3 entsprechend (**Abs. 4**). **Abs. 5** sieht einen unbenannten minder schwe-

ren Fall vor. **Abs. 6 S. 1** erfasst insbesondere Kunden von Prostituierten. **Abs. 6 S. 2** sieht einen Strafausschluss für den Fall vor, dass der Täter die Tat freiwillig zur Anzeige bringt oder eine solche veranlasst, wenn die Tat nicht bereits ganz oder zum Teil entdeckt ist oder er mit einer solchen Entdeckung rechnen musste.

§ 232 b Zwangsarbeit

(1) Mit Freiheitsstrafe von sechs Monaten bis zu zehn Jahren wird bestraft, wer eine andere Person unter Ausnutzung ihrer persönlichen oder wirtschaftlichen Zwangslage oder ihrer Hilflosigkeit, die mit dem Aufenthalt in einem fremden Land verbunden ist, oder wer eine andere Person unter einundzwanzig Jahren veranlasst,
1. eine ausbeuterische Beschäftigung (§ 232 Absatz 1 Satz 2) aufzunehmen oder fortzusetzen,
2. sich in Sklaverei, Leibeigenschaft, Schuldknechtschaft oder in Verhältnisse, die dem entsprechen oder ähneln, zu begeben oder
3. die Bettelei, bei der sie ausgebeutet wird, aufzunehmen oder fortzusetzen.

(2) Der Versuch ist strafbar.

(3) Mit Freiheitsstrafe von einem Jahr bis zu zehn Jahren wird bestraft, wer eine andere Person mit Gewalt, durch Drohung mit einem empfindlichen Übel oder durch List veranlasst,
1. eine ausbeuterische Beschäftigung (§ 232 Absatz 1 Satz 2) aufzunehmen oder fortzusetzen,
2. sich in Sklaverei, Leibeigenschaft, Schuldknechtschaft oder in Verhältnisse, die dem entsprechen oder ähneln, zu begeben oder
3. die Bettelei, bei der sie ausgebeutet wird, aufzunehmen oder fortzusetzen.

(4) § 232 a Absatz 4 und 5 gilt entsprechend.

§ 233 Ausbeutung der Arbeitskraft

(1) Mit Freiheitsstrafe bis zu drei Jahren oder mit Geldstrafe wird bestraft, wer eine andere Person unter Ausnutzung ihrer persönlichen oder wirtschaftlichen Zwangslage oder ihrer Hilflosigkeit, die mit dem Aufenthalt in einem fremden Land verbunden ist, oder wer eine andere Person unter einundzwanzig Jahren ausbeutet
1. durch eine Beschäftigung nach § 232 Absatz 1 Satz 2,
2. bei der Ausübung der Bettelei oder
3. bei der Begehung von mit Strafe bedrohten Handlungen durch diese Person.

(2) Auf Freiheitsstrafe von sechs Monaten bis zu zehn Jahren ist zu erkennen, wenn
1. das Opfer zur Zeit der Tat unter achtzehn Jahren alt ist,
2. der Täter das Opfer bei der Tat körperlich schwer misshandelt oder durch die Tat oder eine während der Tat begangene Handlung wenigstens leichtfertig in die Gefahr des Todes oder einer schweren Gesundheitsschädigung bringt,

3. der Täter das Opfer durch das vollständige oder teilweise Vorenthalten der für die Tätigkeit des Opfers üblichen Gegenleistung in wirtschaftliche Not bringt oder eine bereits vorhandene wirtschaftliche Not erheblich vergrößert oder
4. der Täter als Mitglied einer Bande handelt, die sich zur fortgesetzten Begehung solcher Taten verbunden hat.

(3) Der Versuch ist strafbar.

(4) In minder schweren Fällen des Absatzes 1 ist auf Freiheitsstrafe bis zu zwei Jahren oder auf Geldstrafe zu erkennen, in minder schweren Fällen des Absatzes 2 auf Freiheitsstrafe von drei Monaten bis zu fünf Jahren.

(5) ¹Mit Freiheitsstrafe bis zu zwei Jahren oder mit Geldstrafe wird bestraft, wer einer Tat nach Absatz 1 Nummer 1 Vorschub leistet durch die
1. Vermittlung einer ausbeuterischen Beschäftigung (§ 232 Absatz 1 Satz 2),
2. Vermietung von Geschäftsräumen oder
3. Vermietung von Räumen zum Wohnen an die auszubeutende Person.

²Satz 1 gilt nicht, wenn die Tat bereits nach anderen Vorschriften mit schwererer Strafe bedroht ist.

1 Die Vorschrift bestraft Personen, die sich die Situation der Opfer zunutze machen wollen und dadurch die Nachfrage auf dem Markt des Menschenhandels zur Ausbeutung der Arbeitskraft erst schaffen oder zumindest beleben.

2 Abs. 2 normiert täter- und opferbezogene Qualifikationen. Der Versuch ist strafbar (**Abs. 3**). Sowohl für **Abs. 1**, als auch für **Abs. 2**, sieht **Abs. 4** einen unbenannten minderschweren Fall vor.

3 **Abs. 5: Vorschub leistet**, wer günstigere Bedingungen für eine Tat des Menschenhandels schafft (§ 180 Rn 2). Die Hilfe muss das Risiko der Verwirklichung einer entsprechenden Tat objektiv erhöhen, kann aber erfolglos bleiben, da bei wenigstens versuchter Haupttat Beihilfe zu § 232 mit einem höheren Strafrahmen gegeben wäre und die Vorschrift keinen eigenen Anwendungsbereich hätte (jew. zu § 233 a aF: S/S-*Eisele* Rn 5; *Fischer* Rn 3, 5; SK-*Wolters* Rn 2).

§ 233 a Ausbeutung unter Ausnutzung einer Freiheitsberaubung

(1) Mit Freiheitsstrafe von sechs Monaten bis zu zehn Jahren wird bestraft, wer eine andere Person einsperrt oder auf andere Weise der Freiheit beraubt und sie in dieser Lage ausbeutet
1. bei der Ausübung der Prostitution,
2. durch eine Beschäftigung nach § 232 Absatz 1 Satz 2,
3. bei der Ausübung der Bettelei oder
4. bei der Begehung von mit Strafe bedrohten Handlungen durch diese Person.

(2) Der Versuch ist strafbar.

(3) In den Fällen des Absatzes 1 ist auf Freiheitsstrafe von einem Jahr bis zu zehn Jahren zu erkennen, wenn einer der in § 233 Absatz 2 Nummer 1 bis 4 bezeichneten Umstände vorliegt.

(4) In minder schweren Fällen des Absatzes 1 ist auf Freiheitsstrafe von drei Monaten bis zu fünf Jahren, in minder schweren Fällen des Absatzes 3 auf Freiheitsstrafe von sechs Monaten bis zu zehn Jahren zu erkennen.

§ 233 b Führungsaufsicht, Erweiterter Verfall

(1) In den Fällen der §§ 232, 232 a Absatz 1 bis 5, der §§ 232 b, 233 Absatz 1 bis 4 und des § 233 a kann das Gericht Führungsaufsicht anordnen (§ 68 Abs. 1).

(2) In den Fällen der §§ 232, 232 a Absatz 1 bis 5 und der §§ 232 b bis 233 a ist § 73 d anzuwenden, wenn der Täter gewerbsmäßig oder als Mitglied einer Bande handelt, die sich zur fortgesetzten Begehung solcher Taten verbunden hat.

§ 234 Menschenraub

(1) Wer sich einer anderen Person mit Gewalt, durch Drohung mit einem empfindlichen Übel oder durch List bemächtigt, um sie in hilfloser Lage auszusetzen oder dem Dienst in einer militärischen oder militärähnlichen Einrichtung im Ausland zuzuführen, wird mit Freiheitsstrafe von einem Jahr bis zu zehn Jahren bestraft.

(2) In minder schweren Fällen ist die Strafe Freiheitsstrafe von sechs Monaten bis zu fünf Jahren.

I. Die Vorschrift normiert einen Sonderfall der Freiheitsberaubung (§ 239). Sie dient dazu, potenzielle Opfer davor zu schützen, unfreiwillig einem mit nur sehr geringen eigenen Freiheitsrechten ausgestatteten, durch Über- und Unterordnung gekennzeichneten formalisierten Verhältnis unterworfen zu werden. Die Tat ist Dauerdelikt (Vor § 13 Rn 259) über den Zeitraum der Bemächtigung hin. Mit der Neufassung durch Art. 1 XI des 37. StRÄndG vom 11.2.2005 (BGBl. I S. 239) wurden die Merkmale der Sklaverei und der Leibeigenschaft gestrichen. Diese finden sich in § 233 I wieder. 1

II. Der objektive Tatbestand verlangt als Tathandlung, dass sich der Täter des Opfers durch List (Vor §§ 232–241 a Rn 2), Drohung (Vor §§ 232–241 a Rn 22 ff) oder Gewalt (Vor §§ 232–241 a Rn 3 ff) bemächtigt. Unter **Bemächtigen** ist das Begründen physischer Herrschaft über das Opfer zu verstehen. 2

Tatobjekt kann jeder Mensch sein, auch ein noch willenloses Kleinkind. 3

III. Der **subjektive Tatbestand** erfordert neben dem Vorsatz bezüglich des objektiven Tatbestands die Absicht iSe zielgerichteten Willens (*Fischer* Rn 4 f; NK-*Sonnen* Rn 23), das Opfer in eine der (abschließend) beschriebenen Lagen zu bringen; die Realisierung der Absicht muss noch nicht ins Versuchsstadium getreten sein (**überschießende Innentendenz**). 4

Das Aussetzen in einer hilflosen Lage (§ 221 Rn 6 ff) kann auf das Herbeiführen einer solchen Situation, aber auch auf deren Verschlimmerung bezogen sein (S/S-*Eser/Eisele* Rn 6). 5

Militärische oder militärähnliche Einrichtungen (im Ausland) sind bewaffnete, dauerhaft gebildete und nach Befehlsgewalt organisierte Einheiten, wozu glei- 6 chermaßen staatliche Truppen wie Guerilla-Organisationen gehören. Ausland kann auch der Heimatstaat des Opfers sein (*Fischer* Rn 6; NK-*Sonnen* Rn 29; aA L-Kühl-*Heger* Rn 3).

§ 234 a Verschleppung

(1) Wer einen anderen durch List, Drohung oder Gewalt in ein Gebiet außerhalb des räumlichen Geltungsbereichs dieses Gesetzes verbringt oder veranlaßt, sich dorthin zu begeben, oder davon abhält, von dort zurückzukehren, und dadurch der Gefahr aussetzt, aus politischen Gründen verfolgt zu werden und hierbei im Widerspruch zu rechtsstaatlichen Grundsätzen durch Gewalt- oder Willkürmaßnahmen Schaden an Leib oder Leben zu erleiden, der Freiheit beraubt oder in seiner beruflichen oder wirtschaftlichen Stellung empfindlich beeinträchtigt zu werden, wird mit Freiheitsstrafe nicht unter einem Jahr bestraft.

(2) In minder schweren Fällen ist die Strafe Freiheitsstrafe von drei Monaten bis zu fünf Jahren.

(3) Wer eine solche Tat vorbereitet, wird mit Freiheitsstrafe bis zu fünf Jahren oder mit Geldstrafe bestraft.

1   I. **Zweck der Vorschrift** ist der Schutz bestimmter **Persönlichkeitsrechte**, und zwar der körperlichen Unversehrtheit, der Bewegungsfreiheit sowie der beruflichen und wirtschaftlichen Betätigungsfreiheit (BGHSt 14, 107; BGH NJW 1960, 1211; *Fischer* Rn 1; SK-*Wolters* Rn 2). Die Tat ist **konkretes Gefährdungsdelikt**; zur Verfolgung muss es nicht gekommen sein. Der **Versuch** ist wegen des Verbrechenscharakters der Tat stets strafbar.

2   II. **Mittel** zur Herbeiführung der gefährlichen Lage sind List, Drohung oder Gewalt (Vor §§ 232-241 a Rn 2, 3 ff, 22 ff). Das **Verbringen** in die Gefahrenzone setzt die Erlangung physischer Herrschaft über das Opfer voraus. Demgegenüber ist unter dem **Veranlassen** eine psychische Beeinflussung des Opfers, etwa durch das Vorspiegeln günstiger Geschäftsabschlüsse, zu verstehen. Mit dem **Abhalten** wird schließlich der Fall erfasst, dass der Täter das Opfer (psychisch oder physisch) daran hindert, aus dem fremden Gebiet, in das es sich (freiwillig) begeben hat, zurückzukehren.

3   Zu den **politischen Gründen** gehören auch rassische, weltanschauliche, religiöse oder wirtschafts- bzw wissenschaftspolitische Erwägungen (vgl BGHSt 14, 104 [106 ff]; *Kramer* BJ 2006, 234 f; MK-*Wieck/Noodt* Rn 25 ff). Ein **Widerspruch zu rechtsstaatlichen Grundsätzen** ist insbesondere beim Fehlen eines geordneten Prozesses, bei justiziellen Scheinverfahren und bei menschenrechtswidrigen Verfolgungsmethoden gegeben (NK-*Sonnen* Rn 12).

4   III. Der **subjektive Tatbestand** verlangt (zumindest bedingten) Vorsatz, der sich auch auf die Gefahr beziehen muss.

5   IV. Zu den Vorbereitungshandlungen iSv **Abs. 3**, der ein **selbstständiges Delikt** normiert, gehören zB das „Beschatten" des Opfers zur Erarbeitung des Tatplans sowie die einer Entführung unmittelbar vorausgehenden Akte (*Fischer* Rn 13; SK-*Wolters* Rn 13). Allerdings hat die Vorschrift nur für den Alleintäter praktische Bedeutung, da Abs. 3 beim Zusammenwirken mehrerer Beteiligter von § 30 verdrängt wird (BGHSt 6, 85; NK-*Sonnen* Rn 18).

§ 235 Entziehung Minderjähriger

(1) Mit Freiheitsstrafe bis zu fünf Jahren oder mit Geldstrafe wird bestraft, wer
1. eine Person unter achtzehn Jahren mit Gewalt, durch Drohung mit einem empfindlichen Übel oder durch List oder
2. ein Kind, ohne dessen Angehöriger zu sein,

den Eltern, einem Elternteil, dem Vormund oder dem Pfleger entzieht oder vorenthält.

(2) Ebenso wird bestraft, wer ein Kind den Eltern, einem Elternteil, dem Vormund oder dem Pfleger
1. entzieht, um es in das Ausland zu verbringen, oder
2. im Ausland vorenthält, nachdem es dorthin verbracht worden ist oder es sich dorthin begeben hat.

(3) In den Fällen des Absatzes 1 Nr. 2 und des Absatzes 2 Nr. 1 ist der Versuch strafbar.

(4) Auf Freiheitsstrafe von einem Jahr bis zu zehn Jahren ist zu erkennen, wenn der Täter
1. das Opfer durch die Tat in die Gefahr des Todes oder einer schweren Gesundheitsschädigung oder einer erheblichen Schädigung der körperlichen oder seelischen Entwicklung bringt oder
2. die Tat gegen Entgelt oder in der Absicht begeht, sich oder einen Dritten zu bereichern.

(5) Verursacht der Täter durch die Tat den Tod des Opfers, so ist die Strafe Freiheitsstrafe nicht unter drei Jahren.

(6) In minder schweren Fällen des Absatzes 4 ist auf Freiheitsstrafe von sechs Monaten bis zu fünf Jahren, in minder schweren Fällen des Absatzes 5 auf Freiheitsstrafe von einem Jahr bis zu zehn Jahren zu erkennen.

(7) Die Entziehung Minderjähriger wird in den Fällen der Absätze 1 bis 3 nur auf Antrag verfolgt, es sei denn, daß die Strafverfolgungsbehörde wegen des besonderen öffentlichen Interesses an der Strafverfolgung ein Einschreiten von Amts wegen für geboten hält.

I. Die Vorschrift dient neben der **Sicherung des formell bestehenden Personensorgerechts** (nicht aber des Umgangsrechts: *Geppert* Kaufmann, H.-GS, 759 [772]; *Sallum*, Die strafrechtlichen Probleme der internationalen Kindesentziehung beim Streit um das gemeinsame Kind, 2007, 52) auch dem **Schutz der betroffenen Person** (Kind oder Jugendlicher) selbst (vgl Abs. 4 Nr. 1). Das Sorgerecht (der Eltern, des Vormunds usw) richtet sich nach den einschlägigen familienrechtlichen Bestimmungen und braucht nicht notwendig ausgeübt zu werden (*Sallum*, Die strafrechtlichen Probleme der internationalen Kindesentziehung beim Streit um das gemeinsame Kind, 2007, 56). Der BGH stellt hohe Anforderungen an einen Wechsel des Sorgerechtstatuts, so dass auch ein längerer Aufenthalt des Minderjährigen im Ausland nicht ohne Weiteres dazu führt, dass sich die Frage des Sorgerechts nach dem dortigen Familienrecht beurteilt (BGH NStZ 2015, 338 [340 f]). Eine Einwilligung oder ein Einverständnis zur Entziehung durch den Minderjährigen selbst kommt nicht in Betracht (*Geppert* Kaufmann, H.-GS 759 (771); L-Kühl-*Heger* Rn 3). Allerdings lässt die Zustimmung des Sorgeberechtigten die Rechtswidrigkeit der Tat entfallen. Die Tat ist **Antragsdelikt** 1

(Abs. 7). Der **Versuch** ist in den Varianten nach Abs. 1 Nr. 2 und Abs. 2 Nr. 1 (Abs. 3) und unter den Voraussetzungen von Abs. 4 und 5 strafbar. Zum Charakter der Vorschrift als Dauerstraftat vgl BVerfG FamRZ 2007, 338 ff; BGH NStZ 2006, 447 [448]; zur Entstehungsgeschichte der Norm *Sallum*, Die strafrechtlichen Probleme der internationalen Kindesentziehung beim Streit um das gemeinsame Kind, 2007, 21 ff.

2 II. Die Nötigungsmittel (List, Gewalt oder Drohung mit einem empfindlichen Übel, vgl Vor §§ 232-241 a Rn 2, 3 ff, 22 ff) können sich bei der Tat nach **Abs. 1 Nr. 1** gegen den Jugendlichen selbst oder gegen einen (beliebigen) schutzbereiten Dritten richten. Bei Kindern (§ 19) genügt das Vorenthalten oder Entziehen ohne Einsatz von Nötigungsmitteln (**Abs. 1 Nr. 2, Abs. 2**).

3 ■ Das Personensorgerecht (vgl § 1631 BGB, hierzu auch BGHSt 39, 239) ist **entzogen**, wenn seine Ausübung für eine gewisse Dauer durch räumliche Trennung wesentlich beeinträchtigt ist (vgl BGHSt 1, 199; 16, 58 [61 f]; näher *Sallum*, Die strafrechtlichen Probleme der internationalen Kindesentziehung beim Streit um das gemeinsame Kind, 2007, 80; vgl auch *Geppert* Kaufmann, H.-GS, 759 [779 ff]). Maßgebend sind die Umstände des Einzelfalles (Alter des Kindes, Fürsorgebedürftigkeit usw). Eine Entziehung liegt dabei laut BGH nicht nur dann vor, wenn ein Minderjähriger vom Elternteil entfernt wird, sondern auch umgekehrt dann, wenn der Elternteil unter den Voraussetzungen von § 235 vom Minderjährigen entfernt und festgehalten wird (BGHSt 59, 307 [309 ff] m. krit. Anm. *Eidam* HRRS 2015, 243 ff; *Putzke* ZJS 2015, 315 ff).

4 ■ Das Kind (bzw der Jugendliche) wird **vorenthalten**, wenn seine Herausgabe an den Berechtigten verweigert oder (durch Verheimlichen des Aufenthaltsortes, anderweitige Unterbringung usw) erschwert wird (vgl § 1632 I BGB, BT-Drucks. 13/8587, 38; *Sallum*, Die strafrechtlichen Probleme der internationalen Kindesentziehung beim Streit um das gemeinsame Kind, 2007, 72 ff).

5 III. **Subjektiv** genügt dolus eventualis. Ein Handeln wider besseres Wissens oder ein wissentliches Handeln wird nicht vorausgesetzt. Allerdings muss der Täter erkannt haben, dass er in ein fremdes Sorgerecht eingreift (*Sallum*, Die strafrechtlichen Probleme der internationalen Kindesentziehung beim Streit um das gemeinsame Kind, 2007, 83).

6 IV. Als **Täter** nach Abs. 1 Nr. 1 und Abs. 2 kommen – neben beliebigen Dritten – auch Angehörige in Betracht. Demnach kann sich auch ein (selbst sorgeberechtigter) Elternteil, der dem anderen dessen Sorgerecht entzieht oder vorenthält, strafbar machen (MK-*Wieck-Noodt* Rn 27; vgl umfassend zur Strafbarkeit des allein sorgeberechtigten Elternteils nach § 235 Abs. 2 zulasten des nur umgangsberechtigten anderen Elternteils *Bock* JR 2016, 300 ff mwN).

7 Angehörige (§ 11 I Nr. 1) können dagegen keine Täter iSv Abs. 1 Nr. 2 sein.

8 V. Die Tat hat Verbrechenscharakter, wenn die in **Abs. 4 und 5** genannten **Qualifikationen** der Gefahr des Todes (§ 250 Rn 27), der Gefahr einer schweren Gesundheitsschädigung (§ 250 Rn 13 f) oder der Gefahr einer erheblichen Schädigung der körperlichen oder seelischen Entwicklung (§ 171 Rn 3) erfüllt sind oder wenn der Täter gegen Entgelt (§ 11 Rn 50 f) oder mit Bereicherungsabsicht handelt oder wenn das Opfer durch die Tat zu Tode kommt. Bereicherungsabsicht und die Tatbegehung gegen Entgelt stellen keine besonderen persönlichen Merk-

male dar (BGHSt 55, 229 [232 f]; BGH NJW 2010, 3669 f; vgl auch § 28). Opfer iSv Abs. 4 Nr. 1 ist dabei nach verbreiteter Sicht allein der von der Tat betroffene Minderjährige, nicht aber der Sorgeberechtigte (BGH NStZ 2006, 447 [448]; M-*Schroeder/Maiwald* II § 63/67; wohl auch SK-*Wolters* Rn 20; aA LK-*Krehl* Rn 82; NK-*Sonnen* Rn 23).

§ 236 Kinderhandel

(1) ¹Wer sein noch nicht achtzehn Jahre altes Kind oder seinen noch nicht achtzehn Jahre alten Mündel oder Pflegling unter grober Vernachlässigung der Fürsorge- oder Erziehungspflicht einem anderen auf Dauer überlässt und dabei gegen Entgelt oder in der Absicht handelt, sich oder einen Dritten zu bereichern, wird mit Freiheitsstrafe bis zu fünf Jahren oder mit Geldstrafe bestraft. ²Ebenso wird bestraft, wer in den Fällen des Satzes 1 das Kind, den Mündel oder Pflegling auf Dauer bei sich aufnimmt und dafür ein Entgelt gewährt.

(2) ¹Wer unbefugt
1. die Adoption einer Person unter achtzehn Jahren vermittelt oder
2. eine Vermittlungstätigkeit ausübt, die zum Ziel hat, daß ein Dritter eine Person unter achtzehn Jahren auf Dauer bei sich aufnimmt,

und dabei gegen Entgelt oder in der Absicht handelt, sich oder einen Dritten zu bereichern, wird mit Freiheitsstrafe bis zu drei Jahren oder mit Geldstrafe bestraft. ²Ebenso wird bestraft, wer als Vermittler der Adoption einer Person unter achtzehn Jahren einer Person für die Erteilung der erforderlichen Zustimmung zur Adoption ein Entgelt gewährt. ³Bewirkt der Täter in den Fällen des Satzes 1, daß die vermittelte Person in das Inland oder Ausland verbracht wird, so ist die Strafe Freiheitsstrafe bis zu fünf Jahren oder Geldstrafe.

(3) Der Versuch ist strafbar.

(4) Auf Freiheitsstrafe von sechs Monaten bis zu zehn Jahren ist zu erkennen, wenn der Täter
1. aus Gewinnsucht, gewerbsmäßig oder als Mitglied einer Bande handelt, die sich zur fortgesetzten Begehung eines Kinderhandels verbunden hat, oder
2. das Kind oder die vermittelte Person durch die Tat in die Gefahr einer erheblichen Schädigung der körperlichen oder seelischen Entwicklung bringt.

(5) In den Fällen der Absätze 1 und 3 kann das Gericht bei Beteiligten und in den Fällen der Absätze 2 und 3 bei Teilnehmern, deren Schuld unter Berücksichtigung des körperlichen oder seelischen Wohls des Kindes oder der vermittelten Person gering ist, die Strafe nach seinem Ermessen mildern (§ 49 Abs. 2) oder von Strafe nach den Absätzen 1 bis 3 absehen.

I. Die Vorschrift **schützt** in Abs. 1 die ungestörte körperliche und seelische Entwicklung (und die Menschenwürde) von Kindern und Jugendlichen, in Abs. 2 Kinder und Jugendliche vor unbefugten – vor allem gewerblichen – Adoptionsvermittlungen (BT–Drucks. 13/8587, 40; vgl auch *Kreß* NJW 1998, 633 [642]; MK-*Wieck-Noodt* Rn 1 f). 1

II. Als **Täter** („Verkäufer") einer Tat iSv Abs. 1 S. 1 kommen leibliche Eltern bzw ein Elternteil, Adoptiveltern und sog. „Scheinväter", denen das Kind unter den Voraussetzungen von § 1592 BGB rechtlich zugeordnet ist, in Betracht (BT– 2

Drucks. 13/8587, 40). Die Schutzaltersgrenze beträgt achtzehn Jahre. In den Schutzbereich einbezogen sind Mündel und Pfleglinge (vgl § 99 I sowie § 104 I FamFG), so dass auch Vormünder (§§ 1773 ff BGB) und Pfleger (§§ 1909 ff BGB) als taugliche Täter in Betracht kommen. Die Tat ist echtes **Sonderdelikt**. Dritte, für die aber ggf Abs. 1 S. 2 gilt, können nur Teilnehmer sein. Neben der groben Verletzung der Fürsorge- und Erziehungspflicht (§ 171 Rn 2) muss der Täter gegen Entgelt (§ 11 Rn 50 f) oder mit Bereicherungsabsicht handeln. **Überlassen** ist die Übergabe zur Begründung eines tatsächlichen Gewaltverhältnisses über das Opfer. Für das Überlassen **auf Dauer**, das zum Zeitpunkt der Übergabe nur beabsichtigt sein muss, ist der Wille entscheidend, das Sorgeverhältnis auf unabsehbare Zeit aufzugeben.

3 Der **Aufnehmende** („Käufer") macht sich nach Abs. 1 S. 2 nur strafbar, wenn er um die in der Überlassung liegende grobe Verletzung der Fürsorge- und Erziehungspflicht weiß. Damit wird derjenige nicht erfasst, der die Not der Eltern lindern und dem Kind aus erbärmlichen Verhältnissen heraushelfen will. Das Aufnehmen entspricht spiegelbildlich dem Überlassen. Das Entgelt muss (zumindest teilweise) tatsächlich gewährt sein.

4 **III.** Abs. 2 dient der flankierenden Absicherung der Verbote nach dem Adoptionsvermittlungsgesetz. Bei grenzüberschreitenden Vermittlungen greift Abs. 2 S. 2 als Qualifikationstatbestand ein.

5 **IV.** Für die Taten nach Abs. 1 und 2 sieht Abs. 4 weitere (verschärfte) **Qualifikationen** vor, wenn der Täter aus **Gewinnsucht** – einer über die Bereicherungsabsicht hinausgehenden Steigerung des Erwerbssinns auf ein ungehemmtes, überzogenes, sittlich anstößiges Maß (vgl BGHSt 1, 388; BGH GA 1953, 154) –, **gewerbsmäßig** (vgl § 243 Rn 24 f), als Mitglied einer **Bande** (vgl § 244 Rn 29 ff), die auf fortgesetzten Kinderhandel ausgerichtet ist, handelt oder das Opfer durch die Tat in die Gefahr einer **erheblichen Schädigung der körperlichen oder seelischen Entwicklung** bringt (vgl § 171 Rn 3).

6 **V.** Abs. 5 sieht, auch im Falle eines Versuchs (Abs. 3), die Möglichkeit einer Strafmilderung oder des Absehens von Strafe für die Taten nach Abs. 1 und 2 vor.

§ 237 Zwangsheirat

(1) ¹Wer einen Menschen rechtswidrig mit Gewalt oder durch Drohung mit einem empfindlichen Übel zur Eingehung der Ehe nötigt, wird mit Freiheitsstrafe von sechs Monaten bis zu fünf Jahren bestraft. ²Rechtswidrig ist die Tat, wenn die Anwendung der Gewalt oder die Androhung des Übels zu dem angestrebten Zweck als verwerflich anzusehen ist.

(2) Ebenso wird bestraft, wer zur Begehung einer Tat nach Absatz 1 den Menschen durch Gewalt, Drohung mit einem empfindlichen Übel oder durch List in ein Gebiet außerhalb des räumlichen Geltungsbereiches dieses Gesetzes verbringt oder veranlasst, sich dorthin zu begeben, oder davon abhält, von dort zurückzukehren.

(3) Der Versuch ist strafbar.

(4) In minder schweren Fällen ist die Strafe Freiheitsstrafe bis zu drei Jahren oder Geldstrafe.

§ 237 Zwangsheirat

I. Allgemeines

Nach eingehenden Diskussionen, auch in der Öffentlichkeit, über die Problematik der sog. Zwangsehen hat sich der Gesetzgeber im Jahre 2011 dazu entschlossen, diese in einem eigenen Tatbestand unter Strafe zu stellen (BGBl. 2011 I, 1266; zum ursprünglich geplanten § 234 b vgl BT-Drucks. 16/1035 und BR-Drucks. 436/05; Überblick zu den bisherigen Gesetzesvorhaben *Schubert/Moebius* ZRP 2006, 33 f). Eine **Zwangsheirat** liegt vor, wenn mindestens einer der Eheschließenden durch Willensbeugung zur Ehe gebracht wird (BT-Drucks. 17/4401, 8). Eine solche Nötigung zur Eheschließung stand auch bisher als Regelbeispiel eines besonders schweren Falles in § 240 IV Nr. 1 StGB unter Strafe, wurde nunmehr jedoch als eigener Tatbestand vertypt (dazu BT-Drucks. 17/4401, 8 f; *Letzgus* Puppe-FS 1231 ff). Abzugrenzen ist die Zwangsehe von sog. „arrangierten Ehen", die mit Einverständnis beider Ehegatten eingegangen werden (*Sering* NJW 2011, 2161; *Yerlikaya/Çakır-Ceylan* ZIS 2011, 206 f). Der im Vergleich zur Nötigung erhöhte Strafrahmen beruht auf dem besonderen Unrecht, jemanden zu einer dauerhaften rechtlichen und persönlichen Verbindung zu zwingen (BT-Drucks. 17/4401, 12). 1

II. Schutzzweck

Der Gesetzgeber bezeichnet die „Eheschließungsfreiheit" als das geschützte Rechtsgut (BT-Drucks. 17/4401, 8), womit lediglich zum Ausdruck gebracht werden soll, dass der Tatbestand die allgemeine Willensbildungs- und Willensbetätigungsfreiheit gerade mit Blick auf Eheschließungen schützen soll (zum Umfang der geschützten Willensfreiheit *Schumann* JuS 2011, 789 [790]; § 240 Rn 2 ff). 2

III. Definitionen und Erläuterungen

1. Den **objektiven Tatbestand** des **Abs. 1** verwirklicht, wer das Opfer mit **Gewalt** oder durch **Drohung mit einem empfindlichen Übel** zur Eingehung der Ehe nötigt. Die Tatmittel der Gewalt und der Drohung mit einem empfindlichen Übel entsprechen denjenigen des § 240 (vgl Vor §§ 232-241 a Rn 3 ff). 3

Nötigungserfolg ist die „Eingehung der Ehe". Damit kann nur eine „wirksame Eheschließung" gemeint sein, da sonst die Frage der Strafbarkeit nicht gerichtlich überprüfbar wäre (vgl M/R-*Eidam* Rn 15; *Fischer* Rn 11; *Haas* JZ 2013, 72 [78]; *Schumann* JuS 2011, 789 [790]; ausf. zum Begriff der Ehe *Bülte/Becker* ZIS 2012, 61 ff). Die Wirksamkeit der Eheschließung bestimmt sich jedoch nicht allein nach deutschem Recht; auch nach ausländischem Recht wirksam geschlossene Ehen (sog. „hinkende Ehen") sind tatbestandsmäßig (vgl *Eisele/Majer* NStZ 2011, 546 [549]; *Ensenbach* Jura 2012, 507 [510]; *Schumann* JuS 2011, 789 f mit dem Hinweis, dass die unter Zwang geschlossenen Ehen nicht per se unwirksam, sondern in der Regel gem. § 1313 BGB lediglich aufhebbar sind, es sei denn, dass – wie etwa bei vis absoluta – schon keine Willenserklärung vorliegt). 4

Die **Verwerflichkeitsklausel** des § 237 I 2 entspricht der der Nötigung in § 240 II (vgl § 240 Rn 44 ff). Sie dürfte vor allem in Fällen eines sogenannten „Beziehungsdrucks", also in Fällen, in denen gedroht wird, eine Beziehung zu beenden, falls nicht endlich geheiratet wird, in der Regel eine Strafbarkeit ausschließen (vgl BT-Drucks. 17/4401, 12; *Schumann* JuS 2011, 789 [791]; m. weiteren Bei- 5 spielen *Kubik/Zimmermann* JR 2013, 192 [194], Kritik bei *Letzgus* Puppe-FS 1231 [1240]).

6 Nach **Abs. 2** macht sich strafbar, wer zur Begehung der Tat nach Abs. 1 die genannten Nötigungsmittel oder List (vgl Vor §§ 232-241 a Rn 2) dazu nutzt, einen Menschen außerhalb des räumlichen Geltungsbereichs des StGB zu verbringen, ihn veranlasst, sich dorthin zu begeben, oder ihn davon abhält, von dort zurückzukehren (ausf. *Ensenbach* Jura 2012, 507 [511 f]). Insoweit dehnt Abs. 2 die Strafbarkeit nach § 237 I auf **Vorbereitungshandlungen** aus und deckt sich inhaltlich mit dem Tatbestand der Verschleppung nach § 234 a (vgl *Sering* NJW 2011, 2161 f). Mit diesem Tatbestand soll vor allem sog. „Ferienverheiratungen" entgegengewirkt werden (vgl BT-Drucks. 17/4401, 13; *Haas* JZ 2013, 72 [78]; *Valerius* JR 2011, 430 [431]). Der Geltungsbereich des StGB bestimmt sich nach den §§ 3 ff.

7 Das **Verbringen** setzt die Erlangung physischer Herrschaft über das Opfer voraus. Demgegenüber ist unter dem **Veranlassen** eine psychische Beeinflussung des Opfers, etwa durch das Vorspiegeln günstiger Geschäftsabschlüsse, zu verstehen. Mit dem **Abhalten** wird schließlich der Fall erfasst, dass der Täter das Opfer (psychisch oder physisch) daran hindert, aus dem fremden Gebiet, in das es sich (freiwillig) begeben hat, zurückzukehren (vgl § 234 a Rn 2).

8 2. Der **subjektive Tatbestand** des § 237 I entspricht demjenigen der Nötigung. Für den Einsatz des Nötigungsmittels reicht daher nach hM dolus eventualis aus, während hinsichtlich des Erfolges Absicht zu fordern ist (vgl § 240 Rn 41 f).

9 Bezüglich des subjektiven Tatbestandes nach § 237 II ist für den angestrebten Erfolg der Eheschließung Absicht erforderlich, während für die Ausführung der eigentlichen Tathandlungen dolus eventualis genügt (vgl *Schumann* JuS 2011, 789 [793]).

10 3. Eine **Strafmilderung** nach **Abs. 4** kommt nur dann in Betracht, wenn das Maß der angewandten Gewalt gering ist oder die Drohung eine geringe Intensität hat. Dies wird jedoch nur selten in Betracht kommen (BT-Drucks. 17/4401, 13).

IV. Konkurrenzen

11 § 237 ist eine selbstständige Qualifikation des § 240 und somit hierzu lex specialis (abl. *Bülte/ Becker* JA 2013, 7 [8 f]: delicti sui generis). Tateinheit kann zwischen den Vorschriften jedoch dann vorliegen, wenn etwa die in Aussicht genommene Eheschließung scheitert. Ebenso ist Tateinheit mit den §§ 239, 223 ff möglich (ausf. *Schumann* JuS 2011, 789 [793 f]).

V. Ausländerrechtliche Folgen

12 Mit Blick auf den primären Täter- und Opferkreis wurde auch das Aufenthaltsgesetz geändert (BGBl. 2011 I, 162; vgl BT-Drucks. 17/4401, 10; näher *Sering* NJW 2011, 2161 [2164]). Für die Praxis sollten in diesem Zusammenhang die ausländerrechtlichen Folgen beachtet werden (hierzu *Ensenbach* Jura 2012, 507 [512]).

§ 238 Nachstellung

(1) Mit Freiheitsstrafe bis zu drei Jahren oder mit Geldstrafe wird bestraft, wer einer anderen Person in einer Weise unbefugt nachstellt, die geeignet ist, deren Lebensgestaltung schwerwiegend zu beeinträchtigen, indem er beharrlich
1. die räumliche Nähe dieser Person aufsucht,
2. unter Verwendung von Telekommunikationsmitteln oder sonstigen Mitteln der Kommunikation oder über Dritte Kontakt zu dieser Person herzustellen versucht,
3. unter missbräuchlicher Verwendung von personenbezogenen Daten dieser Person
    a) Bestellungen von Waren oder Dienstleistungen für sie aufgibt oder
    b) Dritte veranlasst, Kontakt mit ihr aufzunehmen, oder
4. diese Person mit der Verletzung von Leben, körperlicher Unversehrtheit, Gesundheit oder Freiheit ihrer selbst, eines ihrer Angehörigen oder einer anderen ihr nahestehenden Person bedroht oder
5. eine andere vergleichbare Handlung vornimmt.

(2) Auf Freiheitsstrafe von drei Monaten bis zu fünf Jahren ist zu erkennen, wenn der Täter das Opfer, einen Angehörigen des Opfers oder eine andere dem Opfer nahe stehende Person durch die Tat in die Gefahr des Todes oder einer schweren Gesundheitsschädigung bringt.

(3) Verursacht der Täter durch die Tat den Tod des Opfers, eines Angehörigen des Opfers oder einer anderen dem Opfer nahe stehenden Person, so ist die Strafe Freiheitsstrafe von einem Jahr bis zu zehn Jahren.

(4) In den Fällen des Absatzes 1 wird die Tat nur auf Antrag verfolgt, es sei denn, dass die Strafverfolgungsbehörde wegen des besonderen öffentlichen Interesses an der Strafverfolgung ein Einschreiten von Amts wegen für geboten hält.

I. Allgemeines

1. Schutzbereich: § 238 wurde am 30.3.2007 (BGBl. I 2007, S. 354) in das StGB eingestellt, um der fortgesetzten Verfolgung, Belästigung und Bedrohung einer anderen Person gegen deren Willen, dem sog. „Stalking", wirksam zu begegnen (umf. *Müller*, Zum tatbestandlichen Anwendungsbereich des § 238 Abs. 1 StGB). Zuvor bot das geltende Recht gegen bestimmte Formen des „Stalking" zwar eingeschränkten Schutz; dieser bezog sich jedoch nur auf einzelne Handlungen (BT-Drucks. 16/575, 6; *Utsch*, Strafrechtliche Probleme des Stalking, 2007, 23 ff; zur Rechtslage vor Erlass des § 238 *Rackow* GA 2008, 552 [554 ff]; zur Entstehungsgeschichte *Kraenz*, Der strafrechtliche Schutz des Persönlichkeitsrechts, 2008, 281 ff; Kriminalstatistik und rechtspolitische Einschätzung bei NK-*Sonnen* Rn 15 ff; krit. *Schöch*, NStZ 2013, 221 ff). Daher stellt § 238 eine Ergänzung vor allem zu den §§ 123, 185, 240, 241, 223 und 239 f dar (*Kinzig/Zander* JA 2007, 481 [482]; *Mitsch* Jura 2007, 401 [401]). Zuletzt geändert wurde die Vorschrift am 10.03.2017 (BGBl I 2017, S. 386). Stellte die Norm bis dahin ein Erfolgsdelikt dar, so ist sie nun als Eignungsdelikt ausgestaltet. Die Vorschrift ist ein Schutzgesetz iSd § 823 II BGB (zu den zivilrechtlichen Folgen vgl *Keiser* NJW 2007, 3387 ff; zu § 238 in der staatsanwaltlichen Praxis siehe *Peters* NStZ 2009, 238 ff). Ergänzt wird § 238 durch § 112 a StPO (Deeskalationshaft; dazu *Krüger* NJ 2008, 150 ff). Die Tat nach Abs. 1 ist (relatives) **Antragsdelikt** (Abs. 4).

Der Standort des § 238 im 18. Abschnitt des StGB beruht auf der Eignung der Handlung, eine schwerwiegende Beeinträchtigung der Lebensgestaltung herbeizuführen. **Schutzgüter** der Norm sind die Entschließungs- und Handlungsfreiheit sowie die körperliche Unversehrtheit und das Leben, also der individuelle Lebensbereich und die Lebensgestaltungsfreiheit des Opfers (BT-Drucks. 16/1030, 6; BT-Drucks. 16/575, 6,7; *Mosbacher* NStZ 2007, 665 [666]; *Valerius* JuS 2007, 319 [320 f]; SK-*Wolters* Rn 2; krit. *Kinzig/Zander* JA 2007, 481 [482]; *Mitsch* NJW 2007, 1237 [1238]: Rechtsgut ist auch der Rechtsfriede).

2 **2. Gutachten:** Es empfiehlt sich, die Deliktsmerkmale der Nachstellung in folgenden Schritten zu prüfen:
   A) Tatbestand:
      I. Objektiver Tatbestand:
         1. Tathandlung: Unbefugtes (Rn 9) Nachstellen (Rn 3) durch beharrliches (Rn 10)
            a) (Nr. 1) Aufsuchen der räumlichen Nähe (Rn 4) oder
            b) (Nr. 2) Versuchen der Kontaktherstellung unter Verwendung von Telekommunikationsmitteln oder sonstigen Mitteln der Kommunikation oder über Dritte (Rn 5) oder
            c) (Nr. 3) Bestellungen von Waren oder Dienstleistungen unter missbräuchlicher Verwendung von personenbezogenen Daten oder durch Veranlassung Dritter zur Kontaktaufnahme (Rn 6) oder
            d) (Nr. 4) Bedrohung mit der Verletzung von Leben, körperlicher Unversehrtheit, Gesundheit oder Freiheit seiner selbst oder einer ihm nahe stehenden Person (Rn 7) oder
            e) (Nr. 5) eine andere vergleichbare Handlung (Rn 8)
         2. Eignung zur schwerwiegenden Beeinträchtigung der Lebensgestaltung (Rn 11)
      II. Subjektiver Tatbestand (Rn 12)
   B) Rechtswidrigkeit
   C) Schuld
   D) Ggf Qualifikationen nach Abs. 2 und 3 (Rn 13 f)
   E) Strafantrag (Abs. 4)

II. Nachstellen (Abs. 1)

3 **Grundtatbestand** des § 238 ist das Nachstellen durch beharrliche unmittelbare oder mittelbare Annäherungshandlungen an das Opfer, die in den Nr. 1-5 näher bestimmt werden. Diese Handlungen müssen die Eignung aufweisen, in den Lebensbereich des Opfers (kausal) einzugreifen und dadurch dessen Handlungs- und Entschließungsfreiheit zu beeinträchtigen. Die Nr. 1-4 umfassen die häufigsten Formen der Nachstellung, während Nr. 5 als Auffangtatbestand anzusehen ist.

4 **1. Nr. 1: Aufsuchen der räumlichen Nähe** bedeutet, dass der Täter eine physische Annäherung zu dem Opfer anstrebt (eigenhändiges Delikt, *Mitsch* NJW 2007, 1237 [1240]; SK-*Wolters* Rn 10). Dies ist namentlich bei der Überwachung des Opfers, dem Aufsuchen der Arbeitsstelle und sonstiger Präsenz in der Nähe des Opfers durch Auflauern oder Verfolgen der Fall. Das Aufsuchen durch den Täter

muss gezielt erfolgen; bloßer Zufall reicht nicht (BT-Drucks. 16/575, 7), es sei denn, der Täter bezieht den Zufall in seine Planung mit ein, indem er Orte aufsucht, wo sich sein Opfer üblicherweise zu einem bestimmten Zeitpunkt aufhält (*Valerius* JuS 2007, 319 [321]). Umstritten ist, ob das Aufsuchen der räumlichen Nähe durch den Täter vom Opfer wahrgenommen werden muss. Teilweise wird ein heimliches, unentdecktes Beobachten nicht für ausreichend erachtet, da es nicht dazu geeignet sei, eine schwerwiegende Beeinträchtigung der Lebensgestaltung herbeizuführen (*Gazeas* JR 2007, 497 [499]; *Löhr*, Zur Notwendigkeit eines spezifischen Anti-Stalking-Straftatbestandes in Deutschland, 2008, 309; *Mitsch* NJW 2007, 1237 [1239]). Vorzugswürdig ist die Gegenansicht, die ein heimliches Verhalten des Täters oder jedenfalls Wahrnehmbarkeit ausreichen lässt (*Fischer* Rn 12; NK-*Sonnen* Rn 32; vgl auch SK-*Wolters* Rn 10). Denn die Eignung zur Beeinträchtigung der Lebensgestaltung kann sich auch aus einem unentdeckten Beobachten ergeben, wenn das Opfer aus sonstigen Quellen Kenntnis darüber erlangt, dass es vom Täter dauernd aus der Nähe beobachtet wird. Für die „räumliche Nähe" ist ansonsten als Faustregel ein „In-Sichtweite-Sein" des Täters erforderlich (*Kinzig/ Zander* JA 2007, 481 [483]; *von Pechstaedt* NJW 2007, 1233 [1234]; NK-*Sonnen* Rn 32).

Bei **bestehenden Lebensgemeinschaften** kommt ein Aufsuchen der räumlichen Nähe nicht in Betracht; insoweit greift die Regelungen des GewSchG ein (hierzu *Utsch*, Strafrechtliche Probleme des Stalking, 2007, 142 ff). Auch das bloße Unterlassen eines Sich-Entfernens, wie die Weigerung aus einer gemeinsamen Wohnung auszuziehen, erfüllt den Tatbestand nicht (*Fischer* Rn 13; *Gazeas* JR 2007, 497 [499]).

2. Nr. 2: Der Täter **versucht** unter Verwendung von Telekommunikationsmitteln 5 oder sonstigen Mitteln der Kommunikation oder über Dritte (als Boten) **Kontakt zum Opfer herzustellen**, wenn er dem Opfer zB ständig Briefe, E-Mails oder SMS zusendet, Telefonterror betreibt oder Botschaften an die Windschutzscheibe steckt (BT–Drucks. 16/575, 7; *Kinzig/Zander* JA 2007, 481 [483]; *Valerius* JuS 2007, 319 [321]). Nonverbale Mittel wie Gesten durch ständiges Rosenniederlegen oder das Zusenden toter Tiere und ähnliche Verhaltensweisen, die nicht unmittelbar die Kontaktaufnahme zum Ziel haben, sind nicht einschlägig, können aber Nr. 4 oder Nr. 5 unterfallen (*Gazeas* JR 2007, 497 [500]; SK-*Wolters* Rn 11).

Tatbestandsmäßig ist bereits der **Versuch** der Kontaktherstellung (durch unmittelbares Ansetzen, vgl SK-*Wolters* Rn 11), unabhängig davon, ob das Opfer auch darauf eingeht (*Mitsch* NJW 2007, 1237 [1239]; HKGS-*Rössner/Krupna* Rn 6).

3. Nr. 3: Tatbestandsmäßig iSd Variante handelt der Täter, wenn er **personenbe-** 6 **zogene Daten** des Opfers **missbräuchlich verwendet**, indem er Waren oder Dienstleistungen für das Opfer bestellt oder versucht, Dritte zur Kontaktaufnahme mit dem Opfer zu veranlassen. Typisch hierfür sind das Schalten unrichtiger Anzeigen (Hochzeit, Todesfall, sexuelle Dienstleistungen) sowie die Bestellung von Waren oder das Abonnieren von Zeitschriften unter der Verwendung der Daten (Adresse, Telefonnummer, E-Mail-Adresse usw) des Opfers (*Kinzig/ Zander* JA 2007, 481 [483]; *Mitsch* NJW 2007, 1237 [1239]; *Valerius* JuS 2007, 319 [321]). Durch dieses Verhalten nimmt der Täter zwar nicht selbst Kontakt zum Opfer auf, beeinflusst aber das soziale Umfeld und ggf das Wohlbefinden des Opfers (BT–Drucks. 16/575, 7). Die Daten brauchen nicht geheim oder besonders geschützt zu sein. Die Verwendung ist missbräuchlich, wenn sie gegen den Willen des Opfers erfolgt.

7 **4. Nr. 4:** Die **Drohung** (Vor §§ 232-241 a Rn 22) muss die Beeinträchtigung eines der genannten Rechtsgüter betreffen. Sie braucht sich allerdings nicht – wie bei § 241 – auf Verbrechen beziehen; sie kann auch ein Vergehen zum Gegenstand haben (*Kinzig/Zander* JA 2007, 481 [483 f]). Ausdrücklich vom Wortlaut umfasst sind auch Drohungen gegen Angehörige und dem Opfer nahestehende Personen.

8 **5. Nr. 5:** Diese Tatvariante dient als **Auffangtatbestand** und erfasst die Vornahme von Handlungen, die denjenigen in den Nr. 1-4 vergleichbar sind. Auf diese Weise soll nach dem Willen des Gesetzgebers auf vielfältige, häufig wechselnde und immer neue Angriffsformen eines „Stalkers" reagiert werden können (BT-Drucks. 16/1030, 7; *Mitsch* NJW 2007, 1237 [1238]). Dies ist etwa der Fall, wenn das Verhalten des Täters geeignet ist, das Opfer besonders verächtlich zu machen oder in seiner Privatsphäre entscheidend zu treffen. Zu denken ist an das Installieren einer Überwachungskamera oder das ständige Beobachten mit einem Fernglas (weitere Beispiele bei *Kinzig/Zander* JA 2007, 481 [484]; *Valerius* JuS 2007, 319 [322]). Die Regelung ist allerdings unbestimmt und mit Blick auf Art. 103 II GG verfassungsrechtlich bedenklich (*Bartsch* Rössner-FS 717 [724]; *Dessecker* Maiwald-FS 103 [108]; *Fischer* Rn 5 ff; NK-*Sonnen* Rn 40 f; SK-*Wolters* Rn 14; dies deutet in einem obiter dictum auch BGHSt 54, 189 [193 f] m.Anm. *Gazeas* NJW 2010, 1684 und Bspr *Kudlich* JA 2010, 389 [391] an) und sollte daher zunächst bei der Umwandlung des Deliktes von einem Erfolgsdelikt in ein Eignungsdelikt im Hinblick auf das Bestimmtheitsgebot und eine zu weitgehende Pönalisierung gestrichen werden (Vgl. BT-Drs. 18/9946 S. 14). Trotz dieser Bedenken entschied sich der Gesetzgeber dafür, die Handlungsgeneralklausel beizubehalten, um keine Schutzlücken aufkommen zu lassen (BT-Drs. 18/10654 S. 5).

9 **6. Unbefugt:** Der Täter muss dem Opfer unbefugt nachstellen. Dies ist vor allem nicht der Fall, wenn das Opfer mit der Handlung einverstanden ist (BT-Drucks. 16/575, 7). Ferner handelt der Täter nicht unbefugt, wenn er durch amtliche Befugnisse (zB als Gerichtsvollzieher) oder Erlaubnisse ermächtigt ist oder ein Presseorgan ist und sich im verfassungsrechtlichen Rahmen hält (BT-Drucks. 16/1030, 7; BT-Drucks. 16/575, 7; *Kraenz*, Der strafrechtliche Schutz des Persönlichkeitsrechts, 2008, 318 ff; *Valerius* JuS 2007, 319 [322]). Deliktssystematisch ist „unbefugt" Tatbestandsmerkmal, da es der Begrenzung des Anwendungsbereichs der Norm auf strafwürdige Fälle dient (BT-Drucks. 16/575, 7; BT-Drucks. 16/1030, 7; *Kinzig/Zander* JA 2007, 481 [483]; für Rechtswidrigkeitshinweis SK-*Wolters* Rn 8; für „Doppelstellung" *Mitsch* NJW 2007, 1237 [1240]).

10 **7. Beharrlich:** Beharrlich handelt ein Täter schließlich, wenn durch sein wiederholtes und andauerndes Verhalten eine besondere Hartnäckigkeit und gesteigerte Gleichgültigkeit gegenüber dem Opferwillen zum Ausdruck kommt (BT-Drucks. 16/575, 7; *Valerius* JuS 2007, 319 [322]). Es muss demnach die Gefahr weiterer Begehung bestehen; einmaliges Verhalten reicht nicht (OLG Zweibrücken NJ 2010, 481; *Mitsch* NJW 2007, 1237 [1240]). Vgl aber BGHSt 54, 189 (194 f, 198): Eine in jedem Einzelfall Gültigkeit beanspruchende Mindestanzahl von tatbestandsmäßigen Handlungen lässt sich nicht festlegen; zweimaliges Nachstellen kann je nach Intensität des Eingriffs genügen (*Buß* JR 2011, 84 [85]; S/S/W-*Schluckebier* Rn 13; krit. hierzu *Jahn* JuS 2008, 553 f; *von Schenk* Jura 2008, 553 [554]). Voraussetzung zur Verwirklichung des Merkmals der Beharrlichkeit, welches dazu dient, einzelne sozialadäquate Handlungen von unerwünschtem

"Stalking" abzugrenzen, ist also die wiederholte Begehung aus Missachtung des oder Gleichgültigkeit gegenüber dem Willen des Opfers mit der Absicht, sich auch in Zukunft immer wieder entsprechend zu verhalten (BGHSt 54, 189 [195] m.Anm. *Gazeas* NJW 2010, 1684 und Bspr *Kudlich* JA 2010, 389; OLG Zweibrücken NJ 2010, 481; krit. *Buß* JR 2011, 84 [85]). In jedem Fall sind die Handlungen des Täters einer Gesamtwürdigung zu unterziehen, da er auch in wechselnden Alternativen nachstellen kann (BT-Drucks. 16/575, 7; BGHSt 54, 189 [196] m.Anm. *Seher* JZ 2010, 582 f; *Kinzig/Zander* JA 2007, 481 [484]; *Valerius* JuS 2007, 319 [322]). Die Beharrlichkeit ist ein das Unrecht tatbezogen begründendes und kein besonderes persönliches Merkmal iSd § 28 I (aA *Mitsch* Jura 2007, 401 [402]; *Mosbacher* NStZ 2007, 665 [667]; HKGS-*Rössner/Krupna* Rn 4). Hinsichtlich seiner Unbestimmtheit ist es verfassungsrechtlich nicht unbedenklich (*Gazeas* JR 2007, 497 (502]; *Mitsch* NJW 2007, 1237 [1240]; *Sering* NJW-Spezial 2007, 375 [376]).

8. **Eignung:** Die Tathandlungen der Nachstellung müssen **geeignet** sein, die **Lebensgestaltung** des Opfers **schwerwiegend zu beeinträchtigen**. Dies ist namentlich dann der Fall, wenn die Handlungen einen so hohen Druck auf das Opfer erzeugen, dass ein objektivierter Anlass für eine Verhaltensänderung besteht (BT-Drucks. 18/9946 S. 13). Als Indizien können hierfür Häufigkeit, Kontinuität, Intensität, der zeitliche Zusammenhang oder unter Umständen auch bereits eingetretene Änderungen der Lebensumstände herangezogen werden (BT-Drs. 18/9946 S. 14). Durch das tatbestandsbeschränkende Merkmal **schwerwiegend** sind solche Handlungen von der Strafbarkeit auszuschließen, die lediglich geeignet sind, bloße Eigenvorsorge wie die Einrichtung eines Anrufbeantworters oder einer Fangschaltung zum Zwecke der Beweissicherung herbeizuführen oder Schutzmaßnahmen zu ergreifen, die dem Verhalten weiter Teile in der Bevölkerung entsprechen (vgl jeweils noch zur aF als Erfolgsdelikt BT-Drs. 16/575, S. 8; OLG Rostock laut Bspr *Jahn* JuS 2010, 81 f; *Mitsch* Jura 2007, 401 [405]; weitere Beispiele bei *Fischer* Rn 24 f). 11

Es ist nicht notwendig, dass jede einzelne Handlung die Eignung zur schwerwiegenden Beeinträchtigung der Lebensgestaltung aufweist; es genügt, wenn dies erst durch das Zusammenwirken aller Angriffe des Täters gegeben ist (vgl noch zur aF als Erfolgsdelikt BGHSt 54, 189 [198 f, 201]). Die Handlungen des Täters sind als tatbestandliche Handlungseinheit zu sehen, so dass zwischen den einzelnen Teilakten erhebliche Zeiträume liegen können (vgl BGHSt 54, 189 [196, 200 f] m. zust. Anm. *Gazeas* NJW 2010, 1684; m. krit. Anm. *Mitsch* NStZ 2010, 513 [514 f]).

9. **Subjektive Tatseite:** Zur Verwirklichung des subjektiven Tatbestands genügt dem Wortlaut der Vorschrift nach dolus eventualis (*Kinzig/Zander* JA 2007, 481 [484]), der sich auch auf die fehlende Befugnis (*Valerius* JuS 2007, 319 [322]) und auf die Eignung zur schwerwiegenden Beeinträchtigung, bzgl der sie begründenden Umstände (SK-*Wolters* Rn 6) beziehen muss. Nach der Entscheidung des BGH (BGHSt 54, 189 [195] m.Anm. *Gazeas* NJW 2010, 1684 und *Seher* JZ 2010, 582 f) ist demgegenüber jedoch die Absicht des Täters erforderlich „sich auch in Zukunft immer wieder entsprechend zu verhalten", womit der BGH höhere Anforderungen ansetzt, als die Gesetzesbegründung (BT-Drucks. 16/575, 7). Bei Nr. 2 wird zusätzlich die Absicht gefordert, Kontakt herzustellen (*Mitsch* NJW 2007, 1237 [1239]). 12

III. Qualifikation (Abs. 2)

13 Abs. 2 normiert eine Qualifikation zu Abs. 1 für den Fall, dass der Täter sein Opfer durch sein Verhalten in die konkrete Gefahr des Todes oder einer schweren Gesundheitsbeschädigung bringt (§ 221 Rn 4 f). Gefährdet sein können auch Angehörige des Opfers und ihm nahestehende Personen nach Maßgabe des § 35 (*Valerius* JuS 2007, 319 [323]). Die Tat, die den Gefahrerfolg bedingt, muss den Tatbestand des Abs. 1 erfüllen, so dass eine Verursachung des Gefahrerfolgs schon durch die erste Handlung nicht ausreicht (SK-*Wolters* Rn 20). Ferner muss zwischen Grundtatbestand und Gefahr für Leib und Leben ein Risikozusammenhang bestehen (vgl § 221 Rn 14); ein bloßer Ursachenzusammenhang genügt nicht.

Subjektiv muss der Täter mit Vorsatz hinsichtlich der Gefährdung handeln (SK-*Wolters* Rn 20); Gefährdung ist keine Erfolgsqualifikation iSv § 18 (§ 250 Rn 19).

IV. Erfolgsqualifikation (Abs. 3)

14 Abs. 3 ist eine Erfolgsqualifikation, die sich in erster Linie auf den Fall bezieht, dass das Opfer durch Täter in den Suizid getrieben wird (BT–Drucks. 16/1030, 7; krit. *Kinzig/Zander* JA 2007, 481 [485]).

Subjektiv ist bezüglich des Grundtatbestandes Vorsatz erforderlich, während hinsichtlich des Todeserfolgs Fahrlässigkeit § 18 ausreicht (*Kinzig/Zander* JA 2007, 481 [485]; *Mitsch* Jura 2007, 401 [406]).

V. Konkurrenzen

15 Die Verwirklichung mehrerer Tathandlungen des § 238 I führt nur zu dem Vorliegen einer Tat (BGHSt 54, 189 [201 f] m.Anm. *Gazeas* NJW 2010, 1684). Bei bestimmten Formen der Nachstellung kann sie mit anderen Vorschriften, zB den §§ 240, 241, 123, 177, 185 ff und §§ 223 ff in Tateinheit stehen, da § 238 einen anderen Unrechtsgehalt erfasst (*Fischer* Rn 39; L-Kühl-*Heger* Rn 12). Darüber hinaus kann § 238 I eine Klammerwirkung dahin gehend entfalten, dass er mehrere selbstständige Delikte zur Tateinheit verbindet (BGHSt 54, 189 [201 f] m. krit. Anm. *Seher* JZ 2010, 582 [584]). Taten nach § 4 GewSchG berühren eine Strafbarkeit nach § 238 I Nr. 1 nicht (SK-*Wolters* Rn 24). Zum Verhältnis von § 238 zu § § 223 vgl S/S/W-*Momsen* § 223 Rn 51 ff.

§ 239 Freiheitsberaubung

(1) Wer einen Menschen einsperrt oder auf andere Weise der Freiheit beraubt, wird mit Freiheitsstrafe bis zu fünf Jahren oder mit Geldstrafe bestraft.

(2) Der Versuch ist strafbar.

(3) Auf Freiheitsstrafe von einem Jahr bis zu zehn Jahren ist zu erkennen, wenn der Täter
1. das Opfer länger als eine Woche der Freiheit beraubt oder
2. durch die Tat oder eine während der Tat begangene Handlung eine schwere Gesundheitsschädigung des Opfers verursacht.

(4) Verursacht der Täter durch die Tat oder eine während der Tat begangene Handlung den Tod des Opfers, so ist die Strafe Freiheitsstrafe nicht unter drei Jahren.
(5) In minder schweren Fällen des Absatzes 3 ist auf Freiheitsstrafe von sechs Monaten bis zu fünf Jahren, in minder schweren Fällen des Absatzes 4 auf Freiheitsstrafe von einem Jahr bis zu zehn Jahren zu erkennen.

I. Allgemeines

1. Schutzzweck: Das Verbot der Freiheitsberaubung schützt nach hM die **potenzielle persönliche Fortbewegungsfreiheit**, dh die Freiheit der Willensbetätigung in Bezug auf das Verlassen des gegenwärtigen Aufenthaltsortes (sog. Potentialitätstheorie, BGHSt 14, 314 [316]; 32, 183 [188]; BGH NJW 1993, 1807 f; AnwK-*Küpper* Rn 1; S/S/W-*Schluckebier* Rn 1; LK-*Schluckebier* Rn 6 ff). Hiernach spielt es keine Rolle, ob das Opfer um den Zustand des Eingesperrtseins weiß oder während dieses Zustands tatsächlich den Willen zur Ortsveränderung hat. Eine Mindermeinung sieht nur die **aktuelle Fortbewegungsfreiheit** als geschützt an, so dass der Tatbestand lediglich erfüllt ist, wenn das Opfer seinen Aufenthaltsort auch tatsächlich verlassen will (sog. Aktualitätstheorie, vgl *Bloy* ZStW 96, 703; *Kretschmer* Jura 2009, 590 [591]; *Otto* BT § 28/3; *Schumacher* Stree/Wessels-FS 431 [433]; SK-*Wolters* Rn 2 a) oder verlassen wollen könnte (sog. Aktualisierbarkeitstheorie, vgl *Bohnert* JuS 1977, 746; S/S-*Eser/Eisele* Rn 1). 1

In eine (vorzugswürdige) normative Richtung läuft der Vorschlag, die **Verfügbarkeit eines elementaren Bewegungsraums** als garantiert anzusehen, der unabhängig davon geschützt ist, ob ihn das Opfer tatsächlich oder hypothetisch nutzen will (*Küper/Zopfs* Rn 231; näher zu den Argumenten der Theorien *Kargl* JZ 1999, 73 ff). 2

2. Gutachten: Es empfiehlt sich, die Deliktsmerkmale der Freiheitsberaubung in folgenden Schritten zu prüfen: 3
  A) Tatbestand:
    I. Objektiver Tatbestand:
      1. Tatobjekt: ein anderer Mensch (Rn 4)
      2. Tathandlung: Beraubung der Freiheit (Rn 5)
        a) durch Einsperren (Rn 6) oder
        b) auf andere Weise (Rn 7)
        c) für eine nicht ganz unerhebliche Zeit
    II. Subjektiver Tatbestand: (zumindest bedingter) Vorsatz (Rn 13)
  B) Rechtswidrigkeit
  C) Schuld
  D) Ggf Erfolgsqualifikationen nach Abs. 3 und 4 (Rn 15 f)

II. Tatbestand

1. Opfer einer Freiheitsberaubung kann jeder Mensch sein, und zwar unabhängig von seiner Zurechnungsfähigkeit. Jedoch muss das Opfer (in einem natürlichen Sinne) fähig sein, seinen Aufenthaltsort willkürlich zu verändern. **Kinder** unter einem Jahr scheiden als Opfer aus (vgl *Fischer* Rn 3). Bei sinnlos **Betrunkenen** oder **Schlafenden** ist – je nach Rechtsgutsverständnis (vgl Rn 1 ff) – umstritten, ob sie ihrer Freiheit beraubt werden können (bejahend die Potentialitätstheorie, verneinend die Aktualitätstheorie, differenzierend – könnte das Opfer in 4 dem fraglichen Zeitraum zu Bewusstsein kommen und seinen Fortbewegungswillen betätigen oder nicht? – die Aktualisierbarkeitstheorie). Falls das Opfer seinen Aufenthaltsort nur mithilfe anderer verlassen kann oder hierzu technische Hilfsmittel (Rollstuhl, Krücken, Brille) benötigt, kann es seiner Freiheit durch Entfernen der Hilfen beraubt werden.

5 2. Jemand ist **der Freiheit beraubt**, wenn er für einen nicht nur unerheblichen Zeitraum seinen Aufenthaltsort nicht oder jedenfalls nicht in zumutbarer Weise verlassen kann (vgl aber zu Fällen, in denen etwa das Personal eines Flugzeugs einem Passagier das Aussteigen verweigert, *Fahl* JR 2009, 100 ff). Dies ist der Fall, wenn das Opfer **gehindert** wird, **einen bestimmten Ort zu verlassen**, und zwar auch dann, wenn das Opfer hierbei einer erzwungenen Ortsveränderung (zB durch Wegtransportieren) unterworfen wird (vgl BGH NStZ 1992, 33 [34]). Nicht einschlägig ist es dagegen, dem Opfer das Aufsuchen eines bestimmten Ortes zu verwehren (BGHSt 32, 183); **Aussperren** ist kein Einsperren. Daher liegt keine Freiheitsberaubung vor, wenn Arbeitswillige durch Streikposten am Betreten des Arbeitsplatzes gehindert werden. Ferner ist es nicht tatbestandsmäßig, wenn das Opfer **gezwungen** wird, einen bestimmten Ort zu verlassen. Als Faustformel gilt: Das Verbot der Freiheitsberaubung schützt das „weg von x", nicht aber das „hin zu y".

6 a) Das **Einsperren**, als wichtigstes Mittel der Freiheitsberaubung, wird vom Tatbestand beispielhaft hervorgehoben. Hierunter ist das Verhindern des Verlassens eines Raumes durch äußere Vorrichtungen zu verstehen (RGSt 7, 259 [260]). Die Vorrichtungen des Einsperrens müssen objektiv nicht unüberwindlich sein. Es wird als ausreichend angesehen, wenn das Opfer einen Ausgang nicht kennt oder den Öffnungsmechanismus nicht zu betätigen weiß.

7 b) **Auf andere Weise** kann die Freiheitsberaubung durch jedes Mittel bewirkt werden, das die Fortbewegungsfreiheit aufhebt (BGH NJW 1993, 1807); es muss dem Einsperren nicht ähnlich sein. Auch List (Vor §§ 232-241 a Rn 2) kommt (neben Gewalt und Drohung) in Betracht, wenn dem Opfer die Unmöglichkeit einer Ortsveränderung vorgespiegelt wird (zB durch das Vortäuschen, die Tür sei verschlossen). Ausreichend soll das Errichten einer psychischen Schranke durch Drohung mit gegenwärtiger Gefahr für Leib oder Leben (nicht aber nur mit einem sonstigen empfindlichen Übel, vgl BGH NJW 1993, 1807; S/S/W-*Schluckebier* Rn 4; SK-*Wolters* Rn 5 f, 8) sein. Teilweise wird es für genügend erachtet, wenn sich das Entfernen für das Opfer aufgrund der konkreten Umstände als zu beschwerlich oder als anstößig darstellt (einem Nacktbadenden werden zB die Kleider weggenommen; LK-*Schluckebier* Rn 17; aA BGH bei *Miebach* NStZ 1995, 225; M/R-*Eidam* Rn 11). Nicht ausreichend ist, wenn ein Fortbewegen – wenn auch unter erschwerten Bedingungen – möglich bleibt (BGH NStZ 2015, 645 [646 f]). Weitere Beispiele: Fesseln (RGSt 17, 127), Betäuben, Hypnose, Festhalten, schnelles Fahren mit einem Fahrzeug, um hierdurch einen Insassen am Verlassen des Fahrzeuges zu hindern (BGH NStZ 2005, 507 [508]).

8 c) Eine **räumliche Trennung** ist nicht erforderlich. Der Täter kann sich zB mit dem Opfer zusammen in einem Raum einschließen.

9 d) Die Freiheitsberaubung kann in **mittelbarer Täterschaft** begangen werden. Exemplarisch: Strafverfolgungsorgane werden durch Täuschung veranlasst, einen Unschuldigen in Untersuchungshaft zu nehmen (vgl BGHSt 3, 4; siehe auch *Amelung/Brauer* JR 1985, 474).

e) Ferner ist eine Freiheitsberaubung durch **Unterlassen** möglich. Exemplarisch: 10
Ein unvorsätzlich Eingesperrter wird nicht herausgelassen, nachdem das Versehen erkannt ist. Auch: Unterlassen des Widerrufs einer falschen Anschuldigung bei der Polizei (vgl MK-*Wieck-Noodt* Rn 31 ff; zur Frage der Kausalität der Ingewahrsamnahme ohne unverzügliche Vorführung beim Richter vgl BGHSt 292 [296]).

3. Die Freiheitsberaubung ist **vollendet**, sobald es dem Opfer – sei es auch nur 11
vorübergehend – unmöglich gemacht ist, seinen Aufenthalt nach eigenem Belieben zu verändern. Der Tatbestand setzt keine bestimmte Dauer voraus. Bagatellfälle werden jedoch nicht erfasst.

Die Freiheitsberaubung ist **Dauerdelikt** und erst mit der Aufhebung des Freiheits- 12
entzugs **beendet** (BGHSt 20, 227 [228]).

4. Der subjektive Tatbestand verlangt (zumindest bedingten) **Vorsatz**. Der Ver- 13
such ist strafbar (Abs. 2).

III. Typische Rechtfertigungsgründe

Die Rechtswidrigkeit entfällt vor allem bei Ausübung amtlicher Befugnisse (zB 14
Verhaftung, vorläufige Festnahme, staatsanwaltschaftliche Vorführung, Anstaltsbehandlung aufgrund von Sondergesetzen). Solange die Freiheitsentziehung sachlich begründet ist, können Formmängel unerheblich sein. Nach allgemeiner Ansicht beseitigt das **Einverständnis** nicht erst die Rechtswidrigkeit, sondern bereits die Tatbestandsmäßigkeit (vgl BGH NJW 1993, 1807; vgl auch BGH NStZ 2005, 507 [508] zu einem Widerruf der Einverständniserklärung).

IV. Qualifikationen

Abs. 3 und 4 formulieren nach hM Erfolgsqualifikationen (vgl BT–Drucks. 15
13/8587; BGHSt 10, 306 [310] zu Abs. 2 aF; L-Kühl-*Kühl* Rn 9 mwN; zur schweren Gesundheitsschädigung vgl § 250 Rn 13 f; vgl auch *Mitsch* GA 2009, 329 ff). Für sie gilt § 18; es genügt damit Fahrlässigkeit. Teilweise wird jedoch die Tatvariante nach Abs. 3 Nr. 1 als selbstständiger Qualifikationstatbestand angesehen; nach dieser Ansicht muss der qualifizierende Erfolg – dh die Dauer der Freiheitsberaubung von wenigstens einer Woche – vom Vorsatz umfasst sein (W-*Hettinger* Rn 377 mwN).

Bei Abs. 4 muss der Todeserfolg entweder (unmittelbar) aus dem spezifischen Ri- 16
siko der Freiheitsentziehung oder aus der während der Freiheitsentziehung widerfahrenen Behandlung resultieren:

- Als unmittelbare Folge der Freiheitsberaubung wird auch ein tödlich enden- 17
der Fluchtversuch – „Befreiungsrisiko" – (BGHSt 19, 382) oder ein Suizid des Opfers (BGH LM Nr. 3 zu § 346) angesehen.

- Von einer Todesfolge aufgrund einer während der Tat begangenen Hand- 18
lung ist zB auszugehen, wenn das seiner Freiheit beraubte Opfer nach einer Vergewaltigung erwürgt wird (BGHSt 28, 18 [20]).

V. Konkurrenzen

19 **Gesetzeskonkurrenz** ist anzunehmen, wenn die Freiheitsberaubung notwendiger Teil oder regelmäßige Begleiterscheinung der anderen Straftat (etwa von § 177) ist.

20 **Tateinheit** (§ 52) ist gegeben, wenn der Freiheitsberaubung im Rahmen des deliktischen Geschehens eine eigene Bedeutung zukommt (vgl BGHSt 18, 26; 28, 18; BGH NStZ 2006, 340; NStZ-RR 2006, 141 [142]). Insbesondere hinsichtlich § 240 gilt: Tateinheit zwischen beiden Delikten ist anzunehmen, wenn der Täter das Opfer über die Duldung der Freiheitsberaubung hinaus zu einem weiteren Verhalten (zB Unterzeichnen eines Schecks) veranlassen will. Ferner ist nach der Rechtsprechung (BGH NStZ 2008, 209 [210]) zu beachten, dass § 239 ein Delikt ist, welches sich über einen gewissen Zeitraum hinzieht. Dieses Delikt kann daher andere Straftaten, die bei isolierter Betrachtung in Tatmehrheit zueinander stünden, zur Tateinheit verbinden, wenn § 239 mit jeder dieser Taten zusammentrifft. Das gilt jedoch nicht, wenn § 239 in seinem strafrechtlichen Unwert, der in der Strafandrohung Ausdruck findet, deutlich hinter den während seiner Begehung begangenen zusätzlichen Gesetzesverstößen zurückbleibt. § 239 hat nicht die Kraft, mehrere schwerere Einzeltaten, mit denen er seinerseits tateinheitlich zusammentrifft, zu einer materiellrechtlichen Tat iSd § 52 I zusammenzufassen.

§ 239 a Erpresserischer Menschenraub

(1) Wer einen Menschen entführt oder sich eines Menschen bemächtigt, um die Sorge des Opfers um sein Wohl oder die Sorge eines Dritten um das Wohl des Opfers zu einer Erpressung (§ 253) auszunutzen, oder wer die von ihm durch eine solche Handlung geschaffene Lage eines Menschen zu einer solchen Erpressung ausnutzt, wird mit Freiheitsstrafe nicht unter fünf Jahren bestraft.

(2) In minder schweren Fällen ist die Strafe Freiheitsstrafe nicht unter einem Jahr.

(3) Verursacht der Täter durch die Tat wenigstens leichtfertig den Tod des Opfers, so ist die Strafe lebenslange Freiheitsstrafe oder Freiheitsstrafe nicht unter zehn Jahren.

(4) ¹Das Gericht kann die Strafe nach § 49 Abs. 1 mildern, wenn der Täter das Opfer unter Verzicht auf die erstrebte Leistung in dessen Lebenskreis zurückgelangen läßt. ²Tritt dieser Erfolg ohne Zutun des Täters ein, so genügt sein ernsthaftes Bemühen, den Erfolg zu erreichen.

I. Allgemeines

1 Die Vorschrift **schützt** die persönliche Freiheit des Opfers wie auch des Nötigungsadressaten und zudem (mittelbar) das Vermögen (*Küper* Jura 1983, 206 [210]; MK-*Renzikowski* Rn 1 ff; SK-*Wolters* Rn 2). Teils wird weitergehend der Tatbestand auch als abstraktes Gefährdungsdelikt, das die Sicherheit von Leib und Leben der Geisel gewährleisten soll, gedeutet (*Brambach*, Probleme der Tatbestände des erpresserischen Menschenraubs und der Geiselnahme, 2000, 100 ff; *Fischer* Rn 2; *Renzikowski* StV 1999, 647 [648]; *Rheinländer*, Erpresserischer Menschenraub und Geiselnahme [§§ 239 a, 239 b]: Eine Strukturanalyse, 2000, 200 ff).

Die Vorschrift enthält **zwei Handlungsalternativen**: Die erste wird als **Entführungs- und Bemächtigungstatbestand**, die zweite als **Ausnutzungstatbestand** bezeichnet. In der ersten Variante braucht die Erpressung zum Zeitpunkt der Tat nur beabsichtigt zu sein, in der zweiten muss sie dagegen zumindest versucht sein. 2

II. Entführungstatbestand (Abs. 1 Alt. 1)

1. Objektiver Tatbestand: a) Tatobjekt ist ein lebender Mensch. Nicht erfasst 3 sind Fälle, in denen der Täter erst nach Tötung einer Person beschließt, Dritte, die sich um den Verbleib der vermeintlich noch lebenden Person sorgen, zu erpressen (LK-*Schluckebier* Rn 9).

b) Das Opfer wird **entführt**, wenn es wider seinen Willen durch eine vom Täter 4 vorgenommene oder veranlasste **Ortsveränderung** in eine hilflose Lage verbracht wird. Für eine Entführung reicht der Missbrauch einer schon bestehenden Herrschaft aus; sie muss nicht erst zum Zweck der Entführung begründet werden. Die Ortsveränderung muss **wider den Willen** des Opfers erfolgen (BGH NStZ 1996, 276 [277]; *Britz/Müller-Dietz* Jura 1997, 313 [317]; *Heinrich* NStZ 1997, 365 [368]), was der Fall ist, wenn sie durch List, Drohung oder Gewalt bewirkt wird (hierzu Vor §§ 232-241 a Rn 2, 3 ff, 22 ff). Die **Lage** ist **hilflos**, wenn das Opfer dem Einfluss des Täters preisgegeben ist, der Täter also eine physische Machtposition über die Geisel innehat (BGHSt 22, 178; 24, 90; BGH NStZ 1994, 430; abw. *Küper* Jura 1983, 206 [210]: soziale Machtposition ausreichend). Das bloße Veranlassen einer Ortsveränderung ist dagegen nicht ausreichend, da ansonsten bereits das Bezahlen einer Reise als Entführen anzusehen wäre.

c) Unter einem **Sich-Bemächtigen** ist die Begründung neuer oder der Missbrauch 5 bereits bestehender physischer Herrschaft über den Körper des Opfers zu verstehen (hM, *Fischer* Rn 4; *Ingelfinger* JuS 1998, 531 [532]; *Tenckhoff/Baumann* JuS 1994, 836). Diese Tatvariante umfasst auch das Entführen, setzt aber keine Ortsveränderung voraus. Befindet sich das Opfer bereits in der Gewalt von Dritten, die dieses entführt oder sich seiner in sonstiger Weise bemächtigt haben, so kann ein sich erst danach an dem Geschehen beteiligender Täter eigenständig Gewalt über das Opfer erlangen, wenn er durch sein Eingreifen die Situation des Opfers qualitativ verändert und über das Fortbestehen der Bemächtigungsgrundlage nunmehr maßgeblich selbst bestimmt (BGH NStZ 2014, 316 f). Für das Sich-Bemächtigen reicht es ferner aus, dass der Täter seine ursprünglich dem Schutz des Opfers dienende Verfügungsmacht ausnutzt, um das Opfer seinem Einfluss nach Belieben zu unterwerfen, also Geborgenheit in Schutzlosigkeit umwandelt (sog. Kombinationsformel, vgl S/S-*Eser/Eisele* Rn 7; KHH/*Hellmann* BT II Rn 470 ff). **Tatmittel** des Sich-Bemächtigens sind List, Drohung oder Gewalt (vgl Vor §§ 232-241 a, Rn 2 ff). Exemplarisch sind Fesseln oder Einsperren, auch das Bedrohen eines Bankkunden mit einer (ggf ungeladenen) Schusswaffe, bis der Kassierer das verfügbare Geld übergeben hat (BGH NStZ 2002, 31 [32]; *Rengier* GA 1985, 314 ff). Auch die Begleitung eines Opfers durch einen physisch überlegenen Bewacher kann ausreichend sein (BGH NStZ-RR 2007, 77). Das Opfer selbst braucht seine Schutzlosigkeit nicht zu bemerken. Insoweit kann sich der Täter auch eines Bewusstlosen oder Schlafenden bemächtigen.

Dem Sich-Bemächtigen steht ein **Einverständnis des Opfers** selbst entgegen (aA 6 *Bohnert* JuS 1977, 746 [747]), sofern es nicht vom Täter durch Nötigung oder

List veranlasst ist. Allerdings wird das Sich-Bemächtigen eines Kleinkindes nicht dadurch ausgeschlossen, dass der **Sorgeberechtigte** mit der Geiselnahme missbräuchlich einverstanden ist (BGHSt 26, 70 [72]).

7   Fraglich ist, ob der Tatbestand in solchen Konstellationen verwirklicht ist, in denen sich eine Person (zB ein Polizist) im Austausch für eine Geisel zur Verfügung stellt (befürwortend die hM, vgl nur S/S-*Eser/Eisele* Rn 9; MK-*Renzikowski* Rn 39; LK-*Schluckebier* Rn 7; SK-*Wolters* Rn 5; abl. *Arzt/Weber/Heinrich/ Hilgendorf* § 18/35 Fn 87). Dies ist jedoch regelmäßig zu bejahen, da die Ersatzgeisel nicht in einem engeren Sinne „freiwillig" handelt. Sie will vielmehr nur eine Notstandslage abwenden, in der sich die zunächst als Geisel genommene Person befindet. Da der Täter für die Notstandslage zuständig ist, hat er auch für jede adäquate Befreiung der Erstgeisel aus dieser Lage einzustehen. Hieraus folgt, dass sich der Täter in zwei tatmehrheitlich (§ 53) verwirklichten Fällen wegen § 239 a strafbar macht, nämlich zum einen hinsichtlich der Erstgeisel, zum anderen bezüglich der Austauschgeisel. Ausnahmefälle sind denkbar, wenn zB ein Journalist nicht aus Sorge um die Geisel, sondern aus reiner Sensationsgier den Austausch bewirkt.

8   **2.** Der **subjektive Tatbestand** erfordert neben dem Vorsatz hinsichtlich des Entführens bzw Sich-Bemächtigens die Absicht (iSe zielgerichteten Wollens), die Sorge des Opfers um sein Wohl oder die Sorge eines Dritten um das Wohl des Opfers zu einer Erpressung (iSv § 253) auszunutzen.

9   a) **Genötigter** iSd Erpressung kann nach der Absicht des Täters sowohl das Bemächtigungsopfer selbst (Zweier-Konstellation) als auch ein Dritter (Dreiecks-Konstellation) sein. Als **Dritter** kommt jeder in Betracht, von dem der Täter annimmt, er werde aus Sorge um das Wohl des Entführten leisten. Nicht nur Angehörige, sondern auch der Staat können daher Nötigungsadressaten sein. Von wem das Lösegeld bezahlt werden soll, spielt keine Rolle. Exemplarisch: Ein Kind wird entführt, um von den Eltern Lösegeld zu erpressen.

10 b) Der Täter muss schon zum **Zeitpunkt** der Entführung bzw des Sich-Bemächtigens die **Absicht** verfolgen, eine Erpressung zu begehen. Fasst der Täter den entsprechenden Entschluss erst zu einem späteren Zeitpunkt, kommt die Ausnutzungsalternative in Betracht.

11 c) Die Erpressung braucht noch nicht ins Versuchsstadium getreten zu sein (anders die Ausnutzungsalternative!). Allerdings muss die Absicht des Täters auf die Verwirklichung **aller Merkmale der Erpressung** – einschließlich der rechtswidrigen Bereicherung – gerichtet sein. Aber: Als **Nötigungsmittel** kommt ausschließlich eine Drohung in Betracht, und hier wiederum nur eine solche, bei der das Übel eine Beeinträchtigung des Wohls des Bemächtigungsopfers zum Gegenstand hat.

12 Ob es auch als tatbestandsmäßig anzusehen ist, wenn der Täter einen **Raub** plant, hängt davon ab, ob die Erpressung mit der wohl hM als Grundtatbestand des Raubes angesehen wird, der Raub also nur ein Spezialfall der Erpressung ist, oder ob mit einer verbreiteten Literaturmeinung zwischen Raub und Erpressung ein Exklusivitätsverhältnis befürwortet wird (vgl Vor § 249 Rn 2 ff). Unter Zugrundelegung der erstgenannten Ansicht kann die geplante Tat auch ein Raub sein (BGH NStZ 2002, 31 [32]; NStZ-RR 2004, 333). Die Planung eines Raubes ist dagegen nicht einschlägig, wenn der zweiten Meinung gefolgt wird.

13 **3.** Wegen der Weite des Tatbestands, der seinem Wortlaut nach auch typische Fälle der (in der Unrechtsbewertung leichteren) räuberischen Erpressung erfasst,

wird von der hM vor allem in **Zweier-Konstellationen** eine **restriktive Auslegung** befürwortet (hierzu Rn 23 ff).

III. Ausnutzungstatbestand (Abs. 1 Alt. 2)

Die zweite Tatbestandsalternative greift ein, wenn der Täter eine Person entführt oder sich ihrer bemächtigt hat, aber bei dieser Handlung noch keine Erpressungsabsicht hat, sondern andere Ziele (zB eine Vergewaltigung) verfolgt. Sodann muss er diese Lage des Opfers auch tatsächlich zu einer „solchen Erpressung" (iSd subjektiven Tatbestands der Alt. 1) ausnutzen. 14

Anders als bei Abs. 1 Alt. 1 gehört bei der Alt. 2 das Ausnutzen der Opfersituation zu einer Erpressung zum objektiven Tatbestand. Von einem Ausnutzen kann daher erst gesprochen werden, wenn der Täter zumindest **zum Versuch** einer Erpressung **angesetzt** hat (BGH StV 2007, 355 [356]; NJW-Spezial 2012, 250; S/S-*Eser/Eisele* Rn 24; L-Kühl-*Heger* Rn 7; *Satzger* Jura 2007, 114 [116 f]; LK-*Schluckebier* Rn 35; NK-*Sonnen* Rn 22; aA *Elsner* JuS 2006, 784 [785, 787 f]; MK-*Renzikowski* Rn 84; SK-*Wolters* Rn 15). 15

IV. Erfolgsqualifikation (Abs. 3)

Verursacht der Täter vorsätzlich oder wenigstens leichtfertig (§ 15 Rn 93 f) den Tod des Opfers, tritt eine erhebliche Strafschärfung ein. Voraussetzung ist, dass sich in der Todesverursachung (unmittelbar) gerade das deliktsspezifische Risiko realisiert; hierzu zählen u.a. riskante Befreiungsaktionen durch die Geisel selbst oder die Polizei (BGHSt 33, 322 [324 f]; *Roxin* I § 10/117; vgl auch *Sowada* Jura 1994, 634 [650 f]). Umfasst wird auch die Möglichkeit eines gewaltsamen Ausbruchs aufgrund eines Missverständnisses zwischen Täter und Opfer durch eine anspannungsbedingte Fehleinschätzung durch den Täter (BGH NStZ 2016, 211 [214]). 16

V. Tätige Reue (Abs. 4)

Der Tatbestand des § 239 a ist relativ früh und zudem zu einem Zeitpunkt vollendet, in dem das Opfer noch in Gefahr schwebt. Zum Zwecke des Opferschutzes eröffnet Abs. 4 die Möglichkeit einer Strafmilderung auch **ohne freiwillige Aufgabe** des Erpressungsziels, wenn der Täter die Geisel in ihren Lebenskreis zurückgelangen lässt oder sich, falls dies ohne sein Zutun geschieht, zumindest ernsthaft hierum bemüht. Exemplarisch: Von der Polizei umstellte Bankräuber geben auf und lassen ihre Geiseln frei. 17

Ein Verzicht auf die erstrebte Leistung liegt vor, wenn sie nicht mehr unter den Voraussetzungen des § 239 a eingefordert wird. Dies kann konkludent dadurch geschehen, dass die Geisel freigelassen wird, wenn der Täter noch nichts erhalten hat (*Fischer* Rn 20). Ungeklärt ist, wie der Begriff der „**Rückkehr in den Lebenskreis**" auszulegen ist. Teils wird der Lebenskreis örtlich als Wohn- und Aufenthaltsort (*Fischer* Rn 19), überwiegend aber unabhängig von einer örtlichen Fixierung als Wiedererlangung der Freiheit, den Aufenthaltsort frei zu bestimmen, verstanden (BGH StV 2004, 316 [317]; *Otto* BT § 29/16; LK-*Schluckebier* Rn 55). 18

VI. Konkurrenzen

19 Tateinheit kommt in Betracht mit §§ 223 ff und §§ 212, 211, und zwar auch in den Fällen von § 239 a III (vgl BT–Drucks. 13/8587, 79). Die §§ 235, 239 und 240 werden im Wege der Gesetzeskonkurrenz verdrängt. Wenn es tatsächlich zu einer (versuchten) Erpressung kommt, ist der Klarstellung halber Tateinheit mit §§ 253, 255 anzunehmen (BGHSt 16, 316; BGH NStZ 1987, 222 f). Mit **Abs. 3** können die §§ 212, 211 in Tateinheit stehen (vgl auch BT–Drucks. 13/8587, 79).

VII. Einzelfragen

20 **1. Scheingeiselnahme:** Umstritten ist die Bewertung von Konstellationen, in denen „Täter" und (Schein-)„Geisel" dem Nötigungsopfer kollusiv eine Geiselnahme vortäuschen:

21 ■ Teils wird eine strafbare Teilnahme der „Geisel" gem. §§ 239 a I, 239 b I, 27 an der eigenen Entführung bzw Bemächtigung für möglich gehalten (*Lampe* JR 1975, 424 [425]). Begründet wird dies mit dem Argument, dass die Freiheit der Geisel keinen eigenständigen Schutz genieße; im Vordergrund stehe vielmehr der Schutz des Dritten vor einer besonders schwerwiegenden und verwerflichen Drohung. Sofern nach diesem Ansatz die Tathandlungen unabhängig von einem entgegenstehenden Willen der Geisel definiert werden (*Rheinländer*, Erpresserischer Menschenraub und Geiselnahme [§§ 239 a, 239 b], 2000, 55 ff), müssen die Voraussetzungen einer wirksamen Einwilligung geprüft werden.

22 ■ Vorzuziehen ist die hM, die ein Vorliegen der tatbestandlichen Merkmale der Entführung und der Bemächtigung verneint, da diese nicht „gegen den Willen" der „Geisel", sondern mit deren Einverständnis verwirklicht werden (BGH NStZ 1996, 276; KHH/*Hellmann* BT II Rn 473; M-*Schroeder/ Maiwald* I § 15/22 f; *Zöller* JA 2000, 476 [477 mit Fn 8]). Zudem fehlt es auch mangels einer echten Tatherrschaft des Täters an einer Tathandlung; eine bloß vorgegebene Herrschaft genügt nicht (*Rengier* II § 24/8; LK-*Schluckebier* Rn 9).

23 **2. Zwei-Personen-Verhältnisse:** Vom Wortlaut her umfasst § 239 a einen großen Teil von typischen Fällen räuberischer Erpressung, so dass dieser Tatbestand wegen des geringeren Strafrahmens praktisch leerliefe. Exemplarisch: Der Leiter einer Bankfiliale wird nach Geschäftsschluss mit vorgehaltener Waffe gezwungen, den Tresor zu öffnen und das vorhandene Geld herauszugeben (vgl BGH StV 1996, 266). Um § 255 gleichwohl seinen traditionellen Anwendungsbereich (einschließlich der Unrechtsbewertung) zu erhalten, eine sachwidrige Strafrahmenverschiebung zu vermeiden und dem Täter die Möglichkeit eines Rücktritts nicht zu verschließen – § 239 a ist schon im Vorbereitungsstadium der Erpressung vollendet –, wird versucht, § 239 a in **Zweier-Konstellationen restriktiv auszulegen** (BGHSt 39, 36 [41 f]; 39, 330 [332 ff]; BGH NStZ 2002, 31 [32]; *Geerds* JR 1993, 424; *Heinrich* NStZ 1997, 365 ff; *Tenckhoff/Baumann* JuS 1994, 836 [840]; insgesamt abl. *Graul*, in: Institut für Kriminalwissenschaften Frankfurt (Hrsg.), Vom unmöglichen Zustand des Strafrechts, 1995, 345 [353 ff]; für eine gesetzgeberische Klarstellung *Satzger* Jura 2007, 114 [119 f]). Im **Gutachten** ist dieses Problem auf der Ebene des subjektiven Tatbestands zu erörtern.

a) Die Rspr deutet den Tatbestand als **unvollkommenes zweiaktiges Delikt** (Sich-Bemächtigen und Erpressung), bei dem der zweite Akt ins Subjektive vorverlagert ist. Aus dieser Einordnung leitet die Rspr für § 239 a das einschränkende Erfordernis einer **chronologischen Zweiaktigkeit** ab. Der Täter muss die zunächst geschaffene Zwangslage zu einem weiteren Nötigungsakt einsetzen wollen (BGHSt 40, 350 [355]; BGH NStZ 2006, 340; NStZ-RR 2006, 141 [142]; 2007, 77; 2009, 16 [17]; 2010, 46 [47] m.Anm. *Jahn* JuS 2010, 174 f). Zweitens muss zwischen dem ersten (objektiven) und dem zweiten (subjektivierten) Teilakt ein funktionaler Zusammenhang dergestalt bestehen, dass der Täter die durch das Entführen/Sich-Bemächtigen geschaffene Lage als Drohungsmittel „ausnutzt". Der Täter muss also die zunächst geschaffene Zwangslage zu einem weiteren Nötigungsakt einsetzen wollen. Hieraus folgt: 24

- Der Tatbestand ist **mangels funktionalen Zusammenhangs** nicht erfüllt, wenn nach dem Tatplan das Bemächtigungsopfer die geforderte Vermögensleistung erst nach Beendigung (und nicht während) der Zwangslage erbringen soll (vgl BGH NJW 1997, 1082; NStZ 2005, 508; 2006, 36 [37 f]; m. insoweit zust. Anm. *Jahn/Kudlich* NStZ 2006, 340 sowie Bspr *Elsner* JuS 2006, 784 [786 f], *Kudlich* JA 2006, 232 [233 f]; BGH StV 2007, 354; NStZ-RR 2008, 109 [110]; 2009, 16 [17]; NStZ 2008, 569 f; StraFO 2014, 32). Daher wäre es kein erpresserischer Menschenraub, wenn der Täter den Entführten aufgrund der Zusage freilässt, dass dieser ihm später eine gewisse Geldsumme übergibt. Denn hier erfolgt die Leistung zu einem Zeitpunkt, zu dem die Entführungslage nicht mehr besteht und daher auch nicht mehr als Nötigungsmittel der Leistung selbst fungiert. Zur Tatbestandsverwirklichung wäre es vielmehr erforderlich, dass die Entführungslage gerade durch die Geldzahlung beendet wird (BGH StV 1997, 302 f). 25

- Ferner ist der Tatbestand (vor allem in der Bemächtigungsvariante) mangels zweier (wenn auch teils subjektivierter) Teilakte nicht verwirklicht, wenn der **Bemächtigungsakt und die Nötigung** zur Vermögensverfügung **zusammenfallen**, also in einem Akt vollzogen werden. Exemplarisch: Das Opfer wird mit vorgehaltener Schusswaffe zur Herausgabe seiner Wertgegenstände gezwungen. Der Einsatz des Nötigungsmittels darf somit nicht zugleich dem Sich-Bemächtigen und dem erpresserischen Nötigen dienen. In der Konsequenz werden damit insbesondere kurzzeitige räuberische Erpressungen aus dem Anwendungsbereich des § 239 a genommen. Der Tatbestand kommt erst in Betracht, wenn die Bemächtigungs-/Entführungslage eine **gewisse Stabilität** erlangt hat und so als Basis für weitere Nötigungen dienen soll (vgl BGHSt 40, 350 [359]; BGH NStZ-RR 2004, 333 [334]; NStZ 2006, 141 [142]; StV 2007, 355: erneute Bemächtigung nach Aufhebung der zuvor geschaffenen Bemächtigungssituation m. krit. Anm. *Wolters*; NStZ-RR 2015, 336 f; vgl auch *Elsner* JuS 2006, 784 [785 ff]; *Kretschmer* Jura 2006, 219 [222]). 26

Nach dieser Konstruktion fallen Bemächtigungsakt und (geplanter) erpresserischer Nötigungsakt – als **Faustformel** – zusammen, wenn sich der Nötigungsakt nicht wegdenken lässt, ohne dass auch die Bemächtigung entfiele. Exemplarisch: Verlangt der Täter unter Todesdrohung vom Opfer die Herausgabe seiner Wertgegenstände, so vollzieht er die erpresserische Nötigung zusammen mit dem Sich-Bemächtigen, da keine Bemächtigungslage gegeben wäre, wenn die erpresserische Nötigung mit der vorgehaltenen Pistole weggedacht würde. Mangels Selbstständigkeit der Bemächtigungslage wäre daher § 239 a nicht erfüllt. Anders 27 wäre es dagegen, wenn der Täter das Opfer zunächst fesselt, um dann den Wehrlosen mit Schlägen zum Verrat geldwerter Geheimnisse zu zwingen.

28 b) Allerdings wendet die neuere Rspr die von ihr entwickelten Kriterien nicht durchgängig an und bejaht § 239 a auch bei einer Identität des Einsatzes der Mittel von Bemächtigung und Erpressung (BGH JuS 2002, 300 ff). Es zeichnet sich ferner in Rspr (vgl BGH NStZ 2002, 31 [32]) und Schrifttum (*Immel* NStZ 2001, 67 ff; MK-*Renzikowski* Rn 50 ff) die **Tendenz** ab, eine auf Zwei- und Drei-Personen-Verhältnisse gleichermaßen anwendbare Problemlösung zu suchen.

29 c) Beachtenswert sind auch Vorschläge in der Literatur, die sich um eine an der **Qualität der Nötigung** als Problemkern ansetzende Lösung bemühen. So wird etwa eine „Realisierungsabsicht" als einschränkende Anforderung an das „angedrohte Übel" gefordert (*Rheinländer*, Erpresserischer Menschenraub und Geiselnahme [§§ 239 a, 239 b], 2000, 202 ff, 269) oder es wird eine „Opfermitwirkung" als einschränkende Anforderung an das Nötigungsziel gestellt (*Heinrich* NStZ 1997, 365 [367 f]). Ferner wird in Umkehrung der These der Rspr vertreten, der Begriff der **nötigenden Drohung** müsse im Rahmen der §§ 239 a, 239 b **teleologisch reduziert** werden (*Nikolaus*, Zu den Tatbeständen des erpresserischen Menschenraubs [§ 239 a] und der Geiselnahme [§ 239 b], 2003, 181 ff; vgl auch *Zschieschack*, Geiselnahme und erpresserischer Menschenraub im Zwei-Personen-Verhältnis, 2001, 123 ff): Es komme nicht darauf an, dass die Begriffe des Entführens und des Sich-Bemächtigens eine eigenständige Bedeutung aufwiesen, sondern es gehe vielmehr um die Begrenzung des Drohungsbegriffs. Entscheidend sei nicht, dass das Opfer „wie eine Geisel" gestellt sei, wie es die Rspr verlangt, sondern es komme darauf an, dass das Opfer gleichzeitig die Stellung „wie ein Dritter" einnehme. Dem Opfer müsse deshalb bzgl des Gutes, das ihm der Täter abnötigen will, eine echte Entscheidungsmöglichkeit darüber offenstehen, ob es das Gut verliert oder behält. Für eine Drohung iSd §§ 239 a, 239 b reiche es hingegen nicht aus, dass das Opfer nur die Entscheidung darüber habe, ob es das, was der Täter verlangt, selbst hergeben oder sich vom Täter mit Gewalt entreißen lassen will.

VIII. Gutachten

30 1. Es empfiehlt sich, die Deliktsmerkmale des **Entführungs- und Bemächtigungstatbestands** (Abs. 1 Alt. 1) in folgenden Schritten zu prüfen:
   A) Tatbestand:
      I. Objektiver Tatbestand:
         1. Tatobjekt: ein anderer Mensch (Rn 3)
         2. Tathandlung: Entführen oder Sich-Bemächtigen (Rn 4 f)
      II. Subjektiver Tatbestand:
         1. Vorsatz hinsichtlich Tatobjekt und Tathandlung (Rn 8 f)
         2. Absicht zu einer Erpressung der Geisel oder eines Dritten (Rn 10 f):
            a) beabsichtigte Drohung
            b) beabsichtigte Vermögensschädigung
            c) beabsichtigte rechtswidrige Bereicherung
         3. Funktionaler Zusammenhang zwischen Entführungs- bzw Bemächtigungslage und geplanter Erpressung in Zweier-Konstellationen (Rn 23 ff)

B) Rechtswidrigkeit der Tat insgesamt
C) Schuld
D) Ggf Erfolgsqualifikation nach Abs. 3 oder tätige Reue nach Abs. 4 (Rn 16 und 17 f)

2. Ausnutzungstatbestand (Abs. 1 Alt. 2): 31
A) Tatbestand:
  I. Objektiver Tatbestand:
    1. Tatobjekt: ein anderer Mensch (Rn 3)
    2. Tathandlung: Entführen oder Sich-Bemächtigen (Rn 4 f)
    3. (zumindest unmittelbares Ansetzen zur) Erpressung der Geisel oder eines Dritten durch Ausnutzen der durch die Tathandlung geschaffenen Lage (Rn 14 f)
  II. Subjektiver Tatbestand:
    1. Vorsatz hinsichtlich Tatobjekt, Tathandlung und Erpressung (Rn 8)
    2. Absicht rechtswidriger Bereicherung iSe Erpressung (Rn 14)
B) Rechtswidrigkeit der Tat insgesamt
C) Schuld
D) Ggf Erfolgsqualifikation nach Abs. 3 oder tätige Reue nach Abs. 4 (Rn 16 und 17 f)

3. Eine (räuberische) **Erpressung** sollte stets vor § 239 a geprüft werden. Dadurch 32 lassen sich – vor allem in der Ausnutzungsvariante – überflüssige und komplizierte Inzidentprüfungen vermeiden. Sofern die geplante Erpressung noch nicht ins Versuchsstadium gelangt ist, kann mit einem kurzen Hinweis hierauf von einer näheren Erörterung des Ausnutzungstatbestands abgesehen werden. Nur in der Entführungs- und Bemächtigungstatvariante ist eine alle Voraussetzungen einer Erpressung umfassende Inzidentprüfung erforderlich, wenn der Täter noch nicht (iSe Versuchs) unmittelbar zur Verwirklichung des Erpressungstatbestands angesetzt hat.

§ 239 b Geiselnahme

(1) Wer einen Menschen entführt oder sich eines Menschen bemächtigt, um ihn oder einen Dritten durch die Drohung mit dem Tod oder einer schweren Körperverletzung (§ 226) des Opfers oder mit dessen Freiheitsentziehung von über einer Woche Dauer zu einer Handlung, Duldung oder Unterlassung zu nötigen, oder wer die von ihm durch eine solche Handlung geschaffene Lage eines Menschen zu einer solchen Nötigung ausnutzt, wird mit Freiheitsstrafe nicht unter fünf Jahren bestraft.

(2) § 239 a Abs. 2 bis 4 gilt entsprechend.

I. Die Vorschrift **schützt** die persönliche Freiheit des Opfers wie auch des Nötigungsadressaten und stimmt im **objektiven Tatbestand** mit § 239 a überein. Die Entführung/Bemächtigung muss auch hier tatsächlich vollzogen sein. Es genügt nicht, wenn der Täter Dritten gegenüber nur eine Entführung vorspiegelt (insoweit kann aber § 240 eingreifen). Ferner verweist Abs. 2 auf die **Erfolgsqualifika-**

tion sowie die Möglichkeit der **tätigen Reue** nach § 239 a III und IV. Im **Gutachten** sind die Tatbestandsmerkmale wie bei § 239 a zu prüfen (§ 239 a Rn 30 f).

2 II. §§ 239 a und 239 b differieren nur im **subjektiven Tatbestand**: Hier tritt bei § 239 b die **Absicht** (Alt. 1) bzw der **Versuch** (Alt. 2) einer Nötigung iSv § 240 an die Stelle der Erpressungsabsicht (Alt. 1) bzw des Erpressungsversuchs (Alt. 2) bei § 239 a. Das Nötigungsmittel muss allerdings eine **qualifizierte Drohung** sein, nämlich eine Bedrohung des Opfers mit dem Tode, einer schweren Körperverletzung (iSv § 226) oder einer Freiheitsentziehung von über einer Woche Dauer.

3 Der vom Täter erstrebte **Nötigungserfolg** (Handlung, Duldung oder Unterlassung) wird **nicht spezifiziert**. Er kann von der Freipressung politischer Gefangener bis zur Durchsetzung von (auch berechtigten!) Ansprüchen reichen. Falls der Täter unter den Voraussetzungen des § 239 b eine Erpressung begehen will, tritt diese Vorschrift **subsidiär** hinter § 239 a zurück (BGH NStZ 2002, 31 [32]).

4 III. Wegen der identischen Tatbestandsstruktur stellt sich bei der Geiselnahme wie bei § 239 a das Erfordernis einer restriktiven Auslegung vor allem in **Zweier-Konstellationen**. Die Rspr wendet hier gleichermaßen die Kriterien des funktionalen Zusammenhangs und der Selbstständigkeit der Bemächtigungslage gegenüber der (geplanten) Nötigung zur Tatbestandseingrenzung des § 239 b an (§ 239 a Rn 23 ff; vgl dazu BGH StV 2007, 249; NStZ-RR 2008, 279 f; NStZ 2014, 38 f m.Anm. *Krehl*). Exemplarisch: Die Entführung eines Zeugen mit dem Ziel, ihn unter Todesdrohungen zum Widerruf einer belastenden Aussage vor der Polizei zu bewegen, erfüllt demnach nicht den Tatbestand des § 239 b, da die abgenötigte Handlung erst nach Beendigung der Entführungslage vorgenommen werden soll (BGH StV 1997, 303; NStZ 2006, 36 [37 f] m. insoweit zust. Anm. *Jahn/Kudlich* NStZ 2006, 340 sowie Bspr *Kudlich* JA 2006, 232 [233 f]; ausf. *Satzger* Jura 2007, 114 [117 ff]; BGH StV 2015, 765 [766]; zu dem Problemkreis auch BGH StV 2007, 249 f). Einschlägig sind dagegen Entführungen (nicht aber bloße Bemächtigungen an Ort und Stelle vgl BGH NStZ 2014, 515 f; StraFO 2013, 389) zum Zwecke einer Vergewaltigung. Auch das Erreichen eines Teilerfolges kann eine Nötigung iSd § 239 b darstellen, wenn sie mit Blick auf ein weitergehendes Ziel jedenfalls vorbereitend wirkt, also eine bedeutsame Vorstufe des gewollten Enderfolgs darstellt (BGH StV 2007, 249 mwN; 2015, 765 [766 f]).

§ 239 c Führungsaufsicht

In den Fällen der §§ 239 a und 239 b kann das Gericht Führungsaufsicht anordnen (§ 68 Abs. 1).

§ 240 Nötigung

(1) Wer einen Menschen rechtswidrig mit Gewalt oder durch Drohung mit einem empfindlichen Übel zu einer Handlung, Duldung oder Unterlassung nötigt, wird mit Freiheitsstrafe bis zu drei Jahren oder mit Geldstrafe bestraft.

(2) Rechtswidrig ist die Tat, wenn die Anwendung der Gewalt oder die Androhung des Übels zu dem angestrebten Zweck als verwerflich anzusehen ist.

(3) Der Versuch ist strafbar.

(4) ¹In besonders schweren Fällen ist die Strafe Freiheitsstrafe von sechs Monaten bis zu fünf Jahren. ²Ein besonders schwerer Fall liegt in der Regel vor, wenn der Täter
1. eine Schwangere zum Schwangerschaftsabbruch nötigt oder
2. seine Befugnisse oder seine Stellung als Amtsträger mißbraucht.

I. Allgemeines

1. **Rechtsgut** der Nötigung ist die persönliche Freiheit. Die nähere Bestimmung dieses Rechtsguts ist jedoch umstritten: 1

a) Von der hM wird die persönliche Freiheit iSd Tatbestand als **Freiheit der Willensbildung und Willensbetätigung** – also als Entscheidungsfreiheit – einer Person bei der Disposition über ihre Güter verstanden (vgl nur BVerfGE 73, 206 [237]; BGHSt 1, 84 [87]; *Huhn*, Nötigende Gewalt mit und gegen Sachen, 2007, 35; krit. *Sinn* JuS 2009, 577 [578 f]). 2

Hierbei wird die Entscheidungsfreiheit vorwiegend **psychologisch** interpretiert: Jedes Verhalten, durch das psychischer Druck auf eine Person ausgeübt oder ihr physisch die Möglichkeit der Willensbildung oder -betätigung genommen wird, sei als (potenzieller) Angriff auf das Rechtsgut der persönlichen Freiheit anzusehen. 3

Abweichend wird die Entscheidungsfreiheit aber auch **normativ** gedeutet: Sie sei beeinträchtigt, wenn der Täter das Opfer (durch Gewalt oder Drohung) in eine Notstandslage versetzt, derentwegen sich das Opferverhalten als fremdbestimmt verstehen lässt. Der Täter ist dann – je nach Sachlage – für das Opferverhalten in Analogie zu den Regeln der unmittelbaren oder mittelbaren Täterschaft verantwortlich (NK-*Kindhäuser* Vor § 249 Rn 5; ferner *Kargl* Roxin-FS I 905 [912 ff]). Nach dieser Ansicht können grds. auch juristische Personen, wovon § 105 ausgeht, Opfer einer Nötigung sein; nach der Neufassung des § 240 I durch das 6. Strafrechtsreformgesetz ist die Nötigung jedoch auf „Menschen" (= natürliche Personen) beschränkt (näher *Wallau* JR 2000, 312 ff; vgl auch BGH 4 StR 80/01 v. 12. 6. 2001). 4

b) Von einer Mindermeinung wird die persönliche Freiheit iSd Nötigungstatbestands als **rechtlich garantierte Verhaltensfreiheit** verstanden (*Jakobs* Peters-FS 69; *ders*. Kaufmann, H.-GS 791; *Lesch* Jakobs-FS 327 [330 f]; *Timpe*, Die Nötigung, 1989, 27 ff; zur Kritik *Huhn*, Nötigende Gewalt mit und gegen Sachen, 2007, 24; MK-*Sinn* Rn 5). Dieser Lehre zufolge sind unter dem Rechtsgut der persönlichen Freiheit die rechtlich garantierten Freiheiten einer Person im Allgemeinen – also außerhalb von konkreten Rechtfertigungslagen – zu verstehen. Demnach kann durch ein erlaubtes Handeln mangels Eingriffs in die Rechte des Opfers der Tatbestand von vornherein nicht verwirklicht werden. Dies hat zur Konsequenz, dass die Verwerflichkeitsklausel nach Abs. 2 (Rn 44 ff) bedeutungslos ist (dies befürwortend *Lesch* Jakobs-FS 327 [345]). 5

2. Die Freiheit der **Willensentschließung** (Dispositionsfreiheit) betrifft die Freiheit, Entscheidungen über eigenes Verhalten zu treffen, und kann sowohl dadurch beeinträchtigt werden, dass das Opfer bereits seiner Fähigkeit, sich zu entscheiden, beraubt wird (zB durch Betäuben oder Hypnose), als auch dadurch, dass das Opfer durch (psychischen) Zwang – bzw bei normativer Interpretation: durch Gefährdung ihrer notstandsfähigen Güter – zu einem bestimmten Ent- 6

schluss veranlasst wird. Die Freiheit der **Willensausübung** (Handlungsfreiheit) betrifft die Freiheit, eine Entscheidung zu realisieren, und kann dadurch beeinträchtigt werden, dass dem Opfer eine oder mehrere Verhaltensalternativen gegen seinen Willen (faktisch) abgeschnitten werden (zB durch Einsperren, Festhalten oder gewaltsames Führen der Hand).

7 3. **Aufbau**: Es empfiehlt sich, die Deliktsmerkmale der Nötigung in folgenden Schritten zu prüfen:
   A) Tatbestand:
      I. Objektiver Tatbestand:
         1. Tathandlung:
            – Nötigung durch Gewaltanwendung (Rn 9 f) oder
            – Drohung mit einem empfindlichen Übel (Rn 11 ff)
         2. Nötigungserfolg (Rn 37 ff)
         3. Kausalität zwischen Handlung und Erfolg (Rn 40)
      II. Subjektiver Tatbestand:
         1. Vorsatz hinsichtlich Tathandlung (Rn 41)
         2. Absicht hinsichtlich Nötigungserfolg (Rn 42)
   B) Rechtswidrigkeit:
      I. Allgemeine Rechtfertigungsgründe; falls verneinend:
      II. Verwerflichkeit nach Abs. 2 (Rn 44 ff)
   C) Schuld
   D) Ggf Regelbeispiel nach Abs. 4 Nr. 1–3 (Rn 59)

Zu Mehrpersonenverhältnissen Rn 28 ff.

II. Nötigungshandlung

8 **Nötigungsmittel** können Gewalt und Drohung mit einem empfindlichen Übel sein.

9 1. **Gewalt**: Gewalt ist nach hM körperlich wirkender Zwang durch die Entfaltung von Kraft oder durch sonstige physische Einwirkung, die nach ihrer Intensität und Wirkungsweise dazu geeignet ist, die freie Willensentschließung oder Willensbetätigung eines anderen zu beeinträchtigen (näher Vor §§ 232-241 a Rn 3 ff).

10 Zum Begriff der Gewalt gehört, dass sie gegen den Willen des Opfers erfolgt. Das **Einverständnis** mit dem Täterhandeln schließt den (objektiven) Nötigungstatbestand aus. Nach hM gilt dies auch, wenn das Einverständnis durch List erschlichen ist (BGHSt 14, 81 [82]). Die Gewalt kann der Überwindung eines bloß erwarteten Widerstandes dienen. Insoweit wird für den Gewaltbegriff nur das Vorhandensein eines **generellen Abwehrwillens** beim Opfer verlangt (vgl BGHSt 20, 32). Sogar das Verbringen eines Bewusstlosen zu deliktischen Zwecken an einen abgelegenen Ort, um vorsorglich etwaige Hilferufe aussichtslos zu machen, wird von der Rspr als Gewaltanwendung angesehen (BGHSt 4, 210; 25, 237).

11 2. **Drohung mit einem empfindlichen Übel**: a) Unter einer **Drohung** ist die Ankündigung einer als vom Täterwillen abhängig dargestellten Übelszufügung zu verstehen (näher Vor §§ 232-241 a Rn 22 ff).

b) Die **inhaltliche Bestimmung** des angedrohten Übels hängt von der Definition des Rechtsguts ab: 12

- Für die hM, welche die Nötigung psychologisch deutet (Rn 3), kommt als drohungsrelevantes Übel **jeder Nachteil** in Betracht, der fallweise **geeignet** ist, **das Opfer psychisch zu lenken** (vgl BGH NStZ 1982, 287; *Bergmann*, Das Unrecht der Nötigung [§ 240 StGB], 1983, 127 ff; *Fischer* Rn 32 f mwN). 13

- Bei einer normativen Interpretation der Nötigung ist jedes Übel drohungsrelevant, das für das Opfer eine **Notstandslage** bedingt, also jede bevorstehende Beeinträchtigung notstandsfähiger Güter (NK-*Kindhäuser* Vor § 249 Rn 27; vgl auch *Binding* I 378). Zu den einschlägigen Übelsandrohungen gehört damit – und insoweit über die Verletzungsmöglichkeit durch Gewalt hinausgehend – eine Beeinträchtigung der Ehre. 14

- Nach der engsten Auffassung werden **nur rechtswidrige Eingriffe** in die Güter einer Person als drohungsrelevantes Übel angesehen. Das Ankündigen, ein erlaubtes Verhalten vorzunehmen, zB eine (berechtigte) Strafanzeige zu erstatten, ist demnach schon mangels Inaussichtstellens eines Übels keine tatbestandsmäßige Drohung (SK-*Horn/Wolters* Rn 43; *Jakobs* Peters-FS 69 [82]; *Timpe*, Die Nötigung, 1989, 30; diff. *Hoyer* GA 2014, 546 ff). 15

c) Nach hM ist das **Übel** insbesondere dann **nicht empfindlich**, wenn von dem Betroffenen unter den gegebenen Umständen erwartet werden kann und muss, dass er der Bedrohung **in besonnener Selbstbehauptung standhält** (BGHSt 31, 195 [201]; 32, 165 [174]; BGH bei *Holtz* MDR 1992, 319). Exemplarisch: Die pauschale, nicht näher konkretisierte Drohung durch ein Schreiben an den Regierenden Bürgermeister von Berlin, strafrechtliche Verfehlungen von Parteigenossen aufzudecken, soll nicht empfindlich sein (BGH NStZ 1992, 278; weitere Beispiele bei S/S/W-*Schluckebier* Rn 13 mwN). 16

Bei normativer Deutung der Nötigung ist ein Eingriff in die Güter des Opfers nicht empfindlich, wenn er wegen seines Bagatellcharakters keine Notstandslage zu begründen vermag (NK-*Kindhäuser* § 253 Rn 8). 17

d) Ob in der Ankündigung, ein **erlaubtes Verhalten vorzunehmen**, ein tatbestandsmäßiges Übel liegen kann, ist umstritten: 18

- Von der hM wird die Möglichkeit einer Drohung mit einem erlaubten Verhalten grds. anerkannt (vgl RGSt 64, 379 [383]; BGH LM Nr. 9; *Krause* Spendel-FS 547 ff; *Seesko*, Notwehr gegen Erpressung mit erlaubtem Verhalten, 2004, 64; *Welzel* 382; zur Drohung durch einen Rechtsanwalt vgl *Donath/Mehle* NJW 2009, 2363 f; 2509 f; BGH NJW 2014, 401 ff m. krit. Anm. *Fahl* JR 2015, 169 ff; zust. *Jäger* JZ 2015, 526 f). Hierfür spricht ua, dass § 154 c StPO die Möglichkeit einräumt, von der Verfolgung einer Straftat abzusehen, falls jemand mit der Offenbarung eben dieser Straftat – also einem erlaubten Verhalten – nach den §§ 240, 253 genötigt oder erpresst wird. Ferner geht § 157 I von einer notstandsähnlichen Situation aus, wenn sich jemand der Strafverfolgung – also einem nach dem Legalitätsprinzip gebotenen Verhalten – ausgesetzt sieht. 19

- Von einer Mindermeinung wird generell bestritten, dass in der Ankündigung, ein erlaubtes Verhalten vorzunehmen, ein tatbestandsmäßiges Übel liegen könne (SK-*Horn/Wolters* Rn 43; *Jakobs* Peters-FS 69 [82]). 20

21 ■ Auch wenn nach hM ein erlaubtes Verhalten als Drohungsübel in Betracht kommt, ist die Ankündigung eines solchen Übels jedoch nur als Nötigung strafbar, wenn das Verhalten auch verwerflich iSv § 240 II ist (Rn 47 ff).

22 e) **Grds** kann auch **mit** dem **Unterlassen** einer Handlung gedroht werden (Überblick bei *Zopfs* JA 1998, 813; ausf. bei *Jäger* Krey-FS 193 ff):

23 aa) Hierbei steht außer Streit, dass das Unterlassen der Erfüllung einer **Garantenpflicht** eine einschlägige Übelsandrohung ist. Entsprechendes gilt für die Androhung der Verletzung einer Pflicht aus § 323 c (NK-*Kindhäuser* § 253 Rn 11).

24 bb) Da die Ankündigung, ein **verbotenes Verhalten zu unterlassen**, die Entscheidungsfreiheit des Äußerungsadressaten überhaupt nicht in rechtlich relevanter Weise tangieren kann, hat sie auch kein nötigungsrelevantes Übel zum Gegenstand (NK-*Kindhäuser* § 253 Rn 12; *Mitsch* 10.2.1.3.2; *Rengier* II § 23/48). Exemplarisch: Keine Nötigung, wenn der Dealer dem Drogensüchtigen in Aussicht stellt, ihm kein Rauschgift zu überlassen, falls jener nicht eine bestimmte Gegenleistung erbringt. Wenn es dem Süchtigen verboten ist, (aus welchem Grund auch immer) Rauschgift zu erwerben, kann es kein Eingriff in seine rechtlich geschützte Willensfreiheit sein, wenn ihm Rauschgift (aus welchem Grund auch immer) vorenthalten wird.

25 cc) Ob mit dem **erlaubten Unterlassen eines erlaubten Verhaltens** tatbestandsmäßig gedroht werden kann, ist umstritten:

26 ■ Von der (heute) hM wird die Möglichkeit einer Drohung mit dem erlaubten Unterlassen eines erlaubten Verhaltens grds. anerkannt, da auch durch das Verweigern nicht zu beanspruchender (erlaubter) Vorteile das Opfer in unzulässiger Weise motiviert werden könne (BGHSt 31, 195; OLG Stuttgart NStZ 1982, 161; LK-*Altvater* Rn 82; S/S-*Eser/Eisele* Rn 10, 20; *Geppert* Jura 2006, 31 [37]; unter Einschränkungen auch *Roxin* JR 1983, 333; *Schroeder* JZ 1983, 284; vgl zum Fall der Bestechlichkeit *Hoven* ZStW 2016, 173 ff). Für diesen Fall sind jedoch an die Verwerflichkeit hohe Anforderungen zu stellen.

27 ■ Teils wird generell bestritten, dass in der Ankündigung des erlaubten Unterlassens eines erlaubten Verhaltens die Androhung eines tatbestandsmäßigen Übels liegen könne (SK-*Horn/Wolters* Rn 43; *Jakobs* Peters-FS 69 [82]; NK-*Kindhäuser* § 253 Rn 13 ff; vgl auch BGH NStZ 1982, 287; OLG Hamburg NJW 1980, 2592; *Schubarth* JuS 1981, 726). Durch die Verweigerung einer nicht zu beanspruchenden Leistung werde nicht in rechtlich relevanter Weise in den Freiheitsbereich des Opfers eingegriffen.

III. Mehrpersonenverhältnisse

28 **1. Auf der Täterseite** können bei der Nötigung mehrere Personen agieren. Es gelten die allgemeinen Regeln der Beteiligungslehre für Täterschaft und Teilnahme. Der Täter braucht zB eine Drohung nicht selbst auszusprechen, sondern kann sich hierzu eines Gehilfen oder eines irrenden Werkzeugs iS mittelbarer Täterschaft bedienen.

29 **2.** Hinsichtlich der **Opferseite** gilt zunächst, dass **Gewalt** durch Einwirkung auf Dritte ausgeübt werden kann. Exemplarisch: Der Führer eines Blinden wird niedergeschlagen; durch Betäubung des Fahrers werden die Insassen eines Pkw festgehalten. Nach hM ist es erforderlich, dass die Einwirkung auf den Dritten vom

Opfer selbst als Zwang empfunden wird (vgl BGHSt 42, 378; *Fischer* Rn 26; vgl auch BGHSt 23, 126: Gewalt gegen Dritte als Einwirken auf das körperliche Befinden des Beobachters; *Geppert* Jura 2006, 31 [32]; zum Meinungsstand *Huhn,* Nötigende Gewalt mit und gegen Sachen, 2007, 127 ff).

3. Bei der **Drohung** muss die Person, an die sich die Drohung richtet (= Adressat), nicht mit der Person, der das angekündigte Übel zugefügt werden soll (= Gefährdeter), identisch sein. In den einschlägigen Konstellationen wird dem Drohungsadressaten vom Täter die Möglichkeit eingeräumt, die angekündigte Übelszufügung zulasten eines Dritten durch ein bestimmtes Verhalten abzuwenden. Exemplarisch: Dem Leiter einer Haftanstalt (Adressaten) wird die Tötung seines entführten Kindes (Gefährdeter) angedroht, wenn er nicht das Entfliehen eines bestimmten Häftlings ermöglicht. 30

Zu klären ist nur die Frage, ob der Adressat und der Gefährdete in einem bestimmten Verhältnis zueinander stehen müssen, damit die Drohung mit der Übelszufügung gegenüber einem Dritten tatbestandsmäßig ist: 31

a) Nach der hM genügt es, wenn der Nötigungsadressat das einem anderen zugedachte Übel auch für sich **selbst als Übel empfindet** und dadurch iSd Täterverlangens motiviert wird. Ein solcher Zwang wird unter der Voraussetzung angenommen, dass das Wohl des Dritten für den Adressaten von Bedeutung ist. Eine Dreiecksnötigung ist daher nicht möglich, wenn der Adressat den Interessen des Gefährdeten gleichgültig gegenübersteht (vgl BGHSt 16, 316; 38, 83 [86]; BGH NStZ 1994, 31; *Geppert* Jura 2006, 31 [32]; *Küper* Jura 1983, 206 [207]). 32

Teilweise wird einschränkend gefordert, dass der Gefährdete für den Adressaten eine nahestehende Person bzw „Sympathieperson" ist (*Binding* I 91; M-*Schroeder/Maiwald* I § 42/24). 33

b) Die individuelle Psychologie zwischenmenschlicher Beziehungen (subjektive Bedeutung, Sympathie etc.) taugt jedoch schon deshalb nicht als Grundlage rechtlicher Zurechnung, weil die Abwendung der Gefahr für den Genötigten rechtlich geboten sein kann. Dies ist zB anzunehmen, wenn die Voraussetzungen einer *Garantenstellung* oder des § 323 c zugunsten des Gefährdeten gegeben sind (vgl auch SK-*Sinn* § 253 Rn 18). In diesem Fall muss der Nötigungsadressat unabhängig davon, ob ihm das Wohl des Gefährdeten am Herzen liegt, helfend eingreifen. 34

Es muss daher bei Mehrpersonenverhältnissen ausreichend sein, dass die Gefahrabwendung für den Nötigungsadressaten ein rechtlich verständliches Motiv ist, also unter den gegebenen Umständen erwartet werden kann. Insoweit entspricht die Problematik der Haftung des Täters für das Eingreifen eines Retters im Rahmen der objektiven Zurechnung (vgl Vor § 13 Rn 152 ff). 35

Dass der Adressat demnach in keinerlei Beziehung zu dem Gefährdeten steht, kann die Annahme einer Drohung nicht hindern. Auf einen psychischen Druck kommt es nicht an, da auch § 34 einen solchen zur Abwendung einer Notstandslage nicht verlangt. 36

IV. Nötigungserfolg

1. Erfolg der Nötigung ist das Verhalten („Handlung, Duldung oder Unterlassung"), das durch die Anwendung der Nötigungsmittel erzwungen werden soll (näher *Geppert* Jura 2006, 31 [37 f]; *Schroeder* Gössel-FS 415 [416 ff]). Dieses Verhalten ist unabhängig von der Nötigungshandlung festzustellen. Wenn das 37

Opfer zB eine Drohung als ernstgemeint versteht, sich ihr jedoch nicht fügt und nicht zumindest mit der angesonnenen Handlung beginnt, hat der Täter zwar eine Drohung iSd Tatbestands vollzogen, das Delikt ist aber mangels Erfolgseintritts nicht vollendet, sondern nur (nach § 240 III) versucht (vgl auch BGHSt 37, 350; BGH NJW 1997, 1082; NStZ-RR 2006, 77; OLG Köln NStZ-RR 2006, 280 [281]; OLG Hamm NZV 2006, 388 [389]). Für eine Deliktsvollendung reicht es auch nicht aus, wenn das Opfer nur scheinbar mitwirkt, um den Täter zu überführen (BGH NStZ 2004, 442), oder sich in einer Weise verhält, die der Täter zwar erstrebt, aber vom Opfer nicht verlangt hat (BGH NStZ 2004, 385). Ein Teilerfolg, der mit Blick auf ein weitergehendes Ziel jedenfalls vorbereitend wirkt, kann für die Annahme einer vollendeten Nötigung ausreichen, wenn die abgenötigte Handlung des Opfers nach den Vorstellungen des Täters eine eigenständige bedeutsame Vorstufe des gewollten Enderfolgs darstellt (BGH NStZ 2004, 442 [443]; StV 2008, 249; NStZ 2013, 36).

38 2. Von einem **Unterlassen** kann nur gesprochen werden, wenn das Opfer zur Vornahme des unterlassenen Handelns in der Lage gewesen wäre.

39 3. **Dulden** ist ein Geschehenlassen, das nicht auf eigener Entschließung des Genötigten beruht, sondern ihm durch ein Müssen auferlegt ist (so *Hälschner* II/1, 379). Anders als das Unterlassen setzt das Dulden also nicht die Möglichkeit voraus, eine Handlungsalternative ergreifen zu können. Daher sind Duldungen insbesondere durch vis absoluta erzwungene Verhaltensweisen (aA MK-*Sinn* Rn 99 ff). Exemplarisch: Das niedergeschlagene Opfer hat nicht mehr die Kraft, sich gegen die Wegnahme einer Sache zur Wehr zu setzen; insoweit duldet das Opfer die Wegnahme.

40 4. Zwischen dem Einsatz des Nötigungsmittels und dem Erfolg muss ein **Kausalzusammenhang** bestehen. Auch muss die Reaktion des Opfers objektiv zurechenbar sein (bei inadäquaten Reaktionen wird freilich regelmäßig auch der Vorsatz fehlen). Mangels Kausalzusammenhangs ist die Tatbestandsverwirklichung unvollendet, wenn sich das Opfer unabhängig vom Einsatz des Nötigungsmittels iSd Täters verhält (vgl auch BGH NStZ 1987, 70). Der Kausalzusammenhang kann durch ein (dem Täter zurechenbares) Verhalten Dritter vermittelt sein (vgl BGHSt 37, 350).

V. Subjektiver Tatbestand

41 Für den subjektiven Tatbestand ist **Vorsatz** erforderlich, wobei hinsichtlich des Einsatzes des Nötigungsmittels dolus eventualis genügt (vgl BGHSt 5, 245 [246]; LK-*Altvater* Rn 149 f).

42 Bezüglich des **abgenötigten Verhaltens** ist nach verbreiteter Meinung **Absicht** (iSe zielgerichteten Handelns) erforderlich (S/S-*Eser/Eisele* Rn 34; *Geppert* Jura 2006, 31 [38]; SK-*Horn/Wolters* Rn 7); dies lässt sich aus Abs. 2 („angestrebter Zweck") ableiten.

43 Teilweise wird auch bei der Anwendung von Gewalt die Absicht verlangt, auf diese Weise zu nötigen (BGH JR 1988, 75; S/S-*Eser/Eisele* Rn 34; SK-*Horn/Wolters* Rn 7).

VI. Verwerflichkeit (Abs. 2)

1. Nach Abs. 2 ist die Nötigung rechtswidrig, wenn die Anwendung der Gewalt 44
oder die Androhung des Übels zu dem angestrebten Zweck als verwerflich anzusehen ist (**Zweck-Mittel-Relation**). Die Widerrechtlichkeit folgt somit aus dem Verhältnis von Nötigungsmittel und Nötigungszweck (BGHSt 5, 254; 17, 329 [331]; Überblick bei *Sinn* JuS 2009, 577 [584]).

Von einer Mindermeinung werden die (tatsächlichen) Voraussetzungen der Ver- 45
werflichkeit als Tatbestandsmerkmal (S/S-*Eser/Eisele* Rn 16, 33), von der hM als Rechtswidrigkeitsmerkmal angesehen (BGHSt 39, 133 [136 ff]). In jedem Fall dient die Verwerflichkeitsprüfung der **Begrenzung** des von der hM weit ausgelegten Tatbestands (strafbarkeitseinschränkendes Korrektiv, vgl BVerfGE 73, 206 [255]; BGHSt 35, 270 [276]).

Greift ein **Rechtfertigungsgrund** ein, so ist die Tat nicht verwerflich. Deshalb 46
empfiehlt es sich im **Gutachten**, das Vorliegen von allgemeinen Rechtfertigungsgründen vor der Verwerflichkeit zu prüfen.

2. Unter **Verwerflichkeit** ist nach hM die sozialethische Missbilligung des für den 47
erstrebten Zweck angewandten Mittels zu verstehen (vgl BGHSt 18, 389 [391]; 35, 270 [276 f]; 39, 133 [137 f]; L-Kühl-*Heger* Rn 18).

a) Für das **Verwerflichkeitsurteil** ist maßgeblich, ob das Mittel, der Zweck oder 48
Mittel wie auch Zweck rechtswidrig sind:

- Sind Mittel und Zweck **jeweils rechtswidrig**, so ist auch die Anwendung des 49
  Mittels zur Zweckerreichung rechtswidrig (und damit verwerflich).

- Gleiches gilt regelmäßig, wenn **nur** der **Zweck** rechtswidrig ist. 50

- Ist **nur** das **Mittel**, nicht aber auch der **Zweck rechtswidrig**, so ist die Relati- 51
  on nicht verwerflich, wenn der Zweck gewichtig, der Eingriff in die Freiheit des Opfers durch den Mitteleinsatz aber nur geringfügig ist. Als verwerflich wird es dagegen angesehen, wenn der Vermieter Türen und Fenster aushängt, um den (rechtmäßig) gekündigten Mieter zur Räumung zu zwingen.

- Sind **Mittel und Zweck** jeweils **rechtmäßig**, so kann die Zweck-Mittel-Rela- 52
  tion gleichwohl verwerflich sein, wenn Zweck und Mittel in keinem inneren Zusammenhang stehen (sog. **Inkonnexität** von Zweck und Mittel).

b) Hinsichtlich der möglichen **Inkonnexität** von jeweils rechtmäßigem Zweck 53
und Mittel sind vor allem zwei Fallgruppen bedeutsam (vgl dazu auch S/S/W-*Schluckebier* Rn 19):

- Die Drohung mit einer berechtigten Strafanzeige (**Chantage**) ist rechtswidrig 54
  (verwerflich), wenn sie mit dem verfolgten Ziel in keinem inneren Zusammenhang steht (**fehlende Konnexität**). Dies ist etwa der Fall, wenn mit Anzeigenerstattung (wegen einer anderen Sache) gedroht wird, um die Rückzahlung einer Darlehensschuld durchzusetzen. Dagegen ist die Drohung mit einer Strafanzeige nicht verwerflich, wenn der durch die Tat Geschädigte auf diese Weise eine (berechtigte) Wiedergutmachung des Schadens erstrebt (vgl BGHSt 5, 254; vgl auch BGH NJW 1957, 596; BayObLG MDR 1957, 309).

- Im Rahmen eines Arbeitskampfes ist die Drohung mit Arbeitsniederlegung 55
  oder Fortsetzung der Arbeitsverweigerung ein legales und zweckentsprechendes Kampfmittel. Streik kann jedoch auch unangemessen sein, zB als

Druckmittel gegenüber dem Arbeitgeber zur Entlassung eines nicht organisierten Arbeitnehmers. Studenten können sich mangels eines Arbeitsverhältnisses zur Universität nicht auf das Streikrecht berufen (vgl BGH NJW 1982, 189).

56 c) **Erlaubte Selbsthilfe** ist generell nur in den engen gesetzlichen Grenzen zulässig. Grds ist staatliche Hilfe in Anspruch zu nehmen. BGHSt 39, 133 (137): „Das Recht zur Erzwingung von Gesetzestreue (kommt) in erster Linie dem Staat (zu). Der einzelne, der sich anmaßt, den Staat dabei mit Nötigungsmitteln zu vertreten, handelt verwerflich, wenn er vorsätzlich den Vorrang staatlicher Zwangsmittel außer Acht lässt, um durch von ihm selbst ausgeübte Gewalt und ohne speziellen Rechtfertigungsgrund die Gesetzestreue anderer zu erzwingen" (vgl auch BGHSt 18, 389 [392 f]; OLG Düsseldorf NZV 2000, 301 (302 f); *Maatz* NZV 2006, 337 [344 f]: zur Selbsthilfeproblematik bei Nötigungshandlungen im Straßenverkehr).

57 d) Soweit die **Ausübung** des Grundrechts der **Versammlungs- und Meinungsfreiheit** zwangsläufig andere behindert (etwa den Straßenverkehr durch einen Demonstrationszug), ist § 240 mangels Unverhältnismäßigkeit nicht einschlägig. Anderes kann gelten, wenn die Demonstration (als Nahziel) auf Behinderungen anderer gerichtet ist, um die Bevölkerung auf diese Weise aufzurütteln (politisches Fernziel). Für das Verwerflichkeitsurteil sind alle relevanten Umstände des Einzelfalls (Intensität der Störung anderer, Dauer, Ausweichmöglichkeiten usw) zu berücksichtigen (vgl nur BVerfGE 73, 206 [254 ff]; BVerfG StraFo 2011, 180 f m. Bspr *Sinn* ZJS 2011, 283; BGHSt 34, 71; BGH NJW 1995, 2862; OLG Karlsruhe NStZ 2016, 32). Wenn die Verwirklichung des Nahziels zur Erreichung des Fernziels ungeeignet ist, vermag auch dessen besondere Bedeutung die Anwendung von Nötigungsmitteln grds. nicht zu rechtfertigen, es sei denn, dass die Verfolgung des Nahziels in der Kommunikation über das Fernziel „untergeordnetes Mittel zur symbolischen Unterstützung" ist und damit „zur Verstärkung der kommunikativen Wirkung in der Öffentlichkeit" dient (BVerfG NJW 2002, 1031 [1032, 1034]). In jedem Fall kann das jeweils verfolgte Fernziel für die Frage der Strafzumessung von Belang sein (BGHSt 35, 270; BayObLG NJW 1993, 212 [213]; Überblick bei *Küpper/Bode* Jura 1993, 191 f).

58 3. Soweit die Verwerflichkeit mit der hM als Rechtswidrigkeitsmerkmal (Rn 45) angesehen wird, ist ein **Irrtum** über die **tatsächlichen Voraussetzungen der Verwerflichkeit** vorsatzausschließend (§ 16 I S. 1 direkt oder analog, entsprechend den Regeln des Erlaubnistatbestandsirrtums, vgl Vor § 32 Rn 27 ff; ausf. zum Verhältnis der Rechtfertigung zur Verwerflichkeitsklausel *Küper* JZ 2013, 449 ff). Eine Fehlbewertung des Täters bei Kenntnis der tatsächlichen Voraussetzungen der Verwerflichkeit ist ein Verbotsirrtum nach § 17 (vgl BGHSt 2, 194; SK-*Horn/Wolters* Rn 54).

VII. Regelbeispiele (Abs. 4)

59 Abs. 4 formuliert in der Technik der Regelbeispiele (§ 46 Rn 17 ff) zwei besonders schwere Fälle der Nötigung. Zunächst in Nr. 1 die Nötigung einer Schwangeren zum Schwangerschaftsabbruch (Nr. 1) und weiterhin der Missbrauch der Befugnisse oder der Stellung als Amtsträger (Nr. 2). Der Amtsträger (§ 11 I Nr. 2) kann Täter oder Teilnehmer der Nötigung sein. Missbrauch ist eine vorsätzlich rechtswidrige Ausübung amtlichen Zwangs. Erfolgt dies innerhalb der Zuständigkeit, betrifft es die Befugnisse. Demgegenüber wird die Stellung missbraucht,

wenn der Täter sich der ihm durch sein Amt eröffneten Handlungsmöglichkeiten außerhalb seines Zuständigkeitsbereichs bedient oder den Irrtum des Opfers, er sei zur Zwangsausübung von Amts wegen berechtigt, ausnutzt (*Fischer* Rn 61).

VIII. Konkurrenzen

Gegenüber Delikten, die auch die persönliche Freiheit schützen (zB §§ 177, 249, 253, 255), tritt § 240 als lex generalis zurück, kommt aber zum Zuge, wenn das speziellere Delikt nicht voll verwirklicht ist (zum Verhältnis von § 240 zu § 113, vgl dort Rn 35 ff) oder die Nötigung der Beendigung des spezielleren Deliktes dient und ein weiteres Rechtsgut verletzt (BGH NStZ 2005, 387). 60

Wenn eine Bedrohung (§ 241) Mittel der Nötigung ist, wird § 241 von § 240 verdrängt. 61

Begeht der Täter die Nötigung durch eine Körperverletzung oder Tötung, sind diese Delikte mit § 240 tateinheitlich verwirklicht. 62

§ 241 Bedrohung

(1) Wer einen Menschen mit der Begehung eines gegen ihn oder eine ihm nahestehenden Person gerichteten Verbrechens bedroht, wird mit Freiheitsstrafe bis zu einem Jahr oder mit Geldstrafe bestraft.

(2) Ebenso wird bestraft, wer wider besseres Wissen einem Menschen vortäuscht, daß die Verwirklichung eines gegen ihn oder eine ihm nahestehenden Person gerichteten Verbrechens bevorstehe.

I. Die Vorschrift dient nach hM dem Schutz des **individuellen Rechtsfriedens**, dh dem Vertrauen des Einzelnen auf seine durch das Recht gewährleistete Sicherheit, und ist insoweit das Gegenstück zu § 126 (NK-*Toepel* Rn 4; vgl auch BVerfG NJW 1995, 2776 [2777] m.Anm. *Küper* JuS 1996, 783; umf. *Satzger* JURA 2015, 156). Die Bedrohung ist ein abstraktes Gefährdungsdelikt; es geht um einen normativen Schutz. Ob sich das Opfer durch die Bedrohung tatsächlich beunruhigen lässt, spielt keine Rolle. Maßgeblich ist vielmehr die generelle Eignung zu einer solchen Wirkung. 1

II. Nach Abs. 1 (sog. **Bedrohungstatbestand**) ist die Drohung mit einem Verbrechen (§ 12 I) strafbar. Eine Bedrohung erfordert das Inaussichtstellen eines Verbrechens, durch das beim Bedrohten der Eindruck der Ernstlichkeit der Ankündigung erreicht werden soll und das dazu objektiv auch geeignet ist (BGH NStZ 2015, 394 [395]; OLG Köln NJW 2007, 1150 [1151]; OLG Naumburg StraFo 2013, 214; zur Auslegung einer Äußerung vgl auch AG Saalfeld NStZ-RR 2004, 264; NK-*Toepel* Rn 10). Die angekündigte Tat muss rechtswidrig, aber nicht schuldhaft sein. Die gegenwärtige Begehung eines Verbrechens ist zwar kein Inaussichtstellen mehr; in ihr kann jedoch die konkludente Drohung liegen, eine weitere Tat auszuführen (BGH NStZ 1984, 454). Der Begriff der nahestehenden Person entspricht demjenigen in § 35 I S. 1 (dort Rn 4). **Adressat** der Bedrohung kann dem Wortlaut zufolge nur ein Mensch sein; juristische Personen scheiden als Opfer aus (BGH 4 StR 80/01 v. 12.6.2001; näher *Wallau* JR 2000, 312 ff). Für den subjektiven Tatbestand genügt dolus eventualis. 2

3 **III. Die Tat nach Abs. 2** (sog. **Vortäuschungstatbestand**) hat falsche Warnungen zum Gegenstand. Sie betrifft solche Fälle, in denen der Täter einen anderen über ein angeblich bevorstehendes Verbrechen informiert, ohne auch (iSe Drohung, vgl Vor §§ 232–241 a Rn 22 ff) vorzugeben, das Geschehen selbst in der Hand zu haben. Die Warnung muss objektiv falsch sein. Es genügt nicht, wenn ein der angekündigten Tat entsprechendes Delikt entgegen der Annahme des Täters tatsächlich bevorstand. Der subjektive Tatbestand erfordert dolus directus („wider besseres Wissen").

4 **IV. Die Taten nach Abs. 1 und Abs. 2** sind jeweils **vollendet**, wenn die Drohung bzw Warnung mit Willen des Täters zur Kenntnis des Drohungs- bzw Täuschungsadressaten gekommen ist und von diesem im gemeinten Sinne verstanden wurde. Der **Versuch** ist nicht strafbar.

5 **V.** § 241 ist gegenüber der Verwirklichung des angekündigten Verbrechens wie auch gegenüber einer (versuchten) Nötigung nach §§ 113, 240, 253 **subsidiär** (BGH NStZ 2006, 342; L-Kühl-*Heger* Rn 4; LK-*Schluckebier* Rn 31; MK-*Sinn* Rn 17; für Tateinheit bei nur versuchter Nötigung hingegen BayObLG NJW 2003, 911 [912] m. abl. Anm. *Jäger* JR 2003, 478 ff; S/S-*Eser/Eisele* Rn 16; *Maatz* NStZ 1995, 209 [212 f]; NK-*Toepel* Rn 27).

§ 241 a Politische Verdächtigung

(1) Wer einen anderen durch eine Anzeige oder eine Verdächtigung der Gefahr aussetzt, aus politischen Gründen verfolgt zu werden und hierbei im Widerspruch zu rechtsstaatlichen Grundsätzen durch Gewalt- oder Willkürmaßnahmen Schaden an Leib oder Leben zu erleiden, der Freiheit beraubt oder in seiner beruflichen oder wirtschaftlichen Stellung empfindlich beeinträchtigt zu werden, wird mit Freiheitsstrafe bis zu fünf Jahren oder mit Geldstrafe bestraft.

(2) Ebenso wird bestraft, wer eine Mitteilung über einen anderen macht oder übermittelt und ihn dadurch der in Absatz 1 bezeichneten Gefahr einer politischen Verfolgung aussetzt.

(3) Der Versuch ist strafbar.

(4) Wird in der Anzeige, Verdächtigung oder Mitteilung gegen den anderen eine unwahre Behauptung aufgestellt oder ist die Tat in der Absicht begangen, eine der in Absatz 1 bezeichneten Folgen herbeizuführen, oder liegt sonst ein besonders schwerer Fall vor, so kann auf Freiheitsstrafe von einem Jahr bis zu zehn Jahren erkannt werden.

1 **I. Die Vorschrift schützt** – parallel zu § 234 a – die **Persönlichkeitsrechte** der körperlichen Unversehrtheit, der Bewegungsfreiheit sowie der beruflichen und wirtschaftlichen Betätigungsfreiheit (NK-*Toepel* Rn 3). Die Tat ist **konkretes Gefährdungsdelikt**, da die Verfolgung nicht einzutreten braucht (BGHSt 33, 239). Der **Versuch** ist strafbar (Abs. 3).

2 **II. Tathandlungen** nach Abs. 1 sind die (förmliche) Anzeige und Verdächtigung (§ 164 Rn 4 ff), die sich an staatliche Stellen (des In- und Auslands), aber auch an Einzelpersonen (zB Funktionäre), Parteien oder sonstige Organisationen richten können. Dem sind nach Abs. 2 einfache Mitteilungen über einen anderen oder deren Weitergabe („Übermittlung") gleichgestellt. Ist die Information unwahr, so

greift die Strafschärfung nach Abs. 4 Alt. 1 ein. Sofern der Täter am Tatort besonderen Informationspflichten unterworfen oder selbst Repressionen ausgesetzt ist, können die §§ 34, 35 eingreifen.

Die Informationen sind tatbestandsmäßig, wenn sie für den Angezeigten die **Gefahr** begründen, aus politischen Gründen (§ 234a Rn 3) durch **Gewalt- und Willkürmaßnahmen** Schaden an den genannten Gütern zu erleiden. Rechtsstaatlichen Grundsätzen wird insbesondere bei erheblichen Verstößen gegen Menschenrechte widersprochen, etwa bei völlig unverhältnismäßigen Strafen. Von solchen Verstößen kann auszugehen sein, wenn sich der Verantwortliche hierdurch selbst strafbar macht (vgl BGHSt 40, 136 m. krit. Bspr *Seebode* JZ 1995, 417; BGH NStZ 1997, 435). 3

III. Die Tat ist **Vorsatzdelikt**. Bei einer Tatbegehung um der Folgen willen (**Absicht**) ist ein (benannter) besonders schwerer Fall iSv Abs. 4 Alt. 2 gegeben. 4

Neunzehnter Abschnitt Diebstahl und Unterschlagung

Vorbemerkung zu den §§ 242–248 c

Die **Eigentumsdelikte** des StGB lassen sich in zwei Gruppen unterteilen, und zwar in die **Schädigungsdelikte** mit der Sachbeschädigung (§ 303) als Grundtatbestand und in die **Zueignungsdelikte** mit der Unterschlagung (§ 246) als Grundtatbestand (*Binding* I 275; *Kindhäuser* Gössel-FS 451 ff; *Lesch* JA 1998, 474 [477]). Gemeinsam ist beiden Deliktsgruppen, dass bei ihnen jeweils in die sich aus dem Eigentum ergebende Befugnis, über den Zustand und die Verwendung einer Sache zu bestimmen (§ 903 BGB), durch Veränderung oder Vorenthaltung der Sache eingegriffen wird. Während die Schädigungsdelikte in dieser (zumindest partiellen) **Enteignung** erschöpfen, also nur eine dem Willen des Berechtigten zuwiderlaufende Zustandsveränderung der Sache voraussetzen, verlangen die Zueignungsdelikte noch eine **Aneignung**, dh die Anmaßung der dem Eigentümer zustehenden Verwendungsmöglichkeiten. 1

Der **Diebstahl**, der die Unterschlagung unter der Voraussetzung qualifiziert, dass die Zueignung durch Wegnahme der Sache erfolgt, ist seinerseits Grundtatbestand einer Reihe weiterer Strafschärfungsvorschriften (§§ 243, 244, 244a) und geht auch als Tatelement in den Raub (§ 249), den räuberischen Diebstahl (§ 252) und deren Qualifikationstatbestände (§§ 250 f) ein. Sonderregelungen treffen § 248b, der mit dem unbefugten Gebrauch eines Fahrzeugs ausnahmsweise eine Gebrauchsanmaßung (*furtum usus*) pönalisiert, und § 248c, der die Entwendung der nicht als Sache geltenden elektrischen Energie unter Strafe stellt. §§ 247, 248a regeln Beschränkungen der Strafverfolgung durch Antragserfordernisse. Ein Eigentumsdelikt besonderer Art normiert ferner § 297 I Nr. 1, III. 2

Als Grunddelikt zum Diebstahl tritt § 246 stets hinter § 242 zurück. Ansonsten ist § 246 jedenfalls (formell) *subsidiär* zu allen *gleichzeitig* begangenen Eigentums- und Vermögensdelikten (§ 246 Rn 42); dies betrifft insbesondere § 259. Teilweise wird § 246 nicht als Grundtatbestand der Zueignungsdelikte, sondern wegen der Subsidiaritätsklausel als Auffangtatbestand interpretiert (*Basak* GA 2003, 109 [122]; *Fischer* § 246 Rn 2 mwN; Überblick zur Problematik bei Fahl Jura 2014, 382 ff). 3

§ 242 Diebstahl

(1) Wer eine fremde bewegliche Sache einem anderen in der Absicht wegnimmt, die Sache sich oder einem Dritten rechtswidrig zuzueignen, wird mit Freiheitsstrafe bis zu fünf Jahren oder mit Geldstrafe bestraft.

(2) Der Versuch ist strafbar.

I. Allgemeines 1	1. Vorsatz 61
II. Objektiver Tatbestand 4	2. Zueignungsabsicht (Grundlagen) 63
1. Tatobjekt: fremde bewegliche Sache 4	3. Gegenstand der Zueignung . 78
2. Tathandlung: Wegnahme 20	4. Einzelfragen 90
a) Begriff des Gewahrsams .. 21	5. Abgrenzung zur Sachbeschädigung und -entziehung 100
b) Begründung, Aufgabe und Zuordnung des Gewahrsams 27	6. Abgrenzung zur Gebrauchsanmaßung 105
c) Bruch des Gewahrsams ... 41	7. Drittzueignung 110
d) Mitgewahrsamsinhaber und Gewahrsamsdiener .. 48	8. Rechtswidrigkeit der Zueignung 119
e) Vollendung und Beendigung der Wegnahme 53	IV. Beteiligung 129
III. Subjektiver Tatbestand 60	V. Konkurrenzen 132

I. Allgemeines

1. Die Vorschrift dient dem **Schutz des Eigentums** an beweglichen Sachen; es soll die sich aus dem Eigentum ergebende, auf den Besitz bezogene Berechtigung, mit der Sache nach Belieben zu verfahren (§ 903 BGB), garantiert werden. Dagegen ist die Sicherung der rechtlichen Bestandskraft des Eigentums beim Diebstahl ohne Belang, da mit Ausnahme von Geld und Inhaberpapieren gutgläubiger Eigentumserwerb an gestohlenen Sachen kaum (vgl §§ 935, 937 BGB) möglich ist. Entgegen der Rspr und einem Teil der Lehre (BGHSt 29, 319 [323]; SK-*Hoyer* Rn 1; S/S/W-*Kudlich* Rn 3 mwN) schützt § 242 nicht auch den Gewahrsam. Der Gewahrsamsbruch ist keine selbstständige Rechtsgutsverletzung, sondern nur eine spezifische Angriffsart (vgl *Arzt/Weber/Heinrich/Hilgendorf* § 13/31; S/S-*Eser/Bosch* Rn 2; *Otto* BT § 39/4; *Rönnau* JuS 2009, 1088; MK-*Schmitz* Rn 9). Der Gewahrsam setzt keine Besitzberechtigung voraus, so dass auch der Dieb Gewahrsam an der Beute erlangt. Da in der Aufrechterhaltung dieses Gewahrsams gerade die Verletzung des Eigentums liegt, kann nicht zugleich eine dem Eigentum zuwiderlaufende Besitzposition als Rechtsgut geschützt werden. Der Streit ist vor allem hinsichtlich der Frage bedeutsam, ob neben dem Eigentümer auch der Gewahrsamsinhaber iSv §§ 247, 248 a antragsbefugt ist (vgl § 247 Rn 10), wenn ein anderer als der Eigentümer das Tatobjekt zum Zeitpunkt des Diebstahls in Gewahrsam hatte.

2. Zum **objektiven Deliktstatbestand** des Diebstahls gehört die Umschreibung des Tatobjekts („fremde bewegliche Sache") und der Tathandlung („wegnehmen"). Der **subjektive** Tatbestand umfasst neben dem auf Wegnahme der fremden beweglichen Sache bezogenen Vorsatz die Absicht, sich das Tatobjekt rechtswidrig zuzueignen. Umstritten ist, ob die Zueignung mit der Wegnahme vollzogen wird und die Zueignungsabsicht daher nur eine subjektive Deutung der Be-

Diebstahl § 242

sitzbegründung ist oder ob die Zueignung eine von der Wegnahme unabhängige Handlung und der Diebstahl somit ein **kupiertes Erfolgsdelikt** ist (vgl Rn 75 ff).

Es empfiehlt sich, die Tatbestandsmerkmale des Diebstahls in folgenden Schritten zu **prüfen**: 3
  A) Tatbestand:
    I. Objektiver Tatbestand:
      1. Tatobjekt: Sache (Rn 4 ff), die beweglich (Rn 7) und fremd (Rn 8 ff) ist;
      2. Tathandlung: Wegnahme = fremder Gewahrsam (Rn 21) wird gegen den Willen des bisherigen Gewahrsamsinhabers aufgehoben („gebrochen", Rn 41 ff) und neuer Gewahrsam begründet (Rn 27 ff).
    II. Subjektiver Tatbestand:
      1. (zumindest bedingter) Vorsatz (Rn 61 f) hinsichtlich Wegnahme des Tatobjekts (I. 1 und 2);
      2. Zueignungsabsicht:
        a) Zueignung (Rn 63 ff) der Sache selbst (Rn 79) oder des in ihr verkörperten Wertes (str., Rn 81 ff);
        b) Absicht (Rn 71), die Sache sich anzueignen oder einem Dritten die Aneignung der Sache zu ermöglichen (Rn 72);
        c) Vorsatz (Rn 73) hinsichtlich Enteignung;
        d) Vorsatz (Rn 74) hinsichtlich der Rechtswidrigkeit der Zueignung (Rn 119 ff).
  B) Rechtswidrigkeit der Tat insgesamt (= kein Eingreifen allgemeiner Rechtfertigungsgründe) und
  C) Schuld

II. Objektiver Tatbestand

1. Tatobjekt: Tatobjekt des Diebstahls ist eine fremde bewegliche Sache. 4

a) **Sachen** iSd Tatbestandes sind körperliche Gegenstände. Ihr (ökonomischer) Wert ist ebenso wenig von Belang wie ihr jeweiliger Aggregatzustand (fest, flüssig, gasförmig). Auch Dampf, Leuchtgas oder (auslaufende) Flüssigkeiten sind daher taugliche Tatobjekte. Wasser und Luft sind ebenfalls Sachen; sie müssen allerdings, um Gegenstand eines Eigentumsdelikts sein zu können, in fassbarer Weise abgegrenzt sein. Unabhängig davon, ob man einen autonomen strafrechtlichen Sachbegriff präferiert (*Fischer* Rn 3; ausf. LK-*Vogel* Rn 4 mwN) oder die Sacheigenschaft zivilrechtsakzessorisch bestimmt (SK-*Hoyer* Rn 3; *Schramm* JuS 2008, 678 [679]), gehören Tiere um ihres Schutzes willen zu den Sachen iSd Eigentumsdelikte (vgl Art. 20 a GG; § 90 a S. 3 BGB; BayObLG NJW 1993, 2760 [2761]; SK-*Hoyer* Rn 6; *Küper* JZ 1993, 435 ff). 5

Energien besitzen als solche (zB Strom, Wellen, Heizungsdampf) keine Sachqualität (grundlegend RGSt 29, 111 [116]; 32, 165 [185 f]), wohl aber die jeweiligen Energieträger (zB Stromkabel usw; vgl auch § 248 c). **Immaterielle Güter** (Pläne, Ideen, Rechte, Forderungen usw) sind keine tauglichen Tatobjekte. Es gibt weder einen „Rechtsdiebstahl" noch einen „geistigen Diebstahl". Allerdings unterfallen Urkunden, in denen Rechte schriftlich fixiert bzw verbrieft sind (zB Scheck, Vertragsformular, Schuldschein), dem Sachbegriff. Bei der elektronischen Datenver- 6 arbeitung sind nur die Datenträger (Hardware, Disketten) und nicht die Daten selbst (Software) als Sachen anzusehen.

7 b) Eine Sache ist **beweglich**, wenn es (grds.) möglich ist, sie von ihrem jeweiligen Standort zu entfernen. Das Merkmal der Beweglichkeit bezieht sich also auf die faktische Transportfähigkeit und nicht auf die zivilrechtliche Differenzierung zwischen beweglichen und unbeweglichen Sachen (vgl §§ 93 ff BGB; vgl *Klesczewski* BT § 8 Rn 49).

8 c) Eine Sache ist **fremd**, wenn sie verkehrsfähig und nicht herrenlos ist und auch nicht im Alleineigentum des Täters steht.

9 aa) Die Fremdheit der Sache richtet sich **ausschließlich nach dem Zivilrecht** (vgl BGHSt 6, 377 [378]; SK-*Hoyer* Rn 11 ff; S/S/W-*Kudlich* Rn 11; MK-*Schmitz* Rn 33; BeckOK-*Wittig* Rn 6). Wegen des Abstraktionsprinzips kommt es für die Fremdheit allein darauf an, ob das Verfügungsgeschäft, mag es auch anfechtbar sein, wirksam ist. Auch Gegenstände, deren Erwerb oder Besitz verboten ist (zB Waffen, Plagiate oder Falschgeld) sind grds. eigentumsfähig und damit taugliche Tatobjekte eines Diebstahls. Bei Geschäften, die wie etwa der Rauschgifthandel nach BtMG, gegen ein gesetzliches Verbot iSv § 134 BGB verstoßen und bei denen daher die Unwirksamkeit des Grundgeschäfts auch das Verfügungsgeschäft erfasst, bleibt der Erlös für den Verkäufer mangels Eigentumsübergangs fremd (BGH NJW 2006, 72 f m.Anm. *Hauck* ZIS 2006, 37 ff und Bspr *Kudlich* JA 2006, 335 f; BGH HRRS 2008 Nr. 866; M/R-*Schmidt* Rn 8; aA *Engel* NStZ 1991, 520 ff; *Wolters* Samson-FS 495 ff). Im Übrigen sind illegal erworbene Drogen auch taugliche Tatobjekte, da die Vorschriften des BtMG in Verbindung mit § 134 BGB zwar die rechtsgeschäftliche Begründung neuen Eigentums hindern, aber ohne Auswirkung auf bestehende Eigentumsverhältnisse sind (BGH NJW-Spezial 2006, 41). Die zivilrechtlichen Rückwirkungsfiktionen (§§ 142, 184, 1953 BGB) sind für das stets auf den Tatzeitpunkt abstellende Strafrecht ohne Belang (ganz hM, vgl nur W-*Hillenkamp* Rn 81).

10 Da sich die Fremdheit allein nach der formalen Eigentumslage bestimmt, ist die wirtschaftliche Funktion des Eigentums ohne Belang (ganz hM, Argumente für eine wirtschaftliche Betrachtungsweise bei *Otto* BT § 40/10 ff). Dies hat u.a. folgende Konsequenzen: **Beschlagnahme, Insolvenz, Verpfändung** oder **treuhänderische Auflagen** berühren das Eigentum nicht (BGH NJW 1992, 250). Der **Vorbehaltsverkäufer** ist bis zur Zahlung der letzten Rate Eigentümer (OLG Düsseldorf NJW 1984, 810 [811]); auch die Regeln des verlängerten Eigentumsvorbehalts gelten. Zur **Sicherung übereignete Sachen** bleiben für den Sicherungsgeber fremd (BGHSt 1, 262; BGH NJW 1987, 2242 [2243]). Bei der **Ein-Mann-GmbH** sind Sachen, die der Gesellschaft gehören, für den geschäftsführenden Gesellschafter fremd (vgl BGHSt 3, 32 [39 f]; BGH NJW 1992, 250 f). Bei der **offenen Stellvertretung** geht das Eigentum auf den Geschäftsherrn über. Bei der **verdeckten Stellvertretung** ist der Wille des Veräußerers maßgeblich; erklärt der Veräußerer (zumindest konkludent), dass er an einen anderen als den Vertreter übereignen will, so bleibt die Sache für diesen fremd. Bei alltäglichen Bargeschäften will der Veräußerer an denjenigen leisten, den es angeht; hier ist dann entscheidend, ob der Vertreter die Sache für sich oder den Vertretenen erwerben will.

11 bb) Als Sachen, die **nicht verkehrsfähig** sind (*res extra commercium*) und daher auch in niemandes Eigentum stehen können, sind zB anzusehen: die Luft in der Atmosphäre und das Wasser in Flüssen, im Meer oder in Teichen mit natürlichem Zu- und Abfluss.

cc) Eine Sache ist **herrenlos**, wenn sie niemandem gehört. Dies ist zunächst bei Sachen der Fall, die von Natur aus in niemandes Eigentum stehen (zB Meeresfrüchte, Tiere in freier Wildbahn). Eine Sache kann ferner durch Dereliktion (Rn 14) herrenlos werden. An herrenlosen Sachen wird durch Aneignung Eigentum erworben (§ 958 I BGB). Mit der Aneignung werden herrenlose Sachen wieder fremd iSd Eigentumsdelikte. Der **Schatz** ist bis zur Inbesitznahme durch den Finder herrenlos und wird anschließend je hälftig Eigentum von Finder und Eigentümer des Fundorts (§ 984 BGB). Ferner können einzelne landesgesetzliche Regelungen (sog. Schatzregalien) einen Eigentumserwerb des Landes über den Fund begründen (näher zur „Raubgräberei" *Koch* NJW 2006, 557 ff). 12

Wilde Tiere in Tiergärten (vgl § 6 S. 3 BJagdG) und Fische in Teichen oder anderen geschlossenen Privatgewässern leben nicht in Freiheit und sind daher nicht herrenlos (§ 960 I S. 2 BGB). **Gefangene wilde Tiere** werden herrenlos, sobald sie ihre Freiheit (wieder) erlangen und vom Eigentümer nicht oder nicht mehr verfolgt werden (§ 960 II BGB). **Gezähmte** Tiere sind nicht herrenlos, wenn sie nur entlaufen sind. Sie werden jedoch herrenlos, wenn sie ihre Gewohnheit verlieren, an den ihnen bestimmten Ort zurückzukehren (§ 960 III BGB); für sie gilt dann § 292. Tiere, die dem **Jagdrecht** unterliegen (§ 2 BJagdG), sind bis zur Aneignung durch den Berechtigten herrenlos (vgl § 958 II BGB); der Wilderer und ein bösgläubiger Dritter können sich ein jagdbares Tier nicht aneignen (es gilt § 292). 13

Eine **Dereliktion** setzt voraus, dass der Berechtigte seinen Besitz an der Sache mit dem nach außen hin deutlich gewordenen Willen aufgibt, auf das Eigentum zu verzichten (§ 959 BGB). Beispielhaft ist regelmäßig das Bereitstellen von Sachen (zB Speisereste) für die Abfuhr von (Sperr-)Müll (OLG Stuttgart JZ 1978, 691); allerdings kann sich aus den umweltschutzrechtlichen Abfallvorschriften ein Dereliktionsverbot ergeben (vgl MK-BGB-*Oechsler* § 959 BGB Rn 6). Die Dereliktion ist zunächst vom **Vernichtungswillen** abzugrenzen: Wer eine Sache wegwirft, um sie zu zerstören, will nicht, dass ein anderer an ihr Eigentum erwirbt. Typische Beispiele sind hierbei das Wegwerfen von ec-Karte nebst PIN (OLG Hamm JuS 2011, 755), Kontoauszügen und anderen persönlichen Gegenständen (ausf. MK-BGB-*Oechsler* § 959 BGB Rn 3 f). Ferner ist für die Dereliktion der Wille kennzeichnend, auf das Eigentum **ohne Zweckbestimmung** zu verzichten; das (rechtliche) Schicksal der Sache muss gleichgültig sein (AG Köln JuS 2013, 271 [272]). Daher ist keine Dereliktion anzunehmen, wenn der Berechtigte zugunsten eines bestimmten Dritten auf sein Eigentum verzichtet. Hiervon ist etwa bei der Bereitstellung von Sachen für *bestimmte Sammelaktionen* auszugehen (BayObLG JZ 1986, 967 f): Mit dem Herausstellen der Sachen wird ein Übereignungsangebot zugunsten der sammelnden Organisation abgegeben, die es durch Abholung annimmt; bis zum Abholen bleibt das Sammelgut im Eigentum des Spenders. Schließlich werden vergessene, verlorene oder wider Willen zurückgelassene Sachen schon mangels **Verzichtswillens** nicht herrenlos (vgl auch § 965 BGB). 14

dd) Eine Sache ist auch für denjenigen fremd, dem sie **nicht allein gehört**. Fremd ist eine Sache daher auch für den Gesamthandseigentümer (§§ 718, 2032 BGB, §§ 105, 161 HGB) und für denjenigen, der an ihr nur Miteigentum nach Bruchteilen hat (§§ 1008 ff BGB). Ein schuldrechtlicher Anspruch beseitigt – auch bei aufschiebend bedingter Übereignung – noch nicht die Fremdheit; jedoch kann bei einem schuldrechtlichen Anspruch – zB auf Auseinandersetzung – die Rechtswidrigkeit der Zueignung entfallen (vgl Rn 123 ff). 15

ee) Da der **(lebende) Mensch** Rechts*subjekt* ist, kann er nicht Objekt von Rechten und folglich weder eine Sache noch eigentumsfähig sein. Gleiches gilt für den 16 im Mutterleib befindlichen Embryo, den §§ 218 ff schützen; der nichtimplantierte menschliche (Retorten-)Embryo unterfällt dem Embryonenschutzgesetz von 1990. Dagegen ist der **Leichnam** kein Rechtssubjekt mehr und kann als herrenlose – da nicht zur Erbschaft gehörende – Sache angesehen werden. Gleiches gilt für einzelne, von der Leiche abgetrennte Körperteile. Dem Schutz der Leiche dient § 168 (vgl OLG Bamberg NJW 2008, 1543 ff m. Bspr *Jahn* JuS 2008, 457 ff und *Kudlich* JA 2008, 391 [393]; OLG Hamburg NJW 2012, 1601 [1606 f] m.Anm. *Stoffers* – von der Asche des Verstorbenen abgetrenntes Zahngold; aA OLG Nürnberg NJW 2010, 2071 ff m. Bspr *Kudlich* JA 2010, 226).

17 Weder an der Leiche noch an ihren Teilen kann grds. durch Aneignung Eigentum erworben werden. Hiervon werden in bestimmtem Umfang Ausnahmen gemacht; so kann etwa der Leichnam einem wissenschaftlichen Institut zu Sektionszwecken überlassen werden (vgl RGSt 64, 313 [314]; NK-*Kindhäuser* Rn 26; *Roxin* JuS 1976, 505 f mit Fn 2 mwN). Im Übrigen sind die Sonderregelungen von § 3 TPG für Organentnahmen zu beachten.

18 ff) **Natürliche Teile des lebenden Körpers** werden mit Abtrennung (zB Unfall) Sachen, verlieren ihre Sachqualität aber wieder bei operativer Rückübertragung oder Implantation (*Otto* Jura 1996, 219 f mwN). Mit der Abtrennung von Körperteilen erwirbt ihr bisheriger Träger (analog § 953 BGB) unmittelbar Eigentum an ihnen (BGH bei *Dallinger* MDR 1958, 739 f; Palandt/*Ellenberger* § 90 BGB Rn 3; bzgl Blutes *Schröder/Taupitz*, Menschliches Blut: Verwendbar nach Belieben des Arztes?, 1991, 34). Mit Organen, die dem TPG unterliegen, darf kein Handel getrieben werden; an ihnen kann daher auf diesem Wege auch kein Eigentum erworben werden (§§ 17 f TPG).

19 **Künstliche Implantate**, die natürliche Körperteile ersetzen (sog. Substitutiv-Implantate wie Hüftgelenke oder Zahnplomben), sind hinsichtlich ihrer Sachqualität und Eigentumsfähigkeit wie natürliche Körperteile zu behandeln (vgl BGH bei *Dallinger* MDR 1958, 739; *Fischer* Rn 8). Dagegen behalten Implantate, die den Organismus nur therapeutisch unterstützen (sog. Supportiv-Implantate wie Herzschrittmacher), ihre Sachqualität (hM, *S/S-Eser/Bosch* Rn 10; NK-*Kindhäuser* Rn 25; MK-*Schmitz* Rn 29 mwN; aA LG Mainz MedR 1984, 199 [200]; SK-*Hoyer* Rn 5, 16); sie bleiben eigentumsfähig und können dem Träger auch leih- oder mietweise überlassen werden (vgl *Brandenburg* JuS 1984, 47 [48]; *Bringewat* JA 1984, 61 [63]; *Gropp* JR 1985, 181 [184]). **Keine Implantate** sind Gegenstände, die mit dem Körper nur äußerlich oder zeitweilig verbunden werden (zB Perücken, Prothesen, verschluckter Edelstein); bei ihnen handelt es sich um selbstständige Sachen, die ohne Weiteres Tatobjekt eines Diebstahls sein können.

20 2. **Tathandlung:** Tathandlung des Diebstahls ist die Wegnahme. **Wegnahme** ist der Bruch fremden und die Begründung neuen Gewahrsams an der Sache (vgl BGHSt 16, 271 [272 ff]; S/S/W-*Kudlich* Rn 17; *Mitsch* 1.2.1.4.1 mwN).

21 a) **Begriff des Gewahrsams: Gewahrsam** ist die von einem (natürlichen) Herrschaftswillen getragene, in ihrem Umfang von der Verkehrsanschauung bestimmte Verfügungsgewalt über eine Sache (vgl BGHSt 16, 271 [273 f]; 41, 198 [205]; *Mitsch* 1.2.1.4.2.1, 1.2.1.4.2.3; *Otto* BT § 40/16 mwN; abw SK-*Hoyer* Rn 32 ff: persönliches Nutzungsreservat).

22 aa) Für den Gewahrsam sind zwei Elemente entscheidend: Zum einen muss der Inhaber des Gewahrsams den Willen und die Möglichkeit haben, die Gewalt über die Sache auszuüben. Zum anderen muss seine Zugriffsmöglichkeit auf die

Sache von der Verkehrsanschauung anerkannt sein. Die Zuordnung von Gewahrsam nach der Verkehrsanschauung orientiert sich wiederum in erster Linie an räumlichen Herrschaftssphären (sog. **Gewahrsamssphären**). Daher hat eine Person grds. Gewahrsam an Gegenständen, die sie bei sich trägt oder die sich in ihrer Wohnung befinden.

Das faktische Element (**tatsächliche Sachherrschaft**) und das normative Element (**Verkehrsanschauung**) ergänzen sich in der Bestimmung des Gewahrsams, wenn man diesen mit der im Ergebnis ganz hM als sozial anerkannte Zugriffsmöglichkeit deutet. Teils wird jedoch in der Lehre stärker das faktische Element betont (vgl S/S-*Eser/Bosch* Rn 25), teils das normative Element in den Vordergrund gestellt (vgl *Bittner* JuS 1974, 156 ff; MK-*Schmitz* Rn 54 ff). Kennzeichnend für bestehenden Gewahrsam ist, dass der Zugriff durch den Inhaber als sozial unauffällig, durch einen Dritten aber als rechtfertigungsbedürftige Störung begriffen wird. 23

bb) Der Gewahrsam deckt sich weitgehend mit der Grundform des **unmittelbaren Besitzes** iSd §§ 854 ff BGB, der ebenfalls als die von der Verkehrsanschauung geprägte und mit Herrschaftswillen begründete Verfügungsgewalt über eine Sache definiert wird (vgl hierzu Palandt/*Bassenge* Überbl vor § 854 BGB Rn 3 f mwN). Jedoch ist der zivilrechtliche unmittelbare Besitz teils weiter, teils enger als der Gewahrsam. Er ist insofern weiter, als er auch die von § 857 BGB fingierte, aber noch nicht tatsächlich begründete Sachherrschaft des Erben erfasst; er ist insofern enger, als er den Besitzdiener iSv § 855 BGB nicht als Besitzer ansieht (vgl Rn 51). **Mittelbarer Besitz** reicht für die Annahme von Gewahrsam **nicht** aus (vgl nur RGSt 56, 115 [116]; BGH GA 1962, 78). 24

cc) Der Gewahrsam ist ein rein faktisches Sachherrschaftsverhältnis, das **keine Berechtigung** des Inhabers voraussetzt. Deshalb kann der Täter eines Diebstahls mit der Wegnahme Gewahrsam begründen. Und der deliktisch erworbene Gewahrsam (des Diebes, Hehlers oder Schmugglers) kann seinerseits iSv § 242 gebrochen werden (BGH NJW 1953, 1358; *Mitsch* 1.2.1.4.2.1; LK-*Vogel* Rn 59 mwN; zur Problematik der Unrechtsbegründung NK-*Kindhäuser* Rn 32 f). 25

▶ Für das **Gutachten** ist daher zu beachten: Bei § 242 sind die Merkmale, die sich auf das Eigentum beziehen („fremd", „sich rechtswidrig zueignen"), streng von dem Merkmal der Wegnahme, das die Verlagerung der faktischen Sachherrschaft betrifft, zu trennen. Ferner ist der Gewahrsam nur notwehrfähig, wenn der Gewahrsamsinhaber auch der berechtigte Besitzer ist; der Dieb darf daher seinen Gewahrsam an der Beute nicht im Wege der Notwehr verteidigen. 26

b) **Begründung, Aufgabe und Zuordnung des Gewahrsams:** Die Begründung wie auch die Aufgabe von Gewahrsam setzen jeweils einen entsprechenden **Willen** voraus. Das Willenskriterium ist insbesondere für die Aufgabe von Gewahrsam relevant, da der Gewahrsamsbruch iSd Diebstahls einen ungewollten Verlust der Sachherrschaft verlangt. Geschäftsfähigkeit ist nicht erforderlich; es genügt ein natürlicher Wille, den auch Kinder oder Geisteskranke haben können. Bei juristischen Personen und Behörden üben ihre Organe den Herrschaftswillen aus. 27

aa) Für die **Gewahrsamsbegründung** ist nach hM kein spezifizierter Herrschaftswille erforderlich, dh der Wille zur Inbesitznahme muss nicht von der Vorstellung getragen sein, über die konkrete Sache Gewalt zu erlangen. Vielmehr genügt ein **genereller** Gewahrsamsbegründungswille hinsichtlich der auf üblichem Wege in die eigene Herrschaftssphäre gelangenden Gegenstände. Dieser Wille kann konkludent – zB durch Aufstellen eines Briefkastens für die eingehende Post – er- 28 klärt werden. Ferner ist beim Inhaber von Räumlichkeiten, in denen sich – wie zB in Geschäften, Kinos oder Restaurants – eine Vielzahl von Personen zeitweilig aufhält, von einem generellen Gewahrsamsbegründungswillen an allen verlorenen oder vergessenen Sachen auszugehen; hier liegt es im Interesse des Inhabers, solche Sachen zugunsten seiner Kunden, die auch auf einen entsprechenden Service vertrauen, sichernd in Verwahrung zu nehmen (zu Einzelheiten vgl BGHSt 8, 273 [274 f]; NK-*Kindhäuser* Rn 35 mwN). Stets muss jedoch dem (neuen) Gewahrsamsinhaber aufgrund des Kontextes verlässlich der (spezifizierte oder generelle) Wille, Sachherrschaft zu begründen, zugeschrieben werden können. Gerade beim Übergang des Gewahrsams muss also ein Beobachter **eindeutig** davon ausgehen können, dass der (neue) Gewahrsamsinhaber aufgrund seines Verhaltens **Sachherrschaft beanspruchen will** (vgl auch *Ling* ZStW 110, 919 [933 ff]).

29 bb) Für das **Fortbestehen** eines einmal begründeten Gewahrsams ist kein permanent aktualisierter Sachherrschaftswille erforderlich (vgl RGSt 56, 207; *Bittner* JuS 1974, 156 [159]; *Kargl* JuS 1996, 971 [974]). Ausreichend ist die sozial anerkannte Zugriffsmöglichkeit auf die Sache, also die Zuschreibung der Möglichkeit, dass der Gewahrsamsinhaber über die Sache verfügen könnte, **falls er dies wollte**. Demnach können nicht nur **Schlafende**, sondern auch moribunde **Bewusstlose**, deren Erwachen mit Sicherheit nicht mehr zu erwarten ist, Gewahrsam haben (ganz hM, vgl BGH NJW 1985, 1911; *Mitsch* 1.2.1.4.2.3; MK-*Schmitz* Rn 53; LK-*Vogel* Rn 69; anders BayObLG JR 1961, 188 f m. abl. Anm. *Schröder*). Dies ergibt sich auch aus § 243 I S. 2 Nr. 6, der das erhöhte Unrecht des Bruchs eines infolge von Hilflosigkeit ungesicherten Gewahrsams erfasst.

30 Da der Umfang des Gewahrsams von der Verkehrsanschauung bestimmt wird und nur eine sozial adäquate Zugriffsmöglichkeit voraussetzt, ist eine räumliche Nähe zwischen Sache und Inhaber nicht erforderlich. Trotz **räumlicher Trennung** haben daher zB Gewahrsam: der Wohnungsinhaber an seiner Wohnung samt Inventar (vgl BGHSt 10, 400); der Geschäftsinhaber an Waren, die mit seinem Einverständnis morgens vor Öffnung an der Ladentür abgestellt werden (BGH NJW 1968, 662); der Bauer an den auf dem Feld zurückgelassenen Gerätschaften (BGHSt 16, 271 [273]); der Halter an frei herumlaufenden Haustieren, die es gewohnt sind zurückzukehren (RGSt 50, 183 [184 f]; BGH bei *Dallinger* MDR 1954, 398).

31 cc) Die Orientierung an der Verkehrsanschauung für die Gewahrsamszuordnung ist insbesondere dann von Belang, wenn **mehrere Personen** die Möglichkeit des Zugriffs auf eine Sache haben:

32 Hinsichtlich des **Inhalts abschließbarer Behältnisse** in fremden Räumen ist zu differenzieren: Sind die Behältnisse (zB Gasautomat) fest installiert, so wird der Gewahrsam dem berechtigten Schlüsselinhaber zugeordnet. Dagegen wird dem berechtigten Schlüsselinhaber bei beweglichen Behältnissen (zB Geldkassette in einem Fernsehgerät mit Münzeinwurf) der Gewahrsam abgesprochen (BGHSt 22, 180).

33 Beim Wegschaffen **sperriger** (oder vieler) **Gegenstände** wird neuer Gewahrsam erst beim Verlassen des fremden Herrschaftsbereichs begründet (BGH NStZ 1981, 435; StV 1984, 376; vgl auch LG Zwickau NJW 2006, 166). An **Kraftfahrzeugen** wird neuer Gewahrsam mit dem Wegfahren erlangt (BGH NStZ 1982, 420).

34 In **Kommunikationsbeziehungen** (zB Verkaufsgesprächen) bleibt Gewahrsam bestehen, wenn dies den üblichen Erwartungen der Beteiligten entspricht. Demnach

behält der Verkäufer Gewahrsam an Kleidungsstücken, die der Kunde anprobiert, oder an einem Ring, den sich der Kunde an den Finger steckt.

Waren, die in **Selbstbedienungsläden** in **Einkaufswagen** gelegt werden, stehen bis zum Passieren der Kasse im Gewahrsam des Geschäftsinhabers (OLG Zweibrücken OLGSt § 242 Nr. 12, 4). Dies gilt auch, wenn die Waren unter anderen Waren oder in der Verpackung anderer Waren versteckt werden (OLG Köln NJW 1986, 392; OLG Düsseldorf NJW 1993, 1407; vgl auch *Brocker* JuS 1994, 919 ff; *Stoffers* JR 1994, 205 ff; aA *Kargl* JuS 1996, 971 [975]). 35

Dagegen erwirbt der Kunde in Selbstbedienungsläden Gewahrsam an solchen Waren, die er in oder unter seine Kleidung oder in kleine, ihm gehörende Behältnisse (zB Taschen) steckt (vgl BGHSt 16, 271 [272 ff]; 41, 198 [204]; BayObLG NJW 1995, 3000 f; *Ling* ZStW 110, 919 [940]). Denn diese Bereiche bleiben auch in fremden Gewahrsamssphären dem Kunden als sog. **Gewahrsamsenklave** (iSe rechtlich geschützten Tabusphäre) zugeordnet. Bringt also jemand in einer fremden Gewahrsamssphäre Sachen in seiner Gewahrsamsenklave unter, erwirbt er an ihnen sofort die Sachgewalt. Dies gilt auch, wenn er dabei beobachtet wird (NK-*Kindhäuser* Rn 39 mwN). Das Wegtragen einer umfangreichen Tatbeute (zB sechs Flaschen Whiskey) in mitgebrachten Tragetaschen reicht hingegen noch nicht aus, die erforderliche sozialnormative Zuordnung zu begründen (BGH NStZ 2013, 246 f). Ausreichend ist es hingegen, wenn jemand unauffällige und leicht bewegliche Sachen (zB Geld, Schmuck) ergreift und festhält (BGHSt 23, 254 [255]; M/R-*Schmidt* Rn 8 mwN; vgl BGH NStZ 2011, 36 f: zur Gewahrsamserlangung durch Ergreifen außerhalb einer fremden Gewahrsamssphäre). 36

dd) Für verlegte, verlorene oder versteckte Sachen gilt: 37

Sind Gegenstände **im eigenen Herrschaftsbereich** nur **verlegt**, so besteht der Gewahrsam an ihnen fort; Gewahrsam setzt nur die sozial anerkannte Möglichkeit des jederzeitigen Zugriffs auf die Sache voraus, die durch ein vorübergehendes Nichtauffinden nicht eingeschränkt wird. 38

Der bisherige Inhaber verliert nicht den Gewahrsam an Sachen, die in seinem Herrschaftsbereich von einem Dritten **versteckt** werden (vgl RGSt 12, 353 [354 f]; BGHSt 4, 132 [133]). Die sozial unauffällige Zugriffsmöglichkeit bleibt auch in diesem Fall uneingeschränkt erhalten, mag sie auch faktisch behindert sein (vgl Rn 23, 35). 39

Bei Gegenständen, die **außerhalb** der eigenen Gewahrsamssphäre **verloren oder vergessen** werden, ist zu differenzieren: 40

- Wird die Sache im Herrschaftsbereich eines Dritten mit generellem Gewahrsamswillen (zB Gaststätte, Geschäft, Behördenraum, Zugabteil usw) verloren, so tritt zwar Gewahrsamsverlust ein, jedoch wird der Dritte neuer Gewahrsamsinhaber (*Klesczewski* BT § 8 Rn 52; *Otto* BT § 40/20).
- Dagegen wird die Sache gewahrsamslos, wenn sie an einem dem bisherigen Inhaber nicht bekannten Ort (zB im Wald, auf der Straße) außerhalb des Herrschaftsbereichs eines Dritten verloren wird.
- In beiden Fällen tritt jedoch kein Gewahrsamsverlust ein, wenn der bisherige Inhaber die Möglichkeit hat, die Sache unschwer sofort wiederzuerlangen, und ihm der Gewahrsam an ihr aufgrund der raum-zeitlichen Gegebenheiten noch ohne Weiteres zugeordnet werden kann (ggf hat dann auch der Dritte, in dessen Herrschaftsbereich sich die Sache befindet, Mitgewahrsam; vgl auch W-*Hillenkamp* Rn 110). Exemplarisch: Jemand lässt seinen Schirm

versehentlich auf einer Parkbank zurück, könnte aber, wenn er den Verlust bemerkte, alsbald umkehren und ihn holen.

41 c) **Bruch des Gewahrsams:** Der Gewahrsam wird **gebrochen**, wenn er ohne Willen seines Inhabers aufgehoben wird.

42 aa) Das (zumindest konkludent erklärte) **Einverständnis** des Gewahrsamsinhabers mit dem Gewahrsamswechsel schließt eine Wegnahme iSd Diebstahlstatbestands aus (vgl BGHSt 8, 273 [276]; OLG Düsseldorf NStZ 1992, 237; SK-*Hoyer* Rn 46 ff; *Mitsch* 1.2.1.4.3.2; ausf. zu den Konstellationen der unbefugten Benzinentnahme an **Selbstbedienungstankstellen** OLG Köln NJW 2002, 1059 f; NK-*Kindhäuser* Rn 45 ff). Ob das Einverständnis aufgrund eines **Motivirrtums** erteilt wird, ist für seine den Gewahrsamsbruch ausschließende Wirkung ohne Bedeutung (zur insoweit relevanten Abgrenzung von Diebstahl und Betrug vgl § 263 Rn 137 ff); wird das Einverständnis unter Zwang erteilt, ist die Tat als Erpressung (§ 253) zu bewerten.

43 bb) Der Gewahrsamsinhaber kann sein Einverständnis mit dem Gewahrsamswechsel von einer **Bedingung** abhängig machen (SK-*Hoyer* Rn 54 ff; *Mitsch* 1.2.1.4.3.2; MK-*Schmitz* Rn 91). Erfüllt der Täter in diesem Fall die Bedingung nicht, so ist eine Wegnahme gegeben. Zu denken ist insoweit etwa an **Waren-** oder **Spielautomaten** mit Gewinnauswurf, bei denen unter bestimmten Bedingungen (ordnungsgemäße Bedienung) der Gewahrsam und das Eigentum an den Waren bzw dem Geldgewinn auf den Benutzer übergehen soll. Voraussetzung ist allerdings, dass die Bedingungen, da sie zumindest konkludent erklärt werden müssen, in den technischen Vorrichtungen des Automaten **objektiviert** sind (vgl BGH MDR 1952, 563; BayObLG JR 1982, 291 f; *Neumann* JuS 1990, 535 [538]).

44 Das **Geldabheben an einem Bankomaten** mithilfe einer **fremden Codekarte** ist keine Wegnahme, da sich ein entsprechender Vorbehalt der Bank, den Gewahrsam an dem ausgeworfenen Geld nur gegenüber dem berechtigten Karteninhaber aufzugeben, in keiner Weise objektiv manifestiert hat. Vielmehr wird der Gewahrsam an dem Geld zugunsten desjenigen freigegeben, der mit Codekarte und der Geheimzahl (PIN) die hierzu erforderlichen Voraussetzungen erfüllt (vgl BGHSt 35, 152 [158 ff]; BGH NJW 1983, 2827; *Schmitt/Ehrlicher* JZ 1988, 364; *Weber* Krause-FS 429 f). Nach einer Mindermeinung soll dagegen die Bank mit dem Gewahrsamswechsel nur bei Benutzung der Karte durch den Berechtigten einverstanden sein (vgl BayObLG NJW 1987, 663 [665]; *Mitsch* JuS 1986, 767 [769 ff]).

Der BGH verneint mit überwiegender Zustimmung im Schrifttum einen Gewahrsamsbruch auch, wenn der Täter Geld mittels einer **gefälschten Codekarte** (Blankette mit aufkopiertem Codierstreifen) Geld abhebt, da auch in diesem Fall das Geld dem Computerprogramm entsprechend funktionsgerecht freigegeben werde (vgl BGHSt 38, 120 [122 f]; NK-*Kindhäuser* Rn 52; *Otto* JZ 1993, 559 [562]; aA *Richter* CR 1989, 303 [307]). – In beiden Konstellationen richtet sich die Strafbarkeit nach § 263 a; die Mindermeinung, die einen Diebstahl bejaht, hält überwiegend § 263 a für den Spezialtatbestand und kommt damit zum selben Ergebnis.

45 cc) Von einer **Diebesfalle** spricht man, wenn Vorkehrungen zur Überführung eines vermutlichen Diebes getroffen werden. Hierbei lassen sich zwei Konstellationen unterscheiden, die für die Frage, ob der Berechtigte mit dem Gewahrsamsübergang einverstanden ist, bedeutsam sind:

- Hängt das Gelingen des Beweises davon ab, dass der Täter eine bestimmte Sache, die zu seiner Überführung manipuliert ist (zB präparierte Banknoten), in Gewahrsam nimmt, so ist der Berechtigte auch (zumindest konkludent) mit dem (ggf vorübergehenden) Gewahrsamsübergang einverstanden. Hier begeht der Täter nur einen versuchten Diebstahl, und zwar – bei erfolgtem Gewahrsamswechsel – in Tateinheit mit vollendeter Unterschlagung, da der Berechtigte zwar mit dem Gewahrsamswechsel, nicht aber auch mit dem Eigentumsübergang einverstanden ist und der Zueignungsakt damit rechtswidrig bleibt (ganz hM, vgl nur *Fischer* Rn 23; *Otto* BT § 40/32; abw. *Kuhlen/Roth* JuS 1995, 711 [712 mit Fn 10]). 46

- In der bloßen Installation von Überwachungseinrichtungen (zB Videokameras) zur Beobachtung und möglichen Überführung potenzieller Täter ist dagegen kein Einverständnis mit einem Gewahrsamswechsel zu sehen, da der Diebstahl kein heimliches Delikt ist (vgl *Kuhlen/Roth* JuS 1995, 711 [712]; *Otto* JZ 1993, 559 [562 f]; vgl auch Rn 55 f). 47

d) **Mitgewahrsamsinhaber und Gewahrsamsdiener:** Eine Sache kann zugleich im Gewahrsam mehrerer Personen stehen. Hierbei sind zwei Konstellationen voneinander abzugrenzen: 48

aa) Zum einen können mehrere Personen **gleichrangigen Mitgewahrsam** an einer Sache haben (vgl § 866 BGB). In diesem Fall kann jeder von ihnen den Gewahrsam des anderen brechen und damit Täter eines Diebstahls sein (hM, vgl RGSt 58, 49; SK-*Hoyer* Rn 40 ff; MK-*Schmitz* Rn 74; LK-*Vogel* Rn 76; die Möglichkeit einer Wegnahme verneint dagegen *Charalambakis*, Der Unterschlagungstatbestand de lege lata und de lege ferenda, 1985, 145 ff). Exemplarisch: Ehegatten haben gewöhnlich gleichrangigen Mitgewahrsam an den Gegenständen ihres Haushalts. 49

bb) Zum anderen können mehrere Personen eine Sache dergestalt in Mitgewahrsam haben, dass die eine Person **übergeordneten** und die andere **untergeordneten Gewahrsam** hat. Letztere wird in diesem Fall als **Gewahrsamsdiener** (Gewahrsamshüter) bezeichnet. In diesem Fall kann nur der Gewahrsamsdiener den übergeordneten Gewahrsam brechen, während die Aufhebung des untergeordneten Gewahrsams durch den übergeordneten Gewahrsamsinhaber nicht als Gewahrsamsbruch angesehen wird (vgl BGHSt 10, 400 [401 f]; BGH NStZ-RR 1996, 131; S/S/W-*Kudlich* Rn 23; krit. LK-*Vogel* Rn 76; zum übergeordneten Gewahrsam eines „Bandenchefs" BGH HRRS 2008 Nr. 866 Rn 22). Wird dem Gewahrsamsdiener eine Sache von einem Dritten weggenommen, so werden zugleich der untergeordnete wie auch der übergeordnete Gewahrsam gebrochen (näher *Otto* ZStW 79, 80 ff). 50

Der Begriff des Gewahrsamsdieners deckt sich in seinen Voraussetzungen mit dem zivilrechtlichen Begriff des **Besitzdieners** in § 855 BGB (vgl *Bittner*, Der Gewahrsamsbegriff und seine Bedeutung für die Systematik der Vermögensdelikte, 1972, 188 ff). Dementsprechend ist eine Person Gewahrsams-/Besitzdiener, wenn sie die tatsächliche Gewalt über eine Sache für einen anderen in dessen Haushalt, Erwerbsgeschäft oder in einem ähnlichen Verhältnis ausübt, aufgrund dessen sie die sich auf die Sache beziehenden Weisungen des anderen zu befolgen hat. Exemplarisch: Der Firmeninhaber hat übergeordneten Gewahrsam an den Maschinen und Werkzeugen, die von den Fabrikarbeitern benutzt werden; der Inhaber eines Geschäfts erwirbt übergeordneten Gewahrsam an dem Geld, das dem Personal in seinem Laden übergeben wird (RGSt 30, 88 [90 f]); die Hausfrau/der 51

Hausmann hat übergeordneten Gewahrsam an den der Hausangestellten zur Verfügung gestellten Haushaltsgeräten (BGHSt 16, 271 [274]).

52 Dagegen wird **Kassierern und Kassenverwaltern**, die für die Kasse allein verantwortlich sind, in der Regel auch Alleingewahrsam an deren Inhalt zugeordnet (vgl BGHSt 8, 273 [275]; BGH NJW 1994, 1228 [1231]; zum Vorliegen einer abweichenden Fallgestaltung: OLG Celle v. 13.9.2011 – 1 Ws 355/11 m.Anm. *Krell* ZJS 2011, 572 ff); Voraussetzung hierfür ist, dass niemand ohne den Willen des Kassierers Geld aus der Kasse entnehmen darf (vom BGH für Postbeamte, die für die Ausgabe von Wertpaketen zuständig sind, und für Sekretärinnen verneint, vgl BGH NStZ-RR 1996, 131 f). Auch einem **Transportfahrer**, der auf seinen Fahrten nicht beaufsichtigt wird, wird Alleingewahrsam an seiner Fracht zugeschrieben (BGHSt 2, 317 [318]; BGH GA 1979, 390 [391]).

53 e) **Vollendung und Beendigung der Wegnahme: aa)** Die Wegnahme (und damit auch die Tatbestandsverwirklichung insgesamt) ist **vollendet**, wenn der bisherige Gewahrsam aufgehoben und neuer Gewahrsam begründet ist. Das heißt: Die Wegnahme ist vollendet, wenn der Täter (nach der Verkehrsanschauung) ungehindert auf die Sache zugreifen kann, während der frühere Gewahrsamsinhaber zur Rückerlangung der Sachherrschaft die Verfügungsgewalt des Täters erst beseitigen müsste (BGH NJW 1981, 997; NStZ 2008, 624 f; m. Bspr *Jahn* JuS 2008, 1119 ff; krit. Anm. *Bachmann* NStZ 2009, 267 ff).

54 Die Wegnahme ist **beendet**, wenn der Gewahrsam nicht nur begründet, sondern auch in einem gewissen Maße gesichert ist. Dies ist wiederum anzunehmen, wenn der bisherige Gewahrsamsinhaber nicht mehr das Recht hat, dem Täter die Sache im Wege der Besitzkehr mit Gewalt wieder abzunehmen (§ 859 II BGB), sondern in diesem Fall selbst verbotene Eigenmacht (§ 858 I BGB) beginge (NK-*Kindhäuser* Rn 59; zu einer faktischen Begründung der Beendigung vgl BGHSt 20, 194 [196 f]; BGH NStZ 2001, 88 [89]).

55 **bb)** Der Diebstahl verlangt kein heimliches Vorgehen des Täters. Insoweit steht eine zufällige oder planmäßige **Beobachtung** der Tat durch den Berechtigten (oder einen Dritten) dem Gewahrsamswechsel grds. nicht entgegen (vgl BGHSt 16, 271 [273 f]; 26, 24 [26]; BGH NStZ 1988, 270 [271]; OLG Düsseldorf NJW 1990, 1492 [bei Videobeobachtung]; MK-*Schmitz* Rn 80; LK-*Vogel* Rn 99). Eine (vollendete) Wegnahme ist daher nicht ausgeschlossen, wenn der Täter in einem Selbstbedienungsladen von einem Hausdetektiv beobachtet wird, wie er Waren in seine Kleidung (Gewahrsamsenklave) steckt (vgl OLG Frankfurt MDR 1993, 671; aA – wegen der faktisch bestehenden Zugriffsmöglichkeit – S/S-*Eser/Bosch* Rn 40).

56 In der bloßen Beobachtung liegt auch kein Einverständnis in den Gewahrsamswechsel. Dieses muss vielmehr ausdrücklich oder konkludent erteilt werden, also zumindest aus dem Verhalten des Gewahrsamsinhabers eindeutig erschlossen werden können (vgl Rn 42); Untätigkeit ist hierfür nicht ausreichend.

57 **cc)** Da an sperrigen Waren erst Gewahrsam begründet wird, wenn der bisherige Gewahrsamsbereich (die Geschäftsräume) verlassen wird, spielt es insoweit keine Rolle, ob die Waren mit **Sicherungsetiketten** versehen sind oder nicht. Umstritten ist dagegen, was gilt, wenn der Täter mit Sicherungsetiketten versehene Waren in seine Gewahrsamsenklave (Kleidung, Handtasche) verbracht hat:

58 Teils wird ein generelles Wegnahmehindernis bejaht, wenn die an den Waren angebrachten elektromagnetischen Sicherungsetiketten eine funktionierende Alarmanlage am Ausgang des Warenhauses auslösen; ein Gewahrsamswechsel wird

dann erst mit Verlassen der Geschäftsräume bejaht (*Borsdorff* JR 1989, 4 f; *Seier* JA 1985, 387 ff).

Mit der hM ist dagegen ein vollzogener Gewahrsamswechsel anzunehmen, wenn 59
der Täter die Sache – auch ohne die Sicherungsvorrichtung zuvor entfernt oder zerstört zu haben – in seine Gewahrsamsenklave verbringt. Denn auch in diesem Fall kann dem Täter der Gewahrsam an der Sache erst durch einen Eingriff in seine Tabusphäre wieder entzogen werden (vgl BayObLG NJW 1995, 3000 [3001] m. Bspr *Kargl* JuS 1996, 971 ff; *Dölling* JuS 1986, 688 [692 f]).

III. Subjektiver Tatbestand

Der subjektive Tatbestand des Diebstahls verlangt **Vorsatz** hinsichtlich des objek- 60
tiven Tatbestands sowie die **Absicht**, das Tatobjekt sich oder einem Dritten rechtswidrig zuzueignen.

1. Vorsatz: a) Gegenstand des Vorsatzes – dolus eventualis genügt – sind beim 61
Diebstahl das Tatobjekt (fremde bewegliche Sache) und die Tathandlung (Wegnahme). Ein vorsatzausschließender Tatbestandsirrtum (§ 16 I) ist zB gegeben, wenn sich der Täter irrig für den Eigentümer (BayObLGSt 23 [1973], 13 [15]) oder den Gewahrsamsinhaber (RGSt 53, 302 [303]) hält, die Sache als gewahrsamslos ansieht oder glaubt, der Berechtigte sei mit dem Gewahrsamswechsel einverstanden.

b) Der Täter muss bei Versuchsbeginn noch **keine konkrete Vorstellung** über das 62
Tatobjekt haben; es genügt, wenn sich der Vorsatz unbestimmt auf die Wegnahme stehlenswerter Sachen bezieht (BGH NStZ 1982, 380). Hieraus folgt, dass der Täter nicht neu zur Tatbestandsverwirklichung ansetzt, wenn er vor Vollendung der Tat noch weitere oder andere Gegenstände wegnimmt (BGHSt 22, 350 [351]). Nur *ein* vollendeter (und nicht zudem noch ein versuchter) Diebstahl ist daher gegeben, wenn der Täter aus einer Schublade Bargeld wegnehmen will, dort aber nur Schmuck vorfindet und nun diesen statt des Bargeldes (in Zueignungsabsicht) einsteckt. Ergeben sich im Verlauf der Tatbegehung Änderungen in Bezug auf das Tatobjekt oder die Vorstellung des Täters von diesem, ist für die Beurteilung der Kongruenz von objektivem und subjektivem Tatbestand der Zeitpunkt der letzten Ausführungshandlung entscheidend (BGH NStZ 2004, 386).

2. Zueignungsabsicht (Grundlagen): a) Zueignung bedeutet die Inbesitznahme 63
einer Sache mit dem Willen, sie nunmehr zumindest vorübergehend als eigene zu besitzen (Aneignung) und dem Eigentümer auf Dauer den ihm zustehenden Besitz vorzuenthalten (Enteignung).

- Kennzeichnend für die Zueignung ist damit zum einen das Merkmal der 64
Aneignung durch die Begründung von Eigenbesitz. Die Sache muss **zumindest vorübergehend** in der Weise in Besitz genommen werden, als gehöre sie dem (neuen) Besitzer (vgl § 872 BGB).

- Da eine Sache nicht als eigene besessen und zugleich das sich aus dem Ei- 65
gentum ergebende Besitzrecht des Eigentümers anerkannt werden kann, ist für die Zueignung zum anderen das Merkmal der **Enteignung** kennzeichnend. Enteignung heißt, dem Eigentümer **auf Dauer** die ihm zustehende besitzbezogene Verfügungsgewalt (vgl §§ 903, 985 BGB) vorzuenthalten.

66 ▪ Die Merkmale der An- und Enteignung sind in einem quasi-rechtlichen Sinne zu verstehen, da weder der Berechtigte durch die Wegnahme sein Eigentum (rechtswirksam) verliert noch der Dieb oder ein Dritter das Eigentum (rechtswirksam) erwirbt. Durch die Zueignung soll vielmehr eine Lage geschaffen werden, die so gestaltet ist, **als ob das Eigentum übergegangen** sei (näher *Kindhäuser* Geerds-FS 655 ff; vgl auch *Börner*, Die Zueignungsdogmatik der §§ 242, 246 StGB, 2004, 81 ff; *ders*. Jura 2005, 389 ff; *Mitsch* 1.2.2.3.3; *Noak*, Drittzueignung und 6. Strafrechtsreformgesetz, 1999, 25 ff).

67 b) Der Täter kann die Sache **sich oder einem Dritten zueignen** wollen:

68 ▪ Will der Täter dem Eigentümer die ihm zustehende Verfügungsgewalt über die Sache (auf Dauer) vorenthalten, um sie selbst (zumindest vorübergehend) als eigene zu besitzen, so will er die Sache sich zueignen. **Selbstzueignung** ist die **enteignende Begründung von Eigenbesitz**.

69 ▪ Will der Täter dagegen dem Eigentümer die ihm zustehende Verfügungsgewalt über die Sache vorenthalten, damit sie ein Dritter (zumindest vorübergehend) als eigene besitzen kann, so will er die Sache dem Dritten zueignen. **Drittzueignung** ist die **enteignende Ermöglichung der Begründung von Eigenbesitz durch einen Dritten**.

70 Die beiden Varianten **stimmen in der Enteignungskomponente** der Zueignung **überein**. Die Selbst- wie auch die Drittzueignung setzen gleichermaßen voraus, dass der Täter die Sache mit dem Willen in Besitz nimmt, dem Eigentümer die ihm zustehende Verfügungsgewalt auf Dauer vorzuenthalten. Der **Unterschied** liegt **in der Aneignungskomponente**. Eine Sache kann man nur selbst in Eigenbesitz nehmen, da es nicht möglich ist, sie für einen anderen als eigene zu besitzen; der Besitz für einen anderen ist notwendig Fremdbesitz. Folglich kann sich der Täter nur in der Variante der Selbstzueignung die Sache auch selbst aneignen. Bei der Drittzueignung muss der Täter dem Dritten die Sachherrschaft verschaffen, damit dieser sie in Eigenbesitz nehmen kann.

71 c) Die **Zueignung** muss **beabsichtigt** sein: Der Täter muss den Gewahrsam an der Sache um ihrer Zueignung willen brechen; sofern er sich erst nach der Wegnahme zur Zueignung entschließt, kommt nur § 246 in Betracht (BGH StV 1991, 106; *Mitsch* 1.2.2.3.2). Die Absicht ist Tatelement und kein besonderes persönliches Merkmal iSd § 28 I. Der Irrtum über die Umstände der Zueignung lässt die Absicht entfallen (abw. *Roxin* I § 12/140 f: § 16 analog; ausf. NK-*Kindhäuser* Rn 123).

72 ▪ Die erforderliche Absicht ist iSe **zielgerichteten Willens** zu verstehen, der sich nach einhelliger Auffassung jedenfalls auf die **Aneignung** beziehen muss (vgl nur S/S-*Eser/Bosch* Rn 61 mwN). Für die Selbstzueignung bedeutet dies, dass es dem Täter auf die (zumindest vorübergehende) Begründung von Eigenbesitz ankommen muss. Bei der Drittzueignung kann der Täter, da er nicht selbst Eigenbesitz begründen will, auch nicht mit Aneignungsabsicht handeln. Vielmehr muss es ihm hier darauf ankommen, dem Dritten die Aneignung durch Besitzverschaffung zu ermöglichen. Die Aneignung durch die Inbesitznahme der Sache als eigene kann aber naturgemäß der Dritte nur selbst vollziehen (so – bei allenfalls terminologischen Abweichungen – die hM, vgl *Fischer* Rn 48; SK-*Hoyer* Rn 92; L-Kühl-*Kühl* Rn 26 a mwN; abw. MK-*Schmitz* Rn 150).

■ Hinsichtlich der **Enteignung** reicht ein Handeln mit dolus eventualis aus (W- 73
Hillenkamp Rn 164 f; *Mitsch* 1.2.2.3.2; aA *Seelmann* JuS 1985, 454 f). Die
Wegnahme muss nicht um der Enteignung willen erfolgen. Vielmehr genügt
es, wenn der Täter mit bedingtem Vorsatz davon ausgeht, dass dem Eigentümer der ihm zustehende Besitz auf Dauer vorenthalten bleibt (zum Rückerwerb durch den Eigentümer vgl Rn 93 f).

Auch hinsichtlich der **Rechtswidrigkeit** der Zueignung ist nur ein Handeln mit 74
dolus eventualis erforderlich (OLG Köln NJW 1986, 392; MK-*Schmitz* Rn 166
mwN).

d) Nach vorherrschender Ansicht ist die Zueignung eine von der Wegnahme un- 75
abhängige und ihr nachfolgende Handlung. Da die Vornahme dieser Handlung
nur beabsichtigt zu sein brauche, wird der Diebstahl als **kupiertes Erfolgsdelikt**
interpretiert (S/S-*Eser/Bosch* Rn 46; W-*Hillenkamp* Rn 163; SK-*Hoyer* Rn 67).
Dieser Ansicht zufolge ist der Diebstahl nur eine Vorbereitungshandlung (Wegnahme) zur späteren Unterschlagung, was allerdings den erhöhten Strafrahmen
des § 242 gegenüber § 246 nicht zu erklären vermag.

Nach der Gegenauffassung fällt die Zueignung insoweit mit der Wegnahme zu- 76
sammen, als die für die Betätigung der Zueignungsabsicht erforderliche Inbesitznahme der Sache gerade in der Gewahrsamsbegründung durch Wegnahme liegen
soll (vgl *Binding* I 285; *Hölzenbein,* Das Verhältnis der Unterschlagung zu Aneignungs- und Vermögensdelikten, 1966, 17 ff; *Kindhäuser* Gössel-FS 451 ff;
Ling ZStW 110, 919 [934 f]; *Otto,* Die Struktur des strafrechtlichen Vermögensschutzes, 1970, 126 ff). Für diese vor der Einführung der Drittzueignung entwickelte Meinung spricht auch nach der heutigen Rechtslage, dass die Zueignung
keinen Erfolg voraussetzt, sondern sich im Willen, sich oder einem Dritten in
enteignender Weise Eigenbesitz am Tatobjekt zu verschaffen, erschöpft. Bei der
Unterschlagung wird verlangt, dass sich der Zueignungswille in einem objektiven
Verhalten manifestiert (§ 246 Rn 11 ff). Eine solche Manifestation des Zueignungswillens liegt aber beim Diebstahl gerade in der Besitzverschaffung durch
Gewahrsamsbruch. Lediglich bei der Drittzueignung kann die vom Dritten zu
vollziehende Inbesitznahme der Sache als eigene (Rn 72) ein der Wegnahme
nachfolgender und nicht mehr zum Tatbestand gehörender Akt sein. Auch wenn
unter diesen Prämissen die Zueignung grds. keinen über den Gewahrsamswechsel hinausgehenden objektiven Erfolg verlangt, sondern mit der Inbesitznahme
der Sache vollzogen wird, ist doch die Zueignung ein von der Wegnahme **rechtlich gesondert zu bewertender Akt.** Wegnahme und Zueignung sind *zwei* bedeutungshaltige Akte, die nur jeweils durch ein äußeres Verhalten realisiert werden
können. Insbesondere ist genau zwischen der Rechtswidrigkeit der Wegnahme
und der Rechtswidrigkeit der Zueignung zu differenzieren, da es möglich ist,
dass der Berechtigte nur mit dem Gewahrsamswechsel, nicht aber mit dem
Eigentumsübergang einverstanden ist.

Die Frage, ob der Diebstahl ein kupiertes Erfolgsdelikt ist, wäre im Übrigen nur 77
von Belang, wenn die hM – wie etwa beim Betrug (vgl § 263 Rn 239) – im Eintritt eines der Wegnahme nachfolgenden Bereicherungs- bzw Nutzungserfolgs
den (für die Verjährung maßgeblichen) Zeitpunkt der (materiellen) Deliktsbeendigung sähe. Jedoch bezieht die hM in Übereinstimmung mit der Gegenauffassung die Beendigung auf den Zeitpunkt der Gewahrsamssicherung (Rn 54).
Mangels praktischer Auswirkung bedarf daher die Streitfrage im **Gutachten** regelmäßig keiner Erwähnung.

78 **3. Gegenstand der Zueignung: a)** Nach dem Gesetzeswortlaut bezieht sich die Zueignung auf die Sache, die der Täter wegnimmt. Nach (noch) vorherrschender Auffassung soll jedoch (nur oder auch) der Wert der Sache Gegenstand der Zueignung sein können. Im Einzelnen lassen sich folgende Lehren unterscheiden:

79 **aa)** Nach der sog. **Substanztheorie** (besser: **Eigentumstheorie**) kommt als Gegenstand der Zueignung nur der Eigenbesitz an einer Sache in Betracht; die Zueignung bezieht sich also auf das Tatobjekt selbst (so die frühe Rspr des RG, vgl RGSt 5, 218 [220]; 39, 239 [242]; ferner *Binding* I 264; *Börner*, Die Zueignungsdogmatik der §§ 242, 246 StGB, 2004, 69 ff; *Gössel* GA-FS 39 ff; *v. Liszt/Schmidt* § 127 V, 617; mit Modifikationen *Gehrmann*, Systematik und Grenzen der Zueignungsdelikte, 2002, 50 f; SK-*Hoyer* Rn 81 ff; *Kindhäuser* Geerds-FS 655 ff; *Otto*, Die Struktur des strafrechtlichen Vermögensschutzes, 1970, 167 ff; MK-*Schmitz* Rn 124 f; *Welzel* § 46 II 2). Hierfür spricht zum einen der Wortlaut („die Sache ... zuzueignen"), zum anderen die für die Auslegung des Zueignungsbegriffs erforderliche Analogie zum Zivilrecht: Da man nur an Sachen Eigentum erwerben kann, können auch nur Sachen Gegenstand einer Zueignung sein. Bereits *Feuerbach* (§ 316) definiert die Zueignung als „den Willen", „die fremde Sache (der Substanz nach) als Eigenthum zu haben (animus rem sibi habendi)".

80 **bb)** Nach der sog. **Sachnutzentheorie** (modifizierte Substanztheorie) ist Gegenstand der Zueignung der *objektive* Nutzen (Funktionswert) einer Sache (*Rudolphi* GA 1965, 33 [38 f]; vgl auch *Eser* JuS 1964, 477 [481]; *Wolfslast* NStZ 1994, 542 ff). Die Sachnutzentheorie ist insoweit enger als die Substanztheorie, als sie die Zueignung nicht auf die Erlangung des Eigenbesitzes zu beliebigen Zwecken, sondern auf die Nutzung der typischen (objektiven) Funktionsmöglichkeiten der Sache bezieht. Kritisch ist dieser Lehre jedoch entgegenzuhalten, dass kein Grund besteht, die zivilrechtlich vorgesehene Möglichkeit, mit der eigenen Sache nach Belieben zu verfahren (§ 903 S. 1 BGB), mit Blick auf die strafrechtliche Zueignung einzuschränken (*Schmitz* Otto-FS 768 ff). So erscheint es etwa durchaus sachgerecht, die enteignende Wegnahme einer Sache zu dem Zweck, sie in unüblicher Weise (zB als Fetisch) zu benutzen oder sie überhaupt nur (zB in einem Versteck) zu besitzen, als Zueignung anzusehen.

81 **cc)** Nach der sog. **Sachwerttheorie** ist Gegenstand der Zueignung der wirtschaftliche Wert einer Sache (RGSt 40, 10 ff; 51, 97 [98 f]; *Frank* Anm. VII 2). Die Sachwerttheorie wird in zwei Modifikationen vertreten:

82 ▪ Nach der restriktiven Variante ist Gegenstand der Zueignung nur der in der Sache selbst verkörperte Wert, das sog. „*lucrum ex re*" (*Bockelmann* ZStW 65, 569 [575 ff]; LK-*Ruß*, 11. Aufl., Rn 49);

83 ▪ nach der extensiven Variante kann Gegenstand der Zueignung auch der Veräußerungswert der Sache („*lucrum ex negotio cum re*") sein (so insbesondere die Rspr im Rahmen der Vereinigungstheorie, vgl Rn 84).

84 **dd)** Die sog. **Vereinigungstheorie** (hM, vgl RGSt 67, 334 [335]; BGHSt 1, 262 [264]; BGH NJW 1985, 812; *Schmidhäuser* Bruns-FS 345 [351 ff]; *Tenckhoff* JuS 1980, 723 [725]) verbindet die Substanztheorie mit der Sachwerttheorie: Gegenstand der Zueignung ist die Sache selbst oder ihr Wert. Die in der Vereinigungstheorie enthaltene Sachwerttheorie (Rn 81) wurde von der Rspr (bisher) in der extensiven Variante vertreten (vgl BGHSt 24, 115 [119]; BGH NJW 1985, 812; eng dagegen *Mitsch* 1.2.2.3.3.4).

b) Die Ausweitung des Tatbestands iSd Sachwerttheorie dient (bzw diente) vor allem zwei Zielen: 85

aa) Zum einen kannte die frühere Tatbestandsfassung nur die Selbstzueignung, und es wurde von der hM als problematisch angesehen, die Wegnahme einer Sache zugunsten eines Dritten als Selbstzueignung anzusehen, wenn der Täter nicht wenigstens einen mittelbaren Vorteil aus der Besitzverschaffung ziehen will (ein solcher Vorteil wurde in dem der Gesetzesreform vorausgehenden Grundsatzurteil BGHSt 41, 187 [195] für den Fall der Entnahme von Geldern aus Postsendungen zugunsten der Staatskasse der DDR verneint). Mit der Einführung der Drittzueignung, die keinerlei Vorteilsstreben zu eigenen Gunsten verlangt, hat sich dieser Grund für eine extensive Auslegung erübrigt (näher zur Problematik der Drittzueignung nach der früheren Rechtslage *Kindhäuser* BT II, 1. Aufl. 1998, § 2/106 ff; *Rönnau* GA 2000, 410 [411 ff]). 86

bb) Zum anderen soll mithilfe der Sachwerttheorie auch der Fall als (beabsichtigte) Zueignung erfasst werden, bei dem der Täter ein Sparbuch wegnimmt, um es nach dem Abheben eines Geldbetrags wieder dem Berechtigten zukommen zu lassen (zur sog. Sparcard *Schnabel* NStZ 2005, 18 ff). Doch eignet sich der Täter hier das Geld keineswegs zu; vielmehr wird das Geld dem Täter von der Bank (!) übereignet (hinsichtlich des *Geldes* ist die Tat auch Betrug, vgl § 263 Rn 108). Weder wird der Geldbetrag aus dem Sparbuch als Wert herausgezogen noch erleidet das Sparbuch einen Wertverlust. Es verringert sich nur die mit dem Buch nicht identische Darlehensforderung des Berechtigten gegenüber der Bank um den abgehobenen Betrag, und dies auch nicht notwendig, da die Bank dann etwa nicht von der Leistungspflicht befreit wird, wenn sie beim Auszahlen einen Sperrvermerk schuldhaft ignoriert. Die mangelnde Identität von Sparbuch und Forderung zeigt sich im Übrigen auch daran, dass mit dem Verlust des Sparbuchs noch kein Verlust der Forderung verbunden ist (vgl § 952 BGB). 87

Die Konstruktionen der Sachwerttheorie sind indessen nicht nur zivilrechtlich unhaltbar, sondern auch überflüssig, da sich die Tat auch nach Maßgabe der Eigentumstheorie (Substanztheorie) als Diebstahl darstellt: Mit der Vorlage des Sparbuches bei der Bank maßt sich der Täter die Innehabung der entsprechenden Darlehensforderung an. Da das Recht am Sparbuch wiederum aus dem Recht an der Forderung folgt, impliziert die Anmaßung, Inhaber der Forderung zu sein, zugleich die Anmaßung, Eigentümer des Sparbuchs zu sein. Also muss der Täter schon bei der Wegnahme des Sparbuchs zu dem Zweck, einen Betrag abzuheben, den Willen haben, sich unter Ausschluss des Berechtigten (Enteignung) das Sparbuch als Legitimationspapier anzueignen (iE hM, vgl RGSt 22, 2 f; 61, 126 [127]; BGHSt 8, 273 [276]; LK-*Ruß*, 11. Aufl., Rn 47 f; aA *Miehe* Heidelberg-FS 481 [497]; MK-*Schmitz* Rn 128; vgl auch *Ensenbach* ZStW 124, 343 [356 f]). Der Wille, das Buch später zurückzugeben, ändert an dessen zwischenzeitlicher Zueignung nichts; die Rückgabe hat hier den Charakter einer Rückübereignung (vgl Rn 93). 88

cc) Da sich nach der heutigen Rechtslage alle Zueignungsprobleme mithilfe der Eigentumstheorie (Substanztheorie) ohne Weiteres lösen lassen, ist sie der mit dem Wortlaut des Tatbestands kaum zu vereinbarenden Sachwerttheorie vorzuziehen. Künftig wird daher die Vereinigungstheorie der hM nur noch hinsichtlich der von ihr umfassten Eigentumstheorie (Substanztheorie) Anwendung finden und die Sachwerttheorie leer laufen. 89

90 **4. Einzelfragen: a)** Für die Frage, ob der Täter die Sache in Zueignungsabsicht wegnimmt, also will, dass er (oder ein Dritter) sie **als eigene besitzt**, ist die von ihm **geplante spätere Verwendung** ein **wesentliches Indiz:** Von der Begründung von Eigenbesitz ist stets auszugehen, wenn der Täter von der Sache in einer Weise Gebrauch machen will, welche die Innehabung einer dem Eigentümer zustehenden Verfügungsmacht voraussetzt. Der Täter etwa, der Sachen entwendet, um sie anschließend zu veräußern, will mit der Wegnahme die Möglichkeit schaffen, die Sachen wie ein Eigentümer übereignen zu können. Die Dauer der Inbesitznahme als eigene ist ohne Belang; es reicht aus, wenn der Täter die Sache an sich nimmt, um sie unmittelbar anschließend zu verkaufen oder zu verschenken.

91 Exemplarisch: Der Täter handelt mit Zueignungsabsicht, wenn er eine bereits verkaufte, aber noch beim Verkäufer befindliche Sache wegnimmt, um sie dem Käufer als Bote des Verkäufers zu übergeben und den Kaufpreis zu erhalten. Hier will der Täter die Sache in einer Weise nutzen (Verkauf für eigene Rechnung), die eine eigene Verfügungsmacht voraussetzt und zugleich mit der Anerkennung des dem Verkäufer zustehenden Eigentums nicht zu vereinbaren ist (vgl BayObLG JR 1965, 26 f; *Kindhäuser* Geerds-FS 655 [667]; *Otto* Jura 1996, 383; aA *Rudolphi* JR 1985, 252 [253]). Dass hier das Geschehen in das Rechtsverhältnis Verkäufer-Käufer eingebettet ist, wirkt sich auf den Diebstahl nicht aus; es bietet dem Täter nur die günstige Gelegenheit, das Tatobjekt aufgrund der Fehlvorstellung des Käufers problemlos weiterzuveräußern.

92 Dagegen ist eine Zueignung zu verneinen, wenn mit der Inbesitznahme der Sache der Herausgabeanspruch des Berechtigten nicht beeinträchtigt werden soll, unabhängig davon, ob die geplante Verwendung dem Willen des Berechtigten zuwiderläuft. Exemplarisch: Der Täter nimmt etwa (mit Rückgabewillen) eine Sache allein zu dem Zweck weg, mit ihr eine Erpressung zu begehen (BGH NStZ-RR 1998, 235 [236]; 2009, 51; *Gropp* JR 1985, 519; *Rönnau* JuS 2007, 806 [807]), oder ein Landstreicher entwendet (mit Rückgabewillen) eine Sache nur zu dem Zweck, verhaftet zu werden und auf diese Weise eine Unterkunft zu erhalten (vgl BGH GA 1969, 306 f; NStZ-RR 2012, 307 f).

93 **b)** Für die **Enteignung** ist die Vorenthaltung des dem Eigentümer zustehenden Eigenbesitzes entscheidend. Der Zueignung steht es nicht entgegen, wenn der Täter eine Rückgabe der Sache an den Eigentümer plant, sofern nur diese Rückgabe nicht in Erfüllung des Herausgabeanspruchs geschieht (vgl mit unterschiedlicher Begründung BGHSt 22, 45 [46]; *Gribbohm* NJW 1966, 192; *Otto* Jura 1989, 137 [143]; *Tenckhoff* JuS 1980, 723; aA *Grunewald* GA 2005, 520 ff; SK-*Hoyer* Rn 95; *Rönnau* JuS 2007, 806 [807]; teils abw. auch *Mitsch* 1.2.2.3.3.2). Exemplarisch: A nimmt B eine Briefmarke weg, um sie ihm später und je nach Ersatz sucht, als aus dem eigenen Vermögen stammend zum Kauf anzubieten. In diesem Fall soll B seine Marke nicht aufgrund des ihm zustehenden Besitzrechts zurückerhalten, sondern (vermeintlich) das Eigentum von A neu erwerben; hier erfolgt die Wiedererlangung des Besitzes nicht aufgrund des Herausgabeanspruchs, sondern stammt (vermeintlich) aus dem vom Täter abgeleiteten Eigentumserwerb.

94 Anders verhält es sich, wenn A den Hund des B vorübergehend an sich nimmt, um ihn später gegen Finderlohn zurückzugeben (RGSt 55, 59 [60]; vgl auch BGH JR 1985, 251 f m.Anm. *Rudolphi*). Jetzt will A den Hund als dem B gehörend wieder herausgeben, leugnet also nicht dessen Besitzrecht an dem Tier, sondern will dem B nur (iSv § 263) durch Täuschung einen Vermögensschaden zufügen. Eine Zueignungsabsicht ist ebenfalls zu verneinen, wenn ein Arbeitnehmer

zur **Vermeidung von Regressansprüchen** Waren, die von ihm beschädigt wurden, heimlich durch unbeschädigte aus dem Warenlager des Arbeitgebers ersetzt und ausliefert, oder wenn ein Soldat zur Vermeidung von Ersatzleistungen einem Stubenkameraden Ausrüstungsgegenstände wegnimmt, um diese als die ihm ursprünglich übergebenen abzuliefern. Jeweils stellt der Täter das fremde Eigentum an den weggenommenen Sachen nicht in Abrede (BGHSt 19, 387; OLG Stuttgart NJW 1979, 277 f; Eser JuS 1964, 477 [482]; abw. OLG Hamm NJW 1964, 1427 ff). Schließlich ist es auch nicht als Zueignung anzusehen, wenn der Täter die Sache entwendet, um sie zur Durchsetzung einer Forderung eigenmächtig „**in Pfand zu nehmen**" (BGH NStZ-RR 1998, 235 [236]; NStZ-RR 2012, 239 [241]). Dagegen eignet sich der Täter die Sache zu, wenn er die Sache entwendet, um sie zur Befriedigung seiner Forderung zu veräußern (BGH StV 1984, 422; vgl auch BGH HRRS 2008 Nr. 866). Einen Sonderfall stellt die „Rückgabe" von **Pfandflaschen** dar, die bei einem Dritten entwendet wurden: Hier differenziert die hM danach, ob – wie dies bei standardisierten, von mehreren Herstellern verwendeten Flaschen üblich ist – eine Mitübereignung im Rahmen des Getränkekaufs erfolgt oder nicht; im letzteren Fall fehlt mangels vorher eintretenden Eigentumsübergangs auch bei „Rückgabe" des gestohlenen Leerguts die Anmaßung einer solchen Position (dazu *Hellmann* JuS 2001, 353 [354 f]; vgl aber AG Flensburg NStZ 2006, 101 f m. Bspr *Kudlich* JA 2006, 571 [572]; und abl. Anm. *Schmitz/Goeckenjan/Ischebeck* Jura 2006, 821 [823 f]; vgl ferner AG Berlin-Tiergarten (249 Ds) 3022 PLs 13289/11 (233/11) v. 17.11.2011 m.Anm. *Jahn* JuS 2013, 753 ff).

c) Der Täter handelt mit Zueignungsabsicht, wenn er **Wertpapiere, Legitimationszeichen** oder Inhabermarken – zB Straßenbahn- und Busfahrscheine, Theater- und Konzertkarten, Badekarten, Getränke- und Garderobenmarken – an sich nimmt, um durch ihre Verwendung die Übertragung der in ihnen verbrieften Forderung nach Sachenrecht zu ermöglichen. Hier setzt die Verfügungsberechtigung die Innehabung des Papiers und damit eine entsprechende Stellung des Berechtigten voraus (vgl BGHSt 35, 152 [157 f]; SK-*Hoyer* Rn 87; zum Sparbuch vgl Rn 87 f). Entsprechendes gilt für die Entwendung einer Karte, auf der – wie zB bei **Telefon-** oder **Geldkarten** – ein bestimmter Betrag, der bei der Benutzung „abgebucht" wird, gespeichert ist (vgl auch *Schnabel* NStZ 2005, 18 ff). 95

Dagegen dient eine **Codekarte** beim Abheben eines Geldbetrags an einem Bankomaten nicht als Legitimationspapier, das eine Forderung verbrieft. Sofern der Täter die Karte wegnimmt, um sie nach Gebrauch zurückzugeben, handelt er mangels Enteignungswillens ohne Zueignungsabsicht (vgl BGHSt 35, 152 [157]; Altenhain JZ 1997, 752 [753]; S/S/W-*Kudlich* Rn 47); der Täter maßt sich nur unberechtigten Fremdbesitz an der Karte iSe *furtum usus* an. Anders ist zu entscheiden, wenn auf der Karte ein bestimmter Betrag gespeichert ist, der – wie bei Telefonkarten oder Geldkarten – um die abgehobene Summe gekürzt wird (aA *Mikolajczyk*, Der Zueignungsbegriff des Unterschlagungstatbestandes, 2005, 77 ff; ausf. zu diesen und ähnlichen Kartentypen *Schnabel* NStZ 2005, 18 ff). 96

Bei der Entwendung von **Ausweisen** kommt eine Zueignungsabsicht nur unter der Voraussetzung in Betracht, dass ihre Aushändigung mit einer Eigentumsübertragung verbunden ist. Bleibt der Ausweis im Eigentum des Ausstellers – wie zB bei einem Reisepass oder Personalausweis (vgl § 1 IV S. 1 PassG; § 4 II Personal-AuswG) –, verlangt die Verwendung keine Beanspruchung von Eigenbesitz; der Täter täuscht nur über die Identität des Ausweisinhabers iSv § 281 (aA OLG Stuttgart NStZ 2011, 44). 97

98 d) Die Zueignung setzt nicht voraus, dass sich der Täter **ausdrücklich als Eigentümer ausgeben** will (vgl auch *Herzberg/Brandts* JuS 1983, 203 f; *Mitsch* 1.2.2.3.3.3; aA S/S-*Eser*/Bosch Rn 47). Schon aus Gründen der Sicherung der erlangten Sachgewalt wird es für den Täter bisweilen sinnvoll sein, sich gerade nicht als Eigentümer zu bezeichnen. Gleiches gilt, wenn der Täter die Beute einem eingeweihten Hehler verkaufen will. Entscheidend ist vielmehr, dass die Art und Weise der Verwendung (Verkauf usw) eine Anmaßung eigener Verfügungsgewalt voraussetzt.

99 e) Eine **wiederholte Zueignung** derselben Sache ohne zwischenzeitlichen Verlust des angemaßten Eigenbesitzes ist nicht möglich. Wie einmal erworbenes Eigentum nicht jeweils neu erworben wird, wenn der Eigentümer von der Sache Gebrauch macht, so liegt auch nicht in jeder Verwendung des Tatobjekts eine erneute Zueignung; vielmehr konkretisiert der Täter nur eine der Nutzungsmöglichkeiten, die er sich durch die Inbesitznahme der Sache als eigene verschaffen wollte (näher § 246 Rn 38 f mwN auch zur Gegenmeinung). Daher eignet sich auch ein Mittäter die gemeinsam (und jeweils in Selbstzueignungsabsicht) entwendete Sache nicht erneut zu, wenn er sie dem Komplizen vor Teilung der Beute wegnimmt (vgl RGSt 11, 438 [441 f]; aA LK-*Ruß*, 11. Aufl., Rn 67).

100 **5. Abgrenzung zur Sachbeschädigung und -entziehung:** Von der Sachbeschädigung, die im Falle der Zerstörung zu einem völligen Entzug der Sachherrschaft führen kann, unterscheidet sich die Zueignung durch das Aneignungsmerkmal (abw. *Wallau* JA 2000, 248 ff, der die Zueignung auf die Enteignung beschränkt und demnach die Sachbeschädigung als Zueignung wertet). Daher handelt der Täter in Zueignungsabsicht, wenn er das Tatobjekt vor oder durch die Beschädigung in einer Weise nutzen will, welche die Innehabung von Eigenbesitz voraussetzt (W-*Hillenkamp* Rn 153; SK-*Hoyer* Rn 83 f; NK-*Kindhäuser* Rn 87 f mwN; vgl auch MK-*Schmitz* Rn 131). Das Beschädigungsunrecht wird in diesem Fall von der Zueignung umfasst, so dass die Sachbeschädigung im Wege der Gesetzeskonkurrenz verdrängt wird.

101 a) Die Nutzung fällt mit der Beschädigung zusammen, wenn in der Zerstörung oder Unbrauchbarmachung die Verwendung der Sache liegt. Exemplarisch: Der Täter entwendet Brennholz, um es zu verheizen, Lebensmittel, um sie zu verzehren, Batterien, um mit ihnen ein Gerät zu betreiben, oder er lässt von seinen Schafen eine Wiese abweiden (LG Karlsruhe NStZ 1993, 543; vgl auch *Dencker* Rudolphi-FS 425 [432 f]; SK-*Hoyer* Rn 83 f mwN).

102 Keine Begründung von Eigenbesitz ist dagegen erforderlich, wenn der Täter die Sache nur wegnimmt, um sie an einem anderen Ort unter für ihn günstigeren Bedingungen zerstören zu können. Gleiches gilt, wenn der Täter die Sache zum Zwecke der Rache, des Ärgerns oder Schädigens entwendet (BGH StV 1990, 407 [408]; NStZ 2005, 155 [156]; *Mitsch* 1.2.2.3.3.3; MK-*Schmitz* Rn 131; vgl BGH HRRS 2015 Nr. 1012 zur Wegnahme eines Mobiltelefons, um Fotos zu löschen).

103 b) Eine Inbesitznahme geht der Beschädigung ferner voraus, wenn der Täter zwar eine Beschädigung der Sache plant, sie jedoch **vorher verwenden** will. Exemplarisch sind die Fälle, in denen der Täter ein Behältnis (zB Geldbeutel, Koffer, Tasche) entwendet, dessen er sich erst nach einer Nutzung als Transportmittel entledigen will (vgl *Ruß* Pfeiffer-FS 61 [64 ff]; ferner BGHR § 249 Abs. 1 Zueignungsabsicht 9). Nimmt der Täter dagegen das Behältnis nur mit, um es bei passender Gelegenheit besser beseitigen zu können, fehlt es am Zueignungswillen (BGH bei *Dallinger* MDR 1975, 22).

c) Mangels Aneignung ist auch die reine **Entziehung** der Sache ohne besitzbezogene Verwendung keine Zueignung. Exemplarisch: Der Täter entwendet einem Festredner kurz vor dem Vortrag das Manuskript, um es ihm auf dem Postweg später wieder zukommen zu lassen (BGH bei *Holtz* MDR 1982, 810; *Mitsch* 1.2.2.3.3.3; abw. *Wallau* JA 2000, 248 [256]). 104

6. Abgrenzung zur Gebrauchsanmaßung: a) Wer eine Sache wegnimmt, um sie nach vorübergehender (und nicht beschädigender) Verwendung dem Berechtigten wieder in Erfüllung seines Herausgabeanspruchs zukommen zu lassen, begeht eine Gebrauchsanmaßung *(furtum usus)*, die nur unter besonderen Voraussetzungen (§§ 248 b, 290) strafbar ist. Da die Gebrauchsanmaßung auch eine Nutzung der Sache zum Gegenstand hat, überschneidet sie sich mit der Zueignung in der Aneignungskomponente, so dass sich die Grenze zwischen *furtum usus* und strafbarer Eigentumsanmaßung nur mithilfe der Enteignungskomponente der Zueignung ziehen lässt. 105

Der Enteignungswille wird nicht schon dadurch ausgeschlossen, dass der Täter plant, dem Berechtigten die Sache „irgendwann" wieder zukommen zu lassen. Auch der nur zeitweilige Entzug einer Sache kann dazu führen, dass die spätere Wiedererlangung des Besitzes für den Berechtigten keinen Sinn mehr hat. Dies gilt vor allem für Gegenstände, die nur zu bestimmten Zeiten verwendet werden (zB ein Campingzelt) oder die von Natur aus (zB Lebensmittel) oder aufgrund eines schnellen technischen Innovationsprozesses in kurzer Zeit veralten (zB Computer). Solche Gegenstände werden einem anderen entweder überhaupt nicht (wie zB Lebensmittel) oder nur gegen Entgelt (zB Pacht, Miete) zur Nutzung überlassen. Eine vorübergehende Nutzung, die nicht enteignend in die Verfügungsgewalt des Eigentümers eingreift, kann daher nur in Fällen angenommen werden, in denen es nicht unüblich ist, einem anderen ein vorübergehendes unentgeltliches Nutzungsrecht (insbesondere Leihe, vgl §§ 598 ff BGB) an einer Sache einzuräumen. Hieraus ergibt sich als **Faustformel**: Soweit sich der Täter **unter Anerkennung des Herausgabeanspruchs des Berechtigten** nur eine Sachverwendung anmaßen will, die ihm unter Berücksichtigung der Umstände des Einzelfalles auch im Rahmen **eines unentgeltlichen Gebrauchsrechts** eingeräumt werden könnte, will er dem Eigentümer den Sachbesitz nicht in einem als Enteignung anzusehenden Maße vorenthalten. 106

b) Die Anmaßung eines Gebrauchsrechts setzt stets voraus, dass der Täter den Besitz an der Sache als Fremdbesitz zugunsten des Berechtigten auszuüben beabsichtigt, da er anderenfalls in enteignender Weise Eigenbesitz begründen will. Damit ist Zueignungsabsicht zu bejahen, wenn der Täter die Sache nach ihrem geplanten Gebrauch nicht zurückgeben will. Dies gilt vor allem für die Ingebrauchnahme von Kraftfahrzeugen ohne (unbedingten) Rückführungswillen (BGHSt 22, 45; zur Mitnahme von Anstaltsgegenständen bei der Flucht eines Häftlings vgl NK-*Kindhäuser* Rn 94 mwN). Daher ist Diebstahl und keine Tat nach § 248 b anzunehmen, wenn der Täter das (weggenommene) Fahrzeug nach dessen Gebrauch nicht zurückzugeben gedenkt, sondern es dem Zufall überlassen oder es von ungewissen Bedingungen abhängig machen will, ob der Berechtigte die Sache zurückerhält. Exemplarisch: Der Täter will sich des entwendeten Pkw nach einer Spritztour so entledigen, dass dieser dem Zugriff (beliebiger) Dritter ausgesetzt ist oder dessen Rückführung an den Berechtigten fraglich erscheint (vgl BGHSt 5, 205 [206]; 16, 190 [192]; BGH NStZ 2015, 396 f; *Seelmann* JuS 1985, 288; aA *Kargl* ZStW 103, 136 [150]). Von einem Rückführungswillen kann etwa noch ausgegangen werden, wenn der Täter das Fahrzeug vor einer 107

Polizeiwache abstellt, da in diesem Falle mit einer alsbaldigen Verständigung des Halters zu rechnen ist. Gibt der Täter entgegen seiner ursprünglichen Absicht erst während der Fahrt seinen Rückführungswillen auf, weil zB das Benzin verbraucht ist, so ist die Tat mangels Zueignungsabsicht zum Wegnahmezeitpunkt kein Diebstahl, sondern Unterschlagung nach § 246 (vgl BGH GA 1960, 182; BayObLG NJW 1961, 280 f).

108 c) Die Grenzen eines unentgeltlichen Gebrauchsrechts werden vor allem überschritten, wenn die Dauer oder die Intensität des Gebrauchs den weiteren Sachbesitz für den Eigentümer (in einem nennenswerten Umfang) sinnlos macht (vgl auch *Kargl* ZStW 103, 136 [184]; *Rudolphi* GA 1965, 33 [46 f]). So kann es als Gebrauchsanmaßung angesehen werden, wenn der Täter wiederaufladbare Batterien mit Rückgabewillen wegnimmt. Dagegen ist eine Zueignungsabsicht zu bejahen, wenn der Täter nur einmal verwendbare Batterien entwendet und ihre Energie verbrauchen will; solche Batterien werden nicht verliehen, sondern nur verkauft oder verschenkt, also einem anderen nur im Wege des Eigentumsübergangs überlassen. Der wertmindernde Sachgebrauch (in einem gewissen Maße) steht einem *furtum usus* insbesondere nicht entgegen, wenn unentgeltliche Besitzmittlungsverhältnisse dieser Art noch im Rahmen des Üblichen liegen. Als Gebrauchsanmaßung ist etwa anzusehen, wenn der Täter in einer Buchhandlung ein neues Buch entwendet, um es zu lesen und anschließend (heimlich) zurückzugeben; es ist nicht unüblich, dass ein Buchhändler einem Kunden ein Buch zur Ansicht überlässt (aA OLG Celle NJW 1967, 1921 ff). Ferner kann es an der Zueignungsabsicht fehlen, wenn der Täter ein Kraftfahrzeug (mit Rückführungswillen) zu einer mehrtägigen Nutzung wegnimmt. Die Annahme eines *furtum usus* schließt jedoch nur die Zueignung aus; eine Strafbarkeit wegen Sachbeschädigung (§ 303) durch den wertmindernden Gebrauch einer Sache wird hierdurch nicht berührt.

109 Unmaßgeblich für die Abgrenzung von Zueignung und Gebrauchsanmaßung ist die Frage, ob die Art und Weise der Sachnutzung erlaubt ist (vgl auch OLG Celle JR 1964, 266 m.Anm. *Schröder*). Einem *furtum usus* steht es daher nicht entgegen, wenn der Täter (mit Rückführungswillen) eine Waffe entwendet, um einen anderen zu verletzen, oder Akten an sich nimmt, um sie unbefugt zu lesen (zur vorübergehenden Verwendung eines polizeilichen Strafmandats vgl OLG Hamburg NJW 1964, 736 f m. Bspr *Baumann* NJW 1964, 705 ff).

110 **7. Drittzueignung: a)** Selbstzueignung und Drittzueignung sind gleichermaßen Fälle der Zueignung und setzen damit jeweils eine Ent- wie auch eine Aneignung voraus (zur historischen Entwicklung vgl *Schmid-Hopmeier*, Das Problem der Drittzueignung bei Diebstahl und Unterschlagung, 2000, 21 ff). Da der Tatbestand jedoch eine Wegnahme in Zueignungsabsicht verlangt, müsste der Täter auch im Falle der Drittzueignung in der Absicht der Aneignung, also der Inbesitznahme der Sache als eigene, handeln. Nimmt er jedoch die Sache als eigene in Besitz, eignet er sie sich selbst zu. Auch die Konstellation, dass mehrere Beteiligte gemeinsam eine Sache wegnehmen, um sich jeweils Eigentum an ihr anzumaßen, also „Miteigentum" zu begründen, ist nur ein Unterfall der Selbstzueignung, da jeder der Beteiligten das Tatobjekt in Eigenbesitz nimmt (vgl §§ 866, 872 BGB). Dagegen schließen sich die Absicht der Aneignung und die Absicht einer rein fremdnützigen Drittzueignung begrifflich aus (*Jäger* JuS 2000, 651; NK-*Kindhäuser* Rn 105; aA *Rönnau* GA 2000, 410 [423 f]). Man kann eine Sache nur als eigene oder als fremde, aber nicht als eigene für einen anderen in (unmit-

telbaren) Besitz nehmen; eine Sache kann einem anderen nicht „angeeignet" werden.

Der Drittzueignung kann folglich nur ein eigener Anwendungsbereich zukommen, wenn es für diese Tatvariante ausreicht, dass der Täter dem Dritten die **Aneignung ermöglicht** (vgl. *Dannecker* Rudolphi-FS 425 [435]; W-*Hillenkamp* Rn 166; SK-*Hoyer* Rn 92; *Schramm* JuS 2008, 773 [775 f]; abw. MK-*Schmitz* Rn 150; *ders.* Otto-FS 770 ff: Absicht, dem Dritten einen Nutzen herbeizuführen). Auch diese Absicht lässt sich jedoch nur realisieren, wenn der Täter mit dem Vorsatz handelt, dem Eigentümer den ihm zustehenden Besitz vorzuenthalten. Selbstzueignung und Drittzueignung unterscheiden sich demnach nicht hinsichtlich der Enteignungskomponente der Zueignung (Rn 70). Exemplarisch: Nimmt A dem C ein Buch weg, das B dringend benötigt, und sind sich A und B einig, dass C das Buch sofort nach der Lektüre zurückerhalten soll, scheitert eine Drittzueignung am fehlenden Enteignungsvorsatz; A begeht nur zugunsten des B eine Gebrauchsanmaßung (vgl Rn 105). 111

b) Da die **Drittzueignung** im Verhältnis **zur Selbstzueignung** ein **aliud** ist, kann im **Gutachten** nicht offen bleiben, ob der Täter sich oder einem Dritten die Sache durch Wegnahme hat zueignen wollen. Nur wenn mit Sicherheit eine der beiden subjektiven Tatvarianten erfüllt ist und eine dritte Möglichkeit ausscheidet, kommt eine wahlweise Verurteilung des Täters in Betracht. Daher sollte stets mit der Prüfung der Selbstzueignung begonnen werden. Nimmt der Täter eine Sache zu dem Zweck weg, sie einem Dritten zukommen zu lassen, handelt er mit Selbstzueignungsabsicht, wenn die Übergabe der Sache an den Dritten den Charakter einer Übereignung haben soll. Eine „Übereignung" in diesem Sinne ist anzunehmen, wenn der Täter dem (gut- oder bösgläubigen) Dritten die Verfügungsgewalt über die Sache in einer Weise verschaffen will, als stamme sie aus seinem Vermögen, etwa im Wege des Veräußerns oder Verschenkens (*Jäger* JuS 2000, 651; *Mitsch* 1.2.2.3.3.3). Verhält sich der Täter so, als übertrage er auf den Dritten sein Eigentum, so setzt dies zumindest in einem logischen Durchgangsstadium die Beanspruchung von Eigenbesitz voraus (eine solche „Drittzueignung" wurde schon für das prStGB von 1851 als Fall der Selbstzueignung angesehen, vgl *Goltdammer*, Die Materialien zum Straf-Gesetzbuche für die Preußischen Staaten, Theil II, 1852, 447). 112

Der Anwendungsbereich der Drittzueignung ist naturgemäß klein, wenn er auf die Fälle der Zuwendung des Tatobjekts an einen Dritten, die nicht die Kriterien der Selbstzueignung erfüllen, beschränkt wird (vgl *Jäger* JuS 2000, 651 f). Ein solcher Fall war die Entnahme von Geld- und Wertsachen aus Postsendungen von West- nach Ostdeutschland durch Angehörige des MfS zugunsten der Staatskasse der DDR (BGHSt 40, 8 [18]; 41, 187 [196]; anders noch BGH NStZ 1994, 542; auch nach heutiger Rechtslage eine Drittzueignungsabsicht verneinend: MK-*Schmitz* Rn 151). Hier hatten sich die Betreffenden keine eigentümerähnliche Verfügungsmacht am Inhalt der Postsendungen angemaßt, die sie anschließend (schenkungsweise) auf den Staat der DDR übertragen hätten. 113

c) Eine Drittzueignung kommt vor allem in folgenden Fallgruppen in Betracht: 114

aa) Der Täter veranlasst im Wege mittelbarer Täterschaft einen gutgläubigen (vorsatzlosen) Dritten, eine Sache selbst unmittelbar in Eigenbesitz zu nehmen. Exemplarisch: A sagt zu dem (gutgläubigen) Jugendlichen J, er könne den auf seinem Grundstück liegenden Ball holen und behalten; er (A) „schenke" ihm den 115

Ball. In Wirklichkeit gehört der Ball dem G und befindet sich auch auf dessen Grundstück. J nimmt sich in Unkenntnis der wahren Sachlage den Ball.

116 **bb)** Der Täter bricht als Mittäter mit dem Dritten zusammen fremden Gewahrsam, um diesem die Zueignung der Sache zu ermöglichen; eigene (ggf auch nur vorübergehende) Verfügungsgewalt will der Täter nicht erlangen. Exemplarisch: Absprachegemäß entwendet A gemeinsam mit seinem Freund F aus einem Juwelierladen Schmuck, den A zur Deckung seiner Schulden veräußern will. F beteiligt sich (nur), um A aus dessen finanzieller Notlage zu befreien.

117 **cc)** Der Täter nimmt die Sache an sich, um an ihr für einen Dritten Besitz zu begründen; hier versteht sich der Täter von vornherein als „Fremdbesitzer" zugunsten des Dritten. Exemplarisch: Absprachegemäß entwendet A aus einem Juwelierladen Schmuck, den B anschließend zur Deckung seiner Schulden veräußern will. In Konstellationen dieser Art ist der begünstigte Dritte regelmäßig nur Teilnehmer des Diebstahls, aber Täter der (hierzu subsidiären) Unterschlagung durch Inbesitznahme der Sache als eigene.

118 **dd)** Bei der Drittzueignung können noch weitere Personen an der Tat beteiligt sein; es sind dann die allgemeinen Beteiligungsregeln anzuwenden. Exemplarisch: A entwendet absprachegemäß aus einem Juwelierladen Schmuck für B, den dieser anschließend zur Deckung seiner Schulden veräußern will. Die Wegnahme führt A gemeinsam mit seinem Freund F aus, der zwar über die Sachlage informiert ist, aber B nicht kennt. Auch F handelt hier mit Drittzueignungsabsicht zugunsten des B.

119 **8. Rechtswidrigkeit der Zueignung:** Die beabsichtigte Zueignung muss (objektiv und subjektiv) rechtswidrig sein. Diese Rechtswidrigkeit, die von der allgemeinen Rechtswidrigkeit der Tatbestandsverwirklichung – dh der Wegnahme einer fremden beweglichen Sache – zu unterscheiden ist, muss als **Tatbestandsmerkmal** (hM, vgl BGH NJW 1990, 2832; NStZ 2008, 626 m. Bspr *Bosch* JA 2009, 70 ff; *Herdegen* BGH-FS 195 [200]; SK-*Hoyer* Rn 96 mwN; abw. *Börner* Jura 2005, 389 [393]; zur Rspr vgl auch *Gropp* Weber-FS 127 ff) vom (zumindest bedingten) Vorsatz des Täters umfasst sein.

120 **a)** Die Zueignung ist **rechtswidrig**, wenn die Inbesitznahme der Sache als eigene durch den Täter (oder den begünstigten Dritten) gegen die dingliche Rechtslage verstößt und auch nicht durch einen Übereignungsanspruch gedeckt ist.

121 **aa)** Die Zueignung ist **nicht rechtswidrig**, wenn der Eigentümer (oder ein sonstiger Verfügungsberechtigter) mit dem Eigentumsübergang **einverstanden** ist (unstr., S/S/W-*Kudlich* Rn 50 mwN). Für dieses Einverständnis müssen die Voraussetzungen zur Abgabe einer rechtsverbindlichen Willenserklärung erfüllt sein; natürlicher Wille, wie bei der Gewahrsamsverschaffung (Rn 42), reicht nicht aus. In Konstellationen des einvernehmlichen Eigentumsübergangs erfolgt zumeist auch die Besitzverschaffung einverständlich, so dass es regelmäßig schon am Gewahrsamsbruch fehlt (zur Dereliktion, die das Merkmal der Fremdheit entfallen lässt, vgl Rn 14).

122 **bb)** Die Rechtswidrigkeit der Zueignung entfällt ferner, wenn der Täter oder der Dritte berechtigt ist, sich die weggenommene Sache anzueignen (vgl §§ 910, 954 ff BGB; Art. 130 EGBGB; zur Aneignung des teilungsbefugten Mit- oder Gesamthandseigentümers vgl OLG Celle NJW 1974, 1833).

123 **cc)** Weiterhin ist die Zueignung nicht rechtswidrig, wenn der Täter (oder der Dritte) einen fälligen und einredefreien schuldrechtlichen **Anspruch auf Übereig-**

nung der konkreten Sache hat, etwa aus einem von ihm erfüllten Kaufvertrag (hM, vgl BGHSt 17, 87 [89]; *Fischer* Rn 50; *Otto*, Die Struktur des strafrechtlichen Vermögensschutzes, 1970, 221; aA *Hirsch* JZ 1963, 149 [150 ff]). Der eigenmächtig handelnde Täter kann zwar mangels sachenrechtlicher Einigung kein Eigentum an der geschuldeten Sache erwerben; aber er führt keine Besitzlage herbei, die dem Recht widerspricht. Der Eigentümer kann gegenüber dem Täter (oder dem Dritten) seinen Herausgabeanspruch nicht mehr geltend machen, weil er selbst verpflichtet wäre, dem Täter (oder dem Dritten) die Sache zum Zwecke der Eigentumsübertragung sofort wieder zu übergeben (zur Arglisteinrede vgl BGHSt 17, 87 [89]). Allerdings stehen dem Eigentümer gegen die eigenmächtige *Wegnahme* der geschuldeten Sache durch den Gläubiger Abwehrrechte zu (vgl §§ 32 StGB, 859 BGB).

dd) Ob die Zueignung auch dann nicht iSv § 242 rechtswidrig ist, wenn der Täter (oder der Dritte) einen fälligen und einredefreien schuldrechtlichen **Anspruch auf Übereignung einer vertretbaren Sache** aus einer noch nicht konkretisierten Gattungsschuld hat, ist umstritten: 124

Die hM hält die Zueignung einer vertretbaren Sache aus einer noch nicht konkretisierten Gattungsschuld für rechtswidrig (BGHSt 17, 87 [88]; BGH StraFo 2005, 433; S/S-*Eser/Bosch* Rn 59; *Kleszcewski* BT § 8 Rn 74; abw. für Banknoten OLG Schleswig StV 1986, 64; *Roxin* Mayer-FS 467 [479 ff]; MK-*Schmitz* Rn 163). Der Schuldner habe bei Gattungsschulden eine Auswahlbefugnis, die der Täter durch sein eigenmächtiges Vorgehen verletze (M-*Schroeder/Maiwald* I § 33/53). 125

Dem ist entgegenzuhalten, dass der Schuldner bei Gattungsschulden keinen gegenüber Stückschulden gesteigerten Schutz verdient (*Binding* I 272 f; SK-*Hoyer* Rn 103 mwN; *Maiwald*, Der Zueignungsbegriff im System der Eigentumsdelikte, 1970, 160 ff; *Otto* BT § 40/81, 85; *Reinstorf*, Die Rechtswidrigkeit der Bereicherung und die Rechtswidrigkeit der Zueignung, 1974, 190). Die Unterscheidung von Stück- und Gattungsschulden betrifft vor allem die Bestimmung der schuldrechtlichen Leistungsverpflichtung (bei Vertragsabwicklung, Leistungsstörung und Unmöglichkeit), ist aber für das Sachenrecht ohne Bedeutung. Wie bei Stückschulden kann der Täter auch gegen die Herausgabe einer unter eine Gattungsschuld fallende vertretbare Sache von mittlerer Art und Güte – insbesondere Bargeld – die Einrede der Arglist erheben (vgl RG LZ 1918, 258 [259]). Im Übrigen kann eine differierende Bewertung von Stück- und Gattungsschulden beim Diebstahl zu sachwidrigen Unterschieden in den Ergebnissen führen, da es nur vom Zufall abhängen kann, ob eine Sache aus einer Gattungsschuld schon konkretisiert ist oder noch nicht. 126

ee) Die Rechtswidrigkeit der Zueignung kann schließlich auch entfallen, wenn ein Rechtfertigungsgrund eingreift, zB bei Notstand, mutmaßlicher Einwilligung (etwa durch eigenmächtiges Geldwechseln) oder berechtigter Geschäftsführung ohne Auftrag (NK-*Kindhäuser* Rn 119 ff; *Mitsch* 1.2.2.3.3.5). 127

b) Wird die Rechtswidrigkeit der Zueignung mit der hM als Tatbestandsmerkmal gedeutet, so führt die **irrtümliche** Annahme, die (tatsächlichen) Voraussetzungen einer rechtmäßigen Zueignung (Rn 120 ff) seien gegeben, zum **Vorsatzausschluss** nach § 16 I S. 1 (BGH NJW 1990, 2832; StraFo 2005, 433; *Otto* BT § 40/80; iE auch BGHSt 17, 87 [90 f]; MK-*Schmitz* Rn 173). Ein Irrtum über die Voraussetzungen eines Rechtfertigungsgrundes (zB Notstand) ist demgegenüber 128 nach den Regeln des Erlaubnistatbestandsirrtums zu behandeln (vgl Vor § 32 Rn 23 ff).

Zu teilweise anderen Ergebnissen kommt, wer die Rechtswidrigkeit der Zueignung als **allgemeines Verbrechensmerkmal** ansieht. Der Anspruch des Täters (oder des Dritten) auf die Erlangung von Eigenbesitz lässt dann nicht schon den Tatbestand entfallen, sondern fungiert als Rechtfertigungsgrund. Nunmehr wirkt sich auch die Auffassung der Rspr aus, dass ein Übereignungsanspruch nur bei **Stückschulden**, nicht aber Gattungsschulden rechtfertigt: Für Stückschulden gilt: Nimmt der Täter irrig an, er (oder der Dritte) habe einen fälligen und einredefreien Anspruch auf die Übereignung der von ihm weggenommenen Sache, so geht er von Voraussetzungen aus, unter denen die Zueignung nicht rechtswidrig wäre, mit der Folge, dass seine Fehlvorstellung als (vorsatzausschließender) Tatbestandsirrtum anzusehen ist (vgl BGHSt 17, 87 [89]; BGH NStZ 1982, 380; LK-*Ruß*, 11. Aufl., Rn 74 mwN). Anders soll es sich nach verbreiteter Ansicht bei **Gattungsschulden** verhalten: Hier soll ein Übereignungsanspruch vor Konkretisierung (§ 243 II BGB) die Rechtswidrigkeit der Zueignung nicht entfallen lassen (Rn 125). Wenn der Gläubiger einer Gattungsschuld gleichwohl die Rechtmäßigkeit der Zueignung einer gleichartigen Sache annimmt, so nimmt die Rspr einen Verbotsirrtum an, sofern der Täter an ein eigenmächtiges Aussonderungsrecht glaubt (BGHSt 17, 87 [90 f]; BGH GA 1966, 211 [212]; zust. S/S-*Eser/Bosch* Rn 65). Im Ergebnis verneint sie aber auch hier den Vorsatz über die Rechtswidrigkeit der Zueignung (BGHSt 17, 87 [91]; BGH NJW 1990, 2832; StraFo 2005, 433). Bei Geldschulden mache der nicht rechtskundige Täter nämlich häufig keinen Unterschied zwischen Stück- und Gattungsschulden, sondern glaube „möglicherweise, als Gläubiger einer Geldforderung jeweils die gerade im Besitz des Schuldners befindlichen Geldmittel als die ihm unmittelbar und nicht nur vertretungsweise geschuldeten beanspruchen zu dürfen" (BGHSt 17, 87 [91]). Auf diese Weise kommt auch die Rechtsprechung zu dem sachgerechten Ergebnis, dass jedenfalls in bestimmten Fällen der Zueignung einer vertretbaren Sache aus einer Gattungsschuld Diebstahl zu verneinen ist.

IV. Beteiligung

129   1. Für die Beteiligung gelten die allgemeinen Regeln. Für jeden Beteiligten muss die Sache fremd sein (SK-*Hoyer* Vor § 26 Rn 17; M-*Schroeder/Maiwald* I § 32/21). **Mittäterschaft** erfordert ein Handeln mit Zueignungsabsicht. Da jedoch eine Drittbegünstigung ausreicht, kann die Abgrenzung zwischen Täterschaft und Teilnahme regelmäßig nur noch mit Blick auf die Mitwirkung an der Wegnahme erfolgen (vgl aber auch BGH NStZ 2005, 155 [156]; wistra 2008, 466). Die früher sehr umstrittene **mittelbare Täterschaft** durch ein sog. **absichtslos-doloses Werkzeug** hat sich durch die Einführung der Drittzueignungsabsicht weitgehend erledigt.

130   2. Eine **Unterlassungstäterschaft** (mit Drittzueignungsabsicht) kommt (als Mit- oder Nebentäterschaft) in Betracht, wenn ein Garant gegen die Wegnahme einer Sache in Zueignungsabsicht durch einen Dritten nicht einschreitet.

131   3. **Beihilfe** kann (unstr.) vom Vorbereitungsstadium der Tat bis zu deren Vollendung geleistet werden. Nach der Rspr soll Beihilfe auch zwischen Vollendung und Beendigung der Tat möglich sein (BGHSt 4, 132 [133]; 6, 248 [251]; OLG Hamm NStZ-RR 2005, 72 [dort auch zur Mittäterschaft]; zust. S/S-*Eser/Bosch* Rn 73). Dem steht jedoch entgegen, dass die Phase der Beendigung nicht mehr

zur tatbestandsmäßigen Wegnahme (Art. 103 II GG) und damit nicht mehr zur Tat des Diebstahls iSv § 27 gehört (LK-*Schünemann* § 27 Rn 42 ff mwN); sie dient nicht der Verwirklichung des tatbestandlich vertypten Unrechts, sondern nur der faktischen Sicherung der unrechtmäßig erlangten Beute (Rn 54). Daher fördert die Hilfe nur die Vorteilssicherung (iSv § 257) und bezieht sich nicht auf die tatbestandliche Rechtsverletzung.

V. Konkurrenzen

Deliktische Handlungen, die nur der Beutesicherung oder -verwertung dienen, werden als **mitbestrafte Nachtaten** konsumiert. Dies gilt jedoch nicht, wenn der Täter – zB durch Betrug oder Urkundenfälschung – in die Rechte Dritter eingreift (vgl BGH MDR 1982, 280). Eine wiederholte Zueignung ohne zwischenzeitlichen Verlust der angemaßten Verfügungsgewalt ist bereits tatbestandlich ausgeschlossen und scheidet damit auch als Grundlage von Teilnahmehandlungen aus (Rn 99; § 246 Rn 38 f; BGHSt 14, 38 [44]; *Maiwald*, Der Zueignungsbegriff im System der Eigentumsdelikte, 1970, 261; *Otto*, Die Struktur des strafrechtlichen Vermögensschutzes, 1970, 106 ff; aA MK-*Schmitz* Rn 185; *Seelmann* JuS 1985, 699 [702]). 132

§ 243 Besonders schwerer Fall des Diebstahls

(1) ¹In besonders schweren Fällen wird der Diebstahl mit Freiheitsstrafe von drei Monaten bis zu zehn Jahren bestraft. ²Ein besonders schwerer Fall liegt in der Regel vor, wenn der Täter
1. zur Ausführung der Tat in ein Gebäude, einen Dienst- oder Geschäftsraum oder in einen anderen umschlossenen Raum einbricht, einsteigt, mit einem falschen Schlüssel oder einem anderen nicht zur ordnungsmäßigen Öffnung bestimmten Werkzeug eindringt oder sich in dem Raum verborgen hält,
2. eine Sache stiehlt, die durch ein verschlossenes Behältnis oder eine andere Schutzvorrichtung gegen Wegnahme besonders gesichert ist,
3. gewerbsmäßig stiehlt,
4. aus einer Kirche oder einem anderen der Religionsausübung dienenden Gebäude oder Raum eine Sache stiehlt, die dem Gottesdienst gewidmet ist oder der religiösen Verehrung dient,
5. eine Sache von Bedeutung für Wissenschaft, Kunst oder Geschichte oder für die technische Entwicklung stiehlt, die sich in einer allgemein zugänglichen Sammlung befindet oder öffentlich ausgestellt ist,
6. stiehlt, indem er die Hilflosigkeit einer anderen Person, einen Unglücksfall oder eine gemeine Gefahr ausnutzt oder
7. eine Handfeuerwaffe, zu deren Erwerb es nach dem Waffengesetz der Erlaubnis bedarf, ein Maschinengewehr, eine Maschinenpistole, ein voll- oder halbautomatisches Gewehr oder eine Sprengstoff enthaltende Kriegswaffe im Sinne des Kriegswaffenkontrollgesetzes oder Sprengstoff stiehlt.

(2) In den Fällen des Absatzes 1 Satz 2 Nr. 1 bis 6 ist ein besonders schwerer Fall ausgeschlossen, wenn sich die Tat auf eine geringwertige Sache bezieht.

I. Allgemeines

1 1. Die Vorschrift ist ein **unselbstständiger Ergänzungstatbestand** zu § 242, der in der **Regelbeispieltechnik** Strafverschärfungsgründe benennt. Die Regelbeispiele umschreiben in tatbestandlicher Typisierung solche Umstände, unter denen das Unrecht des Diebstahls „regelmäßig" deutlich gesteigert ist. Diese Wertung ist jedoch im Unterschied zu einem (echten) Qualifikationstatbestand nicht abschließend und bindend, sondern ermöglicht es dem Richter, in zweierlei Hinsicht abzuweichen: Zum einen kann er unrechtsmindernde Umstände der konkreten Tat berücksichtigen und trotz Verwirklichung des Regelbeispiels einen besonders schweren Fall des Diebstahls verneinen (BGHSt 23, 254 [257]; 33, 370 [375]). Zum anderen kann er einen besonders schweren Fall des Diebstahls auch bejahen, wenn kein Regelbeispiel erfüllt ist, das Unrecht der konkreten Tat jedoch demjenigen eines Regelbeispiels entspricht (BGHSt 29, 319 [322]; *Maiwald* NStZ 1984, 434 [438 f]; krit. dazu *Kleszczewski* BT § 8 Rn 112).

2 Von der hM wird der insoweit „offene Tatbestand" des § 243 als (bloße) **Strafzumessungsregel** angesehen (BGHSt 26, 104 [105]; 33, 370 [373]; *Dölling* JuS 1986, 689; *Mitsch* 1.3.1.1.2; MK-*Schmitz* Rn 2). Mit dieser Interpretation soll vor allem der Bestimmtheitsgrundsatz des Art. 103 II GG umgangen werden (vgl dagegen *Schmitt* Tröndle-FS 313 f). Doch abgesehen davon, dass der Bestimmtheitsgrundsatz nach Ansicht des BVerfG auch für die Strafzumessungsregeln gilt (BVerfG NJW 2008, 3627 ff), ist diese Charakterisierung wenig aussagekräftig, da auch abschließende Privilegierungs- und Qualifikationstatbestände Strafzumessungsregeln sind. Es ist daher nur eine formale Frage der Gesetzestechnik, ob unrechts- oder schuldrelevante Umstände, die Voraussetzungen eines bestimmten Strafrahmens sind, abschließend oder – wie bei Regelbeispielen – nur indiziell festgelegt werden (vgl auch BGHSt 26, 167 [173]; *Eisele*, Die Regelbeispielsmethode im Strafrecht, 2004, 172 ff; *Küper* JZ 1986, 526; *Maiwald* Gallas-FS 148). Dem Bestimmtheitsgrundsatz genügen muss stets der Grundtatbestand, dessen Strafrahmen durch abschließende Regelungen, aber auch durch Regelbeispiele oder unbenannte Strafschärfungs- und Strafmilderungsgründe abgeändert werden kann.

3 2. Ist ein Regelbeispiel verwirklicht, so kann aufgrund seiner **Indizwirkung** ohne weitere Begründung von einem besonders schweren Fall ausgegangen werden. Nur eine Abweichung von der tatbestandlich indizierten Bewertung muss der Richter unter Bezugnahme auf die dem Regelbeispiel zugrunde liegenden Wertungsgesichtspunkte selbst begründen (BGH StV 1989, 432; SK-*Hoyer* Rn 4). Exemplarisch: Der Täter bricht iSv Abs. 1 Nr. 1 ein, obgleich er für den Raum, aus dem er stiehlt, über einen ordnungsgemäßen Schlüssel verfügt, um den Tatverdacht von seiner Person abzulenken; hier greift der Täter nicht unrechtserhöhend in eine besonders geschützte Gewahrsamssphäre des Opfers ein, sondern verfolgt ein vom Schutzzweck des Regelbeispiels nicht erfasstes Ziel. Weitergehend soll es nach der Rspr genügen, wenn der Richter die Abweichung unter Einbeziehung allgemeiner Strafzumessungskriterien rechtfertigt (BGHSt 23, 254 [257]; 29, 319 [322]; BGH StV 1988, 249 f; zust. LK-*Ruß*, 11. Aufl., Rn 3; krit. *Kindhäuser* Triffterer-FS 124 ff). Ein besonders schwerer Fall des Diebstahls könnte insoweit auch mit Blick auf die verminderte Schuldfähigkeit des Täters verneint werden (so BGH NStZ-RR 2003, 297); für Überlegungen dieser Art fehlen im universitären **Gutachten** jedoch regelmäßig die erforderlichen Anhaltspunkte.

Zusätzliche **besonders schwere Fälle** können in Analogie zu den Regelbeispielen des § 243 gebildet werden; der Täter überwindet zB eine andere als die in Abs. 1 S. 2 Nr. 2 genannten Schutzvorrichtungen (vgl OLG Stuttgart JR 1985, 385). Ferner ist an einen besonders schweren Fall zu denken, wenn der Täter in anderen Delikten genannte unrechtssteigernde Umstände verwirklicht; der Täter handelt zB als Amtsträger (vgl § 263 III S. 2 Nr. 4); der Täter entwendet wichtige Arbeitsmittel (vgl § 305 a); die Tat führt zu einem hohen Schaden oder weist eine gesteigerte Angriffsintensität auf (vgl § 305 a, § 263 III S. 2 Nr. 2, 3; vgl auch BGHSt 29, 319 [323]; BGH wistra 1983, 190 [191]; *Wessels* Maurach-FS 295; einschr. *Arzt/Weber/Heinrich/Hilgendorf* § 14/19 ff).

3. Die **Regeln des Allgemeinen Teils** (zB bzgl Versuchs, Irrtums, Beteiligung) lassen sich auf den („offenen") Tatbestand des § 243 (**direkt**) anwenden (*Calliess* NJW 1998, 929 [934]; *Jakobs* 6/99; *Kindhäuser* Trifftterer-FS 124 ff; vgl auch *Maiwald* Gallas-FS 137). Die hM, die § 243 die Tatbestandsqualität abspricht und „nur" als Strafzumessungsregel deutet, greift auf die Regeln des Allgemeinen Teils in **analoger** Anwendung zurück (vgl *Arzt/Weber/Heinrich/Hilgendorf* § 14/32 ff). Unter dieser Voraussetzung sollten jedoch die Merkmale der Vorschrift nicht als „Tatbestands-", sondern als „Strafzumessungsmerkmale" bezeichnet werden.

4. Gutachten: In Prüfungsarbeiten wird der Sachverhalt nur selten Veranlassung geben, einen besonders schweren Fall des Diebstahls trotz Verwirklichung eines Regelbeispiels abzulehnen. Die umgekehrte Konstellation, die Begründung eines besonders schweren Falls auch ohne verwirklichtes Regelbeispiel, sollte jedoch stets bedacht werden.

Die Voraussetzungen der Regelbeispiele sind unmittelbar im Anschluss an die Feststellung der Schuld von § 242 zu prüfen, wenn mit der hM (Rn 2) zum Ausdruck gebracht werden soll, dass § 243 „nur" eine Strafzumessungsregel ist. Folgerichtig sollte dann nicht von „Tatbestandsmerkmalen", sondern von „Voraussetzungen" des § 243 gesprochen werden. Freilich muss auch bei dieser Prüfungsweise gefragt werden, ob die deliktskonstitutiven Elemente des Vorsatzes, der Rechtswidrigkeit und der Schuld bezüglich der „Voraussetzungen" des Regelbeispiels erfüllt sind. Hieraus ergibt sich folgender Aufbau:

I. Objektiver und subjektiver Tatbestand von § 242
II. Rechtswidrigkeit
III. Schuld
IV. Besonders schwerer Fall:
  1. Objektive Voraussetzungen eines (benannten oder unbenannten) Regelbeispiels nach § 243
  2. Vorsatz bezüglich der tatsächlichen Voraussetzungen des Regelbeispiels
  3. Ausschluss eines besonders schweren Falles (Abs. 2) bei objektiv und subjektiv geringwertigem Tatobjekt
  4. Rechtswidrigkeit und
  5. Schuld bzgl des Regelbeispiels.

II. Die Regelbeispiele

1. Einbruchs- und Nachschlüsseldiebstahl (Nr. 1): Für die in Nr. 1 zusammengefassten Tatmodalitäten sind drei Merkmale kennzeichnend: der qualifizierte räumliche Schutzbereich, dessen Überwindung durch eine spezifische Begehungsweise (einbrechen, einsteigen usw) und die Zwecksetzung (zur Ausführung des Diebstahls). Der Verwirklichung des Regelbeispiels steht in allen Varianten nicht entgegen, dass der Täter im Allgemeinen berechtigt ist, sich in dem Gebäude (zB als Mitbewohner oder Arbeitnehmer) aufzuhalten (BGHSt 15, 146; 22, 127; KHH/*Hellmann* BT II Rn 138).

8 a) **Räumlicher Schutzbereich: aa)** Ein **umschlossener Raum** ist ein Raumgebilde, das (auch) zum Betreten von Menschen bestimmt und mit Vorrichtungen zur Abwehr des Eindringens versehen ist (BGHSt 1, 158 [164]; BGH StV 1983, 149). Der Raum braucht nicht verschlossen oder bewacht zu sein. Jedoch müssen die Umgrenzungen wenigstens teilweise künstlich sein, damit der Wille erkennbar ist, Unbefugte vom Betreten des Raums abzuhalten. Ein flacher Bach zB, der mühelos überquert werden kann, ist nicht ausreichend.

9 Der umschlossene Raum ist der Oberbegriff der geschützten Bereiche. Hierzu zählen etwa eingezäunte Grundstücke, abgetrennte Gebäudeteile, ein Hof (auch mit offenstehender Tür), Kioske, Personenkraftwagen, Schiffe, Wohnwagen, Eisenbahnwaggons, der Gepäckraum eines Lieferwagens, ein umzäunter Friedhof zur Nachtzeit (vgl BGHSt 2, 214 [215]; 4, 16; BGH NJW 1954, 1897 [1898]). Kein umschlossener Raum ist dagegen eine Weide, deren Umzäunung nur die Herde zusammenhalten soll (vgl BGH NStZ 1983, 168). Ferner scheiden Räumlichkeiten aus, die dem allgemeinen Publikumsverkehr gewidmet sind und zu denen jederzeit freier Zutritt besteht, zB Bahnhofshallen, stets geöffnete öffentliche Parkanlagen, Fußgängertunnel, öffentliche Telefonzellen.

10 **bb)** Ein **Gebäude** ist ein durch Wände und Dach begrenztes und mit dem Erdboden – zumindest durch eigene Schwere – fest verbundenes Bauwerk, das den Zutritt von Menschen gestattet und Unbefugte abhalten soll (BGHSt 1, 158 [163]). Die Verbindung mit dem Erdboden muss nicht dauerhaft sein, so dass neben Scheunen, Baracken oder Marktständen auch Zirkusbuden als Gebäude anzusehen sind.

11 **cc) Dienst- und Geschäftsräume** sind Gebäudeteile, die zum Aufenthalt und zur Ausübung beruflicher oder sonstiger (nicht notwendig erwerbswirtschaftlicher) geschäftlicher Tätigkeit bestimmt sind.

12 **dd)** Auch **Wohnungen** (einschließlich der ihnen funktional zugeordneten Nebenräume wie Treppenhäuser und Speicher) sind umschlossene Räume, werden jedoch als Orte der Tatausführung in § 244 I Nr. 3 als lex specialis zu §§ 242, 243 gesondert erfasst.

13 **b) Tatmodalitäten: aa) Einbrechen** ist das Öffnen oder Erweitern einer den Zutritt verwehrenden Umschließung unter Kraftentfaltung oder Werkzeugeinsatz von außen (RGSt 4, 353 [354]; BGH StV 1983, 149; OLG Karlsruhe NStZ-RR 2005, 140 [142]; KHH/*Hellmann* BT II Rn 137; LK-*Vogel* Rn 20). Das bloße Zurückschieben eines Riegels reicht nicht aus (vgl auch OLG Karlsruhe NStZ-RR 2005, 140); das Beschädigen der Umschließung ist jedoch nicht erforderlich. Das Einbrechen setzt kein Betreten des gewaltsam geöffneten Raumes voraus. Es genügt daher, wenn der Täter das Tatobjekt aus dem umschlossenen Raum durch Hereingreifen entwendet (BGH NStZ 1985, 217 [218]; OLG Düsseldorf JZ 1984, 684). Auch ist es möglich, dass das Raumgebilde (zB Pkw, Schiff, Wohnwagen) nach dem Einbrechen insgesamt gestohlen wird.

14 **bb) Einsteigen** ist das Hineingelangen in die Räumlichkeit auf einem unüblichen und eine gewisse Geschicklichkeit erfordernden Wege zur Überwindung eines Hindernisses. Einschlägig sind etwa das Eindringen durch eine Dachluke oder

ein Kellerfenster, das Hindurchzwängen durch enge Zaunlücken oder das Übersteigen einer Umfriedung (vgl BGHSt 10, 132 [133]; BGH StV 1984, 204). Die – eine gewisse Geschicklichkeit erfordernde – Vorgehensweise muss stets der Überwindung des den Zutritt verwehrenden Hindernisses dienen. Insoweit genügt es nicht, wenn der Täter durch eine offene Tür schleicht, um nicht bemerkt zu werden. Auch wer eine Räumlichkeit durch eine zum ordnungsgemäßen Zugang bestimmte Tür betritt, steigt nicht iSv § 243 I 2 Nr. 1 ein, unabhängig davon, auf welche Weise er die Tür geöffnet hat (BGH NJW 2016, 1897 f). Das Einsteigen setzt nicht voraus, dass der Täter mit dem ganzen Körper in den Raum gelangt; er muss nur einen Stützpunkt im Innern der Räumlichkeit gewonnen haben, der ihm die weitere Tatausführung ermöglicht (BGH NJW 1968, 1887). Das bloße Hineinlangen in den Raum durch eine Öffnung ist nicht ausreichend (BayObLG NJW 1973, 1205).

cc) Als **Eindringen** ist es anzusehen, wenn der Täter ohne Einverständnis des Verfügungsberechtigten zumindest mit einem Teil seines Körpers in die Räumlichkeit gelangt. Verfügungsberechtigter ist der Inhaber des Hausrechts (§ 123 Rn 13 ff). 15

Als **Schlüssel** kommt neben den üblichen mechanischen Instrumenten auch eine Codekarte zum elektronischen Öffnen der Türverriegelung in Betracht (vgl BayObLG NJW 1987, 665 [666]). Der Schlüssel ist **falsch**, wenn ihn der Berechtigte zur Tatzeit überhaupt nicht, nicht mehr oder noch nicht zur Öffnung des betreffenden Schlosses bestimmt hat (BGHSt 14, 291 [292]; OLG Hamm NJW 1982, 777; MK-*Schmitz* Rn 28). Falsch in diesem Sinne ist nicht nur ein nachgemachter Schlüssel, sondern auch ein solcher, dem der Berechtigte die frühere Widmung zur Öffnung entzogen hat. Einer expliziten Entwidmung bedarf es nicht; bei einem Verlust erfolgt die Entwidmung gewöhnlich konkludent durch Aufgabe der weiteren Suche, Ingebrauchnahme eines früheren Reserveschlüssels oder Anfertigenlassen eines neuen Schlüssels. Sofern der Schlüssel gestohlen wird, ist von einer Entwidmung schon bei Entdeckung der Tat auszugehen (BGHSt 21, 189 [190]; BGH StV 1993, 4229; LK-*Vogel* Rn 25). Konkludent entwidmet ist ferner ein Schlüssel, der nach Ablauf einer Benutzungsfrist (zB Miete) nicht zurückgegeben wird (BGHSt 13, 15; 20, 235 [236 f]; AG Saalfeld StV 2005, 613). Reserveschlüssel sind keine falschen Schlüssel. Auch der missbräuchliche oder untersagte Gebrauch eines vom Berechtigten zur Benutzung bestimmten Schlüssels macht diesen nicht zu einem falschen (vgl BGHR StGB § 243 Abs. 1 S. 2 Nr. 1 Schlüssel, falscher 1; BGH StV 1998, 204; OLG Köln StraFo 2010, 300). 16

Den falschen Schlüsseln sind solche **Werkzeuge** gleichgestellt, die auf den Mechanismus des Verschlusses (ordnungswidrig) einwirken. In Betracht kommen etwa Dietriche, Schraubenzieher, Zangen oder ein Draht, mit dessen Hilfe ein innen steckender Schlüssel umgedreht wird (BGHSt 5, 205). Mangels einer schlossähnlichen Vorrichtung verwirklicht der Täter das Regelbeispiel nicht, wenn er mit einem Messer oä einen von innen angebrachten Riegel beiseite schiebt (RGSt 13, 200 ff; LK-*Vogel* Rn 26), hingegen schon, wenn er mit einer Karte ein Schnappschloss aufmacht. 17

dd) Der Täter **hält sich** in dem Raum **verborgen**, wenn er sich dem Gesehenwerden dadurch entzieht, dass er sich an einer Stelle, an der es nicht erwartet wird, unberechtigt aufhält (RGSt 32, 310; OLG Hamm MDR 1976, 155 [156]). Der Täter kann den Raum vor dem Verstecken erlaubt betreten haben; er betritt etwa ein Geschäft während der Öffnungszeit und versteckt sich, um nach Ladenschluss zu stehlen (*Mitsch* 1.3.2.1.4). 18

19 c) **Zwecksetzung:** Der Täter muss zur Ausführung des Diebstahls („der Tat") handeln, also das jeweilige Regelbeispiel mit Diebstahlsvorsatz verwirklichen. Dies ist nicht der Fall, wenn sich der Täter erst nach dem Einsteigen in einen Raum zum Diebstahl einer dort befindlichen Sache entschließt (RG GA 40, 446 f; NK-*Kindhäuser* Rn 8; *Mitsch* 1.3.2.1.2; MK-*Schmitz* Rn 11) oder wenn er die Umschließung von innen gewaltsam öffnet, um zu fliehen oder die Beute fortzuschaffen (OLG Bremen JR 1951, 88). Allerdings muss der Diebstahl nicht in dem Raum, in den der Täter iSv Nr. 1 gelangt, ausgeführt werden, wenn nur auf diese Weise dem Diebstahl entgegenstehende Hindernisse beseitigt werden (BGH NJW 1959, 948); so genügt es, wenn der Täter in ein Pförtnerhäuschen einbricht, um von dort einen zum ordnungsgemäßen Öffnen des Hauptgebäudes bestimmten Schlüssel zu holen.

20 **2. Diebstahl besonders gesicherter Sachen (Nr. 2):** Für die in Nr. 2 genannte Tatausführung ist die Überwindung einer vom Berechtigten vorgesehenen besonderen Sicherung, die dessen Wertschätzung der Sache anzeigt, kennzeichnend (vgl BGH NJW 1974, 567; KG NJW 2012, 1093 [1094]). Der Diebstahl selbst braucht grds. nicht unter Aufhebung der Sicherung erfolgen. Wenn jedoch das Behältnis unschwer entwendet werden kann, bietet es keinen erhöhten Schutz gegen Wegnahme (S/S-*Eser/Bosch* Rn 25; M/R-*Schmidt* Rn 12; MK-*Schmitz* Rn 36; *Zopfs* Jura 2007 421 [426]; vgl aber auch BGHSt 24, 248 m. abl. Anm. *Krüger* NJW 1972, 648 und *Schröder* NJW 1972, 778). Nicht einschlägig sind ferner Verhaltensweisen, bei denen die Sicherung überhaupt nicht überwunden werden soll; der Täter führt etwa Gewinnstellungen bei Geldspielautomaten durch Manipulation des Spielverlaufs oder durch Einwurf von Falschgeld herbei, ohne auf die Mechanik des Geldauswurfs von außen einzuwirken (OLG Stuttgart NJW 1982, 1659). Beim Diebstahl von oder aus Kraftfahrzeugen fallen das Aufbrechen des Kofferraums zur Wegnahme dort befindlicher Sachen unter Nr. 2, die Entwendung des (aufgebrochenen) Fahrzeugs insgesamt und die Wegnahme von Sachen aus dem (aufgebrochenen) Fahrgastraum unter Nr. 1. Da einzig das faktische Überwinden der Sicherung maßgeblich ist, ansonsten jedoch keinerlei weitergehende Anforderungen an die Gestaltung der Tathandlung zu stellen sind, kann die Sicherung insbesondere auch durch listiges Vorgehen überwunden werden (KG NJW 2012, 1093 f m.Anm. *Bachmann/Goeck* ZJS 2012, 281 f).

21 a) Unter den Oberbegriff der **Schutzvorrichtung** iSe **besonderen Sicherung gegen Wegnahme** fallen alle (künstlichen) Einrichtungen, die (zumindest auch) dem Zweck dienen, die Entwendung einer Sache erheblich zu erschweren. In Betracht kommen zB Lenkrad- und Fahrradschlösser, Ketten oder Plomben. Nicht einschlägig sind schmückende Verpackungen, Vorkehrungen, die der Sache nur einen Halt geben sollen, sowie Vorrichtungen, die lediglich der Wiedererkennung bzw -erlangung der Sache dienen (vgl OLG Hamm NJW 1978, 769). **Elektromagnetische Sicherungsetiketten** in Kaufhäusern werden von der hM nicht als Schutzvorrichtungen angesehen, sofern sie durch das Auslösen eines akustischen oder optischen Alarms das Entfernen der bereits gestohlenen Sache aus dem Haus unterbinden, aber nicht bereits den Gewahrsamsbruch verhindern sollen (OLG Frankfurt MDR 1993, 671 [672]; OLG Düsseldorf NJW 1998, 1002; OLG Dresden NStZ-RR 2015, 211 f m. Bspr *Hecker* JuS 2015, 847 ff [aber ggf unbenannter schwerer Fall]; KHH/*Hellmann* BT II Rn 164; *Mitsch* 1.3.2.2).

22 b) Ein **Behältnis** ist ein Raumgebilde, das der Aufnahme und Umschließung von Sachen dient, aber nicht zum Betreten durch Menschen bestimmt ist (BGHSt 1, 158 [163]). Die sonstigen Voraussetzungen einer Schutzvorrichtung müssen

ebenfalls erfüllt sein. Einschlägig sind u.a. Koffer, Säcke, Schaukästen, Waren- und Geldautomaten, Netze, Lattenverschläge, Kassetten, Registrierkassen, Schränke sowie der Kofferraum eines Pkw (vgl BGHSt 13, 81; 24, 248). Nicht erfasst werden dagegen kleinere Behältnisse, die ihrerseits leicht weggenommen werden können und keinen erhöhten Schutz des Inhalts bewirken (*Krüger* NJW 1972, 648 [649]; *Schröder* NJW 1972, 778 [779 f]).

Das Behältnis ist **verschlossen**, wenn es durch einen technischen Verschluss oder auf andere Weise (Verschnüren, Zunageln, Anketten usw) gegen den unmittelbaren Zugriff von außen gesichert ist. Bloße Verschließbarkeit genügt nicht; auch ist es nicht ausreichend, wenn das Behältnis zwar verschlossen ist, der Schlüssel sich aber offen und greifbar in der Nähe befindet (*Bosch* JA 2009, 905; S/S-*Eser/Bosch* Rn 25). Unter Berücksichtigung des Wortlauts und des Normzwecks verwirklicht der Täter außerhalb derartiger Fälle evidenter Zugänglichkeit hingegen grds. den erhöhten Unrechtsgehalt. So steht der Verwirklichung des Regelbeispiels insbesondere nicht entgegen, dass der Schlüssel am Tatort leicht aufgefunden werden konnte (KG NJW 2012, 1093 [1094] m.Anm. *Bachmann/Goeck* ZJS 2012, 281 f; vgl auch BGH NJW 2010, 3175 f m.Anm. *Bachmann/Goeck* StV 2011, 19 und *Kudlich* JA 2011, 154 f; OLG Karlsruhe NStZ-RR 2010, 48 m. krit. Bspr *Bosch* JA 2009, 905). 23

3. Gewerbsmäßiger Diebstahl (Nr. 3): Gewerbsmäßig handelt, wer sich aus wiederholter Begehung eine fortlaufende Einnahmequelle von nicht unerheblicher Dauer und einigem Umfang verschafft (BGH StV 1983, 281 [282]; vgl ferner BGH NStZ-RR 2008, 212 zu § 29 III Nr. 1 BtMG). Die Wiederholungsabsicht muss sich hierbei auf die **Begehung** von Diebstählen beziehen. Es genügt weder, dass der Täter durch die Verwertung des gestohlenen Gegenstands eine Gewinnerzielung zur Finanzierung seiner Bedürfnisse erstrebt (OLG Hamm NStZ-RR 2004, 335), noch, dass eine Einnahmequelle allein für Dritte geschaffen werden soll (erforderlich ist eigennütziges Handeln, BGH StraFo 2014, 215 f; vgl BGH NStZ-RR 2015, 341 [343] zu § 263 III 2 Nr. 1). Auch reicht es mangels Erschließung einer weiteren Einnahmequelle nicht aus, wenn eine Sache allein deshalb entwendet wird, um mit ihr die Beute aus einem vorangegangenen Diebstahl besser verwerten zu können (BGH NStZ 2015, 396 f). Ein „kriminelles Handelsgewerbe" ist weder vom Umfang noch von der Art her erforderlich (OLG Köln NStZ 1991, 585; vgl BGH HRRS 2016 Nr. 441 zu § 260 I Nr. 1). Auch kommt es nicht auf einen Weiterverkauf an; der Täter kann das Diebesgut für sich behalten (vgl BGH bei *Holtz* MDR 1976, 633). Durch die Gewerbsmäßigkeit des Vorgehens werden selbständige Taten nicht zu einem einheitlichen Diebstahl verbunden. 24

Die vorherrschende Auffassung sieht bereits im **ersten Diebstahl** einer geplanten Serie eine gewerbsmäßige Tatbegehung (vgl BGH NStZ 1995, 85; S/S-*Eser/Bosch* Rn 31; *Mitsch* 1.3.2.3; MK-*Schmitz* Rn 41). Dem steht jedoch entgegen, dass Gewerbsmäßigkeit kein rein subjektives Merkmal ist, sondern die Tat auch objektiv charakterisiert. Daher muss sich der jeweilige Diebstahl als Realisierung eines auf fortlaufende Einkünfte bezogenen Planungszusammenhangs darstellen, der objektiv die Begehung mehrerer Taten voraussetzt. Selbst zwei Diebstähle können nur allenfalls bei einem bereits erkennbaren systematischen Vorgehen die Gefährlichkeit eines gewerbsmäßigen Vorgehens aufweisen (NK-*Kindhäuser* Rn 26). 25

4. Kirchendiebstahl (Nr. 4): Das regelmäßig erhöhte Unrecht dieser Tatausführung liegt zum einen in der Verletzung des religiösen Empfindens durch die Tat, zum anderen in der erhöhten Schutzbedürftigkeit der meist wertvollen, häufig 26 leicht zugänglichen und nicht besonders gesicherten Tatobjekte. Die Wegnahme muss **aus** der geschützten Räumlichkeit erfolgen.

27 a) **Kirchen** sind Gebäude, die dem Gottesdienst gewidmet sind. Zu ihnen gehören die angebaute Sakristei, nicht aber profane Nebenräume, wie zB der Heizungskeller. Gleichgestellt sind Räume in sonstigen Gebäuden, die der **Religionsausübung** (Gebet, Andacht uÄ) **dienen**, zB eine Krankenhauskapelle. Geschützt sind die Räumlichkeiten aller Religionsgemeinschaften, nicht aber die Versammlungsräume weltanschaulicher Vereinigungen (NK-*Kindhäuser* Rn 29; krit., iE aber zust. LK-*Vogel* Rn 39).

28 b) Dem **Gottesdienst gewidmet** sind Sachen, mit oder an denen religiöse Zeremonien vorgenommen werden (zB Kelche und Monstranzen, Altar samt Schmuck und Kerzen, Messgewänder). Zu den Gegenständen, die der **religiösen Verehrung dienen**, gehören etwa Heiligenbilder, Reliquien oder Votivtafeln (BGHSt 21, 64 [65]). Maßgeblich sind die Vorstellungen der betreffenden Religionsgemeinschaft. Außerhalb des Schutzbereichs stehen die in einer Kirche ausgestellten Kunstwerke (vgl aber Nr. 5), das Inventar sowie alle sonstigen nur mittelbar der Glaubensausübung dienenden Gegenstände, wie zB Gesangbücher, Schriften oder Opferstöcke (BGH NJW 1955, 1119).

29 **5. Diebstahl von Kulturgütern (Nr. 5):** Das Regelbeispiel trägt der gesteigerten Schutzbedürftigkeit von Kulturgütern, die einerseits allgemein zugänglich, andererseits einen hohen – ggf unersetzlichen – Wert haben, Rechnung (vgl auch § 304).

30 a) Tatobjekte sind Sachen, die unter Zugrundelegung strenger Maßstäbe kulturelle **Bedeutung** haben, sei es aufgrund der Geschichte, sei es mit Blick auf künftige Entwicklungen. Auf eine genaue Zuordnung der Sache zu Wissenschaft, Kunst, Geschichte oder technischer Entwicklung kommt es aufgrund der fließenden Grenzen nicht an. Stets muss der Verlust das betreffende Kulturgebiet aber empfindlich treffen. Der Gegenstand kann als solcher, aber auch aufgrund seiner Zugehörigkeit zu einer Sammlung bedeutsam sein.

31 b) Eine **Sammlung** ist **allgemein zugänglich**, wenn sie für einen nach Zahl und Individualität unbestimmten oder für einen zwar bestimmten, aber nicht durch persönliche Beziehungen innerlich verbundenen größeren Personenkreis geöffnet ist. Sie kann öffentlich oder privat betrieben werden, wenn sie nur für die Allgemeinheit – ggf an einem „Tag der offenen Tür"– geöffnet ist. Eintrittsgeld oder fachliche Zugangsbeschränkungen sind unerheblich. Nicht einschlägig ist aber eine Gerichtsbibliothek, da sie nur dem begrenzten Personenkreis der jeweiligen Richter zugänglich ist (BGHSt 10, 285 [286]). Auch Gegenstände, die gesondert verwahrt werden (zB im Magazin des Museums), werden nicht erfasst.

32 c) Sachen sind **öffentlich ausgestellt**, wenn sie um ihrer Besichtigung willen allgemein zugänglich gemacht sind. Einschlägig sind auch einzelne Exponate, die in Parks oder vor Gebäuden installiert sind.

33 **6. Diebstahl unter Ausnutzung von Hilflosigkeit usw (Nr. 6):** Das regelmäßig erhöhte Unrecht der Tatausführung nach Nr. 6 liegt zum einen in der Bedrängnis des Opfers, zum anderen in der verwerflichen Gesinnung des Täters. Das Beispiel ist auch erfüllt, wenn sich der Gewahrsamsdiener (§ 242 Rn 50) in einer Schwächesituation befindet (LK-*Vogel* Rn 47).

34 a) **Hilflos** ist, wer nicht aus eigener Kraft in der Lage ist, einem Gewahrsamsbruch wirksam zu begegnen (*Mitsch* 1.3.2.6). Die Hilflosigkeit kann nur vor-

übergehend sein; es schadet auch nicht, wenn sie vom Betreffenden verschuldet ist. Als Gründe für die Hilflosigkeit kommen insbesondere Krankheit, Trunkenheit, Ohnmacht, Lähmung, Taub- oder Blindheit in Betracht. Dagegen führen Schwächen, die keine ungewöhnliche Lockerung des Gewahrsams bedingen, wie etwa Schlaf oder mangelnde Sprachkenntnisse, als solche zu keiner Hilflosigkeit (vgl BGH NJW 1990, 2569; NK-*Kindhäuser* Rn 36 mwN).

b) Ein **Unglücksfall** ist ein plötzliches äußeres Ereignis, das eine erhebliche Gefahr für Personen oder Sachen mit sich bringt oder zu bringen droht (§ 323 c Rn 4 ff). Beispielhaft sind ein Brand oder ein Verkehrsunfall. Die durch den Unglücksfall bedingte Einschränkung des Gewahrsamsschutzes kann den Verunglückten selbst, aber auch Personen betreffen, die sich an der Unglücksstelle aufhalten. Ob der Verunglückte seine Situation verschuldet hat, ist wiederum ohne Bedeutung (BGHSt 6, 147 [152]). 35

c) **Gemeine Gefahr** ist eine Situation, in der erheblicher Schaden an Leib oder Leben oder an bedeutenden Sachwerten für unbestimmt viele Personen wahrscheinlich ist (§ 323 c Rn 11). Exemplarisch sind Erdbeben, Überschwemmungen, Explosionen und Brände. 36

d) Das **Ausnutzen** verlangt, dass der Täter die sich aus der fremden Bedrängnis ergebende Lockerung des Gewahrsams als Gelegenheit zur erleichterten Durchführung des Diebstahls ergreift. Es genügt, wenn der Täter den Zustand der Hilflosigkeit aus einem anderen Grund herbeigeführt hat und sich ihn später aufgrund eines neuen Entschlusses zur Ausführung des Diebstahls zunutze macht (BGH NStZ-RR 2003, 186 [188]). Kein Ausnutzen der Bedrängnis selbst ist es dagegen, wenn der Täter nur die Möglichkeit wahrnimmt, aus der Wohnung des Verunglückten während dessen Abwesenheit ungestört zu stehlen (BGH NStZ 1985, 215). Anders verhält es sich aber, wenn das Opfer durch das unvorhergesehene Unglück zum Unterlassen üblicher Sicherungsmaßnahmen gezwungen wird; etwa: Das Opfer stürzt beim Verlassen der Wohnung und kann diese nicht mehr abschließen. 37

7. **Waffen- und Sprengstoffdiebstahl (Nr. 7):** Das Regelbeispiel soll das erhöhte Unrecht des Diebstahls der aufgeführten gefährlichen Tatobjekte betonen und zudem der Vorbereitung terroristischer Kriminalität begegnen. Tatobjekte sind Handfeuerwaffen, deren Erwerb erlaubnispflichtig ist (vgl §§ 1 II, 2, 4 ff. WaffG), Maschinengewehre, Maschinenpistolen, voll- oder halbautomatische Gewehre (Anl. 1 Unterabschnitt 1 Nr. 2.2 zum WaffG, § 1 KrWaffKontrG iVm der Kriegswaff.-Liste Teil B V Nr. 29) sowie Sprengstoff enthaltende Kriegswaffen (iSd KrWaffKontrG) oder Sprengstoff (§ 1 SprengG). Zu den Sprengstoffen gehören u.a. Dynamit, Nitroglyzerin und Schwarzpulver (vgl die Explosivstoffliste nach § 3 I Nr. 1 SprengG [Anl. III zum SprengG]). Kriegswaffen, die Sprengstoff enthalten, sind zB Panzerfäuste und Handgranaten (BT-Drucks. 11/2834, 10). Dem Regelbeispiel unterfallen auch selbstgefertigte Waffen. 38

III. Geringwertigkeitsklausel (Abs. 2)

Nach Abs. 2 ist ein besonders schwerer Fall – mit Ausnahme des Regelbeispiels in Nr. 7 – **zwingend ausgeschlossen**, wenn sich die Tat auf eine geringwertige Sache bezieht (aA mwN. *Jesse* JuS 2011, 313 ff). Die Geringwertigkeit ist deliktssystematisch als negative Voraussetzung („negatives Tatbestandsmerkmal") der Beispielsfälle zu verstehen: Bei nur geringem Wert der Diebesbeute ist eine Steigerung des Unrechts objektiv zu verneinen (SK-*Hoyer* Rn 8; NK-*Kindhäuser* 39

Rn 52). Ein besonders schwerer Fall ist auch zu verneinen, wenn der Täter zur Erlangung einer geringwertigen Sache einen erheblichen Schaden anrichtet, zB eine teure Scheibe einschlägt.

40 Grds richtet sich die Geringwertigkeit nach dem objektiven Verkehrswert des Tatobjekts; individuelle Affektionsinteressen und die persönlichen Verhältnisse des Opfers sind unbeachtlich (vgl BGH NStZ 1981, 62; KHH/*Hellmann* BT II Rn 171; ferner § 248 a Rn 2 f; abw. *Mitsch* 1.3.3.2.1). Die Wertgrenze liegt bei ca. 30 Euro (§ 248 a Rn 2). Umfasst die Beute mehrere Sachen, ist deren Gesamtwert entscheidend (OLG Düsseldorf NJW 1987, 1958; W-*Hillenkamp* Rn 252). Unabhängig vom Verkehrswert sind jedoch Gegenstände als wertvoll (und damit nicht als „geringwertig") anzusehen, deren Bedeutung sich aus anderen, vom Schutzzweck der Norm erfassten Gründen ergibt. Vor allem Objekte religiöser Verehrung, Kulturgüter und Sachen, die Gedankenerklärungen verkörpern (Briefe, Akten usw), sind ungeachtet ihres Verkehrswertes keine geringwertigen Sachen (BGH NJW 1977, 1460 [1461]; *Mitsch* 1.3.3.2.3; *Otto* Jura 1989, 200 [202]; aA *Jungwirth* MDR 1987, 537 [538]).

IV. Subjektive Tatseite

41 1. Für die subjektive Zurechnung sind die Regeln der Vorsatzhaftung (direkt oder entsprechend, vgl Rn 5) heranzuziehen (*Eisele*, Die Regelbeispielsmethode im Strafrecht, 2004, 283 ff, 288 ff; *Mitsch* 1.3.1.3; NK-*Puppe* § 16 Rn 17). Wenn ein unbenannter besonders schwerer Fall angenommen wird, gilt dies für die Umstände, mit denen das gesteigerte Unrecht begründet wird. Mit Ausnahme der Tatvarianten nach Nr. 1, bei denen das Eindringen in die geschützte Räumlichkeit die Absicht der Begehung eines Diebstahls verlangt, und der gewerbsmäßigen Zielsetzung nach Nr. 3 genügt dolus eventualis.

42 2. Da die fehlende Geringwertigkeit iSv Abs. 2 konstitutiv für das erhöhte Unrecht des Regelbeispiels ist, muss sie vom **Vorsatz** umfasst sein (vgl BGHSt 26, 104; BGH NStZ 1987, 71; 2012, 571; OLG Hamm 23.2.2016 – 4 RVs 15/16 m.Anm. *Eisele* JuS 2016, 564 ff; MK-*Schmitz* Rn 74). Dies gilt auch, wenn die Tat im Versuchsstadium stecken bleibt. Sofern der Täter zutreffend davon ausgeht, die von ihm weggenommene Sache sei geringwertig, kommt ein besonders schwerer Fall nach Nr. 1-6 nicht in Betracht. Gleiches ist aber auch anzunehmen, wenn der Täter eine objektiv geringwertige Sache wegnimmt, ohne sich Gedanken über deren Wert zu machen. Umgekehrt scheidet ein besonders schwerer Fall nicht deshalb aus, weil der Täter eine wertvolle Sache stiehlt, ohne deren Wert zu bedenken. Den §§ 16 II, 22 ist der allgemeine Zurechnungsgrundsatz zu entnehmen, dass der subjektiven Tatseite nur unrechtsrelevante Bedeutung zukommt, wenn der Täter mit positiven Fehlvorstellungen (in der einen oder anderen Richtung) handelt.

43 3. Sofern der Täter eine **objektiv geringwertige** Sache **irrig** für wertvoll hält, ist ein besonders schwerer Fall anzunehmen, auf den die Strafmilderung des Versuchs nach §§ 23 II, 49 I (entsprechend) anzuwenden ist (vgl SK-*Hoyer* Rn 49; *Seelmann* JuS 1985, 454 [457]; ähnlich *Eisele*, Die Regelbeispielsmethode im Strafrecht, 2004, 333: versuchtes Regelbeispiel in Tateinheit mit Grunddelikt). **Umgekehrt** ist die Situation eines vorsatzausschließenden Irrtums (mit direkter oder entsprechender Anwendung von § 16 I) gegeben, wenn der Täter irrig davon ausgeht, die Sache sei geringwertig (*Arzt/Weber/Heinrich/Hilgendorf*

§ 14/31; *Fischer* Rn 26); der Täter ist nur wegen einfachen Diebstahls zu bestrafen.

Die vorherrschende Meinung schließt jedoch aus dem Merkmal „beziehen" in Abs. 2, dass die Tat nur Bagatellcharakter habe, wenn die entwendete Sache **objektiv und subjektiv** geringwertig ist (BGHSt 26, 104; BGH NStZ 1987, 71; NStZ-RR 2014, 141 f; OLG Hamm 23.2.2016 – 4 RVs 15/16 m.Anm. *Eisele* JuS 2016, 564 ff; *Zipf* Dreher-FS 393; *Zopfs* Jura 2007, 421 f; aA *Braunsteffer* NJW 1975, 1570 [1571]: maßgebend nur die objektive Seite, womit die Möglichkeit eines Versuchs entfiele; *Gribbohm* NJW 1975, 1153: maßgebend nur die subjektive Seite). Dementsprechend ist Abs. 2 in Irrtumsfällen nicht anzuwenden, weil es dann entweder in subjektiver oder in objektiver Hinsicht an der Geringwertigkeit des Tatobjekts fehlt (vgl *Küper* NJW 1994, 349 [351]; LK-*Ruß*, 11. Aufl., Rn 41). Allerdings soll im Rahmen einer Gesamtbetrachtung ein besonders schwerer Fall verneint werden können, wenn die Tat subjektiv oder objektiv deutlich vom Regelfall abweicht (S/S/W-*Kudlich* Rn 46 mwN). 44

4. In Fällen, in denen der Täter seinen Wegnahmevorsatz mit Blick auf Tatobjekte von unterschiedlichem Wert ändert (sog. **Vorsatzwechsel**), ist zu differenzieren: 45

a) Entwendet der Täter bewusst eine Sache von geringem Wert, obgleich er zum Zeitpunkt der Verwirklichung des Regelbeispiels – zB beim Einbrechen – mit allgemeinem Diebstahlswillen handelte oder einen bestimmten Wertgegenstand entwenden wollte, so bezieht sich die Tat nur im Versuchsstadium auf eine Sache von Wert; im Ergebnis wird ein geringwertiges Objekt gestohlen. Insoweit ist von einem besonders schweren Fall auszugehen, dessen Strafe (in entsprechender Anwendung) nach den Versuchsregeln (§§ 23 II, 49 I) gemildert werden kann. Nach vorherrschender Ansicht soll dagegen uneingeschränkt ein vollendeter Diebstahl in einem besonders schweren Fall anzunehmen sein, weil sich die einheitlich zu bewertende Tat jedenfalls im Anfangsstadium auf eine wertvolle Sache bezogen habe (vgl BGHSt 26, 104 f; S/S-*Eser/Bosch* Rn 55; *Otto* BT § 41/45). Stets gilt jedoch: Verzichtet der Täter freiwillig auf die Wegnahme der wertvollen zugunsten einer geringwertigen Sache, so ist dies als „Teilrücktritt" vom Regelbeispiel anzusehen (S/S-*Eser/Bosch* Rn 55; vgl auch BGHSt 26, 104 [105 f]); zu bestrafen ist dann (nach jeder Auffassung) nur wegen vollendeten einfachen Diebstahls. 46

b) Will der Täter zunächst eine geringwertige Sache entwenden, entschließt sich aber nach der Verwirklichung eines Regelbeispiels zur Wegnahme einer wertvollen Sache, so ist er nur wegen eines vollendeten (einfachen) Diebstahls nach § 242 zu bestrafen (SK-*Hoyer* Rn 53; NK-*Kindhäuser* Rn 59). Demgegenüber bejaht die vorherrschende Meinung einen vollendeten besonders schweren Fall des Diebstahls, da der Täter zum Zeitpunkt der Verwirklichung des Regelbeispiels mit allgemeinem Diebstahlsvorsatz gehandelt habe (S/S-*Eser/Bosch* Rn 55; LK-*Ruß*, 11. Aufl., Rn 41). Auch diese Wertung ist mit Abs. 2 nicht zu vereinbaren, da sich hier die Verwirklichung des Regelbeispiels weder objektiv noch subjektiv auf eine Sache von nicht geringem Wert bezieht. 47

V. Versuch

1. Verwirklicht der Täter ein Regelbeispiel, **ohne** dass der **Diebstahl vollendet** wird, so ist ein versuchter Diebstahl in einem besonders schweren Fall gegeben (hM, vgl BGHSt 33, 370 [373]; BGH NStZ 1985, 217 [218]; SK-*Hoyer* Rn 54; *Mitsch* 1.3.1.5.1; aA *Calliess* JZ 1975, 112 [118]; Überblick zu den drei Fallkonstellationen bei *Huber* JuS 2016, 597 ff). Exemplarisch: Der Täter steigt in einen 48

Geschäftsraum ein, wird dort aber von einem eingreifenden Nachtwächter an der Vollendung der Wegnahme gehindert. § 243 enthält zwar keinen ausdrücklichen Hinweis auf eine Versuchsstrafbarkeit, verweist aber in Abs. 1 S. 1 auf den Diebstahl insgesamt und damit auch auf den Versuch nach § 242 II; die für den Grundtatbestand vorgesehene Versuchsstrafbarkeit bezieht sich auf den erschwerten Fall. Dem ggf geminderten Unrecht eines Diebstahlsversuchs in einem besonders schweren Fall kann iSv §§ 23 II, 49 I Rechnung getragen werden (*Otto* BT § 41/34). Unter besonderen Umständen kann aber auch bei erheblich vermindertem Versuchsunrecht die Indizwirkung des § 243 widerlegt sein.

49 2. In Betracht kommt ferner die Konstellation, dass das **Grunddelikt vollendet** wird, die Begehung des **Regelbeispiels** aber **im Versuchsstadium** stecken bleibt. Exemplarisch: Der Täter bemerkt, dass die Tür, die er gerade mit einem Stemmeisen aufbrechen will, nicht verschlossen ist. Dass § 243 keine abschließende selbstständige Qualifikation, sondern ein „offener" Tatbestand bzw eine „Strafzumessungsregel" ist, steht der Möglichkeit nicht entgegen, dass der Täter zur Verwirklichung des in den Regelbeispielen umschriebenen Geschehens unmittelbar iSv § 22 ansetzen kann und damit nach Wertung nach Versuchsunrecht realisiert (BGHSt 33, 370 [374 f]; BGH NStZ 1984, 262 f; *Kindhäuser* Triffterer-FS 123 [130 ff]; *Laubenthal* JZ 1987, 1065 [1068 ff]). Da § 243 jedoch kein selbstständiger Qualifikationstatbestand ist, begegnet die Annahme eines vollendeten (einfachen) Diebstahls in Tateinheit mit versuchtem Diebstahl in einem besonders schweren Fall (*Eisele*, Die Regelbeispielsmethode im Strafrecht, 2004, 317 f; SK-*Wolters* § 177 Rn 26 d) Bedenken. Konstruktiv möglich ist es aber, einen Diebstahl in einem besonders schweren Fall anzuerkennen und auf ihn die Strafmilderung nach §§ 23 II, 49 I entsprechend anzuwenden (SK-*Hoyer* Rn 54; abl. MK-*Schmitz* Rn 86).

50 Nach einer verbreiteten Mindermeinung soll eine „Strafzumessungsregel" schon aus begrifflichen Gründen nicht versucht werden können (W-*Hillenkamp* Rn 212, 214; *Sternberg-Lieben* Jura 1986, 183 [187 f]; *Wessels* Lackner-FS 423 [435]). Unklar ist an diesem Einwand, warum es zwar begrifflich möglich sein soll, ein Regelbeispiel vorsätzlich (bzw vorsatzanalog) zu verwirklichen, nicht aber, die Verwirklichung eines Regelbeispiels nur zu versuchen; jede vorsätzliche Vollendung eines unrechtserhöhenden Umstands umfasst begrifflich auch den Versuch. Ferner ist diese Auffassung nicht in der Lage, das erhöhte Handlungsunrecht, das im Ansetzen zur Verwirklichung eines Regelbeispiels liegt, angemessen zu berücksichtigen. Als Ausweg wird vorgeschlagen, auf den Versuch eines Regelbeispiels zwar nicht die Versuchsregeln anzuwenden, die Tat aber als unbenannten besonders schweren Fall einzustufen (S/S-*Eser/Bosch* Rn 44; *Mitsch* 1.3.1.5.2; *Zopfs* Jura 2007, 421 [423]).

51 3. Der Versuch eines Diebstahls in einem besonders schweren Fall ist schließlich unter der Voraussetzung möglich, dass **Grunddelikt und Regelbeispiel nur versucht** sind (BGHSt 33, 370; BGH NStZ 1984, 262; *Jäger* BT Rn 260 f; zur Gegenauffassung vgl Rn 50). Exemplarisch: Dem Täter gelingt es zB nicht, ein Behältnis aufzubrechen, um den Inhalt zu entwenden. Dem geminderten objektiven Unrecht kann durch eine Strafmilderung nach §§ 242 II, 23 II, 49 I Rechnung getragen werden.

52 4. Der Versuch beginnt, wenn der Täter zur Verwirklichung des Grunddelikts und hierbei auch zur Verwirklichung der Merkmale des Regelbeispiels ansetzt (vgl *Kindhäuser* Triffterer-FS 123 [135]; *Kühl* JuS 1980, 506 [509]; *Laubenthal* JZ 1987, 1065 [1069]). Exemplarisch: Noch keinen versuchten Diebstahl in

einem besonders schweren Fall begeht der Täter, der das Tor zu einem Hof öffnet, um von dort mit einer Leiter in ein geöffnetes Dachfenster zum Stehlen einzusteigen.

VI. Beteiligung

1. Für die Beteiligung an der Verwirklichung eines Diebstahls in einem besonders schweren Fall lassen sich die allgemeinen Regeln für Täterschaft und Teilnahme (zumindest entsprechend) heranziehen. 53

a) **Tatbezogene** Merkmale sind akzessorisch. Daher greift zB § 16 I (direkt oder analog) ein, wenn der Gehilfe verkennt, dass der verwendete Schlüssel falsch ist; der Gehilfe ist dann nur wegen Teilnahme am einfachen Diebstahl nach § 242 zu bestrafen (ebenso MK-*Schmitz* Rn 82). Weiß umgekehrt der Täter nicht, dass der ihm vom Gehilfen ausgehändigte Schlüssel falsch ist, begehen er – mangels vorsätzlicher Verwirklichung von Abs. 1 Nr. 1 – und der Gehilfe – mangels vorsätzlicher „Haupttat" – jeweils nur § 242 als Täter bzw. Teilnehmer. Ferner ist für den Gehilfen zu § 243 die Strafe in (zumindest entsprechender) Anwendung von § 27 II S. 2 zu mildern (vgl auch *Wessels* Maurach-FS 295 [307]). 54

b) Für das täterbezogene **besondere persönliche Merkmal** der Gewerbsmäßigkeit (Nr. 3) ist § 28 II (zumindest entsprechend) heranzuziehen (*Arzt/Weber/Heinrich/Hilgendorf* § 14/35; *Mitsch* 1.3.1.4; MK-*Schmitz* Rn 82). 55

2. Die hM will jedoch bei § 243 nicht auf die allgemeinen Akzessorietätsregeln zurückgreifen. Vielmehr soll bei mehreren **Beteiligten** für jeden **gesondert** eine umfassende Tat- und Täterbewertung vorgenommen werden, wobei allerdings die Schwere der Haupttat Berücksichtigung finden soll. In die jeweilige Gesamtbetrachtung sollen zudem Schuldmerkmale und allgemeine Strafzumessungserwägungen eingehen (BGHSt 29, 239 [243 f]; BGH NStZ 1983, 217; *Detter* NStZ 1996, 182 [183]). Die Frage, ob bei gewerbsmäßigem Handeln des Täters § 28 II analog anzuwenden ist, wird uneinheitlich beantwortet (bej. S/S-*Eser/Bosch* Rn 47; *Maiwald* NStZ 1984, 433 [437 f]; LK-*Ruß*, 11. Aufl., Rn 39; für gesonderte Tatbewertung BGH bei *Holtz* MDR 1982, 101; *Gössel* Tröndle-FS 357 [366]; zur Kritik *Kindhäuser* Triffterer-FS 123 [128 ff]). 56

VII. Konkurrenzen

Da § 243 gegenüber § 242 nur ein unselbstständiger Strafschärfungsgrund, aber kein selbstständiger Qualifikationstatbestand ist, geht er diesem auch nicht als lex specialis vor, sondern bildet mit ihm ein einheitliches Delikt (SK-*Hoyer* Rn 58). Dies gilt auch, wenn der Täter bei Begehung eines Diebstahls mehrere Regelbeispiele verwirklicht. Eine Verurteilung auf wahldeutiger Grundlage zwischen mehreren Regelbeispielen ist möglich. 57

Auch im Verhältnis zu anderen Delikten sind §§ 242, 243 als Einheit zu verstehen; es gelten die allgemeinen Konkurrenzregeln (*Kindhäuser* Triffterer-FS 123 [135 f]). Bei der Verwirklichung des Regelbeispiels nach Nr. 1 werden gewöhnlich auch Sachbeschädigung (§ 303) und Hausfriedensbruch (§ 123) begangen; diese Tatbestände werden als mitbestrafte Begleittaten konsumiert, sofern sie der Durchführung des Einbruchs dienen (BayObLG NJW 1991, 3292 [3293]; *Dölling* JuS 1986, 688 [693]; L-Kühl-*Kühl* Rn 24; aA BGH NStZ 2014, 40 m.Anm. *Hecker* JuS 2014, 181 ff: generelle Tateinheit; *Gössel* Tröndle-FS 357 [366]). Keine Konsumtion ist anzunehmen, wenn die Begleittat im konkreten 58

Fall aus dem üblichen Verlauf eines Einbruchdiebstahls herausfällt und von einem eigenständigen, nicht aufgezehrten Unrechtsgehalt geprägt ist (BGH NJW 2002, 150 f; *Kargl* NStZ 2002, 202 f; LK-*Rissing-van Saan* Vor § 52 Rn 144 mwN). Dies gilt insbesondere, wenn der Diebstahl nur versucht, die Sachbeschädigung aber vollendet ist oder wenn der Sachschaden den Wert der Beute erheblich übersteigt.

§ 244 Diebstahl mit Waffen; Bandendiebstahl; Wohnungseinbruchdiebstahl

(1) Mit Freiheitsstrafe von sechs Monaten bis zu zehn Jahren wird bestraft, wer
1. einen Diebstahl begeht, bei dem er oder ein anderer Beteiligter
   a) eine Waffe oder ein anderes gefährliches Werkzeug bei sich führt,
   b) sonst ein Werkzeug oder Mittel bei sich führt, um den Widerstand einer anderen Person durch Gewalt oder Drohung mit Gewalt zu verhindern oder zu überwinden,
2. als Mitglied einer Bande, die sich zur fortgesetzten Begehung von Raub oder Diebstahl verbunden hat, unter Mitwirkung eines anderen Bandenmitglieds stiehlt oder
3. einen Diebstahl begeht, bei dem er zur Ausführung der Tat in eine Wohnung einbricht, einsteigt, mit einem falschen Schlüssel oder einem anderen nicht zur ordnungsmäßigen Öffnung bestimmten Werkzeug eindringt oder sich in der Wohnung verborgen hält.

(2) Der Versuch ist strafbar.

(3) In minder schweren Fällen ist die Strafe Freiheitsstrafe von drei Monaten bis zu fünf Jahren.

(4) In den Fällen des Absatzes 1 Nummer 2 ist § 73 d anzuwenden.

I. Allgemeines

1   Anders als die in § 243 aufgeführten Regelbeispiele sind die in § 244 genannten Tatmodalitäten **abschließende und selbstständige Qualifikationen** des Diebstahlstatbestands. § 248 a ist nicht anwendbar, wohl aber § 247.

2   Im **Gutachten** empfiehlt es sich, zunächst das Grunddelikt des § 242 komplett zu erörtern und sodann die in Betracht kommenden Tatvarianten des § 244 I, jeweils unterteilt in den objektiven und den subjektiven Tatbestand, nacheinander zu prüfen. Ist das Grunddelikt nur versucht, so kann auch hinsichtlich § 244 nur ein Versuch (Abs. 2) gegeben sein.

II. Diebstahl mit Waffen bzw gefährlichen Werkzeugen (Abs. 1 Nr. 1 a)

3   **1. Schutzzweck:** Der Strafschärfungsgrund der in Abs. 1 Nr. 1 a genannten Tatvariante besteht nicht in einer Steigerung der schon vom Grunddelikt des § 242 erfassten Gefährlichkeit der Tathandlung, wie etwa § 224 I Nr. 2 die Gefahr der Intensivierung einer Körperverletzung nach § 223 erfasst, wenn diese durch ein Messer vollzogen wird. Vielmehr schafft der Täter hier *neben* der Eigentumsverletzung durch den Diebstahl noch ein *zusätzliches* Risiko, und zwar die (abstrak-

te) Gefährdung von Leib und Leben, die darin liegt, dass der Täter das gefährliche Werkzeug als Nötigungsmittel zur Durchführung der Wegnahme einsetzen könnte (*Kindhäuser/Wallau* StV 2001, 18). Qualifikationsgrund von Abs. 1 Nr. 1 a ist also die Schaffung einer Situation, die sich für einen objektiven Beobachter als Vorbereitung eines schweren Raubes (§§ 249, 250) darstellt. Ob der Täter selbst die Absicht hat, das Werkzeug als verletzungsgeeignetes Nötigungsmittel gegen Personen einzusetzen, spielt unter Zugrundelegung des Schutzzwecks, erst gar nicht die Situation eintreten zu lassen, in der bei einem Diebstahl Leib und Leben gefährdet werden könnten, keine Rolle. Daher verlangt die Tatvariante auch nur ein bloßes Beisichführen ohne Verwendungsabsicht.

2. Waffe und gefährliches Werkzeug: a) Waffen (im technischen Sinne) sind Gegenstände, die – wie Schuss-, Hieb- und Stoßwaffen – ihrer Konstruktion nach zur Herbeiführung erheblicher Verletzungen allgemein bestimmt sind. Sie sind bereits zu dem Zweck, sich unschwer zur Herbeiführung von Verletzungen einsetzen zu lassen, entwickelt worden (vgl § 1 II Nr. 2 a WaffG; BGHSt 4, 125 [127]; 44, 103 [105]). Dies gilt auch für Sportwaffen, die zwar nur zum Training bestimmter körperlicher Fähigkeiten bestimmt sind, deren verletzungsgeeignete Konstruktion gleichwohl aber beibehalten ist. Nach der Rspr sind **Schreckschusspistolen** ebenfalls als Waffen anzusehen (BGHSt 48, 197; BGH NStZ-RR 2005, 337 [338]; NStZ 2006, 176 f; NStZ 2010, 390; 2012, 445; NStZ-RR 2015, 111; *Eisele* BT II Rn 179; dazu *Fischer* NStZ 2003, 569; anders noch BGH NStZ 2002, 594 [595]). Waffen sind ferner **Gaspistolen** (BGHSt 45, 92 [93]; BGH NStZ 1999, 135 [136]). 4

Zur Einstufung eines Gegenstands als Waffe ist dessen Aufnahme in die Liste der verbotenen Gegenstände des Waffengesetzes keine notwendige Voraussetzung, sondern nur ein wichtiges Indiz. Denn nicht alle Geräte, die unter den Waffenbegriff nach § 1 WaffG fallen (zB Seitengewehre [Bajonette]), sind zugleich verbotene Gegenstände iSv § 2 III WaffG iVm Anl. 2 Abschnitt 1 zum WaffG. Da Waffen schon ein objektiviertes Verletzungspotenzial aufgrund ihrer entsprechenden Konstruktion eigen ist, ergibt sich die (abstrakte) Gefahr ihres Einsatzes als Nötigungsmittel bereits aus dem Mitführen beim Diebstahl. 5

b) Gefährliche Werkzeuge sind Gegenstände, die aufgrund ihrer waffenähnlichen Beschaffenheit und der konkreten Tatumstände vom Täter dazu bestimmt erscheinen, erhebliche Verletzungen herbeizuführen oder (realisierbar) anzudrohen. Diese Definition entspricht der vorherrschenden Lehre (Rn 11 ff), ist allerdings heftig umstritten: 6

aa) Die Rspr hat sich zunächst dem Vorschlag des Rechtsausschusses des Bundestags, das „gefährliche Werkzeug" in Abs. 1 Nr. 1 a wie in § 224 I Nr. 2 zu deuten (BT-Drucks. 13/9064, 18), angeschlossen. Als gefährlich wäre demnach ein Werkzeug anzusehen, wenn es **nach Art seiner konkreten Verwendung** geeignet ist, erhebliche Verletzungen herbeizuführen (BayObLG StV 2001, 17 f m. abl. Anm. *Kindhäuser/Wallau*; Übersicht bei *Boetticher/Sander* NStZ 1999, 292 ff). Diese Auslegung wird jedoch von der hM nahezu einhellig als sachlich verfehlt zurückgewiesen (vgl nur BGHSt 52, 257 [262 f]; BGH NStZ 2002, 594 [595]; OLG Schleswig NStZ 2004, 212 [213]; *Arzt/Weber/Heinrich/Hilgendorf* § 14/57; *Fischer* NStZ 2004, 569 [570]; *Graul* Jura 2000, 204 [205]). Im Grundfall des Diebstahls mit Waffen wird das Werkzeug gerade nicht verwendet, so dass sich aus dem konkreten Gebrauch kein Rückschluss auf die Gefährlichkeit ergibt; wird dagegen der Gegenstand zu Nötigungszwecken eingesetzt, so greift vorrangig § 250 II Nr. 1 Alt. 2 ein. 7

8 **bb)** Nach einem anderen Ansatz soll sich die Gefährlichkeit aus der (tatsächlichen) **Zielsetzung** des Täters ergeben: Ein beliebiger Gegenstand sei als gefährliches Werkzeug anzusehen, wenn es der Täter entweder generell (OLG Braunschweig NJW 2002, 1735 [1736]; *Kasiske* HRRS 2008, 378 [381 f]; *Maatsch* GA 2001, 75 ff; *Weißer* JuS 2005, 620 [621]) oder im konkreten Fall ggf wie eine Waffe einzusetzen gedenkt (vgl BGH NStZ-RR 2003, 12 [13]; 2005, 340 m. krit. Anm. *Kudlich* JA 2006, 249 f; OLG Celle StV 2005, 336; KG StraFo 2008, 37; *Graul* Jura 2000, 204 [205 f]; *Hilgendorf* ZStW 112, 811 [831 f]; W-*Hillenkamp* Rn 275; *Küper* Hanack-FS 569 [585 ff]; *ders.* Schlüchter-GS 331 [332 ff, 341 ff]; *Schramm* JuS 2008, 773 [778]; *Zopfs* Jura 2007, 510 [519 f]; diff. *Krüger* Jura 2002, 766 [770 ff]). § 244 I Nr. 1 a verlangt jedoch gerade keinen Planungszusammenhang (oder auch nur einen entsprechenden Vorsatz), sondern stellt auf die schon in der bloßen Verfügbarkeit liegende Gefährlichkeit des Tatmittels ab (BGHSt 52, 257 [267 ff]; BGH NStZ 2002, 594 [595]; *Bussmann* StV 1999, 613 [620 f]). Ferner bleibt bei diesem Ansatz das systematische Verhältnis der Tatvarianten nach Abs. 1 Nr. 1 a und Nr. 1 b ungeklärt. Das „andere gefährliche Werkzeug" in Nr. 1 a wäre nur ein bedeutungsloser Unterfall des vom Täter zur Gewaltanwendung und -androhung vorgesehenen Tatmittels iSv Nr. 1 b. Schließlich steht der subjektivierende Ansatz vor Beweisproblemen, die im Regelfall nur durch einen Rückgriff auf Tatumstände iSe objektivierten Zweckbestimmung lösbar sind (Rn 12 f). Es ist aber zu beachten, dass das Beisichführen eines gefährlichen Werkzeugs als Tatbestandsmerkmal vom Vorsatz des Täters umfasst sein muss (OLG Naumburg StraFo 2016, 303 f: keine Herleitung des Vorsatzes aus objektiven Umständen bei einem mitgeführten Messer mit einer Klingenlänge von weniger als 10 cm).

9 **cc)** Ferner wird die Auffassung vertreten, auf jede Zweckbestimmung zu verzichten und die sich allein aus der objektiven Beschaffenheit des Werkzeugs ergebende Eignung zur Herbeiführung erheblicher Verletzungen (= **abstraktes Verletzungspotenzial**) als hinreichend für seine Einstufung als „anderes gefährliches Werkzeug" anzusehen (vgl BGHSt 52, 257 [269 f] m. Bspr *Jahn* JuS 2008, 835 f, krit. Anm. *Foth* NStZ 2009, 93 f und zust. Anm. *Mitsch* NJW 2008, 2865; BGH NStZ 2012, 571 f; vgl OLG Köln NStZ 2012, 327 f; ferner BGH NStZ 2002, 594 [596]; OLG Schleswig NStZ 2004, 212 [214] m. krit. Bspr *Hardtung* StV 2004, 399 [401 f]; ähnlich *Zieschang* JuS 1999, 49 [51 f]: typische Eignung). Dieses Kriterium führt jedoch zu einer uferlosen Ausdehnung des Tatbestands, da sich kaum ein Gegenstand finden lässt, der zur Herbeiführung von Verletzungen ungeeignet ist (vgl § 224 Rn 8; vgl ferner OLG Braunschweig NJW 2002, 1735 [1736]; OLG Frankfurt StraFo 2006, 467 f). Im Übrigen unterfiele *jeder* Diebstahl, der mit einem verletzungsgeeigneten Gegenstand (zB Stemmeisen) durchgeführt wird, den Qualifikationsvoraussetzungen von Abs. 1 Nr. 1 a.

10 **dd)** Einem weiteren Vorschlag zufolge sollen als Waffen und gefährliche Werkzeuge nur solche Gegenstände einzustufen sein, die einem **gesetzlichen Verbot** (mit Erlaubnisvorbehalt) unterliegen (*Lesch* JA 1999, 30 ff). Dem steht jedoch entgegen, dass sich die Gründe für gesetzliche Verbote von Gegenständen nicht mit dem Schutzzweck von § 244 I Nr. 1 decken müssen. Zudem nennt auch § 250 II Nr. 1 gefährliche Werkzeuge als Tatmittel; hier führte die Begrenzung der Tatmittel auf gesetzlich verbotene Gegenstände ersichtlich zu einer sachwidrigen Verkürzung des Anwendungsbereichs der Vorschrift.

11 **ee)** Verbreitet sind in der Literatur Überlegungen, die gefährlichen Werkzeuge nach **zwei Kriterien** zu bestimmen: Als gefährliche Werkzeuge seien Gegenstände

anzusehen, die aufgrund ihrer waffenähnlichen Beschaffenheit und der konkreten Tatumstände vom Täter dazu bestimmt erscheinen, erhebliche Verletzungen herbeizuführen oder (realisierbar) anzudrohen.

Diese Begriffsbestimmung des Tatmittels ist am Schutzzweck der Qualifikation ausgerichtet, die Schaffung eines Nötigungsrisikos iSe schweren Raubes zu verhindern (Rn 3); ein solches Risiko setzt zweierlei voraus: Zunächst muss das Tatmittel seiner Konstruktion nach so beschaffen sein, dass sich mit seiner Hilfe unschwer erhebliche Verletzungen herbeiführen lassen (**objektive Waffenähnlichkeit**; vgl insoweit auch BGH NStZ 2002, 594 [596]). Des Weiteren muss bereits das bloße Mitführen des Tatmittels die Möglichkeit seiner Verwendung zur Ausschaltung des von einer Person geleisteten Widerstands (gegen die Wegnahme) nahe legen (**objektive Zweckbestimmung**); das Tatmittel muss maW einem objektiven Beobachter unter den gegebenen Umständen als zur gefährlichen Verwendung bestimmt erscheinen (näher *Kindhäuser/Wallau* StV 2001, 18 f; vgl auch BGH NStZ 1999, 301 [302], der neben der objektiven Gefährlichkeit eine generelle Bestimmung zur gefährlichen Verwendung verlangt; ähnlich OLG Frankfurt StraFo 2006, 467; anders insofern BGH NStZ 2002, 594 [595]; ferner *Hardtung* StV 2004, 399 ff: Kombination von abstrakter Gefährlichkeit unter Ausschluss konkreter Ungefährlichkeit und Wahrscheinlichkeit gefährlichen Gebrauchs). 12

Viele Gegenstände des Alltags lassen sich unschwer zur Herbeiführung schwerer Verletzungen einsetzen. Sie haben – wie etwa Beile oder Brotmesser – eine waffenähnliche Beschaffenheit, sind aber im Unterschied zu Waffen im technischen Sinne gerade nicht zum verletzenden Einsatz gegen Menschen entwickelt und generell bestimmt. Hieraus folgt einerseits, dass sich waffenähnliche Werkzeuge wegen ihres Verletzungspotenzials durchaus wie Waffen im technischen Sinne zur Schaffung eines qualifizierten Nötigungsrisikos eignen. Andererseits können sie aber nicht ohne Weiteres den technischen Waffen gleichgestellt werden, weil sie bei bestimmungsgemäßem Gebrauch gerade keinem Verletzungszweck dienen und ihr Beisichführen sozial adäquat sein kann (OLG Braunschweig NJW 2002, 1735 [1736]). Da die Tatvariante nach Abs. 1 Nr. 1 a über das bloße Mitführen hinaus keine nötigungsbezogene Zielsetzung des Täters verlangt, muss sich die Bestimmung des betreffenden Werkzeugs als verletzungsgeeignetes Gewalt- und Drohmittel gewissermaßen aus sich heraus ergeben; für einen objektiven Beobachter muss es daher aufgrund der konkreten Tatumstände nahe liegen, dass der Täter den waffenähnlichen Gegenstand als verletzungsgeeignetes Nötigungsmittel bei sich führt (vgl *Fischer* NStZ 2003, 569 [575]; NK-*Kindhäuser* Rn 15; *Lanzrath/Fieberg* Jura 2009, 348 [351]; *Streng* GA 2001, 359 [365 ff]; vgl auch *Bussmann* StV 1999, 613 [621]; SK-*Hoyer* Rn 12; *Joecks* Rn 17 ff; *Mitsch* 1.4.2.1.3; MK-*Schmitz* Rn 15). 13

Bei dieser Auslegung wird dem Täter nicht etwa eine Verletzungsabsicht unterstellt. Entscheidend ist vielmehr, dass potenzielle Opfer vor einer Situation geschützt werden sollen, in der die Ausstattung des Täters mit einem waffenähnlichen Gegenstand nicht nur die Sicherheit ihres Eigentums, sondern auch ihrer körperlichen Unversehrtheit beeinträchtigt. Der Tatbestand ist demnach nicht erfüllt, wenn der Täter mit einem Pkw zum Tatort fährt, mit einer Axt eine Tanne im Wald schlägt oder mit dem Stemmeisen eine Tür aufbricht; hier lässt sich das *Mitführen* des Werkzeugs hinreichend durch den jeweiligen (nötigungsirrelevanten) Gebrauch erklären. Dagegen lässt sich die Mitnahme eines abgeschlagenen Flaschenhalses bei einem Kfz-Diebstahl nur durch den Zweck erklären, das Werkzeug ggf als verletzungsgeeignetes Gewalt- und Drohmittel einzusetzen. 14

15 c) Das Tatmittel kann fest, flüssig oder gasförmig sein; es kann mechanisch, physikalisch oder chemisch (zB narkotisierend) wirken (BGHSt 1, 2; 22, 230; vgl jedoch zum Einsatz von K.O.-Tropfen [bzgl § 250 Abs. 2 Nr. 1] – BGH NStZ 2009, 505 m. krit. Bspr *Bosch* JA 2009, 737). Auch **Gifte** und Stoffe, die Verätzungen oder Verbrennungen hervorrufen können, kommen als Tatmittel in Betracht. Ferner sind Kampfhunde zu den einschlägigen Tatmitteln zu rechnen (BGH NStZ-RR 1999, 174). Stets muss der Täter das Mittel außerhalb seines Körpers bei sich führen. Der Einsatz von **Körperteilen** oder sonstigen (zB hypnotischen) Fähigkeiten ist nicht einschlägig (zum beschuhten Fuß s. BGH NStZ-RR 2015, 309 f).

16 **3. Beisichführen: a)** Der Täter führt die Waffe (bzw das gefährliche Werkzeug) bei sich, wenn er über sie zu irgendeinem Zeitpunkt während des Tathergangs schnell und ungehindert verfügen kann (BGHSt 31, 105 [106]; BGH NStZ 1998, 354; BayObLG NStZ 1999, 460 [461]; hL). Einschränkend ist für das „Führen" zu fordern, dass sich der Täter die sofortige Zugriffsmöglichkeit auf das Tatmittel selbst verschafft hat (vgl RGSt 68, 238 [239]; NK-*Kindhäuser* Rn 18; *Rengier* I § 4/46); ansonsten unterfiele jeder in der Nähe einer Waffe begangene Diebstahl (jedenfalls objektiv) dem Qualifikationstatbestand. Ferner muss das Tatmittel funktionsfähig und einsatzbereit sein; bei Schusswaffen muss die Munition zumindest griffbereit mitgeführt werden (vgl BGHSt 3, 229 (232); BGH StV 1982, 574 f; BGH NStZ 1985, 547; BGH NStZ-RR 2016, 310 zu Elektroschocker bei § 250; grds. verneinend für das Tragen eines zusammengeklappten Taschenmessers in der Hose OLG Celle StV 2005, 336).

17 Der Täter muss das Tatmittel nicht am Körper tragen; es steht ihm auch zur Verfügung, wenn er es am Tatort bereitgelegt oder versteckt hat oder wenn er sich zum Transport eines gutgläubigen Dritten bedient, sofern eine schnelle Zugriffsmöglichkeit in räumlicher Nähe besteht. Kein Beisichführen ist es daher, wenn der Täter das Tatmittel in einem Pkw, der nicht unmittelbar in der Nähe des Tatorts geparkt ist, deponiert hat. Nach vorherrschender Auffassung soll es dagegen tatbestandsmäßig sein, wenn der Täter das **Tatmittel** dem Opfer oder einem Dritten **entwendet** (BGHSt 13, 259 [260]; 29, 184 [185]; StV 1988, 429 m. krit. Anm. *Scholderer*; JA 2014, 228 ff; OLG Frankfurt StraFo 2006, 467 [468]; offen lassend BGH NStZ-RR 2005, 168 [169]; aA *Hohmann/Sander* BT I § 2 Rn 13; NK-*Kindhäuser* Rn 18; *Scholderer* StV 1989, 153). Dem steht jedoch entgegen, dass § 243 I S. 2 Nr. 7 praktisch überflüssig wäre, wenn jeder Diebstahl einer (funktionsfähigen) Waffe zugleich ein Diebstahl mit Waffen wäre. Ferner muss die Waffe *bei* einem Diebstahl mitgeführt werden und kann deshalb nicht mit dem Objekt des Diebstahls selbst identisch sein. Tatbestandsmäßig kann es allenfalls sein, wenn der Täter am Tatort eine Waffe (ohne Zueignungsabsicht) an sich nimmt, um mit deren Hilfe den (möglichen) Widerstand gegen die Wegnahme eines anderen Objekts brechen zu können.

18 Das Beisichführen der Waffe muss nicht tatbedingt sein. Das Mitführen einer Waffe bei **Berufswaffenträgern** – wie zB Polizisten oder Soldaten – reicht aus (BGHSt 30, 44; BayObLG NStZ 1999, 460 [461]; *Lanzrath/Fieberg* Jura 2009, 348 [351]; *Mitsch* 1.4.2.1.6; MK-*Schmitz* Rn 27 mwN; vgl auch *Klesczewski* BT § 8 Rn 139); nach einer Mindermeinung ist jedoch eine einzelfallbezogene Gefährlichkeitsprüfung – zB Einsatzbereitschaft – erforderlich (OLG Hamm NStZ 2007, 473 [474]; *Hruschka* NJW 1978, 1338; *Seier* JA 1999, 666 [672]).

19 **b)** Bei der **Tatbeteiligung mehrerer** muss sich der Bewaffnete in Tatortnähe aufhalten und in das tatbestandsverwirklichende Geschehen eingreifen können

(BGHSt 3, 229 [232 f]; *Geppert* Jura 1992, 496 [497 f]); bloßes Warten eines waffenführenden Beteiligten im Fluchtauto genügt nicht.

c) Die Tatqualifikation **beginnt** erst mit dem unmittelbaren Ansetzen zum Diebstahl und ist mit der Vollendung des Diebstahls ebenfalls **vollendet**; die Beutesicherung gehört nicht mehr zum tatbestandsmäßigen Geschehen (hL, vgl nur *Kühl* Roxin-FS I 665 [683 ff]; *Rengier* JuS 1993, 460 [462]; *Sternberg-Lieben* JuS 1996, 136 [138 f]; LK-*Vogel* Rn 33 f mwN). Die Rspr dehnt dagegen die Phase, in der ein Tatmittel in qualifizierender Form mitgeführt werden kann, bis zur Beendigung der Tat aus (BGHSt 20, 194 [197]; 38, 295 [297]; BGH NStZ 2007, 332 [334] m. insofern abl. Anm. *Kudlich* JR 2007, 381; vgl zu § 250 – NStZ 2010, 327 m. Bspr *Hecker* JuS 2010, 930 ff, *v. Heintschel-Heinegg* JA 2010, 471 f, *Kraatz* StV 2010, 630 ff, *Küpper/Grabow* Achenbach-FS 265 [278 f] und *Lehmann* JR 2011, 132 f). Exemplarisch: Flieht der Täter nach einem Diebstahl mit einem Pkw, in dessen Handschuhfach eine Schusswaffe liegt, so verwirklicht er nach der Rspr noch § 244 I Nr. 1 a. Mit dieser Auslegung ist jedoch nicht nur eine bedenkliche Ausweitung des Tatbestands (Art. 103 II GG) verbunden; sie unterläuft auch den systematischen Gedanken, strafschärfendes Nachtatverhalten nur im Rahmen des § 252 zu berücksichtigen. Unstr. ist die Qualifikation jedoch nicht gegeben, wenn dem Täter die Waffe erst bei einer Flucht *ohne Beute* zur Verfügung steht (BGHSt 31, 105 [106 ff] m.Anm. *Hruschka* JZ 1983, 217; ferner BGH NJW 2008, 3651 f). 20

d) Sofern sich der Täter nach Versuchsbeginn, aber noch vor Vollendung der Wegnahme seiner Waffe entledigt, kommt unter den sonstigen Voraussetzungen des § 24 ein **Teilrücktritt** hinsichtlich der Qualifikation in Betracht (*Küper* JZ 1997, 229 [233 f]; *Mitsch* 1.4.2.1.5; *Rengier* I § 4/78 f; aA BGH NStZ 1984, 216 m. abl. Anm. *Zaczyk*; zust. *Otto* JZ 1985, 21 [27]). 21

e) Der **subjektive Tatbestand** verlangt keine Gebrauchsabsicht (BGHSt 30, 44 f; BGH NStZ-RR 2005, 168 [169]; OLG Schleswig NStZ 2004, 212 [214]; LK-*Vogel* Rn 37; hL; zur Gegenansicht vgl Rn 8); es genügt, wenn sich der Täter mit dolus eventualis bewusst ist, dass er oder ein anderer Beteiligter eine Waffe bei sich führt (BGH NStZ-RR 2003, 12 [13]; vgl KG StraFo 2016, 123). Die irrige Annahme des Täters, er oder ein anderer Beteiligter trage eine Waffe, führt zum Versuch. 22

III. Diebstahl mit sonstigen Werkzeugen und Mitteln (Abs. 1 Nr. 1 b)

1. Tatmittel („sonst ein Werkzeug oder Mittel"): a) Tatbestandsmäßig sind zunächst alle Werkzeuge und Mittel, die **geeignet** sind, erhebliche **Verletzungen herbeizuführen**, wenn sie in der Weise, in welcher der Täter mit ihnen Gewalt anzuwenden oder anzudrohen beabsichtigt, eingesetzt werden. In Betracht kommen damit auch Gegenstände, die zwar nicht objektiv von waffenähnlicher Beschaffenheit sind, aber bei der vom Täter vorgesehenen spezifischen Verwendung zu erheblichen Verletzungen führen können (näher § 250 Rn 22 f; § 224 Rn 7 f). Zwischen Werkzeug und Mittel besteht kein sachlicher Unterschied. 23

b) Nach vorherrschender Auffassung gehören zu den tatbestandsmäßigen Tatmitteln auch Gegenstände, die **nur zur freiheitseinschränkenden Gewaltanwendung** dienen sollen, die der Täter also nicht (auch) in einer mit Leib- und Lebensgefahren verbundenen Art und Weise einsetzen will (*Fischer* Rn 25; W-*Hillenkamp* Rn 285; *Rengier* I § 4/61). Zu denken ist etwa an Handschellen, Klebeband zur Fesselung oder Chloroform (OLG Hamm StV 1997, 242 [243]). Diese 24 weite Auslegung ist zwar mit dem Gesetzestext vereinbar, führt aber bei einer Übertragung auf den wortgleichen Tatbestand des § 250 I Nr. 1 zu systematischen Ungereimtheiten.

25 c) Schließlich sieht die hM auch solche Gegenstände als tatbestandsmäßig an, die nur der Täter für nötigungstauglich hält, mit denen sich also die vom Täter geplante Anwendung oder Androhung von **Personengewalt objektiv nicht realisieren lässt** (vgl S/S-*Eser/Bosch* Rn 14 mwN). Erfasst sind damit auch **Scheinwaffen**, also Attrappen oder nicht funktionsfähige Schusswaffen (näher hierzu § 250 Rn 7 ff). Einschränkend wird von der Rspr verlangt, dass dem Tatmittel eine **objektive Scheinwirkung** anhaften müsse, dass es also als solches objektiv den Eindruck hervorrufen müsse, zur Realisierung der Drohung geeignet zu sein. Dieser Eindruck müsse sich ohne Weiteres ergeben, wobei es allein auf die Sicht eines objektiven Beobachters und nicht darauf ankommen soll, ob das Tatopfer im konkreten Fall eine solche Beobachtung tatsächlich machen konnte oder ob der Täter dies durch sein täuschendes Vorgehen gerade vereitelte (BGH StV 2011, 676; anders wiederum BGH NStZ 2009, 95: Eignung erforderlich, ohne Weiteres beim Opfer [!] den Eindruck der Gefährlichkeit zu vermitteln; näher zur Problematik § 250 Rn 9 f).

Die Erstreckung der Qualifikation auf objektiv harmlose Tatmittel wird vor allem auf den Wortlaut gestützt: Aus der Formulierung „sonst ein Werkzeug" wird geschlossen, dass § 244 I Nr. 1 a (ebenso wie § 250 I Nr. 1 b) auch solche Tatmittel erfasse, die nicht als gefährliche Werkzeuge einzustufen seien (*Arzt/Weber/Heinrich/Hilgendorf* § 14/58; *Joecks* Rn 26 ff; *Mitsch* 1.4.2.2.3).

26 Das Argument verliert jedes Gewicht, wenn man mit der im Schrifttum überwiegenden Ansicht (Rn 11 ff) den Tatmitteln iSv Abs. 1 Nr. 1 a nur die *objektiv* gefährlichen Werkzeuge zuordnet, so dass von Abs. 1 Nr. 1 b solche Gegenstände erfasst werden, die zwar nicht nach ihrer objektiven Beschaffenheit (und dem situativen Kontext), wohl aber nach der vom Täter vorgesehenen Verwendungsweise als gefährlich anzusehen sind. Gegenstände dagegen, die aufgrund ihrer Beschaffenheit nicht dazu geeignet sind, in der vom Täter geplanten Vorgehensweise Leib oder Leben des Opfers zu gefährden, wären nicht tatbestandsmäßig, wie etwa Mittel, die nur der Freiheitsberaubung des Opfers dienen sollen. „Sonstige Werkzeuge" sind nach dieser Interpretation keine ungefährlichen, sondern *subjektiv* gefährliche Tatmittel, wobei sich die Gefährlichkeit wie bei Abs. 1 Nr. 1 a auf die Eignung zur Herbeiführung erheblicher körperlicher Verletzungen – nach Maßgabe der Verwendungsabsicht des Täters – bezieht (§ 250 Rn 9; iE auch *Lesch* GA 1999, 365 ff).

27 **2. Gebrauchsabsicht:** Das Beisichführen (Rn 16 ff) muss bei Abs. 1 Nr. 1 b in Gebrauchsabsicht erfolgen: Der Täter muss sich das Werkzeug verfügbar halten, um es im Bedarfsfall zur Überwindung oder Ausschaltung eines der Wegnahme (oder Beutesicherung, vgl Rn 20) entgegengesetzten Widerstands einzusetzen (BGHSt 30, 375 [376]; BGH StV 1996, 315; *Mitsch* 1.4.2.2.4). Bei Einsatz des Tatmittels können die §§ 249 bzw 253, 255 einschließlich der Qualifikationen nach §§ 250 f erfüllt sein.

IV. Bandendiebstahl (Abs. 1 Nr. 2)

28 **1. Schutzzweck:** Qualifikationsgrund des Bandendiebstahls ist die (potenziell) gesteigerte Effektivität des Eingriffs in das Eigentum, wenn der Diebstahl von mehreren Personen gestaltet und ausgeführt wird („Aktionsgefahr"). Die Strafschär-

fung gegenüber der einfachen Mittäterschaft beruht zudem auf der intensiveren Beeinträchtigung der Geltung des Diebstahlsverbots durch mehrere Personen, die sich zur wiederholten Gesetzesverletzung zusammengeschlossen haben. Außerdem kann die Existenz einer Bande ein steter Anreiz für ihre Mitglieder zu weiteren Taten sein („Organisationsgefahr", vgl BGHSt 23, 239 [240]; BGH NStZ 2001, 421 [424] m. Bspr *Erb* NStZ 2001, 561 ff; *Mitsch* 1.4.2.3.1).

2. **Mitgliedschaft und Zwecksetzung:** Eine **Bande** ist ein auf ausdrücklicher oder stillschweigender Vereinbarung (Bandenabrede) beruhender Zusammenschluss mehrerer Personen mit dem ernsthaften Willen, für eine gewisse Dauer künftig mehrere selbstständige, im Einzelnen noch unbestimmte Straftaten (eines bestimmten Deliktstyps) zu begehen (BGH NStZ 2001, 421; wistra 2010, 347 f; HRRS 2014 Nr. 735; NStZ 2015, 647 f: Verbindung für einen überschaubaren Zeitraum von nur wenigen Tagen genügt; enger *Altenhain* ZStW 113, 112 [142]: Einbindung in eine Organisation). Nach der Rspr soll es nicht erforderlich sein, dass sich sämtliche Mitglieder persönlich verabredet haben und sich untereinander kennen, sofern nur jeder den Willen hat, sich zur künftigen Begehung von Straftaten mit (mindestens) zwei anderen zu verbinden (BGH NJW 2005, 2629 m. krit. Bspr *Leipold/Schmidt* NJW-Spezial 2005, 423). Für die Bandenmitgliedschaft ist eine Übernahme täterschaftlicher Funktionen nicht erforderlich; es reicht aus, wenn ein Beteiligter (stets) nur als Gehilfe mitwirken soll (BGHSt 47, 214 ff).   29

a) Die Rechtsprechung verlangt seit dem Grundsatzbeschluss des Großen Senats für Strafsachen des BGH aus dem Jahre 2001 (BGH NJW 2001, 2266) in Übereinstimmung mit der hL für die Bande nicht mehr nur zwei (so [noch] RGSt 66, 236 [238]; BGHSt 23, 239 f; 38, 26 [27 f]; BGH NStZ 1986, 408; StV 1998, 421; *Miehe* StV 1997, 247 [250]), sondern **mindestens drei Mitglieder** (BGHSt 46, 321 mit zust. Anm. *Ellbogen* wistra 2002, 8 ff und *Erb* NStZ 2001, 561 ff; BGH NStZ 2000, 474 ff mit insoweit zust. Anm. *Schmitz*; ferner Anm. *Engländer* JZ 2000, 630 f und *Kudlich/Christensen* JuS 2002, 144 [145 ff]; BGH NStZ 2001, 35 [37 ff]; 2002, 200 [201]; *Dessecker* NStZ 2009, 186; vgl ferner *Altenhain* ZStW 113, 112 [145]; HKGS-*Duttge* Rn 20). Dem ist in Anbetracht des Umstands, dass die Bande in der neueren Gesetzgebung eines der Kriterien („Keimzelle") organisierter Kriminalität ist, von einer solchen aber erst bei einem arbeitsteiligen Vorgehen einer größeren Anzahl von Personen gesprochen werden kann, zuzustimmen. Außerdem ist mit dem Erfordernis einer Mindestbeteiligung von drei Personen eine klare formale Grenze gezogen, jenseits derer jedenfalls nur eine (einfache) mittäterschaftliche Begehungsweise anzunehmen ist (BGH NStZ 2001, 421 [422]; zur Abgrenzung vgl BGH NStZ-RR 2016, 11 f).   30

b) Die Bande erfordert **keine** hierarchische („mafiaähnliche") oder **strukturell arbeitsteilige Organisation** wie die kriminelle Vereinigung iSv § 129 (BGHSt 31, 202 [205]; BGH wistra 2000, 135; *Fischer* Rn 36 b; MK-*Schmitz* Rn 36; aA *Altenhain* ZStW 113, 112 [140 ff]; *Erb* NStZ 1999, 187 f), mag ein solcher Zusammenschluss auch ein wichtiges Indiz bandenmäßiger Begehung sein (vgl BGH NStZ 2001, 32 [33]; ferner BGHSt 42, 255 [259]; BGH NStZ-RR 2000, 92). Auch ein gefestigter Bandenwille oder ein Tätigwerden in einem übergeordneten Bandeninteresse ist nicht erforderlich (BGH NStZ 2001, 421). Die Verbindung muss für eine gewisse Dauer eingegangen worden sein (BGH GA 1974, 308; NStZ 2005, 230 [231] zu § 30 a BtMG); ein kurzzeitiges Zusammenwirken von nur wenigen Stunden genügt nicht. Die Bandenabrede kann auch durch schlüssiges Verhalten zustande kommen, allerdings reicht es nicht ohne Weiteres aus,   31 wenn ein Außenstehender sich in die Bandentätigkeit bloß „einpasst", ohne dass die (übrigen) Mitglieder davon Kenntnis erlangen. Anderes kann aber gelten, wenn die Bande von vornherein eine solche Organisation aufweist, dass es auf die konkrete Person des Mitwirkenden nicht ankommt (vgl BGHSt 50, 160 ff zu einem Grenzfall, in dem der Außenstehende als „Verräter" galt; zust. Anm. *Jahn* JuS 2005, 89 ff; krit. *Kindhäuser* StV 2006, 526 ff; *Leipold/Schmidt* NJW-Spezial 2005, 423 f).

32 c) **Ziel** der Bande muss die Ausführung mehrerer selbstständiger Diebstähle oder Raubtaten (die §§ 252, 255, 316 a sind auch erfasst; aA *Ladiges* NStZ 2016, 646 ff) sein (BGH NStZ 1986, 408). Die einzelnen Taten können noch weitgehend unbestimmt sein. Die Begehung kann von Bedingungen abhängig gemacht werden (BGH GA 1974, 308). Die Tat muss nicht vorher geplant worden sein. Bei Spontantaten ohne vorherige Tatplanung kann eine Bandenabrede gegeben sein, wenn die Tätergruppe eine grundsätzliche Vereinbarung darüber getroffen hat, in Zukunft ähnliche Situationen auszunutzen (BGH NStZ 2009, 35 f). Der Bandenabrede steht auch nicht entgegen, wenn zusätzlich andere Straftaten begangen werden (BGH NStZ 2009, 35 [36]). Da die Verbindung sich auf die Begehung bestimmter Taten beschränkt, kann die Beteiligung an späteren Anschlussdelikten keine Bandenmitgliedschaft am Diebstahl begründen (vgl aber auch BGH NStZ 2007, 33 [34]); es sind dann ggf die dortigen Qualifikationen zu beachten (zB §§ 260, 260 a, 261 IV).

Bereits die **Begehung des ersten Diebstahls** durch Bandenmitglieder soll einen Bandendiebstahl begründen, wenn die Ausführung weiterer Taten beabsichtigt ist (RGSt 66, 236 [238]; BGH GA 1957, 84 [85]; BGH bei *Dallinger* MDR 1967, 368 [369]). Allerdings wird dadurch die „Aktionsgefahr", welche die Bandenqualifikation mitbestimmt, zugunsten einer lediglich subjektiven Unrechtsbegründung der Bandenabrede aufgegeben. Mag die Gefährlichkeit der Bande nur abstrakt aufzufassen sein, so muss sie in der Tatausführung typisiert sein, um sich gegenüber einer Mittäterschaft abzuheben (*Kindhäuser* StV 2006, 528; vgl ferner § 243 Rn 25 zum insoweit ähnlichen Merkmal der Gewerbsmäßigkeit).

33 **3. Ausführung:** Damit der konkrete Diebstahl als Tat der Bande angesehen werden kann, müssen **mindestens zwei Bandenmitglieder** als Täter oder als Täter und Teilnehmer zusammenwirken. Ein gemeinsames Vorgehen an Ort und Stelle ist hierfür nicht erforderlich. Nach der Rspr soll es sogar ausreichen, dass die Wegnahmehandlung selbst durch eine bandenfremde Person ausgeführt wird (BGHSt 46, 120; BGH NStZ 2001, 421 [423, 425] mit insoweit abl. Bspr *Erb* NStZ 2001, 561 [564 f]). Der Diebstahl ist durch keine unmittelbare Konfrontation mit dem Opfer gekennzeichnet, so dass auch die Strafschärfung keine Erhöhung der (konkreten) Aktionsgefahr durch das Zusammenwirken mehrerer Bandenmitglieder am Tatort erfordert. Allenfalls kann durch die gemeinschaftliche Begehung am Tatort die Aktionsgefahr (abstrakt) gesteigert werden (vgl auch § 224 I Nr. 4). Doch ist diese Gefahrerhöhung zum einen nicht an die Mitwirkung gerade eines Bandenmitglieds gebunden; ein gleicher Effekt ergibt sich durch die Mitwirkung eines Außenstehenden (*Altenhain* ZStW 113, 112 [125 ff]). Zum anderen liegt die Erhöhung der spezifischen Tatgefahr des Grunddelikts in der leichteren Überwindung der Gewahrsamsbarrieren und der Verschaffung von Eigenbesitz. Gerade diese Gefahr kann aber auch durch die gestaltende Einflussnahme von Bandenmitgliedern, die nicht an der Wegnahme selbst mitwirken, gesteigert werden. Mithin genügt jede (auf die Wegnahme bezogene) gestaltende Mitwirkung des Tatgeschehens durch mindestens zwei Bandenmitglieder

auch ohne gemeinsame Tatortpräsenz, was namentlich für den lenkenden Kopf der Bande im Hintergrund gilt (BGH NStZ 2001, 421 [423]; *Hohmann* NStZ 2000, 258 f; *Müller* GA 2002, 318 [320 ff]; aA *Engländer* GA 2000, 578 [582]; *Schmitz* NStZ 2000, 477 [478]; *Zopfs* GA 1995, 320 [327 f]). Dem steht die Verwendung des Merkmals „Mitwirkung" nicht entgegen, da dieses auch als Beteiligung in einem allgemeinen Sinne verstanden werden kann (BGH NStZ 2001, 421 [423 f]; NStZ 2007, 33 [34] m. zust. Anm. *Kudlich* JuS 2005, 746 f; *Altenhain* ZStW 113, 112 [114, 129 ff]).

Das Delikt muss im gemeinsamen Bandeninteresse erfolgen; das eigenmächtige Handeln der Beteiligten begründet deswegen keine Bandentat. Andererseits muss das dritte (oder vierte etc.) Bandenmitglied von der einzelnen Tat nicht notwendig Kenntnis haben, solange ihre Ausführung sich als Ausfluss der Bandenabrede darstellt (vgl BGH NStZ 2006, 342 f; StV 2011, 410 ff). Auch müssen nicht stets alle Bandenmitglieder an allen einzelnen Diebstählen mitwirken (BGH NStZ 2006, 574; 2009, 35 f).

Die Grundsätze von Täterschaft und Teilnahme werden durch die bandenmäßige Tatgestaltung nicht berührt (BGH NStZ 2000, 255 ff; 2003, 32 [33 f]; NStZ 2011, 637; StV 2012, 669). Daher ist nicht jedes mitwirkende Bandenmitglied notwendig Täter (BGHSt 8, 205 ff; BGH NStZ 2001, 421 [425]; StV 2008, 575; 2012, 669; NStZ-RR 2013, 210; 2016, 139; aA M-*Schroeder/Maiwald* I § 33/130). Ein Bandendiebstahl ist auch gegeben, wenn ein Bandenmitglied den von einem anderen Mitglied täterschaftlich begangenen Diebstahl nur als Gehilfe unterstützt (vgl zum möglichen Prüfungsaufbau *Oglakcioglu* Jura 2012, 770 ff). 34

4. Akzessorietät: Nur Mitglieder können Täter sein (Sonderdelikt). Außenstehende Mitwirkende sind stets Teilnehmer des Bandendiebstahls; sind sie am Grunddelikt (§§ 242 f) mittäterschaftlich beteiligt, sind sie als Täter des Grunddelikts in Tateinheit mit Teilnahme am Bandendiebstahl zu bestrafen. 35

■ Nach heute vorherrschender Auffassung ist die Bandenmitgliedschaft ein **täterbezogenes Merkmal** iSv § 28 II (BGHSt 12, 220 [226 f]; BGH NStZ 2002, 318 [319]; 2007, 101; 2007, 526; StV 2012, 670; StraFo 2014, 471; *Fischer* Rn 44; *Herzberg* ZStW 88, 68 [102]; LK-*Vogel* Rn 71 mwN). 36

■ Da jedoch Grund der Strafschärfung einerseits die tatbezogene Gefahr der Begehung weiterer Diebstähle und andererseits die tatbezogen gesteigerte Gefährlichkeit der bandenmäßigen Ausführung ist (Rn 28), ist eine Einstufung der Bandenmitgliedschaft als **tatbezogenes Merkmal** vorzugswürdig (BGHSt 6, 260 [261 f]; 8, 205 [208 ff]; S/S-*Eser/Bosch* Rn 28; *Hohmann* NStZ 2000, 258 [259]; SK-*Hoyer* Rn 35; *Toepel* ZStW 115, 70 f, 82 ff; *Vogler* Lange-FS 265 [278]). Für den Teilnehmer des Bandendiebstahls gilt nach dieser Ansicht § 28 II nicht. 37

5. Subjektiver Tatbestand: Die Tat nach Abs. 1 Nr. 2 erfordert Vorsatz hinsichtlich der Tat wie auch der Bandenmitgliedschaft und der Zwecksetzung. Nur vorübergehend verlangte die Rspr zudem – zur Abgrenzung der Bande von bloßer Mittäterschaft – ein Handeln mit „gefestigtem Bandenwillen", welcher der gemeinschaftlich begangenen Tat zugrunde liegen müsse (BGHSt 42, 255 [259]; anders jetzt BGH NStZ 2001, 421 [422]; vgl Rn 31). 38

V. Wohnungseinbruchdiebstahl (Abs. 1 Nr. 3)

39 Der Wohnungseinbruchdiebstahl ist ein zu einem Qualifikationstatbestand aufgewerteter Unterfall des Einbruchdiebstahls nach § 243 I S. 2 Nr. 1, um den besonderen Unrechtsgehalt des Eingriffs in die Intimsphäre der Opfer samt der häufigen Begleit- und Folgeschäden zu betonen. § 243 II ist nicht entsprechend anwendbar.

40 1. Eine **Wohnung** ist ein abgeschlossener und überdachter Gebäudeteil, der einem oder mehreren Menschen auf Dauer als Unterkunft dient. Leerstehende Wohnräume werden demnach nicht erfasst (AG Saalfeld StV 2005, 613). Zur Wohnung gehören auch die ihr funktional zugeordneten Nebenräume, zB Treppenhaus, Waschküche oder Keller. Bei hinreichend räumlicher Trennung von der eigentlichen Unterkunft (etwa Keller im Mehrfamilienhaus, abgesonderte Garagen oder Geschäftsräume) gelten die Nebenräume nach inzwischen hM nicht als Wohnung iSd Tatbestandes, da Ziel der Strafschärfung nicht die Überwindung eines besonderen Wegnahmeschutzes ist, sondern das Eindringen in die Intimsphäre des Opfers mit den damit verbundenen Gefahren (näher BT-Drucks. 13/8587, 43; vgl mit Abweichungen im Detail: BGH NStZ 2001, 533; 2008, 514 [515] m.Anm. *v. Heintschel-Heinegg* JA 2008, 742 ff und *Ladiges* JR 2008, 493 ff; BGH 8.6.2016 – 4 StR 112/16 m.Anm. *Jäger* JA 2016, 872 f; OLG Schleswig NStZ 2000, 479 [480]; *Fischer* Rn 47 f; *Kudlich* BT I Frage 62; L-Kühl-*Kühl* Rn 11; *Schall* Schreiber-FS 423 [432 ff]; LK-*Vogel* Rn 75 f). Derart abgetrennte Nebenräume werden von § 243 I S. 2 Nr. 1 hinreichend und flexibel geschützt.

Unter Zugrundelegung des gesetzgeberischen Motivs und unter Berücksichtigung des Wortlauts der Norm, wonach der Täter *in* eine Wohnung einbrechen, aber nicht aus dieser stehlen muss, sind auch die Fälle **gemischt-genutzter Gebäude** zu lösen: Soweit der Täter in einen Nebenraum (zB Geschäftsraum) einbricht bzw einsteigt, hängt seine Strafbarkeit davon ab, ob dieser wegen der räumlichen Verbindung noch zur Wohnung zählt. Besteht eine hinreichende funktionale Trennung und gelangt er von dort, ohne Überwindung weiterer physischer Barrieren, in den angrenzenden Wohnbereich, so steht der Wortlaut der Norm einer Strafbarkeit entgegen (BGH NStZ 2008, 514 [515] m. zust. Bspr *v. Heintschel-Heinegg* JA 2008, 742 ff und *Jahn* JuS 2008, 928 ff; HRRS 2012 Nr. 411; *Seier* Kohlmann-FS 295 [304]; abw. W-*Hillenkamp* Rn 291; *Ladiges* JR 2008, 493 [494 ff], der iE darauf abstellt, ob der Wohnbereich betreten wird). Der Täter ist demnach nur nach § 243 I S. 2 Nr. 1 zu bestrafen; ggf in Tateinheit mit versuchtem Wohnungseinbruchsdiebstahl (Rn 43). Im umgekehrten Fall, in dem der Täter nach dem Einbruch oder Einstieg *in* die Wohnräume aus einem nicht der Wohnung zugehörigen Nebenraum stiehlt, macht er sich nach § 244 I Nr. 3 strafbar (BGH NStZ 2001, 533 m. Bspr *Trüg* JA 2002, 191; HRRS 2012 Nr. 411; *Fischer* Rn 48; *Schall* Schreiber-FS 423 [435 ff]; *Zopfs* Jura 2007, 510 [521]; diff. W-*Hillenkamp* Rn 291).

41 2. Die übrigen Tatbestandsmerkmale entsprechen denjenigen des § 243 I S. 2 Nr. 1 (vgl dort Rn 13 ff).

VI. Versuch

42 Der Versuch ist strafbar (Abs. 2); er beginnt mit dem unmittelbaren Ansetzen zum Diebstahl unter den jeweiligen Voraussetzungen des § 244.

VII. Konkurrenzen

Im Verhältnis zu § 242 und §§ 242, 243 ist § 244 lex specialis. Ist § 244 nur versucht, § 242 bzw §§ 242, 243 aber vollendet, so ist zur Klarstellung des Unrechts Idealkonkurrenz (§ 52) anzunehmen (vgl BGH NStZ 2008, 514). Gegenüber dem (vollendeten) § 249 tritt der Diebstahlstatbestand – auch in der Form der §§ 243, 244 – zurück (BGH NStZ-RR 2005, 202). 43

Bei Verwirklichung mehrerer Tatbestände des § 244 durch eine Handlung ist nur *eine* Tat des § 244 gegeben (BGH NJW 1994, 2034 f; HRRS 2014 Nr. 144). Abs. 1 Nr. 1 a und b schließen sich allerdings, soweit sie dasselbe Tatmittel betreffen, wechselseitig aus (*Fischer* Rn 53). Wird eine Tat nach Abs. 1 Nr. 1 und/oder Nr. 2 zugleich unter den Voraussetzungen von Nr. 3 begangen, so greift § 244 a als lex specialis ein. 44

Durch eine bandenmäßige Begehung werden mehrere (selbstständige) Diebstähle nicht zur Tateinheit verbunden; vielmehr stehen die Taten als jeweils selbstständige Bandendiebstähle in Realkonkurrenz (§ 53) zueinander. Etwas anderes gilt nur für den Beteiligten, welcher mehrere Einzeldelikte durch eine Handlung fördert (BGH StV 2008, 575 [576]). 45

VIII. Strafe

Der Strafrahmen liegt grds. zwischen 6 Monaten und 10 Jahren. Insbesondere im Hinblick auf die extensive Interpretation des Begriffs des gefährlichen Werkzeugs (§ 244 Abs. 1 Nr. 1 a) durch Rspr und Teile der Lehre (vgl zum Streitstand Rn 6 ff), hat der Gesetzgeber mit Wirkung zum 5.11.2011 in Abs. 3 eine Strafzumessungsregelung für einen minder schweren Fall normiert, die eine Freiheitsstrafe zwischen drei Monaten bis zu fünf Jahren vorsieht (vgl BT-Drucks. 17/4143, 7 f; zutr. krit. zur legislatorischen Inkonsequenz *Fischer* Rn 52 a; *Zopfs* GA 2012, 259 ff). 46

§ 244 a Schwerer Bandendiebstahl

(1) Mit Freiheitsstrafe von einem Jahr bis zu zehn Jahren wird bestraft, wer den Diebstahl unter den in § 243 Abs. 1 Satz 2 genannten Voraussetzungen oder in den Fällen des § 244 Abs. 1 Nr. 1 oder 3 als Mitglied einer Bande, die sich zur fortgesetzten Begehung von Raub oder Diebstahl verbunden hat, unter Mitwirkung eines anderen Bandenmitglieds begeht.

(2) In minder schweren Fällen ist die Strafe Freiheitsstrafe von sechs Monaten bis zu fünf Jahren.

(3) Die §§ 43 a, 73 d sind anzuwenden.

I. Die Vorschrift wurde zur wirksameren Bekämpfung der **organisierten Kriminalität** in das StGB eingefügt und führt bei Vorliegen zu einer Reihe strafprozessualer Überwachungsmöglichkeiten (§§ 98 a ff, 100 a ff, 110 a ff StPO). Die Tat hat Verbrechenscharakter (§ 12 I), um einerseits der Abschreckung vor allem international verflochtener Verbrechensbanden zu dienen und andererseits auch eine Strafverfolgung im Bereich der Vorfeldkriminalität (zB Tatplanung im Ausland) zu ermöglichen (§ 30). Von der Zielsetzung her wäre allerdings eine Beschränkung auf die gewerbsmäßige Vorgehensweise nach Nr. 3 sinnvoller gewesen als 1 die pauschale Einbeziehung aller Regelbeispiele des § 243 (näher zur Vorschrift BT-Drucks. 12/989, 25; *Zopfs* GA 1995, 320 ff).

2 **II.** Der **objektive Tatbestand** setzt voraus, dass der Täter unter den Voraussetzungen des Bandendiebstahls (§ 244 I Nr. 2) eine der besonderen Tatmodalitäten des Diebstahls nach § 243 I S. 2 oder § 244 I Nr. 1 bzw 3 begeht.

3 **1.** Insoweit müssen zunächst alle Merkmale einer Bande verwirklicht sein (§ 244 Rn 29 ff). Ferner ist eine bandenmäßige Tatbegehung erforderlich (§ 244 Rn 33 f). Täter eines schweren Bandendiebstahls können nur Bandenmitglieder sein; Außenstehende sind stets Teilnehmer (§ 244 Rn 35).

4 **2.** Ferner muss der Diebstahl unter Verwirklichung der Tatbestandsmerkmale von § 244 I Nr. 1 a oder Nr. 1 b (dort Rn 3 ff bzw 23 ff), § 244 I Nr. 3 (dort Rn 39 ff) oder § 243 I S. 2 Nr. 1-7 (dort Rn 7 ff) ausgeführt werden. Hierbei haben die Merkmale des § 243 I S. 2 Tatbestandsqualität und bilden nicht nur Regelbeispiele; es dürfen auch keine unbenannten besonders schweren Fälle berücksichtigt werden. Die Geringwertigkeitsklausel (§ 243 II) gilt nicht.

5 **III.** Die **subjektive Tatseite** verlangt Vorsatz. Der **Versuch** ist strafbar (§§ 12 I, 23 I); ein solcher ist etwa gegeben, wenn die bandenmäßige Verwirklichung einer der Tatmodalitäten nicht vollendet wird. Eine mögliche Anwendbarkeit von § 30 darf nicht übersehen werden.

6 **IV.** Ob für **Außenstehende** § 28 II gilt, hängt von der Einstufung der Bandenmitgliedschaft als tat- oder täterbezogenes Merkmal ab (§ 244 Rn 36 f). Bei gewerbsmäßigem Handeln der Bande (§ 243 I S. 2 Nr. 3) ist für den Außenstehenden stets § 28 II anwendbar (vgl nur *Fischer* Rn 2 b).

7 **V.** Für minder schwere Fälle, deren Feststellung nach der Rspr eine Gesamtwürdigung der Tat einschließlich der Täterpersönlichkeit voraussetzt (vgl BGHSt 2, 181 [182]; 4, 226 [229]), sieht Abs. 2 eine **Strafmilderung** vor (sog. unbenannter Strafänderungsgrund).

8 **VI.** § 244 a ist **lex specialis** gegenüber §§ 242 bis 244; wird § 244 a nur versucht, so ist Tateinheit anzunehmen, wenn §§ 242 bis 244 vollendet sind. Von §§ 250, 252, 255 wird § 244 a wiederum verdrängt; Abs. 3 bleibt aber weiterhin anwendbar.

§ 245 Führungsaufsicht

In den Fällen der §§ 242 bis 244 a kann das Gericht Führungsaufsicht anordnen (§ 68 Abs. 1).

§ 246 Unterschlagung

(1) Wer eine fremde bewegliche Sache sich oder einem Dritten rechtswidrig zueignet, wird mit Freiheitsstrafe bis zu drei Jahren oder mit Geldstrafe bestraft, wenn die Tat nicht in anderen Vorschriften mit schwererer Strafe bedroht ist.

(2) Ist in den Fällen des Absatzes 1 die Sache dem Täter anvertraut, so ist die Strafe Freiheitsstrafe bis zu fünf Jahren oder Geldstrafe.
(3) Der Versuch ist strafbar.

I. Allgemeines

1. Die Vorschrift dient dem **Schutz des Eigentums**. Da gutgläubiger Eigentumserwerb vom Besitzer möglich ist, kann der Geschädigte einer Unterschlagung – insbesondere in den Fällen der Veruntreuung nach Abs. 2 – sein Eigentum endgültig verlieren. Im Wege des 6. StrRG vom 26. 1. 1998 (BGBl. I, 164 ff) wurde der Tatbestand um die Möglichkeit der Drittzueignung erweitert. Ferner wurde die Voraussetzung eines bereits vor der Zueignung bestehenden Besitz- oder Gewahrsamsverhältnisses am Tatobjekt gestrichen. Durch diese Änderungen wurde der Anwendungsbereich der Norm ausgeweitet (vgl hierzu auch *Basak* GA 2003, 109 ff; *Duttge/Sotelsek* Jura 2002, 526; *Sinn* NStZ 2002, 64). Nach der ebenfalls eingefügten Subsidiaritätsklausel ist der Tatbestand jedoch nur anwendbar, wenn die Tat nicht in einer anderen Vorschrift mit schwererer Strafe bedroht ist (Rn 42).

2. § 246 enthält neben dem Grunddelikt der Unterschlagung (Abs. 1) den Qualifikationstatbestand der veruntreuenden Unterschlagung (Abs. 2). §§ 247, 248 a sind in beiden Fällen anwendbar.

3. Gegenüber dem Diebstahl, bei dem der Zueignungswille gerade durch eine Wegnahme realisiert wird, ist die Unterschlagung Grundtatbestand (näher Vor § 242 Rn 2 f mwN auch zur Gegenmeinung); sie umfasst jedes Verhalten, in dem sich der Wille des Täters, eine fremde bewegliche Sache sich oder einem Dritten rechtswidrig zuzueignen, in einer objektiv den berechtigten Eigentümerinteressen zuwiderlaufenden Weise manifestiert. Die Kriterien der Zueignung stimmen bei beiden Delikten überein.

4. **Gutachten:** Es empfiehlt sich, die Tatbestandsmerkmale der (veruntreuenden) Unterschlagung in folgenden Schritten zu prüfen:
   A) Tatbestand:
      I. Objektiver Tatbestand:
         1. Tatobjekt: Sache, die beweglich und fremd ist (Rn 5 ff)
         2. Tathandlung:
            a) Sich oder einem Dritten zueignen (= Verhalten, das sich für einen Beobachter als Manifestation des Willens darstellt, sich oder einem Dritten Eigenbesitz an der Sache zu verschaffen und dem Eigentümer den ihm zustehenden Besitz auf Dauer vorzuenthalten [Rn 7 ff, 11 ff, 22 ff])
            b) Rechtswidrigkeit der Zueignung (Rn 28 f)
      II. Subjektiver Tatbestand:
         1. Vorsatz hinsichtlich Tatobjekt, Zueignung und Rechtswidrigkeit (Rn 30);
         2. im Falle einer Selbstzueignung ist für die Zueignung ein Aneignungswille erforderlich (str., Rn 31 f)
   B) Rechtswidrigkeit der Tat insgesamt
   C) Schuld

D) Objektive und subjektive Voraussetzungen der Qualifikation nach Abs. 2 (kann bei einfachen Fällen auch im Rahmen von I. und II. mitgeprüft werden)

II. Grundtatbestand (Abs. 1)

5 1. **Tatobjekt:** Tatobjekt ist eine (bestimmte) **fremde bewegliche Sache** (näher § 242 Rn 4 ff). Hinsichtlich der Fremdheit kommt es nur auf die formale dingliche Rechtslage an, so dass auch zur Sicherheit oder unter Vorbehalt übereignete Gegenstände durch unberechtigte Weiterveräußerung unterschlagen werden können, es sei denn, es wird nur das Anwartschaftsrecht veräußert oder der Wiederverkauf ist – wie regelmäßig bei Kaufleuten (OLG Düsseldorf NJW 1984, 810 [811]) – gestattet (vgl BGHSt 16, 280 [281 f]). Maßgeblich ist die Eigentumslage zum Zeitpunkt der Tathandlung. Die zivilrechtliche Möglichkeit, eine Eigentumsübertragung mit ex-tunc-Wirkung anzufechten, ändert hieran nichts (zum Selbstbedienungstanken vgl NK-*Kindhäuser* § 242 Rn 17, 45 ff; Überblick bei *Lange/Trost* JuS 2003, 961 ff; ferner *Jäger* BT Rn 191 ff; *Schramm* JuS 2008, 678 [680 f]; *Streng* JuS 2002, 454 f).

6 Tatobjekt kann nur eine bestimmte (**konkretisierte**) **Sache** sein, da sich die Zueignung auf einzelne Sachen bezieht. Teile einer Sachgesamtheit sind vor Aussonderung (vgl § 243 II BGB) noch nicht hinreichend spezifiziert und kommen nicht als Zueignungsgegenstand in Betracht (vgl OLG Düsseldorf StV 1992, 422 f; HKGS-*Duttge* Rn 5; MK-*Hohmann* Rn 8; LK-*Vogel* Rn 8).

7 2. **Tathandlung: a) Definition und Merkmale:** Tathandlung der Unterschlagung ist die rechtswidrige (eigen- oder fremdnützige) Zueignung: **Zueignung** bedeutet, zumindest vorübergehend Eigenbesitz zu begründen (**Aneignung**) und dem Eigentümer auf Dauer den ihm zustehenden Besitz vorzuenthalten (**Enteignung**).

- Im Falle der **Selbstzueignung** nimmt der Täter die Sache in enteignender Weise in Besitz, um sie als ihm gehörend zu besitzen.
- Im Falle der **Drittzueignung** ermöglicht der Täter einem Dritten die Inbesitznahme der Sache als eigene, indem er ihm die hierzu erforderliche Sachherrschaft in enteignender Weise verschafft (vgl § 242 Rn 67 ff).
- Die Inbesitznahme zur Zueignung kann entweder durch die **Begründung neuen** (unmittelbaren oder mittelbaren) **Besitzes** oder durch die **Umwandlung bestehenden** (unmittelbaren oder mittelbaren) **Fremdbesitzes in Eigenbesitz** erfolgen (Rn 17 ff). Die Abgrenzung zwischen Zueignung einerseits und Sachbeschädigung sowie Gebrauchsanmaßung andererseits kann nach den für den Diebstahl geltenden Kriterien vorgenommen werden (§ 242 Rn 100 ff, 105 ff).

8 Die Zueignung hat eine objektive und eine subjektive Tatseite:
- **Objektiv** ist ein Verhalten erforderlich, in dem der Wille des Täters, sich oder einem Dritten Eigenbesitz an der Sache zu verschaffen und dem Eigentümer den ihm zustehenden Besitz vorzuenthalten, seinen Ausdruck findet (sog. **Manifestation des Zueignungswillens**). Hinreichend ist insofern jeder Umgang mit der Sache, der den berechtigten Besitzinteressen des Eigentümers erkennbar zuwiderläuft.
- **Subjektiv** muss der Täter auch tatsächlich mit dem Willen handeln, widerrechtlich sich oder einem Dritten den Eigenbesitz an der Sache zu verschaffen und dem Eigentümer den ihm zustehenden Besitz vorzuenthalten. Der

subjektive Tatbestand entspricht insoweit der Absicht rechtswidriger Zueignung beim Diebstahl (vgl § 242 Rn 63 ff).

Hieraus folgt, dass der Unterschlagungstatbestand objektiv solange nicht verwirklicht ist, wie sich der Täter äußerlich im Rahmen eines ihm zustehenden Besitzrechts bewegt oder den Besitz an der Sache in einer den Eigentümerinteressen entsprechenden Weise begründet. Exemplarisch: Nutzt A das ihm von B geliehene Fahrrad äußerlich absprachegemäß, so begeht A auch dann keine Unterschlagung, wenn er das Fahrrad behalten will (Tatprinzip); eine Zueignung kann vielmehr erst angenommen werden, wenn sich der Zueignungswille in einer den Eigentümerinteressen ersichtlich zuwiderlaufenden Handlung niederschlägt, zB in der (grundlosen) Verweigerung der Herausgabe des Fahrrads nach Ablauf der Leihfrist. Umgekehrt kann allein wegen des äußeren Verhaltens kein tatsächlicher Zueignungswille unterstellt werden; auch bei einem Verhalten, das objektiv einen Zueignungswillen zu indizieren scheint, kann subjektiv – etwa infolge eines Irrtums – ein Zueignungswille fehlen: Die Weigerung, eine Mietsache nach Ablauf der Frist zurückzugeben, kann zB auf einer fehlerhaften Berechnung der Frist beruhen. Die Zueignungshandlung wird also durch **objektive und subjektive Elemente konstituiert** (Rn 8), die **im Gutachten** im Rahmen des üblichen Prüfungsschemas festzustellen sind (vgl auch *Kindhäuser* BT II § 6 ff). 9

Die Zueignung ist **rechtswidrig**, wenn der Täter (im Falle der Selbstzueignung) oder der Dritte (im Falle der Drittzueignung) keinen fälligen und einredefreien Anspruch auf die Inbesitznahme der Sache als eigene hat. 10

b) Grundlagen: aa) Mit der Streichung des Merkmals „in Besitz oder Gewahrsam" durch das 6. StrRG (Rn 1) ist der frühere Streit, ob der Täter vor der Zueignung bereits Besitz begründet haben muss, ebenso obsolet geworden wie die Frage, ob die Beanspruchung mittelbaren Besitzes für die Zueignung ausreicht (zum früheren Streitstand vgl *Kindhäuser* BT II 1, 1. Aufl. 1998, § 6/8 ff, 35 ff). Für die Zueignung iSd Unterschlagungstatbestands genügt **jede Form der Besitzänderung**. Als Zueignung ist es etwa anzusehen, wenn der Täter seinen mittelbaren Fremdbesitz zugunsten des Eigentümers in mittelbaren Eigenbesitz umwandelt. Exemplarisch: Täter T hat eine ihm von Eigentümer E mietweise überlassene Sache (berechtigt) an B untervermietet; er veräußert und übereignet nun die Sache unter Abtretung des Herausgabeanspruchs gegen B an D (vgl §§ 929, 931, 870 BGB). In diesem Fall waren zunächst E mittelbarer Eigenbesitzer (vgl §§ 868, 872 BGB), T mittelbarer Fremdbesitzer zugunsten des E und B unmittelbarer Fremdbesitzer zugunsten seines Untervermieters T; mit dem Übereignungsangebot an D hat T den Willen erkennen lassen, dass sich aus dem Eigentum ergebende Besitzrecht des E (auf Dauer) aufzuheben (Enteignung) und sich selbst zum mittelbaren Eigenbesitzer aufzuschwingen (Aneignung). Denn das Übereignungsangebot des T setzt logisch voraus, dass er (und nicht E) die Verfügungsgewalt eines Eigentümers über die Sache innehat. 11

Dass der Tatbestand der Unterschlagung nunmehr das Besitzerfordernis nicht mehr ausdrücklich erwähnt, ändert nichts daran, dass die **Zueignung** stets ein **besitzbezogenes Verhalten verlangt**. Zum einen setzt auch zivilrechtlich die Veränderung der dinglichen Rechtslage, die sich der Täter bei der Zueignung anmaßt, einen Übergang des Sachbesitzes voraus (NK-*Kindhäuser* Rn 9). Zum anderen wird durch ein Verhalten, das in keiner Weise die Besitzlage zum Nachteil des Berechtigten verändert, auch nicht schädigend in die Rechtsstellung des Eigentümers eingegriffen (*Mitsch* 2.2.1.3.2; *Sinn* NStZ 2002, 64 [67 f]; iE *Ambos* GA 2007, 127 [141 ff]). In Fällen, in denen der Täter an einen Dritten eine – we- 12 der in seinem noch in des Dritten Besitz befindliche – Sache unter Vortäuschung bestehenden Eigentums veräußert, kommt allein ein Betrug (§ 263) zum Nachteil des Getäuschten in Betracht. Exemplarisch: A verkauft B die von C getragene goldene Uhr mit der unwahren Behauptung, sie gehöre ihm. Die Rechtsstellung des C wird durch diesen Verkauf überhaupt nicht tangiert.

13 bb) Obgleich die Rspr – jedenfalls der Sache nach – überwiegend für die objektive Tatseite der Zueignung ein den (berechtigten) Eigentümerinteressen erkennbar zuwiderlaufendes Verhalten verlangt (vgl nur BGHSt 34, 309 [312]; OLG Düsseldorf NStZ 1992, 298 [299]), hält sie jedoch bisweilen auch ein objektiv neutrales Verhalten für ausreichend, wenn der Täter nur (subjektiv) mit dem erforderlichen Zueignungsvorsatz handelt (sog. **weite Manifestationstheorie**, vgl BGHSt 14, 38 [41]). Demnach soll auch der Bote, der für eine ausgelieferte Sache ordnungsgemäß das Entgelt entgegennimmt, eine Zueignung vollziehen, wenn er in der Absicht handelt, das Empfangene zu behalten (vgl auch LK-*Ruß*, 11. Aufl., Rn 14, 20; enger aber OLG Düsseldorf NStZ-RR 1999, 41 f). Indessen kann ein Beobachter in einem äußerlich ordnungsgemäßen Verhalten nur dann eine Manifestation des Zueignungswillens sehen, wenn ihm ein solcher Wille des Täters bereits bekannt ist. Damit aber wird der objektive Tatbestand vom subjektiven Tatbestand her interpretiert und die Differenzierung zwischen objektiven und subjektiven Tatelementen aufgegeben (vgl auch SK-*Hoyer* Rn 13). Im Übrigen lässt sich nach dieser Auslegung keine objektiv klare Grenze zwischen Vorbereitung, Versuch und Vollendung mehr ziehen, da das Unrecht rein subjektiv begründet wird (zu der im Einzelnen aber sehr ausdifferenzierten Rspr vgl nur BGH StV 2007, 241 [Behalten als „Sicherheit"]; bzgl Sicherungseigentum BGHSt 34, 309 [311 f]; BGH NStZ-RR 2006, 377 [378] m.Anm. *Hauck* wistra 2008, 241 ff; bzgl Leasing OLG Hamburg StV 2001, 577 f; zu unzureichenden bloßem Unterlassen der Herausgabe BGH wistra 2010, 483; OLG Hamm wistra 1999, 112 f m. Bspr *Fahl* JA 1999, 539 ff; OLG Brandenburg NStZ 2010, 220 f; LG Potsdam NStZ-RR 2008, 143 f; StV 2008, 361 f).

14 cc) Von einer verbreiteten Ansicht wird gefordert, dass sich aus dem äußeren Verhalten *eindeutig* auf einen Zueignungswillen des Täters schließen lassen müsse (sog. **enge Manifestationstheorie**, vgl S/S-*Eser/Bosch* Rn 10; W-*Hillenkamp* Rn 311; *Kleszczewski* BT § 8 Rn 65; vgl auch *Dedy* Jura 2002, 137 [142]). Das Erfordernis der eindeutigen Manifestation lässt sich jedoch vor allem im Bereich der praktisch wichtigen Abgrenzung zwischen Zueignung und Gebrauchsanmaßung allenfalls in Ausnahmesituationen einlösen. Wenn selbst ein Gewahrsamsbruch, wie das Beispiel des § 248 b zeigt, nur um einer Gebrauchsanmaßung willen erfolgen kann, lässt sich auch in Fällen der unerlaubten Aufrechterhaltung von Besitz rein objektiv kaum ausschließen, dass der Täter die Sache nur zeitweise nutzen will, ohne auch dem Eigentümer den ihm zustehenden Besitz auf Dauer vorenthalten zu wollen. So kann auch das Ableugnen des Besitzes, das im Allgemeinen als Zueignungshandlung angesehen wird (vgl S/S-*Eser/Bosch* Rn 20), durchaus der Sicherung einer nur vorübergehend gewollten Gebrauchsanmaßung dienen. Da mithin eine exakte Grenzziehung zwischen Enteignung und vorübergehender Besitzvorenthaltung nach rein objektiven Kriterien kaum einmal möglich ist, kann sachgemäß für die objektive Seite der Zueignung nur ein den Eigentümerinteressen eindeutig zuwiderlaufendes, nicht aber auch ein eindeutig enteignendes Verhalten verlangt werden; die entscheidende Abgrenzung kann erst im subjektiven Tatbestand vorgenommen werden (vgl § 242 Rn 105 ff; vgl auch *Otto* BT § 42/6: Berücksichtigung des Tatplans).

dd) Noch weitergehend wird im Schrifttum zur genaueren Konturierung der Unterschlagungshandlung vorgeschlagen, die Enteignungskomponente der Zueignung stärker zu betonen; so soll es erforderlich sein, dass der Täter Voraussetzungen schafft, unter denen ein endgültiger Sachverlust für den Berechtigten eingetreten ist oder (zumindest) die Gefahr eines solchen Verlustes erhöht wird (*Börner* Jura 2005, 389 [392]; *Dencker* Rudolphi-FS 425 [440 f]; *Gropp* JuS 1999, 1041 [1045]; SK-*Hoyer* Rn 22; *Maiwald*, Der Zueignungsbegriff im System der Eigentumsdelikte, 1970, 191 ff). Teils wird für die Aneignung eine vollständige Einverleibung der Sache oder des in ihr verkörperten Wertes in das Vermögen des Täters oder eines Dritten verlangt (*Noak*, Drittzueignung und 6. StrRG, 1999, 132 mwN). Demnach wäre ein bloßes Verkaufsangebot (unten Rn 21) nur Vorbereitung einer Unterschlagung, die objektiv erst mit der Übergabe der Sache vollzogen würde. Teils wird die Zueignung nur auf den entwertenden Verbrauch oder die Veräußerung der Sache beschränkt (*Kargl* ZStW 103, 136 [181 ff]). 15

Solchen Restriktionsversuchen steht jedoch entgegen, dass die Zueignung nicht mehr als die nach außen erkennbar gewordene Anmaßung einer eigentümerähnlichen Verfügungsgewalt verlangt. Wie auch sonst zwischen dem Erwerb des Eigentums und der Realisierung einer dem Eigentümer zustehenden Verwendungsmöglichkeit – zB dem Erwerb einer Wurst und deren Verzehr – zu unterscheiden ist, so ist auch bei der Unterschlagung zwischen der Anmaßung der eigentümerähnlichen Stellung (Zueignung) und einer diese Anmaßung konkretisierenden Verwendung zu differenzieren. Die konkrete Verwendung – bzw der geäußerte Wille zu einer bestimmten Verwendung – ist bei der Zueignung nur das (nach dem Tatprinzip erforderliche) objektivierte Indiz einer subjektiv vollzogenen Eigentumsanmaßung. 16

c) Manifestation des Zueignungswillens durch Besitzbeanspruchung: aa) Die objektive Tatseite der Zueignung verlangt ein Verhalten, dem die Bedeutung beigemessen werden kann, dass der Täter die dem Eigentümer zustehende Verfügungsgewalt über eine Sache zu eigenen Gunsten oder zugunsten eines Dritten aufheben will. Dies erfordert wiederum eine den Eigentümerinteressen zuwiderlaufende Beanspruchung von unmittelbarem (vgl § 854 BGB) oder mittelbarem (vgl § 868 BGB) Sachbesitz und ist gegeben, wenn der Täter (als **Nichtberechtigter**) von vornherein kein Recht zur Besitzbegründung hat, (als **Nicht-mehr-Berechtigter**) bestehenden Besitz nach Ablauf seiner Berechtigung aufrecht erhält oder (als **Nicht-so-Berechtigter**) die **Grenzen seines Besitzrechts überschreitet**. Bei entsprechender Garantenstellung kann eine zueignende Besitzbeanspruchung auch durch Unterlassen ausgedrückt werden (vgl BGH wistra 1987, 254 [255]; *Lagodny* Jura 1992, 659 [664 f]; *Mitsch* 2.2.1.4.2). Ein Kellner unterlässt etwa pflichtwidrig das Abführen einkassierter Gelder (OLG Düsseldorf NJW 1992, 60). Demgegenüber scheidet als Manifestation eines Zueignungswillens jede Begründung oder Ausübung von Besitz aus, die sich objektiv (äußerlich) im Einklang mit den Pflichten, die dem Täter gesetzlich und vertraglich oblagen, hält. So ist das auftragsgemäße Einkassieren von Geld auch dann keine Zueignung, wenn es der Täter später nicht abliefern will; hier kann sich der Zueignungswille erst in Folgehandlungen, zB einer unkorrekten Abrechnung mit dem Auftraggeber, in tatbestandsmäßiger Weise manifestieren. 17

bb) Die für die objektive Tatseite der Zueignung erforderliche Manifestation des Zueignungswillens kann zunächst angenommen werden, wenn der Täter in unzulässiger Weise **Besitz begründet**. Solche Konstellationen sind nur dann nicht 18 gegenüber dem Diebstahl subsidiär, sondern haben eine eigenständige Bedeutung, wenn – wie bei der Leichenfledderei oder Fundunterschlagung – kein fremder Gewahrsam gebrochen wird oder der Täter die Wegnahme nicht selbst begeht, sondern sich den Besitz durch einen (bösgläubigen und ggf nach § 242 strafbaren) Dritten verschaffen lässt. **Mittelbaren Besitz** kann der Täter nur dadurch begründen, dass ein anderer als Besitzmittler die Sache nunmehr für ihn besitzt (vgl § 868 BGB). Exemplarisch: A bejaht wahrheitswidrig die Frage des B, ob er (A) bei diesem am Vortag eine Uhr vergessen habe. Da B nunmehr (als unmittelbarer Besitzer) die Uhr für A bis zur Herausgabe an diesen besitzen will, eignet sie sich A durch Begründung mittelbaren Eigenbesitzes zu.

19 Da die **Inbesitznahme** einer gewahrsamslosen Sache durch einen **Finder** grds. zulässig ist, damit der Fund dem Eigentümer oder der zuständigen Behörde (vgl §§ 965, 978 BGB) angezeigt oder ausgehändigt werden kann, kommt eine Fundunterschlagung nur in Betracht, wenn der Täter sich erkennbar nicht wie ein ehrlicher Finder verhält; er stellt etwa seinen Fuß auf eine verlorene Sache, damit sie von Dritten nicht gesehen werden kann, oder wirft einen gefundenen Geldbeutel nach der Entnahme der darin befindlichen Banknoten wieder weg (W-*Hillenkamp* Rn 318). Ansonsten kann bei äußerlich ordnungsgemäßer Inbesitznahme eines Fundobjekts die Zueignungshandlung in der späteren Verwertung oder Weiterveräußerung der Sache sowie dem Unterlassen der unverzüglichen Anzeige (vgl §§ 965 II S. 1, 978 BGB) liegen.

20 cc) Sofern der Täter – zB als Mieter, Verwahrer, Pfandgläubiger oder Nießbraucher (vgl § 868 BGB) – **bereits** (unmittelbaren oder mittelbaren) **Besitz innehat**, ist (objektiv) von einer Zueignungshandlung auszugehen, wenn sein Verhalten so zu verstehen ist, dass er den Besitz nicht mehr für den Berechtigten ausüben will. Exemplarisch: Der Täter erfüllt einen fälligen und einredefreien Herausgabeanspruch des Eigentümers nicht, leugnet gegenüber dem Berechtigten den Besitz der Sache (vgl RGSt 72, 380 [382]) oder verschleiert den Standort einer sicherungsübereigneten Sache, die verwertet werden soll (vgl BGHSt 34, 309 [311]). Oder: Der Täter verzehrt oder verbraucht ihm zur Aufbewahrung überlassene Sachen (*Mitsch* 2.2.1.4.2).

21 Ferner kann eine Zueignung in einer auf den Abschluss eines Kaufvertrags gerichteten **Willenserklärung** über eine im (unmittelbaren oder mittelbaren) Besitz des Täters befindliche Sache gesehen werden; ein solcher Verkauf impliziert die Anmaßung einer mit der Anerkennung fremden Eigentums unvereinbaren Verfügungsbefugnis. Im Verkauf **unausgesonderter Gattungssachen** liegt hingegen mangels hinreichender Bestimmtheit des Tatobjekts noch keine Zueignung; hier kann die Unterschlagung erst durch die spätere Aussonderung und die damit verbundene Begründung von Besitz an den einzelnen Gegenständen verwirklicht werden (BGH NJW 1959, 1377). Schließlich kommen (objektiv) als Zueignungshandlungen auch tatsächliche Verfügungen, die Rechtsfolgen auslösen, in Betracht, wie zB die Verbindung mit anderen Sachen (§§ 946 f BGB), das Vermischen (§ 948 BGB) – zB von Geld – oder die Verarbeitung (§ 950 BGB).

22 d) **Drittzueignung:** Bei der Drittzueignung (vgl hierzu BGH NStZ-RR 2006, 377 [378]; *Schenkewitz* NStZ 2003, 17 ff) kann der Täter dem Dritten (allein oder gemeinsam mit diesem) neuen oder bereits bestehenden Besitz an der Sache verschaffen. Grds spielt es keine Rolle, ob sich der Dritte die Sache bös- oder gutgläubig aneignet (W-*Hillenkamp* Rn 313; abw. – Einverständnis in die Zueignung erforderlich – *Bussmann* StV 1999, 613 [616]; *Mitsch* ZStW 111, 65 [86]; zu den Postplünderungsfällen durch DDR-Funktionäre vgl BGHSt 41, 187 ff).

Die bloße Aufgabe des Besitzes an einer Sache in der Annahme, ein (beliebiger) Dritter werde sie sich aneignen, reicht für die Drittzueignung nicht aus, da hier der Erwerb der Sachherrschaft nicht vom Täter abgeleitet ist (S/S-*Eser/Bosch* Rn 21; vgl auch *Dencker* Rudolphi-FS 425 [436]).

aa) Die Unterschlagung durch **Verschaffung neuen Besitzes** zugunsten eines Dritten hat gegenüber dem Diebstahl in der Drittzueignungsvariante nur eine eigenständige Bedeutung, wenn mittelbarer Besitz neu begründet wird oder wenn der neue Besitz nicht durch Wegnahme erlangt wird. Exemplarisch für die letztgenannte Konstellation: Bei einem Gespräch mit B entdeckt A einen auf dem Boden liegenden Ring, auf den er B mit der Bemerkung aufmerksam macht, er (A) habe diesen Ring gerade verloren und B solle ihn als Geschenk an sich nehmen; der gutgläubige B hebt den Ring auf und steckt ihn hocherfreut ein (trotz vorgetäuschten Eigentums scheidet hier eine Unterschlagung des A in der Variante der Selbstzueignung aus, da A weder selbst Besitz begründet noch B den Ring für A in Besitz nimmt). 23

bb) In der zweiten Fallgruppe, bei welcher der Täter bereits (mittelbarer oder unmittelbarer) Besitzer des Tatobjekts ist, kommt eine Drittzueignung in Betracht, wenn der Täter entweder seinen bisherigen Besitz zugunsten des Dritten aufgibt oder in Fremdbesitz zugunsten des Dritten umwandelt. 24

In der **Besitzaufgabe** kann eine Drittzueignung gesehen werden, wenn sich der Täter damit einverstanden erklärt, dass eine Sache, die er bislang in (unmittelbarem oder mittelbarem) Besitz für einen anderen hatte, von einem (bösgläubigen) Dritten in (unmittelbaren oder mittelbaren) Eigenbesitz genommen wird (bei Gutgläubigkeit des Dritten kommt eine Schenkung in Betracht, die eine Eigentumsanmaßung iSe Selbstzueignung voraussetzt, vgl § 242 Rn 90, 111). Gleiches gilt, wenn der Täter unter den genannten Voraussetzungen (als Garant) nicht gegen die Begründung von Eigenbesitz durch einen Dritten einschreitet. 25

Eine Drittzueignung liegt ferner (objektiv) vor, wenn der Täter durch sein Verhalten (ausdrücklich oder konkludent) zu verstehen gibt, dass er seinen bisherigen Besitz zugunsten des Berechtigten beendet und nunmehr das Tatobjekt für einen Dritten besitzt. Eine solche Drittzueignung durch **Änderung des Fremdbesitzerwillens** setzt voraus, dass der Dritte die Sache in Absprache mit dem Täter in (mittelbaren) Eigenbesitz nimmt. Exemplarisch: A hat ein wertvolles Buch von E ausgeliehen. Er erklärt sich damit einverstanden, dass sich D, dem die Eigentumsverhältnisse bekannt sind, als Eigentümer des Buches ausgibt und es an den (gutgläubigen) G unter Abtretung des Rückgabeanspruchs gegen A aus einem angeblich zwischen ihnen bestehenden Leihverhältnis verkauft und übereignet (vgl §§ 931, 934 BGB). Hier drückt A durch sein Einverständnis mit dem Vorgehen des D aus, den E enteignen und dem D die Aneignung des Buches ermöglichen zu wollen. 26

Schließlich kommt eine Drittzueignung bei gesetzlichem Eigentumsübergang nach §§ 946 ff BGB infrage. Dies ist etwa der Fall, wenn der Täter als Besitzer (oder Gewahrsamsdiener) fremde Sachen dergestalt mit der Sache eines Dritten **verbindet, vermischt oder verarbeitet**, dass der Dritte nach den gesetzlichen Regeln Alleineigentümer des Produkts wird (s. auch Rn 21). Exemplarisch: Knecht K baut für B auf dessen Hof eine Scheune; hierzu verwendet er auch Holz, das A bei B eingelagert hat. 27

e) Rechtswidrigkeit der Zueignung: Die Zueignung ist rechtswidrig, wenn sie gegen die dingliche Rechtslage verstößt und nicht durch einen fälligen und einrede- 28 freien Übereignungsanspruch gedeckt ist (näher § 242 Rn 120 ff). Verfügungen sind insbesondere rechtmäßig, wenn dem Täter (oder dem Dritten) eine Aneignungs- oder Verwertungsbefugnis (zB §§ 910, 954 ff, 1228 BGB, 371 HGB, § 80 InsO [hierzu auch *Tachau* wistra 2005, 449 ff]) zusteht, wenn er (oder der Dritte) als Mit- oder Gesamthandseigentümer eine Teilungsbefugnis bezüglich des beanspruchten Anteils hat oder wenn der Verfügungsberechtigte damit einverstanden ist, dass das Eigentum auf den Täter (oder den Dritten) übergeht. Eine bloß nachträgliche Genehmigung beseitigt die Rechtswidrigkeit der Verfügung nicht. Nicht rechtswidrig ist es auch, wenn sich der Empfänger eine ihm unter den Voraussetzungen von § 241 a BGB unbestellt zugesandte Sache durch Gebrauch, Zerstörung oder Veräußerung zueignet, da nach dieser Vorschrift – mit Ausnahme der formalen Eigentumsposition – alle Befugnisse eines Eigentümers auf den Empfänger übergehen und kein Raum mehr für die Anmaßung einer widerrechtlichen besitzbezogenen Verfügungsgewalt bleibt (iE hM, vgl hier – mit konstruktiven Abweichungen – *Haft/Eisele* Meurer-GS 245 [257]; *Matzky* NStZ 2002, 458 ff; *Tachau*, Ist das Strafrecht strenger als das Zivilrecht?, 2005, 173 ff, 199 ff mwN). Zu beachten ist jedoch, dass ggf die Strafbarkeit Dritter bestehen bleibt, weil sie von § 241 a BGB insofern nicht erfasst werden, als der Eigentümer die Sache gegen einen (bösgläubigen) Dritten vindizieren kann (Palandt/*Grüneberg* § 241 a BGB Rn 7, str.).

29 Die Rechtswidrigkeit der Zueignung ist (normatives) **Tatbestandsmerkmal** (§ 242 Rn 119) und von der Rechtswidrigkeit der Unterschlagung insgesamt, die bei Eingreifen eines Rechtfertigungsgrundes entfallen kann, zu unterscheiden.

30 **3. Subjektiver Tatbestand: a) Überblick: aa)** Die subjektive Tatseite der Unterschlagung verlangt zunächst, dass der Täter mit (zumindest bedingtem) **Vorsatz** hinsichtlich der **Fremdheit** des Tatobjekts handelt.

31 **bb)** Ferner muss die Unterschlagungshandlung, die aufgrund der den Eigentümerinteressen zuwiderlaufenden Veränderung der Besitzlage als Manifestation eines Zueignungswillens angesehen werden kann, vom Täter auch tatsächlich mit **Zueignungswillen** vorgenommen werden (§ 242 Rn 63 ff). Der Täter muss also mit Zueignungsabsicht handeln (vgl § 242 Rn 71 ff; vgl auch *Dencker* in: Dencker u.a., Einführung in das 6. StrRG, 1998, 23 ff; *ders*. Rudolphi-FS 425 [438 f, 442]; *Küper/Zopfs* Rn 825 f).

32 Nach verbreiteter Auffassung soll für die Zueignung jede Vorsatzform ausreichen (*Fischer* Rn 20; W-*Hillenkamp* Rn 320; SK-*Hoyer* Rn 40), da die Unterschlagung – anders als der Diebstahl – ausdrücklich keine Absicht verlange. Dem steht jedoch entgegen, dass jedenfalls die Selbstzueignung erfordert, dass der Täter die Sache als eigene besitzen *will*.

33 **cc)** Schließlich muss der Täter mit (zumindest bedingtem) **Vorsatz** davon ausgehen, dass die Zueignung rechtswidrig, dh ohne Rechtsanspruch, erfolgt (näher § 242 Rn 119, 128).

34 **b) Einzelfragen: aa)** Die **mehrfache Übereignung** einer Sache **zur Sicherheit** kann Unterschlagung oder Betrug sein: Eine Unterschlagung (Selbstzueignung) ist gegeben, wenn der Täter in der (rechtsirrigen) Annahme handelt, der zweite Sicherungsnehmer erwerbe auch dann Eigentum an der Sache, wenn sie ihm nicht entsprechend § 933 BGB übergeben wird. Dagegen liegt ein Betrug zulasten des zweiten Sicherungsnehmers vor, wenn der Täter (rechtlich zutreffend) davon ausgeht, der erste Sicherungsnehmer bleibe Eigentümer (vgl BGHSt 1, 262 [264 f]; abw. BGH GA 1965, 207). Keine Unterschlagung ist anzunehmen, wenn der Tä-

ter die sicherungsübereignete Sache aufgrund der ihm erteilten **Ermächtigung** (§ 183 S. 1 BGB) im eigenen Namen veräußert. Insbesondere bei der Sicherungsübereignung im Rahmen einer Händlereinkaufsfinanzierung ist der Sicherungsgeber auch ohne ausdrückliche Gestattung als ermächtigt zur Veräußerung der Sache im ordnungsgemäßen Geschäftsbetrieb anzusehen (BGH NStZ 2005, 631). Sofern der Täter eine fremde Sache **verpfändet**, fehlt es am Zueignungswillen auch dann nicht, wenn der Täter glaubt, aufgrund seiner Vermögens- und Einkommenssituation die Sache wieder rechtzeitig einlösen zu können (aA BGHSt 12, 299 [302] m. abl. Anm. *Bockelmann* JZ 1959, 495). Die mit der Verpfändung verbundene Eigentumsanmaßung wird durch den Willen zur späteren Schadensverhinderung nicht ausgeschlossen. Gleiches gilt, wenn der Täter dem Gerichtsvollzieher eine fremde Sache als eigene zur **Pfändung** aushändigt (vgl auch *Meyer* MDR 1974, 809 [811]).

bb) Nach vorherrschender Auffassung ist es als Zueignung anzusehen, wenn ein Amtswalter vereinnahmte Gelder zwar ordnungsgemäß in die **amtliche Kasse** legt, ihren Erhalt aber nicht sofort oder als frühere Zahlungseingänge verbucht, um Zeit zur Wiederbeschaffung von Fehlbeträgen zu gewinnen (BGHSt 9, 348; 24, 115; *Rudolphi* GA 1965, 33 [43 ff]). Hierfür spricht, dass der Täter das eingenommene Geld so verwendet, als erfülle er damit seine eigene Ersatzpflicht. Jedoch beansprucht der Täter zu keinem Zeitpunkt Eigenbesitz an den Geldscheinen, sondern missbraucht lediglich seinen Fremdbesitz: Er legt das Geld sofort in die Kasse und zeigt damit, dass er es für den Staat vereinnahmt (*Gribbohm* MDR 1965, 874 f; *Mitsch* 2.2.1.4.2; *Schöneborn* MDR 1971, 811). Das (zunächst) unterlassene bzw fehlerhafte Verbuchen dient nur der Verschleierung der Herkunft und des Zeitpunkts der Übereignung des Geldes, so dass der Täter den Dienstherrn allenfalls durch die zögerliche Erfüllung seiner Ersatzpflicht schädigt. 35

Ebenso ist ein Zueignungswille zu verneinen, wenn der Amtswalter das empfangene Geld erst nach einer Fehlbuchung in die Kasse legt (aA S/S-*Eser/Bosch* Rn 12); auch hier ist das Geld bereits bei der Übergabe wirksam an den Fiskus übereignet worden (§§ 929, 116, 164 BGB). Mit der Fehlbuchung will der Täter nur über das schuldrechtliche Grundgeschäft, nicht aber über die dingliche Rechtslage täuschen. 36

cc) Organe und Vertreter iSv § 14 können sich Sachen, über die sie für den Vertretenen verfügen, auch selbst zueignen. Allerdings ist das Veräußern fremder Sachen in fremdem Namen und für fremde Rechnung keine Unterschlagung, sondern allenfalls Untreue (vgl RGSt 67, 334 [335]). 37

4. Wiederholte Zueignung: Hat sich der Täter das Tatobjekt bereits durch eine strafbare Unterschlagung (bzw ein anderes Eigentums- oder Vermögensdelikt) zugeeignet, so kann er sich diese Sache nicht nochmals (durch einen weiteren Manifestationsakt) zueignen, sofern er nicht die Verfügungsgewalt an ihr zwischenzeitlich verloren hat. In der (schuldhaften) Zueignung liegt die dem Täter vorwerfbare Anmaßung, über das Tatobjekt künftig wie ein Eigentümer verfügen zu können. Die Zueignung ist wiederum grds. auf alle der Verfügungsgewalt eines Eigentümers unterliegenden Verwendungen der Sache bezogen. Daher kann schon begrifflich nicht in jeder konkreten Verwendung eine neue Manifestation des Zueignungswillens gesehen werden (sog. **Tatbestandslösung**, vgl BGHSt 14, 38; 16, 280 [281]; BGH NStZ-RR 1996, 131; KHH/*Hellmann* BT II Rn 246; *Otto* BT § 42/23; *Rengier* I § 5/54; *Schmid-Hopmeier*, Das Problem der Drittzueignung bei Diebstahl und Unterschlagung, 2000, 172). Anders verhält es sich 38 nur, wenn der Täter sich oder einem Dritten erneut Eigenbesitz an der Sache verschaffen will, nachdem er die Verfügungsgewalt über sie zuvor aufgegeben oder auf einen anderen übertragen hat.

39 Eine im Schrifttum verbreitete Lehre befürwortet jedoch die Möglichkeit weiterer Zueignungen (sog. **Konkurrenzlösung**, vgl *Eisele* BT II Rn 262 ff; S/S-*Eser/ Bosch* Rn 19; W-*Hillenkamp* Rn 328 ff; *Mitsch* 2.2.1.4.5), will diese aber grds. als mitbestrafte Nachtaten behandelt wissen, sofern die vorangegangene Unterschlagung nicht (zB wegen Unzurechnungsfähigkeit, Verjährung) straflos ist. Auf diese Weise soll die Bestrafung von Teilnahmehandlungen, die sich nur auf die spätere Unterschlagung beziehen, ermöglicht werden. Unterstützungshandlungen dieser Art lassen sich jedoch sachgemäß mit §§ 257, 259 erfassen. Gegen die Mindermeinung spricht zudem, dass sie zum Ausschluss einer Verjährung der Tat führen kann; mit jeder erneuten tatbestandsmäßigen Zueignungshandlung beginne die Verjährungsfrist von neuem. Einige Vertreter der Konkurrenzlösung wollen die **Subsidiaritätsklausel** (unten Rn 42) auch auf die zweite (und jede weitere) unterschlagende Zueignung anwenden, wenn die erste Zueignung durch ein (schwerer als die Unterschlagung wiegendes) Vermögensdelikt erfolgt ist (*Eckstein* JA 2001, 25 [30]; *Gropp* JuS 1999, 1045; *Joecks* Rn 32). Sofern jedoch die Subsidiaritätsklausel nur auf Delikte bezogen wird, die gleichzeitig mit der Unterschlagung verwirklicht werden (*Arzt/Weber/Heinrich/Hilgendorf* § 15/43; *Mitsch* 2.4.2.3), bleibt es hinsichtlich der Möglichkeit späterer unterschlagender Zueignungen beim Streit zwischen Tatbestands- und Konkurrenzlösung.

40 **5. Versuch, Beteiligung und Konkurrenzen:** a) Mit der Zueignung ist die Unterschlagung **vollendet** (BGHSt 14, 38 [43]; OLG Düsseldorf JZ 1985, 592). Der **Versuch** ist strafbar (Abs. 3). Da sich jedoch ein dem Zueignungsakt vorausgehendes Stadium des unmittelbaren Ansetzens regelmäßig nur schwer feststellen lässt – in einem Verkaufsangebot kann schon ein vollendeter Zueignungsakt liegen – betrifft der Versuch vor allem die vermeintliche Verwirklichung von Tatbestandsmerkmalen.

41 b) Die Abgrenzung von **Täterschaft und Teilnahme** lässt sich wegen der Möglichkeit einer fremdnützigen Unterschlagung kaum nach subjektiven Kriterien treffen. Für die Annahme von Täterschaft ist daher insbesondere auf die Mitwirkung an der Änderung der Besitzlage abzustellen. Auch für den Teilnehmer muss die Sache fremd sein.

42 c) § 246 ist seit dem 6. StrRG jedenfalls (formell) **subsidiär** zu allen **gleichzeitig** begangenen Eigentums- und Vermögensdelikten (Vor § 242 Rn 2 f mwN auch zu einer Ausdehnung der Klausel). Unter Berufung auf den Wortlaut des § 246 lässt der BGH die Unterschlagung auch zurücktreten, wenn sie mit einem Nichtvermögensdelikt tateinheitlich zusammentrifft (BGHSt 47, 243 im Anschluss an BGHSt 43, 237 bzgl § 125 I; BGH StraFo 2014, 434; zust. *Heghmanns* JuS 2003, 954 f; *Wagner* Grünwald-FS 797 [800 ff]; abl. *Cantzler/Zauner* Jura 2003, 483 [485 f]; *Freund/Putz* NStZ 2003, 242; *Hoyer* JR 2002, 517 f). Der Begriff der „Tat" iSv § 246 I lässt sich jedoch durchaus enger verstehen, und es entspricht dem Sinn der Subsidiarität, dass die nachrangige Strafvorschrift nur hinter einer Norm zurücktritt, die Handlungen gleicher Angriffsrichtung erfasst (*Küpper* JZ 2002, 1115 [1116] für eine relative Subsidiarität der Vorschrift). Versteht man „Tat" als tatbestandsmäßiges Verhalten und als vom Tatbegriff der §§ 52 ff verschieden (zur systematischen Auslegung eingehend *Hoyer* JR 2002, 517 [518]), so besteht die Tatbestandsverwirklichung und damit die „Tat" bei § 246 in der rechtswidrigen Zueignung einer fremden beweglichen Sache. Es

fragt sich dann lediglich, ob gerade das tatbestandsmäßige Zueignungsunrecht in anderen Vorschriften mit schwererer Strafe bedroht ist. Damit kommt auch die vom Gesetzgeber bezweckte Subsidiarität der Unterschlagung gegenüber sonstigen Eigentums- und Vermögensdelikten hinreichend im Normtext zum Ausdruck. Demgegenüber wäre eine Subsidiarität der Unterschlagung insbesondere gegenüber einem Totschlag materiell wenig sinnvoll, da das mit der Zueignung begangene Unrecht durch eine Verurteilung nach § 212 nicht einmal ansatzweise erfasst wäre.

Nach hM gilt die Subsidiaritätsregelung auch für die **Veruntreuung** (Abs. 2) und den Versuch (BGH NStZ 2012, 628; *Fischer* Rn 23; *Mitsch* 2.4.2.2). Eine **Wahlfeststellung** ist u.a. möglich mit Hehlerei, Untreue und Betrug, wegen des Stufenverhältnisses aber nicht mit Diebstahl (NK-*Kindhäuser* Rn 46; anders bzgl § 242 BGHSt 16, 184; 25, 182; S/S-*Eser/Bosch* § 242 Rn 79).

III. Veruntreuung (Abs. 2)

1. Abs. 2 **qualifiziert** die Unterschlagung für den Fall, dass das Tatobjekt dem Täter anvertraut ist. Eine Sache ist **anvertraut**, wenn der Besitz an ihr dem Täter (ausdrücklich oder konkludent) mit der Maßgabe eingeräumt wurde, die Herrschaft über sie iSd Berechtigten auszuüben. Ein besonderes Treueverhältnis (etwa iSd § 266) wird nicht vorausgesetzt (BGHSt 9, 90 [91 f]; 16, 280 [282]; enger SK-*Hoyer* Rn 46: Besitzüberlassung ohne Nutzungsbefugnis). Das Anvertrautsein ist ein besonderes persönliches Merkmal iSv § 28 II (BGH StV 1995, 84; M/R-*Schmidt* § 246 Rn 10).

Das Anvertrautsein kann gleichermaßen auf privaten und öffentlich-rechtlichen Rechtsverhältnissen beruhen. Erfasst wird grds. jedes schuldrechtlich begründete Besitzverhältnis (Miete, Leihe, Verwahrung, Auftrag usw), da ein solches dem Schuldner bestimmte Pflichten beim Umgang mit der ihm überlassenen Sache auferlegt; praktisch bedeutsam sind Eigentumsvorbehalt (BGHSt 16, 280 [282]) und Sicherungsübereignung. Ausreichend ist es, wenn das Tatobjekt nur im Mitbesitz des Täters steht. Der Besitz kann dem Täter vom Eigentümer selbst oder – mit dessen Einverständnis – von einem Dritten eingeräumt sein. Die Verpflichtung, mit der Sache in einer bestimmten Weise zu verfahren, kann der Täter gegenüber dem Eigentümer oder einem Dritten (zB Untermieter gegenüber Mieter) übernommen haben.

2. Ein tatbestandliches Vertrauensverhältnis kann nicht durch Auflagen, die **wegen Gesetzesverstoßes oder Sittenwidrigkeit nichtig** sind, begründet werden (SK-*Hoyer* Rn 47; NK-*Kindhäuser* Rn 41 mwN). Die Beschränkung des ansonsten unbestimmten Besitzes durch das Anvertrautsein kann nur strafrechtlich relevant sein, wenn sie berechtigt ist und rechtlich geschützten Interessen dient. Unwirksam ist ferner ein Vertrauensverhältnis, das der Täter aufgrund einer Täuschung des Anvertrauenden übernimmt (S/S-*Eser/Bosch* Rn 30; MK-*Hohmann* Rn 53; aA SK-*Hoyer* Rn 47; LK-*Vogel* Rn 64). Ansonsten ist aber die zivilrechtliche Wirksamkeit für das Bestehen des Vertrauensverhältnisses ohne Belang.

Die hM verlangt demgegenüber für das Anvertrautsein nur, dass Auflagen, die von einem Dritten erteilt werden, nicht in Widerspruch zu den Interessen des Eigentümers stehen (vgl BGH NJW 1954, 889; *Fischer* Rn 16 f). Demnach ist die Qualifikation nicht erfüllt, wenn der Dieb einem Dritten die Beute zur Aufbewahrung oder Veräußerung übergibt. Jedoch soll es einem Anvertrautsein nicht entgegenstehen, wenn das den Sachumgang betreffende Geschäft zwischen Eigentümer und Täter sittenwidrig oder verboten ist (BGH NJW 1954, 889).

48　3. Der **subjektive Tatbestand** erfordert Vorsatz hinsichtlich der vereinbarten Art und Weise des Sachumgangs.

§ 247 Haus- und Familiendiebstahl

Ist durch einen Diebstahl oder eine Unterschlagung ein Angehöriger, der Vormund oder der Betreuer verletzt oder lebt der Verletzte mit dem Täter in häuslicher Gemeinschaft, so wird die Tat nur auf Antrag verfolgt.

1　I. Durch das von der Vorschrift normierte Antragserfordernis sollen Konflikte intern erledigt und der Friede innerhalb persönlicher Näheverhältnisse gewahrt werden (BGHSt 10, 400 [403]; 29, 54 [56]; OLG Celle JR 1986, 385 f m.Anm. *Stree*). Der Wert des Tatobjekts ist ohne Belang.

2　Das Antragserfordernis gilt für Diebstahl (§§ 242 bis 244 a) und Unterschlagung (§ 246 einschließlich Veruntreuung), jeweils für Versuch und Vollendung. § 247 ist entsprechend anwendbar auf Hehlerei (§ 259 II), Betrug (§ 263 IV), Computerbetrug (§ 263 a II), Erschleichen von Leistungen (§ 265 a III) und Untreue (§ 266 II), nicht aber auf die selbstständigen Delikte des Raubes und des räuberischen Diebstahls (§§ 249 bis 252).

3　II. Ein Strafantrag ist erforderlich, wenn Täter und Verletzter zur Tatzeit in einem der genannten **persönlichen Verhältnisse** zueinander stehen:

4　1. **Angehörige** sind die in § 11 I Nr. 1 a und b genannten Personen (dort Rn 3 ff). Partner einer (nichteingetragenen) eheähnlichen Lebensgemeinschaft (§ 11 Rn 11) gelten zwar nicht als Angehörige, können aber ggf als in häuslicher Gemeinschaft lebend anzusehen sein.

5　2. Die **Vormundschaft** richtet sich nach §§ 1773 ff BGB; der Gegenvormund (§ 1792 BGB) ist ebenfalls Vormund. Das Antragserfordernis gilt nur bei einer Tat des Mündels gegen den Vormund, nicht aber für ein Delikt gegen das Mündel (zB nach § 266).

6　3. Ein **Betreuungsverhältnis** ist unter den Voraussetzungen der §§ 1896 ff BGB gegeben.

7　4. Eine **häusliche Gemeinschaft** setzt ein auf dem freien und ernstlichen Willen seiner Mitglieder beruhendes Zusammenleben für eine gewisse Dauer voraus (BGHSt 29, 54 [56 f]). Zu solchen Gemeinschaften gehören neben Familien auch tatsächliche, auf Dauer angelegte Wohn- und Haushaltsgemeinschaften; mögliche (berufliche) Abhängigkeitsverhältnisse stehen der Gemeinschaft nicht entgegen. In Betracht kommen u.a. Bewohner eines Altenheims, eines Internats oder eines Klosters, Mitglieder einer studentischen Wohngemeinschaft sowie Hausangestellte, die mit der Familie zusammenleben. Keine häusliche Gemeinschaft besteht dagegen zwischen Personen, die aufgrund öffentlich-rechtlicher Verpflichtungen verbunden sind, wie etwa bei Soldaten in einer Kaserne, Insassen einer Strafvollzugsanstalt oder Bewohnern eines Flüchtlingslagers (BT-Drucks. 7/550, 247; HKGS-*Duttge* Rn 9; LK-*Vogel* Rn 12 mwN; aA *Seelmann* JuS 1985, 699 [703]). Die für die häusliche Gemeinschaft charakteristische Übernahme wechselseitiger Rechte und Pflichten fehlt ferner, wenn der Täter von vornherein

Straftaten gegen Gemeinschaftsmitglieder beabsichtigt (NK-*Kindhäuser* Rn 8 mwN).

5. Das Verhältnis muss zum **Tatzeitpunkt** bestehen. Dass die Beziehung ggf zu einem späteren Zeitpunkt aufgelöst wird, ist, wie sich aus dem Grundgedanken des § 11 I Nr. 1 a ergibt, selbst dann ohne Belang, wenn Grund der Auflösung gerade die Tat ist (BGHSt 29, 54 [55 f]; OLG Hamm NJW 1986, 734). Das Antragserfordernis greift jedoch – entsprechend der für §§ 52, 252 StPO geltenden Auslegung (vgl BGHSt 22, 219 [220]; 27, 231; BGH StV 1988, 92) – auch ein, wenn das persönliche Verhältnis erst nach der Tat begründet wird. Die häusliche Gemeinschaft zwischen Lebensgefährten besteht auch während eines vorübergehenden Krankenhausaufenthalts eines Partners weiter fort; er bleibt auch dann strafantragsberechtigt, wenn er sich zeitweise in einem künstlichen Koma befindet und möglicherweise geschäftsunfähig ist (OLG Hamm NStZ-RR 2004, 111). 8

III. Zur Stellung des Strafantrags **berechtigt** ist bei Unterschlagung und Diebstahl der Eigentümer. 9

1. Nach der Auffassung, die in § 242 neben dem Eigentum auch den **Gewahrsam** als geschützt ansieht (§ 242 Rn 1), kommt beim Diebstahl als Verletzter auch der Gewahrsamsinhaber in Betracht (vgl MK-*Hohmann* Rn 11; abl. W-*Hillenkamp* Rn 335; NK-*Kindhäuser* Rn 11 f; *Maiwald*, Der Zueignungsbegriff im System der Eigentumsdelikte, 1970, 208). Besteht zu einem der Verletzten keine persönliche Beziehung, ist die Strafverfolgung auch ohne Antrag möglich. Gleiches gilt grds, wenn zwar ein persönliches Verhältnis zu beiden besteht, aber einer von ihnen – evtl auch gegen den Willen des anderen – Strafantrag stellt. Dies soll jedoch nur für den Fall gelten, dass der Gewahrsam gegenüber dem Eigentümer geschützt ist (BGHSt 10, 400 [401]); kein Antragsrecht hat demnach der Gewahrsamsdiener (§ 242 Rn 50). Ferner soll nach überwiegender Ansicht die Strafverfolgung nach Maßgabe des § 247 allein vom Antrag des verletzten Eigentümers abhängen, wenn der Gewahrsamsinhaber in keiner persönlichen Beziehung zum Täter steht und auch kein durch den Gewahrsam vermitteltes dingliches Besitzrecht hat (BGHSt 10, 400 [401 f]; *Fischer* Rn 3). 10

2. Bei **mehreren Eigentümern** ist ein Strafantrag nur erforderlich, wenn alle Eigentümer in einer persönlichen Beziehung zum Täter stehen. In diesem Fall ist jeder Verletzte unabhängig von der Zustimmung der anderen strafantragsberechtigt. Hinsichtlich des Tatbestands der Untreue sind die **Gesellschafter einer GmbH**, die sämtlich Familienmitglieder des Täters sind, als Verletzte anzusehen (BGH NStZ-RR 2005, 86 ff; aA *Bittmann/Richter* wistra 2005, 51 [53]). 11

3. Da eine gesetzliche Bestimmung für den Übergang des Strafantragsrechts auf Dritte (§ 77 II) fehlt, erlischt die Möglichkeit der Strafverfolgung mit dem **Tod des Verletzten** (OLG Hamm NStZ-RR 2004, 111), sofern bis dahin noch kein Antrag gestellt ist. 12

IV. Bei mehreren Tatbeteiligten (Mittäter, Teilnehmer) betrifft das Strafantragserfordernis nur denjenigen, der mit dem Verletzten durch ein persönliches Verhältnis verbunden ist; dies ergibt sich aus dem Grundgedanken des (nicht unmittelbar einschlägigen) § 28 II. Die Anstiftung zu einem Diebstahl, bei dem zwar der Täter, nicht aber der Anstifter Angehöriger des Verletzten ist, kann daher ohne Strafantrag verfolgt werden. 13

V. § 247 regelt nur die objektiven Anforderungen der Strafverfolgung. Ein **Irrtum** des Täters über die Voraussetzungen eines Antragserfordernisses ist ohne Bedeu- 14 tung (BGHSt 18, 123 [125 ff]; MK-*Hohmann* Rn 13). § 16 II ist nicht anwendbar.

§ 248 (weggefallen)

§ 248 a Diebstahl und Unterschlagung geringwertiger Sachen

Der Diebstahl und die Unterschlagung geringwertiger Sachen werden in den Fällen der §§ 242 und 246 nur auf Antrag verfolgt, es sei denn, daß die Strafverfolgungsbehörde wegen des besonderen öffentlichen Interesses an der Strafverfolgung ein Einschreiten von Amts wegen für geboten hält.

1 I. Die Vorschrift bezweckt eine Einschränkung der Strafverfolgung für Bagatelltaten des Diebstahls und der Unterschlagung; sie gilt nicht für Diebstahlsqualifikationen (§§ 244 f) und Raubdelikte (§§ 249 ff). Auf eine Vielzahl weiterer Delikte ist sie entsprechend anwendbar (vgl §§ 257 IV S. 2, 259 II, 263 IV, 263 a II, 265 a III, 266 II, 266 b II). Bei Unklarheiten über den Wert der Sache ist § 248 a zugunsten des Täters anzuwenden.

2 II. Sache iSd Vorschrift kann jeder taugliche Gegenstand eines Diebstahls oder einer Unterschlagung sein. Eine Sache ist **geringwertig**, wenn ihr Gewinn oder Verlust nach der Verkehrsauffassung als finanziell unerheblich angesehen wird. Die Geringwertigkeit ist allein nach dem (legalen) Verkehrswert zu bemessen, den die Sache zur Tatzeit hatte (hM, vgl nur BGH NJW 1977, 1460 [1461] zu § 243 II; HKGS-*Duttge* Rn 3; S/S-*Eser/Bosch* Rn 7). Wertsteigernde Veränderungen an der Sache durch den Täter (BGH NStZ 1981, 61 [62]) bleiben ebenso außer Betracht wie besondere Affektionsinteressen des Opfers oder dessen wirtschaftliche Lage (BT-Drucks. 7/1261, 27; S/S-*Eser/Bosch* Rn 7; einschr. *Fischer* Rn 3; L-Kühl-*Kühl* Rn 3 mwN). Die Obergrenze der Geringwertigkeit schwankt derzeit in der Rspr zwischen 25 und 50 Euro (25 Euro: BGHR StGB § 248 a Geringwertig 1; 30 Euro: OLG Oldenburg NStZ-RR 2005, 111; KG StraFo 2011, 65; 50 Euro: OLG Zweibrücken NStZ 2000, 536; OLG Hamm wistra 2003, 435 f; 2004, 34; OLG Frankfurt NStZ-RR 2008, 311 m. zust. Bspr *Jahn* JuS 2008, 1024 ff; *Henseler* StV 2007, 323 [324 ff]; *Satzger* Jura 2012, 786 [794]; krit. zu höheren Schwellenwerten M/R-*Schmidt* Rn 3). Sofern sich die Tat – ggf unter den Voraussetzungen einer natürlichen Handlungseinheit oder bei Mittäterschaft – auf mehrere Sachen bezieht, wird deren Wert addiert. Beim Versuch ist der Wert des vom Täter anvisierten Tatobjekts maßgeblich.

3 Anknüpfungspunkt für § 248 a ist nur der Wert des konkreten Tatobjekts. Außer Betracht bleiben Schäden, die der Täter bei Gelegenheit der Tatausführung anrichtet oder die sich aus dem Verlust der Sache für das Opfer ergeben (SK-*Hoyer* Rn 8; NK-*Kindhäuser* Rn 5).

4 § 248 a gilt nicht für Sachen, die unabhängig von ihrem ökonomischen Wert von objektiv **ideeller Bedeutung** sind oder die, wie Scheck- oder Kreditkarten, für ihren Inhaber einen besonderen funktionellen Wert haben (vgl § 243 Rn 40; OLG Köln JR 1992, 249 [252] m.Anm. *Otto*). Gleiches gilt für Sachen, für die es keinen (legalen) Markt gibt oder geben darf. Keine geringwertigen Sachen sind daher Behördenakten (BGH NJW 1977, 1460 [1461] m.Anm. *Geerds* JR 1978, 172; W-*Hillenkamp* Rn 253, 339 m. Fn 16).

III. Für die Anwendbarkeit von § 248 a, der eine Prozessvoraussetzung normiert, kommt es allein auf den objektiven Verkehrswert der Sache an. Die Bewertung des Tatobjekts durch den Täter spielt daher – anders als bei § 243 II – keine Rolle; ein **Irrtum** über die Geringwertigkeit ist daher in jeder Hinsicht unbeachtlich (MK-*Hohmann* Rn 14; LK-*Vogel* Rn 9). Auch bei einem Vorsatzwechsel während der Tatausführung kommt es allein auf den Wert des Gegenstands an, den der Täter tatsächlich entwendet oder unterschlägt (*Fischer* Rn 5; aA LK-*Ruß*, 11. Aufl., Rn 2, 9).

IV. Stellt der Verletzte (§ 247 Rn 9 ff) unter den Voraussetzungen des § 248 a keinen Strafantrag, kann die Tat nur bei Bejahung des **öffentlichen Interesses** verfolgt werden. Eine entsprechende Erklärung der Strafverfolgungsbehörden ist an keine Form und Frist gebunden und kann in der Beantragung eines Strafbefehls oder der Erhebung der Anklage liegen (BGHSt 16, 225 ff). Ausschlaggebend können – zB bei Massendelikten wie Ladendiebstahl – generalpräventive Gründe sein. In Betracht kommen vor allem aber spezialpräventive Überlegungen, etwa bei einer Tatausführung mit erheblicher krimineller Energie oder bei wiederholter Tatbegehung. Die Entscheidung über das Einschreiten von Amts wegen ist eine gerichtlich nicht überprüfbare Ermessensentscheidung der Staatsanwaltschaft, die allenfalls im Aufsichtswege durchgesetzt werden kann (NK-*Kindhäuser* Rn 16).

§ 248 b Unbefugter Gebrauch eines Fahrzeugs

(1) Wer ein Kraftfahrzeug oder ein Fahrrad gegen den Willen des Berechtigten in Gebrauch nimmt, wird mit Freiheitsstrafe bis zu drei Jahren oder mit Geldstrafe bestraft, wenn die Tat nicht in anderen Vorschriften mit schwererer Strafe bedroht ist.

(2) Der Versuch ist strafbar.

(3) Die Tat wird nur auf Antrag verfolgt.

(4) Kraftfahrzeuge im Sinne dieser Vorschrift sind die Fahrzeuge, die durch Maschinenkraft bewegt werden, Landkraftfahrzeuge nur insoweit, als sie nicht an Bahngleise gebunden sind.

I. Die Vorschrift pönalisiert (wie § 290) einen Fall des ansonsten straflosen „Gebrauchsdiebstahls" *(furtum usus)*. **Rechtsgut** ist das gegenüber dem Eigentum verselbstständigte Nutzungsrecht an einem Fahrzeug (hM, vgl *Arzt/Weber/Heinrich/Hilgendorf* § 13/141; W-*Hillenkamp* Rn 431). Demnach ist der Halter eines zur Sicherheit übereigneten oder unter Eigentumsvorbehalt gekauften Fahrzeugs gegenüber dem (formalen) Eigentümer vor unbefugtem Gebrauchsentzug geschützt. Teilweise wird jedoch auch das Eigentum als Rechtsgut angesehen (S/S-*Eser/Bosch* Rn 1; SK-*Hoyer* Rn 1 ff), mit der Folge, dass der Eigentümer kein tauglicher Täter sein kann.

Die Tat wird nur auf Antrag verfolgt (Abs. 3). Antragsberechtigter Verletzter ist neben dem Eigentümer jeder Gebrauchsberechtigte. Sofern der Eigentümer den Tatbestand verwirklicht, kann auch gegen ihn, sofern er als tauglicher Täter angesehen wird (Rn 1), Strafantrag gestellt werden.

3 § 248 b ist als **Dauerdelikt** schon mit der Ingebrauchnahme (Anfahren) vollendet und dauert bis zur Außerbetriebnahme fort (BGHSt 11, 47 [50]; OLG Düsseldorf NStZ 1985, 413). Der **Versuch** ist strafbar (Abs. 2) und beginnt bei Kraftfahrzeugen im Regelfall mit dem Einschalten der Zündung. Die Tat kann durch **Unterlassen** oder in **mittelbarer Täterschaft** verwirklicht werden; § 248 b ist kein eigenhändiges Delikt (BGH VRS 19, 288).

4 II. **Tathandlung** ist die vorübergehende Ingebrauchnahme eines Kraftfahrzeugs oder Fahrrads gegen den Willen des Gebrauchsberechtigten.

5 1. **Kraftfahrzeuge** sind Fahrzeuge, die durch Maschinenkraft bewegt werden, ohne – wie zB Straßenbahnen – an Bahngleise gebunden zu sein (Abs. 4), etwa Autos, Motorräder, Flugzeuge und Motorschiffe, nicht aber Fahrzeuge ohne eigenen Antrieb wie Segelflugzeuge, Segelboote und Anhänger. Oberleitungsbusse, Seil-, Hänge- und Schwebebahnen kommen wegen ihrer eingeschränkten Beweglichkeit und Reichweite nicht als Tatobjekte in Betracht (LK-*Ruß*, 11. Aufl., Rn 2; diff. LK-*Vogel* Rn 3).

6 **Fahrräder** sind radgebundene Fortbewegungsmittel, die mit den Füßen oder Händen bewegt werden (diff. OLG Hamm 4 RBs 47/13 v. 28.2.2013 zu § 24 a StVG). Einschlägig sind neben den üblichen Zweirädern auch Sondermodelle (zB Dreiräder, Tandems, Krankenfahrstühle).

7 2. Ein Fahrzeug wird durch seine bestimmungsgemäße Benutzung als Fortbewegungsmittel **in Gebrauch genommen**. Einerseits genügt daher das Rollenlassen des Fahrzeugs auf abschüssiger Straße, sofern es der Beförderung dient (BGHSt 11, 44 ff); andererseits wird der Tatbestand durch das bloße Einschalten und Laufenlassen des Motors ebenso wenig wie durch ein Wegschieben oder sonstiges Nutzen (zB Schlafen im Fahrgastraum) verwirklicht. Auch das Mitfahren als blinder Passagier scheidet mangels Nutzung des Fahrzeugs zu selbstständiger Fahrt aus. Für die Ingebrauchnahme ist keine nennenswerte Ortsveränderung erforderlich.

8 Die Ingebrauchnahme verlangt **keinen Gewahrsamsbruch** (BGHSt 11, 47 ff; OLG Neustadt MDR 1961, 708 f; LK-*Vogel* Rn 6 mwN; aA *Schmidhäuser* NStZ 1986, 460 [461]; diff. SK-*Hoyer* Rn 10 ff).

9 3. Die Ingebrauchnahme ist **unbefugt**, wenn sie gegen den (ausdrücklichen oder mutmaßlichen) Willen des Berechtigten erfolgt. Die mangelnde Befugnis ist Tatbestandsmerkmal.

10 a) **Berechtigter** ist, wem das Recht auf den Besitz des Fahrzeugs zum Zwecke seines Gebrauchs zusteht. Dies kann der Eigentümer, aber auch ein schuldrechtlich oder dinglich Berechtigter (zB Mieter, Vorbehaltskäufer) sein (BGHSt 11, 47 [51]; W-*Hillenkamp* Rn 433; NK-*Kindhäuser* Rn 5; LK-*Vogel* Rn 9; diff. S/S-*Eser/Bosch* Rn 1, 7). Das vom Eigentümer eingeräumte Gebrauchsrecht schließt nicht ohne Weiteres die Gebrauchsüberlassung an Dritte ein (vgl § 540 I S. 1 BGB; OLG Neustadt MDR 1961, 708 f).

11 b) Unbefugt ist jeder Gebrauch, der die **inhaltlichen oder zeitlichen Grenzen der Gebrauchsüberlassung überschreitet** (BGHSt 11, 47 [50]; BGH GA 1963, 344). Neben dem Nicht-Berechtigten können daher auch der Nicht-mehr-Berechtigte und der Nicht-so-Berechtigte ein Fahrzeug unbefugt in Gebrauch nehmen. § 248 b inkriminiert von seiner Zwecksetzung her nicht nur eine diebstahlsanaloge, sondern auch eine unterschlagungsanaloge Form der Nutzungsanmaßung, bei welcher der Täter – wie bei § 290 – die ihm eingeräumte Sachherrschaft zu unberechtigtem Gebrauch verwendet. Demgegenüber wird von einer Mindermeinung aus der Formulierung „in Gebrauch nehmen" geschlossen, dass der Täter die Nutzung ohne Befugnis beginnen müsse. Die zunächst ordnungsgemäß erfolgte, später aber vertragswidrig fortgesetzte Nutzung wäre dann tatbestandslos (BayObLG NJW 1953, 193 f; KHH/*Hellmann* BT II Rn 211 f; *Otto* BT § 48/6). Auch erfordere ein Strafrahmenvergleich mit § 246, dass das bei der Gebrauchsanmaßung fehlende Enteignungsmoment durch das Merkmal des Gewahrsamsbruchs ausgeglichen werde. Diese Einschränkung ist jedoch weder historisch (vgl *Wagner* JR 1932, 253 [255]) noch vom Wortlaut her begründet, und trägt auch hinsichtlich des Wertvergleichs nicht: Da der Gewahrsamsbruch keine Rechtsverletzung impliziert – auch der Gewahrsam des unberechtigten Besitzers kann nach hM gebrochen werden (vgl § 242 Rn 25) –, führt die Erweiterung des § 248 b um das Merkmal der Wegnahme nicht ohne Weiteres zu einer Unrechtssteigerung.

Beispiele: Ein Werksfahrer, der an einem Sonntag einen Firmenwagen vom Betriebsgelände zu einer Spazierfahrt holt, erfüllt unstr. (als Nicht-Berechtigter) den Tatbestand des § 248 b durch Gewahrsamsbruch. Dagegen handelt ein Kfz-Mechaniker, der das ihm zur Reparatur überlassene Fahrzeug zu einer Spritztour gebraucht, nur nach hM (als Nicht-so-Berechtigter) tatbestandsmäßig; hier fehlt der nach der Mindermeinung erforderliche Gewahrsamsbruch. Gleiches gilt, wenn ein (angestellter) Taxichauffeur gegen den Willen seines Chefs zu privaten Zwecken einen Umweg fährt. Schließlich wird der Tatbestand von demjenigen verwirklicht, der (als Nicht-mehr-Berechtigter) ein Fahrzeug nach Ablauf der Gebrauchsberechtigung (zB Miete) weiterhin nutzt (BGHSt 11, 47 [50 f]; OLG Schleswig NStZ 1990, 340 f; aA BayObLG NJW 1953, 193 f; vgl auch den Fall bei *Gröseling* JuS 2003, 1097 [1099]; jedoch straflos, wenn die Ingebrauchnahme allein zum Zweck der Rückführung an den Berechtigten erfolgt: BGH NJW 2014, 2887 f). 12

III. Der **subjektive Tatbestand** verlangt (zumindest bedingt) vorsätzliches Handeln (aA *Kleszewski* BT § 8 Rn 245: Absicht hinsichtlich des Gebrauchens). Ein Irrtum über das Tatbestandsmerkmal der mangelnden Befugnis wirkt vorsatzausschließend (§ 16 I S. 1). 13

IV. § 248 b ist **subsidiär** gegenüber anderen Delikten mit höherer Strafandrohung; dies gilt jedoch nur bezüglich solcher Delikte, die einen ähnlichen Rechtsgüterschutz bezwecken, also zB nicht hinsichtlich §§ 222, 229 (hM, vgl nur HKGS-*Duttge* Rn 15; *Fischer* Rn 11; abw. MK-*Hohmann* Rn 23). Mit Straßenverkehrsdelikten, die der Täter während des unbefugten Fahrzeuggebrauchs verwirklicht, besteht wegen der nur selten höheren Strafdrohung im Regelfall Tateinheit. 14

Sofern die Benutzung über die bloße Gebrauchsanmaßung hinausgeht und der **Zueignung** dient, scheidet § 248 b aus; die Tat ist dann Unterschlagung oder (bei Gewahrsamsbruch) Diebstahl. Jedoch kann sich der Täter ein zunächst (nur) unbefugt in Gebrauch genommenes Fahrzeug aufgrund eines späteren Entschlusses zueignen; in diesem Fall tritt § 248 b hinter § 246 zurück. 15

Die mit der Benutzung motorisierter Fahrzeuge verbundene Zueignung des **verbrauchten Kraftstoffs** (durch Unterschlagung bzw Diebstahl) wird als notwendige Begleittat des unbefugten Fahrzeuggebrauchs (mit privilegierungsähnlicher Wirkung) von § 248 b konsumiert. Andernfalls liefe § 248 b wegen der in ihm enthaltenen Subsidiaritätsklausel leer (BGHSt 14, 386 [388]; BayObLG NJW 1961, 280 [281]; vgl auch *Cantzler/Zauner* Jura 2003, 483 [487]). Von § 248 b 16 wird ferner § 303 hinsichtlich des wertmindernden Fahrzeuggebrauchs konsumiert.

§ 248 c Entziehung elektrischer Energie

(1) Wer einer elektrischen Anlage oder Einrichtung fremde elektrische Energie mittels eines Leiters entzieht, der zur ordnungsmäßigen Entnahme von Energie aus der Anlage oder Einrichtung nicht bestimmt ist, wird, wenn er die Handlung in der Absicht begeht, die elektrische Energie sich oder einem Dritten rechtswidrig zuzueignen, mit Freiheitsstrafe bis zu fünf Jahren oder mit Geldstrafe bestraft.

(2) Der Versuch ist strafbar.

(3) Die §§ 247 und 248 a gelten entsprechend.

(4) ¹Wird die in Absatz 1 bezeichnete Handlung in der Absicht begangen, einem anderen rechtswidrig Schaden zuzufügen, so ist die Strafe Freiheitsstrafe bis zu zwei Jahren oder Geldstrafe. ²Die Tat wird nur auf Antrag verfolgt.

1 I. Die Vorschrift ist die Antwort des Gesetzgebers auf die Ansicht des Reichsgerichts, dass elektrische **Energie keine** (körperliche) **Sache** sei und ihre Entwendung daher nicht unter die §§ 242, 246 falle (RGSt 29, 111 ff; 32, 165 [166 f]; anders der französische Kassationshof, *Sirey* 1913, Teil 1, 337; zum examensrelevanten Grundwissen zu § 248 c vgl *Bock* JA 2016, 502 ff). Erfasst werden **zwei Tatvarianten**, die sich hinsichtlich der subjektiven Tatseite voneinander unterscheiden: Während Abs. 1 Zueignungsabsicht erfordert, verlangt Abs. 4 Schädigungsabsicht. Die Formulierung des objektiven Tatbestands ist eng an den Diebstahlstatbestand angelehnt. Der **Versuch** ist nur bei einem Handeln nach Abs. 1 strafbar.

2 II. **Tathandlung** ist die Entziehung fremder elektrischer Energie aus einer elektrischen Anlage oder Einrichtung mittels eines nicht zur ordnungsgemäßen Entnahme bestimmten Leiters.

3 1. Objekt der Tat ist **elektrische Energie**; ihre Bestimmung richtet sich nach naturwissenschaftlichen Kriterien. Die elektrische Energie ist **fremd**, wenn der Täter kein Recht zu ihrer Entnahme hat (OLG Celle MDR 1969, 597) oder wenn sie dem vereinbarten Zweck zuwiderlaufend benutzt wird (RGSt 45, 230 [234]; aA MK-*Hohmann* Rn 6).

4 2. **Elektrische Anlagen und Einrichtungen** sind Vorrichtungen zur Erzeugung, Speicherung, Zusammenführung und/oder Übertragung elektrischen Stroms. Einschlägig sind u.a. Stromleitungen, Batterien und Akkumulatoren. Die Anlage (bzw Einrichtung) kann – wie bei Antennen oder Telefonen – selbst durch die elektrische Energie betrieben werden. Anlagen und Einrichtungen haben die gleiche Funktion; sie unterscheiden sich nur darin, dass die Einrichtung auch nur vorübergehender Natur sein kann, während die Anlage auf Dauer eingerichtet ist (LK-*Vogel* Rn 4).

5 3. **Entziehen** ist die einseitige Entnahme von Strom, die beim Berechtigten zu einem Verlust und beim Empfänger zu einem Zufluss an Energie führt. Ohne Belang ist es, wer die Leitung eingerichtet hat oder in wessen Eigentum und Gewahrsam sie steht (hM, vgl OLG Hamburg MDR 1968, 257; NK-*Kindhäuser* Rn 4 mwN; abw. M-*Schroeder/Maiwald* I § 33/143: Anlage müsse in fremdem

Gewahrsam stehen). Da Schwarzhören oder -sehen keinen Energieverlust beim Berechtigten bewirken, kommen sie nicht als Tathandlungen in Betracht.

4. Leiter sind technische Vorrichtungen, durch die Elektrizität aufgenommen und übertragen werden kann. In Betracht kommen vor allem Kabel und sonstige Metallteile. Die **Bestimmung** (Widmung) eines Leiters zur ordnungsgemäßen Energieentnahme wird vom Verfügungsberechtigten – in der Regel durch vertragliche Vereinbarung mit dem Abnehmer – getroffen (vgl die Kriterien zur Beurteilung eines Schlüssels als falsch, § 243 Rn 16). 6

Da die Vorschrift nur die unbefugte Stromentnahme durch einen nicht zur ordnungsmäßigen Energieentnahme bestimmten Leiter ahndet, sind weder die bloße (unbefugte) Nutzung fremder Energie – zB durch Betreiben eines Elektromotors mit falschen Münzen (vgl BayObLG MDR 1961, 619) – noch die bloß unbefugte Nutzung ordnungsgemäß zugeführter elektrischer Energie – zB die Manipulation von Stromzählern durch Magnete (*Kudlich/Oglakcioglu* Roxin, Imme-FS 265) – tatbestandsmäßig. Erfasst werden dagegen die Stromentnahme mittels eines nicht zum Leitungsnetz gehörenden Kabels (BGH GA 1958, 369), der Anschluss einer Lichtleitung an ein billigeres Netz unter Umgehung des Zählers mit dem höheren Normaltarif (RGSt 45, 230 [233]) oder das vertragswidrige Betreiben von Elektrogeräten mit eigenen Kabeln in Büros, Hotels usw (hM, vgl MK-*Hohmann* Rn 12). 7

Dass die unbefugte Entnahme elektrischer Energie nur tatbestandsmäßig ist, wenn sie mittels eines nicht ordnungsgemäßen Leiters erfolgt, führt zu sachwidrigen, aber nach der Gesetzesfassung hinzunehmenden Differenzierungen: So verwirklicht etwa ein Untermieter den Tatbestand, wenn er vertragswidrig ein eigenes Elektrogerät betreibt, handelt aber straflos, wenn er vertragswidrig Elektrogeräte des Mieters nutzt (vgl auch NK-*Kindhäuser* Rn 7). 8

III. Der **subjektive Tatbestand** verlangt zunächst (zumindest bedingten) **Vorsatz** bezüglich der Energieentziehung iSd objektiven Tatbestands. Ferner muss der Täter bei Abs. 1 mit Zueignungsabsicht, bei Abs. 4 mit Schädigungsabsicht handeln. **Absicht** ist jeweils iS zielgerichteten Wollens zu verstehen. 9

1. Gegenstand der rechtswidrigen **Zueignung** ist – analog zum Begriff der Zueignung bei den Eigentumsdelikten (vgl § 242 Rn 63 ff) – die Anmaßung der Position eines zur Energieentnahme Berechtigten. Hierbei geht es um die im Zufluss der Energie liegende Bereicherung. Sofern der Täter die elektrische Energie entzieht, um sie für eigene Zwecke zu nutzen, handelt er mit **Selbstzueignungsabsicht**. Entzieht der Täter elektrische Energie, damit sie ein anderer nutzen kann, handelt er mit **Drittzueignungsabsicht**. Da der Täter die Energie – zumindest nach Maßgabe einer mittäterschaftlichen Beteiligung – selbst entziehen muss, reicht es für eine tatbestandsmäßige Drittzueignung nicht aus, wenn der Täter nur eine Vorrichtung konstruiert, die es einem Dritten ermöglicht, Energie zu entziehen; ein solches Verhalten hätte nur den Charakter einer Beihilfe zur Tat des Dritten. Die Variante der Drittzueignung kommt daher nur in Konstellationen in Betracht, in denen sich der Täter im Lebens- oder Geschäftsbereich des Dritten bewegt, also zB für diesen arbeitet. 10

Die Zueignung ist nicht **rechtswidrig**, wenn der Täter (bzw der Dritte) einen Anspruch auf die Energie hat oder mit Einwilligung des Berechtigten handelt. Die Rechtswidrigkeit der Zueignung ist (normatives) Tatbestandsmerkmal. 11

2. Der Täter handelt (nur) mit **Schädigungsabsicht**, wenn es ihm nicht auf die Nutzung der Energie ankommt. Diese Tatvariante ist jedoch praktisch bedeu- 12 tungslos, da reine Schädigungen – zB durch Herbeiführen eines Kurzschlusses – gewöhnlich nicht zu einem nennenswerten Energieverlust führen und zudem nicht unter Verwendung eines nicht ordnungsgemäßen Leiters verursacht werden. Nicht tatbestandsmäßig sind Fälle, in denen Schäden durch den Einsatz (statt Entzug) von Energie angerichtet werden.

13 IV. Auf eine Tat nach Abs. 1 sind die Vorschriften über das **Strafantragserfordernis** nach §§ 247, 248 a entsprechend anwendbar (Abs. 3). Die Verfolgung einer Tat nach Abs. 4 setzt einen Strafantrag des Geschädigten voraus (Abs. 4 S. 2).

Zwanzigster Abschnitt Raub und Erpressung

Vorbemerkung zu den §§ 249–256

1 I. Im 20. Abschnitt werden die Eigentumsdelikte des Raubes (§ 249) und des räuberischen Diebstahls (§ 252) sowie das Vermögensdelikt der Erpressung (§§ 253, 255) einschließlich der gemeinsamen Qualifikationstatbestände des schweren Raubes (§ 250) und des Raubes mit Todesfolge (§ 251) zusammengefasst. Das **systematisch** verbindende Handlungselement dieser Delikte ist der Einsatz von **Nötigungsmitteln**. Wegen der für den jeweiligen Deliktscharakter konstitutiven Kombination aus Nötigung und Eigentums- bzw Vermögensverletzung werden Raub, räuberischer Diebstahl und Erpressung als selbstständige Delikte angesehen, auf welche die Strafverfolgungsbegrenzungen der §§ 247, 248 a nicht anwendbar sind (BGHSt 20, 235 [237]; BGH NStZ-RR 1998, 103; LK-*Vogel* Rn 42; aA *Burkhardt* JZ 1973, 110 [112]).

2 II. Wegen des gemeinsamen Nötigungselements dienen Raub und Erpressung gleichermaßen dem **Schutz der persönlichen Freiheit**. Ob sie auch hinsichtlich ihres vermögensrechtlichen Schutzes dergestalt übereinstimmen, dass der Raub als **Unterfall** der Erpressung angesehen werden kann, ist in Rspr und Literatur lebhaft umstritten. Die hM befürwortet dies und sieht die räuberische Erpressung als subsidiären Auffangtatbestand (oder als lex generalis) im Verhältnis zum Raub an (vgl nur BGHSt 7, 252 [255]; 14, 386 [390]; BGH bei *Holtz* MDR 1992, 17 [18]; LK-*Vogel* Rn 59 ff, § 253 Rn 11 ff; zum System und Verhältnis der §§ 249, 252 und 255 siehe auch *Kudlich/Aksoy* JA 2014, 81 ff). Eine im Schrifttum verbreitete Ansicht begreift die Erpressung jedoch als ein dem Betrug (§ 263) verwandtes Selbstschädigungsdelikt, in dessen Tatbestand das Merkmal einer Vermögensverfügung des Genötigten hineinzulesen sei und das folglich zum Raub in einem **Exklusivitätsverhältnis** stehe (S/S-*Eser/Bosch* § 253 Rn 8, 31; MK-*Sander* § 253 Rn 13 ff).

3 1. Einer Deutung der Erpressung als ein den Raub umfassendes Delikt steht das Argument entgegen, dass § 249 **überflüssig** wäre, wenn er nur ein Unterfall der mit der gleichen Strafe bedrohten qualifizierten Erpressung nach § 255 wäre (*Eisele* BT II Rn 770; *Schröder* ZStW 60, 33 [110]). Das StGB, dem keine logisch-systematische Konzeption mit scharf abgegrenzten Schutzfunktionen zugrunde liegt, kennt jedoch sowohl Lücken als auch Überschneidungen. Vor allem Qualifikationstatbestände sollen den Unwert bestimmter Handlungsmodalitäten verdeutlichen. Anders als die Erpressung ist der Raub – mit einem bestimmten Tat- und Täterbild („Räuber") – ein historisch über einen langen Zeitraum gewachsenes Delikt (vgl *Lüderssen* GA 1968, 257 [262 f]), das in seiner Aufgabe, spezifisches Unrecht plastisch hervorzuheben, auch dann nicht überflüssig ist, wenn es

nur als besonderer Fall des allgemeineren Erpressungstatbestandes fungiert. Auch die Argumente, dass die Erpressung (§ 253), wenn sie das Grunddelikt wäre, am Anfang des zwanzigsten Abschnitts stehen müsste, und dass die allgemeinere räuberische Erpressung (§ 255) hinsichtlich ihrer Rechtsfolge nicht auf ein spezielleres Delikt verweisen dürfe (vgl *Tenckhoff* JR 1974, 489 [490 f]), wären nur zwingend, wenn das StGB, was ersichtlich nicht der Fall ist (vgl nur §§ 211 ff, 232 ff), durchgängig systematisch geordnet wäre.

2. Einer Einstufung der Erpressung als Grundtatbestand des Raubes wird weiterhin entgegengehalten, dass auf diese Weise die **qualitative Abschichtung** des Diebstahls gegenüber anderen Wegnahmedelikten und der straflosen Gebrauchsanmaßung (zB §§ 248 b, 289) unterlaufen werde (*Otto* ZStW 79, 59 [86]; MK-*Sander* § 253 Rn 18). So erscheine es etwa ungereimt, über § 255 eine mit qualifizierten Nötigungsmitteln begangene Pfandkehr dem Raub gleichzustellen, obwohl § 289 eine geringere Strafdrohung als der Diebstahl aufweist. Doch dieser Einwand ist wenig überzeugend, weil von § 255 unstr. die mit (qualifizierten) Nötigungsmitteln erzwungene Herausgabe der Pfandsache ("Vermögensverfügung") erfasst wird. Ob der Täter mit (qualifizierten) Nötigungsmitteln eine Pfandsache wegnimmt oder sich vom Berechtigten aushändigen lässt, macht hinsichtlich des jeweiligen Unrechts keinen Unterschied; § 240 stellt den Fall, in dem das Opfer eine Handlung des Täters dulden muss (Wegnahme), dem Fall, in dem das Opfer zu einer eigenen Handlung gezwungen wird (Verfügung), gleich.

Dass im Übrigen die Systematik der Vermögensdelikte nicht unterlaufen wird, wenn die Erpressung als Grundtatbestand des Raubes angesehen wird, zeigt sich daran, dass alle (auch ansonsten straflosen) Vermögensschädigungen über § 255 dem Raub gleichgestellt werden, wenn der Täter das Opfer mit qualifizierten Nötigungsmitteln veranlasst, die vermögensschädigende Handlung selbst vorzunehmen. Nötigt zB der Täter das Opfer mit Todesdrohungen dazu, ihm einen Gegenstand zur zeitweiligen Nutzung zu übergeben, so ist die Tat unstr. nach § 255 mit dem Strafmaß des § 249 (und ggf des § 250) zu ahnden. Dann lässt sich aber nicht begründen, warum ein Täter, der mit denselben Nötigungsmitteln den Widerstand des Opfers gegen die Wegnahme der fraglichen Gegenstandes bricht, nicht nach §§ 255 bzw 249, sondern nur nach § 240 zu bestrafen sein soll. Insoweit die gesetzgeberische Wertung, alle mit qualifizierten Nötigungsmitteln begangenen Vermögensschädigungen über § 255 dem Raub gleichzustellen, fragwürdig sein; da sie jedoch gilt, macht es wenig Sinn, den Vermögensschutz im Falle der (regelmäßig durch vis absoluta) abgenötigten Wegnahme auf Vermögensschädigungen gerade durch Zueignung zu beschränken.

3. Schließlich ist die Einstufung der Erpressung als Grundtatbestand des Raubes mit Schwierigkeiten verbunden, die sich aus der Abstufung der Nötigungsmittel ergeben: Bei der einfachen Erpressung (§ 253) genügt zur Nötigung neben der Anwendung von Gewalt, die sich auch gegen Sachen richten kann, die Drohung mit einem empfindlichen Übel. Weitergehend verlangen §§ 249 und 255 Gewalt gegen eine Person oder Drohung mit gegenwärtiger Gefahr für Leib oder Leben. Einen der einfachen Erpressung im Intensitätsgrad entsprechenden ("kleinen") Raub kennt das Gesetz nicht; vielmehr ist der ohne Personengewalt oder Drohung mit einer solchen abgenötigte Diebstahl nach §§ 240, 242, 52 zu bestrafen. Hieraus wird gefolgert (vgl L-Kühl-*Kühl* § 253 Rn 3): Wenn die Erpressung der Grundtatbestand des Diebstahls mit Nötigungsmitteln wäre, dann müsste bei einem "kleinen Raub" stets auch § 253 als "Grundtatbestand" zu §§ 240, 242, 52 verwirklicht sein. Sollen §§ 240, 242, 52 keine Privilegierung des Erpres-

sungstäters darstellen, wofür nichts spricht, so müsste das Unrecht dieser Delikte mit demjenigen von § 253 korrespondieren.

7 Indessen entspricht der Strafrahmen des § 242 auch ohne Nötigung demjenigen des § 253. Nur besonders schwere und qualifizierte Fälle des Diebstahls (zB § 243, nicht aber § 244 a) werden teils geringer eingestuft als solche der Erpressung (§ 253 IV). Um Inkonsequenzen zu vermeiden, ist daher auf Fälle, in denen ein „kleiner Raub" die Voraussetzungen des § 253 IV erfüllt – also insbesondere Taten nach §§ 240, 242, 243 I Nr. 2, 52 oder §§ 240, 244 I Nr. 3, 52 –, auch dessen Mindeststrafe anzuwenden. Die speziell für den Diebstahl (und damit auch den „kleinen Raub") geltenden Antragserfordernisse nach §§ 247, 248 a werden dagegen durch den allgemeineren Erpressungstatbestand nicht aufgehoben (aA *Schünemann* JA 1980, 486 [490]).

8 **III. Konkurrenzverhältnis:** Auch wenn die Argumente für eine Selbstständigkeit des Raubes eine gewisse Plausibilität beanspruchen können, spricht doch deutlich mehr für eine Einstufung der Erpressung als „Grundtatbestand". Allerdings ist es nach der vorherrschenden Auslegung der §§ 249 und 253, 255 nicht möglich, den Raub im Verhältnis zur (räuberischen) Erpressung als lex specialis ieS anzusehen. Denn diese Auslegung verlangt einerseits bei der Erpressung Kausalität zwischen Nötigung und Vermögensschaden (§ 253 Rn 33), lässt aber andererseits beim Raub einen subjektiven Finalzusammenhang zwischen Nötigung und Diebstahl genügen (§ 249 Rn 12). Es kann nicht das speziellere Delikt weniger Tatbestandsmerkmale enthalten als das allgemeinere (Vor § 52 Rn 30). Außerdem bezieht die hM den Vermögensschutz der Erpressung nur auf Güter mit wirtschaftlichem Wert (vgl § 253 Rn 32, § 263 Rn 162 ff), während sie den Schutz der Eigentumsdelikte formal auch auf Güter ohne Marktwert erstreckt, also den Schutzbereich der Vermögensdelikte enger zieht als bei den Eigentumsdelikten (vgl § 242 Rn 10). Der Raub einer wirtschaftlich wertlosen Sache könnte somit nicht zugleich auch als (räuberische) Erpressung angesehen werden. Schließlich soll nach hM die Rechtswidrigkeit bei der Zueignung nur entfallen, wenn der Täter einen Anspruch auf eine Stückschuld hat (§ 242 Rn 123 ff), während die Rechtswidrigkeit der Bereicherung bei den Vermögensdelikten bereits verneint wird, wenn der Täter irgendeinen fälligen Anspruch auf den erstrebten Vorteil hat (§ 263 Rn 234; vgl auch BGHSt 20, 136 f). Daher kann zwischen § 249 und §§ 253, 255 nur das Konkurrenzverhältnis der **Subsidiarität** angenommen werden: §§ 253, 255 treten als Auffangtatbestand zurück, wenn die Voraussetzungen von § 249 erfüllt sind (*Erb* Herzberg-FS 711 [727 f] befürwortet Konsumtion).

§ 249 Raub

(1) Wer mit Gewalt gegen eine Person oder unter Anwendung von Drohungen mit gegenwärtiger Gefahr für Leib oder Leben eine fremde bewegliche Sache einem anderen in der Absicht wegnimmt, die Sache sich oder einem Dritten rechtswidrig zuzueignen, wird mit Freiheitsstrafe nicht unter einem Jahr bestraft.

(2) In minder schweren Fällen ist die Strafe Freiheitsstrafe von sechs Monaten bis zu fünf Jahren.

I. Allgemeines

Der Raub ist ein als **selbstständiges Delikt** ausgestalteter Diebstahl mit qualifi- 1
zierten Nötigungsmitteln (Vor § 249 Rn 1). Der Raub ist Verbrechen (§ 12 I); für
minder schwere Fälle, in denen das Unrecht der Tat aufgrund besonderer Umstände gegenüber dem Durchschnittsfall erheblich vermindert ist, sieht Abs. 2
eine Herabsetzung der Mindeststrafe auf sechs Monate vor (BGH bei *Holtz*
MDR 1983, 91; vgl auch *Mitsch* NStZ 1992, 434 [436]). Im **Gutachten** empfiehlt es sich, die Tatbestandsmerkmale des Raubes in folgenden Schritten zu
prüfen:
    I. Objektiver Tatbestand:
        1. Tatobjekt: Fremde bewegliche Sache (§ 242 Rn 4 ff)
        2. Tathandlungen (zweiaktig):
            a) Qualifizierte Nötigung: Gewalt gegen eine Person (Rn 4)
                oder Drohung mit gegenwärtiger Gefahr für Leib oder Leben (Rn 5 f)
            b) Wegnahme (Rn 7 ff)
            c) [Kausalität zwischen a) und b), str. (Rn 11 ff)]
    II. Subjektiver Tatbestand:
        1. (zumindest bedingter) Vorsatz bzgl Tatobjekt und Tathandlungen
        2. Finalzusammenhang (Rn 19 ff)
        3. Zueignungsabsicht (§ 242 Rn 63 ff)
    III. Rechtswidrigkeit der Tat insgesamt
    IV. Schuld

II. Objektiver Tatbestand

Im objektiven Tatbestand werden der Diebstahls- und der Nötigungstatbestand 2
zu einem **zweiaktigen Delikt** verbunden: Der Täter muss zur Wegnahme einer
fremden beweglichen Sache (§ 242 Rn 4 ff, 20 ff) qualifizierte Nötigungsmittel
einsetzen.

1. Nötigungsmittel sind Gewalt gegen eine Person oder Drohungen mit gegen- 3
wärtiger Gefahr für Leib oder Leben.

a) Die **Gewalt** (Vor § 232 Rn 3 ff) muss sich **gegen eine Person** richten, sich also 4
auf Leib, Leben und Bewegungsfreiheit des Opfers beziehen; sie kann in Form
von vis absoluta wie auch vis compulsiva ausgeübt werden (Vor § 232 Rn 16 ff).
Nach hM muss die Gewalt wenigstens mittelbar und nicht nur unerheblich
(BGHSt 7, 252 [254]; OLG Koblenz StV 2008, 474 [475]) auf den Körper des
Opfers einwirken und von diesem als Zwang empfunden werden (BGHSt 1, 145
[147]; 23, 126 [127]; BGH StV 1990, 262; LK-*Vogel* Rn 6; vgl auch Vor § 232
Rn 12 ff zu abw. Meinungen). Es soll jedoch genügen, wenn der Täter dem Opfer
überraschend Flüssigkeit in die Augen spritzt, um durch das bewirkte Schließen
der Augen die Wegnahme zu erleichtern (BGH NStZ 2003, 89). Eine gegenwärtige Gefahr für Leib oder Leben ist nicht erforderlich (BGHSt 18, 75). **Gewalt gegen Sachen** ist nur einschlägig, wenn durch die Beeinträchtigung der Sache auch
auf Leib, Leben oder Bewegungsfreiheit der Person eingewirkt werden soll
(BGHSt 20, 194 [195]; BGH NStZ 1986, 218; MK-*Sander* Rn 19).

b) Die **Drohung** (Vor § 232 Rn 22 ff) kann ausdrücklich oder konkludent erklärt 5
werden und muss eine gegenwärtige **Gefahr für Leib oder Leben** (des Adressaten

der Drohung oder eines beliebigen Dritten, vgl § 240 Rn 30 ff) zum Gegenstand haben. Die Leibesgefahr muss, um in der Intensität der Lebensgefahr angenähert zu sein, von einer gewissen Erheblichkeit sein. Sachgefahren sind auch bei großen Wertverlusten nicht ausreichend. Möglich ist eine Drohung mit einem Unterlassen. Exemplarisch: Der Täter droht als Garant dem in Leibes- oder Lebensgefahr befindlichen Gewahrsamsinhaber, im Falle eines Widerstands gegen die Wegnahme die Gefahr nicht abzuwenden.

6 Die Gefahr ist **gegenwärtig**, wenn ihre Verwirklichung bei ungestörtem Verlauf der Dinge aus der Perspektive des Opfers als bevorstehend erscheint (vgl BGH NJW 1989, 176; 1997, 265; StV 1999, 377 m.Anm. *Kindhäuser/Wallau* und *Zaczyk* JR 1999, 343). Für die Gegenwärtigkeit entscheidend ist jedoch die Aktualität der Entscheidungssituation, in die der Drohungsadressat gestellt wird, ob er also alsbald (durch Aufgabe von Widerstand gegen die Wegnahme) zur Gefahrenabwehr reagieren muss (§ 34 Rn 21 ff; NK-*Kindhäuser* Rn 7 mwN). Eine Frist für die Realisierung der Gefahr von zweieinhalb Wochen kann daher für deren Gegenwärtigkeit genügen (vgl BGH NStZ-RR 1998, 135; vgl auch BGH NStZ 1999, 406; *Mitsch* 8.2.1.5.2). Auch Dauergefahren kommen in Betracht, wenn sie jederzeit eintreten können und nur durch sofortiges, gegenwärtiges Handeln abzuwenden sind (BGH NJW 1997, 265 [266]; MK-*Sander* § 255 Rn 6).

7 2. **Wegnahme** ist der Bruch fremden und die Begründung neuen Gewahrsams (näher § 242 Rn 20 ff). Führt die Gewaltanwendung zum Tod des Opfers, so kann hierin bereits der Gewahrsamsbruch gesehen werden, wenn die Tötung und Gewahrsamsbegründung in einem unmittelbaren zeitlichen und räumlichen Zusammenhang stehen (BGHSt 9, 135 [136]; 39, 100 [108]; NK-*Kindhäuser* Rn 8; *Mitsch* 8.2.1.3.1).

8 Das Merkmal der Wegnahme ist Kriterium der **Abgrenzung** des Raubes von der (räuberischen) Sacherpressung (§ 253 bzw § 255), die im Wege der Gesetzeskonkurrenz von § 249 verdrängt wird (str., näher Vor § 249 Rn 2 ff).

9 a) Eine Wegnahme setzt zunächst voraus, dass der Täter den Gewahrsamswechsel selbst vornimmt, sich also die Sache nicht vom Genötigten aushändigen lässt. Da fremder Gewahrsam „gebrochen" werden muss, darf der Gewahrsamsinhaber (oder ein für ihn handelnder Dritter) ferner nicht mit dem Besitzübergang einverstanden sein (§ 242 Rn 42). Wegen der Nötigung fehlt es aber beim Raub regelmäßig an einem wirksamen Einverständnis (Vor § 13 Rn 206). Für eine Wegnahme ist somit allein das **äußere Erscheinungsbild** maßgeblich: Der Täter muss den Gewahrsamswechsel ohne aktive („gebende") Mithilfe des Opfers herbeiführen. Händigt dagegen das Opfer dem Täter die Sache aus, so ist ungeachtet der inneren Willensrichtung stets eine Wegnahme zu verneinen (hM, vgl nur BGHSt 7, 252 [255]; 14, 386 [390]; BGH NStZ 1999, 350 [351]; *Mitsch* 8.2.1.3.2; *Rengier* JuS 1981, 655 [657, 661]; SK-*Sinn* Rn 25; LK-*Vogel* Rn 29; vgl ferner § 253 Rn 22).

10 b) Nach der im Schrifttum verbreiteten Ansicht, die für die Erpressung eine **Vermögensverfügung** des Genötigten verlangt (Vor § 249 Rn 2; § 253 Rn 8), stehen Raub und räuberische Erpressung in einem Exklusivitätsverhältnis. Daher ist vor allem in den Fällen, in denen der Genötigte an der Gewahrsamsverschiebung des Tatobjekts mitwirkt, zwischen Wegnahme und (abgenötigter) Verfügung zu differenzieren: Die **Abgrenzung** wird vorwiegend anhand subjektiver Kriterien vorgenommen, indem auf die Zwangswirkung in der Opferpsyche abgestellt wird (vgl S/S-*Eser/Bosch* Rn 2; *Küper* NJW 1978, 956; *Otto* ZStW 79, 59 [86 f]; *Schröder*

ZStW 60, 33 [96]). Eine Wegnahme soll selbst dann vorliegen, wenn der Genötigte dem Täter die Sache in der Annahme übergibt, keine andere Wahl zu haben oder den Gewahrsam in jedem Fall – also auch ohne Mitwirkung – zu verlieren. Demgegenüber soll eine Verfügung gegeben sein, wenn sich der Genötigte zur Übergabe entschließt, obgleich er seine Mitwirkung bei der Gewahrsamsverschiebung für erforderlich hält, also davon ausgeht, die Sache bei Hinnahme der Zwangswirkung behalten zu können. Umgekehrt soll eine Wegnahme bei Untätigkeit des Genötigten nicht stets zu bejahen sein, sondern nur, wenn sich die Passivität als bloßes Gewährenlassen des Täters darstellt. Dies soll etwa dann nicht anzunehmen sein, wenn das Opfer glaubt, einschreiten zu können, dies aber bewusst unterlässt (zur Kritik vgl NK-*Kindhäuser* Vor § 249 Rn 58).

3. Zurechnungszusammenhang: Umstritten ist, in welchem Zusammenhang Nötigung und Diebstahl stehen müssen: **11**

Nach hM ist wegen der subjektivierten Tatbestandsfassung **kein objektiver Zusammenhang** zwischen Nötigung und Wegnahme erforderlich: der Täter müsse lediglich – als Voraussetzung des subjektiven Tatbestands – beabsichtigen, die Nötigung als kausales Mittel zur Brechung eines der Wegnahme entgegenstehenden Widerstands einzusetzen (vgl BGHSt 4, 210 [211]; 30, 375 [377]; 41, 123 [124]; BGH NStZ-RR 2012, 342; *Fischer* Rn 6; *Mitsch* 8.2.1.6.1; MK-*Sander* Rn 26 jeweils mwN; beachte aber die neueste Tendenz in BGH NJW 2016, 2129 ff m.Anm. *Heghmanns* ZJS 2016, 519 ff sowie BGH NJW 2016, 2900 m.Anm. *Berster* JZ 2016, 1017 ff). Demnach braucht die Wegnahme durch die Nötigung objektiv weder ermöglicht noch gefördert worden zu sein (BGH HRRS 2015 Nr. 399), so dass der objektive Tatbestand auch erfüllt ist, wenn der Täter in der irrigen Annahme, ihm könne Widerstand entgegengebracht werden, gegen eine (für einen Beobachter erkennbar) ersichtlich nicht schutzbereite Person Gewalt anwendet (BGHSt 1, 145 [147]; BGH GA 1974, 219 f). **12**

Nach der Gegenauffassung muss durch die Anwendung der Nötigungsmittel die Wegnahme zumindest **kausal gefördert** worden sein (*Arzt/Weber/Heinrich/Hilgendorf* § 17/11; *Hörnle* Puppe-FS 1143 ff; *Schmidhäuser* BT 8/50; *Seelmann* JuS 1986, 201 [203 f]; SK-*Sinn* Rn 29). Demnach wäre ex post zu klären, ob der Genötigte auch tatsächlich Widerstand geleistet hätte. Der objektive Raubtatbestand wäre also zB nicht verwirklicht, wenn der Täter eine unerwartet besonders ängstliche oder hilflose Person (zB einen zur Gegenwehr unfähigen Taubstummen) gewaltsam niederschlägt. **13**

Im **Gutachten** ist die Frage, ob mit der Nötigung Widerstand gebrochen werden sollte, erst im subjektiven Tatbestand aufzuwerfen, wenn mit der hM nur ein subjektiver Finalzusammenhang zwischen Nötigung und Wegnahme verlangt wird (Rn 19 ff). Der Prüfung ist dann nicht der objektive Sachverhalt, sondern die Vorstellung des Täters zugrunde zu legen. **14**

4. In das Raubgeschehen können auf der Opferseite **mehrere Personen** einbezogen sein. Bei einer Mehrheit von Personen auf der Täterseite gelten die allgemeinen Beteiligungsregeln. **15**

a) Der **Genötigte** braucht mit dem **Gewahrsamsinhaber** nicht identisch zu sein. Als Nötigungsopfer kommen alle Personen in Betracht, die den Täter (potenziell) an der Wegnahme hindern können, zB auch Kinder, die zum Herbeiholen von Hilfe in der Lage sind (BGHSt 3, 297 [298 f]). **16**

b) Keine Identität braucht auch zwischen dem **Genötigten** und dem durch die Nötigung **Gefährdeten** zu bestehen. Der Täter droht etwa, einen Angehörigen **17**

des Opfers zu erschießen, wenn dieses gegen die Wegnahme Widerstand leistet (näher § 240 Rn 30 ff). Eine Drohung mit einer Selbsttötung oder Selbstverletzung vermag grds. keine Verantwortlichkeit des Drohungsadressaten für den Täter zu begründen und ist daher tatbestandslos. Solchen Fällen fehlt auch der Nötigungscharakter, da in keine fremde Rechtspositionen eingegriffen und auch keine Notstandslage herbeigeführt wird (aA OLG Hamm NStZ 1995, 547; zust. SK-*Sinn* Rn 23).

III. Subjektiver Tatbestand

18   1. Der subjektive Tatbestand erfordert zunächst (zumindest bedingten) **Vorsatz** bzgl Nötigung und Wegnahme. Ferner muss der Täter die Nötigungsmittel zum Zwecke der Überwindung des Widerstands gegen die Wegnahme einsetzen, sog. **Finalzusammenhang** (BGHSt 4, 210 [212]; BGH NStZ-RR 1997, 298; NStZ 2013, 103 f; SK-*Sinn* Rn 33); daneben kann der Täter noch weitere Ziele verfolgen (BGH NStZ 1993, 79). Schließlich muss der Täter mit der **Absicht** handeln, sich oder einem Dritten das (weggenommene) Tatobjekt rechtswidrig **zuzueignen** (§ 242 Rn 63 ff).

19   2. **Finalzusammenhang: a) Zweck-Mittel-Zusammenhang:** Beim Begehungsdelikt muss der Täter die Nötigung einsetzen, um die Wegnahme zu ermöglichen. Wegen dieses Finalzusammenhangs können die **Nötigungsmittel nur vor oder während der Wegnahme** angewandt werden (BGHSt 14, 114; 32, 88 [92]; NStZ-RR 2012, 342; *Küper* JuS 1986, 862 [863]; SK-*Sinn* Rn 30). Nicht ausreichend ist es dagegen, wenn die Wegnahme nur **gelegentlich** bzw zeitlich nach der Nötigungshandlung erfolgt (BGHSt 32, 88 [92]; BGH NStZ-RR 2002, 304 m.Anm. *Walter* NStZ 2004, 153; NStZ 2006, 508; NStZ-RR 2012, 270; NStZ 2015, 585 f m.Anm. *Kudlich* JA 2015, 791 ff; NStZ 2015, 698 f; BGHR § 249 Abs. 1 Gewalt, fortwirkende 1, Gewalt 3, Drohung 3; L-Kühl-*Kühl* Rn 4). Der Raubtatbestand ist zB nicht erfüllt, wenn der Täter den Wegnahmeentschluss erst nach einer Vergewaltigung fasst oder dem zunächst in bloßer Verletzungsabsicht niedergeschlagenen bewusstlosen Opfer Sachen entwendet (vgl auch BGH NStZ 1982, 380; StV 1991, 516). Dagegen reicht es für die Annahme einer finalen Nötigung aus, wenn der Täter die ursprünglich zu einem anderen Zweck eingesetzte, aber noch **fortwirkende Gewalt** später bewusst auch als Mittel zur Wegnahme wiederholt anwendet oder aufrechterhält (BGHSt 20, 32 [33]; BGHR § 249 Abs. 1 Drohung 3; BGH NStZ 2013, 472; S/S-*Eser/Bosch* Rn 6 a). Alleine das Ausnutzen einer fortwirkenden – ohne Wegnahmeabsicht ausgeübten – Gewalthandlung ist hingegen nicht ausreichend (BGH NStZ-RR 2013, 45 f; NStZ 2013, 648 mwN; NStZ-RR 2014, 110 f; NJW-Spezial 2014, 281; JuS 2014, 656 f; NStZ 2014, 269; HRRS 2015 Nr. 357; NStZ-RR 2015, 372 f; StraFo 2016, 168 f).

20   Entsprechendes gilt für **Drohungen**, die im Vorfeld der Tatbestandsverwirklichung anderen Zwecken dienten, vom Täter aber ausdrücklich oder konkludent auch auf die Wegnahme bezogen werden (BGH bei *Holtz* MDR 1982, 810; 1993, 8; OLG Frankfurt NJW 1970, 342; krit. bzgl der Qualität einer konkludenten Drohung *Ingelfinger* Küper-FS 197 [200 f]).

21   Da die Nötigung den vom Täter erwarteten Widerstand gegen die Wegnahme aufheben oder beseitigen muss, fehlt es am erforderlichen Finalzusammenhang, wenn der Täter mit der Nötigung nur eine spätere **Wegnahme vorbereitet** (SK-*Sinn* Rn 30). Exemplarisch: Der Täter nimmt dem Opfer (ohne Zueignungsab-

sicht) gewaltsam einen Schlüssel ab, mit dem er bei günstiger Gelegenheit in dessen Wohnung eindringen und dort Gegenstände stehlen will. Raub ist dagegen anzunehmen, wenn der Täter im unmittelbaren Anschluss an die Tat und bevor das Opfer weiteren Widerstand organisieren kann, mit dem gewaltsam abgenommenen Schlüssel in die Wohnung eindringt und stiehlt (vgl BGH 15.12.1983 – 4 StR 640/83 bei *Holtz* MDR 1984, 276; BGH NJW 2016, 2129 ff m.Anm. *Eisele* JuS 2016, 754 ff; BGH NJW 2016, 2900 f sowie LK-*Herdegen*, 11. Aufl., Rn 15: enger raum-zeitlicher Zusammenhang erforderlich).

b) **Erwarteter Widerstand**: Für den vom Täter erwarteten Widerstand ist ein unspezifizierter Abwehrwille ausreichend, der ggf nur auf einer instinktiven Reaktion beruhen kann (BGHSt 16, 341 [343]). Ausreichender Widerstand kann bereits in einem dem Schutz der Habe dienenden Hilferuf gesehen werden (RGSt 69, 327 [330 f]). Ob der Widerstand bereits geleistet oder vom Täter nur prophylaktisch ausgeschaltet wird, spielt keine Rolle (BGHSt 1, 145 [147]; 20, 194 [195]; BGHR § 249 Abs. 1 Gewalt 6; LK-*Vogel* Rn 11). Dem Opfer wird zB überraschend Flüssigkeit in die Augen gespritzt, um durch das so bewirkte Schließen der Augen die Wegnahme zu erleichtern. Ausreichend ist ein unspezifizierter Abwehrwille; das Opfer braucht um das konkrete Angriffsziel des Täters nicht zu wissen (BGHSt 20, 32 [33]). Sofern der Gewahrsamsinhaber selbst Opfer der Gewalt ist, kann ohne Weiteres mit dem Willen zur Verteidigung des Besitzes gerechnet werden; bei einem Dritten kann regelmäßig vermutet werden, dass er seiner Hilfspflicht nach § 323 c nachkommt. 22

Gegenüber einem **Schlafenden** kann (prophylaktisch) Gewalt angewendet werden, etwa durch Narkotisieren, Einsperren oder Töten (vgl BGHSt 20, 194 [195]). Gleiches gilt für **Bewusstlose** oder (sinnlos) **Betrunkene**, sofern das Vorgehen des Täters dem Ausschluss zu erwartenden möglichen Widerstands – bis zur Vollendung der Wegnahme – dient (teils weitergehend BGHSt 20, 32 [33]). Das bloße Wegtragen eines betrunkenen Opfers zum Zwecke ungestörten Ausplünderns ist dagegen keine Gewaltanwendung (W-*Hillenkamp* Rn 348; SK-*Sinn* Rn 14; abw. BGHSt 4, 210 [211]). 23

Widerstand kann auch gebrochen werden, wenn der Täter dem Opfer eine Sache entwindet. Das **Entreißen einer Handtasche** erfolgt zB durch Gewalt, wenn sie vom Opfer in Erwartung des Angriffs (mit beiden Händen) festgehalten wird (vgl BGH StV 1986, 61; S/S/W-*Kudlich* Rn 7; MK-*Sander* Rn 16). Dagegen genügt es nicht, dass der Täter dem Opfer den Gegenstand durch schnelles und listiges Zugreifen entwindet, da das Tatbild in diesem Falle nicht durch ein Zwangs-, sondern wesentlich durch ein Überraschungsmoment geprägt ist (BGH StV 1990, 205 [206]; HKGS-*Duttge* Rn 5; S/S/W-*Kudlich* Rn 7; *Otto* JZ 1993, 559 [568]; abw. BGHSt 18, 329 [331]). 24

c) **Nötigung durch Unterlassen**: Nötigung durch **Unterlassen** in Garantenstellung ist grds. möglich (Vor § 232 Rn 21). Von der neueren Rspr und Teilen der Literatur wird die Möglichkeit einer Nötigung durch Unterlassen bejaht, sofern der Täter den bereits bestehenden Zwang nicht aufhebt, um Widerstand gegen die Wegnahme auszuschalten (BGHSt 48, 365 [368 ff] m.Anm. *Gössel* JR 2004, 254, *Otto* JZ 2004, 364 und *Walter* NStZ 2004, 623 ff; vgl auch *Jakobs* Eser-FS 323 (329 f); MK-*Sander* Rn 32; LK-*Vogel* Rn 25). Exemplarisch: Der Täter hat sein Opfer zunächst zum Zweck einer Vergewaltigung gefesselt. Sodann entschließt er sich, dem Opfer Schmuck wegzunehmen, wobei er dieses, damit es sich nicht gegen die Wegnahme wehren kann, entgegen seiner Garantenpflicht aus Ingerenz nicht befreit. 25

26 Teils wird jedoch die Möglichkeit einer Gewaltanwendung durch Unterlassen beim Raub grds. verneint (*Graul* Jura 2000, 204 f; *Ingelfinger* Küper-FS 197 [205 ff]; *Joerden* JuS 1985, 26 f; *Küper* JZ 1981, 568 [571 f]; inzident wohl auch BGHSt 32, 88 [92]). § 249 wolle nur diejenigen gefährlichen Täter erfassen, die durch die Zueignungsabsicht zu Aggressionstaten motiviert werden (SK-*Samson*, 4. Aufl., Rn 26; zutr. abl. *Jakobs* JR 1984, 385 [386]). Doch dieser Ansatz ist zirkulär, da gerade zu begründen wäre, dass sich die Aggression beim Raub in aktivem Tun manifestieren muss.

27 Jedenfalls ist eine Gewaltanwendung durch Unterlassen dann anzunehmen, wenn der Täter garantenpflichtwidrig die Fesselung des Opfers durch einen Dritten nicht verhindert, um den so ausgeschalteten Widerstand zur Begehung eines Diebstahls zu nutzen (vgl auch LK-*Herdegen*, 11. Aufl., Rn 16; *Mitsch* 8.2.1.4.3).

IV. Versuch, Vollendung und Beendigung

28 Der Raub ist mit der Wegnahme, dh mit Begründung des neuen Gewahrsams, **vollendet** (§ 242 Rn 53; vgl auch BGHSt 16, 271 [274]; 23, 254 [255]; OLG Karlsruhe NStZ-RR 2005, 140 [141]) und mit der Sicherung der Beute **beendet** (§ 242 Rn 54). Der **Versuch** beginnt mit dem unmittelbaren Ansetzen zur Nötigung um der Wegnahme willen (vgl BGH NStZ-RR 1997, 133). Ein Ansetzen zur Wegnahme ohne begleitende Nötigungshandlung begründet nur einen Diebstahlsversuch (BGHSt 30, 363 [364]; L-Kühl-*Kühl* Rn 7; *Mitsch* 8.2.3.1.1).

V. Beteiligung

29 **Mittäterschaft** verlangt Zueignungsabsicht (BGHSt 17, 87 [92]; BGH StV 1996, 482). Da Drittzueignungsabsicht ausreicht, sind Täterschaft und Teilnahme vor allem mit Blick auf die Intensität der Beteiligung an Wegnahme und Nötigung vorzunehmen. Wegen des fehlenden Finalzusammenhangs ist die Möglichkeit einer sukzessiven Mittäterschaft durch ein Eingreifen in das Geschehen erst nach der Nötigung zu verneinen (hL, vgl HKGS-*Duttge* Rn 21; *Köhler* 520; *Küper* JZ 1981, 568 [570 f]; MK-*Sander* Rn 37; SK-*Sinn* Rn 38; aA BGH JZ 1981, 596 m. abl. Bspr *Kühl* JuS 1982, 189 [190]). **Mittelbare Täterschaft** kommt nach allgemeinen Regeln in Betracht; zB dann, wenn der Vordermann hinsichtlich des erforderlichen Finalzusammenhangs ohne Vorsatz handelt und der Hintermann diesen Umstand bewusst instrumentalisiert hat (BGH NStZ 2013, 103 f).

30 Die Auffassung der Rspr, dass beim Diebstahl bis zur Tatbeendigung **Teilnahme** möglich ist (§ 242 Rn 131), gilt entsprechend auch für den Raub (BGHSt 6, 248; BGH StraFo 2006, 421 [422] m. Bspr *Kudlich* JA 2007, 308 f). Hiergegen ist jedoch einzuwenden, dass eine vorsätzlich begangene rechtswidrige Tat iSv § 27 in der Verwirklichung des jeweiligen Deliktstatbestands besteht und daher nach deren Vollendung keine Hilfe mehr zu eben dieser Tat geleistet werden kann. Umstritten ist, ob die Veranlassung eines bereits zum Diebstahl fest Entschlossenen zur Anwendung von Nötigungsmitteln und damit zur Begehung eines Raubes („Aufstiftung") als Anstiftung zum Raub oder nur als Anstiftung zur Nötigung strafbar ist (vgl § 26 Rn 16 ff).

VI. Konkurrenzen

Im Verhältnis zu §§ 240 und 242, 243 ff ist § 249 lex specialis. Bei vollendetem 31 Diebstahl und nur versuchtem Raub ist der Klarstellung halber Tateinheit anzunehmen. Auch den subsidiären § 255 verdrängt der Raubtatbestand (str., Vor § 249 Rn 2, 8); bei Zweifeln greift § 255 ein (LK-*Herdegen*, 11. Aufl., Rn 26; nach BGHSt 5, 280 [281] ist Wahlfeststellung möglich). Idealkonkurrenz kommt in Betracht, wenn verschiedene Tatobjekte teils weggenommen, teils herausgegeben werden. Bei identischem Tatobjekt kann der Versuch des einen Delikts hinter das anschließend begangene vollendete andere Delikt als mitbestrafte Vortat zurücktreten, wenn das Opfer anders als vom Täter erwartet reagiert und zB die Sache (nicht) selbst herausgibt (vgl BGH StV 1982, 114). § 239 tritt hinter § 249 zurück, wenn die Freiheitsberaubung ausschließlich Mittel zur Wegnahme ist; andernfalls liegt Tateinheit vor (BGHSt 32, 88 [93]). Die Ansicht der Rspr, dass der Zeitraum des Raubes bis zur Beendigung des Diebstahls reicht (vgl Rn 30), hat die Möglichkeit von Tateinheit zwischen Raub und anderen Delikten in der **Phase der Beutesicherung** zur Folge (vgl BGHSt 26, 24 [27]; 38, 295 [297 ff]; BGH NStZ 1984, 409).

§ 250 Schwerer Raub

(1) Auf Freiheitsstrafe nicht unter drei Jahren ist zu erkennen, wenn
1. der Täter oder ein anderer Beteiligter am Raub
    a) eine Waffe oder ein anderes gefährliches Werkzeug bei sich führt,
    b) sonst ein Werkzeug oder Mittel bei sich führt, um den Widerstand einer anderen Person durch Gewalt oder Drohung mit Gewalt zu verhindern oder zu überwinden,
    c) eine andere Person durch die Tat in die Gefahr einer schweren Gesundheitsschädigung bringt oder
2. der Täter den Raub als Mitglied einer Bande, die sich zur fortgesetzten Begehung von Raub oder Diebstahl verbunden hat, unter Mitwirkung eines anderen Bandenmitglieds begeht.

(2) Auf Freiheitsstrafe nicht unter fünf Jahren ist zu erkennen, wenn der Täter oder ein anderer Beteiligter am Raub
1. bei der Tat eine Waffe oder ein anderes gefährliches Werkzeug verwendet,
2. in den Fällen des Absatzes 1 Nr. 2 eine Waffe bei sich führt oder
3. eine andere Person
    a) bei der Tat körperlich schwer mißhandelt oder
    b) durch die Tat in die Gefahr des Todes bringt.

(3) In minder schweren Fällen der Absätze 1 und 2 ist die Strafe Freiheitsstrafe von einem Jahr bis zu zehn Jahren.

I. Allgemeines

Die Tatbestände der Vorschrift sind abschließende Qualifikationen sowohl des 1 § 249 als auch – über die Verweisung „gleich einem Räuber zu bestrafen" – der §§ 252 und 255. § 244 und § 250 stimmen jeweils in Abs. 1 Nr. 1 a, b und Nr. 2 überein und können insoweit parallel ausgelegt werden. § 250 greift ein und verdrängt dann § 244, wenn der Raub ins Versuchsstadium getreten ist.

II. Raubqualifikationen nach Abs. 1

2 **1. Raub mit Waffen oder gefährlichen Werkzeugen (Abs. 1 Nr. 1 a): a)** Mit der Tatvariante wird die Schaffung einer über die bereits vom einfachen Raub erfassten Risiken hinausgehenden zusätzlichen (**abstrakten**) **Gefahr für Leib und Leben des Nötigungsopfers** erfasst. Diese Gefahr liegt darin, dass der Täter aufgrund des von ihm mitgeführten Tatmittels – einer **Waffe** (§ 244 Rn 4 f) oder eines **gefährlichen Werkzeugs** (§ 244 Rn 6 ff) – über die Möglichkeit verfügt, möglichen Widerstand gegen die Wegnahme durch die Herbeiführung erheblicher Verletzungen zu verhindern oder zu brechen. Wird das Tatmittel eingesetzt, greift der vorrangige Qualifikationstatbestand nach Abs. 2 Nr. 1 ein.

3 **b)** Das **Beisichführen** (§ 244 Rn 16 ff) verlangt keine Gebrauchsabsicht (hM, § 244 Rn 22). Es genügt, wenn sich der Täter die Möglichkeit, während des Diebstahls schnell und ungehindert auf das Tatmittel zuzugreifen, bewusst geschaffen hat (zur Möglichkeit des **Teilrücktritts** vgl § 244 Rn 21).

4 **c)** Die Streitfrage, ob ein Beisichführen des Tatmittels erst in der **Phase der Beutesicherung**, aber nach Vollendung des Diebstahls die Qualifikation erfüllt, ist bei den Raubdelikten von geringerer Bedeutung als bei § 244 I Nr. 1 a (dort Rn 20). Auch wenn diese Frage mit der hL verneint wird, kann § 250 über § 252 anwendbar sein, falls der Täter die Beute mit qualifizierten Nötigungsmitteln zu sichern sucht (W-*Hillenkamp* Rn 410).

5 **2. Raub mit sonstigen Werkzeugen und Mitteln (Abs. 1 Nr. 1 b): a) Tatmittel: aa)** Von der Tatvariante werden zunächst alle Werkzeuge und Mittel erfasst, die geeignet sind, erhebliche Verletzungen herbeizuführen, wenn sie in der Weise, in welcher der Täter mit ihnen Gewalt anzuwenden oder anzudrohen beabsichtigt, eingesetzt werden (unstr., vgl § 244 Rn 23). Die Gegenstände müssen nicht bereits objektiv so beschaffen sein, dass sie sich – wie Beile oder Brotmesser – ohne Weiteres als Waffensurrogate eignen (zum Elektroschocker BGH StV 2002, 146).

6 **bb)** Nach heute vorherrschender Auffassung sind ferner Tatmittel einschlägig, die der Täter nur zur freiheitseinschränkenden Gewaltanwendung – etwa einer Fesselung – einsetzen will (gilt laut BGHSt 48, 365 [371] auch für das Unterlassen; s. auch § 244 Rn 24).

7 **cc)** Zudem schließt die hM aus der Formulierung „sonst ein Werkzeug", dass § 250 I Nr. 1 b auch solche Tatmittel erfasst, die nicht als gefährliche Werkzeuge einzustufen sind (BGHSt 48, 365 [371]; BGH NStZ 2007, 332 [334]; *Arzt/Weber/Heinrich/Hilgendorf* § 17/28; W-*Hillenkamp* Rn 373; *Rengier* I § 8/4; MK-*Sander* Rn 39). Tatbestandsmäßig sollen daher auch solche Mittel sein, die der Täter zwar zur Überwindung eines (erwarteten) Widerstands für tauglich hält, mit denen sich aber die von ihm geplante Anwendung oder Androhung von Personengewalt objektiv nicht verwirklichen lässt.

8 Einschlägig sind damit neben Gegenständen, über deren fehlende Nötigungstauglichkeit sich der Täter irrt, auch Mittel, mit denen der Täter ggf nur eine Gefahr vortäuschen will, die also nach seiner Kenntnis der Sachlage zur Realisierung der beabsichtigten Drohung ungeeignet sind. Zu denken ist hierbei vor allem an **Scheinwaffen**, also Bombenattrappen, Spielzeugpistolen oder nicht funktionsfähige Schusswaffen (zur Kritik vgl NK-*Kindhäuser* § 244 Rn 28 ff; *Klesczewski* GA 2000, 257 ff; *Lesch* GA 1999, 365 ff; *Mitsch* 8.3.1.2.1).

9 Die Rspr verlangt lediglich einschränkend, dass dem Tatmittel eine **objektive Scheinwirkung** anhaften müsse, dass es also seinem objektiven Erscheinungsbild

nach den Eindruck der Gefährlichkeit hervorrufen könne (BGHSt 44, 103 [105 f]; NJW 1998, 2914 [2915]; 1998, 3130; StV 1999, 92). Dieser Eindruck müsse sich ohne Weiteres ergeben, wobei es allein auf die Sicht eines objektiven Beobachters ankomme und nicht darauf ankommen soll, ob das Tatopfer im konkreten Fall eine solche Beobachtung tatsächlich machen konnte oder ob der Täter dies durch sein täuschendes Vorgehen gerade vereitelte (BGH StV 2011, 676; anders wiederum BGH NStZ 2009, 95: Eignung erforderlich, ohne Weiteres beim Opfer [!] den Eindruck der Gefährlichkeit zu vermitteln). Soweit dagegen die objektive Ungefährlichkeit eines Gegenstandes offenkundig sei, solle es nicht genügen, wenn der Täter nur erkläre, er führe eine Waffe bei sich oder der betreffende Gegenstand sei von einer bestimmten Beschaffenheit (BGHSt 38, 116 [119]; BGH NStZ 1985, 547 f; krit. dazu *Kelker* StV 1994, 657 f; zust. *Hauf* JR 1995, 172 ff). Nicht einschlägig wären mithin Objekte, wie etwa ein metallischer Gegenstand, der sich wie eine Schusswaffe anfühlt und dem Opfer vom Täter in das Genick oder an den Hals gesetzt wird (BGH NStZ 2007, 332 ff m. Bspr *Bosch* JA 2007, 468 ff; *Jahn* JuS 2007, 583 f; *Kudlich* StV 2007, 381 f), oder ein Lippenpflegestift, der dem Opfer wie eine Messerspitze in den Rücken gehalten wird (BGH NJW 1996, 2663 m. krit. Anm. *Hohmann* NStZ 1997, 185 f). Auch ein Gegenstand, durch den eine Jacke (oder Tüte) in der Form einer Schusswaffe ausgebeult wird, soll nach der bisherigen Rspr nicht in Betracht kommen, da hier der Eindruck der Gefährlichkeit nicht durch den Gegenstand selbst erweckt, sondern erst durch verbale Erklärungen oder Gesten des Täters vermittelt werde (BGHSt 38, 116 [117 ff]: Plastikrohr; BGH NStZ 1985, 547; NStZ-RR 1996, 356 [357]: Holzstück; NStZ 2009, 95; NStZ 2011, 703 m.Anm. *Jahn* JuS 2012, 84 f; ferner BGH NStZ-RR 2008, 311 zur Anwendung des Zweifelsgrundsatzes). Ob das Opfer dagegen in concreto die (ansonsten nicht offensichtliche) Täuschung durchschaut, soll unbeachtlich sein (BGH NJW 1990, 2570).

Abweichend hiervon befürwortet der BGH neuerdings (unter Verweis auf die bisherige Rspr) die Annahme einer Scheinwaffe in dem Fall, in dem der Täter behauptete, in einer mitgeführten Sporttasche befinde sich eine Bombe, die er durch ein in seiner Hand befindliches Mobiltelefon zünden könne (NStZ 2011, 278; nach BGH NStZ 2016, 215 f m. abl. Anm. *Jäger* JA 2016, 71 ff genügt sogar allein die Behauptung, im mitgeführten Koffer befinde sich eine Bombe). Zur Begründung wird angeführt, dass das Tatmittel – Sporttasche samt Inhalt – nicht objektiv erkennbar ungefährlich sei, da nicht nur das Opfer, sondern auch ein objektiver Dritter die Gefährlichkeit des Gegenstands nicht habe richtig einschätzen können. Die hier erfolgte Gleichsetzung der nicht erkennbaren objektiven Ungefährlichkeit mit der objektiven Scheinwirkung der Gefährlichkeit lässt die bisherige restriktive Auslegung praktisch ins Leere laufen, da sich bei nicht sichtbaren Gegenständen die vom Täter behauptete Gefährlichkeit gewöhnlich nicht ausschließen lässt. Die wenig konsistente Rspr bedarf daher einer grundlegenden Klärung.

Jedenfalls erscheint es wenig überzeugend, wenn der BGH auf den Anschein objektiver Gefährlichkeit des Tatmittels für einen objektiven Beobachter abstellt, da die Perspektive eines gedachten Dritten unter der Prämisse, dass das Werkzeug nur der Ausschaltung eines (erwarteten) Widerstands des Opfers zu dienen hat, irrelevant ist. Denn hinsichtlich der vom Täter angestrebten Nötigungswirkung beim Opfer macht es keinen Unterschied, ob das Tatmittel selbst gefährlich erscheint (zB bei ungeladener Pistole) oder durch trickreiches Kaschieren (zB vermeintlich tickende Bombe in einer Tüte) vorgetäuscht wird (ausf. NK-*Kindhäuser* § 244 Rn 29; insoweit zust. *Fischer* Rn 11 a ff; *Küper/Zopfs* Rn 793).

Es ist aber auch nicht ersichtlich, wie sich die Anforderungen an den fingierten objektiven Beobachter hinreichend konkretisieren lassen. So soll eine in einer Jackentasche verborgene Wasserpistole nicht einschlägig sein (BGH NStZ 2011, 703 m.Anm. *Jahn* JuS 2012, 84 f), weil sie als solche – sofern sie sichtbar gewesen wäre – unschwer als Spielzeug zu identifizieren gewesen wäre, während es für die Tatbestandsverwirklichung ausreichen soll, dass der Täter das Vorhandensein einer Bombe in einer leeren Sporttasche vortäuscht (BGH NStZ 2011, 278).

11 b) **Gebrauchsabsicht:** Der Täter muss das Tatwerkzeug in der Absicht, es im Bedarfsfall zur Überwindung oder Ausschaltung eines der Wegnahme entgegen gesetzten Widerstands zu gebrauchen, bei sich führen (§ 244 Rn 27). Kommt es zum Einsatz, greift Abs. 2 Nr. 1, der sich nur auf Tatmittel iSv Abs. 1 Nr. 1 a bezieht, nicht ein. Jedoch kann Abs. 2 Nr. 3 verwirklicht sein, wenn der Täter das Werkzeug tatsächlich in der von ihm vorgesehenen gefährlichen Weise verwendet.

12 **3. Gefährlicher Raub (Abs. 1 Nr. 1 c): a)** Mit der Qualifikation wird einerseits das gesteigerte Erfolgsunrecht der **Gefahr einer schweren Gesundheitsbeeinträchtigung** und andererseits das erhöhte Unrecht einer (Nötigungs-)Handlung, in der diese Gefahr bereits angelegt ist, erfasst. Der Tatbestand ist jedoch praktisch bedeutungslos, da ein Opfer allenfalls in Ausnahmesituationen ohne Verwendung des gefährlichen Tatwerkzeugs in die Gefahr einer schweren Gesundheitsschädigung gebracht werden kann; in diesem Fall greift vorrangig Abs. 2 Nr. 1 ein. Auch die vorrangige Qualifikation nach Abs. 2 Nr. 3 a und b ist zu beachten.

13 b) Die **Gesundheit** ist schwer geschädigt, wenn das Opfer im Gebrauch seiner Sinne, seines Körpers oder seiner Arbeitskraft erheblich beeinträchtigt ist. Exemplarisch sind eine ernste und langwierige Krankheit oder eine beträchtliche Reduzierung der Arbeitsfähigkeit für längere Zeit (vgl BGH NJW 2002, 2043; *Schroth* NJW 1998, 2861 [2865]).

14 Die Gesundheitsschädigung muss nicht eingetreten sein; es genügt die **konkrete Gefahr** ihrer Realisierung. Eine solche Gefahr ist gegeben, wenn es für das Opfer nur noch vom nicht mehr beherrschbaren Zufall abhängt, ob seine Gesundheit schwer geschädigt wird oder nicht (NK-*Kindhäuser* Rn 9; MK-*Sander* Rn 50). Die Gefahr ist hierbei als ein Erfolg zu verstehen, der durch die Handlung des Täters verursacht ist. Insoweit ist der Gefahrerfolg von der durch den Täter angedrohten Gefahr abzugrenzen: Der Gefahrerfolg ist ein bereits eingetretenes Ereignis, zB eine körperliche Beeinträchtigung durch einen heftigen Schlag, die zu inneren Blutungen führen kann. Dagegen bezieht sich die angedrohte Gefahr auf ein Ereignis, dessen Realisierung der Täter in Aussicht gestellt hat. Die bloße Bedrohung des Opfers mit einer geladenen Schusswaffe ist also nicht als konkreter Gefahrerfolg anzusehen, da die Realisierung der Gesundheitsschädigung noch in der Hand des Täters liegt (aA *Arzt/Weber/Heinrich/Hilgendorf* § 17/29). Aus dem Eintritt einer schweren Gesundheitsschädigung kann regelmäßig auf das Vorliegen einer vorangegangenen entsprechenden konkreten Gefährdung geschlossen werden. Jedoch ist bei einer eingetretenen Verletzung auch zu prüfen, ob das Opfer aufgrund der konkreten Tatumstände nicht noch weitere schwere Gesundheitsbeeinträchtigungen hätte erleiden können (BGH NJW 2002, 2043 [2044]).

15 c) Der Gefahrerfolg muss **unmittelbar** durch die Nötigungshandlung des Raubes ausgelöst werden (zur Unmittelbarkeit vgl § 18 Rn 3 ff; *Mitsch* 8.3.1.3.2.2; NK-

Paeffgen § 18 Rn 23 ff). Im Gefahrerfolg muss sich die Gefährlichkeit der räuberischen Nötigungshandlung konkretisieren, und zwar die Gefährlichkeit der zur Wegnahme (§ 249) oder Beutesicherung (§ 252) eingesetzten Gewalt- oder Drohmittel (BGHSt 22, 362 [363]; LK-*Vogel* Rn 24). Exemplarisch: Das Opfer erleidet infolge der Drohung einen Herzinfarkt. Es reicht nicht aus, wenn das Opfer aufgrund der vom Täter weggenommenen Sache – zB der Entwendung eines lebenswichtigen Medikaments – gefährdet wird (*Fischer* Rn 14 a; NK-*Kindhäuser* Rn 10; *Mitsch* 8.3.1.3.2.2; aA L-Kühl-*Kühl* Rn 3; MK-*Sander* Rn 52; LK-*Vogel* Rn 24). In diesem Fall beruht die Gefährdung nicht auf dem spezifischen Raubrisiko, sondern könnte auch durch einen (einfachen) Diebstahl herbeigeführt werden. Nicht einschlägig sind ferner Gefährdungen, die vom Opfer selbst – zB bei unnötig riskanter Flucht – oder einem Dritten bei der Verfolgung des Täters zu vertreten sind. Zu berücksichtigen ist jedoch die konkrete gesundheitliche Konstitution des Opfers einschließlich besonderer Schadensdispositionen (BGH NStZ 2002, 542 m.Anm. *Schroth* JR 2003, 250; *Degener* StV 2003, 332; vgl auch *Hellmann* JuS 2003, 17; BGH NStZ 2003, 662).

d) Soweit die Gesundheitsgefahr zwischen dem Beginn des Versuchs und der Vollendung von § 249 (bzw § 255) geschaffen wird, kommt Abs. 1 Nr. 1 c als Qualifikation des Raubes (bzw der räuberischen Erpressung) in Betracht (SK-*Sinn* Rn 37 f; LK-*Vogel* Rn 23). Bei einer Gefährdung zwischen Vollendung und Beendigung kann Abs. 1 Nr. 1 c als Qualifikation des räuberischen Diebstahls (§ 252) erfüllt sein; in diesem Fall muss die gefahrauslösende Nötigungshandlung der Beutesicherung dienen. §§ 252, 250 I Nr. 1 c greifen nicht ein, wenn der Täter nach einem fehlgeschlagenen Diebstahlsversuch mit einem Kraftfahrzeug flieht und hierbei Passanten gefährdet (*Rengier*, Erfolgsqualifizierte Delikte, 1986, 281; aA S/S-*Eser/Bosch* Rn 23). Handlungen, welche dem Versuch der Raubtat vorangehen, verwirklichen die Qualifikation ebenfalls nicht (BGH StV 2006, 418). 16

e) Gefährdete **andere Person** kann neben dem Raubopfer selbst jeder unbeteiligte Dritte – zB ins Schussfeld geratene Passanten – sein. Nur Täter und Teilnehmer des Grunddelikts scheiden als potenzielle Gefährdungsopfer aus. 17

f) Die Gefährdung muss vom **Vorsatz** erfasst sein (BGH NJW 2002, 2043 [2044]). Der Täter muss – zumindest mit dolus eventualis – davon ausgehen, dass sein Verhalten wahrscheinlich eine Situation bedingt, in der es für das Opfer nur noch vom Zufall abhängt, ob es eine schwere Gesundheitsschädigung erleidet (vgl auch BGHSt 26, 244 [246]; *Herdegen* BGH-FS 195 [203]). Gefährdungs- und Verletzungsvorsatz überschneiden sich regelmäßig, da derjenige, der eine konkrete Gefahr bewusst herbeiführt, auch mit deren Realisierung rechnet. 18

Abs. 1 Nr. 1 c ist **kein erfolgsqualifiziertes Delikt** iSd § 18, bei dem fahrlässige Erfolgszurechnung genügt. Der allgemeinen Gesetzessystematik ist zu entnehmen, dass stets dort, wo eine fahrlässige Verursachung des Gefahrerfolgs ausreicht, eine ausdrückliche Regelung getroffen ist (vgl zB §§ 307 II, 308 V, 315 a III Nr. 1, 315 b IV, 315 c III Nr. 1); eine solche wäre bei Anwendbarkeit von § 18 überflüssig (hL, vgl LK-*Vogel* Rn 18). Der BGH spricht konkreten Gefährdungserfolgen dagegen – im Ergebnis übereinstimmend, aber dogmatisch wenig plausibel – die Erfolgsqualität iSv § 18 ab (vgl BGHSt 26, 244 [245]; BGH StV 1991, 262; NStZ 2005, 156 [157]). 19

20 g) Die Gesundheitsgefahr kann von jedem Beteiligten (Täter oder Teilnehmer) verursacht werden; sie ist jedem anderen Beteiligten bei entsprechendem Vorsatz zurechenbar.

21 **4. Bandenraub (Abs. 1 Nr. 2):** Der Qualifikationstatbestand des Bandenraubs deckt sich inhaltlich mit § 244 I Nr. 2 (dort Rn 28 ff). Er bezieht sich neben dem Raub auch auf Taten nach §§ 252, 255 und 316 a (kritisch gegenüber dieser Auslegung *Ladiges* NStZ 2016, 646 ff). Der Anwendbarkeit von Abs. 1 Nr. 2 steht es nicht entgegen, wenn die Bande zunächst nur die Begehung von Diebstählen bezweckte. Mitwirkende, die keine Bandenmitglieder sind, können nur Teilnehmer (ggf Tateinheit mit mittäterschaftlichem Raub) sein (§ 244 Rn 35 ff).

III. Raubqualifikationen nach Abs. 2

22 **1. Raub unter Verwendung von Waffen oder gefährlichen Werkzeugen (Abs. 2 Nr. 1):** Die gegenüber Abs. 1 Nr. 1 a verschärfte Qualifikation betrifft den Fall der tatsächlichen Verwendung einer (funktionierenden) Waffe (§ 244 Rn 4 f) oder eines anderen gefährlichen Werkzeugs als Nötigungsmittel. Einschlägige Waffen sind nach neuer Rspr auch geladene Schreckschusspistolen (BGHSt 48, 197; dazu *Fischer* NStZ 2003, 569; krit. *Erb* JuS 2004, 653). Da § 250 II Nr. 1 das Verwenden des gefährlichen Werkzeugs voraussetzt, stellt sich das Problem (vgl § 244 Rn 6 ff) der Definition desselben nicht in gleichem Maße wie bei § 244 I Nr. 1 a (vgl MK-*Sander* Rn 60 f). Die Rechtsprechung legt den Begriff hier wie in § 224 I Nr. 2 aus (BGH 13.11.2012 – 3 StR 400/12). Dem Wortlaut zufolge, der eindeutig nur auf Tatmittel iSv Abs. 1 Nr. 1 a Bezug nimmt, wird der Einsatz eines Werkzeugs iSv Abs. 1 Nr. 1 b nicht erfasst (BGH NJW 1998, 2914 und 2915 m. Bspr *Mitsch* JuS 1999, 640; BGH StV 1999, 209; NStZ 2002, 594 [595]; *Küper* Hanack-FS 569 [579]). Während die Tatmittel nach Abs. 1 Nr. 1 a schon aufgrund ihrer objektiven Beschaffenheit (und objektiven Zweckbestimmung) erst gar nicht mitgeführt werden dürfen, handelt es sich bei den Tatmitteln nach Abs. 1 Nr. 1 b um Gegenstände, mit deren bloßer Verfügbarkeit bei der Tatausführung noch kein zusätzliches (abstraktes) Leibes- und Lebensrisiko geschaffen wird (zu Nr. 1 a vgl dagegen § 244 Rn 12). In ihrer Anwendung realisiert sich mithin kein bereits objektiv bestehendes unerlaubtes Risiko. Es ist daher durchaus sachgerecht, den konkreten Einsatz objektiv ungefährlicher Alltagsgegenstände (oder nur der Wegnahme dienender Werkzeuge) erst dann der verschärften Qualifikation nach Abs. 2 zu unterwerfen, wenn sie der Täter auch tatsächlich zur schweren körperlichen Misshandlung oder Herbeiführung einer Lebensgefahr iSv Abs. 2 Nr. 3 a bzw b benutzt. Da Kriterium der Qualifikation die erhöhte Gefährlichkeit der Tatbegehung ist, braucht das Tatmittel (bei der Gewaltanwendung) vom Opfer nicht notwendig wahrgenommen zu werden.

23 Es genügt, wenn das Tatmittel nur zum Zwecke der Drohung mit qualifizierter Gewalt eingesetzt wird (BGHSt 45, 92; BGH StV 2008, 470; 2012, 153; NStZ 2013, 37; *Becker*, Waffe und Werkzeug als Tatmittel im Strafrecht, 2003, 176; *Fischer* Rn 7; *Leißner*, Der Begriff des gefährlichen Werkzeugs im StGB, 2002, 117 f; MK-*Sander* Rn 58 f). Daher ist es auch grds. nicht erforderlich, dass der Einsatz des objektiv gefährlichen Tatmittels eine konkrete Gefahr erheblicher Verletzungen begründet (BGHSt 45, 92 [94 ff] m. zust. Anm. *Kargl* StraFo 2000, 7 [10]; krit. *Mitsch* NStZ 1999, 617 [618] und *Zopfs* JZ 1999, 1062); sonst wäre auch die Variante von Abs. 2 Nr. 3a-b überflüssig. Allerdings ist hier die Einschränkung zu machen, dass der gefährliche Einsatz des Tatmittels auch tatsächlich möglich sein muss; ansonsten entstehen Ungereimtheiten bzgl des vergleich-

baren Falles der Verwendung von sog. Scheinwaffen, welche diese Qualifikation eindeutig nicht erfüllen, oder des untauglichen Versuchs. Besteht für das Opfer von vornherein keine Gefahr, so ist das objektive Unrecht des Abs. 2 nicht höher als die abstrakte Gefährlichkeit des Beisichführens in Abs. 1, während das Unrecht der Drohung bereits durch den § 249 abgedeckt wird (vgl zur Problematik – mit Abweichungen im Detail – BGH StV 1999, 151 [152]; *Baumanns* JuS 2005, 405 ff; *Geppert* Jura 1999, 599 [605]; *Hannich/Kudlich* NJW 2000, 3475 [3476]).

Die Rechtsprechung bietet kein einheitliches Bild: Einer Anwendung des Abs. 2 Nr. 1 soll einerseits nicht entgegenstehen, dass die eingesetzte Waffe noch nicht durchgeladen oder entsichert ist (BGH NStZ-RR 2001, 41 und 136). Andererseits sollen die Anforderungen, die an das Merkmal des Verwendens einer Waffe zu stellen sind, nicht erfüllt sein, wenn der Täter eine ungeladene Pistole einsetzt, deren zugehöriges, aufmunitioniertes Magazin er griffbereit hat (BGHSt 45, 249 ff m. krit. Anm. *Hannich/Kudlich* NJW 2000, 3475 f; BGH NStZ-RR 2008, 342). Für das Beisichführen iSv Abs. 1 Nr. 1 a (§ 244 I Nr. 1 a) sieht sie diese Konstellation jedoch wiederum als ausreichend an (BGHSt 3, 229 [232]; BGH StV 1987, 67; NStZ 1985, 547; offen lassend BGH NJW 1998, 3130). Diese Differenzierung ist wenig sachgerecht: Unter der Prämisse, dass der Täter die Waffe zu einer Drohung „verwenden" kann, reicht es für die Qualifikation aus, wenn der konkrete Einsatz der Waffe ohne Weiteres realisierbar ist (vgl auch *Hannich/Kudlich* NJW 2000, 3475 [3476 mit Fn 15]). Gegenüber dem Beisichführen wird dann das Gefährdungsunrecht durch Hinzukommen der Nötigungshandlung und Eskalationsgefahr eindeutig erhöht.

Der für die Qualifikation maßgebliche Zeitraum – „bei der Tat" – erstreckt sich vom Versuchsbeginn bis zur formellen Vollendung (vgl NK-*Kindhäuser* §§ 244 Rn 20 f, 250 Rn 21 mwN, 252 Rn 12 f; *Mitsch* 8.3.1.5.2; SK-*Sinn* Rn 45; aA – auch im Beendigungsstadium, wenn die qualifizierende Handlung der Beutesicherung dient – BGHSt 20, 194 (197); 38, 295 ff; 52, 376 ff; BGH NStZ 2004, 263; NStZ-RR 2008, 342 (343); StV 2014, 282 f; *Fischer* Rn 18, 26; *Geilen* Jura 1979, 222, 277). 24

2. Bandenraub mit Waffen (Abs. 2 Nr. 2): In diesem Qualifikationstatbestand werden die Tatvarianten nach Abs. 1 Nr. 1 a und Nr. 2 verbunden. Strafschärfungsgrund ist die erhöhte Gefährlichkeit, die von einer bewaffneten Bande ausgehen kann. Als Tatmittel kommen nur Waffen im technischen Sinne (hierzu § 244 Rn 4 f) in Betracht (*Fischer* Rn 24 f). 25

3. Raub unter schwerer körperlicher Misshandlung (Abs. 2 Nr. 3 a): Eine schwere körperliche Misshandlung verlangt eine – in der Intensität mit einer schweren Körperverletzung iSv § 226 vergleichbare, aber nicht notwendig auch identische – Beeinträchtigung der körperlichen Unversehrtheit oder des körperlichen Wohlbefindens (vgl BGH NStZ 1998, 461; NStZ-RR 2011, 337 [338]; *Renzikowski* NStZ 1999, 377 [383]). Zu denken ist etwa an die Zufügung besonders starker Schmerzen oder an die Herbeiführung einer schweren Gesundheitsschädigung; eine rohe Misshandlung genügt nicht (BGH NStZ 1998, 461; NStZ-RR 2007, 175; SK-*Sinn* Rn 57). Die Körperverletzung muss eingetreten sein; eine Gefährdung genügt nicht. Zudem muss die Misshandlung zur Erzwingung der Vermögensverfügung oder zumindest zur Sicherung der Beute verübt werden (BGH StV 2015, 771). 26

27   **4. Lebensgefährlicher Raub (Abs. 2 Nr. 3 b):** Durch die Nötigungshandlung muss unmittelbar (Rn 15) eine Person in die konkrete Gefahr (Rn 14) des Todes gebracht werden. Gefährdet kann jede Person außer den Tatbeteiligten selbst sein. Die Gefährdung muss vorsätzlich erfolgen (Rn 18).

IV. Versuch

28   Der Versuch ist strafbar (§§ 12 I, 23 I) und beginnt mit dem unmittelbaren Ansetzen zum Grundtatbestand und zur Qualifikation (vgl BGH NStZ 1996, 38; *Fischer* Rn 28; MK-*Sander* Rn 72). Ein Beginn der Tatausführung liegt daher weder im Waffentragen bei der Raubvorbereitung (Abs. 1 Nr. 1 a und b) noch im bloßen Bandenzusammenschluss.

V. Konkurrenzen

29   1. Im **Verhältnis zueinander** besteht zwischen den einzelnen Tatbeständen des § 250 zur Klarstellung des Unrechts Tateinheit (BGHSt 26, 167 [174]; BGH NStZ 1994, 285; *Altenhain* ZStW 107, 396 ff; *Fischer* Rn 30; anders – nur ein qualifizierter schwerer Raub – BGH NStZ 1994, 284 m. zust. Anm. *v. Hippel* JR 1995, 125; NStZ 1994, 394 f; S/S-*Eser/Bosch* Rn 35). Soweit jedoch Tatbestände nach Abs. 2 solche nach Abs. 1 qualifizieren, gehen sie diesen als leges speciales vor, etwa im Falle von Abs. 2 Nr. 1 und Abs. 1 Nr. 1 a oder im Falle von Abs. 2 Nr. 3 b und Abs. 1 Nr. 1 c. Allerdings können Abs. 2 Nr. 1 und Abs. 1 Nr. 1 c tateinheitlich begangen werden, da anderenfalls der letztgenannte Tatbestand praktisch leer liefe. Ferner besteht Tateinheit zwischen dem versuchten Abs. 2 Nr. 1 und vollendetem Abs. 1 Nr. 1 a (aA – Vorrang von Abs. 1 – BGH JR 2005, 159; NStZ 2016, 27; nach BGH StV 2012, 153 tritt der versuchte besonders schwere Raub [Abs. 2] jedoch dann nicht hinter den vollendeten schweren Raub [Abs. 1] zurück, wenn sich die Handlung gegen mehrere Opfer richtet). Der Bandenraub verbindet ansonsten verschiedene Tatbestandsverwirklichungen nicht zu einer einheitlichen Tat; es ist vielmehr Realkonkurrenz anzunehmen (RG JW 1939, 33; LK-*Vogel* Rn 51; zum Urteilstenor vgl BGH bei *Holtz* MDR 1970, 560). Im Übrigen ist zwischen den einzelnen Qualifikationen nach Abs. 1 oder nach Abs. 2 jeweils untereinander Wahlfeststellung möglich.

30   2. Im **Verhältnis zu anderen Raubtaten** gilt: Gegenüber den Grunddelikten der §§ 249, 252, 255 ist § 250 als selbstständige Qualifikation lex specialis. § 252 tritt hinter einen vollendeten qualifizierten Raub nach §§ 249, 250 auch dann zurück, wenn der räuberische Diebstahl seinerseits unter den Voraussetzungen von § 250 begangen wurde. Umgekehrt wird § 249 von §§ 252, 250 als mitbestrafte Vortat konsumiert, wenn § 250 erst in der Phase der Beutesicherung verwirklicht wird (so auch die Auffassung, der zufolge § 250 auch auf die Phase der Raubbeendigung anwendbar ist: BGHSt 21, 377 [379]; S/S-*Eser/Bosch* Rn 36). Nötigt der Täter sowohl bei der Wegnahme als auch erneut bei der Beutesicherung, so tritt § 240, falls § 249 oder § 252 verdrängt werden, in Idealkonkurrenz zum verbleibenden Tatbestand. § 250 II Nr. 3 b wird von § 251 verdrängt (Subsidiarität). Zwischen § 316 a und (versuchtem) schweren Raub kann Tateinheit bestehen; vom räuberischen Angriff auf Kraftfahrer wird nur der versuchte Raub konsumiert, der weitergehende Unrechtsgehalt der Qualifikation aber nicht erfasst (BGHSt 25, 373; BGH bei *Holtz* MDR 1977, 808; LK-*Vogel* Rn 51).

31   3. Im **Verhältnis zu anderen Delikten** ist Tateinheit zwischen Abs. 2 Nr. 3 b und §§ 211, 212, §§ 224, 226 (BGH NStE Nr. 12 zu § 250; diff. *Fischer* Rn 30) oder

§ 315 b III iVm § 315 III Nr. 2 (BGH DAR 1995, 334 [335]) anzunehmen. § 224 I Nr. 5 tritt jedoch hinter § 250 II Nr. 3 b zurück, während zu § 223 Tateinheit besteht (BGH NStZ 2006, 449). Möglich ist weiterhin Idealkonkurrenz zwischen Abs. 1 Nr. 2, Abs. 2 Nr. 2 und §§ 129, 129 a. § 229 wird von Abs. 1 Nr. 1 c sowie Abs. 2 Nr. 3 a und b konsumiert. §§ 244 und 244 a werden vom vollendeten schweren Raub verdrängt; allerdings bleiben §§ 43 a und 73 d, auf die §§ 244 III und § 244 a III verweisen, anwendbar. Versuchter schwerer Raub und Diebstahl mit Waffen können unter bestimmten Voraussetzungen tateinheitlich begangen werden (BGHSt 20, 235; 21, 78; LK-*Vogel* Rn 51). Im Übrigen greift § 250 – in Abgrenzung zu § 244 – erst ein, wenn der Raub ins Versuchsstadium getreten ist.

§ 251 Raub mit Todesfolge

Verursacht der Täter durch den Raub (§§ 249 und 250) wenigstens leichtfertig den Tod eines anderen Menschen, so ist die Strafe lebenslange Freiheitsstrafe oder Freiheitsstrafe nicht unter zehn Jahren.

I. Die Vorschrift normiert ein **erfolgsqualifiziertes Delikt**, bei dem der Täter durch den Raub in zumindest leichtfertiger Weise den Tod eines anderen Menschen verursacht haben muss. § 18 ist anzuwenden, jedoch reicht einfache Fahrlässigkeit nicht aus (zum Gutachtenaufbau vgl § 18 Rn 12 ff); bei Todesfolgen aufgrund einfacher Fahrlässigkeit können §§ 250 II Nr. 3 b und 227 tateinheitlich verwirklicht sein (vgl BGH bei *Dallinger* MDR 1975, 541 [543]). Die vorgesehene lebenslange Freiheitsstrafe kommt (ausnahmsweise) in besonders schweren – etwa einem Mord nahekommenden – Fällen (*Fischer* Rn 11), keinesfalls aber bei nur leichtfertiger Tötung in Betracht (vgl BGHSt 39, 100 [106]; *Paeffgen* JZ 1989, 223).

II. Im **Gutachten** empfiehlt es sich, zunächst das vorsätzlich vollendete Grunddelikt (§§ 249, 252, 255) komplett zu erörtern und sodann die fahrlässige Verursachung der schweren Folge zusammen mit der erforderlichen spezifischen Risikoverwirklichung zu prüfen, also:

    I. Tatbestand, Rechtswidrigkeit, Schuld des Grunddelikts
    II. Erfolgsherbeiführung:
        1. Verursachung des qualifizierenden Erfolgs (Rn 3 ff)
        2. objektive Sorgfaltswidrigkeit (liegt in der Regel schon in der Begehung des Grunddelikts)
        3. Risikozusammenhang (Rn 7 f)
        4. subjektive Zurechnung: Vorsatz oder zumindest Leichtfertigkeit (Rn 9 ff).

III. 1. Qualifizierender **Erfolg** ist der Tod eines anderen. **Anderer** kann jede Person außer den Tatbeteiligten selbst sein (hM, vgl nur LK-*Vogel* Rn 4). Auch Unbeteiligte, die durch abirrende Schüsse des Täters zufällig getroffen werden, können Opfer sein (BGHSt 38, 295).

2. **Durch den Raub** ist der Tod **verursacht**, wenn er aus dem Einsatz der raubspezifischen Nötigungsmittel resultiert.

a) Es reicht nach hM nicht aus, wenn der Tod nur infolge der Wegnahme eintritt (*Altenhain* GA 1996, 19 [35]; *Herzberg* JZ 2007, 615 [616 ff]; W-*Hillenkamp* Rn 388; NK-*Paeffgen* § 18 Rn 81; aA MK-*Sander* Rn 6); dem Opfer werden etwa

Kleidungsstücke, die vor dem Erfrieren schützen, entwendet. Hier führte bereits ein einfacher Diebstahl zu demselben Erfolg, ohne dass es auf die raubspezifische Gefahrschaffung, welche die Unrechtssteigerung des Delikts gegenüber §§ 222, 242, 52 ausmacht, ankäme (*Hinderer/Kneba* JuS 2010, 590 [593]).

6   b) Die Todesursache muss nach hL in dem **Zeitraum** zwischen Versuch und Vollendung des Grunddelikts gesetzt werden, da § 251 an die Gefährlichkeit des grunddeliktischen Verhaltens anknüpft. Daher kommen zum Tode des Opfers führende Handlungen, die nur der Abwendung einer Strafverfolgung dienen, nicht in Betracht (*Hinderer/Kneba* JuS 2010, 590 [593]; *Kühl* Roxin-FS I 665 [685 ff]; *Küper* JuS 1986, 862 [868 ff]; LK-*Vogel* Rn 7). Demgegenüber deutet die Rspr die Raubgefahr nicht tatbestandsspezifisch, sondern tatspezifisch: Auch typische Begleitumstände eines bewaffneten Raubes – wie zB das Freischießen des Fluchtweges – seien einschlägige Todesursachen (BGHSt 20, 194 [197]; 38, 295 [298 f]; BGH NStZ 1998, 511 [512]; zust. *Otto* JZ 1993, 559 [569]). Diese Auffassung ist jedoch mit dem Wortlaut, der eine Todesverursachung „durch" und nicht „gelegentlich" eines Raubes verlangt, kaum zu vereinbaren.

7   c) Über die Kausalität hinaus muss zwischen der Nötigungshandlung und dem Todeseintritt ein **unmittelbarer Risikozusammenhang** bestehen: Es muss sich im Erfolg gerade eine mit der Nötigungshandlung verbundene – regelmäßig von § 250 II Nr. 3 b erfasste – Todesgefahr realisieren (vgl BGHSt 33, 322 [323]; 38, 295 [298]; *Rengier* I § 9/3 f; näher NK-*Paeffgen* § 18 Rn 23 ff mwN). Der Nötigungshandlung des Grundtatbestands muss also, wie sich aus der erheblich höheren Strafandrohung des § 251 gegenüber einer tateinheitlich mit (schwerem) Raub begangenen fahrlässigen Tötung ergibt, bereits eine Todesgefahr für das Opfer anhaften, die unmittelbar zum Erfolg führt (vgl §§ 18 Rn 3 ff; 227 Rn 4 ff; vgl ferner BGHSt 38, 295 [297 f] m.Anm. *Schroeder* JZ 1993, 52; BGH NStZ 2016, 211 ff; *Mitsch* 8.3.2.2.2.2; *Otto* BT § 46/41; SK-*Sinn* Rn 10).

8   Demnach sind Todesfolgen nicht zurechenbar, wenn der Erfolg nicht aufgrund der Risikofaktoren der grunddeliktischen Handlung, sondern aufgrund eines inadäquaten Kausalverlaufs eintritt. Der unmittelbare Risikozusammenhang ist ferner nicht gegeben, wenn der Erfolg nur durch eine vom Täter mittelbar gesetzte Gefahr bedingt wird. Dies ist zunächst der Fall, wenn der Tod durch das Verhalten eines Dritten, das nicht dem Widerstand gegen die Wegnahme dient, bedingt wird; das Opfer stirbt zB durch Schüsse, die die Polizei bei der Verfolgung des Täters abgibt (S/S-*Eser/Bosch* Rn 5). Sofern das Opfer sich selbst schädigt, ist zu differenzieren: Der erforderliche Risikozusammenhang besteht, wenn das Opfer aufgrund einer adäquaten Reaktion auf die Nötigung des Täters zu Tode kommt (vgl BGHSt 19, 382 [386 f]; *Paeffgen* JZ 1989, 220 [227]; MK-*Sander* Rn 9); das Opfer stürzt etwa tödlich bei dem Versuch, den Gewaltanwendungen des Täters auszuweichen. Ein dem Täter zurechenbarer unmittelbarer Zusammenhang fehlt jedoch, wenn das Opfer bei der Verfolgung des Täters verunglückt (*Roxin* I § 10/115; LK-*Vogel* Rn 8).

9   IV. Die **subjektive Tatseite** verlangt (mindestens) Leichtfertigkeit.

10 1. **Leichtfertigkeit** ist eine gesteigerte Form der Fahrlässigkeit (§ 15 Rn 93 f); sie ist anzunehmen, wenn schon ein geringes Maß an Sorgfalt zur Vermeidung des Erfolges ausgereicht hätte. Leichtfertigkeit ist also eine Form der groben, nicht notwendig bewussten Fahrlässigkeit, bei der sich dem Täter die Möglichkeit des Erfolgseintritts geradezu aufdrängt (NK-*Paeffgen* § 18 Rn 47 ff mwN; LK-*Vogel* Rn 9 f; vgl auch BGHSt 20, 315 [323 f]; 33, 66 f; *Mitsch* 8.3.2.3.2; *Rengier* I

§ 9/10; SK-*Sinn* Rn 16 ff). Demnach fallen insbesondere Kurzschlusshandlungen aus dem Haftungsbereich (M-*Schroeder/Maiwald* I § 35/32). Die Leichtfertigkeit muss sich auf das in der konkreten Nötigung liegende Todesrisiko – etwa die besondere Intensität der Gewaltanwendung – beziehen, während sonstige rücksichtslose Verhaltensweisen – zB das Zurücklassen des verwundeten Opfers am Tatort – nicht erfasst werden.

2. Die Todesfolge kann auch **vorsätzlich** durch den Raub herbeigeführt werden (BGH NStZ-RR 2003, 44 [45]). 11

V. Der **Versuch** ist strafbar, und zwar ebenso in der Variante der versuchten Erfolgsqualifikation (BGH StV 2002, 81), wenn das Opfer zwar nicht stirbt, der Täter aber die Nötigungshandlung mit (zumindest bedingtem) Tötungsvorsatz ausführte, wie in der Variante des erfolgsqualifizierten Versuchs (§ 22 Rn 7 ff; NK-*Kindhäuser* Rn 9 f). Letzteres ist gegeben, wenn das Grunddelikt nur versucht wird, die Todesfolge aber eintritt; das Opfer stirbt zB infolge der angewandten Gewalt, ohne dass es zu einer vollendeten Wegnahme kam (BGHSt 7, 37; BGH NStZ 2003, 34; S/S-*Eser/Bosch* Rn 7; *Fischer* § 18 Rn 7; abw. *Wolters* GA 2007, 65 [70 ff]). 12

Vom erfolgsqualifizierten Versuch kann der Täter auch bei eingetretener Todesfolge strafbefreiend **zurücktreten**, wenn er die Vollendung des Grunddelikts freiwillig aufgibt oder abwendet (§ 24 Rn 73 ff; RGSt 75, 52 [54]; BGHSt 42, 158 [159] m.Anm. *Küper* JZ 1997, 229; *Anders* GA 2000, 74 f; S/S-*Eser/Bosch* § 24 Rn 26; KHH/*Hellmann* BT II Rn 304; *Herzberg* JZ 2007, 615 f, 619 ff; *Jakobs* AT 26/49 Fn 89; NK-*Paeffgen* § 18 Rn 129; SK-*Rudolphi* § 18 Rn 8 a; SK-*Sinn* Rn 21; LK-*Vogel* Rn 18, § 18 Rn 85). Von einer Mindermeinung wird diese Möglichkeit mit dem Argument verneint, dass sich die tatbestandsspezifische Gefahr bereits in der Erfolgsqualifikation realisiert habe. Außerdem sei unter einer „Tat" iSv § 24 das gesamte Delikt einschließlich der Qualifikation zu verstehen (LK-*Herdegen*, 11. Aufl., Rn 16; *Roxin* II, § 30/288 ff; *Streng* Küper-FS 629 [632 ff]; *Ulsenheimer* Bockelmann-FS 419; *Wolter* JuS 1981, 178; noch anders – Vollendung des § 251 – *Wolters* GA 2007, 65 [70 ff]). Dem ist jedoch entgegenzuhalten, dass § 24 uneingeschränkt den Rücktritt vom Versuch eines Grunddelikts zulässt und der Qualifikation ohne zumindest versuchtes Grunddelikt der Bezugspunkt fehlt. Auch das Bild einer „Gesamttat" spricht eher für als gegen eine Rücktrittsmöglichkeit: Der Rücktritt beseitigt in *keinem* Tatbestand das Unrecht des Versuchs, wirkt aber gleichwohl strafbefreiend. Bei jeder Teilverwirklichung eines Delikts realisiert sich insoweit auch eine „tatbestandsspezifische Gefahr", so dass der Rücktritt in solchen Fällen schlechthin unmöglich wäre. Die hiesige Besonderheit, dass der Teil, welcher verwirklicht wird, denjenigen, von dem der Täter Abstand nimmt, in seinem Unrechtsgehalt krass überwiegt, kann den Rücktritt nicht überspielen und spräche schon eher für eine „Vollendungslösung". 13

Ein Rücktritt kommt ferner auch bei vollendetem Grunddelikt (iSe **Teilrücktritts** vom Versuch der Erfolgsqualifikation) in Betracht, wenn der Täter noch im Versuchsstadium des § 249 von der vorgesehenen Tötung des Opfers Abstand nimmt (*Günther* Kaufmann, A.-GS 550; *Küper* JZ 1997, 229 [233 ff]; SK-*Rudolphi* § 24 Rn 18 b).

VI. Von mehreren **Beteiligten** haftet jeder nach § 251, dem hinsichtlich der gefährdenden Raubhandlung (zumindest bedingter) Vorsatz und hinsichtlich der Todesfolge (wenigstens) Leichtfertigkeit vorzuwerfen ist (BGH NStZ 2010, 33 f 14

m. Bspr *Bosch* JA 2010, 229; LK-*Vogel* Rn 15). Dies gilt auch dann, wenn demjenigen, der die Todesursache eigenhändig setzt, selbst keine Leichtfertigkeit zur Last fällt; demnach kann zB ein hinsichtlich der Todesfolge leichtfertig handelnder Anstifter unabhängig davon nach § 251 strafbar sein, ob dies auch auf den Haupttäter zutrifft (BGHSt 19, 339 [340 f]; LK-*Vogel* Rn 15). Exzesstaten bleiben dagegen unberücksichtigt (NK-*Paeffgen* § 18 Rn 134; vgl aber BGH NStZ 2008, 280 f zur sukzessiven Mittäterschaft in einem Grenzfall).

15 **VII.** Sofern der Täter hinsichtlich des Todes **vorsätzlich** handelt, ist zur Klarstellung **Tateinheit** mit §§ 211, 212 anzunehmen (BGHSt 9, 135; 39, 100 [108 f]; BGH NStZ-RR 2003, 44; *Hruschka* GA 1967, 49; NK-*Kindhäuser* Rn 12). Gleiches gilt bei leichtfertig herbeigeführter Todesfolge für das Verhältnis zu § 227, da das Unrecht der Körperverletzung zum Ausdruck zu bringen ist (aA – Tateinheit nur bei versuchtem Raub mit Todesfolge und § 227 – BGHSt 46, 24 [26 ff] m.Anm. *Kindhäuser* NStZ 2001, 31; *Fischer* Rn 12; LK-*Vogel* Rn 21). § 222 wird dagegen von § 251 im Wege der Gesetzeskonkurrenz verdrängt. Auch § 250 II Nr. 3 b tritt hinter § 251 zurück; mit den anderen Varianten des § 250 ist Tateinheit gegeben (S/S-*Eser/Bosch* Rn 10; stets Vorrang des § 251: BGHSt 21, 183 [185]; diff. LK-*Herdegen*, 11. Aufl., Rn 18).

§ 252 Räuberischer Diebstahl

Wer, bei einem Diebstahl auf frischer Tat betroffen, gegen eine Person Gewalt verübt oder Drohungen mit gegenwärtiger Gefahr für Leib oder Leben anwendet, um sich im Besitz des gestohlenen Gutes zu erhalten, ist gleich einem Räuber zu bestrafen.

I. Allgemeines

1 Das Delikt enthält **alle Elemente des Raubes**, die nur in einer anderen zeitlichen Reihenfolge kombiniert sind: Während beim Raub der Einsatz der Nötigungsmittel der Verwirklichung des Diebstahls dient, hat § 252 einen bereits vollendeten Diebstahl mit anschließender Nötigung zum Gegenstand (näher zur Unrechtsverwandtschaft beider Delikte NK-*Kindhäuser* Rn 3 ff). Insoweit kommt es für die Unterscheidung beider Delikte darauf an, ob der Diebstahl noch nicht – dann Raub – oder schon – dann räuberischer Diebstahl – vollendet ist. Hinsichtlich der Strafe verweist § 252 auf § 249 und damit auch auf die Raubqualifikationen nach §§ 250, 251 (BGH NStZ-RR 2002, 237). Der räuberische Diebstahl ist nicht nur Qualifikation zu §§ 240, 242, sondern ein selbstständiges Delikt (BGHSt 20, 235 [237 f]; LK-*Vogel* Rn 9); §§ 247, 248 a sind daher nicht anwendbar. Es empfiehlt sich, die Tatbestandsmerkmale des räuberischen Diebstahls in folgenden Schritten zu prüfen:
    I.   Objektiver Tatbestand:
        1.   Vortat: vollendeter, aber nicht beendeter Diebstahl (Rn 2)
        2.   Tatsituation:
            a)   Täter ist betroffen (Rn 3 ff)
            b)   bei einem Diebstahl auf frischer Tat (Rn 10 ff)
        3.   Tathandlung: qualifizierte Nötigung (Rn 13)
    II.   Subjektiver Tatbestand:

    1. Vorsatz bzgl I. (Rn 14)
    2. Absicht der Sicherung des Besitzes an der Diebesbeute (Rn 14 f)
III. Rechtswidrigkeit
IV. Schuld

II. Objektiver Tatbestand

1. Der Tatbestand verlangt als **Vortat** die **vollendete** Verwirklichung des Grundtatbestands von § 242 (BGHSt 28, 224 [225 f]; 41, 198 [203 f]; vgl auch BGH NStZ 2011, 36 f); die weiteren Merkmale der §§ 243 ff, 249 können zudem erfüllt sein (BGHSt 21, 377 [379]; 38, 295 [299]; vgl *Frank* Jura 2010, 893 ff zur Tauglichkeit von §§ 253, 255 als mögliche Vortat).   2

2. Der Täter ist **betroffen**, wenn er von einem anderen schon wahrgenommen wurde oder demnächst bemerkt wird.   3

a) Das Merkmal „betroffen" soll die Raubähnlichkeit der Tat begründen und zugleich den ansonsten konturlosen Tatbestand in zeitlicher und räumlicher Hinsicht begrenzen (BGHSt 26, 95 [96]; 28, 224 [230]). Täter und „Betreffender" müssen sich zumindest iSe zufälligen, raum-zeitlichen Zusammentreffens begegnen. Fraglich ist, ob diese Mindestvoraussetzung ausreicht: 4

- Teils wird verlangt, dass der Täter als Person von dem Dritten wahrgenommen worden sein muss (*Geppert* Jura 1990, 554 [556 f]; W-*Hillenkamp* Rn 401; MK-*Sander* Rn 11; *Schmitt* Jescheck-FS 223 [233]; vgl auch *Küper* Krey-FS 313 ff). Diese restriktive Auslegung ist jedoch vom Wortlaut, der auch ein Zusammenkommen unmittelbar vor dem Wahrnehmen umfasst, nicht geboten.   5

- Die hM verlangt kein Wahrgenommensein des Täters, sondern lässt es für das Betreffen ausreichen, wenn der Täter dem von ihm befürchteten Bemerktwerden – etwa durch schnelles Zuschlagen – zuvorkommt (BGHSt 26, 95 [96 f]; 28, 224 [227 f]; OLG Köln NStZ 2005, 448 [449]; *Perron* GA 1989, 145 [163]; *Rengier* I § 10/8; SK-*Sinn* Rn 10).   6

- Durch die Auslegung der hM wird jedoch das gesamte Unrecht der Tat bis auf die Vornahme der Nötigungshandlung subjektiviert. Zwar verlangt der Begriff des Betreffens nicht notwendig eine Wahrnehmung, sondern erfasst auch das dem Wahrnehmen unmittelbar vorausgehende Stadium des Zusammentreffens. Da § 252 aber auch als raubähnliches Delikt den §§ 249, 255 anzugleichen ist, bedarf es einer raubähnlichen Verbindung zwischen Diebstahl und Nötigung: Es ist daher für das Betreffen eine Situation erforderlich, in der bei einer ex ante-Betrachtung damit zu rechnen ist, dass der Täter als Dieb identifiziert und der Sicherung der Beute Widerstand entgegengesetzt wird; ein Betreffen verlangt also, dass sich der Täter objektiv in einer Situation des – zumindest bevorstehenden – Bemerktwerdens befindet und bei Passivität von dem Dritten wahrgenommen worden wäre (*Fezer* JZ 1975, 609 [610]).   7

b) Unabhängig von der Frage, ob der Täter als Person wahrgenommen sein muss, ist es für das „Betreffen" nicht erforderlich, dass der Dritte den Diebstahlscharakter der Tat erkannt oder den Täter bereits als Tatverdächtigen eingestuft hat (BGHSt 9, 255 [258]; S/S-*Eser/Bosch* Rn 4; *Mitsch* 9.2.1.4.2). Zu fordern ist jedoch, dass der Dritte bei weiterem ungestörten Verlauf des Geschehens den   8

Diebstahl hätte erkennen und den Täter mit dieser Tat in Zusammenhang hätte bringen können müssen (NK-*Kindhäuser* Rn 10; *Otto* BT § 46/55).

9 **3. Als Person,** die den Täter „betrifft", kommt neben dem Gewahrsamsinhaber jeder Dritte in Betracht. Der „Betreffende" braucht nicht (überraschend) zum Tatort zu kommen, sondern kann schon während der Tatausführung in der Nähe zugegen gewesen sein (BGH bei *Dallinger* MDR 1969, 359). Da der Tatbestand nur die Absicht der Besitzerhaltung verlangt, ist es auch nicht erforderlich, dass der Dritte tatsächlich bereit ist oder – bei Entdeckung – bereit wäre, zum Schutz des Gewahrsams gegen den Täter einzuschreiten (*Mitsch* 9.2.1.4.3; *Otto* BT § 46/58; LK-*Vogel* Rn 23; aA *Schmidhäuser* BT 8/59).

10 **4. Bei einem Diebstahl** ist der Täter betroffen, wenn dieser noch nicht beendet ist (BGHSt 22, 227 [230]; 28, 224 [229]; OLG Köln NStZ 2005, 448 f; LK-*Vogel* Rn 34 ff mwN; aA *Dreher* MDR 1979, 529 f), die Beute also noch nicht gesichert ist (§ 242 Rn 54; BGH StV 1981, 127).

11 **5. Der Täter ist auf frischer Tat** betroffen, wenn aus den gesamten Umständen, in denen er sich befindet, auf einen (unbeendeten) Diebstahl geschlossen werden kann und Notrechte gegen ihn noch ergriffen werden dürfen.

12 Mit dem Merkmal der Tatfrische wird der Zeitraum schärfer umgrenzt, in dem Notrechte wahrgenommen werden dürfen (vgl auch § 127 I StPO, §§ 229, 859 II BGB). Kennzeichnend hierfür ist die räumliche und zeitliche Nähe des Täters zur Tatausführung; die Situation muss gewissermaßen noch Beweiskraft haben (vgl BGHSt 26, 95 [96]; 28, 224 [229]; vgl insbesondere zur sog. Nacheile BGH NJW 2015, 3178 f m.Anm. *Brüning* ZJS 2016, 386 ff und *Küper* StV 2016, 285 ff; NK-*Kindhäuser* Rn 14 ff mwN). Es reicht nicht aus, wenn der Täter erst aufgrund einer nach dem Diebstahl eingeleiteten Suche entdeckt wird (BGHSt 9, 255 [257]; LK-*Vogel* Rn 38 mwN) oder wenn er auf der Flucht seinen Verfolger zeitweise abschütteln konnte (LG Köln MDR 1986, 340). Da der Diebstahl nicht beendet sein darf (Rn 10), kommt dem Merkmal der Tatfrische nur ausnahmsweise entscheidende Bedeutung zu, so etwa, wenn Dieb und Opfer auch nach dem Gewahrsamsbruch noch in einer räumlich engen Beziehung zueinander stehen. Exemplarisch: Der Täter unternimmt nach dem Diebstahl noch eine längere gemeinsame Fahrt in einem Kraftfahrzeug mit dem ahnungslosen Opfer (BGHSt 28, 224 [228 f]; vgl auch *Perron* GA 1989, 145 [154 f]); gegen die erforderliche Tatfrische spricht hier, dass das Verhalten des Täters nach einem gewissen Zeitablauf – trotz mangelnder Beutesicherung – nicht mehr als gegenwärtiger Angriff iSd Notwehrvoraussetzungen angesehen werden kann.

13 **6. Tathandlung** ist eine Nötigung mit Gewalt gegen eine Person oder durch Drohungen mit gegenwärtiger Gefahr für Leib oder Leben (näher § 249 Rn 3 ff). Ansätze, die wegen des hohen Strafniveaus und zur Wahrung der normativen Äquivalenz im Rahmen des § 252 einen eigenen „restriktiven" Gewaltbegriff verlangen (LG Gera NJW 2000, 159 f), sind abzulehnen (OLG Brandenburg NStZ-RR 2008, 201 [202]; *Fischer* Rn 8). **Opfer** der Nötigung kann jede beliebige Person sein. Genötigter muss nicht derjenige sein, der den Täter auf frischer Tat betroffen hat; einschlägig ist etwa die Anwendung von Gewalt gegen einen Polizisten, der, von einem Tatzeugen informiert, den fliehenden Täter verfolgt. Nicht erforderlich ist ferner, dass dies am Tatort selbst oder in dessen unmittelbarer Nähe erfolgt (vgl BGHSt 3, 76; BGH GA 1962, 145).

III. Subjektiver Tatbestand

Die subjektive Tatseite verlangt (zumindest bedingten) **Vorsatz** hinsichtlich der 14 objektiven Tatbestandsmerkmale und zudem die **Absicht**, sich im Besitz des gestohlenen Gutes zu erhalten. Die Absicht ist hierbei iSe finalen Willens zu verstehen: Dem Täter muss es bei der Nötigung darauf ankommen, eine im weiteren Verlauf des Geschehens drohende Besitzentziehung zu verhindern (BGHSt 13, 64 [65]; 28, 224 [231]; BGH NJW 2008, 3651; BGHR § 252 Besitzerhaltungsabsicht Nr. 2; *Rengier* I § 10/13; SK-*Sinn* Rn 17–19). Allein aus der Tatsache, dass der Täter sich der Beute nicht vor oder bei der Gewaltanwendung entledigt, kann noch nicht auf eine solche Absicht geschlossen werden (BGH NStZ 2015, 157 f; KG StV 2004, 67; OLG Köln NStZ-RR 2004, 299), es sei denn, der Täter hätte ohne Gefährdung seiner Fluchtchancen die Beute zurücklassen können (OLG Köln NStZ 2005, 448 [449]). Neben die Sicherungsabsicht können weitere Motive treten (BGHSt 26, 95 [97]; BGH NStZ-RR 2005, 340 [341]; MK-*Sander* Rn 16). Es reicht jedoch nicht aus, wenn der Täter die Nötigung nur ausübt, um nicht ergriffen zu werden und einem dadurch bedingten *späteren* Verlust der Beute vorzubeugen (BGHSt 9, 162; BGH StV 1987, 534 [535]; OLG Koblenz StV 2008, 474 [475]; aA *Dehne-Niemann* Jura 2008, 742 [746]). Ferner handelt der Täter nicht tatbestandsmäßig, wenn er eine Person niederschlägt, die er für einen ebenfalls am Tatobjekt interessierten Nebentäter hält, oder wenn er gegen einen Mittäter vorgeht, der seinen Anteil verlangt; in diesen Fällen fehlt es an dem Willen, die Beute gegenüber dem bisherigen Gewahrsamsinhaber zu sichern. Schließlich kommt ein räuberischer Diebstahl nicht in Betracht, wenn der Täter die Nötigungsmittel anwendet, um den zwischenzeitlich verlorenen Besitz zurückzuerhalten; einschlägig sind dann §§ 253, 255 (BGH StV 1985, 13).

Als **Besitz** ist die mit dem Diebstahl erlangte Sachherrschaft (Gewahrsam) anzusehen. Ein solcher Besitz besteht auch, wenn der Täter die Beute noch am Tatort einem Gehilfen, der sie für ihn verwahren soll, aushändigt und sodann gegen den einschreitenden Dritten den noch ungesicherten mittelbaren Eigenbesitz verteidigen will (vgl auch BGH NJW 1968, 2386 [2387]; *Mitsch* 9.2.1.5.4.2). Bei Mittätern genügt es, wenn einer den vom anderen ausgeübten gemeinsamen Gewahrsam sichern will (BGHSt 6, 248 [251]; W-*Hillenkamp* Rn 407). Auch eine „fremdnützige" Verteidigung des Besitzes ist möglich (str., näher NK-*Kindhäuser* Rn 20). Da der subjektive Tatbestand jedoch eine „Selbst-Besitzerhaltungsabsicht" verlangt, scheidet eine täterschaftliche Begehung aus, wenn der Nötigende durch den – etwa durch Unterlassen begangenen (vgl § 242 Rn 130) – Diebstahl in Drittzueignungsabsicht selbst überhaupt keinen Besitz erlangt hat; in diesem Fall verwirklicht der Täter nur § 240 (*Mitsch* ZStW 111, 65 [108 f]; vgl auch SK-*Sinn* Rn 21 ff).

IV. Versuch, Vollendung, Beteiligung

1. Die Tat ist mit dem Einsatz der qualifizierten Nötigungsmittel vollendet; die 16 Beutesicherung muss nicht gelingen (BGH StV 1985, 13; LK-*Vogel* Rn 73). Versuch kommt daher selten in Betracht, so etwa, wenn der Täter zur Anwendung der Nötigungsmittel nur ansetzt (BGHSt 14, 114 [115]; HKGS-*Duttge* Rn 26).

2. **Täter** eines räuberischen Diebstahls kann nur ein (Mit-)Täter der Vortat sein, 17 da es dem Täter (parallel zum Raub) darauf ankommen muss, den mit der Wegnahme in Zueignungsabsicht erstrebten Besitz zu sichern (vgl BGH bei *Holtz* MDR 1991, 105; LK-*Vogel* Rn 68). Da die Tat kein eigenhändiges Delikt ist,

spielt es bei Mittäterschaft keine Rolle, ob der Nötigende selbst oder ein Beteiligter (Mittäter/Teilnehmer) die (ungeteilte) Beute in Gewahrsam hat (Rn 15). Der Täter muss auch die Nötigung nicht eigenhändig begehen, sondern kann sie mittäterschaftlich mit einem Vortatbeteiligten oder einem außenstehenden Dritten ausführen (BGHSt 6, 248 [251]; BGH StV 1991, 349). Dagegen scheiden – mangels Zueignungsabsicht bei der Vortat – Teilnehmer (oder gänzlich Unbeteiligte) stets als Täter des § 252 aus; sie können nur Gehilfe des räuberischen Diebstahls sein (W-*Hillenkamp* Rn 407; *Mitsch* 9.2.4; *Rengier* I § 10/25; *Weigend* GA 2007, 277 f). Hiervon macht die vorherrschende Meinung eine – kaum begründbare – Ausnahme für den Fall, dass der Teilnehmer nach der Wegnahme durch den Täter Gewahrsam an der Beute erlangt hat (BGHSt 6, 248 [250]; *Otto* BT § 46/64; MK-*Sander* Rn 17; abl. *Kleszczewski* BT § 8 Rn 200).

V. Konkurrenzen

18   1. Sofern § 252 vollendet ist, verdrängt er als spezielleres Gesetz §§ **240 und 242**. Sind diese Delikte jedoch vollendet, § 252 dagegen nur versucht, ist der Klarstellung halber Idealkonkurrenz zu bejahen (HKGS-*Duttge* Rn 29; *Geppert* Jura 1990, 554 [558]; S/S/W-*Kudlich* Rn 20; stets für Gesetzeskonkurrenz S/S-*Eser/Bosch* Rn 13). Gleiches gilt, wenn die Vortat unter qualifizierenden Umständen (§§ 244, 244 a) begangen wurde.

19   2. § 249 und § 252 schließen sich gewöhnlich wechselseitig aus (Rn 1), stehen aber in Tateinheit, wenn der Täter durch die Nötigung zugleich bereits erlangten Besitz verteidigen und weitere Sachen wegnehmen will. Sofern die Vortat des § 252 ein (ggf nach §§ 250, 251 qualifizierter) Raub war, wird § 252 von § 249 (§§ 250, 251) verdrängt (BGH NJW 2002, 2043 [2044]); die Nötigung zur Besitzsicherung tritt mit § 249 (§§ 250, 251) in Tateinheit, während der von § 252 in Bezug genommene Diebstahl von § 249 erfasst wird. Wird dagegen nach einem einfachen Raub erst § 252 unter den Voraussetzungen der §§ 250, 251 begangen, so ist umgekehrt zu verfahren: § 249 tritt hinsichtlich des Diebstahls hinter den durch §§ 250, 251 qualifizierten § 252 zurück, während die verbleibende Nötigung der Vortat mit diesen Delikten in Tateinheit steht (BGHSt 21, 377 [379]; 38, 295 [299]; vgl auch BGH NStZ-RR 2005, 340 [341]; HRRS 2016 Nr. 22); § 252 tritt seinerseits hinter die spezielleren §§ 250, 251 zurück. Zwischen § 249 und § 252 ist eine Verurteilung auf wahldeutiger Grundlage möglich.

20   3. Mit §§ **253, 255** steht § 252 in keinem Konkurrenzverhältnis. Da der Täter, der seine Beute verteidigt, keinen neuen Vermögensschaden herbeiführt, sind insoweit im Anwendungsbereich von § 252 die Erpressungstatbestände nicht einschlägig (näher NK-*Kindhäuser* Rn 31 f; vgl auch BGH StV 1986, 530; W-*Hillenkamp* Rn 412). Die Beteiligung an einer Beutesicherung, die nicht unter den Voraussetzungen des § 252 – zB erst nach Beendigung des Diebstahls – erfolgt, ist mangels Haupttat nur als (Beteiligung an einer) Nötigung anzusehen (iE ebenso BGH StV 1986, 530; *Seier* NJW 1981, 2152 [2155]).

§ 253 Erpressung

(1) Wer einen Menschen rechtswidrig mit Gewalt oder durch Drohung mit einem empfindlichen Übel zu einer Handlung, Duldung oder Unterlassung nötigt und

dadurch dem Vermögen des Genötigten oder eines anderen Nachteil zufügt, um sich oder einen Dritten zu Unrecht zu bereichern, wird mit Freiheitsstrafe bis zu fünf Jahren oder mit Geldstrafe bestraft.
(2) Rechtswidrig ist die Tat, wenn die Anwendung der Gewalt oder die Androhung des Übels zu dem angestrebten Zweck als verwerflich anzusehen ist.
(3) Der Versuch ist strafbar.
(4) ¹In besonders schweren Fällen ist die Strafe Freiheitsstrafe nicht unter einem Jahr. ²Ein besonders schwerer Fall liegt in der Regel vor, wenn der Täter gewerbsmäßig oder als Mitglied einer Bande handelt, die sich zur fortgesetzten Begehung einer Erpressung verbunden hat.

I. Allgemeines

1. Die Vorschrift schützt neben dem Vermögen (§ 263 Rn 116 ff) die persönliche Freiheit (§ 240 Rn 1 ff): Die Erpressung ist ein **vermögensschädigendes Freiheitsdelikt** (BGHSt 1, 13 [20]; 19, 342 [343]; 41, 123 [125]; *Mitsch* 10.1.1; MK-*Sander* Rn 1). Das zunächst als Unternehmensdelikt ausgestaltete Vergehen erhielt seine heutige Fassung erst 1943 (RGBl I, 341) mit der Aufnahme des Vermögensnachteils in den objektiven Tatbestand (zur Geschichte NK-*Kindhäuser* Rn 1 mwN). Abs. 4 wurde 1994 (BGBl. I, 3186) zur gezielteren Bekämpfung der Schutzgelderpressung als einer typischen Form organisierter Kriminalität angefügt.

2. Erpressung ist die Vermögensschädigung eines anderen durch Nötigung in Bereicherungsabsicht. Vom Betrug unterscheidet sich die Erpressung nur durch die Tathandlung; der Täter führt nicht durch Täuschung, sondern durch Nötigung die Schädigung fremden Vermögens herbei. Ob jedes abgenötigte Verhalten, das kausal zu einem Vermögensschaden führt, zur Tatbestandsverwirklichung ausreicht oder ob das abgenötigte Verhalten – wie beim Betrug – den Charakter einer Vermögensverfügung haben muss, ist eine zentrale Frage der Auslegung des Erpressungstatbestands (Rn 7 ff). Die Deutung des Nötigungserfolgs als Vermögensverfügung hat zur Konsequenz, dass die Erpressung im System der Vermögensdelikte nicht als Grundtatbestand zum Raub anzusehen ist, sondern mit diesem Delikt in einem Exklusivitätsverhältnis steht (vgl Vor § 249 Rn 2).

Im **Gutachten** empfiehlt es sich, die Tatbestandsmerkmale der Erpressung in folgender Reihenfolge zu prüfen:
A) Tatbestand
   I. Objektiver Tatbestand
      1. Nötigungshandlung: Gewalt oder Drohung mit einem empfindlichen Übel (Rn 5 f)
      2. Nötigungserfolg (Rn 7, str., ob iSe Vermögensverfügung, Rn 8 ff)
      3. Vermögensnachteil (Rn 32)
      4. Kausalität/Zurechnungszusammenhang (Rn 33 ff)
   II. Subjektiver Tatbestand
      1. Vorsatz hinsichtlich I. (Rn 37)
      2. Absicht, sich oder einem Dritten einen Vermögensvorteil zu verschaffen (Rn 38)
      3. Vorsatz hinsichtlich der Rechtswidrigkeit des Vermögensvorteils

B) Rechtswidrigkeit
　I. Allgemeine Rechtfertigungsgründe (Rn 39)
　II. Verwerflichkeit (Rn 40)
C) Schuld
D) Ggf Regelbeispiele (Rn 45)

II. Objektiver Tatbestand

4　Der Täter muss einen anderen durch Gewalt oder Drohung mit einem empfindlichen Übel zu einer Handlung, Duldung oder Unterlassung nötigen und dadurch dem Genötigten selbst oder einem Dritten einen Vermögensnachteil zufügen.

5　**1. Tathandlung:** Die Tathandlung – die Anwendung von Gewalt oder die Drohung mit einem empfindlichen Übel – entspricht in vollem Umfang derjenigen der Nötigung (hierzu § 240 Rn 8 ff). Die Gewalt kann als vis compulsiva (Vor § 232 Rn 17 f), aber auch als vis absoluta (Vor § 232 Rn 16) ausgeübt werden, sofern mit der hM keine Vermögensverfügung des Genötigten verlangt wird (Rn 11 f). Bei Gewalt gegen Personen greift § 255 als lex specialis ein, so dass § 253 in dieser Tatvariante nur bei Gewalt gegen Sachen (Vor § 232 Rn 6, 11) praktisch bedeutsam ist. Auch bei der Erpressung ist umstritten, unter welchen Voraussetzungen mit der Nichtgewährung eines Vorteils gedroht werden kann (§ 240 Rn 12 ff).

6　Der **Genötigte** und derjenige, dem nach der Drohung des Täters das Übel zugefügt werden soll (= **Gefährdeter**), brauchen nicht **identisch** zu sein (§ 240 Rn 30 ff). Nach dem eindeutigen Wortlaut kann Nötigungsopfer im Übrigen nur eine natürliche Person sein; **juristische Personen** können jedenfalls nicht unmittelbar genötigt werden (vgl auch BGH 4 StR 80/01 v. 12. 6. 2001; näher *Wallau* JR 2000, 312 ff, auch zur Frage, inwieweit sie Geschädigte sein können).

7　**2. Nötigungserfolg:** Nötigungserfolg muss ein Tun, Dulden oder Unterlassen des Genötigten sein (§ 240 Rn 37 ff). Umstritten ist jedoch, ob hierfür jedes Verhalten des Nötigungsopfers ausreicht oder ob das Verhalten den Charakter einer Vermögensverfügung haben muss. Diese Streitfrage betrifft die Struktur des Erpressungstatbestands und damit gleichermaßen § 253 und § 255; da vor allem aber Fälle einschlägig sind, in denen gegen die Person des Opfers absolute Gewalt angewandt wird, wirkt sich die Antwort insbesondere bei der räuberischen Erpressung aus (vgl Rn 5).

8　a) Eine im Schrifttum verbreitete Meinung (**Verfügungstheorie**) begreift die Erpressung als Selbstschädigungsdelikt und folgert hieraus, dass (parallel zu § 263) der Genötigte eine Vermögensverfügung vornehmen müsse (vgl S/S-*Eser/Bosch* Rn 8; W-*Hillenkamp* Rn 712; *Klesczewski* BT § 9 Rn 278, 280; *Rengier* JuS 1981, 654 [655 ff]; MK-*Sander* Rn 13 ff). Da die Einfügung des Merkmals der Vermögensverfügung mit einer **Einengung des Anwendungsbereichs** der Norm verbunden wäre, ist die Exklusivitätstheorie mit dem Bestimmtheitsgebot aus Art. 103 II GG zu vereinbaren. Ihre Anerkennung hat insbesondere die mangelnde Tatbestandsmäßigkeit einer mit vis absoluta erzwungenen Vermögensverschiebung zur Folge.

9　Um von einer **Vermögensverfügung** sprechen zu können, muss der Genötigte zumindest in dem Maße zu psychischer Selbststeuerung fähig sein, dass sein Verhalten willensgetragen ist und seiner Entscheidung unterliegt (vgl S/S-*Eser/Bosch* Rn 8; W-*Hillenkamp* Rn 714; *Rengier* I § 11/13). Weitergehend wird teils eine innere Zustimmung des Opfers iSe aktiven Willensanteilnahme gefordert (*Otto* ZStW 79, 59 [86 f]), damit die Vermögensverfügung auch als freiwillig angesehen werden könne; die Tatbestandsrestriktion ginge dann bis in den Bereich der vis compulsiva hinein. Überhaupt dürfte es selten der Fall sein, dass ein Erpressungsopfer einer ihm abgenötigten Vermögensverfügung innerlich zustimmt.

Die Verfügungstheorie hat zur Konsequenz, dass der **Genötigte** – wie der Getäuschte beim Betrug (vgl § 263 Rn 139) – **mit dem Verfügenden identisch** sein muss (*Fischer* Rn 3 a; MK-*Sander* Rn 22; M-*Schroeder/Maiwald* I § 42/22). 10

b) Nach hM kommt als Nötigungserfolg jedes beliebige Verhalten des Opfers in Betracht (BGHSt 14, 386 [390]; 41, 123 [125]; *Erb* Herzberg-FS 711 ff; *Küper* Lenckner-FS 495; *Mitsch* 10.2.1.5; LK-*Vogel* Rn 14, Vor §§ 249 Rn 55 ff mwN). Es **reicht** auch **ein Dulden** aus, also ein Geschehenlassen, das nicht auf eigener Entschließung des Genötigten beruht (§ 240 Rn 39). Demnach ist es tatbestandsmäßig, wenn das Opfer aufgrund absoluter Gewaltanwendung betäubt, bewusstlos oder eingesperrt ist und die Wegnahme des Vermögensgegenstandes durch den Täter widerstandslos ertragen muss. Exemplarisch: Das Opfer muss (bewusst oder unbewusst) hinnehmen, dass ein Scheck vernichtet wird oder ein Schuldner entflieht, dessen Verschwinden zu einem Forderungsausfall führen kann (BGHSt 25, 224 [228]; vgl auch BGH NStZ 2002, 33). 11

Unter diesen Voraussetzungen ist der Erpressungstatbestand erfüllt, wenn der Täter unter Anwendung von Nötigungsmitteln einen Diebstahl (= Raub, vgl BGHSt 7, 252 [254 f]), eine Wilderei (BGH NJW 1967, 60 [61]), eine (ggf als solche straflose) Gebrauchsanmaßung oder eine Pfandkehr begeht (BGHSt 32, 88 [91]). Ferner kommt als abgenötigtes Verhalten auch das Unterlassen einer an sich gewollten vermögensrelevanten Handlung in Betracht, wie zB das Erheben einer Klage oder das Ergreifen einer Maßnahme der Selbsthilfe. 12

c) **Für und gegen** das Erfordernis einer Vermögensverfügung des Genötigten werden u.a. folgende Argumente vertreten: 13

aa) Die das Erfordernis einer Vermögensverfügung ablehnende hM beruft sich zunächst auf den **Wortlaut**: Die hinsichtlich der Nötigung übereinstimmende Tatbestandsfassung von §§ 240 und 253 stehe einer unterschiedlichen Auslegung des Gewaltbegriffs in beiden Tatbeständen und damit einer Beschränkung der (räuberischen) Erpressung auf Fälle der vis compulsiva entgegen (LK-*Vogel* Vor §§ 249 ff Rn 63). Zudem sei in § 253 ausdrücklich die Duldung als die (in der Regel durch vis absoluta) veranlasste Verhaltensweise angeführt. Im Übrigen sei es nicht plausibel, dass gerade eine Vermögensschädigung durch die (gewöhnlich) intensivere Form der Gewaltanwendung nicht tatbestandsmäßig sein soll (*Binding* I 376; *Lüderssen* GA 1968, 257 [259 ff] mwN). 14

Dem Argument des gleichen Wortlauts von § 240 und § 253 wird entgegengehalten, dass die Annahme einer Vermögensverfügung zu keiner inhaltlichen Änderung des Gewaltbegriffs bei der Erpressung führe: Der Anwendungsbereich dieses Gewaltmerkmals werde bei § 253 nicht begrifflich, sondern rein faktisch eingeengt, weil bestimmte Formen der Zwangsausübung, die zwar als solche unter den Gewaltbegriff fielen, nicht einschlägig seien, weil sie dem Genötigten de facto die Möglichkeit des Verfügens nähmen (*Seier* NJW 1981, 2152 Fn 7; *Tenckhoff* JR 1974, 489 [490]). 15

bb) Zugunsten der Verfügungstheorie wird angeführt, dass bei Delikten, die das Vermögen generell schützen, die **Vermögenssphäre** des Geschädigten stets von innen heraus **ausgehöhlt** werde: Bei diesen Delikten bediene sich der Täter entwe- 16 der – wie bei § 263 – des Opfers als Werkzeug oder er bewege sich selbst – wie bei § 266 – innerhalb der Sphäre des Opfers. Dagegen schütze das Strafrecht nur absolute Rechte vor Eingriffen von außen in die Vermögenssphäre des Geschädigten, wie dies etwa bei §§ 242 oder 292 der Fall sei (SK-*Samson*, 4. Aufl., Rn 22). Als Delikt gegen das gesamte Vermögen setze daher der Erpressungstatbestand eine für die Aushöhlung des Vermögens von innen charakteristische Mitwirkung des Opfers in Form einer Vermögensverfügung voraus.

17 Dieses Argument trägt indessen nicht, weil das Strafrecht keineswegs nur absolute, sondern auch obligatorische Rechte vor Verletzungen von außen schützt (vgl nur § 289) und zudem noch andere Formen der Vermögenssicherung kennt (vgl §§ 283 ff, 288).

18 cc) Der Verfügungstheorie wird vorgeworfen, sie verfange sich in nicht lösbaren **Wertungswidersprüchen**. Greift der Täter in die von §§ 248 b, 289 geschützten Vermögenswerte durch Wegnahme unter Anwendung absoluter Gewalt ein, so wären weder – mangels Diebstahls – Raub noch – mangels Vermögensverfügung – (räuberische) Erpressung gegeben. Wenn der Täter jedoch das Opfer mit kompulsiver Gewalt oder qualifizierten Drohungen dazu zwingt, ihm den betreffenden Vermögensgegenstand auszuhändigen, so ist er unstr. gem. § 255 wie ein Räuber zu bestrafen; ggf greifen auch die Qualifikationstatbestände der §§ 250, 251 ein. Die unplausible Konsequenz wäre also, dass der Täter, der mit absoluter Gewalt vorgeht, erheblich besser gestellt wäre als der Täter, der die Anwendung solcher Gewalt nur androht. Obendrein wäre § 251 als Qualifikationstatbestand zu § 255 ausgerechnet dann nicht anwendbar, wenn die Todesfolge aufgrund der vom Täter eingesetzten – regelmäßig erheblich gefährlicheren – absoluten Gewalt eintritt. Zu bedenken ist schließlich, dass bei Exklusivität zwischen § 249 und §§ 253, 255 die Vorschrift des § 239 a nicht anwendbar wäre, wenn der Täter zur Vorbereitung eines Raubes handelt; es gibt jedoch keinen plausiblen Grund für eine Differenzierung zwischen der Entführung zu einer gewaltsamen Wegnahme und der Entführung zur Erzwingung der Herausgabe einer Sache durch das Opfer.

19 dd) Gegen die Deutung des Nötigungserfolgs als Vermögensverfügung spricht die dem Schutzzweck der Norm zuwiderlaufende Konsequenz, alle Formen des Verlusts oder der mangelnden Durchsetzbarkeit von **Forderungen**, die nicht auf Verfügungen beruhen, aus dem Anwendungsbereich der Vorschrift auszuscheiden. Nicht tatbestandsmäßig wäre es etwa, wenn das Opfer mit absoluter Gewalt genötigt wird, die Vernichtung eines Schuldscheins hinzunehmen oder – zB nach einer Taxifahrt (BGHSt 25, 224 [227 f]) – den unbekannten Schuldner entkommen zu lassen. Da der Raub nur den mit absoluter Gewalt erzwungenen Verlust von Sachen betrifft, wären die in dieser Weise herbeigeführten Forderungsverluste nur als Nötigungen (§ 240) anzusehen, obgleich es hinsichtlich der Vermögensschädigung keinen Grund gibt, zwischen Forderungs- und Eigentumsverlust zu differenzieren.

20 d) Angesichts der erheblichen Einwände gegen das Erfordernis einer Vermögensverfügung stellt sich die grundsätzliche Frage, ob die Interpretation der Erpressung als „Selbstschädigungsdelikt" überhaupt als sachgerecht anzusehen ist (näher *Erb* Herzberg-FS 711 [713 ff]; NK-*Kindhäuser* Vor 249 Rn 53 ff). Selbstschädigungen sind grds. tatbestandslos, und daher ist auch die Teilnahme an einer Selbstschädigung, zB einer Selbstverletzung (Vor § 223 Rn 3), nicht strafbar. Um strafbar zu sein, muss die Veranlassung einer „Selbstschädigung" unter den Voraussetzungen mittelbarer Täterschaft erfolgen: Sie ist dann strafrechtlich als

"Fremdschädigung" des Veranlassers mit dem unmittelbar Handelnden als Werkzeug (Tatmittler) anzusehen (vgl § 25 Rn 7 ff). Die These, die Erpressung sei – wie der Betrug – ein Selbstschädigungsdelikt, besagt demnach, dass es sich bei ihr um ein Delikt vertypter mittelbarer Täterschaft handelt, also um ein Delikt, bei dem das Opfer unter den tatbestandlich genannten Voraussetzungen notwendig als Tatmittler des Täters handelt, wobei die Tatherrschaft durch die Nötigung begründet wird. Dagegen sollen Fälle, bei denen der Täter unmittelbar auf das fremde Vermögen zugreift – wie bei Diebstahl oder Raub durch die Wegnahme – aus dem Erpressungstatbestand ausgeschlossen sein.

Da durch Täuschung nur mittelbare Tatherrschaft begründet werden kann, ist der Betrug notwendig ein Delikt mit vertypter mittelbarer Täterschaft. Dagegen kann durch Nötigung gleichermaßen mittelbare (bei vis compulsiva und Drohung) wie unmittelbare (bei vis absoluta) Tatherrschaft ausgeübt werden. Es ist nun kein Grund ersichtlich, warum sich aus dem Umstand, dass der Betrug wegen des Täuschungsmerkmals nur im Wege mittelbarer Täterschaft begehbar ist, ergeben sollte, dass auch die Erpressung auf Fälle mittelbarer Nötigungsherrschaft beschränkt sein sollte, wenn sich hier gleichermaßen die Möglichkeit ergibt, durch absolute Gewalt fremdes Vermögen unmittelbar zu schädigen. § 25 I stellt beide Formen der Tatausführung normativ gleichrangig nebeneinander, und auch ansonsten sind dem StGB keinerlei Anhaltspunkte für eine Unrechtsdifferenzierung zu entnehmen. "Selbstschädigungsdelikte" sind mit anderen Worten keine sachlich eigenständige Gruppe von Delikten, sondern lediglich Straftaten, die aufgrund der spezifischen Angriffsform Elemente mittelbarer Täterschaft vertypen. Schon gar nicht lässt sich aus dem StGB das allgemeine Prinzip ableiten, dass Vermögensdelikte Selbstschädigungscharakter hätten und nur in mittelbarer Täterschaft gegenüber dem Opfer begangen werden könnten. Eine Tatbestandsrestriktion der Erpressung unter Ausschluss absoluter Gewalt ist daher nicht gerechtfertigt. **21**

3. Verhältnis zum Diebstahl (Raub): a) Für die hM, die bei der Erpressung jede Form der Nötigung, auch die Anwendung absoluter Gewalt, ausreichen lässt (Rn 11), ist die Erpressung im Verhältnis zum Raub ein subsidiärer Auffangtatbestand bzw lex generalis (Vor § 249 Rn 8). Demnach verdrängt der Raub die Erpressung auf der Konkurrenzebene, wenn der Täter das Tatobjekt iSv § 249 weggenommen hat. Hierfür lässt es die Rspr schon genügen, wenn sich das Geschehen seinem **äußeren Erscheinungsbild** nach als Nehmen (und nicht als Geben) darstellt (§ 249 Rn 9). **22**

b) Sofern der Nötigungserfolg als Vermögensverfügung gedeutet wird (Rn 8), schließen sich Erpressung und alle Delikte, deren Tathandlung eine Wegnahme zum Gegenstand hat, bereits begrifflich aus; vor allem zum Diebstahl (Raub) steht die Erpressung dann in einem **Exklusivitätsverhältnis** auf Tatbestandsebene (zur Abgrenzung von Verfügung und Wegnahme § 249 Rn 10). **23**

4. Auseinanderfallen von Genötigtem und Geschädigtem: a) Der Genötigte braucht mit dem in seinem Vermögen Geschädigten nicht identisch zu sein. Umstritten ist jedoch, welche Beziehung zwischen Genötigtem und Geschädigtem bestehen muss, um die fehlende Identität zu überbrücken. Zwei Konstellationen lassen sich unterscheiden: **24**

(1) Täter T schlägt den (schutzbereiten) Dritten D nieder, um in Zueignungsabsicht die Uhr des bewusstlosen O wegnehmen zu können.
(2) Täter T veranlasst den (schutzbereiten) Dritten D mit Drohungen, die Uhr des bewusstlosen O an sich zu nehmen und ihm zu übergeben; T handelt

mit Zueignungsabsicht (sog. Dreieckserpressung; näher hierzu *Ingelfinger* JuS 1998, 531 [537 f]; *Krack* NStZ 1999, 134 f; *Mitsch* 10.2.1.5.3; *Otto* JZ 1995, 1020 ff; *Röckrath*, Die Zurechnung von Drittshandlungen bei der Dreieckserpressung, 1991, 43 ff; zu Versuchskonstellationen *Knauer* JuS 2014, 690 ff).

25 b) Zu Konstellation (1):

26 aa) Für die **Verfügungstheorie** scheidet in Fall (1) die Möglichkeit einer (räuberischen) Erpressung aus, da T die Vermögensschädigung selbst herbeiführt, Genötigter und Verfügender also nicht identisch sind (Rn 10); insoweit kommt nur Raub (§ 249) in Betracht (dort Rn 17). Handelte T nicht in Zueignungsabsicht, sondern nur zum Zwecke einer Gebrauchsanmaßung, wäre die Tat lediglich nach § 240 strafbar.

27 bb) Nach der hM, die für die Erpressung keine Vermögensverfügung fordert und den Raub als Spezialfall der (räuberischen) Erpressung begreift (Rn 11), *muss* in Fall (1), da ein Raub zu bejahen ist, auch eine (räuberische) Erpressung gegeben sein; auf Konkurrenzebene treten dann §§ 253, 255 hinter § 249 zurück. (Ein erhebliches Problem stellt sich für die Rspr jedoch, wenn der Dritte nur nach Ansicht des Täters schutzbereit ist. Dann liegt zwar ein vollendeter Raub vor, da zwischen Nötigung und Wegnahme ein subjektiver Finalzusammenhang genügen soll [§ 249 Rn 12]; eine vollendete Erpressung müsste dagegen zu verneinen sein, da die Rspr hier objektive Kausalität verlangt [Rn 33]. Dieses Ergebnis ist konstruktiv nicht möglich, da die Vollendung eines Spezialtatbestands logisch die Vollendung des Grundtatbestands voraussetzt. §§ 249 und 253 müssen daher hinsichtlich des Zusammenhangs zwischen Nötigung und Vermögensschädigung identisch konstruiert sein.) Falls T in der Konstellation (1) ohne Zueignungsabsicht, sondern nur zum Zwecke einer Gebrauchsanmaßung handelt, ist die Tat als (räuberische) Erpressung zu bestrafen.

28 c) Zu Konstellation (2):

29 aa) Die Erpressung verlangt nach der **Verfügungstheorie** keine Identität von Genötigtem und Geschädigtem, sofern die Verfügung des Genötigten dem Geschädigten „zurechenbar" ist. Die für den Dreiecksbetrug entwickelten Lehren lassen sich auf Dreieckserpressungen wie in Fall (2) jedoch nur zum Teil heranziehen: Die Befugnistheorie (§ 263 Rn 152 ff) scheidet regelmäßig aus, da dem genötigten Dritten vom Geschädigten kaum einmal die Befugnis zur Verfügung eingeräumt sein dürfte (denkbar bei Banküberfällen, in denen der Kassierer das gewünschte Geld zur Abwendung von Gefahren aushändigt, vgl BGH NStE Nr. 3 zu § 253; NJW 1989, 176). Deshalb werden bei der Dreieckserpressung vor allem die Nähe- und Lagertheorien (§ 263 Rn 148 ff) entsprechend herangezogen: Der Genötigte muss schon vor seiner Verfügung in einer engeren Beziehung (zB als Besitzer oder Gewahrsamsdiener) zum Vermögen des Geschädigten gestanden haben (W-*Hillenkamp* Rn 715; *Küper* Jura 1983, 206 [208]; MK-*Sander* Rn 23). Fehlt eine solche Beziehung im Fall (2), so hat der Täter nur einen Diebstahl in mittelbarer Täterschaft durch Nötigung begangen (§§ 242, 240, 25 I Alt. 2, 52). Zu letzterem Ergebnis kommt auch, wer der Befugnistheorie folgt, deren Voraussetzungen im konkreten Fall aber nicht als erfüllt ansieht.

30 bb) Da die hM schon nach ihren Prämissen mangels Vermögensverfügung keine Identität von Genötigtem und Geschädigtem voraussetzt, könnte einerseits jede Vermögensschädigung, die – wie in Fall (2) – durch ein abgenötigtes Verhalten herbeigeführt wird, eine Erpressung sein. Die Rspr legt jedoch §§ 253, 255 re-

striktiv aus: Erpressung sei nur eine solche erzwungene Preisgabe von Vermögenswerten, „deren Schutz der Genötigte wahrnehmen kann und will" (BGHSt 41, 123 [125]; vgl auch BGHSt 41, 368 [371]: Polizei; SK-*Sinn* Rn 16). Insoweit setze eine Dreieckserpressung zwar keine (rechtliche oder tatsächliche) Verfügungsmacht voraus, aber der Genötigte müsse spätestens zum Zeitpunkt der Tatbegehung insoweit in einem „Näheverhältnis" zum Geschädigten stehen, als er in dessen Interesse eine Schutzfunktion übernehmen wolle (vgl BGH NStZ-RR 2014, 246); in der Überwindung der Wahrnehmung einer solchen Schutzfunktion durch einen Dritten mit Nötigungsmitteln liege das Unrecht der Dreieckserpressung. Steht der Dritte dagegen den Vermögensinteressen des Geschädigten gleichgültig gegenüber, so soll die Tat lediglich wegen Nötigung in Tateinheit mit Diebstahl in mittelbarer Täterschaft zu bestrafen sein (BGHSt 41, 123 [126]; „lediglich" bedeutet wohl, dass §§ 240, 242, 25 I, 52 bei Eingreifen von §§ 253, 255 aus Subsidiaritätsgründen zurücktreten). Ob demnach in Fall (2) eine Erpressung zu bejahen ist, hängt davon ab, ob D tatsächlich willens ist, im Interesse des O zu handeln, und sich nur wegen der Drohung hiervon abhalten lässt. Die Abgrenzung zum Raub soll sich im Übrigen auch in Dreiecksverhältnissen nach dem äußeren Erscheinungsbild (Rn 22) richten (BGHSt 41, 123 [126]; BGH NStZ-RR 1997, 321).

cc) Die Rspr verdient insoweit Zustimmung, als das spezifische Erpressungsrisiko in der abgenötigten Überwindung von Vermögensschutz liegt; Nötigung und Schädigung sind funktional aufeinander bezogen. Wenig plausibel ist es allerdings, diese Schutzfunktion mit den (mehr oder minder) zufälligen tatsächlichen Interessen des Dritten zu verbinden und obendrein noch einen Verteidigungswillen im Tatzeitpunkt zu verlangen. Letzteres ist schon deshalb nicht möglich, weil beim Raub – als Spezialfall der stets mitverwirklichten Erpressung – nach hM die Überwindung eines nur erwarteten Widerstands, den der Täter auch prophylaktisch ausschalten kann, genügt (§ 249 Rn 22). Die Konzeption der Rspr bedarf daher einer Normativierung: Die Nötigung muss dazu dienen, gerade solchen Widerstand, der vom Genötigten zur Vermeidung der Vermögensschädigung aufgrund der Tatumstände – zB wegen einer entsprechenden Verpflichtung des Dritten – zu erwarten ist, zu überwinden (vgl Rn 33). Dementsprechend wäre es nicht als Erpressung anzusehen, wenn der Täter einen beliebigen Dritten, von dem keine Schutzmaßnahmen zu erwarten sind, zur Mitwirkung an der Vermögensschädigung zwingt (vgl auch SK-*Sinn* Rn 16). 31

5. Vermögensnachteil: Durch das abgenötigte Verhalten (als Zwischenschritt) muss dem Vermögen des Genötigten oder eines anderen ein Nachteil zugefügt worden sein. Der Begriff des Vermögensnachteils entspricht demjenigen des Vermögensschadens beim Betrug und ist wie dieser hinsichtlich Inhalt, Umfang und Berechnung zu bestimmen (vgl § 263 Rn 162 ff). Als Vermögensnachteile hat die Rspr u.a. angesehen: den vorübergehenden Entzug eines Kraftfahrzeugs (BGHSt 14, 386 [388 f]); die erzwungene Hingabe eines Schuldscheins (BGHSt 34, 394; BGH NStZ 2000, 197); die Beeinträchtigung des Gastwirtpfandrechts (BGHSt 32, 88 [89, 91]; BGH NStE Nr. 7 zu § 253); das Aushändigen von Beweismitteln, die dem Opfer zustehen (BGHSt 20, 136 [137]); die Räumung einer Wohnung (OLG Hamburg JR 1950, 629 [630]); die Zahlung eines Lösegelds für die Rückgabe einer entwendeten Sache (BGHSt 26, 346 [347 f]; vgl auch W-*Hillenkamp* Rn 717; aA OLG Hamburg MDR 1974, 330; *Trunk* JuS 1985, 944); iSe schadensgleichen Vermögensgefährdung die Kenntnis einer Geheimzahl, wenn der Täter sich bereits im Besitz der entsprechenden ec-Karte befindet (BGH NStZ-RR 2004, 333 [334]; aber: bei fehlender Deckung [BGH NStZ 2011, 212 f] oder 32

Angabe einer falschen PIN-Nummer durch das Opfer [BGH HRRS 2014 Nr. 795] nur Strafbarkeit wegen Versuchs möglich).

33 6. **Zurechnungszusammenhang: a)** Nach hM muss – anders als beim Raub (§ 249 Rn 12) – zwischen Nötigungshandlung, Nötigungserfolg und Vermögensschaden ein objektiver (ex post festzustellender) **Kausalzusammenhang** bestehen (vgl nur BGHSt 19, 342 [344]; 32, 88 [89]; BGH NJW 1989, 176; MK-*Sander* Rn 20; LK-*Vogel* Rn 26). Demnach wäre der Tatbestand nicht vollendet, wenn sich im Nachhinein nicht mit Sicherheit feststellen lässt, dass die Nötigung zur Herbeiführung des Vermögensschadens erforderlich war.

34 **b)** Innerhalb der **Verfügungstheorie** (Rn 8) ist die Art des zwischen Verfügung und Vermögensminderung erforderlichen Zusammenhangs umstritten.

35 Teils wird verlangt, dass – parallel zum Betrug (§ 263 Rn 140) – der Vermögensschaden **unmittelbar** durch das erzwungene Verhalten herbeigeführt werden müsse (S/S-*Eser/Bosch* Rn 8; *Hecker* JA 1998, 300 [301]; MK-*Sander* Rn 24).

36 Teils wird jede Handlung des Genötigten als ausreichend angesehen, die zur Vermögensschädigung notwendig ist, mag es auch für den Täter erforderlich sein, noch weitere Schritte zu unternehmen; der Genötigte müsse eine „Schlüsselstellung" für den Zugang zum Vermögen einnehmen (L-Kühl-*Kühl* Rn 3; *Otto* BT § 53/5). Insofern reicht eine erzwungene Hilfestellung (durch Mitteilung einer Zahlenkombination oder eines Verstecks), die dem Täter den späteren Zugriff ermöglicht, für den Zusammenhang zwischen Nötigungserfolg und Vermögensschaden aus. In der Hilfestellung kann auch eine „unmittelbare" Schädigung gesehen werden, wenn man die dem Täter eröffnete Möglichkeit des späteren Zugriffs auf den Vermögenswert bereits als schadensgleiche Vermögensgefährdung (§ 263 Rn 190 ff) bewertet (*Tenckhoff* JR 1974, 489 [492 f]). In der Sache wird jedoch auf diese Weise das Merkmal der Vermögensverfügung als Abgrenzungskriterium zum Raub (§ 249 Rn 10) preisgegeben.

III. Subjektiver Tatbestand

37 Der subjektive Tatbestand verlangt zunächst (zumindest bedingten) **Vorsatz** hinsichtlich der objektiven Tatseite. Wegen des funktionalen Zusammenhangs der Tatbestandsmerkmale muss sich der Vorsatz schon zum Zeitpunkt der Anwendung des Nötigungsmittels auf die Verursachung des Vermögensschadens beziehen (BGHSt 32, 88 [92]; BGH wistra 1988, 348; S/S/W-*Kudlich* Rn 25).

38 Die weiterhin erforderliche **Absicht**, sich oder einen Dritten zu Unrecht zu bereichern, ist gleichbedeutend mit der beim Betrug vorausgesetzten Absicht, sich oder einem Dritten einen rechtswidrigen Vermögensvorteil zu verschaffen (hM, vgl nur BGH NStZ 1996, 39; zu den Einzelheiten der Auslegung vgl § 263 Rn 224 ff). Wie beim Betrug muss zwischen Schaden und Bereicherung **Stoffgleichheit** bestehen (BGH NStZ 2002, 254; HKGS-*Duttge* Rn 24; näher § 263 Rn 227 ff); hieran kann es fehlen, wenn der Täter für die Schadenszufügung von einem Dritten belohnt wird (RGSt 53, 281 [283]) oder die abgenötigte Sache nur als Faustpfand in Besitz nimmt, um so die von ihm eigentlich erstrebte Geldsumme zu erhalten oder um einen Herausgabeanspruch bezüglich einer anderen Sache durchzusetzen (BGH NJW 1982, 2265 [2266]; MK-*Sander* Rn 34). Für die **Unrechtmäßigkeit** der Bereicherung, die irrtumsrelevantes Tatbestandsmerkmal ist, genügt (bedingter) Vorsatz (§ 263 Rn 236; BGHSt 32, 88 [92]; BGH NStZ 2002, 481 [482]; HRRS 2012 Nr. 475; MK-*Sander* Rn 33). Hinsichtlich des Irr-

tums über die Rechtmäßigkeit von Ansprüchen aus verbotenen Geschäften vgl § 263 Rn 216, 235; BGH NStZ 2004, 37 f.

IV. Rechtswidrigkeit

Von der Unrechtmäßigkeit der erstrebten Bereicherung, die als Tatbestandsmerkmal zu prüfen ist (Rn 38), ist die **Rechtswidrigkeit** der Tat **im Ganzen** zu unterscheiden. Die Tat im Ganzen ist rechtswidrig, wenn der Einsatz der Nötigungsmittel zu dem mit ihr verfolgten Zweck als **verwerflich** anzusehen ist (Abs. 2). Da die Tat nicht verwerflich ist, wenn ein allgemeiner Rechtfertigungsgrund eingreift, empfiehlt es sich, solche Gründe im Gutachten vor der Verwerflichkeit zu prüfen (zu Streiks *Neumann* ZStW 109, 1 [4 ff]; zur umstr. Frage, ob umgekehrt dem Opfer einer Chantage eine (ggf eingeschränkte) Notwehrbefugnis zusteht, vgl *Arzt* JZ 2001, 1052 f; *Eggert* NStZ 2001, 225 ff; *Seesko*, Notwehr gegen Erpressung durch Drohung mit erlaubtem Verhalten, 2004, 66 ff; ferner § 32 Rn 18). 39

Die Verwerflichkeitsklausel ist bei § 253 wie bei der Nötigung auszulegen (§ 240 Rn 44 ff; ausf. NK-*Kindhäuser* Rn 38 ff mwN). Allerdings stellt sich bei der Erpressung, die bereits tatbestandlich eine unrechtmäßige Zwecksetzung verlangt, nicht die Frage, ob auch die Anwendung von Nötigungsmitteln zur Durchsetzung eines erlaubten Ziels verwerflich sein kann (vgl § 240 Rn 51). 40

Der Irrtum über die Tatumstände, welche die Verwerflichkeit begründen, führt nach hM (direkt oder analog) zum Vorsatzausschluss nach § 16 (§ 240 Rn 58; vgl auch *Herdegen* BGH-FS 195 [201]; *Hirsch* Köln-FS 399 [413]). Irrt sich der Täter über die Bewertung der Tat, weil er die Zweck-Mittel-Relation nicht für verwerflich hält, befindet er sich in einem Verbotsirrtum nach § 17 (BGHSt 2, 194 [196 f]; MK-*Sander* Rn 38; LK-*Vogel* Rn 40). 41

V. Vollendung, Versuch, Beteiligung

1. Das Delikt ist mit Eintritt des Vermögensnachteils beim Geschädigten **vollendet** (BGHSt 19, 342; BGH wistra 1987, 21; HKGS-*Duttge* Rn 34; MK-*Sander* Rn 40); eine Bereicherung des Täters muss nicht erfolgt sein. Ihr steht grds. nicht entgegen, dass der vom Geschädigten entrichtete Betrag hinter der Forderung des Täters zurückbleibt (BGH StV 1990, 206 [207]; L-Kühl-*Kühl* Rn 11). Da sich der Vermögensnachteil nicht mit dem erstrebten (bestimmten) Nötigungserfolg deckt, kommt jedoch nur eine Versuchsstrafbarkeit in Betracht, wenn der Täter von vornherein fest entschlossen ist, einen geringeren Betrag sogleich zurückzuweisen. Gleiches gilt, wenn das Opfer dem Täter ein leeres Behältnis oder einen anderen als den geforderten Gegenstand (BGH GA 1989, 171; NStZ 2008, 215) übergibt. 42

2. Für den **Versuch** gelten die allgemeinen Regeln. Er kommt insbesondere dann in Betracht, wenn es – etwa aufgrund polizeilicher Observation (BGH StV 1989, 149; bei *Holtz* MDR 1994, 1071) – zu keinem Vermögensnachteil kommt, wenn die vom Täter ergriffenen Nötigungsmittel keine Zwangswirkung auf das Opfer entfalten (RGSt 34, 15 [17 ff]; 71, 291 [292]), das Opfer zB die Drohung nicht ernst nimmt, wenn der Zurechnungszusammenhang zwischen Nötigung und Vermögensschädigung fehlt, weil zB das Opfer aus einer nötigungsunabhängigen Motivation heraus leistet (vgl auch RGSt 15, 333 [335 f]; BGH StraFo 2009, 343, hier aus ermittlungstaktischen Gründen zur Überführung des Täters; LG 43

Frankfurt NJW 1970, 343), oder wenn der Täter verkennt, dass er einen fälligen Anspruch auf den angestrebten Vermögensvorteil hat (BGH NStZ 2008, 214; SK-*Sinn* Rn 26). Der Versuch **beginnt** mit dem unmittelbaren Ansetzen zur Erpressung; hierzu zählt zB das Absenden des Drohbriefs.

44 3. Als (Mit-)**Täter** kommt nur in Betracht, wer mit Bereicherungsabsicht – Drittbegünstigungsabsicht genügt – handelt. Anderenfalls ist der Beteiligte Teilnehmer und evtl tateinheitlich hierzu Mittäter einer Nötigung (RGSt 54, 152 [153]; BGHSt 27, 10 [11]; BGH StV 1988, 526 [527]).

Beihilfe ist bis zum Zeitpunkt der Vollendung möglich (*Kühl* JuS 1982, 189 [192]; *Küper* JuS 1986, 862 [869]; LK-*Vogel* Rn 43; für Beihilfe bis zur Beendigung dagegen S/S-*Eser/Bosch* Rn 28 mwN). Anschließend kann die Hilfe als Begünstigung (§ 257) anzusehen sein. Für den Fall, dass der Helfende den Nötigungscharakter einer Übelsankündigung verkennt, aber um die in ihr ggf zugleich enthaltene Täuschung weiß, bejaht die Rechtsprechung Beihilfe zum Betrug (BGHSt 11, 66 [67]; LK-*Vogel* Rn 42).

VI. Besonders schwere Fälle (Abs. 4)

45 Abs. 4 nennt in der Technik der **Regelbeispiele** (§ 46 Rn 17 ff, § 243 Rn 1 ff) als besonders schwere Fälle das **gewerbsmäßige** Handeln (hierzu § 243 Rn 24 f) sowie die Tatausführung als **Mitglied einer Bande**, die sich zur fortgesetzten Begehung einer Erpressung verbunden hat (hierzu § 244 Rn 28 ff).

VII. Konkurrenzen

46 1. Im Verhältnis zu §§ **240** und **241** ist § 253 lex specialis, wenn sich die Nötigung in der Verursachung der Vermögensminderung beim Opfer erschöpft; werden mit der Nötigung noch weitere, über die Erpressung hinausgehende Zwecke verfolgt, ist Tateinheit anzunehmen (BGHSt 37, 256 [259]). Zur Klarstellung ist ferner Tateinheit bei vollendeter Nötigung, aber nur versuchter Erpressung anzunehmen (BGH bei *Dallinger* MDR 1972, 384 [386]; LK-*Vogel* Rn 52; aA BGH StV 1990, 206 [207]: nur versuchte Erpressung).

47 2. Im Verhältnis zu §§ **249** und **255** ist die Erpressung Grundtatbestand und wird verdrängt (vgl Rn 22).

48 3. § 253 und § **263** können sich in mehrfacher Hinsicht überschneiden. Zunächst kommt der Fall in Betracht, dass das angedrohte Übel aufgebauscht oder die Möglichkeit seines Eintretens nur vorgespiegelt wird; hier wird der (in vollem Umfang verwirklichte) Betrug von der Erpressung unter dem Aspekt materieller Subsidiarität verdrängt (vgl S/S-*Eser/Bosch* Rn 37; LK-*Tiedemann* § 263 Rn 313; vgl auch BGHSt 23, 294 ff). Hat dagegen die Täuschung neben der Nötigung selbstständige Bedeutung, weil etwa das Opfer auch aufgrund eines nicht mit der Nötigung zusammenhängenden Irrtums verfügt, stehen Erpressung und Betrug in Tateinheit (BGHSt 9, 245 [247]; aA *Otto* ZStW 79, 59 [94]). Lediglich Betrug ist wiederum anzunehmen, wenn der Täter dem Opfer vortäuscht, er wolle ihm behilflich sein, angebliche Angriffe gegen Leib und Leben durch Dritte abzuwehren und zu diesem Zweck die Überlassung eines Geldbetrages verlangt (vgl BGH StV 1996, 482). Hält der Täter das Opfer eines Betrugs mit Nötigungsmitteln davon ab, das Tatobjekt wieder an sich zu nehmen, so verwirklicht er nur tatmehrheitlich §§ 263, 240; Erpressung scheidet mangels eines weiteren Vermögensschadens aus (vgl BGHSt 32, 88 [89]; BGH NJW 1984, 501).

§ 254 (weggefallen)

§ 255 Räuberische Erpressung

Wird die Erpressung durch Gewalt gegen eine Person oder unter Anwendung von Drohungen mit gegenwärtiger Gefahr für Leib oder Leben begangen, so ist der Täter gleich einem Räuber zu bestrafen.

I. Die Vorschrift ist ein **Qualifikationstatbestand** der einfachen Erpressung 1 (§ 253) und sieht für den Fall, dass der Täter mit den qualifizierten Nötigungsmitteln des Raubes handelt, eine Bestrafung nach § 249 vor. Der **Strafrahmenverweis** ermöglicht zugleich eine entsprechende Anwendung der §§ 250, 251, wenn die jeweiligen Tatbestandsvoraussetzungen erfüllt sind (BGHSt 14, 386 [391]; 21, 183; BGH NJW 1994, 1166). Zu berücksichtigen sind aber auch die Milderungsmöglichkeiten nach §§ 249 II und 250 III (BGH StV 1982, 575).

II. **Tatbestandliche Nötigungsmittel** sind Gewalt gegen eine Person (hierzu § 249 2 Rn 4) oder Drohungen mit gegenwärtiger Gefahr für Leib oder Leben (hierzu § 249 Rn 5 f).

Als **Nötigungserfolg** kommt nach hM jedes Verhalten des Genötigten, auch eine 3 mit absoluter Gewalt erzwungene Duldung, in Betracht; nach verbreiteter Auffassung in der Literatur muss das Verhalten des Genötigten jedoch Verfügungscharakter haben (näher § 253 Rn 8 ff). Unter den Prämissen der hM ist der Raub nur ein Spezialfall der räuberischen Erpressung, die auf Konkurrenzebene zurücktritt; kennzeichnend für den Raub sind das äußere Erscheinungsbild des „Nehmens" sowie im subjektiven Tatbestand die Zueignungsabsicht iSd Diebstahlstatbestands (§ 249 Rn 8 f, 18). Für die Gegenauffassung besteht dagegen zwischen Vermögensverfügung und Wegnahme ein begriffliches Exklusivitätsverhältnis, so dass sich Raub und räuberische Erpressung bereits auf Tatbestandsebene wechselseitig ausschließen (§ 249 Rn 10).

Mehrpersonenverhältnisse sind möglich: Der Genötigte braucht weder mit dem 4 durch die angedrohte Gefahr Betroffenen (§ 253 Rn 6) noch mit dem in seinem Vermögen Geschädigten (sog. Dreieckserpressung, zu Einzelheiten vgl § 253 Rn 24 ff) identisch zu sein. Vereinzelt wird verlangt, dass der Gefährdete von dem Genötigten nahestehende Person iSv § 35 sein müsse, andernfalls sei nur § 253 anzuwenden (*Zaczyk* JZ 1985, 1059 [1061]): Da § 255 eine (gegenwärtige) Gefahr für Leib oder Leben voraussetze, müsse auf dem Genötigten ein besonderer Motivationsdruck lasten, der fehle, wenn sich nur ein beliebiger Dritter in einer Leibes- oder Lebensgefahr befinde. Der Wortlaut des § 255 legt diese Restriktion jedoch nicht nahe; vielmehr ist davon auszugehen, dass die Straferschwerung nicht an einen besonderen Motivationsdruck, sondern an die besondere Qualität des Drohungsinhalts (Leib- und Lebensgefahr) anknüpft (vgl *Jakobs* JR 1987, 340 [341 f]; NK-*Kindhäuser* Vor § 249 Rn 35). Dementsprechend ist § 255 zB bei einem Banküberfall verwirklicht, wenn der Bankangestellte dem Täter das gewünschte Geld übergibt, um einen mit dem Tode bedrohten Kunden zu retten (vgl auch BGH NStE Nr. 2 zu § 255; NJW 1989, 176).

Durch die Tathandlung muss ein **Vermögensschaden** (§ 253 Rn 32) herbeigeführt 5 werden, der mit der Nötigung und ihrem Erfolg in einem Zurechnungszusammenhang steht (§ 253 Rn 33 ff). Der subjektive Tatbestand deckt sich mit demjenigen des § 253 (dort Rn 37 f).

6 Anders als bei § 253 bedarf es bei § 255 **keiner Verwerflichkeitsprüfung**, da die Anwendung von Raubmitteln zur Erlangung einer rechtswidrigen Bereicherung, von besonderen Rechtfertigungslagen abgesehen, das Unrecht der Tatbestandserfüllung hinreichend begründet.

7 III. **Konkurrenzen**: Gegenüber dem Raub (§ 249) ist § 255 subsidiärer Auffangtatbestand bzw lex generalis (Vor § 249 Rn 2, 8; § 249 Rn 31; vgl auch *Erb* Herzberg-FS 711 [727 f]: Konsumtion). Sofern der Täter mit qualifizierten Nötigungsmitteln ein **Wegnahmedelikt ohne Zueignung** (zB § 289) begeht, nimmt die Rspr Tateinheit zwischen den betreffenden Delikt und § 255 an (RGSt 25, 435). Da die andere Straftat jedoch nur den spezifischen Vermögensschaden der Erpressung kennzeichnet, ist es sachgemäß, sie nach Subsidiaritätsregeln hinter § 255 zurücktreten zu lassen.

8 Mit § 239 a kommt Tateinheit in Betracht, wenn die Geiselnahme mit erpresserischem Menschenraub zusammenfällt und die für diesen Tatbestand erforderliche Erpressungsabsicht verwirklicht wird. Delikte, die erst nach der Vollendung, aber **vor Beendigung** der räuberischen Erpressung begangen werden und der Verwirklichung der tatbestandsmäßig vorausgesetzten Bereicherungsabsicht dienen, stehen zu § 255 in Tateinheit (BGH NStZ 2004, 329; dazu *Kudlich* JuS 2004, 927).

§ 256 Führungsaufsicht, Vermögensstrafe und Erweiterter Verfall

(1) In den Fällen der §§ 249 bis 255 kann das Gericht Führungsaufsicht anordnen (§ 68 Abs. 1).

(2) ¹In den Fällen der §§ 253 und 255 sind die §§ 43 a, 73 d anzuwenden, wenn der Täter als Mitglied einer Bande handelt, die sich zur fortgesetzten Begehung solcher Taten verbunden hat. ²§ 73 d ist auch dann anzuwenden, wenn der Täter gewerbsmäßig handelt.

Einundzwanzigster Abschnitt Begünstigung und Hehlerei

§ 257 Begünstigung

(1) Wer einem anderen, der eine rechtswidrige Tat begangen hat, in der Absicht Hilfe leistet, ihm die Vorteile der Tat zu sichern, wird mit Freiheitsstrafe bis zu fünf Jahren oder mit Geldstrafe bestraft.

(2) Die Strafe darf nicht schwerer sein als die für die Vortat angedrohte Strafe.

(3) ¹Wegen Begünstigung wird nicht bestraft, wer wegen Beteiligung an der Vortat strafbar ist. ²Dies gilt nicht für denjenigen, der einen an der Vortat Unbeteiligten zur Begünstigung anstiftet.

(4) ¹Die Begünstigung wird nur auf Antrag, mit Ermächtigung oder auf Strafverlangen verfolgt, wenn der Begünstiger als Täter oder Teilnehmer der Vortat nur auf Antrag, mit Ermächtigung oder auf Strafverlangen verfolgt werden könnte. ²§ 248 a gilt sinngemäß.

Begünstigung

I. Allgemeines

1. Die Vorschrift soll verhindern, dass die Organe der Rechtspflege bei der **Wiederherstellung der** durch die Vortat **verletzten Rechtslage** gehemmt werden; zugleich sollen so die Ansprüche des durch die Vortat Verletzten gesichert werden (vgl BGHSt 24, 166 [167]; 36, 277 [280 f]; *Arzt/Weber/Heinrich/Hilgendorf* § 27/1; S/S-*Stree/Hecker* Rn 1; allg. *Dehne-Niemann* ZJS 2009, 142 ff; 248 ff; 369 ff). In diesem Sinne wird als geschütztes Rechtsgut die Rechtsordnung als Ganzes und ihre auf Restitution gerichtete Forderung sowie die durch die Vortat verletzten Güter des Einzelnen angesehen (vgl MK-*Cramer/Pascal* Rn 3 mwN; aA S/S/W-*Jahn* Rn 3; LK-*Walter* Rn 11: nur Kollektivrechtsgut). Wegen des Schutzes von Allgemeininteressen ist die Begünstigung **nicht einwilligungsfähig**.

2. Die Vorschrift ist ein **abstraktes Gefährdungsdelikt** (vgl BGH bei *Holtz* MDR 1985, 445 [447]; vgl auch *Küper/Zopfs* Rn 332: „Gefährlichkeitsdelikt eigener Art"). Sie untersagt nur ein Handeln mit dem Ziel, dem Vortäter die aus dessen rechtswidriger Tat erlangten Vorteile zu sichern. Ein Gelingen der Vorteilssicherung und damit eine Restitutionsvereitelung werden nicht verlangt.

3. Der Versuch ist **nicht** strafbar. Die Tat ist Vergehen; eine gesonderte Anordnung der Versuchsstrafbarkeit fehlt (§§ 12 I, 23 I).

4. § 257 ist ein **Anschlussdelikt**, das die Begehung einer Vortat voraussetzt. Daher ist **im Gutachten** vor der Erörterung von § 257 stets zunächst die Vortat zu prüfen.

II. Objektiver Tatbestand

1. Die Begünstigung setzt als **Vortat** eine bereits begangene **rechtswidrige Tat** (§ 11 Rn 32 ff) voraus. Die Vortat muss also eine (zumindest versuchte) Tatbestandsverwirklichung eines Strafgesetzes zum Gegenstand haben und darf nicht gerechtfertigt sein; Verschulden ist nicht erforderlich. Eine Ordnungswidrigkeit genügt als Vortat nicht. Die Vortat braucht grds. **nicht verfolgbar** zu sein; insbesondere Verjährung oder fehlende Prozessvoraussetzungen stehen einer Begünstigung nicht entgegen. Bei **objektiven Strafbarkeitsbedingungen** (zB § 283 VI) kann schon vor deren Eintritt begünstigende Hilfe geleistet werden; die Begünstigung kann jedoch erst mit Eintritt der objektiven Strafbarkeitsbedingung strafrechtlich geahndet werden (S/S-*Stree/Hecker* Rn 3 mwN).

Vortat kann **jede Straftat** sein, die dem Vortäter einen Vorteil eingebracht hat, der ihm nach der Rechtsordnung nicht zusteht. Die Vortat ist nicht auf Vermögensdelikte beschränkt (aA *Geerds* GA 1988, 243 [262]; *Otto* BT § 57/1). Auch braucht der Vorteil kein Vermögensvorteil zu sein. Es kommen zB auch verbotener Waffenbesitz oder die Erschleichung einer Approbation als Arzt durch Urkundenfälschung in Betracht.

2. Der **Vorteil**, auf dessen Sicherung sich die Begünstigung bezieht, muss sich noch **als unmittelbares Ergebnis** der Vortat **im Besitz des Vortäters** befinden (BGH NStZ 1994, 187 [188]; 2008, 516; NStZ-RR 2011, 176 [178]; MK-*Cramer/Pascal* Rn 11, 13; abw. LK-*Walter* Rn 26); sonst besteht gegen ihn kein Restitutionsanspruch, dessen Durchsetzung der Täter erschweren könnte. Daher ist es keine Begünstigung, wenn der aus der Beute Beschenkte das Geschenk später wieder an den Vortäter zurückgibt (vgl BGHSt 24, 166 [168]). Ferner ist es nicht tatbestandsmäßig, wenn sich die Sicherungshandlung auf den Verkaufserlös der Beute (vgl BGH NStZ 2008, 516), ein Umtauschobjekt, auf eine mit gestohlenem

Geld gekaufte Sache oder sonstige Surrogate bezieht. Demgegenüber soll es nach der Rspr tatbestandsmäßig sein, wenn der Vorteil nicht aus der Tat stammt, sondern für die Tat gewährt wird; ein lediglich versprochener Vorteil soll allerdings nicht ausreichen (BGHSt 57, 56 [58 f]; aA *Cramer* NStZ 2012, 445 [446]).

8 Anders als § 259, der nach hM nicht für eine Ersatzhehlerei gilt (dort Rn 14), verlangt jedoch § 257 seinem Wortlaut nach **nicht notwendig** eine **Identität des Tatobjekts**. Deshalb wendet der BGH auf den Austausch von Geld und bargeldgleichen Werten den Wertsummengedanken an: Geld soll auch dann noch unmittelbar aus der Vortat stammen, wenn es der Vortäter umgewechselt, über Konten verschoben oder zB in Wertpapieren angelegt hat und es ihm so bargeldähnlich verfügbar bleibt (vgl BGHSt 36, 277 [280 ff]; BGH NStZ 1987, 22; zust. *Otto* BT § 57/10; S/S-*Stree/Hecker* Rn 18). Hier soll es also nicht darauf ankommen, dass das Geld in identischer Form erhalten ist, sondern nur darauf, dass es seinem wirtschaftlichen Wert nach unmittelbar beim Vortäter verblieben ist (BGH NStZ 2013, 583 [584]).

9 **3. Tathandlung** der Begünstigung ist das Hilfeleisten zur Vorteilssicherung. Dieses kann in einer beihilfeähnlichen Unterstützung des Vortäters, aber auch in einer selbstständigen („täterschaftlichen") Sicherung des vom Vortäter erlangten Vorteils gegen Entzug zugunsten des Berechtigten bestehen (*Küper/Zopfs* Rn 333). Typisch sind das Aufbewahren oder Verstecken der Beute, die Vereitelung der Rückforderung des Opfers (BGH StV 1994, 185), Flucht- und Transporthilfe, irreführende Angaben gegenüber den Ermittlungsbehörden (RGSt 54, 41). Auch das Hilfeleisten beim Absetzen der Beute (iSv § 259) soll nach hM einschlägig sein (BGHSt 2, 362; 4, 122 [123 ff]), allerdings nur, wenn durch die Verwertung zugleich einer drohenden Wiederentziehung begegnet wird (BGHSt 2, 362 [363 f]; BGH NJW 1971, 62; NStZ 2008, 516; *Stoffers* Jura 1995, 113 [122 f]).

10 a) Da die Selbstbegünstigung straflos ist, ist eine „Anstiftung" zur Selbstbegünstigung oder deren bloß psychische Unterstützung noch keine Hilfeleistung. Erforderlich ist vielmehr stets ein Beitrag zur Vorteilssicherung. Die **Schwelle zur Täterschaft** nach § 257 wird daher erst überschritten, wenn der Helfer mehr tut, als den Selbstschutzwillen des Vortäters zu stärken, indem er ihn zB warnt oder ihm mit konkreten Ratschlägen hilft (vgl L-Kühl-*Kühl* Rn 8; S/S-*Stree/Hecker* Rn 23).

11 b) Ob die Hilfeleistung objektiv zur Vorteilssicherung geeignet sein muss, ist umstritten:

12 ■ Nach hM ist Tathandlung der Begünstigung jedes „Hilfeleisten" iSe **Förderung der Chancen** des Täters, dass ihm die Tatvorteile nicht zugunsten des Verletzten entzogen werden. Die Hilfeleistung muss also **objektiv geeignet** sein, die Wiederherstellung des rechtmäßigen Zustandes zu vereiteln, wenngleich ein Sicherungserfolg nicht eingetreten zu sein braucht (vgl BGHSt 4, 122 ff; 24, 166 [167]; BGH StV 1994, 185; OLG Frankfurt NJW 2005, 1727 [1735]; *Geerds* GA 1988, 243 [259]; S/S/W-*Jahn* Rn 14 mwN). Nach diesem Verständnis ist die Begünstigung eine verselbstständigte objektivierte Versuchshandlung. Objektiv ungeeignet ist die Hilfe etwa, wenn der Vortäter nicht mehr über den Vorteil verfügt (vgl BGHSt 36, 277 [281]; BGH NStZ 1994, 187 [188]) oder ihn von Rechts wegen (zB Erbschaft) behalten darf. Für diese Interpretation spricht zum einen, dass der Begriff der Hilfeleistung im objektiven Tatbestand erwähnt wird. Zum anderen fehlt bei objektiver Ungefährlichkeit des Verhaltens das kriminalpolitische Bedürfnis

einer Ahndung der Begünstigung, die der Sache nach nur eine zur Täterschaft aufgewertete (und über den Anwendungsbereich des § 27 hinausgehende) Beihilfe darstellt, zumal der Versuch in § 257 nicht unter Strafe gestellt ist.

■ Von einer Mindermeinung wird dagegen **nur ein Beitrag mit subjektiver Hilfeleistungstendenz** verlangt, so dass auch ein Handeln in der irrigen Vorstellung, eine Vorteilssicherung durch eine objektiv untaugliche Beistandsleistung erreichen zu können, tatbestandsmäßig wäre (vgl *Arzt/Weber/Heinrich/Hilgendorf* § 27/5 ff; *Seelmann* JuS 1983, 32 [34 f]). Diese Ansicht hält das Kriterium der Geeignetheit für zu unscharf und stützt sich auf den Wortlaut der Vorschrift, dem zufolge die Vorteilssicherung nur beabsichtigt zu sein braucht. Gegen diese Auslegung ist einzuwenden, dass sie an das Hilfeleisten bei der Begünstigung (ohne sachlichen Grund) geringere Anforderungen stellt als an die Beihilfe nach § 27 (vgl dort Rn 3 ff). 13

c) Die Begünstigung **beginnt** – den Versuchsregeln entsprechend – mit dem „unmittelbaren Ansetzen" zur Vorteilssicherung. Oder anders formuliert: Die Handlung muss geeignet sein, unmittelbar zur Herbeiführung des Sicherungserfolgs beizutragen (vgl S/S-*Stree/Hecker* Rn 22 mwN). Ab diesem Zeitpunkt ist der Tatbestand zugleich verwirklicht und die Tat vollendet. Bloße Vorbereitungen zur Hilfeleistung reichen nicht aus. 14

d) Die Begünstigung kann auch durch ein pflichtwidriges **Unterlassen** in Garantenstellung erfolgen (vgl BGH StV 1993, 27; MK-*Cramer/Pascal* Rn 19). Exemplarisch: Eltern schreiten nicht dagegen ein, dass ihre minderjährigen Kinder gestohlene Sachen zu Hause aufbewahren. 15

e) Ihrem Schutzzweck gemäß werden von der Vorschrift nur Handlungen erfasst, die ihrer (objektiven) Tendenz nach den Interessen des Berechtigten an der **Restitution** des rechtmäßigen Zustands **zuwiderlaufen**. Daher sind Handlungen, die lediglich die Ziehung von Gebrauchsvorteilen ermöglichen sollen oder der Sacherhaltung dienen, nicht einschlägig; zB Reparaturen, Füttern von Tieren, Sichern des Tatobjekts vor Beschädigungen durch Sturm, Brand oder Hochwasser, Abwehr rechtswidriger Angriffe (vgl RGSt 76, 31 [33]). 16

f) Für ein tatbestandsmäßiges Hilfeleisten reicht eine nur **indirekte Beteiligung** an der Vorteilssicherung durch Anstiftung oder Unterstützung eines Dritten **nicht** aus, da es hierbei an der objektiven Geeignetheit (Rn 12) der Maßnahme zur unmittelbaren Restitutionsvereitelung fehlt. Die mittelbare Förderung des Vortäters wird vielmehr (nach den allgemeinen Teilnahmeregeln) als Anstiftung oder Beihilfe zur Begünstigung des Dritten erfasst. Ein Hilfeleisten zur Vorteilssicherung in mittelbarer Täterschaft (zB durch Nötigung eines Unbeteiligten) ist jedoch ohne Weiteres möglich. 17

g) Da Gegenstand der Zueignung beim Diebstahl die Erlangung einer eigentümerähnlichen Position ist, deren Vorteil auch in der Möglichkeit des Weiterverkaufs der Sache liegen kann (vgl § 242 Rn 93), ist es konsequent, unter bestimmten Bedingungen eine Begünstigung auch bei einer **Rückveräußerung** des Tatobjekts **an den Eigentümer** zu sehen (vgl OLG Düsseldorf NJW 1979, 2320 f; *Stoffers* Jura 1995, 113 [122 ff]). Zu den betreffenden Bedingungen gehört jedoch, dass die Sache nicht in Erfüllung des Herausgabeanspruchs, sondern als im Eigentum des Vortäters (oder eines Dritten) stehend übereignet wird; außerdem muss auf diese Weise einer anderweitig drohenden Restitution vorgebeugt werden. 18

19 4. Hinsichtlich der **zeitlichen Abgrenzung** zwischen Begünstigung und Hilfeleistung zur Beteiligung ist zunächst unstr., dass nur eine Beteiligung an der Vortat in Betracht kommt, wenn sich die Hilfe noch vor deren Vollendung auswirkt bzw auswirken soll, während eine Begünstigung anzunehmen ist, wenn die Hilfeleistung dem Vortäter erst nach Beendigung der Vortat zugute kommt bzw kommen soll (BGH StV 1998, 25 f). Maßgeblich ist hierbei der **Wirkungszeitpunkt**, nicht notwendig auch der Zeitpunkt, in dem die Hilfeleistung vorgenommen wird.

20 Umstritten ist dagegen die Abgrenzung zwischen Vortatbeteiligung und Begünstigung für den Zeitraum **zwischen Vollendung und Beendigung** der Vortat:

21 ■ Nach der Rspr soll es im Zeitraum zwischen Vollendung und Beendigung der Tat auf den Willen des Helfenden ankommen, ob sein Verhalten als Beihilfe zur Vortat oder Begünstigung anzusehen ist (BGHSt 4, 132 [133]; OLG Köln NJW 1990, 587 [588]). Relevant ist dies insbesondere in Diebstahlsfällen, wenn die Beute nach der Wegnahme noch nicht hinreichend gesichert und die Tat damit noch nicht beendet ist (vgl § 242 Rn 54).

22 ■ Auch in der Literatur wird teilweise die Möglichkeit einer Überschneidung zwischen Vortatbeteiligung und Begünstigung bejaht, für diesen Fall jedoch (unter Bezugnahme auf § 257 III) angenommen, dass die Begünstigung hinter die Vortatbeteiligung zurücktritt. Bis zur Beendigung der Vortat komme daher nur Beihilfe in Betracht (vgl *Geppert* Jura 1994, 441 [443]; *Laubenthal* Jura 1985, 630 [632 f]; *Otto* BT § 57/4; S/S-*Stree/Hecker* Rn 7). Begründung: Der Helfende könne nicht deshalb von der ggf strengeren Haftung wegen Beihilfe verschont bleiben, weil er zugleich eine Vorteilssicherung beabsichtigt.

23 ■ Unter der Prämisse, dass Beihilfe überhaupt nur bis zur Vollendung eines Delikts geleistet werden kann (vgl § 27 Rn 22), wird von der vorherrschenden Literaturansicht jede Hilfeleistung vor Vollendung als Beihilfe und nach Vollendung, falls die sonstigen Voraussetzungen gegeben sind, als Begünstigung angesehen (M/R-*Dietmeier* Rn 8; NK-*Kindhäuser* § 242 Rn 131; LK-*Schünemann* § 27 Rn 38 ff; LK-*Walter* Rn 22).

III. Subjektiver Tatbestand

24 1. Der subjektive Tatbestand verlangt zunächst (zumindest bedingten) Vorsatz hinsichtlich der Merkmale des objektiven Tatbestands; er muss insbesondere die rechtswidrige Vortat – ähnlich wie bei der Beihilfe – in ihren groben Zügen umfassen (vgl BGHSt 4, 221 ff). Erforderlich ist auch, dass der Vorteil als unmittelbar aus der Vortat stammend angesehen wird. Fehlvorstellungen über den Umfang der Beute oder über den genauen Deliktscharakter (zB Betrug statt Diebstahl) sind weitgehend unerheblich.

25 2. Ferner muss die Hilfe in der **Absicht**, dem Vortäter die Vorteile der Tat zu sichern, geleistet werden. Für diese Absicht ist nach hM zielgerichteter Wille erforderlich, dh dem Täter muss es – ungeachtet weiterer Motive – jedenfalls entscheidend auch auf den Sicherungserfolg ankommen (vgl BGHSt 4, 107 [108 ff]; BGH StV 1993, 27 f; *Fischer* Rn 10; LK-*Walter* Rn 74; dolus directus halten für ausreichend *Oehler* NJW 1966, 1633 [1637]); *Otto* BT § 57/9). Soweit der Begünstigende bei der Veräußerung mitwirkt, muss dies zum Zweck der Vorteilssicherung (und nicht nur der günstigen Verwertung) geschehen (vgl BGH NJW

1971, 62; S/S-*Stree/Hecker* Rn 19; nicht gegeben bei Sicherstellungspflicht des Staates, vgl *Kaiser* NStZ 2011, 383 [389]).

IV. Selbstbegünstigung und Verfolgbarkeit

1. Aus dem Umstand, dass die Hilfe „einem anderen" geleistet werden muss, folgt die **mangelnde Tatbestandsmäßigkeit** der Selbstbegünstigung. In Abs. 3 S. 1 wird zudem ausdrücklich festgehalten, dass sich grds. nicht nur Allein- und Mittäter, sondern auch sonstige Beteiligte (Anstifter, Gehilfen) an der Vortat nicht wegen Begünstigung strafbar machen, wenn sie die Vorteile, an deren deliktischer Erlangung sie beteiligt waren, gegen Entziehung schützen. 26

a) Hierbei muss die Tat, an der sich der Begünstigende zuvor beteiligt hat, **identisch** mit der Vortat der Begünstigung sein (BGH bei *Holtz* MDR 1981, 452 [454]; S/S-*Stree/Hecker* Rn 26). Daher greift Abs. 3 S. 1 nicht, wenn der Begünstigende den Vortäter zu einem Diebstahl angestiftet hat, dieser aber die Tat (iSe Exzesses) als Raub mit Waffen ausgeführt hat. 27

b) § 257 III S. 1 findet keine Anwendung auf denjenigen, der zwar an der Vortat beteiligt war, aber insoweit **schuldlos** handelte. Die Vorschrift beruht auf dem Gedanken der mitbestraften Nachtat, der bei mangelnder Strafbarkeit der Vortat nicht greift (MK-*Cramer/Pascal* Rn 9, 31; *Geppert* Jura 1994, 441 [444]). 28

c) § 257 III S. 2 sieht vor, dass sich auch ein an der Vortat Beteiligter nach §§ 257, 26 strafbar machen kann, wenn er einen an der Vortat Unbeteiligten zur **täterschaftlichen Begünstigung anstiftet** (zur Kritik dieser mit dem Strafgrund der Teilnahme kaum zu vereinbarenden Regelung vgl *Wolter* JuS 1982, 343 [347 f]). Straflos bleibt ein Vortatbeteiligter, der einen Unbeteiligten anstiftet, Beihilfe zur Begünstigung zu leisten. 29

2. Nach § 257 **IV** S. 1 ist die Begünstigung nur auf Antrag, mit Ermächtigung oder auf Strafverlangen verfolgbar, wenn der Begünstiger im Falle einer Beteiligung an der Vortat nur unter diesen Voraussetzungen verfolgt werden könnte. Ein eventuelles Antragserfordernis der Vortat gilt demnach auch für die Begünstigung. Ist zB der Verletzte eines Diebstahls ein Angehöriger des Begünstigenden, so kann dessen Tat nach § 257 nur verfolgt werden, wenn der Verletzte gegen ihn einen Strafantrag (§ 247) gestellt hat. 30

Nach § 257 **IV** S. 2 ist § 248 a auf die Begünstigung entsprechend anzuwenden. Insoweit gilt das Antragserfordernis für jedes Delikt, wenn der erlangte Vorteil (und damit das Tatobjekt der Begünstigung) gering ist (vgl nur L-Kühl-*Kühl* Rn 10). 31

V. Tätige Reue

Da das Delikt bereits mit einer objektiv tauglichen Hilfeleistung (unabhängig vom Eintritt eines tatsächlichen Sicherungserfolgs) vollendet und der Versuch nicht strafbar ist, kommt § 24 nicht in Betracht. In der Literatur wird teilweise erwogen, auf einen Täter, der den Sicherungserfolg nach vorangegangener Hilfeleistung doch noch freiwillig abwendet, die Vorschriften über die tätige Reue (zB §§ 83 a, 306 e, 314 a, 320, 330 b) entsprechend anzuwenden (*Rengier* I § 20/20; S/S-*Stree/Hecker* Rn 22). Die hM sieht hier jedoch keine Gesetzeslücke und lehnt die Möglichkeit tätiger Reue ab (vgl W-*Hillenkamp* Rn 817). 32

§ 258 Strafvereitelung

(1) Wer absichtlich oder wissentlich ganz oder zum Teil vereitelt, daß ein anderer dem Strafgesetz gemäß wegen einer rechtswidrigen Tat bestraft oder einer Maßnahme (§ 11 Abs. 1 Nr. 8) unterworfen wird, wird mit Freiheitsstrafe bis zu fünf Jahren oder mit Geldstrafe bestraft.

(2) Ebenso wird bestraft, wer absichtlich oder wissentlich die Vollstreckung einer gegen einen anderen verhängten Strafe oder Maßnahme ganz oder zum Teil vereitelt.

(3) Die Strafe darf nicht schwerer sein als die für die Vortat angedrohte Strafe.

(4) Der Versuch ist strafbar.

(5) Wegen Strafvereitelung wird nicht bestraft, wer durch die Tat zugleich ganz oder zum Teil vereiteln will, daß er selbst bestraft oder einer Maßnahme unterworfen wird oder daß eine gegen ihn verhängte Strafe oder Maßnahme vollstreckt wird.

(6) Wer die Tat zugunsten eines Angehörigen begeht, ist straffrei.

1 I. Das Verbot der Strafvereitelung dient der **Sicherung der Rechtspflege** bei der Durchsetzung der gesetzmäßigen Strafen und Maßregeln (BGHSt 43, 82 [84]; 45, 97 [101]; S/S-*Stree/Hecker* Rn 1). Die Tat ist Erfolgsdelikt. **Abs. 1** betrifft die Verfolgungsvereitelung, und zwar die Vereitelung der Bestrafung (Alt. 1, Strafvereitelung ieS) wie auch der Verhängung einer Maßnahme iSv § 11 I Nr. 8. Erfasst ist auch die Jugendstrafe, jedoch nicht die Verhängung von Zuchtmitteln nach § 13 JGG (OLG Hamm NJW 2004, 1189). Über die rechtswidrige Tat, die Gegenstand der Vereitelung ist, darf **noch nicht rechtskräftig entschieden** sein. **Abs. 2** betrifft die Vereitelung der Vollstreckung einer **verhängten** Strafe oder Maßnahme (Vollstreckungsvereitelung). Die Entscheidung muss **rechtskräftig** sein (sonst Abs. 1; vgl § 449 StPO).

2 II. Die **Verfolgungsvereitelung** nach **Abs. 1** hat die gänzliche oder teilweise Verhinderung der strafrechtlichen Ahndung einer Vortat zum Gegenstand (zum Gutachtenaufbau Rn 26 ff).

3 1. Die **Vortat** muss zunächst eine rechtswidrige Tat iSv § 11 I Nr. 5 sein. Da der Tatbestand die Vereitelung einer Strafe (oder Maßnahme) erfasst, muss die Vortat zudem **alle Voraussetzungen** erfüllen, unter denen eine Strafe oder Maßnahme verhängt werden darf. Für die Vereitelung einer Strafe bedeutet dies, dass die Vortat auch schuldhaft begangen sein muss und alle sonstigen Strafbarkeitsvoraussetzungen (objektive Bedingungen der Strafbarkeit usw) verwirklicht sein müssen (S/S-*Stree/Hecker* Rn 3). Ob eine Vortat iSd Abs. 1 gegeben ist, prüft das Gericht, das über die Strafvereitelung zu befinden hat. Es ist nicht an einen etwaigen gerichtlichen Freispruch des Vortäters gebunden (BGH bei *Dallinger* MDR 1969, 194; für Bindungswirkung bei freisprechenden Urteilen, soweit kein Wiederaufnahmegrund vorliegt, *Zaczyk* GA 1988, 356). Wer in ein schwebendes Verfahren eingreift, um einen zu Unrecht Beschuldigten vor einer Sanktion zu bewahren, handelt nicht tatbestandsmäßig.

4 2. Die Strafe bzw Maßnahme ist **ganz vereitelt**, wenn sie für geraume Zeit unverwirklicht bleibt (BGHSt 15, 19 [21]; BGH NJW 1984, 135; S/S-*Stree/Hecker* Rn 14; LK-*Walter* Rn 35; aA – nur Versuch – *Rudolphi* JuS 1979, 859 [860 ff]; *Samson* JA 1982, 181; *Vormbaum* Küper-FS 663 [671]). Es genügt also für die

gänzliche Vereitelung schon eine (nicht ganz unerhebliche) **Verzögerung**. Die Tatbestandsverwirklichung erfordert – als Erfolg – den Nachweis, dass die Sanktion ohne das Tatverhalten früher hätte durchgesetzt werden können; maßgeblich ist hierbei die **Aburteilung**, nicht der Abschluss der polizeilichen/staatsanwaltschaftlichen Ermittlungen. Die Verzögerung muss wenigstens zwei Wochen betragen; die genaue Zeitspanne ist umstritten (vgl im Einzelnen NK-*Altenhain* Rn 48 mwN).

Die Strafe ist **zum Teil vereitelt**, wenn der Täter bewirkt, dass der Vortäter besser gestellt wird, als es der materiellen Rechtslage entspricht. Exemplarisch: Der Vortäter wird nur wegen Beihilfe statt Täterschaft, wegen eines Vergehens statt eines Verbrechens oder wegen des Grunddelikts statt der Qualifikation verurteilt. 5

3. Da die Durchsetzung der Sanktion **gegen einen anderen** vereitelt werden muss, ist die Selbstbegünstigung nicht tatbestandsmäßig. Dementsprechend reicht es auch für eine Strafvereitelung nicht aus, wenn lediglich im Vortäter der Wille, sich der Strafverfolgung (oder Vollstreckung) zu entziehen, hervorgerufen oder bestärkt wird. Der Täter muss also einen **sachlichen Beitrag zur Sanktionsverhinderung** leisten (vgl *Küper* GA 1997, 301 [315 ff]; *Rudolphi* Kleinknecht-FS 379 [389 ff]). Exemplarisch: Beseitigen von Tatspuren, Fluchthilfe, irreführende Angaben gegenüber der Polizei, Falschaussagen vor Gericht (BayObLG NJW 1966, 2177; zur Tätigkeit des StA vgl *Frank* Schlüchter-GS 275 ff). **Sozialadäquate Verhaltensweisen**, die dem Vortäter zugute kommen, sind schon nach den Regeln der objektiven Zurechnung mangels unerlaubter Risikoschaffung nicht tatbestandsmäßig (vgl BGH NJW 1984, 135; aA M/R-*Dietmeier* Rn 13; ausf. *Ernst*, ZStW 125, 299 ff). 6

4. Hinsichtlich des **Verteidigerhandelns** gelten vor allem folgende Grundsätze: Tatbestandslos ist die Wahrnehmung von Verfahrensrechten, sei es, dass der Verteidiger eigene Rechte geltend macht, sei es, dass er dem Vortäter oder anderen Verfahrensbeteiligten zur Wahrnehmung ihrer Rechte rät (BGH NStZ 2001, 145 [146 f]; näher *Fischer* Rn 16 ff; zur Strafvereitelung durch Stellung von Beweisanträgen zur Prozessverschleppung vgl *Schneider* Geppert-FS 607 ff; zum Rechtsbeistand durch Lüge *Gillmeister* Schiller-FS 173 [178 ff]). Der Verteidiger darf „grds alles tun, was in gesetzlich nicht zu beanstandender Weise seinem Mandanten nützt" (BVerfG NJW 2006, 3197 [3198]; BGHSt 38, 345 [348]; vgl BGHSt 29, 99 [102 f]). Daher darf sich der Verteidiger auch dann für einen Freispruch seines Mandanten einsetzen, wenn er von dessen Schuld überzeugt ist. Effektive Strafverteidigung liegt jedoch nicht vor bei Verhalten, das nur dem äußeren Anschein nach Verteidigung darstellt, tatsächlich aber nicht hierzu beiträgt (OLG Karlsruhe JZ 2006, 1129; iE zust. BGH NJW 2006, 2421; zu Einzelfällen vgl S/S/W-*Jahn* Rn 27 mwN). Strafbar ist das Verhalten des Verteidigers aber nur, wenn er die Tatherrschaft innehat (OLG Nürnberg NJW 2012, 1895 [1896]). 7

Ferner darf er 8

- von einer Selbstanzeige (BGHSt 2, 375) oder einem Geständnis abraten,
- zuraten, sich nicht zur Sache einzulassen,
- zum wahrheitswidrigen Widerruf eines Geständnisses raten,
- aussageverweigerungsberechtigten Zeugen die Verweigerung nahe legen (BGHSt 10, 393 [395]),
- den Mandanten über die Aktenlage informieren (BGH NJW 1980, 64),
- Verfahrensfehler unter Berufung auf ein unrichtiges Hauptverhandlungsprotokoll rügen (LG Augsburg NJW 2012, 93 [94] m.Anm. *Jahn/Ebner*).

9 Dagegen darf er (nach hM) nicht
- die wahre Sachlage unter sachwidriger Erschwerung der Strafverfolgung verdunkeln,
- falsche Aussagen herbeiführen (BGH NJW 1983, 2712), auch nicht durch Benennung eines zum Meineid entschlossenen Zeugen oder durch Suggestivfragen,
- einen Zeugen im Willen zur Falschaussage bestärken (BGHSt 29, 99 [107]),
- einen Zeugen mittels Täuschung oder Nötigung zur Aussageverweigerung bestimmen (BGHSt 10, 393 [394]),
- den Angeklagten veranlassen, nicht zur Hauptverhandlung zu kommen (OLG Koblenz NStZ 1992, 146),
- einem Zeugen Schmerzensgeld für eine erfolgreiche Entlastungsaussage versprechen (BGH NStZ 2001, 145 [147]).

10 5. Strafvereitelung durch **Unterlassen** (§ 13) ist ohne Weiteres möglich. In Betracht kommt vor allem eine Haftung aus Ingerenz (vgl BGHSt 4, 167; OLG Hamburg NStZ 1996, 102). Dagegen können sich Garantenpflichten nicht aus § 138 oder aus privaten Verträgen (Privat- oder Hausdetektiv) ergeben. Während gegenüber der Polizei keine prozessualen Auskunftspflichten bestehen (*Weidemann* JA 2008, 532 [533]), aus denen sich eine Garantenpflicht ableiten ließe, wird teilweise eine Garantenpflicht des gegenüber Staatsanwaltschaft und Gericht aussagepflichtigen Zeugen aufgrund seiner besonderen strafprozessualen Stellung angenommen (LG Ravensburg NStZ-RR 2008, 177 [178]; OLG Köln NStZ-RR 2010, 146; NK-*Altenhain* Rn 46 mwN). Dem wird entgegengehalten, dass es sich bei der Aussagepflicht eines Zeugen lediglich um eine allgemeine staatsbürgerliche Pflicht handele, die von sämtlichen Prozessordnungen vorausgesetzt werde. Hieraus ließe sich nicht die Pflicht eines Zeugen im Strafverfahren folgern, in besonderer Weise an der Strafverfolgung mitzuwirken (LG Itzehoe NStZ-RR 2010, 10 [11]; MK-*Cramer/Pascal* Rn 22; *Popp* JR 2014, 418 [420 ff]; *Reichling/Döring* StraFo 2011, 82 [84]; vgl auch § 13 Rn 65).

11 6. Der **Versuch** ist strafbar (Abs. 4). In Bezug auf die Tathandlung und den Vereitelungserfolg ist direkter Vorsatz erforderlich, während es bezüglich der Vortat ausreicht, dass deren Vorliegen nur für (konkret) möglich gehalten wird (BGH NJW 2015, 3732). Die Grenze von der Vorbereitung zum Versuch ist nach den allgemeinen Regeln erst mit dem unmittelbaren Ansetzen zur Tatbestandsverwirklichung überschritten. Daher liegt zB das Anerbieten eines Zeugen gegenüber dem Vortäter, im Verfahren gegen diesen falsch auszusagen, noch im Vorbereitungsstadium; der Versuch setzt mit dem Beginn der Falschaussage vor Gericht ein (BGHSt 31, 10 [13]; BayObLG NJW 1986, 202; ausf. *Haas* Maiwald-FS 278 ff). Bis zum Eintritt des Vereitelungserfolgs (Rn 4 f) kann der Täter strafbefreiend zurücktreten (§ 24).

12 III. Die **Vollstreckungsvereitelung** nach **Abs. 2** hat die gänzliche oder teilweise Verhinderung der Vollstreckung einer gegen einen anderen verhängten Strafe oder Maßnahme zum Gegenstand.

13 1. Anders als bei der Verfolgungsvereitelung (Rn 2) kommt es bei der Vollstreckungsvereitelung nach Abs. 2 nicht auf die tatsächliche Verwirklichung der Vortat an; maßgeblich ist allein, ob derjenige, dem geholfen wird, als Vortäter **rechtskräftig verurteilt** worden ist, mag er auch die Tat in Wirklichkeit nicht begangen haben (RGSt 73, 331; *Otto* BT § 96/16; S/S-*Stree/Hecker* Rn 26; aA M/R-*Dietmeier* Rn 31).

2. Die Vollstreckung der Strafe (bzw Maßnahme) ist ganz oder teilweise vereitelt, 14
wenn sie für geraume Zeit nicht (zwangsweise) durchgesetzt werden kann. Wiederum genügt eine nicht unerhebliche Verzögerung der Vollstreckung (vgl Rn 4; *Fischer* Rn 30; S/S-*Stree/Hecker* Rn 27). Typische **Beispiele** für Vollstreckungsvereitelungen sind die Verbüßung der Strafe oder Fluchthilfe für den Verurteilten. Einschlägig ist auch die Unterstützung unberechtigter Wiederaufnahmegesuche. Rechtmäßige Handlungen (zB Gnadengesuch) scheiden aus.

Es ist umstritten, ob die **Zahlung** einer fremden **Geldstrafe** als Vollstreckungsvereitelung anzusehen ist: 15

- Die wohl hM verneint eine Vollstreckungsvereitelung (sog. **Vertretbarkeitstheorie**), da der Tatbestand ohne Weiteres umgangen werden könne, zB durch nachträgliche Erstattung der Geldstrafe oder Darlehenshingabe mit späterem Verzicht auf Rückzahlung (BGHSt 37, 226; MK-*Cramer/Pascal* Rn 35; SK-*Hoyer* Rn 21; *Kranz* ZJS 2008, 471 ff; *Otto* BT § 96/16; iE zust. *Fischer* Rn 32; diff. LK-*Walter* Rn 51). § 258 wende sich gegen eine Strafvereitelung, nicht gegen eine Strafzweckvereitelung. 16

- Die Gegenauffassung stellt darauf ab, dass auch die Geldstrafe den Verurteilten persönlich treffen soll (**Höchstpersönlichkeitstheorie**, vgl OLG Frankfurt StV 1990, 112; *Hillenkamp* Lackner-FS 455 [466 f]; LK-*Ruß*, 11. Aufl., Rn 24 a). Daher soll jedenfalls die direkte Zahlung der Geldstrafe oder die Schenkung eines entsprechenden Betrags zur Ermöglichung der Zahlung einschlägig sein. Dagegen wird überwiegend eine spätere Erstattung oder ein nachträglicher Verzicht auf Darlehensrückzahlung (S/S-*Stree/Hecker* Rn 29 mwN) nicht für tatbestandsmäßig gehalten, wenn nur der Verurteilte die Strafe (zunächst) aus seinem eigenen Vermögen bezahlt hat. 17

IV. Der **subjektive Tatbestand** beider Tatvarianten verlangt ein absichtliches oder wissentliches Handeln. Der Täter muss also die Besserstellung des Vortäters erstreben oder als sichere Folge seines Verhaltens voraussehen (vgl KG JR 1985, 24). Hinsichtlich des Vorliegens der Vortat bzw rechtskräftigen Verurteilung genügt dolus eventualis. Beim Verteidigerhandeln (Rn 7 ff) sind an die Vereitelungsabsicht erhöhte Beweisanforderungen zu stellen (BGH NStZ 2001, 145 [147 f]). 18

V. Hinsichtlich der **Abgrenzung** gegenüber der **Beihilfe zur Vortat** gilt: Der Tatbestand der Strafvereitelung greift erst ein, wenn die Unterstützungshandlung die Begehung der Vortat nicht (auch nicht in Form psychischer Beihilfe) gefördert hat, sondern ihre Wirkung erst später entfaltet (vgl MK-*Cramer/Pascal* Rn 47 mwN). 19

VI. **Abs. 5** erweitert (nach hM iSe **persönlichen Strafausschließungsgrunds**) die (tatbestandliche) Straffreiheit der Selbstbegünstigung für Fälle, in denen der Täter durch die zugunsten eines beliebigen Dritten begangene Strafvereitelung zugleich seine eigene Bestrafung vereiteln will (zu Einzelheiten vgl BGH NStZ 1996, 39). Auch ein entsprechender Irrtum führt zu Straflosigkeit („will"; vgl BGH NStZ-RR 2016, 310 f). Ferner ist der Vortäter (oder ein Teilnehmer an der Vortat) nach Abs. 5 straflos, wenn er zur Strafvereitelung zu eigenen Gunsten anstiftet (dies folgt auch aus dem Fehlen einer dem § 257 III S. 2 entsprechenden Einschränkung). 20

Die Straffreiheit umfasst grds. nur Taten nach § 258 und nicht zugleich auch tateinheitlich hiermit begangene Delikte, etwa nach §§ 145 d, 154 oder 263 (vgl OLG Celle JR 1981, 34; *Rudolphi* JuS 1979, 859). 21

22 Umstritten ist, ob gem. Abs. 5 auch die Begünstigung (§ 257) eines anderen mit dem Zweck, die eigene Bestrafung zu vereiteln, straffrei ist (bej. *Amelung* JR 1978, 227; *Geppert* Jura 1980, 327 [332]; abl. L-Kühl-*Kühl* Rn 16; S/S-*Stree/Hecker* Rn 39; LK-*Walter* Rn 133, § 257 Rn 78).

23 VII. Nach **Abs. 6** bleibt straffrei, wer eine Tat nach Abs. 1 oder 2 **zugunsten eines Angehörigen** (§ 11 I Nr. 1) begeht. Der Anwendungsbereich dieses (nach hM) **persönlichen Strafausschließungsgrunds** entspricht demjenigen des Abs. 5. Das Angehörigenprivileg gilt für jede Tätigkeitsform (auch Anstiftung). Eine analoge Anwendung des Abs. 6 auf nahestehende Personen iSd § 35 I (etwa auf Partner einer eheähnlichen Lebensgemeinschaft) wird von der hM abgelehnt (vgl BGH NJW 1984, 136; S/S/W-*Jahn* Rn 46; LK-*Walter* Rn 136 mwN).

24 Es ist umstritten, ob Abs. 6 auch eingreift, wenn der Täter nur irrig seine Angehörigeneigenschaft annimmt (so L-Kühl-*Kühl* Rn 17 mwN), oder ob allein die objektive Lage maßgebend ist (so MK-*Cramer/Pascal* Rn 55 mwN).

25 Im Rahmen des Abs. 6 ist ferner (wie bei Abs. 5) strittig, ob die Begünstigung (§ 257) eines Angehörigen oder Dritten auch straffrei ist, wenn sie Mittel oder notwendige Folge einer nach Abs. 6 straflosen Strafvereitelung ist (bej. *Rengier* I § 21/28; abl. L-Kühl-*Kühl* Rn 17 mwN).

26 VIII. Gutachten: Da die Strafvereitelung nach § 258 I ein Anschlussdelikt ist, das die Begehung einer Vortat voraussetzt, ist im Gutachten vor seiner Erörterung stets zunächst die Vortat zu prüfen. Im Falle von § 258 II ist im objektiven Tatbestand zunächst eine rechtskräftige Verurteilung festzustellen. Ansonsten empfiehlt es sich, die Tatbestandsmerkmale der Strafvereitelung in folgenden Schritten zu prüfen:

27 **1. Verfolgungsvereitelung** (Abs. 1):
   A) Tatbestand:
      I. Objektiver Tatbestand:
         1. Tatsituation: Vortat:
            a) verfolgbare Verwirklichung eines Delikts, das im Falle der Vereitelung einer Bestrafung auch schuldhaft begangen sein muss (Rn 3)
            b) durch einen anderen
         2. Tathandlung: gänzliche (Rn 4) oder teilweise (Rn 5) Vereitelung der Ahndung der Vortat
      II. Subjektiver Tatbestand (Rn 18)
         1. (zumindest bedingter) Vorsatz hinsichtlich Vortat
         2. Absicht oder dolus directus hinsichtlich des Vereitelungserfolgs
   B) Rechtswidrigkeit
   C) Schuld
   D) Persönliche Strafausschließungsgründe nach Abs. 5 und 6 (Rn 20 ff)
   E) Ggf Qualifikation (§ 258 a)

28 **2. Vollstreckungsvereitelung** (Abs. 2):
   A) Tatbestand:
      I. Objektiver Tatbestand:

1. Tatsituation: rechtskräftig verhängte, aber noch nicht (vollständig) vollstreckte Strafe oder Maßnahme (Rn 13) gegen einen anderen
2. Tathandlung: gänzliche oder teilweise Vereitelung der Vollstreckung (Rn 14)

II. Subjektiver Tatbestand (Rn 18):
1. (zumindest bedingter) Vorsatz hinsichtlich Vortat
2. Absicht oder dolus directus hinsichtlich des Vereitelungserfolgs

B) Rechtswidrigkeit
C) Schuld
D) Persönliche Strafausschließungsgründe nach Abs. 5 und 6 (Rn 20 ff)
E) Ggf Qualifikation nach § 258 a

§ 258 a Strafvereitelung im Amt

(1) Ist in den Fällen des § 258 Abs. 1 der Täter als Amtsträger zur Mitwirkung bei dem Strafverfahren oder dem Verfahren zur Anordnung der Maßnahme (§ 11 Abs. 1 Nr. 8) oder ist er in den Fällen des § 258 Abs. 2 als Amtsträger zur Mitwirkung bei der Vollstreckung der Strafe oder Maßnahme berufen, so ist die Strafe Freiheitsstrafe von sechs Monaten bis zu fünf Jahren, in minder schweren Fällen Freiheitsstrafe bis zu drei Jahren oder Geldstrafe.

(2) Der Versuch ist strafbar.

(3) § 258 Abs. 3 und 6 ist nicht anzuwenden.

I. Die Vorschrift sieht für alle Tatvarianten des § 258 eine Qualifikation für den Fall vor, dass der Täter Amtsträger (in einer bestimmten Funktion) ist (unechtes Amtsdelikt). Über den Schutzzweck der Sicherung der Rechtspflege iSv § 258 (dort Rn 1) hinaus soll § 258 a das **Legalitätsprinzip** (§§ 152 II, 160 I StPO) **garantieren** (vgl *Rudolphi* JuS 1979, 859 [861]). 1

II. **Täter** der Qualifikation kann sein, wer als Amtsträger (§ 11 I Nr. 2) an der Strafverfolgung oder Strafvollstreckung mitzuwirken hat (zB als Polizist, Richter, Staatsanwalt, Gefängnisbeamter; zur Strafvereitelung durch einen Rechtspfleger der StA vgl OLG Koblenz NStZ-RR 2006, 77 m.Anm. *Cramer* NStZ 2007, 334). Für Beteiligte, die keine Amtsträger sind, ist nach § 28 II nur § 258 anzuwenden (damit auch § 258 III und VI, vgl dagegen § 258 a III). 2

Auch ein Amtsträger handelt nicht tatbestandsmäßig, wenn er die Tat **zu eigenen Gunsten** begeht; § 258 V wird durch § 258 a nicht ausgeschlossen. 3

III. Nach hM trifft einen Amtsträger iSv § 258 a eine **Offenbarungspflicht** über **außerdienstlich erlangtes Wissen** nur bei schweren Vergehen oder Verbrechen, welche die Rechtsgemeinschaft besonders berühren (BGH NJW 1989, 914 [916]; BGHSt 38, 388 [391]; ausf. LK-*Walter* § 258 Rn 100 ff mwN). Die Strafbarkeit eines **Richters** wegen pflichtwidriger Nichtförderung eines Strafverfahrens kommt nur in Betracht, sofern auch die tatbestandlichen Voraussetzungen der Rechtsbeugung nach § 339 erfüllt sind (OLG Karlsruhe NStZ-RR 2005, 12; OLG Koblenz NStZ-RR 2006, 77 [78]). 4

5 Amtsträger, die nicht zum Kreis derjenigen nach § 258 a gehören, haben keine gegenüber Privatleuten gesteigerte Anzeigepflicht (BGHSt 43, 82 [84]; MK-*Cramer/Pascal* Rn 3, 8; *Rudolphi* NStZ 1997, 599 ff), es sei denn, sie haben besondere Pflichten zur Unterrichtung der Strafverfolgungsbehörden (vgl §§ 159 I StPO, 183 S. 1 GVG, 41 I OWiG, 6 SubvG).

§ 259 Hehlerei

(1) Wer eine Sache, die ein anderer gestohlen oder sonst durch eine gegen fremdes Vermögen gerichtete rechtswidrige Tat erlangt hat, ankauft oder sonst sich oder einem Dritten verschafft, sie absetzt oder absetzen hilft, um sich oder einen Dritten zu bereichern, wird mit Freiheitsstrafe bis zu fünf Jahren oder mit Geldstrafe bestraft.

(2) Die §§ 247 und 248 a gelten sinngemäß.

(3) Der Versuch ist strafbar.

I. Allgemeines

1 1. **Rechtsgut** der Hehlerei ist (primär) das Vermögen, das in spezifischer Weise geschützt wird: Die Vorschrift soll verhindern, dass die durch ein tatbestandsmäßig rechtswidriges Vermögensentziehungsdelikt geschaffene rechtswidrige Besitzlage im Zusammenwirken mit dem Vortäter oder dessen Besitznachfolger aufrechterhalten („perpetuiert") wird (hM, dazu MK-*Maier* Rn 1 f mwN). Von einer vordringenden Ansicht wird neben dem Vermögen (kumulativ) auch das allgemeine Sicherheitsinteresse als geschützt angesehen; die Hehlerei sei ein kriminelles Dienstleistungsangebot und fördere die Begehung von Vermögensdelikten über die Einzeltat hinaus (vgl BGHSt 7, 134 [141 f]; 42, 196 [198 ff]; MK-*Maier* Rn 3 ff; *Mitsch* 13.1.1; *Rudolphi* JA 1981, 1 [4 ff]; *Seelmann* JuS 1988, 39; zur Kritik *Geppert* Jura 1994, 100 f; ausf. zur Verantwortung für die Entstehung verbotener Märkte *Hörnle* Schroeder-FS 477 [488 ff]). Diese Auffassung verdient Zustimmung, da der reinen Perpetuierung einer rechtswidrigen Vermögenslage bereits durch § 246 begegnet wird; der weitergehende Sinn der Vorschrift ist daher das Verhindern eines Schwarzmarktes. Ein mit § 259 verwandtes Delikt wird in § 148 b GewO normiert (hierzu *Otto* BT § 58/35).

2 2. §§ 247, 248 a sind entsprechend anwendbar (Abs. 2). Hinsichtlich § 248 a kommt es auf den Wert der gestohlenen Sache, nicht aber auf den Vermögensvorteil des Hehlers an, da der Vorteil des Hehlers für den durch das Vermögensdelikt Geschädigten gleichgültig ist und die Hehlerei (auch) die Perpetuierung der rechtswidrigen Besitzlage am Tatobjekt unterbinden will (NK-*Altenhain* Rn 79 mwN).

3 3. § 259 ist ein **Anschlussdelikt**, das die Begehung einer Vortat voraussetzt. Im **Gutachten** muss daher die Vortat stets vor § 259 erörtert werden. Ferner sollte die Prüfung einer möglichen Hehlerei an Sachen unterschiedlicher Herkunft für jedes potenzielle Tatobjekt gesondert vorgenommen werden (zur sog. „Ersatzhehlerei" vgl Rn 14).

II. Tatbestand

1. Tatobjekt: Als Tatobjekte kommen nur **Sachen** (§ 242 Rn 5) in Betracht, die 4
ein anderer durch eine gegen fremdes Vermögen gerichtete rechtswidrige Vortat
erlangt hat.

a) Die **Eigentumsverhältnisse** am Tatobjekt sind unerheblich; auch herrenlose (zB 5
bei einer Jagdwilderei als Vortat) oder tätereigene Sachen sind taugliche Objekte
(NK-*Altenhain* Rn 8). Exemplarisch: K hat im Laden des B ein Fahrrad unter Eigentumsvorbehalt erworben. Der Angestellte A des B nimmt das Fahrrad heimlich weg und bringt es B zurück, der dies gerne annimmt: A ist nach § 289, B
nach § 259 strafbar.

b) Die Vortat muss ein **anderer** begangen haben; der **Vortäter** selbst kann kein 6
Täter (oder Teilnehmer) der Hehlerei sein. Daher ist es nicht tatbestandsmäßig,
wenn sich ein Mittäter den Beuteanteil seines Komplizen verschafft, und zwar
auch dann nicht, wenn die Beute bereits geteilt wurde (*Otto* BT § 58/2 f). Der
Rückerwerb des Ersttäters vom Hehler unterfällt dagegen dem Tatbestand, da
die Hehlerei ein weiteres Vermögensdelikt ist (BGH NStZ 1999, 351 [352]) und
der Ersttäter nunmehr an die durch den Hehler als Vortäter geschaffene rechtswidrige Vermögenslage anknüpft. Das Gegenargument, der Vortäter sei kein
„anderer" (W-*Hillenkamp* Rn 880), trifft daher nicht zu. Auch das Argument,
der Ersttäter trage zu keiner weiteren Rechtsgutverletzung bei (LK-*Ruß*,
11. Aufl., Rn 41; S/S-*Stree/Hecker* Rn 50), vermag nicht zu überzeugen. Denn der
Ersttäter trägt mit dem Rückerwerb zur Perpetuierung der rechtswidrigen Vermögenslage durch eine Verlängerung der Hehlereikette bei und fördert so den
Schwarzmarkt (*Geppert* Jura 1994, 100 [103 f]; *Gössel* II § 27/45; S/S/W-*Jahn*
Rn 35; *Rengier* I § 22/73; LK-*Walter* Rn 90 mwN).

Ob der **Teilnehmer** der Vortat Täter einer Hehlerei sein kann, ist umstritten: 7

- Nach hM kann der Teilnehmer der Vortat Täter einer Hehlerei sein (BGHSt 8
7, 134 ff; 8, 390 [392]; BGH NStZ 1996, 493; NK-*Altenhain* Rn 6 mwN;
S/S-*Stree/Hecker* Rn 51). Der Teilnehmer habe die Herbeiführung der
rechtswidrigen Besitzlage nur gefördert, nicht selbst durchgeführt. Insoweit
sei es möglich, ihn neben seiner Verantwortlichkeit für die Vermögensentziehung auch für die Aufrechterhaltung des Besitzzustands haften zu lassen.

- Nach der Gegenansicht ist der Teilnehmer als Beteiligter der Vortat kein 9
„anderer" und kommt daher nicht als Täter in Betracht; die Aufrechterhaltung des rechtswidrigen Zustands sei bereits erschöpfend von der Teilnahme
am Unrecht der Haupttat erfasst (*Oellers* GA 1967, 6 [14 f]; *Seelmann* JuS
1988, 39 [42]).

- Nach einer differenzierenden Ansicht (OLG Jena NStZ-RR 2006, 371) ist 10
kein hehlerischer Erwerb gegeben, wenn die Beteiligung an der Vortat das
Mittel war, einen Teil der Beute zu erlangen; durch die Teilnahme an der
Vortat darf also, damit Hehlerei in Betracht kommt, noch kein „Anrecht"
auf die Beute erworben worden sein. Tatbestandsmäßig soll es dagegen sein,
wenn der Hehler den Vortäter angestiftet oder unterstützt hat, um sich die
Gelegenheit zu einem hehlerischen Erwerb zu verschaffen.

c) Die Sache muss aus einer **gegen fremdes Vermögen gerichteten rechtswidrigen** 11
Tat stammen; Verschulden ist nicht erforderlich (§ 11 Rn 32), wohl aber – bei
Vorsatztaten – Vorsatz des Vortäters. Auf die konkrete Verfolgbarkeit kommt es
nicht an; Verjährung oder fehlender Strafantrag stehen einer Hehlerei nicht ent-

gegen. Der tatbestandlich genannte Diebstahl ist nur ein plakativ hervorgehobenes Beispiel der einschlägigen Vermögensdelikte. Taugliche Vortat kann auch ein Nichtvermögensdelikt – wie zB eine Nötigung – sein, sofern es zu einer rechtswidrigen Vermögensverschiebung führt (BGH bei *Dallinger* MDR 1972, 571; NK-*Altenhain* Rn 9 f; *Arzt/Weber/Heinrich/Hilgendorf* § 28/9; *Rudolphi* JA 1981, 1 [2 f]; abl. *Mitsch* 13.2.1.2.2).

12 Die Vortat muss in ihrer faktischen Auswirkung fremde Vermögensinteressen verletzt und eine im **Zeitpunkt** der Hehlerei noch andauernde rechtswidrige Vermögenslage geschaffen haben (S/S-*Stree/Hecker* Rn 7 mwN). Dies ist regelmäßig der Fall (Testfrage), wenn der Geschädigte die Sache nach §§ 812, 985 BGB herausverlangen kann. Für die rechtswidrige Vermögenslage genügt es, wenn der Vortäter zwar Eigentümer geworden ist, sein Erwerb aber noch anfechtbar ist (NK-*Altenhain* Rn 19; *Fischer* Rn 4; aA *Arzt* NStZ 1981, 10 [11]; zur Vermischung von Geld vgl BGH NJW 1958, 1244 f; *Otto* Jura 1985, 148 [151]). Eine Sache ist daher – trotz unmittelbarer Herkunft aus der Vortat – kein taugliches Hehlereiobjekt mehr, wenn der rechtswidrige Vermögenszustand zB infolge unanfechtbaren oder gutgläubigen Eigentumserwerbs endet (vgl BGHSt 15, 53 [57]; BayObLG JR 1980, 299 m.Anm. *Paeffgen*). Bei gestohlenen Sachen ist dies allerdings wegen § 935 BGB nur selten der Fall. Exemplarisch: A kauft bei Kürschner K günstig einen Nerzmantel, von dem sie weiß, dass ihn K aus gestohlenen (oder gewilderten) Nerzfellen hergestellt hat: Der Mantel ist wegen § 950 BGB kein taugliches Hehlereiobjekt mehr. Hat K den Mantel durch Betrug gegenüber Eigentümer E erlangt, so kommt es darauf an, ob E die Übereignung noch gem. § 123 BGB anfechten kann; ist dies wegen Fristablaufs (§ 124 BGB) nicht mehr möglich, so entfällt eine Strafbarkeit der A aus § 259. Die Veräußerung einer versicherten Sache durch einen Versicherungsnehmer in der Absicht, anschließend einen Versicherungsmissbrauch zu begehen, schafft aber noch keine rechtswidrige Besitzlage (BGH StraFo 2012, 369; vgl auch BGH NStZ-RR 2014, 373 f).

13 d) Durch die rechtswidrige Tat **erlangt** ist eine Sache, wenn sie unmittelbar aus der Vortat stammt und der Täter an ihr eine rechtswidrige Besitzlage begründet hat (nicht gegeben bei Versicherungsmissbrauch als Vortat, BGH NStZ 2005, 447; zust. *Rose* JR 2006, 109). Für die erforderliche Sachherrschaft reichen Mitgewahrsam und mittelbarer Besitz aus (NK-*Altenhain* Rn 18). Da die Sache **durch** die Vortat erlangt sein muss, muss sie schon zuvor existent gewesen und nicht erst durch die Vortat geschaffen worden sein (*Mitsch* 13.2.1.3.6; vgl *Rupp* wistra 1985, 137 ff bzgl Raubkopien; zu Manipulation und Verkauf von Telefonkarten *Hecker* JA 2004, 762 [767 f]).

14 Die sog. **Ersatzhehlerei** ist nicht strafbar (hM, vgl BGHSt 9, 137 [139]; BGH NJW 1969, 1260 f; NK-*Altenhain* Rn 14; *Klesczewski* BT § 10 Rn 61 f). Dies gilt nach hM auch für eingewechseltes Geld (MK-*Maier* Rn 54 f mwN auch zur Gegenauffassung), da sich die Hehlerei nicht auf den entzogenen Vermögenswert, sondern nur auf das Objekt („eine Sache") der Vortat bezieht. § 259 greift jedoch ein, wenn die Ersatzsache selbst in strafbarer Weise – zumeist durch Betrug (§ 263) – erlangt wurde. Exemplarisch: Dieb D verkauft die gestohlene Münzsammlung an Hehler H; die Hälfte des Erlöses schenkt er seiner Freundin F, die um die Herkunft des Geldes weiß: Hier hält nur H die rechtswidrige Vermögenslage aufrecht; für F liegt eine straflose Ersatzhehlerei am Geld vor. Anders verhielte es sich, wenn D an den gutgläubigen Münzsammler S verkauft hätte: Hier wäre der durch Betrug erlangte Erlös taugliches Tatobjekt.

e) Die **Vortat** muss vor Beginn der Hehlerhandlung in dem Sinne **abgeschlossen** 15
sein, dass bereits eine rechtswidrige Vermögenslage geschaffen wurde (BGH
NJW 2012, 3736; *Hohmann/Sander* BT I § 19/23); es reicht aus, wenn bereits
mit dem Versuch der Sachherrschaft erlangt wurde (BGH StV 1996, 81 [82]; W-
Hillenkamp Rn 830). Dieses Erfordernis wird von der hM neben dem Wortlaut
(„gestohlen *hat*") mit dem Argument begründet, dass die Hehlerei als Anschlussdelikt
eine bereits – zumindest für eine logische Sekunde – bestehende rechtswidrige
Besitzlage voraussetze, die durch sie aufrechterhalten werde (NK-*Altenhain*
Rn 15 ff mwN). Von der Gegenauffassung wird die Möglichkeit eines Zusammenfallens
von Vortat und Hehlerei in einem Akt befürwortet (*Küper* Stree/
Wessels-FS 467 [487 ff]; *Otto* BT § 58/8): Die Hehlerei setze nur konditional,
nicht auch temporal eine Vermögensstraftat voraus. Relevant wird die Streitfrage
etwa, wenn der Vortäter einem anderen die Wegnahme einer noch unausgesonderten
Gattungssache gestattet; hier wird die für die Unterschlagung erforderliche
Konkretisierung der Sache (§ 246 Rn 6) erst durch die Aussonderung und Inbesitznahme
durch den Dritten vollzogen, so dass der Vortäter selbst noch keine
rechtswidrige Besitzlage – und zwar noch nicht einmal für eine logische Sekunde
– geschaffen hat, die der Dritte anschließend durch Besitzerwerb perpetuieren
könnte.

2. **Tathandlung:** Der Täter muss die Sache sich oder einem Dritten verschaffen, 16
ankaufen, absetzen oder absetzen helfen; eine Tatbestandsverwirklichung durch
garantenpflichtwidriges Unterlassen ist möglich. Stets ist ein **Zusammenwirken**
bei der Besitzverschiebung zwischen dem Vorbesitzer, der regelmäßig auch der
Vortäter ist, und dem Hehler erforderlich (hM, vgl BGHSt 10, 151 [152]; NK-
Altenhain Rn 25 mwN; aA *Hruschka* JR 1980, 221 f [bzgl des Verschaffens]).
Auf diese Weise wird der deliktsspezifische Zusammenhang zwischen Vortat und
Hehlerei hergestellt. Die Vermutung, der Vorbesitzer sei mit dem Besitzübergang
einverstanden, ersetzt nicht dessen tatsächlich fehlenden Willen und reicht daher
für ein Zusammenwirken nicht aus (BGH NJW 1955, 350 [351]; LK-*Walter*
Rn 37 mwN; aA M-*Schroeder/Maiwald* I § 39/24).

a) **Sich oder einem Dritten** ist die Sache **verschafft**, wenn der Täter im Einver- 17
ständnis mit dem Vorbesitzer für sich oder den (gut- wie bösgläubigen) Dritten
die selbstständige **Verfügungsgewalt** über die Sache tatsächlich begründet hat
(BGH NStZ 1995, 544); **selbstständig** ist die Verfügungsgewalt, wenn sie der Erwerber
wie ein Eigentümer unabhängig vom Vortäter ausüben kann. Das Verschaffen
der Verfügungsgewalt hat Zueignungscharakter (hierzu § 246 Rn 17 ff),
so dass die beiden Varianten denen der **Selbstzueignung** und der **Drittzueignung**
entsprechen (vgl auch *Küper/Zopfs* Rn 461).

aa) An einem **abgeleiteten** (derivativen) **Erwerb** durch Zusammenwirken bei der 18
Besitzverschiebung fehlt es, wenn der Täter das Tatobjekt eigenmächtig wegnimmt.
Ein derivativer Erwerb ist ferner zu verneinen, wenn der Vorbesitzer zu
seiner Verfügung **durch Nötigung** (BGHSt 42, 196 ff; BGH wistra 1984, 22 [23];
Eisele BT II Rn 1151; *Fischer* Rn 13 a) **oder Täuschung** veranlasst wird
(*Hruschka* JZ 1996, 1135 [1136]; *Mitsch* 13.2.1.5.2; S/S-*Stree/Hecker* Rn 37).
Vom Schutzzweck der Hehlerei, einen Schwarzmarkt zu verhindern und dem Täter
die Möglichkeit zu nehmen, bereits die Vortat im Vertrauen auf die spätere
Verwertung zu begehen (vgl Rn 1), wird es nicht erfasst, wenn dem Täter seinerseits
der Sachbesitz deliktisch entzogen wird (anders die Lehre, die den Zweck
der Hehlerei auf die Perpetuierungsfunktion beschränkt, vgl *Roth* JA 1988, 193
[206]; *Waider* GA 1963, 321 [324 f]; diff. NK-*Altenhain* Rn 28; *Arzt/Weber/*

Heinrich/Hilgendorf § 28/12; L-Kühl-*Kühl* Rn 10). Zu beachten ist, dass der Täter in diesem Fall – mangels Schädigung einer rechtlich geschützten Vermögensposition des Vortäters (§ 263 Rn 128 ff) – auch nicht wegen §§ 253 oder 263, sondern nur wegen § 246 (und ggf § 240) zu bestrafen ist.

19 bb) Erforderlich ist des Weiteren ein kollusives Zusammenwirken mit beiderseitigem Unrechtsbewusstsein, so dass der **Erwerb von einem gutgläubigen Vorbesitzer nicht ausreicht** (*Paeffgen* JR 1978, 466 f; *Rengier* I § 22/32; *Rudolphi* JA 1981, 1 [6]; diff. *Arzt/Weber/Heinrich/Hilgendorf* § 28/5; aA *Wilbert*, Begünstigung und Hehlerei, 2007, 148). Exemplarisch: A schenkt dem gutgläubigen B ein gestohlenes Buch, der es an den bösgläubigen C weiterveräußert; C verwirklicht nur eine Unterschlagung, da er in keiner Weise mit dem Vortäter zusammenwirkt. Die Gegenauffassung, die den Zweck der Hehlerei auf das Verhindern der Perpetuierung einer rechtswidrigen Vermögenslage beschränkt (Rn 1) und kein kollusives Zusammenwirken fordert, sieht jedoch auch den Sacherwerb vom gutgläubigen Vorbesitzer als tatbestandsmäßig an und kommt deshalb zu einer Strafbarkeit des C nach § 259 (OLG Düsseldorf JR 1978, 465 [466]; W-*Hillenkamp* Rn 846; S/S-*Stree/Hecker* Rn 37).

20 cc) Den **Kriterien der Zueignung entsprechend** (§ 242 Rn 63 ff) ist für das Verschaffen die Begründung alleinigen oder gemeinsamen (**unmittelbaren**) **Eigenbesitzes** ausreichend, sofern die Sachherrschaft unabhängig vom Vorbesitzer ausgeübt werden kann (BGHSt 27, 45 [46]; 33, 44 [46 f]; 35, 172 [175 f]; BGH NStZ-RR 2005, 236; W-*Hillenkamp* Rn 847, 849 f; *Küper/Zopfs* Rn 463). Dagegen scheidet Hehlerei aus, wenn eine Verfügung über die Sache nur gemeinschaftlich mit dem Vortäter erfolgen kann. Die Erlangung **mittelbaren Eigenbesitzes** genügt (zB bei Erhalt eines Legitimationspapiers oder Pfandscheins, BGHSt 27, 160 [163 ff]); sofern der unmittelbare Besitz (auch) beim Vortäter verbleibt, muss der Täter allerdings völlig unabhängig von diesem über die Sache verfügen können (BGHSt 35, 172 [175 f]; NK-*Altenhain* Rn 32; LK-*Walter* Rn 47).

21 Unzureichend ist dagegen ein – der Gebrauchsanmaßung (vgl § 242 Rn 105 ff) entsprechender – Erwerb zu nur vorübergehender Nutzung als Mieter, Entleiher, Verwahrer (BGH wistra 1993, 146). Auch eine Übernahme der Sache allein zum Zwecke ihrer Vernichtung (vgl § 242 Rn 100 ff) ist kein Verschaffen (BGH NStZ 1995, 544). Abweichend von der Zueignung durch Verbrauch (§ 242 Rn 101) verneint die hM ein Verschaffen bei bloßem Mitverzehr von Lebens- oder Rauschmitteln; im Mitgenuss liege nicht die Erlangung selbstständiger Verfügungsmacht (BGH NStZ 1992, 36; W-*Hillenkamp* Rn 852; *Mitsch* 13.2.1.5; HKGS-*Pflieger* Rn 20; aA S/S-*Stree/Hecker* Rn 22). Anders verhält es sich jedoch, wenn im Verzehr die Wahrnehmung einer zuvor erlangten selbstständigen Verfügungsmacht liegt (vgl BGH StV 1999, 604).

22 b) **Ankaufen** ist ein Unterfall des Verschaffens und muss allen einschlägigen Erfordernissen genügen. Der bloße obligatorische Vertragsschluss ist daher nicht ausreichend (NK-*Altenhain* Rn 46).

23 c) **Absetzen** ist nach hM die entgeltliche wirtschaftliche Verwertung (Verkauf, Tausch usw) durch Übertragung der Verfügungsmacht auf einen Dritten mit Einverständnis des Vorbesitzers durch den **selbstständig** (weisungsunabhängig) **handelnden Täter** (BGH GA 1984, 427; LK-*Walter* Rn 51); der Täter tritt gewissermaßen als „Verkaufskommissionär" auf. Sachgerecht ist es indessen, auch die schenkungsweise Weitergabe der Sache als Absetzen anzusehen, da es bei der Hehlerei nicht um die Verhinderung einer begünstigenden Verwertung, sondern

um die Perpetuierung einer rechtswidrigen Besitzlage geht, zumal die Annahme des Tatobjekts als Geschenk dem Sich-Verschaffen unterfällt (Rn 17; ebenso NK-*Altenhain* Rn 50; diff. S/S-*Stree/Hecker* Rn 28: wenigstens zum Teil entgeltlicher Charakter). Eine Rückübertragung auf den Eigentümer (oder für diesen handelnde Personen, zB Polizeibeamte) ist dagegen mangels Aufrechterhaltung der rechtswidrigen Besitzlage nicht einschlägig (BGHSt 43, 110 [111]; BGH NStZ 1999, 351; NK-*Altenhain* Rn 51 mwN; S/S-*Stree/Hecker* Rn 29; aA *Zöller/Frohn* Jura 1999, 378 [384]).

aa) Während der Täter, der die Sache einem Dritten verschafft (Rn 17), selbstständig für den Dritten tätig wird (vgl BGHSt 2, 355 ff), besorgt er in der Variante des Absetzens ein Geschäft des Vorbesitzers. Die Rolle des Absetzenden entspricht der des Verkäufers (Indiz: Interesse an hohem Verkaufspreis), die des Verschaffenden derjenigen des Käufers (Indiz: Interesse an einem niedrigen Erwerbspreis); Absetzen und Verschaffen verhalten sich also spiegelbildlich zueinander (*Küper/Zopfs* Rn 10). Die Abgrenzung zwischen beiden Tatvarianten richtet sich also nach der Organisation des Geschäfts durch die Beteiligten (vgl BGH NStZ 2014, 577). 24

bb) Umstritten ist, ob für das Absetzen ein **Absatzerfolg** erforderlich ist, der Dritte also eine selbstständige Verfügungsgewalt über das Tatobjekt erlangt haben muss: 25

- Die vorherrschende Lehre bejaht dies mit dem Zweck des (heutigen) Hehlereitatbestands, die Herstellung einer neuen, vom Vortäter unabhängigen Besitzlage zu verhindern (NK-*Altenhain* Rn 48; *Fischer* Rn 18; S/S/W-*Jahn* Rn 22; *Krack* NStZ 1998, 462 f; MK-*Maier* Rn 106 f; *Paeffgen* JR 1996, 346 [347 f]; *Schwabe/Zitzen* JA 2005, 193 ff; LK-*Walter* Rn 56). Dem ist die Rspr nunmehr beigetreten (BGH NJW 2014, 951 f; s. auch BGH NStZ 2013, 584). Für diese Auffassung spricht neben dem Wortlaut – „Absetzen" impliziert ein gelungenes Veräußern (hiergegen *Rosenau* NStZ 1999, 352) –, dass der Vollendungszeitpunkt ansonsten zu früh angesetzt wird. So wird vermieden, dass die für alle Tatvarianten geltende Versuchsstrafbarkeit leer läuft bzw der Versuchsbeginn auf das Vorbereiten späterer Absatztätigkeit vorverlagert wird (vgl BGH NStZ 1994, 395 f). Zudem wird auch eine einheitliche Auslegung der verschiedenen Tatbestandshandlungen erreicht, weil damit wie bei den Varianten des Sich-Verschaffens und des Ankaufens der Übergang der Verfügungsgewalt verlangt wird (vgl zur neuen Rspr *Küper* GA 2015, 129 ff; *Sorge* ZJS 2016, 33 ff). 26

- Nach der früheren Rspr genügte jedoch ein vom Absatzwillen getragenes Tätigwerden (BGHSt 27, 45 [47 ff]; 33, 44 [47 ff]; zust. W-*Hillenkamp* Rn 863 f; krit. mit einem Vorschlag zur Einschränkung *Maiwald* Roxin-FS II 1029 ff). Diese Auffassung knüpfte an den früheren Tatbestand des § 259 an, der mit dem Verbot des „Mitwirkens zum Absatz" die Beteiligung einer auf den Absatzerfolg gerichteten Handlung erfasste, und verfolgte zudem das kriminalpolitische Ziel einer möglichst umfassenden Sanktionierung von Absatzbemühungen (BGHSt 43, 110 f). Einschränkend verlangte die Rspr aber objektiv taugliche Absatzbemühungen und bejahte bei ungeeigneten Maßnahmen – zB Lieferung an einen verdeckten Ermittler (BGHSt 43, 110 f) – nur Versuch. Andererseits sah sie schon in der Erlangung der Verfügungsgewalt durch den Verkaufskommissionär und damit schon vor dem Beginn jeder Verkaufstätigkeit ein vollendetes Absetzen (BGH NJW 1989, 1490). 27

28 d) **Absatzhilfe** ist die unselbstständige Unterstützung (als „Verkaufsgehilfe") des *Vortäters* bei der Beuteverwertung. Es handelt sich bei dieser Tatvariante um eine tatbestandlich verselbstständigte Beihilfe zum tatbestandslosen Absetzen des *Vortäters* (BGH NStZ 1993, 282; 2008, 215 [216]; NK-*Altenhain* Rn 53; ausf. zur Absatzhilfe: *Küper* JZ 2015, 1032 ff). Die hL und wohl auch die Rspr (zumindest der 3. Senat des BGH hat sich der Auffassung angeschlossen [NJW 2014, 951 f; vgl auch BGH NStZ 2013, 584 m.Anm. *Theile* ZJS 2014, 458]; daraus schließt der 2. Senat auf eine Änderung der Rechtsprechung: BGH HRRS 2015, Nr. 1060 Rn 4; hierzu näher *Dehne-Niemann* wistra 2016, 216 ff) verlangen auch bei der Absatzhilfe einen gelungenen Absatz des Vorbesitzers (wie Rn 26); ein Versuch der Absatzhilfe kann dann – entsprechend der Beihilfestruktur dieser Tatvariante – angenommen werden, wenn der Vorbesitzer seinerseits einen Absatzversuch unternommen hat (*Freund/Bergmann* JuS 1991, 221 [224]; *Mitsch* 13.2.1.6.2). Nach der früheren Rspr war demgegenüber auch in dieser Tatvariante keine Hilfe zum gelungenen oder wenigstens versuchten Absetzen erforderlich, sondern es sollte jede auf Förderung der Absatzmöglichkeiten gerichtete (vorbereitende) Tätigkeit genügen (BGHSt 29, 239 [241 f]; BGH NStZ-RR 1999, 208; wistra 2009, 59). Allerdings sollte die bloße Unterstützung bei der Vorbereitung des späteren Absetzens – zB Lagern der Beute bis ein Käufer gefunden ist – mangels Konkretisierung des Geschäfts für eine *vollendete* Absatzhilfe noch nicht ausreichen (BGH NStZ 1994, 395 f; 2008, 152; wistra 2009, 59 [60]; vgl aber auch BGHSt 33, 44 [47]); eine solche Hilfestellung konnte jedoch Versuchscharakter haben (BGH NJW 1989, 1490).

29 Für die Abgrenzung zwischen Täterschaft und Teilnahme gilt: Handelt der Betreffende organisatorisch für den Vortäter, ist er Täter einer Hehlerei iSe Absatzhelfers; handelt er organisatorisch für den Erwerber, leistet er Beihilfe zu dessen Hehlerei in der Variante des Sich-Verschaffens (BGHSt 33, 44 [48]; BGH StV 1984, 285; *Otto* BT § 58/18). Beihilfe zur Hehlerei ist auch die Unterstützung des Absatzhelfers (BGHSt 26, 358 [362]; 33, 44 [48 f]).

30 **3. Subjektive Tatseite: a)** Der subjektive Tatbestand verlangt zunächst (zumindest bedingten) **Vorsatz** hinsichtlich der objektiven Tatbestandsmerkmale. Die Rechtswidrigkeit von Vortat und Besitzlage ist kein Tatbestandsmerkmal; insoweit genügt es, wenn der Täter die Umstände kennt, aus denen sich die Rechtswidrigkeit ergibt (NK-*Altenhain* Rn 61 ff mwN u.a. zur Rspr).

31 **b)** Ferner muss der Täter mit **Bereicherungsabsicht** (finaler Wille) iSd Strebens nach einem Vermögensvorteil handeln (vgl § 263 Rn 224 ff mit den auch hier geltenden Differenzen zwischen wirtschaftlicher und personaler bzw funktionaler Betrachtung). Ein solches fehlt etwa, wenn der Ankauf – nach der Vorstellung des Täters (BGH wistra 2012, 148 [149]; MK-*Maier* Rn 143 f) – nicht vorteilhafter ist als der Erwerb auf dem regulären (oder bei Rauschgift etwa: auf dem schwarzen) Markt; der übliche Geschäftsgewinn ist jedoch ausreichend (BGH bei *Holtz* MDR 1981, 267; NK-*Altenhain* Rn 67). Objekte, die als solche nicht Gegenstand des Wirtschaftsverkehrs sein können, scheiden als Vorteil aus (zu Führerschein bzw Pass BGH bei *Holtz* MDR 1996, 118; BayObLG JR 1980, 299 [300] m.Anm. *Paeffgen*).

32 Im Unterschied zum Betrug muss keine Stoffgleichheit zwischen Schaden und beabsichtigtem Vorteil (vgl § 263 Rn 227 ff) bestehen; ein Streben nach Belohnung reicht aus (BGH bei *Holtz* MDR 1977, 282 f; *Berz* Jura 1980, 57 [67]; aA *Seelmann* JuS 1988, 39 [41 f]). Ferner muss nach hM der erstrebte Vermögensvorteil nicht rechtswidrig sein (NK-*Altenhain* Rn 70; S/S-*Stree/Hecker* Rn 43; aA *Roth*

JA 1988, 258 [259 f]; diff. LK-*Walter* Rn 78), da ein möglicher Anspruch des Hehlers gegen den Vortäter das Perpetuierungsunrecht nicht berühre. Hat der Täter dagegen einen Anspruch auf Überlassung der Sache gegenüber dem durch die Vortat Geschädigten, fehlt es bereits an der für die Hehlerei erforderlichen Aufrechterhaltung einer rechtswidrigen Besitzlage.

Der Täter kann die Bereicherung für sich oder einen (beliebigen) Dritten erstreben. Allerdings kommt der Vortäter, den das Gesetz „anderer" nennt, nach hM nicht als Dritter in Betracht, da diese Konstellation der Vorteilssicherung systematisch vom Tatbestand der Begünstigung (§ 257) erfasst wird (BGH NStZ 1995, 595; NK-*Altenhain* Rn 71; *Hohmann/Sander* BT I § 19/86 jew. mwN; aA S/S-*Stree/Hecker* Rn 44; LK-*Walter* Rn 82 mwN). 33

III. Konkurrenzen

Erwirbt ein Hehler mehrere aus verschiedenen Vortaten stammende Sachen in einem Akt, liegt dennoch nur eine Tat vor (BGH NStZ-RR 2005, 236). Die (regelmäßig) in der Hehlerei liegende Unterschlagung tritt nach hM hinter § 259 zurück (formelle Subsidiarität; NK-*Altenhain* Rn 82). Anstiftung und Beihilfe zur Hehlerei durch den Vortäter werden als mitbestrafte Nachtat der Vortat konsumiert (*Otto* BT § 58/29). Erwirbt der Vortäter die Beute vom Hehler zurück, so steht diese Hehlerei (Rn 6) mit der Vortat in Tatmehrheit; die Gegenauffassung befürwortet, soweit sie nicht schon eine Tatbestandsverwirklichung verneint (W-*Hillenkamp* Rn 880), eine mitbestrafte Nachtat (L-Kühl-*Kühl* Rn 18). Wirkt der Hehler beim Absatz einer Beute mit, die aus mehreren Vortaten stammt, handelt es sich nur um eine Tat (BGH StV 2003, 396 [397]). Ein durch die Weiterveräußerung der Sache an gutgläubige Abnehmer begangener Betrug steht zu § 259 in Tatmehrheit (BGH NStZ 2009, 38 [39]). Zu Fragen der Wahlfeststellung (BGH NJW 1990, 2476 [2477]) und Postpendenz (BGHSt 35, 86 [88 ff]; BGH NStZ 1989, 574) vgl Vor § 52 Rn 50 ff, 64 ff. 34

§ 260 Gewerbsmäßige Hehlerei; Bandenhehlerei

(1) Mit Freiheitsstrafe von sechs Monaten bis zu zehn Jahren wird bestraft, wer die Hehlerei
1. gewerbsmäßig oder
2. als Mitglied einer Bande, die sich zur fortgesetzten Begehung von Raub, Diebstahl oder Hehlerei verbunden hat,

begeht.

(2) Der Versuch ist strafbar.

(3) ¹In den Fällen des Absatzes 1 Nr. 2 sind die §§ 43 a, 73 d anzuwenden. ²§ 73 d ist auch in den Fällen des Absatzes 1 Nr. 1 anzuwenden.

Die Vorschrift normiert einen Qualifikationstatbestand zu § 259 unter der Voraussetzung, dass der Täter iSv Abs. 1 Nr. 1 **gewerbsmäßig** (§ 243 Rn 24 f) oder iSv Abs. 1 Nr. 2 als **Mitglied einer Bande** (vgl § 244 Rn 28 ff), die sich **zur fortgesetzten Begehung** (vgl § 244 Rn 32) von Raub, Diebstahl oder Hehlerei verbunden hat, handelt. Die Bandenhehlerei setzt keinen Einsatz am Tatort voraus (vgl BGH StV 1997, 247 m.Anm. *Miehe*). Ob der Täter als Mitglied in eine Bande 1 einbezogen ist oder nur eine Geschäftsbeziehung zu der Bande unterhält, richtet sich nach Unterscheidungskriterien wie dem Inhalt getroffener Abreden, der Erlösverteilung und der Risikoverteilung (BGH NStZ 2005, 567).

2 Der **Versuch** ist strafbar (Abs. 2). Nach Abs. 3 sind die Vorschriften über den **erweiterten Verfall** (§ 73 d) stets anzuwenden.

§ 260 a Gewerbsmäßige Bandenhehlerei

(1) Mit Freiheitsstrafe von einem Jahr bis zu zehn Jahren wird bestraft, wer die Hehlerei als Mitglied einer Bande, die sich zur fortgesetzten Begehung von Raub, Diebstahl oder Hehlerei verbunden hat, gewerbsmäßig begeht.

(2) In minder schweren Fällen ist die Strafe Freiheitsstrafe von sechs Monaten bis zu fünf Jahren.

(3) Die §§ 43 a, 73 d sind anzuwenden.

1 Die Vorschrift kombiniert – methodisch vergleichbar mit § 244 a – aus den beiden Tatvarianten des § 260 einen Qualifikationstatbestand mit Verbrechenscharakter; den Tatbestand verwirklicht, wer gewerbs- und bandenmäßig handelt (§ 260 Rn 1).

§ 261 Geldwäsche; Verschleierung unrechtmäßig erlangter Vermögenswerte

(1) ¹Wer einen Gegenstand, der aus einer in Satz 2 genannten rechtswidrigen Tat herrührt, verbirgt, dessen Herkunft verschleiert oder die Ermittlung der Herkunft, das Auffinden, den Verfall, die Einziehung oder die Sicherstellung eines solchen Gegenstandes vereitelt oder gefährdet, wird mit Freiheitsstrafe von drei Monaten bis zu fünf Jahren bestraft. ²Rechtswidrige Taten im Sinne des Satzes 1 sind
1. Verbrechen,
2. Vergehen nach
    a) den §§ 108 e, 332 Absatz 1 und 3 sowie § 334, jeweils auch in Verbindung mit § 335 a,
    b) § 29 Abs. 1 Satz 1 Nr. 1 des Betäubungsmittelgesetzes und § 19 Abs. 1 Nr. 1 des Grundstoffüberwachungsgesetzes,
3. Vergehen nach § 373 und nach § 374 Abs. 2 der Abgabenordnung, jeweils auch in Verbindung mit § 12 Abs. 1 des Gesetzes zur Durchführung der Gemeinsamen Marktorganisationen und der Direktzahlungen,
4. Vergehen
    a) nach den §§ 152 a, 181 a, 232 Absatz 1 bis 3 Satz 1 und Absatz 4, § 232 a Absatz 1 und 2, § 232 b Absatz 1 und 2, § 233 Absatz 1 bis 3, § 233 a Absatz 1 und 2, den §§ 242, 246, 253, 259, 263 bis 264, 266, 267, 269, 271, 284, 299, 326 Abs. 1, 2 und 4, § 328 Abs. 1, 2 und 4 sowie § 348,
    b) nach § 96 des Aufenthaltsgesetzes, § 84 des Asylgesetzes, nach § 370 der Abgabenordnung, nach § 38 Absatz 1 bis 4 des Wertpapierhandels-

gesetzes sowie nach den §§ 143, 143 a und 144 des Markengesetzes, den §§ 106 bis 108 b des Urheberrechtsgesetzes, § 25 des Gebrauchsmustergesetzes, den §§ 51 und 65 des Designgesetzes, § 142 des Patentgesetzes, § 10 des Halbleiterschutzgesetzes und § 39 des Sortenschutzgesetzes,
die gewerbsmäßig oder von einem Mitglied einer Bande, die sich zur fortgesetzten Begehung solcher Taten verbunden hat, begangen worden sind, und
5. Vergehen nach den §§ 89 a und 89 c und nach den §§ 129 und 129 a Abs. 3 und 5, jeweils auch in Verbindung mit § 129 b Abs. 1, sowie von einem Mitglied einer kriminellen oder terroristischen Vereinigung (§§ 129, 129 a, jeweils auch in Verbindung mit § 129 b Abs. 1) begangene Vergehen.

³Satz 1 gilt in den Fällen der gewerbsmäßigen oder bandenmäßigen Steuerhinterziehung nach § 370 der Abgabenordnung für die durch die Steuerhinterziehung ersparten Aufwendungen und unrechtmäßig erlangten Steuererstattungen und -vergütungen sowie in den Fällen des Satzes 2 Nr. 3 auch für einen Gegenstand, hinsichtlich dessen Abgaben hinterzogen worden sind.

(2) Ebenso wird bestraft, wer einen in Absatz 1 bezeichneten Gegenstand
1. sich oder einem Dritten verschafft oder[1]
2. verwahrt oder für sich oder einen Dritten verwendet, wenn er die Herkunft des Gegenstandes zu dem Zeitpunkt gekannt hat, zu dem er ihn erlangt hat.

(3) Der Versuch ist strafbar.

(4) ¹In besonders schweren Fällen ist die Strafe Freiheitsstrafe von sechs Monaten bis zu zehn Jahren. ²Ein besonders schwerer Fall liegt in der Regel vor, wenn der Täter gewerbsmäßig oder als Mitglied einer Bande handelt, die sich zur fortgesetzten Begehung einer Geldwäsche verbunden hat.

(5) Wer in den Fällen des Absatzes 1 oder 2 leichtfertig nicht erkennt, daß der Gegenstand aus einer in Absatz 1 genannten rechtswidrigen Tat herrührt, wird mit Freiheitsstrafe bis zu zwei Jahren oder mit Geldstrafe bestraft.

(6) Die Tat ist nicht nach Absatz 2 strafbar, wenn zuvor ein Dritter den Gegenstand erlangt hat, ohne hierdurch eine Straftat zu begehen.

(7) ¹Gegenstände, auf die sich die Straftat bezieht, können eingezogen werden. ²§ 74 a ist anzuwenden. ³§ 73 d ist anzuwenden, wenn der Täter gewerbsmäßig oder als Mitglied einer Bande handelt, die sich zur fortgesetzten Begehung einer Geldwäsche verbunden hat.

(8) Den in den Absätzen 1, 2 und 5 bezeichneten Gegenständen stehen solche gleich, die aus einer im Ausland begangenen Tat der in Absatz 1 bezeichneten Art herrühren, wenn die Tat auch am Tatort mit Strafe bedroht ist.

(9) ¹Nach den Absätzen 1 bis 5 wird nicht bestraft,
1. wer die Tat freiwillig bei der zuständigen Behörde anzeigt oder freiwillig eine solche Anzeige veranlasst, wenn nicht die Tat zu diesem Zeitpunkt bereits ganz oder zum Teil entdeckt war und der Täter dies wusste oder bei verständiger Würdigung der Sachlage damit rechnen musste, und

---

1 § 261 Abs. 2 Nr. 1 ist mit dem GG vereinbar, soweit Strafverteidiger nur dann mit Strafe bedroht werden, wenn sie im Zeitpunkt der Annahme ihres Honorars sichere Kenntnis von dessen Herkunft hatten, BVerfG 30.3.2004 – 2 BvR 1520/01, 2 BvR 1521/01(BGBl. I 715).

2. in den Fällen des Absatzes 1 oder des Absatzes 2 unter den in Nummer 1 genannten Voraussetzungen die Sicherstellung des Gegenstandes bewirkt, auf den sich die Straftat bezieht.

²Nach den Absätzen 1 bis 5 wird außerdem nicht bestraft, wer wegen Beteiligung an der Vortat strafbar ist. ³Eine Straflosigkeit nach Satz 2 ist ausgeschlossen, wenn der Täter oder Teilnehmer einen Gegenstand, der aus einer in Absatz 1 Satz 2 genannten rechtswidrigen Tat herrührt, in den Verkehr bringt und dabei die rechtswidrige Herkunft des Gegenstandes verschleiert.

I. Allgemeines

1 1. Der Tatbestand der Geldwäsche wurde durch das „Gesetz zur Bekämpfung des illegalen Rauschgifthandels und anderer Erscheinungsformen der Organisierten Kriminalität" 1992 in das StGB eingestellt (BGBl. I 1302). Da jedoch die Vorschrift in ihrer ursprünglichen Fassung hinsichtlich ihrer Effizienz zur Bekämpfung der organisierten Kriminalität hinter den Erwartungen zurückblieb (*Oswald* wistra 1997, 328 ff), wurde der Katalog der Vortaten erweitert (zuletzt durch das 48. StrafrechtsänderungsG [vgl BT-Drucks. 18/476, 10], BGBl. 2014 I, 410); zudem wurde die Voraussetzung aufgegeben, dass es um die Tat eines anderen handeln muss (vgl § 261 I S. 1, V; zur Neuregelung: BT-Drucks. 13/8651; *Kreß* wistra 1998, 121 ff; *Meyer/Hetzer* NJW 1998, 1017 [1020 f]; zu den internationalen Rechtsgrundlagen *Ambos* ZStW 114, 236 ff; *Vogel* ZStW 109, 335 ff; krit. zum Tatbestand *Helmers* ZStW 121, 509 ff; S/S/W-*Jahn* Rn 27).

2 2. Die Vorschrift soll die „Aufgabe der inländischen staatlichen Rechtspflege, die Wirkungen von Straftaten zu beseitigen" (BT-Drucks. 12/989, 27), absichern. Die hM sieht neben der **Rechtspflege** auch die durch die **Vortat verletzten Interessen** als **geschützt** an (W-*Hillenkamp* Rn 891; MK-*Neuheuser* Rn 12; aA *Otto* BT § 96/27: nur Rechtspflege; zur Diskussion *Fischer* Rn 3).

Der Gesetzgeber verfolgt mit § 261 zum einen das Ziel der **besseren Aufdeckung** der Strukturen **organisierter Kriminalität**, zum anderen soll der durch Gewinne aus Straftaten geschaffene Anreiz für die Entstehung organisierter Kriminalität beseitigt werden, indem die Abschöpfung der Gewinne sichergestellt wird und Straftäter **in finanzieller Hinsicht** gegenüber der Umwelt **isoliert** werden (vgl ausf. NK-*Altenhain* Rn 7).

II. Vortat und Gegenstand der Geldwäsche

3 1. Die Geldwäsche ist ein **Anschlussdelikt**, das die Begehung einer Vortat voraussetzt. Im **Gutachten** ist daher zunächst festzustellen, dass eine der im abschließenden Katalog des § 261 I S. 2 Nr. 1-5 genannten Vortaten verwirklicht wurde: Das betreffende Delikt muss tatbestandsmäßig und rechtswidrig begangen worden sein; die Schuld hingegen braucht nicht nachgewiesen zu werden. Liegt eine Beteiligung an der Katalogtat vor, müssen die Voraussetzungen der tauglichen Vortat (insbesondere die Gewerbsmäßigkeit bei Taten iSv Abs. 1 Nr. 4; BGH NJW 2008, 2516 f) beim Haupttäter vorliegen. Dass jedenfalls ein Beteiligter gewerbsmäßig gehandelt hat, ist nicht ausreichend (BGH NJW 2008, 2516 f m. zust. Anm. *Ransiek* JR 2008, 480).

Hinsichtlich der Anknüpfung des Abs. 1 S. 2 Nr. 5 an Organisationsdelikte ist umstritten, ob der Vortäter gerade in seiner Eigenschaft als Mitglied einer kriminellen Vereinigung gehandelt haben muss, so dass den inkriminierten Gegenständen nur die Beutestücke aus der Tätigkeit der kriminellen Vereinigung unterfielen (so *Lampe* JZ 1994, 123 [127]; *Zöller* Roxin-FS II 1033 [1036]). Überzeugender ist jedoch die Gegenauffassung, die keinen konkreten Organisationsbezug der Handlung eines Mitglieds als Vortat verlangt, da Abs. 1 S. 2 Nr. 5 im Gegensatz zu Abs. 4 S. 2 gerade kein Handeln als Mitglied fordert (SK-*Hoyer* Rn 7 b; S/S-*Stree/Hecker* Rn 5).

Es muss sich **nicht** um die Tat **eines anderen** handeln, so dass sowohl **Teilnehmer** als auch **Mittäter** der Vortat **Täter** des § 261 sein können. Allerdings ist nach **Abs. 9 S. 2** derjenige grds. nicht wegen Geldwäsche zu bestrafen, dessen Strafbarkeit wegen Beteiligung an der Vortat feststeht (Gedanke der mitbestraften Nachtat). Durch das Gesetz zur Bekämpfung der Korruption (BGBl. I 2015, 2025) vom 20.11.2015 wurde aber Abs. 9 S. 3 eingeführt, wonach eine Straflosigkeit nach Abs. 9 S. 2 ausgeschlossen ist, wenn der an der Vortat Beteiligte einen Gegenstand, der aus einer rechtswidrigen Katalogtat herrührt, in den Verkehr bringt und dabei die rechtswidrige Herkunft des Gegenstands verschleiert, also die Ermittlung der Herkunft für die Strafverfolgungsbehörden durch irreführendes Verhalten erschwert (zu dieser Begrenzung der Straflosigkeit der Selbstgeldwäsche s. BT-Drucks. 18/6389, 13 f; *Dann* NJW 2016, 203 [206]; *Neuheuser* NZWiSt 2016, 265 ff). Die Teilnahme an einer für den Vortäter gem. Abs. 9 S. 2 straflosen Geldwäsche durch einen an der Vortat Unbeteiligten bleibt ebenfalls strafbar. 4

2. Gegenstand der Geldwäsche können sowohl Sachen als auch Rechte sein, zB Bargeld, Buchgeld, Wertpapiere, Edelsteine, Geschäftsanteile, Patentrechte (*Cebulla* wistra 1999, 281 ff; W-*Hillenkamp* Rn 892). Durch **Abs. 8** werden unter den dort genannten Bedingungen auch Gegenstände einer im Ausland begangenen Straftat erfasst. 5

Der Gegenstand der Geldwäsche muss aus der Vortat **herrühren:** 6

a) Ein Herrühren verlangt nicht, dass die Tatobjekte unmittelbar aus der Vortat stammen, sondern es genügt eine **Kette von Verwertungshandlungen**, bei welcher der ursprüngliche Gegenstand unter Beibehaltung seines Wertes durch einen anderen ersetzt wird (BGH wistra 2001, 379 [383]; OLG Karlsruhe NJW 2005, 767; *Kraatz* Jura 2015, 699 [703]; LK-*Schmidt/Krause* Rn 11; zu den Schwierigkeiten der Konkretisierung des Surrogats *Fischer* Rn 8), also wenn sich der Gegenstand bei wirtschaftlicher Betrachtungsweise im Sinne eines Kausalzusammenhangs auf die Vortat zurückführen lässt (BGHSt 53, 205 [208 f] zu Bestechungsgeldern; BGH NStZ-RR 2010, 109 [111]; S/S-*Stree* Rn 9). 7

b) **Nicht** mehr vom Begriff des **Herrührens** sollen aber Gegenstände erfasst sein, deren Wert im Wege der Weiterverarbeitung wesentlich auf eine selbstständige Leistung Dritter zurückzuführen ist (BT-Drucks. 12/989, 27), also zB aus der Arbeitsleistung von Mitarbeitern hervorgehende Produkte einer Spielwarenfabrik, die mit geraubtem Geld gekauft wurde. 8

c) Ungeklärt sind Fälle, in denen ein Gegenstand **nur zum Teil mit Vortatmitteln finanziert** wird. Exemplarisch: A zahlt für einen Pkw 10.000 Euro, von denen 1.000 Euro aus einem Raubüberfall stammen. Grds rührt auch hier der Pkw noch aus der Katalogtat her, auch wenn nur ein Teil seines Wertes (hier 10%) durch bemakeltes Geld beglichen wurde; der gesamte Pkw wurde durch den Anteil des „schmutzigen Geldes" gleichsam „vergiftet". Um jedoch eine uferlose Ausdehnung des Begriffs des Herrührens zu vermeiden, wird hierfür verlangt, dass das bemakelte Geld einen „nicht unerheblichen Anteil" an der erworbenen Sache ausmacht (OLG Karlsruhe NJW 2005, 767; *Kraatz* Jura 2015, 699 [703]; 9

vgl auch BGH NStZ 2015, 703 f m. krit. Anm. *Krug* NZWiSt 2016, 159 f) oder dass eine „weit überwiegende" illegale Finanzierung notwendig war (näher *Fischer* Rn 8; S/S/W-*Jahn* Rn 31; S/S-*Stree/Hecker* Rn 10 f). Auch wird über Mindestanteile diskutiert (*Barton* NStZ 1993, 159 [163]) oder der Begriffsbestimmung eine wirtschaftliche Betrachtungsweise zugrunde gelegt (W-*Hillenkamp* Rn 894; *Otto* BT § 96/31; *Petropoulos* wistra 2007, 241 [245 f] stellt auf einen „Teilgegenstand" ab).

III. Tathandlungen

10 **1. Abs. 1** nennt als Tathandlungen das Verbergen, das Verschleiern der Herkunft sowie das Vereiteln oder Gefährden der Herkunftsermittlung, des Auffindens, des Verfalls, der Einziehung und der Sicherstellung des Tatobjekts (zur Strafbarkeit eines „Finanzagenten" nach Phishing vgl NK-*Altenhain* Rn 130 b). Hierbei ist für das Vereiteln ein Erfolg, für das Gefährden eine konkrete Gefährdung zu verlangen (*Fischer* Rn 22). Eine solche liegt vor, wenn die konkrete Gefahr des Scheiterns der Ermittlungen herbeigeführt bzw der tatsächliche Zugriff auf den Gegenstand konkret erschwert wird (OLG Hamm wistra 2004, 73 [74]). Zahlt etwa ein Verteidiger einen Kautionsbetrag mit „bemakeltem" Geld, das er von seinem Mandanten erhalten hat, im eigenen Namen bei der Gerichtskasse ein, vereitelt er so die Sicherstellung des Betrages (OLG Frankfurt NJW 2005, 1727 [1733]).

11 Fraglich ist, ob eine Tatbestandseinschränkung für den Fall notwendig ist, in dem der Gegenstand der Geldwäsche von einem **verdeckten Ermittler** entgegengenommen wird. Nach hM ist hier eine Restriktion des Tatbestandes im Wege einer teleologischen Auslegung unumgänglich, da es an einer konkreten Gefährdung fehlt und der Schutzzweck des § 261 nicht tangiert ist (vgl nur W-*Hillenkamp* Rn 899). Folglich gelangt die Tat dann nur ins Versuchsstadium (BGH NJW 1999, 436 [437]).

12 **2. Abs. 2 Nr. 1** verwirklicht, wer das Tatobjekt sich oder einem Dritten verschafft. Diese Tathandlungen sind wie die entsprechenden Tatvarianten in § 259 (dort Rn 17 ff) zu verstehen; überwiegend wird jedoch bei § 261 auf das Erfordernis eines einverständlichen Erwerbs verzichtet (BGHSt 55, 36 [48] m. abl. Anm. *Rübenstahl/Stapelberg* NJW 2010, 3692 und *Putzke* StV 2011, 176 [179]; *Otto* BT § 96/34; *Spiske*, Pecunia olet?, 1998, 133; aA W-*Hillenkamp* Rn 898). Damit soll es sich auch dann um ein tatbestandsmäßiges Sich-Verschaffen handeln, wenn der Besitzer infolge Täuschung oder Nötigung in die Übertragung der Verfügungsgewalt einwilligt. Demgegenüber ist der Raub eines aus einer Straftat stammenden Gegenstandes nicht iSd § 261 tatbestandsmäßig, da es hier an dem inneren Zusammenhang mit der Ächtung des Tatobjekts und dem Isolierungszweck des § 261 fehlt (BGH NStZ 2010, 222 [223]). In der Einzahlung eines Kautionsbetrages durch den Verteidiger auf seinen Namen liegt ein Verschaffen, weil sich der Verteidiger als Hinterleger und damit als Berechtigter ausgibt (OLG Frankfurt NJW 2005, 1727 [1733]).

13 **3.** Tathandlungen nach **Abs. 2 Nr. 2** sind das Verwahren oder Verwenden des Tatobjekts für sich oder einen Dritten. Mit diesen Tatvarianten sollen neben dem Verwahren von Sachen vor allem Geldgeschäfte erfasst werden (BT-Drucks. 12/989, 27); als „Verwenden" kann in einem umfassenden Sinn jede wirtschaftliche Nutzung des Gegenstands durch Gebrauch oder Verfügung angesehen wer-

den (*Otto* BT § 96/35). „Verwahren" setzt zumindest eine Übernahmehandlung voraus (BGH NStZ 2012, 321 [322]).

IV. Einschränkungen des Anwendungsbereichs

1. Der Anwendungsbereich von Abs. 2 wird durch Abs. 6 zum Schutz des allgemeinen Rechtsverkehrs dadurch **eingeschränkt**, dass ein Dritter das Tatobjekt nicht zuvor gutgläubig erworben haben darf (BT-Drucks. 12/989, 28; BGH wistra 2001, 379 [383]). Auf diese Weise sollen unangemessen lange Ketten von Straftaten vor allem im Bereich von Umsatzgeschäften vermieden werden.   14

a) Unstreitig wird die Kette möglicher Tathandlungen nach Abs. 2 unterbrochen, wenn ein Dritter das Tatobjekt erwirbt, ohne hierdurch gegen § 261 zu verstoßen. Auf die zivilrechtliche Wirksamkeit des Erwerbs kommt es nicht an. Ein Nachfolger macht sich auch dann nicht nach Abs. 2 strafbar, wenn er bösgläubig ist.   15

b) Weitergehend wird die Auffassung vertreten, dass ein einmal gutgläubig erworbener Gegenstand seinen „schmutzigen Charakter" verloren habe und deshalb auch Abs. 1 auf diese Gegenstände nicht mehr angewandt werden solle, um Spannungen zu Abs. 2 zu vermeiden (W-*Hillenkamp* Rn 901; *Rengier* I § 23/17; vgl auch *Maiwald* Hirsch-FS 631 [642 ff]). Diese Auffassung widerspricht jedoch gleichermaßen der legislatorischen Zwecksetzung (BT-Drucks. 12/989, 28) wie dem Wortlaut des Abs. 6, der sich ausdrücklich nur auf Abs. 2 bezieht. Dass ein Tatobjekt durch einen Dritten straflos erlangt wurde, ändert nichts daran, dass es aus einer rechtswidrigen Tat herrührt und damit dem Anwendungsbereich von Abs. 1 unterfällt. Infolgedessen macht sich nach Abs. 1 strafbar, wer ein Tatobjekt verbirgt oder dessen Herkunft verschleiert, mag es auch vorübergehend von einem Dritten gutgläubig in Besitz genommen worden sein (BGH wistra 2001, 379 [383]; OLG Karlsruhe NJW 2005, 767; *Fischer* Rn 28; ausf. zu den Tatobjekten *Voß*, Die Tatobjekte der Geldwäsche, 2007).   16

2. Im Wege teleologischer Reduktion ist der Tatbestand dahin gehend einzuschränken, dass ihm sozialadäquate Geschäfte zur Befriedigung des **notwendigen Lebensbedarfs** – wie das Bezahlen von Lebensmitteln oder ärztlicher Behandlung – nicht unterfallen. Dementsprechend macht sich auch nicht strafbar, wer in diesen engen Grenzen bemakeltes Geld annimmt (näher *Amelung/Cirener/Grüner* JuS 1995, 48 [52]; *Barton* StV 1993, 156 ff; *Löwe-Krahl* wistra 1993, 123 [125 f]; aA *Kraatz* Jura 2015, 699 [707]; MK-*Neuheuser* Rn 75 f). Vorgeschlagen wird ferner, solche Erwerbsvorgänge aus dem Tatbestand auszuscheiden, die in anderen Vorschriften mit Strafe bedroht sind.   17

3. Eine besonders intensive Diskussion wird über die Frage geführt, ob sich ein **Strafverteidiger** durch die Annahme bemakelten **Honorars** wegen Geldwäsche strafbar machen kann (zum Insolvenzverwalter vgl NK-*Altenhain* Rn 130 a). Entgegen zahlreicher Stimmen in der Literatur hatte der BGH (BGHSt 47, 68 ff) diese Frage ohne Einschränkungen bejaht: Der Strafverteidiger sei wie jeder andere am Wirtschaftsleben Teilnehmende tauglicher Täter einer Geldwäsche (so auch die bislang wohl hL: vgl nur NK-*Altenhain* Rn 124 ff; *Fischer* Rn 32, 34; MK-*Neuheuser*, 1. Aufl. 2003, Rn 74 f).   18

Dieser Auffassung ist das **BVerfG** mehrfach mit Recht entgegengetreten (NJW 2005, 1707; BVerfGE 110, 226 ff m.Anm. *Barton* JuS 2004, 1033; *Müssig* wistra 2005, 201; m. abl. Anm. *Fischer* NStZ 2004, 473; *Ranft* Jura 2004, 759;   19

BVerfG NZWiSt 2015, 469 ff m.Anm. *Raschke*). Das Gericht stellt zwar zunächst fest, dass die Honorierung von Strafverteidigern nicht von Verfassungs wegen vom Tatbestand der Geldwäsche auszunehmen ist und erteilt damit der Literaturansicht, welche eine Straflosigkeit des Strafverteidigers mit dem Gedanken der Sozialadäquanz begründen will (so *Kulisch* StraFo 1999, 337 [338]; *Salditt* StraFo 1992, 121 [122]), eine Absage. Die Strafvorschrift greife aber sehr wohl in die **Berufsausübungsfreiheit** des Strafverteidigers ein und verstoße im Falle ihrer uneingeschränkten Anwendung gegen das Übermaßverbot, da sie ein überdurchschnittlich hohes Strafbarkeitsrisiko schaffe und die Grundlage für mögliche Interessenkonflikte zwischen Verteidiger und Mandanten sei (BVerfGE 110, 226 [254 f]; aA BGHSt 47, 69 [72 ff]). Auch sei § 261 geeignet, das Vertrauensverhältnis zwischen Anwalt und Mandanten zu gefährden (BVerfGE 110, 226 [259]). Dem Verteidiger könne nicht ohne Weiteres zugemutet werden, der Gefahr einer Bestrafung durch Niederlegung des Wahlmandats und Pflichtverteidigerbeiordnung zu begegnen. Zudem dürfe derjenige Mandant, der vermutlich nur über bemakeltes Geld verfüge, vor seiner rechtskräftigen Verurteilung nicht einfach dem mittellosen Beschuldigten gleichgestellt werden, der infolge seiner Mittellosigkeit auf einen Pflichtverteidiger angewiesen sei (BVerfGE 110, 226 [261]; aA BGHSt 47, 69 [75]). Bei der **Abwägung** der erwartbaren Vorteile der Einbeziehung von Strafverteidigern in den Täterkreis des § 261 für die wirkungsvolle Bekämpfung der organisierten Kriminalität einerseits gegen die Schwere des hierdurch bewirkten Eingriffs in die Berufsausübungsfreiheit der Strafverteidiger, die Gefährdung des verfassungsrechtlich verbürgten Instituts der Wahlverteidigung sowie des Rechts des Beschuldigten auf wirksamen Beistand eines Verteidigers andererseits, kommt das BVerfG zu einer **verfassungskonform einengenden Auslegung** des § 261 II Nr. 1 (zur Notwendigkeit verfassungskonformer Auslegung des § 261 I s. BVerfG NZWiSt 2015, 469 ff m.Anm. *Raschke*):

20 Die Strafbarkeit von Strafverteidigern wird auf die Fälle beschränkt, in denen der Verteidiger **sichere Kenntnis** von der bemakelten Herkunft des Honorars hat. Indikatoren dafür können in der außergewöhnlichen Höhe des Honorars oder in der Art und Weise der Erfüllung der Honorarforderung gefunden werden (BVerfGE 110, 226 [267]). Bedingt vorsätzliches Handeln des Strafverteidigers reicht mithin für eine Strafbarkeit nicht aus (krit. *Fischer* NStZ 2004, 473 [474 f]; *v. Galen* NJW 2004, 3304 [3306]). Hiermit steht auch fest, dass **§ 261 V**, der in subjektiver Hinsicht Leichtfertigkeit genügen lässt, auf die Honorarannahme durch Strafverteidiger **keine Anwendung** finden kann (BVerfGE 110, 226 [270]; *Fertig*, Grenzen einer Inkriminierung des Wahlverteidigers wegen Geldwäsche, 2007, 217 mwN). Der Anknüpfungspunkt der Unterscheidung zwischen bedingtem und direktem Vorsatz liegt insoweit nahe, als bei verteidigerspezifischem Handeln gerade das subjektive Element darüber entscheiden soll, ob es sich um ein mit der Stellung als Organ der Rechtspflege noch vereinbares Verhalten handelt. Das BVerfG betont auch, dass die Fachgerichte ausreichend hohe Anforderungen an den Beweis der Wissentlichkeit stellen müssten. Denn nur so werde der Berufsausübungsfreiheit des Verteidigers hinreichend Rechnung getragen (BVerfGE 110, 226 [270]; insoweit zust. *Schrader*, Die Strafbarkeit des Verteidigers wegen Geldwäsche, 2007, 263 ff). Durch diese vermittelnde Lösung dürfte das BVerfG der in der Literatur beschworenen Gefahr, durch die Anerkennung eines „Wahlverteidigerprivilegs" könnten Strafverteidiger als „legale Geldwäschestationen" benutzt werden und so zur Förderung der organisierten Kriminalität beitragen (so *Burger/Peglau* wistra 2000, 161 ff; *Grüner/Wasserburg* GA 2000, 430 ff; *Schaefer/Wittig* NJW 2000, 1387 [1388]), in ausreichendem Maße

entgegengewirkt haben. Gleichzeitig wird das Risiko des Verteidigers durch das Abstellen auf seinen Kenntnisstand zum Zeitpunkt der Honorarannahme beherrschbar. Zu Nachforschungen über die legalen oder illegalen Einnahmequellen des Mandanten ist er im Übrigen nicht verpflichtet (BVerfGE 110, 226 [257]).

4. Der überwiegend befürwortete Verzicht auf einen einverständlichen Erwerb für das Tatbestandsmerkmal des Sich-Verschaffens (vgl Rn 12) führt in Fällen der Tätigkeit eines **Rechtsanwaltes**, der für einen Mandanten eine (nicht bemakelte) Forderung eintreibt und hierbei **in Kauf nimmt, auf inkriminiertes Vermögen des Schuldners zuzugreifen** (wenn es sich bspw um eine Ersatzforderung wegen eines Anlagebetrugs mit einer Vielzahl von Geschädigten handelt), zu bedenklichen Strafbarkeitsrisiken. Angesichts der Berufsausübungsfreiheit ist eine restriktive Anwendung des Abs. 2 mit Blick auf den Erwägungsgrund Nr. 17 der sog. 2. Geldwäscherichtlinie (Richtlinie 2001/97/EG des Europäischen Parlaments und des Rates vom 4. Dezember 2001 zur Änderung der Richtlinie 91/308/EWG des Rates zur Verhinderung der Nutzung des Finanzsystems zum Zwecke der Geldwäsche) angebracht (per obiter dictum: BGHSt 55, 36 [53 ff] m. zust. Anm. *Rübenstahl/Stapelberg* NJW 2010, 3692 [3694]). Eine Strafbarkeit des Rechtsanwalts soll hiernach nur dann in Frage kommen, wenn der Rechtsanwalt an den Geldwäschevorgängen beteiligt ist, die Rechtsberatung zum Zwecke der Geldwäsche erteilt wird oder der Rechtsanwalt weiß, dass der Mandant die Rechtsberatung für Zwecke der Geldwäsche in Anspruch nimmt. 21

V. Subjektiver Tatbestand

1. Der **subjektive Tatbestand** erfordert grds. in allen Tatvarianten (zumindest bedingten) **Vorsatz** (anders nur für Tathandlungen des Strafverteidigers, s. Rn 20). Allerdings genügt es für den Vorsatz nicht, dass der Täter lediglich die legale Herkunft des Tatgegenstandes ausschließt. Der Vorsatz muss sich vielmehr auf eine Katalogtat des Geldwäschetatbestandes als Vortat beziehen (BGHSt 43, 158 [165]; BGH StraFo 2003, 179; ausf. zu Irrtumskonstellationen im Rahmen der Geldwäsche NK-*Altenhain* Rn 132 f). 22

In den Fällen von **Abs. 1** reicht es nach dem Gesetzeswortlaut aus, wenn der Täter beim Erwerb des Tatobjekts noch gutgläubig war und die Tathandlung erst vollzieht, nachdem er von der Herkunft der Sache erfahren hat. Eine subjektive Beschränkung findet sich hingegen in **Abs. 2 Nr. 2**: Hier genügt eine dolose Verwahrung oder Verwendung des Tatobjekts nach zunächst gutgläubigem Erhalten nicht. 23

2. Nach **Abs. 5** genügt es für alle Tatvarianten iSv Abs. 1 und 2, wenn der Täter **leichtfertig** (§ 15 Rn 93 f) verkennt, dass der Gegenstand aus einer einschlägigen Vortat stammt (nach *Bottke* wistra 1995, 121 [123] soll dies nicht für Abs. 2 Nr. 2 gelten). Ansonsten bleibt das Vorsatzerfordernis bestehen (die Verfassungsgemäßheit des Abs. 5 verneinend *Bülte* JZ 2014, 603 [606 ff]). 24

VI. Der **Versuch** der Geldwäsche ist gem. Abs. 3 strafbar. 25

VII. Abs. 4 sieht in der Technik der **Regelbeispiele** Strafverschärfungen für den Fall vor, dass der Täter gewerbsmäßig (§ 243 Rn 24 f) oder als Mitglied einer sich zur fortgesetzten Geldwäsche zusammengeschlossenen Bande (vgl § 244 Rn 28 ff) handelt. Mitglied einer solchen Bande kann auch sein, wer an der Vortat einer Geldwäsche beteiligt war und deshalb gem. § 261 IX S. 2 wegen Geld- 26 wäsche selbst nicht strafbar ist (BGHSt 50, 224 [230]; abl. *Krack* JR 2006, 435 ff).

27 VIII. In **Abs. 9** sind Voraussetzungen genannt, unter denen ein Beteiligter in Anlehnung an die allgemeinen Rücktrittsregeln (§ 24) durch tätige Reue oder Mithilfe bei der Aufdeckung bestimmter Straftaten Strafmilderung oder Straffreiheit erlangen kann (näher LK-*Schmidt/Krause* Rn 48 ff; S/S-*Stree/Hecker* Rn 33 f).

28 IX. **Verhältnis zur Hehlerei** (§ 259): § 261 hat die Funktion, **Strafbarkeitslücken** zu schließen, die bei der Anwendung der §§ 257 ff entstehen (W-*Hillenkamp* Rn 891). Anders als die Hehlerei bezieht sich die Geldwäsche nicht nur auf Sachen, sondern auch auf Rechte und erfasst zudem Ersatzgegenstände. Subjektiv setzt die Geldwäsche im Gegensatz zur Hehlerei keine Bereicherungsabsicht voraus. Gleichwohl können §§ 259 und 261 zugleich verwirklicht werden, etwa wenn der Täter sich mit Bereicherungsabsicht eine Sache verschafft, die ein anderer geraubt hat (vgl § 261 I S. 2 Nr. 1, II Nr. 1). Da sie unterschiedliche Rechtsgüter schützen, sind in einer solchen Konstellation **Hehlerei und Geldwäsche** tateinheitlich (§ 52) verwirklicht (BGHSt 50, 347 [353 ff]; *Mitsch* 13.1.2.2.2). Ist der Tatbestand der gewerbsmäßigen Hehlerei verwirklicht, tritt die Geldwäsche dahinter zurück, da die gewerbsmäßige Hehlerei bereits eine Katalogtat nach § 261 I S. 2 darstellt, so dass kein Bedürfnis besteht, diese Handlung noch einem zweiten Tatbestand unterfallen zu lassen (BGHSt 50, 347 [358]; HKGS-*Hartmann* Rn 38; aA *Schramm* wistra 2008, 245 [249]; *Stam* wistra 2016, 143 [144, 146]).

§ 262 Führungsaufsicht

In den Fällen der §§ 259 bis 261 kann das Gericht Führungsaufsicht anordnen (§ 68 Abs. 1).

Zweiundzwanzigster Abschnitt Betrug und Untreue

§ 263 Betrug

(1) Wer in der Absicht, sich oder einem Dritten einen rechtswidrigen Vermögensvorteil zu verschaffen, das Vermögen eines anderen dadurch beschädigt, daß er durch Vorspiegelung falscher oder durch Entstellung oder Unterdrückung wahrer Tatsachen einen Irrtum erregt oder unterhält, wird mit Freiheitsstrafe bis zu fünf Jahren oder mit Geldstrafe bestraft.

(2) Der Versuch ist strafbar.

(3) ¹In besonders schweren Fällen ist die Strafe Freiheitsstrafe von sechs Monaten bis zu zehn Jahren. ²Ein besonders schwerer Fall liegt in der Regel vor, wenn der Täter
1. gewerbsmäßig oder als Mitglied einer Bande handelt, die sich zur fortgesetzten Begehung von Urkundenfälschung oder Betrug verbunden hat,
2. einen Vermögensverlust großen Ausmaßes herbeiführt oder in der Absicht handelt, durch die fortgesetzte Begehung von Betrug eine große Zahl von Menschen in die Gefahr des Verlustes von Vermögenswerten zu bringen,
3. eine andere Person in wirtschaftliche Not bringt,

4. seine Befugnisse oder seine Stellung als Amtsträger oder Europäischer Amtsträger mißbraucht oder
5. einen Versicherungsfall vortäuscht, nachdem er oder ein anderer zu diesem Zweck eine Sache von bedeutendem Wert in Brand gesetzt oder durch eine Brandlegung ganz oder teilweise zerstört oder ein Schiff zum Sinken oder Stranden gebracht hat.

(4) § 243 Abs. 2 sowie die §§ 247 und 248 a gelten entsprechend.

(5) Mit Freiheitsstrafe von einem Jahr bis zu zehn Jahren, in minder schweren Fällen mit Freiheitsstrafe von sechs Monaten bis zu fünf Jahren wird bestraft, wer den Betrug als Mitglied einer Bande, die sich zur fortgesetzten Begehung von Straftaten nach den §§ 263 bis 264 oder 267 bis 269 verbunden hat, gewerbsmäßig begeht.

(6) Das Gericht kann Führungsaufsicht anordnen (§ 68 Abs. 1).

(7) ¹Die §§ 43 a und 73 d sind anzuwenden, wenn der Täter als Mitglied einer Bande handelt, die sich zur fortgesetzten Begehung von Straftaten nach den §§ 263 bis 264 oder 267 bis 269 verbunden hat. ²§ 73 d ist auch dann anzuwenden, wenn der Täter gewerbsmäßig handelt.

A. Der Betrugstatbestand im Überblick

I. Systematik

Der Grundtatbestand des Betrugs wird in Abs. 1 formuliert; er ist Vergehen (§ 12 II). Der Versuch ist strafbar (Abs. 2). In Abs. 3 werden in Form der Regelbeispieltechnik fünf als besonders schwere Fälle eingestufte Begehungsweisen genannt (Rn 240 ff). Nach Abs. 4 sind die §§ 243 II, 247 und 248 a entsprechend anwendbar (Rn 250 f). Als abschließender Qualifikationstatbestand ist in Abs. 5 die gewerbs- und bandenmäßige Tatbegehung ausgestaltet (Rn 252). In allen Fällen des Betrugs kann das Gericht nach Abs. 6 Führungsaufsicht anordnen (§ 68 I). Für bestimmte Konstellationen sieht Abs. 7 die erleichterte Anordnung des Verfalls nach § 73 d vor. 1

II. Objektiver Tatbestand

Für den objektiven Betrugstatbestand sind **vier Tatbestandsmerkmale** konstitutiv: Der Erfolg ist eine **Vermögensschädigung**, die aus einer **Vermögensverfügung** resultiert, die ihrerseits auf einem **Irrtum** beruht, für den der Täter aufgrund einer **Täuschung** zuständig ist. 2

1. Täuschung über Tatsachen: a) Mit dem Merkmal der **Täuschung** werden die Tatbestandsmerkmale „durch Vorspiegelung falscher oder durch Entstellung oder Unterdrückung wahrer Tatsachen" abgekürzt umschrieben (Rn 45 ff). Unter einer Täuschung ist die Irreführung durch eine ausdrückliche oder konkludente Fehlinformation oder das pflichtwidrige Unterlassen der Aufklärung durch eine zutreffende Information über Tatsachen zu verstehen: 3

- Eine **ausdrückliche** Täuschung ist eine Fehlinformation, die sich unmittelbar aus dem verbal, gestisch oder schriftlich geäußerten Inhalt einer Erklärung ergibt (Rn 63 ff, 67). 4

5 ▪ Eine **konkludente** Täuschung ist eine Fehlinformation, die mittelbar aus dem ausdrücklich geäußerten Inhalt einer Tatsachenbehauptung erschlossen werden kann (Rn 68 ff).

6 ▪ Eine Täuschung durch **Unterlassen** setzt die Garantenpflicht voraus, über bestimmte Tatsachen, die als Entscheidungsgrundlage einer Vermögensverfügung in Betracht kommen, aufzuklären (Rn 87 ff).

7 b) **Tatsachen** sind nach hM alle vergangenen oder gegenwärtigen Sachverhalte (Geschehnisse, Zustände) einschließlich solche der menschlichen Psyche, die objektiv bestimmt und dem Beweis zugänglich sind (Rn 52 ff).

8 2. **Irrtum: a)** Ein tatbestandsmäßiger **Irrtum** ist nach hM eine der Wirklichkeit widerstreitende Tatsachenvorstellung (positive Fehlvorstellung); eine unreflektierte Vorstellung in Form eines sachgedanklichen Mitbewusstseins („alles in Ordnung") soll ausreichen (Rn 98 ff). Abweichend ist nach verbreiteter Lehre jede mangelnde Kenntnis einer bestimmten Tatsache als Irrtum anzusehen (Rn 98 ff), also auch reines Unwissen (ignorantia facti). Zweifel an der Richtigkeit der Tatsachenbehauptung stehen einem Irrtum nicht entgegen (Rn 103 f).

9 b) Ein Irrtum wird **erregt**, wenn er durch Einflussnahme auf den Getäuschten (mit)bewirkt wird (Rn 106); er wird **unterhalten**, wenn die Unkenntnis hinsichtlich einer Tatsache – zB durch Zerstreuen von Zweifeln – aktiv aufrechterhalten oder durch (pflichtwidriges) Unterlassen der Aufklärung nicht beseitigt wird (Rn 107). Das bloße **Ausnutzen** eines bereits bestehenden Irrtums ist nicht tatbestandsmäßig.

10 3. **Vermögensverfügung:** Irrtum und Vermögensschaden werden durch das (ungeschriebene) Tatbestandsmerkmal der Vermögensverfügung verbunden: Unter einer Vermögensverfügung ist jedes **unmittelbar zu einer Vermögensminderung führende Verhalten** (Tun oder Unterlassen) zu verstehen.

11 a) Als **Vermögensminderung** ist jede Einbuße eines zum Vermögen zählenden Gegenstands anzusehen (Rn 111 ff). Zu **Inhalt und Umfang des Vermögens** (Rn 116 ff) werden unterschiedliche Lehren vertreten:

12 ▪ Nach dem (überholten) **juristischen Vermögensbegriff** ist das Vermögen die Gesamtheit der einer Person zustehenden (subjektiven) Vermögensrechte (Rn 117 f).

13 ▪ Der überwiegend von der Rspr vertretene **wirtschaftliche Vermögensbegriff** definiert das Vermögen als Summe der geldwerten Güter, über die eine Person faktisch verfügen kann (Rn 119 ff).

14 ▪ Der in der Lehre vorherrschende **juristisch-ökonomische Vermögensbegriff** begrenzt das Vermögen auf die Summe aller Güter mit Marktwert, die einer Person in rechtlich schutzwürdiger Weise zugeordnet sind (Rn 122 f).

15 ▪ Für den **personalen Vermögensbegriff** ist das Vermögen die gegenständliche Grundlage der Persönlichkeitsentfaltung im Rahmen wirtschaftlicher Zwecksetzungen (Rn 124 f).

16 ▪ Der **funktional** modifizierte juristisch-ökonomische **Vermögensbegriff** deutet das Vermögen als Verfügungsmacht einer Person über die (Gesamtheit der) ihr rechtlich zugeordneten übertragbaren (abstrakt geldwerten) Güter (Rn 126 f).

b) Der **Begriff der Vermögensverfügung** ist nicht zivilrechtlich, sondern rein faktisch zu verstehen. Neben rechtsgeschäftlichen Handlungen aller Art kommen auch alle sonstigen Verhaltensweisen in Betracht, die unmittelbar eine Vermögensverringerung bedingen (Rn 137 f). 17

Der Getäuschte muss die Verfügung grds. **nicht bewusst** vornehmen (Rn 159 ff); für den Sachbetrug verlangt die vorherrschende Ansicht jedoch ausnahmsweise ein Verfügungsbewusstsein (Rn 160). **Unmittelbarkeit** setzt voraus, dass keine vom Täter auszuführende rechtswidrige Zwischenhandlung mehr erforderlich ist (Rn 140). Daher besteht in Zwei-Personen-Verhältnissen bereits tatbestandliche **Exklusivität** zwischen Betrug und Diebstahl (Rn 141 ff). 18

c) Der Verfügende muss mit dem Geschädigten nicht identisch sein (sog. **Dreiecksbetrug**). Zur Abgrenzung des Betrugs vom Diebstahl in mittelbarer Täterschaft wird jedoch eine besondere Beziehung zwischen Verfügendem und Geschädigtem verlangt, deren nähere Bestimmung umstritten ist (Rn 145 ff). Vertreten werden ua: 19

- Die **(faktische) Nähetheorie** hält es für ausreichend, wenn der Dritte dem betroffenen Vermögen dergestalt näher steht als der Täter, dass er bereits vor der Täuschung tatsächlich über die Sache verfügen kann (Rn 148 f) oder an ihr Gewahrsam hat (Rn 155 ff). 20

- Nach der **(normativen) Lagertheorie** soll entscheidend sein, dass der Dritte als Beschützer oder Gehilfe normativ dem „Lager" des Geschädigten zuzuordnen ist (Rn 150 f). 21

- Die **objektive Befugnistheorie** nimmt in Dreiecksverhältnissen Betrug an, wenn der Getäuschte zur Vornahme der Verfügung rechtlich ermächtigt ist (Rn 152 f). 22

- Die **subjektive Befugnistheorie** lässt es genügen, wenn sich der Dritte bei der Vornahme der Verfügung im Rahmen seiner Befugnis wähnt (Rn 154). 23

4. **Vermögensschaden:** Die durch die Verfügung eingetretene Vermögensminderung ist als Vermögensschaden anzusehen, **wenn sie nicht** durch ein ebenfalls durch die Verfügung erzieltes Äquivalent **kompensiert** wird (Rn 162 ff): 24

a) Nach der (vom personalen und funktionalen Vermögensbegriff vertretenen) **Zweckverfehlungslehre** wird die Vermögensminderung durch die Erreichung des mit der Verfügung gesetzten Zwecks kompensiert (Rn 167 ff). Der **Zweck** muss in dem Sinne **objektiviert** sein, dass er nach der Parteiabrede oder Verkehrsauffassung zum sinngebenden Inhalt der Verfügung gehört (Rn 169). Der Zweck kann gleichermaßen auf **materielle oder immaterielle Äquivalente** bezogen sein (Rn 170). 25

b) Nach der (vom wirtschaftlichen und juristisch-ökonomischen Vermögensbegriff vertretenen) wirtschaftlichen Schadenslehre wird die Vermögensminderung bei zweiseitigen Geschäften grds. durch eine wirtschaftlich gleichwertige Gegenleistung (**Saldierungsprinzip**) ausgeglichen (Rn 172 ff). Ausnahmsweise tritt keine Kompensation ein, wenn sich die Vermögensminderung trotz des wirtschaftlichen Äquivalents aufgrund der individuellen Gegebenheiten als Fehlinvestition (**individueller Schadenseinschlag**) erweist (Rn 176 ff). Bei einseitigen Leistungen wird die Vermögensminderung durch **Zweckerreichung** kompensiert (Rn 184). 26

27 c) Nach allen Auffassungen ist ein Schaden zu verneinen, wenn mit der Vermögensminderung ein **fälliger und einredefreier Leistungsanspruch erfüllt** wird (Rn 166).

28 5. **Kausaler und funktionaler Zusammenhang:** Täuschung, Irrtum und schädigende Vermögensverfügung müssen **kausal** miteinander verbunden sein (Rn 186). Ferner muss nach verbreiteter Auffassung zwischen Irrtum und Vermögensschaden ein **funktionaler** Zusammenhang in der Weise bestehen, dass dem Verfügenden gerade das Schädigende seines Verhaltens verborgen bleibt (Rn 187 f).

29 6. **Einzelfragen:** Zu spezifischen Problemen der Betrugsdogmatik gehören die Schadensfeststellung bei **unterlassener Geltendmachung** eines Anspruchs (Rn 189), die Bewertbarkeit einer **Vermögensgefährdung** als Schaden (Rn 190 ff) und die Besonderheiten des **Leistungs-** (Rn 196), **Spenden-** (Rn 197 ff), **Eingehungs-** (Rn 203 ff), **Anstellungs-** (Rn 207 ff), **Erfüllungs-** (Rn 210 ff) und **Prozessbetrugs** (Rn 215).

III. Subjektiver Tatbestand

30 1. Für den subjektiven Tatbestand ist neben dem auf den objektiven Tatbestand bezogenen **Vorsatz** (Rn 223) noch die **Absicht** (Rn 224 f) erforderlich, sich oder einem Dritten einen **Vermögensvorteil** (Rn 226 ff) zu verschaffen.

31 2. Der erstrebte **Vermögensvorteil** muss **unmittelbar auf Kosten des Vermögensinhabers** erlangt sein; er muss die Kehrseite des Vermögensschadens, also mit diesem „stoffgleich" sein (Rn 227 ff): Die Zweckverfehlungslehre verlangt insoweit, dass sich Vor- und Nachteil auf den Verfügungsgegenstand beziehen (Rn 228). Die wirtschaftliche Lehre deutet die „Stoffgleichheit" als unmittelbare Wertverschiebung (Rn 229).

32 3. Die Bereicherung muss rechtswidrig sein, was insbesondere nicht der Fall ist, wenn auf den Vorteil ein **fälliger und einredefreier Anspruch** besteht (Rn 234). Die Rechtswidrigkeit des (erstrebten) Vermögensvorteils ist **vorsatzrelevantes Tatbestandsmerkmal** (Rn 234, 236 f). Absicht ist nicht erforderlich; es genügt dolus eventualis.

B. Dogmatische Grundlagen

33 I. Deliktsstruktur: 1. Die **rechtsgutsverletzende Tathandlung** des Betrugs ist die vermögensmindernde Verfügung, die jedoch nicht (unmittelbar) vom Täter, sondern vom Vermögensinhaber oder einem Dritten, der die Herrschaft über den Vermögensgegenstand innehat, vorgenommen wird. Insofern bedarf es eines Grundes, die Verfügung nicht dem Handelnden selbst, sondern dem Täter als von ihm zu verantwortende Schädigung fremden Vermögens zuzurechnen. Dieser Grund ist die Täuschung; ihretwegen hat der Täter für den Irrtum des Verfügenden und dessen hierauf beruhender Verfügung einzustehen. Diese Zurechnung fremden Verhaltens zum Täter entspricht strukturell der Verantwortungszuschreibung bei der mittelbaren Täterschaft. Insoweit kann der Betrug als ein Delikt verstanden werden, in dessen Tatbestand das Verhältnis des Täters zum getäuschten Verfügenden als **mittelbare Täterschaft** ausgestaltet ist (näher hierzu *Gössel* II § 21/6; *Jakobs* Tiedemann-FS 649 [657]; *Küper* JZ 1992, 338 [347]; *Lenckner* NJW 1971, 600; S/S-*Perron* Rn 3; *Seier* ZStW 102, 563 [565]; abl. *Frisch* Bockelmann-FS 647 [651 f]; hiergegen *Kindhäuser* Bemmann-FS 339 [348 ff]).

Die für ihn charakteristische Vertypung mittelbarer Täterschaft unterscheidet 34
den Betrug insbesondere vom Diebstahl, bei dem der Täter die Vermögensverschiebung – den Wechsel des Sachbesitzes – im Verhältnis zum Gewahrsamsinhaber gerade unmittelbar selbst herbeiführen muss. Ist der Gewahrsamsinhaber – aus welchem Grund auch immer – mit dem Besitzwechsel einverstanden, so scheidet Diebstahl mangels Gewahrsamsbruchs aus (§ 242 Rn 42); es kommt jedoch, wenn das Einverständnis täuschungsbedingt erfolgt, Betrug in Betracht. Demnach stehen Betrug und Diebstahl in einem tatbestandlichen Exklusivitätsverhältnis, da der Betrug ein Delikt mit tatbestandlich vertypter mittelbarer, der Diebstahl ein Delikt mit vertypter unmittelbarer Täterschaft ist. Diese Vertypung der Täterschaftsform betrifft jedoch **nur** das **Innenverhältnis** von Täter und Vermögens- bzw Gewahrsamsinhaber. Der Täter kann sich beim Diebstahl durchaus eines außenstehenden Dritten bedienen, den er als Werkzeug iS mittelbarer Täterschaft einsetzt (näher zum sog. **Dreiecksbetrug** Rn 145 ff).

2. Da der Täter mit der Absicht handeln muss, sich oder einen Dritten durch die 35
Vermögensschädigung rechtswidrig zu bereichern, ist der Betrug ein **Vermögensverschiebungsdelikt**. Hierbei sind die Tatbestandsmerkmale der schädigenden Vermögensverfügung und der rechtswidrigen Bereicherung in der Weise aufeinander bezogen, dass der erstrebte Vermögensvorteil dem Täter (oder einem Dritten) gerade durch die Verfügung zufließen muss; die Bereicherung muss also („unmittelbar") auf Kosten des Opfers erfolgen. Da jedoch der Schaden (zB Besitzverlust) eintreten kann, ohne dass es auch zur Bereicherung (zB Besitzbegründung) kommt, kann der Betrug als **kupiertes Erfolgsdelikt** bezeichnet werden (hM, vgl nur S/S-*Perron* Rn 5).

3. Aus dem die Merkmale des objektiven Tatbestands – Täuschung, Irrtum, Ver- 36
mögensverfügung und Vermögensschaden – verbindenden Kausalzusammenhang folgt, dass **Getäuschter und Verfügender identisch** sein müssen. Dagegen können **Verfügender und Geschädigter personenverschieden** sein.

4. Im Schrifttum wird verschiedentlich vorgeschlagen, den Verantwortungsbe- 37
reich des Täters einzuschränken, wenn der Verfügende den nötigen Selbstschutz versäumte. So soll ein Irrtum, dem das Opfer aufgrund besonderer Leichtgläubigkeit erliegt, nicht tatbestandsmäßig sein (*Ellmer*, Betrug und Opfermitverantwortung, 1986, 287; ähnlich *Hilgendorf* JuS 1994, 467). Diesem sog. **viktimodogmatischen Ansatz** ist jedoch entgegenzuhalten, dass er den zweiten mit dem ersten Schritt verwechselt: Unwahre Tatsachenbehauptungen dürfen nicht etwa schon dann aufgestellt werden, wenn es besonders leichtsinnig ist, ihnen zu glauben. Vielmehr muss erst feststehen, unter welchen Voraussetzungen einer Tatsachenbehauptung geglaubt werden darf. Hat das Opfer – rechtlich gesehen – kein Irrtumsrisiko zu tragen, so ist es auch ohne Belang, aus welchem Grund es einem Irrtum erliegt und ob es diesem Irrtum hätte begegnen können (bereits *Köstlin*, Abhandlungen aus dem Strafrecht, 1858, 148; *Merkel*, Die Lehre vom strafbaren Betruge, 1867, 261 f).

Im Übrigen gilt: Wenn nach den allgemeinen Grundsätzen der mittelbaren Täter- 38
schaft selbst eine leichtsinnige Verkennung der Sachlage durch den Vordermann die Haftung des Hintermanns nicht ausschließt, dann besteht auch beim Betrug kein Anlass, die Haftung des Täters einzuschränken, falls das Opfer Zweifeln an der Tatsachendarstellung nicht nachgeht und so seinen Irrtum nicht vermeidet (iE hL, vgl nur BGH NStZ 2003, 313 [314] m. krit. Anm. *Beckemper/Wegner* NStZ-RR 2004, 110 [111]; NK-*Kindhäuser* Rn 51 f mwN). In der Sache übereinstimmend hält die Rspr die Leichtgläubigkeit des Opfers selbst bei unglaub-

haften Suggestionen (BGHSt 32, 38 [43]) und kaum nachvollziehbaren medizinischen Versprechungen (vgl BGHSt 34, 199 [201]) für irrelevant. Allerdings kann der Gedanke der Opfermitverantwortung bei der Strafzumessung berücksichtigt werden.

39 **II. Schutzzweck:** Der Betrug dient dem **Vermögensschutz** (ganz hM, vgl nur BGHSt 34, 199 [203]; BGH StV 1995, 254; *Naucke,* Zur Lehre vom strafbaren Betrug, 1964, 103; näher zur Geschichte der Rechtsgutsbestimmung *Hirschberg,* Der Vermögensbegriff im Strafrecht, 1934, 256 ff; zu abweichenden Rechtsgutskonzeptionen NK-*Kindhäuser* Rn 12 ff). Inhaber des Vermögens kann eine natürliche oder juristische Person sein; neben dem privaten wird grds. auch das staatliche Vermögen erfasst (zum Vermögen der EU *Berger,* Der Schutz öffentlichen Vermögens durch § 263 StGB, 2000, 51 ff).

40 Dem Schutzbereich der Norm unterfallen alle Arten von Vermögensbestandteilen. Garantiert ist jedoch nur der **Bestand des Vermögens**; die Vereitelung noch ungesicherter Chancen der Vermögensmehrung ist nicht erfasst (vgl BGH NJW 1991, 2573).

41 Verletzter iSd Betrugstatbestands kann nur der Inhaber des geschädigten Vermögens sein. Dies gilt auch, wenn ein getäuschter Dritter die Vermögensverfügung getroffen hat oder wenn eine privatrechtliche juristische Person oder der Staat geschädigt ist (*Fischer* Rn 3). Möglich ist die Schädigung einer Vielzahl von Vermögensinhabern, zB die Bezugsberechtigten einer limitiert ausgegebenen Aktie (BGHSt 19, 37 [43]). Erforderlich ist jedoch stets, dass der Vermögensinhaber bestimmt ist, mag er auch nicht namentlich bekannt sein (zur Wahlfeststellung hinsichtlich der Opferindividualisierung *Tiedemann* Schmitt-FS 139 [147 ff] mwN). Ein Betrug am „Publikum" iSe unbestimmten Anzahl von Personen ist nicht tatbestandsmäßig.

42 **III. Geschichte:** In seiner Ausgestaltung als reines Vermögensdelikt ist der Betrugstatbestand das Resultat der Rechtsentwicklung des 19. Jahrhunderts und Ausdruck des wirtschaftlichen Liberalismus. Weder das römische Recht noch die germanischen Volksrechte kannten ein spezielles Betrugsdelikt. Schädigende Täuschungen wurden vielmehr im Kontext von Fälschungen (*crimina falsi*), bestimmten Formen der Untreue oder der Sachentziehung verfolgt. Noch in *Feuerbachs* einflussreicher Strafrechtslehre wurde der Betrug als allgemeines Fälschungsdelikt verstanden, für das der Eingriff in die Rechte eines anderen oder die Verletzung eines Rechts auf Unterlassung einer Täuschung kennzeichnend war (vgl *Feuerbach* §§ 410, 412).

43 Der Wandel zum modernen Verständnis des Betrugs wird maßgeblich von der *escroquerie* des Code Pénal von 1810 (Art. 405) beeinflusst. Die heutige Tatbestandsfassung geht weitgehend auf das Preußische StGB von 1851 zurück, das den Betrug in § 241 als eine von den Fälschungsdelikten unabhängige Vermögensstraftat formulierte (näher zur Deliktsgeschichte NK-*Kindhäuser* Rn 1 ff mwN).

44 **IV. Gutachtenaufbau:** Es ist üblich, die Tatbestandsmerkmale des Betrugs in folgenden Schritten zu prüfen:
    A) Tatbestand
        I. Objektiver Tatbestand
            1. Täuschung über Tatsachen durch ausdrückliche oder konkludente Fehlinformation oder durch pflichtwidriges Unterlassen der Aufklärung (Rn 45 ff)

2. erregter oder unterhaltener Irrtum des Getäuschten (Rn 98 ff)
   3. Verfügung des Getäuschten über Vermögen
   4. Vermögensschädigung (Rn 110 ff)
   5. kausaler und funktionaler Zusammenhang zwischen 1., 2., 3. und 4. (Rn 186 ff)
  II. Subjektiver Tatbestand
   1. Vorsatz hinsichtlich des objektiven Tatbestands
   2. Absicht, sich oder einem Dritten einen Vermögensvorteil zu verschaffen
   3. Vorsatz hinsichtlich der Rechtswidrigkeit des Vermögensvorteils
B) Rechtswidrigkeit
C) Schuld
D) Strafantrag, §§ 247, 248 a
E) Regelbeispiele nach Abs. 3
F) Im Anschluss ggf neue Prüfung der selbstständigen Qualifikation nach Abs. 5

C. Objektiver Tatbestand

I. Täuschung

1. Grundlagen

a) Die tatbestandlich genannten Handlungen des Täters – Vorspiegelung falscher und Entstellung oder Unterdrückung wahrer Tatsachen – lassen sich ohne eine mit Blick auf Art. 103 II GG bedenkliche Sinnveränderung unter dem **Oberbegriff der Täuschung** zusammenfassen, da sie keine voneinander genau abgrenzbaren, sondern sich überlappende Formen von Irreführungen darstellen. 45

Auch bei der Täuschungshandlung ist zwischen dem objektiven Sinn des Verhaltens – der Fehlinformation – und dessen subjektiver Tatseite – Kenntnis der Unwahrheit – wie üblich zu differenzieren. Das Bewusstsein, falsch zu informieren, gehört also nicht zu den Merkmalen der Täuschungshandlung im objektiven Tatbestand (*Hirsch* NJW 1969, 853; *Mitsch* 5.2.1.2.3; *Pawlik* StV 2003, 297 ff; S/S/W-*Satzger* Rn 30; aA W-*Hillenkamp* Rn 492). Missverständlich ist es, wenn der Tatbestand von einer falschen bzw wahren Tatsache spricht; wahr und falsch sind keine Eigenschaften von Sachverhalten, sondern von Aussagen über Sachverhalte. 46

b) Mit der Täuschung wird beim Betrug der Anfang eines Kausalverlaufs, der über eine irrtumsbedingte Vermögensverfügung zu einem Schaden führt, gekennzeichnet (Rn 186). Der Schaden ist dem Täter, wie auch sonst bei einem Erfolgsdelikt, objektiv zurechenbar (Vor § 13 Rn 101 ff), wenn sich die Täuschung als unerlaubtes Risiko für eine irrtumsbedingte Vermögensschädigung darstellt (näher NK-*Kindhäuser* Rn 57 ff). 47

Zwei Formen der Täuschung kommen in Betracht: 48

■ Der Täter stellt selbst durch eigenes (aktives) Verhalten eine Tatsache falsch dar: Er täuscht durch **Irreführung**. Dem steht es gleich, wenn der Täter (aktiv) vereitelt, dass ein Dritter einen Irrtum des Opfers korrigiert, oder Informationsträger (Urkunden, Daten usw) des Opfers, die dieses zur Kenntnis nimmt, verfälscht (NK-*Kindhäuser* Rn 65, 90 ff). 49

50 ▪ Der Täter hat für den zutreffenden Wissensstand des Opfers durch die Erteilung einer richtigen oder das Verhindern einer falschen Information Sorge zu tragen. Täuschungen in diesem Sinne erfolgen also durch **Verletzung einer Aufklärungspflicht**.

51 c) Während die Irreführung durch jedermann, der die Fehlinformation gibt, begangen werden kann, setzt die Verletzung der Aufklärungspflicht das Bestehen einer entsprechenden Garantenstellung voraus.

2. Tatsachen

52 a) Alle Formen der Täuschung müssen Tatsachen zum Gegenstand haben. Vermögensdispositionen werden durch den Betrugstatbestand also insoweit geschützt, als sie sich iSe Rationalitätskriteriums auf Tatsachen stützen (vgl auch *Hilgendorf*, Tatsachenaussagen und Werturteile im Strafrecht, 1998, 111 f; *Joecks*, Zur Vermögensverfügung beim Betrug, 1982, 54 ff).

53 Tatsachen sind alle Sachverhalte, von denen gesagt werden kann, sie seien der Fall. In diesem Sinne sind alle Ereignisse und Zustände, die zum Gegenstand einer Existenzaussage gemacht werden können, als Tatsachen anzusehen. Dieser weite Tatsachenbegriff bedarf hinsichtlich seiner Funktion, Grundlage einer geschützten rationalen Vermögensdisposition zu sein, jedoch einiger Einschränkungen: Nach hM müssen Tatsachen **prinzipiell beweisfähig** sein und umfassen **keine künftigen Ereignisse**. Ferner werden bloße Meinungsäußerungen und Werturteile nicht als Tatsachenbehauptungen angesehen. Diese Einschränkungen werden jedoch in nicht unerheblichem Maße wieder dadurch aufgehoben, dass **psychische Zustände** zu den betrugsrelevanten Tatsachen gerechnet werden. Exemplarisch: Die Behauptung, ein Scheck werde zum Zeitpunkt seiner Einlösung gedeckt sein, ist, da sie sich auf ein künftiges Ereignis bezieht, keine Tatsachenaussage. Jedoch ist die Behauptung, man glaube fest, dass der Scheck bei Einreichung gedeckt sei, als Aussage über die gegenwärtige Tatsache einer bestimmten Überzeugung eine betrugsrelevante Information (krit. *Ellmer*, Betrug und Opfermitverantwortung, 1986, 96; *Pawlik*, Das unerlaubte Verhalten beim Betrug, 1999, 95).

54 b) Für **Inhalt und Grenzen** des tatbestandlichen Tatsachenbegriffs sind insbesondere folgende Punkte von Bedeutung:

55 aa) Psychische Zustände (zB Motive, Überzeugungen, Kenntnisse, Vorstellungen) werden als sog. **innere Tatsachen** angesehen (BGHSt 15, 24 [26]; *Fischer* Rn 8; *Mitsch* 5.2.1.2.2). Exemplarisch: die Absicht, die Gegenleistung zu erbringen, wenn der Vertragspartner Vorleistungspflichten (zB Bewirtung, Taxifahrten) übernimmt (vgl BGH wistra 1987, 255 [256]); Zahlungswilligkeit (BGHSt 15, 24 [26]); besondere Sachkunde (BGH NJW 1981, 2131 [2132]).

56 bb) Das Tatsachenkriterium der **Beweisbarkeit** besagt zunächst, dass der Täter einen Sachverhalt behauptet, dessen empirische Unhaltbarkeit für einen durchschnittlichen Erklärungsempfänger nicht offenkundig ist (NK-*Kindhäuser* Rn 78). Weitergehend soll es nach hM ausreichen, dass der Täter dem Opfer (!) den Eindruck der beweisbaren Existenz des fraglichen Sachverhalts vermittelt. Daher werden zB auch die Behauptung, mit einem (objektiv völlig unwirksamen) Mittel lasse sich eine Krankheit kurieren, oder das Vorspiegeln übersinnlicher Fähigkeiten gegenüber einem abergläubischen Opfer als einschlägig angesehen (BGHSt 32, 38 ff; BGH wistra 1987, 255 [256]; LG Mannheim NJW 1993, 1488 m. Bspr *Loos/Krack* JuS 1995, 204; vgl auch MK-*Hefendehl* Rn 72 ff).

cc) In der **Zukunft** liegende Sachverhalte, die sich erst noch realisieren müssen, 57
sind nach hM keine Tatsachen (vgl nur RGSt 56, 227 [232]; LK-*Tiedemann*
Rn 16; aA *Bitzilekis* Hirsch-FS 29 [36 ff]). Diese Einschränkung ist jedoch nur
plausibel hinsichtlich solcher Umstände, die wegen ihrer Ungewissheit nicht als
Grundlage einer rationalen Vermögensverfügung in Betracht kommen (Rn 52).
Dagegen kann die Tatsache, dass eine Person P an einem bestimmten Tag in drei
Monaten ihren 50. Geburtstag hat, Gegenstand einer Auskunft sein, auf die sich
die rationale Entscheidung zum Kauf eines Geschenks stützen lässt (vgl auch
Welzel 368).

dd) **Erfahrungssätze**, die empirisch festgestellte Regelmäßigkeiten induktiv verall- 58
gemeinern – insbesondere naturwissenschaftliche und psychologische Gesetze –,
beziehen sich auf Tatsachen (*Graul* JZ 1995, 595 [597 ff]; *Puppe* JZ 1994,
1150). **Prognosen** betreffen zwar künftige Ereignisse und scheiden insoweit nach
hM als Tatsachenbehauptungen aus. Sie können aber selbst Gegenstand einer
Tatsachenbehauptung sein. So kann etwa *über* eine Prognose gesagt werden, dass
sie auf hinreichend gesicherten Erfahrungssätzen beruhe (BGHSt 60, 1 [7]) oder
von ausgewiesenen Experten aufgestellt sei (vgl BGH NStZ-RR 2010, 146; *Hilgendorf*, Tatsachenaussagen und Werturteile im Strafrecht, 1998, 146 ff; *Mitsch*
5.2.1.2.2). Daher täuscht, wer Versicherungen unter der wahrheitswidrigen Behauptung verkauft, nach wissenschaftlichen Berechnungen drohten in einer bestimmten Gegend Unwetter oder Erdbeben.

ee) **Werturteile** und sonstige Meinungsäußerungen ästhetischer, moralischer oder 59
religiöser Art sind zwar nicht hinsichtlich der wertenden Stellungnahme, wohl
aber bezüglich des Gegenstands der Wertung – beweisbarer „Tatsachenkern" –
Tatsachenbehauptungen (vgl BGHSt 48, 331 [344 f] m. zust. Anm. *Beulke* JR
2005, 37 [40]; *Fischer* Rn 9; MK-*Hefendehl* Rn 79; *Mitsch* 5.2.1.2.2). Exemplarisch: Die Äußerung eines Reiseveranstalters, ein Hotel verfüge über einen herrlichen Sandstrand, ist bezüglich der Wertung „herrlich" keine Tatsachenbehauptung. Gleichwohl wird mit der Äußerung die Tatsache behauptet, das Hotel verfüge über einen Sandstrand. Zudem kommt die innere Tatsache, dass der Reiseveranstalter den Sandstrand als „herrlich" einschätzt, als Täuschungsinhalt in
Betracht. Als einschlägig auch die Einschätzungen des Markt- bzw Verkehrswertes einer Sache (*Otto* Pfeiffer-FS 69 [78]), der Kreditwürdigkeit oder der
fachlichen Kompetenz einer Person anzusehen. Betrugsrelevant können zudem
Aussagen über die faktische Geltung von Normen und Wertvorstellungen sein.
So ist die Äußerung, ein Kunstwerk werde in Fachkreisen gelobt, eine Tatsachenbehauptung.

Reklamehaften Anpreisungen von Waren, Gütern und Leistungen fehlt gewöhn- 60
lich die Ernsthaftigkeit, die erforderlich ist, um sie als Tatsachenbehauptungen
mit Wahrheitsanspruch ansehen zu können. Ein Betrug kommt nach der Rspr
erst in Betracht, wenn eindeutig bestimmte Tatsachen (zB in Prospekten) behauptet werden (vgl BGHSt 34, 199 [200 f] zur Wirksamkeit eines Haarwuchspräparats; BGH NStZ 2008, 96 [98]). Dies ist insbesondere zu verneinen, wenn lediglich Illusionen erzeugt werden oder kein Kausalzusammenhang zwischen der Anpreisung und den Eigenschaften der fraglichen Ware erkennbar ist.

Bei Äußerungen von **Rechtsauffassungen** ist zu unterscheiden zwischen der **Gel-** 61
tendmachung eines Anspruchs („mir steht ein bestimmter Kaufpreisanspruch
zu") und der Behauptung des Bestehens der **diesen Anspruch begründenden Tatsachen** („es wurden übereinstimmende Willenserklärungen abgegeben"). Das
Geltendmachen eines Anspruchs ist als solches, anders als der Hinweis auf die

den Anspruch begründenden Umstände, eine Sollens- und keine Seinsaussage. Wird jedoch das Bestehen eines bestimmten Anspruchs behauptet, so wird regelmäßig konkludent auch das Vorliegen eines den Anspruch begründenden Sachverhalts behauptet, zumal häufig Lebenssachverhalte mithilfe üblicher Rechtsbegriffe („Kauf", „Miete") geschildert werden (vgl BGHSt 22, 88 f; OLG Düsseldorf wistra 1996, 32 ff; *Graul* JZ 1995, 595 [600]; *Seier* ZStW 102, 563 [568]; teils abw. *Puppe* JZ 2004, 102 ff). Tatsachenbehauptungen sind ferner Aussagen über die Existenz bestimmter Rechtssätze, Judikate und im Schrifttum vertretener Ansichten, nicht jedoch bloße Rechtsausführungen als Bewertung der Rechtslage (vgl – allerdings ein Grenzfall – OLG Stuttgart NJW 1979, 2573 f; OLG Frankfurt NJW 1996, 2172 [2173]; OLG Karlsruhe JZ 2004, 101 [102] m. krit. Anm. *Puppe; Fischer* Rn 11). Zu beachten ist, dass die Parteien im Zivilprozess nicht die Pflicht haben, die Gegenseite oder das Gericht über die Rechtslage zutreffend zu informieren oder die Äußerung einer unzutreffenden Rechtsansicht zu unterlassen; sie erläutern vielmehr nur argumentativ ihren Standpunkt, während die Rechtsfindung dem Gericht obliegt (vgl BGH JR 1958, 106; OLG Koblenz NJW 2001, 1364 f; *Eisenberg* Salger-FS 15 [20]; *Graul* JZ 1995, 595 [602 f]; aA *Protzen* wistra 2003, 208 ff).

62 ff) Ob **wahre Aussagen** Täuschungsrelevanz haben können (so *Schröder* Peters-FS 153; LK-*Tiedemann* Rn 25; vgl ausf. NK-*Kindhäuser* Rn 103 ff mwN), hängt von der jeweiligen Zwecksetzung der Information ab. Grds fallen Missverständnisse wahrer Auskünfte in das Risiko des Erklärungsempfängers. Durch wahre Aussagen, die iSe Scherzes geäußert werden, kann jedoch getäuscht werden. Exemplarisch: Der Täter zahlt mit einer gefälschten Banknote, die er scherzhaft als „Blüte" bezeichnet (vgl S/S-*Perron* Rn 12). Gleiches gilt, wenn eine Erklärung so abgefasst ist, dass sie unter Berücksichtigung des konkreten Kontexts geeignet ist, einen anderen als den wortwörtlichen Sinn zu vermitteln. Etwa: Der Erbe erhält ein Schreiben, das alle Merkmale einer Rechnung – mit bereits teilweise ausgefülltem Überweisungsträger – für eine Todesanzeige aufweist. Lediglich dem Kleingedruckten ist zu entnehmen, dass es sich um das Angebot für eine weitere Annonce handelt (BGHSt 47, 1 [2 ff] m.Anm. *Baier* JA 2002, 364 ff; *Pawlik* StV 2003, 297 ff; vgl auch NK-*Kindhäuser* Rn 104 mwN). Hier vermittelt das Gesamtbild der Erklärung die (unzutreffende) Tatsachenbehauptung, die Voraussetzungen einer Zahlungspflicht seien erfüllt, auch wenn der Text expressis verbis die gegenteilige Information enthält. Gleiches gilt in Fällen, in denen rechnungsähnlich aufgemachte Angebotsschreiben an im Geschäftsverkehr erfahrene Personen versendet werden (BGH NStZ-RR 2004, 110 f; krit. *Baier* JA 2004, 513 f; abl. *Scheinfeld* wistra 2008, 170 f; *Schneider* StV 2004, 537 ff; vgl auch BGH NJW 2014, 2595 [2596] m. Bspr *Hecker* JuS 2014, 1043).

3. Täuschen durch Irreführung

a) **Allgemeines:**

63 aa) Unter einer Täuschung durch Irreführung ist die unzutreffende Darstellung einer Tatsache zu verstehen. Diese Tatsachendarstellung muss **symbolisch** (durch gesprochene Worte, Schriftzeichen usw) **vermittelt** sein. Durch bloße Veränderungen der Realität kann nicht getäuscht werden, auch wenn dadurch bisherige Vorstellungen von der Wirklichkeit (oder Aufzeichnungen über sie) unzutreffend werden (hM, vgl nur *Bockelmann* Schmidt, Eb.-FS 437 [438 f]; MK-*Hefendehl* Rn 90 f; abw. *Arzt/Weber/Heinrich/Hilgendorf* § 20/46; *Erb* ZIS 2011, 368 [371]). Geschützt ist nicht das Vertrauen in die richtige Wahrnehmung der Reali-

tät, sondern das Vertrauen in eine Informationsleistung über diese Realität. Objektveränderungen sind jedoch betrugsrelevant, wenn sie in eine Erklärung einbezogen werden. Exemplarisch: Der Täter überstreicht eine Schwammstelle in einem Haus und bezieht sich bei Verkaufsverhandlungen auf dessen sichtbaren Zustand (vgl RGSt 20, 144). Ferner kann durch Objektveränderungen getäuscht werden, wenn diese selbst Träger einer (symbolischen) Information sind; exemplarisch sind Manipulationen an Strom-, Gas-, Wasser- oder Kilometerzählern (OLG Hamm NStZ 1992, 593 f), der Gebrauch einer gefälschten Mehrfahrtenkarte (OLG Düsseldorf NJW 1992, 924), die Vorlage von unechten Urkunden oder Waren mit abgeänderten Preisetiketten (OLG Düsseldorf NJW 1982, 2268).

bb) Im System der wirtschaftlichen Austauschbeziehungen über Vermögen, in das der Betrug eingebettet ist, stellt Wissen selbst ein „Kapital" dar, das zu erhalten niemand ohne Weiteres erwarten darf. Daher kann sich beim Aushandeln und Abwickeln von Verträgen jede Seite ihre besseren Informationen und Sachkenntnisse zunutze machen (vgl auch *Bockelmann* Schmidt, Eb.-FS 437 [445]; *Hilgendorf*, Tatsachenaussagen und Werturteile im Strafrecht, 1998, 26 ff). Da Konkurrenten auf einen Wissensvorsprung angewiesen sind, hat in Geschäftsbeziehungen **prinzipiell jede Seite das Risiko eines Irrtums** zu tragen. Vor allem kann das Schweigen des Vertragspartners nicht als Bestätigung eigener Vorstellungen verstanden werden. 64

Bei einem Vertragsschluss besteht also grds. keine Pflicht, die Gegenseite überhaupt zu informieren. Nur muss derjenige, der etwas erklärt und insoweit das besondere Vertrauen der Gegenseite in die Richtigkeit der Information in Anspruch nimmt, auch erwartungsgemäß die Wahrheit sagen. Denn wer einem anderen ansinnt, sich auf eine Beziehung mit Risiken für eigene Güter einzulassen, darf sich nicht ohne plausiblen Grund widersprüchlich verhalten. Exemplarisch: Wer einem anderen eine Sache zum Kauf anbietet, nimmt das Vertrauen in Anspruch, verfügungsbefugt zu sein. Nur unter dieser Voraussetzung hat es Sinn, das Angebot anzunehmen und zugunsten des Verkäufers eine Zahlungsverpflichtung einzugehen (NK-*Kindhäuser* Rn 95; vgl auch *Frisch* Jakobs-FS 97 [103 ff]; *ders.* Herzberg-FS 729 [739]; *Jakobs* GA 1997, 553 [564 ff]). 65

cc) Für die **Auslegung** von Erklärungen gelten die üblichen Grundsätze. Maßgeblich ist der Empfängerhorizont. Zu berücksichtigen sind die Regeln des Lebensbereichs, in dem die fragliche Tatsachenbehauptung aufgestellt wird, ferner die Art des Vertrages, die einschlägige Verkehrssitte (BGH NJW 1995, 539) und berufsspezifische Gepflogenheiten. 66

b) Ausdrückliches Täuschen: Die irreführende Information kann ausdrücklich erteilt werden, und zwar verbal, gestisch oder schriftlich. Die ausdrückliche Fehlinformation hat ihren Schwerpunkt im (sprachlich) expliziten Teil der Erklärung. Mündliche Erklärungen sind auch dann täuschungsrelevant, wenn Schriftform vorgesehen und die mangelnde Gültigkeit mündlicher Nebenabreden vertraglich vereinbart ist (OLG München NJW 1978, 435). 67

c) Konkludentes Täuschen:

aa) Übersicht: Die konkludente Täuschung hat ihren Schwerpunkt im unausgesprochenen Teil der Erklärung (vgl BGH NJW 1995, 539; S/S-*Perron* Rn 14 f). Eine konkludente Erklärung ist eine Information, die mittelbar aus dem ausdrücklich formulierten Inhalt einer Tatsachenbehauptung erschlossen wird (sog. schlüssiges Miterklären). Genauer: Konkludent werden solche Tatsachen be- 68 hauptet, deren Gegenteil in einem logischen, empirischen oder normativen Widerspruch zum Inhalt des Erklärten stünde und die daher nicht expressis verbis geäußert zu werden brauchen (näher NK-*Kindhäuser* Rn 109 ff; *ders.* Tiedemann-FS 579 ff). In einem solchen Fall muss der Erklärungsempfänger vom Bestehen der fraglichen Tatsache ausgehen, da andernfalls das ausdrücklich Erklärte (bei unterstellter Redlichkeit) nicht sinnvoll wäre (vgl auch *Bung* GA 2012, 354 [361], der den Missbrauch anerkannter Routinen betont). Da sich das konkludent Erklärte schon aus dem Sinn der ausdrücklichen Äußerung ergibt, ist seine Erwähnung im Allgemeinen überflüssig und wird nicht erwartet. Wegen ihrer „Selbstverständlichkeit" in der alltäglichen Kommunikation sind „abgekürzte" Erklärungen dieser Art nicht weniger zur Veranlassung von Tatsachenirrtümern geeignet als ausdrückliche Irreführungen (zu abweichenden, in den Ergebnissen aber weitgehend übereinstimmenden Begründungen konkludenten Erklärens vgl *Kühne*, Geschäftstüchtigkeit oder Betrug?, 1978, 35 ff; LK-*Tiedemann* Rn 28 ff,). Stets hängt die Konkludenz jedoch vom ausdrücklich Erklärten im konkreten Kontext ab, so dass sich allein aus der Absicht des Täters, durch seine Erklärung einen Irrtum über eine nicht expressis verbis behauptete Tatsache hervorzurufen, nicht auf ein konkludentes Miterklären schließen lässt (zumindest missverständlich insoweit BGHSt 47, 1 [5 f]; zutr. Kritik bei *Krack* JZ 2002, 613 [614]; *Pawlik* StV 2003, 297 [298 f]).

69 Anders als das Unterlassen der Aufklärung hat die konkludente Täuschung eine **positive Erklärung** zum Gegenstand: Mit der konkludenten Fehlinformation wird gerade das Gegenteil dessen ausgesagt, was zur Erfüllung einer Aufklärungspflicht geäußert werden müsste. Die konkludente Erklärung bezieht sich auf das Hervorrufen, die Aufklärung dagegen auf das Beseitigen einer Fehlvorstellung. Ferner bezieht sich die konkludente Täuschung immer **nur auf eine bestimmte Tatsache**, während die Aufklärungspflicht auf die (mehr oder minder) umfassende Beseitigung eines Irrtums gerichtet ist. Eine konkludente Täuschung muss daher immer einen ganz **bestimmten Inhalt** haben, etwa *dass* ein Scheck gedeckt ist, *dass* der Erklärende verfügungsbefugt oder *dass* er zahlungswillig ist. Soweit noch unklar ist, was der Täter erklären wollte – und sei es auch nur, ob er einen Umstand verneinen oder bejahen wollte –, kann auch noch keine konkludente Erklärung vorliegen (näher NK-*Kindhäuser* Rn 111 ff).

70 bb) Als **Faustformel** gilt, dass konkludent stets das Vorliegen der Tatsachen behauptet wird, die **notwendig erfüllt** sein müssen, damit die ausdrückliche Erklärung den ihrem jeweiligen Zweck entsprechenden **Sinn** hat. Exemplarisch: Ein Übereignungsangebot setzt voraus, dass der Erklärende im Falle der Annahme zur Vornahme der Verfügung befugt ist. Da hier das Fehlen der Verfügungsbefugnis unvereinbar mit der in Aussicht gestellten Eigentumsverschaffung ist, bedarf das Bestehen einer solchen Befugnis auch keiner ausdrücklichen Erwähnung.

71 Stets **endet die Konkludenz** dort, wo die Bezugnahme auf einen bestimmten Umstand im konkreten Kontext nicht mehr überflüssig ist, weil dieser etwa nicht zu den Voraussetzungen der fraglichen Rechtshandlung gehört. Daher kann demjenigen, der eine Sache übereignen will, nicht die Erklärung zugeschrieben werden, Eigentümer zu sein; die Übereignung kann gleichermaßen unter anderen Voraussetzungen (zB Kommission) gelingen.

72 cc) **Fallgruppen**: Die Judikatur hat (weitgehend mit Zustimmung des Schrifttums) im Laufe der Zeit für eine Reihe typischer Konstellationen konkludentes

Täuschen teils bejaht, teils verneint (ausf. NK-*Kindhäuser* Rn 124 ff). Vor allem folgende Fallgruppen sind bedeutsam:

Beim **Abschluss eines Vertrages** kann über den bestehenden **Erfüllungswillen** und die erforderliche **Erfüllungsfähigkeit** konkludent getäuscht werden (BGHSt 15, 24 ff; 27, 293 [294 f]; BGH NJW 1990, 2476 f; wistra 2005, 376 [377]; NStZ 2009, 694). Die **künftige Erfüllung** scheidet grds. als betrugsrelevante Tatsache aus. Daher kann allenfalls über die gegenwärtige negative Einschätzung der Liquiditätsentwicklung getäuscht werden (zur Deckung von **Schecks** und **Wechseln** bei Einlösung vgl BGHSt 24, 386; BGH NJW 1969, 1260 [1261]; zum Doping vgl OLG Stuttgart bei *Jahn* JuS 2012, 181 ff; MK-*Hefendehl* Rn 736; *Kargl* NStZ 2007, 489 [493]). Bei langfristigen Krediten reichen bloße Zweifel an der dauerhaften Erfüllungsfähigkeit nicht aus (BGH bei *Herlan* MDR 1955, 527 [528]; zur missbräuchlichen Verwendung einer Kundenkarte: BGH wistra 2005, 222). 73

- Bei rechtsgeschäftlichen Erklärungen wird gewöhnlich das Bestehen der tatsächlichen Voraussetzungen, aus denen sich eine zur Vertragsdurchführung erforderliche **Verfügungsbefugnis** ergibt, konkludent erklärt (BGHSt 18, 221 [224]; zur Geschäftsfähigkeit und zur Berechtigung bei Inhaberpapieren und Scheckkarten NK-*Kindhäuser* Rn 126, 135). 74

- In der **Geltendmachung einer Forderung** kann zugleich die Behauptung liegen, die anspruchsbegründenden Tatsachen seien gegeben (BGH NJW 2001, 453). So kann etwa in der kassenärztlichen Abrechnung die konkludente Täuschung liegen, dass die betreffenden Leistungen tatsächlich erbracht wurden (vgl BGH NStZ 1994, 585 f; 1995, 85 m. Bspr *Hellmann* NStZ 1995, 232 f; LG Hagen MedR 1991, 209 [211]; *Fischer* Rn 21, 27; MK-*Hefendehl* Rn 114; *Müller/Wabnitz* NJW 1984, 1788; zum Abrechnungsbetrug im Krankenhaus vgl *Kölbel* NStZ 2009, 312 ff; S/S/W-*Satzger* Rn 45; zum Abrechnungsbetrug durch Apotheker BGHSt 57, 312 [323 ff]) oder in der Erhebung öffentlich-rechtlicher Beiträge der Erklärung, dass diese unter Beachtung der geltenden Rechtsvorschriften ermittelt wurden (BGH NJW 2009, 2900 [2901] m. zust. Anm. *Bittmann*; *Sieweke* wistra 2009, 342; krit., aber iE zust. *Gössel* JR 2010, 175). 75

- Die Erteilung eines Einziehungsauftrags im **Lastschriftverfahren** ist mit der Erklärung, es existiere eine Einzugsermächtigung und die Forderung bestehe (in der betreffenden Höhe), verbunden (BGH NStZ 2005, 634 [635]; aA *Soyka* NStZ 2004, 538 [540]). Eine konkludente Täuschung des Bankangestellten kann auch bei der **Lastschriftenreiterei**, bei der das Lastschriftverfahren atypisch zur Kreditbeschaffung genutzt wird, in der Vorlage einer Einzugsermächtigung zur Gutschrift liegen. Der Bankangestellte kann hier darüber getäuscht werden, dass das Lastschriftverfahren nicht atypisch zur Kreditbeschaffung, sondern regulär zur Durchführung des bargeldlosen Zahlungsverkehrs genutzt wird und daher kein erhöhtes Risiko des Widerrufs der Lastschrift und der Insolvenz des Zahlungsempfängers im Falle einer Rückrechnungslastschrift besteht (BGHSt 50, 147 [154]; wistra 2006, 20; zust. *Hadamitzky/Richter* NStZ 2005, 636 f; *dies.* wistra 2005, 441 [444]; MK-*Hefendehl* Rn 112; abl. *Soyka* NStZ 2005, 637 f; ausdrücklich offen gelassen AG Gera NStZ-RR 2005, 213 [214]; krit. *Knierim* NJW 2006, 1093; zum Ganzen vgl *Fahl* Jura 2006, 733 ff). 76

77 ▪ Wer von seinem **Girokonto** eine Summe abhebt, die ihm aufgrund einer irrtümlichen Überweisung durch einen Dritten gutgeschrieben wurde, begeht schon deshalb keine konkludente Täuschung, weil ihm die Forderung zusteht (BGHZ 87, 246 [252]; BGHSt 39, 392 [396]; OLG Hamm wistra 2012, 161 [162]). Gleiches gilt, wenn die Gutschrift auf einer versehentlichen bankinternen Fehlbuchung oder Erweiterung des Kreditrahmens beruht, da die Kontoführung zum einen allein Angelegenheit der Bank ist, so dass der Kunde kein Vertrauen in den korrekten Kontostand und somit in den Umfang seiner Forderung in Anspruch nimmt; zum anderen stellt die Gutschriftsanzeige der Bank in der Regel ein abstraktes Schuldversprechen oder Schuldanerkenntnis gegenüber dem Kunden dar (BGH NJW 2001, 453 [454] m. Bspr *Hefendehl* NStZ 2001, 281 ff; NK-*Kindhäuser* Rn 140; *Krack* JR 2002, 25 ff; *Kudlich* BT I Frage 95; anders noch OLG Celle StV 1994, 188 ff; LK-*Tiedemann* Rn 41).

78 ▪ Die **Vorlage eines Schecks** zur Einlösung bei der Bank enthält die konkludente Behauptung, dass die wesentlichen Scheckvoraussetzungen erfüllt sind, nicht aber auch, dass die Forderung des Grundverhältnisses (noch) besteht (BGH NStZ 2002, 144 [145]). Die Vorlage einer **Kundenkarte** gegenüber dem ausstellenden Unternehmen hingegen beinhaltet keine konkludente Aussage darüber, dass das Kundenkonto über eine ausreichende Deckung verfügt (BGH wistra 2005, 222; ausf. Darstellung zu Täuschungen im Zahlungsverkehr *Valerius* JA 2007, 514 ff; 778 ff).

79 ▪ Sofern ein Verkäufer eine **Bestellung schriftlich** aufnimmt, behauptet er mit der Vorlage zur Unterschrift schlüssig die Übereinstimmung des Textes mit dem mündlich Vereinbarten. Ein Provisionsvertreter erklärt bei Vertragsschluss konkludent, die Bestellung unverändert weiterzuleiten (OLG Celle NJW 1975, 2218 [2219]).

80 ▪ Im **Selbstbedienungsladen** wird mit dem Vorzeigen der Ware an der Kasse konkludent angeboten, den Kaufvertrag entsprechend der invitatio ad offerendum abschließen zu wollen, was vor allem bei Manipulationen am Preisetikett nicht mehr zutrifft (OLG Düsseldorf NStZ 1993, 286; aA *Mayer Lux*, Die konkludente Täuschung beim Betrug, 2013, 240 f). Tauscht der Täter den Inhalt einer Verpackung aus oder versteckt dort weitere Waren (vgl OLG Hamm NJW 1978, 2209), so erklärt er an der Kasse nur, einen Kaufvertrag über den der Verpackung entsprechenden Gegenstand abschließen zu wollen. Die versteckten Waren werden vom Vertrag nicht erfasst und daher nicht übereignet, sondern iSd Diebstahlstatbestands weggenommen (NK-*Kindhäuser* § 242 Rn 55). Zudem ist das Vorzeigen von Waren nur als Angebot, eben diese Waren kaufen zu wollen, zu verstehen, und nicht etwa als konkludente Behauptung, keine weiteren Waren entnommen zu haben (BGHSt 17, 205 [209 f]; aA OLG Düsseldorf NJW 1993, 1407 f).

81 ▪ Über die **Eigenschaften des Vertragsgegenstandes** werden gewöhnlich keine konkludenten Feststellungen getroffen, es sei denn, eine Vertragspartei hat ihr Interesse an einer bestimmten Eigenschaft zum Ausdruck gebracht. Entsprechendes gilt für Umstände, aus denen sich **Rechtsmängel** ergeben, sofern sie nicht der Durchführung des Vertrages entgegenstehen, wie dies bei der erneuten Sicherungsübereignung einer Sache der Fall ist. Beim Verkauf einer Sache „**wie besehen**" wird schlüssig erklärt, dass das Gesehene auch dem tatsächlichen Zustand entspricht, so dass eine Täuschung in der (ausdrück-

lichen oder konkludenten) Bezugnahme auf ein manipuliertes Augenscheinsobjekt liegt (bzgl Falschgeld: BGHSt 3, 154 [156]; 12, 347; bzgl Mehrfahrtenkarte: OLG Düsseldorf NJW 1992, 924).

■ Zur **Angemessenheit** oder Üblichkeit **des Preises** einer Leistung wird im Allgemeinen keine konkludente Erklärung getroffen, zumal der Preis das Resultat von Angebot und Nachfrage sein soll (BGH JZ 1989, 759 [760]; NStZ 2010, 88 [89]; wistra 2011, 335 [336 f]; NStZ 2015, 461 [463] m.Anm. *Kraatz* NZWiSt 2015, 313 und *Kudlich* ZWH 2015, 346; BayObLG NJW 1994, 1078 [1079]; OLG München wistra 2010, 37 [38]). Ausnahmen gelten für bestimmte **Tax- oder Listenpreise** (OLG Stuttgart NStZ 1985, 503 ff m.Anm. *Lackner/Werle* NStZ 2003, 554) wie zB für Arzneimittel (RGSt 42, 147 ff). Allerdings kann mit der Forderung eines Preises eine **Qualitätsaussage** verbunden sein, wenn Waren bestimmten Preiskategorien zugeordnet werden. 82

■ Grds werden bei Vertragsschluss (wechselseitig) die Tatsachen konkludent als gegeben behauptet, die von den Parteien jeweils erkennbar zur **Geschäftsgrundlage** gemacht wurden. So wird bei Ausschreibungen wie auch bei freihändiger Vergabe schlüssig die eigenverantwortliche Kalkulation zu Wettbewerbszwecken, insbesondere das Fehlen einer wettbewerbswidrigen Preisabsprache, erklärt (BGHSt 38, 186; 47, 83 [86 f] m.Anm. *Rose* NStZ 2002, 41 f; *Satzger* JR 2002, 391 ff und *Walter* JZ 2002, 254 ff; BGH NJW 2004, 1539 [1540]). Wer einen **Vergleich** abschließt, bestätigt konkludent, dass sich zwischenzeitlich der den Vorverhandlungen unstr. zugrunde gelegte Sachverhalt nicht geändert hat. Wer Internet-Auktionshäuser nutzt (eBay), erklärt mit dem Anbieten seiner Ware konkludent, die AGB des Auktionshauses zu beachten und keine regelwidrigen Manipulationen des Auktionsablaufes durch Strohmänner vorzunehmen (*Popp* JuS 2005, 689 [690 f]). 83

■ Schließlich wird schlüssig das Vorhandensein solcher Umstände behauptet, die inhaltlich für den jeweiligen **Vertragstyp** kennzeichnend sind; bei **Spielverträgen** gehört hierzu das spezifische Risiko (BGHSt 36, 74 ff; BayObLGSt 1993, 8). Daher wird beispielsweise beim Abschluss eines Wettvertrages konkludent erklärt, keine Manipulationen des zugrunde liegenden sportlichen Wettkampfes zB durch Bestechung der Teilnehmer bzw des Schiedsrichters vorgenommen zu haben (BGHSt 29, 165 [168]; 51, 165 [171]; *Radtke* Jura 2007, 445 [450]; *Saliger/Rönnau/Kirch-Heim* NStZ 2007, 361 [364]; vgl NK-*Kindhäuser* Rn 133 mwN; vgl zu Rennwetten ferner BGHSt 16, 120). Auch bei Durchführung eines Glücksspiels als vermeintliches Geschicklichkeitsspiel kommt eine konkludente Täuschung in Betracht (zu Fernsehratespielen vgl *Berger*, Gewinnspiele, 2013, 174 ff, *Noltenius* wistra 2008, 285 [287] und *Schröder/Thiele* Jura 2007, 820 ff). 84

■ Der **Verwendungszweck** einer Leistung kann schlüssig bestätigt werden, wenn dieser für die Gegenseite zur Voraussetzung ihrer Leistung gemacht wird (BGHSt 2, 325 [326]; BGH JZ 1979, 75 ff; OLG Frankfurt NStZ-RR 2011, 13 [14]). Allerdings lehnt der BGH eine konkludente Täuschung gegenüber Spendern ab, denen verschwiegen wird, dass über mehrere Jahre hinweg mehr als die Hälfte des Spendenaufkommens für Verwaltungskosten verwendet wird (BGH NStZ 1995, 134). 85

86 ■ Da es grds. Sache des Gläubigers ist, die **Vertragsmäßigkeit der empfangenen Leistung** zu überprüfen, wird bei Lieferung nicht konkludent erklärt, die Sache sei kein aliud, frei von Mängeln oder entspreche den Qualitätsvorstellungen des Gläubigers. Umgekehrt liegt in der bloßen **Annahme einer Leistung** (zB Lohn) nicht die schlüssige Behauptung, hierauf einen Anspruch zu haben (BGH JZ 1989, 550). Gleiches gilt für die Entgegennahme eines zu hohen Betrags an Wechselgeld oder sonstiger Mehrleistungen (BGHSt 39, 392 [398]). Mit der Annahme der Gegenleistung ist grds. auch keine (erneute) Behauptung verbunden, selbst erfüllungswillig und -fähig zu sein (BGH GA 1974, 284; auch bei Dauerschuldverhältnissen: BGH wistra 1987, 213).

4. Täuschen durch Unterlassen der Aufklärung

87 a) Eine Täuschung kann auch durch pflichtwidrige Nichtaufklärung des Opfers erfolgen (ganz hM, vgl nur RGSt 73, 393; MK-*Hefendehl* Rn 160; LK-*Tiedemann* Rn 51 jew. mwN auch zur Gegenauffassung). Die Gleichstellung der Täuschung durch Unterlassen mit der (aktiven) Täuschung durch Irreführung erfordert, dass der Täter eine Garantenstellung innehat.

88 b) Die hM misst der Entsprechungsklausel des § 13 beim Betrug durch Unterlassen keine einschränkende Bedeutung bei (vgl *Fischer* Rn 38, 39; MK-*Hefendehl* Rn 161 mwN). Es ist als gleichwertig anzusehen, ob der Täter für die Irrtumsbefangenheit der Vermögensverfügung infolge der pflichtwidrigen Erteilung einer falschen oder der pflichtwidrigen Nichterteilung einer zutreffenden Information einzustehen hat.

89 c) Aufklärungspflichten können aus den üblichen Gründen für **Garantenstellungen** herrühren (§ 13 Rn 32 ff).

90 aa) In Betracht kommt eine Garantenstellung vor allem dann, wenn der Täter die Entstehung eines Irrtums infolge seines (irreführenden) Vorverhaltens zu vertreten hat. Es gelten dann die Grundsätze der **Ingerenzhaftung**. Da das Unterlassen gegenüber einer vorsätzlichen Täuschung subsidiär ist, erlangt die Täuschung durch Verletzung einer Aufklärungspflicht nur selbstständige Bedeutung, wenn der Täter erst nach dem Aufstellen einer Tatsachenbehauptung deren Unwahrheit erkennt, ohne sie zu korrigieren (BGH GA 1977, 18). Dem ist der Fall gleichzustellen, dass der Täter zunächst ohne Schädigungsvorsatz (oder Bereicherungsabsicht) die Unwahrheit sagt, nach der Herbeiführung des Irrtums diesen aber mit betrügerischer Zielsetzung ausnutzt. Aus der allgemeinen **Verkehrssicherungspflicht** kann sich nach hM ferner eine Garantenstellung des Unternehmers für (ihm zurechenbare) Erklärungen seiner Angestellten und Vertreter hinsichtlich der Anbahnung wie auch Abwicklung von Geschäften ergeben (BGHSt 37, 106 [107 ff]).

91 Ob eine Erklärung, die erst **aufgrund einer späteren Veränderung** der Verhältnisse **unwahr** wird, eine Garantenstellung aus Ingerenz zu begründen vermag, ist umstritten (bej. *Hillenkamp* JR 1988, 301 [303]; *Rengier* JuS 1989, 802 [807]; verneinend S/S-*Perron* Rn 20). Da grds. der Verpflichtete nur dafür zu sorgen hat, dass seine Information wahr ist, nicht aber auch dafür, dass sie wahr bleibt, kommt eine Ingerenzhaftung nur in Betracht, wenn die Tatsachenbehauptung falsch wird, bevor sie der Erklärungsempfänger erhält. Allerdings ist es möglich, dass der Täter mit seiner Erklärung zugleich die Verpflichtung eingeht, über Änderungen der behaupteten Verhältnisse zu informieren. Exemplarisch: Der Täter

macht unter Hinweis auf bestimmte Tatsachen ein Angebot, an das er sich für eine bestimmte Zeit gebunden erklärt.

bb) Für **zivilrechtliche** Vertragsverhältnisse ist eine Reihe vermögensbezogener Informationspflichten **gesetzlich** normiert (vgl. zur Übersicht S/S/W-*Satzger* Rn 86 ff), so u.a. die Auskunftspflichten des Beauftragten nach § 666 BGB, die hierauf Bezug nehmenden Informationspflichten nach §§ 675, 713, 2218 BGB sowie die des Kommissionärs nach § 384 II HGB (LK-*Tiedemann* Rn 59). Für den **Versicherungsnehmer** ergibt sich nach hM aus § 23 II VVG die Pflicht, nach Vertragsschluss risikoerhöhende Umstände mitzuteilen (*Lindenau*, Die Betrugsstrafbarkeit des Versicherungsnehmers, 2005, 262 f; S/S-*Perron* Rn 21). 92

cc) Auch aus **öffentlich-rechtlichen Leistungsverhältnissen** können sich Informationspflichten ergeben (NK-*Kindhäuser* Rn 159). In Betracht kommen u.a. die Mitteilungspflicht des Leistungsempfängers nach § 60 I SGB I (OLG Köln NStZ 2003, 374 f; OLG Hamburg wistra 2004, 151 [152 f] m.Anm. *Peglau* wistra 2004, 316 f; OLG München NStZ 2009, 156; OLG Düsseldorf NStZ 2012, 703 [704]), des Arbeitgebers nach § 28 a SGB IV (BGH wistra 1992, 141 f) oder des Empfängers von Arbeitslosengeld I oder II über die Aufnahme bezahlter Arbeit (*Fischer* Rn 40 ff). Als Ausfluss des Treueverhältnisses werden auch für das **Beamtenverhältnis** Informationspflichten bejaht (LK-*Tiedemann* Rn 57; vgl aber OLG Saarbrücken NJW 2007, 2868 [2869 f]; zust. *Kargl* wistra 2008, 121 [123]). 93

dd) Die **prozessuale Wahrheitspflicht** der Parteien bzw Zeugen nach §§ 138, 392 ZPO, 57, 64 StPO besteht nach hL allein gegenüber dem Gericht und begründet *keine* Garantenstellung gegenüber einem der Prozessbeteiligten (*Gössel* II § 21/48; *Krell* JR 2012, 102 [104], allerdings mit Verweis auf das fehlende Vertrauensverhältnis zwischen den Parteien; LK-*Tiedemann* Rn 58; aA BayObLG NJW 1987, 1654 m. krit. Anm. *Otto* JZ 1987, 628; W-*Hillenkamp* Rn 505). 94

ee) Eine betrugsrelevante Garantenstellung kann sich aus **Vertrag** ergeben, wenn dieser in erster Linie Informations- oder Beratungspflichten zum Gegenstand hat, zB bei der Beratung in Steuer- und Rechtsfragen oder Vermögensangelegenheiten (BGH [Zivilsenat] NJW 1981, 1266 [1267]; *Mitsch* 5.2.1.2.4.2). Keine Grundlage für Aufklärungspflichten bieten allgemeine Arbeitsverhältnisse (OLG Braunschweig NJW 1962, 314; OLG Celle NStZ-RR 2010, 207 [208]) oder ein Girovertrag (BGH NJW 2001, 453 [454 f]). Der Vertrag braucht nicht wirksam zu sein, wohl aber muss, wenn dies nicht der Fall ist, Vertrauen in seine Geltung beansprucht werden. 95

Aus **vertraglichen Nebenpflichten** kommen Garantenpflichten nur bei Inanspruchnahme besonderen Vertrauens in Betracht (BGHSt 39, 392 [399]; BGH NStZ 2010, 502), etwa bei der Übernahme einer vom Kunden gewünschten Beratung oder aus langen Geschäftsbeziehungen wie bei Kontokorrent oder Dauerkreditverhältnissen (vgl BGHSt 6, 198; BGH StV 1988, 386). Ferner kann einen herrschenden Alleingesellschafter die Pflicht treffen, die abhängige Gesellschaft über den drohenden Verlust ihrer in den Konzernverbund eingebrachten Mittel aufzuklären (BGH [Zivilsenat] wistra 2002, 58 [60]). Vor allem Bargeschäfte des täglichen Lebens sind nicht mit Aufklärungspflichten verbunden. So muss etwa der Verkäufer nicht darüber informiert werden, dass er einen zu hohen Betrag an **Wechselgeld** herausgibt oder sonst über das Soll hinaus leistet (BGHSt 39, 392 [398]). Bei **Einstellungen** besteht keine strafrechtliche Garantenpflicht, ohne Nachfrage (sonst ggf Irreführung) **Vorstrafen** oder eine frühere Tätigkeit beim 96

Ministerium für Staatssicherheit (**MfS**) oder anderen Organisationen der DDR zu offenbaren (NK-*Kindhäuser* Rn 162 mwN). Vorstrafen, die nicht im Strafregister zu vermerken oder in ein (privates) Führungszeugnis (§ 53 I BZRG) aufzunehmen sind, können auch ausdrücklich verneint werden.

97 Zeitweise hat die Judikatur Garantenpflichten unmittelbar aus dem Grundsatz von **Treu und Glauben** (§ 242 BGB) abgeleitet (BGHSt 6, 198 [199]), fordert nunmehr aber – parallel zu den Kriterien der vertraglichen Übernahme – ein besonderes Vertrauensverhältnis zwischen den Parteien (BGHSt 30, 177 [181 f]; 39, 392 [400]; BGH NJW 1995, 539 [540]). Ein solches Vertrauensverhältnis wird insbesondere bei Mietverhältnissen bejaht (zum geltend gemachten Eigenbedarf BayObLG JZ 1987, 626 [627]). Auch soll ein Gebrauchtwagenhändler verpflichtet sein, ungefragt auf die mangelnde Unfallfreiheit eines Pkw hinzuweisen (so OLG Nürnberg MDR 1964, 693 f); eine Spezifizierung des Schadens ist nicht erforderlich (BayObLG NJW 1994, 1078 [1079]). Entspricht es jedoch den Gepflogenheiten des einschlägigen Verkehrskreises, einen Pkw zu einem bestimmten Listenpreis nur unter der Voraussetzung der Unfallfreiheit anzubieten, wird diese Eigenschaft *konkludent* erklärt und über diese ggf durch aktives Irreführen getäuscht (*Ranft* Jura 1992, 66).

II. Irrtum

98 Durch die Täuschung muss ein Irrtum erregt oder unterhalten worden sein.

1. Der **Begriff** des Irrtums ist umstritten:

99 a) Nach einer im Schrifttum vertretenen Auffassung ist unter einem Irrtum die **mangelnde Kenntnis einer bestimmten Tatsache** zu verstehen. Der Irrtum umfasst damit einerseits jede positive Fehlvorstellung, also den Fall, dass der Betreffende (bewusst oder unreflektiert) von einer Sachlage ausgeht, die mit der fraglichen Tatsache unvereinbar ist. Anderseits ist als Irrtum auch reines Unwissen anzusehen, das gegeben ist, wenn der Betreffende hinsichtlich der fraglichen Tatsache überhaupt keine Vorstellungen (ignorantia facti) hat (*Rönnau/Becker* JuS 2014, 504 [505]; vgl *Frisch* Bockelmann-FS 647 [666]; *Gössel* II § 21/74; MK-*Hefendehl* Rn 229 ff; *Puppe* Lackner-FS 199 [203]).

100 b) Nach Rspr und vorherrschender Lehre soll jedoch bloße Tatsachenunkenntnis nicht genügen: Nur bei einer **bestimmten positiven Fehlvorstellung** sei ein tatbestandsmäßiger Irrtum gegeben (BGHSt 2, 325 [326]; BGH wistra 1992, 141 f; NJW 2014, 2132 [2133]; vgl auch BGH NStZ 2004, 266 [267]; W-*Hillenkamp* Rn 510; *Klesczewski* BT § 9 Rn 45; *Mitsch* 5.2.1.3.1). Die Täuschung sei nur dann kausal, wenn durch sie ein Vorstellungsbild erzeugt bzw durch Unterlassen aufrechterhalten werde.

101 c) Der Ansatz der hM ist erheblichen **Einwänden** ausgesetzt: Zunächst ist es unter dem Gesichtspunkt des Opferschutzes unmaßgeblich, ob sich der Getäuschte bei der Verfügung bestimmte tatsachenwiderstreitende Vorstellungen macht oder nicht. Ferner kommt es für die Kausalität nur darauf an, dass die Vermögensverfügung auf dem Irrtum beruht, also durch die Unkenntnis der fraglichen Tatsache erklärt werden kann. Schließlich und vor allem ist das Erfordernis einer positiven Fehlvorstellung mit der allgemein anerkannten Möglichkeit einer (unbewussten) Vermögensverfügung durch Unterlassen (Rn 138, 159) nicht zu vereinbaren. Demgegenüber entspricht der weite Irrtumsbegriff (Rn 99) demjenigen des Allgemeinen Teils (vgl zum Tatbestandsirrtum § 16 Rn 1 ff; *Roxin* I § 12/86 ff),

gilt vor allem aber auch bei der mittelbaren Täterschaft (§ 25 Rn 13; *Jescheck/ Weigend* § 62 II 2), die dem Betrugstatbestand strukturell zugrunde liegt.

d) Die Streitfrage, ob auch reines Unwissen als Irrtum anzusehen ist, wirkt sich jedoch insoweit kaum aus, als die verlangte positive Fehlvorstellung nach hM nicht konkretisiert zu sein braucht. Es soll eine „ungefähre Vorstellung" ausreichen; nur ein allgemeines Gefühl beruhigender Sicherheit oder Zuversicht sei zu wenig (SK-*Hoyer* Rn 65 mwN). So soll es iSe sachgedanklichen Mitbewusstseins genügen, dass der Getäuschte aufgrund der ihm bewussten Sachlage davon ausgeht, es sei „alles in Ordnung" (*Mitsch* 5.2.1.3.1; vgl BGH wistra 2014, 97). 102

2. Zweifel an der Richtigkeit einer Tatsachenbehauptung schließen nach hM einen Irrtum nicht aus. Ein (die Vermögensverfügung mitauslösendes) Fürmöglichhalten der Tatsachenbehauptung sei hinreichend (vgl BGHSt 24, 257 [260]; BGH NStZ 2003, 313 [314] m. krit. Anm. *Beckemper/Wegner*; *Otto* BT § 51/22). Teils wird restriktiver verlangt, dass der Betreffende die Wahrheit der Behauptung für wahrscheinlicher als deren Unwahrheit halten müsse bzw keine konkreten Zweifel haben dürfe (*Amelung* GA 1977, 1 [7, 16]; *Beulke* JR 1978, 390). 103

Zur Entscheidung der Frage lassen sich auch die Kriterien mittelbarer Täterschaft heranziehen: Eine auf einen Sachverhaltsirrtum bezogene mittelbare Täterschaft scheidet aus, wenn der Vordermann vorsätzlich handelt. Dementsprechend schließen nur solche Zweifel des Opfers, die „Vorsatzdichte" erreichen, einen betrugsrelevanten Irrtum aus (*Rönnau/Becker* JuS 2014, 504 [506]). Daher stehen auch solche Zweifel, welche die Gutgläubigkeit des Opfers als grob leichtfertig erscheinen lassen, der Annahme eines Irrtums nicht entgegen (vgl auch BGH NStZ 2007, 213 [215], wonach eine besondere Vertrauensbeziehung zu einer Verringerung des Prüfungsumfangs führen kann). Wohl aber ist ein Irrtum zu verneinen, wenn das Opfer quasi-vorsätzlich handelt, also mit einer ansonsten Vorsatz begründenden Wissensintensität vom Nichtbestehen der fraglichen Tatsachen ausgeht (NK-*Kindhäuser* Rn 178). Zur Möglichkeit der Wissenszurechnung in arbeitsteiligen Organisationen (dazu LK-*Tiedemann* Rn 82; ausf. *Brand/ Vogt* wistra 2007, 408 ff; *Weißer* GA 2011, 333 ff) äußert sich die Rspr zurückhaltend (vgl BGH NJW 2003, 1198 [1199 f]; NStZ 2006, 623 [624]; BayObLG NStZ 2002, 91 f). 104

3. Erregen und Unterhalten: Der Tatbestand umschreibt den zwischen Irrtum und Täuschung erforderlichen Kausalzusammenhang mit den zwei Varianten des Erregens und des Unterhaltens (zur psychisch vermittelten Kausalität vgl NK-*Puppe* Vor § 13 Rn 111 ff, 118 f): 105

a) Ein Irrtum wird **erregt**, wenn eine (zuvor nicht bestehende) Fehlvorstellung durch Einflussnahme auf den Getäuschten (mit)bewirkt wird (LK-*Tiedemann* Rn 94 mwN). 106

b) Ein Irrtum kann durch Begehen **unterhalten** werden, wenn die Unkenntnis hinsichtlich einer Tatsache aufrechterhalten wird, indem etwa aufkommende Zweifel zerstreut oder eine Aufklärung durch eigene Nachforschungen des Irrenden verhindert werden. Ein Irrtum kann aber auch durch Unterlassen aufrechterhalten werden, indem eine bestehende Unkenntnis (pflichtwidrig) nicht durch eine zutreffende Information beseitigt wird (*Fischer* Rn 65; *Mitsch* 5.2.1.3.2). Nicht tatbestandsmäßig ist das bloße **Ausnutzen** eines bereits bestehenden Irrtums. Hiervon ist etwa auszugehen, wenn der (keine Garantenstellung innehabende) Täter sich so verhält, als teile er die fragliche Sachverhaltsannahme, ohne 107 sie durch das Vorbringen weiterer (ausdrücklicher oder konkludenter) Informationen zu bestätigen (W-*Hillenkamp* Rn 514).

108 **4. Feststellung: Prozessual** ist die Feststellung eines Irrtums eine beweiserhebliche Tatfrage, die nicht ohne Weiteres angenommen werden darf (näher NK-*Kindhäuser* Rn 186 ff, insbesondere zur Vorlage von Legitimationspapieren, Sparbuch, Scheck- und Kreditkarten). Problematisch ist ua, ob sich der Richter im Zivilprozess in einem Irrtum befindet, wenn er auf ein unwahres Parteivorbringen hin bei einem *non liquet* nach **Beweislastregeln** entscheiden muss. Dies wird überwiegend mit der Begründung bejaht, dass sich der Richter insoweit in einem Irrtum befinde, als er aufgrund des (falschen) Tatsachenvortrags glaube, nach Beweislastregeln entscheiden zu müssen, obgleich die wahre Sachlage dies nicht rechtfertige (S/S-*Perron* Rn 51; LK-*Tiedemann* Rn 90; aA RGSt 72, 113 [115]). Teils wird auf § 138 ZPO abgestellt: Da der Zivilrichter unabhängig von seinem eigenen Wissen aufgrund des Parteivorbringens entscheiden müsse, normiere diese Vorschrift die Pflicht, Erklärungen über Tatsachen vollständig und wahrheitsgemäß abzugeben; bei unwahrem Tatsachenvortrag sei die diesbezügliche Unkenntnis des Richters der Partei als Unterhalten eines Irrtums zuzurechnen (NK-*Kindhäuser* Rn 190 mwN).

109 Beim **Versäumnisurteil** (§ 331 ZPO) und **Mahnverfahren** (§ 692 I Nr. 2 ZPO) verneint die hL einen Irrtum des Richters bzw Rechtspflegers, da der Entscheidende ohne Weiteres vom Tatsachenvortrag des Klägers auszugehen habe und daher die Möglichkeit (bzw Pflicht) fehle, das Vorbringen, selbst wenn es für falsch gehalten wird, zurückzuweisen (*Otto* JZ 1993, 652 [654 f]; LK-*Tiedemann* Rn 90; aA OLG Düsseldorf NStZ 1991, 586; OLG Celle NStZ-RR 2012, 111 (112 f); zur Kritik *Pawlik,* Das unerlaubte Verhalten beim Betrug, 1999, 230 f, 244 f). Schreibt man jedoch auch in diesen Fällen dem Entscheidenden eine prozessförmig vorgesehene Tatsachenunkenntnis zu, die gerade durch einen wahrheitsgemäßen Parteivortrag nach § 138 ZPO behoben werden müsste, so beruht jede Entscheidung, die bei einem wahrheitsgemäßen Vorbringen (oder dem Unterlassen wahrheitswidriger Angaben) hätte anders ausfallen müssen, auf einem vom Kläger zu vertretenden Irrtum (NK-*Kindhäuser* Rn 192; so auch iE BGH NStZ 2012, 322 [323]; NJW 2014, 711 [712]; *Heghmanns* ZJS 2014, 323 [325]).

III. Vermögensverfügung

110 Irrtum und Vermögenseinbuße werden durch das ungeschriebene Tatbestandsmerkmal der Vermögensverfügung verbunden: Als Vermögensverfügung ist jedes **Verhalten** (Tun oder Unterlassen) anzusehen, das **unmittelbar zu einer Vermögensminderung führt** (BGHSt 14, 170 [171]; *Fischer* Rn 70; LK-*Tiedemann* Rn 97).

1. Vermögensminderung

111 Unter einer Vermögensminderung ist jede Einbuße eines Vermögensgegenstands zu verstehen. Jedoch sind sowohl der Begriff des Vermögens als auch die Voraussetzungen, unter denen eine Vermögensminderung anzunehmen ist, im Grundsatz wie im Detail heftig umstritten.

112 **a) Funktionen:** Der Vermögensbegriff hat innerhalb des Betrugstatbestands und seiner systematischen Stellung im Rahmen der Vermögensdelikte vor allem drei Funktionen zu erfüllen:

- Der Betrug ist ein Vermögensdelikt: Der Begriff des Vermögens muss daher so bestimmt sein, dass sich die zentralen Eigentums- und Vermögensdelikte (§§ 242, 249, 253, 263, 266) ohne Wertungswidersprüche anwenden lassen (**Kohärenzfunktion**). Vor allem gilt: Sofern der Raub als Spezialfall der Erpressung angesehen wird (hM, vgl Vor § 249 Rn 2 ff mwN), muss das Eigentum – eine Identität der Vermögensbegriffe von Betrug und Erpressung (vgl § 253 Rn 32) vorausgesetzt – ein Spezialfall des Vermögens sein. Bei systematischer Kohärenz kann es also kein Eigentum geben, das nicht auch Vermögen iSd Betrugstatbestands ist. 113

- Der Betrug ist ein Vermögensschädigungsdelikt: Mithilfe des Vermögensbegriffs müssen sich Inhalt und Umfang der geschützten Rechtsposition angeben lassen, die durch die Vermögensverfügung des Getäuschten gemindert wird (**Schadensfunktion**). Hierbei ist die Vermögensminderung nur notwendige Voraussetzung für die Annahme eines Schadens. Ob ein tatbestandsmäßiger Schaden auch tatsächlich gegeben ist, wird erst im Rahmen der Prüfung des Tatbestandsmerkmals Vermögensschaden festgestellt. Denn die Vermögensminderung kann ggf durch eine Gegenleistung oder die Erreichung ihres Zwecks kompensiert sein. 114

- Der Betrug ist ein Vermögensverschiebungsdelikt: Mithilfe des Vermögensbegriffs muss sich der Vorteil bestimmen lassen, der in der Absicht des Täters ihm (oder einem Dritten) unmittelbar durch die Schädigung zufließen soll (**Bereicherungsfunktion**). Dem Schutzbereich des Betrugs unterfallen damit nur solche Vermögensgegenstände, die sich iSe Bereicherung **zugleich nachteilig und vorteilhaft verschieben** lassen (vgl auch BGH NStZ 1998, 85 f). Ob die Erlangung eines betrugsspezifischen Vorteils vom Täter tatsächlich beabsichtigt war, wird zwar erst bei der Prüfung des (subjektiven) Tatbestandsmerkmals der Bereicherungsabsicht festgestellt, jedoch ist der Vermögensbegriff von vornherein auf Güter zu begrenzen, die als solche auch von anderen erworben werden können. 115

b) Vermögenslehren: Zum Vermögensbegriff werden im Wesentlichen fünf Grundpositionen vertreten: die juristische, die wirtschaftliche, die juristisch-ökonomische, die personale und die funktionale Vermögenslehre. 116

aa) Nach dem sog. **juristischen Vermögensbegriff** ist unter dem Vermögen die Gesamtheit der einer Person zustehenden (subjektiven) Vermögensrechte zu verstehen (RGSt 3, 332 [333]; 11, 72; *Binding* I 237 f, 341; *Hirschberg,* Der Vermögensbegriff im Strafrecht, 1934, 279). Dieser Lehre wird entgegengehalten, sie sei einerseits zu eng, da sie nur subjektive Rechte zum Vermögen zähle und damit andere schutzwürdige Positionen (zB Geschäftsgeheimnisse, Kundenstamm, Exspektanzen) vernachlässige, andererseits zu weit, da nicht alle subjektiven Rechte einen vermögensrechtlichen Charakter hätten (vgl nur *Gallas* Schmidt, Eb.-FS 401 [407]; *Hefendehl*, Vermögensgefährdung und Exspektanzen, 1994, 100; *Nelles,* Untreue zum Nachteil von Gesellschaften, 1991, 353, 375). 117

Die Kohärenzfunktion (Rn 113) vermag der juristische Vermögensbegriff ohne Weiteres zu erfüllen, da die Eigentumsdelikte das Eigentum als subjektives Vermögensrecht schützen und sich systematisch somit als Unterfälle der allgemeinen Vermögensdelikte darstellen. Entscheidend spricht jedoch gegen den juristischen Vermögensbegriff, dass er mit der Schadens- und Bereicherungsfunktion (Rn 114 f) kaum plausibel zu vereinbaren ist (näher NK-*Kindhäuser* Rn 18 ff). Er sieht in jeder nachteiligen „Veränderung oder Aufgabe von Rechten oder Nicht- 118 geltendmachung derselben oder Belastung mit Pflichten" (*Binding* I 353 ff) bereits eine Vermögensminderung, also schon in dem für das Opfer (mit Wirkung ex tunc) ohne Weiteres nach § 123 BGB anfechtbaren Abschluss eines Vertrages. Strafrechtlicher Schutz braucht aber nur dort einzugreifen, wo das Opfer einen der materiellen Rechtslage zuwiderlaufenden faktischen Nachteil in seinem Güterbestand erleidet; die Vermeidung einer rein formalen Rechtsänderung, deren Korrektur der Getäuschte kraft Anfechtungsmöglichkeit selbst (völlig) in der Hand hat, bedarf keiner strafrechtlichen Sanktion. Auch bei § 242 wird nicht (nur) das Eigentum als solches, sondern die dem Eigentümer zustehende faktische Sachherrschaft vor Entzug durch Eigentumsanmaßung gesichert. Der juristische Vermögensbegriff hat sich daher nicht durchsetzen können und hat heute nur noch historische Bedeutung; seine Darstellung im Gutachten kann entbehrlich sein.

119 **bb)** Der vor allem von der Rspr häufig herangezogene sog. **wirtschaftliche Vermögensbegriff** definiert das Vermögen als Summe der geldwerten Güter, über die eine Person faktisch verfügen kann (RGSt 16, 1 ff; BGHSt 26, 346 [347]; 34, 199 ff). Die rechtliche Zuordnung der Güter ist irrelevant; als Vermögensgegenstand kommt alles in Betracht, was im (legalen oder illegalen) Wirtschaftsleben gehandelt werden kann. Auch widerrechtlich erlangte Positionen – wie etwa die Diebesbeute – gehören zum (strafrechtlich geschützten!) Vermögen, wenn sie nur „zu Geld gemacht" oder wirtschaftlich eingesetzt werden können. Gegenstände dagegen, die keinen wirtschaftlichen Marktwert haben, unterfallen nicht dem Vermögen.

120 Abgesehen davon, dass eine rein faktische – ggf nur auf Gewalt gestützte – Vermögenszuordnung schwerlich strafrechtlichen Schutz verdient (*Gallas* Schmidt, Eb.-FS 401 [426]; *Kleszewski* BT § 9 Rn 16; M-*Schroeder/Maiwald* I § 41/99, 102), ist der wirtschaftliche Begriff hinsichtlich der Schadensfunktion (Rn 114) dem Einwand ausgesetzt, mangels rechtlicher Konturierung in Inhalt und Umfang zu ungenau zu sein (*Naucke*, Zur Lehre vom strafbaren Betrug, 1964, 117 ff). Wer nur die (ggf unerlaubte) Möglichkeit hat, ungehindert auf fremde Güter zuzugreifen, kann deshalb kaum schon als deren Vermögensinhaber angesehen werden.

121 Auch mit dem Kohärenzkriterium (Rn 113) ist der wirtschaftliche Vermögensbegriff kaum zu vereinbaren. Da nur Gegenstände, die einen (gegenwärtigen) Marktwert haben, zum Vermögen gehören sollen, das Eigentum an Sachen aber unabhängig von einem eventuellen Marktwert geschützt wird, hängt es von Zufälligkeiten bei der Tatausführung ab, ob die widerrechtliche Besitzverschiebung an einer im wirtschaftlichen Sinne wertlosen Sache (zB Erinnerungsphotos) strafbar oder straflos ist. Besonders drastisch wirkt sich dies im Verhältnis von Raub und räuberischer Erpressung aus: Entwendet der Täter eine objektiv wertlose Sache unter lebensgefährdender Bedrohung des Opfers mit einer Waffe, so begeht er das Eigentumsdelikt eines schweren Raubes nach § 250 II Nr. 3 b (fünf Jahre Mindestfreiheitsstrafe). Veranlasst der Täter dagegen unter Anwendung solcher Drohungen das Opfer, ihm denselben Gegenstand auszuhändigen, so verwirklicht er mangels Vermögensschadens keine räuberische Erpressung (§ 255) mit gleichem Strafmaß, sondern eine Nötigung nach § 240 (maximale Freiheitsstrafe von drei Jahren). Solche Strafmaßdifferenzen entbehren jeder dogmatischen (und kriminalpolitischen) Plausibilität.

122 **cc)** Vorherrschende Lehre ist der sog. **juristisch-ökonomische Vermögensbegriff**: Nach ihm ist Vermögen die Summe aller Güter mit Marktwert, die einer Person in rechtlich schutzwürdiger Weise zugeordnet sind. Über die Kriterien der rechtlichen Zuordnung bestehen Differenzen: Teils soll erforderlich sein, dass ein zum Vermögen zählendes Gut der rechtlichen Verfügungsmacht einer Person unterliegt (*Gallas* Schmidt, Eb.-FS 401 [409]) oder zumindest von der Rechtsordnung geschützt bzw anerkannt wird (*Heinrich* GA 1997, 24 [33]; W-*Hillenkamp* Rn 532, 535; *Mitsch* 5.2.1.5.2.1; S/S/W-*Satzger* Rn 143), teils wird nur negativ verlangt, dass die Zuordnung nach außerstrafrechtlicher Wertung nicht missbilligt wird (S/S-*Perron* Rn 82 ff; M/R-*Saliger* Rn 158; LK-*Tiedemann* Rn 132). Auch nach der neueren Rspr sollen rechtlich nicht geschützte Exspektanzen, sittenwidrige Leistungen und sonstige Wertpositionen nicht dem strafrechtlichen Vermögensbegriff unterfallen (vgl BGH StV 2002, 81 f; BGH (Anfrage-)Beschl. vom 1.6.2016, Az: 2 StR 335/15).

Die juristisch-ökonomische Vermittlungslehre reduziert zwar den Umfang des Vermögensbegriffs durch den Ausschluss rechtswidriger Positionen und vermeidet so die Ungenauigkeit des wirtschaftlichen Begriffs bei der Vermögenszuordnung. Ansonsten stimmt sie aber mit der wirtschaftlichen Lehre überein und ist insbesondere dem Einwand ausgesetzt, zu Verwerfungen im System der Vermögensdelikte zu führen (Rn 121). 123

dd) Im Schrifttum verbreitet ist der sog. **personale Vermögensbegriff**, der das Vermögen in seiner Funktion als Grundlage der Persönlichkeitsentfaltung im Rahmen wirtschaftlicher Zwecksetzungen schützen will (*Alwart* JZ 1986, 563 [565]; *Bockelmann* Kohlrausch-FS 226 [248 ff]; *Geerds*, Wirtschaftsstrafrecht und Vermögensschutz, 1990, 116; *Otto* BT § 51/54). 124

Mit Blick auf die Schadens- und Bereicherungsfunktion (Rn 114 f) bleibt bei dieser Lehre offen, wie mithilfe des Personalitätskriteriums der Umfang des einem Inhaber zugeordneten Vermögens zu bestimmen ist (*Berger*, Der Schutz öffentlichen Vermögens durch § 263 StGB, 2000, 85; *Gössel* II § 21/119). Soll die „Person" mit dem Rechtsträger des Vermögens identisch sein, so ist personale Entfaltungsfreiheit im gegenständlichen Bereich nichts anderes als rechtlich geschützte Dispositionsfreiheit über rechtlich zugeordnete Güter, so dass sich die personale Lehre als auf wirtschaftliche Zwecksetzungen verkürzte Variante des juristischen Ansatzes darstellt. Keine Probleme wirft der personale Vermögensbegriff hinsichtlich der Kohärenzfunktion (Rn 113) auf, da nach diesem Ansatz das Vermögen nicht auf Gegenstände mit Marktwert begrenzt wird. Nicht überzeugend ist auch der Einwand, der personale Vermögensbegriff passe nur zu natürlichen Vermögensinhabern (*Nelles*, Untreue zum Nachteil von Gesellschaften, 1991, 422; LK-*Tiedemann* Vor § 263 Rn 27); auch bei juristischen Personen des privaten und öffentlichen Rechts dient das Vermögen der Verwirklichung von Zwecken. 125

ee) Die Schwächen der einzelnen Vermögenslehren lassen sich durch eine **funktionale** Modifikation des juristisch-ökonomischen Vermögensbegriffs vermeiden, also durch eine Definition des Vermögens, die an dessen Funktionen im Rahmen des Betrugstatbestands und seiner systematischen Stellung innerhalb der Vermögensdelikte ausgerichtet ist (näher NK-*Kindhäuser* Rn 30 ff mwN); sie lautet: **Vermögen ist die Verfügungsmacht einer Person über die** (Gesamtheit der) **ihr rechtlich zugeordneten übertragbaren** (abstrakt geldwerten) **Güter**. Dies bedeutet hinsichtlich der drei deliktsspezifischen Funktionen: 126

Zum Vermögen einer Person gehören alle Güter und Nutzungsmöglichkeiten (auch Know-how, Geschäftsgeheimnisse, Anwartschaften), die auf eine andere Person (rechtswirksam) übertragen und damit auch auf Kosten des Berechtigten 127 rechtswidrig erlangt werden können. Nicht einschlägig sind persönliche Familienrechte und die Gegenstände höchstpersönlicher Rechte, wie etwa Leib, Leben oder Ehre. Dagegen gibt es keinen deliktshistorisch oder sachlich zwingenden Grund (näher *Hirschberg*, Der Vermögensbegriff im Strafrecht, 1934, 277 ff), Güter ohne gegenwärtigen Marktwert vom Vermögensschutz auszuschließen, zumal sich kaum Gegenstände finden lassen, die nicht per se irgendwann und irgendwo gegen Geld übertragen werden könnten (vgl auch *Niggli*, Das Verhältnis von Eigentum, Vermögen und Schaden, 1992, 68; *Otto* BT § 38/7, § 51/54). Daher reicht es – im Unterschied zum gängigen Verständnis des juristisch-ökonomischen Vermögensbegriffs – für die Vermögenszuordnung aus, dass ein Gut überhaupt gegen Geld übertragbar ist und ihm so ein **abstrakter Geldwert** zugesprochen werden kann (zur Parallele im Zivilrecht vgl *Wolf/Neuner*, AT des Bürgerlichen Rechts, 10. Aufl., 2012, § 26/15 ff).

128 c) **Einzelfragen der Vermögenszuordnung:** Die abweichenden Inhaltsbestimmungen der einzelnen Lehren führen (nur) bereichsweise zu unterschiedlichen Vermögenszuordnungen. Vor allem folgende Fallgruppen sind bedeutsam:

129 ■ Zum Vermögen zählen (unstr.) **Vermögensrechte** aller Art, zB vertragliche und gesetzliche Pfandrechte (BGHSt 32, 88 [91]); Unterhaltsrechte; Ansprüche aus (echten) Verträgen zugunsten Dritter (RGSt 66, 281 [288]); Urheber-, Marken- und Patentrechte; Gewinnforderungen (näher dazu *Rose* wistra 2002, 370 ff); mit Abwehrrechten gegenüber Dritten verbundene gewerbliche Schutzrechte; die Beteiligung an einer BGB-Gesellschaft (BGH GA 1979, 271). Einschlägig sind ferner übertragbare Betriebs- und Geschäftsgeheimnisse, die rechtlichen Schutz genießen (zB durch §§ 826 BGB, 1, 17 ff UWG, 404 AktG, 85 GmbHG). Persönlichkeitsrechte können – wie etwa beim Namensrecht oder dem Recht am eigenen Bild – hinsichtlich ihrer Nutzung Vermögensrelevanz haben. Während für den personalen und funktionalen Vermögensbegriff das **Eigentum** stets zum Vermögen gehört, stimmen die wirtschaftlichen Lehren dem nur zu, wenn das fragliche Objekt einen Marktwert hat (S/S-*Perron* Rn 85).

130 ■ Zum Vermögen sind ferner **Anwartschaften** zu rechnen, dh solche Positionen, die sich für ihren Inhaber nach Maßgabe des bürgerlichen oder öffentlichen Rechts bereits als eine rechtlich gesicherte Vorstufe für den Erwerb des Vollrechts darstellen; exemplarisch: das Vorkaufsrecht (BGH NJW 1977, 155) oder die Anwartschaft auf Übereignung einer unter Eigentumsvorbehalt gekauften Sache oder auf Rückerwerb einer Sache, die auflösend bedingt zur Sicherheit übereignet wurde.

131 ■ Weitergehend sollen nach der Rspr auch **Exspektanzen** (Erwartungen) zum Vermögen gehören, die sich auf einen wahrscheinlich realisierbaren Gewinn beziehen und die nach der Verkehrsauffassung bereits einen messbaren Marktwert besitzen (BGHSt 31, 232; BGH NStZ 1991, 488 f; umfassend *Hefendehl*, Vermögensgefährdung und Exspektanzen, 1994, 33 ff; MK-*Hefendehl* Rn 382 ff). Exemplarisch: die Aussicht auf Zuteilung von Aktien an einen aus sozialen Erwägungen eingeschränkten Personenkreis (BGHSt 19, 37 [42]); die Aussicht auf Leistung aus einem unechten Vertrag zugunsten Dritter (OLG Stuttgart NJW 1962, 502 [503]); die Aussicht auf Abschluss eines Kaufvertrags bei einem ernsthaften Angebot (OLG Bremen NStZ 1989, 228); die Aussicht auf den Zuschlag bei einer öffentlichen Verdingung für den günstigsten Anbieter (BGHSt 34, 370 [390 f]; BGH NStZ 1997, 542 [543]). Auch die sichere Möglichkeit, ein Produkt gewinnbringend am

Markt abzusetzen, soll eine Vermögensposition darstellen, so dass eine Rabatterschleichung in diesem Fall nicht bloß die Vereitelung einer Vermögensmehrung, sondern eine Vermögensschädigung darstellen kann (BGH NJW 2004, 2603 ff). Nicht einschlägig sollen demgegenüber sein: spekulative Zins- und Gewinnerwartungen (BGH NStZ 1996, 191); die Aussicht des Erben auf Anfall der Erbschaft oder eines Vermächtnisnehmers auf Auszahlung des Vermächtnisses (OLG Stuttgart NStZ 1999, 246 [247 f]; *Jünnemann* NStZ 1998, 393 [394]; aA *Schroeder* NStZ 1997, 585 f). In der Literatur werden Exspektanzen teils nur dem Vermögen zugeordnet, wenn sie derart konkretisiert und individualisiert sind, dass sie als selbstständiger Wert am Wirtschaftsverkehr teilnehmen können (*Otto* BT § 51/85) oder wenn die Gewinnerwartung rechtlich begründet ist und über sie durch Rechtsgeschäft wirksam verfügt werden kann (*Hefendehl*, Vermögensgefährdung und Exspektanzen, 1994, 117 f; *Hirschberg*, Der Vermögensbegriff im Strafrecht, 1934, 326; *Kargl* JA 2001, 714 [720]).

■ **Naturalobligationen** und andere nicht einklagbare Forderungen (vgl §§ 656, 132 762 f BGB) gehören nach den wirtschaftlichen Lehren bei vorhandenem Leistungswillen des Schuldners zum Vermögen (RGSt 68, 379 [380]; LK-*Tiedemann* Rn 149); umgekehrt soll sein Vermögen mindern, wer (nur) täuschungsbedingt eine Naturalobligation erfüllt (S/S-*Perron* Rn 91 f; aA *Welzel* 375). Nach der Gegenauffassung zählen Verbindlichkeiten, deren Realisierung allein vom Willen des Schuldners abhängt, nicht zum Vermögen des Gläubigers (NK-*Kindhäuser* Rn 232).

■ Für alle Lehren, die Güter nach rechtlichen Kriterien zuordnen, haben **nich-** 133 **tige Forderungen** (zB §§ 134, 138 BGB) keinen Vermögenswert (*Arzt/Weber/Heinrich/Hilgendorf* § 20/118; W-*Hillenkamp* Rn 535, 569; *Otto* BT § 51/81; M-*Schroeder/Maiwald* I § 41/99, 133). Nach wirtschaftlicher Betrachtungsweise gehören Forderungen, die nicht auf dem Rechtsweg, sondern nur mit beliebigen Druckmitteln durchgesetzt werden können, dann zum Vermögen, wenn hierfür auch ein illegaler Marktwert für ausreichend erachtet wird (BGHSt 2, 364 ff).

■ Die rein wirtschaftliche Lehre sieht jede Form von **Besitz**, der nach der Ver- 134 kehrsauffassung ein Marktwert zugesprochen wird, als Vermögensbestandteil an (BGHSt 18, 221 [223]; BGH NJW 1988, 2623 [2624]; NStZ 2008, 627; NStZ-RR 2015, 371 [372]). Bewertungsschwierigkeiten können sich hier vor allem bei nur vorübergehender Nutzung ergeben (vgl BGH StraFO 2011, 236 [237]; OLG Celle StV 1996, 154 f). Die Vertreter der ökonomisch-juristischen Vermittlungslehre bieten uneinheitliche Kriterien an: Teils soll redlicher Besitz genügen (S/S-*Perron* Rn 94 f), teils soll der unberechtigte Besitz nicht gegenüber dem Berechtigten, wohl aber gegenüber unberechtigten Dritten geschützt sein (SK-*Samson/Günther*, 5. Aufl., 1996, Rn 118), teils soll der Besitz nach §§ 858 f BGB auch dann zum Vermögen gehören, wenn er materiell rechtswidrig ist (BGH NStZ 2008, 627 m. abl. Anm. *Kindhäuser* StV 2009, 355; LK-*Tiedemann* Rn 141). §§ 858 f BGB dienen jedoch nicht dem Vermögensschutz, sondern sichern den Rechtsfrieden bis zur Klärung der Vermögenslage in einem rechtlich geordneten Verfahren (vgl *Gallas* Schmidt, Eb.-FS 401 [426]; *Geerds*, Wirtschaftsstrafrecht und Vermögensschutz, 1990, 124). Bei streng rechtlicher Bestimmung gehört daher nur der berechtigte (mittelbare wie auch unmittelbare) Besitz und die

Möglichkeit seiner Nutzung zum Vermögen (*Gössel* II § 21/145; M-*Schroeder/Maiwald* I § 41/99).

135 ■ Die **Arbeitskraft** eines Menschen ist als höchstpersönliches Gut kein Vermögensbestandteil. Jedoch kann die (ihm mögliche) Arbeitsleistung als (abstrakt) geldwerte Leistung angesehen werden (hM, vgl nur *Heinrich* GA 1977, 24 [26 f]; *Pawlik*, Das unerlaubte Verhalten beim Betrug, 1999, 261). Daher mindert sein Vermögen, wer zur unentgeltlichen Erbringung einer Arbeitsleistung veranlasst wird, und zwar unabhängig davon, ob der Betreffende seine Arbeitskraft anderweitig eingesetzt hätte (RGSt 68, 379 [380]; *Lampe* Maurach-FS 375 ff; S/S-*Perron* Rn 96). Auch die Judikatur rechnet – in Abweichung von der ansonsten primär wirtschaftlichen Betrachtungsweise – Leistungen, die verbotenen oder sittenwidrigen Zwecken dienen, nicht zum Vermögen (BGHSt 4, 373; BGH wistra 1989, 142; zur Rechtswirksamkeit der Forderungen von Prostituierten vgl § 1 ProstG; BGH NStZ 2011, 278 (279) m.Anm. *Zimmermann* NStZ 2012, 211; NStZ 2016, 283 [284]; näher *Heger* StV 2003, 350 [355]; *Ziethen* NStZ 2003, 184 ff).

136 ■ **Strafe** und Bußgeld des Staates zählen nach hM wegen ihrer Zwecksetzung und ihres spezialgesetzlichen Schutzes durch § 258 nicht zum betrugsrelevanten Vermögen (BGHSt 38, 345 [352]; BGH wistra 2007, 258; LK-*Tiedemann* Rn 145 mwN; abw. *Mitsch* 5.2.1.5.2.2). Anderes soll jedoch für die Gewährung von Unterkunft und Verpflegung bei behördlicher Freiheitsentziehung oder verfahrensbezogenen Kostenansprüchen gelten (OLG Karlsruhe NStZ 1990, 283 f).

2. Begriff der Verfügung

137 a) Der Begriff der Vermögensverfügung ist nicht zivilrechtlich, sondern rein faktisch zu verstehen; Geschäftsfähigkeit ist nicht erforderlich. Neben rechtsgeschäftlichen Handlungen aller Art kommen auch alle sonstigen Verhaltensweisen in Betracht, die unmittelbar eine Vermögensverringerung bedingen. Exemplarisch: Preisgabe und Übertragung von Gewahrsam an einer Sache, Räumung einer Wohnung, Schaffung eines Beweismittels (BGH StV 1989, 478 f) oder Veranlassung einer Zahlung im verkürzten Zahlungsweg (BGH wistra 2009, 153 [154] m. zust. Anm. *Leplow* wistra 2009, 234). Auch eine Blankounterschrift gilt als Verfügung, wenn der Unterzeichnende deren spätere missbräuchliche Verwendung (zB im Wege der Anscheinsvollmacht) gegen sich gelten lassen muss (LK-*Tiedemann* Rn 101). Ferner können staatliche Hoheitsakte (zB Verurteilungen, Klageabweisungen, Gewährung von Sozialhilfe) Verfügungscharakter haben (BGHSt 24, 257 ff).

138 Eine Verfügung durch **Unterlassen** setzt voraus, dass das Nichteinschreiten nicht abgenötigt ist. Die erzwungene und auch nicht als Einverständnis zu verstehende Hinnahme einer Vermögensverschiebung hat keinen Verfügungscharakter. Als Verfügungen durch Unterlassen kommen vor allem das Nichtergreifen rechtlicher Möglichkeiten, wie die Geltendmachung eines Erstattungs- bzw Rückforderungsanspruchs (BGH wistra 1984, 225 f) oder das (weitere) Betreiben der Zwangsvollstreckung (BGH NStZ 2003, 546 [548]), in Betracht.

139 b) Der **Getäuschte** selbst **muss Verfügender** sein, braucht die Verfügung aber nicht eigenhändig vorzunehmen, sondern kann sie auch durch einen Dritten ausführen lassen. Für den Kausalzusammenhang zwischen Täuschung und Verfügung ist (nur) erforderlich, dass der Irrtum für die Vermögensverschiebung zu-

mindest mitbestimmend war. Hypothetische Ersatzbedingungen sind nicht zu berücksichtigen. Es ist also ohne Belang, wenn der Getäuschte auch aus einem anderen Grund, den er auch tatsächlich nicht bedacht hat, die Verfügung hätte treffen können. Die Kausalität ist nur ausgeschlossen, wenn die Verfügung nicht infolge des Irrtums, sondern (ausschließlich) aufgrund anderer Erwägungen vorgenommen wurde.

c) Dass die Vermögensänderung **unmittelbar** durch die Vermögensverfügung herbeigeführt sein muss (BGHSt 14, 170 [171]), dient insbesondere der Abgrenzung des (Sach-)Betrugs vom Diebstahl. Für die Vermögensminderung darf nicht noch eine vom Täter auszuführende rechtswidrige Zwischenhandlung erforderlich sein (BGH NStZ 2005, 632 f; LK-*Tiedemann* Rn 98). Keine tatbestandsmäßige Verfügung ist es daher, wenn ein Provisionsvertreter eine schriftliche Bestellung des Opfers nachträglich verfälscht. Setzt der Getäuschte dagegen eine **Blankounterschrift** unter eine Erklärung, die der Täter abredewidrig ausfüllt, so stammt die Erklärung dem äußeren Anschein nach vom Getäuschten und ist als dessen Verfügung anzusehen. Bei einer Verfügung, die mehrere Akte umfasst, muss jedenfalls der Teilakt, durch welchen der Vermögensverlust bewirkt wird, auf den Getäuschten zurückzuführen sein (BGHR § 263 Abs. 1 Vermögensschaden 29; BGH NStZ 2014, 578 [579]; OLG Stuttgart NStZ-RR 2013, 174 [175]). Exemplarisch ist die irrtumsbedingte Genehmigung eines Antrags, auf die hin durch die behördenintern zuständige Kasse eine Auszahlung erfolgt.

An der unmittelbaren Vermögensänderung durch die Vermögensverfügung fehlt es bei der Preisgabe von Kennwörtern, Pin- oder TAN-Nummern usw im Rahmen des sog. **Phishing**. Hier veranlasst der Täter das Opfer über Trojaner, falsche Homepages oder täuschende E-Mails zwar, seine Zugangsdaten zum Online-Banking herauszugeben, doch ist zur Vermögensminderung noch eine Zwischenhandlung des Täters, namentlich die missbräuchliche Verwendung der Zugangsdaten erforderlich (MK-*Hefendehl* Rn 666; NK-*Kindhäuser* Rn 203 mwN; aA *Stuckenberg* ZStW 118, 878 [899 ff]).

d) Das Unmittelbarkeitserfordernis bedingt nach hM bereits auf Tatbestandsebene ein **Exklusivitätsverhältnis** zwischen Betrug und Diebstahl, und zwar in zweierlei Hinsicht:

■ Zum einen erfordert der Diebstahl einen Gewahrsamsbruch, so dass § 242 (zugunsten eines Betrugs) stets ausscheidet, wenn der Besitzwechsel entweder vom vorherigen Gewahrsamsinhaber eigenhändig vollzogen oder mit dessen (täuschungsbedingtem) Einverständnis vom Täter vorgenommen wird. Maßgeblich ist der Akt, der tatsächlich zum Gewahrsamswechsel führt. Verschafft sich der Täter durch List zunächst nur die Möglichkeit des eigenen späteren Zugriffs, so ist (erst durch diesen) § 242 gegeben (sog. **Trickdiebstahl**). Exemplarisch sind das listige Erschleichen des Zutritts zu einer Gewahrsamssphäre (Wohnung, Pkw, Schließfach), der Zahlenkombination eines Tresors oder des Anprobierens von Kleidern oder Schmuck bei Verkaufsgesprächen (vgl BGHR § 263 Abs. 1 Vermögensverfügung 1; BGH JZ 1968, 637; OLG Düsseldorf NJW 1990, 923; zur Beschlagnahme durch einen angeblichen Amtsträger und zur sog. „Wechselgeldfalle" vgl W-*Hillenkamp* Rn 630; NK-*Kindhäuser* § 242 Rn 54 bzw 56, jew. mwN).

■ Zum anderen sind ein (vollendeter) Diebstahl wie auch eine (vollendete) Unterschlagung zugunsten eines Betrugs ausgeschlossen, wenn der Verfügungsberechtigte täuschungsbedingt mit dem Eigentumsübergang einverstanden ist. Als Betrug und nicht als Unterschlagung ist es etwa anzusehen, wenn ein Buchhändler einem zahlungsunwilligen Kunden ein Buch unter Eigentumsvorbehalt zur Lektüre überlässt und dieser es, seiner Absicht gemäß, behält.

144 Diebstahl und Betrug können somit (in Zweipersonenverhältnissen) nur in einer einzigen (praktisch bedeutungslosen) Fallgestaltung tateinheitlich verwirklicht werden: Der Täter nimmt das Tatobjekt, das sich im Gewahrsam eines unberechtigten Dritten befindet, in Zueignungsabsicht (durch verbotene Eigenmacht) weg; der Eigentümer ist täuschungsbedingt nur mit dem Übergang des Besitzes auf den Täter, zB zum Zwecke der Vermietung, einverstanden. Der Betrug liegt hier in der täuschungsbedingten Verschaffung des Besitzes, der Diebstahl in der Wegnahme mit Zueignungsabsicht.

3. Dreiecksbetrug

145 a) Während sich die Erforderlichkeit der Identität von Verfügendem und Getäuschtem aus der Struktur des Betrugs ergibt, können Verfügender und Geschädigter auseinanderfallen (BGHSt 18, 221 [223]; NK-*Kindhäuser* Rn 208 mwN, auch zur früheren Gegenansicht). Bei **juristischen Personen** sind Verfügender und Geschädigter notwendig verschieden: Ist der Getäuschte eine Person, die für die juristische Person als zuständiges Organ verfügen (und Gewahrsam ausüben) kann, so ist deren Verhalten unmittelbar der juristischen Person zuzurechnen. Anerkannt ist auch die Möglichkeit eines Dreiecksverhältnisses in allen Konstellationen des **Prozessbetrugs** (*Fischer* Rn 85; Mahnverfahren: BGHSt 24, 257 [260 f]; OLG Düsseldorf NStZ 1991, 586; Gerichtsvollzieher: OLG Düsseldorf NJW 1994, 3366 f; vgl auch Rn 109 und 215).

146 Offen und heftig umstritten ist dagegen, wie das Verhältnis zwischen Verfügendem und Geschädigtem bei der Abgrenzung des sog. **Sachbetrugs** vom Diebstahl in mittelbarer Täterschaft beschaffen sein muss. Übereinstimmung herrscht nur insoweit, als nach heute einhelliger Auffassung Betrug ausscheidet, wenn der Verfügende in keinerlei Beziehung zum Vermögensinhaber steht, also nur als (irrendes) außenstehendes Werkzeug des Täters agiert (OLG Stuttgart JZ 1966, 319 f; NK-*Kindhäuser* Rn 210). Sofern die Möglichkeit eines Sachbetrugs im Dreiecksverhältnis bejaht wird, nimmt die hM auch eine **Exklusivität von Betrug und Diebstahl** an (*Küper/Zopfs* Rn 660; LK-*Tiedemann* Rn 116; aA *Ebel* Jura 2007, 897 [901]; ders. Jura 2008, 256 [260]; *Herzberg* ZStW 89, 367 [387]; S/S-*Perron* Rn 66). Dem ist zuzustimmen, weil es in der fraglichen Konstellation nur einen Geschädigten gibt und die sich gegen ihn richtende Tat nicht zugleich als Diebstahl und Betrug begangen werden kann (zu Fallgestaltungen mit mehreren Vermögensinhabern unten Rn 158).

147 Ferner ist beim sog. **Forderungsbetrug** ungeklärt, ob auch Verfügungen einschlägig sind, bei denen der getäuschte Dritte **gutgläubig** oder aufgrund eines Garantieversprechens Forderungen erwirbt (vgl §§ 405 BGB, 56 HGB, Art. 16 WG) oder vernichtet (vgl §§ 370, 407, 409, 808 I, 851 BGB). Auch hier hängt die Entscheidung, ob solche Konstellationen tatbestandsmäßig oder straflos sind, von den Anforderungen ab, die an die Beziehung von Verfügendem und Geschädigtem zu stellen sind.

148 b) Die sog. (faktische) **Nähetheorie** lässt es für die Annahme eines Dreiecksbetrugs ausreichen, dass der Dritte dem betroffenen Vermögen insoweit näher steht als der Täter, als er bereits vor der Täuschung tatsächlich über die Sache verfü-

gen kann (BGHSt 18, 221 [223 f]; BGH NStZ 1997, 32 [33]; HKGS-*Duttge* Rn 33; M-*Schroeder/Maiwald* I § 41/79 f). Die Nähetheorie stellt somit bei der Bewertung des Geschehens auf den Dritten ab: Die Tat ist (bei der Verschiebung des Besitzes einer Sache) stets dann ein Betrug, wenn der Dritte seinen Gewahrsam (täuschungsbedingt) willentlich auf den Täter überträgt. Dass der Dritte damit zugleich den Gewahrsam des Vermögensinhabers zugunsten des Täters aufhebt, ist eine faktische Folge des Umstands, dass der Dritte bereits vor der Tat die Verfügungsgewalt über das Tatobjekt hat. Vom Diebstahl in mittelbarer Täterschaft unterscheidet sich der Betrug insoweit, als der Täter seinen Gewahrsam jedenfalls von einem der bisherigen Gewahrsamsinhaber ohne deliktischen Zwischenschritt erlangt.

In der Konsequenz dieses Ansatzes liegt es, die sich aus dem Gesetz ergebende Möglichkeit, fremde Forderungen wirksam zu beeinflussen, für die Annahme eines Forderungsbetrugs im Dreiecksverhältnis genügen zu lassen. Denn auch in diesem Fall hat der Dritte bereits vor der Täuschung faktisch die Möglichkeit, Vermögenswerte zulasten des Vermögensinhabers zu verschieben, so dass das erforderliche Näheverhältnis bejaht werden kann. 149

c) Nach einer restriktiveren (**normativen**) Variante dieses Ansatzes soll für die Annahme eines Sachbetrugs im Dreieck entscheidend sein, dass der Dritte als Beschützer oder Gehilfe normativ dem „**Lager**" des Geschädigten zuzuordnen ist (S/S-*Perron* Rn 66; *Mitsch* 5.2.1.4.4; *Rengier* JZ 1985, 565; LK-*Tiedemann* Rn 116; vgl OLG Celle NJW 1994, 142 m. Bspr *Krack/Radtke* JuS 1995, 17 [19]). Als maßgebliches Kriterium für die Zurechnung zum Lager des Geschädigten wird die **Vorstellung des Dritten** angesehen: Gibt der Dritte die Sache nach seiner Vorstellung (gutgläubig) im Interesse des Vermögensinhabers weg, so soll eine diesem zurechenbare Vermögensverfügung vorliegen; überschreitet er dagegen bewusst seine „Hüterposition", so soll er Werkzeug eines Diebstahls in mittelbarer Täterschaft sein (*Gössel* II § 7/74; W-*Hillenkamp* Rn 647 f). 150

Die Antwort der Lagertheorie auf die Frage nach der Möglichkeit eines Forderungsbetrugs bei Verfügungen, die aufgrund von Gutglaubensregeln wirksam sind, fällt uneinheitlich aus. Überwiegend wird die sich aus dem Gesetz ergebende Möglichkeit, fremde Forderungen wirksam zu beeinflussen, als hinreichend zur Begründung der „Lagerzugehörigkeit" angesehen (M-*Schroeder/Maiwald* I § 41/81; LK-*Tiedemann* Rn 117). Teils wird jedoch auch verlangt, dass die Nähebeziehung zwischen Verfügendem und Vermögensinhaber bereits vor der Täuschung bestanden haben müsse, mit der Folge, dass ein Betrug bei gutgläubiger Forderungsvernichtung zu verneinen ist (*Offermann-Burckart*, Vermögensverfügungen Dritter im Betrugstatbestand, 1994, 183, 193 ff, 200, 203 f; S/S-*Perron* Rn 67). 151

d) Erheblich eingeengt wird die Möglichkeit eines Dreiecksbetrugs von der sog. (objektiven) **Befugnistheorie** (vgl *Amelung* GA 1977, 1 [14 f]; MK-*Hefendehl* Rn 329 ff; SK-*Hoyer* Rn 141, 145 f; *Mitsch* 5.2.1.4.4). Diese Lehre stellt bei der Bewertung des Geschehens auf den Vermögensinhaber ab und verneint einen Diebstahl nur in dem (seltenen) Fall, in dem der Vermögensinhaber seinen Gewahrsamsverlust gegen sich gelten lassen muss, weil der Dritte – etwa aufgrund einer entsprechenden Bevollmächtigung – zur Besitzübergabe in seinem Namen befugt ist. Nach dieser Ansicht ist ein Sachbetrug folglich nur gegeben, wenn sich der Dritte bei der Besitzverschiebung im Rahmen der ihm erteilten oder ihm gesetzlich zustehenden Ermächtigung hält (vgl *Haas* GA 1990, 201 [202 ff]; *Joecks*, Zur Vermögensverfügung beim Betrug, 1982, 124 ff, 131, 135 f). In allen 152 anderen Fällen erleidet der Vermögensinhaber mangels einer ihn bindenden Wirksamkeit der Verfügung des Dritten einen als Wegnahme einzustufenden Gewahrsamsverlust.

153 Ein Forderungsbetrug ist nach dieser Lehre nur möglich bei hoheitlichem Handeln und bei einem Handeln aufgrund privater Ermächtigung. Dagegen sind Verfügungen, die von einem getäuschten Dritten nach Gutglaubensregeln rechtswirksam vorgenommen werden, mangels einer entsprechenden Befugnis nicht tatbestandsmäßig (vgl SK-*Hoyer* Rn 148; *Joecks*, Zur Vermögensverfügung beim Betrug, 1982, 132 ff). Diese Restriktion ist indessen kaum einzusehen, weil gerade solche Vermögensbeeinträchtigungen wegen ihres den Vermögensinhaber regelmäßig bindenden Effekts nicht weniger als die anderen Fälle den strafrechtlichen Schutz des Betrugstatbestands verdienen. Vielmehr bedarf die vom Gesetz vorgesehene Einräumung der Möglichkeit, durch gutgläubiges Handeln fremdes Vermögen rechtlich wirksam zu verschieben, durchaus einer wirksamen Sanktion gegen ihren Missbrauch.

154 e) Da der Dritte zumeist objektiv nicht zur Vornahme des Gewahrsamswechsels befugt ist, wird die **Befugnistheorie** überwiegend in einer **subjektivierten** Variante vertreten (MK-*Hefendehl* Rn 332 mwN). Für eine Zuordnung der Verfügung zum Vermögensinhaber soll es genügen, wenn sich der Dritte im Rahmen seiner Befugnis wähnt (vgl *Otto* ZStW 79, 59 [81, 84 f]). Hält sich zB ein Wohnungsnachbar, dem während der Urlaubszeit die Schlüssel zu Kontrollzwecken übergeben wurden, irrig für berechtigt, einem angeblichen Reinigungsdienst einen Pelzmantel auszuhändigen, so wäre nach diesem Ansatz Betrug und kein Diebstahl gegeben. Immanent unklar ist bei diesem Ansatz jedoch, wie die irrige Annahme des Verfügenden, zur Vornahme eines Gewahrsamswechsels befugt zu sein, das fehlende Einverständnis des Vermögensinhabers in den Gewahrsamswechsel ersetzen soll. Ein vermeintlich Befugter ist zur Vornahme der Vermögensverfügung objektiv so unbefugt wie ein beliebiger Außenstehender.

155 f) **Stellungnahme:** Die Probleme des Dreiecksbetrugs werden durch die sog. Nähetheorie in ebenso einfacher wie plausibler Weise gelöst. Zum einen entsteht beim Forderungsbetrug in den Gutglaubensfällen keine wertungswidrige Strafbarkeitslücke (Rn 153). Zum anderen ist für eine sachgerechte Abgrenzung des Sachbetrugs vom Diebstahl nur erforderlich, dass der Dritte bereits vor der Täuschung Gewahrsam am Tatobjekt hatte:

156 In der Grundkonstellation des Zweipersonenverhältnisses unterscheiden sich Sachbetrug und Diebstahl allein dadurch, dass sich der Täter beim Betrug den Gewahrsam verschaffen lässt, indem er den Gewahrsamsinhaber als irrendes Werkzeug benutzt, während er beim Diebstahl den Gewahrsam (eigenhändig oder durch einen außenstehenden Dritten) bricht. Bei beiden Delikten können nun Gewahrsamsinhaber und Eigentümer auseinander fallen. Hinsichtlich des Diebstahls ist anerkannt, dass das Innenverhältnis zwischen Gewahrsamsinhaber und Eigentümer keine Rolle spielt: Der Diebstahl setzt nach ganz hM (§ 242 Rn 25) nur voraus, dass der Täter fremden Gewahrsam bricht, unabhängig davon, ob der betreffende Gewahrsamsinhaber selbst Eigentümer ist oder auch nur ein Recht zum Besitz hat; auch der Gewahrsam des deliktischen Besitzers (zB des Diebes oder Hehlers an der Beute) kann iSd Diebstahlstatbestands gebrochen werden. Es ist nun kein Grund ersichtlich, im Gegensatz hierzu beim parallelen Sachbetrug, der sich vom Diebstahl nur durch die Form des Tätervorgehens unterscheidet, eine besondere Beziehung im Innenverhältnis von Gewahrsamsinhaber und Eigentümer zu verlangen. Vielmehr muss es auch – iSd Nähetheorie –

beim Dreiecksbetrug unmaßgeblich sein, ob der getäuschte Gewahrsamsinhaber eine Verfügungsbefugnis über das Tatobjekt innehat oder auch nur glaubt, im Interesse des Vermögensinhabers zu handeln.

Daher eröffnet die Nähetheorie die Anwendbarkeit des Betrugstatbestands auch in Fällen, in denen sich der Dritte das Tatobjekt auf deliktische Weise (zB Diebstahl) verschafft hat und nun seinerseits vom Täter durch Täuschung zur Übergabe eines Beutegegenstands veranlasst wird. Rechnet man mit der vorherrschenden Lehre die Beute nicht zum Vermögen des Diebes (Rn 122, 126 f, 134), so ist, da der Dieb bei der Übergabe des Tatobjekts weder gutgläubig noch befugt handelt, ein (möglicher) Betrug zum Nachteil des Eigentümers von vornherein ausgeschlossen, wenn man der Lager- oder Befugnistheorie folgt. Jedoch wäre (unstr.) ein Diebstahl zum Nachteil des Eigentümers anzunehmen, wenn der Täter dem Dieb einen Beutegegenstand wegnimmt. Da es keinen sachlichen Grund gibt, eine Eigentumsverletzung durch Wegnahme anders zu behandeln als eine solche durch Täuschung oder Nötigung (hierzu Rn 113, Vor § 249 Rn 2 ff), vermag auch insoweit die Nähetheorie Wertungswidersprüche zu vermeiden. Kommt es schließlich nach der Nähetheorie für die Abgrenzung des Diebstahls in mittelbarer Täterschaft vom Sachbetrug nur darauf an, ob der Täter den bereits bestehenden Gewahrsam des Dritten bricht oder nicht, wirft auch die Vorsatzzurechnung keine Probleme auf, die ansonsten entstehen könnten, wenn dem Täter – wie im Regelfall – das Innenverhältnis von Gewahrsamsinhaber und Eigentümer unbekannt ist. 157

4. Mehrere Vermögensinhaber

Neben dem Dreiecksbetrug ieS, bei dem der Verfügende fremdes Vermögen schädigt, gibt es Konstellationen, bei denen der Verfügende nicht nur Mitgewahrsam am Tatobjekt hat, sondern auch Vermögensinhaber ist. Hier greift der Betrugstatbestand ohne Weiteres ein, da der Getäuschte als Vermögensinhaber (auch) sich schädigt. Exemplarisch: Die getäuschte Ehefrau E übergibt dem Täter einen Gegenstand, an dem sie mit ihrem Mann M zugleich Mitgewahrsam und Miteigentum hat. Teils wird (vorzugswürdig) in diesem Fall in Orientierung am typischen Tatbild dem Betrug der Vorrang eingeräumt (LK-*Tiedemann* Rn 98), teils Tateinheit zwischen Betrug zum Nachteil der E und Diebstahl in mittelbarer Täterschaft durch E als gutgläubiges Werkzeug zum Nachteil des M angenommen (SK-*Hoyer* § 242 Rn 64). Zu den Fällen mehraktiger Verfügungen durch Dritte vgl *Ordner* NZWiSt 2016, 228 ff. 158

5. Unbewusste Verfügungen

Der Getäuschte muss die Verfügung grds. **nicht bewusst** vornehmen; ein Akt, dessen Vermögensrelevanz der Getäuschte verkennt, reicht aus (hM, vgl nur BGHSt 14, 170 [172]; *Fischer* Rn 74; *Mitsch* 5.2.1.4.2; abw. MK-*Hefendehl* Rn 283 ff; *Joecks*, Zur Vermögensverfügung beim Betrug, 1982, 108). Als Vermögensverfügung ist daher die Unterzeichnung eines Bestellformulars in der irrigen Annahme, es werde so nur der Besuch des Provisionsvertreters bestätigt, anzusehen (vgl BGHSt 22, 88 [89]). 159

Die Lehrmeinungen jedoch, welche die Abgrenzung von Diebstahl und Betrug in Dreieckskonstellationen nach der Willensrichtung des Getäuschten vornehmen (Rn 150), müssen **ausnahmsweise** beim Sachbetrug ein entsprechendes Verfügungsbewusstsein verlangen (BGHSt 18, 221 [223]; BGH NStZ 1995, 593; W-*Hillenkamp* Rn 518; *Kleszcewski* BT § 9 Rn 58; *Otto* BT § 51/30; M/R-*Saliger* 160

Rn 124 mwN). Für diejenigen Lehren, die objektive Abgrenzungskriterien heranziehen (Rn 155), ist auch in diesen Fällen kein Verfügungsbewusstsein erforderlich.

161 Wenn an einer Kasse in **Selbstbedienungsgeschäften** unter anderen Waren versteckte Gegenstände nicht abgerechnet werden, geht die hM schon deshalb von einem Diebstahl aus (*Küper/Zopfs* Rn 651 mwN), weil es an einer Übertragung von Eigentum und Besitz auf den Täter fehlt; die Vermögensverfügung bezieht sich hier nur auf die registrierten Waren (BGHSt 41, 198 [202 f]; NK-*Kindhäuser* Rn 224 mwN auch zur Gegenmeinung). Ein Forderungsbetrug scheitert am fehlenden Kaufvertrag; ein Herausgabeanspruch nach § 985 BGB scheidet aus, da zum Zeitpunkt der Abrechnung an der Kasse der Geschäftsinhaber noch Besitz an den im Wagen liegenden Waren hat (NK-*Kindhäuser* Rn 224). Das Unterlassen eventueller Abwehransprüche wegen der drohenden Besitzstörung bedingt keine über den durch die Wegnahme bedingten Schaden hinausgehende Vermögensminderung (vgl *Hillenkamp* JuS 1997, 217 [222] mwN). Anders verhält es sich, wenn der Inhalt von Verpackungen, deren Besitz auf den Kunden übertragen wird, ausgetauscht wird. Hier bezieht sich die Vermögensverfügung auf die in der Verpackung befindliche Ware, wobei der Verfügende über den genauen Inhalt im Irrtum ist (SK-*Samson/Günther*, 5. Auf. 1996, Rn 80; aA HKGS-*Duttge* Rn 29; MK-*Hefendehl* Rn 297 f).

IV. Vermögensschaden

1. Grundlagen

162 a) Die Feststellung einer Vermögensverfügung impliziert zunächst nur, dass eine bestimmte Vermögensminderung eingetreten ist. Als Vermögensschaden ist diese Minderung des Vermögens jedoch nur anzusehen, wenn sie nicht durch einen ebenfalls durch die Verfügung bedingten Gewinn ausgeglichen wird. Insoweit ist im Rahmen der Prüfung des Tatbestandsmerkmals des Vermögensschadens zu erörtern, ob die Voraussetzungen einer Kompensation der Vermögensminderung erfüllt sind. Unter einem Vermögensschaden ist mit anderen Worten eine **nicht kompensierte Vermögensminderung** zu verstehen. Die Voraussetzungen einer möglichen Kompensation sind unter den einzelnen Vermögenslehren umstritten:

163 ■ Die juristische Vermögenslehre lässt keine Kompensation zu, da sich Rechte und Pflichten nicht miteinander verrechnen lassen. Mit der Beeinträchtigung eines Vermögensrechts, die auch in der Nicht- oder Schlechterfüllung eines Anspruchs liegen kann, ist zugleich auch ein Schaden gegeben (näher zur überholten juristischen Schadenslehre NK-*Kindhäuser* Rn 266 ff; zu einer modifizierten Variante *Pawlik*, Das unerlaubte Verhalten beim Betrug, 1999, 286 ff).

164 ■ Für die personale und die funktionale Vermögenslehre wird die Vermögensminderung durch die Erreichung des mit der Verfügung gesetzten Zwecks kompensiert.

165 ■ Die wirtschaftlichen Lehren erkennen nur bei einseitigen Leistungen eine Kompensation durch Zweckerreichung an. Bei Austauschgeschäften verrechnen sie die Vermögensminderung mit der Gegenleistung. Ausnahmsweise wird jedoch auch dann ein Schaden angenommen, wenn sich die Vermögensminderung trotz des wirtschaftlichen Äquivalents aufgrund der individuellen Gegebenheiten als Fehlinvestition erweist.

b) Ungeachtet der Differenzen bei der Schadensberechnung wird auch von der wirtschaftlichen Lehre – iSe **normativen Korrektur** – anerkannt, dass ein Schaden zu verneinen ist, wenn auf die Vermögenseinbuße ein **fälliger und einredefreier Leistungsanspruch** bestand (BGHSt 31, 178 [180]; BGH wistra 2004, 25; S/S-*Perron* Rn 117; LK-*Tiedemann* Rn 186). Keine Schädigung ist es daher, wenn der Täter eine Aufrechnungslage (zB durch Aufnahme eines Darlehens) herbeiführt, um sich so Befriedigung für eine durchsetzbare Forderung zu verschaffen. 166

2. Die Zweckverfehlungslehre

a) Nach der Zweckverfehlungslehre ist die Vermögensminderung nicht als Schaden anzusehen, wenn durch sie der mit der Verfügung verbundene Zweck erreicht wird. Die Vermögensminderung wird demnach durch **Zweckerreichung kompensiert** (vgl *Alwart* JZ 1986, 563 [564 f]; *Geerds*, Wirtschaftsstrafrecht und Vermögensschutz, 1990, 125 ff; *Hardwig* GA 1956, 6 [17 ff]; *Otto* BT § 51/54; *Schmidhäuser* BT 11/1 ff). Der Schaden bezieht sich hierbei nicht auf die Verringerung des (finanziellen) Gesamtvermögenswertes, sondern (nur) auf die mit der konkreten Verfügung des Opfers verbundene Vermögensminderung; umgekehrt betrifft auch die Bereicherung nur das durch die Verfügung Erlangte (Rn 228). Der Zweck einer Verfügung wird gewöhnlich nicht erreicht, wenn die Gegenleistung **Sach- oder Rechtsmängel** aufweist. 167

Eine Verrechnung von Leistung und Gegenleistung kommt allerdings unter der Voraussetzung in Betracht, dass beide gleichartige Gegenstände (vor allem Bargeld) oder den **Austausch von Wertsummen** betreffen. In diesem Fall führt die Verfügung zu keiner Vermögensminderung, da die Leistung gleichartig ersetzt wird. 168

b) Maßgeblich ist nicht das jeweilige Motiv des Verfügenden, sondern der Zweck, der nach der Parteiabrede oder – beim Fehlen einer solchen – nach der Verkehrsauffassung zum **sinngebenden Inhalt der Verfügung** gehört (*Geerds*, Wirtschaftsstrafrecht und Vermögensschutz, 1990, 184 f). Der Zweck ist also dadurch **objektiviert**, dass ihn auch der Täter als Grundlage der Verfügung anerkannt hat. Nur einen Zweck, den der Täter (zumindest konkludent) als Geschäftsgrundlage iwS akzeptiert hat, muss er auch als Wertmaßstab der Verfügung gegen sich gelten lassen. 169

Der Zweck kann auf ein **materielles wie auch immaterielles Äquivalent** gerichtet sein. Auch die einem ideellen Ziel dienende Verfügung hat eine Verringerung des Opfervermögens zum Gegenstand. Insoweit ist auch die von der personalen Vermögenslehre teilweise geforderte Beschränkung auf wirtschaftliche Zwecksetzungen sachwidrig (näher NK-*Kindhäuser* Rn 272 ff, zur Gegenauffassung *Otto* BT § 51/66, der aber auch soziale Zwecke einbezieht). 170

c) Kompensieren kann lediglich ein **frei gesetzter Zweck**, da die Vermögensminderung nur dann dem Willen des Berechtigten entspricht und nicht als Schaden angesehen werden kann. Beim Betrug ist die Zwecksetzung unfrei, wenn sie täuschungsbedingt erfolgt. Hieraus ergibt sich, dass nur ein solcher Irrtum betrugsrelevant ist, durch den die Zwecksetzung der Verfügung verfälscht wird. Der Verfügende darf also entweder überhaupt nicht erkennen, dass er disponiert, oder er nimmt die Verfügung unter einer für ihre (schadensrelevante) Zweckerreichung maßgeblichen Tatsachenunkenntnis vor (näher zum funktionalen Zusammenhang Rn 187). 171

3. Die wirtschaftliche Schadenslehre

172 a) **Saldierungsprinzip:** Wird das Vermögen nach Maßgabe des wirtschaftlichen oder des juristisch-ökonomischen Vermögensbegriffs als Summe aller in Geld umgerechneten Vermögensgegenstände begriffen, so ist ein Schaden gegeben, wenn diese Summe nach der Vermögensverfügung geringer ist als zuvor. Ein Schaden ist folglich anzunehmen, wenn bei objektiver Gesamtsaldierung aller Vor- und Nachteile der (objektive) wirtschaftliche Wert des Vermögens geschmälert ist (BGHSt 3, 99; 45, 1 [4]; BGH NJW 2011, 2675; LG Frankfurt NStZ-RR 2003, 140; *Arzt/Weber/Heinrich/Hilgendorf* § 20/89 f; *Fischer* Rn 111; *Mitsch* 5.2.1.5.3.1). Verrechnungsgröße ist der mit Blick auf den Nutzungs- bzw Wiederbeschaffungswert unter den konkreten zeitlichen und örtlichen Umständen zu ermittelnde wirtschaftliche Wert (BGHSt 38, 388 [390]; BGH NJW 1991, 2573 [2574]; LK-*Tiedemann* Rn 158; auf den Geldwert abstellend: LK-*Tiedemann* Rn 158 f).

173 Dieses sog. **Saldierungsprinzip** wird zunächst insoweit (erheblich) **eingeschränkt**, als *nur* die zwischen Täter- und Opferseite ausgetauschten und *unmittelbar* mit der Vermögensverfügung zusammenhängenden Vermögenswerte verrechnet werden sollen (BGH wistra 1999, 263 [265 f]). Der Wertvergleich ist auf den Zeitpunkt vor und nach der Vermögensverfügung zu beziehen.

174 ■ **Nicht zu berücksichtigen** sind der nachträgliche Verzicht des Täters auf den erworbenen Anspruch (wohl aber die Tilgung eines anderen Anspruchs, sofern der Täter das Erlangte zu seinem bestehenden Anspruch in Beziehung gebracht hat, NStZ-RR 2011, 312 [313]), **gesetzliche Ersatzansprüche**, insbesondere Schadensersatzansprüche aus §§ 823 II, 826 BGB oder Bereicherungsansprüche nach §§ 812 ff BGB (BGH wistra 1993, 265 [266]; BGH wistra 2011, 139 [141]: Erlöse aus Weiterverkauf; W-*Hillenkamp* Rn 548; SK-*Hoyer* Rn 196), **Anfechtungs- und Gewährleistungsrechte** (BGHSt 21, 384; 23, 300; OLG Frankfurt NJW 2011, 398 [403]; aA *Wahl*, Die Schadensbestimmung beim Eingehungs- und Erfüllungsbetrug, 2007, 44) und Ansprüche des Opfers aus vertraglichen Versicherungsleistungen.

175 ■ **Kompensatorisch wirken** können dagegen **gesetzliche Sicherungsmittel** (zB Unternehmerpfandrecht, § 647 BGB), **vertraglich** vereinbarte **Sicherungen** und Rücktrittsmöglichkeiten (vgl hierzu MK-*Hefendehl* Rn 514 ff, 525 ff) sowie Sicherungen aus dem **Vermögen Dritter** (Bürgschaft, Schuldbeitritt, Sicherungsübereignung usw), sofern sie jeweils ohne Mitwirkung des Schuldners realisierbar sind (BGH wistra 1995, 28 f; 1995, 222 [223]; NStZ-RR 2005, 374 [375]; *Fischer* Rn 111 a; MK-*Hefendehl* Rn 530).

b) **Individueller Schadenseinschlag:**

176 aa) Das Saldierungsprinzip geht von der Prämisse aus, dass sich der Wert von Gütern über den Mechanismus von Angebot und Nachfrage festlegen lässt und es daher objektive Kriterien zur Bestimmung einer Vermögensschädigung gibt. Der BGH sieht jedoch auch, dass „die meisten Gegenstände nicht für alle Menschen den gleichen Vermögenswert haben, weil sie nicht für alle gleich brauchbar sind" (BGHSt 16, 321 [325 f]). Obgleich diese der personalen und funktionalen Lehre entsprechende These mit dem wirtschaftlichen Ansatz schlechthin nicht zu vereinbaren ist, versucht die heute vorherrschende wirtschaftliche Lehre auch individuellen Bedürfnissen bei der Schadensfeststellung Rechnung zu tragen, indem sie unter bestimmten Bedingungen Ausnahmen vom Saldierungsprinzip zulässt. Das heißt: Führt die Anwendung des Saldierungsprinzips zu keiner Schadensfest-

stellung, ist gleichwohl zu prüfen, ob das Opfer aufgrund individueller Besonderheiten in seiner wirtschaftlichen Potenz eingeschränkt ist.

Bei der Prüfung eines möglichen individuellen Schadenseinschlags werden nicht etwa die Leistungen nach Maßgabe des wirtschaftlichen Wertes, den sie für das Opfer haben, miteinander verglichen. Vielmehr wird die **Gegenleistung** völlig **unberücksichtigt** gelassen; das Saldierungsprinzip wird fallweise aufgehoben (vgl BGHSt 16, 321 [328]). An seine Stelle tritt eine am Leitbild eines vernünftigen Wirtschafters ausgerichtete Zweckverfehlungslehre (LK-*Tiedemann* Rn 178 mwN). 177

bb) Das **Saldierungsprinzip wird aufgegeben,** 178

- wenn der Vermögensinhaber die Gegenleistung „nach der Auffassung eines sachlichen Beurteilers nicht oder nicht in vollem Umfange für den von ihm vertraglich vorausgesetzten Zweck oder in anderer zumutbarer Weise verwenden kann" (BGHSt 16, 321 [326]; 22, 88; BGH wistra 1999, 299 [300]; NStZ-RR 2006, 206 [207]). Beispiele: Kauf von Warenterminoptionen als „wertbeständiges, ertragreiches Anlagegeschäft" (BGHSt 32, 22 [23]); Ankauf minderwertiger Diamanten als Kapitalanlage (BGH wistra 2011, 335 [338]); Erwerb einer Heißmangel, die ohne zusätzlichen Aufwand an Arbeitskraft nicht kostendeckend gewerblich eingesetzt werden kann (BGH bei *Holtz* MDR 1979, 988); Abonnement einer Zeitschrift, die für den Erwerber aufgrund seines Bildungsstands unbrauchbar ist (BGHSt 23, 300 ff; OLG Köln NJW 1976, 1222 m. Bspr *Jakobs* JuS 1977, 228 ff). Eine anderweitige Verwendung gilt als zumutbar, wenn sich die Leistung ohne Verlust und besonderen Aufwand wieder veräußern oder in das wirtschaftliche Gesamtkonzept einpassen lässt; dies soll etwa der Fall sein, wenn der Getäuschte durch den Beitritt zu einem Buchclub eine breite Auswahl an Buchtiteln erhält (LK-*Tiedemann* Rn 178). Daher reicht es für die Annahme eines individuellen Schadenseinschlags nicht aus, wenn der Getäuschte die Gegenleistung nur nicht verwenden wollte (BGH StraFo 2015, 479 f). Bei Kapitalanlagen fehlt es an einem Schaden, wenn die Realisierbarkeit des Geldwerts der Rückzahlungsansprüche trotz zweckwidriger Verwendung des Kapitals unberührt bleibt (BGH NStZ 2014, 318 [320]); 179

- wenn die Verfügung den Vermögensinhaber in (erhebliche) finanzielle Bedrängnis führt, weil er „durch die eingegangene Verpflichtung zu vermögensschädigenden Maßnahmen genötigt wird" (BGHSt 16, 321), beispielsweise durch den Abschluss ungünstiger Kreditverträge, den unvorteilhaften Verkauf von Wertpapieren oder den Verzicht auf anderweitige sinnvolle Investitionen; 180

- wenn dem Vermögensinhaber infolge der Verpflichtung „die Mittel entzogen werden, die für die Aufrechterhaltung einer seinen Verhältnissen angemessenen Wirtschafts- und Lebensführung unerlässlich sind" (BGHSt 16, 321 [328]; BGH wistra 1999, 299 [300]). 181

Kein Fall des individuellen Schadenseinschlags soll gegeben sein, wenn das Opfer bei wirtschaftlich ausgeglichenen Geschäften den Vertrag nur aufgrund der irrigen Vorstellung eingeht, ein Sonderangebot anzunehmen (BGH NJW 1983, 1917; OLG Hamm NStZ 1992, 593) oder (zB durch den Kauf von Blindenware) einen karitativen Zweck zu fördern (OLG Köln NJW 1979, 1419; *Mayer* Jura 1992, 238). 182

183 cc) **Kritisch** ist einzuwenden, dass die Lehre vom individuellen Schadenseinschlag mit der Bereicherungsfunktion des Vermögensbegriffs (Rn 115) nicht zu vereinbaren ist: Die Beeinträchtigung der finanziellen Bewegungsfreiheit des Opfers ist kein Schaden, dessen Kehrseite dem Täter (oder einem Dritten) unmittelbar als Vorteil zuwächst (*Lampe* Otto-FS 623 [644]; *Otto* BT § 51/74; *Schmoller* ZStW 103, 92 [99 ff]). Außerdem wird der Vorsatz des Täters beim Saldierungsprinzip (Kenntnis des Wertgefälles von Leistung und Gegenleistung) anders als beim individuellen Schadenseinschlag (Kenntnis der wirtschaftlichen Opfersituation) bestimmt (NK-*Kindhäuser* Rn 263 f). Ferner werden in die Beurteilung der wirtschaftlichen Lage Vermögensbewegungen (zB Aufnahme von Krediten, Unterhaltszahlungen) einbezogen, die nicht unmittelbar mit der Vermögensverfügung zusammenhängen (Rn 140). Auch sind die Kriterien des individuellen Schadenseinschlags nur schwer mit dem Bestimmtheitsgrundsatz zu vereinbaren (*Pawlik*, Das unerlaubte Verhalten beim Betrug, 1999, 289; *Winkler*, Der Vermögensbegriff beim Betrug und das verfassungsrechtliche Bestimmtheitsgebot, 1995). Insgesamt aber ist unerfindlich, warum von zwei Opfern, die in derselben Art und Weise durch Täuschung zu einer Vermögensverfügung veranlasst werden, nur dasjenige schutzwürdig sein soll, das sich in wirtschaftlicher Bedrängnis befindet – bzw warum der Täter nur in diesem Falle wegen Betrugs bestraft werden soll (vgl auch *Otto* BT § 51/61).

184 c) **Einseitige Leistungen:** Obgleich die wirtschaftliche Schadenslehre bei konsequenter Anwendung ihrer eigenen Prämissen bei einseitigen Leistungen (Schenkungen, Subventionen usw) mangels wirtschaftlicher Gegenleistung stets einen Schaden bejahen müsste, folgen ihre Vertreter in diesen Fällen heute der Zweckverfehlungslehre. Auch die Erreichung eines ideellen, sozialen oder nur mittelbar wirtschaftlichen Zwecks wird als kompensierendes Äquivalent der Vermögensverfügung angesehen (BGHSt 31, 93 [95 f]; BGH wistra 2003, 457 [459]; NStZ 2006, 624 [625]; ausf. NK-*Kindhäuser* Rn 287 ff mwN; vgl auch unten Rn 201 f). Gleiches gilt für den überschießenden Teil einer Leistung, die nur zum Teil durch ein wirtschaftlich vollwertiges Äquivalent gedeckt ist und ansonsten einem weitergehenden Zweck dient, wie etwa beim Ankauf von angeblicher Blindenware zu einem überhöhten Preis.

4. Vergleich

185 Die Zweckverfehlungslehre und die wirtschaftliche Schadenslehre stimmen insoweit überein, als sie bei einseitigen Leistungen die Zweckerreichung als eine den Schaden ausschließende Kompensation der Vermögensverfügung ansehen. Auch die Lehre vom individuellen Schadenseinschlag liefert nur eine modifizierte Begründung des von der Zweckverfehlungslehre vertretenen Ergebnisses. Lediglich bei zweiseitigen Geschäften, bei denen die Leistung des Verfügenden zwar ihren Zweck verfehlt, aber mit dem Erhalt einer wirtschaftlich gleichwertigen Gegenleistung außerhalb der Fallgruppen des individuellen Schadenseinschlags verbunden ist, verneint die wirtschaftliche Lehre im Gegensatz zur Zweckverfehlungslehre einen Schaden. Für die Zweckverfehlungslehre spricht, dass auch im Bereicherungsrecht des BGB die Saldotheorie in Fällen arglistiger Täuschung keine Anwendung findet (grundlegend BGHZ 53, 144 ff; *Huber* JuS 1972, 439 ff; *Palandt/Sprau* § 818 BGB Rn 49 jew. mwN), die strafrechtliche Wertung also insoweit der zivilrechtlichen entspricht. Ferner hat die Zweckverfehlungslehre den Vorteil, nach einem einheitlichen Prinzip und zudem erheblich einfacher konzipiert zu sein, als die wirtschaftliche Lehre.

V. Kausaler und funktionaler Zusammenhang

1. Täuschung, Irrtum und schädigende Vermögensverfügung müssen **kausal** miteinander verbunden sein. Die Vornahme der schädigenden Verfügung muss mithin (auch) aus der täuschungsbedingten Unkenntnis der Sachlage erklärt werden können (vgl BGHSt 24, 386 [389]; BGH StV 2002, 132 f; NStZ 2003, 539; BGHSt 60, 1 [15] mit Anm. *Albrecht* JZ 2015, 841 und *Schlösser* StV 2016, 25 [27 f]). Daher fehlt es an der Kausalität, wenn der Getäuschte die Tatsachenbehauptung zwar für wahr hält, ihr aber für seine Verfügung keine Bedeutung beimisst oder zur Erfüllung einer anderweitig bestehenden Pflicht handelt (LK-*Tiedemann* Rn 122). Weitergehend wird vielfach gefordert, dass der Irrtum den Getäuschten zur Vornahme der Verfügung motiviert haben müsste (BGHSt 13, 13 [14 f]; *Otto* BT § 51/51); hiergegen spricht jedoch die Möglichkeit unbewusster Verfügungen (Rn 159). 186

2. Nach vorherrschender Lehre müssen täuschungsbedingter Irrtum und schädigende Vermögensverfügung ferner dergestalt miteinander verbunden sein, dass dem Verfügenden gerade das Schädigende seines Verhaltens verborgen bleibt. Ein solcher **funktionaler Zusammenhang** wird überwiegend mit der Struktur des Betrugs als eines Delikts mit vertypter mittelbarer Täterschaft begründet: Der Verfügende könne nicht als Werkzeug des Täters angesehen werden, wenn ihm die Vermögensminderung bzw deren fehlende Kompensation bewusst sei (S/S-*Perron* Rn 41; *Rudolphi* Klug-FS 315 ff; iE auch *Graul* Brandner-FS 801 [813 ff]; *Merz*, „Bewusste Selbstschädigung" und die Betrugsstrafbarkeit nach § 263 StGB, 1999, 121 ff). 187

Die Rspr verlangt (in der Sache) einen solchen funktionalen Zusammenhang bislang nur, wenn sie bei einseitigen Leistungen den Schaden mithilfe der Zweckverfehlungslehre begründet (BGH NJW 1992, 2167 ff; OLG Düsseldorf NJW 1990, 2397), hält ihn aber in anderen Fällen mit Teilen des Schrifttums für nicht erforderlich (BGHSt 19, 37 [45]; *Herzberg* JuS 1972, 570 [571]; *Hilgendorf* JuS 1994, 466 ff; *Schmoller* JZ 1991, 117 ff). 188

VI. Einzelfragen

1. Unterlassen

Ein Schaden ist gegeben, wenn dem Opfer ein Vermögensgegenstand vorenthalten wird. Die Verfügung des Opfers besteht hier im Regelfall in dem täuschungsbedingt verspäteten oder gänzlich unterlassenen Geltendmachen eines (fälligen und einredefreien) Anspruchs. Bei unbewusstem Unterlassen, das auf einer Unkenntnis der Sachlage beruht, scheidet für die Zweckverfehlungslehre die Möglichkeit einer Kompensation durch Zweckerreichung naturgemäß aus. Dem Täter muss allerdings die Leistung möglich sein, was bei bereits eingetretener Zahlungsunfähigkeit nicht der Fall ist (vgl BGHSt 1, 262 [264]; BGH wistra 2002, 421; NStZ 2003, 546 [548]; 2003, 552 [553]). 189

2. Vermögensgefährdung

a) Nach hM kann ein tatbestandsmäßiger Schaden bereits in der konkreten Gefährdung einer Vermögensposition – sog. **Gefährdungsschaden** – liegen (BVerfGE 126, 170 [224] zu § 266; 130, 1 [45 ff]; BGHSt 33, 244 [246]; 47, 160 [167]; BGH NStZ-RR 2007, 236 [237]); wirtschaftlich bestehe nur ein quantitativer, kein qualitativer Unterschied zwischen Gefährdung und völligem Verlust (BGHSt 190

34, 394 [395]; 53, 199 [202]; BGH wistra 1991, 307 [308]; BGH NStZ 2009, 330 [331]; eingehend *Hefendehl*, Vermögensgefährdung und Exspektanzen, 1994, 256 ff). Eine solche konkrete Gefährdung setze voraus, dass der Eintritt wirtschaftlicher Nachteile nahe liegend sei (BGHSt 1, 92 [93 f]; 34, 394 [395]; 51, 165 [177]; BGH NStZ 2004, 264 [265]; zu weitgehend allerdings BGHSt 54, 69 [123 f] m. abl. Anm. *Joecks* wistra 2010, 179; *Thiele/Groß-Bölting* HRRS 2010, 38). Beispielhaft ist der Fall, dass das Opfer zwar im Wege des gutgläubigen Erwerbs (§§ 932 ff BGB) Eigentümer einer Sache wird, hierdurch jedoch am Weiterverkauf gehindert oder der Gefahr von Rechtsstreitigkeiten ausgesetzt ist (sog. „merkantiler Minderwert", vgl BGHSt 3, 370 [372]; 15, 83 [86 f]; BGH wistra 2003, 230; NStZ 2013, 37 f; vgl zu einer weiteren Konstellation BGH NStZ 2015, 514 m.Anm. *El-Ghazi* HRRS 2015, 386 ff); zeitweilig sah (die vom BGH aufgegebene) ältere Judikatur eine Sache schon dann als minderwertig an, wenn sie überhaupt nur aufgrund ihres deliktischen Erwerbs mit einem „sittlichen Makel" behaftet war (RGSt 73, 61 [62 ff]).

191 Allerdings darf die Figur der schadensgleichen Vermögensgefährdung nicht dazu führen, dass schon typische Gefährdungslagen als Vermögensnachteil behandelt werden (so aber beispielsweise BGHSt 54, 69 [123 f]; aufgehoben durch BVerfGE 130, 1 ff). Das **BVerfG** fordert von den Gerichten insoweit eine **konkrete Bezifferung des Schadens**. Diese ist in den Urteilsgründen in wirtschaftlich nachvollziehbarer Weise darzulegen. Verbleiben selbst nach Ausnutzung aller Ermittlungsmöglichkeiten Unsicherheiten, kann ein Mindestschaden – unter Beachtung des Zweifelssatzes – durch Schätzung ermittelt werden (BVerfGE 130, 1 [47 f]; BVerfGE 126, 170 [229 f] für § 266).

192 Innerhalb der Rechtsprechung bestehen derzeit Tendenzen, den Begriff der schadensgleichen Vermögensgefährdung zurückzudrängen bzw völlig aufzugeben. Zumindest in dem Fall einer Geldanlage, wobei das Opfer täuschungsbedingt ein Verlustrisiko eingeht, welches das vertraglich vorausgesetzte übersteigt, wurde die Figur der **schadensgleichen Vermögensgefährdung** durch die jüngste **Rechtsprechung** für **entbehrlich** gehalten. Hiernach soll bereits zum Zeitpunkt der Einzahlung der Gelder ein endgültiger Vermögensschaden in Höhe des eingezahlten Betrages eingetreten sein, da der Anspruch, den der Getäuschte um das Geschäft erwirbt, aufgrund des erhöhten Risikos wirtschaftlich minderwertig sei. Später dennoch erfolgte Rück- bzw Auszahlungen der versprochenen Erträge seien lediglich als Schadenwiedergutmachung zu werten (BGHSt 53, 199 [202] m. zust. Anm. *Ransiek/Reichling* ZIS 2009, 315; BGH NStZ 2011, 280 [281]; NStZ 2016, 409 [410]; *Hefendehl* Samson-FS 295 [312]; krit. aber iE zust. *Brüning* ZJS 2009, 300; *Küper* JZ 2009, 800). Wieso allerdings bei einer zum Zeitpunkt der Vermögensverfügung bestehenden Chance auf die versprochene Rückzahlung der Gegenleistungsanspruch wirtschaftlich völlig wertlos sein soll, erschließt sich nicht (vgl Anm. *Rübenstahl* NJW 2009, 2392 und *Schlösser* NStZ 2009, 663 [665]). Darüber hinaus scheint die Anwendung bilanzieller Regelungen zur Bewertung des erworbenen Gegenleistungsanspruchs aufgrund der dort geltenden Grundsätze (insb. dem Gebot der vorsichtigen Bilanzierung, § 252 I Nr. 4 HGB) ungeeignet, zumal so eine rein wirtschaftliche Ermittlung des Vermögensnachteils der Ermittlung anhand juristischer Kriterien weichen würde (vgl Anm. *Jahn* JuS 2009, 757; *Ransiek/Reichling* ZIS 2009, 315 [317]; *Rübenstahl* NJW 2009, 2392; krit. zur Umsetzung *Saliger* NJW 2010, 3195 [3198]; *ders.* Samson-FS 455 [470]). Der 2. Strafsenat des BGH will indessen an der – nunmehr auch vom BVerfG gebilligten (vgl BVerfGE 126, 170 [224] zu § 266) – Figur der schadensgleichen Vermögensgefährdung festhalten und die erforderliche

Restriktion auf der Ebene des subjektiven Tatbestands vornehmen (BGHSt 51, 100 [120]; BGH NStZ 2008, 704 [705]; vgl hierzu auch § 266 Rn 104).

b) In der Literatur wird überwiegend versucht, die Schadensvorverlagerung durch weitere Kriterien einzuschränken, um so einerseits dem Bestimmtheitsgrundsatz (Art. 103 II GG) Rechnung zu tragen, andererseits dem Täter die Möglichkeit eines Rücktritts nicht ungebührlich abzuschneiden (*Gössel* II § 21/154; *Mitsch* 5.2.1.5.3.1; M/R-*Saliger* Rn 229; *Weber* Tiedemann-FS 637 [644] fordert insoweit eine analoge Anwendung der §§ 264, 264 a III, 265 b II). Teils wird verlangt, dass das Opfer nach der Verfügung nicht mehr in der Lage sein dürfe, den Eintritt eines Vermögensnachteils noch (gezielt) zu vermeiden (*Hefendehl*, Vermögensgefährdung und Expektanzen, 1994, 138 ff; *Wahl*, Die Schadensbestimmung beim Eingehungs- und Erfüllungsbetrug, 2007, 88 ff). Teils wird auf das Kriterium der Unmittelbarkeit abgestellt: Ein Schaden sei gegeben, wenn es zum Eintritt des Nachteils keiner über die Verfügung hinausgehenden weiterer Schritte des Opfers mehr bedarf; vorher befinde sich die Tat noch im Versuchsstadium (SK-*Hoyer* Rn 158 ff; *Triffterer* NJW 1975, 616). Teils wird ein Gefährdungsschaden erst bejaht, wenn dem Vermögensinhaber ein zivilrechtlicher Ausgleichsanspruch zusteht (S/S-*Perron* Rn 143 a). 193

c) Da es schon terminologisch fragwürdig ist, eine Gefährdung als Verletzung (Schaden) anzusehen, empfiehlt es sich, genau zu differenzieren, ob sich die Gefährdung auf die mit der Verfügung verbundene Minderung oder auf die Gegenleistung (Zweckerreichung) bezieht. Es wäre eine unzulässige Schadensvorverlagerung, einen Schaden bereits anzunehmen, wenn durch die Verfügung noch keine Vermögensminderung eingetreten ist, eine solche vielmehr vom Verfügenden jederzeit storniert oder verhindert werden kann. Hat das Opfer aber bereits verfügt – zB durch Auflassung eines Grundstücks (OLG Stuttgart NJW 2002, 384 f m.Anm. *Erb* JR 2002, 216 f) – und wird die Gefahr nur darauf bezogen, dass der Täter keine wirtschaftlich äquivalente Gegenleistung erbringt (bzw der Verfügungszweck nicht erreicht wird), kann durchaus von einem Schaden gesprochen werden; eine Vermögensminderung ist durch die Verfügung bereits eingetreten (NK-*Kindhäuser* Rn 303). Daher kann die irrtumsbedingte Hingabe eines **Barschecks** ohne Weiteres als Schaden angesehen werden, auch wenn noch die Möglichkeit besteht, dass der Täter davon absieht, ihn einzulösen. Gleiches gilt bei täuschungsbedingter Aushändigung einer **Kreditkarte** (vgl BGHSt 47, 160 [167]; BGHR StGB § 263 a Anwendungsbereich 1; abl. *Mühlbauer* NStZ 2003, 650 [651 ff]; zur täuschungsbedingten Aushändigung von EC-Karte und PIN BGH wistra 2016, 71 ff m Anm. *Berster*). Auch bei der sog. „Lastschriftreiterei" (vgl Rn 76) kann eine schadensgleiche Vermögensgefährdung in der täuschungsbedingten Einräumung der Verfügungsbefugnis über den gutgeschriebenen Betrag seitens der Bank liegen (BGHSt 50, 147 [157]; *Fahl* Jura 2006, 733 [735]; *Hadamitzky/Richter* wistra 2005, 444 f; krit. *Soyka* NStZ 2004, 540; *ders.* NStZ 2005, 638). 194

Ferner kann die erschlichene Hingabe von **Beweismitteln** (zB eines Schuldanerkenntnisses) als Schaden bewertet werden, wenn mit ihnen eine Verschiebung faktischer Verfügungsmacht auf Kosten des Berechtigten verbunden ist (vgl auch BGHSt 34, 394 ff; OLG Düsseldorf wistra 1985, 110 [111]). Als **Faustformel** lässt sich daher festhalten: Ein „Gefährdungsschaden" liegt vor, wenn das Opfer seine Vermögensposition praktisch eingebüßt hat, während es umgekehrt dem Täter bereits möglich ist, den fraglichen Vorteil ohne ernsthaftes Hindernis zu realisieren. 195

3. Leistungsbetrug

196 Von einem Leistungsbetrug spricht man, wenn der Vermögensinhaber täuschungsbedingt durch eine einseitige Verfügung einen ihm rechtlich zugeordneten Vermögensbestandteil einbüßt. Die Verfügung kann sich auf die Verschiebung von **Sachwerten**, aber auch auf den (teilweisen Verlust) von **Forderungen und Exspektanzen** beziehen. Beim Verlust von Sachbesitz kann die Frage bedeutsam werden, ob nur berechtigter Besitz zum Vermögen gezählt wird (Rn 134); ob der Besitzverlust dauerhaft oder nur vorübergehend ist, macht grds. keinen Unterschied. Als Leistungsbetrug ist ferner die Erschleichung von **Arbeits- und Dienstleistungen**, die üblicherweise gegen Entgelt erbracht werden, anzusehen. Bei der (durch Täuschung erreichten) Inanspruchnahme von standardisierten Massenleistungen (Beförderung, Veranstaltungen uÄ) ist darauf abzustellen, ob der Empfänger die Leistung auf Kosten des Berechtigten erlangt hat und insoweit bereichert ist (vgl auch *Fischer* Rn 100; LK-*Tiedemann* Rn 189); restriktiver bejahen Vertreter der wirtschaftlichen Betrachtungsweise teilweise hier nur einen Schaden, wenn der Täter einen zahlungsfähigen und zahlungswilligen Dritten verdrängt und an dessen Stelle die Leistung empfängt (so SK-*Samson/Günther*, 5. Aufl. 1996, Rn 177).

4. Schenkungen

197 Bei täuschungsbedingten Schenkungen, insbesondere beim sog. Spendenbetrug, überschneiden sich zwei Problemkreise: Zum einen verringert der Verfügende hier regelmäßig sein Vermögen bewusst, so dass sich hier die Frage nach der Erforderlichkeit eines funktionalen Zusammenhangs zwischen Irrtum und Schädigung stellt (Rn 187). Zum anderen wird die Leistung nicht durch ein wirtschaftlich gleichwertiges Äquivalent kompensiert. Die Problematik lässt sich an zwei Fällen verdeutlichen:

198 Fall (1): F schwindelt ihrem Lebensgefährten L vor, sie benötige 15.000 Euro zur Bezahlung einer Geldbuße; tatsächlich will sie ihre finanziellen Schwierigkeiten mindern. L nimmt ein Darlehen auf und gibt F den erbetenen Betrag (vgl BGH NStZ 1992, 437).

199 Fall (2): S trägt in seine Sammelliste überhöhte Spenden von Dorfhonoratioren ein, um so die Nachbarn zu sonst nicht oder nicht in dieser Höhe gespendeten Beträgen zu bewegen (vgl BayObLG NJW 1952, 798).

200 a) Nach der **Zweckverfehlungslehre** ist in Fall (1) der mit der Schenkung des Geldes verbundene (und von F anerkannte) Zweck der Tilgung einer Geldbuße nicht erreicht worden; die Vermögensminderung des L ist als Schaden anzusehen. Demgegenüber ist in Fall (2) ein Schaden zu verneinen, da die Spende den der Schenkung zugrunde liegenden Zweck erreicht hat. Das Motiv, in der Höhe des Betrags nicht hinter anderen Spendern zurückzubleiben, hat sich in der Parteivereinbarung nicht niedergeschlagen und spielt daher für die Schadensfeststellung keine Rolle.

201 b) Bei **rein wirtschaftlicher Betrachtung** wird in beiden Fällen die Vermögensminderung nicht durch ein wirtschaftlich gleichwertiges Äquivalent kompensiert, so dass jeweils ein Schaden zu bejahen ist. Sofern ein funktionaler Zusammenhang nicht für erforderlich gehalten wird, ist in beiden Fällen der objektive Betrugstatbestand erfüllt (so für Fall [2] auch BayObLG NJW 1952, 798). Wird dagegen ein funktionaler Zusammenhang verlangt, müsste in beiden Fällen ein Betrug verneint werden, da der Verfügende jeweils weiß, dass er sein Vermögen ohne

wirtschaftliches Äquivalent mindert (*Arzt/Weber/Heinrich/Hilgendorf* § 20/111; *Hohmann/Sander* BT I § 11/106; *Mitsch* 5.2.1.2.5.2).

Überwiegend wird jedoch auch von den Vertretern der wirtschaftlichen Lehren 202 die Möglichkeit der Kompensation einseitiger Leistungen durch die Erreichung eines ideellen, sozialen oder nur mittelbar wirtschaftlichen Zwecks anerkannt (BGH NStZ 1992, 437; ferner Nachw. Rn 184). Die Ergebnisse decken sich dann mit denjenigen der Zweckverfehlungslehre.

5. Eingehungsbetrug

a) Unter einem Eingehungsbetrug ist die täuschungsbedingte Übernahme einer 203 Leistungspflicht zu verstehen. Nach der wirtschaftlichen Lehre wird der Schaden durch einen Vergleich der beiderseitigen Vertragsverpflichtungen festgestellt und soll vorliegen, wenn der Wert der übernommenen Verpflichtung hinter dem des erlangten Anspruchs zurückbleibt (BVerfGE 130, 1 [45 f]; BGHSt 45, 1 [4 f]; BGH NStZ 2008, 96 [98]; NJW 2011, 2675 [2676]); die Bewertung ist regelmäßig durch eine prognostische Einschätzung der Gegenleistung nach Maßgabe der Kriterien der schadensgleichen Vermögensgefährdung vorzunehmen (BGH NJW 1994, 1745 [1746]; eingehend *Hefendehl*, Vermögensgefährdung und Exspektanzen, 1994, 323 ff; MK-*Hefendehl* Rn 538 ff; zum Wettbetrug *Kerner/Trüg* JuS 2004, 140 [142]; einschr. BGH NJW 2013, 1460 f). Vergleichszeitpunkt ist der Zeitpunkt des Vertragsabschlusses (BGHSt 31, 115 [117] m.Anm. *Rochus* JR 1983, 338 f; BGHSt 45, 1 [4 f]; BGH NJW 1982, 1165 m.Anm. *Sonnen* NStZ 1983, 73 f; StV 2011, 726 [727]; NStZ 2013, 711 [712]). Bei der Hingabe eines Darlehens kommt es etwa auf einen Wertvergleich mit dem Rückzahlungsanspruch des Darlehensgläubigers an (BGH NStZ 2013, 711 [712] m.Anm. *Schlösser*; wistra 2013, 347 [350]; NStZ 2016, 286 [287]). Zu berücksichtigen sind vor allem die vorhandene Leistungswilligkeit und Leistungsfähigkeit des Schuldners (vgl BGH NJW 2002, 2480 [2483]), die prozessuale Durchsetzbarkeit der Forderung (BGH GA 1972, 209 ff) sowie die Realisierbarkeit von Sicherheiten (BGH NStZ 1998, 570; wistra 2009, 350; StV 2012, 407 [408]; wistra 2014, 349 [350]), wobei kein Betrugsschaden entsteht, wenn der Zahlungsanspruch trotz lediglich vorgespiegelter Sicherheit ungefährdet bleibt (BGH NStZ-RR 2001, 328 [329]). Ein Schaden kann zu verneinen sein, wenn der Getäuschte auf Vorleistung bestehen kann oder nur Zug um Zug leisten muss (BGH wistra 2001, 423 [424]; NStZ-RR 2005, 180 [181]). Ein Eigentumsvorbehalt oder verlängerter Eigentumsvorbehalt beim Kauf verhindert einen Vermögensschaden regelmäßig nicht (*Pelz* in: Wabnitz/Janovsky, Handbuch des Wirtschafts- und Steuerstrafrechts, 4. Aufl. 2014, Kap. 9 Rn 237; diff. *Norouzi* JuS 2005, 786 ff).

Der Parteiabsprache über den Wert des Vertragsgegenstandes, die auf der Grundlage übereinstimmender, von Willens- und Wissensmängeln nicht beeinflusster Vorstellungen über Art und Güte des Vertragsgegenstandes basiert, kann, sofern die Vereinbarung innerhalb bestehender und funktionierender Märkte zustande gekommen ist, für die Bestimmung des Schadens indizielle Bedeutung zukommen (BGH NStZ 2016, 283 [285]; *Dannecker* NStZ 2016, 318 [322]). Die Maßgeblichkeit einer rein intersubjektiven Wertsetzung bejahte der BGH aber lediglich in dem Fall, in dem der Empfänger einer Sachleistung über seine Zahlungsbereitschaft hinsichtlich einer Komponente der aus mehreren Teilen zusammengesetzten Gegenleistung (es war neben der Kaufpreiszahlung auch die Übernahme der laufenden Kosten und Lasten des veräußerten Grundstücks noch vor Gefahrübergang geschuldet) täuschte. Hier sollte sich der Schaden schon daraus ergeben, dass der Täter von vornherein nicht vorhatte, entsprechend der vertraglichen Vereinbarung, die laufenden Kosten und Lasten zu tragen (BGH NJW 2013, 1460 f m. abl. Anm. *Sinn* ZJS 2013, 625 [626 ff]; iE zust. *Kubiciel* JZ 2014, 99 [101]; krit. *Albrecht* NStZ 2014, 20 ff; abl. *Dannecker* NZWiSt 2015, 177 ff). Seinen Standpunkt bezieht der BGH in einer späteren Entscheidung (BGH NStZ-RR 2015, 374 [375]) ausdrücklich nur auf diesen Sonderfall.

204 Ungeklärt ist, ob ein Schaden bei bestehender **Stornierungsbereitschaft** des Vertragspartners abzulehnen ist (so BGH NJW 1969, 1778; anders BGHSt 23, 300 [302 ff]; vgl auch *Schlösser* wistra 2010, 164 [167], der die sich im Vermögen des Täuschenden befindliche, Gegenleistung berücksichtigen will). Bei einem fingierten Vertrag zugunsten Dritter auf den Todesfall ist eine Vermögensgefährdung noch nicht eingetreten, solange der Betroffene lebt (BGH NStZ 2004, 264 [265]). Beim sog. Ausschreibungs- oder Submissionsbetrug besteht der Schaden in der Differenz zwischen der vereinbarten Summe und demjenigen Preis, welcher ohne die Preisabsprache zustande gekommen wäre (BGHSt 38, 186 [190 ff]; 47, 83 [88 f] m.Anm. *Best* GA 2003, 157 ff; *Rönnau* JuS 2002, 545 ff; *Rose* NStZ 2002, 41 f und *Walter* JZ 2002, 254 ff; aA S/S-*Perron* Rn 137 a; zum regelwidrigen Mitbieten bei Internetauktionen vgl *Popp* JuS 2005, 689 [692 f]).

205 Beim **Sportwettenbetrug** liegt ein Schaden bei Abschluss des Vertrages nach Ansicht des BGH, unabhängig vom Manipulationserfolg, vor, wenn bei objektiver Betrachtung die Verpflichtung zur Auszahlung des vereinbarten Wettgewinns nicht mehr durch den Anspruch auf den Wetteinsatz aufgewogen wird (BGH NJW 2013, 883 [886]; 2016, 1336 [1337]; zust. *Greco* NZWiSt 2014, 334 [335]; krit. *Jäger* JA 2013, 868 [870]); damit wird die Figur des „Quotenschadens" aufgegeben, der bestehen sollte in der Differenz zwischen dem geleisteten Einsatz und der irrtumsbedingt eingeräumten höheren Gewinnchance, die infolge der Manipulation der Spiele besteht (vgl dazu BGHSt 51, 165 [175]; zust. *Gaede* HRRS 2007, 16 [18]; *Krack* ZIS 2007, 103 [111]; *Radtke* Jura 2007, 445 [451]; krit. *Jahn/Maier* JuS 2007, 215 [219]; *Rönnau/Soyka* NStZ 2009, 12 [14]; aA *Kutzner* JZ 2006, 712 [717]; *Petropoulos/Morozinis* wistra 2009, 254 [258]; *Saliger/Rönnau/Kirch-Heim* NStZ 2007, 361 [367 f]).

206 Ferner kann die (täuschungsbedingte) Übernahme eines Risikogeschäfts mit unvertretbarer Verlustgefahr ebenfalls einen Gefährdungsschaden begründen (vgl BGH NJW 1990, 3219 [3220]; S/S-*Perron* § 266 Rn 45 a). So geht der BGH auch bei der Leistung von Einlagen in sog. **Schneeballsysteme** davon aus, dass eine auf Begehung von Straftaten aufgebaute Aussicht auf Vertragserfüllung an sich schon wertlos ist, so dass ein Schaden in Höhe des gesamten eingezahlten Betrags entsteht (BGHSt 51, 10 [15 f]; 53, 199 [203, 204 f]; BGH wistra 2012, 69 [71]; NStZ 2016, 280 [283]; krit. gegenüber dieser pauschalen Normativierung des Schadensbegriffs *Fischer* Rn 130; *Jahn* JuS 2009, 756 [757]).

207 b) Beim sog. **Anstellungsbetrug**, einem Unterfall des Eingehungsbetrugs, wird der Schaden darin gesehen, dass die Qualität der versprochenen Dienstleistung der vereinbarten Lohn- oder Gehaltszahlung wertmäßig nicht entspricht (BGHSt 5, 358 [359]; 45, 1 [4]; BGH NJW 1978, 2042). Beim Erschleichen einer **Richter- oder Beamtenstellung** sollen neben der Bewertung der reinen Arbeitsleistung auch die gegenseitigen Treuepflichten zu berücksichtigen sein, die auf der einen Seite eine umfassende (auch das Vermögen betreffende) Fürsorgepflicht des Dienstherrn und auf der anderen Seite den Einsatz der ganzen Persönlichkeit des Beamten zum Gegenstand haben (RGSt 65, 281 [282]). Ein Schaden kann daher – wegen fehlender rechtlicher Gleichwertigkeit – neben unzureichender fachli-

cher Qualifikation oder Vorbildung (Nichterfüllung von Anstellungs- und Laufbahnvoraussetzungen) auch in der mangelnden persönlichen „Würdigkeit" bei fehlender „sittlicher" oder „charakterlicher Qualität" (trotz zufrieden stellender Leistungen) liegen (BGHSt 1, 13; 45, 1 [5 f] m. abl. Bspr *Jerouschek/Koch* GA 2001, 273 ff; krit. auch *Duttge* JR 2002, 271 ff; MK-*Hefendehl* Rn 567 ff; eingehend *Protzen*, Der Vermögensschaden beim sog. Anstellungsbetrug, 2000, 47 ff, 256 ff). Einschlägige Täuschungen über persönliche, für das angestrebte Amt unerlässliche Umstände können Vorstrafen, akademische Grade oder ein besonders honoriges Vorleben betreffen (ausf. hierzu BGHSt 45, 1 [6 ff]; vgl auch BVerfGE 92, 140 [151]; 96, 189 [197]). Umstritten ist vor allem, ob eine frühere Tätigkeit für das Ministerium für Staatssicherheit (MfS) der DDR als mangelnde Qualifikation für eine Beamten- oder Richtertätigkeit anzusehen ist (bej. BGHSt 45, 1 [11 f] m.Anm. *Geppert* NStZ 1999, 305 f und *Otto* JZ 1999, 738 ff; verneinend LG Berlin NStZ 1998, 302 [303]; *Gading* NJW 1996, 296 [299]; *Geppert* Hirsch-FS 525 [534 ff]). Stehen der Einstellung verwaltungsrechtliche Vorschriften entgegen, ist nach der Zweckverfehlungslehre stets ein Schaden zu bejahen (NK-*Kindhäuser* Rn 324; krit. *Kargl* wistra 2008, 121 [127]).

In der erschlichenen Einstellung von **Angestellten** der Privatwirtschaft oder des öffentlichen Dienstes sieht die hM einen Schaden, wenn die für die Tätigkeit aufgrund der erforderlichen **besonderen Vertrauens** mit einer höheren Bezahlung verbundenen Voraussetzungen (BGH NJW 1978, 2042; OLG Düsseldorf StV 2011, 734 f) oder die für die Einstufung in eine höhere Vergütungs- oder Tarifgruppe erforderlichen Bedingungen (zB Alter, Familienstand, Beschäftigungszeiten) nicht gegeben sind (BGHSt 17, 254 [257]). Bei der Beschäftigung von Arbeitern und Angestellten **ohne besondere Vertrauensposition** soll demgegenüber nach hM nur der Wert der (tatsächlich erbrachten oder nach den einschlägigen Tarif- und Vergütungsgruppen zu erwartenden) Arbeitsleistung maßgeblich sein (BGH NJW 1961, 2027 f; *Mitsch* 5.2.1.5.3.2). 208

Die Rspr bejaht einen Betrug auch bei erschlichener Einstellung eines einschlägig vorbestraften Arbeitnehmers, wenn die Gefahr besteht, dass der Betreffende (strafbare) Verfügungen zum Nachteil des Arbeitgebers tätigt (BGHSt 17, 254 [259]; BGH NJW 1978, 2042 [2044]). Dem steht jedoch entgegen, dass die Schädigung hier nicht auf der Vermögensverfügung (Lohnzahlung) beruht (MK-*Hefendehl* Rn 572 f; L-Kühl-*Kühl* Rn 52). 209

6. Erfüllungsbetrug

a) Nach der Zweckverfehlungslehre ist ein sog. Erfüllungsbetrug gegeben, wenn das Opfer irrtumsbedingt eine Leistung, die nicht die vereinbarte Qualität aufweist, als Erfüllung annimmt oder mehr leistet, als es rechtlich zu leisten verpflichtet ist (NK-*Kindhäuser* Rn 327; *Otto* BT § 51/126). 210

b) Die wirtschaftliche Lehre differenziert zwischen dem sog. „echten" Erfüllungsbetrug, bei dem das Opfer (erst) nach Vertragsabschluss durch Täuschung dazu veranlasst wird, eine Leistung, die in ihrer Qualität nicht der Vereinbarung entspricht, als Erfüllung anzunehmen oder selbst über das Vereinbarte hinaus zu leisten, und dem sog. „unechten" Erfüllungsbetrug, bei dem der Täter schon im Rahmen des Verpflichtungsgeschäfts über die Qualität seiner Leistung täuscht und die minderwertige Leistung später auch erbringt. 211

aa) Beim „echten" **Erfüllungsbetrug** ermittelt die wirtschaftliche Lehre ihren eigenen Prämissen zuwider den Schaden nicht durch die Verrechnung des objekti- 212 ven Wertes von Leistung und Gegenleistung, sondern stellt hier – wie die Zweckverfehlungslehre – auf die vertragliche Vereinbarung ab. Demnach ist ein Betrug auch dann zu bejahen, wenn die Leistungen wirtschaftlich äquivalent sind oder die Gegenleistung sogar wirtschaftlich höherwertig ist. Dies soll gleichermaßen für Gattungsschulden (BGHSt 8, 46 [49]; 12, 347 ff; BGH NJW 1995, 2933 [2934]) und Stückschulden (S/S-*Perron* Rn 136; *Seyfert* JuS 1997, 29 [31 f]) gelten. Da die Leistung jeweils als geringerwertig zu bewerten sei, wird die Differenzierung zwischen Schlecht- und Falschlieferung als bedeutungslos angesehen (LK-*Tiedemann* Rn 199).

213 **bb)** Umstritten ist dagegen innerhalb der wirtschaftlichen Lehre die Behandlung des sog. „unechten" Erfüllungsbetrugs. Die Rspr verneint in konsequenter Anwendung der Kriterien des Eingehungsbetrugs einen Schaden, wenn die vereinbarten Leistungen bei wirtschaftlicher Beurteilung als gleichwertig anzusehen sind (vgl BGHSt 16, 220 [221]; BayObLG NJW 1999, 663 f): Liegt schon bei Eingehung des Vertrags kein Schaden vor, so kann auch dessen Erfüllung zu keinem Schaden mehr führen. Das Schrifttum folgt dem überwiegend mit der Überlegung, dass bei der Erbringung der Leistung nur die Täuschung bei der Eingehung nachwirke und Verpflichtungs- und Erfüllungsgeschäft daher als Einheit anzusehen seien (*Arzt/Weber/Heinrich/Hilgendorf* § 20/95 f; MK-*Hefendehl* Rn 556 mwN; LK-*Tiedemann* Rn 201; vgl auch *Küper* Tiedemann-FS 617 [636]). Der Maßstab für den Schaden ist also beim „echten" Erfüllungsbetrug die Parteivereinbarung, beim „unechten" Erfüllungsbetrug der wirtschaftliche Wertvergleich der Leistungen. Anderes soll allerdings gelten, wenn bei der Erfüllung eine neue und selbstständige Täuschung begangen wird.

214 Nach einer verbreiteten Gegenansicht soll auch beim „unechten" Erfüllungsbetrug der Schaden an der Parteivereinbarung gemessen werden, mit der Folge, dass als geschädigt anzusehen ist, wer (täuschungsbedingt) leistet, ohne die vertragsgemäße Gegenleistung zu erhalten: Der Erfüllungsschaden könne nicht deshalb entfallen, weil der Täter bereits im Rahmen des Verpflichtungsgeschäfts getäuscht habe (*Hohmann/Sander* BT I § 11/128; S/S-*Perron* Rn 137; *Puppe* JZ 1984, 531 ff; *Schneider* JZ 1996, 914 [917 f]; *Seyfert* JuS 1997, 29 [31 ff]). Bei dieser Sicht wird der vorangegangene Eingehungsbetrug als Versuch des späteren Erfüllungsbetrugs gedeutet.

7. Prozessbetrug

215 Der Prozessbetrug ist ein Dreiecksbetrug, bei dem der Richter oder – im Vollstreckungsverfahren – der Gerichtsvollzieher irrtumsbedingt eine Entscheidung trifft, durch die der obsiegenden Partei die rechtliche Möglichkeit des Zugriffs auf das Vermögen des Opfers eingeräumt wird und dessen Vermögenslage so unmittelbar nachteilig verändert wird (vgl *Meinecke* NZWiSt 2016, 47 ff; ausf. NK-*Kindhäuser* Rn 340 mwN). Ein Schaden ist allerdings zu verneinen, sofern dem Täter (oder begünstigten Dritten) materiell ein Anspruch zusteht, dessen prozessuale Durchsetzbarkeit durch die Manipulationen nur verbessert wird (vgl BGHSt 42, 268 [271 f]). Die Vermögenslage des Berechtigten kann auch durch die Ausstellung eines unzutreffenden Erbscheins (RGSt 53, 260 [261]), eine unrichtige Grundbucheintragung (OLG Stuttgart NStZ 1985, 365 f) oder eine notarielle Grundbuchbestellung (BGH GA 1979, 271) unmittelbar nachteilig beeinflusst werden.

8. Verbotene Geschäfte

Unterschiedlich wird die Frage beantwortet, ob ein Betrug anzunehmen ist, wenn das Opfer leistet, um eine verbotene Leistung zu erhalten, deren Erbringung der Täter nur vorspiegelt. Exemplarisch: A geht zum Schein auf das Angebot des B ein, dessen Ehefrau gegen Geld zu töten und lässt sich einen Vorschuss auszahlen (KG NJW 2001, 86 f). Gleiches gilt beim Betäubungsmitteldeal, wenn der Käufer nicht (in vollem Umfang) das gewünschte Rauschmittel erhält. Ein Betrug kann an verschiedenen Tatbestandsmerkmalen scheitern: 216

- Zunächst kann bezweifelt werden, dass eine tatbestandsrelevante **Täuschung** vorliegt. Wenn der jeweilige Geschäftspartner wegen des gesetzlichen Verbots (zB § 29 BtMG, §§ 30, 211 StGB) nicht darauf vertrauen darf, dass sein Gegenüber überhaupt leistet, kann er auch nicht darauf vertrauen, dass der Leistungsgegenstand von bestimmter Qualität ist, einen bestimmten Umfang hat usw. Da die Durchführung derartiger Geschäfte bereits grds. verboten ist, kann es nicht gleichzeitig für irgendeinen der Beteiligten das Gebot geben, einen gleichwohl und damit wider das Recht erfolgenden Leistungsaustausch ordnungsgemäß – und damit notwendig doch auch: frei von Lug und Trug hinsichtlich des Ob und Wie der Leistung – vorzunehmen. Insoweit kann es bei solchen Geschäften schwerlich einen Anspruch auf wahrheitsgemäße Information geben (vgl *Kindhäuser/Wallau* NStZ 2003, 152 [153]; *Pawlik*, Das unerlaubte Verhalten beim Betrug, 1999, 146 f). Das Recht kann nicht ein Geschäft bei Strafe verbieten und es zugleich bei Strafe frei von Lug und Trug hinsichtlich des Ob und Wie der gefährlichen Leistung halten wollen. 217

- Ferner wird eingewandt, es fehle an einer tatbestandlichen **Vermögensverfügung**. Tatbestandlich erfasst sei nur eine solche Ausübung allgemeiner Handlungsfreiheit, die nach der (primären) rechtlichen Normenordnung schutzwürdig ist (*Bergmann/Freund* JR 1988, 189 [192]). Nur so ließen sich widersprüchliche Verhaltensanforderungen vermeiden, wie etwa die Konsequenz, dass ein strafbefreiender Rücktritt vom Versuch des Betrugs durch Vornahme der verbotenen (strafbaren) Handlung möglich sein müsste, also eine prämierte Rückkehr zum Recht durch rechtswidriges Verhalten. 218

- Die Möglichkeit eines **Schadens** wird jedenfalls beim Erwerber der verbotenen Leistung von der hM bejaht, da der Getäuschte sein „gutes Geld" ohne die gewünschte Gegenleistung verliere (BGHSt 2, 364 ff; 29, 300 [301 f]; BGH NJW 2002, 2117 m.Anm. *Engländer* JR 2003, 164 f und *Kindhäuser/Wallau* NStZ 2003, 152 ff; BGH NJW 2003, 3283 [3285]; abl. *Renzikowski* GA 1992, 159 [175]; SK-*Samson/Günther*, 5. Aufl. 1996, Rn 149 mwN). Bei wirtschaftlicher Betrachtungsweise folgt dieses Ergebnis aus dem Umstand, dass die Vermögensminderung nicht durch den Erhalt des wirtschaftlichen Äquivalents oder die Erreichung des wirtschaftlichen Zwecks kompensiert wird. Gleiches ergibt sich unter Zugrundelegung einer juristischen Betrachtungsweise: Da der Getäuschte wegen des Verbots keinen Anspruch auf die Gegenleistung erlangt, kann die Hingabe des Geldes von vornherein nicht durch den Zugewinn eines rechtlich gebilligten Vermögenswertes (Mord, Rauschgift usw) ausgeglichen werden. 219

- Bedeutsam werden die Unterschiede bei der Vermögensbestimmung jedoch, wenn für den Betrug ein **funktionaler Zusammenhang** zwischen Irrtum und Schaden verlangt wird (Rn 187 f). Da derjenige, der einen Mord in Auftrag 220 gibt oder Rauschgift ankauft, weiß, dass er keinen Anspruch auf eine solche Leistung erwirbt, also sein Geld im Bewusstsein hergibt, kein rechtlich gebilligtes Äquivalent dafür zu erhalten, ist für alle juristisch ausgerichteten (ökonomischen, personalen und funktionalen) Vermögenslehren nach den eigenen Prämissen eine bewusste Selbstschädigung anzunehmen und ein Betrug dementsprechend abzulehnen (*Cramer* JuS 1966, 472 [474 f]; *Mitsch* 5.2.1.2.5.3; abw. W-*Hillenkamp* Rn 565 mit dem wenig plausiblen Argument, der funktionale Zusammenhang beziehe sich nur auf „zweckfreie" Verfügungen). Der Leistende handelt dann auf eigene Gefahr (vgl zum zurechnungsausschließenden Eigenverantwortlichkeitsprinzip auch Vor § 13 Rn 118 ff). Sofern man dagegen einer rein wirtschaftlichen Betrachtungsweise, die auch verbotene Märkte anerkennt (und allen Ernstes einem Mord einen wirtschaftlichen Wert beimisst!), folgt, lässt sich der funktionale Zusammenhang bejahen, wenn für den Getäuschten die faktische Chance bestand, dass er das Rauschgift erhält oder der Mord ausgeführt wird. Gleiches gilt, wenn man das Erfordernis eines funktionalen Zusammenhangs verneint.

221 ■ Zu beachten ist: Wird ein Betrug abgelehnt, so wird dadurch **kein Freiraum** geschaffen, sich straflos zu bereichern. Zum einen unterliegt der Gewinn aus strafrechtlich verbotenen Geschäften dem Verfall (§ 73). Zum anderen macht sich derjenige, der sich durch Täuschung fremdes Geld verschafft, nach § 246 strafbar. Das Geld bleibt für den Täuschenden wegen § 134 BGB eine fremde Sache; auch die Zueignung ist rechtswidrig, weil die Einwilligung des Getäuschten wegen des Willensmangels unwirksam ist (Vor § 13 Rn 181 ff).

D. Subjektiver Tatbestand

222 Der subjektive Betrugstatbestand erfordert neben dem auf den objektiven Tatbestand bezogenen Vorsatz die Absicht, sich oder einem Dritten einen rechtswidrigen Vermögensvorteil zu verschaffen.

I. Vorsatz

223 Für den Vorsatz genügt dolus eventualis. Fehlvorstellungen über die Identität des tatsächlich Geschädigten sind iSv § 16 unbeachtlich. Bei der konkludenten Täuschung muss der Täter um die Verkehrssitte wissen, die dem Verhalten den Charakter einer Tatsachenbehauptung bestimmten Inhalts verleiht (vgl BayObLG NJW 1999, 1648 [1649]).

II. Bereicherungsabsicht
1. Absicht

224 Der Täter muss mit dem Ziel handeln, sich oder einem Dritten einen Vermögensvorteil zu verschaffen. Der Eintritt dieses intendierten Bereicherungserfolgs ist für die Vollendung des objektiven Tatbestands nicht erforderlich, sondern ist nur Kriterium der Tatbeendigung. Die Absicht ist tatbezogen und kein besonderes persönliches Merkmal iSv § 28.

225 Unter der Absicht ist ein finaler Erfolgswille zu verstehen: Die Bereicherung muss für den Täter Hauptziel oder notwendiges Zwischenziel der Tatbestandsverwirklichung sein (NK-*Kindhäuser* Rn 353). Nach der Rspr genügt es, wenn die Berei-

cherung für das Handeln mitbestimmend ist (BGHSt 18, 246 [248]): hieran fehle es, wenn der Täter die Bereicherung „als peinliche oder lästige Folge seines Handelns" hinnimmt, weil er glaubt, sonst sein anderes Ziel zu verfehlen (BGHSt 16, 1 [6]; BGH NJW 1993, 273 ff; zu den Fällen des Liefernlassens von Waren, um eine andere Person zu ärgern vgl ausf. *Krack* Puppe-FS 1205 ff). Bereicherungsabsicht ist daher zu verneinen, wenn der Täter eine bezahlte Stellung zum Zweck der Werkspionage übernimmt (S/S-*Perron* Rn 176).

2. Vermögensvorteil

a) Dass der Täter einen Vermögensvorteil erstreben muss, macht den Betrug zu einem Vermögensverschiebungsdelikt (Rn 35). Dies bedeutet, dass der Vorteil die **Kehrseite** (BGHSt 6, 115 [116]; BGH NJW 1961, 685) des zum objektiven Tatbestand gehörenden Vermögensschadens sein muss: Jede Vermögensminderung auf der Opferseite kann unter umgekehrtem Vorzeichen auf der Täterseite als Vermögensvorteil eingestuft werden. Als Bereicherung kommen daher auch die Verhinderung des Verlustes eines Vermögensgegenstands, das Ersparen von Aufwendungen oder die Verbesserung der Beweislage in Betracht. Bei wirtschaftlicher Betrachtung kann die Bereicherung in der Vermehrung der Aktiva, aber auch in der Verminderung der Passiva bestehen (BGH VRS 42, 110 ff). 226

b) Im Allgemeinen wird verlangt, dass Vor- und Nachteil **stoffgleich** sind: 227

aa) Für die **Zweckverfehlungslehre**, die in der mit der Verfügung verbundenen Vermögensminderung den Schaden sieht, falls der sie kompensierende Zweck verfehlt wird (Rn 167 ff), beziehen sich Vor- und Nachteil auf den **Verfügungsgegenstand**. Beim Sachbetrug besteht die Stoffgleichheit in der Identität des Tatobjekts. Beim Forderungsbetrug bezieht sich die Stoffgleichheit auf den Gegenstand der Forderung (Geldbetrag, sonstige Leistung). Unter Rückgriff auf die zivilrechtlichen Regeln der ungerechtfertigten Bereicherung lässt sich die erforderliche Stoffgleichheit auf die Formel bringen, dass der **Vorteil unmittelbar auf Kosten des Opfervermögens erlangt** sein muss (näher NK-*Kindhäuser* Rn 360). 228

bb) Da die wirtschaftliche Lehre bei zweiseitigen Geschäften den Schaden durch Saldierung ermittelt, muss sie die „Stoffgleichheit" in einem übertragenen Sinne als **Wertverschiebung** begreifen (*Seelmann* JuS 1982, 748 [749]). In den Fällen des individuellen Schadenseinschlags und des einseitigen Geschäfts, in denen von einer Saldierung abgesehen wird, ist dagegen – wie bei der Zweckverfehlungslehre – auf den Gegenstand der Verfügung abzustellen (LK-*Tiedemann* Rn 262). 229

Auch die wirtschaftliche Lehre bedient sich zur Verdeutlichung der betrugsspezifischen Vermögensverschiebung des Kriteriums der **Unmittelbarkeit**. Es wird verlangt, dass Schaden und (beabsichtigter) Vorteil auf ein und derselben Verfügung beruhen (BGHSt 21, 384 [386]) oder dass der (erstrebte) Vorteil unmittelbar aus dem Opfervermögen stamme (BGHSt 34, 379 [391]; BGH NStZ 1998, 85; W-*Hillenkamp* Rn 588). 230

cc) Einigkeit besteht darin, dass mangels Stoffgleichheit **Belohnungen** ausscheiden, die dem Täter für seine Täuschung **von dritter Seite** in Aussicht gestellt werden (S/S-*Perron* Rn 168). Ferner bleiben mittelbare Schäden und weitergehende **Folgeschäden**, die das Opfer erleidet, unberücksichtigt (BGH NStZ-RR 2002, 10; OLG Köln NStZ-RR 2003, 212 [213]; *Fischer* Rn 189); etwa: die Auslagen für einen Prozess (BGH NStZ 2002, 433 [434]), die zum Abschluss eines Geschäfts erforderlichen Flugkosten (BGHR § 263 Abs. 1 Stoffgleichheit 2) oder Zinsen und Notarkosten (OLG Stuttgart NJW 2002, 384 m.Anm. *Erb* JR 2002, 231

216 f). Ebenso muss unberücksichtigt bleiben, wenn der Täter lediglich Dritten die Möglichkeit verschafft, das Opfer zu schädigen (BGH StV 2011, 726 [727]; StraFo 2011, 238 [239 f]).

232 dd) Sofern der Täter – wie in den **Provisionsvertreterfällen** – den von einem Dritten erstrebten Vermögensvorteil nur dadurch erlangen kann, dass er das Opfer zugunsten des Dritten schädigt, verwirklicht der Täter den Betrugstatbestand zweimal: Zum einen begeht der Täter einen Betrug mit Drittbereicherungsabsicht hinsichtlich des zunächst getäuschten Opfers; mit dem Opfer wird zB unter falschen Voraussetzungen ein Vertrag über ein Zeitschriftenabonnement (zugunsten einer Vertriebsfirma) abgeschlossen. Zum anderen wird ein Betrug hinsichtlich des Dritten bejaht; die Vertriebsfirma wird unter Vorlage der anfechtbaren Verträge zur Auszahlung der nicht zu beanspruchenden Provision veranlasst. Hierbei ist die Drittbereicherung beim ersten Betrug notwendiges Zwischenziel (Rn 225) der letztlich angestrebten Selbstbereicherung durch den zweiten Betrug (BGHSt 21, 384 ff; BGH NJW 1961, 684; vgl auch BGH NStZ 2003, 264; OLG Düsseldorf wistra 1985, 110 [111]: Täuschung über die gelieferte Ölmenge). Demgegenüber fehlt es an der Stoffgleichheit, wenn der Täter einen Unfallbeteiligten durch Täuschung an der Geltendmachung eines Schadens hindert, um seinen Schadensfreiheitsrabatt bei der Versicherung zu erhalten (BayObLG JZ 1994, 584). Ferner verneint der BGH Stoffgleichheit, wenn eine Krankenkasse vom Versicherten getäuscht wird und darauf medizinisch unnütze Leistungen erbringt, weil die (unterlassenen) Regressansprüche gegenüber dem Vertragsarzt nicht dem Vorteil des Täters entsprechen (NStZ 2004, 266 [267 f]).

III. Rechtswidrigkeit der Bereicherung

233 1. Der Betrug erfordert eine doppelte Rechtswidrigkeitsprüfung. Zum einen muss die (erstrebte) Bereicherung rechtswidrig sein; zum anderen muss die (versuchte) Tatbestandsverwirklichung insgesamt rechtswidrig sein, darf also nicht durch einen Rechtfertigungsgrund erlaubt sein.

234 a) Die Rechtswidrigkeit (der erstrebten Bereicherung) ist vorsatzrelevantes **Tatbestandsmerkmal**; es ist nicht erfüllt, wenn der Täter (oder der begünstigte Dritte) einen **fälligen und einredefreien Anspruch** hat, der durch die Vorteilserlangung erlischt (BGHSt 20, 136 [137 f]; BGH NStZ 1988, 216; LK-*Tiedemann* Rn 264), oder die Durchsetzung eines unbegründeten Anspruchs abwehrt (BGHSt 42, 268 [271]).

235 Umstritten ist, ob derjenige, der bei einem **verbotenen Geschäft** getäuscht wurde (vgl Rn 216 ff) und sich anschließend seinerseits das **Geleistete** durch Täuschung zurückholt, einen Betrug (oder bei Nötigung: eine Erpressung) begeht. Exemplarisch: Der bei einem Rauschgiftdeal Geprellte veranlasst seinen Vertragspartner durch Täuschung zur Rückgabe seiner bereits erbrachten Leistung. Die Rspr differenziert: Die Wiederverschaffung des geleisteten Rauschgifts soll mangels Anspruchs auf Rückgabe rechtswidrig sein, da eine derartige Forderung wegen unzulässiger Rechtsausübung mit Treu und Glauben unvereinbar sei (BGH NJW 2003, 3283 ff). Anders soll es sich bei der Rückverschaffung des Kaufpreises verhalten: Der Täter bereichere sich nicht, da er nur den berechtigten, ihm nach Treu und Glauben nicht zu versagenden Ausgleich seines durch das betrügerische Betäubungsmittelgeschäft erlittenen Schadens begehre (BGH NJW 2003, 3283 [3285]). Dem ist hinsichtlich der letztgenannten Fallgestaltung entgegenzuhalten, dass der Rauschgiftdeal nach §§ 3 I Nr. 1, 29 I S. 1 Nr. 1 BtMG bei Strafe verbo-

ten ist, mit der Folge, dass das Kaufgeld dem Verfall nach §§ 73 ff unterliegt, also dem Käufer nicht mehr zusteht, sondern „unwiederbringlich verloren ist" (so BGHSt 47, 369 [372]; näher *Kindhäuser* Heinze-GS 447 ff; vgl auch *Swoboda* NStZ 2005, 476 [481], die dem Täter über § 242 BGB ein schutzwürdiges Interesse an der Durchsetzung seiner Forderung abspricht und dies mit dem Vorrang des staatlichen Konfiskationsrechts vor der privaten Rückforderung begründet). Im Übrigen ist ungeklärt, ob dem Anspruch des Käufers nicht § 817 S. 2 BGB entgegensteht (hierzu *Bergmann/Freund* JR 1990, 357 [358]; *Zieschang* Hirsch-FS 831 ff mwN).

b) Die Rechtswidrigkeit der Bereicherung muss nicht beabsichtigt sein; es genügt, wie auch hinsichtlich des Schadens, (ggf bedingter) **Vorsatz** (BGHSt 31, 178 [181]; 42, 268 [273]; *Fischer* Rn 194). Ein **Irrtum** über die Rechtswidrigkeit der Bereicherung führt nach § 16 I S. 1 zum Vorsatzausschluss (BGHSt 3, 160 [163]; 42, 268 [272 f]; BGH NStZ 2003, 663 [664]). Ein Irrtum über die Rechtswidrigkeit der Bereicherung liegt allerdings nicht schon dann vor, wenn sich der Täter – etwa nach den Anschauungen der einschlägigen kriminellen Kreise – als berechtigter Inhaber eines Anspruchs gegen das Opfer fühlt. Vielmehr kommt es darauf an, ob er sich vorstellt, dass dieser Anspruch von der Rechtsordnung anerkannt wird und demgemäß gerichtlich durchgesetzt werden könnte (BGH NStZ 2004, 37 [38]; *Kindhäuser/Wallau* NStZ 2003, 151 [154]). 236

2. Dass das formal zum subjektiven Tatbestand gehörende Merkmal der Rechtswidrigkeit gleichwohl objektives Tatbestandsmerkmal und damit (unstr.) dem Irrtumstatbestand zuzuordnen ist, ergibt sich aus dem Umstand, dass sich die Rechtswidrigkeit nicht nur auf die Bereicherung, sondern auf die Vermögensverschiebung insgesamt bezieht. Steht dem Täter (oder dem Dritten) ein durchsetzbarer Anspruch auf den Gegenstand der Vermögensverfügung zu, so entfällt bereits ein Schaden (Rn 166). Da ein Täter, der irrig davon ausgeht, er (oder der Dritte) habe einen Anspruch auf den Verfügungsgegenstand, bereits keinen Vorsatz hinsichtlich der Herbeiführung eines Vermögensschadens hat, spielt der Vorsatz hinsichtlich der Bereicherung praktisch keine Rolle; er ist mit der bejahenden Prüfung des Schädigungsvorsatzes in der Sache bereits festgestellt. Im **Gutachten** genügt daher meist ein kurzer Hinweis, dass die Bereicherung (mangels Anspruchs) rechtswidrig ist und der Täter mit entsprechendem Vorsatz gehandelt hat. 237

E. Versuch, Vollendung, Beendigung

I. Der **Versuch** ist strafbar (Abs. 2) und beginnt beim Begehen regelmäßig mit dem (ausdrücklichen oder konkludenten) Äußern der unzutreffenden Tatsachenbehauptung (BGH NStZ 1997, 31 [32]), wobei erst diejenige Täuschungshandlung maßgeblich ist, die das Opfer unmittelbar zu der Verfügung veranlassen soll. Eine Täuschung, die zunächst anderen Zwecken dient, etwa dem Erschleichen des Vertrauens des Opfers oder der Sondierung der Bereitschaft zum Vertragsschluss (BGH NStZ 2011, 400 [401]; OLG Hamm StraFo 2011, 411), ist noch dem Vorbereitungsstadium zuzuordnen. Beim Täuschen durch Unterlassen ist von einem Versuch auszugehen, wenn die zu erteilende Information erforderlich ist, um das Opfer vor einer bevorstehenden Fehldisposition zu bewahren. 238

II. Der Betrug ist mit dem (zumindest teilweisen) Eintritt des Vermögensschadens **vollendet** (BGH NJW 1984, 987 [988]) und **beendet**, wenn der vorgesehene Empfänger die vom Täter erstrebte Bereicherung erlangt (BGHSt 19, 342 [344]; 32, 236 [243]; BGH NStZ 2014, 516 [517] m. krit. Anm. *Becker*; BGH NStZ- 239

RR 2016, 42; anders *Otto* Lackner-FS 715 [722 f]: bereits mit endgültigem Schadenseintritt). Beim „unechten" **Erfüllungsbetrug** soll die Tat mit dem Eingehungsbetrug vollendet, aber erst mit Eintritt des Bereicherungserfolgs beim Erfüllungsbetrug beendet sein (*Jescheck* Welzel-FS 683 [688]); insgesamt sollen beide Tatbestandsverwirklichungen eine einheitliche Tat bilden (näher hierzu und zu den Fällen des Anstellungs- und Rentenbetrugs NK-*Kindhäuser* Rn 382 f).

F. Strafzumessung, besonders schwere Fälle (Abs. 3)

240 Abs. 3 nennt in der Technik der Regelbeispiele (hierzu § 46 Rn 17 ff; § 243 Rn 1 ff) Fälle mit angehobenem Strafrahmen:

I. Gewerbs- und bandenmäßige Tatbegehung (Abs. 3 S. 2 Nr. 1)

241 1. **Gewerbsmäßig** handelt, wer sich aus wiederholter Begehung eine fortlaufende Haupt- oder auch nur Nebeneinnahmequelle von nicht unerheblicher Dauer und einigem Umfang verschaffen will (§ 243 Rn 24 f).

242 2. Die **bandenmäßige** Tatbegehung (§ 244 Rn 28 ff) muss die fortgesetzte Begehung von Urkundenfälschung oder Betrug zum Gegenstand haben. Die einschlägigen Taten können aus dem gesamten Bereich der Urkundendelikte (§§ 267-281) stammen. Neben § 263 kommen auch die Betrugsformen nach §§ 263 a, 264, 264 a, 265 b in Betracht, nicht jedoch – mangels betrugsspezifischer Täuschung – die Delikte nach §§ 265, 265 a und 266 a. Auch § 266 b scheidet als ein in erster Linie untreueähnliches Delikt aus (NK-*Kindhäuser* Rn 392; aA *Fischer* Rn 212).

II. Gesteigerter Vermögensverlust (Abs. 3 S. 2 Nr. 2)

243 Das Regelbeispiel nach Nr. 2 formuliert zwei Alternativen: Nach der ersten ist als Erfolg ein Schaden großen Ausmaßes erforderlich, nach der zweiten eine bestimmte Vermögensgefährdungsabsicht.

244 1. Der **Vermögensverlust großen Ausmaßes**, der tatsächlich eingetreten sein muss (BGH wistra 2004, 20 [21 f]; 2007, 111; *Lang/Eichhorn* NStZ 2004, 528 [530]; *Rotsch* ZStW 117, 577 [596]; aA MK-*Hefendehl* Rn 850 mwN), ist objektiv zu bestimmen. Er braucht nicht von Dauer zu sein (BGH NStZ 2002, 547; zust. *Hannich/Röhm* NJW 2004, 2061 [2064]; *Rotsch* ZStW 117, 577 [590 f]; krit. *Joecks* StV 2004, 17) und ist gegeben, wenn der beim Opfer eingetretene Schaden das für den Betrug durchschnittliche Maß weit übersteigt, also – entsprechend der Wertung in § 264 II S. 2 Nr. 1 (dort Rn 19) – bei mindestens 50.000 Euro liegt (vgl BT-Drucks. 13/8587, 43; BGH NStZ-RR 2002, 50; NStZ 2004, 155 f; wistra 2009, 236 [237]; *Krüger* wistra 2005, 247 [249]). Bei mehreren durch eine natürliche Handlungseinheit (Vor § 52 Rn 15 ff) verbundenen Taten sind die Einzelschäden zu addieren (BGH NJW 2011, 1825 [1827]), aber nur insoweit, als sie dasselbe Opfer betreffen (BGH wistra 2012, 71 [72]; NStZ-RR 2012, 114).

245 2. Bei der zweiten Alternative muss der Täter nur die Absicht verfolgen, durch fortgesetztes Handeln eine **große Zahl von Menschen in die Gefahr des Verlustes von Vermögenswerten** zu bringen. Die Gefährdung von juristischen Personen ist nicht einschlägig (BGH wistra 2001, 59 mit Ausnahme einer Ein-Mann-GmbH; anders *Peglau* wistra 2004, 7 [10] für den Fall, dass mehrere Menschen [auch bei einer juristischen Person] mittelbar betroffen sind). Für die Absicht genügt bei te-

leologischer Auslegung dolus directus; der Täter muss also in der sicheren Annahme handeln, durch fortgesetztes Vorgehen eine Vielzahl von Personen hinsichtlich ihrer Vermögenswerte zu gefährden (LK-*Tiedemann* Rn 299). In Anlehnung an §§ 306 b I, 330 II Nr. 1 kann die Zahl der Betroffenen erst ab 20 Opfern als „groß" angesehen werden (NK-*Kindhäuser* Rn 396; S/S-*Perron* Rn 188 d; aA LK-*Tiedemann* Rn 299: wenigstens 10 Betroffene). Bei Vorliegen der Absicht ist das Regelbeispiel bereits mit der einmaligen Tatbegehung erfüllt (BGH wistra 2001, 59 f; OLG Jena NJW 2002, 2404 [2405]).

III. Wirtschaftliche Not (Abs. 3 S. 2 Nr. 3)

Der unrechtserhöhende Erfolg der wirtschaftlichen Not muss durch die Tat (kausal) bedingt sein; es können aber auch Schäden einbezogen werden, die nicht mit dem erstrebten Vorteil stoffgleich sind (*Fischer* Rn 220). Wirtschaftliche Not ist eingetreten, wenn der Geschädigte in eine Mangellage geraten ist, aufgrund derer für ihn oder unterhaltspflichtige Personen der notwendige Lebensunterhalt ohne Hilfe dritter Personen nicht mehr gewährleistet ist. Leistungen aus der (ihrerseits eine Notlage voraussetzenden) Sozialhilfe sind nicht zu berücksichtigen. 246

IV. Missbrauch der (Europäischen) Amtsträgereigenschaft (Abs. 3 S. 2 Nr. 4)

Der Amtsträger kann Täter oder Teilnehmer des Betrugs sein; die (Europäische) Amtsträgereigenschaft richtet sich nach § 11 I Nr. 2 und 2 a. Missbrauch ist ein vorsätzlich rechtswidriges Handeln; erfolgt dies innerhalb der Zuständigkeit, betrifft es die Befugnisse. Demgegenüber wird die Stellung missbraucht, wenn der Täter die ihm durch sein Amt eröffneten Handlungsmöglichkeiten außerhalb seines Zuständigkeitsbereichs ausnutzt (BGH NStZ-RR 2013, 344 f; *Fischer* Rn 221). 247

V. Vortäuschen eines Versicherungsfalls (Abs. 3 S. 2 Nr. 5)

Ein **Versicherungsfall** wird **vorgetäuscht**, wenn ein nicht bestehender Anspruch auf die Versicherungsleistung gegenüber der Versicherung geltend gemacht wird; das Anfordern einer Abschlagsleistung genügt. Gegenstand der Täuschungshandlung muss die bewusst wahrheitswidrige Darstellung der tatsächlichen Voraussetzungen eines Versicherungsfalls sein; hinsichtlich des fehlenden Leistungsanspruchs muss der Täter zumindest mit bedingtem Vorsatz handeln. Erfasst werden nur Sachversicherungsleistungen aus der Brand- und Schiffsunfallversicherung, die sich „deckungsgleich" auf den geltend gemachten Schaden beziehen. Nicht einschlägig ist die Geltendmachung von Personen- und Vermögensschäden, die angeblich als weitere Folge des Brandes oder des Schiffsunfalls entstanden sind. Sofern die Vortat ohne Mitwirkung des Versicherungsnehmers selbst oder eines Repräsentanten im versicherungsrechtlichen Sinne begangen wurde (BGH JR 1977, 390; *Mitsch* 5.4.2.5; LK-*Tiedemann* Rn 302) und dem Versicherungsnehmer ein Anspruch auf die Versicherungsleistung zusteht, scheidet jedenfalls ein vollendeter Betrug aus. Das Tatobjekt selbst braucht nicht versichert zu sein. Es reicht aus, wenn vorgetäuscht wird, das Tatobjekt sei mit einer versicherten, tatsächlich aber unversehrten Sache identisch (W-*Hillenkamp* Rn 664). 248

Als **Vortat**, auf genau die sich der geltend gemachte Anspruch beziehen muss, kommt die Brandstiftung an einer Sache von bedeutendem Wert, der in Anlehnung an §§ 305 a, 307 ff, 315 ff jedenfalls über 700 Euro (nach *Krüger* wistra 249

2005, 247 [249]: über 50.000 Euro) liegen muss, oder das Herbeiführen des Sinkens oder Strandens eines Schiffes in Betracht. Ein Schiff, dh ein Wasserfahrzeug jeder Art und Größe, ist gesunken, wenn wesentliche Teile unter die Wasseroberfläche geraten sind; es ist aufgrund gelaufen und dadurch bewegungsunfähig, so ist es gestrandet. Die Vortat muss bereits zum Zweck der späteren Vortäuschung eines Versicherungsfalls begangen worden und vollendet sein (vgl BGH bei *Holtz* MDR 1988, 1001 [1002 f]; *Fischer* Rn 224).

G. Bagatellfälle; Strafantragserfordernis (Abs. 4)

250 Nach Abs. 4 sind die Vorschriften der §§ 243 II, 247 und 248 a entsprechend anwendbar; dies gilt nicht für den in Abs. 5 normierten Qualifikationstatbestand.

251 Aus dem Verweis auf § 243 II ergibt sich, dass ein (benannter oder unbenannter) besonders schwerer Fall iSv Abs. 3 Nr. 1-5 zwingend ausgeschlossen ist, wenn sich die Tat auf einen geringen Vermögenswert bezieht; dies gilt für alle Betrugsarten. Die Obergrenze der Geringwertigkeit ist bei ca. 30 Euro anzusetzen (§ 248 a Rn 2). Im Übrigen kann die Tat bei Geringwertigkeit des Tatobjekts entsprechend § 248 a nur auf Antrag verfolgt werden, soweit kein besonderes öffentliches Interesse an der Strafverfolgung besteht (vgl § 248 a Rn 6). Ein Strafantrag ist ferner stets erforderlich, wenn der in seinem Vermögen Geschädigte ein Angehöriger, Vormund, Betreuer oder eine mit dem Täter in häuslicher Gemeinschaft lebende Person ist (näher § 247 Rn 4 ff).

H. Gewerbsmäßiger Bandenbetrug (Abs. 5)

252 Abs. 5 normiert einen (abschließenden) Qualifikationstatbestand mit Verbrechenscharakter für den Fall einer (kumulativ vorliegenden) gewerbs- und bandenmäßigen (Rn 241 f) Begehung, die neben dem Betrug auch Taten nach §§ 263 a, 264 und 267–269 betrifft.

I. Konkurrenzen

253 I. Tateinheitlich kann der Betrug grds. mit allen Delikten zusammentreffen, die nicht dem Vermögensschutz dienen. Auch mit § 253 kann Tateinheit bestehen, wenn die Täuschung nicht nur zur Vorspiegelung oder Intensivierung des angedrohten Übels dient (vgl auch BGH NStZ 2002, 323). § 259 und § 263 können tateinheitlich verwirklicht werden, wenn die Hehlereihandlung (zB die Absatzhilfe) in betrügerischer Weise vorgenommen wird (KG JR 1966, 307). §§ 264, 266 a (BT-Drucks. 15/2573, 28; BGH NStZ 2007, 527) und 266 b sind abschließende Sonderregelungen gegenüber § 263. §§ 265, 265 a sind im Verhältnis zum Betrug formell subsidiär. Mit § 266 ist Tateinheit möglich, wenn verschiedene Opfer betroffen sind, also mit der Täuschung eines Dritten zugleich eine Vermögensbetreuungspflicht iSv § 266 verletzt wird. Dagegen kommt entgegen der wohl hM kein Betrug gegenüber demjenigen in Betracht, dessen Vermögen der Täter zu betreuen verpflichtet ist; der Verletzung der umfassenden Vermögensbetreuungspflicht unterfallen auch Schädigungen durch Täuschung (anders BGHSt 8, 254 [260], BGH NStZ 2008, 340; wistra 2009, 106; LK-*Schünemann* § 266 Rn 208 mwN).

Zu § 242 besteht (jedenfalls in Zweipersonenverhältnissen) bereits auf Tatbestandsebene ein Exklusivitätsverhältnis (Rn 141 ff).

254 II. Sofern der Betrug einem anderen Vermögensdelikt – zB einem Betrug (BGH wistra 2011, 230) oder einem Diebstahl (BGH wistra 1999, 108; 2007, 459) –

nachfolgt und nur der Sicherung oder Verwertung der Beute dient, wird er nach hM als mitbestrafte – gleichwohl teilnahmefähige – Nachtat (sog. **Sicherungsbetrug**) behandelt (BGHSt 6, 67 [68]; BGH NStZ 1993, 591); einschlägig sind insbesondere das Vereiteln von Schadensersatz- und Rückgewähransprüchen oder das Täuschen bei Kontrollen einer durch Diebstahl erlangten Sache. Teils wird aber schon der Tatbestand des Betrugs verneint, da die Täuschung keinen neuen Schaden bedinge (*Otto* BT § 51/152; *Sickor* GA 2007, 590 [596]).

III. Mit **nebenstrafrechtlichen Bestimmungen** ist Tateinheit anzunehmen, wenn jene Vorschriften andere Schutzzwecke verfolgen, zB §§ 399, 400, 403 AktG, §§ 331, 332 HGB und §§ 16 ff UWG. § 370 AO hingegen stellt eine abschließende Sonderregelung zum Betrug dar (NK-*Kindhäuser* Rn 411). Keine abschließende Sonderregelung zum Betrug ist § 58 I BAföG, der eine bloße Ordnungswidrigkeit darstellt und zudem einen anderen Schutzzweck als § 263 verfolgt (BayObLG NJW 2005, 309; *Böse* StraFo 2004, 122 [124]; aA *Bohnert* NStZ 2005, 174). 255

§ 263 a Computerbetrug

(1) Wer in der Absicht, sich oder einem Dritten einen rechtswidrigen Vermögensvorteil zu verschaffen, das Vermögen eines anderen dadurch beschädigt, daß er das Ergebnis eines Datenverarbeitungsvorgangs durch unrichtige Gestaltung des Programms, durch Verwendung unrichtiger oder unvollständiger Daten, durch unbefugte Verwendung von Daten oder sonst durch unbefugte Einwirkung auf den Ablauf beeinflußt, wird mit Freiheitsstrafe bis zu fünf Jahren oder mit Geldstrafe bestraft.

(2) § 263 Abs. 2 bis 7 gilt entsprechend.

(3) Wer eine Straftat nach Absatz 1 vorbereitet, indem er Computerprogramme, deren Zweck die Begehung einer solchen Tat ist, herstellt, sich oder einem anderen verschafft, feilhält, verwahrt oder einem anderen überlässt, wird mit Freiheitsstrafe bis zu drei Jahren oder mit Geldstrafe bestraft.

(4) In den Fällen des Absatzes 3 gilt § 149 Abs. 2 und 3 entsprechend.

I. Allgemeines

1. § 263 a wurde im Wege des 2. WiKG 1986 als Auffangtatbestand in das StGB eingestellt, um Schutzlücken des § 263 zu schließen: Der Betrugstatbestand setzt die Täuschung eines Menschen voraus, so dass der Tatbestand nicht anwendbar ist, wenn ein Vermögensschaden durch unlautere Beeinflussung des Ergebnisses eines Datenverarbeitungsvorgangs herbeigeführt wird. Aus dem identischen Schutzzweck und der Lücken füllenden Funktion des Computerbetrugs folgt, dass der Tatbestand in **enger Anlehnung an den Betrug auszulegen** ist (hM, vgl BGHSt 38, 120 [124]; OLG Düsseldorf StV 1998, 266; *Hilgendorf* JuS 1999, 542 [543]; *Weber* Krause-FS 427 [432 ff]; MK-*Wohlers/Mühlbauer* Rn 3; für eine Selbstständigkeit des Tatbestands dagegen BayObLG NStZ 1994, 287 [289]; *Achenbach* Gössel-FS 481 ff; *Neumann* JuS 1990, 535 [537]). 1

2. **Rechtsgut** des § 263 a ist das **Vermögen** iSv § 263 (BGHSt 40, 331 [334]; NK-*Kindhäuser* Rn 2). Die im Allgemeininteresse liegende Sicherung der Funktionstüchtigkeit der für Wirtschaft und Verwaltung zunehmend bedeutsamer werden- 2

den elektronischen Datenverarbeitung und des bargeldlosen Zahlungsverkehrs ist nur ein Schutzreflex. Täter kann jedermann sein; der Tatbestand ist kein Sonderdelikt. Im Gutachten empfiehlt es sich, die Tatbestandsmerkmale des Computerbetrugs in folgenden Schritten zu prüfen:
A) Tatbestand
  I. Objektiver Tatbestand
    1. Tathandlung: Unrichtige Programmgestaltung (Rn 11 ff), Verwendung unrichtiger oder unvollständiger Daten (Rn 9, 16 ff), unbefugte Verwendung von Daten (Rn 9, 22 ff) oder (sonstige) unbefugte Einwirkung auf den Ablauf (Rn 32 ff), alternativ Vorbereitungshandlungen nach Abs. 3 (Rn 5, 75)
    2. Beeinflussung des Ergebnisses eines Datenverarbeitungsvorgangs (Rn 10, 38 ff)
    3. Vermögensschaden als unmittelbare Folge (Rn 45)
    4. Kausaler Zusammenhang zwischen 1., 2. und 3. (Rn 7)
  II. Subjektiver Tatbestand (Rn 46 ff)
    1. Vorsatz hinsichtlich des objektiven Tatbestands
    2. Absicht, sich oder einem Dritten einen Vermögensvorteil zu verschaffen
    3. Vorsatz hinsichtlich der Rechtswidrigkeit des Vermögensvorteils
    4. Sofern Abs. 3 in Betracht kommt: Vorsatz bzgl der Vorbereitungshandlungen und des Tatbestands von Abs. 1 (Rn 46)
B) Rechtswidrigkeit
C) Schuld
D) Ggf Verweisungen auf § 263 Abs. 2–7, einschließlich Regelbeispiele und Qualifikation. Im Falle von Abs. 3 tätige Reue nach Abs. 4 (Rn 75).

II. Tatbestand

1. Überblick:

3 a) Mit § 263 bestehen mehrere **Übereinstimmungen**, aber auch eine Reihe von **Unterschieden**:

4 aa) Die Vorschriften sind hinsichtlich des **Vermögensschadens** und der **Bereicherungsabsicht** identisch.

5 bb) An die Stelle der Tatsachenbehauptung treten die datenmäßig erfassten Informationen; ansonsten wird die gegenüber Computern nicht mögliche **Täuschungshandlung** durch **vier** der **Computertechnik angepasste Tathandlungen** ersetzt:
- unrichtige Gestaltung des Programms (sog. Programmmanipulation);
- Verwendung unrichtiger oder unvollständiger Daten (sog. Inputmanipulation);
- unbefugte Verwendung von Daten (gemünzt vor allem auf den Missbrauch von Codekarten bei Bankomaten, hierzu Rn 49 ff);
- sonstige unbefugte Einwirkungen auf den Ablauf (eines Datenverarbeitungsvorgangs). Bei dieser Alternative handelt es sich um einen Auffangtatbe-

stand, der u.a. für die Bekämpfung heute noch nicht bekannter Manipulationstechniken gedacht ist (BT-Drucks. 10/5058, 30).

- Ferner werden nach dem neu eingefügten **Abs. 3** bestimmte **Vorbereitungshandlungen** bereits im Vorfeld des Delikts geahndet (35. StrÄndG v. 22.12.2003, BGBl. I 2838 [2839]; dazu *Husemann* NJW 2004, 104 [107 f]; zu einzelnen Alternativen *Fischer* § 149 Rn 4 b).

cc) Dem Betrugsmerkmal der **irrtumsbedingten Vermögensverfügung** entspricht das **computerspezifische** Erfordernis der **Beeinflussung des Ergebnisses eines Datenverarbeitungsvorgangs**. Bloße Veränderungen der ausgegebenen Daten (sog. **Outputmanipulationen**) sind nicht einschlägig, da sie nicht auf einer Beeinflussung des Datenverarbeitungsprozesses beruhen. 6

dd) Zwischen der Tathandlung, der durch diese bewirkten Beeinflussung des Datenverarbeitungsresultats und der Vermögensschädigung muss – wie bei § 263 – ein **Kausalzusammenhang** bestehen. 7

b) Alle Tatvarianten können durch **Unterlassen** verwirklicht werden, falls der Täter eine Garantenstellung gem. § 13 I innehat. Allerdings muss infolge des Unterlassens das Ergebnis eines Datenverarbeitungsvorgangs beeinflusst werden. Das bloße Unterlassen des Ingangsetzens eines Verarbeitungsprozesses reicht nicht aus (M/R-*Altenhain* Rn 4). 8

c) **Datenverarbeitung: Daten** sind codierte Informationen, die aufgrund einer (semantischen) Konvention durch Zeichen oder Funktionen (syntaktisch) dargestellt werden (weitergehend *Achenbach* Jura 1991, 227: auch codierbare Informationen). Als Information ist hierbei jede beliebige Sinneinheit anzusehen. Umfasst werden neben Eingabe- und Ausgabedaten auch die (aus Daten zusammengesetzten) Programme bzw Teile von Programmen (hM, vgl *Hilgendorf* JuS 1996, 511; *Schmitz* JA 1995, 479). Die Daten müssen elektronisch, magnetisch oder sonst nicht unmittelbar wahrnehmbar gespeichert sein oder übermittelt werden. Dagegen brauchen die Daten weder beweiserheblich (wie bei § 274 I Nr. 2) noch durch eine besondere Zugangssicherung (wie bei § 202 a I) geschützt zu sein. 9

d) Als **Datenverarbeitung** sind alle technischen Vorgänge anzusehen, bei denen durch Aufnahme von Daten und ihre Verknüpfung nach Programmen Arbeitsergebnisse erzielt werden (RegE BT-Drucks. 10/318, 21; LK-*Tiedemann/Valerius* Rn 22 mwN). Einschlägig sind nur datenverarbeitende Prozesse in EDV-Systemen; rein mechanische Abläufe – wie zB bei Warenautomaten – sind nicht tatbestandsmäßig (*Lenckner/Winkelbauer* CR 1986, 654 [658]). 10

2. Unrichtige Gestaltung des Programms:

a) Ein **Programm** ist die in Form von Daten fixierte Steuerung der einzelnen Ablaufschritte der Datenverarbeitung. **Gestaltet** werden kann ein Programm sowohl durch seine Konzeption als auch durch nachträgliche Veränderung (Löschen, Hinzufügen, Überlagern) einzelner Ablaufschritte (vgl LK-*Tiedemann/Valerius* Rn 28; zur unbemerkten Installation eines Dialer-Programms vgl Rn 68). 11

b) Umstritten ist, wann ein Programm als **unrichtig** anzusehen ist: 12

- Nach der **subjektiven Theorie** ist für die Richtigkeit des Programms die vom Berechtigten gewählte Aufgabenstellung maßgeblich: Ein Programm ist unrichtig, wenn es vom Willen des Vermögensinhabers, der die Datenverarbeitung betreibt oder betreiben lässt, abweicht (RegE BT-Drucks. 10/318, 20; NK-*Kindhäuser* Rn 14, jew. mwN; S/S-*Perron* Rn 5). Hierfür spricht, dass 13 ein Programm nicht der Darstellung, sondern der Verarbeitung von Informationen dient und damit keine Aussagen über Sachverhalte trifft, die wahr oder falsch sein könnten. Anhand dieses Richtigkeitskriteriums lässt sich unschwer die erste von der zweiten Tatvariante abgrenzen: Bei der unrichtigen Gestaltung des Programmablaufs werden die tatsächlichen Voraussetzungen, unter denen nach dem Willen des Berechtigten die Datenverarbeitung erfolgen soll, verfälscht; demgegenüber betrifft die Verwendung unrichtiger und unvollständiger Daten iSd zweiten Tatalternative die zu verarbeitenden Informationen.

14 Nach der **objektiven Theorie** soll die Richtigkeit der Programmgestaltung nach objektiven Kriterien zu bestimmen sein, um so eine Parallele zur Unwahrheit der Tatsachen bei § 263 zu ziehen (vgl SK-*Hoyer* Rn 24; MK-*Wohlers/Mühlbauer* Rn 23 jew. mwN): Ein Programm sei unrichtig, wenn es die innerhalb des Datenverarbeitungssystems zu erfüllende Aufgabe nicht zutreffend bewältigt. Nach dieser Auffassung ist die erste Tatvariante als lex specialis zur allgemeineren zweiten Tatvariante anzusehen (LK-*Tiedemann/ Valerius* Rn 27).

15 Der Streit ist **ohne praktische Bedeutung**, da der Betreiber der Datenverarbeitung gewöhnlich nur an Programmen mit nachvollziehbaren (mathematischen, grammatikalischen usw) Ablaufschritten interessiert ist. Selbst wenn jedoch der Täter ein dem Willen des Betreibers zuwiderlaufendes, aber inhaltlich korrektes Programm gestaltete – ein Programm berechnet zB auftragswidrig Zinsen mathematisch fehlerfrei –, könnte dadurch schwerlich ein Vermögensschaden mit rechtswidriger Bereicherung herbeigeführt werden.

3. Verwendung unrichtiger oder unvollständiger Daten:

16 a) Daten werden **verwendet**, wenn sie in einen (beginnenden oder bereits laufenden) Datenverarbeitungsprozess eingegeben werden, sog. **Inputmanipulation** (hM, vgl nur *Hilgendorf* JuS 1997, 131; *Lackner* Tröndle-FS 54; weitergehend *Otto* BT § 52/35: jede Nutzung der Daten bei der Datenverarbeitung).

17 b) Daten sind **unrichtig**, wenn die in ihnen codierte tatsächliche Information nicht der Wirklichkeit entspricht (LK-*Tiedemann/Valerius* Rn 33); sie sind **unvollständig**, wenn die Tatsachen, über die sie in codierter Weise Informationen vermitteln, nicht (in dem für den Zweck der Datenverarbeitung maßgeblichen Umfang) hinreichend erkennbar sind (vgl *Hilgendorf* JuS 1997, 130 [131]). Daten können auch durch Unterdrücken oder Verschieben an eine andere Stelle verfälscht werden. Da es bei der zweiten Tatvariante um die Manipulation eines Datenverarbeitungsvorgangs durch die Eingabe unzutreffender Informationen geht, gilt für die Beurteilung ihrer Wahrheit bzw Vollständigkeit unstr. ein **objektiver Maßstab**. Das Geldabheben an Bankomaten mittels Codekarte durch einen unbefugten Dritten unterfällt nicht der zweiten Tatvariante, weil hierbei zum einen die zutreffenden Daten des Berechtigten eingegeben werden (ebenso bei Verwendung durch „Phishing" erlangter PIN und TAN *Stuckenberg* ZStW 118, 878 [907]) und diese Daten zum anderen keine Tatsachendarstellung codieren. Einschlägig ist hingegen die Einreichung fingierter Forderungen als Lastschriften im Wege des Abbuchungsauftragsverfahrens, wenn tatsächlich keine Abbuchungsaufträge erteilt wurden (BGHSt 58, 119 m. Bspr *Heghmanns* ZJS 2013, 423; krit. *Schuhr* JR 2013, 579 ff).

Umstritten ist, ob die zweite Tatvariante verwirklicht ist, wenn der Täter im automatisierten **Mahnverfahren** (§ 689 I S. 2 ZPO) falsche Tatsachenangaben macht: 18

- Nach einer verbreiteten Ansicht ist die zweite Tatvariante in einem solchen Fall nicht erfüllt (S/S-*Perron* Rn 6 mwN). Dies wird mit dem Argument begründet, dass schon die bloße Behauptung eines bestehenden Anspruchs durch den Täter den Erlass des Mahnbescheids nach § 689 I S. 2 ZPO trage und dieser daher nicht auf falschen Tatsachen beruhe. Auch der Rechtspfleger erlasse im nichtautomatisierten Verfahren den Mahnbescheid allein aufgrund der Behauptung des Antragstellers, ihm stehe der Anspruch zu, ohne den Wahrheitsgehalt der Angaben oder deren rechtliche Schlüssigkeit zu prüfen (vgl § 692 I Nr. 2 ZPO). 19

- Nach vorherrschender Meinung ist die zweite Tatvariante erfüllt (BGH NJW 2014, 711 [712] mit abl. Anm. *Trüg* NStZ 2014, 157 [158]; vgl RegE BT-Drucks. 10/318, 20 f; NK-*Kindhäuser* Rn 18 mwN). Dem ist zuzustimmen: Die Gegenauffassung verkennt, dass der Täter einen Mahnbescheid nur auf zutreffender Tatsachengrundlage erwirken darf, weil auch für das Mahnverfahren die Wahrheitspflicht nach § 138 ZPO gilt. Der auf unwahrer Tatsachengrundlage erlassene Mahnbescheid ist somit eine Verfügung des Gerichts unter Verwendung unrichtiger Daten, die dem Täter (iS mittelbarer Täterschaft) zuzurechnen ist. 20

Allerdings kann der Mahnbescheid selbst noch zu keiner Vermögensschädigung (oder auch nur Gefährdung) führen, da hierfür noch ein Vollstreckungsbescheid erforderlich ist. Insoweit kann auch der Versuch von § 263 a erst mit dem Antrag auf Erlass eines Vollstreckungsbescheids auf der Grundlage des Mahnbescheids (§ 699 I ZPO) im automatisierten Verfahren beginnen (vgl BGH NJW 2014, 711 [712]; LK-*Tiedemann/Valerius* Rn 68; anders OLG Düsseldorf NStZ 1991, 586). 21

4. Unbefugte Verwendung von Daten:

a) Die Auslegung des Merkmals **verwenden** iSd dritten Tatvariante ist umstritten: 22

- Nach vorherrschender Auffassung ist „verwenden" wie bei der zweiten Tatvariante als Einführen von Daten in den Datenverarbeitungsprozess auszulegen, wobei gerade die **Eingabe der Daten** unbefugt sein muss (vgl BayObLG NJW 1991, 438 [440]; *Bühler*, Die strafrechtliche Erfassung des Missbrauchs von Geldspielautomaten, 1995, 99; *Neumann* JuS 1990, 536; *Rengier* I § 14/14). Da der unbefugte Gebrauch von Daten aufgrund ihrer Unrichtigkeit bzw Unvollständigkeit schon von den beiden erstgenannten Modalitäten speziell erfasst wird, betrifft der **eigenständige Anwendungsbereich** der dritten Variante demnach Konstellationen, in denen der Täter entweder richtige Daten oder Daten, die als Passwörter fungieren und keine Tatsacheninformationen codieren, in einer den Willen des Vermögensinhabers verfälschenden Weise in den Datenverarbeitungsprozess einführt (vgl Rechtsausschuss BT-Drucks. 10/5058, 29 f; *Sieber*, Informationstechnologie und Strafrechtsreform, 1985, 38; *Tiedemann* WM 1983, 1326 [1331]). Einschlägige Fälle sind insbesondere die Eingabe von Zugangscodes wie Personenidentitätsnummern (PIN) beim Bankomaten oder Transaktionsnummern (TAN) beim home-banking. 23

- Eine weitergehende Auffassung lässt **jede** vom Willen des Berechtigten nicht gedeckte **Nutzung von Daten** genügen, also auch den Gebrauch von Infor- 24 mationen, die durch die unbefugte Auswertung von Daten gewonnen wurden (vgl *Hilgendorf* JuS 1997, 130 [131]; *Lampe* JR 1990, 347 [348]; *Mitsch* JZ 1994, 877 [883 f]). Demnach wäre es auch tatbestandsmäßig, wenn der Täter zunächst unbefugt erlangte Daten auswertet und mit seinen Kenntnissen sodann einen Computer bedient, ohne die Daten selbst noch einzugeben. Jedoch wird mit dieser weiten Auslegung die Unrechtsverwandtschaft zum Betrug, für den die Manipulation der Voraussetzungen einer Vermögensverschiebung maßgeblich ist, preisgegeben.

25 b) Die **mangelnde Befugnis** der Datenverwendung ist **Tatbestandsmerkmal** (hM, vgl nur LK-*Tiedemann/Valerius* Rn 40). Umstritten ist jedoch, wie das Merkmal „unbefugt" **auszulegen** ist:

26 aa) Nach der weitestgehenden Interpretation ist jede Datenverwendung unbefugt, der eine **vertragliche Rechtsgrundlage fehlt** (M-*Schroeder/Maiwald* I § 41/233). Tatbestandsmäßig müssten dann auch Datenverwendungen sein, die aus einem mit dem Vermögensschutz nicht zusammenhängenden Grund verboten sind, zB wegen Verstoßes gegen Jugendschutzbestimmungen.

27 bb) Nach verbreiteter Auffassung werden Daten unbefugt gebraucht, wenn sie **gegen den Willen des Berechtigten** in einen Datenverarbeitungsvorgang eingeführt werden (vgl BGHSt 40, 331 [334 f]; NK-*Kindhäuser* Rn 27 mwN). Für diese Auslegung spricht, dass sie den Betrugscharakter der Tat wahrt: Durch die Eingabe der Daten wird ein (vermögensrelevanter) Datenverarbeitungsvorgang ausgelöst, der – wie die Vermögensverfügung beim Betrug – zwar dem äußeren Anschein nach dem Vermögensinhaber zuzurechnen ist, tatsächlich aber seinem wahren Willen widerspricht.

28 cc) Nach anderer Ansicht sollen nur solche Fälle vom Tatbestand erfasst werden, in denen sich der Täter den Besitz der verwendeten Daten **durch verbotene Eigenmacht verschafft** hat (vgl OLG Köln NStZ 1991, 586). Jedoch verändert dieser Ansatz den Sinn der Vorschrift: Diese untersagt die unbefugte Verwendung und nicht die Verwendung unbefugt erlangter Daten, ungeachtet dessen, dass die rechtswidrige Erlangung der Daten häufig auf die mangelnde Befugnis ihrer Verwendung schließen lässt.

29 dd) Ferner wird eine **computerspezifische Auslegung** befürwortet: Unbefugt sei eine Verwendung von Daten, wenn sie dem Willen des Vermögensinhabers zuwiderläuft und sich dieser **entgegenstehende Wille** (zB durch eine codierte Überprüfung der Befugnis) auch **im Computerprogramm niedergeschlagen** hat (vgl OLG Celle NStZ 1989, 367 f; *Achenbach* Gössel-FS 481 [494 f]; *Arloth* Jura 1996, 354 [357 f]; *Neumann* StV 1996, 375). Gegen diesen Ansatz ist kritisch einzuwenden, dass es keinen Wertungsunterschied machen kann, ob der Täter eine elektronische (zB „Passwort") oder sonstige (zB mechanische) Zugangssperre überwindet; auch die Verwendung eines Zugangscodes dient nur als elektronischer Schlüssel. Eine Variante der computerspezifischen Auslegung will den Computerbetrug auf Fälle „intellektersetzender" Datenverarbeitungen eingrenzen (*Hilgendorf* JuS 1999, 542 [543 f]). Dieses Kriterium ist jedoch wenig sachgerecht, da die Datenverarbeitung nur als Werkzeug in einem arbeitsteiligen Prozess fungiert, nicht aber als Entscheidungsträger an die Stelle des Vermögensinhabers tritt. Insbesondere lässt sich ein Computer nicht rechtsgeschäftlich als Vertreter des Vermögensinhabers deuten (abl. auch *Achenbach* Gössel-FS 481 [492]; LK-*Tiedemann/Valerius* Rn 45; MK-*Wohlers/Mühlbauer* Rn 42).

ee) **Vorherrschend ist die sog. täuschungsäquivalente Auslegung:** Nur solche Verwendungen von Daten sollen tatbestandsmäßig sein, die im Falle ihrer Vornahme gegenüber einer Person als konkludente Täuschung oder Täuschung durch Unterlassen einer pflichtgemäßen Aufklärung anzusehen wären (BGHSt 47, 160 [162 f]; BGH NStZ 2005, 213; S/S-*Perron* Rn 9 mwN). Dieser Ansatz läuft jedoch auf (ergebnisorientierte) Fiktionen hinaus, da sich die Parallele zum Betrug wegen der unterschiedlichen Angriffsformen beider Delikte gerade nicht über das äußere Verhalten herstellen lässt: 30

Bei der konkludenten Täuschung liegt die Fehlinformation im unausgesprochenen Teil der Erklärung, auf die sich der Irrtum bezieht. Dementsprechend ist diese (unausgesprochen gegebene) Information beim (vollendeten) Betrug auch der Grund der Vermögensverschiebung. Da ein Computer „Unausgesprochenes" nicht zu verarbeiten vermag, kann sich beim Computerbetrug die „Täuschung" nur auf solche Informationen beziehen, die in den Datenverarbeitungsprozess eingehen (vgl zur Kritik auch BayObLG NStZ 1994, 287 [288]; MK-*Wohlers/ Mühlbauer* Rn 43 ff jew. mwN). Werden daher Informationen zur Begründung der Täuschungsqualität des Täterverhaltens herangezogen, die im Datenverarbeitungsprozess selbst nicht berücksichtigt werden, so wird das betrügerische Verhalten nicht auf die Manipulation von Daten bezogen. Es wird vielmehr eine Täuschung konstruiert, die mit der zur Vermögensverschiebung führenden Datenverarbeitung selbst nichts zu tun hat. Sind beim Betrug nur solche Informationen tatbestandsrelevant, die für die irrtumsbedingte Vermögensverfügung kausal werden, so können auch bei einer betrugsanalogen Auslegung des Computerbetrugs nur solche Informationen mit Täuschungsqualität unbefugt verwendet werden, die tatsächlich in den zu der Vermögensverschiebung führenden Datenverarbeitungsvorgang eingehen. Die Lehre von der Täuschungsäquivalenz widerspricht also ihrer eigenen Prämisse, der zufolge die Beeinflussung des Datenverarbeitungsvorgangs der irrtumsbedingten Vermögensverfügung beim Betrug entsprechen soll. Im Übrigen lässt sich jede unbefugte Datenverwendung als konkludente Täuschung einer natürlichen Person über die Befugnis der Datenverwendung rekonstruieren, so dass die Täuschungshypothese zu keiner restriktiven betrugsnahen Auslegung führt. So ließe sich auch der Gebrauch eines falschen Schlüssels in § 243 I S. 2 Nr. 1 als täuschungsäquivalente Überlistung des Schlosses deuten. 31

5. Sonstige unbefugte Einwirkung auf den Ablauf:

a) Der **Anwendungsbereich** der vierten Tatvariante ist umstritten: 32

aa) Nach vorherrschender Lehre sind nur solche Einwirkungen tatbestandsmäßig, infolge derer die Informationsverarbeitung **inhaltlich beeinflusst** wird (NK-*Kindhäuser* Rn 30). 33

Teils wird die Einwirkung (wie bei der dritten Tatvariante) für **unbefugt** gehalten, wenn sie in einer dem Willen des Berechtigten zuwiderlaufenden Weise erfolgt (*Neumann* JuS 1990, 535 [536]). Teils wird vorgeschlagen, das Merkmal unbefugt auch im Rahmen der vierten Tatvariante täuschungsäquivalent zu deuten (vgl OLG Karlsruhe wistra 2003, 116 [117]; OLG München NJW 2007, 3734 [3737]; SK-*Hoyer* Rn 46; *Lackner* Tröndle-FS 56). 34

bb) Nach der extensiven Interpretation des BGH ist **jede** mit dem Willen des Berechtigten unvereinbare **Datenverwendung** einschlägig, auch wenn sie den Informationsgehalt der Datenverarbeitung unberührt lässt (so BGHSt 40, 331 [334]; 35

OLG Braunschweig NJW 2008, 1464: auch das bloße Ausnutzen eines Gerätedefekts, m. abl. Anm. *Niehaus/Augustin* JR 2008, 436 [437]).

36 b) Unstreitig dient die vierte Tatvariante als **Auffangtatbestand**. Insbesondere sind dem Anwendungsbereich dieser Variante Einwirkungen auf die Hardware, die Konsolschreibmaschine sowie den Datenfluss einschließlich der Datenausgabe und des Aufzeichnungsvorgangs – zB Verhinderung des Ausdrucks – zuzuordnen (vgl RegE BT-Drucks. 10/318, 20; *Fischer* Rn 18; *Möhrenschlager* wistra 1986, 133).

37 Teils wird die vierte Tatvariante ihrem Wortlaut entsprechend („sonst") auch als Grundtatbestand angesehen, mit der Konsequenz, dass für alle Tatvarianten die Einwirkung auf einen Datenverarbeitungsvorgang erforderlich ist (*Gössel* II § 22/3; NK-*Kindhäuser* Rn 8; *Ranft* JuS 1997, 20). Auswirkungen hat dies insbesondere für die dritte Modalität (vgl Rn 24). Nach der Gegenauffassung bedeutet „sonst" nur, dass die vierte Tatvariante die mangelnde Anwendbarkeit der anderen Begehungsweisen voraussetzt (BayObLG NJW 1994, 960; *Arloth* CR 1996, 363; *Lampe* JR 1990, 347 [349]; LK-*Tiedemann/Valerius* Rn 24).

6. Beeinflussung des Ergebnisses eines Datenverarbeitungsvorgangs:

38 a) Das Ergebnis eines Datenverarbeitungsvorgangs ist (zumindest mitbestimmend) beeinflusst, wenn es von dem Resultat abweicht, das bei einem programmgemäßen Ablauf des Computers erzielt worden wäre (vgl RegE BT-Drucks. 10/318, 19 f; S/S-*Perron* Rn 19 f; *Tiedemann* JZ 1986, 865 [869]).

39 Das Merkmal der Beeinflussung des Ergebnisses eines Datenverarbeitungsvorgangs entspricht dem Erfordernis einer irrtumsbedingten Vermögensverfügung beim Betrug. Es verbindet, gewissermaßen als „Zwischenerfolg", die Tathandlung mit der Vermögensschädigung. Es kommen daher **nur vermögensrelevante Datenverarbeitungsvorgänge** in Betracht (zB die Eingabe falscher Geburtsdaten zur Berechnung von Dienstbezügen). Für eine Beeinflussung reicht es aus, wenn der für die Vermögensverschiebung vorgesehene Zeitpunkt vom Täter beschleunigt oder verzögert wird.

40 Wird die EDV-Anlage selbst – etwa durch **Computersabotage** – beschädigt oder unbefugt für eigene Zwecke in Gebrauch genommen (sog. **Zeitdiebstahl**), so fehlt es an einer manipulierten Vermögensverschiebung, und zwar unabhängig davon, ob Folgeschäden (Reparaturkosten usw) eintreten oder für die Benutzung als solche besondere Kosten (zB Telefongebühren) zulasten des Berechtigten anfallen (ggf kann aber § 265 a eingreifen). Nicht tatbestandsmäßig sind ferner Fehlprogrammierungen, die zur Störung von Arbeitsabläufen oder zur Unverwertbarkeit der Datenverarbeitungsresultate führen.

41 b) Die tatbestandsmäßige Beeinflussung des Datenverarbeitungsvorgangs bezieht sich auf dessen **Ergebnis**. Es spielt daher keine Rolle, ob der Täter in den bereits stattfindenden Ablauf des Datenverarbeitungsprozesses eingreift, diesen erst in Gang setzt (hM, vgl nur BGHSt 38, 120 [121]; MK-*Wohlers/Mühlbauer* Rn 19, 61 mwN auch zur Gegenansicht) oder beendet (OLG München NJW 2007, 3734 [3737]).

42 c) Das beeinflusste Datenverarbeitungsergebnis muss – wie beim Betrug, vgl § 263 Rn 110, 140 – den Vermögensschaden **unmittelbar** herbeiführen (vgl BGH NStZ 2013, 586 [587]; *Otto* BT § 53/47; LK-*Tiedemann/Valerius* Rn 65). Daher besteht zwischen **Computerbetrug und Diebstahl** ein tatbestandliches **Exklusivitätsverhältnis** (vgl S/S-*Perron* Rn 23; *Weber* JZ 1987, 215 [216]; aA M-*Schroe-*

der/Maiwald I § 41/236). Das heißt: Die Vermögensverschiebung darf nicht durch Zwischenschritte unterbrochen sein, durch die der Täter selbst, zB iSe Wegnahme oder durch Täuschung mithilfe des Datenverarbeitungsresultats, auf das fremde Vermögen zugreift (vgl OLG Celle JR 1997, 345 [347]). Muss der Täter nach Abschluss der Datenverarbeitung selbst noch durch eine weitere Handlung die Vermögensverschiebung bewirken, so ist die Datenmanipulation – wie etwa beim Trickdiebstahl – nur eine Vorbereitungshandlung der eigentlichen Vermögensschädigung. Der Täter begeht zB einen Diebstahl, wenn er durch Manipulation einer elektronischen Zugangssperre einen Raum öffnet, aus dem er dann Gegenstände in Zueignungsabsicht entwendet (vgl auch BGHSt 38, 120 [122 ff]) oder wenn er an einer Selbstbedienungskasse den Strichcode einer günstigeren Ware einscannt und anschließend die teurere mitnimmt (OLG Hamm NStZ 2014, 275 [276]; zust. *Fahl* NStZ 2014, 244 [246]; für § 263 a *Heinrich* Beulke-FS 393 [400 ff]). Für die Beantwortung der Frage, ob eine Tat als Diebstahl (bzw Unterschlagung) oder als Computerbetrug anzusehen ist, kommt es deshalb nicht nur darauf an, dass der Täter überhaupt Daten beeinflusst; entscheidend für die Annahme eines Computerbetrugs ist vielmehr, dass die Vermögensverschiebung äußerlich ordnungsgemäß in der vom Berechtigten organisierten Weise abläuft. Die Manipulation von Warenautomaten durch Falschgeld ist daher unabhängig davon als Diebstahl anzusehen, ob das eingeworfene Geld mechanisch oder elektronisch geprüft wird.

§ 263 a ist nicht anwendbar, wenn durch die Datenmanipulation ein verfügungsbefugter Dritter getäuscht wird, der dann die Vermögensverschiebung irrtumsbedingt vornimmt; die Tat ist dann ein Betrug. 43

d) Systembetreiber und Geschädigter müssen nicht identisch sein. Dem Dreiecksbetrug entspricht der **Dreiecks-Computerbetrug** (vgl hierzu § 263 Rn 145 ff; vgl auch SK-*Hoyer* Rn 49; MK-*Wohlers/Mühlbauer* Rn 69). 44

7. **Vermögensschaden:** Der Vermögensschaden ist nach den zum Betrug entwickelten Grundsätzen zu bestimmen (ganz hM, vgl nur LK-*Tiedemann/Valerius* Rn 70; zu Einzelheiten vgl § 263 Rn 162 ff). Kennzeichnend für den Schaden beim Computerbetrug sind vor allem einseitige Vermögensminderungen auf der Opferseite. Soweit eine konkrete Vermögensgefährdung als Schaden angesehen wird, reicht dies auch für § 263 a aus; einschlägig wären dann etwa Falschbuchungen. 45

8. **Subjektiver Tatbestand:**

a) Der subjektive Tatbestand stimmt wörtlich mit demjenigen des § 263 überein und ist wie dieser auszulegen (vgl dort Rn 222 ff). Hieraus folgt: Der Täter muss zum einen mit (zumindest bedingtem) **Vorsatz** hinsichtlich des objektiven Tatbestands handeln. Zum anderen muss er die **Absicht** haben, sich oder einem Dritten durch das Ergebnis des manipulierten Datenverarbeitungsprozesses einen (mit dem Schaden „stoffgleichen") rechtswidrigen Vermögensvorteil zu verschaffen. Der Vorsatz hinsichtlich der Vorbereitungshandlungen nach **Abs. 3** muss sich auch auf die Begehung des Computerbetrugs nach Abs. 1 erstrecken. Bedingter Vorsatz genügt (vgl *Fischer* § 149 Rn 5, § 275 Rn 3 a). 46

b) Wegen der Gleichwertigkeit des unerlaubten Risikos von Betrug und Computerbetrug im objektiven Tatbestand sind **Fehlvorstellungen des Täters** (oder Teilnehmers) über den tatsächlichen **Ablauf** der elektronisch gesteuerten **Vermögensverschiebung** und über die Einschaltung von Kontrollpersonen als unwesentliche Irrtümer über den Kausalverlauf einzustufen. Demnach ist der Täter beim Ver- 47 such nach dem vorgestellten, bei Vollendung nach dem objektiv tatsächlich verwirklichten Delikt zu bestrafen (hM, vgl SK-*Hoyer* Rn 54; LK-*Tiedemann/Valerius* Rn 73; teils abw. L-Kühl-*Heger* Rn 24). Bei einem Handeln mit Alternativvorsatz ist das Delikt verwirklicht, zu dem der Täter tatsächlich ansetzt oder das er vollendet (näher NK-*Kindhäuser* Rn 38 mwN).

48 Ein Irrtum über das Tatbestandsmerkmal „unbefugt" führt zum Vorsatzausschluss.

III. Einzelfragen

49 **1. Bankomatenmissbrauch:** Hauptanwendungsfall des § 263 a ist bislang das unbefugte Abheben von Geld an Bankomaten. Bei der rechtlichen Würdigung sind verschiedene Konstellationen zu unterscheiden:

50 a) Wenn sich der Täter die Kenntnis der zum Geldabheben an einem Bankomaten erforderlichen Personenidentitätsnummer (PIN) und/oder den Besitz einer (echten) Codekarte **gegen den Willen des Berechtigten** verschafft hat und zum Geldabheben benutzt, ist die dritte Tatvariante erfüllt. Umstritten ist allerdings die Begründung dieses einhellig vertretenen Ergebnisses:

51 ■ Die (bislang) hM sieht in dem Benutzen von Karte und PIN sowie dem Eintippen des Geldbetrags eine unbefugte Datenverwendung, durch die funktionsgerecht, aber dem Willen des Kreditinstituts zuwider eine Vermögensverschiebung ausgelöst wird (BGHSt 38, 120; BayObLGSt 93, 36; NK-*Kindhäuser* Rn 46 ff mwN).
■ Demgegenüber sieht die Lehre von der täuschungsäquivalenten Auslegung die dritte Tatvariante als erfüllt an, weil der Täter in einem solchen Fall einem Bankangestellten seine fehlende Berechtigung konkludent vortäuschen müsste (vgl BGHSt 47, 160 [162]; W-*Hillenkamp* Rn 614; LK-*Tiedemann/Valerius* Rn 48 f).

52 An der Lösung ändert sich nichts, wenn der Täter eine **gefälschte Codekarte** verwendet, sog. Skimming (BGHSt 38, 120 f; NK-*Kindhäuser* Rn 46 mwN).

53 b) Umstritten ist, ob der **berechtigte Karteninhaber** den Tatbestand erfüllt, wenn er **selbst** an einem Bankomaten ohne hinreichende Kontodeckung oder Kreditierung Geld abhebt:

54 ■ Deutet man die unbefugte Verwendung als eine dem Willen des Berechtigten zuwiderlaufende Dateneingabe, so ist die dritte Tatvariante in einem solchen Fall auch erfüllt (Rn 27; iE übereinstimmend *Achenbach* NJW 1986, 1835 [1838]; LK-*Gribbohm*[11] § 266 b Rn 10 f; *Otto* BT § 52/44; *Tiedemann* JZ 1986, 865 [869]). Zwar mag der Täter PIN und Codekarte bei isolierter Betrachtung befugt verwenden; es ist ihm aber nach den AGB der Banken nicht gestattet, den die Vermögensverschiebung auslösenden Geldbetrag einzutippen und zu bestätigen.

55 ■ Zum selben Ergebnis kommt teils auch die Lehre von der täuschungsäquivalenten Auslegung, da ein Bankangestellter konkludent darüber getäuscht werden müsste, dass sich der auszuzahlende Betrag noch innerhalb des Überziehungsrahmens bewege (W-*Hillenkamp* Rn 615; *Lackner* Tröndle-FS 41 [53 f]; LK-*Tiedemann/Valerius* Rn 51). Teils wird eine Täuschungsäquivalenz verneint, da nur ein Bankangestellter fingiert werden dürfe, der sich mit den auch vom Computer zu prüfenden Fragen befasse; der Computer

prüfe nicht die Bonität, sondern nur, ob sich der Karteninhaber innerhalb des Verfügungsrahmens bewege (BGHSt 47, 160 [163]; *Altenhain* JZ 1997, 758; SK-*Hoyer* Rn 35; *Klesczewski* BT § 9 Rn 146).

- Schließlich wird der Fall auch als eine bloße zivilrechtliche Vertragswidrigkeit eingestuft, die keinen Betrugscharakter habe (*Berghaus* JuS 1990, 982 f; *Weber* JZ 1987, 217; hiergegen *Zielinski* CR 1992, 223 [227]). 56

Der berechtigte Karteninhaber verwirklicht (zumindest bei Benutzung des Automaten eines anderen Instituts) auch § 266 b, der nach hM als milderes Gesetz § 263 a – soweit dieser für anwendbar gehalten wird – verdrängt (§ 266 b Rn 19 ff; BGHSt 47, 160 [163 f]). 57

c) Handelt ein **Dritter**, dem vom Berechtigten Karte und PIN überlassen wurden, **auftragsgemäß**, so sind zwei Konstellationen zu unterscheiden: 58

aa) Hebt der Dritte auftragsgemäß nur eine Summe ab, die sich innerhalb des dem Kontoinhaber eingeräumten Kreditrahmens bewegt, benutzt er zwar die hierzu erforderlichen Daten unbefugt, da es dem Kontoinhaber nach den AGB der Bank nicht gestattet ist, einem anderen die Codekarte unter Bekanntgabe der PIN zu überlassen (aA MK-*Wohlers/Mühlbauer* Rn 50). Jedoch führt das Geldabheben zu keiner rechtswidrigen Bereicherung des Karteninhabers, da diesem ein Zahlungsanspruch in Höhe des abgehobenen Betrags gegen die Bank zusteht (iE unstr., vgl nur OLG Köln NStZ 1991, 586; LK-*Tiedemann/Valerius* Rn 50). 59

bb) Überschreitet der Dritte beim Geldabheben in Absprache mit dem berechtigten Karteninhaber den diesem eingeräumten Kreditrahmen, so ist § 263 a zwar verwirklicht, da der Täter weder zur Verwendung von PIN und Karte noch zur Eingabe des überhöhten Geldbetrags befugt ist und die Bank geschädigt wird. Doch ist in diesem Fall der Dritte zugleich Teilnehmer an der dem berechtigten Karteninhaber als Sonderpflichtigem zurechenbaren Tatbestandsverwirklichung des § 266 b, der als milderes Gesetz § 263 a verdrängt. Daher ist der Dritte nur wegen Teilnahme an § 266 b zu bestrafen. 60

d) Ob sich diese Bewertung ändert, wenn dem **Dritten** zwar PIN und Karte vom Kontoinhaber überlassen wurden, er aber **auftragswidrig** einen Mehrbetrag für sich oder einen unberechtigten Dritten abhebt, ist umstritten: 61

- Nach (bislang) hM ist § 263 a erfüllt, da es jetzt dem Täter auch im Innenverhältnis zum Karteninhaber nicht gestattet ist, den Mehrbetrag einzutippen (vgl NK-*Kindhäuser* Rn 51 mwN). 62

- Nach der Lehre von der täuschungsäquivalenten Auslegung handelt der Täter nicht tatbestandsmäßig (OLG Düsseldorf NStZ-RR 1998, 137; OLG Dresden StV 2005, 443; W-*Hillenkamp* Rn 620; SK-*Hoyer* Rn 39; S/S-*Perron* Rn 12; LK-*Tiedemann/Valerius* Rn 50): Die Beauftragung, Geld abzuheben, sei als Erteilung einer Bankvollmacht anzusehen. Da der Täter gegenüber einem Bankangestellten keine konkludente Erklärung über die Befugnisse im Innenverhältnis zum Auftraggeber abgeben würde, wenn er sich auftragswidrig einen Mehrbetrag auszahlen lasse, bediene er auch den Automaten hinsichtlich dieser Befugnis nicht täuschungsäquivalent. Befürwortet wird für die einschlägige Fallkonstellation allerdings eine Anwendbarkeit von § 246 oder § 266. 63

Erschleicht der Täter die Bankkarte sowie die PIN des Opfers durch vorherige Täuschung und hebt dann einen Betrag für sich oder einen Dritten ab, so ist bei 64

Anwendung der täuschungsäquivalenten Auslegung auch hier eine Verwirklichung des § 263 a abzulehnen; eine „Gesamtbetrachtung des Geschehens" führe zu einer Strafbarkeit allein nach § 263 (BGH NStZ 2016, 149; *Fischer* Rn 13; krit. dazu *Brand* StV 2016, 360, *Jäger* JA 2016, 151 sowie *Kraatz* JR 2016, 312; vgl auch SK-*Hoyer* Rn 38, der den Betrugstatbestand mit Blick auf das Erfordernis der Unmittelbarkeit der Vermögensminderung ablehnt; ebenfalls abl., mit etwas anderer Begründung, *Ladiges* wistra 2016, 180). Der Tatbestand des § 263 a ist hingegen erfüllt, wenn auf die mangelnde Befugnis im Innenverhältnis zum Karteninhaber abgestellt wird (vgl NK-*Kindhäuser* Rn 51 mwN).

65 **2. Missbrauch des POS-Systems:** Das sog. POS-System (point of sale-System oder electronic cash-System) beruht auf einer Vereinbarung zwischen der Gesellschaft für Zahlungssysteme mbH (GZS), den kartenemittierenden Kreditinstituten und den Handelsunternehmen, die automatisierte Kassen betreiben. Aufgrund der Vereinbarung wird es den Kunden der Kreditinstitute ermöglicht, mittels der ec-Karte bargeldlos an den automatisierten Kassen der beteiligten Händler zu bezahlen. Hierbei verpflichtet sich die Bank, den aufgrund einer Online-Überprüfung der Karte über die GZS autorisierten Rechnungsbetrag im Lastschriftverfahren zu begleichen. Die Zahlungsverpflichtung des Kreditinstituts gegenüber dem Händler gilt unabhängig davon, ob der Kunde im Innenverhältnis zur Bank zur Verwendung der ec-Karte befugt ist. Insoweit entspricht das Modell dem des Bankomatenbetriebs.

66 Daher sind auf die missbräuchliche Verwendung einer ec-Karte im POS-System die zum Codekartenmissbrauch dargelegten Grundsätze in allen Varianten entsprechend anzuwenden (näher hierzu NK-*Kindhäuser* Rn 52 ff; LK-*Tiedemann/Valerius* Rn 52; *Yoo*, Codekartenmissbrauch am POS-Kassen-System, 1997). Im Einzelnen gilt: Der Tatbestand des Computerbetrugs ist aufgrund unbefugter Datenverwendung verwirklicht, wenn der Kunde nicht der berechtigte Karteninhaber ist. Besitzt der Kunde die Karte zwar berechtigt, überschreitet er aber den ihm von der Bank eingeräumten Verfügungsrahmen, so ist § 263 a zwar erfüllt, wird aber von dem zugleich verwirklichten und im Wege der Gesetzeskonkurrenz vorgehenden Tatbestand des § 266 b verdrängt (*Gogger*, Die Erfassung des Scheck-, Kredit- und Codekartenmissbrauchs, 1995, 180 f; LK-*Gribbohm*[11] § 266 b Rn 15). Neben dem genannten electronic cash-System hat sich auch das **ELV (elektronisches Lastschriftverfahren)** – früher sog. POZ-System – etabliert. Dieses System dient der vereinfachten Erstellung von Lastschriften an automatisierten Kassen mittels der im Magnetstreifen der ec-Karte gespeicherten Daten. Die Bank übernimmt hier keine Einlösegarantie für die Lastschrift, so dass bei Verwendung der Karte keine der Bank zurechenbare Vermögensverfügung veranlasst wird. Damit ist § 263 a nicht einschlägig. Es kommt nur Betrug zum Nachteil des Händlers in Betracht. Zum Missbrauch von Geldkarten, Telebanking, home-shopping und Telekommunikation vgl NK-*Kindhäuser* Rn 55 ff.

67 **3.** Ob das **missbräuchliche Leerspielen von Glücksspielautomaten** in (unzulässig erlangter) Kenntnis des ablaufenden Computerprogramms die dritte oder vierte Tatvariante erfüllt, wurde eine Zeitlang intensiv diskutiert, ist aber heute aufgrund veränderter technischer Möglichkeiten praktisch nicht mehr bedeutsam (Rspr-Übersicht bei *Achenbach* NStZ 1991, 409 [413]; vgl aber KG NStZ-RR 2015, 111 [112] m.Anm. *Hecker* JuS 2015, 756).

68 Einen stetig wachsenden Anwendungsbereich findet dagegen § 263 a bei der privaten und gewerblichen **Internetnutzung.** So stellt insbesondere das unbemerkte Aufspielen sog. **Dialer-Programme** regelmäßig einen Computerbetrug dar (*Bug-*

gisch NStZ 2002, 178 [180 f]; *Frank* CR 2004, 123 [127]; MK-*Wohlers/Mühlbauer* Rn 25; nach den verschiedenen Dialer-Arten diff. *Fülling/Rath* JuS 2005, 598 [600 f]). Ebenfalls tatbestandsmäßig iSd dritten Alternative ist das Verwenden der beim sog. **Phishing** erlangten Daten (AG Hamm CR 2006, 70 [71]; *Gercke* CR 2005, 606 [611]; *Goeckenjan* wistra 2008, 128 [131]; *Popp* NJW 2004, 3517 [3518]; vgl auch § 263 Rn 140). Bei der Feststellung des Vermögensschadens ist zu beachten, dass der Kontoinhaber, von dessen Konto das Geld überwiesen wurde, aufgrund des Fehlens eines wirksamen Überweisungsvertrags (§§ 675 j, 675 u BGB) einen Anspruch gegen die Bank auf Berichtigung des insoweit fehlerhaft ausgewiesenen Kontostandes hat. Dann hätte die Bank einen Vermögensschaden erlitten, so dass ein Dreiecksbetrug vorliegen kann. Allerdings ist auch das Vermögen des Bankkunden, vor allem weil er das Risiko trägt, den aufgrund der Verwendung seiner PIN und TAN eingreifenden Anscheinsbeweis zu entkräften, schadensgleich gefährdet (*Goeckenjan* wistra 2008, 128 [132]; *Stuckenberg* ZStW 118, 878 [899]). Ferner kann die unberechtigte Benutzung eines fremden **Wireless-LAN** je nach Fallgestaltung einen tatbestandsmäßigen Computerbetrug darstellen (*Bär* MMR 2005, 434 [437]).

IV. Versuch, Beteiligung, Qualifikation, Konkurrenzen

1. Die Tat ist mit dem Eintritt des (wenigstens teilweisen) Vermögensschadens **vollendet** und mit der Erlangung des (letzten Teils) des angestrebten Vermögensvorteils **beendet** (vgl BGH NStZ-RR 2015, 13 [14]). Der **Versuch** ist strafbar (Abs. 2 iVm § 263 II) und zB gegeben, wenn ein Nichtberechtigter eine manipulierte ec-Karte erfolglos in einen Bankomaten zum Geldabheben einführt. 69

2. Hinsichtlich der Beteiligung gelten die allgemeinen Regeln. **Mittelbare Täterschaft** kommt etwa in Betracht, wenn der Täter durch einen mit der Datenverarbeitung betrauten gutgläubigen Dritten (Sekretärin, Datentypistin uÄ) als Tatmittler handelt. Jedoch liegen dann meist auch die Voraussetzungen eines Dreiecksbetrugs vor, so dass § 263 a, der nur eine Auffangfunktion erfüllt, subsidiär hinter § 263 zurücktritt (vgl *Gössel* II § 22/40; *Otto* BT § 52/51; S/S-*Perron* Rn 41). 70

3. **Regelbeispiele, Qualifikationen:** Aufgrund der Verweisung von § 263 a II ist § 263 II–VII entsprechend anwendbar. Bei zugleich banden- und gewerbsmäßiger Tatbegehung (§ 263 V) ist auch der Computerbetrug als Verbrechen qualifiziert. 71

4. Bei einer Deutung der vierten Tatvariante als Grundtatbestand (vgl Rn 37) tritt diese als lex generalis hinter den anderen Tatmodalitäten zurück. Im Übrigen können die **Tatvarianten** je nach Fallgestaltung **tateinheitlich oder tatmehrheitlich** zusammentreffen (vgl BGH NStZ 2014, 579 [580 f]). Sieht man in der vierten Tatvariante nur einen Auffangtatbestand, kann auch diese mit den anderen Modalitäten tateinheitlich oder tatmehrheitlich verwirklicht werden. 72

Der Computerbetrug ist **gegenüber § 263 subsidiär**. Wahlfeststellung zwischen beiden Delikten ist möglich (BGH NJW 2008, 1394 [1395]; NStZ 2014, 42; aA *Schuhr* ZWH 2012, 48 [51]). 73

Soweit sich die Tat auf Sachen bezieht, stehen § 242 und § 263 a in einem Exklusivitätsverhältnis, da für den Besitzwechsel nur entweder der Täter oder der Vermögensinhaber zuständig sein kann (vgl Rn 1, § 263 Rn 33 f). Zwischen dem **Diebstahl einer Codekarte** zum Zwecke des Geldabhebens an einem Bankomaten (oder des Verwendens im POS-System) und dem anschließenden Computerbetrug 74 besteht Tatmehrheit, da sich die beiden Taten gegen unterschiedliche Opfer richten (BGH wistra 2001, 178 [179 f]; NK-*Kindhäuser* Rn 64 mwN; für mitbestrafte Vortat SK-*Hoyer* Rn 64).

V. Vorbereitungshandlungen und tätige Reue (Abs. 4, 5)

75 Im Zuge der Umsetzung des EU-Rahmenbeschlusses zur Bekämpfung von Betrug und Fälschung im Zusammenhang mit unbaren Zahlungsmitteln (ABl. EG Nr. L 149, 1) wurden mit dem 35. StrÄndG vom 22.12.2003 (BGBl. I, 2838) die Absätze 3 und 4 neu in § 263 a eingefügt. Der neue Abs. 3 soll, ähnlich den §§ 149, 275, Vorbereitungshandlungen selbstständig mit Strafe bedrohen (treffende Kritik bei *Duttge* Weber-FS 285 ff). Das betreffende Computerprogramm muss dabei nicht ausschließlich für die Begehung eines Computerbetruges bestimmt sein (BT-Drucks. 15/1720, 10 f). Gem. Abs. 4 gilt auch für diese Fälle der Strafaufhebungsgrund der tätigen Reue.

§ 264 Subventionsbetrug

(1) Mit Freiheitsstrafe bis zu fünf Jahren oder mit Geldstrafe wird bestraft, wer
1. einer für die Bewilligung einer Subvention zuständigen Behörde oder einer anderen in das Subventionsverfahren eingeschalteten Stelle oder Person (Subventionsgeber) über subventionserhebliche Tatsachen für sich oder einen anderen unrichtige oder unvollständige Angaben macht, die für ihn oder den anderen vorteilhaft sind,
2. einen Gegenstand oder eine Geldleistung, deren Verwendung durch Rechtsvorschriften oder durch den Subventionsgeber im Hinblick auf eine Subvention beschränkt ist, entgegen der Verwendungsbeschränkung verwendet,
3. den Subventionsgeber entgegen den Rechtsvorschriften über die Subventionsvergabe über subventionserhebliche Tatsachen in Unkenntnis läßt oder
4. in einem Subventionsverfahren eine durch unrichtige oder unvollständige Angaben erlangte Bescheinigung über eine Subventionsberechtigung oder über subventionserhebliche Tatsachen gebraucht.

(2) ¹In besonders schweren Fällen ist die Strafe Freiheitsstrafe von sechs Monaten bis zu zehn Jahren. ²Ein besonders schwerer Fall liegt in der Regel vor, wenn der Täter
1. aus grobem Eigennutz oder unter Verwendung nachgemachter oder verfälschter Belege für sich oder einen anderen eine nicht gerechtfertigte Subvention großen Ausmaßes erlangt,
2. seine Befugnisse oder seine Stellung als Amtsträger oder Europäischer Amtsträger mißbraucht oder
3. die Mithilfe eines Amtsträgers oder Europäischen Amtsträgers ausnutzt, der seine Befugnisse oder seine Stellung mißbraucht.

(3) § 263 Abs. 5 gilt entsprechend.

(4) Wer in den Fällen des Absatzes 1 Nr. 1 bis 3 leichtfertig handelt, wird mit Freiheitsstrafe bis zu drei Jahren oder mit Geldstrafe bestraft.

(5) ¹Nach den Absätzen 1 und 4 wird nicht bestraft, wer freiwillig verhindert, daß auf Grund der Tat die Subvention gewährt wird. ²Wird die Subvention ohne

Zutun des Täters nicht gewährt, so wird er straflos, wenn er sich freiwillig und ernsthaft bemüht, das Gewähren der Subvention zu verhindern.

(6) ¹Neben einer Freiheitsstrafe von mindestens einem Jahr wegen einer Straftat nach den Absätzen 1 bis 3 kann das Gericht die Fähigkeit, öffentliche Ämter zu bekleiden, und die Fähigkeit, Rechte aus öffentlichen Wahlen zu erlangen, aberkennen (§ 45 Abs. 2). ²Gegenstände, auf die sich die Tat bezieht, können eingezogen werden; § 74 a ist anzuwenden.

(7) ¹Subvention im Sinne dieser Vorschrift ist
1. eine Leistung aus öffentlichen Mitteln nach Bundes- oder Landesrecht an Betriebe oder Unternehmen, die wenigstens zum Teil
   a) ohne marktmäßige Gegenleistung gewährt wird und
   b) der Förderung der Wirtschaft dienen soll;
2. eine Leistung aus öffentlichen Mitteln nach dem Recht der Europäischen Gemeinschaften, die wenigstens zum Teil ohne marktmäßige Gegenleistung gewährt wird.

²Betrieb oder Unternehmen im Sinne des Satzes 1 Nr. 1 ist auch das öffentliche Unternehmen.

(8) Subventionserheblich im Sinne des Absatzes 1 sind Tatsachen,
1. die durch Gesetz oder auf Grund eines Gesetzes von dem Subventionsgeber als subventionserheblich bezeichnet sind oder
2. von denen die Bewilligung, Gewährung, Rückforderung, Weitergewährung oder das Belassen einer Subvention oder eines Subventionsvorteils gesetzlich abhängig ist.

I. Allgemeines

Die Vorschrift sichert als abstraktes Gefährdungsdelikt, das weder einen Schaden noch eine gelungene Täuschung zur Vollendung verlangt, das **Vermögen** der öffentlichen Hand (SK-*Hoyer* Rn 6 ff; *Sannwald*, Rechtsgut und Subventionsbegriff, § 264 StGB, 1982, 58 ff, 65 jew. mwN). Überwiegend wird (auch) das Allgemeininteresse an der Effizienz der staatlichen Wirtschaftsförderung als geschützt angesehen (S/S-*Perron* Rn 4; LK-*Tiedemann* Rn 11 jew. mwN; krit. *Kindhäuser* Madrid Symposium 125 ff; abl. SK-*Hoyer* Rn 6, weil durch das EG-FinSchG auch Subventionen ohne wirtschaftsfördernde Zielrichtung einbezogen wurden; MK-*Wohlers/Mühlbauer* Rn 1 ff). Neben der vorsätzlichen Subventionserschleichung (Abs. 1) ist auch die leichtfertige Begehungsweise (Abs. 4) unter Strafe gestellt. Der Versuch ist straflos. Das Subventionsgesetz (SubvG) enthält begleitende Vorschriften, die zur Auslegung heranzuziehen sind.

II. Begriff der Subvention (Abs. 7)

1. Die Tathandlungen des Delikts (Abs. 1 Nr. 1–4) beziehen sich auf Subventionen. Der Subventionsbegriff des § 264 ist enger als der allgemeine Subventionsbegriff des öffentlichen Rechts. Während nach der Rspr der Verwaltungsgerichte dem Begriff der Subvention „öffentlich-rechtliche Leistungen des Staates, die zur Erreichung eines bestimmten, im öffentlichen Interesse liegenden Zwecks gewährt werden" unterfallen (BVerwG NJW 1959, 1098), bezieht sich der Anwendungsbereich des § 264 bei inländischen Leistungen **nur auf wirtschaftsfördernde Subventionen** (krit. *Löwer* JZ 1979, 621 ff). Die Erschleichung sonstiger Subven-

tionen (zB sog. **Sozialsubventionen**: Kindergeld, Wohnungs- und Sozialhilfe oder Leistungen für Forschung oder kulturelle Zwecke) kann nur durch § 263 erfasst werden.

3 2. Der Begriff der Subvention iSv § 264 wird in Abs. 7 näher bestimmt; die dort genannten Anforderungen müssen **kumulativ** erfüllt sein:

4 a) Voraussetzung einer tatbestandsmäßigen Subvention ist zunächst, dass die Leistung nach Bundes-, Landes- oder EU-Recht aus **öffentlichen Mitteln** erbracht wird. Öffentlich sind alle aus einem öffentlichen Haushalt (Bund, Länder, Gemeinden usw einschl. deren Sondervermögen) stammenden Mittel. Der (globale) Ansatz in einem Haushaltsgesetz reicht aus.

5 b) Erforderlich ist weiterhin, dass die Leistung wenigstens zum Teil **ohne marktmäßige Gegenleistung** gewährt wird (Nr. 1 a). Leistungen iSd § 264 sind nur **direkt gewährte** vermögenswerte Zuwendungen. Nicht einschlägig sind indirekte Subventionen, die mit der Steuer im Steuerverfahren verrechnet werden; insoweit gilt das Steuerstrafrecht (S/S-*Perron* Rn 10, 86; LK-*Tiedemann* Rn 27, 161 f; MK-*Wohlers/Mühlbauer* Rn 30). Die Leistung muss den Charakter einer **Sonderunterstützung** haben.

6 Wenigstens **zum Teil** wird die Leistung ohne marktmäßige Gegenleistung gewährt, wenn für sie kein wirtschaftlich gleichwertiges Entgelt zu entrichten ist. Es genügt teilweise Unentgeltlichkeit. Entscheidend sind die Maßstäbe des Marktes. Falls es für bestimmte staatliche Leistungen keinen realen Markt gibt, ist auf die Kosten oder einen hypothetischen Markt abzustellen (vgl BT-Drucks. 7/5291, 10).

7 c) Subventionen iSv § 264 sind ferner nur solche (inländischen) Leistungen, die wenigstens zum Teil der **Förderung** der Wirtschaft dienen sollen (Nr. 1 b). Unter **Wirtschaft** ist die Gesamtheit der in unternehmerischer Form betriebenen Einrichtungen und Maßnahmen anzusehen, die auf die Erzeugung, Herstellung oder Verteilung von Gütern oder auf das Erbringen sonstiger der Erfüllung menschlicher Bedürfnisse dienenden Leistungen gerichtet sind, soweit es sich dabei wegen ihrer besonderen Individualität nicht um Leistungen höherer Art handelt (M/R-*Gaede* Rn 16). Bei Leistungen aus Mitteln der EG kommt es auf die wirtschaftsfördernde Zwecksetzung nicht an (Nr. 2); hier sollen alle Beihilfen erfasst werden (vgl *Fischer* Rn 12; LK-*Tiedemann* Rn 39).

8 d) Einschlägige Subventionen sind schließlich nur **Leistungen an Betriebe oder Unternehmen** (vgl § 14 Rn 33, 40); hierzu zählen auch öffentliche Unternehmen, aber keine Gebietskörperschaften (LG Mühlhausen NJW 1998, 2069; *Achenbach* NStZ 1998, 560 [561]). Der Tatbestand kann uU auch erfüllt sein, wenn die Leistung für ein fingiertes Unternehmen erschlichen wird (BGH NStZ 2003, 541 [542] m.Anm. *Wagner*; S/S-*Perron* Rn 21). An Einzelpersonen (zB Arbeitnehmer, Sparer) gewährte Subventionen sind auch dann nicht tatbestandsmäßig, wenn sie zugleich der Wirtschaftsförderung dienen sollen (zB Kurzarbeiter- und Schlechtwettergeld). Ausgenommen sind ferner Subventionen, deren Empfänger nicht nur Betriebe, sondern auch Private sein können (aA BGHSt 59, 244 m. abl. Anm. *Kretschmer* JR 2015, 276 [278]; zust. Anm. *Hellmann* JZ 2015, 724 [725 f]). Leistungen an Betriebe und Unternehmen sind nur solche, die dem Betrieb usw zum Zweck **eigener Verwendung** zugute kommen sollen.

9 3. **Beispiele** für wirtschaftsfördernde Subventionen sind: Investitionszulagen nach dem Investitionszulagengesetz (vgl OLG München NJW 1982, 457 f; *Hentschel* wistra 2000, 81 ff); Sanierungsfördermittel nach dem Städtebauförderungsgesetz;

verlorene Zuschüsse, die der Empfänger nicht zurückzuzahlen braucht (zB Ausfuhrerstattungen für Drittlandexporte nach der EG-Marktordnung, vgl BGH NStZ 1990, 35 f); Zinszuschüsse, bei denen die Zinsen für das von einem Dritten gewährte Darlehen ganz oder zum Teil aus öffentlichen Mitteln bezahlt werden; Darlehen, die aus öffentlichen Mitteln zu günstigeren Bedingungen als auf dem freien Geldmarkt vergeben werden; sog. Realförderungen durch verbilligte Veräußerungen oder Vermietungen von Gegenständen oder durch Bezahlung eines Überpreises für Güter oder Leistungen (näher LK-*Tiedemann* Rn 25 ff).

III. Objektiver Tatbestand (Abs. 1)

1. Der Tatbestand von **Nr. 1** ist verwirklicht, wenn der Täter (ggf auch im Wege mittelbarer Täterschaft) für sich oder einen anderen gegenüber dem Subventionsgeber über subventionserhebliche Tatsachen unrichtige oder unvollständige Angaben macht, die für ihn oder den anderen vorteilhaft sind. Nach der Legaldefinition (Abs. 1 Nr. 1) sind **Subventionsgeber** die für die Bewilligung einer Subvention zuständigen Behörden oder andere in das Subventionsverfahren eingeschaltete Stellen oder Personen (näher *Mitsch* 7.3.2.1.4). **Vollendet** ist die Tat, sobald die Angaben gemacht – dh dem zuständigen Adressaten gegenüber mündlich geäußert oder bei ihm schriftlich eingegangen – sind (weitergehend NK-*Hellmann* Rn 75: schlüssiges Verhalten genügt); Kenntnisnahme ist nicht erforderlich (vgl BGHSt 34, 265 [267]). **Beendet** ist die Tat, wenn der Subventionsempfänger auf der Grundlage des Zuwendungsbescheids die letzte Auszahlung erhält (BGH wistra 2008, 348).

Subventionserheblich sind nach der abschließenden Definition in Abs. 8 nur **Tatsachen**, die vom Subventionsgeber (Legaldefinition) durch Gesetz oder aufgrund eines Gesetzes als subventionserheblich **bezeichnet** sind (hierzu BGHSt 44, 233 ff) **oder** von denen die Bewilligung, Gewährung, Rückforderung, Weitergewährung oder das Belassen einer Subvention **gesetzlich abhängig** ist (nicht bei eingeräumtem Ermessensspielraum BGH StV 2011, 163 [164]; näher *Mitsch* 7.3.2.1.2). Sofern die Subvention von mehreren Voraussetzungen abhängt, ist jede subventionserheblich (BayObLG MDR 1989, 1014).

Die Angaben sind **unrichtig**, wenn sie mit der Wirklichkeit objektiv nicht übereinstimmen, und sie sind **unvollständig**, wenn sie durch Weglassen wesentlicher Umstände ein falsches Gesamtbild vermitteln (M/R-*Gaede* Rn 32). Ferner müssen die Angaben **vorteilhaft** sein. Dies ist jedenfalls anzunehmen, wenn die Angaben den Erhalt der Subvention nicht rechtfertigen. Nach der Rspr des BGH sind Angaben selbst dann vorteilhaft, wenn ein anderer als der im Subventionsantrag wahrheitswidrig behauptete Sachverhalt einen Anspruch auf die Subvention begründet (BGHSt 36, 373 [374 ff]; ebenso *Achenbach* JR 1988, 251 ff; *Otto* BT § 61/19; MK-*Wohlers/Mühlbauer* Rn 86). Damit wird jedoch der von § 264 bezweckte Vermögensschutz in einen Schutz der Wahrheit im Subventionsverfahren umgedeutet. Zutreffend sind daher nach vorherrschender Lehre solche Angaben nicht tatbestandsmäßig, die im Ergebnis die Lage des Subventionsempfängers objektiv nicht verbessern, weil die Voraussetzungen für eine Subventionsgewährung aus einem anderen Grund gegeben sind (W-*Hillenkamp* Rn 693; SK-*Hoyer* Rn 58; *Kindhäuser* JZ 1991, 492 ff; S/S-*Perron* Rn 47 jew. mwN). Exemplarisch: Wird ein Antrag auf die Gewährung einer Subvention in Höhe von 100.000 Euro auf unzutreffende Tatsachen gestützt, wäre aber aus anderen Gründen ein Antrag in Höhe von 80.000 Euro begründet, so sind nach Ansicht des BGH Angaben im Umfang von 100.000 Euro vorteilhaft, nach der Gegenauffassung aber nur im Umfang von 20.000 Euro.

13 **Täter** kann jeder sein, der sich oder einen anderen Subventionsnehmer begünstigt. Der Subventionsgeber selbst scheidet – als Adressat der Erklärung – aus; als Täter kommt aber ein (untergeordneter) Amtsträger in Betracht, der mit der behördeninternen Vorprüfung befasst ist, unrichtige Darstellungen bestätigt und den Vorgang dem mit der Entscheidung befassten Vorgesetzten vorlegt (BGHSt 32, 203 ff; W-*Hillenkamp* Rn 692; *Mitsch* 7.3.2.2.1.1; aA *Otto* BT § 61/20: nur Teilnahme).

14 2. Die Tatvariante nach **Nr. 2** betrifft die **Verletzung einer Verwendungsbeschränkung**, die auf einer Rechtsvorschrift (auch der EG oder eines Mitgliedstaates), einem Verwaltungsakt oder einem Vertrag mit dem Subventionsgeber beruhen kann (näher *Bock/Gubitz*, StraFo 2011, 73 ff; LK-*Tiedemann* Rn 106 ff). **Täter** kann neben dem Subventionsnehmer auch ein Dritter sein, wenn die Verwendungsbeschränkung ihm gegenüber fortwirkt.

15 3. **Nr. 3** formuliert ein echtes Unterlassungsdelikt, dessen Täter (als Sonderdelikt) nur ein Subventionsnehmer iSv § 2 I SubvG sein kann (M/G-*Schröder* 5 A 156). Der Pflichtige verwirklicht es, wenn er den Subventionsgeber entgegen den Rechtsvorschriften über die Subventionsvergabe über (für ihn vorteilhafte) subventionserhebliche Tatsachen in Unkenntnis lässt (näher *Mitsch* 7.3.2.4.1; S/S-*Perron* Rn 55, 70; LK-*Tiedemann* Rn 93 f). Nicht erforderlich ist, dass dies während eines Subventionsverfahrens geschieht. Ist dem Subventionsgeber die fragliche Tatsache bereits bekannt, so liegt nur ein strafloser Versuch vor.

16 4. **Nr. 4** untersagt das Gebrauchen einer durch unrichtige oder unvollständige Angaben erlangten Bescheinigung über eine Subventionsberechtigung oder über subventionserhebliche Tatsachen in einem Subventionsverfahren (näher *Mitsch* 7.3.2.5.1). **Bescheinigungen** sind Erklärungen eines bestimmten Inhalts, die nicht vom Täter ausgestellt sind. Sofern sie eine Subventionsberechtigung zum Gegenstand haben, müssen sie von einer Stelle stammen, die zur verbindlichen Entscheidung über die Subvention befugt ist.

IV. Subjektiver Tatbestand

17 Für den subjektiven Tatbestand ist nach Abs. 1 (zumindest bedingter) **Vorsatz** erforderlich. Nach Abs. 4 ist auch die **Leichtfertigkeit** (§ 15 Rn 93 f, vgl auch BGH NStZ-RR 2010, 311 [312]; *Mitsch* 7.3.2.2.2.2) strafbar (zum Streitstand über die Anforderungen an den Vorsatz bei der Unterlassungsalternative nach Abs. 1 Nr. 3 vgl NK-*Hellmann* Rn 123 mwN).

V. Besonders schwere Fälle (Abs. 2) und Qualifikation (Abs. 3)

18 1. **Abs. 2** nennt in der Technik der Regelbeispiele (§ 46 Rn 17 ff, § 243 Rn 1 ff) drei Fallgruppen, in denen die Tat als besonders schwer zu bewerten ist.

19 a) Als **grober Eigennutz** nach **Nr. 1** ist ein Streben nach eigenem Vorteil in einem besonders anstößigen Maße anzusehen (BGH wistra 1995, 222 [223]). **Nachgemachte oder verfälschte Belege** sind unechte oder verfälschte Urkunden (bzw technische Aufzeichnungen) iSv §§ 267 f; sie sind **verwendet**, wenn sie bei der Tatbegehung unmittelbar vorgelegt werden. Von einer Subvention **großen Ausmaßes** ist auszugehen, wenn der unentgeltlich erlangte Vorteil (aus der Gesamt-

leistung) aus dem Rahmen durchschnittlich gewährter Subventionen deutlich herausfällt; insoweit muss der Betrag 50.000 Euro übersteigen (vgl § 263 Rn 244; LK-*Tiedemann* Rn 147).

b) Der Straferschwerungsgrund nach **Nr. 2** ist gegeben, wenn der Täter seine Befugnisse oder seine Stellung als **Amtsträger** oder als **Europäischer Amtsträger** missbraucht (§ 263 Rn 247).

c) Die **Mithilfe eines Amtsträgers** nutzt aus, wer die sich aus der Hilfsbereitschaft des Amtsträgers ergebende Gelegenheit zur Erlangung einer nicht gerechtfertigten Subvention ergreift (L-Kühl-*Heger* Rn 27).

d) Ein **unbenannter** schwerer Fall kommt u.a. in Betracht, wenn sich der Täter durch Verwendung manipulierter Belege fortgesetzt ungerechtfertigte Subventionen verschafft (vgl *Fischer* Rn 49).

2. Abs. 3 normiert in entsprechender Anwendung von § 263 V einen (abschließenden) Qualifikationstatbestand für den Fall, dass der Täter den Subventionsbetrug gewerbsmäßig und (kumulativ) als Mitglied einer Bande, die sich zur fortgesetzten Begehung der dort genannten Taten verbunden hat, ausführt (§ 263 Rn 241 f).

VI. Tätige Reue: Abs. 5 sieht in Anlehnung an die allgemeine Rücktrittsregelung (§ 24) die Möglichkeit der strafbefreienden tätigen Reue für alle Taten nach Abs. 1 und 4 vor (näher *Krack* NStZ 2001, 505 [506 f]; *Mitsch* 7.3.5), etwa durch Berichtigung der Angaben vor Subventionsgewährung (BGH wistra 2010, 100 [102]). Da der Versuch ohnehin straflos ist, wird die Vorschrift erst nach der formellen Tatbestandsverwirklichung relevant.

VII. Konkurrenzen: Erhält der Täter aufgrund falscher Angaben (Abs. 1 Nr. 1) eine Bescheinigung, die er später iSv Abs. 1 Nr. 4 gebraucht, so ist eine einheitliche Tat des Subventionsbetrugs gegeben. § 264 verdrängt als spezielleres Gesetz § 263 (S/S-*Perron* Rn 87; LK-*Tiedemann* Rn 185; aA *Achenbach* JR 1988, 251 [254]: Tateinheit). Im Falle eines Versuchs beider Delikte sollen nach der Rspr allerdings §§ 263, 22 f eingreifen; aus der Straflosigkeit des versuchten Subventionsbetrugs wird keine Sperrwirkung abgeleitet (BGH wistra 1987, 23; LK-*Tiedemann* Rn 186).

VIII. § 6 SubvG normiert eine **Anzeigepflicht** von Gerichten und Behörden bei Verdacht eines Subventionsbetrugs. Die Verletzung dieser Pflicht kann eine Strafbarkeit nach §§ 258 f sowie wegen Beihilfe zu § 264 begründen.

§ 264 a Kapitalanlagebetrug

(1) Wer im Zusammenhang mit
1. dem Vertrieb von Wertpapieren, Bezugsrechten oder von Anteilen, die eine Beteiligung an dem Ergebnis eines Unternehmens gewähren sollen, oder
2. dem Angebot, die Einlage auf solche Anteile zu erhöhen,

in Prospekten oder in Darstellungen oder Übersichten über den Vermögensstand hinsichtlich der für die Entscheidung über den Erwerb oder die Erhöhung erheblichen Umstände gegenüber einem größeren Kreis von Personen unrichtige vorteilhafte Angaben macht oder nachteilige Tatsachen verschweigt, wird mit Freiheitsstrafe bis zu drei Jahren oder mit Geldstrafe bestraft.

(2) Absatz 1 gilt entsprechend, wenn sich die Tat auf Anteile an einem Vermögen bezieht, das ein Unternehmen im eigenen Namen, jedoch für fremde Rechnung verwaltet.

(3) ¹Nach den Absätzen 1 und 2 wird nicht bestraft, wer freiwillig verhindert, daß auf Grund der Tat die durch den Erwerb oder die Erhöhung bedingte Leistung erbracht wird. ²Wird die Leistung ohne Zutun des Täters nicht erbracht, so wird er straflos, wenn er sich freiwillig und ernsthaft bemüht, das Erbringen der Leistung zu verhindern.

I. Allgemeines

1 Die Vorschrift dient als abstraktes Gefährdungsdelikt der **Sicherung des Vermögens** (SK-*Hoyer* Rn 10; *Jacobi*, Der Straftatbestand des Kapitalanlagebetrugs, 2000, 15 ff, 51; aA MK-*Wohlers/Mühlbauer* Rn 3); sie ist somit Schutzgesetz iSd § 823 II BGB (BGH NJW 2004, 2664 [2666]). Nach vorherrschender Ansicht soll (auch) das Funktionieren des Kapital(anlage)marktes als überindividuelles Rechtsgut geschützt sein (hM, vgl BT-Drucks. 10/318, 22; OLG Köln NJW 2000, 598 [600]; S/S-*Perron* Rn 1 mwN). Entgegen seiner Bezeichnung als Kapitalanlagebetrug verlangt der Tatbestand weder eine Irrtumserregung noch den Eintritt eines Vermögensschadens; die Tathandlung beschränkt sich auf ein spezifisches Täuschungsverhalten. Der Versuch ist nicht strafbar. Täter kann jedermann sein.

II. Tatbestand

2 1. Der **objektive Tatbestand** erfordert eine Täuschungshandlung (vorteilhafte Angaben, Verschweigen nachteiliger Tatsachen) bzgl bestimmter Anlagewerte (Wertpapiere, Bezugsrechte usw) aus Anlass von Anlagegeschäften (Vertrieb, Kapitalerhöhung) in Werbeträgern (Prospekte, Darstellungen usw), die das Informationsinteresse potenzieller Anleger (größerer Personenkreis) betreffen (Abs. 1). Erfasst werden auch solche Handlungen, die sich auf Anteile in Vermögenstreuhand beziehen (Abs. 2).

3 a) Die Täuschungshandlung besteht in der Fehlinformation durch unrichtige vorteilhafte Angaben oder im Verschweigen nachteiliger Angaben. Zu den **Angaben** gehören neben Tatsachenbehauptungen auch (sachlich fundiert erscheinende) Bewertungen und Prognosen (*Hagemann*, Grauer Kapitalmarkt und Strafrecht, 2005, 243 ff; *Joecks* wistra 1986, 142 [145 f]; aA SK-*Hoyer* Rn 15 f; *Mitsch* 7.4.2.1.4.3). **Vorteilhaft** und **nachteilig** sind Angaben, welche die konkreten Aussichten für eine Anlageentscheidung (positiv bzw negativ) beeinflussen können. **Erheblich** sind Umstände, die ein verständiger und durchschnittlicher Anleger als maßgeblich für Wert, Chancen und Risiken der Kapitalanlage im konkreten Einzelfall einschätzt (BT-Drucks. 10/318, 24; BGHSt 46, 30 [34 f]; BGH NJW 2005, 2242; NK-*Hellmann* Rn 57 mwN).

4 b) Die Angaben müssen sich auf **Wertpapiere** (wie zB Aktien, Investmentzertifikate, Schuldverschreibungen), **Bezugsrechte** (unverbriefte Rechte von Teilhabern an Unternehmenskapital) oder **Unternehmensanteile** (wie zB Kommanditanteile, partiarische Darlehen) beziehen (zu Einzelheiten *Hagemann*, Grauer Kapitalmarkt und Strafrecht, 2005, 229 ff; *Mitsch* 7.4.2.1.3; LK-*Tiedemann/ Vogel* Rn 37 ff). Nicht tatbestandsmäßig sind Spekulationsgeschäfte (zB Warenterminoptionsgeschäfte); auch Bauherrenmodelle (ohne Beteiligung an der als

Vermieter auftretenden Gesellschaft) werden nicht erfasst (*Mutter* NStZ 1991, 421 [422]; aA MK-*Wohlers/Mühlbauer* Rn 43 ff).

Einbezogen in diesen Bereich der einschlägigen Kapitalanlagen werden in **Abs. 2** auch Anteile an einem Vermögen, das ein Unternehmen in eigenem Namen, jedoch für fremde Rechnung verwaltet (Abs. 2). Dies betrifft **echte Treuhandbeteiligungen**, bei denen nicht der Anleger, sondern ein Treuhänder den Anteil erwirbt und damit in die Gesellschaft eintritt (S/S-*Perron* Rn 34; LK-*Tiedemann/Vogel* Rn 52). Der Unternehmensbegriff stellt hier auf das Unternehmen des Treuhänders ab (BT-Drucks. 10/318, 23; *Möhrenschlager* wistra 1982, 204 [205 f]). 5

c) Die Angaben müssen **in zeitlichem und sachlichem Zusammenhang** mit dem Vertrieb der genannten Anlagewerte oder dem Angebot zu Kapitalerhöhungen stehen: 6

aa) **Vertrieb** (Abs. 1 Nr. 1) ist jede auf die Veräußerung von Anlagewerten auf dem Markt gerichtete Tätigkeit (auch Werbung), gleichgültig ob im eigenen oder fremden Namen. Einschlägig ist nur der Absatz einer Vielzahl von Stücken, nicht aber ein individuelles Angebot (BT-Drucks. 10/318, 24; *Worms* wistra 1987, 271 [273]). 7

bb) **Kapitalerhöhungsangebote** nach Abs. 1 Nr. 2 sind Fälle, in denen eine finanzielle Beteiligung an den in Abs. 1 Nr. 1 genannten Anteilen erhöht wird. Die Vorschrift beschränkt sich auf Kapitalanteile und schützt damit Personen, die bereits Anteile erworben haben (BT-Drucks. 10/318, 24). Erfasst werden Kapitalsammelmaßnahmen. Hierin liegt ein Schwachpunkt der Regelung, da Schwindelunternehmen gewöhnlich keine Kapitalsammelmaßnahmen betreiben, sondern nur Einzelangebote unterbreiten. 8

d) Die Information muss **durch Werbeträger – Prospekte, Darstellungen** oder **Vermögensübersichten** (Status, Bilanz) – erfolgen (näher *Hagemann*, Grauer Kapitalmarkt und Strafrecht, 2005, 237 ff; *Jacobi*, Der Straftatbestand des Kapitalanlagebetrugs, 2000, 64 f). Ad hoc-Mitteilungen stellen jedenfalls dann keine „Prospekte" dar, wenn sie auf die Veröffentlichung kursrelevanter Einzeltatsachen und nicht auf die vollständige Information über alle anlagerelevanten Umstände gerichtet sind (S/S-*Perron* Rn 18 f; vgl aus zivilrechtlicher Sicht BGH NJW 2004, 2664 [2668 ff]). Die Werbeträger müssen jeweils den Eindruck einer gewissen Vollständigkeit der Information vermitteln. Einzelne, auf bestimmte Informationen beschränkte Mitteilungen oder erkennbar lückenhafte Werbeschreiben scheiden demnach aus (vgl OLG München [Zivilsenat] NJW 2003, 144 [147]; S/S-*Perron* Rn 19; abw. *Fischer* Rn 12; LK-*Tiedemann/Vogel* Rn 58). Es besteht eine Aktualisierungspflicht für die gesamte Zeit des Vertriebs (OLG München AG 2005, 169 ff). 9

e) Adressat der Werbeträger muss ein **größerer Kreis von Personen** sein. Die Zahl potenzieller Anleger muss hierbei so groß sein, dass deren Individualität hinter das sie verbindende Interesse an der Kapitalanlage zurücktritt (BT-Drucks. 10/318, 23; *Joecks* wistra 1986, 142 [144]; S/S-*Perron* Rn 33). Einschlägig sind das Auslegen von Werbematerial oder der systematische Haustürverkauf. Erforderlich ist die Ermöglichung der Kenntnisnahme durch die Adressaten; ob diese auch erfolgt, spielt keine Rolle (*Gössel* II § 23/84; *Mitsch* 7.4.2.1.4.1). 10

2. Der **subjektive Tatbestand** erfordert (zumindest bedingten) Vorsatz. 11

12   3. Die Tat ist **vollendet**, wenn die Prospekte einem größeren Personenkreis zugänglich gemacht sind. Ohne Belang ist hierbei, ob die so angesprochenen Personen die Angaben zur Kenntnis genommen haben.

13   III. **Tätige Reue:** Abs. 3 sieht in Anlehnung an die allgemeine Rücktrittsregelung (§ 24) die Möglichkeit der strafbefreienden tätigen Reue vor (näher *Hagemann*, Grauer Kapitalmarkt und Strafrecht, 2005, 300 f; *Mitsch* 7.4.2.3). Mangels Strafbarkeit des Versuchs wird die Regelung erst nach der formellen Tatbestandsverwirklichung relevant. Sofern der Täter zum Zeitpunkt der Rücktrittshandlung bereits einen vollendeten Betrug (§ 263) begangen hat, erstreckt sich die tätige Reue nicht auch auf diesen (*Richter* wistra 1987, 117 [120]; *Worms* wistra 1987, 271 [275]; aA LK-*Tiedemann/Vogel* Rn 100).

14   IV. **Konkurrenzen:** Da der Kapitalanlagebetrug Verhaltensweisen im Vorfeld des Betrugs erfasst, tritt § 264 a aus Gründen materieller Subsidiarität hinter den vollendeten Betrug zurück (L-Kühl-*Heger* Rn 17; vgl *Fischer* Rn 3, 24). Ist der Betrug nur versucht, stehen allerdings beide Delikte der Klarstellung halber in Tateinheit. Teils wird wegen des weitergehenden Schutzzwecks von § 264 a (Rn 1) stets Tateinheit mit § 263 befürwortet (*Otto* BT § 61/67; S/S-*Perron* Rn 41). In Fällen echter Treuhandbeteiligung kann Tateinheit mit § 266 bestehen. Zum Verhältnis von § 264 a zu sonstigen wirtschaftsrechtlichen Straftatbeständen außerhalb des StGB vgl NK-*Hellmann* Rn 83 ff.

15   V. **Gerichtliche Zuständigkeit:** Gem. § 74 c I Nr. 5 GVG ist die **Wirtschaftsstrafkammer** sowohl für die erstinstanzliche Aburteilung als auch bei Berufungen gegen ein Urteil des AG zuständig.

§ 265 Versicherungsmißbrauch

(1) Wer eine gegen Untergang, Beschädigung, Beeinträchtigung der Brauchbarkeit, Verlust oder Diebstahl versicherte Sache beschädigt, zerstört, in ihrer Brauchbarkeit beeinträchtigt, beiseite schafft oder einem anderen überläßt, um sich oder einem Dritten Leistungen aus der Versicherung zu verschaffen, wird mit Freiheitsstrafe bis zu drei Jahren oder mit Geldstrafe bestraft, wenn die Tat nicht in § 263 mit Strafe bedroht ist.

(2) Der Versuch ist strafbar.

1   I. Bei § 265 handelt es sich um einen Vorfeldtatbestand zum Betrug; erfasst werden schon die Vorbereitungshandlungen (zu Geschichte, kriminologischem Hintergrund und Erscheinungsformen *Schröder*, Versicherungsmissbrauch – § 265 StGB, 2000, 28 ff, 34 ff, 47 ff mwN). **Rechtsgut** ist das **Vermögen** der Versicherungsgesellschaft. Teils wird auch die Leistungsfähigkeit des Versicherungswesens als mitgeschützt angesehen (W-*Hillenkamp* Rn 656; *Hörnle* Jura 1998, 169 [176]). Dem steht jedoch die Subsidiaritätsklausel entgegen, deren Existenz bei einem über § 263 hinausgehenden Schutzzweck unverständlich wäre (*Engemann*, Die Regelung des Versicherungsmissbrauchs [§ 265 StGB] nach dem 6. StRG, 2000, 58 ff; NK-*Hellmann* Rn 15; SK-*Hoyer* Rn 6 jew. mwN).

2   II. Der **Tatbestand** umfasst eine Reihe verschiedener Handlungen, die mit dem Ziel, einen Versicherungsschaden herbeizuführen oder vorzutäuschen, vorgenommen werden. Das Unrecht ist nach der Tatbestandsfassung wesentlich subjektiviert, da neutrale Tathandlungen als solche noch mit keinem unerlaubten Risiko

für das Vermögen der Versicherung verbunden sind (für eine Objektivierung der Absicht daher *Schröder*, Versicherungsmissbrauch – § 265 StGB, 2000, 200 f). Täter kann jedermann sein.

1. Tatobjekt ist eine gegen Untergang, Beschädigung, Beeinträchtigung der Brauchbarkeit, Verlust oder Diebstahl **versicherte** (bewegliche oder unbewegliche) **Sache**. Die Eigentumslage ist ohne Belang. Der Versicherungsvertrag muss förmlich abgeschlossen sein; dass er ggf anfechtbar oder wegen Überversicherung nach § 74 II VVG nichtig ist, schadet nicht (BGHSt 8, 343 [344], 35, 261 f; HKGS-*Duttge* Rn 5; *Fischer* Rn 3; diff. NK-*Hellmann* Rn 21). Auch auf die rechtzeitige Bezahlung der fälligen Versicherungsprämie kommt es nicht an; allerdings darf der Versicherer nicht wegen Verzuges des Versicherungsnehmers nach §§ 37 I, 38 II VVG von seiner Leistungspflicht frei geworden sein (NK-*Hellmann* Rn 21; krit. LK-*Tiedemann* Rn 10; aA unter Hinweis auf den Charakter des § 265 als abstraktes Gefährdungsdelikt BGHSt 35, 261 ff [zu § 265 aF]).

2. Tathandlungen sind das **Beschädigen** (§ 303 Rn 6 ff), **Zerstören** (§ 303 Rn 10), Beeinträchtigen der Brauchbarkeit, Beiseiteschaffen oder Überlassen des Tatobjekts. Der Handlungserfolg muss jeweils unter das **versicherte Risiko** fallen (*Geppert* Jura 1998, 382 [384]; NK-*Hellmann* Rn 23 ff; *Mitsch* 7.5.2.1.3). Die **Brauchbarkeit ist beeinträchtigt**, wenn die Funktionsfähigkeit des Tatobjekts nicht unwesentlich gemindert ist; einer Substanzverletzung bedarf es hierzu nicht (*Otto* BT § 61/4).

Beiseiteschaffen ist das Verhindern der Zugriffsmöglichkeit auf das Tatobjekt. Dies kann durch das räumliche Verbringen der Sache aus dem Gewahrsamsbereich des Versicherungsnehmers erfolgen, aber auch durch das Verbergen in einer Weise, die bei Nachforschungen den Anschein erweckt, die Sache sei abhanden gekommen (MK-*Wohlers/Mühlbauer* Rn 18 mwN; aA *Mitsch* 7.5.2.1.3; *Rönnau* JR 1998, 441 [443 f]: nur erste Variante). Bloßes Abstreiten des Besitzes reicht dagegen nicht aus.

Überlassen ist die Übertragung der Sachherrschaft auf eine andere Person und damit ein Sonderfall des Beiseiteschaffens (*Mitsch* 7.5.2.1.3; *Otto* BT § 61/4). Das Merkmal ist auch erfüllt, wenn der Besitzer die Ingewahrsamnahme der Sache durch einen Dritten zulässt. Nimmt ein Dritter die Sache absprachegemäß an sich und entzieht sie dem Zugriff der Versicherung – zB durch Weiterveräußerung –, so erfüllt auch er (bei ansonsten gegebenen Tatvoraussetzungen) das Merkmal des Beiseiteschaffens (vgl mit Blick auf professionelle Schieber BT-Drucks. 13/9064, 19; NK-*Hellmann* Rn 6, 30; regelmäßig fehlt es in diesen Fällen aber an der erforderlichen Absicht, so dass nur Beihilfe in Betracht kommt).

3. Der **subjektive Tatbestand** verlangt neben dem Vorsatz (hinsichtlich der Tathandlung) die (zielgerichtete) Absicht, sich oder einem Dritten Leistungen aus der Versicherung zu verschaffen. Hierfür ist nicht erforderlich, dass der Täter davon ausgeht, die erstrebte Versicherungsleistung erfolge ohne Rechtsgrund (vgl dagegen § 263 Rn 248). § 265 erfasst daher auch den Fall, dass ein Dritter zugunsten des unwissenden Versicherungsnehmers den Schaden herbeiführt, der dann einen Anspruch auf die Versicherungsleistung hat (zu dieser Ausdehnung des Anwendungsbereichs vgl BT-Drucks. 13/9064, 19 f; *Hanft* JuS 2005, 1010 [1011]; *Kreß* NJW 1998, 633 [643]; krit. *Hörnle* Jura 1998, 168 [176]; *Rönnau* JR 1998, 441 [445]; vgl auch unten Rn 11).

III. Nach Abs. 2 ist der **Versuch** strafbar (berechtigte Kritik bei *Kudlich* JuS 1998, 469; *Sander/Hohmann* NStZ 1998, 273 [277]; *Stächelin* StV 1998, 98

[100]). Da schon die Tathandlungen des § 265 weitgehend alltägliche Verhaltensweisen zum Gegenstand haben, die nur durch die subjektive Komponente ihren Charakter als Vorbereitungshandlung zu einem Betrug erhalten, fällt das unmittelbare Ansetzen mit dem Beginn der Tathandlung zusammen. Vollendet ist die Tat allerdings schon mit dem Vollzug der Tathandlung (*Fischer* Rn 12; *Knauth* Jura 2005, 230 [232]).

9 **IV. Tätige Reue:** Da § 265 Tathandlungen weit im Vorfeld des Betrugs erfasst, die nur dann für das Vermögen der Versicherung gefährlich werden können, wenn der Täter seine Absicht auf Geltendmachung der Versicherungsleistung auch durchhält und realisiert, ist es sachgerecht, ihm (analog §§ 264 V, 264 a III, 265 b II, 306 e) die Möglichkeit tätiger Reue einzuräumen (S/S-*Perron* Rn 15; MK-*Wohlers/Mühlbauer* Rn 32 mwN auch zur Gegenauffassung). Zu bedenken ist zudem, dass sich der Rücktritt des Täters vom Versuch des Betrugs nach § 24 auch auf die in materieller Hinsicht nur eine Vorbereitungshandlung zu diesem Versuch darstellende Tat nach § 265 erstreckt (§ 24 Rn 70; aA *Mitsch* ZStW 111, 65 [119]; vgl auch *Knauth* Jura 2005, 230 [233]). Es wäre nun sachwidrig, einem Täter erst dann die Möglichkeit des Rücktritts einzuräumen, wenn er seine Täuschungsabsicht realisiert hat, eine frühere Abstandnahme von der Verwirklichung einer solchen Absicht aber unberücksichtigt zu lassen.

10 **V.** Nach der **Subsidiaritätsklausel** in Abs. 1 ist die Tat nicht strafbar, wenn sie in § 263 mit Strafe bedroht ist. Da sich die Tathandlungen des § 265 im Vorbereitungsstadium des Betrugs bewegen, kann mit „Tat" nicht die Tatbestandsverwirklichung gemeint sein. Vielmehr ist hierunter eine Tat im prozessualen Sinne (vgl Vor § 52 Rn 14) gemeint, also das einheitliche historische Geschehen von der Vorbereitung bis zur Vollendung (aA S/S/W-*Saliger* Rn 15). Die Subsidiaritätsklausel besagt demnach, dass ein den Tatbestand des Versicherungsbetrugs verwirklichendes Verhalten nicht nach § 265 strafbar ist, wenn es der Vorbereitung eines Betrugs dient und dieser später (zumindest) in das Stadium eines strafbaren Versuchs gelangt (BGHSt 45, 211 [213 ff]; vgl auch *Bröckers*, Versicherungsmissbrauch, 1999, 164; *Fischer* Rn 17; NK-*Hellmann* Rn 43; in Fällen des Inbrandsetzens einer Sache von bedeutendem Wert bleibt dabei – im Hinblick auf die spätere Betrugshandlung – stets die Strafzumessungsregel des § 263 III S. 2 Nr. 5 zu beachten). Hierbei tritt jede Form der Beteiligung an § 265 hinter jede Form der Beteiligung an § 263 zurück, so dass auch der Täter eines Versicherungsmissbrauchs nicht nach § 265 zu bestrafen ist, wenn er lediglich Teilnehmer des späteren (ggf nur versuchten) Betrugs ist (LK-*Tiedemann* Rn 38; krit. hierzu *Fischer* Rn 17).

11 Einen Versicherungsmissbrauch kann grds. auch ein Dritter begehen. Ist der Dritte ein Außenstehender und führt sein Verhalten nicht zum Erlöschen des Versicherungsanspruchs (§ 263 Rn 248), so ist die Geltendmachung des Schadens durch den Versicherungsnehmer für diesen mangels intendierter rechtswidriger Bereicherung kein Versicherungsbetrug nach § 263. Sofern der Dritte als Repräsentant des Versicherungsnehmers den Tatbestand des § 265 verwirklicht und der Versicherungsnehmer selbst gutgläubig die Versicherungssumme einfordert, kommt ein Betrug des Dritten in mittelbarer Täterschaft in Betracht, der seinerseits den dann subsidiären Versicherungsmissbrauch verdrängt (W-*Hillenkamp* Rn 667).

§ 265 a Erschleichen von Leistungen

(1) Wer die Leistung eines Automaten oder eines öffentlichen Zwecken dienenden Telekommunikationsnetzes, die Beförderung durch ein Verkehrsmittel oder den Zutritt zu einer Veranstaltung oder einer Einrichtung in der Absicht erschleicht, das Entgelt nicht zu entrichten, wird mit Freiheitsstrafe bis zu einem Jahr oder mit Geldstrafe bestraft, wenn die Tat nicht in anderen Vorschriften mit schwererer Strafe bedroht ist.

(2) Der Versuch ist strafbar.

(3) Die §§ 247 und 248 a gelten entsprechend.

I. Allgemeines

1. Die Vorschrift **schützt** als Auffangtatbestand mit Subsidiaritätsklausel das **Vermögen** (OLG Koblenz NJW 2000, 86 [87]; LK-*Tiedemann* Rn 12). Der Vermögensbezug ist dadurch hergestellt, dass der Täter in allen vier Tatvarianten eine vermögenswerte Leistung in der Absicht in Anspruch nimmt, das Entgelt nicht zu entrichten. In lückenschließender Ergänzung zum Betrug verzichtet § 265 a auf die spezifische Schädigung durch ein täuschungsbedingt handelndes Werkzeug; vielmehr bereichert sich der Täter hier durch eigenes Handeln unmittelbar auf Kosten des Geschädigten. Der vorrangige Betrug greift daher insbesondere dann ein, wenn Kontrollpersonen getäuscht werden (vgl BGHSt 16, 1 ff; NK-*Hellmann* Rn 32, 42; S/S-*Perron* Rn 11). Der **Versuch** ist strafbar (Abs. 2). §§ 247 und 248 a (bei Bagatellbeträgen, vgl dort Rn 2) sind entsprechend anzuwenden (Abs. 3).

Die Vorschrift ist in zweierlei Hinsicht umstritten: Zum einen werden überwiegend Bagatelltaten erfasst, deren Strafwürdigkeit zweifelhaft ist; zum anderen wirft die Auswahl der tatbestandlichen Verhaltensweisen gegenüber nur als Ordnungswidrigkeiten ahndbaren oder straflosen Handlungen – wie zB der unentgeltlichen Nutzung einer entgeltpflichtigen telefonischen Auskunft, Dienstleistung oder Beratung – Legitimationsfragen auf (zur Kritik vgl nur *Alwart* JZ 1986, 563 ff; *Schall* JR 1992, 1 ff; gegen Entkriminalisierung BT-Drucks. 13/4064; zur Kriminologie *Falkenbach*, Die Leistungserschleichung [§ 265 a], 1983, 110 ff).

2. § 265 a verlangt für alle Tatvarianten ein **Erschleichen** der entgeltlichen Gegenleistung.

a) **Erschleichen** ist ein Verhalten, durch das die Leistung unter Überwindung oder Umgehung einer den entgegenstehenden Willen des Leistenden sichernden Vorkehrung erlangt wird. Diese Definition folgt zunächst daraus, dass bereits aufgrund des Wortsinns zwei Vorgehensweisen auszuschließen sind: Kein Erschleichen ist es, wenn der Handelnde die Leistung auf korrektem Wege in Anspruch nimmt (zB durch programmgemäße Nutzung eines Automaten), und weiterhin ist es kein Erschleichen, wenn der Handelnde den entgegenstehenden Willen des Leistenden direkt überwindet, also etwa mit vorgehaltener Pistole eine Taxifahrt erzwingt (vgl BayObLG NJW 1969, 1042 [1043]; S/S-*Perron* Rn 8; *Schall* JR 1992, 1 [2]). Ferner ist dem Wortlaut der Vorschrift zu entnehmen, dass die bloß unbefugte Inanspruchnahme einer entgeltlichen Leistung nicht ausreicht.

b) Für ein Erschleichen ist damit stets erforderlich, dass die Leistung nach dem Willen des Leistenden nur bedingt erfolgen soll und dass der Leistende zur Sicherung der Einhaltung dieser Bedingung Vorkehrungen getroffen hat. Keine Schwierigkeiten bereitet die Anwendung des Merkmals dort, wo die Einhaltung der Bedingung (durch Personen oder automatisch) kontrolliert oder durch (mechanische bzw elektronische) Zugangsbeschränkungen gesichert wird, wo der Täter also einen sichtbaren Widerstand überwinden muss; der Täter klettert zB über einen Zaun oder bedient einen Automaten mit Falschgeld.

6 c) Problematisch sind dagegen solche Konstellationen, in denen der Leistende seine Leistung zwar nur bedingt zur Verfügung stellt, aber die Einhaltung dieser Bedingung gar nicht oder nur stichprobenweise überprüft. Im Mittelpunkt steht hier die Beförderung mit öffentlichen Nahverkehrsmitteln, in denen nur in Ausnahmefällen kontrolliert wird, ob der Fahrgast über einen gültigen Fahrausweis verfügt. Sofern keinerlei präventive Kontrollen – zB beim Passieren von Schranken durch abzustempelnde Fahrscheine – den Zugang hindern, bedarf die unbefugte Inanspruchnahme der Beförderung keiner Manipulation.

7 aa) Die Rspr lässt in diesen Fällen gleichwohl die schlichte Inanspruchnahme der Leistung ausreichen, sofern sich der Handelnde den **Anschein der Ordnungsmäßigkeit** gibt (vgl BGHSt 53, 122 m. abl. Anm. *Alwart* JZ 2009, 478 ff; *Roggan* JA 2012, 299 ff; OLG Frankfurt NStZ-RR 2001, 269 f; NJW 2010, 3107; Hamm NStZ-RR 2011, 206; Koblenz NStZ-RR 2011, 246 [247]; *Otto* BT § 52/19; vgl auch BVerfG NJW 1998, 1135). Demnach ist für das Erschleichen nur zu verlangen, dass der Täter die Leistung nicht so in Anspruch nimmt, wie man sie den Geschäftsbedingungen gemäß korrekt in Anspruch nimmt. Maßgeblich soll hierfür die Perspektive der befördernden Personen bzw etwaiger Kontrolleure sein (OLG Hamm NStZ-RR 2011, 206 [207]).

8 Gegen diese Auslegung spricht schon, dass in Fällen, in denen keine präventiven Kontrollen stattfinden, ein täuschender Anschein mangels eines zu Täuschenden auch kein relevantes Tatmittel zur Erlangung der Leistung sein kann. Der „Anschein der Ordnungsmäßigkeit" ist funktionslos, wenn die tatsächliche Ordnungsmäßigkeit nicht als Leistungsvoraussetzung überprüft wird. Wer sich so verhält, wie sich jeder verhält, erschleicht die Beförderung so viel und so wenig wie jeder andere, der sie nutzt. Der Unterschied zwischen dem redlichen Fahrgast und dem Schwarzfahrer besteht dann allein darin, dass der eine befugt und der andere unbefugt die Beförderungsleistung in Anspruch nimmt. Gerade die bloß unbefugte Leistungserlangung reicht jedoch für ein Erschleichen nicht aus.

9 bb) In der Literatur wird verbreitet ein Mittelweg gesucht: Auf der einen Seite sei die unberechtigte Inanspruchnahme der Leistung durch schlicht formal korrektes Auftreten mit dem Wortlaut nicht zu vereinbaren und lasse das aufgrund der Betrugsähnlichkeit der Vorschrift erforderliche Täuschungsmoment vermissen. Auf der anderen Seite sollen nicht alle Konstellationen, in denen die Einhaltung der Zugangsbedingung keinen Präventivkontrollen unterworfen ist, aus dem Anwendungsbereich der Norm genommen werden. Erforderlich sei daher (nur), dass der Täter ein über bloß unauffälliges Auftreten hinausgehendes **verdeckendes oder verschleierndes Verhalten** an den Tag lege (NK-*Hellmann* Rn 16 f, 34 ff; W-*Hillenkamp* Rn 676; SK-*Hoyer* Rn 6; *Mitsch* 7.6.2.1.2.3.4; S/S/W-*Saliger* Rn 7; *Schall* JR 1992, 1 ff; MK-*Wohlers/Mühlbauer* Rn 45 hält kumulativ den Anschein der Ordnungsmäßigkeit für erforderlich). Dies wiederum setzt voraus, dass die Legitimation des Zugangs zwar nicht kontrolliert, aber sichtbar nachgewiesen werden muss, zB durch Entwertungsautomaten in einer Bahn (vgl OLG Naumburg StraFO 2009, 343, wonach hierfür auf die Geschäftsbedingungen abzustellen ist).

Dieser Lehre ist zwar zuzugestehen, dass sie eine Grenze zwischen üblichem und 10
sozial inadäquatem Verhalten zieht, aber die soziale Inadäquanz liegt hierbei
nicht in der Erhöhung des tatbestandsspezifischen Risikos, die Leistung unentgeltlich zu erlangen, sondern in einem verletzungsirrelevanten Zusatzverhalten.
Exemplarisch: Mangels täuschungsähnlicher Aktivitäten wäre straflos, wer sich
nach dem Einsteigen in eine Straßenbahn sofort auf einem Platz niederlässt, während er sich strafbar machte, wenn er nach dem Einsteigen erst noch zum Schein
einen ungültigen Fahrausweis abstempelt. Gehört jedoch das Abstempeln eines
gültigen Fahrausweises nicht zu den notwendigen Bedingungen, um das Transportmittel benutzen zu können – man kann sich auch mit einer Monatskarte in
der Tasche oder ohne zu zahlen ungehindert befördern lassen –, so wäre hier für
die Strafbarkeit allein ein zur unentgeltlichen Beförderung irrelevantes Täuschungsverhalten ausschlaggebend. Der Täter würde also nur bestraft, weil er
überflüssigerweise mehr macht, als zur Erlangung der tatbestandlichen Beförderungsleistung notwendig ist, mag das zusätzliche Verhalten auch aus anderen
Gründen (zB Urkundenfälschung) sozial inadäquat sein. Auch diese Lehre übersieht, wie die Rspr, dass das Merkmal des Erschleichens nur dann einen tatbestandlichen Sinn hat, wenn es funktional auf das Ermöglichen des schädigenden
Erfolgs bezogen wird, wenn es also iSe Tatmittels verstanden wird.

cc) Soll das Merkmal des Erschleichens eine unrechtsspezifische Bedeutung ha- 11
ben, indem es als risikosteigerndes Tatmittel begriffen wird, so setzt es notwendig die (verdeckte) Überwindung präventiver Kontrollen oder sonstiger Sicherungsvorkehrungen voraus (vgl *Albrecht* NStZ 1988, 222 [224]; *Ellbogen* JuS
2005, 20 [21]; L-Kühl-*Heger* Rn 6; *Klesczewski* BT § 9 Rn 146; vgl auch *Hefendehl* NJ 2004, 494; LK-*Tiedemann* Rn 36). Genauer: Es muss sich beim Erschleichen um die Überwindung von **Vorkehrungen** handeln, die gerade das **Entrichten
des Entgelts für die Leistung sicherstellen** sollen.

II. Tatbestand

1. Entgeltlichkeit: Der Tatbestand benennt vier Tatvarianten, deren gemeinsames 12
Merkmal die Entgeltlichkeit (§ 11 Rn 50 f) einer Leistung oder eines Zutritts ist.
Das Erlangen ist hierbei als tatbestandlicher Erfolg zu verstehen, der eingetreten
ist, wenn der Täter die betreffende Leistung oder den Zutritt erlangt hat (NK-*Hellmann* Rn 10; SK-*Hoyer* Rn 27; *Mitsch* 7.6.2.1.2.1). Teils wird einschränkend
gefordert, dass das Entgelt (auch) aus wirtschaftlichen Gründen und nicht (nur)
als Mittel der Zugangsbeschränkung verlangt wird (S/S-*Perron* Rn 2; LK-*Tiedemann* Rn 16).

2. Automatenmissbrauch (Abs. 1 Var. 1):

a) **Automaten** sind Geräte, die aufgrund eines (mechanischen oder elektroni- 13
schen) Steuerungssystems selbsttätig Funktionen erfüllen. Sofern sie gegen Entgelt in Gang gesetzt werden, lassen sich zwei Arten von Automaten unterscheiden (vgl auch die Zusammenstellung bei HKGS-*Duttge* Rn 4 ff). **Leistungsautomaten** sind Automaten, bei denen das Entgelt die Gegenleistung für die selbsttätig erbrachte Leistung ist; exemplarisch sind Musik-, Spiel- oder Fernsprechautomaten (NK-*Hellmann* Rn 18; zur Problematik beim Entschlüsseln von Pay-TV-Decodern vgl *Beucher/Engels* CR 1998, 101 [104 f]; *Dressel* MMR 1999, 390
[394]; *Fischer* Rn 13, 18; *Ory* ZUM 1988, 225 [229], der Alt. 2 anwendet; zur
Problematik der Manipulation der SIM-Lock-Sperre eines Mobiltelefons vgl
Busch/Geissler MMR 2001, 586 [591]). Demgegenüber sind **Warenautomaten**

solche Geräte, bei denen das Entgelt die Gegenleistung für eine selbsttätig gelieferte Sache ist; exemplarisch sind Geräte, die Getränke, Zigaretten, Fahrscheine oder Eintrittskarten ausgeben; auch Geldwechselgeräte gehören hierher (OLG Düsseldorf JR 2000, 212 [213]). Auf Geldspielautomaten treffen beide Aspekte zu, da die Möglichkeit der (mit Spielvergnügen verbundenen) Wahrnehmung der Gewinnchance eine Leistung, der Auswurf des Gewinns die Freigabe einer Sache darstellt (vgl OLG Düsseldorf NStZ 1999, 248 [249]). Nicht zu den tatbestandsmäßigen Automaten gehören Bankomaten, da ihre Leistung nicht entgeltlich erfolgt. Auch Parkuhren auf frei zugänglichen öffentlichen Parkplätzen sind nicht einschlägig, da ihre Benutzung nicht dazu dient, die Parkfläche freizugeben (BayObLG JR 1991, 433 [434] m. zust. Anm. *Graul*; NK-*Hellmann* Rn 18; auch die Tatalternative „Zutritt zu einer Einrichtung" ist in diesen Fällen nicht einschlägig, vgl *Fischer* Rn 22; *Matzky* Jura 2003, 191 [195]).

14 Nach ganz hM ist das Ausleeren von Waren- und Geldspielautomaten durch Aufbrechen oder den Einsatz von Falschgeld nur nach § 242 (vgl dort Rn 43) strafbar. Für dieses Ergebnis werden zwei unterschiedliche Begründungen gegeben:

15 **aa)** Eine Meinung sieht bereits begrifflich Warenautomaten nicht als Automaten iSd Tatbestands an (BGH MDR 1952, 563; OLG Düsseldorf NJW 2000, 158 m.Anm. *Kudlich* JuS 2001, 20 [21]; *Gössel* II § 22/51 ff; NK-*Hellmann* Rn 19 ff; L-Kühl-*Heger* Rn 2; *Klesczewski* BT § 9 Rn 181). § 265 a habe nur eine Auffangfunktion, die dort überflüssig sei, wo bereits andere Delikte eingreifen. Außerdem werde hier das Entgelt nicht für die Dienstleistung des Automaten, sondern für die Ware entrichtet (*Arzt/Weber/Heinrich/Hilgendorf* § 21/12; S/S-*Perron* Rn 4). Diese Argumentation ist schon deshalb wenig zwingend, weil es auch Automaten für „unkörperliche" Waren gibt, etwa Münzkassiergeräte für Stromanlagen. Solche Automaten werden als Leistungsautomaten angesehen (vgl BGH bei *Holtz* MDR 1985, 793 [795]), obgleich das Entgelt die Elektrizität und nicht die Dienstleistung betrifft. Ferner sind – wie schon das Beispiel der Geldspielautomaten (Rn 13) zeigt – bei Automaten häufig Dienstleistung und Warenausgabe gekoppelt; so leisten etwa Autowaschanlagen Reinigungsdienste durch Einsatz der Waren Wasser und Reinigungsmittel (LK-*Tiedemann* Rn 22).

16 **bb)** Systematisch überzeugender und mit dem Wortlaut ohne Weiteres zu vereinbaren ist es daher, alle Automaten, die gegen Entgelt Leistungen erbringen, grds. als tatbestandsmäßig anzusehen (*Otto* BT § 52/14 f; vgl auch *Fischer* Rn 11 f; W-*Hillenkamp* Rn 678; LK-*Tiedemann* Rn 20 ff; MK-*Wohlers/Mühlbauer* Rn 13 jew. mwN). Da jedoch § 265 a kein Privilegierungstatbestand ist, sondern nur eine Auffangfunktion erfüllen soll, tritt er stets dort subsidiär zurück, wo ein anderes Delikt eingreift. Dies gilt schon ausdrücklich für § 263, der Sache nach aber auch für §§ 242, 246 und andere Vermögensdelikte. Für Automaten, die kombinierte Leistungen erbringen, ist dann entscheidend, auf welche Leistung die Tat abzielt. Bei Autowaschanlagen ist es die Reinigung, so dass hier § 265 a eingreift. Leert der Täter einen Geldspielautomaten, geht es nicht um das Spielvergnügen, sondern um die Sache Geld; je nach Konstellation kommen hier §§ 242 (dort Rn 43), 246 oder 263 a (dort Rn 67) in Betracht.

17 **b) Erschlichen** (Rn 3 ff) wird die Leistung des Automaten, wenn dieser in ordnungswidriger Weise betätigt wird, zB durch den Einsatz von Falschgeld. Das programmgemäße Bedienen ist dagegen selbst dann kein Erschleichen, wenn es zu einem Vermögensverlust des Berechtigten (zB bei Glücksspielen) führt.

3. Erschleichen von Telekommunikationsleistungen (Abs. 1 Var. 2):

a) Die Leistung eines **Telekommunikationsnetzes** liegt in der Ermöglichung der Übermittlung und des Empfangs von Nachrichten durch Datenübertragungssysteme aller Art. Neben den Fernsprech- und Fernschreibnetzen gehören zB auch Telexnetze und Rundfunkkabelnetze hierher (vgl BT-Drucks. 7/3441, 30; *Bär/Hoffmann* MMR 2002, 654 [657]; LK-*Tiedemann* Rn 24). Das Telekommunikationsnetz dient **öffentlichen Zwecken**, wenn es der öffentlichen Kommunikation zur Verfügung steht (für Telefon BGHSt 25, 370 [371 f]; für das Internet vgl *Frank*, Zur strafrechtlichen Bewältigung des Spamming, 2004, 156 ff: Versenden von Massen-E-Mails über fremde Server; *Gercke* ZUM 2001, 567 [571 f]; W-*Hillenkamp* Rn 679; *Laue* JuS 2002, 359 [361]; zur Verwendung von Telefonkarten-Simulatoren vgl *Hecker* Jura 2004, 762 [768]; *Hefendehl* NStZ 2000, 348 [349]; zu Piraterieakten bei verschlüsselten Pay-TV-Diensten vgl NK-*Hellmann* Rn 31; *Ory* ZUM 1988, 225 [229] sowie oben Rn 13). Nicht erfasst werden betriebsinterne Netze, so dass Fälle ausscheiden, in denen der Nutzer nicht nur das Entgelt nicht entrichtet, sondern auch gegen Entgelt nicht zur Nutzung berechtigt wäre. Ferner soll das Merkmal des öffentlichen Zwecks klarstellen, dass nicht die Zweckbestimmung der einzelnen Anlage, sondern des Netzes insgesamt maßgeblich ist (*Fischer* Rn 16; NK-*Hellmann* Rn 28; zum WLAN vgl *Bär* MMR 2005, 434 [438]).

b) Für das **Erschleichen** ist erforderlich, dass der Täter gerade die Vorkehrungen manipulativ überwindet, welche die Entgeltlichkeit der Leistung des Telekommunikationsnetzes sicherstellen sollen (vgl BGH NStZ 2005, 213 m. zust. Anm. *Bär* MMR 2005, 96 [98]; OLG Karlsruhe NStZ 2004, 333 [334]; wistra 2003, 116 [117]; *Ellbogen* JuS 2005, 20 [21]; NK-*Hellmann* Rn 31; *Kretschmer* Jura 2006, 219 [228]; *Laue* JuS 2002, 359 [361]). Insoweit ist bloßes nichtangemeldetes **Schwarzhören oder -sehen** nicht tatbestandsmäßig (*Ellbogen* JuS 2005, 20 [21]; LK-*Tiedemann* Rn 44). Nicht erfasst wird auch der Fall des unbefugten Telefonierens von einem privaten oder geschäftlichen Anschluss aus (BGH NStZ 2005, 213; NK-*Hellmann* Rn 30; *Hellmann/Beckemper* JuS 2001, 1095 [1097]). **Störanrufe** sind nicht einschlägig, weil es entweder schon an der Entgeltlichkeit der Leistung fehlt (bloßes Klingelnlassen ist unentgeltlich) oder das Entgelt entrichtet wird (vgl *Fischer* Rn 17; *Mitsch* 7.6.2.1.1.3; S/S-*Perron* Rn 10; LK-*Tiedemann* Rn 17). Ferner ist zu beachten, dass statt § 265 a eine Strafbarkeit nach § 263 a in Betracht kommt, sofern der Inhalt der Telekommunikation über ein bloßes Erschleichen hinaus eine zusätzliche Dienstleistung darstellt, wie etwa bei telefonischen Sexdiensten (vgl BGH NStZ-RR 2003, 265 [268]; LK-*Tiedemann/Valerius* § 263 a Rn 59).

4. Beförderungserschleichung (Abs. 1 Var. 3):

a) **Beförderung durch ein Verkehrsmittel** ist jede Form des Transportes. Es kann sich um Personen- oder Sachbeförderung handeln. Es spielt auch keine Rolle, ob der Transport durch ein Massenverkehrsmittel (Eisenbahn, öffentlicher Nahverkehr) oder individuell durch ein Taxi erfolgt.

b) Hinsichtlich des **Erschleichens** ist umstritten, ob ein Verhalten, das sich den Anschein der Ordnungsmäßigkeit gibt, ausreicht (Rn 7) oder ob der Täter Kontrollen unterlaufen (Rn 11) oder zumindest seine Legitimation vortäuschen muss (Rn 9). Kein Erschleichen ist es, wenn der Täter offen (vgl aber OLG Hamm NStZ-RR 2011, 206 [207]) zum Ausdruck bringt, die Beförderung unentgeltlich in Anspruch zu nehmen, etwa im Rahmen einer Protest- oder Flugblattaktion (vgl BayObLG NJW 1969, 1042 [1043]; KG NJW 2011, 2600 f; einschlägig kann hier § 123 I sein). Dagegen wird im Falle der Bestechung einer Kontrollperson die vom Berechtigten eingesetzte Sicherung des Zugangs iSe Erschleichens umgangen (W-*Hillenkamp* Rn 676; LK-*Tiedemann* Rn 46; aA S/S-*Perron* Rn 11).

5. Zutritt zu Veranstaltungen oder Einrichtungen (Abs. 1 Var. 4):

22 a) **Zutritt** erfordert körperliche Anwesenheit (BayObLG JR 1991, 433 [434]; *Matzky* Jura 2003, 191 [195]; S/S-*Perron* Rn 7). Der das Geschehen von außen verfolgende Zaungast wird nicht erfasst; auch beim Schwarzhören (Rundfunk, Fernsehen) verschafft sich der Täter keinen Zutritt zum Ort der Aufführung.

23 b) **Veranstaltungen** sind einmalige oder zeitlich begrenzte Aufführungen; exemplarisch sind Konzerte, Vorträge oder Sportfeste. Demgegenüber sind **Einrichtungen** auf Dauer angelegte Sach- und Personengesamtheiten, die einem bestimmten Zweck dienen und einem größeren Kreis von Personen zur Verfügung stehen, wie zB Museen, Bibliotheken, Schwimmbäder, Parkhäuser und Tiergärten (BGHSt 31, 1 f; NK-*Hellmann* Rn 40; *Rinio* DAR 1998, 297).

24 c) Das **Erschleichen** ist in dieser Tatvariante wie bei der Beförderungserschleichung auszulegen (Rn 21). Regelmäßig besteht die Tathandlung hier jedoch in der Umgehung von (zumindest automatisierten) Kontrollen, so dass sich die Problematik des äußerlich unauffälligen Zutritts nicht stellt. Einschlägig sind zB das Überklettern eines Zauns oder die Benutzung eines unbewachten Personaleingangs (NK-*Hellmann* Rn 42 ff).

25 **6. Subjektiver Tatbestand:** Der subjektive Tatbestand verlangt in allen Tatvarianten neben dem (zumindest bedingten) Vorsatz hinsichtlich der Tatausführung (vor allem: der Entgeltlichkeit der Leistung bzw des Zutritts) die Absicht im Sinne zielgerichteten Wollens (§ 263 Rn 224 f), das Entgelt nicht (voll) zu entrichten. An dieser Absicht fehlt es zB, wenn der Täter das Entgelt durch den Erwerb einer Monatskarte entrichtet hat und nur den Ausweis bei einer konkreten Fahrt nicht bei sich führt oder wenn er irrig annimmt, eine gültige Karte zu besitzen (*Kudlich* NStZ 2001, 90 f; L-Kühl-*Heger* Rn 7; vgl auch OLG Koblenz NJW 2000, 86 f; *Fischer* Rn 9; SK-*Hoyer* Rn 31: schon objektiv nicht tatbestandsmäßig), oder wenn er vergisst, die Fahrkarte abzustempeln (LG Bonn StraFo 2015, 81).

III. Subsidiarität und Konkurrenzen

26 1. Abs. 1 formuliert im letzten Halbsatz einen Fall relativer und unbestimmter Subsidiarität. Sie ist relativ, weil sie nur Tatbestände mit höherer Strafdrohung betrifft. Sie ist unbestimmt, weil sie die vorgehenden Delikte nicht benennt. Jedoch haben nur Delikte mit gleicher (vermögensbezogener) Schutzrichtung verdrängende Wirkung (vgl NK-*Hellmann* Rn 50; W-*Hillenkamp* Rn 671; *Mitsch* 7.6.1.3.2; S/S-*Perron* Rn 14; aA L-Kühl-*Heger* Rn 8; vgl auch § 246 Rn 42). Tateinheit kann daher zB bestehen mit §§ 123, 146, 147, 267, 269. Mit der Klausel wird im Übrigen klargestellt, dass es sich bei § 265 a nicht um eine Privilegierung, sondern um eine ergänzende Vorschrift handelt.

27 2. Innerhalb des Tatbestands können sich insbesondere die erste und zweite Tatvariante (zB bei der Erschleichung der Leistung eines Telefonautomaten) überschneiden. In diesem Falle ist eine einheitliche Gesetzesverletzung anzunehmen (aA LK-*Tiedemann* Rn 55: Spezialität von Var. 2).

§ 265 b Kreditbetrug

(1) Wer einem Betrieb oder Unternehmen im Zusammenhang mit einem Antrag auf Gewährung, Belassung oder Veränderung der Bedingungen eines Kredits für einen Betrieb oder ein Unternehmen oder einen vorgetäuschten Betrieb oder ein vorgetäuschtes Unternehmen
1. über wirtschaftliche Verhältnisse
    a) unrichtige oder unvollständige Unterlagen, namentlich Bilanzen, Gewinn- und Verlustrechnungen, Vermögensübersichten oder Gutachten vorlegt oder
    b) schriftlich unrichtige oder unvollständige Angaben macht,
    die für den Kreditnehmer vorteilhaft und für die Entscheidung über einen solchen Antrag erheblich sind, oder
2. solche Verschlechterungen der in den Unterlagen oder Angaben dargestellten wirtschaftlichen Verhältnisse bei der Vorlage nicht mitteilt, die für die Entscheidung über einen solchen Antrag erheblich sind,

wird mit Freiheitsstrafe bis zu drei Jahren oder mit Geldstrafe bestraft.

(2) ¹Nach Absatz 1 wird nicht bestraft, wer freiwillig verhindert, daß der Kreditgeber auf Grund der Tat die beantragte Leistung erbringt. ²Wird die Leistung ohne Zutun des Täters nicht erbracht, so wird er straflos, wenn er sich freiwillig und ernsthaft bemüht, das Erbringen der Leistung zu verhindern.

(3) Im Sinne des Absatzes 1 sind
1. Betriebe und Unternehmen unabhängig von ihrem Gegenstand solche, die nach Art und Umfang einen in kaufmännischer Weise eingerichteten Geschäftsbetrieb erfordern;
2. Kredite, Gelddarlehen aller Art, Akzeptkredite, der entgeltliche Erwerb und die Stundung von Geldforderungen, die Diskontierung von Wechseln und Schecks und die Übernahme von Bürgschaften, Garantien und sonstigen Gewährleistungen.

I. Allgemeines

Rechtsgut der Vorschrift ist das **Vermögen** des Kreditgebers, das schon im Vorfeld des Betrugs geschützt wird (BGH NJW 2015, 423 [424] m. krit. Anm. *Rübenstahl*; *Fischer* Rn 3; NK-*Hellmann* Rn 9; SK-*Hoyer* Rn 3 ff; *Kindhäuser* JR 1990, 520 [522]; vgl auch BGHSt 36, 130 [131]; aA HKGS-*Duttge* Rn 2; zur prozessualen Bedeutung der Vorfeldkriminalisierung *Theile* wistra 2004, 121 ff). Teils wird auch das Funktionieren des Kreditwesens insgesamt als geschützt angesehen (BGH NJW 2015, 423 [424]; OLG Stuttgart NStZ 1993, 545; W-*Hillenkamp* Rn 699; LK-*Tiedemann* Rn 10 ff; MK-*Wohlers/Mühlbauer* Rn 1; krit. *Kindhäuser* Madrid-Symposium 125 [129]; *Weigend* Triffterer-FS 695 [700]); dem steht jedoch entgegen, dass die Vorschrift nur ausschnitthaft das Fehlverhalten von Kreditnehmern erfasst. § 265 b ist ein **abstraktes Gefährdungsdelikt**; wie bei §§ 264 und 264 a muss weder die Täuschung zu einem Irrtum führen noch ein Vermögensschaden eintreten. 1

II. Tatbestand

2 Der Tatbestand verlangt eine qualifizierte Täuschungshandlung (Abs. 1 Nr. 1, 2) gegenüber einem Betrieb oder Unternehmen (Abs. 3 Nr. 1) im Zusammenhang mit einem Antrag auf Gewährung, Belassung oder Veränderung der Bedingungen eines Kredits (Abs. 3 Nr. 2) für einen Betrieb usw (Abs. 3 Nr. 1).

1. Anwendungsbereich:

3 a) Der Anwendungsbereich des in Abs. 1 formulierten Tatbestands **ist beschränkt** auf Kredite iSd Abs. 3 Nr. 2, bei denen sowohl Kreditgeber als auch Kreditnehmer Betriebe oder Unternehmen iSd Abs. 3 Nr. 1 sind. Der Betrieb, für den der Kredit beantragt wird, muss bereits im Zeitpunkt der Antragstellung bestehen. Erweitert ist der Anwendungsbereich insoweit, als zur Erfassung von Schwindelunternehmen auf der Kreditnehmerseite auch ein als bestehend vorgetäuschter Betrieb genügt. Im Übrigen werden auch ausländische Kreditgeber geschützt (BGH NJW 2015, 423 [424 f]).

4 Damit sind Kredite **nicht tatbestandsmäßig**, bei denen Kreditgeber oder Kreditnehmer eine Privatperson ist. Gleiches gilt, wenn auf einer Seite ein Betrieb beteiligt ist, der nicht die Voraussetzungen des Abs. 3 Nr. 1 erfüllt. Ferner scheiden Kredite für einen Betrieb aus, der (tatsächlich oder angeblich) erst gegründet werden soll (BayObLG NStZ 1990, 439).

5 b) Als **Betriebe und Unternehmen** (vgl § 14 Rn 33, 40) iSv § 265 b kommen nach Abs. 3 Nr. 1 nur solche in Betracht, die unabhängig von ihrem Gegenstand einen in kaufmännischer Weise eingerichteten Geschäftsbetrieb erfordern. Kennzeichnend hierfür sind u.a. eine geordnete Kassen- und Buchführung, die Existenz einer eigenen Bankverbindung, die Ablage des Schriftverkehrs, die Beschäftigung kaufmännischen Personals (LK-*Tiedemann* Rn 30). Es kommt nicht auf das tatsächliche Vorhandensein, sondern auf die Erforderlichkeit an. Unter den Anwendungsbereich des § 265 b fallen damit (unter den Voraussetzungen von Nr. 1) zB auch Kredite an Gewerbe-, Handels-, Landwirtschaftsbetriebe, Theater, Krankenhäuser, Freiberufler (Ärzte, Anwälte usw).

6 Ob ein Kredit **für einen Betrieb** beantragt wird, richtet sich nach wirtschaftlichen Kriterien. Einschlägig sind daher auch Kredite, die von einem Privaten im eigenen Namen, aber für Rechnung eines Unternehmens aufgenommen werden. Dagegen scheiden Kredite aus, die einem Unternehmer zu privaten Zwecken gewährt werden (näher LK-*Tiedemann* Rn 23 ff). **Kreditgeber** können neben Kreditinstituten auch andere Betriebe sein, zB Handelsunternehmen, die Warenkredite vergeben. Obgleich eine § 264 VII S. 2 entsprechende Gleichstellung in Abs. 3 Nr. 1 fehlt, kommen auch öffentliche Betriebe und Unternehmen (zB kommunale Sparkassen), ferner die Bundesrepublik und einzelne Bundesländer (etwa im Falle von Kreditsubventionen) in Betracht; auszuschließen sind dagegen Behörden mit reiner Aufsichtsfunktion (näher LK-*Tiedemann* Rn 28).

7 c) **Kredit** wird abschließend in Abs. 3 Nr. 2 definiert. Eingeschlossen sind neben Darlehen auch Rechtsgeschäfte, durch die dem Kreditnehmer Geld oder geldwerte Mittel zeitweise zur Verfügung gestellt werden (zB Stundung einer Geldforderung, Diskontierung von Wechseln und Schecks, Übernahme einer Bürgschaft; Ausgabe von Genussscheinen, siehe hierzu BGH NJW 2015, 423 [425 f]). Eine bestimmte Kredithöhe wird nicht vorausgesetzt. Erfasst werden auch sog. durchlaufende Kredite aus öffentlichen Mitteln (zB Subventionen in Form von Vorzugskrediten), bei denen das Kreditinstitut lediglich treuhänderisch tätig ist (aA S/S-*Perron* Rn 5).

d) Täter kann jeder (auch eine Privatperson) sein, der dem Kreditgeber eine unrichtige Unterlage vorlegt oder diesem unrichtige schriftliche Angaben macht (*Mitsch* 7.7.2.1.2; LK-*Tiedemann* Rn 21).

2. Täuschung (Abs. 1 Nr. 1):

a) Tathandlung ist eine qualifizierte Täuschung. Ihr **Adressat** ist der **Kreditgeber**. Täuschungen gegenüber Auskunftsbüros, die Ermittlungen über die Kreditwürdigkeit anstellen, können unter den Voraussetzungen der mittelbaren Täterschaft erfasst werden (HKGS-*Duttge* Rn 14; *Lenckner/Perron* Rn 23; MK-*Wohlers/ Mühlbauer* Rn 34; aA LK-*Tiedemann* Rn 59). Täter, Antragsteller und Kreditnehmer müssen nicht personengleich sein.

b) Die Täuschungshandlung muss mit einem **Kreditantrag** zusammenhängen. Hierunter ist jede auf die Erlangung eines Kredits gerichtete (auch mündliche oder konkludente) Erklärung, durch die der Kreditgeber zu einer ihn bindenden Erklärung veranlasst werden soll, zu verstehen (S/S-*Perron* Rn 25; LK-*Tiedemann* Rn 51 ff; MK-*Wohlers/Mühlbauer* Rn 25 ff). Der Antrag muss sich auf die Gewährung eines Kredits für einen (zumindest als bestehend vorgetäuschten) Betrieb beziehen. Vorgetäuscht ist ein Betrieb auch dann, wenn er zwar besteht, aber nicht die Voraussetzungen des Abs. 3 Nr. 1 erfüllt. Ein **Zusammenhang** mit dem Antrag ist gegeben, wenn die Angaben oder Unterlagen erkennbar als Entscheidungsgrundlage der Kreditvergabe dienen sollen (*Mitsch* 7.7.2.1.3.3; LK-*Tiedemann* Rn 56 f). Es kommt auf die Sicht eines „verständigen, durchschnittlich vorsichtigen Dritten" an (BGHSt 30, 285 [292]; NStZ 2002, 433 [434]). Der erforderliche Zusammenhang ist auch dann gegeben, wenn die falschen Angaben erst nach Einreichen der Kreditunterlagen gemacht werden (S/S-*Perron* Rn 27).

c) Die Täuschung muss **wirtschaftliche Verhältnisse** betreffen. Hierunter fallen alle Umstände, die für die Kreditwürdigkeit des Kreditnehmers relevant sind (*Mitsch* 7.7.2.1.4.1; S/S-*Perron* Rn 30).

d) Täuschungsmittel sind bei Abs. 1 Nr. 1 a (Original-)Unterlagen (zB Bilanzen) und bei Abs. 1 Nr. 1 b schriftliche Angaben (näher LK-*Tiedemann* Rn 60 ff), die **unrichtig** oder **unvollständig** sind (§ 264 Rn 12). Sie sind **vorteilhaft**, wenn sie geeignet sind, den Kreditantrag zu unterstützen (S/S-*Perron* Rn 41; MK-*Wohlers/ Mühlbauer* Rn 33). Eine Kenntnisnahme ihres Inhalts durch den Täuschungsadressaten ist nicht vorausgesetzt.

3. Unterlassen der Aufklärung (Abs. 1 Nr. 2): Ein Täuschungsverhalten iSv Abs. 1 Nr. 2 liegt vor, wenn der Täter bei der Vorlage von Unterlagen oder schriftlichen Angaben nicht mitteilt, dass sich die in diesen dargestellten wirtschaftlichen Verhältnisse verschlechtert haben (näher *Mitsch* 7.7.2.1.4.2). Insoweit handelt es sich um ein **echtes Unterlassungsdelikt**. Ggf ist das Verhalten aber auch als konkludente Täuschung (hierzu § 263 Rn 68 ff) iSv Nr. 1 anzusehen.

Die Mitteilungspflicht betrifft:
- nur Verschlechterungen der in den Unterlagen oder Angaben dargestellten wirtschaftlichen Verhältnisse. Sind diese unverändert geblieben, so besteht auch bei einer Verschlechterung der wirtschaftlichen Lage insgesamt keine Mitteilungspflicht (S/S-*Perron* Rn 45);
- nur wesentliche Verschlechterungen, die für die Entscheidung über den Kreditantrag von Bedeutung sind;

- nur Verschlechterungen, die bis zur Vorlage der Unterlagen bzw Angaben eingetreten sind.

15 4. Der **subjektive Tatbestand** verlangt (zumindest bedingten) Vorsatz.

16 5. Die Tat ist mit Zugang der unrichtigen Unterlagen bzw Angaben **vollendet**. Der **Versuch** (bei zB vermeintlicher Falschangabe) ist nicht strafbar, kann aber ggf von § 263 erfasst sein.

17 III. **Tätige Reue**: Abs. 2 eröffnet in Anlehnung an die allgemeine Rücktrittsregelung (§ 24) die Möglichkeit der strafbefreienden tätigen Reue (näher *Mitsch* II § 3/190 f; LK-*Tiedemann* Rn 102 ff). Mangels Strafbarkeit des Versuchs wird die Regelung erst nach der formellen Tatbestandsverwirklichung relevant. Sofern der Täter zum Zeitpunkt der Rücktrittshandlung bereits einen vollendeten Betrug (§ 263) begangen hat, erstreckt sich die tätige Reue nicht auch auf diesen (vgl *Baumanns* JR 2005, 227 [229]; NK-*Hellmann* Rn 66).

18 IV. **Konkurrenzen**: § 265 b ist keine § 263 vorgehende Sonderregelung, sondern nur ein Delikt, das Täuschungen im Vorfeld des Betrugs erfasst. Daher tritt § 265 b aus Gründen materieller Subsidiarität hinter den vollendeten Betrug zurück (BGHSt 36, 130; SK-*Hoyer* Rn 48; *Kindhäuser* JR 1990, 520 [522]). Ist der Betrug nur versucht, stehen allerdings beide Delikte der Klarstellung halber in Tateinheit (L-Kühl-*Heger* Rn 9; aA BGHSt 36, 130: auch hier Gesetzeskonkurrenz). Vertreter eines weitergehenden Schutzzwecks (Rn 1) befürworten stets Tateinheit mit § 263 (W-*Hillenkamp* Rn 699; *Otto* BT § 61/37; *Rengier* I § 17/13; LK-*Tiedemann* Rn 15, 113; MK-*Wohlers/Mühlbauer* Rn 53). **Tateinheit** kommt u.a. in Betracht mit §§ 264 und 267.

§ 266 Untreue

(1) Wer die ihm durch Gesetz, behördlichen Auftrag oder Rechtsgeschäft eingeräumte Befugnis, über fremdes Vermögen zu verfügen oder einen anderen zu verpflichten, mißbraucht oder die ihm kraft Gesetzes, behördlichen Auftrags, Rechtsgeschäfts oder eines Treueverhältnisses obliegende Pflicht, fremde Vermögensinteressen wahrzunehmen, verletzt und dadurch dem, dessen Vermögensinteressen er zu betreuen hat, Nachteil zufügt, wird mit Freiheitsstrafe bis zu fünf Jahren oder mit Geldstrafe bestraft.

(2) § 243 Abs. 2 und die §§ 247, 248 a und 263 Abs. 3 gelten entsprechend.

A. Der Untreuetatbestand im Überblick

1 I. **Tatbestand:** Den objektiven Tatbestand der Untreue verwirklicht, wer eine ihm (kraft Gesetzes, behördlichen Auftrags, Rechtsgeschäfts oder eines Treueverhältnisses) obliegende Pflicht, fremde Vermögensinteressen zu betreuen (Vermögensbetreuungspflicht), durch ein wirksames Rechtsgeschäft (Missbrauch) oder in sonstiger Weise (Treubruch) verletzt und dadurch dem Inhaber des betreffenden Vermögens einen Vermögensnachteil zufügt. Für die subjektive Tatseite reicht bedingter Vorsatz aus (Überblick bei *Mitsch* JuS 2011, 97 ff).

II. Definitionen:

2 1. **Tatobjekt** des Missbrauchs ist fremdes Vermögen: Als **Vermögen** ist, wie beim Betrug (§ 263 Rn 11 ff), die Gesamtheit der einer Person (rechtlich) zugeordneten (geldwerten) Güter anzusehen. Ein Vermögensgegenstand ist **fremd**, wenn der Täter nicht sein alleiniger Eigentümer oder Inhaber ist (Rn 19).

2. Vermögensbetreuungspflicht: Der Täter muss zur Betreuung des fremden Vermögens verpflichtet sein. Diese Vermögensbetreuungspflicht hat eine wesentlich durch Eigenverantwortlichkeit und Selbstständigkeit geprägte Geschäftsbesorgung für einen anderen in einer nicht ganz unbedeutenden Angelegenheit zum Gegenstand (Rn 20 ff). Nach einer Mindermeinung setzt nur die Treubruchsvariante eine solche fürsorgende Vermögensbetreuungspflicht voraus (Rn 16 f). 3

3. Pflichtverletzung: Für die Verletzung der Vermögensbetreuungspflicht sieht der Tatbestand zwei Varianten vor, den spezielleren Missbrauch und den allgemeineren Treubruch: 4

a) Missbrauch: Beim Missbrauch (Rn 40) macht der Täter von der ihm eingeräumten Befugnis, zulasten fremden Vermögens Verpflichtungs- oder Verfügungsgeschäfte vorzunehmen (Rn 41 ff), durch ein wirksames Rechtsgeschäft im Außenverhältnis Gebrauch (Rn 44 ff), obgleich ihm dies aufgrund seiner Vermögensbetreuungspflicht im Innenverhältnis nicht gestattet ist (Rn 50 ff). Formelhaft: Der Täter überschreitet sein rechtliches Dürfen (Innenverhältnis) im Rahmen seines rechtlichen Könnens (Außenverhältnis). 5

b) Treubruch: Der allgemeinere Treubruch (Rn 75) umfasst jede Verletzung der Vermögensbetreuungspflicht (Rn 76 ff), dh jedes im Aufgabenkreis des Täters liegende Verhalten zulasten des zu betreuenden Vermögens, das nicht mehr vom rechtlichen Dürfen im Innenverhältnis gedeckt ist. Diese Tatvariante kommt nur zum Zuge, wenn der (speziellere) Missbrauchstatbestand nicht erfüllt ist. 6

4. Vermögensschaden: Durch die Pflichtverletzung muss der Täter demjenigen, dessen Vermögensinteressen er zu betreuen hat (Rn 86), einen Vermögensnachteil zufügen (Rn 80). Ein solcher Schaden ist, wie beim Betrug (§ 263 Rn 24 ff), gegeben, wenn die durch das pflichtwidrige Verhalten des Täters bedingte Vermögenseinbuße nicht durch ein wirtschaftliches Äquivalent (Saldierungstheorie) bzw Erreichung eines dem Betreuungsverhältnis entsprechenden Zwecks (Zweckverfehlungslehre) kompensiert wird (Rn 81 ff). Hierbei ist ein Schaden nur anzunehmen, wenn der Verlust bei pflichtgemäßem Verhalten hätte vermieden werden können (Pflichtwidrigkeitszusammenhang, Rn 85). 7

III. Gutachtenaufbau: Es empfiehlt sich, die Tatbestandsmerkmale der Untreue in folgenden Schritten zu prüfen: 8

    A) Tatbestand
        I. Tatobjekt: fremdes Vermögen
        II. Vermögensbetreuungspflicht
        III. Missbrauchsvariante (Abs. 1 Alt. 1)
            1. Verfügungs- oder Verpflichtungsbefugnis
            2. Wirksame Verfügung oder Verpflichtung
            3. Überschreitung des rechtlichen Dürfens

        falls III. verneint wird:
        IV. Treubruchsvariante (Abs. 1 Alt. 2): Pflichtverletzung

        falls III. oder IV. bejaht wird:
        V. Vermögensschaden
        VI. Subjektiver Tatbestand: Vorsatz
    B) Rechtswidrigkeit
    C) Schuld

D) Regelbeispiele (Abs. 2 iVm §§ 243 II, 263 III)
E) Evtl Strafantragserfordernis (Abs. 2 iVm §§ 247, 248 a)

B. Der Untreuetatbestand im Einzelnen
I. Allgemeines

9   1. Geschütztes **Rechtsgut** ist allein das **Vermögen** (BVerfGE 126, 170 [200]; BGHSt 43, 293 [297]; BGH NJW 2012, 2366 [2369]; *Nelles*, Untreue zum Nachteil von Gesellschaften, 1991, 283 ff; S/S-*Perron* Rn 1; LK-*Schünemann* Rn 23, alle mwN). Anders als der Betrug verlangt der Tatbestand keine beabsichtigte Vermögensverschiebung; es genügt eine Vermögensschädigung. Der **Versuch** ist nicht strafbar.

10 2. Im **System der Vermögensdelikte** unterscheidet sich die Untreue von Diebstahl, Erpressung und Betrug insoweit, als der Täter nicht in rechtswidriger Weise (durch Gewahrsamsbruch, Nötigung, Täuschung) auf Vermögen zugreift, sondern die ihm zu einem bestimmten Zweck übertragene Verfügungsmöglichkeit über Vermögen zu einer Schädigung ausnutzt. Im Gegensatz zu den Delikten zum Schutz der Gläubiger (zB §§ 142, 283 ff, 288) ist dieses Vermögen regelmäßig fremd und kein eigenes. Der **spezifische Handlungsunwert** der Untreue liegt also darin, dass der Täter die ihm anvertraute Dispositionsmacht zur pflichtwidrigen Schädigung fremder Vermögensinteressen einsetzt; er schädigt ihm „ausgeliefertes" Vermögen (vgl auch *Kargl* ZStW 113, 565 [591 f]).

11 3. **Geschichte:** Die im Wesentlichen auf die Reform von 1933 (RGBl I, 295 [297]) zurückgehende und die bis dahin geltende kasuistische Untreueregelung ablösende heutige Fassung der Vorschrift ist eine Kombination der sog. Treubruchstheorie und der sog. Missbrauchstheorie (näher NK-*Kindhäuser* Rn 4 ff). Die **Missbrauchstheorie** verlangte für die Untreue (§ 266 aF) die rechtswidrige Schädigung fremden Vermögens seitens seines berufenen Verwalters oder Behüters durch Missbrauch der ihm gesetzlich zuerkannten Machtstellung (*Binding* I 396). Der **Treubruchstheorie** zufolge lag der Strafgrund der Untreue im Bruch der in § 266 aF aufgezählten Treueverhältnisse; Untreue wurde verstanden als jede einer besonderen Treuepflicht des Täters zuwiderlaufende vermögensschädigende Handlung, auch rein tatsächlicher Art (RGSt 41, 265 [266]; *Allfeld/Meyer*, Lehrbuch des deutschen Strafrechts, 8. Aufl. 1922, 485; Varianten bei *Freudenthal*, Untreue, VDB VIII, 105 ff; *H. Mayer*, Die Untreue im Zusammenhang der Vermögensverbrechen, 1926). Durch die Aufnahme von zwei Tatbeständen in die Neufassung der Vorschrift sollte jede der beiden Theorien ihren Niederschlag im Gesetz finden, um so insbesondere mit Blick auf die Korruption einen möglichst lückenlosen Vermögensschutz zu erreichen. In der Folgezeit hat sich jedoch eine monistische Betrachtung als hM durchgesetzt, die den Missbrauch als spezielle Variante des Treubruchs begreift (Rn 15).

12 4. **Deliktsstruktur: a)** Der Täter muss zur Tatzeit gegenüber dem Vermögensträger in Bezug auf dessen Vermögen eine besondere Pflichtenstellung iSe Garantenverhältnisses innehaben. Diese **Vermögensbetreuungspflicht** ist ein strafbegründendes **besonderes persönliches Merkmal** iSv § 28 I (BGHSt 26, 53 [54]; BGH wistra 1997, 100; *Seier* JuS 1998, 46 [49]; aA S/S-*Perron* Rn 52). Täter kann also nur die treupflichtige Person selbst oder deren Vertreter unter den Voraussetzungen des § 14 sein. Außenstehende kommen lediglich als Teilnehmer in Frage.

13 **b)** Da der Tatbestand bereits eine **Garantenstellung** voraussetzt, kann die Tat – ohne dass § 13 noch gesondert zu prüfen wäre – gleichermaßen durch **Tun oder**

Unterlassen ausgeführt werden (BGH NJW 1990, 3219 [3220]; *Rudolphi* ZStW 86, 68 [69]); die Milderungsmöglichkeit nach § 13 II ist hierdurch nicht ausgeschlossen (BGHSt 36, 227 ff; BGH NStZ 2015, 517; MK-*Dierlamm* Rn 142; LK-*Schünemann* Rn 202 [analoge Anwendung]; aA *Güntge* wistra 1996, 84 [89]).

c) Umstritten ist, ob die **Vermögensbetreuungspflicht für beide Tatbestände** des § 266, den Missbrauch (Abs. 1 Alt. 1) und den Treubruch (Abs. 1 Alt. 2), **einheitlich** zu bestimmen ist: 14

aa) Die **monistische Theorie** der (neueren) Rspr und heute hL fordert für beide Tatbestände die einheitliche Pflicht, fremde Vermögensinteressen zu betreuen (Rn 20 ff), und betrachtet daher den Missbrauch nur als Spezialfall des allgemeineren Treubruchs. Die hM führt zur Erforderlichkeit einer Vermögensbetreuungspflicht zunächst das Wortlautargument an, dem zufolge sich die Wendung „… und dadurch dem, dessen Vermögen er zu betreuen hat …" auf beide Tatbestandsalternativen beziehe. Zudem könne so der anerkannten Notwendigkeit Rechnung getragen werden, den Anwendungsbereich der Untreue sachgerecht zu begrenzen; ohne diese Einschränkung unterfielen dem Missbrauchstatbestand sonst auch Fallgestaltungen, die im Handlungsunrecht erheblich hinter der Untreue zurückblieben (W-*Hillenkamp* Rn 750). 15

bb) Nach der früher verbreiteten, aber auch heute noch vertretenen **dualistischen Theorie** muss der Täter zwar in beiden Tatbeständen eine Vermögensbetreuungspflicht verletzen, jedoch verlangt nur der Treubruch, dass der Täter fremde Vermögensinteressen iSe besonderen Fürsorgepflicht wahrnimmt; für den Missbrauch soll es ausreichen, dass dem Täter rechtswirksam eine Verfügungs- oder Verpflichtungsbefugnis über fremdes Vermögen eingeräumt ist (BGHSt 1, 186 [188]; 13, 315 [316]; *Kargl* ZStW 113, 565 [589]; *Otto* JZ 1988, 884; *Ranft* JuS 1988, 673 f). Aus dieser Rechtsmacht im Außenverhältnis resultiere im Innenverhältnis die Pflicht, die bestehenden Befugnisse rechtmäßig wahrzunehmen. Der Missbrauchstatbestand werde durch das Kriterium der Einräumung der Rechtsmacht, zulasten eines anderen rechtswirksam handeln zu können, hinreichend konturiert. Eine weitere Angleichung der Pflichtenstellungen führe zu sachwidrigen Verwischungen der Tatvarianten. 16

cc) Nach einer **vermittelnden** Ansicht genügt für den Missbrauchstatbestand eine Vermögensbetreuungspflicht minderer Intensität: Dem Täter müsse die Verfügungs- oder Verpflichtungsbefugnis im Interesse des Vermögensinhabers und nicht zu eigenem Nutzen eingeräumt sein (*Mitsch* 6.2.1.2.1; S/S-*Perron* Rn 2; LK-*Schünemann* Rn 14; *Wegenast*, Missbrauch und Treuebruch, 1994, 134 ff). Demnach sind Missbrauch und Treubruch zwar durch das Minimalerfordernis einer fremdnützig ausgerichteten Vermögensbetreuungspflicht verbunden, weitere Einschränkungen – wie Selbstständigkeit und Bedeutsamkeit des Geschäfts – betreffen aber nur den Treubruch. Auf diese Weise ließen sich einerseits bezüglich des Missbrauchstatbestands Strafbarkeitslücken vermeiden; andererseits sei man nicht gezwungen, beim Treubruchstatbestand das Erfordernis einer Dispositionsmacht mit eigenem Entscheidungsspielraum bereichsweise aufzugeben oder zumindest einzuschränken. 17

dd) **Integrierte Untreuekonzeption:** Für die hM spricht nicht nur das Wortlautargument, sondern auch der Umstand, dass der Gesetzgeber die monistische Lehre mit der Schaffung von § 266 b bestätigt hat. Diese Vorschrift wäre überflüssig, wenn der Missbrauch iSv § 266 keine Vermögensbetreuungspflicht erforderte, weil die vermögensschädigende Verwendung einer Kreditkarte alle Voraussetzun- 18 gen dieser Tatvariante mit Ausnahme der fehlenden Pflichtenstellung des Karteninhabers erfüllt. Eine konsequente monistische Auslegung des Untreuetatbestands muss indessen dem Gedanken des Missbrauchs und dem des Treubruchs gleichermaßen Rechnung tragen: Dem Missbrauch ist die Einräumung einer dem Vermögensinhaber zustehenden Dispositionsmacht über dessen Vermögen, dem Treubruch die Bindung dieser Macht an die Interessen des Vermögensinhabers zu entnehmen (näher NK-*Kindhäuser* Rn 22 ff). Insoweit ist die für beide Tatvarianten geltende Vermögensbetreuungspflicht als **Ausgleich der** dem Täter eingeräumten **Macht über fremdes Vermögen** zu verstehen. Der Missbrauch erfasst hierbei als lex specialis zum Treubruch den Fall der Vermögensschädigung durch Rechtsgeschäft.

II. Tatobjekt: fremdes Vermögen

19 Tatobjekt des Missbrauchs ist fremdes **Vermögen** (zum Vermögensbegriff § 263 Rn 12 ff, 117 ff). Die **Fremdheit** richtet sich ausschließlich nach zivil- und öffentlich-rechtlichen Kriterien (BGHSt 1, 186 [187 f]) und ist stets dann zu bejahen, wenn der Täter **nicht alleiniger Eigentümer** oder Inhaber des fraglichen Vermögensgegenstands ist. Auch Gegenstände, an denen der Täter nur Bruchteilseigentum oder Miteigentum hat, sind für ihn fremd. Ohne Belang ist dagegen die wirtschaftliche Zuordnung des Vermögens (BGHSt 3, 32 [39 f]; BGH wistra 1987, 334 [335 f]), mit der Folge, dass auch bei der Ein-Mann-GmbH das Vermögen der Gesellschaft für den geschäftsführenden Gesellschafter fremd ist. Die Vermögenszuordnung ändert sich nicht dadurch, dass dem Vermögensinhaber die Verfügungsbefugnis über ihm gehörende Vermögensgegenstände – etwa im Rahmen einer Insolvenz – entzogen wurde (S/S-*Perron* Rn 6; diff. LK-*Schünemann* Rn 45, 72); die Vermögensinteressen der Gläubiger sind insoweit durch die §§ 283 ff, 288 geschützt.

III. Vermögensbetreuungspflicht

20 **1. Grundlagen:** Der Täter muss im **Innenverhältnis** zum Vermögensinhaber als Beschützergarant verpflichtet sein, „dessen Vermögensinteressen ... zu betreuen". Dieses Innenverhältnis ist näher zu bestimmen und zu begrenzen. Hierbei ist einerseits davon auszugehen, dass für die Vermögensbetreuungspflicht die Übertragung von Kompetenzen wesentlich ist, die dem Pflichtigen die Möglichkeit verleihen (sollen), als Repräsentant des Vermögensinhabers für diesen verbindliche Entscheidungen über dessen Vermögen zu treffen (Missbrauchsgedanke). Andererseits trifft den Täter als Beschützergaranten die Pflicht, mit dem ihm ausgelieferten Vermögen im Interesse seines Inhabers umzugehen, also das Vermögen iSe fremdnützigen Geschäftsbesorgung zu betreuen (Treubruchsgedanke).

21 In diesem Sinne verstehen Rspr und vorherrschende Lehre die Vermögensbetreuungspflicht als eine wesentlich durch Eigenverantwortlichkeit und Selbstständigkeit geprägte Geschäftsbesorgung für einen anderen in einer nicht ganz unbedeutenden Angelegenheit. Dies bedeutet im Einzelnen:

22 a) Die Vermögensbetreuungspflicht des Innenverhältnisses muss typischer und **wesentlicher Inhalt** (**Hauptpflicht**) einer fremdnützig ausgerichteten Geschäftsbesorgung sein (BGHSt 33, 244 [250]; 41, 224 [228 f]; BGH NJW 2011, 2819). Die beliebige Pflicht, einen Vertrag zu erfüllen, sowie typische Nebenpflichten aus schuldrechtlichen Austauschverträgen reichen nicht aus (BGHSt 6, 314 [318]; 28, 20 [23 f]; BGH NJW 1991, 2574; MK-*Dierlamm* Rn 65; *Haas*, Die

Untreue [§ 266 StGB], 1997, 39 f). Sofern nach dem vertragstypischen Muster jede Seite davon auszugehen hat, dass die andere Seite andere und ggf entgegengesetzte Interessen verfolgt, wird von vornherein keine eigene Dispositionsmacht fremder Hand anvertraut. Exemplarisch: Die **Sicherungszession** im Rahmen einer Darlehensgewährung begründet für den Darlehensnehmer grds. nur Nebenpflichten; Hauptpflicht ist die Rückzahlung des Kredits (BGH wistra 1984, 143).

Anderes gilt, wenn ein schuldrechtlicher **Vertragstyp** dergestalt vertraglich **abgeändert** wird, dass er der Sache nach den Charakter einer Geschäftsbesorgung erhält. Zu denken ist etwa an entsprechende Dienstverträge (BGHSt 4, 170 [171 f]) oder an Kaufverträge, die als Kommission ausgestaltet sind (BGHSt 1, 186 [189]). 23

b) Des Weiteren muss dem Pflichtigen eine gewisse **Selbstständigkeit** bei der Erfüllung seiner Pflichten eingeräumt sein. Er muss Raum für eigenverantwortliche Entscheidungen haben und darf in seinem Handlungsspielraum nicht völlig gebunden sein (vgl BGHSt 60, 94 [105]; BGH NStZ-RR 2002, 107; wistra 2002, 142 [143]; 2008, 427 [428]; NStZ 2011, 218 [219]; 2013, 407; NJW 2016, 2585 [2591] m.Anm. *Saliger/Schweiger*; S/S-*Perron* Rn 23 a f mwN). Maßgeblich ist die Möglichkeit des Zugriffs auf das Vermögen ohne gleichzeitige Steuerung und Überwachung (BGHSt 60, 94 [105]; BGH NJW 2013, 1615). Selbstständig ist derjenige, der die Freiheit haben soll, über das **Ob oder Wie** der betreffenden Geschäftsbesorgung in einem durch den Zweck der Betreuung festgelegten Umfang **selbst zu befinden**. Diese Entscheidungen können sich auf das Außenverhältnis beziehen, können aber auch innerorganisatorischer Art und etwa mit der Übertragung bestimmter Direktionsrechte verbunden sein. 24

Wer demgegenüber nur dazu verpflichtet ist, unter bestimmten Bedingungen bestimmte Handlungen vorzunehmen, sich somit nur in bereits vorentschiedenen Bahnen bewegen darf, ist **kein** zu **selbstständiger Geschäftsführung** Verpflichteter, mag sein Handeln auch für den Vermögensinhaber rechtlich verbindlich sein. Die erforderliche Selbstständigkeit ist daher etwa abzulehnen, wenn der Handelnde einen Verkaufserlös nach Abzug des Gewinns an den Berechtigten zu übersenden, ein Flugticket samt Einreisevisum zu besorgen oder mit Gütern an einem Schalter der Bundesbahn nach bestehenden Anordnungen und Vorschriften zu verfahren hat. 25

Vom Merkmal der Entschließungsfreiheit sieht die Rspr insbesondere in den Fällen des **Einkassierens, Verwaltens und Ablieferns von Geldern** ab, wenn die anvertrauten Mittel eine gewisse Höhe erreichen und/oder geordnete Abrechnungsverfahren – Buchführung über Einnahmen und Ausgaben, Erteilen von Quittungen – zu befolgen sind (BGHSt 18, 312 [313]; BGH wistra 1989, 60 [61]; 2008, 427 [428]). Das Kriterium der Abrechnungskompetenz (als Ersatz fehlender gegenwärtiger Kontrolle) betrifft jedoch nicht den Inhalt der Vermögensbetreuungspflicht, sondern die (anschließende) Rechenschaft über den korrekten Umgang mit Vermögen. Eine bloße Abrechnungspflicht lässt daher noch nicht auf die Einräumung einer selbstständigen Vermögensbetreuung schließen, zumal fehlende Kontrolle in bestimmten Arbeitsabläufen rein faktisch bedingt sein kann. Ansonsten müsste auch der angestellte Installateur, der gehalten ist, die von ihm durchgeführten Reparaturarbeiten nach Material und Arbeitszeit aufzuschlüsseln, als vermögensbetreuungspflichtig angesehen werden, mit der Folge einer uferlosen Ausdehnung des Untreuetatbestands in den gesamten (wachsenden) Bereich der dezentralisierten Arbeitswelt. 26

27 c) Die wahrgenommene Tätigkeit muss schließlich nach hM von einer gewissen **Bedeutung** sein (BGHSt 4, 170 [172]). Als Kriterien hierfür gelten Dauer und Umfang (OLG Hamm NJW 1972, 298 [301]; *Heinitz* Mayer-FS 438); untergeordnete, rein mechanische Verrichtungen sollen nicht ausreichen (BGHSt 3, 289 [293 f]; 13, 315 [317 ff]).

28 Diesem Kriterium kann jedoch kein eigenständiges oder gar entscheidendes Gewicht zukommen: Dass „mechanische Verrichtungen" nicht hinreichen, folgt bereits aus dem Erfordernis der Selbstständigkeit. Ebenso können Dauer und Umfang nur Anhaltspunkte für übertragene Dispositionsmacht sein; auch die Ausführung eines einzelnen Vermögensgeschäfts – zB ein wertvolles Gemälde nach sachverständigem Ermessen zu ersteigern oder ein Aktienpaket zu erwerben – kann mit der Übertragung einer Vermögensbetreuungspflicht verbunden sein. Dem Verweis auf §§ 243 II und 248 a in § 266 II ist im Übrigen zu entnehmen, dass grds. auch die Herbeiführung von Bagatellschäden den Tatbestand der Untreue erfüllen kann. Insoweit erscheint es vorzugswürdig, auf das Kriterium der „gewissen Bedeutung" zu verzichten und an die Kriterien der fremdnützigen Geschäftsbesorgung und der Selbstständigkeit entsprechend erhöhte Anforderungen zu stellen.

2. Rechtsgrundlage:

29 a) Als Entstehungsgründe der Vermögensbetreuungspflicht nennt der Tatbestand mit Gesetz, behördlichem Auftrag, Rechtsgeschäft und Treueverhältnis umfassend alle (formalen) Entstehungsgründe für Garantenstellungen. Da es sich bei der Vermögensbetreuungspflicht um eine strafrechtliche Garantenstellung handelt, ist die zivil- oder öffentlich-rechtliche Begründung des Rechtsverhältnisses weder hinreichend noch notwendig für die Entstehung der strafrechtlich relevanten Pflicht. Notwendig und hinreichend ist jedoch stets, dass das betreffende Obhutsverhältnis **tatsächlich übernommen** wurde (vgl § 13 Rn 62).

30 Da die strafrechtliche Garantenstellung grds. kein zivilrechtlich wirksames Rechtsverhältnis voraussetzt, ist auch das tatbestandlich genannte **Treueverhältnis** kein Fremdkörper. Allerdings kann sich aus einem faktischen Treueverhältnis keine wirksame zivilrechtliche Verfügungs- oder Verpflichtungsbefugnis iSd Missbrauchstatbestands ergeben, so dass diese Form der Garantenpflicht allein in der Treubruchsvariante verletzt werden kann. Das Treueverhältnis iSe Garantenstellung kraft tatsächlicher Übernahme einer Schutzfunktion betrifft damit insbesondere **zivil- oder öffentlich-rechtlich defizitäre Beziehungen** (vgl nur BGH NStZ 1997, 124 [125]). Es spielt vornehmlich eine Rolle, wenn das zugrunde liegende Rechtsverhältnis von Anfang an ungültig ist oder seine Gültigkeit später ex tunc verliert. Hier ist der Täter Garant, wenn er die Vermögensfürsorge in einer Vertrauen beanspruchenden Weise faktisch übernommen hat (vgl BGHZ 53, 210 [211]). Beispielhaft sind die Bestellung des Vorstandsmitglieds einer AG durch einen vorschriftswidrig besetzten Aufsichtsrat (BGHZ 65, 190 ff), die Übernahme von Geschäftsbesorgungen durch einen nicht zugelassenen Rechtsberater (BGHZ 37, 258 ff) oder Geschäfte durch einen Strohmann (BGHSt 9, 203 [213]).

31 b) Die Vermögensbetreuungspflicht **erlischt** im Regelfall mit der **Beendigung** des zugrunde liegenden Rechtsverhältnisses. Demnach treffen auch den Pflichtigen nach der Beendigung des Rechtsverhältnisses nur noch einfache schuldrechtliche Abwicklungspflichten, zB nach §§ 667, 675 BGB (*Lenckner* JZ 1973, 795 f; *M-Schroeder/Maiwald* I § 45/29). Dies gilt jedoch nicht, wenn bestimmte abschlie-

ßende Maßnahmen – insbesondere bei Vormundschaft und Betreuung – ihrem Sinn und Zweck nach noch Gegenstand oder Ausfluss der Vermögensbetreuungspflicht sind (vgl OLG Stuttgart NJW 1999, 1564 [1566]). Gleiches gilt, wenn das der Vermögensbetreuungspflicht zugrunde liegende Rechtsverhältnis – zB durch eine fristlose Kündigung – beendet ist, der Pflichtige aber weiterhin einvernehmlich oder einseitig noch bestimmte Geschäfte weiterführt oder seinen Auftrag überschreitet (BGHSt 8, 149; vgl BGH NStZ-RR 2013, 344 f m. krit. Anm. *Jäger* JA 2014, 311 [312 f]; OLG Koblenz wistra 2011, 397 [398]; diff. *Kraatz* JR 2014, 241 [245 f]).

c) Wie bei sonstigen Beschützergarantenstellungen kann auch bei der Vermögensbetreuungspflicht ein **Dritter** für den primär Verpflichteten tätig werden. Der Dritte wird dann – mangels einer unmittelbaren Rechtsbeziehung zum Vermögensinhaber – aufgrund eines Treueverhältnisses kraft Übernahme Garant des Vermögens, sofern die sonstigen Voraussetzungen gegeben sind (BGHSt 41, 224 [229]; BGH NStZ 2000, 375 f). Da das Verhältnis des Pflichtigen zum Vermögensinhaber nicht von (einseitigen) Vereinbarungen mit Dritten berührt wird, bleibt die ursprüngliche Fürsorgepflicht neben derjenigen des Substituten weiterhin bestehen. Einschlägig sind auch die Fälle, in denen **Organe einer** (verpflichteten) **juristischen Person** tätig werden (BGHSt 11, 102 [103 f]) oder in denen der (primär) Verpflichtete nur als Strohmann eines Hintermanns agiert (BGHSt 13, 330 [331 f]). Eine Vermögensbetreuungspflicht kann ferner durch einen **Geschäftsbesorgungsvertrag** mit Auflagen **zugunsten Dritter** begründet werden; die Vermögensbetreuungspflicht besteht dann gegenüber dem Drittbegünstigten (BGH NJW 1997, 66 [69]). 32

d) Es ist umstritten, ob ein Treueverhältnis, das **sitten- und gesetzwidrigen Zwecken** dient, eine Vermögensbetreuungspflicht begründen kann: 33

■ Nach hM ist dies möglich, wenn trotz Sittenwidrigkeit faktische Vermögensfürsorgepflichten übrigbleiben, die mit der Rechtsordnung in Einklang stehen (BGHSt 8, 254 ff; BGH wistra 1999, 103 [107]; HKGS-*Beukelmann* Rn 15; *Otto* BT § 54/28; LK-*Schünemann* Rn 64). Exemplarisch: V verwendet Gelder des A für sich, die ihm zum Zwecke der Devisenschiebung anvertraut worden waren: strafbare Untreue, da das konkret sittenwidrige Geschäft von weiteren, billigenswerten Betreuungspflichten überlagert werde. Keine Untreue soll es dagegen sein, wenn jemand nur die sitten- und gesetzeswidrige Abrede nicht in die Tat umsetzt (BGHSt 8, 254 [258]; 20, 143 [145 f]; BGH bei *Holtz* MDR 1979, 456). Gegen diese Auffassung spricht, dass Unternehmungen, durch die rechtlich relevante Interessen Dritter oder der Allgemeinheit verletzt werden sollen, keinerlei strafrechtlichen Schutz genießen können. Die Vorschriften über Verfall und Einziehung (§§ 73 ff) sehen vor, dass aus strafbarem Handeln gewonnene Vermögenswerte und tatverstrickte Gegenstände den Beteiligten entzogen werden sollen. Es wäre widersinnig, strafbar erlangte Gewinne auch noch zugunsten ihres Inhabers strafrechtlich zu sichern. Wer also den Gewinn aus einem Rauschgiftgeschäft wirtschaftlich günstig anzulegen hat, ist nicht etwa vermögensbetreuungspflichtig, damit es auch in der Verbrecherwelt anständig zugeht; er macht sich vielmehr wegen Geldwäsche (§ 261) strafbar. 34

■ Vorzugswürdig ist daher die Gegenauffassung, nach der sitten- und gesetzeswidrige Vertrauensverhältnisse keine strafrechtliche Sanktionierung verdienen (BGH NJW 1954, 889; MK-*Dierlamm* Rn 165 f; NK-*Kindhäuser* Rn 42 jew. mwN). Anderes gilt freilich, wenn bereits ein wirksames Treueverhält- 35 nis besteht; ein Prokurist unterschlägt etwa Firmengelder, mit denen er Falschgeld kaufen soll. Hier ist ein Treubruch gegeben, weil der Prokurist unabhängig von dem speziellen gesetzeswidrigen Rechtsgeschäft Firmengelder ordnungsgemäß zu verwalten hat und nicht unterschlagen darf.

36   3. a) Als Personen, denen **typischerweise eine Vermögensbetreuungspflicht** obliegt, kommen insbesondere in Betracht:
- **Amtswalter des öffentlichen Dienstes**, sofern sie mit (selbstständigen) vermögensrechtlichen Entscheidungen bei der Verfügung über Haushaltsmittel betraut sind, zB (Ober-)Bürgermeister (BGH NStZ 2003, 540 [541]; wistra 2016, 311 [312]; zu den Grenzen der Vermögensbetreuungspflicht BGH NStZ-RR 2005, 83 ff m. Bspr *Kiethe* NStZ 2005, 559 ff), Landrat (BGH NStZ-RR 2006, 307), Stadtkämmerer (BGH NStZ 2011, 520) oder Landesfinanzminister (BGH NJW 2016, 2585 [2593] m.Anm. *Saliger/Schweiger*);
- **Anlageberater**, sofern ihm auch die Durchführung des Geschäfts obliegt. Bei reiner Beratung muss jedenfalls auch die Vermögensdisposition dem Berater zurechenbar sein, was anzunehmen ist, wenn der Vermögensinhaber seine Disposition erkennbar von der Empfehlung abhängig machen will (vgl BGH NStZ 1991, 489; BGHZ 70, 356 [363]; *Mölter* wistra 2010, 53 [57]);
- **Aufsichtsrat einer AG** hinsichtlich der Überwachung der Geschäftsführung nach Maßgabe von §§ 111 I, 116 AktG (BGHSt 47, 187 [201] m.Anm. *Beckemper* NStZ 2002, 324 ff; *Sauer* wistra 2002, 465; NJW 2016, 2585 [2591] m.Anm. *Saliger/Schweiger*; vgl auch *Rönnau/Hohn* NStZ 2004, 113 ff zur Problematik durch den Aufsichtsrat festgesetzter Vorstandsvergütungen mwN);
- **Beauftragte** (BGHSt 1, 186 [189]; BGH StV 1984, 513). Keine Vermögensbetreuungspflicht hat allerdings, wer nur zur Durchführung eines genau umgrenzten Einzelgeschäfts beauftragt ist (BGHSt 3, 289 [294]);
- **Betreuer** iSv §§ 1896 ff BGB (OLG Celle NStZ-RR 2013, 176);
- **Betriebsratsmitglieder**, sofern der Betriebsrat als Medium des Universalrechtsschutzes beteiligt ist (ausf. hierzu *Lobiger* in: Rieble/Junker/Giesen [Hrsg.], Arbeitsstrafrecht im Umbruch, 2009, 99 ff);
- **Ehegatten bei Gütergemeinschaft** (§§ 1422 ff BGB) sowie allgemein im Rahmen der Schlüsselgewalt (§ 1357 BGB);
- **Eltern** nach §§ 1626 ff BGB (BGHZ 58, 14 [19]);
- **Filialleiter** beim Umgang mit den ihm anvertrauten Waren und dem vereinnahmten Geld (BGH wistra 2004, 105 [107]);
- **Fraktionsvorsitzender** einer Parlamentsfraktion (BGHSt 60, 94 [104 ff])
- **Gerichtsvollzieher** gegenüber dem Gläubiger, dem Staat als Dienstherrn und dem Vollstreckungsschuldner (BGHSt 13, 274 [278]; BGH NJW 2011, 2149 [2150] m. krit. Anm. *Ceffinato* StV 2011, 418 f; BGH NStZ-RR 2013, 344 [345]; OLG Celle MDR 1990, 846; *Kraatz* JR 2014, 241, [242 f]);
- **Geschäftsbesorgung** (§§ 675 BGB, 354 HGB) aus Dienst- oder Werkvertrag sowie entsprechenden Verträgen, zB Frachtvertrag (§§ 425, 412, 413 HGB; BGHZ 65, 340 [343]) oder Warentermingeschäft (BGH NJW 1984, 800);
- **Geschäftsführer von Personengesellschaften** gegenüber Mitgesellschaftern;
- **Geschäftsführer einer GmbH** (*Arloth* NStZ 1990, 570 ff; *Richter* GmbHR 1984, 144) und sein **Stellvertreter** (BGHSt 6, 314 [315]); auch der sog. **faktische** Geschäftsführer (BGH NJW 2013, 624 [625]), was etwa anzunehmen ist, wenn ein aktiver Allein- oder Mehrheitsgesellschafter (im Einverständnis mit den übrigen Gesellschaftern) die Geschäfte der GmbH nach Art eines

Geschäftsführers selbst ausübt und sich nur der Form halber eines Geschäftsführers bedient (BGHSt 31, 118 ff; *Fuhrmann* Tröndle-FS 139 ff; *Lindemann* Jura 2005, 305 ff). Nach der Rspr soll ferner innerhalb eines **Konzernverbundes** dem Mutterkonzern als beherrschendem Gesellschafter eine Vermögensbetreuungspflicht gegenüber der Tochtergesellschaft obliegen, wenn das Vermögen über ein sog. zentrales Cash-Management-System verwaltet wird (BGHSt 49, 147 [160 f]: „Bremer Vulkan"; BGHSt 54, 52 [57] m. krit. Anm. *Wessing/Krawczyk* NZG 2009, 1176; abl. *Kraatz* ZStW 123, 447 [472]; vgl näher NK-*Kindhäuser* Rn 58);

- **Handlungsbevollmächtigter** iSv §§ 54 f HGB (BGHSt 20, 143 f; BGH NStZ 2011, 280 [281]) und **Handelsvertreter** gem. §§ 84, 86 HGB gegenüber dem Geschäftsherrn (BGH NStZ 1983, 74: zugleich Lagerverwalter);
- **Insolvenzverwalter** (§§ 56 ff. InsO) im Verhältnis zu den Gläubigern und im Verhältnis zum Gemeinschuldner (BGH wistra 2002, 156 [157]);
- **Kassenarzt** im Verhältnis zur Krankenkasse nach den Prinzipien des kassenärztlichen Abrechnungssystems (BGHSt 49, 17 [24]; m.Anm. *Herffs* wistra 2006, 65 ff; BGH NJW 2016, 3253; OLG Hamm NStZ-RR 2006, 13 [14]; aA *Brandts/Seier* Herzberg-FS 824 ff; MK-*Dierlamm* Rn 78);
- **Notar** nach §§ 14 I S. 2, 24 BNotO (BGH wistra 1991, 219 [220]; NJW 2010, 1764), aber nicht, wenn nur Gelder ohne Entscheidungsspielraum nach festgelegten Konditionen aus- oder zurückzuzahlen sind (vgl unten Rn 39);
- **Pfleger** nach §§ 1909 ff BGB (OLG Bremen NStZ 1989, 228);
- **Prokurist** (§ 49 HGB) im Verhältnis zum Firmeninhaber (BGH bei *Herlan* GA 1964, 130);
- **Rechtsanwalt** (und Rechtsberater) gegenüber Mandanten (BGH wistra 1993, 300 [301]; OLG Hamm NStZ 2010, 334 [335]) und bei faktischer Herrschaft über das Vermögen eines in geschäftlichen Dingen Unerfahrenen (BGH NStZ 1997, 124 [125]). Keine Vermögensbetreuungspflicht besteht aber, wenn nur Gelder ohne Entscheidungsspielraum nach festgelegten Konditionen aus- oder zurückzuzahlen sind (vgl aber Rn 39);
- **Rechtspfleger** (BGHSt 35, 224 [227, 229]: in Nachlasssachen; BGH NJW 2011, 2819 [2820]: im Verfahren nach dem ZVG m. zust. Anm. *Waßmer* NZWiSt 2012, 36 [37]);
- **Testamentsvollstrecker** (§§ 2203 ff BGB) gegenüber den Erben und Vermächtnisnehmern (BGH GA 1977, 341 [342]);
- **Treuhänder** (BGH NStZ 1997, 124);
- **Vermögensverwalter** jeder Art (zB BGH NJW 2011, 2819 für Zwangsverwalter m. zust. Anm. *Waßmer* NZWiSt 2012, 36);
- **Vormund** (BGH wistra 1991, 219 f);
- **Vorstandsmitglieder** – auch bei unwirksamer Bestellung (BGHSt 47, 148 [149]; 47, 189 [192]) –, **Liquidatoren** und **Abwickler** (BGHSt 9, 203 [217]) von juristischen Personen (zum Verein *Eisele* GA 2001, 377 ff; zur Stiftung BGH wistra 2010, 445 [446]; zu Verbandsvorsitzenden politischer Parteien BGHSt 56, 203 [210 f]).

b) Als Personen, denen **typischerweise keine Vermögensbetreuungspflicht** obliegt, kommen insbesondere in Betracht: 37

- **Arbeitnehmer** und deren **Arbeitgeber** (BGHSt 6, 314 [317 f]), sofern die Tätigkeit nicht ausnahmsweise mit selbstständigen Verfügungsbefugnissen verbunden ist; keine Vermögensbetreuungspflicht des Arbeitgebers entsteht durch seine Verpflichtung zum Abzug von Lohnsteuer, Sozialabgaben, ver-

mögenswirksamen Leistungen usw (BGHSt 2, 338 [343 f]; BGH StraFo 2011, 23 [24]; OLG Braunschweig NJW 1976, 1903 f);
- **Buchhalter** (BGH wistra 1987, 27; anders der Hauptbuchhalter);
- beim echten **Factoring** – dem Ankauf von Forderungen mit Erfüllungsrisiko – wie auch beim unechten Factoring, bei dem das Risiko der Zahlungsunfähigkeit des Schuldners beim Gläubiger verbleibt, handelt es sich um Kauf- bzw Kreditverträge (vgl BGHZ 69, 254 [257]) ohne Vermögensbetreuungspflicht;
- **Geschäftsführung ohne Auftrag**, es sei denn, dass ein Beauftragter die Grenzen des ihm erteilten Auftrags überschreitet (BGHSt 8, 149 [150]);
- **Geschäftsführer** einer GmbH gegenüber den **Arbeitnehmern** der GmbH (BAG ZIP 2007, 692 [694 f]; BAG DB 2007, 1690 [1691 f]);
- **Handlungsgehilfen** (und Aushilfsverkäufer), die als **Ladenangestellte** (§§ 56, 59, 82 a HGB) zur Vornahme der gewöhnlichen Geschäfte befugt sind (*Heinitz* Mayer-FS 443);
- **Kreditkarteninhaber**;
- **Provisions-** oder **Handelsvertreter** bei Eigenabschluss gegenüber Geschäftsherrn (OLG Frankfurt NStZ-RR 1997, 201 f);
- **Reiseveranstalter** gegenüber den Reisenden – die Leistung hat insoweit Werkvertragscharakter – wie auch gegenüber den Leistungsträgern (BGHSt 28, 20 [22 ff]). Dagegen soll nach der Rspr die Tätigkeit von **Reisebüros** (wegen des Auftragscharakters) gegenüber den Reisenden und ggf auch gegenüber den Reiseveranstaltern bzw Beförderungsunternehmen Betreuungscharakter haben (BGHSt 12, 207 [208 ff]; 28, 20 [21 f]);
- **Subventionsempfänger**, da nach der Zielsetzung der Subvention regelmäßig die eigene Wertschöpfung des Empfängers gefördert wird, so dass er regelmäßig kein fremdes, sondern ein eigenes Geschäft wahrnimmt; ggf Ausnahme, wenn der Subventionsgeber mit der Subvention eigene wirtschaftliche Ziele verfolgt (BGHSt 49, 147 [156]; m.Anm. *Tiedemann* JZ 2005, 45 [46]);
- Besitzer von **Tankkarten**, die an Tankstellen zulasten eines anderen Verbindlichkeiten eingehen können (BGH NStZ 2011, 218 [219]);
- **Vertragsparteien** eines Kauf- oder Werkvertrags (BGHSt 22, 190 [191]; BGH NJW 2010, 2948 [2950]).

38 Bei **atypischer Gestaltung** von Verträgen können sich Treupflichten auch aus an sich nicht fremdnützigen Rechtsverhältnissen ergeben.

39 c) **Umstrittene Fallgruppen:** Beim Einkassieren, Verwalten und Abliefern von Geldern bejaht die Rspr häufig trotz eines nur begrenzten Entscheidungsspielraums eine Vermögensbetreuungspflicht, wenn die anvertrauten Mittel eine gewisse Höhe erreichen oder geordnete Abrechnungsverfahren erforderlich sind (BGH wistra 1989, 60 [61]). So wird eine Vermögensbetreuungspflicht u.a. angenommen
- bei **Schalterangestellten** von Post und Bahn (BGHSt 13, 315 [317 ff]);
- bei (alleinverantwortlichen) **Kassierern in Selbstbedienungsläden** (LG Bonn JMBlNRW 1968, 199 f);
- bei **Rechtsanwälten und Notaren**, die Gelder ohne Entscheidungsspielraum nach festgelegten Konditionen aus- oder zurückzahlen sollen (BGH wistra 1987, 65; StraFo 2008, 479; NStZ 2015, 517);
- bei einem **Wohnungsverwalter** (bzw Vermieter), der Mietkautionen zweckwidrig verwendet (BGHSt 41, 224 [227 ff] m. krit. Anm. *Satzger* Jura 1998,

570 ff und *Sowada* JR 1997, 28 ff; BGHSt 52, 182 [184] m. krit. Anm. *Kretschmer* JR 2008, 348; vgl näher NK-*Kindhäuser* Rn 58), obgleich § 551 I BGB nur beschränkte Dispositionsmöglichkeiten vorsieht;
- sowie umgekehrt bei einem **Mieter**, der ein als Mietkaution eingerichtetes Postsparbuch auflöst (BayObLG wistra 1998, 157 f m. krit. Bspr *Satzger* JA 1998, 926 ff).

IV. Missbrauchsvariante (Abs. 1 Alt. 1)

In der Tatvariante des Missbrauchs schädigt der Vermögensbetreuungspflichtige 40 fremdes Vermögen durch ein nach außen hin wirksames Rechtsgeschäft, indem er sein (durch die Vermögensbetreuungspflicht im Innenverhältnis festgelegtes) **rechtliches Dürfen im Rahmen seines rechtlichen Könnens missbräuchlich überschreitet** (BGHSt 5, 61 [63]; BGH NJW 1984, 2539 [2540]). Hat der Täter überhaupt nicht rechtsgeschäftlich (oder hoheitlich) gehandelt oder im Außenverhältnis kein wirksames rechtsgeschäftliches Verpflichtungs- oder Verfügungsgeschäft abgeschlossen, kommt nur die allgemeinere Treubruchsvariante in Betracht. Eine Befugnis kann **nur durch ihre Wahrnehmung missbraucht** werden. Entfaltet die Befugnis beim Abschluss eines bestimmten Geschäfts keine Wirksamkeit, so scheidet mangels ihres Gebrauchs auch ihr Missbrauch aus (BGH wistra 1990, 305; *Küper* Jura 1996, 205 f).

1. Verfügungs- oder Verpflichtungsbefugnis

a) Dem Täter muss die Befugnis zustehen, rechtswirksam zulasten fremden Ver- 41 mögens Verpflichtungs- oder Verfügungsgeschäfte vorzunehmen. Er muss also in der Lage sein, fremde Vermögensrechte wirksam zu übertragen, zu ändern oder aufzuheben (**Verfügungsbefugnis**) oder einen anderen wirksam mit Verbindlichkeiten zu belasten (**Verpflichtungsbefugnis**). Die **Befugnis** muss im Verhältnis zum Berechtigten **rechtswirksam begründet** worden sein (hM, BGHZ 69, 235 [238]; NK-*Kindhäuser* Rn 83 mwN).

b) Die Befugnis kann auf Gesetz, behördlichem Auftrag oder Rechtsgeschäft be- 42 ruhen:
- **Gesetzliche Grundlagen** sind u.a. das Vermögenssorgerecht der Eltern gegenüber ihren Kindern (§ 1626 BGB), die Vertretungsbefugnis des Testamentsvollstreckers (§ 2205 BGB), des Vormundes (§ 1793 BGB) und des Betreuers nach §§ 1896, 1902 BGB, des Pflegers (§ 1909 BGB), des Nachlasspflegers (§ 1960 BGB), des (vorläufigen) Insolvenzverwalters nach §§ 22, 56, 80 InsO (BGH wistra 1998, 150 [151]) und des Gerichtsvollziehers gem. §§ 753, 814 ff ZPO (BGHSt 13, 274 ff).
- Auf **behördlichem Auftrag** kann zB die Befugnis des staatlichen Treuhänders, aber auch eines Polizeibeamten, der mit dem Kassieren von Verwarnungsgeldern beauftragt ist, beruhen.
- **Rechtsgeschäftlich** begründet sind u.a. die Verfügungsermächtigung nach § 185 BGB und die Vertretungsmacht von Bevollmächtigten (§§ 164 ff BGB, § 54 HGB), Prokuristen (§ 48 HGB), der gesellschaftsrechtlichen Organe und die Verwaltung des Gesamtguts durch einen Ehegatten nach §§ 1422 ff BGB.

Dem **Boten** fehlt die erforderliche Befugnis, weil er ohne eigenen Entscheidungs- 43 spielraum lediglich eine fremde Erklärung übermittelt (OLG Hamm NJW 1972, 298 [299]; *Hübner* JZ 1973, 411).

2. Wirksame Verfügung oder Verpflichtung

44 a) Der Täter muss beim Missbrauch von seiner Verfügungs- oder Verpflichtungsbefugnis rechtlich wirksam Gebrauch machen. Die spezifische Möglichkeit des **Verfügens** besteht in der Veränderung des rechtlichen Bestands des fremden Vermögens, zB in der entgeltlichen Veräußerung von Sachen oder in der Übertragung bzw Aufhebung von Forderungen. Der Täter kann hierbei – wie der Kommissionär nach § 383 HGB oder der Insolvenzverwalter – in eigenem oder – wie der Vertreter nach § 164 BGB – in fremdem Namen handeln. Zur Möglichkeit des **Verpflichtens** gehört insbesondere die Befugnis zur dinglichen oder schuldrechtlichen Belastung fremden Vermögens, etwa durch Begründung einer Leistungspflicht, Aufnahme eines Kredits oder Eintragung einer Grundschuld. Kein Missbrauch liegt dagegen vor, wenn die Rechtswirkung durch ein **rein tatsächliches Verhalten** – zB durch Verbinden, Vermischen oder Verarbeiten gem. §§ 946 ff BGB – ausgelöst wird. Erst recht gilt dies für die Beschädigung, Zerstörung oder den Verbrauch einer Sache (vgl OLG Hamm NJW 1972, 298 [299]).

45 b) Stets muss sich die **Wirksamkeit** des Geschäfts **aus der Vertretungs- oder Verfügungsmacht** des Täters ergeben. **Gutglaubenserwerb** – zB nach den §§ 407, 932 BGB, 366 HGB – genügt nicht (BGHSt 5, 61 ff). Exemplarisch: T verkauft eine von O geliehene Sache an den gutgläubigen D. Missbrauch scheidet aus, da die Regeln des Verkehrsschutzes (§§ 932 ff BGB, 56, 366 II HGB) T keine Verpflichtungs- oder Verfügungsbefugnis gewähren; es greift aber § 246 ein (BGHSt 5, 61 [62]). Auch Geschäfte des Vertreters ohne Vertretungsmacht sind irrelevant. Bei **Duldungs- oder Anscheinsvollmachten** handelt es sich um Rechtsscheinstatbestände, die nur zum Zwecke des Verkehrsschutzes, nicht aber aufgrund einer eingeräumten Befugnis Bindungswirkungen für den Vermögensinhaber entfalten können (BGH wistra 1992, 66).

46 Für die Verpflichtungswirkung reicht es jedoch aus, wenn eine **zunächst wirksam erteilte Vertretungsmacht** (§§ 169, 674, 729 BGB) im Innenverhältnis erloschen ist, im Außenverhältnis aber noch (gem. §§ 170 ff BGB) **fortwirkt**. Hier resultiert die Bindungswirkung noch aus einer tatsächlich vom Berechtigten abgeleiteten Rechtsmacht und ist nicht nur Ausdruck des gesetzlichen Gutglaubensschutzes (NK-*Kindhäuser* Rn 89 mwN auch zur Gegenansicht). Exemplarisch: T veräußert ein Grundstück des V unter Vorlage einer Vollmachtsurkunde, die nach dem Widerruf der Vollmacht noch in seinem Besitz verblieben ist. Der wirksame Erwerb beruht hier auf dem Umstand, dass die Vertretungsmacht des T nach §§ 171, 172 BGB fortbesteht, bis die Vollmachtsurkunde dem Vollmachtsgeber zurückgegeben oder für kraftlos erklärt worden ist.

47 c) Ein Missbrauch ist zu verneinen, wenn das vorgenommene Rechtsgeschäft **nicht im Rahmen des rechtlichen Könnens** liegt, weil der Täter seine rechtliche Befugnis im Außenverhältnis überschreitet (BGH wistra 1990, 305; *Labsch*, Untreue [§ 266 StGB], 1983, 99 ff; grds. abw. LK-*Schünemann* Rn 47 ff, der auf die Wirksamkeit des Geschäfts verzichtet). Exemplarisch: Der Täter hat nur eine Vollmacht, Ware für 1000 Euro zu verkaufen, veräußert sie jedoch tatsächlich für 500 Euro. In diesen Fällen fehlt es bereits an einem rechtlichen Können zur Vornahme des betreffenden Geschäfts. Es kommt nur ein Treubruch in Betracht. Gleiches gilt, wenn ein lediglich zur Auflassung Bevollmächtigter den Kaufpreis vereinnahmt (vgl BGHSt 8, 149 ff), ein Gesamtvertreter allein handelt oder ein nicht besonders ermächtigter Prokurist (§ 49 II HGB) ein Firmengrundstück veräußert oder belastet.

Keine wirksame Ausübung rechtlichen Könnens ist gegeben, wenn das Geschäft aufgrund **kollusiven Zusammenwirkens** zwischen Pflichtigem und Geschäftsgegner zivilrechtlich (nach den Regeln des „Missbrauchs der Vertretungsmacht") unwirksam ist (*Mitsch* 6.2.1.2.2 mwN; S/S-*Perron* Rn 17). 48

d) Der Befugnismissbrauch kann grds. auch durch **Unterlassen** erfolgen, verlangt dann aber, dass das Unterlassen Rechtswirkung entfaltet. Dies ist regelmäßig nur der Fall, wenn das Schweigen rechtsgeschäftliche Bedeutung hat (vgl § 362 HGB), so dass es hier nicht um „echtes" Unterlassen, sondern um konkludentes Verhalten geht. Bloßes Untätigsein ist kein unrechter Gebrauch von Rechtsmacht (LK-*Hübner*, 10. Aufl. 1988, Rn 60). 49

3. Überschreitung des rechtlichen Dürfens

a) Der Täter missbraucht seine Befugnis, wenn er seine Vermögensbetreuungspflicht dadurch verletzt, dass er im **Außenverhältnis** (dh zwischen Vermögensinhaber und Drittem) ein rechtsgeschäftlich wirksames Verfügungs- oder Verpflichtungsgeschäft zulasten des betreuten Vermögens vornimmt, das ihm im **Innenverhältnis** (dh zwischen Täter und Vermögensinhaber) nicht gestattet ist. Missbrauch ist, formelhaft ausgedrückt, das **Überschreiten des rechtlichen Dürfens im Rahmen des rechtlichen Könnens** (vgl nur BGHSt 5, 61 [63]; BGH wistra 1988, 191). Exemplarisch: Nach § 50 HGB sind Beschränkungen der Prokura über § 49 II HGB hinaus im Außenverhältnis unbeachtlich, mit der Folge, dass der Prokurist Geschäfte, die der Betrieb eines Handelsgewerbes mit sich bringt, für den Geschäftsherrn verbindlich abschließen kann (rechtliches Können), auch wenn er damit Weisungen und Beschränkungen im Innenverhältnis zum Geschäftsherrn (rechtliches Dürfen) zuwiderhandelt (vgl auch § 126 HGB [OHG-Geschäftsführung], § 37 GmbHG [GmbH-Geschäftsführer], § 82 AktG [Vorstand], §§ 383, 385 HGB [Kommissionär]). 50

b) Das **Innenverhältnis** wird nach Inhalt und Umfang durch die Vermögensbetreuungspflicht bestimmt. Beschränkungen ergeben sich in erster Linie aus dem zwischen Verpflichtetem und Vermögensinhaber bestehenden Rechtsverhältnis, also den jeweiligen gesetzlichen Bestimmungen, dem behördlichen Auftrag oder dem betreffenden Rechtsgeschäft (zum öffentlichen Dienst vgl *Fabricius* NStZ 1993, 414 ff). Fehlen entsprechende Festlegungen oder sind sie unwirksam, ist auf die allgemeinen Grundsätze zurückzugreifen, namentlich auf die Sorgfaltsanforderungen, die ein ordentlicher und gewissenhafter Geschäftsführer zu beachten hat (*Hillenkamp* NStZ 1981, 161 [167]). Aus dem Schutzzweck des § 266 folgt, dass nur Verstöße gegen solche gesetzlichen Regelungen, die wenigstens auch vermögensschützenden Charakter für das zu betreuende Vermögen haben, zu einer relevanten Pflichtverletzung führen (vgl BGH NJW 2011, 88 [91 f] m.Anm. *Brand* JR 2011, 400 ff; einschr. aber BGH NJW 2013, 401 [403], wonach der Verstoß gegen die aus dem Treueverhältnis abgeleitete Pflicht maßgeblich sein soll). 51

Beispiele aus der Rspr: Anforderungen an Testamentsvollstrecker (BGH GA 1977, 342 f); Geschäftsführer einer noch nicht eingetragenen GmbH (BGHSt 3, 23 f); Geschäftsführer einer GmbH bei Verfügungen, die das Stammkapital der Gesellschaft angreifen (BGHSt 34, 379 [387, 389]; 35, 333 [335, 338 f]); Vorstand von Banken und Sparkassen bei Großkrediten (BGHSt 46, 30 [31 ff]; BGHSt 47, 148 [149 ff]; hierzu *Martin*, Bankuntreue, 1999, 85 ff); Vorstand von Unternehmen beim Sponsoring (BGHSt 47, 187 ff m.Anm. *Beckemper* NStZ 52

2002, 324 ff); Aufsichtsrat einer AG bei der Festsetzung von Vorstandsvergütungen (BGHSt 50, 331 ff).

53 c) Wenn sich das fragliche Verhalten im Rahmen des rechtlichen Dürfens hält, ist ein Missbrauch auch dann zu verneinen, wenn der Täter eine spätere **Schädigung beabsichtigt**. Exemplarisch: Das auftragsgemäße Einziehen von Forderungen durch einen Inkassobevollmächtigten ist keine Untreue, auch wenn der Täter die Gelder für eigene Zwecke verwenden will (BGH wistra 1984, 143; *Wittig/Reinhart* NStZ 1996, 467 ff). Im Falle einer späteren zweckwidrigen Verwendung der Gelder kommt die Treubruchsvariante wie auch eine Unterschlagung (§ 246) in Betracht.

54 d) **Einverständnis:** Der Täter überschreitet sein rechtliches Dürfen nicht, wenn sein Handeln zu dem betreffenden Zeitpunkt von einem wirksamen Einverständnis des Vermögensinhabers gedeckt ist (*Eisele* BT II Rn 865; M/R-*Matt* Rn 92; nach M/G-*Schramm* 5 B 77 soll eine Genehmigung ausreichen). Das Einverständnis führt zum **Tatbestandsausschluss**, da es den Entscheidungsspielraum im Innenverhältnis erweitert und so einer Verletzung der Vermögensbetreuungspflicht entgegensteht (BGHSt 3, 23 [25]; BGH wistra 2010, 445 [447]; *Hillenkamp* NStZ 1981, 165).

55 aa) Zur **rechtlichen Wirksamkeit** des Einverständnisses ist insbesondere erforderlich, dass es ohne Willensmängel (Täuschung, Zwang) erteilt wurde, der Berechtigte die nötige Einsichtsfähigkeit besitzt, das Risiko überschaut und ggf notwendige gesetzliche Voraussetzungen erfüllt sind (vgl BGHSt 9, 203 [216]; BGH NStZ 1997, 124 [125]; NJW 2010, 3458 [3461]; *Eisele* Jura 2002, 59 [60]; *Waßmer,* Untreue bei Risikogeschäften, 1997, 44 ff), wobei es der Wirksamkeit des Einverständnisses nicht entgegensteht, wenn es der Verfolgung strafbarer Zwecke dient (*Weber* Seebode-FS 437 [442]). Allerdings darf das Einverständnis nicht gegen gesetzliche Vorschriften verstoßen. Kraftlos sind daher die gesetzeswidrige oder ungetreue Zustimmung der Mitgliederversammlung eines Vereins (OLG Hamm wistra 1999, 350 [353]) oder des Aufsichtsorgans (Verwaltungsrates) von juristischen Personen zu Verfügungen des Vorstands sowie die Zustimmung des Studentenparlaments zu Vermögensverfügungen des außerhalb seiner Zuständigkeit agierenden AStA (BGHSt 30, 247 [249]).

56 bb) Umstritten ist die Frage, inwieweit die Zustimmung der **Gesellschafter einer GmbH** zu Vermögensverschiebungen des Geschäftsführers wirksam sein kann, und zwar auch und gerade mit Blick auf die Ein-Mann-Gesellschaft. Im Wesentlichen werden drei Auffassungen vertreten (umf. hierzu *Birkholz*, Untreuestrafbarkeit als strafrechtlicher „Preis" der beschränkten Haftung, 1998; zu dem ähnlichen Problem der Zustimmung aller Aktionäre einer AG vgl *Rönnau* Amelung-FS 247 ff):

57 ■ Nach Auffassung des RG konnte eine Zustimmung der Gesellschafter grds. die Pflichtwidrigkeit einer Schädigung des Gesellschaftsvermögens nicht beseitigen (RGSt 71, 353 [355 f]). Diese sog. strenge **Körperschaftstheorie** hat die Rspr in einigen Entscheidungen dahin gehend **eingeschränkt**, dass das Einverständnis unwirksam sei, wenn die Vermögenstransaktion mit den Grundsätzen der Geschäftsführung eines ordentlichen Kaufmanns nicht zu vereinbaren ist (BGHSt 9, 203 [216]; 30, 127; 34, 379 [385, 388 f]; OLG München NJW 1994, 3112 [3114]). Gegen diese Auffassung spricht, dass sie der GmbH ein schutzwürdiges Eigeninteresse zuschreibt, obgleich die

(wirtschaftlichen) Zwecksetzungen von den Gesellschaftern getroffen werden.

- Die Gegenauffassung identifiziert – iSe **Gesellschaftertheorie** – die Interessen der GmbH mit denjenigen der Gesellschafter und hält jede Zustimmung für wirksam (*Beulke* Eisenberg-FS 245 [257 f]; MK-*Dierlamm* Rn 154; *Eisele* BT II Rn 868; *Hohn*, Samson-FS 315 [337]; *Kasiske* JR 2011, 235 [236 f]; *Kraatz* ZStW 123, 447 [477]; *Reiß* wistra 1989, 83 f; *Rönnau* Amelung-FS 264). Die Zustimmung wird damit wirtschaftlich als reine Selbstschädigung angesehen. Dieser Auffassung stehen jedoch solche Vorschriften entgegen, die der Existenzsicherung der GmbH als juristischer Person dienen. 58

Vorzugswürdig ist eine **Einschränkung der Gesellschaftertheorie** in der Weise, dass die Ziele der Gesellschaft von den Gesellschaftern bestimmt werden, sofern sie nicht gegen zwingende Vorschriften zur Bestandssicherung der GmbH verstoßen (hM, vgl nur BGHZ 95, 330 [340]; BGHSt 54, 52 [58]; BGH NJW 1984, 1037; *Ulmer* Pfeiffer-FS 860 ff). In diesem Sinne ist das Einverständnis vor allem dann unwirksam, wenn die Transaktion das Stammkapital der Gesellschaft entgegen der Regelung des § 30 GmbHG angreift oder zu einer Überschuldung (BGHSt 35, 333 [337 f]; 49, 147 [158]; BGH NJW 2012, 2366 [2369]; NK-*Kindhäuser* Rn 71 jew. mwN) bzw zu einer Existenzgefährdung (vgl auch §§ 64 S. 3, 43 III S. 3 GmbHG) führt. Grds sind damit Zustimmungen durch (ggf formlos möglichen) Gesellschafterbeschluss zu Vorschüssen auf den Bilanzgewinn wirksam (zur Ein-Mann-GmbH: BGH NStZ 1982, 465). Hieran ändert sich auch nichts, wenn sich das Verhalten in steuerlicher Hinsicht als verdeckte Gewinnausschüttung darstellt (BGHSt 35, 333 [337]). Die Vergabe von Darlehen an Gesellschafter oder Geschäftsführer ist – trotz Verstoßes gegen § 43 a GmbHG – möglich, sofern das Stammkapital infolge der jederzeitigen Realisierbarkeit des Rückzahlungsanspruchs nicht gefährdet ist und das Risiko einer Illiquidität nicht besteht. Tatbestandsmäßig sind dagegen die – gegen §§ 33 f GmbHG verstoßende und das Stammkapital angreifende – Einziehung bzw der Erwerb eigener Geschäftsanteile. Die Rückzahlung eines Gesellschafterdarlehens ist gem. § 30 I S. 3 GmbHG möglich, selbst wenn hierdurch das Stammkapital angegriffen wird (vgl BT-Drucks. 16/6040, 100). Musste die Rückzahlung allerdings zur Zahlungsunfähigkeit der Gesellschaft führen, handelt der Geschäftsführer pflichtwidrig. Ein Einverständnis der Gesellschafter entfaltet insoweit keine tatbestandsausschließende Wirkung (vgl §§ 64 S. 3, 43 III S. 3 GmbHG). 59

Keinen Beschränkungen unterliegt dagegen das Einverständnis, solange die GmbH **noch nicht** ins Handelsregister **eingetragen** ist. Hier wird das Innenverhältnis allein durch den übereinstimmenden Willen aller Gründungsgesellschafter bestimmt (BGHSt 3, 23 [25]; *Gribbohm* ZGR 1990, 6; *Kohlmann* Geerds-FS 675 ff). Bei einer eingetragenen GmbH ist allerdings umstritten, welcher Form das Einverständnis genügen muss. Der BGH betont das Erfordernis einer inhaltlichen Befassung aller Gesellschafter mit dem Beschlussthema, so dass entweder ein förmlicher Beschluss der Gesellschafterversammlung oder eine Zustimmung aller Gesellschafter erforderlich ist (BGH NJW 2010, 3458 [3461]). Die Gegenauffassung lässt bereits einen mehrheitlichen Konsens in der Sache ausreichen, da die Nichteinhaltung gesellschaftsrechtlicher Vorgaben nicht durch das Vermögensdelikt der Untreue pönalisiert werden dürfe (*Saliger* Roxin-FS II 1053 [1067 ff]; *Schramm*, Untreue und Konsens, 125). 60

e) **Risikogeschäfte:**

61 aa) Vom rechtlichen Dürfen im Innenverhältnis können Risikogeschäfte, welche die Gefahr einer Vermögensminderung in sich bergen, umfasst sein, sofern sie von einem wirksamen **Einverständnis** des Berechtigten vor Geschäftsabschluss gedeckt sind (BGHSt 3, 23 [25]; 34, 379 [384 f]; *Jordan* JR 2000, 133 [137]; *Mitsch* 6.2.1.2.2; zusf. *Murmann* Jura 2010, 561 ff).

62 bb) Bei gewagten Geschäften, die **nicht mit** dem ausdrücklich erklärten **Einverständnis** des Vermögensinhabers erfolgen, stellt sich die Frage, ob sie die Grenzen des internen Dürfens überschreiten oder noch innerhalb des gewährten Entscheidungsspielraums liegen. Grds gilt: Risikogeschäfte, bei denen die Gefahr eines Fehlschlages besteht, sind im Wirtschaftsleben nicht unüblich und sozial adäquat. Allein ihr Fehlschlag lässt daher noch keinen Rückschluss auf eine Pflichtverletzung zu. Vielmehr kommt es zunächst darauf an, ob das Betreuungsverhältnis überhaupt riskante Geschäfte gestattet. Dies ist etwa zu **verneinen** bei der elterlichen Vermögensfürsorge, die Spekulationen mit dem Kindesvermögen nicht zulässt (§§ 1642, 1667 BGB). Gleiches gilt für die Vermögensverwaltung durch den Vormund oder den Testamentsvollstrecker (§§ 1806 ff, 2216 BGB; vgl BGH GA 1977, 342 f).

63 Soweit das Betreuungsverhältnis das Eingehen gewagter Geschäfte zulässt oder sogar – wie beim Skontroführer (§§ 19, 28 BörsG) – erfordert, gilt im Grundsatz, dass jedenfalls der Täter ein tatbestandsspezifisches unerlaubtes Risiko schafft, der „nach Art eines Spielers bewusst und entgegen den Regeln kaufmännischer Sorgfalt eine ... äußerst gesteigerte Verlustgefahr auf sich nimmt, nur um eine höchst zweifelhafte Gewinnaussicht zu erhalten" (BGH wistra 1991, 219 [220]; StV 2004, 424 f; vgl auch *Hillenkamp* NStZ 1981, 161 ff; *Nack* NJW 1980, 1599 ff; krit. *Rose* wistra 2005, 281 [287]). Die Pflichtverletzung liegt hierbei im Abschluss des Geschäfts. Ansonsten sind die im **Geschäftsverkehr gängigen Maßstäbe** anzulegen, da anzunehmen ist, dass ihre Beachtung den Interessen des betroffenen Vermögensinhabers entspricht. Hierbei sind die Art des Geschäfts, die Maximen der Teilnehmer des jeweiligen Geschäftskreises und die relative Höhe der Investition (vgl BGH wistra 1985, 69 f) zu berücksichtigen. Bei Investitionen mit hohem Verlustrisiko ist grds. eine hohe Wahrscheinlichkeit der Gewinnaussicht zu verlangen, bei weniger hohen Einsätzen muss die Verlustgefahr geringer sein als die Erwartung eines Gewinnzuwachses (vgl BGH NJW 1975, 1234 [1236]). Bei Spekulationsgeschäften darf der Betreuungspflichtige kein über das übliche Spekulationsrisiko hinausgehendes (nennenswertes) Verlustrisiko eingehen (vgl BGH NJW 1984, 800 [801]).

64 cc) Bei der **Sanierung** von Unternehmen dürfen die einzelnen Kreditgewährungen nicht isoliert voneinander beurteilt werden, sondern sind im Rahmen einer Gesamtbetrachtung zu bewerten (*Dahs* NJW 2002, 273). Insoweit können auch hochriskante Folgekredite nach Maßgabe eines wirtschaftlich vernünftigen **Gesamtplans** sachgemäß sein (BGHSt 47, 148 [153]). Bei einem Unternehmen, das erst auf den Markt gelangen will, kann auch eine kostspielige Werbung sachgemäß sein, auch wenn dadurch die Ausgaben zeitweilig die Einnahmen übersteigen (LK-*Hübner*, 10. Aufl. 1988, Rn 84 mwN).

65 dd) Bei der Beurteilung einer **unternehmerischen Entscheidung** – zB eines AG-Vorstandes oder eines GmbH-Geschäftsführers – ist den Entscheidungsträgern nach ursprünglich zum Aktienrecht entwickelten Grundsätzen (BGH NJW 1997, 1926 [1927 f]) ein weiter Spielraum zu gewähren, ohne den eine unternehmeri-

sche Tätigkeit schlechterdings nicht denkbar ist (BGH NJW 2016, 2585 [2591] m.Anm. *Saliger/Schweiger*; allg. dazu: *Arnold* Jura 2005, 844 ff; MK-*Dierlamm* Rn 228 ff; *Rose* wistra 2005, 281 ff). Eine Entscheidung liegt erst dann nicht mehr innerhalb dieses Spielraums, „wenn die Grenzen, in denen sich ein von Verantwortungsbewusstsein getragenes, ausschließlich am Unternehmenswohl orientiertes, auf sorgfältiger Ermittlung der Entscheidungsgrundlagen beruhendes unternehmerisches Handeln bewegen muss, nicht überschritten sind, die Bereitschaft, unternehmerische Risiken einzugehen, in unverantwortlicher Weise überspannt wird oder das Verhalten des Vorstands aus anderen Gründen als pflichtwidrig gelten muss" (BGH NJW 2016, 2585 [2591] m.Anm. *Saliger/Schweiger*; vgl auch BGHZ 135, 244 [253 f]; BGHSt 46, 30 [34 f]; 47, 187 [197]; 50, 331 [336]); instruktiv zu diesen mittlerweile in § 93 Abs. 1 S. 2 AktG als sog. „Business Judgement Rule" kodifizierten Grundsätzen: MK-AktG-*Spindler* § 93 Rn 36 ff). Die Grenzen des unternehmerischen Handelns richten sich hierbei wesentlich nach den einschlägigen zivil- und gesellschaftsrechtlichen Normen (BGHSt 47, 187 [192]; *Brammsen* wistra 2009, 85 [89]; *Tiedemann* Weber-FS 319 [322]), was zu einer bedenklichen Weite des Untreuetatbestandes führen kann (*Kubiciel* NStZ 2005, 353 [357 f]). Einschränkend fordert daher die auch durch das BVerfG (BVerfGE 126, 170 [211]) anerkannte Rspr eine gravierende Pflichtverletzung, die anhand einer Gesamtschau der gesellschafts- bzw zivilrechtlichen Kriterien zu bestimmen ist (vgl auch *Lüderssen* Volk-FS 345 [357], wonach die Pflichtverletzung das Risiko für den Erfolgseintritt erhöht haben muss).

Unklar sind aber innerhalb der Rspr der Anwendungsbereich und der Bezugspunkt des Merkmals der gravierenden Pflichtverletzung. Nachdem der 1. Strafsenat des BGH erstmals das Erfordernis einer **gravierenden Verletzung der dem Treupflichtigen obliegenden zivil- und gesellschaftsrechtlichen Pflichten** aufstellte (BGHSt 47, 148 [150]; 47, 187 [197]), bezog das LG Düsseldorf in der Sache „Mannesmann" das Merkmal „gravierend" auf das Tatbestandsmerkmal der Verletzung der Vermögensbetreuungspflicht (LG Düsseldorf NJW 2004, 3275 [3280 f] m. krit. Anm. *Tiedemann* ZIP 2004, 2056 ff). Im Zuge der Revision stellte der 3. Strafsenat des BGH klar, dass sich das Attribut „gravierend" nach der Rspr des 1. Senats eben nicht hierauf, sondern auf die Verletzung der dem Treueverhältnis zugrunde liegenden **außerstrafrechtlichen Pflichten** beziehe (BGHSt 50, 331 [344]). Dabei bleibt der 3. Senat allerdings skeptisch gegenüber der vom 1. Senat entwickelten Restriktion: Das Merkmal der gravierenden Pflichtverletzung habe keine eigenständige Bedeutung, sondern stelle eine bloße Ausgestaltung und Klarstellung des Beurteilungs- und Ermessensspielraums bei unternehmerischen Entscheidungen dar (BGHSt 50, 331 [344]; BGH NJW 2016, 2585 [2592] m.Anm. *Saliger/Schweiger*). Zu der bestehenden Unsicherheit trägt der 1. Senat selbst in der „Kinowelt"-Entscheidung (BGH NJW 2006, 453 [454]) bei. Dort wird nicht deutlich, ob er dem Merkmal der gravierenden Pflichtverletzung eine über die Ermessensüberschreitung bei unternehmerischen Entscheidungen hinausgehende Bedeutung zuspricht (zu den verschiedenen Lesarten des Urteils vgl *Schünemann* NStZ 2006, 196 [198]; ausf. Darstellung der Rspr mwN bei S/S/W-*Saliger* Rn 40). Dennoch wird von Teilen der Rechtsprechung und Literatur dem Merkmal der gravierenden Pflichtverletzung und den hierzu entwickelten Leitkriterien eine eigenständige Eignung attestiert, den Untreuetatbestand zu begrenzen und zu konturieren (OLG Hamm NStZ-RR 2012, 374; MK-*Dierlamm* Rn 177 ff; *Dierlamm* StraFo 2005, 397 [402 f]; *Jahn/Ziemann* ZIS 2016, 552 [560]; *Krause* StV 2006, 307 [308]). Unklar bleibt aber, 66 in welchem Maße die einzelnen zivil- und gesellschaftsrechtlichen Kriterien innerhalb der vom 1. Senat geforderten Gesamtschau zu gewichten sind, was zu einer beliebigen Abwägung durch den Tatrichter führen kann (*Ransiek* NJW 2006, 814; *Rönnau* NStZ 2006, 218 [220]; S/S/W-*Saliger* Rn 42 f; *Saliger* JA 2007, 326 [330]; *Vogel/Hocke* JZ 2006, 568 [570]).

67 (1) Zu den gewagten Geschäften zählt die **Vergabe von Krediten**. Hierbei sind die Risiken auf der Basis hinreichend umfassender Informationen, die zugleich den Rahmen des pflichtgemäßen Dürfens mitbestimmen, abzuwägen (BGHSt 46, 30 [34] m.Anm. *Dierlamm/Links* NStZ 2000, 656; BGH wistra 2010, 21 [23]; ausf. Überblick bei *Bittmann* NStZ 2011, 361 [363 ff]). Allerdings darf, nur weil ein infolge einer korrekten Risikoabwägung vergebener Kredit später notleidend wird, nicht allein daraus auf die Pflichtwidrigkeit der Vergabe geschlossen werden (BVerfGE 126, 170 [211, 219]; BGHSt 46, 30 [34]; 47, 148 [149 f]; MK-*Dierlamm* Rn 236). Für die erforderliche Risikoabwägung ist zu beachten, dass allein ein Verstoß gegen die in § 18 KWG normierte Pflicht zum Verlangen nach Offenlegung dann nicht zur Bejahung der Pflichtwidrigkeit führt, wenn sich der Entscheidungsträger auf andere Weise die nötige Tatsachengrundlage für seine Entscheidung verschafft hat (BVerfGE 126, 170 [219 f]; BGHSt 46, 30 [34]; 47, 148 [152] m.Anm. *Kühne* StV 2002, 198 ff sowie Bspr *Knauer* NStZ 2002, 399).

68 Einschränkend verlangt der BGH, dass die Pflicht zur Bonitätsprüfung in **gravierender Weise** verletzt sein muss (vgl oben Rn 65). Ein Verstoß kann insbesondere als gravierend eingestuft werden, wenn keine Informationen darüber eingeholt werden, warum andere Banken ihre Kredite fällig stellten, keine Mittelverwendungskontrolle veranlasst wird, Grundstücke nicht sachverständig bewertet werden, Störungen von Zins- und Tilgungsleistungen nicht beachtet werden sowie die wirtschaftliche Entwicklung des Kreditnehmers nicht kontinuierlich beobachtet und analysiert wird (BGHSt 47, 148 [154]). Im Übrigen ist zu berücksichtigen, dass Kreditinstitute je nach Art ihrer Ausrichtung unterschiedliche Risikogrenzen kennen; so ist etwa die Beleihung bei Hypothekenbanken an engere Vorgaben gebunden als bei sonstigen Banken.

69 Sofern der Kredit aufgrund einer **mehrköpfigen Gremienentscheidung** vergeben wird, differenziert die Rspr hinsichtlich der Verantwortlichkeit der Beteiligten (BGHSt 46, 30 [35]). Die Leiter des Kreditinstituts können sich grds. auf den Bericht des federführenden Geschäftsführungsmitglieds oder Sachbearbeiters verlassen, müssen aber bei Zweifeln oder Unstimmigkeiten Rückfragen stellen oder Nachprüfungen durchführen. Gleiches gilt, wenn die Kreditvergabe mit einem besonders hohen – und ggf die Existenz der Bank gefährdenden – Risiko verbunden ist oder wenn die Bonität des Kunden besonders problematisch erscheint (BGH NJW 2002, 1211 [1216]; krit. *Knauer* NStZ 2002, 399 [403 f]).

70 (2) Der **unternehmerische Spielraum** des **Vorstands einer AG** schließt Zuwendungen zur Förderung von Kunst, Wissenschaft, Sozialwesen und Sport (sog. **Sponsoring**) ein, da so unternehmensbezogene Ziele der Werbung und Öffentlichkeitsarbeit verfolgt werden können. Zuwendungen sind aber auch zulässig, wenn sie ohne Erwartung einer unmittelbaren Gegenleistung erfolgen oder sogar, wie vor allem beim Mäzenatentum, nicht öffentlich gemacht werden (BGHSt 47, 187 [193] mwN). Insoweit ist es mit den Grundsätzen einer ordnungsgemäßen Geschäftsleitung zu vereinbaren, wenn Zuwendungen allein mit dem Ziel vergeben werden, „die soziale Akzeptanz der AG zu verbessern, sie als ‚good corporate citizen' darzustellen und dadurch indirekt ihr wirtschaftliches Fortkommen zu verbessern" (BGHSt 47, 187 [195]).

Dem Ermessensspielraum sind allerdings insoweit **Grenzen** gesetzt, als privaten 71
Interessen kein unangemessener Raum gegeben werden darf, sorgsam gewirtschaftet werden muss und die Verantwortung für den Unternehmenserfolg zu wahren ist (BGHZ 135, 244 [253]). Hierfür hat die Rspr folgende **Faustformel** aufgestellt: „Je loser die Verbindung zwischen dem Geförderten und dem Unternehmensgegenstand, desto enger ist der Handlungsspielraum des Vorstands und desto größer sind die Anforderungen an die interne Publizität" (BGHSt 47, 187 [197]). Kriterien für eine Pflichtverletzung sind dagegen: „fehlende Nähe zum Unternehmensgegenstand, Unangemessenheit im Hinblick auf die Ertrags- und Vermögenslage, fehlende innerbetriebliche Transparenz sowie Vorliegen sachwidriger Motive, namentlich Verfolgung rein persönlicher Präferenzen" (BGHSt 47, 187 [197]). Sind alle Kriterien erfüllt, kann stets von einer gewichtigen, den Untreuetatbestand verwirklichenden Pflichtverletzung ausgegangen werden.

(3) Umstritten ist, inwieweit durch die Festsetzung von **Gehältern**, Tantiemen 72
und Abfindungen von Managern großer Wirtschaftsunternehmen Vermögensbetreuungspflichten (von Aufsichtsratsmitgliedern) verletzt werden können (vgl nur *Tiedemann* Weber-FS 319 ff mwN). Dem **Aufsichtsrat einer AG** ist ein unternehmerischer Spielraum bei der **Festsetzung der Bezüge von Vorstandsmitgliedern** eingeräumt (BGHSt 50, 331 ff „Mannesmann" m. krit. Anm. *Hohn* wistra 2006, 161 ff; *Krause* StV 2006, 307 ff). Hierbei bestimmt sich die Pflichtwidrigkeit im Wesentlichen danach, ob die von § 87 AktG gezogenen Grenzen eingehalten sind (*Rönnau/Hohn* NStZ 2004, 113 [116]; näher hierzu *Körner* NJW 2004, 2697 ff; *Tiedemann* Weber-FS 319 [322 ff]). Auch bei Einhaltung der Grenzen von § 87 AktG sind jedoch nachträgliche Anerkennungsprämien (sog. appreciation awards) problematisch, die gewährt werden, nachdem die vertraglich geschuldete Leistung des Vorstandsmitglieds schon erbracht und bereits durch die vertragliche Vergütung abgegolten ist. Sofern sie dienstvertraglich vorgesehen sind, verletzt ihre Gewährung regelmäßig nicht die Vermögensbetreuungspflicht der Aufsichtsratsmitglieder (BGHSt 50, 331 [336 f]). Sie können auch vom unternehmerischen Entscheidungsspielraum gedeckt sein, wenn der Gesellschaft durch sie Vorteile zufließen, die in angemessenem Verhältnis zur Minderung des Gesellschaftsvermögens stehen. Dies kann auch bei der Übernahme von Verfahrens-, Verteidigerkosten und Geldstrafen für Unternehmensangehörige (vgl *Otto* Tiedemann-FS 693 [699 ff] mwN) oder bei dem Verzicht auf Schadensersatzansprüche gegenüber Führungskräften (*Helmrich/Eidam* ZIP 2011, 257 ff) der Fall sein. Solche Vorteile können in einer Anreizwirkung für die Zukunft liegen; dem Begünstigten oder anderen Vorstandsmitgliedern wird etwa signalisiert, dass sich besondere Leistungen für das Unternehmen auszahlen. Ferner kann es ausreichen, wenn durch die Anerkennungsprämie das Unternehmen für zukünftige Führungskräfte attraktiv wird (BGHSt 50, 331 [337]; *Rönnau/Hohn* NStZ 2004, 113 [120]).

Dagegen ist die Gewährung einer dienstvertraglich nicht geschuldeten **Sonderleis-** 73
tung mit rein belohnendem Charakter, die der Gesellschaft keinen zukunftsbezogenen Nutzen bringen kann (kompensationslose Anerkennungsprämien) eine „Verschwendung" der Mittel der Gesellschaft und damit eine Verletzung der Vermögensbetreuungspflicht (BGHSt 50, 331 [337]; NK-*Kindhäuser* Rn 80 a mwN). Ebenfalls stellen an Mitglieder des **Betriebsrats** geleistete Zahlungen, die über das hypothetische Entgelt hinausgehen, welches nach dem für Betriebsratmitglieder geltenden Entgeltausfallprinzip (vgl § 37 III BetrVG) zu entrichten ist, eine Verletzung der Vermögensbetreuungspflicht dar (BGH NJW 2010, 92 [94] m. krit.

Anm. *Corsten* wistra 2010, 206 [209], **VW-Entscheidung**, vgl näher NK-*Kindhäuser* Rn 80 a, 116).

74 ee) **Schmiergeldzahlungen** und sonstige **verbotene oder sittenwidrige Geschäfte** sind grds. pflichtwidrig, es sei denn, sie erfolgen mit Einverständnis des *Berechtigten* (*Ransiek* StV 2009, 321 f; zur Pflichtwidrigkeit der Bildung einer schwarzen Kasse vgl *Rönnau* Tiedemann-FS 720 ff).

V. Treubruchsvariante (Abs. 1 Alt. 2)

75 Der Treubruchstatbestand kommt zum Zuge, wenn der (speziellere) Missbrauchstatbestand nicht erfüllt ist. **Tathandlung** dieser Untreuevariante kann jedes vermögensrelevante Verhalten sein, durch das der Täter die ihm obliegende „Pflicht, fremde Vermögensinteressen wahrzunehmen" (Vermögensbetreuungspflicht, Rn 20 ff), verletzt. Eine solche Verletzung ist anzunehmen, wenn ein im Pflichtkreis des Täters liegendes Verhalten nicht mehr von seinem rechtlichen Dürfen im Innenverhältnis gedeckt ist.

76 1. Tatbestandlich relevant ist somit nur ein Verhalten, das **innerhalb des** durch die Vermögensbetreuungspflicht begründeten **Aufgabenkreises** liegt (MK-*Dierlamm* Rn 170 mwN). Daher ist es keine einschlägige Pflichtverletzung, wenn der verärgerte Prokurist das Geschirr der Werkskantine zu Bruch schlägt. Umgekehrt steht es einer Pflichtverletzung im Aufgabenbereich des Täters nicht entgegen, wenn die konkrete Handlung zulasten des fremden Vermögens auch von einem nicht betreuungspflichtigen Dritten hätte begangen werden können (BGHSt 17, 360 [361]). So verwirklicht der Abteilungsleiter eines Kaufhauses den Treubruchstatbestand, wenn er sich Geld aus einer Ladenkasse zueignet, auch wenn die Kasse ansonsten von einer nicht betreuungspflichtigen (und daher bei gleicher Tat nur eine Unterschlagung begehenden) Kassiererin bedient wird.

77 **Inhalt und Umfang** der Vermögensbetreuungspflicht werden durch den Gegenstand und die jeweiligen Pflichten und Befugnisse des betreffenden Geschäftsbesorgungsverhältnisses festgelegt (BGHSt 8, 254 [257 f]; 24, 386 [387]). Gegen seine **Pflicht** verstößt der Täter durch ein Handeln, zu dessen Vornahme er aufgrund der ihm übertragenen Verfügungsgewalt in der Lage ist und durch das er die ihm **eingeräumte Entscheidungsfreiheit durch Fehl- bzw Nichtgebrauch überschreitet**. Der Treubruch setzt damit voraus, dass das konkrete Verhalten des Täters noch innerhalb seines Entscheidungsspielraums liegt. Soweit die Grenzen seiner Dispositionsmöglichkeiten nicht bereits durch die gesetzlichen Bestimmungen (vgl §§ 1639 ff; 1664; 1802 ff; 2216 ff BGB), den behördlichen Auftrag oder das betreffende Rechtsgeschäft festgelegt sind, ist auf die allgemeinen, für das betreffende Rechtsverhältnis geltenden Grundsätze, namentlich die im Verkehr übliche Sorgfalt sowie die Sorgfalt eines ordentlichen Kaufmanns oder Geschäftsleiters abzustellen (vgl BGHSt 3, 23 [24]). Die im Rahmen der Missbrauchsvariante dargelegten Grundsätze zu Einverständnis, Risikogeschäften, Sanierung, Sponsoring usw (Rn 54 ff) gelten entsprechend.

78 2. Die Vermögensbetreuungspflicht kann beim Treubruch durch **jedes** rechtsgeschäftliche oder tatsächliche **Verhalten**, welches das anvertraute Vermögen tangiert, verletzt werden. Als **aktive Pflichtverletzungen** kommen etwa in Betracht: die Zueignung von Geldern aus der verwalteten Kasse (BGHSt 8, 254 [255]; 13, 315 [316]), das Abheben von Geld für eigene Zwecke nach Überlassung der Scheckkarte sowie persönlicher Geheimzahl (OLG Hamm NStZ-RR 2004, 111 [112]); nicht hingegen die Weiterbenutzung einer vom eigentlichen Kreditkarten-

inhaber zur eigennützigen Verwendung überlassenen Kreditkarte nach dem Tod des Kreditkarteninhabers (OLG Hamm NStZ-RR 2015, 213 [214] m.Anm. Jäger JA 2015, 629), die Vereitelung begründeter Ansprüche durch eine unordentliche Buchführung (BGHSt 20, 304 f; BGH NJW 2010, 3458 [3460]; *Rönnau* Tiedemann-FS 713 [722]), die Eigentumsbeeinträchtigung durch Verbindung, Vermischung oder Verarbeitung nach §§ 946 ff BGB (BGHSt 12, 207 [209]) oder die Begleichung nichtiger Forderungen (BGH NJW 2013, 401 [403]). Die Vermögensbetreuungspflicht kann aber auch durch **Unterlassen** verletzt werden. Beispiele sind das aufsichtswidrige Unterlassen des Einschreitens gegen eine schädigende Geschäftsführung (BGHSt 9, 203 [210]), die Nichtabwendung drohender Gefahren (BGHSt 5, 187 [190]), die Nichteinziehung von Forderungen oder – vorausgesetzt, man verneint nicht schon eine Vermögensbetreuungspflicht (vgl Rn 36, 39, 24 ff) – das Belassen von Mandantengeldern auf dem Geschäftskonto (BGH NStZ 2015, 517 [519]; wistra 2016, 152 [153]).

3. Bei **mehrköpfigen Organen** hat jedes Mitglied nach hM die Pflicht, gegen das Zustandekommen bzw die Realisierung eines schädigenden Mehrheitsbeschlusses jedes ihm mögliche und zumutbare Mittel zu ergreifen (BGHSt 37, 106 [131 f]; ferner BGHSt 9, 203 [216]; zu den Kausalitätsproblemen vgl Vor § 13 Rn 93 ff). 79

VI. Vermögensschaden

1. **Grundlagen:** Über die Pflichtverletzung hinaus muss der Täter demjenigen, dessen Vermögensinteressen er zu betreuen hat, einen **Nachteil** zufügen. Der Nachteil entspricht grds. dem Vermögensschaden beim Betrug (vgl dort Rn 162 ff; ferner BGHSt 15, 342 [343 f]; 40, 287 [294 ff]; 43, 293 [297]; SK-*Hoyer* Rn 93; S/S-*Perron* Rn 39). 80

a) **Schadensberechnung:** Wie beim Betrug besteht der Schaden darin, dass die durch das pflichtwidrige Verhalten des Täters bedingte Vermögenseinbuße nicht kompensiert wird. Umstritten ist wiederum, wodurch die Vermögensminderung kompensiert werden kann. 81

- Nach der **Zweckverfehlungslehre** ist ein Schaden anzunehmen, wenn die Vermögenseinbuße nicht durch Erreichung eines dem Betreuungsverhältnis entsprechenden Zwecks ausgeglichen wird (§ 263 Rn 167 ff; näher *Kindhäuser* Lampe-FS 709 [724 ff] mwN). Der maßgebliche Zweck bestimmt sich hierbei insbesondere nach Inhalt und Ziel der vom Täter zu erfüllenden Geschäftsbesorgung. 82

- Die hM wendet zur **Schadensberechnung** grds. das **Saldierungsprinzip** an (BGHSt 31, 232 [234]; BGH NStZ 1997, 543; 2010, 329 f). Bloße Wiedergutmachung soll zur Kompensation nicht genügen (BGH NStZ 1986, 455 [456]; vgl BGH NJW 2011, 3528 [3529]). Allerdings verneint die Rspr einen Schaden, wenn der Täter schon bei der Tatausführung willens und in der Lage ist, die Vermögensminderung aus eigenen flüssigen Mitteln auszugleichen (BGHSt 15, 342 ff; BGH NStZ-RR 2004, 54; krit. *Fischer* Rn 169; M-*Schroeder/Maiwald* I § 45/45; aA S/S-*Perron* Rn 42). 83

- Abweichend hiervon greift die hM aber auch in mehreren Fallgestaltungen auf die Zweckverfehlungslehre zurück. So sieht zB die Rspr im pflichtwidrigen **Sponsoring** (BGHSt 47, 187 [199]) oder in der zweckwidrigen Verwen- 84 dung **öffentlicher Gelder** („Haushaltsuntreue") eine Vermögensschädigung (Rn 96 ff).

85 b) **Pflichtwidrigkeitszusammenhang:** Stets muss der Nachteil **gerade durch die Pflichtwidrigkeit** zugefügt worden sein (BGHSt 43, 293 [296 f]; BGH wistra 2007, 422). Insoweit muss zwischen Schädigung und Pflichtverletzung ein Pflichtwidrigkeitszusammenhang bestehen (*Kindhäuser* Lampe-FS 709 [724]). Da der Schaden bei der Untreue in einer nicht kompensierten Vermögensminderung besteht, setzt der Pflichtwidrigkeitszusammenhang voraus, dass die Vermögensminderung zwar nicht ausgeglichen wurde, bei pflichtgemäßem Verhalten aber (aller Wahrscheinlichkeit nach) kompensiert worden wäre.

86 c) **Geschädigter:** Der Nachteil muss bei demjenigen eintreten, dessen Vermögensinteressen der Täter zu betreuen hat. **Geschädigtes** und zu **betreuendes Vermögen** müssen **identisch** sein (BGHSt 47, 295 [297]; BGH NJW 2002, 2801 [2802]). Da der Vermögensschaden bei einer vom Täter verschiedenen (natürlichen oder juristischen) Person eintreten muss, ist es erforderlich, dass bei Vermögenseinbußen von **Personengesellschaften** (KG, OHG, BGB-Gesellschaft) weitere Vermögensinhaber mitbetroffen sind (BGHSt 34, 221 [222 f]; NJW 2011, 3733 [3735];NStZ 2013, 38 f; vgl auch *Bittmann/Richter* wistra 2005, 51 ff).

2. Einzelfragen:

87 a) Der Schaden kann auch im **Unterlassen einer Vermögensmehrung** liegen (BVerfGE 126, 170 [215]; BGHSt 31, 232 ff; BGH wistra 1989, 224 [225]; *Otto* BT § 54/33). Dies ergibt sich daraus, dass die Pflicht des Täters zur Vornahme vermögenssteigernder Handlungen bereits einen zum Vermögen des Berechtigten gehörenden Wert haben kann, der durch die Untätigkeit des Täters geschmälert werden kann. Exemplarisch: Zum Mündelvermögen gehört der vermögenswerte Anspruch aus § 1806 BGB gegen den Vormund, das Mündelgeld anzulegen. Unterlässt der Vormund die Geldanlage, so beeinträchtigt er einen vermögenswerten Anspruch des von ihm zu betreuenden Vermögens (näher *Kindhäuser* Lampe-FS 709 [722 ff]).

88 b) Nach hM ist eine „schadensgleiche" **Vermögensgefährdung** für die Annahme eines Nachteils ausreichend (BVerfG NJW 2009, 2370 [2372]); BVerfGE 126, 170 [224]; zusf. zur Rspr *Fischer* NStZ-Sonderheft 2009, 11; ausf. *Mansdörfer* JuS 2009, 114 ff), wobei derzeit innerhalb der Rechtsprechung Uneinigkeit über die Berechtigung dieser Figur besteht (vgl hierzu ausf. § 263 Rn 190 ff sowie zum subjektiven Tatbestand Rn 104). Exemplarisch: Infolge einer mangelhaften Dokumentation von Zahlungen besteht die Gefahr doppelter Inanspruchnahme (BGHSt 47, 8 ff m. abl. Bspr *Mosenheuer* NStZ 2004, 179 ff; vgl auch BGHSt 20, 304 f; BGH NJW 2001, 3638 [3640]; abl. auch *Perron* Tiedemann-FS 737 [745] und GA 2009, 219 [230]). Oder: Bei der Vergabe **unsicherer Kredite** soll die Gefährdung bereits mit der Valutierung eintreten (BGHSt 47, 148 [156]; vgl näher NK-*Kindhäuser* Rn 77 f, 110, 123).

89 Allerdings ist die Figur der schadensgleichen Vermögensgefährdung **restriktiv** zu handhaben. Eine nur diffuse Verlustwahrscheinlichkeit ist nicht ausreichend. Vielmehr muss der Schaden der Höhe nach bezifferbar sein (vgl § 263 Rn 191). Diese Restriktionsbemühungen sind bei der Untreue – im Vergleich zum Tatbestand des Betrugs – aufgrund der hier fehlenden Versuchsstrafbarkeit von besonderer Bedeutung. Zudem ist gerade bei der Eingehung von Risikogeschäften eine konkrete Benennung des Schadens erforderlich, um der Gefahr einer Verschleifung mit dem Tatbestandsmerkmal der Pflichtwidrigkeit zu begegnen (BVerfGE

126, 170 [211]; BGH NJW 2016, 2585 [2592] m.Anm. *Saliger/Schweiger*; hierzu schon *Saliger* ZStW 112, 563 [610 f] und HRRS 2010, 10 [14]). Es darf daher nicht schon aus denjenigen Umständen, die das Geschäft als riskant und damit ggf als pflichtwidrig erscheinen lassen, zugleich auf eine Vermögensgefährdung geschlossen werden (*Kraatz* JR 2011, 434 [435]; *Otto* Puppe-FS 1247 [1254]), wobei freilich Überschneidungen nicht ausgeschlossen sind (*Kuhlen* JR 2011, 246 [253]).

c) Entnahmen aus dem Vermögen einer GmbH, die als solche verschleiert werden, können auch als **verdeckte Gewinnentnahmen** zu verstehen sein. Diese sind zulässig, wenn sie im Einverständnis mit den Gesellschaftern erfolgen und das Stammkapital nicht angreifen bzw nicht zu einer Überschuldung führen (BGHSt 35, 333 ff; anders noch BGHSt 34, 379; näher zu verdeckten Gewinnausschüttungen *Krekeler/Werner* StraFo 2003, 374 ff). 90

d) Bei der Korruption nach dem sog. **Kick-Back-Verfahren** (hierzu *Rönnau* Kohlmann-FS 239 ff; *Szebrowski*, Kick-Back, 2004) macht der Täter den Abschluss eines Lieferungs- oder Dienstleistungsvertrags von der Zahlung eines Schmiergelds (auch Erbringung von Dienst- oder Sachleistungen: OLG Hamm NStZ-RR 2006, 13 f; krit. *Bernsmann* StV 2005, 576 [577 f]) abhängig, das der Geschäftspartner in die Kalkulation der verlangten Gegenleistung einbezieht. Insoweit stammt der Vorteil des Täters wirtschaftlich aus dem von ihm betreuten Vermögen. Sofern die Gegenleistung zu einem um das Schmiergeld erhöhten und damit überhöhten Preis erlangt wird, ist ein Schaden nach dem Saldierungsprinzip wie auch der Zweckverfehlungslehre gegeben: Der Vermögensinhaber muss mehr leisten, als zur eigentlichen Zweckerreichung erforderlich ist. Sind die Leistungen wirtschaftlich ausgeglichen, ist ein Schaden anzunehmen, wenn der Geschäftspartner bereit gewesen wäre, seine Leistung zu einem um das Schmiergeld gekürzten Betrag zu erbringen (BGHSt 31, 232 [234 f]; BGHR § 266 Abs. 1 Nachteil 19; BGH NStZ 2010, 330 [331]). In diesem Fall hat der Vermögensinhaber gegen den Täter einen vermögenswerten Anspruch, den Vertrag zu den günstigen Konditionen abzuschließen (Rn 87); diesen Anspruch beeinträchtigt der Täter, wenn er den Differenzbetrag zu eigenen Gunsten aushandelt. 91

Ist der Vertragspartner dagegen – zB wegen einer Preisbindung – nicht bereit, seine Leistung zu einem um das Schmiergeld gekürzten Betrag zu erbringen, lässt sich ein Schaden iSv § 266 nicht begründen. Es gehört nicht zur Vermögensbetreuungspflicht des Täters, das Schmiergeld abzuführen und so das Vermögen des Berechtigten zu mehren (vgl BGH NStZ 2001, 545; wistra 2002, 156 f; BGHR § 266 Abs. 1 Vermögensbetreuungspflicht 17 und Nachteil 19, 35, 40; *Rönnau* Kohlmann-FS 239 [258 f]; LK-*Schünemann* Rn 103, 173). Die Nichterfüllung des Anspruchs aus § 687 II BGB ist, so gesehen, nur eine einfache Schuldnerpflicht. 92

Fragwürdig ist es, wenn in neueren Judikaten formuliert wird, dass bei der Vereinbarung von Schmiergeldzahlungen *regelmäßig* ein Nachteil im Sinne des § 266 vorliege (BGHSt 50, 299 [314]; BGH NJW 2006, 2864 [2867]; BGH NJW 2013, 3590 [3592]) bzw dass *in der Regel* ein Nachteil im Sinne des § 266 bei Provisions- und Schmiergeldzahlungen angenommen werde (BGHSt 49, 317 [332 f]; BGH NJW 2006, 2864 [2867]). Sofern hierin eine Umkehr des Regel-Ausnahmeverhältnisses, ja gar eine Beweislastumkehr zu sehen ist (so MK-*Dierlamm* Rn 273; aA *Kraatz* ZStW 122, 521 [537 f]), ist dieser Rechtsprechung entgegen zu treten. Der Zweifelssatz gebietet die positive Feststellung, dass der Geschäftsabschluss ohne die Vereinbarung der Schmiergeldzahlung, sprich die Kick- 93

Back-Zahlung, für den Treugeber günstiger ausgefallen wäre (vgl ausf. zu den Judikaten NK-*Kindhäuser* Rn 114 a m. umf. Nachweisen).

94 e) Entsprechendes gilt für die Einwerbung von **Drittmitteln im Hochschulbereich**. Ein Schaden ist grds. zu bejahen, wenn ein für die Forschung zuständiger Hochschullehrer – in einer dadurch eine Vermögensbetreuungspflicht begründenden Weise (BGHR § 266 Abs. 1 Nachteil 19) – Einfluss auf die Beschaffung von Materialien, Geräten, Medikamenten usw nimmt und sich unmittelbar selbst oder einem außeruniversitären Verein zur Förderung des eigenen Instituts vom Vertragspartner eine umsatzbezogene Rückvergütung in Form einer Spende zukommen lässt (BGHSt 47, 295 [299] m. zust. Anm. *Kuhlen* JR 2003, 231 ff; dazu auch *Kindhäuser/Goy* NStZ 2003, 291 ff; *Rönnau* JuS 2003, 232 ff). Erst recht gilt dies, wenn bereits der Kaufpreis um die spätere Spende aufgestockt wird. Dass dem Staat oder der Universität auf diese Weise ggf Aufwendungen erspart werden, ist, wie auch sonst bei der Haushaltsuntreue (Rn 96 ff), ohne Belang.

95 Dagegen ist ein Schaden zu verneinen, wenn die Spende des Vertragspartners ohne Einfluss auf die Preisgestaltung gegenüber der Universität bleibt, weil etwa für firmeninterne Provisionen vorgesehene Gelder an den Hochschullehrer bzw den Förderverein aufgrund einer Bonus-Vereinbarung ausgekehrt werden (vgl BGHSt 47, 295 [300]). Wiederum gehört es nicht zur Vermögensbetreuungspflicht, die Zuwendungen, die ausschließlich dem Täter zugute kommen sollen, zum Zwecke der Mehrung des Universitätsvermögens abzuführen (vgl BGHSt 47, 295 [300 f]; ferner BGHSt 30, 46 [48]; *Kindhäuser/Goy* NStZ 2003, 291 [292]).

96 f) **Haushaltsuntreue:** In der zweckwidrigen Verwendung öffentlicher Gelder sieht die Rspr iSd Zweckverfehlungslehre eine Vermögensschädigung (BGHSt 40, 287 [295 ff] m.Anm. *Herdegen* NStZ 1995, 202 f; BGH NStZ 2001, 248 [251] m.Anm. *Berger* JR 2002, 118 f; NStZ-RR 2011, 82 [83]). Teils wird (sachlich übereinstimmend) ein Schaden auch – nach den Regeln des individuellen Schadenseinschlags (§ 263 Rn 176 ff) – in der Beschneidung der „politischen Gestaltungsbefugnis" gesehen (BVerfG NJW 2013, 365 [367]; BGHSt 43, 293 [299]; BGH NStZ 2003, 541 [542]; näher zur Haushaltsuntreue: MK-*Dierlamm* Rn 259 ff mwN).

97 Allerdings ist wegen des fehlenden **Pflichtwidrigkeitszusammenhangs** ein Schaden zu verneinen, wenn die im öffentlichen Interesse verwendeten Gelder zwar nicht aus dem vorgesehenen Haushaltstitel stammen, jedoch eine Leistungspflicht (ggf auch aufgrund einer Ermessensreduzierung auf Null) bestand (iE ebenso BGHSt 40, 287 [294 f]; BGH NStZ 1984, 549 [550]). Dagegen ist ein Schaden zu bejahen, wenn die Mittel ohne eine solche Verpflichtung von einer unzuständigen Stelle ausgegeben werden, ungeachtet der Frage, ob die zuständige Stelle bei pflichtgemäßer Ermessensausübung zu einer solchen Leistung befugt gewesen wäre (BGH NStZ 1986, 455 f).

98 Im Falle der **Ämterpatronage**, in dem aus sachfremden – zB rein parteipolitischen – Erwägungen ein öffentliches Amt mit einem hierfür fachlich ungeeigneten oder die Laufbahnvoraussetzungen nicht erfüllenden Kandidaten besetzt wird, sind die Kriterien des Anstellungsbetrugs entsprechend heranzuziehen (§ 263 Rn 207 ff; vgl ferner *Schmidt-Hieber/Kiesswetter* NJW 1992, 1790 ff).

99 Die Abzweigung staatlicher Gelder in einen Sonderfonds („**schwarze Kasse**") wird von der Rspr iSe schadensgleichen Vermögensgefährdung (Rn 88 f) als Beeinträchtigung der ordnungsgemäßen Haushaltsüberwachung und Einengung der staatlichen Verfügungsfreiheit bewertet (BGH GA 1956, 154 [155]; vgl *Fischer*

Rn 74 ff; ausf. Darstellung der Rspr bei *Strelczyk*, Die Strafbarkeit der Bildung schwarzer Kassen, 2008, 80 ff). Teils wird dem nur mit der Einschränkung zugestimmt, dass der Täter den Inhalt der Kasse nicht in einer Weise verwendet, die dem Staat anderweitig Aufwendungen aus Haushaltsmitteln erspart (*Hefendehl*, Vermögensgefährdung und Exspektanzen, 1994, 287 ff; S/S-*Perron* Rn 45 c).

g) Eine Vermögensschädigung soll nach der bisherigen Rspr in der Unterhaltung „schwarzer Kassen" zur **Finanzierung politischer Parteien** durch Ausgliederung und Verschleierung von Parteivermögen liegen (BGHSt 51, 100 ff (Revision): **Fall „Kanther"**; LG Bonn NStZ 2001, 375 ff: „Kohl"; umf. zur Untreue im Zusammenhang mit Verstößen gegen das PartG: *Saliger*, Parteiengesetz und Strafrecht: zur Strafbarkeit von Verstößen gegen das Parteiengesetz insbesondere wegen Untreue gemäß § 266 StGB, 2005). Die Nachteilszufügung soll sich zum einen daraus ergeben, dass die Verfügbarkeit für die zuständigen Parteiorgane durch die Verschleierung erheblich erschwert wird und hieraus eine konkrete, vom Berechtigten nicht mehr zu kontrollierende und nur noch im Belieben des Täters stehende Möglichkeit des endgültigen Vermögensverlusts bestehe. Es handele sich hierbei nicht um eine bloße Beeinträchtigung der Dispositionsbefugnis, sondern um eine konkrete (schadensgleiche) Vermögensgefährdung (BGHSt 51, 100 [113] m. insoweit zust. Anm. *Ransiek* NJW 2007, 1727 [1728]; LG Bonn NStZ 2001, 375 [377]; aA MK-*Dierlamm* Rn 248 mwN). 100

Ein Vermögensschaden der Partei soll sich ferner aus der nach dem PartG bestehenden **Sanktionsgefahr** ergeben. Diese bestehe aufgrund der nach dem PartG rechtswidrigen Erlangung der Mittel (BGHSt 56, 203 [219 ff]; BGH NJW 2012, 3797 [3798]; 2015, 1618 [1622 f]; S/S-*Perron* Rn 45 b; *Saliger*, Parteiengesetz und Strafrecht: zur Strafbarkeit von Verstößen gegen das Parteiengesetz, insbesondere wegen Untreue gemäß § 266 StGB, 2005, 233, jew. mwN) bzw dem Umstand, dass die Partei wegen der Verschleierung der Mittel der ihr obliegenden Publizitätspflicht nach dem PartG nicht vollständig genügen könne (BGHSt 51, 100 [117]; S/S-*Perron* Rn 45 b; aA MK-*Dierlamm* Rn 258; *Ransiek* NJW 2007, 1727 [1729]; *Volhard* Lüderssen-FS 673 [679 f]; vgl auch *Pastor Muñoz/ Coca Vila* GA 2015, 292 ff). 101

Von einem Rückgriff auf die Figur der schadensgleichen Vermögensgefährdung in Fällen des Führens einer schwarzen Kasse ist der BGH jüngst abgerückt. Bereits im Führen einer schwarzen Kasse in Privatunternehmen (**Fall Siemens**) sieht die Rspr den endgültigen Entzug der Geldmittel und damit die Herbeiführung eines endgültigen Vermögensschadens (BVerfGE 126, 170 [216]; BGHSt 52, 323 [336 f] m. zust. Anm. *Ransiek* NJW 2009, 95; BGH StV 2015, 438; *Fischer* NStZ-Sonderheft 2009, 8 [19] mwN; aA *Rönnau* Tiedemann-FS 735), selbst wenn der Täter die Absicht hat, die Geldmittel so zu verwenden, dass dem Vermögensinhaber ein Vermögensvorteil entstehen kann (so auch BGH NJW 2010, 3458 [3460]). Damit wird allerdings, entgegen der Struktur des § 266 als Vermögensdelikt, bereits die Dispositionsbefugnis über das Vermögen geschützt (*Bernsmann* GA 2009, 219 [304]: Verzeichnung des Rechtsguts; *Dierlamm* FS-Widmaier 607 [610]; *Satzger* NStZ 2009, 297 [303]; krit. *Hohn* Rissing-van Saan-FS 259 [265 ff]). Dies hätte allerdings zur Konsequenz, dass Vermögen, welches aufgrund der fehlenden Dispositionsmöglichkeiten bereits endgültig als verloren gilt, seinen strafrechtlichen Schutz verlöre und nicht mehr veruntreut werden könnte (*Schlösser* HRRS 2009, 19 [23, 25]). Darüber hinaus kann nicht erklärt werden, wieso eine Untreuestrafbarkeit abgelehnt wird, wenn der Täter stets eigene Mittel bereithält, um einen Vermögensnachteil auszugleichen, eine Untreue indessen 102 vorliegen soll, obwohl der Täter noch nicht einmal dem Inhaber Vermögen entzieht, sondern jederzeit in der Lage ist, zugunsten des Vermögensinhabers darauf zuzugreifen (*Knauer* NStZ 2009, 152; *Saliger* Samson-FS 455 [463]; *Satzger* NStZ 2007, 297 [303]). Gleichermaßen wird dem Treunehmer von vornherein die Berufung auf eine kompensationsfähige Berücksichtigung des späteren zweckkonformen Mitteleinsatzes, der ggf sogar zu einer Vermögensmehrung geführt hat, verwehrt (*Kempf* Volk-FS 231 [239]; *Perron* Heinz-FS 796 [803 f]). Legt das für die Vermögensverwaltung zuständige Organ die schwarze Kasse an, so soll ein Vermögensvorteil dann eingetreten sein, wenn diese noch nicht einmal mehr in einer inoffiziellen Nebenbuchhaltung auftaucht (BGH NJW 2010, 3458 [3462]).

VII. Subjektiver Tatbestand

103 Der subjektive Tatbestand verlangt für beide Tatvarianten (zumindest bedingten) Vorsatz. Er muss das Bestehen einer Vermögensbetreuungspflicht und die aus deren Verletzung durch Missbrauch oder Treubruch resultierende Nachteilszufügung umfassen (zu den Anforderungen bei Risikogeschäften vgl BGH wistra 2000, 60 [61]; dazu auch *Kühne* StV 2002, 198 ff). Hinsichtlich der Pflichtverletzung muss sich der Täter über die Tatsachen im Klaren sein, aufgrund derer sein Handeln nicht mehr im Rahmen des ihm übertragenen Handlungsspielraums liegt. Die Pflichtverletzung muss vom Tatvorsatz umfasst sein (BGH NJW 1991, 990 [991]; MK-*Dierlamm* § 266 Rn 282). Die irrige Annahme einer Einwilligung des Berechtigten lässt daher den Vorsatz gem. § 16 I S. 1 entfallen (BGHSt 3, 23 [25]).

104 Nach jüngster Rechtsprechung des 2. und 5. Strafsenats soll für den **bedingten Vorsatz** hinsichtlich eines **Gefährdungsschadens** nicht die Kenntnis des Täters von der konkreten Gefahr sowie deren billigende Inkaufnahme ausreichen, sondern die Billigung der **Realisierung** der Gefahr erforderlich sein (BGHSt 51, 100 [120]; bestätigt in BGH NStZ 2008, 704 [705]; BGH NStZ 2013, 715 (716); zust. *Keul* DB 2007, 728 [730]; krit. BGH wistra 2010, 23; *Perron* NStZ 2008, 517 [518]; hierzu auch BVerfG NJW 2009, 2370 [2372]). Der hiergegen vorgebrachten Kritik, dass auf diese Weise die Kongruenz zwischen objektivem und subjektivem Tatbestand aufgegeben (*Beulke* Eisenberg-FS 245 [264]; *Hillenkamp* Maiwald-FS 323 [340]) und so die Untreue in einigen Fällen zu einem Delikt mit überschießender Innentendenz gemacht werde (*Bernsmann* GA 2007, 219 [230]; *Weber* Eisenberg-FS 371 [375]), hält der 2. Senat entgegen, dass die Anerkennung einer konkreten Vermögensgefährdung auf der Grundlage einer wirtschaftlichen Betrachtung der Sache nach eine Vorverlagerung der Vollendung in den Bereich des Versuchs bedeute und sich der Versuch einer Straftat stets durch die Inkongruenz von objektivem und subjektivem Tatbestand auszeichne (BGHSt 51, 100 [123]).

105 Diesem Standpunkt ist nunmehr der 1. Strafsenat ausdrücklich entgegengetreten. Das Problem der Vorverlagerung der Strafbarkeit, die sich aus der Anerkennung des Gefährdungsschadens ergibt, soll nicht durch besondere Anforderungen im Rahmen des subjektiven Tatbestandes gelöst werden, sondern durch eine präzise Begriffsverwendung unter exakter Betrachtung des tatsächlichen wirtschaftlichen Nachteils zum Zeitpunkt der pflichtwidrigen Handlung bei genauer Feststellung dessen, worauf sich das Wissen und Wollen des Täters erstreckt (BGH NJW 2008, 2451 [2452]). Die bei Risikogeschäften in Rede stehende schadensgleiche Vermögensgefährdung sieht der 1. Senat als einen bereits zum Zeitpunkt der

pflichtwidrigen Handlung **unmittelbar eingetretenen Vermögensnachteil** an. Da der mit der Vermögensverfügung entstandene (Rückzahlungs-)Anspruch minderwertig sei, handele auch derjenige, der um diese Minderwertigkeit weiß, mit direktem Vorsatz (BGH NJW 2008, 2451 [2452] m. abl. Anm. *Beulke/Witzigmann* JR 2008, 430 [433] und *Rübenstahl* NJW 2008, 2454; *Nack* StraFo 2008, 277 [281]; zust. *Fischer* StraFo 2008, 269 [274]; iE zust. *Otto* Puppe-FS 1267 f; vgl BGH wistra 2010, 21 [23] zur Konstellation nach Auszahlung des Kredits).

Obwohl die Ablehnung der systemwidrigen Rechtsprechung des 2. Senats durch die neuerliche Entscheidung des 1. Senats zu begrüßen ist, zeigen die Ausführungen des 1. Senats letztlich nur die Probleme auf, die sich ergeben, wenn eine Vermögensgefährdung nach wirtschaftlicher Betrachtungsweise als Nachteil iSd Tatbestands angesehen wird (so auch *Peglau* wistra 2008, 430 [431]). Das Ziel des BGH, eine Ausuferung der Strafbarkeit zu verhindern, lässt sich nur durch eine Begrenzung der Merkmale des objektiven Tatbestands, namentlich durch eine **restriktive Auslegung** der Figur der schadensgleichen Vermögensgefährdung, erreichen (so auch *Beulke/Witzigmann* JR 2008, 430 [435]). 106

VIII. Regelbeispiele, Strafantrag, Konkurrenzen

1. Nach Abs. 2 gelten die in der Regelbeispieltechnik formulierten **Straferschwerungsgründe** der §§ 243 I, 263 III (vgl jew. dort) auch für die Untreue (zum Vermögensverlust großen Ausmaßes vgl BGH NStZ 2004, 95). Praktische Bedeutung kann insbesondere die Herbeiführung eines Vermögensverlusts großen Ausmaßes nach § 263 III S. 2 Nr. 2 erlangen (hierzu BGH NJW 2001, 2485 f). Sofern durch Abschluss eines Austauschvertrages ein Nachteil iSe schadensgleichen Vermögensgefährdung bewirkt wird, tritt der Vermögensverlust großen Ausmaßes erst mit der Erbringung der Leistung durch den Geschädigten ein (BGHSt 48, 354 m.Anm. *Krüger* wistra 2004, 146). 107

2. Abs. 2 sieht ferner in entsprechender Anwendung der §§ 247, 248 a unter den dort genannten Voraussetzungen ein **Strafantragserfordernis** vor. 108

3. **Konkurrenzen**: Tateinheit ist u.a. möglich mit Diebstahl (BGHSt 17, 360 [361 f]), Urkundenfälschung (BGHSt 18, 312 [313]) oder Bestechlichkeit (BGHSt 47, 22 [25 ff]). Auch mit den Insolvenzdelikten kommt Tateinheit in Betracht (BGHSt 3, 23 [27]; 30, 127 [129 f]; BGH NJW 2012, 2366 [2369]), sofern die §§ 283 ff neben § 266 überhaupt zur Anwendung kommen (näher Vor §§ 283 Rn 7 ff; NK-*Kindhäuser* Vor § 283 Rn 51 ff mwN). § 246 tritt subsidiär zurück. 109

§ 266 a Vorenthalten und Veruntreuen von Arbeitsentgelt

(1) Wer als Arbeitgeber der Einzugsstelle Beiträge des Arbeitnehmers zur Sozialversicherung einschließlich der Arbeitsförderung, unabhängig davon, ob Arbeitsentgelt gezahlt wird, vorenthält, wird mit Freiheitsstrafe bis zu fünf Jahren oder mit Geldstrafe bestraft.

(2) Ebenso wird bestraft, wer als Arbeitgeber
1. der für den Einzug der Beiträge zuständigen Stelle über sozialversicherungsrechtlich erhebliche Tatsachen unrichtige oder unvollständige Angaben macht oder

2. die für den Einzug der Beiträge zuständige Stelle pflichtwidrig über sozialversicherungsrechtlich erhebliche Tatsachen in Unkenntnis lässt

und dadurch dieser Stelle vom Arbeitgeber zu tragende Beiträge zur Sozialversicherung einschließlich der Arbeitsförderung, unabhängig davon, ob Arbeitsentgelt gezahlt wird, vorenthält.

(3) ¹Wer als Arbeitgeber sonst Teile des Arbeitsentgelts, die er für den Arbeitnehmer an einen anderen zu zahlen hat, dem Arbeitnehmer einbehält, sie jedoch an den anderen nicht zahlt und es unterlässt, den Arbeitnehmer spätestens im Zeitpunkt der Fälligkeit oder unverzüglich danach über das Unterlassen der Zahlung an den anderen zu unterrichten, wird mit Freiheitsstrafe bis zu fünf Jahren oder mit Geldstrafe bestraft. ²Satz 1 gilt nicht für Teile des Arbeitsentgelts, die als Lohnsteuer einbehalten werden.

(4) ¹In besonders schweren Fällen der Absätze 1 und 2 ist die Strafe Freiheitsstrafe von sechs Monaten bis zu zehn Jahren. ²Ein besonders schwerer Fall liegt in der Regel vor, wenn der Täter
1. aus grobem Eigennutz in großem Ausmaß Beiträge vorenthält,
2. unter Verwendung nachgemachter oder verfälschter Belege fortgesetzt Beiträge vorenthält oder
3. die Mithilfe eines Amtsträgers ausnutzt, der seine Befugnisse oder seine Stellung missbraucht.

(5) Dem Arbeitgeber stehen der Auftraggeber eines Heimarbeiters, Hausgewerbetreibenden oder einer Person, die im Sinne des Heimarbeitsgesetzes diesen gleichgestellt ist, sowie der Zwischenmeister gleich.

(6) ¹In den Fällen der Absätze 1 und 2 kann das Gericht von einer Bestrafung nach dieser Vorschrift absehen, wenn der Arbeitgeber spätestens im Zeitpunkt der Fälligkeit oder unverzüglich danach der Einzugsstelle schriftlich
1. die Höhe der vorenthaltenen Beiträge mitteilt und
2. darlegt, warum die fristgemäße Zahlung nicht möglich ist, obwohl er sich darum ernsthaft bemüht hat.

²Liegen die Voraussetzungen des Satzes 1 vor und werden die Beiträge dann nachträglich innerhalb der von der Einzugsstelle bestimmten angemessenen Frist entrichtet, wird der Täter insoweit nicht bestraft. ³In den Fällen des Absatzes 3 gelten die Sätze 1 und 2 entsprechend.

I. Allgemeines

1 1. § 266 a beinhaltet unterschiedliche Tatbestandsgruppen und schützt in den einzelnen Absätzen verschiedene Rechtsgüter: In **Abs. 1 und 2** geht es um das Vorenthalten von Sozialversicherungsbeiträgen. Durch diese Vorschriften wird das **Interesse der Solidargemeinschaft der Versicherten** an der Gewährleistung des Aufkommens der Mittel für die Sozialversicherung gesichert (BGH NStZ 2010, 216; G/K/R-*Gercke* 2 A 5 f; aA M/R-*Matt* Rn 1 [Schutz des Vermögens des Sozialversicherungsträgers]); **Abs. 3** hat das Veruntreuen von Arbeitsentgelt zum Gegenstand und schützt damit das **Vermögen** des betroffenen **Arbeitnehmers** (BT-Drucks. 10/5058, 31; MK-*Radtke* Rn 6 mwN).

2 2. Der **Täterkreis** ist in den einzelnen Absätzen begrenzt, so dass es sich bei § 266 a um ein **Sonderdelikt** handelt (NK-*Tag* Rn 18).

a) Die **Arbeitgebereigenschaft** ist ein besonderes persönliches Merkmal iSv § 14. Somit können die dort genannten Organe (zB der Geschäftsführer einer GmbH) und Vertreter Täter des § 266 a sein (NK-*Tag* Rn 19 ff). 3

b) Wegen der besonderen Pflichtenstellung (mit treuhänderischen Zügen) ist die **Tätereigenschaft** des § 266 a auch ein besonderes persönliches Merkmal iSv § 28 I; für den Teilnehmer führt dies zu einer obligatorischen Strafmilderung gem. § 49 I (BGH wistra 2011, 344 [346]; *Fischer* Rn 3; LK-*Möhrenschlager* Rn 82 mwN). Hiergegen wird eingewandt, dass sich die Täterqualität bei § 266 a nicht aus einer besonderen Pflichtenstellung, sondern nur aus der Nähe zum geschützten Rechtsgut ergebe (*Otto* BT § 54/57; S/S-*Perron* Rn 20). 4

II. Abs. 1

1. **Täter** des Abs. 1 kann nur der Arbeitgeber oder eine dem Arbeitgeber gem. Abs. 5 gleichgestellte Person sein. Der Begriff des **Arbeitgebers** bestimmt sich zivilrechtlich. Nach den §§ 611 ff BGB sind Arbeitgeber Dienstberechtigte, denen der Arbeitnehmer Dienste leistet und von denen dieser persönlich abhängig ist (BGH NJW 2014, 1975 [1976]; NStZ-RR 2014, 246 [247 f]; ausf. NK-*Tag* Rn 19 ff; krit. Auseinandersetzung mit dem Arbeitgeberbegriff bei *Bürger* wistra 2016, 169 ff; zu der Arbeitgebereigenschaft des vorläufig starken Insolvenzverwalters *Dupper/Petzsche* wistra 2016, 294 ff). Im Rahmen der Arbeitnehmerüberlassung ist zu differenzieren: Ist sie zulässig, ist allein der Verleiher Arbeitgeber; handelt es sich um unerlaubte gewerbliche Arbeitnehmerüberlassung, ist jedenfalls (auch) der Entleiher Arbeitgeber (§ 10 I AÜG; vgl BGH NStZ-RR 2014, 246 [248], dort auch zur Abgrenzung zum Werkvertrag; *Feigen/Livonius* Schiller-FS 147 [150 f]). Ob ein Arbeitsverhältnis gegeben ist, richtet sich nach den tatsächlichen Gegebenheiten und nicht nach der Bezeichnung durch die Vertragsparteien (vgl BGH wistra 2016, 153 [154]; BGH NStZ-RR 2014, 246 [248]; *Lanzinner*, Scheinselbstständigkeit als Straftat, 2014, 54). Die dem Arbeitgeber durch **Abs. 5** gleichgestellten Personen sind in § 2 HAG, § 12 SGB IV näher beschrieben (*Mitsch* 7.8.2.1.1.4; NK-*Tag* Rn 38 f). 5

2. Der **objektive Tatbestand** ist verwirklicht, wenn Beiträge des Arbeitnehmers zur Sozialversicherung oder zur Bundesanstalt für Arbeit der Einzugsstelle vorenthalten werden. 6

a) **Beiträge des Arbeitnehmers** sind nur solche Beiträge, die aufgrund einer gesetzlichen Verpflichtung an die genannten Stellen gezahlt werden müssen und die materiell dem Arbeitnehmer zuzurechnen sind, dh Beiträge, die der Arbeitnehmer selbst hätte entrichten müssen, hätte das Gesetz diese Verpflichtung nicht dem Arbeitgeber auferlegt (*Otto* BT § 61/71). Von Abs. 1 werden also zB Beiträge für die Kranken-, Renten- und Pflegeversicherung des Arbeitnehmers erfasst (näher NK-*Tag* Rn 40 ff). Das Bestehen eines faktischen Arbeitsverhältnisses ist ausreichend (G/K/R-*Gercke* 2 A 14; M/G-*Meyer* 10 A 92). 7

b) **Vorenthalten** werden die Beiträge, wenn der Arbeitgeber die geschuldeten Arbeitnehmerbeiträge nicht spätestens am Fälligkeitstag (BGH NJW 1992, 177 [178]) an die Einzugsstelle abgeführt hat (*Otto* BT § 61/72). Abs. 1 normiert also ein **echtes Unterlassungsdelikt** (*Mitsch* 7.8.2.1.4 mwN). 8

aa) Der Tatbestand ist auch erfüllt, wenn das Nichtabführen der Beiträge mit einem (teilweisen oder vollständigen) **Unterlassen der Lohnzahlung** an den Arbeitnehmer verbunden ist (BGH [Zivilsenat] NStZ 2001, 91 [93]; NK-*Tag* Rn 57 9 mwN). Dies hat der Gesetzgeber durch die in der Neufassung eingefügte Inversion des Wortlautes von Abs. 1 klargestellt (BT-Drucks. 14/8221, 18; *Ignor/Rixen* NStZ 2002, 510 [512]). Abs. 1 verlangt dem Wortlaut nach ein „Vorenthalten" der Arbeitnehmerbeiträge, das – anders als das in der früheren gesetzlichen Regelung geforderte „Einbehalten" – lediglich die Nichterfüllung der Verpflichtung voraussetzt (vgl auch § 170 II). Die Verpflichtung zur Abführung von Arbeitnehmerbeiträgen ist aber weder hinsichtlich ihrer Entstehung noch ihrer Fälligkeit von der tatsächlichen Auszahlung des Lohns an den Arbeitnehmer abhängig (BGH NStZ 2002, 547 [548]). Diese Lohnpflichttheorie, nach der eine Strafbarkeit allein abhängig von der Pflicht des Arbeitgebers zur Lohnzahlung begründet wird, hat zur Konsequenz, dass bereits mit der Gefährdung des Sozialversicherungsaufkommens der Tatbestand erfüllt ist (BGHSt 47, 318 [320 f]; *Hirte* NJW 2003, 1154 [1159]; *Schmitt* NZI 2002, 146 [147]).

10 bb) Nicht vorenthalten hat der Arbeitgeber die Beiträge nach allgemeinen Grundsätzen, wenn ihm die geschuldete Beitragsleistung **unmöglich** oder **unzumutbar** ist (BGHSt 47, 318 [320]; OLG Hamm wistra 2003, 73; *Fischer* Rn 14 ff; *Mitsch* 7.8.2.1.4; S/S-*Perron* Rn 10). Unmöglichkeit kann durch tatsächliche (zB Krankheit) oder rechtliche (zB Eröffnung des Insolvenzverfahrens) Umstände begründet sein (NK-*Tag* Rn 68 mwN).

11 **Unmöglichkeit** ist anzunehmen, wenn der Arbeitgeber **mangels Zahlungsfähigkeit** die Arbeitnehmerbeiträge nicht abführen kann (OLG Dresden NStZ 2011, 163; S/S-*Perron* Rn 10). Dies gilt jedoch nicht, wenn der Arbeitgeber nach den Grundsätzen der omissio libera in causa (vgl § 13 Rn 84) seine Zahlungsunfähigkeit zu vertreten hat (BGH NStZ 2002, 547 [548]; OLG Celle NJW 2001, 2985 f; *Achenbach* NStZ 2002, 523 [526]; *Fischer* Rn 15 b; W-*Hillenkamp* Rn 789; *Mitsch* 7.8.2.1.4; krit. MK-*Radtke* Rn 67 f mwN). Sofern der Arbeitgeber erst andere Verbindlichkeiten erfüllt und deshalb über keine Mittel mehr für die Arbeitnehmerbeiträge verfügt, ist umstritten, wann von einem Vertretenmüssen und damit von einer Tatbestandsverwirklichung iSv Abs. 1 auszugehen ist:

12 ■ Teils wird den Verbindlichkeiten nach §§ 28 d ff SGB IV grds. ein gesetzlicher Vorrang eingeräumt und daher Unmöglichkeit mit dem Argument verneint, dass der Arbeitgeber seine Zahlungsunfähigkeit zu verantworten habe, wenn er nicht den aus § 266 a abzuleitenden Vorrang des Sozialversicherungsanspruchs vor anderen zivilrechtlichen Verbindlichkeiten beachtet habe (BGHSt 48, 307 [311]: für die Zeit nach Ablauf der Drei-Wochen Frist des § 64 I GmbHG aF [vgl jetzt § 15 a I InsO]; BGH NJW 2005, 3650 [3651 f]; zust. Anm. *Sinn* NStZ 2007, 155 (156); *Hellmann/Beckemper* Rn 851 f; abl. *Rönnau* wistra 2007, 81). Der Rechtsprechung des 5. Strafsenats hat sich nunmehr auch der II. Zivilsenat angeschlossen (BGH NJW 2007, 2118 [2120]). Insbesondere in einer Krisensituation müsse der bezweckte Schutz des § 266 a gewahrt werden, so dass bei Mittelverfügbarkeit vorrangig die Arbeitnehmerbeiträge abzuführen seien (BGH NJW 2005, 3650 [3651]). Zudem ergebe sich dies aus Abs. 6, der bei Gleichrangigkeit aller Zahlungsverpflichtungen überflüssig wäre (BGHSt 47, 318 [321]; 48, 307 [311]).

13 ■ Teils wird Unmöglichkeit bejaht (BGH [Zivilsenat] NJW 2005, 2546 [2548], jedoch ausdrücklich aufgegeben in BGH [Zivilsenat] NJW 2007, 2118 [2120]; SK-*Hoyer* Rn 51; NK-*Tag* Rn 70 ff jew. mwN), weil ein solcher Vorrang insbesondere mit Blick auf § 64 II aF (nunmehr § 64) GmbHG nicht eindeutig festzustellen sei und der Arbeitgeber die Freiheit habe, vor-

rangig auch andere Leistungen an Gläubiger zu erbringen, soweit sie den Grundsätzen kongruenter Deckung entsprechen. Auch spreche hierfür, dass mit der Insolvenzrechtsreform die noch in der KO enthaltene Privilegierung der Sozialversicherungsbeiträge weggefallen ist (BGH [Zivilsenat] NJW 2005, 2546 [2548]).

III. Abs. 2

1. Abs. 2 stellt das Vorenthalten der ganz (zB Unfallversicherung nach § 150 I SGB VII) oder anteilig auf den **Arbeitgeber fallenden Beiträge** zur Sozialversicherung unter Strafe. Ausgenommen (und nur ordnungswidrig) sind – wegen des geringeren Unrechtsgehalts – die vom Arbeitgeber zu tragenden Beiträge bei geringfügig Beschäftigten in Privathaushalten gem. § 8 a SGB IV (BT-Drucks. 15/2573, 28; *Fischer* Rn 19; NK-*Tag* Rn 89). In beiden Tatvarianten bedarf es weder einer Täuschung noch eines Irrtums iSv § 263. **Taterfolg** ist das Vorenthalten der Beiträge, für die eine Zahlungspflicht besteht (Rn 8–13; ferner *Rönnau/Kirch-Heim* wistra 2005, 321 [323 ff]). Dies muss kausal auf das in Nr. 1 und 2 beschriebene Täterverhalten zurückzuführen sein („dadurch"; *Krack* wistra 2015, 121 [122 f]; aA M-G/*Thul* § 38 Rn 225). Zum Teil wird zudem verlangt, dass ein funktionaler Zusammenhang bestehen müsse (S/S-*Perron* Rn 11 h). **14**

2. **Tatsachen** iSv **Nr. 1** sind **erheblich**, wenn sie für Grund oder Höhe der Zahlungspflicht maßgeblich sind. Sie müssen **unrichtig oder unvollständig** (§ 264 Rn 12) gegenüber der zuständigen Stelle angegeben werden (näher NK-*Tag* Rn 90 ff). Da es sich im Gegensatz zu Abs. 1 nicht um ein reines Unterlassungsdelikt handelt, steht auch die Unmöglichkeit (vgl Rn 11 ff) der Beitragsleistung einer Strafbarkeit nicht entgegen (BGH NJW 2011, 3047 [3048] m.Anm. *Bittmann*; aA *Krack* wistra 2015, 121 [126 f] mwN). **15**

3. Das echte Unterlassungsdelikt nach **Nr. 2** erfordert einen Verstoß gegen eine Mitteilungspflicht des Täters. Die Einzugsstelle wird insbesondere dann **in Unkenntnis gelassen**, wenn ihr – im Schwarzarbeitsbereich – die Eigenschaft des Täters als Arbeitgeber unbekannt ist. Beim Weglassen relevanter Tatsachen sind die Angaben regelmäßig unvollständig. **16**

IV. Abs. 3

1. **Täter** kann wie in Abs. 1 nur der Arbeitgeber oder eine ihm gleichgestellte Person sein (Rn 5; ferner NK-*Tag* Rn 103 ff). **17**

2. **Gegenstand** der Tathandlung sind alle Lohnteile, die weder unter Abs. 1 fallen noch als Lohnsteuer (Abs. 2 S. 2) einbehalten werden, also zB vermögenswirksame Leistungen oder freiwillige Zahlungen an Versicherungs-, Renten- oder Pensionskassen (*Fischer* Rn 22 a; NK-*Tag* Rn 107 ff). **18**

Die (zweiaktige) Tathandlung besteht in einem **doppelten Unterlassen** des Arbeitgebers (näher NK-*Tag* Rn 114 ff): Er muss zum einen Lohnteile **einbehalten**, also nur ein um den abzuführenden Betrag gekürztes Arbeitsgeld auszahlen (L-Kühl-*Heger* Rn 14), und diesen Anteil gleichzeitig **nicht**, dh nicht bis zum Tag der Fälligkeit (*Otto* BT § 54/62), an die entsprechende Stelle **zahlen**. Zum Anderen muss er es unterlassen, den Arbeitnehmer von der Nichtzahlung zu **unterrichten**. Ein Einverständnis des Arbeitnehmers lässt dagegen den Tatbestand entfallen (*Fischer* Rn 22 a). **19**

V. Abs. 4

20 Abs. 4 formuliert **Regelbeispiele** für besonders schwere Fälle (hierzu § 46 Rn 17 ff), die nur im Zusammenhang mit Abs. 1 zum Tragen kommen. Im Falle der Entwicklung des Vorenthaltens von Sozialversicherungsbeiträgen zu einem Massendelikt in den Dimensionen der Steuerhinterziehung besteht so die Möglichkeit der Strafschärfung (BT-Drucks. 14/8221, 18). Die Auslegung des § 266 a IV Nr. 1 soll sich nach dem Willen des Gesetzgebers an § 370 III Nr. 1 AO orientieren (BT-Drucks. 14/8221, 18). Danach liegt – parallel zu § 370 III Nr. 1 AO – ein **großes Ausmaß** ab einem Schaden in Höhe von etwa 500.000 Euro vor (*Ignor/Rixen* NStZ 2002, 510 [512]; NK-*Tag* Rn 100). **Grober Eigennutz** ist zu bejahen, wenn das in der Beitragsvorenthaltung zum Ausdruck kommende Gewinnstreben, das bei jedem Täter des § 266 a vorhanden ist, das übliche Maß übersteigt (NK-*Tag* Rn 99). Der Täter muss skrupellos auf seinen Gewinn bedacht sein, ohne dass Gewinnsucht erforderlich ist (vgl BGH wistra 1985, 228; *Ignor/Rixen* NStZ 2002, 510 [513]). Hinsichtlich der Nr. 2, 3 ist auf die Unterscheidungen der Urkunds- und Bestechungsdelikte zurückzugreifen. Zu **nachgemachten oder verfälschten Belegen** vgl § 264 Rn 19; zum **Missbrauch** der **Amtsträgereigenschaft** (§ 11 Nr. 2) vgl § 263 Rn 247.

21 VI. Der **subjektive Tatbestand** erfordert in allen Fällen (zumindest bedingten) Vorsatz (*Fischer* Rn 23; S/S-*Perron* Rn 17; zu Irrtumsfragen: NK-*Tag* Rn 81 ff; zum Vorsatz bei Begründung des objektiven Tatbestandes über die Grundsätze der omissio libera in causa [Rn 11]: MK-*Radtke* Rn 92; vgl auch *Mayer* NZWiSt 2015, 169 ff; zur fehlerhaften Subsumtion unter den Arbeitnehmerbegriff OLG Celle NZWiSt 2015, 430 m.Anm. *Bürger*).

22 VII. **Tätige Reue**: Verhält sich der Arbeitgeber in der in **Abs. 6** vorgesehenen Weise, kann das Gericht von Strafe absehen (näher *Krack* NStZ 2001, 505 [509 f]; *Mitsch* 7.8.4; NK-*Tag* Rn 123 ff). Im Fall des S. 2 tritt zwingend Straffreiheit ein (G/K/R-*Gercke* 2 A 96; NK-*Tag* Rn 123). Abs. 6 ist auch auf die Fälle der unselbstständigen Strafzumessungsregel des Abs. 4 anzuwenden (*Ignor/Rixen* NStZ 2002, 510 [513]).

23 VIII. **Konkurrenzen**: Im Verhältnis zu § 266 ist § 266 a lex specialis. Gleiches gilt für § 266 a I und II im Verhältnis zum Beitragsbetrug (BT-Drucks. 15/2573, 28; vgl auch BGH NStZ 2007, 527; *Otto* BT § 61/78; MK-*Radtke* Rn 101). Im Verhältnis zu Abs. 3 geht § 263 vor, weil dem untreueähnlichen Element gegenüber der Täuschung keine eigenständige Bedeutung zukommt (MK-*Radtke* Rn 100).

§ 266 b Mißbrauch von Scheck- und Kreditkarten

(1) Wer die ihm durch die Überlassung einer Scheckkarte oder einer Kreditkarte eingeräumte Möglichkeit, den Aussteller zu einer Zahlung zu veranlassen, mißbraucht und diesen dadurch schädigt, wird mit Freiheitsstrafe bis zu drei Jahren oder mit Geldstrafe bestraft.

(2) § 248 a gilt entsprechend.

I. Allgemeines

Die Vorschrift **schützt** das **Vermögen** des Scheck- bzw Kreditkartenausstellers. 1
Die Sicherung bestimmter Formen des bargeldlosen Zahlungsverkehrs ist nur ein
Schutzreflex (SK-*Hoyer* Rn 3; MK-*Radtke* Rn 1; für weiteres Rechtsgut BGHSt
47, 160 [168] m. Bspr *Mühlbauer* NStZ 2003, 650 ff; BGH NJW 2002, 905
[907]; L-Kühl-*Heger* Rn 1).

§ 266 b soll insbesondere die Strafbarkeitslücke schließen, die sich aus dem Er- 2
fordernis einer Vermögensbetreuungspflicht für die Missbrauchsvariante der Untreue (§ 266 I Alt. 1) ergibt: Da Scheck- und Kreditkarten im Interesse der Bankkunden ausgegeben werden und zu keiner fremdnützigen Geschäftsführung verpflichten, eröffnet sich für den Karteninhaber die Möglichkeit eines Missbrauchs
zulasten des ausstellenden Kreditinstituts, ohne dass § 266 eingreift (vgl § 266
Rn 20 ff; BGHSt 33, 244 [250 f]; vgl ferner BayObLG NJW 1997, 3030 [3039];
Offermann wistra 1986, 50 [54 ff]). Der Scheck- und Kreditkartenmissbrauch ist
daher ein untreueähnliches Delikt, das § 266 bis auf den Verzicht einer Vermögensbetreuungspflicht und einer wirksamen Verpflichtungs- und Verfügungsbefugnis im Außenverhältnis – hier muss die Zahlungsverpflichtung nur formal
ausgelöst, nicht materiell begründet werden (Rn 6) – nachgebildet ist. Allerdings
erfasst die Vorschrift auch Konstellationen, die unter die Tatbestände der §§ 263
und 263 a fallen. Hieraus ergeben sich – wegen des geringeren Strafrahmens von
§ 266 b – schwierige Wertungs- und Abgrenzungsprobleme, die auf Tatbestands-
oder Konkurrenzebene zu lösen sind.

II. Tatbestand

Tathandlung ist der Missbrauch der durch die Überlassung einer Scheck- oder 3
Kreditkarte eingeräumten Möglichkeit, den Aussteller zu einer Zahlung zu veranlassen. Erfolg ist die dadurch bedingte Vermögensschädigung des Ausstellers.

1. Täterkreis: Täter kann nur der **berechtigte Karteninhaber** sein (BT-Drucks. 4
10/5058, 32). Neben dem Kontoinhaber kommt auch ein zur Verwendung der
Karte ermächtigter Dritter in Betracht (zB Ehegatten-Karte usw). Missbräuche
durch nichtberechtigte Besitzer von Scheck- oder Kreditkarten unterfallen § 263.

Die Tat ist **Sonderdelikt.** Wegen der dem Karteninhaber eingeräumten Vertrau- 5
ensstellung ist die Tätereigenschaft besonderes persönliches Merkmal iSv § 28 I
(vgl W-*Hillenkamp* Rn 795; *Kudlich* JuS 2003, 537 [539]).

2. Tatobjekt: Tatobjekte können Scheck- oder Kreditkarten sein. Bei ihnen wird 6
dem Inhaber gleichermaßen die Möglichkeit eingeräumt, den Aussteller aufgrund
der von ihm abgegebenen Garantieerklärung zu einer Zahlung an den Scheck-
bzw Kreditkartennehmer zu veranlassen. **Möglichkeit** bedeutet hierbei, dass jede
zivilrechtliche Form, in der eine wirksame Zahlungsverpflichtung des Kartenaus-
stellers durch den berechtigten Inhaber ausgelöst wird, erfasst ist (S/S-*Perron*
Rn 3). Nach der üblichen Konstruktion besteht zwischen Kartenausstellern (Kreditinstituten) und Kartennehmern (Handels- und Dienstleistungsunternehmen)
die Vereinbarung, dass die Zahlungspflicht allein durch die formal richtige Benutzung der Karte (und ggf des Schecks) durch den Karteninhaber entsteht, und
zwar unabhängig davon, ob der Karteninhaber materiell berechtigt ist (NK-
Kindhäuser § 263 a Rn 47).

a) Scheckkarte: Bei der Scheckkarte garantiert der Aussteller (Kreditinstitut) dem 7
Schecknehmer die Einlösung von Schecks auf speziellen Scheckformularen („Eu-

roschecks") bis zu einem bestimmten Betrag. Hierdurch entfällt bis zur angegebenen Höhe das Risiko der mangelnden Deckung des Schecks. Vorausgesetzt ist, dass Unterschrift und Kontonummer auf Scheck und Scheckkarte übereinstimmen, die Scheckkartennummer auf der Rückseite des Schecks vermerkt ist, der Scheck innerhalb der Gültigkeitsdauer der Scheckkarte ausgestellt und binnen acht Tagen (bei Auslandsschecks binnen 20 Tagen) vorgelegt wird.

8   Vom Tatbestand erfasst wird auch das Point-of-Sales-Verfahren (**POS-Banking**), bei dem die Scheckkarte (ohne Scheckhingabe) an automatisierten Kassen verwendet wird (hierzu § 263 a Rn 64 f). Das Gegenargument, die Zahlungsgarantie werde hier nicht durch die Wahrnehmung einer dem Karteninhaber eingeräumten rechtlichen Verpflichtungsbefugnis, sondern durch ein dem Händler gegebenes abstraktes Schuldversprechen begründet (MK-*Radtke* Rn 66; *Rengier* I § 19/22 f), greift nicht, weil es für § 266 b – im Gegensatz zu der Missbrauchsalternative von § 266 – ausreicht, dass der Karteninhaber von der ihm eingeräumten Möglichkeit Gebrauch macht, den Aussteller zu einer Zahlung zu veranlassen; dies ist auch der Fall, wenn sich der Aussteller schon im Vorhinein gegenüber dem Händler abstrakt verpflichtet hat, Rechnungen des Karteninhabers zu begleichen und dieser nur noch durch eine formal korrekte Kartenverwendung die konkrete Zahlungspflicht auslöst (Rn 6). Unanwendbar ist § 266 b jedoch auf das elektronische Lastschriftverfahren (früher POZ-Verfahren), bei dem der Aussteller keine Garantie für die Erfüllung der Forderung übernimmt (vgl NK-*Kindhäuser* § 263 a Rn 54; MK-*Radtke* Rn 67).

b) Kreditkarte:

9   aa) Bei der **Kreditkarte** im sog. **Drei-Parteien-System** („Universalkreditkarte", zB Mastercard, American Express-Karte) verpflichtet sich der Aussteller (Kreditinstitut) gegenüber einem Vertragsunternehmen (zB Hotel, Handwerk, Einzelhändler), dessen Forderungen gegenüber dem Karteninhaber zu begleichen. Mit dem Karteninhaber rechnet der Kartenherausgeber periodisch ab (vgl hierzu *Ranft* JuS 1988, 673 [676]).

10 bb) Nicht vom Tatbestand erfasst werden dagegen „Kreditkarten" („Kundenkarten") im sog. **Zwei-Parteien-System** (BGHSt 38, 281 ff; *Brand/Hotz* JuS 2014, 714 [715]; MK-*Radtke* Rn 25 ff mwN). Bei solchen Karten wird dem Inhaber als Kunden des Ausstellers ein für dessen Filialen gültiger Kreditrahmen eingeräumt; die Kundenkarte ist also nur ein Ausweis für die Eröffnung eines Kredits auf einem Kundenkonto ohne gesonderte Prüfung der Kreditwürdigkeit. Dagegen wird der Aussteller nicht, wie es der Tatbestand des § 266 b voraussetzt, zu einer „Zahlung" veranlasst; er leistet vielmehr Waren oder Dienstleistungen auf Kredit.

11 Entgegen dem eindeutigen Wortlaut hält eine beachtliche Mindermeinung Kundenkarten gleichwohl für taugliche Tatobjekte (S/S/W-*Hilgendorf* Rn 13; ders. JuS 1997, 130 [135]; *Otto* JZ 1992, 1139 f; *Ranft* JuS 1988, 673 [680 f]). Argument ist die wenig einsichtige Strafrahmendiskrepanz: Bei Kundenkarten greift im Falle mangelnder Deckung § 263 ein, für Kreditkarten im Drei-Parteien-System gilt dagegen der mildere § 266 b, ohne dass sich beide Tatausführungen im Handlungs- und Erfolgsunrecht nennenswert unterschieden.

12 Sieht man die Privilegierung des Täters nach § 266 b gegenüber §§ 263, 263 a und 266 darin, dass ihm der Geschädigte die Möglichkeit der Schädigung eingeräumt hat, ohne ihn zugleich mit einer fremdnützigen Geschäftsbesorgung iSe Vermögensbetreuungspflicht zu betrauen, also in einer gewissen Selbstgefähr-

dung des Geschädigten, so ist es in der Tat sachgerecht, alle einschlägigen Fälle im Unwert und damit auch im Strafrahmen gleich zu gewichten. Dies verlangt aber keine Ausdehnung des Tatbestands über den Wortlaut hinaus, sondern nur eine Berücksichtigung auf Strafzumessungsebene: Bei der betrügerischen Verwendung einer Kundenkarte ist mit anderen Worten auf die Tat nach § 263 der Strafrahmen des § 266 b anzuwenden.

cc) Die Strafrahmenproblematik stellt sich insbesondere bei Mischformen von Kreditkarten, die bei der Inanspruchnahme von Leistungen des Ausstellers als Kundenkarten, bei der Inanspruchnahme von Leistungen Dritter aber als Kreditkarten im Drei-Parteien-System fungieren. Hier ist bei einem Missbrauch dann zu differenzieren, ob der Täter die Karte unmittelbar gegenüber dem Aussteller (§ 263) oder gegenüber einem Dritten (§ 266 b) benutzt (BGHSt 38, 281 [282]). In jedem Fall sollte aber der Strafrahmen von § 266 b herangezogen werden. 13

3. Tathandlung:

a) **Missbrauch** ist die Ausnutzung der Möglichkeit, den Aussteller zu einer Zahlung zu veranlassen, ohne dass die Voraussetzungen hierfür im Innenverhältnis erfüllt sind. Der Täter muss also im Außenverhältnis (Kartenaussteller/Kartennehmer) von seinem mit der Kartenüberlassung erlangten Können Gebrauch machen und dabei die Grenzen seines durch das Innenverhältnis (Karteninhaber/Kartenaussteller) festgelegten Dürfens überschreiten (BGH NStZ 1992, 278 [279]; BayObLG NJW 1997, 3039; *Mitsch* 7.9.2.1.3). 14

Stets muss das missbräuchliche Verhalten innerhalb des dem Täter im **Außenverhältnis** eingeräumten Könnens liegen. Dieses Können ergibt sich aus den Vereinbarungen zwischen Kartengeber und -nehmer über den Umfang der durch eine korrekte Kartenverwendung ausgelösten Zahlungsverpflichtung. Ist die Zahlungsgarantie zB bei Schecks auf eine bestimmte Höhe beschränkt und stellt der Täter einen ungedeckten Scheck aus, der diesen Betrag übersteigt, so erfasst § 266 b nur den Schaden bis zum garantierten Betrag. Für den überschießenden Teil macht der Täter mangels „Könnens" keinen Gebrauch von der ihm durch die Kartenüberlassung eröffneten Möglichkeit, den Aussteller zu einer Zahlung zu veranlassen; allerdings kommt hinsichtlich des ungedeckten Mehrbetrags ein Betrug zum Nachteil des Schecknehmers in Betracht. Aus demselben Grund ist der Tatbestand des § 266 b nicht verwirklicht, wenn bei der Verwendung einer Kreditkarte das im Rahmenvertrag zwischen den beteiligten Unternehmen vorgesehene Limit überschritten wird. Schließlich kommt § 266 b nicht in Betracht, wenn durch kollusives Zusammenwirken zwischen Karteninhaber und -nehmer eine Zahlungspflicht des Ausstellers nicht begründet wird (vgl BGHZ 83, 28 [30]; insoweit ist an mittäterschaftlichen Betrug gegenüber dem Aussteller zu denken, vgl BGHSt 33, 244 [247]). 15

Das rechtliche **Dürfen** im Innenverhältnis richtet sich nach den zwischen Aussteller und Karteninhaber getroffenen Konditionen über die erforderliche Deckung, den gewährten Kredit und die Zahlungsfristen. 16

Kein Missbrauch ist die unberechtigte **Weitergabe** der Karte an einen **Dritten**, um diesem die Möglichkeit eigener Schädigungshandlungen zum Nachteil des Kartenunternehmens zu eröffnen; hier nutzt der berechtigte Karteninhaber nicht die formalen Voraussetzungen seines Könnens (zB hinsichtlich der erforderlichen Unterschrift) zum Entstehen der Zahlungsverpflichtung aus (BGH NStZ 1992, 278 [279]). 17

18 b) Unter **Zahlung** ist nicht nur die Hingabe von Bargeld, sondern auch eine Geldleistung im Verrechnungswege zu verstehen (BT-Drucks. 10/5058, 32; *Otto* BT § 54/45; S/S-*Perron* Rn 8).

19 c) Die Möglichkeit, den Aussteller zu einer Zahlung zu veranlassen, muss sich gerade aus der **spezifischen Funktion der Karte** ergeben. Hieraus resultiert das Problem, ob der Tatbestand auch verwirklicht werden kann, wenn die Scheck- oder Kreditkarte als **Codekarte** benutzt wird, namentlich bei **unbefugten Barabhebungen an Geldautomaten** durch den Konto- und Karteninhaber selbst.

20 aa) Nach verbreiteter Ansicht soll dies nicht möglich sein, da die Karte hierbei nicht als Scheck- oder Kreditkarte mit Garantiefunktion, sondern nur als „Schlüssel" benutzt werde (*Bernsau*, Der Scheck- und Kreditkartenmissbrauch durch den berechtigten Karteninhaber, 1990, 154 ff; W-*Hillenkamp* Rn 797; *Mitsch* 7.9.2.1.3; *Otto* wistra 1986, 150 [153]). Dass die Scheck- oder Kreditkarte mit der Codekartenfunktion kombiniert sei, entspringe nur praktischen Bedürfnissen und habe sich zufällig ergeben.

21 bb) Die Gegenauffassung hält § 266 b bei unbefugter Benutzung eines **institutsfremden Bankomaten** durch den berechtigten Karteninhaber für anwendbar (BGHSt 47, 160 [164]; BayObLGSt 1997, 75 [77]; NK-*Kindhäuser* § 263 a Rn 47 ff mwN; diff. nach dem Status des Bankomaten [„offline" oder „online"] MK-*Radtke* Rn 62; *Zielinski* JR 2002, 342 [343]). Hierfür spricht zunächst der Wortlaut, da die Karte ihrem Inhaber die Möglichkeit gibt, durch Automatenbenutzung den Aussteller zu einer Zahlung zu veranlassen. Es wäre auch unzutreffend, in der Verwendung der Karte nur den Gebrauch einer „Schlüsselfunktion" zu sehen; vielmehr wird dem Karteninhaber das ausgeworfene Geld zivilrechtlich wirksam übereignet (vgl § 263 a Rn 53 ff). Ob der Täter einen Euroscheck an einem Bankschalter einlöst oder ob er den Betrag an einem Bankomaten abhebt, macht rechtlich keinen Unterschied (ebenso BGHSt 47, 160 [164 f]). Auch das Argument, die Karte werde als Code- und nicht als Scheck- oder Kreditkarte benutzt, trägt nicht. Mit den Begriffen „Scheck-" und „Kreditkarte" sollen alle kartengestützten Formen des bargeldlosen Zahlungsverkehrs erfasst werden; die Begriffe sind auch für neue Systeme offen (*Otto* BT § 54/45).

22 cc) Während das Geldabheben an einem institutsfremden Bankomaten in Sinn und Zweck wie auch in der rechtlichen Konstruktion völlig dem Geldabheben mittels einer Scheck- oder Kreditkarte an einem Bankschalter entspricht, scheidet eine Anwendbarkeit von § 266 b in Zwei-Parteien-Verhältnissen, also beim Bedienen eines Bankomaten der **Hausbank** aus (BGHSt 47, 160 [165]; BayObLGSt 1997, 75 [77]; S/S-*Perron* Rn 8). Anders als bei der Kundenkarte (Rn 10 ff) ist hier zwar das Merkmal der „Zahlung" erfüllt; es fehlt aber am Missbrauch (Rn 14 ff), für den die Realisierung eines Könnens in einem Außenverhältnis, das dem Dürfen in einem Innenverhältnis widerspricht, konstitutiv ist. Im Zwei-Parteien-System sind Können und Dürfen identisch; beim Geldabheben am eigenen Bankomaten zahlt das Kreditinstitut ohne entsprechende Verpflichtung.

23 Die bei der unbefugten Verwendung einer Kundenkarte nicht zu begründende Strafmaßdiskrepanz zwischen § 263 und § 266 b tritt beim unbefugten Geldabheben am institutseigenen Bankomaten bezüglich des Verhältnisses von §§ 263 a und 266 b erneut auf. Für das unbefugte Bedienen eines institutseigenen Bankomaten gilt der höhere Strafrahmen des § 263 a, obgleich der Täter hier die ihm mit der Überlassung der Karte eingeräumte Möglichkeit, den Aussteller zu einer Zahlung zu veranlassen, gerade nicht – wie beim Drei-Parteien-Verhältnis – ieS

missbraucht, also insoweit nur geringeres Handlungsunrecht verwirklicht. Wiederum lassen sich die Strafmaßdiskrepanzen nur dadurch aufheben, dass das unbefugte Geldabheben am institutseigenen Bankomaten durch den berechtigten Karteninhaber zwar als Computerbetrug bewertet wird, der **Strafrahmen** aber dem privilegierenden § 266 b entnommen wird. Sofern § 263 a bei Geldabhebungen durch den berechtigten Karteninhaber nicht für anwendbar gehalten wird (§ 263 a Rn 56 f), ist der Täter bei Schädigung der Hausbank **straflos** (so BGHSt 47, 160 [166]).

dd) Entsprechend ist der Tatbestand des § 266 b mangels Missbrauchs nicht erfüllt, wenn der Täter unbefugt Euroschecks unter Verwendung der Scheckkarte bei einer Filiale seiner Bank einlöst (aA OLG Hamm MDR 1987, 514 [515]). 24

4. Schaden: Der Missbrauch muss einen **Vermögensschaden** bewirken, der demjenigen bei Betrug und Untreue (vgl § 263 Rn 162 ff) entspricht. Anerkannt ist die Möglichkeit einer Kompensation, etwa durch andere Geldanlagen des Täters bei der Bank (L-Kühl-*Heger* Rn 6; *Otto* BT § 54/49). Die Möglichkeit einer schadensgleichen Vermögensgefährdung wird bei § 266 b überwiegend verneint (vgl *Bernsau*, Der Scheck- oder Kreditkartenmissbrauch durch den berechtigten Karteninhaber, 1990, 115 f; *Gössel* II § 26/45; aA S/S-*Perron* Rn 10; MK-*Radtke* Rn 71). 25

Maßgeblicher **Zeitpunkt** der **mangelnden Deckung** ist derjenige der Verrechnung; im Einzelfall ist die Vertragsgestaltung mit dem Kartenaussteller zu beachten. 26

5. Subjektiver Tatbestand: Die subjektive Tatseite erfordert (zumindest bedingten) Vorsatz. Hieran fehlt es etwa, wenn der Täter von einer hinreichenden Deckung ausgeht. 27

6. Vollendung: Das Delikt ist mit dem Eintritt des Schadens vollendet. Der **Versuch** ist nicht strafbar. 28

III. Strafantrag

Nach Abs. 2 ist in entsprechender Anwendung des § 248 a ein Strafantrag unter den dort genannten Bedingungen erforderlich. 29

IV. Konkurrenzen

§ 266 b verdrängt als milderes Spezialdelikt §§ 263, 263 a und 266 (BGH NStZ 1987, 120; KG JR 1987, 257), sofern diese Delikte überhaupt für anwendbar gehalten werden. Da § 266 b keine Versuchsstrafbarkeit kennt, sperrt er als milderes Gesetz auch eine Strafbarkeit nach §§ 263 (263 a, 266), 22, sofern die Tat im Stadium des Versuchs eines Scheck- und Kreditkartenmissbrauchs stecken bleibt (L-Kühl-*Heger* Rn 9; *Otto* BT § 54/53). 30

Wurde die Karte bereits durch Täuschung des Täters über seine Vermögensverhältnisse erlangt, so steht dieser Betrug nach § 263 (BGHSt 33, 244 [246]; BGH NStZ 1993, 283) in Tatmehrheit zum späteren Scheck- und Kreditkartenmissbrauch (*Gössel* II § 26/57; L-Kühl-*Heger* Rn 9; *Weber* JZ 1987, 215 [216]; aA BGHSt 47, 160 [170]: Tateinheit, auch bei mehrfacher Verwendung; *Otto* BT § 54/55 und MK-*Radtke* Rn 79: § 266 b als mitbestrafte Nachtat. 31

Dreiundzwanzigster Abschnitt Urkundenfälschung

§ 267 Urkundenfälschung

(1) Wer zur Täuschung im Rechtsverkehr eine unechte Urkunde herstellt, eine echte Urkunde verfälscht oder eine unechte oder verfälschte Urkunde gebraucht, wird mit Freiheitsstrafe bis zu fünf Jahren oder mit Geldstrafe bestraft.

(2) Der Versuch ist strafbar.

(3) ¹In besonders schweren Fällen ist die Strafe Freiheitsstrafe von sechs Monaten bis zu zehn Jahren. ²Ein besonders schwerer Fall liegt in der Regel vor, wenn der Täter
1. gewerbsmäßig oder als Mitglied einer Bande handelt, die sich zur fortgesetzten Begehung von Betrug oder Urkundenfälschung verbunden hat,
2. einen Vermögensverlust großen Ausmaßes herbeiführt,
3. durch eine große Zahl von unechten oder verfälschten Urkunden die Sicherheit des Rechtsverkehrs erheblich gefährdet oder
4. seine Befugnisse oder seine Stellung als Amtsträger oder Europäischer Amtsträger mißbraucht.

(4) Mit Freiheitsstrafe von einem Jahr bis zu zehn Jahren, in minder schweren Fällen mit Freiheitsstrafe von sechs Monaten bis zu fünf Jahren wird bestraft, wer die Urkundenfälschung als Mitglied einer Bande, die sich zur fortgesetzten Begehung von Straftaten nach den §§ 263 bis 264 oder 267 bis 269 verbunden hat, gewerbsmäßig begeht.

I. Allgemeines

1 Das Verbot der Urkundenfälschung dient nach hM der Sicherheit und Zuverlässigkeit des Beweisverkehrs mit Urkunden (vgl nur BGHSt 2, 50 [52]; *Fischer* Rn 1 mwN; grds. Kritik und abw. Rechtsgutsbestimmung bei *Jakobs*, Urkundenfälschung, 2000, 5 ff; *ders.* Küper-FS 225 ff; NK-*Puppe* Rn 1 ff, 8 ff: Recht des Einzelnen, von Täuschungen verschont zu bleiben). § 267 **schützt** nicht die inhaltliche Richtigkeit, sondern **allein die Authentizität der Urkunde**; es soll also nur garantiert werden, dass die in der Urkunde verkörperte Erklärung einem bestimmten Aussteller zuzuordnen ist, mag die Erklärung selbst auch inhaltlich falsch sein. Dagegen werden öffentliche Urkunden in besonderen Vorschriften auch um bestimmter Inhalte willen geschützt (vgl §§ 271, 277, 279, 348). Im **Gutachten** empfiehlt es sich, die Tatbestandsmerkmale der Urkundenfälschung in folgenden Schritten zu prüfen:
  A) Tatbestand:
   I. Objektiver Tatbestand:
    1. Tatobjekt: Urkunde
     – Garantiefunktion: Erkennbarkeit von Erklärung und Aussteller (Rn 5 ff)
     – Beweisfunktion: Beweiseignung und -bestimmung (Rn 9 ff)
     – Perpetuierungsfunktion: bestandsfeste Verkörperung und visuelle Wahrnehmbarkeit (Rn 13 f)
     – ggf Abgrenzungen und besondere Erscheinungsformen (Rn 15 ff)

           2. Tathandlungen
              – Herstellen einer unechten Urkunde (Rn 34 ff)
              – Verfälschen einer echten Urkunde (Rn 44 ff)
              – Gebrauchen einer unechten oder verfälschten Urkunde
                (Rn 52 ff)
       II. Subjektiver Tatbestand:
           1. Vorsatz bzgl I.
           2. dolus directus bzgl täuschendem Gebrauch im Rechtsverkehr (Rn 55 f)
   B) Rechtswidrigkeit
   C) Schuld
   D) Ggf Strafschärfung nach Abs. 3 oder 4 (Rn 58 ff)

II. Tatobjekt

1. Begriff der Urkunde: Eine **Urkunde** ist nach hM eine verkörperte und visuell 2
wahrnehmbare Gedankenerklärung, die zum Beweis einer rechtlich erheblichen
Tatsache geeignet und bestimmt ist und einen Aussteller erkennen lässt (vgl
BGHSt 3, 82 [84 f]; 34, 375 [376 f]; S/S-*Heine/Schuster* Rn 2 mwN). In der Literatur wird die Urkunde teils auch ohne Rückgriff auf die Beweiseignung und -bestimmung als „Erklärung im Rechtsverkehr, die in dauerhaften Zeichen verkörpert ist und die Identität des Erklärenden (des Ausstellers) erkennen lässt", definiert (vgl NK-*Puppe* Rn 17).

a) Die Begriffsbestimmung der hM ist an **drei Funktionen** orientiert, welche die 3
Urkunde zu erfüllen hat:

- **Perpetuierungsfunktion** (durch Verkörperung der Gedankenerklärung);
- **Garantiefunktion** (durch Erkennbarkeit des Ausstellers);
- **Beweisfunktion** (durch Eignung und Bestimmung, im Rechtsverkehr Beweis zu erbringen).

Die Urkunde muss **nicht in Schriftform** abgefasst sein. Allerdings muss die Ur- 4
kunde, um eine Gedankenerklärung verkörpern zu können, symbolische Zeichen
aufweisen (S/S-*Heine/Schuster* Rn 7; LK-*Zieschang* Rn 4, jew. mwN; aA *Kienapfel*, Urkunden im Strafrecht, 1967, 349 ff; *Welzel* 403; zu den Konsequenzen für
die Anerkennung von Beweiszeichen als Urkunden vgl Rn 20). Die urkundliche
Erklärung muss auch nicht für jedermann verständlich sein; es genügt, wenn der
Inhalt von Eingeweihten erschlossen werden kann.

b) **Aussteller** ist diejenige (bestimmte) Person (oder Behörde, vgl BGHSt 7, 149 5
[152]), der die urkundliche Erklärung im Rechtsverkehr als Urheber (sog. **Geistigkeitstheorie**) zuzurechnen ist (vgl BGHSt 13, 382 [385]; *Freund*, Urkundenstraftaten, 2. Aufl. 2010, Rn 116 ff; *Satzger* Jura 2012, 106 [108], jew. mwN).
Entgegen der heute nicht mehr vertretenen „Körperlichkeitstheorie" braucht der
Aussteller die Urkunde nicht eigenhändig abgefasst zu haben; allenfalls kann die
– für den Urkundenbegriff irrelevante – rechtliche Wirksamkeit einer Erklärung
Eigenhändigkeit voraussetzen (vgl zB § 2247 BGB). Dies gilt auch, wenn der Entwurf der Urkunde besondere Sachkompetenz voraussetzt. Demnach ist Aussteller
eines Vertrags nur der Unterzeichnende, auch wenn der Entwurf etwa von einem
Rechtsanwalt angefertigt wurde.

Aussteller einer Examensarbeit ist derjenige, der sie durch seine Unterschrift oder 6
ein für seinen Namen stehendes Kennwort zu seiner eigenen Erklärung macht,
mag sie auch ein anderer abgefasst haben (BayObLG NJW 1981, 772); somit

liegt eine Urkundenfälschung in der Variante des Herstellens vor, wenn der Verfasser einer Examensarbeit diese mit der Platznummer des Prüflings versieht (hM, vgl Rn 38), während beide (nach § 267) straflos sind, wenn der Prüfling selbst die von dem Dritten angefertigte Arbeit mit seiner Platznummer abzeichnet.

7 Wer Aussteller ist, kann sich zunächst aus der urkundlichen Erklärung selbst, zB aus der Unterschrift oder dem Briefkopf, ergeben. Es wird aber auch für ausreichend erachtet, wenn auf den Aussteller unter Zuhilfenahme weiterer Umstände **aus der Urkunde geschlossen** werden kann (BGH GA 1963, 16); beispielhaft sind der Bierdeckel, auf dem ein Kellner mit Strichen die Anzahl der konsumierten Getränke notiert, oder Preisetiketten (vgl Rn 21).

8 **Anonyme Schreiben** sind keine Urkunden, da bei ihnen ersichtlich niemand für die Erklärung einstehen will. Dies gilt für „offene" Anonymität – der Aussteller gibt sich zB bewusst nicht zu erkennen –, aber auch für „verdeckte" Anonymität, indem der Aussteller einen Allerweltsnamen (zB „Müller") oder einen ersichtlich unzutreffenden Namen (zB „Immanuel Kant") gebraucht. Hiervon ist der Fall abzugrenzen, dass der Aussteller eine Bezeichnung verwendet, unter der er in einem bestimmten Kontext ohne Weiteres identifizierbar ist; der Aussteller unterschreibt zB eine Erklärung mit seinem (dem Adressaten) wohlbekannten Spitznamen „Schlumpf". Eine unleserliche Unterschrift kann Ausdruck verdeckter Anonymität sein; soweit sie jedoch auf eine bestimmte Person hinweist, zB beim unleserlichen Unterzeichnen eines Arzneimittelrezepts mit Doktortitel, ist der Fall des Herstellens einer unechten Urkunde gegeben. Gleiches gilt für die Verwendung von Allerweltsnamen, wenn sich aus dem Kontext (zB Adresse) die Bezugnahme auf eine bestimmte Person ergibt (vgl BGHSt 5, 149 [151]).

9 c) Unter **Beweiseignung** ist die Möglichkeit zu verstehen, mithilfe der Urkunde (und ggf im Kontext mit anderen Umständen) zum Beweis einer rechtserheblichen Tatsache beizutragen. Ob dieser Beweis auch tatsächlich in einer konkreten Situation geführt werden kann, spielt dagegen keine Rolle. So soll einem bloßen Autogramm die Beweiseignung fehlen (*Fischer* Rn 14), dagegen sollen Prüfungsarbeiten geeignet sein, den relevanten Leistungsstand nachzuweisen (BGHSt 17, 297; BayObLG NJW 1981, 772 [773]; AG Pfaffenhofen NStZ-RR 2004, 170 f). Keine Beweiseignung hat eine „Kennkarte" des „Deutschen Reiches", wenn sie selbst bei oberflächlicher Betrachtung nicht für ein gültiges behördliches Dokument gehalten werden kann (OLG Bamberg, Beschl. v. 23.10.2012 – 2 Ss 63/12 m.Anm. *Jahn* JuS 2013, 566 ff; *Fischer* Rn 14 mwN). Die Beweiseignung einer unechten Urkunde ist unter der Fragestellung zu **prüfen**, ob sie im Falle ihrer Echtheit zum Beweis einer rechtserheblichen Tatsache beitragen könnte. Dies ist zB bei einer bloßen **Collage** aus mehreren lose zusammengefügten Schriftstücken, welche als Kopievorlage dienen soll (BayObLG NJW 1992, 3311 [3312]), zu verneinen. Hier kommt allenfalls die angefertigte Kopie als Urkunde in Betracht, sofern sie selbst als Original erscheinen soll (vgl Rn 29, 54).

10 d) Hinsichtlich der **Beweisbestimmung** differenziert die hM zwischen Absichts- und Zufallsurkunden: Der Aussteller kann eine Gedankenerklärung schon mit dem Ziel fixieren, sie ggf als Beweismittel zu verwenden – sog. **Absichtsurkunde** (zB ein Zeugnis). Die Bestimmung, eine verkörperte Gedankenerklärung ggf als Beweismittel zu verwenden, kann jedoch auch (nicht notwendig vom Aussteller selbst, sondern von einem Dritten mit entsprechendem Beweisführungsinteresse) nachträglich erfolgen – sog. **Zufallsurkunde** (vgl BGHSt 3, 82; 13, 235 [238]; S/S-*Heine/Schuster* Rn 14; M/R-*Maier* Rn 23; LK-*Zieschang* Rn 70, jew. mwN).

Sog. **Deliktsurkunden** – dh urkundliche Erklärungen, die, wie etwa beleidigende Briefe, einen Straftatbestand erfüllen – werden zu den Absichtsurkunden gezählt, wenn sie der Täter in dem Bewusstsein ausstellt, einen anderen zu einem rechtserheblichen Verhalten zu veranlassen (S/S-*Heine/Schuster* Rn 14; LK-*Zieschang* Rn 69 mwN); ansonsten werden sie bei Beweisbestimmung durch einen Dritten als Zufallsurkunden angesehen (vgl RGSt 32, 56).

Aufgrund der von der hM anerkannten Möglichkeit nachträglicher Beweisbestimmung kommt diesem Merkmal praktisch keine den Urkundenbegriff beschränkende Funktion zu. Allerdings fehlt einem Schriftstück vor seiner Beweisbestimmung die Urkundenqualität, so dass private Aufzeichnungen und Urkundenentwürfe (noch) keine Urkunden sind (vgl BGHSt 3, 82; 13, 235); bei Blanketten und Formularen, die gewöhnlich mangels Beweisbestimmung nicht als Urkunden angesehen werden, fehlt schon der Aussteller (oder die Gedankenerklärung). Umgekehrt entfällt mit der Aufhebung der Beweisbestimmung die Urkundenqualität, so beim Aussondern von Akten etc. zum Zwecke der Vernichtung (vgl OLG Köln MDR 1960, 946). 11

Von einer Mindermeinung wird die Konstruktion einer Zufallsurkunde abgelehnt: Dem Aussteller könne die Garantie für den Inhalt seiner privaten Äußerung nicht dadurch aufgezwungen werden, dass ein anderer mit dieser Äußerung etwas zu beweisen suche (NK-*Puppe* Rn 9 mwN). Aber auch bei der Absichtsurkunde komme es nicht auf die tatsächliche Zielsetzung des Erklärenden an. Entscheidend sei hier vielmehr ein verobjektivierter **Empfängerhorizont**: Eine (allein maßgebliche) Absichtsurkunde sei gegeben, wenn die Erklärung den Willen des Ausstellers erkennen lasse, sich rechtserheblich zu äußern (SK-*Hoyer* Rn 40). In diesem Sinne sind auch Deliktsurkunden als Absichtsurkunden einzustufen, wenn der Täter durch eine Erklärung deliktischen Inhalts zumindest den Anschein erweckt, der Erklärende rechne mit einer rechtlich erheblichen Reaktion des Empfängers (SK-*Hoyer* Rn 40 mwN). Kritisch ist gegen diese Ansicht einzuwenden, dass in der Legaldefinition der technischen Aufzeichnung nach § 268 II, die dem Urkundenbegriff nachgebildet ist und diesem hinsichtlich der Beweisfunktion entspricht, die Möglichkeit der späteren Beweisbestimmung ausdrücklich vorgesehen ist (gegen eine Parallelisierung von Urkunden und technischen Aufzeichnungen allerdings NK-*Puppe* § 268 Rn 6 ff und *Erb* Puppe-FS 1107 [1114]). 12

e) Aus der Perpetuierungsfunktion der Urkunde ergibt sich für den Urkundenbegriff, dass das Material, mit dessen Hilfe die Gedankenerklärung verkörpert wird, von einer gewissen **Bestandsfestigkeit** sein muss. So ist es etwa unter normalen Bedingungen nicht ausreichend, wenn die Erklärung in Sand oder Schnee geritzt ist. 13

Aus der Perpetuierungsfunktion wird regelmäßig auch das Erfordernis der **visuellen Wahrnehmbarkeit** der Gedankenerklärung abgeleitet. So soll es nicht genügen, wenn die Gedankenerklärung nur magnetisch oder auf Tonträgern gespeichert ist, auch wenn ihre Zeichen technisch – etwa auf dem Bildschirm eines Computers – sichtbar gemacht werden können (vgl OLG Köln StraFo 2014, 33). Allerdings erfüllt der Computerausdruck das Erfordernis visueller Wahrnehmbarkeit. 14

2. Abgrenzungen: a) Die Urkunde ist von einem **Augenscheinsobjekt** abzugrenzen: Ein Augenscheinsobjekt ist ein beliebiger Gegenstand mit einer bestimmten Beschaffenheit. Hinsichtlich dieser Beschaffenheit kann das Augenscheinsobjekt 15 auch beweiserheblich sein; auf einem Messer befinden sich zB Blutspuren, die auf seine Verwendung als Tatmittel eines Tötungsdelikts hinweisen. Anders als die Urkunde verkörpert ein Augenscheinsobjekt jedoch keinen symbolisch vermittelten Inhalt, der sich mithilfe eines Codes (einer Sprachkonvention) als Gedankenerklärung entschlüsseln lässt und so einen Sinn „transportiert". Augenscheinsobjekte enthalten maW nicht wie Urkunden Informationen, die sich einem Aussteller als Erklärung zurechnen lassen (vgl BGHSt 17, 297 [298]; *Freund*, Urkundenstraftaten, 2. Aufl. 2010, Rn 65 ff; NK-*Puppe* Rn 26 f).

16 Ein und derselbe Gegenstand kann sowohl in seiner Qualität als Augenscheinsobjekt als auch in seiner Qualität als Urkunde von Interesse sein. Etwa: Ein bestimmtes Schriftstück kann hinsichtlich seiner Symbole die Bedeutung einer Quittung haben, hinsichtlich der auf ihm befindlichen Fingerabdrücke aber auch als Augenscheinsobjekt beweiserheblich sein. Für den Tatbestand der Urkundenfälschung kommt es **ausschließlich** auf die **Manipulation des symbolischen Gehalts** an; es ist daher keine Urkundenstraftat, wenn der Täter Fingerabdrücke auf einem Tatobjekt unkenntlich macht.

17 b) Die Urkunde ist ferner von einer **technischen Aufzeichnung** abzugrenzen: Technische Aufzeichnungen sind Resultate eines selbstständigen maschinellen Vorgangs, insbesondere die Erstellung von Messergebnissen (zB eines Fahrtenschreibers). Sie enthalten damit zwar mittels eines Codes entschlüsselbare Symbole, verkörpern aber keine Gedankenerklärung, die einem Menschen als Aussteller zurechenbar ist (vgl für Telefonkarten *Hecker* JA 2004, 762 [763]). Allerdings kann jemand eine (selbstständige) maschinelle Aufzeichnung zum Gegenstand einer eigenen Erklärung machen; es handelt sich dann um eine Urkunde (S/S/W-*Wittig* Rn 14). Einschlägig sind etwa sog. **EDV-Urkunden**, die als Erklärungen in den Rechtsverkehr gelangen sollen (zB Gehalts- oder Stromabrechnungen, nach OLG Köln NJW 2002, 527 [528] auch Parkscheine eines Automaten hinsichtlich Uhrzeit und Datum, dazu *Hecker* JuS 2002, 224 ff).

18 3. Besondere Urkunden: a) **Zusammengesetzte Urkunden** sind Urkunden, in die ein Augenscheinsobjekt räumlich und inhaltlich fest einbezogen ist (vgl BGHSt 5, 76 [79]; OLG Stuttgart NJW 1978, 715; *Eisele* BT I Rn 808; *Otto* BT § 70/26; LK-*Zieschang* Rn 100). Zusammengesetzte Urkunden in diesem Sinne sind etwa eine beglaubigte Abschrift oder ein Reisepass. Das Blatt oder das Passbild sind in diesem Falle die Augenscheinsobjekte, auf die sich die inhaltliche Erklärung des Beglaubigungsvermerks oder der Angaben zur Person beziehen. Auch die Prüfplaketten auf Kfz-Kennzeichenschildern nach § 29 II S. 1 Nr. 1 StVZO bilden zusammen mit dem amtlichen Kennzeichen eine zusammengesetzte (öffentliche) Urkunde (BayObLG NJW 1966, 748; OLG Karlsruhe DAR 2002, 229; OLG Celle NJW 2011, 2983 [2984]; AG Waldbröl NJW 2005, 2870).

19 Da das Augenscheinsobjekt auch selbst Träger der urkundlichen Erklärung ist, muss es nach den Erfordernissen der Perpetuierungsfunktion mit den anderen Teilen der Urkunde **räumlich fest verbunden** sein. Lässt sich das Augenscheinsobjekt unschwer entfernen – wie ggf ein Hemd aus einer offenen Plastiktüte mit Preisauszeichnung –, ist keine zusammengesetzte Urkunde gegeben. Auch Verkehrszeichen verfügen durch ihre feste Verankerung über die erforderliche Verbindung mit dem jeweiligen Straßenabschnitt als Bezugsobjekt. Umstritten ist allerdings, ob die weiteren Voraussetzungen der Urkundsqualität vorliegen (abl. OLG Köln NJW 1999, 1042; tendenziell bejahend mit Überblick zum Diskussionsstand *Böse* NStZ 2005, 370 f).

b) Ein **Beweiszeichen** (Erklärungszeichen) ist die auf ein Symbol reduzierte Verkörperung der Erklärung eines erkennbaren Ausstellers mit Beweisfunktion (vgl BGHSt 9, 235 [237 f]; 34, 375 [376 f] m. Bspr *Puppe* JZ 1991, 447; BayObLG NJW 1980, 1057). Diese Bedeutung erlangen Beweiszeichen regelmäßig erst dadurch, dass sie mit einem Augenscheinobjekt (fest) verbunden werden; insoweit sind Beweiszeichen Teile einer zusammengesetzten Urkunde. Bei den Beweiszeichen ergibt sich also die beweiserhebliche Erklärung nicht aus einem schriftlichen Text, sondern aus der Kombination eines bestimmten Symbols mit einem bestimmten Objekt, wobei dieser Kombination im Rechtsverkehr (nach Gesetz, Vereinbarung, Konvention) ein bestimmter Erklärungsinhalt zugeschrieben wird. 20

Da Beweiszeichen (ggf in der Verbindung mit einem Augenscheinsobjekt) **alle Funktionen einer** (zusammengesetzten) **Urkunde** erfüllen können, werden sie von der hM auch als (wesentliche Teile von) Urkunden iSd Urkundendelikte angesehen (vgl BGHSt 2, 370; 13, 235 [239]; BayObLG NJW 1980, 1057; *Freund*, Urkundenstraftaten, 2. Aufl. 2010, Rn 90 ff; *Puppe* Jura 1980, 18; aA *Otto* JuS 1987, 761 [762 f] mwN). Beispiele: Eichzeichen; Stempel des Fleischbeschauers; Signatur auf einem Gemälde (RGSt 76, 28); Korkbrand; TÜV-Plakette (BayObLG NJW 1966, 748; OLG Karlsruhe DAR 2002, 229; OLG Celle NJW 2011, 2983 [2984]); Entwertungsstempel auf Fahrscheinen; Verschlussplomben (falls ihnen ein über die Sicherungsfunktion hinausgehender Erklärungswert zukommt, vgl *Fischer* Rn 6; aA SK-*Hoyer* Rn 17; NK-*Puppe* Rn 39 f); Preisetikett auf Waren (OLG Düsseldorf NJW 1982, 2268); Fahrgestellnummer (BGHSt 9, 235; 16, 94 [98]); Motornummer (BGH NJW 1955, 876). 21

Während Beweiszeichen Erklärungen verkörpern, denen im Rechtsverkehr eine Beweiseignung zukommt, sind **Kenn- und Unterscheidungszeichen** Symbole, die nur eine Ordnungsfunktion erfüllen und ggf noch der Sicherung einer Sache dienen. Exemplarisch: (interne) Kontrollnummern in einem Warenlager, Wäschemonogramme, Markenzeichen (M/R-*Maier* Rn 33), Garderobenmarken (*Fischer* Rn 8). 22

Die **Abgrenzung zwischen Beweis- und Kennzeichen** ist im Detail häufig umstritten (*Satzger* Jura 2012, 106 [109 f]; zur uneinheitlichen Rspr vgl NK-*Puppe* Rn 32 ff;). So werden etwa **Wertzeichen** (zB Brief-, Rabatt-, Gebühren-, Beitrags- oder Steuermarken), die noch nicht auf Schriftstücke oder in Mitgliedsbücher geklebt sind, teils zu den Beweiszeichen gerechnet (*Otto* JuS 1987, 763; *Puppe* JZ 1986, 939), teils nur als Kennzeichen angesehen (BayObLG NJW 1980, 196; *Fischer* Rn 8 f). Ferner behandelt die Rspr zwar reguläre Nummernschilder am Kfz (BGHSt 11, 165; 16, 94; 18, 66 [70]), nicht aber auch Überführungsschilder (BGHSt 34, 375 [376 f]) als Urkunden (grds. Kritik bei NK-*Puppe* Rn 34). Letztere werden demnach nach § 22 StVG geschützt (vgl BGHSt 34, 375 [376 f]; BGH HRRS 2014 Nr. 295; *Fischer* Rn 7). 23

c) Als **Gesamturkunde** wird die dauerhafte Zusammenfassung mehrerer Einzelurkunden zu einer neuen Gedankenerklärung angesehen. Aus der (festen) Verbindung mehrerer Einzelurkunden muss sich also eine über den jeweiligen Inhalt der Einzelerklärungen hinausgehende – auf Gesetz, Vereinbarung oder Konvention beruhende – Information ergeben (BGHSt 4, 60 [61]; BayObLG NJW 1990, 264 [265]; S/S-*Heine*/*Schuster* Rn 30 ff; *Eisele* BT I Rn 810; *Fischer* Rn 23 ff; *Otto* BT § 70/25; krit. *Lampe* GA 1964, 321; grds. abl. *Kienapfel* Jura 1983, 192 ff; NK-*Puppe* Rn 41 ff). Inhalt der Information ist gewöhnlich die Vollständigkeit oder Abgeschlossenheit der durch die Einzelurkunden belegten Vorgänge. Exemplarisch: Kaufmännische Handelsbücher sind insoweit Gesamturkunden, als sie 24 über die einzelnen Eintragungen hinaus einen fortlaufenden Geschäftsvorgang dokumentieren (vgl RGSt 69, 396 [398]). Weitere Beispiele: Sparbuch (BGHSt 19, 20 [21]), Einwohnermeldeverzeichnis (BGH JR 1954, 308), Personalakte (OLG Düsseldorf NStZ 1981, 25 [26]). Nicht als Gesamturkunden gelten zB der Reisepass (BayObLG NJW 1990, 264) oder die Handakten eines Rechtsanwalts (BGHSt 3, 395).

25 d) **Durchschriften** bzw **weitere Ausfertigungen** von Urkunden haben selbst Urkundenqualität. Sie werden angefertigt, damit im Rechtsverkehr nach dem Willen des Ausstellers mehrere als Beweismittel gleichwertige Erklärungen (zB bei Vertragstexten) zur Verfügung stehen (vgl KG wistra 1984, 233 m. Bspr *Puppe* JZ 1986, 944; *Welp* Stree/Wessels-FS 511 [519]; LK-*Zieschang* Rn 109). Ausfertigungen, die als Urschriften fungieren, sind auch die Kopie eines Handelsbriefs (RGSt 43, 52) oder das bei Gericht eingereichte Doppel der Klageschrift (RGSt 59, 13 [15]).

26 **Einfache Abschriften** werden nach ganz hM nicht als Urkunden angesehen. Sie geben nur den Inhalt der Urschrift wieder, ohne selbst eine Garantie- und Beweisfunktion zu erfüllen und dienen daher im Rechtsverkehr nicht dazu, als gleichwertiges Beweismittel an die Stelle des Originals zu treten (BGHSt 2, 50). Allerdings kann die Abschrift als Augenscheinsobjekt Teil einer zusammengesetzten Urkunde sein, so etwa, wenn sie mit einem Beglaubigungsvermerk versehen ist (RGSt 34, 360; S/S-*Heine/Schuster* Rn 40 a).

27 e) Nach hM sind (als Reproduktionen erkennbare) **Fotokopien** den Abschriften (Rn 26) gleichzustellen und damit nicht als Urkunden anzusehen (BGHSt 5, 291 [293]; 24, 140 [141]; BGH wistra 2003, 231; NStZ 2013, 105; BayObLG NStZ 1994, 88; OLG Düsseldorf NJW 2001, 167 f m.Anm. *Erb* NStZ 2001, 317 f und [abl.] *Puppe* NStZ 2001, 482 f; OLG Oldenburg, Beschl. v. 23.9.2014 – 1 Ss 187/14; *Erb* GA 1998, 577 [591]; M/R-*Maier* Rn 45; *Otto* BT § 70/28). Wie Abschriften geben Fotokopien nur den Inhalt eines anderen Schriftstücks wieder, ohne selbst Erklärung eines bestimmten Ausstellers zu sein. Auch bloße Computerausdrucke, die als Abbild eines anderen Schriftstücks erscheinen, haben keine Urkundsqualität (BGH NStZ 2010, 703; NStZ-RR 2011, 213 f; HRRS 2011 Nr. 355; *Fischer* Rn 22). Nach einer Mindermeinung sollen Fotokopien als Urkunden anzusehen sein, da es im Rechtsverkehr üblich sei, sie anstelle der Urschrift als Beweismittel zu gebrauchen (*Freund* JuS 1991, 723 ff; *Mitsch* NStZ 1994, 89; NK-*Puppe* Rn 49 f; Rspr-Übersicht bei *Böse* NStZ 2005, 370).

28 Fotokopien, die als **weitere Ausfertigungen** einer Urkunde dienen (Rn 25), haben selbst Urkundenqualität (vgl BGH bei *Holtz* MDR 1976, 813; BayObLG NJW 1990, 3221).

29 Von der Frage, ob eine Fotokopie, die als solche erkennbar ist, Urkundenqualität hat, ist die ganz andere Frage zu trennen, ob eine Fotokopie so beschaffen ist, dass sie (bei üblicher Aufmerksamkeit) **für das Original selbst gehalten** wird. In diesem Fall ist im Wege des Fotokopierens eine unechte Urkunde hergestellt bzw – bei Verwendung einer Fotokopie als Original – eine unechte Urkunde gebraucht worden (vgl OLG Stuttgart NJW 2006, 2869 f; S/S-*Heine/Schuster* Rn 42 a f mwN; *Lampe* StV 1989, 207; *Zaczyk* NJW 1989, 2515 ff; aA *Keller* JR 1993, 300 f).

30 Unechte oder verfälschte Urkunden können kopiert und **durch Verwenden der Kopie gebraucht** werden (Rn 54).

f) Die Einordnung von **Telefaxkopien** ist ebenfalls strittig (hierzu *Beck* JA 2007, 423 [424]; *Eisele* BT I Rn 815 f; *Satzger* Jura 2012, 106 [113]). Teils werden sie wie Fotokopien behandelt (BGH NStZ 2010, 703; OLG Zweibrücken NJW 1998, 2918; OLG Oldenburg NStZ 2009, 391 f; OLG Hamburg NStZ-RR 2013, 110; *Fischer* Rn 21; L-*Kühl-Heger* Rn 16), teils als Urkunden eingestuft, weil sie der Aussteller autorisiert in den Rechtsverkehr gelangen lässt bzw – bei Übersendung durch einen Dritten – die Kurzbezeichnung des Absenders auf dem Empfängerfax konkludent als Erklärung originalgetreuer Übermittlung verstanden werden kann (S/S-*Heine/Schuster* Rn 43; SK-*Hoyer* Rn 21; M/R-*Maier* Rn 50 f; *Zielinski* CR 1995, 286 [291]; diff. LK-*Zieschang* Rn 122 ff; iE ebenso auch die Lehre, die Fotokopien als Urkunden ansieht, vgl *Freund*, Urkundenstraftaten, 2. Aufl. 2010, Rn 128 a ff mwN). Entsprechendes muss für **e-mail-Ausdrucke** gelten (diff. und für einen „neuen", IT-spezifischen Authentizitätsbegriff *Puppe* BGH-FS IV 569 [579 ff]; näher zu E-Mails auch *Mankowski* NJW 2002, 2822 ff). 31

Auch mithilfe von Telefaxkopien können unechte oder verfälschte Urkunden gebraucht werden (Rn 30, 54). 32

III. Tathandlungen

Tathandlungen sind das Herstellen einer unechten Urkunde, das Verfälschen einer echten Urkunde sowie das Gebrauchen einer unechten oder verfälschten Urkunde. 33

1. Herstellen einer unechten Urkunde (Abs. 1 Var. 1): Herstellen einer unechten Urkunde ist nach hM das Anfertigen einer verkörperten Gedankenerklärung, die den unzutreffenden Anschein erweckt, von einem anderen als dem tatsächlichen Aussteller herzurühren. 34

a) Kennzeichnend für die **unechte Urkunde** ist demnach die Täuschung über die Identität des Ausstellers (BGHSt 1, 117 [121]; 33, 159 [160]; 40, 203 [204 f]; *Freund*, Urkundenstraftaten, 2. Aufl. 2010, Rn 136 ff), sei es, dass der scheinbare Aussteller die Erklärung nicht oder nicht mit genau diesem Inhalt abgegeben hat, sei es, dass der scheinbare Aussteller überhaupt nicht existiert. Ob die Erklärung selbst wahr ist oder nicht, spielt keine Rolle. Eine Urkunde ist daher iSd Tatbestands auch echt, wenn der Aussteller eine unwahre Erklärung formuliert hat (sog. **schriftliche Lüge**, vgl BGH NStZ 2011, 91; HRRS 2013 Nr. 758). Wer den fremden Namen unter einem Schriftstück entfernt und durch seinen eigenen ersetzt, begeht ggf eine Urkundenunterdrückung (§ 274 I Nr. 1), stellt aber, da er die fremde Erklärung zu seiner eigenen macht, keine unechte Urkunde her (vgl BGH NJW 1954, 1375). 35

b) Eine Urkunde ist echt, wenn sie im Rahmen **wirksamer Stellvertretung** im Namen des Vertretenen unterzeichnet wird (vgl BGHSt 33, 159 [161 f]; OLG Düsseldorf NJW 1993, 1872 [1873]). Bei wirksamer Stellvertretung wird eine Erklärung nicht zu einer unechten Urkunde, wenn ihr Inhalt unwahr ist; auch schriftliche Lügen können dem Vertretenen zugerechnet werden. 36

Die Wirksamkeit der Stellvertretung hat nach hM **drei Voraussetzungen:** 37

- Der Namensträger muss den Willen haben, sich vertreten zu lassen,
- der Handelnde muss den Willen haben, den Namensträger zu vertreten,
- und die Vertretung muss für die fragliche Erklärung rechtlich möglich sein (BGHSt 33, 159 [161]; S/S-*Heine/Schuster* Rn 59; LK-*Zieschang* Rn 33).

38 Gegen diese Kriterien wird eingewandt (NK-*Puppe* Rn 64 ff), dass maßgeblich nur der jeweils erklärte Wille sein könne, da Mentalreservationen unbeachtlich seien (vgl § 116 BGB; vgl auch OLG Düsseldorf wistra 1993, 115 [116]). Ferner ist zu sehen: Soweit eine Erklärung vom Aussteller höchstpersönlich unterschrieben werden muss – etwa bei Examensarbeiten (BayObLG JZ 1981, 201), eigenhändigem Testament (§ 2247 BGB; RGSt 57, 235) oder bei Abgabe einer eidesstattlichen Versicherung (RGSt 69, 117) –, ist sie bei vertretungsweiser Unterzeichnung formungültig, aber nicht unecht. Gleiches gilt für vertraglich vereinbarte Vertretungsverbote (BayObLG StV 1999, 320). Denn die mangelnde rechtliche Wirksamkeit der Vertretung berührt nicht die Zurechenbarkeit der Erklärung zum Vertretenen, so dass diesbezüglich keine Identitätstäuschung vorliegt.

39 c) Der **Gebrauch eines fremden Namens** macht eine Urkunde noch nicht notwendig zu einer unechten, wenn damit keine Täuschung über die Identität des Ausstellers verbunden ist (BGHSt 1, 117; 33, 159 [160 f]; BGH HRRS 2013 Nr. 61; vgl auch *Otto* JuS 1987, 761 [767]). So schadet eine bloße Namenstäuschung oder die Verwendung eines Pseudonyms nicht, wenn die Person des Ausstellers zweifelsfrei feststeht und die Wahrheit der Namensangabe unter den konkreten Umständen belanglos ist. Exemplarisch: Ein Ausländer erhält aufgrund seiner Angaben Ausweispapiere unter einem falschen Namen, den er nunmehr bei der Abgabe von Willenserklärungen gebraucht (vgl BGH StV 1997, 635 [636]).

40 Häufig wird auch das Herstellen einer unechten Urkunde in Fällen verneint, in denen der Täter nur sein **Inkognito wahren** will. Ein Prominenter gibt zB auf dem Meldezettel eines Hotels einen falschen Namen an, um seinen Urlaub ungestört verbringen zu können (vgl W-*Hettinger* Rn 827 f mwN). Da hier jedoch allein der subjektive Tatbestand maßgeblich ist, sollte eine Urkundenfälschung aufgrund der fehlenden Täuschungsabsicht verneint werden (*Seier* JA 1979, 133 [137]; auf objektive und subjektive Merkmale abstellend: BGHSt 33, 159 [160 f]). Denn die Rspr bejaht ansonsten das Herstellen einer unechten Urkunde, wenn der Täter den Meldezettel mit einem falschen Namen ausfüllt, um die Hotelrechnung zu prellen (BGH bei *Dallinger* MDR 1973, 556).

41 d) Nach hM steht die **Angabe des eigenen Namens** (als Konsequenz der sog. Geistigkeitstheorie, Rn 5) der Herstellung einer unechten Urkunde nicht entgegen, wenn die fragliche Erklärung unter den jeweiligen Umständen (zB unzuständiger Gebrauch des Stempels bzw Briefkopfs einer Firma oder Behörde) nicht dem Unterzeichnenden zugerechnet wird (vgl BGHSt 7, 149 [152]; 9, 44 [46]; 17, 11; SK-*Hoyer* Rn 58 ff) oder auch wenn trotz Verwendung des eigenen Namens über die Identität (falsche Angaben zu Geburtstag, Anschrift usw.) getäuscht wird (BGHSt 40, 203 m.Anm. *Meurer* NJW 1995, 1655; aA *Puppe* JZ 1997, 490 [491]). Exemplarisch: Der Täter stellt mit dem gestohlenen Briefkopf einer Behörde eine Bescheinigung aus, in die er sich selbst als Sachbearbeiter einträgt und die er mit dem eigenen Namenszug unterschreibt. Wird jedoch **in der Erklärung** nur unzutreffend die eigene Befugnis zur Vertretung einer natürlichen Person behauptet, also eine offene Stellvertretung vorgetäuscht, ist nach verbreiteter Ansicht lediglich eine schriftliche Lüge gegeben (vgl W-*Hettinger* Rn 830; *Jung* JuS 1994, 174; aA *Zielinski* wistra 1994, 1, der auch in diesem Fall Urkundenfälschung aufgrund der Zurechnung zu einem falschen Aussteller bejaht; hiergegen wiederum NK-*Puppe* Rn 65: Bei der offenen Stellvertretung sei Erklärender der Vertreter und nicht der Vertretene).

42 e) Soweit eine Person durch **Täuschung oder Zwang** (unter den Voraussetzungen mittelbarer Täterschaft) zu einer Unterschrift veranlasst wird, ist die Unterzeich-

nung der Urkunde dem Täter und nicht dem scheinbaren Aussteller, der nur Werkzeug des Täters ist, zuzurechnen; die Urkunde ist dann unecht iSd Tatbestands. Bei Zwang soll dies nach hM jedoch nur gelten, wenn dieser unwiderstehlich ist; ansonsten handele der Genötigte noch mit Erklärungsbewusstsein (S/S-*Heine*/*Schuster* Rn 98).

f) Wer ein bereits unterschriebenes **Blankett** (zB Scheck- oder Kaufvertragsformular) abredewidrig oder überhaupt ohne Willen des Unterzeichners ausfüllt, stellt nach hM eine unechte Urkunde her (BGHSt 5, 295; diff. NK-*Puppe* Rn 81). 43

2. Verfälschen einer echten Urkunde (Abs. 1 Var. 2): Eine echte Urkunde ist verfälscht, wenn die in ihr verkörperte beweiserhebliche Erklärung dergestalt nachträglich verändert wird, dass der Anschein erweckt wird, sie sei ursprünglich mit dem jetzt vorhandenen Inhalt ausgestellt worden (BGHSt 9, 235; BGH GA 1963, 16; OLG Köln NJW 1983, 769; L-Kühl-*Heger* Rn 20). So verfälscht der Täter zB eine Urkunde, wenn er die Untergrundfarbe einer TÜV-Prüfplakette nachträglich verändert, da dieser Farbe ein eigener Erklärungswert hinsichtlich des nächsten Untersuchungstermins zukommt (AG Waldbröl NJW 2005, 2870). Die Verfälschungsvariante setzt also eine **echte Urkunde** als Tatobjekt voraus. 44

a) Auch das Beseitigen eines Teils der urkundlichen Erklärung kann ein Verfälschen sein, wenn nur der Eindruck vermittelt wird, der jetzige Text entspreche dem ursprünglichen. Durch das Beseitigen eines Textteils darf demnach die Urkundenqualität des Tatobjekts nicht aufgehoben werden; anderenfalls kommt nur § 274 I Nr. 1 in Betracht (BayObLG NJW 1980, 1057; OLG Köln NStZ 2010, 520). Ein Verfälschen ist somit auch nicht gegeben, wenn der ursprüngliche Aussteller unkenntlich gemacht wird. Ersetzt der Täter die ursprüngliche Unterschrift durch seine eigene, verfälscht er nicht, sondern stellt eine neue echte Urkunde her (BGH NJW 1954, 1375). 45

b) Das Verfälschen einer echten Urkunde verhält sich zum Herstellen einer unechten Urkunde wie folgt: Ist der **Täter mit dem Aussteller nicht identisch** (und handelt auch nicht einverständlich für diesen), so ist das Verfälschen einer echten Urkunde stets das Herstellen einer unechten. Das **Herstellen tritt** dann **hinter** die **speziellere Variante des Verfälschens zurück** (vgl RGSt 68, 94). 46

Eine gegenüber dem Herstellen selbstständige Bedeutung soll jedoch nach hM dem Verfälschen dann zukommen, wenn der **Aussteller selbst** (oder ein Dritter mit seinem Einverständnis) **handelt**, was wiederum nur unter der Voraussetzung strafrechtlich erheblich ist, dass der Aussteller keine alleinige Verfügungsmacht über die Urkunde mehr hat (BGHSt 13, 382; KG wistra 1984, 233; BayObLG NStZ 1988, 313 m.Anm. *Puppe*; OLG Koblenz NJW 1995, 1625 m. abl. Bspr *Puppe* JZ 1997, 490 [491]; L-Kühl-*Heger* Rn 21; LK-*Zieschang* Rn 203 mwN; diff. M/R-*Maier* Rn 87). Im Ergebnis führt dies zu einem **gespaltenen Echtheitsbegriff**: Handelt ein Externer, so schützt die Verfälschungsvariante die Echtheit iSd Ausstellergarantie; handelt dagegen der Aussteller selbst, schützt die Verfälschungsvariante die Echtheit der Urkunde iS ihrer Erklärungswahrheit, und zwar insoweit auch nur, als der Aussteller ein fremdes Beweisführungsrecht verletzt. Die Rspr hat ein Verfälschen in mittelbarer Täterschaft durch den Aussteller als Werkzeug angenommen (vgl AG Pfaffenhofen NStZ-RR 2004, 170 f). Falls Letzterer aufgrund des Verantwortlichkeitsdefizits kein wirksames Einverständnis erteilen konnte, ist dies in die erste Fallgruppe – Verfälschen durch einen Externen – einzuordnen. 47

48 Nach einer verbreiteten Mindermeinung muss das **Resultat des Verfälschens** stets eine neue **unechte Urkunde** sein (S/S-*Heine/Schuster* Rn 68; *Freund*, Urkundenstraftaten, 2. Aufl. 2010, Rn 184 ff; SK-*Hoyer* Rn 68; *Kienapfel* Jura 1983, 185; HKGS-*A. Koch* Rn 20; *Puppe* JZ 1986, 944; S/S/W-*Wittig* Rn 75 ff, jew. mwN). Danach ist – mangels Herstellens einer unechten Urkunde – eine dem ursprünglichen Aussteller der Urkunde zurechenbare Manipulation kein Verfälschen iSd Tatbestands: § 267 schütze (in Abgrenzung zu § 274) das Vertrauen in die Echtheit von Urkunden nur vor Identitätstäuschungen. Es könne (mit Blick auf § 267) keinen Unterschied machen, ob der Täter einen von ihm ausgestellten und beim Gläubiger befindlichen Schuldschein abändere oder wegnehme und durch einen anderen ersetze (nach hM wäre jedoch der Täter in der ersten Konstellation nach § 267 I Var. 2 strafbar). Gegen diese Auffassung spricht, dass die Verfälschungsvariante überflüssig wäre, wenn nicht auch das (fremde) rechtliche Interesse am unversehrten Bestand der ursprünglichen Urkunde geschützt wird.

49 **Praktische Bedeutung** hat der Streit insbesondere in Fällen, in denen der Aussteller eine Einzelurkunde aus einer Gesamturkunde (etwa einem kaufmännischen Handelsbuch) entfernt und so die entsprechende Erklärung über die Vollständigkeit und Abgeschlossenheit des durch die Gesamturkunde dokumentierten Vorgangs ändert.

50 c) Der Zeitpunkt, in dem der **Aussteller** die (alleinige) **Verfügungsmacht** über die Urkunde **verliert** (Rn 47), soll sich nach dem Zweck der Beurkundung richten und dann eingetreten sein, wenn (auch) ein anderer ein Beweisführungsrecht an der Urkunde erlangt hat (L-Kühl-*Heger* Rn 21). So ist ein Verfälschen gegeben, wenn nach Abschluss einer Grundbucheintragung der zuständige Beamte einen Fehler korrigiert, ohne die Berichtigung kenntlich zu machen (L-Kühl-*Heger* Rn 21) oder wenn der Verfasser eines Strafurteils nach Ablauf der Frist des § 275 I S. 2 StPO eine bereits auf der Geschäftsstelle eingegangene Urteilsniederschrift verändert (OLG Naumburg NStZ 2013, 533 [534 f]). Oder: Ein Student verändert nach Abgabe einer Prüfungsklausur heimlich seinen Text (zu Einzelheiten und weiteren Fällen vgl *Böse* NStZ 2005, 370 [373]; LK-*Zieschang* Rn 206). Der Zeitpunkt, in dem der Aussteller die (alleinige) Verfügungsmacht über die Urkunde verliert, entspricht damit dem Zeitpunkt, in dem ihm die Urkunde nicht mehr iSv § 274 I Nr. 1 (allein) **gehört** (vgl dort Rn 3).

51 d) Eine **zusammengesetzte Urkunde** kann verfälscht werden, indem (durch ein einheitliches Handeln) das Beweiszeichen durch ein anderes Beweiszeichen oder das Augenscheinsobjekt durch ein anderes Augenscheinsobjekt ersetzt wird. Erforderlich ist stets, dass bei der neuen (unechten) Urkunde Beweiszeichen und Augenscheinsobjekt wieder fest verbunden sind. Exemplarisch: Der Täter löst in einem Supermarkt ein Preiszeichen ab und ersetzt es durch ein (wieder fest haftendes) Preiszeichen, das er von einer anderen Ware abgezogen hat (zudem ist hinsichtlich der beiden zusammengesetzten Urkunden § 274 I Nr. 1 erfüllt, vgl dort Rn 10). Nach OLG Düsseldorf (NJW 1997, 1793) soll das Überkleben eines amtlichen Kfz-Kennzeichens mit „Antiblitzfolie" ein Verfälschen sein; in diesem Fall wird aber nicht der Erklärungsinhalt der zusammengesetzten Urkunde (vgl Rn 18, 20 f) abgeändert (BGHSt 45, 197; BayObLG wistra 1999, 234; *Lampe* JR 1998, 304). Ggf ist hier jedoch ein Beschädigen iSv § 274 I Nr. 1 anzunehmen (vgl dort Rn 9; Überblick bei *Böse* NStZ 2005, 370 [373]).

52 **3. Gebrauchen einer unechten oder verfälschten Urkunde (Abs. 1 Var. 3):** Eine unechte oder verfälschte Urkunde wird gebraucht, wenn sie dem zu Täuschenden so zugänglich gemacht wird, dass er sie wahrnehmen kann (BGHSt 2, 50; 36, 64

[65] m.Anm. *Puppe* JZ 1989, 596; NK-*Puppe* Rn 94 ff; LK-*Zieschang* Rn 220); Kenntnisnahme ist nicht erforderlich.

a) Der bloße Hinweis auf eine in eigenem (oder notariellem) Besitz befindliche 53 Urkunde genügt für ein Gebrauchen nicht (BGHSt 36, 64 [65 f]). Es reicht auch nicht aus, wenn jemand beim Fahren eines Kraftfahrzeugs einen gefälschten Führerschein bei sich führt (BGH StV 1989, 304; zu Fällen des Vorzeigens: BGHSt 33, 105 m.Anm. *Kühl* JR 1986, 297; OLG Köln NJW 1981, 64). Gebrauch ist es dagegen, wenn ein Kraftfahrzeug mit falschem Kennzeichen (BGHSt 18, 66 [70 f]) oder manipulierter TÜV-Plakette (AG Waldbröl NJW 2005, 2870) gefahren wird; in solchen Fällen kann die (zusammengesetzte) Urkunde wahrgenommen werden.

b) Eine unechte oder verfälschte Urkunde kann nach hM auch dadurch ge- 54 braucht werden, dass eine (als Reproduktion erkennbare) **Fotokopie** von ihr **vorgelegt** wird (BGHSt 5, 291; BGH wistra 1993, 341 [342]; BayObLG NJW 1991, 2163; *Fischer* Rn 19, 37; abl. MK-*Erb* Rn 198 f; *Otto* JuS 1987, 769 f; LK-*Zieschang* Rn 120, 217: unmittelbare Wahrnehmung des Falsifikats erforderlich; so auch BGHSt 20, 17 für § 281). Die Vorlage, von der die Kopie gemacht wird, muss (unter den Prämissen der hM) die Merkmale einer Urkunde erfüllen. Mangels hinreichender Bestandsfestigkeit (vgl Rn 13, 19) ist es **nicht ausreichend**, wenn der Täter aus zusammengelegten Papierteilen eine Kopie erstellt, die den Anschein erweckt, sie sei von einem einheitlichen Schriftstück gemacht, oder wenn die Vorlage unschwer als Montage erkennbar ist und daher nicht als Urkunde verwendet werden kann (BayObLG NJW 1992, 3311 [3312] m.Anm. *Keller* JR 1993, 300; *Mitsch* NStZ 1994, 88).

IV. Subjektiver Tatbestand

Der subjektive Tatbestand verlangt neben dem (zumindest bedingten) Vorsatz 55 hinsichtlich des objektiven Tatbestands ein Handeln zur Täuschung im Rechtsverkehr. Für dieses Handeln ist nach hM keine Absicht erforderlich; es soll **direkter Vorsatz** genügen (BayObLGSt 1998, 51 [52 f]; L-Kühl-*Heger* Rn 25; M/R-*Maier* Rn 103; für – zumindest teilweise – finalen Willen: SK-*Hoyer* Rn 91 f; *Vormbaum* GA 2011, 167; zum Teil wird dolus eventualis als ausreichend erachtet: MK-*Erb* Rn 209; S/S-*Heine/Schuster* Rn 91; NK-*Puppe* Rn 97, 103).

Zur Täuschung im Rechtsverkehr handelt, wer (mit sicherem Wissen) davon aus- 56 geht, dass ein anderer die Urkunde für echt hält und durch diese irrige Annahme zu einem rechtlich erheblichen Verhalten bestimmt wird (BGHSt 5, 149; 33, 105 [109]; LK-*Zieschang* Rn 270 ff). Adressat der Täuschung muss dabei nicht notwendig der Beteiligte des Rechtsverhältnisses sein, für das die Urkunde ursprünglich erstellt wurde (exemplarisch: Verändern des Alters auf einem Fahrschein für öffentliche Verkehrsmittel, um Zugang zur Diskothek zu erhalten, BayObLG NStZ-RR 2002, 305). Die Täuschung muss auf kein vermögensrechtlich relevantes Verhalten (Tun oder Unterlassen) des Opfers abzielen; einschlägig kann etwa das Verhindern von Strafverfolgungsmaßnahmen sein. Es genügt aber nicht, wenn sich die Täuschung im Vorspiegeln der Echtheit der Urkunde erschöpfen soll. Der (direkte) Vorsatz muss vielmehr auf ein Einwirken auf den Rechtsverkehr gerichtet sein. Hieran fehlt es etwa, wenn der Täter nur gegenüber dem Partner einer Liebesbeziehung jünger erscheinen will (BayObLG MDR 1958, 264) oder eine gegen innerdienstliche Anordnungen verstoßende Nachlässigkeit vertuschen will (OLG Celle NJW 1961, 1880).

57 Nach der Gleichstellungsklausel des § 270 betrifft das Merkmal „zur Täuschung im Rechtsverkehr" auch solche Fälle, in denen das Falsifikat produziert oder gebraucht wird, um eine Datenverarbeitung im Rechtsverkehr – zB durch maschinelles Einlesen in einen Computer – fälschlich zu beeinflussen (vgl hierzu BGHSt 40, 203; *Maurer* NJW 1995, 1655).

V. Strafschärfungen

58 **1. Abs. 3** formuliert Strafschärfungen in der Regelbeispieltechnik (vgl § 46 Rn 17 ff, § 243 Rn 1 ff):

59 a) **Nr. 1** nennt als Regelfall die **gewerbsmäßige** Urkundenfälschung (vgl § 263 Rn 241; ferner zum Kriterium der Unmittelbarkeit des erzielten Erlöses BGH NStZ 2016, 28), ferner die Tatbegehung als Mitglied einer zum Zwecke der Urkundenfälschung oder des Betrugs gebildeten Bande (BGH StV 2013, 386; vgl auch § 263 Rn 242).

60 b) **Nr. 2** erfasst die Herbeiführung eines **Vermögensverlusts großen Ausmaßes** (§ 263 Rn 244). Die Größe des Schadens ist objektiv zu bestimmen und dürfte erst bei Überschreitung der Grenze von 50.000 Euro erreicht sein (vgl SK-*Hoyer* Rn 102).

61 c) Für den Regelfall nach **Nr. 3** muss die Sicherheit des Rechtsverkehrs **konkret und in erheblichem Maße gefährdet** sein. Daher müssen die Fälschungshandlungen zu einer gravierenden Störung des Vertrauens in die Beweiskraft von Urkunden führen. Teils wird die Grenze der „großen Zahl" bei 20 Fällen angesetzt (*Fischer* Rn 54), teils wird auf einen unübersehbar großen Empfängerkreis abgestellt (SK-*Hoyer* Rn 103; NK-*Puppe* Rn 119). Die große Zahl von Urkunden muss bereits im Rahmen einer Tat im Rechtssinne vorliegen, eine Mehrheit von Taten genügt nicht (BGH NJW 2011, 2448 [2449 f]).

62 d) Ein besonders schwerer Fall ist nach **Nr. 4** regelmäßig gegeben, wenn der Täter seine **Befugnisse** oder seine **Stellung als Amtsträger** (Legaldefinition in § 11 I Nr. 2; dort Rn 23) **missbraucht** (§ 263 Rn 247). Für **Europäische Amtsträger**, welche erst seit dem Inkrafttreten des Gesetzes zur Bekämpfung der Korruption vom 20.11.2015 (BGBl. 2015 I, 2025) in den Wortlaut der Vorschrift aufgenommen wurden, findet sich eine Legaldefinition in dem ebenfalls neugefassten § 11 I Nr. 2 a (dort Rn 24).

63 **2. Abs. 4** ist ein **selbstständiger Qualifikationstatbestand**, der eingreift, wenn der Täter die Urkundenfälschung als Mitglied einer Bande gewerbsmäßig begangen hat (§ 263 Rn 252). Ziel der Bande kann auch die fortgesetzte Begehung von Betrügereien nach §§ 263, 263 a und 264 sein.

VI. Beteiligung

64 Täterschaft und Teilnahme bestimmen sich nach den allgemeinen Regeln (BGH MDR 1967, 547 [548]). Täter ist regelmäßig, wer die Fälschungshandlung (BGH GA 1965, 149) oder den Gebrauch des Falsifikats eigenhändig vornimmt (MK-*Erb* Rn 213). Mittäterschaft kommt in Betracht, wenn mehrere bei Fälschung oder Gebrauch zusammenwirken oder wenn aufgrund einer Abrede der eine die Urkunde herstellt und der andere sie gebraucht (LK-*Zieschang* Rn 285 mwN). Die Tatbestandsvariante des Herstellens ist kein eigenhändiges Delikt, so dass

auch ein Auftraggeber als Mittäter bestraft werden kann (BGH NStZ-RR 2013, 168).

VII. Konkurrenzen

1. Wenn das **Herstellen** bzw **Verfälschen** (eines oder mehrerer Falsifikate) von vornherein **um eines bestimmten Gebrauchs willen** erfolgt, nimmt die hM ein **einheitliches Delikt der Urkundenfälschung** an (BGHSt 5, 291; 17, 97 [99]; BGH HRRS 2012 Nr. 294; BGH NJW 2014, 871; LK-*Zieschang* Rn 287 f). Als Begründung wird teils angeführt, Produktion und Gebrauch des Falsifikats bildeten eine deliktische Einheit, teils wird angenommen, die Produktion sei eine mitbestrafte Vortat des durch den späteren Gebrauch erhöhten Gefährdungsunrechts (näher hierzu *Freund*, Urkundenstraftaten, 2. Aufl. 2010, Rn 228 ff mwN). Wenn der Täter dagegen beim Herstellen bzw Verfälschen noch keinen bestimmten Gebrauch plant, soll zwischen den Varianten der Produktion des Falsifikats und dessen späterem Gebrauch **Tatmehrheit** bestehen (BGHSt 5, 291; 17, 97; L-Kühl-*Heger* Rn 27). 65

2. Wenn ein **mehrmaliger Gebrauch** nicht die engen Voraussetzungen einer natürlichen Handlungseinheit erfüllt, stehen die einzelnen Gebrauchshandlungen im Verhältnis der Tatmehrheit zueinander. Dies gilt auch dann, wenn der mehrmalige Gebrauch schon bei der Produktion des Falsifikats geplant war (die Produktion bildet dann ggf mit dem erstmaligen Gebrauch eine einheitliche Tat der Urkundenfälschung, vgl Rn 65). Wird jedoch **zeitgleich** von mehreren gefälschten Urkunden Gebrauch gemacht, so liegt selbst dann Tateinheit vor, wenn die Fälschungshandlungen für sich betrachtet auf verschiedenen Willensbetätigungen beruhten und damit ursprünglich rechtlich selbstständige vollendete Urkundsdelikte darstellten (BGH NStZ 2006, 100; wistra 2008, 182 f; 2015, 17). 66

3. Beruhen beide Tatbestandsverwirklichungen auf dem gleichen Entschluss, so tritt § 276 hinter die Alt. 3 des § 267 I zurück (BGHR StGB § 276 Konkurrenzen 1). 67

§ 268 Fälschung technischer Aufzeichnungen

(1) Wer zur Täuschung im Rechtsverkehr
1. eine unechte technische Aufzeichnung herstellt oder eine technische Aufzeichnung verfälscht oder
2. eine unechte oder verfälschte technische Aufzeichnung gebraucht,

wird mit Freiheitsstrafe bis zu fünf Jahren oder mit Geldstrafe bestraft.

(2) Technische Aufzeichnung ist eine Darstellung von Daten, Meß- oder Rechenwerten, Zuständen oder Geschehensabläufen, die durch ein technisches Gerät ganz oder zum Teil selbsttätig bewirkt wird, den Gegenstand der Aufzeichnung allgemein oder für Eingeweihte erkennen läßt und zum Beweis einer rechtlich erheblichen Tatsache bestimmt ist, gleichviel ob ihr die Bestimmung schon bei der Herstellung oder erst später gegeben wird.

(3) Der Herstellung einer unechten technischen Aufzeichnung steht es gleich, wenn der Täter durch störende Einwirkung auf den Aufzeichnungsvorgang das Ergebnis der Aufzeichnung beeinflußt.

(4) Der Versuch ist strafbar.

(5) § 267 Abs. 3 und 4 gilt entsprechend.

1 I. Mit § 268 soll eine Lücke geschlossen werden, die sich daraus ergibt, dass an die Stelle von Beurkundungen durch Menschen zunehmend Aufzeichnungen treten, die von technischen Geräten automatisch erstellt werden und denen deshalb die Urkundenqualität („verkörperte Gedankenerklärung" eines Ausstellers) fehlt. Zweck der Vorschrift ist nach hM wie bei § 267 die Sicherheit und Zuverlässigkeit des Beweisverkehrs, und zwar speziell unter dem Aspekt der **Sicherheit der Informationsgewinnung durch technische Geräte** (BGHSt 40, 26 [30]; L-Kühl-*Heger* Rn 1 mwN).

2 Da die technische Aufzeichnung keinen Aussteller hat, geht es bei § 268 auch nicht um den Schutz der Garantiefunktion, also um die Gewährleistung der Zuordnung einer Erklärung zu einem bestimmten Aussteller. Vielmehr sichert die Vorschrift die inhaltliche Richtigkeit der Aufzeichnung, freilich nicht absolut, sondern nur unter dem Aspekt ihrer **manipulationsfreien Erstellung und Fixierung** (BGHSt 28, 300 [304]; BayObLG wistra 1995, 316 [317]; S/S-*Heine*/*Schuster* Rn 3 f).

3 II. Nach der Legaldefinition in Abs. 2 ist eine **technische Aufzeichnung** eine Darstellung von Daten, Mess- oder Rechenwerten, Zuständen oder Geschehensabläufen, die durch ein technisches Gerät ganz oder zum Teil selbsttätig bewirkt wird, den Gegenstand der Aufzeichnung allgemein oder für Eingeweihte erkennen lässt und zum Beweis einer rechtlich erheblichen Tatsache bestimmt ist, gleichviel, ob ihr die Bestimmung schon bei der Herstellung oder erst später gegeben wird. Wichtige **Beispiele** für technische Aufzeichnungen sind etwa Fahrtenschreiberdiagramme, Elektrokardiogramme sowie Zählwerke, Messgeräte und Waagen aller Art mit selbsttätiger Druckervorrichtung.

4 1. Mit dem Merkmal der **Beweisbestimmung** sollen Aufzeichnungen aus dem Tatbestand ausgeschlossen werden, die nur technischen oder betrieblichen Zwecken dienen (vgl NK-*Puppe* Rn 31).

5 Eine Aufzeichnung wird **selbsttätig bewirkt**, wenn ihr Inhalt eine neue Information enthält, die aufgrund eines in Konstruktion oder Programmierung festgelegten automatischen Ablaufs hervorgebracht wird. Mit dem Erfordernis der neuen Information werden reine Reproduktionen – wie etwa das Erstellen von Fotokopien, Filmen oder Tonbandaufnahmen – aus dem Anwendungsbereich der Norm genommen (BGHSt 24, 140 [142]; *Freund*, Urkundenstraftaten, 2. Aufl. 2010, Rn 251 ff; S/S-*Heine*/*Schuster* Rn 17; *Otto* BT § 74/6; NK-*Puppe* Rn 18 ff; LK-*Zieschang* Rn 17; aA SK-*Hoyer* Rn 19). Dass die Aufzeichnung nur **zum Teil** selbsttätig bewirkt sein muss, besagt, dass eine menschliche Mitwirkung, namentlich durch das Auslösen des Aufzeichnungsvorgangs, möglich ist. Allerdings muss auch in diesem Fall der Aufzeichnungsinhalt selbst unbeeinflusst von menschlichen Einwirkungen erstellt werden.

6 Des Weiteren bedeuten bei der Legaldefinition:
- **Darstellung**: bedeutungshaltige Information,
- **Zustand oder Geschehensablauf**: jeder äußere Sachverhalt, der Gegenstand einer automatischen Registrierung sein kann,

- **Daten:** codierte Informationen,
- **Messwert:** numerische Angabe über einen Sachverhalt,
- **Rechenwert:** errechnete Zahl.

2. Die technische Aufzeichnung („Darstellung") hat wie die Urkunde eine **Perpetuierungsfunktion**; sie muss also (dauerhaft) in einem von der aufzeichnenden Maschine **abtrennbaren Beleg** verkörpert sein (BGHSt 29, 204; *Kienapfel* JR 1980, 429; L-Kühl-*Heger* Rn 3; *Puppe* JZ 1986, 938 [949]). Jedoch wird keine visuelle Wahrnehmbarkeit verlangt; es genügt, wenn sich aus der Möglichkeit der Darstellung durch Daten ergibt, eine nicht unmittelbar wahrnehmbare Form der Speicherung (vgl § 202 a II). Dagegen sind bloße optische Wiedergaben auf dem registrierenden Gerät, die nach dem Messvorgang wieder verschwinden (zB Gewichtsangaben auf dem Display einer elektronischen Waage), nicht erfasst. 7

Eine Mindermeinung hält es für ausreichend, wenn das Ergebnis einer Aufzeichnung zwar nicht gesondert festgehalten wird, aber – etwa im Wege eines kontinuierlichen Additionsprozesses wie bei Kilometer-, Strom- oder Wasserzählern – in eine (fixierbare) Endsumme eingeht (OLG Frankfurt NJW 1979, 118; *Freund*, Urkundenstraftaten, 2. Aufl. 2010, Rn 245 ff; S/S-*Heine/Schuster* Rn 9). Dem steht jedoch entgegen, dass sich ein Messergebnis, das nur in einen späteren Summanden eingeht, aber nicht gesondert fixiert wird, nicht wie eine Urkunde mehrfach zur Täuschung verwenden lässt, sondern nur einer vorübergehenden Anzeige entspricht (BGH wistra 2004, 145 zur fehlenden Perpetuierungsfunktion). Ferner ist diese Auffassung systematisch nicht mit der Einführung von § 22 b StVG, der die Fälschung von Wegstreckenzählern im Tachometer eines Kfz unter Strafe stellt und mit dem der Gesetzgeber eine Strafbarkeitslücke schließen wollte (BT-Drucks. 15/5315, 8), zu vereinbaren. Denn diese Vorschrift büßte ihren Anwendungsbereich ein, wenn § 268 auf Tachometer anzuwenden wäre. Zudem hätte dies die unplausible Konsequenz, dass § 22 b StVG für die sog. Nachjustierung mangels Subsidiaritätsklausel und angesichts des geringeren Strafmaßes nur noch als Privilegierung denkbar wäre. Zu Telefonkarten vgl *Hecker* JA 2004, 762 [763 f]). 8

3. Eine technische Aufzeichnung ist **unecht**, wenn sie den falschen Eindruck erweckt, Resultat eines von Störungen unbeeinflussten selbsttätigen Aufzeichnungsvorgangs zu sein. 9

a) Unecht sind damit zunächst **Falsifikate**, die überhaupt nicht oder nur zum Teil aus einem selbsttätigen Aufzeichnungsvorgang stammen. Unecht sind aber auch, wie dem insoweit nur klarstellenden **Abs. 3** zu entnehmen ist, alle Aufzeichnungen, die aufgrund störender (menschlicher) Eingriffe **mit einem unrichtigen Ergebnis erstellt** wurden (BGHSt 28, 300 [303 ff]; 40, 26 [29 f]; BayObLG JZ 1986, 604 m. Bspr *Puppe* JZ 1991, 553; BGH NStZ 2016, 42 ff m.Anm. *Hecker* JuS 2015, 1132; S/S-*Heine/Schuster* Rn 29 ff; *Freund*, Urkundenstraftaten, 2. Aufl. 2010, Rn 262 f; LK-*Zieschang* Rn 30 ff). Exemplarisch: Ein LKW-Fahrer verbiegt den Schreibstift eines Fahrtenschreibers (BayObLG wistra 1995, 316). Auch das Unterbrechen eines laufenden Aufzeichnungsvorgangs kann zu einer unechten technischen Aufzeichnung führen, wenn die Einwirkung dem Ergebnis nicht zu entnehmen ist (NK-*Puppe* Rn 40 mwN). Nicht als störende Einwirkung auf den Aufzeichnungsvorgang können demgegenüber Fremdbetätigungen angesehen werden, die von der Funktionsweise des Aufzeichnungsgeräts her vorgesehen sind (exemplarisch: Einlegen und Entnehmen von Schaublättern in ein EG-Kontrollgerät durch den Kraftfahrer, um Ruhezeiten vorzutäuschen, OLG Karlsruhe StraFo 2002, 272). 10

11 b) Das bloße **Ausnutzen eines Gerätedefekts** ist noch kein Herstellen einer „unechten Aufzeichnung" (vgl BGHSt 28, 300 [303 ff]; BayObLG VRS 55, 425; *Eisele* BT I Rn 873), es sei denn, dass der Täter als Garant die von einem Dritten (oder ihm selbst) hervorgerufene Störung pflichtwidrig nicht beseitigt. Das Ingangsetzen eines (ohne menschliche Einwirkung) technisch defekten Geräts ist kein störender Eingriff in dessen Funktionsablauf. Mangels Einwirkung auf den selbsttätigen Ablauf des Aufzeichnungsvorgangs wie auch einer Manipulation des Resultats ist eine technische Aufzeichnung daher nicht unecht iSd Tatbestands, wenn der Täter die Aufnahme eines **Radargeräts** durch eine Gegenblitzanlage oder das Anbringen von Reflektoren unbrauchbar macht; das aufgenommene Bild gibt die tatsächliche Situation zutreffend wieder (LG Flensburg NJW 2000, 1664; auch OLG München NJW 2006, 2132, das jedoch eine Sachbeschädigung im Hinblick auf die nicht unerhebliche Beeinträchtigung der Funktionsfähigkeit des Aufnahmegerätes bejaht; vgl auch *Fischer* Rn 20; *Geppert* DAR 2000, 106; S/S-*Heine/Schuster* Rn 52; aA AG Berlin-Tiergarten NStZ-RR 2000, 9). Gleiches gilt, wenn der Täter das Aufzeichnungsgerät nur **mit falschen Daten speist** (vgl aber auch NK-*Puppe* Rn 36 f zur Manipulation kontinuierlicher Messungen durch sog. täuschende Beschickung); für diesen Fall kann § 269 einschlägig sein.

12 III. Die **Tatmodalitäten** des Herstellens, Verfälschens und Gebrauchens sind wie die entsprechenden Handlungen bei § 267 auszulegen (vgl dort Rn 33 ff). Zu beachten ist, dass nicht nur eine echte, sondern auch eine unechte technische Aufzeichnung verfälscht werden kann; Voraussetzung für das Verfälschen ist jeweils, dass die Aufzeichnung bereits vorhanden ist.

13 IV. Auch der **subjektive Tatbestand** einschließlich des Merkmals „zur Täuschung im Rechtsverkehr" entspricht demjenigen des § 267 (vgl dort Rn 55 ff).

§ 269 Fälschung beweiserheblicher Daten

(1) Wer zur Täuschung im Rechtsverkehr beweiserhebliche Daten so speichert oder verändert, daß bei ihrer Wahrnehmung eine unechte oder verfälschte Urkunde vorliegen würde, oder derart gespeicherte oder veränderte Daten gebraucht, wird mit Freiheitsstrafe bis zu fünf Jahren oder mit Geldstrafe bestraft.

(2) Der Versuch ist strafbar.

(3) § 267 Abs. 3 und 4 gilt entsprechend.

1 I. Die Vorschrift soll die **Lücke schließen**, die sich aus dem für § 267 allgemein anerkannten, aus der Perpetuierungsfunktion folgenden Erfordernis ergibt, dass die Urkunde eine visuell wahrnehmbare Erklärung verkörpern muss (vgl § 267 Rn 3 f). Diesem Zweck entsprechend ist die Vorschrift eng an § 267 angelehnt.

2 Die Subsumtion eines Sachverhalts unter den Tatbestand des § 269 erfolgt im Wege eines **hypothetischen Vergleichs**: Unter der Voraussetzung, dass die fraglichen Daten in visuell wahrnehmbaren Symbolen (vor allem Schriftzeichen) verkörpert wären – zB in Form eines Computerausdrucks –, müssten alle weiteren tatbestandlichen Voraussetzungen des § 267 gegeben sein.

II. Vom Tatbestand erfasst werden ausschließlich solche **Daten, die nicht unmittelbar visuell** wahrgenommen werden können (zum Datenbegriff vgl § 202 a Rn 2). 3

Daten sind **beweiserheblich**, wenn die durch sie codierte Information bis auf ihre visuelle Wahrnehmbarkeit alle Merkmale einer urkundlichen Gedankenerklärung aufweist (vgl § 267 Rn 2 ff); auch eine Analogie zu Gesamturkunden und zusammengesetzten Urkunden ist möglich (L-Kühl-*Heger* Rn 5). Die beweiserheblichen Daten müssen also die Funktionen einer Urkunde erfüllen: 4

- Die **Perpetuierungsfunktion** bezieht sich bei Datenurkunden auf die Speicherung der relevanten Daten. Die Daten, an denen oder durch die Veränderungen vorgenommen werden, müssen schon gespeichert sein oder gespeichert werden. Nicht einschlägig sind damit sog. Zwischendaten, die zwar im Verarbeitungsprozess anfallen, die aber nicht gespeichert werden. 5

- Hinsichtlich der **Garantiefunktion** ist derjenige als Aussteller anzusehen, dem die codierte Information als Urheber zuzurechnen ist (auch Behörde oder juristische Person); das datenverarbeitende Personal scheidet damit regelmäßig aus. Da Identitätsmerkmale des Ausstellers häufig nicht mitgespeichert sind, ist hinsichtlich seiner Erkennbarkeit auf die Umstände des jeweiligen Betriebs der Datenverarbeitung abzustellen (Zugangsbeschränkungen, Merkmale des Druckerpapiers, spezifische Programmanweisungen usw). 6

- Um die **Beweisfunktion** zu erfüllen, müssen die in der Datenurkunde codierten Informationen (der hM entsprechend) geeignet und bestimmt sein, bei einer Verarbeitung im Rechtsverkehr rechtlich erhebliche Tatsachen zu beweisen. Vorbereitende Entwürfe sind damit ebenso wenig als Datenurkunden anzusehen wie Datenverarbeitungsprogramme oder der rein innerbetriebliche Datenaustausch. 7

III. Das **Speichern** beweiserheblicher Daten entspricht der Tatvariante des Herstellens einer unechten Urkunde (= Herstellen einer „unechten Datenurkunde"). Exemplarisch: unbefugte Benutzung einer fremden Codekarte zur Abhebung von Geld an einem Bankomaten; in diesem Fall wird im Computer der Bank die Erklärung gespeichert, dass die durch PIN, Kontonummer und Bankleitzahl gekennzeichnete Person einen bestimmten Betrag von ihrem Konto abgehoben hat (NK-*Puppe* Rn 33). Oder: Übertragen von fremden Kontendaten auf eine Codekartenblankette (vgl BGHSt 38, 120 [122]; *Freund*, Urkundenstraftaten, 2. Aufl. 2010, Rn 267; *Meier* JuS 1992, 1017 f). Dass die Daten ggf zunächst über das Internet übermittelt werden müssen, steht einem tatbestandlichen Speichern nicht entgegen. Auch das Versenden von E-Mail-Nachrichten mit rechtlich relevantem Inhalt unter einer falschen Absenderangabe fällt unter diese Variante, wenn über die Identität des „Ausstellers", nicht allein über dessen Namen, getäuscht wird (*Fischer* Rn 8; weitergehend *Buggisch* NJW 2004, 3519 [3520]). Ebenso führt die Einrichtung eines Mitgliedskontos bei einer Internetauktionsplattform unter falschen Personalien zu einer Speicherung beweiserheblicher Daten (KG NStZ 2010, 576 m. Bspr *Willer* 553 und *Petermann* JuS 2010, 774 [777 f]; *Eisele* Puppe-FS 1091 ff; *Singelnstein* JR 2011, 375 [376 f]; aA OLG Hamm StV 2009, 475 m.Anm. *Jahn* JuS 2009, 662; zur anschließenden Abgabe von Erklärungen vgl *Puppe* JuS 2012, 961 [963 f] und *Singelnstein* JR 2011, 375 [378], str.). Auch das sog. „**Phishing**" ist tatbestandsmäßig (*Gercke* CR 2005, 606 ff; *Goeckenjan* wistra 2008, 128 [129 f]; *Heghmanns* wistra 2007, 167 ff; *Puppe* JuS 2012, 961 [962 f]; krit. *Graf* NStZ 2007, 129 [132]; zum „Phishing" 8 von Packstationsdaten *Brand* NStZ 2013, 7). Hierbei errichtet der Täter eine Website, die der einer Bank täuschend ähnlich sieht, und versendet daraufhin massenhaft E-Mails, die ebenfalls als solche der Bank ausgegeben werden; auf ihnen befinden sich ein Link zur gefälschten Seite und die Aufforderung, Zugangsdaten (PIN, TAN) dort einzugeben. Auf diese Weise will sich der Täter die entsprechenden Zugangsdaten verschaffen, um auf das Konto des Getäuschten zuzugreifen, was zudem nach § 263 a strafbar ist. Ferner liegt im Verwenden einer Fahrerkarte einer anderen Person in einem Kontrollgerät (Verordnung [EWG] Nr. 3821/85) zur Erfassung von Lenk- und Ruhezeiten eine Speicherung beweiserheblicher Daten, da das Kontrollgerät den auf der Karte eingetragenen Namen des Fahrers aufzeichnet (OLG Stuttgart v. 25.3.2013 – 2 Ws 42/13).

9 Gleichermaßen sind die Tatvarianten des **Veränderns** und **Gebrauchens** in Analogie zu den entsprechenden Tatvarianten des § 267 auszulegen (dies gilt nach BGH NStZ 2015, 635 auch für das Verhältnis der Tatvarianten zueinander). Das Verändern entspricht dem Verfälschen und ist das inhaltliche Umgestalten der Daten, etwa durch die Abänderung der Daten auf einer ordnungsgemäßen Codekarte. Wird eine solche Karte dann zum Geldabheben an einem Bankomaten verwendet, ist ein Gebrauchen iSd Tatbestands gegeben. Ebenso ein Verändern iSd Vorschrift stellt das manipulative Wiederaufladen abtelefonierter Telefonkarten dar (vgl BGH NStZ-RR 2003, 265 [266]; *Hecker* JA 2004, 762 [764]). Nicht erfasst wird die unbefugte Aufhebung einer SIM-Lock-Sperre eines Mobiltelefons, da der zugrunde liegende Datensatz nicht in den Rechtsverkehr gelangt (aA AG Nürtingen MMR 2011, 121; AG Göttingen MMR 2011, 626 m. krit. Anm. *Neubauer* 628 und *Kusnik* CR 2011, 718). Zur Strafbarkeit der Fälschung signierter Datenurkunden siehe *Eßer*, Der strafrechtliche Schutz des qualifizierten elektronischen Signaturverfahrens, 2006, 120 ff.

10 IV. Der **subjektive Tatbestand** verlangt neben dem (zumindest bedingten) Vorsatz hinsichtlich der Verwirklichung des objektiven Tatbestands ein Handeln „zur Täuschung im Rechtsverkehr" (vgl § 267 Rn 56).

§ 270 Täuschung im Rechtsverkehr bei Datenverarbeitung

Der Täuschung im Rechtsverkehr steht die fälschliche Beeinflussung einer Datenverarbeitung im Rechtsverkehr gleich.

1 Nach der in § 270 normierten Gleichstellungsklausel ist das Merkmal der „Täuschung im Rechtsverkehr" auch auf solche Fälle anwendbar, in denen die Manipulation des Täters nicht der unmittelbaren Täuschung eines Menschen, sondern der fälschlichen Beeinflussung einer Datenverarbeitung im Rechtsverkehr – zB durch maschinelles Einlesen in einen Computer (vgl hierzu BGHSt 40, 203; *Maurer* NJW 1995, 1655) – dient.

2 Die Gleichstellung gilt für alle Vorschriften, die das Merkmal „Täuschung im Rechtsverkehr" aufweisen (§§ 152 a I, 267 I, 268 I, 269 I, 273, 276, 281).

§ 271 Mittelbare Falschbeurkundung

(1) Wer bewirkt, daß Erklärungen, Verhandlungen oder Tatsachen, welche für Rechte oder Rechtsverhältnisse von Erheblichkeit sind, in öffentlichen Urkunden, Büchern, Dateien oder Registern als abgegeben oder geschehen beurkundet oder gespeichert werden, während sie überhaupt nicht oder in anderer Weise oder von einer Person in einer ihr nicht zustehenden Eigenschaft oder von einer anderen Person abgegeben oder geschehen sind, wird mit Freiheitsstrafe bis zu drei Jahren oder mit Geldstrafe bestraft.

(2) Ebenso wird bestraft, wer eine falsche Beurkundung oder Datenspeicherung der in Absatz 1 bezeichneten Art zur Täuschung im Rechtsverkehr gebraucht.

(3) Handelt der Täter gegen Entgelt oder in der Absicht, sich oder einen Dritten zu bereichern oder eine andere Person zu schädigen, so ist die Strafe Freiheitsstrafe von drei Monaten bis zu fünf Jahren.

(4) Der Versuch ist strafbar.

I. Die Vorschrift schließt die Strafbarkeitslücke, die sich daraus ergibt, dass § 348 ein echtes Amtsdelikt ist. Verwirklicht ein Amtsträger zwar den objektiven, nicht aber den subjektiven Tatbestand des § 348, so wäre ein die Beurkundung bewusst veranlassender Außenstehender mangels vorsätzlicher Haupttat nicht als Anstifter strafbar. Auch mittelbare Täterschaft scheidet aus, da ein Außenstehender nicht die Täterqualifikation des § 348 aufweist. § 271 ist daher ein Delikt, das eine vorsätzliche Beteiligung nur am objektiven Tatbestand des § 348 unter Strafe stellt. 1

§ 271 wurde im Wege des 6. StrRG 1998 aus den §§ 271–273 aF gebildet. Neben dem Bewirken der Falschbeurkundung (Abs. 1) ist auch der Gebrauch einer falschen öffentlichen Urkunde strafbar (Abs. 2), und zwar selbst dann, wenn sie nicht in strafbarer Weise hergestellt wurde. Dies soll nach hM auch für ausländische öffentliche Urkunden gelten, die im Inland gebraucht werden (OLG Düsseldorf NStZ 1983, 221; vgl auch BVerwG NJW 1987, 1159; einschr. S/S-*Heine/Schuster* Rn 1 a; M/R-*Maier* Rn 2). Abs. 3 sieht eine Qualifikation vor bei einem Handeln gegen Entgelt (§ 11 I Nr. 9) oder in der Absicht, sich oder einen Dritten zu bereichern oder eine andere Person (in welcher Art und Weise auch immer) zu schädigen. 2

II. **Bewirken** ist nach vorherrschender Meinung das Verursachen der unrichtigen Beurkundung oder Datenspeicherung durch den zuständigen Amtsträger (OLG Köln NJW 1967, 742; SK-*Hoyer* Rn 22; L-Kühl-*Heger* Rn 6). Dabei ist nur die Falschbeurkundung solcher Angaben tatbestandsmäßig, auf die sich gerade der öffentliche Glaube, dh die volle Beweiskraft für und gegen jedermann, erstreckt. Welche Angaben dies im Einzelfall sind, ergibt sich aus den jeweiligen gesetzlichen Bestimmungen bzw dem Sinn und Zweck der Urkunde im Rechtsverkehr (vgl § 348 Rn 6 ff). Die Anmeldung unter Angabe eines falschen Wohnsitzes beispielsweise erfüllt allein noch nicht den Tatbestand des § 271. Denn die erhöhte Beweiskraft der Meldebestätigung bezieht sich nicht darauf, dass der Angemeldete tatsächlich am angegebenen Ort wohnt, sondern darauf, dass er sich unter Angabe dieses Wohnortes angemeldet hat (OLG München wistra 2006, 194; OLG Köln NJW 2007, 1829 f; zu unrichtigen Angaben bei der Volljährigenadoption vgl BGH wistra 2007, 221 f). Auch die Bescheinigung über eine Duldung nach § 60 a IV AufenthG oder eine Aufenthaltsgestattung nach § 63 AsylVfG sind hin- 3 sichtlich der Personalangaben des Ausländers jedenfalls dann nicht von der Beweiskraft erfasst, wenn sie einen Hinweis darauf enthalten, dass diese allein auf den Angaben des Ausländers beruhen (vgl BGHSt 54, 140 [144 f] m.Anm. *Mosbacher* NStZ 2010, 457; ebenso OLG Brandenburg NStZ-RR 2010, 12; nach OLG Koblenz NStZ-RR 2010, 259 [261] gilt dies auch für den Fall, dass der Hinweis unterblieben ist; nach OLG Bamberg NStZ-RR 2014, 142 ebenfalls keine Beweiswirkung falscher Personalangaben des Asylbewerbers im Ablehnungsbescheid). Weitergehend wird teilweise gefordert, dass der Amtsträger bei der Aufnahme der Daten gutgläubig (oder nicht zurechnungsfähig) handeln müsse (S/S-*Heine/Schuster* Rn 2; NK-*Puppe* Rn 30 f; zu Auswirkungen des Meinungsstreits auf Irrtumsfälle vgl Rn 4 ff). Die vereinzelt vertretene Auffassung, bei der Speicherung von Daten sei auch ein eigenhändiges Vorgehen des (außenstehenden) Täters einschlägig (*Möhrenschlager* wistra 1986, 128 [136]), ist mit der auf mittelbare Tatbegehung abstellenden Tatbestandsfassung nicht zu vereinbaren, zumal dieser Fall von § 269 erfasst wird (NK-*Puppe* Rn 29 mwN).

4 III. Für die Fälle, in denen der außenstehende Veranlasser der Falschbeurkundung den Amtsträger **irrtümlich** für gut- oder bösgläubig hält, werden jeweils unterschiedliche Lösungen vorgeschlagen:

5 1. Hält der außenstehende Veranlasser den Amtsträger für **gutgläubig**, so fehlt ihm der Anstiftervorsatz zu § 348; er geht nicht von einer vorsätzlichen Haupttat aus. Wenn man für das Bewirken eine der mittelbaren Täterschaft vergleichbare Tatherrschaft verlangt, wäre auch der objektive Tatbestand des § 271 mangels einer solchen Tatherrschaft nicht erfüllt; der Amtsträger handelt ja in vollem Umfang selbstverantwortlich. Die Konsequenz wäre, nur einen Versuch des § 271 anzunehmen (NK-*Puppe* Rn 41; LK-*Zieschang* Rn 86 f).

6 Nach hM soll gleichwohl § 271 vollendet sein. Teilweise wird darauf abgestellt, dass die Vorsatztat des Amtsträgers ein Mehr sei, welche die vom Täter gewollte unvorsätzliche Tat einschließe (S/S-*Heine/Schuster* Rn 30 iVm S/S-*Lenckner/Bosch* § 160 Rn 9; L-Kühl-*Heger* Rn 7; ebenso BGHSt 21, 116 zu § 160). Teilweise wird die Annahme einer Vollendung damit begründet, dass mit dem Merkmal des Bewirkens jede Form der Verursachung einer Falschbeurkundung erfasst werde (*Otto* BT § 71/15).

7 2. Wenn der außenstehende Veranlasser von der **Bösgläubigkeit** des Amtsträgers ausgeht, handelt er mit Anstiftervorsatz zu § 348; es fehlt jedoch objektiv die für § 26 erforderliche vorsätzliche Haupttat. Auch auf § 30 I kann nicht zurückgegriffen werden, da § 348 nur ein Vergehen ist (so S/S-*Heine/Schuster* Rn 30; NK-*Puppe* Rn 42).

8 Die hM nimmt allerdings auf der Grundlage der weiten Auslegung des Bewirkens (Rn 3) eine vollendete Verwirklichung von § 271 an: Auch in diesem Fall verursache der Täter mit Erfolg vorsätzlich eine unwahre öffentliche Beurkundung (*Fischer* Rn 16; MK-*Freund* Rn 36; L-Kühl-*Heger* Rn 7).

§ 272 (weggefallen)

§ 273 Verändern von amtlichen Ausweisen

(1) Wer zur Täuschung im Rechtsverkehr
1. eine Eintragung in einem amtlichen Ausweis entfernt, unkenntlich macht, überdeckt oder unterdrückt oder eine einzelne Seite aus einem amtlichen Ausweis entfernt oder
2. einen derart veränderten amtlichen Ausweis gebraucht,

wird mit Freiheitsstrafe bis zu drei Jahren oder mit Geldstrafe bestraft, wenn die Tat nicht in § 267 oder § 274 mit Strafe bedroht ist.

(2) Der Versuch ist strafbar.

I. Die Vorschrift wurde im Wege des 6. StrRG 1998 in das StGB eingestellt und soll die Strafbarkeitslücke schließen, die sich daraus ergibt, dass nach hM amtliche Ausweise ausschließlich dem Inhaber „gehören" (vgl § 274 Rn 3) und ihre Veränderung daher nicht von § 274 I Nr. 1 erfasst wird (vgl BT-Drucks. 13/8587, 66). 1

II. **Amtliche Ausweise** sind öffentliche Zeugnisurkunden, welche mit öffentlichem Glauben die Identität einer Person beurkunden (BT-Drucks. 12/6853, 29). Der Zweck kann sich hierbei auf die Identifizierung einer Person (zB Personalausweis) oder auf die Bescheinigung bestimmter rechtlicher oder tatsächlicher Verhältnisse der identifizierten Person (zB Studentenausweis, Schwerbehindertenausweis, Führerschein) beziehen. 2

Keine amtlichen Ausweise sind Identitätspapiere, die sich nur auf den internen Dienstbetrieb beziehen (zB Benutzerausweis für eine öffentliche Bibliothek oder sonstige Dienstgebäude). Insoweit sind auch Fahrausweise öffentlicher Verkehrsmittel selbst dann keine amtlichen Ausweise, wenn sie ein Lichtbild und sonstige Angaben zur Person enthalten (NK-*Puppe* § 275 Rn 4). 3

§ 274 Urkundenunterdrückung; Veränderung einer Grenzbezeichnung

(1) Mit Freiheitsstrafe bis zu fünf Jahren oder mit Geldstrafe wird bestraft, wer
1. eine Urkunde oder eine technische Aufzeichnung, welche ihm entweder überhaupt nicht oder nicht ausschließlich gehört, in der Absicht, einem anderen Nachteil zuzufügen, vernichtet, beschädigt oder unterdrückt,
2. beweiserhebliche Daten (§ 202 a Abs. 2), über die er nicht oder nicht ausschließlich verfügen darf, in der Absicht, einem anderen Nachteil zuzufügen, löscht, unterdrückt, unbrauchbar macht oder verändert oder
3. einen Grenzstein oder ein anderes zur Bezeichnung einer Grenze oder eines Wasserstandes bestimmtes Merkmal in der Absicht, einem anderen Nachteil zuzufügen, wegnimmt, vernichtet, unkenntlich macht, verrückt oder fälschlich setzt.

(2) Der Versuch ist strafbar.

I. Urkundenunterdrückung (Abs. 1 Nr. 1)

1. **1.** Die Vorschrift dient nach hM dem Bestandsschutz von Urkunden und technischen Aufzeichnungen, soll also die **berechtigte Möglichkeit der Beweisführung sichern.** Insoweit geht es um die Garantie eines Individualrechtsguts, mit der Folge, dass der Berechtigte das Unrecht der Tat durch Einwilligung ausschließen kann (S/S-*Heine/Schuster* Rn 11; NK-*Puppe* Rn 1, 15).

2. **2. Tatobjekte** nach Abs. 1 Nr. 1 können nur (vorhandene) **echte Urkunden** (iSd § 267) oder **technische Aufzeichnungen** (iSv § 268) sein. Falsifikate scheiden, da sie keinen Bestandsschutz genießen, als Tatobjekte aus (S/S-*Heine/Schuster* Rn 4; SK-*Hoyer* Rn 6; LK-*Zieschang* Rn 3; NK-*Puppe* Rn 5).

3. **3.** Das Merkmal **gehören** bezieht sich nicht auf das Eigentum, sondern auf das Beweisführungsrecht an der Urkunde (BGHSt 29, 192 [194]). Demgemäß kann auch der Eigentümer den Tatbestand unter der Voraussetzung verwirklichen, dass (auch) einem anderen das Recht zusteht, mit der Urkunde Beweis zu erbringen (zB bei einem gemeinschaftlichen Testament). Entsprechendes gilt für technische Aufzeichnungen.

4. **a)** Grds steht dem Eigentümer der Urkunde (bzw technischen Aufzeichnung) auch das Beweisführungsrecht an ihr zu. Die **Verfügungsbefugnis endet** jedoch, wenn der Aussteller die Urkunde in den Rechtsverkehr gelangen lässt, zB durch Erteilen einer Quittung oder durch Befestigung einer Unfallnachricht an einem beschädigten Kraftfahrzeug (vgl BayObLG NJW 1968, 1896; LK-*Zieschang* Rn 6 mwN). Nach einer allgemeinen Formel verliert der Aussteller die Verfügungsbefugnis, wenn die Urkunde ihre bestimmungsgemäße Bedeutung für den Rechtsverkehr erlangt hat (RGSt 74, 341 [343]).

5. Bei öffentlichen Urkunden (zB Grundbucheintragung) wird regelmäßig bereits mit deren Erstellung ein Verlust der Verfügungsbefugnis angenommen. Im Falle von privaten Urkunden wird dies unter der Voraussetzung befürwortet, dass der Rechtsverkehr – wie zB bei Handelsbüchern – ein Interesse an ihrem unveränderten Bestand hat.

6. **b)** Eine Urkunde gehört dem Eigentümer auch dann nicht (ausschließlich), wenn er nach §§ 810 BGB, 421 ff ZPO verpflichtet ist, sie zum **Zwecke der Beweisführung** durch einen anderen **vorzulegen**, herauszugeben oder zur Einsichtnahme bereitzuhalten (BGHSt 29, 192 [194]; BayObLG NJW 1980, 1057 [1058]; 1997, 1592; OLG Düsseldorf NJW 1985, 1231 [1232]; *Küper* Jura 1996, 208 f; NK-*Puppe* Rn 2).

7. Bei Urkunden, bei denen eine **öffentlich-rechtliche Vorlegungspflicht** besteht, kommt es hinsichtlich des Beweisführungsrechts auf den Zweck der Pflicht an: Dient die Vorlage der Rechnungslegung, steht das Beweisführungsrecht der Behörde zu; dient die Vorlage dagegen der polizeilichen Kontrolle, ist ein Beweisführungsrecht der Behörde zu verneinen (BayObLG NJW 1997, 1592 m. Bspr *Reichert* StV 1998, 51). Letzteres gilt insbesondere bei Fahrtenschreiberdiagrammen (vgl aber auch § 31 BImSchG), die der Fahrer zur Verdeckung einer Ordnungswidrigkeit vernichtet (OLG Düsseldorf NJW 1985, 1231; JR 1991, 250 m.Anm. *Bottke*; S/S-*Heine/Schuster* Rn 5; LK-*Zieschang* Rn 7 f; aA NK-*Puppe* Rn 4).

8. **c) Öffentlich-rechtliche Ausweispapiere** gehören, auch wenn sie im Eigentum des Staates verbleiben (vgl für Pässe § 1 IV S. 1 Hs 2 PassG, für Personalausweise etwa § 4 II PAuswG), beweisrechtlich ausschließlich ihrem Inhaber (BayObLG

NJW 1990, 264; LK-*Zieschang* Rn 10; aA *Otto* BT § 72/2). Soweit deren Vorlage zu Überwachungs- oder Kontrollzwecken verlangt wird, steht der Ordnungsbehörde kein Beweisführungsrecht zu (vgl Rn 7). Aufgrund dieser Gesetzesauslegung der hM wurde im Wege des 6. StRG § 273 nF eingeführt.

4. Eine Urkunde (technische Aufzeichnung) ist **beschädigt**, wenn sie in ihrer Brauchbarkeit als Beweismittel erheblich beeinträchtigt – dh ihr Beweiswert gemindert – ist (BGH NJW 1954, 1375; OLG Düsseldorf NJW 1983, 2341 [2342]; LK-*Zieschang* Rn 34 ff). Ein Beschädigen kann auch im Verfälschen nach § 267 I Var. 2 liegen (vgl L-Kühl-*Heger* Rn 2 mwN). 9

Eine Urkunde (technische Aufzeichnung) ist **vernichtet**, wenn sie als Beweismittel nicht mehr brauchbar ist, weil ihre beweiserhebliche Substanz zerstört ist (BayObLG NJW 1980, 1057 [1058]; LK-*Zieschang* Rn 26). Zusammengesetzte Urkunden (§ 267 Rn 18 f) können durch Trennung von Beweiszeichen und Augenscheinsobjekt vernichtet werden (vgl BGH NJW 1954, 1375). 10

Eine Urkunde (technische Aufzeichnung) wird **unterdrückt**, wenn dem Beweisführungsberechtigten die Möglichkeit ihrer Benutzung ohne Beeinträchtigung ihrer beweiserheblichen Substanz (zumindest vorübergehend) entzogen oder vorenthalten wird (OLG Düsseldorf NStZ 1981, 25 [26]; LK-*Zieschang* Rn 29 ff). 11

II. Unterdrückung beweiserheblicher Daten (Abs. 1 Nr. 2)

Die Tatmodalität nach Abs. 1 Nr. 2 dehnt den Anwendungsbereich der Urkundenunterdrückung nach Nr. 1 auf Daten iSv § 202 a II aus. Die Regelung entspricht derjenigen des § 269 im Verhältnis zu § 267. 12

III. Veränderung einer Grenzbezeichnung (Abs. 1 Nr. 3)

In Abs. 1 Nr. 3 wird ein im Verhältnis zu Abs. 1 Nr. 1 und 2 selbstständiger Tatbestand mit eigenem Tatobjekt formuliert. Grenzzeichen sind mangels Erkennbarkeit des Ausstellers keine Urkunden. Die Grenz- und Wasserstandszeichen, die den Geltungsbereich eines dinglichen Rechts einschließlich öffentlicher Herrschaftsrechte kennzeichnen sollen, werden ohne Rücksicht auf die Eigentumsverhältnisse geschützt. 13

IV. Subjektiver Tatbestand

Der subjektive Tatbestand verlangt neben dem (zumindest bedingten) Vorsatz hinsichtlich des objektiven Tatbestands in allen Varianten des Abs. 1 ein Handeln in der Absicht, einem anderen Nachteil zuzufügen. Nach hM genügt für das Absichtsmerkmal **dolus directus** iS sicheren Wissens, dh, der Täter muss in dem Bewusstsein handeln, dass der Nachteil die notwendige Folge der Tat ist (vgl BGH NJW 1953, 1924; NStZ 2010, 332 [333]). Als **Nachteil** kommen Beeinträchtigungen fremder Beweisführungsrechte wie auch Vermögenseinbußen in Betracht (BGHSt 29, 192 [196]). Eine Vereitelung des staatlichen Straf- oder Bußgeldanspruchs wird nicht als einschlägiger Nachteil angesehen (BGH NStZ-RR 2011, 276 [277]; offen gelassen von BGH wistra 2012, 435 [436] m.Anm. *Zieschang* HRRS 2013, 49; vgl auch S/S-*Heine/Schuster* Rn 15 mwN). Der zu Benachteiligende braucht nicht mit dem Eigentümer der Urkunde oder dem Verfügungsberechtigten identisch zu sein (BGH NStZ-RR 2011, 276 [277]). 14

V. Konkurrenzen

15 § 274 I Nr. 1 wird von § 267 verdrängt (Konsumtion), wenn die Urkundenunterdrückung nur Mittel zum Verfälschen einer echten bzw Herstellen einer unechten Urkunde ist. Im Verhältnis zu § 303 ist § 274 I Nr. 1 das speziellere Delikt (aA *Dingler* JA 2004, 810 ff: Konsumtion).

§ 275 Vorbereitung der Fälschung von amtlichen Ausweisen

(1) Wer eine Fälschung von amtlichen Ausweisen vorbereitet, indem er
1. Platten, Formen, Drucksätze, Druckstöcke, Negative, Matrizen oder ähnliche Vorrichtungen, die ihrer Art nach zur Begehung der Tat geeignet sind,
2. Papier, das einer solchen Papierart gleicht oder zum Verwechseln ähnlich ist, die zur Herstellung von amtlichen Ausweisen bestimmt und gegen Nachahmung besonders gesichert ist, oder
3. Vordrucke für amtliche Ausweise

herstellt, sich oder einem anderen verschafft, feilhält, verwahrt, einem anderen überläßt oder einzuführen oder auszuführen unternimmt, wird mit Freiheitsstrafe bis zu zwei Jahren oder mit Geldstrafe bestraft.

(2) Handelt der Täter gewerbsmäßig oder als Mitglied einer Bande, die sich zur fortgesetzten Begehung von Straftaten nach Absatz 1 verbunden hat, so ist die Strafe Freiheitsstrafe von drei Monaten bis zu fünf Jahren.

(3) § 149 Abs. 2 und 3 gilt entsprechend.

1 Die Vorschrift pönalisiert Vorbereitungshandlungen zur Fälschung amtlicher Ausweise (vgl § 273 Rn 2 f), die im Rahmen der organisierten Kriminalität (Menschenhandel, illegale Einreise, Geldwäsche usw) eine bedeutende Rolle spielen. Die Straftat ist ein abstraktes Gefährdungsdelikt, das der Gefahr begegnen will, die vom Vorhandensein von Fälschungsmitteln zur (massenhaften) Herstellung von Falsifikaten ausgeht. Die Fälschung selbst wird von § 267 erfasst. Gegenüber dieser Vorschrift ist § 275 subsidiär. Folglich kann nicht nach § 275 bestraft werden, wer an der Fälschung als Täter, Anstifter oder Gehilfe beteiligt ist (OLG Köln NStZ 1994, 289). Es genügt bedingter Vorsatz, der sich auf die Begehung der vorbereiteten Fälschung erstrecken muss (OLG München NStZ-RR 2008, 280).

§ 276 Verschaffen von falschen amtlichen Ausweisen

(1) Wer einen unechten oder verfälschten amtlichen Ausweis oder einen amtlichen Ausweis, der eine falsche Beurkundung der in den §§ 271 und 348 bezeichneten Art enthält,
1. einzuführen oder auszuführen unternimmt oder
2. in der Absicht, dessen Gebrauch zur Täuschung im Rechtsverkehr zu ermöglichen, sich oder einem anderen verschafft, verwahrt oder einem anderen überläßt,

wird mit Freiheitsstrafe bis zu zwei Jahren oder mit Geldstrafe bestraft.

(2) Handelt der Täter gewerbsmäßig oder als Mitglied einer Bande, die sich zur fortgesetzten Begehung von Straftaten nach Absatz 1 verbunden hat, so ist die Strafe Freiheitsstrafe von drei Monaten bis zu fünf Jahren.

Die Vorschrift sanktioniert die Ein- und Ausfuhr (Abs. 1 Nr. 1) sowie das Verschaffen und Verwahren falscher amtlicher Ausweise. Geschützt sind auch ausländische Ausweise (BGHR StGB § 276 Ausweis 1). 1

§ 276 tritt – sofern das Gebrauchmachen der verfälschten Urkunde nicht auf einem andersartigen Entschluss des Täters beruht – hinter § 267 I Var. 3 zurück (BGH, Urt. v. 10.12.2014 – 2 StR 170/13; BGHR StGB § 276 Konkurrenzen 1). 2

§ 276 a Aufenthaltsrechtliche Papiere; Fahrzeugpapiere

Die §§ 275 und 276 gelten auch für aufenthaltsrechtliche Papiere, namentlich Aufenthaltstitel und Duldungen, sowie für Fahrzeugpapiere, namentlich Fahrzeugscheine und Fahrzeugbriefe.

Die Vorschrift formuliert keinen eigenen Deliktstatbestand, sondern erweitert nur die Anwendbarkeit von §§ 275 f, indem sie das Tatbestandsmerkmal „amtlicher Ausweis" durch andere öffentliche Urkunden, nämlich aufenthaltsrechtliche Papiere und Fahrzeugpapiere, ersetzt. Die sonstigen Tatbestandsvoraussetzungen sind §§ 275 f zu entnehmen. 1

§ 277 Fälschung von Gesundheitszeugnissen

Wer unter der ihm nicht zustehenden Bezeichnung als Arzt oder als eine andere approbierte Medizinalperson oder unberechtigt unter dem Namen solcher Personen ein Zeugnis über seinen oder eines anderen Gesundheitszustand ausstellt oder ein derartiges echtes Zeugnis verfälscht und davon zur Täuschung von Behörden oder Versicherungsgesellschaften Gebrauch macht, wird mit Freiheitsstrafe bis zu einem Jahr oder mit Geldstrafe bestraft.

I. Die Vorschrift dient einem umfassenden **Wahrheits- und Echtheitsschutz von ärztlichen Zeugnissen** über den Gesundheitszustand eines Menschen, soweit sie zur Täuschung von Behörden oder Versicherungsgesellschaften gebraucht werden (vgl zur Definition des Gesundheitszeugnisses OLG Stuttgart NJW 2014, 482 ff). Geschützt ist das Vertrauen in die fachliche Kompetenz von Personen, die Gesundheitszeugnisse ausstellen (zu den erheblichen Wertungswidersprüchen, die der Tatbestand wegen der niedrigeren Strafandrohung bei Überschneidungen mit § 267 aufwirft, vgl *Fischer* Rn 1; NK-*Puppe* Rn 1, 9). 1

II. Der **Tatbestand** ist **zweiaktig** aufgebaut: 2

Der **erste Teil** ist in drei Tatvarianten begehbar: 3

- durch Ausstellen eines Gesundheitszeugnisses in eigenem Namen, aber unter angemaßter Bezeichnung als Medizinalperson oder
- durch Ausstellen eines Gesundheitszeugnisses unter dem Namen einer (wirklichen oder fingierten) Medizinalperson oder
- durch Verfälschen eines echten Gesundheitszeugnisses.

4 Der **zweite Teil** verlangt die Verwendung eines solchen Zeugnisses (mit Täuschungsabsicht hinsichtlich der Originalität, nicht der inhaltlichen Richtigkeit des Zeugnisses) gegenüber Behörden oder Versicherungsgesellschaften. Hierbei muss der Hersteller das Gesundheitszeugnis **selbst** gebrauchen oder einem Dritten zum Gebrauch überlassen (*Gössel/Dölling* I 52/64; anders S/S-*Heine/Schuster* Rn 10). Nach aA muss das Verhalten des Dritten dem Hersteller nach den Regeln der Mittäterschaft (oder der mittelbaren Täterschaft) zuzurechnen sein (OLG Frankfurt NStZ 2009, 700; NK-*Puppe* Rn 11; LK-*Zieschang* Rn 14).

§ 278 Ausstellen unrichtiger Gesundheitszeugnisse

Ärzte und andere approbierte Medizinalpersonen, welche ein unrichtiges Zeugnis über den Gesundheitszustand eines Menschen zum Gebrauch bei einer Behörde oder Versicherungsgesellschaft wider besseres Wissen ausstellen, werden mit Freiheitsstrafe bis zu zwei Jahren oder mit Geldstrafe bestraft.

1 Die Vorschrift erfasst den Fall einer schriftlichen Lüge durch eine Medizinalperson bei der Ausstellung eines Gesundheitszeugnisses. Nach herrschender Auffassung ist ein Gesundheitszeugnis nicht nur dann unrichtig, wenn eine unrichtige Diagnose gestellt wurde, sondern auch dann, wenn es in irgendeinem wesentlichen Punkt den Tatsachen widerspricht (BGHSt 6, 90; 10, 157; *Fischer* Rn 4 f; S/S-*Heine/Schuster* Rn 2; LK-*Zieschang* Rn 6). Die Unrichtigkeit kann sich auf den Befund oder die Beurteilung beziehen. Es kommt nicht darauf an, ob in dem Zeugnis Angaben tatsächlicher oder gutachterlicher Art unrichtig sind. Daher liegt ein unrichtiges Zeugnis in der Regel auch dann vor, wenn es über einen Befund ausgestellt wurde, ohne dass eine Untersuchung stattgefunden hat (BGH wistra 2007, 143 f; OLG Frankfurt StV 2006, 471 [472]; *Fischer* Rn 4 mwN; *Wolfslast* Roxin-FS II 1121; aA SK-*Hoyer* Rn 2; NK-*Puppe* Rn 2, die eine unwahre Erklärung gerade über den Gesundheitszustand fordern). Bei Krankheitsfällen, in denen sich nach der Art der Erkrankung oder der seelischen Verfassung des Patienten für den gewissenhaften Arzt eine körperliche Untersuchung oder eine Befragung des Patienten verbietet, genügt der Arzt jedoch der ihm obliegenden Sorgfalt, wenn er sich vor der Ausstellung des Zeugnisses auf andere Weise zuverlässig über den Zustand des Patienten unterrichtet (OLG Frankfurt StV 2006, 471).

§ 279 Gebrauch unrichtiger Gesundheitszeugnisse

Wer, um eine Behörde oder eine Versicherungsgesellschaft über seinen oder eines anderen Gesundheitszustand zu täuschen, von einem Zeugnis der in den §§ 277 und 278 bezeichneten Art Gebrauch macht, wird mit Freiheitsstrafe bis zu einem Jahr oder mit Geldstrafe bestraft.

1 Die Vorschrift pönalisiert das Gebrauchen objektiv unrichtiger Gesundheitszeugnisse iSv §§ 277 oder 278, wobei es keine Rolle spielt, ob der Vortäter vorsätzlich gehandelt hat (BGHSt 5, 75 [84]; OLG Stuttgart NJW 2014, 482 [483]; LK-*Zieschang* Rn 2).

§ 280 (weggefallen)

§ 281 Mißbrauch von Ausweispapieren

(1) ¹Wer ein Ausweispapier, das für einen anderen ausgestellt ist, zur Täuschung im Rechtsverkehr gebraucht, oder wer zur Täuschung im Rechtsverkehr einem anderen ein Ausweispapier überläßt, das nicht für diesen ausgestellt ist, wird mit Freiheitsstrafe bis zu einem Jahr oder mit Geldstrafe bestraft. ²Der Versuch ist strafbar.

(2) Einem Ausweispapier stehen Zeugnisse und andere Urkunden gleich, die im Verkehr als Ausweis verwendet werden.

I. Als **Tatobjekte** kommen nur amtliche Ausweise (§ 273 Rn 2 f) und die ihnen nach Abs. 2 gleichgestellten Zeugnisse und Urkunden in Betracht. Zu Letzteren gehören Dokumente, die zwar primär nicht zum Nachweis der Identifizierung einer Person bestimmt sind, die aber gleichwohl im Rechtsverkehr „als Ausweis verwendet werden" (S/S-*Heine/Schuster* Rn 4). Beispiele: Asylverfahrensrechtliche Aufenthaltsgenehmigungen (OLG Sachsen-Anhalt 2 Ss 528/98 v. 23.2.1999), Reisegewerbekarten, Kraftfahrzeugpapiere, Waffenbesitzkarten, Ernennungsurkunden von Beamten, schulische und universitäre Abschlusszeugnisse, polizeiliche Führungszeugnisse, Geburtsurkunden, Lohnsteuerkarten, Promotionsurkunden, Dienstzeugnisse (BGH JR 1973, 204; S/S-*Heine/Schuster* Rn 3 f; L-Kühl-*Heger* Rn 2; LK-*Zieschang* Rn 5; teilw. abw. NK-*Puppe* Rn 3). 1

Die **ausweisgleichen Papiere** nach Abs. 2 müssen nicht öffentlich sein (*Fischer* Rn 2; SK-*Hoyer* Rn 3; NK-*Puppe* Rn 12; aA *Hecker* GA 1997, 525 [529 ff]). Jedoch sind nur solche privaten Urkunden einschlägig, die eine Ausweisfunktion übernehmen können, weil sie etwa ein Lichtbild, Angaben zur Person und eine vor dem Aussteller geleistete Unterschrift enthalten, zB ein privater Dienstausweis. Scheck- oder Kreditkarten erfüllen dagegen nicht die erforderlichen Identifizierungskriterien. 2

Falsifikate scheiden als Tatobjekte aus; wer sie gebraucht, macht sich ggf nach § 271 II strafbar. 3

II. Der **subjektive Tatbestand** verlangt die Verwendung des Ausweispapiers zur Täuschung im Rechtsverkehr, und zwar muss der Täter mit dolus directus hinsichtlich der Identitätstäuschung handeln, um dadurch den zu Täuschenden zu einem rechtlich erheblichen Verhalten zu veranlassen; bloße Verwendung zum Nachweis einer Vertretungsbefugnis zugunsten des wahren Inhabers genügt nicht (BGH bei *Dallinger* MDR 1969, 360). Daher stellt das Auslegen eines Behindertenparkausweises durch eine andere Person keine Täuschung im Rechtsverkehr dar, da sich die Täuschung nicht auf die Identität der behinderten Person bezieht, sondern darauf, den Inhaber der Parkberechtigung befördert zu haben (OLG Stuttgart NZV 2014, 483 ff; aA AG Nürnberg DAR 2005, 410 f). 4

§ 282 Vermögensstrafe, Erweiterter Verfall und Einziehung

(1) In den Fällen der §§ 267 bis 269, 275 und 276 sind die §§ 43 a und 73 d anzuwenden, wenn der Täter als Mitglied einer Bande handelt, die sich zur fortge-

setzten Begehung solcher Taten verbunden hat. ²§ 73 d ist auch dann anzuwenden, wenn der Täter gewerbsmäßig handelt.

(2) Gegenstände, auf die sich eine Straftat nach § 267, § 268, § 271 Abs. 2 und 3, § 273 oder § 276, dieser auch in Verbindung mit § 276 a, oder nach § 279 bezieht, können eingezogen werden. ²In den Fällen des § 275, auch in Verbindung mit § 276 a, werden die dort bezeichneten Fälschungsmittel eingezogen.

Vierundzwanzigster Abschnitt Insolvenzstraftaten

Vorbemerkung zu den §§ 283–283 d

1   I. Unter dem **Begriff des Insolvenzstrafrechts** werden diejenigen Vorschriften zusammengefasst, die das Insolvenzverfahren als Verfahren der Gesamtvollstreckung aller Gläubiger gegen einen Schuldner im Interesse der gleichzeitigen quotenmäßigen Befriedigung der Gläubiger mit den Mitteln des Strafrechts sichern (zur Deliktsgeschichte und praktischen Bedeutung *Bittmann*, Insolvenzstrafrecht, 2004; NK-*Kindhäuser* Rn 2 ff, 9 ff; LK-*Tiedemann* Rn 11 ff, 33 ff). Insolvenzdelikte sind neben den §§ 283 bis 283 d diejenigen Straftaten, die Pflichtwidrigkeiten bei der Stellung eines Insolvenzantrags zum Gegenstand haben (§ 15 a Abs. 4, 5 InsO).

2   II. **Systematisch** unterfallen die Insolvenzdelikte in zwei Gruppen, die sich hinsichtlich des Gegenstands und des Zwecks der Regelung wesentlich voneinander unterscheiden (*Hartwig* Bemmann-FS 311 [313 f]; NK-*Kindhäuser* Rn 5 ff; *Krause*, Ordnungsgemäßes Wirtschaften und Erlaubtes Risiko, 1995, 35 ff). Zur einen Gruppe gehören die **bestandsbezogenen Bankrotthandlungen**, durch die eine Überschuldung, Zahlungsunfähigkeit oder Verringerung des Vermögensbestands, der im Falle einer Insolvenz zur Insolvenzmasse zählt, herbeigeführt wird (vgl § 283 I Nr. 1 Alt. 1 und 3, Nr. 2, Nr. 3 und Nr. 8 Alt. 1, II, § 283 c, § 283 d). Zur anderen Gruppe gehören die **informationsbezogenen Bankrotthandlungen**, durch die der Täter unrichtige Informationen über seinen Vermögensbestand gibt oder die ihm obliegende Darstellung seines Vermögensbestands unrichtig, mangelhaft oder überhaupt nicht ausführt (vgl § 283 I Nr. 1 Alt. 2, Nr. 4–7, Nr. 8 Alt. 2 und 3, § 283 b). Durch solche Handlungen wird die für sachgemäße Entscheidungen des Täters bzw des Insolvenzverwalters erforderliche Kenntnis des wahren Vermögensbestands, soweit dieser dem Insolvenzverfahren unterliegt und damit Gegenstand des von §§ 283 ff geschützten Gläubigerinteresses ist, erschwert oder verhindert.

3   III. Die Insolvenzdelikte **schützen** (unstr.) die **Vermögensinteressen** der Gesamtheit der **Gläubiger** eines Schuldners einschließlich der Arbeitnehmer mit ihren geldwerten Forderungen aus dem Arbeitsverhältnis (BGHSt 28, 371 [373]; 34, 221 [225]; 55, 107 [115]; *Fischer* Rn 3). Schutzreflex (und nicht eigentlicher Schutzzweck) ist dagegen die Sicherung der Funktionsfähigkeit der Kreditwirtschaft im weitesten Sinne (*Hartwig* Bemmann-FS 311 [314 Fn 20]; *Hellmann/ Beckemper* Rn 251; NK-*Kindhäuser* Rn 19; *Krause*, Ordnungsgemäßes Wirtschaften und Erlaubtes Risiko, 1995, 171 ff, 451; MK-*Radtke/Petermann* Rn 17 f; aA S/S-*Heine/Schuster* Rn 2; L-Kühl-*Heger* § 283 Rn 1; LK-*Tiedemann* Rn 53 ff, alle mwN).

IV. Die Insolvenzstraftaten sind **abstrakte Gefährdungsdelikte**. Eine konkrete Gefährdung oder Beeinträchtigung des Gläubigervermögens wird tatbestandlich nicht vorausgesetzt. Die mit dem Eintritt der objektiven Strafbarkeitsbedingung (§ 283 VI) regelmäßig verbundene Vermögenseinbuße bei den Gläubigern muss nicht durch die tatbestandlichen Handlungen kausal bedingt sein. § 283 II ist insoweit als **Erfolgsdelikt** ausgestaltet, als zwischen den Tathandlungen und dem Eintritt der Krise ein Kausalzusammenhang bestehen muss; die Rechtsgutsverletzung, der Forderungsausfall der Gläubiger, ist allerdings auch hier nur objektive Strafbarkeitsbedingung (Abs. 6) ohne nachzuweisenden Kausalzusammenhang mit dem Täterverhalten.   4

V. §§ 283–283 c sind **Sonderdelikte** (BGH NJW 2009, 2225; 2013, 949). **Täter** können **nur Schuldner** (§ 283 VI) sein, also Personen, die für die Erfüllung einer Verbindlichkeit haften (RGSt 68, 108 [109]) und die Zwangsvollstreckung zu dulden haben; die Schuldnereigenschaft muss zum Tatzeitpunkt, aber nicht mehr bei Eintritt der objektiven Strafbarkeitsbedingung gegeben sein (NK-*Kindhäuser* Rn 40; LK-*Tiedemann* Rn 67). Der Schuldner braucht kein Kaufmann zu sein; auch Privatleute und Angehörige freier Berufe kommen in Betracht (zur Verbraucherinsolvenz nach §§ 304 ff. InsO vgl BGH NStZ 2001, 485 [486] m.Anm. *Krause* NStZ 2002, 42 f; *Radtke* Achenbach-FS 341; LK-*Tiedemann* Rn 85 b ff mwN). Allerdings können bestimmte handelsrechtliche (Buchführungs-)Pflichten (§§ 283 I Nr. 5 und 7, 283 b) nur Kaufleute treffen. Minderjährigen fehlt die Schuldnereigenschaft vor Wirksamkeit des rechtsgeschäftlichen Handelns durch Genehmigung o.Ä. (RGSt 36, 357 [358 f]); die Regeln der zivilrechtlichen Rückwirkung sind strafrechtlich unbeachtlich. Um die Kaufmannseigenschaft zu erlangen, benötigen Minderjährige die erforderliche Ermächtigung nach § 112 BGB (RGSt 45, 3 [5]).   5

1. Die Tätereigenschaft kann sich zunächst daraus ergeben, dass der Handelnde **als Schuldner** tätig wird, dh in seiner Person für die Verbindlichkeiten haftet. Bei nicht rechtsfähigen Personengesellschaften und sonstigen nicht rechtsfähigen Personenvereinigungen sind die für die Vereinigung handelnden Personen selbst Normadressaten der §§ 283 ff. Bei der am Rechtsverkehr nicht teilnehmenden Gesellschaft bürgerlichen Rechts und dem nicht rechtsfähigen Verein liegt die Schuldnereigenschaft also unmittelbar beim handelnden Gesellschafter oder Vorstand. Für vertretungsberechtigte Gesellschafter einer rechtsfähigen Personengesellschaft gilt § 14 I Nr. 2 (vgl *Fischer* § 14 Rn 3; S/S-*Perron* § 14 Rn 20 ff; MK-*Radtke/Petermann* Rn 44 ff).   6

2. Täter kann ferner sein, wer **für den Schuldner** handelt. Die Schuldnereigenschaft ist ein **besonderes persönliches Merkmal** iSv § 14 (vgl dort Rn 14). Die Haftungsüberwälzung kann sich hierbei aus Gesetz (§ 14 I) oder aus gewillkürter Übertragung (§ 14 II) ergeben (vgl § 14 Rn 19 ff; vgl auch NK-*Kindhäuser* Rn 43 ff mwN).   7

Dass der Täter für den Schuldner handelt, lässt sich jedoch nicht nur aus seiner generellen Stellung als Vertreter oder Organ des Schuldners ableiten, sondern muss auch im konkreten Verhalten seinen Ausdruck finden. Denn ein Verhalten, das allein darauf gerichtet ist, den Schuldner selbst zu schädigen – der Prokurist unterschlägt zB Gelder seiner Firma zu eigenen Zwecken – ist kein Handeln „als" Vertreter oder Organ iSv § 14. Die Frage, unter welchen Voraussetzungen ein Handeln für den Schuldner anzunehmen ist, stellt sich insbesondere hinsichtlich der Anwendbarkeit von Bankrott und Untreue. Bei der Untreue richtet sich das Verhalten gegen den Schuldner selbst, für dessen Vermögen der Täter zu sor-   8 gen hat; beim Bankrott verletzt das Verhalten die Interessen der Gläubiger an der Erhaltung der Leistungsfähigkeit des Schuldners. Beide Verhaltensweisen schließen sich jedoch nicht wechselseitig aus, da ein und dasselbe Handeln zugleich den Vermögensinteressen der Gläubiger und des Schuldners zuwiderlaufen kann – und im Regelfall auch zuwiderläuft.

9 a) Eine verbreitete Auffassung im Schrifttum versucht, die Zuordnung des Täterverhaltens nach objektiven Kriterien vorzunehmen, und stellt hierfür auf die **Funktion des Handelnden** bei dem konkreten Geschäft ab: Ein Tätigwerden zumindest auch für den Schuldner iSv § 283 soll gegeben sein, wenn es seiner Art nach als Wahrnehmung der Aufgaben und Pflichten des Vertretenen erscheint (vgl § 14 Rn 30, ferner *Arloth* NStZ 1990, 570 [574 f]; *Gössel* JR 1988, 256 ff; *Labsch* wistra 1985, 59 ff; S/S-*Perron* § 14 Rn 26; *Schäfer* wistra 1990, 81 [83 ff]). Danach sind Handlungen, die der Täter nur aufgrund der ihm faktisch gebotenen Möglichkeit, den Schuldner zu schädigen, vornimmt, nicht als Handlungen für den Schuldner iSv § 14 anzusehen (und unterfallen damit § 266, aber nicht § 283), während Handlungen, die in einem sachlichen Zusammenhang mit dem übertragenen Aufgabenbereich stehen, unabhängig von der subjektiven Zwecksetzung dem Schuldner zuzurechnen sind (und damit von § 283 und ggf auch von § 266 erfasst werden).

10 Eine rein objektiv-funktionale Zuordnung versagt jedoch vor allem in den Fällen, in denen der Täter nicht rechtsgeschäftlich, sondern faktisch tätig wird. Exemplarisch: Der Geschäftsführer einer GmbH, deren Alleingesellschafter er auch ist, entwendet unter Vortäuschen eines Einbruchs Wertgegenstände der Gesellschaft, um sie dem Zugriff der Gläubiger zu entziehen. Weder kann hier das Beiseiteschaffen dem Aufgabenbereich eines Geschäftsführers objektiv-funktional zugeordnet werden, noch ist es möglich, den Geschäftsführer allein deshalb als Schuldner iSv § 283 anzusehen, weil er „wirtschaftlich" Eigentümer der GmbH und damit der ihr gehörenden Gegenstände ist. Nach der strengen Zivilrechtsakzessorietät des Vermögensbegriffs (§ 283 Rn 10) sind die im Eigentum der GmbH stehenden Sachen für den Geschäftsführer fremd (vgl BGHSt 30, 127 [129 f]; aA S/S-*Heine*/*Schuster* § 283 Rn 2 b iVm S/S-*Heine* (28.Aufl.) Rn 4 a), so dass der Geschäftsführer keine „Bestandteile seines Vermögens" nach § 283 I Nr. 1 beiseite schafft.

11 b) Die Rspr hielt es bislang für erforderlich, für die Beantwortung der Frage, ob der Täter „als" Organ oder Vertreter des Schuldners gehandelt hat, auch die subjektive Zwecksetzung heranzuziehen. Nach der **Interessenformel** ist ein Handeln iSv § 14 (und damit eine Anwendbarkeit von § 283) anzunehmen, wenn das Vorgehen des Täters zumindest auch im Interesse des Schuldners und nicht nur im eigenen Interesse oder zugunsten eines mit dem Schuldner nicht identischen Dritten erfolgt ist (vgl § 14 Rn 30, ferner BGHSt 28, 371 [373 f]; BGH JR 1988, 254 [255 f]; abw. AG Halle-Saalkreis NJW 2002, 77 f). Als ein vermögensminderndes Geschäft, das der Zwecksetzung nach auch dem Schuldner nutzen soll und durch das daher §§ 266 und 283 tateinheitlich begangen werden können, kommt zB das Zahlen von Schmiergeldern in Betracht (BGHSt 28, 371 [372 ff]).

12 Das Erfordernis einer (zumindest auch) fremdnützigen Motivation wurde aus der Gleichstellung von Vertreter- und Organstellung nach § 14 I mit der Beauftragung nach § 14 II, die ein Handeln für einen anderen verlange, abgeleitet (BGHSt 30, 127 [130]; NK-*Böse* § 14 Rn 17). Auch wurde auf die unterschiedliche Schutzrichtung von Bankrott und Untreue abgestellt (BGHSt 28, 371 [373]). Die Fragwürdigkeit der Interessenformel zeigt sich jedoch darin, dass zB der Ge-

schäftsführer einer GmbH, der diese Gesellschaft – evident gegen deren Interessen – gezielt in die Insolvenz treibt, nur wegen § 266, nicht aber wegen § 283 bestraft werden kann, obgleich – ebenso evident – auch und gerade die Interessen der Gläubiger verletzt werden. Problematisch ist aber vor allem, dass zum rein eigennützige Verstöße gegen Buchführungsdelikte (§ 283 I Nr. 5–7) straflos bleiben (müssten), wenn sie zu keinem Vermögensschaden nach § 266 führen. Die Rspr milderte diese Konsequenz allerdings (erheblich) dadurch ab, dass sie ein eigennützig motiviertes Verhalten des Täters dann als ein Handeln auch im Interesse der Gesellschaft ansah, wenn es mit Einverständnis der Gesellschafter erfolgte. An einem Interessengegensatz sollte es etwa fehlen, wenn der Komplementär einer KG mit dem eigennützigen Handeln eines Kommanditisten, der als faktischer Geschäftsführer auftritt, einverstanden ist (BGHSt 34, 221 [223 f]).

Der BGH hat die Interessenformel nunmehr aufgegeben (BGHSt 57, 229 m.Anm. *Brand* NJW 2012, 2370). In einer ersten Entscheidung hatte der 3. Strafsenat des BGH zunächst per obiter dictum die Aufgabe der Interessenformel in Aussicht gestellt. Unter Anerkennung der hiergegen vorgebrachten Kritik will er künftig die Zurechnung über § 14 davon abhängig machen, ob der Vertreter im Geschäftskreis des Vertretenen tätig geworden ist. Dies soll bei rechtsgeschäftlichen Handlungen, die für den Vertretenen wirken, bei Buchführungsdelikten sowie dann der Fall sein, wenn der Vertretene der Handlung zugestimmt hat (BGH NJW 2009, 2225 [2227 f] m.Anm. *Brand* NStZ 2010, 9; *Habenicht* JR 2011, 17; *Radtke* GmbHR 2009, 865; *ders.* JR 2010, 233; *Schwarz* HRRS 2009, 341 ff; vgl auch BGH NStZ-RR 2009, 373; wistra 2011, 463 [464 f]). Einem Anfragebeschluss des 3. Strafsenates zur Aufgabe der Interessenformel (BGH NStZ 2012, 89 [91] m.Anm. *Brand* NZWiSt 2012, 64, *Radtke* GmbHR 2012, 28, *Radtke/Hoffmann* NStZ 2012, 91 und *Valerius* NZWiSt 2012, 65) hatten die übrigen Strafsenate sodann zugestimmt (vgl nur BGH wistra 2012, 191 mwN). 13

c) Dem Schutzzweck der Insolvenzdelikte entspricht es, alle Handlungen eines Organs oder Vertreters, die rechtsgeschäftlich dem Schuldner zuzurechnen sind, auch als Handlungen für den Schuldner anzusehen. Erst recht gilt dies, wenn der Vertreter gesetzlich vorgeschriebenen Pflichten des Schuldners, die er für den Schuldner zu erfüllen hat, nicht nachkommt. Dies gilt insbesondere für die Buchdelikte (§§ 283 I Nr. 5–7, 283 b): Ist eine GmbH verpflichtet, Bücher zu führen, so ist eine Nichterfüllung dieser Pflicht durch das zuständige Organ ein Unterlassen der Gesellschaft, für das die als Organ tätige Person iSv § 14 haftet. Lediglich bei faktischen Verhaltensweisen eines Organs oder Vertreters bedarf es einer gesonderten Begründung, warum das betreffende Handeln überhaupt dem Schuldner als sonderpflichtigem Normadressaten der §§ 283 ff zuzurechnen ist. Kann nämlich dem Schuldner das Verhalten des Täters nicht als eigenes tatbestandsmäßiges Verhalten nach §§ 283 ff zugerechnet werden, so kann – mangels Tatbestandsverwirklichung des Schuldners – auch nicht der Täter in seiner Funktion als Organ oder Vertreter des Schuldners für diese Tatbestandsverwirklichung iSv § 14 haften. Die erforderliche Begründung konnte hier bislang die Interessenformel der Rspr leisten: Handelte der Täter als Organ oder Vertreter (zumindest auch) im Interesse oder mit Einverständnis der vertretenen Person und verletzte hierdurch eine Pflicht des Vertretenen, so hatte er für diese Pflichtverletzung iSv § 14 selbst einzustehen. 14

VI. Eine **Garantenstellung** iSv § 13 ist mit der Schuldnereigenschaft **nicht** verbunden. Sofern die Tatvarianten der Insolvenzdelikte nicht bereits als echte Unterlas- 15 sungstatbestände ausgestaltet sind, bedarf es für die Strafbarkeit durch Unterlassen einer gesondert begründeten Garantenpflicht (NK-*Kindhäuser* Rn 58; L-Kühl-*Heger* Rn § 283 Rn 4).

16 **VII.** Ein wegen einer vorsätzlichen Straftat nach den §§ 283 bis 283 d rechtskräftig Verurteilter kann innerhalb von fünf Jahren nach Rechtskraft der Entscheidung nicht Geschäftsführer einer GmbH oder Vorstandsmitglied einer AG sein (§§ 6 II S. 2 Nr. 3 b GmbHG, 76 III S. 2 Nr. 3 b AktG).

§ 283 Bankrott

(1) Mit Freiheitsstrafe bis zu fünf Jahren oder mit Geldstrafe wird bestraft, wer bei Überschuldung oder bei drohender oder eingetretener Zahlungsunfähigkeit
1. Bestandteile seines Vermögens, die im Falle der Eröffnung des Insolvenzverfahrens zur Insolvenzmasse gehören, beiseite schafft oder verheimlicht oder in einer den Anforderungen einer ordnungsgemäßen Wirtschaft widersprechenden Weise zerstört, beschädigt oder unbrauchbar macht,
2. in einer den Anforderungen einer ordnungsgemäßen Wirtschaft widersprechenden Weise Verlust- oder Spekulationsgeschäfte oder Differenzgeschäfte mit Waren oder Wertpapieren eingeht oder durch unwirtschaftliche Ausgaben, Spiel oder Wette übermäßige Beträge verbraucht oder schuldig wird,
3. Waren oder Wertpapiere auf Kredit beschafft und sie oder die aus diesen Waren hergestellten Sachen erheblich unter ihrem Wert in einer den Anforderungen einer ordnungsgemäßen Wirtschaft widersprechenden Weise veräußert oder sonst abgibt,
4. Rechte anderer vortäuscht oder erdichtete Rechte anerkennt,
5. Handelsbücher, zu deren Führung er gesetzlich verpflichtet ist, zu führen unterläßt oder so führt oder verändert, daß die Übersicht über seinen Vermögensstand erschwert wird,
6. Handelsbücher oder sonstige Unterlagen, zu deren Aufbewahrung ein Kaufmann nach Handelsrecht verpflichtet ist, vor Ablauf der für Buchführungspflichtige bestehenden Aufbewahrungsfristen beiseite schafft, verheimlicht, zerstört oder beschädigt und dadurch die Übersicht über seinen Vermögensstand erschwert,
7. entgegen dem Handelsrecht
   a) Bilanzen so aufstellt, daß die Übersicht über seinen Vermögensstand erschwert wird, oder
   b) es unterläßt, die Bilanz seines Vermögens oder das Inventar in der vorgeschriebenen Zeit aufzustellen, oder
8. in einer anderen, den Anforderungen einer ordnungsgemäßen Wirtschaft grob widersprechenden Weise seinen Vermögensstand verringert oder seine wirklichen geschäftlichen Verhältnisse verheimlicht oder verschleiert.

(2) Ebenso wird bestraft, wer durch eine der in Absatz 1 bezeichneten Handlungen seine Überschuldung oder Zahlungsunfähigkeit herbeiführt.

(3) Der Versuch ist strafbar.

(4) Wer in den Fällen
1. des Absatzes 1 die Überschuldung oder die drohende oder eingetretene Zahlungsunfähigkeit fahrlässig nicht kennt oder

2. des Absatzes 2 die Überschuldung oder Zahlungsunfähigkeit leichtfertig verursacht,

wird mit Freiheitsstrafe bis zu zwei Jahren oder mit Geldstrafe bestraft.

(5) Wer in den Fällen
1. des Absatzes 1 Nr. 2, 5 oder 7 fahrlässig handelt und die Überschuldung oder die drohende oder eingetretene Zahlungsunfähigkeit wenigstens fahrlässig nicht kennt oder
2. des Absatzes 2 in Verbindung mit Absatz 1 Nr. 2, 5 oder 7 fahrlässig handelt und die Überschuldung oder Zahlungsunfähigkeit wenigstens leichtfertig verursacht,

wird mit Freiheitsstrafe bis zu zwei Jahren oder mit Geldstrafe bestraft.

(6) Die Tat ist nur dann strafbar, wenn der Täter seine Zahlungen eingestellt hat oder über sein Vermögen das Insolvenzverfahren eröffnet oder der Eröffnungsantrag mangels Masse abgewiesen worden ist.

I. Allgemeines

Die Vorschrift enthält **zwei Tatbestände:** Der erste hat die Vornahme bestimmter Tathandlungen (Abs. 1 Nr. 1–8) während einer wirtschaftlichen Krise zum Gegenstand; der zweite betrifft die Herbeiführung der eigenen Überschuldung oder Zahlungsunfähigkeit durch die genannten Tathandlungen (Abs. 2). Damit unterscheiden sich die Tatvarianten formal hinsichtlich des Zeitpunkts ihrer Vornahme. Überschneidungen sind möglich; durch eine während einer drohenden Zahlungsunfähigkeit (Abs. 1) ausgeführte Bankrotthandlung wird etwa die endgültige Zahlungsunfähigkeit (Abs. 2) herbeigeführt. Die Verfolgbarkeit setzt jeweils den Eintritt der in Abs. 6 formulierten objektiven Strafbarkeitsbedingung voraus.

II. Objektiver Tatbestand nach Abs. 1

Der objektive Tatbestand setzt voraus, dass der Täter während einer wirtschaftlichen Krise eine der in Abs. 1 Nr. 1–8 genannten Tathandlungen ausführt.

1. Wirtschaftliche Krise: Die wirtschaftliche Krise ist bei den bestandsbezogenen Bankrotthandlungen maßgebliches Unrechtskriterium: Aufgrund der Krise erlangen die tatbestandlichen Verhaltensweisen ihre Gefährlichkeit für die Gläubigerinteressen. Denn selbst Verhaltensweisen, die wirtschaftlicher Vernunft zuwiderlaufen, sind ungefährlich, sofern sie die Befriedigung der Gläubiger nicht infrage stellen. Informationsbezogene Bankrotthandlungen können dagegen schon als solche insoweit risikobehaftet sein, als sie den für sachgerechte Entscheidungen erforderlichen Kenntnisstand beeinträchtigen können; erst recht gilt dies aber, wenn in der wirtschaftlichen Krise die nötigen Informationen für den Schuldner selbst, aber auch für den Insolvenzverwalter und für die Gläubiger nicht uneingeschränkt zur Verfügung stehen. Die wirtschaftliche Krise ist in Abs. 1 durch die Merkmale der Überschuldung und der drohenden bzw eingetretenen Zahlungsunfähigkeit gekennzeichnet (näher *Erdmann,* Die Krisenbegriffe der Insolvenzstraftatbestände, 2007, 89 ff).

a) Eine Überschuldung liegt vor, wenn das Vermögen des Schuldners die bestehenden Verbindlichkeiten nicht mehr deckt, es sei denn, die Fortführung des Unternehmens ist nach den Umständen überwiegend wahrscheinlich (§ 19 II S. 1

InsO). Maßgeblich sind hierbei nicht die Bilanz-, sondern die tatsächlichen Gegenstandswerte. Zur Berechnung der Überschuldung ist ein eigener Überschuldungsstatus zu erstellen. Hierbei sind auf der Aktiv- wie auf der Passivseite einschließlich der nachrangigen Verbindlichkeiten (§ 39 InsO) jeweils die Vermögenswerte zu berücksichtigen, die im Falle der Eröffnung eines Insolvenzverfahrens zu den verwertbaren Massebestandteilen bzw Forderungen gehören (näher NK-*Kindhäuser* Vor § 283 Rn 93; LK-*Tiedemann* Vor § 283 Rn 152). Nach dem durch das Finanzmarktstabilisierungsgesetz wieder eingeführten **modifizierten zweistufigen Überschuldungsbegriff** ist die Überschuldung wie folgt zu bestimmen (vgl § 19 II S. 1 InsO; BT-Drucks. 16/10600; 17/11385, 19 f; BGHZ 119, 201 [213 f]; *Schmidt* ZIP 1980, 233 ff; *ders.* JZ 1982, 165 [170 f]; *ders.* DB 2008, 2467; Hachenburg/*Ulmer*, GmbHG, § 63 Rn 34 ff; hierzu auch MK-InsO/*Drukarczyk* § 19 Rn 38 ff; *Erdmann*, Die Krisenbegriffe der Insolvenzstraftatbestände, 2007, 198 ff; *Lauscher* Jura 2009, 887 ff):

5 ■ Zunächst ist der **Liquidationswert** unter der Fragestellung zu ermitteln, wie die Aktiva im Falle der Zerschlagung des Unternehmens zu bewerten wären. Der Wert eines Vermögensbestandteils liegt hierbei zwischen seinem Schrottwert abzüglich der Beseitigungskosten und seinem Marktwert abzüglich der Veräußerungskosten. Übersteigen nach dieser Berechnung die Verbindlichkeiten nicht die Aktiva, ist eine Überschuldung zu verneinen.

6 ■ Ergibt sich eine rechnerische Überschuldung, ist in einem zweiten Schritt eine **Fortführungsprognose** zu erstellen (going concern-principle). Es ist aufgrund einer betriebswirtschaftlichen Prognose für das laufende und nachfolgende Geschäftsjahr zu ermitteln, ob die Finanzkraft des Unternehmens mit hinreichender Wahrscheinlichkeit ausreicht, um sein Fortbestehen zu ermöglichen. Bei einer negativen Fortführungsprognose liegt eine Überschuldung vor; bei positiver Fortführungsprognose werden aus der rechnerischen Überschuldung keine weiteren Konsequenzen gezogen. Der Vorteil dieses Überschuldungsbegriffs wird darin gesehen, dass das prognostische Element (Fortführungsprognose) und das exekutorische Element (Bewertung des Schuldnervermögens nach Liquidationswerten) gleichwertig nebeneinander stehen und bereits eine positive Fortführungsprognose eine Überschuldung ausschließt. Eine Überschuldung wird damit erst bei intensiver Gefährdung für die Gläubigerinteressen bejaht (BT-Drucks. 16/10600, 12 f; *Holzer* ZIP 2008, 2108; krit. *Eckert/Happe* ZInsO 2008, 1098; *Hölzle* ZIP 2008, 2003; vgl *Erdmann*, Die Krisenbegriffe der Insolvenzstraftatbestände, 2007, 197; zum Umgang mit Altfällen vgl AnwK-*Püschel* Vor § 283 Rn 19).

7 b) **Zahlungsunfähigkeit** ist **eingetreten**, wenn der Schuldner nicht in der Lage ist, seinen fälligen Zahlungspflichten nachzukommen (vgl § 17 II InsO; BT-Drucks. 12/2443, 114; BGH wistra 2007, 312 m.Anm. *Wegner* 386; NJW 2009, 157 [158]; *Arens* wistra 2007, 450 ff; *Bittmann/Volkmer* wistra 2005, 167; *Natale/Bader* wistra 2008, 413 ff). Die für Illiquidität früher verlangten einengenden Merkmale des erheblichen Ausmaßes und der längeren Dauer sind nach der nunmehr auch für das Strafrecht geltenden Bestimmung des § 17 II InsO nicht mehr erforderlich (BGH wistra 2007, 312; *Fischer* Vor § 283 Rn 9; krit. *Püschel* Rissing-van Saan-FS 471 [483 ff]). Bloße Zahlungsstockungen reichen nicht aus; diese sind nach der Rspr bei einer Illiquidität anzunehmen, die den Zeitraum nicht überschreitet, den eine kreditwürdige Person benötigt, um sich die benötigten Mittel zu leihen. Hierfür wird ein Zeitraum von maximal drei Wochen als er-

forderlich, aber auch ausreichend erachtet (BGH wistra 2007, 312; NStZ 2014, 107 [108]; OLG Brandenburg GmbHR 2015, 32 [33]).

c) **Zahlungsunfähigkeit droht,** wenn der Schuldner voraussichtlich nicht in der Lage sein wird, die bestehenden Zahlungspflichten im Zeitpunkt der Fälligkeit zu erfüllen (vgl § 18 II InsO; BT-Drucks. 12/2443, 114 f; NK-*Kindhäuser* Vor § 283 Rn 99 f mwN). Der für die Entwicklung der Finanzlage des Schuldners zu berücksichtigende Zeitraum reicht bis zum letzten Fälligkeitstermin der zum Prognosezeitpunkt bestehenden Verbindlichkeiten (BGH wistra 2013, 232 [233 f]); *Bieneck* StV 1999, 43 [45]; MK-*Radtke/Petermann* Vor § 283 Rn 92; für einjährigen Prognosezeitraum *Bittmann* wistra 1998, 321 [325]). Je länger der Prognosezeitraum ist, desto höher muss die Wahrscheinlichkeit des Eintritts der Zahlungsunfähigkeit sein (BGH wistra 2013, 232 [233 f]). 8

2. **Tathandlungen: a) Abs. 1 Nr. 1:** Der Täter muss Bestandteile seines Vermögens, die im Falle der Eröffnung des Insolvenzverfahrens zur Insolvenzmasse gehören, beiseite schaffen, verheimlichen oder in einer den Anforderungen einer ordnungsgemäßen Wirtschaft widersprechenden Weise zerstören, beschädigen oder unbrauchbar machen. 9

aa) Zum **Vermögen,** auf das sich als Tatobjekt die Handlungen nach Nr. 1 beziehen, gehören alle (beweglichen und unbeweglichen) Gegenstände, die im Falle der Insolvenzeröffnung zur Masse gehören. Umfasst sind auch erst während des Verfahrens erlangte Werte (§ 35 I InsO). **Taugliche Tatobjekte** sind u.a. Anwartschaftsrechte an Sachen, die unter Eigentumsvorbehalt erworben wurden (BGHSt 3, 32 [33, 36]), der Anspruch auf Eigentumsrückerwerb von Gegenständen, die einem anderen zur Sicherheit übereignet wurden (BGHSt 3, 32 [35 f]), Patente, Know-how, Kundenkartei (BT-Drucks. 7/5291, 18), deliktisch erworbene Sachen (BGH GA 1955, 149 [150]) und die Firma, sofern das Unternehmen nicht den bürgerlichen Namen einer Person trägt (OLG Düsseldorf NJW 1982, 1712 f). Nicht zum Vermögen zählen Forderungen, die dem Schuldner im Wege schlichter Inkassozession zur Einziehung übertragen wurden (RGSt 72, 252 [254 ff]), sowie wertlose und damit nicht verwertbare Gegenstände (NK-*Kindhäuser* Rn 8; LK-*Tiedemann* Rn 16). 10

bb) **Beiseiteschaffen** ist jedes Verhalten, das den Zugriff der Gläubiger auf die Vermögensbestandteile unmöglich macht oder erheblich erschwert (BGHSt 55, 107 [113 ff]; BGH bei *Holtz* MDR 1979, 457; OLG Frankfurt NStZ 1997, 551). Einschlägig sind auch Veränderungen der dinglichen Rechtslage (zB Übereignungen); der bloße schuldrechtliche Vertragsschluss genügt noch nicht. Kein Beiseiteschaffen ist der Verbrauch von Geld, wenn er der Aufrechterhaltung eines angemessenen Lebensunterhalts dient (BGH NJW 1952, 898; MDR 1981, 510 f; näher NK-*Kindhäuser* Rn 13 mwN). Ein Beiseiteschaffen durch Unterlassen scheidet regelmäßig schon mangels Garantenstellung des Schuldners gegenüber den Gläubigern aus. Während beim Beiseiteschaffen dem Schuldnervermögen Mittel entzogen werden, um sie vor dem Zugriff der Gläubiger zu sichern, ist eine Ausgabe iSv Nr. 2 bei einer Leistung mit einem bestimmten Geschäftsziel – Zahlung von Löhnen, Kaufpreisen, Schmiergeldern usw – gegeben (näher NK-*Kindhäuser* Rn 17). 11

Das Beiseiteschaffen muss den **Anforderungen ordnungsgemäßer Wirtschaft** objektiv und subjektiv **widersprechen,** auch wenn dies aus dem Wortlaut nicht unmittelbar hervorgeht (BGHSt 34, 309 [310]; BGH NJW 1952, 898; *Hellmann/ Beckemper* Rn 266; L-Kühl-*Heger* Rn 10; MK-*Radtke/Petermann* Rn 14 f; LK- 12

Tiedemann Rn 27 f). Hieran fehlt es zB, wenn der Täter fällige Verbindlichkeiten erfüllt (BGHSt 34, 309 [310]; 35, 357 [359]), Austauschgeschäfte mit wertgleichen Vermögensgegenständen vornimmt (BGH NJW 1953, 1152 [1153]) oder Notverkäufe zur Sicherung der Liquidität tätigt (LK-*Tiedemann* Rn 33).

13 cc) **Verheimlichen** ist ein Verhalten, durch das der Täter das Tatobjekt als solches oder dessen Zugehörigkeit zur Insolvenzmasse der Kenntnis der Gläubiger oder auch des Insolvenzverwalters entzieht (M/R-*Altenhain* Rn 19; S/S-*Heine/Schuster* Rn 5; LK-*Tiedemann* Rn 38; aA *Fischer* Rn 5). Beispiele: Vortäuschen des Bestehens fremder Rechte (RGSt 67, 365 [366 f]), falsche Auskünfte gegenüber dem Insolvenzverwalter, heimliches Einziehen von Forderungen nach Eröffnung des Insolvenzverfahrens (vgl BGH bei *Herlan* GA 1954, 310). Das Verheimlichen muss sich stets auf konkrete Vermögensbestandteile beziehen. Vollendet ist das Verheimlichen, wenn der Vermögensbestandteil auch tatsächlich (zumindest zeitweilig) dem Zugriff des Berechtigten entzogen wurde (S/S-*Heine/Schuster* Rn 5; LK-*Tiedemann* Rn 38).

14 dd) **Unbrauchbarmachen** ist die Beeinträchtigung der Nutzbarkeit ohne Verletzung der Substanz (vgl BGHSt 29, 129 [132 ff]). **Beschädigen** bedeutet die Beeinträchtigung des bestimmungsgemäßen Gebrauchs durch Eingriffe in die Substanz. **Zerstören** meint die völlige Aufhebung der Brauchbarkeit durch Vernichtung der Substanz (RGSt 8, 33). Die drei (praktisch bedeutungslosen) Tathandlungen können sich naturgemäß nur auf Sachen oder Sachgesamtheiten (zB Anlagen, Betriebe) beziehen. Erforderlich ist ein Widerspruch zu den Grundsätzen eines ordnungsgemäßen Wirtschaftens; bei Modernisierungs-, Reparatur- oder Ersetzungsabsicht ist die Tatvariante nicht erfüllt (BT-Drucks. 7/3441, 34; LK-*Tiedemann* Rn 49).

15 b) **Abs. 1 Nr. 2**: Diese Tatvariante verwirklicht, wer in einer den Anforderungen einer ordnungsgemäßen Wirtschaft widersprechenden Weise Verlust- oder Spekulationsgeschäfte oder Differenzgeschäfte mit Waren oder Wertpapieren eingeht oder durch unwirtschaftliche Ausgaben, Spiel oder Wette übermäßige Beträge verbraucht oder schuldig wird.

16 aa) **Verlustgeschäfte** sind nur solche Geschäfte, die schon nach der Vorauskalkulation auf eine Vermögensminderung angelegt sind und auch hierzu führen (S/S-*Heine/Schuster* Rn 9; LK-*Tiedemann* Rn 54); nicht einschlägig sind Geschäfte, die sich erst im Nachhinein als verlustreich herausstellen. Als **Spekulationsgeschäfte** sind Geschäfte anzusehen, bei denen ein besonders hohes Risiko in der Hoffnung eingegangen wird, einen das übliche Maß übersteigenden Gewinn zu erzielen, wobei um dieses Preises willen auch ein möglicher größerer Verlust hingenommen werden soll. Exemplarisch sind: die Beteiligung an einem unseriösen Unternehmen mit dem Ziel des Ausgleichs bereits erlittener Verluste (BT-Drucks. 7/3441, 35), Spekulation mit Waren auf ausländischen Märkten oder Kreditgewährung ohne Bonitätsprüfung. **Differenzgeschäfte** sind etwa inländische Börsentermingeschäfte nach § 26 I, II BörsG idF 16.7.2007 (*Fischer* Rn 9; NK-*Kindhäuser* Rn 32; aA LK-*Tiedemann* Rn 59). Geschäfte dieser Art haben zwar die Lieferung von Waren oder Wertpapieren zum Gegenstand, werden aber mit der Zwecksetzung geschlossen, dass der Unterschiedsbetrag zwischen dem vereinbarten Preis und dem Markt- oder Börsenpreis zum Zeitpunkt der Lieferung von dem verlierenden an den gewinnenden Vertragspartner entrichtet werden soll; es genügt, dass nur ein Vertragspartner in dieser Absicht handelt und dem anderen dieser Zweck bekannt ist oder sein müsste. Ist von vornherein keine Lie-

ferung von Waren oder Wertpapieren, sondern nur die Zahlung des Differenzbetrags an den Gewinner vereinbart, so geht es um ein Spiel iSd § 762 BGB.

Waren sind alle beweglichen Sachen, die Gegenstand des Handelsverkehrs sind. Dem Begriff der Waren unterfallen auch ausländische Geldsorten (LK-*Tiedemann* Rn 60). Ebenfalls am Handelskauf (§§ 373 ff HGB) orientiert ist der Begriff des **Wertpapiers**; umfasst sind alle Inhaberpapiere (zB Wechsel, Inhaberaktien, nicht dagegen Namenspapiere). Demnach sind Devisengeschäfte mit Wechseln oder Schecks Differenzgeschäfte mit Wertpapieren. 17

Die jeweiligen Geschäfte müssen (ex ante) den Anforderungen einer **ordnungsgemäßen Wirtschaft** widersprechen. Dies wird verneint, wenn das Geschäft zum Berufsfeld des Täters gehört, Arbeitsplätze erhalten oder Aussichten auf gewinnbringende Anschlussgeschäfte begründet werden (BT-Drucks. 7/3441, 35; *Fischer* Rn 9; S/S-*Heine/Schuster* Rn 12). 18

bb) Spiel und Wette sind Geschäfte iSv § 762 BGB (vgl RGSt 15, 277 ff; S/S-*Heine* Rn 18; LK-*Tiedemann* Rn 63). Tatbestandsmäßig sind zB Kundenfang nach dem sog. Schneeballsystem oder die Teilnahme an Lotterien. **Unwirtschaftliche Ausgaben** sind (privat oder betrieblich veranlasste) vermögensmindernde Verfügungen, die aus der Sicht ex ante – relativ zur Vermögenssituation und Leistungsfähigkeit des Täters – das Maß des Notwendigen und Üblichen übersteigen und den Regeln einer ordnungsgemäßen Wirtschaft widersprechen (BGHSt 3, 23 [25 f]; BGH MDR 1981, 510 [511]). Gegenleistungen sind zu berücksichtigen, wenn sie gleichwertig sind (NK-*Kindhäuser* Rn 37; LK-*Tiedemann* Rn 67; aA BGH GA 1964, 119 [120]). 19

Verbrauch ist die tatsächliche Ausgabe, während **Schuldigwerden** das Eingehen schuldrechtlicher Verpflichtungen zur Leistung bedeutet, wobei ein klagbarer Anspruch bzw die Möglichkeit der Geltendmachung im Insolvenzverfahren entstehen muss (BGHSt 22, 360 [361]; M/R-*Altenhain* Rn 22; LK-*Tiedemann* Rn 69). Die **Beträge** sind **übermäßig**, wenn sie zum Einkommen und zum Vermögensstand des Täters in keinem angemessenen Verhältnis mehr stehen (BGHSt 3, 23 [25 f]; BGH GA 1964, 119 f). Die Unwirtschaftlichkeit der Maßnahme und die Übermäßigkeit des jeweiligen Betrags müssen zusammen gegeben sein. Beispiele: Hohe Mieten ohne zwingenden Grund (BGH bei *Herlan* GA 1954, 311); Kosten einer teuren Auslandsreise (BGH MDR 1981, 510 [511]); Schmiergeldzahlungen, die mit dem Ruf auch das Vermögen des Schuldners tangieren (BGH GA 1974, 61 [62]); Leistung einer hohen Kaution bei wahrscheinlichem Verfall (vgl BGH wistra 1982, 148 [149 f]). 20

c) Abs. 1 Nr. 3: Die Tathandlung hat zwei Akte. Der Täter muss zunächst Waren oder Wertpapiere beschafft haben, und zwar auf Kredit und nicht durch Barzahlung. Diese Wertpapiere oder die Waren bzw die aus den Waren hergestellten Sachen müssen sodann erheblich unter ihrem Wert veräußert oder sonst abgegeben werden. Damit ist die Tat Unterfall eines Verlustgeschäfts iSv Nr. 2 und soll dessen besondere Gefährlichkeit – durch Verletzung des Wertausgleichsprinzips bedingte Verringerung der Leistungsfähigkeit des Schuldners – in einer wirtschaftlichen Krise hervorheben. Tatbestandsmäßig ist der Verkauf von Waren, die noch unter Eigentumsvorbehalt stehen, da hierdurch der Vermögensbestand geschmälert wird (BGHSt 9, 84 ff; *Krause*, Ordnungsgemäßes Wirtschaften und Erlaubtes Risiko, 1995, 136). 21

Der Täter hat sich Waren usw **beschafft**, wenn er sie durch Rechtsgeschäft in seine tatsächliche Verfügungsgewalt gebracht hat (vgl RGSt 62, 257 [258]), sei es 22 auch nur in anfechtbarer Weise, zB durch (Kredit-)Betrug. Die Waren sind **kreditiert**, wenn sie noch nicht voll bezahlt sind; das Einräumen eines Zahlungsaufschubs genügt (vgl *Fischer* Rn 14). Der Kredit muss zum Zeitpunkt der Veräußerung noch laufen (RGSt 72, 187 [190]). Das **Veräußern** verlangt kein Entgelt; auch ein Verschenken ist tatbestandsmäßig (hM, S/S-*Heine*/*Schuster* Rn 21 mwN; aA *Fischer* Rn 14). **Sonstiges Abgeben** ist das Überlassen des Besitzes ohne Eigentumsübertragung, zB durch Verpfändung oder Bestellung eines kaufmännischen Zurückbehaltungsrechts (LK-*Tiedemann* Rn 77).

23 Vergleichsgrößen für die Bewertung zum Zeitpunkt der Abgabe sind der (objektive Markt-)Wert der veräußerten Ware usw und der Verkaufserlös (RGSt 72, 187 [190]). Die Unterschreitung des Wertes ist **erheblich**, wenn sie dem Sachkundigen ins Auge springt; dem Einkaufspreis kommt nur indizielle Bedeutung für die Ermittlung der Marktlage zu (vgl BGH bei *Herlan* GA 1955, 365; LK-*Tiedemann* Rn 78).

24 Die Handlung muss den Anforderungen einer ordnungsgemäßen Wirtschaft widersprechen. Schleuderverkäufe können – zB bei drohendem Kursverfall, Sonderangeboten, Durchstehen eines Konkurrenzkampfes, Gewinn eines neuen Marktes, drohendem Verfall oder Räumungsverkäufen – wirtschaftlich vernünftig sein (vgl *Krause*, Ordnungsgemäßes Wirtschaften und Erlaubtes Risiko, 1995, 136 f). Gleiches gilt für sog. Lockvogelangebote (vgl LK-*Tiedemann* Rn 79).

25 **d) Abs. 1 Nr. 4**: Tathandlungen sind das Vortäuschen der Rechte anderer und das Anerkennen erdichteter Rechte. Sie betreffen die unzutreffende Darstellung der Passiva als erhöht. Eine tatsächliche oder rechtliche Veränderung der Schuldenmasse wird nicht vorausgesetzt (hM, *Fischer* Rn 17; S/S-*Heine*/*Schuster* Rn 24; LK-*Tiedemann* Rn 87); auch eine Geltendmachung des angeblichen Rechts im Insolvenzverfahren ist nicht erforderlich. Die **Rechte** können dinglicher wie auch obligatorischer Natur sein (BT-Drucks. 7/3441, 35). In Betracht kommen alle im Insolvenzverfahren maßgeblichen Eigenschaften eines Rechts, zB die Höhe einer Forderung.

26 **Erdichtet** sind Rechte, wenn sie hinsichtlich ihres Inhalts oder Umfangs frei erfunden sind. Nicht einschlägig ist die Anerkennung eines bestehenden, aber (wegen Verjährungseinrede, Naturalobligationen usw) nicht durchsetzbaren Rechts. Nicht existent ist jedoch eine rechtskräftig abgewiesene Forderung (LK-*Tiedemann* Rn 85). Ein Recht wird **vorgetäuscht**, wenn sich der Täter gegenüber einem anderen auf ein solches Recht beruft (BGH bei *Herlan* GA 1953, 74; *Fischer* Rn 17), etwa durch eine falsche eidesstattliche Versicherung. Eine konkludente Erklärung genügt (S/S-*Heine*/*Schuster* Rn 25). Von einem **Anerkennen** ist auszugehen, wenn der Täter (während oder außerhalb des Insolvenzverfahrens) die Existenz des Rechts im Zusammenwirken mit dem angeblichen Gläubiger behauptet (BGH bei *Herlan* GA 1953, 74; LK-*Tiedemann* Rn 85); tatbestandsmäßig ist zB die Anerkennung eines zuvor zum Schein abgeschlossenen Darlehensvertrags. Das bloße Unterlassen prozessualer Verteidigungen gegen unberechtigte Forderungen durch Bestreiten, Erheben von Einreden oder Einlegen von Ein- und Widersprüchen ist regelmäßig mangels Garantenstellung des Schuldners gegenüber seinen Gläubigern nicht ausreichend (M/R-*Altenhain* Rn 24; LK-*Tiedemann* Rn 88; AnwK-*Püschel* Rn 16; aA BeckOK-*Beukelmann* Rn 53; S/S-*Heine* Rn 26; *Hellmann*/*Beckemper* Rn 304).

27 **e) Abs. 1 Nr. 5**: Die – praktisch bedeutsame – Tatvariante verwirklicht, wer Handelsbücher, die er gesetzlich zu führen verpflichtet ist, nicht führt („echtes Unter-

lassen") oder so führt oder manipuliert, dass die Übersicht über seinen Vermögensbestand erschwert wird.

aa) Als **Handelsbücher** sind die fortlaufenden buchmäßigen Erfassungen der Handelsgeschäfte und der Vermögenslage zu verstehen. Welche Handelsbücher zu führen sind, ist gesetzlich nicht festgelegt; geboten ist nur eine den handelsrechtlichen Grundsätzen (§§ 238 ff HGB) gerecht werdende ordnungsgemäße Buchführung (vgl BGHSt 4, 270 [275]). Die Bücher müssen einem sachverständigen Dritten innerhalb angemessener Zeit einen **Überblick über die Geschäftsvorfälle** (von der Entstehung zur Abwicklung) und über die Lage des Unternehmens vermitteln. Die äußere Gestalt (zB gebundene Buchform, karteimäßige Erfassung oder Speicherung auf Datenträgern) ist gleichgültig (BGHSt 14, 262 [264]); Notizen auf losen Blättern sind jedoch unzureichend (RGSt 50, 131 [132 f]). Bilanz und Inventar sind Teil der Buchführung, werden aber als lex specialis von Nr. 7 erfasst. 28

bb) Die **gesetzliche Verpflichtung** zur Führung von Büchern richtet sich nur nach **Handelsrecht**; Steuer- oder Gewerberecht sind unmaßgeblich (S/S-*Heine/Schuster* Rn 29; LK-*Tiedemann* Rn 91). Verpflichtet sind nach § 238 I HGB alle Kaufleute, soweit keine Ausnahme nach § 241 a HGB vorliegt. Die Buchführungspflicht beginnt und endet mit der Erlangung bzw dem Verlust der Eigenschaft eines Kaufmanns (vgl BGH bei *Herlan* GA 1953, 75). Kannkaufleute sind nur buchführungspflichtig, wenn sie im Handelsregister eingetragen sind (§§ 2, 3 HGB). Handelsgesellschaften sind buchführungspflichtig (§ 6 I HGB); der Täterkreis bestimmt sich hier nach § 14, wobei die Interessentheorie keine Anwendung findet (BGH StV 2012, 216 [217] m.Anm. *Bittmann* ZWH 2012, 63; Vor § 283 Rn 7). Der Verpflichtete kann einen Dritten mit der Buchführung **beauftragen**, muss dann aber bei der Auswahl und Überwachung die nötige Sorgfalt aufbringen (vgl BGHSt 15, 103 [106]). 29

cc) Ein **Unterlassen** der Buchführung ist gegeben, wenn über einen erheblichen Zeitraum hin – zumindest während eines Geschäftsjahres – keine Bücher geführt werden, mag dies auch zu einem späteren Zeitpunkt nachgeholt werden (*Schäfer* wistra 1986, 200 [201 ff]). Ausnahmsweise ist die unterlassene Buchführung nicht tatbestandsmäßig, wenn der Schuldner hierzu nicht in der Lage ist und sein Unvermögen auch nicht durch Übertragung auf einen Dritten (zB wegen Zahlungsunfähigkeit) ausgleichen kann (vgl BGHSt 28, 231 [232 f]). Aus Anlass einer neueren Entscheidung erwägt der 1. Strafsenat des BGH jedoch, ob nicht ein Geschäftsführer, der ein Unternehmen betreibt, so rechtzeitig Vorsorge zu treffen hat, dass das Führen der Bücher und Erstellen der Bilanzen gerade auch in der Krise, bei der dem Führen ordnungsgemäßer Bücher besondere Bedeutung zukommt, gewährleistet ist. Zudem biete derjenige, der ein Handelsgewerbe betreibt oder als Organ eine in das Handelsregister einzutragende juristische Person leitet, regelmäßig die Gewähr dafür, zur Führung der Bücher und Erstellung der Bilanzen auch selbst in der Lage zu sein (vgl BGH ZInsO 2011, 2226 m.Anm. *Weyand* 2228; ausf. *Hagemeier* NZWiSt 2012, 105). 30

dd) Die Buchführung ist **mangelhaft**, wenn einzelne Handelsbücher nicht oder wenn vorhandene Handelsbücher zeitweilig nicht oder unvollständig geführt werden (BGHSt 4, 270 [274]; BGH bei *Holtz* MDR 1980, 455). Die Grundsätze ordnungsgemäßer Buchführung bauen auf den Prinzipien der Wahrheit, Vollständigkeit, Zeitgerechtigkeit und Klarheit auf und werden durch die Verkehrssitte präzisiert. Diesen Grundsätzen gemäß müssen die Aufzeichnungen hinreichend deutlich Einnahmen und Ausgaben sowie die der Rechnungslegung zugrunde lie- 31 genden Erfüllungsgeschäfte erkennen lassen (näher NK-*Kindhäuser* Rn 61 ff mwN). Ein Sonderfall unordentlicher Buchführung sind nachträgliche Veränderungen, durch die Eintragungen getilgt oder Ergänzungen vorgenommen werden, soweit dies zu Unklarheiten über den ursprünglichen Inhalt führt (tateinheitliche Deliktsbegehung mit §§ 267, 274 I Nr. 1 ist möglich).

32 Durch den Verstoß gegen die Grundsätze ordnungsgemäßer Buchführung muss die **Übersicht über den Vermögensstand erschwert** sein. Dies ist der Fall, wenn ein Sachverständiger den Büchern allenfalls mühevoll und mit erheblichem Zeitaufwand den Vermögensstand entnehmen kann (BT-Drucks. 7/3441, 35; BGH bei *Holtz* MDR 1980, 455; NStZ 1998, 247; LK-*Tiedemann* Rn 118). Insoweit können selbst größere Lücken unbeachtlich sein, wenn die Belege vollständig vorhanden sind und eine hinreichende Übersicht gewährleisten (BGH bei *Herlan* GA 1959, 341). Die mangelhafte Buchführung braucht zum Zeitpunkt des Eintritts der objektiven Strafbarkeitsbedingung nicht mehr zu bestehen (S/S-*Heine/Schuster* Rn 36 mwN; aA *Fischer* Rn 23).

33 f) **Abs. 1 Nr. 6**: Die Tatvariante hat das **Beiseiteschaffen** (Rn 11 f), **Verheimlichen** (Rn 13), **Zerstören** (Rn 14) oder **Beschädigen** (Rn 14) von geschäftlichen Urkunden vor Ablauf der für Buchführungspflichtige geltenden Aufbewahrungsfristen (vgl § 257 IV, V HGB) zum Gegenstand. Hierdurch muss (kausal) die **Übersicht über den Vermögensstand erschwert** werden (Rn 32). Neben **Handelsbüchern** (Rn 28) kommen als Tatobjekte **sonstige** nach Handelsrecht aufzubewahrende **Unterlagen** in Betracht, zB Buchungsbelege, Bilanzen, Inventare oder Handelsbriefe. Die Tathandlungen müssen sich auf den **urkundlichen Inhalt** beziehen; bloßes Beschädigen der Substanz ohne Einflussnahme auf den Inhalt reicht nicht aus.

34 **Täter** ist, wer als Kaufmann (oder nach § 14 für einen Kaufmann) handelt. Darüber hinaus wendet die hM den Tatbestand teils auch auf Privatleute in Krisensituationen nach Abs. 1 (S/S-*Heine/Schuster* Rn 39; auf Handelsbücher einschr. *Fischer* Rn 24) und teils sogar auf alle Personen an, die freiwillig Bücher führen (L-Kühl-*Heger* Rn 19; vgl auch BT-Drucks. 7/3441, 36). Diese Ausweitung ist jedoch sachlich kaum zu rechtfertigen: Es kann keinen Unterschied machen, ob Privatleute oder Angehörige freier Berufe mangels Rechtspflicht erst gar keine Bücher führen (dann ohnehin Straflosigkeit) oder ob sie im Nachhinein Bücher, die sie nicht führen müssen, wieder beseitigen (NK-*Kindhäuser* Rn 67). Eine zunächst begründete Aufbewahrungspflicht wird durch den Wegfall der Kaufmannseigenschaft nicht aufgehoben und geht im Falle des Todes auf den Rechtsnachfolger über (LK-*Tiedemann* Rn 123).

35 g) **Abs. 1 Nr. 7**: Die Tatvariante betrifft – als Spezialtatbestand zu Nr. 5 – die mangelhafte Bilanzierung bzw unterlassene Aufstellung von Bilanz oder Inventar. Aus der Nichterwähnung des Inventars in Nr. 7 a folgt, dass nicht das mangelhafte, sondern nur das unterlassene Aufstellen des Inventars (Nr. 7 b) strafbar ist. Der Täter muss zur Bilanz- und Inventaraufstellung verpflichtet und damit **Kaufmann** sein (§§ 242 I, 240 HGB, siehe aber auch §§ 242 IV, 241 a HGB).

36 Eine **Bilanz** ist der das Verhältnis von Vermögen und Schulden darstellende Abschluss (§ 242 I S. 1 HGB); zu unterscheiden ist zwischen der Eröffnungsbilanz (Anfangs- bzw Gründungsbilanz) und der Jahresbilanz (näher NK-*Kindhäuser* Rn 77 ff mwN). Die Pflicht zur Bilanzerstellung ist unabhängig vom Vermögensstand und hat auch beim Fehlen jeglicher Aktiva und Passiva (zB bei Geschäftsaufnahme) zu erfolgen (*Fischer* Rn 26; LK-*Tiedemann* Rn 132).

Das **Inventar** ist die erforderliche Basis zur Bilanzerstellung und betrifft wie diese 37
(allerdings ohne vergleichende Gegenüberstellung) das gesamte Vermögen und
die Schulden unter jeweils genauer Bewertung zu einem bestimmten Stichtag (vgl
§ 240 und zu Vereinfachungen § 241 HGB).

aa) Tathandlung nach **Nr. 7 a** ist das (rechtzeitige) Aufstellen der Bilanz in einer 38
dem Handelsrecht widersprechenden Weise, durch welche die Übersicht über den
Vermögensstand erschwert wird (Rn 32). Dies ist namentlich der Fall, wenn die
Bilanz unrichtig ist oder die tatsächlichen Vermögensverhältnisse verschleiert, also insbesondere Passiva oder Aktiva nicht anführt, oder wenn Vermögensbestandteile falsch bewertet werden (vgl BGHSt 30, 285 [289]). Maßgeblich sind
die für Bilanzen geltenden spezifischen Grundsätze ordnungsgemäßer Buchführung sowie die ergänzenden gesetzlichen Vorschriften (vgl §§ 242 ff, 264 ff,
336 ff, 340 ff HGB, 150 ff AktG, 42 GmbHG). Formale Fehler (zB Fehlen der
Unterschrift oder des Datums) und Verstöße gegen formale Gliederungsanforderungen führen in der Regel zu keiner Unübersichtlichkeit der Vermögensverhältnisse (vgl BGH wistra 2010, 219 [220]; LK-*Tiedemann* Rn 136). Nicht tatbestandsmäßig ist es, wenn der Täter neben einer ordnungsgemäß erstellten Bilanz
zusätzlich noch unrichtige Bilanzen zur Täuschung von Geschäftspartnern anfertigt (BGHSt 30, 186 f; *Richter* GmbHR 1984, 137 [148]; aA *Schäfer* wistra
1986, 200 f).

bb) Nach **Nr. 7 b** muss es der Täter **unterlassen**, innerhalb der vorgeschriebenen 39
Frist die Bilanz seines Vermögens oder das Inventar aufzustellen. Für die **Bilanzierungsfristen** gilt der ordnungsgemäße Geschäftsgang (vgl §§ 240 II S. 3, 243
III HGB; BVerfGE 48, 48 [60 ff]; BGH BB 1955, 109); teilweise sind die Fristen
auch gesetzlich geregelt (vgl § 264 I HGB). Vor allem in Krisenzeiten und bei Eröffnungen sind Bilanzen unverzüglich aufzustellen (S/S-*Heine/Schuster* Rn 45;
LK-*Tiedemann* Rn 147 f). Die (längeren) steuerlichen Fristen sind unbeachtlich.
Das **Inventar** ist mit der (Eröffnungs- oder Jahres-)Bilanz nach § 240 I, II HGB
innerhalb der entsprechenden Fristen zu errichten. Spätestens nach Fristablauf ist
das Unterlassen vollendet; das Nachholen der Bilanz- oder Inventaraufstellung
wirkt nicht strafbefreiend. Läuft die Bilanzierungsfrist erst nach Eintritt der Zahlungseinstellung (Abs. 6) ab, so scheidet ein pflichtwidriges Unterlassen aus, es
sei denn, dass schon aufgrund der vorausgegangenen Untätigkeit die Frist nicht
mehr hätte eingehalten werden können (S/S-*Heine/Schuster* Rn 47; NK-*Kindhäuser* Rn 87; extensiv BGH NStZ 1992, 182; OLG Düsseldorf StV 1999,
28 ff; abw. LK-*Tiedemann* Rn 151: Versuch). Dem Unterlassen steht die völlig
unzureichende Erstellung von Bilanz oder Inventar gleich (LK-*Tiedemann*
Rn 152). Das Unterlassen setzt stets die Möglichkeit (zB Zahlungsfähigkeit bzgl
Kosten) zur Pflichterfüllung voraus (BGHSt 28, 231 [232 f]; OLG Düsseldorf
StV 2007, 38 f; KG NJW 2007, 3449 f; ausf. *Hillenkamp* Tiedemann-FS 949 ff).
Hingegen kommt nach der Rechtsprechung eine Strafbarkeit nach den Grundsätzen der omissio libera in causa in Betracht: Die finanzielle Unmöglichkeit, einen
Dritten mit der Erstellung der Bilanzen zu beauftragen, kann den Schuldner nicht
entlasten, wenn er trotz sich abzeichnender Liquiditätsprobleme eingehende
Zahlungen und sonstige Vermögenswerte nicht zur Bildung von Rücklagen, sondern zur Begleichung von Schulden verwendet (BGH NJW 2011, 3733 [3734];
vgl oben Rn 30). Dem liegt der Gedanke zugrunde, dass der Pflicht zur Bilanzerstellung der Vorrang vor sonstigen, nicht strafbewehrten Pflichten des Schuldners
zukommt (*Floeth* EWiR 2012, 221 [222]).

40 h) **Abs. 1 Nr. 8**: Die Tatvariante umfasst als **Auffangtatbestand** – „in einer anderen Weise" – alle Handlungen, durch die der Täter in einer den Anforderungen einer ordnungsgemäßen Wirtschaft grob widersprechenden Weise seinen Vermögensstand verringert oder seine wirklichen geschäftlichen Verhältnisse verheimlicht oder verschleiert (BT-Drucks. 7/3441, 36; BGH NStZ 2009, 635 [636]; OLG Düsseldorf NJW 1982, 1712 [1713]; krit. AnwK-*Püschel* Rn 28; aA LK-*Tiedemann* Rn 9 ff: Grundtatbestand). Während die informationsbezogenen Handlungen des Verheimlichens oder Verschleierns stets wirtschaftswidrig sind, muss dieses Merkmal bei der Verringerung des Vermögensbestands gesondert geprüft werden (vgl BT-Drucks. 7/3441, 36; NK-*Kindhäuser* Vor § 283 Rn 63, § 283 Rn 89; aA S/S-*Heine/Schuster* Rn 49: bei allen Begehungsweisen).

41 aa) **Verringerung** des Vermögensstandes ist jede rechtliche oder faktische Maßnahme des Schuldners, die durch eine Minderung der Aktiva oder eine Erhöhung der Passiva zu einer Schmälerung der (potenziellen) Quote führt. In Betracht kommt etwa das aktive Verhindern einer Vermögensmehrung durch einen sicher zu erwartenden Zuschlag bei einer öffentlichen Ausschreibung.

42 Für ordnungsgemäßes Wirtschaften sind im Wesentlichen drei Kriterien maßgeblich: Hinreichende Informationsbeschaffung, sorgfältige (interessengerechte) Risikoabwägung und wirtschaftlich vernünftige Zielsetzung. Ein Widerspruch zu diesen Kriterien ist **grob wirtschaftswidrig**, wenn die Grenze des noch vertretbaren ökonomischen Handelns fraglos überschritten ist (näher NK-*Kindhäuser* Vor § 283 Rn 61 ff, 89 ff; *Krause*, Ordnungsgemäßes Wirtschaften und Erlaubtes Risiko, 1995, 137 ff, 284 ff mwN).

43 bb) **Geschäftliche Verhältnisse** sind alle Gegebenheiten, die Grundlage für die Einschätzung der wirtschaftlichen Unternehmenssituation sind, vor allem die in Gewinn- und Verlustrechnungen zu berücksichtigenden Positionen und deren Bewertung (vgl RGSt 38, 195 [199]; BGH StV 2010, 25 f m.Anm. *Hagemeier*). Einschlägig können auch zukunftsbezogene Umstände wie zB geplante Investitionen sein.

44 Die betreffenden Verhältnisse werden **verheimlicht** (Rn 13), wenn sie der Kenntnis der Gläubiger oder des Insolvenzverwalters entzogen werden. **Verschleiern** ist eine irreführende Darstellung, die auch in einer so unübersichtlichen Schilderung der geschäftlichen Verhältnisse bestehen kann, dass die wahre Sachlage von einem sachverständigen Dritten allenfalls mühevoll und mit erheblichem Zeitaufwand durchschaut werden kann. In Betracht kommt das Anfertigen von Scheinbilanzen zur Täuschung von Geschäftspartnern (vgl BGHSt 30, 186 f) oder sog. Firmenbestattungen, wobei durch Handlungen wie die Veräußerung von Geschäftsanteilen, Umfirmierung, Sitzverlegung, die Abberufung von Geschäftsführern und die Einsetzung von Strohmännern die Gläubiger über die geschäftlichen Verhältnisse des Unternehmens in die Irre geführt werden (vgl BGH NJW 2013, 1892 m.Anm. *Bittmann* ZWH 2013, 320, *Brand* NZG 2013, 400 und *Schubert* wistra 2013, 429; BGH NStZ 2009, 635 (obiter dictum) m. Bspr *Brand/Reschke* ZIP 2010, 2134 und *Kümmel* wistra 2012, 165; vgl auch OLG Karlsruhe NStZ-RR 2013, 247 m.Anm. *Weyand* ZInsO 2013, 1316).

III. Objektiver Tatbestand nach Abs. 2

45 Abs. 2 formuliert unter Bezugnahme auf die Tathandlungen nach Abs. 1 ein **Erfolgsdelikt** mit der wirtschaftlichen Krise (Rn 3 ff) als Handlungsergebnis. Nicht ausreichend für den Erfolg ist eine nur drohende Zahlungsunfähigkeit. Die Bank-

rotthandlung muss für die Krise mitursächlich geworden sein und sich zumindest auf einen (nicht unerheblich) früheren Eintritt von Überschuldung oder Zahlungsunfähigkeit ausgewirkt haben (MK-*Radtke/Petermann* Rn 70; LK-*Tiedemann* Rn 180; zur tatbestandsspezifischen Risikobestimmung NK-*Kindhäuser* Rn 97 f).

IV. Vorsatz, Versuch und Fahrlässigkeit

1. Für die Tathandlungen nach Abs. 1 und 2 ist grds. (zumindest bedingter) **Vorsatz** erforderlich. Erfasst sein müssen neben den jeweils faktischen Voraussetzungen auch die Bezugsgrößen des Bewertungsmaßstabs, bei der unwirtschaftlichen Ausgabe zB auch die Kriterien des Notwendigen und Üblichen (vgl BGH MDR 1981, 510 [511]). Bei den Buchdelikten muss der Täter um seine Eigenschaft, Kaufmann zu sein, wissen, ferner um die einschlägigen Fristen und Anforderungen.   46

2. Die Tat nach Abs. 1 ist mit dem jeweiligen Handlungsvollzug, nach Abs. 2 mit dem Eintritt der Krise **vollendet**. Der **Versuch** ist strafbar (Abs. 3), jedoch nur bei Eintritt der objektiven Strafbarkeitsbedingung (Abs. 6). Bei Handlungen, die im allgemeinen Geschäftsverkehr liegen, ist ein unmittelbares Ansetzen (§ 22) nur bei eindeutiger Manifestation des Entschlusses zur Tatbestandsverwirklichung zu bejahen.   47

3. Abs. 4 normiert zwei Ausnahmen vom Vorsatzerfordernis der Taten nach Abs. 1 und 2.   48

a) Nach **Nr. 1** ist es ausreichend, wenn der Täter bei der Tat nach **Abs. 1** die **Krise** (Rn 3 ff) **fahrlässig verkennt**. Die Pflichtwidrigkeit kann auf mangelhafter Buchführung oder dem Verstoß gegen sonstige gesetzliche Vorgaben beruhen. Ansonsten muss der Täter gewichtige Regeln ordnungsgemäßer Wirtschaft missachten (näher NK-*Kindhäuser* Rn 103 mwN). Versuch und Teilnahme sind hier nicht möglich.   49

b) Nach **Nr. 2** ist es ausreichend, wenn der Täter den **Erfolg** nach **Abs. 2** – dh Überschuldung oder Zahlungsunfähigkeit – **leichtfertig herbeiführt**. Die Handlung selbst bleibt damit Vorsatztat (§ 11 II), so dass Teilnahme möglich ist. Leichtfertigkeit erfordert eine besonders grobe Missachtung elementarer Anforderungen ordnungsgemäßer Wirtschaft, die durch eine besondere Rücksichtslosigkeit gegenüber den geschützten Gläubigerinteressen geprägt ist (LK-*Tiedemann* Rn 213).   50

4. Abs. 5 greift die **drei Bankrotthandlungen** nach Abs. 1 Nr. 2, 5 und 7 heraus und stellt bereits deren **fahrlässige** Begehung unter Strafe, und zwar sowohl während (Abs. 1) als auch außerhalb (Abs. 2) einer Krise. Hinsichtlich der Krise genügt deren fahrlässige Verkennung (Rn 49) bzw leichtfertige Herbeiführung (Rn 50). Tatbestandsmäßig iSv Abs. 5 ist allerdings auch ein Verhalten, das hinsichtlich der Bankrotthandlung fahrlässig, hinsichtlich der Krise aber vorsätzlich ist.   51

V. Objektive Strafbarkeitsbedingung (Abs. 6)

Abs. 6 formuliert eine objektive Strafbarkeitsbedingung (Vor § 13 Rn 227 ff), auf die alle anderen Insolvenzdelikte des StGB verweisen: Strafbarkeit setzt voraus, dass der Täter seine Zahlungen eingestellt hat, über sein Vermögen das Insol-   52 venzverfahren eröffnet oder der Antrag auf Eröffnung des Verfahrens mangels Masse abgewiesen worden ist. Der Eintritt dieser Bedingung kann der Tathandlung ggf auch vorausgehen.

53 1. **Zahlungseinstellung** bedeutet, dass der Täter aufhört, den wesentlichen und überwiegenden Teil seiner fälligen Geldschulden zu bezahlen, und zwar wegen eines tatsächlich oder angeblich dauernden Mangels an den zur Zahlung erforderlichen Mitteln (BGH NJW 1985, 1785; *Fischer* Vor § 283 Rn 13; S/S-*Heine/ Schuster* Rn 60). Die Zahlungseinstellung deckt sich nicht mit der Zahlungsunfähigkeit, da der Täter seine Zahlungen auch einstellen kann, wenn er nur irrig annimmt, zahlungsunfähig zu sein, oder wenn er zahlungsunwillig ist (BGH bei *Herlan* GA 1953, 73; M/R-*Altenhain* Rn 42; *Bieneck* wistra 1992, 89 f; S/S/W-*Bosch* Rn 16; aA AnwK-*Püschel* Vor § 283 Rn 28; LK-*Tiedemann* Vor § 283 Rn 144). Die Zahlungseinstellung ist ein faktischer Vorgang, der zwar keiner (rechtsgeschäftlichen) Erklärung bedarf, gleichwohl aber nach außen hin erkennbar sein muss (LK-*Tiedemann* Vor § 283 Rn 146).

54 2. Hinsichtlich der **Eröffnung des Insolvenzverfahrens** wie auch der **Abweisung des Eröffnungsantrags** mangels Masse ist ausschließlich der formale Akt (§§ 26, 27 InsO) und seine Rechtskraft maßgeblich. Der rechtskräftige Beschluss ist für das Strafverfahren bindend (RGSt 26, 37; LK-*Tiedemann* Vor § 283 Rn 162). Die (mögliche) nachträgliche Einstellung eines zu Unrecht, aber rechtskräftig eröffneten Insolvenzverfahrens berührt die strafrechtlich relevante Wirkung des Beschlusses nicht mehr (vgl BGH bei *Herlan* GA 1955, 364 f zur alten Rechtslage).

55 3. Zwischen Krise und Eintritt der objektiven Strafbarkeitsbedingung muss kein Kausal-, aber ein **Risikozusammenhang** bestehen (hM, vgl BGHSt 28, 231 [234]; BayObLG NJW 2003, 1960; NStZ 2003, 214; aA *Trüg/Habetha* wistra 2007, 365 [370]). Dieser entfällt, wenn entweder die Krise überwunden wurde oder das wirtschaftswidrige Verhalten (ex post) die Vermögenslage des Schuldners verbesserte (vgl LK-*Tiedemann* Vor § 283 Rn 91 ff). Einer positiven Feststellung bedarf der Risikozusammenhang nach hM grds. nicht; die Strafbarkeit soll nur ausscheiden, wenn sich die Tathandlung in keiner Weise auf die mit der objektiven Strafbarkeitsbedingung umschriebene Situation auswirkte (BGHSt 28, 231 [232 ff]; S/S-*Heine/Schuster* Rn 59). Zweifel am Risikozusammenhang gehen deshalb zulasten des Täters (OLG Hamburg NJW 1987, 1342 [1343 f]; LK-*Tiedemann* Vor § 283 Rn 92; krit. NK-*Kindhäuser* Vor § 283 Rn 110; aA *Trüg/ Habetha* wistra 2007, 365 [370]).

VI. Täterschaft und Teilnahme

56 § 283 ist **Sonderdelikt** (Vor § 283 Rn 5); Täter kann nur der Schuldner (oder ein für ihn iSv § 14 Handelnder) sein, der seine Zahlungen eingestellt hat oder dessen Vermögen Gegenstand eines Insolvenzverfahrens ist; die Buchdelikte können zudem an die Voraussetzung gebunden sein, dass der Täter Kaufmann ist (Rn 29, 34, 35). Ob für den **Teilnehmer** § 28 I gilt, ist umstritten (befürwortend BGHSt 58, 115 [117 f] m.Anm. *Kraatz* JR 2013, 466 [471 f]; S/S/W-*Bosch* Rn 41; *Fischer* Rn 38; *Hellmann/Beckemper* Rn 294; SK-*Hoyer* Rn 107; S/S-*Heine/ Schuster* Rn 65; *Otto* BT § 61/89; AnwK-*Püschel* Rn 34; LK-*Tiedemann* Rn 228; abl. *Eisele* BT II Rn 961; *Vormbaum* GA 1981, 101 [133]; diff. *Brammsen/Ceffinato* NZI 2013, 619).

57 Partner des Täters bei wirtschaftswidrigen Geschäften (insbesondere Spiel, Wette, Differenz-, Verlust- und Spekulationsgeschäften, Schleuderverkäufen) sind,

soweit sie ihre Rolle nicht (zB durch Anstiftung) überschreiten, als notwendige Teilnehmer straflos (S/S-*Heine/Schuster* Rn 65; LK-*Tiedemann* Rn 71). Kein notwendiger Teilnehmer ist dagegen, wer sich zum Schein als Gläubiger bei der Anerkennung erdichteter Rechte (Abs. 1 Nr. 4) ausgibt, da sich die notwendige Mitwirkung des Dritten beim Erdichten wie Anerkennen in der Rolle des Erklärungsempfängers erschöpft (vgl LK-*Tiedemann* Rn 89).

VII. Konkurrenzen

1. Für das Verhältnis einzelner **Bankrotthandlungen zueinander** gelten die allgemeinen Konkurrenzregeln einschließlich der Regeln der tatbestandlichen Handlungseinheit (vgl BGHSt 11, 145 [146]; *Fischer* Rn 41; SK-*Hoyer* Rn 120); grds. ist Tatmehrheit anzunehmen. Gesetzeskonkurrenz (mitbestrafte Nachtat) kommt in Betracht, wenn eine Tathandlung der Sicherung einer bereits vorgenommenen anderen dient. Zwischen Abs. 1 und Abs. 2 ist Tateinheit möglich, wenn der Täter bei drohender Zahlungsunfähigkeit Handlungen vornimmt, die zu einer Überschuldung oder zum Eintritt der Zahlungsunfähigkeit führen. 58

2. Werden mehrere zusammenhängende Verstöße gegen Buchführungspflichten vor und in der Krise begangen, tritt § 283 b hinter § 283 als subsidiär zurück (vgl BGH NStZ 1984, 455). Ansonsten sind § 283 I Nr. 5-7 leges speciales zu § 283 b I. Gleiches gilt für das Verhältnis von § 283 V zu § 283 b II. Dagegen wird § 283 von dem Privilegierungstatbestand des § 283 c verdrängt. 59

3. Tateinheit ist u.a. möglich mit § 267, § 265 b und §§ 153 f, 156 (BGHSt 11, 145 [147]; BGH bei *Holtz* MDR 1982, 969 f). Mit § 266 kommt grds. Tateinheit in Betracht (Vor § 283 Rn 8 ff, ferner BGHSt 28, 371 ff; 30, 127 [130]). 60

§ 283 a Besonders schwerer Fall des Bankrotts

¹In besonders schweren Fällen des § 283 Abs. 1 bis 3 wird der Bankrott mit Freiheitsstrafe von sechs Monaten bis zu zehn Jahren bestraft. ²Ein besonders schwerer Fall liegt in der Regel vor, wenn der Täter
1. aus Gewinnsucht handelt oder
2. wissentlich viele Personen in die Gefahr des Verlustes ihrer ihm anvertrauten Vermögenswerte oder in wirtschaftliche Not bringt.

I. Die Vorschrift nennt in der Technik der Regelbeispiele (§ 46 Rn 17 ff, § 243 Rn 1 ff) Fälle regelmäßig gesteigerten Unrechts. Der Strafrahmen ist an der Oberwie auch an der Untergrenze deutlich angehoben. Aus der Beschränkung auf die Taten nach § 283 I-III folgt zum einen, dass der Täter vorsätzlich gehandelt haben muss; fahrlässige Begehung (§ 283 IV und V) reicht nicht aus. Zum anderen kann auch der Versuch eines Bankrotts die Voraussetzungen eines besonders schweren Falles erfüllen; die Strafmilderung des § 23 II ist insoweit nicht anzuwenden (S/S-*Heine/Schuster* Rn 9; LK-*Tiedemann* Rn 15; aA SK-*Hoyer* Rn 2). 1

II. Ein Handeln aus **Gewinnsucht** iSv **Nr. 1** ist anzunehmen, wenn der Täter von einem – über die Bereicherungsabsicht hinausgehenden – ungehemmten, überzogenen und sittlich anstößigen Maß an Gewinnstreben motiviert wird (BT-Drucks. 7/3441, 37; vgl BGHSt 3, 30 [32]; 17, 35 [37 f]; *Heine* Rn 4; MK-*Radtke/Petermann* Rn 4; LK-*Tiedemann* Rn 3; vgl auch § 236 Rn 5). Zu denken 2 ist hierbei an eine gezielte Unternehmensaushöhlung und an eine gesteigerte Rücksichtslosigkeit gegenüber Gläubigern durch das bewusste Eingehen von Ausfallrisiken in beträchtlicher Höhe (näher NK-*Kindhäuser* Rn 4).

3 III. Beide Regelbeispiele nach **Nr. 2** beziehen sich auf eine **Vielzahl von Personen**. Hierbei geht es jeweils um Bankrottfälle mit einer bestimmten Breitenwirkung, an der es jedenfalls bei weniger als zehn Betroffenen fehlt (S/S/W-*Bosch* Rn 3; LK-*Tiedemann* Rn 9). **Wissentlich** verlangt ein Handeln mit direktem Vorsatz (§ 15 Rn 24 f). Zwischen Handlung und Gefahrerfolg ist jeweils **Kausalität** erforderlich; der Risikozusammenhang nach § 283 VI reicht nicht aus (NK-*Kindhäuser* Rn 6; LK-*Tiedemann* Rn 5).

4 **1. Nr. 2 Alt. 1** setzt voraus, dass dem Täter **Vermögenswerte anvertraut** (§ 246 Rn 44 f) sind. Dies gilt zB für Banken, Bauträger-, Warenterminhandels- oder Kapitalanlagegesellschaften (vgl BT-Drucks. 7/3441, 37 f; *Fischer* Rn 3). Ein Anvertrautsein verlangt, dass dem Täter die Vermögenswerte unter weitgehendem Verzicht auf eigene Kontrollmöglichkeiten übertragen wurden. Als Vermögenswerte kommen insbesondere Kapitalbeteiligungen sowie Geld- und Sacheinlagen in Betracht. Die **Gefahr des Verlusts** (wenigstens eines Großteils der anvertrauten Vermögenswerte) muss konkret sein.

5 **2. Wirtschaftliche Not** iSv **Nr. 2 Alt. 2** ist eine existenzbedrohende Geldverlegenheit (§ 263 Rn 246). Die – ihrerseits eine Notlage voraussetzende – Sozialhilfe für den Geschädigten ist nicht zu berücksichtigen.

6 **IV. Sonstige schwere Fälle** können zB gegeben sein bei rücksichtslos wirtschaftswidrig herbeigeführten Insolvenzen, Insolvenzen mit hohen Schäden für nur wenige Gläubiger (BT-Drucks. 7/5291, 19; *Hiltenkamp-Wisgalle*, Die Bankrottdelikte, 1987, 365 f) oder folgenschweren Insolvenzen größerer Unternehmen oder Konzerne (vgl *Fischer* Rn 5; S/S-*Heine/Schuster* Rn 7; LK-*Tiedemann* Rn 12).

§ 283 b Verletzung der Buchführungspflicht

(1) Mit Freiheitsstrafe bis zu zwei Jahren oder mit Geldstrafe wird bestraft, wer
1. Handelsbücher, zu deren Führung er gesetzlich verpflichtet ist, zu führen unterläßt oder so führt oder verändert, daß die Übersicht über seinen Vermögensstand erschwert wird,
2. Handelsbücher oder sonstige Unterlagen, zu deren Aufbewahrung er nach Handelsrecht verpflichtet ist, vor Ablauf der gesetzlichen Aufbewahrungsfristen beiseite schafft, verheimlicht, zerstört oder beschädigt und dadurch die Übersicht über seinen Vermögensstand erschwert,
3. entgegen dem Handelsrecht
   a) Bilanzen so aufstellt, daß die Übersicht über seinen Vermögensstand erschwert wird, oder
   b) es unterläßt, die Bilanz seines Vermögens oder das Inventar in der vorgeschriebenen Zeit aufzustellen.

(2) Wer in den Fällen des Absatzes 1 Nr. 1 oder 3 fahrlässig handelt, wird mit Freiheitsstrafe bis zu einem Jahr oder mit Geldstrafe bestraft.

(3) § 283 Abs. 6 gilt entsprechend.

I. Die Vorschrift umschreibt verselbstständigte informationsbezogene Bankrotthandlungen, die sich von § 283 I Nr. 5 bis 7 nur dadurch unterscheiden, dass die Taten **nicht** im Rahmen einer **wirtschaftlichen Krise** begangen sein müssen. Da eine korrekte Rechnungslegung elementare Voraussetzung ordnungsgemäßen Wirtschaftens ist, hat der Gesetzgeber die Verletzung von Buchführungs- und Aufbewahrungspflichten als solche bereits für hinreichend (abstrakt) gefährlich gehalten, um sie strafrechtlich zu sanktionieren (BT-Drucks. 7/3441, 38). Praktisch hat § 283 b die Funktion eines **Auffangtatbestands**, um auch die Fälle zu erfassen, in denen eine wirtschaftliche Krise nicht nachweisbar ist oder vom Täter auch nicht fahrlässig verkannt wurde; er tritt hinter den spezielleren § 283 zurück (BGH NStZ 1998, 192 [193]). Der **Versuch** ist nicht mit Strafe bedroht. 1

II. Der **Täterkreis** des Sonderdelikts ist auf buchführungs- und bilanzierungspflichtige Kaufleute begrenzt (§ 283 Rn 29, 35), die Schuldner iSd Vorschrift sind (Vor § 283 Rn 5 ff); dies gilt auch für Abs. 1 Nr. 2 (vgl zu der entsprechenden Streitfrage bei § 283 I Nr. 6 dort Rn 34). Zu beachten ist die Haftungserweiterung nach § 14, so dass auch Steuerberater, die mit der Buchführung in eigener Verantwortung beauftragt sind (§ 14 II Nr. 2), als Täter in Betracht kommen. Die **Tathandlungen** entsprechen (wörtlich oder der Sache nach) denjenigen von § 283 I Nr. 5 und 7. Die Taten nach Abs. 1 Nr. 1 und 3 können vorsätzlich oder fahrlässig (Abs. 2) begangen werden; Abs. 1 Nr. 2 ist nur bei vorsätzlichem Handeln strafbar. 2

III. Die Strafbarkeit setzt stets den Eintritt der objektiven Strafbarkeitsbedingung iSv § 283 VI voraus (**Abs. 3**). 3

§ 283 c Gläubigerbegünstigung

(1) Wer in Kenntnis seiner Zahlungsunfähigkeit einem Gläubiger eine Sicherheit oder Befriedigung gewährt, die dieser nicht oder nicht in der Art oder nicht zu der Zeit zu beanspruchen hat, und ihn dadurch absichtlich oder wissentlich vor den übrigen Gläubigern begünstigt, wird mit Freiheitsstrafe bis zu zwei Jahren oder mit Geldstrafe bestraft.

(2) Der Versuch ist strafbar.

(3) § 283 Abs. 6 gilt entsprechend.

I. Allgemeines

1. Die Vorschrift normiert der Sache nach einen **Privilegierungstatbestand** gegenüber § 283 (*Hartwig* Bemmann-FS 311 [313 ff]). Der Täter verringert zwar die Insolvenzmasse, leistet jedoch, und das ist der Grund der Privilegierung, an einen der Gläubiger, der einen Anspruch hat. Geschütztes Rechtsgut sind die Vermögensinteressen der anderen Gläubiger im Hinblick auf eine ordnungsgemäße Verteilung der Masse iSd Prinzips par condicio creditorum (BGHSt 8, 55 [56]; 34, 221 [225]; 35, 357 [359]; *Vormbaum* GA 1981, 101 [124]; vgl auch BGHZ 41, 98 [101]). **Erfolg** des § 283 c ist die (objektiv eingetretene) Besserstellung eines Gläubigers mit einer Schmälerung der Insolvenzmasse zulasten der übrigen Gläubiger als Kehrseite (BT-Drucks. 7/3441, 38 f; *Fischer* Rn 3). 1

2. § 283 c ist **Sonderdelikt** (Vor § 283 Rn 5); **Täter** kann nur sein, wer zum Tatzeitpunkt Schuldner oder eine für diesen iSv § 14 handelnde Person ist. 2

II. Tatbestand

3 Der Tatbestand wird durch die absichtliche oder wissentliche Besserstellung eines Gläubigers gegenüber den übrigen Gläubigern aufgrund der Gewährung einer inkongruenten Leistung bei eingetretener Zahlungsunfähigkeit verwirklicht.

4 **1.** Begünstigter **Gläubiger** kann jeder Inhaber einer vermögensrechtlichen Forderung gegen den Schuldner sein, und zwar gleichermaßen als Insolvenz- (§ 38 InsO) oder als Massegläubiger (§ 53 InsO), als Absonderungsberechtigter (§ 49 InsO) oder als Bürge (RGSt 15, 90 [95 f]). Nicht in Betracht kommt der Aussonderungsberechtigte hinsichtlich seines Herausgabeanspruchs an der Sache. Eigentumsvorbehaltsverkäufer sind hinsichtlich ihrer Kaufpreisforderungen Gläubiger.

5 Der **Schuldner** selbst kommt nicht als Gläubiger in Betracht; bei einer Gläubigerbenachteiligung durch Leistung an sich selbst greift § 283 I Nr. 1 ein (S/S-*Heine/Schuster* Rn 12; LK-*Tiedemann* Rn 10; abl. mit Einschränkungen *Hartwig* Bemmann-FS 311 [325 ff]).

6 Nach der Rspr sollen auch **Gesellschafter** sowie **Organe** und **Vertreter** des Schuldners iSv § 14 grds. als Gläubiger iSd Tatbestands ausscheiden (BGHSt 34, 221 [224 ff] m. krit. Anm. *Weber* StV 1988, 16 [18] und *Winkelbauer* JR 1988, 33 [35 f]; BGH NJW 1969, 1494 [1495]; abl. *Schäfer* wistra 1990, 81 [88]). Dem ist hinsichtlich der Anteile der Gesellschafter als haftender Vermögensmasse zuzustimmen (*Fischer* Rn 2; LK-*Tiedemann* Rn 10). Zutreffend ist dies auch nach dem Inkrafttreten des MoMiG (BGBl. I S. 2026) weiterhin für Gesellschafterdarlehen. Sie werden zwar nicht mehr dem haftenden Eigenkapital zugeschlagen, es handelt sich jedoch um gemäß § 39 I Nr. 5 InsO nur nachrangig erfüllbare Forderungen (OLG Celle ZinsO 2014, 1668 [1669]; MüKo-*Radtke/Petermann* Vor §§ 283 ff Rn 73). Solche nachrangigen Forderungen sind an der Masseverteilung nicht beteiligt, weshalb ihre Rückzahlung nicht lediglich zu einer Beeinträchtigung der Verteilungsgerechtigkeit, sondern zu einer Beeinträchtigung der Masse selbst führt (M/R-*Altenhain* Rn 5; *Maurer/Wolf* wistra 2011, 327 [333 f]; M-G/ *Richter* § 80 Rn 30; aA OLG Celle ZinsO 2014, 1668 [1670]; S/S-*Heine/Schuster* Rn 12; AnwK-*Püschel* Rn 7; LK-*Tiedemann* Rn 10: Gesellschafterdarlehen sollen nach dem Inkrafttreten des MoMiG zu einer Gläubigerstellung iSd § 283 c führen, so dass eine Rückgewähr in der Krise der Gesellschaft grds. einen Fall der Gläubigerbegünstigung darstellt). Bei Ansprüchen aus einer Geschäftsführertätigkeit oder sonstigen die Insolvenzmasse betreffenden Forderungen besteht dagegen kein Grund für eine Schlechterstellung gegenüber anderen Gläubigern (*Otto* BT § 61/111; vgl dagegen LK-*Tiedemann* Rn 11).

7 **2.** Der **Anspruch** des Gläubigers kann bedingt oder betagt sein. Er kann erst nach Eintritt der Zahlungsunfähigkeit begründet werden (BGHSt 35, 357 [361]; *Fischer* Rn 2; *Hartwig* Bemmann-FS 311 [336 f]; S/S-*Heine/Schuster* Rn 12; LK-*Tiedemann* Rn 9; aA *Vormbaum* GA 1981, 101 [106 f]), muss aber, zur Vermeidung von Manipulationen, vor der Begünstigungshandlung wenigstens dem Grunde nach gegeben sein. Deshalb scheiden Ansprüche aus, die zugleich mit der Leistung des Täters begründet werden, zB eine Kreditaufnahme mit sofortiger Sicherheitsgewährung.

8 **3. Tathandlung** ist die Gewährung einer Sicherheit oder Befriedigung an einen Gläubiger, der hierauf zum Tatzeitpunkt keinen fälligen Anspruch hat. Zum Tatzeitpunkt muss der Schuldner objektiv **zahlungsunfähig** sein (§ 283 Rn 7). Überschuldung oder drohende Zahlungsunfähigkeit reichen nicht aus.

a) Die Leistung muss **aus der (potenziellen) Insolvenzmasse** stammen. Tatbestandsmäßig ist daher noch nicht die Verschaffung eines Vollstreckungstitels, sondern erst die Pfändung aufgrund des Titels (RGSt 30, 46 [48]; S/S-*Heine/Schuster* Rn 4). 9

b) Sicherheit ist jede Position, durch die der Gläubiger die Möglichkeit erhält, schneller, leichter, besser oder mit größerer Gewissheit befriedigt zu werden (RGSt 30, 261 [262]; *Fischer* Rn 5; LK-*Tiedemann* Rn 13). Beispiele: Besitzverschaffung, Sicherungsübereignung, Bestellung von Pfandrechten und Grundpfandrechten, Einräumung eines Zurückbehaltungsrechts; auch: Werterhöhung von Sicherungs- und Vorbehaltseigentum durch Weiterverarbeitung. Die zivilrechtliche Wirksamkeit ist unerheblich (vgl BGH bei *Herlan* GA 1958, 48; 1959, 341). Allerdings darf bei rechtsgeschäftlicher Einräumung der Sicherheit nicht schon die schuldrechtliche Voraussetzung der Einigung fehlen. Ein Sonderfall der Gewährung einer Sicherheit ist der Aktiv-Passiv-Tausch mit einer Auffang- oder Sanierungsgesellschaft (näher NK-*Kindhäuser* Rn 8 mwN). 10

c) Befriedigung ist die schuldrechtliche Erfüllung einer Forderung. Hierzu gehört auch die Annahme als Erfüllung oder an Erfüllungs Statt nach §§ 363, 364 BGB (BGHSt 16, 279 f). Tatbestandsmäßig ist ferner der Verkauf einer Sache nur zum Schein, um so dem Gläubiger die Möglichkeit der Aufrechnung zu geben (BGH bei *Herlan* GA 1961, 359; S/S-*Heine/Schuster* Rn 5). Die Hingabe eines eigenen Schecks oder Wechsels ist dagegen (zunächst) noch keine Befriedigung (*Fischer* Rn 6; LK-*Tiedemann* Rn 16). 11

d) Gewähren verlangt Mitwirkung des Gläubigers durch Annahme der Leistung (RGSt 62, 277 [280]; LK-*Tiedemann* Rn 17). Bei Einzahlung auf ein Girokonto genügt es, wenn der Gläubiger dies zuvor (zB durch Kontoangabe) zugelassen hat. Das Gewähren kann bei Garantenstellung (gegenüber allen Gläubigern) in einem Unterlassen bestehen; bloße Passivität gegenüber einem eigenmächtigen Verrechnen des Gläubigers reicht nicht aus (BGH bei *Herlan* GA 1958, 48), ferner (mangels spezifischer Garantenstellung) nicht die verzögerte Stellung des Insolvenzantrags, um einem Gläubiger (ohne kollusives Zusammenwirken) noch die Möglichkeit der Pfändung zu geben (NK-*Kindhäuser* Rn 11; LK-*Tiedemann* Rn 19; aA S/S-*Heine/Schuster* Rn 7). 12

e) Der Gläubiger darf keinen fälligen Anspruch auf die konkrete Sicherheit oder Befriedigung haben (sog. **Inkongruenz** von Anspruch und Leistung). Die Beurteilung richtet sich allein nach Zivilrecht (BGHSt 8, 55 [56]; BGH bei *Herlan* GA 1953, 75). Das Erbringen der vertragsgemäßen (kongruenten) Leistung ist stets straflos. Jedoch begründet eine Forderung als solche noch keinen Anspruch auf Sicherung (BGH bei *Holtz* MDR 1979, 457). 13

aa) Kein Anspruch auf die Leistung besteht bei Verjährung, unvollkommenen Verbindlichkeiten (§ 762 BGB) oder Anfechtbarkeit (§§ 119 ff BGB), und zwar unabhängig davon, ob der Schuldner seine Einwendungen geltend gemacht hat. Sofern die Leistung den Umfang der Forderung überschreitet oder aus einem nichtigen Rechtsgeschäft (Ausnahme Rn 15) stammt, fehlt es (hinsichtlich des überschießenden Teils) schon an der Gläubigerstellung, so dass insoweit ggf § 283 einschlägig ist. 14

bb) Nicht in der Art besteht der Anspruch zB bei Leistungen an Erfüllungs Statt oder erfüllungshalber, bei Abtretung einer Forderung oder Begleichung einer Geldschuld durch Warenübereignung (BGHSt 16, 279 f; BGH bei *Holtz* MDR 1979, 457; AG Nürnberg ZInsO 2012, 339 [341 f]; nach BGH ZinsO 2014, 15

1058 [1059] auch bei Veranlassung eines Drittschuldners zur Zahlung an einen bestimmten Gläubiger zum Zwecke der Erfüllung von Gesellschaftsverbindlichkeiten). Eine vorherige Abrede begründet grds. einen Anspruch der betreffenden Art (BGH bei *Herlan* GA 1956, 348 f), es sei denn, sie ist allein mit Blick auf die drohende Insolvenz getroffen worden und daher wegen §§ 134, 138 BGB nichtig (RGSt 63, 78 [79 f]).

16 cc) **Nicht zu der Zeit** besteht der Anspruch, wenn die Forderung noch aufschiebend bedingt oder noch betagt ist. Gleiches gilt bei Vorverlegung der Fälligkeit (RGSt 4, 61 [62 ff]).

17 4. Der tatbestandsmäßige **Erfolg der Begünstigung** des Gläubigers ist eingetreten, wenn sich dessen rechtliche Stellung objektiv und unmittelbar zum Nachteil der übrigen Gläubiger verbessert hat (vgl BGHSt 8, 55 [58 f]). Die Berechnung des Vor- bzw Nachteils ergibt sich aus dem Vergleich der tatsächlichen mit der hypothetischen Situation, die ohne die inkongruente Leistung des Schuldners gegeben wäre. Bei Abtretung einer fälligen Forderung gegen einen zahlungswilligen Dritten an Erfüllungs Statt wird der Gläubiger zB nicht begünstigt, wenn der Schuldner ohne nennenswerte Verzögerung die Forderung selbst hätte einziehen und damit oder anderweitig seine Leistung an den Gläubiger (kongruent) hätte erbringen können.

18 5. Der **subjektive Tatbestand** verlangt grds. (zumindest bedingten) Vorsatz. Darüber hinaus ist bezüglich der Zahlungsunfähigkeit und damit auch der Schuldnereigenschaft (sichere) Kenntnis (dolus directus) erforderlich. Schließlich muss der Täter hinsichtlich des Begünstigungserfolgs (einschließlich der Gläubigereigenschaft des Begünstigten) mit Absicht (finalem Willen) oder mit sicherer Kenntnis (dolus directus) handeln. Die irrige Annahme der Zahlungsfähigkeit oder Inkongruenz der Deckung entfaltet eine Sperrwirkung gegenüber § 283 (BGHSt 8, 55 [56 f]).

19 III. **Teilnahme**: Der begünstigte Gläubiger ist **notwendiger Teilnehmer** und damit straflos, wenn sich seine Mitwirkung in dem für die Tatbestandsverwirklichung begrifflich notwendigen Rahmen bewegt (RGSt 61, 314 [315 f]; *Fischer* Rn 10; *Vormbaum* GA 1981, 101 [131 f]). Jedes über die erforderlichen rechtsgeschäftlichen Akte hinausgehende Hinwirken auf die Gewährung inkongruenter Sicherheiten kann jedoch strafbare Teilnahme sein (vgl BGH NStZ 1993, 239 f). Bedeutung hat dies etwa in Fällen, in denen Gläubiger den notleidenden Schuldner zur Einräumung weiterer Sicherheiten drängen.

20 IV. Die **objektive Strafbarkeitsbedingung** nach § 283 VI muss eingetreten sein (Abs. 3).

21 V. **Konkurrenzen**: § 283 c ist als Privilegierung lex specialis gegenüber § 283 I Nr. 1 (BGHSt 8, 55 [56]; 35, 357 [359]). Tateinheit kommt dagegen in Betracht, wenn die Leistung nicht nur inkongruent ist, sondern auch im Wertumfang über das hinausgeht, was der Gläubiger zu beanspruchen hat (BGH NJW 1969, 1494 [1495]). – Mehrere Begünstigungshandlungen werden durch den Eintritt der objektiven Strafbarkeitsbedingung nicht zu einer Einheit verbunden; es gelten vielmehr die allgemeinen Konkurrenzregeln.

§ 283 d Schuldnerbegünstigung

(1) Mit Freiheitsstrafe bis zu fünf Jahren oder mit Geldstrafe wird bestraft, wer
1. in Kenntnis der einem anderen drohenden Zahlungsunfähigkeit oder
2. nach Zahlungseinstellung, in einem Insolvenzverfahren oder in einem Verfahren zur Herbeiführung der Entscheidung über die Eröffnung des Insolvenzverfahrens eines anderen

Bestandteile des Vermögens eines anderen, die im Falle der Eröffnung des Insolvenzverfahrens zur Insolvenzmasse gehören, mit dessen Einwilligung oder zu dessen Gunsten beiseite schafft oder verheimlicht oder in einer den Anforderungen einer ordnungsgemäßen Wirtschaft widersprechenden Weise zerstört, beschädigt oder unbrauchbar macht.

(2) Der Versuch ist strafbar.

(3) ¹In besonders schweren Fällen ist die Strafe Freiheitsstrafe von sechs Monaten bis zu zehn Jahren. ²Ein besonders schwerer Fall liegt in der Regel vor, wenn der Täter
1. aus Gewinnsucht handelt oder
2. wissentlich viele Personen in die Gefahr des Verlustes ihrer dem anderen anvertrauten Vermögenswerte oder in wirtschaftliche Not bringt.

(4) Die Tat ist nur dann strafbar, wenn der andere seine Zahlungen eingestellt hat oder über sein Vermögen das Insolvenzverfahren eröffnet oder der Eröffnungsantrag mangels Masse abgewiesen worden ist.

I. Die Vorschrift dehnt die Strafbarkeit der Insolvenzdelikte zum **Schutz** der **Vermögensinteressen der Gläubiger** auf Täter aus, die selbst nicht Schuldner sind, aber mit dessen Einwilligung oder zu dessen Gunsten die Insolvenzmasse mindern. § 283 d ist im Gegensatz zu den anderen Insolvenzstraftaten daher kein Sonderdelikt. **Täter** kann auch ein Gläubiger (BGHSt 35, 357 [358]) oder der Insolvenzverwalter sein, dagegen keine dem Schuldner gem. § 14 gleichgestellte Person. 1

Da ein Außenstehender nicht die gleiche Verantwortung für die Befriedigung der Gläubiger trägt wie der Schuldner selbst, sind die Strafbarkeitsvoraussetzungen in § 283 d teils enger gefasst als in § 283 (hierzu BT-Drucks. 7/3441, 39). Übereinstimmung besteht aber hinsichtlich Handlungsumschreibung, Versuchsstrafbarkeit (**Abs. 2**) und objektiver Strafbarkeitsbedingung (**Abs. 4**, vgl § 283 Rn 52 ff). Die Regelbeispiele (**Abs. 3**) entsprechen denjenigen des § 283 a. 2

II. Der Tatbestand deckt sich hinsichtlich **Tathandlung und Tatobjekt** mit § 283 I Nr. 1 (vgl dort Rn 9 ff). Eine nur ungleichmäßige Verschiebung der Insolvenzmasse zum Vorteil eines und zum Nachteil der übrigen Gläubiger iSv § 283 c reicht nicht aus. Sonst ergäbe sich der Wertungswiderspruch, dass ein Außenstehender schärfer zu bestrafen wäre als der seiner Gläubiger begünstigende Schuldner selbst (BGHSt 35, 357 [358 ff]; *Vormbaum* GA 1981, 101 [129 ff]; aA SK-*Hoyer* Rn 8 f). 3

Einwilligung – iSe objektiven Tatbestandsmerkmals (unstr.) – ist die vorherige Zustimmung; Genehmigung genügt nicht. Die Einwilligung kann konkludent erteilt werden; sie entfällt bei einem Widerruf vor der Tat (zu den Wirksamkeitsvoraussetzungen vgl Vor § 13 Rn 168 ff). Nicht erfasst wird der Fall, dass der Täter im Einvernehmen mit dem Schuldner Vermögensbestandteile beiseite 4 schafft, die er zugleich als inkongruente Deckung seiner eigenen Forderung annimmt; hier ist ausschließlich § 283 c mit der Folge der Straflosigkeit dieses Gläubigers/Täters einschlägig, wenn nicht die Teilnahmevorschriften eingreifen (§ 283 c Rn 19; BGHSt 35, 357 [358 ff]).

5 **Zugunsten des Schuldners** – iSe subjektiven Tatbestandsmerkmals – handelt der Täter, wenn er die Absicht (zielgerichtetes Wollen) hat, dem Schuldner auf Kosten der Gläubigergesamtheit einen Vermögensvorteil zukommen zu lassen oder zu erhalten (S/S/W-*Bosch* Rn 2). Der Vorteil muss nicht wirtschaftlicher Natur sein. Unerheblich ist, ob der Täter daneben auch im eigenen Interesse oder in dem eines Dritten handelt (BGH bei *Herlan* GA 1967, 265). In dieser Variante braucht der Schuldner um das Handeln des Täters nicht zu wissen.

6 **III.** Die Tat muss zu einem Zeitpunkt vorgenommen werden, in dem sich der Schuldner in einer **wirtschaftlichen Krise** befindet. Nach **Abs. 1 Nr. 1** ist dies der Fall, wenn Zahlungsunfähigkeit des anderen (objektiv) droht (§ 283 Rn 8) oder bereits eingetreten ist (§ 283 Rn 7); Überschuldung – wie bei § 283 I – reicht nicht aus. Nach **Abs. 1 Nr. 2** ist eine Krise ferner nach Zahlungseinstellung oder Einleitung bzw Eröffnung des Insolvenzverfahrens bis zu dessen Einstellung gegeben (§ 283 Rn 53 f).

7 **IV.** Der **subjektive Tatbestand** erfordert grds. (zumindest bedingten) Vorsatz. Für den Fall einer Vornahme der Handlung unter den in Abs. 1 Nr. 1 genannten Voraussetzungen muss der Täter (sichere) Kenntnis (dolus directus) von der wenigstens drohenden Zahlungsunfähigkeit haben.

8 **V.** Für die **Beteiligung** gelten die allgemeinen Regeln. Sofern die Begünstigungsabsicht als besonderes persönliches Merkmal angesehen wird (so LK-*Tiedemann* Rn 23), ist die Strafe bei einem Teilnehmer, der dieses Merkmal (bei ansonsten fehlender oder ihm nicht bekannter Einwilligung) nicht erfüllt, nach § 28 I zu mildern. – Der Schuldner ist kein notwendiger Teilnehmer und kann Anstifter oder Gehilfe sein (*Fischer* Rn 2, 9). Teilnahme an § 283 d tritt hinter Täterschaft nach § 283 I Nr. 1 zurück. – Bei mittäterschaftlichem Zusammenwirken von Schuldner und Täter ist ersterer nach § 283 I Nr. 1, Letzterer nach § 283 d zu bestrafen.

9 **VI. Konkurrenzen**: § 283 d verdrängt eine zugleich begangene Teilnahmehandlung zu § 283 I Nr. 1 (materielle Subsidiarität).

Fünfundzwanzigster Abschnitt Strafbarer Eigennutz

Vorbemerkung zu den §§ 284–287

1 **I.** Die Vorschriften der §§ 284–287 tragen der Sache nach den Charakter von Delikten gegen die organisierte Kriminalität, was die Nivellierung von typischen Beihilfehandlungen zu täterschaftlicher Begehungsform (etwa „Bereitstellen" von Räumen [§ 284 I], Werbung [§§ 284 IV, 287 II] sowie Beteiligung am Glücksspiel [§ 285] als selbstständige Tathandlungen) sowie die Inkriminierung von Handlungen im Vorfeld eigentlicher Rechtsgutsverletzungen erkennen lassen.

2 **II.** Das Schutzgut der §§ 284 ff ist umstritten (vgl *Brandl*, Spielleidenschaft und Strafrecht, 2003, 16 ff; *Kinzig* Frisch-FS 1003 [1014 ff]). Gelegentlich findet sich die Aussage, es sei hinter diesem Normkomplex kein „legitimes Gut" auszumachen, es handle sich nur um die Pönalisierung von bloßem Verwaltungsunrecht

(so *Arzt/Weber/Heinrich/Hilgendorf* § 24/38 mit dem Vorschlag, die Vorschriften als Bußgeldtatbestände dem Ordnungswidrigkeitenrecht zu unterstellen; zur früher vertretenen Auffassung etwa von *Schmidt* ZStW 41, 609 ff, es würde die **öffentliche Sittlichkeit** geschützt, eingehend NK-*Wohlers/Gaede* § 284 Rn 3). Überwiegend wird jedoch von einem legitimen Rechtsgüterschutz ausgegangen, wobei folgende Güter genannt werden:

1. Das **Vermögen** der Teilnehmer am Glücksspiel (vgl *Joecks* § 284 Rn 1; *Meurer/Bergmann* JuS 1983, 668 [671]; ähnlich RGSt 65, 194 [195]: „Der Sinn und Zweck des Gesetzes ist, die wirtschaftliche Ausbeutung der natürlichen Spielleidenschaft des Publikums unter obrigkeitliche Kontrolle und Zügelung zu nehmen"; in diesem Sinne auch BGHSt 11, 209 [210]; S/S/W-*Rosenau* § 284 Rn 2). Dieser Ansatz vermag jedoch die Straflosigkeit der vermögensvernichtenden konzessionierten Veranstaltung eines Glücksspiels nicht zu erklären (vgl NK-*Wohlers/Gaede* 284 Rn 4). Schwer zu begründen ist auch die selbstständige Strafbarkeit der Teilnahme am unerlaubten Glücksspiel, obgleich es sich hier nur um ein Verhalten im Vorfeld einer – grds. straflosen – vermögensbezogenen Selbstschädigung handelt (zu einem Erklärungsversuch *Mitsch* BT II, Teilbd. 2, 1. Aufl. 2001, § 5/164).

2. Mitunter wird in den Vermögensschutz noch die Vermeidung der **sozialen Folgen** eines spielbedingten Vermögensverlusts für Familien und die Sozialgemeinschaft einbezogen (vgl *Lampe* JuS 1994, 737 [741]). Das mag zurzeit der Schaffung der Vorläufer dieser Vorschriften – massenhafte Verbreitung des Glücksspiels unmittelbar nach dem 1. Weltkrieg infolge der damaligen wirtschaftlichen Notlage – eine beachtliche Plausibilität besessen haben, erscheint aber jedenfalls heute wenig überzeugend.

3. Teils wird die Vermögensschutzthese dahin gehend modifiziert, es gehe um den Schutz des spielerischen Vermögens vor möglicherweise **unlauterer Beeinflussung durch Manipulationen** (vgl NK-*Wohlers/Gaede* § 284 Rn 4 f: „Schaffung einer für den einzelnen Spieler nicht mehr beherrschbaren Gefahrensituation"; BVerfGE 28, 119 [148] – wo es noch zusätzlich heißt „die Gewinne aus dem Spielbankbetrieb sollen nicht illegal in die Taschen von Privatleuten fließen, sondern zum wesentlichen Teil für gemeinnützige Zwecke abgeschöpft werden", hierzu *Fruhmann* MDR 1993, 822 [825 f]; M-*Schroeder/Maiwald* I § 44/3: „corriger la fortune"; *Heine* Amelung-FS 413 [420 ff]). Ein derartiges vermögensbezogenes abstraktes Täuschungsdelikt lässt sich jedoch nicht reibungslos in die herkömmliche Systematisierung der Vermögensdelikte einbringen: Die entgangene Möglichkeit des Gewinns selbst stellt als bloße Chance nach allgemeinen Regeln keinen Vermögenswert dar (vgl § 263 Rn 131). Ferner wäre darzulegen, warum zum Schutz des eingesetzten Vermögens die Strafbarkeit nach § 263 StGB nicht ausreicht. Schließlich wäre nach dieser Lehre § 284 IV ein doppeltes Vorfeld-Delikt (krit. zu dieser Tatvariante auch *Wrage* ZRP 1998, 426 ff).

4. Es werden auch fiskalische Interessen des Staates als allein ausschlaggebend angesehen (AnwK-*Putzke* § 284 Rn 2).

III. Die Regelungen des Kernstrafrechts können nicht isoliert betrachtet werden. Vielmehr unterliegt das Glücksspielrecht verschiedensten Normen, die auch für die strafrechtliche Bewertung relevant sind (vgl behördliche Erlaubnis). So sind neben der aktuell gültigen GlüStV 2012 (dazu *Heeg/Levermann* MMR 2012, 726; *Pagenkopf* NJW 2012, 2918), den Normen der GewO (welche die §§ 284 ff. StGB beim Betreiben von Geldspielautomaten nach hM verdrängen) und weiteren bundes- und landesgesetzlichen Regelungen, auch verfassungsrechtliche und sogar europarechtliche Vorgaben mit zu bedenken (NK-*Wohlers/Gaede* § 284 Rn 21 f).

8 IV. Daten zum Glücksspielmarkt sowie Kriminalstatistiken finden sich bei *Kinzig* Frisch-FS 1003 (1005 ff, 1018 ff).

§ 284 Unerlaubte Veranstaltung eines Glücksspiels

(1) Wer ohne behördliche Erlaubnis öffentlich ein Glücksspiel veranstaltet oder hält oder die Einrichtungen hierzu bereitstellt, wird mit Freiheitsstrafe bis zu zwei Jahren oder mit Geldstrafe bestraft.

(2) Als öffentlich veranstaltet gelten auch Glücksspiele in Vereinen oder geschlossenen Gesellschaften, in denen Glücksspiele gewohnheitsmäßig veranstaltet werden.

(3) Wer in den Fällen des Absatzes 1
1. gewerbsmäßig oder
2. als Mitglied einer Bande handelt, die sich zur fortgesetzten Begehung solcher Taten verbunden hat,

wird mit Freiheitsstrafe von drei Monaten bis zu fünf Jahren bestraft.

(4) Wer für ein öffentliches Glücksspiel (Absätze 1 und 2) wirbt, wird mit Freiheitsstrafe bis zu einem Jahr oder mit Geldstrafe bestraft.

1 I. Von einem **Glücksspiel** ist auszugehen, wenn die Beteiligten zur Unterhaltung oder aus Gewinnstreben über den Gewinn oder Verlust eines nicht ganz unbeträchtlichen Vermögenswertes ein ungewisses Ereignis entscheiden lassen, dessen Eintritt nicht wesentlich von Aufmerksamkeiten, Fähigkeiten und Kenntnissen der Spieler, sondern allein oder hauptsächlich vom Zufall abhängt (BGH NStZ 2003, 372 [373]; vgl auch § 3 I GlüStV 2012). Als Maßstab der Fähigkeiten dient ein gedachter Durchschnittsspieler (*Hofmann/Mosbacher* NStZ 2006, 249 [251]; NK-*Wohlers/Gaede* Rn 9). Ein Einsatz ist ab wenigstens 5 Euro nicht mehr als unwesentlich anzusehen (näher NK-*Wohlers/Gaede* Rn 12 f). Aus dem Anwendungsbereich des Begriffs fallen regelmäßig: zufallsorientierte Verträge wie Versicherungsverträge (M-*Schroeder/Maiwald* I § 44/5), Unterhaltungsspiele (kein oder nur unerheblicher Gewinn möglich; MK-*Hohmann* Rn 10; L-Kühl-*Heger* Rn 7), Wetten (diese dienen nach RGSt 6, 421 [425] weniger der Unterhaltung und dem Gewinn als der Austragung eines ernsthaften Meinungsstreits). Allerdings werden Sportwetten wegen des offenen Ausgangs als Glücksspiele angesehen (BVerwG GewArch 2001, 334; *Fischer* Rn 10 mwN; abw. LG Bochum NStZ-RR 2002, 170 m. zust. Anm. *Odenthal* NStZ 2002, 482 ff; zu den sog. „Oddset-Wetten" BGH NStZ 2003, 372 [373] m.Anm. *Beckemper* NStZ 2004, 39 ff; BayObLG NJW 2004, 1057; krit. *Horn* NJW 2004, 2047 ff; zu Finanzanlageprodukten mit Sportbezug *Hofmann/Mosbacher* NStZ 2006, 249 ff). Die Einordnung von Geldspielautomaten ist wegen des feststehenden Gewinn- und Verlustverhältnisses umstritten (zum Meinungsstand *Kinzig* Frisch-FS 1003 [1016 ff]). Sog. Kettenbriefaktionen sind nach der Rspr mangels Gewinneinsatzes keine Glücksspiele (BGHSt 34, 171, [175 ff]; dazu *Lampe* JR 1987, 383 ff). Auch sog. Hütchenspiele gehören nicht hierher, wenn für einen Durchschnittsspieler die Möglichkeit besteht, das Ergebnis durch Geschicklichkeit zu beein-

flussen (BGHSt 36, 74 [78 ff]; LK-*Krehl* Rn 9 f; bei vorgespiegelter Einflussmöglichkeit ist Betrug gegeben, vgl LG Frankfurt NJW 1993, 945 [946]; L-Kühl-*Heger* Rn 5 mwN). Zur Strafbarkeit des Online-Pokers vgl *Duesberg* JA 2008, 270 ff, zum Glücksspiel im Internet *Volk*, Glücksspiel im Internet, 2006, 107 ff sowie *Langer* CR 2013, 237 ff.

Öffentlich ist ein Glücksspiel, wenn die Teilnahme nach außen erkennbar beliebigen Personen offen steht und nicht einem geschlossenen Personenkreis vorbehalten bleibt, der durch konkrete außerhalb des Spielzwecks liegende Interessen verbunden ist (vgl NK-*Wohlers/Gaede* Rn 15; zu privaten Sportwetten *Petropoulos* wistra 2006, 332 [334]). Die Erhebung einer Eintrittsgebühr steht der Öffentlichkeit nicht entgegen, ebenso wenig die Beschränkung der Spielerzahl oder die Zurückweisung Einzelner. Eine Erweiterung des Begriffs der Öffentlichkeit findet durch **Abs. 2** statt; hier soll hinreichen, dass die einzelnen Teilnehmer der Gruppe aufgrund eines durch Übung ausgebildeten Hanges zum Glücksspiel zusammenkommen (so L-Kühl-*Heger* Rn 10; aA S/S-*Heine/Hecker* Rn 13). 2

Das Fehlen der **behördlichen Erlaubnis** ist Tatbestandsmerkmal (*Fischer* Rn 13; NK-*Wohlers/Gaede* Rn 21) und stellt eine Akzessorietät zum Verwaltungsrecht her. Entscheidend ist die formelle Wirksamkeit (MK-*Hohmann* Rn 17; SK-*Hoyer* Rn 27; NK-*Wohlers/Gaede* Rn 21; aA *Otto* BT § 55/9, der auf die Bestandskraft abstellt; näher zu den Rechtsgrundlagen der Erlaubnis *Horn* NJW 2005, 1047 ff; eine britische Genehmigung soll nicht ausreichen, AG München, Urteil v. 26.9.2014 – 1115 Cs 254 Js 176411/13). 3

II. Tathandlung ist zum einen das **Veranstalten**, zu dem bereits das Bieten der Gelegenheit zur Beteiligung gezählt wird (S/S-*Heine/Hecker* Rn 15). Hiernach muss noch nicht einmal gespielt worden sein. Auch ist nicht erforderlich, dass der Täter mit eigenen finanziellen Interessen im Ergebnis des Spielbetriebs tätig wird (BGH NStZ 2003, 372 [373]). Das **Halten** eines Glücksspiels wird teils bejaht, wenn jemand die spieltypischen organisatorischen Voraussetzungen für ein Spiel zur Verfügung stellt (vgl *Fischer* Rn 18). Nach anderer Ansicht handelt es sich um eine qualifizierte Form der Beteiligung an einem Glücksspiel; verlangt werden Spielleitung oder Überwachung des Spiels (NK-*Wohlers/Gaede* Rn 19). Umstritten ist, ob der Beginn des Spieles notwendig zur Bejahung dieser Tatvariante ist (bej. MK-*Hohmann* Rn 25; SK-*Hoyer* Rn 25; verneinend L-Kühl-*Heger* Rn 11 bzgl Veranstalten), des Weiteren, ob beim Halten durch eine juristische Person § 14 Anwendung findet (vgl S/S-*Heine/Hecker* Rn 18). Mit dem **Bereitstellen** wird das Zugänglichmachen der Spieleinrichtungen (zB Würfel, Roulettetisch; nach hM auch Stühle, einfache Tische usw, vgl L-Kühl-*Heger* Rn 11 mwN; aA *Lampe* JuS 1994, 737 [740]) erfasst. 4

III. Der **subjektive Tatbestand** erfordert (zumindest bedingten) Vorsatz. Ein Irrtum über die Erlaubnis führt zum Vorsatzausschluss (§ 16 I). 5

Nach OLG Stuttgart (NJW 2006, 2422 ff) befindet sich der Betreiber eines in Deutschland ansässigen Wettbüros, der über das Internet Sportwetten seiner Kunden ohne behördliche Genehmigung bei einem in Österreich konzessionierten Sportwettenveranstalter platziert, in einem unvermeidbaren Verbotsirrtum, wenn er vom zuständigen Sachbearbeiter sowie einem kompetenten Rechtsanwalt die Auskunft erhalten hat, sein Verhalten sei nicht verboten (vgl auch KG bei *Jahn* JuS 2012, 79 ff). Dies gelte jedenfalls für die Zeit vor dem Urteil des BVerfG (NJW 2006, 1261).

6   IV. Abs. 3 normiert eine **Qualifikation** für den Fall, dass der Täter gewerbsmäßig (§ 243 Rn 24) oder als Mitglied einer Bande mit entsprechender Zielsetzung (§ 244 Rn 29 ff) handelt.

7   V. Zum **Werben** (**Abs. 4**) gehören Verhaltensweisen im Vorfeld der Tätigkeiten nach Abs. 1, die das Ziel haben, Teilnehmer für Glücksspiele zu gewinnen, zB durch Anpreisungen und Gewinnversprechungen (L-Kühl-*Heger* Rn 15 mwN; zur Abgrenzung von der Beihilfe zu Abs. 1: *Fischer* Rn 24). Ziel der Vorschrift ist es vor allem, im Inland werbende Aktivitäten für ausländische Spielunternehmen zu erfassen (NK-*Wohlers/Gaede* Rn 25 mwN).

8   VI. Zur Verfassungsmäßigkeit des staatlichen Wettmonopols vgl BVerfG, NJW 2006, 1261 ff.

§ 285 Beteiligung am unerlaubten Glücksspiel

Wer sich an einem öffentlichen Glücksspiel (§ 284) beteiligt, wird mit Freiheitsstrafe bis zu sechs Monaten oder mit Geldstrafe bis zu einhundertachtzig Tagessätzen bestraft.

1   Die Vorschrift untersagt die Beteiligung an einem öffentlichen Glücksspiel (§ 284 Rn 1 ff). Beteiligung in diesem Sinne ist die Teilhabe als Spieler an Gewinn und Verlust durch die nach den Spielregeln notwendigen Betätigungen (L-Kühl-*Heger* Rn 1). § 25 I Alt. 2 und II finden Anwendung. Für verdeckte Ermittler wird teilweise vertreten, deren Beteiligung sei straflos, da sie staatliche Kontrollinteressen nicht beeinträchtige (*Hund* NStZ 1993, 571 [572]; L-Kühl-*Heger* Rn 1; aA MK-*Hohmann* Rn 10; NK-*Wohlers/Gaede* Rn 5).

2   Die bloße Ermöglichung des Spiels durch andere (etwa durch Geldhingabe), stellt grds. eine Beihilfehandlung dar (NK-*Wohlers/Gaede* Rn 4). Hinsichtlich des Bereitstellens von Räumen und Mobiliar durch Gastwirte ist freilich § 284 I Alt. 3 vorrangig zu beachten.

§ 286 Vermögensstrafe, Erweiterter Verfall und Einziehung

(1) ¹In den Fällen des § 284 Abs. 3 Nr. 2 sind die §§ 43 a, 73 d anzuwenden. ²§ 73 d ist auch in den Fällen des § 284 Abs. 3 Nr. 1 anzuwenden.

(2) ¹In den Fällen der §§ 284 und 285 werden die Spieleinrichtungen und das auf dem Spieltisch oder in der Bank vorgefundene Geld eingezogen, wenn sie dem Täter oder Teilnehmer zur Zeit der Entscheidung gehören. ²Andernfalls können die Gegenstände eingezogen werden; § 74 a ist anzuwenden.

§ 287 Unerlaubte Veranstaltung einer Lotterie oder einer Ausspielung

(1) Wer ohne behördliche Erlaubnis öffentliche Lotterien oder Ausspielungen beweglicher oder unbeweglicher Sachen veranstaltet, namentlich den Abschluß von Spielverträgen für eine öffentliche Lotterie oder Ausspielung anbietet oder auf

den Abschluß solcher Spielverträge gerichtete Angebote annimmt, wird mit Freiheitsstrafe bis zu zwei Jahren oder mit Geldstrafe bestraft.

(2) Wer für öffentliche Lotterien oder Ausspielungen (Absatz 1) wirbt, wird mit Freiheitsstrafe bis zu einem Jahr oder mit Geldstrafe bestraft.

I. **Lotterien** und **Ausspielungen** sind Sonderformen des öffentlichen Glücksspiels 1 iSv § 284 (*Fischer* Rn 2; vgl auch *Rüping* JZ 2005, 234). Der Organisator eröffnet hierbei einem größeren Personenkreis die Möglichkeit, nach einem bestimmten Plan und gegen bestimmten Einsatz ein vom Zufall abhängiges Recht auf Gewinn zu erwerben (NK-*Wohlers/Gaede* Rn 2). Beide Formen unterscheiden sich untereinander dadurch, dass es bei der Lotterie um Geldgewinne, bei der Ausspielung um sonstige Gewinne (Reise, Kuraufenthalt) geht (zu den regelmäßig nicht nach § 287 strafbaren Spielgemeinschaften und zur „progressiven Kundenwerbung" vgl S/S-*Heine* Rn 8). Ob gewerbliche Spielvermittler von der Vorschrift erfasst werden, ist umstritten (vgl *Lüderssen* NStZ 2007, 15 [16]).

Öffentlichkeit ist gegeben, wenn die Veranstaltung grds. jedermann zugänglich 2 gemacht ist (SK-*Hoyer* Rn 7). Das Fehlen der **behördlichen Erlaubnis** ist vorsatzrelevantes Tatbestandsmerkmal (§ 284 Rn 3).

II. Tathandlung nach Abs. 1 ist das **Veranstalten** (§ 284 Rn 4). Insoweit reicht die 3 Eröffnung der Möglichkeit einer Beteiligung (NK-*Wohlers/Gaede* Rn 9 f). Ansonsten haben die beschriebenen Tathandlungen Beispielscharakter. Ausländische Veranstalter sind strafbar, wenn die Beteiligung im Inland ermöglicht wird (vgl S/S-*Heine/Hecker* Rn 13 iVm § 284 Rn 35). Abs. 2 erfasst das **Werben** (§ 284 Rn 7) für die Veranstaltung.

III. Die **Teilnahme** an der Lotterie bzw Ausspielung ist nicht nach § 285 strafbar; 4 auch §§ 287, 27 sollen nicht eingreifen (BGHSt 34, 171 [179]).

IV. § 287 ist **lex specialis** gegenüber § 284. 5

§ 288 Vereiteln der Zwangsvollstreckung

(1) Wer bei einer ihm drohenden Zwangsvollstreckung in der Absicht, die Befriedigung des Gläubigers zu vereiteln, Bestandteile seines Vermögens veräußert oder beiseite schafft, wird mit Freiheitsstrafe bis zu zwei Jahren oder mit Geldstrafe bestraft.

(2) Die Tat wird nur auf Antrag verfolgt.

I. Allgemeines

1. Die Vorschrift bezweckt die Sicherung eines materiellen Rechts des Gläubigers 1 auf Befriedigung aus dem Schuldnervermögen (BGHSt 16, 330 [334]; BGH NJW 1991, 2420; *Geppert* Jura 1987, 427, jew. mwN; abw. LK-*Schünemann* Rn 2 ff: unter Berücksichtigung der Rechtskraft). Erfasst wird nur die **Einzelvollstreckung** (auch bei ausländischem Titel; zur Gesamtvollstreckung vgl §§ 283 ff). Der Vereitelungserfolg braucht nicht einzutreten; ein Handeln in Vereitelungsabsicht reicht aus.

2. Die Tat ist **echtes Sonderdelikt**; **Täter** kann nur sein, wem die **Zwangsvollstre-** 2 **ckung** selbst droht, weil er für die betreffende Verbindlichkeit haftet; es muss nicht der persönliche Schuldner sein. Täter können auch für den Schuldner nach § 14 handelnde Personen sein (S/S/W-*Kudlich* Rn 4; MK-*Maier* Rn 44). Die Schuldnereigenschaft ist nach hM kein besonderes persönliches Merkmal iSv § 28 I (*Mitsch* 16.3.3; LK-*Roxin*, 11. Aufl., § 28 Rn 56; aA *Herzberg* GA 1991, 145 [181]). Das täterschaftliche Handeln eines Dritten ist nicht tatbestandsmäßig, so dass auch eine Anstiftung hierzu durch den (abwesenden) Schuldner selbst mangels Haupttat nicht strafbar ist (vgl auch *Geppert* Jura 1987, 427 [430 f]; *Mitsch* 16.3.2; speziell mit Blick auf die Strafbarkeit von Rechtsberatern auch *Kühn* NJW 2009, 3610 ff; für mittelbare Täterschaft: LK-*Schünemann* Rn 41; zum Beiseiteschaffen eines Grundstücks in der Zwangsversteigerung durch einen Nichtschuldner *Dehne-Niemann* NZWiSt 2015, 366 ff); eine Tatbestandsverwirklichung des Schuldners durch Unterlassen (des Eingreifens gegen das Handeln des Dritten) scheidet mangels Garantenstellung gegenüber dem Gläubiger regelmäßig aus.

II. Tatbestand

3   Den Tatbestand verwirklicht, wer bei einer ihm drohenden Zwangsvollstreckung Bestandteile seines Vermögens in dem Wissen veräußert oder beiseite schafft, dass er hierdurch die Befriedigung des Gläubigers vereitelt.

4   **1.** Die **Zwangsvollstreckung droht**, wenn sich aus den konkreten Umständen die Absicht des Gläubigers erschließen lässt, alsbald die Zwangsvollstreckung (durch staatliche Vollstreckungsorgane, nicht durch Selbsthilfe) zu betreiben (BGH NJW 1991, 2420; *Gössel* II § 28/73; *Mitsch* 16.2.1.3; *Rengier* I § 27/8). Klage braucht noch nicht erhoben zu sein; dringende (und wiederholte) Mahnungen reichen aus (BGH bei *Holtz* MDR 1977, 637 [638]; vgl W-*Hillenkamp* Rn 476 f). Sofern der Gläubiger einen Vollstreckungstitel erwirkt hat, ist regelmäßig von einer drohenden Zwangsvollstreckung auszugehen. Auch nach Beginn droht die Zwangsvollstreckung, sofern noch Vollstreckungsmaßnahmen – zB Versteigerung einer gepfändeten Sache – zu erwarten sind (vgl RGSt 35, 62; LK-*Schünemann* Rn 18 mwN).

5   Der zu vollstreckende **Anspruch** muss im maßgeblichen Zeitpunkt bereits entstanden und durchsetzbar sein (BGH NJW 1991, 2420; S/S-*Heine/Hecker* Rn 7; KHH/*Hellmann* BT II Rn 413; *Otto* BT § 50/14); der Anspruch muss allerdings noch nicht fällig sein und kann auch unter einer aufschiebenden Bedingung stehen. Die materielle Begründetheit des Anspruchs ist vom Strafrichter – ohne Bindung an ein ggf bejahendes Zivilurteil – selbstständig zu prüfen (BayObLGSt 1952, 224).

6   Erfasst werden nur **vermögensrechtliche Ansprüche** (zivil- oder öffentlich-rechtlicher Art, obligatorisch oder dinglich), aber keine Ansprüche aus Vermögenssanktionen (Geldstrafe, Geldbuße, Einziehung usw), weil sie staatliche Zwangsgewalt sind und nicht der Durchsetzung eines materiellen Befriedigungsrechts dienen (LG Bielefeld NStZ 1992, 284; L-*Kühl-Heger* Rn 2; LK-*Schünemann* Rn 13).

7   **2.** Das **Tatobjekt** muss zum Schuldnervermögen gehören. Als **Vermögensbestandteile** kommen (bei Geldforderungen) alle (beweglichen und unbeweglichen) Gegenstände und Forderungen in Betracht, die der Zwangsvollstreckung unterliegen (vgl § 283 Rn 10). Besitz kann genügen, zB bei Herausgabeansprüchen des Vorbehaltsverkäufers wegen Geldforderungen bezüglich seiner eigenen Sache (BGHSt 16, 330; BGH GA 1965, 309). Dagegen scheiden unpfändbare Gegenstände aus (RGSt 71, 216 [218]; *Mitsch* 16.2.1.5), ferner Forderungen, die dem

Schuldner nur zur Inkassozession übertragen wurden (RGSt 72, 252). Auch Vermögensgegenstände, an denen einem Dritten ein die Veräußerung hinderndes Recht (§ 771 ZPO) zusteht, kommen nicht in Betracht (LK-*Schünemann* Rn 25).

3. **Veräußern** iSd Tatbestands ist jede **rechtsgeschäftliche Verfügung**, durch die ein Vermögensbestandteil ohne vollen Ausgleich (vgl §§ 803 ff ZPO) aus dem Vermögensbestand weggegeben wird, so dass der Gläubiger nicht mehr rechtmäßig auf ihn zugreifen kann oder seine Befriedigungsmöglichkeit verringert ist (RGSt 66, 130 [131]; *Haas* GA 1996, 117 [119]; S/S/W-*Kudlich* Rn 8). Der bloße Abschluss eines auf dingliche Übertragung gerichteten Verpflichtungsgeschäfts reicht nicht aus (*Mitsch* 16.2.1.6.3). Nicht tatbestandsmäßig sind Vermietungen uÄ sowie (bei der Vollstreckung von Geldforderungen) reelle Kaufverträge (BGH NJW 1953, 1152). Auch die **Befriedigung anderer Gläubiger** ist – mangels Schmälerung des Vermögensbestands – nur im Falle inkongruenter Deckung (§ 283 c Rn 13 ff) einschlägig (BayObLGSt 1952, 224; LG Münster wistra 2005, 349 [350]). 8

4. **Beiseiteschaffen** ist jedes (sonstige) Verhalten, das den Zugriff des Gläubigers auf die Vermögensbestandteile unmöglich macht oder erheblich erschwert (§ 283 Rn 11), zB durch räumliches Entfernen, Verbergen (BGH GA 1965, 309 [310]), Zerstören (RGSt 19, 25 [26]; aA *Eisele* BT II Rn 1003; *Mitsch* 16.2.1.6.2) oder Einziehen einer Forderung vor Fälligkeit (MK-*Maier* Rn 30; *Otto* BT § 50/19; aA *Haas* wistra 1989, 259 f). Bloßes Beschädigen reicht nach hM nicht aus (S/S-*Heine/Hecker* Rn 14; LK-*Schünemann* Rn 32; aA *Otto* BT § 50/19). Voraussetzung ist ferner, dass überhaupt eine Vollstreckungsmöglichkeit gegeben war (vgl LG Gießen NJW 2004, 1967 [1978]). 9

5. Der **subjektive Tatbestand** erfordert (zumindest bedingten) Vorsatz. Zudem muss der Täter in der Absicht handeln, die Befriedigung des Gläubigers – zumindest zeitweise – zu vereiteln. Für die entsprechende **Absicht** genügt nach hM direkter Vorsatz iS sicherer Kenntnis (S/S-*Heine/Hecker* Rn 17; *Mitsch* 16.2.2.2; LK-*Schünemann* Rn 37). Hieran fehlt es, wenn der Täter lediglich eine bestimmte Vollstreckungsmaßnahme verhindern will oder (bei Geldforderungen) nur einen Vermögensgegenstand entfernt, sofern nach seiner Einschätzung genügend anderes Vermögen vorhanden ist (vgl BayObLGSt 1952, 224 [225]). Dagegen ist das Vereiteln eines Individualanspruchs auch dann tatbestandsmäßig, wenn Vermögen zur Befriedigung eines Schadensersatzanspruchs verfügbar ist, da der Schuldner kein Recht hat, den Gläubiger auf einen Schadensersatzanspruch zu verweisen (*Otto* BT § 50/20; *Rengier* I § 27/14; LK-*Schünemann* Rn 38; aA L-Kühl-*Heger* Rn 6). 10

III. **Tateinheit** mit § 136 I besteht, wenn bereits gepfändete Sachen beiseite geschafft werden (LK-*Schünemann* Rn 45 mwN). 11

IV. **Strafantrag** ist erforderlich (Abs. 2). Antragsberechtigt ist der Gläubiger, dessen Vollstreckungsbemühen durch die Tat vereitelt werden sollte. 12

§ 289 Pfandkehr

(1) Wer seine eigene bewegliche Sache oder eine fremde bewegliche Sache zugunsten des Eigentümers derselben dem Nutznießer, Pfandgläubiger oder demjenigen, welchem an der Sache ein Gebrauchs- oder Zurückbehaltungsrecht zu-

steht, in rechtswidriger Absicht wegnimmt, wird mit Freiheitsstrafe bis zu drei Jahren oder mit Geldstrafe bestraft.

(2) Der Versuch ist strafbar.

(3) Die Tat wird nur auf Antrag verfolgt.

1 I. Die Vorschrift bezweckt den **Schutz** privater Sicherungs- und Gebrauchsrechte an beweglichen Sachen vor einer im Eigentümerinteresse vorgenommenen Vereitelung ihrer Ausübung (NK-*Wohlers/Gaede* Rn 1). Täter kann nur der Eigentümer oder ein zu dessen Gunsten handelnder Dritter sein. Der **Versuch** ist strafbar (Abs. 2). Zur Strafverfolgung ist ein **Antrag** erforderlich (Abs. 3); Verletzter ist derjenige, dessen Recht durch die Wegnahme beeinträchtigt ist.

2 II. **Tatobjekt** ist eine (eigene oder fremde) bewegliche Sache (§ 242 Rn 5 ff), an der ein (wirksames) Nutznießungs-, Pfand-, Gebrauchs- oder Zurückbehaltungsrecht besteht.

3 1. **Nutznießungsrechte** sind absolute Rechte zur Ziehung der Nutzungen (§ 100 BGB) einer beweglichen Sache. Sie können durch Gesetz, Vertrag oder Testament begründet sein. In Betracht kommen vor allem der Nießbrauch (§§ 1030 ff BGB) und das (nießbrauchsähnliche) Nutzungsrecht der Eltern am Kindesvermögen (§ 1649 II BGB).

4 2. **Pfandrechte** sind als vertragliche (§§ 1204 ff BGB) wie auch gesetzliche (§ 1257 BGB) gleichermaßen geschützt. Einschlägig sind namentlich die Pfandrechte des Vermieters (§ 562 BGB), Unternehmers (§ 647 BGB), Pächters (§§ 583, 585 BGB), Gastwirts (§ 704 BGB), Kommissionärs (§ 397 HGB), Spediteurs (§ 464 HGB) und des Lagerhalters (§ 475 b HGB). Gesetzliche Pfandrechte können zwar nicht an unpfändbaren Sachen begründet werden (§ 811 ZPO); eine zivilrechtlich zulässige vertragliche Begründung von Pfandrechten an solchen Sachen unterfällt jedoch dem Schutz des insoweit akzessorischen Strafrechts (S/S-*Heine/Hecker* Rn 6).

5 Auch **Pfändungspfandrechte** (§ 804 ZPO) sind erfasst (*Geppert* Jura 1987, 427 [432 f]; SK-*Hoyer* Rn 4; *Rengier* I § 28/8; aA *Hirsch* ZStW 82, 411 [426]; L-Kühl-*Heger* Rn 1). § 136 I trifft keine abschließende Regelung des Pfändungsschutzes; diese Vorschrift dient dem Schutz der öffentlich-rechtlichen Verstrickung und der Sicherung der staatlichen Verfügungsgewalt, während § 289 die Ausübung privater Rechte sichert. Durch das Wegnehmen der gepfändeten Sache wird die Befriedigung des Gläubigers aus ihr ungeachtet des Umstands vereitelt, dass der Staat bei der Pfändung die Verwertung besorgt.

6 3. In Betracht kommen ferner **Gebrauchsrechte** aller Art (dingliche und persönliche Rechte, gesetzliche oder vertragsgemäße, privatrechtliche oder öffentlich-rechtliche), zB Miete, Pacht und Leihe (§§ 535, 581, 598 BGB). Die **Anwartschaftsrechte** beim Kauf unter Eigentumsvorbehalt und bei der Sicherungsübereignung werden als Gebrauchsrechte behandelt (LK-*Schünemann* Rn 7).

7 4. Schließlich umfasst der Tatbestand **Zurückbehaltungsrechte** in jeder Form, mögen sie obligatorisch oder dinglich, gesetzlich oder vertraglich begründet sein. Einschlägig sind etwa die Rechte aus §§ 273, 972, 1000 BGB, §§ 369 ff HGB.

8 III. **Tathandlung** ist die Wegnahme. **Wegnahme** iSd Tatbestandes ist die Vereitelung der Ausübung des geschützten Rechts durch Entfernung der Sache aus dem räumlichen Zugriffsbereich des Berechtigten. Zum räumlichen Zugriffsbereich gehören alle Örtlichkeiten, auf die sich die Ausübung des betreffenden Rechts er-

streckt, zB die Wohnung, in die der Mieter seine Sachen einbringt. Keine Tathandlungen sind (sofortiges) Zerstören und Beschädigen (RGSt 15, 434 ff; *Laubenthal* JA 1990, 38 [40]; LK-*Schünemann* 17).

Im Unterschied zur Wegnahme nach § 242 ist hier kein Gewahrsamsbruch ieS erforderlich (BayObLG NJW 1981, 1745 [1746]; *Binding* I 318 f; *Fischer* Rn 4; LK-*Schünemann* Rn 14 ff; aA *Bohnert* JuS 1982, 256 [260]; NK-*Wohlers/Gaede* Rn 9 ff mwN), da die Vorschrift auch besitzlose Rechte (zB § 562 BGB) schützt. Dem Argument, der im Vergleich zu § 288 erhöhte Strafrahmen sei nur durch die Verletzung des Gläubigergewahrsams zu erklären, steht entgegen, dass der Gewahrsam als solcher kein Recht zum Besitz voraussetzt, seine Aufhebung also nicht notwendig zu einer Erhöhung des Unrechts führt (vgl § 242 Rn 25; 248 b Rn 11). Die jeweils normspezifische Auslegung des Wegnahmebegriffs in §§ 242 und 289 (vgl auch § 168) ergibt sich aus den unterschiedlichen Schutzrichtungen der beiden Vorschriften (näher *Kindhäuser* BT II § 10/9). 9

Das Wegschaffen gepfändeter Gegenstände (Rn 5), die der Gerichtsvollzieher gem. § 808 II ZPO im Gewahrsamsbereich des Schuldners belassen hat, ist dagegen nach vorherrschender Auffassung keine Wegnahme (*Fischer* Rn 4; W-*Hillenkamp* Rn 471; aA KHH/*Hellmann* BT II Rn 407; LK-*Schünemann* Rn 14). 10

IV. Die **Rechtswidrigkeit** (der Absicht) bezieht sich nach vorherrschender Ansicht auf die Wegnahme und ist (vorsatzrelevantes) Tatbestandsmerkmal (OLG Braunschweig NJW 1961, 1274; NK-*Wohlers/Gaede* Rn 13 f). Sie entfällt, wenn der Täter auch ohne Einverständnis des Rechtsinhabers zur Wegnahme berechtigt ist; bei einem Einverständnis fehlt es bereits an der Wegnahme. 11

V. Die **subjektive Tatseite** verlangt Vorsatz hinsichtlich der Merkmale des objektiven Tatbestands. Der Täter muss vom Bestehen eines Sicherungsrechts ausgehen und dessen institutionelle Bedeutung erfassen; die genaue juristische Subsumtion spielt keine Rolle (OLG Düsseldorf NJW 1989, 115 [116]; MK-*Maier* Rn 19). Die **Absicht**, mit welcher der Täter weiterhin handeln muss, erfordert das Wissen (iS direkten Vorsatzes), dass die Ausübung des geschützten Rechts durch die Wegnahme dem Berechtigten zumindest zeitweilig vereitelt wird (hM, vgl L-Kühl-*Heger* Rn 4; *Otto* BT § 50/10; *Rengier* I § 28/14; abw. SK-*Hoyer* Rn 13; NK-*Wohlers/Gaede* Rn 15: zielgerichteter Wille). 12

Sofern der Täter **nicht** selbst der **Eigentümer** (bzw Miteigentümer) ist, muss er die Sache zugunsten des Eigentümers wegnehmen (zur Entwendung von individualisiertem Leergut OLG Hamm NStZ 2008, 154 f). Dies kann auch um eigener Vorteile willen geschehen, so etwa, wenn er die Sache zwar zum eigenen Gebrauch, aber im Einverständnis mit dem Eigentümer wegnimmt (LK-*Schünemann* Rn 20; NK-*Wohlers/Gaede* Rn 2 mwN). Ein Handeln, das ausschließlich im eigenen Interesse liegt, scheidet jedoch aus. Von der Tatvariante wird der Fall umfasst, dass der Eigentümer eine juristische Person und der Täter ein für sie handelndes Organ ist; auf § 14 braucht hier nicht zurückgegriffen zu werden (MK-*Maier* Rn 24; NK-*Wohlers/Gaede* Rn 2). 13

VI. Mit § 136 I ist wegen des unterschiedlichen Schutzzwecks (Rn 5) **Tateinheit** möglich. Tateinheit kommt bei abgenötigtem Vorgehen auch mit §§ 253, 255 in Betracht, wenn für diese Vorschriften keine Vermögensverfügung verlangt wird. 14

§ 290 Unbefugter Gebrauch von Pfandsachen

Öffentliche Pfandleiher, welche die von ihnen in Pfand genommenen Gegenstände unbefugt in Gebrauch nehmen, werden mit Freiheitsstrafe bis zu einem Jahr oder mit Geldstrafe bestraft.

1 I. Die – in der Praxis bedeutungslose – Vorschrift schützt das Nutzungsrecht des Eigentümers (NK-*Wohlers/Gaede* Rn 1).

2 II. Tathandlung ist die unbefugte Ingebrauchnahme eines in Pfand genommenen Gegenstands durch einen öffentlichen Pfandleiher.

3 **1. Pfandleiher** ist der Betreiber eines Pfandleihgeschäfts. Dieses ist **öffentlich**, wenn der Geschäftsbetrieb offenkundig und allgemein zugänglich ist; eine behördliche Konzession ist nicht vorausgesetzt (RGSt 8, 269 [270]; NK-*Wohlers/Gaede* Rn 2). Private Pfandgläubiger werden vom Tatbestand nicht erfasst; insoweit ist der Eigentumsschutz auf § 1217 BGB beschränkt. Die Eigenschaft, öffentlicher Pfandleiher zu sein, ist nach hM kein besonderes persönliches Merkmal iSv § 28 I (LK-*Roxin*, 11. Aufl., § 28 Rn 68; NK-*Wohlers/Gaede* Rn 3; aA *Gössel* II § 18/129).

4 **2. Tatobjekt** ist eine in Pfand genommene bewegliche Sache. Das Pfandrecht braucht zivilrechtlich nicht wirksam entstanden zu sein (LK-*Schünemann* Rn 7; NK-*Wohlers/Gaede* Rn 4).

5 **3. Ingebrauchnahme** ist jede Nutzung des Pfandgegenstands, die über dessen bloße Verwahrung hinausgeht (BGHSt 11, 47 [48 f]; NK-*Wohlers/Gaede* Rn 5). Sie muss nicht in einer körperlichen Nutzung bestehen; in Betracht kommen auch rechtsgeschäftliche Handlungen wie zB eine Weiterverpfändung (RGSt 8, 269 [271 ff]). Im Falle einer Zueignung greift allerdings § 246 II ein, da die Gebrauchsanmaßung Fremdbesitzerwillen zugunsten des Eigentümers, die Zueignung aber eine Enteignung des Berechtigten verlangt (vgl RGSt 15, 147 f; NK-*Wohlers/Gaede* Rn 5).

6 **4.** Die Ingebrauchnahme ist **unbefugt**, wenn sie ohne Einwilligung des Verpfänders erfolgt (näher hierzu § 248 b Rn 9 ff). Die mangelnde Befugnis ist Tatbestandsmerkmal.

7 **5.** Für die subjektive Tatseite ist (zumindest bedingter) **Vorsatz** erforderlich (NK-*Wohlers/Gaede* Rn 8).

8 III. In Analogie zu der verwandten Vorschrift des § 248 b III ist die Tat nur auf **Antrag** verfolgbar (NK-*Wohlers/Gaede* Rn 11; aA MK-*Maier* Rn 8).

§ 291 Wucher

(1) ¹Wer die Zwangslage, die Unerfahrenheit, den Mangel an Urteilsvermögen oder die erhebliche Willensschwäche eines anderen dadurch ausbeutet, daß er sich oder einem Dritten
1. für die Vermietung von Räumen zum Wohnen oder damit verbundene Nebenleistungen,
2. für die Gewährung eines Kredits,

3. für eine sonstige Leistung oder
4. für die Vermittlung einer der vorbezeichneten Leistungen

Vermögensvorteile versprechen oder gewähren läßt, die in einem auffälligen Mißverhältnis zu der Leistung oder deren Vermittlung stehen, wird mit Freiheitsstrafe bis zu drei Jahren oder mit Geldstrafe bestraft. ²Wirken mehrere Personen als Leistende, Vermittler oder in anderer Weise mit und ergibt sich dadurch ein auffälliges Mißverhältnis zwischen sämtlichen Vermögensvorteilen und sämtlichen Gegenleistungen, so gilt Satz 1 für jeden, der die Zwangslage oder sonstige Schwäche des anderen für sich oder einen Dritten zur Erzielung eines übermäßigen Vermögensvorteils ausnutzt.

(2) ¹In besonders schweren Fällen ist die Strafe Freiheitsstrafe von sechs Monaten bis zu zehn Jahren. ²Ein besonders schwerer Fall liegt in der Regel vor, wenn der Täter
1. durch die Tat den anderen in wirtschaftliche Not bringt,
2. die Tat gewerbsmäßig begeht,
3. sich durch Wechsel wucherische Vermögensvorteile versprechen läßt.

I. Allgemeines

Die Vorschrift dient nach hM als **abstraktes Gefährdungsdelikt** dem Vermögensschutz (diff. S/S-*Heine*/*Hecker* Rn 2; S/S*Saliger* Rn 2; M-*Schroeder*/*Maiwald* I § 43/10), indem sie sicherstellt, dass individuelle Schwächelagen eines Vertragspartners nicht zu einem wertrelevanten Faktor im Geschäftsleben werden. § 291 garantiert also die an Chancengleichheit und gerechter Güterverteilung orientierte **Vertragsfreiheit** in dem Sinne, dass der Einzelne als Vermögensinhaber davor bewahrt werden soll, aufgrund einer Schwächelage krass übervorteilt zu werden (vgl *Fischer* Rn 3; *Heinsius*, Das Rechtsgut des Wuchers, 1997, 46 ff; *Kindhäuser* NStZ 1994, 105). Reflex dieser Garantie ist eine Stabilisierung der guten Sitten im Geschäftsleben (vgl § 138 BGB). Der Eintritt eines Vermögensschadens ist nicht erforderlich, da ein wucherisches Geschäft auch dann untersagt ist, wenn es sich zum Vorteil des Opfers auswirkt. Teils wird auch die Willensfreiheit (*Scheffler* GA 1992, 1 [13 ff]), teils global das Vertrauen in das ordnungsgemäße Funktionieren der Wirtschaft (neben dem Vermögen) als geschützt angesehen (*Otto* BT § 61/124). – Der **Versuch** des Wuchers ist straflos. 1

§ 291 soll eine in einer Schwächesituation befindliche Einzelperson oder eine abgrenzbare Gruppe von Personen (BGHSt 11, 182 [183]) vor wirtschaftlicher Ausbeutung schützen; erfasst ist daher der sog. **Individualwucher**. Davon ist der sog. **Sozialwucher** zu unterscheiden, der als Preisüberhöhung unter Ausnutzung der wirtschaftlichen Nöte der Allgemeinheit definiert wird und den Vorschriften der §§ 3-5 WiStrG unterfällt. Beide Formen des Wuchers können jedoch durch dasselbe wucherische Verhalten begangen werden, etwa bei Ausbeutung einer individuellen Schwäche unter gleichzeitiger Ausnutzung einer Mangellage auf dem Wohnungsmarkt (vgl BGHSt 11, 182 [183]). 2

II. Objektiver Tatbestand

Der objektive Tatbestand verlangt das Versprechen oder Gewähren eines Austauschs von Leistung und Gegenleistung, die in einem Missverhältnis stehen. Das Austauschverhältnis muss durch die Ausbeutung einer Zwangs- oder Schwäche- 3 lage gekennzeichnet sein. Die Leistung muss nicht durch den Täter selbst oder aus seinem Vermögen erbracht werden.

4   1. **Rechtsgeschäfte: a)** Das Austauschverhältnis muss sich auf eine Leistung des Täters iSv Abs. 1 S. 1 Nr. 3 beziehen. Nr. 1 und 2 heben lediglich sozialschädliche und praktisch bedeutsame Erscheinungsformen des Wuchers beispielhaft hervor. Auch Nr. 4 umschreibt mit der Vermittlung nur einen Unterfall der Leistung (BT-Drucks. 5/75, 40). In diesem Sinne erfasst Nr. 3 als Auffangtatbestand alle nicht den anderen Tatbestandsvarianten zuzuordnende Leistungen. Auf die zivilrechtliche Gültigkeit des Rechtsgeschäfts kommt es nicht an, da ein den Tatbestand des Wuchers erfüllendes Rechtsgeschäft wegen § 138 II BGB stets nichtig ist.

5   **aa) Abs. 1 S. 1 Nr. 1: Räume zum Wohnen** sind alle Räume, bezüglich deren ein Mietvertrag zum Zwecke des Wohnens abgeschlossen werden soll. Ob die Räume an sich zum Wohnen bestimmt, zugelassen oder geeignet sind, ist unerheblich; auch Garagen, Pkw-Karosserien oder Wohnwagen sind einschlägig. Mischmietverhältnisse (Wohnungs- und Geschäftsraum) scheiden aus, falls die anderen Zwecke den Wohnzweck überwiegen (BGH NJW-RR 1986, 877). **Nebenleistungen** sind alle Leistungen, die dem Wohnzweck zumindest indirekt dienen, zB Strom, Wasser, Heizung, Reinigung.

6   **bb) Abs. 1 S. 1 Nr. 2**: Erfasst werden alle Formen des **Kredits** iSv § 265 b III Nr. 2. Gelddarlehen können mit anderen Geschäften (zB Lebensversicherungsvertrag, Wechseldiskontierung) gekoppelt sein.

7   **cc) Abs. 1 S. 1 Nr. 3**: Zu den **sonstigen Leistungen** gehören alle Leistungen mit Ausnahme der in Nr. 1, 2 und 4 genannten. In Betracht kommen zB Vermietungen von Geschäftsräumen oder Sachen, Verpachtungen, Rechtsberatungen (RGSt 45, 197 [198]), Tauschgeschäfte, Verkäufe von Antiquitäten, Pornomaterial oder Getränken in Nachtlokalen (BayObLG JR 1985, 166 m.Anm. *Otto*) und Lohnwucher bei illegalen Arbeitsverhältnissen (vgl BGHSt 43, 53 [59]; *Martin* JuS 1998, 183 [184]). Die Leistung braucht nicht wirtschaftlicher Art zu sein. Bei nicht-wirtschaftlichen Leistungen (zB Fluchthilfe, Ehevermittlung, übersetzten Forderungen von Prostituierten) lässt sich jedoch wegen des fehlenden Marktpreises zumeist kein auffälliges Missverhältnis (Rn 20 f) feststellen.

8   **dd) Abs. 1 S. 1 Nr. 4:** Die Tatbestandsvariante dient nur der Klarstellung, da **Vermittlung einer Leistung** bereits eine Leistung gem. Nr. 3 ist. Von praktischer Bedeutung sind Kreditvermittlung, Vermittlung von Wohnungs- oder Geschäftsräumen und Grundstücksvermittlung.

9   **b)** Die **Gegenleistung** muss in einem Vermögensvorteil bestehen. **Vermögensvorteil** ist jede günstigere Gestaltung der Vermögenslage und muss (hier) Geldwert besitzen, auch wenn er eine Sach- oder Dienstleistung zum Gegenstand hat.

10 **2. Schwäche des Opfers:** Das Opfer muss sich aufgrund seiner persönlichen Konstitution oder besonderen Lage in einer Schwächesituation befinden.

11 **a)** Eine **Zwangslage** ist eine Situation, die ein zwingendes Sach- oder Geldbedürfnis entstehen lässt (vgl auch § 232 Rn 6). Exemplarisch: Das Opfer ist aus beruflichen Gründen dringend auf Wohnraum im Bereich des Arbeitsplatzes angewiesen (BT-Drucks. 7/3441, 40 f) oder kann einer Verpflichtung zur Zahlung von Heizöl nicht aus der laufenden Rente nachkommen (OLG Karlsruhe JR 1985, 167). Nach neuerer Rechtsprechung (AG Köln, Urteil v. 23.9.2015 – 523 Ds 474/13 mwN) kann eine Zwangslage auch dann anzunehmen sein, wenn sich

das Opfer aus der eigenen Behausung aussperrt und daher auf die Leistung des gerufenen Schlüsseldienstes angewiesen ist.

b) **Unerfahrenheit** ist eine Eigenschaft des Opfers, „die auf einem Mangel an Geschäftskenntnis und Lebenserfahrung beruht und eine Einschränkung der Befähigung zur Wahrnehmung oder richtigen Beurteilung von Zuständen und Geschehnissen irgendwelcher Art zur Folge hat" (BGHSt 11, 182 [186]; 30, 280 [281]). Ein Fehlen von Sonderkenntnissen reicht nicht aus; vielmehr ist ein erheblicher Mangel an durchschnittlichem Wissen im Geschäftsleben erforderlich. 12

c) Bei einem **Mangel an Urteilsvermögen** ist das Opfer aufgrund dauernder geistiger Defizite, die auch durch Erfahrung nicht behoben werden können, unfähig, im Geschäftsleben vernünftige Entscheidungen zu treffen. Der Mangel an Urteilsfähigkeit ist hierbei auch und gerade durch die Unfähigkeit gekennzeichnet, die beiderseitigen Leistungen und die wirtschaftlichen Folgen des Geschäftsabschlusses richtig zu bewerten (BT-Drucks. 7/3441, 41; vgl auch BGHSt 43, 53 [61]). Die den Mangel an Urteilsvermögen bedingende Verstandesschwäche muss aber nicht die Voraussetzungen des § 20 erfüllen (*Fischer* Rn 12; S/S-*Heine/Hecker* Rn 26). 13

d) **Willensschwäche** ist eine Verminderung der Widerstandsfähigkeit gegenüber dem wucherischen Geschäft, die in der Persönlichkeit des Opfers ihre Ursache hat. Sie ist **erheblich**, wenn sie deutlich unter der rationalen Steuerbarkeit eines Durchschnittsmenschen in geschäftlichen Dingen liegt (BT-Drucks. 7/3441, 41). In erster Linie ist an Suchtformen (zB Alkoholismus, Spiel- oder Drogensucht) mit Krankheitswert zu denken. 14

3. Tathandlung: Die Tathandlung, durch welche die Schwäche des Opfers ausgebeutet wird, besteht darin, dass der Täter sich oder einem Dritten die Gegenleistung, den Vermögensvorteil, versprechen oder gewähren lässt. Mit der Annahme des Versprechens oder der Inempfangnahme der Leistung ist der Tatbestand **vollendet**. 15

a) **Ausbeuten** ist das bewusste Ausnutzen der Schwächesituation des Opfers (BGHSt 11, 182 [187]; SK-*Hoyer* Rn 18 ff; NK-*Kindhäuser* Rn 23). Weitergehend wird teils verlangt, dass das Ausnutzen in einer besonders anstößigen, insbesondere durch Rücksichtslosigkeit geprägten Weise geschehen müsse (S/S-*Heine/Hecker* Rn 29). Der Ausdruck „ausbeuten" soll jedoch nur das Unrecht plastisch formulieren und entspricht dem „Ausnutzen" in Abs. 1 S. 2 (Prot. 7/2802). 16

b) **Sichversprechenlassen** ist die Entgegennahme der mit Rechtsbindungswillen (ggf konkludent) erklärten Zusage des Opfers, die Leistung zu erbringen (RGSt 29, 413 [414]); die Zusicherung kann bedingt sein. Auf die rechtliche Wirksamkeit der Zusicherung kann es schon wegen § 138 II BGB nicht ankommen. Nach hM sind auch andere Gründe, die zur Unwirksamkeit oder Anfechtbarkeit des Geschäfts führen, unbeachtlich (RGSt 35, 111 [113]; LK-*Wolff* Rn 54; einschr. NK-*Kindhäuser* Rn 25). 17

c) **Sichgewährenlassen** ist die Entgegennahme der mit Leistungswillen erbrachten Zuwendung des Opfers. Das Versprechen hat gegenüber der Gewährung der Leistung keine selbstständige Bedeutung, wenn Letztere als Erfüllung des Vertrages zu verstehen ist. Beide Handlungen sind jedoch bedeutsam, wenn der Täter eine andere als die versprochene Leistung unter den jeweils gegebenen Tatbestandsvoraussetzungen annimmt (OLG Karlsruhe NJW 1988, 1154 [1156]; MK-*Pananis* Rn 21). 18

19 d) **Leistender und Leistungsempfänger** müssen jeweils nicht Vertragspartei sein. Als Bewucherter kommt auch ein Dritter (zB Bürge) in Betracht, der wiederum eine juristische Person oder Gesellschaft sein kann (LK-*Wolff* Rn 55). Sofern das Opfer nicht mit dem Leistenden identisch ist, kommt es hinsichtlich der Zwangslage auf dieses selbst, hinsichtlich der sonstigen Schwächemomente auf den Vertreter an. Dass ein anderer als der Täter Empfänger der versprochenen oder gewährten Vermögensvorteile sein kann, ist insbesondere von Belang, wenn der Täter als Vertreter oder Organ einer juristischen Person handelt.

20 **4. Auffälliges Missverhältnis: a) Im Allgemeinen** stehen Leistung und Gegenleistung in einem auffälligen Missverhältnis, wenn die Diskrepanz des Wertes der jeweiligen Leistungen dem Kundigen – ggf auch erst nach genauer Prüfung des oft verschleierten Sachverhalts – ins Auge springt (OLG Stuttgart wistra 1982, 36 f; BayObLG NJW 1985, 873; *Haberstroh* NStZ 1982, 266; *Tiedemann* BT § 6/263 ff); der Überschuss des Täters muss besonders unangemessen erscheinen. Gegenstand der Beurteilung ist die Differenz der objektiven Marktwerte aller zusammenhängenden Leistungen und Gegenleistungen vom Gläubigerstandpunkt aus. Entscheidend ist stets, was das Opfer als Gegenwert für seine Leistung auf dem Markt erhalten könnte; ob der Preis als solcher berechtigt ist, spielt keine Rolle. Auch besonders hohe Gestehungskosten rechtfertigen daher grds. keinen unangemessenen Aufpreis; nur marktrelevante Risiken können abgedeckt werden (vgl BayObLG NJW 1985, 873).

21 Bei Geschäften, für die es dem Typ nach **keinen Markt** und damit auch keinen Vergleichswert gibt, kann es mangels Verrechnungsparameters auch kein objektiv auffälliges Missverhältnis der Leistungen geben (vgl *Arzt* Lackner-FS 641 [656]; *Sickenberger*, Wucher als Wirtschaftsstraftat, 1985, 100; aA *Schauer*, Grenzen der Preisgestaltungsfreiheit im Strafrecht, 1989, 48 ff; *Tiedemann* BT § 6/263 ff). Gleiches gilt für Märkte, die **vom Recht nicht anerkannt** sind oder sogar als kriminelle zerschlagen werden sollen. Die Rechtsordnung kann nicht einerseits den Erwerb von Betäubungsmitteln oder die Beauftragung eines Killers bei Strafe verbieten, andererseits aber das Abschließen solcher Geschäfte zu einem angemessenen Preis sichern (NK-*Kindhäuser* Rn 32 mwN; zust. *Laufen*, Der Wucher [§ 291 Abs. 1 S. 1 StGB], 2004, 144). Die Gegenauffassung will verbotene und sittenwidrige Leistungen (zB Drogenhandel, illegale Abtreibungen) von vornherein mit Null bewerten, so dass hier stets ein auffälliges Missverhältnis zu bejahen wäre (*Bernsmann* GA 1981, 141 [164]).

22 b) Beim **Mietwucher** ist – in Anlehnung an § 5 WiStrG – ein auffälliges Missverhältnis bei einer Differenz von 50% zur ortsüblichen Miete anzunehmen (BGHSt 30, 280 [281] m.Anm. *Scheu* JR 1982, 474; LK-*Wolff* Rn 30; zur Berechnung OLG Karlsruhe NJW 1997, 3380).

23 c) Im Falle des **Lohnwuchers** ist ein auffälliges Missverhältnis zu bejahen, wenn der an einen Arbeitnehmer tatsächlich gezahlte Lohn unterhalb von 2/3 des für die von ihm tatsächlich erbrachte Arbeitsleistung fälligen Tariflohns liegt (BGH NStZ-RR 2003, 212 [213]; BAG Arbeit und Recht 2001, 509 [510]).

24 d) Beim **Kreditwucher** wird eine Überschreitung des üblichen effektiven Jahreszinses (§ 6 PreisangabenVO) von wenigstens 30 % als im Allgemeinen grob unverhältnismäßig angesehen. Zu berücksichtigen sind auch Höhe und Laufzeit des Kredits, das Risiko des Kreditgebers (OLG Karlsruhe NJW 1988, 1154 [1156]) sowie wirtschaftlich berechtigte Gestehungskosten (BGH NJW 1983, 2780; *Haberstroh* NStZ 1982, 265 [266]).

e) Als generelle Richtschnur zur Bewertung des **Leistungswuchers** kann die Überschreitung des üblichen Marktpreises um 50 % dienen. Vergleichsgröße ist der Markt unter Beachtung der spezifischen Umstände (für Getränke zB: Trinkhalle, Nobelrestaurant oder Nachtbar, vgl auch BayObLG JR 1985, 166 [167] m.Anm. *Otto*).

25

f) Für den **Vermittlungswucher** ist auf den jeweiligen Geschäftskreis der Vermittlungsleistung abzustellen. So liegt etwa bei der Wohnungsvermittlung das auffällige Missverhältnis in einer Überschreitung des Üblichen um 50% (vgl auch § 5 WiStrG; BayObLGSt 1966, 100 [104]), bei Kreditvermittlung im Fünffachen der üblichen Pauschalvergütung (BGH DB 1976, 573).

26

5. Additionsklausel (Abs. 1 S. 2): Mit der in Abs. 1 S. 2 formulierten Additionsklausel wird die Strafbarkeit auf Personen ausgedehnt, die zwar nicht selbst Täter oder Teilnehmer eines wucherischen Geschäfts nach Abs. 1 S. 1 sind, wohl aber an einem einheitlichen Geschäftsvorgang mit insgesamt wucherischem Charakter mitwirken und hierbei die Schwächelage des Opfers zur Erzielung eines übermäßigen Vermögensvorteils für sich oder andere ausnutzen (krit. M-*Schroeder/Maiwald* I § 43/20). Hierdurch soll der Möglichkeit gegengesteuert werden, dass durch die Aufsplittung eines einheitlichen Geschäfts in verschiedene Teilgeschäfte unter Mitwirkung mehrerer der Opferschutz leerläuft. Seriös Mitwirkende an einem insgesamt wucherischen Geschäft, die für ihre Teilleistung einen angemessenen Preis verlangen, werden nicht (als Täter) erfasst; in Betracht kommt aber Beihilfe durch Ermöglichen des Geschäfts.

27

Eine typische Konstellation ist die Kreditgewährung, bei der für Darlehen, (Rück-) Versicherungen, Vermittlungen, Auskünfte usw eine Vielzahl von Agenten und Instituten mitwirken können, die jeweils gesondert berechnete Leistungen erbringen. Keine Einheitlichkeit des Geschäftsvorgangs ist dagegen anzunehmen, wenn verschiedene Teilleistungen nur aus der Sicht des Opfers zusammengehören, zB Baufinanzierung durch Abschluss einer Reihe voneinander unabhängiger Darlehensverträge (näher zu den Kriterien der Einheitlichkeit NK-*Kindhäuser* Rn 43 ff mwN).

28

III. Subjektiver Tatbestand

Der subjektive Tatbestand verlangt (zumindest bedingten) Vorsatz, der auch die Umstände, aus denen sich die Schwächesituation des Opfers ergibt, umfassen muss. Entsprechendes gilt für die Voraussetzungen des auffälligen Missverhältnisses. Hinsichtlich der Gewinnerzielung ist keine besondere Absicht erforderlich.

29

IV. Besonders schwere Fälle (Abs. 2)

Abs. 2 normiert in der Technik der **Regelbeispiele** (§ 46 Rn 17 ff, § 243 Rn 1 ff) Straferschwerungen für den Fall, dass durch die Tat ein anderer **in wirtschaftliche Not** gebracht wird (§ 263 Rn 246) oder dass die Tat **gewerbsmäßig** begangen wird (§ 243 Rn 24 f). Ferner ist regelmäßig ein besonders schwerer Fall anzunehmen, wenn sich der Täter wucherische Leistungen **durch Wechsel** versprechen lässt (Nr. 3). Hierbei müssen die wucherischen Vorteile in der Wechselsumme enthalten sein. Es reicht zB nicht aus, wenn der Täter nur für die Darlehenssumme und nicht auch für die wucherischen Zinsen einen Wechsel akzeptiert. Einschlägig ist es aber, wenn erst nachträglich eine Vereinbarung über die wechsel-

30

mäßige Verpflichtung getroffen wird (LK-*Wolff* Rn 72). Ein unbenannter besonders schwerer Fall ist in Betracht zu ziehen bei einem außergewöhnlichen Ausmaß des erstrebten Vermögensvorteils, bei sehr langer Dauer der wucherischen Belastungen, bei besonderer Gewissenlosigkeit des Täters oder bei besonderer Hilfsbedürftigkeit des Opfers.

V. Konkurrenzen

31 Sichversprechenlassen und Sichgewährenlassen bilden eine einheitliche Tat des Wuchers, wenn der gewährte Vermögensvorteil zugleich der versprochene ist. Mehrere Verträge bzw Leistungen nach Abs. 1 Nr. 1-4 sind jedoch grds. selbstständig. Mit §§ 240, 253, 263 ist wegen der unterschiedlichen Rechtsgüter Tateinheit möglich.

§ 292 Jagdwilderei

(1) Wer unter Verletzung fremden Jagdrechts oder Jagdausübungsrechts
1. dem Wild nachstellt, es fängt, erlegt oder sich oder einem Dritten zueignet oder
2. eine Sache, die dem Jagdrecht unterliegt, sich oder einem Dritten zueignet, beschädigt oder zerstört,

wird mit Freiheitsstrafe bis zu drei Jahren oder mit Geldstrafe bestraft.

(2) ¹In besonders schweren Fällen ist die Strafe Freiheitsstrafe von drei Monaten bis zu fünf Jahren. ²Ein besonders schwerer Fall liegt in der Regel vor, wenn die Tat
1. gewerbs- oder gewohnheitsmäßig,
2. zur Nachtzeit, in der Schonzeit, unter Anwendung von Schlingen oder in anderer nicht weidmännischer Weise oder
3. von mehreren mit Schußwaffen ausgerüsteten Beteiligten gemeinschaftlich

begangen wird.

(3) Die Absätze 1 und 2 gelten nicht für die in einem Jagdbezirk zur Ausübung der Jagd befugten Personen hinsichtlich des Jagdrechts auf den zu diesem Jagdbezirk gehörenden nach § 6 a des Bundesjagdgesetzes für befriedet erklärten Grundflächen.

1 I. 1. Die Vorschrift dient dem **Schutz** der sich aus dem Jagdrecht ergebenden ausschließlichen Befugnisse, jagdbares Wild zu hegen, zu jagen und sich anzueignen. Diese Befugnisse umfassen neben dem vermögensrechtlichen Aneignungsrecht auch die Verpflichtung, die Lebensgrundlagen für einen den landschaftlichen Verhältnissen angepassten artenreichen und gesunden Wildbestand zu erhalten (§ 1 BJagdG), so dass der Schutzzweck der Norm auch diese im Allgemeininteresse liegenden Aspekte umfasst (W-*Hillenkamp* Rn 448; *Otto* BT § 50/22; LK-*Schünemann* Rn 1 ff). Wegen der vermögensrechtlichen Schutzrichtung können gewilderte Sachen Objekte einer Hehlerei (§ 259 StGB) sein. Eine Deutung der Wilderei als reines Vermögensdelikt (SK-*Hoyer* Rn 3) ist jedoch mit den an der sachgemäßen Hege und Pflege des Wildes orientierten Regelbeispielen für besonders schwere Fälle (Abs. 2) kaum zu vereinbaren (aA *Geppert* Jura 2008, 599; NK-*Wohlers/Gaede* Rn 1; ähnlich *Vollmar*, Die Jagdwilderei, 2004, 43 ff, 91).

2. Gutachtenaufbau:
A) Tatbestand:
  I. Objektiver Tatbestand:
   Bei Abs. 1 Nr. 1:
   1. Tatobjekt: Wild, dh herrenlose, dem Jagdrecht unterliegende Tiere (Rn 7)
   2. Tathandlungen: Nachstellen, Fangen, (sich oder einem Dritten) Zueignen (Rn 8 ff)
   Bei Abs. 1 Nr. 2:
   1. Tatobjekt: Dem Jagdrecht unterliegende Sache (Rn 13)
   2. Tathandlungen: (sich oder einem Dritten) Zueignen, Beschädigen, Zerstören (Rn 14)
   jeweils:
   3. Unter Verletzung fremden Jagdrechts (Rn 4 f)
  II. Subjektiver Tatbestand: (zumindest bedingter) Vorsatz (Rn 15 ff)
B) Rechtswidrigkeit (Rn 21)
C) Schuld
D) Ggf Regelbeispiele nach Abs. 2 (Rn 22 ff)
E) Ggf Strafantrag unter den Voraussetzungen von § 294; ggf Anwendbarkeit von § 248 a erörtern (Rn 28).

II. Das in **Abs. 1** normierte **Grunddelikt** enthält die **zwei Tatbestände** der Wilderei und der Zueignung herrenloser Sachen, die dem Jagdrecht unterliegen. Beide Alternativen erfordern – entsprechend zur Fremdheit des Tatobjekts in § 242 – eine Verletzung fremden Jagdrechts oder Jagdausübungsrechts.

1. Täter kann jeder sein, der ohne oder unter Überschreitung einer **Jagdbefugnis** handelt. Diese kann sich aus dem Jagdrecht ergeben oder auf einer Jagderlaubnis beruhen; auch die zur Jagdausübung benannten oder bestellten Personen verletzen fremdes Jagdrecht nicht (LK-*Schünemann* Rn 31). Das **Jagdrecht** steht dem (Grundstückseigentümer als dem) dinglichen Jagdberechtigten (§ 3 BJagdG) und dem Inhaber eines durch einen Jagdpachtvertrag begründeten Jagdausübungsrechts zu (§§ 11 ff BJagdG). Bei Personenverschiedenheit ist nur der Jagdausübungsberechtigte zur Jagd iSd Tatbestands befugt. Die **Jagderlaubnis** beruht auf der Einwilligung des Jagdausübungsberechtigten in die Ausübung der Jagd durch einen Dritten (Jagdgast). Die materielle Jagdausübungsberechtigung wird durch die öffentlich-rechtliche Genehmigung zur Ausübung der Jagd, die ihr Inhaber durch einen Jagdschein nachzuweisen hat (§ 15 I BJagdG), grds. nicht berührt. Gleiches gilt bei Verstößen gegen (örtliche, zeitliche oder sachliche) Jagdbeschränkungen (zB §§ 19 ff BJagdG). In solchen Fällen begeht der Jagdberechtigte keine Wilderei, auch wenn sein Verhalten nach anderen Vorschriften als Straftat oder Ordnungswidrigkeit geahndet werden kann (vgl §§ 38 ff BJagdG).

Das Jagdrecht darf nur in eigenen (§ 7 BJagdG) oder gemeinschaftlichen (§§ 8 ff BJagdG) **Jagdbezirken** nach Maßgabe der §§ 4 ff BJagdG ausgeübt werden. Die Jagd ruht grds. außerhalb von Jagdbezirken und innerhalb befriedeter Bezirke – dh behördlich ausgewiesener Grundflächen – (§ 6 BJagdG). Fremdes Jagdrecht verletzt jeder, der außerhalb seines Reviers der Jagd nachgeht, in fremdes Gebiet schießt oder sich Wild aus einem fremden Revier in den eigenen Bezirk zutreiben lässt (vgl BayObLG NStZ 1992, 187). **Maßgeblicher Standort** ist stets der des Wildes, nicht der des Jägers (*Geppert* Jura 2008, 599 [601]; NK-*Wohlers/Gaede*

Rn 8; MK-*Zeng* Rn 17); nicht tatbestandsmäßig ist es daher, wenn der Berechtigte vom Nachbarrevier aus auf ein Wild im eigenen Gebiet schießt.

6 2. Den **Wildereitatbestand** verwirklicht, wer (ohne Jagdbefugnis) dem Wild nachstellt, es fängt, erlegt oder sich oder einem Dritten zueignet.

7 a) Als **Tatobjekt** kommen nur solche lebenden und herrenlosen Tiere in Betracht, die in § 2 BJagdG aufgezählt oder nach Landesrecht für jagdbar erklärt sind. Nicht mehr herrenlos sind Tiere, die in Tiergärten leben oder die der Jagdausübungsberechtigte (bzw ein für diesen handelnder Dritter) zum Zwecke der Aneignung in Besitz genommen hat (§ 958 I BGB); sie können Tatobjekt eines Eigentumsdelikts sein (vgl § 242 Rn 4 ff; NK-*Wohlers/Gaede* Rn 15 ff). Von einem Nichtberechtigten – ggf in einer Schlinge oder Falle – lebend gefangenes Wild bleibt herrenlos (§ 958 II BGB), sofern es nicht von einem Dritten gutgläubig erworben (§ 932 BGB) oder verarbeitet (§ 950 BGB) wird (vgl Palandt/*Bassenge* § 958 BGB Rn 4; NK-*Wohlers/Gaede* Rn 18). Dagegen erwirbt der Berechtigte sofort Eigentum an Tieren, die sich in einer vom Berechtigten aufgestellten Falle verfangen haben (RGSt 29, 216).

8 b) Von den in der ersten Tatbestandsalternative genannten Begehungsweisen wird mit dem **Nachstellen** die Versuchshandlung zum Fangen, Erlegen und Zueignen umschrieben. Der Wildereitatbestand ist daher ein (unechtes) **Unternehmensdelikt** iSv § 11 I Nr. 6 (diff. LK-*Schünemann* Rn 42). Fangen, Erlegen und Zueignen haben nur eigenständige Bedeutung, wenn ihnen kein Nachstellen vorausging; ein Spaziergänger ergreift zB spontan einen am Wegesrand liegenden verletzten Hasen zum späteren Verzehr. Mehrere im Rahmen einer Handlungseinheit verwirklichte Tatvarianten bilden ein (einheitliches) Delikt der Wilderei (NK-*Wohlers/Gaede* Rn 19). Die **Einwilligung** des Berechtigten schließt die Verletzung des Jagdrechts und damit die Tatbestandsverwirklichung aus; ist die Einwilligung dem Täter unbekannt, bleibt er mangels gesondert angeordneter Versuchsstrafbarkeit gleichwohl straflos.

9 Als **Nachstellen** sind alle Handlungen anzusehen, die auf das Fangen, Erlegen und Zueignen des Wildes gerichtet sind; exemplarisch: Legen von Schlingen, Durchstreifen des Forstes mit einem (schussbereiten) Gewehr. Das Nachstellen braucht nicht erfolgreich zu sein. Da der Versuch (des Versuchs) nicht strafbar ist, sind dem Nachstellen vorausgehende Handlungen wie das Auskundschaften oder Aufstöbern nicht tatbestandsmäßig. Gleiches gilt für Handlungen, die nicht dem späteren Fangen usw dienen, zB das Verletzen von Wild, um den Jagdberechtigten zu ärgern (*Geppert* Jura 2008, 599 [600 f]; NK-*Wohlers/Gaede* Rn 22).

10 **Wild fängt**, wer sich seiner lebend bemächtigt. Wer Wild (in irgendeiner Weise) tötet, **erlegt** es.

11 **Zueignen** von Wild bedeutet, es unter Missachtung des dem Jagdausübungsberechtigten zustehenden Aneignungsrechts in Eigenbesitz zu nehmen (NK-*Wohlers/Gaede* Rn 21, 29). Je nachdem, ob der Täter den Besitz für sich beansprucht oder ob er ihn einem Dritten verschaffen will, begeht er eine Selbst- oder eine Drittzueignung (vgl § 242 Rn 63 ff). Die Zueignung kann bei entsprechendem Willen auch durch Unterlassen erfolgen, wenn der Täter seiner (landesrechtlich geregelten) Pflicht bezüglich Anzeige oder Ablieferung von Wild, an dem er (ohne Fanghandlung) Besitz erlangt hat, nicht nachkommt. Da Wild auch nach der Zueignung herrenlos bleibt, erfüllt jeder, der bösgläubig vom Täter lebendes Wild erlangt, den Wildereitatbestand. Sofern der Dritte unter den Voraussetzungen des § 259 handelt, geht dieser Tatbestand jedoch als lex specialis vor (LK-*Schünemann* Rn 37 mwN).

3. Den **zweiten Tatbestand** verwirklicht, wer eine fremdem Jagdrecht unterliegende Sache sich oder einem Dritten zueignet, beschädigt oder zerstört. Die Strafbarkeit setzt eine Tatvollendung voraus, da der Versuch nicht strafbar ist und die zweite Alternative keine Vorfeldhandlung wie das Nachstellen kennt.

a) **Tatobjekte** sind Sachen, die dem Jagdrecht unterliegen. Während sich der Wildereitatbestand auf lebende Tiere bezieht, sichert die zweite Alternative auch die Befugnis des Jagdberechtigten, sich totes Wild, Abwurfstangen sowie Eier von Federwild anzueignen (vgl § 1 V BJagdG). Als Abwurfstangen sind nur die im Verlauf der jährlichen Erneuerung abgestoßenen Hirschgeweihe, nicht aber die in sonstiger Weise (zB Brunftkampf) verlorenen Geweihteile anzusehen. Der Zugriff auf Tierkörper(teile), die infolge Verwesung („Verluderung") nicht mehr verwertbar sind, ist nicht tatbestandsmäßig (BayObLGSt 9, 47). Auch totes Wild bleibt bei der Inbesitznahme durch einen Nichtberechtigten herrenlos (§ 958 II BGB), wenn es nicht von einem Dritten gutgläubig erworben (§ 932 BGB) wird (vgl Rn 7).

b) **Tathandlungen** sind das **Zueignen** (Rn 11), Beschädigen und Zerstören. **Beschädigen** und **Zerstören** sind graduell unterschiedliche, dem Erhaltungsinteresse des Berechtigten zuwiderlaufende Beeinträchtigungen des Zustands der betreffenden Sache (vgl § 303 Rn 6 ff, 10).

4. Der **subjektive Tatbestand** verlangt (zumindest bedingten) Vorsatz, der sich auch auf die Verletzung fremden Jagdrechts beziehen muss (hierzu und zur einschlägigen Irrtumsproblematik *Kindhäuser* GA 1990, 407 [420 ff]; NK-*Puppe* § 16 Rn 21; NK-*Wohlers/Gaede* Rn 30 ff, jew. mwN).

a) Der als unechtes Unternehmensdelikt ausgestalteten ersten Tatbestandsalternative, bei der mit dem Merkmal des Nachstellens der Versuch der Vollendung gleichgestellt ist, unterfällt nicht nur der erfolglose Versuch, sondern auch der **Versuch am untauglichen Objekt**, sofern die sonstigen (objektiven) Voraussetzungen des Nachstellens erfüllt sind (sehr str., näher NK-*Wohlers/Gaede* Rn 24 f). So ist es etwa als Nachstellen anzusehen, wenn der Täter des Nachts mit schussbereitem Gewehr einen Forst durchstreift, und zwar auch dann, wenn er einen Hund verfolgt, den er für ein Reh hält. Das (sich zutreffende und für die anderen Tathandlungen auch einschlägige) Gegenargument, der Täter müsse objektiv dem Wild nachstellen (W-*Hillenkamp* Rn 450; *Wolters*, Das Unternehmensdelikt, 2001, 322 mwN), greift hier nicht, weil das Durchstreifen des Waldes mit schussbereitem Gewehr in Jagdabsicht bereits (objektiv und subjektiv) zur Verwirklichung des Nachstellens ausreicht (LK-*Schünemann* Rn 47). Ob der Täter erst gar nicht in die Nähe von Wild gekommen ist oder ob er ein sonstiges Tier mit Jagdwild verwechselt, kann daher keinen relevanten Unterschied machen. Nicht einschlägig ist dagegen ein Handeln mit zur Jagd untauglichen Mitteln, da dies nur ein (strafloser) Versuch des Nachstellens wäre (aA W-*Hillenkamp* Rn 450).

b) Wenn der Täter die Eigentumslage an dem Tatobjekt, das er sich (oder einem Dritten) zueignen will, verkennt, können sich **Abgrenzungsprobleme** zum Diebstahl (bzw Unterschlagung) stellen. Zum einen kann der Täter herrenloses Wild für fremd (= bereits angeeignet) halten; exemplarisch: (1) A entwendet eine von B gewilderte Hirschkeule, um sie zu verzehren; er geht davon aus, B habe sie ordnungsgemäß vom Berechtigten erworben. Zum anderen kann der Täter fremdes (= bereits angeeignetes) Wild für herrenlos halten; exemplarisch: (2) A entwendet eine von B ordnungsgemäß erworbene Hirschkeule, um sie zu verzehren. Er handelt in der Annahme, sie sei gewildert. Die Lösung der Fälle hängt davon ab, ob der Zueignungsvorsatz bei der Wilderei im Verhältnis zum Zueignungsvorsatz bei den Eigentumsdelikten als gleichartig, als minus oder als aliud angesehen wird.

18 ■ Sieht man im Zueignungsvorsatz der Wilderei ein aliud zu dem der Eigentumsdelikte (NK-*Wohlers/Gaede* Rn 34), so hätte A in Fall (1) einen Diebstahlsversuch begangen (RGSt 39, 427 [433]; KHH/*Hellmann* BT II Rn 393). In Fall (2) wäre A nicht strafbar: Er hätte zwar objektiv § 242 verwirklicht, befände sich aber in einem vorsatzausschließenden Irrtum (§ 16 I StGB) über das Merkmal der Fremdheit (BayObLGSt 4, 116; *Wessels* JA 1984, 221 [224 f]); hinsichtlich der zweiten Tatbestandsalternative des § 292 wäre zwar der subjektive Tatbestand erfüllt, doch ist der Versuch nicht strafbar (*Vollmar*, Die Jagdwilderei, 2004, 209 ff). – Dieser Lösung steht entgegen, dass der Zueignungsbegriff bei den Eigentumsdelikten wie bei der Wilderei gleichermaßen das Aneignungselement enthält und nur hinsichtlich des Enteignungselements graduell differiert; ein Aliud-Verhältnis lässt sich daher nicht begründen.

19 ■ Das bei den Eigentumsdelikten gesteigerte Enteignungselement spricht daher eher für ein Plus-Minus-Verhältnis. Der Zueignungsvorsatz der Wilderei wäre dann vollumfänglich im Zueignungsvorsatz von Diebstahl und Unterschlagung enthalten (M-*Schroeder/Maiwald* I § 38/20). Unter diesen Voraussetzungen verwirklichte der Täter in Fall (1) eine vollendete Wilderei und einen versuchten Diebstahl, wobei das vollendete Delikt das versuchte verdrängte. In Fall (2) beginge A nur eine vollendete Wilderei, da der subjektive Tatbestand des Diebstahls hinsichtlich des „Mehr" der Fremdheit nicht erfüllt wäre. – Dieser Lösung ist entgegenzuhalten, dass zwischen Aneignungsrecht und Eigentum nur eine rechtstechnische Differenz besteht. Auf die Verfügungsmacht des Berechtigten wirkt es sich nicht aus, ob er ein Aneignungsrecht oder Eigentum an dem von ihm zu hegenden und pflegenden Wild hat. Es ist daher, wie sich am identischen Strafmaß von §§ 246 und 292 zeigt, kein geringeres Unrecht, wenn der Täter „nur" das Aneignungsrecht missachtet.

20 ■ Hieraus folgt, dass Diebstahls- (bzw Unterschlagungs-) und Wildereivorsatz unter dem Aspekt, die Sache „gehöre" einem Dritten, als gleichartig und -wertig anzusehen sind (*Jakobs* 8/56; *Welzel* 363). Dementsprechend ist der Täter in den Fällen (1) und (2) jeweils nach der Vorschrift zu bestrafen, deren objektiven Tatbestand er verwirklicht hat.

21 5. Als **Rechtfertigungsgrund** kommt vor allem für den Tatbestand der Wilderei neben dem Notstand nach §§ 228 BGB, 34 (näher LK-*Schünemann* Rn 76 ff) eine mutmaßliche Einwilligung in Betracht, wenn der Täter im (weidmännischen) Interesse des Berechtigten handelt, ohne dessen Zustimmung rechtzeitig einholen zu können. Die Rechtfertigung, das Tier zu erlegen, schließt jedoch nicht auch dessen Zueignung ein (*Kindhäuser* BT II § 11/43; vgl auch *Vollmar*, Die Jagdwilderei, 2004, 222 ff).

22 III. In **Abs. 2** werden in der Technik der Regelbeispiele (vgl § 46 Rn 17 ff, § 243 Rn 1 ff) mehrere Begehungsweisen genannt, unter deren Voraussetzungen die Ta-

ten nach Abs. 1 in beiden Alternativen gewöhnlich als **besonders schwere Fälle** mit einer erhöhten Mindestfreiheitsstrafe zu bewerten sind.

1. **Gewerbsmäßig** iSv Nr. 1 handelt, wer sich aus wiederholter Begehung eine fortlaufende Einnahmequelle von nicht unerheblicher Dauer und einigem Umfang verschafft (§ 243 Rn 24 f). Als **gewohnheitsmäßig** ist der durch wiederholte Begehung erzeugte, selbstständig fortwirkende und Hemmungen beseitigende Hang zur Tatbegehung anzusehen (BGHSt 15, 377 [379 ff]). 23

2. Nach Nr. 2 ist es als besonders schwerer Fall anzusehen, wenn die Tat zur Nachtzeit, in der Schonzeit, unter Anwendung von Schlingen oder in anderer nicht weidmännischer Weise begangen wird: **Nachtzeit** ist die Zeit der Dunkelheit zwischen Ende der Abend- und Beginn der Morgendämmerung. Vom Normzweck, schwer verfolgbares Wildern im Dunkeln zu verhindern, ist der Fall, dass sich ein Kraftfahrer Wild, das er des Nachts unvorsätzlich getötet hat, zueignet, nicht erfasst. – **Schonzeiten** sind die rechtlich festgelegten Zeiten, in denen Wild nicht gejagt werden darf (vgl § 22 BJagdG). Nach der ratio legis ist nur die Jagd und Zueignung lebender Tiere als besonders schwerer Fall anzusehen. – Die **Anwendung von Schlingen** (vgl § 19 I Nr. 8 BJagdG) setzt voraus, dass schon ihr Legen dem Täter zurechenbar ist; bloßes Ausnutzen einer von einem Dritten gelegten Schlinge rechtfertigt nicht die Annahme eines Regelfalls (BayObLGSt 13, 86 [88]; *Fischer* Rn 24; LK-*Schünemann* Rn 93). – In **anderer nicht weidmännischer Weise** ist die Tat begangen, wenn sie den Grundsätzen der Weidgerechtigkeit zuwiderläuft; es werden etwa vermeidbare Schmerzen des Wildes nicht verhindert (vgl § 22 a sowie § 19 I BJagdG; NK-*Wohlers/Gaede* Rn 43). 24

3. Die Verwirklichung des Regelbeispiels nach **Nr. 3** verlangt, dass die Wilderei von wenigstens zwei unberechtigt Jagenden, die jeweils eine Schusswaffe (§ 121 Rn 13) tragen, verübt wird; einer von ihnen muss Täter sein (aA SK-*Hoyer* Rn 29: mindestens zwei Mittäter). 25

4. Als **unbenannter Fall** kommt das Jagen von Wild in Betracht, dessen Bestand bedroht ist (vgl § 21 III BJagdG). 26

IV. Mit Wirkung zum 6.12.2013 wurde **Abs. 3** eingefügt, mit dem eine Anpassung an eine in § 6 a BJagdG neu zu schaffende Befriedung aus ethischen Gründen erfolgen soll. 27

V. Da § 292 kein reines Vermögensdelikt ist, kann die Vorschrift des **§ 248 a**, die der Erfassung von Bagatellkriminalität unter ökonomischen Gesichtspunkten dient, nicht entsprechend angewendet werden (*Fischer* Rn 21; KHH/*Hellmann* BT II Rn 384; *Wessels* JA 1984, 221 [226]; krit. NK-*Wohlers/Gaede* § 294 Rn 2, die eine entsprechende Anwendung zwar als sachgerecht ansehen, mangels Regelungslücke aber ebenfalls ablehnen; diff. *Vollmar*, Die Jagdwilderei, 2004, 247 f). 28

§ 293 Fischwilderei

Wer unter Verletzung fremden Fischereirechts oder Fischereiausübungsrechts
1. fischt oder
2. eine Sache, die dem Fischereirecht unterliegt, sich oder einem Dritten zueignet, beschädigt oder zerstört,

wird mit Freiheitsstrafe bis zu zwei Jahren oder mit Geldstrafe bestraft.

1 **I.** Der Tatbestand ist – bei geringerer Strafandrohung – in enger Anlehnung an § 292 ausgestaltet.

2 **II.** Der Täter muss fremdes Fischereirecht (näher NK-*Wohlers/Gaede* Rn 2) verletzen. Gegenstand dieses (nur landesrechtlich geregelten) Rechts ist die ausschließliche Befugnis, die in Gewässern wildlebenden fischbaren Wassertiere zu hegen, sie durch Aufsuchen, Nachstellen, Fangen und Erlegen zu fischen und sich anzueignen. Zum Aneignungsrecht gehört auch die Befugnis, sich tote Wassertiere und sonstige dem Fischereirecht unterliegende Sachen anzueignen.

3 Dem **Fischen** (Nr. 1) unterfällt, parallel zum Nachstellen in § 292, jede Handlung, die auf Fangen, Erlegen und Zueignen wildlebender Wassertiere gerichtet ist (unechtes Unternehmensdelikt); ein Erfolg ist nicht erforderlich (NK-*Wohlers/Gaede* Rn 4; MK-*Zeng* Rn 12). **Tatobjekte** sind nur wildlebende Wassertiere (Fische, Krebse, Frösche, Muscheln usw). Fische in privaten Teichen und geschlossenen Gewässern sind nicht herrenlos, sondern fremd iSv § 242.

4 Als Gegenstand des **Zueignens, Beschädigens** und **Zerstörens** (§ 292 Rn 14) nach Nr. 2 kommen alle dem Fischereirecht unterliegenden leblosen Sachen in Betracht (zB tote Wassertiere, Muschelschalen und Seemoos, nicht aber Bernstein).

§ 294 Strafantrag

In den Fällen des § 292 Abs. 1 und des § 293 wird die Tat nur auf Antrag des Verletzten verfolgt, wenn sie von einem Angehörigen oder an einem Ort begangen worden ist, wo der Täter die Jagd oder die Fischerei in beschränktem Umfang ausüben durfte.

1 Die Taten nach §§ 292 I, 293 sind unter den in der Vorschrift genannten Voraussetzungen nur auf Antrag des Verletzten verfolgbar. Diese Beschränkung gilt nicht für die besonders schweren Fälle nach § 292 II.

§ 295 Einziehung

¹Jagd- und Fischereigeräte, Hunde und andere Tiere, die der Täter oder Teilnehmer bei der Tat mit sich geführt oder verwendet hat, können eingezogen werden. ²§ 74 a ist anzuwenden.

1 Die Vorschrift erweitert den Anwendungsbereich von § 74 I; zu den Einziehungsobjekten gehören neben den Tatwerkzeugen auch Hunde und andere mitgeführte Tiere (näher NK-*Wohlers/Gaede* Rn 1, 3).

§ 296 (weggefallen)

§ 297 Gefährdung von Schiffen, Kraft- und Luftfahrzeugen durch Bannware

(1) Wer ohne Wissen des Reeders oder des Schiffsführers oder als Schiffsführer ohne Wissen des Reeders eine Sache an Bord eines deutschen Schiffes bringt oder nimmt, deren Beförderung
1. für das Schiff oder die Ladung die Gefahr einer Beschlagnahme oder Einziehung oder
2. für den Reeder oder den Schiffsführer die Gefahr einer Bestrafung

verursacht, wird mit Freiheitsstrafe bis zu zwei Jahren oder mit Geldstrafe bestraft.

(2) Ebenso wird bestraft, wer als Reeder ohne Wissen des Schiffsführers eine Sache an Bord eines deutschen Schiffes bringt oder nimmt, deren Beförderung für den Schiffsführer die Gefahr einer Bestrafung verursacht.

(3) Absatz 1 Nr. 1 gilt auch für ausländische Schiffe, die ihre Ladung ganz oder zum Teil im Inland genommen haben.

(4) ¹Die Absätze 1 bis 3 sind entsprechend anzuwenden, wenn Sachen in Kraft- oder Luftfahrzeuge gebracht oder genommen werden. ²An die Stelle des Reeders und des Schiffsführers treten der Halter und der Führer des Kraft- oder Luftfahrzeuges.

Die Vorschrift normiert ein Eigentumsdelikt besonderer Art (näher *Krack* wistra 2002, 81 f). Erfasst wird die Gefährdung des Eigentums an einem Schiff oder seiner Ladung durch deren staatliche Beschlagnahme oder Einziehung. Anders als der Täter eines Zueignungsdelikts, der dem Eigentümer zwar die Sache, nicht aber die rechtliche Eigentumsposition entziehen kann, vermag der Staat an einer Sache oder einem Recht durch Einziehung wirksam Eigentum zu erlangen (§ 74 e). § 297 I Nr. 1 soll der Gefahr der Besitzentziehung, aber auch des wirksamen Eigentumsverlusts durch das (dolose) Schaffen der entsprechenden staatlichen Eingriffsvoraussetzungen im Bereich des Schiffsverkehrs begegnen. Diese Regelung wird in Abs. 4 auch auf Kraft- und Luftfahrzeuge übertragen. 1

Ansonsten ist die Vorschrift durch das 6. StRG zu einem Delikt ausgestaltet worden, das (ähnlich wie § 164) bestimmte Personen vor der Gefahr einer (ungerechtfertigten) Bestrafung schützen soll (Abs. 1 Nr. 2, Abs. 2, 4). 2

Sechsundzwanzigster Abschnitt Straftaten gegen den Wettbewerb

§ 298 Wettbewerbsbeschränkende Absprachen bei Ausschreibungen

(1) Wer bei einer Ausschreibung über Waren oder Dienstleistungen ein Angebot abgibt, das auf einer rechtswidrigen Absprache beruht, die darauf abzielt, den Veranstalter zur Annahme eines bestimmten Angebots zu veranlassen, wird mit Freiheitsstrafe bis zu fünf Jahren oder mit Geldstrafe bestraft.

(2) Der Ausschreibung im Sinne des Absatzes 1 steht die freihändige Vergabe eines Auftrages nach vorausgegangenem Teilnahmewettbewerb gleich.

(3) ¹Nach Absatz 1, auch in Verbindung mit Absatz 2, wird nicht bestraft, wer freiwillig verhindert, daß der Veranstalter das Angebot annimmt oder dieser seine Leistung erbringt. ²Wird ohne Zutun des Täters das Angebot nicht angenommen oder die Leistung des Veranstalters nicht erbracht, so wird er straflos, wenn er sich freiwillig und ernsthaft bemüht, die Annahme des Angebots oder das Erbringen der Leistung zu verhindern.

I. Allgemeines

1. Die Vorschrift schützt in erster Linie den **freien Wettbewerb**; mitgeschützt wird das Vermögen des Veranstalters (BT-Drucks. 13/5584, 13; LK-*Tiedemann* Rn 6 f) und (nach hM) das Vermögen der (möglichen) Mitbewerber (BT-Drucks. 13/5584, 9, 13; zum Meinungsstand NK-*Dannecker* Rn 13). § 298 ist ein **abstraktes Gefährdungsdelikt**, da anders als beim Betrug (§ 263) der Eintritt eines schwer beweisbaren **Vermögensschadens keine Voraussetzung** für die Verwirklichung des Tatbestandes ist (vgl BGHSt 38, 186; *Joecks* wistra 1992, 247; *König* JR 1997, 397 [402]; abw. *Walter* GA 2001, 131 ff).

2. § 298 ist **kein Sonderdelikt**; nach dem Wortlaut kann jedermann, also auch ein Nichtkartellmitglied, Täter sein (BGH NJW 2012, 3318; *Fischer* Rn 17; soweit auch LK-*Tiedemann* Rn 13 f). Ob jedoch derjenige, der selbst kein Angebot abgibt, Täter sein kann, dh ob sich materiell eine Einschränkung des Täterkreises ergibt, ist umstritten (s. Rn 11).

II. Tatbestand

1. **Tatsituation** ist das Vorliegen einer Ausschreibung über Waren oder Dienstleistungen. Eine **Ausschreibung** ist ein – öffentliches oder privates, beschränktes oder unbeschränktes (*Greeve* NStZ 2002, 505; *Otto* BT § 61/143) – Verfahren, in dem unterschiedliche Angebote eingehen (S/S-*Heine/Eisele* Rn 4; zur Auftragsvergabe außerhalb einer Ausschreibung *Greeve*, Korruptionsdelikte in der Praxis, 2005, Rn 354 ff). Ausschreibungen privater Veranstalter müssen den allgemeinen Grundsätzen der für öffentliche Auftraggeber geltenden Vergabevorschriften – Bindungswillen, Gleichheitsprinzip, Angebotsauswertung nach offenen und bestimmten Wertungskriterien sowie Beschränkung auf leistungsfähige, fachkundige und zuverlässige Unternehmen – entsprechen (BT-Drucks. 13/5584, 14; BGH NStZ 2003, 548 [549]; StV 2003, 451; LK-*Tiedemann* Rn 20). Umstritten ist, ob Verhandlungsverfahren iSv § 119 V GWB (mit vorheriger öffentlicher Teilnahmeaufforderung) als Ausschreibungen anzusehen sind (verneinend LK-*Tiedemann* Rn 21; bej. *Greeve* NStZ 2002, 505 [506]; *dies.*, Korruptionsdelikte in der Praxis, 2005, Rn 347 ff aufgrund Umkehrschlusses aus Abs. 2).

4. Die Begriffe der Waren und Dienstleistungen sind iSd GWB und UWG zu verstehen (zu den Begriffen des GWB siehe MK-*Hohmann* Rn 47 f): **Waren** sind neben beweglichen Sachen auch Immobilien und Rechte (MK-*Hohmann* Rn 49; L-Kühl-*Heger* Rn 2). Der Begriff der **gewerblichen Leistungen** ist im Zuge des Gesetzes zur Bekämpfung der Korruption vom 20.11.2015 (BGBl. I 2015, 2025) durch den Begriff der **Dienstleistungen** ersetzt worden. Dabei handelt es sich um eine redaktionelle Folgeänderung zu der Ersetzung des Begriffes der „gewerblichen Leistungen" durch den Begriff der „Dienstleistungen" im Gesetz gegen den

unlauteren Wettbewerb in der Fassung der Bekanntmachung vom 3.3.2010 (BGBl. I S. 254). Bei **Dienstleistungen** handelt es sich um Tätigkeiten für einen Anderen, bei denen der Erfolg dem Anderen und nicht dem Dienstleister selbst zugutekommt (MK zum Lauterkeitsrecht-*Wiebe*, 2. Aufl. 2014, § 4 Nr. 9 UWG Rn 54). Darunter sind sowohl gewerbliche als auch freiberufliche Leistungen zu fassen, die einen wirtschaftlichen Wert haben (MK zum Lauterkeitsrecht-*Wiebe*, 2. Aufl. 2014, § 4 Nr. 9 UWG Rn 54; zu freiberuflichen Leistungen *Dann* NJW 2016, 203 [204]). Insoweit ist durch Ersetzung des Begriffs der Dienstleitung keine wesentliche Änderung eingetreten (siehe dazu im Vergleich die Definition der gewerblichen Leistung in BT-Drucks. 13/5584, 14; *Otto*, 7. Aufl. 2005, § 61/144; S/S-*Heine*, 28. Aufl. 2010, § 298 Rn 5; zur Strafbarkeit bei der Vergabe von Bauleistungen vgl *Wiesmann*, Die Strafbarkeit gemäß § 298 bei Vergabe von Bauleistungen, 2006, 86 ff).

Der Situation der Ausschreibung ist über **Abs. 2** die **freihändige Vergabe eines** 5 **Auftrags nach vorausgegangenem Wettbewerb** gleichgestellt. Andere Vergabeverfahren, zB freihändige Vergabeverfahren ohne vorausgegangenen Teilnahmewettbewerb, können als Ordnungswidrigkeit von § 81 II Nr. 1 GWB erfasst werden (L-Kühl-*Heger* Rn 4; *Stoffers/Möckel* NJW 2012, 3270 [3271]).

2. Tathandlung ist die Abgabe eines (schriftlichen) **Angebots** beim Veranstalter 6 (zu den Förmlichkeiten *Greeve* NStZ 2002, 505 [509 f]; *dies.*, Korruptionsdelikte in der Praxis, 2005, Rn 376 ff; LK-*Tiedemann* Rn 27). Auch ein Angebot, das an so schwerwiegenden vergaberechtlichen Mängeln leidet, dass es zwingend vom Ausschreibungsverfahren ausgeschlossen werden müsste, soll nach der Rspr den Tatbestand des § 298 I erfüllen können (BGH NJW 2014, 1252; aA NK-*Dannecker* Rn 51, 53; MK-*Hohmann* Rn 58). Der Begriff der **Abgabe** ist nicht iSd § 130 I BGB zu verstehen; vielmehr ist der **Zugang** des Angebots beim Veranstalter für die **Vollendung** der Tat notwendig (*Fischer* Rn 15; LK-*Tiedemann* Rn 29; einschr. *Wolters* JuS 1998, 1100 [1102]). Erst dann ist das geschützte Rechtsgut des § 298 gefährdet. Ein bloßes Absenden des Angebots ist allenfalls als (hier strafloser) Versuch zu werten (S/S-*Heine/Eisele* Rn 13; L-Kühl-*Heger* Rn 3). Auch die bloße Absprache genügt nicht. Ein Verheimlichen der Absprache ist – anders als bei § 263 – nicht Voraussetzung (BT-Drucks. 13/5584, 14); auch offene Absprachen beschränken den Wettbewerb. Kollusives Verhalten ist somit tatbestandsmäßig (NK-*Dannecker* Rn 44, 54, 90; *Wolters* JuS 1998, 1100 [1102]; einschr. *Greeve* NStZ 2002, 505 [508 f]).

Die Tathandlung muss auf einer rechtswidrigen Absprache beruhen. „Rechtswid- 7 rig" ist hier **Tatbestandsmerkmal** (hM, S/S/W-*Bosch* Rn 11; *Otto* BT § 61/145; *Wolters* JuS 1998, 1100 [1102]) und liegt (nur) vor, wenn ein nach Kartellrecht (§ 1 GWB, Art. 101 AEUV) unwirksamer Vertrag oder eine verbotene Verhaltensweise gegeben ist (*Bender*, Sonderstraftatbestände gegen Submissionsabsprachen, 2005, 190 ff; *Schmitz* RIW 2003, 189 [190]; LK-*Tiedemann* Rn 33 f).

Absprache ist ein – aus Sicht der Beteiligten bindendes – Übereinkommen unter 8 den potenziellen Anbietern oder zwischen zumindest einem Anbieter und dem Veranstalter über das Verhalten im Ausschreibe- bzw Vergabeverfahren (zur Zulässigkeit von Bietergemeinschaften und ARGen *Greeve*, Korruptionsdelikte in der Praxis, 2005, Rn 369 ff). Auch **vertikale Absprachen** werden erfasst (BGH NJW 2012, 3318; *Fischer* Rn 10; *Hohmann* wistra 2013,105 f; *Stoffers/Möckel* NJW 2012, 3270 [3273]; LK-*Tiedemann* Rn 14; aA NK-*Dannecker* Rn 90). Damit das Angebot auf der rechtswidrigen Absprache **beruht**, muss zwischen beiden ein Kausalzusammenhang gegeben sein (LK-*Tiedemann* Rn 31). Die Absprache (nicht das Angebot) muss ihrer objektiven und subjektiven Zwecksetzung nach **final** darauf gerichtet sein, den Veranstalter zur Annahme des Angebots zu veranlassen.

9 3. Der **subjektive Tatbestand** erfordert (zumindest bedingt) vorsätzliches Handeln, das sich sowohl auf die Abgabe des Angebots als auch auf den Inhalt der rechtswidrigen Absprache bezieht (LK-*Tiedemann* Rn 42).

10 **III. Tätige Reue (Abs. 3):** Angesichts der weiten Vorverlegung des Vollendungszeitpunkts (Abgabe des Angebots) eröffnet Abs. 3 in Anlehnung an die Rücktrittsregeln (§ 24) die Möglichkeit tätiger Reue (W-*Hillenkamp* Rn 703; näher *Greeve*, Korruptionsdelikte in der Praxis, 2005, Rn 394 ff).

11 **IV. Beteiligung:** Als **Täter** kommt zunächst in Betracht, wer das auf der kartellrechtswidrigen Absprache beruhende Angebot abgibt, also nach außen hin als Handlungsbefugter eines beteiligten Unternehmens auftritt. Kartellmitglieder, die absprachegemäß kein Angebot abgeben, oder Mitarbeiter des Veranstalters sollen ebenfalls als (Mit-)Täter in Betracht kommen, sofern ihnen nach den allgemeinen Regeln der Abgrenzung von Täterschaft und Teilnahme die Abgabe des Submissionsangebots zurechenbar ist (BGH NJW 2012, 3318 m. krit. Anm. *Hohmann* wistra 2013, 105 [107]; *Fischer* Rn 17 ff; iE abl. NK-*Dannecker* Rn 89 ff; LK-*Tiedemann* Rn 46 f). Dabei sollte jedoch beachtet werden, dass ohne die Abgabe eines Angebots mangels Tathandlung nur ausnahmsweise (LK-*Tiedemann* Rn 47) bzw nur über die Anwendung einer strengen subjektiven Theorie eine Täterschaft angenommen werden kann (vgl BeckOK-*Momsen* Rn 16 ff).

12 **V. Konkurrenzen:** Wegen der unterschiedlichen Schutzgüter von § 263 und § 298 stehen beide in Tateinheit (*Fischer* Rn 22; *König* JR 1997, 397 [402]; *Korte* NStZ 1997, 513 [516]; aA *Wolters* JuS 1998, 1100 [1102]: § 298 verdrängt einen gleichzeitig verwirklichten Submissionsbetrug; vgl hierzu auch *Götting/Götting* ZfBR 2003, 341 [349]; *Walter* JZ 2002, 254 [256]).

13 **VI.** Grds wird § 298 nur auf einen Strafantrag gem. § 301 verfolgt, es sei denn, es besteht ein öffentliches Interesse an der Strafverfolgung.

§ 299 Bestechlichkeit und Bestechung im geschäftlichen Verkehr

(1) Mit Freiheitsstrafe bis zu drei Jahren oder Geldstrafe wird bestraft, wer im geschäftlichen Verkehr als Angestellter oder Beauftragter eines Unternehmens
1. einen Vorteil für sich oder einen Dritten als Gegenleistung dafür fordert, sich versprechen lässt oder annimmt, dass er bei dem Bezug von Waren oder Dienstleistungen einen anderen im inländischen oder ausländischen Wettbewerb in unlauterer Weise bevorzuge, oder
2. ohne Einwilligung des Unternehmens einen Vorteil für sich oder einen Dritten als Gegenleistung dafür fordert, sich versprechen lässt oder annimmt, dass er bei dem Bezug von Waren oder Dienstleistungen eine Handlung vornehme oder unterlasse und dadurch seine Pflichten gegenüber dem Unternehmen verletze.

(2) Ebenso wird bestraft, wer im geschäftlichen Verkehr einem Angestellten oder Beauftragten eines Unternehmens

1. einen Vorteil für diesen oder einen Dritten als Gegenleistung dafür anbietet, verspricht oder gewährt, dass er bei dem Bezug von Waren oder Dienstleistungen ihn oder einen anderen im inländischen oder ausländischen Wettbewerb in unlauterer Weise bevorzuge, oder
2. ohne Einwilligung des Unternehmens einen Vorteil für diesen oder einen Dritten als Gegenleistung dafür anbietet, verspricht oder gewährt, dass er bei dem Bezug von Waren oder Dienstleistungen eine Handlung vornehme oder unterlasse und dadurch seine Pflichten gegenüber dem Unternehmen verletze.

I. Allgemeines

Die Vorschrift dient dem **Schutz** des **freien, lauteren Wettbewerbs** (NK-*Dannecker* Rn 4 f; *Schmidl* wistra 2006, 286 ff). Nach hM sollen neben der **Allgemeinheit** gleichrangig auch die **Mitbewerber** (in ihrer Chancengleichheit und ihren Vermögensinteressen) geschützt werden (NK-*Dannecker* Rn 5; MK-*Krick* Rn 2; LK-*Tiedemann* Rn 1). Da es auf den Eintritt des Vermögensvorteils als Folge der Bevorzugung nicht ankommt, handelt es sich bei § 299 um ein **abstraktes Gefährdungsdelikt** (*Krack* NStZ 2001, 505 [507]; MK-*Krick* Rn 2; *Lesch* AnwBl 2003, 261 [264]). Anders als die §§ 331 ff stellt § 299 auf Bestechungshandlungen in der Privatwirtschaft ab und erfordert keine Beteiligung von Amtsträgern. Am 26.11.2015 ist das Gesetz zur Bekämpfung der Korruption in Kraft getreten (BGBl. I 2015, 2025), welches laut seiner Begründung der Umsetzung internationaler und europäischer Vorgaben zur Bekämpfung der (grenzüberschreitenden) Korruption und Schließung von Strafbarkeitslücken im Bereich der Geldwäsche dienen soll (vgl Referentenentwurf des BMJV, 1 [10 f]; krit. *Hoven* NStZ 2015, 553 [560]; vgl auch *Dann* NJW 2016, 203 ff). Im Zuge dessen wurden die Regelungen des IntBestG sowie des EUBestG in das StGB integriert (vgl § 335 a, welcher eine Gleichstellung von deutschen und ausländischen Richtern, Amtsträgern, Soldaten sowie sonstigen Bediensteten, differenziert nach Straftatbeständen, vornimmt). Durch diese Gesetzesreform hat § 299 signifikante Änderungen erfahren. Die frühere Tatbestandsfassung des § 299 wurde in Abs. 1 Nr. 1 und Abs. 2 Nr. 1 integriert. In Abs. 1 Nr. 2 und Abs. 2 Nr. 2 finden sich zwei neue Tatbestandsvarianten, welche den Schutz des Anstellungsunternehmers bzw Auftraggebers des Vorteilsempfängers erfassen (sog. **Geschäftsherrenmodell**). Damit wurde die Strafbarkeit des § 299 auf Handlungen außerhalb des Wettbewerbs erweitert (*Fischer* Rn 1; *Walther* DB 2016, 95). Durch die Erweiterung der Tatbestandsvarianten des Abs. 1 Nr. 2 und Abs. 2 Nr. 2 werden nun auch die Interessen des **Geschäftsherrn** an der loyalen und unbeeinflussten Erfüllung der Pflichten durch seine Angestellten und Beauftragten im Bereich des Austauschs von Waren und Dienstleitungen vom Schutzbereich des § 299 umfasst (BT-Drucks. 18/4350, 21; NK-*Dannecker* Rn 107; krit. *Dann* NJW 2016, 203 [204]. Schon vor der Erweiterung des § 299 durch das Gesetz zur Bekämpfung der Korruption vom 20.11.2015 [BGBl. I 2015, 2025] wurde nach einer verbreiteten Ansicht der Geschäftsherr bereits mit geschützt, ausf. dazu NK-*Dannecker* Rn 6). Zudem wurde der frühere Abs. 3 nun in die Abs. 1 und 2 integriert. 1

§ 299 enthält nunmehr in Abs. 1 zwei Tatbestandsvarianten (Nr. 1 und 2) der **Bestechlichkeit**. Der Abs. 2 entspricht spiegelbildlich dem Abs. 1 und pönalisiert in seinen zwei Tatbestandsvarianten (Nr. 1 und 2) die (aktive) **Bestechung** von Angestellten oder Beauftragten eines Unternehmens. 2

3 Nach **Abs. 1** (**Bestechlichkeit**) macht sich der Angestellte oder Beauftragte eines Unternehmens strafbar,

4 ■ Nr. 1: der sich bestechen lässt, dass er bei dem Bezug von Waren oder Dienstleistungen einen anderen im inländischen oder ausländischen Wettbewerb in unlauterer Weise bevorzugt.

5 ■ Nr. 2: der sich ohne Einwilligung des Unternehmens bestechen lässt, dass er bei dem Bezug von Waren oder Dienstleistungen eine Handlung vornimmt oder unterlässt und dadurch seine Pflichten gegenüber dem Unternehmen verletzt.

6 Abs. 1 formuliert somit ein echtes **Sonderdelikt** (S/S-*Heine/Eisele* Rn 5; S/S/W-*Rosenau* Rn 6; LK-*Tiedemann* Rn 10; krit. zur Tatbestandsfassung *Winkelbauer* Weber-FS 385 ff), wobei die Täterposition des Abs. 1 Sonderpflichtmerkmal iSv § 28 I ist.

7 Nach **Abs. 2** (**Bestechung**) macht sich strafbar, wer einen Angestellten oder Beauftragten eines Unternehmens,

8 ■ Nr. 1: besticht, dass er bei dem Bezug von Waren oder Dienstleistungen ihn oder einen anderen im inländischen oder ausländischen Wettbewerb in unlauterer Weise bevorzugt.

9 ■ Nr. 2: ohne Einwilligung des Unternehmens besticht, dass er bei dem Bezug von Waren oder Dienstleistungen eine Handlung vornimmt oder unterlässt und dadurch seine Pflicht gegenüber dem Unternehmen verletzt.

10 Anders als bei Abs. 1 handelt es sich jedoch nicht um ein Sonderdelikt; Täter kann hier jedermann sein (*Bürger* wistra 2003, 130 [131]). Das Verhalten des Vorteilsnehmers ist in Abs. 1 abschließend erfasst; der Vorteilsnehmer kann daher wegen seines Verhaltens nicht als Teilnehmer einer Tat nach Abs. 2 bestraft werden (*Otto* BT § 61/164).

II. Abs. 1 (Bestechlichkeit)

11 1. Tauglicher **Täter** ist, wer zum Zeitpunkt der Tathandlung (BGH NStZ 2014, 42 [43 f]) Angestellter oder Beauftragter eines Unternehmens ist. Durch das Gesetz zur Bekämpfung der Korruption (BGBl. I 2015, 2025) hat der Begriff des **Unternehmens** den des **geschäftlichen Betriebs** ersetzt. Damit sollen allerdings keine inhaltlichen Änderungen verbunden sein (BR-Drucks. 25/15, 22; so sollen insbesondere auch Behörden weiterhin in den Anwendungsbereich des § 299 fallen, sofern sie am Wirtschaftsverkehr teilnehmen, vgl *Fischer* Rn 6 für den „geschäftlichen Betrieb"). Insoweit ist auch für den Unternehmensbegriff weiterhin auf die für den geschäftlichen Betrieb entwickelte Definition abzustellen. Erforderlich ist demnach eine auf Dauer angelegte Unternehmung, die außerhalb des reinen Privatbereichs am Wirtschaftsverkehr durch Austausch von Leistung und Gegenleistung teilnimmt (L-Kühl-*Heger* Rn 2; *Otto* BT § 61/154).

12 Kein tauglicher Täter ist dementsprechend der Unternehmensinhaber des fraglichen Unternehmens selbst (noch zum Begriff des Betriebs vgl BGHSt 57, 202 [211]; BGH NStZ 2014, 42). Der Begriff des **Angestellten** ist weit auszulegen; unter ihn fallen alle Personen, die in einem (auch nur kurzfristigen) vertraglich oder faktisch begründeten Dienstverhältnis zum Geschäftsherrn stehen und dessen Weisungen unterworfen sind (*Fischer* Rn 9; L-Kühl-*Heger* Rn 2). Deshalb werden im Rahmen eines fiskalischen Handelns auch Beamte einer öffentlich-

rechtlichen Körperschaft erfasst (*Fischer* Rn 9). **Beauftragter** ist jede Person, die, ohne Angestellter oder Inhaber des Unternehmens zu sein, befugtermaßen berechtigt und verpflichtet ist, für das Unternehmen dauernd oder gelegentlich geschäftlich tätig zu werden (*Fischer* Rn 10; *Lesch* AnwBl 2003, 261 [264]). Die lange umstrittene Frage, ob niedergelassene Kassenärzte als „Beauftragte" der jeweiligen Krankenkasse anzusehen sind (bej. OLG Braunschweig NStZ 2010, 392 m. zust. Anm. *Schmidt*; *Fischer* Rn 10 b; *Kölbel* NStZ 2011, 195 [196 f]; verneinend etwa *Klötzer* NStZ 2008, 12 ff [16]; *Wostry* JR 2011, 165 ff; diff. *Schneider/Gottschald* wistra 2009, 133 [136]), ist (nach Vorlage der Frage durch den 3. Strafsenat; s. hierzu auch *Schuhr* NStZ 2012,11) vom Großen Senat verneint worden (BGH NJW 2012, 2530; zust. *Sahan* ZIS 2012, 386; zu weiteren Konsequenzen *Krüger* StraFo 2012, 308; krit. *Kölbel* StV 2012, 592 [594]; ausf. MK-*Krick* Rn 11 ff). Um daraus resultierende Strafbarkeitslücken zu schließen, ist nun das Gesetz zur Bekämpfung von Korruption im Gesundheitswesen (BGBl. I 2016, 1254) am 4.6.2016 in Kraft getreten, welches zwei neue Tatbestände zur Bestechlichkeit und Bestechung im Gesundheitswesen (§§ 299 a und b) in das StGB eingeführt hat.

2. Der Täter muss in einer bestimmten **Tatsituation**, nämlich **im geschäftlichen** 13 **Verkehr,** handeln. Darunter sind geschäftliche Beziehungen zu einem Betrieb zu verstehen (*Fischer* Rn 12; S/S-*Heine/Eisele* Rn 9 f mwN). Dieses Tatbestandsmerkmal dient der **Abgrenzung** der strafbaren Handlung in zwei Richtungen: Straflos bleibt ein Handeln des Täters im Privatbereich (vgl *Lesch* AnwBl 2003, 261 [264]), zB bei absprachebedingten Entscheidungen des „bestochenen" Schiedsrichters im Rahmen eines Fußballspiels (*Kindhäuser* ZIS 2011, 461 [469]; *Krack* ZIS 2011, 475 [478]). Handelt der Täter hingegen im amtlichen Verkehr bei der Ausübung von Hoheitsrechten, so richtet sich seine Strafbarkeit als Amtsträger nach den §§ 331 ff (vgl *Fischer* Rn 6; *Tiedemann* BT § 5/209 ff).

3. ISv Abs. 1 handelt, wer einen Vorteil **fordert, sich versprechen lässt** oder **an-** 14 **nimmt** (§ 331 Rn 13 ff). Die Tathandlung muss sich auf einen **Vorteil** (§ 331 Rn 6 ff) **als Gegenleistung** (§ 331 Rn 17) beziehen.

4. Besonderheiten der Bestechlichkeit nach Abs. 1 Nr. 1. Die sog. Unrechtsverein- 15 barung muss auf die künftige Bevorzugung eines anderen in unlauterer Weise bei dem Bezug von Waren oder Dienstleistungen im inländischen und ausländischen Wettbewerb abzielen (S/S-*Heine/Eisele* Rn 17; *Schmitz* RIW 2003, 189 [191]). Die Annahme eines Vorteils für bereits in der Vergangenheit liegende Bevorzugungen wird nur dann ausnahmsweise von § 299 I erfasst, wenn diese Bevorzugungen bereits Gegenstand einer Unrechtsvereinbarung waren und die vorangegangene Unrechtsvereinbarung ihrerseits tatbestandsmäßig nach § 299 I gewesen ist (BGH NStZ 2014, 42; *Fischer* Rn 13; SK-*Rogall* Rn 61). **Bevorzugung** ist die Besserstellung eines anderen im inländischen oder ausländischen Wettbewerb gegenüber anderen Mitbewerbern (BGH NJW 2003, 2996 [2997]; NJW 2006, 3290 [3298]; *Kienle/Kappel* NJW 2007, 3530 [3532 f]). Die Bevorzugung muss sich auf den Bezug von **Waren oder Dienstleitungen** (§ 298 Rn 4) beziehen (krit. *Schmidl* wistra 2006, 286 [289], der eine Bevorzugung auch dann als gegeben ansieht, wenn sie den Bezug anderer Leistungen betrifft, die typischerweise von Wettbewerbern erbracht werden). Bezug ist alles, was mit dem Erhalt und der Abwicklung einer Lieferung von Waren zusammenhängt, also auch deren Bestellung, Abnahme, Prüfung und Bezahlung (*Fischer* Rn 14). **In unlauterer Weise** erfolgt die Bevorzugung, wenn sie nicht auf sachgerechten Erwägungen beruht (*Fischer* Rn 16; *Otto* BT § 61/ 159; *Tiedemann* BT § 5/207 ff).

16 5. **Besonderheiten der Bestechlichkeit nach Abs. 1 Nr. 2.** Die neu eingefügte Nr. 2 des Abs. 1 (sowie Abs. 2 Nr. 2) erfordert nicht, dass die Gefahr einer Wettbewerbsverzerrung eintritt, sondern dass der Täter eine Pflicht gegenüber seinem Geschäftsherrn verletzt, sog. **Geschäftsherrenmodell** (*Dann* NJW 2016, 203; *Walther* DB 2016, 95). Eine sog. **Unrechtsvereinbarung** liegt in den Fällen des Abs. 1 Nr. 2 und Abs. 2 Nr. 2 dann vor, wenn der Vorteilsempfänger ohne Einwilligung des Geschäftsherrn eine Pflichtverletzung bei dem Bezug von Waren oder Dienstleistungen in Aussicht stellt.

17 Bei der Pflicht muss es sich um eine solche handeln, die der Angestellte oder Beauftragte gegenüber seinem Geschäftsherrn zu erfüllen hat (unternehmensinterne Pflicht; NK-*Dannecker* Rn 107). Eine **Pflichtverletzung** erfordert ein über die bloße Annahme des Vorteils oder das Verschweigen der Zuwendung gegenüber dem Geschäftsherrn hinausgehendes **Handeln** oder **Unterlassen**. Der Vorteil im Rahmen der Unrechtsvereinbarung muss eine Gegenleistung für die im Interesse des Vorteilsgebers liegende Verletzung von Pflichten durch den Vorteilsnehmer sein (BT-Drucks. 18/6389, 15).

18 Eine **Einwilligung** des Unternehmens soll tatbestandsausschließend sein, da es keines Schutzes des Unternehmens bedarf, sofern dieses in Kenntnis der Unrechtsvereinbarung die Annahme (bzw Gewährung in Abs. 2 Nr. 2) des Vorteils im Vorfeld gestattet (BT-Drucks. 18/6389, 15; krit. *Dann* NJW 2016, 203). Eine solche soll allerdings nur vorliegen, wenn das Unternehmen sowohl die Annahme (bzw Gewährung in Abs. 2 Nr. 2) des Vorteils gestattet als auch der mit dem Vorteil verbundenen pflichtwidrigen Handlung des Angestellten oder Beauftragten zustimmt (BT-Drucks. 18/6389, 15). Die Einwilligung muss vor der Tat erteilt werden, wobei sie im Falle des Vorliegens von Willensmängeln unwirksam ist (BT-Drucks. 18/6389, 15; *Fischer* Vor § 32 Rn 3 b).

19 6. Der **subjektive Tatbestand** der Tatbestandsvarianten des Abs. 1 verlangt (zumindest bedingten) Vorsatz. Siehe zu Irrtumskonstellationen *Röske/Böhme* wistra 2011, 445. Da eine wettbewerbsbezogene Absicht nicht mehr erforderlich ist, muss es dem Täter (iSv dolus directus 1. Grades) nur noch darauf ankommen, dass die andere Seite den Vorteil als Gegenleistung für die Bevorzugung im Wettbewerb begreift (NK-*Dannecker* Rn 111).

III. Abs. 2 (Bestechung)

20 1. Durch den Wegfall des Erfordernisses eines Handelns „zu Zwecken des Wettbewerbs" kommt als **Täter** der Bestechungsvariante des Abs. 2 Nr. 1 nicht mehr nur ein Mitbewerber oder ein für ihn handelnder Dritter in Betracht (BT-Drucks. 18/4350, 21; NK-*Dannecker* Rn 106). Da die Bevorzugung gerade „bei dem Bezug von Waren oder Dienstleistungen" erfolgen muss, bedarf es eines entsprechenden Anbieters, der begünstigt werden soll (NK-*Dannecker* Rn 106). Dabei kann der Täter entweder selbst ein solcher Anbieter sein, somit eigennützig handeln, oder aber die Begünstigung eines anderen Anbieters erreichen wollen, was einem fremdnützigen Handeln entspricht. Zudem muss der Täter „im geschäftlichen Verkehr" tätig werden, so dass ein Privater dieses Erfordernis nur erfüllen kann, sofern er im Interesse eines Mitbewerbers nach außen erkennbar für diesen (wenn auch vollmachtslos) auftritt (NK-*Dannecker* Rn 106).

21 2. Als **Täter** des Abs. 2 Nr. 2 kommt jeder in Betracht, der „im geschäftlichen Verkehr" tätig wird (Rn 20). Dabei bedarf es – anders als in Abs. 2 Nr. 1 – keines

Anbieters von Waren und Dienstleistungen, da es gerade nicht auf eine Bevorzugung des Täters oder eines anderen ankommt.

3. Die Tathandlungen des **Anbietens, Versprechens** und **Gewährens** entsprechen jeweils spiegelbildlich denen des Abs. 1 (hierzu § 333 Rn 3). 22

4. **Besonderheiten der Bestechung nach Abs. 2 Nr. 1.** Durch die Einführung des Handelns „im Wettbewerb" (vor der Neufassung im Zuge des Gesetz zur Bekämpfung der Korruption vom 20.11.2015 [BGBl. I 2015, 2025] fand sich anstelle dessen das Erfordernis des Handelns „zu Zwecken des Wettbewerbs". Durch die Ersetzung dieses Begriffs sollte ein Gleichklang zwischen der Bestechlichkeit und der Bestechung erreicht werden (BT-Drucks. 18/4350, 21). Die **Tathandlung** des Abs. 2 Nr. 1 entspricht nunmehr spiegelbildlich derjenigen des Abs. 1 Nr. 1 (Rn 15). 23

5. **Besonderheiten der Bestechung nach Abs. 2 Nr. 2.** Abs. 2 Nr. 2 als Form der (aktiven) Bestechung entspricht spiegelbildlich dem Abs. 1 Nr. 2 (hierzu die Ausführungen zu Abs. 1 Nr. 2, Rn 16 ff). 24

6. Der **subjektive Tatbestand des Abs. 2** verlangt ebenso wie Abs. 1 (zumindest bedingten) Vorsatz (vgl Rn 19). 25

IV. Eine Tat nach § 299 wird grds. nur aufgrund eines **Strafantrags** gem. § 301 verfolgt. 26

V. Umstritten ist, ob der Bestochene noch eine **Strafbefreiung analog** § 298 III erlangen kann, wenn er verhindert, dass sich die mit der Zahlung verfolgte Bevorzugung realisiert (bej. *Krack* NStZ 2001, 507; krit. *Fischer* Rn 21 b; *Schmidl* wistra 2006, 286 [290]). 27

Vorbemerkung zu den §§ 299 a–299 b

I. Duch das Gesetz zur Bekämpfung der Korruption im Gesundheitswesen vom 30.5.2016 (BGBl. I 2016, 1254) hat der Gesetzgeber erneut sein Bemühen bekundet, die Korruptionstatbestände des StGB zu reformieren. Neben der Neufassung des § 299 durch das Gesetz zur Bekämpfung der Korruption (BGBl. I 2015, 2025) finden sich nun in Form von §§ 299 a und 299 b zwei Tatbestände, die Verstöße gegen berufsrechtliche Pflichten zur Wahrung der heilberuflichen Unabhängigkeit sanktionieren. Als Auslöser für den Bedarf einer solchen Kriminalisierung kann u.a. die Entscheidung des Großen Senats des BGH vom 29.3.2012 (BGHSt 57, 202) angesehen werden, wonach niedergelassene, für die vertragsärztliche Versorgung zugelassene Ärzte bei der Wahrnehmung der ihnen in diesem Rahmen übertragenen Aufgaben weder als Amtsträger (§ 11 I Nr. 2 lit. c) noch als Beauftragte der gesetzlichen Krankenkassen (§ 299) fungieren, mit der Folge, dass die bestehenden Korruptionstatbestände auf solche Fälle nicht anwendbar sind (näher zum Bedarf der Kriminalisierung *Schröder* NZWiSt 2015, 321 f; vgl auch BR-Drucks. 360/15, 1). Die Straftatbestände der Untreue (§ 266) und des Betrugs (§ 263), die ebenfalls auf einen Vermögensschutz ausgerichtet sind, können die Fälle des Gebens und Nehmens von Bestechungsgeldern nicht zufriedenstellend erfassen und decken den Unrechtsgehalt der Korruption nicht ausreichend ab (BR-Drucks. 360/15, 1). 1

II. Aufgrund der systematischen Stellung der §§ 299 a und b bei den „Straftaten gegen den Wettbewerb" im 26. Abschnitt des StGB sollen die beiden Tatbestände 2

– ausweislich der Begründung des Regierungsentwurfs – einen **doppelten Rechtsgüterschutz** verfolgen (so ausdrücklich in BT-Drucks. 18/6446, 12 sowie in Beschlussempfehlung und Bericht, BT-Drucks. 18/8106, 17). Einerseits soll die Sicherung eines fairen Wettbewerbs im Gesundheitswesen, andererseits ein Vertrauensschutz der Patienten in die Integrität heilberuflicher Entscheidungen bezweckt werden. Mittelbar sollen zudem die Vermögensinteressen der Wettbewerber, der Patienten und der gesetzlichen Krankenversicherungen geschützt werden. Gegen eine solche Betrachtung wenden sich allerdings Stimmen in der Literatur (*Dann/Scholz* NJW 2016, 2077 unter Verweis auf *Tsambikakis* medstra 2016, 131 [132]), die das Modell des doppelten Rechtsgüterschutzes durch die Streichung der Tatbestandskonstellationen der Verletzung der berufsrechtlichen Pflicht sowie der Auflösung der Anküpfung der Bezugsentscheidung an die berufsrechtliche Pflicht zur Wahrung heilberuflicher Unabhängigkeit, welche beide noch im Regierungsentwurf (BT-Drucks. 18/6446) vorgesehen waren, als nicht mehr vertretbar ansehen (vgl dazu auch *Schröder* NZWiSt 2015, 321 [325], der sich zwar für einen doppelten Rechtsgüterschutz ausspricht, sich dabei allerdings – bzgl des schutzwürdigen Vertrauens der Patienten in die Integrität heilberuflicher Entscheidungen – ersichtlich auf die gestrichenen bzw abgeänderten Tatbestandskonstellationen bezieht). Alleiniges Schutzgut solle daher die Sicherung eines fairen Wettbewerbs im Gesundheitswesen sein; Parteiinteressen an einer unbeeinflußten Berufsausübung seien dagegen nur mittelbar geschützt (*Tsambikakis* medstra 2016, 131 [132]; sich anschließend *Dann/Scholz* NJW 2016, 2077).

3 Es handelt sich bei §§ 299 a und 299 b um **abstrakte Gefährdungsdelikte**. Ersteres stellt dabei ein **Sonderdelikt** dar, wohingegen letzteres von **jedermann** verwirklicht werden kann. Beide Tatbestände sind als Offizialdelikte ausgestaltet, für die folglich kein Strafantragerfordernis besteht (so erst BT-Drucks. 18/8106, 17).

4 III. **Der Tatbestand des § 299 a. Täter** des als Sonderdelikt ausgestalteten § 299 a kann jeder Angehörige eines Heilberufs sein, dessen Berufsausübung oder dessen Berufsbezeichnung eine staatlich geregelte Ausbildung erfordert, wobei der taugliche Täterkreis dem des § 203 I Nr. 1 entspricht. Die Tätereigenschaft stellt somit ein besonderes persönliches Merkmal iSd § 28 I dar. Der Tatbestand der Bestechlichkeit erfasst das **Fordern, Sich versprechen lassen** oder **Annehmen** eines **Vorteils** und entspricht somit den Tatbestandsvarianten des § 299 I (vgl dazu § 299 Rn 14). Auf die hierzu entwickelten Auslegungsgrundsätze kann zurückgegriffen werden (BT-Drucks. 18/6446, 17 f). Auch hinsichtlich der geforderten **Unrechtsvereinbarung** ist auf die für § 299 entwickelten Grundsätze abzustellen (BT-Drucks. 18/6446, 18; ausf. zu den Tatbestandsvoraussetzungen der §§ 299 a und 299 b *Dann/Scholz* NJW 2016, 2077 [2078 ff] und *Tsambikakis* medstra 2016, 131 [133 ff]).

5 IV. **Der Tatbestand des § 299 b** entspricht spiegelbildlich – ohne allerdings Sonderdelikt zu sein (vgl Rn 3) – dem des § 299 a, weshalb auf die Ausführungen unter Rn 4 verwiesen wird.

6 V. **Konkurrenzen.** Erfüllt eine als Gegenleistung für den Vorteil vorgenommene pflichtwidrige Handlung neben § 299 a noch andere korruptionsfremde Delikte (zB §§ 223, 263 und 266), so kann für die Bestimmung des Konkurrenzverhältnisses auf die bestehenden Grundsätze von §§ 299, 331 ff abgestellt werden (BT-Drucks. 18/6446, 16; idR wird Tateinheit anzunehmen sein, vgl zB *Fischer* § 299 Rn 25 a). Im Verhältnis von § 299 a zu den Korruptionstatbeständen der

§§ 331 ff soll auf die von der Rechtsprechung zum Verhältnis von §§ 299 und 331 ff entwickelten Kriterien zurückgegriffen werden (BT-Drucks. 18/6446, 16; unerwähnt bleibt dabei allerdings, dass schon das Verhältnis von § 299 und §§ 331 ff umstritten ist, vgl NK-*Dannecker* § 299 Rn 90). Erfüllt ein Verhalten neben § 299 a zugleich auch § 299, so soll nach der Begründung des Regierungsentwurfes regelmäßig Tateinheit angenommen werden (BT-Drucks. 18/6446, 16). Dies ist – sofern man von einem doppelten Rechtsgüterschutz der §§ 299 a und b ausgeht (vgl dazu Rn 2) – nachvollziehbar. Vertreter in der Literatur, die lediglich einen mittelbaren Schutz von außerhalb des fairen Wettbewerbs liegenden Rechtsgütern anerkennen, betrachten hingegen eine Spezialität – aufgrund des spezifischen Täterkreises bzw der speziellen Tatkonstellationen – der §§ 299 a und b als naheliegender (*Pragal/Handel* medstra 2015, 337 [344]; so auch *Tsambikakis* medstra 2016, 131 [139]; diff. *Gaede* medstra 2015, 263 [267]).

§ 299 a Bestechlichkeit im Gesundheitswesen

Wer als Angehöriger eines Heilberufs, der für die Berufsausübung oder die Führung der Berufsbezeichnung eine staatlich geregelte Ausbildung erfordert, im Zusammenhang mit der Ausübung seines Berufs einen Vorteil für sich oder einen Dritten als Gegenleistung dafür fordert, sich versprechen lässt oder annimmt, dass er
1. bei der Verordnung von Arznei-, Heil- oder Hilfsmitteln oder von Medizinprodukten,
2. bei dem Bezug von Arznei- oder Hilfsmitteln oder von Medizinprodukten, die jeweils zur unmittelbaren Anwendung durch den Heilberufsangehörigen oder einen seiner Berufshelfer bestimmt sind, oder
3. bei der Zuführung von Patienten oder Untersuchungsmaterial

einen anderen im inländischen oder ausländischen Wettbewerb in unlauterer Weise bevorzuge, wird mit Freiheitsstrafe bis zu drei Jahren oder mit Geldstrafe bestraft.

§ 299 b Bestechung im Gesundheitswesen

Wer einem Angehörigen eines Heilberufs im Sinne des § 299 a im Zusammenhang mit dessen Berufsausübung einen Vorteil für diesen oder einen Dritten als Gegenleistung dafür anbietet, verspricht oder gewährt, dass er
1. bei der Verordnung von Arznei-, Heil- oder Hilfsmitteln oder von Medizinprodukten,
2. bei dem Bezug von Arznei- oder Hilfsmitteln oder von Medizinprodukten, die jeweils zur unmittelbaren Anwendung durch den Heilberufsangehörigen oder einen seiner Berufshelfer bestimmt sind, oder
3. bei der Zuführung von Patienten oder Untersuchungsmaterial

ihn oder einen anderen im inländischen oder ausländischen Wettbewerb in unlauterer Weise bevorzuge, wird mit Freiheitsstrafe bis zu drei Jahren oder mit Geldstrafe bestraft.

§ 300 Besonders schwere Fälle der Bestechlichkeit und Bestechung im geschäftlichen Verkehr und im Gesundheitswesen

¹In besonders schweren Fällen wird eine Tat nach den §§ 299, 299 a und 299 b mit Freiheitsstrafe von drei Monaten bis zu fünf Jahren bestraft. ²Ein besonders schwerer Fall liegt in der Regel vor, wenn
1. die Tat sich auf einen Vorteil großen Ausmaßes bezieht oder
2. der Täter gewerbsmäßig handelt oder als Mitglied einer Bande, die sich zur fortgesetzten Begehung solcher Taten verbunden hat.

1 Die Vorschrift nennt in der Technik der Regelbeispiele (§ 243 Rn 1 ff) zwei besonders schwere Fälle der Bestechlichkeit und Bestechung im geschäftlichen Verkehr und im Gesundheitswesen.

2 Hierbei entspricht der in Satz 2 Nr. 1 formulierte Straferschwerungsgrund dem in §§ 263 III S. 2 Nr. 2, 264 II S. 2 Nr. 1 angeführten Regelfall (vgl § 263 Rn 244). Das **große Ausmaß** des Vorteils bestimmt sich allerdings nach dem jeweiligen Tatbestand (BT-Drucks. 13/5584, 15; *Sinner* HRRS 2016, 196 [198 f]; *Wittig* wistra 1998, 7 [8]; *Wolters* JuS 1998, 1100 [1103]). Dabei soll es allerdings nur auf die Höhe des Vorteils und nicht auf den Umfang der Bevorzugung ankommen (BGH NStZ-RR 2015, 278). Bei § 300 könnte bereits ein Schmiergeld von 10.000 Euro einschlägig sein (vgl *Fischer* Rn 4 mwN).

3 Satz 2 Nr. 2 sieht einen regelmäßig gegebenen Straferschwerungsgrund in der **gewerbs- oder bandenmäßigen Tatbegehung** (hierzu § 263 Rn 241 f).

§ 301 Strafantrag

(1) Die Bestechlichkeit und Bestechung im geschäftlichen Verkehr nach § 299 wird nur auf Antrag verfolgt, es sei denn, daß die Strafverfolgungsbehörde wegen des besonderen öffentlichen Interesses an der Strafverfolgung ein Einschreiten von Amts wegen für geboten hält.

(2) Das Recht, den Strafantrag nach Absatz 1 zu stellen, haben in den Fällen des § 299 Absatz 1 Nummer 1 und Absatz 2 Nummer 1 neben dem Verletzten auch die in § 8 Absatz 3 Nummer 2 und 4 des Gesetzes gegen den unlauteren Wettbewerb bezeichneten Verbände und Kammern.

§ 302 Erweiterter Verfall

In den Fällen der §§ 299, 299 a und 299 b ist § 73 d anzuwenden, wenn der Täter gewerbsmäßig handelt oder als Mitglied einer Bande, die sich zur fortgesetzten Begehung solcher Taten verbunden hat.

Siebenundzwanzigster Abschnitt Sachbeschädigung

§ 303 Sachbeschädigung

(1) Wer rechtswidrig eine fremde Sache beschädigt oder zerstört, wird mit Freiheitsstrafe bis zu zwei Jahren oder mit Geldstrafe bestraft.

(2) Ebenso wird bestraft, wer unbefugt das Erscheinungsbild einer fremden Sache nicht nur unerheblich und nicht nur vorübergehend verändert.

(3) Der Versuch ist strafbar.

I. Durch das Verbot der Sachbeschädigung wird das Interesse des **Eigentümers** 1
am Zustand seiner Sachen geschützt. § 303 I schützt dabei das Sacheigentum vor Substanzeinbußen und Tauglichkeitsminderungen (*Behm*, Sachbeschädigung und Verunstaltung, 1984, 20 ff; S/S-*Stree/Hecker* Rn 1; enger *Kargl* JZ 1997, 283 [289 f]: nur Substanzsicherung), während Abs. 2 das Sacheigentum vor jeglichen anderen dem Gestaltungswillen des Eigentümers oder sonst Berechtigten zuwider laufenden Veränderungen schützt (BT-Drucks. 15/5313, 3; *Satzger* Jura 2006, 428 [429]). Der **Versuch** ist strafbar (Abs. 3).

II. Abs. 1

1. Objektiver Tatbestand: a) **Tatobjekt** der Sachbeschädigung ist eine fremde (be- 2
wegliche oder unbewegliche) Sache.

aa) **Sachen** sind körperliche Gegenstände unabhängig von ihrem Aggregatzu- 3
stand (§ 242 Rn 5 f). Als Sache erfasst ist auch eine **Sacheinheit**, bei der mehrere Einzelteile zu einem selbstständigen Eigentumsobjekt – zB Maschine, Pkw – zusammengefügt sind (NK-*Zaczyk* Rn 3); nicht einschlägig sind jedoch Sachgesamtheiten (zB ein Warenlager). Auch auf **Tiere** ist § 303 anwendbar (vgl § 242 Rn 5). Notwendig für die Sacheigenschaft ist die **Körperlichkeit** der Sache, dh, der Gegenstand muss eine Begrenzung aufweisen, ein selbstständiges, individuelles Dasein führen und so aus seiner Umwelt hervortreten (W-*Hillenkamp* Rn 18). So fallen zB die atmosphärische Luft oder das Meereswasser nicht unter den Sachbegriff und auch bei einer elektronischen Datenverarbeitung unterfallen nicht die Daten als solche (Software), sondern nur die Hardware dem Sachbegriff. Der Geldwert der Sache ist irrelevant, da der Schutzbereich der Norm auch Sachen ohne Marktwert umfasst (W-*Hillenkamp* Rn 19; *Mitsch* 3.2.1.2; S/S-*Stree/Hecker* Rn 3; aA bzgl „gänzlich wertloser Sachen" *Otto* Jura 1989, 200 [207]; LK-*Wolff* Rn 4 mwN).

bb) Eine Sache ist im Einklang mit den zivilrechtlichen Regeln **fremd**, wenn sie 4
verkehrsfähig und nicht herrenlos ist und auch nicht im Alleineigentum des Täters steht (näher § 242 Rn 8 ff).

b) Die Sachbeschädigung ist ein **Erfolgsdelikt** (*Mitsch* 3.2.1.4). **Tathandlungen** 5
sind das Beschädigen und Zerstören einer Sache. Der Unterschied zwischen Beschädigen und Zerstören liegt in der gestuften Intensität der (physischen) Einwirkung auf die Sache (*Mitsch* 3.2.1.4).

aa) Eine Sache wird **beschädigt**, wenn ihr Zustand in **nicht unerheblicher Weise** 6
nachteilig **verändert** wird. Die Veränderung ist **nachteilig**, wenn sie dem erkennbaren Erhaltungsinteresse des Eigentümers zuwiderläuft. Der Zustand der Sache

iSv Abs. 1 umfasst ihre Substanz und ihre bestimmungsgemäße Brauchbarkeit. Es empfiehlt sich, im **Gutachten** in folgenden Prüfungsschritten vorzugehen:

7 **(1)** Es genügt für ein Beschädigen immer eine **Substanzverletzung** der Sache, die nicht ganz unerheblich ist. Beispiele hierfür sind Durchstreichungen von Schriftstücken, Kratzer oder Beulen. **Unerheblich** sind hier solche Einwirkungen, die gewöhnlich mangels Beachtlichkeit nicht beseitigt werden oder ohne nennenswerten Aufwand behoben werden können (BGHSt 13, 207 [208 f]; OLG Düsseldorf NJW 1993, 869; NK-*Zaczyk* Rn 7). Die Veränderung braucht **weder äußerlich erkennbar noch dauerhaft** zu sein; das artwidrige Scheren eines Rassehundes ist eine Sachbeschädigung. Auch das **Bemalen, Besprühen oder Bekleben** kann ggf zu einer Veränderung der Sachsubstanz führen (näher *Mogg*, Die strafrechtliche Erfassung von Graffiti, 2007).

8 **(2)** Für eine Beschädigung ist jedoch eine Substanzverletzung nicht notwendig; es genügt (nach ganz hM) eine **nicht unerhebliche Minderung der bestimmungsgemäßen Brauchbarkeit** der Sache (BGH NStZ 1988, 178; BayObLGSt 1988, 58 [60]; OLG Köln NJW 1986, 392; zur Beeinträchtigung von Radargeräten durch Reflektoren OLG München NJW 2006, 2132 [2133]; vgl auch § 268 Rn 11; abl. *Gaede* JR 2008, 97 ff; *Kudlich* JA 2007, 72 [74 f]), wobei es auf eine objektivretrospektive Betrachtungsweise ankommt (LG Neubrandenburg JuS 2012, 1140 m. zust. Anm. *Jahn*; MK-*Wieck-Noodt* Rn 27; aA SK-*Hoyer* Rn 11). Als einschlägig wird das Ablassen von Luft aus dem Reifen eines Autos (BGHSt 13, 207 ff; vgl auch BGHSt 29, 129 [132 ff]) oder Fahrrads (BayObLG NJW 1987, 3271; abl. *Behm* NStZ 1988, 275 f; *Satzger* Jura 2006, 428 [431 f]) angesehen; allerdings ist hier die Erheblichkeit zu beachten (Rn 6). In Betracht kommen Funktionsbeeinträchtigungen insbesondere bei zusammengesetzten Sachen, die ohne stoffliche Einwirkung auf ihre Einzelteile zerlegt werden, exemplarisch: Durcheinanderbringen einer Loseblattsammlung oder Ausbauen von Maschinenteilen (RGSt 20, 182 [183 ff]; 20, 353). Auch das Hinzufügen und Einbringen von Gegenständen kann tatbestandsmäßig sein (BGHSt 44, 34 [38]; jedoch nicht angenommen für den Fall des Eingrabens von Kartoffelpflanzen auf einem noch nicht genutzten Feld, das für gentechnische Forschungen vorgesehen und genehmigt war [LG Neubrandenburg JuS 2012, 1140]).

9 **(3)** Vor Einführung von § 303 Abs. 2 durch das 39. StrÄndG war umstritten, ob auch die bloße Zustandsveränderung als Sachbeschädigung anzusehen ist (vgl 2. Aufl. Rn 10 ff; *Heinrich* Otto-FS 577 ff). Zustandsveränderungen **ohne Substanz- oder Funktionsbeeinträchtigung** sind nunmehr (allein) Abs. 2 zugewiesen (vgl BT-Drucks. 15/5313, 3; *Satzger* Jura 2006, 428 [434]; aA S/S/W-*Saliger* Rn 11; LK-*Wolff* Rn 11).

10 **bb)** Eine Sache ist **zerstört**, wenn sie aufgrund der erfolgten Einwirkung vollständig vernichtet oder völlig unbrauchbar geworden ist (*Fischer* Rn 14; W-*Hillenkamp* Rn 36; NK-*Zaczyk* Rn 9).

11 **2. Subjektiver Tatbestand:** Die subjektive Tatseite verlangt (zumindest bedingten) Vorsatz.

12 **3. Rechtswidrigkeit:** Neben den allgemeinen Rechtfertigungsgründen sind öffentlich-rechtliche Befugnisse (der Polizei, des Gerichtsvollziehers, der Feuerwehr usw) zu beachten. Als sonderpolizeiliche Regelung kann der Jagdschutz die Tötung wildernder Hunde und Katzen erlauben (vgl §§ 23, 25 BJagdG iVm den LJagdG; vgl auch BayObLG NJW 1992, 2306 [2307]; OLG Karlsruhe NStZ 1988, 32). Keine Rechtfertigung für Sachbeschädigungen ergibt sich aus der Frei-

heit der Kunst und der Meinungsäußerung (BVerfG NJW 1984, 1293 [1294]; *Fischer* Rn 16 a; *Hoffmann* NJW 1985, 237 [238, 245 f]; zur grds. denkbaren Rechtfertigung durch Religions- und Gewissensfreiheit, wenn die Begehung einer Sachbeschädigung die einzige Möglichkeit darstellt, eine Glaubensentscheidung umzusetzen: OLG Hamm NJW-Spezial 2015, 377; dazu instruktiv Vor § 32-35 Rn 95).

Die Rechtswidrigkeit der Sachbeschädigung ist zu verneinen, wenn der Täter 13 einen fälligen und einredefreien Anspruch auf Aneignung oder Übereignung der Sache hat. Da es nicht iSd Zueignungsdelikte rechtswidrig ist, wenn der Täter aufgrund eines solchen Anspruchs die Sache in Eigenbesitz nimmt (§ 242 Rn 122 f) und erst dann beschädigt, kann es auch nicht rechtswidrig sein, wenn er sie sogleich beschädigt (*Gropengießer* JR 1998, 89 [93 ff]; *Kindhäuser* BT II § 20/14). Nicht rechtswidrig ist ferner die Beschädigung einer unbestellt zugesandten Sache durch den Empfänger, da auf diesen nach § 241 a BGB – mit Ausnahme der formalen Eigentumsposition – alle Befugnisse eines Eigentümers übergehen und er somit mit der Sache nach Belieben verfahren kann (iE hM, vgl nur – mit konstruktiven Abweichungen – *Haft/Eisele* Meurer-GS 245 [257]; *Matzky* NStZ 2002, 458 ff; *Tachau*, Ist das Strafrecht strenger als das Zivilrecht?, 2005, 168 ff, 199 ff mwN; zur grds. Bedeutung von § 241 a BGB für § 303 *Satzger* Jura 2006, 428 [433]).

III. Abs. 2

1. Objektiver Tatbestand: Abs. 2 will insbesondere dem zunehmenden Problem 14 von optischen Zustandsveränderungen – namentlich durch Graffiti – begegnen (*Eisenschmid* NJW 2005, 3033; krit. zu den Reformversprechen *Schnurr* StraFo 2007, 318 ff). Einwirkungen dieser Art auf die Sache können den Berechtigten ebenso hart treffen wie eine Substanz- oder Funktionsbeeinträchtigung.

a) Der **Taterfolg** besteht in der Veränderung des Erscheinungsbildes einer Sache. 15 **Tathandlung** kann jedes beliebige Verhalten, das den Erfolg kausal herbeiführt, sein. Damit hat Abs. 2 einen weiten Anwendungsbereich, der etwa auch Behinderungen der Erscheinung durch Verstellen oder Verhängen und wohl sogar das bloße Verhindern der optischen Wahrnehmung erfasst (*Fischer* Rn 18 a; S/S/W-*Saliger* Rn 14). Um die Strafwürdigkeit einschlägiger Handlungen zu sichern, ist der Anwendungsbereich der Norm einengend auszulegen (*Eisenschmid* NJW 2005, 3033 [3034]; *Satzger* Jura 2006, 428 [434]), und zwar insbesondere hinsichtlich der Tatbestandmerkmale „nicht nur unerheblich" und „nicht nur vorübergehend".

b) Durch das Merkmal „**nicht nur unerheblich**" sollen nur geringfügige Ände- 16 rungen an der Sache aus dem Tatbestand ausgeschlossen werden (*Eisenschmid* NJW 2005, 3033 [3035]; *Satzger* Jura 2006, 428 [435]; krit. bzgl der Bestimmtheit *Krüger* NJ 2006, 247 [249]; *Thoss* StV 2006, 160 [161]). In erster Linie werden hier Konstellationen ausgeschieden, in denen nur eine lose Verbindung zwischen dem Tatobjekt und dem Mittel der Veränderung besteht, exemplarisch: das deutlich sichtbare Aufhängen von Wäsche auf dem Balkon oder das Anbringen von Spruchbändern an der Außenfassade. Dagegen sind Veränderungen regelmäßig nicht nur unerheblich, „bei denen unmittelbar auf die Substanz der Sache selbst eingewirkt wird, wie dies namentlich bei Graffiti der Fall ist" (BT-Drucks. 15/5313). Nicht erheblich sind wiederum Veränderungen, die insbesondere nach Art und Größe oder aufgrund des vorherigen Erscheinungsbildes völlig unauffällig bleiben bzw nur unter besonderen Bedingungen überhaupt wahrgenommen werden können (S/S/W-*Saliger* Rn 15 mwN; so auch bei Graffiti auf einer mit Graffiti übersäten Wand AG Tiergarten StV 2013, 34; zu sog. „Reverse Graffiti" vgl *Raschke* Jura 2013, 87 ff). Aufgrund der typischen Begehungsweise ergeben sich bei Sachbeschädigungen durch Graffiti oftmals Probleme beim Täternachweis. Hinsichtlich sog. „Tags" wurde in neuester Rspr davon ausgegangen, dass solche einen szenetypischen Beweiswert für die Tatbegehung hätten, vergleichbar einer individuellen Unterschrift, solange keine Anhaltspunkte dafür bestünden, dass ein Tag auch von einem anderen Sprayer verwendet werde oder verkauft worden sei (LG Potsdam NStZ-RR 2015, 339; lediglich – allerdings erhebliche – Indizwirkung: LG Offenburg StV 2002, 359).

17 Mit dem Merkmal **nicht nur vorübergehend** sollen Veränderungen tatbestandlich ausgeschlossen werden, die binnen kurzer Zeit von selbst wieder vergehen oder ohne Aufwand entfernt werden können (BT-Drucks. 15/5313). Das Merkmal „vorübergehend" ist daher nicht rein zeitlich zu verstehen, sondern erfordert eine Gesamtschau der zur Beseitigung der Veränderung erforderlichen Mühe, Zeit und Kosten (*Eisenschmid* NJW 2005, 3033 [3035]; krit. *Krüger* NJ 2006, 247 [250]; *Wüstenhagen/Pfab* StraFo 2006, 190 [194]). Sofern zur Behebung der Veränderung fachliche Hilfe oder Spezialwerkzeug vonnöten ist, liegt keine nur vorübergehende Veränderung vor. Lässt sich die Veränderung hingegen mühelos mit einfachen Hausmitteln beseitigen, ohne dass dadurch neue oder weitere Beeinträchtigungen entstehen, ist eher von einer vorübergehenden Veränderung auszugehen (*Eisenschmid* NJW 2005, 3033 [3035]). Beispiele: Verhüllungen, Plakatierungen mittels leicht ablösbarer Klebestreifen, Kreide- und Wasserfarbenauftrag (BT-Drucks. 15/5313) sowie leicht entfernbare Verschmutzungen (*Fischer* Rn 19).

18 c) Die Veränderung der Sache muss **unbefugt** vorgenommen werden. Hierbei gehört das Merkmal „unbefugt" – anders als „rechtswidrig" in Abs. 1 – zum objektiven Tatbestand (BT-Drucks. 15/5313, 3; LK-*Wolff* Rn 31; abw. *Satzger* Jura 2006, 428 [434]: Doppelfunktion). Eine tatbestandsausschließende Befugnis kann sich insbesondere aus der Zustimmung des Berechtigten, aber auch aus Vertrag, gesetzlicher Befugnis oder behördlicher Genehmigung ergeben (*Fischer* Rn 20; zu Befugnisnormen *Krüger* NJ 2006, 247 [251]).

19 2. Der **subjektive Tatbestand** verlangt – wie bei Abs. 1 – (zumindest bedingten) Vorsatz. Stellt der Täter sich irrig das Eingreifen einer Befugnis iSd Abs. 2 vor, handelt er im vorsatzausschließenden Tatbestandsirrtum.

20 3. Die **Rechtswidrigkeit** bestimmt sich nach den allgemeinen Grundsätzen (*Fischer* Rn 20). Obgleich Graffiti bisweilen als Kunst eingeordnet wird, rechtfertigt Art. 5 III GG grds. nicht die Vereinnahmung einer fremden Sache für eigene künstlerische Aktivitäten (vgl Rn 12).

IV. Abgrenzungsfragen

21 1. Die Sachbeschädigung ist abzugrenzen von der straflosen **Sachentziehung** (dazu BGHSt 44, 34 [38 f]; *Kindhäuser* BT II § 20/25 f; *Krüßmann* JA 1998, 626 [628 f]; grds. abw. *Wallau* JA 2000, 248 ff), da von § 303 nur die ursprünglich bessere Beschaffenheit von Sachen geschützt wird, nicht aber der bloße Besitz. Folgende Konstellationen sind zu unterscheiden:

a) Grds führt die bloße Sachentziehung mangels einer Beschädigungshandlung nicht zu einer Strafbarkeit nach § 303 I. Zu denken ist aber an einen Schadensersatzanspruch, der sich aus § 823 BGB ergeben könnte (hM: vgl nur W-*Hillenkamp* Rn 41). 22

b) Funktioniert eine zusammengesetzte Sache durch den Entzug eines Einzelteils nicht mehr, so ist § 303 I verwirklicht (RGSt 65, 354 [356]; *Fischer* Rn 10). 23

c) § 303 I greift ein, wenn die Sache dem Berechtigten entzogen wird und an ihrem neuen Aufenthaltsort schädigenden äußeren Einflüssen ausgesetzt ist (*Mitsch* 3.2.1.4). Lässt T den Vogel des O aus seinem Käfig frei, kommt es also darauf an, ob der Vogel in der freien Natur überleben kann (straflose Sachentziehung) oder nicht (Sachbeschädigung) (vgl S/S-*Stree/Hecker* Rn 12). 24

2. Fraglich ist, inwieweit die **Nutzungsentziehung** einer Sache den Tatbestand des § 303 I erfüllen kann: 25

a) Der **zweckwidrige Verbrauch** einer an sich zum Verbrauch bestimmten Sache ist stets als Beschädigen (Zerstören) anzusehen (*Fischer* Rn 14; W-*Hillenkamp* Rn 36; MK-*Wieck-Noodt* Rn 33). Nutzt also T das Kaminholz des O eigenmächtig in seinem Osterfeuer, anstatt es, wie von O beabsichtigt, im Kamin zu verfeuern, ist § 303 erfüllt. 26

b) Nach hM soll der **bestimmungsgemäße Verbrauch** einer Sache nicht tatbestandsmäßig sein (GenStA Frankfurt NStZ 2002, 546 [bzgl Telefaxwerbung]; *Fischer* Rn 12 a; W-*Hillenkamp* Rn 36; *Ströber* NStZ 2003, 515 [517]). Dem steht jedoch entgegen, dass zB der Verzehr von Nahrungsmitteln unabhängig von ihrer Zweckbestimmung zu einer Substanzverletzung führt und damit als Sachbeschädigung anzusehen ist. – Zu beachten ist jedoch, dass im Verbrauch einer fremden Sache eine Zueignung liegen kann, so dass vorrangig § 242 eingreifen kann (vgl dort Rn 100 f). 27

3. Ob **Reparaturen** tatbestandsmäßig sein können, ist umstritten. Nach vorherrschender Ansicht sind Handlungen, die den Substanzwert oder die Brauchbarkeit einer Sache objektiv erhöhen, das Gegenteil einer Beschädigung und damit tatbestandslos (NK-*Zaczyk* Rn 13 mwN). Es kann jedoch vielerlei Gründe – zB Beweisinteressen – für einen Eigentümer geben, seine Sache in einem bestimmten Zustand zu belassen. Sind diese Gründe erkennbar, so ist eine Reparatur als Beschädigung anzusehen (vgl auch RGSt 33, 177 [180]; *Niggli*, Das Verhältnis von Eigentum, Vermögen und Schaden nach schweizerischem Strafgesetz, 1992, Rn 477 ff). – Im Übrigen ist zu beachten, dass die Reparatur einer zuvor beschädigten Sache die Tatbestandsmäßigkeit des vorangegangenen Verhaltens nicht mehr zu beseitigen vermag (unstr., vgl nur OLG Düsseldorf NJW 1982, 1167). 28

V. Konkurrenzen

1. Im **Verhältnis** zu **Abs. 1** tritt **Abs. 2** zurück; führt die Veränderung des Erscheinungsbildes also zu einer Substanzverletzung oder einer Brauchbarkeitsminderung, so wird Abs. 2 verdrängt. Bei Substanzverletzungen gilt dies allerdings nur, wenn diese klar erkennbar sind. Ist dagegen ungewiss, ob eine Zustandsveränderung auch zu einer Beschädigung geführt hat, so bedarf es keines Sachverständigengutachtens; vielmehr greift dann nach der legislatorischen Zielsetzung Abs. 2 (gewissermaßen als Auffangtatbestand) ein (vgl *Eisenschmid* NJW 2005, 3033 [3034]; *Satzger* Jura 2006, 428 [435]; ähnlich LK-*Wolff* Rn 35). Ferner ist nur Abs. 2 einschlägig, wenn sich die Beeinträchtigung der Sache – wie beim Be- 29

schmieren von Denkmälern oder Kunstwerken – gerade auf deren ästhetische Funktion bezieht (LK/*Wolff* Rn 11; aA S/S/W-*Saliger* Rn 11; vgl zur früheren Rspr RGSt 43, 204 [205]; BGHSt 29, 129 [134]).

30 2. Im Verhältnis zu **anderen Sachbeschädigungsdelikten**, die neben der Fremdheit noch andere Sacheigenschaften schützen (vgl §§ 305 a I, 306 I, 309 VI), tritt § 303 als lex generalis zurück. Dagegen ist Tateinheit anzunehmen, wenn die Fremdheit der Sache kein Tatbestandsmerkmal des anderen Delikts ist (vgl §§ 90 a II, 104, 109 e, 133, 134, 136, 145 II, 168, 304, 305, 315, 315 b, 316 b, 317).

31 3. Im Verhältnis zu **§ 242** ist Tatmehrheit gegeben, wenn die Sachbeschädigung der Vorbereitung des Diebstahls dient (MK-*Wieck-Noodt* Rn 70). Beschädigt der Täter hingegen die Sache nach deren Zueignung, so wird § 303 als mitbestrafte Nachtat konsumiert, soweit keine weiteren Rechtsgüter beeinträchtigt werden (NK-*Kindhäuser* § 242 Rn 133; MK-*Wieck-Noodt* Rn 70).

32 4. Sofern die Sachbeschädigung **typische Begleittat** eines Delikts (zB bei Einbruchsdiebstahl, § 267 etc.) ist, wird § 303 konsumiert (Vor § 52 Rn 35). Dies gilt jedoch nicht, wenn die Sachbeschädigung einen eigenen Unrechtsgehalt besitzt; in diesen Fällen ist Tateinheit (§ 52) anzunehmen (BGH NStZ 2001, 642 [644] m.Anm. *Kargl/Rüdiger* NStZ 2002, 202 f; BGH NStZ 2014, 40 m.Anm. *Zöller* ZJS 2014, 214; *Rengier* JuS 2002, 850 ff).

33 VI. Die Sachbeschädigung ist **Antragsdelikt** (§ 303 c).

§ 303 a Datenveränderung

(1) Wer rechtswidrig Daten (§ 202 a Abs. 2) löscht, unterdrückt, unbrauchbar macht oder verändert, wird mit Freiheitsstrafe bis zu zwei Jahren oder mit Geldstrafe bestraft.

(2) Der Versuch ist strafbar.

(3) Für die Vorbereitung einer Straftat nach Absatz 1 gilt § 202 c entsprechend.

1 I. Die Vorschrift **schützt** das Interesse des Verfügungsberechtigten am Zustand der ihm gehörenden Daten und an ihrer unversehrten Verwendbarkeit (BayOLG wistra 1993, 304 [305]; *Ernst* NJW 2007, 2661 [2664]; KHH/*Hellmann* BT IIRn 369; *Möhrenschlager* wistra 1986, 128 [141]). – Der **Versuch** ist strafbar (Abs. 2). Durch das 41. StrÄndG vom 7.8.2007 (BGBl. 2007 I, 1786; dazu ausf. *Schumann* NStZ 2007, 675 ff) wurde mit der Einfügung des Abs. 3 die Vorbereitung des Deliktes unter Verweis auf § 202 c in bestimmten Fällen unter Strafe gestellt (vgl *Ernst* NJW 2007, 2661 [2664]). Die Norm ist bzgl ihrer Bestimmtheit erheblichen verfassungsrechtlichen Bedenken ausgesetzt (vgl *Schuhr* ZIS 2012, 441 [442]; NK-*Zaczyk* Rn 1, 4 ff mwN).

II. Tatbestand

2 1. Der objektive Tatbestand verlangt einen rechtswidrigen Eingriff in Daten durch deren Löschung, Unterdrückung, Unbrauchbarmachung oder Veränderung (zu den einzelnen Merkmalen mit Fallbeispielen *Eisele* Jura 2012, 922 [930 ff]).

a) **Daten** sind Informationen, die durch Zeichen oder kontinuierliche Funktionen 3 nach Maßgabe einer Konvention dargestellt werden (DIN 44300 Nr. 19; vgl § 202 a Rn 2). Der Wortlaut des § 303 a setzt nicht voraus, dass es sich um fremde Daten handelt, weshalb grds. auch solche Daten erfasst wären, über die dem Täter selbst eine Verfügungsbefugnis zusteht. Überwiegend wird aus diesem Grunde in der Literatur, um in einer Art. 103 II GG genügenden Weise ein hinreichend bestimmtes Verhalten zu beschreiben, eine Einschränkung in der Art vorgenommen, dass nur **fremde Daten**, also solche, an denen einer anderen Person ein unmittelbares rechtlich geschütztes Interesse in Form einer eigentümerähnlichen Datenverfügungsbefugnis zusteht, erfasst sein sollen (idS etwa *Fischer* Rn 4 a; NK-*Hoyer* Rn 5; *Lenckner/Winkelbauer* CR 1986, 824 [828 f]; S/S-*Stree/Hecker* Rn 3; *Welp* iur 1988, 443 [447 f]; MK-*Wieck-Noodt* Rn 3). Der Heranziehung eines ungeschriebenen Mermals bedarf es nicht, wenn man das Merkmal „rechtswidrig" als Tatbestandsmerkmal ansieht (ebenso LK-*Wolff* Rn 9; näher Rn 9).

b) Die **Tathandlungen** des § 303 a stehen nicht im Exklusivitätsverhältnis zueinander, sondern überschneiden sich in ihren Anwendungsbereichen (*Fischer* Rn 8; L-Kühl-*Heger* Rn 3). Daten werden: 4

- **gelöscht**, wenn sie (irreversibel) unkenntlich gemacht werden (L-Kühl-*Heger* Rn 3; diff. LK-*Wolff* Rn 21); 5

- **unterdrückt**, wenn sie zumindest vorübergehend dem Zugriff des Berechtigten entzogen werden (L-Kühl-*Heger* Rn 3; nach OLG Frankfurt StV 2007, 244 [248 f] m. krit. Anm. *Kitz* ZUM 2006, 730, *Gercke* ZUM 2007, 282 [286 f], ist dauerhafter Entzug erforderlich; zur Beseitigung der durch diese Entscheidung entstandenen Unklarheiten durch das 41. StRÄndG vgl *Ernst* NJW 2007, 2661 [2665]); 6

- **unbrauchbar gemacht**, wenn so auf sie eingewirkt wird, dass sie nicht mehr bestimmungsgemäß verwendet werden können (L-Kühl-*Heger* Rn 3); 7

- **verändert**, wenn ihr Inhalt oder die Form ihrer Darstellung umgestaltet wird (L-Kühl-*Heger* Rn 3; *Otto* BT § 47/29; zur Internetblockade OLG Frankfurt MMR 2006, 547; *Gercke* MMR 2006, 552; zur Veränderung von Daten durch Abtelefonieren des Handyguthabens *Basdow/Rösler* Jura 2006, 219 [228]; zum sog. „Pharming" *Popp* MMR 2006, 84 [86]; zur Entsperrung eines mittels „SIM-Lock" gesperrten Mobiltelefons *Kusnik* CR 2011, 718). 8

c) Die Tathandlung muss **rechtswidrig** sein. Hierbei ist „rechtswidrig" als Tatbestandsmerkmal anzusehen (so wohl BT-Drucks. 10/5058, 34; L-Kühl-*Heger* Rn 4; *Hilgendorf* JuS 1996, 890 [892]; *Otto* BT § 47/30; MK-*Wieck-Noodt* Rn 17; LK-*Wolff* Rn 9; NK-*Zaczyk* Rn 17; aA *Fischer* Rn 13; Arzt/Weber/Heinrich/Hilgendorf § 12/47; S/S-*Stree/Hecker* Rn 3), das erfüllt ist, wenn der Täter über die betreffenden Daten nicht ausschließlich verfügen darf (*Frommel* JuS 1987, 667 f; *Schlüchter*, Zweites Gesetz zur Bekämpfung der Wirtschaftskriminalität, 1987, 74). 9

Grds ist derjenige verfügungsbefugt, der die Daten selbst erstellt und auf seinem oder dem ihm (auch zu diesem Zweck) vom Berechtigten zur Verfügung gestellten Datenträger gespeichert hat. Soweit an einen Dritten der *Auftrag* zur Erstellung von Daten erteilt wird, bleibt der Beauftragte bis zur Aushändigung der Daten Inhaber, es sei denn, dass die Datenerstellung unter so detaillierten Auflagen erfolgt, dass der Auftraggeber selbst als Hersteller anzusehen ist (OLG Nürnberg 10

CR 2013, 212 f; LK-*Wolff* Rn 14 mwN). Keine Verfügungsbefugnis folgt aus dem Umstand, dass der Täter von dem Informationsgehalt der Daten betroffen ist; insoweit greifen die Regeln des Datenschutzes ein (*Bühler* MDR 1987, 448 [455]; *Lenckner/Winkelbauer* CR 1986, 824 [829]; *Meinhardt*, Überlegungen zur Interpretation von § 303 a StGB, 1991, 58 ff).

11   2. Der **subjektive Tatbestand** erfordert (zumindest bedingten) **Vorsatz**, der sich auch auf die Rechtswidrigkeit (mangelnde Verfügungsbefugnis) als ungeschriebenes Tatbestandsmerkmal beziehen muss.

12   **III. Konkurrenzen**: Wegen des unterschiedlichen Rechtsgüterschutzes besteht zwischen § 303 a und §§ 263 a, 269 Tateinheit (LK-*Wolff* Rn 45 mwN). Zu § 274 I Nr. 2 ist § 303 a subsidiär (SK-*Hoyer* Rn 15; S/S-*Stree/Hecker* Rn 14; LK-*Wolff* Rn 45). Soweit nicht in die Substanz des Datenträgers eingegriffen wird, tritt § 303 subsidiär hinter § 303 a zurück. Im Verhältnis zu § 303 b ist § 303 a Grunddelikt.

13   **IV.** Die Tat ist, wenn Abs. 1 oder 2 verwirklicht ist, **Antragsdelikt** (§ 303 c); Abs. 3 ist **Offizialdelikt**.

§ 303 b Computersabotage

(1) Wer eine Datenverarbeitung, die für einen anderen von wesentlicher Bedeutung ist, dadurch erheblich stört, dass er
1. eine Tat nach § 303 a Abs. 1 begeht,
2. Daten (§ 202 a Abs. 2) in der Absicht, einem anderen Nachteil zuzufügen, eingibt oder übermittelt oder
3. eine Datenverarbeitungsanlage oder einen Datenträger zerstört, beschädigt, unbrauchbar macht, beseitigt oder verändert,

wird mit Freiheitsstrafe bis zu drei Jahren oder mit Geldstrafe bestraft.

(2) Handelt es sich um eine Datenverarbeitung, die für einen fremden Betrieb, ein fremdes Unternehmen oder eine Behörde von wesentlicher Bedeutung ist, ist die Strafe Freiheitsstrafe bis zu fünf Jahren oder Geldstrafe.

(3) Der Versuch ist strafbar.

(4) ¹In besonders schweren Fällen des Absatzes 2 ist die Strafe Freiheitsstrafe von sechs Monaten bis zu zehn Jahren. ²Ein besonders schwerer Fall liegt in der Regel vor, wenn der Täter
1. einen Vermögensverlust großen Ausmaßes herbeiführt,
2. gewerbsmäßig oder als Mitglied einer Bande handelt, die sich zur fortgesetzten Begehung von Computersabotage verbunden hat,
3. durch die Tat die Versorgung der Bevölkerung mit lebenswichtigen Gütern oder Dienstleistungen oder die Sicherheit der Bundesrepublik Deutschland beeinträchtigt.

(5) Für die Vorbereitung einer Straftat nach Absatz 1 gilt § 202 c entsprechend.

1   **I.** Die Vorschrift (weitreichend geändert durch das 41. StRÄndG vom 7.8.2007, das zu einer Strafverschärfung bei Privatcomputern gegenüber § 303 a führte; vgl dazu *Ernst* NJW 2007, 2661 [2664]) dient dem Interesse der Betreiber und Nutzer von Datenverarbeitungen an deren ordnungsgemäßer Funktionsweise (BT-

Drucks. 16/3656, 13; *Schumann* NStZ 2007, 675 [679]). Abs. 2 qualifiziert die Tat, soweit es sich um Datenverarbeitungen fremder Betriebe, Unternehmen oder einer Behörde handelt. Der **Versuch** ist strafbar (Abs. 3). Abs. 4 enthält eine Reihe von Regelbeispielen für besonders schwere Fälle. Durch die Verweisung auf § 202 c sind bestimmte Vorbereitungshandlungen unter Strafe gestellt. Die Tat ist, mit Ausnahme der besonders schweren Fälle (Abs. 4) und der Vorbereitung (Abs. 5), **Antragsdelikt** (§ 303 c).

II. Tatbestand

Die Tatbestandsverwirklichung verlangt die Störung einer Datenverarbeitung, die für einen anderen von wesentlicher Bedeutung ist. Sofern es sich hierbei um einen Betrieb, ein fremdes Unternehmen oder eine Behörde handelt, ist die Tat nach Abs. 2 qualifiziert.   2

1. Tatobjekt ist die **Datenverarbeitung**. Zur Datenverarbeitung gehört der gesamte Bereich des Umgangs mit Daten und ihrer Verwertung, also zB auch Speicherung, Dokumentierung und Aufbereitung (BT-Drucks. 10/5058, 35; *Otto* BT § 47/35; S/S-*Stree/Hecker* Rn 3).   3

2. Die Datenverarbeitung muss von **wesentlicher Bedeutung** sein. Diese Einschränkung schließt die Tatbestandsverwirklichung in Bagatellfällen aus. Wesentlichkeit ist dann anzunehmen, wenn die Datenverarbeitung für die Lebensgestaltung der Person eine zentrale Funktion einnimmt, was im Rahmen einer Erwerbstätigkeit, einer schriftstellerischen, wissenschaftlichen oder künstlerischen Tätigkeit in der Regel gegeben ist (BT-Drucks. 16/3656, 13; vgl dazu *Schumann* NStZ 2007, 675 [679]).   4

In Fällen des Abs. 2 ist die Datenverarbeitung wesentlich, wenn von ihrem störungsfreien Ablauf die Funktionstüchtigkeit der Einrichtung insgesamt abhängt. Eine Einrichtung muss in ihrer Organisation (Personal- und Beschaffungswesen, Produktion usw) maßgeblich auf elektronische Datenverarbeitung angewiesen sein, damit deren Ausfall ihre Funktionstüchtigkeit tangieren kann (*Fischer* Rn 6 ff; *Otto* § 47/38).

3. Geschützte Einrichtungen iSd Qualifikation aus Abs. 2 sind fremde Betriebe (§ 14 Rn 33) und Unternehmen (§ 14 Rn 40) oder eine Behörde (§ 11 Rn 44 ff; vgl auch § 1 IV VwVfG). Sowohl Betrieb als auch Unternehmen sind für den Täter **fremd**, wenn er nicht der alleinige Inhaber ist (S/S-*Stree/Hecker* Rn 6).   5

4. Tathandlung iSv **Abs. 1 Nr. 1** ist eine **Datenveränderung** unter den Voraussetzungen des § 303 a. Darunter fallen Eingriffe in die Software, wie zB das Löschen, Unterdrücken und Unbrauchbarmachen von Daten einschließlich Programmen (vgl LG Ulm CR 1989, 825 [826]). Eine bloße Gefährdung genügt nicht (W-*Hillenkamp* Rn 63).   6

Durch die Tathandlung des **Abs. 1 Nr. 2** „Eingeben oder Übermitteln von Daten in Nachteilszufügungsabsicht" sollen insbesondere die Fälle erfasst werden, in denen diese an sich neutralen Handlungen im Einzelfall schädigenden Charakter haben. Exemplarisch: Der Angreifer bringt durch massenhafte Anfragen die Server eines Anbieters zum Erliegen ([Distribute-]Denial-Of-Service-Attacke, vgl BT-Drucks. 16/3656, 13; LG Düsseldorf MMR 2011, 624 m.Anm. *Bär*; *Eisele* Jura 2012, 922 [933]; *Schumann* NStZ 2007, 675 [679]; zur Online-Demonstration *Hoffmanns* ZIS 2012, 409 [411 f]).   7

8   Die Tathandlungen nach **Abs. 1 Nr. 3** richten sich gegen die Hardware. Die Begriffe des **Beschädigens** und **Zerstörens** decken sich mit denen in § 303 (dort Rn 6 ff, 10). **Unbrauchbar** gemacht werden Geräte, die aufgrund des Eingriffs nicht mehr bestimmungsgemäß verwendet werden können. **Beseitigen** ist das Entfernen aus dem Verfügungsbereich des Berechtigten (*Otto* BT § 47/40). **Verändert** wird eine Datenverarbeitungsanlage oder ein Datenträger, wenn ein Zustand herbeigeführt wird, der (nicht nur zeitweilig) vom bisherigen abweicht (näher *Bühler* MDR 1987, 448 [456]). Diese Tatvariante muss **keine fremde** Datenverarbeitungsanlage zum Gegenstand haben. Auch der Eigentümer der Anlage, der im Auftrag für Dritte Daten verarbeitet, kann Täter sein (*Otto* BT § 47/40). Zur **Internetblockade** vgl OLG Frankfurt MMR 2006, 547; *Gercke* MMR 2006, 552; vgl auch *Buggisch/Kerling* Kriminalistik 2006, 531; zur Störerhaftung bei Onlinebeiträgen *Gercke* MMR 2006, 493.

9   **5. Tatererfolg** ist die **erhebliche Störung** des reibungslosen Ablaufs der Datenverarbeitung (BT-Drucks. 10/5058, 35; *Volesky/Scholten* iur 1987, 280 [283]; LK-*Wolff* Rn 23 ff). An der erforderlichen Intensität des Eingriffs fehlt es, wenn sich dessen Folgen ohne größeren Aufwand an Zeit und Kosten – zB durch Rekonstruktion mittels Sicherungskopien – beheben lassen.

10 **6.** Der **subjektive Tatbestand** erfordert (zumindest bedingten) **Vorsatz**. Im Falle des Abs. 1 Nr. 2 muss eine Nachteilszufügungsabsicht in Form von direktem Vorsatz hinzutreten (*Fischer* Rn 12 a).

11 **III. Konkurrenzen:** § 303 b I Nr. 1 und Nr. 2 stehen im Verhältnis der Tateinheit zueinander, wenn sie gleichzeitig verwirklicht werden. – § 303 b I Nr. 1 ist lex specialis zu § 303 a; § 303 b I Nr. 3 verdrängt § 303 als subsidiär, wenn die beeinträchtigte Hardware fremd ist. – Tateinheit ist möglich mit §§ 88, 202 a, 269, 316 b.

§ 303 c Strafantrag

In den Fällen der §§ 303, 303 a Abs. 1 und 2 sowie 303 b Abs. 1 bis 3 wird die Tat nur auf Antrag verfolgt, es sei denn, daß die Strafverfolgungsbehörde wegen des besonderen öffentlichen Interesses an der Strafverfolgung ein Einschreiten von Amts wegen für geboten hält.

1   **I.** Taten nach §§ 303, 303 a I und II sowie § 303 b I bis III werden nur auf Antrag verfolgt, sofern die Strafverfolgungsbehörde kein Einschreiten wegen eines besonderen öffentlichen Interesses für geboten hält.

2   **II. Antragsberechtigter** ist nach vorherrschender Auffassung nicht nur der Eigentümer, sondern jeder, der ein dingliches oder persönliches Recht an der beschädigten Sache hat und in diesem Recht durch die Tat verletzt worden ist. Antragsberechtigter ist damit jeder Nutzungs- und Verfügungsberechtigte (BayObLG JR 1982, 25 [26]; OLG Frankfurt NJW 1987, 389 [390]; *Fischer* Rn 3). Dem ist jedoch nicht zuzustimmen, sofern die Vorschrift (wie bei § 303) nur das Eigentum schützt; in diesem Fall steht das Antragsrecht auch nur dem Eigentümer (oder ausnahmsweise demjenigen mit dem stärksten Vermögensrecht an der Sache) zu (*Mitsch* 3.5; *Rudolphi* JR 1982, 27 [28 f]; *Stree* JuS 1988, 187 [191 f]).

§ 304 Gemeinschädliche Sachbeschädigung

(1) Wer rechtswidrig Gegenstände der Verehrung einer im Staat bestehenden Religionsgesellschaft oder Sachen, die dem Gottesdienst gewidmet sind, oder Grabmäler, öffentliche Denkmäler, Naturdenkmäler, Gegenstände der Kunst, der Wissenschaft oder des Gewerbes, welche in öffentlichen Sammlungen aufbewahrt werden oder öffentlich aufgestellt sind, oder Gegenstände, welche zum öffentlichen Nutzen oder zur Verschönerung öffentlicher Wege, Plätze oder Anlagen dienen, beschädigt oder zerstört, wird mit Freiheitsstrafe bis zu drei Jahren oder mit Geldstrafe bestraft.

(2) Ebenso wird bestraft, wer unbefugt das Erscheinungsbild einer in Absatz 1 bezeichneten Sache oder eines dort bezeichneten Gegenstandes nicht nur unerheblich und nicht nur vorübergehend verändert.

(3) Der Versuch ist strafbar.

I. Die Vorschrift normiert keinen Qualifikationstatbestand zu § 303, sondern ein (eigenständiges) **gemeinschädliches Delikt**, das die Erhaltung bestimmter Güter im Allgemeininteresse schützt (*Otto* BT § 47/24; *Rengier* I § 25/1; MK-*Wieck-Noodt* Rn 1). Deshalb ist auch die Beschädigung oder Zerstörung eigener oder herrenloser Sachen strafbar (RGSt 43, 240 [242]). – Die Verfolgung erfordert keinen Strafantrag. – Der **Versuch** ist strafbar (Abs. 3). 1

II. Als **Tatobjekte** kommen in Betracht: 2

- **Gegenstände der Verehrung** einer im Staate bestehenden Religionsgemeinschaft. Die Gegenstände müssen den Mitgliedern der Religionsgemeinschaft, die nicht als öffentlich-rechtliche Körperschaft anerkannt zu sein braucht, zumindest zeitweilig zugänglich sein (zB Heiligenbild in einer Kirche);
- dem **Gottesdienst gewidmete Sachen**, also Sachen, mit oder an denen religiöse Zeremonien vorgenommen werden (vgl § 243 Rn 28);
- **Grabmäler**, dh dem Gedächtnis Verstorbener dienende Erinnerungszeichen an oder auf diesen Gräbern;
- **Öffentliche Denkmäler**; dies sind dem dauernden Andenken an Personen, Ereignisse oder Zustände dienende Erinnerungszeichen, die der Allgemeinheit zugänglich und ihr gewidmet sind;
- **Naturdenkmäler**, dh Einzelschöpfungen der Natur, die aus wissenschaftlichen, naturgeschichtlichen oder landeskundlichen Gründen oder wegen ihrer Seltenheit, Eigenart oder Schönheit schutzwürdig sind (vgl § 28 BNatSchG);
- **Gegenstände der Kunst, der Wissenschaft oder des Gewerbes**, die **in öffentlichen Sammlungen aufbewahrt werden** oder **öffentlich ausgestellt** sind (§ 243 Rn 31 f); sie unterfallen dem Tatbestand, wenn ihnen kulturelle Bedeutung zukommt (§ 243 Rn 30);
- zum **öffentlichen Nutzen** dienende Gegenstände; dies sind Gegenstände, deren Gebrauch oder Vorhandensein **unmittelbar** der Allgemeinheit zugute kommt (BGHSt 31, 185 [186]; W-*Hillenkamp* Rn 53; vgl auch BGH 24.1.2006 – 3 StR 445/05: Fenstergitter eines JVA-Krankenhauses);
- Gegenstände, die zur **Verschönerung öffentlicher Wege, Plätze oder Anlagen** bestimmt sind; zB Bäume, Blumen oder schmückende Fahnen.

III. **Tathandlungen: 1.** Tathandlungen iSv **Abs. 1** sind das Beschädigen und Zerstören (§ 303 Rn 6 ff, 10). Jeweils muss die Zweckbestimmung, um derentwillen 3 die Sache geschützt ist, beeinträchtigt werden (vgl RGSt 9, 219 [220 f]; zur „Raubgräberei" vgl *Koch* NJW 2006, 557 [559]).

4   2. **Tathandlung** iSv **Abs. 2** ist die erhebliche und nicht nur vorübergehende Veränderung des Erscheinungsbildes einer in Abs. 1 genannten Sache. Die Veränderung muss unbefugt vorgenommen werden, so dass die Tathandlung identisch ist mit derjenigen nach § 303 Abs. 2 (vgl dort Rn 14 ff). Umstritten ist, ob Abs. 2 zudem wie Abs. 1 eine Beeinträchtigung der öffentlichen Zweckbestimmung der Sache durch die Veränderung des Erscheinungsbildes voraussetzt (*Fischer* Rn 13 a). Hiergegen spricht, dass der Tatbestand gerade Graffiti-Aktionen an öffentlichen Zügen, Eisenbahnwagen, Brückenteilen usw erfassen soll, diese Gegenstände aber hierdurch ihre Funktion nicht einbüßen (*Eisenschmid* NJW 2005, 3033 [3035]; bej. hinsichtlich mit Graffiti besprühter S-Bahnwaggons OLG Hamburg NStZ 2015, 37 m. abl. Anm. *Jäger* JA 2014, 549). Andererseits erscheint es wenig stimmig, bei der wesentlich eingriffintensiveren Tathandlung des Beschädigens oder Zerstörens iSv Abs. 1 dieses ungeschriebene restriktive Tatbestandsmerkmal zu verlangen, bei der weniger einschneidenden Tathandlung nach Abs. 2 dagegen nicht (OLG Jena NJW 2008, 776; KG NStZ-RR 2009, 310; *Kudlich* GA 2006, 38 [41]). Folgt man diesem restriktiven Ansatz, bleibt für Abs. 2 nur dann ein Anwendungsbereich, wenn die öffentliche Zweckbestimmung einer in ihrem Erscheinungsbild veränderten Sache gerade in ihrem Erscheinungsbildes liegt, zB bei öffentlichen Denkmälern (vgl *Schuhr*, JA 2009, 169 [173 f]; wohl auch LK-*Wolff* Rn 17; zweifelnd S/S/W-*Saliger* Rn 12).

5   IV. Der **subjektive Tatbestand** erfordert (zumindest bedingten) Vorsatz. Irrt der Täter darüber, als Eigentümer zur Beschädigung befugt zu sein, befindet er sich im Verbotsirrtum.

6   V. **Konkurrenzen**: Wegen unterschiedlicher Schutzgüter ist Tateinheit sowohl zu § 303 (S/S-*Stree/Hecker* Rn 17; NK-*Zaczyk* Rn 20; aA *Fischer* Rn 17: § 303 wird verdrängt) als auch zu § 145 I möglich. § 145 II tritt als subsidiäres Delikt hinter § 304 zurück.

§ 305 Zerstörung von Bauwerken

(1) Wer rechtswidrig ein Gebäude, ein Schiff, eine Brücke, einen Damm, eine gebaute Straße, eine Eisenbahn oder ein anderes Bauwerk, welche fremdes Eigentum sind, ganz oder teilweise zerstört, wird mit Freiheitsstrafe bis zu fünf Jahren oder mit Geldstrafe bestraft.

(2) Der Versuch ist strafbar.

1   I. Die Vorschrift normiert einen **Qualifikationstatbestand** zur Sachbeschädigung (§ 303). – Der **Versuch** ist strafbar (Abs. 2).

2   II. Die tatbestandlich genannten **Tatobjekte** müssen **fremd** sein, dürfen also nicht im Alleineigentum des Täters stehen (§ 242 Rn 8 ff).
- **Bauwerk** ist – als Oberbegriff der Tatobjekte – jede für eine gewisse Dauer errichtete und auf dem Boden ruhende Anlage (W-*Hillenkamp* Rn 45).
- **Gebäude** ist ein durch Wände und Dach begrenztes, mit dem Erdboden fest – wenn auch nur durch die eigene Schwere – verbundenes Bauwerk, das den Eintritt von Menschen gestattet (BGHSt 1, 158 [163]). Wegen des von § 243 I S. 2 Nr. 1 verschiedenen Schutzzwecks fallen unter § 305 auch Roh-

bauten, da hier nicht das Abhalten Unbefugter erforderlich ist (vgl *Otto* BT § 47/18).
- **Brücken** sind nur größere Wasserüberquerungen von einer gewissen Festigkeit und Tragfähigkeit, was sich aus der Gleichstellung mit den anderen in § 305 genannten Tatobjekten ergibt; ein bloßer Fußgängersteg genügt nicht (*Otto* BT § 47/18).
- **Dämme** sind größere Erdaufschüttungen aller Art.
- **Straßen** sind künstlich angelegte Wege zu Land und zu Wasser, also auch Kanäle.
- der Begriff der **Eisenbahn** erfasst nur den Baukörper (Unterbau, Schwellen, Schienen), nicht aber den rollenden Wagen als solchen (S/S-*Stree/Hecker* Rn 8).
- **Schiffe** sind nur größere Wasserfahrzeuge, was sich aus der Gleichstellung mit den anderen in § 305 genannten Bauwerken ergibt (LK-*Wolff* Rn 6).

III. **Tathandlung** ist die gänzliche oder teilweise Zerstörung der genannten Tatobjekte. Das Bauwerk ist **ganz zerstört**, wenn es vernichtet ist oder völlig unbrauchbar geworden ist. Eine **teilweise Zerstörung** ist mehr als ein Beschädigen iSv § 303 und liegt vor, wenn das Bauwerk hinsichtlich eines selbständigen zwecknötigen Teils oder für einen bestimmten Zweck unbrauchbar gemacht wurde (L-Kühl-*Heger* Rn 3; *Mitsch* 3.3.1.1). 3

Zu unterscheiden ist die teilweise Zerstörung von der Zerstörung eines Teils des Bauwerks. Beide Begriffe sind nicht identisch. So ist zB bei Zerstörung einer Tür als Gebäudeteil nicht gleichzeitig das Gebäude teilweise zerstört, da die Gebäudefunktion unbeeinträchtigt bleibt (*Mitsch* 3.3.1.1; vgl auch S/S-*Stree/Hecker* Rn 10). 4

IV. Der **subjektive Tatbestand** erfordert (zumindest bedingten) **Vorsatz**. 5

V. **Konkurrenzen:** § 305 verdrängt als lex specialis §§ 303, 125 und tritt seinerseits hinter den spezielleren § 306 I Nr. 1 zurück. Tateinheit ist u.a. möglich mit §§ 124, 125 a. 6

§ 305 a Zerstörung wichtiger Arbeitsmittel

(1) Wer rechtswidrig
1. ein fremdes technisches Arbeitsmittel von bedeutendem Wert, das für die Errichtung einer Anlage oder eines Unternehmens im Sinne des § 316 b Abs. 1 Nr. 1 oder 2 oder einer Anlage, die dem Betrieb oder der Entsorgung einer solchen Anlage oder eines solchen Unternehmens dient, von wesentlicher Bedeutung ist, oder
2. ein für den Einsatz wesentliches technisches Arbeitsmittel der Polizei, der Bundeswehr, der Feuerwehr, des Katastrophenschutzes oder eines Rettungsdienstes, das von bedeutendem Wert ist, oder
3. ein Kraftfahrzeug der Polizei, der Bundeswehr, der Feuerwehr, des Katastrophenschutzes oder eines Rettungsdienstes

ganz oder teilweise zerstört, wird mit Freiheitsstrafe bis zu fünf Jahren oder mit Geldstrafe bestraft.

(2) Der Versuch ist strafbar.

1   I. Die Vorschrift normiert einen **Qualifikationstatbestand** zu § 303 (*Fischer* Rn 1; L-Kühl-*Heger* Rn 1; aA NK-*Zaczyk* Rn 1). Die eigentliche Bedeutung der Vorschrift ergibt sich jedoch aus ihrer (problematischen) Aufnahme in die Katalogtaten von § **129 a II Nr. 2** zum Schutz vor bestimmten Sabotageakten (*Rengier* I § 25/11; krit. *Dencker* StV 1987, 117 [122]). Ferner handelt es sich bei § 305 a I Nr. 1 um ein Delikt im Vorfeld des § 316 b, so dass seine systematische Einordnung bei den Sachbeschädigungsdelikten verfehlt ist. – Der **Versuch** ist strafbar (Abs. 2).

2   II. **Tatobjekte** nach Abs. 1 Nr. 1 sind
   - **technische Arbeitsmittel,**
   - die geeignet und dazu bestimmt sind, die Errichtung von **Anlagen oder Unternehmen** nach § **316 b I Nr. 1 und 2** oder einer **Anlage, die einem solchen Unternehmen dient**, zu ermöglichen und zu erleichtern (L-Kühl-*Heger* Rn 2),
   - die **fremd** sind (vgl § 242 Rn 8 ff),
   - **wirtschaftlich von bedeutendem Wert** – dieser richtet sich parallel zu §§ 315 ff nach dem Verkehrswert im Tatzeitpunkt (vgl § 315 c Rn 15) – und
   - von **wesentlicher Bedeutung** sind. Von wesentlicher Bedeutung ist ein Arbeitsmittel, wenn bei seinem Versagen die Baumaßnahmen in der Anlage nicht wie vorgesehen durchgeführt werden können (L-Kühl-*Heger* Rn 2; S/S-*Stree*/*Hecker* Rn 8).

3   **Tatobjekte** nach **Abs. 1 Nr. 2** sind technische Arbeitsmittel von **bedeutendem Wert** (Rn 2) der genannten Sicherheits- und Rettungsdienste, die **für den Einsatz von wesentlicher Bedeutung** (Rn 2) sind. Erfasst sind verwendungsfähige Arbeitseinrichtungen, vor allem Werkzeuge, Arbeitsgeräte, Arbeits- und Kraftmaschinen, Hebe- und Fördereinrichtungen sowie Beförderungsmittel. Die Eigentumsverhältnisse sind irrelevant, maßgeblich ist allein die Verwendung für dienstliche Zwecke (BT-Drucks. 17/4143, 8; *Fischer* Rn 8).

4   **Tatobjekte** nach **Abs. 1 Nr. 3** sind **Kraftfahrzeuge**, dh Fahrzeuge, die durch Maschinenkraft bewegt werden (vgl § 248 b Rn 5), die von der **Polizei**, der **Bundeswehr**, der **Feuerwehr**, dem **Katastrophenschutz** oder einem **Rettungsdienst zu dienstlichen Zwecken verwendet** werden. Es ist hier allein die tatsächliche Verwendung entscheidend; die Eigentumsverhältnisse spielen keine Rolle (BT-Drucks. 17/4143, 8). Täter kann also auch der Eigentümer sein, der das Kfz an die Polizei vermietet hat (*Mitsch* 3.3.2.1.3; LK-*Wolff* Rn 14).

5   III. **Tathandlung** in Abs. 1 ist das **teilweise oder gänzliche Zerstören** des Tatobjekts (§ 305 Rn 3). Das Heraustreten von Seitenscheiben eines Polizeiwagens reicht dazu nicht aus, weil kein funktionell selbstständiges Teil, das für die Nutzung des Gesamtgegenstandes von Bedeutung ist, zerstört worden ist (OLG Oldenburg NStZ-RR 2011, 338).

6   IV. Der **subjektive Tatbestand** verlangt (zumindest bedingten) **Vorsatz**. Die Rechtswidrigkeit braucht als allgemeines Verbrechensmerkmal nicht vom Vorsatz umfasst zu sein (MK-*Wieck-Noodt* Rn 25).

Achtundzwanzigster Abschnitt Gemeingefährliche Straftaten

§ 306 Brandstiftung

(1) Wer fremde
1. Gebäude oder Hütten,
2. Betriebsstätten oder technische Einrichtungen, namentlich Maschinen,
3. Warenlager oder -vorräte,
4. Kraftfahrzeuge, Schienen-, Luft- oder Wasserfahrzeuge,
5. Wälder, Heiden oder Moore oder
6. land-, ernährungs- oder forstwirtschaftliche Anlagen oder Erzeugnisse

in Brand setzt oder durch eine Brandlegung ganz oder teilweise zerstört, wird mit Freiheitsstrafe von einem Jahr bis zu zehn Jahren bestraft.

(2) In minder schweren Fällen ist die Strafe Freiheitsstrafe von sechs Monaten bis zu fünf Jahren.

I. Die Vorschrift normiert – im Gegensatz zu den Brandstiftungsdelikten der 1 §§ 306 a–306 c, 306 f – kein gemeingefährliches Delikt, sondern einen **Qualifikationstatbestand zur Sachbeschädigung** (LK-*Wolff* Rn 3 mwN; aA AnwK-*Börner* Rn 1; MK-*Radtke* Rn 5-7: Kombinationsdelikt aus Eigentumsverletzung und Schaffung einer abstrakten Gemeingefahr; ähnlich BGH NJW 2001, 765 f; NJW 2016, 2349 [2350]; *Duttge* Jura 2006, 15 [16 f]). Während bei den gemeingefährlichen Delikten die Eigentumsverhältnisse am Tatobjekt oder Tatmittel keine Rolle spielen, kann Tatobjekt des § 306 nur eine fremde Sache sein. Demnach kann der Eigentümer in eine Tatbestandsverwirklichung nach § 306 einwilligen (*Fischer* Rn 20; L-Kühl-*Heger* Rn 1; aA AnwK-*Börner* Rn 44 f; *Duttge* Jura 2006, 15 [17 f]: das Element der Gemeingefährlichkeit in § 306 lasse keine Einwilligung zu); bei gemeingefährlichen Delikten ist dies nicht möglich. – § 306 d I pönalisiert in der 1. Alternative die fahrlässige Tatvariante zu § 306.

II. In Abs. 1 werden die möglichen **Tatobjekte** einer Brandstiftung aufgezählt. 2 Von Bedeutung sind insbesondere Gebäude, Hütten, Betriebsstätten und technische Einrichtungen:

- **Gebäude** ist ein durch Wände und Dach begrenztes und mit dem Erdboden (zumindest durch eigene Schwere) fest verbundenes Bauwerk, das den Zutritt von Menschen gestattet und Unbefugte abhalten soll; auch der Rohbau ist ein Gebäude (BGHSt 6, 107).
- **Hütte** ist ein Gebäude von minderer Festigkeit und Größe.
- **Betriebsstätten** sind Sachgesamtheiten von baulichen Anlagen und Inventar, die einem gewerblichen Betrieb dienen (OLG Stuttgart MDR 1994, 713).
- **technische Einrichtungen** sind technisch konstruierte und funktionierende Sachen bzw Sachgesamtheiten, wie insbesondere die tatbestandlich erwähnten Maschinen.

Mehrere der angeführten Tatobjekte (auch „Betriebsstätten und technische Ein- 3 richtungen") sind viel zu weit und ungenau definiert, so dass der Tatbestand deutlich restriktiv auszulegen und auf Gegenstände und größere Sachgesamtheiten von bedeutendem Wert zu beschränken ist (L-Kühl-*Heger* Rn 2 mwN). Anderenfalls könnte das übermäßige Toasten eines fremden Brotes bis zur Ungenießbarkeit dem Wortlaut nach als teilweises Zerstören eines ernährungswirtschaftlichen Erzeugnisses iSv Abs. 1 Nr. 6 (mit der Mindestfreiheitsstrafe von einem Jahr) angesehen werden.

4 III. **Tathandlungen** sind das Inbrandsetzen des Tatobjkts oder dessen gänzliches oder teilweises Zerstören durch Brandlegung.

5 1. Eine Sache ist **in Brand gesetzt,** wenn ein für den bestimmungsgemäßen Gebrauch wesentlicher Bestandteil derart vom Feuer erfasst ist, dass er unabhängig vom Zündstoff selbstständig weiterbrennen kann (BGHSt 18, 363 [364]; 48, 14 [15]; *Fischer* Rn 14; LK-*Wolff* Rn 6).

6 a) Das Inbrandsetzen verlangt also einen **Erfolg,** nämlich den Brand iSe selbstständigen Weiterbrennens des Objekts. Eine offene Flamme ist nicht erforderlich; es genügt ein Schwelbrand. Ein (größeres) Tatobjekt, das bereits brennt, kann an einer anderen Stelle erneut in Brand gesetzt werden. Nicht ausreichend ist es dagegen, wenn nur der Brandherd intensiviert wird (OLG Hamm JZ 1961, 94; *Fischer* Rn 14).

7 b) Ein Inbrandsetzen durch **Unterlassen** ist möglich, wenn der Täter bei entsprechender Garantenstellung das Entstehen des Brandes nicht verhindert. Das Unterlassen des Löschens nach Entstehung des Brandes ist kein Inbrandsetzen mehr (vgl *Geppert* Jura 1989, 423).

8 c) Für den bestimmungsgemäßen Gebrauch **wesentliche Bestandteile eines Gebäudes** sind neben den Wänden selbst zB die Zimmertüren und Fensterrahmen, die Treppe und der Fußboden (BGHSt 20, 246 [247]; wistra 1988, 304; NStZ 1995, 87); maßgeblich für die Zuordnung ist die Verkehrsanschauung (BGHSt 6, 107 [108]; 16, 109 [110]; BGH NStZ 1991, 433). Keine wesentlichen Teile in diesem Sinne sind dagegen Tapeten, Gardinen, Fußbodensockelleisten, eine Lattentür im Keller sowie das Mobiliar einschließlich einer Einbauküche; das Brennen von bloßem *Inventar* genügt grds. nicht (BGH NStZ 1994, 130 f; StV 2004, 208 [209]; weitere Beispiele bei *Fischer* Rn 14 a).

9 Die Rspr verlangt bisweilen für die Inbrandsetzung eines Gebäudes nur, dass das Feuer von einem unwesentlichen auf einen wesentlichen Teil übergreifen kann (vgl BGHSt 18, 363 [365 f]; 34, 115 [117]; sowie BT-Drucks. 13/8587, 26; enger dagegen BGH NStZ 1984, 74; 1994, 130 f; abl. SK-*Wolters* § 306 Rn 10 f).

10 2. Unter einer **Brandlegung** ist die Handlung zu verstehen, durch die eine Sache unmittelbar in Brand gesetzt werden soll. Ein Brand muss nicht bewirkt werden.

11 Im Gegensatz zum Inbrandsetzen verlangt die **Brandlegung** damit keinen Erfolg (*Radtke* ZStW 110, 848 [871]). Mit dieser Tatvariante sollen Fälle erfasst werden, bei denen der Schaden entweder bereits durch die Art und Weise des Anzündens oder durch begleitende Kausalverläufe entsteht. So genügt es etwa, wenn das Tatobjekt nicht durch die Inbrandsetzung, sondern durch die Explosion des Zündstoffs oder durch starke Rauch- oder Hitzeentwicklung zerstört wird (L-Kühl-*Heger* Rn 4 mwN; BT-Drucks. 13/8587, 69; 13/9064, 22).

12 **Ganz zerstört** ist das Tatobjekt, wenn es vernichtet ist oder seine Eignung zum bestimmungsgemäßen Gebrauch völlig verliert (*Fischer* Rn 17; W-*Hettinger* Rn 958). **Teilweise** ist es zerstört, wenn einzelne wesentliche Teile des Tatobjekts, die seiner tatbestandlich geschützten Zweckbestimmung entsprechen, unbrauchbar geworden sind oder eine von mehreren tatbestandlich geschützten Zweckbestimmungen brandbedingt aufgehoben ist (BGHSt 57, 50 [51 f]; BGH NJW 2014, 1123; 2016, 2349 [2351]; MK-*Radtke* Rn 56). Aufgrund der hohen Strafandrohung muss die „teilweise Zerstörung" allerdings von einigem **Gewicht** und

nicht nur unerheblicher Dauer sein (BGHSt 48, 14 [20]; 57, 50; BGH NJW 2012, 693; NStZ-RR 2013, 246; MK-*Radtke* Rn 56; LK-*Wolff* Rn 13).

IV. **Konkurrenzen:** Die Tatalternativen nach Abs. 1 können tateinheitlich verwirklicht werden. §§ 303, 305 werden grds. von § 306 als lex specialis verdrängt. Mit § 306 a I besteht wegen der unterschiedlichen Rechtsgüter Tateinheit (*Duttge* Jura 2006, 15 [17 f]; S/S-*Heine/Bosch* Rn 24; aA BGH NJW 2001, 765 f; MK-*Radtke* Rn 70: da auch § 306 a I beim Inbrandsetzen einer fremden Wohnung das Eigentum schütze, trete § 306 I Nr. 1 hinter § 306 a I Nr. 1 zurück; diff. L-Kühl-*Heger* Rn 6). Gleiches gilt für § 306 a II, sofern die Tat fremde Tatobjekte betrifft (BGH NStZ 1999, 32 f; *Fischer* Rn 25). 13

§ 306 a Schwere Brandstiftung

(1) Mit Freiheitsstrafe nicht unter einem Jahr wird bestraft, wer
1. ein Gebäude, ein Schiff, eine Hütte oder eine andere Räumlichkeit, die der Wohnung von Menschen dient,
2. eine Kirche oder ein anderes der Religionsausübung dienendes Gebäude oder
3. eine Räumlichkeit, die zeitweise dem Aufenthalt von Menschen dient, zu einer Zeit, in der Menschen sich dort aufzuhalten pflegen,

in Brand setzt oder durch eine Brandlegung ganz oder teilweise zerstört.

(2) Ebenso wird bestraft, wer eine in § 306 Abs. 1 Nr. 1 bis 6 bezeichnete Sache in Brand setzt oder durch eine Brandlegung ganz oder teilweise zerstört und dadurch einen anderen Menschen in die Gefahr einer Gesundheitsschädigung bringt.

(3) In minder schweren Fällen der Absätze 1 und 2 ist die Strafe Freiheitsstrafe von sechs Monaten bis zu fünf Jahren.

I. Die Vorschrift normiert in **Abs. 1** ein **abstraktes Gefährdungsdelikt** zum Schutz 1 von Leib und Leben und in **Abs. 2** ein **konkretes Gefährdungsdelikt** bzgl. einer Gesundheitsschädigung; die Eigentumsverhältnisse spielen jeweils keine Rolle.

II. Die **Tatobjekte** einer schweren Brandstiftung nach **Abs. 1** werden in Nr. 1-3 2 aufgezählt.

1. Ein **Gebäude** (§ 306 Rn 2) **dient der Wohnung von Menschen,** wenn es zum 3 Tatzeitpunkt als Unterkunft verwendet wird. Es muss zu diesem Zweck weder geeignet noch (vom Berechtigten) bestimmt sein (BGHSt 16, 394 [395 f]; BGH NStZ 1992, 541). Daher schadet es zum einen nicht, wenn sich die Bewohner des Gebäudes zum Tatzeitpunkt – selbst für einen längeren Zeitraum – an einem anderen Ort aufhalten (BGHSt 26, 121 [122 f]). Zum anderen ist auch ein Gebäude taugliches Tatobjekt, das vom Berechtigten zum Abbruch vorgesehen ist, aber noch von „Hausbesetzern" bewohnt wird. Indizien für eine Wohnnutzung können neben der Gebrauchsdauer zB das regelmäßige Übernachten und Zubereiten von Speisen sowie die postalische Erreichbarkeit sein (BGH NStZ-RR 2012, 46).

Ein Gebäude dagegen, das von allen Bewohnern als Wohnung – ggf durch Inbrandsetzen (BGHSt 16, 394 [396]; BGH StV 2005, 391 [392]; NStZ 2009, 100) – aufgegeben („entwidmet") wurde, ist kein taugliches Tatobjekt mehr. Dies soll nach der Rspr auch dann gelten, wenn der Täter die Zweckbestimmung nur unter dem Vorbehalt des Gelingens der geplanten Brandstiftung aufgegeben hat (BGH NStZ-RR 2001, 330; 2005, 76; LK-*Wolff* Rn 7) oder beabsichtigt, dass nur ein Teil des von ihm bewohnten Gebäudes durch den Brand unbewohnbar werden soll, er aber auch ein vollständiges Ausbrennen aufgrund der Unkontrollierbarkeit des Feuers hinnimmt (BGH NStZ 2008, 99 [100] m. insoweit krit. Anm. *Radtke* NStZ 2008, 100 ff; zustimmend LK-*Wolff* Rn 7). Gleiches gilt, wenn der einzige Bewohner verstorben ist (BGHSt 23, 114). Bei minderjährigen Bewohnern kommt es für die Entwidmung grds. auf den Willen der Sorgeberechtigten zur Aufgabe des Wohnzwecks an (BGH NStZ 2008, 99 [100] m.Anm. *Radtke* NStZ 2008, 100 ff).

4 Als **andere Räumlichkeiten** iSd Tatbestands kommen ausrangierte Eisenbahnwaggons oder Omnibusse in Betracht; erforderlich ist allerdings, wie sich aus der beispielhaften Erwähnung von Gebäuden, Schiffen und Hütten ergibt, eine gewisse Größe und Unübersichtlichkeit des Raumes. Daher sind ein Pkw oder ein kleineres Zelt nicht einschlägig (*Fischer* Rn 3 mwN), wohl aber ein Wohnmobil (BGH StraFo 2010, 259 m. zust. Anm. *Bachmann/Goeck* JR 2011, 40).

5 2. Nr. 2 stellt **Kirchen** und sonstige **der Religionsausübung dienende Gebäude** (§ 243 Rn 27) den Wohngebäuden iSv Nr. 1 gleich. Dem Wortlaut nach ist es nicht erforderlich, dass sich zum Tatzeitpunkt üblicherweise Menschen in dem Gebäude aufhalten, was nur schwer mit dem Schutzzweck von Abs. 1 zu vereinbaren ist. Daher wird u.a. vorgeschlagen, den Schutzzweck auf den Friedensschutz zu erweitern (M-*Schroeder/Maiwald* II § 51/14), oder die Tatzeitklausel des Abs. 1 Nr. 3 entsprechend anzuwenden (*Radtke* ZStW 110, 848 [868]; dagegen LK-*Wolff* Rn 16).

6 3. Nr. 3 bezieht sich auf **Räumlichkeiten, die zeitweise dem Aufenthalt von Menschen dienen**. Damit sind insbesondere Geschäfte oder Büros, aber auch Museen, Theater und Lagerhallen oder Eisenbahnwagen und Fähren gemeint. Hinreichend ist, dass ein einheitliches, zusammenhängendes Gebäude nur zu einem Teil Räumlichkeiten enthält, die zum zeitweisen Aufenthalt von Menschen dienen (BGH NStZ 2011, 214). Erforderlich ist aber, dass zwischen den verschiedenen Gebäudeteilen eine Verbindung besteht, beispielsweise durch ein gemeinsames Treppenhaus, einen gemeinsamen Flur oder ineinander übergehende Räume (BGH aaO). Ferner muss (anders als bei Nr. 1) der Tatzeitpunkt – das Inbrandsetzen, nicht das Setzen der Ursache für einen späteren Brand – in den Zeitraum des üblichen Aufenthalts fallen (BGHSt 36, 221; vgl auch BGHSt 23, 60 [62] zur Inbrandsetzung einer Scheune, die zum fraglichen Zeitpunkt regelmäßig von Landstreichern zum Übernachten genutzt wird).

7 4. Die **Tathandlungen** entsprechen denjenigen des § 306 (dort Rn 4 ff).

Wenn der Täter bei einem **gemischt-genutzten Gebäude** den Teil **in Brand setzt**, der nicht zu den Räumlichkeiten iSv Abs. 1 Nr. 1-3 gehört, wird der Tatbestand von einer Ansicht erst dann für verwirklicht gehalten, wenn der Brand auf die von Abs. 1 Nr. 1-3 erfassten Räumlichkeiten übergreift; hierbei reicht es aus, wenn ein funktional zu diesen Räumlichkeiten gehörender Gebäudeteil (Treppenhaus, Keller usw) betroffen ist (S/S-*Heine/Bosch* Rn 11; *Kindhäuser* StV 1990, 161 [163]; SK-*Wolters* Rn 18). Demgegenüber lässt es die Rspr und ein Teil der Lehre für die Tatbestandsverwirklichung schon genügen, wenn nicht auszuschließen ist, dass das Feuer vom in Brand gesetzten Gebäudeteil auf eine

Räumlichkeit iSv Abs. 1 Nr. 1-3 übergreift (BGHSt 34, 115 [118 ff]; 35, 283 [285 f]; BGH NStZ-RR 2010, 279; *Eisele* BT I Rn 1046; *Lackner/Kühl* Rn 2). Strenger ist die Rspr bei der **teilweisen Zerstörung** eines **gemischt genutzen Gebäudes**: Auch wenn der gewerblich genutzte Teil durch die Brandstiftung teilweise zerstört wurde, sei der Tatbestand des § 306 a I mit Blick auf dessen Schutzzweck nur dann verwirklicht, wenn eine **zum Wohnen bestimmte** (selbstständige) Untereinheit für Wohnzwecke unbrauchbar geworden ist. Es ändere nichts an dem fehlenden Eintritt des tatbestandlich vorausgesetzten Erfolgs, wenn nur die Gefahr bestand, dass das Feuer darauf hätte übergreifen können (BGH NStZ 2010, 452; NJW 2011, 2148 m. abl. Anm. *Piel* StV 2012, 502 ff). Eine brandbedingte zeitweilige Unbenutzbarkeit von nicht selbst dem Wohnen dienenden, nur **funktional auf die Wohnnutzung bezogenen** Teilen des gemischt genutzten Tatobjekts – typischerweise Kellerräume – sei hingegen nicht von § 306 a I Nr. 1 erfasst (BGH NStZ 2014, 647). Gleiches soll freilich auch für Gebäude gelten, die **ausschließlich zu Wohnzwecken** genutzt werden (BGH NStZ 2007, 270; NJW 2014, 1123). Für ein teilweises Zerstören iSv § 306 a I ist bei **Mehrfamilienhäusern** erforderlich, dass wenigstens eine abgeschlossene Wohneinheit durch die Brandlegung für Wohnzwecke unbrauchbar geworden ist (BGHSt 48, 14 [20 f]; BGH NStZ-RR 2007, 78; NStZ 2008, 519; NStZ 2010, 151).

5. Umstritten ist, ob in den Fällen von Nr. 1 und 3 der Täter auch tatbestandsmäßig handelt, wenn er die Räumlichkeit erst in Brand setzt, nachdem er sich vergewissert hat, dass sich kein Mensch dort aufhält:

8

a) Überwiegend wird darauf abgestellt, dass die Vorschrift ein abstraktes Gefährdungsdelikt ist, das die Tatbestandsverwirklichung wegen der typischerweise mit dem Inbrandsetzen von bestimmten Räumlichkeiten verbundenen Gefahren für Leib und Leben uneingeschränkt unter Strafe stellt (vgl BGHSt 34, 115 [118]; NStZ 1985, 408 [409]; *Bohnert* JuS 1984, 182 ff; *Kindhäuser*, Gefährdung als Straftat, 1989, 295 ff). Die Sicherheit, die § 306 a für den Aufenthalt von Menschen in bestimmten Räumlichkeiten gewähren soll, sei allein aus der Opferperspektive zu bestimmen; sie könne nicht davon abhängen, dass der Täter mehr oder weniger sorgfältig bemüht ist, Gefahren für andere auszuschließen.

9

b) Teils wird jedoch aus dem Umstand, dass § 306 a I Nr. 1 und 3 vor Leibes- und Lebensgefahren schützen soll, geschlossen, dass der Tatbestand jedenfalls dann nicht erfüllt sei, wenn objektiv und subjektiv (aus der Täterperspektive) eine Gefahr für andere auszuschließen sei (krit. NK-*Herzog/Kargl* Rn 3 mwN; vgl auch BGHSt 26, 121 [124 ff]; zu weiteren Vorschlägen in der Literatur vgl *Geppert* Jura 1989, 424 f; *Graul*, Abstrakte Gefährdungsdelikte und Präsumtionen im Strafrecht, 1991, 355 ff). Das Anliegen dieser Lehre, das konkrete Handlungsunrecht dem Verbrechenscharakter des Delikts anzupassen, hat mit dem 6. StrRG, das schon die einfache Brandstiftung (§ 306) zum Verbrechen hochgestuft hat, weitgehend seine Berechtigung verloren (zust. *Fischer* Rn 2 a; abl. MK-*Radtke* Rn 43; zum Meinungsstand *Geppert* Weber-FS 427 ff).

10

III. **Abs. 2** verweist auf die in § 306 I Nr. 1-6 genannten Tatobjekte, ohne jedoch auf deren Fremdheit Bezug zu nehmen (BGH NStZ 1999, 32 [33]; L-Kühl-*Heger* Rn 7; S/S/W-*Wolters* Rn 2). Daher erfüllt auch den Tatbestand, wer eine eigene Sache der bezeichneten Art in Brand setzt, wenn er hierdurch einen anderen in die konkrete Gefahr (§ 250 Rn 14) einer Gesundheitsschädigung (§ 223 Rn 4 f) bringt. Ist das „Gebäude" im Sinne von §§ 306 a II, 306 I Nr. 1 StGB im Einzelfall zugleich ein „Wohngebäude", dann müssen zur Vollendung des Auffangtat-

11

bestands der schweren Brandstiftung nicht notwendigerweise auch Wohnräume von der teilweisen Zerstörung durch Brandlegung betroffen sein (BGH StraFo 2011, 194 m. zust. Anm. *Börner*). Es genügt hier, wenn ein anderer funktionaler Gebäudeteil, wie ein Kellerraum (vgl auch Rn 7), für nicht unerhebliche Zeit nicht bestimmungsgemäß gebraucht werden kann, sofern durch die typischen Folgen der Brandlegung eine konkrete Gefahr verursacht wird (BGHSt 56, 94 [97]; BGH NJW 2014, 1123; NStZ 2014, 647).

12 IV. Da Abs. 1 ein abstraktes Gefährdungsdelikt ist, muss sich der **Vorsatz** nur auf die Inbrandsetzung/Brandlegung des betreffenden Gebäudes in der jeweils tatbestandsrelevanten Eigenschaft beziehen. Bei **Abs. 2** muss dagegen die konkrete Gefahr einer Gesundheitsschädigung vom Vorsatz erfasst sein.

13 V. Bei einer Tat nach **Abs. 1** kommt wegen der Gemeingefährlichkeit der Tat eine **Einwilligung** des Eigentümers des Tatobjekts **nicht** in Betracht; sie lässt lediglich das Unrecht iSv § 306 I entfallen (vgl auch *Duttge* Jura 2006, 15 [17 f]).

14 Da der Erfolg der Tat nach **Abs. 2** die konkrete Gefährdung der Gesundheit des Opfers zum Gegenstand hat, handelt es sich insoweit um keine Gemeingefahr; eine unrechtsausschließende **Einwilligung** der in ihrer Gesundheit gefährdeten Person ist damit **möglich** (L-Kühl-*Heger* Rn 7; *Kleszewski* BT § 12 Rn 50; LK-*Wolff* Rn 33; aA *Duttge* Jura 2006, 15 [17]). Dagegen ist es für das Unrecht der Tat nach Abs. 2 unerheblich, ob der Eigentümer des Tatobjekts in die Inbrandsetzung seiner Sache einwilligt; wiederum entfällt nur das Unrecht des § 306 I.

15 VI. **Konkurrenzen**: § 306 a tritt im Wege der Gesetzeseinheit hinter § 306 c zurück, wenn es zu einem Brand kam, bei dem ein Mensch stirbt; Tateinheit ist gegeben, wenn lediglich ein Versuch des § 306 c vorliegt (BGH StV 2005, 88). Ausnahmsweise kann auch Tateinheit zwischen §§ 22, 306 a und vollendeter einfacher Brandstiftung vorliegen, wenn bei einer Zerstörung eines gewerblichen Zwecken dienenden Teils eines teils gewerblich, teils zu Wohnzwecken genutzten Gebäudes zwar § 306 I Nr. 1, nicht aber § 306 a vollendet ist (BGH NJW 2011, 2148 [2149]; vgl Rn 7). Tateinheit ist ebenso möglich zwischen § 306 a I und fahrlässiger Brandstiftung nach § 306 d I 2. Alt. iVm § 306 a II (BGH NStZ 2015, 464).

§ 306 b Besonders schwere Brandstiftung

(1) Wer durch eine Brandstiftung nach § 306 oder § 306 a eine schwere Gesundheitsschädigung eines anderen Menschen oder eine Gesundheitsschädigung einer großen Zahl von Menschen verursacht, wird mit Freiheitsstrafe nicht unter zwei Jahren bestraft.

(2) Auf Freiheitsstrafe nicht unter fünf Jahren ist zu erkennen, wenn der Täter in den Fällen des § 306 a
1. einen anderen Menschen durch die Tat in die Gefahr des Todes bringt,
2. in der Absicht handelt, eine andere Straftat zu ermöglichen oder zu verdecken oder
3. das Löschen des Brandes verhindert oder erschwert.

1 I. § 306 b Abs. 1 ist ein **erfolgsqualifiziertes Delikt**, das auf § 306 oder § 306 a als Grundtatbestand aufbaut.

Besonders schwere Brandstiftung § 306 b

1. Erfolgsqualifikation kann eine schwere Gesundheitsschädigung (§ 250 Rn 12 ff) wenigstens eines anderen Menschen oder eine Gesundheitsschädigung (§ 223 Rn 4 f) einer großen Zahl von Menschen sein. Letzteres ist nach Ansicht des BGH bei tatbestandsspezifischer Auslegung des Merkmals jedenfalls anzunehmen, wenn 14 Personen als Bewohner eines mittelgroßen Hauses betroffen sind (BGHSt 44, 175 [178]; zust. etwa L-Kühl-*Heger* Rn 2; ab 20 Personen vgl auch insbesondere MK-*Radtke* Rn 9; ebenso *Fischer* Rn 5; *Hohmann/Sander* BT II § 33/16; *Kleszcewski* BT § 12 Rn 59). Bei tatbestandsspezifischer Auslegung des Begriffs, wird man die Betroffenheit von zehn Personen als ausreichend ansehen können (vgl SK-*Wolters* Rn 4).

2. Die **objektive Erfolgszurechnung** erfordert, dass sich in der Gesundheitsschädigung die in der Brandstiftung angelegte Gefahr realisiert, wie dies zB bei Verbrennungen, Verletzung durch herabstürzende Gebäudeteile oder einem Rettungssprung aus dem Fenster der Fall ist. **Subjektiv** muss hinsichtlich der Erfolgsherbeiführung zumindest Fahrlässigkeit gegeben sein (§ 18). Ein Versuch ist möglich (vgl § 22 Rn 7 ff).

II. Abs. 2 normiert einen **selbstständigen Qualifikationstatbestand** zu § 306 a I und II mit drei Tatvarianten.

Nr. 1: Bei der **Todesgefahr** muss es sich um eine konkrete Gefährdung (§ 250 Rn 14, § 315 c Rn 6 ff) handeln, die vom Vorsatz erfasst sein muss (§ 18 gilt hier nicht; vgl dort Rn 8 ff).

Nr. 2: Das Merkmal der **Ermöglichungs- oder Verdeckungsabsicht** ist wie bei § 211 auszulegen (dort Rn 29 ff). Teils wird restriktiv ein unmittelbarer räumlicher und zeitlicher Zusammenhang zwischen der Brandlegung und der dadurch ermöglichten Straftat gefordert. So soll die bloße Absicht, den Brandschaden der Versicherung zu melden, nicht ausreichen (vgl LG Kiel StV 2003, 675 [676] m.Anm. *Ostendorf*; *Fischer* Rn 9 a f; *Joecks* Rn 8; aA BGHSt 45, 211 [216] m. zust. Anm. *Radtke* JR 2000, 428 ff; BGH NJW 2000, 3581 m. zust. Anm. *Liesching* JR 2001, 126 [127]; BGH NStZ 2008, 571; *Radtke*, Dogmatik der Brandstiftungsdelikte, 1998, 332 ff). Während es die ältere Judikatur für eine Ermöglichungsabsicht ausreichen ließ, dass der Täter die Brandlegung als Tatmittel zur Begehung der anderen Tat nutzen will (BGHSt 40, 106; *Fischer* Rn 10 f; S/S-*Heine/Bosch* Rn 12), ist nach neuerer Rspr erforderlich, dass nach der Vorstellung des Täters zur Begehung der anderen Tat noch eine weitere Handlung zu vollziehen ist, die durch die Brandstiftung ermöglicht werden soll (BGH NStZ 2007, 640 [641 f] m. zust. Anm. *Radtke* und *Dehne-Niemann* Jura 2008, 530 ff). Für die besondere Absicht gilt § 28 II (BGH NJW 2011, 2148 [2149]).

Nr. 3: Verhinderung oder Erschwerung der Brandlöschung ist in jeder Form, auch durch Unterlassen, möglich und kann auch vor der Brandlegung erfolgen, zB durch Abstellen des benötigten Löschwassers (L-Kühl-*Heger* Rn 5 mwN). Die Chancen auf ein erfolgreiches Löschen müssen dabei nicht nur unerheblich verschlechtert worden sein, insbesondere das Löschen selbst muss zeitlich relevant verzögert worden sein (BGH NStZ-RR 2013, 277 [278], *Fischer* Rn 12; S/S-*Heine/Bosch* Rn 18; LK-*Wolff* Rn 27).

§ 306 c Brandstiftung mit Todesfolge

Verursacht der Täter durch eine Brandstiftung nach den §§ 306 bis 306 b wenigstens leichtfertig den Tod eines anderen Menschen, so ist die Strafe lebenslange Freiheitsstrafe oder Freiheitsstrafe nicht unter zehn Jahren.

1 I. § 306 c ist ein **erfolgsqualifiziertes Delikt** mit den §§ 306-306 b als Grundtatbeständen. Die Brandstiftungsgefahr muss sich im Tod eines anderen Menschen realisieren (BGHSt 7, 37 [38 f]; krit. hierzu und näher zu den gemeingefährlichen erfolgsqualifizierten Delikten *Puppe* 250 ff).

2 Aufgrund der anderslautenden Tatbestandsfassung war es für die Vorgängervorschrift des § 307 Nr. 1 aF weitgehend anerkannt, dass nach der Inbrandsetzung hinzukommende Retter (Feuerwehrleute usw) dem Schutzbereich der Norm nicht unterfallen. Der jetzige Wortlaut rechtfertigt diese Restriktion nicht mehr, so dass vom Tatbestand Erfolge erfasst werden, die im Zusammenhang mit typischen Rettungshandlungen stehen (vgl Vor § 13 Rn 152 ff; ferner BGHSt 39, 322 ff; *Eisele* BT I Rn 1080 f; S/S-*Heine/Bosch* Rn 5; *Puppe* § 6/10 ff; *Radtke* ZStW 110, 879 f; *Wolters* JR 1998, 274). Die objektive Zurechenbarkeit solcher sog. Retterschäden wird unterbrochen, wenn die zum Tode führende Rettungshandlung von vornherein offensichtlich sinnlos oder mit unverhältnismäßigen Wagnissen verbunden ist (OLG Stuttgart NJW 2008, 1971 ff zu § 306 d m.Anm. *Puppe* NStZ 2009, 333 ff und *Radtke/Hoffmann* NStZ 2009, 52 ff; vgl auch Vor § 13 Rn 152 ff).

3 II. Für die subjektive Erfolgszurechnung gilt § 18, allerdings ist zumindest Leichtfertigkeit (§ 15 Rn 93 f) erforderlich (vgl BGH NStZ-RR 2010, 178). Versuch ist möglich (§ 22 Rn 7 ff).

§ 306 d Fahrlässige Brandstiftung

(1) Wer in den Fällen des § 306 Abs. 1 oder des § 306 a Abs. 1 fahrlässig handelt oder in den Fällen des § 306 a Abs. 2 die Gefahr fahrlässig verursacht, wird mit Freiheitsstrafe bis zu fünf Jahren oder mit Geldstrafe bestraft.

(2) Wer in den Fällen des § 306 a Abs. 2 fahrlässig handelt und die Gefahr fahrlässig verursacht, wird mit Freiheitsstrafe bis zu drei Jahren oder mit Geldstrafe bestraft.

1 Die Vorschrift dehnt die Strafbarkeit nach §§ 306 und 306 a auf fahrlässige Begehungsweisen aus. Neben Handlungen, bei denen sich der Täter in einem vorsatzausschließenden Tatbestandsirrtum befindet, werden damit insbesondere Fälle der Brandstiftung aus vorwerfbarer Unachtsamkeit erfasst (zur Auslegung des Fahrlässigkeitsbegriffs BGH JZ 2005, 685 m.Anm. *Walther*).

§ 306 e Tätige Reue

(1) Das Gericht kann in den Fällen der §§ 306, 306 a und 306 b die Strafe nach seinem Ermessen mildern (§ 49 Abs. 2) oder von Strafe nach diesen Vorschriften

absehen, wenn der Täter freiwillig den Brand löscht, bevor ein erheblicher Schaden entsteht.

(2) Nach § 306 d wird nicht bestraft, wer freiwillig den Brand löscht, bevor ein erheblicher Schaden entsteht.

(3) Wird der Brand ohne Zutun des Täters gelöscht, bevor ein erheblicher Schaden entstanden ist, so genügt sein freiwilliges und ernsthaftes Bemühen, dieses Ziel zu erreichen.

I. Die Vorschrift trägt dem Umstand Rechnung, dass die Brandstiftungsdelikte schon mit der Brandlegung bzw dem Schaffen eines Brandherds vollendet sind, in diesem Stadium aber noch keine größeren Schäden eingetreten sein müssen. Da die Rücktrittsvorschriften nach § 24 bei Vollendung nicht mehr eingreifen, sieht Abs. 1 die Möglichkeit einer strafmildernden bzw strafbefreienden **tätigen Reue** vor, wenn der Täter in den Fällen der (vollendeten) §§ 306, 306 a und 306 b durch Löschen das Entstehen eines erheblichen Schadens verhindert; für das Versuchsstadium bleibt es bei der Regelung des § 24. 1

Der **Schaden** bezieht sich auf Beeinträchtigungen der durch §§ 306–306 b geschützten Rechtsgüter. Einschlägig sind erhebliche Verletzungsgefahren (vgl § 224 Rn 7 ff) und Sachschäden größeren Ausmaßes (vgl *Fischer* Rn 3; L-*Kühl-Heger* Rn 2). 2

§ 306 e beschränkt die tätige Reue auf die Schadensverhinderung durch (nicht notwendig eigenhändiges) freiwilliges (§ 24 Rn 35 ff) **Löschen** (BGH StV 2004, 208 [209]). Andere Rettungsaktivitäten reichen nach dem Wortlaut der Vorschrift nicht aus. Als Gegenakt zu der Tathandlung des teilweisen Zerstörens passt das Löschen allerdings kaum. Insoweit könnte ein großzügiges Verständnis des Löschens angebracht sein, etwa dahin gehend, dass auch das Ableiten des Rauchgases ausreicht, wenn dadurch die teilweise Zerstörung des Brandobjektes verhindert wird (so etwa LK-*Wolff* Rn 6). 3

II. Für die fahrlässige Brandstiftung (§ 306 d) sieht **Abs. 2** bei tätiger Reue stets Straffreiheit vor. 4

III. Wird der Brand unabhängig vom Einsatz des Täters gelöscht, reicht nach **Abs. 3** auch ein entsprechendes freiwilliges und ernsthaftes Bemühen (§ 24 Rn 56 ff) des Täters aus, um in den Genuss der Strafmilderung bzw -befreiung zu kommen. 5

IV. Nach Wortlaut und Systematik gilt § 306 e, was unverständlich ist, nicht für § 306 f (vgl L-*Kühl-Heger* § 306 f Rn 3; MK-*Radtke* Rn 5). 6

§ 306 f Herbeiführen einer Brandgefahr

(1) Wer fremde
1. feuergefährdete Betriebe oder Anlagen,
2. Anlagen oder Betriebe der Land- oder Ernährungswirtschaft, in denen sich deren Erzeugnisse befinden,
3. Wälder, Heiden oder Moore oder
4. bestellte Felder oder leicht entzündliche Erzeugnisse der Landwirtschaft, die auf Feldern lagern,

durch Rauchen, durch offenes Feuer oder Licht, durch Wegwerfen brennender oder glimmender Gegenstände oder in sonstiger Weise in Brandgefahr bringt, wird mit Freiheitsstrafe bis zu drei Jahren oder mit Geldstrafe bestraft.

(2) Ebenso wird bestraft, wer eine in Absatz 1 Nr. 1 bis 4 bezeichnete Sache in Brandgefahr bringt und dadurch Leib oder Leben eines anderen Menschen oder fremde Sachen von bedeutendem Wert gefährdet.

(3) Wer in den Fällen des Absatzes 1 fahrlässig handelt oder in den Fällen des Absatzes 2 die Gefahr fahrlässig verursacht, wird mit Freiheitsstrafe bis zu einem Jahr oder mit Geldstrafe bestraft.

1 **I. Abs. 1** erfasst das vorsätzliche Herbeiführen einer (konkreten) Brandgefahr für bestimmte Arten von Objekten, die in **fremdem Eigentum** stehen. Die Vorschrift normiert daher ein Eigentumsgefährdungsdelikt. Die Einwilligung des Verletzten schließt das Unrecht der Tat aus (L-Kühl-*Heger* Rn 2; MK-*Radtke* Rn 27).

2 Als Vorbereitungsdelikt tritt § 306 f I hinter § 306 zurück, wenn dieser Tatbestand verwirklicht ist (Subsidiarität).

3 **II. Abs. 2** ist ein Gefährdungsdelikt, bei dem die Herbeiführung einer (konkreten) Brandgefahr iSv Abs. 1 mit der Herbeiführung einer weiteren **konkreten Individualgefahr** für Leib und Leben oder fremde Sachen von bedeutendem Wert (vgl § 250 Rn 14; § 315 c Rn 5 ff) kausal verbunden wird. Die Eigentumsverhältnisse an den feuergefährdeten Tatobjekten spielen keine Rolle; allerdings kann auch hier das Opfer der Individualgefahr unrechtsausschließend einwilligen (vgl § 306 a Rn 14).

4 **III. Abs. 3** erweitert die Strafbarkeit nach Abs. 1 und 2 auf fahrlässige Begehungsweisen.

§ 307 Herbeiführen einer Explosion durch Kernenergie

(1) Wer es unternimmt, durch Freisetzen von Kernenergie eine Explosion herbeizuführen und dadurch Leib oder Leben eines anderen Menschen oder fremde Sachen von bedeutendem Wert zu gefährden, wird mit Freiheitsstrafe nicht unter fünf Jahren bestraft.

(2) Wer durch Freisetzen von Kernenergie eine Explosion herbeiführt und dadurch Leib oder Leben eines anderen Menschen oder fremde Sachen von bedeutendem Wert fahrlässig gefährdet, wird mit Freiheitsstrafe von einem Jahr bis zu zehn Jahren bestraft.

(3) Verursacht der Täter durch die Tat wenigstens leichtfertig den Tod eines anderen Menschen, so ist die Strafe
1. in den Fällen des Absatzes 1 lebenslange Freiheitsstrafe oder Freiheitsstrafe nicht unter zehn Jahren,
2. in den Fällen des Absatzes 2 Freiheitsstrafe nicht unter fünf Jahren.

(4) Wer in den Fällen des Absatzes 2 fahrlässig handelt und die Gefahr fahrlässig verursacht, wird mit Freiheitsstrafe bis zu drei Jahren oder mit Geldstrafe bestraft.

§ 307

I. Die Vorschrift, die seit dem 6. StrRG mit einigen Änderungen § 310 b aF ersetzt, normiert ein **konkretes Gefährdungsdelikt**, das den Schutz von Leib, Leben und Eigentum des Einzelnen vor den Gefahren der Kernenergie bezweckt (vgl § 1 Nr. 2 AtomG; *Fischer* Rn 1). – **Tätige Reue** ist gem. § 314 a I, II Nr. 2 a und III Nr. 1 a möglich. 1

II. Das Delikt setzt sich aus einem **Handlungs-** und einem **Gefährdungsteil** zusammen, wobei der Gefährdungsteil demjenigen des § 315 c entspricht (vgl § 315 c Rn 5 ff). 2

1. Tathandlung ist das **Herbeiführen einer Explosion** (vgl § 308 Rn 3) durch **Freisetzen von Kernenergie**, dh die in den Atomkernen gebundene Energie wird durch Kernspaltungs- oder Kernvereinigungsvorgänge so freigesetzt, dass eine Druckwelle von außergewöhnlicher Beschleunigung, Wärme- und radioaktiver Strahlung ausgelöst wird (*Fischer* Rn 2; S/S-*Heine/Bosch* Rn 3). Der ordnungsgemäße Ablauf einer Kernreaktion im Atomreaktor und das bloße Freisetzten radioaktiver Strahlung (vgl aber § 311 I Nr. 1) erfüllen den Tatbestand nicht (MK-*Krack* Rn 3, 4; LK-*Wolff* Rn 2; SK-*Wolters* Rn 3). 3

Abs. 1 bedroht bereits das **Unternehmen** der Handlung mit Strafe, so dass Versuch und Vollendung gleichgestellt sind (vgl zu den Unternehmensdelikten § 11 Rn 35 ff). Die Handlung nach **Abs. 2** setzt hingegen die tatsächliche Herbeiführung der Explosion voraus. Es handelt sich um ein Vollendungsdelikt, dessen Versuchsstrafbarkeit sich nach den allgemeinen Regeln der §§ 22, 23 richtet. 4

2. Zwischen der Tathandlung und dem Eintritt der konkreten Gefahr muss **Kausalität** gegeben sein. Daneben müssen die Kriterien der **objektiven Zurechnung** erfüllt sein (vgl § 315 c Rn 16). 5

III. Subjektiver Tatbestand: Abs. 1 erfordert (mindestens bedingten) Vorsatz hinsichtlich aller Tatbestandsmerkmale. Nach **Abs. 2** genügt es, wenn hinsichtlich der Gefahr Fahrlässigkeit vorliegt. Auf diese Vorsatz-Fahrlässigkeits-Kombination findet § 11 II Anwendung. Das Vergehen nach **Abs. 4** erweitert ferner die Strafbarkeit nach Abs. 2 auf die rein fahrlässige Begehung des Delikts. 6

IV. Abs. 3 sieht eine **Erfolgsqualifikation** für den Fall einer wenigstens leichtfertigen Todesverursachung (vgl § 251) vor (*Fischer* Rn 7; S/S-*Heine/Bosch* Rn 9 a). 7

V. Eine **Rechtfertigung** soll sich nach hM daraus ergeben, dass mit Kernenergie unter Einhaltung aller allgemein anerkannten Regeln der Sicherheitstechnik gearbeitet wird (S/S-*Heine/Bosch* Rn 11; NK-*Herzog/Kargl* Rn 9). Teils wird auch bereits ein Ausschluss des objektiven Tatbestands mangels unerlaubten Risikos befürwortet (SK-*Wolters* Rn 4; vgl auch MK-*Krack* Rn 20). Im Rahmen der Fahrlässigkeit fehlt es jedenfalls an der Sorgfaltspflichtverletzung (NK-*Herzog/Kargl* Rn 9; L-Kühl-*Heger* Rn 4). Daneben kommt grds. auch eine Einwilligung durch die Träger der gefährdeten Rechtsgüter in Betracht, sofern eine Gefährdung Dritter, etwa im Rahmen eines Experiments, ausgeschlossen ist (S/S-*Heine/Bosch* Rn 12; NK-*Herzog/Kargl* Rn 9; MK-*Krack* Rn 21; aA *Duttge* Jura 2006, 15 [17]). 8

VI. Konkurrenzen: Idealkonkurrenz ist u.a. möglich mit §§ **211 f, 222, 223 ff, 255, 303 ff, 312** (*Fischer* Rn 9; S/S-*Heine/Bosch* Rn 16; L-Kühl-*Heger* Rn 6) sowie mit den Brandstiftungsdelikten nach §§ **306-306 d** (BGHSt 20, 230 [232]). § 307 ist lex specialis gegenüber § 308 und § **328 II Nr. 3, 4** (*Fischer* Rn 9; aA L-Kühl-*Heger* Rn 6). Im Falle des Abs. 3 wird § **222** verdrängt, dagegen ist Idealkonkurrenz mit § **211 f** möglich (NK-*Herzog/Kargl* Rn 12). 9

§ 308 Herbeiführen einer Sprengstoffexplosion

(1) Wer anders als durch Freisetzen von Kernenergie, namentlich durch Sprengstoff, eine Explosion herbeiführt und dadurch Leib oder Leben eines anderen Menschen oder fremde Sachen von bedeutendem Wert gefährdet, wird mit Freiheitsstrafe nicht unter einem Jahr bestraft.

(2) Verursacht der Täter durch die Tat eine schwere Gesundheitsschädigung eines anderen Menschen oder eine Gesundheitsschädigung einer großen Zahl von Menschen, so ist auf Freiheitsstrafe nicht unter zwei Jahren zu erkennen.

(3) Verursacht der Täter durch die Tat wenigstens leichtfertig den Tod eines anderen Menschen, so ist die Strafe lebenslange Freiheitsstrafe oder Freiheitsstrafe nicht unter zehn Jahren.

(4) In minder schweren Fällen des Absatzes 1 ist auf Freiheitsstrafe von sechs Monaten bis zu fünf Jahren, in minder schweren Fällen des Absatzes 2 auf Freiheitsstrafe von einem Jahr bis zu zehn Jahren zu erkennen.

(5) Wer in den Fällen des Absatzes 1 die Gefahr fahrlässig verursacht, wird mit Freiheitsstrafe bis zu fünf Jahren oder mit Geldstrafe bestraft.

(6) Wer in den Fällen des Absatzes 1 fahrlässig handelt und die Gefahr fahrlässig verursacht, wird mit Freiheitsstrafe bis zu drei Jahren oder mit Geldstrafe bestraft.

1 I. Die Vorschrift normiert ein **konkretes Gefährdungsdelikt** (BGH NStZ-RR 1996, 132). Geschützte **Rechtsgüter** sind Leib, Leben und Eigentum des Einzelnen (vgl BGH 10.2.2015 – 1 StR 488/14 Rn 27; *Fischer* Rn 1). **Tätige Reue** ist gem. § 314 a II Nr. 2 b, III Nr. 1 b möglich.

2 II. Der **objektive Tatbestand** setzt sich aus der **Tathandlung** und dem Eintritt einer **konkreten Gefahr** als Erfolg zusammen (vgl § 315 c Rn 2).

3 1. Als **Tathandlung** nennt Abs. 1 das **Herbeiführen einer Explosion**, dh das (täterschaftliche) Bewirken eines chemischen oder physikalischen Vorgangs, bei dem durch eine plötzliche Volumenvergrößerung Kräfte frei werden, die eine zerstörende Wirkung haben können (S/S-*Heine/Bosch* Rn 3; *Otto* BT § 78/9). Umstritten ist, ob Vorgänge mit explosionsgleicher Wirkung, insbesondere die Erzeugung von Unterdruck, unter den Tatbestand fallen (bejahend unter Verweis auf den normativen Charakter des Begriffs der Explosion: *Fischer* Rn 3; L-Kühl-*Heger* Rn 2; LK-*Wolff* Rn 4; dagegen: S/S-*Heine/Bosch* Rn 3; MK-*Krack* Rn 3; SK-*Wolters* Rn 4). Das **Mittel** der Tathandlung ist gleichgültig (vgl § 1 SprengstoffG; LG Braunschweig NStZ 1987, 231 [232]; *Fischer* Rn 3). Der namentlich benannte **Sprengstoff** ist lediglich ein Beispiel. Daher sind auch Stoffe, die üblicherweise nicht als Sprengmittel verwendet oder im allgemeinen Sprachgebrauch als Sprengstoff bezeichnet werden, als „**Sprengstoff**" iSd § 308 zu verstehen (RGSt 48, 72 [75 f]; 67, 38 [38]; BGH NJW 2016, 1030). Das Freisetzen von Kernenergie ist allerdings in § 307 erfasst.

4 2. Die als **Folge** der Tathandlung nach Abs. 1 erforderliche **konkrete Gefahr** für Leib, Leben oder Eigentum des Einzelnen entspricht der des § 315 c (vgl dort Rn 5 ff). Wegen der hohen Strafdrohung (LK-*Wolff* Rn 8) oder des tatbestandlich vorausgesetzten Gefahrenpotentials (MK-*Krack* Rn 5) wird teilweise die Notwendigkeit eines im Vergleich zu § 315 c (vgl dort Rn 15) größeren, konkret drohenden Schadens für eine „Sache von bedeutendem Wert" diskutiert. Nach neu-

ester Rspr des BGH soll der Grenzwert im Rahmen des § 308 bei 1.500 Euro liegen (BGH 2017, 743; zu diesem Wert bereits tendierend BGH 10.2.2015 – 1 StR 488/14 Rn 58), während in der Literatur Werte von 750 Euro (*Fischer* Rn 5) bis 5.000 Euro (MK-*Krack* Rn 9) als angemessen angesehen werden. Zwischen Handlung und Gefahrerfolg muss **Kausalität** bestehen; des Weiteren müssen die Kriterien der **objektiven Zurechnung** erfüllt sein (vgl § 315 c Rn 16).

III. **Subjektiver Tatbestand**: Das Delikt beinhaltet eine Abstufung der Strafdrohungen nach Vorsatz und Fahrlässigkeit. Nach dem Verbrechenstatbestand des **Abs. 1** ist (zumindest bedingter) Vorsatz hinsichtlich der Handlung und der konkreten Gefährdung erforderlich (vgl BGH bei *Holtz* MDR 1984, 982). **Abs. 5** und **6** normieren hingegen Vergehenstatbestände mit einer Vorsatz-Fahrlässigkeits-Kombination (vgl § 11 Rn 52 ff) bzw einer reinen Fahrlässigkeitshaftung. 5

IV. Die in § 311 II und III aF enthaltenen Strafzumessungsregeln wurden im Zuge des 6. StrRG durch **Erfolgsqualifikationen**, für die § 18 gilt, ersetzt. 6

Bei **Abs. 2** (vgl § 306 b Rn 2) muss die schwere Folge der Gesundheitsschädigung (vgl § 223 Rn 4 f) in einem spezifischen Gefahrzusammenhang mit der nach Abs. 1 herbeigeführten Explosion stehen, zB als Folge einer Splitterwirkung oder herabfallender Trümmer (vgl *Fischer* Rn 7). 7

Abs. 3 beinhaltet eine Erfolgsqualifikation für den Fall wenigstens leichtfertiger Verursachung des Todes eines anderen Menschen (vgl § 251). Auch die vorsätzliche Todesverursachung ist erfasst (*Fischer* Rn 8). 8

V. **Abs. 4** stellt für unbenannte minder schwere Fälle nach Abs. 1 und 2 Strafrahmenregelungen auf, nicht aber für Abs. 3. 9

VI. **Rechtfertigung**: Nach hM hat die Beachtung allgemein anerkannter Regeln der Sicherheitstechnik bei der Verwendung der explosiven Stoffe **rechtfertigende Wirkung** (NK-*Herzog/Kargl* Rn 10). Sachgerecht ist es jedoch, bei fehlendem unerlaubten Risiko bereits den objektiven Tatbestand zu verneinen. Jedenfalls entfällt der Vorwurf der Fahrlässigkeit, sofern Sicherheitsvorschriften eingehalten werden. Ebenso wie bei § 307 (dort Rn 8) kommt grds. eine Einwilligung infrage (aA *Duttge* Jura 2006, 15 [17]). Eine behördliche Erlaubnis nach § 7 SprengstoffG hat hingegen keine rechtfertigende Wirkung (L-Kühl-*Heger* Rn 4; SK-*Wolters* Rn 7). 10

VII. Bezüglich der **Konkurrenzen** gelten die Ausführungen zu § 307 (dort Rn 9) sinngemäß. 11

§ 309 Mißbrauch ionisierender Strahlen

(1) Wer in der Absicht, die Gesundheit eines anderen Menschen zu schädigen, es unternimmt, ihn einer ionisierenden Strahlung auszusetzen, die dessen Gesundheit zu schädigen geeignet ist, wird mit Freiheitsstrafe von einem Jahr bis zu zehn Jahren bestraft.

(2) Unternimmt es der Täter, eine unübersehbare Zahl von Menschen einer solchen Strahlung auszusetzen, so ist die Strafe Freiheitsstrafe nicht unter fünf Jahren.

(3) Verursacht der Täter in den Fällen des Absatzes 1 durch die Tat eine schwere Gesundheitsschädigung eines anderen Menschen oder eine Gesundheitsschädi-

gung einer großen Zahl von Menschen, so ist auf Freiheitsstrafe nicht unter zwei Jahren zu erkennen.

(4) Verursacht der Täter durch die Tat wenigstens leichtfertig den Tod eines anderen Menschen, so ist die Strafe lebenslange Freiheitsstrafe oder Freiheitsstrafe nicht unter zehn Jahren.

(5) In minder schweren Fällen des Absatzes 1 ist auf Freiheitsstrafe von sechs Monaten bis zu fünf Jahren, in minder schweren Fällen des Absatzes 3 auf Freiheitsstrafe von einem Jahr bis zu zehn Jahren zu erkennen.

(6) Wer in der Absicht,
1. die Brauchbarkeit einer fremden Sache von bedeutendem Wert zu beeinträchtigen,
2. nachhaltig ein Gewässer, die Luft oder den Boden nachteilig zu verändern oder
3. ihm nicht gehörende Tiere oder Pflanzen von bedeutendem Wert zu schädigen, die Sache, das Gewässer, die Luft, den Boden, die Tiere oder Pflanzen einer ionisierenden Strahlung aussetzt, die geeignet ist, solche Beeinträchtigungen, Veränderungen oder Schäden hervorzurufen, wird mit Freiheitsstrafe bis zu fünf Jahren oder mit Geldstrafe bestraft. Der Versuch ist strafbar.

1 I. Die Vorschrift normiert **konkrete Gesundheits- bzw Sachgefährdungsdelikte** (L-Kühl-*Heger* Rn 1; S/S/W-*Wolters* Rn 1 f; SK-*Wolters* Rn 2; aA *Fischer* Rn 2: potenzielles Gefährdungsdelikt; MK-*Krack* Rn 5: Eignungsdelikt). – **Tätige Reue** ist gem. § 314 a I, II Nr. 1 und Nr. 2 c möglich.

2 II. **Tathandlung:** Der Täter muss Menschen oder Sachen einer ionisierenden Strahlung aussetzen, die geeignet ist, die Gesundheit zu schädigen bzw die Brauchbarkeit der Sache zu beeinträchtigen.

3 1. Unter **ionisierender Strahlung** ist eine Strahlung zu verstehen, die von natürlichen oder künstlichen radioaktiven Stoffen ausgeht; exemplarisch sind die Röntgenstrahlung (BGHSt 43, 346 [347]; *Fischer* Rn 3) und die bei der Spaltung von Kernbrennstoffen entstehende Neutronenstrahlung (MK-*Krack* Rn 3).

4 2. **Aussetzen** ist jedes Handeln oder Unterlassen (unter den Voraussetzungen des § 13) mit der Folge, dass der Angriffsgegenstand in den Wirkungskreis der ionisierenden Strahlung gerät (S/S-*Heine/Bosch* Rn 5 a; L-Kühl-*Heger* Rn 2). Hinsichtlich der **Tatgegenstände** ist dabei nach den jeweiligen Absätzen zu differenzieren. Nach **Abs. 1** ist Tatobjekt ein beliebiger **anderer Mensch**, so dass ein Tatbeteiligter ausscheidet (*Fischer* Rn 6). Bei **Abs. 2** richtet sich der Angriff gegen eine **unübersehbare Vielzahl von Menschen**; die Zahl der Betroffenen muss hierbei so groß sein, dass sie für einen objektiven Beobachter nicht ohne Weiteres bestimmbar ist (S/S-*Heine/Bosch* Rn 8). Bei Abs. 6 ist Tatobjekt eine **fremde Sache von bedeutendem Wert** (vgl § 315 c Rn 15), eines der genannten **Umweltmedien** (vgl § 330 d Rn 1, § 324 a Rn 1; § 325) oder **fremde bzw herrenlose Tiere und Pflanzen von bedeutendem Wert**. Bei letztgenannten Tatobjekten wird sich ein Verkehrswert oft nur schwer feststellen lassen, so dass auch ökologische und historische Interessen Berücksichtigung finden können (vgl LK-*Wolff* Rn 10).

5 3. Die Strahlung muss in den Fällen des Abs. 1 und 2 **geeignet sein**, die Gesundheit zu schädigen. Dies ist der Fall, wenn nach den Umständen des Einzelfalls in Hinblick auf Art und Intensität der Strahlung der Eintritt einer solchen Schädigung nahe liegt (NK-*Herzog/Kargl* Rn 5; L-Kühl-*Heger* Rn 3; SK-*Wolters* Rn 3).

Die **Gesundheitsschädigung** ist wie bei der Körperverletzung zu bestimmen (§ 223 Rn 4 f).

Im Falle des Abs. 6 muss die Strahlung **geeignet sein**, die dort genannten Beeinträchtigungen, nachhaltigen Veränderungen und Schäden zu verursachen. Auch hier ist wieder erforderlich, dass nach den Umständen des Einzelfalls in Hinblick auf Art und Intensität der Strahlung der Eintritt der Beeinträchtigung, Veränderung oder Schädigung nahe liegt. Die **Beeinträchtigung der Brauchbarkeit** bei Abs. 6 Nr. 1 entspricht dem Beschädigen in § 303 (vgl dort Rn 6 ff). Das **nachteilige Verändern** in Abs. 6 Nr. 2 entspricht dem Begriff aus § 324 (vgl dort Rn 2); Ausreichend sind dabei nur **nachhaltige** Veränderungen, also solche von erheblichem Umfang und längerer Dauer (BT-Drucks. 16-5334, 6). Der Begriff des **Schädigens** in Abs. 6 Nr. 3 schließlich umfasst auch genetische Veränderungen, die sich nicht als Beschädigung oder Erkrankung einzelner Exemplare darstellen müssen (*Fischer* Rn 4).

4. Bei **Abs. 1 und 2** handelt es sich um **Unternehmensdelikte** (vgl § 11 Rn 35 ff). Hingegen erfordert der objektive Tatbestand des **Abs. 6**, dass der Täter das Tatobjekt einer ionisierenden Strahlung ausgesetzt hat (bloßes Unternehmen reicht insofern nicht aus). **6**

III. Der **subjektive Tatbestand** verlangt (zumindest bedingten) Vorsatz. Hinzukommen muss bei Abs. 1 die **Absicht**, die Gesundheit eines anderen zu schädigen. Bei Abs. 6 muss sich die Absicht darauf beziehen, die Brauchbarkeit einer fremden Sache von bedeutendem Wert zu beeinträchtigen, eines der genannten Umweltmedien nachhaltig und nachteilig zu verändern oder fremde bzw herrenlose Tiere von bedeutendem Wert zu schädigen (überschießende Innentendenz). Abs. 2 enthält einen Qualifikationstatbestand zu Abs. 1, für den jedoch die Schädigungsabsicht bezüglich nur eines anderen Menschen ausreicht (*Fischer* Rn 7 f; NK-*Herzog/Kargl* Rn 9; SK-*Wolters* Rn 7). **7**

IV. Abs. 3 und 4 beinhalten **Erfolgsqualifikationen**, die denjenigen in § 308 II und III entsprechen (vgl dort Rn 6 ff). Ferner sieht **Abs. 5** eine Strafmilderung für unbenannte minder schwere Fälle nach Abs. 1 und 3 vor. **8**

V. Konkurrenzen: Tateinheit kommt in Betracht mit **§§ 211 ff, 223 ff** und **303** (NK-*Herzog/Kargl* Rn 13; SK-*Wolters* Rn 15; teils abw. LK-*Wolff* § 311 a aF Rn 12). § **326 II** und § **327 I** treten zurück. **9**

§ 310 Vorbereitung eines Explosions- oder Strahlungsverbrechens

(1) Wer zur Vorbereitung
1. eines bestimmten Unternehmens im Sinne des § 307 Abs. 1 oder des § 309 Abs. 2,
2. einer Straftat nach § 308 Abs. 1, die durch Sprengstoff begangen werden soll,
3. einer Straftat nach § 309 Abs. 1 oder
4. einer Straftat nach § 309 Abs. 6

Kernbrennstoffe, sonstige radioaktive Stoffe, Sprengstoffe oder die zur Ausführung der Tat erforderlichen besonderen Vorrichtungen herstellt, sich oder einem anderen verschafft, verwahrt oder einem anderen überläßt, wird in den Fällen der Nummer 1 mit Freiheitsstrafe von einem Jahr bis zu zehn Jahren, in den Fällen der Nummer 2 und der Nummer 3 mit Freiheitsstrafe von sechs Monaten bis zu fünf Jahren, in den Fällen der Nummer 4 mit Freiheitsstrafe bis zu drei Jahren oder mit Geldstrafe bestraft.

(2) In minder schweren Fällen des Absatzes 1 Nr. 1 ist die Strafe Freiheitsstrafe von sechs Monaten bis zu fünf Jahren.

(3) In den Fällen des Absatzes 1 Nr. 3 und 4 ist der Versuch strafbar.

1 I. Die Vorschrift sanktioniert – als selbstständiges Delikt – bestimmte **Vorbereitungshandlungen** zu den Explosions- oder Strahlungsdelikten nach §§ 307 I, 308 I und 309 I, II und VI. Da die Beteiligung einer weiteren Person nicht erforderlich ist, geht der Schutz des § 310 über den des § 30 hinaus. **Tätige Reue** ist gem. § 314 a III Nr. 2 möglich.

2 II. Als **Tathandlungen** kommen nur die in **Abs. 1** ausdrücklich genannten Vorbereitungshandlungen in Betracht, die sich dabei auf **Kernbrennstoffe** (§ 2 I S. 2 AtomG), **sonstige radioaktive Stoffe** (§ 2 I S. 1 AtomG) sowohl natürlichen wie künstlichen Ursprungs, die bei ihrem Zerfall ionisierende Strahlung aussenden (vgl § 309 Rn 3), oder auf **Sprengstoffe** beziehen müssen. Gegenstand der Vorbereitungshandlung können ferner **besondere Vorrichtungen** sein, die zur Ausführung der Tat erforderlich sind. Damit sind alle Gegenstände erfasst, die ihrer Beschaffenheit nach zur Begehung von Explosions- oder Strahlungsstraftaten bestimmt und geeignet sind, sofern es sich nicht um untergeordnetes Zubehör handelt, das an sich ungefährlich und erst durch Verarbeitung oder Zusammenbau verwendbar ist, wie zB eine Batterie oder ein Wecker (*Cramer* NJW 1964, 1835 [1837 f]; *Fischer* Rn 4; SK-*Wolters* Rn 3).

3 **Herstellen** ist das tatsächliche Fertigstellen. Unter **Sichverschaffen** ist die Herstellung der tatsächlichen Verfügungsgewalt – auf welchem Weg auch immer – zu verstehen (BGHSt 2, 116 [117]). Das **Verwahren** ist die Ausübung der tatsächlichen Sachherrschaft iSv Gewahrsam (vgl § 242 Rn 21 ff). Der Gegenstand wird einem anderen **verschafft** oder **überlassen**, wenn diesem die tatsächliche Verfügungsgewalt übertragen wurde.

4 III. **Subjektiver Tatbestand**: Der Täter muss **zur Vorbereitung** einer der in Abs. 1 genannten und von ihm selbst oder einem anderen in Aussicht genommenen Straftaten handeln, dh er muss die Absicht haben, durch seine Handlung die in Aussicht genommene Tat zu fördern (*Fischer* Rn 5; L-Kühl-*Heger* Rn 3; SK-*Wolters* Rn 7; aA BayOLG NJW 1973, 2038 [2039]). Die in Aussicht genommene Tat muss dabei hinsichtlich Angriffsziel, Tatzeit und den Tatmodalitäten schon in ihren Grundzügen konkretisiert sein (BGH StV 2012, 348 [349]; NK-*Herzog/Kargl* Rn 13; L-Kühl-*Heger* Rn 3; SK-*Wolters* Rn 7). Bezüglich der übrigen Tatbestandsmerkmale ist bedingter Vorsatz ausreichend.

5 Die Tat nach Abs. 1 Nr. 1 ist Verbrechen, so dass der **Versuch** insoweit strafbar ist (§§ 12 I, 23 I). Für die Taten nach Abs. 1 Nr. 3 und 4 ordnet Abs. 3 die Versuchsstrafbarkeit an (§ 23 I), so dass nur der Versuch von Abs. 1 Nr. 2 straflos bleibt. Obwohl dies aufgrund des höheren Strafrahmens von Abs. 1 Nr. 2 gegenüber Abs. 1 Nr. 4 wertungswidersprüchlich erscheint, ist diese Regelung vom Gesetzgeber bewusst so getroffen worden (BT-Drucks. 16/5334, 7, vgl auch LK-*Wolff* Rn 17).

6 IV. **Abs. 2** enthält eine Strafrahmenmilderung für unbenannte minder schwere Fälle des Abs. 1 Nr. 1.

V. **Konkurrenzen:** Kommt es zur Vollendung oder zum Versuch der geplanten 7
Tat, so tritt § 310 als subsidiär zurück, auch wenn es sich nur um versuchte Beteiligung an jenen Delikten handelt (L-Kühl-*Heger* Rn 5; NK-*Herzog/Kargl* Rn 15). In den Fällen von § 310 I Nr. 4 kommt freilich eine Subsidiarität des § 310 nur in Betracht, wenn es zumindest zum Versuch des § 309 VI gekommen ist, da hier, mangels Verbrechensqualität des § 309 VI, die versuchte Beteiligung nicht strafbar ist. § 40 I und II SprengstoffG werden hingegen von § 310 verdrängt.

§ 311 Freisetzen ionisierender Strahlen

(1) Wer unter Verletzung verwaltungsrechtlicher Pflichten (§ 330 d Absatz 1 Nummer 4, 5, Absatz 2)
1. ionisierende Strahlen freisetzt oder
2. Kernspaltungsvorgänge bewirkt,

die geeignet sind, Leib oder Leben eines anderen Menschen, fremde Sachen von bedeutendem Wert zu schädigen oder erhebliche Schäden an Tieren oder Pflanzen, Gewässern, der Luft oder dem Boden herbeizuführen, wird mit Freiheitsstrafe bis zu fünf Jahren oder mit Geldstrafe bestraft.

(2) Der Versuch ist strafbar.

(3) Wer fahrlässig
1. beim Betrieb einer Anlage, insbesondere einer Betriebsstätte, eine Handlung im Sinne des Absatzes 1 in einer Weise begeht, die geeignet ist, eine Schädigung außerhalb des zur Anlage gehörenden Bereichs herbeizuführen oder
2. in sonstigen Fällen des Absatzes 1 unter grober Verletzung verwaltungsrechtlicher Pflichten handelt,

wird mit Freiheitsstrafe bis zu zwei Jahren oder mit Geldstrafe bestraft.

I. Die Vorschrift normiert ein **abstraktes** (potenzielles) **Gefährdungsdelikt** 1
(BGHSt 39, 371 [372]; BGH NJW 1994, 2161; *Fischer* Rn 1), das dem Schutz von Leib, Leben und Eigentum des Einzelnen sowie der Umwelt dient. Die Tathandlung muss nur zur Herbeiführung von Schäden geeignet sein; eine tatsächliche Gefährdung wird nicht vorausgesetzt. Der **Versuch** ist strafbar (Abs. 2). **Tätige Reue** ist gem. § 314 a II Nr. 2 d, III Nr. 1 c möglich.

II. Tathandlungen

1. **Abs. 1 Nr. 1** hat das Freisetzen **ionisierender Strahlen** (vgl § 309 Rn 3) zum 2
Gegenstand. **Freisetzen** bedeutet, dass durch den Täter eine Lage geschaffen wird, in der sich die Strahlen unkontrollierbar im Raum ausdehnen können (BGHSt 43, 346 [348 f]; vgl *Fischer* Rn 2). Bewirken von **Kernspaltungsvorgängen** iSv Abs. 1 Nr. 2 ist das Verursachen der bei der Spaltung von Kernbrennstoffen ablaufenden physikalischen Prozesse (vgl L-Kühl-*Heger* Rn 4).

2. Gemeinsame Voraussetzung der Tathandlungen nach Abs. 1 ist die **Verletzung** 3
einer der in § 330 d I Nr. 4, 5, II benannten **verwaltungsrechtlichen Pflichten**. Diesen Pflichtverletzungen gleichgestellt sind durch den Verweis auf § 330 d Nr. 5 rechtsmissbräuchliche Verhaltensweisen. Im Rahmen des § 311 muss die

Pflicht dabei gerade dem Schutz vor den von ionisierenden Strahlen oder einem Kernspaltungsvorgang ausgehenden Gesundheitsgefahren dienen (L-Kühl-*Heger* Rn 2). Nach Art. 2 des G. zum Übereinkommen v. 26.10.1979 über den physischen Schutz von Kernmaterial v. 24.4.1990 (BGBl. II 326) gelten Abs. 1 und 2 mit der Maßgabe, dass einer verwaltungsrechtlichen Pflicht iSd Abs. 1 eine entsprechende **ausländische** verwaltungsrechtliche Pflicht, Genehmigung oder Untersagung gleichsteht. Zudem stellt § 330 d II nunmehr klar, in welchen Fällen die Verletzung der Rechtsvorschrift eines anderen EU-Mitgliedsstaates der Verletzung einer verwaltungsrechtlichen Pflicht gleichsteht.

4 3. Die Handlung muss die erforderliche **Schädigungseignung** aufweisen. Entscheidend sind hier die Dauer und Intensität der Strahlung und der Kernspaltungsvorgänge bei genereller Betrachtung (BGHSt 39, 371 [372]; S/S-*Heine/Bosch* Rn 9; NK-*Herzog/Kargl* Rn 6).

5 III. Der **subjektive Tatbestand** nach Abs. 1 verlangt (zumindest bedingten) Vorsatz.

6 IV. Abs. 3 stellt bestimmte **Fahrlässigkeitstaten** unter Strafe:

7 Nr. 1 bezieht sich dabei auf anlagenbezogene Tätigkeiten, deren Wirkungen außerhalb der Anlage eintreten. Unter einer **Anlage** ist insoweit jede Vorrichtung zu verstehen, von der eine schädigende ionisierende Strahlung ausgehen kann (*Fischer* Rn 8; L-Kühl-*Heger* Rn 6).

8 Nr. 2 erfasst die Fälle grober Verletzung verwaltungsrechtlicher Pflichten; der Täter muss seine Pflichten in besonders hohem Maße verletzen.

9 V. **Konkurrenzen:** Idealkonkurrenz ist möglich mit §§ 308, 327 I und 328, weiterhin mit §§ 211 ff, 223 ff, sofern ein Verletzungserfolg eingetreten ist (L-Kühl-*Heger* Rn 7; S/S-*Heine/Bosch* Rn 14). Hingegen ist § 311 gegenüber §§ 307, 309 subsidiär (*Fischer* Rn 11; LK-*Möhrenschlager* Rn 37; aA MK-*Krack* Rn 18; S/S/W-*Wolters* Rn 7).

§ 312 Fehlerhafte Herstellung einer kerntechnischen Anlage

(1) Wer eine kerntechnische Anlage (§ 330 d Nr. 2) oder Gegenstände, die zur Errichtung oder zum Betrieb einer solchen Anlage bestimmt sind, fehlerhaft herstellt oder liefert und dadurch eine Gefahr für Leib oder Leben eines anderen Menschen oder für fremde Sachen von bedeutendem Wert herbeiführt, die mit der Wirkung eines Kernspaltungsvorgangs oder der Strahlung eines radioaktiven Stoffes zusammenhängt, wird mit Freiheitsstrafe von drei Monaten bis zu fünf Jahren bestraft.

(2) Der Versuch ist strafbar.

(3) Verursacht der Täter durch die Tat eine schwere Gesundheitsschädigung eines anderen Menschen oder eine Gesundheitsschädigung einer großen Zahl von Menschen, so ist auf Freiheitsstrafe von einem Jahr bis zu zehn Jahren zu erkennen.

(4) Verursacht der Täter durch die Tat den Tod eines anderen Menschen, so ist die Strafe Freiheitsstrafe nicht unter drei Jahren.

(5) In minder schweren Fällen des Absatzes 3 ist auf Freiheitsstrafe von sechs Monaten bis zu fünf Jahren, in minder schweren Fällen des Absatzes 4 auf Freiheitsstrafe von einem Jahr bis zu zehn Jahren zu erkennen.

(6) Wer in den Fällen des Absatzes 1
1. die Gefahr fahrlässig verursacht oder
2. leichtfertig handelt und die Gefahr fahrlässig verursacht,

wird mit Freiheitsstrafe bis zu drei Jahren oder mit Geldstrafe bestraft.

I. Die Vorschrift, die seit dem 6. StrRG mit einigen Änderungen § 311 c aF ersetzt, beschreibt ein **konkretes Gefährdungsdelikt**, das Leib, Leben und Eigentum des Einzelnen schützt. Der **Versuch** ist gem. Abs. 2 strafbar. **Tätige Reue** ist gem. § 314 a II Nr. 2 e und III Nr. 1 d möglich. 1

II. Tatobjekt kann neben einer **kerntechnischen Anlage** (vgl § 330 d Nr. 2) jeder Gegenstand sein, der zur Errichtung oder zum Betrieb einer solchen Anlage **bestimmt** ist, der also zu diesen Zwecken, sei es auch nur mittelbar, verwendet werden soll (L-Kühl-*Heger* Rn 2; MK-*Krack* Rn 3). 2

III. Als **Tathandlung** nennt Abs. 1 das fehlerhafte Herstellen und Liefern derartiger Anlagen und Gegenstände. **Herstellen** ist das Bearbeiten oder Verarbeiten von Rohstoffen oder Halbfertigfabrikaten zur Gestaltung eines Gegenstandes (*Fischer* Rn 3; L-Kühl-*Heger* Rn 3). **Liefern** ist das rechtsgeschäftliche Überlassen eines Gegenstandes zum bestimmungsgemäßen Gebrauch (*Fischer* Rn 4; L-Kühl-*Heger* Rn 3). Die **Fehlerhaftigkeit** liegt vor, wenn die bereitgestellten Gegenstände hinter der erforderlichen und vorausgesetzten Güte oder Menge zurückbleiben (*Fischer* Rn 4; SK-*Wolters* Rn 4; aA LK-*Steindorf*, 11. Aufl., § 311 c aF Rn 6, der auf den Widerspruch zu Rechtsvorschriften oder technischen Erfahrungen abstellt). 3

IV. Die Tathandlung muss eine **konkrete Gefahr** für Leib oder Leben eines anderen oder für fremde Sachen von bedeutendem Wert herbeigeführt haben (vgl § 315 c Rn 5 ff). Die Gefahr muss dabei in einem **Zusammenhang** mit der Wirkung eines Kernspaltungsvorgangs (vgl § 311 Rn 2) oder der Strahlung eines radioaktiven Stoffes stehen (vgl § 309 Rn 3). Dafür reicht es aus, dass sich das Gefahrurteil zumindest auch auf diese Wirkung gründen lässt (L-Kühl-*Heger* Rn 4). Zwischen Tathandlung und Gefahrerfolg muss **Kausalität** bestehen; des Weiteren müssen die Kriterien der **objektiven Zurechnung** erfüllt sein (vgl § 315 c Rn 16). 4

V. Subjektiver Tatbestand: Nach **Abs. 1** ist (mindestens bedingter) Vorsatz hinsichtlich aller Tatbestandsmerkmale (Tathandlung und Gefahrerfolg) erforderlich. **Abs. 6** erfasst zunächst in **Nr. 1** die Fälle, in denen der Täter hinsichtlich der Gefahr fahrlässig handelt (vgl § 11 II). In den Fällen der **Nr. 2** genügt für die Tathandlung Leichtfertigkeit (vgl § 15 Rn 93 f) und für die Gefährdung Fahrlässigkeit. 5

VI. Die in **Abs. 3** und **4** aufgeführten **Erfolgsqualifikationen** entsprechen § 308 II und III (vgl dort Rn 6 ff). **Abs. 5** stellt für unbenannte minder schwere Fälle der Abs. 3 und 4 Strafrahmenregelungen auf. 6

VII. Konkurrenzen: Tateinheit kommt in Betracht mit den Körperverletzungs- und Tötungsdelikten, sowie mit § 109 e und § 263. 7

§ 313 Herbeiführen einer Überschwemmung

(1) Wer eine Überschwemmung herbeiführt und dadurch Leib oder Leben eines anderen Menschen oder fremde Sachen von bedeutendem Wert gefährdet, wird mit Freiheitsstrafe von einem Jahr bis zu zehn Jahren bestraft.

(2) § 308 Abs. 2 bis 6 gilt entsprechend.

1 I. Die Vorschrift fasst seit dem 6. StrRG die bislang in den §§ 312 bis 314 enthaltenen Tatbestände zusammen und normiert ein **konkretes Gefährdungsdelikt**, das Leib, Leben und Eigentum des Einzelnen vor den Gefahren einer Überschwemmung schützt (LK-*Wolff* Rn 1). **Tätige Reue** ist nach § 314 a II Nr. 2 f, III Nr. 1 e möglich.

2 II. **Abs. 1** hat das Herbeiführen einer konkret gefährlichen Überschwemmung zum Gegenstand.

3 1. **Überschwemmung** ist das Austreten von Wasser über seine natürlichen oder künstlichen Grenzen hinaus in solcher Menge und Stärke, dass es bestimmungswidrig eine größere Fläche unter Wasser überflutet und zu einer Gefahr für darin befindliche Personen oder Sachen wird (AG Zerbst NJ 2004, 181 m.Anm. *Krüger*; *Fischer* Rn 2; vgl bereits RGRspr 7, 577). **Herbeiführen** ist das (täterschaftliche) Verursachen der Überschwemmung, wobei jedes Mittel in Betracht kommt (vgl AG Zerbst NJ 2004, 181 m.Anm. *Krüger*; *Fischer* Rn 2).

4 2. Die als **Folge** der Tathandlung nach Abs. 1 erforderliche **konkrete Gefahr** für Leib, Leben oder Eigentum des Einzelnen entspricht der des § 315 c (dort Rn 5 ff). Unerheblich ist insoweit, ob etwa ein Deich kurze Zeit später aufgrund anströmender Wassermassen in gleichem Ausmaß gebrochen wäre; entscheidend ist allein, dass das Verhalten des Täters für die Herbeiführung einer Überschwemmung kausal war (AG Zerbst NJ 2004, 181 m.Anm. *Krüger*).

5 III. **Subjektiver Tatbestand**: Nach **Abs. 1** ist (mindestens bedingter) Vorsatz hinsichtlich aller Tatbestandsmerkmale erforderlich. Für die Fälle der Vorsatz-Fahrlässigkeits-Kombination sowie der reinen Fahrlässigkeitstat gelten über **Abs. 2** § 308 V und VI entsprechend (vgl dort Rn 5). Zum Umfang der Sorgfaltspflichten des Betreibers einer Stauanlage bei Hochwasser aus zivilrechtlicher Sicht BGH VersR 2006, 665.

6 IV. Der Verweis des **Abs. 2** auf § 308 II–IV ordnet neben dem minder schweren Fall (vgl § 308 IV) auch die Strafbarkeit von Erfolgsqualifikationen iSd § 308 II und III an.

§ 314 Gemeingefährliche Vergiftung

(1) Mit Freiheitsstrafe von einem Jahr bis zu zehn Jahren wird bestraft, wer
1. Wasser in gefaßten Quellen, in Brunnen, Leitungen oder Trinkwasserspeichern oder
2. Gegenstände, die zum öffentlichen Verkauf oder Verbrauch bestimmt sind,

vergiftet oder ihnen gesundheitsschädliche Stoffe beimischt oder vergiftete oder mit gesundheitsschädlichen Stoffen vermischte Gegenstände im Sinne der Nummer 2 verkauft, feilhält oder sonst in den Verkehr bringt.
(2) § 308 Abs. 2 bis 4 gilt entsprechend.

I. Durch das 6. StrRG wurden die gemeingefährliche Vergiftung und die fahrlässige Gemeingefährdung der §§ 319, 320 aF in der Vorschrift des § 314 zusammengefasst und übersichtlicher gestaltet. Der Charakter eines gemeingefährlichen Delikts als **abstraktes Gefährdungsdelikt** wurde beibehalten (LK-*Wolff* Rn 1 mwN). Geschützte **Rechtsgüter** der Vorschrift sind Leib und Leben von Menschen. **Tätige Reue** ist nach § 314 a II Nr. 1 möglich. 1

II. Als **Tatobjekte** kommen in Betracht: 2

1. Nach **Nr. 1**: **Wasser** in gefassten Quellen, in Brunnen, Leitungen oder Trinkwasserspeichern (wozu auch Trinkwassertalsperren gehören, vgl BT-Drucks. 13/8587, 51). Aufgrund des Schutzzwecks der Vorschrift muss es sich dabei um Wasser handeln, das zum Gebrauch durch Menschen bestimmt ist und somit mit dem menschlichen Organismus typischerweise in Kontakt kommt, zB Wasser zum Trinken, zur Lebensmittelzubereitung, zum Waschen oder Baden (*Fischer* Rn 2). § 314 erstreckt sich somit nicht auf gewerbliches, feuerpolizeiliches oder landwirtschaftliches Brauchwasser (L-Kühl-*Heger* Rn 2; S/S-*Heine/Bosch* Rn 5; aA SK-*Wolters* Rn 8). Das Wasser muss sich ferner in den genannten Vorrichtungen befinden. 3

2. Nach **Nr. 2**: Gegenstände, die zum öffentlichen Verkauf oder Verbrauch bestimmt sind. Zu nennen sind sämtliche **Gegenstände**, bei deren bestimmungsgemäßem Gebrauch oder Verbrauch sich die Gefahren der Beimischung gesundheitsschädlicher Stoffe realisieren können (Schädigungseignung), daher neben Lebensmitteln auch Pflegemittel, Kosmetika, Stoffe etc. (*Fischer* Rn 5; S/S-*Heine/Bosch* Rn 6; *Horn* NJW 1986, 153). Die Verkaufs- oder Verbrauchsbestimmung muss dabei zum Zeitpunkt der Tathandlung vorliegen oder mit ihr vorgenommen werden (L-Kühl-*Heger* Rn 2). 4

III. **Tathandlung** nach **Abs. 1 Alt. 1** ist das Vergiften oder Beimischen gesundheitsschädlicher Stoffe (vgl § 224 Rn 2 ff). **Vergiftet** ist ein Gegenstand, wenn die Tathandlung dessen Eignung bewirkt, bei bestimmungsgemäßem Gebrauch die Gesundheit von Menschen durch chemische oder chemisch-physikalische Wirkung zu zerstören (RGSt 10, 178 [179]; NK-*Herzog/Kargl* Rn 8; weitergehend S/S/W-*Wolters* Rn 8: Schädigung ist ausreichend). Demgegenüber reicht es bei der Tatvariante des **Beimischens gesundheitsschädlicher Stoffe** aus, dass der veränderte Gegenstand geeignet ist, nicht bloß unerhebliche Schädigungen der Gesundheit herbeizuführen (*Joecks* Rn 9). Aufgrund dieser Ausweitung des Schutzbereichs ist eine restriktive Auslegung des Begriffs der Gesundheitsschädlichkeit anzunehmen (*Fischer* Rn 3). Die Gesundheitsgefahr muss dem beigemischten Stoff innewohnen (*Seher* NJW 2004, 113 [114]). 5

Abs. 1 Alt. 2 stellt das Verkaufen, Feilhalten oder Inverkehrbringen von vergifteten oder gesundheitsschädlichen Gegenständen iSv Nr. 2 unter Strafe. Als **Tatmittel** kommt jeder Gegenstand mit der beschriebenen Schädigungseignung in Betracht. Es ist daher nicht notwendig, dass die Gegenstände im Wege einer rechtswidrigen Tat nach Abs. 1 Alt. 1 hergestellt wurden (L-Kühl-*Heger* Rn 4; MK-*Krack* Rn 14). **Feilhalten** ist das äußerlich als solches erkennbare Präsentieren eines Gegenstandes zum Zwecke des Verkaufs (BGHSt 23, 286 [287]). Der Täter 6 bringt die Sache in Verkehr, wenn er sie anderen überlässt (S/S-*Heine/Bosch* Rn 20; *Joecks* Rn 10).

7 IV. Der **subjektive Tatbestand** setzt (zumindest bedingten) Vorsatz hinsichtlich aller Tatbestandsmerkmale voraus.

8 V. **Abs. 2** verweist auf § 308 II-IV (vgl dort Rn 7 ff). Damit kommt neben der Möglichkeit eines minder schweren Falls nach § 308 IV auch die Strafbarkeit von Erfolgsqualifikationen iSd § 308 II und III in Betracht.

9 VI. **Konkurrenzen:** Tateinheit ist möglich mit den §§ 58, 59 LFGB, § 29 I Nr. 1 BtMG, §§ 95, 96 AMG, ferner mit den Tötungs- und Körperverletzungsdelikten sowie zwischen Abs. 2 iVm § 308 III und einem vorsätzlichen Tötungsdelikt.

§ 314 a Tätige Reue

(1) Das Gericht kann die Strafe in den Fällen des § 307 Abs. 1 und des § 309 Abs. 2 nach seinem Ermessen mildern (§ 49 Abs. 2), wenn der Täter freiwillig die weitere Ausführung der Tat aufgibt oder sonst die Gefahr abwendet.

(2) Das Gericht kann die in den folgenden Vorschriften angedrohte Strafe nach seinem Ermessen mildern (§ 49 Abs. 2) oder von Strafe nach diesen Vorschriften absehen, wenn der Täter
1. in den Fällen des § 309 Abs. 1 oder § 314 Abs. 1 freiwillig die weitere Ausführung der Tat aufgibt oder sonst die Gefahr abwendet oder
2. in den Fällen des
   a) § 307 Abs. 2,
   b) § 308 Abs. 1 und 5,
   c) § 309 Abs. 6,
   d) § 311 Abs. 1,
   e) § 312 Abs. 1 und 6 Nr. 1,
   f) § 313, auch in Verbindung mit § 308 Abs. 5,
   freiwillig die Gefahr abwendet, bevor ein erheblicher Schaden entsteht.

(3) Nach den folgenden Vorschriften wird nicht bestraft, wer
1. in den Fällen des
   a) § 307 Abs. 4,
   b) § 308 Abs. 6,
   c) § 311 Abs. 3,
   d) § 312 Abs. 6 Nr. 2,
   e) § 313 Abs. 2 in Verbindung mit § 308 Abs. 6
   freiwillig die Gefahr abwendet, bevor ein erheblicher Schaden entsteht, oder
2. in den Fällen des § 310 freiwillig die weitere Ausführung der Tat aufgibt oder sonst die Gefahr abwendet.

(4) Wird ohne Zutun des Täters die Gefahr abgewendet, so genügt sein freiwilliges und ernsthaftes Bemühen, dieses Ziel zu erreichen.

1 I. Die Vorschrift ersetzt seit dem 6. StrRG mit verschiedenen Änderungen § 311 e aF und normiert die Voraussetzungen der tätigen Reue für die §§ 307-314. § 314 a soll ein Gegengewicht zur Vorverlagerung der Strafbarkeit schaffen (LK-*Wolff* Rn 1). Darüber hinaus soll dem Täter damit ein Anreiz gegeben werden,

eine besonders gefährliche Straftat vor dem Eintritt von ernsthaften Schäden abzubrechen (vgl BT-Drucks. 4/2186, 4).

II. Gemeinsame Voraussetzung der tätigen Reue ist neben dem Vorliegen einer **vollendeten Tat** (sonst gilt § 24) die **Freiwilligkeit** des Handelns des Täters (vgl § 24 Rn 35 ff). Im Weiteren ist zu unterscheiden:

1. **Abs. 1, Abs. 2 Nr. 1 und Abs. 3 Nr. 2** sehen die Möglichkeit der tätigen Reue vor, wenn der Täter freiwillig die weitere Ausführung der Tat aufgibt oder sonst die Gefahr abwendet. Die **Aufgabe der weiteren Tatausführung** entspricht strukturell dem Rücktritt vom unbeendeten Versuch nach § 24 (vgl dort Rn 9 ff) und liegt vor, wenn der Täter von der Tatausführung vor ihrer materiellen Vollendung Abstand nimmt (S/S-*Heine/Bosch* Rn 4; LK-*Wolff* § 311 e aF Rn 3). Zur **Abwendung der Gefahr** ist es notwendig, dass der Täter entweder schon den Eintritt der Gefahr selbst verhindert oder aber die bereits eingetretene tatbestandsmäßige Gefahr beseitigt, bevor sie einen Schaden verursacht hat (L-Kühl-*Heger* Rn 2).

2. Demgegenüber ermöglichen **Abs. 2 Nr. 2 und Abs. 3 Nr. 1** die tätige Reue, wenn der Täter die Gefahr abwendet, bevor ein erheblicher Schaden entstanden ist. Bei den erfassten Delikten handelt es sich um konkrete Gefährdungsdelikte, die erst mit Eintritt der Gefahr vollendet sind. Daher kann hier unter **Abwendung der Gefahr** nur das Verhindern des aus der Gefahr drohenden Schadens gemeint sein (LK-*Wolff* Rn 8). Der **erhebliche Schaden** entspricht dem bedeutenden Wert iSd genannten Vorschriften (*Fischer* Rn 3; S/S-*Heine/Bosch* Rn 9; SK-*Wolters* Rn 7). Ist eine Person verletzt, so wird ein erheblicher Schaden immer anzunehmen sein, sofern die Verletzung nicht geringfügig ist (vgl S/S-*Heine/Bosch* Rn 9; MK-*Krack* Rn 6).

3. **Abs. 4** ist anzuwenden, falls kein oder nur ein nicht erheblicher Schaden eingetreten ist.

III. Hinsichtlich der **rechtlichen Wirkungen** der tätigen Reue ist zu differenzieren: **Abs. 1** sieht in den Fällen der §§ 307 I und 309 II lediglich eine fakultative Strafmilderung vor. In den Fällen des **Abs. 2** kommt eine fakultative Strafmilderung oder ein Absehen von Strafe in Betracht. **Abs. 3** enthält für die dort genannten Delikte einen persönlichen Strafaufhebungsgrund. Die Rechtswirkungen der tätigen Reue beschränken sich auf die genannten Tatbestände.

§ 315 Gefährliche Eingriffe in den Bahn-, Schiffs- und Luftverkehr

(1) Wer die Sicherheit des Schienenbahn-, Schwebebahn-, Schiffs- oder Luftverkehrs dadurch beeinträchtigt, daß er
1. Anlagen oder Beförderungsmittel zerstört, beschädigt oder beseitigt,
2. Hindernisse bereitet,
3. falsche Zeichen oder Signale gibt oder
4. einen ähnlichen, ebenso gefährlichen Eingriff vornimmt,

und dadurch Leib oder Leben eines anderen Menschen oder fremde Sachen von bedeutendem Wert gefährdet, wird mit Freiheitsstrafe von sechs Monaten bis zu zehn Jahren bestraft.

(2) Der Versuch ist strafbar.

(3) Auf Freiheitsstrafe nicht unter einem Jahr ist zu erkennen, wenn der Täter
1. in der Absicht handelt,
   a) einen Unglücksfall herbeizuführen oder
   b) eine andere Straftat zu ermöglichen oder zu verdecken, oder
2. durch die Tat eine schwere Gesundheitsschädigung eines anderen Menschen oder eine Gesundheitsschädigung einer großen Zahl von Menschen verursacht.

(4) In minder schweren Fällen des Absatzes 1 ist auf Freiheitsstrafe von drei Monaten bis zu fünf Jahren, in minder schweren Fällen des Absatzes 3 auf Freiheitsstrafe von sechs Monaten bis zu fünf Jahren zu erkennen.

(5) Wer in den Fällen des Absatzes 1 die Gefahr fahrlässig verursacht, wird mit Freiheitsstrafe bis zu fünf Jahren oder mit Geldstrafe bestraft.

(6) Wer in den Fällen des Absatzes 1 fahrlässig handelt und die Gefahr fahrlässig verursacht, wird mit Freiheitsstrafe bis zu zwei Jahren oder mit Geldstrafe bestraft.

1 I. Die Tat ist ein **konkretes Gefährdungsdelikt**, das sich auf alle öffentlichen und privaten (RGSt 13, 380 [381]) Verkehrsarten mit Ausnahme des Straßenverkehrs (vgl insoweit die Parallelvorschrift des § 315 b) bezieht.

Die Vorschrift **schützt** nach vorzugswürdiger Ansicht neben der Aufrechterhaltung der allgemeinen Verkehrssicherheit **gleichermaßen** Leib, Leben und Eigentum des Einzelnen vor Verletzungen, die sich aus bestimmten Eingriffen in den jeweiligen Verkehr ergeben können (S/S-*Sternberg-Lieben*/*Hecker* Rn 1; NK-*Zieschang* Rn 6; aA SK-*Wolters* Rn 2: geschützt seien ausschließlich Individualrechtsgüter; LK-*König* Rn 4 f: geschützt sei ausschließlich die Verkehrssicherheit; L-Kühl-*Heger* Rn 1: geschützt sei vornehmlich die Verkehrssicherheit; *Fischer* Rn 2; MK-*Pegel* Rn 5 ff: geschützt seien vornehmlich die Individualrechtsgüter; die Rspr hebt „vor allem" den Aspekt der Sicherheit des Verkehrs und damit der Allgemeinheit hervor: jeweils zu § 315 c BGHSt 23, 261 [263]; BGHSt 27, 40 [42], nennt daneben aber auch nachrangig die Individualrechtsgüter: zu § 315 b BGH NJW 1989, 2550).

Der **Versuch** ist gem. Abs. 2 strafbar. **Tätige Reue** ist gem. § 320 II Nr. 1, III Nr. 1 a möglich.

2 II. Das Delikt setzt sich aus der **Tathandlung** und der dadurch verursachten **konkreten Gefährdung** zusammen. Der Gefährdungsteil entspricht demjenigen des § 315 c (vgl dort Rn 5 ff; zu einer konkreten Gefahr bei der Schnellbremsung eines Schienenfahrzeugs OLG Oldenburg VRS 108, 263). Jedoch ist abweichend davon auch das vom Täter geführte Fahrzeug in den Schutzbereich einbezogen (BGHSt 11, 148 [151]; 27, 40 [44]; *Fischer* Rn 16).

3 **1. Angriffsobjekte: Schienenbahn** ist jedes Beförderungsmittel, dessen Fortbewegung auf einem festen Schienenstrang erfolgt (vgl OLG Köln VRS 15, 49 [50]), also vor allem die Eisenbahn, Werk-, Klein-, Hoch-, Unter-, und Zahnradbahnen (*Fischer* Rn 4; L-Kühl-*Heger* Rn 2; MK-*Pegel* Rn 26). Soweit Straßenbahnen am Straßenverkehr teilnehmen, gelten für sie die §§ 315 b, 315 c (vgl § 315 d). Zum **Schwebebahnverkehr** gehören Bahnen, die sich an Drahtseilen oder in ähnlicher Weise bewegen, ohne die Erde zu berühren, zB Magnetschwebebahnen, Bergkabinenbahnen und Sessellifte (*Kürschner* NJW 1982, 1966 [1967]), und zum **Schiffsverkehr** sowohl die See- als auch die Binnenschifffahrt, unabhängig von der Art und der Größe der Schiffe (NK-*Zieschang* Rn 27). Der **Luftverkehr** um-

fasst jede Benutzung des Luftraumes durch Luftfahrzeuge, die dem Verkehr dienen (LK-*König* Rn 16; S/S-*Sternberg-Lieben/Hecker* Rn 6; instruktiv zur strafrechtlichen Relevanz privater Drohnenflüge *Dust* NZV 2016, 353).

2. Abs. 1 nennt verschiedene **Handlungsalternativen**, die im Wesentlichen mit denen des § 315 b übereinstimmen (vgl dort Rn 3 ff). Die beschriebenen Eingriffe können unter den Voraussetzungen des § 13 auch durch ein Unterlassen verwirklicht werden (BGHSt 8, 8 [11]). 4

a) Nr. 1 stellt das **Zerstören, Beschädigen** (vgl § 303 Rn 6 ff, 10) und **Beseitigen** von Anlagen und Beförderungsmitteln unter Strafe (vgl § 315 b Rn 3). Die Beschädigung oder Zerstörung des Beförderungsmittels muss der Beeinträchtigung der Verkehrssicherheit zeitlich und ursächlich vorausgehen und darf ihrerseits nicht erst Unfallfolge sein (OLG Karlsruhe NZV 1993, 159 [160]; S/S/W-*Ernemann* Rn 9). 5

b) Das **Bereiten von Hindernissen** iSv **Nr. 2** ist das Herbeiführen eines Vorgangs, der geeignet ist, durch körperliche Einwirkung den regelmäßigen Verkehr zu hemmen oder zu stören (BGHSt 13, 66 [69]). Exemplarisch ist das Auflegen von Steinen auf die Schienen oder das Verursachen eines Kurzschlusses durch Werfen eines Metallbügels auf die Oberleitung eines Bahnkörpers (BGH NStZ 1988, 178). Im Unterschied zu § 315 b sind hier wegen der besonderen Schutzbedürftigkeit von Massenbeförderungsmitteln auch Verkehrsvorgänge selbst in den Tatbestand einzubeziehen, sofern durch diese ein Hindernis bereitet wird (BGHSt 11, 148 [152]; 24, 231 [232]), zB das Kreuzen der Fahrbahn eines anderen Schiffes (OLG Oldenburg MDR 1951, 630 [631]). 6

c) Geben falscher Zeichen und Signale gem. **Nr. 3** ist das Geben von Zeichen, die der eigentlichen Sachlage nicht entsprechen (*Fischer* Rn 10). 7

d) Ähnliche, ebenso gefährliche Eingriffe iSv **Nr. 4** sind solche Verhaltensweisen, die unmittelbar auf Verkehrsvorgänge einwirken (BGHSt 10, 404 [405]) und den in Nr. 1 bis 3 genannten Eingriffen der Art und der Gefährlichkeit nach gleichwertig sind (BGHSt 24, 231 [233]; L-Kühl-*Heger* Rn 6; S/S-*Sternberg-Lieben/ Hecker* Rn 13), zB das Verdecken von Signalen oder Steinwürfe nach dem Zugführer (RGSt 61, 362 [363]). Auch hier muss es sich nicht um einen **verkehrsfremden Eingriff** handeln (vgl Rn 6). Das Merkmal bedarf jedoch mit Rücksicht auf § 315 a I Nr. 2 einer restriktiven Auslegung (*Fischer* Rn 11; L-Kühl-*Heger* Rn 6). 8

3. Durch die in Abs. 1 genannten Handlungsweisen muss es zu einer **Beeinträchtigung der Sicherheit des Verkehrs** gekommen sein, dh der Eingriff muss eine Steigerung der normalen Betriebsgefahr verursacht haben (vgl BGHSt 11, 162 [164]; 13, 66 [69]). Ausreichend ist insoweit die Beeinträchtigung der Sicherheit des einzelnen Beförderungsmittels, des Bedienungspersonals oder der Fahrgäste, sofern diese in einer Beziehung zu dem konkreten Verkehrsvorgang stehen (BGHSt 6, 1 [3]). 9

4. Zwischen **Handlung und Gefahrerfolg** muss **Kausalität** bestehen. Darüber hinaus müssen die Kriterien der objektiven Zurechnung erfüllt sein (vgl § 315 c Rn 16). 10

III. Subjektiver Tatbestand: Nach **Abs. 1** ist (mindestens bedingter) Vorsatz bzgl aller objektiven Tatbestandsmerkmale (Tathandlung und Gefahrerfolg) erforderlich. **Abs. 5 und 6** regeln die Fälle, in denen dem Täter hinsichtlich der Gefahr bzw hinsichtlich Handlung und Gefahr Fahrlässigkeit vorzuwerfen ist. 11

12 IV. **Abs. 3** beschreibt einen **Qualifikationstatbestand**, der die Tat zum Verbrechen macht. Bei den Qualifikationen der **Nr. 1** genügt es, wenn der Täter in der Absicht (überschießende Innentendenz) handelt, einen Unglücksfall (vgl § 323 c Rn 4 ff) herbeizuführen oder eine andere Straftat zu ermöglichen oder zu verdecken (vgl § 211 Rn 29 ff); ein derartiger Erfolg muss nicht eintreten. Die Voraussetzungen der **Nr. 2** entsprechen denen in § 306 b I (vgl dort Rn 1 ff). Es handelt sich um eine **Erfolgsqualifikation** für besonders schwerwiegende Fälle der wenigstens fahrlässigen (§ 18) Gefahrverwirklichung.

13 V. **Abs. 4** enthält Regelungen für minder schwere Fälle der Abs. 1 und 3.

14 VI. **Konkurrenzen**: Tateinheit ist möglich mit den §§ 315 a I Nr. 1, 315 b, 316 sowie mit Körperverletzungs- und Tötungsdelikten. Gegenüber Abs. 1 Nr. 1 ist § 303 subsidiär. Zu § 315 a I Nr. 2 vgl dort Rn 7.

§ 315 a Gefährdung des Bahn-, Schiffs- und Luftverkehrs

(1) Mit Freiheitsstrafe bis zu fünf Jahren oder mit Geldstrafe wird bestraft, wer
1. ein Schienenbahn- oder Schwebebahnfahrzeug, ein Schiff oder ein Luftfahrzeug führt, obwohl er infolge des Genusses alkoholischer Getränke oder anderer berauschender Mittel oder infolge geistiger oder körperlicher Mängel nicht in der Lage ist, das Fahrzeug sicher zu führen, oder
2. als Führer eines solchen Fahrzeugs oder als sonst für die Sicherheit Verantwortlicher durch grob pflichtwidriges Verhalten gegen Rechtsvorschriften zur Sicherung des Schienenbahn-, Schwebebahn-, Schiffs- oder Luftverkehrs verstößt

und dadurch Leib oder Leben eines anderen Menschen oder fremde Sachen von bedeutendem Wert gefährdet.

(2) In den Fällen des Absatzes 1 Nr. 1 ist der Versuch strafbar.

(3) Wer in den Fällen des Absatzes 1
1. die Gefahr fahrlässig verursacht oder
2. fahrlässig handelt und die Gefahr fahrlässig verursacht,

wird mit Freiheitsstrafe bis zu zwei Jahren oder mit Geldstrafe bestraft.

1 I. § 315 a ist wie § 315 ein **konkretes Gefährdungsdelikt** und dient dem **Schutz** derselben Rechtsgüter und Verkehrsarten (vgl dort Rn 1). Die Bestimmung ergänzt den Anwendungsbereich des § 315 jedoch dahin gehend, dass gewisse betriebsinterne Gefahrenhandlungen selbstständig mit Strafe bedroht werden. Der **Versuch** einer Tat nach Abs. 1 Nr. 1 ist gem. **Abs. 2** strafbar.

2 II. Das Delikt setzt sich aus der **Tathandlung** und einem **Gefährdungsteil** zusammen, wobei der Gefährdungsteil dem des § 315 c entspricht (vgl dort Rn 5 ff). Jedoch ist abweichend davon auch das vom Täter geführte Fahrzeug als taugliches Gefährdungsobjekt anzusehen (BGHSt 11, 148 [151]).

3 1. Als Handlungsmodalität nennt **Abs. 1 Nr. 1** das Führen der genannten **Fahrzeuge** (vgl § 315 Rn 3) im Zustand der **Fahruntüchtigkeit** (vgl § 315 c Rn 3). Die Tat ist ein **eigenhändiges Delikt** (vgl Vor § 13 Rn 258, Vor § 25 Rn 41, § 25 Rn 7); **Täter** kann nur der Führer des Fahrzeugs selbst sein. Die Vorschrift entspricht insoweit § 315 c, bei dem es sich um eine Parallelbestimmung für den

Straßenverkehr handelt. Die von der Rspr zu den Straßenverkehrsdelikten entwickelten Grundsätze zur Fahruntüchtigkeit (vgl § 316 Rn 5 ff) lassen sich jedoch nicht ohne Weiteres auf § 315 a übertragen (OLG Köln NJW 1990, 847; *Fischer* Rn 6; S/S-*Sternberg-Lieben/Hecker* Rn 3). Eine höchstrichterliche Entscheidung zur Bestimmung der absoluten Fahruntüchtigkeit für die hier genannten Verkehrsarten liegt bisher nicht vor. Die Literatur nimmt eine Differenzierung nach den jeweiligen Verkehrsarten vor. Im Bereich des Luftverkehrs wird vertreten, dass der Grenzwert – wegen der gegenüber dem Straßenverkehr höheren Anforderungen – niedriger anzusetzen sei. Die absolute Fahruntüchtigkeit solle demnach bei 0,5 ‰ (vgl *Fischer* Rn 6; *Schmid* NZV 1988, 125 [128]) oder sogar bei Überschreiten der 0,0 ‰-Grenze vorliegen (S/S-*Sternberg-Lieben/Hecker* Rn 3). Jedoch wird ebenso vertreten, dass von einem Grenzwert von 1,1 ‰ auszugehen sei. Dies etwa im Rahmen eines „Erst-recht-Schlusses", wegen einer ausnahmsweisen Anwendbarkeit der wissenschaftlichen Erkenntnisse im Straßenverkehr, aufgrund der die Anforderungen und Bedingungen des Straßenverkehrs qualitativ deutlich übersteigenden Anforderungen des Luftverkehrs (MK-*Pegel* Rn 15). Oder wegen einer in vielerlei Hinsicht bestehenden Vergleichbarkeit der Verkehrsarten, bei der dem Anspruch des Fliegens zudem die immer weiter fortschreitende Technisierung und damit einhergehende Entlastung der Piloten entgegengehalten wird (NK-*Zieschang* Rn 21). Die Grenze zur absoluten Fahruntüchtigkeit bei 1,1 ‰ gilt im Schienenverkehr nicht; vielmehr kommt es hier auf den Einzelfall an (AG Regensburg NStZ-RR 2005, 266 [266]; MK-*Pegel* Rn 13). Auch für die anderen Verkehrsarten fehlt es an festen Werten. In älteren Entscheidungen wurde hier eine eher großzügige Linie vertreten und von Werten ausgegangen, die meist deutlich über den im Straßenverkehr geltenden 1,1 ‰ liegen. Etwa 1,7 ‰ (OLG Köln NJW 1990, 847 [848]) bzw 2,5 ‰ (KG VRS 72, 111) bei Schiffsführern oder 2,65 ‰ bei einem Triebwagenfahrer der Bundesbahn (OLG Hamm NJW 1969, 192 [198]). Neuerdings wird aber zunehmend zumindest eine Orientierung an der für Kraftfahrer entwickelten Grenze vorgeschlagen. Etwa 1,1 ‰ (LG Hamburg VRS 110, 415; Brandenburgisches OLG VRS 115, 302; NK-*Zieschang* Rn 21; aA MK-*Pegel* Rn 14) bzw 1,3 ‰ (OLG Karlsruhe VRS 100, 348) für einen Schiffsführer (vgl auch LK-*König* Rn 14 ff m. umfassender Kasuistik).

2. Abs. 1 Nr. 2 normiert ein Sonderdelikt (vgl Vor § 13 Rn 254); **Täter** kann nur 4 der Fahrzeugführer oder ein sonst für die Sicherheit des Verkehrs Verantwortlicher sein. Für die Teilnahme Außenstehender gilt § 28 I (L-Kühl-*Heger* Rn 3; S/S-*Sternberg-Lieben/Hecker* Rn 6). **Tatbestandsmäßig** handelt derjenige, der durch grob pflichtwidriges Verhalten gegen eine Rechtsvorschrift verstößt, die der Sicherung der genannten Verkehrsbereiche dient. Der Begriff der **Rechtsvorschrift** verdeutlicht, dass es sich hierbei nur um formelle inländische Gesetze oder Rechtsverordnungen handeln kann; bloße Verwaltungsvorschriften oder Allgemeinverfügungen können das Blankett der Rechtsvorschrift nicht ausfüllen (L-Kühl-*Heger* Rn 3 a; S/S-*Sternberg-Lieben/Hecker* Rn 8; zu den in Betracht kommenden Rechtsvorschriften vgl *Fischer* Rn 7). Es ist nicht erforderlich, dass ein Verstoß gegen die Rechtsvorschrift an sich bereits eine Straftat oder Ordnungswidrigkeit darstellt (LK-*König* Rn 26). Die Pflichtwidrigkeit ist **grob**, wenn es um die Missachtung einer besonders gewichtigen Pflicht geht oder wenn eine besonders schwerwiegende Zuwiderhandlung gegen die auferlegte Pflicht vorliegt (BGH GA 1971, 246; SK-*Wolters* Rn 10).

5 3. Zwischen Handlung und Gefahrerfolg muss **Kausalität** bestehen. Darüber hinaus müssen die Kriterien der **objektiven Zurechnung** erfüllt sein (vgl § 315 c Rn 16).

6 III. **Subjektiver Tatbestand**: Die Tat nach **Abs. 1** setzt (mindestens bedingten) Vorsatz bzgl aller Tatbestandsmerkmale (Tathandlung und Gefahrerfolg) voraus. Abs. 3 regelt die Fälle, in denen dem Täter hinsichtlich der Gefahr bzw hinsichtlich Handlung und Gefahr Fahrlässigkeit vorzuwerfen ist.

7 IV. **Konkurrenzen**: Abs. 1 Nr. 2 tritt hinter § 315 zurück (BGHSt 21, 173 [174]). Hingegen geht Abs. 1 Nr. 2 den jeweiligen Rechtsvorschriften vor.

§ 315 b Gefährliche Eingriffe in den Straßenverkehr

(1) Wer die Sicherheit des Straßenverkehrs dadurch beeinträchtigt, daß er
1. Anlagen oder Fahrzeuge zerstört, beschädigt oder beseitigt,
2. Hindernisse bereitet oder
3. einen ähnlichen, ebenso gefährlichen Eingriff vornimmt,

und dadurch Leib oder Leben eines anderen Menschen oder fremde Sachen von bedeutendem Wert gefährdet, wird mit Freiheitsstrafe bis zu fünf Jahren oder mit Geldstrafe bestraft.

(2) Der Versuch ist strafbar.

(3) Handelt der Täter unter den Voraussetzungen des § 315 Abs. 3, so ist die Strafe Freiheitsstrafe von einem Jahr bis zu zehn Jahren, in minder schweren Fällen Freiheitsstrafe von sechs Monaten bis zu fünf Jahren.

(4) Wer in den Fällen des Absatzes 1 die Gefahr fahrlässig verursacht, wird mit Freiheitsstrafe bis zu drei Jahren oder mit Geldstrafe bestraft.

(5) Wer in den Fällen des Absatzes 1 fahrlässig handelt und die Gefahr fahrlässig verursacht, wird mit Freiheitsstrafe bis zu zwei Jahren oder mit Geldstrafe bestraft.

1 I. § 315 b ist wie § 315 c StGB ein **konkretes Gefährdungsdelikt**, das neben der Sicherheit des Straßenverkehrs gleichermaßen Leib, Leben und Eigentum des Einzelnen schützt (vgl 315 Rn 1). Während jedoch § 315 c vorschriftswidrig gefährliches Verhalten im (fließenden oder ruhenden) Straßenverkehr zum Gegenstand hat, erfasst § 315 b **verkehrsfremde Eingriffe** von außen in den Straßenverkehr (BGHSt 32, 4). **Tätige Reue** durch freiwillige Gefahrabwendung ist möglich (§ 320 II Nr. 2, III Nr. 1 b).

2 II. Das Delikt ist aus einem **Handlungs- und** einem **Gefährdungsteil zusammengesetzt**, wobei der Gefährdungsteil demjenigen des § 315 c entspricht (vgl dort Rn 5 ff). Durch alle Tathandlungen nach Abs. 1 muss die **Sicherheit des Straßenverkehrs beeinträchtigt** werden. Die Tathandlung muss also in der Weise riskant sein, dass sie sich störend auf Verkehrsvorgänge auswirkt und somit zu einer Steigerung der allgemeinen Betriebsgefahr führen kann. Unter Straßenverkehr fällt nur der öffentliche Verkehrsraum, dh Verkehrsraum, der entweder ausdrücklich oder mit stillschweigender Duldung des Verfügungsberechtigten für jedermann oder aber zumindest für eine allgemein bestimmte größere Personengruppe zur Benutzung zugelassen ist und auch so benutzt wird (LK-*König*

Rn 6 f); nicht erfasst ist daher etwa ein Werksgelände, das nur einem beschränkten Personenkreis Zutritt gewährt (BGH NJW 2004, 1965; StV 2005, 23 [24]; LK-*König* Rn 8), oder der Eingangsbereich eines Gebäudes (BGH NStZ-RR 2012, 185; StV 2012, 218); zu differenzieren ist bei Verkehrsräumen – wie etwa Supermarktparkplätzen –, welche abhängig vom Willen des Verfügungsberechtigten zeitweilig als öffentlich oder – beispielsweise durch das Schließen der Zufahrt – als nicht-öffentlich gelten können (BGH NStZ 2013, 530).

1. Abs. 1 Nr. 1 hat das **Zerstören, Beschädigen** oder **Beseitigen** von Anlagen oder Fahrzeugen zum Gegenstand. **Anlagen** sind hierbei alle dem Verkehr dienenden Einrichtungen wie Verkehrsschilder, Leitplanken oder Ampeln (*Fischer* Rn 6). Durch das Beschädigen usw muss gerade die verkehrsrelevante Funktion der Anlage oder des Fahrzeugs beeinträchtigt werden (etwa: Durchschneiden eines Bremsschlauches, BGH NJW 1996, 329); dies folgt aus dem Erfordernis der Beeinträchtigung der Verkehrssicherheit. **3**

2. Unter dem **Bereiten von Hindernissen** iSv **Abs. 1 Nr. 2** ist jede Einwirkung auf den Straßenkörper zu verstehen, die geeignet ist, den reibungslosen Verkehrsablauf zu hemmen oder zu gefährden (S/S-*Sternberg-Lieben/Hecker* Rn 6). Beispielhaft sind das Errichten von Straßensperren, das Spannen von Drähten über die Straße, das Treiben von Tieren auf die Fahrbahn, die Verursachung von Staus (*Melkos/Clauß* DAR 2006, 73 [77]) oder willkürliches Abbremsen bei hoher Geschwindigkeit, um den nachfolgenden Kraftfahrzeugführer zu einer scharfen Bremsung oder Vollbremsung zu zwingen (BGH NZV 2016, 533 [534]; OLG Hamm SVR 2016, 181 [182]). Das Hindernisbereiten kann, bei entsprechender Garantenstellung, auch durch Unterlassen geschehen, zB durch das Unterlassen der Sicherung einer Baustelle (BGH VRS 16, 29) oder verlorener Ladung (BayObLG NJW 1969, 2026 [2027]; OLG Hamm VRS 51, 103). **4**

Grds gilt, dass Verkehrsvorgänge nicht tatbestandsmäßig sind, mag auch hierdurch in gefährlicher Weise in den Verkehrsfluss (zB durch plötzliches Bremsen auf einer belebten Straße) eingegriffen werden. Hiervon wird jedoch eine Ausnahme für den Fall gemacht, dass der Täter ein **Fahrzeug in zweckentfremdeter Weise** – dh nicht mehr als Fortbewegungsmittel – „verkehrsfeindlich" einsetzt, um Menschen zu verletzen oder Sachen zu beschädigen (BGHSt 48, 233 [236]; BGH NStZ 1995, 31; StV 2004, 136 [137]; *Fahl* JA 2002, 18 f). Exemplarisch sind das Zufahren auf kontrollierende Polizisten (vgl BGHSt 23, 4 [5]; 28, 87 [91 f]; BGH NStZ 1987, 225; NZV 1997, 276) und das Provozieren eines Auffahrunfalls durch abruptes Bremsen (BGH NStZ 1992, 182 [183]; NJW 1999, 3132; NStZ-RR 2012, 185; hierzu *Hecker* Schapp-FS 257 ff; *Puppe* § 7 Rn 4 f). Nach der Rspr gilt dies auch, wenn der Täter eine sich am Fahrzeug festhaltende Person durch Losfahren abschütteln will (BGHSt 28, 87 [88 f]; BGH NJW 1989, 917 [918]). Ferner muss nach neuerer Rspr zu der zweckwidrigen Verwendung hinzukommen, dass das Fahrzeug mit (mindestens bedingtem) **Schädigungsvorsatz** eingesetzt wird; Gefährdungsvorsatz soll nicht ausreichend sein (BGH StV 2004, 136 [137]; NStZ 2010, 391; NStZ-RR 2012, 123; KG VRS 111, 140). Diese Rspr sieht sich vielfältiger Kritik ausgesetzt: Sie interpretiert für einige Fälle das Gefährdungsdelikt des § 315 b in ein kupiertes Erfolgsdelikt um (S/S-*Sternberg-Lieben/Hecker* Rn 10). Dies führt zu einer Überschneidung des § 315 b I mit § 315 b III iVm § 315 III Nr. 1 a (*Fischer* Rn 23) und zwingt zu der schwierigen Abgrenzung zwischen Gefährdungs- und (bedingtem) Schädigungsvorsatz (MK-*Pegel* Rn 19; abl. auch *König* NStZ 2004, 175 [177]; *ders.* Geppert-FS 259 [263 ff]). **5**

6   3. Der Tatbestand des **Abs. 1 Nr. 3** formuliert eine Generalklausel, die verkehrsfremde Eingriffe, die den in Nr. 1 und 2 genannten gleichkommen, erfassen soll (BGHSt 25, 306 [307]). Beispiel: Der Täter verändert Verkehrszeichen (etwa durch Umdrehen des eine Einbahnstraße anzeigenden Verkehrsschilds), greift dem Fahrer ins Steuer (unklar ist, ob der ins Lenkrad greifende Beifahrer die in Rn 5 genannten Absichten aufweisen muss, vgl einerseits BGH NZV 1990, 35 und andereseits BGH NStZ 2007, 34 [35] sowie ausf. *Grupp/Kinzig* NStZ 2007, 132 [134 f]) oder schießt auf Verkehrsteilnehmer (BGHSt 25, 306). Ein „ebenso gefährlicher Eingriff" kann, wie beim Hindernisbereiten nach Abs. 1 Nr. 2, ausnahmsweise auch dann gegeben sein, wenn der Täter sein Fahrzeug in verkehrsfeindlicher Weise (BGHSt 41, 231 [233]; BGH NStZ 1992, 182 [183]; OLG Düsseldorf NJW 1993, 3212) und darüber hinaus auch hier mit zumindest bedingtem Schädigungsvorsatz missbraucht (BGHSt 48, 233 [237 f.]; BGH NStZ 2014, 86).

7   4. Zwischen **Handlung und Gefahrerfolg** muss **Kausalität** bestehen; die Gefährdung muss zudem nach den Regeln der objektiven Zurechnung aus dem **spezifischen Risiko** der Tathandlung resultieren. Die Tathandlung muss dazu eine abstrakte Gefahr für die Verkehrssicherheit begründen, die sich zu einer konkreten Gefahr für die Schutzgüter verdichtet (BGHSt 48, 119 [122]; BGH NStZ 2007, 34 [35]; NStZ 2009, 100 f; StV 2012, 217; NZV 2016, 40 [41]). Dabei kann der Tatbestand des § 315 b I auch dann in sämtlichen Handlungsvarianten erfüllt sein, wenn die Tathandlung unmittelbar zu einer konkreten Gefahr oder Schädigung führt, sofern sich dieser Erfolg als Steigerung der abstrakten Gefahr darstellt (BGHSt 48, 119 [122] für den Fall, dass Gegenstände auf die Autobahn geworfen werden; weitere Fälle BGH NStZ 1995, 31; NJW 1996, 329; krit. *König* NZV 2006, 432; vgl auch § 315 c Rn 16). Nicht erfasst sind dementsprechend unmittelbare Beschädigungen eines Fahrzeuges, wenn diese ausschließlich auf der freigesetzten Dynamik auftreffender Projektile von Pistolenschüssen beruhen (BGH NZV 2016, 40 [41]), da sich der Schaden nicht als „Folge" einer abstrakten Gefährdung der Verkehrssicherheit darstellt, sondern seinerseits nur Ursache einer solchen sein kann (BGHSt 48, 119 [122]; *Fischer* Rn 6).

8   5. **Subjektive Zurechnung: Abs. 1** betrifft den Grundfall der Vorsatz-Vorsatz-Kombination; der Versuch ist strafbar (**Abs. 2**); zum Schädigungsvorsatz bei Abs. 1 Nr. 2 vgl Rn 5. **Abs. 4 und 5** regeln die Fälle, in denen dem Täter hinsichtlich der Gefahr bzw hinsichtlich Handlung und Gefahr Fahrlässigkeit vorzuwerfen ist.

9   III. **Abs. 3** enthält – mit der Verweisung auf § 315 III – einen **Qualifikationstatbestand** (hierzu § 315 Rn 12).

§ 315 c Gefährdung des Straßenverkehrs

(1) Wer im Straßenverkehr
1.   ein Fahrzeug führt, obwohl er
     a)   infolge des Genusses alkoholischer Getränke oder anderer berauschender Mittel oder
     b)   infolge geistiger oder körperlicher Mängel
     nicht in der Lage ist, das Fahrzeug sicher zu führen, oder
2.   grob verkehrswidrig und rücksichtslos

a) die Vorfahrt nicht beachtet,
b) falsch überholt oder sonst bei Überholvorgängen falsch fährt,
c) an Fußgängerüberwegen falsch fährt,
d) an unübersichtlichen Stellen, an Straßenkreuzungen, Straßeneinmündungen oder Bahnübergängen zu schnell fährt,
e) an unübersichtlichen Stellen nicht die rechte Seite der Fahrbahn einhält,
f) auf Autobahnen oder Kraftfahrstraßen wendet, rückwärts oder entgegen der Fahrtrichtung fährt oder dies versucht oder
g) haltende oder liegengebliebene Fahrzeuge nicht auf ausreichende Entfernung kenntlich macht, obwohl das zur Sicherung des Verkehrs erforderlich ist,

und dadurch Leib oder Leben eines anderen Menschen oder fremde Sachen von bedeutendem Wert gefährdet, wird mit Freiheitsstrafe bis zu fünf Jahren oder mit Geldstrafe bestraft.

(2) In den Fällen des Absatzes 1 Nr. 1 ist der Versuch strafbar.

(3) Wer in den Fällen des Absatzes 1
1. die Gefahr fahrlässig verursacht oder
2. fahrlässig handelt und die Gefahr fahrlässig verursacht,

wird mit Freiheitsstrafe bis zu zwei Jahren oder mit Geldstrafe bestraft.

I. Die Vorschrift normiert ein **konkretes Gefährdungsdelikt** und schützt neben der Sicherheit des Straßenverkehrs gleichermaßen Leib, Leben und Eigentum des Einzelnen vor besonders gefährlichen Verhaltensweisen anderer im Straßenverkehr (vgl 315 Rn 1). Im **Gutachten** empfiehlt es sich, die Tatbestandsmerkmale der (vorsätzlichen) Gefährdung des Straßenverkehrs in folgenden Schritten zu prüfen: 1

   A) Tatbestand:
      I. Objektiver Tatbestand:
         1. Tathandlung: Führen eines Fahrzeugs im Straßenverkehr
           – Abs. 1 Nr. 1: im Zustand der Fahrunsicherheit (Rn 3) oder
           – Abs. 1 Nr. 2: grob verkehrswidriges Verhalten (Rn 4)
         2. Gefahrerfolg (Rn 5 ff)
         3. Kausal- und Zurechnungszusammenhang (Rn 16)
      II. Subjektiver Tatbestand:
         1. Vorsatz (Abs. 1) oder
         2. Vorsatz-Fahrlässigkeits-Kombination (Abs. 3 Nr. 1) und
         3. Rücksichtslosigkeit bei einer Tat nach Abs. 1 Nr. 2 (Rn 4)
   B) Rechtswidrigkeit
   C) Schuld

II. Das Delikt ist aus einem **Handlungs- und** einem **Gefährdungsteil** zusammengesetzt. 2

1. Als **Handlungsmodalität** nennt **Abs. 1 Nr. 1** zunächst das Führen eines Fahrzeugs (§ 316 Rn 2) im Straßenverkehr (§ 316 Rn 4) im Zustand der **Fahruntüchtigkeit**, wobei neben die in Nr. 1 a erwähnte rauschbedingte Fahruntüchtigkeit iSv § 316 I (vgl dort Rn 5 ff) noch die in Nr. 1 b aufgeführte Fahruntüchtigkeit infolge geistiger oder körperlicher Mängel tritt (zB aufgrund von Epilepsie [BGHSt 40, 341], Übermüdung oder Medikamenteneinnahme [vgl S/S/W-*Ernemann* Rn 8 sowie die Rspr-Übersicht bei *Quarch* SVR 2012, 19]). 3

4 In Abs. 1 Nr. 2 a-g zählt der Tatbestand „**sieben Todsünden**" (vgl zu den „Todsünden" im Detail *Fischer* Rn 5 ff; MK-*Pegel* Rn 44 ff) des Straßenverkehrs auf, die zudem „grob verkehrswidrig" (objektives Tatbestandsmerkmal) und „rücksichtslos" (subjektives Tatbestandsmerkmal) begangen sein müssen: **Grob verkehrswidrig** ist ein objektiv besonders schwerer – dh typischerweise besonders gefährlicher – Verstoß gegen eine tatbestandsrelevante Verkehrsvorschrift (BGHSt 5, 392 [395]). **Rücksichtslos** handelt, wer sich aus eigensüchtigen Gründen bewusst über seine Pflicht zur Vermeidung unnötiger Gefährdungen anderer hinwegsetzt oder (bei Fahrlässigkeit) aus Gleichgültigkeit gegenüber den Folgen Bedenken gegen sein Verhalten von vornherein nicht aufkommen lässt (BGHSt 5, 392 [395]; OLG Düsseldorf NZV 1996, 245; KG NStZ-RR 2008, 257 f).

5 **2.** Abs. 1 verlangt ferner, dass durch eine der in Nr. 1 oder 2 genannten Handlungen Leib, Leben oder fremde Sachen von bedeutendem Wert gefährdet werden. **Gefährden** bedeutet das Verursachen einer konkreten Gefahr, also eines von der Handlung zu trennenden Erfolgs (Gefährdungserfolg als Existenzkrise des Rechtsguts).

6 Die nähere Bestimmung dieses **Gefährdungserfolgs** ist umstritten:

7 ■ Herkömmlich wird unter einer konkreten Gefahr eine Situation verstanden, von der angenommen wird, dass sie wahrscheinlich zu einer Rechtsgutsverletzung führt, bei der also der Eintritt eines Verletzungserfolgs nahe liegt (**wahrscheinlichkeitstheoretischer Gefahrbegriff**; vgl mit erheblichen Abweichungen im Detail BGHSt 8, 28 [31]; 26, 176 [178 f]; *Gallas* Heinitz-FS 171 [176]; L-Kühl-*Heger* Rn 21 f).

8 ■ Nach der neueren **normativen** Deutung ist von einer konkreten Gefahr auszugehen, wenn es aufgrund der Umstände des Einzelfalls nur noch vom Zufall abhängt, ob (aus der Perspektive des bedrohten Rechtsguts) eine Rechtsgutsverletzung eintritt oder ausbleibt, weil eine gezielte Schadensabwehr nicht mehr möglich erscheint (vgl mit Abweichungen im Detail BGH NStZ 1996, 83 f; 1996, 85 f; NStZ-RR 2012, 123 [zu § 315b]; NStZ 2012, 701; OLG Düsseldorf NJW 1993, 3212 f; *Kindhäuser,* Gefährdung als Straftat, 1989, 201 ff; *Küper* JZ 1995, 174 f; *Radtke* Geppert-FS 461 [471 ff]; *Zieschang* GA 2006, 1 [7]). Nach diesem Ansatz ist für die konkrete Gefahr die mangelnde Beherrschbarkeit des Schadensverlaufs unter den gegebenen Umständen entscheidend.

9 In jedem Fall ist – wie beim Verletzungserfolg auch – das Gefahrurteil aufgrund einer **objektiv-nachträglichen Prognose** unter Berücksichtigung aller relevanten Umstände des Einzelfalls zu treffen. Sofern die Tathandlung eine Körperverletzung oder eine Sachbeschädigung bedingt, kann davon ausgegangen werden, dass im Durchgangsstadium hierzu auch eine entsprechende konkrete Leibesoder Sachgefahr herbeigeführt wurde.

10 **3.** Nach hM sind **Mitfahrer**, die an der Tat (als Anstifter oder Gehilfe) **beteiligt** sind, keine **anderen** iSd Tatbestands (BGHSt 27, 40 [43]; [zu § 315b] BGH NJW 1991, 1120; *Fischer* Rn 15 b; L-Kühl-*Heger* Rn 25; aA *Eisele* JA 2007, 168 [171]; LK-*König* Rn 160; S/S-*Sternberg-Lieben/Hecker* Rn 31).

11 Ein **nicht** an der Tat **beteiligter Mitfahrer** ist (unstr.) „anderer" iSd Tatbestands und damit taugliches Gefährdungsopfer (bloßes Mitfahren bedeutet jedoch allenfalls in Ausnahmesituationen schon eine konkrete Gefährdung, BGH NStZ 1996, 83 f; L-Kühl-*Heger* Rn 23 mwN; anders noch BGH NJW 1990, 133).

Wird – etwa durch einen alkoholbedingten Fahrfehler – nur der Mitfahrer gefährdet, so stellt sich die Frage, ob seine (ggf durch sein bewusstes Mitfahren mit dem alkoholisierten Täter konkludent erklärte) **Einwilligung** in eine Gefährdung das Unrecht der Tat ausschließt:

- Hierfür spricht, dass das Unrecht der Tat in einem wesentlichen Teil (Gefährdungsteil) durch die konkrete Individualgefahr konstituiert wird und nur der Handlungsteil generell gegen die Sicherheit des Straßenverkehrs verstößt (*Roxin* I § 13/33; *Schroeder* JuS 1994, 847 f; SK-*Wolters* Rn 23). 12

- Die hM (vgl 315 Rn 1) sieht jedoch durch die Vorschrift vornehmlich die allgemeine Verkehrssicherheit als geschützt an und spricht daher dem Gefährdeten eine Dispositionsbefugnis über das Unrecht der Tat ab (BGHSt 23, 261 [264]; L-Kühl-*Heger* Rn 32; vgl LK-*König* Rn 161;). 13

- Nach einer vermittelnden Auffassung soll eine unrechtsausschließende Einwilligung nur dann möglich sein, wenn eine Bestrafung der Tat wegen des Eingriffs in die Sicherheit des Straßenverkehrs nach anderen Vorschriften möglich ist, also im Falle des § 315 c I Nr. 1 a, da hier § 316 bei Wegfall des Gefährdungserfolgs anwendbar ist (*Graul* JuS 1992, 325; *Hillenkamp* JuS 1977, 169 ff; *Nestler-Tremel* StV 1992, 277). 14

4. Der **Wert der Sache** wird wirtschaftlich festgelegt und teilweise ab einem Betrag von ca. 1.300 Euro für bedeutend gehalten (S/S-*Heine*/*Bosch* Vor § 306 Rn 15;), auch nach neuerer BGH-Rechtsprechung genügen 750 Euro (BGH NStZ 2011, 215 m.Anm. *Jahn* JuS 2011, 660; vgl auch OLG Koblenz DAR 2000, 371 [373]; *Fischer* Rn 15 iVm § 315 Rn 16 a; NK-*Zieschang* Rn 28; für einen inflationsbedingten Wert von 1000 Euro MK-*Pegel* Rn 96 mwN). Zudem betont der BGH, dass es nicht genüge, nur den Wert der Sache abstrakt festzustellen, sondern dass auch festgestellt werden müsse, dass der Sache ein erheblicher Schaden drohte. Konsequenz ist eine Prüfung in zwei Schritten: Die gefährdete Sache muss erstens eine von bedeutendem Wert sein und zweitens muss ihr auch ein bedeutender Schaden gedroht haben (BGH StV 2008, 580; vgl auch *Kudlich* JA 2008, 821 ff). 15

Das **Fahrzeug selbst** wird, da es Tatmittel ist, von der hM nicht als taugliches Gefährdungsobjekt angesehen (BGHSt 27, 40 [41]; BGH NStZ 1992, 233; *Fischer* Rn 15 c; aA SK-*Wolters* Vor § 306 Rn 11). Wer also alkoholbedingt einen Unfall mit einem fremden Pkw herbeiführt, bei dem allein dieser beschädigt und keine andere Sache von bedeutendem Wert gefährdet wird, verwirklicht nicht § 315 c, sondern nur § 316. Problematisch ist, ob auch Umweltgüter taugliche Gefährdungsobjekte sein können (verneinend im Hinblick auf das Erdreich bzw das Grundwasser an der Unfallstelle durch auslaufenden Kraftstoff: AG Schwäbisch-Hall NStZ 2002, 152 [153]).

5. Zwischen Handlung und Gefahrerfolg muss zunächst **Kausalität** gegeben sein („und dadurch"). Ferner müssen aber auch die Kriterien objektiver Zurechnung erfüllt sein, dh der Erfolg muss aus dem spezifischen Risiko der Handlung resultieren und bei pflichtgemäßem Verhalten vermeidbar gewesen sein (Vor § 13 Rn 101 ff; L-Kühl-*Heger* Rn 27 mwN). 16

6. **Subjektiver Tatbestand**: Soweit sich der Vorsatz auf Handlung und Gefährdung bezieht, ist **Abs. 1** einschlägig. **Abs. 3** erfasst die praktisch wichtigen Fälle, in denen dem Täter hinsichtlich der Gefahr (Nr. 1) oder hinsichtlich Handlung und Gefahr (Nr. 2) Fahrlässigkeit vorzuwerfen ist. 17

18 7. Der **Versuch** ist strafbar (Abs. 2), allerdings nur bezüglich der Vorsatztat nach Abs. 1 Nr. 1.

19 III. **Konkurrenzen**: Wenn der Täter durch einen alkoholbedingten Fahrfehler mehrere Personen und Sachen gefährdet, ist nach hM keine Idealkonkurrenz, sondern eine einheitliche Tat der Straßenverkehrsgefährdung gegeben (BGH NJW 1989, 1227 [1228]; BayObLG NJW 1984, 68; L-Kühl-*Heger* Rn 35; aA SK-*Wolters* Rn 27). Mehrere Gefährdungen während derselben Trunkenheitsfahrt stehen jedoch, da die Tat Erfolgs- und kein Dauerdelikt ist, in Tatmehrheit zueinander (BGH NJW 1995, 1766 [1767] für § 315 b). Von § 315 b I wird § 315 c I grds. verdrängt (*Fischer* Rn 24), es ist aber auch Tateinheit denkbar (BGH NStZ-RR 2007, 59).

§ 315 d Schienenbahnen im Straßenverkehr

Soweit Schienenbahnen am Straßenverkehr teilnehmen, sind nur die Vorschriften zum Schutz des Straßenverkehrs (§§ 315 b und 315 c) anzuwenden.

§ 316 Trunkenheit im Verkehr

(1) Wer im Verkehr (§§ 315 bis 315 d) ein Fahrzeug führt, obwohl er infolge des Genusses alkoholischer Getränke oder anderer berauschender Mittel nicht in der Lage ist, das Fahrzeug sicher zu führen, wird mit Freiheitsstrafe bis zu einem Jahr oder mit Geldstrafe bestraft, wenn die Tat nicht in § 315 a oder § 315 c mit Strafe bedroht ist.

(2) Nach Absatz 1 wird auch bestraft, wer die Tat fahrlässig begeht.

1 I. § 316 ist ein **abstraktes Gefährdungsdelikt** in der Form eines **schlichten Tätigkeitsdelikts**. Ferner ist § 316 nach hM ein **eigenhändiges Delikt**, dh es kann nicht in Mittäterschaft oder mittelbarer Täterschaft verwirklicht werden (vgl Vor § 13 Rn 258, Vor § 25 Rn 41, § 25 Rn 7). Schließlich ist das Delikt eine **Dauerstraftat**, die erst mit dem Abschluss der Fahrt beendet ist. Das geschützte Rechtsgut ist die Sicherheit des öffentlichen Verkehrs, nämlich des Straßen-, Bahn-, Schiffs- und Luftverkehrs (*Fischer* § 316 Rn 2; MK-*Pegel* § 316 Rn 1; NK-*Zieschang* § 316 Rn 11; aA SK-*Wolters* § 316 Rn 1: Leben, Gesundheit und fremdes Eigentum).

2 II. 1. Ein Fahrzeug **führt**, wer es in Bewegung setzt oder hält und hierbei die mit dem Betrieb des Fahrzeugs verbundenen Verkehrsvorgänge bewältigt (vgl BGHSt 42, 235 [239 f]; NK-*Zieschang* Rn 17 mwN). Das Fahrzeug muss sich in Bewegung befinden, wofür ein Rollen auf abschüssiger Straße ohne Motorkraft (BGH NJW 1960, 1211 [1211 f]) oder das Treten der Pedale eines Fahrrades (VGH München NZV 2015, 409 [410]) ausreicht. Als Führen ist auch das Lenken eines mit einem Seil abgeschleppten Pkw anzusehen (BGHSt 36, 341 [343 ff]). Dagegen genügt es nicht, wenn nur der Motor angelassen oder die Handbremse gelöst wird (BGHSt 35, 390 [393 f]; *Fischer* Rn 4 und § 315 c Rn 3 a, b). Da die Fiktion aus § 2 XV S. 2 StVG nur für das StVG gilt, ist der **Fahrlehrer** nicht Führer eines Fahrzeug iSv § 316, sofern er sich auf mündliche Anweisungen an den Fahrschüler beschränkt (OLG Dresden NJW 2006, 1013 [1014] m. zust. Anm. *König*

DAR 2006, 161; *Grupp/Kinzig* NStZ 2007, 132 [136]; MK-*Pegel* § 315 c Rn 27; aA *Blum/Weber* NZV 2007, 228 f). Beim **begleiteten Fahren ab 17** ist nur der Jugendliche als Fahrzeugführer zu betrachten, nicht hingegen der Begleiter (*Brock* DAR 2006, 63 [66 f]).

Dem Tatbestand unterfallen **Fahrzeuge** aller Art, vor allem Kraftfahrzeuge, aber auch Fahrräder, Pferdefuhrwerke oder Motorboote. 3

Der Tatbestand bezieht sich nur auf den **öffentlichen Verkehrsraum**. Hierzu gehören – unabhängig von den Eigentumsverhältnissen – alle Wege, die der Allgemeinheit iSe unbestimmten Personenkreises dauernd oder vorübergehend zur Benutzung offen stehen. Einschlägig sind daher auch Parkhäuser und Parkplätze von Geschäften. § 316 bezieht sich auf **alle Verkehrsarten**, die von §§ 315–315 d geschützt sind, nicht nur auf den Straßenverkehr (L-Kühl-*Heger* Rn 2). 4

2. Der Führer ist **nicht in der Lage**, das Fahrzeug **sicher zu führen**, er ist also fahruntüchtig, wenn er aufgrund seines psycho-physischen Zustands nicht fähig ist, eine längere Strecke in einer von einem durchschnittlichen Fahrzeugführer zu erwartenden Weise auch auf plötzlich auftretende schwierige Verkehrslagen zu reagieren (vgl BGHSt 13, 83 [90]; 21, 157; *Fischer* Rn 6; S/S-*Sternberg-Lieben/Hecker* Rn 3 ff). 5

Tatbestandsmäßig ist das Führen eines Fahrzeugs im Zustand der Fahruntüchtigkeit nur, wenn diese auf dem Genuss alkoholischer Getränke oder sonstiger berauschender Mittel beruht; **Mitursächlichkeit** genügt. **Berauschende Mittel** sind Stoffe zur Herbeiführung von Enthemmung oder zur Beseitigung von Unlustgefühlen, vor allem Opium, Morphium, Heroin, Kokain, Cannabis, Amphetamin (vgl Anl. I–III zu § 1 I BtMG, Anl. zu § 24 a StVG). Einschlägig sind aber auch Schmerzmittel, Psychopharmaka und andere pharmakologische Mittel, soweit sie bei entsprechender Dosierung als Rauschdrogen wirken (L-Kühl-*Heger* § 315 c Rn 5 mwN). 6

Es wird zwischen absoluter und relativer Fahruntüchtigkeit unterschieden, ohne dass es sich dabei um einen qualitativen Unterschied hinsichtlich des Zustands der Fahruntüchtigkeit handelt. Es geht vielmehr bei dieser Differenzierung um den **Nachweis der Fahruntüchtigkeit** (BGHSt 31, 42 [44 f]). 7

- Bei der **relativen Fahruntüchtigkeit** ab einer Blutalkoholkonzentration (BAK) von 0,3 ‰ müssen im Prozess – neben der BAK selbst – Tatsachen festgestellt werden, die als Beweisanzeichen geeignet sind, die Annahme von Fahruntüchtigkeit zu rechtfertigen, zB Ermüdung und Ausfallerscheinungen wie auffällige Fahrweise, Fahrfehler, erhöhte Risikobereitschaft oder unbesonnenes Benehmen bei Polizeikontrollen (vgl BGHSt 22, 352; BGH StV 1994, 543; NStZ 1995, 88 [89]; *Fischer* Rn 12 ff). Je höher die BAK liegt, desto geringer sind die Anforderungen an die Indizien für Fahruntüchtigkeit. 8

- Ab einer BAK von 1,1‰ zur Tatzeit (oder später, dann während der Tat Anflutungsphase) nimmt die Rspr (für Führer von Kraftfahrzeugen) eine sog. **absolute Fahruntüchtigkeit** an (BGHSt 37, 89; BVerfG NJW 1995, 125 f; wegen der Vergleichbarkeit der Anforderungen im Straßenverkehr ebenso für Pferdekutscher BGH NJW 2014, 2211). In diesem Falle wird aufgrund gesicherter wissenschaftlicher Erkenntnisse davon ausgegangen, dass niemand mehr – also auch nicht der Täter – noch über die erforderliche Gesamtleistungsfähigkeit eines hinreichend sicheren Fahrzeugführers verfügt. 9

Der Grenzwert der BAK von 1,1 ‰ setzt sich zusammen aus einem Grundwert von 1 ‰ und einem Zuschlag von 0,1 ‰, mit dem Unsicherheiten bei der Bestimmung Rechnung getragen werden soll. Bei Fahrradfahrern liegt der Grenzwert für die absolute Fahruntüchtigkeit bei etwa 1,6 ‰ (S/S/W-*Ernemann* Rn 11; *Fischer* Rn 24 ff).

10 ■ Ein Grenzwert für den **Drogenkonsum** im Straßenverkehr, ab dem **absolute Fahruntüchtigkeit** angenommen werden kann, existiert mangels entsprechender wissenschaftlicher Erkenntnisse nicht (BGHSt 44, 219; BGH StV 2012, 285 mwN; OLG Saarbrücken NZV 2016, 97; *Haase/Sachs* DAR 2006, 61; *dies*. NZV 2011, 584 f; MK-*Pegel* Rn 67). Bei sonstigen Rauschmitteln lässt sich die strafrechtlich relevante Fahruntüchtigkeit daher nur nach den Regeln der **relativen Fahruntüchtigkeit** feststellen, so dass im Einzelfall die Fahruntüchtigkeit anhand einer umfassenden Würdigung der Beweiszeichen zu bestimmen ist (BGHSt 44, 219 ff). Die Anforderungen an Art und Intensität drogenbedingter Ausfallerscheinungen sind dabei umso geringer, je höher der Wirkstoffgehalt im Blut ist (OLG Zweibrücken NStZ-RR 2004, 247; *Eisele* JA 2007, 168 [169]; *Fischer* Rn 39 a). Für **Cannabiskonsum** ist im Rahmen von § 24 a II StVG zwar eine **Mindestgrenze** der Wirkstoffkonzentration im Blut in Erwägung gezogen worden (OLG Köln NStZ-RR 2005, 385 [386]; OLG Zweibrücken NJW 2005, 2168; jew. im Anschluss an BVerfG NJW 2005, 349), diese Rspr lässt sich jedoch nicht auf § 316 übertragen (BGH NStZ 2012, 324; OLG München NStZ-RR 2007, 186 [187]; *Fischer* Rn 39; aA AG Berlin-Tiergarten NStZ-RR 2012, 59 [60]: Annahme absoluter Fahruntüchtigkeit bei 20 ng/ml THC; detaillierte Kriterien zur Feststellung der Fahruntüchtigkeit bei Cannabiskonsum bei *Haase/Sachs* DAR 2006, 61 [62]).

11 ■ Problematisch gestaltet sich die Feststellung der Fahruntüchtigkeit ebenfalls dann, wenn **Alkohol und Drogen zusammenwirken**. Auch bei einer festgestellten BAK unter 1,1 ‰ und einer zusätzlich nachgewiesenen Wirkstoffkonzentration im Blut muss festgestellt werden, dass sich im konkreten Falle Ausfallerscheinungen manifestiert haben. **Absolute Fahruntüchtigkeit**, per se wegen des Zusammenwirkens von Alkohol und Drogen, kann daher nicht angenommen werden (LG Gießen NStZ-RR 2014, 26; MK-*Pegel* Rn 74; aA LK-*König* Rn 137 a).

12 3. Der **subjektive Tatbestand** verlangt (zumindest bedingten) Vorsatz (Abs. 1) oder Fahrlässigkeit (Abs. 2). Die Feststellung des Vorsatzes beruht grds. auf einer Würdigung aller Einzelfallumstände. Allein das Vorliegen einer hohen BAK zur Tatzeit lässt dementsprechend nicht ohne Weiteres auf das Vorliegen von (bedingtem) Vorsatz schließen. Nach neuester Rspr des BGH ist eine hohe BAK aber ein gewichtiges Beweisanzeichen, ein – wenn auch nicht wissenschaftlicher – „Erfahrungssatz mit einer im konkreten Fall widerlegbaren Wahrscheinlichkeitsaussage" für vorsätzliches Handeln, welches dem Tatrichter im Einzelfall auch allein die Überzeugung von einer vorsätzlichen Tatbegehung verschaffen kann (BGHSt 60, 227 [230 ff] = BGH NStZ 2015, 464 [465]). Ob es daneben der Berücksichtigung weiterer Beweisumstände bedarf, die den Schluss rechtfertigen, dass der Täter seine Fahruntüchtigkeit gekannt und dennoch am öffentlichen Straßenverkehr teilgenommen hat (ständige OLG-Rspr; etwa OLG Hamm NZV 2005, 161 [162]; zuletzt OLG Brandenburg BA 2010, 426; hierzu im Detail *Krumm* SVR 2006, 292; *Maatz* u.a., BA 2010 Heft 4 Supplement; zum Tatvorsatz bei Restal-

kohol OLG Koblenz StraFo 2008, 220 f), sei eine Frage des konkreten Einzelfalles (BGHSt 60, 227 [231] = BGH NStZ 2015, 464 [465 f]).

III. Im Verhältnis zu § 315 a und § 315 c ist § 316 (formell) subsidiär, soweit es 13 um rauschmittelbedingte Fahruntüchtigkeit geht.

§ 316 a Räuberischer Angriff auf Kraftfahrer

(1) Wer zur Begehung eines Raubes (§§ 249 oder 250), eines räuberischen Diebstahls (§ 252) oder einer räuberischen Erpressung (§ 255) einen Angriff auf Leib oder Leben oder die Entschlußfreiheit des Führers eines Kraftfahrzeugs oder eines Mitfahrers verübt und dabei die besonderen Verhältnisse des Straßenverkehrs ausnutzt, wird mit Freiheitsstrafe nicht unter fünf Jahren bestraft.

(2) In minder schweren Fällen ist die Strafe Freiheitsstrafe von einem Jahr bis zu zehn Jahren.

(3) Verursacht der Täter durch die Tat wenigstens leichtfertig den Tod eines anderen Menschen, so ist die Strafe lebenslange Freiheitsstrafe oder Freiheitsstrafe nicht unter zehn Jahren.

I. Allgemeines

Die Vorschrift **schützt** nach hM neben dem **Vermögen** auch – zumindest gleich- 1 rangig – die **Sicherheit des Kraftverkehrs** (BGHSt 5, 280 [281]; *Fischer* Rn 2; MK-*Sander* Rn 2; für die Ansicht, § 316 a stelle lediglich eine durch die besondere Begehungsweise qualifizierte Form des Raubes, des räuberischen Diebstahls oder der räuberischen Erpressung dar, vgl *Otto* BT § 46 Rn 69; SK-*Wolters* Rn 2); eine Gemeingefahr, wie die Einordnung der Vorschrift im 28. Abschnitt vermuten lässt, setzt der Tatbestand nicht voraus. Erfasst werden **Vorbereitungshandlungen**, die unter Ausnutzung der Besonderheiten des Straßenverkehrs auf die Begehung eines Raubes, eines räuberischen Diebstahls oder einer räuberischen Erpressung gerichtet sind; gleichwohl entspricht das Strafmaß sogar der Verwirklichung eines schweren Raubes nach § 250 II (geschichtlicher Überblick bei *Mitsch* 11.2.1.1; NK-*Zieschang* Rn 1 ff). Seiner Struktur nach ist § 316 a ein **Erfolgsdelikt mit überschießender Innentendenz**. Im Verhältnis zu §§ 249, 252, 255 ist § 316 a ein selbstständiges Delikt (vgl BGHSt 18, 170 [172 f]).

II. Objektiver Tatbestand

Tathandlung ist der Angriff auf Leib, Leben oder Entschlussfreiheit des Führers 2 eines Kraftfahrzeugs oder eines Mitfahrers unter Ausnutzung der besonderen Verhältnisse des Straßenverkehrs.

1. Angriff ist ein auf die Verletzung der Güter Leib, Leben oder Entschlussfreiheit 3 bezogenes Verhalten (*Mitsch* 11.2.2.1.3; MK-*Sander* Rn 8).

a) Der Angriff auf **Leib oder Leben** muss sich unmittelbar auf den Körper des 4 Opfers richten (BGH NStE Nr. 2 zu § 316 a), sich also auf eine (nicht nur unerhebliche) Körperverletzung oder Tötung beziehen. Einschränkungen der Bewegungsfreiheit oder bloße Drohungen genügen nicht.

5 b) Unstreitig kommen als Angriff auf die **Entschlussfreiheit** die (explizite oder konkludente) Drohung (mit Gewalt) oder Gewalt gegen Sachen, die sich mittelbar auf Personen auswirkt, in Betracht (exemplarisch: der Täter blockiert das Fahrzeug durch Straßensperren). Gewalt gegen die Person unterfällt demgegenüber bereits dem Angriff auf Leib oder Leben. Umstritten ist hingegen, ob auch **Täuschung** und **List** einen Angriff auf die Entschlussfreiheit iSd Vorschrift darstellen können. Während dies nach Stimmen in der Literatur in Einklang mit der früheren Rspr möglich sein soll (vgl nur BGHSt 5, 280 ff; S/S-*Sternberg-Lieben/Hecker* Rn 5; diff. und restriktiv LK-*Sowada* Rn 11), wird dies nach neuerer Rspr des BGH verneint. Auch bei List und Täuschung entschließe sich das Opfer letztlich frei, sei also nicht in seiner Entschlussfreiheit eingeschränkt (BGH StV 2004, 137 [138]; 2004, 140 m.Anm. *Herzog* JR 2004, 258; so auch schon *Fischer* Rn 7; *Mitsch* 11.2.2.1.4; *Wolters* GA 2002, 303 [315 f]). Allerdings sollen Täuschung und List keine generell zur Verwirklichung des § 316 a ungeeigneten Angriffsmittel sein; vielmehr seien auch sie hinreichend, wenn das Vorgehen nach den Gesamtumständen einen prägenden nötigenden Charakter besitze, dh das Opfer gegen seinen eigentlichen Willen zu einem bestimmten Verhalten gebracht werden solle, etwa zum Umlenken oder Anhalten des Fahrzeugs (BGH NStZ-RR 2004, 171; MK-*Sander* Rn 11; vgl auch *Kudlich* BT I Frage 186). So etwa bei vorgetäuschten Polizeikontrollen, die sich substanziell von bloßen Vortäuschungen allgemein motivierender Umstände – vorgetäuschte Panne, harmloser Anhalter – unterschieden und daher den Fällen der Straßensperre entsprächen (BGH NStZ 2015, 653 m. krit. Anm. Zopfs NJW 2015, 2131). Dem Kraftfahrzeugführer sei bei der Einwirkung durch Haltezeichen von Polizeibeamten, anders als etwa bei einem um Mitnahme bittenden Anhalter, kein Ermessen eingeräumt; vielmehr sei er bei Androhung von Geldbuße (§ 36 Abs. 1 iVm mit § 49 Abs. 3 Nr. 1 StVO) dazu verpflichtet, Haltezeichen Folge zu leisten, weshalb er sich objektiv in einer – wenn auch irrtümlich als gerechtfertigt angesehenen – Nötigungssituation befinde (BGH NStZ 2015, 653 [654]).

6 2. Der Angriff muss gegen den Führer eines Kraftfahrzeugs oder einen Mitfahrer verübt werden.

7 a) **Kraftfahrzeuge** iSd Vorschrift sind alle mit Maschinenkraft bewegten Landfahrzeuge, soweit sie nicht an Bahngleise gebunden sind (vgl § 248 b IV StGB, § 1 II StVG, § 4 I FeV); umfasst sind auch Motorräder und Mofas (BGHSt 39, 249 ff; *Mitsch* 11.2.2.1.5; MK-*Sander* Rn 16; aA *Große* NStZ 1993, 525 [527]).

8 b) **Führer** eines Kraftfahrzeugs ist derjenige, der die mit dem Betrieb des Fahrzeugs verbundenen Verkehrsvorgänge bewältigt. Als Führen ist neben dem Inbewegungsetzen und -halten zB auch das Anhalten an einer Ampel oder einem Fußgängerüberweg anzusehen (BGHSt 38, 196 [197 f] m.Anm. *Keller* JR 1992, 515). An der Führereigenschaft fehlt es aber, sobald sich der Fahrer außerhalb des Fahrzeugs befindet, ferner, wenn das Fahrzeug aus anderen als verkehrsbedingten Gründen anhält und der Fahrer den Motor ausschaltet (BGH StV 2004, 137 [139]; *Wolters* GA 2002, 303 [310]; aA *Eisele* BT II Rn 437). Auch bei einem nicht verkehrsbedingten Halt ist weiterhin die Führereigenschaft anzunehmen, wenn der Fahrer sich in dem Fahrzeug aufhält und mit dessen Betrieb und/oder mit der Bewältigung von Verkehrsvorgängen beschäftigt ist, ohne den Motor ausgeschaltet zu haben (BGH StV 2005, 497 [498]; NStZ-RR 2006, 185; für einen strengeren, an §§ 316, 315 c orientierten Begriff des Fahrzeugführens *Steinberg* NZV 2007, 545 [548 ff]; danach diff., ob ein Parken oder Halten iSv § 12 II StVO vorliegt, LK-*Sowada* Rn 22; bei Fahrzeugen mit sog. Start-Stopp-

Automatik dürfte es nicht auf das Laufen des Motors ankommen). Die Führereigenschaft muss zum Tatzeitpunkt, also während des Verübens des Angriffs, vorliegen (BGH NStZ 2004, 626). Dabei soll nach der Rspr nicht zwingend erforderlich sein, dass das Opfer schon bei Beginn des Angriffs Fahrzeugführer ist; ausreichend sei vielmehr auch, dass das Opfer durch einen vor Fahrtantritt begonnen Angriff zur Fahrt gezwungen wird und der Angriff während der Fahrt fortgeführt wird (BGH NJW 2008, 451 f; S/S/W-*Ernemann* Rn 10; m. abw. Begründung *Dehne-Niemann* NStZ 2008, 319 ff).

c) **Mitfahrer** ist jeder, der mit dem Kraftfahrzeug befördert wird. Keine Rolle spielt, ob dies mit oder gegen den Willen des Betreffenden oder aufgrund einer Täuschung (BGH NJW 1971, 765 f) geschieht. 9

3. Der **Angreifer** (Täter) kann jedermann sein; er ist an keine bestimmte Rolle im Verkehrsgeschehen gebunden. Er kann von außen auf das Fahrzeug und seine Insassen einwirken (BGHSt 25, 315 [317]; 38, 196 ff). Angreifen können sich aber auch Insassen untereinander (BGHSt 13, 27 [29 ff]; 15, 322 [324]; *Mitsch* 11.2.2.1.2), etwa der Kraftfahrzeugführer einen Mitfahrer (BGHSt 15, 322 [324]; BGH NJW 1971, 765; aA *Beyer* NJW 1971, 872 [873]). 10

4. Die **besonderen Verhältnisse des Straßenverkehrs** werden bei dem Angriff **ausgenutzt**, wenn das Gelingen des Angriffs dadurch gefördert wird, dass die Abwehrmöglichkeiten des Opfers durch dessen (aktive oder passive) Teilnahme am Straßenverkehr verringert sind. Hierbei muss der Angriff in naher Beziehung zur Benutzung des Fahrzeugs als Verkehrsmittel und zu den typischen Situationen und Gefahren des Straßenverkehrs stehen (zum zeitlichen Zusammenhang *Fischer* Jura 2000, 433 [438]). 11

Die besonderen Verhältnisse des Straßenverkehrs müssen **hinsichtlich des Angriffs**, nicht notwendig auch hinsichtlich des geplanten späteren räuberischen Überfalls ausgenutzt werden. 12

a) Nach früherer Rspr des BGH konnten zu den spezifischen Gefahrenlagen des Straßenverkehrs, durch welche die Abwehrmöglichkeiten des Opfers verringert werden, nicht nur Situationen innerhalb, sondern **generell** auch **außerhalb des fließenden Verkehrs** gehören. Aus diesem Grund war es möglich, den Tatbestand des § 316 a zu erfüllen, wenn das Opfer lediglich an eine einsame Stelle verbracht wurde, wo es von fremder Hilfe abgeschnitten oder einer Fluchtgelegenheit beraubt war (vgl BGHSt 5, 280 [281]; 13, 27 [30]; 15, 322 [324]; 24, 173 [176]). Ausreichend war es sogar, wenn das Opfer bereits ausgestiegen war, sich allerdings noch in einer Situation befand, „die typischerweise zum Verhalten im Straßenverkehr gehörte" (BGHSt 33, 378 [381]; BGH NStZ 1996, 435 f; BGHR § 316 a Abs. 1 Straßenverkehr 2). Diese weite Auslegung war Gegenstand von Kritik in der Literatur (vgl nur *Günther* JZ 1987, 16 f; *Ingelfinger* JR 2000, 225 f; *Roßmüller/Rohrer* NZV 1995, 253 f; *Wolters* GA 2002, 303 f, jew. mwN) 13

b) **Nunmehr** fordert der BGH unter expliziter Aufgabe der alten Rspr eine stärker am Schutzzweck und den einzelnen Tatbestandsmerkmalen des § 316 a orientierte Auslegung (BGH StV 2004, 137 [138]). Danach geschieht ein Angriff regelmäßig nur unter Ausnutzung der besonderen Verhältnisse des Straßenverkehrs, wenn er **innerhalb des fließenden Verkehrs** oder bei einem **verkehrsbedingten Halt** erfolgt (BGH NStZ 2005, 638 [639]; NStZ-RR 2006, 185; NStZ 2013, 43; JuS 2016, 850 [852] m.Anm. *Hecker*), da dort die Abwehrmöglichkeiten für den Fahrer, insbesondere wegen seiner Beanspruchung bei der Bewältigung der Verkehrsanforderungen, verringert sind (BGH StV 2004, 137 [138]; VersR 2006, 14

1234 [1235] NStZ 2015, 653 [654]; JuS 2016, 850 [852] m.Anm. *Hecker*). Bei einem **nicht verkehrsbedingten Halt** kann sich nur **im Einzelfall** aufgrund spezifischer Bedingungen des Straßenverkehrs eine Erschwerung der Gegenwehr des Fahrzeugführers ergeben, etwa bei einem Angriff im unmittelbaren Zusammenhang mit dem Anhaltevorgang. Hierzu reicht es nicht, dass der Fahrer aufgrund des bloßen Laufenlassens des Motors mit der Fahrzeugführung beschäftigt ist, vielmehr müssen noch weitere verkehrsspezifische Umstände hinzutreten (BGH NStZ 2005, 638 [640]; NStZ-RR 2006, 185 [186]; NStZ 2013, 43; MK-*Sander* Rn 32). Andere Fahrzeuginsassen sind vornehmlich aufgrund der erschwerten Bedingungen für Flucht oder Gegenwehr sowie aufgrund ihrer räumlichen Isolierung und der damit verbundenen Schwierigkeit, fremde Hilfe in Anspruch nehmen zu können, in ihren Abwehrmöglichkeiten eingeschränkt. Allein die Behinderung durch die Enge des Innenraums ist dagegen nicht auf die Besonderheiten des fließenden Straßenverkehrs zurückzuführen (schon BGH NStZ 1996, 389 [390]; vgl aber auch BGHSt 38, 196 [197 ff]; *Geppert* Jura 1995, 310 [315]).

15 c) Am **tatbestandsspezifischen Zusammenhang** mit dem Straßenverkehr **fehlt** es unstr., wenn das Kraftfahrzeug nur als Transportmittel benutzt wird, um zum Tatort zu gelangen oder von dort ggf schnell fliehen zu können (BGHSt 22, 114 [116 f]; BGHR § 316 a Abs. 1 Straßenverkehr 11; NK-*Zieschang* Rn 42). Gleiches gilt, wenn der Täter einen zufällig an einsamer Stelle angetroffenen und mit der Behebung einer Autopanne beschäftigten Kraftfahrer angreift oder ein Kraftfahrzeug so manipuliert, dass das Opfer – zB wegen eines zerstochenen Reifens – das Fahrzeug nicht benutzen kann und sich dadurch in einer hilflosen Lage befindet.

III. Subjektiver Tatbestand

16 Der subjektive Tatbestand erfordert neben dem Vorsatz hinsichtlich des objektiven Tatbestands die weitergehende Absicht zur Ausführung des räuberischen Überfalls.

17 1. Vom (zumindest bedingten) **Vorsatz** muss das Ausnutzen der besonderen Verhältnisse des Straßenverkehrs zur Durchführung des Angriffs umfasst sein. Dies ist nicht gegeben, wenn sich der Täter erst nach Fahrtende dazu entschließt, das Opfer anzugreifen (BGHSt 19, 191 [192]). Der Entschluss zum Angriff kann vor oder während der Fahrt gefasst werden (BGHSt 15, 322 [324]; BGH NJW 1964, 1630; VRS 29, 198), zB auch bei einem fahrtechnisch bedingten Halt im Verlauf einer Fahrt (BGH NStE Nr. 3 zu § 316 a). Es reicht aus, wenn sich der Täter in tatsächlicher Hinsicht der die Abwehrmöglichkeiten des Tatopfers einschränkenden besonderen Verhältnisse des Straßenverkehrs bewusst ist. Wichtiges Indiz ist insoweit der Angriff auf den Führer eines Kfz im *fließenden* Verkehr (BGH StV 2005, 497 [498]; BGH JuS 2016, 850 [852] m.Anm. *Hecker*; LK-*Sowada* Rn 44).

18 2. Der Angriff muss in der **Absicht** (zielgerichtetes Wollen) ausgeführt werden, einen Raub, räuberischen Diebstahl oder eine räuberische Erpressung zu begehen. Die jeweiligen Merkmale der §§ 249, 252, 255 müssen vollumfänglich antizipiert sein (BGH StV 1997, 357; MK-*Sander* Rn 42). Angriff und Raubtat können aufeinander folgen: der Täter errichtet eine Straßensperre, um anschließend den haltenden Kraftfahrer auszurauben. Der Angriff kann aber auch zur Ausführung der Raubtat dienen: der Fahrgast schlägt den Taxifahrer bewusstlos, um ihm die Geldbörse abzunehmen. Es reicht auch aus, wenn der Täter noch wäh-

rend des zu anderen Zwecken begonnenen Angriffs zu einem Raub übergeht (BGHSt 25, 315 [316 f]; NK-*Zieschang* Rn 47).

IV. Vollendung und Versuch

1. Die Tat ist mit der vollzogenen Beeinträchtigung iSd Angriffs **vollendet**. Der beabsichtigte räuberische Überfall braucht dagegen noch nicht einmal in das Versuchsstadium getreten zu sein. **Beendet** ist die Tat mit Abschluss des Angriffs. Von einer Beendigung soll nach der Rspr auch auszugehen sein, wenn zwar die durch den Angriff geschaffene Bemächtigungssituation noch vorliegt, aber schon ein räumlich-zeitlicher Abstand zu dem Angriff besteht (BGH NStZ 2007, 35 f; *Fischer* Rn 15). 19

2. Der **Versuch** ist strafbar (§§ 12 I, 23 I); er kann untauglich sein. Versuchsbeginn ist das unmittelbare Ansetzen zum Angriff, also zur Einwirkung auf das Opfer. Die Rspr verlagert den Versuchsbeginn jedoch bisweilen unangemessen weit vor. So soll es genügen, wenn der Täter ein Taxi besteigt, um den Fahrer im Verlauf oder direkt nach der Fahrt zu überfallen (BGHSt 6, 82 [84]; BGH VRS 77, 224 [225]; vgl auch BGHSt 33, 378 [381]; krit. *Geppert* NStZ 1986, 552 ff; *Günther* JZ 1987, 16 [23 ff]; *Wolters* GA 2002, 303 [313]; eingehend zur Abgrenzung bloßer Vorbereitungshandlungen zum Versuchsbeginn *Ingelfinger* JR 2000, 225 f). Zumindest ist zu verlangen, dass der Täter den Rahmen sozial-üblichen Verhaltens deutlich überschritten hat. 20

V. Erfolgsqualifikation (Abs. 3)

Abs. 3 übernimmt die für Raubtaten geltende Erfolgsqualifikation des § 251 (näher *Mitsch* 11.2.3). Die **Tat**, durch die der Tod verursacht sein muss, ist der auf Leib oder Leben gerichtete Angriff. **Anderer Mensch** kann jede Person außer den Tatbeteiligten selbst sein. Ansonsten gelten die Voraussetzungen des § 251. 21

VI. Konkurrenzen

Mit §§ 249 ff steht § 316 a, der keine Verwirklichung der Raubtat verlangt, in Tateinheit (BGHSt 14, 386 [391]; 25, 224 [229]; BGH NJW 1963, 1413 [1414]). Werden diese Delikte nur im Grundtatbestand versucht, so treten sie im Wege der Gesetzeskonkurrenz hinter § 316 a, der das betreffende Unrecht weitgehend erfasst, zurück (BGHSt 25, 373 f). Wenn der Versuch dagegen unter den Voraussetzungen des § 250 qualifiziert ist, dann ist der Klarstellung halber Tateinheit mit § 316 a anzunehmen (BGH bei *Holtz* MDR 1977, 807 [808]). 22

§ 316 b Störung öffentlicher Betriebe

(1) Wer den Betrieb
1. von Unternehmen oder Anlagen, die der öffentlichen Versorgung mit Postdienstleistungen oder dem öffentlichen Verkehr dienen,
2. einer der öffentlichen Versorgung mit Wasser, Licht, Wärme oder Kraft dienenden Anlage oder eines für die Versorgung der Bevölkerung lebenswichtigen Unternehmens oder

3. einer der öffentlichen Ordnung oder Sicherheit dienenden Einrichtung oder Anlage

dadurch verhindert oder stört, daß er eine dem Betrieb dienende Sache zerstört, beschädigt, beseitigt, verändert oder unbrauchbar macht oder die für den Betrieb bestimmte elektrische Kraft entzieht, wird mit Freiheitsstrafe bis zu fünf Jahren oder mit Geldstrafe bestraft.

(2) Der Versuch ist strafbar.

(3) ¹In besonders schweren Fällen ist die Strafe Freiheitsstrafe von sechs Monaten bis zu zehn Jahren. ²Ein besonders schwerer Fall liegt in der Regel vor, wenn der Täter durch die Tat die Versorgung der Bevölkerung mit lebenswichtigen Gütern, insbesondere mit Wasser, Licht, Wärme oder Kraft, beeinträchtigt.

1 I. Die Vorschrift schützt als **abstraktes Gefährdungsdelikt** (S/S-*Sternberg-Lieben/ Hecker* Rn 1; MK-*Wieck-Noodt* Rn 2) lebenswichtige Betriebe vor gewaltsamen Eingriffen (L-Kühl-*Heger* Rn 1; NK-*Zieschang* Rn 5).

2 II. Die **Angriffsobjekte** sind in Abs. 1 Nr. 1-3 abschließend aufgeführt. Durch die Tathandlungen des **Zerstörens** oder **Beschädigens** (dazu § 303 Rn 6 ff, 10), Beseitigens, Veränderns oder Unbrauchbarmachens (§ 145 Rn 5) muss der Betrieb des Angriffsobjekts (also des Unternehmens etc.) verhindert oder gestört werden. Die jeweilige Einwirkung muss auf die Sache selbst vorgenommen werden (BGHSt 58, 253; BGH NStZ 2013, 589); Störungen oder Einstellungen der Betriebstätigkeit, die im Gefolge einer Einwirkung auf Menschen entstehen, werden nicht erfasst (OLG Celle NStZ 2005, 217).

3 III. Der **subjektive Tatbestand** erfordert (zumindest bedingten) **Vorsatz**. Der **Versuch** ist strafbar (Abs. 2).

4 IV. Abs. 3 nennt in der Technik der Regelbeispiele (§ 46 Rn 17 ff, § 243 Rn 1 ff) **Strafererschwerungsgründe**.

5 V. **Konkurrenzen**: § 316 b verdrängt § 304. Mit §§ 315, 315 b, 316 c ist Tateinheit möglich. Umstritten ist das Verhältnis zu § 109 e (S/S-*Sternberg-Lieben/ Hecker* Rn 11: Tateinheit; *Fischer* Rn 10; L-Kühl-*Heger* Rn 8; LK-*König* Rn 38: § 316 b wird von § 109 e verdrängt).

§ 316 c Angriffe auf den Luft- und Seeverkehr

(1) ¹Mit Freiheitsstrafe nicht unter fünf Jahren wird bestraft, wer
1. Gewalt anwendet oder die Entschlußfreiheit einer Person angreift oder sonstige Machenschaften vornimmt, um dadurch die Herrschaft über
   a) ein im zivilen Luftverkehr eingesetztes und im Flug befindliches Luftfahrzeug oder
   b) ein im zivilen Seeverkehr eingesetztes Schiff
   zu erlangen oder auf dessen Führung einzuwirken, oder
2. um ein solches Luftfahrzeug oder Schiff oder dessen an Bord befindliche Ladung zu zerstören oder zu beschädigen, Schußwaffen gebraucht oder es unternimmt, eine Explosion oder einen Brand herbeizuführen.

²Einem im Flug befindlichen Luftfahrzeug steht ein Luftfahrzeug gleich, das von Mitgliedern der Besatzung oder von Fluggästen bereits betreten ist oder dessen

Beladung bereits begonnen hat oder das von Mitgliedern der Besatzung oder von Fluggästen noch nicht planmäßig verlassen ist oder dessen planmäßige Entladung noch nicht abgeschlossen ist.

(2) In minder schweren Fällen ist die Strafe Freiheitsstrafe von einem Jahr bis zu zehn Jahren.

(3) Verursacht der Täter durch die Tat wenigstens leichtfertig den Tod eines anderen Menschen, so ist die Strafe lebenslange Freiheitsstrafe oder Freiheitsstrafe nicht unter zehn Jahren.

(4) Wer zur Vorbereitung einer Straftat nach Absatz 1 Schußwaffen, Sprengstoffe oder sonst zur Herbeiführung einer Explosion oder eines Brandes bestimmte Stoffe oder Vorrichtungen herstellt, sich oder einem anderen verschafft, verwahrt oder einem anderen überläßt, wird mit Freiheitsstrafe von sechs Monaten bis zu fünf Jahren bestraft.

I. Die Vorschrift normiert ein **abstraktes Gefährdungsdelikt**, das dem **Schutz** der Sicherheit des zivilen Flug- und Seeverkehrs dient (*Otto* BT § 80/72). **Tätige Reue** ist gem. § 320 I, III Nr. 2, IV möglich (BGH NJW 2016, 1667). 1

II. Der objektive Tatbestand von Abs. 1 Nr. 1 erfasst die eigentliche Luft- und Seepiraterie. Wegen der hohen Strafandrohung des § 316 c müssen die **sonstigen Machenschaften** von gleichem Gewicht sein wie die Gewaltanwendung oder der Angriff auf die Entschlussfreiheit (*Hecker* Jura 2009, 673 [676]; L-Kühl-*Heger* Rn 7; *Otto* BT § 80/73; aA *Kunath* JZ 1972, 199 [201]). 2

Unter Abs. 1 Nr. 2 fallen als Tathandlungen das Gebrauchen einer Schusswaffe (vgl § 121 Rn 13) oder das Unternehmen (vgl § 11 Rn 35), eine Explosion oder einen Brand herbeizuführen. 3

III. Der **subjektive Tatbestand** erfordert **vorsätzliches Handeln** bezüglich aller Merkmale des objektiven Tatbestandes und zusätzlich in Nr. 1 die **Absicht** des Täters, die Herrschaft über das Luftfahrzeug bzw Schiff zu erlangen, bei Nr. 2 die **Absicht** des Täters, zu zerstören oder zu beschädigen (überschießende Innentendenz). 4

IV. Der Versuch ist strafbar (§§ 12 I, 23 I). Abs. 3 enthält **Erfolgsqualifikationen**. Abs. 4 dehnt die Strafbarkeit auf bestimmte **Vorbereitungshandlungen** aus. 5

V. Konkurrenzen: Tateinheit ist insbesondere möglich mit §§ 211, 212, 223 ff, 239, 239 b, 240, 303, 306-308, 310, 315. 6

§ 317 Störung von Telekommunikationsanlagen

(1) Wer den Betrieb einer öffentlichen Zwecken dienenden Telekommunikationsanlage dadurch verhindert oder gefährdet, daß er eine dem Betrieb dienende Sache zerstört, beschädigt, beseitigt, verändert oder unbrauchbar macht oder die für den Betrieb bestimmte elektrische Kraft entzieht, wird mit Freiheitsstrafe bis zu fünf Jahren oder mit Geldstrafe bestraft.

(2) Der Versuch ist strafbar.

(3) Wer die Tat fahrlässig begeht, wird mit Freiheitsstrafe bis zu einem Jahr oder mit Geldstrafe bestraft.

1   I. Die Vorschrift normiert nach hM ein **abstraktes Gefährdungsdelikt** (S/S-*Sternberg-Lieben/Hecker* Rn 1; MK-*Wiek-Noodt* Rn 2; aA NK-*Zieschang* Rn 2 [konkretes Gefährdungsdelikt]) und dient dem Schutz der Funktionsfähigkeit des öffentlichen Telekommunikationsverkehrs (L-Kühl-*Heger* Rn 1; MK-*Wiek-Noodt* Rn 1).

2   II. Tatobjekt ist eine **Telekommunikationsanlage**, worunter eine technische Vielfalt von Übermittlungsmöglichkeiten zu verstehen ist (L-Kühl-*Heger* Rn 2). Diese Anlage muss **öffentlichen Zwecken** dienen, also ganz oder zumindest teilweise im Interesse der Allgemeinheit betrieben werden (L-Kühl-*Heger* Rn 2; S/S-*Sternberg-Lieben/Hecker* Rn 3; vgl zu privaten Telefonanschlüssen und Mobiltelefonen *Kretschmer* Jura 2006, 219 [223]). Die **Tathandlungen** entsprechen denen des § 316 b.

3   III. Der **subjektive Tatbestand** verlangt (zumindest bedingten) **Vorsatz**.

4   IV. Sowohl der Versuch (**Abs. 2**) als auch die fahrlässige Begehung (**Abs. 3**; hierzu BGHSt 15, 110 [112 f]) sind strafbar.

5   V. Konkurrenzen: Bei vorsätzlicher Begehung wird § 304 im Wege der Gesetzeskonkurrenz verdrängt; handelt der Täter fahrlässig (Abs. 3), so ist Tateinheit mit § 304 möglich (vgl S/S-*Sternberg-Lieben/Hecker* Rn 8).

§ 318 Beschädigung wichtiger Anlagen

(1) Wer Wasserleitungen, Schleusen, Wehre, Deiche, Dämme oder andere Wasserbauten oder Brücken, Fähren, Wege oder Schutzwehre oder dem Bergwerksbetrieb dienende Vorrichtungen zur Wasserhaltung, zur Wetterführung oder zum Ein- und Ausfahren der Beschäftigten beschädigt oder zerstört und dadurch Leib oder Leben eines anderen Menschen gefährdet, wird mit Freiheitsstrafe von drei Monaten bis zu fünf Jahren bestraft.

(2) Der Versuch ist strafbar.

(3) Verursacht der Täter durch die Tat eine schwere Gesundheitsschädigung eines anderen Menschen oder eine Gesundheitsschädigung einer großen Zahl von Menschen, so ist auf Freiheitsstrafe von einem Jahr bis zu zehn Jahren zu erkennen.

(4) Verursacht der Täter durch die Tat den Tod eines anderen Menschen, so ist die Strafe Freiheitsstrafe nicht unter drei Jahren.

(5) In minder schweren Fällen des Absatzes 3 ist auf Freiheitsstrafe von sechs Monaten bis zu fünf Jahren, in minder schweren Fällen des Absatzes 4 auf Freiheitsstrafe von einem Jahr bis zu zehn Jahren zu erkennen.

(6) Wer in den Fällen des Absatzes 1
1. die Gefahr fahrlässig verursacht oder
2. fahrlässig handelt und die Gefahr fahrlässig verursacht,

wird mit Freiheitsstrafe bis zu drei Jahren oder mit Geldstrafe bestraft.

1   I. Das **konkrete Gefährdungsdelikt** des § 318 schützt sowohl Leib und Leben der Menschen, die von der Beschädigung der wichtigen Anlagen betroffen sind, als auch die wichtigen Anlagen selbst (L-Kühl-*Heger* Rn 1; MK-*Wiek-Noodt* Rn 1).

Der **Versuch** ist strafbar (Abs. 2). **Tätige Reue** ist gem. § 320 II Nr. 3, III Nr. 1 c, IV möglich.

II. Tatobjekte sind die in Abs. 1 genannten Anlagen. **Tathandlungen** sind das Be- 2 schädigen oder Zerstören (dazu § 303 Rn 6 ff, 10) dieser Anlagen. Durch die Tathandlung muss eine **konkrete Gefahr für Leben oder Gesundheit** (§ 250 Rn 13 f, § 315 c Rn 5 ff) wenigstens eines Menschen verursacht werden. Der subjektive Tatbestand verlangt (zumindest bedingten) **Vorsatz**.

III. Abs. 3 und 4 enthalten **Erfolgsqualifikationen** (zur schweren Gesundheits- 3 schädigung vgl § 250 Rn 13; zur großen Zahl von Menschen § 306 b Rn 2).

IV. Abs. 6 stellt eine fahrlässige Gefahrverursachung in Verbindung mit einer vor- 4 sätzlichen Tat (**Nr. 1**) sowie fahrlässiges Handeln in Kombination mit fahrlässiger Gefahrverursachung (**Nr. 2**) unter Strafe.

§ 319 Baugefährdung

(1) Wer bei der Planung, Leitung oder Ausführung eines Baues oder des Abbruchs eines Bauwerks gegen die allgemein anerkannten Regeln der Technik verstößt und dadurch Leib oder Leben eines anderen Menschen gefährdet, wird mit Freiheitsstrafe bis zu fünf Jahren oder mit Geldstrafe bestraft.

(2) Ebenso wird bestraft, wer in Ausübung eines Berufs oder Gewerbes bei der Planung, Leitung oder Ausführung eines Vorhabens, technische Einrichtungen in ein Bauwerk einzubauen oder eingebaute Einrichtungen dieser Art zu ändern, gegen die allgemein anerkannten Regeln der Technik verstößt und dadurch Leib oder Leben eines anderen Menschen gefährdet.

(3) Wer die Gefahr fahrlässig verursacht, wird mit Freiheitsstrafe bis zu drei Jahren oder mit Geldstrafe bestraft.

(4) Wer in den Fällen der Absätze 1 und 2 fahrlässig handelt und die Gefahr fahrlässig verursacht, wird mit Freiheitsstrafe bis zu zwei Jahren oder mit Geldstrafe bestraft.

I. Die Vorschrift (früher § 323) normiert ein **konkretes Gefährdungsdelikt**, das 1 den Schutz von Leib und Leben des Einzelnen vor Baugefahren bezweckt (näher *Schünemann* ZfBR 1980, 4 ff, 113 ff, 159 ff; MK-*Wieck-Noodt* Rn 2 f). Die Täterschaft erfordert besondere persönliche Merkmale; insofern ist die Tat ein **Sonderdelikt** (§ 14 ist zu beachten). **Tätige Reue** kommt gem. § 320 II Nr. 4 und III Nr. 1 d in Betracht.

II. Das Delikt ist zusammengesetzt aus der **Tathandlung** und der dadurch verur- 2 sachten **konkreten Gefahr** für Leib und Leben eines anderen Menschen. Der Gefährdungsteil entspricht im Wesentlichen dem des § 315 c (vgl dort Rn 5 ff), jedoch reicht eine Gefahr für Sachwerte nicht aus. Die Gefahr muss für einen **anderen** bestehen. Somit fallen Tatbeteiligte nicht in den Schutzbereich des § 319 (*Fischer* Rn 11; LK-*Wolff* Rn 15).

1. Als **Tathandlung** nennen Abs. 1 und 2 den Verstoß gegen allgemein anerkann- 3 te Regeln der Technik. **Regeln der Technik** sind alle Regeln, die bei der Bauausführung, der Planung und der Berechnung zu berücksichtigen sind, daher zB Regeln über Statik, Feuersicherheit, hygienische Beschaffenheit und baurechtliche Sicherungsvorschriften (S/S-*Sternberg-Lieben/Hecker* Rn 5; LK-*Wolff* Rn 11; aA

Schünemann ZfBR 1980, 159 ff, der die Regeln der Technik als unbestimmten Rechtsbegriff versteht, mit welchem die Einhaltung der im Verkehr erforderlichen Sorgfalt umschrieben wird). Die Regeln gelten als **allgemein anerkannt**, soweit sie sich bewährt haben und nach der maßgeblichen Durchschnittsmeinung der Praxis befolgt werden, um ein gefahrloses Bauen zu gewährleisten (RGSt 44, 75 [79]; S/S-*Sternberg-Lieben/Hecker* Rn 5; MK-*Wieck-Noodt* Rn 22). Ein Verstoß gegen diese Regeln kann durch ein **Tun** oder **Unterlassen** erfolgen (näher *Bottke/Mayer* ZfBR 1991, 233 [236]; *Schünemann* ZfBR 1980, 113 [114]). Beispielhaft zu nennen ist hier die Verwendung mangelhafter Geräte (RGSt 39, 417 f) und das Nichtanbringen von Schutzdächern oder Absperrvorrichtungen (RGSt 56, 343 [347]).

4   2. **Täter** des Abs. 1 kann nur sein, wer einen Bau oder den Abbruch eines Bauwerks plant, leitet oder ausführt.

5   a) Vom Begriff des **Baues** wird jede in den Sektor des Baugewerbes fallende Tätigkeit erfasst, sofern bei ihrer Durchführung besondere Regeln der Technik zu beachten sind (RGSt 56, 343 [347]). Neben der Errichtung des Baues fallen dabei auch bloße Ausbesserungen oder Veränderungen (RGSt 23, 277 [278]) sowie alle Arbeiten, die im unmittelbaren Zusammenhang mit dem Bau stehen, wie das Ausheben von Sandgruben und das Aufrichten von Baugerüsten (RGSt 29, 71 [73]), unter den Tatbestand (*Fischer* Rn 3; L-Kühl-*Heger* Rn 4). Es kann sich um Hoch-, Tief-, Wasser-, Straßen- und Bergbau handeln. Als **Abbruch eines Bauwerks** ist bereits der Abbruch von Teilen eines Bauwerks anzusehen (LK-*Wolff* Rn 4).

6   b) **Planung** ist die Durchführung der konkreten Planungsarbeiten, also die Fertigung der Baupläne durch den Architekten und die Berechnungen des Statikers (OLG Köln MDR 1963, 156; S/S-*Sternberg-Lieben/Hecker* Rn 11). **Bauleiter** ist, wer nach der tatsächlichen Lage die maßgeblichen Anordnungen erteilt und somit technisch die Errichtung des Baues insgesamt bestimmt (RGSt 57, 205 f). Dies wird meist der Bauunternehmer sein. **Ausführung** ist jede Mitwirkung bei der Herstellung des Baues, zB die Tätigkeit eines Poliers, Bauhandwerkers oder Herstellers des Baugerüsts (*Fischer* Rn 6; L-Kühl-*Heger* Rn 5). Die Haftung bei arbeitsteiligem Zusammenwirken bestimmt sich dabei nach den jeweiligen Verantwortungsbereichen (näher *Schünemann* ZfBR 1980, 113 [115 ff]).

7   3. **Abs. 2** bestimmt ferner als **Täter**, wer in Ausübung eines Berufes oder Gewerbes die genannten Vorhaben plant, leitet oder ausführt (Rn 5 f entsprechend). Daher kommen Mieter und Eigentümer, die derartige Einrichtungen selbst einbauen, nicht als Täter infrage; bei ihnen bestimmt sich die strafrechtliche Haftung nach §§ 222, 229 (vgl L-Kühl-*Heger* Rn 6). **Technische Einrichtungen** sind zB Heizungs- und Klimaanlagen, Aufzüge, Gasrohre oder elektrische Anlagen.

8   III. **Subjektiver Tatbestand**: Nach Abs. 1 und 2 ist (mindestens bedingter) Vorsatz hinsichtlich aller Tatbestandsmerkmale erforderlich. **Abs. 3** behandelt die Fälle, in denen der Täter die Gefahr nur fahrlässig verursacht hat; auf diese Vorsatz-Fahrlässigkeits-Kombination findet § 11 II Anwendung. **Abs. 4** regelt die rein fahrlässige Begehung.

9   IV. **Konkurrenzen**: Idealkonkurrenz kommt u.a. in Betracht mit §§ 222, 229.

§ 320 Tätige Reue

(1) Das Gericht kann die Strafe in den Fällen des § 316 c Abs. 1 nach seinem Ermessen mildern (§ 49 Abs. 2), wenn der Täter freiwillig die weitere Ausführung der Tat aufgibt oder sonst den Erfolg abwendet.

(2) Das Gericht kann die in den folgenden Vorschriften angedrohte Strafe nach seinem Ermessen mildern (§ 49 Abs. 2) oder von Strafe nach diesen Vorschriften absehen, wenn der Täter in den Fällen
1. des § 315 Abs. 1, 3 Nr. 1 oder Abs. 5,
2. des § 315 b Abs. 1, 3 oder 4, Abs. 3 in Verbindung mit § 315 Abs. 3 Nr. 1,
3. des § 318 Abs. 1 oder 6 Nr. 1,
4. des § 319 Abs. 1 bis 3

freiwillig die Gefahr abwendet, bevor ein erheblicher Schaden entsteht.

(3) Nach den folgenden Vorschriften wird nicht bestraft, wer
1. in den Fällen des
   a) § 315 Abs. 6,
   b) § 315 b Abs. 5,
   c) § 318 Abs. 6 Nr. 2,
   d) § 319 Abs. 4
   freiwillig die Gefahr abwendet, bevor ein erheblicher Schaden entsteht, oder
2. in den Fällen des § 316 c Abs. 4 freiwillig die weitere Ausführung der Tat aufgibt oder sonst die Gefahr abwendet.

(4) Wird ohne Zutun des Täters die Gefahr oder der Erfolg abgewendet, so genügt sein freiwilliges und ernsthaftes Bemühen, dieses Ziel zu erreichen.

§ 321 Führungsaufsicht

In den Fällen der §§ 306 bis 306 c und 307 Abs. 1 bis 3, des § 308 Abs. 1 bis 3, des § 309 Abs. 1 bis 4, des § 310 Abs. 1 und des § 316 c Abs. 1 Nr. 2 kann das Gericht Führungsaufsicht anordnen (§ 68 Abs. 1).

§ 322 Einziehung

Ist eine Straftat nach den §§ 306 bis 306 c, 307 bis 314 oder 316 c begangen worden, so können
1. Gegenstände, die durch die Tat hervorgebracht oder zu ihrer Begehung oder Vorbereitung gebraucht worden oder bestimmt gewesen sind, und
2. Gegenstände, auf die sich eine Straftat nach den §§ 310 bis 312, 314 oder 316 c bezieht,

eingezogen werden.

§ 323 (weggefallen)

§ 323 a Vollrausch

(1) Wer sich vorsätzlich oder fahrlässig durch alkoholische Getränke oder andere berauschende Mittel in einen Rausch versetzt, wird mit Freiheitsstrafe bis zu fünf Jahren oder mit Geldstrafe bestraft, wenn er in diesem Zustand eine rechtswidrige Tat begeht und ihretwegen nicht bestraft werden kann, weil er infolge des Rausches schuldunfähig war oder weil dies nicht auszuschließen ist.

(2) Die Strafe darf nicht schwerer sein als die Strafe, die für die im Rausch begangene Tat angedroht ist.

(3) Die Tat wird nur auf Antrag, mit Ermächtigung oder auf Strafverlangen verfolgt, wenn die Rauschtat nur auf Antrag, mit Ermächtigung oder auf Strafverlangen verfolgt werden könnte.

I. Schutzzweck und Funktion

1 1. Der **Schutzzweck** des § 323 a ist umstritten: Nach überwiegender Auffassung bezweckt die Vorschrift, der generellen Gefährlichkeit von Rauschzuständen, in denen die Schuldfähigkeit ausgeschlossen ist, für beliebige Rechtsgüter entgegenzuwirken (abstraktes Gefährdungsdelikt). Demnach liegt das Unrecht der Tat, das Gegenstand des Schuldvorwurfs ist, nur in der (vorsätzlichen oder fahrlässigen) Herbeiführung eines die Schuldfähigkeit ausschließenden Rauschzustands (BGHSt 16, 124 [125]; 32, 48 [53]; *Dencker* JZ 1984, 453 [454]; L-Kühl-*Heger* Rn 1).

2 Nach einer verbreiteten weiteren Ansicht liegt der Zweck der Vorschrift in der Verhinderung einer mehr oder weniger konkreten Gemeingefährlichkeit des Rauschs und der hieraus resultierenden Rauschtaten (*Arzt/Weber/Heinrich/Hilgendorf* § 40/12; MK-*Geisler* Rn 9; *Otto* Jura 1986, 478; HKGS-*Verrel* Rn 1; vgl auch *Duttge* Geppert-FS 63 [74 ff]).

3 Ferner wird in § 323 a eine Ausnahmevorschrift zu § 20 bzw eine Vorschrift gesehen, die das strafrechtliche Zurechnungssystem vor einer Umgehung durch Herbeiführung von Unzurechnungsfähigkeit schützen will (*Hruschka* 291 ff; *Kindhäuser*, Gefährdung als Straftat, 1989, 327 ff; *Neumann*, Zurechnung und „Vorverschulden", 1985, 125 ff; modifizierend NK-*Paeffgen* Rn 14 ff, der diese Lehre mit der Deutung der Vorschrift als abstraktes Gefährdungsdelikt iSe Doppeltatbestands verbindet).

4 Insgesamt gehört § 323 a zu den fragwürdigsten Delikten des StGB; die Vorschrift lässt wegen der Spannungen mit dem Schuldprinzip Zweifel an ihrer Verfassungsmäßigkeit aufkommen (umf. Darlegung der Problematik bei NK-*Paeffgen* Rn 1-17; vgl auch *Geisler* GA 2000, 166 [174 ff]; *Streng* JZ 1984, 115 ff; zu typischen Klausurproblemen *Fahl* JuS 2005, 1076 ff).

5 2. § 323 a fungiert als **Auffangtatbestand** für den Fall, dass der Täter eine „rechtswidrige Tat" begeht, aber hierfür (nur deshalb) nicht bestraft werden kann, weil er rauschbedingt schuldunfähig iSv § 20 war oder dies nach dem Grundsatz in dubio pro reo nicht ausgeschlossen werden kann.

6 Dies bedeutet für den **Gutachtenaufbau**, dass § 323 a erst zu prüfen ist, wenn feststeht, dass der Täter rechtswidrig einen anderen Deliktstatbestand verwirk-

licht hat, insoweit aber möglicherweise schuldunfähig war, ohne dass die Regeln der actio libera in causa (hierzu § 20 Rn 14 ff) eingreifen; auch in diesem Fall wäre der Täter nach dem betreffenden Delikt zu bestrafen. Im Einzelnen empfiehlt sich, die Tatbestandsmerkmale des Vollrauschs in folgenden Schritten zu prüfen:

A) Tatbestand:
  I. Objektiver Tatbestand:
    1. Rausch (Rn 8)
    2. durch Alkohol oder andere berauschende Mittel (Rn 9 f)
    3. mit nicht auszuschließender Schuldunfähigkeit (Rn 11 ff)
  II. Subjektiver Tatbestand: Vorsatz oder Fahrlässigkeit (Rn 14)
  III. Objektive Strafbarkeitsbedingung: rechtswidrige Tat = Straftat, die alle Deliktsmerkmale mit Ausnahme der Schuldfähigkeit erfüllt (Rn 16 ff)
B) Rechtswidrigkeit
C) Schuld (Rn 15)

II. Tatbestand

1. Der **objektive Tatbestand** verlangt, dass sich der Täter durch alkoholische Getränke oder andere berauschende Mittel in einen Rausch versetzt. 7

Rausch ist ein durch Intoxikation hervorgerufener Zustand der Enthemmung, der nach seinem ganzen Erscheinungsbild auf dem Genuss von Rauschmitteln beruht (vgl BGHSt 26, 363 [364]; 32, 48 [53]; BayObLG NJW 1990, 2334; *Puppe* Jura 1982, 281 [282] mwN). Für den Regelfall geht die Rspr ab einer BAK von 3 ‰ von einem die Schuldfähigkeit ausschließenden Alkoholrausch aus (BGHSt 34, 29 [31]; BGH NStZ 1986, 114; 1997, 591), wobei die Alkoholintoxikation als krankhafte seelische Störung mit Übergängen zur tiefgreifenden Bewusstseinsstörung iSv § 20 gedeutet wird. 8

Als **andere berauschende Mittel** kommen Drogen, aber auch pharmakologische Mittel in Betracht (BayObLG NJW 1990, 2334). 9

Der (mögliche) Zustand der **Schuldunfähigkeit** muss **auf der Einnahme des Rauschmittels beruhen**, ggf in Kombination mit anderen rauschfördernden Ursachen. Ausreichend ist eine Berauschung, die auf Alkoholüberempfindlichkeit oder andere körperliche bzw psychische Beschwerden zurückzuführen ist (BGHSt 1, 196; 4, 73; 40, 198; S/S/W-*Schöch* Rn 10). Dagegen genügt es nicht, wenn durch Alkohol ein anderer psychischer Defekt, der keinen Rauschzustand widerspiegelt, ausgelöst wird. 10

2. Dass § 323 a eingreift, wenn eine rauschbedingte Schuldunfähigkeit **nicht auszuschließen ist**, besagt zunächst, dass die Vorschrift jedenfalls anwendbar ist, wenn der Zustand des § 20 (schon) möglich, der des **§ 21 aber mit Sicherheit gegeben** ist (BGHSt 9, 390; 16, 187 [189]; 32, 48 [53 ff]). Dazu ausführlich § 20 Rn 11. 11

Nach vorherrschender Ansicht soll § 323 a dagegen **nicht anwendbar** sein, wenn der Täter zwar schuldunfähig iSv § 20, aber **auch schuldfähig sein kann**, also noch nicht einmal den Zustand des § 21 mit Gewissheit erreicht hat. Für diese Auslegung wird vorgetragen, dass ein Rausch unterhalb der Schwelle des § 21 noch nicht den für eine psychische Beeinträchtigung erforderlichen Mindestschweregrad erreicht habe: Wenn noch nicht einmal das Ob der Berauschung 12 hinreichend sicher ist, könne § 323 a nicht eingreifen (OLG Köln VRS 68, 38; L-Kühl-*Heger* Rn 4; *Rengier/Forster* NJW 1986, 2871; aA *Geppert* Jura 2009, 40 [43]; SK-*Wolters* Rn 4 f, 16; vgl auch NK-*Paeffgen* Rn 32 ff mit umf. Darstellung des Diskussionsstandes).

13 Die vorherrschende Ansicht hat zur Konsequenz, dass – soweit die Regeln der actio libera in causa nicht eingreifen – der Täter weder wegen der rechtswidrigen Tat (wegen möglicher Schuldunfähigkeit) noch wegen § 323 a (wegen fehlenden Rausches) bestraft werden kann (hiergegen *Fischer* Rn 9 ff); eine Wahlfeststellung zwischen § 323 a und Rauschtat kommt mangels rechtsethischer und psychologischer Vergleichbarkeit nicht in Betracht (BGHSt 9, 390 [394]; MK-*Geisler* Rn 27).

14 3. Die **subjektive Tatseite** erfordert, dass sich der Täter vorsätzlich oder fahrlässig in den Rausch versetzt hat. Soweit der Rausch neben dem Genuss des Rauschmittels noch auf anderen Bedingungen beruht, muss dies für den Täter zumindest vorhersehbar sein.

III. Schuld

15 Nicht die Rauschtat (als objektive Strafbarkeitsbedingung, Rn 16), wohl aber der Tatbestand des § 323 a selbst (das Sich-Versetzen in einen Rausch) muss schuldhaft verwirklicht werden; dies kann bei einem süchtigen Täter ggf problematisch sein.

IV. Rechtswidrige Tat

16 1. Nach hM ist die „rechtswidrige Tat", auf die § 323 a Bezug nimmt, deliktssystematisch als **objektive Strafbarkeitsbedingung** einzustufen. Das Begehen der Rauschtat muss also für den Täter nicht vorhersehbar gewesen sein. Der Täter muss noch nicht einmal die Möglichkeit gesehen haben, im Rausch überhaupt irgendwelche rechtswidrigen Taten zu verwirklichen (BGHSt 16, 124 [127]; NK-*Paeffgen* Rn 64; *Satzger* Jura 2006, 108 [110]; aA OLG Hamm NStZ 2009, 40 m.Anm. *Geisler*; *Geppert* Jura 2009, 40 [43]; *Otto* Jura 1986, 478 [486]). Wenn § 323 a als abstraktes Gefährdungsdelikt gedeutet wird, dessen Unrecht allein in der Herbeiführung des Rauschzustands gesehen wird (vgl Rn 1), dann wird durch die objektive Strafbarkeitsbedingung des Begehens einer rechtswidrigen Tat die Ahndung des schon mit dem Alkoholgenuss verwirklichten Unrechts eingeschränkt (BGHSt 16, 124 [125 f]). Dies soll den fehlenden Schuldbezug zur Rauschtat rechtfertigen.

17 2. Die **rechtswidrige Tat** muss die Voraussetzungen des § 11 I Nr. 5 erfüllen (für Ordnungswidrigkeiten gilt § 122 OWiG). Es kann sich auch um ein Unterlassungsdelikt handeln; nach hM sind auch echte Unterlassungsdelikte wie § 323 c einschlägig (NK-*Paeffgen* Rn 70).

18 Mit Ausnahme des Schulderfordernisses müssen alle Deliktsmerkmale gegeben sein. Das heißt: Der Täter darf **nur deshalb** nicht wegen der rechtswidrigen Tat strafbar sein, weil er infolge des Rausches (möglicherweise) schuldunfähig war (NK-*Paeffgen* Rn 78). Lediglich auf der Schuldebene sind rauschbedingte Defizite unbeachtlich (zB ein rauschbedingter Verbotsirrtum; vgl NK-*Paeffgen* Rn 73 ff). Daraus folgt:

- Soweit das betreffende Delikt Vorsatz verlangt, muss der Täter dessen Tatbestand vorsätzlich verwirklicht haben. § 323 a greift demnach nicht ein, wenn der Täter rauschbedingt torkelt und hierbei versehentlich eine Sache iSv § 303 beschädigt. Eine Rauschtat ist nach vorherrschender Meinung auch dann nicht gegeben, wenn sich der Täter bei einem Vorsatzdelikt in einem vorsatzausschließenden Tatbestandsirrtum (bzw Erlaubnistatbestandsirrtum) befindet, der rauschbedingt ist (BGHSt 18, 235 [237]; BGH NJW 1953, 1442; *Dencker* NJW 1980, 2159 [2164]; *Geppert* Jura 2009, 40 [45]). 19

- Rechtfertigungs- oder Entschuldigungsgründe (zB §§ 34, 35) lassen die Rauschtat entfallen. 20

- Ein Rücktritt von der Rauschtat wirkt nach hM strafbefreiend, und zwar auch dann, wenn er erst nach Wiedererlangung der Schuldfähigkeit erfolgt (BGH StV 1994, 304 f; L-Kühl-*Heger* Rn 10; aA LK-*Spendel* Rn 221; S/S-*Sternberg-Lieben/Hecker* Rn 19). 21

V. Beteiligung

Nach hM ist § 323 a eigenhändiges Delikt (vgl Vor § 13 Rn 258) und kann daher nicht in mittelbarer Täterschaft verwirklicht werden (wohl aber die Rauschtat). Die Möglichkeit der Teilnahme wird von der Rspr bejaht (BGHSt 10, 247 [248, 251 f]; zust. S/S-*Sternberg-Lieben/Hecker* Rn 24 f mwN), im Schrifttum teils unter Berufung auf die unübersehbare Haftungsausweitung für Gastwirte usw abgelehnt (*Ranft* JA 1983, 239 [244]; zum Meinungsstand NK-*Paeffgen* Rn 66). 22

VI. Konkurrenzen

§ 323 a ist schon seinem Wortlaut nach („ihretwegen nicht bestraft werden kann") subsidiär gegenüber allen Formen der strafbaren Beteiligung an der Rauschtat. Begeht der Täter während seines Rauschzustands mehrere Rauschtaten, ist § 323 a gleichwohl nur einmal erfüllt. 23

§ 323 b Gefährdung einer Entziehungskur

Wer wissentlich einem anderen, der auf Grund behördlicher Anordnung oder ohne seine Einwilligung zu einer Entziehungskur in einer Anstalt untergebracht ist, ohne Erlaubnis des Anstaltsleiters oder seines Beauftragten alkoholische Getränke oder andere berauschende Mittel verschafft oder überläßt oder ihn zum Genuß solcher Mittel verleitet, wird mit Freiheitsstrafe bis zu einem Jahr oder mit Geldstrafe bestraft.

I. Die Vorschrift normiert ein **abstraktes Gefährdungsdelikt** (aA bezogen auf die Variante des Verleitens LK-*Spendel* Rn 5), das den Schutz von behördlich angeordneten oder sonst ohne Einwilligung des Betroffenen veranlassten Entziehungskuren vor Störungen gewährleistet. 1

II. In den Schutzbereich von § 323 b fallen dabei nur Entziehungskuren von Personen, die aufgrund **behördlicher Anordnung** – insoweit kommen die Anordnun- 2 gen des Strafrichters nach §§ 63, 64 und 126 a StPO oder gerichtlich für zulässig erklärte Anordnungen der Verwaltungsbehörden nach Maßgabe der Landesunterbringungsgesetze in Betracht – oder sonst **ohne ihre Einwilligung** in einer Anstalt (insbesondere einer Entziehungsanstalt) untergebracht sind. Sofern eine Entziehungskur auf freiwilliger Basis erfolgt, wird sie somit nicht von § 323 b erfasst (*Fischer* Rn 2; S/S/W-*Schöch* Rn 2). Die Tatvarianten des **Verschaffens** und **Überlassens** setzen voraus, dass der Untergebrachte durch den Täter die tatsächliche Verfügungsgewalt über die Rauschmittel erlangt (L-Kühl-*Heger* Rn 3; LK-*Spendel* Rn 17). **Verleiten** ist jede Veranlassung des Untergebrachten zum Rauschmittelkonsum (S/S-*Sternberg-Lieben*/*Hecker* Rn 11). Hinsichtlich der **alkoholischen Getränke** und **anderen berauschenden Mittel** vgl § 316 Rn 6. Eine nachträgliche Zustimmung reicht als Erlaubnis nicht aus (MK-*van Gemmeren* Rn 16).

3   **III.** Der subjektive Tatbestand setzt direkten Vorsatz („wissentlich") voraus (vgl § 15 Rn 24 f).

4   **IV. Idealkonkurrenz** kommt u.a. mit § 258 II in Betracht (hM; näher MK-*van Gemmeren* Rn 21; aA SK-*Wolters* Rn 13).

§ 323 c Unterlassene Hilfeleistung

Wer bei Unglücksfällen oder gemeiner Gefahr oder Not nicht Hilfe leistet, obwohl dies erforderlich und ihm den Umständen nach zuzumuten, insbesondere ohne erhebliche eigene Gefahr und ohne Verletzung anderer wichtiger Pflichten möglich ist, wird mit Freiheitsstrafe bis zu einem Jahr oder mit Geldstrafe bestraft.

1   **I. Allgemeines: 1.** Die Vorschrift dient nach hM dem **Schutz** der Rechtsgüter desjenigen, der plötzlich in Not geraten ist (L-Kühl-*Kühl* Rn 1; LK-*Spendel* Rn 29; SK-*Stein* Rn 2). Daher entfällt die Hilfspflicht, wenn der über das gefährdete Rechtsgut Dispositionsbefugte auf Hilfe verzichtet oder deren Annahme verweigert (vgl BGH NStZ 1983, 117 [118]). § 323 c ist ein **echtes Unterlassungsdelikt**; es verpflichtet unter den tatbestandlich genannten Bedingungen jedermann zur Hilfeleistung (NK-*Wohlers*/*Gaede* Rn 3). Diese Hilfspflicht wird überwiegend aus dem Erfordernis einer **sozialen Mindestsolidarität** abgeleitet (*Kühl* Spendel-FS 75 [92]; *ders.* Frisch-FS 785 [788 ff]; *Otto* BT § 67/1; SK-*Stein* Rn 2; aA *Pawlik* GA 1995, 360 ff: staatliche Inanspruchnahme der Bürger um der Sicherung ihrer eigenen Autonomie willen; zu den historischen und rechtstheoretischen Grundlagen des Gesetzes NK-*Wohlers*/*Gaede* Rn 1-3).

2   **2. Deliktsaufbau:**
   A) Tatbestand:
      I. Objektiver Tatbestand:
         1. Tatsituation: Unglücksfall (Rn 4 ff), gemeine Gefahr oder Not (Rn 11 f)
         2. Tatbestandsmäßiges Verhalten: Unterlassen einer Hilfeleistung
            a) die erforderlich (Rn 13 f) und
            b) zumutbar (Rn 15 ff) ist
      II. Subjektiver Tatbestand: Vorsatz (Rn 18)

B) Rechtswidrigkeit
C) Schuld

II. Der **objektive Tatbestand** verlangt das Unterlassen einer zumutbaren erforderlichen Hilfeleistung bei Unglücksfällen, gemeiner Gefahr oder Not. 3

1. Ein **Unglücksfall** ist ein plötzlich eintretendes Ereignis, bei dem die konkrete 4 Gefahr eines erheblichen Schadens für Menschen oder Sachen besteht (BGHSt 6, 147 [152]; OLG Düsseldorf NJW 1991, 2979; *Fischer* Rn 3); exemplarisch: Brand oder Verkehrsunfall. Der Eintritt eines Schadens ist weder erforderlich noch für sich hinreichend.

a) Als **bedrohte** höchstpersönliche **Rechtsgüter** kommen vor allem Leib, Leben 5 und Freiheit (einschließlich sexueller Selbstbestimmung) in Betracht. Nach überwiegender Meinung werden reine Sachgefahren durch das Bagatellprinzip eingeschränkt (*Geilen* Jura 1983, 79 ff; *Pawlik* GA 1995, 360 [367]; SK-*Stein* Rn 14). Teils werden sie jedoch nur bei gemeiner Gefahr berücksichtigt (S/S-*Sternberg-Lieben*/*Hecker* Rn 5), teils überhaupt nicht als ausreichend zur Begründung eines Unglücksfalls angesehen (*Otto* BT § 67/4; *Seelmann* JuS 1995, 284; *Zopfs* Seebode-FS 449 ff).

Eine **Erkrankung** kann ein Unglücksfall sein, wenn sich der Gesundheitszustand 6 akut verschlechtert (vgl BGH NStZ 1985, 122: „rasch verschlimmernde Wendung"). **Straftaten** sind jedenfalls aus der Sicht des Opfers Unglücksfälle (MK-*Freund* Rn 65).

b) Nach der Rspr kann auch ein **Selbsttötungsversuch** zu einem Unglücksfall füh- 7 ren (vgl BGHSt 6, 147 [149 ff]; 32, 367 [375 f]; BGH NStZ 1988, 127; *Dölling* NJW 1986, 1015). Dieser Forderung liegt der Gedanke zugrunde, dass die Hilfspflicht keine Prüfung der Eigenverantwortlichkeit eines Suizids voraussetze. Damit wird jedoch der objektive mit dem subjektiven Tatbestand vermengt und die Straflosigkeit des Versuchs nach § 323 c umgangen. Jedenfalls kann (ggf unter dem Aspekt der Unzumutbarkeit) § 323 c nicht anwendbar sein, wenn dem Dritten bekannt ist, dass der Suizident eigenverantwortlich handelt (BGH NStZ 1983, 117 [118]).

Nach hL ist ein freiverantwortlich unternommener Suizidversuch kein Unglücks- 8 fall (MK-*Freund* Rn 59, 61; *Spendel* Seebode-FS 377 [381 f]; NK-*Wohlers*/*Gaede* Rn 5; ebenso BGHSt 2, 150). Anderenfalls würde die Straflosigkeit einer Teilnahme am Selbstmordversuch unterlaufen (LK-*Spendel* Rn 50 ff; SK-*Stein* Rn 18; iE auch *Otto* NJW 2006, 2217 [2222]). Die Frage der Eigenverantwortlichkeit lässt sich hier plausibel mit den Kriterien der Einwilligungslösung beantworten (vgl Vor § 211 Rn 28).

c) Die Voraussetzungen, unter denen eine **konkrete Gefahr** iSe Unglücksfalls an- 9 zunehmen ist, sind nach vorherrschender Ansicht ex post festzustellen (**objektive ex post-Prognose**); es sind also in die Beurteilungsbasis für das Vorliegen eines Unglücksfalls auch Umstände einzubeziehen, die erst nachträglich bekannt geworden sind (L-Kühl-*Kühl* Rn 2; LK-*Spendel* Rn 35; NK-*Wohlers*/*Gaede* Rn 7; vgl auch BGHSt 14, 213 [216]; 32, 367 [381]). Hierfür spricht, dass bei objektiv fehlendem Schutzbedürfnis auch keine strafbewehrte Hilfspflicht aus Solidarität begründet sein kann.

Teils wird jedoch allein auf die ex ante-Sicht eines verständigen Beobachters (auf 10 der Basis der diesem erkennbaren Umstände) abgestellt (*Fischer* Rn 9; S/S-*Sternberg-Lieben*/*Hecker* Rn 2; diff. SK-*Stein* Rn 8 f). Nur bei reiner ex ante-Sicht lasse sich eine Hilfspflicht im Interesse eines optimalen Rechtsgüterschutzes eindeutig und abschließend bestimmen. Der Streit betrifft nur Fälle, in denen aus der ex ante-Sicht von Umständen auszugehen ist, welche die Annahme eines Unglücksfalls rechtfertigen, deren Vorliegen sich ex post aber nicht bestätigt; die umgekehrte Konstellation ist mangels Vorsatzrelevanz ohne Belang.

11 **2. Gemeine Gefahr** ist eine Situation, in der erheblicher Schaden an Leib oder Leben oder an bedeutenden Sachwerten für unbestimmt viele Personen droht (*Fischer* § 243 Rn 21; SK-*Stein* Rn 21); exemplarisch: Erdbeben, Überschwemmungen, Explosionen oder Brände (vgl auch BGHSt 1, 266 [269]: auf der Fahrbahn liegender toter Radfahrer als Gefahr für andere Verkehrsteilnehmer).

12 **3. Gemeine Not** bedeutet eine Notlage für die Allgemeinheit (die Situationskriterien überschneiden sich mit denen des Unglücksfalls und der gemeinen Gefahr).

13 **4. Erforderlich** ist die Hilfe, die aus der **ex ante-Sicht** eines verständigen Beobachters zur erfolgreichen Schadensabwendung möglich und notwendig ist (BGHSt 14, 213 [216]; 17, 166 [168 f]; SK-*Stein* Rn 28 ff; NK-*Wohlers/Gaede* Rn 9 f); sie muss unverzüglich geleistet werden. Ob die Rettung gelingt (bzw überhaupt gelingen kann), ist ohne Belang (BGH NStZ 1985, 501). Die Rettung ist auch erforderlich, wenn bei einem Schwerverwundeten noch Schmerzlinderung möglich ist; die Hilfspflicht endet aber mit dem Tod des Opfers (BGHSt 32, 367 [381]; BGH NStZ 2016, 153). Soweit ein Verletzter sich selbst helfen kann oder Hilfe von Dritter Seite (mit Sicherheit) geleistet wird, sind eigene Rettungsmaßnahmen nicht erforderlich (BGHSt 2, 296 [298]; BGH VRS 14, 191 [193]; NStZ 1997, 127; HKGS-*Verrel* Rn 9).

14 Die **Hilfspflicht** richtet sich **inhaltlich** nach den Fähigkeiten und Möglichkeiten des Verpflichteten. Soweit ein Laie zur Linderung von Schmerzen beitragen kann, muss er dies tun (BGHSt 14, 213 [216]). Vor allem aber sind sachkundige Dritte (Arzt, Polizei, Feuerwehr) heranzuziehen.

15 **5.** Die **Zumutbarkeit** der Hilfe ist nach hM Tatbestandsmerkmal (L-Kühl-*Kühl* Rn 7; *Pawlik* GA 1995, 360 [372]; NK-*Wohlers/Gaede* Rn 11; aA LK-*Spendel* Rn 159).

16 Das Gesetz nennt „insbesondere" zwei Fälle mangelnder Zumutbarkeit: Das Drohen erheblicher eigener Gefahren und die Verletzung anderer wichtiger Pflichten (*Beulke* Küper-FS 1 ff). Maßgeblich für die Güter- und Interessenabwägung sind u.a. der Grad der eigenen Gefährdung, die Wahrscheinlichkeit des Rettungserfolgs, die Schwere und Wahrscheinlichkeit des dem Opfer drohenden Schadens, aber auch die Verstrickung des Pflichtigen in den Unglücksfall. Vor allem das Eingehen eines erheblichen Verletzungsrisikos wird nicht verlangt; es sind jedoch auch Gefahren für andere Rechtsgüter beachtlich.

17 Die **Gefahr der Strafverfolgung** ist zwar zu berücksichtigen, macht aber allein die Rettung noch nicht unzumutbar, und zwar vor allem dann nicht, wenn die betreffende Straftat mit dem Unfallgeschehen zusammenhängt (BGHSt 11, 353 [355 f]; 39, 164 [166]; BGH GA 1956, 120 [121]). Die Möglichkeit, Hilfe anonym herbeizuholen, ist hierbei zu bedenken. Die Hilfspflicht entfällt auch nicht, wenn der Täter das Opfer in **Notwehr** verletzt hat (BGHSt 23, 327 [328]; BGH NStZ 1985, 501).

18 **III.** Der **subjektive Tatbestand** erfordert (zumindest bedingten) Vorsatz. Hinsichtlich der Zumutbarkeit genügt die Kenntnis der sie begründenden Umstände. Der Vorsatz entfällt, wenn und soweit der Täter die objektiv zu bejahende „Erforder-

lichkeit" der Hilfe nicht erkennt (AG Saalfeld NStZ-RR 2005, 142 [143]). Der **Versuch** ist nicht mit Strafe bedroht.

IV. Das Gesetz sieht zwar **tätige Reue** nicht vor. Sie wird jedoch teils im Schrifttum analog zu §§ 83 a I, III; 306 e; 320 im Interesse des Opferschutzes befürwortet (L-Kühl-*Heger* Rn 11; S/S-*Sternberg-Lieben/Hecker* Rn 26; aA BGHSt 14, 213 [217]; diff. SK-*Stein* Rn 52); etwa: der Täter kehrt nach einer Unfallflucht zurück und leistet wirksam Hilfe. 19

V. **Konkurrenzen:** § 323 a tritt hinter unechte Unterlassungsdelikte, die das Verhindern der aus dem Unglücksfall resultierenden Gefährdungen zum Gegenstand haben, im Wege der Gesetzeskonkurrenz (Subsidiarität) zurück. Gleiches gilt, wenn der Unglücksfall Erfolg einer Begehungstat ist, an welcher der Pflichtige beteiligt ist (BGHSt 39, 164 [166]; BGH NStZ 1997, 127), es sei denn, dass ein über die Begehungstat hinausgehender weiterer Erfolg droht; etwa: die Begehungstat war eine Körperverletzung, die das Opfer in Lebensgefahr bringt (BGHSt 14, 282 [286]; 16, 200 [202]). 20

Neunundzwanzigster Abschnitt Straftaten gegen die Umwelt

Vorbemerkung zu den §§ 324–330 d

I. Systematik

1. Die unter dem Titel „Straftaten gegen die Umwelt" im 29. Abschnitt zusammengefassten Vorschriften betreffen nur einen Teil des großen Regelungsbereichs, den man **Umweltschutz** nennen könnte. Die Deliktstatbestände orientieren sich an den Umweltmedien (nämlich Luft, Boden, Wasser), die nach hM in ihrer ökologischen Bedeutung für den Menschen als Rechtsgüter geschützt werden (sog. ökologisch-anthropozentrischer Ansatz), und an der Art der Gefahrenquelle. 1

Delikte gegen die **Umweltmedien** sind die Gewässerverunreinigung (§ 324), die Bodenverunreinigung (§ 324 a), die Luftverunreinigung (§ 325), das Verursachen von Lärm, Erschütterungen und nichtionisierenden Strahlen (§ 325 a) sowie die Beeinträchtigung von schutzbedürftigen Gebieten, zu denen u.a. Gegenden mit Heilquellen und Naturschutzgebiete zählen (§ 329). 2

Als **Gefahrenquellen** sind strafrechtlich sanktioniert: der unerlaubte Umgang mit Abfällen (§ 326), das unerlaubte Betreiben von kerntechnischen und sonstigen gefährlichen Anlagen (§ 327) sowie der unerlaubte Umgang mit radioaktiven und sonstigen gefährlichen Stoffen (§ 328). 3

Die Delikte, die sich gegen die Schädigung eines der Umweltmedien richten, können **mediale Regelungen** genannt werden, während die Delikte, die auf eine Gefahrenquelle für alle Umweltmedien abstellen, als **multimediale Regelungen** bezeichnet werden können (näher zu den einschlägigen rechtstheoretischen und dogmatischen Problemen des Umweltstrafrechts: *Kindhäuser* Helmrich-FS 967 ff; *Kloepfer/Vierhaus*, Umweltstrafrecht, 1995, Rn 1 ff, 19 ff; *Kuhlen* ZStW 105, 697 ff; *Pfohl* NuR 2012, 307 ff; NK-*Ransiek* Rn 7 ff, 14 ff). 4

2. **Konkrete Gefährdungen** von Menschen, Tieren und Pflanzen werden im Umweltstrafrecht nur berücksichtigt, soweit sie durch mediale Verunreinigungen hervorgerufen werden, also durch die Beeinträchtigung der Luft, des Bodens und 5

des Wassers. Solche Gefährdungen werden in Qualifikationstatbeständen erfasst. So ist etwa ein besonders hohes Strafmaß für den Fall vorgesehen, dass durch eine Wasser- oder Bodenverunreinigung Menschen oder vom Aussterben bedrohte Tiere oder Pflanzen gefährdet oder geschädigt werden (vgl § 330 I Nr. 3, II Nr. 1).

6 Eine **Ausnahme** in diesem Konzept des Umweltstrafrechts ist das Delikt der Gefährdung von Leib und Leben durch das Freisetzen von Giften (§ 330 a). Dieses Delikt, das eigentlich zu den gemeingefährlichen Straftaten gehört, wurde aus Anlass der Giftgaskatastrophe von Seveso (Oberitalien) in den Katalog der Umweltstraftaten aufgenommen. Die Vorschrift schützt allein die menschliche Gesundheit und setzt keine Schädigung der Umweltmedien voraus.

7 3. Die Vorschriften des Umweltstrafrechts schließen die **Anwendbarkeit anderer Deliktstatbestände** nicht aus. Auf die Umweltkriminalität sind deshalb auch alle sonstigen Straftatbestände zum Schutz von Leben und Gesundheit, zum Schutz des Eigentums an Sachen, des Jagd- und Fischereirechts sowie die Vorschriften gegen gemeingefährliche Straftaten – wie zB die Herbeiführung einer Überschwemmung – anwendbar.

Das 45. StRÄndG zur Umsetzung der Richtlinie 2008/99/EG über den strafrechtlichen Schutz der Umwelt (ABl. L 328 vom 6.12.2008, S. 28) hat verschiedene Gesetzesänderungen im nationalen Recht vorgenommen (im StGB u.a. Änderungen und Ergänzungen in den §§ 311, 325, 326, 327, 328, 329, 330 und 330 d), die im Kernstrafrecht vorwiegend Strafbarkeitslücken füllen (vgl *Pfohl* NuR 2012, 308), was jedoch in einigen Fällen zu merklichen Verschärfungen der Vorschriften geführt hat (etwa der §§ 325, 326).

II. Verwaltungsakzessorietät

8 Das Umweltstrafrecht ist in mehrfacher Hinsicht vom Verwaltungsrecht abhängig.

9 ■ Zunächst stammen viele Begriffe des Umweltstrafrechts aus dem Verwaltungsrecht (sog. **begriffliche Akzessorietät**); die Auslegung ist jedoch regelmäßig am strafrechtlichen Normzweck auszurichten.

10 ■ Ferner nehmen die Tatbestände des Umweltstrafrechts häufig auf Vorschriften des Umweltverwaltungsrechts in Form von Blankettverweisen (vgl § 324 a iVm § 330 d Nr. 4: „verwaltungsrechtliche Pflichten", § 327 II Nr. 1: „genehmigungsbedürftige Anlage") Bezug (sog. **Verwaltungsrechtsakzessorietät**).

11 ■ Die Tatbestandsverwirklichung setzt schließlich vielfach ein Handeln gegen oder ohne eine durch Verwaltungsakt erteilte Genehmigung (vgl § 327 StGB) voraus oder kann durch eine Genehmigung gerechtfertigt werden (sog. **Verwaltungsaktakzessorietät**; zur Problematik der Verfassungsmäßigkeit vgl BVerfGE 78, 374 [382 f]; NK-*Ransiek* Rn 17 ff mwN). Zur strafrechtlichen Relevanz der informalen Gestattung in ihren vier Fallgestaltungen – Duldung, Duldungsabsprache, Nichtbescheidungsabsprache sowie Vorabzustimmung – vgl *Jaeschke* NuR 2006, 480 ff.

§ 324 Gewässerverunreinigung

(1) Wer unbefugt ein Gewässer verunreinigt oder sonst dessen Eigenschaften nachteilig verändert, wird mit Freiheitsstrafe bis zu fünf Jahren oder mit Geldstrafe bestraft.

(2) Der Versuch ist strafbar.

(3) Handelt der Täter fahrlässig, so ist die Strafe Freiheitsstrafe bis zu drei Jahren oder Geldstrafe.

I. Tatbestand

1. Der **objektive Tatbestand** erfasst die Verunreinigung oder die nachteilige Veränderung der Eigenschaften eines **Gewässers** (§ 330 d Rn 1).

Nachteilige Veränderung ist jede nicht unerhebliche Verschlechterung der natürlichen Gewässereigenschaften im physikalischen, chemischen oder biologischen Sinn (= tatbestandlicher Erfolg). Thermische Veränderungen, das Absenken des Wasserspiegels (OLG Stuttgart NStZ 1994, 590 f; *Fischer* Rn 6) oder das Austrocknen eines Gewässers können genügen (OLG Oldenburg NdsRpfl. 1990, 157; NK-*Ransiek* Rn 14 ff; LK-*Steindorf* Rn 41; abl. L-Kühl-*Heger* Rn 5; zu den einzelnen Handlungsmodalitäten auch *Queitsch* UPR 2006, 329 ff).

Das **Verunreinigen** ist ein Unterfall der nachteiligen Veränderung und betrifft äußerlich wahrnehmbare Einwirkungen, zB Ölspuren, Schaumbildung, Trübungen (NK-*Ransiek* Rn 16, 18).

Nachteilig ist jede Veränderung des Status quo zum Schlechteren hin, so dass auch die **weitere Verunreinigung** eines bereits verdreckten Gewässers tatbestandsmäßig sein kann (BGH NStZ 1997, 189). Die Erheblichkeit der Veränderung hängt von den Umständen des Einzelfalls (zB Größe des Gewässers, Fließgeschwindigkeit, Menge und Gefährlichkeit der Schadstoffe) ab (vgl BGH NStZ 1991, 281 f; LG Kleve NStZ 1981, 266).

Nach einer (mit der ökologischen Schutzrichtung kaum zu vereinbarenden) Auffassung soll sich die Nachteiligkeit nicht nur auf die Qualität des Wassers beziehen, sondern auch dessen Nutzung (zB Schiffsverkehr, Bademöglichkeiten) betreffen können (NK-*Ransiek* Rn 17; *Rengier*, Das moderne Umweltstrafrecht im Spiegel der Rechtsprechung, 1992, 16 ff; aA S/S-*Heine/Hecker* Rn 8; L-Kühl-*Kühl* Rn 4).

2. **Subjektiver Tatbestand**: Die Gewässerverunreinigung kann (bedingt) vorsätzlich, aber auch fahrlässig begangen werden (Abs. 3).

II. Rechtswidrigkeit

Unbefugt ist kein Tatbestands-, sondern allgemeines Verbrechensmerkmal (vgl BGHSt 39, 381 [387 f]; abw. NK-*Ransiek* Rn 21).

1. Die als solche grds. verbotene Gewässerverunreinigung kann vor allem durch die **behördliche Genehmigung** der Einleitung bestimmter Stoffe und Abwässer in ein Gewässer gerechtfertigt sein. Die Sicherung von Arbeitsplätzen oder die Abwendung der Insolvenz eines Unternehmens wird nicht als rechtfertigender Notstand angesehen (BGH JR 1997, 253 [254] m.Anm. *Sack*; S/S-*Heine/Hecker* Rn 13). Die behördliche Genehmigung deckt grds. nur die Beeinträchtigung von

Umweltgütern, nicht auch von sonstigen individuellen Rechtsgütern (L-Kühl-*Kühl* Rn 13; *Schall* Roxin-FS 927 [940 ff]; *Tiedemann/Kindhäuser* NStZ 1988, 337 [344]).

9   2. Eine **nichtige** behördliche Genehmigung ist ein unwirksamer Verwaltungsakt (§ 44 VwVfG) und kann keine rechtfertigende Wirkung entfalten (NK-*Ransiek* Rn 24).

10 3. Ein **begünstigender Verwaltungsakt**, der zwar **materiell rechtswidrig, formell** aber **wirksam** ist (§ 43 I, II VwVfG), wird im Strafrecht (ggf bis zu seiner Rücknahme, § 48 VwVfG) grds. als Rechtfertigungsgrund angesehen, und zwar auch dann, wenn der Adressat die Rechtswidrigkeit der Genehmigung erkennt bzw erkennen könnte (L-Kühl-*Heger* Rn 10; *Rudolphi* NStZ 1984, 193 [196]; zur Problematik der Duldung NK-*Ransiek* Rn 31 ff).

11 4. Bloße **Genehmigungsfähigkeit** reicht nicht aus. Gerechtfertigt ist die Tat nur, wenn sie sich auf eine tatsächlich erteilte Genehmigung stützen kann (BGHSt 37, 21 [28 f]; *Breuer* NJW 1988, 2072 [2079]; NK-*Ransiek* Rn 27; *Tiedemann/ Kindhäuser* NStZ 1988, 337 [343]; zur behördlichen Duldung, die ebenfalls grds. nicht rechtfertigt, vgl L-Kühl-*Heger* Rn 12 mwN).

12 5. Genehmigungen, die **missbräuchlich** erwirkt sind, entfalten keine rechtfertigende Wirkung (vgl § 330 d I Nr. 5, dort Rn 2).

III. Amtswalterstrafbarkeit

13 1. Nach hM hat der zuständige **Amtsträger** der Umweltbehörde (hier: der Wasserbehörde) eine **Beschützergarantenstellung**; ihm soll der ökologische Schutz der Umweltgüter (hier: des Wassers) im Interesse der Allgemeinheit anvertraut sein (BGHSt 38, 325; OLG Frankfurt NJW 1987, 2753 [2757]; LG Bremen NStZ 1982, 164; *Nestler* GA 1994, 514 [523 ff]; NK-*Ransiek* Rn 69; aA *Fischer* Vor § 324 Rn 17 f; SK-*Rudolphi* § 13 Rn 54 d). Ob hier Täterschaft oder Teilnahme zu bejahen ist, richtet sich nach den allgemeinen Regeln.

14 2. Ein Amtsträger, der eine fehlerhafte Genehmigung vorsätzlich erteilt, ist nach hM als **mittelbarer Täter** der Gewässerverunreinigung anzusehen: Der Amtsträger hebe mit der Genehmigung die bisher geltende Verbotsschranke auf und ermögliche so eine gerechtfertigte Umweltverschmutzung (BGHSt 39, 381 [387 ff]; L-Kühl-*Heger* Vor § 324 Rn 10; *Rudolphi* NStZ 1994, 434 f; aA *Wohlers* ZStW 108, 61 ff mwN). Eine Teilnahme scheidet dagegen aus, da die Haupttat infolge der Genehmigung durch den Amtsträger nicht rechtswidrig ist. Bei Nichtigkeit der Genehmigung kommt unter den Voraussetzungen des § 330 d I Nr. 5 Mittäterschaft in Betracht (vgl BGHSt 39, 381 [385 ff]; vgl auch NK-*Ransiek* Rn 75).

15 Bei fahrlässiger Erteilung der fehlerhaften Genehmigung ist der Amtsträger aus dem Fahrlässigkeitstatbestand nach Abs. 3 zu bestrafen.

16 3. War eine Genehmigung von vornherein rechtswidrig, so ist der für die **Rücknahme** zuständige (nicht notwendig mit dem erteilenden personengleiche) Amtsträger Garant (aus Ingerenz, ggf Beschützergarantenstellung) und verwirklicht bei pflichtwidriger Untätigkeit § 324 durch Unterlassen. Gleiches gilt, wenn der zuständige Amtsträger eine ursprünglich rechtmäßig ergangene Genehmigung nicht zurücknimmt, die zwischenzeitlich aufgrund einer veränderten Sachlage nicht mehr dem materiellen Recht entspricht (vgl OLG Frankfurt NJW 1987, 2753 [2756]; L-Kühl-*Heger* Vor § 324 Rn 11; SK-*Rudolphi* § 13 Rn 40 b, 44 a

mwN). Zu beachten ist, dass der Amtsträger einen Beurteilungs- oder Ermessensspielraum besitzen kann.

§ 324 a Bodenverunreinigung

(1) Wer unter Verletzung verwaltungsrechtlicher Pflichten Stoffe in den Boden einbringt, eindringen läßt oder freisetzt und diesen dadurch
1. in einer Weise, die geeignet ist, die Gesundheit eines anderen, Tiere, Pflanzen oder andere Sachen von bedeutendem Wert oder ein Gewässer zu schädigen, oder
2. in bedeutendem Umfang

verunreinigt oder sonst nachteilig verändert, wird mit Freiheitsstrafe bis zu fünf Jahren oder mit Geldstrafe bestraft.

(2) Der Versuch ist strafbar.

(3) Handelt der Täter fahrlässig, so ist die Strafe Freiheitsstrafe bis zu drei Jahren oder Geldstrafe.

I. **Boden** ist die oberste Schicht der Erdkruste in ihrer ökologischen Funktion für Mensch und Umwelt (L-Kühl-*Heger* Rn 1 f; NK-*Ransiek* Rn 4; LK-*Steindorf* Rn 17 ff). 1

II. **Tathandlung** ist das (direkte oder indirekte) Einwirken – Einbringen, Eindringenlassen oder Freisetzen – durch Stoffe, dh Substanzen aller Art, auf den Boden (LK-*Steindorf* Rn 26 ff). Beeinträchtigungen ohne Stoffeinwirkung (zB Aufschüttungen oder Grundwasserabsenkungen) werden nicht erfasst. 2

Als **Erfolg** der Tathandlung muss eine Verunreinigung oder nachteilige Veränderung des Bodens eintreten, und zwar gem. Abs. 1 Nr. 1 mit genereller Schädigungseignung (abstraktes Gefährdungsdelikt) oder gem. Abs. 1 Nr. 2 durch Beeinträchtigung in einem bedeutenden Umfang (näher S/S-*Heine/Hecker* Rn 12; NK-*Ransiek* Rn 7 ff, 10 f). Die Merkmale des Verunreinigens oder nachteiligen Veränderns sind ansonsten wie bei § 324 I auszulegen (dort Rn 3 f). 3

Die **Verletzung verwaltungsrechtlicher Pflichten** wird in § 330 d I Nr. 4 definiert (näher NK-*Ransiek* Rn 16 ff). Ob dabei die Verletzung straßenverkehrsrechtlicher Sorgfaltspflichten als Verletzung verwaltungsrechtlicher Pflichten angesehen werden kann – mit der Möglichkeit der Bestrafung nach § 324 a für durch Unfälle verursachte Bodenverunreinigungen –, erscheint zweifelhaft (näher *Krell* NZV 2012, 116). 4

§ 325 Luftverunreinigung

(1) ¹Wer beim Betrieb einer Anlage, insbesondere einer Betriebsstätte oder Maschine, unter Verletzung verwaltungsrechtlicher Pflichten Veränderungen der Luft verursacht, die geeignet sind, außerhalb des zur Anlage gehörenden Bereichs die Gesundheit eines anderen, Tiere, Pflanzen oder andere Sachen von bedeutendem Wert zu schädigen, wird mit Freiheitsstrafe bis zu fünf Jahren oder mit Geldstrafe bestraft. ²Der Versuch ist strafbar.

(2) Wer beim Betrieb einer Anlage, insbesondere einer Betriebsstätte oder Maschine, unter Verletzung verwaltungsrechtlicher Pflichten Schadstoffe in bedeutendem Umfang in die Luft außerhalb des Betriebsgeländes freisetzt, wird mit Freiheitsstrafe bis zu fünf Jahren oder mit Geldstrafe bestraft.

(3) Wer unter Verletzung verwaltungsrechtlicher Pflichten Schadstoffe in bedeutendem Umfang in die Luft freisetzt, wird mit Freiheitsstrafe bis zu drei Jahren oder mit Geldstrafe bestraft, wenn die Tat nicht nach Absatz 2 mit Strafe bedroht ist.

(4) Handelt der Täter in den Fällen der Absätze 1 und 2 fahrlässig, so ist die Strafe Freiheitsstrafe bis zu drei Jahren oder Geldstrafe.

(5) Handelt der Täter in den Fällen des Absatzes 3 leichtfertig, so ist die Strafe Freiheitsstrafe bis zu einem Jahr oder Geldstrafe.

(6) Schadstoffe im Sinne der Absätze 2 und 3 sind Stoffe, die geeignet sind,
1. die Gesundheit eines anderen, Tiere, Pflanzen oder andere Sachen von bedeutendem Wert zu schädigen oder
2. nachhaltig ein Gewässer, die Luft oder den Boden zu verunreinigen oder sonst nachteilig zu verändern.

(7) Absatz 1, auch in Verbindung mit Absatz 4, gilt nicht für Kraftfahrzeuge, Schienen-, Luft- oder Wasserfahrzeuge.

1 **I.** Abs. 1 ist ein abstraktes Gefährdungsdelikt (Eignungsdelikt), das bestimmte Immissionen, durch die Menschen, Tiere usw gefährdet werden können, sanktioniert (vgl § 3 I, II BImSchG).

2 **II.** Abs. 2 beschränkt das Unrecht auf Emissionen bedeutenden Umfangs (vgl § 3 III BImSchG). Erforderlich war bisher eine „grobe" Verletzung verwaltungsrechtlicher Pflichten (§ 330 d Nr. 4 aF); im Zuge der Umsetzung der EU-Umweltstrafrechts-Richtlinie 2008/99/EG, die schon einfach-rechtswidrige Verstöße pönalisiert, wurde das Adjektiv gestrichen.

3 **III.** Neu eingefügt wurde **Abs. 3**, der Fälle erheblicher Schäden der Luftqualität erfasst, die durch Handlungen außerhalb von Anlagen verursacht werden, wie etwa das Entweichenlassen von Giftstoffen aus einem Vorratsbehälter (vgl BT-Drucks. 17/5391, 16). **Abs. 3 Hs 2** stellt eine gesetzliche Subsidiaritätsklausel dar.

4 **IV.** Der neue **Abs. 5** stellt leichtfertiges Handeln iSd **Abs. 3** unter Strafe, während wie bisher für **Abs. 1** und **Abs. 2** der (einfache) Fahrlässigkeitstatbestand des **Abs. 4** gilt. Die Ausnahmeklausel für Fahrzeuge des **Abs. 7** gilt nicht (mehr) für **Abs. 2**.

§ 325 a Verursachen von Lärm, Erschütterungen und nichtionisierenden Strahlen

(1) Wer beim Betrieb einer Anlage, insbesondere einer Betriebsstätte oder Maschine, unter Verletzung verwaltungsrechtlicher Pflichten Lärm verursacht, der geeignet ist, außerhalb des zur Anlage gehörenden Bereichs die Gesundheit eines anderen zu schädigen, wird mit Freiheitsstrafe bis zu drei Jahren oder mit Geldstrafe bestraft.

(2) Wer beim Betrieb einer Anlage, insbesondere einer Betriebsstätte oder Maschine, unter Verletzung verwaltungsrechtlicher Pflichten, die dem Schutz vor Lärm, Erschütterungen oder nichtionisierenden Strahlen dienen, die Gesundheit eines anderen, ihm nicht gehörende Tiere oder fremde Sachen von bedeutendem Wert gefährdet, wird mit Freiheitsstrafe bis zu fünf Jahren oder mit Geldstrafe bestraft.

(3) Handelt der Täter fahrlässig, so ist die Strafe
1. in den Fällen des Absatzes 1 Freiheitsstrafe bis zu zwei Jahren oder Geldstrafe,
2. in den Fällen des Absatzes 2 Freiheitsstrafe bis zu drei Jahren oder Geldstrafe.

(4) Die Absätze 1 bis 3 gelten nicht für Kraftfahrzeuge, Schienen-, Luft- oder Wasserfahrzeuge.

§ 326 Unerlaubter Umgang mit Abfällen

(1) Wer unbefugt Abfälle, die
1. Gifte oder Erreger von auf Menschen oder Tiere übertragbaren gemeingefährlichen Krankheiten enthalten oder hervorbringen können,
2. für den Menschen krebserzeugend, fortpflanzungsgefährdend oder erbgutverändernd sind,
3. explosionsgefährlich, selbstentzündlich oder nicht nur geringfügig radioaktiv sind oder
4. nach Art, Beschaffenheit oder Menge geeignet sind,
    a) nachhaltig ein Gewässer, die Luft oder den Boden zu verunreinigen oder sonst nachteilig zu verändern oder
    b) einen Bestand von Tieren oder Pflanzen zu gefährden,

außerhalb einer dafür zugelassenen Anlage oder unter wesentlicher Abweichung von einem vorgeschriebenen oder zugelassenen Verfahren sammelt, befördert, behandelt, verwertet, lagert, ablagert, abläßt, beseitigt, handelt, makelt oder sonst bewirtschaftet, wird mit Freiheitsstrafe bis zu fünf Jahren oder mit Geldstrafe bestraft.

(2) Ebenso wird bestraft, wer Abfälle im Sinne des Absatzes 1 entgegen einem Verbot oder ohne die erforderliche Genehmigung in den, aus dem oder durch den Geltungsbereich dieses Gesetzes verbringt.

(3) Wer radioaktive Abfälle unter Verletzung verwaltungsrechtlicher Pflichten nicht abliefert, wird mit Freiheitsstrafe bis zu drei Jahren oder mit Geldstrafe bestraft.

(4) In den Fällen der Absätze 1 und 2 ist der Versuch strafbar.

(5) Handelt der Täter fahrlässig, so ist die Strafe
1. in den Fällen der Absätze 1 und 2 Freiheitsstrafe bis zu drei Jahren oder Geldstrafe,
2. in den Fällen des Absatzes 3 Freiheitsstrafe bis zu einem Jahr oder Geldstrafe.

(6) Die Tat ist dann nicht strafbar, wenn schädliche Einwirkungen auf die Umwelt, insbesondere auf Menschen, Gewässer, die Luft, den Boden, Nutztiere oder

Nutzpflanzen, wegen der geringen Menge der Abfälle offensichtlich ausgeschlossen sind.

1   I. Die Vorschrift sanktioniert in **Abs. 1** den unbefugten Umgang mit Abfall unter Umgehung des vorgesehenen Verfahrens (vgl OLG Düsseldorf wistra 1994, 73 [76]), wobei der Abfall eine bestimmte Gefährlichkeit (Abs. 1 Nr. 1-4) aufweisen muss (zur Eignungsklausel vgl BayObLG NJW 1989, 1290; zur Bestimmung der Gefahr iSv Abs. 1 Nr. 4 a OLG Celle NuR 2011, 531 m.Anm. *Krell* NuR 2011, 487; LG Stuttgart NStZ 2006, 291 [292] m.Anm. *Henzler* NStZ 2006, 292 [293]; Rspr-Übersicht bei *Schall* NStZ-RR 2008, 97 [101 ff], 129 ff); anderenfalls ist die Tat nur Ordnungswidrigkeit nach § 69 Kreislaufwirtschaftsgesetz. Im Zuge der Umsetzung der EU-Umweltstrafrechts-Richtlinie 2008/99/EG wurden die neuen Tathandlungen des Verwertens, Handelns, Makelns und Beförderns in Abs. 1 eingefügt.

2   **Abs. 2** betrifft die verbotene und ungenehmigte grenzüberschreitende Abfallverbringung. Strafbewehrt ist damit der grenzüberschreitende Abfalltourismus. **Abs. 2** wurde zuletzt durch das Gesetz zur Änderung abfallverbringungsrechtlicher Vorschriften vom 1.11.2016 in die Fassung gebracht, die vor Inkrafttreten des 45. Strafrechtsänderungsgesetzes bestand und bezieht sich damit wieder nur auf die in Abs. 1 aufgeführten gefährlichen Abfälle. Die Sanktionsregelung des Abs. 2 Nr. 1 aF für Verstöße gegen die Verordnung (EG) Nr. 1013/2006 findet sich nun als lex specialis zu **Abs. 2** in § 18 a AbfVerbrG. Mit der Verlagerung der Sanktionsregelung in das Abfallverbringungsgesetz sollen die Begriffsbestimmungen des Abfallrechts nun auf die strafrechtlichen Tatbestände angewendet werden. Dadurch sollen insbesondere Auslegungsschwierigkeiten hinsichtlich der Frage behoben werden (BT-Drucks. 18/8961, 11), wann ein tatbestandliches „Verbringen" – dh eine grenzüberschreitende Beförderung des Abfalls (NK-*Ransiek* Rn 55) – vollendet ist (vgl S/S-*Heine/Hecker* Rn 20).

3   Die Minima-Klausel in **Abs. 6** formuliert einen objektiven Strafausschließungsgrund.

4   II. Der **Begriff des Abfalls** umfasst einen subjektiven (= gewillkürten) und einen objektiven Abfallbegriff (näher MK-*Alt* Rn 15 ff; NK-*Ransiek* Rn 5 ff):

5   ■ **Subjektiv** sind alle beweglichen Sachen Abfall, deren sich ihr Besitzer entledigt oder entledigen will (vgl § 3 I Kreislaufwirtschaftsgesetz; vgl auch BGHSt 37, 333 ff; BGH NStZ 1997, 544 f).

6   ■ **Objektiv** sind alle beweglichen Sachen Abfall, deren sich ihr Besitzer entledigen muss („Zwangsabfall", vgl § 3 I Kreislaufwirtschaftsgesetz). Der objektive Abfallbegriff soll eine ordnungsgemäße Entsorgung umweltgefährdender Restprodukte ohne weiteren gegenwärtigen wirtschaftlichen Gebrauchswert auch gegen den Willen des Abfallbesitzers gewährleisten. Ihm unterfallen Gegenstände wie etwa Altreifen (BVerwGE 92, 359), verseuchter Sand (BGHSt 37, 21 [25 f]), Bauschutt (BVerwGE 92, 353), nicht mehr brauchbare Altöle, Reststoffe aus Produktionsprozessen (OLG Oldenburg MDR 1996, 301; vgl auch *Rogall* NStZ 1992, 360 ff, 561 ff) und verarbeiteter Klärschlammkompost (BGH NStZ 2014, 89 [90]). Ein Fahrzeug ist als Zwangsabfall einzustufen, wenn es nicht mehr seiner Zweckbestimmung entsprechend verwendet wird und die gegenwärtige Aufbewahrung typischerweise zu einer Gemeinwohlgefährdung führt (LG Stuttgart NStZ 2006, 291; MK-*Alt* Rn 74 ff; siehe dazu auch *Krell* NuR 2011, 487 ff). Ob eine

Sache *nach* ihrer Entsorgung und ggf Umwandlung wieder verwendet werden kann, ist für die Zuordnung zum Zwangsabfall ohne Belang. Zur Abfalleigenschaft von kontaminiertem, nicht ausgehobenem Boden unter Berücksichtigung des europäischen Abfallrechts *Alt* StraFo 2006, 441 ff; zur Abfalleigenschaft von Hundekot *Scheidler* NuR 2007, 383 (386); zur Abfalleigenschaft von Abwässerschlamm, der in einer Biogasanlage verwertet werden soll OLG Oldenburg NStZ-RR 2008, 243 f.

Zu den Sachen, die Gegenstand von Abfall sein können, gehören auch Flüssigkeiten und Gase, die in Behälter gefasst sind. 7

§ 327 Unerlaubtes Betreiben von Anlagen

(1) Wer ohne die erforderliche Genehmigung oder entgegen einer vollziehbaren Untersagung
1. eine kerntechnische Anlage betreibt, eine betriebsbereite oder stillgelegte kerntechnische Anlage innehat oder ganz oder teilweise abbaut oder eine solche Anlage oder ihren Betrieb wesentlich ändert oder
2. eine Betriebsstätte, in der Kernbrennstoffe verwendet werden, oder deren Lage wesentlich ändert,

wird mit Freiheitsstrafe bis zu fünf Jahren oder mit Geldstrafe bestraft.

(2) ¹Mit Freiheitsstrafe bis zu drei Jahren oder mit Geldstrafe wird bestraft, wer
1. eine genehmigungsbedürftige Anlage oder eine sonstige Anlage im Sinne des Bundes-Immissionsschutzgesetzes, deren Betrieb zum Schutz vor Gefahren untersagt worden ist,
2. eine genehmigungsbedürftige Rohrleitungsanlage zum Befördern wassergefährdender Stoffe im Sinne des Gesetzes über die Umweltverträglichkeitsprüfung,
3. eine Abfallentsorgungsanlage im Sinne des Kreislaufwirtschaftsgesetzes oder
4. eine Abwasserbehandlungsanlage nach § 60 Absatz 3 des Wasserhaushaltsgesetzes

ohne die nach dem jeweiligen Gesetz erforderliche Genehmigung oder Planfeststellung oder entgegen einer auf dem jeweiligen Gesetz beruhenden vollziehbaren Untersagung betreibt. ²Ebenso wird bestraft, wer ohne die erforderliche Genehmigung oder Planfeststellung oder entgegen einer vollziehbaren Untersagung eine Anlage, in der gefährliche Stoffe oder Gemische gelagert oder verwendet oder gefährliche Tätigkeiten ausgeübt werden, in einem anderen Mitgliedstaat der Europäischen Union in einer Weise betreibt, die geeignet ist, außerhalb der Anlage Leib oder Leben eines anderen Menschen zu schädigen oder erhebliche Schäden an Tieren oder Pflanzen, Gewässern, der Luft oder dem Boden herbeizuführen.

(3) Handelt der Täter fahrlässig, so ist die Strafe
1. in den Fällen des Absatzes 1 Freiheitsstrafe bis zu drei Jahren oder Geldstrafe,
2. in den Fällen des Absatzes 2 Freiheitsstrafe bis zu zwei Jahren oder Geldstrafe.

1 I. § 327 untersagt das unerlaubte Betreiben von Anlagen, von denen generell Umweltgefahren ausgehen können (zur Legitimation und Verfassungsmäßigkeit vgl BVerfGE 75, 329; *Kindhäuser* Helmrich-FS 967 [983]). Abs. 1 betrifft dabei den Bereich der Kerntechnik, während Abs. 2 den verbotenen Betrieb von bestimmten Anlagen iSd BImSchG (Nr. 1), des UVPG (Nr. 2), des KrWG (Nr. 3) und des WHG (Nr. 4) zum Gegenstand hat. Um in Deutschland auch die Verfolgung von Taten zu ermöglichen, die in anderen EU-Mitgliedstaaten begangen wurden, wurde in Umsetzung der EU-Umweltstrafrechts-Richtlinie 2008/99/EG Abs. 2 S. 2 eingefügt, der die Strafbarkeit für Anlagen statuiert, die außerhalb des Geltungsbereichs des deutschen Rechts im EU-Ausland betrieben werden.

2 II. **Täter** kann nur der Betreiber einer Anlage iSd Tatbestands sein (*Martin*, Sonderdelikte im Umweltstrafrecht, 2006, 36 ff, 51 mwN). Soweit Anlagen von der öffentlichen Hand betrieben werden, können sich auch Amtsträger (vgl auch § 14 II S. 3) strafbar machen. Anders als bei § 324 (vgl Rn 14) kann dagegen der Amtsträger, der rechtswidrig eine Genehmigung erteilt, mangels Tätereigenschaft auch kein mittelbarer Täter sein.

3 III. Die behördliche **Genehmigung** schließt bereits den Tatbestand aus.

4 Aufgrund der hier geltenden strengen Verwaltungsakzessorietät handelt nach hM auch tatbestandsmäßig, wer eine Anlage iSv Abs. 2 S. 1 Nr. 1 entgegen einer materiell rechtswidrigen Untersagungsverfügung betreibt. Gleiches wird angenommen, wenn die Untersagungsverfügung für sofort vollziehbar erklärt (§ 80 II S. 1 Nr. 4 VwGO), nach Widerspruch und Anfechtungsklage aber vom Verwaltungsgericht aufgehoben wird (vgl *Fischer* Vor § 324 Rn 7 mwN; zu bedenken ist, ob im letzten Fall nicht ein Strafaufhebungsgrund anzunehmen ist, vgl *Tiedemann/Kindhäuser* NStZ 1988, 337 [344] mwN; zur Rechtmäßigkeit des geduldeten ungenehmigten Betreibens *Altenhain* Weber-FS 441 ff mwN; diff. zu informalen Gestattungen *Jaeschke* NuR 2006, 480 ff).

§ 328 Unerlaubter Umgang mit radioaktiven Stoffen und anderen gefährlichen Stoffen und Gütern

(1) Mit Freiheitsstrafe bis zu fünf Jahren oder mit Geldstrafe wird bestraft,
1. wer ohne die erforderliche Genehmigung oder entgegen einer vollziehbaren Untersagung Kernbrennstoffe oder
2. wer ohne die erforderliche Genehmigung oder wer entgegen einer vollziehbaren Untersagung sonstige radioaktive Stoffe, die nach Art, Beschaffenheit oder Menge geeignet sind, durch ionisierende Strahlen den Tod oder eine schwere Gesundheitsschädigung eines anderen oder erhebliche Schäden an Tieren oder Pflanzen, Gewässern, der Luft oder dem Boden herbeizuführen,

herstellt, aufbewahrt, befördert, bearbeitet, verarbeitet oder sonst verwendet, einführt oder ausführt.

(2) Ebenso wird bestraft, wer
1. Kernbrennstoffe, zu deren Ablieferung er auf Grund des Atomgesetzes verpflichtet ist, nicht unverzüglich abliefert,
2. Kernbrennstoffe oder die in Absatz 1 Nr. 2 bezeichneten Stoffe an Unberechtigte abgibt oder die Abgabe an Unberechtigte vermittelt,
3. eine nukleare Explosion verursacht oder

4. einen anderen zu einer in Nummer 3 bezeichneten Handlung verleitet oder eine solche Handlung fördert.

(3) Mit Freiheitsstrafe bis zu fünf Jahren oder mit Geldstrafe wird bestraft, wer unter Verletzung verwaltungsrechtlicher Pflichten
1. beim Betrieb einer Anlage, insbesondere einer Betriebsstätte oder technischen Einrichtung, radioaktive Stoffe oder gefährliche Stoffe und Gemische nach Artikel 3 der Verordnung (EG) Nr. 1272/2008 des Europäischen Parlaments und des Rates vom 16. Dezember 2008 über die Einstufung, Kennzeichnung und Verpackung von Stoffen und Gemischen, zur Änderung und Aufhebung der Richtlinien 67/548/EWG und 1999/45/EG und zur Änderung der Verordnung (EG) Nr. 1907/2006 (ABl. L 353 vom 31. 12. 2008, S. 1), die zuletzt durch die Verordnung (EG) Nr. 790/2009 (ABl. L 235 vom 5. 9. 2009, S. 1) geändert worden ist, lagert, bearbeitet, verarbeitet oder sonst verwendet oder
2. gefährliche Güter befördert, versendet, verpackt oder auspackt, verlädt oder entlädt, entgegennimmt oder anderen überläßt

und dadurch die Gesundheit eines anderen, Tiere oder Pflanzen, Gewässer, die Luft oder den Boden oder fremde Sachen von bedeutendem Wert gefährdet.

(4) Der Versuch ist strafbar.

(5) Handelt der Täter fahrlässig, so ist die Strafe Freiheitsstrafe bis zu drei Jahren oder Geldstrafe.

(6) Die Absätze 4 und 5 gelten nicht für Taten nach Absatz 2 Nr. 4.

§ 329 Gefährdung schutzbedürftiger Gebiete

(1) [1]Wer entgegen einer auf Grund des Bundes-Immissionsschutzgesetzes erlassenen Rechtsverordnung über ein Gebiet, das eines besonderen Schutzes vor schädlichen Umwelteinwirkungen durch Luftverunreinigungen oder Geräusche bedarf oder in dem während austauscharmer Wetterlagen ein starkes Anwachsen schädlicher Umwelteinwirkungen durch Luftverunreinigungen zu befürchten ist, Anlagen innerhalb des Gebiets betreibt, wird mit Freiheitsstrafe bis zu drei Jahren oder mit Geldstrafe bestraft. [2]Ebenso wird bestraft, wer innerhalb eines solchen Gebiets Anlagen entgegen einer vollziehbaren Anordnung betreibt, die auf Grund einer in Satz 1 bezeichneten Rechtsverordnung ergangen ist. [3]Die Sätze 1 und 2 gelten nicht für Kraftfahrzeuge, Schienen-, Luft- oder Wasserfahrzeuge.

(2) [1]Wer entgegen einer zum Schutz eines Wasser- oder Heilquellenschutzgebietes erlassenen Rechtsvorschrift oder vollziehbaren Untersagung
1. betriebliche Anlagen zum Umgang mit wassergefährdenden Stoffen betreibt,
2. Rohrleitungsanlagen zum Befördern wassergefährdender Stoffe betreibt oder solche Stoffe befördert oder
3. im Rahmen eines Gewerbebetriebes Kies, Sand, Ton oder andere feste Stoffe abbaut,

wird mit Freiheitsstrafe bis zu drei Jahren oder mit Geldstrafe bestraft. [2]Betriebliche Anlage im Sinne des Satzes 1 ist auch die Anlage in einem öffentlichen Unternehmen.

(3) Wer entgegen einer zum Schutz eines Naturschutzgebietes, einer als Naturschutzgebiet einstweilig sichergestellten Fläche oder eines Nationalparks erlassenen Rechtsvorschrift oder vollziehbaren Untersagung
1. Bodenschätze oder andere Bodenbestandteile abbaut oder gewinnt,
2. Abgrabungen oder Aufschüttungen vornimmt,
3. Gewässer schafft, verändert oder beseitigt,
4. Moore, Sümpfe, Brüche oder sonstige Feuchtgebiete entwässert,
5. Wald rodet,
6. Tiere einer im Sinne des Bundesnaturschutzgesetzes besonders geschützten Art tötet, fängt, diesen nachstellt oder deren Gelege ganz oder teilweise zerstört oder entfernt,
7. Pflanzen einer im Sinne des Bundesnaturschutzgesetzes besonders geschützten Art beschädigt oder entfernt oder
8. ein Gebäude errichtet

und dadurch den jeweiligen Schutzzweck nicht unerheblich beeinträchtigt, wird mit Freiheitsstrafe bis zu fünf Jahren oder mit Geldstrafe bestraft.

(4) Wer unter Verletzung verwaltungsrechtlicher Pflichten in einem Natura 2000-Gebiet einen für die Erhaltungsziele oder den Schutzzweck dieses Gebietes maßgeblichen
1. Lebensraum einer Art, die in Artikel 4 Absatz 2 oder Anhang I der Richtlinie 2009/147/EG des Europäischen Parlaments und des Rates vom 30. November 2009 über die Erhaltung der wildlebenden Vogelarten (ABl. L 20 vom 26.1.2010, S. 7) oder in Anhang II der Richtlinie 92/43/EWG des Rates vom 21. Mai 1992 zur Erhaltung der natürlichen Lebensräume sowie der wildlebenden Tiere und Pflanzen (ABl. L 206 vom 22.7.1992, S. 7), die zuletzt durch die Richtlinie 2013/17/EU (ABl. L 158 vom 10.6.2013, S. 193) geändert worden ist, aufgeführt ist, oder
2. natürlichen Lebensraumtyp, der in Anhang I der Richtlinie 92/43/EWG des Rates vom 21. Mai 1992 zur Erhaltung der natürlichen Lebensräume sowie der wildlebenden Tiere und Pflanzen (ABl. L 206 vom 22.7.1992, S. 7), die zuletzt durch die Richtlinie 2013/17/EU (ABl. L 158 vom 10.6.2013, S. 193) geändert worden ist, aufgeführt ist,

erheblich schädigt, wird mit Freiheitsstrafe bis zu fünf Jahren oder mit Geldstrafe bestraft.

(5) Handelt der Täter fahrlässig, so ist die Strafe
1. in den Fällen der Absätze 1 und 2 Freiheitsstrafe bis zu zwei Jahren oder Geldstrafe,
2. in den Fällen des Absatzes 3 Freiheitsstrafe bis zu drei Jahren oder Geldstrafe.

(6) Handelt der Täter in den Fällen des Absatzes 4 leichtfertig, so ist die Strafe Freiheitsstrafe bis zu drei Jahren oder Geldstrafe.

§ 330 Besonders schwerer Fall einer Umweltstraftat

(1) ¹In besonders schweren Fällen wird eine vorsätzliche Tat nach den §§ 324 bis 329 mit Freiheitsstrafe von sechs Monaten bis zu zehn Jahren bestraft. ²Ein besonders schwerer Fall liegt in der Regel vor, wenn der Täter

1. ein Gewässer, den Boden oder ein Schutzgebiet im Sinne des § 329 Abs. 3 derart beeinträchtigt, daß die Beeinträchtigung nicht, nur mit außerordentlichem Aufwand oder erst nach längerer Zeit beseitigt werden kann,
2. die öffentliche Wasserversorgung gefährdet,
3. einen Bestand von Tieren oder Pflanzen einer streng geschützten Art nachhaltig schädigt oder
4. aus Gewinnsucht handelt.

(2) Wer durch eine vorsätzliche Tat nach den §§ 324 bis 329
1. einen anderen Menschen in die Gefahr des Todes oder einer schweren Gesundheitsschädigung oder eine große Zahl von Menschen in die Gefahr einer Gesundheitsschädigung bringt oder
2. den Tod eines anderen Menschen verursacht,

wird in den Fällen der Nummer 1 mit Freiheitsstrafe von einem Jahr bis zu zehn Jahren, in den Fällen der Nummer 2 mit Freiheitsstrafe nicht unter drei Jahren bestraft, wenn die Tat nicht in § 330 a Abs. 1 bis 3 mit Strafe bedroht ist.

(3) In minder schweren Fällen des Absatzes 2 Nr. 1 ist auf Freiheitsstrafe von sechs Monaten bis zu fünf Jahren, in minder schweren Fällen des Absatzes 2 Nr. 2 auf Freiheitsstrafe von einem Jahr bis zu zehn Jahren zu erkennen.

§ 330 a Schwere Gefährdung durch Freisetzen von Giften

(1) Wer Stoffe, die Gifte enthalten oder hervorbringen können, verbreitet oder freisetzt und dadurch die Gefahr des Todes oder einer schweren Gesundheitsschädigung eines anderen Menschen oder die Gefahr einer Gesundheitsschädigung einer großen Zahl von Menschen verursacht, wird mit Freiheitsstrafe von einem Jahr bis zu zehn Jahren bestraft.

(2) Verursacht der Täter durch die Tat den Tod eines anderen Menschen, so ist die Strafe Freiheitsstrafe nicht unter drei Jahren.

(3) In minder schweren Fällen des Absatzes 1 ist auf Freiheitsstrafe von sechs Monaten bis zu fünf Jahren, in minder schweren Fällen des Absatzes 2 auf Freiheitsstrafe von einem Jahr bis zu zehn Jahren zu erkennen.

(4) Wer in den Fällen des Absatzes 1 die Gefahr fahrlässig verursacht, wird mit Freiheitsstrafe bis zu fünf Jahren oder mit Geldstrafe bestraft.

(5) Wer in den Fällen des Absatzes 1 leichtfertig handelt und die Gefahr fahrlässig verursacht, wird mit Freiheitsstrafe bis zu drei Jahren oder mit Geldstrafe bestraft.

§ 330 b Tätige Reue

(1) [1]Das Gericht kann in den Fällen des § 325 a Abs. 2, des § 326 Abs. 1 bis 3, des § 328 Abs. 1 bis 3 und des § 330 a Abs. 1, 3 und 4 die Strafe nach seinem Ermessen mildern (§ 49 Abs. 2) oder von Strafe nach diesen Vorschriften absehen, wenn der Täter freiwillig die Gefahr abwendet oder den von ihm verursachten Zustand beseitigt, bevor ein erheblicher Schaden entsteht. [2]Unter denselben

Voraussetzungen wird der Täter nicht nach § 325 a Abs. 3 Nr. 2, § 326 Abs. 5, § 328 Abs. 5 und § 330 a Abs. 5 bestraft.

(2) Wird ohne Zutun des Täters die Gefahr abgewendet oder der rechtswidrig verursachte Zustand beseitigt, so genügt sein freiwilliges und ernsthaftes Bemühen, dieses Ziel zu erreichen.

§ 330 c Einziehung

¹Ist eine Straftat nach den §§ 326, 327 Abs. 1 oder 2, §§ 328, 329 Absatz 1, 2 oder Absatz 3, dieser auch in Verbindung mit Absatz 5, oder Absatz 4, dieser auch in Verbindung mit Absatz 6, begangen worden, so können
1. Gegenstände, die durch die Tat hervorgebracht oder zu ihrer Begehung oder Vorbereitung gebraucht worden oder bestimmt gewesen sind, und
2. Gegenstände, auf die sich die Tat bezieht,

eingezogen werden. ²§ 74 a ist anzuwenden.

§ 330 d Begriffsbestimmungen

(1) Im Sinne dieses Abschnitts ist
1. ein Gewässer:
   ein oberirdisches Gewässer, das Grundwasser und das Meer;
2. eine kerntechnische Anlage:
   eine Anlage zur Erzeugung oder zur Bearbeitung oder Verarbeitung oder zur Spaltung von Kernbrennstoffen oder zur Aufarbeitung bestrahlter Kernbrennstoffe;
3. ein gefährliches Gut:
   ein Gut im Sinne des Gesetzes über die Beförderung gefährlicher Güter und einer darauf beruhenden Rechtsverordnung und im Sinne der Rechtsvorschriften über die internationale Beförderung gefährlicher Güter im jeweiligen Anwendungsbereich;
4. eine verwaltungsrechtliche Pflicht:
   eine Pflicht, die sich aus
   a) einer Rechtsvorschrift,
   b) einer gerichtlichen Entscheidung,
   c) einem vollziehbaren Verwaltungsakt,
   d) einer vollziehbaren Auflage oder
   e) einem öffentlich-rechtlichen Vertrag, soweit die Pflicht auch durch Verwaltungsakt hätte auferlegt werden können,

   ergibt und dem Schutz vor Gefahren oder schädlichen Einwirkungen auf die Umwelt, insbesondere auf Menschen, Tiere oder Pflanzen, Gewässer, die Luft oder den Boden, dient;
5. ein Handeln ohne Genehmigung, Planfeststellung oder sonstige Zulassung:
   auch ein Handeln auf Grund einer durch Drohung, Bestechung oder Kollusion erwirkten oder durch unrichtige oder unvollständige Angaben erschlichenen Genehmigung, Planfeststellung oder sonstigen Zulassung.

(2) ¹Für die Anwendung der §§ 311, 324 a, 325, 326, 327 und 328 stehen in Fällen, in denen die Tat in einem anderen Mitgliedstaat der Europäischen Union begangen worden ist,
1. einer verwaltungsrechtlichen Pflicht,
2. einem vorgeschriebenen oder zugelassenen Verfahren,
3. einer Untersagung,
4. einem Verbot,
5. einer zugelassenen Anlage,
6. einer Genehmigung und
7. einer Planfeststellung

entsprechende Pflichten, Verfahren, Untersagungen, Verbote, zugelassene Anlagen, Genehmigungen und Planfeststellungen auf Grund einer Rechtsvorschrift des anderen Mitgliedstaats der Europäischen Union oder auf Grund eines Hoheitsakts des anderen Mitgliedstaats der Europäischen Union gleich. ²Dies gilt nur, soweit damit ein Rechtsakt der Europäischen Union oder ein Rechtsakt der Europäischen Atomgemeinschaft umgesetzt oder angewendet wird, der dem Schutz vor Gefahren oder schädlichen Einwirkungen auf die Umwelt, insbesondere auf Menschen, Tiere oder Pflanzen, Gewässer, die Luft oder den Boden, dient.

I. Zu Abs. 1 Nr. 1: **Gewässer** sind oberirdische Gewässer, das Grundwasser und das Meer. Hierbei gehört zu den oberirdischen Gewässern das „ständig oder zeitweilig in Betten fließende oder stehende oder aus Quellen wild abfließende Wasser" (§ 3 Nr. 1 WHG); exemplarisch: Fluss, Kanal, See. Nicht einschlägig ist das dem Wasserkreislauf entzogene und in Leitungen geführte Wasser (Kanalisation, Schwimmbecken).

II. Zu Abs. 1 Nr. 5: Genehmigungen, die **missbräuchlich** – durch Drohung, Bestechung oder Kollusion – erwirkt oder durch unrichtige oder unvollständige Angaben erschlichen sind, gelten nach Nr. 5 strafrechtlich (vgl § 48 II S. 3 VwVfG) als nicht erteilt und entfalten demnach auch keine rechtfertigende Wirkung (L-Kühl-*Heger* § 324 Rn 10 mwN).

Mit **Kollusion** ist der gemeinschaftliche Rechtsbruch des Täters mit Amtsträgern der Genehmigungsbehörde gemeint (vgl BT-Drucks. 12/7300, 25; BGHSt 39, 381 [387]; *Paetzold* NStZ 1996, 170 [172 f]; NK-*Ransiek* Rn 5; LK-*Steindorf* Rn 7).

III. Zu Abs. 2: Neu eingefügt im Zuge der Umsetzung der EU-Umweltstrafrechts-Richtlinie 2008/99/EG wurde **Abs. 2**. Die Richtlinie gibt vor, dass nicht nur schwere Verletzungen von nationalem Umweltverwaltungsrecht mit Strafe bedroht werden müssen, sondern auch Verletzungen von EU-Recht und von Recht der anderen Mitgliedstaaten der EU, das der Umsetzung bestimmter europäischer Rechtsakte dient. So können auch Umweltstraftaten im Sinne der Richtlinie in Deutschland verfolgt werden, deren Tathandlung im europäischen Ausland begangen wurde, wenn die übrigen Voraussetzungen der §§ 5–7 StGB vorliegen (siehe BT-Drucks. 17/5391, 21).

Dreißigster Abschnitt Straftaten im Amt

§ 331 Vorteilsannahme

(1) Ein Amtsträger, ein Europäischer Amtsträger oder ein für den öffentlichen Dienst besonders Verpflichteter, der für die Dienstausübung einen Vorteil für sich oder einen Dritten fordert, sich versprechen läßt oder annimmt, wird mit Freiheitsstrafe bis zu drei Jahren oder mit Geldstrafe bestraft.

(2) ¹Ein Richter, Mitglied eines Gerichts der Europäischen Union oder Schiedsrichter, der einen Vorteil für sich oder einen Dritten als Gegenleistung dafür fordert, sich versprechen läßt oder annimmt, daß er eine richterliche Handlung vorgenommen hat oder künftig vornehme, wird mit Freiheitsstrafe bis zu fünf Jahren oder mit Geldstrafe bestraft. ²Der Versuch ist strafbar.

(3) Die Tat ist nicht nach Absatz 1 strafbar, wenn der Täter einen nicht von ihm geforderten Vorteil sich versprechen läßt oder annimmt und die zuständige Behörde im Rahmen ihrer Befugnisse entweder die Annahme vorher genehmigt hat oder der Täter unverzüglich bei ihr Anzeige erstattet und sie die Annahme genehmigt.

1   I. Die Vorschrift soll nach hM das Vertrauen in die Nichtkäuflichkeit staatlicher Funktionsträger und damit auch in die Sachlichkeit staatlicher Entscheidungen schützen (BGHSt 15, 88 [96]; 47, 295 [303]; ausf. *Kargl* ZStW 114, 763 ff; NK-*Kuhlen* Rn 9 ff). Die Straftat ist **abstraktes Gefährdungsdelikt**; das Rechtsgut soll schon tangiert sein, wenn der Täter auch nur den Anschein der Käuflichkeit von Diensthandlungen durch Eingehen einer sog. **Unrechtsvereinbarung**, durch die ein Zusammenhang zwischen Dienstausübung und Vorteil hergestellt wird, erweckt (BGH NStZ 2005, 334 ff). Im **Gutachten** empfiehlt es sich, die Deliktsmerkmale der Vorteilsannahme in folgenden Schritten zu prüfen:
   A) Tatbestand:
      I. Objektiver Tatbestand:
         1. Tauglicher Täter: Amtsträger usw oder Richter usw (Rn 3)
         2. Vorteil für sich oder einen Dritten (Rn 6 ff)
         3. für eine Dienstausübung iSv Abs. 1 (Rn 9 ff) oder als Gegenleistung für eine richterliche Handlung iSv Abs. 2 (Rn 12)
         4. iS einer Unrechtsvereinbarung (Rn 17 ff)
         5. Tathandlung: Fordern usw (Rn 13 ff)
      II. Subjektiver Tatbestand: (zumindest bedingter) Vorsatz (Rn 27)
   B) Rechtswidrigkeit, insbesondere fehlende Genehmigung iSv Abs. 3 (Rn 28 f)
   C) Schuld

2   II. Die Tat ist **echtes Sonderdelikt** (für Teilnehmer gilt § 28 I). Täter nach Abs. 1 kann nur eine Person sein, die **zurzeit der Tat** Amtsträger, Europäischer Amtsträger oder ein für den öffentlichen Dienst besonders Verpflichteter ist (zur Frage der Strafbarkeit von Regierungsamtsträgern *Zimmermann* ZStW 124, 1023; Einzelfallbesprechung bei *Hoven* NStZ 2013, 617 ff); bei den Bestechungsdelikten iwS greift nicht der Gesichtspunkt nachwirkender Pflichten (BGH NStZ 2004, 564 f; diff. zum Zeitpunkt des Vorliegens der Amtsträgereigenschaft *Hoffmann/Mildeberger* StV 2006, 665 ff). Als Täter nach Abs. 2 kommt nur ein Rich-

ter, ein Mitglied eines Gerichts der Europäischen Union oder ein Schiedsrichter in Betracht.

Für **Amtsträger** gilt die Legaldefinition des § 11 I Nr. 2 (dort Rn 13 ff). Für **Europäische Amtsträger**, welche erst seit dem Inkrafttreten des Gesetzes zur Bekämpfung der Korruption vom 20.11.2015 (BGBl. 2015 I, 2025) in den Wortlaut der Vorschrift aufgenommen wurden, findet sich eine Legaldefinition in dem ebenfalls neugefassten § 11 I Nr. 2 a (dort Rn 24). **Für den öffentlichen Dienst besonders Verpflichtete** sind Personen, die keine Amtsträger sind und für den Einzelnen nach dem Verpflichtungsgesetz förmlich verpflichtet worden sind (§ 11 I Nr. 4, dort Rn 26). **Richter** sind Berufsrichter und ehrenamtliche Richter nach deutschem Recht (§ 11 I Nr. 3, dort Rn 25). Das **Mitglied eines Gerichts der Europäischen Union**, ebenfalls im Zuge des Gesetzes zur Bekämpfung der Korruption (BGBl. 2015 I, 2025) in den Gesetzeswortlaut aufgenommen, findet sich in § 11 I Nr. 2 a (dort Rn 24) wieder. **Schiedsrichter** ist, wer aufgrund einer Schiedsvereinbarung (§ 1029 ZPO) oder eines ihr gleichstehenden Begründungsakts (§ 1066 ZPO) zur *Entscheidung* einer Rechtsstreitigkeit berufen ist (also nicht der Schiedsmann oder Schiedsgutachter). 3

Vorteilsgeber kann jedermann sein; seine Strafbarkeit richtet sich nach § 333. 4

III. Der **objektive Tatbestand** verlangt, dass die Amtsperson für die Dienstausübung (Abs. 1) bzw als Gegenleistung für eine richterliche Handlung (Abs. 2) einen Vorteil für sich oder einen Dritten fordert, sich versprechen lässt oder annimmt. 5

1. Vorteil ist jede materielle oder immaterielle Zuwendung, die nicht Gegenstand eines durchsetzbaren Rechtsanspruchs ist und die rechtliche, wirtschaftliche oder persönliche Lage des Empfängers objektiv verbessert (vgl BGHSt 31, 264 [279]; 35, 128 [133]; NK-*Kuhlen* Rn 39 ff). Vorteilhaft in diesem Sinne können sein: Abschluss eines entgeltlichen Beratungsvertrages, auch wenn das Entgelt der Leistung des Amtsträgers angemessen ist (BGHSt 31, 264 [279 f]; vgl auch OLG Celle NJW 2008, 164 m.Anm. *Ambos/Ziehm* NStZ 2008, 498 [499 f]; aA BGH [Wettbewerbssenat] NJW 2006, 225 [228]; *Zieschang* StV 2008, 253 ff); bezahlte Nebenbeschäftigung (BGHSt 18, 263 [266]); Nachteilsausgleichsmaßnahmen (*Cordes/Sartorius* NZWiSt 2013, 401 ff); Geschlechtsverkehr und Duldung sexueller Handlungen (BGH NJW 1989, 914 [915]; StV 1994, 527); Stundung von Forderungen (BGHSt 16, 40); Vermeidung eines angedrohten Übels (BGH NStZ 1985, 497 [499]); sogar Befriedigung von Ehrgeiz oder Eitelkeit (BGHSt 14, 123 [128]; OLG Zweibrücken JR 1982, 381 [383]; einschr. BGHSt 47, 295 [304] m. zust. Anm. *Kuhlen* JR 2003, 231 [233]; vgl auch *Kindhäuser/Goy* NStZ 2003, 291 [293]). Im Falle der **Drittbegünstigung** ist keine Besserstellung der Amtsperson selbst erforderlich. 6

Keine Zuwendung iSd Tatbestands ist es, wenn sich der Amtsträger den Vorteil unmittelbar selbst verschaffen soll (BGHSt 20, 1 [2]; wistra 1990, 306; NK-*Kuhlen* Rn 91). Ferner scheiden Zuwendungen aus, die lediglich als Mittel zur Dienstausübung gewährt werden (NK-*Kuhlen* Rn 90; nach aA handelt es sich hier nur um eine Frage des Vorteilsbegriffs, sondern dem Unrechtsvereinbarung, vgl BGH NJW 2008, 3580 [3582]; S/S-*Heine/Eisele* Rn 36; MK-*Korte* Rn 93; *Trüg* NJW 2009, 196). So sollen Eintrittskarten zu Veranstaltungen (hier zur WM 2006), mit deren Besuch der Amtsträger nur seine amtlichen Repräsentationsaufgaben erfüllt, kein Vorteil iSd §§ 331 ff sein (LG Karlsruhe NStZ 2008, 407 f m.Anm. *Paster/Sättele* NStZ 2008, 366 ff; aA BGH NJW 2008, 3580 7

[3582] m.Anm. *Hettinger* JZ 2009, 370 ff: Karten wurden nicht nur zur Dienstausübung, sondern auch zur Befriedigung persönlicher Interessen gewährt; vgl auch *Kuhlen* JR 2010, 148). Zuwendungen, die gesetzliche Folge der Verwirklichung eines Ordnungswidrigkeitentatbestands sind (BGH NJW 2005, 3011 f), scheiden ebenfalls aus.

8 **Geringfügige Zuwendungen** (zB Weihnachtsgeschenke an Briefträger), die der Höflichkeit oder Verkehrssitte entsprechen, gelten als sozial adäquat und unterfallen damit nicht dem Tatbestand (kein Anschein der Käuflichkeit von Diensthandlungen; vgl *Eser* Roxin-FS 199 ff; SK-*Stein/Deiters* Rn 46 mwN). Die Anwendung der Korruptionsvorschriften wird aber nicht durch ein **persönliches Verhältnis** zwischen Amtsträger und Zuwendendem verhindert (BGH NStZ 2005, 334 f).

9 2. Unter **Dienstausübung** iSv Abs. 1 ist die gesamte (vergangene wie auch künftige) dienstliche Tätigkeit zu verstehen (*Korte* NStZ 1997, 513 [514]). Die Beteiligten müssen also **nicht auf eine bestimmte Diensthandlung** Bezug nehmen.

10 Zur Dienstausübung gehören **nur** Handlungen **aus dem Kreis der Aufgaben**, die der Amtsperson übertragen sind und die von ihr dienstlich wahrgenommen werden (BGHSt 31, 264 [280]); auf die konkrete Zuständigkeit nach der Geschäftsverteilung kommt es nicht an (BGHSt 16, 37 [38]). Einschlägig sind auch Tätigkeiten, bei denen die Amtsperson ihre Stellung in straf- oder dienstrechtlich verbotener Weise missbraucht (BGH NStZ 1987, 326 [327]); etwa: Gefangenenfreilassung durch einen Aufsichtsbeamten. Ohne Tatbestandsrelevanz sind **Privathandlungen**, auch wenn sie bei Gelegenheit von Dienstgeschäften ausgeführt werden (BGHSt 18, 59 [60]; SK-*Stein/Deiters* Rn 32); etwa: private Nachhilfestunden eines Lehrers im Schulgebäude.

11 Es genügt zur Tatbestandsverwirklichung, wenn der Täter nur **vorspiegelt**, eine Handlung vorzunehmen, die zum Kreis seiner Tätigkeiten gehört (L-Kühl-*Heger* Rn 11).

12 3. **Richterlich** iSv Abs. 2 ist eine Handlung, deren Vornahme in den Bereich derjenigen Pflichten fällt, die **durch die richterliche Unabhängigkeit geschützt** sind (SK-*Stein/Deiters* Rn 33); die Tatbestandsverwirklichung ist zumeist auch Rechtsbeugung nach § 339. Für nichtrichterliche Handlungen, die zu den Obliegenheiten eines Richters gehören (zB in der Justizverwaltung), gilt Abs. 1 (SK-*Stein/Deiters* Rn 34).

13 4. Die **Tathandlungen** iSv Abs. 1 und 2 werden mit „fordern", „sich versprechen lassen" und „annehmen" umschrieben. Hierbei bedeutet:

14 ■ **Fordern** ein (ausdrückliches oder konkludentes) einseitiges Verlangen (BGHSt 8, 214 [215]; 15, 239 [242]); ein Verstehen der Forderung durch den Adressaten wird von der hM nicht verlangt (BGHSt 10, 237 [241 f]; NJW 2008, 3076 [3077]; L-Kühl-*Heger* Rn 7);

15 ■ **Sichversprechenlassen** die (ausdrückliche oder konkludente) Annahme eines (ggf nur bedingten) Angebots der späteren Zuwendung (BGHSt 10, 237 [240 f]; BGH NJW 1989, 914 [915 f]);

16 ■ **Annehmen** ist die tatsächliche Entgegennahme des angebotenen Vorteils (BGHSt 10, 237 [241 f]; BGH NJW 1987, 1340 [1341]); das Behalten eines zunächst gutgläubig erlangten Vorteils reicht aus.

5. Der Täter muss in Abs. 1 den Vorteil „für" die Dienstausübung, in Abs. 2 „als Gegenleistung" für eine richterliche Handlung fordern (usw). Dies bedeutet, dass zwischen der Dienstausübung und dem Vorteil eine Beziehung bestehen bzw angestrebt sein muss (sog. **Unrechtsvereinbarung**, vgl BGHSt 39, 45 [46]; 47, 295 [306]).

a) Für **Abs. 1** ist hierbei **nicht** erforderlich, dass der Vorteil als Gegenleistung **für eine bestimmte Diensthandlung** gefordert (usw) wird (BGH NStZ 2005, 334 f; L-Kühl-*Heger* Rn 10 a). Es reicht aus, wenn durch den Vorteil lediglich das allgemeine Wohlwollen der Amtsperson bei ihren Dienstgeschäften erkauft werden bzw „allgemeine Klimapflege" betrieben werden soll (BGH NStZ-RR 2007, 309 [310]; *Fischer* Rn 23 f; *Heinrich*, NStZ 2005, 197; *König* JR 1997, 397 [399]). Allerdings muss der Vorteil **um der Dienstausübung willen** gefordert (usw) werden. Dem Schutzzweck und der Ausgestaltung als Gefährdungsdelikt (s. Rn 1) entsprechend kommt es nach alledem entscheidend darauf an, ob auch nur der Anschein der Käuflichkeit erweckt wird (BGHSt 49, 275 [294]).

b) Anderes gilt für **Abs. 2** (sowie für § 332): Hier muss sich die Unrechtsvereinbarung **auf eine bestimmte Handlung** beziehen. Der Täter (Richter oder Schiedsrichter) muss demnach den Vorteil dafür fordern (usw), dass er jedenfalls in einer **bestimmten Richtung** – wenn auch noch nicht in allen Einzelheiten konkretisiert – innerhalb seines Aufgabenbereichs tätig geworden ist oder wird (BGHSt 39, 45 [46 f]).

c) Wegen der erheblichen Ausweitung des Tatbestands in Abs. 1 (s. Rn 18) und um andererseits nicht jegliche Kooperation zu kriminalisieren, ist eine Eingrenzung der Strafbarkeit geboten. Über die bloße Verknüpfung zwischen Dienstausübung und Vorteil hinaus wird gefordert, dass das Gegenseitigkeitsverhältnis **regelwidrig** ist (S/S-*Heine/Eisele* Rn 39; MK-*Korte* Rn 133 ff; NK-*Kuhlen* Rn 86; *Volk* Zipf-GS 421 ff). Auch die Rspr nimmt eine einschränkende Auslegung der Norm im Einzelfall (vgl BGHSt 49, 275; 53, 6; KG NStZ-RR 2008, 373) vor. Die Abgrenzung ist aufgrund der verschiedenen Anknüpfungspunkte bisweilen schwierig:

aa) Insbesondere in Fällen der **Einladung** von Amtsträgern **zu Werbeveranstaltungen**, wie beispielsweise der FIFA-Weltmeisterschaft (BGHSt 53,6; *Paster/Sättele* NStZ 2008, 366 ff; *Schlösser/Nagel* wistra 2007, 211 f; umf. zum ganzen *Valerius*, GA 2010, 211 ff) und anderen Fällen des **Sponsorings** (vgl *Cordes/Sartorius* NZWiSt 2013, 401 ff; MK-*Korte* Rn 131 f; *Kuhlen* JR 2010, 148; *Trüg* NJW 2009, 196 ff), wird eine einzelfallbezogene Gesamtschau der Umstände bedeutsam. Es soll dabei darauf ankommen, inwiefern das Ziel der Vorteilszuwendung die Einflussnahme auf die Entscheidungen des Amtsträgers war (BGHSt 53, 6 [16]).

bb) Für Fälle der **Drittmitteleinwerbung** soll der Tatbestand der Vorteilsannahme nach der Rspr ebenfalls einer **Einschränkung** unterliegen. Um § 331 in Einklang zu bringen mit der hochschulrechtlich verankerten Dienstaufgabe eines Amtsträgers, zur Förderung von Forschung und Lehre Drittmittel einzuwerben, sollen solche Fälle vom Tatbestand nicht erfasst werden, in denen die in Rede stehenden Drittmittel dem im Drittmittelrecht vorgeschriebenen Verfahren (Anzeige und Genehmigung) unterworfen sind und dieses Verfahren vom Amtsträger auch eingehalten wurde (BGHSt 47, 295 [306, 309] m. zust. Anm. *Kuhlen* JR 2003, 231 [234]; BGH NStZ 2003, 156 m.Anm. *Korte*; näher hierzu *Heinrich* NStZ 2005, 256 ff; *Kindhäuser/Goy* NStZ 2003, 291 [293 ff]; MK-*Korte* Rn 117 ff).

23 cc) Das Abgrenzungsproblem zwischen straffreier Kooperation und strafbarer Korruption stellt sich auch für Städte und Gemeinden als **Selbstverwaltungskörperschaften** (hierzu *Schreiber/Rosenau/Combé/Wrackmeyer* GA 2005, 265 ff). Die Verfassungsgarantie der gemeindlichen Selbstverwaltung aus Art. 28 II GG kann hier eine verwaltungsakzessorische Auslegung (LK- *Steindorf* [11.Aufl] Vor § 324 Rn 22) des § 331 bedingen.

24 dd) Eine „Sponsoringvereinbarung", nach der einer Schule eine Geld- oder Sachspende im Gegenzug für die Ermöglichung der Durchführung einer **Schulfotoaktion** zugewendet wird, soll nach Ansicht der (Straf-)Rechtsprechung das Tatbestandsmerkmal der Unrechtsvereinbarung erfüllen können (BGH wistra 2011, 391; krit. dazu *Beulke* Frisch-FS 965 [974 ff]; *Hecker* JuS 2012, 655 und *Schlösser* NZWiSt 2013, 11; OLG Celle NJW 2008, 164 ff m. krit. Anm. *Zieschang* StV 2008, 253 ff; vgl auch VGH München NVwZ-RR 2016, 52 f; aA BGH (1. Zivilsenat) NJW 2006, 225 [228]; *Ambos/Ziehm* NStZ 2008, 498 [501 f]; *Kuhlen* Frisch-FS 949 [956 ff]).

25 ee) Die Notwendigkeit eines restriktiven Normverständnisses wird auch in den Fällen der **Parteispendenakquisition** gesehen (umf. BGH NJW 2004, 3569 ff m.Anm. *Korte* NStZ 2005, 512 f; NStZ 2008, 33 ff m.Anm. *Beckemper/Stage*; *Hohmann/Sander* BT II § 28/14; m anderer Begr. *Zimmermann* ZStW 124, 1023 [1050]; gegen eine restriktive Tatbestandsauslegung *Zöller* GA 2008, 151 [165 f], der das Problem unter Berücksichtigung von § 25 II PartG auf der Rechtfertigungsebene lösen will). Nach Ansicht des BGH soll allein die Einhaltung der Vorschriften des Parteiengesetzes bei einer beträchtlichen Wahlkampfspende den Tatbestand des § 331 nicht ausschließen, da dies u.a. zu einer nicht zu rechtfertigenden Ungleichbehandlung zwischen parteizugehörigen und parteilosen Amtsträgern, für die die Regelungen des Parteiengesetzes nicht anwendbar seien, führe. Maßgebend für eine **tatbestandliche Reduktion** soll vielmehr der Gesichtspunkt der verfassungsrechtlich verankerten Chancengleichheit bei der Wahl sein, wonach es sich verbietet, den um seine Wiederwahl kämpfenden Amtsträger gegenüber seinen Konkurrenten, die (noch) keine Amtsträgereigenschaft aufweisen und deshalb ohne Weiteres sub specie § 331 Wahlkampfspenden annehmen können, zu benachteiligen. Eine Unrechtsvereinbarung sei deshalb in den Fällen zu verneinen, in denen die Förderung des Amtsträgers allein dazu dienen soll, dass dieser das wiedererlangte Wahlamt in einer Weise ausübt, die den *allgemeinen* politischen Vorstellungen des Vorteilsgebers entspricht (BGH NJW 2004, 3569 [3574 f]; *Kargl* JZ 2005, 503 ff; *Knauer/Kaspar* GA 2005, 385 [398 f]). Eine unzulässige und gem. §§ 331 ff strafbare **Einflussspende** liegt dagegen unzweifelhaft vor, wenn sie zum Ziel hat, ein bestimmtes, dem Spender wirtschaftlich vorteiliges dienstliches Verhalten des Amtsträgers als Gegenleistung zu erlangen (BGH NJW 2004, 3569 [3575]; NStZ 2007, 36 [37]). Nach der Rspr des BGH ist für das Vorliegen einer strafbaren Einflussspende nicht zwingend die Vereinbarung eines bestimmten Verhaltens durch den Amtsträger erforderlich; ausreichen soll vielmehr auch, wenn Spender und Amtsträger davon ausgehen, dass dieser im Laufe der künftigen Amtszeit mit Entscheidungen zu Vorhaben des Spenders – seien diese schon projektiert oder noch nicht – befasst sein wird und ein unbeteiligter Betrachter den Eindruck gewinnt, dass mit der Spende die anfallende Entscheidungen beeinflusst werden soll (BGH NStZ 2008, 33 [34]; m. abw. Begr. zust. *Korte* NStZ 2008, 341 f; aA *Zimmermann* ZStW 124, 1023 [1052]).

26 6. Die Tat ist mit **Abschluss** der Unrechtsvereinbarung oder dem Stellen einer hierauf zielenden Forderung **vollendet** (BGHSt 15, 239; vgl aber zur **Beendigung**

auch BGH wistra 2008, 377 f [zu Bestechung und Bestechlichkeit] m. krit. Anm. *Dann*; *Kuhlen* JR 2009, 53 ff). Die Ausführung der Diensthandlung gehört nicht zum Tatbestand; auch nicht der Wille oder die Fähigkeit, sie vorzunehmen. Ferner ist der Vorteil kein tatbestandlicher Erfolg, sondern nur Gegenstand der Unrechtsvereinbarung.

IV. Der **subjektive Tatbestand** erfordert (zumindest bedingten) Vorsatz. 27

V. Nach **Abs. 3** ist der Täter nicht nach Abs. 1 strafbar, wenn die zuständige Behörde (vorgesetzte Dienstbehörde bzw Arbeitgeber) die Annahme des Vorteils vorher genehmigt hat oder bei unverzüglicher Anzeige durch den Täter nachträglich genehmigt. Die Genehmigung ist **Rechtfertigungsgrund** (BGHSt 31, 264 [285]; Überblick zum Meinungsstand bei *Schneider* Kühne-FS 477 [479 ff]); demnach ist die irrige Annahme, die Genehmigung sei erteilt, Erlaubnistatbestandsirrtum (BGHSt 31, 264 [285 ff]). 28

Die Annahme **vom Täter geforderter** Vorteile iSv Abs. 1 und die Annahme **aller** Vorteile iSv Abs. 2 sind **nicht genehmigungsfähig** (näher zur Genehmigungsfähigkeit *Fischer* Rn 33). 29

VI. **Beteiligung**: Der Vorteilsgeber ist nicht wegen Teilnahme strafbar, wenn er sich auf die Rolle des bloßen Partners beschränkt; seine Strafbarkeit ist selbstständig und abschließend in §§ 333, 334 geregelt (BGHSt 37, 207 [212]). Dritte sind je nach Art ihres Beitrags entweder Teilnehmer der Amtsperson oder des Vorteilsgebers. 30

§ 332 Bestechlichkeit

(1) ¹Ein Amtsträger, ein Europäischer Amtsträger oder ein für den öffentlichen Dienst besonders Verpflichteter, der einen Vorteil für sich oder einen Dritten als Gegenleistung dafür fordert, sich versprechen läßt oder annimmt, daß er eine Diensthandlung vorgenommen hat oder künftig vornehme und dadurch seine Dienstpflichten verletzt hat oder verletzen würde, wird mit Freiheitsstrafe von sechs Monaten bis zu fünf Jahren bestraft. ²In minder schweren Fällen ist die Strafe Freiheitsstrafe bis zu drei Jahren oder Geldstrafe. ³Der Versuch ist strafbar.

(2) ¹Ein Richter, Mitglied eines Gerichts der Europäischen Union oder Schiedsrichter, der einen Vorteil für sich oder einen Dritten als Gegenleistung dafür fordert, sich versprechen läßt oder annimmt, daß er eine richterliche Handlung vorgenommen hat oder künftig vornehme und dadurch seine richterlichen Pflichten verletzt hat oder verletzen würde, wird mit Freiheitsstrafe von einem Jahr bis zu zehn Jahren bestraft. ²In minder schweren Fällen ist die Strafe Freiheitsstrafe von sechs Monaten bis zu fünf Jahren.

(3) Falls der Täter den Vorteil als Gegenleistung für eine künftige Handlung fordert, sich versprechen läßt oder annimmt, so sind die Absätze 1 und 2 schon dann anzuwenden, wenn er sich dem anderen gegenüber bereit gezeigt hat,
1. bei der Handlung seine Pflichten zu verletzen oder,
2. soweit die Handlung in seinem Ermessen steht, sich bei Ausübung des Ermessens durch den Vorteil beeinflussen zu lassen.

I. § 332 ist ein selbstständiger **Qualifikationstatbestand** zu § 331. Während der Grundtatbestand des § 331 jedes Fordern (usw) eines Vorteils für die Dienstaus- 1 übung bzw eine richterliche Handlung erfasst, liegt der Strafschärfungsgrund des § 332 in der Forderung (usw) eines Vorteils für die **Verletzung einer Dienstpflicht** (Abs. 1) bzw einer **richterlichen Pflicht** (Abs. 2).

2 II. Die Unrechtsvereinbarung muss bei § 332 auf eine **bestimmte Diensthandlung** bezogen sein (vgl dagegen § 331 Rn 9; ferner *Bock* JA 2008, 199 [200]; *Heinrich* NStZ 2005, 197 [198]). Eine Konkretisierung erfordert der Tatbestand dabei schon insoweit, als es um die Verletzung einer Pflicht geht, so dass das Erkaufen nicht näher bestimmter Gefälligkeiten ohnehin nicht einschlägig ist (vgl auch BGHSt 15, 217 [222 ff]; vgl zur Abgrenzung von § 332 zu § 331 – insbesondere für den Fall der Drittmitteleinwerbung – auch BGHSt 48, 44 [47 ff]).

3 Sofern der Täter den Vorteil für eine **künftige Handlung** fordert (usw), ist es nach **Abs. 3** ausreichend, dass sich der Täter dem Partner gegenüber äußerlich (BGHR StGB § 334 Abs. 3 Nr. 2 Unrechtsvereinbarung 1) bereit zeigt, bei der Handlung seine Pflichten zu verletzen (Nr. 1) oder sein Ermessen durch den Vorteil beeinflussen zu lassen (Nr. 2). Dabei ist unbeachtlich, dass sich der Täter insgeheim vorbehält, später sachgerecht zu verfahren (BGHSt 48, 44 [46]). Ein **Ermessen** in diesem Sinne ist gegeben, wenn der Täter einen Spielraum bei der pflichtgemäßen Wahl zwischen verschiedenen sachlichen Möglichkeiten hat (BGHR StGB § 332 Abs. 1 S. 1 Unrechtsvereinbarung 5; OLG Frankfurt NJW 1990, 2074 [2075]); erfasst werden also auch planerische Entscheidungen (zB Aufstellung eines Bebauungsplans, BGHSt 47, 260 [263]) oder Entscheidungen mit Beurteilungsspielraum (zB Prüfungszensuren).

4 Eine **Genehmigung** wie bei § 331 III ist wegen der Pflichtwidrigkeit der Diensthandlung **nicht möglich**.

5 III. Die Handlung **verletzt eine Dienstpflicht**, wenn sie gegen ein Verbot verstößt, das auf Gesetz, Dienstvorschrift oder Einzelanordnung beruht (BGHSt 15, 88 [92]; BGH wistra 2007, 222). Allerdings kann die pflichtwidrige Diensthandlung nicht bereits in der Annahme des Vorteils gesehen werden; vielmehr muss sich die Vorteilsannahme auf eine an sich und als solche pflichtwidrige Diensthandlung beziehen (BGHSt 48, 44 [46]; BGH wistra 2007, 222 [223]). Im Falle einer Ermessensentscheidung wird die Dienstpflicht durch sachwidrige Erwägungen verletzt (BGHSt 47, 260 [263]; 48, 44 [46]). Der Täter muss nicht der alleinige Entscheidungsträger sein. Es reicht aus, wenn er über eine praktische Einflussnahmemöglichkeit verfügt, weil er zB aufgrund seiner Kompetenz in die Entscheidungsfindung einbezogen wird (BGH NStZ 2002, 477 [478]). Keine praktische Entscheidungsmacht hat aber ein Beamter, der ohne eigenen Wertungsspielraum nur Material für die Entscheidung anderer zusammenstellt (BGH GA 1959, 374).

6 Für den Fall, dass der Täter dem Vorteilsgeber die Vornahme einer bestimmten **Diensthandlung** nur **vortäuscht**, differenziert die Rspr: Tatbestandsmäßig soll nur das Vorspiegeln einer künftigen, nicht aber auch einer vergangenen Pflichtverletzung sein (BGHSt 29, 300 [302 ff]; zust. *Dölling* JuS 1981, 570 [572 ff]; LK-*Sowada* Rn 6; Korruption stets abl. *Arzt/Weber/Heinrich/Hilgendorf* § 49/28 ff). Begründet wird dies mit dem Wortlaut („vorgenommen hat" sowie „Dienstpflichten verletzt hat").

7 Nach der Gegenmeinung kommt es allein auf die Unrechtsvereinbarung an, die auf die Diensthandlung aus Formulierungsgründen im Indikativ Bezug nimmt, unabhängig davon, ob die Handlung tatsächlich ausgeführt wurde oder nicht (L-

Kühl-*Heger* Rn 5; LK-*Jescheck*, 11. Aufl., Rn 4, § 331 Rn 14; *Kuhlen* NStZ 1988, 433 [435] mwN).

Das Vorspiegeln, die Diensthandlung sei pflichtwidrig, wird nach hM nicht vom Tatbestand erfasst (vgl SK-*Stein/Deiters* Rn 22). 8

IV. Der **subjektive Tatbestand** verlangt (zumindest bedingten) Vorsatz des Amtsträgers. 9

§ 333 Vorteilsgewährung

(1) Wer einem Amtsträger, einem Europäischen Amtsträger, einem für den öffentlichen Dienst besonders Verpflichteten oder einem Soldaten der Bundeswehr für die Dienstausübung einen Vorteil für diesen oder einen Dritten anbietet, verspricht oder gewährt, wird mit Freiheitsstrafe bis zu drei Jahren oder mit Geldstrafe bestraft.

(2) Wer einem Richter, Mitglied eines Gerichts der Europäischen Union oder Schiedsrichter einen Vorteil für diesen oder einen Dritten als Gegenleistung dafür anbietet, verspricht oder gewährt, daß er eine richterliche Handlung vorgenommen hat oder künftig vornehme, wird mit Freiheitsstrafe bis zu fünf Jahren oder mit Geldstrafe bestraft.

(3) Die Tat ist nicht nach Absatz 1 strafbar, wenn die zuständige Behörde im Rahmen ihrer Befugnisse entweder die Annahme des Vorteils durch den Empfänger vorher genehmigt hat oder sie auf unverzügliche Anzeige des Empfängers genehmigt.

I. § 333 entspricht **spiegelbildlich** § 331 und schützt dasselbe Rechtsgut. Er bestraft denjenigen, der Partner einer Vorteilsannahme durch eine Amtsperson ist. § 333 geht jedoch insoweit über § 331 hinaus, als die Tat nach Abs. 1 **auch** gegenüber einem **Soldaten** (§ 1 SoldG) begangen werden kann. Der einfache Soldat macht sich demgegenüber, da er Amtsträgern nicht gleichgestellt ist (§ 48 I WStG), nicht wegen Vorteilsannahme strafbar. **Abs. 3** formuliert das Gegenstück zu § 331 III. 1

II. **Täter** kann jedermann sein, auch ein anderer Amtsträger (OLG Frankfurt NStZ 1989, 76). 2

Bei den **Tathandlungen** des § 333 entspricht jeweils das (auf den Abschluss einer Unrechtsvereinbarung gerichtete) 3

- **Anbieten** dem Fordern,
- das **Versprechen** dem Sichversprechenlassen und
- das **Gewähren** dem Annehmen

iSv § 331 (vgl dort Rn 14-16).

III. **Beteiligung:** Spiegelbildlich zu § 331 ist die den Vorteil empfangende Amtsperson nicht wegen Teilnahme strafbar (vgl § 331 Rn 30); die Strafbarkeit des Vorteilsempfängers wird selbstständig und abschließend in §§ 331, 332 geregelt. 4

§ 334 Bestechung

(1) ¹Wer einem Amtsträger, einem Europäischen Amtsträger, einem für den öffentlichen Dienst besonders Verpflichteten oder einem Soldaten der Bundeswehr einen Vorteil für diesen oder einen Dritten als Gegenleistung dafür anbietet, verspricht oder gewährt, daß er eine Diensthandlung vorgenommen hat oder künftig vornehme und dadurch seine Dienstpflichten verletzt hat oder verletzen würde, wird mit Freiheitsstrafe von drei Monaten bis zu fünf Jahren bestraft. ²In minder schweren Fällen ist die Strafe Freiheitsstrafe bis zu zwei Jahren oder Geldstrafe.

(2) ¹Wer einem Richter, Mitglied eines Gerichts der Europäischen Union oder Schiedsrichter einen Vorteil für diesen oder einen Dritten als Gegenleistung dafür anbietet, verspricht oder gewährt, daß er eine richterliche Handlung
1. vorgenommen und dadurch seine richterlichen Pflichten verletzt hat oder
2. künftig vornehme und dadurch seine richterlichen Pflichten verletzen würde,

wird in den Fällen der Nummer 1 mit Freiheitsstrafe von drei Monaten bis zu fünf Jahren, in den Fällen der Nummer 2 mit Freiheitsstrafe von sechs Monaten bis zu fünf Jahren bestraft. ²Der Versuch ist strafbar.

(3) Falls der Täter den Vorteil als Gegenleistung für eine künftige Handlung anbietet, verspricht oder gewährt, so sind die Absätze 1 und 2 schon dann anzuwenden, wenn er den anderen zu bestimmen versucht, daß dieser
1. bei der Handlung seine Pflichten verletzt oder,
2. soweit die Handlung in seinem Ermessen steht, sich bei der Ausübung des Ermessens durch den Vorteil beeinflussen läßt.

1 I. § 334 enthält das **spiegelbildliche Gegenstück zu § 332**; die Qualifikation beruht auf denselben Gründen (zur Teilnahme vgl § 333 Rn 4).

2 II. Abs. 3 korrespondiert mit § 332 III; selbst der erfolglose Versuch, die Amtsperson zu einer entsprechenden Unrechtsvereinbarung zu veranlassen, ist ausreichend.

3 III. Subjektiv genügt bedingter Vorsatz.

§ 335 Besonders schwere Fälle der Bestechlichkeit und Bestechung

(1) In besonders schweren Fällen wird
1. eine Tat nach
    a) § 332 Abs. 1 Satz 1, auch in Verbindung mit Abs. 3, und
    b) § 334 Abs. 1 Satz 1 und Abs. 2, jeweils auch in Verbindung mit Abs. 3, mit Freiheitsstrafe von einem Jahr bis zu zehn Jahren und
2. eine Tat nach § 332 Abs. 2, auch in Verbindung mit Abs. 3, mit Freiheitsstrafe nicht unter zwei Jahren

bestraft.

(2) Ein besonders schwerer Fall im Sinne des Absatzes 1 liegt in der Regel vor, wenn
1. die Tat sich auf einen Vorteil großen Ausmaßes bezieht,
2. der Täter fortgesetzt Vorteile annimmt, die er als Gegenleistung dafür gefordert hat, daß er eine Diensthandlung künftig vornehme, oder

3. der Täter gewerbsmäßig oder als Mitglied einer Bande handelt, die sich zur fortgesetzten Begehung solcher Taten verbunden hat.

I. Die Vorschrift normiert in der Regelbeispieltechnik (vgl § 46 Rn 17 ff, § 243 Rn 1 ff) besonders schwere Fälle der Taten nach §§ 332 und 334.   1

II. Ein Vorteil großen Ausmaßes iSv Abs. 2 Nr. 1 dürfte erst bei Überschreiten der   2
Wertgrenze von 10.000 Euro anzunehmen sein (*Fischer* Rn 5 f; aA Untergrenze 25.000 Euro: MK-*Korte* Rn 9; NK-*Kuhlen* Rn 4; neuerdings BGH wistra 2016, 155 [157]: Untergrenze bei 50.000 Euro). Immaterielle Vorteile sind nicht in Betracht zu ziehen (S/S-*Heine/Eisele* Rn 3). Zu den Merkmalen der gewerbs- und bandenmäßigen Tatbegehung vgl § 243 Rn 24 f bzw § 244 Rn 28 ff. Zu beachten ist, dass eine Bande auch dann angenommen werden kann, wenn Amtsträger und Vorteilsgeber zusammenwirken (BGH NStZ-RR 2013, 246; MK-*Korte* Rn 16).

§ 335 a Ausländische und internationale Bedienstete

(1) Für die Anwendung der §§ 332 und 334, jeweils auch in Verbindung mit § 335, auf eine Tat, die sich auf eine künftige richterliche Handlung oder eine künftige Diensthandlung bezieht, stehen gleich:
1. einem Richter:
   ein Mitglied eines ausländischen und eines internationalen Gerichts;
2. einem sonstigen Amtsträger:
   a) ein Bediensteter eines ausländischen Staates und eine Person, die beauftragt ist, öffentliche Aufgaben für einen ausländischen Staat wahrzunehmen;
   b) ein Bediensteter einer internationalen Organisation und eine Person, die beauftragt ist, Aufgaben einer internationalen Organisation wahrzunehmen;
   c) ein Soldat eines ausländischen Staates und ein Soldat, der beauftragt ist, Aufgaben einer internationalen Organisation wahrzunehmen.

(2) Für die Anwendung der §§ 331 und 333 auf eine Tat, die sich auf eine künftige richterliche Handlung oder eine künftige Diensthandlung bezieht, stehen gleich:
1. einem Richter:
   ein Mitglied des Internationalen Strafgerichtshofes;
2. einem sonstigen Amtsträger:
   ein Bediensteter des Internationalen Strafgerichtshofes.

(3) Für die Anwendung des § 333 Absatz 1 und 3 auf eine Tat, die sich auf eine künftige Diensthandlung bezieht, stehen gleich:
1. einem Soldaten der Bundeswehr:
   ein Soldat der in der Bundesrepublik Deutschland stationierten Truppen der nichtdeutschen Vertragsstaaten des Nordatlantikpaktes, die sich zur Zeit der Tat im Inland aufhalten;
2. einem sonstigen Amtsträger:
   ein Bediensteter dieser Truppen;
3. einem für den öffentlichen Dienst besonders Verpflichteten:

eine Person, die bei den Truppen beschäftigt oder für sie tätig und auf Grund einer allgemeinen oder besonderen Anweisung einer höheren Dienststelle der Truppen zur gewissenhaften Erfüllung ihrer Obliegenheiten förmlich verpflichtet worden ist.

Mit dem Inkrafttreten des Gesetzes zur Bekämpfung der Korruption vom 20.11.2015 (BGBl. I 2015, 2025) wurden zwecks besserer Übersichtlichkeit die Regelungen des IntBestG und des EUBestG in das StGB integriert. Im Zuge dessen wurde § 335 a eingefügt, der nun eine nach Straftatbeständen differenzierte Gleichstellung deutscher und ausländischer Richter, Amtsträger, Soldaten und sonstiger Bediensteter vornimmt. Für Beamte und sonstige Bedienstete ausländischer und internationaler Behörden wird, anders als zB noch im IntBestG und EUBestG, nicht mehr der Begriff „Amtsträger" verwendet, da es sich bei diesem um einen rechtstechnischen Begriff handelt, der in § 11 I Nr. 2 gesetzlich definiert ist (BT-Drucks. 18/4350, 25). Zudem wurden bestehende Unterschiede zwischen den Amtsträgerbegriffen des IntBestG und EUBestG beseitigt. Eine zweistufige Prüfung der Amtsträgereigenschaft (BGH NJW 2015, 2657 m.Anm. *Brodowski* HRRS 2016, 14 ff), die das EUBestG verlangte, soll in EU-Fällen nun nicht mehr erforderlich sein. Eine Harmonisierung erfolgte zudem auf der Ebene außereuropäischer Bestechungsfälle, für die durch die Einführung des § 335 a nicht mehr nur § 334, sondern nun auch § 332 anwendbar ist, sofern zusätzlich die entsprechenden Voraussetzungen der §§ 5 ff erfüllt sind.

§ 336 Unterlassen der Diensthandlung

Der Vornahme einer Diensthandlung oder einer richterlichen Handlung im Sinne der §§ 331 bis 335 a steht das Unterlassen der Handlung gleich.

1 Die Vorschrift stellt klar, dass alle dienstlichen und richterlichen Handlungen iSd Bestechungsdelikte auch in einem Unterlassen bestehen können. Die Unterlassung muss dienstpflichtwidrig gewesen sein, was der Fall ist, wenn die entsprechende Diensthandlung geboten war (NK-*Kuhlen* Rn 2 f).

2 Beim Unterlassen einer Unterrichtung des Vorgesetzten über korruptionsverdächtige Vorgänge in der Behörde kommen neben einer Strafbarkeit nach § 138 eine Beteiligung an der Haupttat durch Unterlassen sowie eine Verurteilung wegen Bestechlichkeit gem. § 332 iVm § 336 in Betracht, wenn der Amtsträger außerdem für das pflichtwidrige Unterlassen der Anzeige einen Vorteil annimmt, sich versprechen lässt oder fordert. In diesem Fall ist es ein dienstpflichtwidriges Unterlassen, wenn der Vorgesetzte die pflichtwidrige Diensthandlung eines **ihm unterstellten Mitarbeiters** nicht anzeigt (BGH NStZ 1999, 560; *Grunst* StV 2005, 453 [455]). Insoweit führen Dienstaufsichtspflichten zu einer Überwachergarantenposition in Bezug auf Taten von Untergebenen. Dagegen begründet nach Ansicht des BGH die allgemeine Dienst- und Treuepflicht keine Garantenpflicht zur Anzeige von Kollegen untereinander (BGH NStZ 2004, 565 f; aA *Grunst* StV 2005, 453 [455, 458]).

§ 337 Schiedsrichtervergütung

Die Vergütung eines Schiedsrichters ist nur dann ein Vorteil im Sinne der §§ 331 bis 335, wenn der Schiedsrichter sie von einer Partei hinter dem Rücken der anderen fordert, sich versprechen läßt oder annimmt oder wenn sie ihm eine Partei hinter dem Rücken der anderen anbietet, verspricht oder gewährt.

§ 338 Erweiterter Verfall

In den Fällen der §§ 332 und 334, jeweils auch in Verbindung mit den §§ 335 a bis 337, ist § 73 d anzuwenden, wenn der Täter gewerbsmäßig handelt oder als Mitglied einer Bande, die sich zur fortgesetzten Begehung solcher Taten verbunden hat.

§ 339 Rechtsbeugung

Ein Richter, ein anderer Amtsträger oder ein Schiedsrichter, welcher sich bei der Leitung oder Entscheidung einer Rechtssache zugunsten oder zum Nachteil einer Partei einer Beugung des Rechts schuldig macht, wird mit Freiheitsstrafe von einem Jahr bis zu fünf Jahren bestraft.

I. Die Vorschrift dient nach hM dem Schutz der (inländischen) Rechtspflege bei ihrer Aufgabe, richtiges Recht zu sprechen (L-Kühl-*Heger* Rn 1; *Vormbaum*, Der strafrechtliche Schutz des Strafurteils, 1987, 326 ff; *ders*. Paeffgen-FS 377 [382 ff, 389]). Eine rechtskräftige Verurteilung wegen Rechtsbeugung (Verbrechen) führt zur Beendigung des Richter- oder Beamtenverhältnisses (§§ 24 Nr. 1 DRiG; 41 I Nr. 1 BBG). Hieraus folgt das Erfordernis einer restriktiven Auslegung des Tatbestands (vgl BGHSt 34, 146 [148]; 38, 381 [383]; kritisch zu den verschiedenen Ansätzen einer tatbestandlichen Restriktion *Kargl* Haffke-Symposium 39 ff; *Neumann* Schünemann-FS 631 ff). 1

Die Tat ist **echtes Sonderdelikt**. Täter können nur Richter (§ 11 I Nr. 3), Amtsträger (§ 11 I Nr. 2) oder Schiedsrichter (§ 331 Rn 3) sein. Für außenstehende Beteiligte gilt § 28 I. 2

II. Tatbestand

1. Eine **Rechtssache** ist eine Rechtsangelegenheit, bei der über die widerstreitenden rechtlichen Belange mehrerer Beteiligter in einem rechtlich vollständig geregelten Verfahren (regelmäßig einem „Prozess") nach Rechtsgrundsätzen zu entscheiden ist (BGHSt 24, 326 [328]). Die **Leitung** einer Rechtssache umfasst dabei alle Maßnahmen, die auf die Erledigung der Sache abzielen (BGH NStZ 2013, 655 [656]; hinsichtlich der Abänderung der auf dem Akteneinband niedergelegten Urteilsformel BGH NStZ 2015, 651 [652]; vgl auch BGH NStZ 2016, 351). 3

Die Tätigkeit eines **nichtrichterlichen Amtsträgers** ist nur einschlägig, wenn sie mit der eines **Richters** vergleichbar ist (BGHSt 34, 146; 38, 381 [382]). Maßgeblich ist dabei neben der vollständig förmlichen Ausgestaltung des Verfahrens vor allem, dass der Entscheidende einen gewissen Grad sachlicher Unabhängigkeit 4

genießt (BGHSt 40, 169 [177]; 41, 247 [249]), eine unparteiische Stellung bekleidet, eine für das Verfahren maßgebliche Leitungs- oder Entscheidungsbefugnis besitzt und Recht autoritativ durchzusetzen hat; völlige Weisungsfreiheit ist dagegen nicht erforderlich. Beispiele:
- Rechtspfleger bei der selbstständigen Wahrnehmung richterlicher Aufgaben (§ 9 RPflG; vgl BGHSt 35, 224 [230]);
- Staatsanwalt bei Anklageerhebungen (§ 170 I StPO; vgl BGHSt 32, 357 ff; 38, 381 [382]); Einstellungsverfügungen (§§ 153 ff, 170 II StPO, 45 JGG); Anträgen auf Erlass eines Haftbefehls (§§ 125 I, 128 II S. 2 StPO; vgl BGHSt 41, 247 [249 f]);
- Amtsträger, der im Bußgeldverfahren über die Verfolgung und Ahndung von Ordnungswidrigkeiten zu entscheiden hat (§§ 35 ff, 46 I, II, 47 I, 65 f OWiG). In Verwarnungsverfahren wird dagegen keine Rechtssache inhaltlich entschieden, da die Verwarnung nur mit Zustimmung des Betroffenen wirksam wird (§ 56 II OWiG).

5 **Nicht** tatbestandsmäßig ist die **Verwaltungstätigkeit**, bei der Staats- und Verwaltungsziele zu verfolgen sind, auch wenn hier der Amtsträger ebenfalls an Gesetz und Recht gebunden ist (Art. 20 III GG). Keine Entscheidungen in Rechtssachen iSd Tatbestands sind etwa Festsetzungen im Steuerveranlagungsverfahren (BGHSt 24, 326), die Erteilung von Aufenthaltsbewilligungen (BGHSt 34, 146 [147]), die Gewährung von Sozialhilfe (OLG Koblenz GA 1987, 553) oder Maßnahmen des Gerichtsvollziehers (OLG Düsseldorf NJW 1997, 2124).

6 **2.** Die **Tathandlung** ist als **Beugung des Rechts** umschrieben. Hierunter ist die Verletzung des geltenden materiellen oder prozessualen Rechts zu verstehen (BGHSt 32, 357; 38, 381 [383]; 42, 343; zur Verletzung überpositiven Rechts als Tathandlung vgl *Kargl* Haffke-FS 39 [44 ff]). Dies kann durch unrichtige Rechtsanwendung oder Ermessensmissbrauch, aber auch durch falsche Sachverhaltsfeststellungen geschehen. Einschlägig ist auch die gezielt zögerliche Bearbeitung einer Rechtssache zum Vor- oder Nachteil einer Partei aus sachfremden Erwägungen (BGHSt 47, 105 [113 ff]) oder durch die systematische Verletzung von Anhörungspflichten, etwa aus § 70 c FGG aF (BGH NStZ 2010, 92). Ebenso unzulässig ist es, die Verfahren des einstweiligen Rechtsschutzes länger unerledigt zu lassen, als dies unbedingt erforderlich ist (*Klose* NJ 2004, 241 [243]). Die Rechtsverletzung kann aktiv, aber auch durch Unterlassen erfolgen. Ein Verfahrensverstoß muss Auswirkungen auf die Entscheidung haben (BGHSt 42, 343 [351 f]; BGH wistra 2009, 392; *Volk* NStZ 1997, 412 ff; aA *Seebode* JR 1997, 471 [478]).

7 Die Voraussetzungen, unter denen eine unrichtige Rechtsanwendung als tatbestandsmäßige Rechtsbeugung anzusehen ist, sind umstritten (ausf. NK-*Kuhlen* Rn 41 ff; *Kargl* Haffke-Symposium 39 [49 ff]; *Neumann* Schünemann-FS 631 ff):

8 - Die sog. **subjektive Theorie** stellt darauf ab, ob der Täter gegen seine Rechtsüberzeugung verstößt (*Sarstedt* Heinitz-FS 427 [429]).

9 - Nach der sog. **objektiven Theorie** ist dies der Fall, wenn sich die Entscheidung nicht mehr im Rahmen des objektiv noch rechtlich Vertretbaren bewegt (vgl KG NStZ 1988, 557; L-Kühl-*Heger* Rn 5; LK-*Hilgendorf* Rn 47).

10 - Nach der (vermittelnden) sog. **Pflichtwidrigkeitstheorie** beugt der Täter das Recht, wenn er gegen die ihm obliegenden Amtspflichten verstößt. Anders als bei der objektiven Theorie ist demnach eine Rechtsbeugung auch dann

anzunehmen, wenn sich die Entscheidung zwar noch im Rahmen des rechtlich Vertretbaren bewegt, aber aus sachfremden Erwägungen heraus getroffen wird (*Behrendt* JuS 1989, 945 [948 f]; SK-*Stein/Deiters* Rn 47 f).

■ Der BGH vertritt eine erheblich **eingeengte objektive Theorie**, indem er einen „elementaren Verstoß gegen die Rechtspflege" verlangt. Dass eine Entscheidung nur unvertretbar ist, soll noch nicht ausreichen. Vielmehr sei erforderlich, dass sich der Amtsträger „bewusst in schwerwiegender Weise von Recht und Gesetz entfernt" (ständige Rspr: BGHSt 41, 247 [251]; 47, 105 [109]; BGH NStZ 2015, 651; zust. S/S-*Heine/Hecker* Rn 11; nach BGH NJW 2014, 1192 soll Bedeutungskenntnis iSe direkten Vorsatzes hinsichtlich der Schwere des Rechtsverstoßes erforderlich sein). Auf die persönliche Gerechtigkeitsvorstellung des Richters soll es dabei nicht ankommen. Der alleinige Wunsch oder die Vorstellung des Richters, obgleich er die Unvertretbarkeit seiner Ansicht erkenne oder für möglich halte, „gerecht" zu handeln oder „das Richtige" zu tun, könne eine Rechtsbeugung nicht ausschließen (BGH NJW 2014, 1192). Beispielsweise werden Abweichungen von der vorgeschriebenen Form der Verfahrenseinstellung (BGHSt 38, 381 [383]) oder die Missachtung der gesetzlichen Zuständigkeitsregelung nicht als Rechtsbeugung angesehen (BGH NJW 1997, 1452). Von Bedeutung ist die Auffassung des BGH insbesondere bei der Beurteilung einer möglichen Rechtsbeugung durch Richter der ehemaligen DDR geworden (näher hierzu und zum ggf eingreifenden Rückwirkungsverbot BGHSt 40, 30; 41, 247; 41, 317; BGH NJW 1998, 248; SK-*Stein/Deiters* Rn 17 f; MK-*Uebele* Rn 35 ff).

3. Durch die Rechtsbeugung muss eine Partei (= ein Verfahrensbeteiligter, auch Nebenintervenient) **begünstigt oder benachteiligt** werden. Bei der Verletzung von Verfahrens- und Zuständigkeitsvorschriften ist erforderlich und ausreichend, dass durch die Verfahrensverletzung die konkrete Gefahr einer falschen Entscheidung zum Vor- oder Nachteil einer Partei begründet wurde, ohne dass allerdings ein Vor- oder Nachteil tatsächlich eingetreten sein muss (BGHSt 42, 343; BGH NStZ 2013, 648 [651]). Als Nachteile kommen neben Klageabweisungen, Verurteilungen, Verschlechterungen der Beweislage, Eingriffe in Rechtsgüter (vgl Körperverletzung bei BGHSt 32, 357) oder dem Verzicht eines Angeklagten auf Rechtsmittel und die Einwilligung in eine Therapieeinweisung (BGH JuS 2012, 1042 m. zust. Anm. *Hecker*; vgl auch SK-*Stein/Deiters* Rn 50) auch heimlich durch einen Richter vorgenommene nachträgliche – nach Ablauf der Frist des § 275 I S. 3 StPO – Änderungen an den Urteilsgründen in Betracht (BGH NStZ 2013, 655 [656 f]; StV 2014, 16).

4. Der **subjektive Tatbestand** verlangt (zumindest bedingten) Vorsatz (BGHSt 40, 272 [276]; OLG Düsseldorf NJW 1990, 1374 [1375]; *Fischer* Rn 37 ff). Der Vorsatzgegenstand wird maßgeblich von den Theorien über die Voraussetzungen der Rechtsbeugung (Rn 7 ff) bestimmt.

III. Strittig ist, ob ein gegen die rechtsbeugende Entscheidung stimmendes Mitglied eines **Kollegialgerichtes** den Tatbestand des § 339 verwirklicht, wenn es nach dem Unterliegen bei der Abstimmung des Spruchkörpers gleichwohl an der Verkündung der rechtsbeugenden Entscheidung mitwirkt. Die noch hM verneint dies mit der Begründung, dass auch der überstimmte Richter an der Urteilsverkündung mitzuwirken habe und er mit seiner Gegenstimme alles in seiner Macht Stehende getan habe, um die rechtsbeugende Entscheidung zu verhindern (OLG Naumburg NStZ 2009, 214 f; LK-*Hilgendorf* Rn 123; LK-*Spendel*, 11. Aufl.,

Rn 109; aA *Scheinfeld* JA 2009, 401 [404 f]; MK-*Uebele* Rn 56 mwN). Diese Sichtweise erscheint zumindest im Falle evident rechtsbeugender Entscheidungen fragwürdig. Denn eine Pflicht des überstimmten Richters zur Mitwirkung an der Verkündung evident rechtsbeugender Entscheidungen zu konstruieren, scheint aus normativer Sicht schwer denkbar (*Erb* NStZ 2009, 189 f; *Fischer* Rn 8).

15 **IV. Sperrwirkung**: Die Bestrafung eines Richters oder Amtsträgers iSd Tatbestands ist wegen seiner Tätigkeit bei der Leitung oder Entscheidung einer Rechtssache nach anderen Vorschriften (zB §§ 239, 343 ff) nur möglich, wenn zugleich die Voraussetzungen einer Rechtsbeugung erfüllt sind (BGHSt 32, 357 [364 f]; *Fischer* Rn 48; MK-*Uebele* Rn 71).

16 **V. Konkurrenzen**: Mit §§ 239, 240 sowie §§ 343 ff kann Tateinheit bestehen (NK-*Kuhlen* Rn 89). Liegen mehrere Rechtsbeugungshandlungen mit identischer Zielrichtung in einem Verfahren vor, stellen diese eine einheitliche Tat dar (BGHSt 40, 169).

§ 340 Körperverletzung im Amt

(1) ¹Ein Amtsträger, der während der Ausübung seines Dienstes oder in Beziehung auf seinen Dienst eine Körperverletzung begeht oder begehen läßt, wird mit Freiheitsstrafe von drei Monaten bis zu fünf Jahren bestraft. ²In minder schweren Fällen ist die Strafe Freiheitsstrafe bis zu fünf Jahren oder Geldstrafe.

(2) Der Versuch ist strafbar.

(3) Die §§ 224 bis 229 gelten für Straftaten nach Absatz 1 Satz 1 entsprechend.

1 **I.** § 340 I ist – als **unechtes Amtsdelikt** – eine **Qualifikation** zu § 223 I. Täter kann nur ein Amtsträger (§ 11 I Nr. 2) oder ein Offizier bzw Unteroffizier der Bundeswehr (§ 48 I WStG) sein. Für außenstehende Beteiligte gilt § 28 II.

2 **II.** Mit den Merkmalen **während der Ausübung seines Dienstes oder in Beziehung auf seinen Dienst** wird das Erfordernis eines **inneren Zusammenhangs** zwischen Dienstausübung und Körperverletzung festgelegt, gleichgültig ob die Körperverletzung in der Zeit, in welcher der Täter befugt als Amtsträger tätig ist (= „während der Ausübung"), oder außerhalb einer solchen Zeit, aber in sachlichem Zusammenhang mit dem Dienst (= „in Beziehung auf") begangen wird. Eine bloße Zeitgleichheit von Körperverletzung und Dienstzeit reicht nach vorherrschender Meinung nicht aus (*Fischer* Rn 2; S/S-*Hecker* Rn 4; L-Kühl-*Heger* Rn 2). Nicht einschlägig ist es daher, wenn ein Beamter seinen Kollegen aus persönlichen Gründen während der Dienstzeit schlägt.

3 Unter das Merkmal **begehen lässt** fallen nach hM nicht nur die Fälle mittelbarer Täterschaft, sondern auch Anstiftung und Beihilfe sowie alle Beteiligungsformen durch Unterlassen (MK-*Voßen* Rn 13 ff; diff. *Fischer* Rn 2 b; L-Kühl-*Heger* Rn 2; SK-*Wolters* Rn 5 ff; aA *Otto* BT § 19/5, 6).

4 Eine **Rechtfertigung** der Tat kommt insbesondere durch öffentlich-rechtliche Eingriffs- und Befugnisnormen in Betracht (*Fischer* Rn 3 a; MK-*Voßen* Rn 22 ff). Zu § 340 aF lehnte die hM die rechtfertigende Wirkung einer **Einwilligung** ab (vgl etwa BGH NJW 1983, 462 [463]). Da die Neufassung von § 340 in Abs. 3 aber ua auch auf § 228 verweist, nimmt die heute hM an, dass die Vorschrift rein individualschützenden Charakter hat und eine Einwilligung des Opfers dement-

sprechend rechtfertigende Wirkung entfalte (*Fischer* Rn 7; *S/S-Hecker* Rn 9; L-Kühl-*Heger* Rn 4; diff. *Duttge* Jura 2006, 15 [19 ff]; einschr. MK-*Voßen* Rn 21).

§§ 341 und 342 (weggefallen)

§ 343 Aussageerpressung

(1) Wer als Amtsträger, der zur Mitwirkung an
1. einem Strafverfahren, einem Verfahren zur Anordnung einer behördlichen Verwahrung,
2. einem Bußgeldverfahren oder
3. einem Disziplinarverfahren oder einem ehrengerichtlichen oder berufsgerichtlichen Verfahren

berufen ist, einen anderen körperlich mißhandelt, gegen ihn sonst Gewalt anwendet, ihm Gewalt androht oder ihn seelisch quält, um ihn zu nötigen, in dem Verfahren etwas auszusagen oder zu erklären oder dies zu unterlassen, wird mit Freiheitsstrafe von einem Jahr bis zu zehn Jahren bestraft.

(2) In minder schweren Fällen ist die Strafe Freiheitsstrafe von sechs Monaten bis zu fünf Jahren.

I. Bei der Aussageerpressung setzt der Täter bestimmte Zwangsmittel ein, um das Opfer zu einer Aussage oder deren Unterlassung zu nötigen. Die Vorschrift schützt die **Rechtspflege** sowie die **Willensfreiheit des Tatbetroffenen** (NK-*Kuhlen* Rn 3), wobei umstritten ist, ob beide Schutzgüter gleichen Rang haben (so S/S-*Hecker* Rn 1; MK-*Voßen* Rn 2) oder ob die Rechtspflege vorrangig geschützt wird (so *Fischer* Rn 1; LK-*Jescheck*, 11. Aufl., Rn 1). 1

II. Täter können **Amtsträger** iSd § 11 I Nr. 2 sowie Offiziere und Unteroffiziere der Bundeswehr iSd § 48 I WStG sein. Voraussetzung ist, dass sie zur Mitwirkung an einem der in Nr. 1 bis 3 genannten Verfahren **berufen** sind; es muss mithin zu ihrem dienstlichen Aufgabenkreis gehören, an solchen Verfahren **auf Seiten der Verfahrensführung** (also zB nicht als Zeuge oder Verteidiger) mitzuwirken (NK-*Kuhlen* Rn 4); auf ihre Zuständigkeit im konkreten Einzelfall kommt es dagegen nicht an (BT-Drucks. 7/550, 278; LK-*Jescheck*, 11. Aufl., Rn 3; aA LK-*Zieschang* Rn 9). Uneinheitlich wird beurteilt, ob darüber hinaus auch Amtsträger zum Täterkreis zu zählen sind, die aufgrund gesetzlicher Anordnung als Sachverständige an dem Verfahren mitwirken (dafür: S/S-*Hecker* Rn 19, § 344 Rn 7; SK-*Wolters* Rn 4; dagegen: *Geerds* Spendel-FS 503 [507]; NK-*Kuhlen* Rn 4). 2

Die Amtsträgereigenschaft ist ein **besonderes persönliches Merkmal** iSd § 28. Umstritten ist, ob § 343 ein echtes oder unechtes Amtsdelikt ist, ob zugunsten des Teilnehmers ohne Amtsträgereigenschaft also § 28 I oder § 28 II anzuwenden ist (für echtes Amtsdelikt: hM, *Fischer* Rn 1; LK-*Jescheck*, 11. Aufl., Rn 1; für unechtes Amtsdelikt: S/S-*Hecker* Rn 1; MK-*Voßen* Rn 41; diff. LK-*Zieschang* Rn 2). 3

III. Die in Abs. 1 genannten **Verfahren** brauchen noch nicht förmlich eingeleitet zu sein; es genügt jede Maßnahme, die hierauf gerichtet ist (BGH bei *Holtz* MDR 1980, 628 [630 f]). 4

5 1. Unter **Strafverfahren** (Abs. 1 Nr. 1 Alt. 1) sind alle in der StPO geregelten Verfahrensarten, Jugend- und Steuerstrafverfahren sowie Verfahren nach dem WStG zu verstehen (S/S-*Hecker* Rn 4).

6 2. Zu den **Verfahren zur Anordnung einer behördlichen Verwahrung** (Abs. 1 Nr. 1 Alt. 2) zählen die Verfahren zur Unterbringung nach den Unterbringungsgesetzen der Länder, Verfahren, die nach den Ordnungs- und Polizeigesetzen der Länder eine Verwahrung zur Folge haben können, sowie Verfahren, die eine Abschiebehaft für Ausländer bezwecken. Nicht zu den in Nr. 1 aufgezählten Verfahren ist dagegen die bloße Rückführung einer Person in eine bereits zuvor angeordnete Verwahrung zu rechnen (BGHSt 6, 144 [145 ff]).

7 3. **Bußgeldverfahren** (Abs. 1 Nr. 2) sind die Verfahren nach den §§ 35 ff, 46 ff OWiG.

8 4. Von den **Disziplinarverfahren** (Abs. 1 Nr. 3 Alt. 1) werden die Verfahren nach landes- und bundesrechtlichen Disziplinarordnungen und Richtergesetzen erfasst.

9 5. **Ehrengerichtliche oder berufsgerichtliche Verfahren** (Abs. 1 Nr. 3 Alt. 2 und 3) sind beispielsweise die Verfahren nach §§ 116 ff BRAO, §§ 95 ff BNotO und §§ 89 ff. StBerG.

10 IV. Die **körperliche Misshandlung** entspricht begrifflich der körperlichen Misshandlung in § 223. Eine körperliche Berührung ist dabei nicht erforderlich (BT-Drucks. 7/550, 278; zB längere Bestrahlung mit grellem Licht; hungern lassen).

11 Der Gewaltbegriff der **sonstigen Gewaltanwendung** korrespondiert mit dem des § 240 (Vor § 232 Rn 3 ff). Die Gewalt muss sich gegen die Person des Betroffenen wenden (SK-*Wolters* Rn 12). Der Einsatz eines Lügendetektors gegen den Willen des Betroffenen ist keine Anwendung von Gewalt (NK-*Kuhlen* Rn 9). Zum Einsatz von Hypnose, Narkotika, „Wahrheitsseren" gegen den Willen des Betroffenen vgl S/S-*Hecker* Rn 10; *Hoffmann* NJW 1953, 972; NK-*Kuhlen* Rn 8 f.

12 Eine **Gewaltandrohung** ist anzunehmen, wenn dem Betroffenen in Aussicht gestellt wird, dass gegen ihn Gewalt angewendet wird, wenn er nicht das gewünschte Verhalten zeigt (NK-*Kuhlen* Rn 10). Die Gewaltandrohung ist von berechtigten Warnungen abzugrenzen (vgl S/S-*Hecker* Rn 11; SK-*Wolters* Rn 13).

13 **Seelisches Quälen** bedeutet, dass einem anderen unnötige und länger andauernde oder sich wiederholende seelische Leiden zugefügt werden, die über die unvermeidbare seelische Belastung durch die Vernehmung hinausgehen (NK-*Kuhlen* Rn 11) und die geeignet sind, seine geistigen und seelischen Widerstandskräfte zu zermürben (BT-Drucks. 7/550, 279; S/S/W-*Kudlich* Rn 12); ohne Weiteres ist dies jedoch nicht schon bei ermüdenden, lang andauernden Vernehmungen anzunehmen.

14 Die weiteren in § 136 a StPO als unzulässig genannten Vernehmungsmethoden werden nicht von § 343 erfasst. Ob die Einwilligung des Betroffenen in die Tathandlung den Tatbestand ausschließen kann, wird nicht einheitlich beurteilt (dafür *Fischer* Rn 10 a; dagegen: NK-*Kuhlen* Rn 3; SK-*Wolters* Rn 12).

15 V. Der **subjektive Tatbestand** verlangt Vorsatz. Darüber hinaus muss der Täter die Handlung vornehmen, **um** den anderen **zu nötigen**, in dem Verfahren etwas auszusagen, zu erklären oder dies zu unterlassen; erforderlich ist also eine Nötigungsabsicht. Das beabsichtigte Aussageverhalten muss dabei im **inneren Zu-**

sammenhang mit dem jeweiligen Verfahren stehen (NK-*Kuhlen* Rn 13); nicht erfasst wird der Fall, dass ein Amtsträger eine Information erlangen will, die ausschließlich für ihn persönlich von Interesse ist. Ob die angestrebte Aussage oder deren Unterlassung letztlich erfolgt oder nicht, ist ohne Bedeutung; unmaßgeblich ist weiterhin, ob eine wahre oder unwahre Aussage abgenötigt werden soll (S/S-*Hecker* Rn 16). Ob § 240 II anwendbar ist, ob also Nötigungsabsicht nur dort anzunehmen ist, wo sich die Relation zwischen erstrebtem Aussageverhalten und eingesetztem Mittel als verwerflich darstellt, wird uneinheitlich beurteilt (abl.: S/S-*Hecker* Rn 16; bej.: NK-*Kuhlen* Rn 14). Entsprechend wird der Irrtum über die Zulässigkeit einer Maßnahme entweder immer als Verbotsirrtum eingeordnet (S/S-*Hecker* Rn 15) oder ggf als Tatsachenirrtum, der die Nötigungsabsicht entfallen lässt (NK-*Kuhlen* Rn 15).

VI. Eine **rechtfertigende Einwilligung** des Betroffenen kommt wegen des öffentlichen Schutzgutes der Norm nicht in Betracht (NK-*Kuhlen* Rn 16; MK-*Voßen* Rn 36). Eine Rechtfertigung kann sich jedoch aus Prozess- oder Amtsnormen ergeben (SK-*Wolters* Rn 20). 16

VII. **Konkurrenzen:** § 240 tritt hinter § 343 zurück (LK-*Jescheck*, 11. Aufl., Rn 16; aA *Fischer* Rn 13; SK-*Wolters* Rn 24: Idealkonkurrenz). Zu §§ 223 ff, 340 besteht Tateinheit, ebenfalls zu §§ 339, 344 f (S/S-*Hecker* Rn 20). Wird dem Opfer ein Verhalten abgenötigt, das einen Deliktstatbestand erfüllt (zB §§ 153 ff), stehen die Beteiligung des Amtsträgers daran und § 343 ebenfalls in Tateinheit. 17

§ 344 Verfolgung Unschuldiger

(1) ¹Wer als Amtsträger, der zur Mitwirkung an einem Strafverfahren, abgesehen von dem Verfahren zur Anordnung einer nicht freiheitsentziehenden Maßnahme (§ 11 Abs. 1 Nr. 8), berufen ist, absichtlich oder wissentlich einen Unschuldigen oder jemanden, der sonst nach dem Gesetz nicht strafrechtlich verfolgt werden darf, strafrechtlich verfolgt oder auf eine solche Verfolgung hinwirkt, wird mit Freiheitsstrafe von einem Jahr bis zu zehn Jahren, in minder schweren Fällen mit Freiheitsstrafe von drei Monaten bis zu fünf Jahren bestraft. ²Satz 1 gilt sinngemäß für einen Amtsträger, der zur Mitwirkung an einem Verfahren zur Anordnung einer behördlichen Verwahrung berufen ist.

(2) ¹Wer als Amtsträger, der zur Mitwirkung an einem Verfahren zur Anordnung einer nicht freiheitsentziehenden Maßnahme (§ 11 Abs. 1 Nr. 8) berufen ist, absichtlich oder wissentlich jemanden, der nach dem Gesetz nicht strafrechtlich verfolgt werden darf, strafrechtlich verfolgt oder auf eine solche Verfolgung hinwirkt, wird mit Freiheitsstrafe von drei Monaten bis zu fünf Jahren bestraft. ²Satz 1 gilt sinngemäß für einen Amtsträger, der zur Mitwirkung an

1. einem Bußgeldverfahren oder
2. einem Disziplinarverfahren oder einem ehrengerichtlichen oder berufsgerichtlichen Verfahren

berufen ist. ³Der Versuch ist strafbar.

I. Die Vorschrift dient dem **Schutz der Rechtspflege** (*Fischer* Rn 1) und sichert zudem die Grundrechte des Betroffenen (NK-*Kuhlen* Rn 4; LK-*Zieschang* Rn 1). 1

Der Erfolg oder die konkrete Gefahr einer Sanktionierung muss nicht eintreten; § 344 ist schlichtes Tätigkeitsdelikt (NK-*Kuhlen* Rn 6). Der **Versuch** ist strafbar.

2 Der **Täterkreis** ist in Abs. 1 und 2 gleichermaßen auf bestimmte Amtsträger beschränkt. Die Tat ist **echtes Amtsdelikt** und zugleich **Sonderdelikt** (*Geerds* Spendel-FS 503 [504]; L-Kühl-*Heger* Rn 1). Für Teilnehmer gilt § 28 I (SK-*Wolters* Rn 17; LK-*Zieschang* Rn 17).

II. Abs. 1 S. 1

3 **1. Täter** kann nur sein, wer zur Mitwirkung an einem Strafverfahren, abgesehen von dem Verfahren zur Anordnung einer nicht freiheitsentziehenden Maßnahme (§ 11 I Nr. 8), berufen ist. In Betracht kommen vornehmlich Richter, Staatsanwälte und Polizeibeamte (BGHSt 1, 255 [257]; OLG Oldenburg MDR 1990, 1135; S/S-*Hecker* Rn 6). Dagegen werden Sachverständige nicht erfasst (NK-*Kuhlen* Rn 5; MK-*Voßen* Rn 6), und zwar auch dann nicht, wenn ihre Mitwirkung am Verfahren gesetzlich vorgeschrieben ist (aA *Geppert* Jura 1981, 78 [82]; S/S-*Hecker* Rn 7).

4 **2.** Die Tat muss sich gegen jemanden richten, der unschuldig ist oder sonst nach dem Gesetz nicht strafrechtlich verfolgt werden darf. **Unschuldig** ist, wer die Tat, derentwegen er verfolgt wird, nicht begangen hat, ferner derjenige, zu dessen Gunsten Rechtfertigungs-, Entschuldigungs-, Strafaufhebungs- bzw Strafausschließungsgründe eingreifen. Schließlich ist auch derjenige „unschuldig", auf den das deutsche Strafrecht nicht anzuwenden ist oder der statt der ihm vorgeworfenen Tat eine Tat mit erheblich geringerem Unrechtsgehalt (zB Diebstahl statt Raub, fahrlässige statt vorsätzliche Körperverletzung) begangen hat (BGH bei *Dallinger* MDR 1971, 895 [896]; *Fischer* Rn 4; NK-*Kuhlen* Rn 9). **Sonst nach dem Gesetz nicht strafrechtlich verfolgt werden darf** jemand, dessen strafrechtlicher Verfolgung dauerhafte Hindernisse entgegenstehen, insbesondere Rechtskraft, Verjährung, Fehlen des erforderlichen Strafantrags oder Immunität. Diese Tatvariante betrifft also das Ob der Strafverfolgung (S/S-*Hecker* Rn 16; vgl auch *Geerds* Spendel-FS 503 [511 f]; *Langer* JR 1989, 95 [98 f]). Die Unzulässigkeit lediglich einzelner Verfolgungsmaßnahmen genügt nicht.

5 **3. Tathandlung** ist die strafrechtliche Verfolgung oder das Hinwirken auf eine solche Verfolgung. Sie ist jeweils auch durch **Unterlassen** möglich (NK-*Kuhlen* Rn 8; SK-*Wolters* Rn 10). Die **Vollendung** erfordert, dass der Täter eine auch nach außen als dienstlich erkennbare Tätigkeit entfaltet.

6 **Strafrechtliche Verfolgung** ist jede dienstliche Handlung im Rahmen eines Strafverfahrens; sie beginnt mit der polizeilichen oder staatsanwaltlichen Ermittlung und endet mit Abschluss des Erkenntnisverfahrens (S/S-*Hecker* Rn 10; restr. *Schroeder* GA 1985, 485 [488]). Das Handeln muss (zumindest mittelbar) auf die Verhängung einer freiheitsentziehenden strafrechtlichen Sanktion (Bestrafung, Maßregelung) abzielen (*Fischer* Rn 3; NK-*Kuhlen* Rn 6; SK-*Wolters* Rn 8). Nicht erfasst wird daher zB der staatsanwaltschaftliche Antrag auf Verfahrenseinstellung nach § 153 StPO (anders aber nach § 153 a StPO). Entscheidend ist der objektive Sinn der Handlung, so dass eine Verfolgungsmaßnahme auch dann einschlägig ist, wenn sie subjektiv dem Zweck dient, die Unschuld des Betroffenen aufzudecken.

7 Dem **Hinwirken auf eine solche Verfolgung** unterfallen Konstellationen, in denen der Amtsträger nicht selbst die Verfolgung betreibt, sondern als Hilfsorgan (teil-

nehmend) tätig wird (OLG Oldenburg MDR 1990, 1135; *Geerds* Spendel-FS 503 [509]; NK-*Kuhlen* Rn 7). Erfasst wird auch der Fall, dass ein nach der Geschäftsverteilung unzuständiger Amtsträger einen insoweit zuständigen zu Verfolgungsmaßnahmen veranlasst; erforderlich ist dann allerdings, dass der unzuständige Amtsträger dienstlich auftritt (NK-*Kuhlen* Rn 7; ohne diese Einschränkung S/S-*Hecker* Rn 12; L-Kühl-*Heger* Rn 4).

4. Der **subjektive Tatbestand** erfordert absichtliches oder wissentliches Handeln; hinsichtlich der Täterstellung genügt bedingter Vorsatz. **Wissentlich** handelt, wer die Unschuld des Verfolgten bzw dessen Nichtverfolgbarkeit und das Verfolgungsverbot sicher kennt bzw hiervon überzeugt ist (OLG Düsseldorf NJW 1987, 2453). Auch bei **absichtlichem** Handeln muss es dem Täter nicht nur auf die Verfolgung ankommen; er muss vielmehr auch um das Nichtvorliegen der Verfolgungsvoraussetzungen sicher wissen (*Herzberg* JR 1986, 6; NK-*Kuhlen* Rn 18; *Wagner* JZ 1987, 658 [663]; weitergehend *Fischer* Rn 5; SK-*Wolters* Rn 13: für möglich halten genügt). 8

III. Nach **Abs. 1 S. 2** gilt Abs. 1 S. 1 sinngemäß für einen Amtsträger, der zur Mitwirkung an einem Verfahren zur Anordnung einer behördlichen Verwahrung berufen ist. Der strafrechtlichen Verfolgung entspricht hier das auf Unterbringung einer bestimmten Person gerichtete dienstliche Tätigwerden im Rahmen eines Unterbringungs- oder ähnlichen Verfahrens (L-Kühl-*Heger* Rn 5; NK-*Kuhlen* Rn 19). 9

IV. **Abs. 2 S. 1** betrifft als Vergehenstatbestand die strafrechtliche Verfolgung oder Hinwirkung hierauf in einem Verfahren zur Anordnung einer *nicht freiheitsentziehenden* Maßnahme iSv § 11 I Nr. 8. Maßnahmen dieser Art sind zB die Entziehung der Fahrerlaubnis (§ 69), das Berufsverbot (§ 70), Verfall, Einziehung und Unbrauchbarmachung (§§ 73 ff). 10

Nach **Abs. 2 S. 2** gilt Abs. 2 S. 1 sinngemäß auch für solche Amtsträger, die zur Mitwirkung an Bußgeldverfahren, Disziplinarverfahren sowie ehren- oder berufsgerichtlichen Verfahren berufen sind. 11

V. Eine Einwilligung des Betroffenen kann die **Rechtswidrigkeit** des Handelns nicht ausschließen (NK-*Kuhlen* Rn 22; SK-*Wolters* Rn 2). Sofern prozessrechtliche Vorschriften die Verfolgung gestatten, entfällt bereits der Tatbestand (NK-*Kuhlen* Rn 14 f, 22; MK-*Voßen* Rn 34; für Rechtfertigung *Langer* JR 1989, 95 [98]; diff. SK-*Wolters* Rn 14). 12

VI. Die **Beteiligung** richtet sich nach den allgemeinen Regeln (vgl auch Rn 2). Einschränkend ist allerdings zu fordern, dass auch der Teilnehmer in Hinblick auf die Unschuld/Nichtverfolgbarkeit des Betroffenen und die Unzulässigkeit seiner Verfolgung wissentlich oder absichtlich gehandelt hat (LK-*Jescheck*, 11. Aufl., Rn 12; NK-*Kuhlen* Rn 24; aA *Geerds* Spendel-FS 515 f; SK-*Wolters* Rn 17: bedingter Vorsatz genügt). 13

VII. **Konkurrenzen:** § 344 und § 343 können tateinheitlich begangen werden (*Fischer* Rn 7; NK-*Kuhlen* Rn 25), während § 164 hinter § 344 zurücktritt (OLG Oldenburg MDR 1990, 1135; S/S-*Hecker* Rn 23). Tateinheit ist ferner mit § 339 möglich (*Geppert* Jura 1981, 78 [83]; NK-*Kuhlen* Rn 25; aA SK-*Wolters* Rn 19: § 344 als qualifizierende Spezialvorschrift). 14

§ 345 Vollstreckung gegen Unschuldige

(1) Wer als Amtsträger, der zur Mitwirkung bei der Vollstreckung einer Freiheitsstrafe, einer freiheitsentziehenden Maßregel der Besserung und Sicherung oder einer behördlichen Verwahrung berufen ist, eine solche Strafe, Maßregel oder Verwahrung vollstreckt, obwohl sie nach dem Gesetz nicht vollstreckt werden darf, wird mit Freiheitsstrafe von einem Jahr bis zu zehn Jahren, in minder schweren Fällen mit Freiheitsstrafe von drei Monaten bis zu fünf Jahren bestraft.

(2) Handelt der Täter leichtfertig, so ist die Strafe Freiheitsstrafe bis zu einem Jahr oder Geldstrafe.

(3) ¹Wer, abgesehen von den Fällen des Absatzes 1, als Amtsträger, der zur Mitwirkung bei der Vollstreckung einer Strafe oder einer Maßnahme (§ 11 Abs. 1 Nr. 8) berufen ist, eine Strafe oder Maßnahme vollstreckt, obwohl sie nach dem Gesetz nicht vollstreckt werden darf, wird mit Freiheitsstrafe von drei Monaten bis zu fünf Jahren bestraft. ²Ebenso wird bestraft, wer als Amtsträger, der zur Mitwirkung bei der Vollstreckung
1. eines Jugendarrestes,
2. einer Geldbuße oder Nebenfolge nach dem Ordnungswidrigkeitenrecht,
3. eines Ordnungsgeldes oder einer Ordnungshaft oder
4. einer Disziplinarmaßnahme oder einer ehrengerichtlichen oder berufsgerichtlichen Maßnahme

berufen ist, eine solche Rechtsfolge vollstreckt, obwohl sie nach dem Gesetz nicht vollstreckt werden darf. ³Der Versuch ist strafbar.

1 I. Die Vorschrift **schützt** die **persönliche Freiheit des Betroffenen,** daneben in Abs. 3 auch die Rechtspflege (NK-*Kuhlen* Rn 4; generell für beide Schutzzwecke L-Kühl-*Heger* Rn 1; *Seebode* StV 1988, 119 [123]). Teils wird als Rechtsgut aber auch nur die persönliche Freiheit (BGHSt 20, 64 [67]; *Fischer* Rn 1) oder nur die Rechtspflege angesehen (in 1. Linie Rechtspflege: SK-*Wolters* Rn 2). Die Tat ist **Sonderdelikt** und **echtes Amtsdelikt** (NK-*Kuhlen* Rn 16; LK-*Zieschang* Rn 2). Außenstehende können nur Teilnehmer sein; für sie gilt § 28 I (SK-*Wolters* Rn 14; LK-*Zieschang* Rn 2; teils abw. M-*Schroeder/Maiwald* II § 77/39).

II. Abs. 1

2 1. **Täter** kann nach Abs. 1 nur ein Amtsträger sein, der zur Mitwirkung bei der Vollstreckung einer Freiheitsstrafe, einer freiheitsentziehenden Maßregel der Besserung und Sicherung oder einer behördlichen Verwahrung berufen ist. **Freiheitsstrafen** sind neben der Strafe nach § 38 StGB auch Jugendstrafe (§ 17 JGG), Ersatzfreiheitsstrafe (§ 43 StGB) und Strafarrest nach § 9 WStG (NK-*Kuhlen* Rn 5; LK-*Zieschang* Rn 8). Die **freiheitsentziehenden Maßregeln der Besserung und Sicherung** sind in § 61 Nr. 1-3 aufgeführt. Zu der **behördlichen Verwahrung** gehören freiheitsentziehende Maßnahmen, die außerhalb eines Strafverfahrens angeordnet und vollstreckt werden (S/S-*Hecker* Rn 3; NK-*Kuhlen* Rn 5). Die U-Haft wird überwiegend nicht als einschlägige Sanktion angesehen (BGHSt 20, 64; SK-*Wolters* Rn 4; aA *Fischer* Rn 5; MK-*Voßen* Rn 12).

3 Der Täter ist als Amtsträger zur Mitwirkung bei der Vollstreckung **berufen,** wenn er hierfür allgemein zuständig ist; eine Zuständigkeit des Täters im konkreten Fall ist nicht erforderlich (S/S-*Hecker* Rn 6; LK-*Jescheck*, 11. Aufl., Rn 2;

aA LK-*Zieschang* Rn 4). Stets muss der Täter jedoch dienstlich („als" Amtsträger) handeln (RGSt 63, 175; NK-*Kuhlen* Rn 6). Taugliche Täter sind insbesondere Richter und Staatsanwälte, deren Aufgabenbereich auch das Vollstreckungsverfahren umfasst (§§ 451, 453 StPO), sowie sonstige Amtsträger, die für Vollstreckungs- und Vollzugsbehörden handeln (RGSt 63, 175; NK-*Kuhlen* Rn 6; LK-*Zieschang* Rn 4). Den Amtsträgern stehen Offiziere und Unteroffiziere der Bundeswehr gleich (§ 48 I WStG).

2. Tathandlung, die auch durch Unterlassen begangen werden kann, ist die Vollstreckung einer Strafe, Maßregel oder Verwahrung (Rn 2), die nach dem Gesetz nicht vollstreckt werden darf (RGSt 30, 135 [136 f]; NK-*Kuhlen* Rn 7). **Vollstrecken** ist jede dienstliche Tätigkeit, durch welche der vollständige oder teilweise Vollzug der betreffenden Rechtsfolge herbeigeführt wird (NK-*Kuhlen* Rn 7). Neben Anordnung, Durchführung oder Überwachung der Vollziehung kommen auch untergeordnete Tätigkeiten in Betracht, sofern diese nach Inhalt und Form den Vollzug einer zuvor getroffenen Sanktions- bzw Verwahrungsentscheidung darstellen. 4

Die Vollstreckung muss gesetzlich **unzulässig** sein; es dürfen also die formellen Voraussetzungen des auf die betreffende Sanktion anwendbaren Prozessrechts entweder überhaupt nicht oder nicht in dieser Art oder nicht in diesem Maß gegeben sein (NK-*Kuhlen* Rn 8; LK-*Zieschang* Rn 6); es fehlt zB ein rechtskräftiges Urteil als Grundlage der Strafvollstreckung. Für die Zulässigkeit der Vollstreckung ist es unerheblich, ob die Sanktionsentscheidung materiell richtig ist (RGSt 16, 221 [222 f]; SK-*Wolters* Rn 6). Nach hM muss die unzulässige Vollstreckung für den Betroffenen mit einem Nachteil von gewisser Erheblichkeit verbunden sein (*Rautenberg* NStZ 2000, 502 [503]; LK-*Zieschang* Rn 5), woran es zB fehlt, wenn die Vollstreckung im Interesse des Betroffenen liegt bzw mit seiner Zustimmung erfolgt (*Amelung* Dünnebier-FS 487 [515 f]; NK-*Kuhlen* Rn 10). 5

3. Der **subjektive Tatbestand** verlangt (zumindest bedingten) Vorsatz (NK-*Kuhlen* Rn 11; LK-*Zieschang* Rn 11). 6

III. Abs. 2 dehnt die Strafbarkeit auf leichtfertiges Handeln (§ 15 Rn 93 f) aus. Hieran fehlt es etwa, wenn die Unzulässigkeit der Vollstreckung aus nachvollziehbaren Gründen verkannt wurde (vgl OLG Hamm NStZ 1983, 459; NK-*Kuhlen* Rn 12). 7

IV. Abs. 3 S. 1 erfasst die gesetzlich unzulässige Vollstreckung von Strafen und Maßregeln iSv § 11 I Nr. 8, die jeweils nicht freiheitsentziehend sind (zB Geldstrafe, Fahrverbot, Entziehung der Fahrerlaubnis, Verfall), durch einen zur Mitwirkung bei der Vollstreckung berufenen Amtsträger. Dem wird durch **Abs. 3 S. 2** die Vollstreckung bestimmter Rechtsfolgen (Nr. 1-4) durch einen zur Mitwirkung an solchen Verfahren berufenen Amtsträger gleichgestellt. Der **Versuch** ist strafbar (**Abs. 3 S. 3**). 8

V. Wegen des Schutzes (auch) der Rechtspflege lässt die **Einwilligung** des Betroffenen das Unrecht der Vollstreckung nicht entfallen (NK-*Kuhlen* Rn 14). 9

VI. Konkurrenzen: Nach hM soll bei Freiheitsentzug § 239 hinter § 345 I, III zurücktreten (*Fischer* Rn 10; LK-*Jescheck*, 11. Aufl., Rn 8; für Tateinheit: NK-*Kuhlen* Rn 17; SK-*Wolters* Rn 19). Mit § 339 ist Tateinheit möglich (*Fischer* Rn 10; LK-*Zieschang* Rn 12; aA MK-*Voßen* Rn 34: § 345 als lex specialis). 10

§§ 346 und 347 (weggefallen)

§ 348 Falschbeurkundung im Amt

(1) Ein Amtsträger, der, zur Aufnahme öffentlicher Urkunden befugt, innerhalb seiner Zuständigkeit eine rechtlich erhebliche Tatsache falsch beurkundet oder in öffentliche Register, Bücher oder Dateien falsch einträgt oder eingibt, wird mit Freiheitsstrafe bis zu fünf Jahren oder mit Geldstrafe bestraft.

(2) Der Versuch ist strafbar.

1 I. Anders als § 267 sichert § 348 die **inhaltliche Wahrheit** von verkörperten oder gespeicherten Erklärungen, und zwar von öffentlichen Urkunden, Büchern, Dateien und Registern. Die Urkunden (usw), die durch die Tatbestandsverwirklichung hergestellt werden, sind echt, da über den Aussteller nicht getäuscht wird; es handelt sich also um **öffentlich beurkundete schriftliche Lügen**, auf die § 267 nicht anwendbar ist. § 348 ist daher auch kein Qualifikationstatbestand zu § 267.

2 II. § 348 ist ein **echtes Amtsdelikt**. Täter kann nur ein Amtsträger (§ 11 I Nr. 2) sein, der „innerhalb seiner Zuständigkeit" eine falsche öffentliche Urkunde errichtet. Außenstehende können sich nur als Teilnehmer strafbar machen, auf die dann § 28 I anwendbar ist. Als **Personen, die mit öffentlichem Glauben versehen** sind, kommen zB der Gerichtsvollzieher (RGSt 63, 148 [151]) oder der Notar (BGHSt 8, 289) in Betracht.

3 III. Von einer **öffentlichen Urkunde** ist auszugehen, wenn sie von einer Behörde oder einer mit öffentlichem Glauben versehenen Person innerhalb ihrer Zuständigkeit in der vorgeschriebenen Form aufgenommen worden ist und zudem hinsichtlich der beurkundeten Erklärung öffentlichen Glauben genießt, dh **für und gegen jedermann Beweis erbringt** (vgl § 415 I ZPO; hM, vgl nur BGHSt 37, 207 [209]; BGH NStZ 1996, 231 [232]; *Freund*, Urkundenstraftaten, 1996, Rn 299 ff; krit. NK-*Puppe* § 271 Rn 8 ff). Zu den öffentlichen Urkunden gehören auch **Bücher und Register**. **Dateien** werden wie Urkunden geschützt, wenn sie – abgesehen von der visuellen Wahrnehmbarkeit der Erklärung – alle Elemente der öffentlichen Beurkundung aufweisen.

4 Zu den geschützten Tatobjekten zählen ua: Grundbuch (OLG Stuttgart NStZ 1985, 365), Sparbuch (BGHSt 19, 19), Familienbuch (BGHSt 6, 380), Reisepass bzw -passersatz (BGH GA 1967, 19), Führerschein (BGHSt 34, 299; 37, 207), Reifezeugnis (RGSt 60, 375), Räumungsprotokoll des Gerichtsvollziehers (BayObLG NJW 1992, 1841), befristete Aufenthaltsgenehmigung für Asylbewerber (BGH NJW 1996, 2170), Asylablehnungsbescheid (OLG Bamberg NStZ-RR 2014, 142), Protokoll einer Aktionärshauptversammlung gem. § 130 AktG (LG Frankfurt NJW 2008, 91 [93]). Nicht hierher gehören zB das Polizeiprotokoll (OLG Düsseldorf NJW 1988, 217), der TÜV-Untersuchungsbericht (OLG Hamburg NStZ 2014, 95 m. krit. Anm. *Claus* NStZ 2014, 66) und der Kraftfahrzeugbrief (BGH NJW 1957, 1888 [1889]; ebenso BGH NJW 2015, 802 bzgl der Zulassungsbescheinigung Teil II, die heute den Kraftfahrzeugbrief ersetzt; anders BGH NStZ 2009, 387 [388] für den mittlerweile an die Stelle des Kraffahrzeugscheins getretenen [vgl § 11 FZV] Teil I der Zulassungsbescheinigung m. zust. Anm. *Erb*).

Urkunden, die nur für den inneren Dienstbetrieb einer Behörde (Geschäftsvertei- 5
lung, Kontrolle usw) bestimmt sind (sog. **schlicht amtliche Urkunden**), sind keine
„öffentlichen Urkunden" (näher LK-*Gribbohm*, 11. Aufl., § 271 Rn 24 ff).

IV. Es sind **nur** die **Beurkundungen solcher Angaben** tatbestandsmäßig, **auf die** 6
sich gerade der **öffentliche Glaube** der betreffenden Urkunde **bezieht**. Wenn sich
der Gegenstand der spezifischen Beweiskraft nicht aus dem Gesetz ergibt (wie zB
bei §§ 892, 2365, 2366 BGB; § 274 StPO; § 20 BNotO), muss er aus Sinn und
Zweck der Urkunde im Rechtsverkehr erschlossen werden (vgl BGHSt 42, 131 f;
Überblick zur kasuistischen Rspr bei *Fischer* § 271 Rn 9 ff; L-Kühl-*Heger* § 271
Rn 3). Insbesondere gilt: Was der Amtsträger nicht nachprüfen kann, ist auch
nicht Gegenstand des öffentlichen Glaubens (vgl § 418 I und III ZPO). Besonders
restriktiv ist die in BGHSt 44, 186 (188) formulierte **Regel**: „Die Beurkundung
einer Tatsache, die weder nach dem Gesetz noch nach einer anderen Vorschrift
(zwingend) angegeben zu werden braucht und deren unwahre Kundgabe die
Wirksamkeit der Beurkundung nicht berührt, kann grds. nicht als die Beurkundung einer rechtlich erheblichen Tatsache angesehen werden". Insoweit sind nur
solche Tatsachen rechtlich erheblich, auf die sich die besondere Beweisfunktion
des § 348 erstreckt (vgl auch BGH NJW 2004, 3195 f m.Anm. *Klein* DNotZ
2005, 193 ff; *Kudlich* JuS 2005, 278 f; ferner *Böse* NStZ 2005, 370 [375]).

So bezieht sich etwa die öffentliche Beweiskraft von Personenstandsregistern nur 7
auf die nach dem PersonenstandsG (vgl §§ 15 I, 54) vorgeschriebenen Eintragungen (BGHSt 12, 88) oder beim Sparbuch nur auf die Eintragung der Ein- und
Auszahlungen (BayObLG NJW 1993, 2947). Beim Führerschein wird deshalb
nicht der Doktortitel (BGH NJW 1955, 839) und beim Kraftfahrzeugschein
nicht die Richtigkeit von Fahrgestell- und Motornummer erfasst (BGHSt 20,
186). Beim notariell beurkundeten Kaufvertrag erstreckt sich die erhöhte Beweiskraft auf die Identität der erschienenen Parteien und auf die *Abgabe* der beurkundeten Erklärungen, nicht jedoch auf deren inhaltliche Wahrheit (BGH NStZ
1986, 550 m.Anm. *Schumann* JZ 1987, 523; BayObLG NJW 1955, 1567), auf
den Ort der Beurkundung (BGHSt 44, 186 [188]) oder auf die hinreichende
Kenntnis der deutschen Sprache des Käufers (BGHSt 47, 39 [41 ff]; dazu *Böse*
NStZ 2005, 370 [375]). Bei dem Protokoll einer Aktionärshauptversammlung
gem. § 130 AktG bezieht sich die öffentliche Beweiskraft nur auf die Angabe des
Datums der Versammlung, nicht aber auf das Datum der Errichtung des Proto-
kolls (LG Frankfurt NJW 2008, 91 [93 f]; *Bohrer* NJW 2007, 2019 [2021]; aA
OLG Frankfurt NJW 2007, 1221 [1222]).

Zu **prüfen** ist damit, ob im konkreten Fall zu öffentlichem Glauben beurkundet 8
wird, dass
- eine bestimmte Erklärung abgegeben wurde (**nur Abgabe der Erklärung**),
- eine bestimmte Person eine Erklärung bestimmten Inhalts abgegeben hat
  (**Personenidentität und Abgabe der Erklärung**),
- (ausnahmsweise) eine bestimmte Person eine ihrem Inhalt nach richtige Erklärung abgegeben hat (**Personenidentität und inhaltliche Wahrheit der Erklärung**; zB bei Angaben zur Eheschließung bzw Lebenspartnerschaft nach
  §§ 15 I Nr. 2, 54 PersonenstandsG).

V. Der **subjektive Tatbestand** verlangt (zumindest bedingten) Vorsatz. Bei fehlen- 9
der Bösgläubigkeit des Amtsträgers greift für einen vorsätzlich beteiligten Extraneus § 271 ein.

§§ 349 bis 351 (weggefallen)

§ 352 Gebührenüberhebung

(1) Ein Amtsträger, Anwalt oder sonstiger Rechtsbeistand, welcher Gebühren oder andere Vergütungen für amtliche Verrichtungen zu seinem Vorteil zu erheben hat, wird, wenn er Gebühren oder Vergütungen erhebt, von denen er weiß, daß der Zahlende sie überhaupt nicht oder nur in geringerem Betrag schuldet, mit Freiheitsstrafe bis zu einem Jahr oder mit Geldstrafe bestraft.

(2) Der Versuch ist strafbar.

1 I. Die Vorschrift soll vor der Zahlung überhöhter Gebühren bewahren, die von einem Amtsträger, Anwalt oder sonstigen Rechtsbeistand missbräuchlich erhoben werden (BGHSt 4, 233 [235]; LK-*Vormbaum* Rn 1); **geschützt** wird damit das **Vermögen** (L-Kühl-*Heger* Rn 1; NK-*Kuhlen* Rn 3). Zu einem Vermögensschaden muss es nicht kommen; insoweit handelt es sich bei der Gebührenüberhebung um ein abstraktes Vermögensgefährdungsdelikt (SK-*Hoyer* Rn 1; NK-*Kuhlen* Rn 22). Teils wird § 352 als Sondertatbestand zum Betrug (so BGHSt 2, 35 [36]; L-Kühl-*Heger* Rn 1; SK-*Hoyer* Rn 10), teils als Straftat eigener Art (so RGSt 18, 219 [223]; LK-*Vormbaum* Rn 1) angesehen. Jedenfalls privilegiert der Tatbestand der Gebührenüberhebung den in der Norm bezeichneten Täterkreis (krit. *Keller* JR 1989, 75 [78]; NK-*Kuhlen* Rn 3 ff).

II. Tatbestand

2 1. **Täter** kann nur ein Amtsträger, Anwalt oder sonstiger Rechtsbeistand sein, welcher Gebühren oder andere Vergütungen für amtliche Verrichtungen zu seinem Vorteil zu erheben hat. Als **Amtsträger** iSv § 11 I Nr. 2 kommen insbesondere Notare (RGSt 30, 249), Gerichtsvollzieher (OLG Köln NJW 1988, 503) und beamtete Tierärzte (RGSt 24, 332 [334]) in Betracht (zu weiteren Beispielen siehe NK-*Kuhlen* Rn 13; LK-*Vormbaum* Rn 3). Zu den **Anwälten** zählen neben den Rechtsanwälten auch die Patentanwälte (*Fischer* Rn 3; SK-*Hoyer* Rn 2). Bei den **sonstigen Rechtsbeiständen** kommt es nach überwiegender Ansicht nicht auf die Amtsträgereigenschaft an; auch Prozessagenten iSv § 157 III aF StPO und nach dem RechtsberatungsG zugelassene Rechtsbeistände sollen demnach erfasst sein (BayObLG NJW 1964, 2433; M-*Schroeder/Maiwald* II § 81/4; MK-*Voßen* Rn 8). Die Gegenauffassung hält jedoch gerade die amtliche Eigenschaft für maßgeblich (OLG Frankfurt NJW 1964, 2318).

3 Die zum Täterkreis gehörende Person muss Gebühren oder andere Vergütungen für amtliche Verrichtungen zu ihrem Vorteil zu erheben haben. **Amtliche Verrichtungen** sind solche Dienstgeschäfte, die der Täter aufgrund seiner Amts- oder Berufsstellung ausführt (SK-*Hoyer* Rn 3; LK-*Vormbaum* Rn 5). **Vergütungen** sind Gegenleistungen für bestimmte amtliche Tätigkeiten (*Fischer* Rn 4; NK-*Kuhlen* Rn 8). **Gebühren** sind wiederum Vergütungen in Geld für amtliche Verrichtungen, die ihrem Grunde und ihrer Höhe nach durch Gesetz bzw Verordnung festgelegt sind (BGHSt 4, 233 [235]; LK-*Vormbaum* Rn 10). Die Vergütungen des Vormunds, Betreuers oder Pflegers (§§ 1836, 1908 i, 1915 BGB) sind nicht einschlägig (BGHSt 4, 233 [235 f]; *Fischer* Rn 4). Auch tatsächliche Auslagen fallen nicht unter § 352, sofern sie nicht tarifmäßig und unabhängig von den wirklichen Unkosten berechnet werden (RGSt 40, 378 [382]; LK-*Vormbaum* Rn 11).

Zu seinem **Vorteil** bedeutet, dass dem Täter (abstrakt) die Befugnis zustehen muss, die Vergütung als eigenes Recht geltend zu machen. Dies ist nicht der Fall, wenn er sie zugunsten eines Dritten – zB einer öffentlichen Kasse – erhebt (NK-*Kuhlen* Rn 12); insoweit kommt § 353 in Betracht.

2. **Tathandlung** ist das **Erheben**, dh das Fordern und Empfangen, von Gebühren/ Vergütungen, die der Zahlende gar nicht oder nicht in der geforderten Höhe schuldet (RGSt 14, 365 [372]; LK-*Vormbaum* Rn 14 ff). Dies kann auch durch Klage, Zwangsvollstreckung oder Aufrechnung geschehen (S/S-*Hecker* Rn 8; SK-*Hoyer* Rn 6). Ob die erhobene Gebühr/Vergütung im geforderten Umfang geschuldet wird, richtet sich „kostenrechtlich" nach der einschlägigen Gebührenordnung (OLG Köln NJW 1988, 503; *Fischer* Rn 6).

Fraglich ist, ob auch von einem Erheben gesprochen werden kann, wenn der Täter ein **vertraglich vereinbartes Honorar** fordert und empfängt. Nach einer Ansicht (BayObLG NJW 1989, 2901 [2902]; OLG Karlsruhe NStZ 1991, 239; LK-*Träger*, 11. Aufl., Rn 12) ist zu differenzieren: Liegt eine zulässige Honorarvereinbarung vor, die zB über den Gebührenanspruch des Anwalts nach dem RVG hinausgeht, so soll § 352 nicht anwendbar sein. Anderes soll gelten, wenn der Anwalt Zahlungen aufgrund einer gem. §§ 134, 138 BGB nichtigen Honorarvereinbarung (zB Erfolgshonorar) erhebt, die eine in der gleichen Sache bestehende zulässige Forderung übersteigen. Nach der heute wohl hM fällt das Geltendmachen eines vereinbarten Honorars grds. nicht unter das Merkmal des „Erhebens von Gebühren/Vergütungen", da der Täter in diesen Fällen seinen Vergütungsanspruch gerade nicht auf die gesetzlich festgelegte Vergütungsordnung stützt, sondern die vertragliche Vereinbarung Basis seiner Honorarberechnung ist (BGH NStZ-RR 2007, 142 [143 f] m. insoweit zust. Anm. *Knierim* StV 2007, 466 und *Kuhlen* JR 2007, 207 f; *Fischer* Rn 6; MK-*Voßen* Rn 14). Die Tat ist dann ggf nach §§ 240, 263 zu ahnden. Insbesondere in den Fällen, in denen Honorarvereinbarungen (entgegen § 3 a RVG) nicht in Textform getroffen werden, würde eine Anwendung des § 352 viel zu weit gehen und auf eine Strafbewehrung des Formerfordernisses von § 3 a RVG hinauslaufen (OLG Braunschweig NJW 2004, 2606 f [zur Vorgängerregelung]).

3. Als ungeschriebenes Tatbestandsmerkmal wird ferner verlangt, dass der Täter über das Bestehen der erhobenen Forderung **getäuscht** hat; die bloße Ausübung von Druck ohne Täuschung reicht nicht aus (BGHSt 2, 35 [37]; BayObLG NStZ 1990, 129 [130]; NK-*Kuhlen* Rn 19; aA M-*Schroeder/Maiwald* II § 81/2). Auch muss sich der Zahlende in einem **Irrtum** über die Berechtigung der Vergütung/ Gebühr befinden (BGHSt 4, 233 [235]; NK-*Kuhlen* Rn 21; aA L-*Kühl-Heger* Rn 5; LK-*Vormbaum* Rn 19).

4. Die **subjektive Tatseite** erfordert Kenntnis („weiß") iSe direkten Vorsatzes (S/S-*Hecker* Rn 11; SK-*Hoyer* Rn 9; aA – nur dolus eventualis – RGSt 16, 363 [364 f]). Einer Bereicherungsabsicht bedarf es nicht.

III. Vollendung setzt voraus, dass der Täter die geforderte Gebühr/Vergütung erhält; bei erfolgloser Zahlungsaufforderung liegt ein nach Abs. 2 strafbarer **Versuch** vor (SK-*Hoyer* Rn 6; NK-*Kuhlen* Rn 27).

IV. Die Tat ist **Sonderdelikt** (Rn 2). Für den **Teilnehmer** gilt § 28 I (*Fischer* Rn 10; SK-*Hoyer* Rn 2).

V. Konkurrenzen: Nach hM geht § 352 grds. § 263 als spezielleres Delikt vor; Tateinheit ist nur möglich, wenn neben § 352 eine weitere Täuschung begangen wird (BGHSt 2, 35 [36]; BGH wistra 2009, 393 [394]; aA NK-*Kuhlen* Rn 29:

stets Tateinheit). Bei Verletzung derselben Pflicht besteht mit § 266 Tateinheit (BGH NJW 1957, 596 [597]; LK-*Vormbaum* Rn 23; für Spezialität von § 352: OLG Karlsruhe wistra 1991, 154 [155 f]; L-Kühl-*Heger* Rn 7).

§ 353 Abgabenüberhebung; Leistungskürzung

(1) Ein Amtsträger, der Steuern, Gebühren oder andere Abgaben für eine öffentliche Kasse zu erheben hat, wird, wenn er Abgaben, von denen er weiß, daß der Zahlende sie überhaupt nicht oder nur in geringerem Betrag schuldet, erhebt und das rechtswidrig Erhobene ganz oder zum Teil nicht zur Kasse bringt, mit Freiheitsstrafe von drei Monaten bis zu fünf Jahren bestraft.

(2) Ebenso wird bestraft, wer als Amtsträger bei amtlichen Ausgaben an Geld oder Naturalien dem Empfänger rechtswidrig Abzüge macht und die Ausgaben als vollständig geleistet in Rechnung stellt.

1 I. Die **Abgabenüberhebung** (Abs. 1) und die **Leistungskürzung** (Abs. 2) schützen jeweils das Vermögen (hM, RGSt 66, 246 [247 f]; LK-*Vormbaum* Rn 1) und zudem die Korrektheit der öffentlichen Kassenführung (NK-*Kuhlen* Rn 2 mwN). Beide Taten sind **Sonder- und echte Amtsdelikte** (*Fischer* Rn 2; S/S-*Hecker* Rn 1; NK-*Kuhlen* Rn 4); Außenstehende können nur Teilnehmer sein, für die § 28 I gilt (NK-*Kuhlen* Rn 4 mwN).

2 **II. Abs. 1: Täter** können nur Amtsträger (§ 11 I Nr. 2) sein, denen die Befugnis zusteht, Steuern, Gebühren oder andere Abgaben für eine öffentliche Kasse zu erheben. Es muss zu der dem Täter kraft Dienstvorschrift – und nicht nur aufgrund behördeninterner Übung – übertragenen Aufgabe gehören, für die Behörde, der er angehört, Abgaben entgegenzunehmen (BGHSt 2, 35; BGH NJW 1961, 1171 f; SK-*Hoyer* Rn 6; NK-*Kuhlen* Rn 4 f; LK-*Vormbaum* Rn 6). Auf die konkret geforderte Abgabe muss sich seine Zuständigkeit nicht beziehen (RGSt 41, 91 [94]; S/S-*Hecker* Rn 3).

3 Zu den **öffentlichen Kassen** gehören solche der Behörden des Staates, der Kommunen und der sonstigen öffentlichen Körperschaften und Anstalten (S/S-*Hecker* Rn 3; NK-*Kuhlen* Rn 5). **Abgaben** sind (als Oberbegriff) grds. nur solche vermögensrechtlichen Leistungen, die erhoben werden, um zumindest auch öffentliche Zwecke zu verfolgen (SK-*Hoyer* Rn 7); sie müssen zumindem dem Rahmen nach durch allgemeine Vorschriften fixiert sein (RGSt 41, 91 [92]; NK-*Kuhlen* Rn 7; LK-*Vormbaum* Rn 8). Rein fiskalisches Handeln ist nicht erfasst (SK-*Hoyer* Rn 8; LK-*Vormbaum* Rn 12). **Steuern** sind Geldleistungen, die allen Leistungspflichtigen von Seiten eines Gemeinwesens auferlegt werden, um ohne Gegenleistung Gewinne zu erzielen (vgl § 3 I AO; BVerfGE 55, 274 [299]; S/S-*Hecker* Rn 4). Demgegenüber werden **Gebühren** als Gegenleistung für eine bestimmte staatliche Leistung erhoben; sie sind amtlich festgelegte Tarife, die für die Benutzung öffentlich-rechtlicher Einrichtungen oder Dienste zu erbringen sind (SK-*Hoyer* Rn 7 mwN). Als **andere Abgaben** kommen Geldleistungen, zB Beiträge, in Betracht, die an den Staat fließen, um Kosten einer öffentlichen Einrichtung zu decken oder zu verringern, unabhängig davon, ob der Pflichtige die Vorteile aus ihr tatsächlich in Anspruch genommen hat (LK-*Vormbaum* Rn 11).

4 Die **Tathandlung** hat zwei Akte: Der Täter muss zunächst Abgaben erheben (§ 352 Rn 4), die der Zahlende überhaupt nicht oder nur in geringerem Betrag

schuldet, und es sodann unterlassen, das rechtswidrig Erhobene überhaupt oder vollständig zur Kasse zu bringen. Im Unterschied zur Gebührenüberhebung (§ 352) vereinnahmt der Täter die Gelder nicht für sich, sondern für eine öffentliche Kasse. Bleibt es beim Fordern, ohne dass die Leistung empfangen wird, ist die Tat nur strafloser Versuch. Der Zahlende muss – als Sonderfall des Betrugs – darüber **getäuscht** werden, dass die geltend gemachten Abgaben als Anspruch des Staates gegen ihn bestehen, und einem entsprechenden **Irrtum** unterliegen (BGH NJW 1961, 1171 [1172]; OLG Köln NJW 1966, 1373 [1374]; SK-*Hoyer* Rn 9; NK-*Kuhlen* Rn 10; gegen Irrtumserfordernis *Fischer* Rn 3; LK-*Vormbaum* Rn 17; gegen Täuschungserfordernis M-*Schroeder/Maiwald* II § 81/2). Der zweite Teilakt setzt als (echtes) Unterlassen Pflichtwidrigkeit und die Möglichkeit zum Handeln voraus. Das Erhobene ist auch dann überhaupt nicht oder nicht vollständig zur Kasse gebracht, wenn die Beträge zwar zur Kasse gelangen, dort aber nicht ordnungsgemäß verbucht werden, um eine spätere Entnahme zu ermöglichen (NK-*Kuhlen* Rn 12 mwN).

Für den **subjektiven Tatbestand** genügt grds. bedingter Vorsatz; bezüglich der fehlenden Abgabepflicht des Zahlenden muss der Täter aber mit sicherem Wissen (dolus directus) handeln (S/S-*Hecker* Rn 12; NK-*Kuhlen* Rn 13; MK-*Voßen* Rn 21; aA LK-*Träger*, 11. Aufl., Rn 19: bedingter Vorsatz ausreichend). Bereicherungsabsicht ist nicht erforderlich (SK-*Hoyer* Rn 11). 5

III. Abs. 2: Die Leistungskürzung (Abs. 2) ist das Spiegelbild der Abgabenüberhebung (Abs. 1) und ebenfalls zweiaktig ausgebaut (NK-*Kuhlen* Rn 14; LK-*Vormbaum* Rn 21): 6

Zunächst (1. Teilakt) gibt der **Täter** in seiner Eigenschaft als Amtsträger (§ 11 I Nr. 2) Geld oder Naturalien – zB Renten, Unterstützungsbeiträge – dem Leistungsempfänger nicht in voller Höhe heraus; dem steht die vollständige Verweigerung der amtlichen Leistung gleich (RGSt 66, 246 [249]; *Fischer* Rn 5; S/S-*Hecker* Rn 10; NK-*Kuhlen* Rn 14). Ob die Abzüge rechtswidrig sind, beurteilt sich nach den maßgeblichen Vorschriften (LK-*Vormbaum* Rn 22). Hinsichtlich der Zulässigkeit der Abzüge muss der Zahlende **getäuscht** werden und einem entsprechenden **Irrtum** unterliegen (NK-*Kuhlen* Rn 15; vgl Rn 4). 7

Sodann (2. Teilakt) stellt der Täter die Ausgaben der Behörde, für die er die Leistung zu bewirken hat, als vollständig geleistet in Rechnung (SK-*Hoyer* Rn 13; NK-*Kuhlen* Rn 16). 8

Der **subjektive Tatbestand** erfordert (zumindest bedingten) Vorsatz sowie sicheres Wissen hinsichtlich der fehlenden Berechtigung der Abzüge und der entsprechenden Rechnungslegung (vgl Rn 5; S/S-*Hecker* Rn 12; NK-*Kuhlen* Rn 17; aA MK-*Voßen* Rn 27; SK-*Hoyer* Rn 14: bedingter Vorsatz ausreichend). 9

IV. Konkurrenzen: Nach hM tritt § 263 hinter den spezielleren § 353 zurück (BGHSt 2, 35 [36 f]; BGH NJW 1961, 1171 [1172]; SK-*Hoyer* Rn 15 mwN; krit. NK-*Kuhlen* Rn 19 f), sofern keine über die Gebührenüberhebung hinausgehende Täuschung hinzukommt. 10

§ 353 a Vertrauensbruch im auswärtigen Dienst

(1) Wer bei der Vertretung der Bundesrepublik Deutschland gegenüber einer fremden Regierung, einer Staatengemeinschaft oder einer zwischenstaatlichen

Einrichtung einer amtlichen Anweisung zuwiderhandelt oder in der Absicht, die Bundesregierung irrezuleiten, unwahre Berichte tatsächlicher Art erstattet, wird mit Freiheitsstrafe bis zu fünf Jahren oder mit Geldstrafe bestraft.

(2) Die Tat wird nur mit Ermächtigung der Bundesregierung verfolgt.

1 I. Die Vorschrift soll zum einen die Interessen der Bundesrepublik in auswärtigen Angelegenheiten sichern, also vor diplomatischem Ungehorsam bzw Falschberichten **schützen**; zum anderen soll sie die Entscheidungs- und Direktionskompetenz bei auswärtigen Vertretungen der Bundesrepublik garantieren (*Fischer* Rn 2; *Heinrich* ZStW 110, 327 [338]; zur Entstehungsgeschichte dieses sog. „Arnim-Paragrafen" NK-*Kuhlen* Rn 1). Da der Tatbestand weder den Eintritt eines Schadens noch eine konkrete Gefährdung verlangt, handelt es sich um ein **abstraktes Gefährdungsdelikt** (NK-*Kuhlen* Rn 2; S/S-*Perron* Rn 1). Die Tat ist **Sonderdelikt**, ohne – wegen des weit gefassten Täterkreises – auch Amtsdelikt zu sein (M-*Schroeder/Maiwald* II § 81/15; MK-*Voßen* Rn 2). Außenstehende können nur Teilnehmer sein; auf sie findet § 28 I Anwendung (SK-*Hoyer* Rn 2).

2 II. Täter können nur Personen sein, die zum Tatzeitpunkt (nicht notwendig als Beamte) mit der diplomatischen Vertretung der Bundesrepublik gegenüber einer fremden Regierung, einer Staatengemeinschaft oder einer zwischenstaatlichen Einrichtung beauftragt sind (*Fischer* Rn 3; L-Kühl-*Heger* Rn 1; LK-*Vormbaum* Rn 2).

3 III. **Tathandlungen**: Der Täter muss einer amtlichen Anweisung zuwiderhandeln (1. Alt.) oder einen unwahren Bericht tatsächlicher Art erstatten (2. Alt.). Die **Zuwiderhandlung** setzt voraus, dass die Vertretungsbefugnisse des Täters im Innenverhältnis durch Anweisung festgelegt sind. Diese Befugnisse müssen im Außenverhältnis – ggf auch durch Unterlassen – überschritten werden (NK-*Kuhlen* Rn 4; S/S-*Perron* Rn 2). Die **Erstattung unwahrer Berichte** muss sich auf Tatsachen beziehen; Werturteile (näher § 263 Rn 59) werden nicht erfasst (LK-*Vormbaum* Rn 3; MK-*Voßen* Rn 12). Einschlägig sind nur Dienstberichte, keine Veröffentlichungen in den Medien. Der diplomatische Falschbericht muss der Bundesrepublik zugegangen sein (SK-*Hoyer* Rn 4).

4 IV. Der **subjektive Tatbestand** verlangt (zumindest bedingten) Vorsatz, bei der Erstattung unwahrer Berichte tatsächlicher Art zudem die Absicht (finaler Wille), die Bundesregierung durch den Falschbericht irrezuleiten (NK-*Kuhlen* Rn 5; S/S-*Perron* Rn 3).

5 V. Nach Abs. 2 wird die Tat nur mit der **Ermächtigung** (§ 77 e) der Bundesregierung verfolgt. Für ihre Erteilung ist der Bundesaußenminister gem. Art. 65 S. 2 GG zuständig (*Heinrich* ZStW 110, 327 [345 f]; S/S-*Perron* Rn 6).

§ 353 b Verletzung des Dienstgeheimnisses und einer besonderen Geheimhaltungspflicht

(1) ¹Wer ein Geheimnis, das ihm als
1. Amtsträger,
2. für den öffentlichen Dienst besonders Verpflichteten oder
3. Person, die Aufgaben oder Befugnisse nach dem Personalvertretungsrecht wahrnimmt,

anvertraut worden oder sonst bekanntgeworden ist, unbefugt offenbart und dadurch wichtige öffentliche Interessen gefährdet, wird mit Freiheitsstrafe bis zu fünf Jahren oder mit Geldstrafe bestraft. ²Hat der Täter durch die Tat fahrlässig wichtige öffentliche Interessen gefährdet, so wird er mit Freiheitsstrafe bis zu einem Jahr oder mit Geldstrafe bestraft.

(2) Wer, abgesehen von den Fällen des Absatzes 1, unbefugt einen Gegenstand oder eine Nachricht, zu deren Geheimhaltung er
1. auf Grund des Beschlusses eines Gesetzgebungsorgans des Bundes oder eines Landes oder eines seiner Ausschüsse verpflichtet ist oder
2. von einer anderen amtlichen Stelle unter Hinweis auf die Strafbarkeit der Verletzung der Geheimhaltungspflicht förmlich verpflichtet worden ist,

an einen anderen gelangen läßt oder öffentlich bekanntmacht und dadurch wichtige öffentliche Interessen gefährdet, wird mit Freiheitsstrafe bis zu drei Jahren oder mit Geldstrafe bestraft.

(3) Der Versuch ist strafbar.

(3 a) Beihilfehandlungen einer in § 53 Absatz 1 Satz 1 Nummer 5 der Strafprozessordnung genannten Person sind nicht rechtswidrig, wenn sie sich auf die Entgegennahme, Auswertung oder Veröffentlichung des Geheimnisses oder des Gegenstandes oder der Nachricht, zu deren Geheimhaltung eine besondere Verpflichtung besteht, beschränken.

(4) ¹Die Tat wird nur mit Ermächtigung verfolgt. ²Die Ermächtigung wird erteilt
1. von dem Präsidenten des Gesetzgebungsorgans
    a) in den Fällen des Absatzes 1, wenn dem Täter das Geheimnis während seiner Tätigkeit bei einem oder für ein Gesetzgebungsorgan des Bundes oder eines Landes bekanntgeworden ist,
    b) in den Fällen des Absatzes 2 Nr. 1;
2. von der obersten Bundesbehörde
    a) in den Fällen des Absatzes 1, wenn dem Täter das Geheimnis während seiner Tätigkeit sonst bei einer oder für eine Behörde oder bei einer anderen amtlichen Stelle des Bundes oder für eine solche Stelle bekanntgeworden ist,
    b) in den Fällen des Absatzes 2 Nr. 2, wenn der Täter von einer amtlichen Stelle des Bundes verpflichtet worden ist;
3. von der obersten Landesbehörde in allen übrigen Fällen der Absätze 1 und 2 Nr. 2.

I. Zweck der Vorschrift ist der **Schutz** der Geheimnisse, die den tatbestandlich genannten Verschwiegenheitspflichten unterfallen (NK-*Kuhlen* Rn 6). Teils wird das Vertrauen der Allgemeinheit in die Amtsverschwiegenheit auch (*Fischer* Rn 2; SK-*Hoyer* Rn 2) oder nur (*Laufhütte* GA 1974, 52 [58 f]; abw. S/S-*Perron* Rn 1) als geschützt angesehen. Die Tat ist **Sonderdelikt** (MK-*Graf* Rn 4; NK-*Kuhlen* Rn 9) und Amtsdelikt, sofern der Täter Amtsträger ist (*Fischer* Rn 2). Außenstehende können nur Teilnehmer sein; auf sie ist § 28 I anzuwenden (L-Kühl-*Heger* Rn 4; *Herzberg* GA 1991, 145 [180]; SK-*Hoyer* Rn 17; aA S/S-*Perron* Rn 23).

II. Die Tat nach **Abs. 1** verlangt, dass eine der in Nr. 1-3 bezeichneten Personen ein Geheimnis, das ihr in ihrer Stellung anvertraut worden oder sonst bekannt geworden ist, unbefugt offenbart und dadurch wichtige öffentliche Interessen gefährdet.

3   1. Zum **Täterkreis** gehören neben Amtsträgern (§ 11 I Nr. 2) und für den öffentlichen Dienst besonders Verpflichteten (§ 11 I Nr. 4) auch Personen, die Aufgaben oder Befugnisse nach dem Personalvertretungsrecht wahrnehmen (Abs. 1 Nr. 3). Die Täterqualifikation muss zurzeit der Kenntnisnahme des Geheimnisses vorliegen, nicht auch noch bei der Offenbarung des Geheimnisses (*Fischer* Rn 3; SK-*Hoyer* Rn 3).

4   2. Dem Täter muss ein Geheimnis **anvertraut** worden (§ 203 Rn 6) oder **bekannt geworden** (§ 203 Rn 7) sein. Es muss ein innerer Zusammenhang mit dem Dienst des Täters („als") bestehen (SK-*Hoyer* Rn 6; NK-*Kuhlen* Rn 18). Daran soll es fehlen, wenn der Amtsträger das fragliche Geheimnis erst selbst geschaffen hat, da das Geheimnis ihm dann weder anvertraut worden noch sonst bekannt geworden sei. Der Tatbestand soll hiernach nur mit der Offenbarung bereits existierender Geheimnisse erfüllt werden (so OLG Dresden NStZ 2008, 462 f für einen StA, der ein von ihm selbst eingeleitetes Ermittlungsverfahren und einen von ihm selbst erwirkten Durchsuchungstermin an die Presse verriet). Im Hinblick auf den Schutzzweck der Norm (vgl Rn 1) schafft diese weder aus Wortlaut noch Systematik herleitbare Restriktion allerdings ohne jede Notwendigkeit eine Strafbarkeitslücke (*Schwürzer/Krewer* NStZ 2008, 463).

5   **Geheimnisse** sind Tatsachen, Erkenntnisse oder Gegenstände, die – aufgrund einer Rechtsvorschrift oder besonderen Anordnung oder schon ihrer Natur nach – geheimhaltungsbedürftig und nur einem begrenzten Personenkreis bekannt sind (BGHSt 10, 108 f; 48, 126 [129]; OLG Köln NJW 1988, 2489 [2490]; NK-*Kuhlen* Rn 10). Es kommen gleichermaßen Angelegenheiten aus der dienstlichen wie aus der privaten Sphäre in Betracht (BayObLG NStZ 1999, 568; *Fischer* Rn 10). Ein Geheimnis ist auch der Umstand, dass in einem polizeilichen Informationssystem keine Erkenntnisse zu bestimmten Personalien gespeichert sind (BGHSt 46, 339 [340 ff] m. Bspr *Perron* JZ 2002, 50; BGH NJW 2013, 549 ff; LG Ulm NJW 2000, 822 m. krit. Anm. *Behm* NStZ 2001, 153 f). Kein Geheimnis ist, was offenkundig, also ohne besondere Mühe allgemein zugänglich ist (NK-*Kuhlen* Rn 11; BGH NJW 2013, 549 [551]: Halterdaten im Zentralen Fahrzeugregister [§ 33 I StVG], die im Rahmen einfacher Registerauskünften uU übermittelt werden dürfen), oder keinerlei Bedeutung hat (BGHSt 46, 339 [341]). Teils wird versucht, diesen weiten Geheimnisbegriff einzugrenzen: So wird etwa das richterliche Beratungsgeheimnis nicht als ein Geheimnis iSd Tatbestands qualifiziert (OLG Düsseldorf NStZ 1981, 25; KG GA 1987, 227 [229]; S/S-*Perron* Rn 5). Jedoch bietet schon der Gesetzeswortlaut keinen Anhaltspunkt dafür, dass die Vorschrift auf Verwaltungsgeheimnisse beschränkt sein soll (OLG Köln NJW 2005, 1000 ff; L-Kühl-*Heger* Rn 6; NK-*Kuhlen* Rn 14). Ferner werden illegale Geheimnisse (§ 93 II) für nicht einschlägig gehalten (SK-*Hoyer* Rn 5). Schließlich wird aus dem Erfordernis der Gefährdung wichtiger öffentlicher Interessen abgeleitet, dass nur Geheimnisse, die selbst unmittelbar ein wichtiges öffentliches Interesse betreffen, tatbestandsmäßig seien (S/S-*Perron* Rn 6). Die hM lehnt jedoch Beschränkungen dieser Art ab (BayObLG NStZ 1999, 568 f; *Fischer* Rn 10; NK-*Kuhlen* Rn 14 ff; *Wagner* JZ 1987, 658 [665 f]).

6   3. Das Geheimnis wird **offenbart**, wenn einem Dritten davon durch öffentliches Bekanntmachen oder durch Mitteilung Kenntnis verschafft wird (SK-*Hoyer* Rn 7; NK-*Kuhlen* Rn 19; LK-*Vormbaum* Rn 17). Von einem Offenbaren kann nicht gesprochen werden, wenn der Dritte bereits vor der Mitteilung um das Geheimnis weiß (§ 203 Rn 8; BGH NJW 1995, 2915 [2916]; BayObLG NJW 1995, 1623; SK-*Hoyer* Rn 7; NK-*Kuhlen* Rn 19; S/S-*Perron* Rn 8). Das Merkmal **unbe-**

fugt ist nach hM lediglich ein Hinweis auf die Rechtswidrigkeit als allgemeines Deliktsmerkmal (*Fischer* Rn 18; SK-*Hoyer* Rn 14; S/S-*Perron* Rn 21 a; aA NK-*Kuhlen* Rn 20: Tatbestandsvoraussetzung). Gleichwohl wird die Weitergabe des Geheimnisses an zuständige Behördenmitarbeiter oder an andere Stellen im Wege einer zulässigen Amtshilfe schon nicht als tatbestandsmäßig angesehen (*Fischer* Rn 15; S/S-*Perron* Rn 8; LK-*Vormbaum* Rn 22 f).

4. Durch das Offenbaren müssen wichtige öffentliche Interessen gefährdet werden. Zu den **wichtigen öffentlichen Interessen** gehören alle öffentlichen Belange von einigem Rang (NK-*Kuhlen* Rn 35; S/S-*Perron* Rn 9; LK-*Vormbaum* Rn 24). Die **Gefährdung** muss **konkret** sein (BGHSt 20, 342 [348]; OLG Düsseldorf NJW 1989, 1872 f; OLG Zweibrücken NStZ 1990, 495 [496]; MK-*Graf* Rn 40; SK-*Hoyer* Rn 13; *Wagner* JZ 1987, 658 [665]; vgl auch *Walter* v. Heintschel-Heinegg-FS 471 ff), was anzunehmen ist, wenn der Eintritt der Beeinträchtigung allein vom Zufall abhängt (NK-*Kuhlen* Rn 36; LK-*Vormbaum* Rn 27). Überwiegend wird eine bloß mittelbare Gefährdung der Interessen für ausreichend gehalten, wobei es dann allerdings – um dem Merkmal seinen eigenständigen Bedeutungsgehalt zu erhalten – einer Gesamtabwägung im Einzelfall bedarf (BGHSt 11, 401 [404]; 48, 126 [132]; BGH NStZ-RR 2013, 112; wistra 2013, 195 ff; OLG Düsseldorf NStZ 1985, 169 [170]; OLG Köln NJW 1988, 2489 [2490 f]; *Fischer* Rn 23 ff; aA S/S-*Perron* Rn 6 f, 9; *Schumann* NStZ 1985, 170 [172 f]; *Wagner* JZ 1987, 658 [666]).

7

5. Der **subjektive Tatbestand** verlangt (zumindest bedingten) **Vorsatz** (BGHSt 11, 401 [404]; NK-*Kuhlen* Rn 39). Für die Gefährdung wichtiger öffentlicher Interessen reicht in der Tatvariante nach Abs. 1 S. 2 **Fahrlässigkeit** aus.

8

III. Abs. 2 erfasst die Weitergabe von Gegenständen und Nachrichten, die unter den Voraussetzungen von Nr. 1 oder Nr. 2 geheimhaltungspflichtig sind, sofern hierdurch wichtige öffentliche Interessen gefährdet werden.

9

1. Der **Täter** muss einer besonderen Geheimhaltungspflicht unterliegen, die zum einen auf dem Beschluss eines Gesetzgebungsorgans des Bundes oder eines Landes oder eines seiner Ausschüsse (**Nr. 1**) beruhen kann; insoweit kann sie individuell adressiert oder sachlich konkretisiert sein (vgl *Fischer* Rn 10; NK-*Kuhlen* Rn 43). Zum anderen entsteht eine Geheimhaltungspflicht iSd Tatbestands, wenn jemand von einer anderen amtlichen Stelle unter Hinweis auf die Strafbarkeit der Verletzung dieser Geheimhaltungspflicht förmlich verpflichtet worden ist (**Nr. 2**). **Förmlich** ist die Verpflichtung, wenn sie beurkundet oder zumindest schriftlich abgefasst ist (L-Kühl-*Heger* Rn 5; S/S-*Perron* Rn 15; abw. SK-*Hoyer* Rn 10: nur ausdrückliche Erteilung). Verletzungen von Formvorschriften sind jedoch nur von Belang, wenn sie zur Nichtigkeit der Verpflichtung führen (NK-*Kuhlen* Rn 46). **Amtlich** ist jede Dienststelle, die Aufgaben der Legislative, Exekutive oder Judikative wahrnimmt (SK-*Hoyer* Rn 10; NK-*Kuhlen* Rn 45).

10

Die in Nr. 1 und Nr. 2 genannten Verpflichtungen müssen auf einer außerstrafrechtlichen Rechtsgrundlage beruhen oder zwischen den Beteiligten vereinbart worden sein (*Möhrenschlager* JZ 1980, 161 [165]; *Rogall* NJW 1980, 751 [752]; enger SK-*Hoyer* Rn 10).

11

2. Die Geheimhaltungspflicht muss sich auf einen Gegenstand oder eine Nachricht beziehen. Als **Gegenstände** sind alle körperlichen Sachen (Zeichnungen, Modelle usw) anzusehen (*Fischer* Rn 17). Eine **Nachricht** ist die Mitteilung einer Information (L-Kühl-*Heger* Rn 9; SK-*Hoyer* Rn 11); sie braucht nicht mündlich zu erfolgen (NK-*Kuhlen* Rn 43; aA *Fischer* Rn 17; S/S-*Perron* Rn 12).

12

13 3. Der Täter muss das geheimhaltungsbedürftige Tatobjekt (Nachricht, Gegenstand) an einen anderen gelangen lassen oder öffentlich bekannt machen. **An einen anderen gelangen lassen** kann der Täter das Tatobjekt durch eine Handlung oder durch Unterlassen. Letzteres bedarf keines Rückgriffs auf § 13 (echtes Unterlassungsdelikt, vgl SK-*Hoyer* Rn 12). Bei einem Gegenstand ist das Gelangenlassen erfolgt, wenn sich das Tatobjekt im Gewahrsam des Unbefugten befindet und von diesem zur Kenntnis genommen werden kann (MK-*Graf* Rn 78; NK-*Kuhlen* Rn 47; LK-*Vormbaum* Rn 19); Kenntnisnahme ist nicht erforderlich. Eine Nachricht ist dagegen erst an einen anderen gelangt, wenn sie ihm zur Kenntnis gebracht und von ihm verstanden worden ist (BGH NJW 1965, 1187 [1190]; NK-*Kuhlen* Rn 47). Bei der **öffentlichen Bekanntmachung** muss der Gegenstand oder die Nachricht aufgrund des Täterhandelns einer unbestimmten Anzahl von Personen zur Kenntnis gelangt sein (NK-*Kuhlen* Rn 47; LK-*Vormbaum* Rn 20).

14 4. Durch die Handlung des Täters müssen (wie bei Abs. 1, Rn 7) **wichtige öffentliche Interessen** konkret **gefährdet** werden.

15 5. Die Handlung ist nicht **unbefugt** (Rn 6), wenn allgemeine Rechtfertigungsgründe oder spezialgesetzlich geregelte Offenbarungsrechte (zB § 67 II BBG) eingreifen (zur Einwilligung vgl NK-*Kuhlen* Rn 51 mwN).

16 IV. Der **Versuch** ist strafbar (Abs. 3). Er setzt Vorsatz auch hinsichtlich einer möglichen Gefährdung voraus; eine nur fahrlässige Gefährdung im Falle des Gelingens der Tathandlung reicht nicht aus (NK-*Kuhlen* Rn 42; SK-*Rudolphi/Stein* § 11 Rn 53; aA *Fischer* Rn 26; SK-*Hoyer* Rn 9).

17 V. Eine **Teilnahme** an der Tat durch einen Außenstehenden ist nach ganz hM trotz der mit Abschaffung von § 353 c aF verbundenen gesetzgeberischen Wertung generell möglich (MK-*Graf* Rn 89; NK-*Kuhlen* Rn 57, jew. mwN). Allgemein anerkannt ist weiterhin, dass ein Außenstehender, der lediglich die unbefugte Offenbarung rezipiert, sich nicht wegen einer Tatbeteiligung strafbar macht. Dies folgt schon aus dem Fehlen einer Unterstützungshandlung, aber auch aus den Grundsätzen der notwendigen Teilnahme (*Cramer* wistra 2006, 166; MK-*Graf* Rn 90; NK-*Kuhlen* Rn 57). Unklar ist allerdings, bis zu welchem Zeitpunkt die Möglichkeit der Teilnahme besteht. **Nach hM ist die Teilnahme** nur bis zur Vollendung der Tat möglich, so dass ein Außenstehender (zB ein Journalist) nicht wegen Teilnahme strafbar ist, wenn er anderen ein zuvor ihm offenbartes Geheimnis mitteilt (*Brüning* NStZ 2006, 254 ff; L-Kühl-*Heger* Rn 13 a; SK-*Hoyer* Rn 17; NK-*Kuhlen* Rn 58; *Rogall* NJW 1980, 751 [752]; offen gelassen in BVerfG NJW 2007, 1117 [1119 f]: Fall „Cicero"). Nach anderer Ansicht ist eine Teilnahme auch noch nach Vollendung (Eintritt der konkreten Gefährdung) bis zur Beendigung möglich (*Fischer* Rn 27; LK-*Träger*, 11. Aufl., Rn 40; iE ebenso MK-*Graf* Rn 91).

18 VI. Die Tat wird gem. Abs. 4 nur bei Vorliegen einer **Ermächtigung** verfolgt.

19 VII. **Konkurrenzen**: § 353 b **Abs. 1** geht der Tat nach **Abs. 2** vor (*Fischer* Rn 37; MK-*Graf* Rn 93; NK-*Kuhlen* Rn 63). Das abstrakte Gefährdungsdelikt des § 353 d Nr. 2 wird von dem konkreten Gefährdungsdelikt des § 353 b II im Wege materieller Subsidiarität verdrängt (SK-*Hoyer* Rn 24; NK-*Kuhlen* Rn 63; S/S-*Perron* Rn 24; für Tateinheit: *Fischer* Rn 37; MK-*Graf* Rn 93; LK-*Vormbaum* Rn 58); ansonsten ist zwischen § 353 b und § 353 d Tateinheit möglich. Tateinheit kommt ferner in Betracht mit §§ 109 f, 109 g, 203 II, 355 (NK-*Kuhlen*

Rn 63; S/S-*Perron* Rn 24). Gleiches gilt im Verhältnis zu §§ 94 ff (SK-*Hoyer* Rn 24; NK-*Kuhlen* Rn 63; aA L-Kühl-*Heger* Rn 14).

§ 353 c (weggefallen)

§ 353 d Verbotene Mitteilungen über Gerichtsverhandlungen

Mit Freiheitsstrafe bis zu einem Jahr oder mit Geldstrafe wird bestraft, wer
1. entgegen einem gesetzlichen Verbot über eine Gerichtsverhandlung, bei der die Öffentlichkeit ausgeschlossen war, oder über den Inhalt eines die Sache betreffenden amtlichen Schriftstücks öffentlich eine Mitteilung macht,
2. entgegen einer vom Gericht auf Grund eines Gesetzes auferlegten Schweigepflicht Tatsachen unbefugt offenbart, die durch eine nichtöffentliche Gerichtsverhandlung oder durch ein die Sache betreffendes amtliches Schriftstück zu seiner Kenntnis gelangt sind, oder
3. die Anklageschrift oder andere amtliche Schriftstücke eines Strafverfahrens, eines Bußgeldverfahrens oder eines Disziplinarverfahrens, ganz oder in wesentlichen Teilen, im Wortlaut öffentlich mitteilt, bevor sie in öffentlicher Verhandlung erörtert worden sind oder das Verfahren abgeschlossen ist.

I. Die Vorschrift formuliert **drei Tatbestände**, die jeweils dem **Schutz** der Rechtspflege dienen. Zudem dienen die Tatbestände Nr. 1 und 2 dem Schutz der Güter, die von den ausfüllenden Normen erfasst werden (Staatssicherheit, Geheimhaltungsinteressen), während Nr. 3 den vom Verfahren Betroffenen vor vorzeitiger öffentlicher Bloßstellung bewahren will (näher zu den Schutzzwecken BVerfGE 71, 206 [218 f]; LG Mannheim NStZ-RR 1996, 360 [361]; *Fischer* Rn 1; MK-*Graf* Rn 2 ff; SK-*Hoyer* Rn 2 ff; NK-*Kuhlen* Rn 3 f, 16, 25; *Többens* GA 1983, 97 [105]; LK-*Träger* Rn 2, 21, 38 f; *Wilhelm* NJW 1994, 1520 [1521]). 1

II. Nr. 1: Den Tatbestand verwirklicht, wer entgegen einem gesetzlichen Verbot über eine Gerichtsverhandlung, bei der die Öffentlichkeit ausgeschlossen war, oder über den Inhalt eines die Sache betreffenden amtlichen Schriftstücks öffentlich eine Mitteilung macht. 2

1. Als **gesetzliches Verbot** kommt (derzeit nur) § 174 II GVG in Betracht, der Mitteilungen über Verhandlungen unter Ausschluss der Öffentlichkeit wegen Gefährdung der Staatssicherheit untersagt (S/S-*Perron* Rn 2; LK-*Vormbaum* Rn 3). Die Tat ist abstraktes Gefährdungsdelikt, da eine Beeinträchtigung oder Gefährdung der Staatssicherheit nicht eingetreten sein muss. 3

2. Da sich § 174 II GVG an „Presse, Rundfunk und Fernsehen" richtet, kommen als Verbotsadressaten und damit **taugliche Täter** nur Mitarbeiter dieser Medien in Betracht (SK-*Hoyer* Rn 7; NK-*Kuhlen* Rn 5). Hierzu zählen auch freie Mitarbeiter, aber keine externen Kontaktpersonen (vgl S/S-*Perron* Rn 7). Der **Presse** unterfallen nur periodisch erscheinende Druckwerke (*Fischer* Rn 2; SK-*Hoyer* Rn 8; NK-*Kuhlen* Rn 5; aA MK-*Graf* Rn 15; M-*Schroeder/Maiwald* II § 76/2; LK-*Träger*, 11. Aufl., Rn 10: jede Herausgabe von Druckwerken, auch Flugblätter). 4

3. Eine **öffentliche Mitteilung** ist ein Tatsachenbericht, der einem unbestimmten Personenkreis zugänglich gemacht wird (SK-*Hoyer* Rn 13; NK-*Kuhlen* Rn 6). Die Information darf der Allgemeinheit zuvor noch nicht auf andere Weise zugäng- 5 lich gewesen sein (NK-*Kuhlen* Rn 6; S/S-*Perron* Rn 18; aA RGSt 14, 342 [343]). Der Tatsachenbericht muss der Allgemeinheit über das Medium zur Verfügung gestellt werden, in dem der Täter beschäftigt ist (SK-*Hoyer* Rn 14).

6   Die Mitteilung kann sich zum einen (**1. Alt.**) auf die (Teile der) Gerichtsverhandlung, bei der die Öffentlichkeit ausgeschlossen war, beziehen (SK-*Hoyer* Rn 7; NK-*Kuhlen* Rn 7; S/S-*Perron* Rn 10; aA LK-*Träger*, 11. Aufl., Rn 13: auch auf öffentliche Teile).

7   Zum anderen (**2. Alt.**) kann die Mitteilung auch den Inhalt eines die Sache betreffenden amtlichen Schriftstücks (dh einer durch Schriftzeichen verkörperten Gedankenerklärung) zum Gegenstand haben (NK-*Kuhlen* Rn 9). **Amtlich** ist das Schriftstück, wenn es von einer amtlichen Stelle herrührt, nicht aber, wenn es von einer Privatperson stammt und von einer amtlichen Stelle nur in Gewahrsam genommen wurde, um es in das Verfahren einzuführen (AG Hamburg NStZ 1988, 411 [412]; L-Kühl-*Heger* Rn 4; SK-*Hoyer* Rn 12; NK-*Kuhlen* Rn 10; *Senfft* StV 1990, 411; aA *Fischer* Rn 4; MK-*Graf* Rn 35: alle Schriftstücke, die von der aktenführenden Behörde zum Aktenbestandteil gemacht wurden). Das Schriftstück **betrifft die Sache**, wenn es sich auf den Tatkomplex, dessentwegen das Gericht die Öffentlichkeit ausgeschlossen hat, bezieht; dies muss nicht der Gegenstand des Verfahrens sein (NK-*Kuhlen* Rn 11; S/S-*Perron* Rn 14).

8   4. Bei der betreffenden Verhandlung muss die **Öffentlichkeit** durch (rechtmäßigen) Gerichtsbeschluss gem. § 174 I S. 2 GVG **ausgeschlossen** gewesen sein. Ein Ausschluss kraft Gesetzes (zB §§ 170 I GVG, 48 I JGG) genügt nicht. Ob eine Gefährdung für die Staatssicherheit tatsächlich zu besorgen war, ist für die Rechtmäßigkeit des Gerichtsbeschlusses ohne Belang (SK-*Hoyer* Rn 10; NK-*Kuhlen* Rn 12; aA S/S-*Perron* Rn 4).

9   5. Der **subjektive Tatbestand** verlangt (zumindest bedingten) Vorsatz.

10 III. Nr. 2: Den Tatbestand verwirklicht, wer entgegen einer vom Gericht aufgrund eines Gesetzes auferlegten Schweigepflicht Tatsachen unbefugt offenbart, die durch eine nichtöffentliche Gerichtsverhandlung oder durch ein die Sache betreffendes amtliches Schriftstück zu seiner Kenntnis gelangt sind.

11 1. **Gesetzliche Grundlage**, auf die Nr. 2 als Blanketttatbestand verweist, ist (zur Zeit nur) § 174 III GVG, der besagt, dass die Öffentlichkeit wegen Gefährdung der Staatssicherheit oder aus den in §§ 171 b, 172 Nr. 2, 3 GVG genannten Gründen ausgeschlossen werden kann.

12 2. Der **Täterkreis** wird durch § 174 III GVG festgelegt: Taugliche Täter sind danach alle bei der nichtöffentlichen Verhandlung anwesenden Personen, also auch die Angehörigen des Gerichts oder die gem. § 175 II GVG zugelassenen Zuhörer (MK-*Graf* Rn 43 f; NK-*Kuhlen* Rn 18; LK-*Vormbaum* Rn 31). Die Auferlegung einer Schweigepflicht kraft Gesetzes reicht nicht aus (SK-*Hoyer* Rn 16; vgl S/S-*Perron* Rn 24).

13 3. **Offenbart** werden die Tatsachen, wenn über sie ein Dritter, der sie noch nicht kannte, in Kenntnis gesetzt wird (§ 203 Rn 8; vgl auch NK-*Kuhlen* Rn 19). Die fraglichen Tatsachen müssen dem Täter seinerseits **durch** eine nichtöffentliche Gerichtsverhandlung oder durch ein die Sache betreffendes Schriftstück **bekannt** geworden sein. Die Weitergabe ihm bereits anderweitig bekannt gewordener Tatsachen ist nicht tatbestandsmäßig (S/S-*Perron* Rn 30). Der Täter muss mit dem Offenbaren gegen eine ihm auferlegte **Schweigepflicht** verstoßen. Eine solche Pflicht kann sich nur aus den in § 174 III GVG genannten Gründen ergeben; eine

Schweigepflicht aufgrund anderer Normen ist für Nr. 2 bedeutungslos (SK-*Hoyer* Rn 18). Die **Auferlegung** der Schweigepflicht muss rechtmäßig sein (L-Kühl-*Heger* Rn 3; LK-*Vormbaum* Rn 27). Ob die Gründe, die zur Auferlegung der Schweigepflicht geführt haben, tatsächlich gegeben waren, ist für die Rechtmäßigkeit unerheblich (SK-*Hoyer* Rn 18; LK-*Träger*, 11. Aufl., Rn 27; aA S/S-*Perron* Rn 38: Strafausschließungsgrund bei Nichtvorliegen).

4. Der **subjektive Tatbestand** verlangt (zumindest bedingten) Vorsatz (näher zu möglichen Irrtümern NK-*Kuhlen* Rn 25). 14

5. **Unbefugt** ist nach hM nur ein Hinweis auf die Rechtswidrigkeit als Deliktsmerkmal (SK-*Hoyer* Rn 20; S/S-*Perron* Rn 36; aA MK-*Graf* Rn 54: Doppelfunktion; NK-*Kuhlen* Rn 21: Tatbestandsvoraussetzung). Neben den allgemeinen Rechtfertigungsgründen können gesetzliche Aussagepflichten rechtfertigen. Bei disponiblen Gütern kommt eine Einwilligung des Betroffenen in Betracht. 15

IV. Nr. 3: Den Tatbestand verwirklicht, wer – auch bei einer Veröffentlichung mit dem Willen des Betroffenen (BVerfG wistra 2014, 387) – die Anklageschrift oder andere amtliche Schriftstücke eines Strafverfahrens, eines Bußgeldverfahrens oder eines Disziplinarverfahrens ganz oder in wesentlichen Teilen im Wortlaut öffentlich mitteilt, bevor sie in öffentlicher Verhandlung erörtert worden sind oder das Verfahren abgeschlossen ist. 16

1. Die Tat ist ein im Täterkreis nicht eingeschränktes **Allgemeindelikt** (MK-*Graf* Rn 63; NK-*Kuhlen* Rn 29). 17

2. **Tatobjekte** sind amtliche Schriftstücke eines Straf-, Buß- oder Disziplinarverfahrens; sie müssen für den materiellen Gegenstand des Verfahrens bedeutsam sein (SK-*Hoyer* Rn 21; S/S-*Perron* Rn 44; weitergehend LK-*Vormbaum* Rn 50). 18

3. **Tathandlung** ist das **öffentliche Mitteilen**; der Täter muss die Information einem nicht fest umgrenzten Personenkreis, dem sie bislang noch nicht verfügbar war, (in irgendeiner Weise) zugänglich machen (RGSt 47, 243 [244]; *Bottke* NStZ 1987, 314 [316]; *Fischer* Rn 6; NK-*Kuhlen* Rn 31). Inhalt der Information sind zumindest wesentliche Teile des Schriftstücks, die im Wortlaut wiedergegeben sein müssen. **Wesentlich** sind solche Teile, die durch die Veröffentlichung eine öffentliche Diskussion über den Ausgang des Verfahrens anfachen können (OLG Hamm NJW 1977, 967 [968]; S/S-*Perron* Rn 47 f; teils abw. LK-*Vormbaum* Rn 59: Orientierung am konkreten Fall). 19

4. **Tatzeitpunkt:** Die Veröffentlichung des Schriftstücks muss erfolgen, bevor es in öffentlicher Verhandlung erörtert worden oder das Verfahren abgeschlossen ist. Dies setzt voraus, dass überhaupt ein Verfahren eingeleitet worden ist (LG Hamburg NJW 2013, 3458; SK-*Hoyer* Rn 25; LK-*Vormbaum* Rn 51). **Erörtert** ist ein Schriftstück, wenn sein Inhalt in einer öffentlichen Verhandlung tatsächlich bekannt gegeben worden ist (NK-*Kuhlen* Rn 33; S/S-*Perron* Rn 55). Das Verfahren ist mit rechtskräftiger Beendigung **abgeschlossen** (OLG Köln JR 1980, 473; MK-*Graf* Rn 77; NK-*Kuhlen* Rn 34; LK-*Vormbaum* Rn 53; aA S/S-*Perron* Rn 57: Abschluss der Instanz). 20

5. Der **subjektive Tatbestand** verlangt (zumindest bedingten) Vorsatz (zu Irrtumsfragen NK-*Kuhlen* Rn 35). 21

6. Als **Rechtfertigungsgründe** kommen neben speziellen gesetzlichen Veröffentlichungsbefugnissen (vgl LK-*Vormbaum* Rn 61 ff) die allgemeinen Erlaubnistatbestände in Betracht, insbesondere § 34 in Bezug auf die berechtigten Informationsinteressen der Allgemeinheit oder jedenfalls der rechtswissenschaftlichen Fach- 22

kreise (SK-*Hoyer* Rn 28; NK-*Kuhlen* Rn 36). Die Einwilligung des Angeklagten oder sonstiger Verfahrensbeteiligten ist unbeachtlich (AG Nürnberg MDR 1983, 424; AG Weinheim NJW 1994, 1543 [1545]; *Bottke* NStZ 1987, 314 [316]; NK-*Kuhlen* Rn 36; aA *Wilhelm* NJW 1994, 1520 [1521]).

23 V. **Konkurrenzen:** § 353 d **Nr. 1** geht als intensivere Verletzungsform **Nr. 2** vor (NK-*Kuhlen* Rn 37; LK-*Vormbaum* Rn 65), während zwischen Nr. 1 oder 2 einerseits und **Nr. 3** Tateinheit bestehen kann (MK-*Graf* Rn 87; S/S-*Perron* Rn 60; aA SK-*Hoyer* Rn 29: Nr. 3 stets nachrangig). Tateinheit ist möglich mit §§ **94 ff, 203, 353 b, 355** (SK-*Hoyer* Rn 29; NK-*Kuhlen* Rn 37; LK-*Vormbaum* Rn 66; teils abw. S/S-*Perron* Rn 60); nur § 353 b II tritt hinter § 353 d Nr. 2 zurück (vgl dort Rn 19).

§ 354 (weggefallen)

§ 355 Verletzung des Steuergeheimnisses

(1) ¹Wer unbefugt
1. Verhältnisse eines anderen, die ihm als Amtsträger
    a) in einem Verwaltungsverfahren, einem Rechnungsprüfungsverfahren oder einem gerichtlichen Verfahren in Steuersachen,
    b) in einem Strafverfahren wegen einer Steuerstraftat oder in einem Bußgeldverfahren wegen einer Steuerordnungswidrigkeit,
    c) aus anderem Anlass durch Mitteilung einer Finanzbehörde oder durch die gesetzlich vorgeschriebene Vorlage eines Steuerbescheids oder einer Bescheinigung über die bei der Besteuerung getroffenen Feststellungen
    bekannt geworden sind, oder
2. ein fremdes Betriebs- oder Geschäftsgeheimnis, das ihm als Amtsträger in einem der in Nummer 1 genannten Verfahren bekannt geworden ist,

offenbart oder verwertet, wird mit Freiheitsstrafe bis zu zwei Jahren oder mit Geldstrafe bestraft. ²Verhältnisse eines anderen oder ein fremdes Betriebs- oder Geschäftsgeheimnis sind dem Täter auch dann als Amtsträger in einem in Satz 1 Nummer 1 genannten Verfahren bekannt geworden, wenn sie sich aus Daten ergeben, zu denen er Zugang hatte und die er unbefugt abgerufen hat.

(2) Den Amtsträgern im Sinne des Absatzes 1 stehen gleich
1. die für den öffentlichen Dienst besonders Verpflichteten,
2. amtlich zugezogene Sachverständige und
3. die Träger von Ämtern der Kirchen und anderen Religionsgesellschaften des öffentlichen Rechts.

(3) ¹Die Tat wird nur auf Antrag des Dienstvorgesetzten oder des Verletzten verfolgt. ²Bei Taten amtlich zugezogener Sachverständiger ist der Leiter der Behörde, deren Verfahren betroffen ist, neben dem Verletzten antragsberechtigt.

1 I. Die Vorschrift **schützt** das individuelle **Geheimhaltungsinteresse** des Steuerpflichtigen an seinen Angaben (*Fischer* Rn 1; LK-*Schäfer* Rn 2). Zudem soll die Norm auch das Interesse an der Erzielung wahrheitsgemäßer Steuererklärungen sichern (KG NJW 1985, 1971 [1972]; NK-*Kuhlen* Rn 4). § 355 ist **Sonderdelikt** und nach hM auch echtes Amtsdelikt (SK-*Hoyer* Rn 3; NK-*Kuhlen* Rn 6). Für

Teilnehmer gilt § 28 I (NK-*Kuhlen* Rn 6; LK-*Vormbaum* Rn 76; aA S/S-*Perron* Rn 35).

II. Täter kann nur sein, wer Amtsträger (Abs. 1) oder Angehöriger einer in Abs. 2 genannten Personengruppe ist und in einem der in Abs. 1 Nr. 1 genannten Verfahren Kenntnis von den Verhältnissen eines anderen oder von einem fremden Betriebs- oder Geschäftsgeheimnis (Abs. 1 Nr. 2) erhalten hat. In Abs. 2 werden den Amtsträgern iSv § 11 I Nr. 2 die für den öffentlichen Dienst besonders Verpflichteten (§ 11 I Nr. 4), die amtlich zugezogenen Sachverständigen und die Träger von Ämtern der Kirchen und anderen Religionsgesellschaften des öffentlichen Rechts (falls sie im Rahmen der Kirchensteuerveranlagung Einblick in Besteuerungsgrundlagen genommen haben, SK-*Hoyer* Rn 3) gleichgestellt. Die Tätereigenschaft muss zum Zeitpunkt der Kenntnisnahme von dem Geheimnis gegeben sein; ein späterer Verlust der Eigenschaft berührt die Pflicht zur Geheimhaltung nicht (*Fischer* Rn 5 a; NK-*Kuhlen* Rn 6; MK-*Schmitz* Rn 48). 2

III. Dem Täter müssen Verhältnisse eines anderen (Abs. 1 Nr. 1) oder fremde Betriebs- bzw Geschäftsgeheimnisse (Abs. 1 Nr. 2) bekannt geworden sein. 3

1. Verhältnisse eines anderen sind alle steuerrechtlichen, finanziellen, wirtschaftlichen oder persönlichen Umstände einer bestimmten oder jedenfalls bestimmbaren natürlichen oder juristischen Person (OLG Hamm NJW 1981, 356 [358]; L-Kühl-*Heger* Rn 3; *Hetzer* NJW 1985, 2991 [2994]). Die Umstände müssen eine andere Person betreffen, die mit dem Täter nicht identisch (zu Personen- bzw Kapitalgesellschaften vgl *Fischer* Rn 7) und individuell bestimmbar ist; es kann sich um den Steuerpflichtigen selbst oder um einen Dritten handeln (KG NJW 1985, 1971 f; MK-*Schmitz* Rn 15; LK-*Vormbaum* Rn 8, 10). Sachverhalte, die bereits in einer öffentlichen Gerichtsverhandlung erörtert wurden, können nicht mehr als geheimhaltungsbedürftige Verhältnisse angesehen werden (NK-*Kuhlen* Rn 9; S/S-*Perron* Rn 5; *Weyand* NStZ 1987, 399 [400]; aA *Wagner* JZ 1987, 658 [668]; diff. *Blesinger* wistra 1991, 294 [296 f]). Zu den vom Steuergeheimnis umfassten Verhältnissen gehört dagegen die Identität des Anzeigenden einer Steuerstraftat oder -ordnungswidrigkeit (*Hetzer* NJW 1985, 2991 [2994]; *Wagner* JZ 1987, 658 [668]; aA KG NJW 1985, 1971 [1972]; S/S-*Perron* Rn 6: Geheimnis iSv § 203 II). 4

2. Betriebs- und Geschäftsgeheimnisse sind Tatsachen, an deren Geheimhaltung das Unternehmen (der Betrieb) wirtschaftlich interessiert ist und die nur einem begrenzten Personenkreis bekannt sind (SK-*Hoyer* Rn 8; LK-*Vormbaum* Rn 16). Unter diese Geheimnisse fallen technische Gegebenheiten und Verfahren sowie betriebliche Sachverhalte und geschäftliche Informationen (NK-*Kuhlen* Rn 11). 5

Ein Geheimnis ist **fremd**, wenn es eine andere (natürliche oder juristische) Person als den Täter betrifft (NK-*Kuhlen* Rn 11). Aus den geheimhaltungsbedürftigen Tatsachen muss der konkrete Betrieb oder das konkrete Unternehmen erkennbar hervorgehen (aA SK-*Hoyer* Rn 8). 6

3. Ein Bekanntwerden erfordert, dass der Täter tatsächlich Kenntnis über Verhältnisse eines anderen oder über fremde Betriebs- bzw Geschäftsgeheimnisse besitzt, die er im Rahmen seiner dienstlichen Tätigkeit bzw Funktionsausübung iSv Abs. 2 erlangt hat (SK-*Hoyer* Rn 6; NK-*Kuhlen* Rn 12). Nicht erfasst wird das Wissen um Tatsachen, die dem Amtsträger schon anderweitig bekannt waren oder die offenkundig sind (*Fischer* Rn 13). 7

Die einschlägigen Verhältnisse oder Geheimnisse müssen dem Täter in einem der in Abs. 1 Nr. 1 genannten Verfahren, also **im Rahmen seiner dienstlichen Tätig-** 8 keit, bekannt geworden sein (näher NK-*Kuhlen* Rn 12 ff). Es genügt irgendein subjektiver oder objektiver innerer Zusammenhang zwischen Tätigkeit und Verfahren; das Verfahren muss nicht den Zweck haben, dem Täter die Kenntnis zu verschaffen (OLG Hamm NJW 1981, 356 [358]; *Weyand* wistra 1988, 9 [11]).

9 IV. Tathandlungen sind das Offenbaren und Verwerten des Geheimnisses.

10 1. Der Täter **offenbart** die (nicht offenkundigen) Tatsachen, wenn er sie einem anderen, der sie noch nicht kannte, mitteilt (SK-*Hoyer* Rn 11; NK-*Kuhlen* Rn 18; LK-*Vormbaum* Rn 25). Offenbaren ist demnach auch eine behördeninterne Weitergabe von Informationen außerhalb eines Steuerstrafverfahrens (*Bilsdorfer* wistra 1984, 8 [9]; L-Kühl-*Heger* Rn 5; *Weyand* wistra 1988, 9 [11]; aA S/S-*Perron* Rn 14).

11 2. **Verwerten** ist die wirtschaftliche Nutzung des Geheimnisses zur Gewinnerzielung für den Täter selbst oder einen Dritten (RGSt 63, 205 [207]; NK-*Kuhlen* Rn 19; S/S-*Perron* Rn 15). Einschränkend wird von der hM gefordert, dass die erhaltenen Informationen bestimmungsgemäß, also in legaler Weise, verwendet werden (SK-*Hoyer* Rn 12; vgl S/S-*Perron* Rn 15). Der erstrebte wirtschaftliche Vorteil muss aber nicht erlangt werden (BayObLG NStZ 1984, 169 [170]; NK-*Kuhlen* Rn 25; aA *Wagner* JZ 1987, 658 [668]). Dementsprechend muss der Berechtigte auch keinen Schaden erleiden (BayObLG NStZ 1984, 169; NK-*Kuhlen* Rn 24; für eine Schädigungseignung der Verwertung SK-*Hoyer* Rn 13). Die wirtschaftliche Verwertung setzt kein Offenbaren voraus (NK-*Kuhlen* Rn 23).

12 V. Der **subjektive Tatbestand** verlangt (zumindest bedingten) Vorsatz.

13 VI. **Rechtswidrigkeit**: Das Merkmal „unbefugt" gehört nach hM nicht zum Tatbestand, sondern ist nur allgemeiner Hinweis auf die Rechtswidrigkeit als allgemeines Deliktsmerkmal (SK-*Hoyer* Rn 14; LK-*Vormbaum* Rn 27). Spezielle Rechtfertigungsgründe finden sich in § 30 IV, V AO (näher NK-*Kuhlen* Rn 30 ff; MK-*Schmitz* Rn 55 ff); daneben sind auch die allgemeinen Rechtfertigungsgründe anwendbar (*Fischer* Rn 14; NK-*Kuhlen* Rn 28 f).

14 VII. **Konkurrenzen**: § 355 geht als lex specialis §§ 203, 204 vor (*Fischer* Rn 17; NK-*Kuhlen* Rn 40). Mit § 353 b ist Idealkonkurrenz möglich (SK-*Hoyer* Rn 34; LK-*Vormbaum* Rn 77), ebenso mit § 353 d (L-Kühl-*Heger* Rn 8; NK-*Kuhlen* Rn 40; aA S/S-*Perron* Rn 36: § 353 d Nr. 2 tritt zurück).

§ 356 Parteiverrat

(1) Ein Anwalt oder ein anderer Rechtsbeistand, welcher bei den ihm in dieser Eigenschaft anvertrauten Angelegenheiten in derselben Rechtssache beiden Parteien durch Rat oder Beistand pflichtwidrig dient, wird mit Freiheitsstrafe von drei Monaten bis zu fünf Jahren bestraft.

(2) Handelt derselbe im Einverständnis mit der Gegenpartei zum Nachteil seiner Partei, so tritt Freiheitsstrafe von einem Jahr bis zu fünf Jahren ein.

I. Allgemeines

1 Der Tatbestand des Parteiverrats („Prävarikation") ist ein **echtes Sonderdelikt** (MK-*Dahs* Rn 1; *Fischer* Rn 2). Er soll nach hM zum einen die Einhaltung der Treuepflicht des Anwalts oder Rechtsbeistandes gegenüber dem Auftraggeber ga-

rantieren, zum anderen das Vertrauen in die Zuverlässigkeit und Integrität der Rechtspflege, insbesondere der Rechtsbeistandschaft, sichern (BGHSt 15, 332 [336]; BayObLG NJW 1981, 832; LK-*Gillmeister* Rn 9). Der Parteiverrat ist ein Berufsvergehen von Anwälten und anderen Rechtsbeiständen, jedoch kein Amtsdelikt (BGHSt 20, 41 [42]); die Einordnung in den 30. Abschnitt erklärt sich historisch aus dem Umstand, dass Anwälte nach den Partikularrechten zumeist staatliche Beamte waren (S/S-*Heine/Weißer* Rn 2; SK-*Rogall* Rn 1; zur Geschichte NK-*Kuhlen* Rn 1 ff). Wegen des überindividuellen Schutzzwecks ist grds. eine Einwilligung ausgeschlossen (vgl aber Rn 16).

Der Parteiverrat ist ferner **abstraktes Gefährdungsdelikt**, da nicht verlangt wird, dass durch die Tätigkeit des Anwaltes oder eines anderen Rechtsbeistandes die Interessen der jeweils vertretenen Partei auch tatsächlich beeinträchtigt werden (diff. S/S-*Heine/Weißer* Rn 3). 2

II. Tatbestand

Der Tatbestand ist verwirklicht, wenn ein Anwalt oder ein anderer Rechtsbeistand bei einer ihm in dieser Eigenschaft anvertrauten Angelegenheit in derselben Rechtssache beiden Parteien durch Rat oder Beistand pflichtwidrig dient. 3

1. Der **Täterkreis** ist auf Anwälte und andere Rechtsbeistände beschränkt. 4

a) Zu den **Anwälten** gehören zunächst die im Inland zugelassenen Rechtsanwälte (vgl §§ 4 ff BRAO) und Patentanwälte (vgl §§ 5 ff. PatAnwO). Ausländische Anwälte sind nur erfasst, wenn sie auch im Inland zugelassen sind (S/S-*Heine/Weißer* Rn 5). Taugliche Täter sind des Weiteren Notare, Anwaltsnotare und Notaranwälte (S/S-*Heine/Weißer* Rn 5; SK-*Rogall* Rn 11). Nicht als Täter kommen Rechtsanwälte in Betracht, wenn sie als Konkursverwalter (BGHSt 13, 231 [232]), Testamentsvollstrecker, Makler, Generalbevollmächtigter oder Vormund (BGHSt 24, 191 [192]) auftreten oder wenn sie weisungsgebunden für ein privates oder öffentliches Unternehmen (als Syndikus) tätig werden (vgl § 46 BRAO); in diesem Fall üben sie ihren Beruf nicht als unabhängige Sachwalter von Parteiinteressen aus, sondern sind nur mit einem unter Kontrolle stehenden Amt betraut (*Fischer* Rn 2 a; aA SK-*Rogall* Rn 11). 5

b) **Andere Rechtsbeistände** sind Personen, die im Rahmen einer rechtlich eigens anerkannten Rolle als unabhängige Sachwalter fremde Rechtsangelegenheiten vertreten. Sie können aufgrund einer generellen gesetzlichen Zulassung, aber auch aufgrund einer Bestellung durch eine Rechtspflegebehörde im Einzelfall tätig werden; hierher gehört zB, wer für den Beschuldigten gem. § 142 II StPO als Verteidiger bestellt oder einer Partei gem. § 121 ZPO als Rechtsanwalt beigeordnet ist (näher NK-*Kuhlen* Rn 11 ff). Erfasst wird auch der als Verteidiger tätige Hochschullehrer (MK-*Dahs* Rn 20; SK-*Rogall* Rn 13). Vorauszusetzen ist, dass die Person in erlaubter Weise in fremden Rechtsangelegenheiten tätig wird, um Parteiinteressen als unabhängiger Sachwalter zu vertreten (S/S-*Heine/Weißer* Rn 7; SK-*Rogall* Rn 12). Teils werden jedoch nur solche Personen als Rechtsbeistände angesehen, die fremde Rechtsangelegenheiten geschäfts- und berufsmäßig besorgen (L-Kühl-*Heger* Rn 2; *Pfeiffer* Koch-FS 127 [130]). Teils wird noch restriktiver verlangt, dass der Betreffende eine amtsträgerähnliche Stellung bekleidet (vgl OLG Saarbrücken NJW 1960, 306; *Geppert*, Der strafrechtliche Parteiverrat, 1961, 35 ff); hiernach scheiden insbesondere Prozessagenten nach § 157 ZPO als Rechtsbeistände iSd Vorschrift aus. 6

7 2. Die Tat muss sich auf eine **Angelegenheit** beziehen, die dem Täter in seiner Eigenschaft als Rechtsbeistand anvertraut worden ist.

8 a) Eine Angelegenheit ist dem Anwalt oder dem anderen Rechtsbeistand **anvertraut**, wenn ihm zur Übertragung der Interessenwahrnehmung durch privaten Auftrag oder amtliche Bestellung Sachverhaltsangaben gemacht werden (LK-*Gillmeister* Rn 79 ff; NK-*Kuhlen* Rn 15; SK-*Rogall* Rn 15). Hierbei muss es sich nicht um Tatsachen oder Geheimnisse handeln, von denen er sonst keine Kenntnis erlangt hätte (BGHSt 18, 192 [193]; MK-*Dahs* Rn 31). Allerdings scheidet § 356 aus, wenn eine rein private Beratung oder Hilfe durch den Rechtsbeistand erfolgt oder wenn dieser das Mandat unverzüglich zurückweist (MK-*Dahs* Rn 32 f; SK-*Rogall* Rn 15 f). Die Erteilung einer schriftlichen Bevollmächtigung oder eines Klageauftrags durch den Mandanten wird nicht vorausgesetzt. Eine höchstpersönliche Betrauung des Rechtsbeistands ist nicht erforderlich; die Übertragung der Interessenwahrnehmung kann gegenüber einem anderen Rechtsbeistand oder gegenüber einem Angestellten des Beistands erfolgen (RGSt 62, 289 [291]; LK-*Gillmeister* Rn 79). In Sozietäten (mit funktionaler Differenzierung) ist die einem Anwalt übertragene Angelegenheit nicht zugleich auch den anderen Sozietätsmitgliedern anvertraut (BGHSt 40, 188 [189]; NK-*Kuhlen* Rn 17). Sofern dem Beistand die Interessenwahrnehmung übertragen ist, gelten auch damit zusammenhängende Angelegenheiten als anvertraut, die er aus anderen Quellen oder von der Gegenpartei erfährt (BGHSt 18, 192 [193]). Das Anvertrautsein endet nicht mit Erledigung des Auftrages und der Beendigung des Mandats (BGHSt 34, 190 [191]; BayObLG JR 1996, 254 [255]; NK-*Kuhlen* Rn 15).

9 b) Dem Täter muss die Angelegenheit **gerade in seiner Eigenschaft** als Rechtsbeistand anvertraut worden sein. Hiervon ist auszugehen, wenn die Übertragung der Interessenwahrnehmung gerade wegen der Stellung als Anwalt oder Rechtsbeistand erfolgt ist (RGSt 62, 289 [293]; NK-*Kuhlen* Rn 16). Die private Beratung einer Partei reicht nicht aus (BGHSt 20, 41 [43]; *Fischer* Rn 3).

10 3. Die **Tathandlung** liegt darin, dass der Täter beiden Parteien in derselben Rechtssache durch Rat oder Beistand pflichtwidrig dient.

11 a) **Rechtssachen** sind alle Rechtsangelegenheiten, bei denen sich mehrere Beteiligte mit entgegengesetzten Interessen gegenüberstehen können und die nach rechtlichen Grundsätzen zu entscheiden sind (BGHSt 5, 301 [304]; OLG Düsseldorf NStZ-RR 1996, 298; S/S-*Heine/Weißer* Rn 11; SK-*Rogall* Rn 19; weitergehend NK-*Kuhlen* Rn 28). Die Sache kann gleichermaßen dem Zivil- und Strafrecht, dem öffentlichen Recht, der freiwilligen Gerichtsbarkeit und den Verfahrensrechten unterfallen (BGHSt 5, 284 [285]; 7, 17 [19]). Der Begriff der Rechtssache ist nicht mit dem des Rechtsstreits gleichzusetzen; auch mehrere Rechtsstreitigkeiten können eine Rechtssache bilden, so zB ein Zivil- und ein Strafverfahren (BGHSt 5, 301 [304]; BGH GA 1961, 203 [204]).

12 Ob **dieselbe** Rechtssache gegeben ist, entscheidet sich nach dem sachlich-rechtlichen Inhalt des durch den Mandanten anvertrauten Interesses (BGHSt 34, 190 [191]; BGH NStZ 1981, 479 [480]; OLG Koblenz NJW 1985, 1177; NK-*Kuhlen* Rn 30 mit Beispielen). Maßgebend ist nicht der einzelne Anspruch oder die Identität des Verfahrens, sondern das gesamte materielle Rechtsverhältnis, also die Gesamtheit der bei einem Sachverhalt rechtlich in Betracht kommenden Tatsachen und Interessen (BGHSt 9, 341 [344 ff]; 34, 190 [191]; SK-*Rogall* Rn 20). Exemplarisch: Strafverfahren und damit zusammenhängende Schadensersatzklage (BGH GA 1961, 203 [204]); Verteidigung des Ehemanns wegen eines Sexual-

delikts und Vertretung der Ehefrau im Scheidungsprozess (OLG Düsseldorf NJW 1959, 1050).

b) **Parteien** sind alle natürlichen und juristischen Personen, die an einer Rechtssache beteiligt sind und sich mit widerstreitenden Interessen gegenüberstehen (BGHSt 5, 284 [285]; 18, 192 [193]; OLG Oldenburg NStZ 1989, 533; SK-*Rogall* Rn 23; aA LK-*Gillmeister* Rn 39: Widerstreit nicht erforderlich; zum Interessengegensatz zwischen mehreren Studienplatzbewerbern *Mühlbauer* JR 2005, 54 [56]; zum Interessengegensatz zwischen mehreren Beteiligten einer Straftat BGH NJW 2008, 2723 m. zust. Anm. *Gillmeister* sowie *Müssig* NStZ 2009, 421 ff; vgl auch *Prinz* Mehle-FS 489 ff). Die Parteien müssen keine Prozessparteien oder sonst förmlich Beteiligte sein (RGSt 71, 114 [115]; MK-*Dahs* Rn 40; S/S-*Heine/ Weißer* Rn 13). Ein Rechtsnachfolger steht der ursprünglichen Partei gleich (SK-*Rogall* Rn 23). **Beiden** Parteien dient der Täter, sofern er teils die eine, teils die andere vertritt, wobei es ausreicht, wenn er für eine Partei erst nach Abschluss der Tätigkeit für die andere Dienste leistet (OLG Stuttgart JR 1986, 348; NK-*Kuhlen* Rn 23). Nicht einschlägig ist es, wenn der Rechtsbeistand gegen eine Partei eigene Interessen verfolgt (*Otto* BT § 98/34). 13

c) **Dienen** ist jede berufliche Tätigkeit, durch welche die Interessen des Mandanten gefördert werden sollen (BGHSt 7, 17 [19]; BGH NStZ 1985, 74; NK-*Kuhlen* Rn 18). **Rat** ist das Tätigwerden im Innenverhältnis, **Beistand** die Wahrnehmung der Interessen nach außen (BGHSt 7, 17 [19]). Nicht einschlägig sind Handlungen im Vorfeld der Interessenwahrnehmung, zB durch Anerbieten der Mandatsübernahme (LK-*Gillmeister* Rn 29). Das Dienen muss in der Eigenschaft als Rechtsbeistand, also im Rahmen der Berufsrolle erfolgen, so dass die rein private Unterstützung einer Partei kein tatbestandsmäßiges Dienen ist (BGHSt 20, 41 ff; 24, 191; LK-*Gillmeister* Rn 29). Dagegen ist der Parteiverrat auch durch Unterlassen oder durch Einsatz von Hilfskräften möglich (BayObLG NJW 1959, 2223 [2224]; L-Kühl-*Heger* Rn 6). Allerdings muss es auch in diesem Fall um eine zielgerichtete Förderung der Parteiinteressen gehen (BGH NJW 1964, 2428 [2430]). 14

d) Das Dienen ist **pflichtwidrig**, wenn der Rechtsbeistand für eine weitere Partei mit (zumindest zum Teil) entgegengesetztem Interesse tätig wird (NK-*Kuhlen* Rn 39). Das entsprechende Handlungsverbot ist für Anwälte in § 43 a IV BRAO ausdrücklich normiert und ist für sonstige Rechtsbeistände entsprechend heranzuziehen (S/S-*Heine/Weißer* Rn 16). Nicht erforderlich ist, dass das pflichtwidrige Dienen zu einer Schädigung der Parteiinteressen führt; es genügt schlichtes Tätigwerden (BayObLG NJW 1989, 2903; NK-*Kuhlen* Rn 18). 15

Die spezifische Pflichtwidrigkeit setzt demnach einen Interessengegensatz zwischen den Parteien voraus. Umstritten ist jedoch, ob die Bestimmung der relevanten Interessen **subjektiv**, dh von der Zielsetzung der Parteien her, **oder objektiv**, dh unabhängig vom Standpunkt der Parteien iSe wohlverstandenen Nutzens, zu erfolgen hat. Die Rspr vertritt keine einheitliche Linie und tendiert teils zum objektiven Ansatz (BGHSt 5, 284 [287]; BayObLG JR 1991, 163 [164]; OLG Zweibrücken NStZ 1995, 35 [36]; zust. *Geppert* NStZ 1990, 542 [544]; L-Kühl-*Heger* Rn 7), teils zum subjektiven Ansatz (BGHSt 5, 301 [307]; 7, 17 [20]; OLG Karlsruhe wistra 1997, 315 [316]; KG NStZ 2006, 688). Der letztgenannten Auffassung ist zuzustimmen, sofern es um disponible Güter geht, also insbesondere bei bürgerlich-rechtlichen Vermögensangelegenheiten. Dagegen ist das Interesse objektiv zu ermitteln, wenn – wie zB beim Strafverfahren, bei dem der Anwalt nicht den Weisungen seines Mandanten unterliegt – über die infrage stehen- 16 den Güter nicht subjektiv disponiert werden kann (grundlegend NK-*Kuhlen* Rn 43 ff). Zu beachten ist, dass die Zustimmung einer Partei zur Vertretung der Interessen der Gegenpartei die Pflichtwidrigkeit grds. nicht berührt (NK-*Kuhlen* Rn 43); nur in Ausnahmefällen kann dadurch der Interessengegensatz beseitigt werden (BGHSt 4, 80 [82 f]; 18, 192 [198]; KG NStZ 2006, 688; *Dahs* NStZ 1991, 561 [564]).

17 Kein pflichtwidriges Handeln ist das Auftreten des Rechtsbeistands als Vermittler oder Schiedsrichter (RGSt 45, 305 [308 f]; M-*Schroeder/Maiwald* II § 78/12).

18 **4.** Der **subjektive Tatbestand** verlangt (zumindest bedingten) Vorsatz. Vom Vorsatz muss umfasst sein, dass es sich um dieselbe Rechtssache handelt und dass zwischen den Parteien ein Interessengegensatz besteht (BGHSt 18, 192 [195]; BGH NStZ 1982, 465 [466]; NK-*Kuhlen* Rn 56). Die irrtümliche Wertung des (im Tatsächlichen zutreffend erkannten) Verhaltens als nicht pflichtwidrig berührt den Vorsatz nicht; es kommt allenfalls ein Verbotsirrtum in Betracht (BGHSt 7, 17 [22 f]; 9, 341 [347]; *Fischer* Rn 14 f). Ein Handeln mit der Absicht, einer Partei einen Nachteil zuzufügen, ist nicht erforderlich (S/S-*Heine/ Weißer* Rn 24).

III. Qualifikation (Abs. 2)

19 Abs. 2 qualifiziert die Tat nach Abs. 1, so dass zunächst dessen Voraussetzungen gegeben sein müssen (NK-*Kuhlen* Rn 61). Ferner muss der Täter zum Nachteil seiner Partei handeln; ein Schadenseintritt ist nicht erforderlich (MK-*Dahs* Rn 70; *Fischer* Rn 15). Teils wird nur bedingter Vorsatz verlangt (L-Kühl-*Heger* Rn 8); dem final geprägten Wortlaut entspricht es aber, ein gewolltes Benachteiligen zu verlangen (vgl LK-*Gillmeister* Rn 102; NK-*Kuhlen* Rn 62). Als Nachteile sind nicht nur Vermögensschäden zu berücksichtigen, sondern alle Verschlechterungen der Rechtslage, die dem Interesse der ursprünglichen Partei zuwiderlaufen.

20 Des Weiteren muss der Rechtsbeistand im Einverständnis mit der Gegenpartei zum Nachteil seiner Partei handeln. Das Einverständnis der Gegenpartei kann ausdrücklich oder konkludent erklärt werden und liegt regelmäßig vor, wenn die Leistung des Anwalts oder des Rechtsbeistandes widerspruchslos angenommen wird (LK-*Hübner*, 10. Aufl., Rn 149; NK-*Kuhlen* Rn 63; SK-*Rogall* Rn 33 f). Inhaltlich muss das Einverständnis auf das tatbestandsmäßige und nachteilige Handeln des Rechtsbeistands gerichtet sein, also dem Tätervorsatz entsprechen. Zudem ist schließlich ein wechselseitiges Wissen von Täter und Gegenpartei um das tatbestandsmäßige und nachteilige Handeln erforderlich; Täter und Gegenpartei müssen also ein gemeinsames Schädigungsbewusstsein haben, was allerdings keine konspirative Benachteiligungsvereinbarung voraussetzt (BGH NStZ 1981, 479 [480]; OLG Düsseldorf NJW 1989, 2901; S/S-*Heine/Weißer* Rn 28).

21 **IV. Beteiligung**: Mittäterschaft und mittelbare Täterschaft kommen nur für Beteiligte in Betracht, die ihrerseits die Voraussetzungen des Sonderdelikts erfüllen (Rn 4 ff). Außenstehende können nur Teilnehmer, auf die § 28 I anzuwenden ist, sein. Diejenige Partei, die lediglich die Leistung des Rechtsbeistandes annimmt, ist wegen **notwendiger Teilnahme** nicht als Teilnehmer zu bestrafen (NK-*Kuhlen* Rn 66 f; SK-*Rogall* Rn 45). Dies gilt jedoch nur, sofern die Grenzen der notwendigen Teilnahme nicht überschritten werden, indem etwa ein Sonderhonorar für die Treulosigkeit zugesagt wird (RGSt 71, 114 [116]; *Fischer* Rn 16; S/S-*Heine/ Weißer* Rn 27).

V. Konkurrenzen: Tateinheit ist insbesondere mit §§ 203, 263, 266 und 352 22 möglich (*Fischer* Rn 17; SK-*Rogall* Rn 46).

§ 357 Verleitung eines Untergebenen zu einer Straftat

(1) Ein Vorgesetzter, welcher seine Untergebenen zu einer rechtswidrigen Tat im Amt verleitet oder zu verleiten unternimmt oder eine solche rechtswidrige Tat seiner Untergebenen geschehen läßt, hat die für diese rechtswidrige Tat angedrohte Strafe verwirkt.

(2) Dieselbe Bestimmung findet auf einen Amtsträger Anwendung, welchem eine Aufsicht oder Kontrolle über die Dienstgeschäfte eines anderen Amtsträgers übertragen ist, sofern die von diesem letzteren Amtsträger begangene rechtswidrige Tat die zur Aufsicht oder Kontrolle gehörenden Geschäfte betrifft.

I. Die Vorschrift sanktioniert die Pflicht eines vorgesetzten oder beaufsichtigenden Beamten, in seinem Dienstbereich die Begehung rechtswidriger Taten durch ihm nachgeordnete Amtsträger zu verhindern (NK-*Kuhlen* Rn 3). Im Falle einer Verletzung dieser Pflicht – sog. Konnivenz (nach conniventia: Nachsicht) – bestimmt sich die Strafe des höheren Beamten nach der Strafe des Delikts, welches der unmittelbar handelnde Untergebene begangen hat. Die Vorschrift **schützt** damit neben dem Vertrauen in das ordnungsgemäße Verwaltungshandeln auch die durch die Tat des Untergebenen verletzten Rechtsgüter (MK-*Schmitz* Rn 2). 1

§ 357 ist nicht einschlägig, wenn der Vorgesetzte (Beaufsichtigende) als Täter des vom Untergebenen begangenen Delikts bestraft werden kann (OLG Düsseldorf NStZ 1981, 25; SK-*Rogall* Rn 1; MK-*Schmitz* Rn 8). Vielmehr umfasst der **Anwendungsbereich** der Vorschrift folgende Fälle: 2

- Dem Vorgesetzten (Beaufsichtigenden) fehlt eine bestimmte Täterqualifikation, so dass die §§ 25 I und II nicht eingreifen können.
- Die Voraussetzungen der §§ 26, 27, 30 sind – zB bei Unvorsätzlichkeit der Haupttat – nicht erfüllt.
- Liegen die Voraussetzungen der §§ 26, 27, 30 vor, so werden diese Vorschriften von § 357 als Qualifikationstatbestand verdrängt (RGSt 68, 90 [92]; LK-*Jescheck* Rn 9; SK-*Rogall* Rn 1). Demnach sind auch die für §§ 27, 30 vorgesehenen Strafmilderungen nicht anzuwenden.

Die Tat ist grds. **echtes Sonderdelikt**, an dem eine Teilnahme auch von einem Außenstehenden nach allgemeinen Regeln möglich ist; auf den Teilnehmer ist dann § 28 I anzuwenden (NK-*Kuhlen* Rn 10). Nur in dem Fall, in dem der Vorgesetzte zugleich die Voraussetzungen der §§ 26, 27, 30 erfüllt, stellt seine Tat eine Qualifikation (Rn 2) iSe unechten Amtsdelikts dar; hier gilt für den Teilnehmer § 28 II (*Fischer* Rn 2; SK-*Rogall* Rn 21; aA S/S-*Heine/Weißer* Rn 10). 3

II. Tatbestand

1. Der Tatbestand verlangt zunächst eine **rechtswidrige Tat** (§ 11 Rn 32 ff) des Untergebenen, die weder schuldhaft begangen noch ein Amtsdelikt zu sein braucht (BGHSt 3, 349 [351]; S/S-*Heine/Weißer* Rn 8; NK-*Kuhlen* Rn 5). Sie muss auch nicht vorsätzlich ausgeführt sein (*Geppert* Jura 1981, 78 [84]; L-Kühl-*Heger* Rn 2; aA *Otto* BT § 100/5). Allerdings ist es erforderlich, dass der 4

Untergebene die Tat **in Ausübung seines Dienstes** begangen hat oder begehen sollte (BGHSt 3, 349; BGH NJW 1959, 584 [585]).

5 Teils wird verlangt, dass auch der Untergebene Amtsträger iSv § 11 I Nr. 2 ist (MK-*Schmitz* Rn 11; LK-*Zieschang* Rn 8). Dem ist zuzustimmen, sofern die Tat ein Amtsdelikt ist. Für andere Delikte ist diese Restriktion jedoch weder vom Wortlaut noch vom Schutzzweck der Norm her geboten, da die gegenüber den allgemeinen Beteiligungsregeln höhere Strafdrohung (nur) daraus resultiert, dass der höhere Beamte seine Amtspflicht verletzt (vgl S/S-*Heine/Weißer* Rn 3; NK-*Kuhlen* Rn 5).

6 2. Tauglicher **Täter** des § 357 ist der Vorgesetzte (Abs. 1); ihm wird in Abs. 2 der aufsichtsführende Amtsträger gleichgestellt. Begeht der Untergebene ein besonderes Amtsdelikt (zB § 343), so braucht der Täter – neben seiner allgemeinen Amtsträgereigenschaft – diese spezielle Qualifikation nicht aufzuweisen (RGSt 68, 90; NK-*Kuhlen* Rn 4; LK-*Zieschang* Rn 6). Da Soldaten keine Amtsträger und auch hinsichtlich § 357 nicht durch § 48 WStG gleichgestellt sind, gelten für militärische Vorgesetzte die Vorschriften der §§ 30 II, 31 II, 33, 34, 41 WStG.

7 3. **Tathandlungen** sind das Verleiten, das Unternehmen des Verleitens und das wissentliche Geschehenlassen.

8 **Verleiten** ist das erfolgreiche Bestimmen, dem – über § 26 hinausgehend – auch das Veranlassen zu einer unvorsätzlichen rechtswidrigen Haupttat unterfällt; die Art und Weise der Einwirkung ist ohne Belang (NK-*Kuhlen* Rn 6; SK-*Rogall* Rn 14). Mit dem **Unternehmen des Verleitens** (§ 11 Rn 35 ff) wird auch der Versuch des Bestimmens (zu einem Verbrechen oder Vergehen) erfasst (S/S-*Heine/Weißer* Rn 6; NK-*Kuhlen* Rn 7). Obgleich Abs. 2 nur von der begangenen Tat spricht, ist dieser auch auf die versuchte Anstiftung der Aufsichts- und Kontrollbeamten anzuwenden (LK-*Zieschang* Rn 11).

9 Für das **wissentliche Geschehenlassen** ist erforderlich, dass der Vorgesetzte (Beaufsichtigende) die Tat nicht verhindert, obwohl es für ihn möglich und rechtlich geboten ist (BayObLGSt 1, 174 [199]; S/S-*Heine/Weißer* Rn 7; zur restriktiven Auslegung der Tathandlungsvariante des Geschehenlassens *Vogel* HRRS 2016, 300 ff). Eine über die Zuständigkeit als vorgesetzter oder beaufsichtigender Amtsträger hinausgehende Garantenstellung iSv § 13 wird nicht verlangt (NK-*Kuhlen* Rn 8; SK-*Rogall* Rn 16). Als Geschehenlassen ist auch die aktive Beihilfe anzusehen (BGHSt 3, 349 [352]; *Fischer* Rn 5).

10 4. Die **subjektive Tatseite** verlangt (zumindest bedingten) Vorsatz. Im Falle des „Unternehmens der Verleitung" genügt es, wenn sich der Täter die von einem Untergebenen zu begehende Straftat in ihren Hauptmerkmalen vorstellt (BGHSt 3, 349 [353]; 34, 63 [66]; *Fischer* Rn 6).

11 **III.** Anders als das Geschehenlassen ist das Verleiten bereits mit dem Versuch vollendet (Rn 8 und 10), so dass für diese Tatvariante ein Rücktritt nach § 24 ausgeschlossen ist. Für diesen Fall wird jedoch in Analogie zu § 83 a (und § 316 a II aF) die Möglichkeit tätiger Reue befürwortet (*Berz* Stree/Wessels-FS 331 [335]; NK-*Kuhlen* Rn 11; aA M-*Schroeder/Maiwald* II § 97/9; *Weber* in: Jescheck [Hg.], Die Vorverlegung des Strafrechtsschutzes durch Gefährdungs- und Unternehmensdelikte, 1987, 12).

§ 358 Nebenfolgen

Neben einer Freiheitsstrafe von mindestens sechs Monaten wegen einer Straftat nach den §§ 332, 335, 339, 340, 343, 344, 345 Abs. 1 und 3, §§ 348, 352 bis 353 b Abs. 1, §§ 355 und 357 kann das Gericht die Fähigkeit, öffentliche Ämter zu bekleiden (§ 45 Abs. 2), aberkennen.

Stichwortverzeichnis

Fette Zahlen bezeichnen die Paragrafen, magere die Randnummern.

Abartigkeit, seelische 20 9
Abbildungen 11 62, 202 2
Abbruch rettender Kausalverläufe Vor 13 92, 13 80
Aberratio ictus 16 28 ff, Vor 25 70 ff, 71, 76; Abgrenzung der − vom error in persona vel objecto 16 32 ff
Abfall 326 4 ff
Abgabenüberhebung 353
Abgeordnete 11 15, 19; Bestechung von -n 108 e; Immunität der -n 36 2; Indemnität der -n 36 1; Nötigung von -n 106
Abhängigkeit 174 4, 6, 180 6
Abhören 201 16
Abhörgeräte 201 14 f
Ablösen von Siegeln 136 13
Abschöpfung des Gewinns Vor 73 3
Abschreckung Vor 1 23, 46 5
Abschrift, einfache 267 26
Absetzen 259 23 ff
Absetzen helfen 259 28
Absicht 15 18, 20 ff; − der Begehung v. Gewalttätigkeiten 124 9; − der Bereicherung 253 38, 259 31; erpresserische − 239 a 8 ff; − bei falscher Anschuldigung 164 21 f; − des Inverkehrbringens 146 6 f; − der Irreleitung 353 a 4; − der Nachteilszufügung 274 14; räuberische − 316 a 18; rechtswidrige − 289 12 f; − eine Straftat zu ermöglichen oder zu verdecken 211 29 ff, 306 b 4; − der Strafvereitelung 258 18; − der Täuschung im Rechtsverkehr 267 55 f; − der Vereitelung der Befriedigung des Gläubigers 288 10; − der Vorteilssicherung 257 25; − der Vorteilsverschaffung 263 224 f; − der Zueignung 242 63 ff
Absichtsurkunde 267 10
Absorptionsprinzip 52 2
Absprache, rechtswidrige 298 7 f
Abstiftung 26 20
Abweichungen im Kausalverlauf Vor 13 83
Actio illicita in causa 32 57
Actio libera in causa 20 14 ff
Adäquanztheorie Vor 13 79
Additionsklausel 291 27 f
Adoption 11 10

Affekt 20 7, 12, 33 3
Agent provocateur 26 30 ff, 46 47, 111 12
Agententätigkeit, geheimdienstliche 99; landesverräterische − 98; − zu Sabotagezwecken 87
Aggressivnotstand 34 44 f
AIDS 212 4, 223 4, 224 18
Aktien 151; -gesellschaft 14 20 f
Akzessorietät Vor 25 17 ff, 29 2 f; verwaltungsrechtliche − Vor 324 8 ff
Alkohol 20 10; -bedingte Verkehrsstraftaten 316 6; s. auch Rausch und Trunkenheit
Allgemeindelikt Vor 13 253
Alternativvorsatz (dolus alternativus) 15 28 ff
Amt, ausländisches 45 2; Falschbeurkundung im − 348; Körperverletzung im − 340; öffentliches − 45 2, 132 4; Strafvereitelung im − 258 a
Amtsabzeichen 132 a 4
Amtsanmaßung 132
Amtsbesitz 133 1, 4 ff
Amtsbezeichnung 132 a 3
Amtsdelikte 331 ff
Amtsfähigkeit, Verlust der − 45 3
Amtskleidung 132 a 4
Amtsträger 11 13 ff; europäischer − 11 13, 24, 263 247, 264 20, 267 62, 331 2 f, 332, 333, 334, Haftung von -n in Umweltbehörden 324 13 ff; − von Kirchen 11 13; − als Täter 132 10; vgl auch 263 247, 264 20 f
Amtsunterschlagung 246 35 f
Analogieverbot 1 6 f
Anbieten pornografischer Schriften 184 4; − zum Schwangerschaftsabbruch 219 a I; − von Vorteilen 333 3
Andenken Verstorbener 189
Androhen von Straftaten 126 3
Aneignung Vor 242 1, 242 64, 292 11
Anfang der Tatbestandsverwirklichung 22 15 ff
Angabe, unrichtige usw 169 4, 264 12, 264 a 3 f, 330 d I Nr. 5
Angehörige 11 3 ff
Angemessenheit 34 38

Angriff 32 9 ff; -e gegen ausländische Staaten 102 ff; gegenwärtiger – 32 16 ff; – auf Leib oder Leben **Vor** 102 1; – mehrerer 231 6 f; räuberischer – auf Kraftfahrer 316 a 2 ff; rechtswidriger – 32 21; schuldhafter – 32 23 ff; – Schuldunfähiger 32 25 ff, 52; tätlicher – 113 14 f; verschuldeter – 32 54 ff
Angriffskrieg 80 a 2
Ankaufen 259 22
Anklageschrift 353 d 16
Anlagen 325, 325 a, 328 III Nr. 1; Abfallentsorgungs- 327 1; Beschädigung von wichtigen – 318; betriebliche – 329 II Nr. 1; – iSd BImSchG 327 1; feuergefährdete – 306 f I Nr. 1; kerntechnische – 312, 327, 330 d I Nr. 2; – der Landesverteidigung 109 e I; land-, ernährungs- oder forstwirtschaftliche – 306 I Nr. 6; – der Land- und Ernährungswirtschaft 306 f I Nr. 2; unerlaubtes Betreiben v. – 327 1; zugelassene – 326 I; – zum Umgang mit wassergefährdenden Stoffen 329 II Nr. 1
Anleitung zu Straftaten 130 a 4
Annahme des Erbietens 30 22
Annehmen eines Vorteils 331 16; vgl auch 299 7
Anpreisen von Mitteln zum Schwangerschaftsabbruch 219 a I Nr. 2
Anrechnung von Auslandsstrafen 51 8; – auf das Fahrverbot 51 9; – von U-Haft 51 2 ff; – der Unterbringung 67 12; – der vorläufigen Entziehung der Fahrerlaubnis 69 a 13 f
Anschlussdelikt 259 3
Ansetzen zur Tatbestandsverwirklichung 22 15 ff
Anstalt 323 b
Anstiftervorsatz 26 27 ff
Anstiftung 26; erfolglose – 30 3, 159, 357; – und error in persona vel objecto **Vor** 25 73 ff; sukzessive – 26 21
Anstiftungsversuch 30 1 ff; Rücktritt v. – 31
Antrag 77 ff, 194; Berechtigung zum – 77 1; – des Dienstvorgesetzten 77 a; Erlöschen und Übergang des -srechts 77 II 2; Form **Vor** 77 3; Frist 77 b, 77 c; Rechtsnatur **Vor** 77 2; Vertretungsbefugnis 77 1; – bei wechselseitig begangenen Taten 77 c; Zurücknahme des -s 77 d; s. auch Strafantrag

Antragsdelikt Vor 13 257, **Vor** 77 1
Anvertraut 133 16, 174 c II, 203 6, 206 5, 246 44 ff
Anwartschaft 263 130
Anwerben für fremden Wehrdienst 109 h
Anzeige bei der zuständigen Behörde 261 IX Nr. 1; Rechtzeitigkeit der – 138 10; – gegen Unbekannt 145 d 13; unrichtige – 145 d; Unterlassen einer – 258 10; s. auch Strafanzeige
Anzeigepflicht 138 4 ff; – des Amtsträgers 258 a; Ausnahmen von der – 138 4, 5, 139, 264 26
Äquivalenztheorie Vor 13 67; s. Bedingungstheorie
Arbeitgeber 266 a 3, 5
Arbeitgeberanteile 266 a 7
Arbeitsentgelt, Vorenthalten v. 266 a 8 ff
Arbeitskraft 263 135
Arbeitsmittel, Zerstörung wichtiger 305 a
Arbeitsteilung Vor 25 34, 25 47
Arbeitsverhältnis 174 5, 225 8
Ärgernis erregen 183 a 2; öffentliches – 183 a 2
Arglosigkeit 211 17 ff
Arzt 132 a I Nr. 2 ; Aufklärungspflicht des -es 228 8 f; Ausstellen von Gesundheitszeugnissen durch einen – 277, 278; – und Berufsverbot 70 2; Garantenstellung des -es 13 63, **Vor** 211 18 f; Geheimnisverletzung durch einen – 203 I Nr. 1; Heilbehandlung des -es 223 7 ff, 228 8 f; Hilfeleistungspflicht des -es 323 c 14; Schwangerschaftsabbruch durch einen – 218 a; sexueller Missbrauch durch einen – 174 a, 174 c
Asperationsprinzip 54 1
Aufenthalt, Anordnungen betreffend – 56 c 5; gewöhnlicher – 5 4
Auffordern 111 3 ff; s. auch 130 10
Aufklärungspflicht 228 8 f
Auflagen 56 b, 59 a; behördliche – 330 d I Nr. 4 d; Geld- 56 b 6 ff, 59 a 6
Aufsichtsstelle 68 a
Aufstacheln 130 9; - zum Verbrechen der Aggression 80 a
Aufstiftung 26 16 ff
Aufzeichnung, technische 268 3, 274 I Nr. 1
Ausbeutung 180 a 5, 291 16; - der Arbeitskraft 233; - unter Ausnutzung einer Freiheitsberaubung 233 a

Ausbruch 121 7 ff
Auschwitzlüge 130 20 f
Ausfertigung, weitere 267 25, 28
Ausführen des Baues 319 6; – von Kennzeichen 86 a I Nr. 2; – pornografischer Schriften 184 I Nr. 9, 184 a Nr. 2; – von Propagandamitteln 86 I; – von sonstigen radioaktiven Stoffen 328 I
Ausland Vor 3 15
Ausländer Vor 3 17; Fahrberechtigung v. -n 69 b 1
Auslandstaten 5, 6, 7
Auslegung 1 7 f; – und Gewohnheitsrecht 1 4; – und Rückwirkungsverbot 1 9; teleologische – 1 8
Auslieferung 7 6, 9
Ausnutzung der Abhängigkeit 174 a 6; – der Arg- und Wehrlosigkeit 211 17; – der besonderen Verhältnisse des Straßenverkehrs 316 a 11 ff; – der Hilflosigkeit 243 33 ff; – eines Irrtums 263 9, 103; – der Mithilfe 264 21; – der Zwangslage usw 182 3, **Vor** 232 41, 291 16
Aussage 153 4; Falschheit der – **Vor** 153 4 ff
Aussageerpressung 343
Aussagenotstand 157
Ausschreibung 298 3
Äußerung, nicht öffentliche 201 4; parlamentarische – 36 4
Aussetzung 221, 234 I; – des Berufsverbots 70 a; – der Strafe zur Bewährung 56; – bei lebenslanger Freiheitsstrafe 57 a; – des Strafrests 57, 57 a; – der Unterbringung 67 b, 67 d, 67 g
Ausspähung 96; – v. Daten 202 a
Ausspielung 287 1
Aussteller 267 5 ff, 269 6
Ausweis, amtlicher 273 2; -papiere 281 1
Automat 265 a 13; Glücksspiel- 263 a 67
Automatenmissbrauch 265 a 13 ff

Bagatellangriffe 32 47
Bande, Mitglied einer 150 I, 181 c, 184 b II, 244 28 ff, 244 a 3, 250 21, 253 45, 256 II, 260 I Nr. 2, 260 a I, 261 IV, 263 III 2 Nr. 1, V, 264 III, 267 III 2 Nr. 1, 284 III Nr. 2, 300 Nr. 2
Bankomatenmissbrauch 263 a 49 ff, 266 b
Bankrott 283; besonders schwerer Fall des -s 283 a; Beteiligung am – 283 56 f; Privilegierung bei – 283 c; s. auch Insolvenz
Baugefährdung 319
Beamter 11 14; zur Vollstreckung berufener – 113 2; s. auch Amtsträger
Bedingungstheorie Vor 13 67; s. auch Äquivalenztheorie
Bedienstete, ausländische und internationale – 335 a
Bedrohung 241
Beeinflussung der Datenverarbeitung 263 a 38 ff, 270
Beeinträchtigung des Bestands der BRD 92 I; – des Gesundheitszustands 218 a II; toxische – 22 10 f
Beendigung 22 1; s. auch 25 55 f, 27 21 f, 78 a, 249 28, 252 10, 257 20 ff, 263 239; – der Führungsaufsicht 68 e; – des Versuchs 24 15
Befehl, Handeln auf **Vor** 32 48
Befreien 120 6
Befriedigung, zur – des Geschlechtstriebs 211 10; – des Gläubigers 283 c 11, 288 10
Befugnis 203 9; Missbrauch der – 266 40 ff
Begegnungsdelikte Vor 25 9 f
Begehung einer Straftat, bandenmäßige 244 28 ff; gemeinschaftliche – 224 15 ff; Vortäuschung der – 145 d
Begehungsdelikte Vor 13 244
Begünstigung 257; – eines Gläubigers 283 c; – eines Schuldners 283 d
Behältnis 243 22 f; verschlossenes – 202 9
Behandlung lebensgefährdende 224 18 ff
Behandlungsabbruch, tätiger **Vor** 211 20 f
Behaupten von Tatsachen 186 8
Beherrschung des Geschehensablaufs **Vor** 25 25 ff
Behinderung, geistige 174 c 2, 226 12; körperliche – 174 c 2; seelische – 174 c 2, **Behörde** 11 44 ff, 277
Beibringen eines Stoffes (Giftes) 224 5 f
Beihilfe 27; – und Begünstigung 257 19 ff; – zu Eidesdelikten 153 8 f; physische – 27 9; psychische – 27 10 ff; – zur Selbstbefreiung 120 7 f; – und sozial-adäquate Handlung 27 13 ff; – und Strafvereitelung 258 19; – und Unterlassungsdelikt 27 17 f, 153 9
Beischlaf mit Kindern 176 a II Nr. 1; – zwischen Verwandten 173

Beiseiteschaffen 265 5, 283 11, 288 9
Beisichführen einer Waffe usw 244 16 ff
Beiträge des Arbeitnehmers 266 a 7; Fälligkeit der – 266 a 8
Bekanntgabe der Verurteilung 165, 200
Bekanntmachung 134 2
Bekenntnis 166 I
Bekräftigung, eidesgleiche 155
Beleidigung 185; Absicht der – 193 16; – ausländischer Staatsmänner 103; Bekanntgabe der Verurteilung bei – 200; Ermächtigung bei – 194 3; – unter Kollektivbezeichnung Vor 185 5 ff; – von Personengesamtheiten vor 185 4; – mit sexuellem Bezug 185 7; Strafantrag bei – 194; tätliche – 185 12; – trotz Wahrheitsbeweises 186 13 f, 192; wechselseitige – 199
Belohnen 140 3
Bemächtigen 234 2, 239 a 5 ff, 239 b 1
Bemessung der Freiheitsstrafe 39; s. auch Strafbemessung und Strafzumessung
Beratung 219; ärztliche – Vor 218 4; -spflicht Vor 218 3 f, 218 a; -sstelle 203 I Nr. 4, 4 a, 219 II; -sverhältnis 174 c
Berechtigte Interessen 193 3 ff, 201 18
Bereicherung 253 38, 263 224 ff
Bereicherungsabsicht 203 V, 253 38, 259 31 ff, 263 224 ff, 271 III
Berichte, parlamentarische 37
Berichterstatterprivileg 131 18
Berichtigung einer falschen Angabe 158
Berufsbezeichnung 132 a I Nr. 2
Berufsgerichtliches Verfahren 343 9
Berufsverbot, Anordnung des -s 70; Aussetzung des -s 70 a; Dauer des – 70 13; Erledigung des -s 70 b; selbständige Anordnung des – 71 II; Umfang des -s 70 11; Verstoß gegen das – 145 c; Voraussetzungen des -s 70 1 ff; Widerruf der Aussetzung des -s 70 b
Beschädigen 303 6 ff, 304 3
Beschimpfung der BRD usw 90 a I Nr. 1
Beschlagnahme 136 4
Beschneidung von Jungen Vor 32 70, 223 3
Beschützergarant 13 20, 39, 57 ff
Beseitigen 87 II Nr. 2, 134 3, 145 5; – von Abfall 326; – von Verkehrseinrichtungen 315 5, 315 b 3
Besitz 246 7 ff, 252 15, 263 134
Besitzerhaltung, Absicht der 252 14
Besitztum, befriedetes 123 8

Besondere persönliche Merkmale vgl Merkmale
Besondere Schwere der Schuld 57 a 6 ff, 57 b 2
Besonders schwere Fälle 46 16 ff
Bestechlichkeit 299 3, 332; s. auch 331; – im Gesundheitswesen Vor 299a-299b; Teilnahme an der – 331 30; – von Wählern 108 b II
Bestechung 334; s. auch 331; Erwirken einer Genehmigung durch – 330 d I Nr. 5; – im Gesundheitswesen Vor 299a-299b; – von Abgeordneten 108 e; – im geschäftlichen Verkehr 299 4; – von Wählern 108 b I
Bestimmen 26 1, 9 ff, 174 11, 176 4
Bestimmtheitsgebot 1 4 f
Bestrebungen, verfassungsfeindliche 92 III
Beteiligung Vor 25 1; – als Mitglied einer kriminellen Vereinigung 129 24 ff; notwendige – Vor 25 9 f; Rücktritt bei – mehrerer 24 60 ff; Rücktritt vom Versuch der – 31; – an einer Schlägerei 231; Tatort bei – 9 14 ff; Tatzeit bei – mehrerer 8 7 f; – am unerlaubten Glücksspiel 285
Betreuung 68 a IV, 174 3, 174 a 3, 174 c 3
Betrieb 11 I Nr. 4 b, 14 33, 265 b 5; – von Anlagen 325 I, II, 327 I, II; feuergefährdete -e 306 f I Nr. 1; Inhaber eines -s 14 32; -e der Land- und Ernährungswirtschaft 306 f I Nr. 2; Leistungen an -e 264 8
Betriebsstätte 306 2, 327 I Nr. 2
Betroffensein auf frischer Tat 252 3 ff, 11 f
Betrug 263; Anstellungs- 263 207; Computer- 263 a; Dreiecks- 263 145 ff; Eingehungs- 263 203 f; Erfüllungs- 263 210 ff; Forderungs- 263 147; Kapitalanlage- 264 a; Kredit- 265 b; Provisionsvertreter- 263 232; Prozess- 263 145, 215; Sach- 263 146; Scheck- 263 73; Sicherungs- 263 254; Spenden- 263 85, 197 ff; Subventions- 263 184, 264; Wechselgeld- 263 96
Beurkundung 271
Bewaffnete Gruppen, Bildung – 127
Bewährung des Rechts 32 35; s. auch Strafaussetzung zur Bewährung
Bewährungsaufsicht und Führungsaufsicht 68 g
Bewährungshelfer 56 d, 68 a

Bewährungshilfe 56 d; – bei Führungsaufsicht 68 a
Bewährungszeit 56 a, 57; – bei Aussetzung des Berufsverbots 70 a III; Verlängerung der – 56 a 4, 56 f 15 f; – bei Verwarnung mit Strafvorbehalt 59 a
Beweggrund, niedriger 211 13 ff
Beweisbestimmung 267 10 ff, 268 4
Beweiseignung 267 9
Beweiserheblichkeit von Daten 269 4, 274 I Nr. 2
Beweiszeichen 267 20 f
Bewusstseinsstörung, tiefgreifende 20 7
Bezugsrecht 264 a 4
Bilanz 265 b I Nr. 1 a, 283 36
Bildträger 11 60
Bildung bewaffneter Gruppen 127 4; – der Gesamtstrafe 54; – krimineller Vereinigungen 129; – terroristischer Vereinigungen 129 a
Billigen von Straftaten 130 III
Blankettfälschung 267 43
Blankettmerkmale Vor 13 47
Blankettstrafgesetze 2 9
Blutalkohol 20 11
Blutentnahme 113 19
Boden 324 a 1; -verunreinigung 324 a 3
Böswillig 90 a I Nr. 1, 225 12
Brandgefährdung 306 f
Brandlegung, Zerstören durch eine – 306 10 ff
Brandstiftung 306; besonders schwere – 306 b; fahrlässige – 306 d; schwere – 306 a; tätige Reue bei – 306 e; – mit Todesfolge 306 c
Briefgeheimnis 202
Bruttoprinzip 73 4
Buchführung 283 27 ff, 283 b
Bundesrecht 264 4
Bundespräsident, Nötigung des -en 106 I Nr. 1; Verunglimpfung des -en 90
Bundesrepublik, Beeinträchtigung des Bestandes der – 92 I; Beschimpfung der – 90 a I Nr. 1; Symbole der – 90 a
Bundestag 36 3
Bundesverfassungsgericht, Nötigung von Mitgliedern des -s 106 I Nr. 2 c; Sachentscheidungen des -s 84 III
Bundesversammlung 36 3, 105 I Nr. 2
Bußgeldverfahren 343 7

Codekarte 242 44, 96, 263 a 49 ff

Compliance 13 45
Computerbetrug 263 a
Computersabotage 303 b
Condicio sine qua non s. Bedingungstheorie
Darbietung 184 e, 194 II
Darstellungen 11 56, 268 II; – über den Vermögensstand 264 a 9
Dateien 271 I
Daten 263 a 9, 268 6, 303 a 3; Ausspähen v. – 202 a; Fälschung beweiserheblicher – 269; Löschen, Unbrauchbarmachen v. – 303 a 7; Unterdrücken v. – 274 11 f, 303 a 6; Verwenden von – 263 a 22 ff
Datenhehlerei 202 d
Datenspeicher 11 61
Datenspeicherung 271 3
Datenverarbeitung 263 a 9; Beeinflussung der – 270 1; Störung der – 303 b 9
Dauerdelikt Vor 13 259; -e und Gesetzesänderung 2 6 f; Tatzeit bei -en 8 9; s. auch 316 1
Dauergefahr 34 23
Defensivnotstand 34 6, 46 ff
Delictum sui generis Vor 13 41
Demonstration Vor 232 8 f, 240 57, s. auch Sitzblockade 125 4
Denkmäler 304 2; Natur- 304 2; öffentliche – 304 2
Dereliktion 242 14
Deutsche Demokratische Republik, Anwendbarkeit deutschen Strafrechts auf ehemalige Bürger der – 7 7; – und Begriff des Deutschen Vor 3 16; – und Inlandsbegriff Vor 3 14, 3 2; Strafrecht der – im Verhältnis zur Anwendung des Strafrechts der BRD 2 11; Verjährung sog. Alttaten Vor 78 5
Deutscher Vor 3 16, 5 5, s. auch 7 5 f, 100 I, 109 h I
Diebstahl 242; – unter Ausnutzung von Hilflosigkeit usw 243 33 ff; Banden- 244 28 ff; – besonders gesicherter Sachen 243 20 ff; Einbruchs- und Nachschlüssel- 243 7 ff; Führungsaufsicht bei – 245; – geringwertiger Sachen 248 a; gewerbsmäßiger – 243 24 f; Haus- und Familien- 247; Kirchen- 243 26 ff; Konkurrenzen bei – 242 132, 243 57 f, 244 43 ff, 244 a 8; – von Kulturgütern 243 29 ff; räuberischer – 252; schwerer Banden- 244 a; – mit sons-

1401

tigen Werkzeugen **244** 23 ff; – mit Waffen bzw gefährlichen Werkzeugen **244** 3 ff; Waffen- und Sprengstoff- **243** 38; – durch Wegnahme einer Codekarte **242** 96; Wild- **242** 13, **292** 17 f; Wohnungseinbruch- **244** 39 ff
Dienstausübung 331 9 ff, **333**, **340** 2
Dienstbezeichnung 132 a 3
Dienstgeheimnis, Verletzung des -ses **353 b** 5
Diensthandlung 113 4 ff, **114** 3, **332** 2; Rechtmäßigkeit einer – **113** 17 ff; Irrtum über die Rechtmäßigkeit der – **113** 29 ff; Unterlassen einer – **336**
Dienstpflichtverletzung 164 13, **332** 5
Diensträume 123 9, **243** 11
Differenzgeschäft mit Waren oder Wertpapieren **283** 16
Distanzdelikt 9 2; internationales – **9** 17
Disziplinarverfahren 343 8
Dolus alternativus **15** 28 ff; – antecedens **15** 5; – cumulativus **15** 27; – directus **15** 24 f; – eventualis **15** 26, **106** ff; – ex re **15** 9; – generalis **15** 33 ff; – subsequens **15** 5; s. auch Vorsatz
Doping, Verabreichung von -mitteln **Vor 13** 220
Doppelehe 172
Doppelirrtum Vor 32 26
Doppelverwertungsverbot von Milderungsgründen **46** 15, **49** 7, **50** 1 f; – von Strafzumessungstatsachen **46** 33, 37
Dreiecksbetrug 263 145 ff
Drittmitteleinwerbung 266 94, **331** 22, **332** 2
Drittzueignung 242 110 ff, **246** 22 ff
Drohung Vor 232 22 ff, **240** 11 ff; – mit einem empfindlichen Übel **240** 11 ff; – mit gegenwärtiger Gefahr für Leib und Leben **249** 5 f; – mit dem Unterlassen einer Handlung **240** 22 ff; Verhältnis zur Gewalt **Vor 232** 33 f; s. auch **81**, **82**, **105**, **106**, **107**, **108**, **113** 13, **177** 12, **234** 2, **234 a** 2, **235** 2, **239 b** 2, **244 I** Nr. 1 b) 23 ff, **250 I** Nr. 1 b) 5 ff, **252** 13, **253** 5, **255** 2, **330 d I** Nr. 5
Duldung 240 39, **239 b**, **253** 7, 11, 14
Durchschrift 267 25
Ehe 11 6; Doppel- **172**; formell gültige – **172** 2; Straftaten gegen Personenstand, – und Familie **169** ff

Ehegatten, Garantenstellung von – **13** 59; Notwehr unter – **32** 53; s. auch Angehörige
Ehre Vor 185 1 ff
Eid 154; Berufung auf früheren – **155**; -esmündigkeit **154** 2; Partei- **154** 1, 3; Sachverständigen- **154** 3; Vor- und Nach- **154** 3, 6; Zeugen- **154** 3; s. auch Meineid
Eidesgleiche Bekräftigung 155
Eidesstattliche Versicherung 156
Eigennutz, grober **264** 19; strafbarer – **284** ff
Eigenschaften, persönliche **14** 13, **28** 5
Eigenverantwortlichkeitsprinzip Vor 13 118 ff
Einbehalten von Teilen des Arbeitsentgelts **266 a** 17 ff
Einbrechen 243 13
Einbringen v. Stoffen **324 a** 2
Eindringen in den Körper **176 a** 4, **177** 18; – lassen von Stoffen **324 a** 2; widerrechtliches **123** 11 ff, **243** 15
Einführen 86, **86 a I** Nr. 2, **87 I** Nr. 3, **184**, **275**, **276 I** Nr. 1, **328 I**
Eingehungsbetrug 263 203 ff
Eingriff, ärztlicher **223** 7 ff, **228** 8 f; gefährliche -e in den Verkehr **315**, **315 b**; – in das Post- oder Fernmeldegeheimnis **206**; pränataler – **Vor 211** 4 ff, **Vor 223** 4 f
Einheitstäterbegriff Vor 25 2
Einkommen 40 8 ff; Netto- **40** 7 ff; potenzielles – **40** 11
Einrichtungen der Landesverteidigung **109 e**; militärische und militärähnliche – **234** 6; stationäre – für Hilfsbedürftige **174 a** 5; technische – **306** 2
Einsichtsfähigkeit 20 3; – bei Einwilligung **Vor 13** 170, **228** 1; – bzgl Nachtatverhalten **46** 41; Unrechtseinsicht **17** 5 f; verminderte – **21** 1
Einsperren 239 6
Einsteigen 243 14
Einverständnis Vor 13 190 ff; – bei Hausfriedensbruch **123** 17 ff; – bei Nötigung **240** 10; Voraussetzungen des -ses **Vor 13** 193 ff; – bei Wegnahme **242** 42 ff; Willensmängel beim – **Vor 13** 205 ff
Einwilligung Vor 13 159 ff; – in Aussetzung des Strafrestes **57** 11; – in Führungsaufsicht **68 c** 3; – in Gefährdung **315 c** 11 ff; – in Geheimnisverletzung **203** 9; –

in Heilbehandlung 56 c 11; – in Körperverletzung 228; mutmaßliche – Vor 32 51 ff, 228 2; – bei Risikogeschäft 266 61 ff; – in Schwangerschaftsabbruch 218 5; – in Selbstverstümmelung 109; sittenwidrige – 228 10 ff; – in Tötung 216 2; Voraussetzungen der – Vor 13 168 ff; – in Weisungen 56 c 10; Willensmängel bei – Vor 13 180 ff, 228 3 ff
Einwilligungstheorie 15 108 f
Einwirken auf den Ablauf 263 a 32 ff; – auf Angehörige der Bundeswehr 89; – auf ein Kind in sexuelle Richtung 176 8; – auf die Menschenmenge 125 18; – auf den Täter 47 7
Einzelaktstheorie 24 20
Einzelstrafen 53, 54 1 f
Einziehung Vor 73 10 ff, 74; Entschädigung für – 74 f; – des Führerscheins 69, 69 a; Gemeinsamkeiten v. Verfall und – Vor 73 24 ff; Grundsatz der Verhältnismäßigkeit bei – 74 b, Vor 73 15; – bei Handeln v. Organen 75; nachträgliche Anordnung der – 76; – von Schriften 74 d, Vor 73 19 ff; selbständige Anordnung der – 76 a; Voraussetzungen der – 74, 74 a, Vor 73 10 ff; – des Wertersatzes 74 c, Vor 73 14; Wirkung der – 74 e, Vor 73 23; s. auch 92 b, 101 a, 109 k, 150 II, 184 b VI, 201 V, 219 b III, 261 VII, 264 VI, 282 II, 286 II, 295, 322, 330 c
Eisenbahnverkehr 315 3; Gefährdung des -s 315 a; Gefährliche Eingriffe in den – 315
Eltern, Antragsberechtigung der – 77 II, 77 d II; Garantenstellung der – 13 44, 58; Notwehr im Eltern-Kind-Verhältnis 32 53; -teil 235 6; Züchtigungsrecht der – Vor 32 67 ff, 223 15; s. auch Angehörige
Energie, elektrische 242 6, 248 c 3; fremde – 248 c 3; Kern- 307 3
Energieunternehmen 316 b
Enteignung 242 65
Entfernen, Nicht- 123 26 f; – von Symbolen 90 a II, 104 I; – von Tieren und Pflanzen 329 III Nr. 6 u 7; unerlaubtes – vom Unfallort 142 16
Entführung 239 a 4
Entgelt 11 50 f, 180 5; s. auch 182 4, 184 I Nr. 7, 203 1, 236 2; -licher Erwerb 265 b III Nr. 2; -lichkeit 265 a 12

Entscheidung, Änderung eines Gesetzes vor der – 2 8, für die – erheblich 264 11, 265 b 10; frühere – 55 1 ff, 58 3; gerichtliche – 330 d Nr. 4 b); nachträgliche – 56 e 2
Entschluss zur Tat 22 12 ff; gemeinschaftlicher – 25 51 f
Entschuldigungsgrund Vor 13 12, Vor 19 12, 16, Vor 32 89 ff; – des ausländischen Rechts Vor 3 8; Notstand als – 35; Notwehrüberschreitung als – 33; religiöse Gewissenskonflikte als – Vor 32 95; übergesetzlicher Notstand als – Vor 32 93 f; Unzumutbarkeit normgemäßen Verhaltens als – Vor 32 89 ff
Entsprechensklausel 13 5
Entstellung, dauernde – 226 6; Sinn- 145 5
Entziehen, den bestimmungsgemäßen Zwecken – 88; der dienstlichen Verfügung – 133 12 f; – elektrischer Energie 248 c 5; – der Fahrerlaubnis s. dort; – von Minderjährigen 235 3; der Unterhaltsverpflichtung – 170 3; der Verstrickung – 136 8; der Wehrpflicht – 109 a
Entziehungsanstalt, Unterbringung in einer – 61 Nr. 2, 64, 67 ff; Voraussetzungen der Unterbringung 64 1 ff, 61 3 ff
Entziehungskur, Aussicht auf Heilung durch – 64 9; Gefährdung einer – 323 b; – als Weisung 56 c 11 f, 59 a 7
Erfolg, Abwendbarkeit des -s 13 9 f; Verhinderung des -s 24 50 f; -sort 9 9
Erfolgsdelikte Vor 13 251; Verjährungsbeginn bei -n 78 a 2
Erfolgsqualifizierte Delikte 11 53, Vor 13 251, 18; Tatort bei –n 9 11; Verjährungsbeginn bei -n 78 a 2; Versuch bei -n 22 7 ff; Vorsatz bei -n 15 126
Erfolgsunrecht Vor 13 10
Erforderlichkeit der Hilfeleistung 323 c 13; – der Notstandshandlung 34 29 f, 35 5; – der Notwehrhandlung 32 30 ff
Erheben von Abgaben 353 4; – von Gebühren 352 4
Erlangen, durch die Vortat – 259 13
Erlaubnis des Anstaltsleiters 323 b 2; behördliche – Vor 324 11, 324 8 ff; Entziehen der Fahr- 69, 69 a; – zum Veranstalten von Glücksspielen 284 3; – der zuständigen Behörde 331 28, 333 III
Erlaubnisirrtum 17 4, Vor 32 24 f

Stichwortverzeichnis

Erlaubnistatbestand s. Rechtfertigungstatbestand
Erlaubnistatbestandsirrtum Vor 32 23; Theorien zum – **Vor 32** 27 ff
Erlaubtes Risiko 15 58 ff; s. auch 307 8, 308 10
Erledigung des Berufsverbots 70 b 4; – der Maßregel 67 c 8, 67 d 10, 67 f, 67 g V; – der Strafe durch Anrechnung 51 II, 57 IV, 67 IV
Erlegen 292 10
Ermächtigung 77 e 1 ff; – bei Beleidigung 194 3; s. auch 90 IV, 90 b II, 97 III, 104 a, 353 a II, 353 b 18
Ermessen, richterliches 41 3, 42 5, 44 13 f, 45 7 ff, 45 b 6, 46 28, 32, 49 6, 56 a 1 f, 56 b 16, 66 1, 66 b 7, 68 5, 70 9
Ermessenshandlung 332 3, 334
Ermittler, verdeckter 26 30 ff, **111** 12, 261 11, 285 1
Ermöglichen einer anderen Straftat **211** 29 ff, 315 12; – des Gebrauchs 152 a I, 276 I Nr. 2; – von Feststellungen 142 11, 18, 23; – des Inverkehrbringens 146 7, 148 I Nr. 1; – einer Verwendung 130 II Nr. 4, 131 I Nr. 4, **184 I Nr. 8 und 9**
Ernstlichkeit des Verlangens 216 3
Erpressung 253; – von Aussagen 343; Führungsaufsicht bei – 256; Menschenraub zur – 239 a; räuberische – 255
Erregen eines Irrtums 263 106 ff; – öffentlichen Ärgernisses 183 a
Error in persona vel objecto 16 25 ff; Abgrenzung des – von der aberratio ictus **16** 28; – bei Anstiftung **Vor 25** 73 ff; – bei Mittäterschaft **Vor 25** 78; – bei mittelbarer Täterschaft **Vor 25** 70 ff
Ersatzfreiheitsstrafe 43; Aussetzung bei – 56 5; Aussetzung des Strafrests bei – 57 3; Höchstmaß der – **43** 5; Mindestmaß der – 43 5; Umrechnungsverhältnis **43** 3 f; Vollstreckung der – 43 2
Ersatzgegenstand Vor 73 5, 73, 73 a,
Erschleichen von Leistungen 265 a 3 ff
Erzeugnisse, land-, ernährungs- oder forstwirtschaftliche – 306 I Nr. 6
Erziehung, zur – anvertraut 174 3; s. auch 174 a I, 180 III, 221 II Nr. 1
Erziehungspflicht, Verletzung der – 171 2, 180 I; s. auch 236 2
Erziehungsprivileg 131 20, 180 4, 184 1, 5

Euroscheck 152 b
Euthanasie Vor 211 14 ff
Exhibitionistische Handlung 183 2
Exspektanz 263 131
Explosion 308 3; – durch Kernenergie 307 3; -sgefährliche Abfälle **326 I Nr. 3**; Sprengstoff- 308 3; Vorbereitung einer – 310
Exzess des Haupttäters 26 29; – bei Notwehr 33; – des Mittäters **Vor 25** 79, 25 57; – des Tatmittlers 25 43

Fahrerlaubnis, im Ausland erteilte 69 b 1; Entziehung der – 69; selbstständige Anordnung der Entziehung der – 71 II; Sperre für die Erteilung einer – **69 a**
Fahrlässigkeit 15 36 ff; – bei actio libera in causa 20 33 ff; Beteiligung bei – **Vor 25** 45 ff; bewusste – 15 90; einstufiger -sbegriff 15 100 f; durch – herbeigeführter Erfolg 18; Strafbarkeit der – 15 1; unbewusste – 15 91; Verhältnis zum Vorsatz 15 106 ff; zweistufiger -sbegriff 15 98 f
Fahrlässigkeitsdelikt Vor 1 8
Fahrtenschreiber 267 17, 268 3
Fahruntüchtigkeit 316 5 ff; s. auch 315 a 3, 315 c 3; absolute – 316 9 ff; relative – 316 8
Fahrverbot, Anrechnung der Entziehung der Fahrerlaubnis auf das – 51 9 f; – und Entziehung der Fahrerlaubnis 44 ff; gerichtliches – 44; – als Nebenstrafe 1; Strafzumessungsregeln 44 13; Verfahren 44 17; Voraussetzungen des -s 44 6 ff; Wirkung des -s 44 15
Fahrzeug 315 a 3, 315 c 3, 316 2 f; Feststellung des -s 142 11; Führen eines -s 44 11, 69 2, 315 c 3, 316 2; – als Hindernis 315 b 4 f; s. auch Kraftfahrzeug
Fahrzeugpapiere 276 a
Falschaussage Vor 153 4 ff, **153**; uneidliche – 153, 157 ff; Verleitung zur – 160
Falschbeurkundung im Amt 348; mittelbare – 271
Falscheid, fahrlässiger 161; Verleitung zum – 160
Falschgeld Vor 146 4, 146, 147
Fälschung beweiserheblicher Daten 269; – von Geld 146; – von Gesundheitszeugnissen 277; landesverräterische – 100 a; Personenstands- 169; – von technischen Aufzeichnungen 268; – von Urkunden 267;

Vorbereitung der – 149, 275; – von Wahlen 107 a; – von Wahlunterlagen 107 b; – von Wertpapieren 151; – von Wertzeichen 148
Familie, Beleidigungsfähigkeit **Vor 185** 4; -nverhältnisse des Täters **46** 40; Überwachung durch die – **62** 6; s. auch Angehörige
Fehlgeschlagener Versuch s. Versuch
Fehlüberweisung 263 77
Feilhalten von falschen Wertzeichen **148**; – von Falschgeld **146** 1, 10 f; Vorbereitung des -s **149**; – von Zahlungskarten, Schecks und Wechseln **152 a**
Fernmeldegeheimnis 206 5
Fernsprechautomat 265 a 18
Festnahmerecht Vor 32 78 ff
Feststellung des Personenstandes **169** 3; Schwangerschaftsabbruch ohne ärztliche – **218 b**; -sprinzip **84** 1, **Vor 86** 1; Verhinderung der – des Wahlergebnisses **107**; – bei Verkehrsunfällen **142** 11;
Fischwilderei 293
Flagge, ausländische **104**; Entfernen usw der – der BRD **90 a II**; Verunglimpfen der – der BRD **90 a I**
Flaggenprinzip Vor 3 3, **4** 1
Flugzeug s. Luftfahrzeug
Flugzeugentführung 316 c
Flugzeugsabotage 316 c
Fordern eines Vorteils **331** 14; s. auch **299** 14
Fördern der Bereitschaft **130** a 6, 8; – des Entweichens **120** 7 ff; – der Postgeheimnisverletzung **206** 8 f; – der Prostitution **180 a**; – rechtswidriger Taten nach § **218 219 b**; – der Resozialisierung **67** a 1; – sexueller Handlungen Minderjähriger **180**
Formalbeleidigung 192 2, **193** 17
Fortbewegungsfreiheit 239 1 f
Fortführen einer Vereinigung **84** 6 ff, **86 I Nr. 4**
Fortgesetzte Tat Vor 52 26 f; Aufgabe des Rechtsinstituts der – durch die Rspr **Vor 52** 27; Verjährungsbeginn bei – **78 a** 6; Voraussetzungen der – **Vor 52** 26
Fotokopie 267 27 ff
Frank'sche Formeln 24 38
Freiheit, Straftaten gegen die persönliche – **234 ff**
Freiheitsberaubung 239 5; – mit Todesfolge **239** 15 ff

Freiheitsstrafe Vor 38 3, **38** f; Anrechnung auf die – **51**; Aussetzung der – **56**; Aussetzung des Restes der – **57, 57 a**; Begriff der – **38** 1; Bemessung der – **39**; Ersatz- **43**; Fahrverbot bei – **44** 1; Geldstrafe neben – **41**; als Hauptstrafe **Vor 38** 3; Höchstmaß der – **38** 4; kurze – nur in Ausnahmefällen **47**; lebenslange – **38** 3, **211** 4 ff; Verjährungsfrist **79** 1 ff; Vollzug der – **38** 5; zeitige – **38** 4
Freisetzen von Giften **330 a**; – von ionisierenden Strahlen **311** 2; – von Kernenergie **307** 3; – von Schadstoffen **325**; – von Stoffen **324 a** 2
Freiwilligkeit 24 35 ff
Fremdheit der Sache **242** 8 ff, s. auch **Vor 32** 75, **246** 5, **249** 2, **289** 2, **303** 4
Fremdgefährdung, einverständliche **Vor 13** 215 ff, **Vor 211** 22 ff, **228** 12 ff
Frieden, Störung des öffentlichen -s **126** 1, **130** 1, **140** 1, **Vor 166**
Friedensverrat 80 a
Fristen beim Schwangerschaftsabbruch **218 a**; – beim Strafantrag **77 b**; – bei Verfolgungsverjährung **78**; – bei Vollstreckungsverjährung **79**
Fristenlösung Vor 218 1; – mit Beratungspflicht **Vor 218** 3
Führen von Amtsbezeichnungen **132 a** 2; – von Fahrzeugen **44** 11, **69** 2, **315 c** 3, **316** 2; – von Personenstandsbüchern **169** 3
Führungsaufsicht Vor 68, 68 ff; Anordnung der – **68**; Aufsichtsstelle **68 a**; – und Aussetzung zur Bewährung **68 g**; – bei Aussetzung der Unterbringung **67 b**; Beendigung der – **68 e**; – und Bewährungshelfer **68 a**; Dauer der – **68 c**; nachträgliche Entscheidungen bei – **68 d**; – bei Nichtaussetzung des Strafrestes **68 f**; unbefristete – **68 c**; Verstoß gegen Weisungen während der – **145 a**; Voraussetzungen der – **68**; Weisungen während der – **68 b**; – und Widerruf **67 g**; s. auch **129 a IX**, **181 b**, **239 c**, **245**, **256 I**, **262**, **263 VI**, **321**
Fundunterschlagung 246 18 f
Funktionaler Zusammenhang 263 186 ff
Fürsorgepflicht 171 2, **225** 4, **236** 2
Furtum usus s. Gebrauchsanmaßung

Garantenpflicht 13 4

Garantenstellung 13 18 ff, 32 ff, **14** 18; Beschützergarant 13 20; – und besonderes persönliches Merkmal 28 12 ff; – beim Betrug 263 87 ff; Funktionenlehre 13 35; Irrtum über – 17 10 ff; – kraft institutioneller Fürsorge 13 38, 56 ff; – kraft Risikoherrschaft 13 37, 41 ff; Rechtspflichtenlehre 13 33 f; – beim Schwangerschaftsabbruch 218 4; – gegenüber Suizidenten **Vor** 211 28 ff; Überwachergarant 13 19; Vorsatz bzgl – 13 24 ff
Garantiefunktion des Strafgesetzes 1 3 ff; – der Urkunde 267 3, 5 ff
Gebäude 243 10, 305 2, 306 2; zur Wohnung von Menschen dienendes – 306 a 3
Gebietsgrundsatz Vor 3 3, 3 1 ff
Gebietshochverrat Vor 81 2, 81, 82
Gebotensein der Notwehr 32 34 f, 46 ff
Gebrauch von Aufnahmen 201 10; – von Aufzeichnungen 268 12; – von Ausweispapieren 281; – von Gesundheitszeugnissen 279; unbefugter – eines Fahrzeugs 248 b 7 f; unbefugter – von Pfandsachen 290;– von Urkunden 267 52 ff
Gebrauchsanmaßung 248 b, 290; Abgrenzung zum Diebstahl 242 105 ff
Gebrechlichkeit 225 3
Gebühr 352 3, 353 3
Gebührenüberhebung 352
Geburt Vor 211 2
Gefahr, gemeine 243 36, 323 c 11; gegenwärtige – 34 21 ff; konkrete – 313 4, 315 c 5 ff; – einer Schädigung der körperlichen und seelischen Entwicklung 171 3, 176 4 6; – einer schweren Gesundheitsschädigung 176 a 6, 177 VII Nr. 3, 250 12 ff; Selbstverursachung der – 35 11; – des Todes usw 176 a 9, 177 VIII Nr. 2 b, 221, 250 27
Gefährdung des Bahn-, Schiffs- u Luftverkehrs 315 a; – durch Bau 319; – des Betriebs einer Telekommunikationsanlage 317; – einer Entziehungskur 323 b; – des körperlichen und sittlichen Wohls 171; – des Lebensbedarfs 170; – der öffentlichen Sicherheit 125; – v. Schiffen, Kraft- und Luftfahrzeugen durch Bannware 297; – des Straßenverkehrs 315 c; – durch Verdächtigung 241 a; – des Vermögens 263; – des Zwecks der Führungsaufsicht 145 a
Gefährdungsdelikte Vor 13 265 ff; Tatort bei -n 9 10, 22 ff

Gefahrengemeinschaft 13 62 f
Gefahrenquelle, Eröffnung einer – 13 41 ff
Gefährlichkeit des Täters 61 3 ff, 63 7, 66 19 ff
Gefangene, Begriff 120 2 f; -nbefreiung 120; -nmeuterei 121; sexueller Missbrauch von -n 174 a
Gegenwärtigkeit des Angriffs 32 16 ff; – der Gefahr 34 21 ff, 249 6
Geheimnis, Brief- 202 3; Dienst- 353 b 5; Geschäfts- u Betriebs- 203 5, 204, 355 5; Post- und Fernmelde- 206 5; Privat- 203 4 ff; Staats- 93; Steuer- 355 4 ff; Wahl- 107 c
Gehilfe Vor 25 7, 27; – von Ärzten usw 203 3; – von Vollstreckungsbeamten 114
Geiselnahme 239 b
Geisteskrankheiten 20 6
Geld 146 2; ausländisches – 152; dem – gleichgestellt 151
Geldfälschung 146; Vorbereitung der – 149
Geldstrafe Vor 38 3, 40; Anrechnung auf die – 51; Aussetzung der – 56 5; Bemessung der – 40 3 ff; Ersatzfreiheitsstrafe 43; – neben Freiheitsstrafe 41; – als Hauptstrafe 40 1; uneinbringliche – 43 2; Verhängung der – in Tagessätzen 40 2; Verwarnung mit Strafvorbehalt 59; Vollstreckung der – 40 17; Zahlung der – durch einen anderen 258 15 ff; Zahlungserleichterungen 42
Geldwäsche Vor 73 12, 261
Geltungsbereich des Strafrechts; räumlicher – **Vor** 3 1 ff, 3 ff, 91 a; zeitlicher – 2
Gemeinschaft, häusliche 247 7; Garantenstellung bei häuslicher – 13 61
Genehmigung, behördliche **Vor** 324 11, 324 8 ff; erschlichene – 330 d 2; Handeln ohne – 330 d I Nr. 5; nachträgliche – **Vor** 13 171; – der zuständigen Behörde 331 28 f, 333 III
Generalprävention Vor 1 23 ff, 46 5, 47 8; negative – **Vor** 1 23 f; positive – **Vor** 1 25 ff
Gericht 11 44; – bei Aussagedelikten 153 3
Gerichtsverhandlungen, Mitteilungen über – 353 d 6
Geringwertigkeit 243 39 f, 248 a 2 ff
Gesamtbetrachtungslehre 24 19

Stichwortverzeichnis

Gesamtstrafe 53 ff; Bildung der – 54 f; lebenslange Freiheitsstrafe als – 54 2, 57 b; nachträgliche – 55; – und Strafaussetzung 56 5 f, 58; – und Verwarnung mit Strafvorbehalt 59 c
Gesamturkunde 267 24
Geschäftsführung ohne Auftrag Vor 32 48, 34 7
Geschäftsherrenmodell 299 1, 16
Geschäftsmäßige Förderung der Selbsttötung 217
Geschäftsraum 123 7, 243 11
Geschwister 11 8; Beischlaf zwischen Verwandten 173 2; Garantenstellung bei -n 13 57
Gesellschafter, vertretungsberechtigte 14 27 ff, 283 c 6
Gesetz, Anwendung des -es zurzeit der Tat 2 2; – bei Beendigung der Tat 2 6; – zurzeit der Entscheidung 2 8 f; – mildestes – 2 10; Zeit- 2 12
Gesetzesänderung 2 5 ff
Gesetzeseinheit s. Konkurrenz
Gesetzeskonkurrenz s. Konkurrenz
Gesetzgebungsorgan 36
Gesetzlichkeitsprinzip 1 1 ff
Gesinnung 46 34
Gesinnungsmerkmale Vor 13 56
Geständnis 46 41
Gesundheitsschädigung 223 4 f; Eignung zur – 309 5, 325 I, VI, 325 a I; – durch Gift 224 4; – einer großen Zahl von Menschen 306 b 2, 308 II, 309 III, 315 III Nr. 2, 330 II Nr. 1, 330 a I; schwere – 250 12 ff; s. auch 113 34, 121 III Nr. 3, 125 a Nr. 3, 221 4, 225 I, 239 III Nr. 2, 306 b 2, 308 7, 309 III, 315 III Nr. 2, 330 II Nr. 1, 330 a I
Gesundheitszeugnisse 277 1; Ausstellen unrichtiger – 278; Fälschen von -n 277; Gebrauch unrichtiger – 279
Gewähren einer Befriedigung 283 c 12; – von Gelegenheit 180 3; – von Vorteilen 333 3
Gewahrsam 168 1, 242 21 ff, 246 11 f, 249 7
Gewalt Vor 232 3 ff, 240 9 f; -darstellung 131 5 ff; – gegen eine Person 249 4; – Verhältnis zur Drohung Vor 232 33 f; vis absoluta Vor 232 16; vis compulsiva Vor 232 17 f, 253 14; Widerstand durch – 113 13; – und Willkürmaßnahmen 130 11; s. auch 81, 82, 105, 106, 107, 108, 177 12, 234 2, 234 a 2, 235 2, 250 5 ff, 252 13, 253 5, 255 2
Gewalttätigkeit 125 4 f; – sexueller Art 184 a 2; -en verherrlichende oder verharmlosende Schriften usw 131 4 ff
Gewässer 324 1, 324 a I Nr. 1, 330 d Nr. 1 1; -verunreinigung 324 3
Gewerbsmäßigkeit 243 24 f, s. auch 180 a 2, 232 III Nr. 3, 236 5, 253 45, 260 1, 260 a, 261 26, 263 241, 267 59, 284 6, 291 30, 300 Nr. 2
Gewinnsucht 236 5, 283 a 2; s. auch 283 d III Nr. 1
Gewissenskonflikte, religiöse Vor 32 95
Gewohnheitsrecht 1 10
Gift 224 2; Freisetzen von -en 330 a; -ige Abfälle 326 I Nr. 1
Gläubiger im Insolvenzverfahren 283 c 4; -begünstigung 283 c
Gleichgültigkeit 315 c 4
Glied, wichtiges 226 3 f
Glücksspiel 284 1; Beteiligung am – 285; Einziehung bei – 286; Erlaubnis zum – 284 3; öffentliches – 284 2; missbräuchliches Leerspielen von -automaten 263 a 67; Veranstalten eines -s 284 4
Gottesdienst, dem – gewidmete Sachen 243 28, 304 3, 306 a I Nr. 2; Störung des -s 167
Grab, Zerstörung oder Beschädigung 168, 304 2
Grad, akademischer 132 a 3
Graffiti 303 14 ff, 304 4
Grausam 211 24 f; -e Gewalttätigkeit 131 5, 9
Grenzzeichen 274 13
Gründen einer kriminellen Vereinigung 129 4 ff; – einer terroristischen Vereinigung 129 a
Grundordnung, freiheitliche 86 II, 93 II
Gruppe, Bildung bewaffneter -n 127 2
Gutglaubenserwerb 259 19, 261 14 ff, 263 190

Habgier 211 11 f
Handeln für einen anderen 14 1 ff; – unter fremdem Namen 267 39 f
Handelsbücher 283 28
Handlung, exhibitionistische 183 2; s. auch sexuelle Handlungen
Handlungsäquivalenz 13 4

1407

Handlungsbegriff Vor 13 58 ff; negativer – Vor 13 59; s. auch Handlungslehre
Handlungseinheit Vor 52 15 ff; juristische – Vor 52 16; natürliche – 24 19, Vor 52 18 ff; rechtliche – Vor 52 16; tatbestandliche – Vor 52 24; Tatort bei – 9 7; Tatzeit bei – 8 9
Handlungsfähigkeit Vor 19 14
Handlungslehre, askriptive – Vor 13 59; finale – Vor 13 59; kausale – Vor 13 59; personale – Vor 13 59; soziale – Vor 13 59
Handlungsunrecht Vor 13 10
Hauptstrafe Vor 38 3; Freiheitsstrafe als – 38 1; Geldstrafe als – 40 1; – gegenüber Jugendlichen 10 4
Haupttat, Verhältnis der Teilnahme zur – Vor 25 17, 26 3 ff, 27 1
Hausfriedensbruch 123; schwerer – 124
Hausrecht 123 1, 13 ff
Haus- und Familiendiebstahl 247
Hausverbot 123 16, 24
Hehlerei 259; Banden- 260; Ersatz- 259 14; Führungsaufsicht bei – 262; gewerbsmäßige – 260; gewerbsmäßige Banden- 260 a
Heilbehandlung, ärztliche 223 7 ff, 228 8 f; – als Weisungen 56 c 11, 59 a 7
Heimtücke 211 17 ff
Hemmschwelle bei Tötungsdelikten 15 109, 212 4
Herabwürdigen 186, 187
Heranwachsende 10 3
Herbeiführen einer Brandgefahr 306 f 1; – einer Explosion 308 3; – einer Explosion durch Kernenergie 307 3; – eines falschen Wahlergebnisses 107 a; – eines Krieges 100; – einer Überschwemmung 313 3; – der Wehruntauglichkeit 109
Herstellen von Kennzeichen 86 a; – von Platten usw 149; – von pornografischen Schriften 184 I Nr. 8; – von Propagandamaterial 86; – unechter Urkunden 267 34 ff; – unechter Staatsgeheimnisse 100 a II; – von Vordrucken für amtliche Ausweise 275; – von Vordrucken für Euroschecks 152 a
Hilfeleisten 27 3 ff, 257 9 ff
Hilfeleistung, unterlassene 323 c
Hilflosigkeit, Ausnutzung der – Vor 232 40 f, 243 34, 37
Hindernisbereiten 315 6, 315 b 4

Hintermann 25 7, 84 5, s. auch 85, 129 45 f, 129 a 13
Hirntod Vor 211 3
Hochverrat gegen den Bund 81; – gegen ein Land 82; tätige Reue bei – 83 a; Vorbereitung eines -s 83

Idealkonkurrenz s. Tateinheit
Identitätstäuschung 267 39 ff
Ignorantia facti 263 99
Immunität 36 2, 78 b 2
Implantate 242 19
Imstichlassen 221 10 ff
Inbrandsetzen 306 5
Indemnität 36 1, 37
Indikation Vor 218 2, 4, 6, 218 a
In dubio pro reo Vor 52 44 ff, s. auch 56 10, Vor 78 4, 157 4
Ingebrauchnahme eines Fahrzeugs 248 b 7
Ingerenz 13 46 ff; s. auch 263 87 f
Inland Vor 3 14, 3 2, 5 5; Wohnsitz im – 5 3
Insolvenz, Begriff des -strafrechts Vor 283 1; Eröffnung des -verfahrens 283 54; -masse 283 9, 283 c 1, 9
Intelligenzschwäche 20 8
Interesse, berechtigtes 193 3 ff; entgegengesetztes – 356 16; – am Taterfolg Vor 25 29; Wahrnehmung eines öffentlichen -s 193 5; wichtiges öffentliches – 353 b 7
Interessenabwägung 34 31 ff
Internet 9 22 ff, 111 11, 184 b 6
Inventar 283 37
Inverkehrbringen von Euroschecks 152 a; – von Falschgeld 147; – von Mitteln zum Schwangerschaftsabbruch 219 b; – von vergifteten Sachen 314 6
Irrtum, aberratio ictus 16 28 ff; – bei Betrug 263 98 ff; – bei Einwilligung Vor 13 180 ff; Erlaubnis- 17 4, Vor 32 24 f; Erlaubnistatbestands- Vor 32 23; error in persona vel objecto 16 25 ff; Formen des -s Vor 16 3 f; – über Garantenstellung 17 10 ff; – über den Kausalverlauf 16 16 ff; Objektsverwechslung beim Tatmittler Vor 25 70 ff; – über Privilegierung 16 2; – über Rechtmäßigkeit der Diensthandlung 113 29 ff; Rechtsfolgen Vor 16 6 ff; Subsumtions- 16 13 ff; Tatbestands- 16 6; umgekehrter Tatbestands- 16 7; – über Täterschaft Vor 25 60 ff; umgekehrter Verbots-, Subsumtions- oder Strafbar-

keits- **Vor 22** 8 ff; direkter Verbots- **17** 4; indirekter Verbots- **17** 4; Verkennen des Vorliegens privilegierender Merkmale **16** 3 ff; Vermeidbarkeit des -s **17** 14 ff; Wahndelikt **Vor 22** 8 ff

Jagd, -ausübungsrecht **292** 4; -gast **292** 4; -geräte **295**; -recht **292** 4

Jagdwilderei 292; besonders schwere Fälle der – **292** 22; gewerbs- oder gewohnheitsmäßige – **292** 23

Jugendliche 10 3; Förderung sexueller Handlungen -r **180**; Misshandlung -r **225**; sexuelle Handlungen an -n **174, 180**; sexueller Missbrauch von -n **182**

Jugendstrafe 38 6, **55**, **57**

Kapitalanlagebetrug 264 a

Kausalität Vor 13 66 ff; Adäquanztheorie **Vor 13** 79; Äquivalenztheorie **Vor 13** 67; Lehre von der gesetzmäßigen Bedingung **Vor 13** 71 ff; Lehre von der hinreichenden Minimalbedingung **Vor 13** 72; abgebrochene – **Vor 13** 84; Abbruch eines rettenden Kausalverlaufs **Vor 13** 92; alternative – **Vor 13** 88 ff; atypische – **Vor 13** 83; – beim Betrug **263** 186 ff; – bei der Beihilfe **27** 3 ff; – bei der Erpressung **253** 33 ff; – beim Gefährdungsdelikt **315 c** 16; hypothetische – **Vor 13** 81 f; Irrtum über den Kausalverlauf **16** 16 ff; – von Kollektiventscheidungen **Vor 13** 93 ff; – bei Unterlassungsdelikten **Vor 13** 69, 73, 75, **13** 11 ff; kumulative – **Vor 13** 87; überholende – **Vor 13** 84

Kennzeichen 267 22; – verfassungswidriger Organisationen **86 a**

Kernbrennstoffe 328; Ablieferungspflicht von -n **328**

Kernenergie 307 3

Kettenbeteiligung Vor 25 8; versuchte Kettenanstiftung **30** 3

Kind, Arglosigkeit von -ern **211** 18; Misshandlung von -ern **225**; sexuelle Handlungen an -ern **174, 176**; Schuldunfähigkeit des -es **19**; Unterschiebung eines -es **169** 2

Kinderhandel 236

Kinderpornografie 184 b

Kindesentziehung 235

Kirche, Beschimpfung von -n **166**; Diebstahl aus -n **243** 26 f; in Brand setzen usw einer – **306 a** 5

Klammerwirkung 52 8

Koinzidenzprinzip Vor 13 23; – und actio libera in causa **20** 15

Kollektivbeleidigung Vor 185 4 f

Kollusion 330 d 2 f

Konfliktberatung 218 a, 219

Konkurrenz 52 ff; Gesetzes- **Vor 52** 28 ff; Ideal- **Vor 52** 7, **52**; Real- **Vor 52** 10, 53; unechte – **Vor 52** 28

Konnivenz 357 1

Konsumtion Vor 52 34 ff

Körper, fehlende Sacheigenschaft des menschlichen -s **242** 16; Glied des -s **226** 3; Teile des -s eines verstorbenen Menschen **168, 242** 16 f; Teile des lebenden -s **242** 18

Körperschaft 11 13; Beleidigung politischer -en **194 IV**; Gesetzgebungs- **36, 37**

Körperverletzung 223 ff; – im Amt **340**; Einwilligung bei – **228**; fahrlässige – **229**; gefährliche – **224**; leichte – **223**; Rechtfertigung einer – **223** 15, **228**; schwere – **226**; Strafantrag bei – **230**; – mit Todesfolge **227**; Verjährung der – **78**; – und versuchter Totschlag **Vor 223** 7;

Kraftfahrzeug 248 b 5, **316 a** 7; Straftat bei oder im Zusammenhang mit dem Führen eines – **44** 10 ff, **69** 2; unbefugter Gebrauch eines – **248 b**; Ungeeignetheit zum Führen von -en **69**

Kraftfahrzeugführer 316 a 8; Entziehung der Fahrerlaubnis **69**; Fahrverbot **44**; Pflichten eines -s **44** 12; räuberischer Angriff auf – **316 a**

Krankenhaus, Unterbringung in einem psychiatrischen – **61 Nr. 1**, **63**, **67** ff; Voraussetzungen der Unterbringung in einem psychiatrischen – **61** 3 ff, **63** 1 ff

Krankhaft 20 6

Krankheit 223 4; anstecken mit -serregern **223** 4; geistige – **174 c** 2, **179** 3, **226** 11; seelische – **174 c** 2; übertragbare gemeingefährliche – **326 I Nr. 1**; – als Unglücksfall **323 c** 6

Kredit 265 b 7; -betrug **265 b**; -gefährdung **187** 4; -karte **266 b** 9 ff; -kartenmissbrauch **266 b**; -wucher **291** 24

Krieg 100; Angriffs- **80 a** 2

Krise, wirtschaftliche **283** 3

Kronzeugenregelung 46 b 1, 8

Kumulation von Freiheits- und Geldstrafe **41** 1 ff

Kundgabe von Miss- oder Nichtachtung Vor 185 9 ff, 185 4 f
Kunstfehler 223 7 ff
Kunstfreiheit 131 19, 184 3, 193 10

Lage, hilflose 221 6 f; schutzlose – 177 13
Lähmung 226 10
Land, Hochverrat gegen ein – 82
Landesverrat Vor 93 2, 94; fahrlässiger – 97; publizistischer – 95
Landfriedensbruch 125; aufwieglerischer – 125 17 ff; bedrohlicher – 125 14 ff; besonders schwerer – 125 a; gewalttätiger – 125 3 ff
Lastschrift-Einzugsverfahren 263 76
Lastschriftreiterei 263 76, 194
Leben, Straftaten gegen das – 211 ff; Wirkungen für das künftige – 46 4
Lebensbereich, persönlicher 203, 205 II
Lebensfähigkeit der Leibesfrucht Vor 211 2
Lebensgemeinschaft 11 11, 13 59, 157 9
Lebenspartner, eingetragene 11 6
Lebensschutz, strafrechtlicher Vor 211 2 ff
Lebensverhältnisse 46 40 f, 56 11 f
Lehre von den negativen Tatbestandsmerkmalen Vor 13 15, Vor 32 39 ff
Leibesfrucht Vor 211 2, 218 2, 218 a 1
Leiche, Diebstahl einer – 242 16 f; Wegnahme einer – 168
Leichtfertigkeit 15 93 f, 251 10; s. auch 109 g IV, 138 12, 176 b 2, 178 1, 239 a 16, 264 17, 307 7, 308 8, 312 5
Leistungsautomaten 265 a 13
Leistungsbetrug 263 196
Leistungserschleichung 265 a
Leistungskürzung 353 6
Leistungswucher 291 25
List Vor 232 2, 234 2, 234 a 2, 235 2
Lockspitzel 26 30 ff, 46 47, 111 12, 261 11
Lohnsteuer 266 a 18
Löschen – des Brandes 306 e 3; von Daten 303 a 5
Lotterie 287 1
Luftfahrzeug 4 4, 315 3, 316 c
Luftverkehr 315 a 3; Angriff auf den – 316 c; Gefährdung des -s 315 a; gefährlicher Eingriff in den – 315; ziviler – 316 c
Luftverunreinigung 325, 326

Machenschaft 109 a; sonstige -en 316 c 2

Macht, fremde 93
Mangel, geistiger und körperlicher 315 c 3; – an Urteilsvermögen 291 13
Manipulation, Input-, Output-, Programm- 263 a 5 f
Maßnahme 11 47
Maßregeln der Besserung und Sicherung Vor 19 3, Vor 38 1, 4; Dauer der Unterbringung 67 d; freiheitsentziehende – 63 ff; Gesamtstrafe 55 II; Grundsatz der Verhältnismäßigkeit 62; – gegenüber Jugendlichen 10 4; kein Rückwirkungsverbot bei – 1 9, 2 16; mehrfache Anordnung gleicher – 67 f; selbständige Anordnung von – 71; Vollstreckung von – 67 ff
Mauerschützen 17 6
Medien 9 22 ff
Meer Vor 3 15, 330 d 1
Meineid 154; – und Falschaussage 154 10
Meinung, öffentliche 186 4, 187
Meinungsfreiheit 193 1
Mensch Vor 211 2, 212 1
Menschenhandel 6 Nr. 4, 232
Menschenmenge 124 2, 125 6; unfriedliche – 125 8; Zugehörigkeit zu einer – 125 12
Menschenraub, erpresserischer 239 a
Menschenwürde, Angriff auf die – 130 13; Verletzung der – 131 15
Merkmale, besondere persönliche 14 7 ff, 28; strafschärfende – 28; subjektive – 14
Meuterei, Gefangenen- 121
Milderungsgründe, besondere gesetzliche – 49; Zusammentreffen von -n 50
Minderjährige, Entziehung -r 235; Förderung sexueller Handlungen -r 180; Misshandlung -r 225; sexuelle Handlungen an -n 174; s. auch Jugendliche
Minimaklausel 326 3
Missbrauch von Ausweispapieren 281; – von Bankomaten 263 a 49 ff; – der Befugnis 266 50 ff; – des Berufs oder Gewerbes 70 2; – ionisierender Strahlen 309; – von Notrufen 145 2; – von Scheck- und Kreditkarten 266 b 14; sexueller – 174 6, 174 a 4, 174 b, 174 c 4, 176 ff sexueller – von Jugendlichen 182; – von Titeln usw 132 a
Missbrauchstatbestand 266 40 ff
Misshandlung, körperliche 223 2, 343 10; – von Schutzbefohlenen 225

Mitbewusstsein, sachgedankliches **15** 16, **17** 7
Mitfahrer 142 9, **315** c 10 f
Mitgewahrsam 242 48 ff
Mittäterschaft Vor 25 34, **25** 47 ff; additive − **25** 50; alternative − **25** 50; error in persona vel objecto bei − **Vor 25** 78; Exzess bei − **Vor 25** 77 f, **25** 57; fahrlässige − **Vor 25** 48; Schein- **22** 39 ff; sukzessive − **25** 54 ff; Tatort bei − **9** 5; Tatzeit bei − **8** 6; Versuch bei − **22** 36 ff
Mittel, gemeingefährliche **211** 26 ff; öffentliche − **264** 4; milderes − **32** 30, **34** 29, **35** 5; − zum Schwangerschaftsabbruch **218** a, **219**; technische − **202** 8
Mittelbare Täterschaft Vor 25 33, **25** 7 ff; error in persona vel objecto des Vordermanns bei − **Vor 25** 70 ff; Exzess bei − **25** 43; fahrlässige − **Vor 25** 47; Fremdtötung in − **Vor 211** 35 ff; Irrtum über die Tatherrschaft bei − **Vor 25** 60; Tatort bei − **9** 5; Tatzeit bei − **8** 6; Versuch bei − **22** 32 ff
Mittelsmann 94 I Nr. 1, **97** a, **98** I Nr. 2, **99** I Nr. 2, **100** I, **109** f
Modalitätenäquivalenz 13 5
Möglichkeitstheorie 15 113 f
Mord 211; -lust **211** 9; Verhältnis zum Totschlag **Vor 211** 9 ff
Mordmerkmale 211 9 ff; gekreuzte − **Vor 211** 12, **211** 47
Motiv 46 33
Münze Vor 146 4

Nachholpflicht 142 21 ff
Nachmachen von Geld **146** 2 ff
Nachrede gegen Personen des politischen Lebens **188**; Tatsachen und Werturteile **186** 5 ff;üble **186**; − gegen Verstorbene **189**; Wahrheitsbeweis **190**, **192** 2; Wahrnehmung berechtigter Interessen **193**
Nachschlüssel 243 16
Nachstellen von Wild **292** 9
Nachstellung 238
Nachtat, mitbestrafte **Vor 52** 37; -verhalten **46** 41, **56** 11
Nachteil, Absicht der Zufügung eines -s **274** 14; − für einen anderen **158** 4; Rechtsbeugung zum − einer Partei **339** 12; − für das Vermögen **253** 32, **266** 80 ff
Nachtrunk 142 13
Namenstäuschung 267 39
Naturalobligationen 263 132

Nebenfolgen Vor 38 3, **45** ff, **92** a, **101**, **108** c, **109** i, **358**; − eines beabsichtigten Erfolges **15** 21; Bekanntgabe der Verurteilung als − **Vor 38** 3,**165**, **200**; − bei mehreren Gesetzesverletzungen **52** IV, **55** II; Unbeachtlichkeit der − für die Zweiteilung **12** 4
Nebenstrafe Vor 38 3; Amtsverlust usw als − **45** 8; Fahrverbot als − **44** 1; − bei mehreren Gesetzesverletzungen **52** IV, **55** II; Unbeachtlichkeit der -n für die Zweiteilung **12** 4
Nebentäterschaft 25 2 ff
Negative Tatbestandsmerkmale Vor 13 15, **Vor 32** 39
Nettoeinkommen 40 8 ff; potenzielles − **40** 10 f
Nettoeinkommensprinzip 40 7 ff
Neurose 20 9
Nichtanzeige eines Fundes **246** 19; − von Straftaten **138**, **139**
Nidation 218 3
Normen, Blankett- **2** 9; Sanktions- **Vor 1** 12; Verhaltens- **Vor 1** 11
Not, gemeine **323** c 12; wirtschaftliche − **263** 246, **283** a 5
Nothilfe 32 5 f, **34** 18
Nötigung 240; − von Anstaltsbeamten usw **121** 6; − des Bundespräsidenten usw **106**; Geiselnahme zwecks − **239** b 2 f; -smittel **240** 8 ff; − zu sexuellen Handlungen **177**;− von Verfassungsorganen **105**; Wähler- **108**
Nötigungsnotstand 34 25 ff
Notruf, Missbrauch von -en **145** 2
Notstand 34, **35**; aggressiver − **34** 44 f; defensiver − **34** 46 ff; entschuldigender − **35**; rechtfertigender − **34**; übergesetzlicher entschuldigender − **Vor 32** 93 f; verschuldeter − **34** 40; zivilrechtlicher − **Vor 32** 48
Notwehr 32; -ähnliche Lage **32** 19 f; Einschränkungen der − **32** 46 ff; -fähigkeit staatlicher Güter **32** 40 ff; Überschreitung der − **33**; verschuldete -lage **32** 54 ff, **33** 4
Notwehrexzess 33; extensiver − **33** 5 ff; intensiver − **33** 2 ff; Putativ- **33** 13 ff
Notzeichen, Missbrauch von − **145** 2
Nulla poena sine culpa Vor 38 2, **46** 29
Nulla poena sine lege 1 3 ff
Nullum crimen sine lege 1 3 ff

Obhut 221 12, **225** 5

Objektive Bedingungen der Strafbarkeit Vor 13 57, 227 ff, 15 3; Irrtum über – Vor 13 231; Tatzeit und – 8 11; s. auch 185 8, 186 13, 231 1, 283 52 ff, 283 b 3, 283 c 20, 323 a 16
Objektive Theorie bei der Falschaussage Vor 153 7; – bei der Rechtsbeugung 339 9; – bei der Teilnahme Vor 25 25 ff; – im Versuch 22 15
Offenbaren von Dienstgeheimnissen 353 b 6; – von Privatgeheimnissen Vor 201 1, 203 8; – von Staatsgeheimnissen 95
Öffnen eines Briefes 202 7
Omnimodo facturus 26 14
Ordnung, verfassungsmäßige 81 I Nr. 2, 82 I Nr. 2, Vor 84 1
Ordnungswidrigkeiten 12 1 f, Vor 25 2, 111 6
Organe, vertretungsberechtigte 14 22 ff, 283 c 6; Sondervorschrift für – und Vertreter 75
Organentnahme Vor 211 3, 223 14
Organisatorischer Zusammenhalt 84 7; s. auch 85 I

Parallelwertung in der Laiensphäre 16 9 f
Partei, politische 84 2; – bei Parteiverrat 356 13; – bei Rechtsbeugung 339 12
Parteienprivileg 129 38 f, 129 a 15
Parteiverrat 356
Person, andere 223; Irrtum über die – 16 25 ff; juristische – 14 21, 75; – des politischen Lebens 188 1; einem Vollstreckungsbeamten gleichstehende – 114 1 ff
Personalitätsprinzip Vor 3 4 f, 5 1, 7 2; aktives – Vor 3 5, 7 2; passives – Vor 3 4, 7 2
Personengesellschaft 14 26
Personenstand 169 3
Pfandkehr 289
Pfandsache, unbefugter Gebrauch von -n 290 4 ff
Pfändung 136 5
Pflegeelternschaft 11 12; s. auch Angehörige
Pflichtenkollision, rechtfertigende 34 55 ff
Pflichtwidrigkeit 15 36 ff; – des Anwalts 356 15 ff; – der Diensthandlung 332 5; grobe – 315 c 4, 325; Maß der – bei Strafzumessung 46 36; – bei der Untreue 266 40 ff, 75 ff

Pflichtwidrigkeitszusammenhang 15 68 ff
Planung, des Baues 319 6; – der Tat 22 1
Plündern 125 a 12
Pornografie 184; einfache – 184 3; harte – 184 a 2
Post, -geheimnis 206 1; geschäftsmäßiges Erbringen von -diensten 206 2; Inhaber oder Beschäftigter eines -dienstunternehmens 206 2
Postpendenz Vor 52 64 f
Präpendenz Vor 52 66
Presse- und Rundfunkdelikte 9 27
Privilegierung s. Strafmilderung
Prognose 56 9 ff, 61 3 ff, s. auch 45 b 5, 57 9, 57 a 12 ff, 59 4, 63 4 ff, 64 7 f, 66 19 ff, 66 a 6, 66 b 4 ff, 67 b 2, 67 d 6, 68 4, 68 c 1, 69 4, 70 7
Programm 263 a 11
Propaganda gegen die Bundeswehr 109 d; -mittel verfassungswidriger Organisationen 86
Proportionalität 32 31, 35 5; – der Maßregel 62 1
Prospekt 264 a 9
Prostitution 180 a 2, 184 f, 184 g; Anhalten zur – 180 a 5; Ausbeuten der -sausübung 180 a 2; Ausüben der verbotenen – 184 f; Bringen zur Aufnahme oder Fortsetzung der – Vor 232 6 f; Förderung der – 180 a 4; jugendgefährdende – 184 g; der – nachgehen 180 a 2, 181 a 2, 184 f 2, 184 g 2
Prostitutionsgesetz 180 a 1
Provisionsvertreterbetrug 263 232
Provokation 32 54 ff, 213 2 ff
Prozessbetrug 263 215
Prozessvoraussetzungen Vor 13 240 ff, Vor 77 1 f, Vor 78 2 ff
Psychose 20 6; endogene – 20 6; exogene – 20 6
Punktstrafe 46 56
Putativnotstand 35 13 f
Putativnotwehr 33 13; -exzess 33 13 ff

Quälen 225 10; seelisches – 343 13
Qualifikation s. Strafschärfung

Rädelsführer 84 4; s. auch 129 46, 129 a 13
Radioaktiv 326; sonstige -e Stoffe 328
Rassenhass 130 9, 211 14
Raub 249; Banden- 250 21; Banden- mit Waffen 250 25; erpresserischer Men-

schen- 239 a; Führungsaufsicht bei – 256; gefährlicher – 250 12 ff; lebensgefährlicher – 250 27; Menschen- 234; schwerer – 250; – unter schwerer körperlicher Misshandlung 250 26; – mit sonstigen Werkzeugen 250 5 ff; – mit Todesfolge 251; – unter Verwendung von Waffen 250 22 f; – mit Waffen bzw gefährlichen Werkzeugen 250 2 ff
Räuberische Erpressung 255
Räuberischer Angriff auf Kraftfahrer 316 a
Räuberischer Diebstahl 252
Raum, abgeschlossener 123 9; umschlossener – 243 8 f
Räumlichkeit 306 a 6
Rausch 20 10 f, 64 6, 323 a 8 f; Alkohol- 20 10; Drogen- 20 10; -mittel 64 3
Rauschtat 323 a 16 ff
Realkonkurrenz s. Tatmehrheit
Rechtfertigungsgründe Vor 13 6 ff, 29, Vor 32 45 ff; – des ausländischen Rechts Vor 3 8; bindender Befehl Vor 32 48; Einwilligung Vor 13 159 ff, 228; Festnahmerecht Vor 32 78 ff; Grundprinzip der – Vor 32 5 ff; – bei hoheitlichem Handeln Vor 32 8, 34 15; Indikationen als – Vor 218 6, 218 a 1 f; Irrtumsprobleme Vor 32 20 ff; mutmaßliche Einwilligung Vor 32 51 ff; Notstand 34 1 ff; aggressiver Notstand 34 44 f; defensiver Notstand 34 46 ff; rechtfertigender Notstand 34 16 ff; Notwehr 32; rechtfertigende Pflichtenkollision 34 55 ff; Selbsthilfe Vor 32 71 ff; Wahrnehmung berechtigter Interessen 193 1; Züchtigungsrecht Vor 32 67 ff, 223 15
Rechtfertigungstatbestand Vor 13 34, Vor 32 10 ff; – bei Fahrlässigkeitstaten Vor 32 15 ff; Irrtumsprobleme Vor 32 20 ff; objektiver – Vor 32 11 f; subjektiver – Vor 32 13 f, 32 36 ff, 34 42 f
Rechtsbehelf 113 30
Rechtsbeugung 339 6 ff
Rechtsfolgeermessen 46 28
Rechtsfolgensystem Vor 38 1 ff
Rechtsfrieden 241 1
Rechtsgut Vor 1 13; Auslandstaten gegen ein inländisches – Vor 3 4, 5; Auslandstaten gegen ein international geschütztes – Vor 3 4, 6 1; notstandsfähiges – 34 20, 35 3; notwehrfähiges – 32 14, 40 ff; -schutz Vor 1 13 ff

Rechtskraft 55 3, 56 a 3, 56 f 17, 57 20, 78 4
Rechtsordnung, Verteidigung der – Vor 1 24, 46 5, 47 8, 56 13 ff, 59 6
Rechtspflege als Angriffsobjekt 145 d 1, Vor 153 1, 164 1, 258 1, 339 1, 343 1, 344 1, 345 1, 356 1
Rechtssache 339 3, 356 11
Rechtsstaat, Gefährdung des -s Vor 84 1, 84 ff
Rechtsverhältnis, besonderes 35 9 ff
Rechtswidrige Tat Vor 1 6, 11 32 ff, Vor 13 49; s. auch 12 4, Vor 25 17, 26 3 ff, 27 1, 63 1, 64 5, 67 d 6, 67 g 5, 69 2, 73 1, 111 6, 145 d 5, 164 12, 257 5, 258 3, 259 11, 323 a 16 ff
Rechtswidrigkeit Vor 13 6 f, 29 f, Vor 32 2 ff; – der Absicht 289 11; – des Angriffs 32 21 f; – der Diensthandlung 113 17 ff; – bei Körperverletzung 223 7 ff, 15; – bei Nötigung 240 44 ff; – bei Schwangerschaftsabbruch Vor 218 6, 218 a 1 f; – des Vermögensvorteils 263 233 ff; – der Zueignung 242 119 ff, 246 28 f
Reformatio in peius 40 16, 44 17, 69 a 9
Regelbeispiele 12 10, Vor 13 40, 46 17 ff; – bei Betrug 263 240 ff; – bei Diebstahl 243 1 ff; – und Tatbestandsqualität Vor 13 40; Teilnahme 46 27, 243 53 ff; Versuch 243 49 ff; Vorsatz 243 41; s. auch 94 II, 95 III, 98 I, 99 II, 100 II, 100 a IV, 113 32 ff, 121 13, 125 a 1 ff, 177 17 ff, 218 II, 240 IV, 261 26, 264 18 ff, 283 a 1 ff, 283 d 2, 291 30, 292 22 ff, 316 b III, 330
Regelstrafrahmen 46 8 f
Regressverbot Vor 13 85 f, 136 ff
Religion, Beschimpfung von – und Weltanschauung 166; Störung der -sausübung 167
Resozialisierung 46 4, 56 1, 56 c 1
Retterfälle Vor 13 152 ff
Richter 11 25; Bestechlichkeit des -s 332; ehrenamtlicher – 11 25; Rechtsbeugung durch – 339; Vorteilsannahme durch – 331 3
Risiko, Beteiligung an der -schaffung Vor 13 107; -erhöhung Vor 13 107, 27 5 f; -erhöhungslehre 15 71; erlaubtes – 15 60 ff; erlaubtes – bei Euthanasie Vor 211 15; -geschäft 266 61 ff; spezifisches – der Tathandlung 18 5; unerlaubte -schaffung Vor 13 107; s. auch Vor 32 16; uner-

laubte -schaffung bei Ingerenz 13 46 ff; -verringerung **Vor** 13 109; -zuständigkeit **Vor** 13 117; s. auch 32 11; s. auch Risikozusammenhang
Risikozusammenhang 15 68 ff; s. auch 251 7 f; spezifischer – 253 33; – bei Unfällen alkoholisierter Kraftfahrer 15 75 ff; unmittelbarer – 251 7 f
Rohheit 225 11
Rücksichtslosigkeit 315 c 4
Rücktritt 24; – bei außertatbestandlicher Zielerreichung 24 22 ff; – vom beendeten Versuch 24 49 ff; – bei erfolgsqualifiziertem Delikt 24 73 ff; – bei ernsthaftem Bemühen 24 56 ff; Freiwilligkeit des -s 24 35 ff; Grund des Strafausschlusses bei – 24 2 ff; – bei mehreren Beteiligten 24 60 ff; – von der Rauschtat 323 a 21; Teil- 24 34; – vom unbeendeten Versuch 24 9 ff; – vom unechten Unterlassungsdelikt 24 78 ff; – durch Unterlassen 24 62; – von Unternehmensdelikten 24 72; – vom Versuch der Beteiligung 31
Rücktrittshorizont 24 17; Korrektur des -s 24 21
Rückwirkung, Verbot der – 1 9, 2 1; – bei Verjährungsvorschriften **Vor** 78 3
Sabotage, Agententätigkeit zu -zwecken 87; verfassungsfeindliche – 88; – an Verteidigungsmitteln 109 e
Sachbeschädigung 303; gemeinschädliche – 304; Strafantrag bei – 303 c
Sache 242 5 ff; s. auch 246 5 f; – von bedeutendem Wert 315 c 15; Beiseiteschaffen versicherter -n 265 5; besonders gesicherte – 243 21; bewegliche – 242 7; derelinquierte – 242 14; fremde – 242 8 ff; geringwertige – 243 39 ff, 248 a 2 ff; Gewahrsam an -n 242 21 ff; dem Gottesdienst gewidmete – 243 28; herrenlose – 242 12 ff; – von kultureller Bedeutung 243 30; nicht verkehrsfähige – 242 11; öffentlich ausgestellte – 243 32; Überlassen versicherter -n 265 6; versicherte – 265 3
Sachwerttheorie 242 81 ff
Saldierungsprinzip 263 172 ff
Sanktionsnormen Vor 1 12, 16
Schaden, bedeutender – 125 a 13; s. auch Vermögensschaden
Schadenseinschlag, individueller – 263 176 f

Schadenslehre, wirtschaftliche – 263 172 ff
Schadenswiedergutmachung s. Täter-Opfer-Ausgleich
Schätzungsbefugnis bei Geldstrafe 40 14
Scheckkarte 266 b 7 f; Missbrauch der – 266 b
Scheinwaffe 244 25 f, 250 8 ff
Schienenbahn 315 3; – im Straßenverkehr 315 d
Schiff, Taten auf deutschen –en 4; zum Sinken bringen eines -s 263 249; zum Stranden bringen eines -s 263 249
Schiffsverkehr, Gefährdung des -s 315 a; gefährliche Eingriffe in den – 315
Schlägerei 231 2; Beteiligung an einer – 231
Schlüssel, falscher – 243 16
Schneeballsystem 263 206
Schriftstück 202 2
Schuld Vor 19 5 ff; s. auch **Vor** 13 3; Begriff der – **Vor** 19 5 ff; besondere Schwere der – 57 a 6 ff, s. auch 57 b 1; – bei Beteiligung mehrerer 29 1 f; diskursiver -begriff **Vor** 19 10; funktionaler -begriff **Vor** 19 9; – als Grundlage der Strafe 46 29; normativer -begriff **Vor** 19 8; ohne eigene – 213 3; Rechts– **Vor** 19 11; –vorwurf **Vor** 13 3, 11; s. auch Schuldtatbestand
Schuldausschließungsgründe Vor 13 12; s. auch **Vor** 19 15; s. auch Entschuldigungsgründe
Schuldfähigkeit Vor 19 13 f; die – ausschließender Rausch 323 a 8; biologische Kriterien der – 20 1, 5 ff; – von Jugendlichen 10 3; psychologische Faktoren der – 20 1 ff; Unterbringung bei verminderter – 63 7; verminderte – 21
Schuldmerkmale, besondere – 28 8; s. auch 30 12; spezielle – **Vor** 19 12
Schuldner Vor 283 5 ff, 283 56; s. auch 283 b 2, 283 c 2, 283 d 1; –begünstigung 283 d
Schuldprinzip Vor 19 1 ff; s. auch **Vor** 38 2
Schuldschwere, besondere – 57 a 6 ff
Schuldschwereklausel 57 a 6
Schuldtatbestand Vor 13 37; Merkmale des -s **Vor** 19 12
Schuldtheorie 17 1 f
Schuldunabhängigkeit, Grundsatz der – 29 1

Stichwortverzeichnis

Schuldunfähigkeit Vor 19 15; – und actio libera in causa 20 14 ff; – des Kindes 19; – und mittelbare Täterschaft 25 31; – wegen seelischer Störung 20; s. auch 63 3, 323 a 10 ff
Schuldverstrickungstheorie Vor 25 12 f
Schusswaffe s. Waffe
Schutzbefohlene, Misshandlung v. -n 225; sexueller Missbrauch v. -n 174
Schutzprinzip Vor 3 4; Staats- 5 1
Schutzvorrichtung 243 21
Schutzzweck der Norm Vor 13 116
Schwachsinn 20 8
Schwangerschaftsabbruch 218; – ohne ärztliche Feststellung 218 b; ärztliche Pflichtverletzung bei – 218 c; Beratung bei – 219; historische Entwicklung des -s Vor 218 1 ff; In-Verkehr-Bringen von Mitteln zum – 219 b; Nothilfe bei – 218 a 1; Rechtfertigung bei – 218 a 1 f; Straflosigkeit des -s 218 a; Täterkreis bei – Vor 218 11; Teilnahme am – Vor 218 9, 219 b II; – durch Unterlassen 218 4; Werbung für – 219 a
Sehvermögen, Verlust des -s 226 2
Selbstbefreiung 120 4
Selbstbegünstigung 145 d 12, 257 26 ff, 258 6
Selbstbestimmung, sexuelle – Vor 174 1; s. auch 174 a 1, 174 b 1, 174 c 1, 177 1, 182 1; fehlende Fähigkeit zur – 182 5
Selbstbezichtigung 145 d 4, 12
Selbstgefährdung Vor 13 118 ff; s. auch Vor 13 128 ff, 132 ff, 215 ff, 222 2, Vor 223 3, 228 14; Mitwirkung an fremder – Vor 13 119
Selbsthilfe Vor 32 71 ff
Selbsttötung, eigenverantwortliche – Vor 211 22 ff; geschäftsmäßige Förderung der – 217; nicht eigenverantwortliche – (Fremdtötung in mittelbarer Täterschaft) Vor 211 35 ff; Teilnahme an eigenverantwortlicher – Vor 211 22; -sversuch als Unglücksfall 323 c 7 f; s. auch 216 6
Selbstverletzung Vor 13 118 ff; s. auch 25 11 f
Sexuelle Belästigung 184 i
Sexuelle Handlung 184 h 2; s. auch 174 10 f, 174 a 4, 174 c 6, 182 3; Erheblichkeit der – 184 h 3
Sexuelle Nötigung 177 11

Sexueller Missbrauch unter Ausnutzung einer Amtsstellung 174 b; – unter Ausnutzung eines Beratungs-, Behandlungs- oder Betreuungsverhältnisses 174 c; – von Gefangenen usw 174 a; – von Jugendlichen 182; – von Kindern 176; – von Kindern mit Todesfolge 176 b; – von Schutzbefohlenen 174; schwerer – von Kindern 176 a; – widerstandsunfähiger Personen 177 5
Sexueller Übergriff 177 2 ff
Sich-Bereiterklären 30 18
Sich-Entfernen 142 16; berechtigtes und entschuldigtes – 142 25 ff
Sicherungsverwahrung Vor 66 1 ff; nachträgliche Anordnung der – 66 b; Unterbringung in der – 66; Verfassungswidrigkeit der – Vor 66 4 f; Vorbehalt der Unterbringung in der – 66 a; s. auch 61
Sichverschaffen 259 17; einem Dritten verschaffen 259 17
Siechtum 226 9
Siegelbruch 136
Skimming 202 a 4, 263 a 52
Sonderdelikt Vor 13 254 ff; echtes – Vor 13 255; unechtes – Vor 13 256
Sorgfalt, äußere 15 49; erwartete – bei fahrlässigem unechtem Unterlassungsdelikt 13 30 f, 75; innere – 15 49 ff; objektive – 15 41 ff; subjektive – 15 84 ff
Sorgfaltspflicht 15 47 ff; objektive – 15 47 ff; subjektive -verletzung 15 84 ff
Sorgfaltswidrigkeit, äußere – 15 38, 49; innere – 15 37, 49
Spekulationsgeschäft 283 16
Spezialität Vor 52 30
Spezialprävention 46 4; s. auch Vor 1 22
Spielraumtheorie 46 50 ff
Sportwette 263 205
Sprechvermögen, Verlust des -s 226 2
Sprengstoff 308 3
Staatsangehörigkeitsprinzip s. Personalgrundsatz
Staatsgeheimnis 93; Auskundschaften von -sen 96; Offenbaren von -sen 95; Preisgabe von -sen 97; Verrat von -sen 94
Staatsnotwehr 32 43 ff
Stalking 238
Stellvertretung, – bei Einwilligung Vor 13 175 ff; – bei Urkundenfälschung 267 36 ff; s. auch Vertreter
Sterbehilfe s. Euthanasie

1415

Steuer 353 3; Verletzung des -geheimnisses 355
Steuerungsfähigkeit, fehlende – 20 4; verminderte – 21 1
Stoffe, gesundheitsschädliche 224 3
Stoffgleichheit 263 227 ff; s. auch 253 38
Störung einer Bestattungsfeier 167 a; krankhafte seelische – 20 6; – öffentlicher Betriebe 316 b; – der Religionsausübung 167; Schuldunfähigkeit wegen seelischer -en 20; – der Tätigkeit eines Gesetzgebungsorgans 106 b; – von Telekommunikationsanlagen 317; – der Totenruhe 168
Strafänderungsgründe, unbenannte 12 9
Strafantrag Vor 77 1 ff; s. auch 194, 205, 294, 303 c; -sberechtigte 77; – des Dienstvorgesetzten 77 a; -sfrist 77 b; – bei wechselseitig begangenen Taten 77 c; Zurücknahme des -s 77 d
Strafaufhebungsgründe Vor 13 234, 237; s. auch 24 1, 158 1; Irrtum über Voraussetzungen von -n Vor 13 238 f; persönliche – Vor 13 234, 237
Strafausschließungsgründe Vor 13 234 f; s. auch 36 1, 37 1, Vor 218 5 f; Irrtum über Voraussetzungen von -n Vor 13 238 f; persönliche – Vor 13 234 f
Strafaussetzung, Absehen von – 57 a 6 ff; s. auch Strafrest, Aussetzung des Strafrests
Strafaussetzung zur Bewährung 56; Auflagen bei – 56 b; Bewährungshilfe bei – 56 d; Bewährungszeit bei – 56 a; Gesamtstrafe und – 58; nachträgliche Entscheidungen bei – 56 e; Rechtsnatur der – 56 2; Straferlass bei – 56 g; – des Strafrests 57; Voraussetzungen der – 56 7 ff; Weisungen bei – 56 c; Widerruf der – 56 f
Strafbarkeitsvoraussetzungen Vor 13 21 f
Strafbemessung 46 ff; – bei mehreren Gesetzesverletzungen Vor 52 ff
Strafe Vor 38 1 ff; Absehen von – 46 a, 182 7, 218 a, 261 27; Einsatz- 54 1; Ersatzfreiheits- 43; Freiheits- 38, 39, 47, s. auch 345 2; Geld- 40, 41; Gesamt- 54, 55; Höhe der – s. Strafhöhe; keine – ohne Gesetz 1; Neben- 44; schwerere – bei besonderen Tatfolgen 18; Sinn und Zweck der – s. Strafzweck; unzulässige Vollstreckung von -n 345; s. auch 150, 181 c, 244 a III, 256, 260 III, 261 VII, 282, 286, 338

Strafeinschränkungsgründe Vor 13 236
Straferlass 56 g
Strafhöhe 46 7 ff; Reihenfolge bei Bestimmung der – 46 7 ff
Strafmilderung 49; s. auch 46 11 ff; – bei Beihilfe 27 II; – bei besonderen persönlichen Merkmalen 28 2; – bei Hilfe zur Aufklärung oder Verhinderung von schweren Straftaten 46 b; – bei Notstand 35 II; – bei Rechtsfolgenlösung 211 5; – beim Unterlassen 13 II; – bei verminderter Schuldfähigkeit 21 1; – beim Verbotsirrtum 17 S. 2; – bei Versuch 23 1; Zusammentreffen von -sgründen 50
Strafrahmen 46 8, 49 1, 50 1; Sonder- 46 10 ff
Strafrecht, formelles – Vor 1 3; materielles – Vor 1 2
Strafrest, Aussetzung des -s 57, 57 a, 57 b
Strafschärfung 46 16 ff; – bei besonderen persönlichen Merkmalen 28 4
Straftat, andere – 211 29 ff; Androhung von -en 126 3; Anleitung zu -en 130 a; Belohnung und Billigung von -en 140; -elemente Vor 13 3; erhebliche – 66 21; Nichtanzeige geplanter -en 138, 139; öffentliche Aufforderung zu -en 111; Verleitung eines Untergebenen zu einer – 357; Vortäuschen einer – 126 4, 145 d; vorsätzliche – 66 3; s. auch Tat
Straftaten aus Gruppen 184 j
Straftheorien Vor 1 17 ff; s. auch 46 2 ff
Strafvereitelung 258; – im Amt 258 a
Strafzumessung 46 ff; Begriff und Inhalt der – 46 1 ff; Grundsätze der – 46; – bei mehreren Gesetzesverletzungen Vor 52 ff; s. auch Strafhöhe
Strafzumessungstatsachen 46 32 ff; Verbot der Doppelverwertung von – 50 1 f
Strafzweck Vor 1 17 ff; s. auch 46 2 ff; -theorie 24 5
Strahlung, ionisierende 309 3
Straße 305 2
Straßenverkehr, Ausnutzung der besonderen Verhältnisse des – 316 a 11 ff; Gefährdung des -s 315 c; gefährliche Eingriffe in den – 315 b; Rücksichtslosigkeit im – 315 c 4; Schienenbahnen im – 315 d; „sieben Todsünden" des -s 315 c 4; Unfall im – 142 4 ff; s. auch Verkehrsraum
Stufenverhältnis Vor 52 48

Subjektive Theorie, – bei Falschaussage **Vor 153** 8; – bei Teilnahme **Vor 25** 24, 29 ff; – beim Versuch **22** 15
Subsidiarität Vor 52 31 ff; formelle – **Vor 52** 32; s. auch **246** 42; – der Maßregeln **62** 6 ff; materielle – **Vor 52** 33; relative – **265 a** 26
Subsidiaritätsklausel 265 10; s. auch **246** 42
Subsumtionsirrtum 16 14 f; – und Tatbestandsirrtum **16** 14 f; umgekehrter – **Vor 22** 10
Subvention 264 2 ff; -sbetrug **264**; -serhebliche Tatsachen **264** 11; -sgeber **264** 10; Sozial- **264** 2
Suchtkrankheit 174 c 2
Suizid s. Selbsttötung

Tagessatz, Höhe des -es **40** 7; -system **40** 2; Verhängung in -en **40**; Zahl der -e **40** 5, 13
Tat, erhebliche rechtswidrige – **63** 6, **66** 21; fortgesetzte – s. Fortgesetzte Tat; frische – **252** 11 f; – als Gegenstand des Verfahrens **51** 3; – eines Jugendlichen oder Heranwachsenden **10**; Ort der – **9**; rechtswidrige – s. Rechtswidrige Tat; Stadien der – **22** 1; wechselseitig begangene -en **77 c**; Zeit der – **8**; siehe auch Straftat
Tatbestand Vor 13 25 ff; -sabwandlungen **Vor 13** 38 ff; – iSd allgemeinen Rechtslehre **Vor 13** 33; Delikts- **Vor 13** 26; Erlaubnis- **Vor 13** 34; Garantie- **Vor 13** 33; Gesamtunrechts- **Vor 13** 35; Grund- **Vor 13** 38; Irrtums- **Vor 13** 36; Lehre vom – **Vor 13** 25 ff; Lehre von den offenen Tatbeständen **Vor 13** 30; objektiver und subjektiver – **Vor 13** 8 ff, 22, 31; offener – **Vor 13** 30; Rechtfertigungs- **Vor 13** 34; System- **Vor 13** 26; Unrechts- **Vor 13** 35
Tatbestandsirrtum 16; – und mittelbare Täterschaft **25** 13; – und Subsumtionsirrtum **16** 14 ff; umgekehrter – **16** 7, **22** 3; vorwerfbarer – **15** 37
Tatbestandsmäßigkeit Vor 13 5, 25
Tatbestandsmerkmale Vor 13 43 ff, **16** 6; deskriptive – **Vor 13** 44; s. auch **16** 8; Lehre von den negativen -n **Vor 32** 39 ff; s. auch **Vor 13** 15; normative – **Vor 13** 45; s. auch **16** 8; objektive – **Vor 13** 48 f; subjektive – **Vor 13** 50 ff; Verbot der Doppelverwertung v. -n **46** 30

Tateinheit Vor 52 13, **52**; echte – **Vor 52** 7; unechte – **Vor 52** 6
Tatentschluss 22 12 ff, gemeinsamer – **25** 51 f
Täterbegriff, Einheitstäter **Vor 25** 2; extensiver und restriktiver – **Vor 25** 4 ff
Täter-Opfer-Ausgleich 46 a
Täterschaft 25; Abgrenzung von – und Teilnahme **Vor 25** 20 ff; Formen der – **25** 1 ff; Mit- s. Mittäterschaft; mittelbare – s. Mittelbare Täterschaft; – und Teilnahme **Vor 25** ff; unmittelbare – **25** 6
Tatfolgen, schwerere Strafe bei besonderen – **18**
Tatherrschaft Vor 25 32 ff; funktionelle – **Vor 25** 38; Irrtum über die – **Vor 25** 60 ff; normative – **25** 22
Tatherrschaftslehre Vor 25 26; funktionelle – **Vor 25** 38
Tatidentität 52 4 ff
Tätige Reue 24 6; s. auch **83 a**, **87 III**, **98 II**, **129** 49 f, **142** 32, **149 II, III**, **158** 1, **239 a** 17 f, **257** 32, **261** 27, **264** 24, **264 a** 13, **265** 9, **265 b** 17, **266 a** 22, **298** 10, **306 e**, **314 a**, **320**, **323 c** 19, **330 b**, **357** 11
Tätigkeitsdelikte Vor 13 252
Tatmehrheit 53, echte – **Vor 52** 10; unechte – **Vor 52** 9
Tatmittler 25 7 ff
Tatort 9; s. auch **3** 6
Tatsache 186 5, **263** 7, **52** ff; -nbehauptung **186** 8 f; s. auch **185** 8; rechtserhebliche – **348** 6; subventionserhebliche – **264** 11; Verschweigen nachteiliger -n **264 a** 2 ff; Vorspiegeln falscher -n **263** 52 ff
Tatumstände 16 6; Irrtum über – **16**; s. auch Tatbestandsirrtum; s. auch Tatbestandsmerkmale
Tatzeit 8
Tatzeitprinzip 2 12
Täuschung 263 3 ff, 45 ff; s. auch **264 a** 2 ff; ausdrückliche – **263** 4, 67; – durch Irreführung **263** 63 ff; konkludente – **263** 5, 68 ff; zur – im Rechtsverkehr **267** 56 f; – im Rechtsverkehr bei Datenverarbeitung **270**; – bei Selbsttötung **Vor 211** 35 ff, 39; – durch Unterlassen **263** 6, 87 ff; Wehrpflichtentziehung durch – **109 a**
Teilnahme, Abgrenzung von Täterschaft und – **Vor 25** 20 ff; Akzessorietät der – **Vor 25** 17 ff; Anstiftung als – s. Anstif-

tung; Beihilfe als – s. Beihilfe; – als besonders schwerer Fall **46** 27; Formen der – **Vor 25** 7; – bei Landfriedensbruch **125** 11 ff; notwendige – **Vor 25** 9 f; – am Schwangerschaftsabbruch **Vor 218** 9, **219 b** II; – bei schwerem Hausfriedensbruch **124** 7 f; – an einer Selbsttötung **Vor 211** 22 ff; Strafgrund der – **Vor 25** 11 ff; Tateinheit bei – **52** 30; Täterschaft und – **Vor 25** ff; Tatort bei – **9** 14 ff, 19; – am Unterlassungsdelikt **Vor 25** 49 ff; Tatzeit bei – **8** 7 f; s. auch Beteiligung
Telekommunikation, -sanlage **317** 2; Erschleichen von -sleistungen **265 a** 18 f; geschäftsmäßiges Erbringen von -sdiensten **206** 2; Inhaber oder Beschäftigter eines -sdiensteunternehmens **206** 2; Störung von -sanlagen **317**
Tendenzen Vor 13 55
Territorialitätsprinzip s. Gebietsgrundsatz
Terrorismusfinanzierung 89 c
Titel, Missbrauch von -n **132 a**
Todeszeitpunkt Vor 211 3
Totenruhe, Störung der – **168**
Totschlag 212; s. auch **211** 1 f; minder schwerer Fall des -s **213**
Tötung 212 2; -sdelikte **Vor 211 ff**; fahrlässige – **222**; Fremd- in mittelbarer Täterschaft **Vor 211** 35 ff; – der Leibesfrucht **218** 2; Schutzbereich der -sdelikte **Vor 211** 1 ff; Systematik der -sdelikte **Vor 211** 8 ff; auf Verlangen **216**
Transplantation Vor 211 3, **223** 14
Treubruchstatbestand 266 75 ff
Treueverhältnis 266 30
Trickdiebstahl 263 142
Trunkenheit im Verkehr **316**
Trutzwehr 32 32
Tun, Abgrenzung von – und Unterlassen **13** 68 ff
Typenkorrektur 211 7

Übel 240 12 ff; Drohung mit empfindlichem – **240** 11 ff; empfindliches – **240** 16 f
Überfall, hinterlistiger **224** 13 f
Überhebung von Abgaben **353**; – von Gebühren **352**
Übernahme, -fahrlässigkeit **15** 50, 80; s. auch **Vor 13** 23; – von Schutzfunktionen **13** 67
Überschuldung 283 4 ff

Überschwemmung 313 3; Herbeiführen einer – **313**
Überwachergarant 13 19, 37, 41 ff; s. auch Garantenstellung
Üble Nachrede s. Nachrede, üble
Ultima ratio, Funktion **47** 1; Notstandshandlung als – **35** 5
Umstände, besondere **47** 5, **56** 16 ff, **57** 14, 17, **59** 5, **67 b** 1 ff, **69 a** 5
Umstiftung 26 15
Umweltstraftaten Vor 324 ff; Systematik der – **Vor 324** 1 ff
Unbrauchbarmachung 133 11, **145** 5; – von Daten **303 a** 7
Unerfahrenheit 291 12
Unfall im Straßenverkehr **142** 4 ff
Unfallbeteiligter 142 8 ff
Unfallort 142 15; Sich-Entfernen vom – **142** 16; unerlaubtes Entfernen vom – **142**
Unglücksfall 323 c 4 ff; s. auch **243** 35, **315** 12; Selbsttötungsversuch als – **323 c** 7 f
Universalprinzip s. Weltrechtsgrundsatz
Unkenntlichmachen 134 3
Unmittelbarkeit der Vermögensänderung bei Vermögensverfügung **263** 18, 110, 140 f; – des Vermögensschadens **263 a** 42; – des Vermögensvorteils **263** 31, 35, 228, 230; zeitliche – des Angriffs **32** 20
Unrecht Vor 13 3 ff; Erfolgs- **Vor 13** 10; Feststellung des -s **Vor 13** 4 ff; Handlungs- **Vor 13** 10; -statbestand **Vor 13** 35
Unrechtsbewusstsein 17 5 ff; s. auch **15** 8, 10, **17** 1 f; aktuelles – **17** 7; – als Merkmal des Schuldtatbestands **Vor 19** 12; potenzielles – **17** 8 f; s. auch Unrechtseinsicht
Unrechtseinsicht 17 5; fehlende – **17** 14
Unrechtsteilnahmetheorie Vor 25 16
Unrechtsvereinbarung 331 17; s. auch **299** 15, **332** 2
Unrechtsverstrickungstheorie s. Schuldverstrickungstheorie
Unterbringung, Aussetzung der – zur Bewährung **67 b**; Dauer der – **67 d**; – in einer Entziehungsanstalt **64**; – und Freiheitsstrafe **67**; Gefährdung des Zwecks der – **323 b**; mehrfache Anordnung der – **67 f**; nachträgliche Überweisung bei – **67 a**; – in einem psychiatrischen Krankenhaus **63**; selbständige Anordnung der – **71**; – in der Sicherungsverwahrung **66**;

späterer Beginn der – **67 c**; Überprüfung der – **67 e**; Widerruf der Aussetzung der – **67 g**

Unterdrücken von Daten **303 a 6**; – des Personenstands **169 5**; – von Postsendungen **206 7**; – von Urkunden **274 1 ff**

Unterhaltspflicht, Verletzung der – **170**

Unterlassen, Abgrenzung von Tun und – **13 68 ff**; Anstiftung durch – **26 22 ff**; Begehen durch – **13**; Beihilfe durch – **27 11, 17**; Beteiligung durch – **Vor 25 51 ff**; Drohung durch – **Vor 232 31**; Drohung mit – **240 22 ff**; Gewalt durch – **Vor 232 21**; Kausalität des -s **Vor 13 69, 73, 75**; – als Nötigungserfolg **240 38**; – als notwehrfähiger Angriff **32 13**; Tatort beim – **9 8, 12**; Tatzeit beim – **8 4**; Täuschung durch – **263 87 ff**; Vermögensverfügung durch – **263 138**; s. auch Unterlassungsdelikt

Unterlassene Hilfeleistung s. Hilfeleistung

Unterlassungsdelikt Vor 13 245 ff, 13 1 ff; Beihilfe zum – **27 18**; Beteiligung am – **Vor 25 49 ff**; echtes – **Vor 13 246, 13 2**; Irrtumskonstellationen beim – **13 25 ff**; Konkurrenzen beim – **52 27 ff**; subjektive Zurechnung beim – **13 24 ff**; unechtes – **Vor 13 247, 13 1, 8 ff**; Vorsatz beim – **13 24**

Unternehmen 14 40; s. auch **265 b 5**; – einer Tat **11 35 ff**

Unternehmensdelikt Vor 13 261 ff; echtes – **Vor 13 262**; unechtes – **Vor 13 263**

Unterschiebung eines Kindes **169 2**

Unterschlagung 246; – gegen Angehörige etc. **247**; – geringwertiger Sachen **248 a**

Unterstützung einer Vereinigung **84 9, 129 35 ff**; Werbung um – **129 27 ff**

Untreue 266

Unverstand, grober **23 2**

Unverzüglich 142 24; s. auch **331 28**

Unvollständigkeit der Aussage **Vor 153 11**; – der Angaben **264 12**; s. auch **330 d 2**

Unzumutbarkeit von Anforderungen an die Lebensführung **56 c 2**; – der Beitragszahlung **266 a 10**; Entschuldigung und – normgerechten Verhaltens **Vor 32 89 ff**; s. auch **Vor 19 16**

Urkunde 267 2 ff; Beschädigung einer – **274 9**; besondere -n **267 18 ff**; EDV **267 17**; Fälschung von -n **267**; Gebrauch unechter oder verfälschter -en **267 52 ff**; Gesamt- **267 24**; Herstellen unechter -n **267 34 ff**; öffentliche – **348 3**; s. auch **271 2**; schlicht amtliche – **348 5**; Telefaxkopien als – **267 31**; unechte – **267 35**; Unterdrückung von -n **274**; Verfälschung einer echten – **267 44 ff**; Vernichtung von -n **274 10**; zusammengesetzte – **267 18**

Urkundenfälschung 267

Urkundenunterdrückung 274

Ursächlichkeit s. Kausalität

Urteilsvermögen, Mangel an – **291 13**

Verabredung eines Verbrechens **30 23**; Rücktritt bei – **31**

Verändern von amtlichen Ausweisen **273**; – von Daten **303 a**; s. auch **269**; – einer Grenzbezeichnung **274**; nachteiliges – **324 2**

Veranstaltung eines Glücksspiels **284**; – einer Lotterie **287**; Zutritt zur – **265 a 22 f**

Verbandsstrafbarkeit 14 4

Verbotene Geschäfte 263 216 ff, 235

Verbotsirrtum 17; s. auch **16 14 ff**; direkter – **17 4**; indirekter – **17 4**; – und mittelbare Täterschaft **25 30, 34, 36 ff**; – und Subsumtionsirrtum **16 14 f**; umgekehrter – **Vor 22 10**; Vermeidbarkeit des -s **17 14 ff**

Verbrechen 12; s. auch **Vor 1 5**; – und Vergehen **12 4 ff**

Verdächtigung, falsche **164**; politische – **241 a**

Verdeckungsabsicht 211 29 ff; s. auch **306 b 4, 315 12, 315 b 9**

Vereinigung, Bildung krimineller -en **129**; Bildung terroristischer -en **129 a**; kriminelle – **129 5 ff**; Teilnahme an Bildung krimineller -en **129 22 ff**; terroristische – **129 a 5**; Verstoß gegen -sverbot **85**

Vereitelung der Bestrafung **258, 258 a**; Verfolgungs- **258 2 ff**; s. auch **258 a 1**; Vollstreckungs- **258 12 ff**; s. auch **258 a 1**; – der Zwangsvollstreckung **288**

Verfahrensverzögerung, rechtsstaatswidrige **46 46**

Verfall Vor 73 2 ff; erweiterter – **73 d**; s. auch **150 I, 181 c, 244 a III, 256 II, 260 III, 261 VII, 282 I, 286, 302, 338**; Härtevorschrift bei – **73 c**; Schätzung bei – **73 b**; Voraussetzungen des -s **73**; – des Wertersatzes **73 a**; Wirkung des -s **73 e**

1419

Verfolgung Unschuldiger 344
Verfolgungsvereitelung 258 2 ff; Vortat bei – 258 3
Verfolgungsverjährung 78 ff; Beginn der – 78 a; Fristen der – 78; Ruhen der – 78 b; Unterbrechung der – 78 c; Wirkung der – 78 1
Verfügungsbefugnis 266 41 ff
Verfügungsgewalt 259 17
Vergehen 12; s. auch Vor 1 5; Verbrechen und – 12 4 ff
Vergeltungstheorie Vor 1 19
Vergewaltigung 177 17 ff; Ruhen der Verjährung bei – 78 b 3
Vergiftung, gemeingefährliche 314
Vergütung 352 3
Verhaltensnormen Vor 1 11, 13
Verhältnismäßigkeit bei Einziehung Vor 73 15, 74 b; – bei Maßregeln 62; – bei Unterbringung 63 8
Verhältnisse eines anderen 355 4; persönliche und wirtschaftliche – des Täters 40 11 f, 41 6, 42 3 f, 46 40
Verharmlosen von Gewalttätigkeiten 131 14
Verherrlichen von Gewalttätigkeiten 131 13
Verjährung Vor 78 1 ff; s. auch Verfolgungsverjährung und Vollstreckungsverjährung
Verkehr, Angriffe auf den Luft- und See- 316 c; Beeinträchtigung der Sicherheit des -s 315 9, s. auch 315 b 2; Bestechlichkeit u Bestechung im geschäftlichen – 299; Eingriffe in den – 315, 315 b; Gefährdung des -s 315 a, 315 c; Luft- 315 3; zum öffentlichen – bestimmt 123 10; Schiffs- 315 3; Schwebebahn- 315 3; Straßen s. Straßenverkehr; Trunkenheit im – 316; s. auch Verkehrsraum
Verkehrsraum, öffentlicher 316 4
Verkehrssicherungspflicht 13 42 ff
Verkehrsunfall s. Unfall
Verlangen, ausdrückliches und ernstliches 216 3 ff; Tötung auf – 216
Verleitung zum Entweichen 120 7 ff; – zur Falschaussage 160; – zum Genuss alkoholischer Getränke 323 b 2; – eines Untergebenen zu einer Straftat 357
Verletzter 77 1; s. auch 247, 303 c 2; Ausgleich mit dem -n 46 a
Verletzungsdelikt Vor 13 264

Verleumdung 187; keine Indemnität bei – 36 S. 2; – von Politikern 188; – von Teilen der Bevölkerung 130 I Nr. 2, II Nr. 1; s. auch Beleidigung
Verlöbnis 11 7
Verlust der Amtsfähigkeit, der Wählbarkeit und des Stimmrechts 45; s. auch 45 a, 45 b; -geschäft 283 16; – eines wichtigen Glieds usw 226 5
Vermeidbarkeit als Kriterium der Zurechnung Vor 13 61; Lehre von der individuellen – 15 83; – des Verbotsirrtums 17 14 ff
Vermögen 263 111 ff; s. auch 266 19, 283 10; Begriff des -s s. Vermögensbegriff; -sbestandteile 288 7; gesteigerter -sverlust 263 243 ff; -slehren 263 116 ff; -sminderung 263 111 f; -szuordnung 263 128 ff
Vermögensbegriff, funktionaler 263 16, 126 f; Funktionen des -s 263 112 ff; juristischer – 263 12, 117 f; juristisch-ökonomischer – 263 14, 122 f; Lehren zum – 263 116 ff; personaler – 263 15, 124 f; wirtschaftlicher – 263 13, 119 ff
Vermögensbetreuungspflicht 266 20 ff; Verletzung der – 266 50 ff, 75 ff
Vermögensgefährdung 263 190 ff; s. auch 263 a 45, 266 88
Vermögensminderung 263 111
Vermögensnachteil 253 32, 266 80 ff
Vermögensschaden 263 24 ff, 162 ff; s. auch 255 5, 263 a 45, 266 80 ff; Unmittelbarkeit des -s 263 a 42
Vermögensstrafe 43 a; s. auch 181 c, 244 a III, 256 II, 260 III, 282 I, 286 I
Vermögensverfügung 263 10 ff, 110 ff; Begriff der – 263 137 ff; Erfordernis einer – bei Erpressung 253 7 ff; unbewusste – 263 159 ff; Unmittelbarkeit der Vermögensänderung bei – 263 17, 110, 140 f
Vermögensvorteil 263 226 ff; s. auch 73 1 f, 181 a 3, 253 38, 259 31 ff; Unmittelbarkeit des -s 263 31, 35, 228, 230
Verpflichtungsbefugnis 266 41 ff
Verrat illegaler Geheimnisse 97 a; – vermeintlich illegaler Geheimnisse 97 b
Verschlechterungsverbot s. reformatio in peius
Verschleppung 234 a
Versicherung, falsche – an Eides Statt 156, 161
Versicherungsfall, Vortäuschen eines -s 263 248 f

Versicherungsmissbrauch 265
Verstrickungsbruch 136
Verstümmelung, Wehrpflichtentziehung durch – 109; – weiblicher Genitalien 226 a
Versuch Vor 22 ff; abergläubischer – 22 6; – der Anstiftung zur Falschaussage 159; -sbeginn s. Versuchsbeginn; Begriffsbestimmung des -s 22; beendeter und unbeendeter – 24 13 ff; – der Beteiligung 30; – des erfolgsqualifizierten Delikts 22 7 ff; fehlgeschlagener – 24 10; qualifizierter – 24 68; Rücktritt vom – 24, s. auch Rücktritt; Rücktritt vom – der Beteiligung 31; Strafbarkeit des -s 23; Strafwürdigkeit des -s Vor 22 1 ff; tauglicher – 22 4; unbeendet-tauglicher – 24 26 ff; untauglicher – 22 4; Voraussetzungen des -s 22 11 ff; – und Wahndelikt Vor 22 8 ff
Versuchsbeginn 22; – bei actio libera in causa 22 42 ff; – bei Mittäterschaft 22 36 ff; – bei mittelbarer Täterschaft 22 32 ff; – beim Unterlassungsdelikt 22 25 ff
Verteidigerhandeln 129 37, 258 7 ff
Verteidigung 32 28 ff; erforderliche – 32 30 ff; – der Rechtsordnung 47 8
Verteidigungsmittel, Sabotagehandlungen an -n 109 e
Vertrauensgrundsatz 15 61 ff
Vertraulichkeit des Wortes, Verletzung der – 201
Vertreter, gesetzlicher 14 19, 29 ff; s. auch 77 1; Haftung faktischer – 14 43 ff; -handeln 14; Sondervorschrift für Organe und – 75
Vertretungsbefugnis 77 1, 228 1, 266 36, 42, 44 ff
Verunglimpfung 189 2; – des Andenkens Verstorbener 189; – des Bundespräsidenten 90; – des Staates und seiner Symbole 90 a; – von Verfassungsorganen 90 b
Verunreinigung des Bodens 324 a; – von Gewässern 324; – der Luft 325; s. auch 326
Verunstalten 134 3
Veruntreuung 246 44 ff; – von Arbeitsentgelt 266 a
Verursachung s. Kausalität
Verursachungstheorie Vor 25 14 f
Verurteilung, Bekanntgabe der – 165, 200; – bei nachträglicher Gesamtstrafenbildung 55 1 ff; – als Voraussetzung von Sicherungsverwahrung 66 4 ff; – zu der vorbehaltenen Strafe 59 b; – als Wahrheitsbeweis 190
Verwahrung, behördliche 343 6; s. auch 120 15; dienstliche – 133 4; sexueller Missbrauch während der – 174 a; s. auch Sicherungsverwahrung
Verwahrungsbruch 133
Verwaltungsakt 324 9, 330 d I Nr. 4 c; s. auch Vor 324 11; s. auch Genehmigung, behördliche
Verwaltungsrechtsakzessorietät Vor 324 8 ff; s. auch 327 4
Verwarnung mit Strafvorbehalt, Auflagen bei – 59 a; Bewährungszeit bei – 59 a; Gesamtstrafe und – 59 c; Voraussetzungen der – 59; Weisungen bei – 59 a; s. auch Verurteilung zur vorbehaltenen Strafe 59 b
Verweilen ohne Befugnis 123 26 f
Verwenden von Kennzeichen 86 a; unbefugtes – von Daten 263 a 22 ff; unrichtiger oder unvollständiger Daten 263 a 16 ff; Wieder- von Wertzeichen 148 2
Verwerflichkeit 170 5, 211 1 f, 7, 13, 240 44 ff; s. auch 253 39 ff, 255 6
Verwertung fremder Geheimnisse 204
Volksverhetzung 130
Vollendung Vor 1 7, 22 1; Verhinderung der – 24 7, 50 ff
Vollrausch 323 a
Vollstreckung gegen Unschuldige 345; Reihenfolge der – 67
Vollstreckungsbeamte, Widerstand gegen – 113; s. auch 114
Vollstreckungshandlung 113 4 ff
Vollstreckungsvereitelung 258 12 ff
Vollstreckungsverjährung 79 ff; Beginn der – 79 3; Fristen der – 79; Ruhen der – 79 a; Verlängerung der – 79 b; Wirkung der – 79 1
Vorbereitung 22 1; – eines Explosions- oder Strahlungsverbrechens 310; – der Fälschung v. amtlichen Ausweisen 275; – der Fälschung von Geld und Wertzeichen 149; – eines hochverräterischen Unternehmens 83; strafbare -en 30 16 ff; -shandlung 176 8
Vorhersehbarkeit, objektive 15 52 ff ff; subjektive – 15 78 ff
Vorsatz 15 5 ff; Abgrenzung von – und Fahrlässigkeit 15 106 ff; – bei actio libera

in causa 20 27 ff; alternativer – 15 28 ff; – des Anstifters 26 27 ff; -arten 15 18 ff; bedingter – 15 26, 106 ff; Begriff des -es 15 10 ff; direkter – 15 24 f; Doppelfunktion des -es 15 8; – und Fahrlässigkeit 15; Gegenstand des -es 15 10; – des Gehilfen 27 24 ff; genereller – (dolus generalis) 15 33 ff; kumulativer – 15 27; – bei Unterlassungsdelikt 13 24; voluntatives Element beim – 15 11 ff, 107 ff; Wissenselement beim – 15 13 ff; s. auch dolus
Vorsatzdelikt Vor 1 8
Vorsatz-Fahrlässigkeits-Kombination 15 123 ff; s. auch 11 52 ff; Teilnahme an – Vor 25 19
Vorsatztheorie 17 3
Vortat bei Begünstigung 257 5 f; – bei Geldwäsche 261 3 f; – bei Hehlerei 259 11 f; mitbestrafte (straflose) – Vor 52 36; – bei räuberischem Diebstahl 252 2; – bei Strafvereitelung 258 3
Vortäuschen der Rechte anderer 283 25 f; – rechtswidriger Taten 126 4; – einer Straftat 145 d; – eines Versicherungsfalls 263 248 f
Vorteil 257 7 f, 331 6 ff; s. auch 299 7; -hafte Angaben 264 12; – großen Ausmaßes 300 Nr. 1 2
Vorteilsannahme 331
Vorteilsgewährung 333
Vorteilssicherungsabsicht 257 25
Vorverhalten, gefährliches s. Ingerenz
Vorverurteilung 66 4 ff
Vorwerfbarkeit Vor 19 8

Waffe 244 4 f, 16 ff; s. auch 113 33, 121 13, 125 a 4, 224 11, 250 2; Bandenraub mit -n 250 25; Beisichführen einer – 244 16 ff; s. auch 113 33, 125 a 5 f, 250 3; Diebstahl mit -n 244 3 f; Diebstahl von -n 243 38; Körperverletzung mit – 224 I Nr. 2; objektive -nähnlichkeit 244 12; Raub mit – 250 2 ff; Raub unter Verwendung von -n 250 22 f; Schein- 244 25 f, 250 7 ff; Schuss- 121 13, 125 a 4; s. auch 316 c 3
Wählbarkeit, Verlust der – 45
Wahlbehinderung 107
Wahlen, öffentliche 45 3
Wählerbestechung 108 b
Wählernötigung 108
Wählertäuschung 108 a

Wahlfälschung 107 a
Wahlfeststellung Vor 52 50 ff
Wahlgeheimnis, Verletzung des -ses 107 c
Wahlunterlagen, Fälschung von – 107 b
Wahndelikt Vor 22 10 ff
Wahrheitsbeweis 186 13; Beleidigung trotz -es 192; – durch Strafurteil 190
Wahrheitspflicht Vor 153 3 ff
Wahrnehmung berechtigter Interessen 193
Wahrscheinlichkeitstheorie 15 115
Wartepflicht 142 18
Wegnahme 242 20; s. auch 249 7 ff, 274 I Nr. 3; – als Abgrenzungskriterium zwischen Raub und Erpressung 249 8 ff; – von Leichen 168 1; – bei Pfandkehr 289 8 ff; Vollendung und Beendigung der – 242 53 ff; Widerstand gegen – 249 14, 19 ff; Zurechnungszusammenhang zwischen Nötigung und – 249 11 ff
Wehrlosigkeit 211 19, 225 3
Wehrpflichtentziehung durch Täuschung 109 a; – durch Verstümmelung 109
Weisungen 56 c, 68 b; s. auch 59 a 3; Verstoß gegen – 145 a
Weltrechtsgrundsatz Vor 3 4, 6 1
Werbung um Mitglieder oder Unterstützer für eine kriminelle Vereinigung 129 28 ff; – für Schwangerschaftsabbruch 219 a
Werkzeug 25 7 ff, 243 17, 244 23; absichtslos doloses – 25 21 ff; Diebstahl mit gefährlichen -en 244 3 ff; Diebstahl mit sonstigen -en 244 23 ff; gefährliches – 224 7 ff, 244 6 ff; s. auch 250 2; gerechtfertigt handelndes – 25 29 f; qualifikationslos doloses – 25 17 ff; schuldlos handelndes – 25 31 ff; in vermeidbarem Irrtum handelndes – 25 36 ff
Wert, bedeutender 315 c 15; erheblich unter dem – 283 23; geringer – 248 a 2; Liquidations- 283 5; wirtschaftlicher – 263 119, 122, 131, 133 ff
Wertersatz, Einziehung des -es 74 c; Verfall des -es 73 a
Wertpapiere 151, 264 a 4; ausländische – 152
Werturteil 186 6, 263 59
Wertzeichen, amtliche 148 3; ausländische – 152; Fälschung von – 148; Wiederverwenden von – 148 2
Wettbewerb, Bevorzugung im – 299 15; freier – 298 1, 299 1; Straftaten gegen den – 298 ff

Stichwortverzeichnis

Wette 283 19
Wider besseres Wissen 15 25; s. auch 126 II, 145 d 21, 164 14, 187 3, 218 b I S. 2, 278
Widerruf, Absehen von – 56 f 12 ff; – der Aussetzung des Berufsverbots 70 b; – der Aussetzung der Unterbringung 67 g; – der Strafaussetzung 56 f
Widerstand gegen die Staatsgewalt 111 ff; gegen Vollstreckungsbeamte 113; – gegen Vollstreckungsbeamten gleichstehende Personen 114
Widerstandsunfähigkeit 177 5; s. auch 291 14
Wiedergutmachung, Schadens- 46 a 2, 8 ff; s. auch 56 18, 56 b 3 ff, 59 a 4
Wiederverleihung von Fähigkeiten und Rechten 45 b
Wilderei, Fisch- 293; gewerbs- oder gewohnheitsmäßige – 292 23; Jagd- 292; Strafantrag bei – 294
Willensmängel bei Einwilligung Vor 13 173, 180 ff, 228 3 ff; – bei Einverständnis Vor 13 205 ff
Willensrichtung, feindselige 211 22
Willensschwäche 291 14
Wirtschaftsförderung 264 1 f, 7
Wissentlichkeit 15 25; s. auch 258 18, 283 a 3, 283 c 3
Wohnsitz 5 3
Wohnung 123 6, 244 40
Wohnungseinbruchdiebstahl 244 39 ff
Wort, nicht öffentlich gesprochenes 201 4 f
Wucher 291; Individual- 291 2; Leistungs– 291 25; Sozial- 291 2; Vermittlungs- 291 26

Zahlungseinstellung 283 53; s. auch 283 d 6
Zahlungserleichterungen 42; s. auch 40 4
Zahlungskarten, Fälschung von – 152 a
Zahlungsunfähigkeit 283 7 f; s. auch 283 d 6
Zeitgesetz 2 12
Zerstören 303 10; s. auch 134 3, 283 14; – von Bauwerken 305; – durch Brandlegung 306 12; – wichtiger Arbeitsmittel 305 a
Zeugenaussage s. Aussage
Zeugeneid s. Eid

Zorn, berechtigter 213 2; Reizung zum – 213 4
Züchtigungsrecht Vor 32 67 ff; s. auch 223 15
Zueignung 242 63 ff, 90 ff, 246 7 ff, 292 11; s. auch 248 c 10; Dritt- 242 69, 72, 110 ff, 246 22 ff; s. auch 248 c 10; – und Gebrauchsanmaßung 242 105 ff; Gegenstand der – 242 78 ff; Manifestation des -swillens 246 17 ff; Rechtswidrigkeit der – 242 119 ff, 246 28 f; s. auch 248 c 11; – und Sachbeschädigung und Sachentziehung 242 100 ff; Selbst- 242 68; s. auch 248 c 10; wiederholte – 242 99, 246 38 f
Zueignungsabsicht 242 63 ff, 71 ff; s. auch 246 31 f
Zufallsurkunde 267 10
Zuhälterei, dirigierende 181 a 3; kupplerische 181 a 4
Zumutbarkeit der Auflage 56 b 11; – der Einhaltung der erwarteten Sorgfalt 15 96; – der Hilfeleistung 323 c 15 ff; – der Vornahme der gebotenen Handlung Vor 13 249; s. auch 13 68; s. auch Unzumutbarkeit
Zurechnung, objektive Vor 13 101 ff; subjektive – 15 1 ff; objektive – bei Unterlassungsdelikt 13 22 f
Zurechnungszusammenhang 253 33 ff; – zwischen Nötigung und Wegnahme 249 11 ff
Zusammenhang mit dem Führen eines Kfz 44 10; – mit einer Kapitalanlage 264 a 6; kausaler und funktionaler – beim Betrug 263 28, 186 ff; – mit einem Kreditantrag 265 b 10; spezifischer – zwischen Grunddelikt und schwerer Folge 18 3 ff; – bei wechselseitig begangenen Taten 77 c 1; s. auch Risikozusammenhang, Zurechnungszusammenhang
Zusammenrotten 121 4; öffentliches – 124 3 f
Zusendung unbestellter Leistungen Vor 32 74 ff
Zuständigkeit bei Aussagedelikten 153 3, 154 3 f, 156 1; – zur Entgegennahme von Anzeigen 145 d 3; – bei Personenstandsfälschung 169 3
Zustandsdelikt Vor 13 260
Zutritt 265 a 22

1423

Zwang, Gewalt als -smittel **Vor 232** 15 ff; -smittel **Vor 232** 1; s. auch **343** 1; -swirkung beim Opfer **Vor 232** 11 f; s. auch **Vor 232** 6 f; s. auch Gewalt
Zwangsabfall 326 6
Zwangsarbeit 232 b
Zwangslage Vor 232 39, **291** 11; s. auch **182** 3
Zwangsheirat 237
Zwangsprostitution 232 a

Zwangsvollstreckung, drohende **288** 4; Vereiteln der – **288**
Zweck-Mittel-Relation 240 44; Verwerflichkeit der – **240** 44 ff, **253** 39 ff
Zweckverfehlungslehre 263 167 ff; s. auch **266** 82
Zweipersonenverhältnis bei Entführungen und Bemächtigungen **239 a** 23 ff
Zweispurigkeit Vor 38 1, **61** 1
Zwischenaktstheorie 22 18